RÉPERTOIRE
DES
CONNAISSANCES USUELLES.

LISTE DES AUTEURS QUI ONT CONTRIBUÉ A LA RÉDACTION DU 13ᵉ VOLUME DE CETTE ÉDITION.

MM.

Anquetin (Dʳ N. P.).
Artaud, inspecteur général des bibliothèques de France.
Aubert de Vitry.
Audiffret (H.).
Azario.
Bandeville (l'abbé C.).
Bardin (le général).
Baucher, professeur d'équitation.
Béchem (Charles).
Belfield-Lefèvre.
Berlioz (Hector), de l'Institut.
Berthier (Ferdinand), professeur sourd-muet à l'École impériale.
Berville (S.-A.), président à la cour impériale de Paris.
Billot.
Boissy-d'Anglas (Cte).
Boistel.
Bouchitté (H.), recteur de l'académie de Chartres.
Bourdon (Dʳ Isid.), de l'Académie impériale de médecine.
Braconnier (Édouard).
Breton, de la *Gazette des Tribunaux*.
Bricheteau (Dʳ.).
Brunet (Gustave), à Bordeaux.
Capefigue.
Carron du Villards (Dʳ).
Castil-Blaze.
Chabrol-Chaméane (E. de).
Champagnac.
Charbonnier (Dʳ).
Chasles (Philarète), professeur au Collège de France.
Chassagnol (l'abbé J.-G.).
Chevalier (Auguste), député au Corps législatif.
Circourt (comte Eugène de), secrétaire de légation.
Collenne.
Danjou (F.).
Darthenay.
Delbare.
Démezil.
Denne-Baron.
Denne-Baron (Mᵐᵉ Sophie).
Dréolle (J.-A.).

MM.

Dubord, ancien procureur général.
Duchesne aîné, l'un des conservateurs de la Bibliothèque impériale.
Duckett (Dʳ Alexandre).
Duckett (W.-A.).
Dufey (de l'Yonne).
Du Laurier (Édouard), professeur des langues orientales près la bibliothèque impériale.
Du Mège (Ch.-Alexandre).
Dupouy (Charles).
Du Rozoir (Charles).
Farcy (Charles).
Fayot.
Ferry, anc. examinat. à l'École polytechn.
Fillioux (A.).
Foumartin de Lespinasse, officier de marine.
Forget (Dʳ).
Gallois (Napoléon).
Gaubert (Paul).
Ganjac (Isid.).
Gaultier de Claubry.
Genevay (A.).
Gillot (A.), de Nevers.
Golbéry (Ph. de).
Goupil (Dʳ Auguste).
Guillemeteau.
Guizot (F.), de l'Académie française.
Héreau (Edme).
Husson (Auguste).
Janin (Jules).
Joncières.
Julia de Fontenelle.
La Bastide (J.-B.).
Labat (Dʳ).
Lafaye (Benjamin).
La Grange (marquis de), membre de l'Institut.
Lainé, anc. généalogiste des ordres du roi.
Lamartine (A. de), de l'Acad. française.
Laronde (Charles), de l'Allier.
Larrey (Hippolyte).
Laurent (G.), ancien chirurgien en chef de la marine.
Lavigne (E.).
Legoyt (Alfred), chef de bureau au ministère du commerce.

MM.

Lenoir (Ch.-Alexandre).
Leroux de Lincy.
Louvet (L.).
Mac-Carthy (Oscar).
Manno (baron), de l'Académie de Turin.
Maniz (Paul).
Martin (Henri).
Matter.
Mazuy (A.).
Merlieux (Ed.).
Merlin (Martial).
Molé (comte), de l'Académie française.
Monthofon (le général comte de).
Ourry.
Page (Théogène).
Paillard (Alphonse).
Pascallet (E.).
Passot (F.).
Pelissier.
Pelouze père.
Pinter (comte Sigismond).
Pongerville (de), de l'Académie française.
Pradel (Eugène de).
Préval (le général), sénateur.
Reiffenberg (baron de).
Rendu (l'abbé), évêque d'Annecy.
Richer (E.).
Rochefort (Henri de).
Saigey.
Saint-Amour (Jules), ancien membre de l'Assemblée nationale.
Saint-Prosper.
Saint-Prosper jeune.
Sarrans jeune, anc. membre de l'Assemblée nationale.
Saucerotte (Dʳ).
Savagner (A.).
Sédillot.
Sicard.
Souvestre (Émile).
Teyssèdre.
Thibaut (Hippolyte).
Tourreil (L. de).
Vaudoncourt (le général G. de).
Vauhier (L.-L.).
Viennet, de l'Académie française.
Viollet-Leduc.
Virey (J.-J.), de l'Académie de médecine.

Paris. — Typographie de Firmin Didot frères, fils et Cⁱᵉ, rue Jacob, 56.

DICTIONNAIRE

DE LA

CONVERSATION

ET DE LA LECTURE,

INVENTAIRE RAISONNÉ DES NOTIONS GÉNÉRALES LES PLUS INDISPENSABLES A TOUS,

PAR UNE SOCIÉTÉ DE SAVANTS ET DE GENS DE LETTRES,

SOUS LA DIRECTION DE M. W. DUCKETT.

Seconde édition,

ENTIÈREMENT REFONDUE,
CORRIGÉE, ET AUGMENTÉE DE PLUSIEURS MILLIERS D'ARTICLES TOUT D'ACTUALITÉ.

Celui qui voit tout abrége tout.
MONTESQUIEU.

3856

TOME TREIZIÈME.

PARIS,

AUX COMPTOIRS DE LA DIRECTION, 9, RUE MAZARINE,
ET CHEZ MICHEL LÉVY FRÈRES, LIBRAIRES, 2 BIS, RUE VIVIENNE.

Les lecteurs sont prévenus que tous les mots espacés dans le texte courant (par exemple : Transsubstantiation, *Immortalité, César*) sont l'objet d'articles spéciaux dans le Dictionnaire, et constituent dès lors autant de renvois à consulter.

DICTIONNAIRE
DE
LA CONVERSATION
ET DE LA LECTURE.

MAXIME (Saint). Parmi un grand nombre de saints qui ont porté ce nom, deux méritent une mention particulière.

Le premier, né au sixième siècle, en Provence, prit l'habit religieux dans le fameux monastère de Lérins, récemment créé. Il s'y distingua tellement par sa science et par la pratique de toutes les vertus, qu'il fut appelé à remplacer son fondateur, saint Honorat, nommé archevêque d'Arles. La réputation de son mérite se répandant de plus en plus, on voulut l'obliger à accepter l'épiscopat. Mais en ayant été prévenu, il se retira dans une profonde retraite, pour se dérober à toutes les recherches. Il fut néanmoins forcé d'accepter le gouvernement du diocèse de Riez, en Provence, qu'il édifia plusieurs années.

Le second Maxime naquit à Constantinople, en 580. Élevé dans les meilleures écoles, il fit de si rapides progrès, que l'empereur Heraclius l'attacha à sa personne comme premier secrétaire. Il ne se laissa pas séduire par cette grande faveur, et voyant que le monothélisme se répandait à la cour, il résolut de se retirer dans un monastère. Il fit tant par ses pressantes sollicitations qu'il obtint le consentement d'Heraclius, et alla se réfugier à Chrysopolis, où il prit l'habit monastique. Cette solitude lui fut d'autant plus agréable que la lâcheté et l'inaction d'Heraclius avaient attiré sur l'empire d'Orient une foule de malheurs, dont Maxime gémissait, et auxquels il ne pouvait apporter remède. Le désir de se cacher pour jamais l'engagea bientôt à s'enfuir en Afrique; mais il n'y trouva point la paix qu'il cherchait. L'hérésie monothélite, soutenue par les empereurs, y faisant de grands progrès, il eut plusieurs conférences publiques avec ses fauteurs, qu'il confondit, mais ne ramena jamais sincèrement. Il vint alors trouver le pape saint Martin à Rome, et assista au concile de Latran, célébré en 649. Ce pontife étant mort, Maxime fut arrêté à Rome, par ordre de l'empereur, et conduit à Constantinople avec deux de ses disciples. On chercha en vain à le gagner par des menaces, par des caresses; et comme il était inébranlable dans sa foi, après lui avoir fait subir les plus mauvais traitements, on le condamna à l'exil, dans lequel il mourut, à quatre-vingt-deux ans. Nous avons de lui plusieurs ouvrages, consistant en commentaires mystiques ou allégoriques sur divers livres de l'Écriture; en commentaires sur les ouvrages attribués à saint Denis l'aréopagite; en traités polémiques contre les monothélites; un excellent discours ascétique, des maximes spirituelles, principalement sur la charité, et quelques lettres. On lui reproche peu de flexibilité et de douceur dans le style.
J.-G. Chassagnol.

MAXIME D'ÉPHÈSE. *Voy.* Éclectiques, t. VIII, p. 297.

MAXIME DE TYR, philosophe platonicien du deuxième siècle de notre ère, que l'on a quelquefois confondu avec le stoïcien *Maximus*, précepteur de Marc-Aurèle. Maxime de Tyr parcourut l'Arabie, la Phrygie et la Grèce, et écrivit sur la géographie de ces contrées plusieurs traités considérables, qui ont été perdus. Il vint à Rome sous Commode, et de là se rendit en Grèce, où il mourut. On a de Maxime de Tyr quarante-et-un Traités ou dissertations philosophiques, qui furent apportés en Europe par Lascaris, et imprimés pour la première fois par H. Estienne. Cet auteur a été traduit en français par Combes-Dounous (1802).

MAXIMIEN, surnommé *Hercule* (Marcus Aurelius Valerius Maximianus), empereur romain, naquit en 250, près de Sirmich, de parents très-pauvres, et s'avança dans les armées par ses talents militaires. Dioclétien, avec qui il avait été soldat, l'associa à l'empire en 286, et lui donna en partage l'Italie, l'Afrique, les Gaules et l'Espagne. Sa première expédition eut lieu contre les *Bagaudes*, paysans de la Gaule qui avaient secoué, les armes à la main, le joug de Rome. Leurs deux chefs, Ælianus et Amandus, qui s'étaient revêtus de la pourpre, furent vaincus et tués. Sa valeur éclata ensuite contre plusieurs nations barbares, mais il fut repoussé avec de grandes pertes par Carausius, qui le força à lui céder la Bretagne. Plus heureux contre Aurelius Julianus, qui, après avoir pris le titre d'empereur, s'était retiré en Afrique, il le défit et le tua. Bientôt après il poursuivit les Maures dans leurs montagnes, les soumit et les transporta dans d'autres contrées. Dioclétien, ayant abdiqué en 305, invita Maximien à suivre son exemple. Il obéit; mais sur la fin de l'année Maxence, son fils, le détermina à revenir sur cette détermination. Il ne lui en témoigna sa reconnaissance qu'en essayant de le faire rentrer dans les derniers rangs du peuple. A cette nouvelle, le peuple et les soldats se soulevèrent, et l'obligèrent à se réfugier dans les Gaules, auprès de Constantin, qui épousa sa fille Fausta. Aussi peu fidèle à son gendre qu'à son fils, il engagea Fausta à trahir son mari en laissant sa chambre ouverte toute la nuit : elle le lui promit, mais eut soin de faire coucher un eunuque à sa place. Quand celui-ci eut été assassiné et que le meurtrier vint annoncer la mort de Constantin, Constantin lui-même apparut à la tête de ses gardes, reprochant à son beau-père son ingratitude, et lui accordant pour toute grace la liberté de choisir son genre de mort. Il s'étrangla à Marseille, en 310.

C'était un grand capitaine, mais il avait le cœur d'un scélérat. Féroce, cruel, avare, il avait conservé toute la rusticité de son origine. Ses vices, du reste, étaient peints sur son visage. Rougissant de sa famille, il avait pris le nom d'un demi-dieu.

MAXIMILIEN. L'Allemagne compte deux empereurs de ce nom.

MAXIMILIEN Ier, l'un des plus remarquables empereurs qu'ait eus l'Allemagne, fils et successeur de l'empereur Frédéric III, né le 22 mars 1459, prit part à la direction des affaires publiques dès l'an 1481, époque où il fut du roi des Romains. D'une taille imposante et vigoureusement constitué, il avait fait preuve jusqu'à l'âge de dix ans d'une intelligence assez bornée; mais à partir de ce moment ses facultés intellectuelles prirent les développements les plus rapides, et il ne fit pas moins de progrès dans l'étude des sciences et des lettres que dans la pratique de tous les exercices corporels. A dix-neuf ans il épousa la fille et unique héritière de Charles le Téméraire, duc de Bourgogne, Marie; mariage qui fit passer dans sa famille les immenses possessions de la maison de Bourgogne. Louis XI, roi de France, ayant profité de l'état de délaissement où se trouvait Marie pour s'emparer d'une partie de la Bourgogne, Maximilien lui déclara la guerre, et le contraignit bientôt à restituer ses conquêtes. Mais après la mort prématurée de sa femme (26 mars 1482), et par suite du mécontentement provoqué contre lui par les rancunes du roi de France parmi les populations des Pays-Bas, force lui fut de consentir, lors de la paix conclue à Arras, en 1482, entre les Pays-Bas et la France, aux fiançailles de sa fille Marguerite avec le dauphin, qui fut depuis le roi Charles VIII; et la jeune princesse, qui apportait en dot à son futur époux l'Artois, la Flandre et le duché de Bourgogne, fut conduite en France pour y être élevée. Malgré ces blessures faites à son orgueil, Maximilien resta dans les Pays-Bas, où il continua, avec des alternatives de succès et de revers, à guerroyer contre la France, qui lui était toujours hostile, et en même temps à lutter contre ses sujets révoltés. Les troubles excités dans ce pays par les intrigues de la France en vinrent même à prendre un caractère tel, qu'en 1488 les bourgeois de Bruges l'attirèrent traîtreusement dans leur ville, où ils le retinrent prisonnier pendant quelques mois. Délivré par une armée que son père et les princes de l'Empire envoyèrent à son secours, il accourut sur les bords du Danube à l'effet de négocier avec le roi de Hongrie, Matthias, qui s'était emparé d'une grande partie de l'Autriche; et ce prince étant venu à mourir peu de temps après, il réussit, en 1490, à expulser complétement les Hongrois de son territoire. Une irruption des Turcs de la Bosnie en Carniole, en Carinthie et en Styrie, vint contrarier la réussite des efforts qu'il faisait à ce moment pour être élu roi de Hongrie; mais, rassemblant une armée en toute hâte, il les défit à la bataille de Villach, et les refoula en Bosnie. Il se disposait à prendre aussi les armes contre le roi de France Charles VIII, qui lui avait enlevé sa riche fiancée Anne de Bretagne en même temps qu'il lui avait renvoyé sa fille Marguerite, qu'il refusait maintenant d'épouser, lorsque la médiation de l'électeur palatin Philippe amena entre ces deux princes la conclusion de la paix de Senlis (1493), en vertu de laquelle Maximilien recouvra du moins les riches provinces qu'il avait constituées en dot à sa fille. Après avoir succédé au trône impérial à Frédéric III, il épousa Blanche Sforza, fille du doge Galéas Sforza de Milan, mort assassiné, en 1476, qui lui apporta sans doute en dot 300,000 ducats, mais qui le mêla à tous les embarras de sa maison en Italie. Diverses institutions judiciaires dont il dota l'Allemagne, telles que la chambre impériale en 1495, et le conseil aulique de l'Empire en 1501, témoignent de ses efforts pour remédier au déplorable état d'anarchie dans lequel l'Empire était tombé sous le long et faible règne de son père. Il donna aussi quelques bonnes lois de police, et le premier il créa une armée permanente sous le nom de *landsknechts*. Il perfectionna la grosse artillerie, et créa les postes pour faciliter les communications intérieures. Protecteur zélé des arts et des lettres, il se-

courut généreusement les savants et les artistes, en même temps qu'il dotait richement les universités de Vienne et d'Ingolstadt. Ses campagnes contre la Suisse et contre les Français en Italie l'empêchèrent de consacrer autant d'activité qu'il aurait voulu aux affaires et aux intérêts de l'Empire. En Italie, le jeune duc Jean Galéas Sforza avait été assassiné par son oncle Louis; mais celui-ci, après s'être emparé du duché, avait été entraîné dans une guerre contre le roi de Naples, beau-frère de Galéas. Sur quoi Louis avait appelé à son secours les Français, qui descendirent aussitôt en Italie avec une grande armée, s'emparèrent de Naples et menacèrent même Milan. Pour mettre un terme à leurs conquêtes, le pape, l'empereur, Naples et Milan se confédérèrent en 1495, et contraignirent le roi Charles VIII à évacuer l'Italie presque aussi vite qu'il y était venu. Mais en 1500 les Français ayant repris l'exécution de leurs projets sur l'Italie, et Louis XII s'étant rendu maître tout à la fois de la plus grande partie de Naples et du Milanais, Maximilien, sans troupes et sans argent, se vit contraint par le traité de Blois d'accorder au roi de France l'investiture du duché de son beau-frère, moyennant une indemnité de 200,000 fr. et la promesse que son fils épouserait la princesse Claude, fille de Louis XII. Ce prince ayant manqué à cet engagement et marié sa fille à un autre, Maximilien passa les Alpes à la tête d'une petite armée pour reprendre Milan. Mais les Vénitiens le trompèrent, lui refusèrent passage, le battirent à Cadore, et même s'emparèrent de Fiume et de Trieste. On conçoit dès lors avec quel empressement Maximilien, humilié par ces revers, dut accéder à l'alliance que le pape Jules II, Louis XII et Ferdinand d'Aragon lui proposèrent sous le nom de *ligue de Cambray*, et dont le but était de châtier les insolences des Vénitiens. Mais Venise, effrayée par l'approche des armées, qui déjà avaient envahi quelques-unes de ses provinces, se hâta de faire sa paix avec le pape et avec Ferdinand. Il en résulta que, trop faible du moment où il lui faudrait lutter seul, Maximilien se vit hors d'état de pousser plus loin ses entreprises. La rancune qu'il garda de l'insuccès de cette campagne, dont il attribuait la responsabilité aux Français, le détermina à accéder secrètement en 1511 à la coalition formée contre la France, sous le nom de *sainte ligue*, entre le pape, Venise, Ferdinand d'Aragon et Henri VIII d'Angleterre. Vaincus par le nombre, les Français durent alors évacuer en peu de temps la Lombardie et abandonner Milan à Maximilien. Henri VIII, roi d'Angleterre, allié de Maximilien, ayant ensuite envahi leur propre territoire, ils furent complétement battus à la journée des Éperons, le 17 août 1513, près de Guinegate. Deux ans plus tard, en 1515, le roi François Ier n'en renouvelait pas moins les entreprises de ses prédécesseurs sur l'Italie, et s'emparait du Milanais. Aux termes de la paix de Bruxelles, ce prince força Maximilien non-seulement à abandonner ce duché à la France, mais encore à céder Vérone aux Vénitiens moyennant un appoint de 200,000 ducats. Maximilien ne fut pas plus heureux dans sa lutte contre les Suisses, qui, par la paix signée à Bâle en 1499, se séparèrent définitivement de l'Empire d'Allemagne. Ces revers furent d'ailleurs largement compensés par les agrandissements de territoire qu'il réussit à donner par des voies toutes pacifiques à la maison de Habsbourg. En effet, sans compter l'héritage de la maison de Bourgogne, qui lui échut par mariage, il hérita encore, à la mort de son cousin l'archiduc Sigismond, de la partie autrichienne du Tyrol que celui-ci avait possédée. Il obtint en outre Goeritz, Gradiska, la vallée de Pust; et en 1505, à la suite de la guerre de succession de Landshut, des parties considérables de la Bavière. Le mariage de son fils Philippe avec l'infante d'Espagne Jeanne et celui de sa fille Marguerite avec l'infant d'Espagne Jean firent passer dans sa maison la couronne d'Espagne; de même, par le double mariage qu'il négocia entre ses deux petits-enfants, Ferdinand et Marie, avec Anne et Louis, fille et fils de Ladislas, roi de Bohême et de Hongrie, il lui assura encore ces deux royaumes.

Maximilien mourut à Wels, dans la haute Autriche, le 12 janvier 1519, et fut inhumé à Wienerisch-Neustadt. Ferdinand Ier lui éleva un beau mausolée, à Inspruck. C'était un prince bienveillant, aimable, facilement impressionnable, doué d'une grande activité, et fort instruit. Parfait chevalier, il se distinguait plus par son goût pour les aventures et par sa bravoure personnelle que par un esprit vraiment politique et capable de concevoir de grandes entreprises. Il écrivit divers ouvrages sur l'art militaire, l'horticulture, la chasse et l'architecture, et composa même des vers. Il eut pour successeur Charles-Quint, son petit-fils.

MAXIMILIEN II, fils et successeur de Ferdinand Ier, né à Vienne, le 1er août 1527, conçut dès sa jeunesse une opinion favorable pour le protestantisme, par suite des principes tolérants que lui inculqua son précepteur Wolfgang Severius. Revenu d'Espagne, où pendant trois ans il avait rempli les fonctions de vice-roi, il contribua essentiellement à la conclusion du traité de Passau. Nommé roi de Bohême, en septembre 1562, il fut élu deux mois après roi des Romains, et en 1563 roi de Hongrie. Au moment où il ceignit la couronne impériale, ce dernier pays était de tous les États le seul qui se trouvât en guerre avec les Turcs. Mais il ne tarda point à s'accommoder avec le vieux Soliman, en lui abandonnant toutes les conquêtes qu'il avait faites en Hongrie et en s'engageant en outre à lui payer un tribut annuel de 30,000 florins. Plus tard, Soliman ayant de nouveau fait marcher une armée contre Maximilien, à l'effet d'appuyer les prétentions que le prince de Transylvanie Jean Sigismond élevait à la possession de la Hongrie, la mort du sultan, arrivée en 1567, sous les murs de Szigeth, mit un terme à ce conflit, et Sélim, son successeur, conclut avec Maximilien une trêve de huit ans. Tandis que Philippe II d'Espagne avait à réprimer la révolte des Pays-Bas et que la France était déchirée par des guerres civiles et des guerres de religion, l'Allemagne jouit sans interruption d'un bienfaisant repos, grâce à la sagesse de Maximilien, qui refusa de se mêler en rien à ces querelles. En 1568 il accorda formellement à la noblesse autrichienne, et en dessous mains aux habitants des villes, la liberté de conscience. Les protestants eurent leur part dans la distribution des plus hautes dignités comme dans celle des emplois inférieurs de l'administration; la direction supérieure des affaires religieuses fut confiée à un comité spécial des états, et on fit même venir de Rostock à Vienne le théologien Chytæus, qui fut chargé d'organiser le culte protestant en Autriche. Si l'empereur, faisant violence à ses sympathies évidentes pour la doctrine évangélique, n'embrassa pas formellement le protestantisme, c'est qu'il en fut empêché par des considérations politiques relatives à l'Espagne ainsi qu'aux princes catholiques de l'Empire, notamment à l'électeur de Bavière, son parent. Les pressantes supplications du pape, représenté d'abord par le nonce Stanislas Hosius, puis par le cardinal Commendone, n'y contribuèrent pas peu non plus. Il sut toujours tenir en bride les jésuites, qui jamais n'eurent le moindre crédit sur lui. Mais comme il ne prit pas contre eux de mesures sérieuses, leur ordre se répandit sous son règne de plus en plus dans ses États; et ils réussirent à exercer sur des membres de sa famille, sur sa femme et son fils notamment une influence qui plus tard eut les plus déplorables résultats. Par ces demi-mesures, par ces insuffisantes concessions faites à ses sujets en matière de liberté de conscience, Maximilien II, malgré un esprit de tolérance qui l'élevait fort au-dessus de son siècle, provoqua sans le vouloir les persécutions religieuses dont ses États héréditaires eurent tant à souffrir de la part de ses successeurs. Il avait eu de sa femme Marie, fille de Charles-Quint, six fils et deux filles. L'aîné de ses fils, l'empereur Rodolphe II, lui succéda comme empereur de même que dans ses États héréditaires; et celui-ci étant mort sans laisser d'héritiers, ce fut à Matthias, quatrième fils de Maximilien II, qu'échut la couronne impériale.

MAXIMILIEN. Il y a eu trois électeurs de Bavière de ce nom.

MAXIMILIEN Ier, né en 1573, à Landshut, succéda en 1597 à son père, le duc Guillaume V, qui ne mourut qu'en 1626, mais qui abdiqua alors, pour pouvoir se livrer tout entier à des exercices de piété. La guerre de trente ans enleva à la Bavière une bonne partie de l'administration sage et éclairée de ce prince, à qui la paix de Westphalie valut du moins le haut Palatinat, la dignité d'électeur enlevée à l'électeur palatin Frédéric, et la charge d'archi-écuyer de l'Empire. Il mourut à Ingolstadt, le 17 septembre 1651.

MAXIMILIEN II, petit-fils du précédent, et fils de l'électeur Jean-Marie, né le 11 juillet 1662, succéda en 1679 à son père, sous la tutelle de son oncle le duc Maximilien-Philippe de Bavière. Après s'être distingué au siége de Vienne, il alla combattre les Turcs en Hongrie, et défendit encore la cause de l'empereur sur les bords du Rhin. En 1685 il épousa Marie-Antoinette, fille de l'empereur Léopold Ier, et fut nommé gouverneur des Pays-Bas en 1692. Mais il perdit sa femme la même année; et le fils unique fruit de cette union étant venu à mourir, en 1699, emporta avec lui dans la tombe les prétentions que sa maison pouvait élever à la succession d'Espagne. Par suite de diverses causes de mécontentement que lui avait données la cour de Vienne, il s'allia avec la France dès le début de la guerre de la succession d'Espagne. Il partagea alors les revers réitérés qu'éprouvèrent les armes françaises, et fut même mis au ban de l'Empire par l'empereur Joseph Ier, en même temps que son frère, l'électeur de Cologne Joseph Clément, qui dans cette lutte avait aussi pris le parti de la France. La paix de Bade, en 1714, lui rendit seule ses États, dont les armées de l'empereur s'étaient mises en possession. Trois ans après il mettait un corps auxiliaire à la disposition de l'empereur contre les Turcs. En 1694 il s'était remarié, avec une fille du roi de Pologne Jean III, de laquelle il laissa une nombreuse descendance. Il mourut le 26 février 1726 ; son fils aîné, Charles-Albert, lui succéda (1726-1745); c'est ce prince qui fut élu empereur d'Allemagne sous le nom de Charles VII.

MAXIMILIEN III, fils de l'empereur Charles VII, renonça, aux termes de la paix conclue à Fussen, le 22 avril 1745, à toutes prétentions sur les États héréditaires de l'Autriche, et recouvra ainsi ses propres États, dont les armées de Marie-Thérèse s'étaient emparées. Tous ses efforts tendirent alors à réparer les maux causés à ses sujets par la guerre, et il mérita bien aussi des sciences et des lettres. Malgré son attachement sincère pour la religion catholique, il fut l'un des premiers souverains qui, après la suppression de l'ordre des Jésuites, enjoignirent aux disciples de Loyola d'avoir à déguerpir de leurs États. Il mourut le 30 décembre 1777, des suites d'une petite vérole mal prise par son médecin. Il avait épousé la fille du roi de Pologne Auguste III.

MAXIMILIEN, prince DE NEUWIED. *Voyez* WIED.

MAXIMILIEN-JOSEPH, nom composé porté par deux rois de Bavière.

MAXIMILIEN-JOSEPH Ier, roi de Bavière, né en 1756, avait été, avant de succéder, en 1799, au prince Charles-Théodore, son oncle, en qualité d'électeur de Bavière, colonel du régiment d'Alsace au service de la France, puis duc de Deux-Ponts à la mort de Charles II, arrivée en 1795. C'est Napoléon qui lui donna le titre de roi de Bavière, en récompense du zèle qu'il avait déployé pour défendre la cause de la France contre l'Autriche; et en 1806 il maria l'aînée de ses filles à Eugène Beauharnais, vice-roi d'Italie. Après s'être montré longtemps le fidèle allié de Napoléon, Maximilien-Joseph, qui d'ailleurs n'avait jusque-là suivi d'autre règle politique que celle des intérêts de la Bavière, accéda, le 8 octobre 1813, à la coalition des souverains allemands contre l'oppresseur de l'Allemagne. Pour assurer à ses sujets la possession de toutes les améliorations dont son règne avait donné le signal dans les diverses branches de l'administration, il leur octroya, le 26 mai 1818, une constitution représentative, qui a résisté aux ébranlements de 1830

1.

et de 1848. Il mourut le 13 octobre 1825, et eut pour successeur son fils aîné, Louis.

MAXIMILIEN-JOSEPH II, aujourd'hui roi de Bavière, né le 28 novembre 1811, est le fils du roi Louis et de la reine Thérèse. En 1842 il a épousé à Berlin la princesse Marie-Hedwige, fille du feu prince Guillaume de Prusse. Appelé subitement à monter sur le trône, le 21 mars 1848, par suite de l'abdication du roi son père, il suivit le courant des idées libérales de son siècle, s'entoura d'hommes éclairés, et s'opposa énergiquement au projet, mis alors en avant par certaine puissance, de reconstituer l'empire d'Allemagne au profit de la Prusse. Il refusa en conséquence de reconnaître la *constitution de l'Empire*, malgré l'insurrection du Palatinat et les troubles qui éclatèrent en Franconie. Que si, dans sa politique intérieure, la Bavière s'est unie, à partir de 1850, aux tendances réactionnaires qui ont partout prévalu en Allemagne, le roi Maximilien-Joseph II a eu du moins la sagesse de se tenir en garde contre la réaction religieuse et de ne donner aucun appui au parti ultramontain. Les sciences et les lettres ont trouvé en lui un protecteur éclairé et généreux. Il a deux fils : l'aîné, Louis-Othon-Frédéric-Guillaume, prince royal de Bavière, est né le 25 août 1845; le second, *Othon*, est né le 27 avril 1848.

Son cousin, le duc *Maximilien-Joseph* de Bavière, né le 4 décembre 1808, a longtemps voyagé en Orient, et a publié le récit de son voyage (2 vol., Munich, 1838). Sous le pseudonyme de *Phantasus*, il a aussi publié divers essais dramatiques et quelques romans, où l'on remarque beaucoup d'*humour* et une grande facilité d'exposition.

MAXIMILIENNES (Tours). *Voyez* TOURS MAXIMILIENNES.

MAXIMIN (Saint), évêque de Trèves, au quatrième siècle, né à Poitiers, d'une famille illustre, et frère de saint Maxence, évêque de cette ville, défendit par ses discours et ses écrits la foi du concile de Nicée contre les ariens, reçut honorablement saint Athanase, lorsqu'il fut exilé à Trèves, et assista aux conciles de Milan, de Sardaigne et de Cologne. Il mourut en 349, durant un voyage qu'il fit dans le Poitou.

MAXIMIN (GAIUS JULIUS VERUS MAXIMINUS), empereur romain, né en 173, dans un village de la Thrace, était fils d'un paysan goth. Son premier état fut celui de berger : lorsque les pâtres du pays s'attroupaient pour se défendre contre les voleurs, il se mettait à leur tête. Sa valeur l'éleva, de degré en degré, aux premiers grades militaires. L'empereur Alexandre Sévère ayant été, pour son extrême rigueur, assassiné dans une émeute de soldats, il se fit proclamer à sa place, en 235. Il avait été bon général, il fut mauvais prince, exerça des cruautés inouïes contre divers personnages de distinction, dont la naissance semblait lui reprocher la sienne, et fit mourir plus de 4,000 innocents, sous prétexte qu'ils avaient voulu attenter à ses jours : les uns furent mis en croix, les autres enfermés vivants dans le corps d'animaux fraîchement tués, ceux-ci exposés aux bêtes, ceux-là assommés à coups de bâton. Les nobles étaient ceux qu'il haïssait de préférence, il les extermina presque tous, et n'en souffrit aucun près de lui. Puis il s'en prit à quiconque pouvait soupçonner l'obscurité de son origine : il massacra jusqu'à des amis qui, dans sa détresse, étaient venus à son secours. Il ne pouvait ignorer l'horreur qu'il inspirait; mais il n'en tenait aucun compte. Dans la brutale confiance qu'il avait en sa force, il lui semblait qu'il était fait pour tuer tout le monde, sans jamais courir risque d'être tué lui-même.

Incapable de modérer sa férocité à la tête de ses troupes, il faisait la guerre en brigand : dans une expédition contre les Germains, il coupa tous les blés, brûla un nombre infini de villages, ruina plus de 150 lieues de pays, et livra toutes les propriétés au pillage. Ces victoires lui firent donner le surnom de *Germanique*, et ses cruautés, ceux de *Cyclope*, de *Phalaris*, de *Busiris*. Les chrétiens surtout furent les victimes de sa fureur. La persécution contre eux commença sous son règne, à propos d'un soldat, professant ce culte, qui refusa une couronne de laurier, y voyant un signe d'idolâtrie. L'empire fut inondé de sang. Las d'obéir à ce tyran, les peuples se révoltèrent plusieurs fois, et revêtirent les Gordiens de la pourpre impériale. Après la fin malheureuse de ces deux princes, le sénat nomma vingt hommes pour gouverner l'État. Maximin à cette nouvelle poussa des hurlements de bête féroce et se frappa la tête contre les murs. Puis, ayant cherché quelque consolation dans le vin, il résolut d'aller punir Rome. Il était déjà devant Aquilée, quand ses soldats, craignant que tout l'empire ne se levât contre eux, le sacrifièrent à la tranquillité publique, sur la fin de mars 238. Il avait soixante-cinq ans. La taille de cette bête féroce était énorme.

MAXIMUM. Ce terme, emprunté au latin, signifie, dans le langage ordinaire, la somme la plus forte dans l'ordre de celles dont il est question : Il a obtenu le *maximum* de la pension de son grade. On le dit aussi, par extension, de la plus forte des peines prononcées par la loi contre un crime ou un délit : On lui a appliqué le *maximum* de la peine. On l'emploie encore au sens moral, pour exprimer le plus haut point auquel une chose puisse être portée. Enfin, *maximum* se dit du taux au-dessus duquel, à certaines époques, il a été défendu de vendre une denrée, une marchandise. Au milieu d'avril 1793 la disette se faisait sentir de tous côtés; le peuple attribuait la crise dans laquelle il se trouvait à la malveillance et aux accapareurs, qui, disait-il, avaient conçu le projet de l'affamer. Une première fois, les sections du faubourg Saint-Antoine étaient venues réclamer inutilement à la Convention la fixation d'un *maximum* pour toute la France. Bientôt les circonstances devinrent telles, que le côté droit de l'assemblée fut dans l'impossibilité de s'opposer à cette mesure, et le principe du *maximum* fut voté. Un nouveau décret, en date du 25 septembre 1793, le régularisa. Les marchandises ou denrées de première nécessité qui, outre les grains, s'y trouvaient soumises étaient : la viande fraîche, la viande salée et le lard, le beurre, l'huile douce, le bétail, le poisson salé, le vin, l'eau-de-vie, le vinaigre, le cidre, la bière, le bois à brûler, le charbon de bois, le charbon de terre, la chandelle, l'huile à brûler, le sel, la soude, le savon, la potasse, le sucre, le miel, le papier blanc, les cuirs, les fers, la fonte, le plomb, l'acier, le cuivre, le chanvre, le lin, les laines, les étoffes, les toiles, les matières premières servant aux fabriques, les sabots, les souliers, le colza et la rabette, et le tabac. Sauf le tabac, pour lequel la livre était fixée à 20 sous et à 10 sous, et les charbons de bois de terre, le *maximum*, ou plus haut prix des denrées susdites, devait être, jusqu'à l'année suivante, le prix de chacune d'elles en 1790, constaté par les mercuriales, et le tiers en sus, déduction faite des droits fiscaux alors existants. Il y avait aussi un *maximum* pour les gages, salaires, main-d'œuvre et journées de travail : ce *maximum* était fixé pour l'année par les conseils généraux des communes au même taux qu'en 1790, plus moitié en sus. Enfin, plus tard, le *maximum* fut étendu aux chevaux destinés aux armées; le plus haut prix en fut d'abord fixé à 900 francs; mais, sur l'observation de Lecointre de Versailles, que cette fixation était contraire aux intérêts de l'agriculture, un décret du 15 floréal an II détermina le *maximum* d'une manière variable, basée sur la taille et l'âge des chevaux, ce qui était plus équitable et plus rationnel.

Le *maximum* portait la plus violente atteinte à la liberté du commerce, et dans des temps calmes il eût détruit toute prospérité; mais alors la France était comme assiégée de toutes parts: il fallait lutter contre la famine et le manque de travail. La Convention crut devoir adopter ce moyen suprême. Ses résultats furent déplorables : un de ses grands inconvénients était son uniformité, car, ainsi que le dit plus tard Robert Lindet, la France étant, par la nature de son sol, divisée en deux zones bien distinctes, dans l'une les denrées étaient réellement au-dessus du maximum, tandis que dans l'autre elles étaient bien au-dessous. Il convenait de subordonner le *maximum* à la nature du sol ; la Convention jugea plus convenable de renverser le principe que de le modifier : le 10 décembre 1794 la loi sur le *maximum* fut rapportée, malgré une vive opposition, et le commerce redevint libre. Ce ne fut pas sans une violente secousse qu'on passa de ce régime exceptionnel à un régime moins rigoureux. Durant la terreur, les marchands qui vendaient au-dessus du *maximum* étaient punis d'une amende et rangés dans la terrible catégorie des *suspects*.

MAXIMUM et **MINIMUM** (*Mathématiques*). Lorsque les variables dont dépend une fonction passent successivement par tous les degrés de grandeur imaginables, s'il arrive que la série des valeurs que reçoit cette fonction soit d'abord croissante, puis ensuite décroissante, il y a nécessairement une de ces valeurs qui surpasse toutes les autres, qui est le terme de l'accroissement de la fonction : cette valeur de la fonction reçoit le nom de *maximum*. Pareillement, si la série des valeurs que prend la fonction est d'abord décroissante, puis ensuite croissante, il y a une de ces valeurs qui est moindre que toutes les autres, qui est le terme où la fonction cesse de décroître : cette valeur de la fonction est un *minimum*. On a défini le maximum la plus grande valeur que peut recevoir une quantité qui varie sous des conditions qui limitent ses accroissements. Cette définition n'est pas assez générale, car une fonction peut croître d'abord, décroître ensuite, puis augmenter et diminuer de nouveau, et avoir par conséquent un certain nombre de *maxima* et de *minima* ; tel est le cas des ordonnées de la c y c l o ï d e où ce nombre est infini. Pour se faire une idée juste du *maximum* et du *minimum*, il faut donc dire avec Lacroix : « Le caractère essentiel du *maximum* consiste en ce que les valeurs qui le précèdent et qui le suivent *immédiatement* sont plus petites ; le *minimum*, au contraire, est surpassé par les valeurs qui le précèdent et qui le suivent *immédiatement*. »

Quoique la théorie générale des *maxima* et *minima* appartienne au calcul différentiel, il est certaines questions de ce genre qui peuvent se résoudre par le seul secours de l'algèbre élémentaire. Proposons-nous, par exemple, le problème suivant : Partager 100 en deux parties telles que leur produit soit un maximum. Pour résoudre cette question, supposons qu'il s'agisse de partager 100 en deux parties telles que leur produit soit égal à un nombre indéterminé m. Désignant une des parties par x, on a l'équation $x(100-x) = m$, d'où $x = 50 \pm \sqrt{2500-m}$. Pour que ces racines soient réelles, il faut que m soit inférieur ou *au plus égal* à 2500 ; donc le produit est maximum quand il atteint cette valeur, ce qui a lieu quand les deux parties sont égales.

Mais cette marche n'est applicable que lorsqu'on peut obtenir la variable en fonction des coefficients de l'équation où elle se trouve combinée avec l'indéterminée m. On a donc besoin d'une méthode plus générale.

Considérons d'abord une fonction d'une seule variable, $X = f(x)$, et posons $X_1 = f(x+h)$ et $X_2 = f(x-h)$. On a, par le théorème de Taylor :

$$X_1 = X + \frac{dX}{dx} \cdot \frac{h}{1} + \frac{d^2X}{dx^2} \cdot \frac{h^2}{1.2} + \ldots$$
$$X_2 = X - \frac{dX}{dx} \cdot \frac{h}{1} + \frac{d^2X}{dx^2} \cdot \frac{h^2}{1.2} - \ldots$$

La quantité h étant suffisamment petite, le terme $\frac{dX}{dx} \cdot \frac{h}{1}$ est plus grand en valeur absolue que la somme de tous ceux qui le suivent ; par conséquent X est toujours compris entre X_1 et X_2 tant que $\frac{dX}{dx}$ n'est pas nul ; mais si $x = a$ annule $\frac{dX}{dx}$, cette valeur de x substituée dans X rend cette fonction maximum ou minimum, car X se trouve à la fois ou plus grand ou plus petit que X_1 et X_2. Les égalités précédentes montrent qu'il y a un maximum si pour $x = a$ on a $\frac{d^2X}{dx^2} < 0$, et minimum si on a $\frac{d^2X}{dx^2} > 0$. Mais si en faisant $x = a$, $\frac{d^2X}{dx^2}$ s'annule en même temps que $\frac{dX}{dx}$, alors il faut que l'on ait aussi $\frac{d^3X}{dx^3} = 0$, et il y a maximum ou minimum selon que $\frac{d^4X}{dx^4}$ est $<$ ou > 0. Si $\frac{d^4X}{dx^4}$ s'annulait, on continuerait le même raisonnement.

Le calcul différentiel donne également des méthodes pour déterminer les maxima et minima des fonctions d'un nombre quelconque de variables. Consultez : Lacroix, *Traité de Calcul différentiel et intégral* ; Lagrange, *Mémoires de l'Académie de Turin*, t. I.   E. MERLIEUX.

MAYA. *Voyez* MAJA.

MAYENCE, autrefois la résidence des archevêques-électeurs de Mayence, aujourd'hui chef-lieu de la province du Rhin (grand-duché de Hesse) et forteresse de la Confédération germanique, est située dans l'une des plus belles et des plus fertiles régions de l'Allemagne, sur la rive gauche du Rhin, à l'endroit où le Main vient se jeter dans ce fleuve, sur le versant d'un coteau. Un pont de bateaux jeté sur le Rhin fait communiquer Mayence avec Castel, petite ville située en face, sur la rive droite du fleuve, et comprise dans l'ensemble de son système de fortifications. Mayence est devenue dans ces derniers temps l'une des villes les plus fortes de l'Europe, et la plus forte qui existe en Allemagne. Les fortifications se composent de onze bastions complets et de deux demi-bastions, avec un ouvrage couronné situé au sud. C'est aussi là que se trouve la citadelle, carré bastionné, qui du côté du fleuve est défendu en outre par une muraille et par un ouvrage casematé commandant le cours du Rhin. Autour de la citadelle se développe une large ceinture composée de forts détachés, au nombre de sept, parmi lesquels on remarque surtout celui qu'on appelle le *Hauptstein*, ouvrage qui s'avance au delà de tous les autres et d'où l'on découvre la vue la plus belle et la plus vaste, et d'une enveloppe tenaillée située tout près des principaux ouvrages. Toute cette ceinture peut être inondée de trois côtés ; et comme première ligne de défense on trouve en avant du rempart huit forts détachés, dont deux reliés entre eux et avec la redoute Joseph par une courtine. La petite ville de Castel, reliée à Mayence comme ouvrage avancé, et ayant surtout pour but de défendre le pont de bateaux existant sur le Rhin, est également entourée de vastes fortifications, disposées avec beaucoup d'art, et consistant en quatre forts désignés sous les noms de *Castel*, *Mars*, *Montebello* et *Petersaue*. Tout récemment encore, pour mieux défendre la rive droite du Main, on a construit des forts à l'embouchure même du Main dans le Rhin, ainsi que sur l'ancien *Gustavsburg*.

Mayence, l'une des plus anciennes villes de l'Allemagne, est construite tout à fait dans le goût du moyen âge ; les rues en sont généralement étroites et tortueuses. Mais depuis une quinzaine d'années il s'est établi comme une lutte entre l'État, la ville et les particuliers pour entreprendre à l'envi des travaux et des constructions ayant pour but de contribuer à son embellissement. C'est ainsi que des rues et jusqu'à des quartiers complètement nouveaux se sont élevés, par exemple celui qu'on appelle le nouveau *Kæstrich*, sur l'emplacement qu'occupait autrefois la ville des Romains, et d'où l'on découvre une vue magnifique s'étendant à trois ou quatre myriamètres à la ronde. Parmi les onze églises de Mayence on remarque surtout Saint-Ignace, dont la voûte est couverte de peintures représentant la vie de saint Ignace, et la cathédrale, édifice de 119 mètres de longueur sur 47 de largeur, avec quatorze autels, vingt chapelles latérales et une chapelle souterraine, et qui souffrit beaucoup lors du siége de 1793. Il ne reste plus rien aujourd'hui de son riche trésor, de sa vaste bibliothèque, et une partie des tombeaux splendides qui l'ornaient ont même été détruits. Les édifices publics les plus remarquables sont l'ancien château des électeurs, qui a été restauré en 1844 ; l'hôtel de l'ordre Teutonique, qu'habitait Napoléon lorsqu'il venait à Mayence, et le bel arsenal qui l'avoisine, construction un peu massive, mais imposante. Les anciennes résidences électorales, la *Favorite* et la *Martinsburg*, qui étaient autrefois au nombre des ornements de Mayence, ont été démolies. En fait de débris datant de l'époque romaine, il faut surtout remarquer l'*Eichelstein*, dans l'un des bastions de la citadelle, masse de pierres qu'on regarde comme un monument élevé par Drusus ; les débris d'un aqueduc et ceux d'un pont, dont on attribue également la construction à Drusus.

En y comprenant le village de Zalbach et la garnison, forte de 10,000 hommes, la population de Mayence s'élève à 40,000 habitants. Dans le château électoral on trouve un cabinet des médailles, un cabinet d'histoire naturelle, une galerie de tableaux, la bibliothèque de la ville, riche de 90,000 volumes, et le muséum des antiquités romaines provenant de fouilles faites dans les environs de la ville. Napoléon, pour encourager le commerce de Mayence, avait érigé cette ville en port franc, et y avait fait construire un vaste port sur le Rhin. C'est de cette époque que datent les importants développements pris à Mayence par la navigation du Rhin. Reliée aujourd'hui à toutes les grandes villes de l'Allemagne par des chemins de fer se raccordant au réseau général des chemins de fer de l'Allemagne, cette ville a vu depuis une trentaine d'années la navigation à vapeur prendre sur le Rhin une activité de plus en plus grande, dont elle a tiré de notables avantages, attendu qu'elle se trouve naturellement former l'une des principales étapes de cette navigation intérieure.

Treize ans avant la venue de J.-C., Drusus construisit, à l'endroit où s'élève aujourd'hui Mayence, un château fort qu'il appela *Mogontiacum*, et autour duquel naquit peu à peu une ville ; mais du temps des Romains cette ville ne s'étendait point encore jusqu'aux rives du Rhin. En l'an 406 de notre ère elle fut complétement détruite par les Vandales, et elle resta en ruines pendant plusieurs siècles, jusqu'au moment où le roi des Francs Dagobert la fit reconstruire, vers l'an 612, et l'étendit alors jusqu'au Rhin. Mais ce furent surtout Charlemagne et Boniface qui contribuèrent au développement de sa prospérité, l'un par les nombreuses constructions nouvelles qu'il y fit élever, l'autre en y fondant un archevêché. Au moyen âge Mayence était à la tête de la confédération des villes riveraines du Rhin. Guttenberg en fit le berceau de l'imprimerie. A la suite des querelles survenues entre l'électeur déposé, Diether d'Isenbourg, et son rival, Adolphe de Nassau, le droit de conquête rendit ce dernier possesseur de Mayence ainsi que de l'archevêché, et en 1486 l'empereur Maximilien incorpora formellement la ville avec l'archevêché. Pendant le cours de la guerre de trente ans, Mayence fut prise en 1631 par le roi de Suède, qui y fit élever la *Gustavsburg* ; en 1635, par les Impériaux, et en 1644, par les Français. Rendue, aux termes de la paix de Westphalie, à la ville, malgré les nouveaux ouvrages de défense qu'y fit construire l'électeur Jean-Philippe, sous la direction de l'Italien Spalla, fut encore une fois prise par les Français, en 1688 ; mais les Saxons et les Bavarois la leur reprirent, en 1689. Le 14 octobre 1792 elle tomba au pouvoir de l'armée républicaine commandée par Custines, et le 22 juillet 1793 les Prussiens commandés par Kalkreuth s'en rendirent maîtres à leur tour. Bloquée de nouveau en 1794 par une armée française, elle fut délivrée en 1795, par le feld-maréchal autrichien Clerfayt, et la paix de Lunéville (1801) en adjugea la possession à la France. Le congrès de Vienne décida qu'elle ferait partie du territoire du grand-duché de Hesse-Darmstadt, sous la condition qu'au point de vue militaire elle demeurerait une place forte propriété commune de toute la Confédération germanique, et qu'elle serait occupée conjointement par des troupes autrichiennes, prussiennes et hessoises. Les fonctions de gouverneur, de vice-gouverneur et de commandant de place alternent tous les cinq ans entre l'Autriche et la Prusse, en ce sens que l'Autriche exerce alors le droit de nomination aux deux premières de ces fonctions, et la Prusse à la troisième ; ordre qu'on intervertit lorsque recommence une nouvelle période quinquennale. La direction de l'artillerie est confiée à un officier autrichien, et celle du génie à un officier prussien.

En mars et en mai 1848 il se manifesta, à diverses reprises, une vive agitation parmi la population de Mayence. A la suite de quelques collisions entre les habitants et la troupe, il éclata, le 14 mai, une émeute qui, le 21, amena une sanglante bataille de rues entre la population et la garnison prussienne ; et la ville fut alors déclarée en état de siége. Le 29 mai il y arrivait une commission d'enquête envoyée par l'assemblée nationale, et qui leva l'état de siége.

Jusqu'à la paix de Lunéville, l'*archevêché de Mayence*, dont le titulaire était le premier des électeurs ecclésiastiques et portait le titre d'archi-chancelier de l'Empire, comprit un territoire d'environ 110 myriamètres carrés, avec une population de 210,000 âmes. Il avait été fondé vers l'an 750, par Boniface, et on croit que c'est à partir de l'an 996 que la dignité d'électeur fut attachée à ce siége.

MAYENCE (*Botanique*). *Voyez* AUBERGINE.

MAYENNE (Département de la), l'un des quatre départements que forment le Maine et l'Anjou. Les départements de la Manche et de l'Orne le bornent au nord, celui de la Sarthe à l'est, celui de Maine-et-Loire au sud, et celui d'Ille-et-Vilaine à l'ouest.

Divisé en 3 arrondissements, 27 cantons et 274 communes, sa population est de 374,566 individus. Il envoie trois députés au corps législatif. Il est compris dans la seizième division militaire, l'académie de Rennes, le diocèse du Mans et le ressort de la cour d'appel d'Angers. Sa superficie est d'environ 516,200 hectares, dont 354,299 en terres labourables ; 69,339 en prés ; 26,380 en bois ; 24,429 en landes, pâtis, bruyères ; 8,596 en vergers, jardins, etc. ; 3,728 en propriétés bâties ; 2,534 en cultures diverses ; 1,881 en étangs, etc. ; 1,290 en vignes, etc. ; 19,943 en routes, chemins, etc. ; 2,167 en rivières, lacs, etc. Il paye 1,579,579 fr. d'impôt foncier. Il tire son nom de la Mayenne, qui le traverse au centre dans toute sa longueur du nord au midi. La Mayenne est un affluent de la Loire. Elle descend des hauteurs situées au nord-ouest d'Alençon. La longueur de son développement de 155 kilomètres, dont 10 flottables depuis le confluent de l'Ernée, et 95 navigables à partir de Laval. Elle arrose aussi le département de Maine-et-Loire, où elle reçoit la Sarthe avant de passer à Angers, qui est à 8 kilomètres au-dessous de son embouchure.

Ce département, presque totalement compris dans le bassin de la Loire, est arrosé par la Mayenne et ses affluents, l'Oudon, le Colmont, l'Ernée, et par la Sarthe. C'est un pays de plaines peu élevées et sillonnées de vallées peu profondes. Le sol est en général fertile et l'agriculture en progrès. On fait une récolte surabondante de céréales, de fruits à cidre et de lin. Les quelques vignobles qu'on y trouve ne donnent que des vins médiocres. Les habitants font un élève importante de chevaux estimés et de bonnes espèces de gros bétail. Ils élèvent aussi quantité de porcs et de volaille, ainsi qu'un grand nombre d'abeilles, dont la cire est d'une qualité supérieure. Les principaux produits de l'exploitation minérale sont le fer, l'anthracite, la houille, des marbres, de la pierre à chaux, du manganèse, des ardoises, du granit et des pierres de taille. Le département possède cinq sources ferrugineuses, à Château-Gontier, Bourgneuf-la-Forêt, Niort, Chantrigné, Grazay. L'industrie la plus renommée est celle des toiles ; elle est aujourd'hui en partie remplacée par la fabrication des cotons et des colonnades. Citons encore au nombre des établissements industriels les plus importants les usines de fer, les fours à chaux, les marbreries et des papeteries. Le commerce consiste en grains, bestiaux, bois, toiles, et autres objets manufacturés. Il est favorisé par 14 routes impériales, 11 routes départementales, 1,248 chemins vicinaux, le chemin de fer de Paris à Rennes, et par la navigation de la Mayenne, qui lui ouvre le courant de la Loire.

Le chef-lieu du département est *Laval*; ses villes et endroits principaux sont : *Mayenne*; *Château-Gontier*, ville sur la Mayenne, et dont l'église gothique est digne d'attention; on y compte 6,799 habitants : *Ernée*, assez jolie ville, dans une plaine entourée de coteaux, sur l'Ernée, avec 5,614 habitants; *Cossé-le-Vivien*, bourg sur l'Oudon, avec 3,592 habitants; *Craon*, ville sur l'Oudon, avec un beau château, et 4,171 habitants; *Evron*, ville sur un sol marécageux : on y remarque l'hospice et la halle, et on y compte 4,161 habitants ; *Lassay*, ville avec un ancien château et une belle halle, 2,055 habitants; *Jublains*, village sur la route de Mayenne à Evron, et où l'on voit les ruines curieuses d'un camp romain. Oscar MAC-CARTHY.

MAYENNE, ville de France, chef-lieu d'arrondissement dans le département de la Mayenne, avec des tribunaux de première instance et de commerce, un collége, une chambre consultative des arts et métiers, une chambre consultative d'agriculture, un conseil de prud'hommes, des fabriques de mouchoirs, de toile et de calicot, un commerce considérable de bestiaux, de grains, fil et toile. C'est une ville bâtie au penchant de deux coteaux, qui bordent la Mayenne. Elle est vieille, mal bâtie et percée de rues escarpées. Ses édifices les plus remarquables sont l'informe et gothique château des ducs de Mayenne, et l'hôtel de ville, qui s'élève entre deux places, dont l'une est ornée d'une assez jolie fontaine.

Sa fondation remonte au neuvième siècle. C'était autrefois une place importante. Elle soutint au moyen âge plusieurs siéges, entre autres en 1424, contre les Anglais commandés par le comte de Salisbury. Elle ne se rendit qu'après trois mois de défense et après avoir obtenu une capitulation honorable. C'était une baronnie appartenant à la maison de Guise. François Ier l'érigea en marquisat en 1544, et Charles IX lui donna en 1573 le titre de duché-pairie en faveur de Charles de Lorraine, qui plus tard, sous le nom de *duc de Mayenne*, fut le chef de la Ligue.

MAYENNE (CHARLES DE LORRAINE, DUC DE), second fils de François de Lorraine, duc de Guise, né le 26 mars 1554, se distingua aux siéges de Poitiers, de La Rochelle et à la bataille de Moncontour. Il battit les protestants dans la Guienne, dans le Dauphiné et en Saintonge.

Dès qu'il eut appris à Lyon, où il se trouvait en 1589, la mort violente de ses deux frères, il rassembla la noblesse de Bourgogne et de Champagne, entra dans Paris à la tête d'une armée, et, se déclarant chef de la Ligue, se fit nommer lieutenant général du royaume. Pour faire face à la fois à la faction démocratique des Seize et aux partisans de l'Espagne, il fit couronner roi le cardinal de Bourbon, sous le nom de Charles X; mais il avait le courage de son frère le Balafré, sans posséder son activité. Il ne sut pas, comme lui, faire de la Ligue un corps uni et redouté, qui n'eût qu'un seul intérêt, un seul mouvement. Sa politique fut lente, timide, mesurée, circonspecte. Après avoir été battu à Arques et à Ivry par le roi de Navarre, il se décida à un coup d'État contre les Seize, en sévissant contre eux il se perdait lui-même et portait un coup mortel à la Ligue, en assurant le triomphe du parti modéré, qui par la conversion de Henri IV rallia bientôt à la cause de la royauté légitime. Après la réduction de Paris, il soutint encore pendant quelque temps la lutte en Bourgogne, et enfin s'accommoda avec le roi, en 1596. Henri se réconcilia sincèrement avec lui, et lui donna même le gouvernement de l'Ile-de-France. Un jour il le fatigua dans une promenade, le fit bien suer, et lui dit au retour : « Mon cousin, voilà la seule vengeance que je voulais tirer de vous, et le seul mal que je vous ferai de ma vie. » Le duc de Mayenne mourut à Soissons, en 1611. C'était un homme d'une corpulence énorme et qui avait grande peine à se mouvoir. Cette lenteur fournit au roi une réponse charmante. Lorsque la duchesse de Montpensier, sœur de Mayenne, vit entrer Henri IV dans Paris, forcée de céder aux protestants, elle alla saluer ce prince, et témoigna le regret de son frère, alors absent, ne pût pas lui-même le recevoir et lui présenter les clefs de la capitale. « Oh , madame! dit Henri , il nous aurait fait attendre trop longtemps. » Sa femme, Henriette de Savoie, fille du comte de Tende, mourut quelques jours après lui, et leur postérité se termina dans la personne de leur fils *Henri*, duc DE MAYENNE, tué au siége de Montauban, en 1621, à l'âge de quarante-trois ans.

MAYER (JEAN-TOBIE), astronome célèbre, né en 1725, à Marbach (Wurtemberg), fut appelé en 1750 à remplir la chaire de mathématiques à l'université de Gœttingue. A ce moment tous les astronomes de l'Europe s'occupaient de la théorie de la Lune, à l'effet de déterminer les longitudes en mer. Mayer, triomphant de toutes les difficultés, s'immortalisa en composant des Tables de la Lune au moyen desquelles on peut déterminer de la manière la plus précise, et à une minute près, le lieu de la Lune pour chaque instant. Il mourut à Gœttingue, le 20 février 1762; et ce furent ses héritiers seulement qui touchèrent du gouvernement anglais une somme de 3,000 liv. st., représentant sa part dans le prix que le parlement avait proposé pour la solution de cet important problème, prix qui fut partagé. Ses principaux ouvrages sont : *Theoria Lunæ juxta systema Newtonianum* (Londres, 1767), et *Tabulæ Motuum Solis et Lunæ* (Londres, 1770).

MAYEUX. Aussi bossu que Polichinelle, et plus libertin que lui, M. *Mayeux*, le plus laid, le plus méchant et le plus éhonté des bossus, a été, dans le royaume de la charge, le prédécesseur immédiat de Robert Macaire. On ne sait à quel grotesque héros de Juillet M. *Mayeux* doit sa bosse et son nom. Mais qui ne se rappelle son masque railleur, sa culotte courte, ses maigres mollets, ses longs bras et son éternel parapluie? M. *Mayeux* date de 1830. Il fut enfant des barricades, puis garde national, avant de parcourir cette série d'aventures qui fit tant rire la France aux dépens de la bourgeoisie, du gouvernement de Juillet, de tous les ridicules, et souvent de la morale. C'est dans le *Charivari*, nouvellement créé, que se déroula principalement l'épopée bouffonne des *Aventures de M. Mayeux*. Son règne n'a duré que deux ou trois ans, mais ce peu de temps a suffi à son immortalité, et M. *Mayeux* restera comme un des types les plus cyniques de la caricature française.

MAY-KONG. *Voyez* CAMBODGE.

MAYNARD (FRANÇOIS), poète français, né à Toulouse, en 1582, fut d'abord président au présidial d'Aurillac, puis conseiller d'État, se rendit à Paris, où il vécut dans la société des poëtes les plus célèbres de l'époque, surtout de Malherbe, qui fut son maître. Il fut, au commencement du dix-septième siècle, le rival, souvent heureux, de Racan. Maynard est mort en 1646. Il avait été un des premiers membres de l'Académie Française. Ses *Œuvres poétiques* ont été publiées à Paris, en 1646, et ses *Lettres* en 1653.

MAYNOOTH. *Voyez* KILDARE.

MAYO, comté formant l'extrémité nord-ouest de la province de Connaught (Irlande), baigné au nord et à l'ouest par l'océan Atlantique, sur une côte qui abonde en baies, en îles et en ports. Il a une superficie de 70 myriamètres carrés, dont près du tiers en marais et landes. Ses baies les plus remarquables sont celles de Killala et de Broad au nord, de Black-Rod, de Clew et l'excellent port de Killery à l'ouest, et ses îles les plus importantes Achill-Island et Clare-Island. Dans sa partie occidentale, le comté de Mayo est rempli par des montagnes nues et très-escarpées. Le Nephin atteint une altitude de 826 mètres, et le Croagh-Patrick une élévation de 790 mètres. L'agriculture y est fort négligée, quoiqu'elle pût devenir très-productive à cause de la fertilité des plaines et des vallées. Le règne minéral fournit d'excellente ardoise, et cependant les maisons sont généralement couvertes en chaume. Sur quelques points on trouve aussi du minerai de fer; mais voilà longtemps que, faute de bois, on a cessé de l'exploiter. Du chiffre de 388,887 habitants qu'on y comptait en 1841, la population avait baissé en 1851 à 274,716; ce qui donne une diminution de 29 pour 100. Le comté, qui est divisé en neuf baronnies, contient soixante-huit paroisses, envoie deux représentants au parlement, et a pour chef-lieu *Castlebar*, jolie ville, bâtie sur une petite rivière, à peu de distance à l'est du lac de Lanach, avec 6,000 habitants, un hôpital, une caserne de cavalerie, une belle église paroissiale, une salle pour la tenue des assises, etc. *Killala*, petit port de mer, dans la baie du même nom, est le siége d'un évêché anglican, avec 2,000 habitants, une petite cathédrale, et les ruines de deux couvents. Plus au sud, dans la baie de Killala, on trouve l'ancien chef-lieu du comté, *Mayo*, autrefois siége d'évêché, et aujourd'hui misérable village.

Le 21 août 1798 une flotte française débarquait à Killala une expédition française aux ordres du général Humbert, qui cinq jours plus tard battit les Anglais aux environs de Castlebar, mais qui ne vit bientôt contraint à se rembarquer.

MAYOTTE, des quatre îles Comores, dépendance de la côte orientale d'Afrique, celle qui est la plus importante et située le plus au sud-ouest, entre le 11e et le 13e degré de latitude méridionale, à l'extrémité septentrionale de Madagascar et le cap Delgado, au nord, dans le canal de Mozambique. Toutes sont montagneuses et bordées de rochers de corail; leur sol, volcanique, doué d'une remarquable fertilité et d'une assez grande salubrité, présente de riches pâturages et produit en abondance de magnifiques palmiers, d'excellent bois de construction, de la canne à sucre, du riz, des bananes, des mangues, des ananas, du coton, des oranges, etc. Il nourrit en outre beaucoup de bestiaux.

Comme les autres îles Comores, Mayotte est habitée par une race métisse de taille colossale et au total fort pacifique, composée de nègres Souahélis originaires de l'est de l'Afrique, d'Arabes et de Malais, dont la langue est l'arabe, qui professe l'islamisme tout en adorant encore des fétiches, et qui tire sa subsistance soit de la culture du sol, soit de la fabrication de fort belles toiles, d'armes, et d'articles de joaillerie et de quincaillerie. Autrefois, avant que ces îles eussent été ravagées et dépeuplées par les brigandages des Sakalawas, peuplade pirate de Madagascar, il s'y faisait un grand commerce, qui s'étendait jusqu'à l'Inde.

Mayotte a environ 10 myriamètres de longueur, avec une largeur fort inégale. L'aspect général en est des plus pittoresque, car elle est couverte de montagnes, dont quelques-unes atteignent 1,200 mètres d'altitude. On y trouve de bons ancrages. Son sol, richement arrosé, est des plus fertiles, en même temps que d'une grande salubrité. En attendant la réalisation des projets de conquête que la France a constamment entretenus à l'égard de Madagascar, mais qui dorment depuis plus d'un siècle dans les cartons du ministère de la marine, le gouvernement de Louis-Philippe avait cru sage de faire choix, à peu de distance de Madagascar, d'une position propre à devenir un lieu de ravitaillement pour nos flottes et un point d'appui pour quelque expédition à venir. En conséquence, après avoir d'abord jeté les yeux sur Notti-Bé, qu'on fut obligé d'abandonner à cause de son extrême insalubrité, on finit par se décider en faveur de Mayotte, dont le sultan se donna à la protection de la France par acte en date du 27 avril 1841. L'établissement que la France y possède aujourd'hui fut créé en 1843. Il est situé sur le promontoire N'zaondzi, et l'autorité de son commandant militaire s'étend aussi sur les petites îles voisines de la côte nord-ouest de Madagascar appartenant à la France, ainsi que sur l'île Sainte-Marie, située sur la côte orientale. En 1843 on ne comptait encore à Mayotte que 2,000 habitants; dès 1849 le chiffre de la population était de 5,268 âmes, dont 2,555 individus libres et 2,733 anciens esclaves. Avec les dépendances dont nous venons de parler, la population totale était de 33,051 habitants, dont 20,313 individus libres, et 12,738 anciens esclaves. En raison de sa si heureuse situation géographique, l'établissement français de Mayotte pourrait acquérir un jour une grande importance commerciale.

Les trois autres îles Comores, dont chacune a son sultan particulier, quoique presque chaque village y obéisse en réalité à un chef élu par les notables de l'endroit, sont : *Angazila*, ou la Grande-Comore, la plus grande et la plus élevée de toutes, longue de 6 myriamètres sur 3 de large, avec deux montagnes, dont l'une atteint 2,300 mètres d'altitude et contient un volcan en activité; *N'zuana* ou *Hinzuan*, appelée ordinairement par les Européens *Aujouan* ou encore *Johanna*, d'une fertilité extrême, et très-fréquentée par les bâtiments européens; et *Moheli* ou *Mohilla*, la plus petite de toutes.

MAZAFRAN, rivière de l'Algérie, qui se jette dans la Méditerranée, à 8 kilomètres à l'ouest de Sidi-Ferruch, après avoir passé près de Koléah à travers un bois auquel elle donne son nom. Le Mazafran est formé de la réunion de l'Oued-Jer avec la Chiffa au pied du Sahel, qu'il contourne d'abord, puis qu'il perce par une gorge très-resserrée pour gagner son embouchure. Son cours est assez rapide; ses eaux sont peu profondes et de bonne qualité. Le Mazafran séparait autrefois le beylik de Titery du beylik d'Oran.

Le 12 août 1840, au matin, le colonel Champion, du 3e léger, commandant le camp de Koléah, fut informé qu'un corps arabe commandé par le bey de Miliana et composé d'Hadjoutes, de 400 fantassins et de 200 cavaliers réguliers, avait passé vers minuit entre Koléah et la mer, se dirigeant vers la plaine de Staouéli. Comme un convoi était attendu ce jour-là à Koléah, il était à présumer que l'ennemi voulait le surprendre. Le colonel Champion fit immédiatement sortir une reconnaissance pour explorer la vallée du Mazafran. Ce détachement, trop faible, commandé par le capitaine Morisot, parvint jusqu'au bord de la rivière en n'apercevant que quelques Arabes, mais tout à coup nos troupes furent surprises et enveloppées par l'ennemi, embusqué dans les broussailles. Un vif combat s'engagea, et bien qu'ils fussent pris à l'improviste, nos soldats montrèrent autant de sang-froid que de valeur; mais, obligés de céder, ils durent se replier sur Koléah. Les Arabes avaient perdu beaucoup de monde, et deux de leurs porte-drapeau avaient été tués dans une charge à la baïonnette. De leur côté, les Français avaient à déplorer la perte de 103 sous-officiers et soldats, et de deux officiers, notamment du capitaine Morisot. Aussitôt qu'il fut instruit de cet événement, le gouverneur général dirigea sur Koléah les deux bataillons de zouaves commandés par le lieutenant-colonel Cavaignac; ils parvinrent à leur destination sans rencontrer l'ennemi.

L. LOUVET.

MAZAGE. *Voyez* FORCES (Grosses), tome IX, p. 568.

MAZAGRAN, petit village de l'Algérie, situé à 3 kilomètres de Mostaganem, province d'Oran, au milieu d'un territoire fertile et bien cultivé, est célèbre par la défense héroïque qu'une faible garnison française y opposa, en 1840, à un ennemi excessivement nombreux. Les habitants de Mazagran, craignant les razzias de l'émir, avaient demandé du secours, et on leur avait accordé, au mois de novembre 1839, un petit détachement qui s'était retranché dans un chétif réduit fortifié. Le 15 décembre les crêtes des mamelons placés entre Mostaganem et Mazagran se couronnèrent de plus de 3,000 Arabes, dont 1,500 commencèrent le feu contre Mazagran. La garnison les reçut avec intrépidité, et leur fit éprouver de grandes pertes. Ils se retirèrent alors, pour revenir bientôt en plus grand nombre. Le 2 février 1840 en effet un lieutenant d'Abd-el-Kader, Mustapha-ben-Tami, parut devant Mazagran à la tête des contingents de quatre-vingt-deux tribus, formant ensemble 12 à 15,000 combattants. Un bataillon d'infanterie régulière et deux pièces de canon accompagnaient la masse confuse des combattants. La casbah de Mazagran était occupée par 123 hommes formant la 10e compagnie du 1er bataillon d'infanterie d'Afrique, sous les ordres du capitaine Lelièvre. Cette faible garnison n'avait pour matériel de guerre qu'une pièce de quatre, 40,000 cartouches et un baril de poudre. Dès la matinée du 1ᵉʳ février un poste avancé avait signalé les éclaireurs de l'ennemi; mais ce fut seulement le 2 que les Arabes commencèrent l'attaque. Trois cents fantassins arabes se logèrent dans le bas de la ville, en crénelèrent les maisons, et dirigèrent une fusillade extrêmement vive contre le fortin, tandis que les cavaliers l'attaquaient du côté de la plaine, et que leur artillerie, placée sur un plateau, à 5 ou 600 mètres, en battait les murailles. Encouragés par le nombre, les plus braves vinrent planter des étendards sous les murailles de la casbah, et tous se précipitèrent à l'assaut avec une fureur qu'excitaient à la fois le fanatisme religieux et l'appât des récompenses.

Pendant quatre jours et quatre nuits l'attaque demeura aussi constamment acharnée que la défense se soutint héroïque. La moitié des munitions de guerre ayant été épuisée dans la première journée, le capitaine Lelièvre, commanda à ses soldats de ne plus repousser les efforts de l'ennemi qu'à la baïonnette. Plusieurs fois le drapeau national arboré sur l'humble redoute a son support brisé; sa flamme est lacérée par les balles; toujours il est relevé avec enthousiasme. Dans la soirée du 4, le capitaine Lelièvre, voyant que les munitions allaient être épuisées, dit aux braves qui l'entouraient : « Nous avons encore un tonneau de poudre presque entier et douze mille cartouches ; nous nous défendrons jusqu'à ce qu'il ne nous en reste que douze ou quinze ; puis nous entrerons dans la poudrière pour y mettre le feu, heureux de mourir pour notre pays ! » Dès l'apparition des Arabes, le lieutenant-colonel Dubarail, qui commandait à Mostaganem, ordonna plusieurs sorties contre les Arabes, qui le séparaient entièrement de Mazagran; mais sa propre garnison était trop faible pour pouvoir tenter de dégager entièrement les défenseurs de ce village. Un dernier assaut ayant été donné contre cette place le 6 au matin, sans plus de fruit, par 2,000 Arabes, l'ennemi se retira dans la nuit, emportant à 5 à 600 tués ou blessés. Le 7 au matin, la plaine était déserte, et la garnison de Mostaganem put délivrer la 10ᵉ compagnie, enfermée dans Mazagran, et l'emmener en triomphe. La garnison de Mazagran n'avait eu que 3 hommes tués et 16 blessés. La petite colonne de Mostaganem avait perdu 23 hommes.

Ce beau fait d'armes valut au capitaine Lelièvre le grade de chef de bataillon; le lieutenant-colonel Dubarail devint colonel, le sous-lieutenant Magnien devint lieutenant; douze décorations de la Légion d'Honneur furent distribuées entre les deux garnisons. La 10ᵉ compagnie du 1ᵉʳ bataillon d'infanterie d'Afrique obtint le droit de porter dans ses rangs le drapeau criblé qui flottait sur le rempart de Mazagran. Une médaille fut frappée en souvenir de cette action glorieuse, et un monument fut élevé par souscription en l'honneur des 123 héros qui venaient d'ajouter une si belle page à notre histoire militaire. L. LOUVET.

MAZANDERÂN. *Voyez* MASANDERAN.

MAZARIN (JULES), ou plutôt *Giulio* MAZARINI, naquit le 14 juillet 1602, à Piscina, dans les Abruzzes, d'un noble sicilien, Pietro Mazarini. Tout jeune encore, il s'attacha à l'ambassade du cardinal Jeronimo Colonna en Espagne. Durant cette mission, il put suivre les cours, alors si érudits et si avancés, plus tard, puis des universités d'Alcala et de Salamanque, et y prendre ses grades de docteur. Doué d'un esprit vif, pénétrant, il fut remarqué à son retour à Rome par l'institut des jésuites. Dans une pièce, conservée aux archives du Vatican, on trouve Mazarin jouant le rôle d'Ignace de Loyola dans une sainte comédie, représentée au collège des jésuites ; puis on le rencontre brave capitaine, l'épée à la main, dans la Valteline, puis négociateur auprès du duc de Feria et du maréchal d'Estrées : c'est à cette occasion que se déployèrent ses talents diplomatiques, pour lesquels il avait goût et vocation. Doué de cet esprit à ménagements qui balance tous les intérêts et décide une question en évitant la guerre, il commença à se faire remarquer par le cardinal de Richelieu dans les négociations entre la France, la Savoie et Rome, qui se poursuivirent à Lyon. Sur ce nouveau théâtre il fit preuve de la plus haute intelligence, de la capacité la plus souple, et Richelieu, si puissamment capable de deviner un esprit supérieur, jeta mille espérances sur cette tête d'un homme de trente ans à peine. Mazarin fut le véritable auteur de la paix avec la Savoie, et pour amener la suspension des hostilités, le voilà qui se jette avec son courage de capitaine entre les deux armées en criant : *La paix ! la paix !* Depuis, Richelieu ne le perdit jamais de vue : ce fut à sa sollicitation que *l'abbate* Mazarini reçut le titre de vice-légat du pape à Avignon. Enfin, le grand cardinal se l'attacha complétement en 1639. Mazarin entra dans le conseil du roi de France; il n'y eut pas une seule négociation qui ne fût alors dirigée par lui; il obtint en récompense le chapeau de cardinal, sollicité par Richelieu lui-même.

La vie active et puissante de Mazarin commence à la mort du premier ministre de Louis XIII, six mois après l'exécution de Cinq-Mars. Le jeune cardinal, sans remplacer son dur prédécesseur, prend en main la direction des affaires. Le défunt avait désigné comme secrétaire d'État *l'abbate* Mazarini. Mourant il avait supplié le roi de conserver intact le conseil qu'il avait lui-même formé avec tant de soins, et qui se composait des secrétaires d'État Chavigny, Desnoyers, le chancelier Seguier, et Bouthillier, intendant des finances. Le roi le lui avait promis, et le surlendemain de la mort de son ministre il écrivit une lettre circulaire aux parlements, gouverneurs de province, ambassadeurs étrangers, pour leur annoncer cette résolution. Dans une dépêche adressée par le monarque au marquis de Fontenay, envoyé à Rome, on lit : « Pour conserver les grands avantages qu'il a plu à Dieu de nous donner, j'ai pris la résolution de maintenir en mes conseils les mêmes personnes qui m'ont servi pendant l'administration de mon cousin le cardinal de Richelieu, et d'y appeler mon cousin le cardinal Mazarin, qui m'a donné tant de preuves de son affection, de sa fidélité et de sa capacité dans les diverses occasions où je l'ai employé. »

Jusqu'à la mort de Louis XIII, Mazarin partage le pouvoir avec le secrétaire d'État Desnoyers ; il ne devient tout puissant que sous la régence d'Anne d'Autriche. L'avénement de Mazarin fut une réaction favorable non-seulement à l'autorité judiciaire du parlement, mais aux grandes familles de provinces et de cour frappées par Richelieu. Le château de Saint-Germain voyait chaque jour nouveaux venus exilés prendre leur ancienne place auprès du trône ; Mazarin les accueillait favorablement; son seul acte un peu vigoureux fut l'arrestation du duc de Beaufort. La régence était à peine centralisée dans les mains d'Anne d'Autriche qu'elle conféra la toute-puissance politique à Mazarin en le constituant premier ministre en titre, par un acte de sa souveraineté. Dans le fait, il avait la plénitude du pouvoir depuis l'avénement de la reine mère ; seulement sa qualité de premier ministre n'était pas reconnue et officiellement déclarée. Le conseil d'ailleurs avait éprouvé quelques mutations ; la disgrâce de Desnoyers avait été suivie de l'entrée de Letellier au conseil pour le département de la guerre, et quelques mois plus tard, pour la surintendance des finances, de celle d'Émery, fils d'un contadino de Sienne, talent à ressources et plein de dévouement. Letellier et d'Émery sortaient de l'armée d'Italie ; tous deux étaient les intimes créatures de Mazarin, tous deux devaient appuyer son système. Ainsi, on s'éloignait chaque jour davantage de la pensée de Richelieu ; il eût été vain de se soutenir dans cette ligne, on était emporté par l'opinion. Quelles que fussent ces concessions aux Parisiens, le calme n'était point rétabli dans la cité. La révolution d'Angleterre, l'émeute de Masaniello à Naples, retentissaient : Anne d'Autriche se rendant à Notre-Dame, en avait entendu des hommes crier à ses oreilles, comme une plainte menaçante : « Naples ! Naples ! » voulant dire sans doute que si l'on ne faisait pas droit à leurs doléances, ils sauraient bien conquérir leur indépendance par la révolte et les barricades. Au moindre refus, cette multitude prenait feu ; on l'avait vu dans une récente circonstance : il s'agissait d'élire le curé de Saint-Eustache, et tous, bourgeois, bonnes femmes, s'étaient réunis au cimetière des Innocents pour criailler contre le candidat que le Mazarin voulait leur imposer.

Cependant, le canon de la victoire de Lens retentissait ; Notre-Dame était remplie de parfums, et le *Te Deum* se faisait entendre sous les voûtes saintes. Rien ne donne plus de cœur au pouvoir qu'un de ces succès de bataille qui frappent les imaginations ; on cherche alors à en profiter pour oser des coups d'État. Mazarin n'hésita pas ; et comme il connaissait les chefs de l'opposition dans le parlement, une lettre de cachet ordonna que les présidents Blanc-Mesnil et Charton, le conseiller Broussel, fussent sur-le-champ arrêtés pour être mis à la disposition de la reine. Tout à coup, la nouvelle se répand de cette mesure de force : on se groupe, on se dit aux halles comment les braves défenseurs du parlement ont été saisis et brutalement emmenés, la belle résignation de Broussel ; comment le prudent président Charton, fin matois, s'est sauvé en s'esquivant de rue en rue, de maison en maison, et tous, bourgeois, femmes du peuple, hommes de métiers, s'écrient : « Les voilà donc consommés les projets du Mazarin, misérable créature italienne ; il faut le traiter comme le Concini de Florence. » Et c'est ce qui donna lieu à la grande émeute des barricades, si souvent racontée.

La haine était vivement soulevée contre Mazarin ; on écrivait toutes sortes de pamphlets contre lui et contre la cour. En parcourant ces écrits, on en remarque de deux espèces : les uns, sérieux, dissertateurs, à la hauteur de l'érudition universitaire ; les autres, empreints de cet esprit français qui se révèle comme aux temps de la Ligue. L'opinion se soulevait si violente contre Mazarin, que la cour entière fut obligée de quitter Paris pour chercher un refuge dans le vieux château de Saint-Germain. C'était le 6 janvier, à trois heures du matin, par une forte gelée. Anne d'Autriche, Louis XIV enfant, Mazarin, le prince de Condé sortiront presque furtivement de chez le maréchal de Gramont, où l'on avait célébré la fête des Rois ; quelques chevaux sellés à la hâte, des mules d'Espagne, deux voitures dont les mantelets étaient fermés, composaient tout le cortége, qui abandonna la ville de Paris par la porte Saint-Honoré, se dirigeant vers le Pec ; Anne d'Autriche avait annoncé qu'on allait se rendre à Saint-Germain. Il y avait désordre dans ce cortége, on marchait pêle-mêle ; les chevaux glissaient sur la terre unie comme un miroir. Quand on arriva, ce désordre était si grand, qu'on ne trouva même pas de lits pour les dames ; excepté le jeune roi et Anne d'Autriche, tout le monde coucha sur la paille, dans les grands appartements ; on coupa du bois dans la forêt pour allumer d'immenses foyers, car on grelottait dans ces chambres froides et humides : Mazarin dormit sur la paille.

Qui avait donc forcé ce départ secret si précipité ? Comment Mazarin s'était-il décidé à enlever le roi à sa bonne ville de Paris ? Plusieurs causes avaient contribué à cette résolution. D'abord, on avait appris que le parlement, irrité de toutes les hésitations royales, voulait rendre un arrêt immédiat contre le système de Mazarin, et la majesté royale ne pouvait souffrir en face cette insulte. Ensuite, la cour s'était abouchée avec Condé, qui avait promis l'appui de son épée ; 12,000 hommes de bonnes troupes étaient dans les environs de Paris ; la paix de Munster, qui venait d'être conclue, laissait à la disposition du roi des régiments jusque alors employés à l'étranger et sur les frontières ; on pouvait donc les envoyer contre les rebelles de la capitale. Cette paix de Munster avait donné de la force au pouvoir royal, il pouvait dès lors agir avec énergie ; elle avait déterminé la résolution de quitter Paris, afin de rendre à toute sa puissance la majesté du jeune roi. La fuite de Louis XIV avait été un des conseils de Mazarin, sa maxime étant toujours de temporiser devant les événements et d'attendre. Tandis que la capitale s'unissait au parlement par une sorte de mariage mystique, le ministère transférait le parlement à Pontoise. Il y eut arrêt de toutes les chambres contre Mazarin : « Attendu son insolence et la tyrannie avec laquelle il se comporte, car, après avoir perverti par ignorance et malice toutes les bonnes règles d'un gouvernement, il a fait des voleries exorbitantes, enlevé scandaleusement la personne du roi et de Monsieur, son frère, et impudemment et faussement accusé les membres de l'auguste corps du parlement d'intelligence avec les ennemis de l'État ; il sera donc poursuivi jusqu'à ce qu'il soit mis entre les mains de la justice, pour être publiquement et exemplairement exécuté. Le pape, les républiques de Venise, de Gênes et de Lucques, et autres princes d'Italie, seront requis et priés que recherches et saisies soient faites dans leurs terres des biens, meubles, pierreries et deniers qui ont été envoyés par ledit Mazarin, pour être restitués à la couronne et au royaume auxquels ils ont été volés. Le roi sera humblement prié de revenir sur son trône et le plus assuré siége de son empire, qui est Paris. »

Il faut lire les documents originaux de l'époque pour se faire une idée du mouvement hardi de la municipalité et du parlement de Paris. On organise, comme sous la Ligue, des forces municipales, des compagnies, des quartiers, des régiments de la ville. Cependant, on ne voit point encore dans la bourgeoisie une résolution de rompre avec la royauté ; et même dans les autorités municipales une certaine tendance vers les transactions. Toutes les déterminations sont respectueuses pour la royauté ; on ne veut point tenter une rupture brusque, immédiate. On sait les forces de Condé, sa gloire militaire, sa dure volonté d'en finir avec les Parisiens. La peur domine, on est disposé à une transaction. Si la populace, dirigée par ses quarteniers, impose des conditions violentes et inflexibles, il n'est au contraire qu'un cri à l'hôtel de ville parmi les échevins, c'est de se soumettre. Le pouvaient-ils ? Pouvaient-ils ? C'était une démarche forte et habile de la part de Mazarin que d'abandonner Paris. Le veuvage de roi était insupportable à la bourgeoisie, toujours inquiète quand elle n'avait pas son monarque. Le conseil, d'un autre côté, était à l'abri d'émeutes et de séditions : Saint-Germain était un château fortifié, entouré de bonnes murailles, sur une hauteur d'où l'on pouvait balayer la canaille de Paris. Il restait à soumettre la ville par le canon et par la brave cavalerie de Condé. Alors on vit pleuvoir les plus violentes caricatures contre le Mazarin.

Cependant, la Fronde se déployait. La haine contre le Mazarin servait de prétexte à ce mouvement municipal des villes de France. A Paris, les confréries de métiers s'étaient organisées à la voix du parlement ; les bannières des fourbisseurs d'armes, des gantiers, des drapiers, tisseurs de bas, tréfileurs d'or, flottaient chaque matin au Pont-Neuf, à la place Dauphine, dans les rues et carrefours. Tel était Paris organisé contre Mazarin sous l'influence du parti des gentilshommes et du parlement ; mais, comme aux jours difficiles de la Ligue, la bourgeoisie commençait à s'ennuyer de la longue lutte entre elle et le roi, on disait partout : « A quoi nous servira de prendre fait et cause pour messieurs du parlement ? est-ce que nous n'étions pas mieux sous le paisible sceptre du roi, quand nous n'avions pas chaque jour à prendre les armes et à quitter nos états ? » D'ailleurs, on n'avait pas souvent la victoire ; dans la plupart des sorties, les gardes bourgeoises s'en revenaient l'oreille basse, courant à toutes jambes par les portes Saint-Denis et Saint-Antoine : les plus courageux s'en retournaient navrés et blessés, leurs beaux habits du dimanche en pièces, couverts de boue jusqu'au collet, leurs chapeaux tout défoncés et trempés de pluie. Il y avait tendance à une transaction : on se rapprocha donc de la cour de Saint-Germain ; mais le parlement exigeait le renvoi du cardinal, l'exil loin de la cour de celui qu'on désignait comme l'auteur des troubles. De là l'entrevue de Ruel, qui eut lieu entre les conseillers du parlement et le duc d'Orléans pour signer une sorte de trêve : c'est à Ruel qu'on se rapprocha. Mazarin craignait comme le feu la présence d'un plénipotentiaire espagnol à Paris ; le parlement, à son tour, et les officiers municipaux, savaient que Paris était aux abois, et l'on redoutait les émeutes des basses classes contre les riches. Le traité de Ruel ne décida aucune des grandes questions entre la prérogative royale, les droits du parlement et de la bourgeoisie de Paris ; il laissa tout en suspens ; il se borna à rétablir les choses telles qu'elles étaient avant la rupture ; on effaçait en quelque sorte les trois mois d'interrègne. L'autorité de Mazarin et la puissance des Frondeurs demeuraient dans leur énergie ; seulement, les deux partis reprenaient haleine ; c'est ce qui fait que la Fronde ne s'apaisa point alors : il fallait encore essayer les batailles.

A peine Mazarin avait-il signé la paix de Ruel, qu'un grand mouvement frondeur se manifesta dans les provinces. Ici se révélèrent les premiers symptômes des souffrances du cardinal. Habituellement pâle, il était amaigri d'une façon effrayante : cette maigreur rendait ses traits plus saillants ; ses grands yeux d'Italie brillaient sous la touffe de ses cils grisonnants ; son nez romain dominait de courtes moustaches ; une légère barbe allongeait sa physionomie, et lui donnait quelque chose de doux et de maladif sous son large chapeau de cardinal. A côté de cette figure pâle et fatiguée, quel contraste que ces jeunes Romaines, nièces de son éminence, qu'il avait amenées de Sienne et de Florence, comme pour distraire ses jours d'ennui, et pour lui servir de parterre comme le disait le sieur de Balzac ! quelles jolies fleurs que les M a n c i n i ! Deux étaient déjà à la cour, dans le palais de Saint-Germain, où chaque jour on croisait le fer pour elles, où l'on faisait mille escapades chevaleresques de la place Royale ou du faubourg Saint-Germain. Il fallait les entendre gazouiller l'italien avec leur bouche de Toscane, leur accentuation gracieuse. La langue qu'on parlait le moins alors à la cour était le français ; tout le monde savait l'espagnol ou l'italien autour d'Anne d'Autriche ou de Mazarin.

Ce fut d'après l'avis de Mazarin que la cour résolut de ne point aller à Paris, et de terminer avant tout la guerre provinciale : la haine était plus vive que jamais contre le cardinal ; on peut en voir la preuve dans le pamphlet intitulé : *Chronologie des reines malheureuses par l'insolence de leurs favoris, dédiée à la reine régente pour lui servir d'exemple et de miroir*. Ce pamphlet rapporte une foule d'exemples de princesses maltraitées, périssant d'une manière misérable pour avoir eu des favoris.

« Voici, y est-il dit, beaucoup d'exemples pour vous faire voir, reine, que les plus sinistres malheurs sont fomentés par les favoris : ce qui doit obliger votre majesté non-seulement à éloigner de la cour Mazarin, mais encore le chasser hors de France. » Ce qui perdait surtout le crédit du cardinal, c'était sa division avec Condé, qui avait prêté un si grand appui à la cour contre la Fronde et qui avait ouvert les portes de Paris au roi.

Dès ce moment on voit poindre cette grande lutte qui se reproduisit avec ténacité à toutes les époques du moyen âge entre la pensée rusée et cléricale et la force brute et militaire, qui maintient son droit par les armes. Mazarin, chef du conseil de la reine, ne voulait point céder la prééminence à Condé ; il voulait que celui-ci pût servir d'instrument passif à l'exécution de sa pensée, qu'il fût le bras et lui la tête. Lorsque Condé eut achevé l'œuvre de la pacification, lorsque, de concert avec le duc d'Orléans, il eut pactisé, M. le prince voulut régler avec le cardinal ses conditions impératives : quelle serait la place enfin qu'il obtiendrait dans les affaires du roi ? serait-il valet ou maître ? Son éminence aurait-elle le pas sur les princes du sang ? pourrait-elle le blesser et les humilier ? Tout ce luxe des Mazarini importunait le prince : les gracieuses nièces du cardinal jetaient la discorde à la cour. Mazarin, qui voulait les bien placer, songeait à les donner à des princes du sang. Le duc de Mercœur, de la lignée bâtarde de Henri IV, fut choisi par lui pour l'unir intimement à sa famille, et s'en faire un appui. Alors M. le prince s'éloigna de la cour sans hésiter ; Mazarin fut ainsi réduit à son isolement. Ayant perdu l'appui des gentilshommes, il résolut de se rapprocher de la bourgeoisie, et la cour, après son voyage, annonça qu'elle rentrerait à Paris. Ce qu'il y eut de remarquable en cette entrée royale, c'est qu'il y fut à peine question des vieilles haines contre Mazarin, tant la joie était grande d'avoir le roi : il y eut en quelque sorte suspension d'armes entre les partis. Le croirait-on ? le 21 août le corps de ville alla faire ses compliments à son Éminence !

Se croyant dès lors sûre de l'assentiment de la bourgeoisie et du parlement, elle osa l'arrestation des princes de Condé, de Conti et du duc de Longueville, sorte de coup d'État, pour en finir avec le parti militaire de la Fronde. A l'égard de ces chefs des gentilshommes, il est évident que Mazarin avait deux voies ouvertes devant lui ; il devait ou traiter successivement avec tous les princes qui prenaient les armes, ou bien attaquer de vive force l'esprit provincial et dompter ainsi encore une fois, comme Richelieu, cette nationalité de chaque population, qui visait au fédéralisme local. On s'est trompé sur le caractère de Mazarin en lui supposant une faiblesse qui pactise avec tous les faits avant même d'essayer de les dompter : le cardinal avait une grande fermeté et un courage qu'il devait à l'école de Richelieu ; il avait une tendance à employer tout d'abord la force de compression, et lorsqu'il apprit le soulèvement des nationalités provinciales, il n'hésita pas à marcher sur-le-champ contre la noblesse en armes. Anne d'Autriche et le jeune roi quittèrent Paris, et se portèrent immédiatement en Bourgogne. La province fut facilement envahie ; il n'avait ni places fortes ni positions capables de résistance. Dijon ouvrit ses portes à la première sommation du roi ; on retourna de là en Normandie, alors soumise au gouvernement des Longueville. La duchesse de Longueville, princesse au cœur haut, aux allures populaires, s'était rendue dans ce gouvernement : elle avait fait appel au parlement, aux grandes communes de Caen, de Rouen, elle avait armé des troupes fidèles : mais ce n'était point suffisant pour arrêter les corps réguliers de Mazarin, soudards qui comptaient non-seulement les gardes françaises, de braves et dignes compagnies suisses, de nombreux régiments d'infanterie, Champagne, Flandre, Picardie, mais encore un grand nombre de troupes étrangères.

Quand la Normandie fut soumise, Mazarin, toujours suivi du jeune roi et d'Anne d'Autriche, passa à travers le Poitou pour envahir la Guienne, qui s'était jetée plus ardemment encore que la Bourgogne et la Normandie dans la résistance à la Fronde. La Guienne, comme la Provence, ne s'était jamais complétement ralliée à la monarchie française ; sa population avait conservé ses répugnances pour les races du nord ; la Loire formait toujours cette séparation invariable qui partageait les deux zones du midi et du septentrion, et ceci explique comment les répressions de révolte dans ces provinces furent toujours plus lentes. Mazarin fut obligé de faire le siège de Bordeaux, de lutter corps à corps avec la bourgeoisie et les parlementaires. C'est dans la Guienne que s'étaient réfugiées toutes les troupes du parti militaire de la Fronde. La Gascogne était hérissée de places fortes : là se trouvait une noblesse intacte, dont les blasons s'étaient peints aux guerres du prince Noir ; souvent le maître d'un petit manoir féodal comptait des ancêtres qui remontaient aux vieux ducs de Gascogne. La guerre provinciale de la Fronde fut menée à bonne fin par le cardinal ; mais alors le parti parlementaire recommençait à s'organiser à Paris, et le duc d'Orléans s'unissait à MM. les conseillers contre son Éminence : ici recommencent encore les guerres de pamphlets. Malgré ces pamphlets, Mazarin poursuivait la guerre avec une certaine science militaire.

Dans l'histoire, on remarquera l'habileté des combinaisons stratégiques du cardinal : la guerre paraît son élément ; il est doué de tout le courage, de toute la présence d'esprit nécessaire. La noblesse va à la guerre sans souci, les poches vides, les chariots et fourgons vides aussi ; des précautions pour les vivres, pour les munitions de guerre, on ne s'en inquiète pas ; il faut donc une prévoyance plus active, plus étendue, qui pourvoie à toutes ces nécessités de camp. Le grand intérêt de la correspondance militaire de Mazarin se rapporte à ce qu'on appellerait aujourd'hui l'intendance. Il veille à la solde, à la nourriture des troupes, aux équipages, aux munitions de guerre, à l'artillerie de campagne et de siége. Et en cela il se rapproche beaucoup de Richelieu.

Durant cette guerre, il éprouva un découragement profond. Il venait de savoir l'union de Monsieur et du parlement. Effrayé de cette vive explosion des sentiments publics, il résolut de s'éloigner momentanément du conseil de la reine mère. A peine de retour à Paris, le 6 février 1651, à huit heures du soir, par un de ces temps froids et brumeux qui favorisent les entreprises, il se revêtit d'un habit de gentilhomme ; il couvrit son chef d'un vaste chapeau blanc à plumes flottantes, ainsi que les portalent les courtisans aux jours d'apparat et de fête ; un manteau brun fut jeté sur ses épaules, et, accompagné de trois de ses gentilshommes, il sortit du Louvre, et suivit la rue Saint-Honoré, où sa compagnie de gardes l'attendait. Puis il tourna un peu à droite, prit la route de Saint-Denis, se dirigeant au nord vers Senlis. Il montait un cheval alezan, et, quoique maladif, se montrait dans cette circonstance fort ingambe, caracolant avec prestesse. Voilà le cardinal sur la route des frontières : quel réveil à Paris ! on ne s'en tint plus de joie. Tant que Mazarin était présent aux conseils, on n'osait contre lui aucune proscription ; mais sa fuite supposait une grande disgrâce : la reine avait donc consenti à s'en débarrasser ! On ne garda plus de mesure ; le parlement prit la haute main, lança des ordres, comme si le pouvoir allait désormais lui appartenir incontestablement. « En suite de diverses assemblées du parlement, monseigneur le duc d'Orléans s'y étant trouvé, fut ordonné que LL. MM. seraient très-humblement suppliées d'envoyer au plus tôt lettres de cachet pour la liberté des princes de Condé et de Conti et du duc de Longueville, et pour éloigner de la personne du roi et des conseils le cardinal Mazarin. » Après la fuite de son éminence, la cour se fit toute parlementaire. Molé prit une grande consistance dans le conseil, le duc d'Orléans fut tout-puissant.

Dans l'exil qui lui était imposé, la pensée de Mazarin était toujours de se réserver les affections protectrices d'Anne d'Autriche ; d'après les pièces intimes et la propre correspondance du cardinal, il est impossible de ne pas reconnaître que sa disgrâce était sérieuse, et que lui-même y croyait. C'est à en rendre la durée la moins longue et la moins pénible qu'il met toute sa sollicitude, s'efforçant de conserver de bons rapports avec Anne d'Autriche ; car il sait que là est sa force, qu'on elle repose tout son crédit. Ses lettres sont tout à la fois respectueuses et pressantes : « Madame, écrit-il à la reine mère, aussitôt que j'ai vu dans la lettre que V. M. m'a fait l'honneur de m'adresser que le service du roi et le vôtre demandoient que ma retraite de la cour fût suivie de ma sortie du royaume, j'ai souscrit très-respectueusement à l'arrêt de V. M., dont les commandements et les lois seront toujours l'unique règle de ma vie ; j'ai déjà dépêché un gentilhomme pour m'aller chercher quelque sujet, et, quoique je sois sans équipage, et dénué de toutes les choses nécessaires pour un long voyage, je partirai demain sans faute pour m'en aller droit à Sedan, et de là passer au lieu où l'on aura pu obtenir pour ma demeure. » Du reste, dans sa correspondance, il parait profondément blessé surtout des épigrammes qui s'adressent à ses nièces. Le parlement le

faisant attaquer ainsi dans ce qu'il avait de plus cher, prouvait par là qu'il le croyait encore redoutable. Il ne se trompait pas : Mazarin était resté d'intelligence avec la reine ; il ne s'était pas sérieusement retiré des affaires ; Letellier est son agent dans le conseil ; c'est lui qui prépare son retour. Mazarin recrute des troupes à l'étranger ; il marche vers les frontières de France pour se joindre aux troupes de la régente ; les régiments allemands, suisses et polacres, levés par lui, arrivent à Sedan. Déjà ils ont été passés en revue par deux maréchaux de la reine, de La Ferté et d'Hocquincourt, qui ont reçu l'ordre exprès d'en prendre le commandement et d'assurer le cardinal qu'Anne d'Autriche approuve toutes ses mesures, qu'elle ira même bientôt le joindre dans les provinces méridionales de la France, où s'est spécialement concentrée l'armée des princes. Mazarin hâte donc sa marche ; ses troupes filent par Angers, Poitiers, Angoulême, et viennent prendre position sur la Garonne, au-dessus de Bordeaux.

Dans cette marche rapide vers les provinces méridionales, tout se faisait directement par l'ordre de la reine ; Mazarin était redevenu son intime conseiller. Le temps la pressait d'aller le rejoindre, afin d'unir les armées du roi à celle du cardinal : il fallait apaiser les troubles parlementaires, qui s'étendaient de Bordeaux aux Pyrénées. Pour cela, il était nécessaire encore de sortir de Paris. Anne avait un prétexte tout trouvé : il était impossible que le roi pût laisser la rébellion et la révolte se concentrer dans une de ses provinces sans y porter remède ; on devait empêcher que l'Espagnol ne profitât de l'insurrection du Languedoc pour tenter de nouvelles entreprises sur la France. Que pouvaient dire MM. les échevins et quarteniers contre une telle résolution, si conforme aux habitudes belliqueuses de l'enfance du roi ? Quelques-uns murmuraient de ce que la reine, si dévouée à Mazarin, allait le rejoindre dans les provinces de Guyenne ; mais cette conjecture était-elle assez prouvée pour que les bourgeois pussent empêcher le départ de S. M. ? Le dévouement était si profond alors au prince ! les gentilshommes et les parlementaires n'auraient jamais osé s'opposer directement à cette volonté, fondée d'ailleurs sur des motifs légitimes. Louis XIV et sa mère sortirent donc encore une fois de Paris, et s'acheminèrent vers les rives de la Loire. Dès qu'ils eurent atteint La Charité et rejoint les premiers corps du maréchal d'Hocquincourt, tous respirèrent à l'aise : les royalistes, parce qu'ils avaient le roi avec eux ; les frondeurs, parce qu'ils n'avaient plus à ménager le conseil, et pouvaient librement se prononcer pour la cause municipale de Paris et sonner les cloches de l'échevinage. Alors tout prit une allure de guerre, comme aux premiers jours de la Fronde.

Ici trouve naturellement place le fait le plus curieux de cette dissension civile, l'expédition de Mlle de Montpensier et de ses Amazones sur Orléans. Après l'union de l'armée royale et des troupes de Mazarin, la Fronde se déploie dans toute son énergie à Paris : c'est la belle époque de Mlle de Montpensier, c'est la prise de l'hôtel de ville. Mazarin et les royalistes se concentrent à Pontoise ; là a lieu le second renvoi de Mazarin. Ce n'est, au demeurant, qu'une manœuvre pour arriver plus aisément à une pacification : elle a lieu en effet, et par suite le roi rentre dans sa capitale. Quand la réaction proscrit Broussel et les plus acharnés Frondeurs, Mazarin peut reprendre son poste dans le conseil ; il revient à Paris sans opposition et sans bruit. Le ministre que l'on a tant chansonné, que l'on a proscrit par des mesures atroces, retrouve sa place au conseil sans rencontrer le moindre obstacle. Il n'y eut ni cris ni opposition ; il rentra dans son palais sans qu'il s'élevât un murmure de halles, et jusqu'à un certain point il eut de la popularité. Après les grands troubles, il arrive un affaissement public qui fait les populations accueillent tout ce qu'on leur impose avec une nonchalance, un laisser-aller de fatigue admirablement approprié à l'exercice de l'autorité absolue. Alors n'attendez pas de résistance ! on peu tout oser, parce que le peuple est disposé à tout souffrir; la nécessité du repos est si universelle qu'elle domine tous les autres sentiments ; les multitudes ont besoin de reprendre leurs forces par le repos, comme les corps humains par le sommeil; c'est ce qui explique la facilité que trouva Louis XIV à faire triompher l'unité dans sa pensée de gouvernement : le pouvoir absolu est moins le fait de la volonté énergique d'un homme que le résultat des circonstances mêmes; c'est un certain état social qui le crée.

Une fois l'autorité ministérielle établie, il faut voir Mazarin aux prises avec la diplomatie étrangère, et son habileté se déployer dans le traité des Pyrénées. La révolution d'Angleterre sous Cromwell est immédiatement reconnue par le cardinal ; il ne heurte pas les faits accomplis, il les admet sans discussion ni préliminaire. Plus tard un traité d'alliance unit la jeune monarchie de Louis XIV avec le protectorat du vieux Noll. C'est une grande innovation dans le droit public en face des principes héréditaires. Cependant, la longue guerre qui se poursuivait entre la couronne de France et l'Espagne avait épuisé bien des ressources. Depuis dix ans, les hostilités continuaient sans relâche ; les armées d'Espagne et de France s'étaient rencontrées sur plus d'un champ de bataille, aux Pyrénées, sur les frontières de Flandre, en Picardie, dans le Milanais, sur les mers de Naples et de Sicile. Ces guerres permanentes fatiguaient les peuples, épuisaient le trésor, et en les examinant avec attention dans leurs dernières années, on voit, par l'exiguïté des armées, par la timidité des moyens et des plans de campagne, qu'il y avait fatigue des esprits, épuisement dans les ressources, et que tout le monde avait un besoin pressant de repos. On rapporte généralement que la paix avec l'Espagne fut décidée dans les conférences postérieures de Mazarin avec don Louis de Haro à Saint-Jean-de-Luz : il n'en fut rien. Les conférences furent seulement la confirmation des points arrêtés dans la négociation entre de Lionne et le premier ministre à Madrid. Ces négociations existent encore en original. Les fameuses conférences de la Bidassoa ne firent que confirmer les bases de la paix. Mazarin partit de Paris le 24 juin, par les grandes chaleurs de l'été ; il monta dans son beau carrosse doré, traîné par huit magnifiques mules, suivi de soixante seigneurs, les plus puissants de la cour, le maréchal de Gramont, les ducs de Créquy et de Villeroy ; puis d'ecclésiastiques, parmi lesquels on comptait les archevêques de Lyon et de Toulouse, hauts dignitaires dans la hiérarchie sacerdotale. Le cardinal, qui prenait le titre de premier plénipotentiaire de France, avait pour secrétaire d'État de Lionne, qui avait exposé les conférences de Madrid. La route fut belle et facile ; on se divertit beaucoup. Chaque soir il y avait cercle chez son éminence ; elle restait couchée sur son lit de parade, et c'est dans sa ruelle que se faisaient jeux et parties, à la lueur des cierges.

Un fait curieux se présente, qui tient à la famille de Mazarin : je veux parler de l'amour de Louis XIV pour Marie Mancini. Elle avait complètement captivé le roi par son esprit, infiniment gracieux et varié; et comme elle était habile, elle avait tout refusé, afin d'entraîner le monarque à la prendre pour femme légitime. Déjà une des nièces du cardinal avait épousé le prince de Conti : c'était beaucoup sans doute, car la race des cadets de Bourbon était bonne et haute; mais de là à la couronne royale le pas était grand encore ; Marie Mancini s'était proposé de l'avoir formée, cette couronne : c'était sa préoccupation, comme ç'avait été celle de Mlle de Montpensier. On a prétendu que Mazarin favorisait les vues ambitieuses de sa nièce, et qu'il aurait été aise de la voir sur le trône de France, comme, à une autre époque, une Marie de Médicis avait été élevée jusqu'à la couronne de Henri IV. Il n'en est rien. Tout le souci de Mazarin, au contraire, c'était de mettre un terme à ce qu'il appelait un scandale, car pouvait-il négocier sérieusement avec les Pyrénées le mariage avec l'infante, si l'on venait à savoir que le jeune roi poursuivait avec acharnement une autre femme, la propre nièce de son éminence ? Mazarin ordonna à Marie Mancini de quitter la cour, et de se retirer à La Rochelle, puis à Bordeaux. Le jeune roi la poursuit partout : quand il ne peut parvenir jusqu'à elle, il passe des journées entières à lui écrire, lui si paresseux pour les travaux de l'esprit, même pour tout ce qui touche à l'art du madrigal et des lettres. Mazarin en est tout inquiet. Il n'y a rien de plus curieux que les lettres qu'il écrit à Louis XIV ; il prie, il menace, il se fâche, au point de déclarer au roi qu'il se retirera s'il ne renonce à ses desseins. « Sire, lui écrit-il, vous trouverez ci-joint un paquet qui m'a été adressé d'un lieu près de La Rochelle, et vous me permettrez de vous dire, avec tout le respect et la soumission que je vous dois, que, bien que ma complaisance pour les choses que vous avez souhaitées ait toujours été au dernier point, quand je croyois vous le pouvoir rendre sans préjudicier à votre service et à votre gloire, je voudrois bien avoir le moyen d'en user de même en ce rencontre. Néanmoins, s'agissant de ma réputation et de celle d'une personne que vous honorez de votre bienveillance, qui assurément recevroit une atteinte irréparable si vous n'aviez la bonté de rompre le commerce que vous entretenez avec tant d'éclat, je vous conjure de le faire, et étant, comme vous êtes, le plus juste et le plus raisonnable de tous les hommes, je ne dois pas douter que par ce seul motif vous m'accorderez cette grâce, etc. »

Ce n'est certes pas là le langage d'un homme ambitieux de voir le roi de France épouser sa nièce. Au reste, la vie politique du cardinal finit avec la Fronde, sa vie diplomatique avec le traité des Pyrénées et le mariage de Louis XIV avec Marie-Thérèse ; et, comme il arrive presque toujours, la mort vint, le 9 mars 1661, quand il était prêt à jouir des grands succès de son administration publique. Il n'y eut à ce sujet aucune manifestation de haine : on fit bien circuler quelques petits vers contre sa mémoire, des satires contre son pouvoir, mais on ne fut témoin d'aucune de ces démonstrations flétrissantes qui souvent accompagnaient les funérailles des premiers ministres, comme cela s'était vu même sous Richelieu. Il y eut un service solennel dans l'église de Notre-Dame. Le parlement, qui avait autrefois proscrit Mazarin, y assista en corps, et fit consigner dans ses registres cet acte de déférence, qui élevait le cardinal au niveau de la royauté. Un monument lui fut élevé, dans l'église du collège des Quatre-Nations; et Coysevox donna une telle ressemblance à sa physionomie en bronze, qu'on eût dit que c'était lui encore, agenouillé sur un carreau de velours, et seulement noirci par le temps et la mort. CAPEFIGUE.

MAZARINADES. On appelle ainsi la multitude incroyable de pamphlets et de satires en prose et en vers publiés contre Mazarin, sa famille et ses partisans, pendant les troubles de la Fronde. On ne peut se faire une idée de la licence de ces satires et des chansons du temps ; jamais en France la caricature ne fut aussi folle et aussi décolletée. Il faut lire le chant populaire des *Barricades*, composé par six harengères; l'*Envoi de Mazarin au mont Gibet*; *L'Ane rouge*; le *Virelay sur les Vertus de sa Faquinance*; la *Lettre de Polichinelle à Jules Mazarini*; et mille autres, dont on ne saurait rapporter les titres. Ce n'était pas seulement Mazarin qu'on attaquait : le ridicule rejaillissait sur tout ce qui l'entourait et même sur les chefs de la Fronde, les jours de mécontentement. La plupart de ces productions sont ordurières ; quelques-unes seulement sont vraiment frappées au coin de l'esprit gaulois. Les meilleures mazarinades sont celles de Scarron et d'un écrivain caché sous le nom de Sandricourt. Guy Patin, Sarrazin, Olivier Patru, Jean Loret, prirent part à cette guerre de chansons et de lazzis. Le cardinal de Retz lui-même fit des mazarinades; il en cite sept dans ses mémoires.

MAZATLAN. Voyez CINALOA.
MAZDAK. Voyez ISMAÉLIENS.
MAZEAU, MAZELLE. Voyez FONTE.
MAZEPPA (JEAN), hetman des Cosaques, naquit vers 1645. Il appartenait, suivant les uns, à une famille noble;

mais pauvre, de la Podolie, et suivant d'autres de la Petite-Russie. Devenu page du roi de Pologne Jean Casimir, il eut occasion d'acquérir à la cour de ce prince des connaissances utiles. Une aventure qu'il y eut fut la cause de la fortune qu'il fit plus tard. Un gentilhomme le surprit en tête-à-tête avec sa femme. Dans sa fureur, celui-ci le fit attacher tout nu sur son propre cheval et étendu sur le dos, puis il l'abandonna en cet état à son sort. Ce cheval, plein de feu et d'ardeur, ramena son maître, dans un état déplorable, à son manoir, qui se trouvait assez éloigné de là; et honteux de ce qui lui était arrivé, Mazeppa abandonna alors la Pologne pour se retirer, en 1663, au fond de l'Ukraine. La tradition qui le fait arriver en Ukraine tout garrotté sur un cheval sauvage est démentie par des documents historiques d'une incontestable authenticité. Chez les Cosaques, Mazeppa se fit remarquer par son adresse, sa force et son courage. Ses connaissances et sa rare intelligence lui valurent la place de secrétaire et d'aide de camp de l'hetman Samoïlowitsch; et en 1687 il fut même élu à sa place. Il gagna la confiance de Pierre le Grand, qui le combla de faveurs; mais il n'eut pas plus tôt été élevé à la dignité de prince de l'Ukraine, qu'il voulut se soustraire à la dépendance dans laquelle il se trouvait vis-à-vis du tsar. Après la paix d'Altranstædt, il se rapprocha de Charles XII, roi de Suède, et chercha avec son appui à se soustraire à la suzeraineté de la Russie et à placer sous certaines conditions l'Ukraine sous l'autorité de la couronne de Pologne. Ces intrigues et quelques autres encore, que Mazeppa tramait contre Pierre 1er, furent dénoncées à celui-ci par Kotschubey, général des Cosaques, et par Isra, commandant de Pultawa; mais le czar, refusant d'ajouter foi à ces accusations, fit conduire les deux dénonciateurs auprès de Mazeppa pour qu'il les punit lui-même; et celui-ci ne manqua pas non plus de les faire mettre à mort. Le czar, averti encore par d'autres, finit cependant par ouvrir les yeux; et alors il fit emprisonner et exécuter un grand nombre des partisans de Mazeppa, qui fut lui-même pendu en effigie. Mazeppa, avec le petit nombre de ses adhérents qui lui étaient demeurés fidèles, se réfugia auprès de Charles XII; il eut une grande part à la malheureuse expédition que celui-ci entreprit en Ukraine, et après le désastre de Pultawa il le suivit à Bender, où il mourut, la même année.

Lord Byron a pris Mazeppa pour le héros d'un de ses plus beaux poëmes, et Bulgarine pour celui d'un de ses romans. Deux toiles d'Horace Vernet ont aussi pour sujet des traits de la vie de Mazeppa.

MAZOURKA, MAZURKA ou MAZUREK. Voyez MASOURKA.

MAZOVIE. Voyez MASOVIE.

MAZZINI (GIUSEPPE), démagogue italien, est né à Gênes, en 1808. Fils d'un médecin estimé, il se consacra à l'étude du droit. Il venait d'être reçu avocat, lorsqu'en 1830 il se trouva compromis dans les mouvements révolutionnaires dont la péninsule devint alors le théâtre, et qui avaient pour but de rendre à l'Italie son indépendance et son unité politiques. Il prit en conséquence la fuite, et fut condamné à mort par contumace. A partir de ce moment on retrouve le nom de Mazzini au fond d'une foule de complots successivement tentés pour arriver à la réalisation des mêmes idées politiques; complots dont on a pu apprécier les tendances, essentiellement démagogiques et socialistes, partout où ils ont éclaté.

D'abord affilié à la *Charbonnerie*, Mazzini se fatigua bientôt de ne jouer qu'un rôle secondaire dans cette société secrète, dont la formation remontait à une époque déjà éloignée de celle où il était entré dans la vie politique. Son orgueil s'irrita de la position inférieure qu'il y occupait en qualité de tard-venu; et sitôt qu'il ne songea plus qu'à élever autel contre autel, nous voulons dire société secrète contre société secrète. Ainsi naquirent par ses soins la *Jeune Italie* et la *Jeune Europe*, sociétés hostiles à l'ancienne charbonnerie et affectant pour ses membres un mépris au moins égal à celui que pouvaient leur inspirer les idées et les hommes auxquels ils voulaient enlever la domination des intelligences et la direction des affaires publiques. La fameuse invasion de la Savoie, en 1833, fut le résultat des efforts et de l'activité des deux sociétés secrètes fondées par Mazzini. Il les avait surtout recrutées parmi ce ramassis d'aventuriers de tous pays que les événements de 1830 avaient forcés de fuir le sol natal, et qui, expulsés de proche en proche par les divers gouvernements, avaient fini par trouver en Suisse une hospitalité dont ils abusèrent pour remettre encore une fois en question le repos de l'Europe. Plusieurs centaines de ces malheureux y laissèrent leurs os; quant à Mazzini, se réservant pour des temps meilleurs, il trouva le moyen de gagner de nouveau la terre hospitalière de Suisse. Mais sur les réclamations énergiques adressées à la diète helvétique par les grandes puissances, il dut, en 1837, se retirer en Angleterre, grandi encore aux yeux des fanatiques dont il était parvenu à faire ses séides, par l'espèce de persécution personnelle dont il paraissait être l'objet de la part des *despotes* de la sainte-alliance. De Londres, où il publiait la feuille révolutionnaire *Il Apostolo popolare*, faisant de temps à autre en secret des voyages à Paris, il continua donc à être l'âme de toutes les menées du parti révolutionnaire italien; c'est ainsi qu'en 1844 il organisa la malheureuse expédition de Calabre, dans laquelle les deux frères Bandiera jouèrent et perdirent leur vie avec un si admirable courage. En présence de ces faits, le gouvernement anglais se crut enfin autorisé à faire saisir les papiers et la correspondance de Mazzini; mesure qui donna lieu, en 1845, à d'assez vives discussions au sein du parlement. A cette occasion on réveilla les bruits qui avaient déjà couru en 1833 au sujet de la mort mystérieuse d'Italiens assassinés alors, au midi de la France, par leurs compagnons d'exil pour s'être vendus à la police française; assassinats commis, disait-on, à la suite d'une sentence de mort prononcée par de nouveaux francs-juges dans une réunion de la Jeune Italie, sur une procédure mystérieuse dirigée par Mazzini, qui déclara de nouveau calomnieuses les imputations dont il était l'objet. Quoi qu'il en ait été, Mazzini eut soin d'élever un *monument* à la mémoire des malheureux frères Bandiera et de leurs compagnons en publiant tous les documents relatifs à cette échauffourée ainsi qu'à la procédure à laquelle elle avait donné lieu; publication sans danger, puisqu'elle était faite sur la terre étrangère, et qui avait en outre l'avantage de lui servir de commode piédestal pour offrir sa propre individualité à l'admiration du monde.

Lors de l'agitation que répandirent tout à coup en Italie les tendances évidemment libérales et réformatrices du nouveau pape Pie IX, Mazzini parut déférer aux conseils de ses amis, et s'abstenir provisoirement de toutes menées occultes et de toutes conspirations, à l'effet de ne point être un obstacle à l'union qui semblait régner entre les princes et les populations et aux réformes en voie d'exécution. Toutefois, au mois de septembre 1847, il adressa au pape une lettre dans laquelle il l'engageait à se mettre à la tête du mouvement italien et à préparer ainsi le réveil de l'Europe. Après l'insurrection de Milan et lorsque commença la guerre d'Italie, en mars 1848, il accourut aussitôt à Milan, où il publia le journal *L'Italia del Popolo* et fonda un club politique, le *Circolo nazionale*. Sa présence fut alors des plus fatales à la cause lombarde, à cause de la terreur que son nom et l'agitation dont il était l'âme inspiraient aux hommes modérés et à ceux qui faisaient des vœux pour le triomphe de l'armée piémontaise. Celle-ci n'eut pas plus tôt été contrainte à battre en retraite, que Mazzini se réfugia bien vite avec sa bande en Suisse, dans le canton du Tessin, poste avancé d'où il comptait agir encore sur l'Italie. Dans l'automne de la même année, le pape ayant été forcé d'abandonner Rome, Mazzini s'y rendit. Il fut élu dans cette ville membre de la Constituante, et en mars 1849 il fut nommé l'un des triumvirs de la république. Ses amis politiques eux-mêmes l'accusent d'avoir inutilement prolongé par son entêtement l'effusion du sang, en persistant à vouloir, sans chances de succès, défendre Rome contre l'armée française. Quand cette ville fut réduite à ouvrir ses portes aux vainqueurs, Mazzini eut soin de se ménager de nouveau une commode retraite en Suisse ; mais le gouvernement fédéral dut céder aux énergiques réclamations de la diplomatie et l'expulser. Mazzini s'en revint alors à Londres, où, comme chef avoué du parti socialiste, il continua ses menées révolutionnaires, dirigées pour la plupart sur l'Italie. C'est ainsi que le 21 novembre 1850 il adressa à l'Assemblée nationale de France une lettre dans laquelle, prenant le titre de *président du comité national italien*, il protestait contre la marche des choses en Italie et invoquait la protection de la France. Plus tard encore il émit le fameux *emprunt Mazzini*, appel adressé à la bourse de tous les radicaux de l'Europe, et dont le produit était destiné à faire les frais d'une nouvelle levée de boucliers en Italie. Ces menées insensées de Mazzini étaient déjà de nature à nuire de la manière la plus fâcheuse à la cause du progrès et de la liberté en Italie ; mais il encourut une responsabilité autrement grave encore aux yeux de ses coreligionnaires politiques en provoquant follement l'insurrection tentée à Milan, le 6 février 1853, par une poignée d'audacieux *popolanos* en présence d'une garnison nombreuse et sur ses gardes. Kossuth lui-même s'était prononcé de la manière la plus formelle contre le mouvement qui se préparait. Sa surprise fut extrême en apprenant que son nom avait été placé par Mazzini au bas d'une proclamation adressée aux soldats hongrois tenant garnison en Italie, pour les engager à faire cause commune avec les insurgés. En conséquence, il protesta de la manière la plus énergique dans les journaux anglais contre l'abus qu'on avait ainsi fait de son nom. Des explications données par Mazzini à la suite de ce désaveu, il résulte que le *dictateur* s'était cru autorisé *dans l'intérêt de la cause commune* à faire usage d'une pièce remontant à trois ans de date, et rédigée pour de tout autres éventualités. Du reste, Mazzini opposa aux réclamations de Kossuth cette commode fin de non recevoir : *la fin justifie les moyens*. C'est probablement en vertu de cet axiome de la morale jésuitique, qu'en septembre 1855, au moment où l'on pouvait espérer voir l'Autriche se décider enfin à faire cause commune avec la France et l'Angleterre dans le grave conflit dont l'Orient était alors le théâtre, il imprima publiquement « qu'il ne se croirait nullement coupable de recevoir de l'argent de la Russie, *ni d'aucune autre puissance*, pour rendre libre la pauvre Italie abandonnée ».

L'intempestive levée de boucliers tentée en février 1853 à Milan par les mazziniens eut pour résultat de couvrir de malédictions le nom de Mazzini, non pas seulement en Lombardie, mais dans toute l'Italie, qui eut beaucoup à souffrir des suites de cette échauffourée. Quant à Mazzini, c'est justice que de rendre hommage à l'habileté avec laquelle il réussit alors à déjouer toutes les recherches de la police autrichienne et à regagner sans encombre le sol de la Suisse, d'où il lui fut facile ensuite de revenir en Angleterre. Reste à savoir comment on peut concilier cette prudence consommée, grâce à laquelle on échappe toujours au danger, avec les prétentions superbes de chef de parti. Il ne faut pas oublier en effet que depuis vingt-cinq ans plusieurs centaines, nous pourrions dire plusieurs milliers d'enthousiastes ont payé de leur vie leur fanatique dévouement à l'idée dont Mazzini s'est fait le représentant, tandis que lui continue à se porter le mieux du monde, et fume mélancoliquement son cigarre en rêvant aux moyens de recommencer la lutte quelque jour plus ou moins prochain avec des chances de succès mieux combinées cette fois. Évidemment sa personnalité joue à ses propres yeux un rôle trop important pour qu'il soit possible de voir en lui autre chose qu'un vulgaire ambitieux, chez qui d'ailleurs l'orgueil est impuissant à dominer un instinct de propre conservation des plus prononcés.

Les différentes publications littéraires qui portent le nom de Mazzini, telles qu'une édition complète et critique des œuvres d'Ugo Foscolo, ou encore l'ouvrage philosophique intitulé : *De l'Italie dans ses rapports avec la liberté et la civilisation moderne* (2 vol., Paris, 1847), ne sont pas de *Giuseppe*, mais de son cousin *Andrea* Mazzini, comme lui réfugié politique, et qui a séjourné assez longtemps à Paris.

MAZZOLA. *Voyez* Mazzuola.

MAZZOLINI (Lodovico), le plus célèbre peintre de l'école de Ferrare, né en 1481, mort en 1530, était élève de Lorenzo Costa, qui de son côté se rattachait à l'école de Padoue de Mantègne. Dans la conception des formes, Mazzolini n'obéit qu'aux données de la nature ; si ses mouvements et ses physionomies ont quelque chose de forcé, il brille du moins par l'intensité et l'éclat de la lumière. Ses meilleures toiles se trouvent aujourd'hui en Allemagne, et le musée de Berlin possède son chef-d'œuvre : *Le Christ encore enfant parmi les scribes dans le temple*. La pureté et la naïveté de l'enfant y contrastent de la manière la plus heureuse avec les autres figures, sur lesquelles on retrouve toutes les nuances de l'esprit de sophisme.

MAZZUOLA ou MAZZOLA (Francesco), surnommé *il Parmegiano* (le Parmesan) ou *il Parmegianino*, l'un des peintres les plus célèbres de l'école lombarde, naquit à Parme, vers 1503. Le talent qu'il annonçait pour l'imitation et la reproduction de la nature lui valut les leçons de ses oncles, peintres distingués, et celles de son compatriote Marmitta. Le séjour que le Corrège vint faire à Parme, vers 1521, l'initia à la connaissance du style de ce maître ; et à Rome, qu'il alla visiter en 1523, la vue des œuvres de Raphael produisit sur lui l'impression la plus profonde. Il se forma alors une manière à lui, dans laquelle il chercha à unir la grâce du Corrège à l'expression de Raphael ; de là le surnom de *Rafaellino* (petit Raphael), qu'on lui donne quelquefois.

Lors du sac de Rome, en 1527, il éprouva des pertes considérables, et se rendit ensuite à Bologne, où il trouva bientôt de productives ressources dans la variété de son talent : il s'était exercé à graver, et avait même obtenu des succès dans cette nouvelle branche de l'art. Selon un procédé dont il était l'inventeur, et au moyen de deux planches sous bois, il fit des gravures en clair-obscur qui se vendirent très-bien. Il ne négligea pas cependant la peinture ; bien au contraire, il se montra plus que jamais supérieur dans ce genre, en exécutant pour l'église Saint-Pétrone un *Saint Roch*, que Louis Carrache regardait comme un chef-d'œuvre, dont il voulut faire lui-même une copie. Dans le même temps, il peignit une *Conversion de saint Paul* ; et lorsque Charles-Quint vint se faire couronner à Bologne par le pape Clément VII, il fit un grand portrait de cet empereur. Il laissa encore dans cette ville un tableau d'autel représentant une *Sainte Marguerite*, composition que le Guide plaçait dans son estime au même rang que la *Sainte Cécile* de Raphael.

Le Parmesan commençait à refaire sa fortune, lorsqu'un nouveau malheur vint l'accabler : un artiste qui travaillait dans son atelier lui vola ses planches, ses gravures et tout son argent. Désespéré de se voir ainsi poursuivre par sa mauvaise destinée, il quitta Bologne, et revint à Parme, dans un état voisin de la misère, et pourtant avec toute la gloire qu'il avait désirée. Les travaux ne lui manquèrent point : au couvent de la Steccata, il peignit un *Moïse*, d'un style ferme et d'une belle couleur. Après avoir fini ce tableau, il prit en dégoût son art, et laissa inachevé un groupe d'*Adam et Ève*, dont il avait reçu d'avance le prix. On sut qu'il se livrait en secret à l'étude de la science hermétique. Il passait les nuits et les jours à la recherche de l'absolu ; tout l'argent qu'il pouvait gagner, ses fourneaux le dévoraient, et en peu de temps sa santé s'altéra et sa ruine fut consommée. Les moines qui l'avaient payé d'avance pour peindre leur chapelle voulurent le forcer à tenir ses engagements ; il aima mieux se laisser mettre en prison que de reprendre ses pinceaux. Il parvint à s'évader, et s'enfuit à Casale-Maggiore, où il peignit pour vivre une *Vierge* dans l'église Saint-Étienne, et sa *Mort de Lucrèce*, qui prouve assez qu'il était encore dans la force de son talent. Il revint à Parme : on crut pendant quelque temps qu'il avait renoncé à l'alchimie, mais il céda de nouveau au penchant qui l'entraînait vers cette vaine science ; il tomba dans la langueur et la mélancolie, et mourut le 24 août 1540, à l'âge de trente-sept ans. Ses œuvres prirent place dans toutes les galeries d'Europe, et il laissa de bons élèves, parmi lesquels se distinguèrent son cousin, *Jérôme* Mazzuola, et un certain Vincent Caccianemici, gentilhomme bolonais.

On a attribué au Parmesan l'invention de la g r a v u r e à l'eau-forte ; ce fait n'est pas prouvé, mais il est sûr qu'il fut le premier peintre italien qui employa ce procédé pour reproduire quelques-unes de ses compositions. Son dessin est quelquefois maniéré et pèche contre les proportions. Carrache désirait dans un peintre un peu de la grâce parmesane. Pour leur donner plus de souplesse et les faire paraître plus effilées, il a porté à l'excès la longueur dans certaines parties de ses figures ; on pourrait citer à l'appui de cette critique la belle madone du palais Pitti, connue sous le nom de *Vierge au long cou*, qui fit partie du Musée du Louvre sous l'empire et fut rendue en 1815 aux commissaires du grand-duc de Toscane.

Nous possédons au Musée du Louvre deux tableaux du Parmesan : une *Sainte Famille*, et une *Sainte Marguerite caressant l'Enfant-Jésus*. On voyait autrefois plusieurs toiles de ce peintre dans la galerie du regent.

A. FILLIOUX.

MÉANDRE, aujourd'hui le *Meindres* ou *Meinder*, fleuve d'Asie-Mineure, qui prend sa source près de Célènes en Phrygie, et se jette dans la mer d'Icarie, près de Milet, après avoir parcouru la Carie et la Lydie, dont il forme les limites respectives. Ce fleuve était célèbre dans l'antiquité par ses innombrables détours, que les poètes attribuaient au regret qu'il éprouve de s'éloigner des belles contrées qu'il arrose. Strabon nous apprend que c'est de ces sinuosités sans fin du Méandre qu'était venu l'usage d'appeler *méandre* tout ce qui était tortueux et enlacé ; expression qui s'est conservée dans notre langue :

Les méandres sans fin de la diplomatie.

Les *méandres* étaient aussi un ornement fort usité sur les vases et les vêtements des anciens.

MEARNS ou KINCARDINE, comté de l'Écosse centrale, riverain de la mer du Nord, comprend une superficie de 12 myriamètres carrés, dont la moitié est occupée par les ramifications des monts Grampians, qui atteignent une altitude de 1,089 mètres à *Mount-Battock*, et de 817 mètres à *Battock-Hill*. L'autre moitié se compose de forêts, de marais et de sol arable parfaitement arrosé. On y récolte beaucoup de céréales, de chanvre, de légumineuses et de trèfle, et on y exploite diverses carrières ; mais on n'y rencontre ni houille ni métaux. Les côtes, ainsi que les embouchures du Dee sur la frontière nord, et de l'Esk sur la frontière sud, ont quelquefois 250 mètres d'élévation ; elles sont formées de rochers dentelés, et recouvertes d'une mousse brunâtre. On y rencontre par ci par là de vastes cavernes, et elles sont couronnées de châteaux forts et d'abbayes en ruines. D'innombrables troupes d'oiseaux aquatiques y voltigent sans cesse, en même temps qu'une foule de bâteaux pêcheurs les animent. L'industrie de la population se borne à peu près au tissage des toiles.

Ce comté compte à peine 35,000 habitants. Il a pour chef-lieu *Bervie* ou *Inverberie*, misérable bourg de 900 habitants. Le port de *Stonehaven* en compte 2,000. Tout près de cette petite ville, sur un rocher plat entouré presque complétement par la mer, les plus belles qu'il y ait en Écosse. Ce château, qui appartenait à lord Keith, fut détruit en 1715. A l'époque de Cromwell, on y avait caché les joyaux de la couronne d'Écosse.

MÉAT (du latin *meatus*, conduit), se dit de tous les canaux du corps qui servent au passage de quelque fluide. Le trou auditif s'appelle *méat auditif* ; l'aqueduc d'Eustache porte aussi le nom de *méat* ; on appelle *méat moyen* une partie de l'ethmoïde, et *méat urinaire* l'orifice de l'urètre.

En botanique, on appelle *méats intercellulaires* les espaces qui existent entre les cellules contiguës qui constituent le tissu fondamental de tous les végétaux.

MEATH (Comté de). *Voyez* EAST-MEATH.

MEAUX, ville de France, chef-lieu d'arrondissement dans le département de Seine-et-Marne, sur la Marne, près du canal de l'Ourcq. Siége d'un évêché suffragant de Paris, dont le diocèse comprend le département de Seine-et-Marne, et d'une église consistoriale calviniste, cette ville possède des tribunaux civil et de commerce, un grand et un petit séminaire, une bibliothèque publique de 15,000 volumes, une société d'agriculture, sciences et arts, deux typographies. On y compte 9,900 habitants, et on y trouve des filatures de coton, des fabriques de cordages et grelins, d'instruments aratoires, de vermicelle et semoule, de conserves alimentaires, calicot et indienne, colle forte, salpêtre, vinaigre, des tanneries, des corroieries, des mégisseries, de nombreux et importants moulins à farine pour l'approvisionnement de Paris. Il s'y fait un commerce considérable de grains, farine, fromages de Brie, laine, bestiaux, volailles, bois et charbon. C'est une station du chemin de fer de Paris à Strasbourg.

La Marne divise Meaux en deux parties inégales. Sa cathédrale, commencée au onzième siècle et terminée vers le seizième, est un chef-d'œuvre d'architecture gothique. Le chœur et le sanctuaire sont admirables. La tour a environ 67 mètres de haut et est couverte de sculptures très-délicates. On y voit le mausolée de Bossuet, illustre évêque de cette ville. Meaux offre encore de remarquables le bâtiment, le jardin et la terrasse de l'évêché, où l'on a conservé le cabinet de Bossuet, l'hôtel de ville et une belle caserne de cavalerie.

Meaux était une cité déjà fort importante au temps des Romains, sous le nom de *Jatinum* d'après Ptolémée, ou de *Fixituinum* d'après la table Théodosienne. Comprise dans la Gaule Belgique, puis dans la Gaule Lyonnaise, elle fit partie du royaume d'Austrasie jusqu'au règne de Clotaire II. Prise par les Normands en 862, elle fut brûlée quelque temps après. Incorporée, avec la Brie, dont elle était la capitale, au comté de Champagne, elle fut réunie à la couronne par Philippe le Bel. Dans les guerres de la jacquerie, une partie de la ville et le château furent incendiés. Prise par les Anglais en 1421, après un siège de cinq mois, ce fut en cette ville, sous François Ier, que la religion réformée fit ses premiers progrès. Une tentative des protestants pour s'emparer, en 1567, de la personne de Charles IX qui résidait dans cette ville, ne réussit point, et attira sur leurs têtes la colère du roi. Meaux fut une des premières villes qui reconnurent Henri IV.

MÉCANIQUE. Ce mot est substantif ou adjectif : dans le second cas, il désigne les professions qui semblent donner plus d'exercice aux bras qu'à l'intelligence. Les causes purement matérielles dont les effets sont des mouvements, et ces mouvements mêmes, tous les arts dont l'utilité est le but, indépendamment de la notion et du sentiment du beau, sont des *arts mécaniques*. Selon quelques philosophes, ce qui dans l'instinct des animaux ressemble le plus exactement à des combinaisons de raisonnement n'est qu'une suite de résultats mécaniques, etc. Remarquons en passant que l'ancienne orthographe de ce mot (*méchanique*) laissait mieux apercevoir son origine grecque : on y reconnaissait facilement le mot μηχανή, qui signifie *machine* dans la langue d'Archimède. Si on le prend comme substantif, c'est le nom de la *science du mouvement, des forces motrices et de leurs effets*, science très-moderne, quoique les connaissances qu'elle résume et coordonne aient été mises en pratique sans aucune interruption depuis les temps les plus reculés jusqu'à nos jours. On peut dire que la mécanique fut, ainsi que la géométrie, un art avant de prendre la forme d'une science, que la théorie ne vint qu'à une époque où elle était moins nécessaire pour éclairer et diriger les applications ordinaires, et même une grande partie des travaux de l'ingénieur. Trois siècles se sont à peine écoulés depuis que cette partie des sciences mathématiques est cultivée par les géomètres; le secours de l'analyse mathématique lui était indispensable, et ses progrès ont été constamment subordonnés aux ressources qu'elle trouvait dans cette analyse. Associée à l'astronomie, elle a terminé la grande et difficile entreprise des recherches sur le système du monde; la *Mécanique céleste* (voyez LAPLACE) est un monument que les siècles futurs conserveront et rendront encore plus solide sans rien changer à son ordonnance. Il reste maintenant à la science de descendre des hauteurs où elle était parvenue, de se rendre plus accessible, de mettre ses principes et ses méthodes de calcul à la portée des arts, qui ne manqueraient point d'en faire usage s'il fallait moins de temps pour les apprendre et pour les appliquer. La France a donné le bon exemple de cette propagation du savoir dans des lieux où il n'avait pas encore pénétré, où le génie inventeur des machines était si souvent exposé à s'égarer. L'enseignement de la mécanique, offert partout aux ouvriers, ne peut manquer d'élever l'i n d u s t r i e française au-dessus de celle de tous les peuples qui ne nous auront pas imités.

Il semble, au premier coup d'œil, que la *statique*, ou *science de l'équilibre des forces*, n'est pas comprise dans la définition de la mécanique telle que nous l'avons donnée; mais il faut observer que l'équilibre n'est pas un état de repos, mais le résultat de l'action de deux forces égales et directement opposées : c'est donc un cas particulier compris nécessairement dans l'expression générale des résultats de même nature et soumis aux mêmes lois. On est encore accoutumé dans l'enseignement de la mécanique à faire débuter par l'étude de la statique avant d'arriver à la partie de la science qui prend le nom de *dynamique*, et dont le mouvement est l'objet. Ou finira sans doute par s'apercevoir que cette manière de procéder est plus lente, sans être plus claire ni plus facile; que les faits de mouvement se trouvent beaucoup plus fréquemment sous nos yeux que ceux d'équilibre, qu'ils se prêtent mieux à l'analyse intellectuelle, etc. Il n'y a certainement rien à perdre, et probablement un peu de temps à gagner, en changeant l'ordre des études, et en faisant dériver les théorèmes de statique des formules générales de la dynamique. Il est bien à désirer que cette science devienne aussi abordable qu'elle peut l'être, et que rien ne s'oppose à son association avec d'autres connaissances, que l'on néglige trop souvent, et qui pourtant ne peuvent guère se passer d'elle. Comment, par exemple, un médecin pourrait-il consentir à rester ignorant en p h y s i q u e ? Et serait-il jamais physicien s'il manquait d'instruction en mécanique? Quelques phénomènes sont absolument impénétrables pour ceux qui ne connaissent pas assez les lois du m o u v e m e n t, du choc des corps, etc.; et cependans plusieurs de ceux qui aspirent à devenir scrutateurs de la nature croient pouvoir se dispenser de toute étude des sciences mathématiques. Les méthodes de description seraient moins imparfaites si les naturalistes se familiarisaient avec la géométrie; avec quelques notions de mécanique, ils seraient plus en état d'observer les faits de géologie, qui pour la plupart sont des faits de mouvement dont la cause est facilement aperçue. Imposons donc à certaines professions savantes l'obligation d'ajouter encore à leur savoir, afin de le rendre plus utile, et que l'étude de la mécanique soit une partie essentielle du surcroît de charge dont il convient de les grever.

Dans le langage où l'on ne se pique pas de correction, le mot *mécanique* remplace quelquefois celui de *mécanisme* et même celui de m a c h i n e. Une étoffe fabriquée à la *mécanique*, une impression faite à la *mécanique*, pour une étoffe fabriquée, une impression faite à l'aide de *machines* ordinairement plus compliquées que celles qu'on employait auparavant.

On divise les arts en libéraux et *mécaniques*; la menuiserie, la serrurerie, sont des arts *mécaniques*. Le *mécanicien* est celui qui invente ou construit des machines.

On appelle actions *mécaniques* celles que l'habitude a rendues très-familières, et auxquelles l'intelligence n'a, pour ainsi dire, aucune part.   FERRY.

MÉCANIQUES (Arts). *Voyez* ARTS ET MÉTIERS.

MÉCANISME, mot qui a la même origine que *mécanique*, mais dont le sens est plus restreint, et qui désigne particulièrement un ensemble de pièces, de machines, de moyens de mouvement, soit naturels, soit artificiels : on dit, par exemple, que le *mécanisme* du métier à bas est très-compliqué, mais très-ingénieux; que le *mécanisme* du mouvement des insectes est un des chefs-d'œuvre les plus admirables de l'organisation animale, etc.

Le *mécanisme* d'un corps est sa structure, l'action combinée de ses parties. On dit le *mécanisme* de l'univers, d'une montre. Le *mécanisme* du langage est la structure matérielle des éléments de la parole, l'arrangement des mots et des phrases. Le *mécanisme* des vers ou de la prose est la composition des parties du vers ou de la phrase, suivant le rhythme qui est propre à l'un ou à l'autre.   FERRY.

MÉCÈNE, nom qui est devenu une honorable qualification, synonyme de *protecteur éclairé des lettres*. Celui qui l'a rendu glorieux, *Caius Cilnius Mæcenas*, simple chevalier romain, descendait d'une dynastie des rois d'Étrurie.

Mæcenas, atavis edite regibus...,

dit Horace, dans la dédicace de ses Odes. Tite-Live (liv. X, chap. 3) parle d'une famille cilnienne, très-riche et très-puissante à Arretium, d'où elle aurait été chassée par un mouvement populaire, et qui se serait réfugiée à Rome. Il paraît qu'elle demeura longtemps sans y jouir d'aucune illustration : ce n'est qu'au temps de Sertorius que l'histoire nous parle d'un certain Mécène, secrétaire de ce général (Sallusle, *Fragments*). Un autre C. Mæcenas, chevalier romain, est cité par Cicéron (*pro Cluentio*, LVI) parmi ceux qui s'opposèrent, en l'an 662 de Rome, aux innovations du tribun Livius Drusus. Ce Caius Mæcenas pourrait bien avoir été le grand-père de notre Mécène et celui dont Horace a dit encore :

Nec quod avus tibi maternus fuit atque paternus,
Olim qui magnis legionibus imperitârint,

c'est-à-dire qu'il aurait été tribun de légion. Mais qu'importe la généalogie de Mécène ? il fut homme d'État, de plaisir et de lettres; il sut être aimable et grand : sa personne nous intéresse plus que ses aïeux. Après avoir secondé Octave dans la conquête du pouvoir, il l'aida à bien gouverner. Plein de vigilance et d'activité quand il s'agissait de découvrir et d'étouffer des projets dangereux, il paraissait avoir tant de nonchalance, tant de goût pour les plaisirs tranquilles, qu'à le juger dans ces moments-là, on l'aurait cru incapable de s'occuper sérieusement d'affaires. Auguste apprit de lui à être populaire et humain. Mécène l'entoura des hommes les plus éclairés de son temps : il lui inspira un noble enthousiasme pour ce qui est grand et beau.

Il n'est pas étonnant que Juvénal se soit montré sévère pour lui, certain sans doute que le talent du ministre n'avait fait que consolider l'usurpation d'A u g u s t e. Mais on ne saurait pardonner à Sénèque en avoir toujours médit. « On lui accorde, dit-il, un grand mérite de mansuétude : il s'abstint du pouvoir, il épargna le sang, il ne montra son pouvoir qu'en affichant tous les scandales. Mais lui-même a fait tomber les éloges par la monstrueuse mignardise de ses écrits (*orationis portentosissimæ delictis*), qui signale un caractère plutôt mou qu'indulgent. » Il sied bien vraiment à Sénèque de calomnier Mécène, lui qui, étant ministre, fit pour Néron l'apologie du meurtre d'Agrippine. Nul moins que lui n'eût dû parler légèrement de celui qui, voyant Auguste, son maître, prononcer à la légère des condamnations capitales, osa lui faire passer ses tablettes avec ces doux mots : *Surge, carnifex* (lève-toi, bourreau) ! Un poète élégiaque lui a rendu plus de justice lorsqu'il a dit :

*Omnia quum posses, tanto tam carus amico,
Te sensit nemo posse nocere tamen.*

Il est vrai que, dans sa vie privée, ce fut un véritable épicurien. Sa maison, sur le mont Esquilin, dominait Rome et les campagnes voisines ; elle était entourée de délicieux jardins ; là il jouissait de la vie dans la société de ce que la ville éternelle possédait de plus spirituel et de plus aimable : là il s'enivrait de cécube et de musique avec Horace, son ami. De là il fit connaître aux Romains la danse pantomimique par le fameux Bathylle, son favori. Il inventa de nouveaux mots pour réveiller son palais blasé. D'ailleurs, la mollesse de ses habitudes se manifestait même en public, et dans l'exercice de ses fonctions, par sa démarche nonchalante et la négligence efféminée de ses vêtements. Malheureux en ménage, il vit son existence sans cesse troublée par les caprices de Tarentia, épouse séduisante, sans laquelle et avec laquelle il ne pouvait vivre, qu'il répudia et qu'il reprit vingt fois, qu'Auguste passa pour lui avoir enviée, et qu'Horace paraît avoir chantée sous le nom de *Lycinnia*. Le déclamateur Sénèque, qui à près de soixante-dix ans prit une jeune femme pour réchauffer sa vieillesse, se donne encore carrière sur ses disgrâces conjugales. « Trouvez-vous donc plus heureux Mécène en proie aux tourments de l'amour, désolé par les froideurs d'une femme capricieuse ? » s'écrie-t-il, dans un de ses *Traités*. « Il cherche à rappeler le sommeil par la douce harmonie d'un concert éloigné. Il a beau recourir au vin pour s'assoupir, au bruit des chutes d'eau pour se distraire, à mille autres voluptés pour tromper son chagrin, il demeurera éveillé sur la plume, comme Régulus sur les pointes déchirantes. » (*De la Providence*, chap. 3.)

Mécène fut, au reste, puni par où il avait péché : ayant épuisé la coupe des voluptés, il fut sur ses vieux jours constamment miné par la fièvre, à ce que nous atteste Pline le naturaliste. Comme poète, le style chez lui était tout l'homme, scintillant d'esprit, mais plein d'affectation. Auguste comparait ses poésies à des boucles de cheveux parfumées. Le peu de vers qui nous en restent confirme ce jugement ; et Sénèque, qui en cite quelques-uns, ne manque pas de s'écrier, mais tel du moins avec raison : « sa phrase est aussi lâche que les plis de sa robe sans ceinture, et son expression aussi prétentieuse que sa parure, que son cortège, sa maison, son épouse. » Qu'attendre de mieux d'un ministre qui s'amusait à faire un livre sur la *toilette* ? Sénèque cite cependant un vers de lui qui offre une pensée belle et forte :

Nec tumulum quæro : sepelit natura relictos.

« Que m'importe une tombe ? la nature prend soin d'inhumer ceux qu'on a laissés sans sépulture. » Enfin, qui ne connaît cette épigramme de Mécène, fort censurée par Sénèque, mais dont La Fontaine a fait la moralité d'une de ses fables.

*Mécénas fut un galant homme.
Il a dit quelque part : Qu'on me rende impotent,
Cul-de-jatte, goutteux, manchot, pourvu qu'en somme
Je vive, c'est assez ; je suis plus que content.*

Il est à croire qu'il mourut dans la disgrâce du maître qu'il avait si bien servi : « Les petites conjectures des historiens, dit un moderne, n'expliquent pas le refroidissement d'Auguste pour lui ; il est plus vraisemblable que le vieux ministre importuna l'empereur dès que l'empereur crut n'avoir plus besoin du ministre. » Il expira à Rome, l'an 745, dans un âge fort avancé.

En dépit des déclamations de Sénèque et de Juvénal, le nom de Mécène est parvenu jusqu'à nous entouré d'une désirable immortalité. Il est devenu dans toutes les langues le synonyme de protecteur éclairé des lettres. Combien de ministres ont ambitionné ce titre ! combien peu l'ont mérité comme l'ami d'Horace ! car ce n'est pas tout que de récompenser et d'accueillir à sa table les hommes de talent et de génie, il faut savoir vivre avec eux en égal, en ami ; et cette envie ne prend pas souvent aux grands seigneurs, ou à ceux qui se croient tels. La cour de Louis XIV était remplie de ridicules Mécènes, qui faisaient payer bien cher aux hommes de lettres l'honneur d'être admis à leur familiarité. Les Mécènes de Chapelain se montrèrent toutefois plus généreux que ceux de Corneille. Fouquet fut un digne Mécène pour La Fontaine, qui a immortalisé sa reconnaissance. Mais quel Mécène que ce seigneur qui disait à un autre, en parlant de Piron : *Passez le premier, c'est un poète !* Aujourd'hui, Dieu merci ! un homme de lettres peut vivre aisément et honorablement sans avoir de Mécène.

Charles De Rozoir.

MÉCHAIN (Pierre-François-André), astronome français, naquit à Laon, le 16 août 1744. Il eut à lutter contre la misère jusqu'à ce qu'une circonstance fortuite, la vente d'un instrument d'astronomie dont le besoin le forçait de se séparer et que Lalande acheta, l'eut mis en relation avec ce savant. Lalande, reconnaissant la rare aptitude de Méchain, le fit nommer astronome hydrographe du dépôt des cartes de la marine. Tout en remplissant ses fonctions avec zèle, Méchain employa des lors ses nuits à des observations astronomiques. Il s'attacha surtout à la détermination des éléments des comètes, et en découvrit jusqu'à onze en dix-huit ans. Lors de la découverte d'Uranus, les astronomes crurent d'abord que c'était encore une comète : Méchain démontra le premier la nature planétaire du nouvel astre. Cette vie entièrement consacrée au travail fut terminée par la part importante que prit Méchain à la mesure de l'axe du méridien compris entre Rhodez et Barcelone. Il s'occupait de prolonger jusqu'aux îles Baléares le réseau trigonométrique qu'il avait établi, lorsqu'il mourut en Espagne, le 20 septembre 1805.

Méchain a publié les volumes de la *Connaissance des Temps* de 1786 à 1794. Ses travaux relatifs à la mesure du méridien ont été exposés par Delambre dans l'ouvrage intitulé *Base du Système métrique*.

E. Merlieux.

MÉCHANCETÉ, instinct du mal, qui pousse quelques hommes à désoler sans cesse les autres, abstraction faite de tout intérêt personnel. On ne saurait mieux définir la *méchanceté* qu'en l'appelant une difformité naturelle du cœur. Les passions nous rendent souvent injustes, cruels, oppresseurs, mais le temps, la raison, les circonstances, les adoucissent ; elles ont des intervalles de repos ; quelquefois même elles s'éteignent, dans le succès, pour être remplacées par d'admirables vertus. Auguste, dont la méchanceté fut si sanguinaire au milieu des proscriptions, se montra bienveillant le jour où il devint maître paisible de l'empire ; vainqueur, il reprit son caractère naturel. Mais les faveurs comme les revers de la fortune glissent sur la méchanceté de naissance ; seulement, elle est moins à craindre dans le premier cas, parce qu'au lieu de ruminer le tourment ou la perte des autres, il faut qu'elle s'occupe de sa propre conservation : c'est un point d'arrêt dans ses désastres. Tel homme resté toute sa vie habitant d'une petite ville eût brouillé avec délices ses voisins et jeté par ses calomnies la division entre ceux qui jusque là s'étaient sincèrement aimés ; une révolution éclate et le porte au sommet du pouvoir ; il appelle de tous ses efforts l'érection d'innombrables échafauds, et nage dans la joie s'il fait verser le sang de ceux que jadis il a connus ; amis ou ennemis, peu lui importe, tous servent d'aliment à cette soif d'émotions destructives qui le dévore. On ne trouve le type de ces hommes complètement dépravés que parmi les empereurs romains, les monarques de l'Orient ou les chefs de faction ; tôt ou tard ces fléaux de l'humanité s'engloutissent dans l'excès de leurs propres fureurs. Les doctrines les plus pures, les fonctions les plus saintes, ne triomphent pas de cette méchanceté, dont l'essence tient, pour ainsi dire, au tempérament : elle se décèle, au contraire, plus ardente et plus pernicieuse; s'appuyant sur une fausse interprétation des devoirs qui obligent les hommes, elle ne touche que pour abattre. Les rapports ordinaires du monde enfantent chaque jour une multitude de petites méchancetés de détail, dans lesquelles les femmes excellent. Rivales toujours en présence les unes des autres, elles saisissent avec un rare bonheur tout ce qui est côté faible; elles se torturent, le sourire sur les lèvres. SAINT-PROSPER.

MÈCHE, assemblage de fils de coton, de chanvre, etc., destiné à être mis dans une lampe avec de l'huile, ou dont on fait des chandelles, des bougies, en les couvrant de suif ou de cire. Les mèches de bougie ont sur les mèches de chandelle l'avantage de ne point donner de mauvaise odeur et de n'avoir pas besoin d'être mouchées. Les mèches de lampe, de réverbère, de quinquet, sont un tissu en manière de tuyau, formant un cylindre, un rectangle, suivant la forme du bec auquel il est adapté : ce tissu est de coton, plus ou moins serré, et de là dépend le degré de roideur, de solidité des mèches. Celles des lampes et celles des quinquets sont légèrement soulevées de temps en temps au moyen d'un mécanisme très-simple.

Mèche se dit encore d'une matière sèche préparée pour prendre feu aisément, le conserver, le communiquer : on mettait autrefois le feu à l'amorce des arquebuses, des fusils, à l'aide d'une *mèche*.

En termes d'artillerie, on appelle *mèche* la corde d'étoupe broyée et sèche dont les canonniers se servent pour mettre le feu au canon, ou avec laquelle les mineurs mettent le feu à la mine. Une garnison qui, après capitulation honorable, livre une place aux ennemis, en sort tambour battant, *mèche allumée*. Les meilleures mèches sont celles d'étoupe de lin : elles ont communément trois torons, qui ne sont eux-mêmes qu'un fil de 27 à 34 millimètres ; la circonférence de la mèche doit être de 45 à 67 millimètres. On leur fait subir une lessive dont la densité soit assez considérable pour qu'un œuf puisse nager dessus. On les trempe ensuite dans un mélange d'eau et d'acétate de plomb (46 grammes par kilog. d'eau) en ébullition, et, après les avoir laissées dix minutes dans ce bain, on les en retire pour les faire sécher. Un bout de mèche de 10 à 13 centimètres de longueur doit brûler pendant une heure environ. Les inconvénients qu'offraient ces mèches de s'éteindre facilement par accident et de se couvrir d'une cendre très-tenace les ont fait abandonner pour mettre le feu aux canons. Les mèches ne servent plus que comme un foyer entretenu pour allumer la *lance* que tient en main l'artilleur chargé de mettre le feu à la pièce. On a employé souvent les mèches pour les brûlots et autres machines incendiaires.

Le mot *mèche* désigne la spirale de fer ou d'acier d'un tire-bouchon, et principalement la partie d'une vrille, d'un vilebrequin ou d'autres outils servant à percer les trous : les *mèches* dites *anglaises* sont les plus estimées pour cet usage. On donne aussi le nom de *mèche* au bout de ficelle qui termine un fouet, une cravache. En médecine, on appelle *mèche* une boule de bougie de charpie allongée que l'on recouvre de cérat ou de quelque autre substance médicamenteuse.

En termes de génie militaire, découvrir, éventer la *mèche*, c'est découvrir au moyen d'une contre-mine l'endroit où une mine a été pratiquée, et en enlever la mèche. Cette expression a été appliquée au figuré en parlant des complots.

Un bouquet de cheveux séparé, en forme de mèche, du reste de la chevelure prend le nom de *mèche*.

MÉCHITARISTES (Les), congrégation de chrétiens arméniens établie dans l'île de San-Lazaro, près de Venise, et qui s'est aussi propagée en Autriche et en France. Elle fut fondée en 1701, à Constantinople, par l'Arménien *Méchitar* (c'est-à-dire le Consolateur) *da Petro*, né à Sébaste, en 1676, à l'effet de faire fleurir la littérature nationale et de propager la connaissance de l'ancienne langue arménienne. Devenu suspect de tendances romaines au patriarche arménien de Constantinople, Méchitar conduisit ses disciples en Morée, et obtint en 1703 du gouvernement vénitien, sous la dépendance duquel la Morée était alors placée, la permission de construire à Modon une église et un couvent. Vers cette époque, il embrassa les doctrines des Arméniens réunis à l'Église catholique ; et en 1712 sa congrégation, qui reçut une règle calquée sur celle des Bénédictins, fut confirmée par le pape Clément XI.

La guerre qui éclata bientôt entre les Vénitiens et les Turcs força en 1715 les membres de la congrégation des méchitaristes à se réfugier à Venise, où, en 1717, leur couvent et leur église de Modon ayant été saccagés par les Turcs, le sénat leur fit don de l'île de Lazaro. Des secours leur arrivèrent de toutes parts, de sorte que leur monastère se trouva reconstruit très-peu de temps après. Quant à Méchitar da Petro, il mourut le 16 avril 1749. Les méchitaristes prononcent les vœux conventuels habituels, et s'engagent non-seulement à se rendre partout où on leur donnera la mission de prêcher la foi du Christ, même au péril de leur vie, mais encore à favoriser par l'impression d'ouvrages classiques de la littérature arménienne les progrès intellectuels de leurs nationaux et de les soustraire ainsi à l'influence mahométane. Les éditions des écrivains arméniens publiées par les méchitaristes sont les meilleures et les plus correctes que l'on possède. Il se publie également à San-Lazaro un journal qui compte beaucoup de lecteurs dans le Levant. Consultez l'ouvrage de Boné intitulé : *Le Couvent de Saint-Lazare à Venise, ou histoire succincte de l'ordre des Méchitaristes arméniens* (Paris, 1837). En 1811 la congrégation fonda à Vienne un collège, qui se consacre à l'éducation de la jeunesse et à la publication d'ouvrages d'utilité générale en même temps qu'aux travaux littéraires, but principal de l'ordre. Un établissement pareil existe également à Munich. En 1842 les méchitaristes transférèrent à Paris les classes supérieures de leur collège, par suite des difficultés que la Propagande leur avait suscitées à Venise pour leur enseignement, et à cet effet ils firent l'acquisition du vaste et magnifique hôtel de Monaco, situé rue de Monsieur, dans le faubourg Saint-Germain.

MECHOACAN ou **MICHOACAN**, appelé aussi *Valladolid*, l'un des États occidentaux de la république mexicaine, formé en 1824, avec l'ancienne intendance de Valladolid, situé entre les États de Guanaxuato et de Queretaro, au nord, l'État de Mexico à l'est et au sud, l'océan Pacifique au sud-ouest, et Colima et Guadalaxara ou Xalisco à l'ouest, présentant une superficie de 785 myriamètres carrés, qui couvre presque complètement le plateau d'Anahuac avec ses cordillères, et est de nature volcanique. Dans une plaine située à environ 10 myriamètres de l'Océan, sur le versant occidental du plateau, s'élève à 1,333 mètres au-dessus du niveau de la mer le pic volcanique du Jorullo, qui dans la nuit du 29 septembre 1759 acquit tout à coup 494 mètres de hauteur de plus. Cet État, qui appartient complètement au bassin de l'océan Pacifique, quoique celui-ci ne le baigne que sur une étendue d'environ 10 myriamètres, est arrosé sur sa frontière méridionale par le Rio-Bolsas et ses affluents, et à l'est par la Lerma ou le Rio-Grande, qui se jette près de sa frontière nord-ouest dans le lac de Chapala. On y trouve en outre à l'intérieur quelques autres lacs, parmi lesquels on remarque surtout celui de Pazcuaro, à cause de la prodigieuse quantité de truites qu'il renferme. Le sol est généralement fertile, moins cependant dans les régions montagneuses du nord, dans ce qu'on appelle les *tierras frias*, ou encore dans les contrées chaudes, désertes et insalubres du sud, appelées *tierras calientes*, que dans le district tempéré de l'intérieur désigné sous le nom de *tierras templadas*. Ce dernier jouit d'un climat extrêmement sain, et présente une agréable succession de collines et de vallées aussi riches que peuplées. Le maïs et le froment sont les céréales qu'on y cultive de préférence. On y récolte beaucoup de légumes, de pommes de terre, de manioc et de melons. Le chanvre et le lin y croissent sans culture, et le

2.

coton, la canne à sucre, l'indigo, n'y réussissent pas moins bien les versants des montagnes sont couverts de riches forêts. Le *papinzécan* est une plante particulière au pays, et le jalap blanc en a reçu le nom de racine de Mechoacan. On y trouve tous les animaux domestiques de l'Europe, et la laine des moutons de Mechoacan est la plus belle que produise le Mexique. Le règne minéral fournit de l'or, de l'argent, du cuivre, du plomb, du fer et du sel; mais on n'exploite guère que les mines d'argent. Le commerce, qui n'a pas d'autre débouché que Mexico, est rendu extrêmement difficile par l'absence de bonnes routes. Les ports et les rivières navigables y font complétement défaut. Les Indiens y fabriquent une foule de jolis ouvrages avec des plumes. La population est d'environ 586,000 âmes, et se compose presque entièrement d'Indiens, qui appartiennent à trois races différentes, les *Tarasques*, peuplade industrieuse et de mœurs douces, les *Otomites*, moins civilisés, et les *Chichimèques*, qui parlent aztèque. A l'arrivée des Espagnols, le pays de Mechoacan formait un royaume indien, dont Christoval de Olid fit la conquête, en l'an 1524, et qu'il érigea alors en intendance de Valladolid : son chef-lieu, *Valladolid* ou *Morelia*, fondé en 1536, situé à 16 myriamètres au nord-ouest de Mexico, à 2,000 mètres au-dessus de l'Océan, dans la basse vallée d'Olid, qu'arrosent deux rivières, est une ville irrégulièrement construite, où naquit Iturbide. Elle est le siège d'un évêque et de diverses autorités supérieures. On y trouve une cathédrale, deux églises paroissiales, plusieurs couvents, un collége, un séminaire, un hôpital, un bel aqueduc et 25,000 habitants. Au nord-est, à l'extrémité septentrionale du lac de Pazcuaro, est située la ville de *Tzintzontzan*, avec 8,000 habitants, jadis appelée *Huitzitzitlan* et capitale du royaume de Mechoacan.

MÉCHOUAR, nom que les Arabes donnent à la citadelle de quelques-unes de leurs villes.

MECKEL (JEAN-FRÉDÉRIC), célèbre anatomiste allemand, né à Halle, le 17 octobre 1781, était fils d'un praticien qui a laissé un nom honorable dans l'histoire de la chirurgie et dans celle de l'art des accouchements. Il se consacra surtout à l'anatomie comparée, et il est incontestablement celui des savants allemands qui a fait faire le plus de progrès à cette branche des connaissances humaines. Il mourut à Halle, le 31 octobre 1833. Parmi les ouvrages dont on lui est redevable, nous mentionnerons plus particulièrement sa traduction allemande de l'*Anatomie comparée* de Cuvier, travail dont les notes témoignent d'une immense érudition; ses *Essais d'Anatomie comparée* (2 vol., 1803-1813), riches en observations profondes et originales, et son *Système d'Anatomie comparée* (6 vol., 1821-1833). A sa mort, le gouvernement prussien acheta, pour l'université de Halle, son muséum d'anatomie, le plus beau que jamais particulier ait possédé, et qui commencé par son grand-père avait été constamment accru par ses propres travaux et par ceux de son père.

MECKEL (Cartilages de). *Voyez* LARYNX.

MECKLEMBOURG, grand-duché situé dans l'ancien cercle de la Basse-Saxe, borné à l'est par la Poméranie, au sud par le Brandebourg, à l'ouest par le Lunebourg, le Lauenbourg et le territoire de Lubeck, et au nord par la Baltique. Il forme aujourd'hui deux grands-duchés distincts, Mecklembourg-Schwerin et Mecklembourg-Strelitz, comprenant ensemble une superficie de 200 myriamètres carrés, avec 640,000 habitants. Avant la grande migration des peuples, ce territoire fut habité par diverses peuplades germaniques, telles que les *Suardons*, ancêtres des Hérules, les *Vindiles*, les *Variniens*, etc., qui, lorsqu'ils se dirigèrent vers les régions du sud, y furent remplacés par diverses tribus slaves venant de l'est, dont les plus puissantes étaient les *Obotrites* et les *Wilses*. Charlemagne essaya de les subjuguer et de les convertir au christianisme; mais cette œuvre ne fut achevée, et encore seulement à la suite de guerres dévastatrices, que par *Henri le Lion*. En 1107 il se réconcilia avec Pribislaff, fils de Niklot,

prince des Slaves, qui avait péri dans cette lutte acharnée, et maria sa fille Mathilde à Burewin, fils de ce Pribislaff. C'est de l'ancien chef-lieu des Obotrites, *Miklinburg* ou *Meklinborg*, aujourd'hui village situé entre Wismar et Brnel, que ce territoire tire sa dénomination actuelle. La descendance de Burewin II donna lieu aux quatre lignes de Mecklembourg, de Gustrow, de Rostock et de Parchim. La ligne aînée fut fondée par Jean le Théologien, que l'université de Paris avait reçu docteur en théologie. En 1349 l'empereur Charles IV accorda le titre de *duc* aux princes représentant alors les lignes de Mecklembourg et de Stargard. Le duc Jean-Albert Ier (1547-1576), qui réunit de nouveau sous la même domination les territoires des diverses branches collatérales successivement éteintes, y introduisit les doctrines de la réformation. Ses petits-fils, Wolf-Frédéric Ier et Jean-Albert II, fondèrent les deux lignes de Mecklembourg-Schwerin et de Mecklembourg-Gustrow. Tous deux, en punition de l'alliance qu'ils avaient contractée avec le Danemark, furent dépossédés de leurs États et dépouillés de leur titre de *duc*, en 1627, par l'empereur Ferdinand, qui créa Wallenstein duc de tout le pays de Mecklembourg; mais dès 1632 Gustave-Adolphe les ramenait dans leurs États héréditaires. Toutefois, lors de la conclusion de la paix de Westphalie, ils durent céder à la Suède la ville de Wismar avec les bailliages de Pœhl et de Neu-Kloster ; en échange de quoi ils obtinrent les évêchés de Schwerin et de Ratzebourg, sécularisés à cette occasion, de même que les commanderies de Mirow et de Nemerow, anciennes propriétés de l'ordre de Saint-Jean-de-Jérusalem. A Adolphe-Frédéric Ier, mort en 1658, succéda dans la ligne principale de Mecklembourg-Schwerin son fils Christian-Louis, qui rentra dans le giron de l'Église catholique et qui mourut en 1692, sans laisser de postérité. Ses frères puînés fondèrent les lignes collatérales de Mecklembourg-Mirow et Mecklembourg-Grabow, qui ne tardèrent pas à s'éteindre, et celle de Mecklembourg-Strelitz.

MECKLEMBOURG-SCHWERIN, grand-duché faisant partie de la Confédération germanique et situé à l'extrémité septentrionale de l'Allemagne, comprenant 168 myriamètres carrés, et d'un sol généralement très-fertile. Entouré presque de tous côtés par d'excellentes frontières naturelles, il forme un État tout à fait arrondi, confinant au nord à la Baltique, à l'est à la Poméranie, au sud au Brandebourg et au Lunebourg, et à l'ouest au Lauenbourg ainsi qu'au territoire de Ratzebourg. Ce pays, généralement plat et uni, mais cependant parfois ondu leux, abonde en forêts, qui au commencement du dix-huitième siècle en couvraient encore près de la moitié; et de nos jours c'est encore du Mecklembourg que divers États voisins tirent le bois nécessaire à leur consommation. Le sol convient en général admirablement bien à la culture des céréales ainsi qu'à l'élève du bétail. Il produit une race de chevaux justement estimés. On y trouve aussi une foule de lacs, dont le plus grand, celui de Muritz, a 25 kilomètres de long sur 11 de large. Le climat, généralement tempéré, quoique humide aux approches de la Baltique, en raison du grand nombre de lacs et de forêts qu'on y trouve, est au total salubre. Divers cours d'eau, tels que la Warnow et l'Elda, traversent le pays et y facilitent les communications du commerce. Dans ces derniers temps on a beaucoup fait pour y améliorer l'état des routes; et des chemins de fer relient les villes de Rostock, de Gustrow, de Wismar et de Schwerin à Hagenow, d'où part un embranchement allant rejoindre la grande ligne de Berlin à Hambourg. On y compte 543,328 habitants, qui, sauf 655 catholiques et 3,333 juifs, professent tous la religion réformée. Sur ce chiffre, 171,260 habitants composent la population des villes. La rareté extrême des crimes témoigne de la haute moralité des populations. La navigation y occupe 314 (Rostock 264, Wismar 50) bâtiments, jaugeant ensemble 97,600 tonneaux, plus 6 bateaux à vapeur et 52 bâtiments employés au cabotage. L'éducation publique est l'objet d'une sollicitude éclairée dans le grand-duché, où l'on compte 5 gymnases, 50 écoles urbaines et plus de 1,000 écoles de village. Enfin, l'université de Rostock conserve toujours sa renommée. Le grand-duché a pour chef-lieu Schwerin.

Aux termes de la constitution, momentanément suspendue à la suite des événements de 1848, mais rétablie dès 1850, le pouvoir exécutif n'appartient qu'au souverain ; mais le droit de voter les lois et de consentir l'impôt est dévolu aux états, lesquels se composent de représentants de l'ordre équestre et de députés de la bourgeoisie, délibérant séparément. Il existe à Parchim une cour d'appel commune aux deux duchés. Dans le petit conseil de la confédération, les deux duchés de Mecklembourg-Schwerin et de Mecklembourg-Strelitz occupent collectivement la 14ᵉ place ; mais ils ont chacun une voix dans le *Plenum*. Le duché de Mecklembourg-Schwerin fournit au dixième corps de l'armée fédérale un contingent de 3,580 hommes d'infanterie, de cavalerie et d'artillerie, avec huit pièces de canon. En temps de guerre il est porté à un effectif de 7,860 hommes, avec seize pièces de canon. Les revenus de l'État étaient évalués pour le budget de 1852 à 3,153,126 thalers, et les dépenses à 3,385,476 thalers ; d'où résultait un déficit de 243,350 thalers. La dette publique s'élevait à la somme énorme de 11,302,216 thalers.

Le duc *Frédéric-François*, arrivé au trône en 1785, à la mort de son frère aîné, Frédéric, accéda en 1807 à la Confédération du Rhin, et s'en détacha en 1813. Il obtint le titre de *grand-duc* en 1815, et mourut en 1837, laissant pour successeur son petit-fils, *Paul-Frédéric*, né en 1800 et qui mourut le 7 mars 1842. La couronne passa alors au fils de celui-ci, *Frédéric-François*, grand-duc aujourd'hui régnant.

MECKLEMBOURG-STRELITZ, grand-duché faisant partie de la Confédération germanique ; il se compose de deux parties complétement distinctes, et formant ensemble une superficie d'environ 35 myriamètres carrés. La *seigneurie de Stargard* (30 myriamètres carrés) est bornée au nord par la Poméranie, à l'est et au sud par le Brandebourg, et à l'ouest par le Mecklembourg-Schwerin. L'autre partie, la *principauté de Ratzebourg* (42 kilomètres carrés), est bornée au nord par le lac de Dossow, à l'ouest par le Mecklembourg-Schwerin, au sud par le Lauenbourg, à l'ouest par le lac de Ratzebourg et le territoire de la ville libre de Lubeck. Le chef-lieu du grand-duché est la petite ville de *Neu-Strelitz*. Le chiffre de sa population totale est de 96,700 habitants, dont 16,000 pour la principauté de Ratzebourg. Le sol, le climat et les productions sont à peu près les mêmes que ceux du Mecklembourg ; on y élève beaucoup de chevaux et de gros bétail. Les revenus de l'État varient entre 3 et 400,000 thalers. La dette publique, dont l'origine remonte en grande partie aux dépenses occasionnées par l'invasion française au temps de l'empire, s'élevait en 1848 à 1,680,000 thalers ; elle dépasse aujourd'hui 2 millions. La constitution politique pour ce qui est de la seigneurie de Stargard est absolument la même que celle du grand-duché de Mecklembourg-Schwerin ; mais la seigneurie de Ratzebourg jouit de toutes les félicités du pouvoir absolu. Aussi bien il faut dire que c'est dans l'un et l'autre des grands-duchés de Mecklembourg que le vieil esprit de la féodalité germanique s'est conservé avec le plus d'énergie et de vitalité ; et que dès lors les semblants d'institutions représentatives qu'ils possèdent n'ont aucun rapport avec ce qu'on entend généralement aujourd'hui par cette expression. Le grand-duché de Mecklembourg-Strelitz fournit à l'armée fédérale un contingent de 718 hommes, infanterie, cavalerie et artillerie, plus deux pièces de canon. Le grand-duc possède une fortune privée très-importante ; et une justice à rendre à son gouvernement, c'est qu'il a pour bases une économie rigoureuse et un ordre extrême dans toutes les branches de l'administration.

MÉCONATE, sel résultant de la combinaison d'une base avec l'acide *méconique*.

MÉCONINE (de μήκων, pavot), matière découverte par MM. Couerbe et Dublanc, en faisant l'analyse de l'opium. La méconine est solide, blanche, inodore, peu sapide d'abord, puis sensiblement âcre ; elle est très-soluble dans l'eau, l'alcool et l'éther, et donne dans ces trois menstrues des cristaux à six pans ; elle se vaporise, et passe à la distillation sans altération, en offrant par le refroidissement une masse blanche, ayant l'aspect graisseux ; la potasse et la soude la dissolvent sans lui faire éprouver de changement. L'opium de Smyrne est celui qui en contient le plus.

Julia DE FONTENELLE.

MÉCONIQUE (Acide). Serturner a donné ce nom à un produit chimique qu'il a découvert en faisant l'analyse de l'opium, où il existe à l'état de combinaison avec la morphine, sous le nom de *méconate de morphine*. L'acide méconique est solide, incolore, d'une saveur aigre, cristallisable en longues aiguilles, soluble dans l'eau et dans l'alcool. Il rougit la teinture de tournesol, fait passer au vert émeraude la dissolution de sulfate de cuivre, et au rouge intense les solutions de fer très-oxydé. Quoique non employé isolément, il fait partie de l'extrait et de l'infusion d'opium.

Dans l'eau bouillante, l'acide méconique se colore en jaune et se transforme en un autre acide, l'*acide cosménique*; il se produit en même temps de l'acide carbonique, de l'acide oxalique et une matière brune, encore peu connue. Au-dessous de 120, l'acide cosménique se détruit à son tour pour donner naissance à un produit volatile, que Robiquet a nommé *acide pyroméconique*.

MÉCONIUM, nom dérivé du grec μήκων, pavot, et donné, à cause de sa couleur et de sa consistance analogues à celles du suc du pavot, à une substance noirâtre renfermée dans le tube digestif du fœtus, qui s'évacue immédiatement après la naissance. Le méconium se montre de très-bonne heure dans l'intestin du fœtus ; mais il change plusieurs fois de nature et d'aspect. D'abord blanchâtre et muqueux, il s'épaissit graduellement dans la seconde moitié de la gestation, devient poisseux, et se colore en jaune vert. Dans le troisième mois de la vie fœtale, on en trouve dans l'estomac ; à quatre mois il s'est amassé jusque dans le duodénum ; à sept il remplit l'intestin grêle, puis enfin le gros intestin et le rectum. Il importe que le méconium soit rendu dans les vingt-quatre heures qui suivent la naissance. Quand l'usage du premier lait, ou *colostrum*, ne suffit pas pour en provoquer l'expulsion, il faut avoir recours aux sirops purgatifs, aux lavements et même aux bains tièdes. Les sirops de chicorée et de fleurs de pêcher sont les plus usités. On doit en administrer surtout lorsque l'enfant est remis au soin d'une nourrice, dont le lait manque de qualités laxatives.

MECQUE (La), la ville sainte par excellence des mahométans, appelée par les Arabes *Om-el-Kora*, c'est-à-dire mère des villes, le berceau de la tradition mahométane, et le lieu de naissance de Mahomet, qui imposa aux partisans de sa doctrine l'obligation d'entreprendre au moins une fois dans leur vie le voyage de cette ville, circonstance qui en a fait naturellement le centre historique et religieux du monde mahométan, est située en Arabie, dans la province d'Hedjaz, à 38 myriamètres au sud de Médine, dans une vallée étroite, sablonneuse, stérile, entourée de hauteurs chauves et arides, s'étendant dans la direction du nord au sud et traversée par un ruisseau appelé *Ouadi-el-Tarafeyn*. Elle n'a que 1,500 pas de large ; divisée en ville haute et ville basse, elle renferme vingt-cinq quartiers, sans compter les faubourgs, qui s'étendent dans d'étroites sinuosités de la vallée. Les rues en sont larges et assez bien construites, mais non pavées ; ce qui fait qu'on y est fort incommodé par la poussière, et que lorsqu'il vient à pleuvoir, elles se transforment en lacs de boue. Les maisons, toutes bâties en pierre, généralement à trois étages et percées sur la rue d'un grand nombre de fenêtres, ont un aspect européen. On n'y trouve qu'une seule place publique, et encore est-elle presque entièrement envahie par la grande Mosquée, édifice quadrangulaire, avec les cours intérieures et les colonnades ; du reste, pas une seule plantation d'arbres, pas d'autre grande mosquée, point de bazars, point de khans, point de porte, pas de lanternes, et point d'autres grands édifices (que quatre ou cinq grandes maisons appartenant au schérif et deux médressés, de même que rien d'architectural. Toutes les maisons d'habitation sont organisées pour être louées aux pèlerins; et lors du grand concours des hadjis, on y voit une foule de magasins et de cafés, de même que tous les quartiers sont garnis de deux rangées de boutiques. La plupart des puits ne fournissent qu'une eau saumâtre, et celle du fameux puits de *Zemzem* est extrêmement difficile à digérer. La meilleure qu'on y boive vient, au moyen d'un aqueduc, d'Arafat, situé à environ 4 myriamètres de là. Outre quelques fours placées aux différentes entrées de la ville et un petit château fort, La Mecque est protégée par une grande citadelle entourée de murailles et de tours épaisses, bâtie sur une hauteur située à l'est de la vallée, et qui domine bien la ville, mais qui ne laisse pas que d'être dominée elle-même par des mamelons encore plus élevés.

La Mecque avait autrefois plus de 100,000 habitants ; aujourd'hui elle en compte à peine 40,000. Jadis de nombreuses caravanes y apportaient des offrandes envoyées de toutes les contrées de l'Orient où règne le mahométisme ; mais ces pieuses subventions faites à la *ville sainte* ont presque entièrement cessé, quoique les caravanes de pèlerins continuent toujours d'y affluer chaque année. De même le commerce de La Mecque a sensiblement diminué ; tandis que le concours d'un si grand nombre de pèlerins en faisait autrefois la principale étape et le grand marché du commerce qui avait lieu entre l'Arabie et le reste de l'Asie, de même qu'avec l'Afrique et l'Europe. Djiddah, sur la mer Rouge, peut être considéré comme le port de La Mecque. Cette ville possédait autrefois des écoles renommées et un grand nombre de fondations pieuses ; mais tout cela est maintenant en décadence. Il ne saurait être question d'industrie dans une ville dont la population est habituée à ne vivre qu'aux dépens des pèlerins ; et il n'y a guère que la fabrication des chapelets qui y ait pris de l'importance. Le véritable centre de la ville, le point autour duquel gravite tout le cercle d'idées du monde mahométan, c'est la grande mosquée, le *Beïtullah*, c'est-à-dire la maison de Dieu, ou l'*El-Haram*, c'est-à-dire l'inviolable, dont défense est faite aux chrétiens et aux juifs d'approcher ; antique édifice, qui, malgré ses dix-neuf portes et ses sept hauts minarets, ne se distingue des autres temples de l'Orient ni par l'ampleur de ses proportions ni par la beauté ou l'élégance de son architecture, transformé en bâtiment moderne au moyen de simples réparations et reprises en sous-œuvre, d'ailleurs sans unité et sans style, et qui n'a de remarquable que la Kaaba, à laquelle il sert d'enveloppe ou d'étui.

Ptolémée fait déjà mention de La Mecque sous le nom de *Macoraba* ; mais l'histoire de cette ville ne date à bien dire que de la venue de Mahomet. Elle se trouvait alors sous la domination des Koréischites ; et après la mort du prophète elle devint l'héritage de ses descendants. Leur chef la gouvernait sous le titre de grand-schérif ; et pendant longtemps il réussit à faire contre-poids à la puissance des khalifes. Plus tard les sultans Osmanlis prirent le titre de protecteurs des villes saintes de La Mecque et de Médine, et choisirent le grand-schérif parmi les schérifs, mais en ne lui laissant qu'une autorité extrêmement restreinte. En 1803 La Mecque fut prise et pillée par les Wahabites ; toutefois, leur domination n'y fut que de courte durée. Plus tard elle dut reconnaître la souveraineté du pacha d'Égypte, Méhémet-Ali, qui fit conduire au Caire le grand-schérif comme prisonnier ; mais en 1840 les schérifs profitèrent de la situation critique du vice-roi pour se soustraire à son autorité.

MECQUE (Baume de La). *Voyez* GILÉAD (Baume de).
MÉDAILLE. Ce mot, dérivé du latin du moyen âge *medala*, fait lui-même de *metallum*, métal, désigne dans son acception la plus usitée toute pièce de métal destinée à conserver la mémoire d'événements ou de personnages remarquables. Les médailles se divisent en *médailles antiques*, en *médailles du moyen âge*, et en *médailles modernes*.

MÉDAILLES ANTIQUES. Une grande logomachie a divisé les savants des derniers siècles : il était question de savoir si toutes les pièces frappées chez les anciens devaient être considérées comme des *médailles* ou comme des *monnaies*. Il est aujourd'hui reconnu qu'à très-peu d'exceptions près ces pièces ont ce double caractère, et que l'une ou l'autre qualification peut leur être attribuée indifféremment.

Parmi les médailles, celles qui n'ont point eu cours comme monnaies sont d'abord un certain nombre de *médaillons*, puis les *tessères* et les *spintriennes*. Toutes les autres médailles antiques ont eu cours comme monnaies ; leur étude constitue une science, qu'on appelle *numismatique*.

La forme des médailles est généralement ronde ; cependant, chez quelques nations, il s'en rencontre d'ovales ou de carrées ; leur grandeur, qui varie, s'appelle *module*. Les métaux qui les composent sont : l'or presque toujours pur) ; l'argent (pur chez les Grecs et dans le Haut-Empire) ; l'*électrum* (alliage d'or et d'argent) ; le bronze (cuivre rouge ou jaune, allié d'étain) ; le potin (mélange de cuivre, plomb, étain, avec un peu d'argent) ; le billon (alliage de cuivre et de fort peu d'argent) ; le plomb. La plupart des médailles offrent d'un côté l'image d'un dieu ou d'un homme, ou bien encore un sujet principal ; ce côté se nomme *avers*, l'autre côté s'appelle *revers* ; ces deux mots correspondent aux termes de *pile* et de *face*, vulgairement adoptés pour nos monnaies.

Les médailles se font généralement remarquer par des inscriptions ou *légendes* ; elles sont ordinairement circulaires ; l'espace libre entre la tête et la légende est le *champ*, dont la partie inférieure se désigne plus particulièrement par la dénomination d'*exergue* lorsqu'il s'y trouve quelque objet ou quelque autre indication. Le *champ* d'une médaille est souvent occupé par des monogrammes où par des caractères isolés (*voyez* LETTRE). Lorsqu'un sujet est plus habituellement représenté sur les médailles d'une ville ou d'un peuple, ce sujet devient un *type* : ainsi, une chouette est le type d'Athènes, consacrée à Minerve, une tortue celui d'Égine, un bœuf à face humaine celui de Naples, le jardin d'Alcinoüs celui de Dyrrachium, un lion celui de Milet, une rose le type parlant de Rhodes, etc. Il se rencontre encore sur le champ des médailles un grand nombre de petits sujets que l'on appelle *symboles*. On en a expliqué quelques-uns d'une manière fort ingénieuse ; mais la plupart se refusent aux interprétations, et on les considère comme des différences monétaires, ou comme la marque particulière de l'ouvrier. Les symboles constituent, dans des pièces d'ailleurs tout à fait semblables, des variétés dont les numismatistes sont fort curieux.

La valeur mercantile des médailles, quoique idéale, comme celle des objets d'art, se soutient cependant d'une manière assez régulière, et va même s'accroître de jour en jour. Le prix qu'on attache à telle ou telle pièce dépend de sa rareté, de la beauté du type et de sa conservation. Le métal n'y influe que fort peu ; le bronze est souvent plus cher que l'or, et l'on a vu des médailles qui se sont élevées jusqu'à la somme exorbitante de 3,000 fr., tandis que d'autres de la même époque, mais communes, se donnent pour quelques centimes. Quoique les médailles antiques aient été frappées pour la plupart, il s'en trouve néanmoins de coulées chez certains peuples et à certaines époques : ces dernières appartiennent à l'enfance ou à la décadence de l'art monétaire.

Les médailles reçoivent leurs noms 1° des langues qui se rencontrent sur leurs *légendes* ; 2° des pays qui les ont produites : ainsi, il y a des médailles romaines, égyptiennes, siciliennes, gauloises, germaines, etc. ; 3° des rois qui les ont frappées : on dit, par exemple : des *dariques*, des *philippes*, des *alexandres*, des *lysimaques*, etc. ; 4° de leur poids ou de leur valeur : comme drachme, didrachme, once, as, denier et sesterce ; 5° de leur type, comme victoriats, tortues, sagittaires, etc. ; 6° de leur métal et de leur module, comme grand bronze, moyen bronze, petit bronze et quinaire, etc. Elles forment des séries de villes, de rois, d'empereurs et de colonies. Les pièces des villes libres s'appellent *autonomes*, celles des villes saintes se nomment ou *néocores* (qui a le droit de nettoyer le temple), ou *cistophores* (qui porte la ciste de Bacchus). Il y a des médailles qu'on nomme *incuses*, par rapport à leur fabrique : ce sont des monnaies grecques d'une grande antiquité ; elles présentent d'un côté un creux et de l'autre un sujet en relief. On a donné le même nom à d'autres pièces, devenues telles par la précipitation de l'ouvrier, qui, négligeant de retirer du coin inférieur la dernière monnaie frappée, avait placé par-dessus un flan nouveau. Le type déjà figuré sur la pièce oubliée se reproduisait en creux d'un côté, tandis qu'il était frappé de l'autre en relief par le coin supérieur.

On appelle *médailles dentelées* ou *crénelées* celles dont les bords sont découpés comme de la dentelle ; *médailles saucées* celles de cuivre argenté, si communes dans le Bas-Empire. Les pièces *restituées* sont des monnaies romaines dont le type, frappé à une époque antérieure, a été renouvelé par quelque empereur, avec une inscription indicative de ce fait. Une *médaille inanimée* est celle qui n'a point de légende, la légende étant considérée comme l'âme de la médaille.

D'autres appellations se rapportent encore à l'état actuel des pièces : on nomme *médailles frustes* celles qui sont entièrement effacées par la circulation, ou corrodées par quelque oxyde. Sur les pièces de bronze, une oxydation légère et uniforme produit quelquefois une espèce de couverte verdâtre ou bleuâtre d'un effet agréable, et qui laisse distinguer les contours les plus délicats : cette couverte est la *patine*, si recherchée des amateurs. On nomme *fleur de coin* une médaille d'une conservation parfaite, et qui semble sortir de la main de l'ouvrier ; *réparée*, celle qui a été habilement nettoyée avec le burin ; *éclatée*, celle dont les bords ont été fendus par la force du coin ; *contre-marquée*, celle qui a été sur-frappée avec de petits poinçons, usage établi pour remettre en circulation des pièces anciennes ou pour autoriser le cours de pièces étrangères.

Dans l'antiquité comme de nos jours, il s'est rencontré de faux monnayeurs : ils se servaient d'un flan de cuivre, de fer ou de plomb, qu'ils revêtaient d'une feuille d'or ou d'argent fort mince et frappaient ensuite. Ce procédé était porté à une telle perfection que l'on ne peut s'apercevoir de la fraude qu'en pesant la pièce ou lorsque la pellicule d'or ou d'argent qui recouvre le métal ignoble présente quelque fente : ces sortes de médailles s'appellent *fourrées*. Elles présentent quelquefois de singulières anomalies dans leurs types et dans leurs légendes, et n'ont pas peu dérouté les archéologues. Il ne faut pas confondre avec ces contrefaçons frauduleuses les imitations plus ou moins grossières que les peuples barbares faisaient des types grecs et romains, et qui se désignent sous les noms de pièces gallo-grecques, gallo-romaines, germano-grecques, etc.

Le goût des médailles antiques, qui prit naissance vers la seconde moitié du quinzième siècle, excita puissamment l'émulation des artistes modernes : ils imitèrent d'abord les anciens coins, comme ils copiaient les statues antiques, par amour de l'art ; mais bientôt le haut prix qu'on attachait à certaines médailles rares excita leur cupidité, et on fit des faussaires. Sans détailler ici les procédés dont ils se servaient nous indiquerons les principaux résultats de leur fabrication.

Médailles coulées : ils moulaient les pièces antiques et les coulaient dans leurs moules, puis avec l'outil ils cherchaient à faire disparaître les traces du coulage.

Médailles retouchées : à l'aide du burin, ils changeaient les lettres des légendes et altéraient les types des pièces antiques : ainsi, d'un Gordien III ils faisaient un Gordien d'Afrique, estimé cent fois davantage.

Médailles encastrées : ils sciaient dans leur épaisseur quelques pièces antiques, prenaient l'avers de l'une et le revers de l'autre, et les soudaient ensemble ; de deux médailles communes ils en obtenaient une très-rare.

Médailles martelées : ils effaçaient à coups de marteau le revers d'une pièce antique et en frappaient un nouveau avec un coin moderne.

Médailles imaginaires : ils inventaient des types qui n'existaient point, comme la pièce de César avec *veni, vidi, vici* ; ou bien ils frappaient les têtes de personnages dont on n'a point de monnaie : par exemple, celles de Priam, d'Achille, de Périclès ou d'Annibal.

L'un des plus anciens falsificateurs a été Victor Camelo, sculpteur vénitien du quinzième siècle. Deux artistes célèbres, Jean Cauvin et Alexandre Bassian, de Padoue, firent dans le seizième siècle d'admirables imitations de médailles antiques, qui ont reçu le nom de *padouanes* ; un grand nombre de leurs coins sont conservés aujourd'hui au cabinet des antiques de la Bibliothèque impériale. Michel Dervieux de Florence, Carteron de Hollande, Cogonier de Lyon, et beaucoup d'autres, à des époques plus rapprochées de nous, exercèrent avec succès ce genre d'industrie ; il existe encore aujourd'hui en Italie, en Sicile et dans l'archipel grec d'habiles faussaires ; mais l'homme qui a poussé le plus loin la reproduction des médailles antiques est le fameux Becker d'Offenbach, mort il y a quelques années. Il a mystifié les plus grands connaisseurs, et il n'existe presque aucun musée ni collection particulière où il n'ait introduit ses contrefaçons. Becker a laissé les coins de 296 médailles grecques, romaines et du moyen âge, et quoiqu'il en ait publié lui-même le catalogue sur la fin de sa vie, il est encore assez difficile de ne pas se laisser tromper. Les juifs de Francfort ont longtemps continué d'acheter à la veuve de Becker les imitations des pièces anciennes qu'elle faisait frapper avec les coins de son mari, puis ils les expédiaient par petits envois en Asie, en Afrique et dans toutes les localités auxquelles se rattachent les types contrefaits, afin que les voyageurs sans défiance fussent dupés d'autant plus sûrement en rencontrant la copie dans l'endroit même où ils espéraient trouver l'original.

Le nombre des médailles que l'on a des temps anciens est fort considérable ; celui des types divers et de leurs variétés que nous possédons s'élève à environ 100,000.

MÉDAILLES DU MOYEN AGE. Ce sont les monnaies frappées dans les contrées arrachées à la domination romaine par les gouvernements qui lui succédèrent ; elles commencent donc avec le démembrement de l'empire et finissent à l'époque de la renaissance.

MÉDAILLES MODERNES. Ce sont toutes les pièces qui n'ont point été destinées à la circulation, des pièces commémoratives frappées et distribuées dans quelque circonstance solennelle, et qui se rapportent plus particulièrement à un personnage célèbre ou à un fait important. Les médailles modernes datent du quinzième siècle, et elles apparurent d'abord en Italie lors de la renaissance des lettres et des arts. Vittorio Pisani peut être regardé comme le restaurateur des médailles ; il grava en 1439 celles du concile de Florence ; Boldu en fit une à l'honneur du poëte Messararo, en 1457 ; les Padouanes avancèrent les progrès de cet art, que Benvenuto Cellini porta à un degré de perfection rarement atteint et presque jamais dépassé depuis cette époque. La première médaille allemande a été frappée à l'occasion de la mort de Jean Huss, brûlé en 1415 ; mais il est douteux qu'elle remonte à une date aussi reculée. La médaille la plus anciennement gravée en Angleterre est celle qui fut faite pour le siège de Rhodes, en 1480. La Hollande et les Pays-Bas sont peut-être les contrées les plus riches en médailles modernes. Sous Louis XIII et sous Louis XIV, il en a été frappé de belles suites par Jean Varin, artiste célèbre et directeur général des monnaies de France; Georges Dupré l'avait précédé avec quelque renom; Duvivier et Roettiers le suivirent sans l'égaler. Sous Louis XV et sous Louis XVI, l'art dégénéra, pour se relever bientôt sous Napoléon; on peut dire qu'il se maintint à la hauteur de cette grande époque, et la collection de médailles fabriquées sous la république et sous l'empire passera à nos descendants comme un monument glorieux de notre histoire (*voyez* MONNAIES DES MÉDAILLES).

Les *médailles bénites par le pape* sont chargées d'une indulgence temporaire ou plénière : elles s'attachent ordinairement à des rosaires, à des chapelets, ou même à de simples dixaines, dont la récitation devient obligatoire pour obtenir personnellement, ou pour appliquer, par droit de suffrage, les indulgences accordées. Par délégation des autorités pontificale et métropolitaine, un assez grand nombre de prêtres ont l'autorité de pouvoir attacher les mêmes indulgences à des médailles qui en reçoivent la même vertu canonique, et qu'on distribue très-abondamment dans toute la chrétienté. Il existe encore une autre espèce de médailles dites de la *coronation*, portant l'effigie du pape régnant, qu'il donne ordinairement avec ou sans bref, comme un témoignage d'estime ou de satisfaction; il n'est pas même sans exemple que des chrétiens d'une communion dissidente en aient reçu du souverain pontife.

Chaque année, dans des réunions périodiques ou extraordinaires, les diverses Académies dont se compose l'Institut de France, les autres académies et les sociétés savantes légalement constituées ouvrent des concours et proposent des questions à résoudre ou des sujets à traiter; les prix qu'elles distribuent sont ordinairement des *médailles*, d'une valeur déterminée, de sorte que celui qui l'emporte sur ses concurrents a la faculté de prendre ou la médaille ou la somme d'argent à laquelle elle a été évaluée dans le programme. Le ministre de l'intérieur et quelques autres autorités municipales ou départementales accordent aussi des médailles à titre d'encouragement ou de récompense, soit aux fabricants dont les produits ont été jugés les plus parfaits dans les expositions de l'industrie, soit aux hommes courageux qui ont hasardé leur vie pour conserver celle d'un de leurs concitoyens.

Mis DE LA GRANGE, sénateur, membre de l'Institut.

Il y a dans plusieurs États des *médailles militaires*, destinées, comme les croix et les décorations, à récompenser soit des traits de bravoure, soit un temps plus ou moins long de service sous les drapeaux. Telle est la médaille instituée par Napoléon III, accordée d'abord aux soldats et aux sous-officiers, avec une pension viagère de cent francs par an, puis également, par exception, à quelques officiers généraux. Elle est d'argent, suspendue à un ruban jaune orange, à liséré vert, et est surmontée d'un aigle en métal jaune. Pendant la campagne de Crimée, le gouvernement anglais a donné aux militaires des diverses armées alliées qui y ont pris part une médaille commémorative de cette guerre. Elle est en argent, à l'effigie de la reine Victoria, et se porte suspendue à un ruban bleu liséré jaune.

MÉDAILLIER, meuble à tiroirs, où sont renfermées des médailles rangées dans un ordre méthodique. On a donné ce nom par extension aux salles où se trouvent placées les armoires contenant les médailles, et, par métonymie, on a encore appelé *médailliers* les collections de médailles publiques ou particulières.

MÉDAILLON. On est convenu d'appeler de ce nom toute pièce d'or, d'argent ou de bronze, d'un module et d'un poids supérieurs au module et au poids ordinaires des médailles : ainsi, en partant du principe qui fait considérer les médailles antiques comme des monnaies, les médaillons anciens répondraient parfaitement à l'idée que nous présente aujourd'hui le mot de *médaille* dans son acception vulgaire. Les médaillons modernes ne diffèrent des autres médailles que par leur volume. Les médaillons antiques se divisent en grecs et romains : les uns, par leur poids, se trouvent en rapport avec les monnaies contemporaines, et semblent avoir eu la même destination; les autres, d'une grandeur insolite, paraissent plutôt avoir été réservés à des présents, à des largesses et à fixer les effigies des dieux et des empereurs sur les enseignes militaires. Ceux que l'on trouve souvent encadrés dans une bordure formée de plusieurs cercles étaient probablement appropriés à ce dernier usage; d'autres, montés en filigrane d'or ou d'argent, et ayant des bélières, se portaient suspendus au col, comme on le faisait encore au seizième siècle. Il y a des médaillons de bronze formés de deux alliages, dont la couleur diffère, et dont le milieu, rouge, et les bords, jaunâtres, ont été soudés ensemble avant d'être frappés.

Il existe une espèce de médaillons dont le bord est sillonné d'un cercle en creux, qui leur a fait donner le nom de *contorniates*. Ces pièces en bronze ont peu de relief, et leur style atteste une époque de décadence ; elles portent d'un côté l'image d'un prince ou d'une notabilité grecque ou romaine ; de l'autre, quelque sujet mythologique ou relatif à des jeux, à des courses et à des chasses; les légendes sont grecques ou latines. L'identité de leur fabrique prouve qu'elles ont dû appartenir toutes à peu près au même temps; on les attribue aux règnes de Constantin et de ses successeurs immédiats. Leur usage n'a encore été déterminé que d'une manière conjecturale.

D'autres médaillons, qui sont de véritables monnaies, et appartiennent à l'empire grec, s'appellent *concaves*, parce qu'ils offrent d'un côté une cavité profonde. On eût pu également les nommer *convexes*, par rapport à leur forme, mais le sujet principal est du pris ordinairement frappé du côté en creux, et c'est ce qui sans doute a fait prévaloir cette appellation.

Mis DE LA GRANGE.

MÉDAILLON (*Architecture*). C'est un bas-relief rond ou ovale, qui représente une tête, un buste ou un sujet, encadré dans une bordure également saillante et de forme analogue; on en faisait un grand usage à l'époque de la renaissance pour décorer la façade des édifices et des maisons particulières; mais les architectes classiques regardent cet ornement comme d'un goût fort médiocre, et les deux principaux reproches que l'on ait faits à la colonnade du Louvre sont l'accouplement des colonnes et l'emploi des médaillons sur les massifs; il est vrai que les médaillons de la façade du Louvre sont ajustés avec une sorte d'ornements barbares, appelés *queues de mouton*, qui nuisent beaucoup à la pureté de leur ovale et à la grâce de leur profil.

Mis DE LA GRANGE.

MÉDARD (Saint), évêque de Noyon, naquit vers 457, à Saleney, près de Noyon, d'un père franc et d'une mère gallo-romaine : il fut un des premiers hommes de race franque qui, ayant embrassé l'état ecclésiastique, parvinrent aux fonctions épiscopales. Élu évêque de la cité des *Veromandui* (Vermandois), il transféra dans *Noviomagus* ou Noyon, alors simple château fort, le siége de son évêché, qui avait été, depuis l'origine, à *Augusta Veromanduorum* (Saint-Quentin). Il réunit sous sa direction les deux diocèses de Vermandois et de Tournay, qui demeurèrent unis durant trois cents ans.

Ce fut un des personnages les plus importants du sixième siècle, et il jouit de son vivant d'une assez haute réputation de sainteté pour que le farouche Clotaire Ier pût croire expier ses crimes par les honneurs qu'il rendit à sa mémoire. Médard étant mort, en 545 suivant les uns, en 560 selon d'autres, Clotaire transféra solennellement le corps du saint à la métairie ou *fisc* royal de Crouy, près de Soissons, y commença la construction d'une basilique, dans la crypte de laquelle furent déposés ses restes, et donna la terre de Crouy à une congrégation de moines de l'ordre de Saint-Benoît, récemment introduit en Gaule. Sigebert, roi d'Austrasie, mari de la fameuse Brunehaut, acheva l'église après la mort de Clotaire. Le nouveau monastère, exempté de la juridiction épiscopale, gratifié de privilèges immenses, et renouvelé presque de fond en comble sous Louis le Débonnaire, devint une vraie capitale de l'ordre de Saint-Benoît : c'était comme une ville entière, avec ses sept églises, ses chapelles, ses vastes cloîtres, sa triple enceinte de murailles flanquées de tours, et ses quatre cents moines, qui chantaient nuit et jour les *louanges éternelles*. Le voisinage du palais que les rois avaient conservé dans l'enceinte du monastère contribua beaucoup à en faire le théâtre de grands événements politiques. Divers conciles furent tenus dans les basiliques de Saint-Médard et de La Trinité. La déposition du dernier roi mérovingien en 751 et la captivité de Louis le Débonnaire en 833 ont surtout rendu Saint-Médard célèbre dans notre histoire. Ses abbés furent après ceux de Saint-Martin de Tours, et peut-être ceux de Corbie, les premiers seigneurs ecclésiastiques qui battirent monnaie en France.

Le *moutier* de Saint-Médard, dont le grand cloître fut rebâti avec magnificence sous saint Louis, conserva sa splendeur jusqu'aux guerres de religion du seizième siècle. Les huguenots le saccagèrent si cruellement en 1568, qu'il ne s'en releva jamais. Ses vieilles basiliques, découvertes, crevassées, démantelées, s'écroulèrent successivement, et furent remplacées, au dix-septième siècle, par une église de construction moderne, où s'installèrent des bénédictins réformés de Saint-Maur. La révolution a balayé l'église moderne et le beau cloître qui avait survécu à la ruine du vieux monastère. Il ne subsiste plus que la crypte de l'église et deux cellules souterraines, qui passent pour avoir servi de prison à Louis le Débonnaire, ou qui sont tout au moins très-voisines de l'emplacement où fut cette prison.

Henri MARTIN.

MÉDÉAH (*Medeya, Mehdyah*), assez jolie ville de l'Algérie, située dans un territoire délicieux et fertile, sur le plateau moyen de l'Atlas, par 36° 10' de lat. nord et 0° 25' de long. ouest, dans le département d'Alger et à 90 kilomètres de cette ville. Chef-lieu d'une subdivision militaire et d'un district, Médéah a été érigée en commune de plein exercice en 1854, avec Damiette, Lodi et Mouzaïa-les-Mines pour annexes. Ainsi constituée, elle a 7,200 habitants, dont 2,040 français, 420 européens, 3,950 indigènes musulmans, 790 indigènes israélites. Grâce à sa position avancée dans la région du Tell, sur la route la plus directe qui relie le port d'Alger au Sahara, la ville de Médéah a toujours joui d'une certaine importance politique et commerciale. Elle possède un marché très-fréquenté, où les indigènes apportent en abondance les divers produits du pays en laine, céréales et bestiaux. La population coloniale y a trouvé un sol et un climat propices à la vigne. Les vins de Médéah ont déjà acquis de la renommée en Afrique.

Médéah se trouve à peu près à 1,100 mètres au-dessus du niveau de la mer, sur un mamelon escarpé dans les trois quarts de son pourtour, descendant en pente douce vers le sud, bordé par des affluents du Chélif. En été des chaleurs y sont grandes, mais en hiver il y fait froid. On y trouve cependant le mûrier, le poirier, le peuplier, le cerisier, le grenadier, le rosier et des vignes en grande abondance. Médéah fut une forteresse romaine, vraisemblablement *Lamida*. D'autres pensent qu'elle se rapporte plutôt à l'ancienne *Tirinadis*; quoi qu'il en soit, elle occupait alors la partie supérieure du mamelon, et s'arrêtait à mi-pente vers le sud. Des traces de ses anciens remparts existent encore. Depuis, habitée successivement par les diverses races qui se sont tour à tour remplacées en Afrique, elle s'est accrue en gagnant vers le sud jusqu'au pied même du mamelon : c'est ainsi qu'ont pris naissance la haute ville et la basse ville, longtemps séparées l'une de l'autre. Dans sa partie basse, Médéah renferme une fontaine très-abondante, d'une bonne eau, et présentant des traces de travaux antiques. La ville haute n'offre aucune source, mais elle a deux puits excessivement profonds. Les Romains avaient relié à leur citadelle, au moyen d'un chemin incliné, couvert par un rempart et par des tours descendant le long de l'escarpement ouest, une magnifique source, sortant avec une force extrême de dessous le rocher qui supporte la ville haute elle-même. L'eau est du reste en abondance dans les environs de Médéah; elle fut jadis distribuée de tous côtés par des canaux d'irrigation, que les Français ont rétablis en partie. Médéah possède quatre mosquées, une grande caserne, une casbah non fortifiée, et le palais des beys. Depuis 1843, une église catholique y est consacrée à saint Henri.

Les Romains avaient une grande route qui joignait Médéah à Miliana. Une autre grande route, partant de Médéah et se dirigeant d'abord au sud, s'infléchissait ensuite vers l'est, tournait le Jurjura, les Bibans, et parvenait sans difficultés de terrain à Constantine. La route d'Alger à Médéah passe par le téniah de Mouzaïa, que le maréchal Clauzel rendit praticable en 1836, et elle s'abaisse ensuite d'environ 400 mètres pour arriver à une langue de terre étroite, dite *bois des Oliviers*, qui sert de point de départ à la Chiffa, courant vers l'est, et à des affluents de l'Oued-Jer, courant vers l'ouest.

Quand Tittery formait une province séparée, Médéah était la résidence du bey de cette province. Dès le mois de novembre 1830, une expédition fut dirigée sur Médéah par le maréchal Clauzel pour punir la trahison de Bou-Mezrag, bey de Tittery, qui avait tourné ses armes contre nous. La ville fut occupée le 22, après un léger engagement. Mustapha-ben-Omar fut installé à la place de Bou-Mezrag, qui fut emmené prisonnier à Alger. Le 25 juin 1831, une seconde expédition, commandée par le général Berthezène, composée de 4,500 hommes, se porta sur Médéah pour dégager Mustapha-ben-Omar, notre allié, menacé par le fils du bey de Tittery. Nos troupes purent ramener le bey à Alger; mais la retraite fut inquiétée jusqu'aux avant-postes de cette ville, et Médéah resta au pouvoir des ennemis de la France. Cependant, dans la coalition qui se forma ensuite, les gens de Médéah refusèrent de livrer les canons, les fusils et les munitions déposés dans leur ville; et ne voulant pas reconnaître Ouled-Bou-Mezrag pour leur bey, ils demandèrent un gouverneur à l'empereur de Maroc, qui leur envoya un homme sans consistance, nommé El Hadji Mati.

En 1835 le maréchal Clauzel donna l'investiture du beylik de Tittery à Mustapha-ben-Hosseïn; et en 1836 une troisième expédition, forte de 5,000 hommes et de 1,200 chevaux, fut dirigée sur Médéah dans l'intention de lui porter des armes et des munitions. Les Arabes nous attendaient au col de Mouzaïa, et après une chaude affaire, le général Desmichels fut détaché avec une colonne pour aller jusqu'à Médéah, où il entra le 4 avril. Il en revint le 5, et l'armée expéditionnaire se mit en route le 7 pour regagner ses cantonnements, après avoir exécuté de grands travaux et obtenu la soumission de quelques tribus.

Au commencement de mai 1837, Abd-el-Kader s'empara de Médéah, et y enleva beaucoup de Turcs et les principaux habitants. En 1840 une nouvelle expédition fut dirigée sur Médéah par le maréchal Vallée avec l'intention bien arrêtée de s'y installer définitivement. L'armée, forte de 9,000 hommes, se mit en mouvement le 25 avril. La colonne d'avant-garde était commandée par le duc d'Orléans. Plusieurs engagements eurent lieu pendant cette marche, notamment le 27 dans la vallée de Bou-Roumi, le 29 sur l'Afroun et dans les gorges de l'Oued-Jer. Le 8 mai, le maréchal se dirigea sur Cherchell. Le 11 il revint sur le col ou téniah de Mouzaïa, et le 12 mai les Arabes en furent délogés après un glorieux combat. Le duc d'Orléans put ensuite arriver avec sa division jusqu'à Médéah, le 17, sans engagement important. Le général Duvivier prit le commandement de la province de Tittery, et après avoir mis la ville en état de défense, l'armée quitta Médéah le 20 mai, en y laissant seulement 2,400 hommes. Au son retour elle eut encore à soutenir un combat contre Abd-el-Kader au bois des Oliviers. Depuis cette époque jusqu'en 1843 des colonnes furent à diverses reprises conduites à Médéah pour ravitailler la place. Presque chaque fois elles rencontrèrent l'ennemi, et ajoutèrent de nouvelles pages à notre gloire militaire. L. LOUVET.

MÉDECIN. Dans l'antiquité, lorsque la civilisation en

était encore à son premier période de développement, c'était le père ou la mère qui assistaient leurs enfants malades et qui leur indiquaient ce qu'ils devaient faire pour revenir à la santé; et c'est encore ce qui a lieu de nos jours parmi les sauvages. Ainsi naquit une médecine domestique, dont les pratiques se transmirent de père en fils. Quand elle se montrait impuissante à guérir la maladie, on ne connaissait d'autre ressource que d'implorer l'assistance de la divinité et celle de ses médiateurs ici-bas, les prêtres. C'est de la sorte qu'avec la suite des temps l'art médical devint un des privilèges de la caste sacerdotale, dont le crédit et la considération acquirent par là une base plus solide, et qui commença alors à réunir en corps de doctrine les diverses expériences faites sur les maladies, ainsi qu'à tenir note des remèdes employés. Les soins et les conseils donnés au malade n'avaient point alors en vue le profit; cependant, l'individu qui recouvrait la santé ne manquait jamais de témoigner de sa reconnaissance par quelque offrande. Avec les progrès de la civilisation, l'art de guérir arriva peu à peu à être le partage d'une classe spéciale, dont les études et son expérience rendaient plus propre que toute autre à l'exercer, la classe des médecins. La guérison des maladies ne fut plus considérée dès lors comme due à l'intervention de la divinité, mais bien comme le fait de l'habileté humaine. Comme il était possible de l'apprécier, on mit un certain prix à la peine que se donnait le médecin; mais le payement de ses soins n'eut toujours lieu qu'avec des témoignages de respect pour son art (d'où le mot honoraires). Toutefois, à l'origine, se charger de la guérison d'une maladie fut un contrat volontaire, personnel, que pouvait souscrire quiconque s'en sentait la capacité. Tant que les médecins restèrent des prêtres n'exerçant pas leur art uniquement en vue du lucre, l'État ne put songer à les soumettre à une surveillance spéciale; et alors même qu'une séparation se fut opérée entre les prêtres et les médecins, ces derniers, en Grèce du moins, continuèrent toujours à former comme membres de l'ordre des Pythagoriciens ou des A s c l é p i a d e s, une corporation sainte, régie uniquement par les lois qu'elle se donnait à elle-même. Quand l'exercice de cet art devint tout à fait libre, ceux qui le pratiquaient furent, il est vrai, soumis comme tous les autres citoyens aux lois de l'État; mais pas plus en Grèce qu'à Rome celui-ci ne se mêla d'exercer une influence quelconque sur chaque médecin en raison même de sa profession. La pratique de l'art de guérir resta donc toujours complètement libre, ainsi qu'on peut le voir par les plaintes que Pline exprime à ce sujet. Seulement, à Athènes celui qui voulait exercer la profession de médecin était tenu de déclarer dans un discours public où et comment il avait appris son art et quel avait été son maître. Il n'en était pas tout à fait ainsi à Rome. Incapable de former les médecins dont elle avait besoin, Rome était exploitée par des médecins étrangers, esclaves grecs pour la plupart. Pour faire cesser le désordre et la contradiction qu'il y avait à abandonner la vie d'un homme libre à la main d'un esclave, on prit le parti d'accorder les droits de cité à ces étrangers, et notamment à ceux qui étaient en état d'enseigner la médecine. Cette mesure, dont l'initiative appartient à Jules César, mit désormais Rome à l'abri du manque de médecins. Mais lorsque Auguste y eut encore accordé l'exemption de toute espèce d'impôt et de charge publique, le nombre des médecins augmenta bientôt tellement dans les villes, qu'ils n'y purent plus subsister. Marc-Aurèle (128-131 après J.-C.) se vit donc forcé d'y limiter à l'avenir le nombre des médecins; toutefois, ce ne fut que sous le règne de l'empereur Valentinien, en l'an 368, que cette mesure fut appliquée à Rome même. Quand les habitants des villes romaines s'appauvrirent de plus en plus, et que les maladies devinrent toujours plus fréquentes parmi eux, l'exemption d'impôts accordée aux médecins ne suffit plus pour les déterminer à donner leurs soins aux pauvres. Les communes et la cour impériale elle-même durent donc encore instituer et solder des médecins de cour et des médecins de pauvres (archiatri sancti palatii et populares). Il n'en résulta pas seulement l'institution des médecins communaux proprement dits, mais encore qu'une partie des médecins devinrent de véritables fonctionnaires publics, en vue desquels l'État dut établir certaines règles fixes. La première conséquence de ce fait, c'est que le choix des médecins cessa désormais d'être chose libre pour les communes, et qu'une autorité médicale fit dépendre l'admission dans les services publics de certaines épreuves scientifiques. Il fut ordonné en effet que les archiatri en exercice formeraient à l'avenir un collège, qu'on investit du droit de se compléter par voie d'élections après examen préalable des candidats. Seulement, à Rome l'empereur se réserve le droit de confirmation, afin, était-il dit expressément, qu'aucun sujet indigne ne parvînt, à l'aide de protections, etc., à se faire admettre dans la corporation. Mais toutes ces dispositions n'étaient applicables qu'aux médecins entrant au service de l'État; ceux qui n'exerçaient point de fonctions publiques échappaient à toute espèce de contrôle, à moins qu'ils ne donnassent lieu à des plaintes devant le juge civil pour des questions d'honoraires, etc.

La décadence de l'État Romain amena aussi la décadence de l'art de guérir, qui se réfugia de nouveau dans les temples, parmi les moines, ou bien qui recruta ses disciples parmi les juifs et les mahométans. C'est seulement vers la fin du moyen âge qu'il se forma de nouveau un corps médical à part, celui des maîtres ès sciences physiques et médicales. Indépendants de toute espèce de pouvoir séculier, leurs lettres de maîtrise, dont ils étaient toujours porteurs afin de constater leur capacité, étaient valables aussi bien au nord qu'au midi; et parmi les rois et les princes, c'était à qui les attirerait et les attacherait à sa cour à force de présents et d'honneurs. Laissés en dehors de toute caste sociale, ils prenaient place immédiatement à côté des classes supérieures; et il n'y avait qu'un lien très-faible qui rattachât encore les médecins chrétiens au clergé. Mais leur nombre et leur considération allant toujours croissant, ils en arrivèrent, conformément aux idées du temps, à constituer une corporation particulière, objet des faveurs de la puissance séculière; et, toujours indépendants de l'État, ils formèrent une espèce de république, dont les archontes furent les anciens maîtres et professeurs, le centre et le forum les écoles médicales et les universités. En vertu de la promotion, les médecins devinrent membres de la Faculté, où ils prêtaient serment, à laquelle ils appartenaient, du moins intellectuellement, pour tout le reste de leur vie, et qui avec ses lettres de maîtrise transformées plus tard en diplômes de docteur leur conférait la facultas artem docendi et exercendi. Les princes, de même que les villes et les communes, s'adressèrent alors aux Facultés, et s'y fournirent de médecins, qui se trouvèrent placés à leur égard dans les mêmes rapports qu'autrefois à Rome, parce que l'adoption du droit romain eut pour corollaire la résurrection de toutes les institutions romaines. Mais quand le nombre des universités s'accrut, lorsque l'Italie et la France cessèrent d'être les seuls asiles des Muses, et que l'Allemagne s'enrichit d'institutions semblables, lorsque la réformation eut en outre brisé les derniers liens qui faisaient dépendre du Vatican toute vie intellectuelle, une vie nouvelle commença aussi pour la science médicale, devenue plus libre. Ceux qui la cultivèrent perdirent, il est vrai, l'auréole de sainteté qui jusque alors les avait entourés tout au moins comme tenant de loin à l'ordre du clergé. Ils entrèrent alors dans le cercle de la vie ordinaire et sociale, qui les astreignit à toutes ses exigences : ils prirent rang parmi les industriels, et ne vécurent plus dans l'art qu'un métier, qui devait nourrir celui qui l'exerçait. Ceci réagit sur les Facultés elles-mêmes, qui vendirent à beaux deniers comptants le titre de docteur, lequel conférait le droit de se livrer à l'art de la médecine; et ce ne fut plus la science, mais l'argent, qui rendit apte à veiller sur la vie et la santé des hommes. « Acci-

piamus pecuniam et remittamus asinum in patriam, » se disaient les maîtres chargés d'apprécier la capacité des candidats. Or, que pouvait-on attendre de pareils médecins? L'argent, qui les avait faits tout ce qu'ils étaient, devint naturellement le but unique de leurs efforts ; et ainsi s'établit le proverbe : *Dai galeus opes*, comme pour les encourager dans l'exploitation de leur métier. L'État, chargé de veiller sur les intérêts généraux de la société, ne pouvait pas plus longtemps tolérer un pareil état de choses. Il dut retirer aux Facultés leurs priviléges, et se convaincre lui-même, au moyen d'épreuves publiques, de la capacité pratique de tous ceux qui voulaient gagner leur vie en exerçant l'art de guérir. C'est de la sorte que le maître qui exerçait librement l'art de sauver la vie des hommes s'est transformé en un industriel guérissant d'après un tarif déterminé, et qu'en France l'État soumet au payement de la patente. La disette de médecins également versés dans la connaissance de toutes les sciences accessoires de la médecine finit aussi par amener la division des médecins par spécialités, par exemple en *chirurgiens, officiers de santé, médecins militaires*, etc. Cette division est essentiellement contraire au génie de la médecine, dont la connaissance ne saurait s'acquérir à l'aide d'études fragmentaires et encore bien moins sans une préparation complète au moyen d'études littéraires et scientifiques. Les médecins vraiment dignes de ce nom sont unanimes aujourd'hui à s'élever contre un tel état de choses et à provoquer cette réforme médicale depuis si longtemps objet de tous leurs vœux, mais qui se fait tant attendre. On demande avec raison que la vie des hommes ne soit plus confiée à l'avenir qu'à des médecins ayant reçu une instruction scientifique et professionnelle complète. Mais quand on aura fait droit à cette bien légitime réclamation, il restera toujours à résoudre un problème bien difficile, à savoir : trouver de ces médecins complétement instruits en assez grand nombre pour répondre aux besoins des populations pauvres, à ceux de l'armée, etc., et leur assurer une existence convenable. Un autre péril à redouter, si jamais l'État se décidait à placer et à salarier tous les médecins, c'est que le souffle empesté de la bureaucratie ne détruisît bientôt complétement toute tendance librement scientifique dans le corps médical. Ainsi la profession de médecin oscille aujourd'hui entre deux extrêmes : l'incorporation complète et absolue dans les services publics et salariés par l'État, ou le principe de la pratique complétement libre, qui domine aux États-Unis.

MÉDECINE, mot qui désigne à la fois l'art de guérir les m a l a d i e s et les moyens employés pour les combattre. Avant de pouvoir posséder l'art de guérir, il faut s'y être préparé par l'étude des maladies et des remèdes qui leur sont propres. Avant de s'occuper des maladies, il est nécessaire de bien connaître l'*état de santé*; et pour se faire une idée claire de ce qu'on entend par *état de santé*, il faut que l'expérience ait appris à discerner tout ce que cette idée comprend. Or il ne s'agit pas seulement ici de l'homme considéré au point de vue corporel aussi bien qu'au point de vue intellectuel, mais de la nature tout entière. Dès lors on peut partager la médecine en trois sciences embrassant déjà chacune un cercle immense d'idées et de faits, à savoir : la connaissance de la nature en général, jointe à des notions exactes sur le corps humain dans son état régulier (*physiologie*); la connaissance de l'état irrégulier, maladif, de l'organisme animal et humain (*pathologie*); et enfin la doctrine des moyens à employer pour ramener l'état irrégulier à l'état régulier (*thérapeutique*). C'est la réunion de ces trois parties en un tout harmonique qui seule forme l'idée complète qu'on doit se faire de la médecine. De là découle en même temps la série successive de faits et d'idées suivant laquelle la médecine doit être enseignée et étudiée, afin qu'il puisse y avoir progression constante de la théorie à l'application. Avant de pouvoir commencer avec avantage l'étude proprement dite de la médecine, il est nécessaire d'avoir acquis une foule de connaissances préalables,

notamment celle des langues mortes et des langues vivantes les plus répandues, celle des mathématiques, celle de la philosophie et celle de l'histoire générale. Les études médicales proprement dites commenceront par les sciences naturelles, à savoir : la physique, la chimie, la cosmologie, la géologie et la géogénie, la botanique et la zoologie. Viendront ensuite les sciences ayant plus particulièrement trait à l'homme : l'*anthropologie*, l'*anatomie*, la *physiologie* et la *psychologie*. La *pathologie*, formera la seconde grande division des études médicales, et aura pour corollaire la *thérapeutique*, comme troisième grande division. Dans les diverses sciences que nous venons d'énumérer, et notamment dans les deux dernières, il existe d'ailleurs une foule de subdivisions.

Ce simple aperçu des sciences qui servent de base à la médecine proprement dite (laquelle semble en être le résumé et le but pratique) indique de la manière la plus évidente que la médecine n'est et ne peut être que la fille du temps. Il lui a fallu demeurer pendant plusieurs siècles pleine d'erreurs et d'incertitudes, et enseigner une foule d'expériences et de règles confuses et isolées, incapables de résister à la moindre critique sérieuse. C'est seulement depuis que les sciences qui lui servent de base, comme la physique, la chimie, l'histoire naturelle, l'anatomie et la physiologie, se sont élevées au rang de véritables sciences exactes, depuis qu'elles sont devenues extrêmement riches en matériaux, en notions et en résultats applicables à la médecine, que celle-ci à son tour a commencé à prendre aussi de plus en plus le rang et le caractère de science naturelle. C'est ce qu'on appelle la *médecine moderne*, et avec moins de justesse l'*école moderne*, puisqu'il ne saurait être question d'une école dogmatique, mais seulement de la généralité des médecins dont les idées, les doctrines et les études ont pour base les sciences naturelles, par opposition à toutes les anciennes directions superstitieuses qu'on suivait autrefois en médecine, et qui se rattachaient à des principes et à des autorités purement imaginaires. D'ailleurs, il reste encore beaucoup à faire pour que la médecine devienne une science naturelle dans l'acception stricte de ce mot, et par exemple à réunir des données autrement nombreuses et certaines sur tout ce qui se rapporte à la santé, à la maladie et au mode de guérison à employer, de même qu'à se livrer à bien plus d'observations et d'expériences exactes relativement à l'influence des objets extérieurs (nourriture, remèdes, air, climat, etc.) sur l'organisme à l'état sain et à l'état malade.

L'histoire nous initie à la marche et aux progrès de la médecine, de même qu'elle nous apprend à porter le jugement le plus juste sur les efforts tentés soit par des individus isolés, soit par des associations scientifiques ou écoles tout entières, en nous faisant voir ce qui en reste, ou bien que qu'il n'en existe plus de traces aujourd'hui. Elle nous montre une foule d'apparitions brillantes dans le domaine de la médecine, que souvent il ne faut attribuer qu'à un progrès purement imaginaire, à un dogme trompeur, à un système séduisant ou encore à une personnalité imposante, alors que de véritables découvertes, des découvertes faisant époque (par exemple celle de la circulation du sang, par H a r v e y), ou ont été contestées par leurs contemporains, ou sont demeurées inconnues. L'histoire nous apprend encore comment le vrai et le faux ont été à de certaines époques confondus et accueillis avec le même empressement, et comment peu à peu les générations suivantes ont séparé le vrai du faux; elle nous montre de grandes et importantes découvertes, d'abord révoquées en doute et combattues, quelquefois même complétement étouffées, par les préjugés, mais à la fin, faut-il pour cela plusieurs siècles, triomphant de toutes les contradictions et servant désormais de guides dans la carrière à des générations nouvelles.

Aux temps les plus reculés de l'antiquité (de même que de nos jours encore chez la plupart des peuplades sauvages), la médecine était liée de la façon la plus intime au dogme religieux. Comme tout autre mode d'instruction et de civilisation, elle y était aux mains des prêtres. Dans la Grèce antique, ce furent d'abord les Asclépiades qui exercèrent cet art. Il recueillaient et conservaient dans leurs temples les principes fournis par l'expérience, et qui furent ensuite rendus publics. Hippocrate, surnommé le *père de la médecine*, composa avec tous les matériaux fournis par l'expérience et par l'étude philosophique de la nature une science particulière. Mais faute d'une connaissance exacte de la nature et aussi d'un esprit véritablement observateur, ses successeurs, en voulant par des théories donner à cette science si jeune encore une fixité qui n'est pas de son essence, tombèrent dans un engourdissant dogmatisme. Ainsi naquirent une foule de systèmes différents : les écoles dogmatique, empirique, méthodique, pneumatique, éclectique, etc. Galien réussit enfin à donner de nouveau de l'unité à toute cette confusion. Pourvu de vastes connaissances dans le domaine de l'anatomie et dans celui de la physiologie, science qui au siècle précédent avait fait d'immenses progrès à Alexandrie, sous les Ptolémées et plus tard encore, initié en outre à la connaissance de la philosophie contemporaine aussi bien qu'à celle de la philosophie des siècles précédents, il fonda sur la base du passé un système médical qui se maintint pendant toute la durée du moyen âge. Cependant, à l'époque orageuse de la transformation politique de l'Europe, la médecine scientifique avait complètement disparu des contrées occupées par les peuples de race germaine et s'était presque exclusivement réfugiée parmi les Arabes, qui conservèrent des doctrines de Galien tout ce qu'elles ont d'essentiel, et à qui on ne saurait contester le mérite d'avoir, en perfectionnant diverses branches de la science, contribué au perfectionnement ultérieur de la médecine en général. Le génie des recherches et des études scientifiques persista dans l'empire grec, dans les limites allaient toujours en se rétrécissant davantage ; puis, quand la contrée qui lui avait servi jusque alors de patrie se trouva en proie à de si horribles dévastations, il alla demander asile à l'Occident, redevenu calme après de longs orages et où il se fixa désormais en développant une fermentation générale des esprits de laquelle date une nouvelle époque dans l'histoire de l'humanité. L'étude des écrivains de l'antiquité qui avaient traité de la médecine, l'étude des ouvrages d'Hippocrate surtout, rendit à ce fondateur de la science la considération et l'estime qui lui sont dues ; et, secondée par les connaissances nouvelles acquises dans les sciences naturelles (par exemple, la chimie, l'astronomie), elle fit justice des opinions basées sur des données erronées. Le système de Galien, réfuté par des motifs tirés de sa propre essence, céda la place à des doctrines médicales basées sur l'étude et les progrès des sciences naturelles.

Paracelse renversa l'édifice élevé par Galien, mais ne détruisit pas la tendance à construire en médecine des systèmes dogmatiques comme moyen de suppléer l'absence de faits positifs. Lui et ses disciples Van Helmont et Sylvius essayèrent de faire triompher le système iatrochimique. Quand Harvey eut découvert la circulation de sang, on vit se produire le système des iatromathématiciens, puis de nos jours ceux de Hoffmann, de Stahl, de Brown, de Broussais, de Hahnemann, de Rasori, etc., etc. Mais les uns et les autres ne parvinrent qu'à compter un certain nombre d'adeptes ; et ils furent tous impuissants à défendre longtemps leurs idées contre le progrès calme et continu de la science. Celle-ci, par cette pensée fondamentale si simple, que toute médecine doit avoir pour base l'observation fidèle et sans préventions de la nature, put avec l'ardeur que cette pensée développa dans les esprits, alla toujours en se perfectionnant davantage dans ses diverses branches, ainsi que le démontrent suffisamment les immenses progrès de la physique depuis Galilée, de la cosmologie depuis Copernic, de l'histoire naturelle proprement dite depuis Buffon et Linné, de l'anatomie et de la physiologie depuis Harvey et Haller, etc. Que si les avantages qui sont résultés de toutes ces découvertes pour la thérapeutique, but suprême de la médecine, ne paraissent pas encore parfaitement démontrés à beaucoup de gens, et notamment aux profanes, il faut convenir qu'effectivement cette partie de la médecine n'a pas progressé à l'instar des autres. La thérapeutique a en effet pour objet l'humanité souffrante ; et dans cette pensée que la seule conviction de la vertu curative d'un remède, si elle ne s'appuie pas sur des expériences réelles, n'autorise pas le médecin à le préférer à un autre dont les effets lui sont mieux connus, il y a à l'expérimentation une limite qu'on ne saurait franchir qu'avec une prudence extrême.

L'utilité réelle dont la médecine, comme science et comme art, a été et est encore pour l'humanité est beaucoup trop dépréciée par certaines gens. Il ne faut pas se borner à n'y voir qu'une assistance, qu'un adoucissement ou qu'une consolation donnée au malade ou à ses proches ; pour la juger, on doit se placer à un point de vue plus élevé. Pendant des siècles la médecine a été l'unique refuge de ces sciences naturelles qui ont renversé l'ancien système des croyances religieuses, et provoqué, même aux époques les plus sombres, une nouvelle et plus grandiose intuition de l'univers. Aujourd'hui encore on tolère en médecine une liberté d'opinion et d'action qui dans d'autres domaines de la science serait persécutée à l'égal de l'hérésie. Un des grands mérites de la médecine, c'est qu'elle prépare et exécute ces réformes de nos institutions publiques, qu'on réclame aujourd'hui d'une manière si impérieuse, parfois même avec violence, dans l'intérêt de l'humanité, et qui ont pour but d'améliorer et de conserver le bien-être des classes laborieuses, et notamment leur santé et leur aptitude au travail.

MÉDECINE (*Pharmacie*), se dit d'un remède sous forme liquide ou solide qu'on prend pour se purger. On appelle *médecine en lavage* celle qui est étendue dans beaucoup d'eau, *médecine douce* celle qui est préparée pour opérer doucement, *médecine de cheval*, au figuré, une médecine trop forte. *Avaler la médecine*, encore au figuré, c'est prendre son parti, se résigner malgré de violents dégoûts.

MÉDECINE (*Académie de*). Tour à tour royale, nationale et impériale, cette Académie fut créée par Louis XVIII, le 20 décembre 1820, le comte Siméon étant ministre de l'intérieur. Le but de cette fondation, dit l'ordonnance royale, est de perfectionner l'art de guérir et de faire cesser les abus qui ont pu s'introduire dans ses différentes branches. « Nous nous sommes d'ailleurs rappelé, disait le fondateur, les services éminents qu'ont rendus, sous le règne de nos prédécesseurs, la Société royale de Médecine et l'Académie royale de Chirurgie, et nous avons voulu en faire revivre le souvenir et l'utilité en rétablissant une compagnie célèbre sous une forme plus appropriée à l'état actuel de l'enseignement et des lumières. » L'ordonnance dispose que cette compagnie sera divisée en trois catégories ou sections, médecine, chirurgie, pharmacie, et sera composée de cinq classes de membres : honoraires, titulaires, associés de quatre espèces, adjoints résidants et adjoints correspondants.

Aux termes de l'ordonnance constitutive, l'Académie devait s'assembler tantôt isolément par sections, tantôt en corps et toutes sections réunies. Chaque section avait dans l'origine son bureau, ses jours d'assemblée, ses programmes de prix, sa séance annuelle. Le premier médecin du roi (alors c'était le chevalier Portal) était désigné comme président d'honneur perpétuel du bureau général de l'Académie. Il ne fut pas d'abord nommé de secrétaire perpétuel : à cet égard l'ordonnance se bornait à des prévisions d'éventualité. Ce fut le docteur Pariset qui, en 1822, fut investi de ce titre essentiel, non par élection, mais par ordonnance royale.

Louis XVIII déclarait que l'Académie aurait pour devoir de répondre aux demandes du gouvernement sur tout ce qui intéresse la santé publique, et principalement sur les épidémies, les épizooties, les cas de médecine légale, la propagation de la vaccine, l'examen des remèdes nouveaux et des remèdes secrets, les eaux minérales naturelles et factices, etc.

Le roi voulait en outre fort sagement que cinq des titulaires de la section de médecine « fussent nécessairement choisis parmi les médecins vétérinaires ». Il disposait en même temps que le doyen de la Faculté serait membre du conseil d'administration de la compagnie, et que ce doyen serait « toujours, de droit, membre de l'Académie » ; disposition dont l'application singulière a depuis été faite pour le docteur P. Bérard, devenu doyen de la Faculté sans être membre de l'Académie. Une deuxième ordonnance, du 27 décembre 1820, et contre-signée Siméon, comme la première, nomme dans les trois sections 80 membres ou associés résidants (45 titulaires), et de plus 32 associés non résidants, tous régnicoles. En tout, c'était 112 nominations par ordonnance. Une troisième ordonnance, du 6 février 1821, consacre l'élection de 40 membres titulaires nommés au scrutin par les 45 titulaires de première fondation, institués par ordonnance. C'était dès lors de 152 membres que se composait l'Académie, et ou particulier de 85 titulaires, nombre de membres auquel cette compagnie pourrait être réduite, aux termes de l'ordonnance constitutive, maintenant qu'elle ne se compose que de titulaires. A l'inverse d'un atelier, une Académie travaille d'autant plus qu'elle a moins de membres.

Conseillé par le ministre La Bourdonnaye, Charles X, le 18 octobre 1829, rendit une ordonnance aux termes de laquelle l'Académie ne ferait à l'avenir, jusqu'à réduction de ses membres à 100, qu'une élection sur trois extinctions. Il y avait alors 210 membres. La même ordonnance divisait la compagnie en 11 sections spéciales, comme l'Académie des Sciences de l'Institut; les trois classes d'origine furent supprimées. La désignation d'associés résidants et d'associés honoraires fut effacée; les adjoints furent en même temps émancipés, et le conseil d'administration partiellement renouvelé chaque année par élection de quatre membres.

Après 1830, l'Académie fut requise d'envoyer cinq juges à chacun des concours pour le professorat à la Faculté.

Enfin, une ordonnance du roi Louis-Philippe, contresignée Guizot (20 janvier 1835), identifia tous les membres de l'Académie, assimilant aux titulaires les adjoints et les associés ; tous devant jouir désormais des mêmes droits et prérogatives.

Sans enfreindre les prescriptions du fondateur, l'Académie aurait pu porter à 280 le nombre de ses membres résidants; il ne fut jamais supérieur à 252; c'était excessif. Ce nombre en 1836 se réduisait à 197; il n'était plus que de 124 en 1848, et maintenant il est de 94. Voici quelle est la composition actuelle de ce corps savant : membres résidants ou titulaires, 94 ; associés libres, 7 ; associés nationaux, 8; associés étrangers, 20; correspondants nationaux, 229, qui seront réduits à 100; correspondants étrangers, 154, qui se réduiront successivement à 50; en tout : 512.

L'Académie de Médecine a un budget de 43,000 francs, sur lesquels elle consacre 15,000 francs aux jetons de présence de ses membres. Outre son budget, dont l'insuffisance l'a réduite à prendre domicile dans une vaste chapelle d'hôpital, l'Académie de Médecine a reçu des legs et des fondations pour 312,000 francs. Un de ses legs, non encore liquidé, celui de la comtesse de Châteauvillard, née Jenny Sabatier, est à lui seul de 100,000 francs. Elle peut distribuer en moyenne chaque année pour 15 à 17,000 francs de prix et de récompenses. Elle compte au rang de ses donateurs le baron Portal, le marquis d'Argenteuil (dont le prix sexennal s'élève à 110,000 francs), les docteurs Itard, Capuron, Orfila, baron Barbier, Lefebvre et Mme Michel de Civrieux. C'est à l'Académie, lui qui de son vivant lui était resté étranger, que le docteur Moreau (de la Sarthe) légua l'honneur de décerner en prix sa riche bibliothèque, après concours.

Au nom du gouvernement, l'Académie de Médecine adjuge ou destine chaque année un certain nombre de médailles, récompense de ceux qui se sont le plus distingués ou le plus dévoués dans les services des épidémies, des eaux minérales et surtout de la vaccine. Cette compagnie savante possède des archives importantes, une bibliothèque déjà bien nantie, et un laboratoire de chimie, dont un de ses membres a la direction. Elle publie des *Mémoires* in-4° et un *Bulletin* in-8°, qui en sont, l'un et l'autre ouvrage, à leur 20° volume. Sous le couvert des ministres, elle peut expédier du vaccin dans toutes les parties du monde, échanger des dons et des renseignements avec d'autres académies, et c'est en son nom et au siége de ses séances qu'on vaccine à poste fixe et gratuitement, sous les yeux d'un directeur qu'elle rémunère. Enfin, l'Académie a élucidé dans ses discussions publiques un certain nombre de questions intéressantes; et c'est à ses travaux et à son influence qu'il convient d'attribuer l'institution en Orient de six médecins français dits *sanitaires*, dont les études ont surtout pour but de mettre un terme à des quarantaines aussi préjudiciables au commerce qu'inutiles à la salubrité. Dr Isidore Bourdon.

MÉDECINE (Écoles de). On désigne sous ce nom : 1°, les établissements où se réunissent les étudiants et les professeurs, les uns pour recevoir, les autres pour donner l'instruction médicale; 2° toutes les personnes attachées à ces établissements, soumises à des règlements institués pour l'enseignement et l'exercice de l'art de guérir; 3° les doctrines relatives à la théorie et à la pratique de la médecine. Envisagés dans leur signification générale, qui comprend ces trois acceptions, les termes *écoles de médecine* sont considérés comme synonymes de *colléges*, *instituts*, *facultés de médecine*. Cependant le mot *école* en médecine, comme dans toute science, signifie souvent les doctrines particulières fondées par les médecins les plus illustres, tandis que par *colléges*, *instituts* et *facultés* de médecine, on entend les diverses institutions relatives à l'enseignement médical et considérées comme faisant partie des universités fondées par les gouvernements chez les nations civilisées.

Lorsqu'on entend par *école* de médecine les doctrines ou les théories diverses qui ont été successivement adoptées ou abandonnées, on reconnaît que toutes ces écoles, qui ont nécessairement suivi l'impulsion des sciences de leur époque, peuvent être réduites à deux savoir : l'*école* ou la *secte empirique*, et l'*école* ou la *secte dogmatique* (voyez Empirisme et Dogmatisme). La première, qui ne suivait que l'expérience, admettait trois sortes d'expérience, savoir : le hasard, l'essai et l'imitation; elle repoussait les lumières de l'anatomie et rejetait le raisonnement. A l'*école dogmatique* se rattachent toutes les doctrines ou théories médicales qui, partant de faits généraux convertis en principes plus ou moins exclusifs, appliquent ces principes à l'explication des phénomènes morbides et à celle de l'action des moyens mis en œuvre pour la guérison des maladies. Lorsqu'on sait que l'expérience et le raisonnement sont indispensables dans toutes les sciences d'observation, lorsque l'étude de la philosophie nous montre que l'expérience peut être fautive et le raisonnement erroné, on s'attache à interpréter exactement les faits de l'observation d'après les principes d'une méthode logique sévère, et sans faire ce qu'on appelle de l'*éclectisme* ; on convertit les résultats les plus généraux et les plus constants de l'expérience en principes certains, dont l'application exacte, faite d'abord sous la direction des grands maîtres de l'art, simplifie et abrége beaucoup la théorie et la pratique enseignées dans les écoles de médecine.

Lorsque ces institutions sont fondées en dehors des universités, par l'ascendant du génie des hommes qui professent et exercent la médecine avec la plus grande distinction, elles portent le nom de ces hommes célèbres (*école d'Hippocrate*, *école de Thémison*, *école de Stahl*, etc.). Lorsqu'on les caractérise par la nature du génie de leur fondateur ou par l'espèce de théorie qu'on y suit, on les désigne dans les ouvrages historiques sous l'appellation d'*école hippocratique*, d'*école empirique* (ou de Sérapion), d'*école épicurienne* (ou d'Asclépiades), d'*école méthodique* (Thémison), d'*école éclectique* (Archigène), d'*école pneumatique* (Athénée). Tantôt aussi les facultés de médecine sont nommées *écoles de médecine* de *Paris*, de *Montpellier*, de *Strasbourg*, d'*Oxford*, de *Cambridge*, de *Pavie*, de *Pise*, de *Naples*, etc., et de toutes les villes principales de l'Europe et des pays civilisés qui sont le siége d'universités. Dans les trois écoles principales de médecine de la France, et dans les écoles secondaires de quelques villes du second ordre (Toulouse, Lyon, Bordeaux, Marseille), l'enseignement est donné aux étudiants qui se destinent à la pratique de la médecine civile. Sous le nom d'*hôpitaux d'instruction* sont fondées plusieurs écoles pour l'enseignement de la médecine, de la chirurgie et de la pharmacie qui sont pratiquées dans les armées de terre. Enfin Brest, Toulon, Rochefort, possèdent des *écoles de médecine navale*, où l'on professe également la médecine, la chirurgie, la pharmacie et les sciences accessoires. En outre des grands établissements où se font régulièrement les cours des diverses branches de la médecine pendant les deux semestres dans lesquels se divise l'année scolaire, on a créé des écoles pratiques pour les cours particuliers et pour les travaux anatomiques et les manipulations chimiques.

En raison des spécialités de la médecine pratique, les écoles pour les études théoriques ont été primitivement distinguées en *école de médecine*, *collége de chirurgie* et *école de pharmacie*. Chez les diverses nations civilisées, les collèges de chirurgie et de pharmacie n'ont été institués que longtemps après les écoles de médecine. C'est à l'époque de ces institutions que les hommes instruits et habiles qui exerçaient avec distinction ces deux branches de l'art de guérir ont été enfin séparés, les uns des barbiers, les autres des épiciers ou droguistes, avec lesquels ils étaient confondus autrefois. De nos jours, toutes les écoles de médecine comprennent dans leur enseignement non-seulement la médecine et la chirurgie, mais encore, sous le nom de sciences accessoires, la physique, la chimie, l'histoire naturelle médicale; et on a peut-être à tort laissé subsister séparément les écoles de pharmacie, qui auraient dû être réunies aux grandes écoles ou facultés de médecine. L'organisation générale des écoles de médecine, comme dans toute institution scientifique applicable à l'exercice d'un art quelconque, règle tout ce qui a trait au matériel et au personnel. Au premier se rapportent les établissements indiqués et de plus les bibliothèques, les musées, soit pour l'instruction des étudiants, soit comme monuments élevés à la science. Le personnel se compose de professeurs, d'agrégés, d'aides ou préparateurs, d'élèves ou étudiants. Des règlements spéciaux prescrivent toutes les séries d'épreuves à subir pour être admis à ces grades divers, qui constituent la hiérarchie médicale.

Les diverses branches de l'art de guérir actuellement professées dans les écoles de médecine sont les unes théoriques, les autres pratiques ou cliniques: celles-ci sont au nombre de trois, savoir : clinique médicale, clinique chirurgicale et clinique d'accouchement. Les sciences médicales théoriques sont l'anatomie, la physiologie, la pathologie, l'hygiène, la thérapeutique et la matière médicale, la médecine légale et l'obstétrique ou science des accouchements. Ces sciences nécessitent un nombre de chaires qui augmente en raison des progrès faits dans les diverses spécialités.
L. LAURENT.

L'École de Médecine de Paris, œuvre de Jacques Gondouin, a été commencée sous Louis XV et achevée sous Louis XVI. Construite, aux frais de l'ancienne Académie de Chirurgie, sur l'emplacement du Collége de Bourgogne, elle porta jusqu'à la révolution le nom de *Collége de Chirurgie*.

La façade sur la place de l'École de Médecine a 64 mètres de longueur; elle offre une ordonnance d'ordre ionique composée de seize colonnes. La porte d'entrée est décorée d'un bas-relief de Berruer. La cour, profonde de 20 mètres, large de 30, est remarquable par un péristyle de six colonnes d'ordre corinthien, des médaillons de Jean Pitard, d'Ambroise Paré, de Georges Maréchal, de François de La Peyronnie, et de Jean-Louis Petit, célèbres chirurgiens français, et couronné d'un fronton sculpté en demi-bosse orné. Ce péristyle sert d'entrée au grand amphithéâtre de l'école, qui peut contenir douze cents personnes. Il est décoré par trois grandes fresques de Gibelin ; sur le mur demi-circulaire, au-dessus de la porte centrale on lit encore ce distique latin :

Ad cædes hominum prisca amphitheatra patebant ;
Ut longum discant vivere nostra patent.

Les autres corps de bâtiment contiennent les salles d'examen, la bibliothèque, riche de 30,000 volumes; l'aile droite et l'étage situé sur la place sont occupés par le muséum de la Faculté, un des plus beaux de l'Europe, et le cabinet de physique, le plus riche de Paris.

A l'École de Médecine se rattachent les salles de la clinique spéciale et l'école pratique où sont les amphithéâtres d'anatomie et le musée pathologique Dupuytren. Ces bâtiments, établis en partie sur l'emplacement du couvent et de l'église des Cordeliers, sont situés de l'autre côté de la rue et de la place de l'École de Médecine. L'entrée de la clinique, ornée d'une statue d'Esculape et flanquée de deux lourdes bornes, remplace une fontaine en cascade, d'assez mauvais goût, qui avait été faite sous l'empire.

MÉDECINE EXPECTANTE. *Voyez* EXPECTANTE (Médecine).

MÉDECINE LÉGALE (*Medicina legalis* ou *forensis*). Par ces mots, on entend les nombreux rapports qu'un médecin est journellement exposé à avoir avec la justice, qui a recours à ses lumières pour constater ou apprécier une foule de faits et de circonstances sur lesquels elle ne peut prononcer qu'après avoir pris l'avis d'un homme de l'art. Quand Justinien entreprit de concilier les différentes lois romaines et de les réunir en corps de doctrine, il n'eut garde de méconnaître une alliance remontant aux origines mêmes des deux sciences. C'est dans le code qui a immortalisé son nom que se trouvent rassemblées les différentes dispositions légales suivies alors en diverses contrées de l'Empire Romain relativement au mariage, à l'époque de l'accouchement, et aux diverses questions qui intéressent l'homme tant au civil qu'au criminel ; c'est aussi pour la première fois qu'il est textuellement fait mention de la nécessité de l'intervention des médecins dans certaines questions où leur témoignage peut seul faire pencher la balance du juge. Une constitution donnée en 1552 par Charles-Quint prescrit aux tribunaux de consulter les médecins dans les cas d'homicide, d'infanticide, d'empoisonnement, de blessures, d'avortement, etc. Peu de temps après, Ambroise Paré publiait en France une instruction sur la manière de rédiger les attestations et avis demandés au médecin ; et depuis une ordonnance rendue par Henri III, la législation française n'a plus varié sur la nécessité de faire intervenir les médecins et chirurgiens dans plusieurs cas sur lesquels le juge est appelé à prononcer.

Dans la jurisprudence civile, l'avis du médecin légiste est demandé par les magistrats, lorsqu'il s'agit de prononcer sur l'état de démence d'un individu; sur les accidents qui pendant leur durée dispensent des prescriptions de la loi, par suite sur les *maladies simulées* comme sur celles qu'on essaye de dissimuler ; sur les cas légitimes de séparation ; sur les naissances tardives ; sur les fausses grossesses ; sur la distinction des cas de mort apparente et de mort réelle ; sur les questions de survie, lorsqu'il s'agit de déterminer lequel de plusieurs parents qui ont péri dans un accident commun, a dû succomber le premier ou le dernier ; sur les combustions spontanées, etc.

La jurisprudence criminelle est plus féconde encore en cas de médecine légale. Il est peu d'accusations de viol, d'avortement, d'infanticide, de supposition de part, de suicide, d'assassinat ou d'empoisonnement qui puissent être jugées sans que le tribunal n'ait préalablement pris l'avis d'un ou de plusieurs médecins. En outre, les accidents produits chaque jour par l'imprudence ou par le crime obligent les magistrats à invoquer l'avis du médecin dans les cas où il s'agit d'apprécier la nature et la cause de diverses blessures et de toutes les espèces d'asphyxies provenant d'immersion, de strangulation ou du méphytisme. Quoique rien de tout cela n'ait un rapport absolu avec l'*art de guérir*, ou la médecine proprement dite, et qu'à la rigueur tout homme versé dans les sciences naturelles pût à cet égard être consulté comme expert, l'expression de *médecine légale*, évidemment illogique et antirationnelle, a passé en usage; et la médecine légale constitue aujourd'hui l'une des branches les plus importantes de l'enseignement officiel des facultés. Le meilleur ouvrage à consulter sur cette matière est le *Traité de Médecine légale et d'Hygiène publique* de Fodéré (6 vol. in-8°).

MÉDECINE MILITAIRE. *Voyez* MILITAIRE (Médecine).

MÉDECINE OPÉRATOIRE. *Voyez* CHIRURGIE.

MÉDECINE VÉTÉRINAIRE. *Voyez* VÉTÉRINAIRE.

MÉDÉE, fille d'Éétès, roi de la Colchide, et de l'océanide Idya ou Hécate, l'une des plus fameuses magiciennes de l'antiquité, aida Jason à enlever la toison d'or et s'enfuit avec lui en compagnie de son frère Absyrte, qu'elle tua ensuite en route, quand elle se vit poursuivie par son père Éétès, et dont elle jeta à la mer le cadavre mis en morceaux. Éétès s'arrêta pour recueillir ces tristes débris, et les deux amants réussirent à parvenir sans encombre jusqu'à Iolcos après s'être mariés dans l'île des Phéaciens. De retour dans sa patrie, Jason résolut de tirer vengeance de Pélias, qui avait assassiné son frère. Il y réussit, grâce aux artifices de Médée, qui persuada aux filles de Pélias, de déchirer leur père en morceaux et de le faire cuire, pour lui rendre sa jeunesse. Ils se réfugièrent ensuite à Corinthe, d'où Jason, après dix années d'une union heureuse, finit par chasser Médée loin de lui, pour contracter un nouveau mariage avec Glaucé ou Créuse. Médée, pour se venger, invoqua l'assistance des dieux, et chargea ses fils de renvelre en présent de sa part à la nouvelle femme de leur père un diadème et un vêtement empoisonnés. Celle-ci s'étant aussitôt parée de ces ornements, fut dévorée, ainsi que son père, accouru à son secours, par le feu qui en était dégageait. Médée assassina ensuite les enfants qu'elle avait eus de Jason, et s'enfuit sur un char traîné par des dragons, présent d'Hélios, à Athènes, auprès d'Égée, dont elle eut un fils appelé Médos. Mais elle dut encore s'éloigner de cet asile, quand on eut découvert qu'elle tendait des pièges à Thésée ; et suivie de son fils Médos, elle alla en Asie, dont les habitants prirent dès lors le nom de *Mèdes*. Devenue enfin immortelle, elle reçut des honneurs divins, et devint aux Champs Elysées l'épouse d'Achille.

Médée a souvent été prise pour sujet par les poëtes et par les artistes. Les tragédies de ce nom composées par Eschyle et par Ovide, de même que la *Colchide* de Sophocle, sont perdues. Les seules tragédies antiques que l'on possède sur ce sujet sont celles d'Euripide et de Sénèque. La *Médée* de Corneille est à bon droit célèbre sur notre scène ; et il existe un opéra du même nom, de Cherubini. Grillparzer a aussi traité ce sujet en Allemagne. Les arts plastiques donnent à Médée tantôt le costume grec dans sa noble simplicité, tantôt le costume oriental dans toute sa pompe.

MÈDES. *Voyez* MÉDIE.

MÉDIANE. On donne ce nom, et quelquefois celui de *bissectrice latérale*, à toute droite qui unit un sommet d'un triangle au milieu du côté opposé. Tout triangle a trois médianes ; elles se coupent en un même point, situé au tiers de leur longueur à partir des côtés ; ce point est le centre de gravité du triangle.

MÉDIASTIN (du latin *mediasterium*, fait de *medium* milieu, et *sto*, être placé : qui est situé au milieu). On appelle ainsi la double membrane formée par la continuation de la plèvre, qui part du sternum et va droit en descendant aux vertèbres, en passant par le milieu de la poitrine, dont elle divise la cavité en deux parties. Le *médiastin* contient, dans sa duplicature, le cœur ; dans le péricarde, la veine-cave, l'œsophage et les nerfs stomachiques.

Pour le *médiastin du cerveau*, *voyez* DURE-MÈRE.

MÉDIATION, MÉDIATEUR (du latin, *mediatio*, *mediator*, fait de *medius* qui est au milieu). On appelle *médiateur* celui qui s'entremet pour opérer un accord, un accommodement entre deux ou plusieurs personnes, entre différents partis, différents États, différentes nations. *Médiation* est synonyme d'entremise.

Pour l'emploi de ces mots en droit international, *voyez* DROIT DES GENS, tome VIII, page 46.

MÉDIATISATION, MÉDIATISÉS. Quand, en 1806, disparut jusqu'au nom même de l'Empire d'Allemagne, et lorsque fut créée la Confédération du Rhin, il était impossible que tous les petits dynastes demeurés indépendants ou, pour nous servir de l'expression consacrée, *immédiats*, en Souabe, en Franconie, en Bavière et sur les bords du Rhin, après la sécularisation opérée par le recez de l'Empire de 1803, continuassent à jouir du droit de souveraineté. Il y eut alors nécessité de fondre ces petits États dans de plus grands ; aussi bien l'ancienne histoire de l'Empire d'Allemagne offrait de nombreux exemples de petits dynastes auxquels on avait retiré leurs droits de souveraineté *immédiate* et *indépendante* pour les réduire à la position de simples propriétaires terriers. On appelait cela les *eximer*, c'est-à-dire les retirer du registre de la taxe de l'Empire; et c'est ce qui était déjà souvent arrivé dans les domaines héréditaires de la maison d'Autriche. Un des grands griefs élevés contre l'acte de médiatisation de 1806, ce fut l'absence de toute règle fixe dans son application. Ainsi, par exemple, d'importantes possessions comme celle des Furstemberg, des Linanges, des Hohenlohe et des Schwartzemberg furent *médiatisées*; tandis que des maisons bien moins considérables obtenaient des droits de souveraineté. Il n'y eut pas moins de mécontentement pour la manière dont furent réglés les rapports des médiatisés avec les nouveaux souverains qu'on leur donnait.

Après la chute de Napoléon, en 1814, les *médiatisés* espérèrent un instant que le congrès de Vienne leur rendrait leurs anciens droits ; mais leurs réclamations ne furent pas écoutées, et on médiatisa en plus les maisons de Salm, d'Isembourg et de Leyen. Depuis cette époque il n'y a point de médiatisation nouvelle, quoiqu'il en eût été fortement question au parlement de Francfort, à la suite des événements qui bouleversèrent l'Allemagne en 1848. On compte aujourd'hui 47 familles de princes médiatisées en Autriche, 22 en Bavière, 8 en Hanovre, 23 dans les deux Hesses, 17 en Prusse, et 35 en Wurtemberg.

MÉDICALE (Matière). *Voyez* MATIÈRE MÉDICALE.

MÉDICAMENT (du latin *medicamentum*, fait de *medicare*, guérir). On donne ce nom à toute substance qui étant prise intérieurement ou appliquée extérieurement produit dans l'état du corps des modifications propres soit à prévenir la maladie, soit à rétablir la santé. Une première division générale distingue les médicaments en *simples*, *composés* et *topiques*. Les médicaments simples sont ceux qu'on emploie sans aucune préparation de l'art ; les médicaments composés, ceux qui résultent de l'assemblage de plusieurs et qui sont préparés par les soins de la chimie ou de la pharmacie ; les médicaments topiques, ou les *topiques*, sont ceux qui s'appliquent extérieurement. Au point de vue de leurs effets sur l'organisme, on les divise en *émétiques*, *expectorants*, *diaphorétiques* ou *sudorifiques*, *diurétiques*, *cathartiques*, *emménagogues*, *errhins*, *sialagogues*, *émolients*, *réfrigérants*, *toniques*, *stimulants*, *antispasmodiques*, *narcotiques*, *anthelminthiques*, *absorbants*, etc. La connaissance des médicaments, de leurs vertus et des cas dans lesquels ils peuvent être utiles, forme ce qu'on appelle la *matière médicale*, et constitue une des branches les plus importantes de l'art de guérir.

MÉDICINIER, genre de plantes de la famille des euphorbiacées, ainsi caractérisé : Fleurs monoïques ; calice à cinq lobes ; corolle également à cinq lobes, mais manquant dans quelques espèces ; les fleurs mâles ayant huit ou dix étamines, à filets soudés à leur partie inférieure ; les fleurs femelles offrant un pistil surmonté de trois styles bifides. Le genre *médicinier*, qui a des représentants dans toutes les contrées chaudes du globe, se compose d'arbres, d'arbrisseaux et de quelques herbes, renfermant un suc laiteux abondant.

L'espèce la plus importante est le *médicinier cathartique* (*jatropha curcas*, L.), vulgairement ricin d'Amérique, arbre haut d'environ quatre mètres, et dont toutes les parties exhalent une odeur vireuse narcotique. Les graines agissent comme un violent purgatif; à dose un peu élevée, elles sont vénéneuses.

La caractéristique que nous venons de donner a exclu du genre *médicinier* un grand nombre d'espèces que Linné y avait classées, entre autres le m a n i o c.

MÉDICIS (Maison des), l'une des plus célèbres et des plus puissantes familles de Florence, et dont l'histoire fait pour la première fois mention au commencement du treizième siècle. Il paraît qu'elle était déjà riche et influente, mais il n'y avait pas longtemps que le commerce l'avait enrichie; et par la conduite habile qu'elle suivit, elle ne tarda point à être comptée au nombre des familles composant l'oligarchie bourgeoise de Florence. C'est elle surtout qui contribua à faire appeler Gautier de Brienne duc d'Athènes ; mais celui-ci ne se servit de ses pouvoirs que pour humilier les familles influentes, et en 1342 il fit décapiter, entre autres, *Giovanni dei* MEDICI, pour n'avoir pas défendu assez vigoureusement Lucques contre les Pisans. En conséquence, les Médicis entrèrent avec quelques autres familles dans une conspiration qui fut révélée au duc; mais celui-ci, voulant faire de la générosité, ordonna qu'il ne serait fait à ce sujet aucune enquête. Quand le mécontentement éclata enfin contre lui en révolte ouverte, les Médicis furent au nombre de ses principaux chefs. Après l'expulsion du duc, la vieille noblesse, qui depuis cinquante ans avait été exclue de toute participation aux affaires, s'étant permis de commettre toutes sortes d'insolences et d'attentats, ce fut *Alamanno dei* MEDICI, le chef de la famille, qui appela de nouveau le peuple aux armes et qui chassa les nobles de la ville. Pendant les quelque vingt ans qui suivirent et pendant lesquels Florence fut troublée par les querelles des blancs et des noirs, les Médicis épousèrent les intérêts du parti le plus faible, celui des *noirs*. L'un des fils d'Alamanno, *Salvestro dei* MEDICI, qui fut élu gonfalonnier en 1378, renversa complètement le parti des *Albizzi*; et le parti populaire ayant le dessus, il jeta les fondements de l'influence dès lors toujours croissante de sa maison. Les Médicis furent, il est vrai, bannis plusieurs à diverses reprises de Florence, et pour la dernière fois en 1400, par un gouvernement soupçonneux, à l'exception d'un petit nombre des membres de leur famille; mais ceux-ci, qui continuèrent à s'enrichir par d'heureuses spéculations de commerce, réussirent bientôt à fonder de nouveau et d'une manière durable la puissance de leur maison.

Giovanni dei MEDICI fut à diverses reprises, à partir de 1402, élu membre de la *Signoria*, et en 1421 on le nomma gonfalonnier. Il mourut le 20 février 1429. C'est avec son fils aîné, *Cosimo dei Medici I* (voyez ci-après l'article MÉDICIS [Côme de]), que commence la brillante suite des illustres Médicis. Son second fils, *Lorenzo dei* MEDICI, fut la souche des grands-ducs de Toscane. Le fils de Cosimo, *Pietro dei* MEDICI, en raison de son état maladif, parut cependant peu propre aux affaires de la politique et par suite à conserver l'éclat et la puissance de sa maison. Il commença par s'aliéner imprudemment l'affection que les Florentins avaient pour son père, et qu'ils auraient indubitablement reporté sur lui, et cela en faisant, d'après les mauvais conseils de Diotisalvi Neroni, publier l'état et de poursuivre le recouvrement des sommes que son père avait prêtées à divers citoyens. Le mécontentement qu'il excita ainsi parmi le peuple, de même qu'en mariant son fils Lorenzo avec Claricia Orsini, fut exploité par Neroni et par l'ambitieux Lucca Pitti, qui conspirèrent sa chute, d'accord avec le vrai patriote Nicolo Soderini et avec Agnolo Acciajuoli, ennemi personnel des Médicis. Après avoir inutilement tenté les moyens de la modération pour amener un changement de gouvernement, ils résolurent d'assassiner Pietro et de s'emparer du pouvoir, avec l'aide du marquis de Ferrare. Le complot fut découvert; mais cela n'empêcha point Pitto d'entrer dans Florence, au mois d'août 1466, à la tête d'une nombreuse bande d'hommes armés. Toutefois il se réconcilia bientôt avec Pietro; et comme le peuple n'était nullement disposé à se soulever contre les Médicis, les chefs du parti des mécontents furent forcés de s'enfuir de Florence. A partir de ce moment la puissance des Médicis alla toujours en augmentant. Mais comme Pietro, toujours malade, était hors d'état de mettre obstacle aux actes arbitraires de toutes espèces que se permettaient ses amis, il se disposait à rappeler ses ennemis d'exil, afin de mieux tenir ainsi ses propres partisans en respect, lorsque la mort le surprit, le 2 décembre 1469. Les ennemis secrets des Médicis crurent trouver dans la jeunesse et l'inexpérience de ses fils, *Lorenzo* et *Giuliano*, une circonstance favorable pour tenter encore une fois de renverser cette maison puissante. D'accord avec le pape Sixte IV et avec l'archevêque de Pise, Francisco Salviati, les Pazzi, la première des familles de Florence après les Médicis, ourdirent contre la vie de Lorenzo et de Giuliano un complot dont l'exécution fut fixée au 2 mai 1478. La tentative de meurtre commise sur la personne de Lorenzo dans l'église de Santa-Reparata échoua. Moins heureux, Giuliano n'échappa point à ses assassins; mais le peuple ayant aussitôt couru aux armes pour la défense des Médicis, tous les conjurés payèrent de leur vie leur participation à ce crime, qui entraîna aussi la ruine de la maison de P a z z i.

Lorenzo dei MEDICI (voyez ci-après MÉDICIS [Laurent de]), resté dès lors chef unique de la maison, laissa trois fils : *Pietro*, né en 1471, marié à Alphonsina Orsini; *Giovanni*, qui fut depuis pape, sous le nom de Léon X; et *Giuliano*, né en 1478, mort en 1516. Pietro, le nouveau chef de l'État, était celui des trois qui convenait le moins à un pareil emploi semblable. En deux ans il fit du duc de Milan et du roi de France des ennemis acharnés de la république de Florence; et par son incapacité ainsi que par sa faiblesse, mais surtout par la paix désastreuse qu'il conclut avec le roi de France, en 1494, à Sarzanella, il se rendit odieux aux Florentins. En conséquence, il fut déposé et banni avec toute sa famille. Après diverses tentatives de restauration faites tantôt par la ruse, tantôt par la force ouverte, il trouva la mort à la bataille livrée en 1504 sur les bords du Garigliano par l'armée française dont il faisait partie, et périt dans les eaux de cette rivière. Ce ne fut qu'en 1513, à la suite d'une révolte qui éclata à Florence, que son frère Giovanni obtint l'autorisation de rentrer dans sa patrie; et comme il fut élu pape à quelque temps de là, sa famille ne tarda point à briller de tout son ancien éclat. *Lorenzo*, fils de Pietro, que le pape créa duc d'Urbino, fut alors placé à la tête des affaires. L'État conservait encore sa forme républicaine, et le titre de prince manquait toujours à son chef. Mais à la mort de Lorenzo, arrivée en 1519, et sous l'administration d'*Alessandro*, son bâtard, il parait, de Lorenzo, bâtard de Giuliano, mort assassiné, en 1478 (et suivant quelques auteurs, père d'Alessandro), ayant été élu pape, sous le nom de Clément VII, et la fille de Lorenzo, *Catherine de Médicis*, ayant épousé le roi de France Henri II, il fut facile de prévoir que le semblant d'indépendance dont Florence continuait encore à jouir touchait à son terme. Sans doute les Florentins parurent vouloir faire une nouvelle tentative pour récupérer leur liberté, et en 1527 ils expulsèrent même de leurs murs l'administration Alessandro; mais ce fut là le dernier réveil de l'esprit républicain. En 1531 l'empereur Charle-Quint, agissant à l'instigation de Clément VII, s'en vint assiéger Florence; et quand il en fut le maître, il y rétablit *Alessandro*, qu'il créa *duc de Florence*, et à qui il donna en mariage sa fille naturelle Marguerite. En raison de son affabilité, Alessandro se fit encore aimer par la nation ; mais plus tard il

MÉDICIS

s'abandonna à un genre de vie désordonné. Il fut le premier duc indépendant de Florence et le dernier rejeton du grand Côme.

Le duc *Alessandro* ayant été assassiné, en 1537, par *Lorenzo dei Medici*, appartenant à la ligne issue de Lorenzo, frère de Cosimo, les Florentins essayèrent encore une fois de rétablir parmi eux la forme du gouvernement républicain. Aussitôt Charles-Quint intervint de nouveau, et fit élire duc de Florence *Cosme Ier* ou le Grand, issu d'une autre branche de la même famille. Cosme Ier, comme ses successeurs, eut bien la finesse, mais non les vertus des grands Médicis, aux exploits desquels il était redevable de sa grandeur. Pour consolider cette grandeur, il s'attacha avant tout à exterminer, en 1554, les ennemis héréditaires de sa maison, les Strozzi; et à l'effet de protéger le commerce du Levant contre les Turcs, il fonda un nouvel ordre de chevalerie, l'ordre de Saint-Étienne. Ce fut un zélé collectionneur d'antiquités et de tableaux; il créa la grande galerie de portraits des peintres célèbres, et augmenta continuellement la collection de statues des jardins de Lorenzo le Magnifique. C'est à lui encore qu'on est redevable de la fondation de l'Académie de Florence et de l'Académie de Dessin, en 1562. Moreni a publié avec un commentaire nouveau son *Viaggio per l'alta Italia, descritto da Fil. Pizzechi* (Florence, 1828). Après s'être rendu maître de Sienne avec l'aide des Espagnols, en 1557, et avoir agrandi le territoire de Florence au moyen de diverses acquisitions, il se fit donner, en 1569, par le pape Pie V le titre de *grand-duc de Toscane*, et mourut en 1574. Toutefois, son fils et successeur, *François*, n'obtint qu'en 1575 la confirmation définitive de ce titre par l'empereur Maximilien II, dont il épousa la sœur Jeanne. La seconde femme de François fut la célèbre Vénitienne *Bianca Capello*; sa fille, *Marie de Médicis*, épousa le roi de France Henri IV. Cette branche des Médicis n'avait pas plus que la première renoncé au commerce; et, à l'exemple de Cosme Ier et de François, *Ferdinand Ier*, né en 1549, d'abord cardinal, qui succéda à son frère François en 1587, ainsi que son fils *Cosme II*, né en 1590, furent également de grands négociants. Sous leur règne les arts et les sciences brillèrent à Florence d'un vif éclat; et par là ainsi que par l'habile politique qu'ils suivirent, notamment dans leurs relations avec l'Espagne et avec la France, si difficiles en raison de l'antagonisme de ces deux puissances, ils se montrèrent encore les héritiers des grands Médicis. Il en fut autrement sous le règne de *Ferdinand II*, né en 1610, fils de Cosme II, qui monta sur le trône à l'âge de onze ans, en 1621. Pendant sa minorité, le clergé, instrument docile aux mains de la cour de Rome, parvint à exercer l'influence la plus pernicieuse sur l'administration et à déterminer le grand-duc à abandonner la politique traditionnelle de ses pères pour se jeter dans les bras de l'Espagne et de l'Autriche; alliance dont ces deux puissances profitèrent pour tirer d'immenses sommes d'argent du trésor des Médicis, qu'on regardait alors comme inépuisable. Ferdinand II régna pendant quarante-neuf ans, et mourut en 1670. Il eut pour successeur son fils *Cosme III*, né en 1625, prince complétement incapable, et dont l'éducation avait été toute monacale, lequel, à son tour, régna l'espace de cinquante-trois ans, et mourut en 1723. Sous son règne la Toscane tomba dans la situation la plus déplorable, par suite des dettes énormes que l'État dut contracter, et qui tarirent toutes les sources de la fortune publique. Heureusement pour le pays, *Jean Gaston*, né en 1671, fils de Cosme III, fut le dernier rejeton de cette race dégénérée. Il mourut le 9 juillet 1737, après un règne obscur, et, conformément aux stipulations éventuelles de la paix conclue à Vienne en 1735, il laissa son duché à la maison de Lorraine. Le duc François-Étienne de Lorraine, grand-duc de Toscane, devenu plus tard empereur, sous le nom de François Ier, conclut en 1743, avec la sœur de Jean-Gaston, l'électrice palatine douairière Marie-Anne, une convention aux termes de laquelle il hérita de tous les domaines allodiaux de sa maison, par conséquent de tous les trésors artistiques réunis par ses ancêtres.

C'est d'une branche cadette des Médicis, la famille princière d'Ottajano, qui s'en sépara dès le quatorzième siècle, que descendait le ministre d'État du roi des Deux-Siciles, don *Luigi Medici*, plus connu sous le nom de *Chevalier Medici*, né en 1760, qui succéda en 1805 à Acton, et introduisit dès lors plus d'ordre dans les finances. Nommé ministre de la police en 1815, il cumula avec ce portefeuille celui des finances à partir de 1818. Créé aussi plus tard ministre des affaires étrangères et grand-maître des cérémonies, il mourut à Madrid, le 25 janvier 1830.

MÉDICIS (JULES DE). *Voyez* CLÉMENT VII.
MÉDICIS (JEAN DE). *Voyez* LÉON X.
MÉDICIS (ALEXANDRE DE). *Voyez* LÉON XI.

MÉDICIS (CÔME DE), *Cosimo dei* MEDICI, l'un des membres les plus distingués de la famille florentine des Médicis, né en 1389, fils de *Giovanni dei* MEDICI, devint dès 1416 membre de la *signoria* dans la république de Florence, et plus tard chef suprême de l'État. En dépit de la circonspection avec laquelle il agissait à l'égard du parti alors dominant des Albizzi, la générosité extrême avec laquelle il usait de son immense fortune ne tarda point à grouper autour de lui un parti puissant, qui, jaloux des Albizzi, fit tout pour les renverser. Quoique ces menées n'eussent pas lieu précisément à son instigation, et que son propre parti ne portât point son nom, mais celui d'un certain Puccio Pucci, les Albizzi n'en reconnurent pas moins tout de suite en lui un de leurs plus dangereux ennemis. Arrêté enfin en 1433, ce ne fut qu'en corrompant le gonfalonnier Bernardo Guadagni qu'il parvint à faire commuer en un exil à Padoue la condamnation à mort que Rinaldo Albizzi avait espéré faire prononcer contre lui. Mais ses amis étaient si nombreux, qu'un an après la *signoria* le rappela et bannit Rinaldo Albizzi avec ses adhérents ; de sorte que ce fut le parti des Médicis qui maintenant domina à Florence. Cosimo dédaigna, toutefois, d'employer la violence pour se débarrasser de ses ennemis ; et il se borna à faire bannir, en 1442, quelques individus qui lui étaient suspects. De même, lorsque l'estimable Neri Capponi s'opposa à sa politique, ce fut en le comblant de faveurs qu'il réussit à l'y rattacher. Habile à dissimuler son influence et la part qu'il prenait à la direction des affaires, il aimait à laisser d'autres se mettre en avant et agir pour son compte tandis qu'il avait soin de rester au second plan. Ainsi Puccio Pucci fut d'abord le chef de son parti, et plus tard, à partir de 1458, ce fut sous le nom de Lucca Pitti qu'il gouverna la république. En même temps il s'était fait une loi de ne point se distinguer de ses concitoyens, dans sa vie privée, par un luxe qui eût pu provoquer l'envie; c'est à la construction des monuments publics dont il ornait Florence, de même qu'à des libéralités faites non pas seulement à ses partisans, mais aussi à des artistes et à des savants, qu'il consacrait l'excédant de ses revenus. C'est ainsi qu'il combla de ses bienfaits Argyropoulos, Marsile Ficin, etc.; car il était lui-même très-versé dans la connaissance des lettres et des sciences, sans que cela l'empêchât en rien d'être un négociant actif et un homme d'État vigilant. Certes il lui eut été facile de contracter des alliances princières ; mais ce fut à des filles et à des fils de simples citoyens de Florence qu'il voulut marier ses fils et ses petites-filles. Il ne fit pas preuve de moins d'habileté dans la manière dont il dirigea les affaires de la république à l'extérieur, notamment dans les négociations difficiles qu'elle eut à suivre avec Naples, Milan et Venise, admirablement secondé sous ce rapport par ses relations commerciales, qui embrassaient tout l'univers alors connu, et par son immense crédit. Il mourut le 17 novembre 1464, après avoir fait tout ce qui pouvait consolider la puissance de sa maison.

MÉDICIS (LAURENT DE), *Lorenzo dei* MEDICI, surnommé le *Magnifique*, *il Magnifico*, né en 1448, fils de *Pietro dei* MEDICI, après la mort de son père, arrivée en 1469, partagea l'exercice de l'autorité suprême à Florence

MÉDICIS — MÉDINE

avec son frère *Giuliano* jusqu'en 1478, époque où celui-ci périt assassiné. Ayant eu le bonheur d'échapper à la tentative de meurtre dont il fut en même temps l'objet, il se trouva ainsi le chef unique de sa famille. L'affection que lui portaient ses concitoyens fit de lui le chef suprême de la république, et dans cette position il se montra digne de ses pères, qu'il surpassa même en habileté et en modération, en magnanimité et en générosité, et surtout par son amour éclairé pour les sciences, les lettres et les arts. Des traités conclus avec Venise et avec Milan mirent d'abord Florence à l'abri des mauvais desseins du pape et du roi de Naples; plus tard même il réussit à se faire un ami et un allié sincère du roi de Naples, qui s'était toujours montré jusque alors l'adversaire acharné des Florentins, et qui le secourut loyalement contre les attaques et les machinations du pape, son ennemi mortel, ainsi que contre les Vénitiens, qui avaient fini par se tourner contre lui. Grâce à une politique tout à la fois prudente et loyale, il réussit à établir entre les diverses puissances italiennes un équilibre qui jusqu'à sa mort garantit à chacune d'entre elles une sécurité complète en même temps que les moyens d'accroître et de consolider sa prospérité intérieure. De grands revers le forcèrent à renoncer au commerce, qu'il avait toujours continué d'exercer jusque alors, et d'emprunter des sommes considérables au trésor public. Toutefois, quand il eut liquidé sa maison, il se trouva encore assez riche non-seulement pour acheter d'immenses domaines et pour les orner de palais magnifiques, mais en outre pour faire construire à Florence les plus beaux édifices. Pendant la longue paix que son habileté assura à la république, il但 célébrer à Florence les fêtes populaires les plus splendides; et il vécut lui-même constamment au milieu d'un cercle composé des savants les plus distingués de son époque, tels que Chalcondyle, Ange Politien, Cristoforo Landini, Pic de la Mirandole, etc., qu'il attira à Florence par sa réputation et qu'il y retint par ses bienfaits. Il augmenta la bibliothèque Médicis, qu'il forma en manuscrits, qu'avait fondée Cosimo, et créa une école des arts du dessin, qu'il installa dans un édifice spécialement construit à cet effet. Il mourut le 8 avril 1492, adoré par ses concitoyens et objet de respect pour tous les souverains de l'Europe. Les *Opere di Lorenzo di Medici detto il Magnifico*, dont une édition de luxe parut à Florence en 1826, par les soins du grand-duc Léopold II, contiennent la collection complète des poésies de ce prince célèbre. Consultez Fabroni, *Vita Laurentii Medici* (2 vol., Pise, 1784); Roscoe, *Life of Lorenzo de Medici* (Liverpool, 1795).

MÉDICIS (CATHERINE DE). *Voyez* CATHERINE DE MÉDICIS.
MÉDICIS (MARIE DE). *Voyez* MARIE DE MÉDICIS.
MÉDIE. C'est le nom que portait dans l'antiquité la partie nord-ouest de l'Iran, contrée généralement montagneuse. Elle était bornée au nord par la mer Caspienne, à l'est par la Parthie, au sud par la Perse, à l'ouest par l'Assyrie, et comprenait les provinces persanes actuelles de l'Aderbidjân, de Ghilân, de Mazanderân et d'Irak-Adjemi. Les Mèdes étaient unis par la langue, la religion et les mœurs aux habitants de la Sogdiane et de la Bactriane, et surtout aux Perses, avec qui ils formaient le rameau arique de la race indo-germanique. Après avoir plus tôt que les autres nations ariques secoué le joug des Assyriens, vers l'an 700 avant J.-C., leurs différentes tribus se réunirent, au rapport d'Hérodote, pour se choisir pour juge et chef suprême *Déjocès*, à qui ils construisirent une capitale appelée *Ecbatane*. Son fils *Phraortès* subjugua les Perses, mais fut vaincu par les Assyriens, dont l'empire, réuni à celui de Nabopolassar, roi de Babylone, fut détruit vers l'an 600 av. J.-C., par le fils de Phraortès, *Cyaraxès* (*voyez* ASSYRIE), qui vainquit également les hordes scythes à leur retour des expéditions de brigandage qu'elles avaient entreprises à travers l'Asie jusqu'en Syrie. Une guerre qu'il eut à soutenir contre Alyatte, roi de Lydie se termina par le mariage de fille de ce prince avec son fils Astyage. Vers l'an 560 avant J.-C., Astyage fut lui-même renversé du trône par son petit-fils Cyrus. Ainsi prit fin l'empire des Mèdes, remplacé dès lors par celui des Perses, race à laquelle Cyrus appartenait par son père. Celui-ci accorda, il est vrai, aux trois races perses les plus nobles la prééminence sur les Mèdes, mais ceux-ci n'en jouirent pas moins d'une complète égalité de droits avec les Perses; et la caste sacerdotale des m a g e s continua à n'être composée que de Mèdes. Quant à Ecbatane, elle devint la résidence d'été des rois de Perse.

Vers l'an 360, Alexandre le Grand conquit la Médie, province de l'empire des Perses, et en nomma Parménion gouverneur. A la mort de celui-ci, elle passa sous les lois de Python, qui soutint Antigone dans sa lutte contre Eumène. Séleucus 1er Nicator fit de la Médie une province de l'empire syrien des Séleucides, et l'an de ceux-ci, Antiochus III, y ajouta encore, l'an 220 avant J.-C., la partie du littoral comprise entre l'Alborz et la mer Caspienne, dont le prince appelé Artabazane se soumit volontairement à lui. Cette contrée, où Alexandre n'avait point pénétré, fut nommée alors *Atropatène*, du nom de l'un des satrapes de Darius, Atropatès, dont les descendants s'y étaient maintenus jusqu'alors, ou encore *Petite-Médie*, par opposition au reste de la Médie. L'Arsacide Mithridate 1er, en l'an 152 avant J.-C., enleva la Médie au roi de Syrie Démétrius Soter; et cette contrée fit dès lors partie de l'empire des Parthes. Vers l'an 36 avant notre ère, elle eut un souverain indépendant, appelé *Artavasdis*, à qui le triumvir Antoine fit la guerre. En l'an 216 après J.-C., Caracalla, lors de son expédition contre les Parthes, fit une invasion en Médie.

MÉDINA, mot arabe qui signifie *ville*. C'est le nom qui est resté de la domination des Arabes à bon nombre de villes et de bourgs d'Espagne.

MÉDINA-CELI, ville de la vieille Castille, au nom de laquelle est joint un titre de duc, dans la province de Soria, sur le Xalon, l'un des affluents de l'Èbre, appelée au moyen âge *Medina-Cetim*, et en arabe *Medina-Salem*. C'est probablement la *Ville de la Table* (Medina-Almeida), ainsi appelée par les historiens arabes, à cause d'une prétendue table de Salomon, richement ornée de perles et de pierres précieuses, que Tarik en enleva en 711 et qu'il envoya en 714 en Syrie. Medina-Celi possède un beau château ducal, un arc de triomphe romain et les débris d'une ancienne voie romaine.

MEDINA DEL CAMPO, dans la province de Valladolid, lieu où naquirent et résidèrent un grand nombre de rois au moyen âge, avec un château où César Borgia fut détenu, en 1504.

MEDINA DEL RIO-SECO, dans la même province, sur le Rio-Seco, avec 8,600 habitants, des foires célèbres, et un commerce autrefois si florissant que l'on avait surnommé cette ville *India-Chica*, ou *Petites-Indes*. Elle est célèbre dans l'histoire moderne par la victoire que l'armée française aux ordres de Bessières y remporta le 14 juillet 1808 sur les Espagnols commandés par Ciusta.

MEDINA-SIDONIA, dans le royaume de Séville, ville de 10,000 âmes, à laquelle est joint également un titre de duc, qui appartenait autrefois à la famille de Guzman, était au moyen âge une place forte et un évêché des Visigoths qu'on appelait *Assidonia*, et en arabe *Schidouna*.

MÉDINE (en arabe *Medinat-el-Rebi*, c'est-à-dire *Ville du Prophète*), appelée autrefois *Jathreb*, et dont il est déjà mention dans Ptolémée sous le nom de *Jathrippa*, la seconde capitale de l'Hedjaz, dans l'Arabie occidentale, avec 20,000 habitants, a été célèbre comme la seconde ville sainte des Musulmans. C'est là que Mahomet, persécuté, put trouver un asile, et c'est là aussi qu'il mourut. Elle est située à 38 myriamètres au nord de La Mecque et à 20 myriamètres au nord-est de Jembo, port de mer sur la mer Rouge, sur la limite extrême du désert d'Arabie, au pied de la chaîne de l'Hedjaz, à 1,000 mètres au-dessus du niveau de la mer, dans une fertile plaine entourée de trois côtés de montagnes, entrecoupée par un grand nombre de ruisseaux, et couverte de jardins, de plantations de palmiers et de champs de blé. Elle se compose d'une ville intérieure et de faubourgs. La ville intérieure, de forme ovale, se termine au nord-ouest en angle aigu, où est située la forteresse, construite sur un rocher. Elle est entourée d'une forte muraille en pierres, de 12 à 13 mètres d'élévation et flanquée de 30 tours. On la considère comme la plus forte place de l'Hedjaz et après Alep comme l'une des plus belles villes de l'Orient, quoiqu'elle soit aujourd'hui bien déchue. La rue principale part de la porte du sud ou porte du Caire (*Bab-el-Masri*), l'une des plus belles qu'on puisse voir en Orient, et en suivant la direction du nord-est atteint la grande Mosquée. De ce point commence la seconde rue principale, ou *El-Belat*, aboutissant à la porte du nord ou porte de Syrie (*Bab-es-Schami*). On ne trouve de boutiques que dans ces deux grandes rues. La plupart des maisons sont à deux étages, à toits plats, et construites tout en pierre, de même que diverses rues sont pavées en larges dalles de pierre. Le seul édifice considérable qu'on y puisse citer est la grande Mosquée. On peut encore mentionner un beau *médressé*, quelques petites mosquées, un grand magasin à blé, un bain public et quelques khans ou *okals*. S'il y a à Médine absence de monuments d'architecture, en revanche on y remarque un grand nombre de belles habitations particulières, au milieu de jardins ornés de fontaines jaillissantes, de bassins en marbre, etc. Les faubourgs, à l'ouest et au sud, occupent une superficie bien autrement vaste que la ville centrale, dont ils sont séparés par un vaste espace, appelé *Monâkh*, nom qui indique une station de chameaux et de caravanes ; et de fait cet endroit est constamment encombré de chameaux, de Bedouins, de brocanteurs, de boutiques, de cafés et de groupes mouvants. Des nombreuses mosquées qui existaient autrefois dans le faubourg, il n'en reste plus que deux ; et la seule construction un peu grandiose qu'on y trouve est le canal souterrain creusé au seizième siècle par le sultan Soliman II pour amener à Médine de l'eau potable provenant du village de Roba, situé à environ trois kilomètres au sud de la ville.

La grande mosquée, *El-Haram*, c'est-à-dire l'inviolable (où ne saurait entrer aucun mécréant), construite sur l'emplacement de la maison dans laquelle mourut Mahomet, et qui renferme son saint tombeau, est beaucoup plus petite que le *Baitullah*, ou maison de Dieu, de La Mecque, bien qu'elle ait été reconstruite absolument sur le même plan (après le grand incendie de 1481), avec une cour intérieure, une colonnade extérieure et un édifice au centre. Elle a 165 pas de long sur 130 de large. Sa voûte, soutenue par 400 colonnes, est éclairée constamment jour et nuit par 300 lampes. A son extrémité sud-est, qui est ornée de lambris en marbre, d'un pavé en mosaïque et de riches inscriptions en or sur des tablettes de marbre blanc, et qui reçoit son jour par de hautes fenêtres garnies de peintures sur verre, se trouve le tombeau de M a h o m e t , entouré d'un grillage en filigrane de fer peint en vert et tressé si menu qu'on ne peut voir dans l'intérieur que par quelques ouvertures qu'on y a ménagées. C'est au côté sud du tombeau, où le grillage est plaqué d'argent, que les fidèles viennent faire leurs dévotions. On y arrive par quatre portes, dont une seule reste ouverte ; la seule est gardée lue des eunuques. On n'admet à franchir le grillage, appelé *el-hedjra*, que les pachas, les chefs d'hadjis, et encore ceux qui ont le moyen de dépenser pour cela une quarantaine de francs. Mais le nombre des curieux qui se décident à faire cette dépense est toujours minime, parce qu'on sait qu'il n'y a à la vue de bien curieux à voir, si ce n'est de belles tentures, richement brodées et venant de Constantinople. On les change tous les six ans, et les vieilles sont toujours renvoyées à Constantinople, où l'on s'en sert pour orner les tombeaux des sultans et des princes de leur maison. Ces étoffes recouvrent, dit-on , un monument quadrangulaire en pierre noire et soutenu par deux colonnes, au milieu duquel se trouve le cercueil, en marbre blanc, contenant le cadavre de Mahomet, resté, à ce qu'on prétend, dans un état parfait de conservation ; et à côté sont placés les cercueils des khalifes Abou-Bekr et Omar. Les fables qu'on débite en Europe au sujet de ce cercueil, qu'on représente comme suspendu en l'air au moyen de la force d'attraction d'un aimant puissant placé au sommet de la voûte, comme aussi tout ce qu'on dit des richesses énormes que contiendrait le tombeau de Mahomet, sont choses dont on n'a jamais entendu parler à Médine. Il est vrai qu'on y conservait autrefois, dans des caisses ou dans des bourses de soie, beaucoup de trésors provenant de dons offerts par de pieux pèlerins ; mais dans le cours des siècles la gent rapace des oulémas et des gardiens du temple, avait su s'en approprier une bonne partie; et les Wahabites achevèrent d'en enlever ce qui s'y trouvait encore de leur temps de même que la précieuse étoile de diamants et de perles qui était suspendue au-dessus du cercueil du prophète. Les quarante eunuques préposés à la garde du temple, et qui portent le titre d'*aga*, jouissent ici de beaucoup plus de considération que ceux de La Mecque. Ils reçoivent de riches traitements de Constantinople, et prélèvent leur part sur les dons offerts pour l'entretien de la mosquée. Leur chef, le *schéikh-el-haram*, dispose et ordonne en dernier ressort sur tout ce qui est relatif à la mosquée. C'est le personnage le plus important de Médine, et il a toujours commencé par être un des premiers eunuques de la cour du grand-seigneur.

La plus grande partie de la population de Médine se compose de métis, provenant du mélange des habitants avec les étrangers, et se recrute chaque année de nouveaux-venus. Médine ne fait point de commerce, comme La Mecque ; sa population, quelque peu agricole, ne travaille que pour ses propres besoins ou encore pour ceux des Bedouins du voisinage. On n'y trouve pas du tout de marchands en gros, et les hadjis qui viennent y séjourner y font peu d'affaires. Ce n'est qu'à Jembo, port par lequel on importe des grains et d'autres produits de l'Égypte, que le commerce a plus d'animation. Les principaux moyens de subsistance de la population, ce sont les mosquées, le concours d'étrangers qu'elles attirent et les aumônes qui leur arrivent de toutes les cours du monde mahométan. Les habitants de Médine sont d'un caractère moins gai et moins aimable que ceux de La Mecque. Adonnés à la luxure, pleins d'ostentation et prodigues, la plupart ne possèdent rien. Mais pour ce qui est de la science, on les tient pour supérieurs aux Mecquois (*Mekkawi*). On compte dans la ville trente *médressés* ou écoles publiques, avec des bourses qui se donnent à ceux qui vont étudier au Caire et à Damas ; toutefois, à Médine comme à La Mecque, l'amour de l'argent et la fainéantise ont étouffé tout intérêt pour les sciences et la littérature. Le schérif de La Mecque prend le titre de seigneur de Médine, mais ne l'a jamais été en réalité.

MÉDIOCRITÉ, qualité de ce qui est entre les deux extrémités, n'ayant ni excès ni défaut, également éloigné du grand et du petit, du bon et du mauvais, du beau et du laid, etc. Dans la poésie, le *médiocre* n'est pas supportable. Horace a dit :

...... Mediocribus esse poetis
Non Di, non homines, non concessere columnæ.

Et Boileau :

Il n'est point de degré du médiocre au pire.

Le grand satirique a dit encore : « Un esprit bas et *médiocre* fait moins de fautes, parce que, ne s'élevant jamais, il ne hasarde rien et demeure toujours en sûreté, » La Rochefoucauld ajoute : « On a fait une vertu de la m o d é r a t i o n pour consoler les gens *médiocres* de leur peu de fortune et de leur peu de mérite. »

Médiocrité (*aurea mediocritas*), comme dit si nonchalamment Horace, ou bien :

...... *Médiocrité*,
Mère du bon esprit, compagne du repos,

comme répète si naïvement La Fontaine, est cet état de for-

3.

une qui tient le milieu entre l'opulence et la pauvreté, entre l'habit doré et les haillons. Là gît le bonheur, disent les sages, et les sages cette fois ont raison. Vient ensuite une autre *médiocrité*, qui n'est pas sœur de la précédente, pauvre fille à qui chacun tourne le dos, et dont tout le monde médit tout bas ou tout haut, bien qu'elle possède quelquefois un coffre-fort, mais parce qu'elle manque d'esprit, de mérite, de savoir. On ne fait pas dix pas aujourd'hui sans être environné d'hommes, de journaux, de livres, de pièces, d'une *médiocrité* désespérante.

Médiocrité avait jadis une dernière acception. On disait : « Il faut garder la *médiocrité* en toute chose. » Il vieillit en ce sens, et l'on a dit récemment : « Il faut garder en toute chose un juste milieu. » Le juste milieu d'hier valait-il mieux que la *médiocrité* d'autrefois ? A d'autres la tâche de résoudre ce problème.

MÉDISANCE, c'est la vérité dite et répétée avec dessein de répandre du ridicule sur tel ou tel individu, ou même quelquefois sur une famille, sur une ville entière. Il ne faut pas croire que la médisance soit due toujours à une haine ardente; elle est inspirée plus souvent par l'essor irréfléchi d'un esprit sans poids ni mesure, par une rivalité jalouse, ou bien encore par ce sentiment mesquin qui nous porte à rabaisser sans cesse les autres. La médisance naît du contact fréquent des individus entre eux ; elle est plus active dans les cercles des villes des provinces que dans les salons des capitales. Dans les premiers, on se voit tous les jours; on cède à mille sujets d'envie : une invitation, une préférence, impriment à la médisance un nouvel essor; l'oisiveté, enfin, condamne à s'occuper sans relâche d'autrui, et comme on est promptement las de louer son prochain, on met en relief ses fautes et ses faiblesses. Dans les capitales, au contraire, on ne fait que se rencontrer par hasard, on ignore même quelquefois réciproquement ses noms ; bref, on s'absorbe d'ordinaire tout entier dans la poursuite de ses intérêts. Les opinions politiques s'en tiennent rarement à la médisance; elles cèdent plutôt à une soif de vengeance qui ne se satisfait que par d'atroces calomnies. La médisance ne paraît au premier abord qu'une variété de l'indiscrétion; mais la morale la condamne, parce qu'elle détruit la véritable civilisation, reposant sur une tendresse et une indulgence de cœur inépuisables. En effet, de railler les hommes à leur nuire la distance est souvent nulle. Puis, la médisance amène le mépris des bons procédés; la calomnie déshonore. La médisance divise; elle débute en faisant rire, mais à force de passer par une multitude de bouches, elle ébranle jusqu'à la réputation la plus pure : or, c'est là un bien trop précieux pour qu'on ne devienne pas coupable en inquiétant autrui dans sa possession.

SAINT-PROSPER.

MÉDITATION. Le *Dictionnaire de l'Académie* dit que *méditer* c'est *réfléchir* sur quelque chose, l'examiner mûrement, de manière à l'approfondir; et il définit la *réflexion* une *méditation* sérieuse. Or, comme il n'y a point de *méditation* qui ne soit sérieuse, ce qui résulte de la définition même du mot *méditer*, il s'ensuit que *méditer* c'est *réfléchir* et que la *réflexion* est la *méditation*. Il n'y a rien là d'étrange : à cela reviennent la moitié des définitions de tous les dictionnaires du monde, c'est-à-dire à des cercles vicieux. C'est aux synonymistes à y pourvoir.

Les mots *méditation* et *réflexion* signifient tous deux une opération de l'esprit par laquelle il se livre ou s'applique à quelque sujet qui l'attache ou l'intéresse pour le bien connaître. *Méditation*, du grec μελετν (avoir soin de, s'occuper de), indique qu'on se livre à un sujet parce qu'on l'aime, parce qu'on y trouve du plaisir, parce qu'on le prend à cœur. *Réflexion*, du latin *reflectere*, *retro flectere* (se replier, se recourber en arrière), marque un retour laborieux de la pensée sur des choses passées ou accomplies. Le premier marque plus d'intérêt dans le sujet et plus d'abandon dans la pensée; la *réflexion* suppose un empire plus fortement exercé sur l'esprit qu'on recourbe, qu'on replie. Dans la *méditation*, on suit le courant des idées, pourvu qu'il n'entraîne pas hors du sujet : la *méditation* se rapproche plus de la contemplation; elle tient le milieu entre la rêverie et la *réflexion*, quoiqu'elle diffère essentiellement de l'une et de l'autre. La *réflexion* est moins molle, moins vaste et moins vague : elle a quelque chose de plus restreint, de plus sévère, de plus aride, de plus logique, de plus nettement clair; elle est plutôt analytique, et la *méditation* plutôt synthétique. La *méditation* est plus souvent la contemplation d'une vérité toute faite, et la *réflexion* l'investigation d'une vérité qui n'est point encore découverte.

Telle est la première différence des deux mots, différence toute psychologique. Il faut ajouter qu'il y a plus de préoccupation dans la *méditation*, qu'on s'en laisse plus difficilement distraire, et qu'il y a plus de tension d'esprit dans la *réflexion*, qu'il faut plus d'efforts pour y persévérer. La *méditation* est plus idéale, plus spéculative; elle veut seulement connaître la chose en elle-même; son utilité, si elle en a, est plus éloignée : la *réflexion* tient de plus près à la pratique, elle se propose un but direct d'utilité. On *médite* pour connaître, ou pour s'instruire à fond, on *réfléchit* pour ne pas s'exposer à commettre de faute; on *médite* un sujet, une question, on *réfléchit* pour agir. Le philosophe spéculatif, le poëte, l'anachorète, se livrent à la *méditation* : Descartes, Lamartine, sainte Thérèse, ont écrit des *Méditations*; le moraliste, l'homme d'État et l'historien font usage de la *réflexion* : on connaît les *Réflexions morales* de La Rochefoucauld, et on sait que tout historien mêle des *réflexions* au récit des faits. Un homme *méditatif* est un penseur; un homme *réfléchi* est un homme prudent, qui songe aux conséquences des choses. La *méditation* est lente, de longue durée, elle s'appesantit sur un sujet ; la *réflexion* est souvent courte, rapide, instantanée, parce qu'elle répond à un besoin d'un moment. La *méditation* porte sur des sujets élevés et importants, et ne se dit guère que des grands travaux de l'esprit; il faut de la *réflexion* dans les actes ordinaires de la vie.

Une dernière différence, très-importante, naît de l'étymologie même de *réfléchir*. *Réfléchir*, c'est, non pas penser mûrement et plus d'une fois à quelque chose, comme le dit à tort l'Académie; c'est plutôt recevoir, repasser ce qui a eu lieu : la *réflexion* par conséquent vient après coup, et porte sur quelque chose de passé : tel est le caractère des *réflexions* du moraliste et de celles de l'historien. Cela donne à *réfléchir*, dit-on après qu'un événement est arrivé. Quand un auteur compose, il *médite* son sujet ; après qu'il a composé, vient la *réflexion*, qui corrige, retranche, retravaille. Si la *réflexion* s'applique également à un projet, à un plan de conduite future, c'est que par la pensée on se transporte après l'exécution. *Méditer* un projet, c'est le considérer dans toute son étendue, dans toute sa portée, l'approfondir, songer à toutes les mesures à prendre pour le faire réussir : y *réfléchir*, c'est songer aux conséquences qu'il pourra avoir.

Le sens de chacun des deux mots *méditation* et *réflexion* ainsi déterminé, rien de plus facile que de comprendre pourquoi l'on donne le nom de *méditations* à certains écrits philosophiques, poétiques et religieux. On en déduira aussi sans peine la raison pour laquelle *méditation* signifie, en termes de dévotion, oraison mentale, c'est-à-dire action de se recueillir pour se pénétrer des mystères et des vérités de la religion. En ce sens, on dit *méditer* sur l'Évangile, *méditer* l'Évangile. Le premier tour de phrase marque qu'à l'occasion de cette lecture on se livre aux pensées pieuses qui se présentent à l'esprit; le second, qu'on se nourrit des maximes de l'Évangile.

Benjamin LAFAYE.

MÉDITERRANÉE (Mer), ainsi appelée à cause de sa situation entre l'Europe, l'Asie et l'Afrique. Elle présente, y compris le golfe de Venise, la mer Égée et la mer de Marmara, une superficie de 34,200 myriamètres carrés. Sa plus grande longueur est de 360 myriamètres, sa largeur extrême de 80, et sa largeur moyenne de 56 myriamètres. A l'ouest, elle est reliée à l'océan Atlantique par le détroit de Gibraltar, au milieu duquel on peut observer un courant d'une grande puissance, venant de l'océan Atlantique. Ce phénomène trouve son explication dans cette circonstance que l'énorme perte d'eau résultant de l'évaporation pour cette mer, exposée au sud à la brûlante chaleur des côtes d'Afrique et protégée au nord par les Alpes, n'est point compensée par la masse d'eau que lui apportent ses divers affluents. Sur la côte d'Afrique on n'y trouve pas, sauf le Nil, un seul fleuve de quelque importance ; et il en est de même sur la côte d'Asie, ainsi que sur celles de la Turquie et de la Grèce. Il ne reste donc plus pour l'alimenter, sauf de petits ruisseaux sur les côtes de l'Italie et de l'Espagne, que l'Adige, le Pô, le Rhône et l'Èbre, les seuls affluents de quelque importance qui lui viennent de l'Europe occidentale ; et encore le dernier de ces fleuves est-il presque toujours à sec en été. Le détroit de Gibraltar n'est pas le seul exemple de ce puissant courant intérieur : on peut encore, à l'autre extrémité de cette mer, constater l'existence d'un courant analogue entrant dans la Méditerranée par le Bosphore et les Dardanelles et provenant de la mer Noire, bassin intérieur bien moindre et qu'alimente un nombre comparativement bien plus grand d'affluents importants.

Font partie de la mer Méditerranée les golfes de Valence, de Lyon et de Gênes, la mer Tyrrhénienne, la mer Adriatique, la mer Ionienne avec les golfes de Tarente et de Corinthe ou de Lépante, la mer Égée ou mer de Grèce, le détroit des Dardanelles ou l'Hellespont, la mer de Marmara ou Propontide, les golfes de Smyrne, d'Adalia et de Skanderoum, la grande et la petite Syrte.

La Méditerranée est très-profonde, surtout à l'ouest. En beaucoup d'endroits sa profondeur est de 1,000 mètres ; à Nice, à quelques brasses seulement du rivage, elle est de près de 1,400 mètres, et sur divers points elle dépasse même 1,800 mètres. Il est à peu près prouvé que l'Europe et l'Afrique se touchaient autrefois à Gibraltar et en Sicile, comme on peut l'inférer de la formation géologique des chaînes de l'Atlas et de celles de l'Espagne, ainsi que de leur parallélisme, bien que de nos jours elles soient séparées par le détroit de Gibraltar, fondrière de 1,500 mètres de profondeur comblée par la mer. Un autre fait qui tend à confirmer cette antique union des deux continents, c'est l'existence des bas-fonds qui se prolongent depuis le cap Bon, sur la côte d'Afrique, jusqu'au détroit de Messine, et qui partagent la mer en deux bassins ; bas-fonds formant à ce point comme la crête d'une montagne sur laquelle il n'y a, en certains endroits, que 60 et même que de 13 à 14 mètres d'eau, tandis que des deux côtés de cette crête sous-marine la profondeur est immense, et que la sonde y atteint jusqu'à 2,000 mètres sans toucher le fond. Par suite de sa position naturelle, la Méditerranée est soumise à des vents irréguliers et variables, et la marée ne s'y fait que très-peu sentir. Dans le golfe de Venise, à l'époque des nouvelles et des pleines lunes, elle monte d'un mètre et dans la grande Syrte d'un mètre 66 centimètres ; mais partout ailleurs elle est à peine sensible. D'après les opérations trigonométriques entreprises lors de l'expédition de l'armée française en Égypte, le niveau de la Méditerranée, au voisinage d'Alexandrie, et par la marée haute, se trouverait à 8 mètres et même par marée basse à 10 mètres au-dessus du niveau de la mer Rouge au voisinage de Suez ; mais de nouveaux nivellements opérés dans ces derniers temps rendent ces données extrêmement problématiques, de telle sorte que s'il existe réellement une différence de niveau entre les deux mers, cette différence doit être fort peu sensible.

Par suite de la forte évaporation à laquelle elle est soumise, de la quantité relativement minime d'eau douce qu'y déversent ses divers affluents, et du puissant courant d'eau salée que lui envoie l'océan Atlantique, la Méditerranée fait exception aux autres mers intérieures, et ses eaux sont beaucoup plus salées que celles de l'Océan. Un autre résultat de cette forte évaporation, c'est qu'à la surface de la Méditerranée, la température de l'eau est d'un degré et demi plus élevée qu'à la surface de l'Océan. Ce phénomène s'explique par l'existence continuelle d'un courant inférieur portant à l'océan Atlantique l'eau échauffée de la Méditerranée, s'opposant dès lors à ce que le courant des eaux glaciales du pôle y pénètre, et faisant ainsi équilibre au courant supérieur qui de l'océan Atlantique pénètre dans la Méditerranée.

Sur les 643 espèces de poissons particulières aux mers de l'Europe, il en est 444 qui habitent la Méditerranée ; aussi l'emporte-t-elle pour la diversité des espèces sur les mers qui baignent les côtes de la Grande-Bretagne et de la Scandinavie ; mais elle leur est de beaucoup inférieure pour ce qui est de l'abondance et de la bonté des poissons utiles. Les espèces qui lui sont particulières sont le requin, l'espadon et six espèces de maquereaux, dont l'une des plus grandes est le thon, poisson dont la pêche donne lieu à un grand mouvement d'affaires sur les côtes du midi de la France, en Sardaigne, à l'île d'Elbe, dans le détroit de Messine et dans l'Adriatique. Un autre trait caractéristique de la Méditerranée, c'est l'existence d'un grand nombre de roches, notamment de roches tremblantes. Enfin, cette mer est très-riche en coraux rouges, notamment près des îles Baléares, sur les côtes de la Provence, sur les côtes méridionales de la Sicile et sur la côte d'Afrique, aux environs de Bone et de Barca, où les pêcheurs de corail détruisent souvent des forêts entières de coraux.

Le bassin de la Méditerranée est en outre miné par des feux souterrains qui trouvent de temps à autre une issue par les cratères du Vésuve et de l'Etna, et constamment par le Stromboli (voyez LIPARI [îles]). Sa surface est couverte d'îles de toutes grandeurs, depuis la Sicile, qui a 350 myriamètres carrés de superficie, jusqu'à de simples îlots inhabités et chauves, dont quelques-uns sont des volcans encore en activité, ou du moins ont une origine volcanique, et dont un grand nombre appartiennent à l'époque secondaire. Quelques-unes de ses côtes sont sujettes à de violents paroxismes volcaniques, et diverses parties en sont dans un état d'excessive inconstance. Sur plusieurs points elles se sont abaissées ou élevées à diverses reprises et à des époques dont l'histoire a conservé le souvenir, comme on le démontre près des ruines du temple de Sérapis aux environs de Pouzzoles, ainsi que sur les côtes de Dalmatie, de Sicile et de Sardaigne. Comme c'est au nord que la Méditerranée possède la plus grande étendue de côtes et le plus grand nombre de baies, de ports et d'îles, elle offre aux habitants de l'Europe bien plus d'avantages commerciaux qu'aux habitants de l'Afrique.

Elle fut jadis le foyer de la civilisation de l'ancien monde. Homère chanta sur ses rivages les dieux et les héros ; Platon y dit aimable une philosophie divine ; Jésus-Christ prêcha l'Évangile non loin de la langue de terre où fut Tyr ; Alexandrie s'y était élevée, toute fière de la science des mages et des prêtres de Memphis ; la Grèce et l'Italie sont encore nos modèles. Mer illustre entre toutes les mers, combien n'y fait pas un pas sans heurter un gigantesque souvenir : ce cap désert redisait autrefois les gémissements de Didon ; là Scipion vint frapper Carthage au cœur, là débarqua Annibal, et Rome trembla ; puis une nuée de barbares couvrit toutes ses côtes, et y traça son passage comme un tourbillon de sauterelles : ici, loin de tout rivage, d'innombrables flottes se choquèrent et répandirent des torrents de sang : pourtant la mer y est bleue comme l'azur d'un beau ciel. Le grand nom de Périclès n'est-il pas encore écrit sur les colonnes qu'on aperçoit aux rives de l'Attique ? La barque du pêcheur s'amarre au tombeau de Thémistocle ou laisse tomber ses filets aux champs de bataille de Salamine ; et quand on rase l'embouchure du Simoïs, l'onde qui gronde semble vous apporter un écho lointain de la douleur de Priam. Elle fut la grande route du commerce de l'ancien monde dans le moyen âge : combien de milliers de croisés la traversèrent qui ne rapportèrent pas leurs os dans leur patrie! Venise, cité magique, la domina; l'Occident y versait son or, et recevait en échange les tissus de la Perse et de l'Inde. Un jour son importance sembla tomber, quand Colomb emporta les esprits vers l'Amérique, quand Vasco de Gama a doublé le cap de Bonne-Espérance. Mais voici que tout change : l'ancien monde se replie sur lui-même, ses intérêts se resserrent, la Méditerranée reprend son importance première, elle redevient le théâtre obligé des plus grandes scènes de l'avenir, des luttes des nations. Jetez les yeux sur elle, qu'y voyez-vous? D'un côté les deux grands représentants du despotisme, la Russie et l'empire des Turcs ; de l'autre, et comme les champions de la civilisation moderne, la France et l'Angleterre.

Théogène PAGE.]

MEDIUM (*Pneumatologie*). *Voyez* ESPRITS.

MEDIUS. *Voyez* DOIGT.

MEDJANA, plaine de l'Afrique septentrionale, comprise entre deux chaînes de l'Atlas, par 36° de latitude septentrionale et 2° 39' de longitude orientale. Arrosée par l'Oued-el-Zianin, l'Oued-Boussellam, l'Oued-Taguerona, elle renferme Zamourah (l'ancienne *Tamanana*), Sidi-Embarek (l'ancienne *Lumelli*), Bordji-Medjana (l'ancien *Equisetum*) et Bordji-Sinichah. La route de Constantine à Alger par les Portes de Fer, ou Bibans la traverse de l'est à l'ouest. Auprès de Sétif, à l'est, elle se prolonge à travers un faible contrefort vers le nord, au pied des montagnes où se trouve Constantine, et contient Djemilah, Milah, etc. Cette partie, ou plaine de Milah, est arrosée par le Dzaab ou rivière d'Or, et l'Oued-Djemilah. La route de Milah à Sétif la traverse du nord au sud-ouest.

Après la prise de Milah, en 1838, le chef arabe Sidi-Ahmet-ben-el-hadji-Bouzio-el-Mokrani, petit-fils du sultan Boasis, célèbre en Afrique dans le siècle dernier, se rendit auprès du maréchal Valée, qui le nomma khalifa de la Medjana, et lui donna l'investiture à Constantine, le 24 octobre. Son autorité fut d'abord incontestée; mais au mois de juin 1840 Mokrani dut se réfugier auprès des Français ; le colonel Lafontaine fit alors une expédition dans la plaine, et au mois de juillet Mokrani, rétabli à Bordji-Medjana, fut reconnu par toutes les tribus de la Medjana, sa fortune lui fut rendue, et on lui organisa une petite armée. Cependant une nouvelle expédition devint encore nécessaire au mois d'août, par la présence du hadji Mustapha, qui, avec quelques réguliers, avait soulevé plusieurs tribus de la plaine. Le 1er septembre le colonel Levasseur, commandant de Sétif, défit les Arabes à Medzergah. Peu de jours après, une nouvelle affaire eut lieu dans un chaînon de l'Atlas, à l'est de Constantine. Les spahis de Constantine et de Sétif et un escadron du 4e chasseurs enlevèrent le col de Ouled-Braham, défendu par les troupes du frère d'Abd-el-Kader. L'ennemi, chassé complétement de la Medjana, se retira dans le désert. Il tenta encore plusieurs fois de soulever la Medjana, mais en 1842 Mokrani prouva la soumission de cette contrée par une expédition heureuse contre les tribus de l'ouest.
L. LOUVET.

MEDJERDAH, rivière du nord de l'Afrique, qui prend sa source dans les montagnes de Hanalak, dans l'Atlas algérien, et traverse la partie principale de l'État de Tunis, où elle se jette dans la Méditerranée, au sud de Porto-Farino.

MEDJIDIÉ (Ordre du). *Voyez* OTHOMAN (Empire).

MÉDOC, contrée de l'ancienne province de Guyenne, dans la partie sud-ouest de la France, située entre la Garonne, l'Océan, les territoires de Buch, de Bordeaux et de Bazas. On la divisait en haut et en bas Médoc. Ce pays correspond aujourd'hui à l'arrondissement de Lesparre du département de la Gironde. C'est en grande partie un pays inhabité, couvert d'étangs, de prairies et de bois, et traversé par la Garonne, qui produit surtout des vins estimés, connus sous le nom de *vins de Médoc* (*voyez* BORDEAUX [Vins de].) La capitale de l'ancien pays de Médoc est Lesparre. Le fort Médoc est situé à 28 kilomètres au-des-

sous de Bordeaux, sur la rive gauche de la Gironde, qu'il commande. Il fut élevé en 1690, sur les plans de Vauban, mais est toujours resté inachevé.

MÉDUSE. Tout ce qu'on rapporte de Méduse, reine des Gorgones, appartient à la fable. Il y a différentes versions sur l'origine et l'existence de Méduse. On lit dans Pausanias qu'elle était fille de Phorcus, l'un des dieux marins. Suivant Hésiode, Phorcus était fils de Pontus et de la Terre; il eut de sa femme Céto les Grées et les trois Gorgones. Pontus, nous dit le même auteur, était fils de Neptune, et il donna son nom à la mer Noire, appelée *Pont-Euxin.* Méduse passait pour une très-belle fille ; mais de tous les attraits dont elle était pourvue, elle n'avait rien de si beau que les yeux et la chevelure. Sa beauté fixait tous les regards, et une foule d'amants s'empressaient de la demander en mariage. Neptune lui-même en fut épris, et l'emporta dans un temple de Minerve, où il éteignit son amoureuse flamme. Suivant une autre version, Méduse aurait osé disputer le prix de la beauté à Minerve et se préférer à elle. La déesse, courroucée, aurait changé en affreux serpents les beaux cheveux dont elle se glorifiait, et donné à ses grands yeux la force de transformer en pierre tous ceux qui la regardaient. Plusieurs personnes éprouvant les pernicieux effets de ses regards auraient été pétrifiées sur les bords du lac Tritonis.

Hygin nous apprend les circonstances de sa mort : les dieux, dit-il, voulant délivrer le pays d'un si grand fléau, envoyèrent Persée pour la tuer. Minerve lui fit présent de son miroir ; Pluton, de son casque. L'un et l'autre avaient la propriété de laisser voir tous les objets sans être vu. Persée se présenta ainsi devant Méduse, et sa main, conduite par Minerve même, coupa la tête de la gorgone, qu'il porta depuis dans toutes ses expéditions. Quoique détachée du corps elle conservait le pouvoir de pétrifier ceux qui la voyaient ; Persée s'en servit dans toutes les occasions pour se défaire de ses ennemis. Vainqueur, il consacra à Minerve cette tête, qui depuis fut gravée avec ses serpents sur la redoutable égide de la déesse. On voyait, nous dit Homère, au milieu de l'égide de Minerve la tête de la gorgone, ce monstre affreux, tête énorme et formidable, prodige étonnant du père des immortels. Virgile la place sur la cuirasse de la déesse, à l'endroit qui couvrait la poitrine. Homère ajoute qu'elle était gravée sur le bouclier d'Agamemnon, entourée de ses hideux serpents, afin d'épouvanter les ennemis.

Du sang qui sortit de la plaie de Méduse, quand sa tête fut coupée, naquirent Pégase et Chrysaor ; et lorsque Persée eut repris son vol par-dessus la Libye, de toutes les gouttes de sang qui découlèrent de cette tête fatale naquirent autant de serpents, qui se multiplièrent au point d'être un fléau pour la contrée. Persée, placé au ciel après ses exploits, est figuré tenant de la main gauche la tête de Méduse. Sur le signe du Bélier est placée Méduse, qui monte toujours à l'horizon avec ce signe. Chev. Alex. LENOIR.

MÉDUSE (*Zoologie*). Linné avait réuni en un seul groupe, auquel il imposa la dénomination générique de *medusa*, tous les animaux à forme rayonnée, à corps libre, à texture gélatineuse ; et tel qu'il avait été institué par l'illustre classificateur suédois, ce genre avait été adopté par la plupart des naturalistes. Mais Péron, en scindant en un grand nombre de genres distincts le genre *medusa* de Linné, conserva cette dénomination à une seule famille ; et Lamarck, en restreignant le nom de *radiaires médusaires* ou *méduses* aux seuls radiaires réguliers, orbiculaires, gélatineux, transparents, lisses, convexes supérieurement, concaves inférieurement, et munis d'une bouche inférieure, élimina du groupe primitivement établi par Linné sous le nom de *medusa* tous les radiaires à côtes ciliées à disque cartilagineux, à vésicules aérifères, c'est-à-dire les porpites, les vélelles, les bérocs, etc.

Ainsi définies, les *méduses*, ou, pour employer la dénomination de Lamarck, les *médusaires*, sont des animaux marins, entièrement gélatineux, ou, plus exactement, entièrement semblables à une gelée transparente : leur corps, que l'on nomme *ombrelle*, est très-régulièrement arrondi, et quelquefois bordé d'une frange de filaments semblables à des tentacules; et leur bouche, tantôt pédonculée, tantôt sessile, mais toujours située à la face inférieure de l'ombrelle, est souvent, comme celle-ci, entourée de longs appendices filamenteux. La texture de ces animaux paraît être des plus simples : c'est un tissu celluleux, dont les mailles enveloppent de l'eau de mer; aussi lorsqu'on les retire de l'eau, les méduses disparaissent-elles par une véritable liquéfaction ; et Spallanzani, qui s'est longuement occupé de l'organisation de ces radiaires, a retiré d'une méduse pesant 150 grammes 150 grammes d'eau salée moins environ 4 décigrammes de pellicules membraneuses. L'appareil digestif des méduses consiste en une cavité ouverte à la face inférieure de l'ombrelle, et creusée dans la substance même de l'animal : cette cavité centrale est tantôt uniloculaire ou indivise ; tantôt elle est divisée par des cloisons incomplètes en des loges plus ou moins distinctes et nombreuses; tantôt, enfin, il naît de la loge centrale des canaux, creusés aussi dans la substance de l'animal, qui se rendent, en rayonnant et are se subdivisant, dans un canal circulaire qui occupe les bords de l'ombrelle. Par cette disposition, l'animal entier se trouve transformé en un canal intestinal ; et la matière alimentaire est portée directement et en nature dans toutes les parties du corps. L'appareil locomoteur se réduit chez les méduses à une petite couche de filaments, de texture douteuse, parallèles entre eux et disposés transversalement dans toute la circonférence de l'ombrelle : les contractions intermittentes de ces filaments, qui impriment à l'ombrelle un mouvement continuel de systole et de diastole, engendrent une force qui suffit à déplacer l'animal dans l'espace, et à le maintenir flottant à la surface de la mer, tandis que sa pesanteur spécifique, plus grande que celle du liquide dans lequel il nage, le sollicite sans cesse vers des couches plus profondes.

Les appareils de la circulation et de la respiration sont nuls chez les méduses; autant en faut-il dire des appareils sensoriaux et nerveux : la sensibilité générale, si même elle existe dans ces organisations rudimentaires, est évidemment obtuse à l'extrême; et probablement il en est de même de cette sensibilité spéciale que l'on attribue aux filaments qui, dans quelques espèces, entourent soit l'ombrelle, soit l'orifice buccal; car, ainsi que le remarque Blainville, rien au monde ne prouve que ces appendices, que l'on a nommés *tentacules*, et dans lesquels on a voulu localiser les fonctions tactiles, soient aucunement destinés aux usages qu'on a bien voulu leur assigner.

Suivant la plupart des naturalistes, les méduses se nourrissent de petits animaux, de mollusques, de vers, de crustacés, et même de poissons, qu'elles attirent vers leur cavité buccale à l'aide des appendices dont celle-ci est garnie. Spallanzani a vu des poissons encore adhérents à ces appendices; Gaède a trouvé dans la cavité stomacale des méduses qu'il a ouvertes des poissons et des néréides; Chamisso et Eyssenhardt ont rencontré dans leurs ventricules des restes de poissons en apparence digérés; Péron et Lesueur, qui se sont spécialement occupés de l'histoire naturelle de ces animaux, n'émettent aucun doute à ce sujet; et l'abbé Dicquemarre et Othon Fabricius partagent aussi la même opinion. Cependant, malgré l'autorité de tant de témoignages concordants, cette opinion nous paraît, nous ne dirons pas erronée, mais complétement insoutenable : il nous est impossible d'admettre que des êtres à peine organisés et complétement dépourvus de tout mouvement volontaire puissent livrer la guerre à des mollusques ou à des poissons, les saisir avec leurs tentacules, et les introduire dans leur cavité buccale ; encore moins pouvons-nous admettre que ces animaux, ainsi saisis vivants, puissent être digérés par un estomac qui ne présente aucune des conditions physiologiques de la digestion. Évidemment, si des débris de poissons ont été trouvés dans les ventricules des méduses, c'est que ces poissons y auront été entraînés morts par les courants que ces animaux déterminent en ingurgitant et en rejetant tour à tour l'eau de la mer dans leurs mouvements de systole et de diastole ; et l'assimilation de ces corps organisés par les méduses n'a pas été le résultat des forces digestives de leur estomac, mais bien de la décomposition organique survenue en vertu des lois ordinaires de la chimie.

Les méduses se rencontrent sous presque toutes les latitudes, surtout dans les hautes mers. Suivant les observations de Péron et Lesueur, chacune des espèces de cette nombreuse famille serait limitée, probablement par des conditions de température, à quelques régions déterminées de l'Océan : si parfois dans une même région elles paraissent et disparaissent à des époques déterminées, cela tient probablement aux vents et aux courants, qui y règnent aussi périodiquement, et qui les apportent ou les entraînent; car les méduses flottent au caprice des vents, et ne sauraient résister au plus faible courant. Dans la haute mer, les méduses s'amoncellent quelquefois en troupes innombrables, qui s'étalent comme un manteau aux mille reflets de nacre et d'opale, et couvrent complétement la surface des eaux dans une étendue de plusieurs kilomètres ; quelquefois aussi elles sont jetées en quantités assez considérables sur nos côtes de France pour que l'agriculture ait essayé de les utiliser dans la bonification des terres arables. Le volume des méduses varie grandement : quelques-unes sont presque microscopiques; d'autres atteignent un diamètre de 1^m,30 à 1^m,60, un poids de 20 à 30 kilogrammes. Toutes, lorsqu'elles sont mortes, deviennent phosphorescentes; quelques-unes seulement présentent ce phénomène durant leur vie. La phosphorescence paraît due à une humeur visqueuse qui exsude des tentacules, de la zone musculaire et de la cavité stomacale de la méduse, humeur corrosive, qui détermine une douleur aiguë lorsqu'on la met en contact avec une surface muqueuse ou une portion de derme dénudé, et qui communique sa phosphorescence aux liquides avec lesquels on la mêle, au lait, à l'eau douce, à l'urine surtout : une seule méduse, exprimée par Spallanzani dans 810 grammes de lait, rendit ce liquide tellement brillant que la lueur en pouvait remplacer la flamme d'une petite bougie. Un certain nombre de méduses déterminent aussi, lorsqu'on les met en contact avec une portion quelconque du tégument, une douleur semblable à celle que l'on ressent lorsque l'on heurte une plante d'ortie : la portion de la peau qui a été touchée se colore vivement, et des élévations rougeâtres, marquées au centre d'un point blanc, apparaissent presque aussitôt : la chaleur du lit suffit à faire reparaître cette éruption d'*urticaire* plusieurs jours après que la douleur a totalement disparu.

Un grand nombre d'auteurs, depuis Aristote et Pline jusqu'à Lamarck et Cuvier, se sont occupés de la classification systématique des méduses. Prenant pour base de leurs coupes principales l'absence ou la présence de l'estomac, Péron et Lesueur ont établi deux grandes divisions : les *méduses agastriques* et les *méduses gastriques*. Les *méduses agastriques* sont subdivisées d'après l'absence ou la présence d'un pédoncule, l'absence ou la présence de tentacules : les genres *eudore*, *bérénice*, *orythie*, *favonie*, *lymnorée* et *géryonie*, sont compris dans ces subdivisions. Les *méduses gastriques* sont subdivisées d'après la présence d'une ou de plusieurs bouches, l'absence ou la présence d'un pédoncule, de bras, de tentacules : chacune de ces subdivisions renferme un ou plusieurs des genres *charybdée*, *phorcynie*, *culymène*, *équorée*, *pégasie*, *mélitée*, etc. C'est à leur texture gélatineuse, à leur mouvement continuel de systole et de diastole, ainsi qu'aux phénomènes de phosphorescence et d'urtication qu'elles présentent, que les méduses doivent toutes les dénominations qu'elles ont reçues dans la langue vulgaire : *orties de mer*, *chandelles marines*, *poumons de mer*, *gelée de mer*, etc.

BELFIELD-LEFÈVRE.

MÉDUSE (Naufrage de la). Ce sinistre, qui a fourni à Géricault le sujet d'une toile populaire, restera longtemps fameux dans les annales de notre marine; et on en évoquera le sombre souvenir toutes les fois qu'on voudra recommencer le procès des stupides errements de la Restauration et des fatales conséquences qu'ils eurent pour le pays. La frégate *La Méduse*, partie de France le 17 juin 1816 pour porter au Sénégal le gouverneur et les principaux employés de cette colonie, que les traités de 1815 venaient de nous rendre, avait à bord environ 400 personnes, tant marins que passagers. Le 2 juillet elle s'engagea dans le golfe de Saint-Cyprien et toucha sur la barre d'Eguin, que le capitaine n'avait rien fait pour éviter. Pendant cinq jours on essaya en vain de remettre le bâtiment à flot; et quand on eut reconnu qu'il y avait impossibilité absolue de le sauver, on construisit à la hâte un radeau, sur lequel trouvèrent place 149 malheureux, tandis que le reste de l'équipage s'entassait dans les canots, abandonnant dix-sept hommes ivres à bord de la frégate, que les flots menaçaient d'engloutir avant peu. Ces canots devaient traîner le radeau à la remorque; mais bientôt ceux qui les montaient, dominés par la plus impérieuse nécessité, coupèrent les amarres; et le radeau se trouva seul au milieu de l'immensité des mers. Le désespoir, la faim, la soif poussèrent d'abord les malheureux naufragés à s'égorger pour se disputer le peu de provisions qu'on avait eu le temps de leur laisser; puis, quand elles furent épuisées, ils s'entre-dévorèrent.... Ce supplice surhumain durait depuis douze jours, lorsque *L'Argus*, l'un des bâtiments de transport chargés d'accompagner la *Méduse*, recueillit les quinze mourants, derniers débris des infortunés qui s'étaient jetés sur le radeau. Deux canots, celui du capitaine de la frégate et celui du gouverneur de la colonie, arrivèrent trois jours après à Saint-Louis; les autres embarcations échouèrent, mais ceux qui les montaient purent gagner nos possessions à travers le désert.

Quand les détails de cet épouvantable drame furent connus en France, il n'y eut d'un bout du pays à l'autre qu'un cri d'horreur. En apprenant que l'impéritie du commandant de la frégate en était l'unique cause, l'opinion fit remonter la responsabilité de cette catastrophe jusqu'au ministre ou plutôt jusqu'au système réactionnaire dont il n'était que l'agent. De même que Louis XVIII datait des ordonnances de la dix-neuvième année de sa royauté, les hommes alors aux affaires regardaient comme non avenu tout ce qui s'était fait pendant la révolution; et c'est à *l'ancienneté* que le commandement de la frégate avait été confié à un homme resté pendant vingt-cinq ans complétement étranger à la marine. Le capitaine de *La Méduse* était un certain Duroy de Chaumareys, lieutenant de vaisseau en 1791, à l'âge de quinze ans, et qui avait émigré à cette époque. Il n'avait depuis lors revu la mer que pour prendre part à l'affaire de *Quiberon*, et pendant toute la durée du consulat et de l'empire il avait rempli à Bellac les fonctions de receveur des contributions indirectes. Oublieux de l'impérieuse règle d'honneur qui veut qu'en cas de sinistre le commandant du navire ne l'abandonne jamais que le dernier, Duroy de Chaumareys avait été, au contraire, le premiers à se jeter dans son canot, sans autrement s'inquiéter de ce que deviendraient les malheureux que son impéritie condamnait à une mort plus que probable. Le gouvernement de Louis XVIII ne se contenta de le destituer: il eût mérité non pas de passer par les armes, car il était indigne de mourir de la mort d'un soldat, mais d'être fouetté en place publique, à Brest ou à Toulon, devant les équipages de la flotte réunis. Que méritait le ministre qui l'avait nommé?

MÉDUSIQUE (Pouvoir), nom par lequel M. Ducros désignait une prétendue puissance qu'auraient les hommes et les animaux d'agir sur les objets étrangers, et notamment sur l'aiguille astatique, qu'il faisait varier lui-même de 20 à 30 degrés, par la seule expression de la figure et par le mouvement fixe et rotatoire des yeux. Des académiciens ont donné une tout autre explication de la déviation de l'aiguille d'un galvanomètre en présence de l'homme.

MEDZERGAH (Combat de). Informé, en août 1840, que les troupes d'Abd-el-Kader étaient venues camper à une douzaine de kilomètres de Sétif, le général Galbois ordonna au colonel Levasseur de les attaquer immédiatement. Une colonne sortit donc de Sétif le 1er septembre, et rencontra l'ennemi auprès du village de Medzergah. Les Arabes étaient commandés par Hadji-Mustapha. On évaluait leur nombre à 3,000 hommes de cavalerie, 1,200 fantassins, et ils avaient deux pièces de canon. Un bataillon de réguliers se forma en carré, mais quatre escadrons des 3e et 4e régiments de chasseurs d'Afrique chargèrent sur ce bataillon, l'enfoncèrent et lui enlevèrent un drapeau. L'ennemi, qui avait perdu de la résolution et qui semblait vouloir commencer à se battre selon les règles de la tactique moderne, jugea prudent de lever son camp, laissant 115 tués sur le champ de bataille. De notre côté nous avions 24 blessés et 5 tués, parmi lesquels on comptait M. de Lesparda, chef d'escadron au 4e chasseurs. Cette affaire eut d'heureux résultats: elle arrêta les défections des indigènes, et prouva, en faisant honneur à notre cavalerie, que nous saurions encore triompher des Arabes, même lorsqu'ils combattraient en troupes régulières et disciplinées. L. LOUVET.

MEER ou **VAN DER MEER**. Parmi les nombreux artistes hollandais de ce nom, il n'y en a que deux, le père et le fils, qui méritent d'être plus spécialement mentionnés.

Jan VAN DER MEER le père naquit à Schoonhoven et vraisemblablement vers l'an 1628. On ignore sous qui il étudia son art; tout ce qu'on sait de lui, c'est qu'il remplit diverses fonctions publiques. Il les obtint par la protection du prince d'Orange, à qui il fit présent d'un magnifique portrait de D. de Heem, le seul objet qui lui fût resté après avoir été dépouillé par les Français de tout ce qu'il possédait. En 1674 il fut nommé conseiller de régence, après avoir rempli depuis 1664 les fonctions de syndic des peintres. Nommé en 1692 l'un des administrateurs de *l'Ambachtskinderhuis* à Utrecht, il se peignit de grandeur naturelle avec tous ses collègues, dans une grande toile qui fut fort admirée, et qui représentait une séance du conseil d'administration. Il serait bien difficile de déterminer ce qui dans un grand nombre de scènes d'Italie, de paysages, de marines et d'animaux qu'on lui attribue, appartient à son fils. Il est extrêmement vraisemblable que le père n'alla jamais en Italie, et qu'il ne peignit qu'un très-petit nombre de marines.

Jan VAN DER MEER le fils prit d'abord des leçons de son père, puis de Berghem. Il ne tarda pas à se faire un grand nom comme peintre; mais, par sa vie dissipée, il perdit tous les avantages de considération et de fortune que lui avait valus sa réputation. Aussi mourut-il peu avant d'avoir atteint l'âge de cinquante ans (probablement vers 1706), et dans un tel état de détresse, que ses amis durent faire les frais de ses funérailles. Il peignit des paysages avec des animaux et des marines; ses toiles témoignent d'une profonde étude de la nature et d'un rare talent de composition. On a aussi de lui quelques remarquables gravures au burin, devenues d'ailleurs d'une rareté extrême, et parmi lesquelles les collectionneurs recherchent surtout un Mouton accroupi et un Mouton debout.

MEETING. C'est là nom qu'on donne en Angleterre et aux États-Unis à des réunions populaires ayant pour but de délibérer et de discuter sur un sujet politique quelconque ou sur toute question qui intéresse la nation. De nombreux *meetings* précèdent ordinairement les élections en Angleterre; et c'est là que l'on voit le spectacle imposant d'un peuple exerçant sa part de souveraineté, d'un peuple choisissant ses mandataires, indiquant, par ses acclamations et ses suffrages, les dépositaires de sa confiance, les hommes qu'il commet à la défense de ses droits, à la garde de ses libertés! Les *meetings* proprement dits, ceux qui se tiennent en dehors des élections, constituent les circonstances les plus importantes de la vie du peuple anglais. C'est là qu'on le voit délibérant sur les lois, blâmant les actes du ministère, apostrophant la royauté, tranchant quelquefois sur tout; c'est là enfin qu'il jouit de toutes les prérogatives du citoyen libre. L'objet du *meeting* est annoncé quelques jours à l'avance par des placards en grosses lettres, qui couvrent les murs ou qui sont portés au bout d'une perche dans les rues. La réunion a ordinairement lieu en plein air. Dans l'endroit le plus apparent de la place, sur un échafaud préparé à cet effet, sur un tombereau, sont en évidence ceux qui se proposent de porter la parole. C'est de là que, dans un style à la portée de leur auditoire, ils soumettent leurs propositions en les appuyant par des harangues animées et chaleureuses. Lorsque tous les orateurs ont parlé, tempêté et accumulé les promesses, les menaces, les injures, on lit une pétition rédigée d'avance, et contenant les griefs et les vœux de l'assemblée. Dans ces réunions monstres, les orateurs sont naturellement applaudis, mais pas autant en raison de ce qu'ils disent et de ce qu'entendent ou comprennent leurs auditeurs, qu'en raison de la chaleur de leur déclamation. Il est positif que plus ils s'agitent et frappent des pieds et des mains, plus l'enthousiasme des assistants est à son comble. Des cris partent de tous les côtés. Les drapeaux s'inclinent, et la pétition se signe sur les tables, sur des tonneaux, *sur des bouteilles*, sur les genoux, sur les dos inclinés en forme de pupitre. Afin d'accélérer cette opération, des feuilles de papier sont distribuées, et lorsqu'elles sont couvertes de signatures, elles sont réunies et jointes à la pétition.

On a des exemples de *meetings* où plusieurs centaines de milliers d'individus se sont réunis pour délibérer sur une question intéressant les libertés nationales ou la prospérité du pays, par exemple ceux que provoqua en Irlande O' Connell, ou bien ceux de *l'Anti-Corn-Law-League*. La seule condition qu'ont à remplir ceux qui veulent tenir un *meeting*, c'est de ne pas outrepasser le programme qu'ils ont annoncé, et de ne pas donner lieu à l'autorité judiciaire de déclarer que la paix publique est compromise par cette réunion. Que si les magistrats peuvent prouver que le but du *meeting* est illégal, ou bien si des désordres y éclatent, ils sont autorisés à l'interdire et au besoin à le dissoudre par la force. Ces interventions de la force armée pour disperser la foule n'ont jamais lieu que dans les temps de crise et de troubles, comme cela est arrivé en 1839 et 1848.

MÉFIANCE, crainte habituelle d'être trompé, sentiment plus faible que la *défiance*. C'est une disposition passagère qui peut cesser, tandis que la défiance est une disposition habituelle et constante. L'une appartient plus au sentiment dont on est affecté actuellement; l'autre tient plus au caractère. La méfiance suppose toujours qu'on fait peu de cas de celui qui en est l'objet; la défiance suppose quelquefois de l'intérêt. La méfiance est l'instinct d'un caractère timide et pervers; la défiance est l'effet de l'expérience et de la raison. L'esprit de méfiance nous fait croire que tout le monde est capable de nous tromper. On se *méfie* des qualités de l'esprit, on *se défie* de celles du cœur.

MEG (La grande). *Voyez* CARLISLE.

MÉGALANTHROPOGÉNÉSIE (du grec μέγας, grand, ἄνθρωπος, homme, et γένεσις génération), art de faire des enfants grands et robustes. Le premier écrivain qui ait fait un traité sur cet art, appelé aussi *callipédie*, est l'Espagnol Huarte.

MÉGALONYX. Jefferson a donné ce nom (dérivé du grec μέγας, grand, et ὄνυξ, ongle) à un animal fossile dont on avait découvert quelques ossements, en 1796, dans une caverne de la Virginie. Jefferson, rangeant cet animal parmi les carnassiers du genre *chat*, calculait qu'il pouvait avoir 1m,65 de hauteur, et le regardait comme l'un des plus grand des onguiculés. Cuvier ne partagea pas cette manière de voir, et il classa le mégalonyx parmi les édentés, en le rapprochant des paresseux ou bradypes, ainsi que l'avait fait Wistarr. De nouveaux renseignements ont confirmé cette idée, et cet animal est placé aujourd'hui tout près du mégathérium.

On donne aussi le nom de *mégalonyx* à un genre d'oiseaux établi par Lesson et placé par M. I. Geoffroy Saint-Hilaire dans l'ordre des passereaux.

MÉGALOPSYCHISME (du grec μεγάλη, grande, ψυχή, âme), grandeur d'âme, élévation de l'âme.

MÉGALOSAURUS (de μέγας, grand, et σαῦρος, lézard), reptile fossile, dont la taille pouvait atteindre de 16 à 18 mètres, suivant Cuvier. Il a été trouvé dans le calcaire oolithique de Stonesfield et dans la formation de Tilgate (Angleterre) par Buckland. Ses dents réunissent les caractères de celles des crocodiles et des monitors ; la forme du fémur rapproche également le megalosaurus des mêmes reptiles.

MÉGARE, fils de Jupiter et d'une nymphe, se sauva du déluge de Deucalion en atteignant à la nage le sommet d'une montagne, guidé par le cri d'une bande de grues, d'où ce mont se serait appelé *géranien* (du grec γέρανος, grue).

MÉGARE, fille de Créon, roi de Thèbes, et femme d'Hercule. Pendant le séjour d'Hercule aux enfers, Lycus voulut s'emparer de la ville de Thèbes et forcer Mégare à l'épouser ; mais Hercule revint, et le tua. Junon, irritée de cette mort, inspira à Hercule une telle fureur, qu'il tua Mégare et les enfants qu'il en avait eus. D'autres prétendent qu'Hercule répudia simplement sa femme, et la maria à son fidèle compagnon Iolas. C'est le délire d'Hercule qui a inspiré à *Sénèque* sa tragédie d'*Hercule furieux*.

MÉGARE, capitale de la Mégaride, située sur l'isthme de Corinthe, était célèbre dans l'antiquité par ses marbres et par une espèce d'argile blanche servant à fabriquer des vases de tous genres. C'était au temps de la guerre des Perses et de la guerre du Péloponnèse une grande et forte ville ; mais elle déchut tellement, par suite de l'extrême corruption de mœurs de ses habitants, qu'elle en arriva à ne plus former, sous la domination turque, qu'un misérable village, qui fut complétement détruit à l'époque de la guerre de l'indépendance. Toutefois, on a essayé tout récemment d'y fonder une ville nouvelle.

MÉGARE (École de). C'est le nom qu'on a donné à l'école philosophique fondée, vers l'an 400 avant J.-C., par Euclide, qui était natif de Mégare. Les philosophes les plus célèbres qu'elle produisit furent Eubulide, Diodore, Chronos, Philon et Stilpon de Mégare. C'est aux deux premiers notamment qu'on attribue l'invention de divers paralogismes ; mais ce n'est pas là un renseignement suffisant pour apprécier sûrement la nature de leurs doctrines, et il parait que Stilpon s'occupa exclusivement de la morale.

MÉGARIDE, petite contrée montagneuse de la Grèce, qui confinait à l'Attique, à Corinthe et à la mer, et qui dans le royaume actuel de Grèce forme la province du même nom, dans le département de l'Attique. Elle avait pour capitale Mégare. Dès la plus haute antiquité, les habitants de Mégare eurent un fâcheux renom de fausseté et de dissimulation ; et par allusion aux grandes quantités d'oignons qu'on cultivait dans ses environs, on disait proverbialement d'une douleur affectée que c'étaient des *larmes de Mégara*.

MÉGASCOPE (de μέγας, grand, et σκοπέω, je regarde). Cet instrument de dioptrique, inventé par Charles, vers 1780, se compose d'une grande caisse avec cheminée, percée dans sa partie supérieure d'un trou circulaire assez grand pour y introduire les objets, tels que bouquets de fleurs, morceaux de sculpture, bustes, académies; on peut même y placer un enfant, un être vivant. Mais dans ce cas il faut que les verres lenticulaires dont est muni le mégascope reçoivent une modification; autrement, les objets y paraîtraient renversés. Une lampe intérieure est disposée sur le devant, de manière à projeter la lumière sur les objets présentés, lesquels se réfléchissent en transparent comme dans la fantasmagorie. Une des propriétés les plus remarquables du mégascope est de montrer les choses en relief, avec leurs contours et leurs couleurs : l'illusion est complète.

E. DE PRADEL.

MÉGATHERIUM (de μέγας, grand, et θηρίον, bête fauve), mammifère fossile, trouvé dans les alluvions de l'Amérique du Sud, ainsi nommé par Cuvier, et qui paraît avoir appartenu à l'ordre des édentés. Il semble avoir eu quelque ressemblance avec les tatous, quoique sa tête fût plutôt celle des bradypes. Le cabinet de Madrid en possède un squelette presque entier, trouvé sur les bords de la rivière de Luxan, à 16 kilomètres environ de Buenos-Ayres. Le mégathérium du cabinet de Paris est beaucoup moins complet. Cependant, il suffit de l'examiner pour reconnaître que cet animal avait des membres très-robustes, surtout ceux de derrière. Ainsi, quoique long de $5^m,30$, il n'est haut que d'un peu plus de 2 mètres, ce qui n'empêche pas que son fémur, d'un quart moins long que celui d'un éléphant de $2^m,05$ de haut, soit plus de deux fois plus large. Le bassin du mégathérium est aussi d'une largeur remarquable. Sa queue n'est pas très-longue, mais elle est très-épaisse.

MÉGÈRE. *Voyez* FURIES.

MÉGISSERIE, MÉGISSIER. La *mégie* ou *mégisserie* est l'art d'apprêter les peaux de mouton, de veau, etc., pour les rendre propres à différents usages autres que ceux que concernent le métier de corroyeur et celui de pelletier, notamment pour en fabriquer des gants, et d'autres menus ouvrages. Le mégissier n'emploie que des peaux très-minces, telles que celles de chevreaux, moutons, agneaux et animaux mort-nés. Ces peaux sont conservées au moyen du chlorure d'aluminium. On les *passe au blanc*, ce qui consiste : 1° à plonger les peaux lavées, enchaussées et dépilées dans un confit ou bain d'eau de son aigrie ; 2° à les faire chauffer dans une solution d'alun et de sel marin, nommée *étoffe*, jusqu'à ce qu'elles soient complétement imprégnées de ces substances salines ; 3° à les enduire d'une pâte faite avec de la farine et des jaunes d'œufs délayés dans la même étoffe. Cette double manipulation blanchit les peaux, les dessèche et les rend faciles à se déchirer, comme on le remarque dans les peaux de gants.

MEHADIA, bourg forain, situé dans le Banat des Frontières militaires de la monarchie autrichienne, et sur le territoire du régiment du Banat d'Illyrie, à environ deux myriamètres au nord du Vieux-Orsova, sur une petite rivière appelée Bella-Reka, avec 1,800 habitants, une direction des postes, des salines et des ponts et chaussées, est surtout remarquable par les bains chauds et sulfureux qui sont situés à 7 kilomètres au nord de cet endroit, dont ils portent le nom, dans une étroite et romantique vallée formée par la Cserna. Ils étaient déjà connus des Romains, qui les désignaient sous le nom de *bains d'Hercule*. La source appelée *Ludwigsbad* est de 37° à 40° R. de chaleur. C'est là que passait autrefois la grande route conduisant en Dacie ; et c'est par là qu'il faut aujourd'hui passer pour se rendre de Hongrie en Turquie.

MEHARI ou MAIHARI. *Voyez* DROMADAIRE.

MÉHÉMET-ALI, vice-roi d'Égypte, né en 1769, à Kavala, petite ville de la Macédoine, perdit de bonne heure son père, qui était aga des inspecteurs de routes, et fut alors recueilli par le commandant turc de Kavala, à qui l'enfant plut par son esprit et son habileté dans tous les exercices du corps. Toutefois, l'éducation qu'il reçut fut misérable ; car c'est seulement lorsqu'il fut devenu pacha qu'il apprit à lire et à écrire. Un marchand français, appelé Lion et établi à Kavala, s'occupa aussi beaucoup du jeune Méhémet ; et c'est à cette circonstance qu'on attribue la prédilection qu'en toutes occasions il témoigna plus tard pour les Français. Dès l'âge de quatorze ans, Méhémet-Ali donna une preuve éclatante de son habileté et de son énergie en réprimant une révolte qui avait éclaté à Kavala. Il en fut récompensé par un grade dans l'armée turque ; et en 1787 son protecteur lui facilita un mariage avantageux. Pendant quelque temps il s'occupa exclusivement de spéculations sur les tabacs ; mais l'expédition française en Égypte vint l'arracher à cette direction, attendu qu'en 1800 il fut envoyé, comme commandant du contingent de troupes fourni par sa ville natale, sur le champ plus vaste ouvert à son activité. Les preuves de bravoure qu'il donna au combat de Ramanieh le firent parvenir à un grade plus élevé ; et successivement il arriva à être chargé du commandement supérieur du corps d'Albanais stationné en Égypte. Dans la lutte qui, après l'expulsion des Français, s'établit entre les mamelouks et les dominateurs turcs de l'Égypte, il sut prendre avec ses Albanais une position assez équivoque, mais qui lui permettait tantôt de faire cause commune avec les mamelouks, tantôt de les combattre, et grâce à laquelle il consolida de plus en plus sa réputation militaire, en même temps qu'il provoqua la haine implacable qui ne cessa dès lors d'exister entre lui et Khosreff-Pacha, à ce moment pacha d'Égypte, et à la déposition duquel il eut une part importante. En même temps, par son habileté, par sa modération et par l'exacte discipline qu'il savait maintenir parmi les troupes sous ses ordres, il réussit à se faire tellement aimer des indigènes, si cruellement opprimés par les Turcs et par les mamelouks, et qui voyaient en lui le seul protecteur qu'ils eussent contre la tyrannie des mamelouks, qu'en 1804 ils le proclamèrent pacha d'Égypte. Cependant, Méhémet-Ali, qui avant tout voulait se faire un parti à lui, ne prit point ce titre, et l'abandonna à Khourschid, le nouveau pacha nommé par la Porte. Mais les exactions commises par celui-ci ayant provoqué une insurrection dans le pays, il prit ouvertement parti contre lui ; et en 1806, aidé par le consul de France Drovetti, il se fit confirmer par la Porte en qualité de pacha d'Égypte, et en même temps à se faire donner par elle le titre de pacha à trois queues. Toutefois, il eut maintenant à lutter surtout contre les mamelouks, qui ne voulaient renoncer à aucune de leurs prétentions à la domination de ce pays, et s'appuyaient les Anglais. En 1807, ceux-ci s'étaient emparés d'Alexandrie ; mais Méhémet-Ali, après les avoir battus dans diverses rencontres, les contraignit à se rembarquer, et ensuite il força successivement les différents beys des mamelouks à se soumettre à son autorité, les uns de bon gré, les autres par l'emploi de la force. Il n'eut pas plus tôt triomphé de ces ennemis, qu'une révolte éclata parmi ses propres troupes. Les Albanais des Deblis (cavaliers turcs) assaillirent le palais même de Méhémet et le livrèrent au pillage ; ce ne fut qu'en leur distribuant de fortes sommes qu'il parvint à apaiser cette insurrection. Le désordre qui régnait alors dans les finances de l'Égypte était la cause de ces révoltes, Méhémet-Ali s'attacha à mettre l'administration financière du pays sur un bon pied. Il eut bientôt rempli son trésor en expulsant un grand nombre de propriétaires de leurs propriétés et en confisquant tous les immeubles appartenant à des fondations pieuses ; ce fut là le début d'un système d'exactions qui devait prendre plus tard de si larges développements. Cependant, les mamelouks recommencèrent leurs menées séditieuses, de sorte qu'il s'établit entre eux et Méhémet-Ali une lutte qui provoqua toutes espèces d'actes de violence et de vengeance, et qui se termina par une affreuse catastrophe. Un jour tous les beys de mamelouks qui se trouvaient au Caire furent convoqués, sous prétexte d'une grande fête donnée par Méhémet-Ali. Il s'agissait de remettre la pelisse d'investiture à son fils Toussoun-Pacha, nommé au commandement d'une petite expédition envoyée en Arabie. Le 1er mai 1811 au matin, tous les beys montèrent à la citadelle présenter leurs devoirs au vice-roi, qui les attendait dans sa grande salle de réception. Il s'entretint amicalement avec eux, et leur fit servir le café. Lorsque le cortége fut prêt, on donna le signal du départ ; chacun prit le rang que lui avait assigné le maître des cérémonies ; et quand toute la troupe se trouva engagée dans le chemin étroit et taillé dans le roc conduisant du palais à la porte El-Azab, donnant sur la place de Roumeyleh, où devait avoir lieu la cérémonie, mais qui était demeurée fermée, des Albanais garnirent tout à coup les hauteurs dominant ce chemin, d'où ils firent feu sur les mamelouks, qui furent ainsi massacrés par des ennemis pour ainsi dire invisibles, et contre lesquels dans leur rage et leur désespoir il leur était impossible de rien tenter. En même temps les troupes du vice-roi recevaient l'ordre d'arrêter sur tous les points de la ville tous les mamelouks qu'on y rencontrerait ; ceux que l'on prenait étaient conduits devant le Kiaya-bey et décapités à l'instant même. On comptait le matin 470 mamelouks à cheval : nul d'entre eux n'échappa au massacre. Des ordres analogues furent expédiés aux commandants des provinces, pour qu'ils eussent à arrêter et à mettre à mort immédiatement tous les mamelouks épars dans les villages ; de sorte qu'on évalue à plus de 1,000 le nombre d'individus, coupables ou innocents, qui périrent dans ces odieux massacres commis de sang-froid. Les mamelouks qui furent assez heureux pour s'y soustraire se réfugièrent alors dans la haute Égypte; mais en 1812 une armée du vice-roi les y battit, et les en chassa. La Nubie seule leur restait ouverte, ils s'y jetèrent; mais une expédition que le vice-roi y envoya contre eux, en 1820, acheva de les exterminer.

C'est alors seulement que Méhémet-Ali se trouva libre d'exécuter ses plans sans opposition. Il saisit d'une main ferme les rênes du pouvoir ; et l'Égypte fut enfin appelée, sous un gouvernement régulier, à jouir de la tranquillité intérieure. Mais la puissance toujours croissante de Méhémet-Ali ne tarda point à exciter les défiances de la Porte-Ottomane; et dans l'espoir de la briser on confia au vice-roi la mission de combattre les Wahabites, qui allaient toujours gagnant du terrain en Arabie. La première expédition, tentée en 1811, sous les ordres du fils cadet de Méhémet-Ali, Toussoun-Pacha, échoua. Son fils aîné, Ibrahim-Pacha, obtint au contraire des succès marquants. De 1816 à 1818 il fit avec bonheur la guerre aux Wahabites, et finit par mettre un terme à leur puissance. Il en résulta que la puissance de Méhémet-Ali s'étendit dès lors sur une partie de l'Arabie; de même qu'en poursuivant les débris des Mamelouks en Nubie, il subjugua ce pays ainsi que le Kordofan. Cette conquête lui livra le commerce des esclaves noirs, qu'il fit dès lors d'une manière révoltante et en se livrant réellement à la chasse aux nègres. Mais à la suite de ces diverses guerres les mercenaires albanais, jusque alors les instruments dévoués de l'élévation de Méhémet-Ali, avaient successivement péri ; et il s'agissait maintenant de les remplacer par des troupes indigènes. Méhémet-Ali entreprit donc de donner à l'Égypte une armée. On leva des recrues parmi les fellahs ; on les exerça et on les organisa à l'européenne. Il en fut de même de la marine. On construisit des places fortes, des chantiers, des arsenaux, et on créa des ateliers en tous genres pour la fabrication de toutes espèces de munitions de guerre et de machines. A l'effet de trouver les ressources nécessaires pour faire face à de telles dépenses, il fallait prendre toutes les mesures propres à accroître la culture matérielle du pays, l'organiser et y établir un bon système de police. En accomplissant une telle œuvre, Méhémet-Ali jouait le rôle de régénérateur du pays ; mais en réalité il n'avait en vue que de monopoliser à son profit toutes les forces productives du pays, sans se soucier de savoir si en agissant ainsi il ne l'épuisait pas. Aussi bien les améliorations introduites par ses ordres n'existaient qu'à la surface; et la vanité seule pour l'orgueil de Méhémet-Ali attirèrent autour de lui une foule d'aventuriers et de faiseurs de projets, français pour la plupart, qui par les folles entreprises dans lesquelles ils l'entraînèrent, ruinèrent l'Égypte pour longtemps.

La première grande entreprise tentée par Méhémet-Ali avec l'armée et la flotte qu'il était parvenu à se donner, ce fut son expédition en Grèce, par suite de la mission que lui avait confiée le sultan de faire rentrer ce pays dans le devoir. La destruction de la flotte égyptienne à la bataille de Navarin le porta à redoubler d'efforts pour réparer ce désastre, et en conséquence à commettre plus d'exactions que jamais. Il réorganisa son armée, il avait pu la reconnaître la complète infériorité vis-à-vis de troupes européennes, et en peu de temps il eut, au prix de sacrifices énormes, une flotte plus considérable encore que celle qu'on venait de lui détruire. Le but de ces armements, faits avec tant de précipitation, c'était la conquête de la Syrie. Il y avait déjà longtemps que Méhémet-Ali convoitait la possession de ce boulevard de l'Égypte. Il exigea donc de la Porte qu'elle conférât à son fils Ibrahim le pachalik de Damas; et ne l'ayant point obtenu, il chercha un prétexte pour exécuter ses plans de vive force. Une querelle avec le pacha de Saint-Jean d'Acre le lui fournit. C'est ainsi qu'à partir de la fin d'octobre 1831 il acheva dans l'espace d'un an, par le moyen de son fils Ibrahim-Pacha, la conquête de la Syrie, en dépit d'un hatti-schérif qui le déposait et mettait sa tête à prix. Après la victoire remportée le 20 décembre 1832 par son armée à Konieh dans l'Asie-Mineure, il eût pu mettre un terme à la domination du sultan, si le débarquement d'un corps auxiliaire russe sur les bords du Bosphore n'avait pas arrêté Ibrahim dans sa marche victorieuse (*voyez* OTHOMAN [Empire]). Dans de telles circonstances, Méhémet-Ali ne pouvait point ne pas avoir égard aux réclamations des grandes puissances de l'Europe ; en conséquence, il souscrivit à la paix dont leur intervention amena la conclusion, à Konieh, le 4 mai 1833. Aux termes de ce traité la Porte retira le hatti-schérif qui avait prononcé la déposition de Méhémet-Ali. Celui-ci fut en outre confirmé dans la jouissance de toutes ses possessions actuelles, en même temps qu'il obtint le gouvernement de la Syrie tout entière et le district d'Adana à titre de ferme pour son fils Ibrahim; qui déjà, à la suite de son expédition en Grèce, avait été pourvu par la Porte du pachalik de Crète. Mais de si immenses résultats ne satisfirent point encore l'ambition de Méhémet-Ali; dès lors il n'eut plus qu'un but : ce fut de faire reconnaître sa dynastie comme indépendante, et de lui assurer le bénéfice de l'hérédité. De son côté aussi, le sultan Mahmoud II, aigri et irrité par les succès de son vassal, n'avait pas non plus vu dans le traité de Konieh qu'un armistice temporaire, dont on profita en conséquence de part et d'autre pour faire de nouveaux armements.

Cependant, Méhémet-Ali eut beaucoup de peine à rétablir l'ordre et la tranquillité en Syrie ; et en Arabie il n'éprouva pas moins d'obstacles à réprimer l'insurrection des villes de l'Hedjaz. En étendant sa domination jusqu'à l'Yémen, il provoqua les défiances de l'Angleterre. Diverses autres circonstances vinrent se joindre à tout cela pour compliquer encore davantage la situation. C'est ainsi que Méhémet-Ali apportait une irrégularité extrême dans le payement du tribut annuel de seize millions de piastres turques auquel il était tenu envers la Porte, et que malgré toutes ses apparentes protestations de respect, il ne faisait pas plus droit à ses réclamations qu'à ses ordres, et notamment qu'il s'opposait à l'exécution du traité de commerce conclu par la Porte avec l'Autriche et l'Angleterre. Enfin, le sultan Mahmoud ne put pas se comprimer plus longtemps ; et en 1839, peu de temps avant sa mort, il déclara ouvertement la guerre à Méhémet-Ali. Cette guerre, malheureuse de tous points pour la Porte, se termina par la perte de la bataille de Nizib (24 juin). La trahison du Capitan-Pacha, qui, le 5 juillet, passa à Méhémet-Ali avec la flotte sous ses ordres, parut achever le triomphe de Méhémet-Ali. Il n'exigea alors pas moins que la souveraineté héréditaire sur l'Égypte et toutes ses dépendances, sur la Syrie y compris Adana, et sur l'île de Crète, ainsi que la destitution de son vieil ennemi mortel, Khosreff-Pacha, que le jeune sultan Abdul-Medjid venait de prendre pour grand-vizir. La France, alliée de Méhémet-Ali, s'efforça il est vrai d'arranger ce conflit, mais elle y échoua; car dès le 15 juillet 1840 était intervenue à Londres la convention d'un traité entre l'Autriche, la Prusse et l'Angleterre pour protéger la Porte contre son redoutable vassal, et qui eut pour résultats de événements dont la Syrie devint le théâtre la même année. Méhémet-Ali, menacé de voir une flotte anglaise mettre le blocus devant Alexandrie, conclut, le 27 novembre 1840, avec le commodore anglais Napier la convention provisoire par laquelle il s'obligeait à évacuer la Syrie et à restituer à la Porte sa flotte, si on consentait à lui laisser l'Égypte. En conséquence parut le hatti-schérif du grand-seigneur, à la date du 12 janvier 1841, qui accordait à Méhémet-Ali à titre de vassal de la Porte le gouvernement héréditaire de l'Égypte. Mais comme ce hatti-schérif contenait une foule de restrictions pour Méhémet-Ali, les quatre puissances déterminèrent la Porte à rendre son firman d'investiture en date du 1er juin 1841, qui confirmait solennellement à Méhémet-Ali la possession de l'Égypte et de la Nubie, pour passer après lui à sa descendance mâle, en même temps qu'il imposait au vassal de la Porte le payement d'un tribut annuel, ainsi que l'obligation de se soumettre aux lois générales de l'Empire Ottoman, et qu'il lui interdisait d'augmenter son armée sans l'autorisation du sultan, qui se trouvait investi en outre du droit d'en confirmer dans leurs grades respectifs tous les officiers supérieurs à partir des colonels. Plus tard Méhémet-Ali reçut encore de la Porte le titre de grand-vizir d'honneur.

Ainsi les longs et pénibles efforts de toute la vie de Méhémet-Ali ne purent lui assurer que le gouvernement héréditaire de l'Égypte. Il avait perdu plus de la moitié de son armée, naguère forte de près de 130,000 hommes ; et sa flotte, composée de onze vaisseaux de ligne, de sept frégates, de cinq corvettes et d'un certain nombre de bâtiments moindres, fut dès lors condamnée à pourrir dans ses ports, en raison surtout de ce que le trésor était vide et le pays épuisé et dépeuplé. A ce moment Méhémet-Ali déclara ne vouloir plus consacrer son activité qu'à améliorer la situation intérieure du pays ; mais, humilié par ses désastres et affaibli par l'âge, il tomba peu à peu dans un état d'affaissement moral qui lui ôta l'exercice de son intelligence. En 1844, dans un accès de désespoir, il résolut tout à coup d'abdiquer et d'entreprendre le pèlerinage de La Mecque ; mais sa famille parvint à le faire renoncer à ce projet. Dans cet état de choses, la Porte confirma, en juillet 1848, Ibrahim-Pacha, fils adoptif de Méhémet-Ali, comme son successeur, en même temps qu'elle lui accordait formellement l'investiture de l'Égypte. Mais Ibrahim mourut dès le 9 novembre 1848 ; en conséquence la Porte, en janvier 1849, déclara Abbas-Pacha, petit-fils germain de Méhémet-Ali, comme son légitime successeur. Quant à Méhémet-Ali, tombé dans un état d'hébétement complet, il mourut le 2 août 1849 (*voyez* ÉGYPTE).

MÉHUL (ÉTIENNE-HENRI), l'un des plus grands musiciens qu'ait produits la France, né à Givet (Ardennes), le 24 juin 1763, était le fils d'un pauvre cuisinier ; il eut pour premier maître de musique l'organiste de sa ville natale. A peine âgé de dix ans, on lui confia l'orgue des Récollets, et à douze il fut choisi pour être adjoint à l'organiste de l'abbaye des Prémontrés de La-Val-Dieu. Il eut le bonheur d'y trouver un Allemand, Guillaume Hanser, musicien distingué, surtout pour le style de la musique sacrée et celui de l'orgue, dont les leçons contribuèrent puissamment au développement de son talent musical. Le colonel d'un régiment qui était en garnison à Charlemont, homme de goût et bon musicien, apprécia le talent du jeune Méhul, et se chargea de le conduire à Paris. Méhul s'y perfectionna. Edelmann fut son maître de piano et de composition, Gluck lui donna des conseils ; et en 1782 il fit exécuter au concert spirituel une ode sacrée de J.-B. Rousseau, qu'il avait mise en musique. Il écrivit plusieurs partitions pour l'Académie royale de Musique. Six uns s'étaient passés à attendre leur représentation, lorsqu'il songea à s'ouvrir une autre route, et fit exécuter à l'Opéra-Comique *Euphrosyne* et *Conradin*. Le succès en fut prodigieux, et le duo *Gardez-vous de la jalousie*, si remarquable sous le rapport de la vigueur d'expression, surpassa tout ce que l'on avait entendu de plus fort en ce genre. L'Académie royale se décida alors à mettre en scène *Cora*, qui ne réussit point. *Stratonice, Horatius Coclès, Phrosyne et Mélidore, Ariodant*, figurent parmi les ouvrages qui ajoutèrent beaucoup à la réputation que Méhul s'était faite. Ce maître, qui devait ses plus beaux triomphes au style sérieux et dramatique, réussit complétement dans le genre comique, témoins *L'Irato, Une Folie. Uthal, Joseph*, marquèrent son retour à sa première manière. Méhul, qui se plaisait à traiter des sujets sérieux et d'une haute portée, ne réussit pourtant pas à l'Académie royale de Musique : *Adrien* et *Les Amazones* eurent le sort de *Cora. Le jeune Sage et le vieux Fou, Doria, La Caverne, Le Jeune Henri*, dont la belle ouverture nous est restée, *Épicure*, écrit en société avec Cherubini, *Le Trésor supposé, Joanna, L'heureux malgré lui, Héléna, Gabrielle d'Estrées, Les deux Aveugles de Tolède, La Journée aux Aventures*, figurent parmi les opéras de Méhul. *Valentine de Milan* ne fut exécutée que cinq ans après sa mort, arrivée le 18 octobre 1817 : il n'avait que cinquante-quatre ans lorsqu'il succomba, à la suite d'une maladie de langueur.

Méhul avait beaucoup d'esprit et d'instruction, sa conversation était intéressante. Il n'était pourtant pas heureux. Toujours inquiet sur sa renommée, sur ses succès, sur le sort de ses ouvrages dans la postérité, il se croyait environné d'ennemis conjurés contre son repos, et maudissait le jour où il était entré dans la carrière dramatique. Il était un des inspecteurs du Conservatoire, membre de l'Institut et de la Légion d'Honneur : outre ses opéras, on lui doit des sonates pour le piano écrites dans sa jeunesse, des symphonies, *Le Chant du départ*, beaucoup d'autres hymnes patriotiques et la musique de plusieurs ballets. Hérold était son élève. CASTIL-BLAZE.

MÉHUN-SUR-YÈVRE. *Voyez* CHER (Département du).

MEIBOM (en latin *Meibomius*). Quatre savants allemands ont rendu ce nom célèbre.

Henri MEIBOM, dit l'ancien, né en 1555, à Lemgo, mourut en 1625, professeur de poésie et d'histoire à l'université d'Helmstædt.

Henri-Joseph MEIBOM, son fils, né le 27 août 1590, à Helmstædt, médecin célèbre, mourut à Lubeck, le 16 mai 1655.

Henri MEIBOM, fils du précédent, né à Lubeck, en 1638, s'est fait comme médecin un nom plus célèbre par ses belles recherches anatomiques sur les glandes muqueuses des paupières, sur les artères, sur la langue, etc. Indépendamment de ses travaux scientifiques et professionnels, il s'occupa aussi beaucoup d'histoire ; et on lui est redevable de la publication d'une précieuse collection d'anciens historiens allemands, sous le titre de *Rerum germanicarum Scriptores* (3 vol., Helmstædt, 1688). Il mourut en 1700, à Helmstædt, où il occupait la chaire de médecine.

Marc MEIBOM, parent du précédent, né à Tœnningen, philologue distingué, s'occupa surtout de la musique des anciens, et publia les *Antiquæ Musicæ Scriptores Septem græci et latini* (2 vol., Amsterdam, 1652), ainsi que des éditions de Vitruve et de Diogène de Laërte. Frappée des curieux détails accumulés dans cet ouvrage par le savant auteur, la reine de Suède, Christine, l'attira dans ses États. Par son ordre on confectionna des instruments d'après la description qu'en donnait Meibom ; puis on organisa avec ces instruments un grand concert, dans lequel notre archéologue consentit à chanter lui-même sa plus belle voix un air composé d'après les indications qu'il rapportait dans son livre sur l'art de la composition chez les Grecs, au même temps qu'un autre savant, le professeur Naudæus, exécuterait un pas de danse grecque. Nos bons savants ne s'étaient pas aperçus qu'on se moquait d'eux. Furieux des éclats de rire inextinguibles dont retentit la salle, quand on l'entendit chanter de la meilleure foi du monde son grand air, Meibom appliqua une paire de soufflets à Bourdelot, favori de la reine, qui se permettait de rire plus fort que tous les autres. Il va sans dire qu'il s'empressa bien vite de quitter Stockholm. Après avoir rempli diverses fonctions en Danemark et s'en être fait chasser à la suite de mauvaises affaires que lui attirait sa trop grande irascibilité, il passa en Hollande, puis alla en France et en Angleterre, et s'en revint mourir à Amsterdam, en 1711.

MEINDRES ou **MEINDER**. *Voyez* MÉANDRE.

MEININGEN, capitale du duché de Saxe-Meiningen-Hildburghausen et siége des administrations supérieures du pays, située dans une vallée étroite, sur les rives de la Werra, est une ville bien bâtie, où l'on compte 6,400 habitants. Le château, construit en 1681 par le duc Bernard, qui l'appela *Elisabethenburg*, en l'honneur de son épouse, contient une bibliothèque riche de 30,000 volumes, différentes collections d'art, et dans un local à part, des archives communes à la Prusse, au grand-duché de Saxe-Weimar et au duché de Saxe-Meiningen. Le parc à l'anglaise qui l'entoure est l'un des plus beaux qui existent en Allemagne.

MEISSEN, ville du royaume de Saxe, située entre une petite rivière appelée *Meisse*, d'où elle tire son nom, et un ruisseau appelé *Triebisch*, sur la rive gauche de l'Elbe, qu'on y passe sur un beau pont, dans une belle et fertile contrée, compte 8,500 habitants. Sa cathédrale, l'un des chefs-d'œuvre de l'art gothique, fut, dit-on, construite par l'empereur Othon Ier. La fabrique de porcelaine établie par Bœttiger en 1710 dans l'*Albrechtsburg*, est la première qu'il y ait eu en Europe; et elle continue encore à occuper 560 ouvriers par jour.

Meissen était autrefois le siége d'un margraviat et d'un évêché auxquels on donnait le même nom, traduit en latin par *Misnia*, dont nous avons fait en français *Misnie*. Le margraviat avait été fondé en 928, par le roi d'Allemagne Henri Ier; le premier titulaire mentionné par les chroniques fut un certain Wigbert ou Wiggert, vers 968. Il passa ensuite à diverses dynasties, et finit, en l'an 1090, par appartenir à la maison de Wittin (*voyez* SAXE), dans laquelle il devint héréditaire à partir de 1127. L'évêché de Meissen, fondé en 965 par Othon Ier, fut supprimé en 1587, époque où son titulaire Jean de Haugwitz embrassa le protestantisme.

MEISSONIER (JEAN-LOUIS-ERNEST), l'un de nos plus habiles peintres de genre, est né à Lyon, en 1815. Il fit ses premières armes dans l'atelier de Léon Cogniet. Dès son début on put apprécier en lui une adresse infinie, un excellent sentiment de la couleur, une touche spirituelle, juste et vive. Il a presque toujours fait des tableaux imperceptibles, mais il a su les peindre avec largeur, librement et sans sécheresse. Parmi les œuvres qui commencèrent sa réputation, nous citerons : *Les Joueurs d'échecs*, *Le petit Messager* (1836); et un *Religieux consolant un malade* (1838), tableau qui prit bientôt place dans la galerie du duc d'Orléans; *Le Liseur* (1840); *La Partie d'échecs* (1841); *Le Peintre dans son atelier* (1843); *Le Corps-de-garde*, un *Jeune homme regardant des dessins*, *La Partie de piquet* (1845); *La Partie de boules*, les *Soldats* (1848) et un *Fumeur* (1849) réalisèrent les espérances des juges les plus difficiles. M. Meissonier a plusieurs fois exposé des portraits, presque toujours d'une dimension très-restreinte, mais d'un dessin délicat et précis. C'est lui qui a peint les petites figures qui animent le *Parc de Saint-Cloud*, paysage de M. Français (1846). Il a aussi dessiné des vignettes pour quelques livres, tels que : *Les Français peints par eux-mêmes*, et *La Comédie humaine* de Balzac. Il a aussi illustré avec MM. Français et Daubigny une édition de *Paul et Virginie*. Dans un ordre d'idées plus sévère, M. Meissonier a exécuté un très-petit tableau, triste souvenir des journées de juin 1848, où il a représenté une barricade couverte de cadavres, des pavés tachés de sang, une rue mitraillée par le canon. Cette scène est d'un effet saisissant et lugubre. Jamais M. Meissonier, qui s'inspire ordinairement de pensées plus souriantes, n'a poussé si loin l'expression. Cette peinture a figuré avec honneur au salon de 1851. Cette toile, comme dans la plupart de celles que M. Meissonier a signées jusqu'à présent, et notamment dans *La Rixe* (de l'exposition de 1855), on admire avec raison un grand talent d'exécution, une rare finesse, un dessin spirituel et exact.

Les moindres tableaux de M. Meissonier se vendent à des prix très-élevés. Parmi les artistes modernes, c'est un de ceux que la critique a le mieux traités. On n'a pas craint de le comparer à Metsu et à Terburg : mais ce sont là de bien grands noms, et sans vouloir diminuer en rien le mérite de M. Meissonier, nous ne croyons pas qu'il soit prudent de rappeler à propos de lui des maîtres si justement glorieux. Ajoutons qu'à la suite de l'exposition universelle de 1855, l'auteur des *Bravi* et de *La Rixe* a reçu l'une des grandes médailles d'honneur et s'est vu ainsi placé sur la même ligne que Delacroix, Horace Vernet, Ingres et Decamps.

Sans faire école, M. Meissonier a groupé autour de lui quelques jeunes gens de talent : le plus distingué est son beau-frère, M. Steinheil, auteur des *Bulles de savon*, d'*Une Mère*. D'autres imitateurs, MM. Fanvelet et Plassan suivent de loin M. Meissonier dans cette voie difficile, où il faut unir la vivacité de l'esprit français à la patience d'une main hollandaise.

P. MANTZ.

MEISTERSÆNGER, ou mieux MEISTERSINGER (littéralement *Maîtres chanteurs*). On appelle ainsi en Allemagne les poëtes d'origine bourgeoise qui à partir des premières années du quatorzième siècle continuèrent l'école de poésie lyrique, fondée aux douzième et treizième siècles par les *Minnesænger s*, on poëtes de cour, et qui lui-imprimèrent une direction déterminée tout à la fois par leur position sociale et par les idées de leur siècle. La tradition fait remonter leur origine à Henri de Misnie; et il n'est pas invraisemblable que ce fut effectivement autour de lui que se réunit pour la première fois, à Mayence, une société de poëtes et de chanteurs, à l'instar de laquelle il ne tarda point à s'en former d'autres dans le même but, en beaucoup d'autres endroits, et notamment dans les villes libres impériales. Ces associations particulières, le plus généralement composées d'ouvriers, durent vraisemblablement se constituer sous forme de corporations, ayant chacune leur règlement propre. Elles donnèrent naissance au quatorzième siècle à un Henri de Mugeln, au quinzième à un Muscatblut et à un Michel Behaim, au seizième siècle à un Hans Sachs, le célèbre cordonnier de Nuremberg. A partir du dix-septième siècle, leur éclat alla toujours en diminuant. La dernière de toutes, qui existait encore à Ulm en 1839, ne tarda point alors à se dissoudre.

MÉKHITARISTES. *Voyez* MÉCHITARISTES.

MELA (POMPONIUS), géographe romain. L'époque où il vécut, sa famille, sa ville natale, le titre de son livre, ont fourni aux savants la matière d'amples dissertations : suivant les opinions les plus accréditées, il florissait sous Claude, était né en Espagne, dans la Bétique, d'une famille adoptée probablement par les Pomponius de Rome, mais sans parenté connue avec les Sénèque; et le titre de son ouvrage, dans lequel il adopte le système d'Ératosthène, est *De Situ Orbis*. Il le divise en trois livres. Le premier offre d'abord, en raccourci, un tableau des trois parties du monde, dans cet ordre : l'Asie, l'Europe, l'Afrique, puis une description détaillée d'un grand nombre de contrées d'après un plan particulier, qui consiste à suivre dans le premier livre le littoral de la Méditerranée depuis la Mauritanie jusqu'au fond du Pont-Euxin et en retour jusqu'au Palus-Méotide. Le second livre achève le littoral septentrional de la Méditerranée, depuis la Scythie d'Europe et la Thrace jusqu'aux côtes intérieures de la Gaule et de l'Espagne, et se termine par la revue des îles que ce circuit enveloppe. Dans son troisième livre, Pomponius décrit, suivant un ordre inverse, les contrées que baigne l'Océan, c'est-à-dire qu'il commence par les côtes extérieures (ainsi qu'il les nomme) de l'Espagne et de la Gaule, et finit par l'Éthiopie et la partie de la Mauritanie qui confine à l'Atlantique. C'est donc une tour du monde, l'un en dedans, l'autre en dehors, qui permet à l'auteur de traiter de toutes les contrées alors connues.

MÉLALEUQUE (du grec μέλας, noir, et λευκός, blanc), genre de plantes de la famille des myrtacées, voisin du genre *metrosideros*, dont il ne diffère que par les étamines, qui forment dans les mélaleuques plusieurs faisceaux, par la réunion de cinq à sept de leurs filaments à la base, tandis qu'elles sont absolument libres dans les métrosidères. Les mélaleuques appartiennent à l'Australie et aux îles de l'Archipel Indien. Ce sont parfois de très-grands arbres, mais le plus habituellement des arbrisseaux très-fournis de rameaux et de feuilles. Parmi ces espèces, nous citerons : le *mélaleuque à bois blanc* (*melaleuca leucodendron*, L.), dont le bois est noir et l'écorce blanche, ce qui lui a valu un nom qui est resté au genre, bien que cette particularité n'existe pas dans les autres espèces; le *mélaleuque à feuilles de millepertuis* (*melaleuca hypericifolia*, Smith), originaire, comme le précédent, de la Nouvelle-Hollande, et acclimaté en France depuis 1792; le *mélaleuque armillaire* (*melaleuca armillaris*, H. K.), qui donne des capsules membraneuses de la grosseur d'un grain de poivre, dont on se sert pour faire des bracelets, des colliers, etc.

Dans nos départements du midi, les mélaleuques vivent en pleine terre. On retire du mélaleuque à bois blanc l'huile de cajeput.

MÉLAMPE, fils d'Amythaon et d'Idomène ou d'Aglaé ou de Rhodope, frère de Bias et époux d'Iphianasse ou Iphianeira, fut extrêmement célèbre comme devin et comme médecin ; et c'est à lui qu'on attribue l'introduction du culte de Dionysos (Bacchus) en Grèce. On rapporte qu'une paire de serpents qu'il avait élevés, s'étant approchés de lui pendant son sommeil, lui avaient léché les oreilles et lui avaient ainsi communiqué le don de comprendre le langage des animaux.

MÉLAMPYRE (de μέλας, et πυρός, froment), genre de plantes de la famille des scrophularinées, et de la didynamie angiospermie dans le système sexuel de Linné. Ce genre renferme plusieurs espèces distinctes, communes dans les bois et dans les prés ; nous parlerons seulement ici du *mélampyre des champs* (*melampyrum arvense*, L.), qui a reçu spécialement le nom de *blé de vache*, et que l'on appelle encore vulgairement *cornette*, *rougeole*. C'est une plante annuelle, qui croît dans les champs, au milieu des blés. Sa racine est dure et fibreuse, sa tige haute d'environ 0m,33, rougeâtre, carrée, rameuse, feuillée ; ses feuilles sont longues, étroites, quelques-unes entières et d'autres découpées ; les florales sont dentées. Ses fleurs naissent au sommet de la tige, où elles sont disposées en épi ; elles sont coniques et lâches, rougeâtres et tachetées de jaune. Leur calice est d'une seule pièce, en forme de tube, à demi fendu, divisé en quatre et accompagné d'une feuille rougeâtre. La corolle est d'une seule pièce, le tube oblong, recourbé ; la lèvre supérieure en forme de casque aplati, et les bords recourbés ; l'inférieure est droite, fendue en trois lobes égaux, marquée au milieu de deux éminences. Les étamines, au nombre de quatre, dont deux plus courtes et deux plus longues, sont cachées sous la lèvre supérieure. Le fruit est une capsule oblongue, dont le bord supérieur est convexe et le bord inférieur droit ; il est composé de deux loges, renfermant des semences dont la forme approche de celle d'un grain de blé, mais plus petites et noires.

Les bœufs et les vaches mangent avec plaisir cette plante et son grain, ce qui lui a fait donner le nom de *blé de vache*. Dans le besoin, on peut faire du pain avec sa graine. Quelques auteurs, dit l'abbé Rozier, prétendent que ce pain cause des pesanteurs à la tête ; d'autres, au contraire, le regardent comme très-sain, et même agréable. Il est facile de concilier leur opinion ; le grain étant encore trop frais, trop rempli de l'eau de végétation, il peut très-bien arriver qu'il produise des effets funestes : cette première eau est toujours dangereuse, comme on l'a remarqué dans le manioc, et même dans le meilleur froment ; mais si une forte exsiccation a fait disparaître cette eau, alors le pain est sain. Ce qu'il y a de certain, ajoute l'abbé Rozier, c'est que dans les pays où cette plante abonde dans les blés, en Flandre, par exemple, le paysan ne sépare pas ce grain de celui du blé ordinaire, et le pain qui en résulte ne produit aucun mauvais effet.

MÉLANCHTHON (PHILIPPE), et mieux MÉLANTHON, comme il signait. toujours lui-même, l'ami et le collaborateur de Luther, naquit le 16 février 1497, à Bretten, dans le Palatinat, sur les bords du Rhin, aujourd'hui grand-duché de Bade, et s'appelait primitivement *Schwarzerd*, dont le nom *Mélanchthon* n'est que la traduction grecque. Son père, armurier de l'électeur Palatin, mourut en 1507. Sa mère, *Barbara*, était parente de Reuchlin. Dès 1510 il alla suivre les cours de l'université de Heidelberg ; en 1512 il était reçu bachelier en philosophie, et obtenait la place de répétiteur auprès de quelques jeunes comtes. Cependant il se rendit la même année à Tubingen, où il se livra particulièrement à l'étude de la théologie ; et après avoir pris le grade de maître ès arts en 1514, il fut admis à faire des cours publics sur la philosophie d'Aristote et sur les auteurs classiques. La vaste étendue de ses connaissances, dont il donna vers ce temps une preuve bien remarquable en publiant sa grammaire grecque, et le talent ingénieux qu'il déployait dans ses leçons académiques, lui valurent en peu de temps la considération générale et même l'admiration d'Érasme. Appelé en 1518, à la recommandation de Reuchlin, à Wittemberg en qualité de professeur de langue et de littérature grecques, il ne tarda pas à y embrasser les doctrines de la réformation, et son jugement, mûri par son érudition classique, sa sagacité comme dialecticien, la clarté extrême de son enseignement, sa discrétion, sa modération même à l'égard de ses ennemis, contribuèrent, sans aucun doute, tout autant aux progrès de la réformation que le courage et l'infatigable activité déployés par Luther dans l'accomplissement de cette œuvre. Dès 1519 il avait pris part pour Luther dans un échange de lettres provoqué par le colloque de Leipzig ; et deux ans après il publia ses *Loci communes rerum theologicarum* (Wittemberg, 1521 ; 2ème édit., Erlangen, 1828), ouvrage qui fraya la carrière à l'étude scientifique de la théologie, et qui servit de modèle à tous les traités ultérieurs de dogmatique protestante. Ce fut lui qui, en 1530, fut chargé de rédiger la nouvelle formule de foi proposée par les réformateurs ; et il s'acquitta avec une habileté extrême de cette mission délicate en composant la célèbre *Confession d'Augsbourg*. Cette œuvre capitale, suivie bientôt après de sa savante *Apologie de la Confession d'Augsbourg*, répandit son nom dans toute l'Europe ; aussi, en 1535, le roi François 1er l'appelait-il en France pour y apaiser les troubles religieux ; et pareille invitation lui était-elle adressée peu de temps après par le roi d'Angleterre. Toutefois, des motifs de politique le portèrent à n'accepter aucune de ces deux invitations ; et il eut sans cela bien d'autres occasions de voyager dans l'intérêt de ses coreligionnaires ou seulement pour se distraire de ses travaux. Dans une de ces pérégrinations qu'il fit en 1540, il tomba mortellement malade à Weimar, et ne dut son retour à la santé qu'aux soins empressés de Luther, qui tout de suite était accouru auprès de lui. L'année suivante il se rendit à Worms, puis à Ratisbonne pour y défendre la cause protestante dans les colloques tenus dans ces villes avec les docteurs catholiques. Ses efforts pour amener la réconciliation des deux partis échouèrent contre l'inflexible obstination du légat du saint-siège, et Mélanchthon eut la douleur de s'entendre amèrement reprocher son esprit de conciliation par ses propres coreligionnaires. Autant lui en advint en 1543, lorsque l'électeur de Cologne le convia à un colloque tenu à Bonn. Mais jamais Luther ni un seul de ses amis ne doutèrent de la pureté de ses intentions ni de la sincérité de son attachement aux doctrines évangéliques. Bien que Mélanchthon ait eu souvent à souffrir de l'extrême vivacité de Luther, jamais l'amitié étroite qui unissait ces deux hommes célèbres ne subit d'interruption : et quand Luther mourut, Mélanchthon fut un de ceux que le pleurèrent comme on pleure un père. Il lui éleva même un monument impérissable en composant sa biographie.

Mélanchthon hérita alors d'une grande partie de la confiance qui s'attachait au nom de Luther. Déjà l'Allemagne l'avait surnommé son docteur, et Wittemberg honorait en lui l'homme qui avait restauré son université après la guerre de Schmalkalde, pendant la durée de laquelle il avait dû plusieurs fois changer d'asile. L'électeur Maurice l'avait également en haute estime, et ne faisait rien en matière de religion sans avoir pris préalablement son avis. Certains théologiens ne purent lui pardonner son affection pour la ville de Wittemberg, qui l'avait porté à se soumettre à un prince devenu suspect à l'Église protestante, non plus que la haute estime où persistaient à le tenir les peuples catholiques ; et en conséquence ils s'efforcèrent de rendre sa foi suspecte. On ne saurait nier qu'à l'assemblée de Schmalkalde, et lors de ses colloques avec les docteurs catholiques, il ne lui fût échappé beaucoup de déclarations et d'aveux desquels il résultait que l'autorité du pape ne lui inspirait pas les mêmes répugnances qu'à son ami Luther. De même, on avait remarqué combien son opinion sur la présence réelle dans la Cène s'était rapprochée de celle de Calvin. Dans les éditions postérieures de ses *Loci communes* et dans quelques autres écrits, il avait aussi émis l'idée que l'activité humaine n'est point complétement exclue dans la doctrine de la justification. Ces modifications survenues avec le temps dans sa manière de voir doivent être attribuées à l'étude plus approfondie qu'il lui avait été donné de faire de ces questions, plutôt qu'à la mobilité de son esprit ou à son amour pour la paix et la tranquillité ; car il n'est rien moins que prouvé qu'il ait jamais faibli, par respect humain ou par complaisance, sur les principes essentiels posés par l'Église évangélique. La part qu'il prit en 1549 à l'introduction de l'*Intérim* en Saxe fournit aussi à ses ennemis une occasion pour se livrer contre lui à de vives attaques. A la vérité il n'eut pas lieu de regretter que la guerre déclarée à l'empereur par l'électeur Maurice l'empêchât d'assister au concile de Trente, où il était en train de se rendre lorsque force lui fut de s'arrêter en janvier 1552 à Augsbourg ; et l'orthodoxie de ses doctrines fut solennellement reconnue dans l'assemblée de théologiens protestants tenue en 1554 à Naumbourg. Mais ses ennemis lui firent chèrement payer l'inutilité des derniers efforts qu'il tenta encore à l'assemblée de Worms, en 1557, pour opérer un rapprochement entre les Églises catholique et protestante. L'unité de l'Église, tel fut le dernier vœu exprimé par Mélanchthon ; et il mourut peu de temps après, à Wittemberg, le 19 avril 1560.

Il avait épousé en 1520 la fille du bourgmestre de Wittemberg. Deux de ses enfants seuls lui survécurent : un fils, qui hérita bien de la bonté d'âme, mais non du génie de son père, et une fille, mariée à Wittemberg. Anna, sa fille aînée, de tous ses enfants celui qui lui ressemblait le plus, était morte dès 1547 ; et il avait perdu sa femme en 1557. L'esprit faible et inquiet de celle-ci avait souvent troublé les joies du foyer domestique, et cependant jamais il n'était plus heureux qu'au milieu des siens. Tout en lui annonçait la modestie et l'humilité ; et sous cette frêle enveloppe, celui qui le voyait pour la première fois n'aurait jamais deviné le grand réformateur. Mais à son large front, à la vivacité de ses yeux pleins d'expression, on reconnaissait bien vite le profond penseur ; et dès qu'il parlait, tout son visage s'illuminait. Naturellement gai, il poussait la bienfaisance jusqu'à se placer lui-même dans les plus cruels embarras ; franc et ouvert, il inspirait tout de suite la confiance et la sympathie, surtout à ses auditeurs. Les étudiants accouraient de tous les coins de l'Allemagne à Wittemberg pour suivre ses cours ; l'esprit de recherche scientifique qu'il inculqua à la jeunesse continua encore à porter des fruits longtemps après sa mort ; et jamais la postérité n'oubliera tout ce dont l'éducation publique lui est redevable. La dernière édition de ses œuvres complètes a été donnée par Bretschneider dans son *Corpus Reformatorum* (Halle, 1835 et années suivantes).

MÉLANCOLIE (*Médecine*), du grec μέλας, noir, et χολή, bile. C'est une maladie nerveuse, encore appelée *manie mélancolique*, *monomanie*. De temps immémorial, on a donné ce nom à un délire partiel sans fièvre, accompagné d'une tristesse profonde et d'une crainte continuelle et imaginaire. Cette dénomination doit son origine à une opinion de Galien, qui plaçait ce siége des affections morales tristes dans les altérations de la bile, devenue noire. Esquirol, qui a proposé de substituer le mot *monomanie*, à celui de *mélancolie*, fait observer avec raison que rien n'est moins technique que le terme de *mélancolie*, et qu'il doit être abandonné aux poètes et aux moralistes, obligés à moins de sévérité que les hommes de science dans la peinture des passions tristes. D'un autre côté, toutes les *monomanies* ne sont pas *mélancoliques*. Les causes de la mélancolie, maladie commune chez les peuples civilisés, sont nombreuses, et dérivent pour la plupart d'un trouble apporté dans les affections de l'âme et dans les facultés intellectuelles par les passions tristes : les agents physiques et le dérangement des fonctions n'interviennent ici que d'une manière secondaire. Diverses circonstances sont susceptibles de favoriser le développement de cette maladie : telles sont la jeunesse, l'âge des passions fougueuses, l'âge mûr ou celui de l'ambition, de l'avarice, des inquiétudes de toute espèce ; le tempérament bilioso-nerveux, qui fut celui des plus célèbres mélancoliques : Pascal, Zimmermann, J.-J. Rousseau, Gilbert, Pétrarque, le Tasse, le Dante, Young, Tibère, Louis XI, etc. Les femmes sont plus disposées que les hommes à la mélancolie. Les climats chauds y prédisposent plus que les climats froids et tempérés ; l'absence du pays natal produit, surtout chez les montagnards, une sorte de mélancolie connue sous le nom de *nostalgie*.

Les symptômes de la mélancolie sont une grande excitabilité nerveuse et spasmodique ; un sommeil troublé, agité par des rêves effrayants ; un air triste, rêveur, taciturne, interrompu par les accès d'une gaieté convulsive ; des terreurs pusillanimes, etc. Le mélancolique recherche la solitude, aime l'inaction, répugne au travail, est d'une susceptibilité et d'une défiance étranges, même envers ses amis ; enfin, il est dominé par une idée exclusive, et toutes ses déterminations prennent un caractère subordonné au délire prédominant dont il est affecté, quoique d'ailleurs, sur tout autre point, son intelligence soit intacte. Les variétés de la mélancolie sont multiples et bizarres : ainsi, des mélancoliques sont persuadés que le démon est logé dans leur corps : ce sont les démoniaques, possédés ou ensorcelés des temps d'ignorance (*voyez* DÉMONOMANIE, POSSESSION, SORT, ENSORCELER, etc.) ; d'autres se croient métamorphosés en bêtes : c'étaient ces derniers qu'on appelait autrefois *lycanthropes*, *hippanthropes*, selon qu'ils se croyaient transformés en loup, en cheval, etc. Les fastes de l'art contiennent l'histoire d'un grand nombre de religieuses hystériques et mélancoliques qui, se croyant transformées en chien ou en chat, poussaient des cris qui ressemblaient à des miaulements, à des aboiements : de ce nombre furent les ursulines de Loudun, que le malheureux Urbain Grandier fut accusé d'avoir ensorcelées ; les convulsionnaires de Saint-Médard, etc.

La durée de la mélancolie est très-variable ; quelquefois elle reste stationnaire pendant plusieurs années sans changement appréciable ; sa terminaison coïncide parfois avec le développement de quelque phénomène insolite, comme l'établissement d'un flux hémorrhoïdal, des éruptions cutanées, etc. Le mélancolique devient maniaque, surtout quand il habite avec des fous ; d'autres fois, sa monomanie change seulement d'objet, sans qu'on en connaisse la cause.

La mélancolie se complique souvent avec l'hystérie, l'hypocondrie, l'épilepsie, la fièvre lente, nerveuse, etc. Quelques lésions assez mal déterminées de l'encéphale et des viscères abdominaux sont les seules traces que laisse cette maladie, quand les malades viennent à mourir, si on excepte quelques purgatifs, quelques exutoires, qu'il peut placer à propos, le médecin n'a guère recours, dans le traitement de la mélancolie, qu'à des moyens hygiéniques combinés, tels que l'isolement dans une maison de santé ; des voyages, des distractions appropriées ; l'exercice des travaux manuels ; des moyens de surprise qui, excitant vivement les sensations, font sortir le malade de sa torpeur.

Les médecins de l'antiquité s'étaient beaucoup occupés du traitement des mélancoliques ; ils prescrivaient, pour neutraliser les influences délétères des humeurs *noires*, une foule de médicaments abandonnés depuis, et particulièrement les préparations d'ellébore, mais du moins leurs pratiques hygiéniques étaient excellentes. Dr BRACHETEAU.

MÉLANCOLIE (*Morale*). La signification précise de ce mot ne peut être déterminée que si on le rapproche de ses deux synonymes, *tristesse* et *chagrin*. Tous trois désignent l'état pénible où l'âme est jetée par les maux qu'elle éprouve, et qui exclut le sentiment de la joie ; mais la *mélancolie* est absorbante, la *tristesse* accablante, le *chagrin* poignant ; en d'autres termes, la *mélancolie* marque une douleur plus concentrée, la *tristesse* une douleur plus grave, le *chagrin* une douleur plus vive. La *mélancolie* rend sombre, taciturne, rêveur ; la *tristesse* afflige, serre ou navre le cœur, consterne et suspend plus ou moins l'exercice de nos facultés ; le *chagrin* pique, aigrit, tourmente : on est miné, rongé par le *chagrin*. Il y a donc défaut d'expansion dans la *mélancolie*, absence de gaieté dans la *tristesse*, mauvaise humeur dans le *chagrin*. La *mélancolie* peut aller jusqu'au *spleen*, la *tristesse* jusqu'au désespoir, le *chagrin* jusqu'à la rage. Dans la *mélancolie*, on est malheureux, et par les peines qu'on a et par celles que l'on n'a pas : on veut toujours prévoir des choses funestes ; dans la *tristesse* la pensée ne s'applique qu'à des peines réelles, mais elle en conçoit toute l'étendue, et l'exagère quelquefois ; dans le *chagrin*, le dépit et l'exaspération empêchent souvent l'esprit d'en apprécier convenablement le sujet.

Quant aux causes de ces états, la *mélancolie* a dans les prédispositions dans le tempérament : Platon, dit Fénelon, fut naturellement *mélancolique* et d'un génie fort méditatif ; et La Fontaine dit, en parlant d'un lièvre

Le mélancolique animal,
En rêvant à cette matière,
Entend un léger bruit, etc.,

La *tristesse* provient de malheurs, sinon irréparables, au moins très-grands ; le *chagrin* est l'effet de certains désagréments, de certaines contrariétés. Aux yeux du monde, la *mélancolie* se fait deviner, la *tristesse* se fait voir, le *chagrin* se fait sentir : la *mélancolie* a quelque chose de plus solitaire, de plus intérieur ; la *tristesse* se manifeste d'ordinaire par des signes non équivoques ; le *chagrin* est maussade, acariâtre. Le seul remède contre la *mélancolie* est dans les divertissements et les dissipations ; pour ne point succomber sous le poids de la *tristesse*, on doit s'armer de constance et de philosophie ; quelquefois l'action seule du temps est efficace. Il faut beaucoup d'empire sur soi et une grande égalité d'âme pour résister à l'action dévorante du *chagrin*. Benjamin LAFAYE.

MÉLANCOLIQUE (Tempérament). *Voyez* TEMPÉRAMENT.

MÉLANÉSIE (du grec μέλας, noir, et νῆσος, île). *Voyez* AUSTRALIE.

MÉLANGE, mixtion, confusion de choses mêlées ensemble. Un *mélange* de couleurs est l'union de plusieurs couleurs dont se forment les teintes nécessaires au peintre. *Mélange* signifie aussi le c r o i s e m e n t des races, l'accouplement de deux êtres animés, d'espèces différentes : le *mélange* des blancs avec les noirs produit les m u l â t r e s ; le *mélange* d'animaux de différentes espèces produit ordinairement d'autres animaux qui n'engendrent pas, des métis, des mulets.

La chimie distingue avec raison les *mélanges* de matières, dont chacune conserve dans la masse formée par leur réunion les propriétés qui la caractérisent, et les *c o m b i n a i s o n s*, dont le résultat est un corps homogène jusque dans ses molécules, et qui manifeste des propriétés différentes de celles de ses principes constituants. La minéralogie offre un très-grand nombre de ces *mélanges* de substances dont les éléments tendent à se *combiner*, et qui ne peuvent obéir à cette tendance : telle est, par exemple, le grès de Fontainebleau, composé de silice et de carbonate de chaux ; ce carbonate y est en surabondance, et détermine dans quelques circonstances les formes cristallines du mélange, sans que l'interposition de la silice les modifie. Les mélanges peuvent être transparents lorsque les substances mélangées diffèrent peu l'une de l'autre quant à leur action sur la lumière, et qu'elles la laissent également passer. Ces deux conditions sont de rigueur, et ne sont point remplies par un mélange d'air et d'eau tel qu'un brouillard, un nuage, l'écume formée par le choc des vagues contre un obstacle, etc. En général, plus les corps sont simples, et par conséquent homogènes, plus ils peuvent être transparents ; et par conséquent les mélanges, quels qu'ils soient, le sont moins que leurs composants.

Selon Montesquieu, les sensations *mixtes* sont celles qui plaisent le plus aux *âmes délicates* : il fallait ajouter que le plaisir exquis causé par un *mélange* de sensations n'est bien goûté que par ceux qui peuvent faire l'analyse de ce qu'ils éprouvent. Il y a lieu de soupçonner que les impressions morales, quoique simultanées, ne se confondent point comme dans un mélange matériel, que chacune s'offre bien distincte, et qu'il n'y a point de *sensations mixtes* dans le sens que Montesquieu attache à ce mot.

En littérature, on donne le titre de *mélanges* à des recueils de petits ouvrages en prose ou en vers, sur différents sujets. Dans les ouvrages périodiques, on donne ce titre à une réunion d'articles sur des sujets variés, et dans un catalogue, à la partie qui comprend les ouvrages qu'on n'a pas pu classer dans les autres divisions. FERRY.

MÉLANOSE (du grec μέλας, noir, et νόσος, maladie), affection noire ou dégénération tendant au noircissement. Tels sont les individus d'une complexion très-sèche, très-brune, ardente ou passionnée chez les animaux, mais très-sapide d'ordinaire chez les végétaux dont la coloration foncée à l'excès la teinte ordinaire. Sous l'influence de la *mélanose* les sucs semblent plus rapprochés, plus exaltés par la chaleur naturelle ; on en voit des exemples dans les productions végétales et animales des climats brûlants, comme de l'Afrique, qui produisent des poisons, des saveurs, des odeurs violentes, et chez les animaux, les venins subtils des serpents, la bave des reptiles, la fureur des tigres et des léopards. Dans les races de chiens, on voit de petits roquets bruns ou fauves, hargneux, taquins, irascibles, enrageant facilement, tandis que les molles races blanches de chiens à longs poils laineux (barbets, etc.), sont simples, bonasses et dociles. J. J. VIREY.

MÉLANZANE. *Voyez* AUBERGINE.

MÉLAS, c'est-à-dire *Noir*, nom commun dans l'antiquité à divers fleuves et provenant vraisemblablement de l'aspect noirâtre que n'avaient leurs eaux chargées de parties terreuses. Le plus célèbre était situé en Béotie.

MÉLAS (Baron DE), feld-maréchal autrichien, né en Moravie, commença sa carrière militaire dans la guerre de sept ans, en qualité d'aide de camp du feld-maréchal Daun. Nommé général-major en 1793, il commanda en 1794, comme feld-maréchal-lieutenant, un corps d'armée sur la Sambre, et en 1796 en Italie. Appelé ensuite au commandement supérieur de l'armée autrichienne, en Italie, il opéra de concert avec Souvarof, en 1799, et remporta des avantages marqués à Cassano, sur les bords de la Trebbia, à Novi, et à Gènola. En 1800, lors du blocus de Gênes, s'étant avancé jusqu'au Var, ses communications avec l'Autriche se trouvèrent coupées par Bonaparte, qui franchit les

Alpes à l'improviste ; et le 14 juin, il perdit la bataille de M a r e n g o, après l'avoir déjà aux trois quarts gagnée. A la suite de cette défaite il dut, aux termes d'une convention militaire, se retirer derrière le Mincio, et abandonner au vainqueur les places fortes que les Autrichiens occupaient en Lombardie. Peu de temps après, il fut nommé général commandant en Bohême, et en 1806 président du conseil aulique de guerre ; mais il mourut l'année suivante, à Prague.

MÉLASSE, sirop qui est le résidu du sucre après son extraction et sa cristallisation.

MELBOURNE, chef-lieu de la province de Victoria, en Australie. *Voyez* PORT-PHILIPPE.

MELBOURNE (WILLIAM LAMB, vicomte), célèbre homme d'État anglais, né le 15 mars 1779, était le fils aîné de *sir Peniston* LAMB, qui, créé pair d'Irlande en 1770, sous le nom de *lord Melbourne*, fut élevé en 1815 à la dignité de pair d'Angleterre. Élevé à Eton et à l'université de Cambridge, il entra, en 1805, au parlement, où il s'attacha aussitôt aux whigs modérés, mais sans beaucoup attirer l'attention publique. Par contre, il obtint de grands succès dans le monde par son amabilité et par son esprit ; en même temps il faisait preuve d'un talent distingué comme littérateur, et il composait une comédie intitulée *The Fashionable friends*. Plus tard, il s'attacha à la fortune de Canning, qui en 1827 le fit nommer premier secrétaire pour l'Irlande, poste dans lequel il fit preuve tout à la fois de prudence et d'un esprit conciliant, au milieu de circonstances des plus difficiles. Aussi, lorsque Grey donna sa démission en 1834, Melbourne fut-il appelé à prendre la direction suprême des affaires en qualité de premier lord de la trésorerie ; toutefois, il essuya divers échecs, notamment à la chambre basse. Melbourne reçut alors pour la seconde fois mission de constituer un cabinet whig, qui se maintint aux affaires pendant six années, quoiqu'au milieu de tiraillements de toutes natures. Pendant ce temps-là, un procès en adultère commis de complicité avec une certaine mistress Norton, qui lui fut intenté en 1836, tout en se terminant à son avantage, n'avait pas laissé que de lui nuire beaucoup dans l'opinion publique. La faveur toute particulière dont il jouit à la cour du moment où la reine Victoria fut montée sur le trône le dédommagea jusqu'à un certain point de ces petites contrariétés. Mais le ministère dont il était le chef, et en arriva à ne plus s'appuyer que sur une fraction du parti whig, perdait de plus en plus la confiance publique, et le 28 août 1841 force lui fut de céder la place au ministère Peel. Les whigs étant revenus aux affaires en 1846, Melbourne allégua son âge déjà assez avancé pour s'abstenir. Il mourut le 24 novembre 1848.

Sa femme, lady *Caroline* LAMB, fille du comte de Bessborough, connue par sa liaison avec lord Byron, était morte le 25 janvier 1828.

Son frère, *Frédéric-James* LAMB, né le 17 avril 1782, se distingua dans la diplomatie, et fut successivement envoyé à Francfort, à Lisbonne et à Vienne. Au mois d'avril 1839, il fut créé lord *Beauvale* ; ensuite il succéda à son frère en sa qualité de *vicomte Melbourne*, et mourut le 29 janvier 1853. Il avait épousé en 1841 la fille du comte de Maltzahn, ministre prussien. Mais ce mariage étant demeuré stérile, la fortune considérable de sa maison, passa à sa sœur, Émilio-Marie, née le 21 avril 1787, veuve du comte Cowper, et remariée en secondes noces à lord P a l m e r s t o n.

Un troisième frère, *Georges* LAMB, né le 11 juillet 1784, sous-secrétaire d'État au ministère de l'intérieur, était mort le 2 janvier 1834.

DICT. DE LA CONVERS. — T. XIII.

MELCHIADES ou **MILTIADE** (Saint), pape, successeur d'Eusèbe, était un prêtre africain, qui avait dans Rome une grande réputation de vertu et de capacité. M a x e n c e gouvernait alors cette capitale, et, à l'exception de quelques sévices passagers qu'avaient à subir les chrétiens, il en voulait moins à leur vie qu'à l'honneur de leurs filles. Melchiades, ordonné pape le 21 juillet 311, s'occupa tout à la fois de faire restituer les lieux saints par Maxence et de renverser cet empereur par les armes de C o n s t a n t i n. Celui-ci reçut à Trèves des lettres de l'évêque de Rome, et prit avec son armée la route de l'Italie. Il triompha de Maxence et son triomphe fut celui du christianisme. On suppose que Melchiades eut quelque part aux édits qui, en donnant aux prêtres du Christ les temples des païens, commencèrent la fortune des successeurs des apôtres. La querelle des d o n a t i s t e s occupa le reste de sa vie. Ce n'était point une hérésie, mais la lutte de deux prétendants au siége épiscopal de Carthage, dont l'un était soutenu par une belle et riche Carthaginoise. Un concile fut convoqué à Rome et ouvert le 2 octobre 313 dans le palais de l'impératrice Fausta, qu'on appelait la maison de L a t r a n. Le parti de la puissante Lucilla y succomba, malgré l'habileté de son défenseur, Donat, des Cases-Noires, qui fut condamné comme le principal auteur de ce désordre. Mais les neuf évêques qui l'avaient suivi à Rome ne se trouvèrent point enveloppés dans son anathème, et on en fit honneur à la modération de Melchiades. Les donatistes ne se tinrent point pour battus : cent ans après, ils débitaient encore un bon nombre de calomnies contre ce pontife ; mais saint Augustin le vengea de ces injustices en louant sa douceur, son intégrité, sa sagesse. Il mourut le 10 janvier 314. On lui attribue la défense de jeûner le jeudi et le dimanche, ainsi que l'usage imposé aux évêques d'envoyer à leurs prêtres du pain consacré en signe d'union.   VIENNET, de l'Académie Française.

MELCHISÉDECH, c'est-à-dire *roi de la justice* ; souverain de Salem (*Jérusalem*), dont il fut, dit-on, le fondateur et en même temps grand-prêtre, passait déjà chez les Juifs pour le type du Messie ; aussi dans l'*Épître aux Hébreux* est-il désigné comme le modèle de Jésus, du véritable grand-prêtre. Hiérax, l'un des partisans d'Origène au troisième siècle, voyait allégoriquement dans Melchisédech le Saint-Esprit.

Les *melchisédéchistes*, secte fondée, dit-on, au troisième siècle par un certain Théodote, voyaient le Christ dans Melchisédech, parce que le premier n'avait agi que pour les hommes, tandis que le second avait agi pour les anges. Peut-être cette interprétation dissimulait-elle des opinions purement déistes.

MELCITHAL (ARNOLD DE), l'un des fondateurs de l'indépendance des Suisses, s'appelait en réalité *Von der Halden*. Il prit ce nom de *Melchtal* du village qu'il habitait dans le canton d'Unterwald. Le bailli autrichien de Landenberg, ayant, pour un motif futile, fait enlever à Henri, père d'Arnold, riche paysan, une paire de bœufs attelés à sa charrue, et l'un du bailli ayant à cette occasion ajouté que des manants étaient faits pour tirer la charrue eux-mêmes s'ils voulaient avoir du pain, il fut impossible à Arnold de se contenir, et il corrigea ce drôle comme il le méritait. Puis il se déroba par la fuite à la colère du bailli, qui pour se venger fit crever les yeux à son père. C'est alors que Melchthal conclut un pacte avec ses amis Walter Fürst et Werner Stauffacher, et que tous trois, avec trente hommes auxquels ils avaient donné rendez-vous, firent serment dans la nuit du mercredi de la Saint-Martin de l'an 1307, sur le mont Rütli, au bord du lac des Quatre-Cantons, de délivrer leur patrie. Chacun d'eux s'engage à défendre dans son canton la cause du peuple et à le rendre libre à tout prix, en appelant les communes à l'insurrection. Il fut en outre dit expressément qu'en agissant de la sorte, on n'entendait point nuire aux comtes de Habsbourg dans leurs biens ni leurs droits, non plus que se séparer de l'Empire ni refuser aux abbés et aux seigneurs ce qui leur était dû. Il fut convenu aussi qu'on éviterait autant que possible de répandre le sang des bailliis, les confédérés n'ayant en vue que d'assurer à eux et à leurs descendants la jouissance de la liberté, qui de temps immémorial avait appartenu à leurs pères. Ce fut, comme on sait, le 1er janvier 1308 que sonna l'heure de la délivrance de la Suisse. C'est dans le chroniqueur suisse Tschudi que se trouve la première mention de ces faits.

MÉLÉAGRE, l'un des héros demi-dieux de l'antiquité païenne, fils d'Œnée et d'Althée, est surtout célèbre par la chasse du sanglier de Calydon. Méléagre, suivi de quelques jeunes guerriers, chassa le monstre et le fit sortir de son repaire; il l'abattit même d'un coup de javelot, mais Atalante, fille d'Iasus, roi d'Arcadie, l'avait déjà profondément blessé d'une de ses flèches, trait de courage et d'adresse pour lequel Méléagre crut devoir offrir à la jeune chasseresse la tête du monstre. Toxée et Plexippe, frères d'Althée, en conçurent de la jalousie, armèrent les Curètes et firent la guerre à Méléagre. Ce dernier, à la tête de ses Étoliens, résista bravement et eut le malheur de tuer ses deux oncles dans la mêlée. Althée, leur sœur, en devint furieuse, et maudit son fils, contre qui elle ne cessa d'invoquer les divinités infernales. Méléagre, irrité de cet acte d'injustice, ne voulut plus combattre, et les Curètes furent vainqueurs; ils assiégèrent même la ville, et déjà ils en avaient escaladé les remparts, quand Méléagre, cédant enfin aux instances de Cléopâtre, son épouse, se décida à reprendre les armes; il repoussa les Curètes, mais il fut tué dans le combat.

Il y a sur la mort de Méléagre une autre version, plus accréditée, suivant laquelle Althée aurait reçu des divinités infernales, à la naissance de son fils, un tison auquel se trouvait attachée l'existence de ce dernier : cette femme cruelle aurait jeté le tison dans un brasier où il se serait consumé rapidement, et la vie de Méléagre se serait éteinte en même temps. BILLOT.

MÉLÉDIN (Melek-el-Kamel-Charf-ed-Dyn). Voyez Égypte, tome VIII, page 429.

MÉLEK-EL-KAMEL, **MELEK-EL-SALEH**. Voyez Égypte, tome VIII, page 429.

MÉLÈZE. Les mélèzes sont des arbres grands et robustes, dont le bois est très-estimé, à cause de sa dureté et de sa nature résineuse. Linné les avait rangés parmi les pins. Les botanistes modernes en ont fait un genre particulier de la famille des conifères désigné sous le nom de *larix*. Ils diffèrent essentiellement des pins par leurs fouilles solitaires à base distincte, leurs cônes ovoïdes à écailles oblongues, et leurs ramifications distribuées par embranchements plus réguliers le long de la tige.

L'unique espèce du genre *mélèze* est le *mélèze d'Europe* (*pinus larix*, L.; *larix europæa*, Desf.); qui croît spontanément dans la plupart des chaînes de montagnes de l'Europe moyenne, particulièrement dans les Alpes, les monts Ourals, etc., et que l'on retrouve dans celles de l'Amérique septentrionale. Sa culture a été importée par le duc d'Athol en Écosse, d'où elle s'est répandue en Angleterre. C'est un bel arbre à racines pivotantes. Il s'élève ordinairement à 20 mètres, mais peut en atteindre jusqu'à 30 et même 40 avec un diamètre proportionnel.

Quelques auteurs font une espèce distincte du *mélèze d'Amérique*, sous le nom de *larix americana*, vulgairement *épinette rouge*.

La marche de l'accroissement est très-lente dans les mélèzes; aussi ces arbres peuvent prolonger leur existence pendant plusieurs siècles. Le bois du mélèze est très-léger : son poids spécifique est 0,628. Il est meilleur que celui du pin et du sapin. Sa résistance à l'action de l'air et de l'humidité permet d'en faire de bonnes charpentes et de l'employer dans les constructions navales. Son charbon est très-lourd et propre aux opérations métallurgiques.

Cet arbre produit une résine qui exsude naturellement à travers son écorce : c'est la *térébenthine de Venise*. Les feuilles laissent suinter une espèce de manne connue sous le nom de *manne de Briançon* et aussi de *mélèze*. Les cèdres étaient autrefois rangés dans le genre *mélèze*. Ils en ont été retirés par M. Richard.

MELFORT (Les ducs de). Voyez Drummond.

MELI (Giovanni), célèbre poëte sicilien, né en 1740, à Palerme; composa en italien ses premiers essais poétiques; mais à la demande de son protecteur, le prince Lucchesi-Palli de Campo-Franco, il se décida ensuite à ne plus employer que le dialecte sicilien, et excita ainsi une admiration universelle en Italie, en même temps qu'il se lit un nom durable. Il eut le mérite en effet de purifier et d'anoblir cet idiome, qu'il prit presque tout entier dans la bouche du peuple. La douceur, la grâce, la gaieté et une noble simplicité, voilà les caractères généraux de ses ouvrages, qui se composent de poésies lyriques, telles que odes, *canzone*, sonnets et poëmes bucoliques; de fables; de huit *Capitoli bernieschi*, où poëmes comico-satiriques; et d'un poëme héroïque et comique en douze chants, *Don Chisciotte*, dont le sujet est, il est vrai, emprunté à Cervantes, mais qu'il a enrichi d'une foule d'inventions à lui propres. Plusieurs de ces poëmes ont eu l'honneur de la traduction dans diverses langues étrangères. Il existe un grand nombre d'éditions des œuvres de Meli. La plus récente, qui a paru à Palerme en 1847, est enrichie d'un utile glossaire du dialecte sicilien. Meli, qui était professeur de chimie à l'université de Palerme, mourut le 20 décembre 1815.

MÉLICÉRIS (du grec μελικηρόν, rayon de miel, fait de μέλι, miel, et κηρός, rayon). Voyez Loupe.

MÉLICERTE. Voyez Ino.

MELILLA, la *Rusadis* des anciens, place forte, située sur le territoire du Maroc, avec un petit port sur la Méditerranée et 1,000 habitants. C'est un des *presidios* (voyez Présides) ou lieux de déportation des Espagnols, qui ont eu dans ces derniers temps à lutter plusieurs fois contre les Maures des environs.

MÉLILOT, genre de plantes de la famille des légumineuses. Le genre *mélilot* est très-voisin du genre *trèfle*, auquel Linné l'avait réuni; mais il s'en distingue par ses gousses saillantes hors du calice et par ses fleurs, la plupart disposées en grappes allongées et axillaires.

Le *mélilot officinal* (*melilotus officinalis*, Willd), assez commun le long des haies et dans les prés de toute l'Europe, offre un tige haute de 7 à 8 décimètres, dure, rameuse, garnie de feuilles, à trois folioles étroites, glabres, dentées à leur partie supérieure. Les fleurs sont jaunes, ou, plus rarement, blanches; elles sont petites, pendantes, disposées en épis grêles, allongés. Toute la plante répand une odeur agréable, qui devient plus prononcée par la dessication. Malgré son titre d'*officinal*, ce mélilot ne sert plus guère en médecine; sa décoction est cependant encore usitée en lotions, particulièrement contre les inflammations des yeux.

Le *mélilot bleu* (*melilotus cærulea*, Encycl.), originaire de la Bohême, est cultivé dans les jardins, à cause de ses fleurs, d'un beau bleu, exhalant une odeur qui lui a fait donner les noms vulgaires de *lotier odorant*, *faux baume du Pérou*, *trèfle musqué*, etc. On peut en faire une infusion théiforme, très-estimée en Silésie.

Le *mélilot blanc* (*melilotus alba*, Encycl.), à fleurs blanches, presque inodores, est recommandé par Thouin comme excellent fourrage.

MÉLINDE. Voyez Zanzibar.

MÉLISMATIQUE (du grec μέλισμα, groupe harmonieux). On appelle ainsi le mode de chant dans lequel plusieurs tons sont chantés sur une syllabe du texte, en opposition au chant syllabique dans lequel une note unique correspond à chaque syllabe du texte. Le *mélisme* est un groupe de notes à chanter sur une seule syllabe ou bien formant une figure rhythmique terminée. Ce mot est aussi synonyme d'*ornement*, et chant *mélismatique* veut dire chant orné.

MÉLISSE, genre de plantes de la famille des labiées

de Jussieu, de la didynamie gymnospermie de Linné, ayant pour caractères : Calice nu intérieurement, tubuleux, presque campanulé, bilabié, à cinq dents, dont deux inférieures et trois supérieures ; corolle monopétale, à tube cylindrique, évasée au sommet, bilabiée ; la lèvre supérieure courte , échancrée en voûte ; la lèvre inférieure trilobée inégalement, le lobe moyen étant le plus grand, échancré et cordiforme ; quatre étamines didynames, à anthères oblongues ; ovaire supère, à quatre lobes, du milieu desquels s'élève un style filiforme, égal en longueur aux étamines, et terminé par un stigmate bifide ; quatre graines nues au fond du calice persistant. Ce genre, ainsi caractérisé, est extrêmement voisin du genre *thym*, dont il ne diffère même essentiellement que par un seul caractère, la *nudité* de la face interne du calice ; encore ce caractère, d'une faible importance en botanique, n'est-il pas constant dans toutes les espèces, car la section du genre *mélissa*, à laquelle Persoun a donné le nom de *calamintha*, que Tournefort érigeait en genre distinct, et que quelques auteurs classent, à cause de cette circonstance, parmi les thyms, offre aussi un calice dont l'entrée devient velue après la floraison. Dans le fait, les mélisses ne se distinguent des thyms que par leur aspect général et leur port; elles diffèrent des origans en ce que leurs fleurs ne sont ni réunies en tête, ni munies de bractées.

En général, les mélisses sont des plantes herbacées, quelquefois sous-frutescentes, odoriférantes comme toutes les labiées ; leurs feuilles sont simples et opposées ; leurs fleurs sont axillaires, portées sur des pédoncules rameux, et disposées en grappes au sommet des tiges et des rameaux. On en décrit environ quinze espèces, qui habitent l'Europe méridionale et les régions tempérées de l'Amérique du Nord : les espèces suivantes sont communes en France.

La *mélisse officinale* (*melissa officinalis*, L.) est vulgairement connue sous les noms de *citronnelle*, *citronade*, *herbe de citron*, qui rappellent l'odeur qu'elle exhale quand on la frotte entre les doigts. Sa tige, horizontale et vivace, donne naissance à une tige dressée, tétragone, rameuse, velue à sa partie supérieure et près de ses nœuds, glabre dans le reste de son étendue, haute de 6 à 8 décimètres : cette tige est garnie de feuilles ovales, pétiolées, cordiformes, dentées, pubescentes ; dans les aisselles supérieures des feuilles sont des fleurs d'un blanc jaunâtre, verticillées, tournées du même côté, et portées sur des pédoncules rameux. Cette espèce croît naturellement dans les bois et le long des haies de l'Europe méridionale ; on la cultive dans les jardins, à cause de son odeur suave ; et la Corse en fournit une variété remarquable, par sa taille plus élevée, ses tiges velues, ses fleurs plus grandes et à lèvre supérieure violette. Amère et aromatique comme toutes les labiées, la mélisse officinale agit comme excitant sur le système nerveux ; aussi convient-elle dans les affections spasmodiques, les palpitations, les vertiges, lorsque ces affections ont pour cause un état de débilité des voies digestives. On prescrit, soit l'infusion théiforme des sommités fleuries de la plante, recueillies avant la parfaite floraison, parce qu'alors leur odeur est plus suave et plus pénétrante, soit l'eau distillée simple de mélisse dans une potion tonique, soit enfin l'alcoolat de mélisse. L'extrait, la conserve et le sirop de mélisse ne se préparent plus aujourd'hui dans les pharmacies. La mélisse officinale entre dans la composition de cette eau spiritueuse nommée *eau de mélisse des Carmes*, et à laquelle le charlatanisme prête des vertus très-exagérées.

La *mélisse à grandes fleurs* (*melissa grandiflora*, L.) a des tiges sous-pubescentes garnies de feuilles ovalaires et dentées, et de fleurs purpurines disposées en grappes terminales : elle croît dans les régions montueuses et sèches.

La *mélisse-calament* (*melissa calamintha*, L.) est pubescente comme l'espèce précédente ; mais ses fleurs, purpurines ou blanchâtres, sont parsemées de taches violettes et disposées en grappes paniculées : elle est connue sous le nom de *calament des montagnes*. Ces deux espèces peuvent être employées comme succédanées de la mélisse officinale ; mais en général on leur préfère celle-ci, comme plus efficace et plus agréable. BELFIELD-LEFÈVRE.

MÉLISSE DE MOLDAVIE. *Voyez* DRACOCÉPHALE.

MÉLISSUS ou **MÉLISSE**, de Samos, philosophe grec, peut-être le même que le Mélissus dont il est fait mention comme général et homme d'État, florissant vers l'an 440 avant J.-C., et était partisan de l'école d'Élée. Il différait d'opinions avec Parménide, en ce qu'il déclarait l'*être* illimité et infini, et en ce qu'il déduisait de là l'unité de ce qui est. Du reste, il s'attacha à défendre indirectement les principes fondamentaux de l'école d'Élée en prouvant que le monde des phénomènes avec ses modifications ne répond point à l'idée de l'être, et que dès lors il y a nécessité d'admettre un être un et immuable.

MÉLITAGRE (du grec μέλι, μέλιτος, miel, et ἄγρα, envahissement). *Voyez* DARTRE.

MELLIN DE SAINT-GELAIS. *Voyez* SAINT-GELAIS.

MELLUSINE ou **MÉRLUSINE.** En termes de blason on donne ce nom à une figure échevelée, demi-femme et demi-serpent, qui se baigne dans une cuve où elle se mire et se coiffe. On ne se sert de ce terme que pour les ciniers; ceux des maisons de Lusignan et de Saint-Gelais étaient surmontés d'une *mellusine*.

MÉLODIE (du grec μέλος, air, et ᾠδή, chant). C'est proprement une succession de sons qui, au moyen des intervalles, du rhythme, des valeurs de notes, des modulations, des cadences et de la mesure, forment un sens musical agréable à l'oreille. Il résulte de cette définition qu'une même suite de sons peut prendre différents caractères selon qu'on change les valeurs des notes, ou qu'on modifie le rhythme et la mesure. Ces trois conditions sont tellement nécessaires à la *mélodie*, qu'elle ne saurait véritablement exister sans leur concours. La mélodie, qu'on appelle aussi chant, est différente de l'harmonie, en ce que d'abord celle-ci fait entendre plusieurs sons simultanément, tandis que la mélodie ne les articule que successivement, et qu'ensuite l'harmonie n'a nul besoin du secours du rhythme, des valeurs des notes et de la mesure pour faire impression sur nos sens. Une mélodie, quelque belle qu'elle soit, nous affecte moins profondément lorsque nous l'entendons seule et isolée de tout accompagnement, que lorsque l'harmonie la soutient. C'est cette dernière qui, en déterminant le mode, les modulations et les cadences, ajoute au chant un degré d'intérêt que rien ne peut remplacer. Entendues isolément toutes deux, la mélodie, par sa variété d'expressions, intéresserait plus vivement que l'harmonie ; mais ce sont deux alliées naturelles et nécessaires, qui ont besoin toutes deux d'étude et de culture. C'est une erreur de croire que l'art de créer des chants heureux est un don de la nature. On peut bien avoir reçu des dispositions naturelles pour la mélodie comme pour toute autre chose, mais ces dispositions veulent être exercées, dirigées, sans quoi elles peuvent disparaître entièrement. L'habitude d'étudier l'harmonie dans les écoles et de négliger l'étude de la mélodie est fondée sur cette erreur, qui se perpétue malheureusement dans tous les conservatoires de musique. Une mélodie neuve, gracieuse, originale, est et a toujours été chose fort rare ; et ce qu'il y a d'étrange, c'est que presque toutes celles que nous connaissons ont été trouvées par des personnes qui ne se piquaient guère de composer de la musique ; témoin la plupart des chants populaires de toutes les nations, les noëls et une foule de jolis airs dont on n'a jamais connu les auteurs. Les bons compositeurs, même les plus célèbres, ont rarement la main aussi heureuse. L'opéra *Die Zauberflœte* de Mozart a, dans la plus grande partie de son succès à cinq ou six jolis cantilènes qui ne sont pas de lui, mais qui lui ont été données par son poète, fort mauvais musicien d'ailleurs.

On appelle *mélodiste* le musicien qui, dans la composition de ses ouvrages, s'est attaché principalement à trouver

4.

des mélodies et à les faire briller, en n'accordant à l'harmonie qu'une place secondaire; et *harmoniste* celui qui, pour faire valoir toutes les richesses de cette branche de l'art et de l'instrumentation, a négligé la partie mélodique, ou plutôt ne l'a pas exclusivement préférée à l'expression harmonique et dramatique.

Mélodie se dit par extension, en parlant de poésie ou de prose, et signifie un choix, une suite de mots, de phrases propres à flatter l'oreille : La *mélodie* du style.

Charles Beauin.

MÉLODIUM (du grec μελῳδία, chant harmonieux). Le *mélodium* n'est qu'un perfectionnement de l'*harmonium*, qui lui-même n'est autre chose que l'orgue expressif heureusement modifié. L'harmonium est un orgue d'appartement à anches libres, comme l'orgue expressif, mais d'un volume bien moins considérable ; de plus, au lieu du jeu unique de l'orgue expressif, il possède quatre jeux d'anches, qui s'adaptent chacun à des cavités de formes et de grandeurs différentes, de manière à produire quatre variétés de timbres, et grâce à la disposition des anches dans le sommier de l'instrument, elles obéissent instantanément à la moindre émission d'air des soufflets.

Dans le *mélodium* les vibrations de l'anche sont déterminées par un coup de marteau ; la note part ainsi mieux détachée, et le son est continué par l'air de la soufflerie. On a perfectionné l'harmonium sous le nom d'*harmonicorde*, en ajoutant à chaque touche de l'instrument une corde de piano à l'unisson des anches.

MÉLODRAME (mot formé de deux mots grecs : μέλος, chant, et δρᾶμα, action). C'est une chose qui n'est ni la tragédie, ni la comédie, ni le drame, et qui, cependant, tient à la comédie par son niais, à la tragédie par le sang qu'elle répand à profusion, au drame par son mauvais style en prose et son ton sentencieux et pleureur. Le mélodrame, c'est la fin de l'art dramatique, la confusion de toutes les émotions du cœur de l'homme; c'est une sensation grossière et fugitive, comme serait le bruit du tambour. Dans le mélodrame, le *frapper fort* l'emporte sur le *frapper juste*, le hurlement vaut mieux que les cris, le coup de couteau est préféré au coup de poignard, le viol au baiser, un bel et bon incendie à une douce et tendre pensée, un tyran à un honnête homme, un voleur à un marquis. C'est le renversement de la vie vulgaire; le bagne, l'échafaud, la cour d'assises y jouent à chaque instant leur rôle sanglant et épouvantable. Le mélodrame croit aux fantômes, aux assassins, aux revenants, aux faux monnayeurs, aux vampires, aux maisons abandonnées, aux forêts remplies de dangers ; il croit à tout ce qui est ruines, sang, misère, flétrissure, infamie. La tragédie pleure et se lamente, chastement vêtue de ses longs habits de deuil, sur le malheur des rois, sur les catastrophes des maisons historiques, sur les crimes innocents de tant de jeunes âmes que la fatalité pousse à leur perte. Le drame retrace les petits malheurs de la vie bourgeoise. Le mélodrame ne s'occupe que des misérables qui vivent dans un monde étranger à tous les mondes connus. La tragédie hante les palais ; le drame s'assied au foyer du bourgeois ; le mélodrame habite de préférence les prisons, les cachots, les bagnes ; il vous en dit les détours les plus secrets, les mystères les plus cachés, les circonstances les plus honteuses. La tragédie est vêtue de pourpre et d'or ; le drame porte un habit simple, mais très-séant ; le mélodrame n'est vêtu que de haillons ; plus les haillons ont traîné dans toutes les fanges, plus le mélodrame est fier de les porter. Telle est cette littérature dégénérée, dont il n'est question dans aucune rhétorique, et que Boileau aurait été bien malheureux de définir.

Tant que le théâtre se tint à une certaine hauteur, tant que la comédie se souvint de Molière, tant que la tragédie conserva quelque respect pour Corneille, pour Racine, pour Voltaire, on n'imagina pas de réduire à de pareilles proportions ce grand art du théâtre, qui n'existe qu'à condition d'être le plus difficile et le plus important de tous les arts. Mais une fois qu'on admit qu'il fallait un théâtre pour toutes les classes de la société, et que le crocheteur avait le droit d'avoir ses Racines et ses Corneilles, tout comme le cardinal de Richelieu et le roi Louis XIV, alors surgirent de toutes parts des littérateurs créés tout exprès pour distiller le poison, pour enfoncer le poignard, pour allumer les incendies. On a dit au peuple : « Viens ! nous allons t'amuser comme tu t'amuserais à la cour d'assises ou devant l'échafaud ; tu aimes les complaintes funèbres où il est question d'assassinat et de vol avec effraction : pour toi nous mettrons ces complaintes en action, nous te ferons toucher au doigt le voleur et le meurtrier ; nous te parlerons l'argot des grands chemins ; viens ! nous allons nous amuser comme des forçats libérés. » Et ainsi a fait le mélodrame, non pas qu'il ait été dès le premier jour ce mélodrame fangeux et sanglant que vous savez, et qu'il se soit élevé tout d'un coup jusqu'à Robert Macaire et compagnie : au contraire, il a commencé par la vertu ; mais déjà même dans la vertu il était facile de deviner que le billot fatal était le but du mélodrame. Ce fut en 1733 que La Chaussée, le père du drame, dégrada le premier, avec beaucoup d'esprit, beaucoup d'art et de sensibilité, la tragédie, dont il eût pu être le soutien ; il fut suivi dans cette malheureuse route par tous les esprits du second ordre, qui ne pouvaient s'élever à la hauteur de *Sémiramis* ou d'*Alzire*, La Harpe, Marmontel, Goldoni, Sedaine, Desforges, Marsollier, sans compter Diderot et Beaumarchais.

Ce fut surtout quand la révolution française fut arrivée à tous ses horribles excès, que les honnêtes gens purent comprendre quels tristes fruits pouvaient porter les licences du théâtre ; lorsqu'ils virent, grâce à tant de libertés amoncelées, les fortunes, la vie, l'honneur des citoyens à la merci de quelques dramaturges sans honte et sans pain, qui, du haut de leurs planches sanglantes, venaient en aide aux Collot d'Herbois, aux Robespierre et aux Danton. Alors le théâtre était véritablement un échafaud, où venaient expirer toutes les réputations honnêtes, le même jour peut-être où elles avaient été immolées sous le fer du bourreau. Le théâtre réunissait toute la férocité des septembriseurs au rire stupide des cannibales. Je me rappelle avoir vu citer cette scène de mélodrame sous Robespierre, l'an II de la république : une jeune fille était violée par son confesseur, et elle sortait tout en désordre de la sacristie en criant :

Des mains d'un prêtre infâme
Sauvez-moi, s'il vous plaît.

Ce joli mélodrame avait pour auteurs deux montagnards d'esprit et un respectable membre de l'instruction publique de ce temps-là. Enfin, l'empire vint, et à la voix du maître tout rentra dans l'ordre d'abord, les mœurs ensuite. Napoléon Bonaparte, avec cet admirable bon sens qui a sauvé la société française d'un immense abîme, voulut rendre au théâtre ses nobles passions, ses illustres rêves, son noble langage, et en ceci il fut secondé beaucoup moins par les poëtes de son temps que par Talma. L'empereur abandonna aux subalternes de la scène dramatique quelques modestes tréteaux élevés sur les boulevards. Alors le mélodrame commença par danser sur la corde, puis il se hasarda à combattre à coups de sabre et à tirer quelques coups de fusil ; il profita de quelques grandes batailles de l'empereur pour creuser sa première caverne et pour arranger son premier petit bagne ; mais quand sa hardiesse allait trop loin, l'empereur faisait un geste, et le mélodrame remontait sur la corde roide.

Cependant, peu à peu, et par cette force d'inertie qui est si puissante, le mélodrame se dégageait de ses entraves ; d'abord, il parlait à voix basse, il finissait par hurler de toutes ses forces. La Restauration, qui s'inquiétait peu de ces petits détails, si importants dans un gouvernement bien constitué, lui permit de prendre toute liberté, et en ceci elle eut raison. Car, une fois reconnue et tolérée, à quoi bon entourer de tant de difficultés une représentation dra-

MELODRAME — MELON

matique? Une fois élevé à la dignité de théâtre, libre de parler et d'agir sans compter le nombre de ses interlocuteurs, et sans marcher sur la corde, le mélodrame s'abandonna à toute son imagination burlesque et furibonde. Il entassa les crimes sur les crimes; il mit aux prises le vice et la vertu dans des proportions gigantesques; il se fit le champion barbare et inflexible de l'innocence, trop heureux encore quand, après avoir traîné l'innocence dans toutes sortes de misères et d'embûches, il voulait bien consentir à la récompenser à la dernière scène du dernier acte. Alors s'élevèrent des hommes d'un génie propre à ces sortes de combinaisons infinies; des chefs-d'œuvre furent produits, qui, pendant quatre cents jours de suite, firent palpiter les plus sauvages cœurs, mouillèrent les yeux les plus insensibles; on se battait, on s'empoisonnait, on s'emprisonnait, on se maudissait, on se calomniait, on se brûlait vif, on se marquait au fer chaud, on se chargeait de fers et d'outrages, que c'était une jubilation! La musique accompagnait toutes ces angoisses multiples. Cette musique, faite par des musiciens *ad hoc*, représentait de son mieux l'état de l'âme du personnage. Quand entrait le tyran, la trompette criait d'une façon lamentable; quand sortait la jeune fille menacée, la flûte soupirait les plus doux accords : cette musique avait d'abord été imposée au mélodrame comme une entrave; le mélodrame la conserva comme une précieuse ressource. Il avait remarqué que grâce à cette musique il pouvait se passer de transition et ne se donner aucune peine pour mettre un peu de logique dans son dialogue; grâce aussi à cette musique, le comédien rassuré pouvait se livrer à toute sa fougue. Ceci était, à proprement parler, l'enfance de l'art.

Malheureusement, l'art qui ne vit que sur des combinaisons bientôt usées n'a pas longtemps à vivre. Une fois que vous avez ôté de l'art l'esprit, le style, le génie, pour ne plus lui laisser que les petites ressources d'une invasion vulgaire, vous avez réduit l'art à sa plus simple expression. Vous devez donc nécessairement vous attendre qu'un jour viendra où, toutes ces combinaisons étant épuisées, il vous faudra fermer la carrière du mélodrame comme on a fait pour les catacombes de Rome. Oui, mais des catacombes de Rome on avait tiré la ville éternelle, pendant que de cette carrière du mélodrame, vaine argile, on aura à peine tiré, en soixante ans d'abus et d'efforts, quelques larmes bientôt séchées, quelques surprises bientôt oubliées, quelques instants de terreur et de pitié, dont soi-même on a honte quand on vient à s'apercevoir à quels fils misérables tenaient cette pitié et cette terreur. En fait d'art, et surtout en fait d'art dramatique, il n'y a qu'un art dans le monde, celui qui est indépendant des combinaisons puériles, des inventions mesquines du machiniste et du décorateur. Ce n'est que par les passions, par la vérité, par le style, par les larmes venues du cœur, que le théâtre mérite l'honneur qu'on lui attribue d'avoir une influence directe sur les mœurs et sur l'esprit des peuples; ce n'est donc pas pour lui nuire que nous parlons ici du mélodrame, car on le dit mort. Il est de fait qu'aujourd'hui sur les théâtres des boulevards, au mélodrame consacrés depuis leur fondation, on ne joue plus que des *drames*. A chaque pièce nouvellement saignante, l'acteur vous vient annoncer que *le drame* qu'ils ont eu l'honneur de jouer devant vous est de MM ***. De *mélodrame*, il n'y en a plus question. Le mélodrame est mort. Il est resté sur l'ancienne place de Grève, qui est morte aussi ; peut-être est-il dans quelque bagne, si bien ferré sur son peut-être est-il dans quelque bagne qu'il n'en peut plus sortir? Malheureusement, j'ai lit de misère qu'il n'en peut plus sortir? Malheureusement, j'ai bien peur que les pseudos *drames* qu'on nous donne ne soient que des mélodrames déguisés. Jules JANIN.

MELON, nom vulgaire d'une espèce de la famille des cucurbitacées, qui, comme le c o n c o m b r e, fait partie du genre linnéen *cucumis*. Le melon (*cucumis melo*, L.) est une plante herbacée, annuelle, dont les tiges, rampantes, sarmenteuses, et les racines, menues et fibreuses, partent d'un col commun, placé ordinairement au niveau du sol. Elle acquiert tant de séve quand une chaleur convenable favorise son développement, que ses sarments atteignent souvent plusieurs mètres de longeur. Ses feuilles sont alternes, arrondies, plus larges que la main, soutenues par de longs pétioles, médiocrement anguleuses, dentelées, parsemées de poils rudes au toucher et très-courts, d'un vert presque glauque ou jaunâtre, selon les variétés, et accompagnées de vrilles simples. Ses fleurs sont pédonculées, alternes, axillaires, peu nombreuses, d'un beau jaune de Naples nuancé d'orangé, munies d'un calice à cinq divisions, adhérent par sa base à l'ovaire, et ornées d'une corolle à cinq lobes, régulière, monopétale, confondue à sa base avec le calice. Ces fleurs paraissent ordinairement sur la plante vers le printemps, et s'y succèdent pendant toute la durée de cette saison jusqu'au commencement de l'été; elles sont, les unes mâles, à cinq étamines, les autres femelles, à trois stigmates épais et bilobés. Le fruit qui succède à ces dernières porte aussi le nom de *melon*, dont l'étymologie (μῆλον, pomme) rappelle qu'il a la forme d'une grosse pomme, ronde, renflée, aplatie carrément à ses pôles, ou ovale plus ou moins allongée, divisée à la surface en 10 côtes longitudinales, profondes ou peu marquées, selon les variétés : ce fruit est pubescent dans sa jeunesse et glabre à sa maturité; il est divisé intérieurement en trois loges, où se forme la semence, qui ressemble à un pépin de poire un peu comprimé, et dont la couleur est d'un beau blanc légèrement jaunâtre comme le bois de l'oranger; sa chair est tendre, succulente, jaune-orpin ou rougeâtre, blanche ou verte dans certaines variétés, et d'une saveur très-agréable; elle est préservée extérieurement des attaques des insectes et des injures de l'air par une écorce épaisse, ferme, vert foncé ou vert jaunâtre, tantôt raboteuse à sa surface, et marquée de rides blanchâtres, saillantes, et disposées en forme de réseau, tantôt lisse, empreinte de dessins ou lignes grisâtres ou verdâtres, selon les espèces.

La culture du melon dans les pays chauds, comme en Asie et en Afrique, exige peu de soins : il suffit de semer la graine en plein champ, de la purger des mauvaises herbes qui pourraient la gêner dans sa croissance, de dépouiller la plante de toutes les branches superflues, ainsi que de tout excès de fleurs et de fruits, et de lui éviter une trop longue sécheresse et la fraîcheur des nuits les plus froides pendant tout le temps de la floraison. On ne suit point d'autre méthode en Espagne et en Italie ; mais en France, en Allemagne, et dans les autres climats du Nord, cette culture exige beaucoup plus de précautions, et on ne saurait s'y passer de moyens artificiels pour en obtenir de bons résultats : de là ces exploitations connues sous le nom de *melonnières*.

On divise généralement en trois races principales toutes les variétés du melon, lesquelles ont pour types : le *melon brodé* ou *galeux*, le *cantaloup* et le *melon de Malte*.

Le fruit du *melon brodé* est revêtu d'une écorce peu épaisse et couverte d'une espèce de réseau grisâtre qui simule une broderie. Les côtes sont à peine marquées. Les meilleures variétés du melon brodé sont : le *melon de Honfleur*, le *melon de Coulommiers*, le *melon des Carmes*, le *melon langeais*, le *melon sucrin de Tours*, le *melon sucrin à chair blanche* et le *melon rond brodé à chair verte*.

Les variétés du *cantaloup*, dont les plus estimées sont le *cantaloup orange*, le *cantaloup hâtif d'Allemagne*, le *cantaloup gros prescott*, le *cantaloup petit prescott*, le *cantaloup-brûlot hâtif*, le *cantaloup boule de Siam*, le *cantaloup gros-noir de Hollande*, le *cantaloup argenté couronné*, le *cantaloup gros-noir de Portugal*, le *melon mogol à chair blanche* et le *melon mogol à chair verte*, se reconnaissent à leurs côtes, très-saillantes, et aux sillons profonds qui les séparent ; à leurs surfaces vertes, jaunes ou brunes, plus ou moins intenses, très-inégales ou raboteuses. Les cantaloups ont été ainsi nommés, parce qu'ils furent d'abord cultivés à Cantalupo, maison de campagne des papes, à une vingtaine de kilomètres de Rome.

Enfin, les variétés du melon de Malte, dont les principales sont le melon de Morée, le melon de Candie ou de Malte d'hiver, se reconnaissent à leur peau fine, peu épaisse et lisse.

On sert ordinairement le melon sur les tables comme plat d'entremets; on le sert aussi en compote, accommodé avec du sucre, du vinaigre et des girofles; enfin, on l'associe au sel, au poivre, au sucre ou à la cannelle; les Orientaux y mêlent du tabac ou de l'opium. La chair du melon est rafraîchissante; elle relâche, et nourrit peu. On attribue ses propriétés laxatives à un léger principe résineux qu'elle contient; du reste, elle se digère facilement; cependant, on conseille aux personnes d'un estomac faible et délicat de n'en faire usage qu'avec beaucoup de modération, par l'excès en devient aisément nuisible; prise en trop grande quantité, elle engendre des coliques, relâche le ventre, produit la diarrhée et la dyssenterie. Les confiseurs font mariner dans le vinaigre à la manière des cornichons les jeunes melons qu'on supprime après la floraison, et font avec la chair de ce fruit d'excellents bonbons, qu'ils préparent dans le sucre, ou qu'ils mélangent avec des aromates.

La graine du melon figurait autrefois dans la médecine au nombre des quatre semences froides majeures; on en retirait de l'huile, qui, à raison de ses propriétés anodines, était fréquemment usitée, et on faisait avec sa farine des émulsions qui passaient pour fort avantageuses dans beaucoup de maladies. Aujourd'hui on ne considère plus en médecine que les propriétés du suc de melon, et, bien qu'on le regarde comme antisudorifique et peu diurétique, on ne craint point d'en conseiller l'usage, à cause de ses qualités réfrigérantes, dans les maladies aiguës, accompagnées d'excès de forces, d'excitation générale ou locale; dans les douleurs de reins à l'état de phlogose; contre la néphrite, l'ischurie, contre les altérations calculeuses des reins et de la vessie, et, en général, dans toutes les affections où le malade est en proie aux ardeurs dévorantes de la fièvre hectique; enfin, on le conseille encore dans la phthisie pulmonaire.

On se procure de la bonne graine de melon en laissant bien mûrir sur pied, dans la melonnière, un des melons les plus beaux et les mieux faits, et on la laissant sécher à l'air et à l'ombre, après l'avoir retirée du fruit. Pour s'assurer de n'en avoir point de mauvaises, on jette cette semence dans un vase plein d'eau, on ne conserve que les graines qui se précipitent au fond. Cette graine peut conserver ses propriétés germinales pendant trente à quarante ans.

Jules SAINT-AMOUR.

MELON D'EAU. *Voyez* PASTÈQUE.
MELONGÈNE. *Voyez* AUBERGINE.
MELONNIÈRE. Il y a en France plusieurs localités renommées pour ces sortes d'établissements: Perpignan, Toulouse, Pézénas, Paris ou Honfleur. Cette dernière ville surtout est en réputation: c'est elle qui alimente en grande partie les marchés de la capitale, et qui obtient les melons les meilleurs et les plus beaux.

Pour former une melonnière de bon rapport, on doit s'attacher essentiellement au choix d'un terrain dont l'exposition soit des plus favorables. Celle du midi est toujours indispensable; mais le melon, tirant la majeure partie de sa substance de l'air, il est nécessaire de rechercher en même temps une situation où il circule librement, mais où les vents froids n'aient aucun accès: on enfonce ce terrain de murs plus élevés au nord qu'au midi, polis et blanchis sur toute la surface intérieure, afin de faciliter le renvoi des rayons caloriques, puis on divise la superficie en petites fosses, ou couches, plus longues que larges, de plus d'un mètre de profondeur, qu'an printemps on remplit de fumier de cheval et de terreau. Les jardiniers de Honfleur disposent de la manière suivante leurs melonnières: ils font le long des murs, à hauteur d'appui, des couches à demeure en maçonnerie, recouvertes de châssis ou vitraux mobiles; ils tracent dans le reste de l'enclos de longues plates-bandes de 3^m,30 de large environ, séparées entre elles par des sentiers étroits, et dans lesquelles ils pratiquent de 2^m,30 en 2^m,30, de petites fosses d'un demi dixième à un dixième de mètre cube remplies de fumier et de terreau à fleur de terre, destinées à recevoir le plant de melon, une fois qu'il a acquis un certain degré d'accroissement sur les couches chaudes; ils établissent aussi, dans un des coins du terrain, quelques couches à réchauds, pour se procurer du plant hâtif et des primeurs, qu'ils élèvent sous des cloches de verre. Le mois de février est l'époque ordinairement, si la saison se montre favorable, où ils chargent ces couches; ils les remplissent de 1 mètre à 1^m,30 de fumier bien massif, les laissent s'échauffer pendant plusieurs jours, et les recouvrent ensuite de 0^m,16 à 0^m,18 de bon terreau mêlé de terre franche, puis, quand ces couches, ainsi disposées, ont acquis environ 35 à 40 degrés de chaleur, ils y sèment dans des trous de 2 à 3 pouces de profondeur, faits avec le doigt, la graine, qui lève au bout de dix à douze jours. C'est alors le moment de redoubler de soin, car tout l'avenir de la récolte dépend de l'éducation première du jeune plant: il est sujet, soit à languir ou à jaunir, soit à s'énerver par un accroissement trop rapide; on prévient ce dépérissement en permettant de temps à autre, et graduellement, à l'air de pénétrer sous les cloches et les vitraux, en arrêtant les jets de la plante, en les pinçant par le sommet avec l'ongle, quand ils ont acquis un certain nombre de feuilles, quatre au moins, y compris les cotylédons ou feuilles séminales, et en la préservant la nuit du froid au moyen de paillassons jetés le soir sur les cloches et les châssis.

Lorsque le melon est assez robuste pour être transplanté, on l'enlève avec une forte motte de terre, qu'on le repique dans les petites fosses dont nous avons parlé plus haut, en l'abritant pendant quelque temps encore la nuit sous une cloche. Deux ou trois pieds au plus suffisent dans chaque fosse. Les jardiniers habiles savent disposer les sarments de ce jeune plant de manière à couvrir toute la surface des plates-bandes: cet art consiste à couper à propos les tiges pour les forcer à donner naissance à d'autres bras ou jets, qu'on taille de même. La floraison est une époque critique pour le melon. On doit la préserver, pendant toute sa durée, des accidents de l'air, des grandes pluies et de la grêle, au moyen de paillassons suspendus en l'air sur des gaules, qu'on retire lorsque le soleil brille et que l'atmosphère est calme. Toutes les fleurs ne sont pas propres à donner de beau fruit, et encore faut-il qu'elles soient fécondées à propos par la poussière des fleurs mâles. On laissera donc la quantité de fleurs mâles nécessaire à cette fécondation, et on retranchera toutes les fleurs femelles qui paraîtraient languissantes ou de mauvaise venue. Les melons une fois noués, on ne doit conserver sur chaque pied que la quantité de fruit qu'il peut nourrir, c'est-à-dire un ou deux melons par branche. A l'époque où le melon commence à mûrir, vers la fin de juillet, on le soulève avec précaution de terre, et on le place, pour l'aider dans sa maturité et le faire suinter, sur une tuile ou un bout de planche, ce qui bonifie sa chair. On reconnaît qu'un melon est bon à manger quand il répand une odeur suave et qu'il jaunit; on le sépare alors de la queue, et on le laisse reposer deux ou trois jours sur place avant de l'envoyer au marché ou de le servir sur la table. Peu de personnes savent juger de la qualité d'un melon en l'achetant; cependant, il y a des indices qui ne permettent point de se tromper. Un melon est mauvais ou de médiocre qualité quand son écorce est fanée, ou qu'elle paraît peu tendue, ou d'une couleur trop vive; quand son poids est faible, ou qu'à son volume, et qu'il sonne le creux, lorsque son odeur n'est pas franche, et qu'elle n'emhaume pas; lorsque son écorce autour de l'œillet et autour de la queue cède trop facilement sous le pouce; qu'elle n'est point élastique, ou que l'empreinte du doigt y est trop longtemps visible; enfin, quand le goût de la queue est âcre ou amer sous la dent, et qu'elle ne laisse point une saveur sucrée. Ces remarques sont applicables à toutes les variétés de melons; mais elles sont infaillibles pour apprécier la bonté du cantaloup, l'espèce la plus estimée et la plus répandue. Jules SAINT-AMOUR.

MÉLOPÉE (du grec μέλος, chant, et ποιέω, je fais). C'était dans l'antiquité l'art ou les règles de la composition du chant. La mélodie résultait de la mélopée. La mélopée se divisait en trois espèces, qui se rapportaient à autant de modes. La première espèce avait un chant qui régnait seulement sur les sons graves : elle était appropriée au mode tragique. La seconde exigeait un chant qui régnât sur les sons moyens : elle s'alliait à un mode créé pour Apollon. La troisième était consacrée à un chant qui ne s'étendait que sur les sons aigus : elle remplissait les conditions d'un mode appelé *bachique* ou *dithyrambique*. Il y avait encore d'autres modes, mais d'une importance secondaire. Chez les modernes, ce mot n'a pas perdu la force de sa signification primitive ; mais il est peu usité. Toutefois, il ne faut point confondre la mélopée avec l'harmonie, et encore moins avec la mélodie. La mélopée n'est que l'art de disposer de toutes les ressources des différents modes et chants , et d'en créer une mélodie, qui elle-même n'a pas de règles, mais a besoin souvent d'un joug pour contenir ses écarts, tandis que l'harmonie est l'art de connaître et d'employer à toutes les passions humaines la succession des accords. Les anciens, qui n'avaient nulle connaissance de l'harmonie, y suppléaient donc, en quelque sorte, par la mélopée. DENNE-BARON.

MELOS. *Voyez* MILO.

MELPOMÈNE, la plus sévère des neuf Muses après Clio et Uranie, tire son nom du verbe grec μέλπομαι, je chante. Elle présidait à la tragédie antique, dont les chœurs obligés et pathétiques justifiaient son nom. A l'époque voisine des siècles héroïques, ses attributs étaient une massue, l'arme de Thésée et d'Hercule, un masque grave, et un sceptre. Elle avait de plus une tunique dont les plis balayaient la terre , un grand manteau par-dessus , une large ceinture qui serrait cette tunique sur des hanches robustes, et de riches cothurnes exhaussés de quatre doigts. Vierge, elle portait comme les vierges ses cheveux rassemblés formant un nœud au sommet de la tête. Plus tard , on l'arma d'un poignard , et d'un mit dans sa main des diadèmes. On l'a représentée aussi ayant à ses côtés un bouc, prix modeste des premiers vainqueurs dramatiques dans l'enfance de l'art. Mais cet emblème sans noblesse n'eut point d'imitateurs. Sur une antique, elle est figurée dans l'attitude d'une femme qui médite , d'une main ramenant modestement sa robe autour de son sein, de l'autre tenant une simple branche de laurier , l'arbuste prophétique d'Apollon. L'antiquité nous a encore légué des Melpomènes, ou assises , ou debout , les pieds au niveau du sol, ou l'un d'eux exhaussé sur une base, ou la Muse elle-même appuyée sur un genou, ou ayant dans une main un manuscrit roulé. Du reste, elle partage les honneurs de son nom avec Bacchus, le dieu des vendanges , qui s'appela aussi *Melpoménos* , des chants dont il faisait ses délices. D'ailleurs , les vengeances de ce dieu, ses cruelles Ménades, et Penthée, sa victime, fournirent des aliments locaux au génie des premiers dramaturges grecs. DENNE-BARON.

MELPOMÈNE (*Astronomie*), petite planète découverte à Londres par M. Hind, le 24 juin 1852. Sa distance solaire est 2, 3, celle de la terre étant prise pour unité. Sa période de révolution est d'environ 1,269 jours.

MELT. *Voyez* BOISSONS.

MELTON-MOWBRAY. *Voyez* LEICESTER (Comté de).

MELUN, ville de France, chef-lieu du département de Seine-et-Marne, sur la Seine, qui la divise en trois parties. Elle possède un tribunal civil, une maison centrale de détention, un collège, une école normale primaire, une bibliothèque publique de 13,000 volumes, une salle de spectacle, une société d'agriculture , deux typographies. On y compte 10,935 habitants et on y trouve des fabriques de ciment lithoïde pour statues, de chaux grasse et hydraulique, de plâtre , de tuiles, de briques, de sucre de betterave , de cuviers à lessive , de chapeaux de soie et de feutre. Il s'y fait un fort commerce de bois et de charbon, de grains et de farine. C'est une station du chemin de fer de Paris à Lyon.

On voit à Melun, à l'extrémité orientale d'une île formée par la Seine, les ruines d'un palais royal où la reine Blanche, mère de saint Louis, a tenu sa cour. Près de là, l'église paroissiale, de Saint-Aspais, remarquable par ses vitraux. Citons encore l'église Notre-Dame, bâtie, dit-on, par le roi Robert, la préfecture, le palais de justice et la caserne de cavalerie, installés dans d'anciens couvents. Melun est une ville très-ancienne, le *Melodunum* des Romains. Elle fut prise par Clovis en 494, par les Normands en 845, 848, 861, 866, 883, par le comte de Troyes dans le siècle suivant, et par Charles le Mauvais, en 1358. Les Anglais s'en emparèrent en 1419, après dix mois de siége, et la gardèrent dix ans. En 1580 elle se rendit à Henri IV, et souffrit beaucoup des guerres de la Fronde.

MELUN (Édit de). *Voyez* ÉDIT.

MÉLUSINE, fée qui appartient primitivement aux croyances populaires celtiques. La tradition en fait l'épouse de Raimondin, comte de Forêt, et l'aïeule de la famille de Lusignan. Douée d'une grande beauté, elle devait à certains jours devenir moitié serpent. C'est en cet état qu'elle fut une fois surprise par son mari. Elle poussa alors un grand cri, et disparut. Toutes les fois qu'un grand malheur menaçait le royaume ou la famille de Lusignan, on prétendait qu'elle apparaissait trois jours à l'avance sur la tour du château de Lusignan en Poitou, qui avait été bâti par son époux et appelé en son honneur *Lusineem* (anagramme de Mélusine.) Quand on eut démoli cette tour, en 1574, elle disparut pour toujours. Vers 1390, Jean d'Arras composa à l'aide des traditions existant sur elle dans la maison de Lusignan un poëme, qui traduit ensuite en prose devint un livre populaire.

MELVILLE (Ile). Elle est située dans le golfe de Carpantarie, au voisinage de la côte septentrionale de la Nouvelle-Hollande, dont la sépare le détroit de Clarence. Les Anglais y ont créé un établissement colonial.

Parry a donné le même nom à une île par lui découverte dans l'océan Glacial arctique.

MELVILLE (HENRY DUNDAS, vicomte) naquit en 1742, à Édimbourg, où son père était président de la haute cour de justice ; et après avoir étudié le droit, il se fit, à partir de 1763, une lucrative clientèle comme avocat. Nommé en 1775 avocat général en Écosse, il ne tarda pas à être élu membre du parlement par sa ville natale. Après avoir, comme tant d'autres avocats avant et après lui, débuté dans les rangs de l'opposition, il se laissa acheter par le ministère dont lord Keith était le chef, et qu'il défendit alors avec habileté contre les attaques de Burke, de Fox et de Sheridan. En même temps il s'attachait à acquérir des notions aussi parfaites que possible sur tout ce qui avait trait aux affaires de l'Inde, afin de pouvoir être propre à figurer tout au moins comme utilité dans quelqu'une des combinaisons ministérielles, dont le jeu naturel des institutions devait un jour ou l'autre amener la création. Nommé lord de la trésorerie par Pitt, le zèle dont il fit preuve, lors de l'aliénation mentale dont fut frappé Georges III, pour assurer la régence au prince de Galles, fut récompensé par le poste de ministre secrétaire d'État de l'intérieur, qu'il échangea, en 1794, contre le portefeuille de la guerre. Partageant de tous points la haine de ses collègues pour les principes de la révolution française, il donna sa démission en même temps que Pitt, peu avant que s'ouvrissent les négociations pour la paix d'Amiens. En 1802 il fut créé baron *Dunira* et vicomte *Melville* ; et l'année suivante, la guerre ayant recommencé, il rentra au ministère avec tous ses collègues , et fut alors chargé du portefeuille de la marine. On lui reprochait depuis longtemps la partialité qu'il témoignait en toute occasion pour son pays natal, de même que des actes de corruption à propos des élections. A ce moment il fut dans la chambre basse l'objet d'une accusation formelle de malversation des deniers publics, et dut donner sa démission. En dépit des intrigues de la cour, la chambre haute commença solennellement son procès en avril 1806, mais elle l'acquitta en juin suivant. Melville dès lors vécut en dehors des affaires politiques, et mourut le 29 mai 1811.

Son fils unique, *Robert Saunders Dundas*, vicomte MELVILLE, né en 1771, entra à la chambre basse en 1801, devint en 1807, sous le ministère Portland, président de l'*India-Board*, et fit preuve de talent dans ces fonctions. Entré à la chambre haute, après la mort de son père, il fit partie, en 1812, du cabinet dont lord Liverpool était le chef, en qualité de premier lord de l'amirauté; poste qu'il conserva jusqu'en 1827, époque où il donna sa démission par suite de la nomination de Canning comme premier ministre. Chargé de nouveau, en 1828, de la direction de la marine dans le cabinet de Wellington, l'arrivée des whigs au pouvoir en 1830 l'éloigna des affaires publiques. Mais comme grand-chancelier d'Écosse et chancelier de l'université de Saint-Andrew, il conserva une grande influence en Écosse jusqu'à sa mort, arrivée en 1851; il laissait plusieurs enfants de la femme, fille de l'amiral Saunders.

MEMBRANE (du latin *membrana*, peau qui enveloppe), une des parties qui entrent dans la composition du corps des animaux et l'une des plus importantes. La f i b r e est l'élément générateur de tous les corps organisés, comme la ligne droite est l'élément des corps inorganiques. Que la fibre des animaux soit une et identique dans toutes les parties, ou bien qu'il en existe plusieurs de nature différente, toujours est-il que cet élément en se combinant de diverses manières produit tous les tissus qui composent les organes des animaux. Quand des tissus organiques sont étendus en largeur, plus ou moins minces et aplatis, ils prennent le nom de *membranes*. Le corps de l'homme, par exemple, est enveloppé par deux membranes, la p e a u à l'extérieur, et la *membrane muqueuse* à l'intérieur; tous les organes sont contenus entre ces deux grandes enveloppes. On sait comment la peau revêt l'extérieur du corps; la membrane muqueuse commence où finit la peau, à toutes les ouvertures externes, aux yeux, au nez, à la bouche, et de là elle tapisse sans interruption l'œsophage, l'estomac et les intestins, en se prolongeant dans les organes creux, et vient se confondre avec la peau au pourtour de l'anus. On pourrait même considérer ces deux enveloppes comme une seule membrane : leur texture est la même; toutes deux sont composées d'un *chorion* ou d e r m e, qui renferme entre ses fibres des papilles vasculaires et nerveuses et des follicules sébacés, et d'un *épiderme*. Ces parties ne sont que modifiées dans les deux membranes pour remplir des fonctions différentes à l'intérieur et à l'extérieur; les follicules ou glandes de la peau ne sécrètent qu'une humeur à peine sensible qui forme la transpiration; les membranes muqueuses versent à leur surface libre des m u c o s i t é s plus ou moins abondantes, suivant les organes dont elles font partie; sur les muqueuses quelquefois l'épiderme est à peine apparent; l'épiderme de la peau, au contraire, qui doit la préserver du contact de l'air, est toujours évident, et souvent très-épais, comme on le voit au talon et à la paume de la main.

Des membranes d'une autre espèce tapissent les surfaces contiguës des viscères et des articulations ; ce sont les *membranes séreuses*. On leur a donné ce nom parce qu'elles sont toujours couvertes d'une s é r o s i t é qui facilite beaucoup le glissement des organes les uns sur les autres, surtout dans l'abdomen, où sont réunis un grand nombre de viscères. Les principales membranes séreuses sont l'*a r a c h n o ï d e*, qui revêt le cerveau; la p l è v r e, qui entoure les poumons, et le p é r i t o i n e, qui enveloppe les nombreux viscères du bas-ventre.

Les *membranes fibreuses* ne sécrètent aucune humeur; leur seul usage est de fournir une enveloppe solide aux organes : telles sont la d u r e - m è r e pour le cerveau, la s c l é r o t i q u e pour le globe de l'œil, la membrane a l b u g i n é e pour le testicule, etc. Tous les os sont immédiatement entourés d'une membrane fibreuse nommée *périoste*, et les muscles sont revêtus de membranes de même nature, qui prennent le nom d'*aponévroses*.

Ces diverses membranes existent toujours et font partie de l'organisation normale des animaux ; mais à la suite de certains états morbides, il peut se développer des tissus accidentels, et parmi eux des membranes. Ainsi, les membranes muqueuses et séreuses enflammées exhalent quelquefois à leur surface une humeur particulière, qui devient concrète et s'organise en tissu vivant ; on donne à cette matière le nom de *fausse membrane* : c'est une fausse membrane qui dans le c r o u p bouche le conduit de l'air et cause la mort. Ce produit de l'inflammation finit même par prendre tous les caractères d'un tissu normal, et il se transforme en membrane muqueuse, séreuse, etc.

On donne le nom spécial de *membranes* aux enveloppes du fœtus dans la matrice ; on les distingue en a m n i o s, c h o r i o n et *membrane c a d u q u e*.

La *membrane pupillaire* existe chez le fœtus humain depuis l'âge de trois mois jusqu'à celui de sept ; elle forme l'ouverture de la pupille de l'iris dans l'œil ; si elle persiste après la naissance, il en résulte une complète cécité.

N.-P. ANQUETIN.

MEMBRE (du latin *membrum*). On donne ce nom à des appendices ou prolongements du corps des animaux, qui servent ordinairement à la locomotion ou aux autres besoins de leur existence. Le nombre et la forme des membres varient beaucoup dans les différentes espèces d'animaux ; mais il en est peu qui en soient tout à fait privés. C'est chez les insectes que l'on observe les membres les plus nombreux et les plus variés : chez quelques-uns, on en compte plusieurs centaines, qui se meuvent parfois avec une vitesse incroyable. Ces membres sont appropriés au genre de vie de l'animal : tantôt ce sont des instruments destinés à percer ou à couper les corps durs, des pinces pour saisir la proie ; tantôt ce sont des ailes qui soutiennent l'insecte dans les airs, etc. Dans les *crustacés*, les membres sont encore nombreux et souvent très-forts : ainsi, les é c r e v i s s e s, et surtout les h o m a r d s, ont des pattes énormes en forme de serres, qui peuvent saisir avec une grande vigueur. Leur queue est aussi une sorte de membre : elle leur est plus utile que les pattes pour la locomotion. Parmi les *reptiles*, les uns, comme les l é z a r d s et les c r o c o d i l e s, ont quatre membres ; les autres, les s e r p e n t s n'en ont pas du tout. Chez les *p o i s s o n s* les pattes se sont élargies et transformées en véritables rames ou n a g e o i r e s. Il en est de même pour les o i s e a u x : leurs membres antérieurs sont garnis de plumes, et deviennent des a i l e s, tandis que les membres postérieurs servent à leur station sur la terre. Dans la nombreuse classe des m a m m i f è r e s, toutes les espèces ont quatre membres, destinés à supporter le corps de l'animal : ce qui a fait donner aussi à ces animaux le nom de q u a d r u p è d e s. Un seul, l'é l é p h a n t, possède un cinquième membre, qu'on nomme t r o m p e; grâce à elle, il se trouve avoir une bouche et un nez au bout de ses doigts. Chez les s i n g e s, les quatre membres sont terminés par des m a i n s : aussi a-t-on nommé ces animaux de q u a d r u m a n e s. Ils peuvent se tenir debout sur leurs membres postérieurs, mais difficilement ; leur vraie destination est de se cramponner aux branches des arbres, d'y escalader avec une agilité surprenante ; quelques espèces se servent aussi de leur queue comme d'un cinquième main pour s'accrocher aux branches. L'h o m m e, enfin, a quatre membres, et ce est le seul des animaux qui soit réellement destiné à marcher debout.

Chez tous les quadrupèdes et chez l'homme, les membres sont composés de quatre parties articulées entre elles ; ce

MEMBRE — MEMNON

sont l'épaule, le bras, l'avant-bras et la main, pour les membres antérieurs; et pour les postérieurs, la hanche, la cuisse, la jambe et le pied. La forme et le nom de ces parties varient beaucoup, mais elles existent constamment.   N.-P. ANQUETIN.

On donne le nom de *membre* en architecture non-seulement à toute grande partie du système selon lequel l'édifice est construit, comme, par exemple, à une frise, à une corniche, mais aussi aux parties plus petites dont les plus grandes se composent. On appelle *membre* une simple moulure, et *membre couronné* une moulure accompagnée d'un petit filet au-dessus ou au-dessous.

En marine, les *membres* sont les grosses pièces de bois qui forment les côtes ou les *couples* d'un navire.

Membre, en termes de blason, se dit d'une jambe ou patte de griffon, d'aigle, ou d'autre oiseau, séparée du corps.

En algèbre on appelle *membre* d'une é q u a t i o n chacune des deux quantités qui sont séparées par le signe d'égalité.

Membre en grammaire signifie chaque partie d'une période ou d'une phrase : « Rien n'affaiblit plus le discours, dit Boileau, que quand les *membres* en sont trop courts, étant d'ailleurs comme joints et attachés ensemble avec des clous aux endroits où ils se désunissent. »

Membre signifie figurément chacune des parties d'un corps politique : La Bavière est un *membre* de la Confédération germanique. Il signifie plus souvent chacune des personnes qui composent un corps constitué dans l'État, une société littéraire ou savante. On dit pareillement en théologie : Les pauvres, les fidèles sont les *membres* de Jésus-Christ.

MEMBRURE. Ce mot a diverses acceptions, dont la plus générale, signifiant l'ensemble des membres, est surtout prise au figuré. Ainsi, un athlète vigoureusement constitué sera désigné comme ayant une forte membrure. Dans les arts et métiers, comme la menuiserie, la charpentage, on emploie le mot de *membrure* pour désigner de grosses pièces de bois de sciage, servant de support, de principal point d'appui à une charpente ou à d'autres objets, dont la construction résulte du travail et de l'ajustement de plusieurs pièces entre elles. Les marins entendent par *membrure* l'assemblage de pièces de bois qui dans la construction d'un grand bâtiment forment les côtés, sous le nom de *couples de levées*, et sous celui de *membrures* proprement dites dans les petits bâtiments : ce sont les bois courbes et droits qui composent chaque levée, d'après le plan du constructeur.   BILLOT.

MÊME (Partie au). *Voyez* BILLARD.

MEMEL, chef-lieu de cercle dans l'arrondissement de Kœnigsberg, la ville de Prusse la plus septentrionale, à l'entrée du *Kurisch-Haff*, et à l'endroit où la Dange vient s'y jeter ; non loin de la frontière russe, compte près de 10,000 habitants et possède une école de navigation, diverses fabriques de savon, d'eau-de-vie de grains, d'objets en ambre, etc. On y construit beaucoup de navires, et il s'y fait aussi un grand commerce, notamment avec l'Angleterre. On estime particulièrement les produits de ses fonderies de fer et de ses ateliers pour la fabrication des chaînes. Son port est aussi bon que sûr, et sa profondeur varie entre 4 et 5 mètres à l'entrée, où s'élève un phare de 24 mètres. On en exporte beaucoup de grain, de chanvre, de cuirs, et surtout de bois de construction et de graine de lin provenant de la Lithuanie. En 1852 le mouvement de la navigation, tant à l'entrée qu'à la sortie, fut de 2,202 bâtiments, jaugeant ensemble 532,983 tonneaux. C'est à Memel que le roi Frédéric-Guillaume III se retira en 1806, à la suite du désastre d'Iéna. L'année suivante, il s'y signa, entre la Prusse et l'Angleterre, un traité aux termes duquel la première de ces deux puissances renonça à la possession du Hanovre, et qui rétablit les relations commerciales entre elles. Le 4 octobre 1854, un incendie qui avait éclaté dans un magasin à chanvre, vers sept heures du soir, poussé par un furieux vent du nord-ouest, dévora la plus grande et plus belle partie de la ville. Les dommages causés par ce désastre furent officiellement évalués à 8,848,039 thalers (33,622,738 fr.) ; le montant des polices d'assurances ne s'élevait qu'à environ 7 millions de thalers. Heureusement Memel gagna beaucoup, en raison de sa neutralité et de son voisinage de la Russie, pendant la guerre qui éclata entre ce pays et les puissances occidentales, à l'occasion de la question d'Orient.

Memel est aussi le nom que les Allemands donnent au Niémen.

MEMENTO, seconde personne de l'impératif du verbe latin *meminisse*, se souvenir. Ce mot est donc synonyme de ceux-ci : *Souviens-toi*. On s'en sert le plus ordinairement pour désigner un carnet de poche destiné à contenir des notes.

MEMINA. *Voyez* CHEVROTAIN.

MEMLING ou HEMLING (HANS), l'un des plus remarquables peintres de l'ancienne école flamande, fut peut-être de tous les successeurs des frères Van Eyck celui qui brilla par le plus d'invention poétique. Les Flamands écrivent son nom *Memling*, les Italiens *Memelino*, et d'autres *Hemling*, attendu que sur les signatures qu'il apposait à ses œuvres, la première lettre peut tout aussi bien être prise pour un H que pour un M. Il fut vraisemblablement l'élève de Roger de Bruges, qui tient à peu près le milieu entre Jean Van Eyck et Memling. On dit qu'en 1477 il assista, sous les ordres de Charles le Téméraire, à la bataille de Nancy, qu'il y fut blessé, et qu'on le transporta alors à l'hôpital Saint-Jean à Bruges, ville où, suivant toute apparence, il se fixa à partir de ce moment. Il paraît que vers la fin de sa vie il se rendit en Espagne ; du moins divers tableaux qu'on voit dans la chartreuse de Miraflores et dans la cathédrale de Palencia, indiquant la date de 1496 à 1509, offrent une ressemblance extrême avec le faire de Memling. L'année de sa mort est inconnue.

Ce qui caractérise le talent de Memling, c'est le don de raconter gracieusement et clairement toute espèce d'histoire au moyen de figures, c'est le fini et la délicatesse du faire, c'est un dessin habile et noble, bien que peut-être un peu maigre, uni à une grande vigueur et une rare vérité de coloris. Les figures de ses tableaux à l'huile sont généralement petites et dans le genre des miniatures. Les plus belles toiles qu'on ait de lui sont, à l'hôpital Saint-Jean à Bruges : *Le Reliquaire de sainte Ursule*, *Le Mariage de sainte Catherine*, une *Adoration des Mages* et une *Sainte Vierge* ; dans l'Académie de la même ville, le *Baptême de Jésus-Christ* et un *Saint Christophe*. En fait de miniatures, les plus belles qu'il ait faites ornent un bréviaire que possède la bibliothèque de Saint-Marc. On a en outre de lui un certain nombre de manuscrits qu'il a ornés de miniatures à l'aquarelle.

MEMNON, le charmant fils d'Éos (l'Aurore) dans Homère, est mentionné dans la tradition postérieure à Homère comme un prince d'Éthiopie et comme un fils de Tithon, qui accourut au secours de son oncle Priam, et qui, après avoir tué Antiloque, mourut lui-même de la main d'Achille. Au rapport de Strabon, son tombeau se voyait encore non loin de l'embouchure de l'Aisepos. De la cendre de son bûcher, Zeus fit s'élever une bande d'oiseaux qui se battirent au-dessus du *tumulus*, et qui chaque année à la même époque renouvelaient ce combat. De là le nom de *Memnones* ou de *Memnonides* donné à ces oiseaux. On attribuait à Memnon la construction de divers grands édifices, situés tant en Asie qu'en Égypte, et qu'on appelait *Memnonia*. Il arriva, dit-on, d'abord d'Éthiopie en Égypte, puis alla à Suse, d'où, suivant Pausanias, il se rendit à Troie. Suse, selon la tradition, avait été fondée par Tithon, père de Memnon ; la citadelle qui protégeait cette ville, et qu'on appelait *Memnoneion*, c'est Memnon lui-même qui l'avait construite. De même toute la partie occidentale de Thèbes était appelée par les Grecs *Memnoneia*, vraisemblablement par suite d'une confusion avec le mot égyptien *Mennon*, qui signifie édifice magnifique et qui désignait la suite de beaux temples qui s'étendait ici au pied du mont Libyque. A Abydos aussi on désignait sous le nom de *Memnoneion* l'ensemble de bâtiments composant le temple; « et si, comme on le prétend (continue Strabon), Memnon s'appelle Ismandes, le Labyrinthe serait aussi un *Memnoneion* ». A Thèbes, la tradition grecque allait encore plus loin, et au milieu des *Memnonia* on voyait une statue de Memnon, le constructeur de tous ces édifices. Devant un temple du roi Aménophis III, qui régnait environ 1500 ans avant J.-C., vers la fin de la 18ᵉ dynastie, on avait dressé deux énormes monolithes, représentations colossales et assises de ce pharaon (*statues de Memnon*), et on les avait traînés loin de la lisière du désert vers le fleuve. La pierre dont se composent ces statues est un conglomérat de silex, d'ailleurs d'une nature extrêmement dure et cassante. Il en résulte que de tout temps il s'en fendillait de plus ou moins grandes parcelles, lors du changement subit de température qui a lieu au moment où le soleil se lève; de telle sorte qu'aujourd'hui la surface de ces deux statues est criblée d'une innombrable quantité de petites rugosités plus ou moins plates ou profondes. Il semble que la statue située au nord avait ainsi éprouvé à la longue une fissure qui s'étendait à travers tout le corps, ce qui explique comment, lors d'un tremblement de terre arrivé l'an 27 av. J.-C., toute la partie supérieure de ce colosse put être renversée. Depuis cette époque, on entendit souvent au soleil levant la statue rendre un certain frémissement, qu'on comparait à la vibration d'une corde, et produit par le fendillement de ces petites parcelles de pierre; il paraît aussi que la position accidentelle de la statue mutilée contribuait à lui faire produire des sons plus retentissants. Du moins, ce n'est guère que vers l'époque dont nous venons de parler qu'il est pour la première fois fait mention, dans les auteurs et dans les inscriptions dont la statue elle-même est couverte, du phénomène tout particulier de ces sons, dans lesquels les Grecs, avec leur imagination toujours si poétique, ouïrent la voix du jeune Memnon, mort avant l'âge, et qui chaque matin salue sa mère Éos.

Tous ceux qui ont voyagé en Égypte savent qu'il n'est pas rare d'entendre dans le désert et au milieu des ruines des pierres se fendre; ce n'est là un phénomène auquel la nature de ce conglomérat de silex le prédispose particulièrement. Une autre circonstance bien remarquable, c'est que plusieurs des fragments de la statue qui ont éclaté, et qui n'y tiennent plus que faiblement, continuent à rendre un son métallique quand on frappe dessus, tandis que d'autres placés tout à côté demeurent complètement insonores suivant que, d'après leur situation respective, ils se trouvent plus ou moins échauffés. Les inscriptions apposées sur le colosse commencent à partir du règne de Néron, et vont jusqu'à l'époque du règne de Septime Sévère. C'est lui qui probablement fit rétablir le colosse brisé, et, sans aucun doute contre l'attente du superstitieux empereur, cette restauration eut pour résultat d'étouffer si complètement ces sons que depuis lors, à en juger par les inscriptions, on ne les a plus entendus. Le nom égyptien du roi Aménophis, que représentaient ces statues, n'était pas d'ailleurs encore oublié alors, puisqu'il en est mention dans les inscriptions.

Aujourd'hui ces deux colosses s'élèvent encore au-dessus de la surface de cette immense plaine, tantôt ensemencée, tantôt marécageuse, quoique déjà près de 3 mètres en soient couverts par le sol qu'exhaussent insensiblement les alluvions. La hauteur de celle des deux statues qui est située au nord, calculée depuis la tête jusqu'aux pieds, non compris l'ornement de tête qu'elle portait autrefois, est de 15 mètres. A quoi il faut ajouter la base, qui forme un bloc à part et mesure 4 mètres 45 centimètres. Par conséquent ces statues s'élevaient à l'origine à près de 20 mètres, et même, en y comprenant l'ornement de tête, à 24 mètres au-dessus du sol sur lequel sont construits les temples. Les Arabes appellent aujourd'hui ces deux statues les *Sanamât*, c'est-à-dire les idoles (et non *Salamât* comme le rapportent divers voyageurs modernes), et ils les particularisent par les noms de *Schama* et de *Tama*. Consultez Letronne, *La Statue de Memnon, considérée dans ses rapports avec l'Égypte et la Grèce* (Paris, 1828); Lepsius, *Lettres sur l'Égypte* (en allemand; Berlin, 1852).

MÉMOIRE (du latin *memoria*). Dans le sens le plus général, ce mot, qui est alors sans pluriel, comme dans un autre cas il est sans singulier, désigne la puissance ou la faculté de nous rappeler les choses que nous avons apprises ou qui ont frappé notre attention par l'intermédiaire des sens. La mémoire, considérée sous ce point de vue, a été l'objet de bien des discussions métaphysiques, trop oiseuses pour en faire l'historique, ou plutôt pour en tracer le vrai caractère dans l'ordre des facultés intellectuelles. Disons seulement que ce qui frappe le plus dans la mémoire de certains hommes, c'est la manière dont elle se caractérise elle-même, c'est le développement prodigieux qu'elle acquiert parfois : tout le monde connaît l'histoire du fameux Pic de la Mirandole. Mais ce développement extraordinaire, qui fait ce qu'on nomme les érudits, n'a le plus souvent lieu qu'aux dépens des autres facultés intellectuelles, dont l'exercice constitue ce qu'on peut appeler l'homme de mérite. C'est par le développement plus ou moins grand des yeux que Gall a cru le premier reconnaître à quel point de la masse encéphalique il fallait rapporter l'exercice de la mémoire; et une observation qu'il est en effet également curieux et facile de faire dans toutes les pensions de jeunes gens de l'un et de l'autre sexe, c'est l'extrême différence qu'il y a entre ces derniers, quant au développement de leurs yeux, sous le rapport de la plus ou moins grande facilité qu'ils ont à retenir leurs leçons.

Ce qu'on appelle *mémoire locale*, ou mémoire des lieux, est la facilité qu'ont certaines gens à se rappeler sans le moindre effort tout ce qui peut frapper leur localité, après même une seule remarque. Il y a dans ce genre des individus dont la mémoire est réellement surprenante. On peut en dire autant de celle de certaines personnes qui se rappellent avec une facilité merveilleuse les traits de quelqu'un qu'elles n'ont fait qu'entrevoir. Peut-être serait-ce ici le lieu de parler de ce qu'on appelle la *mémoire artificielle* ou de la science prétendue qu'on a affublée du nom prétentieux de *mnémotechnie*. Cet art d'aider à la mémoire est encore dans l'enfance.

Revenons au mot *mémoire* et à quelques-unes de ses synonymes, tels que *souvenir, ressouvenir, réminiscence* et *souvenance*. Les acceptions de ces divers termes ne sont pas absolument les mêmes, quoiqu'elles aient entre elles beaucoup d'analogie. Le mot *mémoire*, désignant cette faculté, plus ou moins développée dans chaque homme, de se ressouvenir de ce qu'il a vu, fait ou appris, s'emploie dans un sens plus général, ainsi que tous ses synonymes, pour lier à l'idée du moment présent, ou même à venir, l'existence de choses actuelles ou passées : voilà ce qu'il y a de commun dans les acceptions de ces divers mots. La différence consiste dans la manière dont l'emploi doit s'en faire : ainsi, *mémoire* s'emploie pour les grandes choses, les actions héroïques, et pour les époques les plus reculées; c'est dans ce sens qu'on dira : La *mémoire* des grandes actions ne saurait périr; La *mémoire* de César et de Pompée se lie toujours forcément à l'idée de la bataille de Pharsale; Napoléon vivra éternellement dans la *mémoire* des hommes, etc. L'acception du mot *souvenir*, plus restreinte dans les époques plus rapprochées, elle convient mieux surtout à l'individualité, aux affections, quoique dans plusieurs cas elle puisse être absolument la même que celle du mot *mémoire* telle que nous venons de la donner; ainsi, l'on dira également : Le *souvenir* et la *mémoire* de Léonidas fut toujours en honneur à Sparte; mais il faudra dire : Rappelez-moi au *souvenir*, et non pas à la *mémoire* de mes amis; je garderai toujours le *souvenir*, et non pas la *mémoire* du bien que vous m'avez fait. L'acception du mot *réminiscence* est encore plus restreinte et plus tranchée; elle ne s'applique qu'à l'individu, pour exprimer le retour subit dans l'idée d'une chose oubliée : c'est ce que devait être autrefois l'acception du vieux mot *ressouvenir*, comme si l'on disait, je me *souviens* de nouveau; je me *ressouviens* après avoir oublié (*reminiscor*). *Souvenance* ne va qu'au genre langoureux, pastoral, et parfois aussi au style badin marotique : c'est un de ces mots dont on ne doit se servir qu'avec un tact extrême. BILLOT.

En termes de comptabilité, *mémoire*, au masculin, signifie l'état de ce qui est dû. Que de gens frémissent lorsqu'un fournisseur vient leur présenter leur *mémoire* ! On désigne par les mots *pour mémoire* certains articles qui ne sont point portés en ligne de compte. Les *mémoires* qui passaient pour les plus enflés étaient ceux des apothicaires d'autrefois, que nous nous garderons bien de confondre avec les pharmaciens-chimistes de nos jours : c'était le *nec plus ultra* de la comparaison en semblable matière.

Le même mot *mémoire*, toujours au masculin, désigne chez les hommes de loi un *factum*, un petit ouvrage imprimé, dans lequel sont exposés et détaillés les faits et les moyens d'une cause pendante devant des juges.

Mémoire redevient féminin en termes d'église, de martyrologe et de rubrique : on dit qu'on fait *mémoire* d'un saint lorsqu'on célèbre sa fête, qu'on en fait commémoration dans l'office du jour. *Mémoire*, comme on l'a déjà dit, signifie encore le souvenir favorable ou défavorable, la réputation bonne ou mauvaise que laisse une personne : La *mémoire* de Néron est en exécration au genre humain. C'est dans ce sens que les jurisconsultes se servent de l'expression : Réhabiliter, purger la *mémoire* d'un défunt, pour exprimer l'action de faire annuler par une révision le jugement qui l'a condamné. Il est nombre de formules qui roulent toutes sur le mot *mémoire* pris dans ce sens : telles sont celles que porte chaque pierre tumulaire de nos cimetières : A la *mémoire*, à l'heureuse *mémoire*, à l'immortelle *mémoire* de, etc. C'est d'après la même formule qu'on dit d'un prince qui s'est distingué, soit par ses vertus pacifiques, soit par son audace et son bonheur à la guerre, qu'il est de bienfaisante, de vertueuse, de glorieuse, de triomphale *mémoire*.

Figurément, et par allusion à la déesse M n é m o s y n e, on a donné aux Muses le nom de filles de *Mémoire*. Enfin, les poètes mythologiques d'autrefois ont bâti la chimère du temple de *Mémoire*, où, s'il faut ajouter foi aux gracieux mensonges de leurs vers, les noms des grands hommes sont conservés à la postérité.

MÉMOIRES. Lorsque des savants font quelques découvertes, lorsqu'ils veulent présenter une théorie nouvelle, ou réfuter des opinions accréditées sur tel ou tel point de la science, les dissertations dans lesquelles ils développent leurs idées particulières, prennent le nom de *mémoires*. Pour que ces *mémoires* soient intéressants, il faut qu'ils contiennent des faits nouveaux, observés avec exactitude, démontrés avec justesse et netteté. Le style de ces sortes de dissertations doit être simple, clair, nourri de choses, propre à convaincre la raison. C'est là l'unique éloquence du genre. Ici des faits, toujours des faits ; jamais de phrases prétentieuses ; il faut les laisser aux beaux esprits et aux rhéteurs.

Les dissertations dont nous venons de parler sont ordinairement adressées à des corps savants, ou par leurs membres, ou par des étrangers que leurs travaux ont rendus recommandables. Ces mémoires roulent aussi quelquefois sur des questions mises au concours par des académies vouées au culte des sciences, de l'érudition, de la littérature ou des beaux-arts. On sent combien il serait fâcheux que de tels travaux, précieux à consulter, se perdissent ou fussent disséminés çà et là. On ne pouvait donc manquer de songer à les recueillir. Il existe plusieurs importantes collections de ce genre, présentant une suite instructive et curieuse d'essais et de recherches, ayant eu pour but d'accélérer les progrès des sciences. La France peut citer le recueil des Mémoires de son Académie des Sciences et celui de son Académie des Inscriptions et Belles-Lettres ; l'Angleterre ses *Transactions philosophiques*; l'Allemagne ses *Acta Eruditorum* de Leipzig. On a aussi les Mémoires de l'Académie royale des Sciences et Belles-Lettres de Berlin ; des Académies des Sciences de Bologne, de Turin, de Bruxelles ; de l'Académie Celtique et de la Société royale des Antiquaires de France. Les Académies d'Édimbourg, d'Irlande, de Lisbonne, d'Upsal, de Vérone, et beaucoup d'autres encore, ont publié également des recueils de mémoires. Enfin, nous n'aurons garde d'omettre la riche et curieuse collection de l'Académie de Calcutta, publiée sous le titre de *Asiatic Researches*.

D'autres ouvrages du même nom ont bien fait parler d'eux encore ; ce sont les *mémoires historiques et anecdotiques*. Cette espèce de livres est devenue trop commune de nos jours. Il n'est maintenant si mince personnage, si mince médicastre, qui ne parle de ses *mémoires*, qui ne se ménage la douce satisfaction de se poser un jour en face du public et de lui donner toute la mesure de l'importance qu'il ambitionne, et qui n'est bien souvent qu'une nullité aussi complète que vaniteuse. Sans doute qu'aux yeux de la raison cette manie est souverainement ridicule ; mais elle est devenue une mode, et la mode fait tout excuser. « Si chacun, dit Marmontel, écrivait ce qu'il a vu, ce qu'il a fait, ce qui lui est arrivé de curieux, et dont le souvenir mérite d'être conservé, il n'est personne qui ne pût laisser quelques lignes intéressantes. Mais combien peu de gens ont droit de faire un livre de leurs *mémoires* ! » Ces réflexions, pleines de bon sens, pouvaient encore être goûtées dans le siècle dernier. Alors en effet il ne suffisait pas d'avoir été pilier d'antichambre ou valet de pied pour se croire digne de grimper sur le piédestal et de crier à la foule : Admirez-moi, je vais vous *apprendre ce que j'ai fait*. Mais notre époque n'est pas si scrupuleuse : pourvu qu'on lui jette des *mémoires* qui l'amusent à force de scandale et de calomnie, elle n'y regarde pas de si près. Bien plus, la spéculation en est venue à imprimer et à vendre les mémoires des malfaiteurs.

La plupart des personnages qui autrefois ont cru devoir parler ainsi d'eux-mêmes à la postérité étaient ou des hommes éminents et en possession des premiers rôles sur le grand théâtre du monde, ou des courtisans habiles, aimés et confidents des rois, ou des femmes distinguées, d'un esprit observateur et piquant, que leur position dans les cours initiait naturellement à une foule d'intrigues et d'énigmes, dont il leur était possible de donner le mot. Ainsi, Jules César dans ses *Commentaires*; saint Augustin dans ses *Confessions*, modèle de candeur et d'humilité chrétienne, qui ne craint pas les imitateurs ; Philippe de Comines, Sully, Montluc, Rohan, La Rochefoucauld, le cardinal de Retz, le maréchal de Villars, Mlle de Montpensier, Mmes de Staal, de Motteville, de La Fayette, de Caylus, qui ont tous vécu au milieu des événements qu'ils racontent, qui ont pu voir de près les hommes et les choses, ont droit de nous intéresser, parce que non-seulement leur renommée commande l'attention, mais encore parce que nous savons qu'ils ne retracent que des objets dont ils ont été constamment entourés. Certainement, il n'y a pas toujours impartialité dans ces *mémoires*: ce serait demander beaucoup trop à un homme ou à une femme qui fait son apologie ; mais en général il y a bonne foi, c'est-à-dire que si l'auteur, trompé lui-même par la passion, cherche à tromper ses lecteurs, c'est qu'il est fermement convaincu qu'il ne dit que la vérité. Sous ce rapport les *mémoires* secrets sont presque toujours suspects de partialité, et c'est avec raison que Voltaire recommande à ceux qui écrivent l'histoire de ne s'en servir qu'avec la plus grande circonspection.

Abstraction faite des intérêts de l'histoire, beaucoup de mémoires ont un grand charme pour la généralité des lecteurs ; ils excitent même beaucoup plus vivement la curiosité que les meilleurs romans. On y trouve un intérêt dramatique, une liberté d'allure, une variété de ton, qui n'admet point la pruderie compassée de l'histoire. Les récits de Mme de Motteville captivent par leur naturel et par le bon sens exquis qui les a dictés ; ceux de Mme de

Staal petillent d'esprit; les *Mémoires* de Grammont, par Hamilton, sont un chef-d'œuvre d'enjouement et de grâce. Il est inutile de vanter ceux du cardinal de Retz, qui effacent tous les autres par l'originalité de son génie et de son style. Notre siècle a vu naître une infinité de mémoires, mais bien peu sont à comparer à ceux dont il vient d'être question : ici la quantité tient lieu de la qualité. En les parcourant, on est comme étouffé par les bouffées de vanité des auteurs. Et puis qu'apprendre de curieux, d'instructif, de gens sans autorité de position ni de caractère, qui n'ont pu remplir en général que le rôle ridicule de *mouches du coche*? Que de *bourgeois*, ou prétendus tels, nous rappellent ce ridicule aubergiste d'opéra qui se glorifie de ce que Louis XIV, le grand roi, a eu la bonté de lui adresser ces magnanimes paroles : « Monsieur Sansonet, vous avez là une drôle de perruque !! » Pitié, que tout cela ! *Vanitas vanitatum* ! En somme, peu de mémoires contemporains passeront à la postérité ; beaucoup ont déjà passé chez l'épicier : c'est la seule utilité qu'on puisse leur accorder consciencieusement.

Il nous reste à parler d'une autre espèce de *mémoires*, qui sont dûs à l'industrie et à la cupidité des spéculateurs de la librairie, mémoires qu'on publie sous le nom de personnages illustres, mémoires frauduleux s'il en fut, plus ou moins spirituellement farcis d'anecdotes controuvées et de mensonges arrangés, ayant surtout pour élément de succès le scandale, qui plaît généralement plus que l'indulgente charité. Dès le siècle dernier ce brigandage était connu : comme il était productif, on s'y livra sans pudeur. On fabriqua de la sorte des mémoires de Massillon, du duc de Choiseul, du duc d'Aiguillon, du comte de Maurepas, du grand Turenne, du prince Eugène, et d'autres encore, qui ne laissèrent pas que de faire grand nombre de dupes et d'être cités fréquemment, quoique pleins de faits hasardés et d'opinions étranges. Mais sur ce point comme sur tant d'autres il y a eu progression notable. Les vitres et les murailles des cabinets de lecture n'ont été que trop tapissées d'annonces de mémoires de cette coupable espèce. Ne voulant pas imiter le scandale que ces publications provoquent, nous nous abstiendrons de faire intervenir les noms des faiseurs, salariés serviles des libraires, taillant leurs plumes pour écrire le pour et le contre, débitant, à la faveur du masque qui les couvre, les impertinences les plus audacieuses, et mettant en pièces les réputations les mieux établies. Du même coup, ces hommes sans conscience répandent à pleines mains la calomnie sur d'honorables familles et compromettent indignement le nom même dont ils ont dérobé l'appui. Demandez-leur ce qui peut les déterminer à faire ainsi de la littérature un vil et lâche métier : ils vous répondront, comme un autre folliculaire : *Il faut que je vive*. Ne serait-ce pas aussi le cas de leur répliquer : *Je n'en vois pas la nécessité ?* CHAMPAGNAC.

MÉMORANDUM, mot latin signifiant *dont il faut se souvenir*. On réserve, en diplomatie, cette expression pour les notes auxquelles on attache une certaine importance, parce qu'elles ne sont plus une simple communication de cabinet à cabinet, et qu'elles renferment en quelque sorte la plaidoirie au moyen de laquelle un gouvernement entend établir le véritable état d'une question et justifier soit l'attitude, soit les mesures qu'il a prises pour maintenir son droit. Il est bien peu de notes de ce genre qui aient été échangées dans ces derniers temps entre les différentes puissances sans que presqu'en même temps le public n'en ait eu connaissance au moyen de communications officieuses, faites tantôt par l'intermédiaire du *Times* ou du *Morning-Chronicle*, tantôt par celui de la *Gazette universelle* d'Augsbourg. Un *memorandum* s'adresse en effet tout autant à l'opinion puplique, dont tous les gouvernements reconnaissent aujourd'hui la puissance et que tous dès lors tiennent à se concilier, qu'au cabinet avec lequel on négocie.

MÉMORATIF, **MÉMORABLE** (du latin *memor*, qui se souvient). *Mémoratif* signifie qui se souvient, qui conserve la mémoire de quelque chose : *mémorable*, digne de mémoire, qui mérite d'être conservé dans la mémoire, remarquable.

MÉMORIAL, comme *mémoires*, désigne souvent un ouvrage où sont rappelés les souvenirs de celui qui écrit : le *Mémorial de Sainte-Hélène* rentre dans cette catégorie. *Mémorial* indique cependant plutôt un placet et ces mémoires diplomatiques des cours de Rome et d'Espagne qui servent à l'instruction d'une affaire.

Le livre-journal sur lequel les commerçants et les banquiers écrivent leurs affaires quotidiennes, au fur et à mesure qu'elles sont conclues, prend encore le nom de *mémorial*.

Les registres de la chambre des comptes où étaient transcrites les lettres patentées des rois s'appelaient *mémoriaux*. Plusieurs journaux ont pris le nom de *Mémorial*.

MEMPHIS (en égyptien *Mennuphi*, *Memphi*) était la plus ancienne capitale de la basse Égypte, et on en voit aujourd'hui les ruines au village de *Metrahinneh*, à quelques heures du Caire, sur la rive occidentale du Nil. Au rapport de Manéthon et d'Hérodote, cette ville avait été fondée par Ménès, le premier roi historique de l'Égypte, qui la choisit pour sa résidence. Depuis lors elle demeura la première ville du royaume, jusqu'au moment où, vers la fin de l'ancien empire et sous la douzième dynastie, Thèbes devint sa rivale et même l'éclipsa en puissance et en magnificence, dans la première partie du nouvel empire ; et il en fut ainsi jusqu'à ce que, sous la vingt-unième dynastie, le siège de la souveraineté y eut été de nouveau transféré. Cet état de choses dura jusqu'à la conquête de l'Égypte par les Macédoniens, époque où la résidence des rois fut transférée à Alexandrie.

Les plus grands d'entre les Pharaons, ceux même de la dynastie thébaine, semblèrent rivaliser entre eux à qui ajouterait aux magnificences de Memphis par la construction de nouveaux et magnifiques édifices, notamment par les développements immenses donnés au grand temple, qui avait déjà été fondé par Ménès, et qui était consacré à Phtha ou Hephæstos. C'est d'après ce dieu local de la ville qu'elle avait encore reçu hiéroglyphiquement le nom sacré de *ville de Phtha*. De nos jours on n'aperçoit plus sur l'ancien emplacement de Memphis que quelques amas informes de terre, et c'est à peine si l'on peut encore reconnaître le périmètre du temple de Phtha et celui du palais des rois. Mais les monuments les plus grandioses et les plus éclatants de l'antique importance et de l'antique magnificence de Memphis, ce sont les pyramides et la foule innombrable de tombeaux particuliers qui, sur les confins du désert de Libye, se prolongent depuis Abou-Raasch, en face du Caire, jusqu'au Fayoum. Dans les *Denkmælern aus Ægypten*, Lepsius a donné tout nouvellement un plan des ruines de Memphis et des nécropoles qui s'y rattachent.

MENACES, paroles ou gestes dont on se sert pour faire connaître et faire craindre à quelqu'un le mal qu'on lui prépare. Les menaces constituent un délit ou un crime, selon les circonstances dont elles sont accompagnées, et elles sont punies plus ou moins sévèrement eu égard à ces circonstances. La menace, par écrit anonyme ou signé, d'assassinat, d'empoisonnement ou de tout autre attentat contre les personnes, punissable de la peine de mort, des travaux forcés à perpétuité ou de la déportation, et les menaces d'incendie d'une habitation ou de toute autre propriété, sont punies des travaux forcés à temps si elles ont été faites avec ordre de déposer une somme d'argent dans un lieu indiqué ou de remplir toute autre condition. Si elles n'ont été accompagnées d'aucun ordre ou condition, la peine est d'un emprisonnement de deux ans au moins et de cinq ans au plus, et d'une amende de 100 à 600 francs. Si la menace faite avec ordre ou sous condition a été verbale, le coupable est puni d'un emprisonnement de six mois à deux ans et d'une amende de 25 francs à 300 francs. Dans ces deux cas il peut en outre être mis sous la surveillance de la haute police pour cinq ans au moins et dix ans au plus. La menace verbale, faite sans ordre ou sans condition, d'assassinat, d'empoisonnement, d'incendie, etc., n'est pas punie.

Dans certains cas la menace est considérée comme un **outrage**. Les menaces sont encore réputées circonstances aggravantes du délit de **mendicité**.

MÉNADES (du grec μαίνομαι, être en fureur), surnom qu'on donnait aux **bacchantes**, parce que dans la célébration des mystères de Bacchus, elles se livraient à des transports furieux.

MÉNAGE (dans la basse latinité *menagium*, du latin *manere*, demeurer).

Laissez les bons bourgeois se plaire en leur *ménage*,

disait un vieux poëte à ses contemporains. Le *ménage* de nos bourgeois contemporains n'a pas moins de droits à nos respects que celui de nos pères ; car dans cette association intérieure de famille à laquelle on a donné ce nom, dans ce gouvernement domestique si humble, il y a quelque chose de saint, de vénérable, pour le dix-neuvième comme pour le dix-septième siècle. Et pourtant, malgré la modeste auréole qui l'entoure, le ménage a, lui aussi, son côté faible, celui par où l'on pourrait l'attaquer avec avantage. Combien en effet sont pénibles certaines fonctions, certains devoirs domestiques inhérents au ménage, et que les personnes un peu aisées abandonnent à une mercenaire, qui en a pris le nom de *femme de ménage* : faire les lits, balayer, laver, brosser, cirer, nettoyer, constituent ces tristes fonctions, dont la propreté est le résultat ; et c'est, il faut l'avouer, une existence sans avenir, d'une désespérante uniformité, pour celle qui s'y livre : aussi serions-nous tenté de ne point reprendre Molière quand il fait dire à une de ses précieuses ridicules : « Quel dégoût de se ravaler jusqu'aux plus bas détails du ménage et à la vie plate qu'on y mène ! » Il y a donc dans le ménage quelque chose d'une grossière vulgarité ; mais en même temps ce mot rappelle des idées d'ordre, d'économie, qui s'allient à tout ce qu'il y a d'honnête et de bon. C'est ainsi qu'on appelle *pain de ménage* le pain cuit ou fait dans les maisons particulières, pain moins blanc que celui des boulangers, d'une farine moins fine, d'une pâte moins légère, mais dont la dimension est plus grande ; pain qui partant est plus économique. La *toile de ménage* est celle dont le fil a été fait dans les maisons particulières : elle a plus de corps que celle des marchands, et lui est préférable. Les liqueurs de *ménage* sont celles qu'on fait soi-même.

Par un de ces tropes nombreux dans notre langue, *ménage* désigne quelquefois les ustensiles, les meubles du ménage. Il désigne aussi la collection de personnes qui vivent ensemble dans le ménage, et qui composent la famille. Dans un sens un peu plus restreint, *ménage* est synonyme de l'association d'un homme et d'une femme mariés, ou vivant ensemble : Voilà deux époux qui font bon *ménage* ; les bons *ménages* sont rares.

MÉNAGE (GILLES), né à Angers, le 15 août 1613, était fils d'un avocat du bailliage ; il suivit d'abord la carrière du barreau, mais il ne tarda pas à se dégoûter de cette profession pour se livrer exclusivement à la culture des lettres. Il se fit abbé, c'est-à-dire qu'il prit les ordres mineurs, afin de posséder des bénéfices simples et suppléer ainsi à la médiocrité de sa fortune. Chapelain jouait alors un rôle important sur le Parnasse : il présenta Ménage au cardinal de Retz, qui lui donna un emploi dans sa maison et l'appuya de son crédit. Ménage ne put cependant garder les bonnes grâces de son patron ; il résigna sa charge, et rentra en possession de son indépendance. Avec un revenu de sept mille livres, qu'il tirait de son patrimoine et du revenu de deux abbayes, il ouvrit sa maison aux poëtes et aux érudits, qui venaient y lire leurs vers et leurs dissertations tous les mercredis. C'était une sorte de **bureau d'esprit**, qui lui conquit une grande considération dans le monde et dans la littérature ; car à cette époque les gens de cour commençaient à se piquer de bel esprit et ne dédaignaient plus de se rencontrer avec ceux qui en faisaient profession. Aussi Ménage eut-il accès auprès de Mazarin, et en obtint-il une pension de deux mille livres, pour avoir fourni à ce ministre la liste des auteurs qui méritaient d'être encouragés par le gouvernement.

Il s'était déjà fait connaître par ses *Origines de la Langue Françoise*, et surtout par sa *Requête des Dictionnaires*, où il se moquait des discussions grammaticales dont s'occupaient un peu trop les académiciens. Ceux-ci s'en vengèrent en lui fermant les portes du sanctuaire, où il ne put jamais être admis. Il est vrai qu'il eut le tort ou la maladresse de se brouiller avec Boileau, Racine et Molière, qui l'accablèrent de tout le poids de leur supériorité. Molière l'immola sur la scène sous le nom de *Vadius*, et Racine le fit exclure de l'Académie. Ce n'étaient que des représailles, car il avait voulu brouiller l'auteur de *Tartufe* avec Montausier ; et Racine vengeait son ami Despréaux, censuré par Ménage. Ce dernier eut la sagesse de renoncer au fauteuil et le bon esprit de ne pas pousser plus loin la guerre contre de si rudes adversaires. Quand Molière joua sur le théâtre *Les Précieuses ridicules*, Ménage reconnut la vérité et la justesse de cette ingénieuse satire, aveu d'autant plus louable qu'il était un des coryphées de l'hôtel de Rambouillet.

D'ailleurs, il jouissait d'une réputation si grande, que Christine voulut l'attirer à sa cour. Quand elle vint en France, elle le chargea de lui présenter les personnages les plus distingués par leur mérite littéraire. L'Académie de la Crusca l'admit dans son sein, et applaudit à l'élégance de ses vers italiens. Il avait en effet une érudition peu commune : à la connaissance des langues anciennes il joignait celle de l'italien et de l'espagnol. Il se piquait aussi d'être poëte et diseur de bons mots, quoiqu'il ne fût ni l'un ni l'autre : on peut juger de sa verve poétique par l'usage qu'il avait adopté de chercher des rimes d'avance et de les remplir ensuite. Aussi ne faisait-il que des bouts rimés. Une autre prétention ne lui réussit pas mieux, celle de captiver le cœur des femmes ; il en fit l'épreuve avec Mme de Sévigné, qui ne voulut jamais ni croire à sa passion ni lui faire l'honneur de craindre ses empressements. Il mourut à Paris, le 23 juillet 1692, âgé de soixante-dix-neuf ans. Des nombreux ouvrages sortis de sa plume, le seul qui soit encore consulté est son *Dictionnaire des Origines de la Langue Françoise*. Les autres sont oubliés depuis longtemps. On lit encore le *Ménagiana*, recueil des conversations qui se tenaient chez l'auteur, offrant des particularités curieuses sous le rapport des mœurs et des anecdotes littéraires, qui en rendent la lecture amusante et quelquefois utile.   SAINT-PROSPER jeune.

MÉNAGEMENTS. *Voyez* CIRCONSPECTION.

MÉNAGERIE. Ce nom, qu'on donnait au moyen âge à tous les lieux destinés à l'éducation du bétail, se donne aujourd'hui aux collections d'animaux rares et précieux, qu'on entretient pour la curiosité ou l'instruction des visiteurs. Les ménageries existaient déjà dans l'antiquité. Alexandre réunit à Babylone des animaux rares, et les envoya en Grèce. A Rome tous les riches particuliers avaient leur ménagerie, et dans les jeux du Cirque on offrait au peuple-roi une foule d'animaux venant des contrées les plus éloignées. Les rois de France eurent presque toujours une ménagerie où ils entretenaient des bêtes féroces. Sous François Ier l'hôtel Saint-Paul était affecté à cette destination. Sous Louis XIV la ménagerie de Versailles commença à avoir quelque importance pour la science, importance bien faible cependant si on se reporte à ce qu'est aujourd'hui le **Muséum d'Histoire naturelle**. Il est à remarquer que l'établissement de ménageries d'une utilité réelle, dans différents pays, a toujours coïncidé avec l'apparition de quelque illustre naturaliste. La ménagerie envoyée en Grèce par Alexandre donna naissance aux ouvrages immortels d'Aristote, celles de Rome aux écrits de Pline l'ancien ; l'établissement du Jardin du Roi, à l'Histoire naturelle de Buffon, et enfin la création du Muséum à cette pléiade de savants éminents qui s'appellent Cuvier, Lacépède et Geoffroy Saint-Hilaire.

MÉNAGYRTES ou AGYRTES. On appelait ainsi (du grec ἀγύρτης, mendiant, et μήν, mois) des corybantes, ou prêtres de Cybèle, qui faisaient tous les mois la quête dans les carrefours.

MÉNAI (Détroit de), *Menai-Strait*, détroit d'environ 28 kilomètres de long et de 400 mètres de large, assez semblable à un fleuve, et qui, dans la direction du sud-ouest au nord-ouest, conduit de la baie de Caernarvon à la baie de Conway, en séparant l'île d'Anglesey de la côte nord-ouest du comté de Caernarvon, dans la principauté de Galles. Un pont suspendu, construit de 1819 à 1825, sous la direction de l'ingénieur Telford, et ayant coûté 220,000 liv. st. (six millions de francs), unit les deux rives du détroit. Construit sur un point où le détroit n'a que 194 mètres de large, ce pont continue la grande route conduisant d'Angleterre à Holyhead, dans l'île d'Anglesey, où existe depuis longtemps un service de bateaux à vapeur pour l'Irlande, pays qu'un télégraphe sous-marin, établi au même point, rattache depuis 1852 à l'Angleterre. Avant la construction du pont *Britannia*, qui n'a pas moins d'un kilomètre de longueur, le *pont de Menai* était considéré comme ce qui avait été fait de plus hardi en ce genre; mais il n'en reste pas moins un ouvrage colossal. Il est supporté par seize chaînes, chacune de 1714 pieds anglais, et attachées sur chaque rive à des rochers, et s'appuie sur deux piliers, jetés dans la mer à peu de distance de là, hauts de 156 pieds; et le tablier du pont se trouve encore à 133 pieds au-dessus des plus fortes marées, de manière à ne gêner en rien la navigation.

MÉNAKANITE, fer titané octaédrique, ainsi nommé parce qu'il a été trouvé dans la vallée de Ménakan (Cornouailles). *Voyez* TITANE.

MÉNALIPPE. *Voyez* CHARITON.

MÉNANDRE, célèbre poëte comique grec, né au bourg de Céphisia, près d'Athènes, en 342 avant J.-C. Il eut pour maîtres de philosophie Théophraste et Épicure, et pour guide dans la poésie comique son oncle Alexis, un des auteurs les plus distingués de la comédie moyenne. Le nombre des comédies qu'il fit représenter s'élève à plus de cent, nombre prodigieux si l'on considère l'immortelle réputation qu'il a laissée. De ces comédies, dont les titres nous annoncent que Ménandre avait mis sur la scène toutes les classes de la société, il ne nous reste que quelques vers détachés, fragments, souvent méconnaissables, qui ne nous permettent pas de vérifier jusqu'à quel point était juste l'admiration que l'antiquité avait conçue pour leur auteur. Homère peut-être est le seul poëte qui se présente à nos yeux entouré d'un aussi nombreux cortège d'admirateurs. Tous les anciens, Plutarque, Quintilien, les Pères de l'Église eux-mêmes, font de Ménandre l'éloge le plus enthousiaste; Cicéron en savait par cœur des comédies entières; Plaute et Térence se sont enrichis de ses dépouilles, et César ne trouva pas de plus bel éloge à faire de ce dernier que de l'appeler *Demi-Ménandre*. Cependant Ménandre de son vivant n'obtint pas toujours une justice entière de ses concitoyens. Dans cette foule de comédies, huit seulement furent couronnées, et l'on rapporte que Ménandre rencontrant un jour Philémon, son heureux rival, lui dit: « Est-ce que tu ne rougis pas, Philémon, toutes les fois que tu es proclamé mon vainqueur? » Ménandre se noya dans le Pirée, où il se baignait. Il avait cinquante ans.

Le meilleur recueil des fragments de Ménandre est celui de Meinecke, joint à l'Aristophane de MM. Didot. L'Académie Française, ayant proposé en 1854 un prix pour l'auteur des meilleurs essais historiques et littéraires sur la comédie de Ménandre, a partagé la couronne entre M. Benoît et M. G. Guizot.

MÉNANDRE, successeur de Simon le Samaritain, appelé vulgairement le Magicien, comme chef de l'école gnostique, était également de Samarie. La plupart des historiens ajoutent qu'il était le disciple de Simon; mais cette opinion n'est point admise par Mosheim, qui la traite de supposition gratuite. Elle est pourtant fondée sur la vraisemblance: ils étaient contemporains; ils avaient la même patrie, et, ce qui est plus péremptoire, la doctrine de Ménandre ne diffère en aucun point de celle de Simon. Mais si Ménandre n'ajouta rien au système de son prédécesseur, il se décora d'un titre auquel l'ambition n'avait point prétendu jusque alors, et institua de nouveaux modes d'initiation en y rattachant de nouvelles espérances. Envoyé de la puissance suprême, il descendait du *plérôma*, ou des régions supérieures, et venait, de la part de Dieu, pour secourir les âmes accablées sous la servitude du corps et les arracher à la tyrannie des puissances intellectuelles qui gouvernent ce monde sublunaire. Saint Jean-Baptiste avait dit: « Moi, je vous baptise seulement dans l'eau pour la pénitence; mais celui qui doit venir après moi, celui dont je ne suis pas digne de dénouer les cordons, vous baptisera dans l'Esprit saint et par le feu. » Par allusion à ces paroles, sans doute, et pour s'avantager de cette prophétie, Ménandre conférait en son propre nom le baptême symbolique du feu, garantissant à cette cérémonie la vertu de préserver les initiés du coup de la mort et des atteintes de la vieillesse. Il faut croire que ces promesses renfermaient un sens allégorique; autrement, quelle apparence que les gnostiques, dont l'horreur pour la matière en général et pour le corps en particulier est assez connue, aient pu être séduits par l'espérance de conserver à jamais intacte une enveloppe qui les humilliait et dont ils aspiraient à se dépouiller? Et d'ailleurs, comment, en voyant le temps apporter graduellement la décadence et la mortalité aux anciens de leurs frères, les jeunes adeptes, nécessairement ébranlés dans leur foi aux paroles du maître, n'auraient-ils point senti leur enthousiasme se glacer? Quoi qu'il en soit, la secte des *ménandriens*, qui avait pris naissance vers la fin du premier siècle, atteignit à peine le milieu du deuxième.

E. LAVIGNE.

MÉNARS, bourg du département de Loir-et-Cher, avec 480 habitants, une station du chemin de fer de Bordeaux et un *Prytanée*, institution de libre exercice, fondée en 1882 par M. le prince de Chimay, dont la seconde division porte le nom d'*École d'Arts et Métiers*, et la troisième, qui est gratuite, celui d'*École des Pionniers*. L'instruction dans l'école d'arts et métiers dure quatre ans; elle comprend l'apprentissage à différents arts et métiers, tels que ceux de charron, menuisier, ébéniste, forgeron, limeur et ajusteur, tourneur en bois, sellier, taillandier, etc.; la lecture, l'écriture, l'arithmétique, les éléments de géométrie et de trigonométrie descriptive, avec leurs applications aux tracés de charpente, aux engrenages et à la mécanique industrielle; les notions principales des sciences physico-chimiques appliquées aux travaux de l'industrie, et l'exposition des recherches sur la force et la résistance des différents matériaux de construction. A l'expiration de la quatrième année, un jury spécial examine les élèves qui ont fini leur instruction ordinaire, et délivre les diplômes de capacité ou de simples certificats de séjour à l'école, suivant le mérite relatif des élèves sortants.

MENCIUS. *Voyez* MENG-TSÉ.

MENDE, ville de France, chef-lieu du département de la Lozère, siège d'un évêché suffragant d'Albi, avec une chambre consultative des arts et manufactures, un collège, une école normale primaire, une bibliothèque publique de 7,000 volumes, une société d'agriculture, des sciences, commerce et arts, une typographie, et 6,944 habitants. Elle s'élève dans une plaine, sur la rive gauche du Lot, et ne présente que des rues étroites, tortueuses, mal bâties, mais abondamment arrosées. La seule de ses fontaines qui mérite d'être citée est celle du Griffon. Quant à la ville, elle n'offre de remarquable qu'un beau clocher gothique en grès fin, dépendant de sa cathédrale. L'hôtel de la préfecture renferme une galerie de tableaux peints par Antoine Bénard. Sur la pente du mont Mimat, qui a donné son nom à la ville (*viculus mimatensis*), se trouve l'ermitage de saint Privat, en partie taillé dans le roc. Mende possède des teintureries, des filatures de laine, des fabriques de serges recherchées pour leur solidité et leur bon marché. On les exporte en Espagne, en Italie et en Allemagne. C'est une ville fort ancienne ; pendant les guerres de religion elle fut prise, reprise et saccagée sept fois dans l'espace de trente-cinq ans. En 1595, le duc de Joyeuse y fit élever une citadelle, qui fut détruite deux ans après.   Oscar Mac-Carthy.

MENDELSOHN (Moïse), l'un des plus célèbres philosophes et des plus savants israélites de son temps, naquit le 10 septembre 1729, à Dessau, où son père, appelé *Mendel*, et qui tenait une petite école élémentaire, lui donna, malgré sa pauvreté, une excellente éducation. La lecture assidue de l'Ancien Testament et ses propres méditations firent le reste. L'ouvrage de Maimonides intitulé *More Nebochim* lui inspira une vive ardeur pour la recherche de la vérité, et l'habitua à adopter une manière de penser libre et courageuse. Il se livra à l'étude de ce livre avec une assiduité telle qu'il fut bientôt attaqué d'une fièvre nerveuse, dont les suites furent désastreuses; il en conserva une grave déviation de l'épine dorsale, et pendant le reste de sa vie sa santé fut faible et chancelante. Son père se trouvant dans l'impossibilité de le soutenir plus longtemps, Mendelsohn se rendit à Berlin en 1745, où il vécut pendant plusieurs années dans un état de profonde détresse. La conformité de position le mit en rapport avec Israel Moses, pauvre maître d'école de la Gallicie, qui était tout à la fois un penseur profond et un grand mathématicien. Celui-ci lui inspira le goût des mathématiques, étude dont le résultat fut de donner plus de solidité à son intelligence. Un jeune médecin juif de Prague, appelé Risch, lui apprit le latin ; et 1748 la liaison qu'il contracta avec le docteur Aaron Salomon Gumperz lui fournit l'occasion de se familiariser avec la littérature moderne, et plus particulièrement avec la philosophie, alors dominante, de Leibnitz et de Wolff. Mendelsohn vécut ainsi pour la science, au milieu de dures privations, jusqu'au moment où un riche israélite appelé Bernard, et fabricant de soie à Berlin, lui confia l'éducation de ses enfants. Plus tard, en 1750, il fit de lui un surveillant, puis un facteur, et enfin un associé de sa manufacture. L'exemplaire régularité de ses mœurs et la noblesse de son caractère lui valurent l'estime des chrétiens aussi bien que celle de ses coreligionnaires. Habile joueur d'échecs, il se lia à cette occasion, en 1754, avec Lessing ; liaison qui exerça la plus heureuse influence sur la direction de ses idées et sur son style. Ils composèrent en société l'ouvrage intitulé *Pope métaphysicien* (Dantzig, 1755). A partir de ce moment la philosophie devint la principale occupation de Mendelsohn. Il fit d'abord paraître ses *Lettres sur les Sensations*, ouvrage qui brille par la pureté et le naturel du style. Vint ensuite sa traduction du discours de J.-J Rousseau sur l'origine de l'inégalité parmi les hommes. Différents travaux insérés dans les recueils littéraires du temps, tels que la *Bibliothèque des Belles-Lettres* et les *Lettres sur la Littérature moderne*, occupèrent alors ses loisirs ; et en 1783 l'Académie de Berlin décerna le prix au mémoire qu'il avait composé sur cette question, mise par elle au concours : *De l'évidence des sciences métaphysiques*. Malgré cela, Frédéric le Grand biffa son nom d'une liste de présentation à une vacance survenue dans cette docte assemblée et sur laquelle l'Académie l'avait porté à l'unanimité. « Je ne m'en affligerai, dit à ce propos Mendelsohn, que si l'Académie n'avait pas voulu de moi. » Son *Phædon, ou de l'immortalité de l'âme* (Berlin , 1767) souvent réimprimé depuis) fit encore connaître son nom davantage, il le rendit même célèbre pour l'époque ; et en effet, sans être un philosophe original, il était l'un des penseurs les plus ingénieux de son temps. Il sut éluder avec esprit les instances de Lavater, qui voulait à toute force le convertir au christianisme. Dans l'ouvrage intitulé *Jérusalem, ou du pouvoir religieux et du judaïsme* (Berlin, 1783), il exposa des idées excellentes, qui ne furent en partie mal comprises que parce qu'elles s'attaquaient à des préjugés profondément enracinés parmi ses coreligionnaires. Il se posa en toute occurrence comme un libre penseur, qui , au moyen d'une interprétation libérale de l'Ancien Testament, y trouvait les principes de la loi naturelle consacrés par une respectable antiquité, et qui suivait extérieurement les pratiques du culte de ses coreligionnaires, sans mépriser pour cela celles d'aucune autre religion. C'est dans ses *Heures du Matin* (Berlin, 1783), ouvrage bientôt interrompu par sa mort, qu'il exposa les bases de son système philosophique, notamment sa doctrine sur Dieu. Quand il reçut l'ouvrage de Jacobi *De la Doctrine de Spinosa*, écrit contre lui, il crut devoir prendre la défense de son ami Lessing, qui y était accusé de spinosisme. Sans trop consulter ses forces, déjà épuisées, il entreprit bien vite un travail destiné à réfuter Jacobi ; mais dans l'état de surexcitation nerveuse où le mit ce travail précipité, il suffit d'un rhume pour l'enlever, le 4 janvier 1786.

L'Allemagne a su rendre justice à Mendelsohn et lui tenir compte des obstacles dont il avait eu à triompher pour se faire un nom. Il fut un des écrivains qui contribuèrent le plus à former la langue allemande et à lui donner plus de précision, plus de clarté et plus de noblesse. Il fut le premier écrivain allemand qui réussit dans le dialogue, genre où il prit pour modèles Platon et Xénophon ; et un de ses grands mérites fut d'avoir plus que personne contribué à répandre les lumières de l'instruction parmi ses coreligionnaires. Son petit-fils , G.-B. Mendelsohn, a publié la meilleure édition de ses œuvres complètes (7 vol., Leipzig, 1843-1845).

Le fils aîné de Moïse Mendelsohn, *Joseph*, né en 1770, mort le 24 novembre 1848, fonda, en société avec son frère *Abraham*, la maison de banque *Mendelsohn et Compagnie*, l'une des premières de Berlin, que continuent aujourd'hui ses fils. Il s'était fait aussi un nom dans les lettres. On a débuté : *Rapport sur les idées de Rosetti pour une nouvelle interprétation du Dante* (Berlin, 1840) et *Essai sur les Banques de circulation* (1846). Abraham Mendelsohn, mort en 1325, est le père de Félix Mendelsohn-Bartholdy.

L'aînée des filles de Moïse Mendelsohn épousa en secondes noces Frédéric de Schlegel ; la plus jeune ne se maria pas, et fut longtemps l'institutrice de la fille unique du général Sébastiani, l'infortunée duchesse de Choiseul-Praslin.

MENDELSOHN-BARTHOLDY (Félix), l'un des plus célèbres compositeurs contemporains , né à Berlin, le 3 février 1809, mort à Leipzig, le 4 novembre 1847, d'une attaque d'apoplexie foudroyante, était fils d'un riche banquier israélite de Berlin, et petit-fils du célèbre Moïse Mendelsohn. S'il n'eut pas à lutter contre le besoin qui sert si souvent d'aiguillon au génie , en revanche il eut à triompher d'un danger terrible et auquel ont succombé tant d'organisations d'élite ; il fut un *enfant prodige* dès l'âge de huit ans. A neuf ans il joua pour la première fois en public à Berlin, et l'année d'après à Paris , où il avait accompagné ses parents. Il avait dès cette époque écrit un grand nombre de compositions du genre le plus difficile ; la première parut, imprimée pour la première fois, en 1824 ; c'étaient trois quatuors pour piano , violon, alto et violoncelle. Mendelsohn-Bartholdy, alors âgé de quinze ans, était déjà un pianiste de premier ordre et un étonnant improvisateur. Gœthe n'avait pu l'entendre sans émotion, et Hummel lui prédisait l'avenir le plus brillant. Grâce à la fortune de son père, il était à l'abri de cette triste exploitation qui , en mettant trop tôt le talent en contact avec le public , le condamne trop souvent à l'infirmité. Vers cette époque, il fit encore un voyage à Paris, parce que son père voulait consulter sur l'avenir réservé au talent de son fils quelques-uns des grands musiciens de cette capitale, et notamment Cherubini. Il y exécuta, avec Baillot , son quatuor en si bémol, et tous les auditeurs furent unanimes à reconnaître en lui une éminente vocation musicale.

De retour à Berlin, Mendelsohn eut l'ambition d'écrire un opéra ; mais sa partition des *Noces de Gamaches*, assez froidement accueillie à Berlin en 1827, fut presque aussitôt retirée du théâtre. Pour se consoler de cet échec, il entreprit en Angleterre, en France et en Italie, un voyage qui dura trois années. C'est à Londres que fut exécutée, en 1829, sa première symphonie. L'année suivante, il réussit à faire exécuter, au Conservatoire de Paris, son ouverture du *Songe d'une Nuit d'Été*, charmante traduction de Shakespeare, qui obtint un succès d'enthousiasme. Il revint ensuite à Berlin, puis essaya de fonder à Dusseldorf, avec Immermann, un théâtre uniquement fondé sur les principes de l'art. Toutefois, par suite de différends qui surgirent entre les associés, l'entreprise ne tarda pas à péricliter, puis à tomber. Cette opération malheureuse eut du moins pour résultat de consacrer sa réputation ; et dès lors il fut convié à diriger la plupart des grandes solennités musicales qui eurent lieu en Angleterre et en Allemagne. En 1835 il fut appelé à Leipzig pour prendre la direction de la société des concerts, dont l'orchestre devint en peu de temps le premier de l'Allemagne. Quelques années après il fut nommé inspecteur général de la musique en Prusse ; et après un court séjour à Berlin, il donna sa démission, et en revint à Leipzig, dans l'été de 1845, reprendre la direction de l'orchestre qui était sa création et sa gloire. C'est là qu'une mort prématurée devait l'enlever dans tout l'éclat de son talent.

Plus soucieux du fini du travail que de l'abondance des productions, Mendelsohn n'écrivit jamais qu'à ses heures. On voit que chez lui il y a toujours étude et réflexion, mais rarement spontanéité. Si la musique était une science, assurément il eût été le plus grand musicien de son époque. En ce qui touche le caractère particulier de ses œuvres, dont la distinction est la qualité dominante et la recherche le défaut, nous devons dire que le dédain du lieu commun, et sans doute aussi les leçons de ses maîtres, le préservèrent de cette fécondité stérile et de cette facilité banale par laquelle ont dû passer tant de compositeurs avant d'arriver à l'originalité et à l'invention, et que tout ce qu'il écrivit porte visiblement le cachet du milieu dans lequel s'écoula sa vie ; vie paisible, aussi éloignée des abîmes de la misère, que des agitations, des luttes et des douleurs de la vie politique. On y trouve l'expression naïve d'une gaieté sans nuages, et de cette douce quiétude que procure la fortune. D'ailleurs, la direction donnée à sa pensée par ses premiers travaux le ramenait invinciblement à l'étude du passé.

Parmi la foule de compositions pour piano, de concertos, de trios, de sonates, qui ont surtout popularisé son nom, nous citerons son LIED *sans paroles* et la musique qu'il composa pour l'*Antigone* et l'*Œdipe* de Sophocle. Au moment où la mort le surprit si inopinément, il venait de terminer un oratorio d'*Élie*. Il laissait inédits six *Lieder* pour soprano, trois motets en chœur, tout le premier acte d'un grand opéra intitulé *Loreleï*, enfin un fragment d'un oratorio ayant pour titre *Le Christ*.

MENDÈS, ville du delta égyptien, dont la divinité locale, vraisemblablement l'une des formes d'Osiris, était adorée sous le symbole d'un bélier. On ignore le nom particulier de ce dieu, que du temps d'Hérodote les Grecs comparaient à leur dieu Pan, à cause du bélier, comme d'autres analogies autorisent à le penser ; il n'est désigné d'ordinaire que sous la dénomination de *dieu de Mendès*. Ainsi seulement s'explique le malentendu d'Hérodote, quand il nous dit que le dieu lui-même et le taureau qui lui était consacré s'appelaient l'un et l'autre *Mendès*.

MENDIANTS (Ordres). Sous cette dénomination générale on comprend non-seulement les instituts religieux et monastiques qui reconnaissaient saint François d'Assise pour fondateur et patriarche, mais encore beaucoup d'autres qui, nés à peu près vers la même époque (au treizième siècle), faisaient également vœu de pauvreté, ne vivant que du fruit des aumônes qu'ils obtenaient de la charité de fidèles. Ces pieux établissements contribuèrent à rendre à la vie du cloître l'antique éclat que lui avaient fait perdre la dissipation et le relâchement de la discipline, dans un grand nombre de monastères. Enfin, on doit regarder l'institution des ordres mendiants comme la cause principale du rajeunissement de l'état religieux dans tout le monde chrétien. Voici le dénombrement des instituts qui se glorifiaient de cet humble surnom : 1° les frères mineurs ou *franciscains* ; 2° le second ordre ou les *clarisses*, instituées par sainte Claire, sous la direction de saint François, en 1212 ; 3° le tiers ordre ou les tertiaires, à qui le même fondateur donna une règle en 1221 ; 4° les *capucins* ; 5° les *minimes*, fondés par François de Paule, et qui obtinrent l'approbation du pape Sixte IV, en 1474 ; 6° les frères prêcheurs ou *dominicains*, et communément appelés *jacobins* ; 7° les *carmes*, venus de la Terre Sainte, au treizième siècle ; 8° les ermites de Saint-Augustin, dont l'institut fut mis au nombre des ordres mendiants par le pape Pie IV, en 1567 ; 9° les *servites*, les ermites de Saint-Paul, les *hiéronymites*, les jésuates, les cellites, etc. ; 10° enfin, l'ordre du Sauveur et celui de la Pénitence de la Madeleine. Tous ces instituts, qui avaient eux-mêmes des rejetons ou des subdivisions, ne formaient que ce qu'on appelait les quatre ordres mendiants, savoir, par ordre de préséance : les *franciscains*, les *dominicains*, les *carmes* et les *augustins*. CHAMPAGNAC.

MENDICITÉ. C'est l'état de l'indigent qui demande l'aumône. La mendicité est dans certaines circonstances regardée comme un délit. Toute personne trouvée mendiant dans un lieu pour lequel il existe un dépôt de mendicité est punie de trois à six mois d'emprisonnement, et conduite au dépôt après sa peine. Dans les lieux où il n'y a point de dépôt de mendicité, les mendiants d'habitude valides sont punis d'un emprisonnement de dix mois à deux ans. Les mendiants, même invalides, qui usent de menaces ou entrent sans permission du propriétaire ou des personnes de la maison, soit dans une habitation, soit dans un enclos en dépendant, ou qui feignent des plaies ou des infirmités, ou qui mendient en réunion, à moins que ce ne soit le mari et sa femme, le père ou la mère, et leurs jeunes enfants, l'aveugle et son conducteur, sont punis d'un emprisonnement de six mois à deux ans. Des peines spéciales et plus graves atteignent d'ailleurs les mendiants lorsqu'ils sont arrêtés travestis d'une manière quelconque, ou porteurs d'armes, ou munis de limes, crochets, etc., lorsqu'ils commettent des actes de violence : ces dispositions sont également appliquées aux vagabonds (*voyez* PAUPÉRISME).

MENDICITÉ (Dépôts de). *Voyez* DÉPÔTS DE MENDICITÉ.

MENDIZABAL (DON JUAN-ALVAREZ Y), financier espagnol, naquit vers 1790, à Cadix, d'un père professant la religion juive, et qui y faisait le commerce de friperie sous le nom de *Mendes*. Le fils embrassa-t-il le christianisme, ou bien demeura-t-il fidèle à la foi religieuse de ses pères ? C'est là une question sujette à controverse. Ce qu'il y a de certain, c'est que de bonne heure il fit preuve de l'esprit de mercantilisme particulier à sa race. Lors de l'invasion des Français, en 1808, il obtint un emploi dans l'administration des vivres. Après la guerre, il entra dans les comptoirs du riche banquier de Madrid don Vicente Beltran de Lys ; mais il ne tarda pas à se brouiller avec son patron. En 1819, à Cadix, initié par Galiano et Isturitz à la conspiration qui avait pour but le rétablissement de la constitution de 1812, il rendit de grands services à l'armée révolutionnaire en lui procurant l'argent nécessaire à ses opérations. Une fois la constitution rétablie, il seconda puissamment le ministre des finances Canga Arguelles dans l'exécution de ses plans d'emprunts. Quand la cause constitutionnelle succomba, il se réfugia en Angleterre, où il fut incarcéré pour dettes à la requête des capitalistes anglais qui, par son intermédiaire, avaient prêté de l'argent au gouvernement constitutionnel d'Espagne ; mais il ne tarda pas à être relâché. A Londres, avec quelques capitaux que lui confia un vieil ami, il ouvrit une maison de commerce de détail, qui devint bientôt florissante. De fréquents voyages d'affaires en Portugal le mirent en 1827 en relation avec un agent de dom Pedro, qui cherchait à contracter un emprunt au profit de ce prince. Mendizabal offrit de se charger de cette négociation, la mena à bon terme, et acquit ainsi un nom connu à la Bourse de Londres. En 1833 le général Alava, alors ambassadeur d'Espagne à Londres, conclut avec lui différents marchés pour fournitures à faire aux troupes de la reine, et le recommanda à Madrid comme une grande capacité financière.

Le 13 juin 1835, le comte de Toreno, qui le regardait comme un homme jouissant de la confiance particulière du gouvernement anglais, et sur l'habileté duquel on pouvait compter pour se procurer de l'argent, le nomma ministre des finances. Mendizabal accepta ces fonctions, mais prolongea encore quelque temps son séjour en Angleterre, pour mettre en ordre ses affaires particulières et hâter l'armement de la légion étrangère, qui lui avait été confié. Dès le 4 août 1835 il concluait à Londres avec la maison Ricardo (Ardoin) un emprunt de 1,150,000 liv. st. Il se rendit ensuite à Madrid, et fut reçu en Espagne avec les démonstrations de la joie la plus vive. Comme il se faisait fort de mettre fin à la guerre civile en un mois de temps, Toreno dut lui céder la place; et après s'en être fait quelque peu prier, Mendizabal consentit, au mois de septembre, à devenir président du conseil *ad interim*. Il convoqua en cette qualité les cortès à l'effet de procéder à la révision de l'*Estatuto real*, et s'engagea avec sa jactance habituelle à terminer la guerre civile en six mois. Les cortès lui accordèrent une levée de cent mille hommes, et à la presque unanimité, le 16 janvier 1836, le vote de confiance qu'il demandait pour être autorisé à se procurer les ressources qu'il jugerait nécessaires pour terminer la guerre. Il fit alors procéder à la suppression de ce qui restait encore de couvents d'hommes, solda le papier de l'État par ses tripotages financiers avec la maison Ardoin, accrut considérablement les charges publiques, et enfin prononça, le 27 janvier 1836, la dissolution des cortès. La suffisance que lui inspirait l'intimité dans laquelle il vivait avec le ministre d'Angleterre le porta à blesser le comte de Rayneval, ambassadeur de France, qui tout aussitôt travailla activement à sa chute. L'époque au terme de laquelle Mendizabal avait promis à l'Espagne de terminer la guerre civile s'étant écoulée sans qu'il eût tenu ses engagements, ses amis et partisans commencèrent à s'éloigner de lui, et il se vit enfin forcé de donner sa démission, le 15 mai 1836.

Jusqu'à l'insurrection de la Granja il se tint dans un isolement apparent, et réussit à se faire oublier. Ce ne fut que lorsque Calatrava eut échoué dans ses efforts pour trouver un ministre des finances, qu'on pensa à Mendizabal et qu'on lui confia de nouveau ce portefeuille, le 11 septembre 1836, non sans avoir eu d'abord à triompher des répugnances personnelles de la reine régente. Mais il avait complètement perdu son crédit, et sa réapparition sur la scène ne servit qu'à le rendre l'objet des risées du public. Pour la seconde fois, le 10 août 1837, il dut, avec le ministère Calatrava, donner sa démission. Pendant les trois années suivantes, il fut député de la province de Madrid aux cortès, et il fit partie de la fraction la plus violente de l'opposition. Sous Espartero, en 1841, il reprit encore une fois le portefeuille des finances; mais l'attachement qu'il avait toujours témoigné pour la cause du duc de la Victoire l'entraîna dans sa chute, et il fut alors forcé de se réfugier en Portugal, d'où il gagna l'Angleterre. Plus tard il vint s'établir en France, où sa grande fortune lui permit de tenir un brillant état de maison. Les portes de la patrie se rouvrirent pourtant pour lui depuis et il est mort à Madrid, le 3 novembre 1853.

MENDOZA (Don Diego Hurtado de), auteur classique espagnol, également célèbre, sous Charles-Quint, comme homme d'État et comme général, né à Grenade, vers l'an 1503, venait à peine de quitter les bancs de l'université de Salamanque lorsque Charles-Quint le nomma son ambassadeur à Venise. Plus tard il le représenta au concile de Trente, et en 1547 à Rome. Nommé capitaine général et gouverneur de Sienne, il soumit cette république et la donna à titre de fief, sous la suzeraineté de la couronne d'Espagne, au duc Cosme de Médicis. Haï de tous ceux qui tenaient encore pour quelque chose les droits du peuple et la liberté, abhorré du pape Paul III, qu'il avait mission d'humilier au milieu de Rome même, il ne gouvernait que par la terreur, et, quoique incessamment menacé du poignard de ceux qui voulaient venger dans son sang ses actes arbitraires et ses nombreuses aventures de galanterie, il se maintint en fonctions jusqu'à l'année 1554, époque où Charles-Quint, fatigué des plaintes continuelles qu'il provoquait de la part de ses sujets italiens, se décida à le rappeler. Tout en poursuivant l'exécution de ses mesures tyranniques, Mendoza profita de son séjour en Italie pour se livrer avec ardeur à des recherches littéraires, et recueillir des manuscrits grecs. Il envoya des savants au mont Athos collationner les nombreux manuscrits grecs qu'on y conservait, et mit également à profit dans ce but le crédit tout particulier dont il jouissait auprès du sultan Soliman. Après l'abdication de Charles-Quint, il vécut à la cour de Philippe II jusqu'au moment où il fut jeté en prison à l'occasion d'une querelle, suite d'une intrigue amoureuse. Il fut ensuite banni à Grenade, où il se trouva parfaitement placé pour observer la marche de l'insurrection des Maures. Il mourut à Valladolid, en 1575. Sa bibliothèque est aujourd'hui l'un des ornements de l'Escurial. Dans ses Épîtres en vers, Mendoza donna à ses compatriotes le premier modèle de ce genre de poésie. Ses sonnets, quoique le style en soit noble, manquent de grâce et d'harmonie, et ses *Canzone* sont le plus souvent obscurs et recherchés. Comme prosateur, il a fait époque dans la littérature espagnole par son roman comique *Vida de Lazarillo de Tormes* (Burgos, 1554 : la meilleure édition est celle qui a paru à Paris, en 1827), qu'il composa alors qu'il était encore étudiant, et par son remarquable essai historique intitulé : *Guerra de Grenada*, etc., qui ne put être imprimé qu'en 1610, et qui parut pour la première fois sans mutilation à Valence en 1776. Il n'existe qu'une édition complète de ses œuvres poétiques (Madrid, 1610).

Son frère, don *Antonio* Hurtado de Mendoza, fut vice-roi de la Nouvelle-Espagne. On a de lui un ouvrage d'histoire naturelle ayant pour titre : *De las cosas naturales y maravillosas de Nueva España*.

Un autre don *Antonio* Hurtado de Mendoza vécut sous Philippe IV, dont il fut le secrétaire intime en même temps que membre du conseil de l'inquisition. On a de lui diverses comédies et un volume de poésies lyriques (2ᵉ édit.; Madrid, 1798).

MENDOZA (Inigo Lopez de). *Voyez* Santillana (Marquis de).

MÉNECHMES. Le nom de *Ménechme* est un nom propre donné par Ménandre à deux frères jumeaux dont la ressemblance servait à l'intrigue d'une de ses comédies. Ce nom leur fut conservé par les différents auteurs comiques qui empruntèrent au poëte grec le fond de sa pièce, Plaute, Rotrou et Regnard. Le Trissin, dans la comédie intitulée *Simillimi*, et Shakspeare, dans sa *Comedy of Errors*, ont traité le même sujet.

MÉNÉDÈME, d'Érétrie en Eubée, philosophe grec qui vivait environ vers l'an 300 avant J.-C., fut le fondateur de l'école d'Érétrie, qui ne fut qu'un rejeton sans importance de l'école de Mégare. Tout ce qu'on peut conclure du peu que les anciens nous apprennent au sujet de Ménédème, c'est qu'il se rattachait à l'école de Mégare.

MÉNÉLAS, roi de Lacédémone, l'un des Atrides, frère cadet d'Agamemnon, époux d'Hélène, père d'Hermione et de Mégapenthée, eut l'un des plus beaux caractères dans Homère, et doit sa célébrité au rapt de son épouse par Pâris. Lui-même il conduisit soixante navires contre Troie. Protégé par Héré et par Athéné, il était du nombre des guerriers les plus braves; et avec d'autres héros, il fut renfermé dans les flancs du cheval de bois. Après la chute de Troie, il remit aussitôt à la voile avec Hélène ; et déjà il était arrivé à la hauteur de l'île Maléla, quand Zeus envoya une tempête qui dispersa ses vaisseaux et le contraignit à errer pendant l'espace de huit années sur les côtes de Cypre, de Phénicie, d'Éthiopie, d'Égypte et de Libye. Enfin dans l'île de Pharos, où il fit un séjour de vingt ans, Eidothée lui conseilla de faire prisonnier son père, Protée, et de le forcer ensuite à lui apprendre ce qu'il devait faire pour pouvoir rentrer chez lui. Ainsi fit-il, et il lui fut donné dès lors de revoir son pays avec Hélène, le jour même où Oreste enterrait Clytemnestre et Égisthe. Quand Télémaque l'y visita, il mariait Hermione à Néoptolème, et Mégapenthe à la fille d'Alector. En sa qualité de parent de Zeus, il finit par être reçu dans l'Élysée, ainsi que le lui avait prédit Protée. On montrait à Théraphné, en Laconie, son tombeau et celui d'Hélène ; il y avait aussi un temple.

MENENIUS AGRIPPA. Ainsi se nommait l'envoyé que les patriciens romains, lors de la première retraite du peuple sur le mont Sacré, l'an 496 avant J.-C., lui députèrent, et qui, en lui racontant l'apologie des membres qui refusent leur service à l'estomac, le détermina à souscrire à un compromis dont le résultat fut l'institution des **tribuns** du peuple.

MÉNESTRELS, MÉNÉTRIERS. Au huitième siècle on gratifiait du nom de *ménestrels* les musiciens et jongleurs qui avaient succédé aux bardes de la Gaule. D'abord leur office fut noble et fier comme cette nation ; ils marchaient inspirés à la tête de l'armée, commençaient eux-mêmes le combat, ou, par un chant guerrier qu'ils entonnaient, en donnaient le signal. Ce chant roulait d'ordinaire sur les exploits de Roland et de Charlemagne ; on pense même que l'étymologie de *ménestrel* ou *ménétrier* vient d'un certain Ménestrel ou Minstrel de nom, qui fut maître de chapelle de Pepin, père de cet illustre monarque ; elle viendrait, selon d'autres, de *minister*, en basse latinité *ministellus* (ministre, serviteur). La qualification de *jongleur* et de *menestral* n'avait alors rien de déshonorant, car devant l'armée ennemie, avant la bataille, ils jouaient de la lance et de l'épée, qu'ils jetaient en l'air et retenaient par la pointe ; puis ils lançaient leur pique au milieu des rangs hostiles, et c'était le signal de l'attaque et de la mêlée. Ensuite ils racontaient, chantaient, plutôt qu'ils n'écrivaient, les belles actions que ils avaient été témoins. Le fameux Taille-Fer, et Berdic, qui lui succéda, furent les plus fameux ménestrels de Guillaume le Conquérant. La tapisserie de Mathilde, fille de Henri Ier, tapisserie dite *de Bayeux*, atteste encore dans ses broderies l'adresse du ménestrel ou ménétrier Taille-Fer. C'est lui qui donna le signal de la bataille d'Hastings. Berdic, qui hérita de son talent et de ses inspirations martiales, fut comblé des bienfaits de Guillaume le Conquérant, qui lui fit don de trois paroisses dans le Glocestershire, après la conquête de la Grande-Bretagne.

Philippe-Auguste avait à ses gages le poëte Hélinand, qui, ainsi qu'un Demodocos, chantait pendant le repas du prince. Un ménestrel s'appelait aussi quelquefois *prud'homme*, nom qui s'assimilait à ce chantre sublime et si plein de sagesse, à Homère ; nom respectable et correctif de celui de *jongleur*. Ce même Philippe-Auguste avait chassé du royaume les chanteurs ambulants, à cause de leurs mauvaises mœurs ; mais bientôt la France, ce sol de la chanson et de la gaieté, ne put se passer d'eux : elle les rappela, et ils rentrèrent dans le royaume sous le titre de *ménestrandie*. C'est alors que, pareils aux Bohémiens cosmopolites, ils s'élurent un roi. Dans cette troupe, chacun avait sa spécialité : le *trouvère* composait et récitait les fabliaux ; les ménestrels l'accompagnaient. Un de ces ménestrels s'appelait *Tue-bœuf*, un autre *Courte-barbe*; parmi les jongleresses était une certaine Marguerite, *la fame au moine*. Ils aimaient à porter ces noms bizarres, noms de guerre, comme ceux de quelques-uns de nos artistes dramatiques avant le dix-neuvième siècle. Les ménestrels, qui étaient de plus

diseurs de bonne aventure, et qui excellaient à toute espèce de jeux d'adresse et d'esprit, donnaient des conseils aux galants, ce qui leur mérita des amoureux *trompés* le sobriquet de *trompeurs*. Il ne faut pas jeter un œil de dédain sur ces musiciens ambulants, dont un manteau, un pourpoint, un haut-de-chausse même, de prince ou de roi, récompensaient souvent le mérite : les ménestrels ont fait faire un pas immense à l'instrumentation ; ils retrouvèrent, perfectionnèrent ou inventèrent un nombre prodigieux d'instruments. Ils avaient aussi une espèce de chef d'orchestre, qui lorsqu'ils chantaient en chœur donnait le ton.

Ces musiciens poëtes chantaient des *sirventes* (généralement des satires), des *rotruenges* (chansons à ritournelle), des *pastourelles*, des *lais*, des *romances*, des *jeux-partis* (questions de jurisprudence), appelés *tensons* par les trouvères. Jean Brétel d'Arras et Jehan Bodel de la même ville acquirent en ce genre une grande célébrité. Cette poésie, un peu ennuyeuse, un peu froide, était une espèce d'*amébée* (ou interlocutoire) en prose ou en vers, pareille aux conférences de la chaire chrétienne. Ce n'était point là les gais refrains du jongleur Vynot le Bourguignon. Ce dernier faisait partie de la fameuse troupe de jongleurs, ménestrels et *chantrerres*, femmes et hommes, qui avait sa rue à elle dans Paris, et à laquelle la prévôté de cette ville, l'an MCCCXLI, le lundi 22 octobre, donna le privilége, exclusif à tous autres ménestrels ou jongleurs, de jouer et de chanter dans les ruelles, places publiques, maisons, ou palais de la capitale. Les chansons de Vynot devaient exhaler devant son auditoire, nos bons et faciles aïeux, le parfum de son nom, analogue à ce bouquet, et qu'il avait encore rehaussé de celui de *Bourguignon*. Bientôt les ménestrels s'emparèrent de la scène, si l'on peut appeler ainsi les tréteaux enluminés où ils représentèrent *les miracles*, qui firent fureur dans le peuple et la bourgeoisie : c'était au commencement du douzième siècle. On jouait jusque dans les cimetières. En France, le ménestrel Charury, auteur d'un drame, en 1,806 vers, qui roule sur l'inconstance de la vie humaine, et de la *Vie des sept Frères dormants*, autre drame, acquit une grande célébrité, qu'égalait à peine en Angleterre celle du trouvère normand Robert Grosse-Tête, évêque de Lincoln.

Aujourd'hui, plus de gentils *ménestrels* ! Nos poëtes académiciens repousseraient d'un œil dédaigneux ce titre, jadis chéri, respecté, adoré même des dames et damoiselles, titre qui faisait soudain tourner sur leurs gonds les portes des tours et des châteaux. Quant aux *ménétriers*, moins heureux, ils ont été relégués aux banlieues, aux villages, aux foires champêtres ; c'est aujourd'hui communément un méchant violon hebdomadaire, chantre ou maître d'école du hameau, un crin-crin, dont l'orchestre est un tonneau vide, du haut duquel il domine ses lourds quadrilles, et crie à tue-tête : « Queue du chat ! En avant-deux ! Donnez la main à vos dames ! » Toutefois, ce tonneau-orchestre, pourpré de douves branlantes, dont le pupitre est un broc plein, et tout chargeant d'un vin doux et nouveau, qui donne de la vie à l'archet du vieil et jovial Orphée, au nez enrichi de rubis, aux doigts calleux, n'est pas sans charme aux yeux du poëte, et surtout du peintre. C'est de pareilles scènes qu'est fait le génie de Teniers, dont les toiles flamandes, grotesques et riantes, achetées au poids de l'or par les rois, délassent leurs regards, blasés de cette pompe de marbre et d'or qui les environne, en les invitant à cette grosse et franche joie des hommes de la nature.

DENNE-BARON.

Les ménestrels ou ménétriers établirent à Paris, en 1330, la Confrérie de Saint-Julien des Ménétriers ; elle fonda l'année suivante un hôpital, lieu d'asile pour les musiciens pauvres, et se choisit un chef, qui prit le titre de *roi des ménétriers*. La *ménestrandie* était alors une société composée de chanteurs, de joueurs d'instruments, de jongleurs, de baladins et de bateleurs. Les musiciens se séparèrent de ces compagnons indignes de figurer dans leur association, cessèrent de prendre le nom de ménétriers, qu'ils changèrent en celui de joueurs d'instruments hauts et bas. Cette séparation, qui avait eu lieu en 1397, et les nouveaux règlements de la société, furent approuvés par Charles VI, le 24 avril 1407. Le *roi des ménétriers*, devenu plus tard *roi des violons*, exerça son empire sur la France jusqu'en 1773, que Guignon, le dernier roi de cette espèce, voulut bien abdiquer. Les rois de France avaient successivement confirmé la charge de *roi des violons* par des ordonnances. Une infinité de procès intentés à cause des prétentions du souverain, qui pour sceptre tenait un archet, les impôts qu'il levait sur son peuple, par lui-même ou par son lieutenant, toutes les fois qu'un joueur d'instrument haut ou bas voulait obtenir ses lettres de maîtrise, et le droit de jouer dans les bals ou dans les concerts, ont occupé souvent les tribunaux. Le *roi des violons* voulut primer les organistes, les maîtres de clavecin, et les assujettir à lui payer le droit de maîtrise. Il fallut un arrêt du parlement, du 7 mai 1695, pour les délivrer de la tyrannie du roi de violons. La Confrérie de Saint-Julien des Ménétriers n'a cessé d'exister qu'en 1789.

CASTIL-BLAZE.

MÉNESTRIER (Le père CLAUDE-FRANÇOIS), savant jésuite, né à Lyon, en 1631, professa longtemps les humanités et la rhétorique dans divers collèges de son ordre, et après avoir voyagé en Italie, en Allemagne, en Flandre, en Angleterre, après avoir brillé vingt-cinq ans dans les principales chaires du royaume, se fixa à Paris, où il mourut, en 1705. Ses plus importants ouvrages sont : *Nouvelle Méthode raisonnée du blason* (nouvelle édition, in-8°, 1770); *De la Chevalerie moderne* (in-12, 1683); *Traité des Tournois, joûtes et autres spectacles publics* (in-4°, avec figures, 1674); *L'Art des Emblèmes* (in-8°, avec figures, 1683); *Des Ballets anciens et modernes* (in-12, 1688); *Des Représentations en musique anciennes et modernes* (in-12, 1687); *Histoire du Règne de Louis le Grand, par les médailles, emblèmes, devises, jetons,* etc. (in-fol., 1693); *Dissertation sur l'usage de se faire porter la queue* (in-12, 1704). Le père Ménestrier fait encore autorité dans tout ce qui est relatif à l'art héraldique.

MÉNÉTRIER. Voyez MÉNESTREL.

MENGS (ANTOINE-RAPHAEL), l'un des artistes les plus célèbres du dix-huitième siècle, né à Aussig, en Bohême, le 12 mars 1728, fut dès sa première jeunesse traité de la manière la plus tyrannique par son père, Israel MENGS, artiste médiocre et Danois de naissance, qui était peintre de la cour de Dresde. Destiné à la carrière des arts, ce fut son père qui lui enseigna les premiers éléments du dessin; et il l'accompagna en 1741 à Rome, où pendant ce temps-là, toujours sous sa sévère direction, il passa de l'étude des chefs-d'œuvre de la sculpture antique à celle des sublimes compositions de Michel-Ange et de Raphael. Trois ans après, en 1744, il s'en revint à Dresde avec son père; et le roi Auguste III le nomma alors peintre de sa cour. Cependant, il obtint en même temps l'autorisation de se rendre à Rome, où son père le suivit. A partir de 1748 il entreprit de grandes compositions originales, qui obtinrent les suffrages unanimes des connaisseurs. On admira surtout une *Sainte Famille* qu'il y exposa. Ce tableau rappelle encore une circonstance remarquable de sa vie : « s'animaracha d'une belle paysane qui lui servait de modèle en présence de sa mère, et ce fut pour l'épouser qu'il embrassa le catholicisme. Revenu encore une fois à Dresde, en 1749, le roi lui accorda le titre de son premier peintre; et en 1751, à l'occasion de la consécration de l'église catholique, il fut chargé de peindre le tableau destiné à orner le maître autel, et fut autorisé à l'aller composer à Rome. En 1754 il prit la direction de la nouvelle académie de peinture qu'on venait d'y fonder. En 1757 il peignit pour les Célestins la voûte de San-Eusebio, et plus tard, pour le cardinal Albani, dans sa villa, un plafond et divers tableaux à l'huile, par exemple une *Cléopâtre*, une *Sainte Famille* et une *Madeleine*. Un jeune Anglais, nommé Webb, à qui il fit part de ses idées sur l'art, les donna comme siennes dans des *Recherches sur le Beau*, et par ce plagiat se rendit célèbre. En 1761 Mengs accepta l'invitation que lui adressa le roi Charles III de venir se fixer en Espagne, où il termina son *Ascension* pour le maître autel de Dresde, et où entre autres il peignit une *Assemblée des Dieux* et une *Descente de croix*. Les intrigues de ses ennemis le déterminèrent, en 1770, à solliciter un congé à l'effet de se rendre en Italie, où il exécuta un grand plafond allégorique pour la bibliothèque du Vatican. Il ne retourna que trois ans après à Madrid; il y peignit alors son chef-d'œuvre, le plafond de la salle à manger du roi, représentant l'apothéose de Trajan et le temple de la Gloire. Mais dès 1776 il revint à Rome, où il mourut, le 29 juin 1779. Des vingt enfants qu'il avait eus, sept seulement lui survécurent. Sa bienfaisance, les secours qu'il se plaisait à accorder à de jeunes artistes, l'éducation distinguée qu'il avait fait donner à ses enfants, sa passion pour l'art, qui le portait souvent à acheter à fort haut prix des dessins originaux de maîtres célèbres, des vases, des reproductions en plâtre, dont il donna une collection à l'Académie royale de Madrid, et dont une autre se trouve à Dresde, des gravures, etc., ses voyages incessants, et enfin le grand train de vie qu'il était habitué à mener, avaient dévoré, quand il mourut, les sommes immenses qu'il avait gagnées avec son pinceau. Mais ses amis et ses admirateurs se chargèrent d'assurer le sort de sa famille.

Sa composition et sa manière de grouper sont simples, nobles et étudiées, peut-être même un peu recherchées; son dessin est toujours juste et de bon goût. Son grand modèle, Raphael, et les antiques le préservèrent de la manière; et ses toiles sont des ouvrages du goût le plus parfait. Néanmoins ils laissent le spectateur froid, parce qu'ils visent à l'effet et trahissent le manque d'inspiration propre. Son coloris, pour lequel le Titien lui servit de modèle, est vigoureux et beau. D'ailleurs, le plus grand nombre de ses tableaux sont terminés avec une soin extrême, on pourrait même dire avec amour. Comme maître il était sévère, et il faisait plutôt observer à ses élèves les fautes qu'ils pouvaient avoir commises, qu'il ne leur signalait les qualités qui leur manquaient encore.

Ses écrits sur l'art et sur les maîtres, qu'Azara publia en italien (2 vol., Parme, 1780), et dans la composition desquels il fut secondé par son ami Winckelmann, sont très-instructifs, mais remplis de subtilités et de recherche.

MENG-TSÉ (c'est-à-dire *le Maître*), appelé autrefois *Meng-ko*, dont les jésuites ont latinisé le nom en *Mencius*, célèbre écrivain moraliste chinois, naquit dans les premières années du quatrième siècle avant J.-C., dans le cercle actuel de Schan-tong, et mourut vers l'an 314, à l'âge de quatre-vingt-quatre ans. Kong-tsé, dont on a également latinisé le nom en *Confucius*, et Meng-tsé, sont considérés par les populations appartenant à la civilisation chinoise comme leurs deux premiers sages et docteurs. Ils reçurent un grand nombre de surnoms honorifiques, entre autres celui de *Sching*, qu'on peut traduire par saint ou parfait, et qui est le plus habituel. Meng-tsé reçut de sa mère, restée veuve, une excellente éducation; et à la Chine « la mère de Meng » est une expression proverbiale employée pour désigner une bonne institutrice. Vers ce temps-là la Chine se divisa en un grand nombre de fiefs héréditaires, qui reconnaissaient tout au plus la suzeraineté de l'empereur des *Tschéou*. Meng-tsé visita plusieurs cours, à l'effet d'y répandre et d'y propager les principes de la vertu et de la justice; mais il échoua dans ses efforts. Les entretiens qu'il eut à cette occasion avec les princes et leurs ministres, ceux qu'il eut avec ses disciples et ses amis, ont été recueillis par les nombreux admirateurs du maître. Ils forment le *Livre de Meng-tsé*, qui est le quatrième de ce qu'on appelle les *Quatre Livres*, contenant les fondements de l'éducation et de l'instruction de la jeunesse chinoise. A lui seul le livre de Meng-tsé est plus volumineux que les trois autres. On en possède diverses traductions; mais il n'y en a aucune

5.

qui approche de l'énergie et de la concision, de la verdeur et de la vivacité de l'original. Nous mentionnerons la traduction latine du P. Noël (Prague, 1711) et celle de M. Stanislas Julien (Paris, 1824), qui y a joint le texte lithographié. Il existe aussi des traductions de Meng-tsé en langues modernes, par exemple la traduction anglaise de Collie (Malakka, 1828) et la traduction française de M. Pauthier.

MEN-HIR ou **PEULVAN** (des mots celtiques *men*, pierre, et *hir*, longue; *peul*, pilier, et *van*, pierre), noms que l'on donne à des monuments druidiques qui se composent ou d'une seule pierre droite, plus ou moins conique par le haut et plantée verticalement en terre, ou d'une pierre ronde ou ovale, polie elle-même un silex. Dans ce dernier cas, on l'appelle communément *palais de Gargantua*, comme aussi on appelle *pavé des géants* celles qui se présentent verticalement et en une certaine quantité, rangées avec ou sans symétrie. Les *cromlechs* (de *cromm*, courbe, et *lec'h*, pierre sacrée) sont des peulvans verticaux, placés à une certaine distance les uns des autres, sur un plan circulaire, elliptique ou demi-circulaire; ils sont quelquefois entourés de fossés. On voit, à six milles de Salisbury, un de ces cromlechs que le peuple appelle *danse des géants*, et qu'il attribue à l'enchanteur Merlin.

MENIN (de l'espagnol et du roman *menino*, petit, mignon), nom donné en Espagne aux jeunes nobles attachés aux enfants de la famille royale pour partager leurs jeux, pour les accompagner, et jadis en France à chacun des six gentilshommes particulièrement attachés à la personne du dauphin. On les appelait aussi *gentilshommes de la Manche*.

MÉNINGES (du grec μῆνιγξ, membrane), membranes qui entourent l'encéphale, et qui se décomposent en *dure-mère*, *arachnoïde* et *pie-mère*. Chaussier réservant le nom de *méninge* à la dure-mère seulement, donne le nom de *méningine* aux deux autres.

MÉNINGITE. Voyez FIÈVRE CÉRÉBRALE.

MENINSKI (FRANÇOIS), dont le véritable nom était *Menin*, celui qui contribua le plus à répandre l'étude de la langue turque parmi les autres peuples de l'Europe, était né en Lorraine, en 1623. Après avoir fait ses études à Rome, il se détermina, à l'âge de trente ans, à accompagner l'ambassadeur de Pologne à Constantinople, où il parvint à acquérir une connaissance si complète de la langue turque, qu'il fut nommé premier drogman de l'ambassade et plus tard même ambassadeur. Après avoir obtenu l'indigénat en Pologne, il changea son nom de famille, Menin, en celui de Meninski. Cependant, en 1661 il entra au service de l'empereur, avec le titre de premier interprète des langues orientales à Vienne. En 1669 il alla visiter Jérusalem. Il mourut en 1698. A son *Thesaurus Linguarum Orientalium, sive Lexicon Arabico-Persico-Turcicum* (3 vol.; Vienne, 1680-1687) se rattachent, comme quatrième et cinquième volumes, ses *Linguarum Orientalium, Turcicæ, Arabicæ, Persicæ, Institutiones, sive Grammatica Turcica*, et son *Complementum Thesauri Linguarum Orientalium, sive Onomasticon Latino-Turcico-Arabico-Persicum* (Vienne, 1680). Kollar a donné une réimpression de sa grammaire (Vienne, 1756), et Jenisch une nouvelle édition de son Dictionnaire (4 vol., Vienne, 1780-1802).

MÉNIPPE, l'un des plus fameux cyniques et disciple de Diogène, natif de Gadara en Syrie, avait acquis une grande fortune en faisant effrontément l'usure; s'étant ruiné plus tard, il s'étrangla de désespoir. Il poursuivait de mordantes railleries les vices des hommes en général et des philosophes en particulier. Aussi le Romain Varron composa-t-il, sous le titre de *Satira menippea* ou *cynica*, une espèce particulière de satires dont quelques fragments se sont conservés jusqu'à nous. Consultez, sur la vie de Ménippe et le genre de satire nommée d'après lui *satire ménippée*, Œhler, *Marci Terentii Varronis Satirarum menippearum Reliquiæ* (Leipzig, 1841).

MÉNIPPÉE (Satire). Un pamphlet politique n'est que la caricature de l'histoire; mais cette caricature, pour être exagérée, n'en est pas moins précieuse, quand elle a su conserver les traits saillants de ses modèles. C'est ce qui fit la fortune de la Satire Ménippée à sa naissance; c'est ce qui nous la fait lire encore. A la mort de Henri III, Henri de Navarre, son successeur légal, prit le titre de roi; mais la Ligue, qui avait détrôné Valois, refusa de le reconnaître. Le duc de Mayenne, son chef, maître de Paris et de la majeure partie du royaume, fit la guerre au nouveau monarque, qui le vainquit sur le champ de bataille, mais ne put l'abattre entièrement. Philippe II soutenait la cause catholique, de ses soldats et de son argent, dans le but secret de se payer de ses sacrifices en plaçant sa fille Eugénie sur le trône de France. Mayenne, de son côté, aspirait à la couronne, et tous deux s'accordèrent à convoquer les états, qui devaient trancher la question. Cette assemblée eut lieu à Paris, en 1593, et se sépara sans rien conclure, car trois partis la divisaient: le parti ligueur, qui voulait Mayenne; le parti de l'union, qui voulait la princesse d'Espagne avec le duc de Savoie ou le jeune duc de Guise; et le parti des politiques ou parlementaires, qui voulait l'héritier légitime, Henri IV. Alors parut le *Catholicon d'Espagne*, composé par un ecclésiastique, le sieur Leroy.

« Pendant qu'on en faisoit, dit l'auteur, les préparatifs et eschafauds au Louvre, et qu'on attendoit les députés, il y avoit deux charlatans, l'un espagnol et l'autre lorrain, qu'il faisoit merveilleusement bon voir vanter leur drogue et jouer tout le long du jour. Le charlatan espagnol étoit fort plaisant: à son eschafaud étoit attachée une grande peau, scellée de cinq à six sceaux d'or, de plomb et de cire, avec des titres en lettres d'or portant ces mots: « Lettres du pouvoir de l'Espagnol et des effets miraculeux de la drogue appelée *higuiero*. » Maintenant, disait-il, servez d'espions aux camps, aux tranchées, à la chambre du roy et en ses conseils, bien qu'on vous connoisse pour tel, quiconque pris aura pris de le moindre grain de *higuiero*, quiconque vous taxera sera estimé huguenot. Soyez recognu pour pensionnaire d'Espagne, traïssez, désunissez les princes, pourvu qu'ayez pris un grain de catholicon à la bouche, on vous embrassera. N'ayez point de religion, moquez-vous à *gogo* des prestres et mangez de la chair en caresme, en despit du pape, il ne vous faudra d'autre absolution qu'un peu de catholicon. Voulez-vous bientost être cardinal, frottez une corne de votre bonnet d'*higuiero*, il deviendra rouge, et serez fait cardinal. Quant au charlatan lorrain, il n'avoit qu'un petit eschaveau devant lui, couvert d'une vieille serviette, et dessus une tirelire, d'un côté, une boîte, de l'autre, pleine aussi de catholicon, dont il débitoit fort peu, parce qu'il commençoit à s'esvanter, manquant de l'ingrédient plus nécessaire, qui est l'or. »

Quelques mois après, pour faire suite au *Catholicon*, parut l'*Abrégé de la Tenue des états*, et le tout prit le nom de *Satire Ménippée*. Ce nouvel écrit, plus piquant encore que le premier, débutait ainsi: « Après que l'assemblée fut entrée bien avant dans la grande salle, la place fut assignée à chacun: Monsieur le lieutenant de l'Estat et couronne de France (Mayenne), crioit un héraut, montez là-haut en ce trosne royal, en la place de vostre maitre; Monsieur le duc de Guise, mettez-vous tout le fin premier, pour ce coup, sans préjudice de vos droits à venir; Madame de Montpensier, mettez-vous sous votre neveu; Monsieur le primat de Lyon, laissez-là votre sœur, et venez ici prendre votre rang. » C'était autant d'allusions malignes aux bruits qui couraient sur les menées de ces personnages. Après que tout le monde a pris place, viennent les discours du lieutenant général, du cardinal Pelevé, du légat, de l'évêque de Senlis, de D'Aubray et de plusieurs autres, assaisonnés de traits pleins de malice, dévoilant les vices et les projets de chacun d'eux. On ne peut les lire encore sans se dérider et sans être ému, tantôt par le sel des plaisanteries, tantôt par l'éloquence de certains passages: témoin la harangue de D'Aubray, organe des politiques. L'*Abrégé des états* composa la meilleure part de la Satire Ménippée ; elle est due à la plume de l'élite des gens d'esprit de l'époque. Un savant, un magistrat et deux poëtes y concoururent : on y retrouve l'empreinte diverse de plusieurs talents également remarquables. Gillot, conseiller au parlement de Paris, fit les harangues du légat Florent Chrétien et du cardinal Pellevé. Pierre Pithou composa celle de D'Aubray. Rapin et Passerat y joignirent des vers pleins d'une ironie aussi spirituelle qu'acérée. Tous ces écrivains étaient unis par les mêmes opinions : elles fécondèrent heureusement leur verve. Il ne faut pas, au reste, oublier que l'à-propos est la première condition du succès, et que si la Satire Ménippée pénétra si profondément les esprits, c'est qu'ils étaient fatigués de l'anarchie, dégoûtés de la Ligue, dont le pouvoir s'était usé par la violence et de ténébreuses intrigues. Ce pamphlet a survécu aux causes qui l'avaient enfanté ; c'est là son plus bel éloge, c'est la preuve la plus incontestable de son mérite.

SAINT-PROSPER jeune.

MENISQUE. *Voyez* LENTILLE (*Optique*).
MENNAIS (L'abbé DE LA). *Voyez* LA MENNAIS.
MENNO (SIMONS), fondateur de la secte des *mennonites*, naquit en 1496, à Witmarsum, en Frise. Ordonné prêtre en 1524, puis vicaire pendant plusieurs années, il abandonna l'Église catholique en 1536. Convaincu que le baptême des adultes est conforme aux prescriptions de l'Évangile, il se rattacha aux a n a b a p t i s t e s, qui à cette époque se constituaient dans les Pays-Bas à l'état de secte indépendante, sous la dénomination de *rebaptisants*. Il se fit alors rebaptiser à Leeuwarden, et fut placé à Groningue en qualité de maître et d'évêque. Quoique la Frise ait toujours été sa principale résidence, il ne laissa pas que de parcourir diverses parties de la Hollande et de l'Allemagne septentrionale, et alla même jusqu'en Livonie jusque dans la province de Gothlande. Les persécutions qu'il y finit par essuyer dans sa patrie le forcèrent à se réfugier à Wismar, où il tint le *colloquium wismariense* que John Wigand nous a conservé dans son ouvrage *De Anabaptismo* (Leipzig, 1582). En dernier lieu, il s'établit dans le domaine de Fresenburg près d'Odesloe, en Holstein, où il trouva aide et protection, et où il lui fut même permis d'établir une imprimerie pour la propagation de ses écrits. Après s'être rendu à Cologne, où il essaya inutilement de concilier les différends survenus entre les anabaptistes de l'Allemagne centrale, au sujet de l'excommunication ecclésiastique, il mourut en 1561.

MENNONITES. *Voyez* ANABAPTISTES.
MÉNOLOGE (du grec μῆν, μηνός, mois, et λόγος, discours : discours pour chaque mois). Ce terme répond dans l'Église grecque à ce que l'on entend dans l'Église romaine par *martyrologe*.
MÉNORRHAGIE. *Voyez* HÉMORRHAGIE UTÉRINE.
MENOT (MICHEL), l'un des plus célèbres et des plus étranges prédicateurs du seizième siècle ; ses contemporains le surnommèrent la *Langue d'Or* ; il a depuis été envisagé beaucoup moins favorablement : on n'a vu chez lui qu'une éloquence triviale et parfois grotesque de plates bouffonneries, une érudition barbare et un style abject. Il était né en 1540, et appartenait à l'ordre des cordeliers. Il mourut dans leur maison, en 1518. Ses sermons ont été publiés après sa mort, sous le titre de *Sermones quadragesimales*. Ils ont été réimprimés en partie, avec des notes, en 1833, par l'abbé Labouderie.

MENOU (JACQUES-FRANÇOIS, baron DE), né en 1750, à Boussay-de-Loches, en Touraine, d'une ancienne famille, était maréchal de camp au moment où éclata la révolution. Député, en 1789, aux états généraux par la noblesse de Touraine, Menou y fut un des défenseurs des idées nouvelles, et s'attacha surtout à la formation et à l'administration de l'armée. Cependant, à l'époque du voyage de V a r e n n e s, il contribua puissamment à la création du club des F e u i l l a n t s. En 1793, envoyé en Vendée, et battu par La Rochejacquelein, il fut traduit à la barre de la Convention ; il eut pour défenseur Barrère, qui le sauva. Devenu général de brigade au 9 thermidor, il commanda, le 2 prairial, les troupes qui comprimèrent le faubourg Saint-Antoine. Sa conduite dans cette occasion lui valut une armure d'honneur complète et le titre de général de l'armée de l'intérieur. Il fut moins heureux au 13 vendémiaire ; il faillit compromettre le succès de cette journée, et passa pour ce fait devant un conseil de guerre ; Bonaparte lui-même le défendit, et le fit acquitter. Cependant, il resta en non-activité, jusqu'à ce que le premier consul le fit désigner pour l'accompagner en É g y p t e, en qualité de général de division. A la mort de K l é b e r, Menou prit, par rang d'ancienneté, le commandement de l'armée française, qui n'éprouva sous ses ordres qu'une suite d'échecs, terminés par la honteuse capitulation d'Alexandrie. Le général Menou, de retour en France (1802), fut obligé de se justifier près de Bonaparte, qui voulut bien croire qu'il avait été plus malheureux que maladroit, et qui l'envoya en Piémont, en qualité de gouverneur général. Envoyé plus tard à Venise, avec la même qualité, le général Menou y mourut, en 1810.

Il avait épousé à Rosette la fille d'un riche propriétaire de bains, et embrassé l'islamisme, sous le nom d'*Abdallah-Jacob Menou*.

MENSCHIKOFF (ALEXANDRE-DANILOWITSCH), ministre d'État et feld-maréchal russe, était le fils d'un petit bourgeois de Moscou, ville où il naquit, le 17 (28) novembre 1672. Apprenti boulanger, il plut par sa bonne mine au général Lefort, qui le présenta à Pierre le Grand. Nommé *Denttschtschik* du tsar, il eut le bonheur de découvrir une conspiration des strélitz ; ce qui lui fraya la voie des honneurs et des emplois lucratifs. En 1696 il fit en qualité de sergent dans le régiment de la garde Preobraschenski la campagne d'Asoff ; puis il accompagna le tsar dans ses voyages en Hollande et en Angleterre, et gagna à un tel point sa confiance, que ce prince, à la mort de L e f o r t, le prit pour favori, et dès lors ne fit plus rien sans le consulter. Pour tout dire, il faut dire que Menschikoff, qui dans sa jeunesse ne savait ni lire ni écrire, fut sans conteste l'un des hommes les plus remarquables de son siècle, tout à la fois bon général et diplomate habile, qu'il prit une part importante à l'œuvre civilisatrice entreprise en Russie par Pierre, qu'il protégea les arts et les sciences, l'exploitation des mines, la navigation et toutes les branches de l'industrie. Ce fut à lui que la Russie dut une bonne partie de la considération dont elle jouit à l'extérieur depuis le règne de Pierre le Grand, dont la plupart des plans furent son œuvre personnelle. Ce fut lui qui, le 30 octobre 1706, battit les Suédois à Kalisch ; et il ne contribua pas peu non plus au succès des journées de Ljesnoi et de Pultawa. A la suite de cette dernière victoire, il contraignit la plus grande partie de l'armée suédoise, commandée par Lœwenhaupt, à mettre bas les armes. En 1710 il s'empara de Riga, envahit la Poméranie et le Holstein, et prit, en 1713, Stettin, qu'il abandonna à la Prusse, contrairement à la volonté du tsar. Ce fait, joint à l'égoïsme et à la cupidité de Menschikoff, qui le portaient à commettre un grand nombre de concussions, irrita tellement contre lui Pierre le Grand, que celui-ci le fit traduire devant un conseil de guerre, qui, à la pluralité des voix, le condamna à mort. Le tsar, cependant, lui fit grâce de la vie, et lui laissa toutes ses dignités, voire même les fonctions de gouverneur général de Saint-Pétersbourg ; mais Menschikoff dut acquitter une énorme amende, et ne regagna jamais sous Pierre le Grand son premier crédit. Il n'en joua qu'un rôle plus important sous le règne de Catherine Ire, qui ne dut son élévation au trône qu'à son courage et à son intrépidité, et qui par reconnaissance fit tout ce qu'il voulut. Cependant, il échoua dans le plan qu'il avait formé pour se faire déclarer duc de Courlande. A la mort de Catherine, il s'empara arbitrairement du pouvoir suprême, et sous le nom de Pierre II, qui était encore mineur, il exerça la puissance la plus illimitée. Il était à la veille de devenir le beau-père de l'empereur et de lui faire épouser sa fille, lorsqu'il fut subitement renversé par Dolgorouki et banni en Sibérie, en même temps que sa fortune, consistant, outre d'immenses terres avec plus de 100,000 paysans, en trois millions de roubles en argent comptant, diamants et autres objets précieux, était confisquée au profit de la couronne. Au mois de septembre 1727, l'homme que l'empereur Léopold Ier avait créé en 1702 comte, puis en 1706 prince du saint-empire, à qui Pierre le Grand avait accordé, en 1707, la dignité de prince russe et sur le champ de bataille de Pultawa le bâton de feld-maréchal, que ce prince avait comblé d'honneurs et de dignités, partit avec sa femme, son fils et ses deux filles pour se rendre à Bérésoff, qui lui était assigné comme résidence. Il supporta d'abord son infortune avec une stoïque résignation; mais après la mort de sa femme et de sa fille aînée, il tomba dans une complète prostration morale, et mourut, le 22 octobre (2 novembre) 1729. Les deux enfants qu'il laissait furent rappelés d'exil l'année suivante, par l'impératrice Anne. Sa fille *Alexandra*, qu'il avait destinée au prince héréditaire d'Anhalt-Dessau, épousa le général comte Gustave de Biren, frère du duc de Courlande, et mourut à Saint-Pétersbourg, le 13 (24) octobre 1736. Son fils, le prince *Alexandre-Alexandrowitsch* MENSCHIKOFF, né en 1713, fut officier dans la garde, se distingua dans les guerres de Suède et de Turquie, et mourut le 27 novembre (8 décembre) 1764, avec le grade de général en chef.

MENSCHIKOFF (ALEXANDRE SERGEJEWITSCH, prince), petit-fils du précédent, amiral, ministre de la marine et aide de camp de l'empereur Nicolas, né en 1789, entra au service en 1805, et fut longtemps attaché à l'ambassade de Russie à Vienne. Plus tard il fit, en qualité d'officier d'ordonnance de l'empereur Alexandre, les campagnes de 1812 à 1815, et parvint jusqu'au grade de général; mais il donna sa démission en 1823, en même temps que Capo-d'Istria, Stroganoff et autres, parce que le gouvernement russe refusait d'intervenir dans les affaires de la Grèce. Après l'avénement au trône de l'empereur Nicolas, le prince Menschikoff fut envoyé en ambassade extraordinaire en Perse; mais il trouva le schah disposé à guerroyer, parce que le bruit s'était répandu qu'une révolution avait eu lieu en Russie; et à son retour il prit part aux premières opérations de la guerre qui s'ensuivit entre les deux puissances. Dans la campagne de Turquie, en 1828, il fut chargé du commandement d'une expédition contre Anapa, et il contraignit cette place à capituler, après un court investissement. Chargé ensuite du siége de Varna, il fut grièvement blessé dans une sortie opérée par la garnison, et dut abandonner le théâtre de la guerre. Quand sa santé se trouva rétablie, il fut placé, en qualité de vice-amiral et de chef de l'état-major général, à la tête de la marine, qui depuis le règne de l'empereur Alexandre avait beaucoup déchu, et il remit sur un pied plus respectable. Nommé aussi gouverneur général de la Finlande en 1831, il obtint en 1836 le grade d'amiral; et après la retraite de l'amiral Mollèr, il prit la direction immédiate du département de la marine. Au mois de mars 1853, il se rendit avec une suite brillante et en qualité d'ambassadeur extraordinaire à Constantinople, à l'occasion des difficultés soulevées par la question des lieux saints, pour la mission de forcer la Porte Ottomane de reconnaître à la Russie le droit de protectorat sur les populations de religion grecque en Turquie. Le sultan ayant repoussé de la manière la plus énergique cette prétention, le prince Menschikoff se rembarqua le 21 mai pour Odessa. C'est à peu de temps de là qu'éclata le grave conflit européen auquel la paix signée, à Paris, le 30 mars 1856 est venue si heureusement mettre un terme. Chargé de la défense de Sébastopol, il perdit d'abord la bataille de l'Alma, fit fermer l'entrée du port en y coulant des vaisseaux, et fortifier en toute hâte la ville, qui était ouverte du côté de la terre. S'il se maintint d'abord contre les alliés il échoua encore à Inkermann; et dès lors le succès des assiégeants parut plus décidé. Rappelé à Saint-Pétesbourg, en mars 1855, après la mort de l'empereur Nicolas, le commandement de Cronstadt lui fut confié, et il a augmenté les fortifications de cette place, de concert avec le général Todtleben, qui avait déjà improvisé les travaux de défense de Sébastopol.

MENSE. *Voyez* MANSE.

MENSONGE. Ce mot est synonyme d'*imposture* et de *fausseté*, en tant que tous trois signifient des discours tenus contrairement à ce qu'on sait être vrai. Mais le *mensonge* est plus relatif au but que se propose celui qui tient ces discours, l'*imposture* à l'effet qu'ils produisent sur l'auditeur, la *fausseté* aux faits sur lesquels ils portent. Par le *mensonge* on se montre autre qu'on n'est, par l'*imposture* on abuse les esprits, on leur en impose, on pervertit l'opinion, on fait accroire ce qui n'est pas; par la *fausseté* on dit des choses qui ne se sont point passées, ou l'on dit les choses autrement qu'elles ne se sont passées. Un fanfaron et un enfant coupable ont recours au *mensonge*, l'un pour se faire valoir, l'autre pour éviter le châtiment; le charlatan et le calomniateur usent d'*imposture*; un historien infidèle, des témoins corrompus, disent des *faussetés*. Le *mensonge* est un trait de vanité ou un subterfuge, l'*imposture* marche le long du chemin de la crédulité, la *fausseté* un manque de véridicité, de bonne foi. Pour détruire un *mensonge*, il suffit souvent de faire connaître le caractère hâbleur de celui qui le profère, ou le besoin qu'il en a pour se retirer d'un mauvais pas; pour détruire l'*imposture* il faut, par quelque moyen que ce soit, soustraire les esprits au joug de l'opinion qu'on leur a imposée; on détruit une *fausseté* en rétablissant la réalité des faits. Le *mensonge*, considéré en ce qui le distingue des deux autres, ne concerne guère que nous; il peut être très-innocent, ne nuire à personne; ce peut n'être qu'un conte fait pour amuser l'esprit : de là vient que les fables, les fictions poétiques, sont appelées des *mensonges*. L'*imposture*, au contraire, a toujours des conséquences graves, parce que son but est de tromper, et qu'ordinairement elle est accompagnée d'audace, d'impudence, d'effronterie; elle maintient son dire avec force, en dépit de la conviction et des cris de la conscience. Le *mensonge* est quelquefois timide, honteux; l'*imposture* est hardie, et ne rougit jamais. Quelquefois le *mensonge* échappé; dans l'*imposture* il y a toujours quelque chose de réfléchi, de prémédité, d'artificieux. On dit au figuré : Le monde n'est que *mensonge*; c'est-à-dire qu'il est plein de vanité, qu'il n'y a rien qu'il ne paraît. Au figuré, on dit aussi que les arts séduisent par une *imposture* agréable. Quant à la *fausseté*, elle a tellement rapport à la seule falsification des faits, que presque jamais elle n'annonce d'intention mauvaise de la part de celui qui l'emploie et qu'on peut à la rigueur supposer qu'il croit de bonne foi à ce qu'il dit; mais alors ce mot n'est plus synonyme des deux autres.

Moralement parlant, le *mensonge* n'est presque jamais qu'une faute légère; on en excuse et l'on en rit; l'*imposture* est un crime, une fourberie; on en est indigné, parce qu'on n'aime pas à être pris pour dupe; la *fausseté* est une fraude : presque toujours elle cache de la malignité, sinon de la haine. Benjamin LAFAYE.

MENSTRUE. Les anciens chimistes donnaient ce nom au corps qui servait à dissoudre un autre corps. Le dissolvant s'appelait *menstrue*, parce qu'à l'origine on maintenait le corps à dissoudre dans son dissolvant sur un feu modéré pendant quarante jours, durée d'un mois (*mensis*) philosophique. D'où l'expression de *dissolvant menstruel*, puis de *menstrue*. L'eau-forte était le *menstrue* ou le dissolvant du fer; l'eau régale, le *menstrue* de l'or, etc. Par suite les pharmacologistes donnaient le même nom de menstrue au liquide bouillant, dont on se servait pour obtenir une infusion, puis à tout excipient.

MENSTRUES, MENSTRUATION (du latin *menses*), On appelle *menstrues* les évacuations sanguines qui ont lieu par les organes sexuels chez la femme et chez les femelles de quelques animaux, évacuations qui commencent à l'époque de la puberté, et qui reviennent périodiquement jusqu'au moment où la femme cesse d'être capable d'engendrer. Elles sont un signe évident de la venue de la puberté chez la femme, et trahissent en quelque sorte le besoin physique qu'elle éprouve d'être fécondée. Elles sont d'ailleurs si intimement unies à la nature de la femme, que non-seulement les femmes de toutes les races, de tous les pays, de toutes les classes y sont sujettes, mais encore que leur irrégularité ne tarde pas à devenir une cause de maladie pour la femme nubile. Le corps se débarrasse ainsi du superflu de matière nourrissante tant que, suivant sa destination naturelle, elle n'est pas employée à la formation du fœtus. La première apparition des menstrues, qui coïncide fréquemment avec des souffrances de diverses espèces, mais qui a lieu en l'état de nature sans aucun accident maladif, varie dans les climats tempérés de l'âge de treize à vingt ans. Dans les pays chauds cette époque est quelque peu devancée, de même qu'elle est quelquefois retardée dans les pays froids. L'évacuation sanguine dure avec plus ou moins de force de trois à quatre jours, et souvent huit jours pleins ; elle cesse alors spontanément, et revient ensuite régulièrement toutes les quatre semaines et souvent au même jour. On voit cependant des femmes les avoir toutes les trois semaines et même tous les quinze jours. La quantité de sang qui dans cet espace de temps s'échappe goutte à goutte dépend principalement de la constitution physique, de la manière de vivre, etc. Les femmes des villes, surtout quand elles ont reçu une éducation énervante et qu'elles mènent une vie oisive, perdent ordinairement plus de sang dans la menstruation que les filles et les femmes de la campagne, et sont en outre sujettes à une foule d'incommodités que celles-ci ne connaissent point. Il s'y joint surtout chez elles des évacuations muqueuses, des douleurs, des crampes, un sentiment de langueur, etc.

Au début de la grossesse, la menstruation ou cesse aussitôt et complétement, ce qui est le cas le plus ordinaire, ou revient encore quelquefois pendant les premiers mois après la conception, mais plus faible ; elle cesse alors tout à fait, et ne reparaît qu'à la fin de l'allaitement.

Indépendamment d'interruptions de ce genre qui peuvent aussi être le résultat d'un état morbide, l'évacuation sanguine mensuelle dure tant que la femme est capable d'engendrer, et disparaît naturellement pour toujours avec cette faculté. C'est ce qui arrive le plus ordinairement à l'âge de quarante ans. Si le climat, la constitution physique, la manière de vivre exercent de l'influence sur l'apparition hâtive ou tardive des menstrues, il en est de même en partie de leur suppression. La menstruation est sujette à une foule de perturbations, qui influent toujours plus ou moins sur la santé de la femme, et peuvent devenir la source de maladies très-diverses. En général, il faut observer le plus grande prudence quand on veut activer une menstruation paresseuse ou insuffisante, ou bien la limiter quand elle est excessive.

MENTAGRE (du latin *mentagra*, feu volage qui vient au visage, fait de *mentum*, menton, et du grec ἄγρα, prise, envahissement). Voyez DARTRE.

MENTALES (Maladies). Voyez ALIÉNATION MENTALE, FOLIE, MANIE, DÉLIRE, HALLUCINATION, etc.

MENTELLE (EDME), né à Paris, en 1730, se livra de bonne heure à l'étude de la géographie et de l'histoire, qu'il professa pendant trente ans à l'École Militaire et ensuite à l'École Normale. Mentelle a écrit sur ces matières un grand nombre d'ouvrages élémentaires, et a été un des premiers à faciliter l'étude de la géographie par les cartes en relief. Il avait été nommé membre de l'Institut dès sa formation. Il mourut en 1815.

MENTEUR. Celui qui fait un mensonge. Le type le plus comique sous lequel la comédie nous peint ce vice, souvent si dangereux, est le personnage de Dorante, dans *Le Menteur* de P. Corneille.

Le *menteur* était un sophisme célèbre dans l'antiquité. Voici quelle était sa forme : « Celui qui ment, et qui dit qu'il ment, ment-il, ou dit-il la vérité ? »

MENTHE (du latin *mentha* ou *menta*), genre de la famille des labiées de Jussieu, de la didynamie gymnospermie de Linné. Les menthes sont des plantes herbacées, presque toutes vivaces, à tiges plus ou moins tétragones, garnies de feuilles simples, opposées, et portant de petites fleurs disposées en verticilles, et tantôt agglomérées en épis au sommet des tiges, tantôt disséminées dans les aisselles des feuilles. Parmi toutes les labiées, les menthes se distinguent par la régularité *apparente* de leurs enveloppes florales; car les lobes sont toujours dans le fait un peu inégaux, ce qui entraîne nécessairement l'inégalité des étamines et ramène ainsi les menthes dans les conditions communes aux autres labiées. La fleur des menthes est ainsi organisée : 1° un calice tubuleux et presque cylindrique, divisé en cinq dents aiguës, dont les deux supérieures sont un peu plus petites que les autres ; 2° une corolle infundibuliforme et un peu plus longue que le calice, divisée en quatre lobes obtus presque égaux ; 3° quatre étamines légèrement didynames, écartées les unes des autres, et dépassant à peine le tube de la corolle ; 4° un style grêle, filiforme, saillant hors de la corolle, et terminé par un stigmate bifide.

La plupart des menthes croissent dans les localités humides et ombragées des pays méridionaux de l'Europe ; quelques espèces seulement habitent le nord de l'Amérique, et un plus petit nombre encore se rencontrent en Égypte et dans les Indes orientales. Les catalogues de plantes portent à soixante environ le nombre des espèces distinctes que renferme le genre *menthe* ; mais il est à présumer que parmi ces espèces, envisagées comme distinctes, il en est beaucoup qui ne devraient être considérées que comme de simples variétés.

Toutes les menthes ont reçu vulgairement le nom de *baume des champs*, parce qu'elles exhalent de toutes leurs parties une odeur vive et pénétrante, en général très-agréable et qu'elles doivent à une quantité très-considérable d'huile essentielle qu'elles renferment ; mais la *menthe poivrée* (*mentha piperita*, L.), la menthe verte (*mentha viridis*, L.) et la *menthe pouliot* (*mentha pulegium*, L.) se distinguent surtout par leurs propriétés aromatiques : aussi ces espèces sont-elles celles que la thérapeutique emploie de préférence.

La menthe paraît avoir été connue et employée dès la plus haute antiquité, car c'est une des plantes qui se trouvent citées le plus fréquemment pour leurs propriétés médicinales dans les écrits d'Hippocrate, de Théophraste et de Dioscoride. Dans le siècle dernier, la menthe était encore d'un emploi très-fréquent en thérapeutique : Linné préconisait l'usage externe de cette plante pour favoriser l'absorption du lait sécrété, ou pour en prévenir la sécrétion ; Boyle, Hulse, Hoffmann, Sauvages le nosographe la vantaient comme particulièrement efficace contre la toux convulsive ; Chomel en faisait usage dans les affections asthmatiques ; Haller en prescrivait l'infusion comme un excellent emménagogue ; et plus récemment encore, M. Astier à propos l'usage d'une infusion de menthe poivrée en lotion dans le traitement des affections psoriques. Quoi qu'il en soit de ces différentes applications médicinales, il est certain que la menthe possède à un haut degré les propriétés toniques et excitantes qui appartiennent en général à toutes les plantes de la famille des labiées ; aussi l'emploi de cette plante est-il réellement avantageux toutes les fois qu'il est nécessaire de stimuler le système nerveux ou de ranimer les forces digestives de l'estomac. La menthe fournit à la pharmacie quatre préparations distinctes : une eau distillée, une teinture alcoolique, une conserve, et une huile essentielle.

BELFIELD-LEFÈVRE.

MENTHE (Eau de), produit de la distillation de diverses espèces de menthes. Cette eau, qui jouit de propriétés antispasmodiques, est surtout employée dans les arts du confiseur et du liquoriste. Sa saveur tient de celles du poivre et du camphre; elle laisse dans la bouche une impression de froid caractéristique.

A la Martinique, le nom d'*eau de menthe* s'applique à une liqueur préparée avec une espèce du genre *croton*.

MENTHE-COQ, nom vulgaire d'une espèce de tanaisie.

MENTON (du latin *mentum*), proéminence située sur la partie moyenne de l'arc que forme la mâchoire inférieure de l'homme. Cette proéminence est particulière à l'homme.

L'absence des dents fait souvent prendre au menton une forme pointue et disgracieuse qu'on caractérise par l'expression de *menton de galoche*.

MENTON (en italien *Mentone*). Voyez MONACO.

MENTOR, fils d'Alcimus, ami d'Ulysse, et précepteur de son fils Télémaque. Minerve prit souvent sa figure pour instruire le jeune prince. C'est d'après cette fiction que Fénelon a peint sous les traits de Mentor la déesse de la Sagesse accompagnant le jeune prince dans ses voyages à la recherche de son père (*voyez* TÉLÉMAQUE). Ce nom, devenu proverbial, sert à désigner un homme appelé à exercer par ses conseils une influence paternelle sur une personne qui lui est confiée.

MENTZER (JEAN). *Voyez* FISCHART.

MENU (du latin *minutus*), mot par lequel il faut entendre quelque chose de délié, de peu de volume, de peu de grosseur, de peu de circonférence, ce qui est le plus petit dans son genre, comparé à d'autres objets de même nature.

Le petit peuple, ce peuple qu'on appelle dédaigneusement le bas peuple, était désigné autrefois par l'appellation de *menu peuple* :

Le *menu* peuple s'expose
A discourir de chaque chose,

disait de son temps Voiture. Aujourd'hui encore le *Dictionnaire de l'Académie* appelle *menu peuple* les dernières classes de la société.

Par *menus plaisirs* on entend certaines dépenses d'amusement, de fantaisie : les cérémonies, les fêtes, les spectacles de cour, constituaient les *menus plaisirs* de nos rois, qui avaient des intendants des *menus plaisirs* et affaires de la chambre du roi, ou simplement des *menus*, des trésoriers des *menus*, des contrôleurs des *menus*.

MENUET, sorte de danse, originaire du Poitou, qui a régné pendant tout le dix-huitième siècle, dans nos salons et sur nos théâtres. Le caractère du menuet était une noble et élégante simplicité. Le menuet se dansait à deux, et c'était par lui d'ordinaire qu'on ouvrait le bal.

Les airs de menuet étaient d'un mouvement modéré et à trois temps. Les menuets d'Exaudet, de Fischer, de Grétry, ont eu une grande vogue dans les bals; celui que Mozart a placé dans le premier finale de *Don Juan* est d'un goût exquis, d'une rare élégance et plein de franchise; celui qui ouvre le cinquième acte des *Huguenots* est brillant, pompeux.

Les compositeurs de l'ancienne école introduisaient des menuets, des gavottes, des gigues, dans leurs pièces de musique instrumentale. Cet usage ne s'est conservé que pour les menuets. Les premiers menuets placés de cette manière durent avoir le mouvement et les formes du menuet dansé ; on peut en faire la remarque dans les œuvres de Boccherini. Les Allemands ont donné à cette sorte de composition la prestesse et la vigueur qui la caractérisent maintenant. Sa mesure est toujours à trois temps, mais son allure est si rapide que l'on ne peut en battre qu'un seul. Le menuet de symphonie, de quatuor, de sonate, que l'on appelle à présent *scherzo* (badinage), est ordinairement un morceau d'école, dont l'harmonie recherchée et les effets singuliers, quelquefois même bizarres, contrastent avec l'amabilité gracieuse de l'*andante* qui le suit ou le précède.

Le menuet se compose de deux parties : la première comprend trois reprises; la seconde, appelée *trio*, parce que dans les quatuors le violoncelle ne concourait point à son exécution, n'en a le plus souvent que deux. Toutes ces reprises se répètent la première fois. Au *da capo*, on va de suite jusqu'à la fin de la première partie, que l'on reprend toujours après le trio. Certains menuets ont une queue (*coda*), que l'on exécute pour finir. Le *scherzo*, qui tient maintenant la place du menuet dans la symphonie, est coupé, distribué, sans égard pour ces règles anciennes; le compositeur s'y livre à toutes ses fantaisies. Les menuets, les *scherzi* de Haydn, de Mozart, de Beethoven, sont admirables.

CASTIL-BLAZE.

MENUISERIE, MENUISIER (de *minutarius*, qui travaille le menu bois). La menuiserie est l'art de tailler, de polir et d'assembler des bois de différentes espèces pour des menus ouvrages, comme les portes, les croisées, toutes les espèces de revêtements en bois dans l'intérieur des appartements, etc. L'art de l'ébéniste ne l'emporte, au fond, sur celui du menuisier que par le fini dont les bois qu'il emploie sont susceptibles. La menuiserie se divise en trois espèces : la première a pour but la connaissance des bois dont se sert le menuisier ; la seconde se rapporte à l'action d'assembler ces mêmes bois ; la troisième est l'art de les profiler et de les joindre ensemble pour en faire des lambris propres à décorer l'intérieur des appartements ; ces trois parties constituent la menuiserie proprement dite, exercée par des gens qu'on nomme *menuisiers d'assemblage*. Les bois employés dans la menuiserie sont ordinairement le chêne, le sapin, le tilleul, le noyer et plus rarement les bois d'orme, de frêne, de hêtre, d'aulne, de bouleau, de châtaignier, de charme, d'érable, de cormier, de peuplier, de tremble, etc. Tous les bois propres à la menuiserie se débitent ordinairement dans les chantiers de chaque province. On appelle *débiter des planches*, ou pièces de bois, l'action de les fendre ou scier sur leur longueur. Ces divers bois, ainsi travaillés, se font remarquer par une foule de qualités, de propriétés ou de défauts. On entend par *assemblage de menuiserie* l'art de réunir et de joindre plusieurs morceaux de bois ensemble pour ne faire qu'une seule pièce. Il y en a de plusieurs espèces, qu'on nomme *assemblages carrés*, à *bouement*, à *queue d'aronde*, à *clef* ou *onglets*, ou *anglets*, en *fausse coupe*, en *adeul* et en *emboîture*. Les principaux outils propres à la menuiserie sont l'équerre, la fausse équerre ou sauterelle, le maillet, le marteau, le trusquin, pour tracer des parallèles, le compas, les tenailles ou triquoises, la scie à cheville, qui sert à élargir des mortaises très-minces, à approfondir des rainures ou à d'autres usages ; une boîte à recaler, qui sert pour les assemblages en onglets ; différentes espèces de ciseaux, de gouges, de limes, de râpes, de rabots, de vilebrequins, de scies, et une foule d'autre outils, qui varient suivant les besoins et l'esprit inventif du menuisier. La chose la plus nécessaire aux menuisiers est l'établi sur lequel ils font tous leurs ouvrages.

On nomme *menuiserie d'étain* (poterie d'étain) presque tout ce qui se fabrique en étain, excepté la vaisselle et les pots, qu'on appelle *grosserie*.

BILLOT.

MENU-VAIR, MENU CONTRE-VAIR. *Voyez* ÉMAUX (*Blason*).

MENZIKOFF. *Voyez* MENSCHIKOFF.

MÉONIDE ou MÆONIDE, au propre un habitant de la Méonie ou Lydie. C'est le nom par excellence que les anciens donnaient à Homère; quelques-uns parce qu'ils considéraient comme sa ville natale Colophon, qui autrefois faisait partie de la Lydie, et d'autres parce que le père d'Homère s'appelait Mæon.

Plus tard, on désigna sous le nom de *Mæonides* les Muses en général, à cause du culte qu'elles recevaient en Lydie.

MÉPHISTOPHÉLÈS, dénomination du démon que le Faust de Gœthe a surtout eu pour résultat de populariser. Gœthe emprunta ce nom à une vieille légende populaire ; mais dans cette légende le démon s'appelle *Mephis-*

tophilès. Dans le poëte anglais Marlow ce nom est *Méphistophilos*, et dans Shakspeare, ainsi que dans Sucking, *Méphistophilus*. Il serait difficile d'en indiquer d'une manière bien certaine l'étymologie et la signification. Vraisemblablement c'est un mot mal fait, qui a pour racines les mots grecs μή (pas), φῶς (lumière), φίλος (aimant). Méphistophélès dans ce cas serait synonyme de horreur de la lumière, qui aime l'obscurité.

MÉPHITISME (du latin *mephitis*, puanteur). Ce mot désigne à la fois l'altération de l'air atmosphérique produite par diverses émanations et la présence de ces causes corruptrices. Les causes de la corruption de l'air atmosphérique sont nombreuses ; elles existent sous les formes soit de vapeurs, soit de gaz, qui s'épandent ou se dissolvent dans l'atmosphère à la faveur de la chaleur, de l'eau, et par diverses actions chimiques : on les nomme *mofettes* et *miasmes*. Le défaut de renouvellement est déjà une cause qui altère l'air, au point de le rendre impropre à l'entretien de la vie : de là les épidémies qui ravagent les hôpitaux, et en général les lieux encombrés d'un trop grand nombre d'individus. L'air qu'on respire dans les mines, déjà insalubre parce qu'il est stagnant et non suffisamment renouvelé, est souvent méphitisé par différentes émanations minérales, par des eaux croupissantes, par des gaz hydrogène, carbonique, oxyde de carbone, etc. ; aussi les mineurs portent-ils l'empreinte d'un état maladif, et atteignent-ils rarement un grand âge. Les mines les plus dangereuses sous ce rapport sont celles de mercure et d'arsenic. Celles de charbon de terre exposent aussi à des périls fréquents, en raison des vapeurs inflammables qui s'y développent. La fabrication du vin, de la bière, et en général de toutes les liqueurs fermentées, est une cause commune de méphitisme, parce qu'elle fait dégager de l'acide carbonique, qui engourdit, étourdit et asphyxie. Les fosses d'aisances, surtout dans les grandes villes, dans les maisons habitées par un grand nombre de personnes, corrompent communément l'air : il en émane différents effluves ennemis de la vie : le gaz azote, un des agents les plus septiques, et que le vulgaire désigne par le nom de *plomb* ; les gaz amoniacal, acide sulfureux et hydrochlorique, qui s'élèvent aux étages supérieurs, où ils irritent les yeux, le nez et la gorge. Le charbon de bois et de terre, la tourbe, la braise laissent exhaler des émanations redoutables, et notamment le gaz oxyde de carbone, dont les effets délétères ne sont que trop connus, puisqu'il est aujourd'hui un moyen fréquent de suicide. Les puits, les égouts, certaines caves et magasins souterrains, sont aussi des sources de méphitisme. Les fosses à fumier corrompent encore l'air dans les villages, mais sans danger, parce que l'atmosphère se renouvelle facilement en ces lieux.

Nous sommes donc entourés d'émanations homicides ; et le moyen de nous en garantir a dû être l'objet de préoccupations constantes. On a soumis les exploitations des mines à des règlements et à des inspections sanitaires, qui en modèrent les inconvénients. Les cimetières ont été éloignés des centres d'habitations ; les boucheries, les manutentions de matières animales ont été aussi reléguées aux extrémités des villes populeuses. Les procédés usités aujourd'hui pour vider les fosses d'aisances ont écarté la plupart des dangers que court la santé des ouvriers qui y travaillent. Mais, outre les mesures générales mises en vigueur par la police municipale, il est des précautions que doit prendre chaque particulier. On doit ventiler autant que possible les différentes localités que nous avons signalées, et s'en éloigner dès qu'on éprouve du malaise, des étourdissements, des vertiges. Quand un lieu est suspecté de méphitisme, on ne doit y pénétrer qu'avec la plus grande prudence : il ne faut s'avancer qu'en tenant devant soi une lumière, et si elle s'éteint sans l'action du vent, on doit fuir au plus vite. Il est plus sûr encore de se faire précéder d'un chien. On ne saurait, en un mot, prendre trop de précautions.

Dr CHARBONNIER.

MÉPLAT se dit sans doute pour *mi-plat* ou *à demi plat*. C'est un terme du langage des artistes, qui s'emploie dans plusieurs acceptions ; le plus souvent il sert à désigner les formes du corps humain, plutôt considérées sous le rapport de leur épaisseur que de leur largeur. Les peintres le prennent dans un sens un peu différent : *méplat* en peinture et en sculpture s'applique à l'apparence des lignes demi-circulaires, et plus ou moins surbaissées, qu'offrent les saillies des muscles. Toutes les parties du corps humain sont naturellement méplates, un beau front, par exemple, n'est ni rond, ni droit, ni anguleux.

Les anciens excellèrent à rendre ces belles lignes de la nature, qui doivent nécessairement varier selon les parties du corps qu'elles décrivent, selon les âges, les attitudes et le sexe. Dans l'homme, elles se rapprochent de la ligne droite ; dans la femme, dans les enfants, de l'ovale et de la circulaire. Les formes rondes, droites ou anguleuses sont lourdes, roides et sans grâce. Les belles formes tendent au rond et au plat, et cette tendance réciproque de la ligne droite à la ligne circulaire constitue au juste ce qu'on entend par méplat. De tous nos sculpteurs, ceux qui entendirent le mieux le méplat furent Germain Pilon et surtout Jean Goujon, qui s'éleva parfois jusqu'à faire revivre la beauté antique.

En gravure, on entend par *manière méplate* un système de tailles tranchées et sans adoucissement ; on fait usage de cette manière pour donner de la force aux ombres et en arrêter les contours.
A. FILLIOUX.

MÉPRIS. Dans son acception la plus générale, c'est l'arrêt rendu par la conscience publique qui repousse un homme de la société. Envisagé sous cet aspect, le mépris supplée à l'insuffisance des lois, car il est une multitude d'actions perverses qu'elles ne peuvent atteindre, et il est juste cependant que les coupables encourent un châtiment fait exprès pour eux. Les hommes élevés au-dessus des autres par les fonctions qu'ils leur sont dévolues doivent être punis avec le même éclat qu'a présidé à leurs actions. Aussi une société politique où le mépris public n'est plus la *première de toutes les justices* touche-t-elle à sa ruine : elle a passé l'ère de sa grandeur, puisqu'elle est dépourvue de sa moralité. Les capitales qui, dans leur étendue, comprennent une population très-considérable, de même que les siècles qui sont très-féconds en révolutions, parviennent, à force de bassesses et de crimes, à dessécher le mépris jusque dans sa source. Plein de découragement, on se dévoue aux intérêts qui rapportent pour se détacher des devoirs qui obligent ; on arrive, enfin, jusqu'à ne pas vouloir s'estimer soi-même. Si pour des faits publics on ne peut donner une trop grande latitude à la puissance du mépris, il faut, en revanche, dans la vie ordinaire, être très-attentif à contenir l'explosion de ce sentiment : d'abord parce que souvent les preuves manquent, puis parce que de calomnieuses rumeurs atteignent fréquemment les hommes les plus estimables. Il est donc sage d'attendre, de consulter, avant de porter une accusation définitive, surtout si l'on possède l'autorité de la vertu ; car il y a une sévérité du bien qui peut devenir criminelle.

On se permet dans le monde un genre de mépris qu'on puise dans sa fortune, dans sa naissance, dans son rang, ou dans des avantages encore plus frivoles : c'est une sotte lâcheté, qui enflamme de haine ceux qu'elle blesse en passant. Aux époques où l'esprit de société rapproche plus ou moins les classes, des marques de mépris, jetées inconsidérément, peuvent provoquer de terribles réactions, et plus d'une fois la proscription a vengé un regard insultant.
SAINT-PROSPER.

MÉPRISE, synonyme d'*inadvertance* et d'*erreur*. Donner une lettre à une personne autre que celle à qui elle est destinée, c'est commettre une *méprise*. Bien des historiens ont, dans leurs ouvrages, commis ou enregistré des *méprises* grossières. Du reste, quelle que soit la gravité avec laquelle le moraliste engage les hommes à ne point précipiter leurs actions et leurs jugements de peur de *méprise*, les *méprises* n'en auront pas moins un bon nombre de chauds partisans et de chauds défenseurs dans les dramaturges, mélodramaturges, vaudevillistes et auteurs dramatiques. Le nombre des pièces de théâtre dans lesquelles l'action ne se lie et ne se soutient que par des *méprises* est immense. Si le public avait pour ces sortes d'erreurs la même répugnance que le moraliste, combien d'ouvrages dramatiques ne faudrait-il point rayer du répertoire!

MÉQUINEZ, MIKNÆS ou MÉKINÈS, ville du sultanat de Fez, dans l'empire de Maroc, à environ 4 myriamètres au sud-ouest de Fez, et résidence favorite de l'empereur, est située sur un plateau, au centre d'une riante vallée, et entourée d'une triple rangée de murailles et de fossés. Elle contient un vaste palais impérial; et sa population s'élève, dit-on, à 55,000 âmes. Suivant d'autres, elle ne serait que de 20,000 âmes au plus.

MER, dénomination générale sous laquelle on comprend toute la masse d'eau qui entoure de tous côtés la terre ferme du globe, et qui vraisemblablement s'étend d'un pôle à l'autre. Sur les 8,600,000 myriamètres carrés que présente la surface du globe, elle en occupe 4,800,000, par conséquent au delà des deux tiers. C'est dans l'hémisphère méridional que se trouve la masse d'eau incomparablement la plus grande, tandis que c'est autour du pôle du Nord qu'est située la masse principale de la terre ferme. Afin de s'orienter plus facilement sur cette immense surface d'eau, les géographes ont partagé la mer en certaines grandes divisions principales, au nombre de cinq, et appelées tantôt *océans*, tantôt *mers*. Ce sont : la *mer Glaciale du Nord* et la *mer Glaciale du Sud*, la *mer* ou *l'océan Atlantique*, la *mer Pacifique* ou le *Grand Océan*, appelée encore *mer du Sud* ou *océan Austral*, et la *mer des Indes*. Les *mers intérieures* sont de grands bras de mer, qui se détachent des mers principales pour pénétrer plus ou moins profondément dans l'intérieur des terres. Les *golfes*, les *baies*, les *rades*, les *ports*, sont des courbes plus circonscrites que la mer trace en pénétrant dans les terres. On donne les noms de *détroit*, de *canal*, de *sund*, aux bras de mer qui séparent deux masses de terre, et qui mettent en communication deux grandes mers. On appelle *côtes* les bords de la terre ferme que touche la surface des eaux; ce sont des *côtes à pic* quand des masses montagneuses viennent immédiatement aboutir à la mer, et on se sert du mot *rivage* quand ce sont de vastes plaines qui entourent la mer. La côte la plus élevée qu'on connaisse se trouve à l'ouest de Kilda, l'une des îles occidentales de l'Écosse.

La *profondeur de la mer* n'a été jusqu'à ce jour l'objet que d'observations fort incomplètes, parce que les moyens dont on se sert pour la mesurer ne répondent que fort imparfaitement au but qu'on se propose. Dans les mers profondes, la sonde a peine à atteindre le fond, quelle que soit la pesanteur du morceau de plomb qu'on emploie, parce que la corde qu'on y attache devient proportionnellement tellement longue qu'elle maintient le plomb en état de flottaison. Diverses expériences donnent cependant une idée de l'extrême profondeur de la mer atteint en certains endroits. C'est ainsi que dans la baie d'Hudson Ellis n'a touché le fond qu'à 891 brasses (de deux mètres chacune) ; le capitaine Ross, dans la baie de Baffin, qu'à 1,050 brasses; Scoresby, entre le Spitzberg et le Groënland, qu'à 1,200 brasses. Mais ces profondeurs ont été bien dépassées par les sondages opérés dans ces derniers temps. Sir James Ross, par 15° 3 de latitude méridionale et 23° 14' de longitude occidentale, n'a trouvé le fond qu'à une profondeur de 4,600 brasses, et Henri Mangles Denham, commandant le vaisseau de guerre *Herald*, au sud de l'océan Atlantique, par 36° 39' de latitude méridionale et 36° 7' de longitude occidentale, qu'à la prodigieuse profondeur de 7,706 brasses (15,412 mètres), ce qui fait 5,333 mètres de plus que ne s'élève au dessus du niveau de la mer le Kioutschendjinga, le pic le plus élevé de l'Himalaya qui ait été jusqu'à présent mesuré d'une manière exacte. La différence entre le point extrême d'élévation et le point extrême de profondeur de la surface du globe est donc de 33,272 mètres, c'est-à-dire d'un peu plus de 33 kilomètres. C'est surtout aux approches des côtes qu'on a lieu d'observer les plus brusques alternatives de profondeur de la mer. Il est démontré aussi que les mers intérieures sont bien moins profondes que l'Océan.

On peut induire de ces profondeurs différentes présentées par la mer en des endroits différents, que le *fond de la mer*, à l'instar de la surface de la terre, se compose de vallées et de vastes plaines, de montagnes isolées, et de systèmes complets de montagnes. Les pics et les crêtes des montagnes sous-marines apparaissent au-dessus de la surface de la mer sous forme d'îles ; et très-certainement l'innombrable quantité d'îles basses dont est parsemé le Grand Océan, et qui doivent leur existence à l'activité des coraux, ne sont que les sommets de groupes d'îles autrefois plus élevées et dont la base s'est affaissée. Les *bancs* qu'on rencontre en mer ne sont également que des soulèvements du fond de la mer. On les appelle *bancs de sable*, quand ils se composent de sable; et *bancs d'huîtres*, quand ils sont habités par ces mollusques. On donne le nom de *récifs* aux chaînes de roches et d'écueils à fleur d'eau, qui garnissent les côtes. Dans la Baltique, celles qui existent le long des côtes de la Suède portent le nom de *scheeren*.

La mer, sans avoir d'issue pour ses propres eaux, reçoit celles de la plupart des fleuves qui parcourent la surface de la terre. Elle devrait dès lors continuellement s'accroître et s'élever, si par l'évaporation qui a lieu continuellement à sa surface elle ne perdait pas autant d'eau qu'elle en reçoit, et qui recueillie dans l'atmosphère, où elle constitue les nuages, retombe ensuite sur toute la surface de la terre sous forme de pluie, de brouillards et de rosée.

La mer, elle aussi, obéit à la loi générale qui régit tous les liquides, et qui les oblige à toujours prendre à leur surface un état horizontal; or toutes les mers étant en communication entre elles, il en résulte que la surface de la mer doit avoir partout la même élévation. C'est pourquoi le niveau de la mer a généralement été accepté comme formant la seule base véritable à prendre pour évaluer les hauteurs. Quelque exact que soit ce principe en général, les mers intérieures y font cependant le plus souvent exception, puisque leur niveau est ordinairement plus élevé que celui de l'Océan. La cause en est dans la masse proportionnellement beaucoup plus grande des eaux qu'elles reçoivent, et dont elles ne peuvent pas se débarrasser aussi promptement, resserrées qu'elles sont presque de tous côtés par la terre ferme, de même qu'elles ne communiquent que par d'étroits canaux avec le reste de la masse d'eau. Malgré les faits apparents qu'on invoque à l'appui de cette hypothèse, il est tout aussi difficile de prouver que la mer est en voie constante de diminution, ainsi que le prétendent certaines personnes, qu'il le serait d'établir qu'elle est en voie d'accroissement de volume. Le phénomène des marées présente des alternatives de niveau encore plus intéressantes que ces différences d'élévation existant entre certaines parties de la mer.

L'*eau de la mer* se distingue tout particulièrement de celle de la terre par les principes salins qu'elle contient, ainsi que par une amertume désagréable au goût; elle diffère d'ailleurs dans les diverses mers, et plus elle se trouve éloignée des terres, plus elle est salée. Le sel n'empêche d'ailleurs pas l'eau de la mer de se corrompre; l'expérience démontre au contraire que l'eau de mer quand elle est stagnante se corrompt plus aisément que l'eau douce, et qu'il en est de même de tout ce qui s'y trouve. En revanche, ses principes salins donnent à l'eau de mer un surcroît de pesanteur spécifique qui la rend plus propre à supporter de lourdes charges; et c'est ce qui fait qu'il est plus aisé d'y nager que dans l'eau douce.

La *couleur de la mer* est en général une teinte faiblement verdâtre (vert de mer); mais cette couleur primitive est sujette à de nombreuses modifications, provenant peut-être tantôt de la lumière du soleil, tantôt de la couleur du ciel, tantôt de la proximité et de la couleur du fond, ou d'autres causes encore. Quand le soleil éclaire obliquement la mer, on aperçoit souvent du côté lumineux une magnifique teinte vert-émeraude ; et du côté de l'ombre une teinte pourpre non moins belle. Par les temps d'orage, la mer paraît ordinairement verte, et là où la sonde atteint le fond elle prend souvent aussi une teinte blanchâtre de la nature du lait ; des rochers et des récifs lui donnent un ton brun ou noirâtre, et un fond de vase lui communique une teinte grise. Des côtes calcaires lui donnent une couleur claire remarquable ; et du rivage la mer paraît quelquefois bleu foncé.

Un autre phénomène remarquable, c'est l'état lumineux que présente souvent sa surface, l'un des plus beaux spectacles qu'on puisse voir, et auquel Forster assigne trois causes différentes. Quelquefois il n'y a de lumineux que le sillon que le navire laisse sur la surface unie de l'eau ; effet que Forster explique par l'électricité que dégage le frottement du navire contre l'eau en raison de la rapidité de sa marche. Mais plus ordinairement ce sont toutes les vagues qui, en battant des objets fixes, paraissent lumineuses ; effet que, par les temps calmes, il faut surtout attribuer à des matières phosphoriques dégagées par la corruption et la putréfaction. Enfin, parfois la mer tout entière paraît couverte d'étoiles scintillantes ; alors ce n'est pas seulement sa surface, mais encore sa profondeur, qui paraît enflammée, et il semble que les poissons soient de feu. Il résulte d'observations faites avec le plus grand soin qu'il faut attribuer ce phénomène à la présence d'animalcules phosphorescents. Vogt, qui a fait dans ces derniers temps une étude toute particulière de l'état lumineux de la mer, est d'avis qu'il est toujours produit par des animaux, et par des animaux de la nature la plus diverse.

Une autre propriété bien remarquable de la mer, c'est sa transparence, qui en général est bien plus grande que celle des eaux de rivière, toujours fortement imprégnées de molécules étrangères, et qui dans les climats froids est encore plus frappante que dans les climats chauds. Au rapport des plongeurs, la lumière pénètre encore à 18 et à 20 mètres, et plus bas encore, sous la surface de la mer. On a pu distinctement apercevoir le fond de la mer à 66 mètres de profondeur ; en 1676, lors de son voyage à la découverte d'un passage par le nord-ouest, le capitaine Wood put, aux environs de la Nouvelle-Zemble, jeter la sonde à une profondeur de 160 mètres, dans un endroit où l'on pouvait voir distinctement, non pas seulement le fond de la mer, mais encore les coquillages qui s'y trouvaient.

La *température de l'eau de la mer* à sa surface correspond à celle de l'atmosphère ; seulement elle n'est pas aussi variable. La température de la mer comme celle de l'atmosphère va donc toujours en croissant depuis le pôle jusqu'à l'équateur, quoique ici les circonstances locales produisent souvent bien des anomalies. Par contre, à de grandes profondeurs, la température de la mer se comporte tout autrement que celle de la terre. Celle-ci augmente toujours, tandis que la température de la mer va toujours en s'abaissant à mesure qu'on y pénètre plus profondément ; et elle tombe même au-dessous du point de congélation aux endroits où sa profondeur est la plus considérable.

Comme l'eau de la mer à l'état de stagnation se putréfie rapidement, on doit voir dans les mouvements continuels auxquels elle est sujette une des dispositions prises par la nature pour la maintenir à l'état de pureté. De ces mouvements les uns sont réguliers et les autres irréguliers. Parmi les mouvements réguliers, il faut, après les *marées* ou le flux et le reflux, citer surtout le grand phénomène des *courants sous-marins*. Une autre espèce de mouvement de la mer, qui détruit la tranquillité et l'équilibre de sa surface, c'est l'agitation des ondes produite par la tempête. Quand l'air vient à perdre son équilibre, il subit une agitation onduleuse qui se communique à la surface de l'eau et en détruit l'équilibre. Les molécules refoulées s'élèvent au-dessus des molécules qui les avoisinent immédiatement ; et il en résulte à cet endroit un soulèvement, qui s'abaisse aussitôt en raison de la pesanteur de l'eau, déprime les molécules qui viennent immédiatement après et les force à s'élever. L'agitation des ondes est donc l'ascension et la chute alternatives de deux montagnes d'eau, sans que l'eau continue à s'écouler. Plus l'air est agité, plus l'agitation des ondes est grande. Les montagnes d'eau augmentent et exercent une plus grande pression ; ce qui fait que les ondes deviennent toujours plus fortes. Toutefois, souvent un violent coup de vent déprime les ondes, de telle sorte qu'elles n'atteignent leur plus grande élévation que lorsque la tempête vient tout à coup à s'apaiser. Cet état, que les marins nomment la *mer creuse*, est plus effrayant et plus dangereux que la tempête elle-même.

Mentionnons encore parmi les mouvements de la mer les rapides ou tourbillons, qui proviennent de ce que l'eau est entraînée à un endroit donné par une violente force qui lui imprime un mouvement circulaire. Le plus fameux de ces tourbillons est le *malstrom*, sur la côte de Norvège, entre les îles de Moscoe et de Moskenas (*voyez* LOFFODEN), qui ressemble à un cône creux renversé, et qui a une force de chute si effrayante que d'un côté les navires doivent se tenir à plus de 4 myriamètres de distance. Les anciens redoutaient beaucoup les tourbillons de Scylla et de Charybde.

La mer a donné naissance à quelques proverbes : *C'est la mer à boire* signifie : c'est un travail difficile, immense, dont on ne prévoit pas la fin. *Il avalerait la mer et les poissons*, se dit d'un grand buveur, d'un grand mangeur, ou figurément d'un homme cupide. *Porter l'eau à la mer*, c'est porter une chose là où elle abonde. *Une goutte d'eau dans la mer*, c'est une petite chose jetée, perdue dans une grande, un faible secours porté là où il en faudrait un considérable.

MER (*Droit des gens*). *Voyez* EAUX (*Législation*), tome VIII, page 248.
MER (Anguille de). *Voyez* CONGRE.
MER (Bains de). *Voyez* BAINS DE MER.
MER (Chien de). *Voyez* SQUALE.
MER (Consulat de la). *Voyez* DROIT COMMERCIAL.
MER (Diable ou Grenouille de). *Voyez* LOPHIE.
MER (Eau de). *Voyez* EAU DE MER.
MER (Écume de). *Voyez* ÉCUME DE MER.
MER (Écumeurs de). *Voyez* ÉCUMEURS DE MER.
MER (Empire de la). *Voyez* MERS (Domination des).
MER (Haute et Basse). *Voyez* MARÉE.

MER (Homme de), celui qui pratique la mer, matelot ou officier. L'homme de mer semble prendre sur son élément un caractère particulier. Celui du matelot est naïf, simple et franc : formé par la nature, façonné dans le contact d'hommes bons, quoique grossiers, il a des vices et des vertus qu'on pourrait regarder comme également innés chez lui. L'officier est souvent un problème difficile à analyser pour l'habitant des terres, qui s'étonne des métamorphoses que subit son caractère. Après l'avoir vu sombre, taciturne, splénétique à bord, il le rencontre à terre changé en aimable vaurien, savourant toutes les voluptés : c'est sur le navire l'homme ne se montre qu'en laid, et que l'ennui change son humeur ; tandis qu'à terre l'espoir du plaisir le rend aimable. Les marins sont en général bien reçus partout : ils conviennent aux viveurs, à cause de leur gaîté et de leur aptitude à varier les plaisirs ; ils plaisent encore plus dans les salons par le piquant de leur ton un peu étrange, quoique toujours de bonne compagnie ; par le charme de leur conversation variée et instructive ; enfin, par un certain je ne sais quoi qui n'appartient qu'à eux, et qui est très-rare dans un pays comme le nôtre, où tous les hommes se ressemblent. L'homme de mer perd de bonne heure les illusions et ses croyances ; son cœur se vide de ces mille sentiments tendres qui font le charme d'une existence casanière, et ne lui survit à tous les autres : c'est ce sentiment d'inquiétude d'une âme aimante et impressionnable, qui ne sait sur qui ou sur quoi déverser le trop-plein de ses affections. Que de fois durant nos quarts de nuit, sous le beau ciel du Levant, lorsque les étoiles scintillaient brillantes comme de petites lunes, n'avons-nous pas vu se fondre, à la chaleur bienfaisante d'une causerie intime, la glace dont nos rudes frères d'armes aimaient à s'entourer ! Ils déroulaient devant nous le livre de leur vie, et nos yeux dessillés découvraient souvent un poëte ignoré parlant amour comme le Tasse, méditant philosophie religieuse et vague comme Lamartine, ou jetant à la vie une injurieuse satire digne de l'Anglais Byron. Ces poëtes au brillant uniforme, vigilants comme la sentinelle qui ne dort que d'un œil, interrompaient leur rêves par le mâle commandement d'une manœuvre; car, maîtres de leurs pensées, ils donnaient une heure à la rêverie, et la rêverie, esclave, se taisait jusqu'à nouvel ordre.

La langue du pays sert aux marins pour parler métier, mais elle prend dans leur bouche des intonations si extraordinaires et s'enrichit d'un si grand nombre de termes sonores, énergiques, pittoresques, qu'une oreille peu exercée saisit difficilement le sens de leurs paroles; le gosier, le palais, les dents agissent presque seuls; et s'il nous était permis de nous exprimer ainsi, nous dirions que les commandements du bord sont râlés. Le langage d'un peuple a toujours quelques rapports secrets avec son caractère, ses mœurs et ses habitudes; celui de l'habitant de la mer est composé de sons brusques comme tout ordre suivi d'exécution; aigres et perçants, afin de traverser la tempête; les langues anglaise et hollandaise sont plus riches en sons de cette espèce que la nôtre, beaucoup trop remplie de consonnes linguales et labiales; par la même raison l'italien, si doux à terre, paraît au milieu des orages un langage efféminé et sans nerf.

Les enfants de la mer sont tous braves, mais le courage de l'officier brille particulièrement par la réflexion et l'abnégation de soi-même; le sublime du dévouement lui est ordonné en marine avec une simplicité vraiment naïve : Le capitaine d'un bâtiment (dit l'ordonnance pour les vaisseaux) doit en cas de naufrage abandonner son navire le dernier et à toute extrémité. Il n'y saurait manquer.

De Lespinasse, officier de marine.

MER (Loup de). *Voyez* Marin.
MER (Mal de). *Voyez* Mal de Mer.
MÉRAN (Comtesse de). *Voyez* Jean (Archiduc).
MER BLANCHE. *Voyez* Blanche (Mer).
MERCADANTE (Saverio), directeur du conservatoire de musique de Naples, compositeur célèbre en Italie, est né en 1798, à Altamura, et apprit la musique au collége de San-Sebastiano. Destiné dans le principe au violon, il ne se livra que plus tard à la composition. Après s'y être essayé à diverses reprises, le directeur de l'établissement, Zingarelli, lui conseilla de se consacrer à la musique théâtrale. Mercadante suivit ce conseil, et fut alors engagé comme compositeur au grand théâtre de San-Carlo, à Naples, où son premier opéra fut représenté avec un vif succès, en 1819. A partir de ce moment il fit preuve d'une rare fécondité, et on a représenté de lui sur les divers théâtres d'Italie, avec des succès divers, une foule d'opéras. En 1830 il fut engagé pour le théâtre de la cour à Madrid. Mais il ne tarda pas à revenir dans sa patrie, où en 1833 il obtint la place de maître de chapelle à la cathédrale de Novarre; et en 1839 il fut élu, mais non pas sans peine, directeur du conservatoire de Naples.

Mercadante est l'un des meilleurs compositeurs qu'il y ait aujourd'hui en Italie. A côté de nombreux emprunts, et même de plagiats évidents, et de beaucoup d'autres défauts encore, on trouve de temps à autre dans ses ouvrages des pensées originales. Il est assurément plus de réputation s'il n'avait pas été le contemporain de Rossini; plus heureux, d'autres compositeurs entrés plus tard dans la carrière n'ont point eu à souffrir comme lui de la comparaison de leurs œuvres avec celles du grand maître; aussi leur musique a-t-elle pu devenir beaucoup plus populaire,

même à l'étranger, que celle de Mercadante. Le meilleur de ses opéras est son *Elisa e Claudio*, production plus caractéristique et plus originale que ses autres ouvrages, où il a trop sacrifié à la mode.

MERCANTILE (du latin *mercans*, marchand), qui concerne le commerce : le plus habituellement, ce mot se prend dans une acception défavorable; on dit, dans ce sens, d'une profession, qu'elle est *mercantile*, d'un homme, d'un esprit, qu'ils sont *mercantiles*.

On connaît sous le nom de *système mercantile* le fameux système de commerce appliqué par Colbert lors de l'établissement régulier des douanes, et dont les principes, basés sur l'idée de la balance du commerce, étaient de considérer le numéraire comme la mesure véritable de la richesse, et d'aider par tous les moyens à ce que le pays exportât le plus et importât le moins possible. L'ensemble de ce système est aussi appelé par certains économistes le *Colbertisme*.

MERCATOR (Gerhard), mathématicien et géographe, né à Ruremonde, en Flandre, le 5 mars 1512, fit ses études à Louvain, entra ensuite en qualité de cosmographe au service du duc de Juliers, et mourut à Duisburg, le 2 décembre 1594. Les services qu'il rendit à la géographie sauveront son nom de l'oubli. Il améliora surtout les cartes marines, et la manière dont il les exécutait a reçu le nom de *projection de Mercator*. Il grava aussi lui-même un grand atlas qu'il avait dressé, et construisit plusieurs globes, dont l'un, destiné à l'empereur Charles-Quint, était surtout d'une remarquable beauté.

MERCENAIRE (du latin *mercenarius*, qui travaille pour de l'argent), ouvrier, artisan, mais plus ordinairement celui qui travaille et n'est payé à la journée. Ce mot s'applique aussi adjectivement à tout labeur ou travail qui se fait dans l'unique but du salaire : on appelle *troupes mercenaires* des troupes ou des soldats étrangers dont on achète, dont on paye le service. On dit en mauvaise part, d'un homme qui dans les relations sociales et dans les choses de la vie où il faut de la noblesse et des sentiments n'apporte que de l'égoïsme et du calcul, que c'est une *âme mercenaire*. E. Hèreau.

MERCERIE, MERCIER, du latin *merx*, marchandise). Le *mercier*, la *mercière*, est un marchand, une marchande, qui vend en gros et en détail diverses marchandises, servant en général à l'habillement, à la parure, comme le fil, les aiguilles, les épingles, les rubans. C'est encore un colporteur, un porte-balle, qui va par les villes et par les villages porter y vendre toutes sortes de menues marchandises.

La mercerie formait le troisième des six corps de marchands de Paris. Ce corps se subdivisait en vingt classes : 1° les marchands grossiers, vendant en gros sous balle et sous corde toutes espèces de marchandises, excepté les étoffes de laine; 2° les marchands de drap d'argent et de soie; 3° les marchands de dorure, qui ne vendaient que des galons, des bords, des campanes et autres tissus d'or et d'argent sur soie, des bordés; 4° les commerçants en camelot, étamines, etc.; 5° les joailliers; 6° les marchands de toile, linge ouvré et non ouvré; 7° de points en dentelle de fil, batiste, linon, mousseline, toile de Hollande; 8° de soie en buttes; 9° de passementerie, maroquins, etc.; 10° de tapisseries, courtes-pointes, tapis; 11° de fer, acier, étain, plomb, cuivre et charbon de terre; 12° les quincailliers; 13° les marchands de tableaux, estampes, candélabres, porcelaines pour les appartements; 14° de miroirs, glaces, sacs, carreaux, coussins pour les dames; 15° les rubaniers et les marchands de gaze, taffetas; 16° les papetiers et fournisseurs de bureaux; 17° les chaudronniers; 18° les marchands de parasols, parapluies; 19° de menue mercerie; 20° petits merciers, marchands de patenôtres, chapelets, épingles, etc. La corporation des merciers fut établie par Charles VI. Les premiers statuts furent donnés par ce prince en 1407 et 1412, et confirmés ou augmentés par Henri II, Charles IX, Louis XIII et Louis XIV. Elle était si nombreuse en 1557 que dans une revue générale de la milice parisienne de Henri II au Landit, on comptait 3,000 merciers sous les armes.

Pour être reçu dans le corps des merciers, il fallait être né Français, avoir fait un apprentissage de trois ans et servi les *maîtres* en qualité de garçon pendant trois autres années. Les marchands ou maîtres ne pouvaient avoir plus d'un apprenti non marié ni étranger; il leur était défendu de prêter leur nom, d'avoir un associé qui ne fût pas marchand, de se servir de noms et de marques étrangers et forains, hors les cas où cette supposition de noms et de marques étaient indispensables pour passer les détroits et *dangers des ennemis*; et dans ce cas ils étaient obligés d'en informer les maîtres et gardes avant l'arrivée. Ils ne pouvaient être courtiers ni commissionnaires et tenir plus d'une *boutique*. Le corps des merciers était administré par sept maîtres et gardes électifs: ils étaient chargés de la conservation de ses priviléges et de la police de la communauté. Les gardes merciers portaient la robe consulaire dans toutes les cérémonies publiques. La mercerie avait son écusson ; c'était un champ d'argent, chargé de trois vaisseaux, dont deux en chef et un en pointe. Ces vaisseaux étaient matés d'or sur une mer de sinople, le tout surmonté par un soleil d'or avec cette devise : *Te toto orbe sequemur* (Nous te suivrons par toute la terre). Le siége de l'administration était rue Quincampoix. Un noble pouvait être mercier sans déroger.

La mercerie n'eut jusqu'à la fin du seizième siècle qu'un seul chef, et ce chef était qualifié *roi des merciers*. Ce n'était pas un titre purement honorifique, mais une véritable et très-lucrative surintendance du commerce. L'autorité du roi des merciers s'étendait à toute la France ; il avait des lieutenants dans toutes les principales villes. A lui seul appartenait le droit d'accorder, moyennant finances, le brevet de marchand mercier. François 1er supprima le *roi des merciers*, dont le gouvernement n'était pas sans reproche, et les hautes attributions de ce monarque en boutique furent données au grand-chancelier, qui avait déjà l'inspection des arts et des manufactures. La royauté des merciers, rétablie par Henri III, fut définitivement supprimée, en 1597, par Henri IV, qui voulait punir cette corporation du zèle quelle avait montré pour la Ligue. Un mercier se vengea du roi en donnant le nom de son enseigne à la rue qu'il habitait et qui venait d'être appelée rue Henri IV ; cette rue a conservé le nom de rue de *l'Écharpe*. Il restait encore au corps d'assez beaux priviléges, et les gardes-maîtres se montraient fort jaloux de leur conservation. Ils avaient entre autres droits celui de visiter les foires ; et les moines de Saint-Germain des Prés ayant voulu s'opposer à ce qu'ils fissent cette visite dans la foire de Saint-Germain, le parlement, par un arrêt daté de 1661, donna raison aux merciers, et condamna les moines aux dépens du procès. DUFEY (de l'Yonne).

MERCEY (Louis-Frédéric BOURGEOIS DE), né à Louisbourg (Wurtemberg), en 1763, d'une famille française originaire de Lorraine, fut nommé en 1805 administrateur général du domaine privé et du domaine extraordinaire de l'empire en Italie, où il résida jusqu'en 1815. Il introduisit avec succès la culture de l'indigo dans les États napolitains, et fut nommé à cette occasion comte et commandeur de l'ordre des Deux-Siciles. A la chute de l'empire il perdit ses emplois ; mais il cultiva alors les beaux-arts, qu'il avait toujours aimés, et vécut dans l'intimité des artistes les plus distingués de son temps. Il perfectionna aussi le mécanisme de l'harmonica de Franklin ; il est mort à Paris, en 1850.

MERCEY (Frédéric BOURGEOIS DE), fils du précédent, né à Paris, en 1808, s'est fait un nom distingué comme écrivain, comme artiste et comme administrateur. On a de lui *Le Tyrol et le nord de l'Italie*, ouvrage orné de vignettes à l'eau-forte, dessinées et gravées par lui (Paris, 1833 ; et réimprimé en 1845) ; *Trente et Insprück* (1 vol. in-4°, avec gravures d'après ses dessins, 1834) ; *Tiellerêveur* (2 vol., 1834) ; *Sootla* (2 vol., 1840) ; enfin *Études sur les Beaux-Arts* (2 vol., 1855). Ce livre n'est que le préambule d'une histoire des arts en France, dont l'auteur s'occupe depuis longtemps. M. de Mercey a publié en outre dans la *Revue des Deux Mondes*, dans la *Revue de Paris* et dans d'autres recueils, un grand nombre d'articles sur les beaux-arts et la littérature italienne et des récits de voyage.

Comme peintre de paysage, il a fait preuve à la fois de précision et de facilité. De 1830 à 1842, époque où un affaiblissement de la vue l'obligea de renoncer à la peinture, il exposa un grand nombre d'ouvrages, dont les plus remarquables sont placés dans les musées départementaux ou les résidences impériales. Ses vues d'Écosse, du Tyrol et d'Italie et ses études de forêts ont été particulièrement appréciées ; l'une de ces dernières est placée au musée du Luxembourg. Entré au ministère de l'intérieur en 1840, en qualité de chef de bureau des beaux-arts, M. de Mercey fut placé en 1853 à la tête de la direction des beaux-arts, transférée alors dans les attributions du ministère d'État. En 1855 il a fait partie de la commission de l'exposition universelle, et, chargé en qualité de commissaire général de l'exposition spéciale des beaux-arts, il s'est acquitté de cette tâche à l'entière satisfaction non pas seulement du public, mais encore des artistes français et étrangers, juges plus intéressés et partant plus difficiles.

MERCI (du latin *merces*, mot qui signifie *pardon*, *miséricorde*), grâce qu'on demande à un vainqueur, à un plus fort que soi, à celui qu'on a offensé. Dans les anciennes coutumes féodales, le peuple était réputé *taillable et corvéable à merci*. Dans les romans de chevalerie, on appelle *don d'amoureuse merci* les faveurs d'une dame. *Merci* se dit encore de ce qui est abandonné au pouvoir, à la discrétion, à la vengeance d'autrui.

Merci signifie encore *remercîment*; il s'emploie surtout dans le style familier : merci, grand *merci*, je vous rends grâce ; il ne m'a pas dit seulement *merci*. *Dieu merci* signifie grâce à Dieu. Molière a dit :

Quelque rare que soit le mérite des belles,
Je pense, Dieu merci, qu'on vaut son prix comme elles.

MERCI (Ordre de la), ordre religieux, fondé en Espagne, à Barcelone, en 1223, à l'imitation de l'ordre des Trinitaires, établi en France par saint Jean de Matha. Ce ne fut au commencement qu'une congrégation de gentilshommes, qui, excités par le zèle et la charité de saint Pierre Nolasque, gentilhomme français, consacrèrent une partie de leurs biens à la rédemption des chrétiens réduits en esclavage par les infidèles. On sait avec quelle inhumanité ces malheureux étaient traités par les Maures, qui dominaient alors en Espagne ; leur sort était encore plus cruel sur les côtes de Barbarie. Le nombre des chevaliers ou confrères dévoués à cette bonne œuvre s'accrut rapidement : on les appela les *confrères de la Congrégation de Notre-Dame de Miséricorde*. Aux trois vœux ordinaires de religion ils joignaient celui d'employer leurs biens, leur liberté, leur vie au rachat des captifs. Les succès de cet ordre naissant engagèrent Grégoire IX à l'approuver , et il l'assujettit, en 1235, à la règle de Saint-Augustin. Clément V ordonna, en 1308, qu'il serait administré par un religieux prêtre. Ce changement amena la dispersion des clercs et des laïques ; les chevaliers furent incorporés à d'autres ordres militaires, et la congrégation de la Merci ne fut plus composée que d'ecclésiastiques. Outre les provinces dans lesquelles cet ordre est divisé, tant en Espagne qu'en Sicile et en Amérique, il y en avait une maison dans le midi de la France, qui n'existe plus. Le père Jean-Baptiste Gonzalès du Saint-Sacrement, mort en 1618, y avait introduit une réforme qui fut approuvée par Clément VIII : ceux qui la suivaient alliaient pieds nus, et pratiquaient la retraite, le recueillement, la pauvreté et l'abstinence.

MERCIE (*Mercia*), le pays des Merciens. L'une des tribus des Angles. Ainsi s'appelait le royaume fondé , lors de la conquête de la Bretagne par les Angles, peut-être seulement au commencement du sixième siècle, par Créoda, l'un des descendants d'Odin. Il s'étendait depuis la mer, où habitait aux environs de Lincoln (*Lindum*) la tribu confédérée des *Lindisvares*, des deux côtés de la Trent, jusqu'aux montagnes du pays de Galles, et était borné au nord par la Northumbrie, au sud par les Angles de l'est et les États saxons riverains de la Tamise. Un roi de Mercie, Penda, guerrier redouté, qu'Oswin, le *bretwalda* de Bernicie, finit par vaincre, en l'an 654, fut parmi les Anglo-Saxons le dernier chef puissant qui demeura attaché au paganisme. En l'an 824 les Angles de l'est invoquèrent contre les Merciens, leurs oppresseurs, l'assistance d'Egbert, roi des Saxons de l'ouest. La victoire que celui-ci remporta à Ellendoune et la soumission de Wiglaf, roi de Mercie, qui suivit bientôt après, fut le premier pas fait vers la réunion des divers États anglo-saxons sous la domination d'Egbert.

MERCIER (Louis-Sébastien), littérateur, né à Paris, en 1740, débuta à vingt ans dans la carrière des lettres par quelques *Héroïdes*, qui n'eurent aucun succès. A partir de ce moment il déclara une guerre à mort à la poésie, et n'écrivit plus en prose, soutenant qu'il n'y avait rien de beau comme la prose, et que *nos prosateurs sont nos véritables poètes*. Le théâtre lui avait offert de plus faciles succès que la poésie; ses drames : *Le Déserteur*, *L'Habitant de la Guadeloupe*, *L'Indigent*, pièces fortement charpentées, riches en scènes à effet et en situations saisissantes, obtinrent, surtout en province, de grands et durables succès. En 1771 Mercier publia, sous le titre bizarre de *L'An 2440*, un livre fort singulier, dans lequel il faisait, avec beaucoup de force et de vérité, le procès de l'ancienne société française, et annonçait la révolution qui ne devait pas tarder à s'accomplir. Il supposait un Parisien qui, nouvel Épiménide, se réveillait après un sommeil de sept cents ans, et décrivait les merveilleux changements qui s'étaient accomplis dans ce magique intervalle. L'ouvrage, d'ailleurs, ne brillait que faiblement sous le rapport du style : et l'auteur, ébloui par un succès auquel ne contribuèrent pas peu les persécutions, au total assez anodines, de la police, le gâta encore, en le délayant, dans de successives éditions, jusqu'à en tirer trois volumes. En 1781 Mercier, poursuivant son rôle de frondeur, publia, sous le voile de l'anonyme, les deux premiers volumes de son *Tableau de Paris*, esquisses de la vie parisienne, qui depuis ont été tant de fois imitées, ou plutôt contrefaites, mais où jamais observateur ne l'emporta sur lui en vérité ni en finesse. La continuation de cette publication ayant éprouvé quelques difficultés à Paris, Mercier la poursuivit en Suisse, d'où son livre put ensuite facilement circuler en France. Rivarol a dit du *Tableau de Paris* que, *pensé dans la rue, il avait été écrit sur la borne*; cela peut être vrai, mais la rude franchise de l'auteur ne diminue pas le mérite ni l'à-propos de ses critiques. Concurremment avec cette importante publication, Mercier fit paraître du fond de sa retraite un grand nombre d'ouvrages historiques, tels que *Portraits des Rois de France, Songes et Visions, Mon Bonnet de Nuit*, etc.

Un tel homme devait naturellement embrasser avec ardeur les doctrines de la révolution; cependant, il figura constamment parmi les modérés, et il ne craignit même pas d'attaquer avec une grande force, dans sa *Chronique du Mois*, le tout-puissant club des Jacobins. Élu membre de la Convention nationale, il se prononça contre la mort de Louis XVI, et vota seulement pour la détention perpétuelle. Appelé en 1795 à siéger dans le Conseil des Cinq-Cents, il appartint à la fraction républicaine de cette assemblée, et vota pour le rétablissement de la loterie, contre laquelle il s'était élevé avec tant d'énergie et de raison dans ses écrits; il accepta même du Directoire une place de contrôleur de la caisse de cette administration, se contentant de répondre aux reproches qu'on lui faisait : « Que peut-on faire de mieux en état de guerre que de vivre aux dépens de l'ennemi? » Dès la création de l'Institut, il fut compris dans la deuxième classe, qui répondait à l'*Académie Française*; plus tard, il fut en outre nommé professeur d'histoire à l'école centrale, fonctions dans l'exercice desquelles il put librement donner carrière à sa manie du paradoxe, et mériter parfaitement le surnom de *Singe de Jean-Jacques Rousseau*. Non content d'attaquer les grands écrivains classiques et les philosophes du siècle dernier, il s'en prit à Newton, dans un ouvrage où il publia ses idées nouvelles en astronomie; idées absurdes, s'il en fut. Il mourut le 25 avril 1814 : il y avait déjà longtemps qu'infirme et fatigué de la vie, il répétait à ses amis qu'il ne vivait plus que *par curiosité*.

MERCOEUR (Les ducs de), branche de la maison de Lorraine, qui s'éteignit en l'an 1602, en la personne de Philippe-Emmanuel de Lorraine, duc de Mercoeur, fils de Nicolas comte de Vaudémont, et de Jeanne de Savoie, sa seconde femme, créé duc de Mercoeur en 1569 par Henri III, qui n'avait rien à refuser aux princes de cette maison.

Lors de la confiscation des domaines du connétable de Bourbon, la terre de Mercoeur, située en Auvergne, avait été donnée par François Ier à Antoine de Lorraine, qui avait épousé Renée de Bourbon, soeur cadette du connétable. Son petit-fils, Philippe-Emmanuel, fut l'un des personnages les plus importants du seizième siècle. Né à Nomeni, en 1558, il fut nommé gouverneur de Bretagne peu de temps après son mariage avec Marie, unique héritière de Sébastien de Luxembourg, duc de Penthièvre, et entra dans la Ligue. Après l'assassinat des Guise, il allait être arrêté par ordre de Henri III; mais prévenu à temps par la reine Louise, sa soeur, il se réfugia dans son gouvernement, où il se déclara chef de la Ligue. Il lutta pendant plus de sept ans contre le pouvoir royal, soutenu par les Espagnols, à qui il avait livré le petit port de Blavet. Il avait conclu, en 1595, une trêve avec Henri IV; mais il ne se soumit sans réserve qu'en 1598, en mettant pour condition à sa soumission le mariage de sa fille unique avec le duc de Vendôme, bâtard du roi. En 1601 il accepta le commandement d'une armée que l'empereur Rodolphe faisait marcher contre les Turcs, et obtint sur eux de brillants succès. C'est au retour de cette campagne qu'il mourut, en 1602.

Le duché de Mercoeur appartenait en 1789 au prince de Conti.

MERCOEUR (Élisa) naquit à Nantes, en 1809, de parents pauvres, qui eussent été hors d'état de lui donner de l'éducation, si un homme de leurs amis ne s'était chargé des frais qu'elle devait entraîner. Elle fit preuve de bonne heure des plus remarquables dispositions pour la poésie, et vit les journaux de sa province imprimer à l'envi ses premiers essais. Sa réputation alla toujours en grandissant, et dès 1827 un éditeur nantais s'aventurait à imprimer un premier recueil de ses compositions. Les hommes littéraires de l'époque applaudirent aux débuts de la jeune Bretonne, en les signalant comme une bonne fortune aux amateurs de la véritable poésie; et l'humble suivante Élisa Mercoeur, qui jusque alors n'avait pu soutenir sa vieille mère qu'avec le produit des leçons de langue française, d'histoire et de géographie qu'elle donnait en ville, se décida à venir chercher à Paris les moyens de tirer un meilleur parti de son talent et de ses connaissances. En octobre 1828 Martignac, ministre de l'intérieur, lui fit obtenir une pension de 1,200 fr., en la mettant à l'abri du besoin, devait lui assurer cette tranquillité d'esprit si nécessaire aux travaux littéraires. Deux ans après, la révolution de Juillet la lui enlevait. Plus tard le gouvernement de Louis-Philippe, devenu plus sympathique à ceux qui cultivaient les lettres, la lui rendit; mais ce bienfait vint malheureusement trop tard : la misère avait imprimé sa main fatale sur le front d'Élisa Mercoeur. Son mari, arrivée en 1835, mit fin à une lutte au-dessus de ses forces, celle de l'intelligence aux prises avec les besoins matériels de la vie. On a encore d'elle un recueil de *Poésies posthumes*, publié par sa mère à l'aide d'une souscription. Ses vers ont de l'originalité, son style de la naïveté, de la grâce, de la sensibilité, de la chaleur ; mais très-souvent aussi on est en droit de lui reprocher des inégalités et de l'obscurité.

MERCREDI (*Mercurii dies*, le jour de Mercure), quatrième jour de la semaine, celui qu'on appelle, dans le bréviaire, la *quatrième férie*. Il fut ainsi nommé de ce que, dans l'opinion des partisans des heures planétaires, la planète de Mercure était sensée dominer la première heure de ce jour. Dans les deux derniers siècles, les érudits ont vivement discuté s'il fallait prononcer *mercredi* ou *mécredi*. Corneille, d'après Vaugelas, penchait pour *mécredi*, l'Académie pour *mercredi* ; c'est cette dernière leçon qui a prévalu.

MERCREDI DES CENDRES. *Voyez* CENDRES (Mercredi des).

MERCURE, l'*Hermès* des Grecs, fils de Zeus et de Maia, né dans une caverne du mont Cyllène, en Arcadie, ne fut pas plus tôt venu au monde qu'il s'en alla en Piérie, où il vola les bœufs d'Apollon, qu'il conduisit à Pylos. Pour empêcher qu'on ne suivît sa trace, il força les bœufs à marcher à reculons comme lui ; et il eut encore soin de leur attacher à la queue des branches d'arbre pour effacer les marques de leurs pas. Ce coup une fois fait, il s'en revint bien vite à son lieu natal. Il y trouva une tortue, qu'il tua, et sur l'écaille de l'animal il attacha des cordes. La lyre se trouva de la sorte inventée. Mais un devin apprit à Apollon qui lui avait volé ses bœufs. Mercure nia le fait, et cita son accusateur devant Zeus. Enfin, Mercure amena Apollon à Pylos, où il avait conduit les bœufs ; et Apollon lui en fit abandon en échange de la lyre. Mercure s'en alla alors mener ses bœufs paître, et inventa la flûte, qu'il céda également à Apollon, échange d'un bâton d'or appelé *caducée*. Plus tard Apollon lui enseigna l'art de prédire l'avenir par la voie du sort ; mais Zeus l'éleva au rang de héraut des dieux, et c'est déjà en cette qualité qu'il figure dans Homère.

A l'origine Mercure, dieu pélasgien de la nature, appartenait au cycle des divinités chthoniennes qui, du fond de l'abîme, dispensent des fruits et des bénédictions ; et à ce titre l'antique Grèce le plaçait sur toutes les routes et voies publiques sous forme d'un poteau pourvu d'une tête et d'un phallus. On trouve encore dans Homère des traces de cette idée première qu'on s'était faite de Mercure ; mais à la longue le dieu bienfaisant se trouva transformé en un dieu économique et mercantile du lucre et du commerce ; et il fut alors adoré surtout par les hérauts, qui dans l'antiquité furent les premiers intermédiaires du commerce. C'est avec ce caractère qu'il apparaît déjà dans la poésie antique. De même, les plus anciennes œuvres de l'art le représentent en cette qualité sous la forme d'un homme vigoureux, avec une barbe pointue, de longs cheveux bouclés, une chlamyde rejetée en arrière, un bonnet de voyage, des ailes aux pieds et le caducée à la main. Il n'est pas encore devenu l'adolescent mince et aux formes gymnastiques de la statuaire postérieure. Cette idée plus élevée provint des gymnases, auxquels il avait présidé autrefois, comme dispensateur du bien-être physique, sous forme de poteau muni d'une tête et d'un phallus. Ici encore il porte la chlamyde, qui ordinairement est très-serrée, et le plus souvent il est coiffé du pétase, tandis que ses cheveux sont coupés court et peu bouclés. Les traits du visage témoignent d'une intelligence calme et fine et d'une aimable bienveillance.

Mercure fut adoré de bonne heure dans toute la Grèce ; mais le siège le plus ancien de son culte était l'Arcadie. Ses fêtes étaient appelées *Hermæa*. Il avait aussi plusieurs temples à Rome, et sa fête s'y célébrait le 15 mai. Ce jour-là c'étaient surtout les marchands qui lui offraient des sacrifices, afin qu'il leur portât bonheur dans leurs entreprises et leurs opérations. Le Mercure des Gaulois et des Germains, que mentionne César et Tacite, sont des dieux indigènes de ces peuples et que les Romains ne dénommèrent ainsi que parce qu'ils offraient quelques similitudes avec leur Mercure.

Il existe dans les œuvres d'art une troisième classe de productions où l'idéal d'Hermès atteint son apogée. Le dieu y apparaît comme présidant aux exercices gymnastiques sous la forme d'un jeune homme bien développé, bien fait et vigoureux, dans une attitude calme, vêtu de la chlamyde rejetée en arrière et attachée au bras gauche. A cette idée se rattachent des statues analogues, mais dont le bras droit tenu élevé indique qu'il est représenté ici en qualité d'*Hermès Logios*, comme dieu de l'éloquence. Comme messager de Zeus on le trouve représenté tantôt assis, tantôt déjà à moitié levé et se disposant à partir en toute hâte, et cependant encore avec une expression calme et le bras appuyé sur un pilier. Dans des temps postérieurs, une bourse figura au nombre de ses principaux attributs. Il n'y a qu'un nombre infiniment petit d'œuvres d'art où il soit représenté comme ayant institué l'usage des sacrifices, comme protecteur des troupeaux et plus particulièrement des troupeaux de moutons, comme inventeur de la lyre, à qui la tortue est consacrée en cette qualité, comme chargé de conduire les âmes aux enfers et de ressusciter les morts.

MERCURE (*Astronomie*), très-petite planète, dont le diamètre est les 2/5es de celui de la Terre, et le volume le 16me, et aussi la plus voisine du Soleil, duquel elle n'est éloignée dans sa distance moyenne que de 59 millions de kilomètres. Sa plus grande distance de la Terre est de 226 millions de kilomètres, sa plus petite de 78 millions, et sa distance moyenne de 152 millions. On la désigne par cette figure ☿, espèce de caducée. Ainsi que toutes les autres planètes connues, sa révolution et sa rotation se font d'occident en orient. La certitude de sa rotation sur son axe n'a été acquise que récemment. Elle est, comme Vénus, dans l'orbite de laquelle elle est enclose, une planète inférieure, c'est-à-dire qu'elle est enfermée dans l'écliptique, cercle que décrit la Terre autour de l'astre du monde. Elle tourne sur son axe en 24 heures 51 minutes ; le temps de sa révolution est de 87 jours 23 heures 14 minutes 30 secondes. Cette ellipse qu'elle décrit est d'une grande excentricité : les variations des saisons doivent donc y être très-considérables. On a lieu de penser que son atmosphère est très-dense, ce qui peut tempérer les feux du Soleil sur ce globe, qui dans la condition atmosphérique de la Terre, d'après le calcul de Newton, éprouverait une chaleur égale à celle de l'eau en ébullition. Cette ardeur du soleil est alors sept fois plus forte que celle de nos étés. Au télescope, Mercure offre des phases semblables à celles de la Lune ; dans ses quadratures, il paraît sous la forme d'un croissant, dont les cornes sont opposées au Soleil, preuve évidente qu'il est un globe opaque, nullement lumineux par lui-même. Son diamètre apparent n'est que de 7 secondes ; aussi, presque toujours noyée, si ce n'est dans sa plus grande élongation de l'astre dont elle est la compagne (*comes Solis*), selon l'expression de Cicéron, cette planète est-elle à peu près non visible sans l'aide du télescope. Copernic mourut sans avoir eu le bonheur de la voir ; au lit de la mort, il en manifesta son regret. Cependant, quand elle est suffisamment loin du Soleil, on la peut apercevoir le soir à l'occident après le coucher de cet astre, ou le matin à l'orient avant son lever. Lorsque la planète se plonge le soir dans les rayons solaires ou s'en dégage le matin, elle est dans sa conjonction, c'est-à-dire entre nous et le Soleil ; lorsqu'elle est au delà de cet astre, elle est en conjonction supérieure, et alors entre le matin dans les rayons solaires, et s'en dégage le soir. Dans sa conjonction supérieure, c'est-à-dire au delà du Soleil, Mercure, dont les phases sont pareilles à celles de notre Lune, est *plein*, parce que sa face nous regarde, et il ne nous montre que sa face obscure dans sa conjonction inférieure, parce qu'il est placé entre le Soleil et la Terre. Il semblerait qu'à chaque conjonction Mercure, ainsi que Vénus, comme lui planète inférieure, devrait paraître sur le Soleil, étant placé entre cet astre et nous ; mais il en est de ces éclipses comme des éclipses de Lune ; il ne suffit pas que cette planète soit en conjonction avec le Soleil, il faut qu'elle soit vers son nœud, et que sa latitude, vue de la Terre, n'excède pas le demi-diamètre du Soleil, c'est-à-dire 16 minutes. Mercure ne s'éloigne jamais du Soleil au delà de 32 degrés. L'inclinaison de son orbite sur l'écliptique est de 7° 0' 9",1.

Quand Mercure passe sur le Soleil, il s'écoule ainsi qu'un point noir. Ce passage est une véritable éclipse annulaire du Soleil ; la tache noire que forme Mercure dans ce phénomène est la 150me partie de ce grand luminaire. Les périodes du passage de Mercure sur l'astre sont à distance de 6, 7, 13, 46 et 265 années ; elles ont servi à Halley pour déterminer d'une manière plus exacte qu'auparavant la parallaxe du Soleil.

Les Égyptiens connurent mieux que tous les autres peuples de l'antiquité le mouvement circulaire de Vénus et de Mercure ; ils suivirent ces globes célestes dans la portion de leur orbite où ils cessent d'être visibles, et devinèrent leur véritable marche. Sans l'aide du télescope, ce fut une découverte merveilleuse. Sosigène, au temps de César, fit des observations sur cette planète ; il connut ses digressions et la quantité de temps qu'elle met à les parcourir ; mais les Égyptiens lui avaient déjà ouvert les voies. Dans les temps modernes, le télescope a révélé à Schroeter dans Mercure de très-hautes montagnes, dont les ombres se projettent au loin sur les vallées : il a estimé la plus élevée à 11,170 mètres ; sa forme lui a paru très-ronde, et son équateur très-incliné sur son orbite. La densité de cette planète est à celle de notre globe comme 51 est à 25.

DENNE-BARON.

MERCURE (*Chimie*), seul métal qui jouisse de la singulière propriété d'être toujours liquide à la température ordinaire. Quand il est pur, le blanc de sa surface est tellement éclatant qu'il offre le meilleur de tous les miroirs. Sa densité est 13,599 à 0° : aussi le fer, le plomb et la plupart des autres métaux nagent-ils à sa surface, comme du liége sur l'eau. L'on ne peut enfoncer la main dans un bain de mercure sans un effort considérable. C'est à son poids qu'il doit la grande mobilité de ses gouttelettes. Dès qu'on en laisse répandre un peu d'une certaine hauteur, la masse se divise en globules plus ou moins gros, qui courent et fuir avec une célérité toute particulière ; mais il n'y a là que l'effet tout naturel d'une grande masse en mouvement sous un petit volume, et par conséquent capable de lutter plus longtemps que les autres corps contre la résistance de l'air et les aspérités de la surface sur laquelle coule le liquide. Telle est cependant la propriété qui, avec sa blancheur éclatante, a valu au mercure le nom vulgaire de *vif-argent*.

Le mercure attira facilement l'attention des alchimistes, qui cherchaient le secret de faire de l'or : la plupart d'entre eux se seraient bien contentés de faire de l'argent, et le mercure possédait presque toutes les apparences du métal désiré : aussi l'appelait-on déjà de l'*argent coulant*. Ils soumirent donc le mercure à toutes sortes d'opérations ; ils le traitèrent par toutes les substances capables d'agir chimiquement sur lui. Et c'est à leurs travaux que nous devons la découverte de la plus grande partie de ce que nous savons aujourd'hui sur ce métal intéressant.

Le mercure entre en ébullition à 360° centigrades, et se change en une vapeur, qui se condense facilement et sans laisser dégager beaucoup de chaleur. On peut aisément le distiller dans une cornue de fer ou de grès. On attache au col un nouet de linge que l'on fait tremper dans l'eau d'un récipient. Aux températures ordinaires, la vapeur du mercure n'a pas une tension sensible ; cependant, comme l'eau, il se vaporise peu à peu dans l'air, car une feuille d'or appliquée au bouchon d'un vase dans lequel il se trouve de ce métal ne tarde pas à blanchir, par suite de la fixation de sa vapeur. C'est par la distillation qu'on parvient à purifier le mercure de toutes les substances étrangères qu'il peut contenir. Si on le fait refroidir jusqu'à près de 40° au-dessous de zéro, il se solidifie sans changer d'apparence, mais en diminuant de volume, au point de pouvoir être ballotté comme un barreau métallique ordinaire dans le tube qui le contient. Dans cet état, il est aussi malléable que l'étain,

et devient aussi bon conducteur de la chaleur que les autres métaux, car en l'appliquant sur la peau il y produit un froid excessif, dont les effets ressemblent à ceux de la brûlure. La température atmosphérique de la Russie est souvent capable de produire sa congélation à l'air libre, tandis que ce n'est qu'avec le secours de mélanges réfrigérants très-intenses que nous parvenons à ce résultat dans nos laboratoires.

Exposé au contact de l'air ou de l'oxygène, le mercure n'en éprouve aucune altération à la température ordinaire ; cependant, s'il est agité longtemps, il se réduit à une poudre noire, que l'on prenait autrefois pour une de ses combinaisons avec l'oxygène, et qui n'est que du mercure très-divisé susceptible de reprendre son éclat par la seule compression. Le même effet arrive plus promptement quand on agite le mercure avec des corps qui facilitent sa division, comme les graisses, la gomme, la salive, etc. : c'est ce qui arrive dans la préparation de l'onguent mercuriel. Chauffé dans l'air ou l'oxygène presqu'à la température de son ébullition, le mercure absorbe l'oxygène, augmente de poids, et prend la couleur rouge du vermillon ; il donne le *peroxyde* ou *bioxyde rouge de ce métal* ; chauffé plus fort, il se vaporise en rendant l'oxygène à la liberté. C'est par cette curieuse expérience que le célèbre Lavoisier s'assura de l'absorption de l'oxygène dans l'oxydation des métaux. Il existe d'autres procédés, beaucoup plus expéditifs, pour préparer le peroxyde de mercure en quantité abondante. On se sert de ce composé en médecine comme escharotique dans les maladies vénériennes. Mêlé en petites proportions avec une poudre inerte, donnant seulement la facilité de le répandre plus uniformément, il tue les poux et autres insectes pédiculaires. Il entre dans quelques onguents anti-syphilitiques, mais son application à l'extérieur n'est pas sans danger.

Le mercure se combine encore avec un grand nombre d'autres substances. Il donne avec le chlore deux composés, deux **chlorures**, d'un usage fréquent, le *mercure doux* ou **calomel**, et le *sublimé corrosif*.

L'iode forme avec le mercure deux composés correspondant avec deux chlorures, le *protoiodure* et le *periodure de mercure*.

Le mercure donne, par sa combinaison avec le soufre, le *cinabre* ou *vermillon*, dont on se sert en médecine pour combattre par des fumigations les dartres et les affections syphilitiques invétérées, et en peinture pour la belle couleur rouge qu'il présente par sa réduction en poudre. C'est d'ailleurs avec le soufre que le mercure se trouve le plus fréquemment associé dans la nature. La chaux, les alcalis, le fer et plusieurs autres métaux décomposent le sulfure, en s'emparant du soufre sous l'influence de la chaleur, et le mercure est mis en liberté sous forme de vapeur, qui se condense dans des vases disposés pour le recevoir à l'état de pureté.

Enfin, le mercure donne par sa combinaison avec les métaux des composés désignés sous le nom générique d'*amalgame*. Il dissout même à froid l'or, l'argent, l'étain, à peu près comme l'eau dissout le sel de cuisine. Il va, pour ainsi dire, chercher ces substances au milieu de toutes leurs autres combinaisons : aussi est-il très-employé pour l'extraction des métaux précieux. On broie ou l'on jette les minerais broyés dans un bain de mercure. Celui-ci s'empare seulement du métal à extraire. On distille l'amalgame, le mercure s'échappe à l'état de vapeur, et le métal reste pur au fond des vaisseaux. On se sert même beaucoup du pouvoir dissolvant du mercure et de sa volatilité pour fixer l'or sur les autres métaux dans la dorure. C'est aussi par son intermédiaire que l'on pratique l'*étamage des glaces*.

L'action du mercure sur les corps vivants est d'une énergie extrême. Aussi ses manipulations sont-elles toujours suivies d'accidents funestes. Le mercure introduit dans le corps à l'état de vapeur, soit pendant le traitement du minerai qui le fournit, soit par son application à l'art du doreur, attaque le système nerveux et détermine des tremblements incurables. Le mercure sublimé, dans l'incendie désastreux de la mine d'Idria, en Autriche, occasionna des maladies à plus de neuf cents personnes. Il pénètre par sa subtilité toutes les parties du corps, à tel point que la simple pression suffit pour constater sa présence dans les parties molles. En un mot, telle est son action délétère sur l'organisation que l'on est forcé quelquefois de n'employer que des condamnés à mort aux travaux les plus dangereux de sa préparation.

Les minerais de mercure sont assez rares à la surface du globe : c'est particulièrement dans les grès, les schistes bitumineux et dans les argiles endurcies des terrains secondaires qu'on les rencontre en plus grande abondance. Ils accompagnent même les corps organisés, tels que des empreintes de poissons, des coquilles fossiles, des bois silicifiés, tandis que dans les filons qui traversent les roches primordiales on ne les trouve qu'en très-petite quantité. Les principales mines en Europe sont celles d'Idria, dans le Frioul, et celles d'Almaden, en Espagne. Les travaux de la première sont poussés jusqu'à plus de 260 mètres de profondeur. Elle peut fournir annuellement jusqu'à 6,000 quintaux métriques de métal ; mais le gouvernement autrichien, qui en a le monopole, en restreint le produit à 1,500 quintaux pour en maintenir la valeur. La seconde est peut-être plus riche que la première. On y exploite six filons de quatre à six mètres de puissance, dont le produit moyen est de 5,000 quintaux métriques de mercure coulant. Il en existe encore, mais de moins importantes, dans le Palatinat, en Hongrie, en Bohême et dans plusieurs autres parties de l'Allemagne. Le territoire français n'en a fourni jusque ici que des indices. Le mercure se trouve quelquefois à l'état natif dans certaines mines. Il s'y présente en globules disséminés dans différentes gangues et adhérent à leur surface, ou bien en petits amas rassemblés dans les fissures et les cavités des rochers ; mais jamais il ne s'est encore rencontré assez abondant pour former seul l'objet d'une exploitation. De sorte que tout le mercure du commerce s'extrait à peu près des mines qui le contiennent à l'état de sulfure, du cinabre naturel.   F. PASSOT.

MERCURE (*Littérature*). Ce nom, rappelant la rapidité du dieu de la fable, a servi de titre à des livres annonçant des nouvelles, à gazettes se propageant comme l'éclair. Le *Mercure français* est une histoire de France de 25 tomes, commençant en 1605, finissant en 1644. Vittorio Siri a intitulé son *Histoire de France* du nom de *Mercure*. Le *Mercure armorial* de Segoing traite du blason ; Le *Mercure indien* de Rosnel, orfèvre, des pierres précieuses, des perles, de l'or. Visé commença en 1672 son *Mercure galant*, qui donnait tous les mois des nouvelles, des anecdotes, des historiettes, des propos de boudoir et de salon ; il continua jusqu'en mai 1710, et il en résulta un ensemble de 46 volumes. Dufresny lui succéda, et de juin 1710 à avril 1714 il publia 44 volumes sous le même titre. De mai 1714 à octobre 1716, Lefèvre donna 30 volumes sous le nom de *Mercure de France*. L'abbé Buchet le reprit en janvier 1717, et l'amena à mai 1721 inclusivement, en 43 volumes, sous le titre de *Nouveau Mercure*. Il eut pour successeurs De la Roque, Marmontel, et plusieurs autres. En 1789, la collection du *Mercure* montait déjà à 1,100 volumes. Au milieu du fatras d'inutilités, en prose et en vers, encombrant ce recueil, qui ent cependant un succès immense, on rencontre par ci par là quelques bonnes pièces signées de noms illustres. Le *Mercure*, interrompu pendant les troubles révolutionnaires, fut repris plusieurs fois depuis avec plus ou moins de succès. Après La Harpe, il eut Legouvé pour rédacteur de 1807 à 1810. Sous la Restauration, et avant l'apparition de la *Minerve*, Jay, Jouy, Étienne, Arnault, le ressuscitèrent heureusement. Mais le *Mercure* est aujourd'hui comme les vieilles choses qui ont fait leur temps : il vaut mieux chercher ailleurs que d'essayer de les faire revivre.

MERCURE DE VIE. *Voyez* ALGAROTH (Poudre d').

DICT. DE LA CONVERS. — T. XIII.

MERCURE DOUX. *Voyez* CALOMEL et CHLORURE.

MERCURI (PAUL), que l'Italie a prêté pendant quelques années à la France pour le lui reprendre ensuite, a conquis parmi les graveurs contemporains une place brillante et enviée. Il débuta au salon de 1834 par un portrait peint à l'huile et par divers dessins, qui auraient peut-être passé inaperçus, s'ils n'avaient été accompagnés de la gravure des *Moissonneurs* de Léopold Robert, dont le récent succès vivait encore dans toutes les mémoires. Dans cette planche, qui fut d'abord publiée par *L'Artiste*, et qui établit du premier coup la réputation de l'auteur, M. Mercuri révélait une qualité que l'école de la Restauration avait trop négligée, la finesse. Le gouvernement accorda à l'œuvre qu'une médaille de troisième classe, mais la critique fit plus grandement les choses, et donna à l'habile graveur les éloges et la place qu'il méritait. Après quatre ans de silencieux travail, M. Mercuri reparut au salon avec la *Sainte Amélie*, d'après Paul Delaroche, gravure de petite dimension, où les étoffes, les accessoires, les moindres détails sont rendus avec une précision parfaite, une délicatesse exquise. Une médaille de première classe récompensa cette fois l'artiste. L'année suivante (1839), il exposa une de ses propres compositions, la *Pia*, poétique figure empruntée au poëme du Dante. M. Mercuri, qui travaille lentement, entreprit ensuite la gravure d'une *Vierge* de Raphaël, dont il montra le dessin au salon de 1844, en même temps que le portrait du Tasse et celui de Christophe Colomb : cette planche, gravée sur acier pour la collection des *Galeries de Versailles*, témoigne d'un talent des plus remarquables ; les érudits regrettent toutefois que l'auteur ait dépensé tant de soin et de patience pour la reproduction d'un original qui paraît n'être qu'une effigie apocryphe du grand navigateur génois. L'une des œuvres les plus récentes de M. Mercuri est le portrait de Madame de Maintenon, gravé d'après un émail de Petitot, et destiné à accompagner l'histoire de cette femme célèbre, par M. de Noailles. Dans ses proportions microscopiques, ce portrait est une petite merveille d'exécution, et les amateurs en font avec justice un cas singulier. Indépendamment des gravures que nous venons de citer, M. Mercuri a fait au crayon un certain nombre de portraits, dont on ne saurait méconnaître la valeur. D'après le témoignage d'un critique des plus compétents, « ces portraits à la mine de plomb sont d'un grand caractère ; ils ont plus de couleur et de liberté que les gravures de l'auteur ». Ce qui en effet caractérise surtout la manière de M. Mercuri, c'est un soin extrême, une rare habileté de main. Son burin paraît avoir plus de précision que d'effet, plus de patience que de sentiment.   Paul MANTZ.

MERCURIALE. Ce mot est pris dans un grand nombre d'acceptions, qui n'ont entre elles aucun rapport. Il se disait autrefois de quelques assemblées de gens de lettres, qui avaient lieu habituellement le *mercredi*, chez quelque personne savante. On tenait des *mercuriales* chez Ménage.

En termes de jurisprudence, ou de palais, ce mot désignait, sous l'ancien régime, des assemblées à huis clos de toutes les chambres d'un parlement, dans lesquelles le procureur général et le premier avocat général prononçaient alternativement un discours sur le maintien de la discipline et les fautes des magistrats. Elles avaient lieu aussi la mercredi. Ordonnées par Charles VIII en 1493, et par Louis XII en 1498, elles se tinrent d'abord de quinze en quinze jours, puis tous les mois, plus tard tous les trimestres. Enfin, Henri III, aux états de Blois, les réduisit à deux par an, le premier mercredi après la Saint-Martin, et le premier mercredi après Pâques. Dans ces assemblées, le premier président exhortait en outre les conseillers à rendre scrupuleusement la justice, et blâmait ou louait les autres membres subalternes de la magistrature, selon qu'ils s'étaient bien ou mal acquittés de leurs fonctions. C'est par extension qu'on a fait servir le mot *mercuriale* à désigner une réprimande, des reproches plus ou moins vifs adressés à quelqu'un. Le nom de *mercuriale* est resté aux discours de rentrée des différentes cours judiciaires prononcés par quelque membre du ministère public.

On donne, enfin, le nom de *mercuriale* aux prix courants des denrées comestibles que l'autorité municipale fixe à l'issue de chaque marché.

MERCURIALE (*Botanique*). Cette plante, dont le nom vient sans doute du dieu *Mercure*, qui, au dire des anciens, en avait fait usage le premier, appartient à la famille des **euphorbiacées**. Une plante choisie par un dieu devait avoir des vertus merveilleuses : aussi dit-on que les femmes qui faisaient usage de la mercuriale mâle prodiguaient des enfants du sexe masculin, tandis que la mercuriale femelle leur faisait produire des filles ; mais ce qui prouve combien à cette époque d'ignorance et de superstition les assertions avancées par le charlatanisme étaient peu fondées, c'est que la mercuriale que les anciens désignaient sous le nom de *mâle* était justement celle qui porte les organes femelles, et *vice versa*. Ce qui avait donné lieu à cette erreur, c'est que le fruit de la mercuriale, qui résulte de l'ovaire fécondé, a la forme de l'organe mâle, et c'est à cet organe qu'ils attribuaient une grande influence sur le sexe de l'individu à naître.

Le genre *mercuriale* a donc, comme on le voit, les sexes séparés. Les espèces sont les unes monoïques, les autres dioïques. Les fleurs mâles ont de 8 à 12 étamines, même quelquefois plus, à filets libres terminés par des anthères à loges globuleuses et distinctes. Les fleurs femelles offrent deux ou trois filets stériles ; elles sont caractérisées par deux ou trois styles courts, élargis et frangés dans leur contour.

Ce genre renferme un assez grand nombre d'espèces, parmi lesquelles deux seulement sont importantes à connaître. L'une est la mercuriale vivace (*mercurialis perennis*, L.), appelée aussi mercuriale sauvage, chou de chien : c'est une plante vivace, portant des fleurs en épis axillaires, ordinairement plus longs que les feuilles. Elle est très-abondante dans les bois de l'Europe et de la France ; mais, au dire d'un grand nombre de physiologistes, elle possède des propriétés délétères, qui doivent rendre fort circonspect dans son emploi. On prétend cependant que les chèvres en mangent impunément, tandis qu'elle est pour les moutons un poison très-énergique : cette assertion mérite, à notre avis, d'être confirmée. Elle donne à la teinture une belle couleur bleue, que l'on n'a pu encore fixer. L'autre, que l'on appelle *mercuriale annuelle* (*mercurialis annua*, L.), et vulgairement *foirolle*, se reconnaît à ses fleurs verdâtres, dont les mâles sont disposées en épis axillaires grêles et pédonculées, tandis que les fleurs femelles sont solitaires et presque sessiles. Cette plante, l'effroi du jardinier, envahit les jardins et les lieux cultivés ; ses propriétés sont analogues à celles de la précédente ; elle a une odeur et une saveur désagréables, et s'emploie en pharmacie pour faire des fomentations, des cataplasmes et des lavements, principalement mêlée avec du miel, qui prend alors le nom de *miel mercurial*. Malgré ses propriétés laxatives, on prétend qu'on la mange, dans quelques pays, accommodée comme des épinards.   FAVROT.

MERCURIALES, fêtes qui se célébraient en l'honneur de Mercure dans l'île de Crète. On y déployait une magnificence qui attirait un grand concours de monde, moins, à la vérité, par dévotion que pour le commerce, dont Mercure était le dieu. Les Mercuriales se célébraient aussi à Rome, le 14 juillet, mais beaucoup plus simplement. BILLOT.

MERCURIELLE (Eau). *Voyez* EAU MERCURIELLE.

MERCY (FRANÇOIS, baron DE), célèbre général de la guerre de trente ans, était né à Longwy, en Lorraine, et appartenait à une ancienne famille de cette province. Entré fort jeune au service de l'empereur, il obtint en 1631 le grade de capitaine dans un régiment dont Piccolomini était alors colonel, et devint lui-même en 1633 propriétaire d'un régiment avec lequel il occupa en 1634 Rheinfeld, dans la haute Alsace, que peu de temps après la bataille de Nordlingen il dut abandonner au rhingrave Jean-Philippe. En 1635 il passa au service de Bavière avec le grade de quartier-maître général. Promu en 1638 au grade de général d'artillerie, il lutta en 1640 dans le bas Palatinat contre le duc de Longueville, et défendit Ratisbonne contre le Suédois Baner. A Waldenbourg, il réussit à entourer le général Schlangen, et le fit prisonnier avec quatre régiments. Dans la campagne de 1643, il surprit et battit à Duttlingen, en Souabe, Rantzau, commandant l'armée française, victoire que l'électeur récompensa par le grade de lieutenant général et l'empereur par la dignité de feld-maréchal. En 1645 il réussit à s'emparer de Germersheim et de Mergentheim ; et dans cette dernière affaire, qui eut lieu le 5 mai, il eut la gloire de battre Turenne. Le 3 août de la même année, à Allersheim, il livra au duc d'Enghien un combat dans lequel il fut tué.

Son frère, *Gaspard* DE MERCY, quartier-maître général au service de Bavière, fut tué sous les murs de Fribourg.

Son petit-fils, *Claude-Florimond*, comte DE MERCY, né en Lorraine, en 1666, se distingua également au service de l'empereur, et d'abord dans la guerre contre les Turcs. Colonel au commencement de la guerre de la succession d'Espagne, il servit successivement, et avec la plus grande distinction, en Italie et sur les bords du Rhin, et fut créé feld-maréchal lors de la dernière campagne de cette guerre. En 1716 il fut chargé d'un commandement dans l'armée envoyée par l'empereur contre les Turcs, et prit part aux victoires de Peterwardein et de Belgrade. Créé feld-maréchal général en 1733, il prit le commandement en chef de l'armée impériale en Italie, et finit par un coup de canon au siège de Croisetta. Comme il ne laissait point d'enfant, le fief et le titre de comte de Mercy passèrent à un de ses parents, Antoine d'Argenteau, devenu la souche des comtes de Mercy-Argenteau, qui prit aussi du service dans les armées de l'empereur, et qui, après s'être distingué en Hongrie, en Bavière et surtout dans les Pays-Bas, mourut gouverneur d'Esseck, en 1767.

MER D'ALLEMAGNE. *Voyez* NORD (Mer du).
MER DANGEREUSE. *Voyez* DANGEREUX (Archipel).
MER DES INDES. *Voyez* INDES (Mer des).
MER DU NORD. *Voyez* NORD (Mer du).
MER DU SUD. *Voyez* OCÉAN (Grand).

MÈRE (du latin *mater*), c'est la femme qui a mis un enfant au monde, la femelle d'un animal quand elle a des petits. Telle est la définition de l'Académie Française. Ainsi, ce mot harmonieux de *mère*, résumant à lui seul tout ce que l'amour le plus épuré, la tendresse la plus sentie, le dévouement le plus absolu, ont d'affinités chastes et inexpliquées, ce mot de *mère*, dont le charme est si puissant, ce mot, réduit aux termes d'une banale formule, deviendrait une aride abstraction ! La *mère* ne serait plus qu'une machine en activité, la femme qui a produit un enfant. A défaut de mots à part pour rendre les choses à part, le cœur seul doit parler, le cœur seul est apte à définir ; les sentiments ne s'analysent pas comme un cadavre, ils ne se formulent pas comme un axiome de géométrie. En donnant le nom de *mère de famille* à toute femme ayant des enfants, quelle sera la conséquence ? Peu importe qu'ils soient le fruit de l'adultère ou de la tendresse de l'époux, que la femme s'intitule Lucrèce ou Messaline ! Elle est mariée, elle a des enfants ; cela suffit, elle est *mère de famille*. Oh ! non pas ! Dites, si vous voulez, que Messaline est une *femme* qui a des enfants, nous ne nous y opposons pas ; mais Messaline *mère*, Messaline *mère de famille* ! allons donc ! Là où l'adultère s'est rué il n'est plus d'épouse, il n'est plus de famille, il ne reste que des bâtards et une prostituée.

La *mère de famille* que nous la comprenons, c'est l'épouse aimante et fidèle, la mère tendre et dévouée, la maîtresse économe, que le père légua après lui à ses enfants, et qui ne compromet jamais leur bien-être par des fantaisies ruineuses. A elle seulement notre respect et nos hommages !

N'oublions pas la grand'-mère, cette bonne aïeule, si

fière de se voir revivre dans les enfants de sa fille, de son fils bien aimés, pauvre vieille qui nous berçait tout petits et que nous appellions *mère-grand*. Et la *mère nourrice*, cette robuste paysanne, qui partage généreusement les trésors de son sein entre son enfant et l'enfant d'une étrangère ! Quant à la *belle-mère*, c'est, personne ne l'ignore, un terme relatif : par rapport aux enfants, c'est la seconde épouse de leur père; par rapport au gendre, c'est la mère de sa femme; par rapport à la bru, c'est la mère de son mari.

Viennent ensuite quelques autres acceptions à signaler rapidement. Au spirituel, *mère* est la qualification qu'on donne à une religieuse professe : la *mère* sacristaine, la *mère* abbesse, la *mère* prieure. On l'emploie également comme synonyme de cause morale des vertus et des vices : L'ambition est la *mère* de tous les crimes; la méfiance est la *mère* de la sûreté. *Mère* se dit, en termes de grammaire, des langues originales, d'où dérivent toutes les autres : Le sanscrit est la langue *mère* des autres langues. En jardinage, les branches *mères* sont ces grosses branches d'arbre dont les autres sont les rejetons. La *mère patrie*, c'est l'état qui a fondé une colonie et qui la gouverne : La France est la *mère patrie* de l'Algérie. L'idée *mère* d'un ouvrage, c'est l'idée principale, celle dont les autres ne sont que la conséquence. Les joailliers appellent *mère perle* une grosse coquille qui renferme un grand nombre de perles. En chimie, l'*eau mère* est une eau saline où se sont déposés des cristaux, et qui contient encore une certaine quantité de sel en solution. Les anatomistes désignent sous le nom de *dure-mère* et de *pie-mère* deux membranes enveloppant le cerveau. Enfin, *mère goutte* est le vin qui coule du pressoir ou de la cuve sans que le raisin ait été pressuré, et *mère laine* la laine la plus fine qui se tond sur les brebis.

Charles DUPOUY.

MÈRE des compagnons. *Voyez* COMPAGNONNAGE.

MÈRE-FOLLE (Société de la), ou *infanterie dijonaise*, espèce de confrérie fondée au quatorzième siècle à Dijon, par Adolphe, comte de Clèves, et approuvée en 1454, par le duc Philippe le Bon. Les membres de la Société de la Mère-Folle, au nombre d'environ cinq cents, se réunissaient tous les ans au temps des vendanges, et, après un grand banquet, se promenaient par la ville montés sur des chariots et des chevaux, déguisés de toutes manières, avec des habits bigarrés de jaune, de vert et de rouge, un bonnet à deux pointes terminées par des sonnettes, et des marottes à la main, haranguant le peuple, et faisant la satire des mœurs du siècle. Les poésies et les satires composées à cette occasion se récitaient devant l'hôtel du gouverneur, ensuite devant le logis du premier président, et enfin devant celui du maire. S'il arrivait dans la ville quelque événement singulier, les chariots et l'*infanterie dijonaise* étaient aussitôt sur pied, et on habillait un individu de la troupe de manière à imiter en charge le héros de l'aventure. C'est ce qu'on appelait faire marcher la *Mère-Folle*.

La société de la *Mère-Folle* compta dans son sein un grand nombre de personnages illustres, entre autres le premier prince du sang, le prince de Condé, en 1626. Cette année-là elle se fit graver un sceau ayant pour devise : *Sapientes stulti aliquando*, et pour exergue : *Stultitiam simulare loco summa prudentia est*. Quatre ans plus tard, un édit de Louis XIII, en date du 21 juin 1630, supprima l'*infanterie dijonaise*, qui se permettait quelquefois des plaisanteries politiques.

MÈRES DU KERMÈS. *Voyez* KERMÈS.

MER GLACIALE ou MER POLAIRE, noms que l'on donne aux masses d'eau qui entourent les deux pôles de la terre. Il y a donc la *mer Glaciale* ou *Polaire arctique*, et la *mer Glaciale* ou *Polaire antarctique*. Toutes deux, mais surtout la mer Polaire antarctique, ne sont parcourues et connues que dans leur plus petite partie, à cause des masses de glace qui les encombrent. Les îles les plus importantes qu'on rencontre dans la mer Glaciale arctique sont le Groënland, l'Islande, le Spitzberg et la Nouvelle-Zemble. Les dernières découvertes faites dans la mer Glaciale antarctique, à laquelle se rattachent les côtes septentrionales de l'Europe, de l'Asie et de l'Amérique, et qui communique d'une part avec l'Atlantique par le détroit de Davis et de l'autre avec la mer Pacifique par le détroit de Béring, a été plus particulièrement l'objet des investigations de Béring, de Cook, de Ross, de Back, de Parry, de Baer, de Franklin, de Mac-Lure, etc.

MÉRIAN, nom d'une célèbre famille d'artistes.

Matthieu MÉRIAN, dit *l'aîné*, né à Bâle, en 1593, fut élève de Dietrich Meyer à Zurich et de Théod. de Bry à Oppenheim, qui ensuite lui donna sa fille en mariage, et vécut longtemps à Paris. Il s'établit plus tard à Francfort, et mourut à Schwalbach, en 1651. Il maniait le burin avec beaucoup d'habileté. Ses planches les plus célèbres représentent des vues des principales villes de l'Europe, notamment celles de l'Allemagne. Il les faisait paraître sous le titre de *Topographie*, et y joignait un titre descriptif; entreprise que sa mort n'interrompit point (30 vol. in-fol., Francfort, 1610-1688). Les vues des villes dessinées par lui d'après nature, surtout celles en perspective, sont de vrais chefs-d'œuvre ; il en est de même de ses premiers paysages. Mais son entreprise ayant à la longue pris une extension considérable, il dut, pour la plus grande partie de l'œuvre, prendre des collaborateurs : aussi est-elle souvent négligée et mal exécutée. Sa *Topographie* n'en est pas moins un ouvrage historique important et qu'on estime encore aujourd'hui.

Les innombrables histoires, batailles, cérémonies, etc., dont il illustra une foule de livres, par exemple, la Bible, le *Theatrum Europæum*, la Chronique de Gotefried, etc., n'ont pas, à beaucoup près, l'importance de sa *Topographie*. La composition et la gravure y ont un caractère qui tient de la fabrique; et au point de vue de l'antiquaire il n'y a de précieux que ce qui s'y rapporte à l'histoire, surtout à celle de la guerre de trente ans.

Son fils aîné, *Matthieu* MÉRIAN, dit *le jeune*, né à Bâle, en 1621, bon peintre de portraits, élève de Joachim de Sandrard et d'Antoine Van Dyck, séjourna à Rome, vers 1644, et parcourut plus tard l'Angleterre, les Pays-Bas et la France.

Son second fils, *Gaspard* MÉRIAN, mania le burin, mais non avec autant d'habileté que son père.

Le fils de Matthieu Mérian le jeune, *Jean-Matthieu* MÉRIAN, devint un habile peintre de portraits, et mourut à Francfort, en 1616.

La fille de Matthieu Mérian l'aîné, *Maria-Sibylla* MÉRIAN, femme Graff, née à Francfort-sur-Mein, en 1647, morte à Amsterdam, en 1717, s'est aussi fait un nom dans les arts. Elève de son beau-père, Jacques Marrels ou Marrel, et d'Abraham Mignon, elle devint célèbre à bon droit par l'habileté, par l'exactitude et le bon goût avec lequel elle peignait en détrempe, le plus souvent sur parchemin, des fleurs, des papillons, des chenilles, des mouches et des insectes de toutes espèces. Sa prédilection pour ce genre la porta à quitter la Hollande, où elle s'était établie par zèle religieux, et à se rendre à Surinam, afin d'y observer les métamorphoses des insectes indigènes. Elle y séjourna deux années, et y peignit sur parchemin une multitude de vers, de plantes et de fruits, qui ne laissent rien à désirer comme imitation de la nature. Dans le grand nombre d'ouvrages qu'on a d'elle, et dont elle grava elle-même les cuivres, nous citerons : *Remarquable Métamorphose des Chenilles et singulière nourriture des fleurs* (2 vol., Nuremberg, 1679-88); *Metamorphosis Insectorum Surinamensium* (texte latin et hollandais, Amsterdam, in-fol.).

MERIDA, ville de 10,000 habitants, dans la province de Badajoz, en Estramadure, située dans une belle et fertile plaine, sur la rive droite de la Guadiana, qu'on y passe sur un beau pont de dix-huit arches, datant de l'époque des Romains, et sur son affluent l'Abarrigos, a quelques palais bien conservés, un château fort, dont la construction remonte aux Maures, un grand nombre d'antiquités romaines, et d'importantes foires de bestiaux.

MERIDA, province de la république de Venezuela dans l'Amérique du Sud, située entre les provinces de Truxillo, de Macaraïbo, d'Apure, de Varinas et de la Nouvelle-Grenade, compte sur une surface de 350 myriamètres carrés 65,000 habitants, vivant la plupart de l'agriculture, produit toutes les plantes alimentaires des zônes torride et tempérée, et fournit à l'exportation du café, du cacao et du sucre. Son chef-lieu, *Merida*, ville fondée en 1558, par Juan Rodriguez Suarez, est situé sur une jolie petite montagne, bien fertile, au voisinage de l'impétueux Rio-Chama, et en face de l'imposante *Sierra Nevada*, qui s'élève à 5,700 mètres au-dessus du niveau de l'Océan et à 3,000 mètres au-dessus de Merida. En 1812 un tremblement de terre la détruisit presque complétement, et elle resta alors pendant quelque temps en ruine; mais elle est maintenant reconstruite et plus peuplée que jamais. Ses 12,000 habitants sont actifs, industrieux, et jouissent d'une grande aisance. Siége d'évêché, elle possède un collége, un séminaire, diverses écoles et un couvent de religieuses célèbre par les beaux travaux qu'on y exécute.

MERIDA, chef-lieu du Yucatan.

MÉRIDIEN (de *meridies*, milieu du jour), nom commun à tous les grands cercles de la sphère céleste dont le plan passe par l'axe de la terre. Le méridien d'un lieu est celui qui passe par la verticale de ce lieu. Tous les lieux qui appartiennent au même demi-méridien, en allant d'un pôle à l'autre, ont nécessairement la même longitude.

En géographie, on nomme *méridien terrestre* l'intersection du plan d'un méridien avec la surface de la Terre. Le *premier méridien*, dont la position est arbitraire, est celui à partir duquel on compte la longitude. Le premier méridien choisi par Ptolémée était celui des îles Fortunées, dans lesquelles les géographes ont reconnu les îles Canaries ; les modernes ont longtemps pris pour premier méridien celui qui passe par l'une de ces îles, l'île de Fer, située, d'après la détermination de Borda, à 20° 30′ ouest de Paris. Aujourd'hui les Français comptent les longitudes à partir du méridien de l'Observatoire de Paris, les Anglais à partir de celui de Greenwich. A l'aide de ces données, il est facile de convertir la longitude comptée d'un premier méridien donné en longitude comptée d'un autre premier méridien.

Il résulte de la définition du méridien que son plan est perpendiculaire à l'équateur, et qu'il renferme le zénith et le nadir. On voit par là qu'il s'écoule en un lieu donné autant de temps entre le lever d'une étoile et son passage au méridien de ce lieu qu'entre ce moment et le coucher de la même étoile. Il en est de même pour le Soleil, c'est-à-dire que lorsque le Soleil passe au méridien d'un lieu, il est midi ou minuit, suivant que cet astre est au-dessus ou au-dessous de l'horizon. Cette dernière remarque explique l'origine du mot *méridien*.

La mesure des degrés du méridien terrestre a permis de vérifier l'existence de l'aplatissement de la Terre aux pôles. Cette mesure, effectuée à l'aide d'une méthode connue sous le nom de *triangulation*, a aussi servi de base au système métrique (*voyez* MÈTRE).

On donne le nom de *méridien magnétique* d'un lieu au plan qui passe par les deux pôles d'un aimant placé en ce lieu et par le centre de la Terre. L'angle du méridien magnétique et du méridien du lieu est égal à la déclinaison de l'aiguille aimantée.

MÉRIDIENNE ou LIGNE MÉRIDIENNE. La méridienne d'un lieu est l'intersection de l'horizon et du méridien de ce lieu; les marins la nomment *ligne nord et sud*, parce qu'elle se dirige d'un pôle à l'autre. Pour construire la méridienne d'un lieu, il suffit d'un style et d'un compas : sur un point quelconque d'un plan horizontal, et par une belle journée de soleil, entre neuf et onze heures du matin, on élève perpendiculairement un style d'une hauteur quelconque, et de la base de ce style comme centre on décrit sur le plan plusieurs arcs de cercle de différents rayons, puis on remarque en les notant les divers points où l'extrémité de l'ombre s'arrête sur ces cercles. Lorsque l'ombre croîtra de nouveau après midi, elle rencontrera encore une fois par son extrémité les mêmes cercles; on marque de même les points où s'effectue cette rencontre, puis on divise ensuite chacun des arcs de cercle compris entre deux points en deux parties égales. Si l'opération a été bien faite, tous les points-milieux seront sur une même ligne droite, qui sera la méridienne. S'il y a de petites différences, on prendra une moyenne entre ces différences, et l'erreur sera toujours d'autant plus petite qu'on aura opéré sur un plus grand nombre d'arcs de cercle. Comme l'extrémité de l'ombre est un peu difficile à déterminer, il vaut mieux la remplacer par une tache lumineuse produite par un petit trou pratiqué au sommet du style aplati, ou bien on peut encore faire les cercles jaunes au lieu de les faire noirs, ce qui aide à mieux distinguer l'ombre. Mais comme, dans son mouvement apparent, le Soleil, au lieu d'un cercle régulier, décrit une spirale, excepté à l'époque des solstices, la méridienne ainsi obtenue ne sera juste que si elle est faite aux solstices, et encore faut-il que ce soit à celui d'été, c'est-à-dire vers le 21 ou le 22 juin. Aux autres époques, cette méridienne ainsi tracée déclinera un peu à l'orient ou à l'occident, et il faudra la rectifier au moyen de tables *ad hoc*.

Une des méridiennes les plus remarquables est celle qui fut autrefois tracée dans l'église de Sainte-Pétrone, à Bologne, par le fameux Cassini. Il y en a deux autres également remarquables en France, ce sont celle de l'observatoire de Paris et celle de l'église Saint-Sulpice, faite par Henri Sully, fameux horloger anglais, et rectifiée par Lemonnier. Le genre ou l'on pratique dit de ces sortes de méridiennes est une ouverture pratiquée à la voûte ou dans quelque autre endroit de l'édifice, et par où passent les rayons du soleil, dont l'image vient à midi se projeter sur le plan horizontal de la méridienne.

La méridienne d'un cadran solaire est une droite qui se détermine par l'intersection du méridien du lieu avec le plan du cadran. La *méridienne du temps moyen* est une courbe en forme de 8, qu'on trace autour de celle-ci, et qui indique le midi en temps moyen pour chaque mois de l'année.

Le mot *méridienne* s'emploie aussi adjectivement. Ainsi, on nomme *hauteur méridienne* du Soleil ou des étoiles, leur hauteur au moment où elles sont dans le méridien du lieu d'où on les observe.
BILLOT.

MÉRIDIENNE, sorte de repos, de sommeil, auquel on se livre dans les pays chauds après avoir mangé, surtout au moment de la plus forte chaleur : c'est comme si l'on disait *sommeil de midi*, ce qui vient de l'italien *meridiana*, ce qui fait qu'on l'a longtemps appelé en France plutôt *méridiane* que *méridienne*. La *méridienne* est très-commune dans les colonies intertropicales, dont les habitants, par l'apathique lenteur de leurs mouvements, semblent vivre dans une perpétuelle convalescence.
BILLOT.

MÉRILHOU (JOSEPH), conseiller à la cour de cassation, ex-pair de France, ancien ministre de l'instruction publique et de la justice, est né le 15 octobre 1788, à Montignac (Dordogne). Reçu avocat en 1810, il avait à peine terminé son stage (et non pas sans éclat, puisque le recueil des causes célèbres contient de lui un plaidoyer qu'il prononça à cette époque pour la défense d'une femme accusée d'avoir fait assassiner son mari par son amant), que l'empereur le nommait en 1812 conseiller auditeur à la cour impériale. C'est cette compagnie même qui à trois reprises l'avait présenté au choix du gouvernement pour ses fonctions. La Restauration le maintint en fonctions, et il fit alors partie de cette honorable et patriotique minorité de la magistrature qui s'efforça de paralyser les tendances réactionnaires du nouveau pouvoir. Carnot ayant publié son célèbre *Mémoire au Roi*, le gouvernement déféra cet écrit à la justice, et au mois d'octobre 1814 les chambres criminelles de la cour royale, réunies sous la présidence de M. Gilbert des Voisins, déclarèrent *n'y avoir lieu à suivre*. Dans l'instruction de la cause, M. Mérilhou avait été rapporteur. Pendant les cent jours il fut nommé substitut du procureur général, et n'attendit pas, à la seconde restauration, l'avis officiel du garde des sceaux pour en cesser les fonctions. Il les quitta volontairement pour reprendre sa place au barreau, où il ne tarda pas à se faire un nom par les nombreux procès politiques dans lesquels il figura avec éclat comme défenseur des victimes de la réaction de 1815 et de 1816. Ce fut à lui que le malheureux général *Berton* eut tout d'abord l'idée de recourir pour défendre sa tête menacée par une accusation de haute trahison. Mais M. de Peyronnet, ministre de la justice, lui refusa l'autorisation de plaider devant la cour d'assises de Poitiers, où se jugeait cette grave affaire, et il ne lui fut pas même permis de présenter la défense de l'accusé, non plus comme avocat, mais simplement comme ami et comme défenseur officieux. Berton ayant persisté à ne pas vouloir faire choix d'un autre avocat, fut condamné sans avoir été défendu. M. Mérilhou se chargea de présenter le pourvoi en cassation du général; mais il échoua dans ses efforts auprès de la cour suprême pour faire casser un arrêt qui punissait fort justement sans doute un crime avéré, patent, mais qui avait le vice d'être entaché de nombreuses nullités pour défaut de formes, voire de faux, d'altération et de forfaiture dans la procédure sur laquelle il était basé. Tous ses efforts afin de gagner du temps et de permettre ainsi que l'heure de la réflexion arrivât pour un pouvoir trop impatient à punir, et surtout trop peu enclin à la clémence, furent inutiles.

L'espace nous manque pour signaler ici les nombreux procès politiques et notamment les affaires de presse où M. Mérilhou porta la parole; car ce serait en quelque sorte refaire l'histoire de la Restauration et de son déplorable esprit. Mais on comprend de reste qu'un tel homme devait nécessairement être de ceux sur qui les électeurs indépendants jetteraient les yeux pour leur confier un mandat législatif, aussitôt qu'ils réuniraient toutes les conditions d'aptitude exigées par la loi d'alors. Aux élections générales de 1828, le nom de M. Mérilhou sortit d'une imposante majorité de l'urne électorale. Il fut du nombre de ces loyaux députés que le pays légal chargea de faire entendre le langage de la vérité à la couronne, et dans lesquels celle-ci persista à ne vouloir voir que des ennemis. On sait ce qui en advint.

Après la révolution de Juillet, M. Mérilhou se trouva naturellement porté par la force même des choses à manier le pouvoir, encore bien que comme membre de la chambre des députés il n'eût pourtant pas complétement répondu peut-être aux brillantes espérances qu'on avait conçues de lui comme orateur. A l'arrivée de Laffitte aux affaires, il accepta d'abord le portefeuille de l'instruction publique et plus tard celui de la justice, vacant par la retraite de Dupont (de l'Eure). M. Persil, subordonné comme procureur général, ayant voulu diriger des poursuites contre Charles Comte, ancien ami politique de M. Mérilhou, celui-ci refusa de l'y autoriser. Le cabinet tout entier s'étant prononcé dans ce conflit en faveur de M. Persil, M. Mérilhou donna sa démission, et reprit sa place sur les bancs de l'opposition. Toutefois, son opposition ne fut point assez violente pour empêcher le gouvernement de le nommer à l'un des premiers siéges qui vinrent à vaquer à la cour de cassation et de lui conférer plus tard les honneurs de la pairie. La révolution de Février, après avoir détruit la pairie et bien d'autres choses encore, ne devait pas respecter davantage l'inamovibilité des juges. M. Mérilhou fut donc un des magistrats que le gouvernement provisoire crut devoir suspendre de leurs fonctions; et pour qu'il revînt siéger à la cour suprême, dont il est l'une des lumières, il fallut que cette révolution rentrât enfin dans son lit et se fît plus sage et plus modérée.

MÉRIMÉE (Prosper), membre de l'Académie Française et sénateur, est né vers 1800. C'est le fils de *J.-F.-Louis* Mérimée, longtemps secrétaire de l'École des Beaux-Arts, peintre médiocre, auteur d'un des plafonds des salles de sculpture au Louvre, et à qui on doit, comme écrivain, le livre intitulé : *De la Peinture à l'huile* (1830).

M. Prosper Mérimée, quoique lancé de bonne heure dans la carrière administrative, s'éprit d'une vive passion pour les lettres; et en 1825 il publia, sans y mettre son nom, le *Théâtre de Clara Gazul*, comédienne espagnole. Dans une préface signée du pseudonyme de Joseph Lestrange, l'auteur expliquait comment ces saynètes lui étaient tombées entre les mains. La sensation produite par ce premier livre fut considérable, et M. Mérimée écrivit deux pièces nouvelles qui furent ajoutées plus tard à une seconde édition de *Clara Gazul* (1830). Il fit successivement paraître *La Guzla* (1827), recueil de chants illyriens, ou soi-disant tels, attribués par l'auteur à Hyacinthe Maglanovich, *La Jacquerie* et *La Famille Carvajal* (1828), une *Notice sur la vie et les ouvrages de Michel Cervantes*, publiée en tête d'une nouvelle édition du *Don Quichotte*, de Filleau de Saint-Martin (1828), et un roman d'un grand intérêt, la *Chronique du temps de Charles IX* (1829). M. Mérimée s'abstint de signer ces diverses productions; mais sa réputation ne s'était pas moins répandue au dehors; et lorsqu'en peu avant 1830 la *Revue de Paris* fut fondée, il fut l'un des premiers à qui les rédacteurs de ce recueil firent appel. Il y fit insérer d'assez nombreuses nouvelles, *Tamango*, *Prise de la redoute*, etc., qui furent plus tard réunies dans un volume publié sous le titre de *Mosaïque*. M. Mérimée donna ensuite des romans et des articles de critique dans la *Revue des Deux Mondes*. La *Double méprise* (1833), *Colomba*, *Carmen* et *Arsène Guillot* vinrent bientôt accroître une renommée si légitimement conquise. Il y a en effet dans les récits de M. Mérimée une simplicité dramatique, une vérité d'observation, un style nerveux et pur, qui devaient plaire aux meilleurs juges. Doué de ces qualités diverses, il semblait que M. Mérimée aurait pu aborder le théâtre : il s'est obstiné cependant à s'en tenir éloigné, jusqu'au jour où, dans les premiers mois de 1850, il essaya de faire jouer à la Comédie-Française l'une des pièces du *Théâtre de Clara Gazul*, *Le Carrosse du Saint-Sacrement*. Cette tentative ne fut pas heureuse : malgré des modifications et des coupures, le succès fut contesté. M. Mérimée a écrit aussi, mais d'une plume un peu monotone et froide, l'*Histoire de la Guerre sacrée et de la Conjuration de Catilina* et l'*Histoire de Don Pèdre* (1848).

Mais les lettres pures ne l'ont pas seules occupé. Nommé inspecteur général des monuments historiques, M. Mérimée fit de nombreux voyages en France; et quoiqu'il n'ait publié sur les antiquités nationales aucun travail d'ensemble, rien de bien frappant ni de bien nouveau, il passe pourtant pour un archéologue recommandable. Il a consigné ses souvenirs, sous forme de rapports adressés au ministre de l'intérieur, dans les livres suivants : *Voyage dans le midi de la France* (1835), *Voyage dans l'ouest de la France* (1836), *Voyage en Auvergne et dans le Limousin* (1838). Il a aussi publié les notes d'un *Voyage en Corse*. M. Mérimée traite peut-être les questions d'archéologie d'une manière aride et étroite, celle qui n'est pas la vraie gloire. Conteur spirituel, il restera pour nous l'auteur de *Colomba*, de *Carmen*, de *La Double Méprise*, de tant de récits pleins de passion violente, sous une forme toujours contenue et sage. M. Mérimée dédaigne les ornements et les métaphores, il a horreur de la déclamation et du vague : son style, c'est là ce qui fait sa force, appartient à cette pure tradition française que le dix-huitième siècle a si bien connue et dont nous avons perdu le secret.   P. Mantz.

En 1848 un des premiers actes du gouvernement provisoire fut de nommer M. Mérimée l'un des commissaires chargés de dresser l'inventaire des richesses, tant mobilières qu'immobilières, laissées en France par la famille royale. A quelque temps de là éclatait le scandale produit par la révélation des nombreux détournements de livres dont l'académicien Li b r i s'était rendu coupable dans diverses bibliothèques de France. Plus fidèle à ses amitiés privées qu'à ses amitiés politiques, M. Mérimée prit alors chaleureusement en mains la défense de l'accusé contumax. Il fit plus. Quand la justice eut souverainement prononcé et condamné Libri, il essaya encore de prouver que les juges s'étaient trompés et avaient condamné un innocent. La *Revue des Deux Mondes* accueillit avec empressement les deux articles qu'ils publia à ce sujet ; mais le parquet y vit un outrage public à des fonctionnaires de l'ordre judiciaire, et l'auteur, traduit en conséquence devant la police correctionnelle, y fut condamné sur ce chef à l'amende et à quinze jours d'emprisonnement.

MÉRINGEANNE. *Voyez* AUBERGINE.

MERINO (Don GERONIMO), généralement connu sous le nom de curé *Merino*, fameux chef de partisans espagnols, né de parents pauvres, vers 1770, à Villaobadlo, village de la Vieille-Castille, embrassa l'état ecclésiastique et plus tard obtint charge d'âmes dans son endroit natal. Lorsque éclata la guerre de l'indépendance, il figura parmi les chefs de partisans qui se rendirent si célèbres sous le nom de *guerrilleros*. Ses cruautés à l'égard des prisonniers firent bientôt de son nom un véritable épouvantail. Cependant jamais il ne chercha à s'enrichir, et toujours le butin fait sur l'ennemi fut fidèlement partagé par lui entre tous les hommes de sa bande. La cruauté, qui était le fond de son caractère, ne fit d'ailleurs que se manifester d'une manière de plus en plus terrible. C'est ainsi qu'en 1811 les Français ayant fait fusiller quatre membres de la junte insurrectionnelle de Burgos, Merino, par forme de représailles, fit fusiller cent dix prisonniers français. Au rétablissement de la paix, il se retira dans ses foyers, où il fut un objet d'effroi et d'horreur pour les membres mêmes de sa famille. La constitution des cortès n'eut pas plus tôt été rétablie en 1820, qu'il reprit son ancien métier de *guerrillero* sous prétexte de défendre le trône et l'autel. Ferdinand VII, rétabli dans la jouissance de son pouvoir absolu, récompensa ses services par le grade de brigadier et par une grosse pension. En 1833 Merino, refusant de reconnaître le nouvel ordre de succession établi en Espagne par Ferdinand VII, prit de nouveau les armes, pour défendre les droits de don Carlos au trône. L'insurrection qu'il provoqua prit un caractère des plus menaçants ; et il eut un moment jusqu'à 20,000 hommes sous ses ordres. Mais après une lutte qui ne dura pas moins de cinq ans, et dans le cours de laquelle notre curé-brigand commit autant d'atrocités que lorsqu'il guerroyait contre les Français au nom de Ferdinand VII, il essuya en 1838 une déroute si complète, que force lui fut de se réfugier au nord de la Péninsule. S'associant à la mauvaise fortune du prétendant, il le suivit en France, où le gouvernement l'interna dans l'un des départements du centre. Il y est mort en 1847, sans avoir pu rentrer en Espagne.

Un autre prêtre espagnol du même nom, *Martin* MERINO, fanatique politique appartenant au parti démesurément opposé à celui de son homonyme, tenta d'assassiner la reine Isabelle, le 2 février 1852, au moment où cette princesse revenait de l'église. Il la blessa, mais peu gravement, d'un coup de poignard au côté, et périt du supplice de la garrotte.

MÉRINOS. Les Espagnols appellent ainsi une race de moutons, originaire du pays des Berbères et qui fut introduite au quatorzième siècle en Espagne. Cette race se distingue des autres espèces ovines par la délicatesse de ses membres et par la finesse ainsi que le moelleux de sa laine. On voit aujourd'hui des mérinos paître dans toutes les montagnes de la Péninsule. A l'origine ils étaient la propriété exclusive de la couronne ; mais par la suite des temps, des ventes nombreuses les ont répandus sur tous les points du pays. Dès le dix-huitième siècle on s'occupa d'acclimater cette espèce particulière de moutons en France et en Suède. Ce fut Daubenton qui contribua le plus à ce résultat. Plus tard on l'introduisit avec non moins de succès en Saxe, en Prusse et en Autriche. Dans ces derniers temps un grand nombre de mérinos ont été envoyés de Saxe aux États-Unis d'Amérique et en Russie.

Nous nommons également *mérinos* un tissu croisé, pure laine, dont la chaîne et la trame sont toutes deux en laine peignée, et non feutrée ou foulée comme dans d'autres tissus. La France et la Saxe sont au premier rang pour la fabrications des mérinos.

MÉRINTHE. *Voyez* CÉRINTHE.

MÉRIONETH, comté de la principauté de Galles (Angleterre), compte 58,242 habitants, et présente le caractère le plus sauvage et le plus romantique, attendu que ce ne sont presque partout que montagnes escarpées et vallées magnifiques. Parmi les premières on remarque surtout l'*Arran-Fowdy*, haut de 911 mètres, et le *Cader-Idris*, qui est presque inaccessible. A l'ouest coulent l'Avon ou le Maw, le Dysinwy et le Dovey, à l'est la Dee, qui traverse le *Pimble-Sea* ou *Bala-Pool*, l'un des plus grands lacs du pays de Galles, extrêmement poissonneux, et dont les eaux sont remarquables par leur limpidité. En raison de la médiocre fertilité du sol, l'agriculture n'y a pas pris de grands développements ; l'éducation du bétail y a plus d'importance, et on y fabrique aussi beaucoup d'articles de bonneterie, d'étoffes de laine et de flanelle. Le chef-lieu de ce comté est *Bala*, sur le lac du même nom, et comprenant avec sa banlieue une population de 12,915 habitants. Au voisinage de *Blangotten-sur-Dee*, ville de 7,000 âmes, le canal d'Ellesmere traverse la Dee sur un aqueduc de 49 mètres d'élévation, formant vingt arches et présentant un développement total de 666 mètres. *Barmouth*, sur la côte, à l'embouchure de l'Avon, surnommé *le Petit Gibraltar*, à cause de la situation de ses maisons, toutes bâties le long d'un rocher, est un endroit extrêmement fréquenté pendant la saison des bains de mer, aux environs duquel abondent les monuments druidiques, et qui offre un riche butin aux explorations du naturaliste.

MERISIER, MERISE. *Voyez* CERISIER.

MÉRITE. Il est difficile de donner une définition précise de ce mot, qui ne présente pas toujours quelque chose d'absolu à l'esprit et exprime maintes fois un jugement mobile plutôt qu'un fait certain. On cite des œuvres qui, après avoir attiré les applaudissements, tombent dans un prompt décri ; les qualités qui d'abord ont paru faire leur mérite amènent leur réprobation. Ce n'est pas tout : la renommée du mérite parvient-elle à se conserver, du moins en partie, quelle inconstance dans la distribution des rangs ! un âge élève ce qu'un autre ravale. Il faut, au reste, venir à propos, dans les arts comme dans les sciences : le mérite incontestable a lui-même son jour fixé. S'il apparaît trop tôt, il est méconnu et sans vigueur est insulté ; vient-il trop tard, il ne peut féconder l'épuisement général, et se fait remarquer par les bizarreries dont il se dépravé. Dans ces deux cas, le mérite est mêlé d'imperfections qui expliquent la diversité de sa fortune. En résumé, le mérite, sauf les exceptions que nous venons de signaler, indique une sorte de juste milieu dans le bien et dans le talent ; il entraîne cependant l'idée d'une véritable importance, lorsque les épithètes de *rare* et d'*exquis* l'accompagnent ; il signifie alors un haut degré de perfection, sans atteindre néanmoins jusqu'au génie : il s'arrête à la limite où celui-ci commence. Dans le langage usuel, on dira d'une femme qui remplit avec conscience tous ses devoirs de mère de famille, qu'elle est pleine de *mérite* ; c'est le plus bel éloge qu'on puisse lui décerner. Il suffit des *gens de mérite* pour que, dans les temps ordinaires, la société soit bien conduite ; mais est-on à la veille d'une crise dangereuse ou d'une rénovation complète, les gens de génie se présentent, et agissent ; ils créent et réforment. Cette tâche accomplie, ils se retirèrent ; ils ont obéi à la mission qui les attendait. Les *gens de mérite* les remplacent ; c'est la prudence de tous les jours tempérant la hardiesse d'un premier jet. SAINT-PROSPER.

MÉRITE, DÉMÉRITE. (*Philosophie*). Ces deux mots signifient proprement ce qui rend digne de récompense ou de punition. L'homme, être intelligent et libre, agit bien ou mal ; s'il agit bien, il *mérite*, s'il agit mal, il *démérite* ; et comme toute action bonne veut une récompense, et toute action mauvaise une punition, la conscience, la première, nous témoigne sa satisfaction ou son blâme, puis la société et plus tard le juge suprême nous récompensent ou nous punissent. Le *mérite* et le *démérite* rendent nécessaire l'existence d'une vie future, car sur cette terre la vertu n'est pas toujours récompensée et le vice puni ; d'où il faut conclure qu'il y a une autre existence, où la justice de Dieu a son cours. Pour pouvoir *mériter* ou *démériter*, il faut supposer l'homme *intelligent* et *libre* : *intelligent*, pour qu'il sache discerner le bien du mal ; c'est en conséquence de ce principe que la justice humaine a fait entrer dans les considérations qui déterminent le châtiment d'une faute la question d'âge et l'aliénation mentale ; *libre*, pour que l'homme puisse choisir entre le bien et le mal, accomplir l'un et éviter l'autre. Enlevez à l'homme la liberté dans le choix et l'accomplissement d'un acte moral, vous supprimez les peines et les récompenses, car il serait absurde de punir un homme d'avoir fait une mauvaise action, quand il ne pouvait faire que celle-là, et de plus vous rendez inutile une vie future.

MÉRITE MILITAIRE (Ordre du). C'est le nom d'un ordre qui avait été institué par Louis XV, en 1759, pour récompenser les actions d'éclat et les services des officiers protestants qui servaient dans ses troupes, et que leur religion empêchait le prétendre à la croix de Saint-Louis. Les chevaliers de l'ordre du Mérite militaire portaient, suspendue à un ruban gris-bleu, une croix à huit pointes cantonnée de quatre fleurs de lys ; une épée en pal, la pointe en haut, occupait le centre de cette croix, ayant pour légende : *Pro virtute bellica* ; au revers se trouvait cette autre légende, entourant une couronne de laurier : *Ludovicus XV instituit*, 1759. L'ordre du Mérite militaire se composait de quatre grand's-croix, de quatre commandeurs, et d'un nombre indéterminé de chevaliers. La formule du serment était à peu près celle du chevalier de Saint-Louis. La Convention nationale, après avoir aboli l'ordre de Saint-Louis, fit subir le même sort à celui du Mérite militaire, que la Restauration rétablit le 25 nombre 1814, et qui n'existe plus aujourd'hui.

Quelques États européens ont maintenant leur ordre du Mérite militaire ; mais le plus généralement cet ordre, à peu près semblable à notre Légion d'Honneur, s'appelle : *ordre du Mérite civil et militaire*. Nous mentionnerons, entre autres, la Bavière, la Prusse, la Saxe, la Toscane, le Wurtemberg, etc.

MER JAUNE. *Voyez* JAUNE (Mer).

MERLAN, genre de poissons de la famille des gades. Les merlans se distinguent des morues par l'absence du barbillon sous-maxillaire qui caractérise celles-ci.

Ce genre renferme un très-petit nombre d'espèces. Le *merlan commun* (*gadus merlangus*, L.) se pêche presque continuellement sur toutes les côtes de l'Europe. Tout le monde connaît sa chair blanche et délicate. La couleur du son dos est d'un gris tirant sur le verdâtre. Le reste du corps, et même l'iris de l'œil, qui est très-grand, brillent de l'éclat de l'argent.

Les autres espèces de merlans sont le *colin* ou *merlan noir*, le *lieu* ou *merlan jaune*, le *sey* ou *merlan vert*. Leur chair est moins estimée que celle du merlan commun.

MERLE. Les merles offrent un exemple bien frappant des difficultés presque insurmontables que les ornithologistes éprouvent parfois à tracer nettement, et par des caractères bien tranchés, les limites qui doivent circonscrire un genre. Quelques peines en effet que l'on se soit données pour arriver à leur assigner des caractères différentiels véritablement zoologiques, les innombrables espèces du genre *merle* vont toujours se confondre, soit avec les espèces, presque aussi nombreuses, du genre *sylvia* (nom générique imposé par Latham aux bec s-f i n s), soit encore avec les *brèves* et les *pies-grièches*. Les différentes tentatives qui ont été faites par Gueneau de Montbéliard, Vieillot, Gmelin, Temminck et quelques autres ornithologistes, pour subdiviser ce genre en deux ou plusieurs sections distinctes, afin d'en faciliter l'étude, n'ont guère eu un résultat plus heureux.

Les merles appartiennent à la famille des *dentirostres* et à l'ordre des *passereaux* : ils ont la mandibule supérieure médiocre, comprimée, arquée et dentelée ; mais la pointe n'en est pas recourbée en croc, et les dentelures n'en sont pas aussi profondes que chez les *pies-grièches* ; la mandibule inférieure est droite et entière ; les narines, ovoïdes de forme et situées à la racine du bec, sont en partie recouvertes d'une membrane nue ; les angles de la bouche sont garnis de poils espacés et alignés comme les dents d'un râteau (Meyer) ; les pieds, un peu grêles, sont formés de quatre doigts (trois antérieurs, un postérieur) ; la première rémige est très-courte, les autres varient beaucoup dans leurs longueurs respectives.

Les merles habitent en général les contrées boisées, choisissant de préférence dans l'hiver les lieux peuplés d'arbres toujours verts, et surtout de genévriers, qui leur fournissent à la fois un abri et des vivres, passant assez volontiers la belle saison dans le voisinage des habitations humaines, et même dans les jardins des villes, et se nourrissant alternativement, et suivant la saison, de fruits sauvages, d'annélides, de mollusques et d'insectes. Vers le mois de mars, ils se mettent à construire dans les buissons de bruyère, mêlés dans les touffes de sorbier, dans les grandes broussailles, ou même sur des arbres de médiocre hauteur, un nid de mousse, qu'ils consolident intérieurement au moyen d'une charpente de racines de roseau ou d'herbe desséchée, et qu'ils fortifient au dehors avec un mortier de terre détrempée et pétrie de paille. Le mâle et la femelle travaillent de concert, et d'une égale ardeur, à la confection de ce nid, dans lequel la femelle dépose, deux ou trois fois l'an, quatre ou cinq œufs d'une teinte verdâtre et tachetés de rouille. La femelle seule se charge de la couvaison des œufs et des soins qu'exigent les petits nouvellement éclos, tandis que le mâle pourvoit aux besoins de la famille, qu'il approvisionne d'abord de libellules, de scarabées, de hannetons, de sauterelles, de chenilles, de larves de toutes les espèces, de vers, etc., auxquels il ajoute, lorsque les petits sont devenus plus robustes, des baies de genévrier, de lierre, de myrte, de nerprun, des graines de gui, des fruits de l'alisier, de l'églantier, les l'asperge et de quelques plantes sauvages. Du reste, les merles mènent une vie extrêmement sédentaire ; ils demeurent tantôt en famille, tantôt isolés, mais rarement ils s'éloignent des cantons qui les ont vus naître, et d'année en année ils nichent dans les mêmes lieux, sur le même buisson, et restaurent leur vieille demeure à mesure qu'elle se dégrade. Dans leur adolescence, les jeunes merles ont la tête, le derrière du cou et le dessus du corps d'un brun plus ou moins foncé, la poitrine et le haut du ventre sont roussâtres ; le aîles, la queue, les pieds et les ongles sont bruns, et le bec seul est noirâtre. Mais à la première mue, la livrée des mâles change notablement : le bec, de noir qu'il était, passe au jaune, et le plumage prend une teinte de plus en plus foncée, jusqu'à devenir dans le mâle adulte d'un noir de jayet, sans reflet et sans mélange. Le chant du merle, qu'il fait entendre soir et matin, surtout quand le ciel est sombre, n'est généralement qu'un sifflement éclatant, qui dans quelques espèces se rapproche assez du chant de la fauvette.

Bien que le noir soit la couleur dominante, et en quelque sorte normale, du genre *merle*, il est dans ce genre un nombre considérable d'espèces qui s'éloignent singulièrement de cette teinte de jayet qui caractérise le *merle commun* (*turdus merula*, L.) : ainsi, les ornithologistes connaissent et décrivent des merles bleus, des merles verts, des merles jaunes, des merles roses, des merles bruns ; le *merle blanc* lui-même n'est point à beaucoup près un oiseau aussi rare que semblerait l'indiquer le dicton populaire. Mais il en est surtout un grand nombre qui portent un plumage grivelé ou mélangé de petites taches brunes et noires : ce sont ces espèces que Gueneau de Montbéliard sépare du genre *merle* pour les réunir, sous le nom de *grives*, en une tribu distincte.

Les *grives* ne diffèrent des *merles* proprement dits que par la couleur de leur plumage et par leurs habitudes erratiques. Leur nourriture est la même que celle des merles ; leur nid est construit avec les mêmes matériaux, disposés suivant le même ordre ; leurs œufs sont de même forme et de même couleur ; mais les grives sont exactement aussi voyageuses que les merles sont sédentaires ; et tandis que ceux-ci passent leur vie dans nos bois, les grives s'en vont passer la belle saison plus avant dans le nord, et ne reviennent parmi nous qu'au mois de septembre ; quelques espèces même prennent seulement pied-à-terre en France, et passent outre après quelques jours de repos, pour aller plus au nord en été, plus au sud en hiver. Nous en connaissons en France quatre espèces : ce sont la *grive commune* (*turdus musicus*, L.), le *mauvis* (*turdus iliacus*, L.), la *litorne* (*turdus pilaris*, L.), la *draine* (*turdus viscivorus*, L.).

La chair des grives est plus estimée que celle des merles, mais la saveur en est singulièrement modifiée par la nourriture habituelle de l'oiseau. La grive était prisée par les gastronomes romains comme le plus délicat de tous les oiseaux, s'il en faut croire le témoignage de Martial :

Inter aves turdus. . . . .
Inter quadrupedes gloria prima lepus.

Aussi étaient-elles élevées par milliers dans de grandes volières, et nourries d'une pâte formée de millet, de farine, de figues, de baies de différentes espèces, destinées à rendre leur chair succulente, savoureuse et aromatique.

Les *draines*, que Montbéliard décrit comme des oiseaux très-pacifiques, sont, au contraire, suivant Levaillant, des oiseaux essentiellement belliqueux et guerroyants : elles se battent entre elles, elles se battent avec les tourterelles, les ramiers, les corbeaux et les pies-grièches ; elles se réunissent en troupes pour se battre avec les éperviers, les cresserelles, les émérillons ; et dans un combat dont Levaillant fut témoin, et qui se livra, aux environs de Paris, entre une orfraie d'une part et dix merles-draines de l'autre, l'oiseau de proie fut vaincu.

Quant aux autres espèces, en quantités presque innombrables, que ce genre renferme, nous sommes forcé de renvoyer aux ouvrages spéciaux d'ornithologie ; elles forment plusieurs grandes sections, dont la plus importante est celle des *moqueurs*. BELFIELD-LEFÈVRE.

MERLE (JEAN-TOUSSAINT), journaliste et auteur dramatique, naquit à Montpellier, le 16 juin 1785, et, après avoir fait ses études à l'école centrale de l'Hérault, vint à Paris, en 1803, où il obtint un emploi dans les bureaux du ministère de l'Intérieur. Appelé sous les drapeaux par la conscription, il entra dans les chasseurs de la garde impériale, mais ne tarda point à obtenir son congé ; et en 1808 il fut admis dans l'administration des vivres et attaché à l'armée d'Espagne. Revenu à Paris, il se livra à la littérature dramatique, et fit successivement représenter au Vaudeville *Le Retour au Comptoir* et *Le Petit Almanach des Grands Hommes*, pièce satirique, que la police impériale interdit dès la troisième représentation. Plus tard il travailla pour le théâtre des Variétés, dont il fut pendant longtemps la providence. Parmi les nombreux ouvrages qu'il donna sur cette scène, nous nous contenterons de citer *Le ci-devant Jeune Homme*, *La Jeunesse d'Henri IV*, *Le Savetier et le Financier*, *Le Bourgmestre de Saardam* et *La Maison du Rempart*, dont il fit plus tard un opéra-comique ; Caraffa en composa la musique. Les *Cadet Roussel* et les *Jocrisse*, farces qui pendant longtemps firent courir tout Paris, étaient également de lui. Tout en travaillant pour le théâtre, il écrivait en même temps dans les journaux. En 1808 et 1809 il était l'un des rédacteurs du *Mercure* ; quelques-uns des meilleurs feuilletons de *L'Ermite de la Chaussée d'Antin*, publiés sous l'empire dans la *Gazette de France*, et dont Jouy s'attribuait bravement la paternité, sont de lui. Au commencement de la Restauration, Merle écrivit alors dans les rangs de l'opposition libérale, et fut l'un des collaborateurs du *Nain jaune* ; mais il se dégoûta du libéralisme, quand il le vit professé par force agents de la police impériale dont le gouvernement royal n'avait pas agréé les services ; et à partir de ce moment il n'eut plus d'autre opinion politique que celle des royalistes les plus orthodoxes. Successivement directeur du Théâtre de la Gaieté et du Théâtre de la Porte-Saint-Martin, il eut occasion d'y faire la connaissance de la célèbre comédienne Dorval, et il l'épousa en 1830, peu de temps avant de partir pour l'expédition d'Alger avec Bourmont, qui l'avait nommé son secrétaire. Après la révolution de Juillet Merle, demeuré fidèle à ses convictions royalistes, devint l'un des collaborateurs de *La Quotidienne*, dont il rédigea le feuilleton de théâtres pendant près de vingt ans. Tous les juges compétents s'accordaient à reconnaître en lui l'un des critiques les plus distingués de la presse parisienne. Il est mort à Paris, en février 1852.

MERLE D'EAU. Voyez CINCLE.

MERLETTE. Ce terme de blason désigne un petit oiseau sans pieds ni bec, qui figure comme meuble dans l'écu : on s'en sert pour distinguer les cadets des aînés. Les merlettes sont ordinairement en nombre, et signifient les voyages d'outre-mer, par allusion aux transmigrations des oiseaux.

MERLIEUX (LOUIS-PARFAIT), statuaire, né à Paris, le 27 novembre 1796, fut d'abord élève de son ami Roman, puis de Cartellier. En 1822, Cuvier ayant besoin du concours d'un artiste pour reproduire au moyen de l'art plastique les formes perdues des animaux antédiluviens, on lui présenta M. Merlieux, qui, jeune encore, abandonna les concours de l'école pour entrer au Muséum d'Histoire naturelle. Sous la direction de Cuvier il acquit rapidement les connaissances anatomiques et paléontologiques qui lui étaient nécessaires, et les nombreuses espèces fossiles qui enrichissent les galeries du Muséum furent rétablies par ses soins.

M. Merlieux avait achevé en 1821 un groupe en bronze représentant *Hercule étouffant Anthée*, groupe qui est maintenant à Londres. Sa nouvelle position ne lui fit pas négliger son art ; mais ses productions furent moins nombreuses que s'il se fût livré exclusivement à la sculpture. Il exposa au salon de 1824 une jolie figure d'*Enfant voulant attraper un lézard*. Aux salons suivants, on ne vit de lui que quelques bustes, entre autres ceux de Cuvier, de Latreille, du général Boyer, etc., celui de Soufflot, placé aujourd'hui à la Bibliothèque Sainte-Geneviève. C'est en 1837 que parut le principal ouvrage de M. Merlieux, une statue de *Capanée foudroyé* : une pose hardie, un mouvement difficile, mais bien senti, un bon goût de formes, de la vigueur dans l'exécution, rendent ce morceau très-remarquable.

On doit encore au ciseau de M. Merlieux les figures du monument funéraire du duc Decrès, un des *Tritons* et une des *Néréides* des fontaines de la Place de la Concorde, une statue de *L'Éloquence*, la *Vierge* et les trois *Archanges* de la fontaine Notre-Dame, etc.

MERLIN, petit cordage de deux ou trois fils de caret, fins, commis ensemble au moyen de la roue du siège de commettage (*voyez* CORDE). Les voiliers s'en servent dans les voiles principales. On l'emploie aussi pour divers petits amarrages du gréement et à des sourliures. Il y en a de non goudronnés. *Merliner*, c'est coudre une des cordes appelées *ralingues*, à bord, avec le renfort d'une voile. Dans ce sens on dit *merliner une voile*, travail qui s'exécute au moyen de fortes aiguilles, dans l'œillet desquelles on passe le merlin.

Merlin est encore un long marteau, ou une espèce de massue, dont se servent les bouchers pour assommer les bœufs, et une espèce de hache à fendre le bois.

MERLIN, *l'Enchanteur*, est l'une des figures les plus importantes des vieilles traditions bretonnes, et provient, à ce qu'il semble, de la fusion de deux personnages en un seul. L'un est le barde *Merdhin*, qui, sous le roi Arthur, combattit les Saxons et qui après la perte de la bataille livrée près de la forêt de Célidon, s'y réfugia, après avoir perdu l'esprit de douleur. On lui attribue le poëme d'*Afallenau*, qui décrit ces luttes et a été imprimé dans *The Myzyvian Archaiology of Wales* (tome Ier; Londres, 1801), avec les chants d'autres bardes, et dont Turner a défendu l'authenticité dans ses *Vindications of the genuineness of the ancient British poems of Aneurin, Taliesin, Llywarch-Hen and Merdhin* (Londres, 1803). L'autre personnage en question, et que la tradition fait vivre environ un siècle plus tôt, est le merveilleux enfant Merlin, surnommé *Ambroise*, au sujet duquel Nennius, dans son *Elogium Britanniæ* écrit vraisemblablement vers l'an 620, raconte qu'il fut amené au roi Vortigern comme l'enfant sans père que ses magiciens lui avaient dit de chercher, afin qu'en répandant son sang sur le sol il pût réussir dans la construction d'un château fort où jusque alors il avait toujours échoué. Il lui découvrit, ce que ses magiciens n'avaient pu faire, les mystères que le sol cachait en cet endroit. Le dernier que révélèrent les fouilles qu'on y entreprit fut l'apparition d'un dragon rouge et d'un dragon blanc, que l'enfant expliqua ne désigner autre chose que la victoire remportée après une longue oppression par les Bretons sur les Saxons. Mais tandis que Nennius donne à cet enfant un consul romain pour père, demeuré inconnu même de sa mère, Godefroy de Monmouth (1130-1150), dans sa Chronique bretonne et dans son poëme intitulé *Vita Merlini*, fait naître Merlin du commerce d'un démon avec une mortelle; et Merlin des romans de la fin du douzième et du commencement du treizième siècle, appartenant au cycle des légendes françaises, bretonnes et normandes, est l'enfant d'un démon et d'une vierge, procréé pour rendre à l'enfer ce que le Sauveur lui a enlevé. Une fois que Vortigern est renversé par les légitimes héritiers du trône, *Pendragon* et *Uter*, et que ce dernier règne seul sous le nom d'*Uterpendragon*, Merlin lui vient en aide dans ses secrètes amours avec la belle Iguerne, mère du roi Arthur. Dans les récits postérieurs de cette légende on trouve mêlées celles du saint G r a a l, de Joseph d'Arimathie et de la T a b l e - R o n d e ; et quoique Merlin y accompagne toujours Arthur en contribuant le plus souvent à ses victoires par des enchantements, ici la figure de l'ancien barde semble disparaître. Enfin, Merlin est enfermé dans un buisson d'aubépine, d'où l'on n'entend plus que sa voix, dans la forêt de Broceliand en Bretagne, par la belle Viviane, pour laquelle il s'est épris d'amour et à qui il a appris son art. Le souvenir national de Merlin se conserva au moyen de mystérieuses poésies que Godefroy de Monmouth ajouta plus tard, sous le titre de *Prophetia Merlini*, à sa chronique, et dans lesquelles on prétendit longtemps encore après voir des prédictions relatives à l'histoire d'Angleterre. Le roman français de l'enchanteur Merlin fut imprimé pour la première fois en 3 volumes in-folio (Paris, 1498). Consultez *Merlin's Life, his prophecies and predictions* (Londres, 1813); Frédéric de Schlegel, *Histoire de l'Enchanteur Merlin* (Leipzig, 1804); Villemarqué, *Contes populaires des anciens Bretons* (2 vol.; Paris, 1842).

MERLIN, *le Cuisinier* (MERLINUS COCCAIUS). *Voyez* FOLENGO.

MERLIN (PHILIPPE-ANTOINE), dit *de Douai*, naquit le 30 octobre 1754, à Arleux, petite ville du Cambrésis, d'un père cordonnier, suivant les uns, cultivateur aisé, suivant les autres. Il fit ses études dans un collége de Douai, suivit ensuite son cours de droit, et fut enfin reçu avocat au parlement de Douai. Dès l'année 1775, Guyot appelait Merlin à concourir à la rédaction du *Répertoire de Jurisprudence*. Merlin remplit grandement la tâche qui lui fut confiée, et on peut facilement compter pour sa part le quart des articles de cet immense dictionnaire. De si rudes travaux ne l'empêchaient pas de se livrer à la profession si active du barreau. Sa clientelle grandissait toujours, et en 1782 il se trouva en position d'acheter la charge de secrétaire du roi. La seconde édition du *Répertoire de Jurisprudence* parut en 1784, et ce fut à la même époque que Merlin fut chargé de la clientelle de l'abbaye d'Anchin et de presque toutes les clientelles les plus considérables de sa province.

En 1789 le bailliage de Douai le nomma député aux états généraux. Il parut rarement à la tribune jusqu'au 3 février 1790, époque à laquelle il fit son premier rapport sur les résultats du décret du 4 août 1789, relatif à l'abolition des droits féodaux. Ce fut quelque temps après qu'il reçut une proposition du duc d'Orléans, depuis Philippe Égalité : ce prince lui offrait la première place dans son conseil, et Merlin ne crut pouvoir l'accepter que sous la condition expresse que la politique serait entièrement exclue des relations qu'il aurait avec lui. Dans le sein de l'Assemblée constituante Merlin vota constamment avec les membres qui repoussèrent soit les propositions de déchéance du roi, soit la proclamation d'une république; il combattit avec énergie la motion présentée par Robespierre ayant pour but de faire déclarer les membres de l'Assemblée inéligibles à certaines fonctions et de leur enlever le droit de faire partie de l'assemblée suivante.

Après la clôture de la session, Merlin fut en même temps nommé, par les électeurs de la Seine, président d'un des tribunaux d'arrondissement de Paris, et, par ses concitoyens, président du tribunal criminel du Nord. Il opta pour ces dernières fonctions, qu'il remplit avec éclat jusqu'à la fin de 1792, époque à laquelle il fut nommé député à la Convention nationale. Les premières séances de la Convention avaient eu lieu quand Merlin arriva à Paris : déjà l'établissement de la république et l'abolition de la royauté avaient été votés ; il s'empressa d'exprimer son adhésion au nouveau système de gouvernement, qu'au surplus jusqu'à l'empire il défendit avec un zèle, un dévouement, une énergie qu'on a peine à comprendre. Un an s'était écoulé depuis l'époque où Merlin croyait avec tant de ferveur à la monarchie constitutionnelle à ses bienfaits, et déjà, désertant ses doctrines et ses premiers sentiments, il adhérait avec enthousiasme à la destruction complète d'une constitution à laquelle il avait pris une part active! Cette tergiversation politique ne le mit pas, après tout, à l'abri de la calomnie. Il fut à cette époque, et malgré son exaltation républicaine, dénoncé et accusé par suite d'une découverte de papiers faite dans la célèbre armoire de fer. On prétendait, à l'aide de ces documents, établir qu'il était vendu à la cour; on lui reprochait d'avoir reçu des propositions pour faire un rapport favorable sur les classes du roi. Malgré toutes les peines à établir que si ces propositions avaient été faites, elles avaient été évidemment repoussées par lui. Dans le procès de Louis XVI, Merlin vota la mort du roi. A la fin de janvier, il fut chargé d'une mission près de l'armée du nord, alors en Belgique, et il en revint le 3 avril, et le 30 du même mois il fut nommé commissaire près de l'armée des côtes de Brest, et ne retourna à la Convention qu'après avoir rédigé et fait afficher dans toute la Bretagne une protestation contre la journée et les actes du 31 mai. A son retour il fit partie d'une commission du comité de législation, et reçut l'injonction de coordonner toutes les lois sur les suspects et d'établir à cet égard une législation nouvelle. Il déclara alors que « vouloir régulariser les lois du 28 mars et du 12 août sans les dépouiller de

l'arbitraire qui en formait le caractère essentiel, c'était entreprendre d'éclairer le chaos sans y porter la lumière. »
On exigea néanmoins qu'il fît un rapport à la Convention, et celui qu'il lut fut improuvé par la majorité et souleva la montagne tout entière. Les épithètes d'*aristocrate*, d'*agent de Coblentz*, ne lui furent pas épargnées. Le comité, effrayé, se hâta de rédiger un nouveau projet, qui fut converti en loi le 17 septembre 1793, et imposa à Merlin, comme rapporteur, l'obligation de lire à la tribune ce travail, qui n'était à proprement parler qu'un résumé des idées adoptées par les meneurs de la montagne.

Quand survint le 9 thermidor, Merlin ne fut point étranger aux événements de cette journée, et le 16 du même mois les thermidoriens le portèrent à l'unanimité à la présidence de la Convention. On le vit successivement proposer la dissolution immédiate de la municipalité de Paris et son remplacement par des commissions séparées, une organisation différente du tribunal révolutionnaire, demi-mesure qui fut une concession faite aux amis de Robespierre et au club des Jacobins, et enfin, après avoir été, le 15 fructidor, nommé membre du comité de salut public, la clôture de ce formidable club des Jacobins. Dès son entrée au comité de salut public, on lui confia le département des affaires étrangères. Ce fut lui qui entama avec la Prusse et l'Espagne les négociations qui amenèrent le traité de Bâle : il prononça à cet égard, le 14 frimaire an III, à la tribune, un rapport, le plus remarquable peut-être de tous ceux qu'il a faits au sein de nos assemblées délibérantes. Ces soins n'absorbaient pas les moments de Merlin au point de lui faire perdre de vue l'œuvre de réconciliation et de rapprochement qu'il avait entreprise; et le 18 du même mois il proposa et fit décréter le rappel des soixante-treize députés arrêtés le 30 octobre 1793, comme signataires de protestations contre le 31 mai, et compléta bientôt cette mesure en faisant d'abord, le 27 frimaire, rapporter les décrets de mise hors la loi et d'accusation portés contre Lanjuinais, Defermont, Hardy et autres, et en les faisant, le 18 ventôse, rappeler dans le sein de la Convention. On ne tarda pas à sentir quelles ressources offrait un homme comme Merlin. La législation criminelle avait principalement besoin d'être établie d'une manière sûre et régulière. Il fut chargé de rédiger un projet de code des délits et des peines. Le 2 brumaire an IV il présentait à la Convention nationale les 646 articles dont se composait son code. Ils furent tous, sauf quelques amendements de peu d'importance, lus et adoptés en deux séances. L'avantage de ce code ne peut faveur qu'il ne dut pas seulement à l'incohérence de la législation qu'il remplaçait; ses avantages et les bienfaits furent rapidement appréciés, car la procédure qu'il traçait était simple et rapide, uniforme pour toutes les affaires, et les peines y étaient établies et graduées dans un esprit d'équité qu'on ne pouvait méconnaître. Ce code a fait loi jusqu'en 1811, époque de la promulgation de notre Code Pénal.

Merlin fit ensuite partie du Conseil des Anciens; il n'y figura que bien peu de temps, car il fut sur-le-champ nommé par le Directoire ministre de la justice. Il occupa le ministère jusqu'au 18 fructidor an V (4 septembre 1797), et fut élu, à la suite du coup d'État qui signala cette journée, membre du Directoire exécutif à la place de Barthélemy, qui fut déporté. Son influence comme directeur fut presque nulle, et il ne la sollicita qu'en sollicitant des adoucissements à la loi rendue contre les déportés du 19 fructidor. C'est à sa demande qu'on substitua l'île d'Oléron à Cayenne, et ceux qui avaient été assez heureux pour se soustraire à la première déportation purent jouir de cette faveur. Merlin donna sa démission des fonctions de directeur le 30 prairial an VIII. Après le 18 brumaire il fut nommé substitut du procureur général à la cour de cassation, place modeste pour lui, d'où il s'éleva successivement jusqu'à celles de procureur général à la même cour et de conseiller d'État à vie. Plus tard il fut fait comte de l'empire.

Cette dernière période est sans contredit la plus belle page de la vie de Merlin : comme homme politique, on peut lui reprocher de graves erreurs; comme jurisconsulte et comme magistrat, il brille au premier rang. La position qu'il occupait à la cour suprême exigeait de profondes lumières, une aptitude et un savoir dont on peut difficilement se faire une idée. Ce n'était pas assez que d'avoir fourni à la France une législation uniforme; cette œuvre eût été incomplète sans l'institution de la cour de cassation, qui seule pouvait établir l'uniformité de jurisprudence. Merlin ne fut point au-dessous de sa tâche; ses nombreux réquisitoires, où il a répandu à profusion tant d'érudition et de clarté prouvent suffisamment la sollicitude et le zèle qu'il apporta dans l'exercice de ses fonctions pendant les treize années qu'il passa à la tête du parquet de la cour suprême.

Le *Répertoire de Jurisprudence*, auquel il avait si activement coopéré, avait besoin d'une refonte générale pour se trouver en harmonie avec le code nouveau. Devenu propriétaire unique de ce recueil, Merlin entreprit à lui seul ce gigantesque travail, dont il livra les résultats au public en seize volumes in-4°, qu'une édition postérieure porta bientôt à dix-huit. A défaut du *Répertoire de Jurisprudence*, les *Questions de Droit* (8 vol. in-4°) suffiraient à établir le haut mérite de Merlin comme jurisconsulte. Voici comment, dans sa *Jurisprudence des Arrêts*, M. Dupin a apprécié ce dernier ouvrage : « C'est à sa méthode lumineuse, qu'on remarque surtout dans les *Questions de Droit*, que j'appellerai *quasi-papiriennes*, c'est à cette force de raisonnement, c'est à cette réunion, c'est à ce rapprochement, à cette comparaison entre elles, de toutes les autorités anciennes et modernes que les deux savants ouvrages de Merlin doivent la célébrité et le succès dont ils jouissent dans toute l'Europe. »

La première restauration le trouva en 1814 à la tête du parquet de la cour de cassation, et elle l'y conserva jusqu'au 15 février 1815; à cette époque, il fut remplacé, et ne revint à la cour que pendant les cent jours. A la seconde restauration, Merlin fut exilé comme régicide, et dut obéir à l'ordonnance du 24 juillet 1815. Il se retira en Belgique, mais, ne put y séjourner, ayant reçu du roi des Pays-Bas l'ordre de quitter ses États avant le 15 février 1816 ; il s'embarqua avec son fils pour les États-Unis, et, après huit jours d'une traversée pénible, fut rejeté sur les côtes de Hollande. Il voulut alors faire tourner ce malheur à son profit, et sollicita l'autorisation de demeurer et d'être considéré comme un étranger ordinaire, puisque la force majeure seule l'avait empêché d'obéir aux ordres qui lui avaient été donnés. Il échoua dans ce dessein, fut obligé de se cacher pendant deux ans, et obtint enfin, sur les instances du gouvernement français, la permission de résider à Bruxelles. Loin de son pays, et au sein de l'exil, Merlin se livra avidement et exclusivement à ses travaux de jurisconsulte; il revit et augmenta ses deux principaux ouvrages, le *Répertoire* et les *Questions de Droit*, et en donna plusieurs éditions, enrichies chaque fois de nouvelles et savantes observations. La révolution de Juillet rouvrit à Merlin les portes de la France, et lors de la fondation de l'Académie des Sciences morales et politiques, il fut appelé à en faire partie. Merlin de Douai mourut en 1838.
GUILLEMETEAU.

Son fils, *Antoine-François-Eugène*, comte MERLIN, né à Douai, le 27 décembre 1778, fit avec distinction les campagnes de la république et de l'empire en Vendée, sur le Rhin, en Égypte, en Allemagne et en Espagne, et il avait obtenu le grade de général au moment de la restauration. Rentré en France en 1813, il vécut dans la retraite jusqu'à la révolution de Juillet. Il reprit alors du service, commanda une brigade de cavalerie lors de l'expédition d'Anvers, et fut nommé lieutenant général en 1832. Député d'Avesnes de 1835 à 1837, il fut créé pair de France en 1839. Pendant longtemps il commanda la division militaire de Dijon. Son âge lui fit passer dans la réserve en 1846. Il mourut aveugle, en 1854. Mme la comtesse MERLIN, née GOMER, auteur de plusieurs ouvrages littéraires, était morte en 1853, à l'âge de soixante-cinq ans.
L. LOUVET.

MERLIN, dit *de Thionville* (Antoine), naquit vers 1765, dans la ville dont il prit le nom; et il y exerçait la profession d'huissier lorsqu'il fut élu par le département de la Moselle à l'Assemblée législative, où il fut un des meneurs du parti le plus avancé. Réélu à la Convention, il alla s'asseoir sur les bancs de la montagne. En mission à Mayence, lorsque cette place dut capituler devant les Prussiens, il accompagna la garnison dans la Vendée, qu'elle était chargée de soumettre. Au 9 thermidor Merlin de Thionville se sépara de Robespierre. Nommé au Conseil des Cinq Cents, il garda ses opinions modérées, et à la fin de la Législative entra dans l'administration générale des postes. Il y resta jusqu'aux événements de prairial. Il rentra alors complétement dans la vie privée, ne fut point proscrit à la Restauration, et mourut à Paris, en 1833.

MERLON, espace que contient l'épaulement d'une batterie, ou d'un parapet vide qui existe entre les deux jours d'une embrasure de batterie de rempart, depuis le haut de ces deux jours jusqu'à la genouillère. Cette ouverture a extérieurement 5^m,847, et 8^m,672 intérieurement. Le *demi-merlon* est l'espace compris entre l'embrasure et l'extrémité de l'épaulement du parapet.

MERLUCHE, genre de poissons de la famille des gades, ne renfermant qu'une seule espèce, le *gadus merluccius* de Linné. La merluche se distingue des morues et des merlans parce qu'elle n'a que deux dorsales et qu'une seule anale. Elle a un barbillon sous-maxillaire. Son dos est d'un gris plus ou moins blanchâtre; son ventre est blanc mat.

La merluche habite l'océan Atlantique et la Méditerranée. C'est un grand poisson, très-vorace. Il vit en troupes. On en fait de grandes pêches et d'abondantes salaisons. Quand il n'est pas très-dur on le vend sous le nom de *merluche*, et sous celui de *stock-fisch* quand il est devenu tout à fait roide et sec.

MERMNADES (Les), dynastie lydienne, la troisième que l'on compte dans cette monarchie de l'antiquité. Elle est ainsi nommée de *Mermnas*, père de Gygès, qui la fonda, et régna sur la Lydie de l'an 718 à l'an 545 avant J.-C. Crésus, qui détrôna Cyrus, fut le dernier des Mermnades.

MER MORTE. *Voyez* Morte (Mer).

MER NOIRE. *Voyez* Noire (Mer).

MÉRODE (Les comtes de), l'une des familles nobles les plus anciennes, les plus considérées et les plus riches de la Belgique. Dans les nombreux différends qui ont éclaté dans ce pays entre le peuple et le pouvoir, on les a presque toujours vus prendre fait et cause pour le premier; et tout récemment, lors de la révolution de 1830, cette famille a joué un rôle important dans le parti révolutionnaire et clérical. Elle a aujourd'hui pour chef *Charles-Antoine* Ghislain de Mérode, né le 1er août 1824, comte du Saint-Empire, marquis de Westerloo, prince de Rubempré et de Grimberghe, et grand d'Espagne de première classe. Depuis 1849 il est marié à une princesse d'Aremberg, et depuis 1850 membre de la chambre des représentants. Il est le fils de Henri-Marie Ghislain de Mérode, sénateur, né en 1782, mort en 1847.

Louis-Frédéric Ghislain, comte de Mérode, célèbre par la part qu'il prit à la révolution belge, naquit le 9 juin 1792, entra au service à Paris en 1830. A la première nouvelle des troubles qui venaient d'éclater à Bruxelles, il y accourut pour prendre part, dans les rangs des insurgés, à la lutte engagée contre les Hollandais. Il entra alors comme simple volontaire dans le corps de Chasteler. Grièvement blessé, le 25 octobre 1830, à l'affaire du cimetière de Berchem, près d'Anvers, il mourut le 4 novembre suivant, à Malines. Sa mort, arrivée en défendant la cause de la liberté, a fait de lui en Belgique un héros éminemment populaire, et la reconnaissance nationale lui a érigé, dans la cathédrale de Bruxelles, un monument grandiose sculpté par Geefs.

Philippe-Félix-Balthazar-Othon Ghislain, comte de Mérode, est né le 13 avril 1791. Lui aussi il prit la part la plus active aux événements de Bruxelles, ainsi qu'à la révolution belge, à la disposition de laquelle il mit son influence sur le clergé ainsi que sur la classe moyenne et les classes populaires. Nommé alors membre du gouvernement provisoire, il contribua puissamment à la fondation de la monarchie constitutionnelle, de même que plus tard à faire réussir l'élection du roi Léopold, dont il s'est toujours montré l'un des plus zélés partisans. Il ne prit, au reste, une part active à la direction des affaires que du 15 mars au 20 mai 1832, comme ministre de la guerre par intérim; il avait été nommé en 1830 ministre sans portefeuille. Depuis il ne s'est plus occupé des affaires publiques que comme membre de la chambre des représentants, où il s'est toujours signalé comme l'un des plus fervents membres du parti catholique. Toutefois, il a constamment fait preuve de la plus grande modération, sauf, en 1838, à propos du traité de paix définitif avec la Hollande, imposé par la conférence de Londres. A ce moment en effet il proposa les mesures belliqueuses les plus extravagantes. Mais une mission particulière, dont il fut chargé au commencement de 1839 auprès de Louis-Philippe, l'ayant convaincu de l'impraticabilité de ses projets, il donna sa démission de ministre sans portefeuille pour se retirer de plus en plus de la politique. De ses deux fils, l'un, né en 1816, s'est établi en France, où il a été membre du corps législatif jusqu'en 1853; l'autre, né en 1820, autrefois lieutenant dans l'armée belge, est aujourd'hui camérier secret du pape.

MÉROÉ, capitale du royaume d'Éthiopie, qu'Hérodote appelle la ville mère de tous les Éthiopiens. Au rapport de Strabon, Méroé était tout à la fois une ville et une île, c'est-à-dire une contrée entourée par deux fleuves et au milieu de laquelle était située la ville. D'après la description qu'il en donne, il est généralement admis que Méroé était située au voisinage de l'endroit appelé aujourd'hui *Begerauieh*, et au nord de Shendi, entre le Nil et l'Atbara, l'*Astaboras* des anciens, où se trouvent encore de nos jours les ruines d'une cité importante et deux groupes de pyramides. Ces données sont incontestablement justes pour ce qui est de l'époque de Strabon. Mais au temps d'Hérodote la capitale du royaume n'était point encore située si au sud; au contraire, depuis l'époque du roi d'Éthiopie Tahraka, qui avait régné en Égypte (le Tirrhaka de la Bible), elle se trouvait sur la montagne appelée de nos jours Barkal, où existe encore un village appelé *Méraoui*, qui peut-être a continué de porter l'ancien nom; au temps de Strabon on trouvait aussi près du mont Barkal la ville de *Napata*. Les inscriptions et les temples éthiopiens qu'on y voit remontent jusqu'au septième siècle avant. J.-C., au règne de Tahraka, et on y trouve même des constructions égyptiennes datant de l'époque de Ramsès-Sésostris, le premier qui poussa jusque là ses conquêtes en Éthiopie. Il y existe encore aussi deux groupes de pyramides, l'un près du mont Barkal, l'autre sur la rive opposée du fleuve, près d'un village appelé *Nouri*. L'île formée par l'Astaboras semble avoir été vers l'époque de la naissance du Christ le point central du royaume d'Éthiopie, et, outre la capitale, elle contenait encore des temples dont les ruines, situées plus près de Shendi et plus à l'est dans l'intérieur du pays, sont connues sous les noms de *Naga* et d'*E'Sofia*. Au rapport des historiens, les prêtres formaient la caste dominante à Méroé; et c'était parmi eux que se choisissaient les rois. Ceux-ci étaient même tenus de se donner la mort toutes les fois qu'il plaisait aux prêtres de l'ordonner; cet usage ne fut aboli que par le roi Ergaménès, qui régnait du temps de Ptolémée Philadelphe. Les auteurs nous disent aussi que l'État de Méroé était souvent gouverné par des reines; et les monuments, autant qu'on en peut juger par les ruines encore aujourd'hui existantes de la première Méroé, située au nord, et de la seconde, située au sud, confirment cette donnée.

MÉROPE, fille de Cypselus, roi d'Arcadie, épousa l'un des Héraclides, Chresphonte, roi de Messénie, et en eut plusieurs enfants, dont le dernier de tous fut Épytus. Chresphonte, favorisant trop le peuple au gré des courtisans, fut massacré dans une émeute religieuse qu'ils suscitèrent. Agavé avec les bacchantes, ses compagnes, le mirent en pièces, lui et ses enfants, un excepté, Épytus, ou Téléphonte. Les grands, fiers de leur affreux succès, élevèrent sur le trône vacant le tyran Polyphonte. Cependant, il manquait une victime à sa rage ambitieuse. Mérope, après avoir remis son fils en de fidèles mains, l'avait fait cacher parmi des gens obscurs dans l'Étolie, province de Grèce éloignée de la Messénie. Devenu grand, le prince exilé, qui sentait couler dans ses veines le sang des Héraclides, se déroba à la surveillance du vieillard auquel il avait été confié : il vint à la cour de Messénie, dans le palais du meurtrier de son père et de ses frères. Là, par une ruse tout à fait grecque, il se vanta devant Polyphonte d'avoir tué l'enfant objet de tant de haine et de recherches. La cour et Mérope elle-même le crurent, surtout lorsque le vieillard fut venu secrètement au palais donner avis à la malheureuse mère de la disparition de son fils. Par un jeu cruel de la fortune, ce fils bien aimé, qu'elle avait alors sans cesse devant elle, n'était à ses yeux que le lâche assassin de son enfant, qu'à chaque instant elle était prête d'immoler à sa vengeance. Un jour qu'Épytus goûtait un repos sans remords, au milieu même de ses ennemis, dans une des salles du palais, Mérope, qui vit endormi le meurtrier supposé de son fils, allait le frapper d'une hache, lorsque le vieillard, survenant à propos, reconnut le prince, et le nomma à la reine sa mère, dont il retint le bras.

Dès ce moment s'ourdit encore une ruse à la grecque : Polyphonte, second Pyrrhus, depuis longtemps épris des charmes, quelque peu surannés, de Mérope, autre Andromaque, mère de tant d'enfants, ne pouvait obtenir la main de cette princesse, qui repoussait avec horreur une main dégouttante du sang de son époux et de ses fils. Pour parvenir à ses fins, Mérope feignit moins d'indifférence pour le tyran. Le diadème, l'autel, la victime, le peuple, la reine, Polyphonte, tout fut prêt ; mais lorsque les époux, prosternés, rendaient grâces aux dieux, l'inconnu s'élança sur la hache du sacrificateur, et en frappa le tyran. Le nom du fils de Cresphonte retentit alors sous les voûtes du temple ; le peuple, qui adorait le père, porta le fils en triomphe sur le trône de ce digne descendant d'Hercule.

La première tragédie inspirée par ce sujet pathétique était d'Euripide : à quelques fragments près, elle est perdue. « Quand on la jouait sur la scène athénienne, sous le titre de Ctésiphonte, dit Aristote, les larmes coulaient de tous les yeux ; la pitié dans l'âme des spectateurs était à son comble. » En France, vers 1683, La Chapelle, académicien obscur, traita ce sujet sous le nom de *Téléphonte*, en 1701, La Grange-Chancel, sous celui d'*Amasis*. Déjà le plan d'un autre drame de *Téléphonte*, joué en 1641, avait été conçu par le cardinal de Richelieu, qui en écrivit cent vers ; le reste, assure Voltaire, était de Colletet, Bois-Robert, Desmarets et Chapelain ; immédiatement après les poëtes, en 1643, un certain Gilbert donna une *Mérope*. Celle de Voltaire vint enfin effacer toutes les autres : elle eut un succès immense. Elle et celle de Maffei sont restées en possession de la scène. DENNE-BARON.

MÉROVÉE, chef des Francs occidentaux, que l'ancienne école historique considérait comme le troisième roi de France, le successeur de Clodion. Le chroniqueur Frédégaire raconte que la femme de Clodion se baignant un jour dans la mer fut surprise par un monstre dont elle eut Mérovée. Cette fable, mêlée de mythologie grecque et scandinave, n'éclaircit rien sur l'origine de Mérovée. On ne sait même pas s'il était parent de Clodion. Il s'unit à Aétius pour combattre Attila, et mourut en 458, laissant le pouvoir à son fils Childéric.

Un prince franc, fils de Chilpéric Ier et d'Audovère, a porté ce nom. Ce fut lui que séduisit Brunehaut, prisonnière du roi son père. Il l'épousa, mais Chilpéric le sépara d'elle, et l'enferma dans un monastère. Quelque temps après il se tua, pour ne pas tomber entre les mains de Frédégonde.

MÉROVINGIENS. C'est ainsi qu'on appelle la race de rois francs qui fondèrent le royaume des Francs dans la Gaule, qui réunirent ainsi une partie des tribus allemandes, et posèrent les bases sur lesquelles se constituèrent plus tard les territoires respectifs de la France et de l'Allemagne.

Merwig ou *Mérovée* est désigné comme l'un de ces rois qui régnait vers le milieu du cinquième siècle, et comme ayant donné son nom à la race tout entière. Il eut pour fils *Childéric*, qui de son épouse Basine, une princesse de Thuringe, eut un fils appelé *Chlodwig* ou *Clovis*. Clovis s'assura par la ruse et par la violence la souveraineté sur toutes les tribus franques, anéantit les restes de la domination romaine dans la Gaule, subjugua les Alemans, parvint à exercer une supériorité incontestée sur les Bourguignons et les Visigoths, embrassa le christianisme orthodoxe, et noua le premier avec l'Église romaine des relations, qui plus tard eurent pour suite l'érection d'un empire germano-romain. Il divisa ses États entre ses fils Théodoric ou Thierry, à qui échut la partie orientale (Austrasie) ; Chlodomer ou Clodomir, qui eut pour sa part la partie méridionale avec Orléans ; Childebert, qui eut la partie centrale avec Paris, et Chlotar ou Clotaire, qui obtint la partie nord-est jusqu'à la frontière d'Austrasie, avec Soissons pour capitale. La descendance de Théodoric s'éteignit déjà en la personne de son petit-fils Théodebald (mort en 558), fils de Théodebert. Les enfants de Clodomir furent cruellement assassinés par leurs oncles Childebert et Clotaire ; de sorte que Childebert étant venu à mourir sans laisser de descendance mâle, Clotaire réunit de nouveau tous les États francs sous la même domination, et devint la souche commune des rois subséquents.

A la mort de Clotaire, son royaume fut de nouveau divisé. Son fils Caribert reçut la partie qui avait Paris pour centre ; Guntram ou Gontran régna à Orléans et dans la Bourgogne, qu'il conquit plus tard ; Sigebert en Austrasie et Chilpéric (mort en 584) à Soissons. La haine de deux femmes, Brunehild (Brunehaut), femme du roi Sigebert, et de Fredegunde (Frédégonde), d'abord concubine de Chilpéric, puis sa femme, fut cause que les crimes et les forfaits s'accumulèrent dans cette race déjà naturellement féroce, et que ces sanglantes discordes, en se transmettant de génération en génération, finirent par anéantir cette maison. Clotaire II, fils de Chilpéric et de Frédégonde, réunit de nouveau tous les royaumes francs sous la même autorité.

Mais tant de forfaits n'avaient pu que rendre la race plus barbare, et d'effroyables excès l'affaiblirent ensuite tellement, que bientôt du sein de l'aristocratie il surgit une puissance nouvelle, celle des *maires du palais*, qui peu à peu absorba la royauté mérovingienne. A la mort de Clotaire II, ses États furent partagés entre ses fils Dagobert et Caribert, lequel eut Chilpéric pour successeur. Mais dès cette époque, on voit fonctionner à la cour du roi Dagobert, en qualité de *maires du palais*, les ancêtres de la future race royale, Pipin (Pepin) de Landen et l'évêque Arnoul de Metz. Ce fut, il est vrai, une tentative prématurée que celle de Grimoald, lorsqu'il essaya de se débarrasser du jeune roi Dagobert II et de faire proclamer roi des Francs son propre fils ; mais la décadence intellectuelle et physique de la race des Mérovingiens s'accrut avec une rapidité fatale. Les luttes suivantes n'eurent déjà plus lieu entre les rois, mais bien entre leurs différents maires du palais et les divers partis qui les reconnaissaient pour chefs. Dans ces luttes, au milieu desquelles les descendants de Dagobert, Clovis II, Clotaire III et Childéric II, ne jouèrent que l'indigne rôle d'ombres de rois, pour qui les vieux historiens français ont créé la déshonorante expression de *rois fainéants*, le Carlovingien Pepin d'Héristall parvint, à la suite de la victoire qu'il remporta à Testri, en 687, à se faire reconnaître seul maire du palais, et il transmit par voie d'hérédité ses fonctions, qui comprenaient en fait tous les attributs et tous les pouvoirs de la royauté, à ses fils Charles Martel et Pepin le Bref. Quant aux rois, dont les uns étaient en état de minorité, et les autres faibles et énervés, ils cessèrent complétement d'occuper le premier plan de la scène. A la mort de Dagobert III (713), son fils Thierry IV lui succéda; et celui-ci étant venu à mourir, en 737, le trône resta vacant pendant quatre ans, jusqu'au moment où les fils de Charles Martel tirèrent d'un cloître le faible fils de Chilpéric II, et le proclamèrent roi sous le nom de Childéric III (742). C'est ce prince que Pepin, d'accord avec le pape Zacharie, chassa du trône, et qu'il renferma dans un cloître après lui avoir fait couper ses longs cheveux, symbole d'origine royale. Ainsi finit la maison des Mérovingiens.

Une branche s'établit en Aquitaine avec Caribert, frère de Dagobert Ier. On l'y fait régner jusqu'à Charles-le-Chauve (613-877), d'après l'autorité de l'*Histoire du Languedoc* par les Bénédictins, qui s'étaient appuyés eux-mêmes sur une pièce retrouvée au dix-septième siècle, la charte d'Alaon. Mais les recherches récentes de M. Rabanis semblent prouver que cette charte est l'œuvre d'un faussaire. Ainsi ces fameux ducs Eudes, Hunald et Waïfer, qui balancèrent pendant soixante ans la fortune des Carlovingiens, ne seraient rien moins que des descendants de Clovis.

Grégoire de Tours est la source historique la plus importante qu'on possède sur cette époque. Consultez aussi Augustin Thierry, *Récits mérovingiens* (Paris, 1839).

MER PACIFIQUE. *Voyez* OCÉAN (Grand).

MERRAIN, nom sous lequel on désigne le bois de chêne ou autre, refendu en petites planchettes plus longues que larges sans le secours de la scie. Il y a le *merrain à panneaux*, qu'on emploie pour faire du parquet et autres ouvrages de menuiserie, et le *merrain à futailles*, dont se servent les tonneliers pour faire des tonneaux, des seaux, etc. On lui donne encore quelquefois les noms de *bourdillon*, *bois douvain*, *bois à baril*, *bois à pipes* et *bois d'enfonçures*, selon l'emploi qu'on en fait.

[La longueur des merrains varie selon la contenance des futailles auxquelles ils servent. Il s'en fait en France une très-grande consommation; les pays de vignobles en emploient beaucoup; les contrées qui donnent du cidre et du poiré en consomment aussi, ainsi que le Languedoc, l'Armagnac, la Saintonge, pour leurs eaux-de-vie. Le chêne et le châtaignier conviennent seuls pour faire des tonneaux. Malgré la richesse de ses forêts, la France est obligée, par suite de l'immense quantité de liquides qu'elle récolte, à tirer de l'étranger de nombreuses cargaisons de *merrains*. C'est des ports autrichiens de l'Adriatique que la France reçoit le plus de *merrains*; sept à dix millions de pièces fournies par les forêts de l'Illyrie et de la Bosnie arrivent chaque année dans nos ports. La Belgique et l'Allemagne en envoient aussi de fortes quantités; l'Italie en donne deux à trois millions de pièces; les pays que baigne la Baltique en expédient peu. Il en vient des États-Unis deux millions de pièces environ. G. BRUNET.]

MER ROUGE. *Voyez* ROUGE (Mer).

MERS (Domination des). Si vous êtes allé en Angleterre; si vous avez parcouru les ports nombreux dont est semé le littoral des trois royaumes; si vous avez remonté la Tamise jusqu'à Londres, la grande capitale de ces trois royaumes qui composent la Grande-Bretagne, et que vous ayez essayé de compter les innombrables navires qui entrent, sortent, ou passent sans cesse devant vos yeux, et remarqué sur combien d'entre eux flotte la bannière de la Grande-Bretagne; si vous avez prêté l'oreille aux chants des matelots qui vous entouraient, au fameux refrain *Rule Britannia*! où Albion se vante d'avoir tracé sa carrière sur la crête des lames et posé son foyer au milieu des abîmes de l'Océan; si vous avez été frappé de l'intérêt que tout Anglais accorde à la marine; si, enfin, dans l'étude de son histoire, vous avez vu avec quel enthousiasme la nation se lève pour voter une guerre maritime, lorsqu'on ose lui contester l'empire de la mer, vous concevrez ce que je vais dire.

L'Angleterre s'arroge le droit de domination sur les mers britanniques. Elle nomme *océan Britannique* toute la partie de la haute mer qui environne l'île de la Grande-Bretagne, s'étendant vers l'est jusqu'à la Norvège; au sud, embrassant la Manche en descendant jusque par delà le cap Finistère; vers le nord, ne s'arrêtant qu'au pôle; sa limite dans l'ouest semblait d'abord fixée au méridien du cap Finistère, mais depuis le voyage de Cabot la borne en est reculée jusqu'aux rivages de l'Amérique : c'est l'océan Atlantique presque tout entier. La souveraineté ou domaine des mers britanniques consiste (c'est l'Angleterre qui parle) dans le droit de propriété relatif à la navigation et à la pêche. Toutes les nations qui se présentent dans ces mers doivent hommage à leur dominateur : ainsi, les vaisseaux et autres bâtiments qui rencontreront dans les limites ci-dessus désignées des navires de guerre anglais devront baisser leur pavillon, les navires marchands amener leur grand mât de perroquet, en reconnaissance de la souveraineté de sa majesté britannique. Ces étranges prérogatives, la marine anglaise les exigeait encore il n'y a guère plus d'un demi-siècle, et presque tous les historiens qui ont parlé de sa puissance navale ont traité de sang-froid cette question. Ils ont cherché des preuves de ce prétendu droit : c'est dans l'antiquité la plus reculée et la plus fabuleuse qu'ils en puisent l'origine. Deux auteurs célèbres ont fait de gros livres sur ce sujet, l'Anglais Selden pour l'établir, et Grotius, dans son *Mare liberum*, pour le renverser. Les partisans de ces singulières prétentions citent à l'appui une pièce du roi Édouard Ier, recommandant à ses officiers de marine « spécialement..... à retenir et maintenir la sovereignité de ses ancestres royes d'Angleterre soloyent avoir en ladite mier d'Angleterre, quant à l'amendement, déclaration et interprétation des lois pour tous et à chacuns à gouverner toutes maners de gentz passantz par ladite mier..... ». Ils prétendent que les titres sacrés de ce droit sont renfermés à la Tour de Londres, entre autres une pièce authentique, procès-verbal d'un congrès de six rois de l'Europe, avec le sceau de chacun d'eux, qui garantit et sanctionne cette souveraineté de l'Angleterre. Nous mettrons aux archives, que personne ne peut voir, au rang de la fameuse donation du patrimoine de Saint-Pierre.

Le cardinal de Richelieu, qui eut à lutter contre ces audacieuses rêveries, pose nettement le droit dans son testament politique : « L'empire de la mer, dit-il, ne fut jamais bien assuré à personne. Les vieux titres de cette domination sont dans la force, et non dans la raison : il faut être puissant pour prétendre à cet héritage. Toute nation doit être en état de ne souffrir aucun affront d'une autre. Le duc de Sully, ambassadeur d'Henri IV, fut obligé d'amener son pavillon devant un Anglais, qui prétendait son souverain dominateur des mers : il n'eût pas essuyé ce sanglant outrage, si, etc. » Que dans les temps d'ignorance et de barbarie les Anglais aient fait valoir de telles prétentions, on le conçoit, nulle nation n'avait la force de les leur contester; mais au dix-neuvième siècle, quand la gloire de Napoléon débordait l'Europe, vouloir réveiller ces prérogatives, c'était de la folie. Cependant, les manifestes de la Grande-Bretagne contre l'empire français sont pleins de cette arrogante prétention à la domination des mers, et c'est pour nous la repousser que Napoléon déclara le blocus continental, autre prétention que nous taxerions également de folie, si la haine et la vengeance ne justifiaient pas beaucoup d'actes déraisonnables. Aujourd'hui que toute souveraineté légitime est pour nous un objet de dérision, nous ririons des prétentions de l'Angleterre si elle les appuyait sur de vieux parchemins, et nous répondrions par des coups de canon à toute exigence humiliante pour notre pavillon. L'Angleterre ne s'avise plus d'irriter les susceptibilités nationales ; elle a abandonné la partie insultante de la domination ; mais, poursuivant sans relâche son projet de supériorité maritime, elle se contente de la domination de fait, qu'elle doit à l'essor prodigieux qu'a pris son commerce.

Théogène PAGE, capitaine de vaisseau.

MERS-EL-KÉBIR, l'*Ad Crispas* des anciens, appelé aussi par les Arabes *Bordji el Marsa*, port de la province d'Oran (Algérie), à environ trois milles par mer de cette ville et situé à l'extrémité opposée, à l'ouest, de l'arrière-baie du golfe d'Oran. Ce port est regardé par les marins comme le meilleur de la côte après celui d'Arzew. Sûr et profond, il peut facilement servir de refuge à une escadre de plusieurs gros vaisseaux. C'est, en outre, le seul port où les grands bâtiments puissent séjourner pendant l'hiver. A la pointe de la Mouna, à Oran, la côte tourne à l'ouest, puis se courbe en remontant vers le nord ; là s'avance vers l'est, comme un môle, le fort de Mers-el-Kébir, qui, entouré de tous côtés, forme un excellent abri. Un phare se trouve à l'extrémité orientale du port. La baie de Mers-el-Kébir est entourée de toutes parts par des terres élevées. Celles du sud, appelées *monts Ramerah*, sont fort remarquables ; elles forment une chaîne d'une hauteur uniforme, dirigée de l'ouest à l'est, et s'inclinent d'une manière rapide vers la mer. Celles du nord, ou plutôt du nord-ouest, beaucoup moins hautes, sont tout à fait stériles, remplies de rochers, et se terminent à la mer par des coupes verticales. Entre ces deux chaînes il y a une vallée profonde, étroite et tortueuse, où les vents s'engouffrent, ce qui rend le passage de Mers-el-Kébir à Oran dangereux pour les vaisseaux. Depuis l'occupation française, le génie militaire a fait tracer le long de la mer une route d'Oran à Mers-el-Kébir. Cette voie, d'un développement de six kilomètres, a été creusée dans le roc vif sur 2,400 mètres et a exigé une percée souterraine de 50 mètres ; elle permet de diriger par terre sur Oran les marchandises débarquées à Mers-el-Kébir.

Sous la puissance turque, Mers-el-Kébir était le refuge des corsaires d'Alger. Immédiatement après la conquête, le général en chef fit occuper Mers-el-Kébir ; mais moins d'un mois après, en apprenant la révolution de Juillet, il rappela la garnison. Avant son départ celle-ci fit tomber la muraille du fort qui regarde le port. Dès le mois de novembre 1830 le maréchal Clauzel fit occuper de nouveau le fort de Mers-el-Kébir. Mers-el-Kébir est maintenant le port commercial d'Oran. Il forme une section suburbaine de cette ville : on y compte 1394 habitants européens et 2 indigènes.

MERSENNE (MARIN), né en 1588, à Oizé, dans le Maine, fut au collège de La Flèche le condisciple de Descartes, dont il resta toujours l'ami. Il entra dans l'ordre des Minimes, mais sans cesser de se livrer à l'étude des sciences. Le père Mersenne, très-versé dans les différentes branches des connaissances humaines, se distingua surtout dans les sciences mathématiques. En 1634 il publia les *Méchaniques de Galilée*, traduites de l'italien. C'est aussi lui qui fit connaître à la France les belles expériences de Torricelli, répétées depuis par Pascal et son beau-frère Périer.

On doit au père Mersenne de nombreux travaux ; mais il rendit surtout de très-grands services à la science en servant d'intermédiaire et de correspondant à tous les savants de son temps. Ces savants étaient Galilée, Torricelli, Descartes, Cavalieri, Fermat, Roberval, etc. « C'est à lui, dit Baillet, qu'ils envoyaient leurs doutes, pour être proposés, par son moyen, à ceux dont on en attendait les solutions. » Mersenne défendit chaleureusement Descartes contre ses détracteurs. Il mourut à Paris, le 1er septembre 1648.

MERVEILLE (de l'italien *meraviglia*, dérivé du latin *mirabilis*, admirable, surprenant). Une *merveille* est une chose extraordinaire, surprenante, quelquefois incompréhensible, que l'œil humain n'est point accoutumé à voir sur la terre, bien que les œuvres de Dieu soient aussi des merveilles journalières et sans nombre. Cependant, ce mot n'est pas exclusivement spécial à la matière ; il caractérise encore les travaux de l'esprit humain : toutefois, il est plus particulièrement consacré aux travaux du génie, qui parlent aux yeux tout d'abord ; telles sont la sculpture, l'architecture, la peinture, la mécanique.

MERVEILLE. *Voyez* MIRAVIGLIA.

MERVEILLES DU MONDE (Les sept), monuments de l'antiquité qui surpassaient les autres en grandeur, en beauté, en magnificence, en célébrité. Lorsque l'homme civilisé avait pu depuis longtemps laisser sur le globe des traces successives de son génie, sans cesse en activité, comment ne comptait-on que *sept merveilles du monde* ? C'est qu'alors les prodigieux monuments des Indes et de la Chine étaient encore inconnus à la vieille Europe ; c'est que nos graves et élégantes cathédrales, mauresques ou gothiques, n'avaient point encore surgi sur le sol chrétien. C'est surtout depuis le règne d'Alexandre qu'on désigna sous le nom de *sept merveilles du monde* : 1° les murailles et les jardins de Babylone, œuvres de Sémiramis ; 2° les pyramides d'Égypte ; 3° le *phare* d'Alexandrie, qui depuis donna son nom à ces tours élevées au bord de la mer surmontées d'immenses réflecteurs allumés toutes les nuits ; 4° la statue de Jupiter Olympien, dieu colossal, d'or et d'ivoire, chef-d'œuvre de Phidias, ayant près de 20 mètres ; 5° le colosse de Rhodes, dont un homme pouvait à peine embrasser le pouce ; 6° le temple de Diane à Éphèse, brûlé par Érostrate ; 7° le tombeau de Mausole, ornement funèbre de la ville d'Halicarnasse, en Carie. A l'une de ces sept merveilles quelques-uns substituent le temple de Jérusalem, dont la Bible nous a laissé une si admirable description. A leur ensemble on a ajouté aussi l'Esculape d'Épidaure, la Minerve d'Athènes, l'Apollon de Délos, le Capitole, le temple d'Adrien, de Cyzique, et d'autres monuments.

DENNE-BARON.

MERVEILLEUX. Le cerveau, cet inconcevable labyrinthe de fibres imperceptibles, d'où vibrent des myriades d'idées, est l'origine de toutes les *merveilles humaines*. Cet organe, miroir réflecteur de la création, chargea des dieux, des démons, des génies, des fées, de faire éclore d'un signe, d'un mot ou d'un coup de baguette, des êtres des monuments, des voix, des chants surnaturels, fantastiques, bizarres. Ces cerveaux furent ceux d'Homère, de Dante, de Shakespeare, de Milton, d'Arioste, de Tasse, de Michel-Ange, de Raphaël, de Weber et de Beethoven. A ces privilégiés de la création nous devons le *merveilleux* dans la poésie et les arts. Dans la peinture et la sculpture, le *merveilleux* est tout emprunté à la poésie. Le merveilleux de la musique, fille de l'air, est vague, incertain, vaporeux comme lui ; quelquefois il est grave comme la lourde atmosphère, quelquefois léger comme l'éther. C'est une peinture saisissante offerte à l'oreille par l'harmonie et la mélodie, que met en œuvre une âme inspirée. L'architecture, bien que subordonnée à des règles premières, a un *merveilleux* qu'elle ne tient que d'elle. C'est d'ordinaire la hardiesse aérienne, le gigantesque, la massivité prodigieuse, la profusion d'ornements connus ou inconnus, la prodigalité des porphyres, des jaspes, des marbres, de l'or, de tous les métaux solides ou brillants, que le poète se plaît à décrire.

Le *merveilleux* dans la poésie se divise en *possible* et en *impossible*. Achille connaît d'avance par les destins qu'il doit vivre ou beaucoup d'ans sans gloire, ou peu d'années avec une renommée éternelle. Une flamme céleste vient lécher la chevelure du jeune Jule : elle pronostique la grandeur future de Rome. Le peuple croit que Romulus, mis en pièces par les sénateurs, qui les cachent sous leurs toges, a été enlevé sur un char de lumière dans les régions azurées. Voilà du *merveilleux* possible, parce qu'il peut être physiquement expliqué. Mais la lance de Téléphe, dont le fer guérit la blessure qu'elle a faite ; mais Achille et Cycnus, tous deux invulnérables ; mais les métamorphoses d'êtres humains en oiseaux, en quadrupèdes, en arbres, voilà du *merveilleux* impossible, bien que ce ne soient que des allégories ingénieuses. Il faut ranger dans ce nombre Adamastor, le géant du cap des Tempêtes, l'armet enchanté du grand Mambrin, l'hippogrife, le quasi-monstre Caliban, le gentil génie Ariel, et la plupart des aventures des *merveilleux* contes des *Mille et une Nuits*. Le plus grand nombre des péripéties des drames grecs sont du *merveilleux* possible : *Intersit Deus*, dit Horace en posant après coup les règles du drame. Elles n'auraient pu réussir chez notre nation, déjà sans croyance à l'époque même de Corneille. Tout le *merveilleux* de notre scène est confiné sur les limites du moyen âge, dans les pièces d'alors, intitulées les *Miracles*. Passe pour le drame d'être sevré, dans sa décrépitude, du *merveilleux*, qui serait encore pour lui le lait du vieillard; mais l'épopée, qui sans le *merveilleux* n'est qu'un *moniteur* ou *journal officiel*, peut-elle briller sans ce divin météore qui fait étinceler l'*Iliade* sur un horizon de trois mille années? Faut il l'avouer ? Il se trouve cent fois plus de *merveilleux* dans *Cendrillon* et la *Belle au bois dormant* que dans *La Pharsale* et *La Henriade* : et cependant il y a d'admirables pages dans ces deux poèmes, dans le premier surtout, dont s'inspirait Corneille. Voltaire n'a-t-il pas voulu ou n'a-t-il pu employer le *merveilleux*? C'est une question résolue par les pauvres épopées qui ont succédé à *La Henriade*; elles n'attestent que trop que le *merveilleux* est une goutte de flamme tombée du ciel, mais échue à peu de poètes. Le positif a depuis longtemps tué le *merveilleux*. Plus de fées, plus de magiciens, plus d'ombres de héros dans les nuages de la Calédonie, plus de moines couronnés, errants sous les ombrages mélancoliques de Saint-Clodoald, plus de rois excommuniés soupirant leurs remords dans les solitudes du Luxembourg! La merveille de notre époque, c'est l'or, non pour fabriquer des châsses comme saint Éloi, mais l'or monnayé.   DENNE-BARON.

MERVEILLEUX, MERVEILLEUSES. *Voyez* INCROYABLES.

MÉRY (JOSEPH) est un de ces écrivains heureusement doués à qui toutes les audaces réussissent. Plus d'esprit paradoxal que de sentiment, plus d'imagination que de puissance réelle, plus d'*humour* que de solidité et de largeur, tel fut le lot de M. Méry à son début, tel il est encore aujourd'hui. Né à Marseille, le 21 janvier 1798, il fut mis presque enfant au séminaire, et il y acheva très-vite une éducation demi-religieuse, demi-mondaine. Les études théologiques paraissent l'avoir séduit d'abord, puis les lettres classiques, et l'on raconte qu'il avait une facilité prodigieuse à faire des vers latins. M. Méry, jeté très-jeune sur le pavé de Paris, y mena gaiement la vie des aventures, occupé à la fois de ses plaisirs et de ses duels. C'était la mode alors, et M. Méry était de son temps. Une halte malheureuse le força pourtant à quitter Paris. Il alla faire une excursion en Italie; mais il y resta peu, et revint à Marseille, où il fonda avec Alphonse Rabbe le journal *Le Phocéen* (1820). C'était une feuille libérale. La police de la Restauration s'imagina de s'en inquiéter, et elle fit si bien que nos jeunes écrivains durent bientôt renoncer à continuer leur journal. M. Méry, un instant désœuvré, fit en 1822 un voyage à Constantinople; en 1824 nous le retrouvons à Paris. C'est de cette époque que date sa liaison avec Barthélemy, liaison féconde, si l'on en juge par le nombre des poèmes satiriques que l'on doit à l'active collaboration des deux écrivains marseillais. M. Méry, après avoir publié seul en 1825 l'*Épître à Sidi-Mahmoud* et l'*Épître à M. de Villèle*, composa avec Barthélemy *La Villéliade* (1826), *Rome à Paris* (1827), *La Peyronnéide* (1827), et beaucoup d'autres pièces politiques, pour la plupart oubliées aujourd'hui, mais qui obtinrent alors le plus éclatant succès.

Une œuvre plus sérieuse occupa ensuite les deux poètes, et vint donner à leur renommée, de jour en jour grandissante, un caractère de gravité qui lui avait manqué jusque alors, je veux parler du poème de *Napoléon en Égypte* (1828), livre un peu froid et d'une composition assez faible, mais où l'on dut remarquer un grand mérite de versification. Quand éclata la révolution de Juillet, M. Méry ne fut pas l'un des derniers à concourir, *consitio manuque*, au renversement du trône de Charles X ; et tout ému encore de la bataille, il écrivit avec Barthélemy le poëme de *L'Insurrection*, sorte de remerciment adressé au peuple vainqueur. J'ajouterai que M. Méry a aussi quelque peu travaillé à la *Némésis*, publiée par son ancien collaborateur ; mais dans cette longue association littéraire on n'a jamais bien su quelle part de travail et de gloire qui revenait à chacun d'eux. Lorsque la fièvre des romans commença, M. Méry ne se fit pas prier pour descendre dans l'arène ; et sans vouloir citer ici tous ceux qu'il a signés, il nous suffira de rappeler *Le Bonnet vert* (1830), *Les Nuits de Londres* (1840) ; *Un Amour dans l'avenir*, *La Florida*, *La Comtesse Hortensia*, *La Héva*, *Guerre du Nizam*, *André Chénier*, etc. M. Méry a également eu sa part dans *La Croix de Berny*, œuvre de MM. Théophile Gautier, Sandeau et de Mme de Girardin, roman décousu et sans intérêt, sorte de tour de force qu'on ne renouvellera plus. *La Revue de Paris*, *La France littéraire* et la plupart des journaux de cette famille contiennent de nombreux articles de fantaisie et de petits poèmes que M. Méry n'a point recueillis en volume.

Depuis longtemps sollicité de travailler pour le théâtre, M. Méry hésita d'abord ; mais il a fait jouer sur une scène de troisième ordre un assez mauvais drame : *La Bataille de Toulouse*, et plusieurs comédies à l'Odéon : *L'Univers et la Maison* (1846); *Le Paquebot* (1847), *Planètes et Satellites* (avril 1850), et enfin *Le Chariot d'enfant* (mai 1850), imitation hardie d'un des chefs-d'œuvre du théâtre indien, pour laquelle il s'était adjoint un poète habile, Gérard de Nerval. Mais il faut le dire, M. Méry n'a pas été très-heureux au théâtre ; ses pièces, fines et gaies par le détail, sont mal faites ; on n'y trouve guère que cet esprit de causerie dont l'auteur d'*Héva* est si abondamment pourvu. Dans un salon, dans un cercle d'artistes, M. Méry est le plus aimable parleur, le conteur le plus écouté. Il adore les bouts-rimés, comme il adore le paradoxe et l'hyperbole. Jamais simple, rarement vrai, son style est, comme son esprit, étincelant de paillettes, capricieux, plein d'excentricités imprévues. M. Méry est le travail singulièrement facile ; une comédie en cinq actes, un roman en deux volumes sont pour lui l'œuvre de quelques matinées... Mais qui sait comment cette heureuse facilité sera plus tard jugée ? Qui sait si ceux qui nous suivront voudront voir en M. Méry autre chose qu'un très-habile improvisateur ?   PAUL MANTZ.

MÉRY-SUR-SEINE, ville de France, chef-lieu de canton du département de l'Aube, sur la rive droite de la Seine, qui commence en ce lieu à être navigable. Elle possède 1,369 habitants, de nombreuses fabriques de bonneterie de coton, des filatures, des pépinières, un commerce de grains, de cire, de miel, de chanvre et laine. Méry fut entièrement brûlée en 1814, par les Prussiens, après une sanglante bataille livrée sous ses murs.

MÉSALLIANCE. Au temps où la noblesse avait encore tout son prestige, prendre une femme ou un mari d'une condition inférieure à la sienne, contracter un mariage sans que la noblesse fût égale des deux côtés, s'allier surtout à la roture, c'était commettre une grande faute, presque un crime, c'était se rendre coupable de *mésalliance*. Malheur aux pauvres gens de qualité assez oublieux de leur gloire pour flétrir de cette sorte un écusson transmis en droite ligne par Pyrrhus ou Nabuchodonosor. Les enfants mâles issus de cette union déshonorante et leurs descendants étaient exclus sans pitié de l'ordre de Malte et des chapitres aristocratiques de l'Allemagne, y compris celui de Strasbourg, même après sa réunion à la France ; la duchesse qui épousait un simple gentilhomme perdait ses entrées au Louvre ; enfin, c'étaient des tribulations à faire saigner le cœur. Cependant l'opinion aristocratique ne tarda pas, et pour cause, à se relâcher de sa rigueur. Le lansquenet, les danseuses et les petites maisons, avaient commencé avant 1789 l'œuvre de nivellement des fortunes. Les usuriers étaient las de livrer leurs écus en échange d'une noble moustache, qui avait le temps de blanchir avant que le remboursement s'effectuât. D'autre part, les tailleurs et marchands drapiers, décidés à ne plus envoyer de mémoires au bas desquels le *pour acquit* ne figurait jamais, s'étaient armés de résolution et avaient lâché le grand mot : *pas d'argent, pas de crédit !* Que faire alors ? Menacer, jurer, crier, rosser ? on riait des menaces, des jurements, des cris, et l'on ripostait à des coups de houssine par des coups de bâton. Un moyen moins chanceux de conciliation s'offrait. Les plus gueux invoquèrent l'exemple du connétable de Lesdiguières, qui avait épousé Marie Vignon, et dès lors les scrupules plus que chancelants furent levés. Déjà la noblesse d'épée s'était alliée plusieurs fois à la noblesse de robe ; un simple échelon restait, il reluisait d'or : on le franchit rapidement, et les filles des seigneurs suzerains de la finance purent se pavaner à la cour de Versailles, côte à côte avec leurs nobles maris. On appelait cela *mettre du fumier sur ses terres.* En Angleterre, si l'on ne voit plus, depuis les temps fabuleux, les rois épouser des bergères, rien, en échange, n'est plus fréquent que d'y voir des baronnets, des pairs même, épouser des actrices et faire avec elles bon ménage. En France, depuis que le souffle révolutionnaire a balayé seigneurs, titres et privilèges, depuis que la voix du peuple a proclamé sur les débris de l'aristocratie ancienne la seule aristocratie de l'intelligence et de la vertu, il n'est de *mésalliance* possible qu'entre la vertu et le vice, l'intelligence et la stupidité.

MÉSANGE, genre d'oiseaux de l'ordre des passereaux. Ce genre est ainsi caractérisé : Bec épais à la base, conique, court, robuste, acéré, un peu comprimé latéralement, garni de poils vers la base, et tranchant vers le bord des mandibules ; narines arrondies, et généralement cachées par de petites plumes roides et dirigées en avant ; pieds robustes à quatre doigts, dont trois antérieurs, complétement séparés, et un postérieur armé d'un ongle long et recourbé ; la penne bâtarde est de moyenne longueur ou presque nulle ; la quatrième et la cinquième rémige sont les plus longues.

Le genre *mésange*, classé par Cuvier dans l'ordre des passereaux et dans la famille des conirostres, a été subdivisé par lui en trois sections : les *mésanges proprement dites*, les *rémis* et les *moustaches*, subdivision qui n'est fondée que sur une légère modification dans la forme du bec, ou, plus exactement encore, de l'extrémité de la mandibule supérieure. Dans la classification de Temminck, les oiseaux d'Europe appartenant au genre *mésange* sont divisés en deux sections, les *sylvains* et les *riverains* ; et cette division est surtout motivée par la disposition de la première rémige, de moyenne longueur chez les premiers, nulle ou presque nulle chez les seconds. La section des *sylvains* de Temminck renferme à peu près toutes les *mésanges proprement dites* de Cuvier, toutes les espèces qui recherchent surtout les lieux élevés, aérés, boisés, et qui nichent de préférence dans les trous naturels des arbres ; la section des *riverains* répond aux *moustaches* et aux *rémis* ; elle embrasse la plupart des espèces qui vivent de préférence dans les endroits aquatiques et marécageux, dans les jonchaies, dans les roseaux, où elles construisent leur nid avec un art infini.

Les oiseaux sylvains que l'on désigne communément sous le nom de *mésanges*, et dont les plus grandes espèces ne dépassent guère la taille d'un moineau, sont doués d'une grande énergie musculeuse, d'une agilité remarquable, et d'une ardeur belliqueuse peu commune. Abondamment répandus dans toutes les régions, leurs mœurs sont à peu près partout les mêmes : partout on les rencontre sautillant d'arbre en arbre, furetant autour de toutes les branches, s'accrochant dans toutes les positions possibles à l'écorce, dont ils fouillent toutes les fissures, et explorant à coups de bec tous les réduits secrets, toutes les crevasses obscures qui pourraient cacher à leur rapacité quelque scarabée engourdi, quelque chenille rase, quelque larve à peine éclose. D'ordinaire, ils poursuivent leur proie jusque sur les cimes les plus élevées, les tiges les plus déliées des arbres ; et, parvenus à l'extrémité de ces tiges, ils s'y tiennent suspendus, sans que l'incertitude de leur position précaire paraisse apporter aucun obstacle à la chasse qu'ils livrent aux insectes qui voltigent autour d'eux. Les murs délabrés, les pans de rocher, quelque escarpés d'ailleurs ou quelque verticaux qu'ils soient, les antiques masures, les nids abandonnés des écureuils, sont explorés avec la même persévérance, la même exactitude que le sont les écorces des arbres ; et bien fortunés ou bien rusés sont les insectes qui savent se soustraire à des visites domiciliaires aussi savamment conduites, aussi rigoureusement exécutées. Mais quelquefois la chasse aux insectes, dont elle fait pourtant sa principale nourriture, ne suffit pas à la rapacité de la mésange : alors, de carnassière qu'elle était, elle se fait carnivore ; elle se jette, à la manière des oiseaux rapaces, sur toutes les charognes qu'elle rencontre, et les dépèce par petits lambeaux ; ou bien encore, elle va visiter le nid de quelques petites espèces d'oiseaux ; elle guette avec anxiété le départ de la couveuse, et, s'élançant alors sur les petits laissés sans défense, elle leur perfore le crâne d'un coup de bec, et leur dévore la cervelle. Quelquefois aussi, fatiguées de carnage et de nourriture animale, les mésanges font carême, et se mettent à un régime purement végétal : alors elles ont recours aux faînes, aux baies sauvages, aux semences des arbres toujours verts, aux fruits, aux graines oléagineuses surtout, qui sont pour elles un mets des plus appétissants ; mais elles ne broient pas ces substances végétales dans leur gésier, ainsi que le font la plupart des oiseaux granivores ; elles les émiettent à coups de bec et elles en mondent avec soin tous les fragment avant de les avaler.

Aussi brave que batailleuse, la mésange, quand des adversaires moins redoutables lui font défaut, n'hésite pas à s'attaquer à des oiseaux beaucoup plus forts qu'elle, et qui souvent sont fort mal disposés à tolérer patiemment ses impertinentes attaques. La chouette surtout est au nombre de ses plus mortels ennemis ; et l'acharnement instinctif qu'elle met à poursuivre cet oiseau de proie, partout où elle doit entendre son cri, la livre aveuglément à toutes les embûches de la chasse à la pipée. Mais cette humeur colérique et hargneuse, qui porte la mésange à se chamailler même avec ses semblables, et qu'exprime assez exactement son cri perçant et aigu, cette humeur guerroyante, disons-nous, se manifeste bien plus ouvertement encore lorsque l'on réduit la mésange à l'esclavage, et qu'on la renferme avec d'autres oiseaux dans une prison commune. Toujours elle cherche querelle à ses camarades d'infortune, il lui faut une cause bien légère pour se faire un ennemi, il lui faut une bien légère provocation pour engager un combat à outrance. Quelquefois une seule nuit suffit à une seule mésange pour dépeupler toute une volière, et le soleil en se levant éclaire de ses premiers rayons un champ de bataille jonché de cadavres tous frappés au front et le crâne transpercé de l'inévitable coup de bec.

Cependant, malgré leur naturel querelleur, les mésanges se réunissent assez volontiers en petites troupes de dix à douze, et se livrent ensemble et en bonne harmonie à une chasse d'extermination pendant la plus grande partie de l'année. Vers le mois de février, les mésanges s'apparient, et chaque couple, abandonnant les habitations humaines, se retire alors dans le fond des bois pour veiller à la construction du nid. C'est dans les bifurcations des cimes touffues ou dans les creux des troncs vermoulus des arbres, dans les crevasses d'un vieux mur délabré, ou dans les fentes d'un rocher, que les mésanges élèvent ce petit chef-d'œuvre d'architecture ornithologique qu'elles construisent tantôt avec des lichens, des mousses, des herbes menues, de petites racines, et tantôt avec du crin, de la laine, des plumes, du duvet. La ponte, toujours nombreuse, et qui va quelquefois jusqu'à dix-huit ou vingt œufs, est suivie d'une incubation de douze à quatorze jours ; et les petits qui éclosent sont nourris par leurs parents pendant un temps considérable des épargnes de la chasse, et défendus contre toute attaque avec une rare intrépidité.

Les *mésanges riveraines*, qui habitent surtout les bords de la mer Caspienne, la Suède, le Danemark, l'Angleterre, la Hollande, la Pologne et la Russie, mènent parmi les joncs, les roseaux et les grandes herbes des marais, une vie assez semblable à celle que mène au fond de nos forêts la mésange des bois : seulement, parce que les lieux qu'elles habitent sont moins fréquentés et d'un plus difficile accès, leurs mœurs sont en général moins complétement connues. La plupart de ces espèces suspendent aux rameaux flexibles et ondoyants des plantes marécageuses un nid en forme de bourse, dont l'enveloppe externe est formée de débris de roseaux, ou du duvet qui s'échappe des bourgeons du saule et du peuplier, et dont l'intérieur est tapissé des matières les plus délicates et les plus soyeuses; et la femelle, en couvant les œufs qu'elle y a déposés, s'abandonne nonchalamment au balancement voluptueux que les vents impriment à sa demeure aérienne.

On connaît en France six *mésanges proprement dites*: la *mésange charbonnière* (*parus major*, L.), ainsi nommée à cause de sa tête, d'un noir foncé; la *mésange nonnette*, la *petite charbonnière*, la *mésange huppée*, la *mésange bleue*, la *mésange à longue queue*, toutes espèces sylvaines. Nous possédons aussi deux espèces riveraines, la *mésange moustache* et le *rémiz*; mais ces deux espèces sont fort rares. BELFIELD-LEFÈVRE.

MÉSAVENTURE. *Voyez* MALHEUR.

MESCHED, chef-lieu de la province de Khorassan (Perse) et siége de gouvernement d'un *mirza*, ou prince de sang royal, situé au point où se réunissent les routes de caravanes de Hérat et de Bockhara, et sur un confluent du Tedschen, n'était d'abord qu'un village du district de Tûs, appelé *Sanabad* ou *Sanabadz*. Il ne reçut ce nom glorieux qu'au seizième siècle, sous la dynastie des Safides, lorsqu'on y eut transporté de l'ancien chef-lieu Tûs ou Thûs, détruit par Djinghis-Khan, où mourut le khalife Haroun-al-Raschid, où naquirent le poète Firdusi, le grand astronome Nassir-Eddin et d'autres Orientaux célèbres, le tombeau de l'iman chiite Risa ou Ali-Ben-Musa-al-Redhas, considéré comme le patron de la Perse; et alors on y éleva un grand nombre de beaux édifices. C'est le lieu de pèlerinage des chiites le plus en renom et le plus fréquenté, ainsi que l'un des grands centres commerciaux de la Perse, où se rencontrent les caravanes d'Hérat, d'Ispahan, d'Yezd, de Khiwa et de Bockhara. Mesched passe en même temps pour le rendez-vous des docteurs du Coran, ou *moullah*, les plus rapaces, des pèlerins et des sectaires les plus fanatiques, des prêtres les plus ignorants, pour la capitale de l'hypocrisie et de la friponnerie en tous genres. C'était jadis, et encore du temps de Nadir-Schah, le séjour du luxe et de la magnificence; mais elle est bien déchue, par suite des dévastations et des pillages auxquels elle a été constamment en proie de la part des hordes du Khorassan, des Usbecks et des Turcomans de Tourân, des Afghans, etc., etc. La population fixe ne dépasse guère le chiffre de 45 à 50,000 âmes, et elle s'entend au mieux à exploiter la nombreuse foule des étrangers de passage. D'ailleurs, c'est à Mesched que se fabriquent les plus beaux velours de la Perse; et il sort également de ses ateliers de remarquables travaux de joaillerie et de bijouterie, d'excellentes lames d'acier, etc. Les pèlerins recherchent particulièrement les turquoises qu'on y façonne. La partie la plus remarquable de la ville est le quartier saint, qu'on appelle *Sahn*. Le plus bel édifice qu'on y trouve est le mausolée du saint iman Risa, magnifique groupe de dômes et de minarets richement orné au moyen des offrandes des dévots, et contenant une chapelle où se trouve la reliquaire de l'iman, derrière une grille en or, et plus loin le sarcophage d'Haroun-al-Raschid. On compte dans la ville 16 écoles savantes, dont quelques-unes ornées de riches bibliothèques, 12 bains publics, plus de 24 caravansérails et un grand bazar. L'ancien palais, ré-

DICT. DE LA CONVERS. — T. XIII.

sidence du souverain, tombe en ruines; le nouveau est un édifice sans importance.

MESCHED-ALI ou **IMAN-ALI**, ville du pachalik turc de Bagdad, à environ 6 myriamètres au sud-ouest d'Hillah et des ruines de Babylone, sur un affluent de l'Euphrate et à peu de distance du désert, compte 6,000 habitants, est célèbre comme lieu de pèlerinage des chiites, ou partisans du khalife Ali-Ben-Abou-Taleb, à qui une mosquée contenant son tombeau a aussi été consacrée ici dans la plaine de Neschif. C'est un vaste édifice, qui jadis était magnifiquement orné d'objets de prix en tous genres, qu'en 1804 on transporta à Iman-Musa près de Bagdad, lorsque les Wahabites s'en vinrent l'assiéger.

MESCHED-HOSAIN ou **MESCHED-HUSSÉIN**, nommée aussi *Imam-Hosain*, ville de 7,000 habitants, située dans le même pachalik, et de même sur un affluent de l'Euphrate, s'appelait d'abord *Kerbela*, et a pris son nom du tombeau d'Hosaïn ou Hussein, fils aîné d'Ali, qu'elle renferme. Sa mosquée est également célèbre comme lieu de pèlerinage pour les chiites. Avant d'avoir été pillée en 1801 par les Wahabites, en même temps que toute la ville, elle contenait de grandes richesses provenant des offrandes des fidèles.

MESLIER (JEAN), curé d'Étrépigny, village du département de la Marne, naquit à Mazerny, autre village du même département, en 1677, et mourut dans sa paroisse, en 1733. Sa vie fut paisible et obscure; mais il fit beaucoup de bruit après sa mort par la publication d'un écrit dont il n'est pas certain qu'il soit l'auteur, quoiqu'on ne puisse l'attribuer à aucun des hommes de lettres qui à cette époque étaient considérés comme les adversaires du christianisme. Cet écrit est intitulé : *Testament de Jean Meslier*. Le curé déclare à ses paroissiens qu'il n'a pas cessé de les tromper, qu'il ne croyait nullement à la religion dont il était ministre, et il les engage à ne plus y croire, puisqu'elle n'est qu'un tissu de fables absurdes. Essayant de justifier sa conduite par la crainte des persécutions qu'il eût attirées sur lui, peut-être même sur ses paroissiens, en révélant sa véritable *profession de foi*, il prie qu'on lui pardonne cette faiblesse. Il paraît que la vie de Meslier fut celle dont J.-J. Rousseau nous a présenté l'esquisse dans la *Profession de foi du vicaire savoyard*, quoique l'auteur de l'*Émile* n'eût peut-être pas lu le *Testament* du curé d'Étrépigny. Si ce petit livre n'avait pas été mis en lumière, l'homme auquel on l'attribue eût été un modèle de piété tolérante, de désintéressement, de charité : on s'accorde à lui reconnaître cette sorte de mérite ; mais les renseignements manquent quand on veut apprécier les circonstances de la publication de l'œuvre qu'on lui attribue, et ce fut pour cette raison qu'Anacharsis Clootz n'obtint point que la Convention fit ériger une statue à l'auteur de ce pamphlet, *écrit du style d'un cheval de carrosse*, dit Voltaire lui-même, dans une lettre à Helvétius. FERRY.

MESMER (FRANÇOIS, et suivant d'autres, FRÉDÉRIC-ANTOINE), fondateur de la doctrine du *magnétisme animal*, naquit le 23 mai 1733, à Itzmantz, sur les bords du lac de Constance, et suivant une autre version, en 1734, à Mersebourg en Souabe, ou encore dans un petit village suisse riverain du lac de Constance, et, après avoir fait ses études premières à Dillingen et à Ingolstadt, alla étudier la médecine à Vienne, où il fut reçu docteur en 1766. Sa thèse inaugurale était intitulée : *De Planetarum Influxu*. Il y prétendait que « les corps célestes exercent, par la force qui produit leurs attractions mutuelles, une influence sur les corps animés, spécialement sur le système nerveux, par l'intermédiaire d'un fluide subtile qui pénètre tous les corps et qui remplit tout l'univers ». A partir de 1772 il se livra, de concert avec le père Hell, jésuite et professeur d'astronomie, à des recherches sur les vertus médicales de l'aimant minéral, et fut ainsi conduit à l'idée de l'existence dans la nature d'une force analogue à celle de l'aimant, et qui permettrait de pouvoir complétement s'en passer. Il donna à cette force le nom de *magnétisme animal*, et après l'avoir appliquée à la médecine, publia sa découverte dans une *Lettre à un médecin étranger sur les cures magnétiques* (Vienne, 1775). L'électeur de Bavière le nomma alors membre de l'Académie de Munich, et l'invita à venir résider dans ses États. Mais plus tard il retourna à Vienne, où il fonda un hôpital pour la propagation et le perfectionnement de sa découverte.

En 1778 Mesmer vint à Paris exploiter la crédulité des Français. Il s'y fit des partisans fanatiques, non-seulement parmi les gens du monde, mais encore parmi les médecins. Sa vogue fut d'autant plus grande que les corps savants furent unanimes à ne voir dans ses expériences et son système qu'un charlatanisme insigne : le public, toujours ami du merveilleux, attribua à la jalousie de métier la réprobation dont l'Académie de Médecine, d'accord avec l'Académie des Sciences, frappait une prétendue méthode curative fondée sur l'existence d'un fluide ou d'une puissance *sui generis* résidant dans les corps animés et transmissible d'un individu à un autre au moyen d'attouchements pratiqués dans des circonstances déterminées. Les admirateurs et les adeptes du médecin allemand devinrent bientôt si nombreux que le baron de Breteuil lui offrit, au nom de Louis XVI, une pension viagère de 20,000 fr. et 10,000 fr. par an pour le loyer d'une maison, à la condition d'y établir une clinique magnétique. Mesmer, partisan des réalisations immédiates, refusa cette offre pour accepter le produit d'une souscription ouverte à son profit par l'un de ses plus fougueux et convaincus adeptes, Bergasse, laquelle s'éleva à la somme ronde de 340,000 fr. Comme elle était au taux de cent louis par tête, et par conséquent à la portée seulement des hautes classes de la société, on peut, par ce fait seul, juger de l'engouement produit par les intrépides déclarations de Mesmer. Ses admirateurs n'avaient mis qu'une seule condition à leur libéralité, à savoir qu'il vendrait publique toute sa doctrine ; et plus tard un certain nombre d'entre eux, considérant que ça avait été là une espèce de contrat synallagmatique qui devenait nul du moment où les conditions n'en étaient pas également remplies de part et d'autre, finirent par retirer leur argent, resté jusque alors déposé chez le notaire Margantin. Mesmer, de son côté, en prit prétexte pour ne point révéler son secret. La cour et la ville eurent beau affluer autour du baquet merveilleux, il ne révéla rien, toujours sous prétexte de l'inexécution du contrat primitif. Il paraît constant cependant qu'il reçut de bon nombre des initiés des sommes considérables, mais qu'il en dépensa la meilleure partie à soudoyer ses affidés et les compères dont il avait besoin pour opérer ses merveilleuses cures du baquet. S'apercevant enfin que son crédit baissait de plus en plus en France, et que le système et son inventeur étaient passés de mode, il se rendit en Angleterre, d'où, après un court séjour, il revint dans son pays. Il mourut complétement oublié, le 5 mars 1815, à Mersebourg.

Mesmer a laissé, au reste, de nombreux successeurs, entre les mains desquels le magnétisme animal est devenu de nos jours un moyen extrêmement fructueux d'exploiter la crédulité des niais. Ils ont simplifié son charlatanisme, et à l'aide du somnambulisme ils produisent enfin des effets bien autrement merveilleux encore que lui avec son ridicule baquet. *Credat Judæus Apelles!*

MESMÉRISME, doctrine de Mesmer, magnétisme animal.

MESNIE HELLEQUIN. *Voyez* APPARITION.

MÉSOBRANCHES (du grec μέσος, au milieu, et βράγχια, ouïes des poissons), qui a les ouïes au milieu du corps. *Voyez* BRANCHIES.

MÉSOCOLON (du grec μέσος, au milieu, et κῶλον, le colon). *Voyez* COLON.

MÉSOLOBE (du grec μέσος, au milieu, et λοβός, lobe). Le mésolobe, nommé aussi *corps calleux*, est la portion médullaire du cerveau qui paraît immédiatement au-dessous de la faux lorsqu'on l'a enlevée et qu'on a légèrement écarté les deux hémisphères du cerveau. Certains anatomistes en avaient fait le siège de l'âme, de préférence à la glande pinéale (*voyez* CÉRÉBRAL [Système]).

MÉSOPHYTE (du grec μέσος, qui est au milieu, et φυτόν, plante). Quelques botanistes donnent ce nom au *collet* ou *nœud vital* des végétaux.

MÉSOPOTAMIE. C'est, dans l'acception la plus large du mot, toute la contrée située entre l'Euphrate et le Tigris, et bornée au nord par les versants sud des montagnes de l'Arménie, avec une superficie d'environ 3,500 myriamètres carrés ; mais dans un sens plus restreint on ne désigne par là que la plus grande partie de cette contrée, la partie septentrionale, que les Arabes appellent *Al-Djésira*, c'est-à-dire l'île, tandis qu'on a donné à la partie méridionale le nom de Babylonie, et aujourd'hui d'*Irak-Arabi*. Il n'y a que l'extrémité tout à fait septentrionale de la Mésopotamie, avec les ramifications méridionales de l'Arménie, qui soit montagneuse ; le reste est une plaine très-rarement interrompue par quelques soulèvements de nature rocheuse, allant toujours en s'abaissant au sud, et présentant une différence de niveau de 500 mètres entre ses deux extrémités. Le caractère de cette plaine est généralement celui d'un désert pierreux et parfois sablonneux, ou bien d'une steppe aride ne verdissant que dans la saison pluvieuse. Elle ne montre une plus riche végétation que là où la nature ou l'art l'ont douée d'un système d'irrigation suffisant. En été lo climat y est d'une chaleur brûlante, tandis que l'hiver y est d'une rigueur peu ordinaire pour une semblable latitude. Les produits du sol sont les mêmes que ceux des plaines et des déserts de l'Asie. La population se compose d'un petit nombre de Turcs, puis de Kourdes, de Turkomans, et de Yézides, ainsi que de Syriens chrétiens (sectateurs de nestorions), d'Arméniens dans la partie montagneuse du nord, et de Syriens et d'Arabes dans le pays plat. L'éducation du bétail est la principale occupation des habitants, dont le commerce et l'industrie sont singulièrement déchus aujourd'hui de ce qu'ils étaient autrefois, de même que le pays tout entier offre à peine l'ombre de la civilisation qui y régnait dans l'antiquité et même encore au moyen âge.

La Mésopotamie, placée de nos jours sous l'autorité du sultan de Constantinople, forme les eyalets de Diarbékir, Mossoul, Rakka, Bagdad et Bassora (ces deux derniers sont situés dans l'Irak-Arabi). Ses villes les plus importantes sont *Diarbékir* ou *Amed* (l'*Amida* des anciens), sur les bords du Tigris, avec 60,000 habitants ; *Mareddin*, 20,000 habitants ; *Edessa*, *Nisibe*, *Harran* ou *Karre*, capitale des Sabéens, aujourd'hui en ruines ; *Mossoul* et *Rakka*, sur l'Euphrate. La Mésopotamie abonde en ruines et en monuments provenant soit de l'antiquité, soit du moyen âge. Les plus remarquables sont ceux qu'on a découverts tout récemment à Ninive. Depuis les temps primitifs de l'humanité jusqu'au moyen âge, la Mésopotamie joua toujours un rôle important dans l'histoire ; c'est l'un des berceaux de la civilisation, et c'est parmi ses premiers habitants, d'origine sémitique et auxquels vinrent s'associer plus tard des Chaldéens, que se constituèrent les premières agglomérations politiques qu'il y ait eu en Asie. C'est là qu'était le royaume de Nemrod ; là aussi régnait le puissant roi Kusam Rischataïm (livre des Juges, 3, 8). Son époque la plus importante et la plus florissante fut sous la domination assyrienne et babylonienne (*voyez* BABYLONIE), à laquelle succédèrent les dominations perse, grecque, romaine et sassanide, pendant lesquelles l'importance de ce pays fut toujours fort grande, en même temps qu'un habile système d'irrigation artificielle y avait porté l'agriculture à un haut degré de perfection. Sous la domination des Arabes, qui l'envahirent en même temps que la nature ou l'art l'islamisme, elle devint le siége des khalifes ; et une nouvelle ère de brillante prospérité s'ouvrit alors pour elle. Ce ne fut qu'à partir de l'invasion des peuples de l'Asie centrale, au onzième siècle, des Seldjoucides, des Tatars, des Turcs, que commença la décadence de cette contrée, qui peu à peu sous la domination barbare des Turcs, au milieu de guerres et de brigandages se renouvelant sans cesse, a fini par n'en plus faire dans la plus grande partie de sa surface qu'un vaste désert.

MÉSOTHORAX. *Voyez* CORSELET et INSECTES, tome XI, p. 414.

MESSAGERIES, entreprises établies pour le transport des voyageurs et des marchandises ; dans ce dernier cas on leur donne plutôt le nom de *roulage*. Autrefois les messageries étaient exploitées par des entreprises particulières, autorisées par concessions royales ; ces établissements étaient peu nombreux, peu actifs et peu commodes ; on connaît la lenteur proverbiale des c o c h e s ; en 1761 la voiture qui faisait le service public de Paris à Strasbourg partait de la rue de la Verrerie le samedi à dix heures du matin, arrivait à Bar le septième jour, à Nancy le huitième, et à Strasbourg le douzième. T u r g o t apporta dans ce service de grandes améliorations, et pour les réaliser plus facilement, réunit toutes les entreprises particulières de messageries, pour former, sous la direction de l'État, la première entreprise générale de messageries. Les voitures publiques prirent de cette circonstance le nom de *turgotines*. En l'an vi ce monopole de l'État fut supprimé, et les entreprises particulières purent se former, toutefois avec l'autorisation du gouvernement. En 1805, à la faveur de ce régime, s'éleva la *Compagnie des messageries impériales* ; elle eut le monopole des transports publics jusqu'en 1826, époque de la création des *Messageries générales*. Un décret de 1807 avait permis aux entreprises des messageries de s'établir sans autorisation ; mais quand une compagnie nouvelle créait un service de d i l i g e n c e s sur une ou deux lignes , les grandes compagnies, par un abaissement considérable de leur tarif, réduisaient les directeurs de l'entreprise rivale à y renoncer ; le public cependant y gagnait, car à ces abaissements énormes succédait, une fois la concurrence écartée, un abaissement moindre mais permanent. C'est ainsi que depuis 1810 jusqu'à 1830 le prix de transport pour une lieue a baissé en moyenne d'un centime par année. Les entreprises de messagerie ont du reste vu décroître rapidement leur importance depuis l'établissement des chemins de fer, qui leur enlèvent chaque année quelques nouvelles lignes.

MESSALA CORVINUS (MARCUS VALERIUS), orateur et historien fort estimé de ses contemporains, le protecteur et l'ami de T i b u l l e, né vers l'an 70 avant. J.-C. , fut élevé à Athènes. De retour à Rome, il embrassa, avec l'ardeur et l'enthousiasme de la jeunesse, la cause du parti républicain, et combattit même Octave à Philippes ; mais ensuite il passa dans le parti d'Antoine, puis dans celui d'Octave. Élu consul l'an 30 avant J.-C., il obtint l'année suivante les honneurs du triomphe à l'occasion de victoires remportées dans les Gaules, et il alla ensuite commander en Asie. Il passa les dernières années de sa vie loin des affaires publiques, et tout entier à la culture des sciences et des lettres. Il mourut vers l'an 3 de J.-C. On n'a conservé qu'un petit nombre de fragments de ses discours, qui se distinguent par un style noble et imposant. Meyer les a réunis dans ses *Oratorum Romanorum Fragmenta* (Zurich, 1842). Nous ne connaissons que par leurs titres ses ouvrages historiques , comme son livre sur les guerres civiles, et son livre *De Romanorum Familiis*. Le livre qu'on lui attribuait autrefois, et que M. Egger a publié dans ses *Latini Sermonis vetustioris Reliquiæ* (Paris, 1843), est évidemment un ouvrage fabriqué au moyen âge. Consultez Egger, *Examen critique des historiens anciens de la vie et du règne d'Auguste* (Paris, 1844).

MESSALIENS. *Voyez* MASSALIENS.

MESSALINE (VALÉRIE), arrière-petite-fille d'Octavie, sœur d'Auguste, fille de Valerius Messalinus Barbatus et d'Æmilia Lepida, femme de l'empereur C l a u d e, acquit la triste célébrité d'avoir poussé l'impudicité jusqu'à la prostitution la plus infâme. Tacite a consacré, dans ses Annales, de sanglantes pages à décrire les traits les plus honteux de la vie de cette femme, et il a soin de dire qu'il ne pourrait les croire vrais s'ils ne lui avaient été rapportés par ses aïeux. Elle eut de Claude Octavie et B r i t a n n i c u s, si connu par son caractère honnête et par sa fin malheureuse. Sa passion pour l'affranchi Narcisse, secrétaire de l'empereur, la porta à commettre plusieurs crimes. Ses déportements ne connurent ensuite plus de bornes ; elle se livra publiquement aux officiers, aux soldats du palais, et, abandonnant la couche de son mari pendant la nuit, se prostitua bientôt aux esclaves, aux comédiens, à la plus vile populace, sans pouvoir rassasier ses désirs effrénés. L'histrion Mnester, qu'elle s'était fait donner par son mari comme esclave, eut part à ses faveurs, aux yeux même de son mari. Rien n'était négligé pour contenter sa passion. Elle s'éprit de son beau-père Appius Silanus : n'ayant pu le corrompre, elle l'accusa de conspiration, et le fit mourir. Elle fit empoisonner pour le même motif le consul Vicinius. Julie, petite-fille de Caius, fille de Germanicus, nièce de Claude, qui avait l'esprit et de la beauté, mais qui méprisait avec fierté Messaline et les compagnons de ses débauches, et une autre Julie, fille de Drusus, également nièce de Claude, succombèrent, victimes de sa haine. Elle accusa Valerius Asiaticus de conspiration pour s'emparer de ses beaux jardins, qui passaient pour une des merveilles de Rome ; ils avaient été commencés par Lucullus, et Asiaticus les embellissait encore avec une magnificence extraordinaire. Cet infortuné avait pour femme Sabina Poppea, mère de la fameuse Poppée, femme de Néron. Messaline, pour les perdre, déchaîna contre eux son affranchi Juilius, et Josilius, précepteur de Britannicus, deux de ses créatures, deux ministres de ses criminelles entreprises. Asiaticus fut victime de la plus noire accusation. Ayant le choix du genre de mort, il se fit couper les veines, et vit arriver tranquillement sa dernière heure. Deux autres chevaliers romains, du nom de Petra, furent également mis à mort.

Emporteé par des désirs les plus immodérés, elle s'éprit pour le jeune Silius, le plus beau des Romains, d'une passion tellement violente qu'elle le força de chasser de son lit Silana, femme vertueuse, pour posséder seule son amant. Elle brava tous les regards, se moqua de l'opinion publique, ne le comblant d'honneurs et de richesses , au point qu'on l'eût cru déjà investi de la puissance impériale. Claude, dont l'imbécillité était telle qu'elle était passée en proverbe, ignorait les désordres de sa maison : il habitait Ostie lorsque Messaline mit enfin le comble à ses emportements lubriques. Silius, aveuglé par les faveurs de l'impératrice, osa la pousser à se défaire de son mari ; elle y consentit, et commença par épouser son amant avec la pompe la plus solennelle , comme si Claude l'eût répudiée : leur union fut annoncée d'avance, consignée dans des actes authentiques, consacrée par les prières des augures, par les cérémonies religieuses , par l'appareil d'un sacrifice, d'un banquet solennel, au milieu de convives témoins de leurs baisers, de leurs embrassements , et d'une nuit passée dans toutes les libertés conjugales. « On avait vu, dit Tacite, un histrion insulter la couche de l'empereur, mais du moins ne le menaçait-il point de sa ruine. » Le fait fut dénoncé à Claude par deux courtisanes qu'en avait instruites Narcisse , désireux de se venger de Silius, son rival, et de Messaline. Claude, irrité de tant de forfaits, et craignant qu'on s'en prît à sa vie, excité d'ailleurs par Narcisse devenu accusateur, se prépara à la vengeance.

Pendant ce temps, Messaline faisait représenter dans son palais une fête lubrique à Bacchus. Vicins Valens, l'un des convives, étant monté sur un arbre, quelqu'un lui demanda ce qu'il voyait : *Je vois*, dit-il, *un orage furieux du côté d'Ostie*. Claude, poussé par Narcisse et ses amis, marche sur Rome, entouré de troupes nombreuses. A son approche, Messaline se réfugie dans les jardins de Lucullus ; Silius, pour déguiser sa frayeur, va au *forum* remplir ses fonctions. L'impératrice, qui ne manque pas d'audace, vole à la rencontre de son mari, sûre d'en être pardonnée si elle peut lui

7.

parler; elle ordonne à ses deux enfants, Octavie et Britannicus, de courir se jeter dans les bras de leur père; elle conjure Vilidie, la plus ancienne des vestales, d'aller trouver le souverain pontife, de solliciter sa clémence, et prend le chemin d'Ostie, montée sur un de ces tombereaux sur lesquels on emporte les immondices des jardins. Le peuple la voit passer sans la plaindre, tant elle a encouru son mépris. Elle ne peut parler à Claude; la vestale Vilidie est écartée par l'ordre de Narcisse: tout moyen d'exciter la compassion de l'empereur est étouffé à l'instant. Messaline se retire dans ses jardins, auprès de sa mère, qui l'engage à se tuer pour ne pas être livrée à la brutalité des soldats; deux fois elle essaye de se frapper de son poignard, deux fois elle manque de courage; enfin, un centurion, envoyé par Narcisse, arrive, et la perce de son épée. Cette femme, que Juvénal a flétrie des épithètes les plus vraies et les plus énergiques, mourut l'an 48 de J.-C.   J.-A. DAGOLLE.

MESSE. Les auteurs ne sont pas d'accord sur l'étymologie de ce mot: les uns le tirent de l'hébreu *missah* (offrande), et en font remonter l'origine au temps des apôtres. Mais s'il en était ainsi, nous en trouverions quelque trace dans les Pères grecs, surtout dans ceux qui, comme Origène et Épiphane se sont occupés du texte des livres saints. L'opinion la plus commune, la plus probable, est que ce mot vient du latin *missio* (renvoi), parce qu'après l'Évangile et le sermon, on faisait sortir les catéchumènes et les pénitents, en leur disant: *Si quelqu'un ne communie pas, qu'il cède sa place*. Un second renvoi avait lieu à la fin du sacrifice, lorsque le diacre congédiait l'assistance par ces mots: *Ite, missa est*. On ne sait pas précisément à quelle époque le mot *messe* a commencé d'être usité, quoiqu'il soit de la plus haute antiquité. Nous voyons dans les différents auteurs les prières de la consécration eucharistique nommées *liturgie, synaxe, collecte, assemblée, office solennel, sacrifice, oblation, divin mystère*. Mais c'est depuis le quatrième siècle que le mot *messe* a été surtout employé dans l'Église latine. Il est plus rare et ne se trouve que bien postérieurement chez les écrivains grecs.

Selon la doctrine catholique, la messe est le sacrifice de la loi nouvelle, dans lequel l'Église offre à Dieu, par les mains des prêtres, le corps et le sang de Jésus-Christ sous les espèces du pain et du vin. Cette croyance suppose la présence réelle de Jésus-Christ dans l'**eucharistie**, et la **transsubstantiation** ou le changement de la substance du pain et du vin en celle du corps et du sang du Sauveur. Les calvinistes, en niant le premier de ces dogmes, et les luthériens, en attaquant le second, ont condamné et supprimé la messe. Luther, pourtant, ne s'éleva d'abord que contre les messes privées; il retrancha ensuite l'oblation et la prière pour les morts; enfin il supprima l'élévation et l'adoration de l'eucharistie. Il en fut de même en Angleterre: la liturgie n'y a été mise dans l'état où elle est aujourd'hui qu'après plusieurs changements consécutifs.

Les auteurs liturgiques distinguent dans la messe différentes parties: 1° la *préparation*, ou les prières qui se font avant l'oblation: c'est ce que l'on nommait autrefois la *messe des catéchumènes*; 2° l'*oblation* ou l'*offrande*, qui s'étend depuis l'offertoire jusqu'au *sanctus*; 3° le *canon* ou *règle de la consécration*; 4° la *fraction de l'hostie* et la *communion*; 5° l'*action de grâce* ou *post-communion*.

On donne à la messe différents noms, suivant le rite et la langue dans lesquels on la célèbre. Ainsi on la distingue en messe *grecque*, messe *latine*, *romaine* ou *grégorienne*; messes *ambrosienne*, *gallicane*, *gothique*, *mozarabique*. Les différences qui existent entre ces diverses messes ne tombent que sur la forme, et n'atteignent point le fond. Il est dit dans les Évangélistes que Jésus-Christ, instituant l'eucharistie, prit du pain, le bénit, le rompit, le distribua à ses disciples, en leur disant: *Prenez et mangez, ceci est mon corps*, etc. Pour imiter cette action du Verbe, pour représenter le corps du Sauveur brisé par la passion et le supplice de la croix, il est prescrit dans toutes les liturgies de rompre le pain eucharistique. On ne célébrait pas autrefois la messe tous les jours; on ne le faisait presque jamais sans déployer toute la pompe extérieure que permettaient les circonstances; les fidèles même communiaient toutes les fois qu'ils assistaient au saint sacrifice. Peu à peu, cet usage se perdit, et le prêtre seul communia. Du reste, les prières de la liturgie et les paroles mêmes du canon indiquent que tous les assistants aux sacrés mystères devaient participer au pain eucharistique.

Il y a diverses sortes de messes: la messe *solennelle*, *haute* ou *grand messe*, est célébrée avec un diacre, un sous-diacre, les autres ministres, et chantée par des choristes; la messe *basse* est dite par un prêtre seul, sans aucun chant; dans la messe *privée*, le prêtre n'a que son clerc pour assistant. On nommait autrefois *messe du scrutin* celle qu'on disait pour les catéchumènes le mercredi et le samedi de la quatrième semaine de Carême, lorsqu'on examinait s'ils étaient suffisamment disposés au baptême, et *messe du jugement* celle qu'on célébrait pour un accusé qui voulait se justifier par les preuves établies. On appelle *messe du jour* celle qui est propre au temps où l'on est, à la fête que l'on célèbre, *votive* celle d'un saint ou d'un mystère dont on ne fait ni l'office ni la fête, comme la messe du Saint-Esprit, celle de la sainte Vierge, etc. Il y a des messes pour les *vivants* et des messes pour les *morts*. La messe des *présanctifiés*, dans laquelle on ne consacre point, se célèbre le vendredi saint.

Au moyen âge, il s'était glissé d'étranges abus dans l'accomplissement des saints mystères. Quelques moines se célébraient seuls, et n'avaient pas même un répondant pour les assister; d'autres ministraient plusieurs messes en une seule, afin de retirer de leurs fonctions un plus gros bénéfice. Ces abus ont été supprimés, ainsi que la messe *sèche* ou *nautique*, dans laquelle il ne se faisait point de consécration, et qui se disait ordinairement sur les vaisseaux, où l'on n'aurait pu consacrer le sang sans s'exposer à le répandre. Cette coutume était fondée sur la persuasion où l'on resta longtemps que les prières de la liturgie étaient plus efficaces que les autres. C'est ce qui la fit adopter par quelques ordres religieux, qui l'ont conservée jusqu'à nos jours. On donnait le nom de *messe dorée* à celle qu'on célébrait dans les jours de réjouissance, où l'on répandait des largesses dans le peuple, et où les princes et les rois faisaient éclater leur magnificence.

     L'abbé J.-G. CHASSAGNOL.

MESSE (*Musique*), œuvre musicale composée sur les paroles de certaines prières de la messe, savoir: *Kyrie*, *Gloria*, *Credo*, *Sanctus*, *Agnus Dei*. Les Italiens se bornent quelquefois au *Kyrie* et au *Gloria*. La messe des morts ou de *Requiem* diffère de la messe solennelle par son introit, *Requiem æternam*, que l'on met en musique, et qui précède immédiatement le *Kyrie*, le graduel *Requiem æternum*, etc.; la prose *Dies iræ*, l'offertoire *Domine, Jesu-Christe*, y remplacent le *Gloria* et le *Credo*. Viennent ensuite le *Sanctus* et l'*Agnus Dei*, qui sont suivis du *Lux æterna*, qui termine la messe des morts. Les paroles de la messe sont fort belles et très-favorables à la musique; elles peuvent être entendues ensuite ses accents terribles et solennels; et le discours musical a pour péroraison une finale brillante et rapide dans l'*Et vitam*, qui est ordinairement traité en fugue. Le *Sanctus* et l'*Agnus Dei* sont deux prières, l'une imposante, pompeuse, l'autre d'une expression pleine de suavité. Voilà déjà beaucoup de musique, et cependant les jours de grande fête on ajoute encore à la messe un morceau d'offertoire, un *O salutaris hostia* et un *Domine, salvum*. Cette espèce de messe reçoit le nom de *solennelle*.

La messe des morts n'offre pas moins de ressources au musicien; mais sa couleur est trop uniforme, les paroles en sont d'un caractère triste d'un bout à l'autre. Le *Requiem* de Jomelli, celui de Mozart, celui de Cherubini, sont admirables. Une belle messe des morts est le chef-d'œuvre du genre. Haydn, Mozart, Hummel, Jomelli, Paisiello, Cherubini, Lesueur, et une infinité d'autres maîtres, ont écrit un grand nombre de messes solennelles. Une messe est l'œuvre le plus important et le plus difficile de la composition, celui où le musicien est tenu de faire preuve d'imagination et de science. On remarquera sans doute que dans les messes anciennes le *Gloria* débute par ces mots : *et in terra pax*, et le *Credo* par ceux-ci : *Patrem omnipotentem*. Cela vient de ce qu'autrefois les chanteurs attendaient pour commencer que le prêtre eût dit : *Gloria in excelsis Deo*, et *Credo in unum Deum*, comme cela se pratique dans les messes en plain-chant, où le chœur répond au célébrant. Cet usage n'existe plus relativement à la musique, et le *Gloria*, le *Credo*, s'ouvrent maintenant par leur début ordinaire ; ce qui vaut beaucoup mieux pour l'effet.

CASTIL-BLAZE.

MESSÉNIE, contrée d'une grande fertilité et célèbre surtout dans l'antiquité par ses froments, était bornée au sud-ouest par le Péloponnèse, à l'est par la Laconie, au nord par l'Arcadie et l'Élide, au sud et à l'ouest par la mer Ionienne. Devenue indépendante peu de temps après l'émigration dorienne, elle eut ses souverains à elle, se couvrit de villes importantes, parmi lesquelles il faut mentionner surtout *Messène*, avec *Ithome*, sa citadelle, construite sur une montagne, *Méthos* et *Pylos*, et parvint en peu de temps à une extrême prospérité ainsi qu'à une grande puissance. Toutefois, elle eut de bonne heure de sanglants démêlés avec Sparte, par suite du rapt de quelques jeunes Spartiates, à ce que raconte la tradition, mais plus vraisemblablement à cause de difficultés survenues au sujet de la délimitation des frontières respectives. Dans la première de ces guerres, qui eut lieu de l'an 743 à l'an 724 avant J.-C., les Messéniens, secourus par les Arcadiens et les Sicyoniens, commandés par leur roi Aristodème, eurent le dessus. Mais quand celui-ci se fut tué sur le tombeau de sa fille, les Lacédémoniens recommencèrent la lutte, les battirent, et leur imposèrent un tribut. Aigris par la dure oppression que firent peser sur eux leurs vainqueurs, les habitants de la Messénie prirent les armes environ quarante ans après; et sous les ordres du jeune et héroïque Aristomène, de même que secondés par leurs anciens alliés, ils luttèrent avec l'énergie du désespoir contre les Spartiates, que commandait Tyrtée. Cependant, vaincus encore une fois, ils émigrèrent pour la plupart en Sicile, où ils s'emparèrent de la ville de Zancle, qui désormais porta le nom de *Messana* (aujourd'hui Messine), tandis que ceux qui n'abandonnèrent pas le sol natal y furent réduits au plus cruel esclavage. Aristomène, fugitif, se retira à Sardes, où il mourut. Après deux cents ans d'esclavage, les Messéniens mirent à profit avec les Ilotes la confusion générale que répandit dans Sparte un tremblement de terre arrivé l'an 465 av. J.-C., et firent une dernière tentative pour recouvrer leur liberté. Mais subjugués après une résistance héroïque, qui dura dix années, de l'an 465 à l'an 455 av. J.-C., ils furent expulsés du Péloponnèse et exilés à Naupacte et autres lieux. Des motifs politiques déterminèrent plus tard le général Épaminondas à les rappeler, et alors, en l'an 369 avant J.-C., ils reconstruisirent Messène. Ils conservèrent ensuite leur indépendance jusqu'à l'an 146 avant J.-C., époque où le Péloponnèse fut réuni à la Hellade pour former désormais une province romaine. Les luttes acharnées dont nous venons de parler, connues dans l'histoire sous le nom de *guerres de Messénie*, et dont les premières avaient fourni aux anciens le sujet de récits épiques, coûtèrent aux Spartiates d'incroyables efforts et d'énormes sacrifices, tant à cause de leur longue durée que par suite de la résistance désespérée que les habitants de la Messénie leur opposèrent.

MESSERGUINE ou **MISSERGUIN**, village des environs d'Oran, où les beys de cette province passaient une partie de l'été. Il est situé à 10 kilomètres au sud-ouest de la ville, sur le versant méridional d'une colline, au bord de la Sebkha. A droite de la route qui y conduit est le versant du mont Gomara, qui ne présente qu'un aspect aride et sauvage ; à gauche les pentes sont faibles et les terres cultivées. Dès que la route traverse un pays plus accidenté, la culture cesse, et l'on ne rencontre plus que quelques broussailles. Le vallon de Messerguine est arrosé par un ruisseau, qui prend sa source à treize kilomètres au nord-ouest. Ce ruisseau arrose de nombreux et fertiles jardins, plantés de beaux oliviers, de grenadiers et de cactus. Les Arabes qui cultivaient ce pays et le semaient en orge et en blé se retirèrent après l'occupation française. Néanmoins, la plaine qui s'étend en avant de Messerguine fournit d'assez bons fourrages. Les bords du ruisseau de Messerguine sont d'une fertilité remarquable ; ils sont plantés de citronniers et d'arbres fruitiers de toutes espèces ; les eaux, qui abondent aux environs de ce village, sont excellentes.

En 1833 une commission de membres des deux chambres étant arrivée à Oran, le général Desmichels, pour lui fournir l'occasion d'explorer le pays, résolut de pousser une reconnaissance sur Messerguine le 10 octobre. La colonne s'étant engagée ensuite le long du lac Sebkha pour revenir du côté de la plaine, fut assaillie par une troupe de trois à quatre mille Arabes, que commandait Abd-el-Kader, et qui commença la fusillade. Par une suite de dispositions exécutées avec calme et sang-froid, soutenues par une batterie de quatre pièces et de fréquentes charges de cavalerie, l'ennemi fut repoussé de toutes parts après un combat de cinq heures. Les Français avaient eu quatre morts et trente-deux blessés. Le lendemain le général recommença son expédition, mais l'ennemi ne se montra pas. Vers la fin de 1837 il fut établi à Messerguine une colonie militaire, dont le corps des spahis réguliers, composé en grande partie d'hommes mariés, a fourni les premiers éléments. Cet établissement, fondé auprès des ruines de l'ancienne maison de plaisance du bey, défendu par un fossé et quelques retranchements, peuplé exclusivement de cultivateurs combattants, devait servir à expérimenter la colonisation militaire.

L. LOUVET.

MESSIDOR (du latin *messis*, moisson). C'était le dixième mois du calendrier républicain.

MESSIE, de l'hébreu *messias*, répondant au mot grec Χριστός, signifie *l'oint du Seigneur*, et dans l'Ancien Testament désigne surtout le Sauveur envoyé par Dieu, que les Juifs attendaient, qui devait rendre à leur nation la puissance et la prospérité dont elle jouissait sous David et être un roi terrestre qui ferait de leur nation la dominatrice de l'univers et établirait en tous lieux le régime de la théocratie portée à sa dernière perfection. Ces idées sur le messie se développèrent surtout à partir de Salomon, car dans leurs allusions au messie les plus anciens documents bibliques ne se rapportent guère qu'à la venue d'une époque de félicité parfaite à laquelle le peuple élu par Dieu doit s'attendre. Cette attente se manifesta déjà parmi les abrahamites, et la conquête du pays de Chanaan sembla la réaliser; mais elle demeura inaccomplie par suite des guerres, souvent malheureuses, qui éclatèrent avec les peuples étrangers, et des divisions intestines de plus en plus grandes du peuple juif. Malgré cela, l'espoir de la venue du messie s'enracina de plus en plus dans le peuple ; et les idées qu'on s'en forma se formulèrent plus nettement après les règnes glorieux de David et de Salomon, et de sorte que précisément à l'époque calamiteuse de la division du royaume en Juda et en Israel, et ensuite lors de la destruction de ces États, non-seulement les Juifs conservèrent toujours vivace l'espoir d'une domination universelle ici-bas et de la jouissance d'une félicité sans bornes dans les cieux, mais encore qu'ils attendirent avec une ferme confiance que Dieu leur envoyât un rejeton de la race de David, comme messie et comme fondateur du bonheur de leur nation, chargé de rétablir la théocratie, dont la propagation se ferait dès lors en tous lieux. Ce rejeton devait être un *oint du Seigneur;* or comme David avait pris cette dénomination, les Juifs la donnèrent aussi au sauveur qu'ils attendent, et ils l'appelèrent en outre fils de David. Les écrits des prophètes sont remplis d'allusions au messie dont ils attendent la venue ayant peu et du vivant même de la génération dont ils font partie, qu'ils font naître à Bethléem, et qu'ils se représentent comme doué des attributs de la Divinité. A ces prophéties sur le messie se rattache toujours aussi l'idée qu'un précurseur, Élie, Jérémie ou Moïse, préparera le peuple à la venue du messie, laquelle devra être précédée, de même que la fondation de son royaume, d'une époque de grandes calamités et de dures souffrances, à l'effet de reconcilier le peuple avec Dieu (Isaïe, I, 25; Joël, 3; Daniel, 9; Zacharie, 13). On appelait ces douloureuses épreuves les douleurs du messie; et elles sont encore plus complétement décrites dans le IV° livre d'Esdras, ouvrage apocryphe. A ces *douleurs du messie* ou associa l'idée d'un Dieu souffrant, et l'on prétendit que du vivant de Jésus, et même déjà longtemps auparavant, c'était une opinion généralement répandue parmi les Juifs que le messie délivrerait le peuple du péché et le réconcilierait avec Dieu, en éprouvant lui-même des douleurs et des souffrances. Pour cela on s'appuyait sur la peinture que fait Isaïe (52, 53) « d'un serviteur de Dieu ». Il était dès lors facile d'arriver à l'idée de considérer l'état prophétique comme un sacrifice propitiatoire pour le bonheur du peuple. Mais ce qu'on la contredit, c'est que même dans les apocryphes, il ne se trouve rien qui lui puisse servir d'appui; sans compter que d'après les croyances populaires le messie devait vivre éternellement (S. Jean, 12, 34), que pour les Juifs un messie crucifié était un scandale (I Cor., 1, 23); que les disciples de Jésus ne comprenaient pas ces allusions à sa mort, et que dès lors ils hésitèrent eux-mêmes dans leur foi en lui comme messie. Ces croyances populaires furent précisément ce qui empêcha de reconnaître Jésus comme le messie. Dans le judaïsme postérieur, tel qu'il se formula dans le Talmud, les idées relatives au messie prirent un caractère des plus bizarres. On crut en effet qu'un autre messie, fils de Joseph ou d'Éphraïm, précéderait le véritable messie, fils de David, qu'il souffrirait et mourrait comme victime expiatoire. De siècle en siècle les Juifs attendirent le messie qu'ils s'imaginaient, et à diverses reprises il surgit parmi eux des fanatiques ou des imposteurs qui se firent passer pour lui; ainsi dès le deuxième siècle Bar-kokéba, puis au cinquième un certain Moïse, originaire de l'île de Candie, au sixième un certain Julian en Palestine. Au douzième siècle la Perse et l'Arabie eurent aussi plusieurs messies; et au siècle dernier encore le Juif Sabataï Lévi se fit passer à Alep pour messie. Aujourd'hui l'espoir de la venue du messie existe toujours parmi les Juifs sévèrement talmudiques.

Jésus, lors de son apparition, trouvant la foi en la venue du Christ généralement établie, se donna pour tel, non point dans le sens judaïque dont il vient d'être question, mais comme fondateur du royaume de Dieu, en s'appliquant les paroles des prophètes, en représentant leurs prédictions comme maintenant accomplies; et il manifesta effectivement par la divinité de sa mission sa qualité de messie. C'est ainsi que s'exprimèrent ses disciples en le proclamant le messie depuis longtemps attendu. Les seuls qui ne le reconnurent pas pour le messie furent une partie du peuple juif, qui ne trouvait pas réalisées en Jésus les idées sensuelles qu'elle s'était faites du messie, et les gnostiques, qui parlaient d'un messie physique et qui pensaient que Jésus ne s'était donné pour le messie qu'à l'effet de plus facilement propager sa doctrine parmi les Juifs. En présence de ces contradicteurs les docteurs de l'Église orthodoxe maintinrent d'autant plus fermement, et avec d'autant plus

d'ardeur, la doctrine que Jésus était le Christ prédit par les prophètes; et au troisième siècle elle était devenue la base de l'enseignement général de l'Église. En la défendant, les Pères de l'Église expliquèrent allégoriquement les passages de l'Ancien Testament où il est fait mention du messie comme d'un roi terrestre, ou bien ils les interprétèrent par le retour de Jésus, qui doit avoir lieu un jour dans toute sa gloire et sa magnificence. Ils ne s'engagèrent pas dans la détermination de l'idée des prédictions prophétiques; et cette idée, de même que la notion précise de ce qui constitue la divinité des prophéties, demeurèrent dans le vague jusqu'au dix-septième siècle. Les déistes anglais du dix-huitième siècle contestèrent positivement les prédictions de la Bible relatives à Jésus comme messie, et ces prédictions n'en rencontrèrent alors que des défenseurs plus nombreux et plus ardents. Quelques protestants en sont arrivés de nos jours à penser qu'il se trouve en effet dans l'Ancien Testament beaucoup de passages ayant trait à l'époque et à la personne du messie, mais n'ayant pas le caractère des prophéties proprement dites, et ne pouvant pas réellement s'appliquer à la personne de Jésus; dès lors ils n'y veulent voir que les moyens de préparer et de faciliter la foi en la mission divine de Jésus. Mais les protestants sévères sont d'accord avec l'Église catholique pour appliquer de tous points à la personne de Jésus comme messie les prophéties et les prédictions de l'Ancien Testament.

MESSIER, garde préposé à la sûreté des récoltes. Ce mot est encore en usage dans les pays de vignobles et de labour. On disait *messilier* dans l'ancienne Champagne. On lit dans la coutume de Troyes : « Un sergent messilier est cru de sa parole jusque à cinq sous tournois. » D'après l'étymologie du mot, il ne s'appliquait dans l'origine qu'aux gardes des moissons (*messis*). Il fut depuis étendu, par analogie, aux gardes des vignes, et cette acception s'est maintenue plus longtemps que l'autre; mais depuis l'établissement des *gardes champêtres* dans toutes les communes rurales, l'expression légale a effacé l'expression traditionnelle. Les messiers en Bourgogne n'étaient armés que d'une petite hallebarde légère et fort courte ; c'était moins une arme que l'insigne officiel de leurs utiles et modestes fonctions.
DUFEY (de l'Yonne).

MESSIER (Pierre Le). *Voyez* BELLEROSE.

MESSIER (Charles), astronome, naquit le 26 juin 1730, à Badonviller, en Lorraine. Longtemps il occupa une infime position, celle de commis au dépôt des cartes de la marine; cependant, il parvint à se faire une réputation européenne par ses nombreuses observations de comètes. Il fut nommé membre de l'Académie des Sciences en 1770. En 1795, lors de la réorganisation de cette Académie, Messier y rentra, et fut appelé à faire partie du Bureau des longitudes. Il mourut à Paris, en 1817. Lalande a donné son nom à une constellation située entre Cassiopée, Céphée et la Girafe.

MESSINE, très-ancienne ville de Sicile, la seconde de cette île pour ce qui est de la population, et la plus importante pour ce qui est du commerce, chef-lieu de la province du même nom, qui contient 350,000 habitants sur 44 myriamètres carrés, siège d'un archevêché, d'une cour d'appel et d'un tribunal de commerce, est située d'une manière ravissante, sur le détroit de Messine ou *Faro di Messina* (le *Fretum Siculum* des anciens), et est entourée d'une ceinture de rochers aux formes les plus abruptes. Son excellent port, formé par une langue de terre s'avançant dans la mer en forme de faucille, pourrait contenir 1,000 navires; il est pourvu de deux phares, et défendu par une citadelle ainsi que par ses forts. Le *Corso* la divise en ville de mer et ville de montagne; la rue *Marina*, longue d'environ 7 kilomètres, longe tout le rivage. On y voit plusieurs belles places, et les rues en sont pavées en lave. Les églises y sont nombreuses, et la plus remarquable est l'antique cathédrale. Quelques-unes aussi sont consacrées au culte grec. Parmi les palais, on distingue surtout celui du sénat et celui de l'*Udienza*. Messine possède aussi plusieurs riches bibliothèques, et un vaste hôpital appelé *Loggia*. Du couvent de San-Gregorio on jouit du plus beau point de vue qu'il soit possible d'imaginer, sur le détroit et sur la côte de Calabre. Le chiffre de la population est évalué aujourd'hui à 80,000 âmes. Le commerce est sensiblement déchu de ce qu'il était autrefois. Il s'y tient tous les ans une foire au mois d'août. L'industrie, notamment celle de la fabrication des étoffes de soie, y est toujours fort importante. L'exportation consiste surtout en soieries, olives, fruits secs et coraux.

Messine s'appelait autrefois *Zancle* (mot grec signifiant *faucille*). C'était à l'origine une cité des Sicules ; mais plus tard elle devint une ville grecque, conquise qu'elle fut alors par un certain Anaxilos de Rhegium, Messénien de naissance, et qui la peupla de Messéniens émigrés à la suite de la seconde guerre de Messénie (668 avant. J.-C.). Dès lors elle prit rang sous le nom de *Messine* parmi les villes doriennes. Elle devint une importante place de commerce ; mais les Carthaginois s'en rendirent maîtres, en l'an 396 avant. J.-C., et la détruisirent. Denys de Syracuse la reconstruisit. Lui et son fils en demeurèrent les souverains ; plus tard elle passa sous les lois d'Agathoclès, puis, en l'an 282, sous celles des Mamertins, bandes de mercenaires qu'il avait eues jusque alors à sa solde. Les Romains s'en emparèrent lors de la seconde guerre punique, qui y éclata en l'an 264. Au moyen âge elle tomba, en 1060, au pouvoir des Sarrasins, puis des Normands, des Hohenstaufen, de Charles d'Anjou en 1266, en 1282 de Pierre d'Aragon à la suite des Vêpres siciliennes. Au quinzième siècle, c'était un foyer célèbre des sciences et des lettres ; aussi le savant Constantin Lascaris vint-il s'y fixer, et en mourant il lui légua sa riche bibliothèque. Au seizième siècle Polidoro da Caravaggio, élève de Raphaël, y fonda une florissante école de peinture. La cathédrale et quelques-unes des églises de Messine possèdent de belles toiles de ce maître. En 1673 des factions intérieures déterminèrent cette ville à se placer sous la protection de Louis XIV ; et c'est dans l'expédition entreprise pour en déloger les Français, que Ruyter mourut glorieusement, à la bataille de Messine. Charles II d'Espagne châtia cette ville de sa défection en la dépouillant de tous ses priviléges ; et de cette époque date la décadence toujours croissante de Messine. En 1743 une effroyable peste la ravagea ; et le tremblement de terre de 1783 en détruisit une bonne moitié. En 1823 une inondation y causa d'affreuses dévastations. Dans ces derniers temps Messine a eu beaucoup à souffrir des luttes révolutionnaires. Dès le 1er et le 2 septembre 1847 une sanglante collision éclatait dans les rues entre le peuple et la force armée. L'année 1848 fut témoin de nouvelles insurrections et de luttes non moins sanglantes et acharnées, et à cette époque la ville fut à diverses reprises bombardée par la garnison napolitaine, réfugiée dans le fort de *Terra-Nuova*, par exemple du 29 janvier au 20 février, et du 26 février au 10 mars. Au mois d'octobre suivant, Messine fut de nouveau occupée par des troupes napolitaines ; et le 28 mars 1848 elle fut encore une fois mise en état de siége, parce qu'il s'y était manifesté de nouveau des symptômes révolutionnaires. Le parlement sicilien, par une loi rendue le 12 avril 1848, avait déclaré Messine port franc. Cette loi fut abolie par le roi Ferdinand en décembre suivant ; mais au mois de mars 1852 Messine a été de nouveau érigée en port franc.

MESSINE (Racines, Fils ou Poils de). *Voyez* CHENILLE.

MESSIRE (du latin *meus* et *senior*). Dans l'usage traditionnel, ce mot devant le nom d'une seigneurie ne s'appliquait qu'aux nobles : *messire* de Joinville, *messire* d'Harcourt ; devant un nom de baptême seulement il s'appliquait aux plébéiens : *messire* Pierre, *messire* Antoine. Plus tard, il fut substitué pour les magistrats au titre de *maître*, qui était commun à tous les gradués. L'étymologie de *messire* est la même que celle de *sire*, avec la seule addition du pronom personnel. DUFFY (de l'Yonne).

MESSIS ou **METSYS** (QUINTIN), dit *le Maréchal ferrant d'Anvers*, l'un des plus grands peintres de l'école flamande, né à Anvers, vers 1450, y exerça jusqu'à l'âge de vingt ans le métier de forgeron, et confectionna, à ce qu'on croit, l'élégante décoration en fer surmontant le puits placé en face de la cathédrale de cette ville. Ce fut d'abord le besoin qui lui inspira le goût des arts du dessin ; car pendant une maladie il lui fallut, afin de se faire une ressource, confectionner quelques gravures sur bois pour enfants ; ensuite, l'amour qu'il conçut pour une jeune fille, qui ne voulait avoir qu'un peintre pour mari, lui fit une nécessité de poursuivre l'étude de l'art. L'inscription placée au bas de son portrait dans le bas-relief qui orne la façade de la cathédrale : *Connubialis amor de mulciebre fecit Apellem*, y fait allusion. Il se peut qu'il ait appris la peinture sans maître ; ce qu'il y a de certain, c'est que sa manière est complétement indépendante de celle de ses devanciers. Non-seulement il est le premier, parmi les artistes du Nord, qui ait osé traiter, dans ses plus petits détails, la forme humaine en grandeur naturelle, mais encore le premier qui ait exposé toute l'échelle des passions dans l'expression spirituelle de l'individu et de l'actualité. Son coloris n'est pas brillant, quoique pénétré d'une douce lumière ; et il y a dans toute sa manière quelque chose de libre et de rude. Ce qui fait son mérite, c'est ce qu'il y a de saisissant et souvent même de puissant dans ses caractères. Son œuvre la plus importante est celle où il a représenté l'*Ensevelissement du Christ*, avec ses deux pendants (le *Martyre de saint Jean l'Évangéliste* et *Hérodiade tenant la tête de saint Jean-Baptiste*), qui orne aujourd'hui le musée d'Anvers. La *Vie de sainte Anne*, qu'on voit dans la cathédrale de Louvain, est aussi une toile de premier ordre. Les tableaux de genre de grandeur naturelle, que Messis n'exécuta, suivant toute apparence, que pour s'amuser, ont le plus souvent pour sujet deux usuriers, un changeur avec sa femme, et autres personnages de ce genre. Le meilleur exemplaire des deux usuriers est celui que possède la galerie de Windsor. Les toiles authentiques de Messis sont d'une extrême rareté. Il mourut dans sa ville natale, en 1529. Son fils, Jean MESSIS, fut un imitateur sans talent de son style.

MESTRE DE CAMP. Ce grade, créé en 1546 ou 1568, et particulier à la cavalerie dans notre ancienne organisation militaire, correspondait à celui de colonel, qui depuis longtemps prévalait dans l'usage et était commun aux deux armes. Une ordonnance royale de 1788 le supprima officiellement, pour ne plus laisser subsister que celui de colonel.

MESURADO (Cap), dans la Guinée Supérieure, sur la côte des Graines, par 6° 20' lat. N., 13° long. O. Il a donné son nom à la colonie plus connue sous celui de *Liberia*.

MESURE (du latin *mensura*). C'est en général ce qui sert de règle pour déterminer la durée du temps, ou l'étendue de l'espace, ou la quantité de la matière. Dans un sens beaucoup plus restreint, il signifie la quantité que peut contenir le vaisseau qui sert de *mesure*, pour vendre en détail certaines denrées : une *mesure* de sel, de blé, d'avoine.

En géométrie, en arithmétique, il se dit d'une certaine quantité qu'on choisit pour unité, et on exprime les rapports comme d'autres quantités homogènes : 20 et 40 ont des *mesures* communes, qui sont 5, 4, 2, etc.

MESURE (*Musique*), division de la durée en plusieurs parties égales qu'on appelle *temps*, et que l'on marque par des mouvements du pied et de la main. Il n'y a à proprement parler que deux sortes de *mesures*, celle à quatre temps, qui se reproduit souvent à deux temps, et celle à trois temps ; les autres n'en sont que des subdivisions ou des modifications. On comptait autrefois un grand nombre de ces subdivisions, mais plusieurs en ont été retranchées, et avec raison, puisqu'elles sont tout à fait inutiles. Les mesures se séparent par des lignes verticales qu'on nomme *barres*, et s'indiquent par des chiffres et par la lettre C. La lettre sert d'unité comparative à laquelle se rapportent toutes les divisions ; le chiffre supérieur désigne le nombre de notes que doit contenir chaque mesure, ou leur équivalent ;

le chiffre inférieur indique le nombre de notes, d'égale valeur, formant ensemble la durée d'une ronde ou d'une mesure à quatre temps. Ainsi, l'indication $\frac{2}{4}$ signifie que la mesure sera remplie par deux noires ou quarts de ronde, et celle $\frac{6}{8}$ qu'elle le sera par six croches ou huitièmes de ronde. Voici les mesures généralement usitées aujourd'hui, avec l'indication de la valeur de chacune : à quatre temps, C = 1 ronde, $\frac{1}{2}$ ou $\frac{2}{2}$ = 2 blanches pointées; à deux temps, $\frac{2}{4}$ = 2 noires, $\frac{6}{8}$ = 2 noires pointées; à trois temps, $\frac{3}{2}$ = 3 blanches, $\frac{3}{4}$ = 3 noires pointées, $\frac{3}{4}$ ou $\frac{3}{8}$ = 3 noires, $\frac{9}{8}$ = 3 croches. On peut encore admettre une mesure à cinq temps, composée alternativement d'une à trois et d'une à deux temps. Cette mesure, quoique difficile à suivre, peut être néanmoins favorable à l'invention de chants neufs et originaux. Les temps de la mesure sont divisés en *forts* et en *faibles*; les forts sont *frappés* et les faibles *levés*. Les mesures à quatre temps se battent de droite à gauche, et celles à trois temps de gauche à droite. Ch. Bechem.

MESURE (*Métrique*). En poésie, on donne le nom de *mesure* à l'arrangement des pieds ou des syllabes propres à chaque espèce de vers. Les vers hexamètres, pentamètres, ïambiques, saphiques, etc., sont des différentes mesures. La *mesure* de l'alexandrin français est de douze syllabes, dont la sixième et la septième sont divisées par un repos nommé *césure*.

MESURES (*Métrologie*). La question des mesures anciennes, vivement agitée depuis deux siècles, a fait un pas décisif par la découverte des coudées égyptiennes, rencontrées naguère dans les antiques tombeaux de ce pays. Mais loin de se réjouir de cette heureuse circonstance, qui mettait fin à leurs discussions, les métrologues l'ont assez mal accueillie, par la raison toute simple qu'elle dérangeait leurs idées sur les mesures d'Athènes et de Rome. Ces mesures sont évidemment calquées sur celles des Égyptiens, qui étaient également celles des Phéniciens et des autres peuples de l'Asie.

Le caractère d'un système primitif est la simplicité des rapports qui existent entre ses diverses parties; car ce système n'étant point contrarié par l'existence de mesures antérieures, rien n'empêche qu'il ne s'établisse dans toute sa perfection. Au contraire, un système postérieur est moins simple, moins rationnel, puisqu'il doit ménager des habitudes déjà prises; et comme exemple très-remarquable, nous citerons l'établissement du système métrique, destiné à mettre fin à l'anarchie de nos mesures. Malgré toute l'indépendance des savants qui furent chargés d'en poser les bases, nonobstant l'entraînement qui poussait nos pères vers toutes les idées de réforme, le système métrique peut être considéré comme *issu* du système adopté par Charlemagne; car on s'est décidé pour le mètre, comme représentant la moitié d'une toise; pour le litre, comme égalant la pinte; pour le kilogramme, comme formant le double de la livre; pour le franc, comme différant à peine de la livre tournois; en sorte que, changeant incessamment d'unité de longueur, on part du décimètre pour former le litre, du centimètre pour former le gramme, du décamètre pour former l'are; et finalement on viole le système décimal lui-même en prenant 5 grammes, et non pas 1, ou 10 ou 100, pour créer l'unité monétaire.

Le système primitif suivi par les Égyptiens, les Phéniciens, les Carthaginois et la plupart des peuples habitant les bords de la Méditerranée était on ne peut plus simple. Le pied naturel, du talon à l'extrémité du gros orteil, étant pris pour unité des mesures de longueur, le cube de ce pied donnait l'unité de volume, désignée par les Hébreux sous les noms de *bath* ou d'*épha*, suivant qu'il servait à mesurer les liquides ou les grains; le poids de l'eau contenue dans ce volume, l'unité des poids, ou le *talent*; une masse d'argent égale, le *talent d'argent*. Quant aux mesures agraires, elles faisaient connaître non la superficie, mais la valeur réelle du terrain, par la quantité de semence qu'il pouvait recevoir. Le pied valait effectivement 262 millimè-

tres; le bath ou épha, 18 litres; le talent, 18 kilogrammes; le talent d'argent, 3,800 francs. L'épha se divisait en 72 *logs* ou verres. Le talent se divisait en 50 mines; la mine, en 60 sicles; le sicle, en 2 drachmes et en 20 oboles.

Le palme étant formé des quatre doigts de la main, le pouce excepté, il est facile de s'assurer que l'empan, ou l'intervalle entre les extrémités du pouce et du petit doigt, quand la main est ouverte le plus possible, vaut 12 doigts; que la coudée vaut 2 empans; et la brasse, 4 coudées. Malheureusement, le pied représente 14 doigts, et ne peut s'intercaler dans la série des nombres précédents, qui sont des multiples exacts les uns des autres; alors, on forma une coudée artificielle de 2 pieds, qui fut ainsi de 4 doigts plus longue que l'autre : la première reçut la dénomination de *coudée royale* ou *sacrée*, pour la distinguer de la seconde, connue sous le nom de *coudée naturelle* ou *des ouvriers*.

Les Grecs n'adoptèrent point cette coudée artificielle; mais, en revanche, ils augmentèrent le pied de 2 doigts, le portant ainsi à 16 doigts, ou 4 palmes, qui sont les 2/3 de la coudée naturelle. A ce compte, le pied grec valait juste 3 décimètres. Alors la brasse fut de 6 pieds, et 100 brasses formèrent le *stade* ou l'unité des mesures itinéraires. Le cube du pied grec fut donc de 27 litres; il renfermait 100 verres ou cotyles, dont 72 redonnaient à peu près l'épha, nommé *amphore* par les Grecs. Cette amphore était de 19 litres 1/2, ce qui donnait 19 kilogrammes 1/2 pour le poids du talent.

Il est à remarquer que les peuples de l'Asie et de l'Afrique divisaient le talent en 50 mines. Les Grecs et leurs colonies, on ne sait pourquoi, divisèrent ce talent en 60 mines, chacune de 100 drachmes, ce qui faisait encore 6,000 drachmes au talent. La mine grecque valut donc 324 grammes. Plus tard, vers l'époque de Solon, on divisa le talent à 100 mines, ou plutôt on prit le poids total du pied cube d'eau pour un grand talent (de 27 kilogrammes), que l'on divisa en 60 grandes mines, de 100 grandes drachmes chacune. Ce système attique est à peu près le seul dont les métrologues modernes se soient occupés. Mais dans les auteurs anciens, tant Grecs que Romains, on voit souvent citer le système *euboïque* des poids et des monnaies, qui, n'ayant pas été bien défini par les historiens, était demeuré un vrai mystère pour nous. Comme il s'applique aux peuples de l'Asie et aux Carthaginois, il n'y a pas de doute que l'on ne désignât ainsi le système primitif, presque universellement connu, mais qui, par son origine, se perdait dans la nuit des temps. Le talent euboïque était donc celui de Moïse, et valait 18 kilogrammes. Divisé en 50 mines, d'après le système asiatique, on a 360 grammes pour la mine euboïque, ou seulement 300 grammes si l'on fait la division par 60, suivant l'usage des Grecs. Les Tyriens et les Carthaginois divisaient la mine de 360 grammes en 100 drachmes, pesant 3,6 grammes chacune. Mais dans tout l'Orient cette mine était partagée en 60 sicles et en 120 drachmes, pesant 3 grammes seulement. Quant à la mine de 300 grammes, elle donnait immédiatement la drachme ou la demisicle de 3 grammes, par sa division en 100 parties.

La conquête de l'empire des Perses par Alexandre donna lieu à une complication dans le système des poids et mesures, adopté alors en Asie et en Égypte. Il fallut concilier les usages grecs avec les habitudes des peuples vaincus; de là résulta un système bâtard, nommé *philétérien*, qui caractérise l'époque des Ptolémées et des Séleucides. Voici de quelle manière cette fusion s'est probablement opérée. Le pied olympique, admis généralement par les Grecs, étant de 308,6 millimètres (c'est-à-dire de 8 millimètres 1/2 plus long que l'ancien pied, conservé dans les colonies grecques de l'Italie), on forma une coudée de 28 doigts olympiques, pour tenir lieu de la coudée royale de 28 doigts égyptiens. Cette nouvelle coudée royale fut donc de 540 millimètres; et les 2/3, ou 366 millimètres, formèrent le pied philétérien, qui est de la rapport de 6 à 5 avec le pied italique de 8 décimètres, comme Héron nous l'apprend. Le cube du pied philétérien, de 46 litres 2/3, fut le grand *arta-bath*; les

3/4 de cette mesure furent le petit *arta-bath*, de 35 litres, à très-peu près double de l'ancien bath. Ainsi, par cette circonstance assez singulière, toutes les antiques mesures de capacité, et par suite tous les poids, furent doublés : ces nouvelles mesures étaient les *mesures profanes* des Juifs, pour les distinguer des anciennes, qui étaient les *mesures sacrées*. Le grand talent d'Alexandrie, égal au poids de l'eau du grand arta-bath, fut aussi divisé en 100 mines, dites *ptolémaïques*, chacune de 466 grammes, à peu près égales à la grande mine attique de 450 grammes.

A l'arrivée des Romains en Asie, nouvelles modifications dans le système ; il fallut que la drachme devînt égale, ou à très-peu près, au denier de la république, qui valait 3,857 grammes. On y parvint par la division du grand talent d'Alexandrie en 125 livres (de 373 grammes), chacune de 12 onces, l'once étant de 2 sicles et le sicle de 4 drachmes; la drachme pesa en effet 3,888 grammes. C'est cette monnaie qui avait cours en Judée au temps de Jésus-Christ.

A l'époque de Mahomet, les habitants de La Mecque se servaient et ils se servent encore de mesures primitives. Après la conquête de l'Asie et de l'Afrique, ils firent peu de changements aux systèmes des poids et mesures adoptés par leurs prédécesseurs. La seule remarque à faire, c'est que leur pied de 16 doigts, étant de 320 millimètres, la coudée philétérienne, nommée par eux *coudée noire*, était juste de 27 doigts arabes.

Si nous portons nos regards vers l'Occident, nous y voyons les Romains adoptant les mesures grecques apportées avant eux en Italie. Le pied romain est l'ancien pied grec, de 16 doigts égyptiens, légèrement affaibli : 5 pieds forment un double pas et 1,000 doubles pas composent une mesure itinéraire. Le cube du pied, ou *quadrantal*, correspond au μετρητής grec, bien qu'un peu plus petit. L'amphore en est les 3/4, l'urne la moitié, et le conge le 1/8, ou le cube du demi-pied. Quant à la livre, c'est l'ancienne mine grecque de 324 grammes. Mais ce qu'il y a de très-remarquable dans le système romain, c'est sa classification méthodique, la première de ce genre que l'histoire nous offre. Elle consiste en ce que toute unité de mesure est un *as*, qui se divise en 12 *onces*, chacune de 24 *scrupules*, en sorte que l'as est de 288 scrupules. Ainsi, pour les longueurs, l'as est le pied, divisé en 12 pouces ; pour les surfaces, l'as est le jugère, divisé en 288 perches carrées de 10 pieds ; pour les volumes, l'as est le conge, divisé en 12 hémines et en 288 ligules ; pour les poids, l'as est la livre, divisée en 12 onces et en 288 scrupules ; enfin, pour la monnaie, l'as était primitivement une livre de cuivre, qui se subdivisait en onces et scrupules de cuivre.

Voilà les modifications principales qu'avait subies le plus ancien système de poids et mesures jusqu'au temps des Romains. Dans l'ignorance où l'on était de ce système primitif et du système philétérien, on ne comprenait rien aux anciennes mesures des peuples de l'Asie, ni à celles des peuples modernes. La connaissance que l'on avait des mesures d'Athènes et de Rome n'allait pas jusqu'à démêler leur origine ; et après la chute de ces deux villes, un voile impénétrable couvrait toute la période du moyen âge, et séparait complétement les métrologies ancienne et moderne. De là est venue la croyance que toutes ces mesures du moyen âge étaient des créations de la féodalité. Vraie pour beaucoup de lieux, cette opinion est erronée dans la plupart des cas ; en général, les systèmes actuels sont les anciens systèmes, usés, si l'on peut s'exprimer ainsi, par le temps et par leur transport d'un pays à un autre.

Cette usure du temps a porté principalement sur les mesures de longueur et de capacité. Quant aux poids, leur conservation est, pour ainsi dire, miraculeuse. Ainsi, le demi-sicle ou la drachme, dont les Égyptiens, les Chaldéens et les Arabes se servaient dans les temps les plus reculés, s'est religieusement conservé en Orient, et toute puissance au monde ne serait peut-être capable d'en bannir l'usage. Les poids du système philétérien sont encore ceux d'une grande partie de l'Europe, de l'Asie et de l'Afrique ; et on les retrouve en beaucoup de lieux avec toute l'exactitude que leur assigne la théorie.

Ainsi, le système de Charlemagne était un mélange de divers systèmes préexistants ; son pied était celui des Arabes, son arpent l'actus des Romains, sa pinte le cabe des Hébreux, qui devint la chénice des Grecs ; sa livre de 12 onces, la livre des Arabes, la mine asiatique, la cinquantième partie du talent de Moïse. La soixantième partie du même talent était la livre-poids de table de 12 onces, apportée dans les Gaules par les Phocéens, fondateurs de Marseille.

En Angleterre, la livre troy est de 373 grammes, précisément égale à la livre établie en Asie par les Romains, laquelle résultait du grand talent d'Alexandrie, divisé en 125 livres. La livre *avoir du poids* diffère à peine de la grande mine attique. On retrouve en Espagne à peu près toutes les mesures des différents peuples qui l'ont visitée, conservées avec une étonnante précision. On fait encore usage en Suède de diverses livres venant de Tyr, d'Athènes, d'Alexandrie et de Rome. En Russie, l'arschine est exactement la grande coudée de deux pieds philétériens. Mais on n'en finirait pas si l'on voulait indiquer l'origine des mesures encore en usage dans les diverses contrées de l'Europe, origine prouvée non-seulement par l'égalité des valeurs, mais encore par les subdivisions et la correspondance de toutes les parties du système.

Les antiques mesures n'ont pas été propagées en Europe seulement, mais encore dans les Indes et jusqu'en Chine. Ainsi, le pied chinois est celui des Arabes, mieux conservé que celui de Charlemagne ; ainsi, la livre de 10 onces chinoises est identiquement la même que la livre troy des Anglais, anciennement établie en Asie par les Romains. Le Céleste Empire ne possède aucune mesure qui puisse remonter plus haut que l'ère des Séleucides et des Ptolémées ; elles y auront été importées vers l'époque où l'Égypte et la Syrie passèrent sous la domination romaine, puisqu'elles offrent les modifications faites alors par le peuple conquérant.

Lorsqu'on suit avec soin la propagation des divers systèmes de mesures, on voit que celles-ci prennent fortement racine dans les contrées où il n'en existait pas encore. Une fois admis, le système est pour ainsi dire impérissable, plus difficile à changer que le langage ou les mœurs d'une nation. Ainsi, toute la puissance des Romains, toute la force d'une centralisation sans exemple, n'a jamais pu établir l'uniformité des poids et mesures dans ce vaste empire. A la suite de toute réforme de ce genre, un système s'ajoute aux précédents, mais il ne les efface point. Le système métrique lui-même usera ses forces contre les mesures de Charlemagne, qui n'a pu supprimer en France les mesures des Romains, qui à leur tour n'ont pu extirper celles des Phocéens.

Nous examinerons dans un article spécial le système métrique et les réformes que son apparition a causées dans les mesures des autres peuples (*voyez* Mètre). Saigey.

MESURES (Fausses). *Voyez* Faux Poids, Fausses Mesures.

MESURES (Vérification des Poids et). *Voyez* Poids et Mesures.

MESZAROS (Lazare), général et ministre de la guerre à l'époque de la révolution de Hongrie, est né le 20 février 1796, à Boja, en Hongrie, d'une vieille noble et ancienne. Orphelin de bonne heure, il avait été destiné à l'étude de la jurisprudence, quand les événements de 1813 l'appelèrent sous les drapeaux. Après avoir fait les campagnes de 1814 et de 1815 comme lieutenant dans les volontaires hongrois, il fut promu lieutenant en premier à la paix. Sans protection, il ne dut son avancement qu'à son propre mérite, et en 1844 il était colonel du cinquième régiment de hussards, et se trouva alors en rapports directs avec le feld-maréchal comte Radetzky, qui professait pour lui une estime toute particulière. Lorsque le comte L. Batthyany, à la suite des événements de mars 1848, fut appelé à composer un ministère hongrois, il confia le portefeuille de la guerre à Meszaros, à ce moment employé à l'armée d'Italie. Celui-ci, autant par le sentiment du devoir que par modestie, refusa d'abandonner son poste ; et ce ne fut qu'après avoir reçu une lettre autographe de l'empereur, datée du 7 mai, qu'il se décida à accepter des fonctions qu'il ne se croyait pas capable de remplir. Il arriva en Hongrie à la fin de mai, et lutta longtemps entre ses sentiments, tout autrichiens, et les devoirs que lui créait sa nouvelle position. C'est ainsi qu'il s'opposa à la réorganisation de l'armée hongroise et à sa transformation en une armée distincte de l'armée autrichienne. Mais une fois la guerre engagée entre la Hongrie et l'Autriche, il embrassa la cause nationale de la manière la plus énergique, et il procéda dès lors à l'organisation de l'armée hongroise avec autant d'habileté que de promptitude. Il fut moins heureux comme général ; et en janvier 1849, lorsqu'il marcha au nord à la rencontre de Schlick, il éprouva un grave échec par suite duquel il céda le commandement à Klapka. Il accompagna ensuite le gouvernement national à Debreczin, où il remplit pendant quelques mois avec succès les fonctions de ministre de la guerre. Lors de la déclaration d'indépendance (14 avril 1849), il donna volontairement sa démission, fut nommé feld-maréchal lieutenant, et vint représenter sa ville natale, Baja, à l'assemblée nationale. Quand, au commencement de juillet, on ôta à Gœrgei le commandement en chef, ce fut à Meszaros qu'on le confia ; mais par suite des divisions intestines auxquelles était en proie le gouvernement national, il ne put pas le conserver. Chargé comme général du commandement en chef de l'armée de la Theiss avec Dembinski, il suivit le gouvernement dans sa retraite à Temesvar. Après la capitulation de Vilagos, il se réfugia en Turquie avec Dembinski, et y partagea le sort de toute l'émigration hongroise. L'internement dont il avait été frappé ayant été levé en 1851, il fut pendu bientôt après en effigie par ordre du gouvernement autrichien ; mais il réussit à gagner l'Angleterre, puis la France. Après le coup d'État du 2 décembre, il se retira à Jersey, et en 1853 il quitta cette île pour aller se fixer aux États-Unis. Meszaros n'est pas seulement un bon et brave militaire, parfaitement au fait de tout ce qui se rapporte à son métier, c'est encore un homme très-lettré. Son éloquence prime-sautière l'avait rendu très-populaire à l'assemblée nationale ; mais il n'était pas fait pour commander en chef.

MÉTABASE (du grec μετάβασις, action de passer outre), figure de rhétorique, dont le nom, dérivé du grec, veut dire en propre *omission*. Elle désigne un artifice de langage revenant au sujet dont il est question, après s'en être inopinément écarté, ou la transition brusque à une personne ou à une chose dont il s'agit dans le discours et qu'on apostrophe comme si elles étaient présentes. Par exemple lorsque, ayant à peindre les souffrances d'un malheureux, on apostrophe la destinée en lui demandant compte des maux qu'on décrit. Dans le langage philosophique, c'est une digression ou introduction inopportune d'idées contraires ou étrangères à l'objet en discussion.

MÉTABOLE (du grec μεταβάλλω, lancer au delà). En termes de grammaire, on désigne par ce mot, qui veut dire au propre *changement*, la transposition de lettres qui a lieu dans quelques mots pour les besoins de l'euphonie, et quelquefois à cause des exigences de la mesure dans les vers. En termes de rhétorique, c'est une figure consistant à répéter sous des termes différents une même chose, une même idée, ou encore le rapprochement d'antithèses présentées en ordre inverse.

MÉTACARPE (du grec μετά, après, et καρπός, le carpe ou poignet), partie de la main située entre le carpe et les doigts. Sa partie interne est nommée la *paume* de la main, et l'externe le *dos*.

MÉTACHRONISME (du grec μετά, après, et χρονός, temps), espèce d'*anachronisme* consistant à donner à un fait une date postérieure à celle où il s'est réellement passé.

MÉTAGALLIQUE (Acide). *Voyez* GALLIQUE (Acide).

MÉTAIRIE, MÉTAYAGE, MÉTAYER. On appelle *métairies* les exploitations agricoles tenues à moitié fruits par des *métayers* ou *colons partiaires*. Le contrat de *métayage* est celui par lequel le cultivateur, tenant du propriétaire la terre, les instruments et les bestiaux, apportant pour sa part son industrie et ses labeurs, s'engage à donner à celui-ci la moitié en nature du produit de la culture, les semences prélevées. Le métayage paraît avoir pris naissance dans le moyen âge et marqué le moment où, sous l'influence civilisatrice du christianisme, le serf, héritier de l'esclave, connut le bienfait d'une liberté plus grande ; il est encore pratiqué selon des conditions qui varient pour les détails du contrat suivant les provinces. Le métayage retarde aussi bien les progrès de l'agriculture que l'émancipation des paysans qui cultivent sous sa loi ; car le propriétaire et le colon ont, tous deux, intérêt à faire chacun le moins d'améliorations possible. Le métayage, qui met le cultivateur à l'abri d'une détresse absolue, lui enlève en même temps à peu près toute chance de s'enrichir et de sortir, par son industrie, de la misérable existence dans laquelle il végète ; en même temps qu'il astreint le propriétaire à suivre aveuglément les routines de l'associé ignorant et entêté qu'il lui donne. Ce contrat perpétue dans le peuple la barbarie, le préjugé et les mauvaises méthodes, étouffe l'ambition et garrotte la personnalité. Aussi croyons-nous le métayage destiné à disparaître par des causes plus rapides et différentes de celles qui, un peu plus tôt un peu plus tard, amèneront sans doute aussi la disparition du fermage. Dans les pays de métayage, le propriétaire devient insensiblement cultivateur, parce qu'il sent chaque jour la nécessité de prendre lui-même la direction de la culture et de placer le métayer au rang de simple salarié. Charles LEMONNIER.

MÉTAL. On donne le nom de *métaux* à des *corps simples*, qui à leur état de pureté jouissent d'un éclat qui leur est propre. Ils sont doués d'une pesanteur considérable, presque complètement opaques et bons conducteurs de la chaleur et de l'électricité. Cette dernière propriété a été mise à profit pour la construction des paratonnerres et des télégraphes électriques.

Déjà, depuis bien des années, on comptait vingt-sept métaux. Les travaux de la chimie moderne nous conduisent à en admettre de nouveaux sur cette liste, parce qu'on donne aujourd'hui le nom de *métal* au radical des terres et des alcalis, c'est-à-dire à ces substances privées d'oxygène. Nous devons donc ajouter aux métaux le barium, le potassium, le sodium, le calcium, le strontium, l'aluminium, le silicium, etc. On ne sait vraiment où s'arrêtera la nomenclature des métaux, que nous avons donnée t. VI, p. 544, telle que l'ont faite les derniers progrès de la science.

A l'exception du mercure, qui ne se solidifie qu'à 40 degrés centigrades au-dessous de la glace, à l'état métallique et à la température ordinaire tous les métaux sont solides. Un peu plus de la moitié sont doués de ductilité et de malléabilité ; les autres sont cassants. Cependant, les métaux non cassants, employés seuls dans les constructions, offrent souvent des exemples de rupture dont les causes sont encore peu connues. M. Braithwaite a été conduit à regarder presque tous les faits de ce genre comme provenant d'une détérioration progressive qu'il a cru devoir désigner par l'expression de *fatigue*. Ce sujet mérite que nous lui consacrions quelques lignes.

A l'état statique, les métaux, quoique soumis à une forte pression ou à une tension considérable, peuvent, suivant M. Braithwaite, continuer pendant longtemps à supporter la charge sans fracture, quoiqu'ils éprouvent la flexion due à l'action du poids dont ils supportent l'effort. Il suffit pour cela que leur repos ne soit pas troublé, et que leur tension ne soit pas intermittente ni trop souvent répétée ; mais si

MÉTAL — MÉTAMORPHOSE

les alternatives de relâchement et d'effort se succèdent, leurs molécules éprouvent des vibrations et des déplacements, la structure du métal s'altère, et la partie soumise aux tensions réitérées se détériore enfin jusqu'à se rompre. Ce fâcheux effet peut encore résulter de chocs brusques éprouvés par le métal soumis à l'action d'une certaine charge; il peut même être l'effet d'un simple changement d'état, subitement perdu par l'enlèvement rapide de cette charge.

Soumis à l'action ou réaction d'autres corps, les propriétés physiques des métaux sont altérées. Ces modifications sont produites journellement par les actions du feu, de l'électricité, du gaz oxygène sec ou humide, etc.; enfin, par les affinités réciproques des métaux purs entre eux, et qui les transforment en alliages divers, doués de propriétés nouvelles, souvent offrant la moyenne des propriétés primitives, et souvent aussi ne permettant plus d'en retrouver la trace.

Parmi les substances métalliques nouvellement connues, il y en a plusieurs que l'art n'a pu encore parvenir à convertir en masses compactes; mais puisqu'on a fondu le platine, qui pendant si longtemps s'était montré rebelle à la fusion, il y a tout lieu de croire que ces nouvelles substances seront également domptées par la puissance des moyens chimiques, et surtout par une haute application du calorique. Nous en avons eu un exemple récent au sujet de l'*aluminium*.

MÉTAL (*Blason*) se dit de l'or et de l'argent. On représente l'or par la couleur jaune, et l'argent par le blanc. On figure l'or en gravure par une foule de petits points, et l'argent par une surface blanche, sans aucune hachure. On ne doit pas mettre *métal sur métal*; en ce cas, les armes sont fausses ou à *enquerre*.

MÉTALEPSE (du grec μετάληψις, transposition), figure de rhétorique ayant beaucoup d'analogie avec la *métonymie*, et consistant à mettre une idée avant celle qu'elle devrait suivre naturellement, comme lorsqu'on dit le *temps de la moisson* au lieu de l'*été*, le *tombeau* au lieu de la *mort*, etc.

MÉTALLÉITÉ. On entend par ce mot l'ensemble de toutes les propriétés, perfections ou imperfections que présentent les métaux. Chacun de ces corps nous les offre à un degré différent. Telle propriété est inhérente à un métal, et telle autre propriété à tel autre. On ne peut donc pas déterminer d'une manière bien précise les divers degrés de *métalléité*.

MÉTALLIQUE, épithète qu'on donne à certains attributs des métaux. Par analogie de propriétés, du moins apparentes, on l'applique souvent aussi à d'autres substances que les métaux : c'est dans ce sens qu'on peut dire que les ailes d'un papillon ont un *reflet métallique*, etc.

MÉTALLIQUES ou RESCRIPTIONS MÉTALLIQUES, c'est-à-dire billets représentant des espèces sonnantes. C'est ainsi qu'on appela en France les titres qu'en 1797 le Directoire substitua aux *mandats*. Plus tard on donna ce même nom, en Autriche, aux titres de rentes sur l'État, *Staatsobligationen*, dont les intérêts sont payables en espèces, et cette distinction fut ensuite adoptée dans d'autres pays : par exemple en Russie pour les effets publics payables en roubles d'argent, par opposition à ceux qui sont payables en billets de banque. Toutefois, quoiqu'un très-petit nombre d'exceptions, les obligations émises par le gouvernement autrichien sont toutes aujourd'hui payables en papier-monnaie; et elles n'en continuent pas moins à porter le nom de *métalliques*.

MÉTALLIQUES (*Entomologie*). Latreille a donné ce nom à une division d'insectes de la famille des carabiques. Cette division est aujourd'hui abandonnée.

MÉTALLIQUES (Cordes). *Voyez* CORDES MÉTALLIQUES.
MÉTALLIQUES (Fils). *Voyez* FILS MÉTALLIQUES.
MÉTALLIQUES (Toiles). *Voyez* TOILES MÉTALLIQUES.

MÉTALLISATION. C'est une opération chimique, ou plutôt métallurgique, à l'aide de laquelle les métaux miné- ralisés sont ramenés à leur pureté, c'est-à-dire à leurs propriétés *métalliques*. D'autres auteurs ont entendu aussi par le mot *métallisation* la génération naturelle des métaux. Nous restons dans une ignorance complète sur la cause créatrice des métaux. Les alchimistes, les adeptes, ont pensé qu'entre les métaux il existait une filiation qui pouvait les faire regarder comme des états différents de plusieurs métaux, qu'ils appelaient *parfaits*. Toutes ces vues sont aujourd'hui abandonnées.

MÉTALLOÏDES (de μέταλλον, métal, et εἶδος, forme). On désignait autrefois par cette expression les métaux contenus dans les alcalis et les terres. Berzelius l'emploie pour désigner tous les corps simples non métalliques, c'est-à-dire ne jouissant pas des propriétés des métaux. Les métalloïdes sont mauvais conducteurs de la chaleur et de l'électricité. Mais les chimistes ne sont pas encore bien d'accord sur leur nombre. Quelques-uns rangent parmi les métalloïdes l'arsenic, que la plupart placent parmi les métaux. Nous avons donné, tome VI, page 544, la liste la plus généralement adoptée des métalloïdes.

MÉTALLURGIE. Science d'application des procédés de l'industrie humaine à l'extraction des minerais métalliques du sein de la terre et à leur purification. Les procédés métallurgiques sont ou mécaniques, comme le cassage, le triage, le lavage des minerais, ou chimiques, comme le grillage, la fusion, etc. Ces derniers procédés varient suivant les lieux, à cause de ces considérations économiques, qui dans toute grande exploitation doivent toujours avoir le premier rang.

MÉTAMORPHIQUES (Roches), du grec μετά, qui indique le changement, et μορφή, forme. Les géologues modernes nomment *roches métamorphiques* celles qui, après avoir été formées une première fois, ont éprouvé, par le voisinage de grandes éruptions des modifications plus ou moins profondes. On donne le nom de *métamorphisme* à l'état de ces roches.

MÉTAMORPHOSE, transformation, changement d'une forme en une autre; en grec μεταμόρφωσις (de μετά, après, μορφή, forme), origine à laquelle ce mot a été emprunté, d'abord par les Latins, puis par les idiomes modernes, spécialement par ceux de l'Europe. Dans l'antiquité païenne, on ne s'employait guère qu'au propre, exprimant ces prétendus prodiges émanés de la puissance des dieux, tels que Narcisse changé en fontaine, Progné en hirondelle, les paysans de Lycie en grenouilles, et tant d'autres. Il y avait alors des métamorphoses passagères et permanentes; il y en avait d'apparentes et de réelles. Un exemple des premières est Jupiter changé en cygne pendant le temps qu'il lui faut pour manifester sa flamme à Léda; un exemple des secondes est l'infortunée Philomèle, changée à jamais en rossignol, ainsi que la chaste Daphné transformée en laurier. Les Saintes Écritures ne se servent jamais, en cas de transformation, de l'expression de *métamorphose*, qu'elles laissent aux gentils : la femme de Loth et le roi Nabuchodonosor sont, suivant elles, changés, et non métamorphosés, l'une en statue de sel, l'autre en bœuf.

En histoire naturelle, lorsqu'il s'agit d'exprimer le changement de forme de la plupart des insectes, le mot *métamorphose* est parfaitement employé au propre ; quelle métamorphose n'a point subie ce papillon vif, léger, volage, plein des couleurs vives des fleurs avec lesquelles on le confond quand il s'y pose, qui fi n'y a qu'un instant était une chenille se traînant sur le sable ou la feuille? Et ce parvenu insolent! quelle métamorphose n'a-t-il point subie, devenant tout à coup un papillon d'or, quand il n'était tout à l'heure qu'une larve rampante et sale?

MÉTAMORPHOSE (*Histoire naturelle*). Tout animal parfait possède nécessairement trois ordres d'appareils : 1° un appareil de conservation, au moyen duquel l'animal transforme en sa propre substance des éléments qui lui sont fournis par le milieu dans lequel il se développe ; 2° un appareil de relation, au moyen duquel l'animal établit entre lui-même et le monde qui lui est extérieur les rapports qui sont nécessaires à sa conservation ; 3° un appareil de génération, au moyen duquel l'animal se perpétue indéfiniment dans le temps et dans l'espace, comme unité spécifique et fonctionnelle, par la reproduction d'êtres identiquement semblables à lui-même. Mais les animaux ne parviennent à cet état définitif et complet que par une série continue de transformations successives, qui constituent l'évolution embryonnaire des êtres, évolution où les appareils se succèdent et se développent suivant l'ordre même dans lequel nous venons de les énumérer, les appareils de conservation d'abord, puis les appareils de nutrition, et enfin les appareils de reproduction.

Le germe primitif et le point de départ de toutes ces transformations successives paraissent être identiques dans toutes les espèces de la série animale, du moins quant aux éléments anatomiques et visibles dont ce germe se compose ; mais les germes diffèrent entre eux en vertu des forces de formation (*vis formativa*) qui y sont déposées ; forces en vertu desquelles chaque germe doit atteindre le degré d'organisation spécial à l'espèce zoologique dont il provient, sans que jamais il puisse procéder au delà.

Les transformations diverses qui doivent conduire l'individu de l'état de germe à l'état d'animal parfait ne s'accomplissent pas pour toutes les espèces de la série zoologique, dans les mêmes conditions organiques ; et c'est là ce qui détermine réellement les différences radicales que les diverses espèces animales présentent dans leurs organes de reproduction. Tantôt toutes les transformations s'effectuent tandis que l'animal est encore renfermé dans la cavité utérine : alors l'individu, au moment même où il est séparé de sa mère, possède en puissance et en acte tous les appareils organiques que comporte son espèce ; et toutes les modifications ultérieures que pourra subir cet individu auront pour but le développement des organes existants, et nullement la création d'appareils organiques nouveaux : tel est le cas des mammifères monodelphes. Tantôt l'animal, expulsé de la cavité utérine à l'état d'embryon, est recueilli dans une poche sous-abdominale pour subir là les transformations que subissent dans l'utérus les m a m m i f è r e s proprement dits : c'est le cas des m a r s u p i a u x. Tantôt encore le germe, revêtu d'enveloppes de natures diverses, est rejeté dans le monde extérieur sans avoir subi de transformations préalables, et c'est dans le monde extérieur lui-même que doit s'en accomplir l'évolution embryonnaire : c'est le cas des animaux o v i p a r e s. Mais dans tous ces cas le développement s'effectue sans interruption, et d'une manière continue ; et l'animal ne devient apte à vivre d'une vie indépendante que lorsqu'il a atteint la forme organique définitive qui constitue son espèce.

Il n'en est plus ainsi des animaux à métamorphoses : ceux-ci naissent, ou, plus exactement, vivent d'une vie indépendante dans le milieu extérieur, sous une forme qui n'est pas leur forme définitive, et ils subissent dans ce milieu extérieur même une ou plusieurs transformations ; transformations qui portent en même temps sur les appareils de conservation, de relation et de reproduction ; transformations en vertu desquelles ces animaux acquièrent des organes nouveaux, des habitudes nouvelles. Les animaux à métamorphoses sont donc des animaux chez lesquels le développement embryonnaire, au lieu de s'effectuer d'une manière continue et sans interruption, présente au contraire des temps d'arrêt plus ou moins nombreux, plus ou moins prolongés ; temps d'arrêt pendant lesquels l'animal vit d'une manière indépendante et manifeste des habitudes spéciales.

Un assez grand nombre d'animaux présentent dans le cours de leur existence des phénomènes de véritable métamorphose ; mais comme ces phénomènes sont surtout remarquables chez un grand nombre d'i n s e c t e s et chez la plupart des b a t r a c i e n s, c'est en général à ces espèces animales que s'applique de préférence la dénomination d'*animaux à métamorphoses*.

L'évolution métamorphique des insectes était connue des anciens, du moins pour quelques espèces, puisque Aristote, en parlant des chenilles arpenteuses, des scarabées, des abeilles, etc., annonce formellement que ces insectes vivent successivement sous forme d'œ u f, de l a r v e, de n y m p h e et d'insecte parfait, *et que ce n'est que sous cette dernière forme qu'ils deviennent aptes à reproduire leur espèce*. Mais ce n'est réellement que dans le seizième siècle que ce curieux phénomène a été étudié avec quelque détail par le célèbre naturaliste toscan Redi. Un peu plus tard, Goddaërt, Swammerdam, Malpighi, Lyonnet, Leuwenhoeck et Valisnieri dirigèrent leurs recherches vers le même but ; et, plus récemment encore, Fabricius, dans sa *Philosophie entomologique*, Dutrochet, Huber (de Genève), Marcel de Serres, Savigny et Latreille, dans leurs différents travaux, ont singulièrement élucidé ce problème de philosophie anatomique, qui pourtant n'est point encore résolu dans tous ses détails.

Un insecte femelle pond un œuf. Après un temps plus ou moins long, il sort de cet œuf un animal vermiforme, à corps allongé, partagé en anneaux et garni de pattes, à tête cornée et munie de mâchoires. Cet animal, désigné sous le nom de *c h e n i l l e* ou de *larve*, vit un certain temps, pendant lequel il change fréquemment de surpeau ; et souvent à l'enveloppe dont la larve se dépouille en succède une autre dont les apparences sont toutes différentes : ainsi, les unes, velues dans leur premier âge, deviennent glabres et nues dans leurs dernières m u e s ; d'autres prennent des taches ou des apparences d'une tout autre couleur, etc. Mais à la dernière mue, il sort de l'enveloppe de la larve un être tout différent, d'un être de forme oblongue, sans membres distincts ; un corps indivis, le plus ordinairement conique vers l'une de ses extrémités, et présentant sur l'une des faces de l'extrémité opposée des traits saillants qui dessinent quelques parties de l'insecte futur. Cet être informe *nymphe* ou *c h r y s a l i d e*. Cet être informe cesse bientôt de se mouvoir, et reste, pendant un temps plus ou moins long, suivant toutes les apparences, mort et desséché : c'est un état transitoire, qui n'est ni la vie ni la mort ; c'est un sépulcre qui renferme les dépouilles vivantes d'une larve qui n'est plus ; c'est un œuf qui enveloppe l'embryon vivant d'un insecte qui n'est point encore. Enfin, l'enveloppe, ou, si l'on veut, la coquille de cette nymphe se fend, et il en sort un insecte parfait, aux ailes encore flasques et courtes, mais qui bientôt s'allongent, se dessèchent et se raffermissent pour le vol. Cet insecte ne ressemble en rien ni à la larve ni à la nymphe dont il est immédiatement issu ; mais il est semblable en tout à l'insecte parfait qui primitivement lui donna naissance.

Voilà ce que l'on appelle *métamorphose* chez les insectes. Et il ne faut pas croire que ces métamorphoses ne portent que sur l'enveloppe externe, l'appareil tégumentaire de l'animal ; la transformation est bien autrement complète : elle porte en même temps sur tous les appareils organiques. Le système nerveux, le système locomoteur, le système respiratoire, l'appareil reproducteur surtout, éprouvent des modifications qui répondent aux changements survenus dans l'enveloppe tégumentaire et dans la forme extérieure de l'animal. Le système nerveux lui-même n'échappe pas à cette profonde transformation ; les ganglions médullaires, souvent au nombre de douze dans les larves des bombyces des papillons dans lesquels les larves se transforment : ainsi, la larve du cer-volant (espèce du genre *lucane*) présente un cordon médullaire formé de huit masses ganglionnaires, tandis que chez l'insecte parfait on n'en compte plus que quatre ; ainsi, dans la larve du scarabée nasicorne les ganglions nerveux sont tellement rapprochés qu'ils ne forment plus qu'une masse unique, fusiforme, qui fournit aux appareils organiques des filets divergents, tandis que chez l'insecte parfait le système nerveux central est disséminé en ganglions distincts, réunis par un filet médullaire longitudinal, etc.

MÉTAMORPHOSE — MÉTAPHYSIQUE

Tous les insectes ne passent pas, en se développant, par toutes les phases que nous venons d'indiquer. Les insectes dépourvus d'ailes sortent de l'œuf avec les formes qu'ils doivent conserver leur vie durant ; aussi les appelle-t-on *insectes sans métamorphoses*; et en effet la plupart d'entre eux n'éprouvent véritablement que des mues, bien que quelques-uns présentent des phénomènes de métamorphose proprement dite (*voyez* APTÈRES). Parmi les insectes ailés, un assez grand nombre ne subissent dans le cours de leur existence d'autre transformation que celle qui résulte du développement de ces ailes, dont ils étaient dépourvus à l'époque de leur éclosion. Les *orthoptères*, les *hémiptères* et quelques *névroptères* sont dans ce cas : ce sont des *insectes à demi-métamorphoses*. Enfin, les autres insectes à ailes passent successivement par les trois états de larve, de nymphe et d'insecte parfait, en présentant dans les différents genres d'innombrables modifications, sur lesquelles il nous est impossible d'insister : ce sont les *coléoptères*, les *lépidoptères*, les *hyménoptères*, la plupart des *diptères* et un grand nombre de *névroptères*. On les appelle *insectes à métamorphoses complètes*.

Des phénomènes semblables à ceux que nous venons d'indiquer chez les entomozoaires hexapodes se manifestent chez les batraciens ; et la grenouille commune nous en offre un exemple facile à étudier (*voyez* TÉTARD).

BELFIELD-LEFÈVRE.

MÉTAMORPHOSES (Les). Sous ce titre est parvenu jusqu'à nous un des plus beaux monuments des lettres romaines, le chef-d'œuvre d'O vide, un poëme d'une grande étendue, composé de 15 chants, formant une succession non interrompue de 246 fables. C'est l'histoire, à quelques-unes près toutefois, des mythes alors connus.

MÉTAPHORE, figure de rhétorique, dont le nom vient du grec μεταφορά, transposition, formé de μετά, préposition qui exprime un changement, et de φέρω, je porte. Elle a pour but de transporter un mot de son sens propre et naturel à un autre sens. Si les termes propres manquent pour énoncer une idée dans toute sa force, si les expressions ordinaires n'ont pas l'énergie suffisante, on a recours à la *métaphore*, c'est-à-dire qu'on transporte la signification propre d'un mot à une signification nouvelle, dont la convenance ne peut être établie qu'en vertu d'une comparaison qui se fait dans l'esprit. « Un mot pris dans un sens métaphorique, dit Dumarsais, perd sa signification propre, et en prend une nouvelle, qui ne se présente à l'esprit que par la comparaison que l'on fait entre le sens propre de ce mot et ce qu'on lui compare : par exemple, quand on dit que *le mensonge se pare souvent des couleurs de la vérité*, en cette phrase, *couleurs* n'a plus sa signification propre et primitive : ce mot ne marque plus cette lumière modifiée qui nous fait voir les objets ou blancs, ou rouges, ou jaunes, etc.; il signifie les *dehors*, les *apparences*, et cela par comparaison entre le sens propre de *couleurs* et les dehors que l'on prend un homme qui nous en impose sous le masque de la sincérité. » Ainsi, *la lumière de l'esprit*, la *fleur des ans*, la *mesure du génie*, *l'ivresse du plaisir*, le *feu de l'amour*, la *tendresse du cœur*, etc., sont autant de métaphores, parce qu'il y a une sorte de comparaison ou quelque rapport équivalent entre les mots *lumière*, *fleur*, *mesure*, *ivresse*, *feu*, *tendresse*, auxquels on donne un sens métaphorique, et les noms auxquels on en fait l'application. La métaphore, qui ne fut d'abord inventée que par nécessité, par suite du défaut et de la disette de mots propres, contribue singulièrement à la richesse, à la beauté, à l'ornement du discours. « Toute métaphore, dit Rollin d'après Quintilien, doit trouver vide la place dont elle se saisit, ou du moins, si elle en chasse un mot propre, avoir plus de force que le mot auquel elle est substituée. »

Les mots qu'on emploie métaphoriquement, étant pris dans un autre sens que le sens propre, sont *dans une demeure empruntée*, suivant l'expression d'un ancien rhéteur, ce qui est, du reste, commun à toutes les f i g u r e s de mots.

Presque toutes les métaphores sont des i m a g e s, des espèces de similitudes et de c o m p a r a i s o n s; on en rencontre à chaque pas non-seulement dans les livres et les discours travaillés à loisir, mais dans les conversations des gens du peuple, mais dans le langage naïf des enfants. C'est la plus générale, la plus variée, la plus belle de toutes les figures de mots. Avec elle, il n'y a rien qu'on ne puisse exprimer. Il ne faut pourtant l'employer qu'avec discernement et avec goût. Son premier mérite est l'utilité ; on ne doit jamais s'en servir comme d'un ornement superflu. Une métaphore juste quant au fond peut du reste ne pas être assortie au sujet et choquer les convenances. L'objet en est-il trop bas, elle devient grotesque; trop relevé, elle est emphatique. Un autre défaut, c'est l'incohérence, effet d'un esprit déréglé, qui ne soumet pas ses idées à l'analyse. Avant tout, il faut, dans l'emploi de la métaphore, de la vérité et du jugement. Si les images sont fausses, s'il y a contradiction dans les termes, si l'on ne se tient pas en garde contre le mauvais goût provenant du défaut de logique, on tombe dans le *galimatias double*, et l'on s'expose à faire des phrases aussi prétentieusement bizarres, aussi inintelligibles que celles des *Précieuses ridicules*. La métaphore continuée et ne s'appliquant plus qu'à un mot devient une a l l é g o r i e.

CHAMPAGNAC.

MÉTAPHRASE (du grec μετάφρασις, interprétation), traduction littéralement fidèle d'un ouvrage dans une autre langue. On possède sous ce titre des versions du grec faites à une époque postérieure par des écrivains latins. Par exemple, celle d'Eutrope par Pœanius, celle de Jules César par Planude. On réserve toutefois ce mot de préférence pour indiquer l'interprétation d'un poëme en prose : il existe sous ce titre un grand nombre de traductions des fables d'Ésope et de Phèdre (*voyez* PARAPHRASE).

Le *métaphraste* est celui qui interprète ou traduit un auteur.

MÉTAPHYSIQUE. L'homme est né avec le besoin impérieux et insatiable de connaître; la nature qui l'entoure a la première exercé sa curiosité ; il a cherché et trouvé quelques-unes des causes des phénomènes qui se passent sous ses yeux, et la plus ancienne des sciences a été la science de la nature, ou les sciences naturelles. Ces causes une fois trouvées, il ne tarda pas à remarquer qu'il y avait entre elles des rapports, des analogies et des oppositions, qu'elles offraient parfois un caractère général ; et d'un certain nombre de ces causes il forma des groupes ou systèmes : c'était l'origine de la philosophie. Mais ces systèmes eux-mêmes et l'ordre admirable établi dans l'univers, dont ils sont la preuve, de qui étaient-ils l'œuvre? Comme les hommes ne pouvaient en trouver la cause visible dans ce monde, ils la cherchèrent dans un monde invisible, qui échappe aux sens et ne peut être perçu que par l'intelligence : cette étude fut la *métaphysique naturelle*. L'imagination des anciens peupla donc ces vastes domaines de l'inconnu de mille créations brillantes ét fantastiques ; chaque question difficile faisait naître à point quelque esprit céleste, bon ou mauvais, dont la création n'avait guère d'autre but que de l'expliquer. Mais l'esprit humain s'habituait de plus en plus à ces études, et la raison, affermie et devenue plus sûre, commença à restreindre le domaine de l'imagination, à la régler et à la contrôler. La *métaphysique naturelle* fit place à la *métaphysique savante*. Pour mieux étudier l'immense sujet qu'elle embrasse, la méthaphysique se divisa d'elle-même en deux parties : la *métaphysique générale* et la *métaphysique spéciale*. La métaphysique générale ne pouvait aborder l'étude de nos idées qu'après avoir examiné quelles étaient leur origine et leur vérité réelle. De là deux branches, la *critique* et l'*ontologie*. La critique s'occupe de savoir si l'homme peut connaître avec certitude ; elle a donné naissance à trois systèmes, le d o g m a t i s m e, le s c e p t i c i s m e et le c r i t i c i s m e. Une question sans l'étude de laquelle on ne peut rien dire de la certitude de nos idées est leur origine ; deux systèmes contraires cherchent à l'expliquer, le *sensualisme* et le *rationalisme*.

Si nous nous consultons nous-même, ou si nous consultons l'opinion générale, nous reconnaîtrons que nous avons une idée de chaque objet, que cet objet existe, et que c'est l'impression qu'il a faite sur nous qui a déterminé l'idée que nous nous en formons. Mais la raison, s'isolant de toute considération et n'agissant que par sa propre virtualité, s'est demandé s'il existait réellement quelque chose en dehors de nous, et en ce cas si nous pouvons la connaître tel qu'il est réellement, et si l'idée que nous en avons en est la représentation fidèle et isolée de notre propre personnalité. Les *réalistes* répondent affirmativement à toutes ces questions; les *idéalistes*, au contraire, soutiennent que les idées que nous avons des choses en sont indépendantes, qu'elles leur sont antérieures, et enfin que les idées sont seules la réalité, les choses n'étant que nos idées réalisées.

La métaphysique spéciale a trois parties: 1° la *psychologie rationnelle*, qui étudie l'âme en elle-même et dans ses rapports avec le corps, et donne naissance au *matérialisme* ou au *spiritualisme*, à la doctrine de la *liberté* et au *fatalisme*; 2° la *cosmologie*, qui explique l'organisation du monde, son origine et sa fin; 3° la *théologie rationnelle*, ou étude raisonnée de la cause première de ce qui est, et dont les divers systèmes sont l'*athéisme*, le *panthéisme*, et le *déisme*. La *théodicée* est une subdivision de la théologie rationnelle.

Dans les livres d'Aristote sur la physique et l'histoire naturelle se trouvent traitées incidemment des questions subtiles, qui se rattachent à la philosophie première; ces petits traités, détachés des livres où ils se trouvaient par Andronicus de Rhodes, contemporain de Cicéron, qui les réunit sous le nom de Τὰ μετὰ τὰ φυσικά (livres qui viennent après ceux sur la physique), ont formé le premier corps d'ouvrage traitant spécialement de la métaphysique. Cette science, qui avait été pour les anciens le prétexte de tant de subtilités et de paradoxes, devait faire naître après eux des discussions bien plus vives et presque furieuses. Pendant que l'école d'Alexandrie, héritière des doctrines de Platon, s'éloignait après avoir jeté un vif éclat, Aristote était devenu l'oracle de d'Orient, et ses écrits étaient traduits et commentés à l'envi. Dans le reste de l'Europe, la métaphysique, réduite à quelques traités d'écrivains ecclésiastiques, n'était plus, sous le nom de *scolastique*, qu'une branche de la théologie; mais au douzième siècle, quand les Arabes et les Juifs eurent introduit en France les livres d'Aristote et les ouvrages d'Avicenne, d'Averroès, et des autres disciples des philosophes grecs, les études métaphysiques reprirent avec plus d'ardeur que jamais, et vinrent fournir des armes aux fameuses querelles des *réalistes* et des *nominaux*, et jusqu'à la fin du quinzième siècle Aristote fut l'arbitre suprême en matière de théologie. Dans le courant du seizième siècle on commença à lui opposer les doctrines de Platon, et son autorité, déjà bien ébranlée, fut entièrement ruinée par Gassendi d'abord, et par Descartes, qui devait ouvrir à la philosophie une route nouvelle.

MÉTAPLASME (du grec μεταπλασμός, transformation), dénomination générale que les grammairiens donnent aux figures de diction, c'est-à-dire celles qui n'ont pour objet que les altérations ou changements que peuvent éprouver les lettres ou les syllabes d'un mot. Ainsi, le nom général de *métaplasme* est au matériel des mots ce que le nom général de *tropes* est aux changements divers qui peuvent arriver dans le sens propre des mots. Il peut se produire dans les lettres ou les syllabes de trois manières différentes, soit par augmentation, soit par diminution, soit par immutation. Il s'opère par augmentation, au commencement, au milieu, ou à la fin des mots, d'où résultent trois figures appelées *prosthèse*, *épenthèse* et *paragoge*. On peut ranger dans la même catégorie la *diérèse*, qui fait deux syllabes d'une seule diphthongue, ce qui est une augmentation, non de lettres, mais de syllabes. Le métaplasme par diminution, ou retranchement, donne lieu aux trois figures qu'on nomme *aphérèse*, *syncope* et *apocope*, suivant que la soustraction s'opère au commencement, au milieu ou à la fin des mots. Il y a aussi métaplasme par diminution dans la figure appelée *syndrèse*, qui de deux voyelles que l'on prononçait séparément n'en forme qu'une seule, à l'aide d'une diphthongue, sans rien changer au nombre des lettres. Enfin, le métaplasme par immutation fournit deux figures de diction, l'*antithèse* et la *métathèse*: l'*antithèse*, quand une lettre est substituée à une autre comme *olli* pour *illi*; la *métathèse*, lorsque l'ordre des lettres est transposé, comme *Hanovre* pour *Hanover*. Les rôles divers du métaplasme dans la grammaire sont assez bien caractérisés dans les vers techniques suivants:

Prosthesis apponit capiti, *sed aphæresis* aufert
Syncopa de medio tollit, *sed epenthesis* addit;
Abstrahit *apocope* fini, sed dat *paragoge*;
Constringit *crasis*, distracta *diæresis* effert;
Littera si legitur transposita, metathesis extat.

Toutes ces distinctions peuvent paraître oiseuses ou puériles; les dénominations qu'elles portent sont peut-être aussi un peu pédantesques, mais il n'en est pas moins fort utile d'avoir présentes à l'esprit toutes les différentes espèces de métaplasmes, quand on veut se livrer aux investigations si obscures, si incertaines, de la science étymologique.

CHAMPAGNAC.

MÉTASCHÉMATISME (du grec μετασχημάτισμα, état d'une chose qui a changé de forme; fait de μετά, qui indique le changement, et σχῆμα, figure). Ce mot désigne la transformation d'une maladie dans une forme nouvelle, par exemple le passage de la fièvre intermittente à l'état de fièvre permanente. Il diffère de la *métastase* en ce qu'il ne s'y rattache pas une idée si précise de la transmutation matérielle ou du déplacement du principe morbide.

MÉTASTASE, MÉTASTATIQUE (du grec μετάστασις, translation, fait de μεθίστημι, je transporte). On appelle *métastase*, en médecine, la translation d'une maladie d'une partie du corps dans une autre, qui n'était point encore affectée, phénomène qui a pour résultat la guérison ou tout au moins l'atténuation de l'affection primitive. Si elle a lieu d'un organe essentiel dans un organe moins important, la métastase est qualifiée de *bonne*, et dans le cas contraire, de *mauvaise*. La métastase pouvant souvent être considérée comme une *crise*, on l'appelle également *critique*. Les accès à la suite desquels la fièvre disparaît dans les fièvres malignes sont des exemples de métastases, de même que une foule d'éruptions cutanées, après l'apparition desquelles les symptômes dangereux diminuent, comme aussi le danger augmente lorsque après la disparition subite d'une éruption surviennent la fièvre, des affections cérébrales, des maladies de poitrine. Toute la méthode dérivative dans le traitement des maladies, à savoir: l'emploi des cautères, fontanelles, vésicatoires, etc., n'a en définitive pour but que d'imiter la nature en amenant la maladie d'un endroit dangereux dans un autre qui l'est moins.

En termes de cristallographie, on appelle *métastatiques* les cristaux dont la forme secondaire a des angles plans et des angles solides égaux à ceux du noyau, qui se trouvent ainsi transportés sur la forme secondaire.

MÉTASTASE (PIETRO-ANTONIO-DOMENICO-BONAVENTURA METASTASIO, dont on a fait en français), poète classique italien, le créateur du drame moderne italien, né à Assisi, en 1698, était le fils d'un simple soldat, et s'appelait en réalité *Trapassi*. Son goût naturel pour la poésie se développa de bonne heure, grâce à la lecture assidue du Tasse; et tout enfant encore, il rimait et improvisait. Toutefois, il dut renoncer à ce second genre d'occupation, parce qu'il ébranlait trop vivement son système nerveux. Le hasard lui fit rencontrer le célèbre jurisconsulte Gravina, qui, après lui avoir donné le nom de *Métastasio*, non-seulement prit soin de son éducation, mais encore à sa mort, arrivée en 1717, lui légua toute sa fortune. C'est ainsi que Métastase se trouva libre de pouvoir complétement s'adonner à la poésie. Il débuta au théâtre par l'opéra de *Didone abbandonata*, dont Sardi composa la musique, qui fut exécuté pour la première fois à Naples, en 1724, et où il peignit, dit-on, les relations qui existaient alors entre lui et une cantatrice célèbre, appelée *Maria Romanina*, mariée plus tard avec Bulgarelli. En peu d'années il eut acquis une si grande réputation que l'empereur Charles VI l'invita, en 1729, à venir se fixer à Vienne, et qu'il le nomma poète de sa cour en attachant à ce titre une pension de 4,000 florins. Le poète qu'il était chargé de remplacer, Apostolo Zeno, fut le premier à déclarer qu'il était impossible de faire un meilleur choix. Depuis, il ne se célébra plus de fête à la cour impériale sans que Métastase n'en augmentât l'éclat en composant quelques pièces de vers. Ce qui contribua surtout à la fortune extraordinaire qu'obtinrent ses œuvres en Europe, et notamment dans les cours, c'est que ce n'étaient pas moins ses manières que son titre qui faisaient de lui un poète de cour par excellence. Il mourut le 12 avril 1782. Longtemps on ne parla que de ses opéras et de ses cantates, dont les compositeurs se disputaient l'honneur de composer la musique; cependant il en est peu qui soient restés au répertoire. Les meilleures éditions de ses œuvres sont celles de Paris (12 vol., 1782), et de Parme (20 vol., 1816-1820).

MÉTATARSE (du grec μετά, après, et de ταρσός, le tarse, le cou-de-pied), assemblage de petits os articulés par une de leurs extrémités avec le tarse et de l'autre avec la première phalange des orteils.

MÉTATHÈSE (du grec μετάθεσις, transposition, fait de μετά, au delà, et τίθημι, je porte). C'est, en termes de grammaire, une figure consistant dans la transposition ou la modification d'une ou de plusieurs lettres, laquelle a souvent lieu quand il s'agit de faire passer des mots étrangers dans une autre langue. Nous citerons comme exemples les noms propres latins dérivés du grec : *Hercules*, au lieu de *Héracles*, *Carthago*, au lieu de *Carchedon*. C'est par métathèse aussi que nous disons *Londres*, au lieu de *London*, *Livourne*, au lieu de *Livorno*, *Lisbonne* pour *Lisboa*, *Anvers* pour *Antwerpen*, etc.

MÉTATHORAX. *Voyez* CORSELET, HYMÉNOPTÈRES et INSECTES, Tome XI, page 414.

MÉTAYAGE, MÉTAYER. *Voyez* MÉTAIRIE, FERMAGE et FERME.

MÉTEIL. On donne ce nom à un mélange de céréales que l'on sème et que l'on récolte en même temps : par exemple froment et seigle, ou encore orge et froment. L'ensemencement du méteil permet de recueillir un produit de plus de valeur d'un terrain qui semblerait ne pouvoir produire que le grain de la nature la plus inférieure du mélange. Du reste, en France, le *méteil* ne se présente plus sur le marché : il est consommé par le cultivateur lui-même.

MÉTÉLIN ou METELINO. *Voyez* LESBOS.

METELLA, machine de guerre des anciens. *Voyez* ESCALADE.

METELLUS, nom d'une famille de la race plébéienne des *Cæcilii*, qui prit rang parmi les premiers de la noblesse romaine, après que *Lucius Cæcilius* METELLUS, deux fois consul à l'époque de la première guerre punique (250 et 247 avant J.-C.), et qui, grand-pontife l'an 243, sauva le *palladium* du milieu d'un incendie qui dévorait le temple de Vesta, eut fondé la grandeur de sa maison. Les hommes les plus célèbres qu'elle ait produits furent :

Quintus Cæcilius METELLUS, surnommé *Macedonicus*, parce que, préteur l'an 148 avant J.-C., il vainquit Andriscus, qui s'était fait proclamer roi de Macédoine, sous le nom de Philippe. Après son consulat, en 143, il alla combattre Viriathe, et en 131 il fut investi des fonctions de censeur avec Quintus Pompée. Les anciens vantaient fort son rare bonheur, parce que né dans les hautes classes, doué de tous les avantages du corps et de l'esprit, il avait obtenu tous les honneurs qu'il avait pu désirer, parce que mari d'une femme belle et vertueuse, il avait eu avant sa mort, arrivée en l'an 115 avant J.-C., la joie de voir l'un de ses fils arriver au consulat, un autre, *Quintus*, obtenir le surnom de *Balaricus* et les honneurs du triomphe après avoir été chargé de soumettre les îles Baléares, enfin le quatrième parvenir également au consulat.

Quintus Cæcilius METELLUS, surnommé *Numidicus*, neveu du précédent, nommé consul en l'an 109, combattit avec succès Jugurtha en Numidie, jusqu'au moment où Marius lui enleva ce commandement, en l'an 107. Censeur en l'an 102, il fut banni en l'an 100 pour avoir refusé de prêter serment d'obéissance comme sénateur à la loi agraire que venait de faire adopter le tribun du peuple Saturninus, et mourut l'année suivante, peu de temps après avoir été rappelé d'Asie.

Quintus Cæcilius METELLUS, fils du précédent, fut surnommé *Pius* à cause du zèle pieux qu'il témoigna pour faire révoquer par le peuple le décret de bannissement qui avait frappé son père. Préteur l'an 89 et l'an 88, il prit part en cette qualité à la guerre sociale, et au retour de Marius, en 87, s'enfuit en Afrique. En 83 il se rattacha au parti de Sylla, lorsque celui-ci revint en Italie, et combattit pour lui à Faventia, où il vainquit Papirius Carbo et Norbanus. En 80 il partagea le consulat avec Sylla, dont il s'efforça de modérer l'ardeur de proscription. En 79 il fut appelé au commandement de l'Espagne ultérieure et chargé, d'accord avec Cneius Pompée, de 76 à 72, de combattre Sertorius. Il mourut grand-pontife, en l'an 64.

Quintus Cæcilius METELLUS, surnommé *Creticus*, parce que ce fut lui qui dirigea les opérations de la guerre de Crète, pays qu'il subjugua en l'an 68 et en l'an 67, après avoir été consul en 69. Il eut pour ennemi Cneius Pompée, qui essaya de lui enlever ce commandement, et qui retarda jusqu'en 62 son triomphe.

Quintus Cæcilius METELLUS CELER, fit en 66 la campagne d'Asie sous les ordres de Pompée, en 63 occupa comme préteur, contre les adhérents de Catilina, les défilés des Apennins conduisant dans la Gaule Cisalpine, qu'il administra en 62 avec le titre de proconsul. En 60 il combattit comme consul les prétentions de Pompée, en 59 la loi agraire proposée par César, et mourut empoisonné, à ce qu'on croit, par sa femme Clodia.

Quintus Cæcilius METELLUS NEPOS, frère cadet du précédent, combattit sous les ordres de Pompée dans la guerre des pirates, puis en Asie. Tribun du peuple en l'an 63, il attaqua Cicéron à la fin de son consulat, et en 62 il se déclara en faveur de Pompée. Son projet de le faire rappeler à Rome avec son armée, à l'effet d'y rétablir l'ordre, échoua contre l'opposition du sénat, et surtout contre celle de Caton d'Utique. Il se réfugia alors auprès de Pompée, rentra avec lui à Rome, et fut nommé préteur en l'an 60, puis consul en l'an 57.

Quintus Cæcilius METELLUS PIUS SECUNDUS. *Voyez* SCIPION.

MÉTEMPSYCHOSE (du grec μετεμψύχωσις, formé de μετά, qui indique le changement, ἐν, en, ψυχή, âme), transmigration des âmes. La métempsychose est une des formes que revêtit le dogme d'une autre vie, encore dans son enfance, avant que la croyance à l'immortalité de l'âme se soit formulée d'une manière précise. Ce principe de vie qui anime les corps étant une fois personnifié sous le nom d'*âme*, on fut embarrassé de savoir ce qu'on ferait de ces âmes après la dissolution du corps. Que deviennent-elles? Quel est leur séjour? Quelle est leur occupation? On les fit voyager. Cette suite de migrations, cette série de transformations par lesquelles elles passent, dispense de leur assigner un séjour fixe. Cette doctrine doit donc être antérieure à celle d'un *enfer* habité par les morts. Le dogme de la métempsychose est d'origine indienne. Elle repose sur l'affinité de tous les êtres avec l'âme universelle; elle suppose la chaîne et la dépendance réciproque de tous les êtres vivants. Elle tient de très-près au système d'émanations qui caractérise le panthéisme oriental, au système d'une vie unique et universelle, se produisant au sein de la nature sous une infinie variété de formes sans cesse renouvelées, base commune des doctrines religieuses de l'Inde et de l'Égypte. D'après les *védas*, un seul esprit, une seule âme, une seule vie, procédant d'un seul et même principe, sont répandus dans tout l'univers; l'univers n'est autre chose qu'une grande manifestation du Très-Haut, où mille et mille formes de la substance unique circulent, passant de la vie à la mort, et de la mort à une vie nouvelle, où les dieux, les hommes et les mondes, les créations et les destructions, se succèdent dans une révolution indéfinie, au sein de *Brahm-Maya* (l'Être-Nature), jusqu'au moment fixé pour la rémanation générale, qui absorbera toutes les formes variables dans l'invariable substance.

Selon les Indiens, ce sont des âmes humaines qui sont captives dans les corps des moindres animaux, et toutes les formes de la nature animée. De là cette sympathie universelle qui caractérise leur poésie, comme leurs systèmes religieux et philosophiques. A cette sympathie se rattache l'abstinence de la chair des animaux, recommandée chez les brahmes et par les pythagoriciens. Les âmes, dans le cours fatal de leurs migrations, parcourent incessamment tous les corps. Non-seulement rien dans la nature n'est absolument inanimé, mais toutes les sphères, tous les mondes, tous les règnes, jusqu'aux plantes et aux pierres, sont peuplés d'esprits déchus d'une noble origine et qui sans cesse tendent à y retourner. L'univers entier, sous ce point de vue, est comme un vaste purgatoire. En effet, tous les êtres émanés de Dieu se trouvent ici-bas dans un état d'imperfection et de dégradation; tous peuvent s'élever au-dessus de cet état en se purifiant intérieurement et se rapprochant de la perfection, et par là retourner à leur divine origine; de même tous peuvent descendre au-dessous par le péché, qui les condamne à des métamorphoses successives. Cette suite de migrations forme un système d'épreuves et d'épurations graduelles que doivent subir les âmes. La apparaît l'idée de la justice divine dans la métempsychose. Pour réparer le désordre moral de la vie actuelle, où l'on voit trop souvent le vice prospérer et la vertu dans la détresse, les migrations de l'âme après la mort, à travers des corps d'animaux bons et méchants, sont autant de moyens d'expiation ou de purification. Celui qui, durant sa vie, aura été impie, voleur, assassin, renaîtra insecte, animal féroce ou immonde; l'homme souillé de sales voluptés sera métamorphosé en pourceau; le tyran sanguinaire sera transformé en tigre, etc.

Sous cette forme imparfaite, la croyance à une autre vie manque encore d'une condition indispensable pour s'élever au dogme véritable de l'immortalité de l'âme, savoir le sentiment de la durée personnelle, la persistance, la perpétuité de l'individu à travers toutes ses métamorphoses : cette abolition ou plutôt cette absorption de l'individu dans le tout est de l'essence des doctrines indiennes; mais le défaut de réminiscence est la pierre d'achoppement du système. En vain Pythagore prétendait se souvenir de ce qu'il avait été dans une vie antérieure. D'où vient que les autres hommes n'ont pas de pareils souvenirs? D'où vient que cette réminiscence n'est accordée qu'à quelques âmes privilégiées? Mais l'affirmation d'un individu ne saurait prévaloir contre les protestations unanimes du genre humain. Pour échapper à l'objection, Platon inventa le fleuve Léthé : les âmes, avant de retourner sur la terre, devaient boire de ses eaux, et oubliaient entièrement le passé. Les Indiens disent plus simplement que la seule renaissance suffit pour faire oublier tout ce qu'on avait vu ou fait auparavant. Enfin, la métempsychose suppose la préexistence des âmes, c'est-à-dire une existence antérieure à leur naissance sur la terre. En effet, dans ce système, la vie terrestre n'est qu'un point dans la série des états par lesquels l'âme, échappée des mains de Dieu, doit passer pour revenir dans le sein de son auteur.

De l'Inde cette croyance passa en Égypte. Voici ce qu'Hérodote rapporte de la doctrine transplantée dans ce pays : « Les Égyptiens ont avancé les premiers que l'âme des hommes est immortelle, et qu'après la dissolution du corps elle passe successivement dans de nouveaux corps par des naissances nouvelles; puis, quand elle a ainsi parcouru tous les animaux de la terre, tous ceux de la mer, tous ceux qui volent dans les airs, elle rentre dans un corps humain, qui naît à point nommé : cette révolution de l'âme s'accomplit en trois mille ans. Quelques Grecs ont adopté cette doctrine, les uns dans des temps reculés, les autres plus récemment, et l'ont donnée comme leur étant propre. Je connais bien leurs noms, mais je ne les écrirai pas. » On suppose qu'il veut parler ici d'Orphée et de Pythagore.

On voit du premier coup d'œil que la métempsychose a ici tout autre physionomie que chez les Indiens. Les antiques peuplades de l'Égypte, livrées à un grossier fétichisme, dans leur impuissance de concevoir l'âme autrement qu'unie à un corps, et guidées pourtant par un pressentiment obscur de son immortalité, s'imaginaient qu'elle subsiste après la mort tant que le corps subsiste lui-même. La *métensomatose*, ou l'union à un corps quelconque, était donc comme la condition de la permanence de l'âme. Servius (*Commentaire sur l'Énéide*) explique ainsi l'usage d'embaumer les corps et de les garder avec un soin religieux : on croyait, en conservant à l'âme son domicile, l'y retenir et lui épargner ces migrations pénibles qu'elle devait épuiser jusqu'à sa renaissance dans un nouveau corps humain. Elle n'abandonnait tout à fait son premier corps que lorsqu'il tombait en poussière. Cet usage d'embaumer les momies, n'est-il semble supposer une grande importance attachée à cette nature morte, s'écarte donc beaucoup des croyances des Indiens sur la transmigration des âmes. En outre, le sacerdoce égyptien assigne un cycle nécessaire de trois mille ans, que chaque âme devait accomplir après la mort à travers différents corps d'animaux, avant d'arriver au séjour des bienheureux. Ceci paraît se rattacher à des symboles astronomiques. Les Indiens ne déterminent rien sur le terme de ces transmigrations. Les platoniciens, à leur tour, ont voulu indiquer un terme fixe, les uns trois mille ans, d'autres jusqu'à dix mille.

C'est Pythagore qui importa la métempsychose de l'Égypte dans la Grèce. Chez lui, cette doctrine paraît se rattacher à l'idée de la force motrice de l'âme. Selon lui, l'âme est une émanation du feu central, obligée par le destin de traverser une certaine série de corps. Les âmes des hommes et des animaux sont impérissables, ainsi que l'âme du monde, d'où elles émanent. L'âme étant, comme le corps, un nombre qui subsiste par lui-même, passe, après la mort de l'homme, dans le corps soit d'un autre homme, soit d'un animal, selon que le hasard la porte. Elle préexiste ainsi; et dès le commencement du monde, habite des corps humains ou des corps d'animaux. Les disciples de Pythagore, ses successeurs, enseignèrent que l'esprit, lorsqu'il est affranchi des liens du corps, doit aller dans l'empire des morts, et là attendre dans un état intermédiaire d'une durée plus ou moins longue, et ensuite animer d'autres corps d'hommes ou d'animaux, jusqu'à ce que le temps de sa purification et de son retour à la source de la vie soit accompli. Les mystères grecs revêtirent la métempsychose de mythes attrayants, qui représentaient Mercure comme conducteur des âmes. Pindare, poète pythagoricien, les fait passer dans les Iles Fortunées lorsqu'elles ont subi trois fois l'épreuve de la vie sans avoir commis de fautes. Chez les Romains, Cicéron et Virgile ont fait mention de cette doctrine; Ovide y a consacré une partie du quinzième livre de ses *Métamorphoses*. Mais ce n'est plus guère chez eux qu'une tradition altérée par le temps, et défigurée par les fictions poétiques. César la trouva dans les Gaules. « Les druides, dit-il, considèrent que les âmes ne meurent pas, mais qu'après la mort elles passent d'un corps dans un autre; ils pensent que cette croyance enflamme le courage en inspirant le mépris de la mort. « On voit qu'ils n'admettaient la transmigration que d'homme à homme, et non dans les animaux.

Les premiers Pères de l'Église, sans admettre la métempsychose, empruntèrent à la doctrine égyptienne l'idée d'un séjour passager des âmes (*amenthès*) avant leur punition ou leur récompense définitive. Elles descendaient, disaient-ils, dans le monde souterrain; les justes avaient le pressentiment de leur bonheur, les méchants de leurs peines, et leur destinée s'accomplissait ensuite à la résurrection. Les martyrs seuls montaient immédiatement de la terre aux cieux. Saint Augustin perfectionna cette doctrine en faisant de ce séjour des âmes un lieu de purification. Cesarius, évêque d'Arles, et Grégoire VI le consacrèrent : de là le p u r g a t o i r e.

En résumé, la métempsychose n'est qu'un tâtonnement incertain et confus de l'esprit humain dans son enfance, pour concevoir l'autre vie et l'immortalité de l'âme. Les religions s'empressent de rejeter ce dogme informe dès qu'elles se régularisent et se coordonnent. Aujourd'hui, pour l'homme éclairé par la morale du christianisme, la véritable métempsychose n'est autre chose que le perfectionnement infini de l'homme intérieur, ou sa tendance graduelle vers le but de la perfection.   ARTAUD.

MÉTEMPTOSE (du grec μετά, après, et ἐμπίπτω, tomber). *Voyez* ÉPACTE.

MÉTENSOMATOSE (du grec μετά, qui marque changement, ἐν, dans, σῶμα, corps). *Voyez* MÉTEMPSYCHOSE.

MÉTÉORES (de μετέωρος, haut, élevé dans les airs; dérivé de μετά, au-dessus, et ἄιρω, j'élève). On désigne sous le nom de *météores* les phénomènes qui se passent au sein de notre atmosphère, tels que la formation du vent, des nuages, de la pluie, de la grêle, des aurores boréales, etc. Une classification, qui laisse encore beaucoup à désirer, range ainsi les météores : *Météores aériens* (vents, trombes); *météores aqueux* (pluie, nuages, brouillard, rosée, neige, grêle, etc.); *météores ignés* (tonnerre, feu Saint-Elme, étoiles filantes, aérolithes, etc.); *météores lumineux* (arc-en-ciel, halos, parhélies, aurores boréales, etc.). *Voyez* MÉTÉOROLOGIE.

MÉTÉORES (Μετέωρα), groupe de rochers, situé en Thessalie, s'élevant de 25 à 100 mètres au-dessus du niveau de la plaine, de forme conique, offrant les configurations les plus curieuses, et rappelant au voyageur les pyramides et les obélisques de l'Égypte. Plusieurs couvents grecs sont construits sur le sommet de ces masses rocheuses, et on en comptait même autrefois jusqu'à vingt-quatre. On n'y peut arriver qu'au moyen de cordes et d'échelles.

MÉTÉORISATION ou **MÉTÉORISME** (du grec μετέωρος, élevé), maladie des herbivores, appelée aussi *enflure du ventre*, et nommée par Daubenton *colique de panse*. Elle consiste en un gonflement énorme du ventre, dû à la présence de gaz qui se développent abondamment dans la panse, et qui, faute d'issue, font périr l'animal. D'abord le ventre se distend démesurément, le flanc gauche est proéminent, la respiration devient laborieuse, ensuite très-difficile, bientôt le malade chancelle et expire dans les convulsions. Tantôt cette terminaison funeste arrive au bout de quelques heures ; tantôt c'est après un plus long délai ; d'autres fois, et c'est heureusement le cas le plus commun, le malade, après une anxiété douloureuse, recouvre naturellement la santé.

On a proposé et vanté tour à tour une foule de remèdes contre cette affection. On tourmente l'animal, on le fait marcher, on lui administre en lavement une décoction de mauve, de pariétaire, de chicorée sauvage et de bettes, à laquelle on ajoute du son et de l'huile de noix. On met encore quelquefois d'une bassinoire pleine de feu ou d'une pelle bien chaude pour échauffer le ventre de l'animal. L'ammoniaque liquide étendu d'eau est particulièrement efficace. Le chlorure de potasse étendu d'eau a été aussi recommandé pour les moutons. En Angleterre et en Allemagne on introduit dans la panse de l'animal l'extrémité d'un tube de cuir garni intérieurement d'un fil de fer en spirale. Cette extrémité est formée d'un gland en étain percé de petits trous par lesquels passent les gaz pour venir s'échapper par l'autre extrémité du tube en dehors de la bouche de l'animal. On peut encore essayer de l'introduction d'une pelote de crin dans l'arrière-bouche du malade pour provoquer un chatouillement favorable à l'éructation. Mais il est des cas où la marche du mal est si prompte et la mort si imminente, que l'on n'a d'autre ressource que de pratiquer une ponction dans la panse en ouvrant le flanc gauche.

Tous les aliments très-aqueux pris immodérément ou en petite quantité, mais dans des circonstances défavorables, produisent la météorisation. Il faut donc se garder de faire passer brusquement les bestiaux du régime sec au régime vert. On ne doit pas non plus faire boire des bestiaux immédiatement après qu'ils ont mangé des fourrages verts. Il ne faut pas les faire pâturer le matin à la rosée dans un champ de trèfle ou de luzerne, ni lorsque ces herbes sont encore mouillées par la pluie. La sanve ou moutarde des champs, prise en certaine quantité, météorise les animaux ; il faut donc se garder de laisser paître les moutons dans les champs où il y a abondance de cette plante, dont les moutons sont très-friands.

MÉTÉORISME (du grec μετέωρος, élevé). Les médecins donnent ce nom à la tension considérable du bas-ventre causée par des f l a t u o s i t é s.

MÉTÉORITE ou **MÉTÉOROLITHE** (de μετέωρος, élevé, et λίθος, pierre). *Voyez* AÉROLITHE.

MÉTÉOROLOGIE (de μετέωρος, pris dans le sens de *météore*, et λόγος, discours), partie de la p h y s i q u e qui s'occupe spécialement des météores.

Les grands phénomènes de la nature ont de tout temps préoccupé les hommes ; aussi l'étude de la météorologie remonte-t-elle à la plus haute antiquité. Toutefois, et jusque dans les temps modernes, on la confondit souvent avec l'astronomie, par suite de l'imperfection des sciences physiques, qui elles-mêmes ne s'engageaient dans des voies rationnelles qu'après les découvertes de Galilée, de Descartes, de Huygens et de leurs successeurs.

Ses progrès ultérieurs ne suivirent même pas ceux des autres sciences. Tant que la météorologie, principalement basée sur l'observation, n'eut pas recueilli de longues séries de faits authentiques, enregistrés et conservés avec soin ; tant qu'elle manqua surtout de ces admirables instruments de précision qui sont venus centupler les forces de l'esprit humain, que dis-je ? suppléer à tous ses calculs, elle ne put former un ensemble et un corps de théories positives. Ce n'est guère qu'au début du dix-huitième siècle, par exemple, que l'on commença à tenir note des observations thermométriques, et à vrai dire c'est de nos jours seulement que la météorologie a pris le rang qui lui appartient, grâce aux magnifiques travaux des Humboldt, des Gay-Lussac et des Arago.

La météorologie, qui est l'une des branches essentielles de la physique générale, a un double objet : elle ne s'attache pas uniquement à la connaissance des phénomènes qui se forment et se développent dans l'atmosphère ; elle les étudie en rapports immédiats et constants avec le globe terrestre et tout ce qui vit ou gît à sa surface. En effet, l'air, la terre et les eaux, inséparables en théorie, comme en fait, s'empruntent, se rendent, se communiquent sans cesse les matériaux de leurs créations, et par ce continuel échange qui assujettit aux mêmes lois les êtres vivants et les corps inanimés, concourent ainsi à l'équilibre universel.

On comprend par quelle multitude de points la météorologie touche à toutes les autres sciences et nécessairement à tout ce qui est du domaine intime de l'homme. Qui pourrait nier les influences diverses et profondes exercées sur la vie et la conservation des individus et des sociétés, sur leurs modes d'existence, sur leurs habitudes, leurs mœurs et leurs industries, par les fluides impondérables, par les climats et les températures, par les variations atmosphériques, par la qualité ou la rareté des eaux, par la nature, la latitude, la configuration ou l'exposition du sol ?

La météorologie est en effet une science éminemment pratique. Elle éclaire et enrichit la botanique, elle vivifie et perfectionne l'agriculture, elle fait de la sylviculture une science intelligente, elle explique les faits les plus extraordinaires de la géologie ; enfin, elle serait pour les travaux publics un guide sûr et actif, et devrait être le point de départ de l'hygiène et de la médecine bien comprises.

C'est que les phénomènes météorologiques ont leurs causes dans l'influence universelle qu'exercent l'électricité, le magnétisme, la chaleur, la lumière, tous ces fluides impondérables qui agissent en même temps avec énergie sur les corps organiques. M. Foissac a habilement développé cette thèse dans son livre intitulé De la Météorologie dans ses rapports avec la science de l'homme et principalement avec la médecine et l'hygiène publiques.

Mais pour que la météorologie puisse rendre les services qu'on est en droit d'attendre d'elle, il faut que ses observations se coordonnent de manière à faire saisir les lois des phénomènes. Depuis longtemps les propagateurs de cette science désiraient qu'un réseau d'observatoires météorologiques correspondant entre eux fût établi. La télégraphie électrique prêtant son secours, rien de plus facile alors que de suivre les phases des grands phénomènes atmosphériques. M. Leverrier a pu, grâce à sa haute position, réaliser ce désir : aujourd'hui les observatoires météorologiques se multiplient sous son impulsion. Ils n'ont pas encore amené de progrès remarquables ; mais ils récoltent sans doute les éléments sur lesquels la science pourra bientôt établir ses bases.
Aug. Husson.

MÉTÉOROMANCIE (du grec μετέωρος, météore, et μαντεία, divination). Divination par le tonnerre et les éclairs. Cette superstition passa des Étrusques aux Romains, chez qui elle fut en grand honneur. Deux auteurs qui avaient joué un rôle important dans la magistrature publièrent des traités de météoromancie ; l'un d'eux y donnait une liste exacte et très-détaillée des différentes espèces de tonnerres.

MÉTHOD ou **MÉTHODE** (Saint). Voyez CYRILLE, apôtre des Slaves.

MÉTHODE (du grec μέθοδος, fait de μετά, à travers, et ὁδός, route), ordre à suivre dans le cours d'un travail pour arriver au résultat que l'on veut obtenir. Les opérations successives dont ce travail est composé doivent être indiquées et dirigées, afin que chacune prépare convenablement celle qui la suit. Ainsi, un art peut avoir plusieurs méthodes, suivant la diversité de ses produits ; mais en tout ce qui est relatif à l'industrie manufacturière, dans le langage technologique, le mot procédé remplace celui de méthode, que l'on réserve pour les travaux intellectuels, et pour ceux où l'intelligence s'exerce plus que la main. L'exposition des vérités connues a besoin de suivre une méthode ; il en faut une aussi pour guider les investigateurs et les tenir sur la voie des découvertes, que le hasard n'amène point sans qu'on le cherche. Comme les phénomènes et les objets naturels sont le résultat des actions simultanées de plusieurs causes, nous n'avons qu'un seul moyen de parvenir à les connaître, c'est d'opérer par décomposition, d'isoler ces causes diverses, afin d'étudier leur nature, le degré de leur énergie et la loi de leur action. Les méthodes d'investigation sont donc essentiellement analytiques. Plusieurs écrivains très-dignes d'estime ont soutenu que l'enseignement doit procéder du simple au composé, et par conséquent que toute méthode d'instruction est synthétique ; d'autres ont pensé que la voie qui mène aux découvertes peut être suivie sans fatigue par des étudiants sous la direction de leur maître, et qu'en leur faisant contracter ainsi l'habitude d'analyser, on prépare beaucoup plus sûrement les futurs progrès de toutes nos connaissances. Des épreuves longtemps continuées peuvent seules fixer le choix entre ces deux opinions ; et la seconde mérite bien qu'on s'en occupe plus sérieusement qu'on ne l'a fait jusqu'à présent. L'histoire naturelle, la géologie et la chimie n'ont pas encore de méthodes, mais seulement des systèmes de nomenclature ; or, l'arbitraire, l'incohérence décèlent un système, et ces imperfections entraînent inévitablement la ruine de l'édifice ; la régularité, l'intime union de toutes les parties caractérisent une méthode, qui ne doit être que l'ordre des choses tel qu'il est dans la nature. La science serait imparfaite si la nomenclature et la classification ne provenaient point d'une origine commune, si la place occupée par un objet n'indiquait pas le nom qu'il porte, et réciproquement.
Ferry.

On appelle méthode naturelle celle qui se fonde sur l'ensemble des rapports que les êtres ont entre eux ; et méthode artificielle celle qui n'est établie que d'après quelques caractères particuliers et convenus.

Méthode est aussi le titre de certains livres élémentaires, et particulièrement de ceux qui concernent l'étude des langues. Telle est la Méthode latine de Port-Royal.

MÉTHODE (Botanique). Voyez BOTANIQUE.

MÉTHODES D'ENSEIGNEMENT. Voyez ENSEIGNEMENT, ENSEIGNEMENT MUTUEL, ENSEIGNEMENT UNIVERSEL, etc.

MÉTHODISTES, MÉTHODISME. On désigna d'abord sous le nom de méthodistes, dans la seconde moitié du seizième siècle, et plus tard encore les controversistes catholiques qui crurent pouvoir abréger et terminer victorieusement les discussions avec les protestants au moyen d'une nouvelle méthode de dialectique. Elle consistait tantôt à imposer aux protestants les textes sur lesquels roulerait la dispute, tantôt à attaquer le protestantisme non point sur ses doctrines spéciales, mais seulement à l'aide de principes généraux. Ce furent surtout des jésuites qui se firent un nom dans ce genre de controverse.

Aujourd'hui on entend par méthodistes les membres d'une association religieuse qui a surgi dans la première moitié du dix-huitième siècle au sein de l'Église anglicane, et qui n'est pas d'accord avec elle au sujet de la sanctification de la foi et de la rénovation dans le Saint-Esprit. Les fondateurs de cette secte n'avaient pas la prétention d'innover en matière de dogme ou de discipline, par conséquent de rompre avec l'église épiscopale, mais ils se flattaient seulement de ramener le peuple à cette sanctification et à cette rénovation par une piété quelque peu empreinte de pédantisme et au moyen d'une nouvelle méthode pratique. De là le nom de méthodistes, qu'on leur donna d'abord par dérision, comme aussi celui de membres de la sainte société ; et l'on qualifia de méthodisme leur direction d'idées ainsi que leur manière de vivre, que l'on peut prendre, ne serait-ce qu'une dégénérescence de l'herrnhutisme, ou encore une espèce de piétisme. Plus tard, eux-mêmes tinrent à honneur de prendre ces qualifications dérisoires.

La fondation de cette secte, qui compte aujourd'hui un si grand nombre d'adhérents en Europe et en Amérique, fut l'œuvre de quelques étudiants en théologie de l'université d'Oxford, les frères Wesley, Morgan et Kirkham, qui, en 1729, s'associèrent à l'effet de donner l'exemple des mœurs sévères, de la prière, du jeûne et de la célébration de la sainte Cène tous les dimanches, et surtout d'une observation plus rigoureuse des préceptes du Nouveau Testament qu'il n'était alors en usage dans l'Église anglicane ; enfin, pour se consacrer à de bonnes œuvres, notamment à visiter et assister les criminels dans les prisons, à donner aux malades les consolations de la religion, et à prêcher l'Évangile aux classes ignorantes du peuple. Ceux qui se distinguèrent le plus par leur talent, leur zèle et leur importance dans cette association furent John Wesley, à bien dire le créateur de la secte, son frère Charles Wesley, et Georges Whitheſield, qui ne s'y fit recevoir qu'en 1732.

En 1735 John Wesley passa en Géorgie, dans l'Amérique du nord, où il travailla avec succès pendant deux années à la conversion des idolâtres. Encouragé par l'exemple des herrnhutes, avec lesquels il s'était lié pendant son séjour dans ce pays, il résolut, à son retour en Angleterre (1738), d'agrandir l'ancienne association et de l'organiser en manière de confrérie. Secondé par les prédications de Whitefield, il réunit autour de lui, à Londres, en 1739, une petite communauté; aussi est-ce de cette année-là qu'on fait d'ordinaire dater la fondation de la secte des méthodistes. Le clergé anglican ayant fait interdire la chaire aux prédicateurs méthodistes, ceux-ci se mirent à prêcher en plein air. Le caractère particulier de ces prédications nomades augmenta rapidement le nombre des méthodistes. Ce qui n'y contribua pas peu, c'est que dans les réunions méthodistes les prédicateurs abordèrent des dogmes dont la discussion était bannie de la chaire par suite de la légèreté autant que du scepticisme des membres de l'Église anglicane, et qu'ils fut aussi de nouveau question de la corruption naturelle de l'homme, de la réconciliation opérée par la mort du Christ, de la pénitence et du triomphe de la grâce dans la régénération. Les *méthodistes* se construisirent des chapelles, qu'ils appelèrent *tabernacles*; et le gouvernement n'apportant aucune entrave à leurs entreprises, ils songèrent à se donner une constitution ecclésiastique, qui conserva encore beaucoup d'analogie avec celle des herrnhutes, quoique leur bonne intelligence avec eux eût cessé 1739. Des discussions intérieures au sujet de l'élection par la grâce amenèrent en 1744 une division des méthodistes en *whitefieldiens*, qui professaient les sévères doctrines de Calvin sur la prédestination, et en *wesleyens*, et c'étaient de beaucoup les plus nombreux, qui, à l'instar des arminiens ou remontrants, admettaient une prédestination universelle à la félicité éternelle. Les premiers sont surtout répandus dans l'Amérique du Nord, où leur grand centre est Bristol; les seconds en Angleterre, où Londres est leur principal centre d'action. Toutefois ce schisme n'empêcha pas la rapide propagation du méthodisme en Angleterre, en Irlande et dans l'Amérique du Nord. Il se répandit surtout dans les basses classes des populations, dont la conversion était fréquemment accompagnée de soupirs, de sanglots, de cris, d'extases et de convulsions nerveuses; phénomènes dans lesquels on voyait des signes infaillibles et nécessaires de régénération.

Au point de vue du dogme, les méthodistes adoptent bien les doctrines symboliques de l'Église anglicane; mais ils ont réduit le nombre de ses articles de foi de trente-neuf à vingt-cinq. Ils admettent en outre que Dieu rend la foi justifiante, que la conversion a lieu instantanément et par voie surnaturelle, que la force miraculeuse du Saint-Esprit opère toujours, que le commencement de la félicité éternelle est également instantané, qu'elle s'accroît par l'intervention de Dieu, et que le baptême doit avoir lieu par immersion. Leur liturgie est le rituel de l'Église anglicane; seulement, ils l'observent avec beaucoup plus de dévotion, par exemple pour ce qui est des cantiques, où ils font alterner les chœurs d'hommes et les chœurs de femmes. Les jours de la semaine, ils se réunissent le matin de bonne heure et le soir après six heures pour célébrer le culte divin, et ils observent très-rigoureusement la solennité du dimanche. Une fois par mois chaque communauté tient une veillée, qui dure depuis le soir jusqu'au matin et qui s'écoule au milieu de prédications, de prières et de chants. Le jour du nouvel an, tous les *wesleyens* de Londres se réunissent dans le *tabernacle* situé près de cette capitale, à Moorfields, afin d'y célébrer l'anniversaire de la fondation de la société. Pour le maintien de la discipline ecclésiastique, les communautés sont divisées en classes, chacune de dix à vingt membres, et à leur tour celles-ci en sociétés moindres ou *bands*, suivant les sexes, chacune desquelles se réunit chaque semaine sous la présidence de son directeur particulier, chargé d'exercer une sévère censure sur les mœurs, et investi du pouvoir de prononcer au besoin l'anathème et l'exclusion. Les différentes *bands* et classes de chaque communauté se réunissent tous les trois mois pour communier en commun. Les communautés sont dirigées par des évêques, et par des prédicateurs, soit résidants, soit nomades; ces derniers sont pour la plupart de simples laïcs, appartenant aux classes les plus humbles, pouvant dès lors continuer à exercer leurs métiers respectifs, malgré les honoraires qu'ils perçoivent pour leurs sermons. Dans chaque communauté, les anciens ainsi que les directeurs de *bands* et de classes et les visiteurs de malades sont adjoints aux prédicateurs résidants pour administrer tous ses intérêts civils économiques. La *conférence*, composée d'un certain nombre de prédicateurs qui se réunissent annuellement, délibère sur les intérêts communs de la société. Chaque communauté a son maître d'école particulier; et il existe à Kingswood, près de Bristol, un collége fondé par Wesley pour l'éducation des prédicateurs méthodistes. Tous les fonctionnaires de cette association étaient autrefois choisis au sort par les seuls prédicateurs; mais après la mort de Wesley, arrivée en 1791, la question s'étant élevée parmi ses adhérents de savoir s'il convenait de célébrer dans leurs propres tabernacles la communion, que jusqu'alors, d'après la volonté de Wesley, ils avaient reçue dans les assemblées de l'église épiscopale, et de rompre complétement ainsi avec cette église; et les prédicateurs ayant répondu affirmativement, non pas à la pluralité des voix, mais suivant leur usage par la voix du sort, il se forma parmi les wesleyens sous le nom de *nouveaux méthodistes* une secte particulière, qui en 1798 institua un directoire ecclésiastique composé de prêtres et de laïcs, et qui compte aujourd'hui plus d'adhérents que les whitefieldiens et les wesleyens réunis. Il existe encore parmi les méthodistes diverses autres petites sectes, par exemple les *Church methodists*, les *primitive methodists*, appelés aussi *jumpers* ou *ranters*, l'Association méthodiste de Londres, les *shakers*, la secte de la Nouvelle Lumière, etc., etc. Les méthodistes sont très-nombreux dans la Grande-Bretagne, et ils exercent une utile activité, soit par les missions qu'ils entretiennent parmi les gens de couleur dans les Indes occidentales, ou parmi les sauvages de la mer du Sud, soit en faisant contracter aux classes inférieures des habitudes de travail, de moralité et de respect pour Dieu. Ils ont pris une part importante à l'abolition de l'esclavage; et sous ce rapport le méthodiste W il b e rf o rc e s'est fait un nom justement célèbre. En France ils ont pu faire de nombreux prosélytes, surtout à partir de 1830, quoiqu'il leur ait fallu y triompher de bien des obstacles. Paris et Lyon sont leurs grands centres d'action, et ils possèdent une chaire à la Faculté de Montpellier. Madame de Krudener contribua beaucoup à leur propagation en Suisse, dans le canton de Vaud, où on les désigne aussi sous le nom de *m o m i e r s*. Il leur a été donné également de faire pénétrer leurs doctrines en Allemagne, notamment en Wurtemberg, et à Bremen il existe une société méthodiste consacrée à la diffusion de petits traités religieux.

Les méthodistes de l'Amérique du Nord sont, il est vrai, *wesleyens*; mais ils diffèrent sous maints rapports des communautés de la Grande-Bretagne. Dès 1766 des méthodistes venus d'Irlande fondaient une communauté à New-York, où deux ans plus tard ils construisaient une chapelle. La première *conférence* des méthodistes américains se tint en 1773, à Philadelphie, sous la présidence de Thomas Rankin, à qui Wesley avait confié la direction supérieure des communautés fondées ou à fonder dans les colonies. Après la révolution, en 1784, Wesley envoya en Amérique un de ses disciples qui, dans une assemblée tenue à Baltimore, institua un directeur ou évêque des communautés américaines, et nomma en même temps pour anciens douze prédicateurs. Depuis lors la constitution épiscopale a été introduite chez les méthodistes et ceux-ci y sont désignés sous le nom d'*Église épiscopale méthodiste*. Tout individu qui se sent saisi de l'esprit saint s'adresse à son pasteur, et celui-ci,

8.

s'il le croit capable, lui donne la permission d'exhorter et de prêcher. Quand, au bout d'un certain temps, il a fait preuve de capacité, la conférence locale des prédicateurs l'autorise à fonctionner dans la communauté, ou bien la conférence annuelle le nomme prédicateur ambulant. Après deux années de perambulation, il passe diacre, et deux ans plus tard encore il est admis au nombre des anciens. Les prédicateurs, dans les communautés, sont des laïcs, qui ne prêchent que le dimanche. La conférence annuelle se compose de tous les prédicateurs ambulants. Les députés des différentes conférences annuelles forment la conférence générale, qui se tient tous les quatre ans, et qui a mission de faire tous les règlements et de prendre toutes les mesures nécessaires à la communauté. Cependant, il y a un parti qui prétend exclure les prédicateurs ambulants des conférences générales. Les *bands* se composent de trois à quatre membres, hommes ou femmes, mariés ou célibataires, qu'une confiance mutuelle attire les uns vers les autres. Le Wurtembergeois Wilhelm Nast a fondé en 1835 l'Église épiscopale méthodiste allemande de l'Amérique du Nord. En 1842 on comptait dans l'Amérique du Nord trois millions de méthodistes répartis en 3,506 communautés. En 1831 un séminaire méthodiste a été fondé à Middletown, dans le Connecticut. Consultez Southey, *The Life of J. Wesley, origin and progress of Methodism* (Londres, 1825); *The Life of G. Whitefield* (1832).

METHUEN (Traité de). Cette dénomination par laquelle on désigne un traité de commerce conclu en 1703 à Lisbonne entre l'Angleterre et le gouvernement portugais, est tirée du nom du plénipotentiaire anglais, lequel s'appelait *Methuen*. Ce traité stipulait que les draps et autres étoffes de laine anglaises qui, depuis 1684, ne pouvaient plus entrer en Portugal, y seraient de nouveau admis sous la condition d'acquitter un droit de douane de 23 p. 100. En revanche, le gouvernement anglais s'engageait à toujours frapper les vins de Portugal, à leur entrée en Angleterre, de droits d'un tiers moins forts que ceux prélevés sur les vins de France. Ce traité passa pendant longtemps pour extrêmement avantageux à l'Angleterre, et aujourd'hui encore l'école prohibitive persiste à le regarder comme tel; mais la moindre réflexion suffit bien vite pour démontrer que l'Angleterre a rarement pu conclure un traité qui lui ait été plus désavantageux. En effet, comme ce traité n'est relatif qu'au Portugal et non à ses colonies, il accorde, eu égard au chiffre des populations respectives des deux pays, aux vins de Portugal un débit dix fois plus considérable en Angleterre que les draps anglais n'en peuvent trouver en Portugal. Évidemment l'Angleterre a plus besoin et fait une consommation plus considérable des vins de Portugal, que le Portugal des draps et des étoffes de laine de l'Angleterre. En outre, l'Angleterre diminuait son commerce avec la France, en repoussant de ses marchés l'un des grands moyens d'échange de ce pays, le vin, et elle contraignait la France à user de représailles à son égard. En revanche, ce traité fit tomber la plus grande partie du commerce des vins de Portugal aux mains des marchands anglais, en même temps que la manufacture de lainages du Portugal, sa principale industrie, qui tirait du pays même d'excellentes matières premières et qui exportait en grande partie ses produits dans les colonies, fut ruinée sans ressources, attendu que le Portugal se trouva alors obligé d'acheter à l'Angleterre ce dont il avait besoin pour lui et pour ses colonies. C'est ainsi qu'en fait l'industrie, le commerce et les affaires du Portugal en sont arrivés insensiblement à dépendre complètement de l'Angleterre.

MÉTIDJA ou MITIDJA, plaine des environs de la ville d'Alger. C'est une belle vallée de 90 kilomètres de long sur 8 à 12 de large. Elle est peu ondulée, même au point de partage qui sépare le bassin de l'Harach et de l'Hamise de celui du Mazafran. L'Atlas et le massif d'Alger qui limitent cette plaine s'élèvent subitement et presque perpendiculairement au-dessus d'elle, sans qu'aucun contre-fort vienne adoucir et fondre cette jonction. La plaine de la Métidja est bornée à l'ouest par les collines du Sahel, peu élevées, que le Mazafran est obligé de rompre pour arriver à lamer, et au nord-est par des dunes de sable que l'Harach et l'Hamise traversent à leur embouchure. Ainsi encaissée pour ainsi dire de tous côtés, elle est bien cultivée dans la partie voisine des montagnes, et marécageuse dans la partie inférieure. Son aspect est généralement découvert. Déjà lors de l'occupation de l'Algérie on apercevait sur quelques points, et plus particulièrement dans la partie méridionale, des établissements agricoles, des villages ou hameaux arabes, bordés de haies impénétrables de figuiers de Barbarie, et entourés de plantations d'oliviers, de caroubiers, de jujubiers et de quelques ormes. Cette plaine est souvent couverte le matin de brouillards, qui s'élèvent un peu sur la pente septentrionale du petit Atlas.

Les principaux cours d'eau qui traversent la Métidja sont: l'oued Jer et la Chiffa, qui réunis forment le Mazafran, l'oued Bouffarick, l'oued el Kerma, l'Harach, l'Hamise et l'oued Kadara. Ces rivières ou ruisseaux prennent naissance dans les montagnes du petit Atlas, à l'exception de l'oued el Kerma, qui descend du massif d'Alger. Aucun de ces cours d'eau n'est et ne peut devenir navigable. Presque tous sont des torrents dans la saison des pluies, et n'offrent pendant l'été qu'un lit à peu près desséché. Quelques-uns, cependant, l'Harach et le Mazafran, ont une importance fort grande, en ce que, destinés à recevoir les eaux que les dessèchements de la plaine partageront entre ces deux rivières, leur cours supérieur peut, à l'aide de travaux intelligents, fournir de puissants moyens d'irrigation aux cultivateurs de la Métidja.

Le maréchal Clausel évaluait la population de la plaine de la Métidja (non compris les villes de Blida, Coléah et Alger), à 800,000 habitants en 1509, à 500,000 en 1541, à 240,000 vers 1680, et il ajoutait qu'au milieu du dix-huitième siècle on ne comptait plus que 800 familles dans cette plaine jadis si habitée.

En 1835 une ambulance fut établie, au moyen d'une souscription et par les soins du docteur Pouzin, au milieu de la Métidja, auprès de la fontaine du Petit-Marabout, pour les malades de la plaine et de l'Atlas. En 1836 on commença à établir les colons européens dans la plaine de la Métidja. Ils y étaient à peine installés, lorsqu'au mois de novembre 1839, les Arabes vinrent saccager les fermes de la plaine. Tous les colons durent rentrer en ville, mais les troupes vinrent à leur secours et débarrassèrent la Métidja, qui resta cependant quelque temps avant de retrouver toute sa sécurité. A cette époque on proposa, pour protéger cette plaine contre les incursions des Arabes, de l'entourer d'une enceinte continue et même d'un fossé qui aurait pu servir à écouler les eaux de la Métidja. Des travaux de dessèchement ont été entrepris, et aujourd'hui la Métidja compte un bon nombre de centres de population. L. LOUVET.

MÉTIER. On donne le nom de *métier* à la profession d'un art mécanique, à une espèce de machine employée à certaines fabrications. Ce mot, dérivé du latin *ministerium*, présente, indépendamment de sa signification naturelle, une foule d'acceptions proverbiales et figurées. Ainsi, *métier* se dit de ce qui se fait ordinairement et par coutume : Cet homme est accoutumé à tromper, il est en *métier* et marchandise ; boire, c'est le *métier* des Allemands. On appelle *jalousie de métier* celle qui provient d'une rivalité d'intérêt ou de réputation entre personnes qui suivent la même carrière, qui exercent la même profession. Celui qui travaille avec ardeur, sans relâche, a *le cœur au métier*. Un *gâte-métier* est un marchand, un ouvrier, qui donne sa marchandise ou sa peine à trop bon compte. Servir à quelqu'un un *plat de son métier*, c'est faire quelque tour d'adresse, de fourberie. On dit aussi en bonne part quand quelqu'un fait un présent ou apporte une chose de la nature du *métier*, qu'il exerce. En parlant des productions de l'esprit, on dit qu'un ouvrage doit être remis sur le *métier*, c'est-à-dire qu'il a besoin d'un grand nombre de corrections.

Le mot *métier* s'emploie encore par extension pour désigner plusieurs professions non mécaniques : Le *métier* des armes, le *métier* de la guerre ; Chacun doit se mêler de son *métier*. Quelquefois, enfin, on s'en sert par opposition au mot *art* : Faire d'un art un *métier*.

MÉTIER, sorte de machine servant à la fabrication de certaines étoffes. Il y a des *métiers à bas*, des *métiers à broderie*, à *tapisserie*, etc. Nous ne décrirons ici que le métier employé pour le tissage des étoffes.

Les fils qui doivent former la chaîne de l'étoffe sont tendus parallèlement sur deux rouleaux nommés *ensouples* ou *ensuples*; chacun de ces fils est séparé de ceux qui l'avoisinent par les dents d'un *peigne* ou *ros*, fixé dans un *battant* mobile. Chaque fil de la chaîne passe, en outre, dans un anneau. Dans le tissage ordinaire, ces anneaux, ou *lisses*, sont en fil, et ceux par lesquels passent les fils de rang pair sont suspendus à une tringle en bois ; les autres anneaux sont également suspendus à une tringle pareille. Ces tringles obéissent à une pédale que l'ouvrier fait mouvoir, de telle sorte que, lorsque l'une s'élève l'autre s'abaisse ; les fils de la chaîne offrent alors un certain écartement, les fils pairs par exemple étant élevés, les autres abaissés ; en ce moment l'ouvrier lance entre les deux séries de fils, et en avant du peigne, une *navette* qui se déroule, et, allant d'une lisière à l'autre de l'étoffe, laisse un fil de toute sa largeur, que l'on appelle *duite*. Le peigne est aussitôt mis en mouvement avec cette duite contre la trame, puis revient prendre sa position. L'ouvrier appuie alors le pied sur la pédale qui correspond aux tringles de bois auxquelles sont suspendues les lisses ; celle qui était élevée s'abaisse, et *vice versa*. Il lance de nouveau la navette, et ainsi de suite. Les duites forment ainsi la *trame*, qui se trouve solidement maintenue entre les fils de la chaîne.

Mais on peut, au lieu de deux séries de lisses, en former quatre ou davantage ; on obtient ainsi des tissus, soit croisés, soit à côtes, des étoffes brochées, etc. On variera les dessins à l'infini par les différentes combinaisons des lisses ; on peut aussi faire la trame d'une autre matière ou d'une autre couleur que la chaîne. Cependant, plus on augmente le nombre des séries de lisses, plus l'ouvrier est exposé à se tromper ; car il faut qu'il élève à propos celles qui doivent être élevées. Il a alors besoin du secours d'un autre ouvrier, le *liseur*, qui suit le dessin sur un papier, où sont indiquées les cordes qu'il faut tirer à chaque moment. A son commandement, le *tireur de lacs* tire ces cordes, et le tisseur n'a qu'à lancer sa navette.

C'est du moins ainsi que s'exécutait le tissage avant la réforme apportée par Jacquard. Aujourd'hui, on ne voit plus de malheureux enfants se déformer les membres en conservant des journées entières l'attitude nécessaire aux tireurs de lacs. Le tisseur peut opérer seul. Dans le métier *Jacquard*, chaque lisse est adaptée à une tige verticale en fil de fer, terminée en haut par un crochet, et traversant un œil pratiqué dans une autre aiguille horizontale. Les aiguilles horizontales peuvent être repoussées en avant, de manière à être soustraites à l'action de la *griffe* : ce dernier nom s'applique à un châssis qu'une pédale élève, et qui entraîne avec lui les aiguilles horizontales qui se trouvent au-dessus, et avec celles-ci les aiguilles verticales qui leur sont unies. Tout l'artifice de Jacquard consiste donc à repousser les aiguilles horizontales qui doivent l'être. Pour cela il emploie un simple prisme de bois, que les ouvriers nomment improprement *cylindre*. Ce prisme, mobile sur un axe horizontal, est percé de trous correspondant aux extrémités postérieures des aiguilles horizontales. On conçoit que si l'on place sur l'une des faces d'un tel prisme un carton percé de trous correspondant seulement à un certain nombre de ceux du *cylindre*, les aiguilles horizontales placées en face des autres trous ne pourront plus y entrer. Lorsqu'on fera mouvoir la griffe, ces aiguilles ne seront donc pas soulevées, tandis que les autres le seront. En disposant convenablement des cartons semblables sur les faces du prisme, le tisseur n'aura donc autre chose à faire que de lancer sa navette. Bien plus, la machine elle-même pourra lui indiquer, à l'aide du soulèvement de telle ou telle lisse portant un fil de telle ou telle nuance, qu'il doit produire une duite de la couleur désignée.

En appliquant l'électricité au métier Jacquard, M. Bonelli, directeur du télégraphe de Turin, est parvenu à produire des dessins beaucoup plus variés. Des aiguilles aimantées remplacent les cartons. Avec vingt-quatre de ces aiguilles, un *métier électrique* fabrique une étoffe large de 30 centimètres avec huit couleurs différentes. Le procédé de M. Bonelli peut s'appliquer facilement aux métiers Jacquard actuels, en y introduisant de légères modifications. Cette innovation, accueillie avec empressement par l'industrie, semble appelée à un bel avenir.

MÉTIERS (Corps de). *Voyez* CORPS (tome VI, p. 545) et MARCHAND.

MÉTIS (de *mixtus*, mélangé). Ce mot est aujourd'hui passé dans la langue française. Nous l'avons tiré de l'espagnol *mestizo*, qui désigne particulièrement le fruit de l'union d'un Espagnol avec une Indienne, ou d'un Indien avec une Espagnole. En français, sa signification a été étendue à tous les animaux que l'on qualifie aussi *d'hybrides*.

MÉTIS (*Astronomie*), planète télescopique découverte le 26 avril 1848, par M. Graham, astronome attaché à l'Observatoire de Mackree, en Irlande. Sa distance solaire est 2,39, celle de la Terre étant prise pour unité.

MÉTON, célèbre astronome athénien, qui florissait vers la 87e olympiade (432 ans avant J.-C.), introduisit dans le calendrier une réforme ayant pour but de faire concorder l'année lunaire avec l'année solaire. Jusqu'à l'an 600 environ avant notre ère, les Grecs comptaient successivement douze années de 30 jours chacune, et une treizième année (*triétéride*) de treize mois. Les oracles ayant plus tard déclaré qu'il fallait régler les années sur la marche du Soleil, et les mois sur celle de la Lune, on composa l'année de douze mois comprenant alternativement trente et vingt-neuf jours, et commençant à la nouvelle lune ou *néoménie*. La troisième, la cinquième et la huitième année de cette période, dite *octaétéride*, eurent chacune un mois complémentaire de 30 jours. Après deux *octaétérides*, on ajoutait trois jours complémentaires ou *épagomènes*. Méton réforma ce calendrier si compliqué, en imaginant un cycle de dix-neuf ans, dit *ennéadécatéride*, après la révolution duquel les rapports des jours, des mois et des années avec les retours de la Lune et du Soleil aux mêmes points du ciel se trouvaient conservés. Dans cette période on comptait 235 lunaisons, savoir, 228 à raison de 12 par an, et 7 autres mois dits intercalaires ou *embolismiques*, dont 6 de 30 jours et le dernier de 29. Ce résultat frappa tellement les Grecs d'admiration qu'on le grava en lettres d'or sur les places publiques. C'est de là que vient la dénomination de *nombre d'or*, qui est conservé jusqu'à nos jours.

MÉTONYMIE (du grec μετωνυμία, formé de μετά, préposition qui exprime un changement, et de l'éolien ὄνυμα, nom), changement de nom, trope ou figure de rhétorique qui est une espèce de *métaphore*. Les maîtres de l'art ont restreint cette figure aux usages suivants : 1° l'emploi de la cause pour l'effet : *vivre de son travail*, c'est-à-dire vivre de ce qu'on gagne en travaillant ; *Cérès* et *Bacchus*, c'est-à-dire le pain et le vin :

L'amour languit sans Bacchus et Cérès.

Par métonymie encore, on a dit *Neptune* pour la mer, *Mars* pour la guerre, *Vénus* pour la beauté ; et l'on répète tous les jours qu'on a lu *Bossuet, Racine, Voltaire*, c'est-à-dire les ouvrages de ces grands écrivains. Il y a également métonymie lorsqu'on dit de quelqu'un qui écrit bien, qu'*il a une belle main* ; d'un auteur célèbre, qu'*il est une des plumes les plus distinguées* ; d'un habile peintre, que *c'est un savant pinceau*, etc. 2° L'effet pour la cause, comme dans ces mots : la *triste vieillesse*, la *pâle mort*, l'or-

gueuleuse richesse. 3° Le contenant pour le contenu : l'*univers* pour les peuples qui l'habitent, la *forêt* pour les animaux qui s'y tiennent cachés, un *nid* pour les oiseaux qui sont dedans, etc. 4° Le nom du lieu où une chose se fabrique, pour la chose elle-même : un *damas*, un *elbeuf*, un *cachemire*, un *madras*, etc. 5° Le signe pour la chose signifiée : le *sceptre* pour l'autorité royale, l'*épée* pour l'état militaire, la *robe* pour la magistrature. 6° Le terme abstrait pour le concret : mon *espérance*, pour la chose que l'on espère, ma *demande* pour la grâce qu'on a demandée. 7° Les parties du corps regardées comme le siége des passions et des sentiments, pour ces sentiments eux-mêmes : *Cet homme a du cœur*, c'est-à-dire du courage; *C'est une femme de tête*, c'est-à-dire qui a du jugement, de la fermeté ou de l'entêtement ; *Voilà une méchante langue*, pour désigner une personne médisante. 8° Enfin, le nom du métier d'une maison pour la maison qu'il occupe, espèce de métonymie dont on voit des exemples dans les anciens auteurs ; il en est de même pour les pièces de monnaie auxquelles on donne le nom du souverain dont elles portent l'effigie.

Telles sont les principales espèces de métonymies. Des rhéteurs en comptent une neuvième, désignant ce qui précède pour ce qui suit, et réciproquement; ou l'*antécédent* pour le *conséquent*, et *vice versa*. Exemple : on tirait au sort autrefois avant le partage des biens : de là *sors*, en latin, se prend souvent pour le *partage* lui-même, où pour la portion échue en partage ; c'est l'antécédent substitué au conséquent. *Sors* signifiait encore *jugement, sentence* : le sort chez les Romains décidait de l'ordre dans lequel chaque cause devait être plaidée ; c'était encore l'antécédent pour le conséquent. Cette dernière espèce de métonymie a reçu le nom de *métalepse*.   CHAMPAGNAC.

MÉTOPE (du grec μετά, entre, et ὀπή, trou). On appelle ainsi, en architecture, des intervalles carrés qui dans la frise dorique font la séparation des triglyphes ou bossages. Elles y représentent les extrémités des solives du plafond qui viennent reposer sur l'architrave, et les intervalles que les solives laissent entre elles. Elles furent le point de transition entre la construction en bois et la construction en pierre, et où cette dernière conserve encore les formes de la première, formes qui avec les progrès toujours croissants de l'architecture doivent de jours en plus s'effacer et disparaître. C'est ainsi qu'on ne trouve point de *métopes* d'ordre ionique et corinthien, dont l'invention est postérieure à celle de l'ordre dorique. On cacha alors les extrémités des solives du plafond, et on ne leur donna point de saillie, afin d'avoir une frise élégante et unie. Peut-être aussi les supprima-t-on à cause de la difficulté de diviser d'une manière toujours juste et régulière les métopes et les triglyphes, attendu que le triglyphe devait toujours se trouver au-dessus du milieu de la colonne et de l'entre-colonnement, et que chaque métope devait former un carré régulier. Postérieurement encore, on orna les métopes de sculptures, et le temple de Thésée en offre de remarquables exemples.

On nomme aussi *métope* l'espace qui se trouve entre les consoles d'une corniche composée et qui est ornée de peintures et de sculptures. Tels sont les beaux *métopes* du Parthénon représentant des groupes de centaures et de lapithes qui combattent.

MÉTOPOSCOPIE (du grec μέτωπον, front, et σκοπέω, je considère). On appelle ainsi la partie de la physiognomonie qui enseigne à connaître le tempérament et les mœurs des individus par la seule inspection des traits généraux du visage.

MÈTRE (*Poésie*). Ce terme, qui est souvent employé quand on traite de versification ou de philologie, signifie *mesure*, comme l'indique son étymologie. Il vient du latin *metrum*, fait lui-même du grec μέτρον. Suivant Aristote, le mètre est un système de pieds composés de syllabes différentes et d'une étendue déterminée. Dans ce sens, *mètre* est souvent employé comme synonyme de *vers*, et beaucoup de poètes et d'auteurs latins lui ont donné cette signification.

Chez les modernes comme chez les anciens, le mètre est une condition essentielle de la cadence et du rhythme. Un rhéteur contemporain explique très-nettement l'origine du mètre dans l'ancienne poésie. « On fie s'avisa pas tout d'un coup, dit-il, de faire des vers ; ils ne vinrent qu'après le chant. Quelqu'un, ayant chanté des paroles et se trouvant satisfait du chant, voulut porter le même air sur d'autres paroles. Pour cela, il fut obligé de régler les paroles du second couplet avec le premier. Ainsi, la première strophe de la première ode de Pindare se trouvait de dix-sept vers, dont quelques-uns de huit syllabes, d'autres de six, de sept, de onze, il fallut que dans la seconde, qui figurait avec la première; il y eût la même quantité de syllabes et de vers, et dans le même ordre. On observa ensuite que le chant s'adaptait beaucoup mieux aux paroles quand les brèves et les longues se trouvaient placées dans le même ordre dans chaque strophe, pour répondre exactement aux mêmes tenues de tons. En conséquence, on travailla à donner une durée fixe à chaque syllabe en la déclarant brève ou longue, après quoi, on forma ce qu'on appelle des pieds, c'est-à-dire de petits espaces tout mesurés qui furent au vers ce que le vers était à la strophe. » La connaissance du mètre est indispensable à l'intelligence de la prosodie des langues. Chez les anciens, le mètre fixait invariablement le nombre de pieds d'un vers; quel que fût d'ailleurs le nombre des syllabes ; chez nous, le mètre fixe au contraire le nombre de syllabes (*voyez* VERSIFICATION, NOMBRE, PROSODIE).   CHAMPAGNAC.

MÈTRE, SYSTÈME MÉTRIQUE (*Métrologie*). Nous avons vu, à l'article MESURES, l'origine et la filiation des principaux systèmes de mesures adoptés par les anciens. Celui que Charlemagne avait imposé à tous les sujets de son empire n'a pu prévaloir contre les systèmes préexistants; et à l'époque de la réforme métrique il n'était en usage qu'à Paris et dans quelques parties de la France. L'altération des mesures commises dès le règne de Charles le Chauve, à l'occasion des dons et des autres droits seigneuriaux, il ordonna de réduire les mesures trop fortes, mais il tolèra celles qui étaient trop faibles. La réforme des poids et mesures fut tentée inutilement sous Philippe le Bel, Philippe le Long, Louis XI, François Ier et Henri II. En 1670 Picard, de l'Académie des Sciences, proposa de prendre pour unité de mesure la longueur du pendule simple qui bat la seconde, longueur qu'il avait trouvée de 440,5 lignes. Un demi-siècle après, Cassini II avait mesuré la méridienne de France, et proposé l'adoption d'un pied géométrique égal à la six-millième partie de la minute du degré terrestre. Déjà, en 1670, Mouton avait demandé qu'on prît pour unité cette minute elle-même, qu'il divisait de 10 en 10. Il est probable qu'à l'époque des Cassini on eût effectué une pareille réforme sans la fixité qui s'était élevée entre les astronomes français. La Condamine en eut gain de cause, et la toise dite *du Pérou*, qui lui avait servi pour mesurer les degrés du méridien à l'équateur, fut adoptée en 1766 comme étalon des mesures françaises. Mais l'énormité et la scandaleuse diversité de nos mesures n'en continua pas moins d'exister. Le vœu d'une réforme complète fut exprimé dans plusieurs cahiers des bailliages remis aux membres des états généraux. Les savants appuyèrent cette demande de tout leur crédit ; et sur la proposition de Talleyrand, l'Assemblée constituante rendit son décret du 8 mai 1790, d'après lequel le roi de France devait engager le roi d'Angleterre à réunir aux académiciens français un pareil nombre de membres de la Société royale de Londres pour déterminer en commun la longueur du pendule simple, qui bat la seconde sexagésimale à la latitude de 45 degrés et au niveau de la mer. Cette longueur devait être prise pour l'unité des mesures nouvelles, que ces deux nations éclairées et puissantes s'engageraient à propager parmi tous les peuples civilisés. L'Académie nomma une commission composée de Borda, Lagrange, Laplace, Monge et Condorcet. Trois projets y furent discutés : devait-on s'en tenir au pendule? devait-on mosurer le quart de l'équateur, ou le quart du méridien ? Il fut enfin décidé que la dix-millionième partie de la distance de l'équateur au pôle serait prise pour unité sous le nom de mètre (de μέτρον, mesure). Delambre et Méchain, chargés de mesurer la méridienne depuis Dunkerque jusqu'à Barcelone, s'occupaient activement de cette grande opération, au milieu de la tourmente révolutionnaire, qui mit plusieurs fois leur vie en péril, lorsque l'Académie se trouva tout à coup supprimée, et la commission des poids et mesures épurée dans le sens le plus démocratique.

Impatient d'opérer cette réforme, le gouvernement chargea les citoyens Brisson, Borda, Lagrange, Laplace, Prony et Berthollet, de créer un mètre provisoire, basé sur les mesures de Lacaille: La valeur de ce mètre fut de 443,44 lignes. Les travaux scientifiques demeurèrent ainsi suspendus jusqu'en 1799, époque à laquelle on les reprit avec une extrême activité. L'état de guerre, ou plutôt la susceptibilité nationale, n'ayant pas permis à l'Angleterre de répondre à l'invitation de la France, celle-ci fit un appel à toutes les nations amies, pour qu'elles eussent à envoyer des députés à la commission française des poids et mesures. Cette commission était alors composée de Borda, Brisson, Coulomb, Delambre, Haüy, Lagrange, Lefèvre-Gineau, Méchain et Prony. Les commissaires étrangers furent Aeneo, et Van Swinden, députés bataves; Balbo, de-la Savoie, remplacé plus tard par Vassalli-Eandi; Bugge, du Danemark; Ciscar et Pedrayès, d'Espagne; Fabbroni, de Toscane; Francini, de la République Romaine; Mascheroni, de la République Cisalpine; Multedo, de la République Ligurienne; et Trallès, de la République Helvétique.

Les calculs de la méridienne furent faits doubles par une commission spéciale, composée de Van Swinden; Trallès, Laplace, Legendre et Ciscar. En combinant leur résultat avec celui que Bouguer avait trouvé au Pérou, ils obtinrent un 334ᵉ pour l'aplatissement de la terre, 5,130,740 toises pour le quart du méridien, et par suite 443,296 lignes pour la valeur du mètre. Une seconde commission fit exécuter le mètre, et une troisième le kilogramme, qui est le poids du décimètre cube d'eau, ce liquide étant pesé dans le vide au *maximum* de densité. Le 22 juin 1799, la commission générale des poids et mesures, par l'organe de Trallès, présenta le résumé de ses travaux au corps législatif, ainsi que les prototypes, en platine, du mètre et du kilogramme. Ceux-ci furent le même jour placés chacun dans une boite fermant à clef, et déposés aux Archives de la république, dans la double armoire fermant à quatre clefs, où ils sont encore à ce jour. Toutefois, le système métrique définitif ne fut légal qu'à dater du 2 novembre 1801.

Les unités principales de ce système sont les suivantes : pour les longueurs, le *mètre*, qui est la dix-millionième partie de la distance du pôle à l'équateur, mesurée sur la surface de l'Océan; pour les terrains, l'*are*, qui est un carré de 10 mètres de côté, représentant 100 mètres carrés; pour les capacités, le *litre*, qui est le cube du décimètre; pour le bois de chauffage, le s*tère*, ou cube du mètre; pour les poids, le *gramme*, qui est le poids d'un centimètre cube d'eau pure, au *maximum* de densité, et pris dans le vide; enfin, pour la monnaie, le *franc*, qui est une pièce du poids de 5 grammes, formée de 9 parties d'argent et d'une partie d'alliage. Dans ce système, les expressions *déca*, *hecto*, *kilo*, *myria*, tirées du grec, indiquent respectivement la dizaine, la centaine, le mille et la dizaine de mille de l'unité principale dont elles précèdent le nom. Les mots *déci*, *centi*, *milli*, tirés du latin, expriment respectivement le dixième, le centième et le millième de cette unité.

D'après le décret de 1812, le système métrique était ainsi modifié : 2 mètres faisaient une toise, dont le sixième était le pied nouveau; l'aune était de 12 décimètres; le boisseau était le huitième de l'hectolitre, et valait 12,5 litres; enfin, la livre était de 500 grammes, et toutes mesures se divisaient comme les anciennes mesures dont elles portaient le nom.

Le décret de 1812 a été annulé le 17 avril 1840, et le système métrique est aujourd'hui le seul légal en France. Depuis, la Belgique, la Hollande, la Grèce, la Pologne, la Lombardie, le Piémont, le duché de Modène, l'Espagne, le Portugal, et au delà des mers, le Chili et la Nouvelle-Grenade, ont décrété l'adoption du système métrique. Il a été accepté en partie par la Suisse. Enfin les États du Zollverein ont fait leur livre de 500 grammes; leur pied de 3 décimètres, leur pot d'un litre et demi. Le système métrique sera bien près d'avoir conquis l'adhésion universelle quand l'Angleterre et les États-Unis s'y seront ralliés. SAIGEY.

MÉTRIQUE (du grec μέτρον, mesure). On appelle ainsi la science des lois générales du rhythme comme base de toute versification, unie à l'exposition des différentes mesures de vers employées par les poëtes. Chez les Grecs la métrique acquit de bonne heure un haut degré de perfection, tandis que chez les Romains elle s'en tint servilement à la reproduction plus ou moins exacte des formes adoptées par les Grecs. Comme science, la métrique ne fut jamais traitée que d'une manière fort incomplète et insuffisante par les anciens musiciens, grammairiens, rhéteurs et scoliastes grecs et latins, tels qu'Aristoxène, Héphestion, Priscien et Terentianus Maurus, qui, ne s'occupant que de la nécessité pratique, se contentaient d'une superficielle numération des syllabes. L'étude de la métrique resta stationnaire jusqu'au moment où Richard Bentley, négligeant la théorie des grammairiens et la mesure purement mécanique du vers, chercha l'essence même de la métrique dans les éléments du rhythme, et ouvrit ainsi une carrière nouvelle. Il est à regretter que la réforme qu'il introduisit, à cet égard dans la science soit demeurée partielle et sans grande influence, parce que ses ingénieuses observations se bornèrent exclusivement aux comiques romains; ce qui n'a pas empêché Hermann, dans son ouvrage intitulé *De Bentleio ejusque editione Terentii*, de rendre une éclatante justice à ses services. Brunck et Retz, après Bentley, publièrent d'excellentes remarques sur la métrique antique; mais Hermann est le premier qui en ait fait l'objet d'un système scientifiquement coordonné d'après les principes de Kant, avec des règles fixes, tant générales que particulières, dans ses *Elementa Doctrinæ Metricæ* (Leipzig, 1816). Entre autres critiques qui soulevа son système, Apel, dans sa *métrique*, lui a reproché de manquer de bases euphoniques et harmoniques, et Boeckh a soutenu contre lui la théorie des anciens grammairiens. Consultez la dissertation de Fœsse *De Hermanni Metrica Ratione* (Halle, 1829).

MÉTRIQUE (Système). *Voyez* MÈTRE.

MÉTROMÈTRE. *Voyez* MÉTRONOME.

MÉTRONOME (de μέτρον, mesure, et νέμω, je gouverne). Comme il est très-important pour l'exécution d'un morceau de musique, d'en trouver le mouvement précis, et qu'à cet égard les indications d'*andante*, *adagio*, *allegro*, *presto*, etc., sont le plus souvent insuffisantes, on a cherché, à diverses reprises, depuis le dix-huitième siècle à inventer une machine indiquant d'une manière précise la mesure d'après laquelle un morceau de musique doit être exécuté. Un géomètre français, Sauveur, entreprit le premier d'introduire dans la musique une évaluation plus précise du temps, et, conformément aux habitudes des mathématiciens, il employa les nombres pour cette détermination. L'instrument qu'il imagina pour fixer ainsi la valeur particulière du *temps* pour chaque pièce de musique reçut à bon droit le nom de *chronomètre*. Le professeur Bitra de Berlin, les chantres Weisske de Meissen et Stœchel de Burg, proposèrent des instruments de ce genre, qui reçurent les noms de *métromètres* ou *métronomes*. Les plus satisfaisants furent ceux que proposèrent le mécanicien Léonard Maelzel et Gotfried Weber, encore bien que ces artistes n'aient guère fait autre chose que perfectionner les découvertes antérieures. La principale pièce du *métronome* de Maelzel est un balancier dont les vibrations sont accélérées ou ralenties suivant les numéros d'une échelle placée derrière le balancier.

Ces numéros indiquent le nombre des vibrations du balancier dans une minute ; conséquemment les numéros 50,60, 80,100, etc., indiquent que si le contre-poids est mis au niveau d'un de ces numéros, le métronome donne 50,60,80, 100, etc., vibrations par minute. Le *métronome* donne 23 degrés de mouvements. En changeant la valeur musicale des vibrations du balancier, qui peut être celle d'une *croche*, d'une *noire*, d'une *blanche*, ou même celle d'une mesure entière quelconque, il résulte une série de près de deux cents mouvements qui expriment véritablement toutes les nuances perceptibles.

MÉTROPOLITAIN. *Voyez* MÉTROPOLE, ÉVÊQUE et ARCHEVÊQUE.

MÉTROPOLE (du grec μήτηρ, mère, et πόλις, ville). Comme l'indique cette étymologie, une *métropole* n'était dans le principe que la ville mère d'où sortaient des colonies qui allaient habiter d'autres terres. Plus tard, les Romains, dont l'empire avait été divisé en 120 provinces, donnèrent le nom de *métropole* à la ville principale de chacune d'elles ; l'Église se régla sur cette division, et les siéges épiscopaux établis dans les capitales de chaque province prirent le nom de *métropolitains*, et les églises celui de *métropoles*. Cette érection des métropolitains est de la fin du troisième siècle ; elle fut confirmée par le concile de Nicée. On donne également le nom de *métropole* à un État considéré relativement aux colonies qu'il possède.

MÉTRORRHAGIE. *Voyez* HÉMORRHAGIE UTÉRINE.

METSYS. *Voyez* MESSIS.

METTERNICH (CLÉMENT-WENCESLAS-NÉPOMUCÈNE-LOTHAIRE, prince DE), duc DE PORTELLA, ancien ministre et chancelier d'État autrichien, est né le 15 mai 1773, à Coblentz, d'une ancienne famille possessionnée sur les bords du Rhin, qui compta jusqu'à douze lignes à la fois, mais dont une seule, élevée en 1697 à la dignité de comte, et en 1802 à celle de prince de l'Empire, subsiste aujourd'hui. Après avoir suivi, à partir de 1788, à l'université de Strasbourg, où il eut pour condisciple Benjamin Constant, le cours de droit public du célèbre professeur Koch, il alla momentanément assister en 1790 au couronnement de Léopold II comme empereur d'Allemagne, et remplit à cette occasion les fonctions de maître des cérémonies. Ses études universitaires n'en furent interrompues que pour peu de jours ; mais ce fût à Mayence qu'il en reprit le cours, et elles ne furent complétement terminées qu'en 1794. La même année il entreprit un voyage en Angleterre. En 1795 il fut nommé envoyé de l'empereur à La Haye, et épousa la comtesse Éléonore de Kaunitz, petite-fille et héritière allodiale du célèbre ministre de ce nom. Au congrès qui s'ouvrit pour la négociation de la paix de Rastadt, il représenta le collège des comtes de la Westphalie. En 1801 il fut nommé ministre d'Autriche à Dresde ; et dans l'hiver de 1803 à 1804 il remplissait les mêmes fonctions à Berlin, où, lorsque éclata la troisième guerre de la coalition, il signa le traité d'alliance qui intervint à ce moment entre l'Autriche, la Prusse et la Russie. M. de Stadion, ministre des affaires étrangères, songeait à lui pour l'ambassade de Russie ; mais la paix de Presbourg ayant complétement modifié la situation, François II préféra l'envoyer à Paris, où il arriva le 15 août avec le titre d'ambassadeur. Il avait pour mission spéciale de se tenir bien informé et de suivre la pensée et les desseins de l'empereur des Français.

De nouveaux succès venaient de couronner les armes de Napoléon : la Prusse s'était jetée tête baissée dans l'alliance de la Russie. Vaincue à Iéna, la paix de Tilsitt avait posé les bases d'une trêve temporaire, car les traités avec Napoléon ne pouvaient avoir que ce caractère. M. de Metternich reçut de sa cour l'ordre de se rendre favorable Napoléon par une déférence respectueuse et un enthousiasme à peine déguisé pour cette grande gloire ; on craignait alors à Vienne l'effet presque magnétique qu'avait exercé Napoléon sur la tête d'Alexandre à Tilsitt ; l'entrevue d'Erfurth se préparait, et l'Autriche en redoutait sérieusement les conséquences. M. de Metternich parut souvent aux Tuileries. Représentant la maison d'Autriche, grande encore, quoique abaissée, lui-même d'une naissance distinguée, avec les manières de l'aristocratie, il réussit dans sa mission. Il régnait à la cour des Tuileries une étiquette, un ton tout à la fois soldatesque et drapé, un formulaire de cérémonies puériles ; et l'homme de bonne maison y jouissait d'une supériorité incontestable par cette aisance de bon goût que donnent l'éducation et la tradition du monde. L'ambassadeur d'Autriche avait alors trente-trois ans ; sa physionomie était noble et distinguée ; il paraissait à toutes les fêtes de la cour, où il se faisait remarquer par l'élégance de ses équipages et par ses grandes dépenses. Jeune, brillant, doué d'un esprit fin, d'une parole facile, légèrement et gracieusement accentuée de germanisme, M. de Metternich passait pour un homme à bonnes fortunes. Il se livrait à cette douce police politique qui passait par le cœur pour arriver aux secrets du cabinet. On ne causait que des galantes aventures du diplomate allemand. Ses formes séduisantes lui avaient gagné aussi les bonnes grâces de Napoléon, qui prenait plaisir à causer avec lui, tout en lui reprochant d'être bien jeune pour représenter une vieille maison d'Europe : « Vous aviez mon âge à Marengo, lui répondit un jour l'ambassadeur. »

C'est dans le cours de cette mission à Paris, en 1807, que M. de Metternich signa à Fontainebleau une convention au total très-avantageuse pour l'Autriche, puisqu'elle lui restituait la ville de Braunau et fixait le cours de l'Isonzo pour délimitation du royaume d'Italie. Quelques mois plus tard éclatait la guerre d'Espagne. Les difficultés extrêmes qu'elle présenta tout aussitôt aux armées françaises, dont l'une, commandée par le général Dupont, fut réduite, à Baylen, à la honte de passer sous d'autres Fourches Caudines, réveillèrent sur le continent les idées de résistance au colosse qui l'opprimait. En Autriche un parti nombreux crut le moment favorable pour déchirer l'humiliant traité de Presbourg. L'Angleterre s'engageait à entretenir l'armée autrichienne, si le cabinet de Vienne unissait ses efforts à la cause commune, à condition cependant que ce fût se déclarer contre la France ; la Grande-Bretagne promettait une diversion tout à la fois en Hollande et en Espagne. D'immenses levées se préparèrent donc ; et à cette époque la mission du jeune ambassadeur fut de couvrir par de flatteuses promesses les préparatifs militaires que faisait l'Autriche. Quand l'empereur et la garde furent partis de Paris pour relever le trône de Joseph, déjà brisé, l'Autriche ne dissimula plus ; elle commença les hostilités contre la Bavière, l'intime alliée de Napoléon. Cette guerre fut pour l'empereur une véritable surprise. Il vit qu'il avait été joué par M. de Metternich, et arriva d'une seule enjambée à Paris, où tout aussitôt il ordonna à son ministre de la police, Fouché, de faire enlever l'ambassadeur d'Autriche, pour être conduit de brigade en brigade jusqu'à la frontière. L'ordre était dur, brutal. Fouché, qui se réservait toujours une transaction pour l'avenir, l'exécuta avec politesse. Un seul capitaine de gendarmerie, choisi par le maréchal Moncey, accompagna la chaise de poste de l'ambassadeur jusqu'à la frontière.

L'Autriche déploya une énergie extrême dans cette nouvelle lutte. La bataille d'Essling menaça la fortune de Napoléon. On sait les désastres de cette journée, qui apprit au monde que les armées de Napoléon n'étaient plus invincibles. Il fallut Wagram pour rétablir le prestige : le champ de bataille y fut encore vivement disputé, mais jamais résultat plus décisif. Alors il se manifesta un grand découragement dans le cabinet de Vienne ; le parti de la paix l'emporta. Le comte de Stadion, qui jusque alors avait dirigé les affaires sous l'influence du système anglais, fut obligé de se retirer. Le département des affaires étrangères devint vacant, et l'empereur François désigna pour ce poste M. de Metternich, qui, gardant un milieu entre la paix et la guerre, s'était réconcilié avec Napoléon, et adoptait déjà en politique cette attitude de neutralité armée devenue le symbole de la politique autrichienne depuis 1813.

M. de Metternich fut envoyé comme plénipotentiaire, ainsi que le comte Bubna, auprès de Napoléon ; et les conférences s'engagèrent pour traiter de la paix. Il appliqua toutes les ressources de son esprit à inspirer des sentiments de modération au vainqueur glorieux et impératif. La tentative d'assassinat dont Napoléon faillit alors être victime de la part d'un jeune fanatique, les menaçantes menées des sociétés secrètes contre l'oppresseur de l'Allemagne, hâtèrent la conclusion du traité de Vienne, à la suite duquel M. de Metternich reçut le titre de *chancelier d'État* et garda définitivement, le 8 octobre 1809, la direction des affaires étrangères. La pensée du nouveau chancelier d'État, en négociant alors l'union d'une archiduchesse avec Napoléon, fut de reconquérir, par une alliance de famille, ce que la guerre avait ôté à la maison d'Autriche : le mariage de Marie-Louise fut l'œuvre de M. de Metternich, qui accompagna l'archiduchesse à Paris.

Au commencement de 1811, des indices évidents signalèrent au cabinet de Vienne une prochaine rupture entre la France et la Russie ; les soupçons se changèrent en certitude. L'ambassadeur de France à Vienne proposa à M. de Metternich une sorte de ligue offensive et défensive dans l'entreprise que Napoléon se proposait de faire contre la Russie. Le cabinet de Paris se bornait à demander la création d'un corps auxiliaire détaché de trente mille Autrichiens, lesquels devaient agir sur l'extrémité orientale de la Gallicie, au moment où l'armée française se porterait sur la Vistule. Le traité qui intervint à cet effet stipula l'intégralité des possessions austro-polonaises, l'éventualité d'une cession de l'Illyrie, et certains avantages territoriaux au profit de l'Autriche, en cas de succès contre la Russie. M. de Metternich se bornait à prendre une bonne position pour toutes les éventualités dans l'expédition aventureuse de Napoléon. Le corps autrichien de trente mille auxiliaires fut porté à l'extrémité de la Gallicie. Pendant la campagne de 1812, s'il n'eut pas l'occasion de prendre une part active dans la campagne, il contint l'armée russe sur les derrières de Napoléon. Quand le désastreuse retraite des Français commença, le corps de Schwarzemberg se vit placé de manière à se trouver immédiatement engagé avec les Russes, qui débordaient sur la Pologne. Si la Prusse et l'Autriche avaient alors maintenu religieusement leur traité avec Napoléon, elles devaient entrer immédiatement en ligne et opposer leurs forces aux Russes ; mais la nation allemande se déclarait avec une telle unanimité contre les Français, qu'il eût été impossible aux cabinets de résister à ce mouvement d'opinion. La Prusse, la première engagée en ligne, n'hésita point à défectionner ; elle passa immédiatement sous les drapeaux de la Russie : exemple contagieux, que le cabinet de Vienne ne suivit pourtant tout d'abord ; seulement, une trêve de fait s'établit entre les armées russe et autrichienne.

M. de Metternich se présenta dès ce moment aux yeux de la France comme le médiateur pacifique, qui devait préparer la paix sur des bases en rapport avec l'équilibre européen. On ne parlait de l'alliance que pour constater la fidélité avec laquelle l'Autriche en avait suivi les conditions pendant la campagne de Russie. On n'abdiquait pas le traité de 1812, mais le cabinet autrichien prétendait qu'il ne pouvait plus reposer sur les mêmes éléments. L'Empire étant sur le point d'être envahi par les Russes, il fallait prendre un parti qui ne fût plus la guerre. M. de Metternich adopta une attitude de médiation armée, pour tirer avantage de cette position. L'Autriche arma dans des proportions immenses, et justifia ces armements par la position naturelle dans laquelle se trouvait l'Allemagne. En même temps, le baron de Wessemberg partait pour Londres, sous le prétexte officiel d'amener la pacification générale, mais avec le but secret de pressentir le cabinet anglais sur les avantages qu'il pourrait faire à l'Autriche en subsides et en territoire,

au cas où celle-ci se prononcerait formellement pour la coalition et lui apporterait ses forces considérables ; son pied de guerre était alors de 350 mille hommes. Tout cela se faisait en mars 1813.

Quand le canon de Lutzen et de Bautzen retentit, les armements de l'Autriche s'augmentèrent ; derrière les montagnes de la Bohême se masquaient déjà près de 200,000 Autrichiens. Alors M. de Metternich se présenta comme médiateur armé ; il prépara l'armistice de Plesswitz, définitivement réglé à Newmark. La Russie et la Prusse avaient intérêt à ménager une puissance qui pouvait amener en ligne 200,000 hommes de bonnes troupes ; après quelques observations aigres et peu mesurées, Napoléon, à son tour, accepta cette médiation. On voit le grand rôle que M. de Metternich avait créé à l'Autriche.

Après la signature de l'armistice de Newmark, Napoléon avait porté son quartier général à Dresde. Des notes du duc de Bassano demandaient sans cesse à l'empereur François II la signature des préliminaires d'un traité de paix. M. de Metternich se rendit à Dresde. Il était chargé de pressentir l'empereur des Français sur ses intentions définitives par rapport à cette paix. La conférence dura presque une demi-journée : Napoléon, dans son costume militaire, se promenait à grands pas ; ses yeux étaient animés, ses gestes vifs, saccadés ; il prenait, quittait son chapeau de tradition, puis s'arrêtait ou se jetait couvert de sueur dans un vaste fauteuil ; on voyait qu'il était mal à l'aise. « Metternich, s'écria-t-il, votre cabinet veut profiter de mes embarras. Il s'agit pour vous de savoir si vous pouvez me rançonner sans combattre, ou s'il faudra vous jeter décidément au rang de mes ennemis. Eh bien, voyons ! traitons, j'y consens. Que voulez-vous ? » A cette brusque sortie, M. de Metternich se contenta de répondre « que l'Autriche désirait établir un ordre de choses qui, par une sage répartition de forces, placerait la garantie de la paix sous l'égide d'une association d'États indépendants, en dehors de l'exclusive prépondérance de la France. » Le but avoué du cabinet de Vienne, c'était la destruction de la suprématie hautaine de Napoléon. Comme résumé de ses conditions, M. de Metternich réclamait l'Illyrie et une frontière plus étendue vers l'Italie. Le pape devait reprendre ses États ; la Pologne subissait un nouveau partage ; l'Espagne devait être évacuée par l'armée française, ainsi que la Hollande ; la Confédération du Rhin et la Médiation suisse devaient être abandonnées par Napoléon. C'était ainsi le démembrement de l'œuvre gigantesque élevée par les sueurs et les victoires de l'empire, depuis 1805. A mesure que le plénipotentiaire autrichien développait les idées de son cabinet, le teint blême de Napoléon se colorait d'un rouge violet. « Metternich, vous voulez m'imposer de telles conditions sans tirer l'épée ! cette prétention m'outrage. Et c'est mon beau-père qui accueille un tel projet ! Ah, Metternich, combien l'Angleterre vous a-t-elle donné pour jouer ce rôle contre moi ? » Napoléon faisait ici allusion à l'arrivée de lord Walpole à Vienne et au départ de M. de Wessemberg pour Londres. A ces outrageantes paroles, M. de Metternich, profondément indigné, ne répondit pas un mot ; et comme Napoléon, dans la vivacité de ses gestes, avait laissé tomber son chapeau, le ministre d'Autriche ne se baissa pas pour le ramasser, comme il l'eût fait par étiquette en toute autre circonstance. Il y eut un quart d'heure de silence. Puis la conversation reprit d'une manière plus froide et plus calme ; et en congédiant M. de Metternich, l'empereur, lui prenant la main, lui dit : « Au reste, l'Illyrie n'est pas mon dernier mot, et nous pourrons faire de meilleures conditions. » Cette conversation exerça la plus grande influence sur toute la négociation. M. de Metternich en garda avec raison le plus vif ressentiment. Néanmoins, Napoléon consentit à ce que des conférences s'ouvrissent à Prague, tandis qu'une nouvelle convention d'armistice prolongeait la suspension d'armes jusqu'au 10 août. La présidence de ces conférences revenait de droit à M. de Metternich, représentant de la puissance médiatrice ; mais bientôt de mesquines discussions sur des préséances, sur des questions de détail, prouvèrent que chacune des parties voulait gagner du temps, afin de recommencer les batailles. M. de Metternich, voyant enfin la tournure indéfinie que prenaient les affaires, s'associa au congrès militaire de Trachemberg, où Bernadotte traçait le vaste plan de campagne des alliés contre Napoléon ; on arrêtait de marcher droit sur Paris, sans hésiter un moment, en faisant un appel aux vieux mécontentements contre l'empire. Bernadotte et Pozzo di Borgo déclarèrent qu'on pouvait compter sur le parti patriote en France. A Trachemberg, la Russie et la Prusse accueillaient toutes les propositions de M. de Metternich sans difficultés ; on convenait, quelles que fussent les prétentions personnelles de l'empereur Alexandre, que le commandement général des alliés serait déféré au prince de Schwarzemberg, car on sentait l'importance d'obtenir la coopération de l'armée autrichienne.

L'ultimatum des alliés, communiqué à la France par le prince de Metternich, portait : « La dissolution du duché de Varsovie, qui serait partagé entre la Russie, la Prusse et l'Autriche (Dantzig à la Prusse) ; le rétablissement des villes de Hambourg et de Lübeck dans leur indépendance ; la reconstruction de la Prusse, avec une frontière sur l'Elbe ; la cession faite à l'Autriche de toutes les provinces illyriennes, y compris Trieste, et la garantie réciproque que l'état des puissances, grandes et petites ; tel qu'il se trouverait fixé par la paix, ne pourrait plus être changé que d'un commun accord. » Cet ultimatum fut repoussé d'abord par Napoléon, puis modifié, et tardivement accepté ; car alors l'Autriche entrait corps et âme dans la coalition (9 septembre 1813).

Une note du cabinet de Vienne annonça enfin au comte de Nesselrode et à M. de Hardenberg que désormais l'Autriche allait faire partie de la coalition ; elle mettait en ligne 200,000 hommes.

Pendant ce temps, le mouvement de l'Allemagne éclate, la bataille de Dresde ne brille que d'un éclat passager ; Leipzig voit mourir le dernier reflet de la gloire française. C'est à la suite de cette sanglante victoire de la coalition que l'empereur d'Autriche créa M. de Metternich prince. A la fin de 1813 la ligne de l'Elbe était perdue pour nous, celle du Rhin même compromise ; toute l'Allemagne était debout, soulevée, et l'Europe entière menaçante. Mais l'Autriche s'était à peine jointe à la coalition, que des difficultés s'élevèrent sur le sot de la campagne. Maintenant que le sol de l'Allemagne était couvert des débris de l'armée de Napoléon, et que la Germanie ressaisissait sa vieille indépendance, M. de Metternich ne craignait plus la France ; mais bien la Russie. Les premiers succès au delà du Rhin firent en outre naître entre les alliés deux sortes de questions ; questions territoriales, qui se rattachaient à la nouvelle circonscription à donner à l'Europe ; questions morales, relatives à la forme de gouvernement qu'on devrait donner à la France, au cas où les armées alliées occuperaient Paris. Ici l'Autriche et l'Angleterre n'avaient plus les mêmes intérêts que la Prusse et la Russie. Il était difficile que l'Autriche adhérât à un projet de changement de dynastie en France, alors qu'une archiduchesse y gouvernait en Europe, régente. M. de Metternich se trouvait donc dans une position toujours plus délicate, à mesure que les événements de la guerre portaient les alliés vers Paris. Il était bien en correspondance avec Marie-Louise, mais il n'était plus maître des événements. L'empereur François II et son ministre s'arrêtèrent à Dijon, tandis que la pointe hardie de la grande armée de Schwarzemberg livrait Paris à la coalition victorieuse. Paris une fois pris, l'empereur Alexandre se trouva maître de la situation, et il y a tout lieu de penser que ce furent les démonstrations du parti royaliste lors de l'entrée des alliés dans la capitale, qui mirent fin aux longues hésitations des souverains et qui les décidèrent à rappeler les Bourbons en France. Ce ne fut qu'après l'occupation de Paris

que M. de Metternich parut dans la politique des traités. Marie-Louise avait été arrachée à la fragile régence de Blois, et conduite auprès de François II, son père. La diplomatie active s'occupa du traité de Paris, qui rétablissait l'ordre, la paix générale ; la restauration des Bourbons et la vieille circonscription territoriale de la France. C'était un grand résultat de la campagne, mais ce n'était pas tout ; l'immense empire de Napoléon était en lambeaux : comment s'en partagerait-on les débris ? M. de Metternich sentit que désormais l'Autriche, en se réservant une haute direction catholique sur l'Allemagne, devait tendre à devenir une souveraineté méridionale, ayant sa tête en Gallicie, son extrémité en Dalmatie, puis embrassant ce royaume Lombardo-Vénitien, la magnifique couronne de fer du Milanais. Le chancelier de François II porta cette idée dans le congrès de Vienne ; alors qu'il s'agit de fixer sur des bases générales une nouvelle répartition des souverainetés en Europe. Cette idée, on la voit depuis se reproduire en toutes les circonstances où M. de Metternich a dû déployer son système politique, aux congrès d'Aix-la-Chapelle (1818), de Carlsbad (1819), de Troppau (1820) et de Vérone (1822) ; elle explique sa sollicitude de tous les instants pour ce royaume Lombardo-Vénitien et son esprit d'envahissement vers le littoral de la Méditerranée.

M. de Metternich, comblé d'honneurs et de dignités, se trouva dès lors le véritable souverain de fait de la monarchie autrichienne, car c'était lui qui en réalité la gouvernait, en même temps que pendant plus de trente ans il resta l'un des arbitres de l'Europe et de ses destinées. La mort de l'empereur François II ne changea rien à sa position ; en effet, le nouvel empereur avait encore plus que son père besoin de ses services. En 1835 M. de Metternich accompagna l'empereur Ferdinand Ier à Toeplitz et à Prague, où le monarque devait avoir des entrevues personnelles avec le roi de Prusse et l'empereur de Russie ; et ses efforts tendirent constamment au maintien de la paix du monde. Lors du grave conflit que la question d'Orient amena en 1840 et 1841, il contribua beaucoup à la signature du traité du 13 juillet 1841, qui fit rentrer la France dans le concert européen ; et il ne déploya pas moins d'habileté pour comprimer les mouvements révolutionnaires qui à diverses époques encore agitèrent la Suisse et l'Italie.

Son système à l'intérieur consistait à maintenir à l'aide d'une police ombrageuse, de la censure et d'une haute intellectuel, l'Autriche en dehors de l'influence et de l'action des nationalités, à conserver immobile le *status quo*, en défiance des innovations, quelles qu'elles fussent, et surtout à tenir habilement en échec les diverses nationalités composant la population des États autrichiens en les opposant constamment les unes aux autres. Toutefois, cette tactique fut à la fin impuissante à protéger la monarchie autrichienne contre l'agitation révolutionnaire de l'époque. Sous ce système politique, l'administration avait fini par perdre toute énergie. Les événements dont l'Italie devint le théâtre à partir de 1846, les progrès de l'opposition constitutionnelle en Hongrie, les faits survenus en Suisse en 1847, firent apercevoir le côté faible et vulnérable de la politique de M. de Metternich. La révolution qui éclata à Paris le 24 février 1848 produisit un ébranlement général en Europe, et le contre-coup s'en fit tout aussitôt sentir à l'est, en particulièrement en Autriche, où, par suite de l'insurrection du 13 mars à Vienne, M. de Metternich se vit contraint de donner sa démission. Ce ne fut pas sans peine qu'il échappa à l'exaspération des classes populaires soulevées. Il se dirigea alors vers l'Angleterre, en passant par la Hollande, et il y prolongea son séjour à sa famille jusqu'à la fin de 1849. Les affaires générales de l'Europe s'étant modifiées à ce moment, il vint s'établir à Bruxelles ; et ce ne fut qu'au mois de juin 1851 qu'il quitta la Belgique pour rentrer à Vienne, où il fut reçu avec la plus grande distinction de la cour, et le jeune empereur l'honora tout aussitôt d'une visite personnelle.

De quelques expressions qui lui sont échappées dans des conversations particulières, on peut inférer que M. de Metternich n'approuvé pas le système rigoureux de gouvernement militaire que ses successeurs ont établi en Autriche, non plus que l'idée de l'État unitaire et la politique suivie par le cabinet autrichien à l'égard de la Hongrie.

M. de Metternich a été trois fois marié. Devenu veuf en 1819 de sa première femme, la comtesse Éléonore de Kaünitz, il se remaria en 1827 avec la belle baronne de Leycam, qu'une mort prématurée lui ravit deux ans après; et en 1831 il convola, en troisièmes noces, avec la comtesse Mélanie de Zichy-Ferraris, née en 1805, et qui est morte en 1854. De son premier mariage il a eu trois filles; de son second un fils, *Richard* DE METTERNICH, né en 1829, et qui est aujourd'hui ambassadeur d'Autriche à Dresde; enfin, de son troisième mariage, deux autres fils, *Paul*, né en 1834, et *Lothaire*, né en 1837. Nestor de la diplomatie européenne, M. de Metternich est âgé aujourd'hui de près de quatre-vingt-trois ans; et sa verte vieillesse lui permet d'espérer encore une assez longue vie. CAPEFIGUE.

METTEUR EN PAGES. *Voyez* COMPOSITION (*Typographie*).

METTRAY, village du département d'Indre-et-Loire, avec 2,090 habitants et une colonie agricole de jeunes détenus acquittés comme ayant agi sans discernement, fondée en 1840 par la *Société Paternelle* de Paris. Les colons y apprennent à lire, à écrire; on leur enseigne aussi le système métrique. La très-grande majorité d'entre eux s'appliquent aux travaux de l'agriculture; d'autres exercent les métiers de maçons, cordiers et voiliers, forgerons, taillandiers, maréchaux ferrants, menuisiers, cordonniers, sabotiers, charrons, tailleurs, jardiniers. Le pain, la cuisine, les vêtements, la chaussure, les meubles, les hamacs, les instruments de culture, les constructions se font par les colons eux-mêmes.

METTRIE (LA). *Voyez* LAMETTRIE.

METZ, ville de France, chef-lieu du département de la Moselle, place forte de premier ordre de la frontière nord-est, à 316 kilomètres de Paris. La ville de Metz est située à l'extrémité d'un plateau, au confluent de la Seille et de la Moselle. Ces deux rivières, en approchant de ses murs, se divisent en plusieurs branches, dont les unes étreignent les parties basses de l'intérieur et les autres enveloppent presque entièrement la place.

A l'époque de la conquête de la Gaule par César, Metz s'appelait *Divodurum* (de deux mots celtiques signifiant *eau sacrée*) et était la capitale des *Mediomatrici*, peuplade importante de la Gaule Belgique. Les Romains la décorèrent d'un vaste amphithéâtre, d'une naumachie, de thermes, de temples, d'un palais impérial; six vastes routes venaient y aboutir; un superbe aqueduc y conduisait les eaux de Gorze, en traversant la Moselle; mais, à l'exception de ce dernier monument, dont il reste encore quelques beaux vestiges, les autres ont presque entièrement disparu par l'effet des catastrophes qui ont plusieurs fois ruiné la cité messine. La première et la plus désastreuse fut son pillage et son incendie par Attila, en 451. Vers cette époque la ville changea son nom pour celui de *Metis*. En 510 elle reconnut l'autorité de Clovis, et à sa mort devint la capitale de l'Austrasie. Elle fut également plus tard celle du royaume de Lorraine. En 945 cette ville fut la dernière de cette contrée qui reconnut l'empereur Othon pour souverain. Pendant environ cinquante ans, les successeurs de ce prince la maintinrent sous leur puissance; alors elle finit par s'en affranchir, et vers la fin du dixième siècle (985) elle fut reconnue *ville libre impériale*.

Ici s'ouvre une période remarquable, pendant laquelle Metz vécut indépendante, sous le protectorat de l'Empire, et qui eut une durée de cinq cent cinquante ans. Les premiers temps en furent difficiles, et pendant plus d'un siècle encore Metz eut à se défendre contre les seigneurs voisins, qui cherchèrent à s'en rendre maîtres, et contre les prétentions oppressives de ses évêques; mais elle triompha des uns et des autres, et à l'époque de l'institution des communes en France où trouve la république messine organisée dans toute la plénitude de sa liberté. Elle comprenait, outre la ville, 514 villages; le premier article des statuts déclarait libres tous les citoyens. Le chef de l'État était le maître échevin, dont l'autorité, d'abord à vie, devint annuelle en 1179. Il était choisi, par les premiers dignitaires du clergé, parmi les paraiges (*parenteiœ*), familles patriciennes des six quartiers de la ville. Au maître échevin était adjoint un conseil d'échevins, au nombre de 20. Les diverses parties de l'administration étaient exercées par les *treize*, de qui dépendaient la police et la justice, et par d'autres conseils, appelés, suivant leurs attributions, *les sept de la guerre, les sept du trésor, les sept de la monnaie*, etc. « Ainsi constituée, dit M. Bégin, la ville de Metz prit le premier rang avec Augsbourg, Aix-la-Chapelle et Lubeck, parmi les villes libres de l'Allemagne; elle envoya des députés aux diètes, fit battre monnaie à son coin, établit des impôts même sur le clergé, et continua jusqu'en 1551 d'exercer les droits régaliens. » L'Empire recevait d'elle une contribution qui fut d'abord regardée comme volontaire; mais plus tard elle fut forcée, et les exigences des empereurs s'accrurent de jour en jour. D'un autre côté, la république messine, entourée de puissants ennemis, entretenait à grands frais des troupes pour sa défense; et souvent elle fut obligée d'acheter au poids de l'or une paix qu'elle ne pouvait obtenir par la force des armes. Longtemps les immenses richesses acquises par le commerce firent face à des charges aussi énormes; mais les ravages de plus en plus multipliés (qu'elle eut à essuyer, le siége de 1444, à la suite duquel Metz compta 200,000 écus d'or à Charles VII; les inondations fréquentes de la Moselle, les famines et les pestes; par-dessus tout, la perte du commerce, les divisions intérieures et l'altération de l'ancien patriotisme, ruinèrent le trésor, le crédit et la puissance de la cité. Metz fut conduite à se livrer à Henri II, que la ligue de Schmalkalde avait autorisé à s'emparer des Trois-Évêchés de Lorraine, fiefs de l'Empire sans être de la langue germanique. La connivence du cardinal de Lenoncourt, alors évêque de cette ville, lui en ouvrit les portes, moitié de gré, moitié de force.

Après le traité de Passau, Charles-Quint arriva sous les murs de Metz, en 1552. La ville fut investie par une armée de 75,000 hommes; 114 pièces de canon lui firent essuyer un feu de 14,000 coups; la tranchée fut ouverte pendant quarante-cinq jours. Cependant, au bout de deux mois d'efforts inouïs, et après avoir perdu le tiers de ses troupes, l'empereur, ou plutôt le duc d'Albe, qui conduisit les opérations du siége, fut forcé de se retirer. Cette défense couvrit de gloire les Français, qui étaient dans la place au nombre de 10,000 hommes au plus, et le duc de Guise, qui les commandait. Bientôt les Messins, privés de leurs franchises et voyant leur commerce ruiné par la suppression de leurs rapports avec l'Allemagne, bien qu'ils conservassent encore quelques apparences de leur ancienne constitution, essayèrent de secouer le joug de la France. Une conspiration formée dans ce but en 1566 amena la construction de la citadelle. Enfin le traité de Munster, en 1648, ne fit que ratifier un fait accompli depuis longtemps, en concédant à Louis XIV, en pleine souveraineté, la ville de Metz. Depuis lors la ville de Metz n'a eu d'importance que celle que lui ont donnée sa force militaire et sa position, au milieu des guerres qui ont eu lieu vers cette frontière de la France.

Les remparts de Metz datent d'époques différentes; le duc de Guise forma le retranchement qui depuis a porté son nom et dans l'enceinte duquel est aujourd'hui l'arsenal. Le maréchal de Vieilleville, d'un autre côté, abâti la citadelle. Depuis lors, Vauban dut une partie de sa gloire aux travaux qu'il fit exécuter autour de Metz; Cormontaigne y ajouta des ouvrages importants. Aujourd'hui cette place, indépendamment de son enceinte, comprend deux forts, six lunettes et une redoute. Les établissements militaires sont très-nombreux, et répondent à l'importance de la place. Ils se composent de six casernes, d'un hôpital d'instruction, le plus beau de la France, qui peut contenir jusqu'à 1,800 malades; d'immenses magasins pour les fourrages et pour les vivres; de deux écoles régimentaires, l'une pour l'artillerie, l'autre pour le génie; d'une école d'application de l'artillerie et du génie, avec une bibliothèque de 10,000 volumes, d'une poudrière, d'un arsenal du génie et d'un arsenal d'artillerie.

Au moyen âge, la ville de Metz était prolongée par cinq faubourgs. Elle comptait alors 60,000 habitants, répandus sur un espace considérable, qu'étendaient encore un grand nombre d'abbayes et de couvents. Elle avait alors dix-neuf églises. Aujourd'hui les faubourgs et les riches monastères ont disparu : Metz est renfermée dans une enceinte isolée, tout est vide alentour. Elle a 57,713 habitants. C'est une station du chemin de fer de Nancy à Forbach. Malgré le cercle rigoureux où elle est contenue, cette ville est richement distribuée. Elle est percée de rues nombreuses, qui sont toutes aujourd'hui bien pavées, mais d'une pierre dure qui fatigue la marche; elles sont généralement assez larges et ont beaucoup gagné depuis quelques années sous le rapport de l'alignement; elles sont aussi fort propres. Les places de Metz sont en grand nombre et spacieuses : celle de la Comédie et la place Royale surtout ont un fort beau développement. L'esplanade, qui touche à cette dernière, est à proprement parler la seule promenade de la ville. Elle est formée en grande partie sur les anciens fossés de la citadelle, et est particulièrement remarquable par le magnifique point de vue qu'elle offre sur la vallée de la Moselle, sur un vaste rideau de collines couvertes de vignes et de bois; paysage qu'animent une vingtaine de villages répandus, comme pour le plaisir de l'œil, dans les fonds et sur les hauteurs. A l'esplanade est attenant le palais de justice, édifice plus remarquable par sa belle position et sa grandeur que par son architecture. A ses côtés, l'école d'application occupe les bâtiments de l'ancienne abbaye de Saint-Arnould, riche d'anciens souvenirs. L'église en fut bâtie en 1222; il n'en reste aujourd'hui qu'un pignon, qui supporte l'observatoire de l'école. Au centre de la ville sont trois halles. L'une, appelée *grand marché couvert*, est sans contredit un des plus beaux monuments de ce genre qui existent en France. Sur le bord de la Moselle on trouve la salle de spectacle, la préfecture, l'église de Saint-Vincent, dont le portail est fait sur le modèle de celui de Saint-Gervais à Paris. La bibliothèque contient environ 30,000 volumes. Un cabinet d'histoire naturelle et un assez riche médaillier sont réunis dans le même local. Le jardin des plantes offre aux curieux un grand nombre d'arbres étrangers et, comme objet d'études, plus de 4,000 plantes.

La place d'armes présente d'un côté l'hôtel de ville, bâtiment moderne, terminé en 1771. L'achitecture en est simple et noble, mais un peu lourde. Le long du côté opposé règne la cathédrale, édifice gothique, que sa hardiesse et son élégance placent au premier rang des chefs-d'œuvre de ce genre. Commencée en 1014, par l'évêque Thierri II, elle ne fut terminée qu'en 1546. Sa hauteur sous voûte est de 43 mètres, sa longueur de 128 mètres, et la largeur de la nef de 15 mètres. On admire ses superbes vitraux et la flèche, taillée à jour, qui surmonte le vaisseau, de 85 mètres. Cette tour renferme une cloche nommée *mutte*, qui pèse 13,000 kilogrammes. Le portail principal, que Louis XV fit construire en 1765, est d'ordre dorique, et, tout beau qu'il est, l'œil est singulièrement choqué de le voir accolé à un édifice gothique.

Metz est le siège d'un évêché suffragant de Besançon, avec un grand et un petit séminaire, d'une église consistoriale calviniste, d'une synagogue consistoriale avec école centrale rabbinique; c'est le chef-lieu de la cinquième division militaire, d'une cour impériale; cette ville possède des tribunaux de première instance et de commerce, une direction des douanes, une direction des subsistances militaires, un lycée, une société des lettres, sciences et arts, avec titre d'Académie impériale, une société de médecine, une société d'histoire naturelle, une sôciété des beaux-arts, des cours industriels, une école de dessin et de peinture, une école publique de musique, des salles d'asile, une école supérieure, huit écoles élémentaires, une école normale primaire, une chambre de commerce, un entrepôt, des hospices pour les vieillards, les femmes, les orphelins, les malades des deux sexes, les femmes en couches, une école de sagos-femmes, un mont-de-piété, une caisse d'épargnes, etc.

L'industrie y est fort active. Les principaux objets de fabrication consistent en passementerie, tannerie, broderie, brosses, draps pour les troupes, flanelles, épingles, cannes, brosses, pinceaux, peignes imitant l'écaille, tissus de crin, velours. On trouve à Metz des filatures de coton à la mécanique, des teintureries, des fabriques de chaux hydraulique, des fabriques de tuiles, carreaux et briques réfractaires, des fonderies de cuivre, des brasseries, etc. Le commerce consiste en vins, eaux-de-vie, cuirs, fers, quincaillerie, bois de construction et de charronnage, etc.

J.-B. LA BASTIDE.

METZU (GABRIEL), naquit à Leyde, en 1615. On ne sait pas quelle fut sa famille ni sous quel maître il étudia les principes de son art. On s'accorde à dire qu'il était très-jeune lorsqu'il quitta Leyde pour venir à Amsterdam, où il acquit en peu de temps une petite célébrité près des bourgeois. Il fit des progrès rapides, et bientôt il put rivaliser de mérite avec Terburg et Gérard Dow, ses contemporains. Il est à peu près sûr que vers 1658 il cessa de travailler, parce qu'il souffrait horriblement d'une cruelle maladie, la pierre. Il supporta avec un grand courage l'opération de la taille, et mourut peu de temps après, à Amsterdam, âgé de quarante-trois ou quarante-quatre ans. Descamps dit que sa vie fut tranquille et que son caractère aimable le fit rechercher dans le monde.

Metzu se distingue par une touche large et facile, par un dessin ferme, une grande habileté de coloriste. Comme Gérard Dow, il éclaire bien ses compositions; mais ses ombres n'ont peut-être pas assez de transparence. Sa couleur n'est jamais froide, sa manière de finir conserve de la chaleur et n'altère pas le caractère de son dessin, qui est plus noble et de meilleur goût que celui de Miéris. Ses personnages, disposés avec intérêt, n'ont aucune roideur dans leur maintien, et semblent toujours causer avec esprit; ses intérieurs sont peints avec le plus grand soin dans leurs moindres détails, et toutefois on comprend qu'il devait travailler facilement. En même temps qu'ils sont bien choisis, ses sujets sont toujours d'une belle exécution. Son dessin et sa couleur le rapprochent parfois de Van Dyck; il modelait les mains et les figures à la manière de ce peintre, et savait comme lui donner aux expressions fièrement caractérisées aux physionomies. Il peignit les étoffes presque aussi bien que Terburg, et personne n'entendait mieux que Metzu l'arrangement d'une scène familière.

En 1760 la galerie du roi ne possédait qu'un seul tableau de ce maître, celui qui représente une femme tenant un verre, et un cavalier qui la salue; on en peut voir de nos jours huit dans notre Musée du Louvre : ce sont *La Femme adultère*, *Le Marché aux herbes d'Amsterdam*, *Une Femme à son clavecin*; *Un Chimiste*; *Un Femme assise, tenant un pot de bierre et un verre*; *une Cuisinière pelant des pommes*; enfin, le *Portrait de l'amiral Tromp*. On cite parmi les ouvrages de Metzu, dont les habitudes furent constamment sédentaires, qui travaillait avec ardeur et produisait beaucoup, deux *Marchandes de poisson* : l'un de ces deux petit tableaux est fort connu, et la gravure l'a reproduit sous le nom *Metzu au chat*; *Un Concert*; *Une Femme qui dessine*; *Une autre ayant à la main un hareng*; *Un Filou volant la bourse d'une femme qui marchande un lièvre*; *Une Servante achetant du gibier*; *Une jeune Femme appuyée sur une table et lisant une lettre*. Une toile de très-petite dimension à trois personnages, *La Visite*, a été achetée 10,000 fr. Les collections de la Hollande, de Dresde, de Dusseldorf, se sont enrichies des compositions de ce maître. C'est à La Haye que se trouve *L'Enfant prodigue parmi les prostituées*, qu'on dit être l'une des plus belles productions de son pinceau.

A. FILLIOUX.

MEUBLE. Ce mot s'est appliqué d'abord à tout ce qui est mobile, facile à remuer; de là vint son application à tous les objets garnissant, ornant un appartement, et servant aux principaux usages de la vie, tels que lits, tables, fauteuils, chaises, commodes, secrétaires, etc.

L'industrie des meubles, aujourd'hui l'une des plus importantes branches de la production parisienne, était depuis bien des siècles en grand honneur en Chine, au Japon; l'Asie, puis la Grèce et Rome se distinguèrent par le goût et la forme de leurs meubles; si la Gaule romaine imita en cela sur quelques points la métropole latine, la France du moyen âge en laissa sans doute perdre les traditions; car jusqu'au temps de François 1er les meubles de première nécessité étaient en général fort grossiers; le bois, le chêne en faisaient à peu près tous les frais. Les meubles participèrent à leur tour, sous ce monarque, à la renaissance des arts; et la sculpture du bois qu'on employait à les confectionner a fait honneur à maint artiste.

L'ébénisterie et la marqueterie renaissaient aussi vers la même époque. Jean de Vérone, contemporain de Raphael, inventait ses procédés chimiques pour teindre les bois en diverses couleurs, leur donner des ombres, des veines artificielles. Sous Henri IV et Louis XIII le meuble avait perdu la légèreté, la grâce que la renaissance lui avait données, il était devenu lourd et triste; mais Boule imprima, sous Louis XIV, un nouvel élan à la fabrication des meubles. L'ébénisterie et la marqueterie, qui pouvaient désormais employer les bois les plus précieux des deux Indes, firent un pas immense; on vit une grande quantité de meubles précieux, admirablement incrustés d'ornements de cuivre, d'écaille, d'ivoire, de nacre, de burgau, même de baleine. On établissait ainsi des meubles en massif ou en placage avec les bois d'acajou, de palissandre, de cèdre, de citronnier, d'aloès, de sandal, d'oranger. Le noyer, qui était d'un grand luxe chez nos ancêtres, fut abandonné à la petite bourgeoisie, aux artisans, qui le tiennent encore en honneur aujourd'hui.

Sous Louis XV, la forme des meubles se modifia sensiblement; ce fut un autre style. Les bois en honneur étaient alors le bois de rose, le liseron des Antilles, le balsamier de la Jamaïque, toutes les essences d'un ton jaune fauve allant jusqu'au rouge veiné de noir. La laque commença à avoir une place importante dans l'ornementation du meuble. Sous Louis XVI, la sculpture, longtemps délaissée, reprit son rang, surtout dans le travail des sièges et des fauteuils. Les meubles de cette époque sont grandement appréciés, comme œuvre d'art. Après cette époque, sous la république, l'empire et la Restauration, les meubles redevinrent uniformes, roides et lourds. On croyait bien donner une forme athénienne ou romaine, quand on n'arrivait qu'à avoir des produits bien droits, dont la roideur n'avait ni caractère ni originalité. A cette période succéda le goût du gothique.

Vers ces derniers temps, le goût en matière de meubles semble avoir fait un nouveau retour sur lui-même; on en est revenu pour les grandes pièces, les bibliothèques, les buffets, les étagères, à la sculpture de la renaissance, en même temps que pour les pièces plus légères on revient à l'ornementation et à la décoration qu'on avait dédaignées pendant près d'un demi-siècle.

C'est au faubourg Saint-Antoine, à Paris, que la fabrication des meubles de luxe a son siège principal. On a souvent accusé nos fabricants de sacrifier la qualité au bon marché et de livrer à l'exportation des meubles qui se détériorent trop promptement, surtout sous l'influence des climats tropicaux. Du moins le bon goût du dessin a maintenu l'honneur de notre ébénisterie, dont l'exportation prend des développements de jour en jour plus considérables.

A côté de l'industrie des meubles, en bois exotique ou en bois indigène, dont nous venons de parler, il faut en citer une autre qui, éclose il y a à peine une trentaine d'années, a fait, elle aussi, des progrès considérables; nous voulons parler de la fabrication des lits, des sièges pour jardin, etc., en fer plein et en fer creux laminé.

MEUBLE (*Droit*). Tout ce qui n'est pas immeuble, soit par la nature, soit par la détermination de la loi, est *meuble*. Les biens sont *meubles* eux-mêmes par leur nature ou par la détermination de la loi. Sont *meubles* par leur nature les corps qui peuvent se transporter d'un lieu à un autre, soit qu'ils se meuvent par eux-mêmes comme les animaux, soit qu'ils ne puissent changer de place que par l'effet d'une force étrangère, comme les choses inanimées. Sont *meubles* par la destination de la loi, c'est-à-dire par fiction, les obligations et actions qui ont pour objet des sommes exigibles ou des effets mobiliers, les actions ou intérêts dans les compagnies de finance, de commerce ou d'industrie, les rentes perpétuelles ou viagères, soit sur l'État, soit sur des particuliers. Sont aussi *meubles* par leur nature les bateaux, bois, navires, moulins et bains sur bateaux, et généralement toutes usines non fixées par des piliers, et ne faisant point partie de la maison, tous les meubles même qui sont unis à l'immeuble à la chaux et au ciment, tous ceux qui y ont été ajoutés comme décoration nécessaire, tous les meubles nécessairement consacrés à son exploitation, pourvu que cette incorporation, cette destination ne soit pas le fait du propriétaire de l'immeuble, mais seulement du locataire, de celui qui n'a sur l'immeuble qu'un droit de jouissance passagère. Les fruits deviennent *meubles* du moment qu'ils sont détachés de la terre; également les coupes ordinaires de bois taillis ou de futaies mises en coupe réglée. Si la coupe ou la récolte a été vendue sur pied à un tiers, elle est devenue mobilière par le seul fait de la vente. Il en est de même des matériaux destinés à la construction d'un immeuble ou qui proviennent de démolition. Si, étant en place, ils ont été vendus par le propriétaire, à la charge de les enlever, ils sont *meubles* par le fait seul de la vente.

On appelle *meubles incorporels* par opposition aux *meubles corporels* tous les droits mobiliers qui ne se rapportent pas à un corps certain. C'est surtout par rapport à la saisine qu'il a fallu établir pour les meubles incorporels des règles certaines.

Le mot *meuble* employé seul dans les dispositions de la loi ou de l'homme, sans autre addition ou désignation, ne comprend pas l'argent comptant, les pierreries, les dettes actives, les livres, les médailles, les instruments des sciences, des arts et métiers, le linge de corps, les chevaux, équipages, armes, grains, vins, foins et autres denrées; il ne comprend pas aussi ce qui fait l'objet d'un commerce.

Enfin, on appelle *meubles meublants* les meubles destinés à l'usage et à l'ornement des appartements, comme tapisseries, lits, sièges, glaces, pendules, tables, porcelaines et autres objets de cette nature. Les tableaux et les statues qui font partie du mobilier d'un appartement y sont aussi compris, mais non les collections de tableaux qui peuvent être dans les galeries ou pièces particulières. Il en est de même des porcelaines; celles seulement qui font partie de la décoration d'un appartement sont comprises sous la dénomination de meubles meublants.

Pour comprendre dans une seule locution tout ce qui est meuble, il faut se servir des expressions suivantes : *biens meubles*, *mobilier*, ou *effets mobiliers*.

MEUBLES (*Blason*). Cette dénomination embrasse toutes les figures qui entrent dans l'écu, soit qu'elles paraissent seules, soit qu'elles chargent ou accompagnent les pièces honorables. Ces figures sont innombrables, et de plus changent de nom suivant leurs modifications de couleur et de position.

Les figures humaines et les parties du corps humain paraissent assez fréquemment dans les armoiries. La tête est dite *chevelée*, lorsque les cheveux sont d'un émail différent. Si c'est l'œil qui diffère, la tête humaine est dite *éclairée*. Dans le même cas, celles du cheval et de la licorne sont *animées*, celles des autres animaux *allumées*. La main paraît ordinairement droite, la paume en dehors. Deux mains qui se tiennent et se serrent s'appellent *une foi*. Le bras droit est un *dextrochère*, le bras gauche un *senestrochère*. Il y en a de *parés* (vêtus) et d'*armés* (brassardés), d'émaux différents.

Parmi les animaux, le lion tient le premier rang dans le blason. Il est représenté levé, ayant toujours la tête de profil. Sa langue sort de sa gueule, recourbée et arrondie à l'extrémité. Sa queue, levée, droite et un peu onduleuse, a le bout et la touffe retournés vers le dos. Quelquefois la queue du lion se partage en deux; alors elle est *fourchée*: il est rare qu'elle ne soit pas en même temps *nouée* et *passée en sautoir*. Assez souvent le lion paraît marcher: alors on l'appelle *lion léopardé*. Celui qui n'a ni langue, ni griffes, ni dents, est *morné*; il est *diffamé* quand il n'a pas de queue (ce terme s'emploie dans le même sens pour d'autres animaux). Si le lion paraît assis sur le derrière, droit et s'appuyant sur ses jambes de devant, il est *accroupi*; couché sur ses quatre pattes, il est *embaroqué* (ce lion est commun dans les supports). On remarque, mais très-rarement, des lions dont la partie inférieure se termine en queue de dragon ou de poisson; ce sont alors des lions *dragonnés* ou *marinés*. Le lion, le griffon, l'ours et le taureau sont *vilenés* quand leur verge est d'émail différente; si elle manque, ils sont *évirés*. Quand il y a plus de deux lions dans l'écu, ce sont des *lionceaux*. Le *léopard* se distingue du lion plus encore par son attitude que par sa structure, plus déliée et plus allongée. Sa position ordinaire est d'être *passant*, ayant toujours la tête de front, c'est-à-dire montrant les deux yeux. Sa queue, retroussée sur son dos, a le bout et la touffe retournés en dehors. S'il paraît dressé, dans l'attitude du lion, on l'appelle *léopard lionné*. Le *lévrier* ou chien, le *porc*, le *sanglier*, l'*écureuil*, qui empruntent la position du lion, sont énoncés *rampants* (terme entièrement opposé à la signification vulgaire). Dans la même position, le *cheval* est *effaré*, le *taureau furieux*, le *loup ravissant*, le *chat effarouché*, le *bélier sautant*; la *licorne*, le *cerf*, le *bouc*, la *chèvre*, le *mouton saillants*. Ceux des animaux qui paraissent marcher sont *passants*. S'il paraît ainsi, il est *bardé*, *houssé* et *caparaçonné*. Le lévrier a un collier, le lévron n'en a pas; du reste, c'est le même animal. Les animaux à pied fourchu sont *onglés*, ceux à griffes sont *armés*. Lorsque la langue de ceux-ci diffère d'émail, ils sont *lampassés*; les oiseaux et les reptiles sont *langués*. La licorne est *acculée* quand elle est droite sur son séant, les pieds de devant levés. Le lièvre arrêté et assis sur ses pattes est *en forme*. La trompe de l'éléphant, seule dans l'écu ou comme cimier, se nomme *proboscide*.

La tête humaine et particulièrement celle des Maures paraît quelquefois armée d'un turban. On la dit *tortillée*, du nom de ce turban, qui s'appelle *tortil*. Dans quelque position que soit la tête de l'homme, elle ne change pas de nom, non plus que celle des oiseaux. Mais celle des quadrupèdes s'appelle *tête* quand elle est de profil, et *rencontre* lorsqu'elle paraît de front montrant les deux yeux, qui se rencontrent avec les vôtres. Les têtes du sanglier, du saumon et du brochet, sont des *hures*. Les têtes d'en

tant ailées s'appellent *chérubins*. Celles qui semblent souffler avec violence sont des *aquilons*.

Le *griffon* forme la transition entre les quadrupèdes et les oiseaux. Le plus noble de ceux-ci, l'*aigle*, paraît montrant l'estomac, les ailes étendues et la tête tournée vers la droite. Si le bout de ses ailes tend vers la bas de l'écu, elle est au *vol abaissé*. L'aigle à deux têtes est dite *éployée*. Elle est souvent couronnée, quelquefois diadémée. Les aigles au nombre de plus de deux sont des *aiglettes*. Viennent ensuite les *éperviers* (reconnaissables à leurs chaperons, leurs longes et leurs grillets ou grelots), les *faucons*, les *milans*, les *aldrions*, les *merlettes*, les *oiseaux de paradis*, les *hirondelles*, les *coqs*, les *canettes*, les *aigrettes*, les *paons* rouants (faisant la roue avec leur queue), les *autruches*, les *ducs*, les *hiboux*, les *chouettes*, etc., etc. (C'est ici le cas d'observer que la paire d'ailes d'un oiseau, si ces ailes ne sont point séparées, s'appelle un *vol*. Une seule aile ou plusieurs séparées sont des *demi-vols*.) Le *phénix* paraît de profil sur son bûcher, qu'un nomme *immortalité*, et semble avec ses ailes essorantes en exciter la flamme pour s'y consumer, sûr de renaître plus radieux de ses cendres. Le *coq*, symbole du courage et de la vigilance, est figuré de profil dans l'écu. S'il a le bec ouvert, il est *chantant*; si sa patte dextre est levée, il est *hardi*. Le *pélican*, emblème de la charité et des bons princes, est représenté sur son aire, se becquetant la poitrine pour nourrir ses petits, au nombre de trois. Si les dix gouttes sang qui paraissent sortir de l'ouverture dans laquelle il plonge le bec sont d'un autre émail que son corps, on explique cette différence en disant que sa *piété* est de telle couleur. La *grue*, posée de profil, se distingue par le caillou qu'elle tient dans sa patte dextre levée, et qu'on nomme *vigilance*, parce qu'au moindre bruit, à son tour de guet, elle laisse tomber ce caillou, pour avertir ses compagnes endormies du danger qui les menace, et se soustrait par une prompte fuite à toute surprise.

La *harpie* du blason ne ressemble pas à celle de la Fable. Ce n'est plus ce corps de vautour à visage de vieille femme et à oreilles d'ours, ni ces mamelles hideuses et pendantes, ni ces mains armées de griffes redoutables. Dans l'écu, la harpie a la tête et la gorge d'une jeune femme; le reste du corps est semblable à l'aigle; et comme elle, elle paraît de front, les ailes ouvertes. Parmi les autres monstres empruntés à la fable, on distingue le *sphinx*, l'*hydre*, la *sirène*, le *dragon*. L'*hydre* est de profil. Six de ses sept têtes sont dressées et menaçantes, la septième est abattue et ne tient plus qu'à un seul filament. La *sirène* est posée de front ou de profil. Elle tient de la main dextre un miroir ovale à manche, et de la senestre un peigne. Sa queue de poisson est ordinairement simple; quelquefois elle est double. Lorsque la sirène paraît dans une cuve, elle pert son nom, et devient *Mellusine*, ou *Merlusine*. Le *dragon*, animal également mixte et transitoire, est placé de profil dans l'écu. Sa poitrine et ses deux pattes, sur lesquelles il s'appuie, sont assez semblables à celles du griffon, mais différent, ainsi que sa gueule et sa langue, qui se termine en dard. Ses ailes, pareilles à celles de la chauve-souris, sont étendues; le reste de son corps se termine en queue de poisson tournée en volute, le bout dressé. L'*amphistère* a les pattes et les ailes du dragon; mais elle en diffère par la tête, qui est celle d'un gros serpent, et par la queue, qui, tournée de même en volute, se termine toujours en une tête de serpent plus petite, et quelquefois en plusieurs. Dans ce dernier cas, on dit que la queue est *gringolée* de tant de pièces.

Les poissons et les crustacés servent aussi de meubles. Tels sont les *dauphins*, les *bars* (barbeaux), les *saumons* (armes parlantes des princes de Salm), les *remoras*, les *brochets*, les *lamproies*, les *truites*, les *chabots* (rougets), les *tortues*, les *écrevisses*. On dit du dauphin qu'il est *peautré* de sa gueule, et *lorré* de ses nageoires, lorsqu'elles diffèrent d'émail avec son corps. S'il paraît la gueule béante, édenté et comme près d'expirer, il est *pâmé*; enfin, si sa tête et sa queue tendent vers le bas de l'écu, il est *couché*. Son attitude ordinaire est d'être *vif*, c'est-à-dire dressé de profil et arrondi en demi-cercle, la face et la queue tournées à dextre. Les *reptiles* apparaissent plus rarement comme *meubles*. Le serpent est nommé *bisse* ; mais s'il paraît dévorer un enfant, il devient *guivre*, et lorsque l'enfant est d'émail différent, la guivre est dite *issante*. Enfin, on voit aussi dans les armoiries quelques insectes, tels que les papillons, les abeilles, les taons, etc. Lorsque les taches du papillon sont d'émail différent du corps, on le dit *miraillé*. On se sert du mot *bigarré* dans le même sens pour le hérisson et le porc-épic.

Les autres meubles principaux, créés par l'imagination ou empruntés à la nature sont les *b e s a n t s* et les *tourteaux*, les *rocs d'échiquier*, les *quintefeuilles*, les *tiercefeuilles* les *trèfles*, les *molettes d'éperon*, les *billettes*, les *croissants* (quelquefois *tournés*, *contournés*, *versés*), les *étoiles*, les *soleils*, les *ombres de soleil*, les *comètes*, les *châteaux* et les *tours* (*ouverts*, *ajourés*, *maçonnés*, *hersés*, *essorés*) les *lances*, les *fers de lance*, les *épées*, les *badelaires*, les *flèches* (qui sont *empennées* quand les plumes sont d'émail différent, et *encochées* lorsqu'elles sont placées sur l'arc tendu), les *arbres*, les *roses* (qui paraissent ordinairement sans tige, mais qui sont quelquefois *tigées*), les *lis* et *fleurs de lis*, les *ancolies*, les *tournesols*, les *grenades*, les *coquerelles*, les *otelles*, etc.

On distingue les meubles suivants : le *huchet*, espèce de cornet à bouquin, devient *cor de chasse* dès qu'il a une corde. Souvent il est *lié*, *embouché* et *virolé* d'un autre émail. Les *annelets* s'appellent *vires* quand ils sont enclos l'un dans l'autre, de manière que les plus petits sont au centre des plus grands. La *losange* en s'allongeant un peu devient *fusée*. La même losange percée au centre en losange est une *mâcle* ; mais si le trou est rond, c'est un *rustre*. Le *rangier* est un fer de faulx sans manche ; le *renchier* est un cerf de la plus haute taille ayant la ramure aplatie et courbée vers le dos.

Les animaux qui paraissent au centre de l'écu n'ayant que la partie supérieure du corps sont *naissants* parce qu'ils sont censés sortir, maître du fond de l'écu. Mais s'ils touchent au bord inférieur de l'écu ou d'une pièce quelconque, ils sont *issants*. Il y a des meubles posés de *l'un à l'autre* et d'autres de *l'un en l'autre* : c'est toujours lorsque l'écu est parti, coupé ou écartelé. Les meubles ont les mêmes émaux que les partitions, mais ils sont réciproquement transposés. Le premier terme exprime les meubles qui sont partagés par les filets de la partition ; le second indique ceux qui sont en plein champ sur chaque canton ou chaque division de l'écu.

La position ordinaire des meubles, que leur nombre seul explique, est celle-ci : un, au centre de l'écu ; deux, l'un sur l'autre (excepté les meubles de longueur, comme lances épées, faulx, etc., qui se placent l'un à côté de l'autre) ; trois, deux en chef et un en pointe (ce qu'on appelle quelquefois *bien ordonnés*, par opposition à *mal ordonnés*, qui s'entend de trois meubles posés un en haut et deux en bas) ; quatre, aux quatre cantons ; cinq en sautoir ; six, trois, deux et un ; sept, trois, trois et un ; huit, en *orle*, c'est-à-dire trois en haut, deux vers le milieu, deux plus bas, et un à la pointe de l'écu ; neuf, trois, trois et trois ; dix, quatre, trois, deux et un. LAINÉ.

MEUDON, village du département de S e i n e - e t - O i s e, à 9 kilomètres de Paris, sur une hauteur dominant au loin le cours de la Seine, avec 3,793 habitants, une exploitation et un commerce important de blanc dit *blanc de Meudon*, une verrerie à bouteilles dites de Sèvres et cristaux, une taillanderie, des fours à chaux et des fabriques de chaux hydraulique, de nombreuses blanchisseries de linge pour le service de Paris. C'est une station du chemin de fer de Versailles (rive gauche) et de l'ouest à Bellevue.

Au seizième siècle, Meudon appartenait à la duchesse d'Étampes. Sous Henri II, le cardinal de Lorraine y fit élever un magnifique château, sur les plans de Philibert Delorme. Au dix-septième siècle, ce domaine devint la propriété de Louvois, qui dépensa des sommes immenses à l'embellir, et qui, entre autres augmentations, fit construire sa terrasse, l'une des plus belles qu'on puisse citer en Europe. A la mort de Louvois, Louis XIV en fit l'acquisition pour le grand dauphin. Ce prince fit exécuter d'importants travaux à Meudon. Il chargea Lenôtre d'en embellir le parc, et à peu de distance du château de Philibert Delorme il fit élever un pavillon (le château actuel), qui servit pendant quelques instants de résidence, sous Louis XVI, au duc de Normandie. Le grand château fut démoli en 1780. Un arrêté du comité de salut public, à la date du 20 octobre 1793, mit Meudon à la disposition de l'Institut national, à l'effet d'y expérimenter diverses inventions nouvelles d'une haute utilité au point de vue de l'art militaire. C'est ainsi qu'on y fabriqua les a é r o s t a t s dont on fit usage à la bataille de Fleurus, et qu'à la suite de ces essais on y établit une école *aéronautique*. Sous l'empire, Meudon, magnifiquement réparé et meublé, fut assigné pour demeure au roi de Rome, qui vint y résider pendant l'été de 1812 avec l'impératrice Marie-Louise. L'année suivante, il servit pendant quelques jours de refuge à la reine de Westphalie et à ses jeunes enfants. Pendant la restauration, le duc de Berry vint y séjourner à diverses reprises, à l'époque des chasses. Sous le règne de Louis-Philippe, les princes ses enfants n'y vinrent également que pour chasser. Le duc d'Orléans, prince royal, continuant la tradition du duc d'Angoulême, y entretenait un haras. Cet établissement, devenu propriété de l'État en 1848, a été vendu en 1850.

MEULE (du grec μύλη). C'est un bloc de pierre, d'acier ou de fer, taillé en rond, qui sert à aiguiser les corps durs ou à en broyer d'autres. Les graines se broient au moulin avec les meules de pierre ; les instruments tranchant s'aiguisent aussi à la meule de pierre. Les meules à moudre sont de deux espèces ; les meules dites *à la française* et les meules *à l'anglaise* ; les meules *à la française*, les plus anciennes, ne se fabriquent plus guère depuis une vingtaine d'années ; c'étaient d'énormes meules, de deux mètres de diamètre, d'un seul bloc, ou de deux ou trois morceaux, au plus ; et il était difficile qu'une surface aussi considérable n'offrît point d'imperfections. Les meules *à l'anglaise*, qui les ont remplacées, n'offrent plus qu'un diamètre de 1^m,15 à 1^m,30 ; elles sont composées d'une grande quantité de petits morceaux de pierre meulière triés avec soin et taillés au burin sur leurs joints, qui sont liés avec du plâtre et maintenus dans une adhésion complète par des cercles entourant la meule. La petite ville de La Ferté-sous-Jouarre possède si de riches carrières de pierre meulière que le monopole de cette presque exclusive fabrication ; l'art d'extraire et de fabriquer les meules y fait tous les jours de nouveaux progrès.

Dans les moulins c'est une grande roue qui, par le moyen du ploquier, fait tourner la meule de dessus. L'œil de la meule est le trou par où passe le fer du ploquier. La meule d'en bas s'appelle le *gite* ou la *meule gisante* ; celle d'en haut qui écrase le grain s'appelle *meule courante*. Les meules de l'antiquité qu'on a conservées sont fort petites et différentes des nôtres. On en a trouvé deux ou trois en Angleterre, qui n'avaient que vingt pouces de long et autant de large. Il est vraisemblable que les Égyptiens, les Juifs et les Romains n'avaient pas de m o u l i n s à vent ou à eau, mais qu'ils faisaient tourner leur meules par leurs esclaves ou leurs prisonniers de guerre ; car Samson, prisonnier des Philistins, fut condamné à tourner la meule dans sa prison. Les Juifs disaient proverbialement d'un homme profondément affligé qu'il portait une *meule* pendue au cou, ce qui ne pouvait guère s'entendre que des petites meules anciennes. Les meules à aiguiser soit faites d'une espèce de grès ; il y a aussi des meules en bois tendre pour polir les cristaux, en acier pour affiner les aiguilles ; les meules diamantaires sont de fer.

Ce qu'on appelle *meule* ou plutôt *mule*, en termes de jardinage, est un gros tas de foin en cône de pyramide, sur lequel l'eau coule, et l'on dit que le foin est fané quand il est ainsi *ameulé*. On met aussi les g e r b e s de blé en meule en attendant le moment de les battre.

Meule (matrix cervini cornu), veut dire en termes de chasse le bas de la tête d'un cerf, d'un daim et d'un chevreuil. Les vieux cerfs ont la tour de la *meule* large, gros, bien pierré, et près de la tête.

MEULEN (ANTOINE-FRANÇOIS VAN DER), peintre de batailles, naquit à Bruxelles, en 1634. De précoces dispositions qu'il montra pour le dessin engagèrent son père, riche amateur des arts, à l'envoyer étudier chez Pierre Snayers, qui jouissait d'une certaine réputation comme peintre de paysages et de batailles. Meulen fit en peu d'années des progrès rapides, sans trop imiter la manière de son maître; bien qu'il traitât de préférence les mêmes sujets que lui, il parvint à se faire un nom aussi célèbre, un talent aussi recherché que celui de Snayers, dont il n'avait pas encore quitté l'école. Dans ses premiers essais, on trouve déjà cette touche légère, cette facilité de dessin, cette largeur d'exécution, qui sont les belles qualités de ses ouvrages et les caractères distinctifs de sa peinture. Quelques-uns de ses tableaux furent apportés à Paris, et, par un heureux hasard, passèrent sous les yeux de Colbert, qui, leur ayant trouvé quelque mérite, les fit voir à Charles Le Brun. Ce dernier jugea que de pareilles œuvres annonçaient un grand maître, et dans les premiers moments d'une chaude admiration il fit entendre à Colbert qu'il devait commander sur-le-champ à Van der Meulen des tableaux pour sa galerie. Il insinua même qu'à la cour on serait flatté d'avoir un si habile peintre lorsque ses ouvrages seraient mieux connus, et qu'il fallait, s'il était possible, l'attirer en France et le décider à s'y fixer. D'Argenville pense que Le Brun faisait valoir ainsi Meulen dans le but de l'opposer à Parrocel, dont le puissant coloris lui faisait ombrage. Toujours est-il que ce fut Le Brun qui, de la part de Colbert, fit adresser à Meulen des offres très-avantageuses, auxquelles ce peintre ne s'attendait guère, et qu'il se garda bien de refuser. Il s'empressa donc de quitter Bruxelles pour venir à Paris, où on l'accueillit d'une manière flatteuse, en lui offrant d'abord le brevet d'une pension de 2,000 livres, ensuite en mettant à sa disposition un logement qu'on lui avait préparé à la manufacture royale des Gobelins.

Là, il composa un grand nombre de tableaux qui ont été exécutés plusieurs fois en tapisserie. Toutefois, la grande réputation de ce peintre ne s'établit en France que lorsque Louis XIV l'eut pris sous sa protection spéciale. Ce prince, qui aimait la guerre et qui voulait que sa gloire fût exposée à tous les yeux, avait besoin d'un artiste qui pût peindre les batailles à mesure qu'il les gagnerait, les villes fortifiées à mesure qu'il les prendrait. Le Brun n'était pas assez actif, n'avait pas le travail assez facile pour jouer ce rôle d'improvisateur ; il se contenta de peindre tranquillement dans son atelier les grandes victoires remportées sur les Perses, où, sous le nom d'Alexandre, il représentait Louis XIV. Pendant que ce dernier passait le Rhin, et avant que la campagne fût finie, Le Brun avait le temps de peindre le Passage du Granique; mais le grand roi, cependant, s'ennuyait à se voir toujours en héros de l'histoire ancienne, et Van der Meulen arrivait fort à propos à son gré. Quand il eut connu ce peintre, il se l'attacha par les largesses, et dès lors Van der Meulen eut l'honneur de suivre Sa Majesté dans toutes ses campagnes. Pendant ce temps il eut de fréquentes occasions de montrer la prodigieuse verve, la singulière facilité de son pinceau. Chaque jour il recevait de nouveaux ordres du roi; il faisait partie de sa maison et était défrayé de toutes ses dépenses ; mais l'armée française allait si vite de victoire en victoire que le pauvre artiste, toujours occupé de nouveaux sujets qu'il lui fallait traiter en toute hâte, avait à peine le temps d'observer et de respirer. Il dessinait assidûment sur les lieux mêmes, et avec la plus scrupuleuse exactitude, les campements, les attaques, les batailles, les marches de l'armée, les haltes, les escarmouches, les actions d'éclat, les vues des villes assiégées ; il peignait la guerre et tous ses horribles détails, selon la tactique et la stratégie de son temps.

Les compositions de Van der Meulen n'ont pas seulement l'avantage de former une série de monuments historiques exécutés d'après des études d'une grande précision, elles sont encore traitées avec un rare talent, et se recommandent surtout par de belles et solides qualités. Van der Meulen voulut être créateur de sa manière et ne suivre les traces de personne : il est toujours facile de le reconnaître à l'étonnante multiplicité de ses plans, aux habiles dégradations de ses teintes. Il y a de l'esprit dans sa touche, de la suavité dans ses ciels et ses lointains; sa couleur est belle, moins vigoureuse mais peut-être plus agréable que celle de Bourguignon ou de Parrocel le père; son feuillé est léger et ses paysages sont d'une ravissante fraîcheur. Il entendait bien les effets du clair-obscur, et s'en servait en peintre habile, en créant de larges masses d'ombre et de lumière qui faisaient admirablement valoir les unes par les autres toutes les parties de ses vastes toiles. Lors même qu'il ne pouvait disposer de son site ni de l'ordonnance du plus grand nombre de ses figures, il savait plaire par de beaux détails. Si on tient compte à Van der Meulen de l'ingratitude de la plupart des sujets qu'il avait à traiter, on ne pourra que lui assigner une place très-distinguée parmi les peintres de paysages et de batailles. Obligé de produire incessamment, il se servait de Martin l'aîné, de Baudouin, de Bonnart et d'autres peintres pour ébaucher sur ses dessins les grands tableaux, qu'il achevait ensuite dans tous leurs détails.

De retour de la guerre, bien vu à la cour, Van der Meulen obtint une pension de 6,000 livres et fut employé avec Le Brun à exécuter les embellissements du palais de Versailles et du Louvre. Ces deux peintres se lièrent d'une étroite amitié en travaillant ensemble ; ils ne se cachèrent rien des secrets de leur art et s'aidèrent mutuellement. Meulen, qui peignait les chevaux dans la perfection, exécuta pour Le Brun ceux qu'on voit dans ses batailles d'Alexandre. Van der Meulen fut reçu à l'Académie en 1673, et ensuite nommé conseiller en 1681. Sa femme étant venue à mourir, son ami Le Brun lui fit épouser sa nièce. Cette alliance le menait tout droit à la fortune, et chaque jour il recevait de nouvelles grâces du roi. Mais il ne fut pas longtemps heureux avec sa seconde femme, qui par son inconduite lui causa beaucoup de chagrins. Sa santé s'altéra, et il mourut à Paris, en 1690. Il avait eu de ses deux mariages trois enfants, deux filles et un garçon, qui se fit prêtre.

Van der Meulen avait peint vingt-neuf tableaux sur toile pour le château de Marly : ils représentaient des prises de villes ; pour Versailles, les quatre conquêtes qui décoraient les murs du grand escalier qu'on a démoli, et plusieurs panneaux et dessus de porte. Le musée de cette ville possède maintenant bon nombre de toiles de ce maître. Les réfectoires de l'hôtel des Invalides contiennent de Van der Meulen quelques toiles représentant les conquêtes de Louis XIV. Au château de Rambouillet se trouvent encore dix tableaux de Van der Meulen, et notre musée en possède quinze.

A. FILLIOUX.

MEUNERIE (du latin *molina*, moulin, d'où l'on a fait *molinarius*, *moulnier*, *meûnier*). L'art de la mouture est sans contredit un de ceux qui ont le plus progressé depuis le commencement de ce siècle ; à côté des simples m o u l i n s à vent et à eau, éparpillés sur le sol de la France, on a vu s'élever de tous côtés d'immenses établissements de minoterie dont beaucoup, mus par la vapeur, n'ont pas l'inconvénient du chomage pendant les basses eaux. L'œil étonné a peine à compter les innombrables machines qui se tordent, crient, mugissent dans ces vastes établissements ; les unes, comme les cribles, les vans, les tarares, faisant les ramoneries, les cylindres à brosse, nettoyant le grain ; les autres comme les séchoirs, les touraïlles, les étuves, le séchant ; d'autres amorçant les meules, les équilibrant, en réglant l'écartement ; celles-ci faisant arriver le blé dans les trémies, sous les meules ; celles-là recueillant la farine, la séchant, la versant dans des sacs, soulevant ces sacs pour les déposer dans les magasins ; d'autres séparent le son de la farine, etc. Grâce à la multiplicité et à la perfection de ces machines, perfection et multiplicité telles, que vingt hommes suffisent à faire marcher le moulin de Saint-Maur, qui pourrait moudre autant de blé qu'il en faudrait pour 100,000 hommes, la minoterie française l'emporte sur toutes les autres. Ainsi, l'on a vu les meuniers anglais se plaindre au parlement de ne pouvoir soutenir la concurrence des meuniers français ; nos minoteries en effet convertissent en farine une grande quantité de blés étrangers, que notre marine marchande réexporte ensuite avec avantage.

MEUNG (JEHAN DE), surnommé *Clopinel*, parce qu'il était boiteux, né vers l'an 1260, d'une famille aisée, à Meung-sur-Loire, près d'Orléans, mourut à Paris, vers 1320. Il se livra de bonne heure à la culture des lettres, et se fit connaître d'abord par une traduction de l'*Art militaire* de Végèce (1284). A peu près à la même époque il entreprit, à la demande de Philippe le Bel, de donner une suite au célèbre *Roman de la Rose*, de Guillaume de Lorris. A cet effet, il supprima les 82 derniers vers, qui en contenaient le dénouement, et y ajouta près de 18,000 vers. Cet important travail, qui est l'un des plus anciens monuments de notre langue et de notre poésie, lui valut de la part de ses contemporains le surnom de *père* et d'*inventeur de l'éloquence*, et Marot l'appelle l'*Ennius français*. Pasquier le compare au Dante, dont il paraît qu'il fut l'ami. La meilleure édition de ses œuvres est celle qu'en a donnée M. Méon (4 vol. Paris, Didot l'aîné, 1814). On a encore de Jehan de Meung : *Le Trésor ou les sept articles de foy*, imprimé avec les *Proverbes dorez*, et ses *Remontrances au roy* (1481-1484, in-8°) ; *Miroir d'Alchymie* (in-8°, 1612), et enfin *Vie et Épistres de Pierre Abaylard et d'Héloïse, sa femme*. Les circonstances particulières de sa vie sont très-peu connues ; tout ce qu'on sait à cet égard, c'est qu'il avait de la fortune, qu'il courut de grands dangers, vraisemblablement par suite de l'extrême liberté avec laquelle il s'exprimait sur le compte des prêtres et sur celui des dames, et qu'il fut attaché à divers personnages puissants. On voyait autrefois son tombeau dans l'église des Jacobins de la rue Saint-Jacques.

MEUNIER ou **LÈPRE** (*Botanique*). Voyez BLANC (*Botanique*).

MEUNIER (*Ichthyologie*). Voyez CHABOT.

MEUNIER (PIERRE-FRANÇOIS). Le 27 décembre 1836, à une heure de relevée, Louis-Philippe quittait les Tuileries pour aller au palais Bourbon ouvrir les chambres. Le duc d'Orléans, le duc de Nemours et le prince de Joinville étaient dans la même voiture que leur père. Cette voiture venait de dépasser la grille du jardin des Tuileries, lorsque la détonation d'une arme à feu se fit entendre. Un coup de pistolet avait été tiré du côté du mur du jardin où la garde nationale faisait la haie, au moment où le roi saluait le drapeau de la 2ᵉ légion. Le roi montra aussitôt qu'il n'avait pas été atteint. La balle avait effleuré sa poitrine et avait été frapper transversalement dans la glace de devant de la voiture. Le duc de Nemours et le duc d'Orléans avaient été légèrement blessés au visage par des éclats de glace. L'assassin fut immédiatement arrêté, et le cortège continua sa marche. Cet attentat, connu au parlement avant l'arrivée du roi, donna un intérêt particulier à cette séance d'ouverture.

L'homme qui avait tiré sur Louis-Philippe avait été conduit au poste du château, puis à la Conciergerie. Il n'avait pas hésité à avouer son crime, qu'il méditait, disait-il, depuis plus de six ans. Dès son enfance, ajoutait-il, il avait conçu une haine violente contre la famille d'Orléans, parce que ses lectures lui avaient appris que les Orléans avaient toujours fait le malheur de la France. Mais il ne voulait dire ni son nom, ni son pays, ni sa profession. Le soir même de l'attentat, une ordonnance royale convoquait la cour des pairs. Ce fut à la lecture de cette ordonnance et du signalement de l'accusé donné dans les feuilles publiques que M. Barré, ancien négociant, voyant des indices qui se rapportaient à un membre de sa famille, se présenta le 28, pour éclaircir ses soupçons, dans le cabinet de l'un des juges d'instruction, et reconnut en effet que l'accusé était son neveu. L'assassin ne fit plus difficulté de déclarer qu'il s'appelait Pierre-François Meunier, et qu'il était né le 3 janvier 1814 à la Chapelle-Saint-Denis. Son père et sa mère, commissionnaires aubergistes à l'époque de sa naissance, ayant fait mal leurs affaires, s'étaient séparés. Le père était tombé dans un état voisin de l'indigence ; la mère avait été recueillie par son frère, M. Barré, négociant en sellerie. Meunier avait toujours mal répondu aux soins de son oncle. Après avoir travaillé chez lui et avoir essayé de divers états, il était revenu se placer chez le sieur Lavaux, son cousin, lequel avait repris, en 1836, le commerce de M. Barré, leur oncle commun. Les antécédents de Meunier le signalaient comme incapable de se fixer à aucune profession, ennemi du travail, affectant l'athéisme, dégradé par la débauche et doué d'un entêtement aveugle. Dans les premiers temps qui suivirent la révolution de 1830, il s'était montré plein de zèle pour le nouveau gouvernement ; mais ses opinions s'étaient modifiées : il s'était jeté dans toutes les insurrections, et ne craignait pas de montrer en toute occasion des intentions hostiles à la dynastie, son admiration pour Alibaud, et d'annoncer le dessein de l'imiter.

D'après les déclarations de Meunier au moment de son arrestation, on pouvait croire qu'il faisait partie d'une bande secrète d'individus qui se seraient engagés par serment à tuer le roi. La fréquence avec laquelle ces attentats se succédaient permettait d'ailleurs de faire cette supposition. Cependant Meunier désavoua ces propos, comme d'atroces plaisanteries, et, dans ses quinze premiers interrogatoires devant la commission de la cour des pairs, il soutint constamment qu'il n'avait pas de complices, qu'il avait seul conçu son crime et qu'il l'avait exécuté, n'en ayant même jamais parlé à personne. Le 4 février, semblant changer de système, il compromit assez gravement quelques individus, qui furent arrêtés. L'un était M. Lavaux, son cousin germain, propriétaire de l'établissement dans lequel Meunier était employé comme premier commis, et qui, par une singulière coïncidence, se trouvait faire partie, comme garde national à cheval, de l'escorte du roi le jour de l'attentat ; un autre, nommé Lacaze, était un ouvrier du même établissement. Au dire de Meunier, tous trois se trouvant un soir du mois de novembre 1835 chez M. Barré, avaient fait une cession de sa maison à M. Lavaux, ils avaient tiré au sort à qui tuerait le roi, et le billet fatal était échu à Meunier. Aucun d'eux n'avait alors songé aux moyens d'exécution. Lacaze était retourné dans sa famille à Auch depuis dix mois, et Meunier n'avait cessé que par intervalles ses relations avec Lavaux, qui le menait quelquefois dans un tir, et chez qui il avait pris le pistolet instrument de son crime. Deux autres individus, nommés Dauché, commis intéressé chez Lavaux, et Rédarès, étudiant en médecine, paraissaient avoir été compromis, mais à un moindre degré, par leurs relations avec les accusés.

M. Barthe fut chargé du rapport de cette affaire. Comme toujours, on fit porter sur la presse la responsabilité du crime. M. Barthe terminait en effet en déplorant « l'influence d'une classe d'écrivains qui, détruisant tout sentiment de respect dans les classes populaires, se servent contre la constitution du pays de la liberté qu'ils tiennent de cette constitution même, et qui, pour avilir l'autorité publique, provoquent les plus mauvaises passions contre le chef de l'État ». Comme le gouvernement était armé des lois de septembre, on pouvait aussi bien croire que c'était plutôt la compression qui engendrait cette suite de crimes individuels et isolés. Telles sont les conclusions du procureur général, M. Franck-Carré, la cour des pairs ordonna la mise en accusation de Meunier, de Charles-Alexandre Lavaux, sellier-harnacheur, âgé de vingt-sept ans, et de Henri Lacaze, commis marchand, âgé de vingt-deux ans. Dauché et Bédarès furent mis hors de cause. Les débats s'ouvrirent le 21 avril, et durèrent quatre jours. Meunier s'y montra tel qu'il avait déjà paru, avouant ses antécédents, son caractère entêté, ses goûts de paresse et de débauche ; il se prétendit perverti par les journaux, qui lui avaient inspiré la haine du gouvernement et des idées régicides. Il continua à rappeler les scènes nocturnes où Lavaux et Lacaze auraient tiré avec lui à qui tuerait le roi. Il se disait républicain, et niait avoir fait partie d'aucune association politique. Lavaux se renferma dans un système absolu de dénégation relativement aux circonstances du tirage, et il expliquait celles du tir au pistolet comme une partie de plaisir sans but. Lacaze niait de même sa participation au tirage. Mme Barré, tante par alliance de deux des accusés, déclara savoir par Mme Lavaux, sa belle-fille, que le tirage en question avait eu lieu ; mais Mme Lavaux, appelée à son tour, nia d'avoir parlé à sa belle-mère d'un fait dont elle n'avait jamais eu connaissance. Me Delangle, défenseur d'office de Meunier, le présenta comme un homme atteint de folie, servant de risée à ses camarades, sachant à peine discerner le bien du mal, n'ayant jamais fait partie d'associations politiques et étant incapable d'avoir conçu et exécuté un pareil attentat sans y avoir été poussé. Me Ledru-Rollin, défenseur de Lavaux, soutint que la position de Lavaux, son caractère docile et bon, ne permettaient pas de lui supposer la pensée du crime. Meunier avait sans doute eu ailleurs le fatal numéro, et il cachait ses véritables complices. S'il avait choisi Lavaux pour coaccusé, c'était afin de venir en aide à une vengeance des époux Barré. Me Chaix d'Est-Ange, défenseur d'office de Lacaze, s'attacha à démontrer que le fait du tirage, fût-il vrai, n'entraînerait pas la criminalité de son client, qui depuis longtemps vivait loin de toute préoccupation politique. Néanmoins, le procureur général concluait à la condamnation des trois accusés ; mais, le 25 avril, la cour, par son arrêt, acquitta Lavaux et Lacaze, et condamna Meunier à la peine des parricides.

Meunier, ramené dans sa prison, s'empressa d'écrire au roi dans les termes qui annonçaient le repentir. Le roi se prononça dans son conseil des ministres pour une commutation de peine, et le 28 avril la cour des pairs entérina cette grâce, qui changeait la peine de mort prononcée par elle en celle de la déportation. Quelques semaines après, Meunier, transporté sur un bâtiment de l'État, alla subir sa peine aux États-Unis, où la bienfaisance du roi avait dû le suivre. Son misérable caractère l'empêcha de s'y fixer. Il parcourut les deux Amériques, ayant des querelles à peu près partout, et enfin vers le mois de juin 1839, il succomba au Texas, dans un duel qu'il eut avec un Italien.

L. LOUVET.

MEURICE (Désiré-François-Froment), orfèvre ciseleur, né à Paris, le 31 décembre 1802, mort le 17 février 1855. Fils d'artisan, longtemps ouvrier lui-même, Froment Meurice s'éleva si haut par son travail et son talent qu'aujourd'hui ses œuvres rivalisent avec les plus belles productions des anciens maîtres. Sa vocation le porta de bonne heure vers le gracieuses productions de la Renaissance. Il vit et compara les richesses de nos musées, et forma le projet de rendre à l'art de l'orfèvrerie tout le style et la poésie d'autrefois. L'exposition de 1839 marqua le premier pas de cette œuvre de rénovation ; on y admira surtout un délicieux service à thé dans le goût du seizième siècle. Ce brillant début lui valut une médaille d'argent. À l'exposition de 1844, il obtint la médaille d'or pour son ostensoir destiné au pape, son calice orné de figures allégoriques, sa coupe d'agate rehaussée d'or émaillé, et enfin son magnifique bouclier *des courses*, où toute l'histoire du cheval, à l'état sauvage et domestique, était sculptée avec le soin des meilleurs maîtres de l'école florentine. Choisi pour surveiller l'exécution de l'épée du comte de Paris, il fut, en 1849, chargé de ciseler celles qui furent offertes aux généraux Cavaignac et Changarnier. Ces deux épées se trouvèrent réunies, à l'exposition de 1849, à un coffret en fer forgé destiné au comte de Paris et à une superbe aiguière présentée par les partisans d'une autre dynastie à la sœur du comte de Chambord. Mais la pièce capitale de cette exposition, celle qui restera comme un des plus beaux titres de gloire du grand orfévre, c'est le milieu de table fait pour M. de Luynes, et qui se compose d'un groupe de onze figures demi-nature exécutées au *repoussé*. Cette pièce magnifique est, avec la toilette offerte à la duchesse de Lucques et les deux groupes en ivoire commandés par M. Demidoff, ce que Froment Meurice a produit de plus important. À l'exposition de Londres il obtint la grande médaille.

Le talent de Froment Meurice était essentiellement inventeur ; aussi quoiqu'il fût d'une habileté suprême dans l'exécution de ses dessins, ne s'est-il servi que rarement de l'ébauchoir ou du burin ; mais il n'est pas sorti de sa maison une seule pièce dont il n'ait lui-même trouvé l'idée, indiqué la forme et surveillé le travail. Indépendamment de ses propres créations, où il entremêlait avec profusion toutes les richesses du sol ; il a réduit aux plus minimes proportions la plupart des statues de nos plus célèbres sculpteurs modernes. Il leur empruntait des modèles qu'il appliquait ensuite soit au pied d'une coupe, soit aux branches d'un candélabre, soit à la garniture d'un miroir. Son grand mérite est d'avoir restauré l'orfèvrerie du moyen âge sans servilité et sans plagiat.

MEURICE (François-Paul), frère du précédent, romancier et auteur dramatique, est né à Paris, en février 1820. Après de brillantes études au collège Charlemagne, M. Paul Meurice débuta dans les lettres par une comédie en six actes, *Falstaff*, et un drame *Paroles*, imités de Shakespeare. Il fit jouer à l'Odéon en 1843, en collaboration avec M. Vacquerie, *Antigone*, traduite de Sophocle. M. Alexandre Dumas absorba pendant quelques années le talent du jeune et modeste écrivain, qui vit ainsi paraître sous le nom d'un autre plusieurs de ses romans, parmi lesquels *Ascanio* et *Amaury* sont devenus populaires. Mais quoique l'auteur semblât mettre à s'effacer autant de soin que d'autres en prennent pour se produire quand même, le public ne tarda pas à percer l'incognito et à lui rendre ce qui lui appartenait. En 1848, à la fondation de *L'Événement*, M. Victor Hugo lui confia la rédaction en chef du journal. Pendant trois ans Paul Meurice, lancé dans la politique, sembla abandonner sa voie. Traduit plusieurs fois devant les tribunaux comme responsable d'articles incriminés, il fut en dernier lieu condamné à neuf mois de détention, et il subissait sa peine quand les événements de décembre amenèrent la suppression du journal. Paul Meurice reprit alors sa plume d'écrivain purement littéraire. C'est dans sa prison même qu'il composa le beau drame de *Benvenuto Cellini*, joué en 1852 à la Porte-Saint-Martin. Depuis, sauf quelques nouvelles et un roman, *La famille Aubry*, publié dans *La Presse*, il semble s'être voué exclusivement à l'art théâtral, auquel il doit ses récents succès de *Schamyl* et de *Paris*.

Henri DE ROCHEFORT.

MEURSIUS (Jean), dit *l'ancien*, dont le véritable nom était *de Meurs*, l'une des gloires de la philologie et de l'archéologie, naquit en 1579, à Loosduinen, près La Haye. Après avoir étudié à Leyde, il parcourut la plus grande partie de l'Europe avec le fils du grand-pensionnaire de Hollande Barneveldt, dont il fut le gouverneur. À son retour à Leyde, en 1610, il fut nommé professeur d'histoire, et l'année ensuite professeur de langue grecque. Plus tard, enveloppé dans les persécutions qui frappèrent tous les amis de Barneveldt, il accepta l'offre que lui fit le roi de Danemark d'une chaire d'histoire à l'académie de Soroe, qu'il conserva jusqu'à sa mort, arrivée en 1639. Indépendamment de diverses éditions d'auteurs grecs, de la décadence, notamment de Lycophron, d'Antigonus Caristius, d'Appollonius Dyscolos, d'Hesychius, de l'empereur Léon, d'Aristoxène, de Philostrate, de Pallade, de Phlégon, Trallianus, etc., de son *Glossarium Græco-Barbarum*

(Leyde, 1614), ou a de lui, dans un nombre infini de monographies, une véritable encyclopédie d'archéologie grecque qu'on trouvera dans le *Thesaurus Antiquitatum Græcarum* de Jacques Gronov (Leyde, 1702), et dans l'édition des *Œuvres complètes de Meursius*, donnée par Lami (Florence, 1741-1763). Il faut dire, toutefois, que ces immenses travaux font preuve, comme la plupart des livres de cette époque savante, de plus de lecture et d'érudition que de critique et de goût. On lui doit aussi une *Histoire de Belgique* (1612) et une *Histoire de Danemark* (1630).

Son fils, *Jean Meursius*, dit *le jeune*, né en 1613, à Leyde, et qui l'accompagna en Danemark, mourut à la fleur de l'âge, en 1653, et promettait de marcher sur ses traces. C'est à tort qu'on lui attribue un ouvrage obscène intitulé *Elegantiæ Linguæ Latinæ* (la meilleure édition est celle de Leyde, 1757), dont le véritable auteur fut un avocat de Grenoble du nom de Chorier.

MEURTHE, département de la France orientale, entre ceux de la Moselle et du Bas-Rhin au nord, du Bas-Rhin à l'est, des Vosges au sud, et de la Meuse à l'ouest. Il tire son nom de la Meurthe, qui le traverse. C'est un de ceux qui formaient la Lorraine, les Trois-Évêchés, etc.

Divisé en 5 arrondissements, 29 cantons et 714 communes, la population est de 450,423 individus. Il envoie trois députés au corps législatif, est compris dans la cinquième division militaire, forme le diocèse de Nancy et est le chef-lieu du ressort de la cour impériale et de l'académie de la même ville.

Sa superficie est d'environ 609,416 hectares, dont 303,636 en terres labourables ; 116,209 en bois ; 71.851 en prés ; 16,371 en vignes ; 6,236 en vergers, pépinières, jardins ; 6,171 en landes, pâtis, bruyères, etc. ; 3,447 en étangs, abreuvoirs, canaux d'irrigation ; 1,877 en propriétés bâties ; 67,051 en forêts, domaines non productifs ; 10,264 en routes, chemins ; 5,036 en rivières, lacs, ruisseaux. Il paye 1,756,200 francs d'impôt foncier.

C'est un pays entre-coupé de collines couvertes de bois ou de vignobles, de vallées larges et abondamment arrosées ; à l'est, où les Vosges développent leurs sommités arrondies, celles-ci sont plus étroites, mais aussi plus pittoresques. Au nord de Toul, jusqu'aux rives de la Math, le pays est plat. Les principales rivières sont la Moselle et ses affluents, la Meurthe, qui offre à la navigation un parcours de 11 kilomètres, la Seille et la Sarre, réunies par le canal des *Salines*, la Vésouze et l'Anne, affluents de la Meurthe. Entre Dieuze et Sarrebourg, les grands étangs de Lindre, de Stock et de Gondrexange, étendent leurs nappes tranquilles au milieu de sites charmants. Dans la partie tout à fait opposée, à l'ouest de la Moselle, il faut encore citer celui de la Saône. Le climat du département de la Meurthe est plus froid et plus humide que ne le comporte sa latitude, ce qui est dû au voisinage des montagnes, mais surtout aux eaux et à la vaste étendue de ses forêts, qui couvrent près des deux cinquièmes de sa surface. Au reste, il n'est pas également salubre partout. Le sol est rangé parmi les sablonneux et les calcaires ; néanmoins, il donne plus de blé qu'il n'en faut pour la consommation, beaucoup d'avoine, de colza, de navette, de lin, de chanvre et de légumes. Les vins sont médiocres et froids : on cite cependant ceux d'Arnaville, Boudonville, Brufey, Neuviller, Pagny, Salival, Thiancourt et Vic, qui ont quelque réputation dans le pays et sont assez recherchés au dehors. On récolte peu de fruits à pepins, parce que les plants ne réussissent qu'en espalier, mais une grande quantité de fruits à noyau, et particulièrement une espèce de prunes s'appelée *coetche*, très-savoureuse, et dont une bonne partie est séchée pour être conservée ; l'abricot de Nancy a quelque renom. Depuis un certain nombre d'années, l'agriculture de ce département a fait de notables progrès, grâce aux excellentes méthodes répandues par l'infatigable et savant directeur de la belle ferme-modèle de Roville, Matthieu de Dombasle. Il y a d'excellents pâturages, où l'on élève du gros bétail d'une petite espèce et des moutons forts, mais dont la laine n'est pas d'une qualité supérieure. L'élève des chevaux est très-importante. La volaille, le gibier et le poisson sont abondants ; les cours d'eau nourrissent surtout des truites et des écrevisses. On peut encore chasser le sanglier et le chevreuil dans les forêts, où les loups et les renards sont aussi assez nombreux. La minéralogie de ce département est intéressante. Le fer est répandu partout, quoiqu'en masses généralement peu considérables, exploitées toutefois sur plusieurs points. La pierre calcaire et la pierre de taille s'offrent de toutes parts ; le gypse y est abondant ; il existe près de Nancy une carrière de marbre. Mais ce qu'il y a surtout de fort remarquable, c'est l'abondance du sel dans les terrains de la vallée de Seille. Dieuze, Château-Salins, Moyenvic ont d'abondantes sources salées exploitées depuis fort longtemps, et Vic possède une couche de sel gemme dont la masse prodigieuse rappelle les immenses dépôts de la Gallicie.

L'industrie manufacturière du département de la Meurthe a pour objets la fabrication en grand de papier, de verre et de cristaux, de glaces, de porcelaine, de faïence, d'étoffes de laine, telles que drap, molletons, ratines, serges, de tissus de coton, de toile, de linge damassé, de chapellerie, de bonneterie, de gants (à Lunévile), de fer-blanc, tôle, coutellerie, acier, grosse taillanderie, alènes, poinçons, alun, sel ammoniac, soude, eau-forte et autres produits chimiques, sucre de betterave, eaux-de-vie, vinaigre, huile de graine, la broderie sur batiste et sur tulle, la confection de la dentelle, les confitures, les conserves de fruits, les salaisons de porc, etc. On y compte plus de 150 tuileries et fours à chaux, et 30 filatures. Il y a aussi des distilleries de liqueurs, dites *liqueurs de Lorraine*, et des brasseries.

Le commerce est favorisé par le chemin de fer de Paris à Strasbourg et ceux de Nancy à Metz et à Forbach, par 8 routes impériales, 15 routes départementales, 3,380 chemins vicinaux, et par la navigation de la Moselle sur 35 kilomètres. Il consiste en blé, vin, planches de sapin, bois de charpente et de chauffage, étoupes, treillis, corderies, bétail, laine, huile, cire, miel, pelleteries et produits des fabriques, entre autres glaces, cristaux, verres de table et autre verrerie.

Le chef-lieu de département est *Nancy* ; les villes et endroits principaux sont *Lunéville* ; *Toul* ; *Pont-à-Mousson* ; *Dieuze*, sur la Seille et le Spin, à la prise d'eau du canal des Salines, avec 3,996 habitants ; *Vic*, dans une vallée, aussi sur la Seille, avec 2,884 habitants ; *Saint-Nicolas-du-Port*, petite ville sur la Meurthe, et dont l'église est un édifice gothique très-remarquable, avec 3,422 habitants ; *Château-Salins*, dont les salines méritent de fixer l'attention, avec 2,424 habitants : *Baccarat* ; *Sarrebourg* ; *Phalsbourg* ; *Fenestranges* ; *Rosières-aux-Salines*, sur un bras de la Meurthe, avec 2,359 habitants, des salines et l'un des plus beaux haras de l'empire ; *Blamont*, petite ville jadis très-forte, avec 2,576 habitants ; c'est une station du chemin de fer de Paris à Strasbourg.

MEURTRE, MEURTRIER. L'homicide commis volontairement mais sans préméditation est qualifié *meurtre* par la loi. Mais le langage usuel n'a pas admis cette nuance, et emploie le mot meurtre dans le sens d'homicide commis avec violence. *Meurtrier* est synonyme d'*assassin*. A Rome, dans les premiers temps, quiconque avait tué un homme de guet-apens était puni de mort comme homicide; mais s'il ne l'avait tué que par hasard et par imprudence, il ne lui était pas imposé d'autre expiation que d'immoler un bélier. Les décemvirs adoptèrent la première partie de cette loi, et la firent insérer dans les Douze Tables. Le condamné pouvait appeler au peuple de la sentence rendue par les décemvirs ; mais si elle était confirmée, le coupable était pendu ou hors des murs. La loi *Sempronia de homicidiis* ne changea rien à l'antique législation. Mais, dans l'an de Rome 673, le dictateur Cornelius Sylla introduisit un autre système de pénalité : suivant la loi qu'il fit adopter, et qui est connue sous le nom de *lex Cornelia de sicariis*, si le meurtrier était élevé en dignité, on l'exilait seulement; si c'était une personne de moyenne condition, on la condamnait à perdre la tête; enfin, si c'était un esclave, on le crucifiait, ou bien on l'exposait aux bêtes sauvages. Dans la suite on prononça la mort contre tout coupable indistinctement.

Chez les Francs et chez les Germains, le meurtrier pouvait se soustraire à la peine en payant aux parents du défunt une com position, qui était l'estimation du dommage causé par sa mort.

Sous l'ancien régime on tenait pour maxime que toute personne qui tue quelqu'un était digne de mort. Le crime était regardé comme plus ou moins grave selon les circonstances, et l'assassinat prémédité n'était pas, en théorie au moins, susceptible de grâce; mais on accordait des lettres de rémission pour les homicides involontaires, ou pour ceux qui étaient commis dans la nécessité d'une légitime défense de la vie. La législation moderne a réformé des dispositions qui n'étaient plus en rapport avec le progrès des mœurs et des idées. Le meurtre, lorsqu'il est accompagné de circonstances qui le transforment en assassinat ou l'assimilent à ce crime, est puni de la peine de mort. Il en est de même lorsqu'il a été précédé, accompagné ou suivi d'un autre crime ou d'un délit. En tout autre cas, le coupable de meurtre doit être puni de la peine des travaux forcés à perpétuité. Le meurtre est *excusable* s'il a été provoqué par des coups ou violences graves envers les personnes, s'il a été commis en repoussant, *pendant le jour*, l'escalade ou l'effraction des clôtures, murs ou entrée de maison, ou d'un appartement habité ou de leurs dépendances. Si le fait est arrivé *pendant la nuit*, il n'y a ni crime ni délit, parce que dans ce cas l'homicide est considéré comme ayant été commandé par la nécessité de la légitime défense de soi-même ou d'autrui.

L'homicide résultant d'un duel est considéré par les tribunaux, dans le regrettable silence de la loi, comme un assassinat.

Un cas de meurtre qui n'est jamais excusable, c'est le cas du parricide. De même le meurtre commis par l'époux sur l'épouse, ou par celle-ci sur son époux, n'est pas excusable si la vie de l'époux ou de l'épouse qui a commis le meurtre n'a pas été mise en péril dans le moment même où le meurtre a eu lieu, sauf le cas de flagrant délit d'a d u l t è r e. Lorsque le fait d'excuse est prouvé, s'il s'agit d'un crime emportant la peine de mort, ou celle des travaux forcés à perpétuité, ou celle de la déportation, la peine est réduite à un emprisonnement d'un an à cinq ans.

Dans tous les cas, le meurtrier ne peut aucunement profiter des biens de celui auquel il a donné la mort, quoique le titre d'héritier présomptif ou de donataire lui appartienne. Indépendamment de l'action publique, les parents du défunt ont une action pour raison des dommages-intérêts résultant de l'homicide. L'héritier est tenu, sous peine d'être privé de la succession, de dénoncer à la justice le *meurtre* dont il est instruit. A plus forte raison cette peine doit-elle lui être appliquée s'il est l'auteur du meurtre, ou même s'il a tenté de le commettre. DUBARD.

MEURTRIÈRE (du vieux mot *meurtrier*, dans l'acception de tuer), trou ou petite ouverture par où l'on peut tirer sur l'ennemi (*voyez* EMBRASURE). Il y a des meurtrières dans les châteaux, les forts, les citadelles, les postes fortifiés, etc.

MEURTRISSURE, contusion avec tache livide. *Voyez* ECCHYMOSE.

MEUSE, fleuve de l'Europe occidentale, qui arrose la France, la Belgique et la Hollande. Il est formé de deux ruisseaux descendus du plateau de Langres, dans le département de la Haute-Marne, et prend le nom qu'il porte à leur jonction, en passant au pied des ruines du château qui domine le village de Meuse, traverse le département des Vosges à l'ouest, celui auquel il donne son nom, celui des Ardennes, les provinces belges de Namur et Liége, et entre dans le Limbourg pour couler près de la frontière d'Allemagne. Ici il quitte la belle vallée qu'il fertilisait depuis sa source pour traverser les immenses terres basses qui embrassent toute la région où s'étend son cours inférieur. En Hollande, il sépare le Brabant de la Gueldre et de la Hollande proprement dite, se divise à Gorkum en deux bras, qui vont se jeter dans la mer du Nord, entre l'île d'Over-Flakke et Rotterdam. A partir de leur entrée en Hollande, les eaux de la Meuse se dirigent à l'ouest; auparavant leur direction est généralement du sud au nord. Son cours est de 800 kilomètres, dont 368 en France. Des 624 navigables, le territoire français jouit de 192. Verdun, Sedan, Mézières, Namur, Liége, Maëstricht, Venloo, Dordrecht, Rotterdam et Helvoestluis sont les principales villes qui s'élèvent sur ses deux rives. Il reçoit entre autres affluents, à droite l'Ourthe, la Roer, à gauche la Sambre, la Dommel et la Merk. Le Rhin y mêle ses eaux par l'Yssel, le Leck et le Wahal.

Oscar MAC-CARTHY.

MEUSE (Département de la). Formé du Barrois, du Verdunois et du Clermontois, parties de la Lorraine, ce département est borné à l'est par ceux de la Moselle et de la Meurthe, au sud par ce dernier et ceux des Vosges et de la Haute-Marne, à l'ouest par ceux de la Haute-Marne, de la Marne et des Ardennes, au nord par ceux de la Moselle et des Ardennes.

Divisé en 4 arrondissements, 28 cantons, 588 communes, il compte 328,657 habitants. Il envoie deux députés au corps législatif, est compris dans la cinquième division militaire, le diocèse de Verdun, la cour impériale et l'académie de Nancy.

Sa superficie est d'environ 621,618 hectares, dont 335,190 en terres labourables; 137,755 en bois; 49,472 en prés; 13,540 en vignes; 11,992 en landes, pâtis, bruyères; 7,387 en vergers, pépinières, jardins; 3,236 en étangs, abreuvoirs, canaux d'irrigation; 1,566 en propriétés bâties; 1,131 en oseraies, etc.; 41,482 en forêts, domaines non productifs; 14,426 en routes, chemins, etc.; 2,953 en rivières, lacs, etc. Il paye 1,542,393 francs d'impôt foncier.

Ce département offre en grande partie le même aspect diversifié que ceux où s'élèvent les ramifications des Vosges; deux chaînes de collines longent à droite et à gauche les rives de la Meuse, pour la séparer de la Moselle et des cours d'eau qui se dirigent vers la Seine. A l'ouest, le pays participe de la nature plate de la Champagne, et a un sol assez ingrat. Il est arrosé par l'Ornain, grossi de la Saux, par l'Aire, et on y voit la source de l'Aisne. La Meuse traverse le département d'un bout à l'autre; au nord coulent le Loison et l'Othain, etc, au sud de leurs sources, divers affluents de la Moselle surgissent du milieu des hauteurs. Dans les vallées et sur les coteaux, le terroir se couvre toujours d'une brillante végétation. Il donne plus de blé qu'il n'en faut pour les besoins, du chanvre, du lin, et des graines oléagineuses en abondance, des légumes, beaucoup de fruits, et surtout de groseilles, dont la culture se fait sur une grande échelle. Les forêts offrent de belles masses, celles de Saint-Dagobert, de Mangienne, d'Argonne, de Commercy et de Souilly. Ses vins ressemblent, parmi la qualité, à ceux de la Meurthe: les vins de Bar sont légers et très-agréables. Il y a d'excellents pâturages, notamment sur les bords de la Meuse, qui s'étendent de magnifiques prairies. L'éducation du bétail s'y perfectionne chaque jour, et on a singulièrement amélioré l'espèce ovine par des croisements avec des sujets anglais et hollandais. On élève des chevaux d'une petite race, des porcs, de nombreux troupeaux de gros bétail qui donnent une grande quantité de beurre et de fromage: celui de la Voivre, préparé comme le Gruyère, est très-estimé; la volaille est abondante, ainsi que le poisson et le gibier. Le brochet, la loche, la perche, la truite saumonée, l'écrevisse, peuplent les eaux; le sanglier, le chevreuil, se réfugient dans les taillis. Le département possède beaucoup de riches mines de fer, dont l'exploitation et la mise en œuvre forment l'une de ses principales richesses. Il y existe aussi d'excellente pierre de taille, propre aux grandes constructions et à la sculpture, de vastes ardoisières, des terres à potier, de la marne et des sables à verre.

Le travail du fer est la branche principale de l'industrie du département. La filature et le tissage du coton occupent aussi un grand nombre de bras. Les bois merrains et de construction forment avec les vins le commerce du département, qui renferme en outre des verreries, des tanneries, des chamoiseries, des fabriques de voitures à ressorts, des fours à chaux, des tuileries, des faïenceries, des fabriques de sucre de betterave, des fabriques de cire, etc.

Le chemin de fer de Paris à Strasbourg, 9 routes impériales, 12 routes départementales, 7,800 chemins vicinaux sillonnent ce département, dont le chef-lieu est *Bar-le-Duc*; les villes et endroits principaux sont : *Verdun*; *Commercy; Montmédy; Stenay; Saint-Mihiel*, chef-lieu de canton, dans un vallon, sur la Meuse, avec 5,274 habitants, une bibliothèque publique, un collége, et un tribunal civil : son industrie et son commerce ont une certaine importance; on voit à l'église Saint-Étienne un superbe morceau de sculpture en pierre, qu'on appelle le Sépulcre, et qui a été exécuté par Ligier-Michier, élève de Michel-Ange; *Ligny*, jolie petite ville, dans une position agréable, sur l'Ornain : le parc de l'ancien château est une charmante promenade; on y compte 3,234 habitants; *Étain* sur l'Ornes, avec 2,875 habitants; *Clermont en Argonne; Vaucouleurs*, ville bâtie en amphithéâtre, sur un coteau qui domine la Meuse, dont la vallée offre un coup d'œil enchanteur : c'est là que Jeanne d'Arc, nommée souvent la *bergère de Vaucouleurs*, conduisait ses troupeaux; on y compte 2,655 habitants.   Oscar Mac-Carthy.

MEUTE. On appelle ainsi la réunion d'un certain nombre de c h i e n s courants, pour la c h a s s e du lièvre, du cerf et de la bête fauve. N'a pas, on le voit, une meute qui veut, car la quantité des membres hurlants et aboyants qui la composent, les piqueurs qu'il faut pour la conduire, la lancer, la suivre, ne laissent pas que de faire de l'entretien d'une meute convenable une très-forte dépense. Il y a dans les meutes des chiens qui sont appelés *chefs de meute*, parce que plus expérimentés que les autres ils les dirigent, ils les redressent dans leurs écarts; les *chefs de meute* atteignent des prix assez élevés. Tous les chiens n'ont pas les qualités nécessaires pour être considérés comme des chiens de meute par les chasseurs; mais dans les chasses au loup et au renard les chiens de toutes espèces peuvent faire partie des meutes lancées contre les bêtes fauves.

MEWLEWIS, nom d'un ordre de dervic hes.

MEXICO, capitale de la république du Mexique, siége du gouvernement, du congrès et d'un archevêque, la plus belle ville de l'Amérique, formant avec son territoire, à l'instar de Washington aux États-Unis, un district séparé, fut fondée dans la première partie du quatorzième siècle par les Aztèques, qui l'appelèrent *Tenochitlan*, bien qu'elle ne soit connue des Européens que sous son autre nom de *Mexico*, dérivé du nom du dieu de la guerre chez les Aztèques, *Mexilli*. Elle est située à 2,400 mètres au-dessus du niveau de l'Océan, sur les bords de deux lacs ayant environ 12 myriamètres de circuit et renfermant des jardins flottants (*chinampas*), dans une vallée entourée de volcans couverts de neige, où règne un printemps perpétuel. Elle a la forme d'un carré, et ses rues, toutes tracées au cordeau, sont garnies de maisons généralement assez basses, parce qu'elles ont souvent à souffrir soit de tremblements de terre, soit d'inondations. On n'y voit ni portes ni remparts. Deux grands aqueducs y apportent de l'eau potable. Le chiffre de sa population s'élève à 220,000 âmes. On y trouve une université, une académie des beaux-arts, une école des mines, un jardin botanique, plusieurs théâtres, entre autres le beau Théâtre National, construit en 1846, et divers autres établissements, qui, il est vrai, sont aujourd'hui en proie à une décadence profonde. Dans le grand nombre de ses églises, remarquables toutes par la profusion d'ornements de toutes espèces et notamment en métaux précieux, dont elles sont chargées, on remarque surtout la grande cathédrale construite sur les ruines d'un ancien temple.

Sous la domination espagnole, Mexico était le centre d'un important commerce intérieur, et le foyer d'une culture intellectuelle par laquelle elle se distinguait de toutes les autres villes de l'Amérique espagnole; mais elle a beaucoup perdu sous ce rapport à la suite des incessantes guerres civiles qui se sont succédé dans le pays depuis la déclaration d'indépendance, et elle n'a plus que l'ombre de ses anciennes richesses comme de son ancienne civilisation.

MEXIQUE, en espagnol *Mejico*, république fédérale de l'Amérique du Nord, bornée au nord par les États-Unis, à l'est par ces mêmes États-Unis et par le golfe du Mexique, au sud par les États de l'Amérique centrale et par l'océan Pacifique, à l'ouest par cette mer seule. Après avoir perdu d'abord le Texas, puis en 1848 ses provinces les plus septentrionales, telles que la haute ou la Nouvelle-Californie, le Nouveau-Mexique, le territoire des Indiens libres, incorporés aux États-Unis de l'Amérique du Nord, en même temps que les provinces situées à l'est du Rio del Norte, le Mexique présente encore aujourd'hui une superficie de 2,800 myriamètres carrés. La configuration de son sol est déterminée par les Cordillères, qui se prolongent à travers tout le pays. Ces montagnes y offrent en effet un caractère tout particulier, car elles forment constamment un plateau, dont la partie méridionale est une contrée tout-à-fait unie, appelée *le plateau d'Anahuac*, et sur laquelle de laquelle s'élève seulement une série de pics isolés, d'origine volcanique et couverts de neige, tandis que dans sa partie septentrionale on retrouve des chaînes de montagnes formant les plateaux de Durango, de Sonora, etc. (*voyez* CORDILLÈRES). Le plateau d'Anahuac, ou le Mexique proprement dit, est, il est vrai, situé sous le tropique; mais par suite de sa grande élévation (2,333 mètres), il n'y a que les terrasses formées de chaque côté par ses versants, qui aient un climat tropical offrant toutes les nuances possibles, depuis les chaleurs étouffantes des côtes jusqu'aux neiges éternelles qui recouvrent les sommets de ses gigantesques volcans. De là une division naturelle en trois zones : la zone chaude, la zone tempérée et la zone froide. Le climat des contrées septentrionales du Mexique situées au delà du tropique est naturellement d'autant moins chaud, comme celui du plateau d'Anahuac, qu'elles sont situées plus au nord. Un des fléaux du pays, ce sont les tremblements de terre et les ouragans, auxquels sont exposées ses côtes. Tous les plateaux du Mexique, et plus particulièrement ceux du nord, souffrent d'une sécheresse extrême, attendu qu'au sud du Mexique les pluies tropicales ne règnent que de juin à septembre. Il en résulte qu'on n'y trouve qu'un petit nombre de cours d'eau, et encore sont-ils d'un volume minime. Les plus importants sont le *Rio del Norte*, qui prend sa source dans le plateau du Nouveau-Mexique, forme la délimitation nord-est du territoire de la république, et se va jeter dans le golfe du Mexique; et le *Colorado de occidente*, venant également du plateau du Nouveau-Mexique, qui se déverse dans le golfe de Californie, dont l'affluent la *Gela* détermine en partie la frontière au nord. En fait de lacs, le plus grand est celui de Chapala et le plus célèbre celui de Tezcuco ou de Mexico. Il résulte de la nature du climat ainsi que de la configuration du sol du Mexique que la fertilité n'y est pas partout égale. Le plateau d'Anahuac, ou le Mexique proprement dit, est, en raison de son extrême fécondité, l'une des contrées de la terre que la nature a le plus favorisées; cependant, à côté de la plus luxuriante végétation on y rencontre déjà de vastes étendues de sable, et sur la crête même du plateau, à côté des plus magnifiques vallées qu'il soit possible d'imaginer, un grand nombre de localités arides et désolées. C'est encore bien autrement le cas dans les régions où le sol véritablement propre à la culture est comparativement exigu, attendu qu'elles sont pour la plus grande partie couvertes de savanes presque entièrement brûlées dans la saison chaude, et n'offrant de verdure que dans les endroits marécageux, lorsque ce ne sont pas d'arides déserts, dont la monotonie n'est rompue de temps à autre que par des masses de rochers nus. Par suite de sa configuration en une succession de terrasses et de l'extrême variété de climats qui en résulte, le sol produit en même temps les plantes des tropiques et celles des régions septentrionales. Le bananier, l'arbre à pain, le palmier à cocos, la vanille, le cacaotier, y croissent aussi bien que le caféier, la canne à sucre, le coton, l'indigo; et on y récolte en abondance du maïs, du froment, de l'avoine et des pommes de terre. Aussi l'agriculture constitue-t-elle la plus importante et la plus riche source d'alimentation des populations. Sous la domination espagnole les créoles la pratiquaient dans leurs fermes (*haciendas*) avec autant de soin et de zèle que les indigènes le pouvaient déjà faire avant la conquête. Mais les troubles intérieurs auxquels le pays n'a pas cessé depuis lors d'être en proie lui ont enlevé les bras et les capitaux qui lui sont indispensables, ont dévasté les champs, dépeuplé les villages, anéanti le système d'irrigation artificielle qui dans un pays aussi sec que le Mexique était une condition première de succès pour la mise en valeur du sol, et en raison de l'incertitude qui pèse sur toutes les existences, réduit la production au plus strict nécessaire. L'élève du bétail y est aussi une industrie généralement pratiquée, et comprend toutes les espèces d'animaux domestiques de l'Europe ; mais elle ne souffre pas moins du triste état politique où ce pays se trouve aujourd'hui. En ce qui est des richesses minérales, le Mexique est toujours en première ligne parmi les contrées qui produisaient les métaux précieux ; car s'il ne fournit plus aujourd'hui d'aussi énormes masses d'or et d'argent qu'au temps de la domination espagnole, parce qu'alors le gouvernement accordait toutes ses faveurs et tous ses encouragements à l'exploitation des métaux précieux, qui constituait la source la plus importante de ses revenus, et si les guerres civiles ont porté un coup funeste à cette industrie, on évalue encore l'importance annuelle de ses produits à 4,000 marcs d'or et à 1,956,000 marcs d'argent. Dans ces derniers temps le concours de travailleurs et de capitaux étrangers, notamment de sociétés minières anglaises, ont quelque peu relevé l'industrie métallurgique ; mais les métaux connnus, bien qu'ils se trouvent également en quantités immenses dans le pays, sont toujours fort peu exploités. Le produit moyen des mines, évalué à 150 millions de francs par an, s'était déjà augmenté de 25 millions dans les années 1849 et 1850 ; et la diminution de prix du mercure, qui sera la conséquence de l'exploitation des mines de ce métal qu'on a découvertes dans la basse Californie et dans la Sonora, devra nécessairement avoir pour résultat d'augmenter encore considérablement cette moyenne. La désorganisation politique à laquelle le Mexique est aujourd'hui en proie a encore moins nui à sa production naturelle qu'à son industrie, qui d'ailleurs était encore dans l'enfance au temps de la domination espagnole; et elle a réagi sur le commerce, qui déjà souffrait tant du manque de routes, de crédit, de sécurité publique et de bons ports sur la côte orientale, de même que des vents et des courants contraires qui dominent dans le golfe du Mexique, à tel point que les riches produits naturels du pays, ses précieux bois d'acajou, de campêche et autres, ses cotons, ses denrées coloniales, ses tabacs, son cacao, ses céréales, sa vanille, sa cochenille, ne trouvent pas de débit. Il en résulte que l'exportation ne consiste guère qu'en métaux précieux, et l'importation qu'en produits manufacturés. Les branches les plus importantes de l'industrie mexicaine sont la fabrication des étoffes de coton, dont le grand centre est à Guadalaxara et à Puebla, et qui consiste en grosses toiles de coton (*mantas*), en châles à la mode du pays (*rebozos*), et autres étoffes de ce genre, ainsi qu'en objets de literie et linge de table, mais qui n'a pu conserver quelque vie que grâce à l'interdiction rigoureuse portée par la loi contre l'introduction d'étoffes étrangères du même genre ; puis la fabrication des étoffes de laine, comprenant diverses étoffes pour manteaux et couvertures, livrant à la consommation une grande quantité d'articles de qualité supportable, quelquefois même supérieure, mais au double du prix qu'elles coûteraient si on les tirait d'Europe. Viennent ensuite la sellerie, la chapellerie, la carrosserie, et surtout l'orfèvrerie, dont les produits sont bons, mais lourds et disgracieux, tandis que la fabrication des articles en filigrane est parvenue à un haut degré de perfection. Le commerce et l'industrie souffrent énormément d'un vaste système de prohibition et de monopole. La contrebande a pris des proportions étonnantes, et des opérations sont singulièrement favorisées par la vénalité et la corruption des agents de la douane, à tel point que plus du tiers des marchandises étrangères qui se consomment au Mexique y entrent en fraudant les droits. Les ports situés sur le golfe du Mexique sont : *Sisal*, *Campêche*, *San-Juan de Tabasco*, *La Vera-Cruz*, *Tampico*, *Isla de Carmen* et *Matamoros*; ceux de la mer du Sud, *Acapulco*, *San-Blas*, *Mazatlan*, *Huatulco* et *Manzanillo*, et ceux du golfe de Californie, *Guaymas* et *Altata*. La flotte commerciale se compose de 280 navires, jaugeant ensemble 45,000 tonneaux. C'est surtout de l'absence de bonnes voies de communication que souffre le commerce intérieur. Sauf la grande route commerciale conduisant de La Vera-Cruz à Mexico par Jalapa, Perote et Puebla, et le commencement d'une autre conduisant également de La Vera-Cruz au plateau de l'intérieur en passant par Orizaba, Cordova et Acalzingo, on ne peut pas citer dans tout le Mexique une seule route qui mérite vraiment ce nom. Sur les plateaux, dans les basses contrées des côtes et dans quelques vastes vallées très-unies, les voitures peuvent bien rouler sans le secours de routes de ce genre ; mais au Mexique la grande majorité des chemins sont escarpés, et consistent en sentiers de montagne, plus ou moins dangereux, où l'usage de l'essieu est impossible. Tout s'y transporte donc à dos de mulet, et ce pénible mode de transport augmente naturellement d'une manière incroyable le prix de toutes choses. Quant aux voies de communication par eau, les fleuves du Mexique ou ne sont pas du tout navigables, ou ne le sont que sur une faible partie de leur parcours, et d'insurmontables difficultés du niveau s'opposent à la construction de canaux. Dans ces derniers temps, toutefois, on a songé à employer un autre moyen de communication, et deux chemins de fer y sont en ce moment en construction. L'un, celui de l'isthme de Téhuantépec, qui est destiné à relier les deux océans, aura un jour une incalculable importance. Il existe aussi un service de bateaux à vapeur sur le lac Tezcuco pour Mexico, et il n'y a pas longtemps que cette ville a été reliée à La Vera-Cruz par un ligne télégraphique électrique.

Le chiffre de la population du Mexique s'élève à 7,200,000 habitants, dont la plus grande partie se trouve concentrée sur le plateau d'Anahuac, tandis que les provinces du nord sont faiblement peuplées. Depuis que tous les Espagnols de naissance, appelés au Mexique *Chapetones*, ont été bannis du territoire de la république en vertu d'une loi rendue en 1829, toute cette population se divise, d'après son origine et sa langue, en quatre classes principales : 1° les *créoles*, où les blancs d'origine espagnole, dont on évalue le nombre à 1 million d'individus, et dont la langue, l'espagnol, ayant été celle de la caste qui a dominé passée dans ces derniers temps, s'est universellement répandue, et est comprise et même parlée couramment par la plus grande partie de la population aborigène, sans que cependant elle ait étouffé les différentes langues que parlait celto-ci ; 2° les *Indiens*, ou habitants aborigènes, estimés à près de 4 millions d'âmes, parmi lesquels les plus nombreuses peuplades sont les Aztèques, qui habitent le plateau d'Anahuac, tandis que les peuplades indiennes non aztèques ne sont guère que de faibles hordes de chasseurs et généralement nomades ; 3° les nègres, au nombre de 70,000, et qui diminuent de jour en jour, par suite de l'abolition de l'esclavage ; 4° la population bâtarde provenant du mélange des trois races ci-dessus mentionnées, *métis, mulâtres, zambos, Chinos*, etc., avec leurs gradations (*tercerons, quarterons*, etc.) et leurs nuances diverses, s'élevant au chiffre de 2 millions d'âmes, et qui, depuis que toutes les races ont été déclarées égales et libres, forment dans la vie politique du Mexique un élément d'une extrême importance. Il faut en outre remarquer que les races de couleur gagnent toujours en nombre, tandis que les créoles diminuent sans cesse, par suite des interminables guerres civiles, des nombreux mélanges de cette classe avec les métis, et enfin faute d'émigrants qui arrivent d'Europe pour combler ces vides. A l'exception d'environ 200,000 Indiens sauvages, désignés sous le nom d'*Indianos bravos*, par opposition aux *Indianos fideles*, aux croyants, c'est-à-dire aux Indiens qui se sont convertis au christianisme, et errant dans les provinces septentrionales, toute la population fixe proprement dite professe la religion catholique ; car le petit nombre de protestants qui se sont établis dans les grandes villes pour y faire du commerce ou de l'industrie, de même que les aventuriers attirés au Mexique par les révolutions, doivent être regardés plutôt comme des étrangers que comme des citoyens américains. L'église catholique, qui est administrée par un archevêque et huit évêques, non compris celui d'Yucatan, a fait des sages concessions, et même en intervenant énergiquement dans la séparation du pays d'avec l'Espagne, conservé la plus grande partie de son antique considération, ses pompes et ses riches revenus, ses couvents et un clergé nombreux, mais qui est demeuré au point de vue de la moralité et de l'instruction dans un état de trop grande infériorité pour qu'il lui soit possible d'exercer une influence vraiment salutaire et civilisatrice sur les populations encore très-arriérées et qui grandissent dans l'ignorance. Aussi la religion au Mexique ne consiste-t-elle guère qu'en cérémonies extérieures, adoration d'images, processions et spectacles de toutes espèces ; et il lui a été d'autant moins possible d'extirper les traditions paiennes et les antiques pratiques idolâtres, que d'une part elle porte elle-même encore jusqu'à un certain point le caractère de l'idolâtrie, et que de l'autre il s'est produit parmi les classes éclairées à demi éclairées de la population une indifférence religieuse qui fait chaque jour plus de progrès.

Le Mexique, dans son état actuel, comprend la plus grande partie de la ci-devant vice-royauté de la Nouvelle-Espagne, laquelle se divisait en Mexique proprement dit ou *vieux Mexique*, comprenant les contrées du sud et du centre, en *nouveau Mexique*, comprenant les contrées du nord-est, et en Californie comprenant la partie nord-ouest de ce pays. Il constitue sous la dénomination d'États-Unis Mexicains (*Estados-Unitos Mexicanos*) une république qui a pour base la constitution du 4 octobre 1824, en grande partie copiée sur celle des États-Unis, constitution fédérative, démocratique et représentative. La souveraineté réside dans le peuple, mais la puissance législative est exercée par un congrès composé d'une chambre des députés et d'un sénat. Chaque province choisit deux sénateurs, et on élit un représentant par 40,000 habitants. Un président et un vice-président élus pour quatre ans sont placés à la tête du pouvoir exécutif. La liberté de la presse est garantie ; mais la religion catholique est la religion de l'État, et aucune autre n'est tolérée au Mexique. Tous les Mexicains sans distinction jouissent des mêmes droits et sont admis à l'âge de dix-huit ans à l'exercice des droits civils et politiques. Les juges sont indépendants. La confiscation, la torture et l'emprisonnement sur simple suspicion.ont été abolis. Outre le congrès, il existe encore dans chaque province des assemblées provinciales chargées d'en diriger l'administration. Toutefois, il n'y a encore que bien peu de chose de tout cela qui fonctionne en réalité. Toutes les branches de l'administration sont en proie au désordre le plus complet, et l'organisation judiciaire mérite à peine ce nom. Les finances publiques sont un chaos, et les dépenses excèdent toujours de beaucoup les recettes. D'après le budget soumis pour la première fois depuis longues années à la législature, en 1849, les recettes s'élevaient en totalité à 38,872,850 francs, tandis que la dépense atteignait le chiffre de 61,875,000 francs. A la date du 23 octobre 1850 la dette publique montait à 404,801,237 fr. 75 c. L'armée se compose d'une soldatesque aussi lâche qu'indisciplinée, que tout aventurier peut toujours acheter quand il lui plaît, et qui depuis plus de trente ans gouverne le pays à l'aide de révolutions militaires qu'elle accomplit comme faisaient autrefois les prétoriens à Rome. La marine se compose d'un petit nombre de bâtiments, qui n'osent pas affronter un ennemi, et qui pourrissent dans le port de La Vera-Cruz. Il n'existe pas plus de police municipale que de police de sûreté, et l'instruction publique est complétement négligée. La constitution a été constamment modifiée à la suite d'incessantes révolutions, tantôt dans le sens fédéraliste, tantôt dans le sens démocratique, suivant que c'était l'un ou l'autre de ces partis qui triomphait. Au total, c'est le principe de la centralisation qui l'a emporté dans ces dernières années ; de sorte qu'une république fédérale d'États souverains s'est transformée en une république une et indivisible, à laquelle seule appartient le droit de souveraineté. Aujourd'hui, sauf le petit district fédéral de Mexico, avec la capitale fédérale du même nom, et non compris les *Territoires*, réduits de cinq à trois depuis la cession aux États-Unis de la *Nouvelle* ou *Haute-Californie* et du *Nouveau-Mexique*, à savoir ceux de la *Vieille* ou *Basse Californie*, de *Colima* et de *Tlascala*, qui ne possèdent pas d'administration intérieure indépendante, toute la république des États-Unis du Mexique est divisée en 21 États, ayant chacun son gouvernement à part, et trois pouvoirs distincts, le pouvoir exécutif, le pouvoir législatif et le pouvoir judiciaire, à savoir : *Mexico*, chef-lieu Toluca ; *Guerrero* (séparé depuis 1850 de l'État de Mexico, jugé trop étendu, et nommé ainsi en l'honneur du général Guerrero), chef-lieu, Chilpancingo ; *Queretaro, Puebla, Vera-Cruz, Tabasco, Yucatan, Chiapa, Oaxaca, Mechoacan* ou Valladolid, *Xalisco* ou *Guadalaxara, Tamaulipas, San-Luis Potosi, Guanaxuato, Zacatecas, Durango, Cohahuila, le Nouveau-Leon, Chihuahua, Sonora* et *Cinaloa*. Les villes les plus importantes sont *Mexico, Guadalaxara, Guanaxuato, Morelia* ou *Valladolid, San-Luis-Potosi, Puebla de los Angelos, Queretaro, Guoxaca* ou *Oaxaca, Vera-Cruz, Tampico* et *Acapulco*.

Ce furent les navigateurs espagnols Solis et Pinzon qui, en découvrant le Yucatan, en 1508, firent les premiers connaître le Mexique à l'Europe. Toutefois, ce ne fut que dix ans plus tard, en 1518, que Grijalva découvrit la côte orientale du plateau d'Anahuac. Cortez y débarqua l'année suivante, et conquit tout l'empire des Aztèques, qui passa alors sous l'autorité de l'Espagne, et qui, après avoir reçu en 1540 la dénomination de *Nouvelle-Espagne*, fut gouverné par des vice-rois qu'on changeait tous les cinq ans. L'Espagne introduisit au Mexique, la plus riche et la plus importante de ses colonies, un système d'isolement encore plus absolu que dans ses autres possessions transatlantiques. Tout le commerce maritime du pays fut concentré dans les ports de La Vera-Cruz et d'Acapulco. Tous les ans un seul galion royal, jaugeant de 12 à 1,500 tonneaux, quittait le dernier de ces ports pour se rendre à Manille. Il en rapportait des épices et autres provenances précieuses des Indes orientales et de la Chine, qu'il échangeait contre de l'or et de l'argent en barres et une faible quantité d'objets manufacturés et de produits naturels venant soit d'Europe, soit de l'Amérique espagnole. Jusqu'en 1778 le commerce de l'Europe avec le port de La Vera-Cruz fut fait par un certain nombre de bâtiments d'un tonnage fixe et privilégiés, qui faisaient chacun une fois tous les quatre ans la traversée de Séville ou de Cadix à La Vera-Cruz. Quelques grandes maisons de commerce de Mexico en achetaient les cargaisons tout entières à la foire tenue à Jalapa, et les revendaient ensuite aux détaillants à tels prix qu'il leur plaisait de fixer. En 1778 le gouvernement espagnol abolit le monopole, et accorda à divers ports d'Espagne le droit de communiquer librement avec le Mexique.

Il était interdit aux créoles mexicains de cultiver la vigne, l'olivier, le chanvre, le lin et le safran. En dépit de ce système, impitoyablement oppresseur, le Mexique demeura fidèle à la mère patrie, et continua de végéter, comme les autres colonies espagnoles, jusqu'au moment où la dynastie de Bourbon fut expulsée d'Espagne, événement qui y provoqua une complète transformation de l'état des choses. Les Mexicains ayant refusé dès 1809 de se courber sous le joug de Napoléon, il se forma alors au Mexique un gouvernement au nom de Ferdinand VII; mais ce gouvernement ne tarda point à se prononcer contre la junte suprême d'Espagne, sur le refus de celle-ci de consentir à l'abolition des abus et des restrictions de tous genres qui avaient jusque alors pesé sur les colonies. Déjà en effet il s'y était formé deux partis, celui des vieux Espagnols, et celui des créoles. Ce dernier parti, qui comptait dans son sein les propriétaires du sol les plus riches et les plus influents, aspirait à jouir d'une influence plus grande encore et à prendre part au gouvernement du pays. Le vice-roi Venegas essaya de maintenir le Mexique sous l'autorité des cortès de Cadix, mais par ses persécutions contre les libéraux il ne faisait que pousser de plus en plus à la révolution, qui éclata en septembre 1810, lors de la levée de boucliers du curé Hidalgo, homme plein de talents et chéri des Indiens. Puissamment secondé par cette partie de la population, il marcha sur la capitale à la tête de 80,000 hommes; mais n'ayant point alors osé l'attaquer avec ses bandes indisciplinées, il fut ensuite battu dans diverses rencontres par les troupes du vice-roi, puis trahi et livré aux Espagnols, qui le fusillèrent, le 27 juillet 1811. La guerre de partisans continua encore dans les provinces; mais les excès commis par les bandes d'insurgés n'étaient pas moins nuisibles aux créoles qu'aux Espagnols. La révolution aurait donc succombé peu à peu, faute d'être assez énergiquement appuyée par les classes inférieures, si les cruautés commises par le nouveau vice-roi Colleja n'avaient pas rallumé le feu de l'insurrection. Son successeur, l'amiral Apodaca, s'efforça, il est vrai, d'apaiser la révolte par la clémence; mais il était déjà trop tard. Ni la soumission de divers chefs de bandes d'insurgés, ni la prise de Nicolas Bravo, ni l'expulsion de Vittoria, non plus que la mise à mort de Xavier Mina, ne purent entraver la marche de la révolution. L'aspiration à l'indépendance prit un caractère de plus en plus prononcé et irrésistible. La formation des milices amena la création de juntes provinciales, qui à leur tour provoquèrent l'établissement d'un congrès, et en 1820 le mot *indépendance* se trouva dans toutes les bouches. Le principal fauteur de l'insurrection à cette époque fut Guerrero, qui seul réussit à tenir tête aux Espagnols. Iturbide se joignit à lui pour jouer un rôle éphémère sous le titre d'*empereur du Mexique*. Ce ne fut qu'après la chute de cet aventurier, que le congrès acheva l'œuvre de la constitution, le 16 décembre 1823; et elle fut mise en activité à partir du 4 octobre 1824. Le premier président du élut lo congrès fut le général Fernandez Vittoria, et une loi en date du 13 janvier 1825 abolit la vente des esclaves. Le 29 décembre 1824 le congrès déclara que sa session était close. C'est de ce jour seulement que date à bien dire l'existence de la république du Mexique, qui fut d'abord reconnue par les États-Unis, puis le 1er janvier 1825 par la Grande-Bretagne, et ensuite successivement par le Portugal, le Brésil, les Pays-Bas, la Suède, le Danemark et la Prusse. Ce ne fut que plus tard que la France conclut un traité de commerce avec le Mexique et y accrédita des agents commerciaux. Le 29 juin 1825 le pape Léon XII avait également adressé au président Vittoria une lettre dans laquelle il s'occupait des affaires religieuses de la nouvelle république. L'Espagne, résistant aux représentations de l'Angleterre et aux conseils de la France, refusa alors de reconnaître à des conditions avantageuses l'indépendance de son ancienne colonie. Puis elle finit par perdre le seul point du territoire mexicain qu'elle possédât encore, et la forteresse de Saint-Jean d'Ulloa, qui domine la rade de La Vera-Cruz, dut capituler, le 19 novembre 1825. La tranquillité et la concorde paraissaient rétablies, quand une lettre encyclique du pape Léon XII, exhortant les Mexicains à se soumettre à la mère patrie, vint provoquer de nouveaux troubles. Le parti des indépendants aristocrates, celui des *escoceses*, désirait voir le trône du Mexique occupé par un prince de la maison de Bourbon. Au parti des indépendants démocrates, celui des *yorkinos*, se joignirent les Espagnols européens et les centralistes ou aristocrates, qui à une fédération démocratique préféraient un gouvernement central aristocratique. Le premier de ces deux partis, ayant à sa tête le général Bravo, vice-président, conserva longtemps la haute main sur les affaires; mais en janvier 1828 les *yorkinos*, ayant pour chef le général Guerrero, eurent le dessus. Un décret bannit alors du territoire de la république les vieux Espagnols les plus influents. Le 1er septembre suivant on élut pour président le ministre de la guerre Pedrazza, homme de mérite, mais regardé par les *yorkinos* comme un aristocrate. Ils coururent aux armes, et Santana se mit à leur tête. Le 2 décembre 1828 les deux partis en vinrent aux mains dans les rues de la capitale. La victoire resta le 4 aux *yorkinos*, et pendant trois jours la populace pilla les maisons des *escoceses* et des Espagnols. Pedrazza, qui avait pris la fuite, abdiqua ses pouvoirs, et passa en Europe, en 1824. On lui donna pour successeur Guerrero, et Bustamente fut élu vice-président. Santana obtint le ministère de la guerre, et les *yorkinos* se partagèrent toutes les fonctions importantes. Par un décret en date du 1er janvier 1829, le congrès confirma l'élection de Guerrero, et une loi promulguée le 20 mars suivant bannit à toujours du territoire de la république tous les Espagnols sans exception. On évalua à 22,000 le nombre de ceux qui durent en conséquence réaliser leur avoir et abandonner le pays.

Pendant ce temps-là l'Espagne avait organisé à La Havane une expédition destinée à reconquérir le Mexique, et le général Barradas avait été nommé au commandement d'une armée expéditionnaire, qui, forte d'environ 34,000 hommes, débarqua du 24 au 27 juillet 1829 à Punta-de-Xérès, à environ trois myriamètres de Tampico. Le 7 août suivant elle était maîtresse de cette ville; mais les troupes mexicaines commandées par Santana vinrent l'y bloquer, et le 11 septembre 1829 Barradas, manquant de vivres et de munitions, était forcé de capituler, de livrer ses armes, ses drapeaux et son matériel de guerre, d'évacuer Tampico et de se rembarquer pour la Havanne. Deux mois après à peine, il éclata contre le président Guerrero, homme ignorant et haï comme métis, une conspiration ayant pour chef le vice-président Bustamente. Guerrero dut se démettre de ses pouvoirs, et Bustamente fut élu président à sa place, le 1er janvier 1830. Guerrero tenta encore, il est vrai, dans le courant du mois de juillet suivant, de se replacer à la tête de la république; mais battu à diverses reprises et finalement fait prisonnier par trahison, il fut fusillé, le 17 février 1831, à Oaxaca, en vertu d'un jugement rendu par un conseil de guerre. Bustamente rétablit l'ordre; mais lui aussi il s'aliéna le parti patriote par ses tendances aristocratiques, et surtout en rapportant le décret de bannissement rendu contre les Espagnols. En conséquence Santana se mit dans le courant de janvier 1832 à la tête d'une conspiration, et proclama Pedrazza en qualité de seul président légitime. La majorité des États se prononça en faveur de cette révolution nouvelle. Une victoire que Santana remporta sur Bustamente à Puebla, le 1er et le 2 octobre 1832, mit fin à la lutte. Bustamente conclut avec Pedrazza et Santana une convention aux termes de laquelle Pedrazza dut conserver la présidence jusqu'au 1er avril 1833, en même temps qu'une amnistie générale était accordée pour tous les faits accomplis depuis 1828. Le 2 janvier 1833 l'armée de Santana entra à Mexico, et Pedrazza s'installa au palais de la présidence. Aux élections qui eurent lieu au mois de mars suivant, Santana fut élu président, et le médecin Valentin Gomez Farias, vice-président. Après quatre ans de luttes, la victoire du parti libéral paraissait complète ; mais le clergé et le petit nombre d'Espagnols demeurés au Mexique au mépris des décrets de bannissement mirent tout en œuvre pour faire échouer la réforme ecclésiastique et militaire projetée par le congrès, et qui devait consister surtout dans la confiscation des propriétés du clergé et dans la diminution de l'armée, dont l'entretien épuisait le trésor public. Santana à cette occasion parut garder une attitude équivoque, et favoriser en secret les prétentions du clergé et de l'armée. De nouveaux mouvements insurrectionnels éclatèrent dans les provinces à l'instigation du général Bravo et de l'évêque de Puebla, revenu d'exil. Toutefois, le général Bravo fut battu par le général Vittoria. Santana reprit au mois de mai la direction des affaires ; mais le 2 février 1835 il adressa sa démission au congrès, et on lui donna alors pour successeur le général don Miguel Baragan. Cependant, les intrigues du clergé, qui fanatisait les Indiens et les classes inférieures, provoquèrent une nouvelle révolution militaire, à la tête de laquelle se plaça Santana, qui, jetant tout à coup le masque, de fédéraliste qu'il était naguère, devint alors centraliste ardent. Sa première mesure fut de dissoudre le congrès ; il en convoqua ensuite un autre, et comprima toute résistance à l'aide de mesures sanglantes. Après avoir de la sorte comprimé une tentative de contre-révolution, il publia l'édit du 23 octobre 1835, qui supprimait l'indépendance des divers États et transformait la république en État fédéral centralisé. Ces événements provoquèrent l'insurrection et la séparation du Texas, qui, le 2 mars 1836, se proclama indépendant, après que Santana eut été battu et fait prisonnier dans une bataille sanglante livrée aux troupes du Texas. Vers la fin de cette même année, l'Espagne, à la suite de longues négociations, reconnut enfin l'indépendance du Mexique. La captivité de Santana avait investi Bustamente de la présidence, et celui-ci continua la politique de son prédécesseur. C'est vers cette époque que, à l'occasion de molestations éprouvées par des Français établis au Mexique, éclatèrent entre la république et la France des contestations dont le résultat fut de terminer par le bombardement du fort d'Ulloa (27 novembre 1838) et la prise de la ville de La Vera-Cruz par les Français (5 décembre 1838). En suite de quoi intervint un traité de paix signé le 9 mars 1839, et aux termes duquel le Mexique dut faire réparation à la France et lui payer comme indemnité une somme de 600,000 dollars. Pendant ce temps-là Santana était revenu de sa captivité ; son retour eut pour conséquence de faire recommencer, aussitôt après la conclusion de la paix, les luttes intérieures des centralistes et des fédéralistes. Ces derniers pendant la guerre, et par la force même des circonstances, avaient eu momentanément le dessus ; mais en septembre 1841 ils succombèrent complètement sous les machinations de Santana, qui au départ de Bustamente s'empara des fonctions présidentielles et affecta alors les allures d'un dictateur. Cette lutte entre les deux partis amena la séparation et la déclaration d'indépendance du Yucatan, où les fédéralistes conservaient la haute main. A partir de ce moment jusqu'en 1845, Santana jouit d'un pouvoir à peu près absolu, laissant visiblement percer son intention de se faire proclamer formellement dictateur, et se conduisant à l'égard des puissances étrangères avec une arrogance qui amena une foule de démêlés avec les États-Unis, l'Angleterre et la France. Mais la confusion et la désorganisation intérieures allaient toujours croissant ; de sorte que, en dépit de sa tyrannie, Santana ne put point consolider son pouvoir. Les modifications arbitraires qu'il apporta en décembre 1842 à la constitution, et toutes ses mesures, violemment arbitraires, ne firent que donner plus de force à l'opposition provoquée par son administration dictatoriale ; et au commencement de 1845 ses adversaires parvinrent à le renverser du pouvoir et à le faire frapper d'un décret de bannissement.

Dès le 1ᵉʳ novembre 1844 une insurrection avait éclaté, sous les ordres du général Paredes, à Guadalaxara ; le 2 décembre suivant, elle eut son contre-coup dans la capitale même, où le général Herrera se mit à la tête du mouvement. Le vice-président Canalizo, qui avait proclamé Santana dictateur et déclaré le congrès dissous, ayant été abandonné par la troupe et fait prisonnier, le 7 décembre, le congrès, qui pendant ce temps-là s'était réinstallé dans le local de ses séances, nomma un nouveau gouvernement, ayant à sa tête le général Herrera comme président intérimaire et auquel le pays tout entier se rallia aussitôt. A la nouvelle de ces événements, Santana, alors occupé à assiéger bien inutilement Puebla, marcha sur la capitale ; mais, lui aussi, il se vit abandonner par son armée, et fut contraint de prendre la fuite, le 5 janvier 1845. Accusé par le congrès de haute trahison, de concussion et d'usurpation, il fut condamné, le 16 avril, au bannissement à perpétuité et à la confiscation de tout ce qu'il possédait. Il se retira alors provisoirement à La Havanne, dans l'île de Cuba. Les tentatives faites par le Mexique, surtout sous l'administration de Santana, pour faire rentrer le Yucatan et le Texas sous l'obéissance avaient complètement échoué, et n'avaient eu d'autre résultat que de dévoiler un autre côté de sa décadence et de sa faiblesse, à savoir les dangers dont le menaçait à l'extérieur la politique, de plus en plus envahissante, des États-Unis de l'Amérique du Nord. Le nouveau gouvernement, à la tête duquel se trouvait Herrera, dut consentir à reconnaître le Texas comme État indépendant, ainsi qu'à son incorporation à l'Union, qui eut lieu dans l'été de 1845. L'envoi d'un corps de troupes de l'Union destiné à protéger le Texas contre toute attaque que pourrait tenter le Mexique, puis les difficultés relatives à la délimitation des territoires respectifs du Mexique et du Texas, délimitation fixée par le traité d'union au moyen du cours du Rio-Grande del Norte, tandis que le gouvernement mexicain soutenait que ce devait être le Rio-Nueces, situé beaucoup plus au nord, en conséquence exigeait qu'on lui laissât la possession de tout le territoire intermédiaire, amenèrent, le 16 juillet, une déclaration formelle de guerre du Mexique contre les États-Unis. Les troupes de cette puissance se concentrèrent sur les bords du Rio-Nueces, sous le général Arista, à Matamoras, sur le Rio-Grande del Norte. Le gouvernement des États-Unis s'efforça encore d'amener pacifiquement la solution de ce différend, et à cet effet il envoya Slidell à Mexico, avec ses pleins pouvoirs ; mais après d'inutiles pourparlers, cet agent dut repartir le 17 janvier 1846. C'est que sur ces entrefaites une nouvelle et sanglante révolution, le 30 décembre 1845, renverser le président Herrera, dont l'entrée en fonctions avait eu lieu le 16 septembre 1845. Le successeur qu'on lui avait donné, le général Paredes, imprima une direction plus énergique aux préparatifs de défense, constitua un ministère de la guerre, et à la date de janvier 1846 repoussa toutes les offres d'accommodement amiable faites par le gouvernement de l'Union. Le corps d'armée d'observation des États-Unis, aux ordres du général Taylor, se composait dans les premiers jours de mars de 2,300 hommes avec douze pièces de canon ; mais le gouvernement américain avait en outre renforcé son escadre dans le golfe du Mexique et dans l'océan Pacifique. Pour protéger le territoire contesté contre les attaques des Mexicains, Taylor se dirigea, le 8 mars, au sud, sur Punto-Isabel ou San-Isabel ; et 22 mars son avant-garde atteignit le Rio-Grande del Norte, en face de Matamoras, où le général Ampudia arriva le 11 avril, et où le général Arista prit le commandement en chef de l'armée mexicaine. Le premier acte d'hostilité de celle-ci fut une attaque contre San-Isabel, petite ville mal fortifiée, que Taylor occupa le 2 mai, et qu'il quitta le 6, après l'avoir mise en meilleur état de défense. Deux jours après, l'armée mexicaine, forte d'environ 7,000 hommes, fut battue à Palo-Alto, à l'ouest de San-Isabel, avec perte de 400 hommes; et dans une seconde affaire, qui eut lieu encore plus à l'ouest, au lieu appelé Reseca de la Palma, elle fut encore plus complétement mise en déroute, laissant sur le carreau plusieurs centaines d'hommes et toute son artillerie, puis forcée de repasser le Rio-Grande del Norte. Dès le 17 mai, Taylor avait concentré son armée sur la rive droite de ce fleuve. Le lendemain Arista, après avoir inutilement sollicité un armistice de six semaines, évacua Matamoras à la tête de 4,000 hommes. Cette ville ouvrit alors ses portes à Taylor, qui de là marcha sur Monterey, dans le Nouveau-Léon. Ici se place la première des nombreuses pauses qui se répétèrent pendant le cours de cette guerre.

Lors de l'ouverture du congrès, qui eut lieu à Mexico le 6 juillet, Paredes déclara qu'il allait se mettre à la tête des troupes disponibles et marcher sur la frontière du nord. Il n'en eut pas le temps. Dès le mois de mai un mouvement insurrectionnel avait eu lieu à Guadalaxara en faveur de Santana, qu'on y avait proclamé président. Ce mouvement se propagea rapidement; la plupart des généraux mexicains s'y rattachèrent. Le 31 juillet La Vera Cruz se prononça en faveur de l'exilé, et envoya aussitôt à La Havanne des députés chargés de le décider à s'en revenir au Mexique. Le 4 août la révolution éclatait au sein même de la capitale : Paredes, abandonné par la troupe, fut fait prisonnier dans son propre camp et conduit à la citadelle. Le général Sales prit ensuite provisoirement les rênes du gouvernement, et appela le congrès à procéder à une nouvelle élection présidentielle. Le 15 août arriva Santana, qui, dans une proclamation, se prononça en faveur du fédéralisme. Toutefois, il s'abstint de toute autre immixtion dans les affaires publiques, et le 15 septembre, jour anniversaire de la déclaration d'indépendance, il fit son entrée dans la capitale; mais au titre de président il préféra le commandement de l'armée, dont il fut nommé généralissime le 1er octobre suivant. Sur ces entrefaites, l'Angleterre, dont les intérêts au Mexique étaient gravement compromis par l'état de guerre, offrit sa médiation. De son côté le gouvernement américain avait aussi fait, sous la date du 6 juillet, des ouvertures de paix. Mais en septembre le général Sales rejeta toutes propositions d'accommodement. Pendant ce temps, un corps d'aventuriers allemands était venu accroître singulièrement le corps principal de l'armée américaine. Outre le corps principal aux ordres de Taylor, fort maintenant de 5,600 hommes d'infanterie, de 1,050 hommes de cavalerie et de dix-neuf bouches à feu, il avait encore été organisé contre le Mexique trois colonnes d'opération : la première, aux ordres du général Wool, se dirigea de la Nouvelle-Orléans et de San-Antonio de Bejar sur Cohahuila et Chihuahua ; la seconde, aux ordres du colonel Kearney, devait de Saint-Louis pour marcher sur Santa-Fé dans le Nouveau-Mexique et sur la Californie ; la troisième, à New-York, pour gagner par mer la Californie. Le 15 septembre Taylor abandonna Comargo ; le 19 il arriva devant Monterey, que le général Ampudia avait retranché, et qu'il occupait avec 7,000 hommes de troupes régulières, sans compter quelques milliers de rancheros ou paysans armés et montés. L'attaque eut lieu le 20 septembre. A la suite d'une lutte opiniâtre, les Mexicains se trouvèrent à peu près réduits à la possession de la citadelle; et le 24, après des pertes considérables essuyées de part et d'autre, intervint une capitulation aux termes de laquelle l'armée mexicaine obtint la permission d'évacuer la place avec tous les honneurs de la guerre, en emmenant avec elle une batterie de pièces de six, en même temps que les troupes américaines étaient admises à prendre possession de la citadelle et du palais épiscopal. On stipulait en outre une suspension d'armes de six semaines, en même temps qu'on établissait une ligne de démarcation le long des rives du Rio del Tigre. Le 1er octobre Ampudia évacua la ville avec tous les honneurs de la guerre. Dans le courant du même mois, Taylor reçut de Washington, où l'on avait rejeté l'armistice,

l'ordre de franchir la ligne de démarcation et de continuer la guerre avec vigueur. En conséquence il occupa Saltillo, dans l'État de Cohahuila, ville qui, quoique fortifiée et bien approvisionnée, fut abandonnée par les Mexicains sans tirer un coup de fusil. Il y eut alors de part et d'autre dans les opérations militaires un temps d'arrêt, qui dura deux mois; pendant ce temps les trois colonnes dont nous avons parlé n'en continuèrent pas moins leur mouvement en avant. La première, aux ordres du général Wool, franchit le Rio-Grande del Norte, le 8 octobre, et envahit l'État de Cohahuila ; le 1er novembre elle en occupa sans résistance le chef-lieu, Monclova, et elle opéra sa jonction avec Taylor vers la mi-décembre, à Saltillo. La seconde, commandée par le colonel Kearney, avait sans combattre, mais en endurant les plus cruelles privations, atteint, le 16 août, Santa-Fé, chef-lieu du Nouveau-Mexique; et six jours après, le 22 août, il déclarait purement et simplement ce territoire incorporé à l'Union. Après avoir reçu des renforts, il se mit en marche sur la Californie, expédition célèbre par les souffrances incroyables qu'y éprouva sa petite armée, en même temps que le colonel Donniphan, détaché de son corps, au sud, dans la direction de Chihuahua, se rendait maître sans tirer un coup de fusil du chef-lieu de cet État, appelé aussi Chihuahua, et que, après une marche des plus pénibles de 263 myriamètres, il arrivait à Saltillo vers la fin de mai 1847. A la troisième colonne se rattachèrent les opérations de la flotte du sud, aux ordres du commodore Sloat, de l'expédition de Californie et de celle que Kearney, promu maintenant au grade de général, avait organisée de Santa-Fé. Dès le 6 juillet 1846 la prise de possession de la Nouvelle-Californie avait eu lieu en vertu d'une proclamation du commodore Sloat, datée du port de Monterey. Le nouveau commodore Stockton et le corps de Kearney, arrivés sur ces entrefaites, eurent à soutenir l'année suivante une série de combats opiniâtres pour la défense de la position de Los-Pueblos. La victoire qu'y remporta Stockton dans les journées des 8 et 9 janvier 1848 amena la conclusion du traité du 2 février, aux termes duquel la Nouvelle-Californie fut cédée à l'Union (voyez CALIFORNIE). A Saltillo le général Taylor, à qui, pour former l'armée dite de La Vera-Cruz, destinée à marcher droit sur Mexico, on avait ôté une partie de ses troupes et qu'on avait ainsi réduit à une position assez critique, ne se retrouva en état de reprendre ses opérations qu'en décembre 1846, par suite de l'arrivée du général Wool. Son armée présenta alors un effectif de 4,500 fantassins de 1,200 hommes de cavalerie et de seize bouches à feu. De son côté, Santana, qui, en sa qualité de généralissime de l'armée mexicaine, avait concentré ses troupes à Potosi, et qui avait détaché avec succès les généraux, Urrea et Miñon en avant avec 5 à 6,000 rancheros, à l'effet d'inquiéter l'ennemi, avait pris position à deux myriamètres seulement au sud de Saltillo, avec 15,000 hommes d'infanterie, 6,000 hommes de cavalerie et vingt-huit bouches à feu. Le 22 et le 23 février, une bataille s'engagea aux environs de la ferme de Buena-Vista, où les Américains eurent 700 hommes tués ou blessés, dont un grand nombre d'officiers supérieurs, tandis que les Mexicains durent évacuer le champ de bataille avec une perte évaluée à 4,000 hommes. Santana n'en expédia pas moins à Mexico un bulletin plein de fanfaronnades. Puis, demeurant tranquille à Saltillo, occupé à organiser le pays. L'armée de La Vera-Cruz, sous les ordres du général Scott, appuyée par une flotte de trente-sept bâtiments, portant toute cent quatre-vingt-quinze canons, commença le 13 mars l'investissement et le 18 le siège de La Vera-Cruz, défendue par 5,000 Mexicains et abondamment pourvue de munitions et de provisions. A la suite d'un bombardement qui dura du 22 au 26 mars, cette place fut forcée de capituler, après que le général mexicain Morales eut déposé le commandement par un de ses successeurs, le général don José Juan Laudero, dans une conférence tenue à Puente de Hornos, eut consenti à évacuer La Vera-Cruz et le château de Saint-Jean d'Ulloa, ainsi que les forts Santiago et *Concepcion*. Le 29 Scott fit son entrée dans cette ville, aux trois quarts ruinée, dont il nomma le général Worth gouverneur; puis, vers la fin d'avril, il se mit en marche dans la direction du nord-ouest, sur Xalapa, avec au plus 10,000 hommes d'infanterie, 256 cavaliers et 15 pièces de canon. Santana, qui après la bataille de Buena-Vista avait battu en retraite sur Potosi, et qui à la nouvelle du siége de La Vera-Cruz était accouru dans la capitale pour y prévenir tout mouvement politique, y fut nommé président de la république. Le 23 mars il prêta serment en cette qualité, et le lendemain il fit son entrée solennelle à Mexico. Aux 6,000 hommes qu'il avait amenés avec lui, il parvint à ajouter à grand'peine quelques milliers de combattants de plus et à réparer aussi les pertes considérables qu'avait essuyées son artillerie. Le 18 avril le général Scott lui fit essuyer une déroute complète, au village de Cerro-Gordo, où il occupait une position retranchée ; et après avoir subi une perte considérable, il dut battre en retraite sur Orezaba. Il s'occupa alors d'organiser une guerre de *guerillas*, puis, pour déjouer les menées du parti de la paix, il se rendit dans la capitale, où il se fit nommer dictateur. Toutes les dispositions furent prises pour mettre Mexico en état de défense; un emprunt forcé d'un million de dollars fut décrété, et l'état de siége proclamé; on éleva de forts retranchements sur tous les points par lesquels l'ennemi pouvait s'approcher de la ville; enfin, au mois d'août, le général Valencia ayant reçu ordre d'abandonner ses positions à Potosi pour se rapprocher de la capitale, les forces disponibles des Mexicains furent portées de nouveau à un effectif de 20,000 hommes avec cinquante pièces de gros calibre et trente pièces de campagne. Après avoir occupé Xalapa et Perote, le 22 avril, les Américains transférèrent leur quartier général, le 27, à Puebla, où Scott dut rester dans l'inaction pendant plusieurs mois en attendant les renforts qui devaient lui arriver de La Vera-Cruz. Le 9 août il se mit en marche avec environ 12,000 hommes et trente bouches à feu par des chemins d'une difficulté extrême, et obligé de soutenir d'incessantes escarmouches. Le 19 et le 20 août eurent lieu les batailles de Contreras et de Churubusco; dans la première Santana perdit quatre généraux et 1,500 hommes faits prisonniers; la seconde lui coûta 3,000 hommes et quinze pièces de canon. Mais Scott avait acheté ses victoires par une perte de 16 à 1,800 hommes, et cette fois encore il fit des ouvertures de paix. Santana se montra alors plus disposé à faire des concessions. C'est que son ennemi, l'ex-président Paredes, après s'être échappé de prison, avait formé à Orizaba une armée de guerillas, et que le nombre de ses partisans s'accroissait tous les jours d'une manière menaçante. En conséquence un armistice fut signé le 23 août entre Santana et Scott, à l'effet de pouvoir dans l'intervalle mener à bon terme les négociations de paix. Mais elles demeurèrent sans résultat, d'une part parce que les prétentions de chacune des deux parties étaient trop élevées, et de l'autre parce que plusieurs États, sans confiance dans Paredes, qui déclarait vouloir continuer la guerre tant qu'il resterait un Américain sur le sol mexicain, avaient formé une ligue particulière pour prolonger la lutte, et que dès lors Santana fut obligé de faire traîner le plus possible les préliminaires. Le délai fixé pour la durée de l'armistice expira donc, et la guerre recommença. Le 12 septembre Scott marcha sur la capitale, et après avoir enlevé les deux forts de Chapultepec et du Moulin-du-Roi qui l'avoisinent, il commença à la canonner le 14. Le lendemain, 15, les troupes américaines prirent Mexico d'assaut, une insurrection populaire qui y éclata le soir même fut comprimée le lendemain. Le général Quitman fut nommé gouverneur de la ville. Santana avait pris la fuite, Paredes s'était éclipsé, et l'armée mexicaine n'existait plus. Il ne se continua plus dès lors d'autre guerre que la guerre de guerillas. C'est le 2 février 1848 seulement que fut signé à Guadalupe-Hidalgo un traité de paix, qui après avoir subi quelques modifications exigées par les États-Unis, fut ratifié le 29 mai suivant par le congrès mexicain réuni à Queretaro sous la présidence du général Herrera, qui dans l'intervalle avait de nouveau été élu président de la république. Ce traité fixa comme délimitation des deux États le Rio-Grande del Norte depuis son embouchure jusqu'à la frontière méridionale de l'ancien territoire mexicain appelé *Nuevo-Mejico* (Nouveau-Mexique), puis une ligne se prolongeant depuis ses extrémités méridionales et occidentales jusqu'au Rio-Gila, suivant à l'ouest ce cours d'eau jusqu'à son embouchure dans le Rio-Colorado, et traversant alors ce fleuve pour, après avoir séparé la haute et la basse Californie, aboutir à l'océan Pacifique, à un mille marin de la pointe sud du port de San-Diego. Par suite de cette fixation de frontières, la république mexicaine perdit les portions des États de Tamaulipas, Cohahuila et Chihuahua situées au delà du Rio-Grande del Norte, et comprises maintenant dans le Texas, de même que le Nouveau-Mexique et la Nouvelle-Californie, formant ensemble environ 20,000 myriamètres carrés. D'autres articles du traité assuraient aux Américains la libre navigation du cours inférieur du Rio-Colorado, ainsi que dans le golfe de Californie, et aux deux parties contractantes la libre navigation du Rio-Grande et du Gila. Les États-Unis s'engageaient à payer au Mexique une indemnité de 15 millions de dollars, à prendre en outre à leur compte le payement des diverses indemnités que des conventions antérieures obligeaient le Mexique à payer à des citoyens de l'Union, enfin à le protéger contre toute réclamation pécuniaire de la part des Indiens habitant les parties de territoire cédées.

En juillet 1848 les troupes américaines évacuèrent la capitale, qui se trouva tout aussitôt encore menacée par l'ex-président Paredes, sorti maintenant de sa cachette, dont la cause était défendue par le *padre* Jaranta, chef de guerillas, et qui, après avoir publié, suivant l'usage, un manifeste, s'était rendu maître de la ville de Guanaxuato. Mais battu à Marfil, le 14 juillet, par les troupes du gouvernement, commandées par le général Bustamente, Paredes, qui essaya encore une seconde défaite, vit ses plans contre Herrera complètement déjoués. Après avoir prorogé le 2 novembre le congrès, qui se réunit de nouveau le 1er janvier 1849, Herrera présenta enfin à la législature un budget accusant un déficit d'environ 26 millions de francs. Un nouveau mouvement tenté au mois d'août suivant par le général Paredes vint encore une fois compliquer la situation, et, bien que réprimé, ajouta à l'état d'incertitude et d'insécurité où se trouvait le pays. L'année 1850 fut marquée surtout par de louables efforts faits pour améliorer la condition matérielle du pays. Rétablir l'équilibre entre les recettes et les dépenses de l'État, tel fut le double but que dans son discours d'ouverture, prononcé le 1er janvier 1850, le président Herrera proposa aux travaux du congrès. Cette année commença avec un budget fixant la recette à 8 millions de piastres, et la dépense à 11 millions, présentant par conséquent un déficit de 3 millions de piastres. Une nécessité impérieuse obligea les deux chambres élues en 1850 et 1851 à s'occuper de mesures financières répondant aux exigences de la position. L'année 1849 avait d'ailleurs légué à l'année 1850 des difficultés extraordinaires, créées d'abord par des insurrections attribuées aux intrigues des États-Unis, puis par les attaques des hordes d'Indiens sauvages errant dans les États limitrophes des frontières septentrionales et occidentales, par une véritable lutte d'extermination à soutenir contre les Indiens du Yucatan, excités à la révolte par l'Angleterre, disait-on, et enfin par une élection présidentielle qui devait avoir lieu avant la fin de l'année. Avec une telle perspective on devait s'attendre à de graves complications, peut-être bien à une nouvelle guerre civile et à un nouveau démembrement de la confédération. Cependant l'année 1850 ne vit se réaliser aucune des terribles éventualités qu'on avait pu prévoir. Le déficit et les embarras d'argent avaient constamment été jusque ici et demeurèrent aussi l'état normal de la république mexicaine ; et le gouvernement fédéral, avec les ressources minimes dont il disposait, étant dans l'impossibilité de protéger les autres États, ne pouvait exercer qu'un simulacre d'autorité ; de sorte que ces différents États durent, au moyen de ligues particulières, chercher à se préserver des dangers qui les menaçaient et se saisir d'une espèce d'autonomie en matières d'impôts et de droits de douane. Les guerres avec les Indiens amenèrent la dévastation de florissantes campagnes, et de nombreuses collisions de partis eurent lieu au sein de la population, par suite des nombreuses candidatures qui se produisirent pour la présidence. Toutefois, les graves périls qu'on avait à redouter de la part des Indiens du nord, et en vue desquels les sept États de la Vieille-Californie, de Sonora, de Cinaloa, de Chihuahua, de Cohahuila et de Tamaulipas avaient proclamé leur indépendance dès le 16 juin 1849, n'amenèrent point la dissolution de la confédération. Dans le Yucatan la guerre se continua avec des alternatives diverses pendant toute l'année 1850 ; et quand on se décida à abandonner la défensive pour saisir l'offensive, elle prit une tournure favorable aux blancs ; aussi, lors des élections pour la présidence, le parti républicain y conserva-t-il la haute main.

Le 15 janvier 1851, le général Arista, jusque alors ministre de la guerre, fut élu président à une grande majorité, et entra en fonctions comme chef du pouvoir exécutif. Son préddcesseur Herrera mourut le 15 avril. Les efforts tentés par la nouvelle administration pour transformer le système restrictif des douanes en droits modérément protecteurs échouèrent contre la résistance des riches monopoleurs, qui faisaient la loi dans le congrès. C'est alors que le colonel de la garde nationale Carbajal, se souleva, vers la fin du mois de septembre, contre le gouvernement fédéral, en réclamant la réduction des droits d'entrée et la suppression de toutes les prohibitions. Après quelques engagements contre les troupes du gouvernement, il vint mettre le siége devant le port de Matamoras, sur le Rio-Grande del Norte. Le gouverneur de cette place, en prenant hardiment le parti de modifier sous sa propre responsabilité les tarifs de la douane de Matamoras, de supprimer les prohibitions et d'abaisser les droits d'entrée, s'attacha étroitement la population ; et après huit jours de blocus Carbajal dut lever le siége, et plus tard se réfugier au Texas, d'où il avait reçu beaucoup d'appui et de secours pour son entreprise. Un projet de réforme douanière présenté pendant ce temps-là au congrès ne passa, le 24 novembre, qu'à une seule voix de majorité dans la chambre des députés ; et comme le sénat coupa court à la discussion en adoptant les motifs de la chambre des députés, il demeura sans effet. Cependant, par suite des mesures prises par le général Avalos, l'importation avait lieu maintenant presque exclusivement par Matamoras ; ce qui faisait redouter la ruine de toutes les autres villes de commerce. En conséquence le corps diplomatique tout entier adressa des représentations au gouvernement, qui désavoua la réduction des droits de douane opérée par le général Avalos, et prescrivit au contraire un impôt général de consommation *ad valorem* sur tout objet offert en vente. Le mécontentement excité par cette mesure, la résistance opposée par le congrès à la réforme douanière, les plaintes des généraux, la tendance de divers États à se déclarer indépendants, la continuation des armements de Carbajal, enfin les progrès de plus en plus menaçants des tribus indiennes, toutes ces causes réunies mettaient en question non-seulement l'existence du gouvernement, mais encore celle de la confédération tout entière. La révolution de 1852, dirigée contre Arista, porta le général Cevallos au pouvoir suprême. L'anarchie générale qui se manifestait à chaque instant soit par des révoltes populaires , soit par des insurrections militaires, offrit à Santana, retiré à la Jamaïque depuis 1847, et qui n'avait jamais perdu l'espoir de rentrer dans sa patrie, l'occasion qu'il épiait patiemment depuis lors. Appelé à diverses reprises par des insurgés à venir se mettre à leur tête, il reçut une nouvelle invitation, au mois de février 1853, du président Cevallos, et se vit offrir alors la présidence par les chefs mêmes de cette insurrection. Après avoir débarqué à La Vera-Cruz, il fit son entrée solennelle dans la capitale le 27 avril 1853. Son voyage à travers le Mexique pour arriver à Mexico avait été un véritable triomphe. Le 16 décembre 1853, une résolution du conseil d'État, fondée sur les votes des diverses autorités, des corporations et d'un certain nombre d'habitants, autorisa la continuation du gouvernement absolu de Santana, pour aussi longtemps qu'il le jugerait lui-même convenable. Cette même résolution lui conférait le titre *d'altesse sérénissime*, avec la dignité de président de la république du Mexique et le droit de désigner lui-même son successeur, lequel devait jouir des mêmes prérogatives. Dans le mois de janvier 1855, ces dispositions reçurent la sanction du suffrage presque unanime de tous les citoyens ayant droit de voter. On attribuait à Santana le projet de se faire proclamer empereur. Il avait négocié avec les États-Unis une cession de territoire moyennant finances. Une insurrection dirigée par Alvarès avait éclaté en 1854 ; Santana l'avait en quelque sorte comprimée. Elle sa rallluma plus vive en 1855, et après le *pronunciamento* de Monterey et de Vittoria, la prise de la citadelle de Monterey et le succès des insurgés à La Vera-Cruz, Sanfaña dut abdiquer et s'embarquer. Mexico proclama sa déchéance. Le général Carrera fut nommé président provisoire ; et l'insurrection se donna différents chefs en attendant une nouvelle organisation. Consultez Prescott, *History of the Conquest of Mexico* (3 vol., Boston, 1844) ; Young, *History of Mexico* (New-York, 1847) ; Torrente, *Historia general de la Revolucion moderna Hispano-Americana* (5 vol., Madrid, 1830) ; Mora, *Mejico y sas Revoluciones* (8 vol., Paris, 1836) ; Jay, *Causes and Consequences of the Mexican War* (Boston, 1849) ; mistress Calderon de la Barca, *Life in Mexico* (2 vol., New-York, 1842) ; les voyages de Brantz, de Mayer, de Chevalier, de Farnham, de Robinson, de Thompson, de Gilliam, de Mac Sherry (*El Puchero* ; New-York, 1850) et de beaucoup d'autres Américains, écrits depuis la guerre.

MEXIQUE (Nouveau). *Voyez* NOUVEAU MEXIQUE.

MEXIQUE (Golfe du). On donne ce nom à la partie de l'océan Atlantique qui pénètre le plus avant à l'ouest dans la terre ferme du Nouveau Monde, et qui, formant comme une espèce de grande mer intérieure, est bornée au nord par les États-Unis de l'Amérique septentrionale, à l'ouest et au sud par le Mexique, et à l'est par les presqu'îles de la Floride et du Yucatan, entre les deux pointes extrêmes desquelles il offre du côté de l'Océan une largeur de près de 70 myriamètres, sur la ligne de laquelle on rencontre l'île de Cuba. On y pénètre par deux canaux larges chacun d'environ 21 myriamètres, à savoir : le *détroit de Yucatan*, conduisant à la mer des Antilles ou mer Caraïbe, et le *détroit de la Floride*, situé à l'est. La configuration de ce golfe, en raison de l'uniformité de ses côtes, est très-régulière, et se rapproche de celle d'un ovale dont le plus grand diamètre dans la direction du sud-ouest au nord-est présente une étendue de 168 myriamètres, tandis que perpendiculairement il n'en a guère plus de 105. La partie sud de ce vaste bassin a reçu le nom de *Baie de La Vera-Cruz* ou *Baie de Campêche*, et la partie nord-est celle de *Baie d'Apalache*. On ne trouve dans l'intérieur de ce golfe qu'un petit nombre d'îles, et cependant il n'a qu'une profondeur médiocre. Ses côtes marécageuses se composent toutes de terres d'alluvion, et n'offrent que très-peu de bons ports, dont les plus importants sont ceux de *La Vera-Cruz* au Mexique, de *La Nouvelle-Orléans* dans la Louisiane, de *Pensacola* dans la Floride, et de *La Havane* dans l'île de Cuba. Outre les petits cours d'eau venant du plateau du Mexique et de la vallée de l'Amérique septentrionale, et dont les issues, à l'ouest, sont généralement fermées par des barres, il ne s'y jette que deux fleuves importants : le Mississipi et le Rio-Grande del Norte.

MEYENDORFF (Les barons de), famille noble des provinces russes de la Baltique et originaire de la Saxe. Vers l'an 1200 *Conrad* DE MEYENDORFF arriva en Livonie avec les chevaliers Porte-Glaive, se distingua par sa bravoure dans les combats livrés aux indigènes, et acquit des biens considérables.

Casimir, baron DE MEYENDORFF, général russe de cavalerie, commanda en 1807 l'armée russe dans les principautés du Danube, après la mort du général Michelson et jusqu'à l'arrivée du feld-maréchal Prosorowsky. Il laissa quatre fils, dont le troisième, *Pierre*, baron DE MEYENDORFF, né vers 1792, après avoir fait la campagne de 1812 comme officier attaché à l'état-major général, entra ensuite dans la carrière diplomatique. D'abord secrétaire de légation à Madrid, puis conseiller d'ambassade à Vienne, il fut nommé en 1832 ministre plénipotentiaire à Stuttgard. Transféré en 1839 à Berlin, il y fit preuve d'une grande habileté, notamment à l'époque des événements de 1848, et par son caractère personnel y mérita l'estime générale. Aussi, quand les relations entre la Prusse et l'Autriche s'aigrirent visiblement, l'empereur Nicolas l'accrédita-t-il à Vienne, à l'effet d'y jouer le rôle de médiateur entre ces deux puissances. Il prit part aux négociations qui précédèrent l'entrevue d'Olmütz, à laquelle il assista. Après un court séjour à Saint-Pétersbourg, il revint dans la capitale de l'Autriche reprendre ses fonctions. Rappelé en 1854, il fut nommé conseiller privé actuel, et entra dans le conseil de l'empire. Son fils aîné, capitaine aide de camp du prince Gortschakof, a été tué à Sébastopol, dans la journée du 8 septembre 1855.

Alexandre, baron DE MEYENDORFF, frère puîné du baron Pierre de Meyendorff, propriétaire de la belle terre de Roop en Livonie, sur la route de Tauroggen à Saint-Pétersbourg, accompagna en 1840 Murchison et Verneuil dans leur voyage géognostique au nord de la Russie. Président de la chambre de commerce de Moscou, il a bien mérité de la Russie par ses efforts persévérants pour faire fleurir son commerce et son industrie. En 1842 il a publié à Saint-Pétersbourg, en société avec Paul Sinoffjeff, une carte industrielle de l'empire de Russie. En 1851 il fut adjoint au prince Woronzoff, gouverneur de la Transcaucasie, pour la direction du commerce et des affaires industrielles de ces provinces; et en 1853 il fut nommé conseiller intime.

Georges, baron DE MEYENDORFF, auteur du *Voyage d'Orembourg à Boukhara fait en 1820* (Paris, 1826), lieutenant général, premier écuyer de l'empereur, appartient à une branche de cette famille établie en Esthonie.

MEYERBEER. *Voyez* BEER (Meyer).

MEYGRET, MEYGRITISTES. *Voyez* AUTELS (Guill. des).

MÉZERAY (FRANÇOIS EUDES DE) naquit en 1610, à Rye, près d'Argentan. La date de sa naissance explique la direction de son esprit. Il se servit de l'histoire comme d'un cadre heureux dans lequel il pouvait en sûreté attaquer le présent. Représentant assez exact d'une génération plongée dans les luttes du pouvoir et de la liberté, il voulut retracer à la nation ses droits antérieurs à tout droit, ses priviléges antérieurs à tout privilége. La profondeur des vues, la juste appréciation des événements, étaient choses de fort mince importance à ses yeux. Avoir des retentissement dans son siècle par un intérêt du moment, voilà ce qu'il recherchait, voilà ce qu'il obtint. Son père était chirurgien; il eut trois fils : le premier fut Jean E u d e s, fondateur de la congrégation des Eudistes; le second, François, appelé *Mézeray*, nom d'un hameau de la paroisse de Rye; le troisième, encore chirurgien, prit le surnom de *Douay*. Élevé à l'université de Caen, François étudia avec une admiration profonde et, osons le dire, maladroite, les poétiques historiens de l'antiquité. Il vit en eux la perfection, sans comprendre que d'autres temps veulent d'autres manières d'écrire les faits, et que la couleur et la forme, convenables et magnifiques pour le sénat, ne valaient rien pour la peinture de l'ère féodale et de la nouvelle société. Les succès qu'il obtint dans ses classes lui donnèrent l'envie d'être poëte; mais un des grands rimeurs du temps, Des Yveteaux, lui conseilla de ne pas songer à la maigre profession de soupirant des Muses, et le lança dans le commissariat des vivres. La position était excellente; elle ne plut pas à Mézeray, qui se prit à chercher la vocation qui convenait à son intelligence et à sa volonté. Il vint à Paris, où il s'annonça par quelques écrits satiriques.

Ainsi il aiguisait sa plume, il formait son style, tout en étudiant l'histoire de notre pays. Ce double labeur faillit dévorer son existence. Sa lampe du collége Sainte-Barbe était sur le point de s'éteindre, lorsque le cardinal Richelieu vint au secours du studieux jeune homme. Quelques écus et des paroles de bienveillance soutinrent Mézeray, qui fit enfin paraître le premier volume de sa grande histoire. Son histoire a la franchise des remontrances du parlement, a dit M. de Barante. Défenseur du peuple, il fut lu par le peuple, et détrôna les livres de Gaguin et de Du Haillan. Frondeur par nature, il eut le bonheur de vivre dans un temps où l'on ne pouvait encore l'être par état. Ennemi de Mazarin, il publia contre lui une série de pamphlets qui parurent sous le nom de *Sandricourt*. Dans ces libelles il fut historien, comme dans son histoire il avait été libelliste. En 1668, il publia son *Abrégé*, ouvrage incontestablement supérieur à sa grande histoire. La manière hardie et franche avec laquelle il s'était avisé d'examiner l'origine et le droit d'imposition devait déplaire au pouvoir : Colbert en fut choqué; il menaça l'écrivain de le dépouiller de la pension de 4,000 livres, dont il jouissait. Mézeray promit de revoir son travail dans une prochaine édition et d'en supprimer tout ce qui lui paraîtrait de nature à choquer la cour. Il avait promis, mais comment se résoudre à mutiler son enfant? Le contrôleur général s'irrita; et depuis Mézeray ne reçut plus que 2,000 livres des bontés du roi, ce qui le détermina à ne point faire paraître une *Histoire de la Maltôte*, qu'il avait achevée. Cet ouvrage convenait à la tournure d'esprit de l'historien, qui sans doute nous eût laissé un curieux pamphlet historique.

A l'Académie Française, Mézeray remplaça Voiture, et devint secrétaire perpétuel à la mort de Conrart. Un seul fait nous révèle dans quel esprit devait être écrite cette *Histoire de la Maltôte*. Dans le Dictionnaire de l'Académie, il voulait qu'on joignît comme exemple ce proverbe : *Tout comptable est pendable*. La docte société refusa le *bon à tirer*; alors Mézeray écrivit en marge : *Rayé, quoique véritable*. Devenu dans sa vieillesse d'une malpropreté dégoûtante, d'un insouciance, d'une bizarrerie sans pareilles; il finit par faire sa société habituelle d'un cabaretier, nommé Lefaucheur, qu'il désigna, en mourant, pour son légataire universel. Sa conduite avait été passablement légère : avant de mourir il rendit hommage à la religion de ses pères, et dit à ses amis : « Souvenez-vous que Mézeray mourant est plus croyable que Mézeray vivant. » Il rendit le dernier soupir le 10 juillet 1683. Colbert intervint dans l'inventaire de ses papiers : ceux qui parurent toucher à l'histoire furent déposés à la Bibliothèque du roi; ils y sont encore. On a de Mézeray l'*Histoire de France*, un *Traité sur l'Origine des Français*, une traduction de l'*Histoire des Turcs*, de J. Salisbury, *La Vanité de la Cour*, un *Traité de la Vérité de la Religion chrétienne*, traduit de Grotius ; *Histoire de la Mère et du Fils* (Marie de Médicis et Louis XIII), ouvrage d'autres attribuent à Richelieu. « Quand Mézeray publia son *Histoire de France*, a dit M. Augustin Thierry, il avait dans le public peu de science, mais une certaine force morale, résultat des guerres civiles qui réunirent tout le seizième siècle et les premières années du dix-septième. Ce public, élevé dans des situations graves, ne pouvait plus se contenter de romans d'amour et de féeries, que le siècle précédent avait décorés du nom d'*Histoire* : il lui fallait sous ce titre, non plus de saints miracles, ou des aventures chevaleresques, mais des événements nationaux et la peinture de cette fatale et antique discorde de la puissance et du bon droit. Mézeray voulut répondre à ce nouveau besoin : il fit de l'histoire une tribune pour plaider la cause du parti politique, toujours le meilleur et le plus malheureux ; de ce parti qui jamais ne triomphe, et qui, en dépit des plus grands efforts, retombe toujours sous la main des gens en place et des maltôtiers...... »

A. GENEVAY.

MEZERGUINE. Voyez MESSERGUINES.

MÉZIÈRES, petite ville forte, place de guerre de deuxième classe, chef-lieu du département des Ardennes, avec une citadelle importante. Elle est bâtie sur le penchant d'une colline et à sa base, où coule la Meuse, qui la sépare de Charleville. Mézières possède une bibliothèque de 4,000 volumes, une société d'agriculture ; on y fabrique des canons de fusil ; on y trouve des tanneries, des brasseries, des taillanderies. Son commerce consiste en cuirs provenant de ses tanneries, serges, bonneterie, toiles, etc. Sa population est de 5,277 habitants. Cette ville est célèbre par le siége que Bayard y soutint avec 2,000 hommes, en 1520, contre l'armée de Charles-Quint, forte de 40,000 hommes, commandée par le comte de Nassau, qui fut obligé de l'abandonner. En 1815, les Prussiens la bombardèrent pendant deux mois avant de l'occuper.

MEZZA VOCE. Sur la musique ces mots italiens, ou leur abréviation, *M. V.*, signifient, dans les passages où ils sont écrits, qu'il ne faut chanter qu'à demi-voix ou ne jouer qu'à demi-jeu. *Mezzo forte* et *sotto voce* signifient exactement la même chose.

MEZZETIN, personnage de l'ancienne comédie italienne. C'est Angelino Constantini, de Vérone, qui inventa ce personnage, dont le nom lui est toujours demeuré. Venu en France en 1680, Constantini joua d'abord les rôles d'arlequin en même temps que le fameux Dominique. Puis il créa le Mezzetin, genre d'arlequin, qu'il jouait toujours à visage découvert. Lorsque la Comédie-Italienne fut supprimée, en 1697, à cause d'une pièce, *La Prude*, où Mme de Maintenon crut voir une allusion dirigée contre elle, Mezzetin passa à Brunswick. Là, le roi de Pologne lui fit offrir un brevet de noble, la charge de camérier intime, de trésorier des menus plaisirs et de garde des bijoux de la couronne, s'il voulait se fixer et jouer dans ses États. Mezzetin ne résista pas, mais il compromit la faveur dont il jouissait par un acte de fatuité qui lui coûta cher ; il osa faire à la cour, adresser une déclaration à une maîtresse du roi, ce qui lui valut d'être enfermé pendant vingt ans. Mezzetin revint en France en 1729, et il reprit pendant quelques années sa place à la Comédie-Italienne, alors en vogue. Il retourna ensuite à Vérone, et y mourut. Mezzetin avait, disaient ses contemporains, une tête, une taille, et des manières admirables pour le théâtre ; on avait fait sur lui un quatrain qui se terminait ainsi :

Qui ne le voit pas n'a pas vu ;
Qui le voit a vu toute chose.

Il est auteur de quelques pièces représentées à la Comédie-Italienne.

MEZZOFANTI (GIUSEPPE), célèbre linguiste, naquit le 19 septembre 1771, à Bologne, où il fut élevé et où plus tard il obtint un emploi de bibliothécaire. En 1831 il se trouva mêlé aux mouvements que provoqua l'occupation d'Ancône par les Français, et fit alors partie de la députation envoyée à Rome à l'effet de faire des représentations au pape. A Rome il fut promu *Monsignor*, et en 1833 nommé secrétaire de la propagande, puis premier conservateur de la bibliothèque du Vatican en remplacement d'Angelo Maï. Les savants qui avaient occasion de consulter les livres du Vatican, tout en rendant hommage à sa modestie et à son amabilité, lui reprochaient de regarder un peu trop comme siens les trésors littéraires confiés à sa garde, et qu'il semblait vouloir cacher à tous les regards. Le 13 février 1838 il fut promu cardinal-prêtre. Il est mort à Naples, le 14 mars 1849. La réputation européenne de Mezzofanti avait moins pour bases ses travaux littéraires que la facilité vraiment merveilleuse avec laquelle il s'assimilait les langues étrangères. Dans les dernières années de sa vie il en était arrivé à comprendre et à parler *cinquante-huit* langues des peuples les plus différents d'origine. Consultez Malavit, *Esquisse historique sur le cardinal Mezzofanti* (Paris, 1853).

MEZZO FORTE. Voyez MEZZA VOCE.

MEZZO TERMINE. Ces deux expressions italiennes, qui ont pris droit de cité dans notre langue, sont l'équivalent de *terme moyen*. On prend, on propose un *mezzo termine*, un terme moyen, quand entre deux partis bien nets, bien différents, on en choisit un autre qui peut les concilier tous deux.

MEZZO-TINTE. Voyez GRAVURE, tome X, p. 502.

MI, note de musique, appelée simplement *E* par les Allemands et les Italiens ; c'est le troisième degré de notre échelle musicale. Il porte accord parfait mineur, et s'emploie en harmonie comme troisième degré de la gamme d'*ut*, ou comme cinquième degré ou dominante du relatif mineur de cette même gamme ; dans ce cas, on le fait tantôt mineur et tantôt majeur. *Mi* est aussi le nom de la chanterelle du violon et de la guitare.

MIAKO ou **MIYAKO**, l'ancienne capitale de la ville sainte du Japon, résidence du daïri, ou chef spirituel, dans l'île de Nipon, a des rues longues, droites, mais fort étroites, et un grand nombre de vastes et beaux édifices. Elle est située au milieu d'une grande plaine, et on y arrive à travers une campagne peuplée comme une ville. Plusieurs rivières la traversent ou l'avoisinent, et serpentent au milieu d'un charmant pays, tout fait de verdoyantes collines. C'est le grand centre de la science, des arts et de l'industrie du Japon, et on y frappe toutes les monnaies qui circulent dans l'empire. C'est aussi là que s'impriment la plupart des livres japonais. Le chiffre de sa population dépassait autrefois 1,500,000 âmes ; mais aujourd'hui, dit-on, il n'est guère que de 600,000 (dont environ 50,000 prêtres).

Le *daïri* ou *mikado* (empereur qui prie et qui ne prie) habite vers le nord un quartier à part, qui n'a pas moins de 18 kilomètres de circuit et qui est entouré de remparts et de fossés. Non loin de là s'élève une énorme tour. Dans la partie occidentale de la ville est un grand palais en briques où le siogoun (empereur qui gouverne) séjourne habituellement quand il vient visiter le descendant de l'antique dynastie. Parmi les temples consacrés à Bouddha on remarque surtout celui de *Fokôzi*, où, indépendamment de la statue colossale de Bouddha, en bois doré, se trouvent 33,333 autres idoles et la plus grande cloche de la terre. Il est pavé en marbre blanc, et la nef en est soutenue par 96 colonnes en bois de cèdre.

MIAOULIS ou **MIAULIS** (ANDRÉAS VOKOS), amiral commandant la flotte des Grecs pendant la guerre de l'Indépendance, né en 1772, à Négrepont, d'une famille de basse extraction, débuta comme simple matelot, et reçut le sobriquet de Miaoulis, dérivé du turc *miaoul*, mot qui signifie *felouque*. A la longue il était parvenu à amasser un petit capital, et à l'époque de la révolution française, malgré la mise en état de blocus des différents ports de France par l'Angleterre, il fit des affaires considérables avec des chargements de grains de la mer Noire, qu'il amenait d'Odessa sur les côtes de la Méditerranée. Plus tard il se fixa à Hydra, où il fut admis au nombre des primats, et parvint à exercer une grande influence sur la direction des affaires communes de l'île. Quoique au début de l'insurrection de 1821 il eût d'abord quelque peu hésité à s'y rattacher, il s'y dévoua bientôt avec le plus chaud enthousiasme. Engagé à bord de la flotte que les Hydriotes équipèrent avec une rapidité si merveilleuse, il en fut nommé commandant en chef dès 1822, et battit la flotte turque à la bataille de Patras. En 1823 il fut investi du commandement supérieur des forces navales de toute la Grèce. Ce fut lui qui, en 1825, eut la hardiesse d'incendier la flotte turque au milieu du port de Modon ; mais un dissentiment qui survint entre lui et lord Cochrane l'engagea, en 1827, à donner sa démission. Il vécut alors tantôt à Patras, tantôt à Hydra, loin des affaires publiques, et ne consentit à reprendre le commandement de la flotte qu'à l'arrivée en Grèce de Capo d'Istria. Afin de le rattacher au nouveau gouvernement, Capo d'Istria le nomma, vers la fin de 1829, inspecteur général du port militaire de Paros; mais Miaoulis n'en passa pas moins dans l'opposition qui ne tarda pas à s'élever en Grèce contre le président. Membre de la commission qui prit le gouvernement dans l'île d'Hydra, il fit également partie, en 1831, de la députation qui tenta fort inutilement une démarche conciliatrice auprès du président. Ce que voyant, il incendia le 13 août les navires de guerre grecs qui se trouvaient dans le port de Paros, pour empêcher qu'ils ne tombassent entre les mains des ennemis de son pays. L'instruction judiciaire à laquelle donna lieu cet incident était à peine commencée, lorsque l'assassinat du président vint donner aux choses une tournure inattendue. Après l'élection du prince Othon de Bavière comme roi de la Grèce, et la fuite d'Augustin Capo d'Istria, Miaoulis, appelé à la direction supérieure de la marine, figura dès lors au nombre des plus fermes soutiens de la jeune royauté constitutionnelle que la Grèce s'était donnée, et fut nommé vice-amiral en 1835; mais il mourut la même année, à Athènes, où il fut inhumé non loin du tombeau de Thémistocle, en même temps que son cœur était rapporté à Hydra, dans une urne d'argent. C'était un caractère vraiment antique et comme on en trouve peu dans l'histoire d'Athènes, de Sparte et de Rome. C'est à son sang-froid, à son intrépidité, à son dévouement à toute épreuve, que la Grèce doit en grande partie d'être sortie victorieuse de sa lutte contre les Turcs.

MIASME (de μίασμα, contagion, souillure). Ce mot ne s'emploie guère qu'au pluriel, et signifie émanations contagieuses, morbifiques, exhalaisons que répandent les matières animales ou végétales en décomposition, les marais, etc. (*voyez* MÉPHITISME). Les *miasmes* émanent des corps en putréfaction; leur nature et leurs propriétés varient d'après la nature même des corps en décomposition putride : ce sont des particules extrêmement déliées qui se détachent des animaux morts ou affectés de maladies contagieuses, et qui infectent l'air respirable de leurs principes pestilentiels.

L'air d'une salle qui renferme un grand nombre de personnes et beaucoup de bougies allumées devient, après un certain temps, impropre à la respiration, par la double absorption de l'oxygène nécessaire aux poumons et à la combustion. Dans les chambres des malades, l'air est bientôt vicié, tant par la décomposition qu'opère la respiration que par l'abondance d'une transpiration morbide qui ouvre la voie aux émanations putrides et délétères, auxquelles est particulièrement affecté le nom de *miasmes*. Cet air doit être renouvelé. Un préjugé aussi vieux que préjudiciable semble s'être établi dans certaines classes de personnes, qu'il faut mettre les malades, pour ainsi dire, inaccessibles à l'air extérieur. Il faut, il est vrai, reconnaître qu'en beaucoup de circonstances la vivacité d'une masse d'air introduite sans ménagement peut déterminer de graves accidents; mais toujours est-il de fait que la chaleur n'est pas le méphitisme, et l'on doit, en usant de toutes les précautions que commande le salut des malades, leur procurer un air pur et leur ménager tous les moyens possibles de salubrité : une respiration saine est la première condition de la vie.

Nous sommes ordinairement avertis par l'odorat de la présence de ces émanations miasmatiques qui accompagnent les maladies contagieuses. La plupart d'entre elles ont une odeur douceâtre, fade et nauséeuse; quelques-unes sont puantes, fétides, putrides; d'autres piquantes, acides, alcalines; toutes ont une action d'autant plus dangereuse qu'elles se communiquent à l'intérieur, soit par la respiration, soit par l'absorption cutanée. Les courants d'air sont quelquefois établis pour en détruire l'effet, en ce qu'ils les transportent et les disséminent dans un plus grand espace.

Anciennement le feu était employé dans ce but, ce qui produisait tout à la fois raréfaction, mouvement de l'air, et combustion des miasmes, qui, en traversant le feu, lui servaient d'aliment. Aujourd'hui, l'on emploie comme moyen de désinfection l'évaporation d'un acide. Guyton de Morveau eut le premier l'idée des fumigations acides, que l'on emploie encore sous le nom de *guytoniennes*. L'eau-forte, ou acide nitrique faible, le vinaigre et l'acide muriatique liquide remplissent cet objet. RICHER.

MIAULIS. *Voyez* MIAOULIS.

MICA. Un grand nombre de substances minérales, de compositions chimiques évidemment différentes, sont encore aujourd'hui confondues sous la dénomination de *mica*, dénomination qui par conséquent, dans l'état actuel de la science, ne doit point être considérée comme servant à désigner une espèce minérale unique et nettement définie, mais bien comme indiquant une catégorie tout entière d'espèces minérales, distinctes par leur composition chimique, mais assez semblables entre elles par quelques-unes de leurs propriétés physiques. Les *micas* donc sont des substances foliacées, fusibles en émail à la flamme du chalumeau, et divisibles en lamelles minces et élastiques d'une grande ténuité et à surfaces brillantes : la composition chimique de ces substances les classe presque sans exception dans l'ordre des silicates à double base, les bases combinées avec la silice étant la magnésie, l'alumine, la potasse, la lithine, le trioxyde de fer, l'oxyde de titane (Peschier, de Genève), et l'acide fluorique (H. Rose).

Beudant partage les micas en deux groupes principaux, groupes qu'il établit sur des caractères déduits des phénomènes de double réfraction que ces substances présentent, et déterminés soit par la composition chimique de ces substances, soit par le mode suivant lequel les éléments constitutifs y sont agrégés : ainsi, suivant Beudant, les micas se divisent en micas à un seul axe, et en micas à deux axes de double réfraction. Berzelius au contraire établit sa classification des micas sur des caractères directement et exclusivement déduits de la composition chimique de ces substances, et il les divise en trois groupes : les micas à base de magnésie, les micas à base de potasse, et les micas à base de potasse et de lithine. Du reste, les micas à base de magnésie sont presque tous des micas à un seul axe de double réfraction, et les micas à deux axes de double réfraction sont presque tous des micas à base de potasse ou à base double de potasse et de lithine; de telle sorte que le premier groupe est à peu près identique dans les deux classifications, et que le deuxième groupe de Beudant répond assez exactement au deuxième et au troisième groupes de Berzelius.

Les micas sont d'une abondance extrême dans toutes les roches qui appartiennent aux formations primitives et intermédiaires; ils composent l'un des éléments constitutifs essentiels du granit, du gneiss, du micaschiste; et c'est presque toujours à la prédominance de cette substance foliacée que la plupart des roches schisteuses doivent leur texture lamellaire. Les schistes talqueux, les roches phylliformes qui terminent la série des terrains primitifs renferment encore des quantités considérables de mica, substance qui se retrouve encore dans les phyllades et les grauwackes des terrains de transition et des terrains secondaires, et jusque dans les sables meubles des formations tertiaires. Enfin, les micas sont encore disséminés dans certains calcaires saccharoïdes ou lamellaires, dans les dolomies, dans les diorites porphyriques, dans les trachytes et les basaltes, et jusque dans les laves modernes.

On donne vulgairement le nom d'*argent de chat* à une variété de mica lamelliforme, dont les paillettes, disséminées dans le sable ou dans les roches solides, ont fréquemment un aspect métallique joint à la couleur blanche de l'argent ou jaune de l'or. BELFIELD-LEFÈVRE.

MICACÉ (Fer), variété de fer oligiste.

MICALI (GIUSEPPE), archéologue italien, né à Livourne,

d'une riche famille'de commerçants, se fit connaître en publiant son grand ouvrage *L'Italia avanti il dominio dei Romani* (4 vol., Florence, 1810), dont Raoul-Rochette a donné une traduction française, et qu'après un long intervalle il fit suivre de sa *Storia degli antichi Popoli Italiani* (3 vol., Florence, 1832; 2ᵉ édit., 1836), qui n'en est que la refonte générale, faite à la suite de longs travaux et de nombreux voyages. Le recueil des gravures des *Monumenti antichi* (120 planches, in-fol., Florence, 1844) en est le précieux complément. Quoiqu'il soit difficile d'admettre toutes les idées de l'auteur sur l'origine des diverses populations italiques, on ne peut refuser à son livre le mérite d'avoir contribué au réveil des études archéologiques en Italie et de contenir une foule de renseignements qu'on ne trouve pas réunis partout ailleurs. Micali mourut à Florence, le 28 mars 1844.

MICASCHISTE, composé binaire de quartz et de mica entremêlés par feuillets, et constituant par conséquent une roche de texture schisteuse. Mais la distribution du silicate alumineux à base de potasse, de magnésie et de fer (mica), dans la masse de la roche, offre de notables différences : tantôt le mica est disséminé dans la masse quartzeuse en paillettes minces, brillantes, peu nombreuses : dans ces cas le micaschiste se confond avec l'hyalomicte ; tantôt au contraire le mica se présente en feuillets larges et continus, qui dominent quelquefois jusqu'à l'exclusion complète du quartz : dans ces cas le micaschiste se transforme en schiste argileux.

Après s'être développé, comme roche subordonnée au gneiss indépendant, dans les assises moyennes des terrains primordiaux, le micaschiste s'élève, dans les assises supérieures de ces mêmes terrains, à la puissance de formation indépendante, et constitue à lui seul des dépôts très-étendus, auxquels se trouvent subordonnées des couches de granit, de gneiss, des roches calcaires et amphibolitiques, des hyalomictes de toutes les nuances, des schistes argileux et couches puissantes de quartz pur : puis le micaschiste décroît lentement, pour ne plus former, dans les terrains de transition, que de faibles couches subordonnées aux schistes argileux et alternant avec eux ; enfin, dans les terrains plus élevés de la série géologique, le micaschiste ne se retrouve plus qu'en quantités peu notables au milieu des syénites et de quelques dépôts qui appartiennent aux dernières formations des terrains de transition.

De toutes les roches dans la structure de la première enveloppe de notre globe, le micaschiste est celle qui atteint dans l'Europe centrale la plus haute puissance, et qui offre la plus grande variété de roches subordonnées. Dans les chaînes des deux Amériques, le micaschiste n'est pas, à beaucoup près, développé d'une manière aussi indépendante, puisque dans un trajet de 85 myriamètres au sud de l'Orénoque M. Alexandre de Humboldt n'a pas pu une seule fois rencontré dans les montagnes de la Parima un véritable micaschiste superposé aux granites stratifiés et gneiss, qui seuls semblent revêtir toute cette vaste contrée. Cependant, bien qu'il faille admettre que la suppression du micaschiste dans les terrains primordiaux est fréquente dans les Cordillères du Mexique et de l'Amérique méridionale, il n'en faut pas conclure l'absence complète de cette roche dans toutes les formations primitives du Nouveau-Monde ; car le micaschiste se manifeste avec une grande puissance dans les Cordillères des Andes, au nord de l'équateur, bien qu'il n'atteigne jamais cette prédominance presque exclusive qui le caractérise dans les grandes chaînes européennes. Ainsi, au Nevado de Quindiu le micaschiste acquiert parfois une puissance de douze cents mètres ; et en avançant de ce point vers les Andes du Pérou, par Quito et Loxa, cette roche se montre partout sous-jacente aux porphyres et aux trachites ; plus loin encore, elle reste visible depuis l'Alto del Roble jusqu'à la vallée de Quilquazé ; par intervalles, elle disparaît sous des porphyres trachitiques à base de phonolite, pour reparaître de nouveau entre Almaquer et Rio-Yacanacatu, entre Voisaco et le volcan de Pasto, entre Quazunto et Popalacta, entre Canaar et Burgay, entre Loxa et Gonzanama. Enfin, dans le Mexique, le micaschiste abonde dans la province de Oaxaca ; et la même roche, dépourvue de grenats, sous-jacente au calcaire alpin, et passant quelquefois aux schistes argileux, se rencontre dans les riches mines de Telmilotepec et de Tasco.

Les minéraux que l'on rencontre accidentellement disséminés dans cette roche sont : le grenat, quelquefois abondant, et formant parfois des nodules enveloppés de mica ; la tourmaline, la staurotide, la macle, le fer carburé, le fer oxydulé.
BELFIELD-LEFÈVRE.

MICHALLON (CLAUDE), sculpteur, né à Lyon, en 1751, élève de Coustou, remporta le grand prix de Rome, et exécuta dans cette ville le tombeau de Drouais, en marbre. De retour à Paris, il fit pendant la révolution plusieurs statues colossales pour les fêtes nationales. Il mourut en 1799.

MICHALLON (ACHILLE-ETNA), fils du précédent, peintre de paysages, naquit à Paris, en 1796, et mourut dans la même ville, le 23 septembre 1822, d'une esquinancie gangréneuse. Sa vocation se manifesta dès sa jeunesse par un goût très-prononcé pour les arts. Il s'était déjà exercé à dessiner des croquis, lorsqu'il entra dans l'atelier de Bertin. Son application au travail, ses grandes dispositions, lui attirèrent l'affection de ce peintre, aux bonnes leçons duquel il dut cette manière habile et soignée, ce style un peu académique, un peu froid, mais sévère, enfin cette vérité d'expression qu'on trouve dans tous ses ouvrages, jointe à une haute intelligence des lignes harmonieuses de la nature. Les tableaux qu'il a laissés portent le caractère d'un talent très-mûr, et complet sous tous les rapports : cependant, nous devons croire que si Michallon avait vécu encore quelques années, il aurait été un des premiers à s'affranchir des traditions d'une école de paysagistes dont les idées sont singulièrement appauvries, et qui de nos jours ne produit plus que des œuvres froides et de maigre dessin. Élève à l'École des Beaux-Arts en 1818, il concourut pour le grand prix de Rome, et triompha sans peine de ses rivaux, qui pour la plupart étaient plus âgés que lui. Il partit cette année même pour Rome, où il employa bien son temps, étudiant tour à tour la riche nature italienne et les admirables pages des grands maîtres. On put bientôt juger des nouveaux progrès qu'il avait faits dans sa manière, par quelques compositions qu'il envoya à Paris, et dès lors on dut placer en lui de belles espérances, que sa mort prématurée vint impitoyablement détruire. A l'exposition de 1819, dans les salles du Louvre, figurèrent deux tableaux de Michallon dont les journaux de ce temps-là ont parlé avec beaucoup d'éloges : c'était une *Vue du lac de Nemi*, qui lui avait été commandée, et la *Mort de Roland à la bataille de Roncevaux*, grand paysage qu'il avait exécuté pour la maison du roi, et qui est maintenant au Musée du Louvre, où se voient aussi deux autres tableaux de ce peintre. Ce sont une *Vue de Frascati*, et un *Paysage* dont les figures représentent Thésée poursuivant les Centaures. A l'exposition de 1822 il donna deux jolies compositions, les *Vues du Wetterhorn* et du *Passage de la Scheidegg*, canton de Berne. A. FILLIOUX.

MICHAUD (JOSEPH), né en 1769, à Bourg en Bresse, arriva en 1791 à Paris, où il ne tarda pas à se faire connaître par la publication d'un *Voyage littéraire fait en 1787 au mont Blanc* et par une collaboration des plus actives à diverses feuilles dans lesquelles on combattait ouvertement les tendances de la révolution. Quand vint le règne de la terreur, il réussit à se faire oublier ; mais il redescendit dans l'arène du journalisme aussitôt que les événements de thermidor eurent rendu à la presse quelque peu de son indépendance et de sa dignité. Ses convictions monarchiques n'avaient point changé ; il en continua la défense dans diverses feuilles où le principe révolutionnaire était plus ou moins directement attaqué. La guerre qu'il faisait aux puissants du jour fatigua si bien quelques-uns d'entre eux, qu'à la suite du 13 vendémiaire Bourdon de l'Oise, pour s'en débarrasser, le fit traduire devant une commission militaire et condamner à mort. Il fut exécuté *en effigie* en place de Grève ; mais grâce au dévouement d'un ami, il parvint à échapper à ce péril. Dès qu'il lui fut possible de relever *La Quotidienne*, qu'il avait fondée en 1792, il y reparut sur la brèche ; aussi fut-il des journalistes qui le lendemain du 18 fructidor furent condamnés à être transportés dans les déserts de Sinnamari. Cette fois encore Michaud parvint à défier la proscription, et dans la retraite qu'il trouva au milieu du Jura il composa son *Printemps d'un Proscrit* (Paris, 1804), poème descriptif estimé. Il ne put rentrer à Paris qu'à la suite du 18 brumaire, et publia en 1800, sous le titre de *Adieux à Bonaparte*, un pamphlet où le premier consul était vivement attaqué. Soit découragement réel, soit pour mieux masquer les relations secrètes qu'il entretenait toujours avec les princes exilés et avec leurs partisans à l'étranger, il parut alors renoncer à la politique pour se vouer uniquement à la littérature. En 1801 il donna son *Histoire des Progrès et de la Chute de l'Empire de Mysore sous le règne d'Hyder-Ali et de Tippou-Saïb* (2 vol., 1801), publication qui fonda sa réputation d'historien, que devait couronner son *Histoire des Croisades* (3 vol., 1812-1817 ; dernière édition, 6 vol., 1840). Malgré les nombreux défauts d'exactitude qu'on est en droit de reprocher à ce dernier ouvrage, il occupe incontestablement un rang éminent parmi les productions historiques de notre époque. Dès 1812 il avait valu à l'auteur les honneurs du fauteuil académique.

Au commencement de ce siècle, Michaud avait fondé à Paris, avec son frère cadet, *Louis-Gabriel* MICHAUD, né à Bourg en Bresse, en 1772, et en société avec Gignet, une librairie, une imprimerie et une fonderie, vaste entreprise dans laquelle ils avaient été soutenus par des capitaux amis. Autant que le permettait l'époque, toutes leurs publications portèrent un caractère réactionnaire et éminemment hostile à la révolution. En 1802 parut en quatre volumes in-8° une *Biographie moderne*, dont la police fit saisir tous les exemplaires sur lesquels elle put mettre la main. Cet ouvrage contenait en germe la *Biographie universelle* en 85 volumes, que les frères Michaud commencèrent en 1811. Parmi les publications les plus importantes qui soient sorties de leur maison, nous citerons encore les œuvres de Delille.

A la restauration, les récompenses plurent sur Michaud. Il fut nommé censeur général des journaux, lecteur du roi, officier de la Légion d'Honneur ; et tout aussitôt il fit reparaître sa *Quotidienne*, déjà deux fois proscrite. Force lui fut encore d'en interrompre la publication à l'époque des cent jours, où il suivit Louis XVIII à Gand. À son retour, il publia un violent pamphlet contre Napoléon, *Histoire de quinze semaines, ou le dernier règne de Buonaparte*, qui eut vingt-sept éditions de suite, mais dont l'histoire tirera peu de profit, car la rapidité avec laquelle il le composa lui fit omettre d'y placer une seule date. Pendant toute la seconde restauration, Michaud resta directeur de *La Quotidienne*, position qui avait fini par faire de lui une véritable puissance politique, car ce journal était l'organe de l'extrême droite. L'opposition qu'il fit au ministère Villèle, et surtout la part qu'il prit, en 1827, à la délibération de l'Académie Française contre le fameux projet de loi *de justice et d'amour* de Peyronnet, lui fit perdre jusqu'au titre de lecteur du roi, qui lui fut cependant rendu à l'arrivée de Martignac aux affaires. A partir de 1830 Michaud, vieilli longtemps avant l'âge et désabusé des illusions de la vie, ne prit plus qu'une faible part aux intrigues de son parti, et demanda aux lettres une consolation pour ses espérances à jamais perdues. Il entreprit alors avec son jeune ami M. Poujoulat un voyage en Orient, dont la *Correspondance d'Orient* (7 vol., 1838) fut le fruit. Il y avait longtemps qu'il vivait isolé du monde, dans une studieuse retraite à Passy, où il ne soutenait en quelque sorte qu'à force de café, lorsqu'il mourut, le 30 septembre 1839. On a encore de lui : *Origine poétique des mines d'or et d'argent*, conte oriental ; *Déclaration des Droits de l'Homme*, poème ; l'*Enlèvement de Proserpine*, poème imité de Claudien ; *Bibliothèque des Croisades*, ouvrage qui termine et complète l'*Histoire des Croisades*, et où l'on trouve l'indication des sources auxquelles il a puisé, ainsi qu'un grand nombre de fragments qu'il n'avait pu faire entrer dans son travail. On lui doit aussi la publication de la première partie de la *Correspondance littéraire* de Grimm, et il a attaché son nom à une collection compacte de *Mémoires pour servir à l'histoire de France*.

MICHAULT ou **MICHAU** (Code). *Voyez* CODE et MARILLAC.

MICHÉE, l'un des douze petits prophètes de l'Ancien Testament, était originaire de la ville de Morescheth-Gath, dans la tribu de Juda, et prophétisa de l'an 740 à l'an 720, sous les rois Achaz et Ézéchias. Son livre, qui se trouve dans le Canon, contient trois discours de réprimandes adressés aux tribus d'Israel et de Juda, où il s'élève avec un remarquable talent de style contre l'idolâtrie et la corruption des mœurs, où il fait de menaçantes allusions à la catastrophe qui approche, mais où il annonce aussi un avenir meilleur.

Michée est aussi le nom d'un Israélite qui vivait à l'époque des Juges, et qui décida les habitants du pays de Dan à instituer un culte particulier de Jéhovah.

MICHEL (L'archange saint), dont le nom signifie *qui est semblable à Dieu*, occupe avec l'archange Gabriel une grande place dans les légendes, les livres saints, les écrits des Pères de l'Église et les poèmes religieux de toutes les nations. Les poètes, les statuaires, les peintres de toutes les époques de l'ère chrétienne, personnifient en lui le bon ange, luttant avec le mauvais, qu'il foule aux pieds : c'est le type d'une mâle et noble surhumaine. Sa tête est nue ou couverte d'un casque étincelant ; sa main est armée d'une épée ou d'une lance d'or. On cite plusieurs de ses apparitions. On lit dans l'Épître de l'apôtre saint Jude qu'il combattit avec le démon pour le corps de Moïse, qu'il voulait transférer dans un lieu inconnu, de crainte que les Israélites, témoins de ses nombreux miracles, ne fussent portés à l'adorer. Le prophète Daniel le signale comme le protecteur du peuple juif ; d'autres ont prétendu qu'il représentait Dieu le Père dans le buisson ardent sur le mont Sinaï. Drepanius Florus, poëte chrétien, raconte qu'il apparut à Rome. Il se serait montré aussi dans le plus grand éclat au mont Gargan à la fin du cinquième siècle, sous le pontificat de Gélase Ier. Monstrelet raconte que lors de la déroute des Anglais devant Orléans, on le vit combattant pour les Français. Charles VII l'avait en grande vénération : il ordonna que son image encore sur la bannière royale, « comme estant le gardien et l'ange tutélaire de la France ». Louis XI, son fils, qui affectait d'abaisser tout ce que son père avait élevé, l'imita dans sa dévotion au benoît *monseigneur saint Michel* : il le proclama le protecteur de la France, et fonda en son honneur l'ordre de Saint-Michel. Déjà, plusieurs siècles avant ces deux rois, saint Michel avait été adopté pour patron par plusieurs églises. Dès le neuvième siècle, sur l'aride rocher qui porte encore son nom, le monastère appelé originairement *Saint-Michel du premier marais*, lequel a reçu de nos jours une autre destination et une triste célébrité, avait été inauguré sous son vocable. Un grand nombre d'églises en France lui sont consacrées, et pourtant son patronage est fort déchu depuis le jour où Louis XIII a placé son royaume sous la protection de la vierge Marie, mère de Dieu. Du temps où les anciennes corporations d'industriels s'associaient et avaient chacune leur confrérie, leur patron, saint Michel était celui des *pâtissiers*. Les ouvriers commençaient leurs veillées le 29 septembre, fête du saint.

DUFEY (de l'Yonne).

MICHEL (Ordre de SAINT-). Ce fut à Amboise, le 1er août 1469, que Louis XI institua cet ordre. Les chevaliers gentilshommes, au nombre de trente-six, dont le roi était le chef et le grand-maître, portaient un collier d'or à coquilles lacées d'argent, posées sur une chainette d'or, d'où pendait une médaille représentant l'archange saint Michel avec cette devise : *Immensi tremor Oceani*. Trois crimes : l'hérésie, la trahison, la lâcheté, pouvaient entraîner la dégradation. Indépendamment des trente-six membres, l'ordre comptait un chancelier revêtu d'une dignité ecclésiastique, un greffier, un trésorier, un héraut. A ces quatre officiers Louis XI adjoignit, sept ans après, un prévôt maître des cérémonies. Avili par Henri II et son successeur, cet ordre reprit son éclat sous Henri III, qui le joignit à celui du Saint-Esprit. C'est pourquoi les chevaliers de ce dernier ordre prenaient l'ordre de Saint-Michel la veille de leur réception, et en portaient le collier autour de leur écusson. Des gens de lettres, de robe, de finance, des artistes célèbres, furent bientôt aussi décorés de l'ordre réservé jadis à la première fleur de la noblesse. Ces chevaliers de nouvelle fabrique portaient la croix de Saint-Michel suspendue à un cordon de soie noire moirée. Louis XIV avait déjà porté le nombre des chevaliers à cent. Sous Louis XVIII et Charles X l'ordre de Saint-Michel était un des six ordres royaux reconnus en France.

Il y avait en Portugal un ordre militaire de l'Aile de saint Michel, fondé en 1171, par Alphonse Henriques, seigneur bourguignon, roi de Portugal, en mémoire d'une grande victoire remportée sur les infidèles. On a dit que dans cette bataille l'archange apparut combattant pour les Portugais. Les chevaliers portaient un manteau blanc orné d'une croix rouge en forme d'épée, et pour devise celle de l'ordre de Saint-Jacques : *Quis ut Deus ?* Ils avaient pour enseigne une aile déployée couleur de pourpre, environnée de rayons d'or.

MICHEL. On compte huit empereurs d'Orient de ce nom.

MICHEL 1ᵉʳ RANGABÉ, dit *Curopalate*, du nom de la charge de grand-maître du palais impérial, qu'il exerça longtemps, gendre de l'empereur Nicéphore, fut appelé à l'empire à la mort de ce prince, en 811. Il avait d'abord refusé le trône ; mais averti que Stauruce, fils de Nicéphore, avait résolu de lui faire crever les yeux, il accepta le pouvoir suprême, et le premier acte de son autorité fut de faire raser Stauruce et de le confiner dans un cloître. Il se montra zélé catholique, réprima les excès des iconoclastes, et fit de sages lois pour l'administration intérieure des provinces de l'empire. Il songea aussi à contracter une alliance avec Charlemagne. Assez heureux pour repousser les Sarrasins, il échoua contre les Bulgares, qui, sous les ordres de Crume, leur roi, s'emparèrent de Mésembrie. Léon l'Arménien, qui commandait les troupes grecques, profita de ce désastre pour renverser Michel. L'empereur déchu, sans avoir cherché à défendre sa couronne, se retira avec sa femme et ses enfants dans un cloître, en 813, et embrassa l'état monastique. Il mourut en 845. L'impératrice Procopia et les princesses ses filles furent épargnées par Léon, qui pourvut à leur entretien par une forte pension ; mais il fit mutiler Théophilacte, fils aîné de Michel, pour le mettre hors d'état de monter sur le trône. Nicétas, le second fils de Michel Rangabé, devint plus tard, sous le nom d'Ignace, patriarche de Constantinople.

MICHEL II, dit *le Bègue*, né de parents pauvres, à Amorium, dans la haute Phrygie, et élevé dans l'hérésie des *attingants*, se fit soldat, et devint bientôt le favori de l'empereur Léon, qui le créa patrice. Accusé d'avoir conspiré contre son bienfaiteur, il avait été condamné à être brûlé en sa présence, la veille de Noël. Sur les instances de l'impératrice Théodosia, son exécution fut suspendue, à cause de la fête, et la nuit suivante Léon tombait sous les coups de ses complices. Michel, encore chargé de chaînes, fut tiré de son cachot, salué empereur et couronné. A peine monté sur le trône, il apprend qu'un prétendu fils d'Irène, nommé Thomas, s'était fait couronner à Antioche et marchait sur Constantinople ; Michel appelle les Bulgares à son aide, court à la rencontre de son rival, met son armée en déroute, et se saisit de sa personne ; le malheureux Thomas eut les bras et les jambes coupés ; on le promena dans cet état sur un âne, et on termina ses jours par le supplice du pal. Grossier, cruel, ignorant et débauché, Michel tira du couvent Euphrosine, fille de Constantin, pour l'épouser publiquement, et voulut forcer les catholiques à adopter les rites des juifs. Euphémius, qui commandait l'armée impériale en Sicile, avait aussi, à l'exemple de l'empereur, épousé une religieuse qu'il aimait. Informé que l'empereur avait donné l'ordre de lui couper le nez et de le tuer ensuite, il appela dans l'île les Sarrasins, qui se rendirent maîtres de tout le pays, Syracuse et Termini exceptées. Les Dalmates s'insurgèrent. Michel, abruti par les débauches, ne fit aucun mouvement pour réprimer ces révoltes, et une maladie aiguë vint délivrer l'empire de son tyran, en 829.

MICHEL III, dit *le Buveur* et *l'Ivrogne*, petit-fils de Michel II. Il fut salué empereur, en 842, à l'âge de trois ans, sous la régence de l'impératrice Théodora sa mère, qui donna tous ses soins à faire cesser les désordres du règne précédent. Bardas, frère de Théodora, aspirait à gouverner seul ; il détermina le jeune empereur à révoquer la régente et à la faire enfermer dans un monastère avec les princesses ses filles. Ignace, patriarche de Constantinople, refusa d'exécuter cet ordre : il fut chassé de son siége et remplacé par Photius, qui bientôt après se vit excommunié par le pape. Telle fut l'origine du schisme des églises grecque et latine. Michel III, abandonné à lui-même, ne mit plus de frein à ses passions. Il n'avait que vingt-et-un ans, et il scandalisait déjà tout l'empire par l'impiété la plus effrénée et la plus dégoûtante immoralité. Les empereurs avaient fait bâtir de distance en distance de grandes tours pour faire des signaux lorsque les ennemis pénétraient dans l'empire. Une de ces alarmes ayant troublé une course de chevaux, Michel fit abattre toutes ces tours. Il avait élevé à la dignité de César son oncle Bardas, dont l'exemple et les conseils l'avaient rendu ingrat envers sa mère et odieux à ses sujets. Bardas reçut le prix de ses méfaits : des courtisans aussi vicieux que lui, mais jaloux de son pouvoir, le rendirent suspect à Michel, et Bardas cessa de vivre. Michel associa à l'empire Basile le Macédonien. Le nouveau favori, craignant le sort de Bardas, fit assassiner Michel au milieu d'une orgie, le 24 septembre 867.

MICHEL IV, dit *Paphlagonien*, du nom de son pays, né de parents obscurs, fut élevé à l'empire en 1034. L'impératrice Zoé, éprise de lui, avait fait assassiner Romain-Argyre, son mari, et donné sa main et la couronne impériale à son amant. A peine reconnu par les provinces et par l'armée, Michel fut attaqué d'épilepsie. Incapable de gouverner lui-même, il partagea l'autorité impériale entre ses deux frères, l'eunuque Jean, et Constantin, qui eut le commandement des armées et se montra aussi habile que brave. Michel, sentant sa fin prochaine, désigna pour son successeur son neveu Calafate : il avait déterminé l'impératrice Zoé à l'adopter. Il se retira ensuite dans un monastère, où il mourut, en 1041.

MICHEL V, dit *Calafate*, nom qui lui vint du métier de calfateur de vaisseau, prit la place de son père, fut couronné empereur le jour même que mourut son oncle Michel IV. Le premier acte de son avénement au pouvoir suprême fut un crime : il devait son élévation à l'adoption de l'impératrice Zoé ; il la fit raser et jeter dans un couvent, et bientôt après ordonna son exil. Zoé avait conservé pendant sa captivité même de puissants partisans. Elle se plaignit, et la capitale se souleva contre le nouvel empereur ; il fut saisi. On lui creva les yeux, et il finit ses jours dans un monastère. Zoé avait repris le pouvoir impérial, qu'elle partagea avec sa sœur Théodora. Michel V n'avait régné que quatre mois et cinq jours.

MICHEL VI mérita le surnom de *Stratiotique* ou *le Guerrier*, par ses talents militaires et sa bravoure. On le surnomma aussi *le Vieillard*, parce qu'il était déjà d'un âge avancé quand il fut adopté par l'impératrice Théodora, en 1056. Mais, après un court règne d'un an et quelques jours, il fut forcé de céder le trône à Isaac Comnène, et alla finir ses jours dans un monastère.

MICHEL VII, surnommé *Parapinace*, accapareur de blé, fils de Constantin Ducas et d'Eudoxie, succéda à Romain IV, en 1071. Eudoxie, devenue veuve, s'était remariée à Romain Diogène ; elle l'avait fait proclamer empereur, mais il ne fit que paraître sur le trône. Il fut fait prisonnier par les Turcs, et Michel VII remonta sur le trône ; mais, détrôné à son tour par Nicéphore Botoniate, il fut confiné dans un monastère, en 1078 : il en sortit pour être archevêque d'Éphèse. Prince faible, sans énergie, et même sans ambition, il descendit deux fois du trône impérial avec la même indifférence qu'il y était monté.

MICHEL VIII. *Voyez* PALÉOLOGUE.

MICHEL, roi de Pologne, né en 1638, était fils de Jérémie Wiesnowiecki, voïvode de Reussen, vieux guerrier qui descendait des Jagellons et, par sa mère, arrière-petit-fils de Jean Z a m o ï s k i. Par suite des guerres malheureuses entre la Pologne et la Russie, son père avait perdu ses immenses possessions en Ukraine, confisquées par le czar ; aussi Michel se trouvait-il réduit à une misère extrême lorsqu'en 1669, après l'abdication de Jean Casimir, il fut tout à coup proclamé roi de Pologne par la petite noblesse, jalouse de faire en cela acte de toute-puissance à l'égard des magnats. A la nouvelle de son élection, il s'écria, en versant des larmes : « Éloignez de moi ce calice ! » et s'enfuit du lieu d'élection ; mais rejoint bientôt par ses partisans, force lui fut de se conformer à la volonté nationale. Il épousa ensuite Éléonore, sœur de l'empereur Léopold. Pendant son règne, la Pologne en arriva rapidement aux bords de l'abîme, car il n'avait aucun des talents nécessaires dans une semblable position. Il ne sut pas plus résister à la noblesse, prévenue contre lui, qu'aux ennemis extérieurs. Le sultan Mahomet IV le força, par une irruption en Pologne, à lui céder l'Ukraine et la Podolie, ainsi qu'à lui payer tribut. Jean Sobieski, son adversaire et son successeur, venait de remporter sur les Turcs la grande victoire de Choczim, quand Michel mourut, le 10 novembre 1673, à Lemberg, méprisé par le plus grand nombre de ses sujets.

MICHEL (JEAN), né à Angers, premier médecin de Charles VIII, roi de France et conseiller au parlement. On a de lui différents *mystères* qui eurent une grande vogue, surtout sa tragédie de *La Passion*, représentée à Angers, le 20 août 1531, *moult triomphamment et somptueusement*. Jean Michel mourut vers 1495. Il est un des ancêtres maternels du fameux père J o s e p h, capucin, l'un des principaux agents du cardinal Richelieu. DUFEY (de l'Yonne).

MICHEL (de Bourges), naquit à Aix, en 1798. Son père fut assassiné par une bande de royalistes, en 1799. Le jeune Michel fut élevé au collège de sa ville natale ; ses succès y furent des plus brillants. Quand les verdets ensanglantèrent le midi, en 1815, le jeune Michel alla faire le coup de fusil contre eux ; il s'engagea ensuite comme simple soldat, afin de ne pas éveiller sur lui l'attention de ceux qu'il avait combattus ; c'est sous l'épaulette de laine qu'il préluda aux succès d'éloquence judiciaire qu'il devait remporter plus tard sous la robe d'avocat. Un militaire de son corps ayant été traduit devant un conseil de guerre, le jeune Michel accepta la mission de le défendre, et il sut si bien impressionner, attendrir, entraîner les juges et l'auditoire que son camarade fut acquitté. Michel reçut alors de ses compagnons d'armes une ovation triomphale.

Le jeune soldat ne tarda pas à se faire remplacer ; il vint à Paris, et s'y livra aux études les plus sérieuses ; il a fréquenta Buonarotti, l'ancien ami de Babeuf, autour duquel se groupaient alors respectueusement tous les jeunes adeptes de la démocratie future. Michel avait alors vingt-trois ans ; il était impressionnable, ardent, impétueux ; il se lança avec résolution au milieu des sentinelles avancées du libéralisme, et fit ses preuves dans leurs rangs ; lors de la mort de l'étudiant Lallemand, tué dans une émeute, Michel accomplit la périlleuse tâche de prononcer l'oraison funèbre de cette victime de la force brutale ; il fut pour ce fait puni universitairement par la privation de plusieurs de ses inscriptions.

Après avoir terminé son droit, il alla se fixer à Bourges, en 1826, y publia en 1827 des *Observations sur le code militaire du 12 mai 1793*, et y fonda un journal écrit dans les opinions les plus libérales, la *Revue du Cher*. La *Revue du Cher* fut poursuivie ; Michel se déclara l'auteur des articles incriminés, fut traduit devant les juges correctionnels, se défendit avec chaleur, avec conviction, et fut acquitté. En juillet 1830 Michel, toujours dans la ville dont le nom depuis lors est resté ajouté au sien, s'unit à quelques amis pour intimer au général Canuel, commandant la division de Bourges, l'injonction d'avoir à ne point bouger ; puis, après avoir ressuscité la *Revue du Cher*, il vint faire sa première apparition au barreau de la capitale, dans le procès des dix-sept (G. Cavaignac, Guinard, Trélat, etc.), où il défendit l'accusé Danton ; il plaida ensuite souvent dans les nombreux procès politiques que la cour d'assises de Paris avait à juger, et fut suspendu pour six mois dans celui de la *Société des Droits de l'Homme*. Quand la cour des pairs eut à juger le procès des accusés d'a v r i l 1834, Michel fut du nombre des défenseurs que la démocratie avait convoqués ; il accepta la responsabilité de la lettre des défenseurs déférée, comme outrage, à la cour des pairs ; et après s'être admirablement défendu, avec une vigueur, une rudesse de langage, de gestes, une dialectique serrée, qui lui firent dès ce jour une immense réputation d'orateur, il fut condamné à un mois de prison.

Toujours sur la brèche, payant au besoin de sa personne, car on le vit à Bourges échanger à dix pas deux balles avec le rédacteur du journal du gouvernement, Michel (de Bourges) était un de ces hommes dont un parti cherche à se faire une tête de colonne ; sa position de fortune lui permettait d'aspirer à la députation : après avoir échoué une première fois dans le Cher, où son adversaire ne l'emporta que de trois voix sur lui, Michel fut élu en 1837 par le collège électoral de Niort (Deux-Sèvres). Il s'effaça à peu près complètement à la chambre des députés, où il parla plus en avocat qu'en homme d'État, dans une question de propriété, à propos de l'exploitation des mines. Rentré à la législature suivante dans la vie privée, Michel fut peu à peu oublié dans le monde politique ; il ne s'occupait guère en effet que de l'exercice de sa profession, de faire valoir sa fortune, ce à quoi quelques-uns lui ont reproché de mettre une certaine âpreté, et enfin il finit même par plaider à Nevers pour un fonctionnaire poursuivant civilement des réparations contre la presse, en vertu de la jurisprudence Bourdeau. Son adversaire, un ex-journaliste ministériel, faisant sans de l'opposition avancée, et rentré depuis au berceau ministériel, ayant hautement manifesté son étonnement de la mission qu'avait acceptée Michel, celui-ci s'écria : « J'ai quitté la démocratie depuis que j'ai vu venir dans ses rangs des démagogues tels que vous. »

Cela se passait un peu avant la révolution de 1848 : Michel ne fut rien au moment de cette révolution. Cependant, ses vieux instincts révolutionnaires s'étaient réveillés. Il fut élu à l'Assemblée législative dans deux départements, vint siéger à la montagne, s'en sépara ensuite d'elle, en l'accusant de mollesse, pour créer une nouvelle montagne de vingt et quelques membres, dont il fut le chef, et qui n'eut guère plus d'initiative que l'ancienne, se vit sous le coup d'une menace de poursuites pour un discours prononcé dans une *réunion électorale*, et termina sa carrière parlementaire par la discussion de la fameuse proposition des Questeurs : « Vous avez peur de Napoléon Bonaparte, dit-il alors, et vous voulez vous sauver par l'armée ! L'armée est à nous, et je vous défie, ajoutait-il en se tournant vers la droite, si le pouvoir militaire tombait dans vos mains, de faire un choix qui fasse qu'aucun soldat vienne ici pour vous contre le peuple. » Michel (de Bourges) entraîna ainsi la grande majorité de la gauche à voter contre la proposition des questeurs. Peu de jours après, le coup d'État réussissait. Michel (de Bourges) ne fut pas au nombre des proscrits ; mais il ne survécut que dix-huit mois au 2 décembre; malade depuis longtemps, il alla s'éteindre à Montpellier, le 16 mars 1853.

MICHEL (Affaire). Pendant plus d'un demi-siècle l'écho de cette ténébreuse affaire a retenti, à des intervalles plus ou moins éloignés, dans le public, et deux générations ont successivement hérité de ses mystérieuses incertitudes. Le terrible événement qui les a provoquées est un de ces odieux forfaits auxquels pousse trop souvent la soif de l'or, et qui malheureusement échappent quelquefois à la vindicte de la justice humaine, comme pour permettre au crime d'espérer qu'il n'y a pas non plus de justice là haut.

Dans la nuit du 20 avril 1796, c'était en plein Directoire, un riche financier et agioteur appelé Dupetit-Val, propriétaire d'un hôtel magnifique sur le quai Voltaire et de la terre ci-devant seigneuriale de Vitry près Paris, d'un rapport annuel de plus de 50,000 francs et achetée plus tard par le préfet de police Dubois, dans la famille duquel elle est demeurée depuis lors, périssait égorgé dans cette dernière propriété au milieu de son sommeil. Sa belle-mère, deux sœurs et cinq domestiques, en tout neuf personnes, avaient le même sort que lui, et étaient assassinées aussi dans leur lit. Ce fut une véritable immolation, à laquelle échappa seul, sans doute par hasard, un pauvre enfant âgé de sept à huit ans. Aucun vol apparent n'avait été commis par les assassins, qui nécessairement devaient parfaitement connaître la distribution intérieure de cette habitation aristocratique, située au milieu d'un vaste parc, et qui, suivant toute apparence, n'avaient sacrifié tant de victimes à la fois que pour s'assurer de la sorte les moyens de se livrer à certaines investigations longues et secrètes sans crainte d'être troublés ni dérangés par quelque témoin importun qu'eussent pu faire survenir soit l'audition d'un bruit sinistre, soit la vue d'une lumière inaccoutumée, indices évidents qu'il se passait là à ce moment quelque chose d'extraordinaire. Leurs mesures avaient d'ailleurs été si bien prises, que ce ne fut qu'assez tard dans la matinée du lendemain qu'on eut connaissance de cette horrible boucherie humaine. L'impression qu'en produisit la nouvelle sur la population de Paris fut des plus vives; toutefois, il régnait alors si peu de sécurité dans les relations sociales, et le gouvernement faible et corrompu auquel obéissait en ce moment la France, impuissant à réprimer aussi bien les exploits des compagnons de Jéhu dans les départements du midi, que les atrocités commises dans l'est, et jusqu'aux portes même de Paris, par les chauffeurs, avait si bien accoutumé le pays à recevoir chaque matin la nouvelle de quelque odieux crime commis soit contre les propriétés, soit contre les personnes, qu'il ne fut bientôt plus autrement question de l'assassinat de Vitry. Peu de jours auparavant, l'assassinat du courrier de Lyon, auquel se rattache la malheureuse affaire Lesurque, avait également mis tout Paris en émoi; puis, le premier moment de saisissement passé, Paris s'était remis à danser de plus belle sans beaucoup se soucier de savoir quels pouvaient être les acteurs de l'horrible drame dont le château de Vitry venait d'être le théâtre.

Les procès-verbaux dressés par l'autorité judiciaire constatèrent qu'il n'avait été volé dans le château de Vitry ni meubles, ni pièces d'argenterie, ni autres effets de prix. Quelques semaines après, un secrétaire ou homme de confiance employé par Dupetit-Val, et nommé Courtois, était assassiné à Paris, rue de la Victoire. Ce crime devait évidemment se rattacher à l'assassinat de Vitry et n'avoir été commis que dans le but de se défaire d'un homme au fait des affaires du sieur Dupetit-Val, et pouvant donner à la justice des renseignements capables de la mettre sur la voie de la découverte des coupables. Les efforts des magistrats pour y parvenir demeurèrent pourtant inutiles.

Déjà plus de trois mois s'étaient écoulés depuis le mystérieux assassinat de Vitry, quand on apprit qu'un sieur Rivière, commis aux écritures chez les frères Michel, riches banquiers et agioteurs de l'époque, venait d'être assassiné rue Verdelet, à Paris. La coïncidence existant entre les deux derniers crimes prêta une grande force aux sourdes rumeurs qui circulaient déjà depuis quelque temps, et suivant lesquelles l'assassinat de Vitry devait être le fait d'hommes qui avaient eu en vue de détruire les preuves de quelque dette importante par eux contractée à l'égard de Dupetit-Val. Or le bruit public, souvent si trompeur et qui toujours va si vite en pareilles matières, signalait les frères Michel comme les seuls individus qui pussent avoir eu alors intérêt à se débarrasser d'un débiteur importun.

En présence de ces rumeurs, la justice, mise en quelque sorte en demeure par l'assassinat du sieur Rivière, devait nécessairement intervenir; aussi une note insérée au *Moniteur* du 14 messidor an IV (4 juillet 1796) annonça-t-elle l'arrestation des frères Michel sous la prévention d'avoir fait assassiner, rue Verdelet, le sieur Rivière, leur ancien homme de confiance, pour empêcher qu'il ne révélât des opérations importantes à leur commerce et à leur crédit. Mais quelque temps après le même journal constatait en ces termes l'élargissement des deux détenus : « Les frères Michel, de la rue d'Antin, prévenus de complicité dans l'assassinat de Rivière, leur commis, ont été acquittés. » La justice humaine avait souverainement prononcé : les frères Michel étaient déclarés innocents du meurtre dont Rivière avait été victime. Quant à l'assassinat de Vitry et à celui du sieur Courtois, toutes les investigations faites par l'autorité judiciaire pour jeter quelque lumière sur cet épouvantable drame restèrent infructueuses; et pas un individu ne put être arrêté sous prévention de complicité dans ces dix assassinats. Les frères Michel se trouvèrent donc libres de continuer leurs gigantesques opérations commerciales et d'entasser millions sur millions, mais sans jamais pouvoir parvenir à la considération. Ils étaient au nombre des rois de la finance, et ce furent leurs courtisans les plus empressés qui se vengeaient de leur abjection en répétant tout bas à qui les voulait entendre, que ces millions, objet des adulations et de l'envie du vulgaire, n'avaient d'autre origine qu'un grand crime au sujet duquel les frères Michel avaient réussi à détourner les soupçons de la justice pendant le temps nécessaire pour que la prescription fût acquise aux coupables. L'aîné était absent de Paris au moment où s'était passé le drame de Vitry, et en admettant même la culpabilité du son cadet, il ne pouvait par conséquent être accusé tout au plus que de non-révélation; mais l'opinion se vengeait cruellement des incertitudes où on l'avait laissée, en ajoutant hardiment en toute occasion l'épithète d'*assassin* au nom du plus jeune de ces fort peu intéressants millionnaires.

Un fait assurément bien étrange, et de nature d'ailleurs à ajouter encore à l'obscurité de cet horrible mystère, c'est que vers 1816 on s'aperçut un beau jour, au greffe criminel de la cour royale de Paris, de la disparition du dossier relatif à l'assassinat de Vitry, sans qu'il fût possible de déterminer l'époque où avait eu lieu ce vol bizarre, commis évidemment à l'instigation d'individus intéressés à détruire toutes traces d'un crime qui bientôt n'allait plus être justiciable que de la justice divine.

En 1830 la fortune des frères Michel était évaluée à trente ou quarante millions. L'union la plus intime n'avait pas un seul moment cessé d'exister entre eux, et jamais ils n'avaient songé à se marier. L'aîné avait de bonne heure été frappé de cruelles infirmités, et il lui avait fallu à trois reprises subir l'opération de la cataracte. S'il attachait tant de prix à conserver la vue, n'allez pas croire que ce fût pour jouir de la pure lumière du soleil! non, c'était uniquement pour pouvoir regarder ses chers millions ! C'est ainsi qu'en 1832, persistant toujours à faire des affaires, et partant des dupes, il avait feint une grave maladie afin de pouvoir vendre plus avantageusement en viager sa magnifique terre d'Azay-le-Rideau, située en Touraine. Le prix en était fixé à 180,000 fr. de rente viagère, et payable à raison d'un billet de 500 fr. par jour que le moribond millionnaire devait trouver régulièrement sous sa serviette, en se mettant à table pour déjeûner. Le contrat une fois signé, notre homme se porta mieux qu'il ne s'était jamais porté depuis vingt ans. C'était vraisemblablement de joie d'avoir pu surfaire son acquéreur. C'est Sixte-Quint jetant ses béquilles au diable, une fois qu'il est élu pape!

Michel aîné mourut enfin, au commencement de mars 1838, instituant son frère pour légataire universel, et laissant quelques menus legs, d'une importance relativement minime, à divers parents et amis. Au nombre de ces derniers figurait le premier président de la cour royale de Paris, le baron Seguier, à qui il léguait son argenterie, évaluée à 19,500 fr. ; legs que le premier président n'accepta qu'à la condition de l'employer tout entier à des œuvres de charité. En 1852 Michel jeune (celui au nom duquel on attachait toujours dans le public la terrible épithète que vous savez) mourait à son tour, léguant son immense fortune au fils qu'il avait eu d'une femme Lejeune, déjà engagée dans les liens du mariage, et qu'il avait prise pour domestique ; enfant de naissance adultérine par conséquent, qu'il ne pouvait dès lors ni reconnaître ni adopter. Les héritiers du sang des frères Michel se trouvaient: ainsi complétement dépouillés d'une fortune dont on pourra évaluer l'importance, en apprenant que les droits de succession perçus par le fisc s'élevèrent à plus de 1,500,000 francs; mais les tuteurs du légataire universel, pour éviter tout procès, transigèrent et les indemnisèrent moyennant une somme de 100,000 francs comptée à chacun d'eux.

Il n'eût plus donc été question des frères Michel et de l'origine véhémentement suspecte de leur fortune, pas plus que de l'heureux bâtard qui en héritait, sans un nouveau scandale judiciaire qui se produisait dès l'année d'après. A peine échappé du collége, l'héritier de tant de millions, âgé de dix-huit ans seulement, et assez pauvrement partagé du côté de l'intelligence, était condamné en police correctionnelle *à trois mois d'emprisonnement* pour escroquerie, sur une plainte déposée par un marchand de meubles, dont le conseil de famille du mineur avait refusé de payer le mémoire, sous prétexte que les fournitures faites avaient servi à meubler une fille entretenue. Trois ans plus tard, le tribunal de première instance de la Seine consacrait encore plusieurs de ses séances à l'audition d'un procès intenté par quelques héritiers du sang des frères Michel, prétendant revenir sur la transaction de 1852, en vertu d'un codicille retrouvé après dix-sept ans, et par lequel Michel aîné annulait le testament qu'il avait fait en 1832 en faveur de son frère cadet, en même temps qu'il léguait *aux pauvres et à l'église de Vitry* une somme de 80,000 francs. Les premiers avocats du barreau de Paris figurèrent dans ce procès, où il n'allait pas moins que de rogner de 15 à 18 millions la fortune du bâtard Michel-Lejeune. Le tribunal, conformément aux conclusions du ministère public, n'admit point la validité de la réclamation des héritiers Michel, non plus que l'authenticité du codicille si tardivement produit; et ils ne furent pas plus heureux à l'occasion de l'appel de cette décision qu'ils portèrent en cour impériale. Voici en quels termes l'éloquent organe du ministère public, tout en déniant l'authenticité du codicille, s'exprimait en première instance au sujet des frères Michel :

« A la fin du siècle dernier, deux hommes, deux frères, se rencontrèrent au milieu d'une société qui se relevait bien lentement de ses ruines; c'étaient les deux Michel. Ils étaient jeunes alors, vigoureux, intelligents, doués d'une puissante énergie, car il faut une prodigieuse dépense de force pour poursuivre toute la vie le même but et n'en dévier jamais.

« Et Dieu se pencha à leur oreille, comme il le fait pour tous ceux auxquels il donne l'intelligence, et leur dit en départir une mission, et il leur dit : « Quelle sera votre œuvre humaine? quel fardeau voulez-vous porter? Voulez-vous l'or, la puissance, les rêves de l'ambition, les joies intimes de la famille, le pouvoir de faire le bien, la reconnaissance des autres, les bénédictions du pauvre? » Et ils répondirent : « De l'or, encore de l'or, toujours de l'or. Qu'importent les autres biens? L'or, c'est le bien; c'est Dieu; c'est tout. »

« Il fut fait comme ils l'avaient voulu. Leur gigantesque projet réussit; le rêve fut accompli. Leur capital social était de 1 million 800,000 fr. Six ans après la société se liquidait, et son actif était de 17 millions. Et les 17 millions devinrent sous la Restauration 24 millions, et les 24 millions se multiplièrent. Fiers et indomptables dans la poursuite du but, les Michel ne s'arrêtaient jamais.

« Les 17 millions n'ont cru ni à l'âme, ni au dévouement, ni au sacrifice; ils n'ont cru qu'à l'or, et il a été stérile pour créer après eux quelque chose. C'est là la justice de Dieu.

« J'ajouterai que les millions n'avaient été féconds et puissants que pour déshonorer leur mémoire. A chaque pierre qu'ils apportaient à l'édifice de leur orgueil, une malédiction s'élevait pour les poursuivre. Au premier soleil de leur prospérité, l'affreux drame de Vitry-sur-Seine éclate, et l'opinion les désigne à tort, j'aime à le croire....

« Les 17 millions sont devenus 24 millions, et Reynier, le faussaire, se lève en cour d'assises pour renouveler contre eux cette sanglante accusation. Leur fortune grandit toujours, et la foule leur inflige des surnoms que je ne répéterai pas. Après leur mort, leur succession gagne encore ses procès, et à chaque débat une malédiction éclate ou un soupçon se formule. Chose étrange! les plaideurs ordinaires sont habituellement disculpés par les jugements qu'ils obtiennent. Pour eux, la déconsidération grandit à chaque arrêt qui sauve leur héritage, et on pourrait dire à cette dernière phase de la lutte : Encore une victoire comme celle qu'ils gagneront aujourd'hui, et leur mémoire ira aux gémonies de l'opinion publique et de la postérité!

« Ah! je ne discute pas si ces soupçons, si ces outrages qui les poursuivent sont fondés ou non; je dis qu'ils sont la peine de leurs désirs exclusifs et de leur adoration sacrilége. Et plus tard, quand le souvenir de ces débats s'effacera à demi, quand les passions seront plus calmes, quand l'or entassé par ces hommes aura été par parcelles à des mains inconnues, celui qui lira leurs noms les trouvera encore éclairés d'une lueur sinistre, et le passant qui hantera du pied leurs sépulcres délaissés dira : « Leurs tombes sont donc sans souvenir pieux, leurs âmes sans prières, leurs mémoires sans honneur! » Ah! c'est qu'ils n'ont cru qu'à l'or, et jamais à l'âme. Ils n'ont eu dès lors que ce qu'ils ont cherché, ils n'ont obtenu que ce qu'ils ont désiré; ils n'ont récolté que ce qu'ils ont semé : c'était la loi. Laissons, laissons passer la justice de Dieu! »

MICHEL-ANGE BUONAROTTI, l'un des plus grands artistes de l'ère chrétienne, descendait de l'illustre famille des comtes de Canossa, et naquit en 1474, à Caprese ou à Chiusi. Son père, qui y remplissait les fonctions de podestat, ne consentit qu'avec peine à ce qu'il se livrât au goût qui l'entraînait irrésistiblement vers la culture des arts. Michel-Ange apprit d'abord la peinture dans l'atelier de Domenico Ghirlandajo, à cette époque le maître le plus distingué de l'école de Florence; mais cette branche de l'art ne suffisant pas à son activité, il se livra concurremment à l'étude de la sculpture et de l'architecture. Laurent de Médicis, qui prenait un intérêt tout particulier à ses travaux, le crut appelé surtout à devenir un sculpteur célèbre, et lui fit donner des leçons de cet art par Bertoldo, l'un des élèves de l'illustre Donatello. Un fait qui prouve tout ce qu'il y avait de sérieux dans la manière dont il envisageait l'art, c'est qu'il se livra pendant douze ans sans interruption à l'étude de l'anatomie; et il acquit ainsi pour la représentation du corps humain une sûreté de dessin inouïe à cette époque et bien rare dans tous les temps. Ses premières œuvres originales furent des sculptures : une délicieuse statue représentant un ange agenouillé devant le tombeau de saint Dominique, à Bologne, et les statues de Bacchus et de David, à Florence, ainsi que le magnifique groupe représentant une *Mater dolorosa* dans l'église Saint-Pierre, à

Rome. Il exécuta ensuite, vers 1504, le dessin d'un carton pour le compte du gouvernement florentin, et en concurrence avec Léonard de Vinci. Les deux artistes avaient choisi pour sujets des scènes de l'histoire de Florence; leurs cartons, qui eussent été d'une grande importance pour les générations postérieures, ont péri; et on ne connaît plus les compositions de Michel-Ange que par quelques anciennes gravures. Le groupe le plus célèbre est celui qui a été gravé sous le nom des *Grimpeurs* par Marc-Antoine et Agostino da Venezia; il représente des guerriers nus, que le signal du combat surprend au bain, et qui escaladent en toute hâte les rives escarpées de l'Arno.

Immédiatement après qu'il eut terminé ce morceau, Michel-Ange fut appelé à Rome par le pape Jules II, pour dessiner et exécuter le colossal monument funéraire que ce souverain pontife voulait se faire élever à lui-même dans Saint-Pierre de Rome. Cet ouvrage devait être orné d'un grand nombre de statues et de bas-reliefs; mais diverses circonstances survinrent, qui empêchèrent de donner suite à ce projet. Repris plus tard sur une échelle réduite, il fut interrompu de nouveau, puis enfin exécuté en 1545, mais dans des proportions encore bien moindres, dans l'église *San-Pietro ad vincula*, à Rome. La statue de Moïse est le plus bel ornement de ce monument. Ce fut Jules II lui-même qui fut cause du premier temps d'arrêt survenu dans l'exécution de ce monument funéraire, parce qu'il insista, malgré la résistance de l'artiste, pour qu'il ornât de peintures à fresque de sa propre main le vaste plafond de la chapelle Sixtine au Vatican. Michel-Ange entreprit ce travail avec répugnance, vers 1508 ; il l'acheva à lui seul dans le délai de quelques années, et il est resté le plus beau chef-d'œuvre qui soit sorti de ses mains. Il a pris pour sujet de ce plafond les principales époques de l'histoire de la genèse, les figures des prophètes et des sibylles, les prédécesseurs terrestres du Rédempteur, et une foule de figures symboliques et décoratives.

Le pape Léon X, de la maison de Médicis, qui succéda en 1513 à Jules II, commanda à Michel-Ange de nouvelles œuvres plastiques, notamment pour le monument funéraire du propre frère de Léon, *Giuliano dei Medici*, et pour son neveu *Lorenzo*, duc d'Urbin. Mais il y eut aussi une interruption dans l'exécution de ces travaux, qui ne furent terminés que sous le pontificat de Clément VII, pape sorti également de la maison de Médicis et qui régna de 1523 à 1527. Ces monuments se trouvent dans la sacristie de *San-Lorenzo*, à Florence; ils contiennent, outre les statues des deux princes de la maison de Médicis que nous venons de nommer, et dont celle de Lorenzo surtout est considérée comme un chef-d'œuvre de premier ordre, des sarcophages ornés de figures symboliques, le Matin et le Soir, la Nuit et le Jour. Il faut encore mentionner au nombre des anciennes œuvres architecturales de Michel-Ange la sacristie et le vestibule de la bibliothèque de cette même église de San-Lorenzo, qui furent exécutés en même temps que les œuvres de sculpture dont nous venons de parler. Plus tard encore Michel-Ange s'occupa aussi d'architecture à Rome, et ce fut sur ses dessins qu'on exécuta la cour du couvent de *Santa Maria degli Angeli* et le nouveau plan du Capitole. Il était déjà arrivé à la vieillesse quand il entreprit la seconde œuvre capitale de sa vie, en fait de peinture, le tableau à fresque de vingt mètres de haut représentant le *Jugement dernier*, et situé derrière le maître autel de la chapelle Sixtine. Il le termina de 1534 à 1541. C'est une puissante conception, où il s'est plutôt attaché à mettre en saillie les effets de la colère céleste que ceux de la mansuétude divine. Le Christ y figure complétement comme juge. Il règne un sentiment saisissant de terreur dans tous les groupes, dont les figures sont autant de chefs-d'œuvre. Comme à l'origine elles étaient toutes nues, Paul IV, obéissant à un ridicule sentiment de décence, voulait faire détruire cet admirable tableau; il fallut, comme moyen terme, que Daniel de Volterra couvrit de guenilles les nu-

dités les plus saillantes. Une copie remarquable du tableau de Michel-Ange, exécutée sous les yeux du maître lui-même par Venusti, orne aujourd'hui le musée Borboni à Naples. Il a été gravé par Ghisi, Metz et Longhi. C'est à peu près de la même époque que datent les deux autres tableaux à fresque de la main de Michel-Ange, mais de dimensions moindres, qu'on voit dans la chapelle Paolini au Vatican.

Le dernier grand travail de la vie de Michel-Ange fut, à partir de 1546, la construction de l'église Saint-Pierre de Rome. Il y avait déjà longtemps que sur l'emplacement de l'antique basilique du même nom on avait commencé la construction d'un édifice de proportions colossales; mais on n'avait encore fait que très-peu de chose jusqu'au moment où Michel-Ange fut chargé de la direction des travaux. En dépit des obstacles de toutes espèces qu'il eut à vaincre, il les poussa si avant qu'on put terminer tout de suite après sa mort, et d'après ses plans, la coupole grandiose qui couronne l'édifice. Si l'on s'en était tenu à son projet, l'église ne se serait composée que d'une croix grecque, avec de courtes ailes aux quatre côtés de la coupole. Plus tard on la défigura par un immense avant-vaisseau, qu'on ajouta encore à l'édifice, ainsi que par une façade de mauvais goût.

Michel-Ange mourut, vivement regretté de toute la population romaine, le 17 février 1563 (1564, suivant d'autres). Ses restes mortels furent transférés à Florence et déposés dans l'église de *Santa-Croce*, où un monument magnifique a été élevé à sa mémoire. Les œuvres de Michel-Ange portent l'empreinte d'un génie majestueusement sublime, qui a la conscience de sa force et qui n'obéit qu'à son inspiration. Timide encore dans les délicates productions de sa jeunesse, par exemple dans la figure d'ange qui orne le tombeau de saint Dominique, il ne tarde pas à prendre une expression plus mâle, et se manifeste enfin avec toute sa radieuse plénitude dans le tableau du plafond de la chapelle Sixtine. Le tableau du *Jugement dernier* nous présente au contraire le grand maître déjà obligé de recourir à l'emploi de moyens violents pour conserver sa supériorité; aussi l'effet produit par ce tableau, quelque admirable qu'il soit à tous égards, est-il au total un peu plus sombre. On a lieu de remarquer la même direction dans les œuvres architecturales de Michel-Ange; toutefois, l'essence de l'architecture a pour lui quelque chose de moins naturel, et son génie s'y livre à tous les entraînements de la fantaisie et du caprice.

Michel-Ange n'était pas seulement peintre, sculpteur et architecte; son nom brille encore parmi celui des poëtes. Ses œuvres poétiques témoignent également d'une direction de pensées sérieuses et élevées, mais avec une certaine tendance à une douce raillerie qui offre souvent le contraste le plus piquant avec ses créations artistiques. On les a maintes fois imprimées; nous citerons notamment l'édition qu'en a donnée le neveu de l'auteur, qui portait le même nom, Michel-Ange Buonarotti (Florence, 1623). La vie de Michel-Ange a été écrite par ses élèves Vasari et Ascanio Condivi : le premier dans les *Vite de' Pittori*, etc., et le second sous ce titre : *Vita di Michel-Angelo* (Rome, 1553; Florence, 1746; Pise, 1823).

MICHEL-ANGE DES BATAILLES ou **DES BAMBOCHES.** *Voyez* CERQUOZZI.

MICHELET (JULES), historien célèbre, né le 21 août 1798, à Paris, vit en 1821 s'ouvrir pour lui, sous les plus heureux auspices, et à la suite d'un brillant concours, la carrière de l'enseignement. Depuis cette époque jusqu'en 1826, il fut successivement chargé au collége Rollin de l'enseignement de l'histoire, des langues anciennes et de la philosophie. En 1827, il fut nommé maître des conférences à l'École Normale. Peu après la révolution de Juillet il obtint la place de chef de la section historique des archives du royaume, et M. Guizot le désigna pour le suppléer dans ses fonctions de professeur d'histoire à la Faculté des Lettres. En 1838 il succédait à Daunou dans la chaire d'histoire et de morale du Collége de France, et il était élu la même année membre de la classe des Sciences morales et politiques de l'Institut, en remplacement du comte Reinhart.

Comme historien, M. Michelet appartient à l'école qui pense que l'histoire doit être avant tout un cours d'enseignements philosophiques. Il appuie ses opinions surtout sur les idées de Vico, dont il a publié les *Œuvres choisies* en deux volumes (1835). Son *Tableau chronologique de l'histoire moderne* (1825); ses *Tableaux synchroniques de l'histoire moderne* (1826), et son *Précis de l'histoire moderne*, sont d'ingénieuses esquisses; tandis que son *Introduction à l'histoire universelle, suivie du Discours d'ouverture prononcé à la Faculté des Lettres* (1831), peut être considérée comme la première manifestation de la manière philosophique dont il apprécie l'histoire. Ses *Origines du Droit français* (1837) sont tirées en grande partie des *Antiquités du Droit allemand* de Grimm. Les deux ouvrages capitaux de M. Michelet, ceux dont il a fait l'œuvre de sa vie, sont l'*Histoire Romaine*, dont il n'a paru que deux volumes, et l'*Histoire de France*, qui est encore en voie de publication. A côté de grands et évidents défauts, ces deux ouvrages offrent des beautés du premier ordre, et sont surtout remarquables par la forme saisissante et par le chaud coloris du récit. Son *Précis de l'histoire de France jusqu'à la révolution* jouit d'une juste popularité et a obtenu de nombreuses éditions. Les protestants lui reprochent pourtant d'avoir en quelque sorte travesti l'essence et les tendances de la réformation dans ses *Mémoires de Luther, écrits par lui-même, traduits et mis en ordre* (2 volumes, Paris, 1835); ils expliquent par sa prédilection pour l'unité du catholicisme ce qu'il y a de défavorable au protestantisme dans ses idées. Mais cela n'a pas empêché le célèbre historien d'entrer plus tard en lutte directe avec l'ultramontanisme et de faire rude justice des tendances jésuitiques d'une certaine partie du clergé de France. Les *Jésuites*, opuscule publié en société avec M. Quinet, son collègue au Collège de France, et son livre: *Du Prêtre, de la Femme et de la Famille*, ont à cet égard très-nettement accusé sa position, et lui assurent un rang distingué parmi nos libres penseurs. Les allusions incessantes que dans ses cours publics il faisait à l'action mystérieuse de *cette épée dont la pointe est partout et la poignée à Rome*, avaient depuis longtemps popularisé ses leçons du Collège de France, où jamais chaire d'histoire n'attira un auditoire plus nombreux ni plus sympathique. Le gouvernement de Louis-Philippe finit par prendre ombrage d'un enseignement où la police lui faisait voir de dangereuses attaques contre ce que l'on appelait alors *l'ordre de choses*, et il imita les errements de la Restauration en frappant d'interdit le professeur. Après la révolution de Février, M. Michelet, rendu à sa chaire, déclara qu'il n'accepterait pas le mandat législatif, afin de rester libre de consacrer tout son temps à ses travaux historiques. Il avait commencé une *Histoire de la Révolution française*, écrite du point de vue le plus franchement démocratique, mais qui n'a point ajouté à sa réputation, parce qu'il est difficile d'y voir autre chose qu'une œuvre de circonstance. En 1850 le gouvernement crut devoir frapper son enseignement au Collège de France d'un nouvel interdit: et à la suite du coup d'État de décembre 1851 il a perdu, par refus de serment, la position qu'il occupait aux Archives. Depuis il a écrit un volume plein de lyrisme, intitulé *L'Oiseau*, et ajouté quelques volumes à son histoire de France.

MICHIGAN (Lac), l'un des cinq grands lacs de l'Amérique du Nord, dans le bassin du Saint-Laurent et les États-Unis. Il a 52 myriamètres de long sur 13 de large; et sa profondeur est sur certains points de 250 mètres. Son élévation au-dessus du niveau de la mer est de 148 mètres. Il a 144 myriamètres de circuit et une superficie totale de 734 myriamètres carrés.

MICHIGAN, l'un des États-Unis de l'Amérique du Nord qui en forment l'extrémité septentrionale, au nord. Il se compose de deux presqu'îles. La plus grande, située au sud, s'étend depuis la ligne, longue de 30 myriamètres, formant la frontière des États d'Indiana et d'Ohio, jusqu'à 42 myriamètres au nord, entre les lacs Erié, Saint-Clair et Huron, qui réunissent les détroits de Détroit et de Saint-Clair; à l'est et avec le lac Michigan à l'est, jusqu'au détroit de Mackinaw, long de 63 kilomètres, et qui réunit les deux derniers lacs. La plus petite, située au nord, s'étend depuis le Montréal et le Menomonee, cours d'eau qui la séparent du Wisconsin, à l'est, entre le lac Supérieur au nord et le lac Michigan au sud, jusqu'au détroit de Sainte-Mary, long de 9 myriamètres et qui relie le lac Supérieur au lac Huron. Ces deux presqu'îles présentent ensemble une surface de 1,856 myriamètres carrés, dont 595 pour celle du nord. Cette dernière est une contrée sauvage, montagneuse et extrêmement pittoresque, notamment sur les côtes du lac Supérieur, convenant peu à des exploitations agricoles, mais riche en forêts et en métaux. Ses mines de cuivre, notamment, sont inépuisables; et on l'y rencontre parfois à l'état pur. La presqu'île méridionale n'a point de montagnes; mais son sol, parfois onduleux, s'élève jusqu'à 100 mètres au-dessus du niveau de la mer et est arrosé par une multitude de cours d'eau, parmi lesquels on remarque le Raisin et le Huron, qui se jettent dans le lac Erié, le Rouge, qui a son embouchure au détroit de Détroit, et le Saginaw, qui vient aboutir à la baie du même nom dans le lac Huron. Le climat passe pour plus tempéré que dans d'autres États de l'Union situés par la même latitude; cependant, il est généralement rude, surtout au nord. L'hiver y dure depuis novembre jusqu'à la fin de mars; l'automne et le printemps y sont fort courts, et l'été très-chaud. Plusieurs localités sont sujettes aux fièvres bilieuses et intermittentes.

L'État de Michigan est dans sa plus grande partie couvert de magnifiques forêts de chênes, de frênes, de tilleuls, d'ormes, d'érables à sucre, de peupliers et de pins; et une grande partie de prairies ou de marais occupant une superficie de 255 myriamètres carrés. Cependant, il y existe tant de bonne terre arable, qu'au total on peut bien dire que c'est là un pays fertile et propre à recevoir toutes les cultures d'Europe. En 1850 on y comptait déjà 1,929,110 acres de terre en pleine culture, et 2,454,780 encore en friche; et ses 34,089 *farms* représentaient ensemble une valeur de 51,874,446 dollars. L'agriculture produisait 5,620,215 boisseaux de maïs, 4,918,716 boisseaux de froment, 2,208,700 boiss. de pommes de terre, 894,717 tonnes de foin, 7,043,794 livres de beurre, 1,012,551 livres de fromage, et en outre beaucoup d'avoine (la récolte pour 1845 avait été déjà de 2,222,620 boisseaux), d'orge, de seigle, de chanvre, de graine de lin, de houblon, de fruits, de vin et de tabac. Le bétail représentait une valeur de huit millions de dollars, et on récoltait 2,047,364 livres de laine. Le gibier de toutes espèces et le poisson y sont très-abondants; en 1847 le produit de la pêche était évalué à plus de 200,000 dollars. Le règne minéral fournit de la houille, de la chaux, beaucoup de sel et de l'argent. Le rendement des mines de cuivre pour les années 1845 à 1847 avait été de 10,244,200 livres. Le minerai de cuivre s'exploite par un grand nombre de compagnies. On n'affine en partie dans le pays même. Les fabriques et les manufactures y ont pris d'importants développements. En 1850 on en comptait déjà 1,979, dont 15 fabriques de lainages, produisant 141,510 aunes de drap. Les hauts fourneaux livraient à la consommation 660 tonnes de fer brut et 2,070 tonnes de fer affiné; et les tanneries, au nombre de 66, pour 363,989 dollars de cuir. En 1848, 730 scieries mécaniques débitaient 52 millions de mètres cubes de bois; 228 moulins à farine étaient pourvus de 568 paires de meules. De 1840 à 1850 la fabrication de sucre d'érable s'était élevée de 1,329,748 livres à 2,423,897. Le commerce n'est pas dans un état moins florissant. Outre la facilité de communications que procurent de grands et nombreux cours d'eau, le gouvernement a fait les plus grands efforts pour doter le pays de bonnes routes et de chemins de fer. En 1853 on y comptait déjà plus de 400 kilomètres de voies ferrées en pleine exploitation, et le Grand-Central est dévenu la principale voie de communication entre l'est et l'ouest. Aussi l'industrie et le commerce y acquièrent-ils toujours plus d'importance. En 1834 l'État de Michigan était encore obligé de tirer des grains de l'Ohio, tandis qu'il en exporte depuis 1838. Le chiffre des importations et des exportations dépasse aujourd'hui 15 millions de dollars. De 1831 à 1849, le cabotage s'était accru de 1,202 à 34,658 tonnes par an. En 1810 la population n'était encore que de 4,762 habitants : en 1820 son chiffre était de 8,896; en 1830, de 31,639; en 1840, de 212,267 (dont environ 50,000 Allemands) ; et en 1850, de 397,654 (dont environ 100,000 Allemands). Sur ce nombre on comptait 2,557 hommes de couleur libres. L'émigration en grand ne date à bien dire que de 1830. Jusqu'en 1834 elle ne se porta guère qu'au sud ; et au nord on ne comptait encore qu'un très-petit nombre d'établissements. Mais depuis lors elle a suivi le cours des fleuves, atteint la fertile côte de l'ouest, défriché en partie les forêts et cultivé avec ardeur les vallées. En 1850 les revenus publics s'élevaient déjà à 625,224 dollars. Les propriétés particulières soumises à l'impôt représentaient une valeur de 30,877,223 dollars. Les terres appartenant au congrès fédéral occupaient une superficie de 30,629,070 acres, dont il avait été vendu cette année-là 48,675, qui avaient produit une somme de 77,356 dollars. La dette publique s'élevait à 2,523,987 dollars. L'Église catholique s'y développe plus rapidement que l'Église protestante. Une université y a été fondée en 1837, à *Ann-Arbor*; et l'enseignement y est gratuit. Il en est de même dans les écoles populaires, qu'on s'est singulièrement attaché depuis cette époque à multiplier. L'État entretient une école normale à *Ypsilanti*, et il a beaucoup fait pour doter les bibliothèques publiques. La justice, auparavant très-autonomique, est en progrès visible depuis la même époque, et l'administration manifeste les tendances les plus humaines. Il est peu d'États de l'Union où l'organisation militaire ait acquis un tel degré de perfection. La milice se compose de 63,938 hommes, dont 2,793 officiers, avec un état-major général de 184 individus. L'État est divisé en 40 arrondissements. Son chef-lieu, siége de toutes les autorités supérieures, est depuis 1847 la petite ville de *Lausing*, avec 2,000 habitants. Autrefois c'était *Détroit*, la ville la plus importante de l'État. A l'extrémité de la péninsule qui se trouve l'île de Michillimakinak, c'est-à-dire de *la grande Tortue*, centre d'un actif commerce de pelleteries, avec un fort et un bon port et 1,000 habitants, qui est toujours un comptoir fort important pour le commerce des pelleteries, de même que *Sault-de-Sainte-Marie*, avec 1,200 habitants, sur le détroit que sépare le lac Supérieur du lac Huron.

A l'origine, ce territoire était habité par les Hurons, qui en furent chassés par la confédération des six nations. Dès l'an 1646, les Français y prêchèrent avec succès l'Évangile aux naturels; mais après l'expulsion des Hurons et de leurs prêtres, ils n'y conservèrent que quelques forts pour protéger le commerce des pelleteries, et puis tard ils durent les abandonner aux Anglais en même temps que le Canada. C'est sur le territoire de l'État du Michigan, près des côtes et des lacs voisins, que dès 1771 le plus célèbre chef indien dont fasse mention l'histoire combattit les Anglais avec tant de succès, que leur domination sur l'Amérique du Nord se trouva dès lors singulièrement compromise; et c'est en l'honneur de ce héros de l'indépendance qu'a été construite et dénommée la ville de *Pontiac*. Par le traité de paix de 1783, la totalité du territoire de Michigan fut adjugée à l'Union; ce ne fut, toutefois, qu'en 1786 que le fort *Détroit* fut évacué et livré par les troupes anglaises. Le congrès l'érigea en Territoire, qui porta d'abord le nom de Maine, mais qui en 1805 fut admis à faire partie des États composant l'Union, et qui prit alors, du lac qui l'avoisine, le nom d'*État de Michigan*.

La constitution très-libérale que s'était tout de suite donnée cet État, et qui fut soumise en projet à l'approbation du congrès, fit douter pendant longtemps de son admission au nombre des États de l'Union. En effet, cette mesure ne fut adoptée qu'en 1836, et seulement après les discussions les plus longues et les plus vives. Dans les articles de cette constitution on remarquait notamment celui qui donnait le droit de suffrage à tout blanc ayant atteint l'âge de vingt-et-un ans accomplis. En vertu d'un autre article, les émigrés, quand bien même ils auraient négligé de se faire naturaliser, du moment où ils pouvaient prouver qu'ils résidaient depuis deux années dans l'Union et depuis un an dans le Michigan, étaient admis à voter dans toutes les opérations électorales, voire même pour l'élection présidentielle. En 1850 l'État de Michigan s'est donné une constitution nouvelle. Le pouvoir législatif y est exercé par un sénat, composé de 22 membres élus pour deux ans, et par une chambre de représentants, dont les membres, au nombre de 66, ne restent en fonctions que pendant un an. Le pouvoir exécutif y est confié à un gouverneur élu tous les deux ans, et qui reçoit un traitement de 1,500 dollars. L'État de Michigan envoie au congrès 2 sénateurs et 4 représentants.

MICKIEWICZ (Adam), l'un des plus remarquables poëtes polonais des temps modernes, né en 1798 à Nowogrodek, en Lithuanie, de parents nobles, mais pauvres, reçut sa première éducation au gymnase de Minsk. En 1815 il alla étudier à l'université de Wilna, dont l'enseignement jetait à ce moment un vif éclat. Doué des plus brillantes facultés et d'une ardeur infatigable pour le travail, il était déjà parvenu à acquérir de vastes connaissances, notamment en histoire, en littérature générale et dans les sciences naturelles, telles que la chimie et la physique, pour lesquelles il conserva toujours une vive prédilection, lorsque l'amour qu'il conçut à Wilna pour une jeune fille et qui éveilla le talent poétique qui sommeillait encore en lui. La différence de leurs fortunes respectives ayant décidé cette dame à donner sa main à un rival préféré, Mickiewicz exhala les souffrances de son amour malheureux dans un poëme intitulé *Dziady* (la fête des morts), auquel il ajouta plus tard une troisième partie en même temps qu'il donnait à l'ensemble de l'œuvre une direction plus élevée. C'est en 1822, à Wilna, qu'il publia le premier recueil de ses poésies. Il remplissait alors les fonctions de professeur des langues latine et polonaise au gymnase de Kowno. Par suite des mesures de proscription qui en 1822 frappèrent l'université de Wilna, il fut emprisonné pendant quelque temps ; et l'autorité n'ayant pu trouver les preuves d'une conspiration, punit le simple soupçon dont il avait été l'objet par un exil dans l'intérieur de la Russie. Il profita de cette condamnation pour entreprendre un voyage en Crimée. C'est sur les bords de la mer Noire qu'il composa les délicieux sonnets qui lui valurent la bienveillance et la protection du gouverneur militaire de Moscou, le prince Galizin, qui en 1826 l'attacha à sa maison, et sous le patronage de qui furent imprimés ces mêmes sonnets. En 1828 il fit paraître à Saint-Pétersbourg son *Konrad Wallenrod*, poëme épique, qui a si puissamment contribué au réveil du sentiment national dans les cercles de la jeunesse polonaise. La position toujours malheureuse du poëte ajoutait encore aux sympathies qu'excitaient ses vers. Ses admirateurs ayant enfin réussi à lui faire obtenir la permission de voyager à l'étranger, il parcourut alors, en 1829, l'Allemagne et la France ; et il se trouvait en Italie quand éclata la révolution de Pologne de 1830. Son *Ode à la Jeunesse* acquit une grande célébrité, parce que les dernières strophes en furent répétées, le 30 novembre 1830, à l'hôtel de ville de Varsovie, par les milliers de voix d'une foule enthousiaste, qui aimait à y voir un heureux présage. En 1831 il s'établit à Dresde, et dans l'été de 1832 il se rendit à Paris, où il adjoint un quatrième volume à la collection de ses poésies, qui y avait déjà paru (3 volumes, 1828). Les malheurs de sa patrie lui inspirèrent l'ouvrage intitulé : *Ksiegi narodu polskiego i pielgzymstwa polskiego* (Paris, 1832), où, dans un style imité du langage biblique, il décrit le rôle de la Pologne dans le passé et dans l'avenir. Il a été traduit en français par M. le comte de Montalembert, sous le titre de : *Le livre des Pèlerins polonais*. Son poëme épique *Pan Tadeusz* (2 vol.,

Paris, 1834), ouvrage tout à fait national, est le tableau le plus fidèle qu'on puisse voir de la vie du peuple polonais. Nommé en 1839 professeur de littérature à Lausanne, il fut appelé l'année suivante par le gouvernement français à occuper la chaire de *littérature slave* récemment fondée au Collége de France. Le cours qu'il y fit pendant quatre années, c'est-à-dire de 1840 à 1843, a été publié ; c'est une œuvre qui a bien moins pour bases l'étude approfondie des sources que les données d'une imagination complétement prévenue en faveur de l'intérêt catholique. Aussi n'offre-t-il pas les éléments d'un enseignement véritable et n'a-t-il obtenu, même parmi les compatriotes de l'auteur, qu'un succès très-controversé. Par suite de la participation de Mickiewicz aux menées mystiques de *Towianski*, dont il se faisait l'écho passionné dans sa chaire, le gouvernement de Louis-Philippe avait fini par se voir obligé de le suspendre indéfiniment de ses fonctions. En 1848 il se rendit en Italie, où il chercha à provoquer la création de légions polonaises; puis, reconnaissant l'inutilité de ses efforts, il s'en revint dans le sein de sa famille, à Paris. Comme longtemps avant la révolution de Février il avait professé dans sa chaire du Collége de France un véritable culte pour Napoléon, prédisant même fort clairement le retour de sa dynastie, Louis-Napoléon l'en récompensa en le nommant, en 1852, bibliothécaire de l'Arsenal à Paris. Dans le courant de 1855, au milieu des incertitudes que présentait encore la question d'Orient, le gouvernement français crut utile de faire appel à un certain nombre de membres de l'émigration polonaise, qu'on envoya en Turquie sous divers prétextes, pour ne pas trop effaroucher la Prusse et l'Autriche. Mickiewicz fut un de ceux sur qui on jeta les yeux; et il se trouvait en mission spéciale à Constantinople lorsqu'il succomba dans cette capitale, en décembre 1855, à une attaque de choléra. Il avait perdu sa femme huit mois auparavant. Ses restes mortels, ramenés en France, ont été inhumés dans le cimetière de Montmorency, près de ceux de ses amis Kniaziewicz et Niemcewicz. Ses compatriotes se sont noblement chargés du soin de pourvoir à l'éducation et à l'avenir des orphelins que laissait l'illustre poëte. Une souscription ouverte à cet effet au sein de l'émigration polonaise produisit plus d'un demi-million de francs. Il a été publié à Paris, en 1838, une collection en 8 volumes de ses ouvrages, réimprimés en 1845.

MICOCOULIER, genre d'arbres de la famille des amentacées, section des celtidées. Ces arbres, qui croissent dans les régions les plus chaudes de l'hémisphère boréal, ont pour caractères : Périgone à cinq folioles égales, concaves; cinq étamines, opposées aux folioles du périgone; filets cylindriques; anthères introrses, biloculaires, fixées par la partie dorsale; ovaire oblong, uniloculaire; deux stigmates terminaux, pubescents; drupe charnu, lisse. Les feuilles des micocouliers sont alternes, dentées en scie; les fleurs sont axillaires, solitaires, pédicellées.

Le midi de la France possède une espèce de ce genre, le *micocoulier de Provence* (*celtis australis*, L.) vulgairement *bois de Perpignan*. Son bois, susceptible d'un très-beau poli, est recherché pour la confection d'instruments à vent, pour la menuiserie et la marqueterie. Son fruit noirâtre, de la forme d'une petite cerise, renferme un principe sucré et agréable; mais on les abandonne généralement aux oiseaux, qui s'en montrent très-friands.

MICROCOSME (du grec μικρός, petit, et κόσμος, monde). *Voyez* Cosmos.

MICROLOGUE (du grec μικρός, petit, et λόγος, discours), diseur de riens, éplucheur de syllabes. On donne ce nom, mérité surtout par les savants de la renaissance, aux érudits qui, dans l'interprétation grammaticale des anciens auteurs, partie déjà bien étroite de la critique, attachent une haute importance aux détails les plus indifférents.

Le *Micrologue* est le titre d'un traité de Gui d'Arezzo sur la musique.

MICROMÈTRE (du grec μικρός, petit, et μέτρον, mesure). On appelle ainsi un instrument destiné à mesurer exactement de très-petites grandeurs. Certains appareils micrométriques appartiennent à la physique proprement dite : tels sont le *vernier* et la *vis micrométrique*. Celle-ci est une vis dont le pas est très-régulier ; l'une des extrémités est munie d'un cercle gradué; si le pas de la vis est d'un millimètre, par exemple, cette vis avancera dans son écrou d'un millimètre par tour ; mais on conçoit que si, au lieu de lui faire faire un tour entier, on ne la fait tourner que d'un degré, la vis n'aura avancé que de la trois cent soixantième partie d'un millimètre. C'est à l'aide de vis micrométriques que fonctionnent ces admirables *machines à diviser*, qui rendent de si nombreux services pour la construction des instruments de précision.

Les autres micromètres rentrent dans le domaine de l'astronomie. Le plus simple de tous est composé deux fils parallèles, que l'on peut éloigner ou rapprocher l'un de l'autre par le moyen d'une vis. Ces deux fils sont traversés par un troisième, qui leur est perpendiculaire. Ce petit appareil étant placé au foyer d'une lunette, si l'on veut déterminer par l'observation le diamètre d'un astre, on n'a qu'à saisir exactement son disque entre les deux fils parallèles, et leur distance fait connaître le diamètre apparent. Huyghens est le premier astronome qui ait donné l'idée de ce précieux instrument : son micromètre consistait en une petite lame qu'il faisait glisser sur le diaphragme, ou petit anneau, qui circonscrit l'ouverture de la lunette. Auzout renferma l'image de l'astre entre deux fils, dont l'un était mobile. Depuis, Rochon a remplacé le micromètre à fils par un prisme de cristal de roche ou de spath d'Islande, substances qui sont douées de la double réfraction. L'écartement des deux images dépend des positions relatives de l'œil, du cristal et de l'objet. Lorsque la lunette est munie de l'un de ces cristaux, on regarde de loin un disque noir peint sur un fond blanc; le cristal du tube doit être placé de manière à présenter les deux images en contact. On marque sur le tube la place où se trouve alors le cristal correspondant au petit angle sous lequel le disque est vu, angle que l'on connaît d'après son diamètre et sa distance. On répète les épreuves avec différents disques, et on continue de graduer le tube de la lunette pour des diamètres apparents de seconde en seconde. Ces graduations égales du tube correspondront par conséquent à des accroissements égaux du diamètre. En dirigeant l'axe vers une planète et amenant la double image en contact, la graduation correspondante sur le tube de la lunette fera apprécier le diamètre observé, et permettra de le comparer soit avec le diamètre apparent du même astre, vu à une plus ou moins grande distance que celle où il se trouve maintenant, soit avec le diamètre d'un autre astre quelconque.   F. PASSOT.

MICRONÉSIE (de μικρός, petit, et νῆσος, île). *Voyez* AUSTRALIE.

MICROPHTHALMIE (de μικρός, petit, et ὀφθαλμός, œil). On nomme *microphthalmie*, et vulgairement *œil de cochon*, la difformité produite par la petitesse et l'enfoncement de l'œil. Cette difformité est incurable.

MICROSCOPE (de μικρός, petit, et σκοπέω, je vois), instrument d'optique dont le nom indique assez l'usage; c'est celui qui sert à amplifier considérablement l'image des objets à peine visibles, ou qui échappent totalement à la vue simple. Il vient au secours de l'observateur, en met sous ses yeux des formes et des mouvements dont il eût ignoré l'existence; l'art de l'opticien lui révèle un monde prodigieusement peuplé, des animaux pour lesquels une goutte d'eau est un lac immense; d'autres qui manifestent en quelques heures tous les phénomènes d'une longue vie, depuis la naissance jusqu'à la mort, etc. Les observations microscopiques n'ont pas seulement pour résultat d'exciter et de satisfaire la curiosité et d'étendre les domaines des sciences naturelles ; elles sont très-propres à rectifier des notions inexactes, à dissiper des illusions sur l'influence des dimensions et des masses, à provoquer des réflexions philosophiques et à contribuer au perfectionnement de toutes nos connaissances. Enfin, et ce qui ne manquera pas de paraître utile à un grand nombre de nos lecteurs, le microscope peut rendre de nombreux services au manufacturier, au commerçant, au simple particulier, en permettant à tous de reconnaître les falsifications que la cupidité fait trop souvent éprouver à un grand nombre de substances.

Un microscope doit rassembler sur l'objet à observer une grande abondance de lumière, et la modifier de sorte que les rayons partis divergents de la surface de l'objet arrivent convergents à l'œil du spectateur. L'amplitude de l'image dépend de l'angle formé par les rayons extrêmes convergents, et l'artiste s'attache à le rendre aussi grand qu'il est possible, en satisfaisant d'ailleurs aux autres conditions d'une bonne lunette, évitant les formes et les dimensions qui causeraient la décomposition de la lumière et rendraient les images plus confuses.

Le *microscope simple* est tantôt formé d'une seule lentille convergente (et alors il reçoit souvent le nom de loupe), tantôt de plusieurs de ces lentilles, qui agissent comme une seule. En plaçant l'objet que l'on veut observer entre la lentille et son foyer principal, on obtient une image virtuelle, droite et amplifiée. La lentille est ordinairement enchâssée au centre d'un *œilleton* noir, pouvant s'élever ou s'abaisser à l'aide d'une crémaillère qui se meut sur un support vertical. Au-dessous est fixé le *porte-objet*. Pour éclairer l'objet, on rassemble sur lui la lumière diffuse de l'atmosphère, au moyen d'un réflectant concave, que l'on incline de manière que les rayons réfléchis viennent tomber sur l'objet. On peut, avec ce microscope, arriver à un grossissement de 120 fois son diamètre, en conservant à l'image toute sa netteté.

Le *microscope composé* est formé, comme la lunette astronomique, d'un oculaire et d'un objectif; mais ces instruments différent en ce que dans le premier, l'objet étant très-près de l'objectif, l'image se forme beaucoup au-delà du foyer principal et est très-amplifiée, de sorte que les deux lentilles concourent à produire le grossissement, tandis que dans la lunette astronomique, les rayons émis par l'astre que l'on regarde étant sensiblement parallèles, l'image va se former au foyer principal de l'objectif beaucoup plus petite que l'objet. Le microscope composé, inventé vers 1620, a été perfectionné par MM. Amici et Ch. Chevalier.

Le *microscope solaire* a l'avantage de pouvoir contenter la curiosité d'un grand nombre de spectateurs. C'est une véritable lanterne magique, éclairée par les rayons solaires. On dispose l'instrument de manière à obtenir sur une surface blanche, dans une chambre que l'on a soin de rendre obscure, l'image bien claire et prodigieusement agrandie de l'objet à observer. Cet objet reçoit la lumière du soleil condensée, s'il est nécessaire, et ses rayons, lancés divergents, vont peindre sur le tableau l'image de la partie qui les envoie. En réglant convenablement la position des lentilles et la distance entre l'objet et le tableau, la peinture deviendrait aussi grande qu'on le voudrait; mais comme on ne peut augmenter en même temps la quantité de lumière qu'elle reçoit, on s'arrête à la distance où l'objet représenté s'offre aux spectateurs avec le plus de netteté. Au moyen de cet appareil, l'image d'une puce peut atteindre la grandeur d'un éléphant, et la curiosité la plus avide ne demande point qu'on aille encore plus loin. Le microscope solaire est un moyen d'expérience très-agréable; mais c'est avec l'autre instrument que l'on fait des observations utiles aux progrès des sciences.

Le *microscope photo-électrique*, imaginé par MM. Foucault et Donné, est à peu près disposé de la même manière que le microscope solaire; mais au lieu d'être éclairé par le soleil, il l'est par la lumière électrique. Il remplace avec avantage le *microscope à gaz*, qui l'avait précédé.

MICROSCOPIQUES, nom proposé par Bory de Saint-Vincent pour les infusoires.

MIDAS. Fils de Gordius et de Cybèle, il régna dans la grande Phrygie, cent vingt ans environ avant la guerre de Troie. Dès son enfance, on avait prévu qu'il serait extrêmement riche et fort ménager, parce que des fourmis, étant venues sur son berceau, lui avaient mis des grains de blé dans la bouche. On lui attribue la fondation d'Ancyre et celles de Pessinonte. Des paysans ayant trouvé Silène ivre mort, le parèrent de guirlandes de fleurs, et l'amenèrent à Midas, qu'Orphée et l'Athénien Eumolpe avaient autrefois instruit dans les mystères de Bacchus. Le prince le reconnut, le reçut magnifiquement, et l'ayant retenu dix jours au milieu des festins, le reconduisit lui-même au dieu des vendanges. Charmé de revoir son père nourricier, Bacchus demanda au roi de Phrygie ce qu'il désirait. Celui-ci souhaita de pouvoir changer en or tout ce qu'il toucherait; mais il ne tarda pas à se repentir d'un pouvoir si funeste, car après quelques essais, dont il fut ravi, lorsqu'il voulut se mettre à table, il ne put porter à sa bouche que des mets changés en or, et supplia Bacchus de le délivrer d'un si cruel privilège. Le dieu exauça cette nouvelle prière, et lui ordonna d'aller se laver dans le Pactole, qui roula aussitôt des paillettes d'or. Depuis ce temps-là, Midas prit l'or en horreur, et ne s'occupant plus que de plaisirs champêtres, devint le compagnon assidu de Pan. Celui-ci, fier de son talent sur la flûte à sept tuyaux, osa défier Apollon, Midas, choisi pour arbitre, se prononça en faveur du provocateur, et Apollon, indigné de son mauvais goût, le gratifia d'oreilles d'âne. Le roi phrygien cachait soigneusement, on peut le croire, cette parure d'un nouveau genre sous une tiare magnifique. Son barbier, qui en était aperçu, n'avait osé en parler à personne. Un jour pourtant, comme ce secret lui pesait, il alla dans un lieu écarté, fit un trou dans la terre, s'en approcha le plus possible, et y murmura d'une voix basse que son maître avait des oreilles d'âne; cela fait, il reboucha le trou et se retira. Mais sur cette place poussèrent des roseaux, qui, secoués par le vent, se mirent à répéter en chœur ce désolant refrain :

Midas, le roi Midas, a des oreilles d'âne!

Le pauvre monarque survécut peu à cette indiscrétion. Il mourut pour avoir avalé du sang de taureau, « afin de se délivrer des tristes souvenirs qui l'affligeaient ».

Tel fut Midas selon les poètes. Les historiens, au contraire, en font un roi possesseur de grandes richesses, plein d'imagination et d'esprit, initié aux mystères de Bacchus, victime seulement des drames satiriques des Athéniens, ses ennemis.

MIDDELBOURG, chef-lieu de la province de Zélande (royaume des Pays-Bas), et siège du gouverneur, au centre de l'île de Walcheren, communique avec l'Escaut occidental par un canal, qui peut porter les navires de commerce du plus fort tonnage et qui aboutit au rempart de Rammekens, au sud-est de l'île, où se trouve situé le port proprement dit de la ville. Elle est en quelque sorte fortifiée au moyen de remparts et de larges fossés, généralement bien bâtie, et compte au delà de 16,000 habitants. Parmi ses édifices publics on remarque surtout l'hôtel de ville, bel édifice de style gothique, construit en 1468 par Charles le Téméraire et orné de vingt-cinq statues en pierre représentant d'anciens comtes de la Hollande; l'église Saint-Pierre, avec les tombeaux de Cornélius et de Jan Evertsen; l'église de l'Abbaye, où l'on voit un monument à la mémoire de l'empereur d'Allemagne Guillaume de Hollande et de son frère Florence. Middelbourg possède une bourse, un gymnase, une école des beaux-arts, un musée et diverses sociétés scientifiques, littéraires et artistiques.

MIDDELFAHRT. *Voyez* FIONIE.

MIDDLESEX, le plus petit des comtés de l'Angleterre après celui de Rutland, ayant pour chef-lieu *Londres*, qui appartient aussi en partie au comté de Surrey. Il est traversé par la Tamise et par plusieurs canaux, entre autres par celui dit de *Grande Jonction*, et, à l'exception du mont Hanger-Hill, qui avec sa tour s'élève à 235 pieds au-dessus du niveau de la mer, des hauteurs d'Hampstead, de Highgate et de Harrow-on-the-Hill, présente une surface presque partout plane et généralement sablonneuse, d'environ 12 myriamètres carrés, soit 180,480 acres, dont 150,000 en terres à blé, jardins, pâturages et prairies. Le revenu annuel de l'acre y est évalué en moyenne à 200 livres sterling. Le climat y est humide et extrêmement variable. En hiver, d'épais brouillards pèsent quelquefois pendant plusieurs jours sur cette contrée; et en automne, ainsi qu'au printemps, les violents orages n'y sont pas rares. Le nombre des habitants, y compris la partie de Londres qui en fait partie, est aujourd'hui de 2 millions d'âmes ; ce qui donne 21,000 habitants par kilomètre carré, quoique, en dehors de Londres, on ne trouve en tout que 150,000 âmes. Les principales ressources de la partie de la population fixée hors de la capitale consistent dans l'agriculture et l'horticulture, dont les produits ont un débouché avantageux et assuré à Londres, ville à laquelle la rattachent d'ailleurs de nombreux intérêts manufacturiers.

Londres, non compris le comté de Middlesex, est divisé en six *hundreds*, et envoie 14 représentants au parlement, à savoir : 2 pour le comté, 4 pour la *City* de Londres, 2 pour la *City* de Westminster, et 2 pour chacun des districts de Mary-le-Bone, de Finsbury et de Tower-Hamlets. Après Londres, les villes les plus importantes de ce comté sont : *Chelsea*, *Fulham*, où l'évêque de Londres a un palais, *Hamptoncourt*, *Kensington*, *Cheswick*, où l'on voit un magnifique château, propriété du duc de Devonshire, et *Brentford*, où se trouve *Lion-house*, résidence de campagne du duc de Northumberland. Il faut aussi mentionner les deux grands établissements de refuge à l'usage des aliénés, fondés dans ce comté, l'un en 1831, à Hanwell, sous le nom de *Pauper lunatic Asylum for the county of Middlesex*, et contenant 900 lits; l'autre, en 1850, à Colney-Hatch.

MIDDLETON (CONYERS), historien et théologien anglais de mérite, né en 1683, à Richmond, dans le comté d'York, mort en 1770, à Cambridge, où il était professeur et bibliothécaire en chef, se trouva mêlé à une foule de disputes littéraires, notamment avec Richard Bentley, qu'il finit d'ailleurs par contraindre à renoncer à son projet d'une édition critique du Nouveau Testament. Celui de ses ouvrages qui fit le plus de bruit, et qu'on estime encore de nos jours, est son *History of the Life of Cicero* (2 vol., Londres 1741); on y trouve un tableau animé, bien que parfois un peu flatté, de Cicéron et de son époque; et il fut l'objet de critiques acerbes de la part de Tunstall, Markland, Warburton et autres. Citons encore ses *Antiquitates Middletoniasiæ* (1754) et ses *Miscellaneous Works* (1757), recueils de dissertations théologiques et archéologiques, qui aujourd'hui même ne sont pas sans valeur.

MIDI. Pour les astronomes, ce mot désigne l'instant précis où le Soleil, dans sa course de chaque jour, est au plus haut point de la courbe qu'il décrit. Cet instant, qui est évidemment le même pour tous les points situés sur un même méridien terrestre, varie lorsqu'on change de méridien. Ce midi, tel que nous venons de le définir, est ce qu'on nomme le *midi vrai*. L'intervalle de temps qui sépare deux de ces midis successifs n'est pas toujours le même; en voici la raison : outre la rotation que fait la Terre autour de son axe, et qui produit la succession des jours et des nuits, elle est encore douée d'un autre mouvement, appelé mouvement de translation, qui l'emporte autour du Soleil en lui faisant décrire une ellipse. Il en résulte que le soleil ne peut se retrouver deux fois de suite au méridien d'un même point sans que la Terre ait fait sur elle-même un tour entier plus une fraction de tour correspondant à l'espace qu'elle a parcouru dans son ellipse. D'après cela, si la Terre, tournant toujours avec la même rapidité autour de son axe, se mouvait autour du Soleil dans un cercle, avec une vitesse constante, chaque tour entier durerait le même temps; la fraction de tour qu'il faudrait ajouter serait aussi toujours la même, et l'intervalle entre deux *midis vrais* successifs ne varierait pas; mais la Terre se mouvant dans une ellipse et non dans un cercle, toutes les conditions précédentes ne sont pas satisfaites, et l'intervalle de deux *midis vrais* est variable. C'est à cause de cette différence que les astronomes considèrent, au lieu du midi vrai, un *midi moyen*, qui est tel que l'intervalle entre deux midis moyens successifs est toujours le même. La longueur de l'année, déterminée par la translation de la Terre autour du Soleil, est aussi une quantité variable. C'est en considérant une année moyenne que les astronomes ont déterminé le midi moyen. L'instant du midi moyen ne s'écarte jamais de plus de 16 à 17 minutes du midi vrai. L'intervalle de deux midis moyens est ce qu'on nomme le *jour moyen*, lequel n'est pas égal au jour vrai, intervalle de deux midis vrais consécutifs. Les instruments à mesurer le temps doivent être construits en considérant le jour moyen ; aussi ne doivent-ils pas toujours parfaitement concorder à midi avec le cadran solaire qui donne le midi vrai.

C'est lorsqu'il est midi pour un point de la surface de la terre, que les rayons solaires lui arrivent moins obliquement. C'est donc l'instant où il reçoit le plus de chaleur. Cependant, cette heure n'est pas celle du maximum de température ; ce maximum arrive un peu plus tard.

Midi désigne aussi l'un des quatre points cardinaux.

Il est alors synonyme de *Sud*.

Le mot *midi* est quelquefois employé par les poètes dans un sens figuré. C'est alors l'acception astronomique du mot qu'ils considèrent. Ils disent par exemple : le *midi de la vie*, pour désigner le milieu de la vie, l'instant où l'homme est à son point culminant de vigueur, comme midi en astronomie désigne le milieu du jour, l'instant où le soleil est au point le plus élevé de son cours. L.-L. VAUTHIER.

Chercher *midi à quatorze heures*, c'est chercher une chose où elle n'est pas. L'origine de cette locution remonte à Catherine de Médicis ; on sait que les Italiens ne divisent pas comme nous en deux fois douze les vingt-quatre heures de la journée ; ils les comptent toutes les vingt-quatre, et ont par conséquent la quatorzième heure ; il est probable que cette différence entre la numération des heures françaises et des heures italiennes, en faisant commettre quelques erreurs aux nombreux péninsulaires venus en France avec Catherine de Médicis aura donné lieu à la locution que nous rappelons ici.

MIDI (Canal du), DU LANGUEDOC ou DES DEUX-MERS, canal au sud de la France, qui fait communiquer l'Atlantique à la Méditerranée. Il commence dans le département de la Haute-Garonne, sur la rive droite de la Garonne, à 2 kilomètres au-dessous de Toulouse, se dirige au sud-est, entre dans le département de l'Aude et, portant ensuite à l'est, débouche au-dessous d'Agde dans l'étang de Thau (Hérault). Son développement est de 239 kilomètres ; sa largeur moyenne est de 20 mètres à la flottaison et de 10 mètres au plafond. La profondeur des eaux est, en moyenne, de 2 mètres, quoique la calaison légale des barques soit fixée à 1^m,60. Le point de partage du canal à Naurouse est à 189 mètres au-dessus du niveau de la mer. Il compte soixante-deux écluses, formant cent bassins, dont vingt-six au versant de l'Océan et soixante-quatorze, au versant méditerranéen. Trois embranchements s'y rattachent en outre, le canal de Saint-Pierre, le canal de jonction à la Robine de Narbonne, et la Robine de Narbonne qui fait communiquer cette ville avec l'Aude et présente un développement de 31 kilomètres. Trois systèmes de navigation sont exploités sur le canal du Midi et ses embranchements : la navigation ordinaire, faite par les patrons du commerce, la navigation accélérée, affectée au transport régulier des marchandises entre Toulouse et le Rhône par les canaux de Beaucaire et des Étangs, enfin la barque de poste, exclusivement consacrée au transport des voyageurs.

L'idée de joindre l'Océan à la Méditerranée par un canal remonte au règne de François Ier. Sous Henri IV, le cardinal de Joyeuse adressa à ce sujet un rapport, et la question fut plusieurs fois encore remise sur le tapis du temps de

Louis XIII. L'homme à qui il était réservé d'accomplir cette œuvre gigantesque fut Pierre-Paul Riquet; il fut secondé pour la partie technique de son entreprise par l'ingénieur Andréossy. Enfin, Vauban fut chargé des travaux d'amélioration qu'on exécuta postérieurement. La construction du canal coûta 17 millions d'ancienne monnaie; ce qui aujourd'hui en représenterait à peu près le double. Les états du Languedoc fournirent les deux tiers de cette somme; le reste, constituant toute la fortune de Riquet et au delà, fut versé par lui. En dédommagement de ces sacrifices, Louis XIV lui concéda le canal, qui fut érigé en fief. Ses héritiers possédèrent et administrèrent ce beau domaine depuis l'ouverture de la navigation jusqu'à la révolution. La famille de Caraman, qui formait la branche aînée de cette descendance, avait vingt-et-une portions de la propriété sur vingt-trois; le reste appartenait à la branche cadette, celle des Bonrepos. Les Caraman émigrèrent : fief et propriété leur furent enlevés à la fois. La branche cadette fut maintenue en possession. En vertu du décret du 21 mars 1808, la part de l'État sur le canal du Midi fut cédée à la caisse d'amortissement. On la divisa ensuite en mille actions, dont quelques-unes seulement furent placées parmi les particuliers. Napoléon acheta le reste, qu'il donna, à titre de pensions et de majorats, à des militaires et à la Légion d'Honneur. Un décret du 10 mars 1810 constitua sous le nom de *Compagnie du Canal du Midi* une société de propriétaires, qui groupa tous les actionnaires existants et fut forcée d'accepter un administrateur général de la main de l'empereur. La loi du 5 décembre 1814, ordonnant la restitution des biens non vendus d'émigrés, remit en la possession de la famille Caraman toutes les actions restées libres, et il fut en outre décidé que toutes celles qui à la mort des propriétaires ou à l'extinction des titres feraient retour à l'État lui seraient également restituées.

MID-LOTHIAN ou **EDINBURGHSHIRE**, celui des trois comtés dont se compose le Lothian, qui est situé au centre de cette partie, au sud de l'Écosse, compte sur une superficie d'environ 12 myriamètres carrés, dont les deux tiers se composent de terre arable, une population de 258,824 habitants. Au fond d'une vaste étendue de terrain bordée d'un côté par la mer, et où de délicieuses vallées alternent avec des plaines et des collines, s'élève le mont Pentland, dont les points culminants sont le *Black-Hope-Scars*, haut de 692 mètres; le *Bowbeat-Hill*, haut de 656 mètres, et le *Brown-Dod* ou *Muirfoot*, haut de 632 mètres, et dont les ramifications, désignées sous les noms de *Braid-Hills* et de *Blackford-Hills* et présentant des traces d'origine volcanique, s'avancent jusque auprès de la capitale. Au sud-est de ces montagnes s'en trouvent deux autres, tout isolées et nues, offrant la configuration la plus accidentée, l'*Arthur's Seat*, haut de 253 mètres, et le *Salisbury-Craigs*, haut de 170 mètres. Ce comté est arrosé par le *North-Esk* et par le *South-Esk*, qui ont leur source dans de romantiques vallées, par la rivière de Leith et par l'*Almond* à l'est. Le plus important de ses canaux est l'*Union's-Channel*. Le sol crayeux y domine, et sur quelques points il est d'une fertilité très-grande et admirablement cultivé. Ses principaux produits sont les céréales, les pommes de terre, le chanvre, mais surtout les légumes et les fruits. De vastes pâturages favorisent l'éducation du bétail et les diverses industries qui s'y rattachent. La pierre à chaux, la terre à porcelaine et la houille y abondent. Le climat en est assez froid; les âpres vents d'est du printemps et les épais brouillards de l'automne nuisent souvent aux récoltes. La population a pour principale industrie l'alimentation de la capitale, grand centre de l'industrie manufacturière du pays, l'agriculture, l'exploitation des mines et la pêche. Édimbourg est le chef-lieu de ce comté.

MIDSHIPMAN. C'est le nom qu'on donne dans la marine anglaise aux aspirants employés à bord des vaisseaux de guerre, la plupart du temps jeunes gens de famille et d'éducation, qui passent lieutenants de vaisseaux quand ils ont fait de la mer l'apprentissage nécessaire. A bord d'un vaisseau de ligne de 120 canons ou de premier rang, on compte ordinairement 24 *midshipmen*. Dans la marine américaine il y a de plus les *passed-midschipmen*, c'est-à-dire ceux qui ont subi leurs examens et qui attendent la première vacance pour passer lieutenants.

MIEL (du grec μέλι). C'est la substance sirupeuse et sucrée que les abeilles récoltent sur les fleurs, qu'elles élaborent et déposent ensuite dans les alvéoles de leurs ruches, pour s'en nourrir pendant l'hiver. Le miel se trouve dans toutes les contrées du globe. Le plus estimé est le miel blanc, grenu, d'une saveur et d'une odeur aromatiques. Il en existe de différentes couleurs : du vert, que l'on estime assez, du jaune et du brun, que l'on recherche beaucoup moins. En raison du degré de pureté du miel, on en distingue trois sortes : le *miel vierge*, qui découle sans expression des rayons; celui que l'on extrait en soumettant les gâteaux à la presse, qui retient de la cire et des larves d'abeilles; enfin, en faisant cuire les gâteaux que l'on a exprimés, on peut obtenir un miel de qualité très-inférieure. L'époque de la récolte du miel a aussi une influence marquée sur sa qualité; un séjour prolongé dans les ruches le colore et le rend acide, tandis que celui que l'on récolte au printemps est doux et agréable. On le purifie avec le blanc d'œuf et le charbon animal ou végétal, et on lui enlève son acidité avec des écailles d'huîtres en poudre ou de la craie. Les juifs de l'Ukraine et de la Moldavie donnent à leur miel une grande blancheur et une consistance presque saccharine, en l'exposant à la gelée pendant trois semaines dans des vases opaques, et non conducteurs du calorique.

L'analyse chimique a montré que le miel se rapproche beaucoup du sucre; comme lui, il peut subir la fermentation, se transformer en acide oxalique par la chaleur et l'acide nitrique. Le miel est soluble dans l'eau et dans l'alcool. Si on l'abandonne longtemps à lui-même, il s'y forme des cristaux globuleux et hérissés à leur surface. On conserve très-bien le miel solide dans des barils de bois neuf, qu'il faut tenir toujours pleins et exactement fermés. Gardé dans un lieu frais, il peut se conserver plusieurs années; mais il s'altère cependant chaque jour par la cristallisation du sucre, qui le rend grumeleux, et par la disparition de son odeur.

Voici les procédés que l'on emploie pour obtenir les diverses espèces de miel : après avoir retiré les gâteaux de la ruche, on sépare, à l'aide d'un couteau, la partie qui est garnie de miel, et on la met sur des tamis ou des claies pour faire couler la matière sucrée dans les vases en terre destinés à la recevoir. Si les alvéoles sont fermées, on les ouvre avec une lame de couteau très-mince. Une température de 20 à 30 degrés est nécessaire à cette opération. C'est là le miel vierge. Lorsque par ce moyen on n'obtient plus de matière, on place les gâteaux entre deux planches percées, sous une forte presse, qui fait exsuder un miel épais, rougeâtre, contenant beaucoup d'impuretés, des parcelles de cire, des restes de larves, des abeilles mortes, etc. Sa saveur est âcre, et son odeur désagréable. La troisième espèce de miel ne peut servir qu'à faire de l'hydromel : c'est en faisant cuire dans l'eau la cire bien exprimée qu'on l'obtient : la matière sucrée se dissout dans l'eau, et la cire surnage.

Le miel est un bon laxatif; on l'emploie aussi dans les médicaments, soit comme correctif, soit comme excipient, ainsi que pour édulcorer les tisanes. Cependant, le miel ne convient pas à tous les tempéraments : chez quelques personnes il produit une constipation opiniâtre; celles à qui il répugne peuvent lui enlever son odeur et son goût avec du charbon réduit en poudre. En raison de son prix, assez élevé, les fraudeurs le falsifient avec de la farine, de l'amidon ou des châtaignes, et même quelquefois du sable, pour en augmenter le poids. Le miel du Gâtinais, de Narbonne ou de la Bretagne, est le plus estimé, est aussi celui que l'on mélange le plus ordinairement. L'eau froide seule suffit pour reconnaître la fraude; elle dissout très-bien le miel, et laisse précipiter les matières étrangères ; en outre, si l'on chauffe un tel miel, il acquiert plus de consistance au lieu de se liquéfier. Comme celui de Narbonne a une odeur de romarin très-prononcée, certains marchands coulent le miel du Nord sur cette plante pour lui communiquer son arôme. Mais on trouve toujours dans ce produit des débris de romarin. Le miel a la propriété de conserver les matières organiques d'origine végétale ou animale : on l'emploie avec avantage pour le transport des graines dans des voyages de long cours. On sait en outre les efforts infructueux que l'on a faits lors du blocus continental pour faire cristalliser le miel et s'en servir pour remplacer le sucre.

L'origine du miel est restée longtemps inconnue ; et les anciens lui donnaient une origine céleste : aujourd'hui nous savons que ce principe sucré est sécrété tantôt directement, par toutes les parties du pistil, mais en plus grande quantité par l'ovaire, tantôt par des glandes saillantes ou creuses, appelées *nectaires*, voisines de l'ovaire, d'où le miel est versé sur le pistil. Sa destination paraît être de retenir le pollen. On est peu porté à croire les auteurs anciens qui prétendent qu'il y a du miel vénéneux, d'après les propriétés de la plante d'où il est extrait ; Xénophon, par exemple, qui raconte que dix mille Grecs de l'armée de Cyrus furent frappés d'un délire furieux et purgés abondamment pour en avoir mangé. On fait aussi avec le miel un vin dit d'*Alicante*; ce n'est autre chose que de l'hydromel simple, vineux, que l'on prépare en dissolvant une partie de miel dans trois parties d'eau, élevant ensuite un peu la température pour déterminer la fermentation ; ou bout de six à douze ans de bouteille, il a la force et le bouquet des vins d'Espagne. C. FAVROT.

MIEL MERCURIAL. *Voy.* MERCURIALE (*Botanique*).

MIEL ROSAT, préparation pharmaceutique qui s'obtient par le mélange de l'infusion concentrée de rose rouge avec du miel réduit à la consistance de sirop. Le miel rosat est employé en gargarisme dans les maux de gorge, à la fin de la période inflammatoire. On l'ajoute à la dose de 30 à 50 grammes aux décoctions d'orge ou de feuilles de ronces.

MIEREVELT (MICHEL-JANSON), célèbre peintre de portraits, né à Delft, en 1568, était le fils d'un orfèvre. Il eut pour maître Antoine de Montfort, dit *Blockland*. Il se faisait payer fort cher. Cet artiste, qui était *mennonite*, avait le caractère le plus aimable, et mourut à Delft, en 1641.

Son fils, *Pieter* MIEREVELT, né en 1596, mort en 1632, est estimé aussi comme peintre de portraits.

MIERIS (FRANÇOIS VAN), peintre de l'école hollandaise, naquit à Delft, le 16 avril 1635. Ses parents, qui étaient d'honnêtes bourgeois assez riches, lui firent donner une éducation soignée. De bonne heure, il apprit à dessiner, parce que son père, qui était orfèvre et lapidaire, voulait qu'il exerçât la même profession que lui. Il obtint à grand'peine d'être placé chez maître Abraham Torneuvliet, peintre sur verre, qui jouissait d'une grande réputation d'habileté dans cette branche de l'art. Les progrès de l'élève furent rapides ; son père lui-même s'étonna de le voir aller si vite, et ne lui parla plus d'orfévrerie. Comme il était déjà impatient de se livrer à la peinture, on l'envoya étudier chez Gérard D o w. Mieris se fit un nom dans cette école ; et son maître l'appelait le prince de ses élèves. Déjà parvenu à produire de belles œuvres, il eut un instant l'ambition d'abandonner le genre pour la peinture d'histoire. Il ne réussit pas à son gré dans les grandes pages, mais il acquit dans ses nouvelles études un dessin plus ferme et une touche plus large.

Quand Mieris montra ses premiers tableaux, ils furent tout d'abord admirés et recherchés ; beaucoup d'amateurs se les disputèrent. Silvius offrit d'acheter tous les tableaux qu'exécuterait l'artiste, au prix qu'on voudrait leur donner. Ce hardi connaisseur devint plus tard l'intime ami de Mieris, et, prenant soin de la gloire de son peintre favori, il eut la délicatesse de ne plus vouloir posséder tout seul ses ouvrages. Dans le but d'étendre sa réputation, il lui fit faire pour l'archiduc d'Autriche un tableau qui représentait une jolie marchande dans sa boutique, et montrant des étoffes de soie à un gentilhomme, qui, d'un air galant et cavalier, paraît moins occupé de la richesse des étoffes que de la beauté de celle qui les lui présente. L'archiduc, enchanté de posséder cette ravissante peinture, fit payer 1,000 florins à l'artiste, et de plus lui proposa de l'emmener à Vienne, offrant d'acheter à un prix considérable tous ses tableaux, et lui assurant une pension de 6,000 rixdalers. Mieris remercia le prince de sa générosité, et s'excusa, disant que sa femme ne consentirait point à quitter la Hollande, sa patrie. Les gens les plus qualifiés, les plus riches du pays, surent gré à l'artiste du sacrifice qu'il faisait, et l'admirent dans leur société. Corneille Pootts lui fit peindre le portrait de sa femme, et Mieris employa tout ce qu'il a bien s'acquitter de cette œuvre ; aussi faut-il dire que c'est peut-être le plus fini de tous ses tableaux. Il exécuta pour la même personne un sujet plein d'intérêt, ainsi composé : une jeune dame est évanouie, un médecin près d'elle cherche à la ranimer en lui faisant respirer des sels, tandis qu'une vieille gouvernante, tremblante, éplorée, appelle du secours. Le peintre fut payé un ducat par heure pendant qu'il travailla à ce tableau, qui lui rapporta 1,500 florins. Le grand-duc de Florence, qui vers ce temps se trouvait en Hollande, voulut voir Mieris, dont le nom était dans toutes les bouches, et lui fit offrir 3,000 florins de ce même tableau, *La Dame évanouie*, qu'on ne consentit pas à lui céder pour cette énorme somme. Ayant vu dans l'atelier de l'artiste une composition dont l'ébauche annonçait un fort bel ouvrage, ce prince voulut qu'elle fût terminée pour lui. Elle représente une femme très-jolie, debout et tenant une mandore. Derrière elle est assise, dans un fauteuil vert, une autre dame, en déshabillé galant ; elle tient un verre, qu'elle porte à ses lèvres, et un domestique attend avec un plat d'argent pour recevoir le verre vide. Un jeune homme, couvert d'un manteau de velours noir, s'amuse à regarder un singe mangeant des confitures placées sur une table couverte d'un riche tapis ; au fond de l'appartement, un rideau entr'ouvert laisse voir une galerie dans laquelle un homme et une femme s'entretiennent familièrement. Le grand-duc paya cet ouvrage 1,000 rixdalers, et en commanda plusieurs autres à Mieris, qui lui envoya son portrait en grand. Il est représenté tenant un petit tableau dont le sujet se distingue très-bien : c'est un maître de clavecin donnant une leçon à une jeune fille. Ce portrait fut reçu avec froideur, et on n'accorda aucune récompense à son auteur ; on sut que ce qui avait attiré cette disgrâce à notre artiste venait d'une intrigue de cour ; il se trouva sottement sacrifié pour avoir refusé de faire le portrait d'un courtisan avant celui du prince.

Mieris, qui pendant plusieurs années avait mené une vie assez régulière, eut le malheur de se lier avec Jean Steen, bon peintre, conteur plaisant, mais pour les mœurs étaient crapuleuses. L'amitié qu'il eut pour cet homme lui fit mener une conduite déréglée ; ses intérêts pécuniaires en souffrirent beaucoup, et, bien qu'il retirât des productions de son pinceau un gain assez considérable, il finit par avoir des créanciers, qui le voyaient prendre le chemin de sa ruine, et qui d'ailleurs frappaient depuis longtemps à la porte pour se faire payer des sommes qu'il leur devait, le firent mettre en prison ; mais il n'y resta pas longtemps, parce qu'il trompa leur espoir en refusant de travailler pour eux. Quand on lui eut rendu sa liberté, il se mit à peindre force toiles, exécuta des dessins pour des médailles, et reconquit son indépendance. Cependant, il ne renonça pas à la société de son ancien ami, qui ne quittait pas le cabaret. Mieris passait des nuits à boire et à écouter les récits comiques de Jean Steen. Ces habitudes d'intempérance lui firent perdre bien des jours du temps et abrégèrent même ses jours. Un soir, en sortant du cabaret par une nuit très-obscure, il tomba dans une fosse profonde que des maçons avaient oublié de fermer ; son état d'ivresse l'empêchait d'agir, et il aurait infailliblement péri dans ce cloaque, si un savetier et sa femme, qui travaillaient dans une échoppe voisine, ne l'eussent entendu se plaindre. Ces bonnes gens l'arrachèrent à demi mort de la boue, le lavèrent et le mirent dans un lit bien chaud, où il reprit ses sens. Le lendemain, Mieris, honteux de son aventure, sortit clandestinement de cette maison; mais il eut soin de bien remarquer l'endroit où elle était située. Quand il fut arrivé chez lui, il s'enferma, et se mit à travailler sans relâche pendant plusieurs jours à un petit tableau, qu'il porta un soir à ses libérateurs : « C'est, leur dit-il, de la part d'un homme que vous avez tiré une nuit d'un fort mauvais pas. S'il vous prend envie de faire de l'argent avec cette peinture, portez-la à M. Pootts, qui vous en donnera un bon prix. » Et le savetier vendit cette composition, dans laquelle il était facile de reconnaître le genre de Mieris, 800 florins. Ce trait fait honneur au talent et à la générosité de cet artiste, qui au fond se reprochait ses égarements ; il craignait surtout de donner un mauvais exemple à sa famille, et appartenait parfois des mœurs sévères. Il retira son fils Guillaume de chez Lairesse, parce qu'il soupçonnait ce peintre d'être un ivrogne. Mieris voulut se corriger, prit des habitudes un peu plus régulières, mais il n'était plus temps d'y penser : sa santé était ruinée, et il mourut des suites de cet accident dont nous avons parlé, le 12 mars 1681, à peine âgé de quarante-six ans. On l'inhuma à Leyde, dans l'église de Saint-Pierre.

Cet artiste laissa deux fils, *Jean* et *Guillaume*, qu'on met au nombre de ses élèves.

Mieris a surpassé Gérard Dow, son maître ; ses sujets sont mieux choisis, ses modèles sont plus beaux que ceux de ce dernier peintre. Son dessin est agréable et correct, son coloris a une grande fraîcheur, sa touche est spirituelle, et son faire d'une charmante facilité : il savait habilement éclairer ses intérieurs, et disposait ses figures d'une manière piquante. Il copiait, comme Gérard Dow, ses modèles à l'aide du verre concave, sans se servir des carreaux pour les dessiner. Le cabinet du duc d'Orléans renfermait cinq tableaux de cet artiste, et la galerie du roi en comptait trois; notre Musée du Louvre en possède aujourd'hui quatre, qui sont : *Une Femme à sa toilette*, servie par une négresse ; *Deux Dames vêtues de satin*, prenant le thé dans un salon orné de statues ; un *Intérieur de ménage*, où l'on voit une femme allaitant son enfant ; et un *Portrait d'homme*. Nous avons de plus trois compositions fort remarquables de Guillaume Van Mieris, qui fut un des meilleurs élèves de son père. Ce sont *Les Bulles de Savon*, *Le Marchand de Gibier*, et *La Cuisinière*. Wille a fait plusieurs gravures d'après les œuvres de ces deux peintres. A. FILLIOUX.

MIEROSLAWSKI (Louis), émigré polonais, est né à Nemours, en 1813. Son père, alors aide de camp du maréchal Davout, avait épousé Melle Camille Notté, fille du directeur de la poste aux lettres de cette petite ville. Après la chute de l'empire, il rentra en Pologne, et obtint dans l'armée polonaise un grade équivalant à celui qu'il occupait dans l'armée française. Le jeune Louis, placé à l'école militaire de Kalisch, se trouvait encore dans cet établissement quand éclata, à Varsovie, l'insurrection du 30 novembre 1830. Agé alors seulement de seize ans, il entra dans les rangs de l'armée nationale avec le grade de sous-lieutenant, fit bravement son devoir pendant toute la durée de la lutte pour l'indépendance nationale ; et quand le sort des armes eut décidément prononcé, il se retira en France avec plusieurs milliers de ses compatriotes. Il s'y occupa de littérature, et y publia divers romans à tendance politique, comme *Bitwa Grochowska* (Paris, 1835); *Szuja*, *Pugaczew* et *Zelazna Maryna* (1836). Cette dernière production était une œuvre de la nature la plus frivole, dont l'auteur fit racheter et brûler plus tard tous les exemplaires. A la même époque il fit paraître dans notre langue un *Aperçu rapide sur l'histoire universelle* (Paris, 1836), et une *Histoire de la Révolution de Pologne* (3 vol., 1837). En 1840 il se rattacha au parti démocratique de l'émigration polonaise, et désigné dès lors comme le futur chef militaire de la révolution, il se livra avec ardeur à l'étude des sciences militaires, et publia la continuation de l'*Historya powstania narodu polskiego* de Mochnacki (3 vol., Paris, 1845), et un *Kurs sztuki wojennej*, czili *Rozbior Krytyczny Kampanii 1831* (Paris, 1845).

Dans la conspiration démocratique de 1846 tramée dans le grand-duché de Posen, de même que dans le procès auquel elle donna lieu, Mieroslawski joua le premier rôle, comme prisonnier et comme accusé. Il fut alors condamné à mort; mais sa peine fut commuée en un emprisonnement perpétuel. Il la subissait à Berlin, quand les journées de mars vinrent le rendre à la liberté. Il ne tarda point à passer alors dans le grand-duché de Posen, où il se mit à la tête d'une insurrection qui obtint d'abord quelque succès sur les troupes prussiennes. Par suite d'un compromis, il se rendit à Paris, d'où il partit les yeux sur lui pour le charger du commandement en chef de l'armée des patriotes siciliens. L'année suivante, il obtint celui de l'armée révolutionnaire qui s'organisa dans le grand-duché de Bade. L'insurrection de ce pays ayant été comprimée, Mieroslawski rentra en France, où il vit aujourd'hui retiré à Versailles, en donnant des leçons particulières. Le récit de l'insurrection du grand-duché de Posen, qu'il a publié sous le titre de *Powstanie poznanskie* (Paris, 1853) a vivement blessé ceux de ses compatriotes qui avaient pris part avec lui à cette échauffourée.

MIGNARD. Deux frères dont Nicolas et Pierre, furent des peintres habiles. Ils étaient originaires d'Angleterre ; ils s'appelaient *More*. Cette famille s'était établie en France vers l'an 1500. Le père de Nicolas et de Pierre servait avec six de ses frères dans les troupes de Henri IV, pendant les troubles de la Ligue. Le prince, frappé de la beauté de leur figure, demanda leur nom, et, l'ayant appris, il répondit gaiement : » Ce ne sont pas là des Mores, ce sont des Mignards. » Ce nom leur demeura.

MIGNARD (Nicolas), l'aîné, naquit à Troyes, en Champagne, en 1608. Il fut plus habile pour le portrait que pour l'histoire, qu'il peignait rarement ; on lui donna le surnom d'*Avignon*, autant pour le distinguer de son frère qu'à cause du long séjour qu'il fit dans cette ville. Le cardinal Mazarin, malade à Avignon, rêvait la tiare; Nicolas Mignard, peignant le prélat, d'un coup de pinceau lui donna les insignes de la papauté. Louis XIV et toute la cour applaudirent à cette flatterie : ce fut l'époque de la fortune du peintre, qui vint à Paris, où il mourut recteur de l'Académie royale de Peinture, en 1668.

MIGNARD (Pierre), frère cadet du précédent, naquit aussi à Troyes, en 1610 ; il montra de bonne heure du goût pour le dessin ; à douze ans, il faisait au crayon des portraits si ressemblants que chacun voulait se faire dessiner par lui. A douze ans, son père l'envoya à Bourges pour apprendre les premiers éléments de la peinture, auprès d'un peintre nommé Boucher, qui était fort estimé dans la province : il n'y demeura qu'un an, et revint à Troyes, où il travailla sous François Gentil, habile sculpteur. Il alla ensuite à Fontainebleau, où il se fortifia en étudiant les beaux ouvrages de Primatice et les sculptures que ce grand peintre avait fait venir de Rome ; il y resta deux ans. De retour à Troyes, il y trouva le maréchal de Vitry de Lhospital, qui lui fit peindre la chapelle de son château de Coubert en Brie. Ce seigneur l'amena à Paris, et le plaça sous la conduite de Simon Vouët, alors peintre favori de la cour. Mignard, s'étant fortifié de plus en plus dans ses études, sentit le besoin d'aller à Rome pour se perfectionner encore. Il y arriva en 1636, et se lia avec Dufresnoy. Étant à Parme en 1642, Pierre Mignard peignit dans un seul tableau la famille de Hugues de Lionne, envoyé par la reine Anne d'Autriche, en qualité de plénipotentiaire, pour terminer la guerre de Parme ; il fit ensuite le portrait du pape Urbain VIII. Ce fut peu de temps après qu'il peignit le superbe tableau de *Saint Charles Borromée donnant la communion aux pestiférés de Milan*. Ce tableau a été gravé par Poilly.

Après qu'il eut peint à Florence le grand-duc et toute la famille de l'illustre maison des Médicis, le pape Alexandre VII l'appela au Vatican pour se faire peindre lui-même. La réputation de Mignard était parvenue à la cour de France. Louis XIV le fit revenir à Paris ; il eut l'honneur de peindre plusieurs fois ce prince et la famille royale. Le roi l'anoblit en 1687 ; et après la mort de Le Brun, arrivée en 1690, il le nomma son premier peintre ; le même jour il fut reçu à l'Académie royale de Peinture professeur, recteur, directeur et chancelier.

Le talent de Mignard se distingue par une grande érudition et par beaucoup de ressemblance avec les productions de quelques peintres habiles de l'Italie, notamment avec Dominiquin et Annibal Carrache : de ce dernier, il a copié, par ordre de Louis XIV, les plafonds de la belle galerie Farnèse, pour décorer aux Tuileries la galerie connue sous le nom de *Diane*. Mignard possédait les principales qualités que l'on exige dans l'art de peindre, sans cependant en avoir jamais porté aucune à la perfection. Dans le cours de son voyage en Italie, il avait étudié les peintures de Dominiquin, et sa manière solide et forte de peindre avait de l'analogie avec celle de ce grand maître : aussi a-t-il excellé dans la peinture des plafonds, décoration fort à la mode de son temps. Son imagination était féconde, ses pensées grandes et nobles. Dans les tableaux de Mignard, les groupes des personnages, ainsi que les objets qui les accompagnent, sont disposés et placés avec sagesse ; son dessin est correct et d'un beau choix, sa façon de peindre est moelleuse et facile, son coloris est beau et harmonieux. La science et la raison se montrent dans toutes ses productions, et pourtant on ne peut les considérer comme des ouvrages du premier ordre, parce qu'il y manque ce feu divin qui appartient au génie. On remarque surtout que Mignard, maîtrisé par ses pensées, ne maîtrise jamais celles des autres ; toujours calme, il ne s'élève point au delà du possible ; et malgré la vérité et la beauté de ses expressions, il n'émeut personne. Un des traits caractéristiques de ce peintre est d'offrir dans tout ce qu'il produit la physionomie de la cour fastueuse et brillante de Louis XIV, et en cela ses inventions ressemblent à celles de Charles Le Brun ; mais c'est par cette ressemblance même que l'on voit mieux la différence de sentir de tous deux. Charles Le Brun a peint l'image de la grandeur, l'air imposant de la puissance. Mignard, au contraire, cherchant à plaire , a représenté les hommes de la cour tels qu'ils sont : abandonnés à la mollesse et jouissant de tous les avantages de la richesse. En un mot, il a donné aux personnages qu'il a peints un air affecté : celui de la fatuité, l'apanage ordinaire des courtisans ; celui que prennent généralement dans le monde cette classe d'hommes que l'on dit *de bonne compagnie*. Qu'on examine le tableau de la *Clémence d'Alexandre envers la famille de Darius*, par Le Brun, et le même sujet peint par Mignard : les deux tableaux ont été faits en concurrence, et l'avantage n'est pas en faveur du dernier. On y voit les personnages dans des poses théâtrales, lourdement dessinés, costumés sans goût, sans grâce, et emplumés comme l'étaient alors les servants sur le théâtre de la cour. Le tableau de Le Brun, au contraire, est sagement et noblement composé, dans un style convenable, admirable surtout par la beauté de ses expressions. La prétention a nui au succès de l'ouvrage de Mignard.

Les ouvrages les plus remarquables de Mignard sont ses peintures de la *petite galerie de Versailles*, les plafonds de la grande galerie du château de Saint-Cloud, et le *dôme du Val-de-Grâce*, qu'il a peint à fresque, représentant le *Paradis*, où se trouvent les archanges, les anges, avec tous les saints. On y voit la reine Anne d'Autriche, fondatrice de ce couvent, conduite par sainte Anne et saint Louis. Ce qu'il y a de plus remarquable dans la vie de ce peintre, c'est d'avoir été l'ami intime de Molière et d'avoir laissé à la postérité le portrait de ce grand philosophe. Mignard a peint plusieurs fois son ami dans différents rôles. On voit au Musée plusieurs beaux tableaux de ce peintre célèbre, entre autres son portrait en pied avec sa fille, un *Portement de Croix*, dans lequel il faut admirer l'expression de Jésus-Christ ; une *Sainte Cécile*, une *Sainte Famille*, etc. Son autre tableau de *La Peste des Philistins* passe pour un de ses chefs-d'œuvre.

Pierre Mignard mourut à Paris, en 1695, à l'âge de quatre-vingt-cinq ans, comblé d'honneurs et de fortune. Le roi honora de ses regrets la perte que faisaient les arts ; il dit publiquement : « Je ne veux plus de premier peintre, les deux grands hommes qui ont eu successivement cette charge ne pouvant être remplacés par personne. »

Ch^{er} Alexandre Lenoir.

MIGNET (François-Auguste-Alexis), membre de l'Académie Française et secrétaire perpétuel de l'Académie des Sciences morales et politiques, est né le 8 mai 1796, à Aix (Bouches-du-Rhône). Il fut élevé à Avignon, et ses études universitaires une fois terminées, il alla étudier le droit à la Faculté de sa ville natale, où il eut pour condisciple M. Thiers. Il était déjà reçu avocat lorsque l'Académie d'Aix mit au concours l'*Éloge de Charles VII*. Il concourut, et obtint le prix. Ce succès le détermina à venir se fixer à Paris, où les jeunes talents ont toujours plus de chances de percer qu'en province, et où le suivit aussi le condisciple et l'ami qui devait se faire un nom si considérable dans la politique, et dont pendant longtemps, par une espèce d'*association* vraiment *fraternelle*, il partagea la demeure. En 1822 il remporta par moitié le prix sur une question mise au concours par l'Académie des Inscriptions et Belles-Lettres, à savoir : Quel était à l'époque de l'avènement au trône de saint Louis l'état du gouvernement et de la législation en France ? Deux ans plus tard il fit paraître son *Histoire de la Révolution* (2 vol., in-8°), brillant et solide ouvrage, dont dix éditions n'ont pas épuisé le succès. Dans cet ouvrage, M. Mignet juge les événements de notre révolution au point de vue de l'école fataliste, et il s'efforce de prouver ce qu'eut de nécessaire et d'inévitable la marche des idées de la révolution française, non pas seulement dans ses faits généraux et immédiats, mais encore dans ses conséquences les plus extrêmes. Déjà il était entré à la rédaction du *Courrier français*, en même temps que M. Thiers devenait l'un des écrivains habituels du *Constitutionnel* ; et jusqu'en 1830 l'un et l'autre restèrent fidèles à la collaboration que leur avaient accordée ces deux journaux, alors organes de l'opposition la plus avancée. Mais à ce moment, six mois avant la révolution de Juillet, ils s'associèrent à Carrel pour fonder un nouvel organe de l'opposition : *Le National*, qui devait avoir pour mission de populariser en France l'idée d'une substitution de la branche cadette de la maison de Bourbon à son aînée, comme seul moyen d'en finir avec la lutte toujours pendante entre les intérêts de la révolution et des générations nouvelles et l'ancien régime.

M. Mignet, en signant la protestation de la presse contre les fameuses ordonnances de Juillet, avait joué sa tête ; le nouveau gouvernement lui en récompensa en l'appelant à remplacer, comme directeur des archives du ministère des affaires étrangères, le comte d'Hauterive, mort, à son poste, de vieillesse et d'épuisement, pendant la bataille des trois jours. Peu de temps après, il fut nommé conseiller d'État en service extraordinaire et chargé, en cette qualité, de soutenir la discussion du budget dans les chambres pendant les sessions de 1832 à 1835. À la mort de Ferdinand VII, ce fut sur lui que le gouvernement jeta les yeux pour une mission extraordinaire à Madrid, où il alla porter à la veuve de Ferdinand l'assurance de l'entier concours sur lequel elle pouvait compter de la part de la France pour la défense des droits créés en faveur de ses enfants par la pragmatique du feu roi. Déjà, la même précédente, il avait été appelé à faire partie de la classe des Sciences morales et politiques de l'Institut, dont à la mort de Charles Comte il fut nommé secrétaire perpétuel. Dans l'exercice de ces fonctions, il a eu occasion, depuis une vingtaine d'années, de présenter, suivant l'usage, à l'Académie l'appréciation de la vie et des ouvrages de ceux de ses membres qu'elle perdait. En dépit de la monotonie inévitable du sujet, ces notices, remarquables par la finesse des aperçus, par l'élévation de la pensée, par l'élégance châtiée du style, resteront un de ses principaux titres littéraires. On en a réuni un certain nombre sous le titre de *Notices et Mémoires historiques*.

On a encore de M. Mignet : *Négociations relatives à la succession d'Espagne sous Louis XIV* (4 vol., Paris, 1835) ; et tout récemment il nous a donné une excellente histoire de *Marie Stuart* (1850), puis un travail sur *Charles-Quint, son abdication*, etc. (1854). En 1837 l'Académie Française l'élut au nombre de ses membres en remplacement de Raynonard. Demeuré constamment l'ami intime de M. Thiers, M. Mignet devait nécessairement être regardé par les hommes de Février comme un de leurs ennemis. Un des premiers actes de M. de Lamartine, en prenant possession du ministère des affaires étrangères, fut donc d'enlever à son collègue de l'Académie les fonctions de directeur des archives de ce département ; et l'honorable écrivain est un de ceux qui ont cru devoir refuser leur concours au pouvoir actuel.

MIGNON (ABRAHAM), dont le nom est resté justement célèbre parmi ceux des peintres de fleurs, naquit à Francfort, en 1640. Deux maîtres d'un mérite inégal et d'une renommée bien différente contribuèrent à le former. Le premier, Jacques Murel, le garda chez lui jusqu'à l'âge de vingt-quatre ans. Profitant alors d'un voyage qu'il fit en Hollande, il conduisit Mignon à Utrecht, et l'y laissa entre les mains de Jean David de Heem, l'un des plus habiles peintres de nature morte (1664). Esprit laborieux et délicat, Abraham Mignon devint bientôt un maître lui-même, et jusqu'à sa mort, arrivée en 1679, il ne cessa pas de peindre avec succès des fleurs, des fruits, et quelquefois des animaux. Il laissa deux filles, qui imitèrent son style, et une remarquable élève, Marie-Sibylle Mérian, qui a publié un gros livre sur l'entomologie. Les tableaux d'Abraham Mignon ont conservé dans les ventes une assez grande valeur : le Musée du Louvre en possède cinq, tous extrêmement achevés, et qui représentent des fruits, des bouquets de fleurs que viennent animer des lézards, des papillons, des demoiselles. Le dessin de Mignon est d'une exactitude parfaite et d'une rare finesse ; peu d'artistes en ont aussi bien connu que lui, si l'on peut ainsi dire, l'anatomie des plantes : sa touche révèle une main d'une singulière patience, mais son coloris n'est pas toujours assez harmonieux : il y a aussi dans son exécution quelque chose d'un peu sec, qui nous oblige à le classer au-dessous de son maître, David de Heem, et Van Huysum.

P. MANTZ.

MIGNONNE. *Voyez* CARACTÈRE (*Typographie*).

MIGNONS. Ce nom, qui est le même que celui de *menins*, est resté plus spécialement affecté dans l'histoire aux jeunes favoris de Henri III, compagnons de ses débauches et complices de son infâme libertinage. « Ce fut en 1576, dit L'Étoile, que le nom de *mignons* commença à trotter par la bouche du peuple, à qui ils étaient fort odieux, tant pour leurs façons de faire badines et hautaines, que pour leurs accoutrements efféminés et les dons immenses qu'ils recevaient du roi. Les beaux *mignons* portaient des cheveux longuets, frisés et refrisés, remontant par-dessus leur petit bonnet de velours, comme chez les femmes, et leurs fraises de chemise de toile d'atour empesées et longues d'un demi-pied, de façon qu'à voir leur tête au-dessus de leur fraise, il semblait que ce fût le chef de saint Jean dans un plat. »

Les mignons de Henri III furent d'abord Quélus, Livarot, Saint-Mesgrin et Maugiron ; puis le duc de Joyeuse, le marquis d'O et le duc d'Épernon. Le duc d'Anjou avait aussi les siens, dont le plus connu était Bussy d'Amboise. Quélus, Maugiron et Livarot ayant été tués en duel, en 1578, furent enterrés avec magnificence dans l'église de Saint-Paul, près du maître autel. Henri III leur fit élever de superbes tombeaux, que les Parisiens, excités par les prédicateurs, détruisirent en 1589. « Il n'appartenoit pas, disaient-ils, suivant L'Étoile, à ces méchants, morts en reniant Dieu, sangsues du peuple et *mignons* du tyran, d'avoir de si braves monuments et si superbes en l'église de Dieu, et leurs corps n'étoient dignes d'autre parement que d'un gibet. » On trouve de curieux détails sur les mignons et sur les mœurs de Henri III dans la *Description de l'île des Hermaphrodites*, par T. Artus, 1605.

MIGNOT (MARIE). *Claudine* MIGNOT, car c'est ainsi qu'il faut appeler celle que ses compagnes désignaient sous le prénom de la *Llauda*, et que les biographes et les vaudevilles nomment Marie-Claudine Mignot, était la fille d'une herbière des environs de Grenoble. Il en est qui en font en même temps la nièce de ce pâtissier Mignot qui voulut intenter un procès à Boileau pour l'avoir traité d'empoisonneur gastronomique dans une de ses satires. Jeune elle prit l'état de blanchisseuse. Elle était jolie ; le secrétaire du trésorier de la province l'aima, et résolut de l'épouser : il présenta sa fiancée au trésorier, M. d'Amblerieux, vieillard dont l'âge n'avait pas, à ce qu'il paraît, amorti la passion, car celui-ci devint éperdument amoureux de Claudine. Il éconduisit son secrétaire, le supplanta, et épousa à sa place la jolie blanchisseuse. Le trésorier mourut bientôt, instituant sa veuve légataire universelle ; ses héritiers attaquèrent en justice ces dispositions testamentaires, et la trésorière, obligée de venir à Paris solliciter pour le procès, s'adressa au maréchal de Lhospital. Le maréchal avait alors soixante-quinze ans ; il la vit, l'aima et l'épousa dans la même semaine, la laissa eu bout de deux ans veuve et à peu près ruinée, car il avait dissipé sa fortune. Jean Casimir II, après avoir abdiqué le trône de Pologne, s'était retiré à l'abbaye de Saint-Germain-des-Prés, s'était, disait-on alors, fait de l'Église ; il ne s'en fit cependant pas tellement fait, que le sacrement du mariage lui fût interdit, et il épousa à son tour Marie Mignot, comme Louis XIV épousa plus tard Mme de Maintenon, sous le manteau de la cheminée. Il la laissa veuve en 1672 ; elle mourut en 1711.

MIGRAINE. A la vue de ce titre, bien des lecteurs se demanderont s'il existe encore des migraines : en effet, la mode en est passée. Ce prétexte commode pour écarter une visite importune ou refuser une invitation fâcheuse, a disparu comme les vapeurs ; on en avait trop abusé. La maladie seule est restée, et les signes qui la caractérisent ne permettent pas de la confondre avec toute autre *céphalalgie*.

On désigne sous le nom d'*Hémicranie* ($\eta\mu\iota\sigma\upsilon\varsigma$, moitié, et $\kappa\rho\alpha\nu\iota\upsilon\nu$, crâne), dont on a fait le mot *migraine*, une affection douloureuse d'un point circonscrit de la tête, revenant toujours par accès et accompagnée de troubles fonctionnels des voies digestives et des sens. Cette douleur, d'un caractère variable, débute surtout dans la matinée, parfois tout d'un coup et plus souvent annoncée par des phénomènes précurseurs. Les prodromes varient pour chaque malade : ce sont en général des nausées, la salivation, le trouble des digestions, l'anorexie ou parfois une faim excessive. On observe en outre des malaises, de la lassitude, une tristesse sans cause, des horripilations, du froid aux pieds et parfois une sorte d'engourdissement incommode de la langue et même de la bouche. D'autres symptômes indiquent le *début* de l'accès. La vue dans certains cas est obscurcie par un nuage se manifestant au centre de l'image qui se peint sur la rétine. Puis autour de ce nuage brille, oscille ou s'entrecroise en zigzags un cercle lumineux, irisé ou pâle, qui va s'élargissant vers le centre et vers la circonférence (M. Piorry). Cette fonction hallucination visuelle, comme d'autres désordres nerveux de l'ouïe (bourdonnement), serrement d'oreilles), de l'odorat (odeurs des narines, etc.), constriction pénible à la base du nez, fourmillement dans les membres, dure très-peu. La douleur locale de l'orbite, du front, de la tempe, les remplace. D'abord légère, contusive, en quelque sorte hésitante, elle s'étend et s'irradie peu à peu, et parfois devient intolérable. Il semble à quelques malades que la tête soit serrée dans un étau, ou qu'elle soit sur le point de se fendre. Les téguments du crâne, les cheveux ne peuvent alors être touchés sans provoquer une vive souffrance. La tête ne peut sans douleur se mouvoir en aucun sens ; tout travail intellectuel est impossible ; enfin le moindre bruit, une lumière un peu vive, les odeurs, fatiguent à l'excès. Il survient dans quelques cas des mouvements convulsifs des muscles du visage et même des membres (Tissot, M. Pelletan). Le tour des orbites se cerne ; la face exprime la souffrance ; elle pâlit, ou, par exception, elle est colorée, turgescente et baignée de sueur. Ces phénomènes locaux s'accompagnent généralement de troubles du côté de l'estomac : la bouche est amère, la langue blanche ; il y a dégoût pour les aliments et les boissons. Enfin, fréquemment des nausées et des vomissements très-pénibles surviennent, suivis souvent de soulagement. Après être restée quelque temps stationnaire, la douleur peu à peu décroît, et cesse, laissant tout au plus le malade courbattu et endolori pendant un jour ou deux. Parfois une sorte d'embarras du cerveau et des sens persiste pendant le même temps. L'accès cesse souvent après un sommeil de quelques heures ou par l'apparition soit de règles, soit d'épistaxis.

Beaucoup plus rarement on a noté des phénomènes critiques, tels que des sueurs générales ou partielles (Tissot), le larmoiement (Wopfer), etc. L'accès se reproduit à des intervalles, soit irréguliers, soit égaux, rarement moins de quatre fois par an et plus de quatre fois par mois. La périodicité réelle est rare, et souvent trouve son explication non dans la maladie elle-même, mais bien dans le retour à des époques régulières d'une cause qui développe l'accès, des excès de table, par exemple, etc. Si la durée moyenne de l'accès est de dix à douze heures, il se prolonge souvent pendant vingt quatre et quarante-huit heures ; on cite même des accès de trois et de cinq jours.

La migraine ne survient guère avant l'âge de sept à huit ans, plus souvent à l'époque de la puberté et rarement après vingt-cinq ans, à moins qu'elle ne soit symptomatique d'affections plus graves. Peu intense dans les premiers temps, elle augmente pendant quelques années, et après être restée stationnaire, elle décroît et disparaît peu à peu aux approches de la vieillesse ou chez les femmes à l'époque de la ménopause, souvent alors après avoir pris pendant quelque temps une grande intensité.

Par elle-même cette névrose n'est pas dangereuse et n'entraîne jamais la mort ; mais c'est tout au moins une maladie très-douloureuse, et qui, par la fréquence comme par l'intensité des accès, peut attrister beaucoup de la vie. A la longue elle occasionne la chute des cheveux ou les fait blanchir ; et souvent la vision et la mémoire semblent s'affaiblir. Il est fort douteux que la disparition brusque des accès puisse occasionner quelques désordres dans l'économie, comme l'ont affirmé plusieurs auteurs, faute peut-être d'avoir remarqué pendant le cours de toute maladie grave les accès de la migraine sont presque toujours interrompus. De deux affections existant simultanément chez le même individu, la plus grave, a dit Hippocrate avec beaucoup de raison, efface l'autre. Il serait beaucoup plus vrai de dire que la migraine est souvent salutaire, du moins chez les personnes dont l'estomac fonctionne mal, soit par les vomissements qu'elle provoque, soit plutôt par les précautions hygiéniques auxquelles elle astreint.

Le *diagnostic* ne présente pas de difficulté réelle. Les prodrômes, l'ensemble des phénomènes locaux et généraux qui constituent l'accès, sa courte durée, ses complètes et longues intermittences ne permettent pas la confusion.

Chez les très-jeunes sujets, elle pourra simuler le début d'une méningite ; mais le doute sera de courte durée. Plus tard on saura toujours facilement la distinguer d'avec les affections franchement névralgiques, rhumatismales, hystériques, etc. Enfin, les nombreuses affections organiques que la céphalalgie accompagne n'ont point, comme la migraine, d'intervalles de santé parfaite.

DICT. DE LA CONVERS. — T. XIII.

La *cause essentielle* de la migraine est inconnue ; et comme les accès, même les plus violents, ne laissent aucune trace, l'anatomie pathologique n'a rien pu apprendre sur ce sujet. Au nombre des causes qui en favorisent le développement, on range l'hérédité, le sexe féminin, une grande susceptibilité nerveuse, la vie sédentaire, l'habitation dans une chambre obscure, les travaux fatigants pour la vue et les troubles dans la menstruation. L'excitation des centres nerveux par les passions violentes, les fortes contentions d'esprit, l'abus des spiritueux, du café et des narcotiques y prédisposent également. Mais aucune cause n'est plus puissante que la souffrance des voies digestives. Les écarts de régime sont bientôt suivis d'un accès et le manque d'appétit ainsi que les digestions pénibles en annoncent le prochain retour. Le consensus existant entre la cause de la migraine et l'état de l'estomac n'a échappé à aucun bon observateur. Tantôt l'accès survient sans cause appréciable, tantôt par les causes les plus légères, comme certaines modifications dans l'électricité atmosphérique, l'action subite d'une lumière intense, la fatigue de la vue par une lecture prolongée ou celle d'un livre imprimé en caractères très-fins après le repas. Les odeurs pénétrantes, un bruit éclatant, la fatigue, le dérangement ou la privation du sommeil, une mauvaise digestion, un changement dans les heures du repas, la privation du café, etc., agissent de même.

On a cherché à expliquer la *nature* de la migraine par un vice de circulation (Hoffmann), par le dépôt d'une sérosité âcre (C. Piso) ; Scobelt y voit une affection rhumatismale, Chaussier et Pinel une névralgie de la branche orbito-frontale du nerf trifacial, M. J. Pelletan la névralgie du nerf ophthalmique ; enfin, pour M. Piorry c'est une névrose de l'iris, s'étendant à de nombreux rameaux nerveux. Par son symptôme principal, la douleur, la migraine appartient aux névralgies sans doute : toutefois, elle en diffère parce quelle a un point de départ, une sorte d'*aura* soit du côté de l'estomac et de l'utérus, soit du côté des sens, sa marche par accès isolés, courts et fort éloignés, son apparition et sa terminaison à des âges connus ; enfin, ses phénomènes généraux en font une névrose spéciale différente de toutes les autres névralgies.

Le *traitement* de la migraine est dirigé contre l'accès déclaré ou contre la maladie elle-même. Ce dernier puise ses indications dans l'étude des causes. Il combattra la pléthore par les émissions sanguines, les laxatifs et le régime, etc., l'état nerveux par les toniques, la gymnastique, le fer, etc., la dysménorrhée par des moyens variés, adaptés à sa cause présumée ; le dérangement des fonctions digestives par le régime approprié. Haller, Linné, Marmontel racontent qu'en buvant au réveil et avant le coucher quelque verrées d'eau pure, ils se sont guéris de migraines très-anciennes ; ajoutons, qu'ils s'étaient en même temps imposé beaucoup d'exercice et de sobriété, Van Swieten et Tissot avaient recours à l'ipécacuanha et à la suite donnaient des laxatifs et des amers. Les paullinia, les aromatiques et tant d'autres spécifiques trop vantés n'agissent que par leur influence sur l'estomac. Si des excès, de mauvaises habitudes étaient soupçonnés, le premier soin serait de les écarter. Enfin, dans la migraine ophthalmique on évitera toute cause de fatigue des yeux.

Si cependant l'accès n'a pu être prévenu, il faut dès son début chercher le silence, l'obscurité, l'éloignement des odeurs, le repos et même le sommeil. Le malade boira une infusion peu sucrée de café, de thé ou de quelque plante aromatique ; il prendra un lavement, s'il y a de la constipation. Parfois, au début, un bain de pieds sinapisé ou l'application d'un sinapisme sur l'épigastre réussira. Dans certains cas, on se trouvera bien de chercher la distraction, un peu d'exercice. La douleur sera calmée par les narcotiques et par le cyanure de potassium en application. L'estomac réclame des soins variés ; parfois il suffira de prendre de petites quantités d'aliment, ou bien il faudra donner un vomitif, quelques laxatifs. Les applications d'éther, d'eau

ammoniacale sur le front ont rarement beaucoup de succès. L'électricité en a eu davantage. Enfin, soit que l'imagination ait fait on non tous les frais de la cure, l'application de barreaux aimantés a semblé calmer quelquefois la douleur. A tort le traitement passe pour avoir peu d'action sur la migraine : il agit puissamment sur les causes multipliées qui ramènent les accès ; et, si l'on apporte du soin et de la persévérance, on peut être assuré d'amoindrir et d'éloigner ses accès, enfin de détruire peu à peu cette habitude maladive.
Dr Aug. GOUPIL.

MIGRATION (du latin *migratio*, fait de *migrum*, pour *mutare agrum*, changer de lieu, de demeure), transport, action de passer d'un lieu dans un autre, pour s'y établir. Il ne se dit qu'en parlant d'une partie considérable de peuple, ou bien des âmes et des oiseaux.

MIGRATION DES ÂMES. *Voyez* MÉTEMPSYCHOSE.
MIGRATION DES OISEAUX. *Voyez* OISEAUX.
MIGRATION DES PEUPLES (Grande). On a coutume de désigner ainsi la série d'expéditions entreprises par les peuples germains et autres vers l'ouest et le sud de l'Europe, expéditions qui forment le point de transition entre l'antiquité et le moyen âge. Les migrations des peuples germains donnèrent au sud-ouest de l'Europe, où la domination romaine se trouva anéantie, une population nouvelle, qui se forma par le mélange de l'ancien élément romain avec les nouveaux arrivants. Ceux-ci embrassèrent le christianisme et adoptèrent non-seulement de nouvelles institutions sociales et religieuses, mais jusqu'à de nouvelles formes de langues (*voyez* ROMANES [Langues]). En Germanie même, parmi les peuplades qui n'émigrèrent pas du tout, les unes s'étendirent davantage, les autres se transportèrent un peu plus loin, et furent aussitôt remplacées aux lieux qu'elles quittaient par d'autres tribus germaines. Ce mouvement, dans lequel plusieurs peuples périrent ou disparurent en se fusionnant avec d'autres nations, se continua jusqu'au moment où les peuples se fixèrent d'une manière stable et définitive aux lieux où les trouve l'histoire, alors que commence le moyen âge proprement dit. Un événement qu'on considère généralement comme le point de départ de la grande migration des peuples, l'irruption des Huns en Europe, arrivée en l'an 375 de notre ère, influa puissamment sur ce mouvement, qui avait déjà commencé, et qui n'était pas encore complétement terminé (tout au moins à l'est) au moment où les Lombards pénétrèrent en Italie (en 568). On manque de renseignements précis sur les motifs qui déterminaient alors les peuples à aller s'établir sous d'autres climats ; mais il est à présumer que le goût de la guerre et des aventures, la surabondance de population, le désir de vivre dans de plus beaux pays, et peut-être bien aussi des dissensions intérieures, furent autant de causes qui excitèrent les peuples, ceux du moins qui étaient le plus éloignés des frontières de l'Empire Romain, à abandonner, soit en masse, soit partiellement, leurs anciennes demeures. Quant aux nations les plus rapprochées des Romains, il semble tout naturel que les guerres incessantes qu'elles faisaient à leurs riches et puissants voisins, après en avoir été à l'origine que des brigandages, aient fini par devenir des guerres de conquête. C'est là ce qui arriva, à l'ouest de la Germanie notamment, pour les deux confédérations des *Alemani* et des *Francs*. Les *Alemani* partirent des bords du bas Mein central, vers la fin du troisième siècle, se dirigeant vers le sud, où ils commencèrent par s'emparer des établissements fortifiés qu'y avaient formés les Romains (*voyez* DIABLE [Mur du]), et d'où, au quatrième siècle et au commencement du cinquième, ils se portèrent à l'ouest, par delà le Rhin, vers les Vosges ; au sud, par delà une partie de la Rhétie et de l'Helvétie, jusqu'au plateau des Alpes ; à l'ouest, mais unis alors aux Jouthoungs ou Suèves, jusqu'aux bords du Lech. Les contrées situées au sud du Mein qu'ils avaient abandonnées furent occupées en premier lieu par les Bourguignons, puis par les Francs ; et dans les contrées nouvelles où ils se fixèrent en conservant leur nationalité germaine, ils furent soumis par les Francs, vers l'an 496. Les Francs du bas Rhin, dits *Saliens*, s'établirent, à partir de la fin du troisième siècle, entre le Rhin et l'Escaut ; et de là, au commencement du cinquième siècle, ils s'étendirent jusqu'à la Somme et aux Ardennes. Leur roi Chlodwig conquit en 486 la partie de la Gaule demeurée romaine jusque alors, et y fonda un empire qu'il accrut encore en subjuguant, en 496, les Alemani, en soumettant, en 507, une partie de la Gaule ostrogothique, et en y adjoignant les Francs Ripuaires, auxquels, en 430, le Romain Aétius avait, sans coup férir, cédé la contrée située entre le Rhin, la Meuse et les Ardennes. Ses fils l'augmentèrent encore, du côté de l'Allemagne, en détruisant, vers 530, l'empire des Thuringiens (*voyez* THURINGE), où les Francs s'établirent au delà du Mein ; et en Gaule, vers 534, par la soumission des Bourguignons.

Pendant que les Francs s'avançaient ainsi à l'ouest, les Saxons, suivant leurs traces de près, poussaient aussi vers le Rhin, et dès le cinquième siècle créaient des établissements le long des côtes de la Gaule. Mais les expéditions que, d'accord avec les Angles et les Jutes, ils entreprirent à la même époque pour soumettre à la domination germaine la Bretagne, que les Romains avaient dû abandonner, furent bien plus importantes et eurent des suites autrement durables.

A l'époque où périt l'empire des Thuringiens, c'est-à-dire au commencement du sixième siècle, les Bajovariens, qui semblent n'être autres que les descendants des anciens Marcomans, sortirent du fond de ce qu'on appelle aujourd'hui la Bohême, et s'établirent dans une contrée jadis romaine, qu'avaient déjà souvent traversée d'autres peuplades dans leurs migrations vers le sud ou l'ouest, et que de leur nom on appelle aujourd'hui la *Bavière*. Les peuplades sorties du nord-est de la Germanie s'éloignèrent bien davantage de leur sol natal. C'est ainsi que dès l'an 200 les Goths abandonnèrent l'embouchure de la Vistule pour se diriger vers la mer Noire, d'où, au troisième siècle, ils entreprirent des expéditions, tant par terre que par mer, vers l'Asie Mineure, la Grèce et les rives romaines du Danube, vers l'an 270, Aurélien leur fit abandon de la *Dacie*. Le puissant empire d'Ermanrich, qui commandait aux Visigoths établis entre la Theiss, les Karpathes, le Dniester et le Danube, ainsi qu'aux Ostrogoths fixés entre le Dniester et le Don, fut détruit en 375 par les hordes mongoles et tatares des Huns, qui en se dirigeant du fond de l'Asie vers l'ouest subjuguèrent d'abord les Alains, peuple scythe établi entre le Volga et le Don, puis les Goths. Après avoir séjourné pendant quelque temps dans les contrées situées entre le Don et la Theiss, ces hordes s'avancèrent plus loin à l'ouest sous les ordres d'Attila, qui subjugua les peuplades germaines fixées sur les rives du Danube. Cette masse de barbares, semblable à un torrent dévastateur, pénétra jusque dans la contrée qu'on appelle aujourd'hui la Champagne. C'est là qu'en 541 le Romain Aétius et le Visigoth Théodoric Ier mirent un terme aux progrès ultérieurs des envahisseurs, par la victoire décisive qu'ils remportèrent dans les champs catalauniques. Attila mourut après avoir encore pénétré en Italie par le nord-est, en 543. Après sa mort les peuplades germaines des deux rives du Don recouvrèrent leur indépendance, mais n'en demeurèrent pas moins toujours des tribus de Huns, dont descendaient vraisemblablement les Bulgares qu'on voit au sixième siècle se porter entre les peuplades germaines vers le sud. Avant l'arrivée des Huns, les Visigoths (*voyez* GOTHS) avaient presque complétement évacué l'Empire Romain. La victoire qu'ils remportèrent (an 378) à Andrinople sur Valens leur assura la possession de la Mésie et de la Thrace. Alaric, après avoir saccagé la Grèce, les conduisit dès 402 en Italie, d'où ils furent repoussés par Stilicon, lequel, en 406, anéantit également en Toscane une grande armée composée de diverses hordes germaines, qui s'y était arrivée des bords du Danube central.

A sa mort (an 408) les Visigoths, commandés par Alaric,

pénétrèrent de nouveau en Italie, d'où, en 412 seulement, Athaulf les conduisit au midi de la Gaule et en Espagne. L'empire visigoth qui y fut alors fondé, arrêté dans ses progrès en Gaule par les Francs, en 507, mais agrandi en Espagne par la conquête de l'empire que les Suèves y avaient créé, périt en 711 sous les coups des Arabes.

Les Ostrogoths (*voyez* Goths) apparaissent en Pannonie après la dissolution de l'empire des Huns, auquel ils s'étaient rattachés. En 473, Théodemir et Théodoric les conduisirent en Mésie. Unis aux Rugiens, lesquels, partis des rives de l'Oder, étaient allés s'établir dans la Marche et dans la basse Autriche, et qui implorèrent leur appui contre leur compatriote O d o a c r e, destructeur de l'Empire d'Occident, ils envahirent l'Italie sous les ordres de T h é o d o r i c le Grand, en 488. Mais dès 554 les Byzantins commandés par Narsès détruisaient l'empire qu'ils y avaient fondé et anéantissaient leur nation après une héroïque résistance.

Les Vandales furent ceux qui pénétrèrent le plus avant vers le sud. Partis du versant oriental des *Riesengebirge*, ils s'étaient d'abord portés en Transylvanie, d'où, au commencement du quatrième siècle, ils - avaient été expulsés et refoulés vers la Pannonie par les Goths ; et après un assez long intervalle de repos ils avaient, en 406, repris leur marche vers l'ouest. Les Alains et les Suèves des contrées orientales et centrales de la Germanie se joignirent à eux. Après avoir franchi le Rhin à Mayence et dévasté la Gaule, ces peuples, à l'exception d'une partie des Alains, qui s'y fixèrent, pénétrèrent en Espagne en 409. Les Alains s'établirent en Lusitanie, où ils ne tardèrent point à être subjugués par le Visigoth Wallia; les Suèves s'établirent au nord-ouest de la Péninsule, où leur empire ne se fondit dans celui des Visigoths qu'en 585. Quant aux Vandales, G e n s é r i c les conduisit en 429 en Afrique, où il fonda un empire qui comprenait toute la côte septentrionale depuis l'Océan jusqu'à la Grande Syrte, et qui dura jusqu'en 533, époque où il périt sous les coups de Bélisaire, lequel anéantit en même temps la nation des Vandales.

Les Bourguignons étaient partis des contrées riveraines de la Netze et de la Warthe, et s'étaient dirigés au sud-est, où ils reparaissent dans le voisinage des Visigoths, vers les rives du Danube, en Hongrie. Refoulés par les Gépides et les Vandales, ils se dirigèrent à l'ouest, vers l'an 300, et séjournèrent pendant longtemps, à ce qu'il paraît, près des A l e m a n i, dans les contrées du Mein supérieur. Excités par le succès des expéditions des Suèves et des Vandales, ils descendirent cette rivière au commencement du cinquième siècle, et s'établirent fixement à son embouchure, sur les deux rives du Rhin. Aëtius les empêcha en 436 de pénétrer plus avant vers l'ouest; après quoi, leur roi Gondicar périt avec une grande partie de sa nation sous les coups des Huns. Peu de temps après, vers 443, ils obtinrent, on ignore à quelle occasion, de nouveaux établissements sur le versant occidental des Alpes, en Savoie, d'où ils se répandirent dans les contrées riveraines du Rhône et fondèrent un empire qui s'étendit sur la partie sud-est de la France ainsi que sur la partie la plus occidentale de la Suisse, et qui conserva leur nom même après être devenu, en 534, une partie de l'empire franc (*voyez* Bourcogne).

Les L o m b a r d s, originaires du pays de Lunebourg, sur les bords de l'Elbe, s'établirent d'abord, en 487, dans l'ancienne contrée des Ruglens, puis ils se dirigèrent à l'est, en descendant le Danube, où, vers l'an 500, ils détruisirent l'empire des H é r u l e s, lesquels y étaient arrivés des bords de la Baltique. Ils se portèrent ensuite, en 527, vers la Pannonie. De là ils détruisirent, en 566, l'empire des G é p i d e s, que ces peuples, originaires de la basse Vistule et passés ensuite en Gallicie, avaient fondé sur les rives de la Theiss, après la dissolution de .l'empire des Huns. De Pannonie, Alboin les conduisit en 568, en Italie, dont ils firent la conquête, et où ils dominèrent jusqu'en 774, époque où leur roi *Desiderius* (Didier) fut vaincu par le Franc Charlemagne.

Pendant que l'Europe occidentale recouvrait une tranquillité qui ne fut troublée que plus tard, c'est-à-dire lorsqu'aux huitième et neuvième siècles la manie de l'émigration s'empara des peuples scandinaves, le mouvement que nous esquissons continuait toujours à l'est. Sans doute il est à présumer que toute la contrée qui s'étend depuis la Vistule jusqu'à l'Elbe, la Saale et le *Bœhmerwald*, fut envahie dès la première moitié du septième siècle par des peuplades s l a v e s. Mais dans l'intérieur de la Russie l'invasion et le refoulement des populations finnoises par les Slaves dura bien plus longtemps ; et dans les contrées du bas Danube, où les A v a r e s (peuple d'origine tatare, auquel les Lombards avaient abandonné la Pannonie) demeurèrent la nation la plus puissante jusqu'à l'époque où Charlemagne les humilia, le mouvement ne cessa peu à peu qu'après que les Bu l g a r e s, peuple de même origine que les Huns, et les Serbes (*voyez* Servie), nation d'origine slave, s'y furent fixés au septième siècle. Le repos de l'Europe fut encore une fois troublé au neuvième siècle par l'invasion de la Hongrie par les Magyares, peuple que les victoires des rois saxons empêchèrent, au dixième siècle, de pousser leurs irruptions plus avant vers l'ouest.

MIGUEL (Dom Maria-Évariste), usurpateur du trône de Portugal, né à Lisbonne, le 26 octobre 1802, était le troisième fils du roi J e a n VI et de sa femme, l'infante d'Espagne Charlotte-Joachime. Au Brésil, où il suivit sa famille dès l'âge de six ans, son éducation fut abandonnée à la basse valetaille du palais ; aussi son instruction demeura-t-elle toujours nulle. De retour en 1821 en Portugal, avec ses parents, il ne tarda pas à devenir entre les mains de sa mère l'aveugle instrument au moyen duquel cette princesse comptait réaliser ses plans ambitieux ; elle fit de lui le chef du parti absolutiste et sacerdotal, dont le concours lui fut dès lors acquis sans réserve, pour renverser la constitution des cortès, et sinon pour détrôner le faible roi, tout au moins pour le dominer. Le 1er mars 1824 le marquis de Loulé, l'un des plus fidèles serviteurs de Jean VI, périt misérablement assassiné ; et il n'y eut qu'une voix pour accuser dom Miguel de ce crime odieux. Le 30 avril suivant, dom Miguel, usant des pouvoirs que lui conférait son titre d'*infant généralissime*, fit arrêter tous les ministres de son père ; et le prince fut gardé à vue dans son propre palais. Mais Jean VI, instruit à temps des projets de son fils par M. Hyde de Neuville, alors ministre de France à Lisbonne, put, en se réfugiant à bord d'un vaisseau anglais mouillé dans le Tage, prendre les mesures propres à assurer la liberté de sa personne et de sa volonté ; et dom Miguel se vit bientôt réduit à implorer son pardon. Banni du Portugal avec sa mère, le 12 mai suivant, il se rendit d'abord à Paris, puis à Vienne, où il continua la vie dissolue qu'il avait toujours menée jusque alors. A la mort de son père (1826), le parti de la reine qui en voulait à l'héritier légitime de la couronne de Portugal, que son frère aîné dom P e d r o, proclamé empereur au Brésil, ne pouvait plus porter. Celui-ci, se considérant pourtant comme le successeur légitime désigné par le testament de son père, octroya une constitution au Portugal, le 26 avril 1826; puis, le 2 mai suivant, il abdiqua la couronne de Portugal au profit de sa fille aînée, dona *M a r i a da Gloria*, en stipulant qu'elle épouserait son oncle dom Miguel, qui jusqu'à sa majorité exercerait les fonctions de régent. Dom Miguel consentit à ces divers arrangements, prêta serment à la constitution, se fiança avec sa nièce, et fut déclaré régent de Portugal. Il arriva à Lisbonne au mois de février 1828, et prit aussitôt la régence, qui jusque alors avait été exercée par sa sœur, Isabelle. Mais le parti de la vieille reine avait tout préparé pour le rétablissement du pouvoir absolu et pour faire proclamer l'infant roi de Portugal. En conséquence, dom Miguel prononça dès le 13 mars la dissolution des cortès constitutionnelles. Le 3 mai suivant, il convoqua les anciennes cortès nationales, qui le firent déclarer par elles, le 25 juin, roi légitime de Portugal. Dom Pedro, à la nouvelle de cet

11.

audacieux coup de main, déclara son frère déchu de tous ses droits, et annula les fiançailles déjà célébrées entre lui et sa fille. Toutefois, la fortune des armes se montra favorable à dom Miguel; et les fidèles partisans de dona Maria durent se réfugier de Porto en Angleterre, d'où ils gagnèrent les uns l'île de Terceire et les autres le Brésil. L'usurpateur s'abandonna alors complétement aux inspirations de son parti, ne tenant aucun compte des arrêts que pouvaient rendre les tribunaux et se livrant aux excès les plus désordonnés. Cependant dom Pedro, expulsé lui-même du Brésil, réussit, en 1832, à s'emparer de Porto, grâce au point d'appui que lui avait fourni la possession de l'île de Terceire, demeurée toujours au pouvoir des partisans de dona Maria. En 1833 il parvint à se rendre maître de Lisbonne même, et y ramena sa fille. L'Angleterre et l'Espagne reconnurent alors la légitimité des droits de dona Maria; et acculé à Evora, dom Miguel dut enfin signer, le 26 mai 1834, une capitulation, aux termes de laquelle il renonça à toutes ses prétentions au trône de Portugal, s'engageant solennellement à ne plus jamais tenter de troubler le repos du royaume et à ne jamais y rentrer. Le 1er juin il s'embarqua pour Gênes à bord d'un vaisseau de ligne anglais; mais en arrivant en Italie son premier acte fut de protester contre la convention d'Evora, comme lui ayant été arrachée par la force. Il se rendit alors à Rome, où la cour pontificale persista à le traiter en roi, et où depuis lors il a presque toujours résidé, cherchant à se concilier l'opinion des masses par les démonstrations extérieures de la piété la plus ardente, en même temps que dans sa vie intime il s'abandonnait à la vie la plus crapuleuse. Dans ces derniers temps il a de nouveau attiré l'attention sur lui en épousant, en 1851, une princesse de Lœwenstein-Wertheim-Rosemberg. Une fille, *Isabelle*, est née de ce mariage, le 5 août 1852. Du reste, dom Miguel persiste toujours à se considérer comme le seul roi légitime du Portugal; et il habite aujourd'hui Heubach, près Millemberg, résidence de la famille princière de Lœwenstein-Wertheim.

MIKOKO. *Voyez* ANZICO.
MIL. *Voyez* MILLET.
MILADY, ou plus exactement MYLADY, titre qu'on donne à une dame anglaise, femme d'un lord ou d'un baronet, en lui parlant ou en parlant d'elle (*voyez* LADY).

MILAH (*Milevum* ou *Mileum*), ville de 3 à 4,000 âmes, près du confluent du Rummel et du Dzaab (rivière d'Or), à 44 kilomètres nord-ouest de Constantine. Les environs de Milah sont de la plus grande fertilité, et donnent en abondance et de très-bonne qualité la plupart des fruits de l'Europe; mais le manque de bois s'y fait sentir. Milah est une jolie ville, fermée par une muraille construite avec des pierres provenant des débris de monuments romains; elle renferme une grande quantité de jardins plantés d'orangers, d'oliviers, etc.; sa population est agricole. On y remarque une mosquée assez élégante et une fontaine d'une eau fort belle. Un ruisseau coule à quelque distance des murailles. Le 10 février 1838, le général Négrier, gouverneur de Constantine, partit à la tête d'une colonne mobile pour visiter Milah. Les Français y furent bien reçus, et la colonne rentra trois jours après à Constantine. Le 21 octobre de la même année, l'armée prit possession de Milah sans coup férir. Elle construisit ensuite une route pour relier cette ville à Constantine et une autre pour conduire à Alger en passant par Sétif et les Portes-de-Fer.

L. LOUVET.

MILAN (du latin *milvus*), genre d'oiseaux de proie de la famille des falconidées. Leur caractère timide, les faibles moyens d'attaque ou de défense dont les a pourvus la nature les ont fait répudier de tous temps par la fauconnerie comme impropres aux exercices du leurre ou à la chasse au vol, et considérer comme ignobles (*voyez* BUSE).

Les milans ont la tête allongée et petite proportionnellement au reste du corps, le bec étroit et effilé, long de 4 centimètres environ, incliné à sa base, anguleux extérieu-

rement, moyennement crochu, recouvert à sa naissance d'une petite peau nue de couleur brune, munie d'une cire glabre servant de parois aux narines, qui ont une forme oblongue; faible et délicat, couleur de corne dans toute sa longueur, excepté vers le bout, qui est noirâtre. Les yeux sont ronds et placés latéralement, bordés d'un cercle brun foncé, de la couleur de la pupille, qui se dessine en relief au centre du contour jaune-safran de l'iris. Les tarses, moyennement longs, à moitié garnis de plumes blanchâtres, sont recouverts dans toutes les parties nues de petites écailles d'un beau jaune d'or, et terminés par une main munie de quatre doigts, dont trois antérieurs et un postérieur, assez longs, armés d'ongles crochus, peu allongés, très-minces, acérés et faibles. Le cou, comme la tête, est peu proportionné avec les autres parties du corps; il est mince et court, garni de plumes longues, étroites et effilées.

Le *milan commun* d'Europe, ou *milan noir* (*milvus œtolius*, Vieill.), a environ 0m,70 de longueur, depuis le bout du bec jusqu'à l'extrémité de la queue. Ses ailes, quand elles sont ployées, se croisent du bout au-dessus de la queue, à 3 centimètres environ de son extrémité; mais en plein vol elles ont au delà de 1m,50 d'envergure; elles sont composées chacune de six rémiges inégales, la première étant plus courte que la sixième, la seconde que la cinquième, la troisième presque égale à la quatrième, qui est la plus longue de toutes; sa queue est formée de douze pennes, aussi inégales, assez longues, larges, arrondies vers le bout, et disposées de manière à faire la fourche, comme la queue de l'hirondelle. Le milan commun d'Europe a un plumage qui ressemble beaucoup à celui du busard, et qui offre quelque rapport avec celui du faucon : il a la tête, le cou, tout le dos et l'estomac d'un brun noirâtre tirant dans les parties claires tantôt sur le brun verdâtre, tantôt sur le fauve, chaque plume étant bordée d'un liséré pâle d'un gris de perle terne; le ventre et le bas-ventre d'un gris cendré nuancé de brun et de fauve; les rémiges des ailes et les pennes de la queue d'un noir de pêche tirant sur le brun foncé au-dessus, et d'un gris bleu cendré rayé de bandes transversales d'un beau fauve foncé tirant sur le marron au-dessous.

Le milan s'éloigne peu du lieu où il a été couvé, à moins qu'il ne conçoive quelque sujet d'alarme pour sa sûreté ou qu'il n'y soit contraint par la disette; cependant, l'hiver, il se retire au fond des forêts, et recherche, sans passer les mers, des climats moins froids, où il puisse se nourrir plus facilement. On le trouve en France, en Allemagne et en Italie, dans les bois ou les montagnes proches des villes et des villages, dans les rochers peu éloignés des habitations, et dans le voisinage des lacs, des étangs et des marais. Il se nourrit habituellement de mulots, de taupes, de rats, de serpents, de lézards, de gibier sauvage, d'insectes, et même de poissons; mais quand il est pressé par la faim, ou qu'il élève une famille, il s'approche des fermes pour y dérober les jeunes canards, les poussins, ou les débris d'animaux tués pour la table, et il visite les garennes et les plaines giboyeuses, pour y donner la chasse aux jeunes lapins ou aux jeunes lièvres, dont ses petits sont fort avides. Quelques naturalistes ont comparé l'instinct du milan à celui du tigre; et en effet il ne se montre pas plus généreux que lui dans l'attaque de sa proie. C'est toujours à l'improviste qu'il l'attaque : il épie du haut des airs ou du sommet des grands arbres le moment où elle n'est point sur la défensive, fond sur elle avec la vitesse de l'éclair en se laissant tomber de biais de tout le poids de son corps, comme sur un plan incliné, puis, si la saisit avec ses serres, et la tue; mais essaye-t-elle quelque résistance, il lâche prise et s'enfuit.

Le milan est de tous les oiseaux de proie non rameurs celui qui a le vol le plus rapide, le plus soutenu et la vue la plus perçante. Il s'élève dans l'air à des hauteurs immenses, y parcourt des journées entières sans se fatiguer, occupé à faire mille évolutions gracieuses, pleines d'abandon et de coquetterie, comme dit Buffon. Posé sur la branche,

MILAN

le milan conserve son attitude aisée; mais son regard dénote une stupidité féroce, une grande insouciance, et un calme qui va jusqu'à faire douter de son instinct. La femelle du milan lui ressemble en tout, sauf qu'elle est un peu plus forte, moins timide, et d'un plumage un peu plus foncé. Ces oiseaux une fois accouplés ne divorcent point ; ils vieillissent ensemble pendant des siècles, et ne convolent à une autre alliance qu'à la mort de l'un des deux. Ils font ordinairement leur nid dans le creux des rochers, sur les édifices tombés en ruines, ou sur les grands arbres, au fond des forêts; ils le composent sans art, avec des branches flexibles et entrelacées les unes dans les autres, garnissant l'intérieur d'un lit de mousse ou de gramen. La femelle y dépose au mois d'avril deux ou trois œufs au plus de la grosseur d'un œuf de pintade, d'un blanc sale mêlé de petites lentilles roussâtres , clair-semées et peu apparentes. Les petits naissent au bout de trois semaines environ d'incubation, et restent fort longtemps dans le nid avant de prendre leur volée : aussi les milans ne font-ils qu'une couvée par an. Ils élèvent leur famille avec un soin extrême, se privant de tout plutôt que de la laisser manquer de rien, et la défendant avec courage au risque de périr dans le combat. Les petits restent toute l'année avec le père et la mère, qui leur apprennent à chasser, et ils ne s'en séparent qu'au printemps pour aller à leur tour former de nouvelles familles. Comme tous les oiseaux de proie, ils sont plusieurs années avant de prendre leur livrée définitive.

Parmi les autres espèces du genre *milan*, il faut distinguer le *milan royal* (*milvus royalis*, Briss.), qui habite aussi l'Europe, et est surtout commun en France, en Italie, en Suisse et en Allemagne. La plus grande partie de son plumage est d'un roux vif, mélangé de noir ; la tête et le cou sont d'un gris blanc, les ailes noirâtres, la queue rousse, avec des bandes plus brunes; la c i r e est grise.

Le milan n'est pas en général, comme les autres oiseaux de proie, la terreur des habitants de l'air : ils ne le craignent que dans l'isolement. Les corbeaux, les pies, les moineaux et la plupart des oiseaux s'attroupent pour lui donner la chasse, et le faucon le méprise tant, qu'il dédaigne de le mettre en pièces ou de le harceler.   J. Saint-Amour.

MILAN (*Milano*, en latin *Mediolanum*), capitale de l'ancien duché de Milan et aujourd'hui du royaume Lombardo-Vénitien, chef-lieu du territoire Lombard et de la province de Milan (604,512 habitants sur 25 myriamètres carrés), siége du gouverneur général de ce territoire et d'un archevêque, d'une cour d'appel et d'autres autorités, tant civiles que militaires, etc., est située sur une petite rivière appelée Olona , reliée au Ticino par le canal de Naviglio et à l'Adda par le canal Mortesana, de même qu'au chemin de fer lombardo-vénitien, et dans une plaine d'une rare fertilité, dont l'horizon est borné au nord par les Alpes suisses. C'est la plus grande, la plus riche et la plus peuplée des villes de la haute Italie. Sa circonférence, mesurée en dedans de ses bastions et de ses murailles , est de 10 kilomètres. On y entre par 11 portes. Elle contient 29 ports, et le recensement de 1850 lui donne une population de 158,915 habitants. En dépit des calamités de tous genres auxquelles elle fut constamment en proie, par suite de guerres et d'autres accidents malheureux, elle n'en a pas moins conservé une partie de son ancienne magnificence. Des ruines de thermes sont, il est vrai, les seuls débris de l'antiquité qu'on y trouve; mais elle n'est que plus riche en monuments des temps modernes , et dans le nombre on remarque surtout sa célèbre cathédrale, connue sous le nom de *Dôme de Milan*, après Saint-Pierre de Rome la plus grande église qu'il y ait en Italie. Entièrement construite en marbre blanc, elle produit, tant à l'extérieur qu'à l'intérieur, l'impression la plus grandiose. Les plus anciens maîtres qui y travaillèrent à partir de l'an 1386 la construisirent dans le style gothique moderne ; mais, vers le milieu du seizième siècle, Pellegrino Tibaldi en bâtit la façade dans un goût plus antique, et détruisit ainsi l'unité et le caractère propre de l'œuvre. Napoléon dépensa des sommes immenses pour mener presque à sa fin cet immense édifice ; mais les travaux , quoique repris en 1819, par ordre de l'empereur François, et continués toujours depuis avec une certaine activité , ne sont pas encore extérieurement terminés. Si du dehors l'éclat du marbre, les ornements gothiques, les 106 flèches dont cette église est surmontée, et ses 4,500 statues frappent le spectateur de surprise, l'intérieur de la cathédrale, dont la nef est soutenue par 52 piliers en forme de colonnes , l'émeut encore plus vivement, à cause des effets prodigieux de clair-obscur qu'il y remarque. Consultez Franchetti, *Storia e descrizione di Duomo di Milano* (Milan , 1821); Rupp et Bramati, *Descrizione storico-critica del Duomo di Milano* (1823).

Un édifice plus ancien que la cathédrale, c'est l'église de Saint-Ambroise (*San-Ambrogio*), célèbre parce que c'est là qu'avait lieu autrefois le couronnement des rois d'Italie, construite au quatrième siècle, sur les ruines d'un temple de Minerve, mais qui, sauf quelques antiquités , n'offre rien de bien remarquable. Dans le grand nombre d'églises et autres édifices consacrés au culte, nous nous contenterons de citer l'ancien couvent des dominicains de *Santa Maria della Grazia*, dans le réfectoire duquel se trouve le célèbre tableau à fresque de Léonard de V i n c i qui représente la sainte Cène. La plus moderne est l'église de Saint-Charles-Borromée, dont la dédicace n'a eu lieu qu'en 1847, surmontée d'une belle coupole et ornée d'un groupe par Marchesi. En tête des édifices et établissements publics se placent le Palais-Royal des Sciences et des Arts, l'ancien collège des Jésuites, *la Brera*, aussi remarquable par la richesse de son architecture que par l'importance des institutions qu'il renferme, à savoir : l'Académie des Beaux-Arts, l'une des plus célèbres qu'il y ait en Europe ; une belle galerie de tableaux, riche surtout en œuvres des peintres milanais et bolonais ; une bibliothèque publique, contenant 184,400 volumes et beaucoup de curiosités, entre autres les livres laissés en mourant par Haller ; plus trois bibliothèques spéciales, dont l'une contient une des plus riches collections archéologiques que l'on connaisse et à laquelle est adjoint un beau cabinet de médailles ; la collection des copies en plâtre des plus beaux morceaux de la plastique ancienne et moderne ; un jardin botanique, l'un des plus beaux qu'il y ait en Italie ; un observatoire, l'un des plus importants de l'Europe. Mentionnons encore , en fait d'établissements scientifiques, une église, trois collèges, l'école impériale et royale de San-Philippo pour les filles, l'école technique élémentaire, le célèbre conservatoire de musique, l'institut des sourds-muets, la société Philodramatique, etc., etc. Les arts et les sciences sont partout cultivés avec passion à Milan. Son école de gravure s'est particulièrement rendue célèbre dans ces derniers temps ; et on doit à l'Institut géographique et militaire, dont la création remonte à 1801, la publication d'un magnifique atlas de l'Adriatique et beaucoup d'autres cartes justement estimées.

Parmi les établissements de bienfaisance, il faut citer en première ligne le grand hôpital général (*Ospedale grande*), aussi remarquable par son architecture que par la grandeur de ses proportions, de même que par les soins de toutes espèces dont on y entoure les malades. Il peut en contenir jusqu'à 4,000. Viennent ensuite l'excellent hôpital des Frères de la Miséricorde, celui des Sœurs du même ordre, la maison de refuge de Trivulzi, la maison des orphelins, etc.

On compte à Milan neuf théâtres, plus cinq théâtres de jour. Après le théâtre de San-Carlo de Naples, le théâtre *della Scala* de Milan est l'un des plus vastes qu'il y ait en Italie et même en Europe. Il fut construit en 1778, par Pier Marini, et se distingue de tous les édifices du même genre par l'extrême commodité de toutes ses dispositions. Il faut encore citer le théâtre *della Canobiana*. L'Amphithéâtre, qui peut contenir plus de 30,000 spectateurs, est un vaste édifice destiné à des représentations publiques, notamment aux courses de chevaux. Non loin de là s'élève un magnifique arc de triomphe, commencé en 1804, à la gloire de l'armée française par Napoléon, et terminé en 1829 par l'empereur François, qui l'a dédié à la paix. Il sert de porte à la grande route du Simplon. Milan possède une foule de palais et autres vastes édifices, tels que le *Palazzo reale* ou *della Corte*, avec une grande salle ornée de cariatides et de belles peintures à fresque ; le palais de l'archevêché, grand édifice en pierres de taille, construit par Pellegrini et contenant une riche galerie de tableaux ; le palais de justice et du gouvernement, le palais des finances ou palais Marini, la Monnaie (*Zecca*), établissement parfaitement outillé, la célèbre maison de prêt sur gages (*Monte di Stato*), etc. En fait d'édifices particuliers, il faut surtout citer la galerie de *Christoforis*, longue de 180 mètres avec une largeur de 4 mètres, et contenant 70 boutiques. Plusieurs habitations particulières sont de magnifiques palais, dont quelques-uns ornés encore de tableaux et de sculptures du plus grand prix. Malgré la magnificence de ses édifices, Milan ne peut pas se flatter d'avoir des rues larges et droites. En fait de promenades, nous mentionnerons le Corso et les jardins publics créés aux environs de la *Porta orientale* ; mais c'est toujours le Corso qui reste la promenade la plus fréquentée, et c'est là que le beau monde se donne rendez-vous chaque soir.

Des travaux immenses ont été entrepris dans ces derniers temps à l'effet de pouvoir complétement dominer la ville ; c'est ainsi que depuis 1850 un camp retranché, entouré de hauts remparts, a été construit à l'est.

Milan est le centre commercial le plus important qu'il y ait en Italie ; il s'y fait surtout d'immenses affaires en grains, riz, soie et fromages. Ses manufactures de soieries, de chapeaux de feutre et de soie, de rubans, de passementeries, de bronze, de coutellerie, d'ébénisterie, de chocolat, de porcelaine, de faïence, etc., ne sont pas moins importantes.

Une vieille tradition veut que Milan ait été fondée vers l'an 600 avant J.-C., par un chef celte appelé Bellovèse. La ville s'appelait alors *Mediolanum*, et était la capitale des *Insubri*, dans la *Gallia Cisalpina* transpadane. Elle fut prise d'assaut, en l'an 222 avant J.-C., par Scipion, qui plaça en même temps toute la contrée environnante sous l'autorité de Rome. Sur la fin de l'empire, Milan devint le foyer des sciences et des lettres ; ce qui lui valut le surnom de *Nouvelle Athènes*, de même que comme seconde ville de l'empire romain on l'appelait aussi la *Nouvelle Rome*. En l'an 253 de notre ère, l'empereur Gallien y mit en déroute une armée de 300,000 Allemands ; mais il y fut assassiné, en 268, après avoir enfermé Aureolus dans les murs de la ville, après quoi Claude II s'en empara. Au troisième et au quatrième siècle, Milan fut à diverses reprises la résidence des empereurs, par exemple de Maximien, de Maxence, de Constance, de Valérien II. Par son édit de tolérance rendu à Milan en 313, Constantin le Grand accorda à tous les chrétiens de l'empire la liberté de professer leur religion. De 374 à 397 le siège archiépiscopal de Milan fut occupé par saint Ambroise, dont l'église passait pour l'église métropolitaine de toute la haute Italie ; c'est pourquoi des conciles s'y tinrent à diverses reprises. Théodose le Grand y mourut, en l'an 395. Milan fut prise et pillée par Attila, en 452, lors de l'invasion des Huns en Italie. En 490 elle ouvrit ses portes à Théodoric le Grand, roi des Ostrogoths ; et en 539 elle fut, à la suite d'une opiniâtre résistance, cruellement châtiée par les Goths de Vitigès, en punition de ce qu'elle avait abandonné leur cause et accueilli dans ses murs des troupes byzantines. Il ne périt pas moins de 300,000 individus, dit-on, dans les horreurs du sac auquel elle fut livrée. Les Lombards l'occupèrent ensuite à partir de 570 ; et en 774 elle tomba au pouvoir de Charlemagne, comme tout le royaume de Lombardie et Pavie sa capitale. Plusieurs des successeurs de Charlemagne se firent couronner rois d'Italie à Milan, avec la couronne de fer précieusement conservée à Monza. A partir du couronnement d'Othon Ier, en 961, Milan fit, avec le royaume d'Italie, partie de l'Empire et fut administrée par des gouverneurs ou préfets impériaux. En 1037, à la suite de la défection de l'archevêque Héribert, elle fut assiégée par l'empereur Conrad II, qui y publia sa célèbre constitution relative à l'hérédité des fiefs. Les nombreuses tentatives qu'elle fit dans le cours du douzième siècle pour recouvrer son indépendance furent la cause principale des expéditions réitérées de Frédéric Ier en Italie. C'était alors la ville la plus riche et la plus peuplée de la Lombardie ; elle dominait sur Côme et sur Lodi, et était en lutte constante avec Pavie. Frédéric Ier l'assiégea du 6 août au 13 septembre 1158, et la força de souscrire à une humiliante capitulation : à la suite des tentatives nouvelles que firent ses habitants pour secouer le joug de son autorité, il l'assiégea depuis le 29 mai 1161 jusqu'au 4 mars 1162, jour où elle fut contrainte d'ouvrir ses portes au vainqueur, qui la livra au pillage et la fit saccager. Les églises seules furent respectées. Dès 1167 Milan se trouvait reconstruite ; et après la victoire que les villes confédérées de la Lombardie remportèrent, en 1176, à Legnano, elle fut érigée en ville libre, qui, aux termes du traité de Constance (1183), reconnut bien l'empereur en qualité de suzerain, mais en lui refusant désormais le droit de tirer aucun revenu de ses domaines. Les efforts faits pour mieux asseoir l'organisation municipale de Milan comme centre d'une république échouèrent toujours contre la jalousie des guelfes et des gibelins, qui s'y disputaient le pouvoir, les premiers ayant à leur tête la maison Della Torre et les seconds la famille Visconti. A partir de l'an 1237 la maison Della Torre y exerça la charge de podestat ; mais en 1311, à la suite d'une révolte contre l'empereur Henri II, elle fut renversée et Matteo Visconti installé vicaire de l'Empire. Celui-ci dominait déjà sur les villes de Pavie, Côme, Lodi, Plaisance, Tortone, Alexandrie, Novare, Bergame, etc., en Lombardie. Ainsi se constitua le duché de Milan (1395), qui dès lors partagea toujours le sort de sa capitale. Espagnole à partir de 1545, cette ville devint autrichienne en 1714. A l'époque des guerres de la révolution, Bonaparte s'en rendit maître le 14 mai 1796, et la citadelle fut réduite à capituler le 29 juin suivant. Les Autrichiens s'emparèrent encore de celle-ci, en 1799 ; mais ils durent l'évacuer le 16 juin 1800, au terme de la convention signée à Alexandrie. Dès le 2 juin Bonaparte était rentré à Milan, et y avait proclamé la République Cisalpine, qui eut cette ville pour capitale. Elle devint aussi en 1801 celle de la République Italienne, et en 1805 du nouveau Royaume d'Italie institué par Napoléon. En 1815 elle rentra sous la domination autrichienne, et depuis lors elle est devenue la capitale du Royaume Lombardo-Vénitien et le siège du vice-roi. L'insurrection de 1848 commença à Milan par de sanglantes collisions entre la force armée et la population ; et le 22 février elle fut déclarée en état de siège. Le 17 mars suivant, l'archiduc Regnier s'en éloignait en y laissant le général O'Donnel comme gouverneur intérimaire ; mais le lendemain 18 une insurrection complète y éclatait. Le commandant en chef des troupes autrichiennes, le comte Radetzky, fut réduit à se retirer dans la citadelle ; et ce ne fut qu'à la suite de combats meurtriers de rues et de barricades qu'il se décida à s'éloigner ; après quoi la ville fut occupée par des troupes piémontaises. Après la défaite qu'elles essuyèrent à Custozza, le 25 juillet, ce fut le parti républicain qui l'emporta à Milan, et il renversa le gouvernement provisoire qui y avait été constitué à la suite des journées de mars (*voyez* ITALIE). Toutefois, dès le 6 août 1848 Milan, évacuée par les Piémontais, était réduite à ouvrir ses portes aux Autrichiens. Radetzky, qui y entra à la tête de 50,000 hommes, mit immédiatement la ville en état de siège. Ce régime d'exception dura jusqu'au 18 décembre de la même année. Une nouvelle tentative d'insurrection faite en mars 1849 fut aisément réprimée ; et il en fut de même d'une autre levée de boucliers tentée au mois de février 1853, et qui n'eut d'autre résultat pour les habitants de Milan que de fortes contributions de guerre, le rétablissement de l'état de siége et autres mesures de rigueur. Consultez Pirotta, *Nouvelle Description de Milan* (Milan, 1819); Carta, *Guide de la ville de Milan* (Milan, 1830); Cantù, *Milano e il suo territorio* (Milan, 1844).

MILAN (Duché de), ancien duché indépendant de la haute Italie et l'un des pays les plus beaux, les plus fertiles et les mieux cultivés de l'Europe, confinait à l'ouest au Piémont et au Montferrat, au sud à Gênes, à l'est aux territoires de Parme, de Mantoue et de Venise, et au nord aux quatre bailliages italiens de la Suisse, ainsi qu'au canton des Grisons. Son premier duc, institué en 1395, par l'empereur Wenceslas, fut Jean Galeas Visconti. Ce duché comprenait alors les plus florissantes cités de la Lombardie, où Visconti était parvenu à établir sa domination, soit à la suite de guerres, soit en vertu de concessions impériales ou de conventions passées avec les bourgeois. La descendance mâle de Visconti étant venue à s'éteindre en 1447, François Sforza, époux d'une fille naturelle du dernier Visconti, obtint en 1450 la possession de ce duché à titre de fief héréditaire dans sa famille, quoique le roi de France y eût élevé de justes prétentions. En 1499 Louis XII essaya de nouveau de les faire valoir; et son successeur François 1ᵉʳ y apporta encore plus d'ardeur. C'est ainsi que le duché se trouva alors alternativement sous les lois de la France et sous celles de Sforza, jusqu'à ce que en 1526 François 1ᵉʳ eut été contraint par le traité de Milan d'abandonner toutes ses possessions en Italie. La descendance mâle de François Sforza II, qui en 1525 avait obtenu l'investiture du duché de Milan de Charles-Quint, s'étant éteinte en 1535, Charles-Quint en disposa en faveur de son fils Philippe II, roi d'Espagne; et depuis, jusqu'à la guerre de la succession d'Espagne, le duché de Milan demeura l'un des fleurons de la couronne d'Espagne. En 1713 il fut adjugé à l'Autriche, en forma alors avec le Mantouan la Lombardie autrichienne. La paix de Vienne de 1738 et le traité de Worms de 1743 en cédèrent quelques parties à la Sardaigne. L'armée française aux ordres de Bonaparte ayant conquis le pays en 1796, il fut érigé en 1797 en République Cisalpine, en 1802 en République Italienne, et en 1805 en Royaume d'Italie, à la dissolution duquel, en 1814, la Sardaigne recouvra la partie qu'elle en avait possédée avant les guerres de la révolution française. (environ 100 myriamètres carrés); et l'Autriche réunit le reste au nouveau Royaume Lombardo-Vénitien, dans lequel il constitue un gouvernement de 276 myriamètres carrés de superficie.

MILAN (Edit de). *Voyez* ÉDIT.
MILANAISE (École). *Voyez* ÉCOLES DE PEINTURE, tome VIII, p. 313.

MILET, sur le Méandre, était dans l'antiquité l'une des plus grandes et des plus florissantes villes de la Carie, en Asie Mineure, célèbre par ses excellentes étoffes de laine et par le grand commerce qu'elle faisait avec le Nord. De bonne heure elle fonda de nombreuses colonies, par exemple les îles de Cyzique et de Proconèse, dans la Propontide; Miletopolis, en Mysie; Parium, Lampsaque, etc., sur les côtes et aux environs de l'Hellespont; Latmos, Myrlcée, Icarie et Léros, deux îles Sporades, à ses propres portes; Héraclée, Sinope, Cérapinte, Trapésonte, sur les côtes du Pont-Euxin; Phases, Dioscurias, en Colchide; Tomes, en Scythie, où fut exilé Ovide, etc. Maîtresse d'une flotte nombreuse, Milet soutint contre les rois de Lydie de nombreuses et ruineuses guerres. Quand Cyrus l'ancien eut conquis la Lydie, elle fut subjuguée en même temps que toute l'Ionie. Traitée avec beaucoup de douceur sous la domination perse, bien qu'en proie souvent à des dissensions intérieures, elle continua à jouir d'une grande prospérité jusqu'à l'époque de la malheureuse guerre d'Ionie, où, excitée par son gouverneur Aristagoras à résister aux Perses, et faiblement soutenue par les Grecs d'Europe, elle fut complétement saccagée et détruite, l'an 494 avant J.-C. Les habitants reconstruisirent, il est vrai, leur ville, de telle sorte que plus tard elle put encore résister pendant quelque temps à l'armée d'Alexandre le Grand; mais Milet ne put jamais recouvrer sa première prospérité, et il n'en subsiste plus aujourd'hui d'autres traces que quelques ruines qui s'élèvent sur un emplacement appelé *Palatsch*, c'est-à-dire Palais.

Les Grecs appelaient, du nom de Milet, *récits* ou *contes milésiens* une espèce particulière de récits, contenant un mélange de vérité et de poésie, dont les premiers eurent pour auteur un certain Aristide, né dans cette ville (*voyez* ROMAN).

MILFORDHAVEN. *Voyez* PEMBROKE.
MILHAU. *Voyez* AVEYRON.
MIL HUIT CENT DOUZE (Campagne de). La paix de Vienne, signée le 14 octobre 1809, avait porté la puissance de la France à son apogée. Napoléon n'avait plus qu'à combattre l'inaccessible Angleterre et l'Espagne, soulevée d'ailleurs tout entière contre la royauté française qui lui avait été imposée. L'entrevue d'Erfurt en 1808 semblait avoir assuré une alliance durable entre le czar et l'empereur des Français; mais dès 1809 cette alliance était devenue chancelante. La Russie n'avait point envoyé à temps son corps auxiliaire contre l'Autriche, et Napoléon n'avait point ratifié la convention par laquelle il s'engageait de la manière la plus positive à ne jamais rétablir le royaume de Pologne. En 1810 ce désaccord devint encore plus marqué. L'incorporation de la Hollande, d'une partie du duché de Berg et de la Westphalie, ainsi que d'autres parties de l'Allemagne, telles que les villes de Brême, de Hambourg et de Lubeck, qui avait reculé les frontières de la France jusqu'à la Baltique, mais surtout la spoliation dont avait été victime le duc d'Oldenbourg, et qui avait profondément blessé l'empereur Alexandre, comme chef de la maison d'Oldenbourg, et d'un autre côté un nouveau tarif de douanes russes que Napoléon considéra comme une infraction au système continental, donnèrent lieu à des négociations, pendant lesquelles on arma de part et d'autre, et qui aboutirent enfin, en 1812, à la guerre. Napoléon ne disposait pas seulement des forces de son immense empire, mais encore de celles de l'Italie et de la Confédération du Rhin. La Prusse et l'Autriche furent forcées de lui fournir des troupes auxiliaires; et il comptait en outre sur la coopération de la Suède et de la Porte. Mais la première, vivement froissée par la France, conclut un traité avec la Russie; et la Porte, en guerre avec celle-ci depuis 1812, signa la paix au moment où l'armée française s'apprêtait à franchir le Niémen. Le corps d'armée russe stationné en Finlande et la plus grande partie de l'armée de Moldavie se trouvaient de la sorte disponibles. A l'approche des masses ennemies, la Russie avait d'abord voulu prendre l'offensive; diverses considérations politiques, notamment l'alliance de l'Autriche avec la France, s'y opposèrent; en conséquence on adopta le plan d'opérations projeté par le général de Phull pour une guerre défensive. Il concordait dans l'idée fondamentale avec celui que le général prussien de Kneseback avait secrètement remis au le général prussien de Kneseback avait secrètement remis à l'empereur Alexandre lors de sa mission à Saint-Pétersbourg, et consistait à éviter toute bataille décisive en battant constamment en retraite et à attirer l'ennemi dans l'intérieur du pays jusqu'au moment où le manque inévitable d'approvisionnements et les rigueurs d'un hiver du Nord l'auraient tellement affaibli qu'il fût facile de l'anéantir en frappant un coup décisif. Les deux plans ne différaient qu'en ce que de Phull, convaincu que Napoléon marcherait sur Saint-Pétersbourg, voulait couvrir cette route au moyen d'un camp retranché établi à Drissa et en y concentrant la plus grande partie de l'armée; tandis que Kneseback avait prévu juste en pensant que la route de Moscou formerait la ligne d'opérations de l'ennemi.

Voici comment les forces russes furent échelonnées, conformément au plan adopté : première armée de l'ouest, forte de 127,000 hommes et aux ordres de Barclay de Tolly, quartier général Wilna, le long du Niémen jusqu'à Grodno ; seconde armée de l'ouest, forte de 48,000 hommes, aux ordres de Bagration, à Slonim; troisième armée, comme réserve d'observation, aux ordres de Tormassoff, à Lutzk : total pour la défense de la frontière occidentale, 262 bataillons, 262 escadrons, 36 régiments de cosaques, 942 bouches à feu, et 218,000 hommes. Le corps de Wittgenstein à l'aile droite et celui d'Essen avaient été détachés de la première armée pour couvrir Riga. Seize régiments de cosaques, commandés par Platoff, formaient à Grodno un corps volant. Il y avait en outre en Finlande, sous les ordres de Steinheil, un corps de 16,000 hommes en marche pour rejoindre Wittgenstein ; on forma des réserves sous les ordres de Miloradowitsch et d'Œrtel ; et à la fin de septembre l'armée du Danube, jusque alors commandée par Koutousoff, qui prit à ce moment le commandement en chef de toute l'armée, opéra sa jonction avec le corps d'armée aux ordres de Tormassoff.

L'armée destinée par Napoléon à envahir la Russie se composait de la garde impériale, de dix corps d'armée et de quatre corps de cavalerie, en tout 423 bataillons, 438 escadrons, ou 470,000 hommes, parcs compris. Des troupes en marche pour rejoindre, et qui ne franchirent la frontière que pendant le cours de la campagne, portèrent l'effectif total à 640,000 hommes, avec 1,372 bouches à feu. Ces forces se décomposaient de la manière suivante : grande armée, 182,000 hommes, commandés par Napoléon en personne, stationnée sur le Niémen, à Kowno ; l'armée du vice-roi d'Italie, 72,000 hommes ; en arrière, à Kalwary, l'armée du roi de Westphalie, 89,000 hommes, en marche sur Grodno ; aile gauche : le 10ᵉ corps d'armée, fort de 32,000 hommes, dont 20,000 Prussiens, sous les ordres de Macdonald, à Tilsitt ; aile droite, le corps auxiliaire autrichien, commandé par Schwartzenberg, fort de 34,000 hommes, à Siedlce. Le plan de Napoléon consistait à forcer avec sa masse principale les Russes à accepter une bataille, et après une victoire, à marcher rapidement sur la capitale pour y dicter les conditions de la paix. C'est à tort qu'on lui a reproché de n'avoir pas suffisamment pourvu aux approvisionnements nécessaires à une si immense armée. Jamais, au contraire, dans aucune de ses campagnes précédentes, il n'avait été réuni d'aussi énormes quantités de provisions en tous genres, non plus qu'une telle masse de charrois. Mais la nature particulière de cette guerre déjoua tous ses calculs ; et son armée fut en réalité anéantie bien moins encore par les rigueurs de l'hiver que par le manque d'approvisionnements.

Le passage du Niémen par l'armée française commença le 24 juin, et elle entra le 28 juin à Wilna, sans avoir rencontré de résistance sérieuse. Murat se lança à la poursuite de la première armée russe de l'ouest dans sa retraite sur la Duna. Davout marcha sur Minsk, pour couper Bagration. La première armée russe atteignit, il est vrai, sans grandes pertes le camp de Drissa ; mais le manque de vivres et le danger de se voir séparés de la seconde armée déterminèrent les Russes à abandonner cette position et à tenter de rejoindre Bagration à Witebsk. Napoléon passa trois semaines à Wilna, pour organiser la Lithuanie et attendre le résultat des opérations du roi de Westphalie. Mais celui-ci n'avait que mollement poursuivi Bagration, de sorte que le général russe, sans les avantages obtenus d'abord par Davout, échappa au péril de voir son armée écrasée, et parvint à gagner Smolensk sur le détour. Le 16 juillet Napoléon remit la grande armée en mouvement ; le 2ᵉ corps (Oudinot) fut détaché contre Wittgenstein et renforcé plus tard par le 6ᵉ corps (Gouvion Saint-Cyr, le contingent bavarois) ; le 7ᵉ corps (Reymer, contingent saxon) avait été dirigé dès le commencement de juillet sur l'aile droite, pour relever Schwartzenberg, que l'empereur appelait à la grande armée. Mais l'offensive prise par Tormassoff contre les Saxons, dont il força une brigade à capituler le 27 à Kobryn, contraignit le général autrichien à opérer sa jonction avec les Saxons. À l'aile gauche, Macdonald, après avoir livré quelques combats, alla mettre le siége devait Riga. Même à Witebsk la grande armée ne put déterminer les Russes à accepter le combat ; ils battirent en retraite sur Smolensk, où les deux armées de l'ouest opérèrent enfin leur jonction. À partir de Wilna, le manque de provisions commença à se faire sentir dans l'armée française ; aussi Napoléon, pour laisser les troupes se reposer un peu, leur fit-il prendre des cantonnements. Mais dès le commencement d'août il recommença ses opérations, qui eurent pour but jusqu'au 14 août de concentrer son armée autour de Smolensk. Le 14 une division russe repoussa à Krasnoï les attaques irréfléchies tentées par Murat à la tête de toute la cavalerie de réserve. Le 17 les Russes défendirent Smolensk opiniâtrément ; et ce ne fut qu'après avoir essuyé des pertes considérables que les Français occupèrent cette ville, qui avait été évacuée par l'ennemi dans la nuit. Des affaires sanglantes eurent lieu le 19 à Gedeonoffo et à Stragan. Les Russes continuèrent leur mouvement de retraite sur la route de Moscou, et Napoléon les suivit. À ce moment Koutousoff vint remplacer Barclay de Tolly dans le commandement en chef de l'armée russe ; et les renforts qu'il avait reçus, de même que la pression de l'opinion publique, le déterminèrent à accepter enfin une bataille pour sauver la capitale. C'est à Borodino, dans une forte position retranchée, et son aile droite appuyée sur la Moskowa, avec un effectif de 130,000 hommes et 640 bouches à feu, qu'il attendit l'ennemi, qui, le 7 septembre, engagea la bataille avec 133,000 hommes en ligne, et 587 bouches à feu. De part et d'autre on combattit avec la plus grande valeur ; l'espace resserré sur lequel les deux armées se trouvèrent pressées avec leur énorme artillerie pendant onze heures consécutives fit de cette affaire l'une des plus sanglantes que mentionnent les fastes de la guerre. De part et d'autre la perte ne fut pas moindre de 40,000 hommes. Les Russes ne perdirent comparativement que peu de terrain ; mais Koutousoff, reconnaissant qu'il avait manqué son but, commença son mouvement de retraite dans la nuit même sans oser livrer une seconde bataille pour couvrir la capitale. Tout au contraire, il l'abandonna aux Français, qui y entrèrent le 14 ; et le jour même Napoléon établit son quartier général au Kremlin, l'antique palais des czars. Les ouvertures de paix sur lesquelles il avait compté ne vinrent pas. Les incendies se multiplièrent de jour en jour dans la capitale ; et Rostopchin, agissant, dit-on, sous sa propre responsabilité, en répandit les flammes dans tous les quartiers de la ville, de telle sorte que Napoléon se vit contraint de changer de demeure. Il hésitait toujours à prendre le seul parti qui pût le sauver. Enfin, après avoir inutilement offert la paix et perdu quatre précieuses semaines, force lui fut d'ordonner la retraite. Koutousoff avait pris au sud une position de flanc et livré au roi Murat, qu'il avait devant lui, un combat heureux, lorsqu'il reçut avis du départ des Français ; et il se mit alors à leur poursuite dans leur retraite sur Kalouga. La bataille de Malo-Iaroslawecz (24 octobre) rejeta de nouveau Napoléon sur la route dévastée de Smolensk, où ses troupes soutinrent encore glorieusement l'honneur de leurs armes (3 novembre) à l'affaire de Wiasma ; mais le manque de vivres, leurs pertes énormes, les rigueurs d'un hiver prématuré et l'affaissement du moral qui résulta pour elles de ce qu'elles ne purent pas prendre à Smolensk le repos sur lequel elles avaient compté, les fit tomber dans une misère, qui, à la suite du passage de la Bérézina (26-28 novembre), où elles faillirent être anéanties, aboutit à une complète dissolution de cette armée, naguère encore si belle et si formidable ; dissolution mêlée d'horreurs, dont le récit le plus animé ne pourra jamais donner qu'une faible idée.

Il ne s'était pendant ce temps-là passé rien de bien important aux corps détachés pour opérer sur les flancs de l'armée ; seulement, forcés par le départ de celle-ci de commencer leur mouvement de retraite. Macdonald, avec les Prussiens, commandés maintenant par York, dut lever le siége de Riga, et repasser le Niémen. Oudinot, qui avait à deux reprises livré bataille à Wittgenstein sous les murs de Polozk, et la dernière fois, le 18 août, après avoir été renforcé par Gouvion Saint-Cyr, et qui ensuite avait cherché à se réunir derrière l'Ula avec le 9ᵉ corps, composé de troupes fraîches aux ordres de Victor, assura ainsi la ligne de retraite de Napoléon, menacée par l'approche de l'armée de Moldavie commandée par Tschitschakoff. Schwartzenberg, qui, réuni aux Saxons, avait à la bataille de Gorodeczna (12 août) rejeté Tormassoff derrière le Styr, battit en retraite à l'arrivée de l'armée de Moldavie, forte de 50,000 hommes. A ce moment l'armée russe se divisa. Sacken resta en face des Autrichiens et des Saxons, et réussit, mais non sans éprouver de grandes pertes, à les séparer de la grande armée, comme le lui ordonnaient ses instructions. Tschitschakoff marcha sur la Bérézina, pour essayer d'opérer sa jonction avec Wittgenstein et de couper la retraite aux Français. Mais ce mouvement échoua. Tschitschakoff, qui occupait déjà Borissoff, fut repoussé par Oudinot; et l'armée française put ainsi franchir la Bérézina, quoique au milieu d'horribles difficultés et de désastres sans nom. Une seule division fut faite prisonnière, tandis que Victor couvrait le passage du fleuve. Le 3 décembre Napoléon rédigea son fameux 29ᵉ bulletin, qui dévoilait toute la vérité. Il remit ensuite le commandement de l'armée à Murat, et s'empressa d'accourir à Paris. Le 11 décembre les derniers débris de l'armée française repassèrent le Niémen. Les Russes prirent des cantonnements à Wilna. Pendant la retraite du 10ᵉ corps, York avait cessé de se trouver en communication avec les Français; et le 30 décembre il conclut avec Diebitsch, chef de l'état-major de Witgenstein, la convention de Tauroggen, aux termes de laquelle le corps prussien devait désormais, sauf ratification, du roi de Prusse, rester neutre. Les Autrichiens et les Saxons regagnèrent leurs frontières respectives. Ainsi finit la campagne de mil huit cent douze.

MIL HUIT CENT TREIZE (Campagne de). La capitulation d'York, qu'il est impossible de justifier militairement, et que Frédéric-Guillaume III s'abstint aussi d'approuver, n'en provoqua pas moins en Prusse, où la haine contre l'oppression étrangère était arrivée au plus haut degré d'énergie, un enthousiasme général, que la proclamation du roi, en date du 3 février 1813, surexcita encore davantage. Des milliers de citoyens appartenant à toutes les classes coururent aux armes, et ce fut à qui s'imposerait les plus grands sacrifices pour la cause de la patrie. L'ennemi qu'il s'agissait de combattre n'était point nominativement désigné, mais à cet égard il ne pouvait plus exister le moindre doute. Cependant l'armée russe, au sein de laquelle l'empereur Alexandre s'était personnellement mise en mouvement, s'était de nouveau reformée en trois divisions, évacuait les rives de la Vistule. Le roi Murat avait remis le commandement au vice-roi d'Italie et était parti pour Naples. Eugène ramena le gros de l'armée française derrière l'Elbe, et établit son quartier général à Magdebourg. C'est alors que, le 16 mars, après qu'une alliance offensive et défensive entre la Prusse et la Russie eût déjà été signée à Kalisch, fut publiée la déclaration de guerre de la Prusse à la France. L'armée prussienne se trouvait réduite à un effectif de 33,000 hommes. Le système de Scharnhorst, adopté depuis 1810, et qui consistait à former constamment de nouvelles recrues et à renvoyer dans leurs foyers les hommes déjà exercés dans le maniement des armes, permit de créer tout aussitôt 13 nouveaux régiments. On y ajouta le *Landwehr*, appelée aux armes par l'ordonnance du 17 mars, et qui lorsqu'elle fut portée au complet présenta un effectif de 148 bataillons et de 115 escadrons. Mais ces préparatifs n'étaient point encore terminés au moment où parut la déclaration de guerre. Il n'y avait encore que 50,000 hommes environ prêts à entrer en ligne, dont 25,000 sous les ordres de Blücher, en Silésie, 15,000 sous les ordres d'York dans la Marche, et 10,000 sous les ordres de Bulow dans la Marche et en Poméranie. Le 15 mars, un corps de troupes légères russes, commandé par Tettenborn, occupa Hambourg. La fermentation était générale dans le nord de l'Allemagne; et pour la comprimer, un corps français de 3,000 hommes, commandé par Morand, marcha de Brême sur Lunebourg; mais il y fut attaqué le 2 avril par Dernberg et Tschernischeff, et obligé de mettre bas les armes. L'armée de Blücher, renforcée par 15,000 Russes aux ordres de Winzingerode, avait envahi la Saxe dans les derniers jours de mars et avait franchi l'Elbe à Dresde, que Davoust évacua après avoir fait sauter les ponts de l'Elbe, tandis que Winzingerode et York, à la tête de 27,000 hommes, opéraient contre Magdebourg. Pour empêcher l'ennemi de pénétrer dans le pays de l'Elbe supérieur le vice-roi d'Italie entreprit de Magdebourg une diversion dans la direction de Berlin; mais à la suite de la sanglante affaire livrée le 5 avril à Mockern, force lui fut de rebrousser chemin. La grande armée russe n'était point encore arrivée.

Pendant ce temps-là Napoléon avait fait en France les plus gigantesques armements, levé par avance plusieurs classes de la conscription, et conduit en Allemagne une armée plus nombreuse encore que celle des alliés. A la fin d'avril il opéra sa jonction avec le vice-roi sur les bords de la Saale, où son armée présentait un effectif de 120,000 hommes, tandis que les alliés n'avaient à lui en opposer que 90,000. Après la mort de Koutousoff, Wittgenstein avait pris le commandement en chef de l'armée alliée. Malgré leur infériorité numérique, les alliés, pleins de confiance dans leur cavalerie, de beaucoup supérieure à celle des Français, résolurent de prendre l'offensive; mais la bataille de Gross-Gorschen, livrée le 2 mai aux environs de Lutzen, eut pour résultat, malgré leur vigoureuse résistance, de les forcer à battre en retraite sur l'Elbe. Napoléon chargea alors Davoust de réoccuper Hambourg, ce que celui-ci fit le 31 mai, et lança Ney sur Berlin, en même temps qu'avec le gros de ses forces il se mit à la poursuite des alliés. Dès le 8 mai il était de nouveau maître du cours de l'Elbe, attendu que Dresde avait été évacuée, que Thielemann avait abandonné Torgau, et que les alliés avaient levé le siège de Wittemberg. Le roi de Saxe, qui lors de l'invasion de ses États par les alliés s'était retiré à Prague, put y rentrer et nouer avec Napoléon une alliance plus étroite que jamais. Mais la réoccupation de Thorn par les Français avait rendu disponibles 17,000 Russes aux ordres de Barclay de Tolly, avec lesquels les alliés, renforcés encore de 10,000 Prussiens, prirent position derrière la Sprée, à Bautzen. En conséquence Napoléon ordonna à Ney, devant qui Bulow, chargé de couvrir Berlin, s'était retiré, de venir le rejoindre. Ney arriva le second jour de la bataille de Bautzen, qui se prolongea pendant les journées du 20 et du 21 mai, assez à temps pour en décider le succès par une attaque sur le flanc droit des alliés. Mais ceux-ci battirent en retraite avant que leur déroute fut complète, et mise au triomphe du vainqueur. « Ces gens-là ne me laissent pas un sou! » s'écria Napoléon découragé. Le manque de cavalerie, qui était plus qu'un obstacle à la rapidité de ses communications, l'empêcha de poursuivre ses avantages. Trouvant que ses lieutenants n'agissaient mollement avec l'ennemi, il se mit lui-même à la tête des colonnes chargées de le poursuivre, et c'est à cette occasion que Duroc fut atteint d'une blessure mortelle à ses côtés. Le 26 Blücher attaqua l'avant-garde française aux ordres de Maison à Hanau, et lui fit éprouver des pertes considérables. Après quoi il put opérer tranquillement sa retraite jusque derrière la Katzbach. Oudinot avait été détaché de Bautzen sur Berlin; mais il fut battu le 4 juin à Luckau, le jour même où, sous la médiation de l'Autriche, les puissances belligérantes signaient l'armistice de Blæswitz. Il avait été ardemment désiré de chaque côté, et il n'avait pour résultat de forcer l'Autriche à prendre un parti. Il devait d'abord expirer le 26 juillet; puis tard, il fut prorogé jusqu'au 16 août, et une ligne de démarcation fut tracée entre les positions respectives des deux armées. Les corps francs, aux ordres d'audacieux chefs de partisans, devaient jusqu'au 12 juin se retirer derrière l'Elbe. Lutzow resta en arrière; aussi son corps tout entier fut-il fait prisonnier. Pendant ce temps-là un congrès s'était inutilement réuni à Prague. La Suède accéda à la coalition; l'Angleterre s'obligea à fournir des subsides; l'Autriche déclara, le 12 août, la guerre à la France, avec qui le Danemark, au contraire, venait de s'unir par un traité offensif et défensif. De gigantesques armements furent faits de part et d'autre. Les coalisés mirent en ligne trois armées : la grande armée, forte de 220,000 hommes et composée d'Autrichiens, de Russes (Wittgenstein), de Prussiens (la garde et le 2ᵉ corps, Kleist), massée en Bohême sous le commandement supérieur de Schwartzenberg; l'armée de Silésie, forte de 99,000 hommes, deux corps russes (Sacken et Langeron), et du 1ᵉʳ corps prussien (Ziethen), massée en Silésie sous le commandement supérieur de Blücher; et l'armée du nord, forte de 114,000 hommes, Suédois, Russes (Winzingerode), Prussiens (3ᵉ et 4ᵉ corps, Bulow et Tauenzien), massée aux environs de Berlin. A cette dernière se rattachait le corps de Wallmoden, fort de 24,000 hommes et chargé d'opérer contre Hambourg. En outre, 24,000 Autrichiens tenaient tête sur les bords de l'Inn aux Bavarois commandés par Wrede, et 50,000 autres au vice-roi Eugène, que Napoléon avait envoyé reprendre le commandement de l'armée d'Italie. Des renforts considérables venant de l'Autriche et de la Russie étaient en pleine marche.

Les forces disponibles de Napoléon montaient environ à 440,000 hommes : il avait en Saxe et en Silésie 336,000 hommes; à son aile gauche Davoust commandait un corps de 25,000 hommes. Il y avait 25,000 hommes sur les bords du Danube, et 45,000 hommes en Italie sous les ordres d'Eugène. Dans cet effectif n'étaient pas comprises les garnisons laissées dans les places fortes de la Vistule, de l'Oder et de l'Elbe.

Le plan des alliés consistait à faire frapper un coup décisif par la grande armée, pendant que l'armée de Silésie occuperait l'ennemi, que l'armée du nord couvrirait Berlin, et suivant les circonstances opérerait sa jonction avec l'une ou l'autre. Napoléon avait pris l'Elbe pour base et Dresde pour pivot de ses opérations. Oudinot, à la tête du 3ᵉ corps, devait opérer contre Berlin, appuyé par Davoust de Hambourg par Davoust, et de Magdebourg, par Gérard. On devait se borner à observer les mouvements de la grande armée des coalisés. Napoléon lui-même marcha à la tête de sa garde sur la Silésie, où Ney tenait tête à Blücher, qui dès le 17 août avait recommencé les hostilités. Il s'était déjà avancé au delà de la Katzbach; mais à la nouvelle que la grande armée des coalisés avait franchi les montagnes, Napoléon s'étant mis en marche pour la Saxe avec une partie de son armée, Blücher attaqua Macdonald le 26 août, le battit sur les bords de la Katzbach, et le chassa de la Silésie. Oudinot, pendant ce temps-là, était entré dans la Marche; mais le 23 août il fut mis en déroute à Grossbeeren par Bulow. Toutefois, la pointe tentée par la grande armée des coalisés sur Dresde le 26 août échoua complètement. Elle fut battue le 27, et dans sa retraite par delà les monts elle eût peut-être été anéantie si le corps de Vandamme, chargé de la couper, n'avait pas été arrêté le 29 et le 30 août à Kulm, attaqué à revers par Kleist, et prisonnier lui-même faute d'avoir été secouru. Gérard, chargé d'appuyer de Magdebourg les opérations d'Oudinot, avait déjà été battu le 27 août par Herschfeld à la meurtrière affaire de Hagelsberg. Une nouvelle pointe sur Berlin, tentée par Ney, échoua encore une fois, par suite d'une déroute que Bulow lui fit essuyer le 6 septembre à Dennewitz. A ce moment il intervint une espèce d'armistice pendant la durée duquel les coalisés attendirent l'arrivée des réserves russes aux ordres de Bennigsen, et Napoléon fit d'inutiles efforts pour déterminer soit le corps de Blücher, soit la grande armée des coalisés à accepter une bataille. Bennigsen étant arrivé sans avoir été observé sur les derrières de l'armée de Silésie en Bohême, Blücher, par un mouvement à droite fort habilement couvert, força le passage de l'Elbe, le 3 octobre, à l'affaire de Wartemberg, où York joua le rôle principal. L'armée du nord effectua également le passage de ce fleuve dans les journées du 4 et du 5 octobre; et la grande armée, sur la gauche, traversa l'Erzgebirge. Déjà des corps de troupes légères inquiétaient les derrières de l'armée française, par exemple ceux de Thielemann, passé maintenant au service de Russie, de Tschernitscheff, qui, le 20 octobre, mit fin au royaume de Westphalie, et de Mensdorf. Le 7 octobre Napoléon dut évacuer Dresde. Il espérait encore écraser l'armée de Silésie; mais celle-ci se retira derrière la Saale. Il entreprit ensuite une démonstration sur Berlin jusqu'à Duben ; mais il revint rapidement sur ses pas, et arriva à Leipzig, où Murat, chargé de contenir la grande armée des coalisés, avait été contraint de se replier. Une reconnaissance faite par Schwartzenberg avait provoqué le combat de cavalerie livré le 14 octobre à Liebertwoskiwitz. Le 16 commencèrent les grandes batailles de Leipzig. La grande armée coalisée livra à Wachau une bataille restée indécise; Blücher battit Marmont à Moekern. Le 17, Napoléon différa encore son mouvement de retraite. La journée du 18, où il ne vit attaquer dans un cercle circonscrit, décida du sort de son armée; et la retraite commencée le 19 se changea bientôt en une déroute et un débandade générale (*voyez* LEIPZIG [Bataille de]).

La bataille de Leipzig affranchit l'Allemagne du joug de l'étranger. Dès le 8 octobre la Bavière avait traité à Ried avec les Autrichiens. Toute la Confédération du Rhin se trouva dès lors dissoute. Les princes expulsés par Napoléon rentrèrent dans leurs États respectifs; seul le roi de Saxe fut conduit à Berlin comme prisonnier de guerre. La guerre était finie dès lors, si on avait énergiquement poursuivi l'ennemi; mais les alliés crurent que Napoléon accepterait encore une seconde bataille à Erfurt, et en conséquence manœuvrèrent avec prudence. Mais celui-ci continua sa retraite sans s'arrêter; et le 30 octobre il battit encore à Hanau les Bavarois, aux ordres de Wrede, et les Autrichiens qui essayèrent de lui barrer le passage. Il ramena environ 70,000 hommes avec 120 bouches à feu de l'autre côté du Rhin, dont toute la rive droite se trouva dès lors évacuée par les Français. Les garnisons qu'il y laissa (et d'abord Gouvion Saint-Cyr, enfermé à Dresde avec 24,000 hommes) durent capituler les unes après les autres. Les opérations offensives continuèrent. Pendant que la grande armée et l'armée de Silésie marchaient vers le Rhin et y prenaient des cantonnements, pour avoir le temps de faire de plus grands préparatifs, on détacha de l'armée du nord, qui marcha sur Hambourg et contre les Danois, le 3ᵉ corps prussien, aux ordres de Bulow, pour délivrer la Hollande; et le 4ᵉ corps, aux ordres de Tauenzien, demeura en arrière pour bloquer les places fortes de l'Elbe où les Français avaient laissé des garnisons.

Après la déroute que son armée essuya le 10 décembre à l'affaire de Schestedt, le Danemark dut signer la paix de Kiel, le 14 janvier 1814, et céder la Norvège en échange de la Poméranie suédoise.

MIL HUIT CENT QUATORZE (Campagne de). Les alliés avaient mis en ligne plus d'un million de combattants, et Napoléon n'avait à leur opposer en tout qu'environ 480,000 hommes. D'après le plan adopté, la grande armée des coalisés, pour tourner les places fortes, devait pénétrer en France par la Suisse, dont on se décida à violer la neutralité, et marcher droit sur Paris, pendant qu'un corps aux ordres de Bubna serait détaché sur Lyon, afin d'essayer de là d'entrer plus tard en communication avec Wellington, qui, après la bataille de Vittoria, avait franchi la Bidassoa et pénétré sur le sol français. L'armée de Silésie devait s'avancer en partant du Rhin central, et opérer dans le courant de janvier, entre la Seine et la Marne, sa jonction avec la grande armée, afin de manœuvrer de concert sur Paris.

Le passage du Rhin par la grande armée des coalisés eut lieu à Bâle, à partir du 21 décembre 1813; et le corps aux ordres de Blücher franchit ce fleuve dans la nuit du 1ᵉʳ janvier 1814, à Caub et à Mannheim. Marmont et Macdonald, qui jusque alors avaient occupé la frontière du Rhin, battirent en retraite ; et Mortier, avec la garde impériale, en fit autant à la suite de l'engagement qu'il eut à soutenir le 24 janvier à Bar-sur-Aube contre une partie de la grande armée des coalisés. Napoléon avait concentré environ 60,000 hommes aux environs de Châlons, et s'y était rendu de sa personne, le 25 janvier, pour attaquer d'abord Blücher. Le 29 janvier il remporta sur lui quelques avantages à Brienne ; mais Blücher, renforcé par la grande armée, le battit le 1er février à La Rothière, et le contraignit à se replier sur Troyes. Les coalisés divisèrent alors leurs forces, autant par tactique que par suite de la difficulté extrême qu'ils éprouvaient à s'approvisionner. Blücher, se dirigeant vers la Saône, s'empara de Châlons, et de là marcha sur Paris le long des bords de la Marne, tandis que Schwartzenberg était chargé de faire le même mouvement le long de la Seine. Mais celui-ci perdit un temps précieux et fournit ainsi à Napoléon (qui déjà avait donné *carte blanche* à ses représentants au congrès de Châtillon) l'occasion de tomber avec le gros de ses forces sur l'armée de Silésie marchant par colonnes séparées. C'est là qu'il déploya une incroyable activité et qu'il donna une admirable preuve de ses talents stratégiques. Le 10 février il écrasait à Champ-Aubert le corps d'Alsufieff, et séparait ainsi le reste de l'armée, le lendemain 11 il battait Sacken à Montmirail, et le 12 il le contraignait à repasser la Marne à Château-Thierry après s'être pourtant renforcé du corps d'York. Il se dirigea ensuite sur la colonne commandée par Blücher ; et le 14, à la suite de l'affaire d'Étoges, il le contraignit à battre en retraite sur Châlons, où son corps put se rallier de nouveau le 17 mars après avoir perdu 14,000 hommes et environ 30 bouches à feu. Se retournant alors brusquement vers la grande armée des coalisés, qui, malgré la résistance que lui avait opposée Oudinot et Victor, avait toujours été en avant quoique lentement, il battit Wittgenstein le 17 à Nangis et le prince royal de Wurtemberg le 18 à Montereau, et les força également à se replier sur Troyes, pour essayer de se réunir avec le corps de Blücher. Ces brillants succès aveuglèrent Napoléon, et dès lors ses plénipotentiaires à Châtillon eurent ordre de se montrer plus exigeants. Mais le 1er mars les coalisés signèrent à Chaumont une alliance encore plus étroite entre eux, après que Blücher eût déjà repris l'offensive et sauvé ainsi le résultat de toute la campagne. Celui-ci était arrivé le 21 février à Méry pour essayer de se réunir avec Schwartzenberg ; mais on avait alors rejeté le plan qu'il proposait, et qui consistait à se séparer de nouveau de Schwartzenberg pour marcher encore une fois sur Paris après s'être renforcé des corps de Bulow et de Winzingerode arrivant des Pays-Bas. Déjà le 27 il avait contraint Marmont et Mortier à se replier derrière la Marne ; mais il s'abstint alors de les poursuivre davantage, en apprenant que Napoléon marchait à sa rencontre, et alors, pour l'éviter, il passa l'Aisne afin de se réunir à Bulow et à Winzingerode. Ceux-ci, qui s'étaient rendus maîtres de Soissons le 2 mars, opérèrent le 4 leur jonction avec Blücher. A l'affaire de Craonne, le 7 mars, Napoléon repoussa, il est vrai, le corps de Sacken ; mais il fut battu le 9 et le 10 à Laon par Blücher. Laissant alors encore une fois Marmont et Mortier tenir tête à celui-ci, il se jeta sur la ligne de marche de la grande armée des coalisés, qui, après la bataille de Bar-sur-Aube, livrée le 27 février, se retrouvait à peu près au même point où elle était parvenue quatre semaines auparavant. Chemin faisant, il dispersa le 13 mars à Reims le corps russe de Saint-Priest ; mais repoussé le 20 par Schwartzenberg à l'affaire d'Arcis-sur-Aube, il conçut le plan hardi de marcher avec le gros de ses forces sur la ligne de retraite de l'ennemi vers le Rhin, afin de l'empêcher par ce mouvement de persévérer dans sa marche en avant. Il comptait pour appuyer ce plan sur un soulèvement général des populations des campagnes, bien résolu qu'il était maintenant à donner à la guerre un caractère national et populaire. Il comptait aussi sur les efforts d'Augereau au sud, qui en effet avait si maltraité Bubna, qu'il avait fallu détacher le corps de Bianchi de la grande armée des coalisés et l'envoyer à son aide. Mais les coalisés ne se laissèrent pas tromper par ses fausses manœuvres. Une lettre à l'impératrice Marie-Louise, qu'ils avaient interceptée, leur avait dévoilé tout son plan. Ils ne lancèrent encore à sa poursuite que 5,000 chevaux, commandés par Winzigerode, lequel le trompa habilement pendant quelques jours, et ils continuèrent leur marche sur Paris. Le 25 les maréchaux de Napoléon avaient été battus à La Fère-Champenoise ; et la bataille livrée le 30 mars sous les murs de Paris contraignit la capitale à ouvrir ses portes aux alliés. Napoléon accourut bien vite, mais il était trop tard. Il concentra encore à Fontainebleau les débris de son armée ; mais dès le 2 avril le sénat l'avait déposé. Les maréchaux, Marmont à leur tête, abandonnèrent alors à l'envi la cause impériale, et le 11 Napoléon, après avoir vainement essayé de se suicider, était réduit à signer son abdication. Il ne lui restait plus que le titre d'empereur, l'île d'Elbe et une rente annuelle de deux millions de francs (*voyez* Napoléon). En Italie, le vice-roi Eugène avait réussi à conserver ses positions contre les Autrichiens, quoique Murat, trahissant la cause de son beau-frère, eût passé dans les rangs de la coalition ; mais Lyon était tombé au pouvoir de Bubna, de même que Bordeaux avait été occupé par les troupes de Wellington, qui le 10 avril encore enlevait le camp retranché établi par Soult sous les murs de Toulouse. Une suspension d'armes fut alors conclue avec les généraux commandant les divers corps de l'armée française, et le 4 mai Louis XVIII faisait sa rentrée à Paris en qualité de roi de France. Un traité de paix générale fut signé à Paris le 30 mai ; mais le corps de Davoust ne commença l'évacuation de Hambourg que le 20 mai. Consultez Chambray, *Histoire de l'expédition de Russie* (3 vol., Paris, 1824) ; Buturlin, *Histoire militaire de la Campagne de Russie en 1812* (Paris, 1824) ; Ségur, *Histoire de Napoléon et de la grande Armee pendant 1812* (Paris, 1824) ; Fain, *Manuscrits de 1812, de 1813, de 1814* (Paris, 1826) ; Danilewski, *Histoire de la Guerre nationale en 1812* (en russe, 1840) ; le duc Eugène de Wurtemberg, *Souvenirs* (en allemand ; Breslau, 1846) ; lord Londonderry, *History of the Campaign of 1813 and 1814* (2 vol., Londres, 1840) ; Norvins, *Histoire de la Campagne de 1813* (Paris, 1834), etc.

MIL HUIT CENT QUINZE (Campagne de). *Voyez* Cent Jours, Ligny, Waterloo.

MILIAIRE (Fièvre), *miliaria*, maladie de la peau, consistant en ce que de petites pustules ou des vésicules assez semblables à des grains de millet, apparaissent le plus souvent au cou, à la poitrine et dans le dos. Ces cloches sont tantôt transparentes, tantôt de la blancheur du lait, tantôt entourées d'un bord rouge et tantôt sans symptôme ; de là les noms de miliaire *cristalline*, *perlée*, *laiteuse*, *rouge* et *blanche*. Cette maladie vient ordinairement à la suite d'autres affections, notamment de désordres dans la digestion, ou bien elle est provoquée par des sueurs excessives, ainsi que cela arrive chez les femmes en couches et chez les petits enfants. Dans ce cas on lui donne le nom de *boutons de chaleur* (*hydroa*). Fort souvent la fièvre miliaire constitue aussi une crise. Elle disparaît quelquefois tout à coup, mais elle est alors suivie ordinairement d'autres symptômes plus graves et plus dangereux. Le plus souvent ces petites cloches ne laissent point de traces après elles et ne se transforment point en abcès. Quelquefois elles se dessèchent alors. C'est l'état du reste du corps qui indique si la fièvre miliaire doit être considérée comme sans danger ou bien comme un symptôme grave et notamment comme une preuve de grande faiblesse.

MILIAIRES (Glandes). On appelle ainsi une foule de petites glandes répandues dans la substance de la peau, et qui sont les organes par lesquels la matière de la sueur et de la transpiration insensible est séparée du sang. Elles sont entre-mêlées parmi les mamelons de la peau et sont fournies chacune d'une artère, d'une veine et d'un nerf, comme aussi d'un conduit excrétoire par lequel sort la matière liquide qui a été séparée du sang dans le corps de la glande, laquelle matière est ensuite évacuée par les pores ou trous de l'épiderme.

MILIANA ou **MILIANAH**, ville de la province d'Alger, située sur les hauteurs de l'Atlas, à 900 mètres au-dessus du niveau de la mer, par 36° 15' de latitude septentrionale et 0° 5' de longitude orientale. Placée à 108 kilomètres d'Alger, elle domine la plaine de Chélif, fertile en grains et en fourrages. Quartier général d'une subdivision militaire, Miliana a été élevée en commune de plein exercice en 1854, avec la section agricole d'Affreville comme annexe. Ainsi constituée, sa population fixe était de 4,640 habitants, dont 950 Français, 540 Européens, 2,630 indigènes musulmans, et 520 indigènes israélites. La fertilité de son territoire, l'un des plus abondamment arrosés de l'Algérie, son marché arabe, son industrie minotière, que favorise la multiplicité des chutes d'eau, sont pour Miliana des sources de prospérité.

Miliana, suspendue en quelque sorte au penchant d'une montagne et bâtie sur le flanc d'un rocher, dont elle borde les crêtes, est assise sur des dépôts de carbonate calcaire, recouverts d'argile, de débris de constructions et de terre végétale. Elle est bordée au nord par le mont Zakkar ou Zickar, qui la couvre entièrement de ce côté; au sud par une vallée fertile que le petit Gontas ou Gantas sépare de la plaine; à l'est, par un ravin qu'elle domine à pic; à l'ouest, par un plateau arrosé d'eaux vives, qui y appellent et y favorisent la culture. Le mont Zakkar, sur la croupe méridionale duquel Miliana se trouve, est élevé à son sommet de 1,534 mètres au-dessus du niveau de la mer. Sans être entièrement dépourvu de terres végétales, le mont Zakkar apparaît d'autant plus aride qu'on l'examine près de son sommet; mais à mesure qu'on descend vers la ville, il se couvre de verdure, d'arbres fruitiers et de jardins. Les maisons de Miliana, toutes composées d'un rez-de-chaussée et d'un étage, sont construites en pisé, fortement blanchi à la chaux et renforcé habituellement par des portions en briques; elles sont couvertes en tuiles. Presque toutes renferment des galeries intérieures et quadrilatérales de forme irrégulière, soutenues assez souvent par des colonnades en pierre et à ogives surbaissées.

La population de Miliana pouvait être, avant l'occupation française, d'environ 7 ou 8,000 habitants, parmi lesquels il se trouvait des familles riches et considérables, à en juger par le luxe et l'élégance de leur vie, d'une, d'une et d'un grand nombre de Maures ou Kouloughis. La ville renfermait vingt-cinq mosquées, dont huit sont assez vastes et jouissent d'un certain renom. La plus remarquable est la Djéma-Kébir (Grande Mosquée); ensuite viennent les marabouts ou zaouïas de Sidi-Mohammed, de Ben-Kassem, de El-Kali et de Ben-Toulef. Comme celles de toutes les villes arabes, les rues de Miliana sont étroites et tortueuses; mais des eaux abondantes alimentent, par une multitude de tuyaux souterrains, les fontaines publiques et celles des maisons, pourvues d'ailleurs de plantations d'orangers, de citronniers et de grenadiers.

La défense de Miliana se compose d'un mur d'enceinte en partie bastionné, d'une casbah et d'un réduit de casbah qui s'appuient à l'enceinte. Le réduit est peu étendu; il a été construit par les Turcs, et les murs en pisé, d'une énorme épaisseur, sont d'une grande dureté. La casbah proprement dite, entourée d'un fossé, est l'œuvre de l'occupation française; enfin, le mur d'enceinte, formé presque partout par les murs en terre des maisons, a dû être construit. On a établi sur tout le pourtour de l'enceinte une large rue de remparts. Le flanquement de la place est assuré au moyen de trois bastions terrassés, de quatre tours en maçonnerie, dont deux construites par l'armée, du réduit de la casbah et de quelques ouvrages moins importants. La place est en outre pourvue d'ouvrages extérieurs au nombre de quatre, construits ou perfectionnés dans le but de donner un point d'appui aux sorties de la garnison et d'empêcher la formation d'embuscades ennemies. Les Français ont établi de grandes places et percé deux larges rues dans la direction des vents régnant à Miliana. La première de ces rues aboutit à la porte Zakkar, la seconde à celle du Chélif.

La route qui conduit de Mouzaïa à Miliana passe à travers la partie la plus fertile de la **Métidja**, occupée par les Hadjoutes, et aux approches de l'Oued-Jer le sol s'élève insensiblement. On pénètre alors dans la chaîne de montagnes où se trouve Miliana. Cette ville doit à sa position élevée une température modérée, mais variable. Le thermomètre ne monte pas au delà de 31°.

La situation de Miliana, dominant la partie supérieure du cours du Chélif, assez rapprochée des riches tribus qui cultivent la fertile vallée arrosée par ce fleuve, et sur la ligne de communication d'Alger avec les principales villes de la province d'Oran, semble assigner un rôle important à cette place. Son territoire est d'une grande fertilité. Les ravins qui la sillonnent sont couverts d'arbres fruitiers de toutes espèces; les pentes les moins roides ainsi que les plateaux et la vallée sont formés de terres éminemment propres à la culture des grains, des céréales de toutes natures et des vignes, qui y sont très-productives. Le terrain contient des sulfures de plomb, des oxydes et du carbonate de fer. On trouve surtout les derniers à l'est, dans le flanc du mont Zakkar, auprès d'un ruisseau qui alimentait les anciens moulins de la ville et la forge qu'Abd-el-Kader y avait établie pour exploiter ces minerais. Au nord-est de Miliana, il existe d'énormes gisements de marbres de différentes couleurs. Une carrière de marbre blanc a été découverte au sommet du mont Zakkar, où l'on rencontre aussi une mine de cuivre. Cette montagne contient, en outre, des gisements considérables de poudingues d'une dureté extrême, avec lesquels les Arabes faisaient leurs meules de moulins. — Les eaux qui arrosent Miliana proviennent d'une multitude de sources vomies par le Zakkar à travers les nombreuses fissures de ses roches. Elles ne tarissent jamais. La garnison de Miliana a essayé d'établir dans cette ville un four à chaux, une charbonnerie, une suiferie, une distillerie-brasserie, une tannerie, une corderie, etc. Abd-el-Kader avait installé hors de la place, sur le versant gauche du ravin qui borde la ville à l'est, une espèce de forge, renfermant cinq fourneaux dits à la catalane. Les eaux des sources de l'est s'échappant d'un réservoir faisaient mouvoir un martinet.

Il serait difficile de préciser si Miliana a été fondée par les Romains, qui l'appelaient *Malliana*, ou si une ville africaine existait déjà dans cet endroit quand les conquérants du monde vinrent s'y établir. Ce qu'il y a de certain, c'est qu'on y retrouve aujourd'hui des traces non équivoques de la domination romaine. A l'est, et à peu de distance du centre de la ville, on aperçoit les restes d'un ancien monument dont la façade, soutenue par des arceaux, est encore debout. Les Turcs y ont aussi laissé des traces de leur puissance. Indépendamment du réduit de la casbah, le mur dans lequel est percée la porte du Zakkar, la gorge des bastions d'Alger, une portion considérable de la vieille enceinte située en arrière de l'enceinte actuelle, et plusieurs tours assises à l'ouest de la ville, datent également de l'administration turque. L'enceinte turque, construite en moellons, était flanquée de nombreuses tours; elle contient un grand nombre de pierres de taille disposées sans ordre et sans discernement, qui ont appartenu à d'autres édifices romains, à en juger par des moulures qui n'ont pu sortir de la main d'un ouvrier mahométan.

Sous la domination turque, il y avait un camp à Miliana, pour assurer la rentrée de l'*achour* ou impôt territorial. Nulle part la perception n'était plus difficile qu'aux environs de cette ville. Après la prise d'Alger, les populations, frappées de stupeur, revinrent bientôt à elles en voyant notre inaction. Tous les liens de subordination étant rompus, les villes se créèrent des gouvernements indépendants, et les tribus se livrèrent à leurs haines, à leurs vengeances et à leur rapacité. Il y avait alors à Miliana un homme qui, par sa fortune et son caractère, s'était acquis le plus grand ascendant dans la ville et dans les environs, Ali-Embarek, connu aussi sous le nom de Hadji-el-Séghir, marabout de Koléah, qui ne tarda pas à être investi d'une autorité illimitée. Le général Berthezène, voulant s'assurer son concours, l'appela à Alger, et le nomma agha des Arabes. Ce chef garantit le maintien de la tranquillité dans la Métidja, mais à la condition extraordinaire que les Français n'y mettraient pas les pieds. On fit une magnifique position à El-Séghir, en lui fixant un traitement de 72,000 francs, et en entretenant près de lui quarante cavaliers maures pour exécuter ses ordres. Le duc de Rovigo se hâta de se débarrasser de cette honteuse assistance : la place d'agha fut supprimée. Hadji-el-Séghir se retira à Miliana, et devint bientôt un de nos ennemis les plus acharnés et les plus actifs. Il y était installé lorsqu'en 1835 El-Darkaoni, chef d'une tribu du désert, vint avec ses hordes sauvages mettre le siége devant Miliana, après s'être emparé de Médéah. Embarek envoya une députation à Abd-el-Kader pour réclamer son appui. L'émir s'avança au devant d'El-Darkaoni, et en vue même de Miliana le défit et le força de fuir dans le désert. Pour prix de ce service, Abd-el-Kader fit reconnaître son autorité à Miliana. Hadji-el-Séghir fut nommé son kalifa, et l'émir laissa à Miliana un autre de ses officiers, peut-être le plus entreprenant, le fameux El-Barkani, marabout de Cherchell.

Le 9 septembre 1835, le maréchal Clauzel nomma Mustapha-Ben-Hadji-Omar, ancien bey de Tittery, bey de Miliana et de Cherchell; mais il fallait lui faire prendre possession de cette place, qu'Abd-el-Kader continua d'occuper. Le traité de la Tafna rendit même sa conquête régulière en reconnaissant les droits de l'émir sur les villes de Médéah et de Miliana. Au commencement de 1839, M. de Salles, gendre et aide de camp du maréchal Valée, eut une entrevue avec l'émir à Miliana, où Abd-el-Kader se fortifiait, où il avait établi une sorte d'arsenal, et où il exerçait ses troupes régulières. En 1840 il fut décidé qu'on prendrait possession de Miliana, pour montrer aux Arabes que la domination française ne repasserait plus l'Atlas, et que désormais nos colonnes mobiles, appuyées sur cette place et sur Médéah, les maintiendraient sous la souveraineté de la France. Dans les premiers jours de juin, un corps de 10,000 hommes se réunit au camp de Blidah. Le 5 juin, on se mit en mouvement, sous le commandement du maréchal Valée, et l'on parcourut toute la plaine de la Métidja sans rencontrer l'ennemi; le soir, on bivouaqua à Karoubet-el-Ouzrî, au pied du Sahel des Beni-Ménad. Le 6 juin, le corps expéditionnaire commença à gravir trois arêtes parallèles qui se détachent du Zakkar. Une partie de la tribu des Beni-Ménad ayant attaqué la colonne de droite, le 3ᵉ léger livra aux Kabyles un engagement assez vif. Le feu fut mis aux villages et aux moissons, et à dix heures le corps arriva sur les hauteurs qui dominent la Chaaba-el-Ketta (ravin des voleurs). Vers cinq heures, on porta bivouac au confluent de l'Oued-Hamman et de l'Oued-Jer. Le 7, en débouchant dans la vallée de l'Oued-Adelia, l'avant-garde se trouva à portée d'un groupe de cavaliers arabes assez nombreux, qui fut chargé par les spahis et les gendarmes maures. A cinq heures du soir, on atteignit le col du Gontas, et à sept heures l'armée s'établit sur les deux rives de l'Oued-Sebouji. Pour la première fois nos armes paraissaient dans la vallée du Chélif. Le 8, en approchant de Miliana, on aperçut toute la cavalerie d'Abd-el-Kader, qui se formait dans la plaine. Les troupes régulières de l'émir prirent position à l'ouest de la place. Deux colonnes d'attaque furent formées sous les ordres du général d'Houdetot, l'une commandée par le colonel Changarnier, l'autre par le colonel Bedeau. L'ennemi n'essaya pas de résister; il se retira précipitamment, laissant la ville en proie aux flammes de l'incendie qu'il avait allumé.

La place fut remise en état de défense sans qu'Abd-el-Kader essayât de nous inquiéter. Le lieutenant colonel d'Illens reçut le commandement supérieur de Miliana ; deux bataillons restèrent sous ses ordres, et le 12 juin le maréchal quitta cette ville avec l'armée. On ne tarda pas à rencontrer l'ennemi, qui fut repoussé, et l'armée marcha dans la plaine du Chélif, au milieu d'une mer de feu. L'arrière-garde avait eu ordre de brûler les moissons et les gourbis des Kabyles. Le 15 juin, Abd-el-Kader voulut nous disputer le passage du Mouzaïa ; mais il fut encore culbuté, et jusqu'au 2 juillet l'armée, continuant ses opérations dans la province de Tittery, passa deux fois le téniah de Mouzaïa ; une colonne se porta sur Miliana sans que l'infanterie arabe osât se montrer. Abd-el-Kader ne put nous opposer que sa cavalerie, et les pertes qu'elle essuya ne tardèrent pas à la décourager. Le 5 juillet, les troupes du corps expéditionnaire rentrèrent dans leurs garnisons respectives. La France s'était fortement établie dans la vallée du Chélif ; les tribus des Hadjoutes, des Beni-Ménad, des Mouzaïas, des Beni-Salahs, qui avaient constamment fait la guerre contre nous, avaient été châtiées ; de grandes communications liaient à la Métidja les places de Médéah et de Miliana. Bientôt on allait recevoir la soumission des tribus que l'émir avait réunies contre nous.

Le 5 novembre le maréchal Valée fit une nouvelle expédition sur Miliana. La première garnison avait beaucoup souffert; elle avait été renouvelée au mois d'octobre. La ville fut assainie. Des approvisionnements nombreux y furent laissés, et les soldats purent commencer des établissements. En 1841 il fallut encore s'occuper du ravitaillement de Miliana. Le 1ᵉʳ mai un convoi chargé de ravitailler cette place rencontra l'ennemi, et eut avec lui un engagement sérieux. Le 3 une affaire plus sanglante eut lieu avec les Kabyles, commandés par Abd-el-Kader, qui s'y trouvait avec trois bataillons réguliers et sa nombreuse cavalerie de l'ouest. L'émir avait pu réunir dix à douze mille fantassins et dix mille cavaliers sur les collines à l'ouest de Miliana. Le général Bugeaud, à la tête d'un corps de 8,000 hommes, battit l'ennemi sur tous les points après un combat opiniâtre. Les Arabes laissèrent 400 hommes sur le champ de bataille. Le 2 octobre de la même année, un corps de troupes, dirigé encore par le général Bugeaud, ravitailla de nouveau la garnison de Miliana, non sans soutenir plusieurs combats avec les Arabes. Enfin, en 1842, après une nouvelle expédition, les tribus rebelles de la province de Miliana se soumirent, et la guerre fut transportée dans l'ouest.   L. LOUVET.

MILICE. C'est un des mots les plus confus de la langue des armes, un mot que chacun emploie sans s'être rendu compte de son vrai sens : la puissance de l'habitude aveugle sur les contradictions qu'il comporte ; il a été tour à tour en faveur ou en désuétude, tour à tour caractéristique ou dénaturé. Les termes latins *milæ* ou *millia*, qui appartiennent aux temps où Rome levait 1,000 hommes par tribu, ont donné naissance aux mots *miles* et *militia*. Ainsi, la *milice* ou la *militie*, comme on a dit d'abord et longtemps, était une levée ou une force publique d'autant de fois 1,000 hommes qu'il y avait de tirages ordonnés. *Milice*, pris dans le sens actuel d'*armée*, a été en usage jusqu'aux expéditions des Français en Italie ; les troupes de Charles VIII et de Louis XII francisèrent l'*armada* et l'*armata* des deux péninsules, et leur traduction remplaça bien ou mal le mot *milice*. *Armée* est tout-à-fait moderne : c'est un des termes militaires qui figurent le moins dans les titres d'ouvrages consacrés à l'art de la guerre. *Milice*, oublié des guerriers, était resté dans le langage ascétique ; il y est sans cesse question de la milice sacrée ; Louis XIV, ne sachant comment dénommer l'institution des corps de miliciens, les appela fort malhabilement *milice*. Les poëtes, cependant, et les historiens continuaient à appliquer ce mot aux choses de la terre, et en faisant le synonyme d'*armée* ; mais si l'on eût demandé dans les casernes ou dans les corps de garde ce que voulait dire *milice*, chacun eût répondu que cela signifiait ramas de villageois que le tirage au sort a faits soldats.

Ce mot renfermait de telles disparates que le père Daniel, qui écrivait sous Louis XIV l'*Histoire de la Milice française* (il était trop humaniste de vieille roche pour employer le mot *armée*), y consacrait un chapitre aux milices provinciales : il les regardait comme une branche de la milice : c'était le renversement de toute logique. Cette troupe de la glèbe, cette armée de la roture, s'effaça de nos institutions en 1789. La *milice*, comme terme générique, comme image douteuse, resta dans les usages de la langue française; mais cette locution louche attend qu'on la définisse ; essayons-le. Tout gouvernement établi a eu sa milice, ou conscriptionnelle, ou spontanée, ou permanente, ou passagère, et dans ce dernier cas tenue sur pied en vertu de contrats de plus ou moins de durée. Il y a deux siècles que des usages nouveaux s'introduisirent ; qu'une organisation plus rationnelle, plus compliquée, prit naissance : à la suite des guerres hors frontières, le mot *armée* apparut; l'armée fut la partie combattante de la milice, la milice resta l'ensemble des forces de terre et de mer ; c'est ainsi que le père Daniel entendait le mot. Le système des anciennes mortes-payes se régularisa : d'arbitraire qu'il était, il devint national ; l'utilité des réserves fut appréciée ; le concours des vétérans fut accueilli; les invalides eurent un hôtel; les vieux services furent pensionnés. A des formes nouvelles il fallait des termes nouveaux ; c'est ce qu'aucun ministre de la guerre, aucun souverain français, n'a encore su ni prévoir ni comprendre. Il commença cependant à exister de fait, sinon dans les termes, une milice, se composant d'une armée active, d'une armée de précaution ou de réserve, d'une armée morte.

Cette position n'est pas seulement celle de la France; elle est celle de tous les pays : dans la partie non constamment sur pied de la milice sont ou ont été : en Espagne les *lanzas*, en Hongrie l'*insurrection*, en Angleterre l'*yeomanry*, en Autriche les *frontières militaires*, les *croates*, en Perse les *zemendars*, en Turquie les *timariots*, en Prusse les *landsturms*, en Suisse les *landwehrs*, en Russie les *cosaques*, en France la *garde-nationale*. Dans les guerres que ces contrées ont eu à soutenir, la partie virile, florissante, de la milice, a été l'armée guerroyante; enfin, en France, et dans la plupart des États, l'invalidité, la vétérance, les brevets de pension, ont perfectionné ce que nos pères appelaient les *mortes-gages* ou les *mortes-payes* ; et cette partie de la milice, cette partie si distincte de l'armée active, en diffère tellement qu'elle n'est militaire que pour le budget et par le costume, et qu'elle est bourgeoise pour tout le reste; elle l'est tellement qu'en presque tous pays, s'il y a avénement au trône, la partie pensionnée de la milice n'est pas tenue au serment militaire. Gal Bardin.

Le *tirage à la milice* était le mode légal de recrutement dans l'ancien régime. Il eût pu suffire, et au delà, à compléter les cadres, sans les engagements à prix d'argent. Mais les exemptions étaient si multipliées pour la classe aisée, que la milice n'atteignait en effet que les ouvriers et les cultivateurs, les hommes de peine : pas un petit fonctionnaire dont le fils ne fût exempt de plein droit ; les exemptions étaient si nombreuses, que la grande partie du contingent était fournie par les communes rurales. On appelait *miliciens* les jeunes gens désignés par le sort. Chaque village s'imposait d'avance une cotisation volontaire pour ceux que le sort désignait. Le tirage se faisait dans la maison des subdélégués de l'intendant. Le départ des miliciens ne s'opérait pas immédiatement ; ils étaient incorporés de préférence dans le régiment de leur province, et qui en portait le nom. Ce mode toutefois n'était applicable qu'à l'infanterie. Dupey (de l'Yonne).

MILICES ou **GARDES BOURGEOISES.** Cette institution date de l'origine des sociétés. C'est le plus ancien, le plus important des droits de cité. Le droit de se garder elles-mêmes leur a été concédé par les gouvernements établis sous quelque forme que ce soit. C'était une conséquence nécessaire de la formation même des sociétés primitives. Seulement, à partir de l'organisation des troupes soldées, que nous appelons maintenant *troupes de ligne*, le service des milices bourgeoises fut restreint à la défense, à la sûreté intérieure des communes. Le plus ancien document connu sur ce point est un édit de Clotaire II (595), pour la police intérieure de Paris, lequel établit un *guet de nuit*. Le *guet assis* de la capitale n'était dans l'origine autre chose que la milice bourgeoise. Dans une charte accordée par Philippe IV à la commune de Saint-Jean-d'Angély, il est recommandé et ordonné même aux habitants d'employer toutes leurs forces contre quelques personnes que ce soit. La charte de Roye dispose que si quelqu'un, noble ou roturier, cause du dommage à la commune et refuse d'obéir à la sommation du maire et de réparer le dommage, ce magistrat, à la tête des habitants, ira détruire la demeure du coupable, et si c'est un lieu trop fort, le roi lui-même s'engage à les secourir : *ad eam diruendam vim et auxilium conferemus*.

C'était donc entre le roi et les communes un contrat d'association offensive et défensive. Les hommes des communes comme les hommes des fiefs étaient obligés d'accompagner à la guerre leur monarque, considéré comme suzerain. La charte de Crépy dit en termes formels « que toutes les communes sans exception doivent le service militaire au roi. » Il est néanmoins certain que cette obligation n'était pas absolue et générale. Les milices de Chaumont ne pouvaient être tenues d'aller au-delà de la Loire et de la Seine. Celles de Bray ne marchaient que dans le cas de guerre générale. Saint-Quentin n'était tenu qu'au service d'*ost* et de *chevauchée*. Tournay n'avait à fournir qu'un contingent de 300 hommes.

Le plan d'organisation des milices bourgeoises de Paris fut conçu et exécuté par Étienne Marcel, qui borna leur service à la sûreté intérieure de la capitale. Tout fut prévu pour les besoins des citoyens armés au nom de la commune défense. Les secours aux blessés étaient disposés d'avance. Ceux qui n'avaient ni mère, ni sœur, ni épouse pour panser leurs blessures, retrouvaient les femmes comme autrefois. La Parisienne désignée aussi d'avance pour cet objet. Il y avait peu de gens de l'art alors. Pour rappeler même dans les cérémonies funèbres quelle la milice bourgeoise se devait avant tout à la défense de la cité, des honneurs plus grands étaient rendus à ceux de ses membres qui étaient tués en deçà qu'au delà des remparts. Point d'uniforme, pas même d'armes régulières. Chacun veillait pour son quartier. Chaque quartier avait son commandant. Les officiers de tous grades étaient choisis par leurs concitoyens. Ils n'étaient pas pour les faits de service justiciables que de tribunaux spéciaux, dont les juges étaient pris dans leur quartier et nommés par eux. Cette juridiction exceptionnelle était commune aux autres milices bourgeoises de France, même dans les cas plus graves, qui, par la nature même du délit, semblaient appartenir aux juridictions ordinaires.

Dans un traité passé le 20 juin 1320, entre l'archevêque de Lyon et les habitants de cette ville, il est dit expressément « que les citoyens ont, depuis la fondation de cette métropole, la garde des portes et des clefs de la ville, et qu'elle l'auront..., qu'ils peuvent enfin mutuellement se commander, prendre les armes lorsqu'il sera nécessaire ». La milice lyonnaise se divisait en *pennon* ou *pannon* (enseigne de simple gentilhomme, différant de la bannière en ce qu'il se terminait en pointe); chaque quartier ou pennonage était administré par un chef particulier. On comptait trente-cinq pennonages. Charles VIII, en 1495, maintint cette division, et accorda aux échevins en fonction la noblesse pour eux et leur postérité. La milice fut maintenue dans tous ses droits. En 1595, Henri IV réduisit le nombre des échevins de douze à quatre. Déjà, un an auparavant, les grades de colonel, capitaine et major des milices bourgeoises dans les villes et bourgs fermés, avaient été érigés en titre d'office, à la nomination du roi, moyennant finances. Les Lyonnais obtinrent une exception, mais elle ne changea rien à la nouvelle organisation de leur milice : les nominations furent dévolues aux échevins et au prévôt des marchands, qui étaient eux-mêmes à la nomination de la couronne; il en résulta un découragement général. Il n'y eut plus de dévouement, plus de subordination. Tous les efforts, toutes les concessions même tentées par l'autorité supérieure restèrent sans effet. Les pennonages furent réduits à vingt-huit en 1764. Chaque pennonage avait son pennon, ses couleurs et sa cocarde. Les compagnies de l'arc et de l'arquebuse faisaient partie de la milice lyonnaise.

L'institution des milices bourgeoises ne s'était conservée que par tradition depuis le dixième siècle. La capitale en avait perdu jurqu'au souvenir. Cette milice ancienne, si forte, si puissamment organisée, ne pouvait être sérieusement représentée par son ignoble guet à pied et à cheval, dont la couardise était passée en proverbe. Mais l'institution était encore vivace dans les pays d'états, surtout en Bourgogne. Auxerre avait une compagnie permanente, appelée *les beaux hommes*. En outre, dans les grandes solennités provinciales, pour les honneurs à rendre au roi, comme duc de Bourgogne, et au prince gouverneur, tous les bourgeois, c'est-à-dire tous les censitaires, quelque modique que fût la cote de leur contribution, prenaient leur vieille rouillarde, ornaient leur chapeau de la cocarde de la ville, et marchaient sous la bannière de leur paroisse. Tous ces droits des milices bourgeoises furent expressément reconnus et garantis par Henri IV. On lit dans tous les traités qu'il souscrit avec les villes qui se rallient spontanément au trône, le droit formellement reconnu de se garder elles-mêmes, s'engageant à n'y faire construire aucun fort et à n'y mettre aucune garnison. « Promettons en parolle de roi, y est-il dit, qu'il ne sera pas même fait et construit ni bastie, aucune citadelle ni fort en ladite ville, ni en icelle mis aucune garnison de gens de guerre, sous quelque prétexte que ce soit. » Cet article se retrouve dans tous les traités de Henri IV avec les villes d'Orléans, Rouen, Lyon, Poitiers, Agen, etc.

Cette élection libre des magistrats, des officiers des milices, ce droit accordé aux communes de se garder elles-mêmes sans le concours d'une garnison, renouvelés pendant des traités solennels, furent, sous prétexte de mettre fin à des brigues, supprimés sous les règnes de Louis XIV et de Louis XV, puis rétablis, supprimés encore, puis frappés d'une nouvelle confiscation et revendus sans réserve aux communes qui voulurent les racheter. Ces abus de pouvoir rappelaient des droits acquis et en interrompaient de fait la prescription. L'empressement des communes à se racheter était une protestation permanente contre ces fréquentes violations d'engagements sacrés. Ce n'était plus qu'un souvenir, mais ce souvenir devint en 1789 une éclatante et immense réalité. Les milices bourgeoises se relevèrent plus nombreuses, plus puissantes que jamais, sous le nom de *gardes nationales*; et de leur sein s'élancèrent ces bataillons de volontaires qui refoulèrent au delà des frontières les ennemis de la France.   Dufey (de l'Yonne).

MILIEU. Ce mot, pris dans son sens géométrique, désigne le point qui sépare une ligne en deux parties d'égale longueur ; mais dans le langage usuel le sens de ce mot n'est pas aussi précis. Le milieu est à peu près le point du milieu. *Milieu* a même quelquefois encore un sens plus vague, c'est lorsqu'on dit, par exemple : Je suis au *milieu* de la foule, au *milieu* d'un bois, etc. Cela signifie seulement qu'on est entouré de toutes parts par la foule, par les arbres du bois ; cela ne veut nullement dire qu'on occupe le point central du bois ou de la foule. Enfin, *milieu* s'emploie quelquefois figurément, comme quand on dit : Je suis au *milieu* de mes amis, pour exprimer qu'on se trouve en leur compagnie. *Milieu* s'applique aussi à la division du temps : c'est ainsi qu'on dit le *milieu* de la journée, pour désigner un moment également éloigné du commencement et de la fin de la journée. *Milieu* désigne, dans une acception figurée, une opinion, une décision intermédiaire entre deux opinions et deux décisions opposées. C'est ainsi qu'on dit : Prendre un *milieu*; Entre deux avis contraires, il n'y a pas de *milieu*, etc. Dans les phrases de ce genre, on remplace quelquefois *milieu* par l'expression *terme moyen*, qui même pour les personnes qui tiennent à se donner un vernis de langues étrangères devient la locution italienne *mezzo termine*. Dans le sens que nous venons de définir, *milieu* se prend en bonne ou en mauvaise part, suivant que l'opinion intermédiaire est conciliatrice entre les deux opinions opposées, ou participe seulement de l'une et de l'autre, afin de ne les pas heurter dans ce qu'elles ont de mauvais. On donnait l'un ou l'autre de ces deux sens à l'expression de *juste milieu*, employée sous le gouvernement de Louis-Philippe.

En physique, *milieu* s'entend en général de l'espace matériel dans lequel se trouve ou se meut un corps. Ainsi, l'air est le *milieu* dans lequel nous vivons ; l'eau est le *milieu* dans lequel les poissons s'agitent ; les corps transparents sont des *milieux* pour la lumière, et c'est la différence de densité de ces *milieux* que sont dues ses déviations. Newton supposait que l'espace est universellement rempli d'un fluide extrêmement rare et subtil, et passant librement à travers les pores de tous les corps. C'est dans ce milieu que se mouvraient les corps célestes, sans que leur marche en éprouvât une altération sensible. C'est aussi ce milieu dont les vibrations produiraient les phénomènes lumineux et caloriques.   L.-L. Vauthier.

MILITAIRE (du latin *miles, militis*, soldat). C'est par ce terme que l'on désigne un soldat, un homme de guerre, et quelquefois aussi l'ensemble des hommes de guerre, des corps armés. Il est souvent opposé à *civil*. Les vertus militaires sont le courage et l'obéissance passive; nous ne saurions mettre au nombre des vertus la capacité, qui n'est qu'une aptitude, l'intelligence, qui est un don naturel. L'honneur militaire, pour le soldat comme pour un régiment, pour un corps d'armée, consiste surtout à bien se battre, à braver la mort sur le champ de bataille, à maintenir son drapeau au feu.

MILITAIRE (Administration). *Voyez* Administration militaire.

MILITAIRE (Architecture). On donne ce nom à l'art de fortifier les places de guerre, de les entourer d'ouvrages qui puissent concourir à leur défense. Chez les anciens, l'architecture militaire était bien différente de ce qu'elle est devenue dans les temps modernes. Enceindre les villes de hautes et fortes murailles, difficiles à escalader, et entourées de fossés pleins d'eau, constituait à peu près tout l'art des fortifications à cette époque. L'invention de la poudre et les nombreux changements qu'elle introduisit dans la manière de faire la guerre durent amener une révolution dans l'architecture militaire. Le génie des Vauban et des Coehoorn inventa une foule d'ouvrages défensifs et offensifs, en harmonie parfaite avec les progrès de l'arme terrible de l'artillerie, et donna des bases nouvelles à l'art des fortifications. Aujourd'hui la plupart des travaux qui sont du domaine de l'architecture militaire sont confiés au corps du génie.

MILITAIRE (Art, Science). Faute de réflexion, les expressions *art* et *science militaires* sont souvent employées l'une pour l'autre. Elles sont pourtant des choses bien distinctes, et qu'il importe de ne pas confondre : la science militaire est à l'art militaire ce qu'en général la théorie est à la pratique. On peut avoir les connaissances qui constituent la première sans posséder l'habileté d'application et d'exécution qui fait le mérite du second. On voit tous les jours des hommes profondément versés dans la science de la médecine qui feront sur cette matière de très-bons livres, et qui auprès du lit des malades ne sauront ni combattre ni par conséquent guérir les maladies. Beaucoup de gens parlent très-savamment des principes, des règles, des secrets de la poésie ; il en est bien peu qui aient le secret de faire de bons poèmes. La même différence existe entre la science militaire et l'art militaire. La science militaire, science vaste, réunissant dans son domaine plusieurs autres sciences, est la connaissance fondée en principes de tout ce qui se rapporte, de près ou de loin, au métier des armes. L'histoire militaire des nations anciennes et modernes, les variations introduites, à diverses époques, dans les différentes armes, les notions particulières à chacune d'elles, tous les détails relatifs à l'organisation, à l'administration, à la comptabilité, à la police et à la discipline des armées, telles sont les principaux éléments de la science militaire. Il faut de longues études pour l'acquérir : ces études, ébauchées de nos jours dans les écoles militaires, ne peuvent s'achever complètement qu'à la guerre, dans l'exercice des grades les plus importants de la hiérarchie militaire. De l'intelligence, de l'application, de la persévérance, suffisent pour parvenir à posséder à fond la science militaire; on pourrait citer à l'appui de cette assertion le savoir d'un grand nombre d'officiers de notre armée. Quant à l'art militaire, c'est autre chose.

Qu'est-ce donc que l'art militaire? C'est, a-t-on dit, l'art de faire le plus de mal possible à l'ennemi, en évitant de s'en laisser faire beaucoup à soi-même. Il ne faut point sans doute séparer de l'art militaire la connaissance du service, celle des manœuvres de toutes les armes, des lois et règlements militaires, de l'administration des corps, de la stratégie, de la fortification, etc.; mais on aurait grand tort de s'imaginer qu'avec ce bagage de science on puisse devenir un grand capitaine. S'il en était ainsi, n'avons-nous pas des professeurs d'art militaire qui aspireraient tout naturellement à la renommée des Gustave-Adolphe, des Frédéric, des Turenne, des Napoléon? L'art militaire, dans sa plus grande acception, étant considéré comme l'art de vaincre, demande d'autres qualités, des qualités du premier ordre, qui ne peuvent être que des dons de la nature. Pour faire mouvoir une armée comme un seul homme, pour se rendre invulnérable sur tous les points, se porter avec rapidité où le besoin l'exige, se maintenir constamment en communication avec ses places de dépôt, changer à propos sa ligne d'opération, trouver des ressources dans un échec; en un mot, pour tout voir et tout prévoir dans une action, dans toute une campagne, il faut plus que de la science, il faut du génie, et ce génie actif qui a aussi ses inspirations, ses illuminations soudaines; qui conçoit à l'instant même les combinaisons les plus profondes, qui commande et agit tout ensemble avec l'instinct de la victoire. Que la guerre soit offensive, qu'elle soit défensive, ce qu'on nomme l'art militaire est là presque tout entier. On pourrait peut-être le définir une méthode habile de faire avec succès la guerre suivant certaines règles, quelquefois même contre toutes les règles, pourvu que ce ne soit point au hasard. Gal Préval, sénateur.

MILITAIRE (Code pénal). La police des gens de guerre a de tout temps été l'objet d'une attention spéciale de la part des gouvernements, et de nombreuses ordonnances avaient été rendues par nos anciens rois sur cette matière. Les peines édictées par ces lois étaient souvent fort sévères; c'est ainsi que la déclaration concernant le port d'armes donnée le 25 août 1737 punissait de trois ans de galères le fait que un soldat de *vaguer hors du quartier ou corps de garde, avec épée ou toute arme* passé une certaine heure déterminée suivant les saisons.

Par loi du 8 août 1790, l'Assemblée nationale décréta que les ordonnances militaires alors existantes resteraient en vigueur jusqu'à la promulgation très-prochaine de celles qui devaient être le résultat des travaux de l'Assemblée. C'était là une disposition transitoire. Or, l'état de guerre générale où se trouva la France presqu'au début de la révolution, et qui devait se prolonger pendant tant d'années, donna naissance à de nombreuses lois pénales militaires; mais ces lois n'ont jamais été coordonnées. Il est vrai que dans la session de 1829 un projet de code pénal militaire fut présenté à la chambre des pairs; mais ce projet n'eut pas de suite, et son exécution est toujours vivement sollicitée. On espère cependant le voir bientôt discuté par le corps législatif.

Les plus importantes des lois existantes sont les suivantes : des 15 septembre-29 octobre 1790, sur la justice militaire; des 25-29 juillet et 28 août 1791, sur le rétablissement de la discipline militaire; des 30 septembre-19 octobre 1791, sur la juridiction, les délits et les peines militaires; des 12-16 mars 1792, sur la tenue des cours martiales; des 17-29 mai 1793 sur la désertion des officiers; des 28 mars et 2 avril 1793, sur la désertion; des 12-16 mars 1793, sur l'organisation des tribunaux criminels militaires et sur les peines militaires; des 16-19 juin 1793 sur l'espionnage; du 7 septembre 1793, sur l'abandon des armes et canons; du 3 floréal an II, sur la vente et dissipation des effets d'habillement et d'équipement par les militaires; du 29 messidor an II, sur la provocation en duel par le militaire inférieur à son supérieur hors du service; du 4 nivôse an IV, sur les peines à infliger aux embaucheurs et aux provocateurs à la désertion; du 18 fructidor an IV, qui détermine les cas dans lesquels il y a lieu à la révision des jugements militaires; du 27 fructidor an IV, sur les droits des accusés pour le choix d'un défenseur; du 18 vendémiaire an VI, établissant des conseils de guerre permanents; l'arrêté du 12 thermidor an VII, désignant les bagnes pour les soldats condamnés aux fers; l'arrêté du 26 floréal an X, sur la détention des militaires dans les chambres de police et les prisons de discipline; les décrets du 7 fructidor an XII, sur la compétence des commissions militaires à raison des délits commis par les militaires en congé ou hors de leur corps; du 17 frimaire an XIV, sur le jugement des délits commis par les prisonniers de guerre; du 7 novembre 1807, sur la composition des conseils de guerre pour le jugement des majors; du 29 octobre 1808, sur la peine encourue par les condamnés aux fers en cas de récidive ou d'évasion; du 28 février 1809, sur le jugement des conscrits réfractaires; du 9 février 1811, sur les déserteurs jugés par contumace; du 5 avril 1811, sur l'emploi des garnisaires pour la recherche des déserteurs et réfractaires; du 14 octobre 1811, sur la recherche des déserteurs qui ne peuvent plus être condamnés par contumace; du 2 février 1812, sur les complots de désertion; du 1er mai 1812, sur le jugement et la peine à prononcer en cas de capitulation; du 7 février 1813, sur les fonctions de rapporteur près les conseils permanents de guerre et de révision; les ordonnances du 1er avril 1818, sur la formation des compagnies de discipline; du 11 octobre 1820, sur ceux qui se sont mutilés pour échapper au service militaire; du 23 janvier 1828, sur la peine à appliquer au militaire coupable de vol d'argent de l'ordinaire ou de tout autre effet appartenant à ses camarades; du 21 mars 1832, sur le recrutement.

MILITAIRE (Discipline). *Voyez* DISCIPLINE MILITAIRE.
MILITAIRE (Exécution). *Voyez* EXÉCUTION MILITAIRE.
MILITAIRE (Hygiène). L'hygiène étant cette partie de la médecine qui enseigne les moyens de conserver le vie des hommes dans l'état sain, il n'est pas besoin de démontrer qu'elle doit trouver de fréquentes et nombreuses occasions de s'exercer, soit dans les casernes, soit dans les camps. Du moment qu'un grand nombre d'hommes se trouvent rassemblés dans un même lieu, respirant le même air, partageant les mêmes occupations, vivant en commun, si l'on veut prévenir une foule de maladies plus ou moins graves qui menacent à tout instant de faire invasion au milieu d'eux, souvent même de les décimer, une surveillance hygiénique permanente est rigoureusement indispensable, surtout en temps de guerre, où les fatigues, les blessures, les privations, les excès de tous genres, sont des causes incessantes de mortalité. Sans cette surveillance hygiénique, on verrait (et l'histoire ancienne et moderne le prouve par plus d'un exemple) les plus belles armées prendre le chemin des hôpitaux avant d'avoir rencontré l'ennemi. Il importe donc que les généraux d'armée, les colonels de

régiments, les chefs de bataillon ou d'escadron, les capitaines commandant les compagnies, tiennent la main à l'exécution des prescriptions les plus simples de l'hygiène, aussi strictement qu'à celle des règlements militaires. Jamais les chefs prévoyants et éclairés n'y ont manqué : l'humanité et l'instinct de leur propre gloire les y poussent également.

L'hygiène militaire doit s'appliquer encore plus minutieusement aux armées navales, les soldats et les marins enfermés dans des vaisseaux étant exposés à diverses maladies qui deviennent rapidement générales, surtout si la traversée est longue ou contrariée par de gros temps. Un des mérites particuliers du célèbre Cook était l'art avec lequel il savait conserver ses équipages en bonne santé : dans son second voyage, qui dura plus de trois ans, pendant lesquels il parcourut toutes les contrées du globe, du 52ᵉ degré de latitude septentrionale au 71ᵉ de latitude méridionale, il ne perdit qu'un seul homme sur 118 qu'il avait à bord. Son secret était bien simple : il ne faisait donner à ses hommes que des aliments salubres et nourrissants ; il partageait le service de manière à les tenir moins longtemps exposés au mauvais temps, et prenait les précautions convenables pour que leurs corps, leurs hamacs, leurs lits, leurs vêtements, fussent toujours propres et secs. Les bons résultats de ce régime et la facilité de le mettre en pratique attestent qu'il ne faut pas une science profonde pour exceller sur mer et sur terre dans l'hygiène militaire.

MILITAIRE (Justice). La législation militaire étant différente de la législation civile, il doit exister aussi un grande différence entre les formes de la justice militaire et celles de la justice civile. Les jugements militaires sont rendus par des juges militaires; en d'autres termes, le code criminel militaire est appliqué par les conseils de guerre. Mais la législation est encore bien défectueuse en ce qui concerne la compétence des conseils de guerre. Cependant, il est des délits militaires dont la gravité ne saurait être bien appréciée que par des hommes du métier : ce sont ceux qui blessent la subordination et le respect dû aux supérieurs, conditions essentielles de toute bonne discipline. La connaissance des délits de cette nature peut sans inconvénient être exclusivement attribuée à des juges militaires. D'après la jurisprudence militaire, tout officier et sous-officier sont aptes à siéger dans les conseils de guerre. Ces fonctions de juge sont obligatoires pour ceux qui sont désignés. Afin de les bien remplir, il n'est nécessaire d'avoir étudié autre chose que le code pénal dont on doit faire l'application. Les juges choisis par le général commandant la division, sur une liste de présentation dressée par les chefs de corps, sont en même temps jurés, ou plutôt, comme on l'a très-bien remarqué, ce sont des jurés qui jugent seuls. Ils prononcent en leur âme et conscience, sans avoir rigoureusement besoin de preuves matérielles. Le Code Pénal leur laisse la faculté de diminuer et même de commuer la peine ; d'ailleurs, l'avis le plus clément prévaut toujours, d'où il résulte que les jugements peuvent pécher par trop d'indulgence ou par une sévérité excessive. Dans le militaire comme dans le civil, il y a deux sortes de jugements, les uns prononcés contradictoirement, les autres par contumace, à la majorité de quatre voix contre trois, le juge le moins élevé en grade émettant le premier son opinion. Les jugements contradictoires sont précédés du rapport de l'officier chargé de l'instruction de l'affaire, de l'interrogatoire du prévenu, de la plaidoirie de son défenseur officieux, et du réquisitoire de l'officier remplissant les fonctions du ministère public. Les jugements sont lus aux condamnés en présence de la garde assemblée. Ils ont vingt-quatre heures pour se pourvoir en révision. Dans le cas d'absolution, le détenu doit être immédiatement renvoyé à son corps pour y continuer son service.

Telles sont les formes de la justice militaire : ce mode judiciaire serait sans doute satisfaisant si le code pénal militaire ne laissait pas trop de latitude au libre arbitre de juges, qui ne sont pas toujours très-aptes à bien juger.

Les lois existantes punissent de mort l'abandon des voitures, l'assassinat pour fuir, le fait d'avoir été chef et auteur d'attroupement ; les clameurs séditieuses, le complot de désertion, la consigne fausse compromettant la sûreté de l'armée, la correspondance avec l'ennemi sans permission ; la désertion à l'étranger avec récidive ou de service, après amnistie, après grâce ou avec armes à feu ; la désertion du chef de complot, en faction et avec récidive ; la désobéissance combinée ou en face de l'ennemi, l'embauchage, l'enclouage du canon sans ordre, l'espionnage, la falsification d'une consigne compromettant un poste ; le faux témoignage causant la mort ; l'incendie ; l'insulte à une sentinelle ou à un supérieur avec voies de fait, la lâcheté en faction en présence de l'ennemi, la menace avec voies de fait, la mutinerie des prisonniers de guerre, le pillage à main armée, le refus formel de marcher à l'ennemi, la résistance des prisonniers de guerre, la révélation à l'ennemi du mot d'ordre, le service contre la France, la trahison, le trompette qui sans ordre passe aux avant-postes, le viol suivi de mort, toute voie de fait du subordonné envers le supérieur.

[Ces exécutions militaires *à mort* ne sont pas les seules. En général, on appelle *jugements militaires* ceux qui atteignent les militaires en activité de service et les employés attachés à la suite de l'armée, en réparation de crimes et de délits. Ces crimes et délits sont de deux espèces, les uns purement civils ou ordinaires, comme l'assassinat, le viol, le vol, l'escroquerie, etc. ; d'autres spécialement militaires, comme la désertion à l'ennemi, les voies de fait envers le supérieur, etc. Dans ces deux cas, et suivant leur nature, le jugement militaire frappe le coupable, soit avec le Code Pénal de 1810, soit avec le code militaire. Quel que soit le genre de peine appliquée au coupable, l'*exécution du jugement* n'en est pas moins poursuivie à la diligence du rapporteur par la voie *militaire*, et seulement *militaire* : c'est-à-dire qu'en aucun cas l'exécuteur des arrêts criminels n'est appelé à intervenir dans l'*exécution des jugements militaires*. Avant l'abolition de la marque, alors que cette peine était prononcée comme aggravation infamante des travaux forcés et de la réclusion, les tribunaux militaires ne pouvaient en faire l'application, même dans les cas prévus par le Code Pénal de 1810. Il en fut de même encore longtemps pour la peine de l'exposition.

Les peines militaires proprement dites, et qui sont la mort, le boulet, les travaux publics, la détention, sont afflictives, mais ne sont pas infamantes ; aussi le jugement reçoit-il son exécution en présence de la garnison ou au moins de détachements de la garnison, et à l'expiration de leur peine, dans les trois derniers cas, les condamnés sont appelés à continuer leur service. Il n'en est pas de même en cas de condamnation à des peines infamantes, telles que les travaux forcés, la déportation, la réclusion, etc. Dans ces diverses circonstances, le condamné, avant l'*exécution du jugement*, est dégradé et déclaré inhabile à servir dans les armées françaises jusqu'à réhabilitation. Ainsi, tout *jugement* portant condamnation à une peine afflictive s'*exécute militairement*, et toute condamnation à une peine infamante emporte la dégradation du condamné avant l'exécution du jugement. MERLIN.]

MILITAIRE (Législation). La législation militaire de la France, quoique préférable à celle de tous les autres États, ne se compose encore que d'une série de lois dictées par des circonstances auxquelles elles n'auraient pas dû survivre, la plupart contradictoires entre elles, et mutilées par l'abrogation de quelques dispositions de chacune. Mais quoique les principes du droit militaire, c'est-à-dire les principes d'équité et de raison qui doivent servir de base à la législature de l'armée, n'aient pas encore reçu une application complète, ils n'en existent pas moins, et nous croyons devoir les rechercher et les exposer brièvement. Il est hors de doute que cette législation est et doit être une législation *exceptionnelle*. L'armée, dépositaire de la force publique, doit être soumise à un code particulier de lois qui renferme cette partie active et armée de la nation dans des limites plus étroites que celles qui sont imposées à la partie paisible et désarmée. Il faut empêcher que ce corps ne se dissolve par l'effet de la volonté individuelle de ses membres; il faut prévenir l'abus qu'il pourrait faire des armes qui lui sont confiées, pour nuire à la société ou à ses membres; il faut surtout prévenir l'abus que pourraient faire de ce corps ceux-là même à qui la nation en a remis la direction. Mais il ne faut pas se tromper sur l'*étendue de l'exception* qu'exige l'intérêt de la société : les bornes en sont tracées par l'équité et par le pacte social. Les militaires, tirés de la masse des citoyens, et y rentrant dès que le temps de leur service est achevé, ne peuvent pas perdre, *même pendant ce temps*, leur droit aux garanties générales du pacte social, ni être dégagés des devoirs qu'il leur impose envers la patrie et envers chacun de leurs concitoyens. L'armée n'est point un corps isolé, mis en dehors de la société par son organisation ni par sa législation spéciale : elle est une réunion de citoyens à qui la patrie a confié des armes pour la défense intérieure et extérieure, et à qui elle impose des conditions de garantie contre l'abus de la force dont elle les a rendus dépositaires. La position de l'homme de guerre le présente donc sous un double aspect : comme citoyen d'abord, et en second lieu comme membre de l'armée. Il en résulte que ses devoirs sont également de deux espèces : ceux qui lui sont communs avec ses autres concitoyens, et que règle le code général de la nation, puis ceux qui lui sont imposés comme membre de l'armée, et que règle la loi militaire *par exception*,

Aucun délit ne peut être réprimé qu'en vertu de la loi qui l'a qualifié, et la répression ne saurait en être prononcée que dans les formes et par les tribunaux que cette loi a institués. Telle est la véritable expression du principe que *nul ne peut être soustrait à ses juges naturels*. Ce principe seul, qui doit dominer toute la législation, suffit pour résoudre toutes les questions de droit relatives à la formation du code de l'armée et de ses tribunaux, à leur compétence et au mode de procédure.

La législation militaire, en établissant pour l'homme de guerre des devoirs spéciaux, qui ne sont pas compris dans la loi commune, crée en même temps des délits qui ne le sont pas pour le restant des citoyens; elle en crée même dont la répression, quelque sévère qu'elle doive être, ne saurait entraîner après elle une flétrissure morale, parce qu'ils ne sont pas de la classe de ceux auxquels la morale et les lois sociales attachent une idée flétrissante. Cette même loi, étant purement exceptionnelle, ne saurait avoir aucun contact avec celle du droit commun, et bien moins encore empiéter sur cette dernière. Il en résulte 1° que le code militaire ne doit contenir que la qualification et la sanction pénale des délits qui, étant spéciaux à la position de l'homme de guerre, ne sont point applicables au restant des citoyens; 2° que ce même code ne doit pas sanctionner de flétrissure ni de peines infamantes aux yeux de la société, pour des délits qui ne sont pas de la classe de ceux que la société flétrit d'infamie. Car si cela était permis, il en résulterait que le militaire qui les aurait subies rentrerait, à l'expiration de son temps de service, dans la société avec une flétrissure qui porterait atteinte à ses *droits civils*, sur lesquels une loi exceptionnelle ne saurait avoir aucune action.

Une autre conséquence du même principe est que les tribunaux institués par le code militaire ne doivent point pouvoir étendre leur compétence au delà des individus appartenant à l'armée, et des seuls délits résultant de la violation de la loi militaire spéciale. Tout ce qui est du droit commun et prévu par lui doit rester dans le domaine des tribunaux ordinaires, et comme le droit doit toujours l'emporter sur l'exception, et jamais *vice versa*, toutes les fois que parmi les prévenus d'un délit il se trouve, outre les militaires, un ou plusieurs citoyens qui ne le sont pas, la connaissance et le jugement en doivent appartenir aux tribunaux du droit commun. Seulement, dans l'application de la peine, la situation du délinquant doit être rétablie; c'est-à-dire que si le code militaire contient une pénalité relative au délit imputé, c'est celle-là qui doit atteindre les accusés qui font partie de l'armée.

Puisque les citoyens, même pendant le temps où ils sont astreints à servir dans les rangs de l'armée, ne doivent perdre aucun des droits que donne le pacte constitutionnel à leurs concitoyens, il est évident qu'ils ont droit à toutes les garanties assurées par la loi sociale et relatives à l'indépendance des juges, à l'absence de tout service pendant et après la prévention, à la liberté des moyens de justification et de défense, au jugement par leurs pairs, c'est-à-dire par jurés, à ce que l'application et l'étendue de la peine ne soient pas le résultat d'une simple balance d'opinions, mais, autant qu'il est possible, celui de la conviction.

La liberté des moyens de justification et de défense doit consister non-seulement dans le libre choix d'un défenseur, ainsi que l'accorde la loi du 27 fructidor an IV, mais encore dans l'obligation imposée au juge instructeur d'admettre sans exception tous les témoignages et pièces à décharge; dans la défense de tronquer, sous peine de nullité, la procédure, même sous le prétexte d'en hâter l'issue; dans le recolement et la vérification des dépositions et interrogatoires, en séance publique du tribunal, et en présence de l'accusé; dans la latitude accordée à la défense, sans qu'elle puisse être restreinte, si ce n'est dans les cas prévus et clairement exprimés par la loi seule.

Le jugement par ses pairs ou par jurés ne saurait avoir complètement lieu dans l'armée, en raison de la position exceptionnelle. La base de son organisation étant une hiérarchie positive, c'est-à-dire qui établit une subordination imposée et évaluée par la loi, une partie des délits qui s'y commettent naissent des infractions à cette hiérarchie, soit dans un sens, soit dans l'autre. Il est donc évident que le but de la loi ne serait point atteint si les accusés ne devaient être jugés que par leurs égaux, comme dans la société civile, c'est-à-dire par des individus placés au même échelon hiérarchique qu'eux. Mais si l'on ne peut accorder cette garantie en entier aux militaires, au moins la justice veut-elle qu'on en approche le plus possible, et le moyen qui se présente pour cela, et que facilitent les dispositions combinées des lois du 13 brumaire et du 4 fructidor an V, consiste à augmenter les chances d'absolution, afin de remédier aux influences contraires, qui ne naissent que trop souvent de la position hiérarchique, sans cependant dépasser ce qu'exige la sévérité de la répression. Selon les prescriptions de la législation actuelle, sur sept juges il faut une majorité de cinq votes pour la condamnation et une minorité de trois pour l'absolution. La garantie accordée à l'accusé contre les abus de l'esprit hiérarchique pourrait donc consister dans la présence parmi ses juges de deux individus du même grade que lui ; cela est déjà fait pour les grades supérieurs, la justice veut qu'on étende la même mesure aux inférieurs.

La garantie dans l'application et l'étendue de la peine existe déjà dans la loi du 13 brumaire an V, qui veut pour la condamnation la réunion de *cinq* votes sur *sept*, et qui détermine que dans le cas où les votes seraient partagés de manière à ne former ni une majorité de cinq ni une minorité de trois, le vote le plus favorable soit appliqué à l'accusé. Cette disposition place sous ce rapport le code militaire au-dessus du Code Civil. Gal G. DE VAUDONCOURT.

MILITAIRE (Médecine). C'est l'application de l'art de guérir à la classe spéciale que constitue les soldats. L'armée ne se composant pas d'une race d'hommes à part, n'est point sujette à des maladies particulières; mais, comme toute aggrégation d'hommes tenus sévèrement isolés, elle est plus exposée que les autres classes de la population à certaines maladies et affections. Il suit de là que le médecin militaire doit être aussi versé que le médecin praticien ordinaire dans la connaissance des maladies et affections, ainsi que dans celle des moyens curatifs à leur opposer, et qu'il lui faut de plus posséder celle de toutes les dispositions et prédispositions qui ont leur source dans la vie et le régime militaires. La médecine militaire, création toute moderne, date du jour où les gouvernements comprirent qu'il n'est pas seulement de leur devoir, mais encore de leur intérêt, de prendre soin de ceux qui sacrifient sans cesse pour eux leur santé et leur vie. L'expérience de toutes les guerres les plus récentes a en effet surabondamment démontré qu'une armée perd deux fois plus de monde par suite de maladies que sur les champs de bataille. Aussi tous les gouvernements éclairés s'attachent-ils aujourd'hui à pourvoir leurs armées de médecins aussi habiles et aussi instruits que ceux qui donnent leurs soins aux classes civiles ; et au lieu de ces médicastres ignorants et empiriques, pour la plupart anciens barbiers, qui composaient autrefois le corps médical adjoint aux armées, ils se recrutent dans des écoles spéciales de médecine et de chirurgie militaires, fondées dans chaque pays expressément en vue des besoins de l'armée.

Toute armée bien organisée est pourvue aujourd'hui d'un personnel médical assez nombreux, qu'on répartit entre les divers corps et détachements dont elle se compose, mais formant cependant un tout à part, à l'instar des soldats sous les armes, et dont les membres, depuis le médecin en chef jusqu'aux simples aides, occupent entre eux des rangs correspondants aux divers grades militaires, et dans lesquels les ordres se transmettent hiérarchiquement. L'administration médicale militaire est placée tantôt sous les ordres d'un conseil supérieur de santé militaire, tantôt sous ceux d'un médecin en chef relevant immédiatement du ministre de la guerre. Aux médecins du rang supérieur revient le soin de surveiller en grand tout ce qui se rapporte au service de santé, et au médecin du rang inférieur celui de traiter et soigner directement les malades. En temps de paix, où les maladies sont bien plus fréquentes parmi les soldats que les blessures, le rôle du médecin militaire ne diffère guère de celui du médecin civil ; on peut même dire que sous un certain rapport il représente mieux encore l'idéal du médecin, puisque alors il n'a pas seulement mission d'attendre qu'il se présente des cas de maladies et de blessures, mais en outre de prendre toutes les mesures propres à les prévenir. Il en est tout autrement en temps de guerre, où les marches, les campements, les bivouacs et les batailles imposent aux médecins militaires, depuis le premier jusqu'au dernier, des devoirs et des obligations complètement inconnus dans la vie ordinaire. Les mesures à prendre pour les batailles ont une importance toute particulière, et avant le commencement d'une action le médecin en chef doit faire choix, hors de la portée de l'ennemi, d'un emplacement appelé *ambulance*, où il se tiendra constamment avec tout son personnel, où l'on transportera les blessés pour leur donner les premiers soins ou pratiquer les opérations les plus nécessaires. Mais comme il arrive souvent qu'il y a nécessité de changer cet emplacement dans le cours d'une bataille, Larrey organisa des *ambulances volantes*, dans lesquelles tout le personnel médical est à cheval et où des chariots organisés pour le transport des blessés sont tenus tout prêts, afin de pouvoir transporter aussi rapidement que possible l'ambulance d'un endroit à un autre. Des ambulances volantes les blessés sont transportés à l'ambulance fixe, et ensuite à l'hôpital militaire, toujours situé loin du champ de bataille. Des pharmaciens organisés militairement sont attachés à chaque corps d'armée, et il y a même à l'usage des camps une pharmacopée particulière, dite *pharmacopée militaire*.

L'histoire de toutes les guerres récentes de quelque durée présente une foule d'exemples de cas où le salut non-seulement des soldats et des corps d'armée, mais de contrées tout entières avec leurs populations, a dépendu de la conduite tenue par un médecin militaire, et où l'on a pu apprécier l'heureux résultat que peut avoir pour les pays où la guerre sévit l'influence morale qu'exerce la confiance qu'on a dans les talents et la capacité d'un seul homme.

Parmi les plus célèbres médecins militaires, il faut citer : Petit, Lapeyronnie, Sabatier, Pelletan, Percy, Thomassin et surtout le baron Larrey, en France ; Brambilla, en Autriche ; Holzendorf, Schmucker, Gœrcke et Græfe, en Prusse ; Pringle, Brocklesby, Monro et J. Hunter, en Angleterre.

MILITAIRE (Musique). Dès les temps les plus reculés, tous les peuples guerriers ont marché au combat aux sons d'une musique guerrière. Les Hébreux avaient des trompettes, des tambours et des cythares ; les Grecs s'animaient dans la marche et dans la bataille au son de la flûte ; les Lacédémoniens transmettaient leurs signaux à leurs vaisseaux et leurs commandements à leurs soldats au moyen de trompettes ; les Romains employaient les trompettes, les cors et les cornets ; des chœurs accompagnaient les musiciens, chantant des hymnes en l'honneur de Mars, de Castor, de Pollux, etc. Les tambours chez les anciens, au lieu d'être placés en avant des corps, se trouvaient à la queue ou bien derrière. Jusqu'au seizième siècle, il nous serait assez difficile de présenter la musique militaire des armées françaises à l'état de corps et d'en faire connaître la composition. Un auteur écrivait ceci en 1587 : « Les instruments servant à la marche guerrière sont les *buccines* et *trompettes*, *titues* et *clérons*, *cors* et *cornets*, *tibies*, *fifres*, *arigots*, *tambours* et *autres semblables*. » A la fin de ce même siècle, les généraux entretenaient pour leurs armées un certain nombre de musiciens ; le grand Condé avait toujours avec lui une suite de violons appartenant à sa musique militaire ; tout le monde sait que sous lui le régiment de Champagne ouvrit les travaux de tranchée au siège de Lerida au son de vingt-quatre violons ; les violons eurent longtemps leur rôle dans la musique militaire, puisque dans les premières années de la république l'on en vit encore dans quelques régiments. L'Allemagne avait des musiques militaires plus graves que les nôtres ; le haut-bois, les timbales et les cymbales y dominaient. Le haut-bois pénétra le premier en France, à la fin du règne de Louis XIII ; les timbales y prirent droit de cité dans les musiques de cavalerie, sous le règne suivant. Au commencement du dix-huitième siècle, les bassons, le cor et la clarinette firent à leur tour leur apparition dans nos régiments ; vers 1770 les instruments en cuivre à anche et à clés s'y produisirent aussi. Puis vinrent les trombones, les ophicléides, puis encore les cornets à piston ; enfin, de nos jours, les instruments sonores connus sous le nom de *saxhorn* et *saxophones*. En résumé, les trompettes dominaient dans la musique de cavalerie. Dans l'infanterie, au contraire, c'était le tambour qui marquait la marche, battait la charge au milieu de la mêlée ; le fifre et le hautbois y accompagnaient le tambour ; de nos jours, nous voyons encore, en effet, dans quelques corps, des fifres à côté des tambours.

Chaque corps a aujourd'hui en France : pour la cavalerie et l'artillerie, sa fanfare sonnant la marche, et composée de trompettes, puis sa musique ; pour l'infanterie, ses tambours, sa fanfare, et sa musique proprement dite ; pour les chasseurs à pied, des clairons et une fanfare. La composition d'un corps de musique régimentaire, le nombre des instruments et des instrumentistes qui en font partie, ont été l'objet de nombreux règlements militaires. Sous Louis XIV, ce nombre était de 7 trompettes et 1 timbalier pour chaque compagnie des gardes du corps ; il dépendait à peu près des colonels pour chaque régiment, et longtemps encore l'entretien de la plupart des musiques militaires fut à la charge de ceux-ci. Sous l'empire, les musiques de cavalerie furent un instant supprimées, les musiques d'infanterie comptaient alors de 22 à 24 musiciens, ainsi divisés : 8 grandes clarinettes, 1 petite, 1 petite flûte, 2 cors, 2 bassons, 3 trombones, 2 serpents, 1 grosse caisse, cymbales, chapeau chinois, caisse roulante. Au commencement de la Restauration, la musique militaire fut encore supprimée ; puis elle fut rétablie de nouveau, et une ordonnance ministérielle de 1827 fixa à 27 le nombre des musiciens d'un régiment d'infanterie, et décida qu'ils seraient désormais entretenus et soldés aux frais de l'État. Ce nombre a encore varié et augmenté depuis.

L'utilité de la musique militaire a été longtemps et opiniâtrément contestée. On ne peut nier pourtant que pendant la marche elle en diminue les fatigues; pendant le repos, elle délasse; pendant le combat, placée derrière les lignes ou au centre des carrés, elle anime l'ardeur des combattants.

MILITAIRE (Organisation). *Voyez* ORGANISATION MILITAIRE.

MILITAIRE (Service). *Voyez* SERVICE.

MILITAIRES (Colonies). *Voyez* COLONIES MILITAIRES.

MILITAIRES (Écoles). *Voyez* ÉCOLES MILITAIRES.

MILITAIRES (Écrivains). L'antiquité nous a laissé plusieurs ouvrages qui doivent trouver une place distinguée dans toute bibliothèque militaire bien composée. L'*Histoire de la Guerre du Péloponnèse* par Thucydide, la *Retraite des Dix mille* par Xénophon, ainsi que ses livres *Du Commandement de la cavalerie et de l'équitation*, peuvent être consultés avec fruit. Ces deux écrivains, à la fois grands philosophes et illustres capitaines, donnent des leçons dont notre époque peut encore tirer beaucoup de profit. Un élève du célèbre Philopœmen, Polybe, guerrier et historien, avait écrit une relation des guerres puniques : ce qui nous en reste est regardé comme le document le plus utile pour connaître les grandes opérations de la guerre telle que la faisaient les anciens. Brutus estimait tant cet ouvrage qu'il le méditait au milieu de ses plus grandes affaires, et qu'il en fit même un abrégé, lors de sa guerre contre Antoine et Octave. Les militaires ne sauraient trop étudier les fragments historiques de Polybe : c'est là qu'ils puiseront les véritables préceptes de l'art de la guerre. Nous n'aurions garde de passer sous silence les fameux *Commentaires* de César, que Henri IV avait traduits pour son instruction : ils renferment des notions précieuses sur les diverses manières de faire la guerre. Les campements de César firent l'étude du grand Condé. Cet ouvrage devrait servir de modèle à ceux qui écrivent des mémoires militaires. Il faut citer aussi l'*Histoire des Expéditions d'Alexandre le Grand* par Arrien, la *Tactique* d'Élien, pour ce qui concerne l'art militaire chez les principaux peuples de l'ancienne Grèce ; et pour tout ce qui a trait aux armées romaines, après les *Commentaires* de César, le livre de Modestus, *De Re Militari*, les *Stratagèmes* de Frontin, et les *Institutions militaires* de Végèce, ouvrage qui traite d'une manière fort méthodique et fort exacte de la milice romaine. On a prétendu que ce n'était qu'une compilation abrégée des auteurs qui ont écrit sur ce sujet; on lui a reproché de n'avoir donné qu'une très-légère idée de la plupart des manœuvres, de n'avoir parlé des évolutions qu'avec une brièveté excessive : eh bien, malgré tous ces défauts, le chevalier de Folard, si bon juge en semblable matière, déclare positivement qu'on ne connaît rien de plus instructif que ce livre et qu'il n'y a rien de mieux ni de mieux à faire que de le suivre dans ses préceptes. On lui attribue généralement en effet l'honneur d'avoir beaucoup contribué dans nos temps modernes au rétablissement de la discipline militaire en Europe.

Il sera toujours à regretter que des généraux comme Turenne, Condé, Luxembourg, Eugène, Catinat, et autres encore, n'aient pas décrit leurs campagnes : que d'instruction, que d'intérêt ils eussent répandu dans leurs récits ! Quel présent n'auraient-ils pas fait à la postérité ! Des mémoires ont été publiés sous quelques-uns de ces grands noms; mais le défaut d'authenticité les rend indignes de confiance. Il ne faut pourtant pas confondre avec ces œuvres apocryphes le traité de Feuquière *Sur la guerre*, dans lequel les officiers studieux trouveront toujours des renseignements précieux sur les opérations militaires du règne de Louis XIV. Les écrits de Vauban, le plus célèbre ingénieur de l'époque moderne, que l'auteur appelait ses *oisivetés*, embrassent tout, fortifications, détail des places, discipline militaire, campements, manœuvres, courses par mer en temps de guerre, etc. Coehoorn, le rival de Vauban, a laissé aussi un traité sur la manière de fortifier les places. Le grand Frédéric de Prusse, qui en créant la discipline de ses troupes créa en quelque sorte son royaume, doit être compté parmi les écrivains militaires. Le chevalier de Folard, auteur de *Commentaires sur Polybe*, de *Nouvelles Découvertes sur la Guerre* et de plusieurs traités sur l'art militaire, mérita les éloges de Frédéric et le surnom de *Végèce français*. Après lui vinrent Guischardt, qui s'occupa avec sagacité de recherches d'antiquités militaires, et le chevalier Lo-Looz, qui fut son antagoniste sur plusieurs sujets, notamment en ce qui concerne Folard, dont il publia la défense. Enfin, plus près de nous, Guibert, par ses prétentions, peut-être exagérées, s'attira un grand nombre d'inimitiés sans doute, ce qui n'empêche pas son *Essai général de Tactique* et ses autres écrits d'être des travaux d'un rare mérite.

Quant aux écrivains militaires contemporains, si nous n'en mentionnons aucun ici, certes ce n'est pas qu'ils manquent, tant s'en faut : nous avons des mémoires historico-militaires et des écrits sur les plus hautes questions de l'art de la guerre, où les élèves de nos écoles puiseront toujours d'utiles et féconds enseignements. Plusieurs de ces ouvrages, remplis de vues nouvelles et de détails instructifs, sont dus à des généraux expérimentés, à des hommes d'une trempe supérieure, qui firent leur apprentissage en gagnant des batailles. Les notices qui leur sont consacrées dans cet ouvrage suppléent à notre silence. Gal PRÉVAL.

MILITAIRES (Frontières). *Voyez* FRONTIÈRES MILITAIRES.

MILITAIRES (Honneurs). *Voy.* HONNEURS MILITAIRES.

MILITAIRES (Hôpitaux). On appelle ainsi les établissements où l'on traite les soldats malades ou blessés. A part saint Louis, qui emmena des médecins avec son armée en Palestine, et qui fonda l'*hospice des Quinze-Vingts* pour 300 guerriers chrétiens ayant perdu outre-mer l'usage de la vue, ce fut Henri IV qui le premier eut la pensée de créer un hôpital militaire proprement dit, en l'an 1597. Louis XIV en établit, même pour les temps de paix, dans toutes les garnisons de France. C'était là, au reste, une institution pour laquelle l'établissement des armées permanentes avait partout rendue nécessaire. En temps de guerre, il y a des hôpitaux permanents et des hôpitaux volants. On établit autant que possible les premiers dans les villes situées à quelque distance des grandes routes, employant à cet effet les couvents et les édifices publics qu'on y trouve, et le moins qu'on peut dans les places fortes, parce qu'elles favorisent trop souvent le développement des maladies contagieuses. Les hôpitaux volants, autrement dits *ambulances*, sont établis pour les besoins les plus pressants de l'armée. Chaque hôpital militaire est placé sous la direction d'un médecin en chef, ayant sous ses ordres le nombre de chirurgiens majors et d'aides majors nécessaires (*voyez* SANTÉ [Service de]).

MILITAIRES (Ordres). *Voyez* ORDRES DE CHEVALERIE.

MILITAIRES (Prisons). *Voyez* PRISON.

MILITAIRES (Tribunaux). *Voyez* CONSEIL DE GUERRE, CONSEIL DE RÉVISION, MILITAIRE (Législation), etc.

MILLE. C'est le nom qu'on donne en arithmétique à la réunion de cent centaines. Le *mille* est l'unité du quatrième ordre, et c'est aussi la seconde unité d'ordre ternaire (*voyez* NUMÉRATION). Dans l'écriture des nombres, un chiffre pour être placé au rang des *mille* doit avoir trois chiffres à sa droite.

Mille est souvent employé dans le langage ordinaire pour désigner un nombre considérable, mais indéterminé. C'est ainsi qu'on dit : *Mille* considérations plaident en sa faveur; Je vous ai demandé cela *mille* fois; J'aime *mille* fois mieux, etc., etc.

Enfin, *mille* est le nom d'une unité linéaire servant à mesurer les grandes distances. La longueur de cette unité est très-variable, avec les pays qui l'emploient : ainsi le mille de Suède est de 10,688 mètres; le nouveau mille de Pologne, de 8 wersts, équivaut à 8,534 mètres; l'ancien était égal à notre l i e u e marine de 20 au degré, soit 5,556 mètres; le mille de Suisse est de 8,369 mètres; celui d'Autriche et de Hongrie, de 7,586 mètres; celui de Danemark et de Hambourg, de 7,538 mètres; celui de Prusse, de 7,532 mètres; celui d'Allemagne et de Hollande, de 7,408 mètres; celui de Piémont, de 2,466 mètres; celui d'Arabie, de 1,964 mètres; celui de Toscane, de 1,653 mètres; celui d'Angleterre, d'Écosse et d'Irlande, de 1,609 mètres. Le *mille marin*, tiers de la lieue marine, est de 1,852 mètres; à la mer, cette mesure est beaucoup plus commode que le kilomètre, parce qu'elle représente la longueur de la minute du méridien. En Italie, on l'emploie aussi comme mesure terrestre, concurremment avec le *mille métrique*, c'est-à-dire le kilomètre.   L.-L. VAUTHIER.

MILLE-DIABLES (Les). *Voyez* COMPAGNIES (Grandes).
MILLÉE. *Voyez* MILLET.
MILLE ET UNE NUITS, MILLE ET UN JOURS. *Voyez* CONTE.
MILLE-FEUILLES, nom vulgaire d'une plante du genre *achillée*.

MILLÉNAIRES ou **CHILIASTES**. On appelle *chiliasme* (mot dérivé du grec χίλιοι, mille) la croyance en un règne plein de gloire et de magnificence que le Messie viendra fonder sur la terre, et qui durera une *chiliade*, c'est-à-dire mille années, ou du moins très-longtemps. Ces idées, qui se rattachent à l'attente du Messie par les juifs, furent appliquées par les chrétiens à la *parousie* ou résurrection prédite de Jésus-Christ. L'idée d'un âge d'or conservée par les païens convertis au christianisme et d'oppression dont ils étaient alors l'objet de la part d'autorités demeurées païennes étaient bien faites pour entretenir parmi eux des espérances de ce genre. Aussi, dans le premier siècle de l'Église, le *chiliasme* devint-il une croyance très-répandue, à laquelle les prédictions de l'Apocalypse (chapitres 20, 21) et le livre de Daniel donnaient une autorité apostolique, et à laquelle certains écrits prophétiques, composés à la fin du premier et au commencement du deuxième siècle, par exemple le Testament des douze Patriarches, le quatrième livre d'Esdras, la Révélation de saint Pierre, etc., puis des livres chrétiens sibyllins, la lettre de Barnabas, le Pasteur du Pseudo-Hermas et le Talmud, prêtaient les couleurs et les images les plus vives. L'unanimité avec laquelle les docteurs chrétiens de ces siècles se rattachèrent au chiliasme, sans le savoir, il est vrai, et uniquement en tant qu'allégorie, témoigne de l'empressement avec lequel ces idées avaient été accueillies. Non-seulement l'hérétique Cérinthe, mais encore des docteurs parfaitement orthodoxes, tels que Papias d'Hérapolis, saint Irénée, Justin le Martyr, etc., se complurent dans des rêveries sur la magnificence du *règne millénaire*. Suivant l'opinion générale, qui était tout autant chrétienne que juive, il devait commencer par de grandes calamités ; la personnification du mal et de la misère apparaîtrait dans l'antéchrist, précurseur du Christ, qui provoquerait une guerre effroyable dans le pays de Magog (Ézéchiel, ch. 38 et 39) contre le peuple Gog, au sujet duquel les interprètes ne sont pas d'accord. Mais alors le Messie, suivant quelques docteurs un double Messie, l'un fils de Joseph, vaincu dans la lutte, l'autre le victorieux fils de David, se montrerait annoncé par son précurseur Élie ou bien par Moïse, Melchisédech, Isaïe, Jérémie, lequel enchaînerait Satan pendant une durée de mille années, anéantirait les païens et les impies ou bien en ferait les esclaves des fidèles, détruirait l'Empire Romain, des ruines duquel sortirait un nouvel ordre de choses, où les fidèles appelés à la résurrection jouiraient, ainsi que les survivants, d'une incomparable félicité. L'innocence, qui était le lot de l'homme dans le paradis, devait s'y trouver associée à la vie la plus heureuse au point de vue physique et intellectuel : le triomphe des fidèles sur les infidèles devait alors être complet, et ils auraient pour séjour la nouvelle Jérusalem qui descendrait du ciel.

On trouvait dans l'histoire mosaïque de la création un motif pour fixer à ce règne une durée de mille ans. Cette histoire était considérée comme le type des destinées du monde ; et comme on concluait du psaume 90 que mille ans sont un jour pour Dieu, on voyait dans les six jours de la création six mille années de labeur et de souffrances pour les enfants des hommes, et dans le septième jour, où Dieu s'était reposé, les mille années du règne de Jésus-Christ. A cet égard, toutefois, les rabbins sont loin d'être d'accord entre eux. Au lieu de mille ans, il en est qui parlent de quarante, de soixante-dix, de quatre-vingt-dix, de trois-cent-soixante-cinq, de quatre cents, de six cents ans, de deux mille, de sept mille ans. De là le nom de *chiliastes* ou *millénaires* donné aux partisans de ces idées.

En raison du mépris dont ils faisaient profession pour tout ce qui est matière, les g n o s t i q u e s se montrèrent les adversaires du chiliasme ; et plus les montanistes, Tertullien par exemple, apportèrent d'ardeur à le défendre, plus il devint suspect aux fidèles. L'École philosophique d'Alexandrie, notamment Origène et son disciple Denis, le combattirent dès le troisième siècle avec des arguments dont se servirent aussi plus tard la plupart des docteurs de l'Église. Lactance, au commencement du quatrième siècle, fut le dernier Père de l'Église un peu important qui ait partagé les illusions des millénaires. Saint Jérôme et saint Augustin combattirent de la manière la plus expresse les quelques fanatiques qui, au cinquième siècle, espéraient encore en la venue du *règne millénaire* et qui n'excluaient pas même de ses joies les jouissances de la chair. A partir de cette époque, l'Église rejeta formellement le chiliasme de même que toutes les autres fables juives.

L'attente du jour du jugement dernier pour l'an 1000 de l'ère chrétienne ne lui redonna un peu d'importance que passagèrement, et il perdit tout crédit quand on eut vu s'évanouir les espérances répandues par les croisades ainsi que par l'*Évangile éternel*, ouvrage de Joachim de Floris, abbé d'un couvent de franciscains, mort en 1212.

A l'époque de la réformation, on vit se reproduire les doctrines du chiliasme, parce qu'avec ses symboles il était facile de le rattacher à la ruine de la papauté, qu'on annonçait alors. Cependant, il ne fut adopté que par quelques sectes fanatiques, telles que celle des anabaptistes, ou bien par certains rêveurs théosophes, comme en produisit tant le dix-septième siècle. Pendant les guerres religieuses et civiles dont la France et l'Angleterre furent le théâtre, les opprimés cherchèrent des consolations dans les rêveries du chiliasme ; et parmi les catholiques les excès des mystiques et des quiétistes y aboutirent. Chez les protestants, ce fut à l'époque de la guerre de trente ans qu'on vit paraître les partisans les plus ardents et les plus savants du chiliasme ; mais jusqu'au milieu du dix-huitième siècle, la manie de disserter sur les livres prophétiques de la Bible, en particulier sur l'Apocalypse, servit d'aliment, même parmi des théologiens du reste très-modérés, aux idées qui se rapprochent du chiliasme. Spener, à cause de son ouvrage intitulé *Espoir de temps meilleurs*, fut amené à enchérir encore sur cette doctrine ; et S w e d e n b o r g employa les images apocalyptiques pour décrire une transfiguration du monde des sens. La défense philosophique du chiliasme qu'essayèrent les deux naturalistes anglais Thomas Burnet et Whiston ne pouvant pas être agréée par leur siècle, à cause de son scepticisme religieux, quelques apocalyptiques s'épuisèrent en supputations sur l'époque où arriverait le règne de Jésus-Christ. Bengel, lui, le fixait hardiment à l'année 1836. Tandis que des disciples s'essayaient à faire des descriptions sensuelles du règne du Christ, Lavater et Jung-Stilling se laissaient aller avec bien plus de richesse poétique, mais aussi avec bien moins d'érudition et de retenue, à des rêveries et prophéties du même genre pour lesquelles ils trouvèrent des partisans jusqu'au commencement du dix-neuvième siècle. Tout récemment encore, une secte de l'Amérique du Nord attendait la venue du Messie pour le mois de mars 1843. On nous l'annonce maintenant comme devant arriver sans faute de 1860 à 1881.

MILLENIUM ou RÈGNE MILLÉNAIRE. *Voyez* MILLÉNAIRES.

MILLE-PERTUIS, genre de plantes de la famille des hypéricinées, ayant pour caractères : Calice à cinq divisions profondes ; cinq pétales, placés sous l'ovaire ; étamines nombreuses, polyadelphes ; ovaire supérieur, surmonté de deux, trois ou cinq styles ; graines nombreuses, petites, sans périsperme.

L'espèce la plus commune en France est le *mille-pertuis perforé* (*hypericum perforatum*, L.), et c'est surtout à elle que s'applique le nom générique : si en effet on regarde le soleil à travers ses feuilles, celles-ci paraissent criblées d'une infinité de petits trous, qui ne sont autre chose que des vésicules transparentes, remplies d'une huile essentielle. Les fleurs de cette espèce sont jaunes, comme celles de la plupart de ses congénères ; elles sont disposées en corymbes étalés.

Le *mille-pertuis androsème* (*Hypericum androsæmum*, L.) est remarquable par ses fruits charnus, bacciformes, contenant un suc de couleur rouge. Cette plante, que l'on regardait autrefois comme un excellent vulnéraire, porte encore vulgairement le nom de *toute-saine*.

MILLE-PIEDS. *Voyez* MYRIAPODES.

MILLÉSIME, C'est le chiffre qui marque l'année de la fabrication sur les monnaies, médailles, jetons, etc. Dans l'antiquité et au moyen âge, on indiquait l'époque de l'émission des monnaies soit par les noms des magistrats, soit par l'effigie des souverains, par les consulats ou tribunats des empereurs, quelquefois même par l'année de leur règne. Lors de la renaissance, on inventa le millésime comme un document chronologique d'une utilité plus générale ; il fut d'abord adopté en Allemagne et dans les Pays-Bas. Les chiffres arabes n'étant point encore d'un usage très-répandu, on commença par employer les chiffres romains : la pièce la plus ancienne que nous connaissions avec un millésime est une monnaie d'argent de Jean de Heinsberg, évêque de Liège, qui la porte en légende de cette manière :

ANNO : DNI : M. CCCC. XXVIII.

La première de nos monnaies qui ait un millésime est un écu qu'Anne de Bretagne fit frapper en 1498. Depuis cette époque, il ne se retrouve plus de millésime que sur un écu de François Ier, en 1532. Cet usage ne recommença sans interruption que sous Henri II, qui, par son ordonnance de 1549, régla que le millésime se mettrait en chiffres arabes du côté de l'écusson et à la suite de la légende.

Mis DE LA GRANGE.

MILLESIMO, ville de 1,400 habitants, située dans le duché de Montferrat, royaume de Sardaigne, célèbre dans l'histoire par les combats qui s'y livrèrent le 13 au 15 avril 1796, et dans lesquels Bonaparte défit complètement l'armée austro-sarde aux ordres de Beaulieu. La bataille de Montenotte n'avait eu aucun résultat décisif. Bonaparte y avait bien vaincu Beaulieu ; mais il restait encore au général autrichien de grandes ressources ; il pouvait unir sa droite à la gauche des Piémontais, et reprendre par ce mouvement l'avantage sur son habile adversaire. De son côté Bonaparte, ayant compris que cette jonction allait compromettre le résultat de la campagne, manœuvra dans le dessein de séparer les deux armées ennemies et de les battre ensuite en détail. Pendant que Beaulieu préparait ses colonnes de droite au mouvement qui devait opérer la réunion des Autrichiens aux Piémontais, le général français prenait ses dispositions pour paralyser l'effet de cette manœuvre. Après la bataille de Montenotte, il porta rapidement son quartier général à Carrare, et donna au général Laharpe l'ordre de marcher sur Sozzello, faisant mine d'enlever les huit bataillons qu'y tenait l'ennemi et de se porter avec célérité, par une marche cachée, sur la ville de Coiro. En même temps, Masséna devait occuper les hauteurs de Dego, Joubert celle de Biestro, Ménard la position de Sainte-Marguerite. Ces dispositions plaçaient l'armée française au delà de la crête des Alpes, sur les versants méridionaux de l'Italie. Afin de s'unir lui-même à ce centre commun de ralliement, Bonaparte s'avança en personne dans le Montferrat. En ce moment, Augereau forçait les gorges de Millesimo, et le général piémontais Provera était enfermé dans Cossario par Joubert et Ménard. Beaulieu, qui avait deviné l'intention du général français, se disposait à aller au secours de Provera lorsque, sa gauche ayant été attaquée et débordée par Masséna, auprès de Dego, il se vit obligé d'arrêter sa marche et de prendre de nouvelles dispositions. Mais déjà il n'était plus temps. Laharpe avait partagé sa division en trois colonnes : celle de gauche, commandée par le général Causse, avait passé la Bormida sous le canon des Piémontais, et était aux prises avec l'aile droite des Impériaux ; le général Cervoni, à la tête de la colonne de droite, passait cette rivière sous la protection d'une batterie française et marchait sur les Autrichiens, tandis que l'adjudant général Boyer tournait un ravin et coupait l'aile gauche de Beaulieu. Ces diverses attaques, opérées avec autant de promptitude que d'intrépidité, décidèrent de la victoire. Enveloppées de toutes parts, les troupes alliées mirent bas les armes ou s'enfuirent épouvantées ; Provera se rendit prisonnier à Cossario, et l'ennemi laissa 2,500 hommes sur le champ de bataille. Huit mille prisonniers, 22 bouches à feu, 15 drapeaux, restèrent au pouvoir des vainqueurs. Cette journée eut des résultats importants pour les opérations ultérieures de Bonaparte : elle lui procura des munitions de guerre et des vivres, lui assura de nouveaux moyens de succès, et prépara sa jonction avec le général Sérurier, resté en observation sur le Tanaro et dans la vallée d'Oneille.

SICARD.

MILLET (du latin *milium*), genre de la nombreuse famille des graminées, très-voisin du genre *agrostis*. Ses caractères botaniques sont : Calice à deux valves, presque égales, ventrues et renfermant une seule fleur ; corolle très-courte ; stigmates en forme de pinceaux ; graines ovoïdes, portées sur une panicule lâche ; chaume ferme. Plusieurs espèces de millets intéressent principalement, étant propres à la nourriture de l'homme et de plusieurs animaux : nous citerons : le *millet épars* (*milium diffusum*, L.), caractérisé par de petites fleurs répandant une odeur agréable, grandes rondes et luisantes ; le *millet à graines noires* ou *paradoxal* (*milium paradoxum*, L.), dont les tiges s'élèvent à la hauteur d'un mètre ; le *millet fourrage* (*milium moha*). On fait en Europe une consommation considérable des graines de ces espèces pour la nourriture de l'homme : étant décortiquées et cuites dans du bouillon ou du lait, elles procurent un aliment salubre et agréable, surtout si on y ajoute du sucre. Dans plusieurs parties de la France, et notamment dans la Maine, cette préparation est appelée *millée*. Réduites en farine, les graines de millet servent aussi à composer des bouillies, des gâteaux et une sorte de pain assez savoureux quand il est chaud.

L'emploi du millet dans une antiquité très-reculée : c'était la nourriture principale des Sarmates, des habitants de la Campanie, etc. ; aujourd'hui il est encore une grande ressource alimentaire pour les Tatars, qui même s'en servent pour préparer de la bière. Les oiseaux sont très-avides des espèces de millets que nous signalons ; aussi elles sont employées pour nourrir et engraisser les volatiles dont nous nous entourons pour notre amusement ou pour le service de la table. La dernière espèce, le millet moha, analogue au millet des oiseaux, intéresse doublement, parce qu'il fournit un fourrage excellent. Sous ce rapport, il est cultivé depuis longtemps en Hongrie, et cette culture s'est introduite en France depuis 1821 dans les départements de l'est.

Le mot *mil*, qui a été employé par La Fontaine comme synonyme de *millet*, est aujourd'hui à peu près abandonné, mais le vulgaire se sert abusivement du mot *millet* pour désigner des graminées étrangères à ce genre, et principalement des plantes appartenant au genre *panic* et *sorgho*.

Dr CHARBONNIER.

MILLEVOYE (Charles-Hubert), naquit à Abbeville. Sa faiblesse extrême alarma ses parents. Leur tendresse inquiète l'environna de soins dont l'excès augmenta sans doute sa débilité naturelle. Cependant, sa perspicacité se développait avec une rapidité étonnante. A peine âgé de huit ans il avait fixé l'attention des professeurs d'Abbeville. Son aptitude au travail, l'originalité de ses idées, l'élégance de son langage, la grâce de ses compositions, émerveillaient ses maîtres, et provoquaient l'étonnement et l'envie de ses condisciples. A peine sorti de l'enfance, il perdit son père : on sentit la nécessité de l'envoyer achever à Paris une éducation si heureusement commencée. En 1798 il entra à l'école centrale des Quatre-Nations. Il voulait se consacrer entièrement à la littérature; mais la modicité de sa fortune et surtout la volonté de sa famille le contraignirent à prendre un état. Millevoye, résigné, entra donc chez un procureur. A peu près maître de ses actions, il quitte l'étude du procureur pour la boutique d'un libraire. Il resta trois années fidèle à son nouvel emploi; il travaillait à la librairie et faisait des vers. Enfin, il cessa de lutter contre l'ascendant qui l'entraînait : il abandonna le commerce des livres pour la littérature.

Millevoye se fit connaître par un recueil de poésies dont les pièces les plus remarquables sont : *Les Plaisirs du Poète*, *Le Passage du Saint-Bernard par l'armée française*. Le talent gracieux, facile et pur du jeune écrivain se révéla dans cet essai, et lui attira l'attention d'un public qui, fatigué des discordes civiles, se consolait en rappelant les beaux-arts, si longtemps bannis. Encouragé par son premier succès, il prit part aux concours académiques, et remporta en 1805 à l'Académie Française un prix, dont le sujet était *L'Indépendance de l'homme de lettres*. Cette même Académie couronna successivement de lui *La Mort de Rotrou*, *Les Embellissements de Paris*, et *Goffin, ou le héros liégeois*. Mais ses plus heureuses inspirations ne sont dues qu'à cette révélation intime, à cette divination qui font le poète. Quand il composa ses poèmes érotiques, ses élégies, ses hymnes à la volupté, la fièvre de l'amour l'avait abreuvé de délices et navré d'amertumes. Il était loin cependant d'avoir consacré son existence entière à l'art qu'il chérissait. Son cœur expansif, sa pensée ardente et mobile, le livraient à la turbulence des désirs, et le rejetaient tour à tour de la vie méditative dans un monde trop réel.

Au milieu de ses rapides émotions de succès, d'amour-propre et de volupté, il conçut un attachement vif et profond; il aima, avec l'impétuosité de l'âme d'un poète, une jeune et charmante fille (sa parente), qu'il connaissait dès l'enfance. L'amour devint son unique passion : il était prêt à lui sacrifier jusqu'à la poésie et la gloire. Son amie était, comme lui, sans fortune; ou refusa de les unir : ils s'en aimèrent davantage. Millevoye fit tout pour l'obtenir, effort tout; le père de la jeune personne fut inexorable. La jeune fille, désespérée, toujours plus aimante, plus aimée, languit, et mourut bientôt en adorant celui qui n'avait pu lui faire éprouver qu'un rapide bonheur. Extrême dans toutes ses affections, l'âme ardente et sensible de Millevoye se brisa de douleur. Cet événement contribua peut-être à développer le talent élégiaque de Millevoye. Quelque temps après son malheur, il déposa ce seul quatrain à la tombe qui lui semblait alors enfermer jusqu'à son bonheur à venir.

Ici dort une amante à son amant ravie;
Vers lui le Ciel la rappela.
Grâces, vertus, jeunesse, et mon cœur et ma vie.
Tout est là.

Le sentiment que lui avait inspiré cette femme intéressante revit tout entier dans l'élégie *La demeure abandonnée*, qu'il composa longtemps après sa perte.

Millevoye a fait preuve d'un grande variété de talents; mais il n'a pas obtenu un égal succès dans tous les genres : témoin son poème de *Charlemagne*. C'est qu'il n'avait ni cette étendue de pensée ni cette puissance qui combinent un vaste plan et en coordonnent toutes les parties, ni cet esprit dont la féconde adresse met en relief, par des contrastes, les caractères qu'il crée. Le poème d'*Alfred*, qui suivit cet essai, est entaché des mêmes défauts, et ne les rachète point par les mêmes beautés de détail. Le genre héroïque convenait peu, ou plutôt ne convenait pas au talent de Millevoye. *La Bataille d'Austerlitz*, *Goffin, ou le héros liégeois*, malgré l'intérêt des sujets, *La Peste de Marseille*, malgré le dévouement sublime de Belzunce, et les scènes déchirantes de la contagion, ne sont que des poèmes élégants, bien écrits, mais dépourvus d'invention et de chaleur. Il a également peu réussi dans sa version du *Dialogue des Morts* de Lucien ; il a échoué complètement en traduisant les *Bucoliques*. Virgile n'a pas été senti par l'auteur tendre et gracieux des *Plaisirs du Poète* et de *L'Amour maternel*. Il fut plus heureux dans ses essais de traductions de l'*Iliade* : sans doute, la naïve poésie d'Homère sympathisait davantage avec sa poésie pure et vraie. Il est à regretter qu'il n'ait pointachevé dans la force et l'éclat de son talent cette œuvre importante.

Millevoye composa différentes pièces imitées des anciens, dans lesquelles il se plaît à lutter avec André Chénier. Comme lui, il se montre original dans des imitations où il a su conserver un parfum d'antiquité. Mais il faut surtout chercher Millevoye dans l'élégie, le fabliau, le poème érotique, tels que *Le Déjeûner*, *Les Rendez-Vous*, *Les Vœux à un bosquet*, et tant d'autres compositions charmantes, où les réflexions, étincelantes d'esprit, servent d'intermèdes aux extases de la volupté. Peut-on se lasser de lire *Emma et Éginhard*? Chaque mère ne croit-elle pas entendre le cri de son propre cœur dans *L'Amour maternel*? *La Piété filiale* fut-elle jamais plus touchante que dans *L'Anniversaire*, chant funèbre où Millevoye déplore la perte de son père avec une amertume si déchirante? Dans *La Chute des feuilles*, *La Demeure abandonnée*, *Le Poète mourant*, *Le Souvenir*, compositions qui n'eurent de modèle que la nature, le poète, dédaignant les froids ornements de la langoureuse élégie, nous enivre de ses propres inspirations. La magie de son langage harmonieux cache l'art qui séduit : tout chez lui est sentiment; c'est le regret plaintif, c'est la douleur gémissante. Fortement ému, il épanche son cœur et donne une forme réelle à ses affections. Nous ne parlerons pas des quelques œuvres dramatiques qui signalèrent le déclin de sa vie. Son talent affaibli ne put ni féconder les sujets qu'il choisit, ni en développer les effets scéniques.

A trente ans Millevoye ressentait les fatigues de la vieillesse : après avoir terminé son poème d'*Alfred*, il publia quelques opuscules, qui n'ajoutèrent rien à sa gloire; on touchait à cette époque funeste où nos immortelles armées venaient de s'engloutir resplendissantes de gloire dans les frimas de la Russie. Millevoye se retire au fond de la province, près du lieu de sa naissance; il espère que le calme des champs et l'exercice du cheval, qu'il a toujours beaucoup aimé, lui rendront quelques forces. Vain espoir ! Cependant, il conserve toujours sa douce et facile insouciance, son esprit gracieux et la vivacité de ses saillies; ses goûts de changement pas. La vue d'une femme aimable et belle ranime même sa jeunesse presque éteinte. Dans une maison de campagne, voisine de son habitation, il rencontre Mlle Delatre La Morlière. La grâce de sa personne, la franchise piquante d'un esprit naturel, rallument dans son cœur le sentiment qui l'a toujours rempli. Son goût pour l'indépendance combat quelque temps sa nouvelle passion ; mais il aime tant, il est tant aimé, qu'il donne son nom à celle qui le rappelle au bonheur. Sa félicité domestique s'accroît bientôt par la naissance d'un fils ; tout lui sourit dans sa tranquille solitude; sa santé éprouvait une heureuse influence du calme de sa vie. Mais une violente chute de cheval lui brisa le col du fémur. La blessure fut grave ; il se rétablit lentement, et ne se soutint qu'avec peine sur ses membres endoloris. Privé de ses exercices salutaires, il se livra au travail avec une ardeur immodérée, comme si, pressé par sa fin prochaine, il craignait de perdre un seul instant pour accroître ses titres à la renommée. Hélas! cette ardeur laborieuse survivait à son talent, qui ne renaissait plus qu'à de longs intervalles.

Louis XVIII réduisit la pension de Millevoye de 6,000, à 1,200 francs. Précisément à cette époque, une maison de commerce lui enleva une somme considérable pour sa petite fortune. « Ah , les coquins! s'écria-t-il: banquiers et rois, ils font tous banqueroute! » Il maudit les uns et les autres pendant une heure, puis se remit au travail. Le lendemain il s'en plaignit encore, puis n'en parla plus. Dans son état de souffrance, il travaillait beaucoup sans produire; mais l'étude faisait ses dernières délices. Cependant, il éprouvait de fréquents retours de la crainte à l'espoir. A la fin du printemps de 1816, Millevoye retourne à Paris. Il y porte son ardeur de travail et sa faiblesse toujours croissante. Presque aussitôt, il regrette la campagne, et va habiter le village de Neuilly. La beauté du site, les rives de la Seine, plaisent à son imagination, mais ne soulagent point ses infirmités. La souffrance est capricieuse : il veut quitter cette retraite; il espère qu'un nouveau changement lui sera favorable; il va retourner à Paris. Pendant les préparatifs du départ, il s'assied au bord du fleuve, qu'il entend couler, et qu'il ne voit pas : depuis un mois sa cécité est complète. Il improvise une romance où se révèlent les secrètes sensations qui l'agitent. Il la dicte à sa pauvre femme, qui verse des larmes amères; mais les yeux éteints du poëte ne les aperçoivent pas. On le ramène à Paris : la route de fatigue; il se trouve si mal qu'il faut s'arrêter dans les Champs-Élysées, et lui choisir à la hâte une demeure. Là, plusieurs jours se passent dans une alternative de souffrance et de calme. Un soir, il éprouve une douce tranquillité : il sent, dit-il à sa femme, un retour à la vie. Il la prie de lui lire un passage de Fénelon; il l'écoute attentivement, s'attendrit, lui prend la main, la presse longtemps, penche la tête ; la lecture continue : il ne l'entendait plus. Il ne restait de lui que le fruit impérissable de son talent. Il était mort le 12 août 1816.

De Pongerville, de l'Académie Française.

MILLIAIRE (Colonne). *Voyez* Colonne Milliaire.

MILLIARD. Un milliard est la réunion de mille millions. Dans notre système de numération , le milliard est l'unité du dixième ordre, ou l'unité du quatrième ordre ternaire. Pour qu'un chiffre écrit représente des milliards, il faut qu'il ait neuf chiffres à sa droite. Le milliard est aussi appelé *billion*, nom qui est préférable pour la régularité de la nomenclature.

MILLIGRAMME, MILLIMÈTRE (de *milli*, contraction du mot français *millième*). *Voyez* Gramme et Mètre, Métrique (Système).

MILLIME, millième du franc, c'est-à-dire un dixième de centime.

MILLIN (Louis-Aubin), savant archéologue, naquit en 1759. Élève du collége Du Plessis, il se destina d'abord à l'église. Il débuta dans la carrière littéraire, en 1785, par la publication de six volumes traduits de l'allemand, *Mélanges de Littérature étrangère*; il traduisit ensuite de l'anglais l'ouvrage du colonel Vallacey, *Comparaison de la langue punique et de la langue irlandaise*; il publia en même temps de nombreux articles d'archéologie et de beaux-arts dans l'*Abrégé des Transactions philosophiques*. Millin avait le goût de l'histoire naturelle; il s'y livra bientôt tout entier, fut un des fondateurs de la *Société Linnéenne*, et publia un *Discours sur l'origine et les progrès de l'Histoire naturelle en France* (1790), la *Minéralogie homérique* (1790), les *Éléments d'Histoire naturelle* (1794). Sous la république nous le voyons prendre le prénom d'*Eleuthérophile* (ami de la liberté), signer l'*Annuaire du Républicain, ou légende physico-économique* (1793); sous la terreur, nous le trouvons incarcéré comme suspect et sur le point de comparaître devant le tribunal révolutionnaire , mais il échappa à la tourmente. De 1790 à 1798, il publia, en 5 volumes in-4°, *Les Antiquités nationales*. Millin, nommé chef de division à l'Instruction publique, puis professeur d'histoire à l'école centrale du département de la Seine, fut appelé après la mort de l'abbé Barthélemy (1794) au poste de conservateur du cabinet des antiques à la Bibliothèque nationale, poste qu'il a conservé jusqu'à sa mort, arrivée le 14 août 1818.

Millin fut un des fondateurs et demeura bientôt le seul directeur du *Magasin encyclopédique*, revue scientifique , littéraire et historique, qu'il a enrichie de nombreux articles d'archéologie. Il publia les *Monuments antiques inédits*, le *Dictionnaire des Beaux-Arts*, l'*Introduction à l'étude des monuments antiques, des pierres gravées, des médailles et des vases peints*, le *Voyage dans les départements du midi de la France* (de 1807 à 1811), ouvrage où la partie consacrée à l'agriculture, à l'industrie, aux mœurs n'est pas moins savamment traitée que le côté archéologique; la *Description des peintures, des vases antiques, vulgairement appelés étrusques*, tirés de diverses collections; la *Galerie mythologique, ou recueil de monuments pour servir à l'étude de la mythologie, de l'histoire de l'art, de l'antiquité*, etc.; *Description d'une mosaïque antique du musée Pio-Clémentin; Description des tombeaux découverts à Pompeï* en 1812, *des tombeaux de Canosa, découverts en* 1813; *Voyage en Savoie, en Piémont, à Nice et dans l'État de Gênes ; Voyage dans le Milanais, à Plaisance, Parme, Modène, Mantoue et Crémone, et dans plusieurs autres villes de la Lombardie*; enfin, l'*Oresléide*. Millin fut membre de l'Institut (Académie des Inscriptions et Belles-Lettres).

MILLION. Un million est la réunion de mille fois mille. Le million est l'unité du septième ordre, ou celle du troisième ordre ternaire. Le chiffre qui, dans un nombre écrit, représente des millions en a six à sa droite.

MILLIONNAIRE. On appelle *millionnaire* l'homme dont la fortune s'élève à un million de francs. Cette expression qu, du reste, plus ou moins vague, et s'emploie le plus généralement pour désigner un homme très-riche, sans spécifier d'une manière exacte le chiffre de sa fortune. On est autant de fois millionnaire qu'on possède de millions. Mais les millionnaires sont rares.

MILLOT (Claude-François-Xavier), auteur de l'*Histoire du Duc de Noailles*, des *Éléments de l'histoire de France*, des *Éléments de l'histoire d'Angleterre*, et traducteur de l'*Essai sur l'Homme*, de Pope, naquit en 1726, à Ornans, près de Besançon, d'une ancienne famille de robe. Après avoir été jésuite, professeur de rhétorique au collége de Lyon, lauréat de l'Académie de Dijon pour un discours où il osa faire l'éloge de Montesquieu, excellent vicaire général de l'archevêque de Lyon, mais très-mauvais prédicateur à Lunéville et à Versailles, il obtint, en 1768, sur la recommandation du duc de Nivernais, la chaire d'histoire du collége des nobles à Parme. Revenu en France, il reçut de la cour une pension de 4,000 livres pour le courage dont il avait fait preuve dans une émeute en Italie, et fut nommé, en 1778, précepteur du duc d'Enghien, ce dernier et infortuné rejeton des Condés. Il jouit peu de cette dernière faveur, étant mort, à l'âge de cinquante-neuf ans, le 2 mars 1785. Ses ouvrages historiques se recommandent plus par la clarté que par l'élégance du style, par l'exactitude dans la narration de faits déjà connus que par les recherches de l'érudition. Il a rarement remonté aux sources. Cependant, les *Mémoires politiques et militaires du duc de Noailles pour servir à l'histoire de Louis XIV et de Louis XV* ont été composés sur des pièces originales et jusque alors inédites. Ce sont des lettres des deux rois de France, de Philippe V, roi d'Espagne, du duc d'Orléans, régent, de Mme de Maintenon, de la princesse des Ursins, et de plusieurs de nos généraux. La guerre de 1741 y est décrite d'une manière remarquable. On a attribué, vers 1807, à l'abbé Millot, des éléments de l'histoire d'Allemagne, mais sa famille en a démenti l'authenticité. Il est nommé, en 1771, l'un des quarante de l'Académie Française, en remplacement de Gresset. Sa double qualité d'ex-jésuite et de philosophe lui avait peut-être concilié beaucoup de suffrages et lui en avait aussi aliéné quelques autres. D'Alembert écrivait à Voltaire, le 27 décembre 1771 : « Nous avons préféré (ne pouvant pas avoir Pascal-Condorcet), à Lemierre et Chabanon, Eutrope-Millot, qui a du moins le mérite d'avoir écrit l'histoire en philosophe et de ne s'être jamais souvenu qu'il était jésuite et prêtre. » Il paraît que l'éloge de Gresset, qui entrait comme élément nécessaire dans le discours de réception, n'était pas une difficulté médiocre : chacun s'en excusa sous divers prétextes. Buffon, directeur de l'Académie, s'en alla à Montbard; le prince Louis de Rohan allégua des affaires qui l'appelaient en Alsace, « en sorte, ajoute D'Alembert, que c'est moi qui suis chargé de le recevoir : me voilà endossé de l'oraison funèbre de Gresset! Je me tirerai de la comme je pourrai. » Aussi dans sa réponse à l'abbé Millot, D'Alembert s'est-il plus attaché au mérite du récipiendaire qu'à l'appréciation des œuvres de l'auteur du *Méchant*, de *La Chartreuse* et de *Vert-Vert*. BRETON.

MILLOUINS, oiseaux du genre *canard*, dont le bec est large et plat.

Le *millouin commun* (*anas ferina*, etc.), long de 45 centimètres, est de couleur cendrée, finement strié de noirâtre; il a la tête et le haut du cou roux, le bas du cou et la poitrine bruns, le bec plombé clair. La femelle est plus petite et a des teintes moins prononcées. C'est un gibier fort estimé, qui nous arrive au mois d'octobre, du nord de l'Europe et de l'Asie, par troupes de vingt à quarante, en forme de pelotons serrés, et non de triangles, comme celles des canards sauvages. Il va passer l'hiver dans les pays méridionaux, et descend jusqu'à l'Égypte. Au printemps il retourne dans le Nord pour y faire sa ponte; il nous en reste quelquefois des individus qui nichent dans les joncs de nos étangs. Le cri du *millouin* est un sifflement grave; sa démarche est plus pesante et plus pénible que celle du *canard sauvage*, mais son vol est plus rapide, et le bruit de ses ailes tout différent. Il est inquiet, farouche, et se laisse difficilement approcher; et ce n'est guère qu'à la chute du jour que les chasseurs peuvent le tirer.

Le *millouin huppé* (*anas rufina*, L.), long de 55 centimètres, noir, à le dos brun, du blanc aux flancs et à l'aile, la tête rousse, les plumes du sommet relevées en huppe, le bec rouge. Cette espèce, qui habite les bords de la mer Caspienne, est quelquefois portée par les vents jusque dans nos contrées.

Le *millouinan* (*anas marila*, L.), long de 48 centimètres, cendré, strié de noir, a la tête et le cou noirs changeant en vert, le croupion et la queue noirs, le ventre blanc et des taches blanches à l'aile, le bec plombé ; la femelle (*anas frænata*, Sparmann), un peu plus petite, remarquable par une bande blanche autour de la base du bec. Il nous vient en hiver par petites troupes du fond de la Sibérie.

Le *petit millouin* (*anas nyroca*, Gmelin), long de 40 centimètres, brun, a la tête et le cou roux, une tache blanche à l'aile, le ventre blanchâtre; un collier brun au bas du cou du mâle seulement. Il niche dans le nord de l'Allemagne, et nous arrive rarement. DÉMEZIL.

MILMAN (HENRY HART), poëte et historien anglais, né à Londres, en 1791, d'un père médecin distingué, embrassa en 1817 la carrière ecclésiastique, et obtint bientôt après la cure de Reading. De 1821 à 1836 il occupa la chaire de poésie à l'université d'Oxford, pour laquelle il y a lieu à réélection tous les cinq ans. Plus tard, il obtint la prébende de Sainte-Marguerite à Westminster, et fut nommé en 1849 doyen de l'église Saint-Paul, à Londres. Ses débuts poétiques datent de 1817, où il donna une tragédie intitulée *Fazio*, qui obtint rapidement plusieurs éditions, et qui fut ensuite représentée avec succès sur la scène de Drury-Lane. Il écrivit ensuite les drames *Fall of Jerusalem*, et divers autres, comme *Belshazzar*, *The Martyr of Antioch* et *Anna Boleyn*, mais dont aucun n'était destiné à être représenté. Le plan en est simple et naturel, l'action assez intéressante, le style brillant; mais la chaleur de l'imagination et l'ardeur de la passion y font défaut. Il fit encore paraître un poëme narratif, *Samor, lord of the bright city*. Plus tard il s'est adonné aux études historiques, et après avoir publié une édition critique de l'Histoire de Gibbon, il a successivement écrit une Histoire des Juifs et une Histoire du Christianisme depuis son origine jusqu'à l'extinction du paganisme (dernière édition, 1853), qu'il a fait suivre, en 1853, d'une Histoire du Christianisme depuis le cinquième siècle jusqu'à la réformation.

MILNE-EDWARDS. *Voyez* EDWARDS.

MILO, l'ancienne *Mélos*, celle des îles Cyclades (Grèce) qui est située le plus au sud-ouest, compte sur une superficie de 21 kilomètres carrés environ 4,000 habitants, dont la moitié appartiennent à l'Église grecque, et le reste à l'Église romaine. Dans l'antiquité c'était la plus arrondie des Cyclades : aussi l'appelait-on la pomme; mais plus tard, et probablement à la suite de quelque tremblement de terre, il s'y est formé une baie pénétrant profondément dans l'intérieur au sud, formant le plus vaste port de tout l'archipel et ayant la forme d'un fer à cheval. Le mont Saint-Élias, le point culminant de l'île (803 mètres), se compose de pierre calcaire et de schiste micacé. Le sol, d'origine volcanique, abonde en sources chaudes minérales et autres produits volcaniques. Favorable à la végétation, il produit beaucoup de melons (ce nom est dérivé de l'île même), les meilleurs qu'on récolte dans tout l'archipel et d'un goût exquis ; mais il est insalubre. Au reste, pour ce qui est du climat et des produits, cette île ressemble à toutes les autres Cyclades. On en exporte de l'alun, du soufre, du sel marin, de la laine, du fromage de lait de chèvre, du froment, des melons, et des vins d'assez médiocre qualité. Sur la côte sud-est on trouve des sources sulfureuses chaudes, et les étuves naturelles de Mélos égalent les *stuffi de Nerone*, près de Pouzzoles. L'ancien chef-lieu, *Milo*, siége d'un évêque catholique, à l'extrémité sud-est de la grande baie formant le port dont nous avons parlé, tombe en ruines depuis les ravages qu'y exerça la dernière peste, ses habitants étant allés alors s'établir à *Kastro*, le chef-lieu actuel de l'île, aussi pittoresquement que salubrement situé, sur un promontoire élevé de la côte septentrionale, où l'on voit un vieux château fort, et contenant beaucoup de maisons en pierre avec de beaux jardins. A deux kilomètres au sud-est de Kastro, on trouve les ruines de l'antique capitale *Mélos*. Les antiquités les plus importantes qu'elle renferme sont des tombeaux et des salles souterraines, dont quelques-unes contenant jusqu'à 15 sarcophages. On y voit aussi les débris d'un amphithéâtre, et c'est à peu de distance de cet endroit qu'en 1820 un paysan trouva la célèbre statue dite *Vénus de Milo*, qui fait aujourd'hui partie de la collection du Louvre, et trois statues d'Hermès. L'île de Mélos fit partie du duché vénitien de l'Archipel depuis l'an 1204 jusqu'à l'an 1537, époque où elle tomba au pouvoir des Turcs commandés par Khair-ed-Din Barberousse.

MILO (Vénus de). *Voyez* VÉNUS.

MILON DE CROTONE, célèbre athlète de l'antiquité, qui vivait près de six siècles avant J.-C., remporta sept fois la victoire aux jeux pythiens et six fois aux jeux olympiques. Il avait acquis une force prodigieuse en s'accoutumant dès sa jeunesse à porter de pesants fardeaux, dont chaque jour il augmentait graduellement le poids. Dans une guerre des habitants de Crotone, sa patrie, contre ceux de Sybaris, il fut mis à la tête des troupes, et remporta une victoire signalée. Dans cette bataille, il marchait à la tête de ses concitoyens, armé d'une massue et couvert d'une peau de lion, comme Hercule. On raconte de sa force des choses vraiment merveilleuses. Il se tenait, dit-on, si ferme sur un disque qu'on avait induit pour le rendre glissant, qu'il était impossible de l'en ébranler par les plus fortes secousses; d'autres fois, il prenait dans sa main une grenade, et sans l'écraser, la tenait si serrée, que les plus vigoureux athlètes ne pouvaient écarter ses doigts pour la lui prendre. Un jour qu'il assistait, suivant sa coutume, aux leçons de Pythagore, les colonnes de la salle menaçant tout à coup de s'écrouler, il soutint seul la voûte, donnant ainsi aux autres auditeurs le temps de s'éloigner. Sa renommée était devenue si formidable que lorsqu'il vint pour la septième fois aux jeux olympiques, aucun antagoniste n'osa s'y présenter. Il chargeait sans peine un taureau sur ses épaules. Ce fut même le spectacle qu'il donna une fois aux jeux olympiques : après avoir porté l'animal vivant l'espace de 120 pas, il l'assomma d'un coup de poing, et le mangea tout entier le même jour. Des historiens assurent très-sérieusement que le menu de ses repas se composait de 20 mines de viande (environ 18 livres), d'autant de mines de pain et de 3 conges de vin (à peu près 15 litres). Daméas de Crotone ayant fait couler en bronze sa statue, il la chargea sur son épaule et l'alla porter à la place qui lui était destinée, dans un bois consacré à Jupiter Olympique. Parvenu à une extrême vieillesse, ayant essayé de rompre, avec ses mains, affaiblies par l'âge, le tronc fendu d'un gros arbre, il s'épuisa en vains efforts, et les deux parties du tronc s'étant rejointes, il ne put en arracher ses mains, qui s'y trouvèrent prises. Seul, appelant en vain du secours, il devint dans cette position la proie des bêtes sauvages. On place sa mort à l'an 500 avant J.-C. On doit au statuaire Puget le beau groupe en marbre de Milon de Crotone dévoré par un lion, qu'on admire dans les jardins de Versailles. CHAMPAGNAC.

MILON (TITUS ANNIUS MILO), fils de Caius Papius Celsus et d'Annia, et adopté pour fils par le père de celle-ci, Titus Annius Lascus, était né à Lanuvium, petite ville du Latium, où plus tard il exerça la puissance dictatoriale. Son inimitié avec Clodius, qui rendit Rome le théâtre des luttes féroces des bandes de gladiateurs que chacun d'eux entretenait à sa solde, commença en l'an 57 avant J.-C., époque où, tribun du peuple, il prit le parti de Pompée et insista pour obtenir le rappel de Cicéron. Condamné après le meurtre de Clodius, en l'an 52, malgré les efforts d'éloquence que fit Cicéron pour le défendre, il se rendit en exil à *Massilia* (Marseille) ; et en l'an 49 César l'excepta de l'amnistie accordée à divers autres exilés. Irrité d'être l'objet d'une telle exception, il répondit en l'an 48 à l'appel de Marcus Cælius que le sénat avait déposé de la préture pour avoir, en l'absence de César, renversé la loi que celui-ci avait fait rendre en matière de dettes. A la tête d'une bande armée qu'il avait recrutée dans la Campanie, il vint assiéger le château fort de Cassanum, près de Thurii, et y périt, comme bientôt après Cælius lui-même sous les murs de Thurii.

MILON (LOUIS-JACQUES) est une des réputations chorégraphiques de la fin du siècle dernier et du commencement de celui-ci. Né en 1763, figurant à l'Académie royale de Musique en 1782, danseur chef des écoles de danse de 1799 à 1802, second maître des ballets, professeur de danse pantomime, Milon n'a pas laissé de grands souvenirs comme danseur ; mais il a attaché son nom à un grand nombre de ballets, dont quelques-uns sont restés populaires ; nous citerons entre autres *Pygmalion*, *Les Noces de Gamache*, *L'Enlèvement des Sabines*, *Nina*, *L'Épreuve villageoise*, *Le Carnaval de Venise*, et, en collaboration avec Gardel, *Clary*, etc, Il est mort en 1849.

MILORADOWITSCH (MICHAEL - ANDRÉIEWITSCH, comte), célèbre général russe, né en 1770, servit sous les ordres de Souvarof en Suisse et en Italie, et donna dès lors les preuves les plus éclatantes de sa bravoure et de son intrépidité. Dans la campagne de 1805, il se distingua aux affaires d'Ens, de Krems et d'Austerlitz. En 1806 et 1807, il assista aux combats de Bucharest et de Sourscha, et dans la campagne de Turquie, en 1809, à l'affaire de Rassewat. Dans la campagne de 1812, il prit part à la sanglante bataille de Borodino. Chargé du commandement de l'arrière-garde, il soutint de la manière la plus brillante, pendant toute la retraite, les attaques de l'ennemi. Le 18 octobre 1812, conjointement avec le général Bennigsen, il battit les Français à Taroutino, et le 24 du même mois, placé sous les ordres de Koutouzof, général en chef, à Malojaroslawez. Il commandait l'avant-garde aux affaires de Wjesma, Dogorobusch et Krasnoï, journées fatales, entre toutes, aux Français, dans leur si fatale retraite. Le 8 février 1813, il occupa Varsovie. Dans la campagne qui s'ouvrit à peu près du temps de là, il commanda un corps d'armée russe, avec lequel, à la bataille de Lutzen, il eut ordre de couvrir l'aile gauche des coalisés. Appelé ensuite au commandement de l'arrière-garde russe, il prit une part importante aux affaires de Bautzen, de Kulm, et de Leipzig. Après la paix de Paris l'empereur Alexandre, qui faisait grand état de ses services, lui accorda diverses grâces et distinctions honorifiques. Plus de dix fois, il consentit à payer ses dettes, pour le tirer des embarras où le mettaient ses dépenses extravagantes. En 1818 il le nomma gouverneur général de Saint-Pétersbourg, fonctions qu'il remplissait lorsque éclata la révolte du 26 décembre 1825. On sait que ce fut là une révolte toute militaire. Il n'y avait pas dix lors un seul des conjurés qui, par devoir de service, ne fût en relation directe et constante avec Miloradowitsch. Les principaux d'entre eux vivaient dans son intimité, et lui avaient inspiré une confiance telle que, sans le vouloir ni le savoir, il faisait précisément tout ce qu'il fallait pour aider à la réussite de leurs projets. Aussi quelques-uns pensaient-ils qu'au fond Miloradowitsch était de la conspiration. Surpris par l'insurrection, il fit tout pour ramener les soldats à leur devoir. Déjà il avait réussi à en ébranler quelques-uns, en leur démontrant qu'on les trompait. A ce moment, un des conjurés, Kachowskoï qu'il ne fallait point compter sur le concours du gouverneur général qu'on avait cru cause de l'insurrection, lui tira un coup de pistolet à bout portant. Miloradowitsch succomba à cette blessure, la seule qu'il eût jamais reçue en sa vie, après avoir assisté à quarante batailles rangées et avoir en six chevaux tués sous lui. Les Russes le comparent, avec assez de raison, à notre Murat. Esprit médiocre comme lui, il avait tout moins en présence de l'ennemi son sang-froid et son intrépide bravoure.

MILORD, ou plus exactement MYLORD. *Voyez* LORD.
MILORD-MARÉCHAL. *Voyez* KEITH.
MILOSCH OBRÉNOWITSCH, ancien prince de Servie, naquit vers l'an 1780, dans le village de Dobrinje, où son père, qui se nommait *Tescho*, était un simple manœuvre. Sa mère s'appelait Vischinia, et avait d'abord été mariée avec un certain Obrén. Ayant perdu de bonne heure ses parents, il fut, comme ses deux frères, *Jowan* (né en 1787 et mort à Neusatz, en 1850) et *Jefrém* (né en 1790, et qui habite aujourd'hui la Valachie), obligé de gagner sa vie en gardant les bestiaux. Plus tard il servit en qualité de valet de ferme son beau-frère *Milan Obrénowitsch*, riche marchand de bestiaux, qui, lors de la première insurrection des Serbes, en 1801, fut élu chef par quelques districts. Milosch ayant fait preuve de beaucoup de courage et de résolution dans cette insurrection, son beau-frère, qui se sentait moins capable que lui, lui remit le commandement. Milosch, à la tête d'un corps particulier, se distingua alors en toutes occasions sous les ordres de Georges *Czerny*, qui le nomma woïwode. Son beau-frère Milan, qui jouait un rôle important parmi les chefs populaires, ayant été envoyé, en 1810, comme négociateur au quartier général russe et n'en étant plus revenu, Milosch prit sa place, et ajouta alors à son nom celui d'*Obrénowitsch*. Un passe-droit que lui fit éprouver Czerny, en 1811, amena entre eux un profond dissentiment. A la suite des défaites qu'essuyèrent les Serbes en 1813, Czerny, désespérant de tout succès, se réfugia en Autriche ; mais Milosch, inébranlable dans la mauvaise fortune, fut celui qui résista le plus longtemps et le plus opiniâtrement. Quand toute résistance fut devenue inutile, il sut par d'habiles négociations s'assurer ainsi qu'à ses partisans une honorable position. Il obtint de la Porte une amnistie générale, et fut nommé *grand knèes* des arrondissements de Poschéga, Kragujewatz et Roudnik. Les Turcs ayant recommencé à pratiquer leur système de violences et d'oppressions, Milosch lui-

même se mit, en 1815, à la tête de l'insurrection. D'abord assez peu heureux, il réussit enfin à expulser les Turcs du pays, et les négociations qui s'ouvrirent alors entre la Porte et les insurgés amenèrent, en 1816, la conclusion d'un traité de paix dont les suites furent des plus heureuses pour la Servie. Milosch, reconnu en fait chef des Serbes, le 6 novembre 1817, fut élu prince héréditaire de Servie par les knèes et le haut clergé de sa nation. Dans cette situation nouvelle, il eut à triompher de bien nombreuses difficultés pour parvenir à se rendre indépendant aussi bien de la Porte que de la Russie. Son autorité ne fut consolidée que par la partie du traité d'Akjermann de 1826 relative à la Servie, ainsi que par la nouvelle élection, qui, en 1827, lui conféra, dans l'assemblée populaire de Kragujewatz, le titre et les pouvoirs de prince héréditaire de Servie; état de choses confirmé par la paix d'Andrinople en 1829 et solennellement reconnu en 1830 par la Porte. Dès le 4 février 1830, Milosch convoqua les chefs de district, les juges et les ecclésiastiques en assemblée nationale à Kragujewatz, et fit nommer une commission chargée de préparer sous sa présidence une constitution pour la Servie; mais ce projet en resta là. Si d'un côté il indisposait contre lui les chefs en combattant leurs tendances aristocratiques, de l'autre il se faisait de nombreux ennemis dans le peuple, attendu que, manquant d'éducation première, devenu orgueilleux et insolent, il exerçait une oppressive tyrannie, dont les formes, rudes et grossières, étaient mal dissimulées par le luxe et l'étiquette monarchiques dont il s'entourait. C'est ainsi que Wuksitsch, Petroniewitsch, Protitsch, Simitsch et d'autres chefs encore purent oser, en 1825, lever l'étendard de la révolte. Le mécontentement populaire était si grand que Milosch, quoiqu'il réussit alors à comprimer l'insurrection, dut s'engager à donner au pays une constitution; promesse qu'il réalisa dans l'assemblée convoquée le 10 février 1835. A l'instigation de la Russie et de l'Autriche, cette constitution fut rejetée, comme trop libérale, par la Porte, qui fit espérer au pays une nouvelle organisation politique. Milosch eut beau, vers la fin de 1835, se rendre de sa personne à Constantinople, il échoua dans ses efforts pour faire changer la détermination prise par la divan. Il lui fut impossible alors de se maintenir contre l'opposition du sénat institué par un hatti-schérif, d'autant plus que par ses mœurs dissolues il s'était aliéné sa propre famille, et que par son despotisme et sa rapacité il était devenu odieux aux masses. C'est ainsi qu'en 1839 il fut forcé d'abdiquer le pouvoir, qui passa à son fils *Michel Milosch Obrénowitsch*, et qu'il fut banni de Servie. Depuis ce moment jusqu'à sa mort (mars 1850), il vécut alternativement dans les terres qu'il possédait en Valachie, ou à Vienne; plus tard il finit par se fixer tout à fait dans cette capitale. Les intrigues auxquelles depuis sa déposition, et notamment en 1843, lorsque son fils fut chassé à son tour de Servie, il eut recours pour s'y faire rappeler, lui coûtèrent des sommes énormes, mais n'eurent d'autre résultat que de provoquer dans ce pays des insurrections partielles qui échouèrent toutes.

MILOUTINOWITSCH (Siméon), poète Serbe, naquit le 3 octobre 1791 (vieux style), à Jarazewo en Bosnie, où son père était marchand. Ce ne fut qu'avec beaucoup de peine qu'il put acquérir les premiers rudiments des lettres, d'abord à Belgrade, où sa famille avait été forcée de se réfugier par suite de la peste, et plus tard au gymnase de Carlovicz. En 1806 il obtint une place de commis à la chancellerie d'État, à Belgrade, qu'il la conserva jusqu'en 1813. Pendant toute l'insurrection des Serbes qui éclata ce moment, il mena une existence errante et incertaine, tantôt commis dans les bureaux d'un évêque serbe, tantôt enrôlé dans une bande d'insurgés. Il y eut même un moment où force lui fut de travailler comme aide de jardinier chez un Turc de Widdin. Revenu à Belgrade, il remplit pendant quelque temps un emploi près du frère du prince Milosch, puis il alla revoir ses parents qui s'étaient établis en Bessarabie. Les troubles causés par l'insurrection grecque en Valachie ne

lui permirent pas de rentrer en Servie; mais une petite pension qu'il obtint alors de l'empereur de Russie lui donna les loisirs nécessaires pour cultiver les muses. C'est à ce moment qu'il composa ses *Serbianka*, suite de poésies lyriques et épiques où l'insurrection de la Servie est décrite avec chaleur et vérité. En 1825 il se rendit à Leipzig, où il publia ce recueil (4 vol., 1826), et où il en donna encore deux autres, intitulés *Nekolike pjesnice Stare* (1826) et *Zorica* (1827). Ce qui caractérise ces poésies, c'est l'amour ardent de la patrie, la chaleur du sentiment, la hardiesse et l'originalité des figures et des expressions. Toujours empêché de rentrer en Servie, il alla en 1827 à Montenegro, où le métropolitain Petrowitsch l'accueillit de la manière la plus hospitalière et le mit à même de composer une nouvelle et ample collection de chants populaires, qui fut publiée sous le titre de *Chants populaires des Monténégrins et des Serbes de l'Herzegowine* (Leipzig, 1837). C'est aussi à Leipzig que parut son *Histoire de la Servie* de 1813 à 1815.

Depuis 1840 Miloutinowitsch habite la Servie, où il a composé un grand nombre de poésies lyriques et épiques dans le genre de celles du *Serbianka*, et où son exemple a donné le signal du réveil de l'activité littéraire.

MILREÏS, MILREI ou MILREA. Originairement monnaie de compte portugaise, le milreï est devenu, en vertu d'une loi rendue le 24 avril 1835, une unité monétaire. Depuis lors, on frappe des *coroa* ou couronnes à 1,000 reïs, valant 6 fr. 01 cent. de notre monnaie. Il y a aussi des demi-*coroa* de 500 reïs. Comme monnaie de compte le *milreï* est aussi en usage au Brésil. Le *conto de reïs* équivaut à un million de *reïs* ou 1,000 *milreïs*.

MILTIADE, le véritable fondateur de la puissance athénienne, au cinquième siècle avant J.-C, appartenait à l'une des plus nobles et des plus riches familles de son pays. Son père s'appelait Cimon, nom que porta depuis et qu'illustra son fils. Son oncle Miltiade avait fondé, son frère Stésagoras avait gouverné, si nous en croyons Hérodote, une colonie d'Athéniens en Thrace, quand il fut lui-même appelé, par la mort de son frère, au commandement de cet établissement nouveau. Cornelius Nepos vent qu'il ait le premier conquis la presqu'île, qui fut pour le peuple athénien ce que devaient être un jour les deux Indes pour l'Angleterre. Il l'administra avec une sagesse que sa bravoure seule égalait. Toutefois, l'honneur d'avoir choisi un chef aussi habile n'appartenait pas au peuple athénien : Miltiade avait été nommément désigné par la Pythie de Delphes. Cette entreprise fut donc pour ce grand homme une sorte de mission divine; et l'on peut juger quel parti son habileté sut tirer d'une désignation qu'elle avait peut-être préparée. Aimé, obéi des colons, craint et respecté des indigènes, il assura dans ces contrées à demi sauvages, mais abondantes en toutes sortes de matières premières pour l'industrie et les arts, une source féconde de richesses à sa patrie. Il y régnait au nom de sa république quand Darius, qui n'en voulait encore qu'aux Scythes, passa l'Ister (le Danube), sur un pont qu'il fit construire, et en confia la garde aux plus puissants de la contrée : Miltiade était du nombre. Il se méfiait de l'ambition de Darius; ce grand tumulte à la position du grand roi dans le pays barbare où il s'était témérairement enfoncé, il proposa à ses collègues de rompre le pont et de couper ainsi la retraite au despote, acte déloyal qu'excusait autant que possible l'amour du pays. Il aurait fait prévaloir auprès d'eux les intérêts de la Grèce, sans Histiée de Milet, qui les en détourna par des considérations toutes d'égoisme; et pour ne pas s'exposer à la vengeance de Darius, Miltiade revint à Athènes.

On sait comment les affaires d'Ionie, où ce même Histiée joue un rôle si équivoque, allumèrent chez Darius le désir d'envahir la Grèce. Une flotte sortie des ports de l'Asie vint débarquer sur les côtes de l'Attique cent mille soldats aux ordres de Datis et d'Artapherne. Athènes avait à leur opposer neuf mille hommes, avec mille auxiliaires platéens.

Au nombre des dix polémarques se trouvait Miltiade, heureusement absous du crime de tyrannie, dont il s'était vu accuser à son retour de Chersonèse : les Athéniens lui permirent de le sauver. Grâce à son ascendant sur ses collègues, il les décida à sortir d'Athènes et à risquer la bataille. Le jour où ce fut son tour de commander, il la livra : par ses habiles dispositions, il rendit inutile la multitude des Perses ; le courage de sa petite armée et le bon génie de la Grèce firent le reste. La victoire de Marathon força les Perses à se rembarquer avec une perte immense. Miltiade avait sauvé Athènes, et Athènes la Grèce.

Pour récompenser leur général, les vainqueurs le firent peindre, dans la galerie appelée *Pécile*, en tête de ses neuf égaux, haranguant ses troupes avant la bataille. Puis ils le chargèrent, ce qui était pour lui d'un plus haut prix, de la conquête de l'île de Paros. Déjà dans l'archipel il avait rangé sous la domination d'Athènes les Pélasges de Lemnos. A l'époque où il faisait voile pour la Chersonèse de Thrace, ils lui avaient d'abord refusé leur obéissance, la lui promettant pour le jour où le vent de Borée amènerait son vaisseau vers leurs bords. Il les avait sommés de tenir leur parole à son retour de Thrace, et ils s'y étaient résignés. Plus tard, ceux de Paros s'attirèrent, en secourant les Perses, la haine des Athéniens ; et après Marathon on fut Miltiade qu'on chargea de les punir, mais il échoua devant cette ville. Suivant Cornelius, l'incendie d'un bois sacré, qu'il prit pour les feux de la flotte des Perses, détermina son embarquement ; selon Hérodote, il se blessa à la cuisse en franchissant une haie dans une attaque nocturne, et ne fut forcé de lever le siége de la place. Tous deux s'accordent à dire que, de retour à Athènes, il fut pour ce fait cité devant le peuple ; qu'on le condamna à mort, mais que la peine fut commuée en une amende de 50 talents, montant des frais de l'armement. Cornelius ajoute que, ne pouvant la payer, il fut jeté dans une prison, où il mourut, l'an 189 avant J.-C. Hérodote raconte que Miltiade, incapable, vu l'état de sa jambe, de se défendre lui-même, se fit seulement porter sur la place ; qu'en sa présence, ses amis, rappelant ses exploits, ne réussirent en effet qu'à sauver sa tête, mais que la gangrène, ayant gagné sa cuisse, l'emporta bientôt, et que son fils Cimon paya l'amende. Plutarque, dans sa *Vie de Cimon*, adopte la version de Cornelius, qui attribue fort sagement la condamnation de Miltiade à l'envie surtout qu'excitait sa puissance. On peut ajouter à son éloge le célèbre mot de Thémistocle : « Les trophées de Miltiade m'empêchent de dormir. » BOUDIER.

MILTIADE (Saint), pape. *Voyez* MELCHIADES.

MILTON (JOHN) naquit à Londres, le 9 décembre 1608. Son père, qui exerçait la profession de notaire (*scrivener*), homme grave et de mœurs sévères, déshérité pour avoir abandonné le catholicisme et embrassé le protestantisme, lui fit donner une bonne éducation. Il étudia ensuite à Cambridge, où il séjourna de 1625 à 1632. Quoique destiné à l'état ecclésiastique, il ne put se décider à prêter le serment exigé des prêtres, et s'en revint auprès de son père, dans le domaine qu'il possédait dans le Buckinghamshire, où il passa cinq autres années. Dès 1629 il avait composé un *Hymn on the Nativity*, qui déjà annonçait de grands talents : c'est vraisemblablement de la même époque que datent ses poëmes descriptifs l'*Allegro* et *Il Pensieroso*, qui ne furent d'ailleurs imprimés qu'en 1645, dans ses *Juvenile Poems*. C'est aussi sous le toit paternel qu'il composa les opéras *Arcades* et *Comus*, et le poème *Lycidas*, élégie sur la mort d'un ami. En 1638 et 1639 il voyagea en France, en Suisse, et en Italie, visita Galilée, se lia avec Manso, l'ami du Tasse, composa des vers italiens, puis s'en revint à Londres, où le rappelaient les troubles de sa patrie. Il se jeta alors avec ardeur dans la discussion des questions du moment, et fit beaucoup parler de lui. C'est ainsi qu'il écrivit successivement des dissertations sur l'administration de l'Église, sur le mariage et sur le divorce (un mariage malheureux, qu'il conclut en 1643, lui en fournit l'occasion), sur l'éducation (1644)
et sur la liberté de la presse (*Areopagitica*, 1644) ; qu'il composa une apologie de la condamnation à mort prononcée contre Charles Ier (*The Tenure of Kings and magistrates*, 1649) ; qu'il entreprit de réfuter dans son *Iconoclastes* l'écrit attribué à Charles Ier et intitulé *Ikon Basiliké*, et que, dans sa célèbre *Defensio pro Populo Anglicano* (qu'il fit suivre, en 1654, d'une *Defensio secunda* et, en 1655, d'une *Defensio pro se*), il combattit la *Defensio Regis* de Saumaise.

Cromwell avait dès 1649 récompensé son apologie de la condamnation de Charles Ier en le nommant secrétaire du conseil d'État pour la rédaction latine des actes ; et pour son ouvrage contre Saumaise le parlement lui vota une indemnité de 1,000 liv. st.

Quoique frappé à partir de 1652 d'une incurable cécité, il n'en continua pas moins à écrire ; et après la mort de Cromwell il écrivit contre les partisans de la royauté une suite de pamphlets, tels que *Upon the model of commonwealth* et *Ready and easy Way to establish a free commonwealth*. Lors de la restauration, sa *Defensio pro Populo Anglicano* et son *Iconoclastes* furent, il est vrai, brûlés de la main du bourreau ; mais il ne lui fut fait personnellement aucun mal, et il se remit à faire des vers. C'est aussi de cette époque que datent son *Dictionnaire Latin*, sa *Moscovie*, et son *Histoire d'Angleterre avant la conquête des Normands*.

Il était déjà âgé de cinquante-sept ans lorsqu'il termina, en 1665, son *Paradise lost* (Le Paradis perdu), ce grand et divin poëme, que l'Angleterre et l'Europe conservent comme une de leurs gloires. Le puritanisme avait trouvé son Dante et son Platon. Milton dut cependant attendre encore deux ans avant de trouver un éditeur, et celui-ci ne lui donna de ce chef-d'œuvre que dix liv. st. (250 fr.). Il est faux d'ailleurs qu'on ait longtemps méconnu la valeur de ce poëme, car dans les onze premières années il s'en vendit 5,000 exemplaires. En 1671 Milton lui donna pour suite le *Paradise regained*, qui, malgré de grandes beautés, est resté, bien inférieur au *Paradis perdu*. Sa tragédie *Samson Agonistes*, qui parut vers le même temps, est une pauvre production dramatique ; cependant Châteaubriand en a traduit diverses tirades, où l'auteur émeut vivement, car il y fait allusion à sa propre situation, alors que debout sur les ruines de son parti, de ses opinions et de sa fortune, la lumière du jour et celle de la gloire, ses plus beaux rêves, ses plus chères espérances, l'estime de ses contemporains et les rayons de la fortune, tous les soleils dont la vie humaine s'échauffe et s'éclaire, avaient disparu pour lui. Il mourut le 8 novembre 1674. On ne compte plus les éditions de ses ouvrages. La dernière édition de ses œuvres poétiques est celle qu'a donnée Todd (4 vol., Londres, 1842), et de ses œuvres en prose celle de Fletcher (1835). L'édition de ses œuvres complètes la plus récente est celle de Milford, qui l'a fait précéder d'une biographie (8 vol., Londres, 1853).

[La plus cruelle torture de ce noble génie a dû être l'indifférence contemporaine. Quoi qu'en ait pu dire Johnson, tory véhément, qui ne pardonnait pas aux républicains une seule de leurs gloires, de profondes ténèbres pesèrent longtemps sur *Le Paradis perdu* et sur son auteur : la renommée poétique de Milton ne s'éveilla qu'en 1680, et ne grandit qu'en 1688. Elle ne fut entière qu'à l'époque où des principes whigs, modérés par l'expérience, élaborés par la lutte des partis, réussirent à refondre tout le pacte social entre le roi et le peuple. La muse attendait sa couronne d'un mouvement politique. Milton mourut sans savoir son immortalité. Cette tardive récompense a été splendide. Les plus hautes et les plus pures intelligences ont adopté Milton, et l'ont couvé de leur amour. Des esprits religieux et tendres, comme celui d'Addison, ont subi la loi de son génie, et se sont résignés à ses hardiesses. Les hommes politiques engagés dans les routes les plus opposées ont reconnu sa grandeur. Byron, qui a méconnu Shakespeare, s'est humilié devant Milton.

La poésie de Milton n'est pas simplement de la poésie du Nord, c'est de la poésie d'aveugle; d'aveugle qui a voyagé en Italie, qui a vécu intimement avec Homère, et qui a connu Cromwell. Il s'approprie et la morbidesse du moderne langage italien et les subtilités et les arguties de la théologie contemporaine. Milton est un poëte latin, un poëte italien, un poëte anglais. Il écrit dans ces trois langues, et il les imprègne toutes trois de la même suavité harmonieuse ; il mêle et confond les eaux de ces trois fleuves dans le lit nouveau que leur ouvre une poésie imprévue. Ne croyez pas que le poëte de la *Genèse*, qui amusa sa vieillesse en composant un sermon en douze chants, fût un maître d'école. Il avait vu le monde, et le monde élégant, qu'il avait beaucoup aimé jeune. Il avait fait les délices des châteaux de Ludlow et de Derby. Ses opéras (*masks*), composés pour les belles dames de la cour, respirent un parfum délicieux de chevalerie: tout ce qui est enthousiasme lui va au cœur, les souvenirs héroïques l'émeuvent, la magnificence des arts italiens l'enivre. Dans ses poésies latines, confidentes du premier développement de cette âme délicate, on voit combien peu il était fait pour le tumulte des cours et des camps. Avide et amoureux d'études classiques, transformant ses méditations en voluptés, sa retraite champêtre en paradis, dédaigneux des ambitions vulgaires, soutenu par le sentiment de sa dignité personnelle, incapable de s'abaisser jamais à des occupations sordides ou vénales, voilà Milton. S'il abhorrait toute espèce de tyrannie, si sa conscience l'attachait au parti de Cromwell, ses habitudes de jeunesse et ses goûts personnels le faisaient pencher vers une société d'élite. Républicain et calviniste par conviction, aristocrate par la pensée, cette combinaison du raffinement et du luxe de l'esprit avec la charité et la sévérité de la doctrine produisit un phénomène sans modèle. Dans ses poésies ainsi que dans sa conduite, la froideur du ton, la sévérité des formes, ne sont qu'apparentes. Ce calme, doux et austère comme celui de la poésie grecque, recèle une flamme ardente et féconde. C'est le contraire de mille chefs-d'œuvre modernes, dont la chaleur est à la surface, et qui cachent le néant dans leur sein.

L'idiome de Milton est spécial. Il l'a créé, il n'est qu'à lui seul. Tous ceux qui en Angleterre ont distingué ce que j'appellerai volontiers les saveurs des styles, et qui ont fait une étude approfondie de leurs variétés, tombent d'accord sur ce point. Soit qu'ils nomment ce langage *céleste et surhumain*, comme sir Egerton Brydge, soit qu'ils se contentent de le nommer *exotique*, comme l'a fait Pope, ils avouent qu'il ne ressemble à rien de ce qui en Angleterre l'a précédé, accompagné ou suivi. Milton chante un hymne religieux et une révélation divine; il n'a pas besoin d'accents soutenus : lyrique et surnaturel à son aise, il monte sa lyre sur un diapason céleste; son langage dépasse les limites du monde connu. Cette création extraordinaire, fruit de circonstances mal appréciées, a fait une partie de sa gloire.

Sa première éducation de penseur s'était faite à l'école de Platon, son maître et son modèle. Cette première étude ne s'effaça jamais ; et il est remarquable combien, pour la force du style, la douce éclat des images, la méthode du raisonnement et l'application de la méditation révélée à la vie réelle, Milton est demeuré l'élève fidèle de son premier maître. A tout moment vous retrouvez chez lui la forme grecque : la belle période qui se déroule, l'adjectif composé de deux nuances qui s'éclairent l'une par l'autre. Dans ce *Paradis perdu*, que les Anglais s'étonnent d'admirer en le trouvant si peu anglais, non-seulement la syntaxe devient hellénique, mais la déduction des idées, le développement de la narration, les grandes images lumineuses, qui brillent dans le récit comme des phares sur la mer, semblent empruntés à la source grecque. Ce n'est pas tout. A côté de cet idéal de la forme, que Milton a emprunté aux Grecs, vient se placer une seconde et vive influence : c'est l'idéal hébraïque, inspiré par la Bible. Corrigé par le génie des Hellènes, celui des Juifs a produit chez Milton à peu près le même résultat que chez notre Racine. L'Angleterre était alors saturée d'idées bibliques. Elles présidaient à la réforme de la société, elles allumaient toutes les passions et pénétraient toutes les intelligences. Les durs et terribles chefs-d'œuvre de la Judée étaient l'étude constante des hommes sévères et des femmes délicates. On connaissait mieux l'histoire des patriarches et des dieux d'Israel que les annales de la patrie, ou plutôt la patrie, c'était la Bible. Nous ne nous arrêterons pas sur cette influence, qui a été plus d'une fois sentie et analysée. Le poëme de Milton n'est après tout qu'un sublime développement de la *Genèse*.

Une autre influence bien moins observée a puissamment agi sur le fond même du *Paradis perdu* et sur la manière dont l'auteur a conçu et fait agir ses personnages bibliques. Si les premiers germes de la pensée miltonienne jaillirent en Italie, d'après des modèles italiens. Nous ne répéterons pas ici l'histoire, plus ou moins romanesque, de ses amours en Italie. Sa jeunesse, son long séjour dans la contrée des voluptés, rendent tout à fait vraisemblable la tradition qui lui attribue les malheurs et les bonheurs d'une passion qui fait les poëtes, et qui, laissant beaucoup de traces dans l'âme, en laisse peu dans l'histoire. Il est certain (les lettres et les monuments le prouvent) que ce beau pays le retint longtemps captif; que l'ami du Tasse, Manso, avait pour lui une amitié tendre; que, de dix-huit à vingt-deux ans, il fit son étude spéciale des meilleurs écrivains d'Italie, et qu'il composa des sonnets italiens pleins de charme, d'abandon et de mélancolie. De là ce génie italien superposé au génie grec, de là ces diminutifs et ces augmentatifs, quelquefois ces *concetti* et ces figures recherchées, qui vous étonnent au milieu de la sévérité biblique de l'auteur. Les matériaux de l'édifice sont hébraïques, la disposition en est grecque, les ornements sont italiens. Si la conception d'Adam est inspirée par la Genèse, la création d'Ève se rapporte aux idées de Platon sur les femmes et à leur position secondaire dans la vie. C'est l'obéissance, le respect, la soumission sans bornes, que Milton recommande à la compagne du premier homme et à ses filles ; il est loin de les admettre sur un pied d'égalité avec nous ; il ne leur donne en partage que la faiblesse intellectuelle et physique; il leur attribue toutes les grâces, mais aussi tous les inconvénients de la faiblesse. Ève se tait respectueuse lorsque son mari cause, elle se tient debout devant lui; et lorsque, cédant aux prières de la femme, à laquelle il doit protection mais non obéissance, le premier homme a, pour cette seule faute, perdu le paradis, Adam lui fait une vraie querelle de ménage ; il entre dans une grande colère, disant à sa femme qu'elle n'est après tout qu'un « beau défaut de la nature; qu'il est malheureux qu'on ne puisse pas se passer d'elle entièrement; que les choses iraient mieux si les générations humaines se perpétuaient sans la femme ». A Dieu ne plaise que nous fassions l'éloge de ces taches ridicules d'un admirable écrivain! mais les hommes se caractérisent mieux par leurs défauts que par leurs vertus ; et il est impossible de méconnaître dans les traits que nous avons cités le mélange de sévérité biblique, d'idées platoniciennes et de mauvais goût italien, auxquels nous avons fait allusion : c'est de ce mélange de qualités et de vices que se composent le génie et le style du grand poëte dont nous parlons. Nous irons plus loin. Si nous examinons le caractère de Satan, nous y trouverons une réminiscence de Michel-Ange plutôt qu'un portrait exact du mauvais génie des chrétiens. L'Italie a toujours saisi la forme, et l'a saisie grandiose. Son diable est hideux, mais non ignoble. Elle a eu soin de lui conserver les attributs grotesques dont le moyen âge l'avait décoré. Pour rendre cette personnification de l'ange des ténèbres palpable et populaire, elle l'a transformé en Titan : Milton suit cette route italienne. L'archange déchu est pour lui le symbole de l'orgueil foudroyé par la toute-puissance céleste. Ce n'est plus l'idée chrétienne, c'est l'idée païenne primitive, celle d'Eschyle, telle que l'art italien s'est plu à l'élaborer. Le vrai diable, le diable chrétien nous offre la difformité, la bassesse, l'emblème du mal, la personnification du mensonge. Le Titan chrétien de Milton est beau d'orgueil et sublime de vengeance. Ses accents de fureur, les dithyrambes de sa fierté blessée ont tous le grandiose des magnifiques colères auxquelles se livre Prométhée enchaîné sur son roc. Le diable de Milton est tragique, le diable chrétien serait plutôt comique. Jamais, si Milton fût resté en Angleterre, livré à la paisible existence des colléges du Nord, soumis aux traditions septentrionales, il n'aurait imaginé son poëme et le coloris de son poëme. On ne peut les expliquer l'un et l'autre que comme nous venons de le faire tout à l'heure, en soulevant les couches successives de son éducation rationnelle, en décomposant les éléments chimiques de cette vaste formation, la Grèce d'abord, puis la Bible, puis l'Italie. Son style a été, comme dit Montaigne, d'*une pièce* avec sa conception. On trouve, et M. de Chateaubriand le fait remarquer, une foule de mots miltoniens qui ne sont dans aucun dictionnaire ; les acceptions des mots usités, l'organisation de la phrase, toute la tenue du discours, ne sont pas moins inouïes parmi les écrivains anglais. Philarète Chasles.]

MILWAUKEE, la ville la plus importante du Wisconsin (États-Unis de l'Amérique du Nord), à l'embouchure du Milwaukee dans le lac Michigan, et reliée au Mississipi par des canaux et des chemins de fer. C'est l'une des villes commerciales et industrielles de création récente aux États-Unis dont les développements aient été les plus rapides. En 1835 il ne s'y trouvait encore que la baraque d'un marchand de pelleteries ; en 1840 c'était déjà un village de 1,712 âmes, et en 1850 une ville de 20,061 habitants. En 1852 ce chiffre était de 26,000, dont 10,000 Allemands. La force motrice du fleuve est utilisée pour diverses usines et fabriques ; le port, vaste et spacieux, entretient des communications actives avec tous les grands centres commerciaux des lacs. Les propriétés soumises à l'impôt en 1850 représentaient une valeur de 1,498,619 dollars. La valeur des produits des manufactures de Milwaukee s'élevait déjà à 1,714,200 dollars. La valeur des importations était de 3,828,260 dollars ; et ses exportations, qui en 1841 n'étaient encore que 186,177 dollars, s'élevaient déjà à 2,003,469 dollars, dont 1,136,623 en froment, et 136,637 en farine. En 1849 la ville possédait 39 navires à voiles et plusieurs bateaux à vapeur. Tandis que le port ne recevait encore en 1840 que 300 bâtiments, il y en entrait déjà en 1849 1,176, dont 746 à vapeur. Le nombre des émigrants débarqués cette année-là avait été de 25,566, allemands pour la plupart, et en 1850 il avait été de 54,744. En 1850 il y paraissait cinq journaux quotidiens, dont deux en allemand.

MIMALLONIDES. *Voyez* Bacchantes.

MIME (du grec μῖμος, imitateur, dérivé de μιμέομαι, contrefaire) se disait également d'une sorte de poésie dramatique, des auteurs qui la composaient et des acteurs qui la représentaient. Il ne nous reste que des fragments des anciennes pièces de ce genre jouées à Rome. Parmi les poëtes *mimographes* des Latins, on cite avec éloge Decimus Laberius et Publius Syrus sous Jules César. Ce dernier nous a laissé des sentences, dont la sagesse et la profondeur sembleraient au premier abord autoriser à douter si elles ont été extraites des *mimes* qu'il donna sur la scène. Sur le théâtre de l'ancienne capitale du monde, les *mimes* prenaient à tâche de divertir le peuple par des basses plaisanteries, des bouffonneries, et même des obscénités. Ils poussaient la liberté jusqu'à relever les faiblesses et les ridicules des personnes élevées en dignité ; jusqu'à attaquer parfois avec pitié la robe du sénateur et la pourpre impériale elle-même : ils avaient la tête rasée, et jouaient sans chaussure, avec des habits qui n'étaient que des échantillons disparates de différentes couleurs. Leur hardiesse, encouragée par le gros rire de la populace, ne s'arrêtait pas sur le bord des tombeaux. Il y avait aux funérailles, un jongleur, appelé *archimime*. On ne jouait pas seulement au théâtre des mimes licencieuses, on en représentait aussi de décentes, dont *Sophron de Syracuse* passe pour être l'inventeur. Selon le témoignage des auteurs latins, ces farces mimiques, étincelantes de pensées où la bienséance n'était pas outragée, portaient dans l'âme des honnêtes gens des émotions aussi fortes, aussi délicieuses que les pièces de Plaute et de Térence.

On dit d'un homme qu'il est bon *mime*, pour signifier qu'il est habile à contrefaire d'une manière plaisante les actions de ses semblables. Ce mot renferme nécessairement en soi l'idée de bouffon.

MIMÈSE (de μίμησις, imitation). *Voyez* Ironie.

MIMEUSE, genre de plantes de la famille des légumineuses, ainsi nommé par Linné, de μῖμος, bouffon, à cause de la singulière propriété qu'ont plusieurs espèces d'exécuter des mouvements particuliers et de changer de figure lorsqu'on approche la main. Cette propriété atteint son plus haut degré dans le *mimosa pudica*, vulgairement *sensitive*.

Dans ce genre, Linné a réuni aux *mimosa* et aux *acacia* de Tournefort les *inga* de Plumier. Ainsi compris, le genre *mimosa* n'a, suivant Desfontaines, d'autre caractère distinctif que la longueur des étamines, qui débordent toujours les autres parties de la fleur et forment des houppes régulières plus ou moins allongées.

Les principales espèces de ce genre nombreux sont, outre la sensitive et celles qui ont été nommées à l'article Acacia, les *mimosa nilotica*, *farnesiana*, etc. Cette dernière est un charmant arbrisseau, originaire d'Amérique, et ainsi nommé parce que ce fut dans les jardins du château de Farnèse qu'on les cultiva pour la première fois en Europe, vers 1621. La *mimeuse de Farnèse* a de nombreuses fleurs jaunes, d'une odeur suave ; il paraît que son bois, blanc et très-dur, ne jouit pas du même avantage, car il a reçu le nom de *bois puant*.

MIMIQUE. Les langues sont la représentation de la pensée au moyen de signes. La mimique est une langue. Il y a déception, absurdité, chaos, quand toute autre langue se trouve interposée entre elle et la pensée. C'est que les mots de nos langues modernes sont détournés du sens originaire des langues primitives. Il y a une foule de mots dont l'étymologie est impossible à retrouver, et qui n'expriment point par conséquent la pensée *directement* et comme par *image*, mais seulement en vertu de certaines conventions. D'autres prennent une acception immense comparativement à ce qu'ils signifient en eux-mêmes. On dit, par exemple, sans pléonasme : *Arriver* sur le *rivage*, quand *arriver* vient de *ad ripam* (toucher à la rive). Un signe mimique qui traduirait ainsi ce terme ne représenterait donc nullement le sens qu'il a acquis dans l'ordre physique et moral des faits et des idées. *Statue* vient de *stat*, qui se tient *debout*. Combien d'objets se tiennent debout et ne sont pas des statues ! Une *statue* peut être assise ou couchée et être encore une statue. Est-ce que l'on donnera l'idée claire de statue si un signe mimique exprime *être debout ?* La mimique s'attache à la nature ; elle voit un objet et le dessine, elle voit la pensée et la peint. C'est un langage commun à toutes les nations du globe terrestre. Formez un cercle de sourds-muets de divers pays, dictez-leur ensuite une phrase à votre choix par gestes, et vous verrez si aucun ne la traduiront pas fidèlement, mais dans leur idiome particulier. La mimique sera donc et devra être une *langue*, une *langue* à part, bien indépendante de toutes les autres : les sourds-muets s'en sont fait une comme les Grecs, comme les Latins, comme tous les peuples. La mimique ne s'applique donc pas seulement à l'art de rendre sensibles par l'imitation, aux yeux des hommes rassemblés dans une théâtre, les gestes et les actions des personnes : ce mot désigne plutôt la langue dont les sourds-muets se servent habituellement pour réfléchir au dehors tout ce qui, indépendamment des idées physiques, se passe dans leur esprit et dans leur cœur. C'est le plus puissant instrument pour leur transmettre les connaissances qui leur manquent. On peut le définir : l'art de parler aux yeux sans le secours de la parole et de l'écriture, par des attitudes, des mouvements du corps, assujettis à certaines lois ou devenus signes de convention. Ceci a besoin de quelques développements. On confond trop souvent entre eux les différents caractères qui constituent la *mimique*. On la confond souvent elle-même avec la d a c t y l o l o g i e, qui n'est autre chose qu'une écriture en l'air par le moyen des doigts figurant des lettres, d'une manière plus ou moins rapide.

Les *signes naturels* se divisent en trois classes principales, dont l'une, commune à tous les êtres animés, sert à manifester le besoin qu'ils ont de secours, soit pour la conservation individuelle, soit pour la conservation de l'espèce, tels que les cris, les chants, et d'autres moyens encore. La seconde consiste dans ces expressions de la physionomie, où viennent se peindre avec tant de fidélité et de vérité les émotions du cœur et même les actes de l'entendement, comme la joie, la tristesse, la crainte, l'espérance, la méditation, le recueillement, etc.; et si le geste accompagne une de ces diverses manifestations du visage, alors l'expression arrive au plus haut degré de l'énergie et de la précision. La dernière espèce de signes naturels s'attache spécialement (et elle est du domaine des sourds-m u e t s) à dessiner les formes, les contours, les mouvements des corps, les actions sensibles, et à puiser ses expressions dans la nature des objets visibles, dans leur forme, dans l'usage auquel ils sont destinés, dans l'organisation des animaux, dans leurs habitudes, dans leurs caractères particuliers ; et on en remarque aussi d'autres qui s'échappent comme par inspiration ou par un effet d'une impulsion instantanée. Il est superflu d'ajouter que ces derniers signes n'ont pas besoin d'une convention préliminaire pour se faire entendre de celui à qui on s'adresse. C'est dans ce sens qu'ils servent d'accompagnement à la parole, souvent sans qu'on s'en aperçoive. Au contraire, chez les sauvages des bouches de l'Orénoque, par exemple, qui s'aident habituellement plus des gestes que de la parole, c'est la parole, qui joue le rôle de l'autre langage. C'est ainsi que ces deux instruments, se prêtant un appui mutuel, éclairent, vivifient, échauffent la pensée. Ces signes, considérés comme *pittoresques*, peuvent être compris dans la dernière espèce des signes naturels.

Les signes prennent le nom de *méthodiques* quand, moulés, pour ainsi dire, sur la nature et sur la raison, ils arrivent directement, rapidement à l'intelligence de l'élève. Cette condition essentielle n'est point remplie par les signes méthodiques de l'abbé de l'Épée, comme lui-même les a appelés, et nous ne sommes pas le premier à porter ce jugement, qui semble téméraire tout d'abord : un de nos meilleurs instituteurs de sourds-muets, feu Bébrian, avait émis cette opinion avant nous. Offrons après lui un ou deux exemples des signes du célèbre philanthrope, qui prétendait plier le langage naturel des signes aux habitudes de la langue conventionnelle pour rendre sensibles par cette sorte de torture les formes grammaticales dont elle est surchargée. Ainsi, *contrefaire*, qui ne signifie qu'imiter, se traduisait chez lui par les deux signes *facere*, *contra*; et *comprendre* par *prendre* et *avec* (cum), tandis que dans notre langue mimique un seul signe suffit pour rendre clairement ces deux idées.

Le langage des gestes, aussi opposé à nos langues artificielles que la liberté l'est à l'esclavage, le mouvement, le vol hardi et brillant de la nature; il est tout d'inspiration. Essayez de secouer le joug de la parole en ôtant à a pensée son manteau, c'est-à-dire ses mots, pour ne la saisir que dans votre intelligence ainsi dépouillée, et vous verrez s'il vous sera aisé de trouver le signe cherché. C'est là effectivement ce qui prouve à certains égards la supériorité du langage naturel sur le langage établi. A combien de titres ne mérite-t-il donc pas d'être l'objet des profondes méditations de tout homme grave et ami de la vérité! C'est un bel et véritable art, qui, aussi bien que tout autre, demande à lui seul une vie entière et même plusieurs générations. A mesure que vous l'étudierez comme instrument et comme expression immédiate de la pensée, vous y trouverez la solution de plus d'un point de philosophie, de morale, livré jusqu'à présent aux éternelles contrariétés des opinions , et vous découvrirez mieux le principe de vos erreurs et de vos préjugés dans l'étude des facultés de l'entendement. Cependant, il passe encore pour une pure frivolité, ou tout au plus pour un aliment offert à la curiosité, qui le dédaigne même quelquefois. Les sourds-muets ne sont pas seuls pourtant en possession de s'entretenir entre eux sans aucune langue articulée : les sauvages de l'Amérique méridionale, parlant des langues différentes, se comprennent également dans cette langue universelle; et ils s'en servent pour se faire des promesses et pour contracter des alliances.

On distingue dans le tableau de la pensée des signes complets et des signes incomplets, ou, pour mieux dire, caractéristiques. Un signe est dit *complet* quand il imite le mouvement du poisson qui nage, la chute de la pluie, le courroux de la mer, etc. Un signe est *caractéristique* quand au milieu d'une foule d'idées dont se compose le mot *éléphant*, par exemple, l'attention se porte spécialement sur la trompe. Mais, si vous voulez l'exprimer sans omettre aucune des circonstances propres à éclairer cette idée, alors c'est une description ou définition, que ne saurait d'ailleurs souffrir la rapidité de la marche de la pensée. Il faut donc faire un choix entre les caractères les plus essentiels qui distinguent cet animal. Quant aux idées abstraites, quoiqu'elles paraissent fort compliquées au premier aspect, elles sont pourtant plus simples et se saisissent plus aisément que les idées sensibles, par cette raison qu'elles ont chacune un trait essentiel qui les distingue les unes des autres, et qu'il y en a constamment une qui suppose toutes celles qui l'ont précédée. Ainsi, d'après le système de Laromiguière, le raisonnement se définit par la comparaison, par l'attention, et l'attention suppose une ou plusieurs sensations. La pensée, guidée par l'analogie, n'a donc pas besoin de chercher à exprimer tous les éléments qui concourent nécessairement à former une de ces idées. Or, les idées abstraites sont notre propre fonds, notre existence, nous. C'est ce qu'on sent qui s'exprime le plus clairement. La langue *mimique* est donc la langue de la pensée et du sentiment.

Outre ces diverses natures du langage que je viens d'indiquer, nous ferons remarquer qu'il existe des signes *conventionnels*, *arbitraires*, *mixtes*, de *conversation*, etc. Quant aux premiers, il est déplorable qu'ils se soient conservés dans nos institutions, et transmis des anciens élèves aux nouveaux tant par suite de la coupable négligence des instituteurs que par la force de la routine. Car si ce sont les sourds-muets qui doivent, dans l'expression de la pensée, être les maîtres instituteurs, ceux-ci doivent à leur tour s'imposer la loi de rectifier ce qu'ils peuvent remarquer d'irrégulier, d'obscur, de faux dans leur mimique, etc.

Mimique s'emploie adjectivement.

On dit : la langue *mimique*, une pièce *mimique*. On nomme aussi *mimique* un auteur de m i m e s. Le mot *mimographe* semble devoir être plutôt adopté. La *mimologie* est l'imitation de la voix et du geste d'une autre personne.

Ferdinand BERTHIER,

Professeur sourd-muet à l'École impériale de Paris.

MIMNERME, célèbre poëte lyrique grec, vivait vers l'an 630 av. J.-C. et fut contemporain de Solon. Hermésianax, cité par Athénée, dit qu'il fut l'inventeur du vers pentamètre. Horace le met au-dessus de Callimaque, et dit qu'il avait plus de grâce, plus d'abondance et plus de poésie. Très-habile à jouer de la flûte, Mimnerme aima, mais sans être payé de retour, car il était déjà vieux, la belle Nanno, qui excellait aussi dans cet art. Il chercha donc à soulager ses regrets en leur donnant libre cours dans des élégies qui contiennent les plus douloureuses réflexions sur la vie humaine, et sont en même temps empreintes d'une voluptueuse tendresse. Les fragments assez considérables que nous possédons encore de ces élégies érotiques, et qui, dans deux livres, portent pour titre le nom de Nanno elle-même, ont été réunis et commentés dans les collections de Brunck, de Gaisford et de Boissonade.

MIMULE, genre de plantes de la famille des scrophularinées, ayant pour caractères : Calice à cinq dents; corolle à deux lèvres, la supérieure bifide et réfléchie, l'inférieure bifide; capsule ovale, polysperme. Presque toutes les espèces de ce genre sont originaires du Chili ou du Pérou. La plus commune en France est le *mimule musqué* (*mimulus moschatus*, Douglas), dont les petites fleurs jaunes répandent une forte odeur de musc. Ses belles fleurs écarlates font aussi rechercher le *mimule cardinal* (*mimulus cardinalis*, Douglas), rapporté par Douglas en 1834 de la haute Californie.

MINA (Don FRANCISCO ESPOZ Y), célèbre chef de guerillas et général espagnol, né en 1782, aux environs de Pampelune et d'une famille aisée, vivait dans un isolement complet lorsque, en 1811, son neveu Xavério *Mina* ayant été fait prisonnier par les Français, il se chargea du commandement de la bande de guerillas que celui-ci était parvenu à réunir. Brave, infatigable et doué d'une merveilleuse présence d'esprit, il excellait à harceler l'ennemi dans la petite guerre, et ne tarda pas à devenir la terreur des Français et de leurs partisans. Promu dès cette même année au grade de colonel, il passa en 1813 maréchal de camp. Il se trouvait alors à la tête de 11,000 hommes d'infanterie et de 2,500 chevaux, dont une partie servit à l'investissement de Pampelune et l'autre à s'emparer de Saragosse, de Monzon et d'autres places. Au retour de Ferdinand VII, il s'efforça vainement de déterminer ce prince à convoquer les cortès, et fut mis en non-activité. En septembre 1814, de concert avec son neveu, il tenta à main armée de faire rétablir la constitution; mais force lui fut de se réfugier en France, où Louis XVIII, au lieu de consentir à son extradition, lui accorda une pension. Il refusa les offres de Napoléon à son retour de l'île d'Elbe, et se retira alors à Genève; et, après la seconde restauration, il vécut tranquille en France. Mais quand, en 1820, l'armée réunie à l'île de Léon leva l'étendard de l'insurrection, il accourut bien vite seconder ce mouvement. Nommé l'année suivante capitaine général de la Navarre, il se fit mal voir dans cette province; et le gouvernement dut l'envoyer en Galice, où par la rudesse et l'arbitraire dont il en usait en toute occasion il fit beaucoup d'ennemis au gouvernement, qui à la longue dut céder au cri public et l'exiler à Siguenza. Mais les libéraux l'ayant emporté, en juillet 1822, sur les absolutistes, il fut chargé, comme capitaine général de la Catalogne, de prendre le commandement des troupes destinées à agir contre l'armée de la Foi, qui déjà avait établi une régence à la Seu d'Urgel. Répandant partout la terreur par l'impitoyable sévérité avec laquelle il procédait à l'égard des absolutistes, il remporta, le 29 novembre 1822, une victoire complète sur l'armée de la Foi. Nommé lieutenant général en 1823, ce fut lui qu'on chargea de diriger les opérations militaires contre les Français entrés en Catalogne, et il ne cessa alors de déployer un vrai talent qu'au moment où, reconnaissant l'inutilité d'une plus longue résistance, il rendit, au mois de novembre 1823, à de très-favorables conditions, la ville de Barcelonne au maréchal Moncey. Puis il gagna l'Angleterre, et vécut alors alternativement en Angleterre et en France.

Après la révolution de juillet 1830, il se mit à la tête d'une bande de réfugiés espagnols et franchit avec eux les Pyrénées, en octobre 1831. Battu avec ses adhérents, ce ne fut qu'au prix des plus cruelles souffrances et de fatigues incroyables qu'il parvint, au milieu de dangers de toutes espèces à regagner la frontière de France, où lui et sa bande furent tout aussitôt désarmés et internés. Lorsque la guerre civile éclata dans les provinces basques, la reine Christine l'amnistia et lui rendit son grade. Le 23 septembre 1834, elle lui confia le commandement en chef de l'armée du nord en même temps qu'elle le nommait capitaine général de Navarre. Toutefois, il ne put, en raison de son état de maladie, arriver que le 30 octobre à Pampelune. Hors d'état de diriger lui-même les opérations sur le terrain, il ne réussit pas mieux que son prédécesseur à arrêter les progrès de Zumala-Carréguy. En revanche, il déploya une sévérité sans pareille à l'égard de l'insurrection, sans réussir à autre chose qu'à attiser encore davantage le feu de la guerre civile. Remplacé, le 18 avril 1835, dans son commandement par le général Valdez, ministre de la guerre, il alla à Montpellier essayer de rétablir sa santé délabrée. Sous le ministère de Mendizabal il fut de nouveau nommé capitaine général en Catalogne, et mourut à Barcelonne, le 26 décembre 1836.

MINA (Don XAVERIO), chef de guerillas et neveu du précédent, né en 1789, dans la haute Navarre, étudiait la théologie à Saragosse quand les Français envahirent l'Espagne, en 1808. Saisissant alors le mousquet, il se mit à la tête d'une bande de guerillas, avec laquelle il exécuta plusieurs coups de main hardis. Mais les atrocités que commettaient froidement en tous lieux les hommes à ses ordres rendirent bientôt son nom un juste sujet d'horreur et d'effroi. Fait prisonnier en 1811, ce ne fut qu'après la chute de Napoléon qu'il put rentrer en Espagne, où bientôt il s'associa à une tentative faite par son oncle pour rétablir la constitution de 1812; et comme lui il se réfugia en France après qu'elle eut avorté. Mis d'abord en état d'arrestation, il ne tarda pas à être relâché, et s'embarqua pour l'Angleterre, où il obtint une pension du gouvernement. Quelque temps après, les ressources mises à sa disposition par quelques amis de la liberté (lisez : par la *machiavélique politique du gouvernement anglais*) lui permettaient de passer au Mexique avec quelques-uns de ses coreligionnaires politiques, afin de soustraire les magnifiques colonies espagnoles à l'autorité de la métropole. Arrivé en novembre 1816, il commença la lutte dès le mois d'avril 1817, à la tête d'une poignée d'hommes résolus, mais réunis au hasard et incapables de discipline. Ce ne fut donc qu'avec des difficultés extrêmes qu'il lui fut donné de remporter quelques avantages partiels. Trahi enfin par un des siens, il tomba au pouvoir des Espagnols, et fut fusillé, le 30 novembre 1817.

MINARET (en arabe *minareh*). C'est le nom que, dans l'architecture musulmane, on donne à la tour svelte et divisée en étages qui s'élève à côté des mosquées, et du haut de laquelle le muezzin annonce à la population de la ville les cinq heures de la prière. En arabe *minareh* veut dire *lieu de lumière*, *phare*. C'est à Damas, en l'an 68 de l'hégire (710 de l'ère chrétienne), sous le règne du khalife Walid, que fut construit, dit-on, le premier minaret.

MINAUDERIE. La minauderie est la cousine germaine de l'affectation, de l'afféterie, de la coquetterie; la minauderie est en effet l'affectation de certaines manières, dans le but de plaire, de paraître plus aimable; l'on voit souvent au théâtre des ingénues parlant pointu, cherchant à être naïves avec coquetterie, affectant des mines enfantines, qu'elles prennent pour du naturel; tout cela n'est que de la *minauderie*. Il en est du style comma des gens; à côté du style naturel, du style fleuri, on trouve souvent le style *minaudier*. La minauderie est un fard que l'on ne confondra jamais avec la fraîcheur donnée par la nature.

MINCIO, rivière navigable du Milanais, qui prend sa source dans le Tyrol et porte d'abord le nom de *Sarca*, avec lequel elle entre dans le lac Garda, d'où elle ne sort quesous le nom de *Mincio*, et qui se jette dans le Pô, non loin de Mantoue, après avoir formé les basses terres qui entourent cette ville le grand et le petit lac qui en portent le nom. Cette rivière, déjà célèbre par la victoire que les Romains y remportèrent sur les Insubres (an 197 avant notre ère), a souvent été la base d'importantes opérations militaires dans nos guerres d'Italie. Ainsi, le 27 mai 1796, Bonaparte franchit la ligne du Mincio, défendue par l'armée autrichienne de Beaulieu, grâce à d'habiles dispositions, qui déconcertèrent complétement l'ennemi. Les 25 et 26 décembre 1800 Brune battit sur les bords du Mincio les Autrichiens sous les ordres de Bellegarde, et leur fit plus de 4,000 prisonniers. Enfin, le 8 février 1814, le prince Eugène Beauharnais, à la tête d'une armée franco-italienne, y remporta une victoire complète sur 60,000 Autrichiens commandés par Bellegarde ; les Autrichiens eurent dans cette bataille, dont le succès fut longtemps et sérieusement disputé, 5,000 hommes hors de combat et 2,000 prisonniers ; les Franco-Italiens y eurent de leur côté 3,000 hommes hors de combat.

MIND (GOTTFRIED), plus connu en Suisse sous le nom de *Berner Friedli*, et parmi les artistes sous celui de *Raphael des chats*, parce que ses tableaux de chats l'emportent en naturel et en vérité sur tout ce qui a jamais été fait en ce genre, naquit en 1768, à Berne. Enfant pauvre et négligé, il inspira quelque sympathie à un paysagiste allemand du nom de Legel, qui lui fit dessiner des lions d'après ses propres dessins et ceux de Reding, puis des chèvres, des moutons et des chats d'après nature, qu'il grava aussi sur bois. A l'âge de huit ans il entra à l'école des pauvres de Pestalozzi, où il ne fit que dessiner. Être faible et disgracié de la nature, ignorant tout, excepté les règles du dessin, il vécut presque exclusivement avec des chats. Il s'amusait aussi beaucoup avec les ours de Berne, qui accouraient tout joyeux vers lui dès qu'il s'approchait de leurs fosses. Il mourut à Berne, le 7 novembre 1814, après avoir constamment mené la vie la plus misérable. Indépendamment des chats et des ours, ses sujets favoris, il a aussi dessiné avec autant de gaieté que d'esprit quelques groupes d'enfants occupés à jouer, et de mendiants. Il dessinait rarement d'après nature, ou alors seulement à grands traits. Il y avait en lui une force d'imagination telle qu'il lui suffisait d'avoir bien vu une seule fois un objet quelconque pour le graver si bien dans sa mémoire que de retour chez lui, et même longtemps encore après, il était en état de le reproduire avec la dernière exactitude. Après sa mort, ses dessins se vendirent à des prix fort élevés et furent surtout achetés pour l'Angleterre. On en a copié un grand nombre avec une perfection capable de tromper les connaisseurs les plus exercés.

MINDEN, qu'il ne faut pas confondre avec *Münden* en Hanovre, est une ville de 12,000 âmes, située sur la rive gauche du Weser, dans la province de Westphalie (Prusse), et chef-lieu de l'arrondissement du même nom. On y passe le Weser sur un beau pont en pierre de 200 mètres de longueur et de 8 de largeur, construit vers la fin du seizième siècle. Le plus remarquable de ses édifices publics est sa cathédrale, dont la construction remonte à la seconde moitié du onzième siècle. Cédée à la France par la Prusse lors de la paix de Tilsitt, Minden fut alors incorporée avec son territoire au royaume de Westphalie, érigé en faveur de Jérôme Bonaparte ; puis, à la fin de décembre 1810, Napoléon se ravisa, et réunit Minden au territoire de l'empire français. Les événements de 1813 l'ont restituée à la Prusse.

MINE. On désigne généralement par ce terme l'expression du visage, et par extension celle de la contenance, des habitudes, en un mot, tout l'ensemble du corps. Mot vieilli un peu dans la plupart de ses acceptions, surtout dans celles où il est pris en bonne part; mais, en retour, le mot *air*, qui en est à peu près le synonyme, devient d'un usage plus général : ainsi, l'on dira préférablement la *mine* d'un coquin et l'*air* d'un honnête homme, que l'*air* d'un coquin et la *mine* d'un honnête homme, *mine* basse, ignoble, fausse, et l'*air* grand, généreux, plein de majesté ; car l'acception trop familière et trop badine du mot ne va pas avec la gravité de ces trois dernières épithètes ou autres semblables. Par la même raison, il faudra dire de quelqu'un qu'il a l'*air* et non la *mine* d'avoir pu faire une action d'éclat dont on le suppose le héros, ou qu'il a bien une *mine* à avoir commis telle ou telle bassesse dont on l'accuse. Cette obser-

vation ne s'applique plus au mot *mine* quand il rentre par son acception dans l'ordre matériel des êtres : c'est donc avec raison que l'usage a consacré cette locution, en parlant de la santé ou de la maladie, qu'elles donnent une bonne ou une mauvaise *mine*. « Dans toutes les professions, dit La Rochefoucauld, chacun affecte une *mine* et un extérieur pour paraître ce qu'il veut qu'on le croie. » C'est dans ce sens qu'on dit : Faire bonne *mine* à mauvais jeu ; Il a toujours une *mine* refrognée, encore que tout lui réussisse.

Mine se prend aussi pour l'accueil qu'on fait aux gens : Faire bonne *mine* à quelqu'un, lui faire mauvaise *mine*, ou simplement lui faire la *mine*. Il est aussi en usage pour les agaceries en parlant des femmes : Cette dame fait des *mines* très-gentilles. On le prend aussi pour *signes* du visage : Rien n'est souvent plus trompeur que la *mine*, comme dit La Fontaine :

> Garde-toi tant que tu vivras
> De juger les gens sur la *mine*.

Mine s'applique aussi aux choses : Voilà des fruits qui ont bonne ou mauvaise *mine*.   BILLOT.

MINE, monnaie des Athéniens, qui représentait 100 drachmes, formait la soixantième partie d'un talent et équivalait à 92 fr. 16 cent. La mine poids valait 4 hectogrammes 36 grammes.

C'était aussi le nom d'une ancienne mesure de France, qui contenait la moitié d'un setier.

MINE (*Art militaire*). Un *fourneau de mine* est une capacité pratiquée dans l'intérieur de la terre ou d'une maçonnerie, disposée et mesurée de telle sorte que lorsqu'on l'a remplie de poudre et qu'on y met le feu, l'effet de l'explosion est dirigé contre l'obstacle que l'on veut renverser. Dans l'attaque d'une place forte, l'assiégeant peut s'ouvrir un passage souterrain jusqu'à la contre-escarpe, faire jouer la mine contre cette muraille en l'attaquant par un ou plusieurs fourneaux, et s'épargner ainsi les travaux plus difficiles et plus dangereux qui, suivant la méthode ordinaire, l'auraient conduit jusque dans le fossé de la place. Mais la prévoyance de l'ingénieur qui a construit la forteresse a su la mettre en état de ne point redouter une guerre souterraine ; des galeries de contre-mines, construites sous le chemin couvert, au pied de la contre-escarpe, projettent en avant, jusque sous le glacis, des rameaux ou mines desquels le mineur de l'assiégé va au-devant de son ennemi, l'observe, entend le bruit de son travail, et, lorsqu'il en est assez rapproché, lui donne un *camouflet* : on nomme ainsi, en termes de l'art militaire, un petit fourneau de mine, ou *fougasse*, dont l'effet est d'enterrer le mineur assiégeant dans les déblais et les éboulements dont il est subitement environné. Il semble qu'un bon système de contre-mines rétablit la balance entre l'attaque et la défense des places, et la fait même pencher du côté de la défense ; mais l'attaque a bientôt repris son incontestable supériorité. Au lieu de sacrifier du temps et des hommes dans la guerre souterraine, elle consent à faire une plus grande consommation de poudre : des *globes de compression*, volcans artificiels, dont l'éruption ne dure qu'un instant, ébranlant à une grande distance le terrain et les maçonneries, font écrouler les galeries de l'assiégé, et détruisent pour toujours ces constructions savantes dont on avait tant espéré pour la sûreté de la place.

L'emploi des mines dans les opérations d'un siège doit être éclairé par le calcul ; les mathématiques sont une partie essentielle de l'instruction du mineur militaire. Pour déterminer la ligne de moindre résistance, direction de l'effet produit par l'explosion, il faut mesurer la force exercée sur les parois du fourneau de mine par les gaz de la poudre enflammée, et la contre-balancer sur tous les points qui ne doivent pas céder ; on peut juger par là de la nature et de l'étendue des connaissances dont le mineur fait l'application. Avant que l'on eût trouvé le moyen de détruire les galeries de contre-mines par les globes de compression, l'assiégé pouvait attendre le moment où le chemin couvert était couronné par les batteries de brèche de l'assiégeant, et alors des fourneaux et des fougasses jetaient dans le fossé tous ces instruments de destruction ; après un tel désappointement, les assaillants n'avaient rien de mieux à faire que de se retirer. Les fougasses ébranlaient la terre sous les batteries de brèche et traçaient la ligne de moindre résistance ; les fourneaux de mine produisaient ensuite leur effet.

Le travail des mines militaires exige un apprentissage, et ne peut être bien exécuté que par des soldats exercés pour cet emploi. Les connaissances applicables à ce moyen d'attaque et de défense sont évidemment une partie du savoir de l'officier du génie ; il convient donc à tous égards que les mineurs fassent partie des troupes du génie militaire. Cependant, on les avait réunis d'abord à l'artillerie, et lorsqu'il fut question de les mettre à la place qui leur convient le mieux, des débats assez vifs troublèrent pour quelques moments l'union des deux armes, qui dans la guerre de siége doivent agir de concert et s'entr'aider continuellement. Aujourd'hui tout est remis à sa place, et il ne reste plus aucun vestige de l'ancienne division. FERRY.

MINE D'ACIER, variété de fer carbonaté ou sidérose.

MINE DE PLOMB. Voyez GRAPHITE.

MINE ORANGE. Voyez MINIUM.

MINERAI. Ce mot désigne seulement les matières qui fourniront du métal, après avoir subi plusieurs opérations, et non les métaux natifs, que l'on a soin de séparer du minerai, lorsque les mineurs ont la bonne fortune de rencontrer quelques-uns de ces trésors souterrains. Certains combustibles, le soufre, par exemple, sont aussi le produit d'opérations exécutées hors de la mine ; mais les matières dont on les extrait ne sont pas des *minerais* de ce qu'elles donnent par cette extraction : l'usage l'a décidé, et ce serait vainement qu'on lui demanderait de motiver ses arrêts.

MINÉRAL. Tout produit naturel qui ne laisse apercevoir aucune trace d'organisation est un *minéral* : tous ces produits réunis composent le *règne minéral*, incomparablement plus étendu que les deux autres ; car la masse totale des animaux et des végétaux vivants et fossiles n'est qu'une très-petite partie du globe terrestre, et même d'une couche peu épaisse, et probablement d'une moindre densité que celles qui la portent.

Il n'y a que les substances minérales qui puissent cristalliser (*voyez* CRISTALLISATION) ; mais cette propriété n'appartient qu'à celles qui sont homogènes, dont les *molécules intégrantes* sont toutes égales et de même forme ; les mélanges ne cristallisent point. Toutes ces substances peuvent être sans mouvement intérieur, même dans l'état de liquidité ou de fluidité, au lieu que ce mouvement est essentiel aux corps vivants.

Les minéraux ne peuvent croître que par la *juxtaposition* de nouvelles molécules de même nature, qui augmentent à la fois le volume et la masse, au lieu que l'accroissement des corps vivants s'accomplit par l'*intussusception* de matières que ces corps s'*assimilent*, opération intérieure dont la physiologie n'a pas encore pénétré le mystère.

MINÉRALES (EAUX). Voyez EAUX MINÉRALES.

MINÉRALOGIE. La *minéralogie* est l'ensemble des connaissances acquises sur les minéraux. Cette partie de l'histoire naturelle arrivera la première à sa perfection, secondée par la chimie et les mathématiques ; la première science a déjà réglé sa classification, et si quelques erreurs s'y sont glissées, elles disparaîtront à mesure que les substances mal placées seront mieux connues. Lorsque les chimistes auront terminé l'analyse des minéraux, l'ordre *naturel* de tous ces objets divers s'offrira de lui-même, et la géométrie donnera des méthodes rigoureuses pour la description des formes. Il ne manquera plus à la science qu'une méthode de nomenclature ; et sur ce point il faut avouer que les minéralogistes, entraînés par des exemples que toute science désavoue, commencent à charger la mémoire des étudiants de noms d'hommes qui occuperont dans le souvenir des savants une place bien méritée, mais dont le bizarre emploi dans une langue scientifique ne peut être justifié. Il est vraiment à désirer que la science n'emploie que des mots significatifs, faits par elle et pour son usage ; qu'il y ait enfin entre les noms et les choses nommées des relations qui facilitent le travail de la pensée.

L'immense utilité dont les minéraux sont pour les arts, auxquels ils fournissent les métaux, les pierres de construction et d'appareil, les gemmes, des combustibles, des couleurs, etc., a depuis longtemps fait rechercher des signes particuliers, des *caractères*, propres à distinguer chaque espèce minérale de toutes les autres. Certaines propriétés, qui tiennent soit à l'arrangement de leurs molécules, soit à leur nature intime, appartiennent à toutes, mais à des degrés très-divers. La quantité, la manière dont ces propriétés se retrouvent dans un minéral constituent pour lui des caractères.

Ces caractères sont *physiques* lorsqu'ils peuvent être saisis par nos seuls organes ou par une appréciation rapide de la manière dont ils se comportent avec les agents généraux de la nature, tels que la pesanteur, l'attraction moléculaire, la chaleur, la lumière, l'électricité, le magnétisme. Ils sont *chimiques* quand il est nécessaire d'altérer sensiblement la nature du minéral en le soumettant aux agents chimiques, tels que le chalumeau, les acides ou les alcalis. Ces deux classes de caractères n'ont pas, à beaucoup près, la même valeur. Les caractères chimiques sont assurément les plus importants ; car la première chose à connaître dans une substance, c'est sa composition, ce sont les éléments qui la constituent et le mode de combinaison de ces éléments entre eux. Aussi maintenant les meilleures classifications minéralogiques sont-elles basées sur la chimie. Cependant, comme les expériences chimiques ne peuvent se faire qu'à loisir, au moyen d'instruments d'un usage difficile, et avec une longue habitude des manipulations, les caractères physiques, faciles en général à expérimenter, devront toujours être l'objet d'une étude approfondie pour tous ceux qui voudront acquérir une connaissance complète et usuelle de la minéralogie. Ces caractères eux-mêmes ont plus ou moins d'importance selon qu'on les emploie comme moyens de diagnostic manuel ou comme moyens secondaires de classification. Pour reconnaître promptement les minéraux, il faut s'attacher surtout aux propriétés dont se compose la physionomie des substances minérales, telles que la *structure*, la *forme*, la *cassure*, la *couleur* ; on peut s'aider aussi de la *pesanteur spécifique*, de la *dureté*, de l'*élasticité*.

La *réfraction*, la phosphorescence, la dilatabilité, les propriétés électriques et magnétiques appartiennent plutôt aux études de cabinet. Comme moyens de classification, les caractères physiques d'autant plus de valeur qu'ils sont plus permanents et qu'ils ont plus de rapport avec la nature intime des corps. Ainsi, la pesanteur spécifique et les propriétés électriques sont au premier rang sous ce rapport. En somme, le résultat auquel on doit tendre dans l'étude des caractères physiques, c'est d'arriver à déterminer sûrement par le seul aspect d'un corps quels en sont les éléments dont il est composé, quelle place il doit occuper dans le système minéralogique, sans avoir recours aux caractères chimiques.

MINERVE, l'image matérielle de l'entendement et de la sagesse divine, selon les poètes, est fille de Jupiter, qu'ils considéraient comme le principe conservateur de l'univers. Elle naquit du cerveau du maître des dieux, dit-on-t-ils, et vint au monde armée de pied en cap, prête à soutenir la puissance créatrice qui lui avait donné le jour. Dans un âge plus avancé, elle alla au secours de son père, et fit des prodiges de valeur dans la guerre des Géants. Elle avait plusieurs attributions ; on l'honorait comme la déesse des sciences et des arts : c'est d'elle qu'Apollon apprit à jouer de la lyre. Les hommes, suivant Cicéron, lui doivent l'invention des chars à quatre chevaux de front et celle des arts mécaniques; à ce sujet, Pausanias dit qu'elle avait des yeux bleus comme son père, et qu'elle se rendit fameuse par des ouvrages de laine, dont elle fut l'inventrice. Cicéron et saint Clément d'Alexandrie admettent jusqu'à cinq espèces de Minerves : ces différences désignent des attributions diverses et les différents lieux où la déesse était adorée. Minerve doit être impassible comme la justice, dont elle prend le glaive et la balance, sous le nom de *Thémis*. Il n'existe point de monument antique sous le nom de Thémis, fille du Ciel et de la Terre, mère des Heures et des Parques, telle qu'Hésiode la décrit. On la confondait avec Minerve, et c'est pour cela que l'auteur du *zodiaque grec* qui est au musée du Louvre l'a placée à la droite de Jupiter, rang qu'elle occupe dans l'Olympe, comme le dit Homère dans l'*Iliade : Thémis est assise à la droite de Jupiter*. Dans le même musée, on voit une statue colossale de Minerve, dite la *Pallas de Velletri*, où elle est représentée avec la beauté majestueuse qui convient au caractère de la sagesse, au génie des talents et des arts ; une douceur sévère, exprimée par des yeux à demi fermés, caractère de la suprême bonté, l'apanage de la justice, règne sur son auguste visage. La bonté dans la justice est une vertu sublime, consolante pour les malheureux qu'elle doit punir ou frapper : c'est encore ce que le sculpteur a exprimé par l'agréable sourire de la bouche. Minerve possédait l'art de l'éloquence : elle fut la première, dit Virgile, qui, douée d'un esprit prophétique, chanta les grandes actions de la postérité.

Minerve, selon les Grecs, resta vierge; ils la considéraient comme un autre Jupiter, dont elle partageait le pouvoir absolu; ils voyaient en elle la fondatrice de leur ville d'Athènes, et ils l'appelaient Παλλάς Ἀθήνη. Le différend que cette déesse eut avec Neptune fut la cause de cette dénomination : les douze grands dieux, choisis pour arbitres, réglèrent que celui des deux rivaux qui produirait la chose la plus utile à la ville lui donnerait son nom. Neptune, d'un coup de trident, fit sortir de terre le *cheval*, et Minerve l'*olivier*, ce qui lui assura la victoire. Strabon parle d'une statue de Minerve, due à Phidias, sur le vêtement de laquelle on lisait le mot ΑΘΗΝΑ, incrustée en or. Elle tenait une pique à la main ; on voyait un dragon à ses pieds et une chouette près d'elle : ce dragon est le serpent sur lequel est montée la vierge céleste, qui prend indistinctement les noms d'Isis, de Proserpine, de Thémis ou de Pandore. On lit dans Pausanias que cette statue était d'or et d'ivoire, et qu'un sphinx dominait son casque, orné de deux griffons sur les côtés « La déesse est debout, continue le même auteur; sa tunique descend jusqu'au bout des pieds ; sur son estomac, on voit la tête de Méduse en ivoire, et auprès d'elle une Victoire haute de quatre coudées ; son bouclier repose à ses pieds ; près de sa pique est un serpent, et sur le piédestal qui la soutient un bas-relief qui représente Pandore. » Suivant Lucien, Minerve inventa l'art de bâtir les maisons, de filer, de faire des toiles et des étoffes. Son culte était tellement répandu qu'elle avait des temples dans toutes les contrées de l'Asie, et même jusque dans les Gaules.

La Minerve ou Pallas athénienne et la Palès italienne ont une grande ressemblance de nom et de fonctions. Palès donne des lois aux laboureurs d'Italie, Pallas enseigne l'agriculture aux Athéniens. L'un et l'autre nom signifient *ordre public*; et si nous parlions de l'Isis égyptienne, nous verrions que l'emploi de cette déesse sous le nom de *Neith* est de régler l'ordre public et les détails de l'année par une diversité d'attributs particuliers à chaque saison. D'ailleurs, nous apprenons par le témoignage de Diodore de Sicile que la religion et le peuple d'Athènes provenaient originairement d'une colonie sortie de Saïs, ville de la basse Égypte, et que la Pallas des Athéniens était armée de pied en cap parce que l'Isis de Saïs était honorée tout armée. Ainsi, Minerve était adorée à Saïs sous le titre de *déesse-mère*, ou mère du Soleil, comme Isis mère d'Horus.

L'Isis de Saïs était armée comme le dit Diodore parce que les habitants de cette ville se distinguaient par le grand nombre de bons soldats qu'ils fournissaient. Martianus peint Minerve, ou l'Isis mère d'Horus et femme d'Osiris, avec une couronne à sept rayons sur la tête, par allusion aux sept planètes, devant lesquelles elle marche; elle présidait à la santé sous le nom de *Minerve Hygie*, et on lui donnait, comme à Esculape, un serpent pour attribut. Afin de distinguer cette vierge, présidant tantôt à la guerre, tantôt aux amusements et à l'agriculture, on lui posait des couronnes et des fruits sur la tête; on lui offrait les prémices des moissons et des vendanges, comme à Cérès et à Bacchus; enfin, on l'entourait des attributs propres à caractériser le motif du culte que l'on avait à lui rendre dans chaque pays où on l'adorait. On donnait à Minerve, dans ses statues ou dans ses peintures, une beauté simple, négligée, modeste, un air grave, noble, plein de force et de majesté. Elle avait le casque en tête, une pique d'une main, un bouclier de l'autre, et sur la poitrine une égide ayant au centre la tête de Méduse. L'attitude assise était la plus ordinaire entre ces statues; les Gaulois, particulièrement, la représentaient presque toujours ainsi, et rarement debout. Parmi les animaux, on lui consacrait surtout la chouette et le dragon, qui accompagnent ses images. C'est ce qui donna lieu à Démosthènes exilé de dire que Minerve se plaisait dans la compagnie de trois vilaines bêtes, la *chouette*, le *dragon*, et le *peuple*.   Chev. Alexandre LENOIR.

MINES. Les masses de substances minérales renfermées dans le sein de la terre ont été classées en *mines, minières et carrières*. Les mines sont formées de filons, de veines ou d'amas de minerais métalliques. Leur découverte est souvent due au hasard ; généralement l'existence d'un filon se trouve dérobé par son affleurement ; d'autres fois, l'examen des terrains d'une contrée amène à faire des recherches ; on pratique alors des trous à l'aide de sondes convenables, et on juge de la nature des couches inférieures au sol.

L'exploitation de beaucoup de mines d'étain d'alluvion, de minerais de fer, se fait à ciel ouvert, comme celle d'un grand nombre de carrières de pierre, de tourbières, de houillières, etc. La pelle et la pioche suffisent pour ce travail, qui consiste en un simple déblayement des terrains supérieurs au gîte.

Mais ce mode n'est praticable que lorsque le minerai n'est pas à une grande profondeur ; autrement, il faut creuser des excavations souterraines, des puits, des galeries, etc.

Les galeries sont, autant que possible, horizontales; les puits servent à y descendre, et leur direction est la plus souvent verticale. Les galeries ont ordinairement de 1 à 2 mètres de longueur sur 1^m,50 à 3 mètres de hauteur. A mesure qu'elles avancent, on les garnit de bois qui soutiennent la poussée des parois latérales et supérieures; dans certains cas on construit des piliers en pierre sèche dans le même but. Les puits sont aussi boisés ou muraillés, et dans les exploitations importantes, on les divise en plusieurs compartiments : l'un destiné à l'extraction du minerai, un autre pour l'épuisement des eaux; celui-ci à l'aérage de la mine, celui-là au passage des ouvriers.

Les mines les plus importantes sont de véritables villes souterraines, avec leur population nombreuse de mineurs, leurs routes qui se croisent dans tous les sens, leurs canaux, leurs rail-ways. Il faut y distinguer les puits, les galeries, dont le but principal est de rejoindre un gisement minéral et de le mettre en communication avec la surface de la terre ou d'autres travaux, des excavations qui ont pour but l'exploitation même du gîte, et que l'on nomme *tailles, chantiers* ou *chambres*, suivant leurs dimensions plus ou moins grandes.

Toutes ces excavations se pratiquent avec le pic, la pioche, ou la pointerolle, sorte de coin fixé sur un manche très-court. Souvent aussi le mineur emploie la poudre pour faire sauter des roches. D'autres fois il désagrège certaines roches compactes, telles que le quartz, en les chauffant fortement ; le pic les détache ensuite facilement.

L'aérage des mines s'opère à l'aide de puissantes machines soufflantes ou aspirantes. La circulation et la distribution de l'air est d'une grande importance dans un grand nombre de mines ; car si la lampe de Davy garantit le mineur contre l'inflammation de certains gaz, elle ne peut le soustraire à leur action délétère. L'épuisement des eaux des mines se fait, suivant la position, à l'aide de pompes mues par des machines à vapeur ou de galeries déversant les eaux dans les vallées voisines. Il est des mines où ces eaux, rassemblées dans un canal souterrain, servent au transport des minerais. Mais c'est le cas le plus rare. Tantôt le transport se fait à dos, tantôt à l'aide d'une *chèvre de mines*, brouette d'une forme particulière, tantôt aussi sur des wagons.

L'extraction des minerais se fait, dans les puits verticaux et peu profonds, au moyen d'un simple treuil à manivelles ou de grandes roues à chevilles, comme celles des carrières de pierre de taille. Quand les quantités de matière à élever sont considérables, on emploie des *barytels*, machines mues par des chevaux, des roues hydrauliques ou des machines à vapeur. Le minerai est placé dans des tonnes en bois cerclées de fer. Si le puits est incliné, on remplace les tonnes par des caisses prismatiques, qui circulent sur des rails ou des solives placées sur le mur. Dans d'autres mines, une sorte de plate-forme sert au transport des minerais, et, arrivée en bas du puits, elle est enlevée à l'aide de quatre chaînes suspendues à un câble, et guidées dans leur ascension par quatre lignes de longuerines en fer ou en bois.

L'exploitation des mines est, dans tous les pays, un des objets de la sollicitude du gouvernement, une source abondante de revenus, de prospérité et de force : elle doit être placée immédiatement après l'agriculture ; l'industrie manufacturière n'occupe que le troisième rang. Une législation spéciale là régit, et dans quelques États un corps d'ingénieurs la surveille. La Hongrie et la Saxe sont les terres classiques pour l'étude de l'art et de l'administration des mines : en Suède, l'instruction n'embrasserait une aussi grande diversité d'objets ; et quant au Nouveau Monde, il s'agit bien plus d'y porter des connaissances que d'y aller pour en acquérir.

MINES (*Droit administratif*). La loi appelle *mines* les masses de substances minérales ou fossiles renfermées dans le sein de la terre et qui contiennent en filons, en couches ou en amas de l'or, de l'argent, du platine, du mercure, du plomb, du fer en filons ou en couches, du cuivre, de l'étain, du zinc, de la calamine, du bismuth, du cobalt, de l'arsenic, du manganèse, de l'antimoine, du molybdène, de la plombagine, ou autres matières métalliques, du soufre, du charbon de terre ou de pierre, de l'alun et des sulfates à base métallique. Elle appelle *minières* les minerais de fer dits d'alluvion, les terres pyriteuses propres à être converties en sulfate de fer, les terres alumineuses et les tourbes existant à la surface du sol. Les règles de l'exploitation sont différentes pour les mines et les minières.

Les mines ne peuvent être exploitées qu'en vertu d'un acte de concession délibéré en conseil d'État, lequel règle les droits des propriétaires de la surface sur le produit des mines concédées. Il donne la propriété perpétuelle de la mine, laquelle est dès lors disponible et transmissible comme tous autres biens, et dont on ne peut être exproprié que dans les cas et selon les formes prescrites pour les autres propriétés. Toutefois, une mine ne peut être vendue par lots, ou partagée sans une autorisation préalable du gouvernement. Les mines sont immeubles, ainsi que les bâtiments, machines, puits, galeries et autres travaux établis à demeure. Il en est de même des chevaux, agrès, outils et ustensiles servant à l'exploitation. Néanmoins les actions ou intérêts dans une société ou entreprise pour l'exploitation des mines, sont réputés meubles. Sont encore meubles les matières extraites, les approvisionnements et autres objets mobiliers.

Chacun est libre de faire sur son propre terrain des fouilles et des recherches ; mais personne ne peut sonder le terrain d'autrui sans le consentement des propriétaires. Une fois la mine trouvée, l'exploitation ne peut avoir lieu sans concession, et c'est ici que l'administration intervient pour faire un choix, sans être astreinte à donner la préférence au propriétaire du sol. C'est par voie de pétition adressée au préfet que se font les demandes de concession. Cette demande donne lieu de la part de l'administration à des enquêtes et publications et à une procédure particulière. Les demandes en concurrence et les oppositions sont transmises avec les rapports des préfets et des ingénieurs au conseil d'État, qui statue définitivement.

Du principe qui fait d'une mine une propriété particulière, distincte du droit de surveillance, il résulte qu'elle peut être frappée de privilèges et hypothèques comme les autres propriétés immobilières.

Les propriétaires de mines sont tenus de payer à l'État une redevance fixe et une redevance proportionnée au produit de l'extraction. La redevance fixe est réglée d'après l'étendue de l'extraction ; elle est fixée à 10 fr. par kilomètre carré. La redevance proportionnelle est déterminée par les produits de l'extraction, et ne peut jamais s'élever au-dessus de 5 pour 100 du produit net. Cette dernière espèce de redevance est imposée et perçue dans les mêmes formes que la contribution foncière ; toutefois, les propriétaires des mines peuvent la convertir en un abonnement une fois fixé.

Le droit attribué aux propriétaires de la surface lorsqu'ils ne sont pas concessionnaires est réglé à une somme déterminée. Les propriétaires de mines sont tenus de payer les indemnités dues au propriétaire de la surface sur laquelle ils établissent leurs travaux. Si les travaux entrepris par les propriétaires de mine ou les explorateurs ne sont que passagers, et si le sol où ils ont été faits peut être mis en culture au bout d'un an comme il l'était auparavant, l'indemnité est réglée au double de ce qu'aurait produit net le terrain endommagé.

Lorsque l'occupation des terrains pour la recherche ou les travaux des mines prive les propriétaires du sol de la jouissance du revenu au delà du temps d'une année, ou lorsque après les travaux les terrains ne sont plus propres à la culture, on peut exiger des propriétaires des mines l'acquisition des terrains à l'usage de l'exploitation. Si le propriétaire de la surface le requiert, les pièces de terre trop endommagées ou dégradées sur une trop grande partie de leur surface doivent être achetées en totalité par le propriétaire de la mine. Le terrain à acquérir est toujours estimé au double de la valeur qu'il avait avant l'exploitation de la mine.

Lorsque par l'effet du voisinage, ou pour toute autre cause, les travaux d'exploitation d'une mine occasionnent des dommages à l'exploitation d'une autre mine, à raison des eaux qui pénètrent dans cette dernière en plus grande quantité ; lorsque, d'un autre côté, ces mêmes travaux produisent un effet contraire et tendent à évacuer tout ou partie des eaux d'une autre mine, il y a lieu à indemnité d'une mine en faveur de l'autre ; le règlement s'en fait par experts. Lorsque plusieurs mines situées dans des concessions différentes sont atteintes ou menacées d'une inondation commune de nature à compromettre leur existence, la sûreté publique ou le besoin des consommateurs, le gouvernement a le droit d'obliger les concessionnaires de ces mines à exécuter en commun et à leurs frais les travaux nécessaires soit pour dessécher les mines inondées, soit pour arrêter les progrès de l'inondation. Il entre encore dans les attributions de l'administration de surveiller les exploitations et de prendre toutes les mesures nécessaires à la sûreté publique, à la conservation des puits, à la solidité des travaux, à la sûreté des ouvriers mineurs ou des habitations de la surface.

L'exploitation des minières est assujettie à des règles spéciales. Elle ne peut avoir lieu sans une permission qui détermine les limites de l'exploitation et les règles sous les rapports de sûreté et de salubrité publiques. Ces permissions sont données à la charge d'en faire usage dans un délai déterminé; elles ont une durée indéfinie, à moins qu'elle n'en contiennent la limitation.

Le propriétaire du fond sur lequel il y a du minerai d'alluvion est tenu d'exploiter en quantité suffisante pour fournir autant que faire se pourra aux besoins des usines établies dans le voisinage. Il n'est assujetti qu'à en faire la déclaration au préfet du département qui en donne acte, ce qui vaut permission. Si le propriétaire n'exploite pas, les maîtres de forges ont la faculté d'exploiter à sa place, à la charge d'en prévenir le propriétaire, qui, dans un mois à compter de la notification, peut déclarer qu'il entend exploiter lui-même. Les maîtres de forges doivent également obtenir du préfet la permission, sur l'avis de l'ingénieur des mines, après avoir entendu le propriétaire. Lorsque le propriétaire n'exploite pas en quantité suffisante, ou suspend ses travaux d'extraction pendant plus d'un mois sans cause légitime, les maîtres de forges peuvent se pourvoir auprès du préfet pour obtenir la permission d'exploiter à sa place. Quand un maître de forges cesse d'exploiter un terrain, il est tenu de le rendre propre à la culture ou d'indemniser le propriétaire. Le prix du minerai vendu par celui-ci aux maîtres de forges sera réglé de gré à gré ou par experts, ainsi que l'indemnité que les maîtres de forges peuvent devoir au propriétaire du fond, s'ils ne sont chargés de l'extraction. On ne peut dans le cours de l'exploitation pousser des travaux réguliers par des galeries souterraines sans avoir obtenu une concession, laquelle n'est accordée que si l'exploitation à ciel ouvert cesse d'être possible, et si l'établissement de puits, galeries et travaux d'art est nécessaire, ou bien si l'exploitation, quoique possible encore, doit durer peu d'années et rendre ensuite impraticable l'exploitation avec puits et carrières. Des formalités analogues sont prescrites pour l'exploitation des terres pyriteuses et alumineuses.

Les contraventions des propriétaires de mines exploitants, non encore concessionnaires, ou autres personnes, aux lois et règlements, sont dénoncées et constatées comme les contraventions en matière de voirie et de police. Les peines sont d'une amende de 500 francs au plus et de 100 francs au moins, double en cas de récidive.

Telle est l'état de la législation française sur les mines. Sa base repose presque en entier sur la loi du 21 avril 1810. Elle a reçu divers compléments spéciaux et réglementaires par le décret du 3 janvier 1813, les lois du 27 mai 1838, du 17 juin 1840, et le décret du 24 décembre 1851.

L'exploitation des mines n'est pas considérée comme un commerce; et les sociétés qui sont formées pour cette exploitation se trouvent ainsi soustraites à la juridiction consulaire.

De tout temps les gouvernements ont revendiqué la propriété des mines. Il en était déjà ainsi du temps des Grecs et des Romains. Le premier acte réglementaire des mines en France date de Charles VI (30 mai 1415). Le droit régalien consiste dans le dixième du produit. Une ordonnance de Louis XI, de 1471, consacre le principe de la surveillance de l'État et même, dans certains cas, de l'expropriation des propriétaires. En même temps il créait une charge de *maître général, visiteur et gouverneur des mines du royaume*. Cette charge fut maintenue, en changeant de nom, jusque sous Louis XV, où lui succéda une compagnie, investie du privilège d'exploiter toutes les mines du territoire. Cette compagnie cessa d'exister sous Louis XVI. La révolution fit table rase de toute l'ancienne législation sur cette matière; et l'Assemblée constituante, adoptant la proposition de Mirabeau, déclara, par la loi du 12 juillet 1791, que les mines étaient la propriété de la nation, qu'elles ne pouvaient être exploitées que du consentement et à la charge d'indemniser le propriétaire de la surface. Les concessions étaient limitées. Enfin la loi du 21 avril 1810, que nous avons analysée, a définitivement fixé les principes en cette matière. Consultez *Traité pratique de la Jurisprudence des Mines* par Étienne Dupont, 2 vol. in-8°.

MINES (École impériale des), à Paris, rue d'Enfer. A l'exemple de plusieurs États de l'Allemagne, dont les écoles pratiques avaient eu tant d'influence sur la prospérité de leurs exploitations, le gouvernement français fonda, en 1783, à Paris une école semblable, qui, réorganisée en 1794, ne fut définitivement constituée qu'en 1816. Elle est placée sous la surveillance du ministre des travaux publics, assisté du conseil central des écoles des mines. Elle a pour but de former des ingénieurs destinés au recrutement du corps de mines, de répandre dans le public la connaissance des sciences et des arts relatifs à l'industrie minérale, et en particulier de former des praticiens propres à diriger des entreprises privées d'exploitation de mines et d'usines minéralogiques; de réunir et de classer tous les matériaux nécessaires pour compléter la statistique minéralogique des départements de la France et des colonies françaises; de conserver un musée et une bibliothèque consacrés spécialement à l'industrie minérale, et de tenir les collections au niveau des progrès de l'industrie des mines et usines et des sciences qui s'y rapportent; enfin, d'exécuter soit pour les administrations publiques, soit pour les particuliers les essais et analyses qui peuvent aider au progrès de l'industrie minérale. L'École reçoit trois catégories d'élèves : 1° les élèves ingénieurs destinés au recrutement du corps des mines, pris parmi les élèves de l'École Polytechnique; 2° les élèves externes, admis par voie de concours, et qui, après avoir justifié à leur sortie de connaissances suffisantes, sont déclarés aptes à diriger des exploitations de mines et des usines minéralurgiques, et reçoivent à cet effet un brevet qui leur confère le titre d'élève breveté; 3° enfin, des élèves étrangers, admis sur la demande des ambassadeurs ou chargés d'affaires par décision spéciale du ministre des travaux publics.

Les cours (cours de minéralogie, de géologie et de paléontologie sont ouverts au public, ainsi que la bibliothèque. Toute personne qui désire faire exécuter l'essai d'une substance minérale est admise à en faire le dépôt au secrétariat de l'école; l'inscription de la demande du déposant mentionne la localité d'où provient la substance à essayer. Il est aussitôt procédé à ceux de ces essais qui peuvent aider au progrès de l'industrie minérale. Tous les services de l'école sont gratuits.

L'école de mines, placée d'abord à Paris, fut, par un arrêté des consuls du 12 février 1802, transférée à Pesey en Savoie, où l'État possédait alors une mine de plomb; le même arrêté créa une seconde école d'application à Geislautern, dans l'ancien département de la Sarre. Malgré ce déplacement, on conserva près de l'administration des mines et le laboratoire de chimie et la partie la plus importante de la collection de minéralogie et de la bibliothèque. A la suite des événements de 1814 elle fut rétablie à Paris.

MINESOTA ou **MINNESOTTA**, l'un des quatre *Territoires organisés* des États-Unis de l'Amérique du Nord, entre le Wisconsin à l'est, le Jowa au sud, le Territoire non encore organisé du nord-ouest ou du Missouri à l'ouest, l'Amérique britannique septentrionale et le lac Supérieur au nord, présente une surface de près de 2,800 myriamètres carrés, et contient les sources du Mississipi, qui, avec le Sainte-Croix, forme sa frontière à l'est. C'est un plateau de prairies, au sol généralement fertile, convert tantôt de forêts et tantôt d'herbages. Les lacs y sont extrêmement nombreux, et la plupart sont en communication les uns avec les autres. Les autres se relient soit au Mississipi, soit au Lac Supérieur, ils ne sont séparés que par de faibles lisières de terrain. Les plus grands sont le Miniwakan, ou lac du Diable (*Devil's lake*), le lac Rouge (*Red lake*), le lac très-poissonneux des Pluies (*Rainy lake*) et le lac des Bois (*the lake of the Woods*), qui a 45 myriamètres de circuit. Le principal cours d'eau est le Mississipi, qui traverse le Territoire sur une étendue de 104 myriamètres, dont 33 sont aujourd'hui parcourus par des bateaux à vapeur jusqu'aux cataractes de Saint-Antony; déjà même un petit bateau à vapeur circule dans la partie du fleuve située au-dessus de ces cataractes. L'affluent le plus important qu'il y reçoive est le Saint-Péters, appelé par les Sioux *Minisota*, c'est-à-dire rivière boueuse, long de 71 myriamètres, large à son embouchure de 100 mètres avec 5 mètres de profondeur, et navigable par bateaux à vapeur jusqu'à *Little-Rapids*, à 70 kilomètres au-dessus de Fort Snelling. Les vastes prairies situées entre le Missouri et le James-River, et où chaque année viennent paître les troupeaux de buffles, sont le théâtre des chasses et aussi des combats des Sioux et des Ojibeways, tribus qui vivent en état perpétuel d'hostilité. Le James-River ou *Ischan-Sanson* traverse le Minesota dans la direction du sud, et après un parcours de 90 myriamètres, de même que le Big-Sioux ou *Tschanka Sadata*, dont le cours est parallèle au sien, après un cours de 50 myriamètres, vient se jeter dans le Missouri. Le Saint-Louis se jette dans le lac Supérieur, et le Red-River au nord dans le lac Winnipeg. Ce dernier cours d'eau, dont la source est située près de celles du Mississipi, est très-sujet aux débordements. A tout prendre, le climat du Minesota n'est pas trop rigoureux. Les hivers y sont secs; la neige n'y atteint en général guère plus de 80 centimètres de hauteur; et les immenses forêts de pins qu'on trouve dans le haut du pays protègent contre les âpres vents du nord. Mais la gelée arrive parfois dès la mi-septembre. A Saint-Paul, sur le Mississipi, il ne se forme point de glace avant la fin de novembre.

Jusqu'en 1848, le Territoire de Minesota fit partie du Wisconsin, du Michigan et du Jowa. Il en fut ensuite séparé, et son organisation comme Territoire fut opérée le 3 mars 1849. En novembre suivant eut lieu la clôture de la première session des représentants du peuple. Cette année-là on n'y comptait encore que 4,700 habitants. L'année suivante, ce chiffre était de 6,070, et en 1852 de 12,000. Le nombre des représentants est fixé à 18; leurs fonctions durent un an. Celui des sénateurs est de 9, et leurs pouvoirs durent deux ans. Le gouverneur, élu tous les quatre ans, reçoit un traitement de 1,500 dollars, plus 1000 dollars à titre de surintendant des affaires des Indiens. Minesota envoie au congrès à Washington un délégué, qui y a droit de séance, mais non pas voix délibérative. La première presse n'y eut pas plutôt fonctionné, en 1849, qu'il s'y publia immédiatement deux journaux. En 1850, l'étendue des terres mises en culture était de 5,035 acres, et celle des terres restées en friche, mais déjà vendues, de 23,846; les unes et les autres évaluées à 161,948 dollars. Le chef-lieu est Saint-Paul, sur le Mississipi, à 1 myriamètre environ de la cataracte de Saint-Antony. On n'y trouvait encore en 1842 qu'une unique chaumière; en 1849 le nombre de ses maisons était de 142, et celui de ses habitants de 1,500.

MINEUR, celui qui fouille la mine pour en tirer la substance minérale; et aussi celui qui est employé aux travaux des mines pratiquées pour l'attaque ou la défense des places.

MINEUR (*Jurisprudence*). *Voyez* MINORITÉ.
MINEUR (Mode). *Voyez* MODE.
MINEURS (École des), à Saint-Étienne. Elle a été fondée par ordonnance royale du 2 août 1816, et définitivement réorganisée par ordonnance du 7 mars 1831. L'enseignement se partage en deux années, et comprend des cours de minéralogie, de géologie, de préparation mécanique et de machines, d'exploitation et de construction, de chimie et de métallurgie. Des élèves libres, trop âgés ou trop occupés pour participer à tous les exercices de l'école, sont admis à suivre certains cours. Enfin les élèves de la classe ouvrière, qui possèdent l'instruction primaire, sont admis à suivre pendant deux ans l'enseignement suivant : l'exposé du système des poids et mesures, les éléments de géométrie, la levée des plans et le nivellement, la tenue des livres, le dessin linéaire, des notions élémentaires de physique, de chimie et de mécanique. Un ingénieur en chef en est le directeur; on y compte trois ingénieurs professeurs et trois répétiteurs. Cette école est portée au budget pour 36,300 francs. L'école délivre des brevets de capacité. Elle possède une bibliothèque, des collections de minéraux, des modèles de fourneaux, de machines et d'intérieur de mines, des laboratoires de chimie où l'on fait des essais de minéraux, et des recherches expérimentales d'un intérêt général.

L'*école des maîtres ouvriers mineurs* à Alais a été fondée par ordonnance royale du 22 septembre 1843. Elle est placée sous l'inspection de l'ingénieur en chef de l'arrondissement minéralogique d'Alais. Un ingénieur ordinaire en est le directeur; on y compte deux répétiteurs et un surveillant des études. Elle est portée au budget pour 5,000 francs seulement.

MINEURS (Frères). *Voyez* FRANCISCAINS et CORDELIERS.
MINEURS (Ordres). *Voyez* ORDRE (*Théologie*).
MINGRÉLIE, c'est-à-dire *le pays des mille sources*, province d'environ 70 myriamètres carrés, très-montagneuse et très-riche en cours d'eau, qui depuis la paix conclue en 1813 entre la Perse et la Russie appartient à cette dernière puissance, est bornée à l'ouest par la mer Noire, au nord par l'Abchasie, au sud par l'Imeréthie, avec laquelle elle fait aujourd'hui partie du gouvernement de Grusie et d'Imeréthie, dont *Tiflis* est la capitale, et à l'est par les plateaux du Caucase. L'Elbrouz la traverse en grande partie. En 1834 le nombre de ses habitants était évalué à 61,600 individus professant la religion grecque. L'ancien dadian de Mingrélie, aujourd'hui au service de la Russie, prenait le titre de *prince de la mer Noire*, et exerçait un pouvoir absolu. Il habitait Isgaur ou Iscouriah (évidemment la Dioscourias ou la Sébastopolis des anciens). Cette ville, petite, mais assez proprement bâtie, capitale du pays, et située sur les bords de la mer Noire, est le centre le plus important du commerce de la Mingrélie, et il s'y fait beaucoup d'affaires en sel, armes et esclaves. Les forteresses les plus respectables de la contrée sont Poti et Redoute-Kaleh, sur les bords de la mer Noire. Le couvent grec de *Martvili* est en même temps siège d'évêché. Les habitants, qui se nomment eux-mêmes *Kadzarai*, et qui jouissaient autrefois de la plus déplorable réputation comme chasseurs d'esclaves et voleurs de grandes routes, sont encore aujourd'hui bien peu civilisés.

MINHO, l'un des principaux fleuves de l'Espagne. Il prend sa source dans un lac, à Fuente-Minho, dans les montagnes de la Galice et la province de Lugo. Après avoir d'abord coulé au sud, puis au sud-ouest, il sert pendant longtemps de frontières à l'Espagne et au Portugal, et, après avoir reçu à sa droite la Narla et la Ferreyra, à sa gauche le Sil et la Sarria, va se jeter dans l'Atlantique, après un parcours de 20 myriamètres. Il ne devient navigable qu'à 3 myriamètres de son embouchure, à Salvatierra, et baigne en passant les murs d'Orense et de Tuyo.

MINIATURE. Si l'on disait *miniature* est synonyme de *rubrique*, cela pourrait paraître extraordinaire; et cependant, il est facile de le faire comprendre. Le mot *rubrique* désigne en effet les lettres en rouge dans les livres; de là vient qu'on donne aussi le nom de *rubrique* à la partie autrefois imprimée en rouge, et depuis en *italique*, dans les missels et autres livres liturgiques. Avant la découverte de l'imprimerie, de nombreux et habiles calligraphes étaient employés à écrire des livres. Pour donner plus de facilité à lecture au commencement des chapitres, des paragraphes ou des alinéas, ils les commençaient par une lettre de couleur rouge, et ils employaient pour cela du *minium*, qui, comme on sait, est un oxyde de plomb. Afin de rendre plus visibles encore ces lettres, on les orna d'arabesques, avec des enroulements et des feuilles comme celles des pampres de vigne; on finit par décorer les livres de sujets peints, qui reçurent les noms de *vignettes* ou de *miniatures*, parce qu'elles tenaient la place des lettres faites avec du *minium*. Ces peintures, ces compositions, faites avec plus ou moins de talent, suivant le goût du siècle et la capacité de l'auteur, étaient toujours d'une petite dimension, et d'un travail soigné et minutieux. Quelques personnes, oubliant que ces peintures devaient êtres nommées *miniatures*, parce qu'elles remplaçaient les lettres faites avec du *minium*, crurent qu'elles devaient recevoir le nom de *mignatures*, parce qu'elles avaient quelque chose de *mignon*. Ce serait une faute d'employer cette manière d'écrire, bien que le mot se prononce souvent ainsi.

On trouve des miniatures dans des manuscrits du cinquième siècle. Le bon goût qu'on y remarque continue jusqu'au dixième siècle, mais alors il se perd et ne reparaît que vers le milieu du quatorzième siècle, où elles offrent un vrai mérite sous le rapport de l'art. Les miniatures donnent souvent beaucoup de prix aux manuscrits : elles nous offrent les costumes, les armes, les meubles de l'époque où elles ont été faites ; et comme quelques-unes sont copiées sur des figures beaucoup plus anciennes, elles retracent les images d'objets perdus depuis longtemps, et que nous ne connaîtrions pas sans cela. Plusieurs de ces vignettes ont été gravées dans différents ouvrages, tels que ceux des savants Lambecius, Montfaucon et de Murr. L'abbé Rive en a publié de très-curieuses, et plusieurs ouvrages en ont reproduit depuis. De Gaignières, gouverneur des petits-fils de Louis XIV, avait formé une curieuse collection de costumes, qu'il a donnée à la Bibliothèque royale. On y trouve un grand nombre de copies de très-belles miniatures : plusieurs ont été gravées dans les *Monuments de la Monarchie française* par Montfaucon. Cette même collection a été mise à contribution par MM. Beaunier, Le Comte et Hapdé, pour les ouvrages qu'ils ont publiés sur les costumes français. M. Willemin, dans ses *Monuments inédits*, a aussi donné un grand nombre d'objets tirés de miniatures ou de vignettes d'anciens manuscrits.

Le plus ancien que l'on connaisse de ces miniatures est celui de Virgile, qui existe dans la bibliothèque du Vatican : elles ont été gravées par Pierre Santo-Bartoli. Parmi les manuscrits de la bibliothèque impériale à Paris, on peut remarquer le manuscrit de Froissart, source en quelque sorte inépuisable, pour obtenir des renseignements sur un grand nombre de points de notre histoire et de celle d'Angleterre. Le livre des *Tournois*, publié par le roi René, offre aussi les choses les plus curieuses. On ne peut oublier de parler des *Heures d'Anne de Bretagne*, le plus riche et le plus beau manuscrit dans ce genre, véritable chef-d'œuvre sous le rapport de l'art. Les vignettes du manuscrit de l'Évangile de saint Cuthbert, faites par saint Éthewald, offrent plusieurs points relatifs à l'histoire des arts en Angleterre. La paraphrase poétique de la Genèse, écrite par Coedmon dans le onzième siècle, fait connaître les instruments et les ustensiles dont se servaient les Anglo-Saxons. Ces deux manuscrits font partie de la Bibliothèque Cottonienne. Les miniatures qui accompagnent l'*Histoire de Richard* indiquent les différentes coutumes relatives à l'art de la guerre dans le commencement du quinzième siècle : c'est un des monuments les plus précieux de la Bibliothèque Marléienne. A la cathédrale de Pise, il existe un livre de chœur sur vélin, que l'on croit du douzième siècle. L'*Exultet* que l'on chante le samedi saint y est orné de miniatures représentant des figures d'animaux et de plantes.

Comme les autres arts, sans doute, la miniature nous vint des Grecs, et passa par l'Italie ; mais on ne peut nier que c'est en France, et aussi en Flandre, qu'elle fut exercée avec le plus de succès et qu'elle atteignit à la perfection. En suivant dans les différents âges nos miniaturistes, on les voit faire des progrès à mesure que les ténèbres de l'ignorance se dissipent : ces progrès deviennent plus sensibles sous le règne de Charles V. Le duc de Berry, frère du roi, aimait les arts et les encourageait ; il aimait surtout les manuscrits ornés de miniatures.

Malgré le nombre immense de miniatures qui existent, fort peu offrent le nom de leur auteur, probablement parce que la plupart vivaient dans des cloîtres. Cependant nous en pourrions citer quelques-uns dont les noms nous sont parvenus, et parmi lesquels on remarque Odéric de Gubio, chanoine de Sienne, vivant en 1233, et cité par le Dante ; Guido de Sienne et Simon Memmi, qui vivaient à la même époque ; François de Bologne, élève d'Odéric ; Cibo, moine du quatorzième siècle ; D. Lorenzo, Fra Bernardo, vivant en 1450, et qui reçut le nom de *Buontalenti* ; Gherardo, mort en 1470 ; Barthélemy della Gatta, abbé de Saint-Clément en 1490 ; Agosto Decio, Milanais ; J.-B. Stefaneschi, religieux ; Pierre Cesarei de Pérouse, qui a orné de miniatures plusieurs manuscrits conservés à la cathédrale de Sienne ; D. Sylvestre, religieux à Florence ; le P. Piaggi, théatin ; Fouquet, miniaturiste de Louis XI ; Antoine de Compaigne, enlumineur de pincel, enterré à Paris, dans l'église de Saint-Séverin : c'est avec son bien et celui de sa femme Oudène qu'a été construit le 2e pilier au midi de la nef de cette église ; peut-être demeurait-il dans la rue Bouteirie, qui à cette époque portait le nom de rue des *Enlumineurs* ; Jules Clovio, mort en 1578, et dont on cite un missel orné de vignettes du meilleur goût et de dessins d'une exécution parfaite ; Jérôme Ficino, vivant en 1550 ; Jacques Argenta de Ferrare, en 1561 ; Valentin Lomellino, en 1560 ; Anne Seghers, en 1550 ; et Jean Mielich, en 1572.

Lors de la découverte de l'imprimerie, les miniaturistes furent encore employés à orner les initiales des livres, ou à peindre des vignettes et des fleurons au commencement et à la fin des chapitres : cet usage continua surtout pour les missels et les livres d'heures. Mais bientôt les livres se multiplièrent à tel point, et se répandirent dans un si grand nombre de mains, qu'il aurait été difficile de continuer à les enrichir de cette manière : aussi, les miniatures furent tout à fait abandonnées ; seulement on y jeta de distance en distance de petites compositions gravées, qui reçurent et conservèrent le nom de *vignettes*, quoiqu'elles n'offrissent plus aucune ressemblance avec les pampres de la vigne.

Les miniaturistes cherchèrent donc un autre aliment. C'est alors qu'on les vit faire d'abord de petits sujets gracieux, que l'on encadrait, puis des portraits, dont on orna des boîtes, des bonbonnières, des bracelets ; plus tard, des tabatières, et enfin des éventails. Parmi les artistes qui se sont le plus fait remarquer dans ce nouveau genre de miniatures, nous citerons André de Vito, vivant en 1610 ; Isaac Oliver, mort en 1617 ; Jean Cerva, mort en 1620 ; Jacques Ligozio, mort en 1627 ; François et Michel Castello, en 1636 ; Jean-Guillaume Bauer ; S. Laire, mort en 1640 ; Louis du Guerrier, mort en 1659 ; Ph. Fruitiers, mort en 1660 ; Balth. Gerbier, mort en 1661 ; B. Bisi, mort en 1662, et surnommé *Padre Pitortino* ; Jeanne Garzoni, morte en 1670 ; Jacques Bailly, mort en 1679 : il a orné des missels pour la chapelle de Versailles et les campagnes manuscrites de Louis XIV, qui sont maintenant à la Bibliothèque impériale. Aubriet de Bruxelles a fait de nombreuses miniatures de fleurs et d'animaux pour la collection commencée par Gaston d'Orléans, et maintenant à la bibliothèque du Muséum d'histoire naturelle ; Elisabeth-Sophie Chéron, morte en 1711 ; Jeanne-Marie Clementina ; Jacques-Philippe Ferrand, mort en 1733 ; Klingstet, mort en 1734, et qui a fait un nombre infini de compositions galantes pour orner des tabatières ; Félicité Sartori, et Marie-Félicité Tibaldi, morte vers 1740 ; Jacques-Christophe Leblon, mort en 1741, à qui on doit la découverte de la gravure en couleurs ; J.-A. Arlaud, mort en 1743 ; Rosalba Carriera, Vénitienne, morte en 1757, plus renommée encore pour ses pastels que pour ses miniatures ; Ismael Mengs, mort en 1764 ; Joseph Camerata, mort en 1764 ; Baudouin, qui a travaillé vers 1770 pour la cour ; Jean-Étienne Liotard, mort en 1776 ; Ant.-Fréd. Kœnig, mort en 1787 ; Daniel Kodowiescky, de Berlin, qui a dessiné et gravé un nombre immense de petites vignettes pour les almanachs de Gotha et pour beaucoup d'autres ouvrages ; Charlier, Dumont, Guérin de Strasbourg, Augustin, et aussi

MM. Isabey, Aubry, Saint, Millet, Mention; Mmes Jaquotot, Mirbel, Souleillon, etc.   DUCHESNE aîné.

Miniature s'emploie aussi figurément pour désigner des ouvrages de littérature faits dans de petites proportions : c'est une histoire en *miniature*. Il se dit aussi d'un objet d'art de petite dimension et travaillé avec délicatesse : Cette boîte est une vraie *miniature*. Enfin, il sert à peindre une personne petite, mignonne, délicate : C'est une vraie *miniature*.

MINIMES (du latin *minimus*, le plus petit), ordre institué au quinzième siècle par saint François de Paule. Outre les trois vœux ordinaires de pauvreté, de chasteté et d'obéissance, le pieux fondateur leur imposa l'obligation de la vie quadragésimale, ce qui rendit cet institut mendiant un des plus austères de l'Église. A l'époque de la mort de saint François, il comptait déjà plusieurs couvents, distribués en cinq provinces, d'Italie, de Tours, de France, d'Espagne et d'Allemagne. Dans la suite, il se multiplia tellement qu'il se composait au dix-huitième siècle de 450 maisons, divisées en trente et une provinces : douze en Italie, onze en France et en Flandre, sept en Espagne, et une en Allemagne. Il y avait à Paris 3 couvents de *minimes*, désignés sous le nom de *bons hommes*. Ces religieux ont même passé dans les Indes, où ils avaient quelques communautés, ne constituant pas des provinces, et relevant immédiatement du général, aussi bien que les couvents de La Trinité du mont Pincio ; de Saint-François de Paule, et de Saint-François Delle-Fratte à Rome.

Dans le premier chapitre général qui se tint après la mort du fondateur, comme quelques religieux faisaient difficulté de se soumettre au vœu d'un carême perpétuel, prescrit par la règle, il fut décidé que tous ceux qui s'y opposeraient seraient privés du droit de suffrage dans les élections. Cette détermination produisit un très-bon effet : elle ramena les récalcitrants, qui n'osèrent plus se plaindre. Les généraux ne furent d'abord élus que pour trois ans ; mais dès 1605 ils commencèrent à l'être pour six, par ordre du saint-siége. On ne pouvait être admis dans l'ordre qu'en qualité de frère clerc, de frère laï, ou de frère oblat, et l'on demeurait tout le reste de sa vie dans l'état de sa profession. L'habit des frères clercs et des frères laïs, fait d'une étoffe grossière, de laine naturellement noire et sans teinture, tombait jusqu'aux talons. Le chaperon et la ceinture de la même matière et de la même couleur, annonçaient la simplicité et la pauvreté. Il y avait cinq nœuds à la ceinture, et l'on ne pouvait quitter ce vêtement ni le jour ni la nuit. Pour chaussure, on se servait de socques ou de sandales faites avec des genêts, des feuilles de palmier, de la paille, de la corde ou du jonc ; on pouvait même porter des souliers ouverts par-dessus, si une pressante nécessité ou la permission des supérieurs exemptait de marcher nu-pieds. Depuis plus de deux cents ans les minimes ont obtenu cette dispense : ils sont maintenant chaussés. L'habit des oblats, quoique de la même couleur, ne devait descendre qu'un peu au-dessous des genoux ; leur cordon n'avait que quatre nœuds. Quand ils sortaient, tous les frères pouvaient porter un manteau de la même couleur que l'habit. Pour les offices, on s'en tenait absolument à l'ordre et à la distribution de l'Église romaine. L'abstinence la plus austère était prescrite dans tous les temps. Hors le cas de maladie, il était défendu de se servir non-seulement de chair et de graisse, mais d'œufs, de beurre, de fromage, de toutes sortes de laitage et même de tout ce qui en est composé ou formé. Nous n'avons pas besoin de remarquer ici que saint François donna à ces religieux le nom de *minimes* par humilité. L'esprit de l'institut est la retraite, le recueillement et la mortification. Outre cette règle, le pieux fondateur a composé deux autres, approuvées aussi par l'Église, la première pour des religieuses, l'autre pour un tiers ordre.

L'abbé J.-G. CHASSAGNOL.

MINIMUM, terme emprunté du latin et qui signifie la partie la plus petite, la moindre.

Minimum désigne en mathématiques la plus petite valeur que puisse prendre, entre des limites données, une quantité qui varie suivant une loi connue. Ce mot est opposé à *maximum*.

Minimum est employé en jurisprudence pour désigner la plus faible peine que la loi permette d'infliger pour un délit d'une nature particulière. D'après cela, le *minimum* n'est pas une punition constante, mais variable avec la faute commise. Ainsi, le *minimum* de la peine qui pour certains délits est une amende de quelques francs, est pour d'autres le châtiment des travaux forcés.   L.-L. VAUTHIER.

MINISTÈRE (du latin *ministerium*, emploi, office, charge, service, emploi qu'on exerce), charge qu'on remplit, entremise de quelqu'un dans une affaire, service qu'on rend à une personne dans quelque emploi, dans quelque fonction. On appelle *ministère des autels* le sacerdoce, les fonctions de prêtre, *ministère de la parole* ou *de l'éloquence* les fonctions qui exigent le talent de l'orateur, telles que celles d'avocat, de prédicateur, etc.

On applique encore ce mot à toutes les professions d'officier public. Le *ministère* d'un avoué, d'un notaire, d'un huissier, est indispensable pour la régularité de tous les actes de transactions entre particuliers, l'instruction, le jugement et l'exécution de toutes les affaires contentieuses. Ce mot est plus rarement appliqué aux agents supérieurs et subalternes de l'autorité administrative.

Ministère se dit en outre de la partie de l'administration gouvernementale confiée à un haut fonctionnaire agissant au nom du prince, nommé et révocable par lui, et de la fonction même du ministre : le *ministère* de l'intérieur, de la guerre, des finances, de la justice, etc. *Ministère* est aussi un mot collectif, pour exprimer le corps entier de tous les ministres ; on y attache le nom du premier ou principal ministre : *ministère* Necker, Calonne, Villèle, Polignac, Guizot, etc.

Sous les rois de la première et de la seconde race, et une partie de la troisième, les hautes fonctions gouvernementales n'étaient point exercées par délégation spéciale, mais par les principaux officiers de la couronne. Sous la première race, toute l'autorité était entre les mains du majordome, ou maire du palais ; sous la seconde, elle passa aux grands sénéchaux ; sous la troisième, aux connétables. Ceux-ci n'avaient que le commandement et l'administration des armées. A toutes ces diverses époques, l'administration de la justice était confiée à un grand officier de la couronne, sous les titres de *notaire*, *protonotaire*, *référendaire*, etc. Saint Ouen prit le premier le titre de chancelier, sous le roi Dagobert. Les autres sections de l'autorité gouvernementale étaient exercées par les grands-officiers qui viennent d'être nommés, et par le grand-maître, le chambrier, le grand-bouteillier. Louis XI, qui avait *son conseil dans sa tête*, peut néanmoins être considéré comme le premier des rois de France qui ait sinon organisé, du moins préparé, un système de haute administration plus compacte et plus régulier. Il divisa son conseil en trois séances ou sections, qu'il composa d'hommes de son choix, dont il borna la coopération à exécuter ses ordres. Ce fut un premier coup porté à l'autorité arbitraire des grands-officiers de la couronne. Cette division du conseil se maintint jusqu'en 1526. François Ier réunit les trois séances ou sections en une seule ; Henri II les rétablit en deux, Louis XIII en cinq, et cette division des départements ministériels subsista jusqu'au règne de Louis XVI. Le titre de *secrétaire d'État* date du règne de Henri II. Le bon plaisir du roi assignait à chaque secrétaire d'État leurs attributions respectives. Les quatre principaux départements étaient la guerre, les finances, les affaires étrangères et la maison du roi. Mais chaque secrétaire d'État avait encore dans ses attributions les affaires d'un nombre déterminé de provinces ou de généralités. Ils ne prenaient la qualité de *ministres* d'État que lorsqu'ils étaient appelés au conseil d'État ; ils ajoutaient alors à leur titre celui du département dont ils étaient spécialement chargés : *Ministre secrétaire d'État de la guerre*, *des finances*, etc. D'anciennes ordonnances avaient proclamé en principe que l'administration des affaires publiques était incompatible avec les fonctions du sacerdoce. Une ordonnance de Louis XIV, du 18 avril 1651, enregistrée par le parlement deux jours après, porte : « A l'advenir, aucuns étrangers, quoique naturalisés, ni ceux de nos subjets qui ont esté promeus à la dignité de cardinal, n'auront plus entrée en nos conseils, et ne seront admis à la participation de nos affaires. » Mazarin n'en resta pas moins ministre jusqu'à sa mort, arrivée dix ans après ; le cardinal Dubois, le cardinal de Fleury, le cardinal Loménie de Brienne n'en furent pas moins premiers ministres.

La révolution nécessita une nouvelle division des départements ministériels. Le ministère de *l'intérieur* fut créé. Supprimés en 1794, et remplacés par douze commissions administratives, les ministères furent rétablis l'année suivante par la constitution de l'an III. Enfin l'empire et les gouvernements qui se sont succédé depuis apportèrent de grandes modifications dans le nombre et les attributions des départements ministériels.

MINISTÈRE PUBLIC, magistrature amovible, qui s'exerce auprès des tribunaux par délégation du pouvoir exécutif. Les fonctions du ministère public sont de diverses natures. La plus importante est la poursuite des crimes et délits. Le système le plus rationnel pour la répression des offenses contre les personnes et les propriétés est celui qui fait de la poursuite des délits une fonction sociale confiée à des magistrats, environnée dès lors de toutes les garanties qui peuvent rassurer la société. On trouve déjà des traces de cette institution dans celle des anciens *saions*, établis du temps de Charlemagne ; au commencement du quatorzième siècle, on la voit prendre chez nous une forme régulière et se produire sous des dénominations analogues à celles que nous employons encore aujourd'hui. Elle se perfectionna par degrés dans les siècles suivants ; enfin, la révolution française acheva d'organiser son action.

Près de chaque tribunal de première instance est aujourd'hui un *procureur impérial*, auquel est dévolu dans son ressort l'exercice de *l'action publique* ; près de chaque cour impériale un *procureur général impérial*, qui centralise, surveille, dirige, régularise l'action des procureurs impériaux de son ressort ; enfin, au-dessus de toute cette hiérarchie est le ministère de la justice, considéré dans sa partie agissante et mobile. Les fonctions du ministère public en matière pénale sont de rechercher les infractions, de provoquer l'action des magistrats instructeurs, de requérir dans le cours de l'instruction tout ce qui peut servir à la manifestation de la vérité ; puis l'instruction terminée, de requérir près des chambres d'instruction la décision qu'appellent la loi et la nature des faits constatés ; de requérir également près des chambres d'accusation ; de dresser, dans les affaires de *grand criminel*, les actes d'accusation ; de porter la parole aux audiences des cours d'assises et des tribunaux correctionnels, tant pour établir les faits et réunir les preuves, que pour réclamer l'application de la loi. Les procureurs impériaux sont assistés dans leurs fonctions par un ou plusieurs *substituts*, auxquels l'usage est de donner à l'audience le nom d'*avocats impériaux* ; le procureur général impérial est assisté d'*avocats généraux*, chargés du service des audiences, et de *substituts*, chargés du service intérieur du parquet, et appelés à remplacer à l'audience les avocats généraux empêchés. Au temps des parlements, quoique le procureur général fût considéré comme le premier fonctionnaire du *parquet*, les avocats généraux étaient indépendants de lui, et avaient seuls mission de porter la parole aux audiences. Maintenant, le procureur général impérial est le chef du parquet, et porte la parole quand il le juge convenable.

A ces fonctions du ministère public, d'autres fonctions viennent se joindre, celles qu'il exerce auprès des tribunaux civils. Ici, sauf quelques cas particuliers, le ministère public n'est point partie : c'est un surveillant établi dans l'intérêt de l'ordre public, dans celui des faibles et des incapables (tels que les mineurs, les interdits, les femmes en puissance de mari, etc.), et aussi dans celui des garanties données à des causes d'un genre spécial, celles par exemple de l'État, des établissements publics, des communes. Les questions de compétence, de saisie immobilière, d'ordre, d'emprisonnement, celles qui touchent à l'état des personnes, etc., appellent également son examen et son intervention. Dans tous ces cas, le ministère public n'agit point par voie d'*action*; il se borne, les parties entendues, à donner des *conclusions*, c'est-à-dire une opinion qu'il motive selon sa convenance avec plus ou moins de développement. Sa position est donc neutre comme celle du juge ; aussi les parties n'ont-elles pas la réplique sur lui. Dans les causes où la loi exige son intervention, les pièces du procès doivent lui être communiquées ; il peut en outre exiger la communication et prendre la parole dans toutes les autres affaires.

On voit qu'au criminel le ministère public est partie principale et agissante, tandis qu'au civil il n'est que partie jointe et consultative. Comme partie principale, il procède par voie de *réquisition*, d'où le nom de *réquisitoires* donné aux discours qu'il prononce pour arriver à requérir ; comme partie jointe, il procède par voie de *conclusions :* dans le premier cas, il ne peut être récusé : on ne récuse point un adversaire ; dans le second, il peut l'être, car il participe de la position du juge.

Les fonctions civiles et criminelles qu'exerce aujourd'hui le ministère public ne sont point inséparables, et n'ont pas toujours été réunies aux mains des mêmes officiers. Dans l'origine, l'*avocat du roi* en matière civile était simplement un membre du barreau, dont toute la prérogative était la préséance qu'il avait sur ses confrères ; depuis, cet office privé est devenu une fonction publique.

Une autre attribution du ministère public est la surveillance et l'action disciplinaire qu'il exerce à l'égard des officiers ministériels de l'ordre judiciaire, du notariat, du barreau, des juges de paix, et de la magistrature inamovible elle-même. Il dénonce, requiert, et les tribunaux compétents prononcent. Il exerce encore quelques attributions plus ou moins importantes, telles que la surveillance des registres de l'état civil, et d'autres, dont le détail parait ici superflu.

Un principe essentiel de cette institution est l'*unité* : quel que soit l'agent qui fonctionne, l'action exercée, l'acte accompli sont toujours, légalement parlant, l'action, l'acte du *ministère public*, et non celui de tel ou tel fonctionnaire pris individuellement. L'*unité du ministère public* n'est, au surplus, qu'une conséquence de l'unité du pouvoir exécutif, dont il est une branche.

Les fonctions du ministère public sont remplies devant les tribunaux de police municipale par les commissaires de police, et, à leur défaut, par les maires ou adjoints ; devant les tribunaux militaires, par les capitaines rapporteurs qui instruisent et constatent les faits, et par les commissaires du gouvernement, qui requièrent l'application de la loi. Les tribunaux de commerce n'ont point de ministère public. La cour de cassation a le sien, composé d'un procureur général impérial et de six avocats généraux ; il n'y a point de substituts, la partie administrative y étant nulle. La cour des comptes a auprès d'elle un procureur général impérial. Au conseil d'État, la section du contentieux, qui est en réalité un tribunal, juge ses conclusions du ministère public, dont l'office est rempli par des maîtres des requêtes.

Les procureurs généraux impériaux et les procureurs impériaux sont rangés par la loi au nombre des officiers de police judiciaire ; mais ce n'est point en qualité de ministère public, c'est en vertu de l'attribution spéciale qui leur est donnée à cet effet par le Code d'Instruction criminelle.

On conçoit combien les fonctions du ministère public, surtout quant à la répression des délits, exigent à la fois de fermeté, de prudence et d'intégrité. La sécurité sociale repose en grande partie sur lui. D'une part, il doit s'armer de vigilance et d'inflexibilité pour les atteintes qui affectent sérieusement l'ordre public; d'autre part, il doit se garder de troubler, par une inquisition tracassière et pour des causes puériles, la vie des citoyens et la paix des familles. En général, nous croyons qu'il convient d'être indulgent pour les *premiers délits*, surtout si l'objet en est léger, les circonstances atténuantes, le préjudice nul ou réparé, s'il n'y a pas eu publicité et scandale, si les antécédents de l'inculpé sont favorables. Dans ces divers cas, il vaut souvent mieux ignorer que réprimer au risque de flétrir et de corrompre une vie tout entière. Quelquefois aussi est-il sage de savoir ne pas apercevoir une circonstance aggravante qui donnerait au fait incriminé une gravité de qualification tout à fait hors de proportion avec son importance réelle. Au contraire, nous pensons qu'il faut agir sévèrement contre les délits par récidive, contre ceux qui supposent par eux-mêmes ou par leurs causes une perversité déjà consommée, pour ceux dont l'impunité deviendrait un scandale, soit à cause de leur grande publicité, soit à cause du rang, de la fortune ou du crédit de leurs auteurs. Il faut aussi savoir, dans des circonstances qui permettent l'indulgence, prévoir un acquittement certain, et ne pas exposer la justice à un démenti qui l'énerve toujours. D'autres fois, pourtant, il peut être utile de poursuivre, même dans la prévoyance d'une absolution : les faits de d u e l sont souvent dans ce cas. Les différents états par lesquels passe la société apportent aussi quelques modifications dans l'emploi des mesures répressives : c'est ainsi qu'un genre de délit, en devenant plus commun, appelle une répression plus active. On voit, par ces rapides indications, combien de sagacité et de prudence est nécessaire à l'officier du ministère public.

C'est surtout dans les affaires qui touchent à l'ordre politique qu'un tact exquis est indispensable. Ici, investi d'une mission qui tient et de celle de l'homme de loi et de celle de l'homme d'État, le magistrat du parquet aura souvent à se consulter, non pas seulement sur la légalité d'une poursuite, mais encore sur son opportunité et sa convenance. Ce serait assurément bien mal entendre la liberté que de croire qu'elle implique l'impunité d'un ordre quelconque de délits ; mais aussi, à côté des avantages de la répression, il faut voir souvent les inconvénients de la poursuite, la publicité qu'elle donne à des attaques qui resteraient presque ignorées, la faveur de la défense que vous mettez du côté de vos adversaires, la chance d'un acquittement qui vous nuit plus qu'une condamnation ne vous profite, le risque d'user le pouvoir, comme tout s'use, par une action trop fréquente, le danger de se rendre les individus ou les partis irréconciliables, celui de faire le public témoin de luttes trop fréquentes contre le pouvoir, et d'atténuer ainsi l'opinion de sa force, l'inconvénient d'élever des piédestaux aux hommes qui vous sont hostiles et de donner des chefs aux factions, l'incertitude de voir approuver par l'opinion une condamnation même légalement prononcée : toutes ces choses doivent être pesées mûrement et considérées avec sang-froid.

S.-A. BERVILLE, Président à la cour impériale de Paris.

MINISTÉRIEL se dit de tout ce qui est relatif au ministère; acte *ministériel*, circulaire *ministérielle*, système *ministériel*. Sous le gouvernement parlementaire on qualifiait du nom de *députés ministériels* les membres des chambres législatives dévoués au ministère; les journalistes *ministériels* étaient les écrivains, attachés par position, par intérêt ou par conviction aux ministres.

Les *officiers ministériels*, en termes de palais, sont les officiers publics ayant qualité pour faire certains actes : notaires, avoués, huissiers.

Ministérialisme était un mot nouveau pour exprimer une chose fort ancienne, le dévouement aux ministres.

Ministériel est encore une expression employée souvent dans la polémique du j a n s é n i s m e. Les théologiens qui admettaient deux chefs de l'Église distinguaient ainsi l'attribut du pape et l'attribut de Jésus-Christ. Suivant eux,

Jésus-Christ est le chef *essentiel* de l'Église, le pape le chef *ministériel*. Cette doctrine n'était pas nouvelle; le célèbre Gerson l'avait énoncée dans les déplorables débats de Philippe le Bel et du pape Boniface VIII. Il prétendait que c'était un blasphème que de prétendre que l'Église est sans tête quand elle est sans pape, puisque le pape n'est qu'un chef ministériel. Le jésuite Suaren lui-même a émis la même opinion.

MINISTRE, celui dont on se sert pour l'exécution de quelque chose; dans cette acception, il n'est guère usité qu'au sens moral : être le *ministre* des passions d'autrui, de ses volontés, de ses vengeances.

Ministre se dit plus ordinairement de ceux dont le prince a fait choix pour les charger des principales affaires de l'État et pour en délibérer avec eux. Les *ministres à portefeuille* sont ceux qui ont un département. On appelle *ministres sans portefeuille* ceux qui n'ont pas de département, et qui ne sont appelés que pour le conseil.

On donne le nom de *ministres plénipotentiaires* aux a g e n t s diplomatiques venant dans la hiérarchie après les ambassadeurs. Quelquefois, cependant, on se sert de ce titre pour qualifier tout agent étranger accrédité auprès d'un gouvernement.

On appelle *ministre* de Dieu, de la parole, de Jésus-Christ, de l'Évangile, de la religion, des autels, le prêtre catholique. Les m a t h u r i n s donnaient le nom de *ministre* à leur supérieur. Les *ministre* chez les j é s u i t e s était le second supérieur de chaque maison. Les c o r d e l i e r s donnaient le titre de *ministre* à leur général. Les *ministres* des infirmes étaient une congrégation de clercs réguliers fondée pour assister les malades à la mort, même en temps de peste. Leur habit ne différait de celui des ecclésiastiques que par une croix tannée, qu'ils portaient au côté gauche.

On nomme *ministre* du saint Évangile, *ministre* de la parole de Dieu, ou simplement *ministre*, le fonctionnaire ecclésiastique qui fait le prêche chez les luthériens, les calvinistes et les autres sectes protestantes.

On dit au figuré, en parlant des fléaux qui affligent les générations : la peste, la famine, sont les ministres de la *colère de Dieu*.

MINISTRES (Conseil des). *Voyez* CONSEIL DES MINISTRES.

MINIUM, v e r m i l l o n c o m m u n, deutoxyde de p l o m b des chimistes, considéré comme un mélange de protoxyde et de peroxyde. Ce composé, connu depuis longtemps, a porté une foule de noms, que l'on a maintenant abandonnés pour celui de *minium*. À la fin du siècle dernier, la fabrication de cet intéressant produit était encore un secret, dont les Anglais et les Hollandais étaient seuls possesseurs; mais le besoin de secouer ce joug de l'étranger imposé à l'industries a fait chercher en France un procédé pour le préparer, et le succès a couronné les efforts des entrepreneurs, de sorte que depuis longtemps nous ne sommes plus tributaires de nos voisins. Cependant, il faut le dire, le minium sorti des fabriques anglaises est supérieur au nôtre, mais cela tient à la pureté du métal employé; notre plomb renferme une quantité considérable de cuivre, qui nuit singulièrement à la beauté du produit; on pourrait bien, à la vérité, purifier cet oxyde par l'acide acétique, mais ce procédé, trop coûteux, rendrait la concurrence insoutenable.

Outre ce produit des arts, il existe encore un *minium* naturel, en masse amorphe, sans indice de cristallisation, découvert par M. Smithson.

Pour préparer le *minium* dans les arts, on commence par transformer le plomb en m a s s i c o t, ou protoxyde de plomb, que l'on réduit en poudre impalpable dans des moulins. Cette poudre est ensuite placée sur la sole d'un fourneau à réverbère, ou dans des caisses de tôle de 5 centimètres de profondeur, que l'on place toujours dans le fourneau. Il faut alors chauffer modérément crainte de fusion, et cependant assez pour transformer le massicot en oxyde plus oxygéné. Il paraît que la quantité d'oxygène qu'il absorbe est plus considérable que celle qui est nécessaire pour sa transformation en deutoxyde, puisqu'il a une couleur puce lorsqu'on le retire très-chaud du fourneau, couleur qui est celle du peroxyde de plomb; mais par le refroidissement il reprend bientôt la couleur rouge qui lui est propre, en abandonnant l'oxygène en excès. Quand l'opération a été bien conduite, le minium de la partie inférieure des boîtes est aussi beau que celui de la partie supérieure. Un fait bien remarquable, c'est qu'il est indispensable de l'amener à l'état de peroxyde pour que par le refroidissement il ait la belle couleur rouge qu'on y recherche.

Le minium est donc sous forme d'une poudre rouge vif, insoluble dans l'eau, inodore; chauffé fortement, il perd tout l'oxygène qu'il avait absorbé, et redevient massicot; il se rapproche de ce côté de l'oxyde de mercure, qui absorbe de l'oxygène à une certaine température, et le perd à une température plus élevée. Comme le massicot, il attaque la silice des creusets, se combine avec elle, et forme un verre jaunâtre transparent, qui traverse le creuset. Traité par l'acide nitrique, le minium passe à l'instant même à l'état d'oxyde puce, parce que l'acide dissout le protoxyde de plomb et laisse le peroxyde, qui mélangé avec lui formait le deutoxyde.

En raison de ses nombreux emplois, on falsifie le minium avec de l'ocre ou de la brique pilée, mais à l'aide du lavage, de la chaleur et mieux du charbon, on pourra reconnaître facilement cette fraude. L'eau laissera précipiter le deutoxyde d'abord, et, en prenant la matière pulvérulente qui restera en suspension, on la chauffera dans un creuset pour voir si elle devient jaune. On peut encore mêler le minium avec du charbon en poudre, qui revivifiera le plomb sous forme de culot, et laissera à la surface du métal l'ocre ou la brique qui y auront été ajoutées.

Dans les arts, on emploie le *minium* dans la peinture à l'huile, pour colorer les papiers de tenture, et surtout pour la préparation du cristal et du *flintglass*. On en fait, on peut le dire, une énorme consommation, qui dépasse de beaucoup les quantités de plomb que produisent nos mines; aussi sommes-nous obligés de tirer d'Espagne et d'Angleterre tout l'excédant de plomb dont nous avons besoin.

On employait assez fréquemment autrefois le minium en médecine; mais aujourd'hui on l'a presque entièrement abandonné, parce qu'on a reconnu à la litharge, ou massicot fondu, des propriétés semblables; et comme cette dernière se saponifie beaucoup mieux que le minium, on en préfère l'usage; il y a cependant dans le codex un emplâtre de minium. Il entre également dans un grand nombre de préparations médicinales externes.

Il existe une variété de minium que l'on fabrique très-en grand aujourd'hui à Clichy, et que l'on connaît sous le nom de *mine orange* : elle est employée pour les papiers peints; son nom lui vient de sa couleur orangée. Deux procédés sont employés pour sa fabrication; mais ils ne donnent pas tous deux le même résultat, quoique le produit paraisse identique à la vue : l'un consiste uniquement à broyer le minium à l'aide de moulins; par cette division, sa couleur change et devient orangée; mais, lorsqu'on veut le mêler à la colle pour l'employer, il se solidifie presque aussitôt, et on ne peut plus l'étendre. Il n'en est point de même de la mine orange, préparée par la décomposition de la céruse par la chaleur. Celle-ci se décarbonate, mais pas entièrement à ce qu'il paraît; il reste toujours une petite quantité de carbonate de plomb mélangée avec le deutoxyde : c'est ce carbonate de plomb qui donne au produit la propriété de s'étendre facilement après son mélange avec la colle, et de pouvoir être employé avec succès dans les arts. Mais il y a une difficulté qui rend ce produit très-cher : c'est que l'ouvrier le plus habile manque souvent l'opération, parce que sa mine orange passe à l'état de minium; et pour cela il suffit d'un coup de feu un peu trop fort, qui décarbonate toute la céruse, et ne laisse que du deutoxyde. On a soin de réduire cette matière en poudre très-fine, à sec, à l'aide d'une meule, avant de la livrer au commerce.

C. FAVROT.

MINNESINGER. C'est ainsi qu'on appelle les poëtes lyriques allemands du douzième et du treizième siècle. On les désigne aussi quelquefois sous le nom de *poëtes souabes*. En effet, la poésie, qui s'était propagée du midi de la France en Allemagne, avait trouvé dans le dialecte de la Souabe un riche trésor d'expressions harmonieuses; et la cour des Hohenstauffen s'était ouverte aux adeptes « de la gaie science ». Dans son acception la plus restreinte, le nom de *minnesinger* ne s'appliquait qu'au poëte lyrique, au poëte qui soupirait des chants d'amour. Les *minnesingers* étaient des chevaliers, des gentilshommes dont la vie était partagée entre les soins de la guerre, les devoirs de la religion et les plaisirs de l'amour. Une telle existence ne pouvait que prêter à la poésie. Ils vivaient et chantaient au milieu des cours, à la suite des princes allemands, qui, comme l'empereur Frédéric II, le prince Léopold IV d'Autriche, Vladislas, roi de Bohême, Henri duc de Breslau, Henri d'Anhalt, Herman comte de Thuringe, aimaient et protégeaient les arts. Souvent, à l'exemple des troubadours, ils se disputaient dans des espèces de tournois littéraires les dons du prince ou les faveurs d'une noble damoiselle.

MINNESOTA. *Voyez* MINESOTA.

MINORATIFS, purgatifs, qui, tels que la casse, la rhubarbe, etc., ne produisent qu'une évacuation légère, sans causer aucun trouble dans l'économie animale.

MINORITÉ (*Jurisprudence*). C'est l'état de l'individu, de l'un ou de l'autre sexe, qui n'a point encore atteint sa majorité. L'effet essentiel de la minorité, c'est l'incapacité de contracter et l'obligation d'être représenté par un tuteur dans tous les actes de la vie civile, quand la mort, l'absence ou l'incapacité légale du père du mineur a fait cesser l'exercice de la puissance paternelle. Tant que dure cette puissance, le mineur lui est soumis, et ses biens sont administrés. Enfin, si le mineur est émancipé par son mariage, ou par la déclaration de son père ou d'un conseil de famille, il devient capable d'un certain nombre d'actes déterminés par la loi, et il ne peut faire les autres qu'avec l'assistance d'un curateur (*voyez* ÉMANCIPATION).

Le droit romain et quelques coutumes en France faisaient plusieurs distinctions entre les différentes époques de la minorité. Ainsi, l'enfance jusqu'à sept ans, la puérilité de sept à douze ou quatorze ans, la puberté, qui commençait à quatorze ans, formaient autant de nuances de la minorité qui produisaient toutes des effets différents. Aujourd'hui il n'existe plus d'autres distinctions légales qu'entre les mineurs émancipés et ceux qui ne le sont pas.

Il existe un autre genre de minorité spécial pour le mariage; mais, applicable à ce seul acte, elle ne déroge pas aux règles qui ont rapport à la capacité générale du mineur.

L'incapacité de contracter des mineurs est établie dans un but de protection pour des personnes qui n'ont encore aux yeux de la loi ni l'expérience du monde ni l'habitude des affaires, et qui dès lors ne sont pas supposées être en état de se diriger elles-mêmes. Il résulte de là que les mineurs seuls peuvent se retrancher derrière l'incapacité qui les frappe quand ils ont contracté malgré les dispositions de la loi, tandis que ceux avec qui ils ont contracté ne sauraient invoquer cette même incapacité. D'un autre côté, puisque le mineur n'est pas regardé comme étant en état de veiller à la gestion de ses biens, la loi a établi en sa faveur quelques privilèges. Ainsi, la contrainte par corps ne peut pas être prononcée contre lui. Il n'est pas soumis à la prescription. Enfin, il conserve une hypothèque sur les biens de son tuteur en garantie de la gestion de celui-ci.

D'après tout ce que nous venons de dire, on voit que le mineur, étant placé par la loi dans un état de surveillance continuelle, ne peut rien faire par lui-même; le moindre de ses actes est soumis au contrôle du pouvoir paternel ou du sous-tuteur. Les diverses opérations de la vie civile nécessitent, dans son intérêt, toujours l'intervention du tuteur quelquefois celle du conseil de famille ou des tribunaux. A-t-il quelques droits dans une succession, dans un partage, aussitôt des dispositions spéciales viennent l'entourer de leurs règles protectrices. Il ne peut faire aucune donation que par un contrat de mariage, et avec l'assistance de ceux dont le consentement est requis pour la validité du mariage. Jusqu'à l'âge de seize ans, il ne peut léguer ses biens par un acte de dernière volonté, et le testament qu'il fait après sa seizième année ne peut transmettre que la moitié des biens dont la loi permet au majeur de disposer. Mais, malgré l'incapacité dont les mineurs sont frappés, lorsque les formalités prescrites pour certaines opérations ont été remplies, il sont considérés relativement à ces opérations comme majeurs. E. DE CHABROL.

MINORITES. Voyez FRANCISCAINS.

MINORQUE (en espagnol *Minorca* ou *Menorca*), la *Balearis minor* des anciens, la plus petite des îles Baléares, compte une population de 31,450 habitants sur une superficie d'environ 8 myriamètres carrés. Comme Majorque, le sol en est généralement montagneux; on y trouve aussi un grand nombre de baies et d'anses. Moins fertile et moins bien arrosée, elle donne d'ailleurs les mêmes produits, à savoir : des vins, du miel, des câpres, du poisson, des mulets, des moutons, des porcs et de bonnes vaches. A l'époque de la domination anglaise, le commerce y était bien autrement important et actif qu'aujourd'hui; et l'agriculture y est très-négligée. La pêche et l'élève du bétail constituent les principales ressources de la population.

Le chef-lieu actuel de l'île est *Port-Mahon* (en latin *Portus mayonis*), place fortifiée, avec 12,240 habitants, située à l'est de l'île, qui possède un bon port, défendu par trois forts, une belle cathédrale, un arsenal, un établissement de quarantaine et de grandes pêcheries d'huîtres. L'ancienne capitale, *Cuidadela*, sur la côte nord-ouest de l'île (la *Jamna* des anciens), de nos jours encore siège d'évêché, a un bon port et 7,000 habitants. Aux environs de cette petite ville se trouve la grotte de *Cova Perella*, célèbre par ses stalactites.

La possession de Minorque est surtout importante en vue du commerce de la Méditerranée. Aussi, à l'époque de la guerre de la succession d'Espagne, les Anglais en prirent-ils possession en 1708, sous prétexte de la garder pour Charles III ; et ils s'en firent adjuger la possession par la paix d'Utrecht. En 1756 elle leur fut enlevée par les Français ; et l'amiral anglais Byng, qui avait été envoyé pour la secourir, mais qui se retira devant un ennemi inférieur en forces, fut pour ce fait condamné à mort. Toutefois, la paix de 1763 la restitua à l'Angleterre. En 1782 une armée hispano-française s'en empara en trois jours, et la paix de 1783 la replaça sous les lois de l'Espagne. Occupée de nouveau par les Anglais en 1798, le traité d'Amiens la rendit à l'Espagne; et lors du rétablissement de la paix générale en 1814, l'Angleterre, désormais maîtresse des îles Ioniennes et de Malte, renonça de bonne grâce à faire valoir les droits que la paix d'Utrecht lui avait donnés à sa possession.

MINOS. Il exista dans l'antiquité deux personnages mythologiques de ce nom. Le premier, fils de Jupiter et d'Europe ou, selon d'autres, d'Asterius, régna en Crète et fonda les villes de Gnossus et de Phæstus. Il donna à son peuple des lois pleines de sagesse, qu'il fit adopter à Delphes recevoir d'Apollon, et sut les appliquer avec justice. Aussi dans les mythes poétiques de la Grèce il figure comme le juge souverain des enfers, comme le président du tribunal devant lequel comparaissent les âmes après leur séparation d'avec le corps. Homère le peint tenant un sceptre à la main et assis au milieu des ombres qui viennent plaider leur cause en sa présence. Virgile le représente agitant dans sa main l'urne fatale qui renferme le sort de tous les mortels, citant les ombres à son tribunal et soumettant leur vie au plus sévère examen.

Le second Minos était fils de Lycaste et petit-fils du précédent. Son frère Sarpédon, ou, selon d'autres, ses deux frères Sarpédon et Rhadamanthe lui disputant la couronne, il prit les dieux pour arbitres de sa querelle, et les supplia de prononcer en faveur de celui d'entre eux qu'ils jugeraient le plus digne, en lui donnant une haute marque de leur faveur. Minos l'emporta : à la voix de Neptune, un taureau d'une blancheur éblouissante sortit du sein des flots. Mais le roi, au lieu de l'immoler au dieu son protecteur, voulut le conserver avec le reste de ses troupeaux, et Neptune, irrité, s'unit à Vénus pour inspirer à la femme de Minos, Pasiphaé, une passion monstrueuse pour ce fauveau blanc. Le Minotaure fut le fruit de cet amour. Minos ne régnait d'abord que sur la capitale de la Crète et sur le territoire dont cette ville était environnée. Soutenu par les Doriens, de la race desquels il était issu, il soumit l'île entière, et étendant ses conquêtes sur les îles de la Grèce, il fonda des colonies dans les Cyclades, et particulièrement à Délos, dans la Carie, la Méonie et la Troade. Androgée, son fils, étant allé combattre le taureau qui ravageait les champs de Marathon, mourut dans cette entreprise. Minos, brûlant de venger sa mort, dont il accusait les Athéniens, vint ravager les côtes de l'Attique. Athènes, vaincue par lui, fut contrainte de lui livrer à des intervalles marqués, un certain nombre de jeunes garçons et de jeunes filles ; le sort devait les choisir ; l'esclavage ou la mort devenait leur partage. Ce fut Thésée qui affranchit sa patrie de ce tribut odieux. On dit que Minos mourut à Gnosse, sa nouvelle capitale, après une expédition malheureuse contre la Sicile. On prétend aussi, et c'est l'opinion générale, que s'étant mis à la poursuite du célèbre artiste Dédale, qui était venu chercher asile auprès de lui, il arriva en Sicile, où Cocalus le fit étouffer dans un bain.

Édouard Du Laurier.

MINOTAURE, monstre mythologique au corps d'homme et à la tête de taureau, fruit des amours de Pasiphaé, épouse de Minos et fille du Soleil, avec un taureau. Cette reine, à en croire les poètes, se serait enfermée dans une vache d'airain afin de satisfaire sa passion et d'avoir commerce avec l'animal mugissant. Pour soustraire à tous les regards cette preuve vivante de sa honte et se sauver à sa propre humiliation, Minos fit construire par Dédale un labyrinthe où le monstre fut jeté, attendu du reste qu'il dévastait tout et ne se nourrissait que de chair humaine. Ce labyrinthe était disposé avec tant d'artifice et une si confuse diversité de détours qu'on n'en pouvait sortir dès qu'on y était entré. Puis, Minos ayant vaincu les Athéniens, les réduisit à de si fâcheuses extrémités, pour se venger du meurtre de son fils Androgée, assassiné dans l'Attique par les Pallantides, qu'il les obligea, pour avoir la paix, à lui envoyer en tribut, de neuf en neuf ans (quelques auteurs disent chaque année), sept jeunes hommes et autant de jeunes filles des premières familles d'Athènes, qui devenaient la proie du Minotaure. Trois fois ce tribut fut payé; mais la quatrième, l'histoire nous apprend que le sort étant tombé sur Thésée, mal en prit au Minotaure, car Thésée, ayant passé en Crète avec ses compagnons d'infortune pour y devenir la capture du monstre, pénétra dans le labyrinthe, et, après avoir délivré sa patrie de la dette honteuse à laquelle elle était soumise, en tuant le Minotaure, sortit de l'inextricable jardin qui, lui avait donné.

MINSK, l'un des gouvernements de la Russie occidentale, d'une superficie d'environ 1,180 myriamètres carrés, avec une population de 1,050,000 âmes, dont 100,000 juifs et 3,000 mahométans, fut formé en 1795, de l'ancienne voïvodie lithuanienne du même nom et de parties diverses des voïvodies de Potoczk, Wilna, Novogrodek, et Brzesc-Litewski. Il est plat et marécageux, couvert d'immenses forêts et de bois. L'aurochs, l'élan, le loup, l'ours, le loup-cervier et le chat sauvage, y sont encore aujourd'hui très-communs, et il n'est qu'à l'ouest qu'on y rencontre quelques parties de sol propres à la culture des céréales. Les principaux affluents du Dniepr sont le Pripet et la Bérézina ; et ses marais les plus étendus, ceux de Pinsk et de Rokitno, véritables déserts marécageux. Au printemps, ce pays n'est qu'une immense nappe d'eau, où la circulation reste souvent interrompue pendant quelques semaines. Un produit particulier à ces contrées est la cochenille dite *de Pologne*. On y trouvait autrefois beaucoup de castors; mais on ne les rencontre plus guère aujourd'hui qu'aux environs de Pinsk, où ils vivent dans la Pina. La température y est en été d'une chaleur étouffante, et en hiver du froid le plus âpre. La population, mélange de Grands-Russes, de Lithuaniens, de Polonais, de Juifs et de Tatares, vit assez misérablement de la chasse, de la pêche, du commerce des chevaux, petits de taille, mais pleins de feu, et de quelques grossiers produits en laine et en cuir.

MINSK, chef-lieu du gouvernement, sur le Swisłocz, l'un des affluents de la Bérézina, est le siége d'un archimandrite grec et d'un évêque catholique. On y trouve un collége fondé en 1773, une superbe cathédrale, treize autres églises, dix écoles, dix fabriques et 25,500 habitants qui se livrent à un commerce assez actif. Les lieux de ce gouvernement auxquels se rattachent des souvenirs historiques sont *Koidanof* et *Kletzk*, célèbres par les victoires que les Lithuaniens y remportèrent en 1221 et en 1506 sur les Tatares; *Lachowice*, où les Polonais battirent les Russes en 1660; *Bobruisk*, théâtre d'une affaire des plus chaudes dans la campagne de 1812, et surtout *Borissof*, près duquel, dans les journées des 27 et 28 novembre 1812, l'armée française effectua le passage de la Bérézina, aux villages de Studzianka et de Zaniwki.

MINTO (GILBERT ELLIOT, comte DE) était fils de sir Gilbert Elliot (mort en 1777), poëte estimé et membre du parlement, qui sous le ministère de lord North fut nommé lord du sceau privé d'Écosse. Né en 1753, il entra au parlement en 1774, où, au grand chagrin de son père, il s'attacha au parti de l'opposition, dont il n'abandonna les rangs que lorsque les excès de la révolution française déterminèrent une partie des whigs à se rapprocher du ministère. En 1793 il fut nommé membre du conseil privé, et à peu de temps de là envoyé en mission extraordinaire en Corse, à l'effet d'y négocier la réunion de cette île à l'Angleterre. Il accepta la couronne offerte à Georges III, et reçut même alors le titre de vice-roi. Mais le parti français gagnant chaque jour du terrain, force lui fut à la fin de s'éloigner de l'île; et en 1797 le gouvernement, pour récompenser les services qu'il avait rendus dans des circonstances difficiles, le créa *lord Minto* et pair du royaume. Longtemps ambassadeur à Vienne, il obtint en 1806 la présidence de *l'India Board*; puis en 1808 il alla remplacer le marquis de Wellesley en qualité de gouverneur général des Indes, et dans ces fonctions il se distingua tout à la fois par sa modération, par sa prudence et par sa bienveillante affabilité. Le délabrement de sa santé, résultat du climat, le força de revenir en Angleterre, en 1813; et il fut alors créé vicomte de Melgund et comte de Minto. Il mourut le 21 juin 1814.

MINTO (GILBERT ELLIOT MURRAY KYNYNMUND, comte DE), fils aîné du précédent, né le 16 novembre 1782, était membre de la chambre basse au moment où mourut son père. Plus tard il vota avec les whigs dans la carrière haute sur la question de l'émancipation des catholiques et sur celle de la réforme parlementaire. Quand son parti arriva à la direction des affaires, il fut nommé, en 1831, ambassadeur à Berlin; et à la formation du cabinet Melbourne, en 1835, il fut désigné pour les fonctions de directeur général des postes, qu'il échangea ensuite contre celles de premier lord de l'amirauté, auxquelles est attaché un siége dans le cabinet. Bien que ses antécédents ne parussent guère de nature à le rendre propre à un tel emploi, le concours dévoué qu'il trouva dans son frère, l'amiral Elliot, et dans sir William Parker, lui permit d'entretenir la flotte dans le meilleur état, ainsi qu'on put s'en convaincre lors de la campagne entreprise en 1840 dans la Méditerranée. La défaite parlementaire que les whigs essuyèrent au mois d'août 1841 eut pour conséquence sa démission ainsi que celle de tous ses collègues. Revenu avec eux aux affaires en 1846, il fut nommé alors lord du sceau privé, et à ce titre exerça une grande influence dans le cabinet indépendamment de celle que lui donnait sa proche parenté avec le premier ministre, lord John Russell, qui a épousé la fille du comte de Minto. Le voyage qu'il fit vers la fin de 1847 en Italie donna lieu à de nombreux commentaires, parce qu'on y rattacha tout aussitôt l'agitation révolutionnaire qui éclata vers ce temps-là dans ce pays. On n'a jamais nié qu'il eût été chargé d'une mission particulière en Italie; mais elle consistait uniquement, affirmait il n'y a pas longtemps encore lord Palmerston, à offrir des *conseils* à certaines cours italiennes. En février 1852 il donnait sa démission avec tous les autres membres du cabinet de lors John Russell.

MINTURNES, ville du Latium, jadis assez considérable, située sur les confins de la Campanie, à peu de distance du Liris. C'est dans les marais voisins que Marius, fuyant la vengeance de Sylla, se tint caché pendant quelque temps. Découvert dans cette retraite, il fut jeté en prison par les autorités de Minturnes, qui ne tardèrent cependant pas à le remettre en liberté. Il fut alors assez heureux pour parvenir à gagner l'Afrique. Sur les ruines de Minturnes s'éleva plus tard *Trajetta*.

MINUCIUS FELIX (MARCUS), né en Afrique, au commencement du troisième siècle, exerça à Rome la profession d'avocat, et embrassa le christianisme, dont il devint un des plus zélés défenseurs. Pendant longtemps, on attribua à Arnobe l'ancien son *Apologie*, qui est intitulée *Octavius* et écrite sous la forme d'un dialogue entre un chrétien de ce nom et un adorateur des anciens dieux. Elle fut imprimée pour la première fois dans le traité d'Arnobe, *Adversus gentiles*, dont elle formait le VIIIe livre (Rome, 1543); mais dès 1560 F. Baudouin reconnaissait l'erreur commise par les premiers éditeurs, et en publiant, à Heidelberg, une édition nouvelle qu'il restituait à son véritable auteur. On en a deux traductions françaises; l'une par d'Ablancourt (Paris, 1660), l'autre par A. Péricaud (Lyon, 1825). Consultez la dissertation de Meier : *De Minutio Felice* (Zurich, 1824).

MINUIT. C'est le milieu de la nuit, le milieu de l'intervalle qui sépare le moment où le soleil s'est couché de celui où il doit se relever le lendemain. Pour les astronomes ce mot présente un sens plus précis encore. Il désigne l'instant où le soleil, dans la portion de sa course que nous n'apercevons pas, doit traverser le plan méridien du lieu où l'on se trouve. Il y a du reste le minuit moyen, comme il y a le midi moyen : le minuit moyen est le milieu de l'intervalle entre deux midis moyens consécutifs. Un minuit moyen est toujours alors à douze heures d'intervalle du midi moyen qui le précède et de celui qui doit le suivre. Quand il est minuit pour les points de la Terre situés sur un méridien, il est midi pour tous les points situés sur le même méridien, dans l'hémisphère opposé. L'heure de minuit avait autrefois des priviléges particuliers; c'était elle qui voyait le plus souvent les apparitions du diable aux carrefours des chemins, lorsqu'une bouche imprudente avait osé l'invoquer. Mais maintenant ces priviléges ont disparu, avec bien d'autres. La superstition s'en est allée avec la foi; et bien rares sont les lieux, quoique reculés qu'ils soient, où l'heure de minuit soit moins vulgaire que les compagnes et soit susceptible d'inspirer quelque respect ou quelque crainte. L.-L. VAUTHIER.

MINUTE. Ce mot s'emploie dans la division du temps et dans la division de la circonférence du cercle. Considérée comme espace de temps, la minute est la soixantième partie de l'heure, et se divise elle-même en 60 secondes. Quand fut créé le système des nouvelles mesures, la division du temps fut aussi changée. Le jour était divisé en 10 heures, et chacune d'elles se divisait en 100 minutes, contenant chacune 100 secondes. Mais les habitudes prises, et surtout la difficulté de transformer les instruments à mesurer le temps, ont bientôt fait revenir à l'ancienne division.

Minute est souvent employé, dans un sens vague et indéterminé, pour désigner un espace de temps assez court, mais dont la durée n'est pas fixée.

Considérée comme longueur d'une partie de la circonférence du cercle, *minute* peut s'entendre de deux manières. Dans la division de la circonférence en 360 degrés, la *minute* est la soixantième partie du degré, et se divise elle-même en 60 secondes. Dans la division de la circonférence en 400 grades, la *minute* est la centième partie du grade, et se divise en 100 secondes. La première est la plus employée ; cependant, quand on veut préciser, on l'appelle *minute sexagésimale*, pour la distinguer de l'autre, qui reçoit le nom de *minute centésimale*.

Dans un sens tout différent de ceux qui précèdent, *minute* signifie l'original, la première rédaction de pièces judiciaires ou d'actes civils quelconques. On appelle même aussi quelquefois *minute* un brouillon de lettre ou de toute autre œuvre littéraire.   L.-L. VAUTHIER.

MINUTIE, MINUTIEUX. Ces deux mots, d'origine latine, indiquent quelque chose de petit, de peu important, et en même temps impliquent toujours une idée défavorable. L'homme *minutieux*, esprit le plus souvent faible et de peu de portée, fait son propre malheur en même temps que le tourment des autres, en raison de l'importance extrême qu'il attache à de petits faits, à de petits détails, auxquels personne autre que lui n'est tenté de prendre garde. En termes de peinture, le mot *minutieux* n'est pas toujours employé avec une intention de blâme; dans certains genres, la peinture de fleurs, par exemple, la recherche minutieuse de la vérité dans les détails est une qualité, et on admire à bon droit l'exécution minutieuse des Van Huysum, des Vezendael et des Mignon. La minutie est souverainement ridicule dans la sculpture et dans le grand style, où les détails nuisent à l'unité du sujet et affaiblissent en la divisant la grandeur de l'effet.

MINUTIUS FELIX. *Voyez* MINUCIUS.

MIQUELET, nom qu'on donne à des soldats espagnols chargés, en temps de guerre, de faire le service de partisans sur les frontières du nord de la Péninsule. Ces troupes, qu'il ne faut pas confondre avec les *guerillas*, sont très-propres à la guerre de montagnes : elles sont prises surtout parmi les habitants des Pyrénées, de la Catalogne et de l'Aragon. Elles étaient dans le principe armées de deux pistolets, d'une carabine à rouet et d'une dague. Au commencement de la guerre de 1689 entre la France et l'Espagne, Louis XIV ordonna la création dans le Roussillon de cent compagnies de *fusiliers de montagnes* pour être opposés aux miquelets espagnols. Les usages, les mœurs des habitants du Roussillon étaient en effet à peu près les mêmes que celles de leurs adversaires. Comme eux, ils avaient l'avantage de bien connaître le terrain, et convenaient mieux à ce genre de guerre que les troupes de ligne. Leur habillement, très-léger, consistait en une veste ou blouse courte, serrée à la ceinture par une large courroie : on les arma de l'épée, d'un petit fusil sans baïonnette, et de deux pistolets. Les miquelets français n'étaient pas seulement chargés du service de partisans, on les employait aussi à flanquer les ailes des colonnes, à escorter les convois et les courriers, à protéger les tirailleurs. Ces troupes, négligées et mal soldées, se dispersèrent en 1697, après la paix de Ryswik. En 1744, on en créa deux nouveaux bataillons de 600 hommes chacun, qui furent licenciés en 1763. Au commencement de la révolution de 1789, on vit reparaître les miquelets français sous le titre de *chasseurs des montagnes* et de *chasseurs-bons-tireurs*. Ces troupes se dispersèrent de nouveau à la paix de 1795. Lorsqu'en 1808 Napoléon entreprit la guerre d'Espagne, il en forma de nouveau plusieurs bataillons, parfaitement organisés, qui rendirent de grands services pendant toute la durée de cette guerre, et secondèrent puissamment nos troupes dans toutes les affaires d'avant-postes et de montagnes. On leur donna un uniforme brun, semblable pour la coupe à celui de l'infanterie légère, mais plus propre au genre de guerre qu'ils allaient faire et à la nature du terrain sur lequel ils devaient combattre. Ils cessèrent d'être employés après l'évacuation de l'Espagne. Plusieurs prirent du service dans la nouvelle organisation de l'armée préparée par la Restauration; d'autres allèrent reprendre dans leurs foyers leurs habitudes pastorales et agricoles.   SICARD.

MIQUELON (Iles de) et DE SAINT-PIERRE, dans l'archipel de Terre-Neuve ou de Saint-Laurent, à quelques milles de la côte méridionale de la grande île de Terre-Neuve. Elles forment un groupe nommé la *Grande-Miquelon, la Petite-Miquelon* et *Saint-Pierre* : lat. N., 47° 4'; long. O., 58° 15'. Cédées à la France en 1763, prises et rendues plusieurs fois par les Anglais, elles ont été enfin restituées à la France en 1816. C'est à *Saint-Pierre*, petite ville d'environ 800 âmes, dans l'île du même nom, que réside le gouverneur de cette colonie, devenue d'une grande importance pour la France depuis que les Anglais se sont emparés exclusivement de Terre-Neuve. C'est le rendez-vous de quinze à vingt mille marins partis des côtes de Bretagne, de Normandie, et du pays basque, pour faire la pêche de la morue, qui dans ces parages est des plus productives. La situation de cette petite colonie est regardée par les navigateurs qui l'ont fréquentée comme heureusement placée pour la pêche, la préparation, la conservation et l'exportation régulière du poisson, et comme réunissant toutes les conditions désirables pour la formation d'un entrepôt susceptible d'une grande extension.

Lorsque, par le traité d'Utrecht, en 1713, l'île de Terre-Neuve devint la propriété de l'Angleterre, il ne resta à la France, pour faire la pêche dans le golfe de Saint-Laurent, que ces trois îlots, dont les Anglais se sont toujours facilement emparés en temps de guerre avec la France, parce qu'ils sont faiblement défendus.

MIRABEAU, ancienne famille de Florence, que les troubles civils avaient forcée, au quatorzième siècle, de se réfugier en Provence, et célèbre surtout pour avoir produit le grand orateur de la révolution.

MIRABEAU (VICTOR RIQUETTI, marquis DE), père de l'orateur, naquit à Perthuis, le 5 octobre 1715. Dévoré d'ambition et du désir de briller, il vint à Paris, et s'affilia à la secte des économistes, alors en faveur. Il publia un grand nombre d'écrits d'après Quesnay, la plupart pleins d'affectations ridicules, d'un style trivial, et où le charlatanisme philanthropique se déguisait mal sous l'apparence d'une simplicité gauche et grondeuse. Plusieurs, néanmoins, furent assez bien accueillis : sa *Théorie de l'impôt*, en lui valant les honneurs de la Bastille, attira sur lui l'attention publique. Le roi de Suède, lors de son voyage à Paris, alla lui rendre visite pour rendre hommage à son talent. Grand partisan du pouvoir, et lâche courtisan, le marquis de Mirabeau cherchait à satisfaire à la fois son ambition et son désir de renommée. Affectant dans ses livres les idées les plus généreuses, il se montrait rampant devant la volonté des ministres, et d'un despotisme sans égal envers ceux qui lui étaient soumis. Au reste, égoïste, avare, débauché, entretenant des maîtresses, et refusant à son fils, dont il était jaloux, l'argent qui lui était nécessaire, provoquant pendant douze ans la réclusion de sa femme, qui lui avait apporté 50,000 liv. de rentes, obtenant pour prix de ses flatteries cinquante-quatre lettres de cachet contre sa famille, et fatiguant les tribunaux de ses procès avec elle : tel fut ce philanthrope qui se déclarait hautement l'*ami des hommes*. Il mourut à Argenteuil, le 13 juillet 1789, la veille du jour où la prise de la Bastille, ce premier événement de la révolution, ouvrait un nouvel ordre de choses, que son fils devait tant illustrer.

MIRABEAU (HONORÉ-GABRIEL RIQUETTI, comte DE), naquit au Bignon, le 9 mars 1749. Dès son enfance, sa constitution vigoureuse et la fermeté de son intelligence annonçaient une nature que devaient agiter de bonne heure les plus énergiques passions. Confié d'abord aux soins d'un précepteur qui lui donna une légère teinture du latin et des classiques, il passa ensuite dans un pensionnat militaire, où il fut initié aux mathématiques par le célèbre Lagrange. Il quitta le pensionnat à dix-sept ans, pour entrer dans la cavalerie, en qualité de volontaire; et pendant les loisirs que lui laissait sa nouvelle profession il se livra à l'étude avec cette ardeur dévorante qu'il apportait à tous les exercices de la pensée et du corps. Mais déjà à cette époque commence pour lui cette vie de luttes et de combats qui doit toujours nous le montrer aux prises soit avec les événements, soit avec les hommes, soit avec lui-même. Ici la lutte s'engage entre lui et son père, lutte acharnée et déplorable, qui mettra en question les sentiments les plus naturels et offrira le scandale des plus infâmes accusations rejetées de l'un à l'autre. Les tristes écarts de la jeunesse de Mirabeau peuvent être attribués en partie au despotisme inintelligent de son père : ce fut le premier adversaire qu'il rencontra sur sa route. A l'occasion d'une aventure galante arrivée au jeune officier, et qui eut quelque éclat, *l'ami des hommes* obtint contre lui une lettre de cachet, et le fit enfermer à l'île de Ré; son intention était même de le reléguer dans les colonies hollandaises, mais l'intervention de quelques amis empêcha l'exécution de cet odieux projet. Au sortir de prison, Mirabeau fut envoyé en Corse, où il servit avec distinction, et il obtint le brevet de capitaine de dragons : il pressa alors son père de lui acheter un régiment, mais il reçut cette sévère réponse, « que les Bayard et les Duguesclin n'avaient pas procédé ainsi ».

Dégoûté d'une carrière où les protections et le crédit lui manquaient, Mirabeau revint en France après la soumission de la Corse. Il chercha alors à rentrer en grâce auprès de son père, qui l'envoya dans le Limousin améliorer ses terres et poursuivre des affaires litigieuses. De pareilles occupations devaient bientôt le lasser : il retourna à Paris, et se brouilla de nouveau avec son père, dont il combattait les opinions économiques. Il quitta Paris pour la Provence, où il épousa (1772) une belle et riche personne, Mlle de Marignan. Pouvant enfin satisfaire ses goûts de dépenses, il se livra à de tels excès de prodigalité qu'au bout de deux ans son père le fit interdire et confiner dans ses terres par ordre du roi. Privé ainsi de sa liberté par cet exil, Mirabeau donna carrière à ses sentiments irrités, en composant son *Essai sur le Despotisme*, morceau dont la verve fougueuse accuse le désordre et la force de ses idées. Un nouvel événement vint encore rendre ses chaînes plus lourdes; il rompit son ban pour châtier un gentilhomme insolent, qui avait insulté sa sœur. Peu jaloux de l'honneur de sa famille, son père provoqua une nouvelle procédure contre lui, et le fit renfermer au château d'If, d'où il fut transféré au fort de Joux, en 1776.

Avec les moyens puissants de séduction qu'il tenait de la nature, une conversation pleine de charmes, un commerce facile et enjoué, Mirabeau fut bientôt dans les bonnes grâces du gouverneur, qui lui donna la ville de Pontarlier pour prison. Là, il fit connaissance d'une jeune et belle femme, Sophie du Ruffey, mariée fort jeune à un sexagénaire, le marquis de Monnier, ancien président de la chambre des comptes à Dôle, qu'il n'eut pas de peine à la séduire, et cette liaison attira sur sa tête de nouveaux orages : la famille de Sophie, l'époux outragé, et son père, ce père qu'on retrouve toujours lorsqu'il s'agit de provoquer des mesures de rigueur contre son fils, se réunirent pour demander la réparation de cette nouvelle injure. Il ne restait plus à Mirabeau qu'à fuir : le conseil lui en fut donné par Malesherbes : « Je quitte le ministère, lui écrivait-il, et le dernier conseil que je puisse vous donner est d'aller prendre du service à l'étranger. » Il se réfugia en Suisse, où son amante vint le rejoindre, et ils passèrent de là en Hollande. On instruisit son procès en son absence, et le parlement de Besançon le condamna à être décapité en effigie, comme coupable de rapt.

La vie de Mirabeau en Hollande fut triste et misérable : pour subvenir à ses besoins et à ceux de sa compagne, il fut obligé de mettre sa plume à la solde des libraires. A cette époque, il apprit que son père l'accusait d'avoir souillé sa couche; le cœur ulcéré par cette calomnie infamante, il publia contre son accusateur des pamphlets pleins de fiel et d'âcreté, où il répondait à d'odieuses imputations par des allégations qu'on doit croire aussi calomnieuses. Cependant, le besoin le pressait, et ses écrits ne pouvaient suffire à son existence; il conçut alors le projet de s'embarquer pour l'Amérique. Mais le temps lui manque; on avait demandé et obtenu son extradition : il fut enlevé d'Amsterdam avec sa complice, qui paya sa faute par une longue détention dans une maison de surveillance. Mirabeau fut enfermé au donjon de Vincennes, où il resta trois ans et demi. Pendant sa captivité, il se livra à un travail assidu, écrivant sur tous les sujets qui se présentaient à son esprit; tantôt envisageant les *lettres de cachet* et les *prisons d'État* dans leurs rapports avec le droit naturel; tantôt, animé par la lecture de Boccace, Tibulle, Jean Second, écrivant à Sophie des lettres où la passion revêt les formes les plus brûlantes; tantôt se laissant aller à ces débauches d'imagination que le silence de la prison rend plus audacieuses, et composant l'*Erotica Biblion*, et *Ma Conversion*, ouvrage graveleux, dont l'esprit n'est pas assez puissant (et quel esprit, celui de Mirabeau !) pour faire oublier le cynisme. Enfin, il est rendu à la liberté; et la haine de son père est si bien connue qu'on ne craint pas, en le voyant reparaître après une captivité de quarante-deux mois, comme si ce temps était trop court, de l'accuser d'avoir écrit des libelles injurieux contre sa mère, toujours tendre pour lui, afin de désarmer son père et d'obtenir de son animosité une sorte d'armistice.

Le premier emploi qu'il fait de sa liberté, c'est d'aller se constituer prisonnier à Pontarlier pour purger sa contumace. L'arrêt qui le condamnait est cassé; les procédures sont mises au néant, et la cause de son amante, de Sophie, est gagnée : ce fut pour Mirabeau un beau triomphe. Le procès qui suivit celui-ci fut moins heureux; Mirabeau voulait se rapprocher de sa femme, qui avait hérité de 6,000 livres de rentes : elle fut sur le point de céder à ses instances, mais des conseils étrangers la firent changer d'avis : Mirabeau plaida, et perdit sa cause. Sans ressources alors, il se rendit à Londres (1784) avec une Hollandaise, qui avait succédé à Sophie : il publia en français et en anglais ses *Considérations sur l'ordre de Cincinnatus*, ouvrage qu'il avait commencé à Paris. De retour en France, il mit son talent à la disposition des banquiers et des entrepreneurs. A l'occasion de l'entreprise des eaux de Paris, il soutint contre Beaumarchais une polémique très-vive, dont ce dernier eut le bon esprit de lui laisser la violence et l'amertume. Calonne le distingua, et le jugea propre à remplir une mission secrète : il l'envoya à Berlin. Frédéric-Guillaume, craignant les observations redoutables d'un pareil envoyé, lui enjoignit de sortir de ses États. Un nouveau pamphlet, la *Dénonciation de l'Agiotage au roi et aux notables*, devait encore attirer sur lui la persécution : le rôle condamna à être enfermé au château de Saumur. Mirabeau se tint à l'écart, et publia la *Suite de la Dénonciation*.

Sa fortune politique commençait; ses nombreux écrits, ses pamphlets, toujours empreints d'une énergie et d'une raison puissantes, rendaient son nom célèbre et redoutable. En 1788, la publication de son important ouvrage. *La Monarchie prussienne*, fut accueillie avec un grand succès. Dans la même année, il fit paraître l'*Histoire secrète du cabinet de Berlin*, où il dévoilait audacieusement les manœuvres et les ressources des princes étrangers. Le corps diplomatique demanda satisfaction : il l'obtint, et le pamphlet fut brûlé par la main du bourreau. Mais c'est là le dernier acte de rigueur exercé contre Mirabeau; une nouvelle existence digne de lui et de son génie va s'ouvrir, l'existence politique, à laquelle il s'est préparé par ses études, ses travaux, son activité et ses relations : c'est à lui de dicter des lois et de parler en maître : les états généraux sont convoqués ! Et cependant, que de préventions défavorables s'élevaient contre lui à cette époque : le scandale de ses procès, de ses amours et de ses prodigalités, les récriminations de son père, ses divisions de famille, une existence misérable et nécessiteuse, passée tantôt à l'étranger, tantôt sous les verrous ; des excès de tous genres, des besoins immenses, des fréquentations honteuses, un nom perdu et cependant redouté, et par-dessus tout une réputation d'audace prête à tout, et dont on pouvait attendre dans une époque tumultueuse les choses les plus terribles ! Rejeté par la noblesse, qui le désavoue, Mirabeau est accueilli par le tiers état, et nommé dans deux villes, Marseille et Aix. Il opte en faveur de cette dernière, parcourt la Provence en triomphe, et se rend à Versailles.

A la séance d'ouverture des états, son apparition dans la salle excite une rumeur que son regard et sa démarche hautaine ont bientôt calmée ; car déjà il pressent sa force et son influence. Dès les premières assemblées, il signale son énergie dans les discussions qui s'élèvent entre le tiers état et les deux autres ordres. Il propose la dénomination de *représentants du peuple* pour les députés. A la séance royale du 23 mai, lorsque l'ordre est donné à l'assemblée, au nom du roi, de se séparer, les députés des communes seules résistent et gardent leurs places : Mirabeau, qui déjà prend le premier la responsabilité des motions énergiques, se lève : « Messieurs, dit-il, je demande qu'en vous couvrant de votre dignité, de votre puissance, vous vous renfermiez dans la religion de votre serment, qui ne vous permet de vous séparer qu'après avoir fait la constitution. » Le marquis de Brézé, grand-maître des cérémonies, insiste pour faire exécuter l'ordre du roi. « Vous n'avez ici, répond Mirabeau, ni voix, ni place, ni droit de parler. Cependant, pour éviter tout délai, allez dire à votre maître que nous sommes ici par la puissance du peuple, et qu'on ne nous en arrachera que par la puissance des baïonnettes. » Sur sa proposition, l'assemblée vote l'inviolabilité de chaque membre de la représentation nationale.

Le peuple avait enfin trouvé son tribun, et par son énergique entremise il traitait de puissance à puissance avec la royauté. L'impulsion est donnée, l'agitation se propage ; tant d'audace, de résolution, inspire des craintes sérieuses à la cour : des troupes sont mandées. Mais la révolution s'avance à grands pas ; les mots de droits et de régénération sont compris et répétés, et la Bastille, ce monument antique du pouvoir absolu, tombe devant les assauts du peuple. Le roi s'inquiète d'une chose aussi inouïe et inattendue ; il demande des explications, l'assemblée veut lui envoyer une députation : « Dites au roi, s'écrie Mirabeau aux envoyés, dites-lui bien que des hordes étrangères dont nous sommes investis ont reçu hier la visite des princes, des princesses, des favoris, des favorites, et leurs caresses, et leurs exhortations et leurs présents. Dites-lui toute la nuit ces satellites étranges, gorgés d'or et de vin, ont prédit* dans leurs chants impies l'asservissement de la France....... Dites-lui que dans son palais même les courtisans ont mêlé leurs danses à cette musique barbare, que que telle fut l'avant-scène de la Saint-Barthélemy. » Mais le roi va paraître lui-même, son escorte : des applaudissements sont sur le point d'éclater. « Attendez, reprend Mirabeau avec gravité, que le roi nous ait fait connaître ses bonnes dispositions. Qu'un morne respect soit le premier accueil fait au monarque dans ce moment de douleur. Le silence des peuples est la leçon des rois ! »

Les événements se pressent : les provinces émues s'agitent ; la révolution s'opère dans le peuple et dans l'armée. Mirabeau est toujours au premier rang sur la brèche ; foudroyant de son éloquence tous les obstacles qu'il rencontre, et s'imposant à la royauté, qu'il attaque, et à l'Assemblée, qu'il électrise. Il serait long de suivre pas à pas la marche des événements auxquels Mirabeau prit part en donnant l'impulsion aux mouvements les plus énergiques, ouvrant les délibérations les plus hardies, attirant à lui tous les esprits par l'enthousiasme, la crainte, la flatterie et ce charme puissant de fascination qu'il possédait à un si haut degré. En arrivant au rôle politique, Mirabeau, on peut le dire, n'avait pas d'idée arrêtée ; mais son âme, ulcérée par tous les despotismes qu'elle avait eu à combattre, endurcie dès longtemps à la lutte, exaspérée par les résistances, avait besoin de se relever des dédains et des humiliations dont elle avait été abreuvée. La royauté se rencontra la première sur son passage, et les circonstances étaient trop belles pour que son orgueil n'essayât sa puissance. Une cour corrompue et remplie d'hésitations ; des ministres inhabiles, des prétentions arrogantes, mais des volontés molles, un temps fertile en abus et déjà obscurci par l'approche des orages : voilà ce que trouva Mirabeau à son entrée dans la carrière. Aussi, tous les premiers coups qu'il porte vont-ils frapper la royauté ; il ne laisse échapper aucune occasion de lui causer ces *déplaisirs mortels* que, suivant l'expression de Bossuet, le grand Condé causait aux rois. « Je ne suis pas étonné, s'écrie-t-il dans une discussion, qu'on rappelle le règne où a été révoqué l'édit de Nantes ; mais songez que de cette tribune où je parle j'aperçois la fenêtre fatale d'où un roi assassin de ses sujets, mêlant les intérêts de la terre à ceux de la religion, donna le signal de la Saint-Barthélemy. » On mit en question dans l'intérêt de la royauté la toute-puissance de l'Assemblée nationale : Mirabeau se lève : « On demande, dit-il, depuis quand les députés du peuple sont devenus convention nationale ; je réponds, c'est le jour où, trouvant l'entrée de leurs séances environnée de soldats, ils allèrent se réunir dans le premier endroit où ils purent se rassembler pour jurer de plutôt périr que d'abandonner les droits de la nation. Quels que soient les pouvoirs dont ils nous avons exercés, nos efforts, nos travaux les ont légitimés..... Vous vous rappelez tous le mot de ce grand homme de l'antiquité qui avait négligé les formes légales pour sauver la patrie. Sommé par un tribun factieux de dire s'il avait observé les lois, il répondit : Je jure que j'ai sauvé la patrie. Messieurs, s'écrie Mirabeau en s'adressant aux députés des communes, je jure que vous avez sauvé la patrie. »

Mirabeau néanmoins ne voulait pas le renversement de la monarchie : lorsque les débats s'ouvrirent sur la constitution, il avait déclaré qu'il aimerait mieux vivre à Constantinople qu'à Paris si dans la formation d'un pouvoir législatif nouveau on n'admettait pas la sanction royale. Ses dispositions et sa conduite peuvent s'expliquer par cette phrase : « J'ai voulu profiter des Français de la superstition de la monarchie pour y substituer le culte. » Peut-être Mirabeau comprit-il, lorsqu'il eut donné satisfaction aux premiers élans de ses passions irritées, que le torrent populaire grossissait trop vite, et qu'il fallait, sans chercher à l'endiguer, rendre ses chutes moins terribles et moins redoutables. Plus tard, il fut accusé d'être vendu au parti de la cour. Déjà auparavant, mais sans motif, on l'avait accusé d'être agent du duc d'Orléans, et il lui avait suffi d'un mot pour écraser ses accusateurs. Il tint bon devant l'orage que les ennemis de son talent et de sa puissance avaient formé : « Moi aussi, dit-il, en répondant à Barnave, on m'a porté en triomphe, et pourtant on crie aujourd'hui dans les rues : *La grande trahison du comte de Mirabeau* ! Je n'avais pas besoin de cet exemple pour savoir qu'il n'y a qu'un pas du Capitole à la roche Tarpéienne ; cependant, ces coups de bas en haut ne m'arrêteront pas dans ma carrière. » Puis, se tournant vers son adversaire, « Expliquez-vous : vous avez dans votre opinion réduit le roi à notifier les hostilités commencées, et vous avez donné à l'Assemblée toute seule le droit de déclarer à cet égard la volonté nationale. Sur cela, je vous arrête et je vous rappelle à nos principes, qui partagent l'expression de la volonté nationale entre l'Assemblée et le roi... En ne l'attribuant qu'à l'Assemblée, vous avez forfait à la constitution : je vous rappelle à l'ordre... Vous ne répondez pas... je continue... »

Dans une autre occasion, lorsqu'on proposa d'adopter une loi contre les émigrés, interrompu plusieurs fois par des murmures au milieu de son discours, il se tourna vers les interrupteurs, et d'une voix tonnante : « Cette popularité que j'ai ambitionnée, et dont j'ai joui comme un autre, n'est pas un faible roseau : je l'enfoncerai profondément en terre, et je la ferai germer sur le terrain de la justice et de la raison... Je jure, si une loi d'émigration est votée, je jure de vous désobéir. »

C'est par ces éclats d'éloquence, où la puissance du génie était soutenue par la puissance de la colère, qu'il étonnait l'Assemblée et faisait taire ses ennemis. Toujours prêt à la lutte, sous quelque forme qu'elle se présentât, à ces *coups de bas en haut*, qui ne pouvaient le prendre à l'improviste, Mirabeau frappait d'épouvante et d'admiration : changeant les dispositions les plus malveillantes, et forçant à l'attention les interrupteurs les plus opiniâtres par l'audace de ces apostrophes directes : *Silence aux trente voix*, s'écriait-il en fixant ses yeux sur la gauche, et la gauche, où siégeaient Barnave et les Lameth, n'osait secouer ce joug dictatorial qui s'imposait avec tant d'autorité. Mais l'ardeur de ces luttes, jointe aux excès de plaisir et de travail, avait usé la vigueur de son tempérament. De fâcheux symptômes lui annonçaient une fin prochaine. L'annonce de sa maladie répandit l'alarme à la cour, à la ville et à l'Assemblée. Les partis se turent, l'accablement fut général, et des soupçons sinistres circulèrent dans la foule. Le peuple entourait silencieusement sa maison; on faisait circuler des bulletins de sa santé; la cour elle-même envoyait d'heure en heure savoir de ses nouvelles. Pour lui, calme au milieu des souffrances aiguës qu'il endurait, il entretenait ses amis de ses travaux interrompus : « Ce Pitt, leur disait-il, gouverne avec des menaces : je lui donnerais de la peine si je vivais. » Puis, s'adressant à son domestique : « Soutiens cette tête; c'est la plus forte de la France. » Son calme ne se démentit pas au milieu de ses douleurs : la vue de ses amis, la visite de Barnave, son adversaire, et l'empressement du peuple, parurent lui causer une douce émotion. Il expira le 2 avril 1791. Cette mort rapide plongea tous les partis dans la stupeur; le deuil fut général, car le peuple, la cour et l'Assemblée comptaient sur lui. Mirabeau n'avait pris aucun engagement, et dans ces jours incertains les espérances les plus opposées s'étaient réunies sur sa tête. Les funérailles qu'on lui fit furent vraiment royales : ses restes furent déposés dans l'église Sainte-Geneviève, qu'on érigea en panthéon avec cette inscription : *Aux grands hommes la patrie reconnaissante*.

Un homme comme Mirabeau, une carrière aussi diversement remplie que la sienne, devaient tôt ou tard soulever de violentes discussions. On l'a accusé de s'être vendu au parti de la cour : ne sachant plus quel jeu jouer, il est certain que la cour ni à ses pieds les plus brillants avantages. Bouillé, qui avait donné le conseil au roi de se l'attacher à tout prix, affirme que Mirabeau recevait chaque semaine une somme très-considérable pour ménager la cour. Le fait est certain, et Mirabeau lui-même ne s'en cachait pas. « Je suis payé, disait-il, mais je ne suis pas vendu. » Et cela était vrai : en soutenant la royauté dans certaines occasions, Mirabeau soutenait ses opinions, toutes favorables à la monarchie; mais il n'avait pas vendu ce qu'il ne pouvait vendre, son indépendance, sa haine du despotisme et des abus, son opposition aux priviléges. L'amour des plaisirs, ses goûts et ses prodigalités le rendaient peu délicat sur les moyens d'y satisfaire : il avait accepté ce que la cour lui donnait, mais sans faire de pacte avec elle et sans se compromettre. Il restait libre, quoique payé, et laissait la cour dans l'inquiétude sur le parti qu'il lui plairait de prendre.

Les accusations ne se sont pas arrêtées là : on a été jusqu'à nier son talent d'orateur et jusqu'à dire qu'il n'était pas l'auteur de ses discours. Ces imputations ont été souvent répétées. Étienne Dumont, qui fut lié assez intimement avec lui, avance dans ses Mémoires que Duroverai et lui, Dumont, composèrent les meilleurs discours prononcés par Mirabeau. De pareilles allégations prouvent combien l'auteur s'est mépris sur le caractère de Mirabeau. Il a connu Mirabeau le joueur, l'orgueilleux, l'infidèle; Mirabeau souillant de sa calomnie des réputations de femme, quittant la table pour l'Assemblée, et l'Assemblée pour l'orgie. Mais le Mirabeau portant un instant toutes les destinées de la France, le politique, l'homme d'État, le poëte surtout, le grand poëte, ce Mirabeau ne lui a jamais été révélé. Que Mirabeau eût des *faiseurs*, et que dans leurs œuvres il prit une idée et la donnât comme sienne, rien d'étonnant. Molière prenait hardiment son bien partout où il le trouvait. Je veux que Mirabeau se soit servi des hommes pour écrire, comme il s'en servait au besoin pour agir; qu'il ait emprunté la plume des écrivains, comme il empruntait l'esprit et la colère du peuple; mais en vérité il y a quelque chose pour la plaisanterie quand on voit émettre cette singulière opinion : *qu'il resterait fort peu de choses à Mirabeau si chacun de ses collaborateurs reprenait sa part*. A coup sûr, si on entendait par les collaborateurs de Mirabeau le peuple lassé de la misère et aspirant à la liberté, le trône battu en brèche et chancelant à chaque cri de la multitude, un roi méprisé pour sa faiblesse, la France échevelée et tout en alarmes; enfin, s'il comptait au nombre de ses complices tous ces doutes, ces tumultes, ces terreurs qu'enfante toute révolution, à coup sûr, dépouillé de ce bruyant entourage, Mirabeau ne serait plus l'homme dont le nom et la gloire sont si haut; et tout en conservant le sceau du génie gravé par la main de Dieu, il aurait perdu de la grandeur surhumaine que lui prêtent les événements. Mais, en conscience, ôtez-lui quelques phrases qu'il aurait pu prendre; arrachez-lui les lambeaux dont il s'est couvert; mettez-le à nu, dépouillez-le à votre profit si vous croyez que ses vêtements puissent aller à votre taille; et il nous reste encore l'athlète robuste aux muscles vigoureux, prêt à combattre pour l'émancipation des peuples; il nous reste l'honneur de la tribune, le premier orateur français.

MIRABEAU (BONIFACE RIQUETTI, vicomte DE), frère cadet du précédent, né au Bignon, le 30 novembre 1754, fut nommé député aux états généraux par la noblesse de la sénéchaussée de Limoges. Zélé partisan de la royauté et des idées monarchiques, il se montra le constant adversaire des opinions de son frère. Le royalisme du vicomte, qu'on appelait *Mirabeau Tonneau*, à cause de la grosseur de son ventre et de ses cuisses, fut si outré que lorsque Louis XVI vint prêter serment à la constitution, il quitta son banc, sortit de la salle et brisa son épée, en disant que « puisque le roi de France ne voulait plus l'être, un gentilhomme n'avait plus besoin d'épée pour le défendre ». Il émigra, leva une légion de royalistes, qui se réunit plus tard à l'armée de Condé. Il fut décrété d'accusation le 2 février 1792. Il mourut à la fin de cette année. Le vicomte de Mirabeau avait l'esprit vif et railleur comme son frère; mais il s'exprimait difficilement, ce qui lui faisait redouter la tribune. Un jour qu'il y était monté légèrement pris de vin, il s'embarrassa dans son discours; son frère lui en fit des reproches : « De quoi vous plaignez-vous? lui répondit le vicomte : de tous les vices de la famille vous ne m'avez laissé que celui-là. » Dans une autre occasion, la réplique fut plus vive : Mirabeau avait prononcé à la tribune ces belles paroles où il parla de la Saint-Barthélemy et de Charles IX. « Si l'on abusa de la religion, répondit son frère, pour opérer les meurtres de la Saint-Barthélemy, des *scélérats* ont abusé du nom de la liberté pour violer la demeure des rois. » JONCIÈRES.

MIRABELLE, nom vulgaire d'une espèce de prune (*voyez* PRUNIER).

MIRACLE (de *mirari*, admirer, être surpris, d'où *miraculum*, chose surprenante, miracle). On appelle ainsi un événement contraire aux lois constantes de la nature. Ainsi, que par l'effet d'une parole l'eau devienne tout à coup du vin, un mort ressuscité, voilà des miracles, parce que, d'après les lois ordinaires de la nature, les choses ne se passent pas ainsi. Maintenant, nous demanderons si un tel événement est possible. Qui oserait le nier, et prétendre que la puissance de Dieu ne peut aller jusque là ? Celui qui a établi les lois de la nature ne saurait-il y déroger ? « Dieu peut-il faire des miracles ? demande J.-J. Rousseau. Cette question, répond-il, serait impie si elle n'était absurde. Ce serait faire trop d'honneur à celui qui la résoudrait négativement que de le punir, il suffirait de l'enfermer. »

Mais, dit-on, les lois qui régissent l'univers sont parfaites, pourquoi Dieu changerait-il un ordre si admirable ? Un miracle ne change rien à l'ordre établi ; c'est une exception, et voilà tout. La grâce qu'un prince accorde à un criminel ne détruit pas la loi qui punit le crime ; de même aussi la résurrection d'un mort n'empêche pas que tous les hommes ne soient soumis à la nécessité de mourir, et parce qu'un homme marche une fois sur les eaux, la loi de la pesanteur des corps n'en souffre aucune atteinte. Pourquoi Dieu s'écarterait-il des lois qu'il a posées lui-même ? Il ne faut pas un bien grand effort de génie pour le trouver. Habitués que nous sommes à l'ordre admirable qui règne autour de nous, nous finissons par y demeurer insensibles ; les bienfaits que la Providence nous prodigue chaque jour par les voies ordinaires n'excitent plus notre reconnaissance ; on attribue l'abondance à son travail, la disette à quelque dérangement de saison ; à peine Dieu est-il aperçu dans ses œuvres. Un miracle s'opère, l'ordre habituel est un instant interrompu ; nous sortons de notre assoupissement, nous sentons mieux la puissance du Dieu qui tient en ses mains la nature et qui sait, quand il veut, arrêter ou multiplier ses dons. Nous instruire, nous corriger, nous récompenser, nous ramener à lui, c'est la fin que Dieu se propose dans les miracles, et cette fin est digne de la sagesse et de sa bonté.

Pour décider qu'une chose est un miracle, c'est-à-dire un événement contraire aux lois de la nature, dit-on encore, il faudrait connaître toutes ces lois ; combien y en a-t-il qui sont encore inconnues ? Déjà les sciences ont expliqué tout naturellement bien des miracles ; qui nous dira qu'un jour elles ne parviendront pas à les expliquer tous de la même manière ? Pour voir un miracle dans un fait quelconque, il n'est pas nécessaire de connaître toutes les lois de la nature, pas plus qu'il n'est nécessaire de connaître le Code Civil et le Code Pénal pour dire qu'un voleur agit contre les lois ; il suffit de voir que l'événement en question est opposé à ce qui se voit chaque jour. Par exemple, un homme, avec cinq petits pains, nourrit des milliers de personnes : je puis crier au miracle, et je n'ai pas besoin de connaître tous les mystères de la nature pour décider qu'elle n'ira jamais jusque là. Je conviens que les progrès des sciences ont amené bien des découvertes étonnantes, bien des effets inexplicables : ces découvertes m'avertissent qu'il y a dans la nature bien des causes qui me sont inconnues ; que je ne dois pas appeler miracle tout ce qui me paraît extraordinaire ; que ma foi ne doit pas dégénérer en aveugle crédulité. Mais ce que je connais de la nature suffit pour m'autoriser à dire que toutes les découvertes de la science, tous les progrès possibles dans l'art de guérir ne donneront jamais à l'homme le pouvoir de rendre d'une parole la vue à un aveugle de naissance, la santé à un moribond, la vie à un mort de quatre jours.

Le temps des miracles est passé, ajoute-t-on, et tous ceux qu'on nous cite ont eu lieu dans des temps, dans des pays fort loin de nous. Est-ce une raison pour les révoquer en doute ? Le temps des miracles est passé ! assertion démentie chaque jour par les procès de la canonisation des saints. Je conviens que les faits miraculeux sont rares, mais il faut qu'ils le soient ; autrement, ce ne serait plus des miracles : nos yeux s'y accoutumeraient comme aux phénomènes de la nature, et toute l'utilité en serait perdue. L'Évangile nous en donne la preuve dans l'exemple des Apôtres, qui, tous les jours témoins des œuvres merveilleuses de leur maître, n'en étaient plus frappés, au point qu'ils ne s'aperçurent pas du miracle de la multiplication des pains.

Les prodiges sont rares aujourd'hui, dit saint Jean-Chrysostôme ; c'est qu'ils ne sont plus nécessaires. Dans tous les temps où Dieu semblait se plaire à multiplier les miracles, je vois des circonstances qui en font sentir la nécessité. Moïse fait des prodiges parce que, se disant envoyé de Dieu pour donner une loi à son peuple, il faut que ses œuvres justifient sa mission ; les prophètes font des prodiges parce que, annonçant la félicité du Sauveur, il faut que leurs œuvres garantissent leurs prédictions ; Jésus fait des prodiges parce qu'il se disant le Fils de Dieu, il faut que ses œuvres attestent sa divinité ; les Apôtres font des prodiges parce que, se disant dépositaires de la doctrine du Fils de Dieu, chargés d'enseigner toutes les nations ; il faut que leurs œuvres confirment le pouvoir dont ils sont revêtus. « Pour faire croître la foi, dit saint Grégoire le Grand, il fallait la nourrir de prodiges : c'est ainsi que quand nous plantons un arbre, nous l'arrosons jusqu'à ce qu'il ait pris racine, et nous cessons d'arroser quand il commence à pousser. » Aujourd'hui donc que non-seulement la foi a pris racine, mais qu'elle est répandue par toute la terre, et qu'elle doit durer jusqu'à la fin des siècles, aujourd'hui que le souvenir des miracles de Jésus-Christ et de ses Apôtres, rendu vivant par l'Évangile, démontre non-seulement que les miracles sont possibles, mais qu'ils sont réels, où est la nécessité de nouveaux prodiges ?

Sans doute, pour que je croie un miracle, il faut qu'il soit appuyé sur des preuves incontestables, et j'avoue que bien des faits miraculeux, qui se débitent chaque jour, me trouvent incrédule ; mais je ne dirai pas comme nos modernes Thomas : « Je ne croirai qu'après avoir vu. » Qu'un miracle me présentât le même degré de certitude que ceux de l'entièreté de l'Évangile, quand je ne l'aurais pas vu, j'y crois de toute mon âme. Car, pour ne parler que des miracles évangéliques, est-il rien de mieux attesté ? Ce sont les Apôtres qui viennent vous dire : « Nous avons vécu pendant trois ans avec Jésus ; nous l'avons suivi de bourgade en bourgade ; partout nous avons vu les malades ; les infirmités disparaître à sa voix ; nous l'avons vu rassasier cinq mille personnes affamées avec cinq pains d'orge que nous avons distribués nous-mêmes, et dont nous avons recueilli les restes dans douze corbeilles ; nous l'avons vu, dans la ville de Naïm, ressusciter le fils d'une pauvre veuve, et pénétrer de tout un peuple ; nous avons vu Lazare mort, nous avons senti l'odeur infecte qu'il exhalait, puis nous l'avons vu revenir en vie à sa voix, et nous l'avons débarrassé nous-mêmes des liens dont il était enveloppé. Si notre témoignage ne suffit pas, interrogez les principaux habitants de Jérusalem, qui l'ont vu aussi bien que nous. » Les accusera-t-on d'imposture ? Il leur eût été assez difficile de tromper des contemporains qui se citent les lieux où les cinq mille personnes ont été miraculeusement rassasiées, la ville où le jeune homme a été ressuscité à la vue de tout le peuple, les témoins qui ont vu Lazare sortant du tombeau. Ce serait donc d'une personne pour la conviction de mensonge, et cette personne ne se trouve pas. D'ailleurs, où auraient-ils été chercher de telles inventions, eux si simples et si grossiers, eux dont la naïveté rapportée jusqu'à leur incrédulité même, eux dont la conviction va jusqu'à souffrir la mort plutôt que de démentir un seul des faits qu'ils racontent ? « Ce n'est pas ainsi qu'on invente, dit J.-J. Rousseau, et les faits de Socrate, dont personne ne doute, sont moins attestés que ceux de Jésus-Christ. »

Le témoignage des Apôtres paraît-il suspect, parce qu'ils ont été les amis de Jésus, nous ferons parler ses ennemis. Qui plus que les scribes et les pharisiens était intéressé à confondre les Apôtres pour se laver du crime de déicide ? Ils les font battre de verges, ils les chargent de chaînes, mais ils ne trouvent rien à répondre à ceux qui leur disent : « Nous ne pouvons nous empêcher de raconter ce que nous avons vu, ce que nous avons entendu. » Ils ne croient pas à la divinité de Jésus ; ils attribuent grossièrement ses prodiges au démon; leur plus grand argument contre ces prodiges, c'est qu'ils sont faits le jour du sabbat; mais ils n'osent les révoquer en doute. Les Julien, les Celse, les Porphyre, et tant d'autres, qui ont voulu écraser le christianisme naissant du poids de leur génie, ont vu dans les œuvres de Jésus des opérations magiques, mais ils n'en contestent pas la réalité. Un historien, Josèphe, Juif de nation, avoue que Jésus était un homme sage, « si toutefois on doit se contenter de l'appeler un homme, tant ses œuvres étaient admirables ». D'autres Juifs, d'autres païens, ont fait plus encore : frappés des prodiges de Jésus et de ceux que ses disciples opéraient en son nom, ils se sont prosternés à ses pieds pour l'adorer comme un Dieu, et c'est ici le plus beau monument qui atteste les prodiges du Sauveur.

Il est certain qu'avant Jésus-Christ le monde entier, à l'exception du petit peuple juif, était plongé dans l'idolâtrie; il n'est pas moins certain que depuis Jésus-Christ la grande majorité de l'univers se glorifie de suivre sa religion; il est également certain que ce changement prodigieux est l'œuvre de douze pauvres pêcheurs sans talents, qui se disaient ses envoyés. Si Jésus-Christ et ses Apôtres ont fait des miracles, ce changement n'a plus rien d'étonnant : Jésus-Christ est Dieu, comme il le déclare; les Apôtres sont ses ministres, le christianisme est son œuvre; les peuples se sont rendus à l'évidence. Mais si, au contraire, ils n'ont pas fait de miracles, si ceux qu'on leur attribue sont faux, il faut, dit saint Augustin, en admettre un mille fois plus étonnant que tous les autres : c'est que le monde entier ait cru sans examen et sans preuves des choses si incroyables. Ainsi, les miracles de Jésus-Christ sont publiés par ses disciples, qui les ont vus, avoués par ses ennemis, qui ne peuvent les nier, attestés par la foi du monde entier, qui en a reconnu la divinité : quelles preuves pourrait-on encore exiger?

Que les miracles aient été le plus puissant et même, j'oserais le dire, le seul moyen que Dieu ait pu employer pour établir la religion sur la terre, il n'est pas difficile de le prouver. Quelle autre voie Jésus-Christ eût-il adoptée? La force? Je ne croirais pas trop à un homme qui prêcherait à coups de sabre la charité, la douceur, la patience, surtout après avoir dit qu'il venait, non pour perdre les hommes, mais pour les sauver. Eût-il pris les voies de persuasion? Et d'abord, je ne sais pas trop ce qu'il eût répondu à un homme qui lui eût demandé des preuves de sa mission, par quelle autorité il prétendait réformer le genre humain et lui donner des lois. Mais passons sur cette difficulté. Pour enseigner sa doctrine par le simple raisonnement, il fallait convaincre : combien d'esprits opiniâtres qui ne se rendent pas même à l'évidence ! Il fallait être compris : combien d'intelligences bornées qui ne saisissent par l'argument le plus clair ! Puis il fallait entrer dans des discussions dont bien des gens ne sont pas capables. Pour propager cette doctrine, il fallait renouveler ces discussions auprès de chaque individu, et former des missionnaires qui eussent la même puissance de raisonnement. Un miracle est un moyen plus simple et plus abrégé; il parle à la fois aux obstinés et aux ignorants; il suffit d'avoir des yeux pour le comprendre. Qu'un homme vienne m'annoncer une morale parfaite, peut-être n'en saisirai-je pas la beauté, peut-être trouverai-je des difficultés à lui opposer. Mais que, pour me convaincre, il ressuscite un mort, je ne sais plus ce que je pourrais dire, sinon ce que disait l'aveugle-né guéri par Jésus-Christ : « Si cet homme n'était pas envoyé de Dieu, il ne ferait pas de tels prodiges; et s'il est envoyé de Dieu, ce qu'il dit est la vérité; car Dieu ne saurait confirmer l'imposture. » C'est la conclusion que le Sauveur tirait lui-même de ses miracles.

Ses paroles ne portaient pas toujours la conviction; prenant alors ses prodiges en témoignage, il disait avec confiance : « Si vous ne croyez pas à mes paroles, croyez du moins à mes œuvres. » Un paralytique lui demande la santé : « Prenez confiance, mon fils, dit Jésus, vos péchés vous sont remis. » Là-dessus, grande rumeur parmi les assistants; on cria au blasphème ! Il n'y a que Dieu, dit-on, qui puisse remettre les péchés. Prouver à ces hommes par le raisonnement qu'il est Dieu, et qu'ainsi il peut remettre les péchés, c'est entamer une discussion sans fin. Ses preuves seront plus courtes : « Lequel est le plus facile de dire : Vos péchés vous sont remis, ou de dire : Levez-vous et marchez? Si Dieu seul peut dire l'un, Dieu seul aussi peut faire l'autre. Eh bien ! pour que vous sachiez que le Fils de l'homme a sur la terre le pouvoir de remettre les péchés, lève-toi, dit-il au malade, prends ton lit et va-t'en. » L'argument est sans réplique; les plus incrédules sont confondus, et la foule, dans l'admiration, glorifie le Seigneur, qui a donné une telle puissance aux hommes.

Dira-t-on que les miracles ne prouvent rien, parce que toutes les religions, vraies ou fausses, en allèguent? C'est comme si l'on disait que pour ne pas admettre d'erreur, il faut rejeter toutes les vérités. Que les autres religions prouvent leurs miracles aussi évidemment que le christianisme a prouvé les siens, et nous y croirons; en attendant, nous les regarderons comme des fables, dont la fausseté ne saurait infirmer la vérité des prodiges que nous croyons, ni leur autorité en faveur de la religion que nous professons.

L'abbé C. BANDEVILLE.

MIRACLES (Cour des). On appelait ainsi autrefois, à Paris, certains repaires où les gens sans aveu, les mendiants, les vagabonds, les voleurs des deux sexes, en un mot, la partie dangereuse de la population, étaient toujours sûrs de trouver un asile. Le nombre s'en était tellement multiplié au dix-septième siècle, que par une exagération évidente, mais dont il est facile de se rendre compte, quelques auteurs de cette époque n'évaluent pas à moins de 40,000 âmes la population flottante de ces bouges, surnommés *cour des miracles*, parce qu'on voyait tous les mendiants déposer et y quittant le costume particulier au rôle qu'ils jouaient dans les rues pour exciter la pitié des passants. Ainsi, les boiteux et les tortus étaient aussitôt redressés comme par enchantement, les aveugles recouvraient la vue, les estropiés marchaient parfaitement guéris, etc. Quand on songea sérieusement à faire la police de la grande ville, la sollicitude de l'autorité se porta sur la scandaleuse existence de ces cours des miracles, et la création de l'*hôpital général* de Bicêtre, en 1656, eut pour objet principal d'y recueillir ces misères véritables et de leur assurer des secours. Une fois cet asile ouvert aux *bons pauvres*, il ne fut pas difficile à la police d'en finir avec un abus et un scandale qui déshonoraient la capitale du royaume. Tous les contemporains s'accordent en effet à tracer le plus hideux tableau de la démoralisation profonde qui régnait dans ces cloaques, où le vice, le crime et la prostitution se prêtaient un mutuel appui. Ces cours étaient généralement situées au fond de quelques ruelles obscures et tortueuses, dans lesquelles il était imprudent de s'engager; et Sauval, qui, dans ses *Antiquités de Paris*, décrit celles *cours des miracles* qui était la plus fameuse de son temps et dont le souvenir s'est perpétué jusqu'à nos jours dans la dénomination de *cour des miracles*, demeurée affectée à l'emplacement qu'elle occupait autrefois (entre la rue du Caire et la rue Montorgueil), nous la présente comme un amas de maisons de boue, toutes chancelantes de vieillesse et de pourriture, répondant de tous points, à l'extérieur comme à l'intérieur, aux hôtes qu'elles étaient destinées à recueillir.

MIRAGE. Ce mot désigne un phénomène extrêmement commun, journalier même dans certaines localités, et aussi simple dans ses causes qu'étonnant dans ses résultats. Ce ne fut guère qu'en 1797 qu'on s'occupa spécialement pour la première fois du mirage. Monge et M. Biot en France, et Wollaston en Angleterre, donnèrent presque'en même temps une solution complète de tout ce qui avait rapport aux causes et à la manière d'être de cet étrange phénomène. Pour se faire une idée juste de la manière la plus ordinaire et la plus simple dont il se manifeste, il suffit de se figurer un corps quelconque, et près de lui son image renversée, à peu près comme une masse d'eau limpide reflète à l'envers les objets placés sur ses bords. En voici la cause : toutes les fois qu'un rayon de lumière rencontre très-obliquement un milieu moins réfringent que celui dans lequel il se meut, il est aussitôt réfléchi dans ce dernier par le nouveau milieu, qui fait absolument dans ce cas l'office du miroir qui formerait la surface commune des deux milieux. Ce principe, qui change la réfraction en réflexion, quelle qu'en soit la cause, étant une fois posé, l'explication du mirage est extrêmement simple. S'il arrive que la surface de la mer ou de la terre (comme cela a surtout lieu dans les déserts) vienne à s'échauffer, elle communique à l'air qui la touche immédiatement une partie de sa chaleur, ce qui rendant cet air moins dense et plus léger, il s'élève pendant qu'un courant d'air froid s'établit en sens contraire, et la rapidité de ce double courant diminue à mesure que la température de l'atmosphère se rapproche davantage de celle de la terre. Il résulte de là que, contrairement à la disposition habituelle de l'atmosphère, dont la densité décroît en s'éloignant de la terre, il y a un moment où les couches d'air les plus voisines de cette terre sont moins denses, quoiqu'à une faible hauteur, que celles qui leur sont superposées, et dans lesquelles la densité est sensiblement uniforme.

Si l'on suppose maintenant un observateur dont la vue, planant dans cette dernière couche d'air d'une densité uniforme, regarde un objet peu élevé sur l'horizon, il le verra directement ; mais la lumière obliquement dirigée vers la terre, passant de la couche plus dense dans celle qui l'est le moins, elle se réfléchira, d'après le principe ci-dessus, de bas en haut, et de telle sorte que le rayon réfléchi qui provient de l'objet déjà vu directement présentera à l'œil l'image renversée de cet objet, comme si elle était au-dessous de ce dernier. C'est ce dont l'armée française, en allant d'Alexandrie au Caire, fut tous les jours témoin dans les déserts arides et sablonneux de la basse Égypte, où les habitations occupent des éminences. Chaque village y semble à midi comme enveloppé d'un grand lac, dont la surface ondoyante réfléchit l'image renversée des maisons. Le lac s'éloigne à mesure qu'on en approche pour disparaître bientôt complètement, et se reproduire ensuite à propos d'un autre village, dès qu'on en est à distance convenable. Singulière illusion de la nature dans un pays privé d'eau, et sous les yeux d'une armée mourant de soif. Elle vient de ce que le ciel, qui entoure comme un fond de tableau une partie de l'objet qu'on regarde, se trouve lui-même réfléchi et renversé au-dessous du véritable horizon ; et comme le plan qui sépare les deux couches d'air est inégal et mobile, l'image renversée de l'objet qu'on regarde et cella du fond du ciel sur lequel il se dessine semblent mal terminées. La nappe d'eau que figure le ciel renversé doit aussi, par la même raison, sembler comme ridée par le vent. C'est ce lac factice qui paraît réfléchir l'image des maisons placées sur ses bords, ou au milieu de lui comme sur une île.

Les phénomènes de mirage sont quelquefois beaucoup plus compliqués et plus bizarres, sans doute par la multiplicité et l'extrême mobilité des accidents de réfraction et de réflexion qui les produisent ; les objets se déforment parfois, ou plutôt prennent des dimensions monstrueuses, semblent s'agiter, courir dans tous les sens avec une vitesse extrême.

Messine et ses environs sont souvent témoins de phénomènes de ce genre, et le mirage y reçoit le nom de *fata Morgana*, la fée Morgane. Les Siciliens le dénomment ainsi parce que les idées superstitieuses qui dominent dans la populace de ce pays la portent à croire qu'il ne peut être opéré que par les enchantements d'une fée ou de quelque autre être surnaturel de même nature.

Plusieurs auteurs nous ont donné la description de ce singulier phénomène, qui consiste en ce que l'on aperçoit tout à coup dans le lointain ou dans le ciel l'image de différents objets, tels que des vaisseaux, des tours, des châteaux qui ne s'y trouvent point en réalité. Ces apparitions ont toujours pour base des objets réels, dont, par un effet particulier de la réfraction des rayons lumineux, on aperçoit l'image dans d'autres lieux que là où ils sont véritablement.

Les effets du mirage ont été le plus souvent observés sur les côtes du détroit de Sicile, et dans les grandes plaines de sable de la Perse, de la Tatarie asiatique, de la basse Égypte.

Cependant le mirage se manifeste partout, pourvu qu'on se trouve dans les mêmes conditions.   BILLOT.

MIR-ALEM. Voyez CAPIDJY-BACHY.

MIRAMOLIN. Voyez ÉMIR et KHALIFES, tome XI, page 767.

MIRANDA (FRANÇOIS), général de notre première république, descendant d'une famille de distinction des colonies espagnoles de l'Amérique du Sud, et avait été dans sa jeunesse officier dans les troupes de la province de Guatemala. Compromis dans une conspiration ayant pour but d'affranchir sa patrie du joug de l'Espagne, il fut obligé d'abandonner les colonies. À l'âge de quarante-deux ans, il avait parcouru la moitié du globe, et s'était rendu familières diverses langues étrangères en même temps qu'il avait acquis des connaissances étendues. Toujours préoccupé de l'idée d'arracher l'Amérique méridionale au joug de l'Espagne, il présenta à cet effet, tant à l'impératrice de Russie qu'au cabinet de Londres, des plans qui furent parfaitement accueillis. Au début de la révolution française, il se mit en rapport avec l'Assemblée nationale, qui se montra également disposée à seconder une insurrection dans l'Amérique du Sud. Quand les Prussiens envahirent la Champagne, la protection des Girondins lui valut sa nomination au grade de général de division dans l'armée française. En cette qualité, il prit part à la campagne de 1792, et accompagna, l'année suivante, D u m o u r i e z, en Belgique. À la journée de Nerwinde, il commandait l'aile gauche, et ses fautes contribuèrent beaucoup à la perte de cette bataille. Après la chute des Girondins, il fut accusé de complicité dans la trahison de Dumouriez et traduit devant le tribunal révolutionnaire. Par exception, celui-ci scruta à fond les charges élevées par l'accusation, et Miranda put ainsi se justifier complètement. La vérité est qu'il possédait des connaissances stratégiques fort étendues, mais qu'il manquait d'expérience militaire. La franchise avec laquelle il ne craignit pas de s'exprimer sur la marche prise par la révolution française fut cause qu'on le mit encore pendant quelque temps en état d'arrestation ; mais il s'échappa, et à la suite des événements de fructidor, qui furent pour lui la cause de nouvelles persécutions, il passa en Angleterre. Il en revint en 1803 ; mais un arrêté du premier consul le bannit de nouveau du sol français. Il se rendit alors dans l'Amérique du Sud, où, en 1811, il se mit à la tête d'une bande d'insurgés, et essaya de fonder la république de Caraccas. Soutenu dans cette entreprise par l'Angleterre et par les États-Unis, il parvint à se maintenir contre les Espagnols pendant toute l'année 1812 ; mais il eut alors le malheur de tomber entre les mains de l'ennemi. Transféré comme prisonnier à Cadix, il y mourut, dans un cachot, en 1816. C'était un homme de beaucoup d'esprit et d'instruction, et doué d'autant de fermeté que d'énergie de caractère.

MIRANDE. Voyez GERS.

MIRANDOLE (JEAN PIC DE LA). « C'est toujours, dit Voltaire, une preuve de la supériorité des Italiens dans ces temps-là, que Jean Pic de la Mirandole, prince souverain, ait été dès sa plus tendre jeunesse un prodige d'étude et de mémoire ; il eût été dans notre temps un prodige de véritable érudition. Le goût des sciences fut si fort en lui, qu'à la fin il renonça à sa principauté, et se retira à Florence, où il mourut le même jour que Charles VIII fit son entrée dans cette ville. Il était né le 24 février 1463. Si l'on en croit la tradition, des miracles révélèrent à sa mère l'avenir qui l'attendait : aussi ne voulut-elle confier à personne le soin de sa première éducation.

Dans son enfance, à peine avait-il entendu trois fois la lecture de deux pages d'un livre, qu'il en répétait les mots dans leur ordre naturel et dans leur ordre rétrograde. A dix ans, entouré par cette tendre mère des maîtres les plus habiles de l'époque, il avait déjà pris rang parmi les orateurs et les poëtes les plus distingués. A quatorze ans, voulant en faire un prince de l'Église, elle l'envoyait étudier le droit canon à Bologne; mais il répugnait à cette science abrutissante, et préférait s'instruire dans la philosophie. On le vit bientôt parcourir les plus célèbres universités de France et d'Italie; et l'on prétend qu'à dix-huit ans il savait vingt-deux langues. Une chose plus étonnante encore, c'est qu'après avoir appris tant d'idiomes différents, il ait offert, à vingt-quatre ans, de soutenir à Rome, contre tous les savants qui voudraient le combattre, des thèses sur toutes les sciences, sans en excepter une seule : *de omni re scibili*. On ne lui en laissa ni le plaisir ni la gloire. Ces thèses affichées sur les murs de la ville éternelle lui suscitèrent d'ardents ennemis. De graves personnages, jaloux de se voir éclipsés par un adolescent, à peine sorti des bancs de l'école, lui firent interdire toute discussion publique, et dénoncèrent au pape Innocent VIII treize de ses propositions comme suspectes d'hérésie. Le souverain pontife, les ayant fait examiner par des commissaires, qui les déclarèrent dangereuses, se vit forcé de les censurer.

Se résignant à la décision du saint-siége, Pic revint en France. Ses ennemis ne l'y laissèrent pas tranquille; ils l'accusèrent d'avoir désobéi au pape, et le sommèrent de venir se justifier. Il courba la tête, repassa les Alpes, et n'eut pas de peine à démontrer que ses intentions étaient pures; mais instruit par l'expérience du néant de cette gloire qui l'avait séduit, il brûla ses poésies amoureuses, composées dans l'ardeur de la jeunesse, renonça aux lettres et aux sciences profanes, et se voua exclusivement à l'étude de la religion et de la philosophie. Pour mieux suivre cette vocation, il avait abandonné tous ses domaines à son neveu, et vivait modestement à Florence, au milieu de ses livres et de ses amis, lorsque la mort le frappa, le 17 novembre 1494, âgé de moins de trente-deux ans. Le pape Alexandre VI lui avait accordé l'année précédente un bref d'absolution. Par son testament, il enrichit ses domestiques, et donna le reste de sa fortune aux pauvres. Ses mœurs étaient aussi pures que son esprit était actif.

Outre ses thèses, on a de lui plusieurs ouvrages écrits avec élégance et facilité. Ils ont été recueillis et publiés pour la première fois à Bologne, en 1496, in-f°, en une édition fort rare. Une seconde parut à Venise, en 1498, suivie de sept autres, dans le seizième siècle, dont la dernière est de Bâle. Parmi ses principales œuvres, on remarque : 1° ses livres sur le commencement de la *Genèse*; 2° son *Traité de la Dignité de l'Homme*; 3° celui de *l'Être de l'univers*; 4° ses *Règles de la Vie chrétienne*; 5° son *Traité du Royaume de Jésus-Christ et de la Vanité du Monde*; 6° ses trois livres sur le *Banquet de Platon*; 7° une *Exposition de l'Oraison dominicale*; 8° un livre de *Lettres*; 9° *Disputationes adversus Astrologiam divinatricem*. Dans ce dernier ouvrage, il se prononce contre l'astrologie judiciaire ; mais il ne faut pas s'y méprendre, c'est seulement contre l'astrologie de son époque: il en admettait une autre, et c'était, selon lui, l'ancienne, la véritable, qui, disait-il, était négligée, et par laquelle il croyait pouvoir prédire la fin du monde. « Il n'existe point, dit-il, l'en croire, de vertu sur la terre ni dans le ciel à laquelle un magicien ne puisse commander avec succès. En magie, des paroles bien prononcées sont efficaces, parce que Dieu s'est servi de la parole pour créer le monde. » Désireux de justifier des folies et beaucoup d'autres, ses contemporains ont prétendu qu'il avait rendu le dernier soupir le jour même pour lequel Lucius Bellancius de Sienne avait prédit sa mort.

MIRAVIGLIA, MARAVIGLIA ou MERVEILLE, agent secret de François Ier auprès du duc de Milan, était un écuyer milanais, qui avait passé en France, du temps de Louis XII, à la suite du grand écuyer Galeaz San-Severino, et qui y avait fait une assez grande fortune. Le duc de Milan, désirant s'assurer l'appui de la France, consentit à ce que Miraviglia rentrât à Milan, en apparence pour y vivre au milieu de sa famille, mais en réalité pour y être secrètement accrédité par le roi de France auprès de lui. Miraviglia arriva avec un train considérable, et au lieu de suivre en secret les négociations dont il était chargé, il tira vanité d'être un agent de la France. Charles-Quint, averti de la présence d'un agent français à Milan, demanda au duc de le renvoyer; ce n'était qu'à cette condition qu'il lui promettait pour femme sa nièce, fille du roi de Danemark. Sur ces entrefaites, un laquais de Miraviglia prétendit avoir entendu un propos insultant qu'un comte Castiglione, Milanais, tenait contre son maître, et lui donna un démenti. La querelle s'assoupit cependant pour le moment, grâce à quelques explications satisfaisantes; mais le lendemain les domestiques des deux maisons s'insultèrent et se menacèrent; et le surlendemain, 3 juillet 1533, Castiglione passant lui-même, avec ses domestiques armés, devant la maison de Miraviglia, fut entouré par les gens de ce dernier, qui le tuèrent. Cette violence excita l'indignation générale. Le 4 juillet, le capitaine de justice vint arrêter Miraviglia dans sa maison avec tous ses domestiques; son procès fut instruit d'une manière sommaire, et dans la nuit du 6 au 7 juillet Miraviglia fut décapité. François Ier se montra vivement indigné du supplice de son écuyer. Il en écrivit au duc, au pape, à l'empereur, prétendant qu'on avait violé dans cet homme, qui était à lui, le droit des gens et le caractère sacré des ambassadeurs. Dans sa lettre à Charles-Quint, il l'avertit qu'il sera peut-être forcé de demander réparation de cet outrage par les armes. Le duc envoya son chancelier à Marseille s'excuser auprès de François Ier, déclarant n'avoir vu dans Miraviglia que son sujet, et n'avoir jamais su qu'il eût une mission du roi de France, ajoutant que non-seulement cet homme s'était rendu coupable d'un meurtre, mais qu'il avait fait de sa maison un réceptacle de bandits, de séditieux et d'homicides. Malgré ces excuses, François Ier s'apprêtait à tirer vengeance de cet affront, quand la mort de Clément VII vint rompre les préparatifs contre les Milanais.

MIRBEL (CHARLES-FRANÇOIS BRISSEAU-), botaniste distingué, naquit à Paris, en 1776. Nommé par l'impératrice Joséphine directeur des jardins de la Malmaison, il accompagna ensuite en Hollande le roi Louis Bonaparte, avec le titre de secrétaire de ses commandements. En 1808 il remplaça Ventenat dans la classe des Sciences de l'Institut, dont il était déjà correspondant. Vers la même époque, il fut nommé professeur de physiologie végétale au Muséum d'Histoire naturelle de Paris. En 1817 il fut appelé au conseil d'État en qualité de maître des requêtes, fonctions qu'il quitta bientôt pour remplacer Berlin de Vaux au secrétariat général du ministère de l'intérieur. Mais il ne conserva cette position que jusqu'à la chute du ministre Decazes, qui la lui avait donnée.

Mirbel a été l'un des collaborateurs du *Dictionnaire des Sciences naturelles*, des *Annales du Muséum*, du *Bulletin de la Société Philomatique*, et d'autres recueils scientifiques. Les *Mémoires de l'Académie des Sciences* renferment de nombreux travaux de lui. Il a publié en outre : *Traité de Physiologie végétale* (1802, 2 vol. in-8°) ; *Exposition de la théorie de l'Organisation végétale* (Amsterdam, 1809, in-8°) ; *Éléments de Physiologie végétale et de Botanique* (1815, 2 vol. in-8°).

Mirbel est mort à Neuilly, le 12 septembre 1854; depuis plusieurs années, son esprit ne jetait plus que quelques lueurs vacillantes. Il avait usé ses dernières forces dans la lutte qu'il avait soutenue contre Gaudichaud, au sein de l'Académie.

MIRBEL (Mme LIZINSKA DE), née RUE, a laissé chez tous les amis des arts le plus honorable souvenir : c'est que peu de femmes peintres eurent plus de vigueur et de science; c'est que peu de miniaturistes poussèrent si loin le modelé et l'expression. Elle était née en 1799, à Cherbourg, et elle fut l'élève d'Augustin, maître habile et trop oublié aujourd'hui. Au salon de 1819 elle exposa, sous le nom de Rue, un portrait de Louis XVIII, et peu après d'importants personnages de la cour et du monde politique se hâtèrent de se faire peindre par cette main savante. En 1830 Mme de Mirbel avait le titre de peintre en miniature de la chambre du roi; mais le titre disparu, le talent resta. Les plus belles femmes de ce temps, les plus illustres représentants des lettres ou de la diplomatie ont tour à tour posé devant elle, et chaque année elle envoyait au salon des portraits, peu nombreux sans doute, mais d'une rare délicatesse d'exécution. Le dessin dans ses miniatures est en effet excellent; le faire n'a rien de pénible, et s'il n'y avait parfois abus des tons violets, la couleur en serait parfaite. Mme de Mirbel est morte très-regrettée, au mois d'août 1849. Un souvenir politique se rattache à son nom. C'est chez le, assure-t-on, que M. Guizot, dont elle avait fait peu de temps avant le portrait, trouva un asile pendant les premiers jours d'orage qui suivirent la révolution de Février.

MIRE. Voyez BARBIER.

MIREMENT (EN). On dit qu'un vaisseau est en *mirement* quand, par un effet de réfraction, il paraît beaucoup plus élevé qu'il ne l'est réellement. Par suite de cette plus grande densité de l'air qu'occasionne une sorte de brumasse, et qui courbe outre mesure les rayons visuels, il arrive souvent le matin qu'on découvre jusqu'à la flottaison un bâtiment situé presqu'à perte de vue à l'horizon. — BILLOT.

MIREPOIX, branche de la famille de Lévis.

MIRLITON. Le mirliton est le fils adultérin de la flûte: son origine nous est inconnue, et nul n'a cherché à la constater, tant le mirliton est placé bas dans l'échelle des instruments. Et cependant, au sortir de la fête de Saint-Cloud, et de beaucoup d'autres, il fait depuis longtemps la joie des étudiants, des grisettes et des commis. Le mirliton, faut-il le décrire, faut-il dire qu'il se compose d'un morceau de roseau vide, dont chaque extrémité est recouverte de pelure d'oignon, et que deux trous placés près de ces extrémités servent à l'instrumentiste pour produire les sons harmonieux que tout le monde sait. Chez nous le mirliton est un instrument comique; et cependant bien des peuplades sauvages ou à demi sauvages lui élèveraient des autels.

MIRMIDONS. Voyez MYRMIDONS.

MIROIR. On nomme ainsi, dans le sens le plus général, une surface polie, ordinairement plane et étamée, destinée à reproduire par réflexion l'image des objets qu'on place au-devant. L'usage en est très-ancien, et il est probable que l'eau claire des ruisseaux et des fontaines tint lieu des premiers miroirs et donna l'idée d'en fabriquer d'autres. Ceux qui servent de nos jours à la toilette sont des glaces de verre très-uni et étamé. Les anciens n'en connaissaient pas de ce genre, car tous leurs miroirs étaient en métal ou en pierre polie, ce qui est d'autant plus étonnant qu'ils avaient poussé très-loin l'art de travailler le verre et le cristal. Les plus anciens miroirs dont il soit parlé étaient d'airain; ce sont ceux dont il est dit au chapitre xxxviii de l'*Exode*, verset 8, « que Moïse fit un bassin d'airain des miroirs des femmes qui se tenaient assidûment à la porte du tabernacle ». Les Égyptiens n'ont pas connu d'autres miroirs que ceux de métal, qui étaient tous petits et portatifs. Les Grecs et les Romains se servirent aussi de miroirs de métal, et même de métal étamé; mais ils ne connurent pas les verres étamés, ou du moins l'on n'en trouve vestige dans les historiens ou les poètes avant Isidore, qui mourut en 636. Pline dit que de son temps on voyait incrustés dans les murailles des miroirs de la grandeur d'un homme, faits avec le verre noir des volcans, ou la pierre obsidienne (*vitrum obsidianum*), ainsi nommée d'Obsidius, qui l'avait découverte en Éthiopie. On incrustait alors de miroirs non-seulement les murs, mais les plats ou bassins dans lesquels on servait les mets sur la table, d'où on les appelait *speculata patinæ*. On en mettait aussi sur les tasses, les gobelets, qui multipliaient ainsi l'image des convives, ce que Pline, déjà cité plus haut, nomme *populus imaginum*. Un nommé Pasitèle, d'autres disent Praxitèle, mais non pas le peintre de ce nom, exécuta, dit-on, à Rome, du temps de Pompée, les premiers miroirs en argent, qui devinrent ensuite si communs qu'ils ne se faisaient qu'aux esclaves. Les autres étaient d'or. On en voit, dans le musée de Portici, deux de ce métal, provenant des fouilles d'Herculanum: l'un, rond, d'environ huit pouces de diamètre, l'autre d'une forme carrée oblongue. Cette forme était généralement ronde ou ovale, comme celle du visage; c'est pourquoi les auteurs désignent souvent les miroirs par les mots *discus orbis* (disque). On déployait à Rome un grand luxe dans la fabrication de ces objets, souvent ornés de pierres précieuses. Les plus beaux en Grèce se fabriquaient à Corinthe, et en Italie à Brundusium. Les dames romaines avaient un esclave spécialement chargé du soin de les garder et de les tenir pendant leur toilette.

Les miroirs de métal ne servent plus aujourd'hui que dans les arts et les sciences, comme la physique. Ils sont même quelquefois, dans ces sortes de cas, remplacés par les miroirs en verre ou par un bain de mercure en repos. Les miroirs peuvent être plans, concaves, convexes, cylindriques, coniques, paraboliques, elliptiques, etc. La théorie des propriétés des miroirs fait l'objet de la *catoptrique*, fondée sur ce principe, que l'angle de réflexion de la lumière est égal à l'angle d'incidence. Cette loi suffit pour expliquer les différents aspects que prennent les images produites.

Les miroirs réfléchissent les rayons du calorique comme ceux de la lumière. On nomme *miroirs ardents* des miroirs concaves chauffés à produire à leur foyer un degré ordinairement très-élevé de température. Ainsi, les boîtes de montre, tout irrégulières qu'elles sont, considérées comme miroirs ardents, peuvent toujours, par un beau soleil, allumer de l'amadou à leur foyer. Les miroirs concaves de bois doré peuvent, comme ceux qui sont tout en métal, brûler aussi à leur foyer. Il y a probablement beaucoup d'exagération dans les effets attribués aux miroirs ardents d'Archimède et de Procus renouvelés par Buffon. Cependant la plupart des corps sont réduits à l'état de verre par l'action de la chaleur que concentrent à leur foyer les miroirs ardents, tant cette chaleur est intense.

Les Chinois fabriquent des miroirs métalliques, qui, placés dans la direction d'un rayon solaire, réfléchissent une image gravée en relief sur le côté opposé à la surface polie. Longtemps on avait inutilement cherché à se rendre compte de ce phénomène, lorsque M. Babinet fit remarquer que vraisemblablement le secret de fabriquer de pareil miroirs consistait purement et simplement en un polissage, sans s'inquiéter des reliefs existant à l'autre face; que pendant que ce travail s'accomplissait, l'usure, au lieu de se distribuer uniformément sur toute la surface, devait porter principalement sur les points soutenus par un surcroît d'épaisseur, tandis que les autres, se dérobant sous la pression, devaient échapper à l'usure pour se relever ensuite aussitôt qu'on cessait d'agir. Il en résulte qu'au lieu de présenter une courbure uniforme, la surface d'un pareil miroir s'altère en s'infléchissant au niveau des saillies et se relevant dans la partie correspondant aux moindres épaisseurs. Si l'on porte ensuite un pareil miroir en plein soleil et que l'on renvoie le faisceau réfléchi vers un écran placé à une distance convenable, ces ondulations, qui ne sont pas directement visibles, s'accuseront dans l'image réfléchie par des accumulations ou des manques de lumière suivant le sens de l'altération et de la courbure générale et suivant la distance du miroir à l'écran. L'expérience, exécutée par M. Lerebours, a complètement donné raison à l'explication de M. Babinet.

Le mot *miroir* est pris aussi dans divers autres sens: il a deux acceptions en architecture. La première, qui est un terme d'ouvrier, s'applique à une cavité causée par un éclat, dans le parement d'une pierre qu'on taille; l'autre se dit de petits ornements en ovale qu'on taille dans les moulures creuses, lesquelles sont remplies ou quelquefois seulement séparées par des fleurons.

Miroir ou fronton veut dire, en marine, un cartouche de menuiserie placé de l'arrière au-dessus de la voûte, et dans lequel se mettent le nom du vaisseau, quelquefois les armes du pays ou de l'armateur, le tout entouré fréquemment de sculptures.

Miroir, en hydraulique, est une pièce d'eau ordinairement carrée comme un miroir.

Le même mot, en termes de chamoiseur, s'emploie par les ouvriers en *peau de chagrin* pour désigner les endroits de ces peaux qui se trouvent vides et unis, et où le grain ne s'est pas assez formé. C'est un grand défaut dans une peau de chagrin que d'avoir des *miroirs*.

En termes de vénerie, on dit chasser au *miroir* quand on se sert d'un miroir pour attirer des oiseaux, particulièrement les alouettes, dans un filet. Cet instrument est formé d'une sorte de demi-ovale en bois, sur lequel sont incrustés plusieurs morceaux de miroir. Ce demi-ovale repose sur un pivot fiché en terre, au milieu de deux nappes ou filets tendus. Une personne cachée, et qui tient des ficelles pour relever les filets et les fermer comme les deux battants d'une porte quand les alouettes y donnent, tient aussi une autre ficelle, communiquant avec le miroir, qu'elle fait tourner sur son pivot.

Miroir, en termes d'eaux et forêts, se dit des plaques entaillées sur la tige d'un arbre et marquées au marteau.

On nomme *œufs au miroir* ou *sur le plat* ceux qu'on fait cuire sur un plat enduit de beurre et sans les brouiller.

Les maréchaux disent aussi de certaines conditions où peut se trouver le poil des chevaux bais, qu'il *est miroité* ou *à miroir*.

Ce mot ne s'emploie guère au figuré qu'en parlant des yeux, qui sont, dit-on, le *miroir de l'âme*.   BILLOT.

MIROIR DES INCAS. *Voyez* PYRITE.

MIRON (FRANÇOIS). Ses ancêtres occupaient depuis Charles VIII la charge de médecin du roi. François Miron, après avoir été lieutenant civil, devint prévôt des marchands. Il se signala par la réforme d'un des vieux usages de l'antique Lutèce : il substitua une lampe d'argent munie d'un gros cierge à l'offrande d'un cierge long comme l'enceinte de la ville de Paris que le prévôt des marchands et des échevins devaient offrir tous les ans à Notre-Dame depuis la disette de 1360 ; c'est à lui que l'on doit la façade de l'hôtel de ville. Il abandonna ses émoluments de prévôt pour subvenir aux frais de cette construction ; il fit faire de notables embellissements à la capitale, entre autres le quai de l'Arsenal, des abreuvoirs, des égouts, la Porte Saint-Bernard ; il fit couvrir à ses frais l'égout de la rue de Ponceau, et fit établir une fontaine à la place de la pyramide de Jean Chastel, en face du Palais de Justice ; enfin, par des *remontrances*, qui furent publiées à l'époque, il arrêta Henri IV qui voulait appliquer le principe de la réduction des rentes à celles qui étaient constituées sur la ville de Paris. François Miron mourut en 1609.

MIRON (ROBERT), frère du précédent, fut comme lui prévôt des marchands ; président du tiers état aux états généraux de 1614, il y prophétisa, comme nous l'avons dit au mot DOLÉANCES, la révolution qui devait éclater un jour contre les castes aristocratiques : il fut plus tard ambassadeur en Suisse, intendant des finances en Languedoc, et mourut en 1641.

MIROTON. *Voyez* ÉMINCÉS.

MISAINE. C'est la vergue et la voile gréées sur le mât de misaine, celui des bas mâts qui est placé le plus en avant entre le beaupré et le grand mât. On dit la vergue de *misaine* pour désigner la vergue de ce nom ; mais on ne dit pas la *voile de misaine ;* quand on parle de la voile ainsi nommée, on dit simplement *la misaine*.

MISANTHROPIE (du grec μισάνθρωπος, formé de μισώ, je hais, et ἄνθρωπος, homme). C'est le dernier degré du mécontentement ou de la haine qu'un homme peut ressentir contre les autres hommes ; à bien dire, c'est la déclaration de guerre faite par un seul contre tous : il y a donc là une impuissance de vaincre. Ce résultat explique l'irritation dans laquelle entretient la misanthropie et les habitudes sauvages qu'elle inspire : sous ce dernier rapport, la misanthropie est plus qu'une habitude déplorable, c'est une sorte de crime. En effet, si la société subsiste, c'est que les hommes se tolèrent dans leurs vices ou leurs faiblesses ; c'est qu'en dépit de tant de causes de désunion, ils s'efforcent de se rapprocher et de se pardonner sans cesse ; enfin, chacun cherche à répandre dans le commerce de la vie les avantages et les agréments qu'il possède pour les faire partager à ses semblables. Il faut même aller plus loin : sans une certaine force d'attraction qui nous entraîne les uns vers les autres, nulle association humaine ne pourrait se conserver ; car les tourments et les inquiétudes surpassent de beaucoup, surtout pour les masses, les jouissances et les plaisirs. Si la misanthropie, qui heureusement est rare, devenait contagieuse, liaisons, rapports, tout serait rompu ; la vie resterait sans charmes. Il faut maintenant considérer de quelle responsabilité se charge un homme qui se *constitue* misanthrope : il faut qu'il soit doué d'un discernement assez fin et assez sûr pour pénétrer dans les pensées les plus secrètes et reconnaître si elles sont coupables, car rien ne trompe plus que les apparences : comment alors prononcer en sûreté de conscience l'arrêt de condamnation ?

La misanthropie, quand elle est profonde et sincère, trouve son châtiment dans elle-même : à force de repousser par le mépris tous ceux qui l'entourent et de se complaire dans une insolente solitude, dont elle se lasse promptement, elle mène à l'horreur de l'existence. De là au suicide il n'y a qu'un pas. La misanthropie tient en général à un amour propre excessif, qui a été souvent blessé, ou bien encore à ces disgrâces de vanité qui désespèrent les petits esprits. La tristesse dure des années ; la misanthropie, sauf certaines exceptions, vient et passe par accès : c'est une sorte d'importance de mauvaise humeur que se donne la médiocrité. Les femmes ne sont jamais atteintes par la misanthropie : jeunes, elles lui échappent par le cœur, elles ont toujours à aimer ; plus avancées en âge, elles lui échappent encore, car elles se consolent du présent par les souvenances du passé.   SAINT-PROSPER.

MISCHNA. *Voyez* TALMUD et DEUTÉRONOME.

MISE. Dans le sens le plus général, c'est l'action de débourser de l'argent dans des vues d'intérêt quelconque. Cette acception est ensuite modifiée, ou plutôt tire sa désignation particulière de la nature de l'intérêt dont il s'agit ; c'est ainsi qu'on dira : *mise dans le commerce*, en parlant d'argent hasardé dans une spéculation commerciale. On dira de même *mise au jeu* pour indiquer de l'argent hasardé dans une partie de jeu. *Mise*, dans le même sens, signifie *enchère*, en parlant d'une somme quelconque proposée pour l'achat d'un objet mis en vente.

Le mot *mise* est de plus employé dans beaucoup d'acceptions particulières, qui n'ont entre elles aucun rapport : ainsi l'on est quelquefois en parlant de choses qui ont cours : C'est une raison qui n'est plus de *mise*, c'est-à-dire qu'on ne peut plus admettre ; mais il est peu usité, et vieillit même dans ce sens ainsi que dans le suivant, où il est à peu près pris pour synonyme de *bonne mine* (maintien élégant) : voilà un homme de *mise*, c'est-à-dire de société présentable. Molière a dit :

Aller dans l'autre monde est très-grande sottise,
Tant que dans celui-ci l'on peut être de *mise*.

Cette acception du mot *mise* a été modifiée de façon à ne plus s'appliquer qu'à la manière de se mettre, de se vêtir : ainsi l'on dira d'un fat que sa *mise* est élégante, et d'un poète, que sa *mise* n'indique pas la richesse. Il y a cette différence entre les mots *mise* et *tenue*, que le dernier ne s'applique qu'aux habitudes, aux manières de l'individu ; on peut avoir en même temps une *mise* brillante et une tenue très-indécente.

La *mise en possession* se dit quelquefois pour entrée en jouissance.

La *mise en demeure* est un acte qui doit vous forcer à exécuter une chose à laquelle vous êtes engagé.

La *mise en scène* d'une pièce de théâtre s'entend des préparatifs nécessaires pour la faire jouer une première fois.

La *mise en vente* signifie, en général, l'acte par lequel un objet qui n'était pas destiné d'abord à être vendu, ou du moins qui n'était pas encore en vente, s'y trouve mis tout d'un coup par suite d'un pouvoir individuel ou légal.

Mise, en marine, indique l'action de lancer à l'eau, du chantier ou de la cale sur laquelle il a été construit, un navire quelconque. La *mise en place* des couples est leur élévation sur la quille, au point où ils doivent rester dès le commencement de la construction.

Le mot de *mise en œuvre* a un sens plus général : il indique l'action de faire subir, par le travail, pour une fin donnée, à des matériaux informes et bruts, une modification quelconque : ainsi, l'or, l'argent, doivent être mis en œuvre par les bijoutiers, les monnayeurs, etc. ; un tronc d'arbre, par le charpentier, etc.

On nomme généralement *mise en train* l'acte par lequel on fait commencer ou continuer un mode de travail interrompu, ou par lequel on met en action un mécanisme quelconque : ainsi, la *mise en train* des travaux d'une fabrique exige souvent beaucoup de fonds ; un bateau à vapeur ne marche que par la *mise en train* de son mécanisme, en chauffant la chaudière.

En imprimerie, la *mise en train* est l'action de tout disposer pour le tirage d'une forme. On appelle enfin *mise en pages*, dans la même profession, l'acte par lequel on rassemble des paquets de composition pour en faire des pages et des feuilles.
BILLOT.

MISÈNE (Cap), *Misenum promontorium* des Latins, *capo de Misero* des Italiens, la dernière limite de cette côte qui enceint au nord le magnifique bassin du golfe de Naples, et où l'œil se promène avec délices sur Naples, sur les délicieux coteaux du Pausilippe, sur le golfe de Baia, sur ces campagnes où chaque pas réveille un souvenir, où chaque objet est la source de mille émotions diverses. C'était au pied de ce promontoire, semblable à un môle, que l'antiquité romaine plaçait les Champs-Élysées, dans des prairies qui se parent encore des riches dons de la nature, sous un ciel sans nuages, et resplendissant de la magique lumière du midi. Sur le sommet de la montagne, on voyait la somptueuse *villa* de Lucullus, cette demeure où le vainqueur de Mithridate vint déposer ses lauriers, et où Tibère périt d'une mort digne de sa vie.
Oscar MAC-CARTHY.

MISÈRE. Ce mot emporte avec lui l'idée de tant de douleurs et de souffrances que l'on n'ose presque l'envisager dans son aride et désolante vérité. De nos jours, où les peines toutes morales ont trouvé des romanciers et des poëtes, on a semblé compter pour peu l'incessant besoin, les poignantes douleurs de la misère ; on a soutenu ce grand paradoxe, que le riche était moins heureux que le pauvre, que les peines nées du loisir que donne l'opulence étaient incomparablement plus affligeantes que la pénurie des choses nécessaires à la vie. Les harmonieuses et savantes phrases dont on a entouré ce brillant sophisme n'ont pu nous convaincre et nous séduire ; nous avons toujours pensé que voir la faim, le froid assaillir l'homme dans sa personne et dans sa famille était le plus affreux supplice. Sans doute, la pire misère on entend l'impérieuse nécessité de dévouer son temps à une occupation lucrative, on a raison ; et l'être qui par son labeur gagne son existence est mille fois plus heureux que le millionnaire goutteux et blasé qui ne sait plus trouver une nouvelle jouissance, inventer une nouvelle volupté. La liberté, le calme, le désir et l'espérance se trouvent dans le travail ; celui-là ne peut pas se dire misérable qui possède les moyens de vivre de son intelligence ou de ses forces.

Il est des moralistes qui, en reconnaissant toutes les affreuses angoisses de la misère, ont soutenu, par un égoïsme cruel, ou par inexpérience des choses, que l'homme n'arrivait jamais que par sa faute à cet épouvantable dénûment. Nous ne le croyons pas ; mais même en ce cas la société est tenue d'être généreuse. Si l'homme, après avoir attiré sur lui la misère par sa paresse ou son défaut d'ordre, revient à de plus sages idées ; s'il veut travailler, il faut par tous les moyens possibles l'aider à gagner honorablement sa vie ; si, au contraire, il persiste dans son erreur, il ne tardera pas à devenir criminel, et alors la loi, gardienne des intérêts de la société, séparera le membre rebelle, le tiendra dans une asile ou du moins, malgré lui, il sera sauvé de la soif et de la faim. Voilà quels sont nos droits et nos devoirs. Mais si le malheureux épuise vainement tous les moyens honnêtes de soutenir sa vie, si à toutes les portes il mendie inutilement pour subvenir à son existence ? Les arrêts des tribunaux répondent tous les jours à cette question. Par quel moyen guérir cette plaie des États ? Hélas ! nous ne le savons qu'imparfaitement. Nous formons seulement des vœux bien sincères pour que cette solution devienne l'incessant objet des études de tous ceux qui s'occupent des questions relatives au bien-être des peuples. Reconnaissons du reste, même en cette matière, l'heureuse influence du progrès intellectuel ; ainsi, savoir si les masses sont plus heureuses aujourd'hui qu'avant notre grande révolution ne peut être un sujet de doute. L'égalité, c'est-à-dire le droit de graviter suivant sa volonté et son intelligence, nous est acquis ; de là moins de misère.

La misère change de caractère suivant la position de ceux qu'elle frappe ; voyez, par exemple, la misère des artistes ; elle porte un cachet bien distinct : les habitudes particulières de leur caractère rêveur les poussent en quelque sorte hors de la vie réelle, leur donnent plus d'insouciance et de courage. Je connais des littérateurs et des peintres qui ont acheté par de bien affreuses douleurs le pain qu'ils mangent avec quelque gloire. Eh bien, au milieu des angoisses de la misère, ils savaient narguer la détresse, et parfois même la faim. D'autres, en plus grand nombre, s'éteignent douloureusement, meurent en répétant le mot d'André Chénier. « Il y avait pourtant quelque chose là ! » Combien de sublimes poëtes, de savants ignorés, de peintres, de musiciens, ont ainsi rendu le dernier soupir ! Heureux encore ceux qui ont laissé après eux les moyens d'en appeler à une tardive postérité. Au sein des grandes villes, la misère est plus affreuse que dans les campagnes ; elle est plus profonde, elle entraîne après elle plus de maux, plus de douleur. Au passage du choléra, les médecins de la capitale revenaient épouvantés du spectacle hideux que leur offraient quelques mansardes : on ne me croirait pas si j'en retraçais l'énergique tableau ; on m'accuserait d'exagération si je disais de quels aliments infects se repaît la misère. Tirons un rideau sur tant de douleurs, espérons qu'elles auront un terme ; ne regardons pas les misérables comme des coupables punis, mais bien, suivant la pensée évangélique, comme des frères que l'infortune a frappés. Riches, soyons bienfaisants ; pauvres, aimons le travail, et la misère n'atteindra plus personne.
A. GENEVAY.

MISERERE. Plusieurs psaumes commencent ainsi ; mais le 50°, qui est le 4° des psaumes pénitentiaux, est le seul qu'on désigne par ce mot. David écrivit ce psaume aussitôt après que Nathan lui eut reproché le crime qu'il avait commis avec Bethsabée. Le roi pénitent y avoue sa faute, et exprime sa douleur d'une manière si humble et si touchante que l'Église ne connaît pas de plus belle prière à mettre dans la bouche des fidèles dans les temps consacrés au jeûne et à la pénitence.

De tous les chants composés sur le *miserere*, il n'en est pas qui surpasse celui que fit Allegri, au commencement du dix-septième siècle, pour la chapelle du pape.

MISERERE (Coliques de). *Voyez* ILÉUS et COLIQUE.
MISERGUIN. *Voyez* MESSERGUINE.
MISÉRICORDE. C'était chez les anciens une divinité

allégorique, dans le temple de laquelle les malheureux trouvaient un asile. Hilus, fils d'Hercule et de Déjanire, après la mort de son père, épouse Iole ; mais Eurysthée le chasse, ainsi que le reste des Héraclides. Réfugié à Athènes, bien accueilli par le peuple, il élève un temple à la *Miséricorde*.

Longtemps, dans les pays chrétiens, les églises ont été des asiles sacrés où se réfugiaient les malheureux que la loi avait frappés ; c'étaient là aussi de véritables temples à la *Miséricorde*. On sait qu'en France ce droit d'asile fut aboli par Louis XII. Les anciennes ordonnances qui enjoignaient de poursuivre le malfaiteur portent : *hors lieu saint*, le cimetière et l'église.

Le sentiment de *miséricorde* est inné chez tous les peuples ; tous implorent la *miséricorde* de Dieu dans les jours d'infortune. « La vie de l'homme, dit Pausanias, est si chargée de vicissitudes, de traverses et de peines, que la *Miséricorde* est la divinité qui mériterait d'avoir le plus de crédit ; tous les hommes, toutes les nations du monde devraient lui offrir des sacrifices, parce que tous les hommes, toutes les nations, en ont également besoin. » Il est écrit que Dieu fera justice jusqu'à la troisième et la quatrième génération, et *miséricorde* jusqu'à la millième, ou plutôt sans bornes et sans mesure, *in millia*. Dans l'Ancien Testament, Dieu est toujours rempli de *miséricorde* pour son peuple. Dans le Nouveau, Jésus-Christ, parfaite image de Dieu, son père, n'est-il pas encore la *miséricorde* même, arrivant sur la terre et mettant en pratique les vertus sublimes que nous enseigne sa morale? La brebis perdue, l'enfant prodigue, la pécheresse de Naïm, Zachée, la femme adultère, saint Pierre, le bon Larron, quelles leçons ! quels exemples ! Quelle est belle la prière qu'adresse Jésus sur la croix pour ceux qui l'ont crucifié !

Ce sont ces traits qui ont servi de base, de principe, *principium et fons*, à l'éloquence des Pères de l'Église. Pélage eut la témérité de soutenir qu'au jugement de Dieu aucun pécheur ne recevrait *miséricorde*, que tous seraient condamnés au feu éternel. « Comment osez-vous, lui répondit saint Jérôme, borner la *miséricorde* de Dieu et dicter lui-même la sentence du juge avant le jour du jugement? Dieu ne peut-il donc pas sans votre aveu pardonner aux pécheurs, s'il le juge à propos ? » « Que Pélage, dit saint Augustin, soutienne tant qu'il voudra qu'au jour du jugement aucun pécheur ne recevra *miséricorde* ; mais qu'il sache que l'Église n'adopte point cette erreur , car quiconque ne fait pas *miséricorde* sera jugé sans *miséricorde*. » C'est aussi le langage de Bossuet, de Fléchier, de Bourdaloue, de Massillon. Bossuet, dans l'éloge de Marie-Thérèse d'Autriche, s'écrie : « Cette humble princesse ne sentait dans son état naturel quand elle était comme pécheresse aux pieds d'un prêtre, »
attendant la *miséricorde* et la sentence de Jésus-Christ. » Dans celui d'Anne de Gonzague, il dit aussi : « Vous, Seigneur, s'il lui reste quelque chose à expier après une longue pénitence, faites-lui sentir aujourd'hui vos *miséricordes*. » Et Massillon, dans son *Petit Carême*, ne cesse d'implorer pour la France et son roi la *miséricorde* de Dieu : « Heureuse la nation, dit-il, à qui vous destinez, grand Dieu, dans votre *miséricorde* un souverain de ce caractère ! Son âge, son innocence, le laissent encore l'ouvrage commencé de vos *miséricordes*. » A son tour, Fléchier, dit : « Les dévots présomptueux s'établissent dans une fausse paix, et se repaissent des idées de *miséricorde*. »

Miséricorde se prend aussi pour *grâce, pardon*. Préférant *miséricorde à justice* est une formule dont on se servait dans les lettres de rémission ou d'abolition. Ce mot signifie encore *compassion, charité* : « La *miséricorde*, selon Fléchier, est un attendrissement de l'âme sur les misères d'autrui et un désir d'y remédier. » L'Église divise les œuvres de *miséricorde* en sept spirituelles et sept corporelles. On dit : Être à la *miséricorde* d'autrui, se remettre, s'abandonner à la *miséricorde* d'autrui, pour dire : Être sous la dépendance, à la discrétion d'autrui.

Miséricorde exprime encore le secours, la vengeance qu'implore le faible opprimé par le fort. C'est aussi une exclamation de douleur, de tristesse, d'affection, de surprise : *Miséricorde !* ô mon Dieu !

Miséricorde ! où suis-je, et qu'est-ce que je vois ?
MOLIÈRE.

Chez les chartreux, on nommait *miséricorde* le vestiaire et le repas que ces moines faisaient une fois la semaine au pain et à l'huile. Le prieur, en demandant *miséricorde*, exprimait le désir d'être déchargé de ses hautes fonctions.
On dit proverbialement : *A tout péché miséricorde*.

Dans ces églises, cette petite avance de bois qui tient à chaque stalle du chœur, et sur laquelle on peut s'asseoir lorsque la stalle est relevée, s'appelle *miséricorde* : ce mot vient ici de *misericordia*, léger soulagement qu'on éprouve après être resté debout.

On désigne enfin sous ce nom un poignard que les chevaliers portaient à la ceinture, du côté droit, ou une dague à deux rouelles, ou platines, destinées à couvrir la main, à laquelle on adapta depuis des coquilles pour servir de garde. Ce poignard était appelé *miséricorde*, parce que le chevalier en frappait à mort son adversaire abattu.

J.-A. DAROLLE.

MISÉRICORDE (Œuvre de la). *Voy*. VINTRAS (Michel).
MISNAH ou **MISCHNA**. *Voy*. TALMUD et DEUTÉRONOME.
MISNIE, contrée de l'Allemagne centrale (Saxe) dont le nom allemand est Meissen.
MISNIE (HENRI DE). *Voyez* FRAUENLOB.
MISOGYNIE (du grec μῖσος, haine, et γυνή, femme). Ce mot, corrélatif de *misanthropie*, en diffère en ce que la *misanthropie* est la haine du genre humain en général, tandis que la *misogynie* ne désigne que la haine des femmes. Les causes de ce sentiment proviennent tantôt du cœur, tantôt de l'esprit ; elles peuvent tenir aussi à une vie déréglée et à des excès contre nature qui réagissent sur le système sexuel. Les malheureux qui sont affligés des vices qu'on ne nomme pas sont toujours misogynes. Il n'est pas rare cependant de voir la prédisposition à la mélancolie et même l'influence de l'éducation et doctrines religieuses produire aussi la *misogynie*. Le traitement de cette affection doit dès lors être tantôt psychique, tantôt physique ; mais il amène bien rarement d'heureux résultats.

MISOLOGIE (du grec μῖσος, haine, et λόγος, raison). On appelle ainsi l'éloignement qu'éprouvent certains individus à s'en rapporter, pour l'appréciation de certaines questions, notamment des questions religieuses, aux décisions de la raison.

MISPIKEL. Le fer arsenical offre deux variétés, dont l'une est sans soufre, et l'autre est un sulfo-arséniure. Cette dernière, nommée *mispikel* par Beudant et Brongniart, est composée d'un atome de biarséniure de fer et d'un atome de bisulfure. C'est un minerai d'un blanc métallique tirant sur le jaunâtre, cristallisant dans le système rhombique en petits octaèdres réniformes ou en prismes à sommets dièdres. On le trouve disséminé dans le sol primitif ou dans les filons qui le traversent, en cristaux, en masses bacillaires ou compactes, dans diverses parties de la Silésie, de la Saxe, de la Bohême et dans le comté de Cornouailles.

Le fer arsenical non sulfuré est formé d'un atome de fer et de deux atomes d'arsenic. Il cristallise en aiguilles d'un blanc d'argent, disséminées dans la serpentine et le calcaire, à Reichenstein (Silésie) et Hüttenberg (Carinthie).

MISSEL (du latin *missale*, dérivé de *missa*, messe), livre dans lequel sont contenues les messes propres aux différents jours et aux fêtes de l'année. Il porte souvent le nom de *Sacramentaire*, *Livre des Mystères*, ou *des Sacrements*. Le pape Gélase, mort en 396, rassembla les prières dont on se servait avant lui pour le sacrifice, et qui passaient pour venir directement des Apôtres, les mit en ordre, et y ajouta sans doute de nouveaux offices pour servir dans le culte établi plus récent. Ce recueil fut appelé le *Sacramentaire de Gélase*. Saint Grégoire le Grand corrigea les fautes de ce premier recueil, en retrancha certaines prières, et y en ajouta quelques autres, mais sans toucher au canon, qui est toujours resté le même. Depuis le Renaissance, plusieurs évêques ont fait dresser des missels particuliers pour leurs diocèses ; et les ordres religieux en ont de spéciaux, qui renferment l'office de leurs saints nouvellement canonisés. L'antiquité de ces livres les a rendus très-respectables. Après l'Écriture Sainte, c'est ce que les catholiques ont de plus sacré. Il existe plusieurs espèces de missels, suivant les diverses liturgies admises, tels que le grec, le romain, le syriaque, le gaulois, le mozarabique. Ces recueils, différents pour les détails, sont les mêmes quant au fond. On montre aussi dans les bibliothèques de curieux missels manuscrits de reines et de princesses ornés d'admirables arabesques, ou de précieuses *m i n i a t u r e s*, qu'on a pu attribuer quelquefois à de grands peintres, tels que Kemmling, etc.

L'abbé J.-G. CHASSAGNOL.

MISSERGUIN. Voyez MESSERGUINE.

MISSI DOMINICI, appellation latine des commissaires envoyés par les rois francs de la seconde race, dans les provinces avec un très-grand pouvoir, à l'effet d'informer sur la conduite des comtes et des juges et de prononcer sur les causes d'appel dévolues au roi. Ce fut par l'institution des *missi dominici* que Charlemagne fit triompher dominer le système monarchique, et en maintint l'unité, en rappelant sans cesse à lui, de tous les points de son empire, l'autorité qu'il avait confiée aux ducs, aux comtes, et même celle que les magistrats transmettaient à leur tour à leurs inférieurs, vicaires, centeniers ou échevins:

« Nous voulons, dit Charlemagne, qu'à l'égard de la juridiction et des affaires qui jusque ici ont appartenu aux comtes, nos envoyés s'acquittent de leur mission quatre fois dans l'année, en hiver au mois de janvier, dans le printemps au mois d'avril, en été au mois de juillet, en automne au mois d'octobre. Ils prendront chaque fois des plaids où se réuniront les comtes des comtés voisins. Chaque fois que l'un de nos envoyés observera dans une légation qu'une chose se passe autrement que nous ne l'avons ordonné, non-seulement il prendra soin de la réformer, mais il nous rendra compte avec détails de l'abus qu'il aura découvert. Que nos envoyés choisissent dans chaque lieu des échevins, des avocats, des notaires, et qu'à leur retour ils nous rapportent leurs noms par écrit. Partout où ils trouveront de mauvais vicaires, avocats ou centeniers, ils les écarteront et en choisiront d'autres, qui sachent et veuillent juger les affaires selon l'équité. S'ils trouvent un mauvais comte, ils nous en informeront. »

« Nous voulons, dit Louis le Débonnaire, qui ne fait à coup sûr que répéter ce qui se pratiquait sous Charlemagne, qu'au milieu du mois de mai nos envoyés, chacun dans sa légation, convoquent dans un même lieu tous les évêques, les abbés, nos vassaux, nos avocats, les vicaires des abbesses, ainsi que ceux de tous les seigneurs que, quelque nécessité impérieuse empêchera de s'y rendre eux-mêmes. Et s'il est convenable, surtout à cause des pauvres gens, que cette réunion se tienne dans deux ou trois lieux différents, que cela se fasse ainsi. Que chaque comte y amène ses vicaires, ses centeniers, et aussi trois ou quatre de ses plus notables échevins. Que dans cette assemblée on s'occupe d'abord de l'état de la religion chrétienne et de l'ordre ecclésiastique. Qu'ensuite nos envoyés s'informent auprès de tous les assistants de la manière dont chacun s'acquitte de l'office que nous lui avons confié ; qu'ils sachent si la concordance règne entre nos officiers, et s'ils se prêtent mutuellement secours dans leurs fonctions... Et s'ils apprennent qu'il y ait dans quelque lieu une affaire dont la décision ait besoin de leur présence, qu'ils s'y rendent et la règlent en vertu de notre autorité. »

Ces citations n'ont pas besoin de commentaire. Le caractère politique de l'institution des *missi dominici* s'y révèle clairement. Par eux le système monarchique acquérait autant de réalité et d'unité qu'il en pouvait posséder sur un territoire immense, couvert de forêts et de plaines incultes, au milieu de la barbarie des mœurs, de la diversité des peuples et des lois, en l'absence de toute communication régulière et fréquente, en présence enfin de tous ces chefs locaux, qui, prenant leur point d'appui dans leurs propriétés ou dans leurs offices, ne cessaient d'aspirer à une indépendance absolue, et qui, s'ils ne pouvaient se l'assurer par la force, l'obtenaient souvent du seul fait de leur isolement. Les *missi dominici* disparurent quand l'autorité royale, avilie et sans force, se trouva impuissante à empêcher l'hérédité des fiefs. Leur institution est le plus vigoureux essai de monarchie administrative qui ait été tenté depuis la fondation des États modernes jusqu'à Charles-Quint, en Espagne, et jusqu'au cardinal de Richelieu en France.

F. GUIZOT, de l'Académie Française.

MISSION (Prêtres de la) ou **MISSIONNAIRES**. C'est le nom générique sous lequel on désigne, dans l'Église catholique, les prêtres qu'on forme dans les écoles spéciales, participant de la nature des établissements monastiques, dans le but de les envoyer propager les lumières de l'Évangile parmi les infidèles, et qui agissent réunis en associations. Les plus importantes de ces associations sont celle des *Prêtres de la Mission*, fondée par saint Vincent de Paul (voyez LAZARISTES), et celle des *Prêtres de la Mission de la Congrégation du Saint-Sacrement*, appelés aussi *Missionnaires du Clergé*. Elle eut pour fondateur l'évêque d'Avignon Authier (1632), et fut confirmée, en 1647, par Innocent X. Supprimée en 1790, elle a été rétablie depuis et déploie aujourd'hui plus d'activité que jamais. Ses membres portent le costume ecclésiastique ordinaire. Il en est de même des *Prêtres de la Congrégation de Jésus et Marie*, appelés aussi *Eudistes*, du nom de leur fondateur, Eudes, qui créa le premier couvent de son ordre à Caen, en Normandie. Supprimée à l'époque de la révolution, la congrégation des Eudistes fut rétablie en 1817. Une autre congrégation qui déploie aussi une grande activité est celle des *Prêtres de la Mission du Saint-Esprit*, fondée à Paris, en 1701, par les abbés Desplaces, Vincent Le Barbier et Henri Garnier, et qui entretient constamment des missions en Asie, en Afrique et en Amérique. N'oublions pas non plus les *Prêtres de la Mission de France*, fondée au commencement de la Restauration, par l'abbé Legris-Duval, l'abbé de Rauzan et l'évêque Forbin-Janson, confirmée par ordonnance royale en 1818, dont le but, autant politique que religieux, était de combattre les *mauvaises doctrines* dans toutes les parties de la France, et dont la devise, comme dit Béranger, semblait être :

Soufflons, soufflons, morbleu !
Éteignons les lumières,
Et rallumons le feu !

On sait que le zèle inconsidéré des missionnaires, leurs sottes déclamations contre l'esprit de progrès et de liberté, furent pour beaucoup dans les causes qui préparèrent la révolution de Juillet. Le magnifique couvent que les missionnaires s'étaient construit sur le sommet du Mont-Valérien fut saccagé à l'époque des trois Jours ; les derniers débris en disparurent lors de la construction du fort détaché que Louis-Philippe fit élever au même endroit.

MISSIONS. L'ordre que Jésus-Christ avait donné à ses disciples de se répandre dans l'univers pour annoncer son Évangile à toute créature s'étend à tous les siècles. Les premiers apôtres se partagèrent le monde, et, une croix de bois à la main, ils allèrent prêcher le vrai Dieu. Après d'incroyables efforts, le christianisme triompha et chassa des temples la cour si riante, si voluptueuse et si nombreuse de l'Olympe. Cet esprit de prosélytisme n'a jamais abandonné l'Église romaine. Dans tous les temps, elle fit de prodigieux efforts pour retirer des ténèbres de l'idolâtrie les peuplades les plus éloignées et les plus barbares ; et si ses tentatives ne furent pas toujours couronnées de succès, il ne faut s'en prendre ni à son zèle ni au courage de ses ouvriers. C'est à cet heureux esprit de propagande que les nations modernes doivent la civilisation dont elles se montrent si fières, et partout ou parut la croix on vit les mœurs s'adoucir, la législation s'asseoir sur de nouvelles bases, l'esclavage s'abolir et l'homme ramené à sa dignité primitive.

Parmi ces pieux soldats du Christ, appelés plus tard *missionnaires*, qui en dépit de tous les obstacles allèrent dans les contrées les plus lointaines annoncer l'Évangile, on distingue surtout saint Patrice en Irlande, saint Columban en Écosse, un autre saint Columban en Bretagne et en France, saint Augustin en Angleterre, saint Gallus et saint Emmeran en Alemanie, saint Kilian en Bavière, saint Willibrord en Franconie, saint Swidbert en Frise, saint Siegfried en Suède, saint Boniface en Thuringe et en Saxe, saint Adalbert en Prusse, saint Cyrille et son frère Méthode chez les Slaves, etc. Quand, au seizième siècle, l'Église catholique se vit enlever par la réformation un grand nombre de ses adhérents, elle envoya dans les pays qui s'étaient convertis à la foi nouvelle des missionnaires, non pas seulement pour soutenir le zèle des partisans qu'elle y conservait encore, mais surtout pour déterminer les protestants à rentrer dans l'unité; et elle accorda à ces missionnaires divers priviléges spéciaux, comme de pouvoir prêcher en tous lieux, ouïr les confessions, et donner l'absolution. Mais le saint-siège n'oublia pas non plus les contrées où la lumière de l'Évangile n'avait point encore pénétré; et il redoubla, au contraire, d'efforts pour réparer, au moyen de conversions faites parmi les idolâtres, les pertes résultant pour lui de la propagation des idées de Luther et de Calvin. C'est à cet effet qu'on forma la congrégation de la propagande, *de propaganda fide*, fondée à Rome en 1622, par Grégoire XV, continuée par Urbain VIII, et enrichie par les bienfaits des papes, des cardinaux et d'une foule de personnes pieuses. Cette congrégation, composée de plusieurs cardinaux, était chargée de veiller aux besoins divers des missions de tous les pays, et de prendre les moyens de les faire prospérer. Un collége avait été construit, dans lequel on élevait un grand nombre de sujets des différentes nations pour les mettre en état de travailler aux missions dans leur pays. Une riche imprimerie, fournie de caractères de cinquante langues; une ample bibliothèque, remplie de tous les livres nécessaires aux missionnaires; des archives dans lesquelles sont rassemblés toutes les lettres et les mémoires venant des missions ou qui les concernent, telles sont les richesses de cet établissement, qui a plus rendu de vrais services à l'humanité que tous les livres de nos publicistes.

Une autre maison qui se proposait le même but est le *Séminaire des Missions étrangères*, fondé à Paris, en 1663, par le P. Bernard de Sainte-Thérèse, carme déchaussé et évêque de Babylone. Destiné à former des ouvriers apostoliques, ce séminaire fut toujours dans une étroite union avec celui de la Propagande. C'est principalement des royaumes de Siam, du Tonquin et de la Cochinchine qu'il envoyait ses élèves. Outre ces maisons principales, on comptait plus de quatre-vingts séminaires moins considérables, mais fondés pour le même objet. L'établissement des *Missions étrangères*, qui a fait connaître le nom français jusqu'aux extrémités du monde, a subi bien des vicissitudes par suite de nos révolutions. Il se relève peu à peu de ses ruines, et continue avec persévérance son œuvre civilisatrice. Espérons qu'il ne trouvera plus d'obstacles sur sa route, et qu'il pourra accomplir en paix tout le bien qu'on est en droit d'attendre de la science et du zèle de ceux qui le dirigent.

En 1707, Clément XI ordonna aux supérieurs des principaux ordres religieux de destiner un certain nombre de leurs sujets à se rendre capables, au besoin, de travailler aux missions dans les différentes parties du monde. Les capucins et les carmes déchaux se firent particulièrement remarquer par leur zèle et leur succès. Mais aucune société ne travailla avec plus de persévérance que la Société de Jésus. Les enfants d'Ignace se retrouvent partout, et leur nom se lie à tout ce qui se fit de grand dans les diverses contrées que l'on cherchait à convertir au christianisme.

Les Indes, la Chine, le Japon, le Nouveau-Monde, les virent tour à tour marchant constamment dans la même ligne; et au milieu des plus grandes privations, des plus importants travaux, trouvant le moyen d'utiliser leur science et de nous initier à l'histoire et aux mœurs des peuples parmi lesquels ils vivaient. Qui ne sait tout ce qu'ils avaient créé dans le Paraguay? qui n'a entendu parler de François-Xavier, dont l'âme de feu n'était jamais rassasiée, et qui mourut en regrettant de n'avoir pas assez fait pour Dieu et pour son ordre?

De nos jours, une association qui, sous le nom d'*Association pour la propagation de la foi*, a pris en peu d'années des accroissements les plus rapides, et qui a établi son centre d'action dans le chef-lieu du département du Rhône, s'occupe avec activité et intelligence de l'œuvre des missions étrangères. Fondée d'abord en France, elle s'étend aujourd'hui dans toute la chrétienté, et ses racines sont durables. Les biens qu'elle a produits déjà sont immenses, mais à mesure qu'elle se développera, elle pourra étendre plus loin ses efforts et faire entrer dans le sein de la grande famille les peuples malheureux qui dorment encore dans les *ténèbres de l'ombre de la mort*.   L'abbé J.-G. Chassagnol.

Les protestants rivalisent, surtout depuis le commencement du dix-huitième siècle, avec l'Église romaine pour porter la connaissance de l'Évangile aux peuples demeurés jusqu'à ce jour plongés dans les ténèbres de l'idolâtrie. Dès l'année 1647 un acte du parlement autorisait la création d'une société ayant pour but de propager le christianisme dans les régions les plus lointaines. En 1704 il s'en fondait une en Danemark, sous la protection du roi Frédéric IV; les frères Moraves ou Herrnhutes ne tardèrent pas non plus à se mettre à l'œuvre; et dès 1732 ils avaient réussi à pénétrer dans les régions polaires. En 1797 les Hollandais fondèrent une société des missions à l'usage de leurs colonies; mais les Anglais l'emportent encore sur toutes les autres nations protestantes pour l'importance et la grandeur des efforts qu'ils ont tentés, des sacrifices qu'ils se sont imposés, dans un but tout autant commercial que civilisateur. En 1794 se fondait à Londres la grande société des missions pour l'Afrique et l'Australie; et en 1796 la société écossaise des missions de l'Asie occidentale et des Indes occidentales. Viennent ensuite, pour l'importance des ressources dont elles disposent, la société pour la propagation de l'Évangile dans les pays étrangers, dont à l'origine les efforts se bornaient à l'Amérique méridionale; la société pour la propagation du christianisme dans les Hautes-Terres de l'Écosse (1709); la société des missions intérieures (depuis 1819); la société herrnhute de Londres; la société des missions wesleyennes; la société des missionnaires anabaptistes (1792); la société des missions et de la propagation des livres de prières de la nouvelle Église de Jérusalem (1721); la société des missions pour le continent (1818); la société de Londres pour la propagation du christianisme parmi les juifs, et la société des dames de la chapelle épiscopale des juifs, ainsi que la société des missionnaires prédicateurs, transférée, en 1823, d'Édimbourg à Londres. En 1808 on créa ainsi à Malakka une mission anglo-chinoise, et en 1818 un collége anglo-chinois. Comme les Anglais voient dans le christianisme l'instrument de civilisation le plus puissant à employer pour leurs colonies, leur politique seconde volontiers les efforts et le zèle des sociétés de missions, auxquelles se rattachent de la manière la plus intime d'autres sociétés ayant pour but la propagation de la Bible et des livres de piété traduits et imprimés en langues étrangères. Ces diverses associations consacrent chaque année à ce but des sommes immenses, et qu'on ne peut pas évaluer à moins de 2 millions de livres sterling. Pour ce qui est de l'importance et de la grandeur des moyens mis en action par les missions, les États-Unis peuvent seuls aujourd'hui lutter avec l'Angleterre. Parmi les sociétés de missions les plus importantes qu'on y compte, on peut citer la société américaine des missions étrangères (fondée en 1810); la société anabaptiste des missions étrangères (1814); la société des missions étrangères de Presbytériens (1818); la société méthodiste des missions (1819); et la société américaine des missions intérieures (1836). Leurs revenus ne s'élèvent pas à moins de 5 millions de livres sterling.

MISSIONS BOTTÉES. *Voyez* DRAGONNADES et CÉVENNES.

MISSISSIPI, dans la langue des Indiens-Algonquins *Missi-Sipi*, c'est-à-dire le grand Fleuve, le plus puissant cours d'eau de l'Amérique septentrionale, le plus important des États-Unis, et l'un des plus grands de la terre. Son embouchure était fréquentée depuis 1519 et ses rivages habités depuis plus de 150 ans, quand Schoolcraft découvrit pour la première fois ses sources, en 1832, dans le Territoire de Minesota. Elles sont situées par 47° 10 de latitude septentrionale, dans la faible ligne de partage qui sépare la moitié septentrionale et la moitié méridionale de la grande plaine intérieure de l'Amérique du Nord, à savoir dans le petit lac d'Itasca ou Labiche, aux eaux transparentes comme du cristal, tout entouré de hauteurs boisées, et élevé de 471 mètres au-dessus du niveau de la mer. Le Mississipi coule d'abord dans la direction du nord, en traversant divers autres petits lacs, puis à l'est, et forme après un parcours de 42 myriamètres sa première cataracte, celle de Peckagama. Il se dirige ensuite toujours au sud, en décrivant une multitude de détours à travers l'une des plus vastes plaines de la terre, et déverse son immense masse d'eau dans le golfe du Mexique, un peu au-dessous de la Nouvelle-Orléans, par plusieurs bras, dont les deux plus importants sont celui du nord-est et la passe de Balize, où passe du sud-ouest, qui est la route que suivent tous les navires d'un tonnage un peu fort. A son embouchure, il forme un delta d'une superficie de 462 myriamètres carrés (*voyez* LOUISIANE), qui va toujours en s'élargissant du côté de la mer, attendu que le fleuve, suivant les calculs du géologue Lyell, apporte chaque année à la mer 3 milliards 703 millions de pieds cubes de limon, de sable, etc., de telle sorte qu'au rapport des pilotes de Balize les bras d'embouchure du fleuve se trouvent aujourd'hui avancés d'environ un kilomètre de plus dans la mer qu'il y a vingt-cinq ans.

Le Mississipi reçoit les eaux d'environ deux cents affluents, qui ajoutent extraordinairement à son volume d'eau, et qui étendent au loin son bassin, à l'ouest jusqu'aux Montagnes Rocheuses, et à l'est jusqu'aux monts Alleghanys. Les plus importants de ces affluents sont, sur la rive gauche : le Saint-Péters ou Minesota, le Jowa, la rivière des Moines, le Missouri, le Saint-François, le White-River, l'Arkansas-River, le Red-River; et sur la rive droite : le Sainte-Croix, le Wisconsin, l'Illinois, l'Ohio et le Yazoo. La distance en ligne droite de sa source à son embouchure, est de 247 myriamètres; mais par suite des détours extrêmement nombreux qu'il décrit et qu'on appelle *bends* sur les lieux, son parcours total est de 455 myriamètres. Que si l'on considère le Missouri, long de 476 myriamètres comme le bras principal de tout ce bassin, le développement total du Mississipi est alors de 672 myriamètres; ligne d'eau comme n'en présente aucun autre fleuve au monde. D'après les renseignements les plus récents, son bassin serait de 42,000 myriamètres carrés, de sorte que le Maraňon seul le surpasserait à cet égard. Sa largeur ne répond nulle part à son immense étendue. A l'endroit où il reçoit les eaux du Missouri et où commence son grand cours, elle est de 203 myriamètres (son cours supérieur en a 252), il a à peine de 15 à 1600 mètres de largeur; et cette largeur reste encore la même quand il a reçu les eaux de l'Ohio. En revanche, à partir de l'embouchure du Missouri, sa profondeur va toujours en augmentant. A peu de distance de Saint-Louis, elle est déjà en certains endroits de 60 à 63 mètres; à la Nouvelle-Orléans elle varie entre 43 et 75 mètres. A son embouchure, toutefois, sa profondeur diminue de nouveau sensiblement, d'où il résulte par les basses eaux un très-grand obstacle pour la navigation dans les passes qui lui servent d'embouchures, obstacle qui nuit beaucoup à tout le commerce de la Nouvelle-Orléans. La ligne de navigation du Mississipi a elle-même une longueur de 302 myriamètres, parce qu'elle s'étend en amont jusqu'aux cataractes de Saint-Anthony, au-dessus de Saint-Paul, dans le Territoire de Minesota. Mais la navigation en est rendue difficile et périlleuse par les nombreux bancs de sable, par les masses de terre que la force du courant détache du rivage avec les arbres qui sont dessus, par ce qu'on appelle les *snags* et les *sawyers*, c'est-à-dire les endroits où des arbres embarrassés dans le limon du lit du fleuve élèvent leur cime au-dessus des eaux, par les arbres qui s'entremêlent en formant des masses épaisses de plusieurs mètres et que le courant entraîne en aval, où ils s'arrêtent au delta et en avant des embouchures sur une surface de plusieurs centaines de myriamètres carrés; enfin, par les nombreux rapides et contre-courants que forment les contrariétés du courant et les vives arêtes des côtes. Néanmoins, comme dans tout son parcours le Mississipi ne baigne d'autre territoire que celui d'un groupe d'États étroitement unis entre eux, il en forme la plus importante artère commerciale, sur un étendue de près de 20° de latitude. Il traverse ou baigne les côtes de neuf des États composant l'Union (Wisconsin, Jowa, Illinois, Missouri, Kentucky, Tennessee, Arkansas, Mississipi, Louisiane) et un Territoire. Lui et ses affluents sont navigables par bateaux à vapeur sur une étendue de 2,528 myriamètres; et déjà plus de 600 bateaux à vapeur sillonnent continuellement cette grande voie fluviale. C'est ainsi que ce réseau de cours d'eau constitue le système de veines qui vivifie toute l'immense contrée centrale de l'Amérique du Nord, et que des canaux artificiels relient en outre au nord à la chaîne des lacs canadiens ou du Saint-Laurent, et à l'est à divers fleuves de la côte de l'Atlantique. Le bassin du système du Mississipi, qui compte aujourd'hui 9,000,000 d'habitants, offre dans son immense productivité agricole, dans ses incommensurables forêts et dans ses richesses minérales les ressources nécessaires pour nourrir plusieurs centaines de millions d'habitants et exporter en même temps un excédant considérable des produits de son sol. Déjà on peut prévoir que dans un avenir très-rapproché ce bassin constituera à tous égards le centre de gravité de l'Union américaine et influera puissamment sur les destinées du monde, surtout quand des chemins de fer relieront le Mississipi à l'océan Pacifique : communication qui changera la direction du commerce du monde et détruira vraisemblablement la prééminence commerciale dont l'Angleterre est encore en possession aujourd'hui. Le Mississipi donne son nom à un État de l'Union (*voyez* l'article ci-après), et il avoisine la Louisiane, où, au commencement du dix-huitième siècle, la société par actions qu'avait fondée Law avait établi ses spéculations. Consultez Ellet, *Of the physical Geography of the Mississipi Valley* (Washington, 1849).

MISSISSIPI, l'un des États-Unis de l'Amérique du Nord, sur sa côte méridionale, séparé à l'ouest de l'État d'Arkansas et d'une partie de la Louisiane par le Mississipi, confinant au sud à ce dernier État et au golfe du Mexique, à l'est à l'État d'Alabama et au nord à l'État de Tennessee, a une surface de 1,557 myriamètres carrés. Il appartient pour moitié au bassin du Mississipi, et offre une grande variété de configuration. Au sud, ce sont des côtes basses et plates, au centre une succession de hautes terrasses, et au nord des contrées toutes montagneuses. La première de ces régions, plate parfaitement unie, s'étend dans l'intérieur des terres sur une profondeur d'environ 15 myriamètres; elle ne forme que sur un très-petit nombre de points d'insignifiantes ondulations de terrains, est couverte, au point où elle touche à la région des terrasses, d'épaisses forêts de pins et de sapins, interrompues par ci par là de marais mêlés de cyprès, ou bien de prairies, et finissant en marches exposées à de fréquentes inondations et en marais qui engendrent des fièvres pernicieuses. Cependant une partie de ce pays de côtes est propre à l'agriculture, attendu que le sol, quoique généralement sablonneux et même pyriteux, a un fond argileux, et que le sable y est mélangé de chaux coquillière et de marne. Quand le pays arrive à former une suite de hautes terrasses vers le nord, sa surface devient onduleuse; la bonté du sol, la salubrité du climat, la variété des essences forestières vont toujours en augmentant; et la montagne elle-même est d'une fertilité extrême, en même temps qu'elle jouit du climat le plus agréable et le plus sain. Le sol, composé d'éléments heureusement assortis, se prête aussi bien à la culture des produits du Nord qu'à celle des produits du Sud. Les parties les plus fertiles sont les Marches, que longent le Yazoo et le Mississipi; cependant, ces dernières sont sujettes à être inondées. Le principal cours d'eau est le Mississipi, qui y reçoit le Yazoo, le Big-Black et le Homochitto. Le Pascagoula, qui est navigable, se jette dans la baie du même nom; le Pearl, dans la mer borgne du delta du Mississipi. Le Tombeckbée se dirige au sud-est, où il atteint le Territoire d'Alabama; le Tennessée touche seulement l'extrémité nord-ouest de l'État. Le chiffre de la population est en progression croissante. En 1800 elle était de 8,350 habitants; en 1810, de 40,352; en 1820, de 75,449; en 1830, de 136,621; en 1840, de 375,651; en 1850, de 606,555, dont 295,758 blancs, 897 hommes de couleur libres, et 309,898 esclaves. Les Indiens appartenant aux tribus des *Cherokees*, des *Choctaws* et des *Chikasaws*, qui possédaient jadis un territoire en propre, ont consenti, en 1832, à aller, moyennant une indemnité, s'établir de l'autre côté du Mississipi.

L'agriculture est la grande industrie du pays. La mise en culture du sol y prend chaque année plus de développement; et la culture des plantations a été introduite dans tout l'État. En 1850 il existait déjà 3,344,358 acres de terre arable mis en culture, et 7,046,061 acres étaient encore en friche. Les principaux produits sont le maïs, la canne à sucre, le froment, et le coton, qui forme le grand moyen d'échange. On obtient aussi beaucoup de riz et d'avoine, plus du tabac, du vin et un peu de soie. L'élève du bétail est l'objet de soins tout particuliers, notamment au nord, et au sud-est dans ce qu'on appelle *le Pays des Vaches*. Beaucoup de planteurs possèdent des troupeaux de 1,000 bœufs; et on élève encore plus de porcs. L'industrie y est également en voie de progrès continu. Le commerce a pour principal élément de prospérité le Mississipi et ses affluents, qui permettent d'expédier facilement dans toutes les parties de la terre les cotons produits par le sol. Cependant la navigation fluviatile y est jusqu'à présent demeurée assez peu importante, et l'État ne possède pas un seul navire en état de tenir la mer. On y compte déjà trois chemins de fer, sur lesquels 93 kilomètres environ étaient en pleine exploitation au 1er janvier 1853, et 273 en voie de construction. Les principaux entrepôts des produits de l'État sont la *Nouvelle-Orléans*, dans la Louisiane, *Mobile* dans l'État d'Alabama, et *Memphis* dans l'État de Tennessée. La constitution de 1852 a été revisée; et le Mississipi envoie aujourd'hui au congrès 5 représentants et 2 sénateurs. L'assemblée législative particulière de l'État, composée de 92 représentants élus tous les deux ans, et de 12 sénateurs, dont les pouvoirs durent quatre ans, se réunit tous les deux ans le 1er janvier. Le gouverneur, élu pour quatre ans, reçoit un traitement de 3,000 dollars. En 1850 les propriétés appartenant à l'État représentaient 2 millions de dollars; et les propriétés particulières soumises à l'impôt avaient une valeur de 208,422,167 dollars. Les revenus publics s'élevaient à 379,407 dollars, et les dépenses à 314,429. La dette de l'État était de 7,271,707 dollars. L'université de l'État, fondée en 1844, est située à Oxford. Le chef-lieu, *Jackson*, sur le Pearl, qui y devient navigable, entouré de jardins et de plantations de coton, compte 5,000 habitants; *Colombus*, sur le Tombeckbée, en compte 9,312; *Vicksburg*, sur le Mississipi, 4,211. Toutefois, la ville la plus importante de tout l'État est encore *Natchez*, sur le Mississipi, avec le fort Panmure et 5,240 habitants. Elle est située à 45 myriamètres au nord-ouest de la Nouvelle-Orléans, et fait un commerce de coton des plus actifs. Les navires à vapeur des plus fortes dimensions peuvent venir s'amarrer à ses quais.

MISSIVE (du latin *mitto*, j'envoie). On donne ce nom à des lettres de circonstance concernant des affaires particulières, et destinées à être envoyées sans délai aux personnes à qui elles sont adressées.

MISSOLONGHI, ville grecque, qui s'est rendue célèbre à l'époque de la guerre de l'indépendance, et qui est aujourd'hui comprise dans la nomarchie d'Acarnanie et d'Étolie, la principale place d'armes des Hellènes à l'ouest de la Grèce, et surnommée aussi *la petite Venise*, est située de la manière la plus insalubre, sur un promontoire, au fond d'une baie basse, à l'entrée du golfe de Patras. Non loin de là se trouve la ville, également fortifiée, d'*Anatolico*, construite dans une île, de sorte qu'on peut communiquer de l'une de ces places à l'autre avec de simples barques de pêche.

Missolonghi est une ville toute moderne, et ne date guère que de trois siècles. Fondée par des pêcheurs, sa position naturelle lui donna bien vite de l'importance, en même temps qu'elle y appela le commerce. Quoique dévastée par les Turcs en 1715 et en 1770, à l'occasion de l'insurrection qui y éclata contre eux, elle comptait déjà, en 1804, 4,000 habitants. Elle se régissait alors par ses propres lois, et se bornait à payer aux Turcs la capitation d'usage. Au début de la guerre de l'indépendance, elle embrassa dès le 7 juin 1821, avec Anatolico, la cause grecque. Le 5 novembre le prince Maurocordatos s'y jeta, à la tête d'une poignée d'hommes, et la défendit intrépidement contre tous les efforts des Turcs jusqu'au 23 du même mois, où des bâtiments grecs lui amenèrent des renforts, à l'aide desquels il contraignit les Turcs à lever le siége, le 6 janvier 1823.

Mieux fortifiées, les deux villes furent dès lors comptées au nombre des boulevards de l'indépendance de la Grèce. Dans les derniers mois de 1823 Missolonghi eut à soutenir un nouveau siége de cinquante-neuf jours, lorsque, après la mort héroïque de Marc Botzaris, à Karpenissi, en Épire, Mustai-Pacha et Omer Vrione vinrent, en août, l'investir par terre, et des vaisseaux algériens la bloquer par mer. Mais Constantin Botzaris s'y maintint jusqu'à ce que Maurocordatos eût eu le temps de venir à son secours avec des bâtiments hydriotes; et la peste, qui se déclara dans le camp de l'ennemi, le força alors à lever le siége. Le sérasker Reschid-Pacha vint en 1825, à la tête d'une armée de 35,000 hommes, assiéger Missolonghi, défendue maintenant par le brave Notos Botzaris. Toutes les attaques furent inutiles, de même que l'assaut tenté le 2 août et jours suivants contre les remparts, qu'un bombardement de quarante-neuf jours avait fort endommagés; par le sérasker, dont les opérations étaient appuyées par la flotte du capitan-pacha. Ibrahim-Pacha, qui vint alors à la tête d'une armée égyptienne, organisée à l'européenne, diriger les opérations du siége, ne fut pas plus heureux. Le manque de vivres et de munitions put seul déterminer la garnison à essayer, le 22 avril 1826, à huit heures du soir, de se frayer passage à travers les assiégeants. Il n'y en eut qu'une très-petite partie qui y réussit; ceux des héroïques défenseurs de la ville qui restèrent fidèles dans ses murs, rentrant dans les mines, et s'ensevelirent sous ses ruines. Consultez Auguste Fabre, *Histoire du Siége de Missolonghi* (Paris, 1826). Ce ne fut que le 18 mai 1829 qu'une capitulation rendit de nouveau les Grecs maîtres de Missolonghi et d'Anatolico.

Depuis la fondation du royaume de Grèce, Missolonghi s'est promptement relevée de ses ruines; et on y compte aujourd'hui 5,000 habitants, quoiqu'elle ait eu beaucoup à souffrir des troubles civils qui déchirèrent encore la Grèce, et qu'en 1836 notamment elle ait eu à soutenir un nouveau siége contre les insurgés de l'Étolie et de l'Acarnanie. On voit à Missolonghi les tombeaux du Maïnote Mauromichalis, du Souliote Marc Botzaris et du comte Narmann, ainsi que le mausolée qui renferme le cœur de lord Byron, mort en cette ville, en 1824.

MISSOURI, l'un des plus grands cours d'eau de l'Amérique septentrionale et notamment des État-Unis, prend sa source à une élévation de 1,700 mètres, dans les Montagnes Rocheuses, entre le 42° et le 43° degré de latitude nord. Cette source n'est guère éloignée de plus d'un kilomètre de celle de la Columbia, qui va se jeter dans l'océan Pacifique; et elle fut découverte, en 1805, par Lewis et Clarke. Ce cours d'eau reçoit le nom de *Missouri* après la réunion du Jefferson, du Madison et du Gallatin, trois rivières dont le volume est à peu près pareil, et qui, après avoir coulé au nord pendant environ 22 myriamètres, confondent leurs eaux par 45°,10' de latitude nord. Le Missouri continue à couler au nord, jusqu'aux grandes cataractes, situées par 47° de latitude nord. Dans ce parcours il se fraye passage à travers une chaîne des Montagnes Rocheuses, appelée les *Gates* ou les Portes, fondrière dans laquelle il se précipite en mugissant avec une largeur de 150 mètres environ entre des parois de rochers s'élevant à pic à plus de 400 mètres au-dessus de son niveau. A environ 15 myriamètres de là et à une distance de 75 myriamètres de sa source, commencent les grandes chutes du Missouri, où le fleuve tombe successivement, dans un espace de 28 kilomètres, de 111 mètres de haut, par 27 cataractes, dont la plus élevée a 59 mètres de haut et 263 mètres de large. Rien de plus saisissant que l'aspect sauvage et pittoresque de cette chute. Après les chutes du Niagara, celles du Missouri sont les plus imposantes qu'il y ait sur le globe.

A partir de ce point le Missouri se dirige, en décrivant de nombreuses courbes, à l'est et au nord-est jusqu'à l'embouchure du *White-Earth-River* (par 48° 20' de lat. nord); il coule alors au sud-est, et garde cette direction jusqu'à son embouchure dans le Mississipi, un peu au-dessus de Saint-Louis. Sous le rapport de l'étendue de parcours et du volume des eaux, il l'emporte tellement sur le Mississipi, qu'on devrait le considérer comme le fleuve principal, dont le Mississipi supérieur ne serait que l'affluent. Sur un immense parcours de 476 myriamètres (la distance directe de sa source à son embouchure n'est que de 283 myr.), il n'offre d'obstacles sérieux à la navigation qu'aux grandes Chutes; et ses principaux affluents sont également navigables sur une grande étendue, par exemple : le *Yellowstone*, large à son embouchure d'environ 800 mètres, et dont le parcours, long de 285 mètres, peut se comparer à celui du Mississipi lui-même avant la jonction des deux cours d'eau; le *Petit Missouri*, le *White-River* ou *Wankisitah*, le *Niobrarah* avec le *Pekah-Pahah* ; le large mais peu profond *Platte* ou *Nebraska*, qui provient de la réunion du *North* et du *South-Fork* ; le *Kansas*, non moins grand ; l'*Osage*, etc., etc. Le Missouri reçoit à gauche le *James* où le *Jacques*, le *Big Sioux*, le *Grand-River*, etc. Dans la plus grande partie de son parcours, c'est un torrent impétueux, aux eaux limoneuses, couvert de plusieurs centaines d'îles boisées et d'innombrables bancs de sable. Les contrées fertiles voisines de son cours et de celui de ses divers affluents, ont peu de profondeur. Plus loin on rencontre d'immenses prairies; de sorte qu'au total le bassin du Missouri, qui comprend environ 250,000 myriamètres carrés, soit la moitié de tout le bassin du Mississipi-Missouri, offre moins d'attraits à ceux qui veulent créer des établissements que celui des autres affluents du Mississipi. Indépendamment de l'État de Missouri (*voyez* ci-après), qui lui appartient presque entier, il comprend quelques portions du Jowa. Tout le reste dépend encore des *Territoires* non organisés des États-Unis.

MISSOURI, l'un des États - Unis de l'Amérique du Nord, à l'ouest du Mississipi, situé entre le Jowa au nord, l'Illinois, le Kentucky et le Tennessee à l'est, l'Arkansas du sud, le Territoire des Indiens et de Nebraska à l'ouest, présente une superficie de 2,160 myriamètres carrés. La configuration de cette contrée varie à l'infini ; et sa situation sur le Mississipi et le Missouri lui donne une grande importance. Le Mississipi forme sa frontière orientale, sur une étendue de 80 myriamètres, et y reçoit la *rivière des Moines*, le *Salt-River*, le *Missouri* et le *Merrimac*. Le Missouri, qui dans son cours tourmenté et dirigé à l'est traverse l'État en ligne diagonale, forme sa grande artère de communication avec ses affluents (dont le *Grand-River* et le *Chariton* au nord, le *La Mine*, l'*Osage* et *La Gasconnade* au sud, sont navigables). Les rives de ces différents cours d'eau présentent en général un sol plantureux, fertile, mais exposé presque chaque année à des inondations, et constituent par conséquent une région marécageuse et insalubre. Le sol s'élève ensuite insensiblement en formant d'âpres chaînes de rochers, des *barrens* et des *prairies*, alternant avec des forêts. Au sud-ouest on trouve d'immenses marécages, derrière lesquels le sol s'élève de nouveau jusqu'à l'*Osage*. C'est entre cette rivière et le Missouri que se trouvent les contrées les plus fertiles, habités en même temps en sel et en houille; Au nord du Mississipi le pays est un plateau doucement ondulé, composé pour la plus grande partie de prairies; et l'on ne rencontre de forêts que dans les contrées qui longent le cours de ce fleuve en amont. Néanmoins, on a donné à toute cette partie septentrionale le surnom de *Jardin de l'Ouest*.

Le Missouri offre un sol propre à la culture de toutes les espèces de céréales. Ses principaux produits sont le maïs et le tabac. Les vastes contrées basses et les prairies favorisent singulièrement l'élève du bétail. Toutefois, les richesses que présente le règne minéral dans les monts Ozarks ou *Black-Mountains*, qui traversent l'Arkansas et le Missouri dans la direction du nord pour venir s'abaisser en collines vers le Missouri, ont encore une bien autre importance. Dès 1815 on extrayait du plomb de cette région ; et en 1846 l'exploitation de ces mines avait livré au commerce 9 millions de livres de plomb. Au sud on rencontre de véritables montagnes de fer, dont la masse de métal pur a été évaluée à 600 millions de tonnes. Le cuivre aussi y est en abondance ; et on y trouve encore du cobalt, de l'argent, du nickel et de l'étain. On rencontre partout des sources salines et des cavernes à salpêtre. Le sel gemme et la houille y abondent. Le climat est agréable et salubre, sauf dans les terres basses. L'été y est souvent d'une chaleur étouffante, et l'hiver du froid le plus rigoureux. Les cours d'eau se couvrent alors d'une couche de glace si épaisse qu'on passe le Mississipi et le Missouri en voiture. Le nombre des habitants est en voie de progression continuelle. Il était en 1810 de 20,845 ; en 1820, de 66,586 ; en 1830, de 140,445 ; en 1840, de 383, 703 ; en 1850, de 682,043, dont 592,677 blancs (44,352 Allemands), 2,544 hommes de couleur libres, et 87,422 esclaves. L'agriculture, l'élève du bétail et l'industrie minière sont les principales ressources de la population. L'industrie y a fait de sensibles progrès dans ces derniers temps. Le commerce y est favorisé par un vaste réseau de cours d'eau, par deux chemins de fer d'environ 50 myriamètres de parcours, et par plusieurs banques. En 1850 le chiffre des importations s'élevait à 359,643 dollars, et celui des bâtiments à vapeur était en 1851 de 136.

Cette contrée faisait autrefois partie de la Louisiane, cédée par la France aux États-Unis. Elle reçut ses premiers habitants en 1763, et fut érigée en 1805 en *Territoire de la Louisiane*. Sa dénomination actuelle date de 1812, époque où vinrent s'y fixer beaucoup d'Américains et encore plus d'Allemands. En 1819 ce Territoire fut séparé de l'Arkansas, et dès cette époque il aurait pu être admis dans l'Union, en raison du chiffre de sa population ; mais comme il s'agissait d'accroître encore le nombre des États à esclaves, cette admission fut retardée jusqu'en 1821. Le Missouri envoie aujourd'hui au congrès national 7 représentants et 2 sénateurs. Son assemblée législative particulière est composée de 49 représentants élus pour deux ans et de 18 sénateurs élus pour quatre ans. Elle se réunit tous les deux ans, le 31 décembre. Le gouverneur, élu pour quatre ans, reçoit un traitement de 2,000 dollars. En 1840 on y comptait 789 écoles du premier et du second degré,

7 établissements consacrés à l'instruction supérieure, dont l'*université du Missouri*, fondée en 1840 à Columbia, et l'*université catholique* de Saint-Louis, dont la création remonte déjà à 1832.

Jefferson-City ou *Jeffersonville*, sur la rive méridionale du Missouri, avec 3,722 habitants, est considérée comme le chef-lieu de cet État; mais sa ville la plus ancienne et la plus peuplée est Saint-Louis. Sur sa frontière occidentale, à environ un myriamètre du Missouri, on trouve *Indépendance*, avec 3,000 habitants, centre d'un mouvement commercial des plus actifs, parce que c'est de là que partent les caravanes à la destination de Santa-Fé, ainsi que les bandes d'émigrants qui se dirigent vers l'Orégon et la Californie. Les Allemands, dont le nombre est surtout grand sur les bords du Missouri inférieur, et qui sont en voie de progrès marqué pour ce qui est de l'éducation et du bienêtre, ont fondé les jolies villes de *Franklin* et de *Columbia*; mais c'est encore à *Saint-Louis*, à *Saint-Charles* et à *Hermann* qu'on les trouve principalement groupés. Leurs écoles sont excellentes, et leurs associations musicales en grand renom. En 1852 il paraissait déjà des journaux allemands dans le Missouri.

MISTRAL. Le vent connu de nos marins provençaux sous le nom de *mistral* (*mistraou*) correspond au nordouest de la boussole. C'est le *caurus* ou *corus* des Latins.

Ferieus pontum, corus (Seneca, *Thyest.*).
Semper spirantes frigora cauri (Virg., *Georg.*).

Soit que nous le retrouvions désigné par ses effets ou par sa nature, Caurus n'a fait que changer de nom; son pouvoir est resté le même. Furieux, indomptable, comme au temps de Sénèque, il frappe la Méditerranée et soulève ses ondes; l'horizon commence à s'éclaircir : le jour, l'azur des cieux, brille d'un vif éclat; la nuit, les étoiles scintillent; ce dernier pronostic est infaillible. Le mistral souffle d'abord par rafales et combat les dernières bouffées du vent d'est; mais bientôt il prend le dessus, et domine en souverain. En quelques heures il a desséché le sol et balayé devant lui toutes les vapeurs de l'atmosphère; il tourmente la mer et la blanchit d'écume. Malheur alors au navire trop engagé dans le golfe de Lyon ou de Valence dans ces jours de fureur où le mistral souffle de toute sa puissance! rien ne saurait lui résister, et la bravoure est inutile; il faut lui céder sous peine d'avaries majeures. Un port de refuge est dans ce cas la meilleure sauvegarde, car le *mistral mange les voiles*, et le souvenir d'affreux sinistres conseille la prudence au plus hardi marin. Les Italiens appellent le mistral *maestro* : c'est en effet un maître vent. S. Berthelot.

Le froid qu'entretiennent les glaces des Alpes, la condensation des colonnes d'air qu'ils supportent, la dilatation de celles qui reposent sur des terrains susceptibles d'être échauffés, l'évaporation des eaux de la Méditerranée, de celles des fleuves qui s'y rendent et de leurs nombreux affluents, le volume du fluide qui vient augmenter ainsi autour des Alpes le volume de l'atmosphère déjà dilatée par la chaleur, toutes ces causes, qui dérangent continuellement l'équilibre de la masse fluide à une grande distance de ces montagnes, suffisent vers le sud, sont probablement celles du mistral.

MITAU ou **MITTAU** (en russe *Mitawo*, en letton *Jelgawa*), capitale de l'ancien duché de Courlande et de Sémigalle qui forme aujourd'hui le gouvernement russe de Courlande, est située dans une contrée plate, sur les bords de la Drixe, qui non loin de là se jette dans l'Aa. En avant de la ville, et entre celle-ci et la Drixe, se trouve un grand château, reconstruit par Biren, d'après le modèle du palais d'hiver de Saint-Pétersbourg, sur l'emplacement même de celui de l'ordre Teutonique, qu'avait bâti, en 1271, Conrad de Mandern (dit de Medem). Après avoir servi jadis de résidence aux ducs de Courlande, il est habité aujourd'hui par le gouverneur civil. C'est aussi le siège des diverses autorités administratives. Louis XVIII y séjourna pendant plusieurs années au commencement du siècle.

Située à 42 kilomètres seulement de Riga et à 35 de la Baltique, cette ville est reliée à l'une par une chaussée et à l'autre par l'Aa, cours d'eau navigable. On y compte 21,000 habitants, Allemands pour la plupart, mais dans ce nombre il se trouve pourtant 5,000 Juifs. Mitau possède trois églises luthériennes, une église calviniste, une église russo-grecque, une église catholique, une synagogue, un gymnase fondé en 1775 et pourvu d'un cabinet d'histoire naturelle et d'une bonne bibliothèque, un grand nombre d'écoles spéciales et d'institutions de bienfaisance, un musée provincial, deux librairies, et deux imprimeries publiant quatre journaux.

La population compte parmi ses principales ressources les dépenses considérables que font dans son sein un nombreux état-major administratif et la noblesse courlandaise, qui généralement vient y passer l'hiver. Il se fait d'ailleurs à Mitau un commerce assez important en grains, chanvre et graines de lin, venant de la Courlande même, ou de la Lithuanie, et qu'on embarque sur l'Aa, à la destination de Riga. On y compte 152 *gildes* ou corporations de marchands, mais seulement deux fabricants. Il s'y trouve aussi un théâtre, sur lequel la troupe de Riga vient donner des représentations à l'époque de la foire de *la Saint-Jean*, moment où la ville présente alors un aspect extrêmement animé. Comme Mitau est située sur la grande route conduisant d'Allemagne à Saint-Pétersbourg, toutes les célébrités musicales qui se rendent dans la capitale de la Russie ne manquent jamais d'y faire un séjour de quelque durée et le plus ordinairement assez productif.

MITE, nom vulgaire de diverses espèces d'arachnides du genre *acarus*, telles que la *mite du fromage*, la *mite des moineaux*, etc.

MITHRA, divinité perse, qui joue un grand rôle dans les livres Zend. Il semble qu'on ait voulu sous cette dénomination désigner la planète Vénus; et c'est l'opinion qu'exprime déjà Hérodote. Toutefois, il faut que sur d'autres points Mithra ait été considéré comme le dieu du soleil, et en général comme une divinité supérieure de la lumière. En effet, sous le règne d'Aurélien le culte de Mithra, déjà fort répandu dans l'Empire Romain, prit de plus en plus d'extension. C'est ce qui explique comment on en rencontre dans un grand nombre d'anciennes provinces de l'Empire Romain, et même en Allemagne, par exemple à Hedernheim dans le pays de Nassau, près de Francfort, des *monuments de Mithra*, c'est-à-dire des sculptures ayant trait au culte de Mithra. D'ordinaire Mithra y est représenté comme un homme qui égorge un taureau avec un poignard; et à ses côtés on voit l'étoile du soir et l'étoile du matin. Creutzer, Silvestre de Sacy et Hammer sont les archéologues qui se sont le plus récemment occupés de Mithra.

MITHRIAQUES; fêtes et mystères de Mithra. A Rome, ils se célébraient avec pompe, le 25 décembre, jour de la naissance prétendue de Mithra. Des antres renfoncés, des grottes, d'où jaillissaient des sources murmurantes, servaient le plus souvent les temples de cette divinité de la nature. Voici les épreuves mithriaques, d'après un monument du Tyrol : « Des deux côtés du monument sont 12 compartiments, qui répondent aux 12 épreuves mentionnées par Élie de Crète. Dans le premier compartiment, l'initié, debout dans l'eau, est est aspergé par un autre personnage. Il est étendu sur un lit de souffrance, qui rappelle ces lits garnis de pointes sur lesquels la terre, sans qu'on puisse distinguer si c'est dans une simple fosse, ou dans un amas de neige ou de cendres. Il met sa main dans le feu. Il se tient dans une attitude forcée et pénible. Le myste a disparu et est remplacé par une vache. Nous laisserons les autres compartiments, et nous nous hâterons d'arriver à la fin des épreuves, où le myste reçoit le prix de sa patience et de son courage. Seulement, nous dirons que pour dernière épreuve, après de vigoureuses fustigations, qui duraient deux jours, sa chair était macérée l'espace de cinquante jours par des jeûnes fréquents. Après cette rude et dernière épreuve, le myste est à genoux devant son directeur et guide spirituel. Il suit le mystagogue, qui lui montre, en levant la main, le degré de perfection où il doit tendre. Assis avec son conducteur sur le char du soleil, attelé de six chevaux, il s'élève vers le ciel. » L'ancien sacrifice du génie Mithra était d'abord sanglant; Commode lui immolait des hommes : les Perses lui sacrifiaient des chevaux. Ce sacrifice de sang fut plus tard remplacé par une oblation de pain, d'eau et de vin. Le grand-prêtre de cette divinité jouissait d'une haute considération; il avait sous lui des ministres des deux sexes, dont les premiers s'appelaient *patres* et les autres *matres sacrorum*. Ce culte exista jusqu'au milieu du quatrième siècle de l'ère chrétienne, et s'est reproduit jusqu'à nos jours sous différentes formes de rites chez les Orientaux et à fêtes populaires chez les Occidentaux.

DENNE-BARON.

MITHRIDATE. Il y a eu six princes de ce nom qui ont régné sur le Pont; ils faisaient remonter leur origine jusqu'aux Achéménides, savoir :

Mithridate Ier, mort l'an 680 av. J.-C., qui tenait le Pont sous la dépendance de Darius, fils d'Hystaspes.

Mithridate II, surnommé *Ctisès*, mort l'an 302, fut soumis par Alexandre.

Son fils, *Mithridate III*, se défendit contre Lysimaque après la bataille d'Ipsus, et même se rendit maître de la Cappadoce et de la Paphlagonie; il mourut l'an 266.

Mithridate IV, beau-père d'Antiochus le Grand; l'année de sa mort est incertaine.

Mithridate V, mort vers l'an 124, fut l'allié des Romains, dont il obtint la Grande-Phrygie après la défaite d'Aristonicus de Pergame. Sa principale gloire est d'avoir été le père de *Mithridate VI, Eupator*, « qui porte le surnom de *Grand* avec autant de droit que Pierre Ier de Russie, dit Heeren ; car il ressemble à ce grand homme presque'en tout, excepté qu'il fut malheureux. »

Né à Sinope, l'an 136 av. J.-C., *Mithridate VI*, à douze ans hérita de son père, outre le Pont et la Phrygie, des prétentions au trône de Paphlagonie, vacant par la mort de Pylæmenès. Ce roi, qui n'eut pas d'enfance, et dont la vieillesse devait jouir de tous les priviléges de l'âge mûr, ne vécut que pour régner; l'empoisonnement de sa mère, de ses tuteurs, qui voulaient le frustrer de sa couronne, voilà quels furent les coups d'essai de ce terrible adolescent. Les Romains avaient profité de sa jeunesse pour lui enlever la Phrygie : il ne le leur pardonna jamais. Sa jeunesse fut partagée entre les exercices violents et les études littéraires, qui firent de lui un des plus vaillants guerriers et un des hommes les plus instruits de son temps; et cependant son naturel resta toujours farouche et sanguinaire. Pendant quatre années, suivi de quelques compagnons, il parcourut sans se faire connaître les royaumes qui environnaient ses États. Son absence prolongée fit croire à sa mort : Laodice, sa femme et sa sœur, eut l'imprudence de donner sa main et le trône à l'un des principaux seigneurs du royaume. Mithridate reparut, et Laodice paya de sa vie ce mariage précipité. Appelé dans la Crimée et au delà du Pont-Euxin, il fit des conquêtes au delà du Pont-Euxin, contracta une alliance avec les tribus sarmates et avec les Germains jusqu'au Danube, méditant dès lors peut-être de pénétrer en Italie par le nord (118 avant J.-C.). La situation de ses États était admirable pour faire la guerre aux Romains. « Ils touchaient, dit Montesquieu, au pays inaccessible du Caucase, rempli de nations féroces, dont on pouvait se servir; de là ils s'étendaient sur le Pont-Euxin. Mithridate couvrait cette mer de ses vaisseaux, et allait continuellement acheter de nouvelles armées de Scythes. L'Asie était ouverte à ses invasions : il

était riche, parce que ses villes sur le Pont-Euxin faisaient un commerce avantageux avec des nations moins industrieuses qu'elles.

Il s'occupa d'abord de faire valoir ses prétentions sur la Paphlagonie, qu'il partagea avec Nicomède II, roi de Bithynie. Le sénat lui envoya un message pour qu'il renonçât à sa conquête; Mithridate y répondit en s'emparant de la Galatie. Convoitant la Cappadoce, il fait assassiner son beau-frère Ariarathe VII, roi de ce pays, et proclamer roi Ariarathe VIII, l'aîné des deux fils du défunt, encore mineur. La mère du jeune roi, Laodice, chargée du gouvernement pendant la minorité de son fils, épouse Nicomède, roi de Bithynie pour lui donner un protecteur. Sous prétexte de protéger son neveu contre l'ambition de Nicomède, Mithridate rentre en Cappadoce, y fait reconnaître seul roi Ariarathe VIII, puis se brouille avec lui ; et, voyant qu'Ariarathe est en état de le repousser, il lui demande une conférence et le poignarde à la vue des deux armées (an 107 avant J.-C.). Mithridate, resté maître du royaume, place sur ce trône sanglant un de ses fils, à qui il donne le nom d'*Ariarathe*, cher aux Cappadociens; puis il confie la régence à la tutelle à Gordius, assassin d'Ariarathe VII. Les Cappadociens se soulèvent, et appellent au trône le frère de leur infortuné roi, Ariarathe IX, qui était élevé dans l'Asie proconsulaire. Mithridate rentre en Cappadoce avec une armée, et chasse le roi légitime, qui, errant et fugitif, meurt de misère et de chagrin.

Au fils du roi de Pont rétabli, Laodice, aidée de Nicomède, oppose un fils prétendu d'Ariarathe et le conduit elle-même à Rome. L'envoyé de Mithridate déclare au sénat que celui que son maître a proclamé était le véritable enfant d'Ariarathe VII. Une enquête est ordonnée, et le sénat rend un décret également défavorable aux deux parties. Les Cappadociens sont déclarés libres; Nicomède II reçoit l'ordre d'évacuer la Paphlagonie, et Mithridate la Cappadoce. Hors d'état de résister, le roi de Pont obéit; mais, voyant les Cappadociens redemander un roi au sénat, il essaye de faire proclamer Gordius, sa créature. Le parti romain est le plus fort. Le Cappadocien Ariobarzane est proclamé, et Sylla, en qualité de propréteur de Cilicie, l'établit sur le trône (an 99). Tigrane Ier, roi d'Arménie, beau-père et allié de Mithridate, renverse du trône Ariobarzane, qui s'enfuit à Rome (an 97); et la Cappadoce est donnée au fils de Mitiridate. Mithridate porte alors ses armes en Colchide, soumet toutes les régions arrosées par le Phase, pénètre au delà du Caucase, et resserre son alliance avec Tigrane, en lui donnant pour part dans leurs futures conquêtes les captifs et le butin. Mithridate commence par chasser du trône de Bithynie Nicomède III, *Philopator*, qui s'appuyait sur l'alliance romaine, et met à sa place un autre fils de Nicomède II, nommé Socrates Chrestus (an 93). Puis il soumet la Phrygie, et se voit maître de l'Asie Mineure. Les Romains rétablissent dans leurs États Ariobarzane et Nicomède III, sans que Mithridate, qui ne peut compter sur les secours de l'Arménie, arrêtée par les embarras d'un nouveau règne, oppose aucune résistance. Les généraux romains, s'enhardissant, engagent Ariobarzane et Nicomède à attaquer Mithridate. Ariobarzane est trop prudent pour suivre ce conseil : Nicomède n'hésite pas à faire une invasion dans les États du roi de Pont, qui, mêmes et leur demande justice de Nicomède. Les ambassadeurs de celui-ci accusent à leur tour Mithridate de faire contre les Romains d'immenses préparatifs, et les engagent à le prévenir. Mithridate déclare qu'il remet volontiers au jugement du sénat ses anciennes querelles avec Nicomède. La politique romaine fut dupe de cette feinte modération : les deux rois reçoivent l'ordre de cesser leurs hostilités. C'était tout ce que demandait Mithridate; il ne voulait que gagner du temps, et il sut le mettre à profit.

Malgré le mariage de sa fille Cléopâtre avec Tigrane II, *le Grand*, il se trouvait encore réduit à ses seules forces; il s'assure secrètement des Gaulois de l'Asie; ses émis-

MITHRIDATE

saires parcourent la Scythie, et bientôt des troupes innombrables de Cimmériens, de Sarmates, de Bastarnes et une multitude d'autres barbares passent la mer ou franchissent les défilés du Caucase pour combattre sous ses ordres Plus de 300,000 hommes sont sous ses drapeaux; quatre cents vaisseaux sont prêts à le seconder. Son fils Ariarathe chasse de la Cappadoce le malheureux Ariobarzane, tandis que Pélopidas, son ministre, va signifier aux gouverneurs romains les griefs du roi de Pont et contre le sénat et contre Nicomède; mais à ses plaintes se joignent des menaces. Après avoir rappelé avec quelle patience Mithridate a souffert qu'on lui ravît la Phrygie et la Cappadoce, il ajoute : « Tigrane d'Arménie, le roi des Parthes, l'Égypte, la Syrie, sont prêts à se joindre à Mithridate. L'Asie, la Grèce, l'Afrique, victimes de votre insatiable cupidité, brûlent de secouer le joug. L'Italie même, qui soutint contre vous une guerre implacable, lui fournira de nouveaux auxiliaires. Pesez toutes ces considérations. Pour l'amour d'Ariobarzane et de Nicomède, n'armez pas contre vous vos alliés naturels, revenez à de meilleurs conseils; empêchez Nicomède d'offenser vos amis, et je vous promets, au nom de Mithridate, des secours pour soumettre l'Italie révoltée; sinon, c'est à Rome que nous irons terminer nos différends. » Les gouverneurs romains, indignés, signifient à Mithridate la défense d'attaquer Nicomède et l'ordre de restituer la Cappadoce à Ariobarzane. Ainsi fut déclarée cette guerre dont les foudres étaient depuis si longtemps suspendues.

Nicomède, à la tête de 56,000 hommes, s'avance vers le fleuve Amisus, où il est complétement défait par l'armée pontique aux ordres de Néoptolème et d'Archélaüs. Mithridate, entre les mains de qui tombe un peuple de prisonniers, les renvoie chez eux chargés de présents. Cette douceur rend son nom cher aux Asiatiques. La défaite de Nicomède n'est que le prélude des sanglants désastres des Romains. L. Oppius et Manius Aquilius tombent au pouvoir du roi de Pont, qui fait promener Manius par toute l'Asie, monté sur un âne, tandis qu'on l'oblige, à force de coups, de crier à haute voix : « Je suis Aquilius, autrefois consul des Romains. » Enfin, il est conduit à Pergame, où Mithridate lui fait verser de l'or fondu dans la bouche. Les Asiatiques étaient tellement exaspérés par les épouvantables vexations des Romains, que partout le roi de Pont fut reçu comme un libérateur. Les villes d'Asie, se croyant à jamais affranchies du joug de Rome, lui prodiguaient les noms de *père*, de *sauveur*, de *nouveau Bacchus*, de *monarque de l'Asie*. En un seul jour, par un édit de Mithridate, cent mille Romains, chevaliers, publicains, usuriers, marchands d'esclaves, sont massacrés. Maître de l'Asie, il se rend à Éphèse, où il épouse une Grecque, Monime, fille de Philopœmen. Il tient ensuite sa cour à Pergame. Sa flotte range sous ses lois toutes les îles. A Délos, à Cos, il trouve d'immenses richesses. Les Rhodiens seuls lui résistent. Cependant, Archélaüs, un de ses généraux, soumettait Athènes et la plus grande partie de la Grèce.

La puissance romaine eût été perdue dans ces contrées si le roi de Pont à l'indomptable volonté d'Annibal eût joint son génie stratégique; mais ses barbares, à peine disciplinés, ne purent tenir contre les légions de Sylla. Ce général prend Athènes, et gagne sur les généraux du roi de Pont les victoires de Chéronée et d'Orchomène. De Pergame, où il fait à chaque instant passer de nouvelles troupes en Europe, Mithridate voit la Grèce et l'Asie se déclarer contre lui. Il songe à la paix ; mais il rejette, comme trop rigoureuses, les conditions que Sylla lui impose. Cependant, une armée romaine, du parti de Marius, obtient aussi des succès sur les troupes pontiques en Thrace. Fimbria, qui commande cette armée, passe en Asie, force Mithridate à quitter Pergame, et le tient assiégé dans Pitane. Lucullus, amiral de Sylla, laisse échapper le roi de Pont, qui obtient enfin de son vainqueur, à Dardanus, dans la Troade, une entrevue dans laquelle il fait admirer son éloquence. La paix est conclue. Mithridate consent à livrer quatre-vingts vaisseaux, à payer les frais de la guerre, à abandonner la Bithynie à Nicomède et la Cappadoce à Ariobarzane : « Que me laissez-vous donc? dit-il à Sylla. — Je vous laisse, répliqua le vainqueur, la main avec laquelle vous avez signé la mort de cent mille Romains. »

Sylla partit, laissant un corps de troupes en Asie, aux ordres de Murena, et Mithridate restitua toutes ses conquêtes, à l'exception de la Paphlagonie et d'une partie de la Cappadoce (l'an 85 avant J.-C.). Mithridate profite de la paix pour marcher contre les peuples de la Colchide, qui s'étaient révoltés : il les soumet, et, sur leur demande, leur donne pour roi son fils, nommé comme lui Mithridate; mais peu de temps après, soupçonnant que c'était ce même fils qui les avait excités à la révolte pour obtenir la couronne, il se le fait amener chargé de chaînes d'or et lui fait trancher la tête. Pour soumettre les peuples du Bosphore, qui s'étaient aussi révoltés, il fit des préparatifs si formidables, que le bruit se répandit bientôt qu'il voulait recommencer la guerre contre les Romains. Son refus de restituer à Ariobarzane une partie de la Cappadoce, ses menaces contre Archelaüs, qu'il accusait de l'avoir trahi, venaient à l'appui de ces soupçons. Murena, sur l'avis d'Archelaüs, le prévient, et envahit la Cappadoce : Mithridate invoque le traité fait avec Sylla. Murena persiste. Gordius, toujours dévoué au roi de Pont, repousse le Romain de la Cappadoce. Murena est contraint de repasser l'Halys. Mithridate arrive avec une armée, et Murena, vaincu, se retire en Phrygie. Sylla, fort mécontent de ce que son lieutenant eût attaqué Mithridate, qui n'avait que sa parole pour garantie de la paix, envoie en Asie Gabinius pour régler les différends. Ariobarzane et Mithridate se réconcilient. Le roi de Pont promet d'épouser une fille d'Ariobarzane, âgée de trois ans, et reçoit pour dot une portion de la Cappadoce. Ainsi se termina, l'an 82, la *seconde guerre* de Mithridate contre les Romains.

Ce prince soumet alors le Bosphore, dont il donne la couronne à son fils Macharès. Encouragé par un revers de Mithridate contre les Achéens, petit peuple barbare, Ariobarzane demande au sénat la restitution de la partie de son royaume que le roi de Pont avait usurpée, et Mithridate est encore une fois obligé de se dessaisir de sa conquête. Sylla meurt; et c'est vainement que Mithridate sollicite auprès du sénat la ratification du traité qu'il a fait avec ce général. A ce mauvais vouloir des Romains, il répond en faisant envahir la Cappadoce par Tigrane. En même temps il conclut une alliance avec Sertorius, dont il reçoit un corps de troupes sous le commandement de Marius Varius, à la condition que le roi de Pont respecterait les provinces romaines de l'Asie Mineure. La *troisième guerre pontique* commence (an 75)..

Mithridate avait employé un an à la préparer : il avait fait transporter à la mer deux millions de médimnes de blé, fabriquer des armes et construire des vaisseaux. Instruit par ses défaites, il avait reconnu le défaut de ses armées, et abandonné le luxe des troupes asiatiques, pour armer ses soldats à la romaine. Il augmenta son armée de levées faites chez les Chalybes, les Arméniens, les Scythes, dans la Colchide, la Tauride, la Leuco-Syrie; l'Europe lui fournit même pour auxiliaires les Sarmates, les Thraces, les peuplades qui habitent de l'Ister aux chaînes de l'Hémus et du Rhodope : les Bastarnes étaient les plus braves de tous. Il avait à sa disposition 300,000 hommes. Il envahit la Paphlagonie et presque toute l'Asie. L'agent de Sertorius, Marius Varius, accompagnait Mithridate. Se conduisant en tout comme le représentant du peuple romain, il entrait dans toutes les principales villes, précédé de ses licteurs, donnant aux unes la liberté, aux autres l'exemption des impôts. Licinius Lucullus et M. Aurelius Cotta venaient d'être nommés consuls. Cotta part le premier pour avoir toute la gloire du succès; mais il se fait battre sur terre en Bithynie, tandis que Nudus, son vice-amiral, se fait battre sur mer, et finit par se renfermer dans Chalcédoine, où Mithridate vient l'assiéger. Lucullus approche : Mithridate, laissant un corps de troupes pour contenir Chalcédoine, se porte en toute hâte à sa rencontre; mais le Romain, reconnaissant la supériorité des forces de son ennemi, et comptant sur la famine et les maladies, cherche à traîner la guerre en longueur.

Mithridate se présente devant Cyzique, et bientôt la peste le force à lever le siége. Lucullus se met aussitôt en marche pour lui disputer le passage du Rhyndacus. Mithridate, repoussé avec perte, reprit sa position devant Cyzique. Cependant, Eunachus, un de ses généraux, lui soumettait la Phrygie, la Cilicie, la Pisidie et l'Isaurie. Mais lui-même ne faisait aucun progrès devant Cyzique. Résolu de faire sa retraite à quelque prix que ce fût, il est poursuivi de nouveau par Lucullus, qui l'atteint sur les bords du Granique, où il lui tue plus de 30,000 soldats, dernier débris d'une armée si nombreuse. Lucullus, sans perdre de temps, reprend toute la Bithynie, à l'exception de la ville de Nicomédie, où le prince s'était renfermé, et détruit en deux combats une flotte qu'il envoyait en Italie. Marius Varius, fait prisonnier, périt dans les supplices.

Mithridate dut alors se borner à défendre son royaume contre les Romains. Il aurait pu être pris dans Nicomédie sans la négligence de Voconius Saxa, dont l'escadre bloquait ce port. Mithridate s'enfuit sur sa flotte, et, après avoir failli périr dans une tempête furieuse, il implore le secours du roi des Parthes; il s'adresse également à Tigrane, roi d'Arménie, et à son fils Macharès, roi du Bosphore. Poursuivi par Lucullus, dans le cœur de ses États, il s'enfuit d'Amisus, va rassembler une nouvelle armée dans la partie orientale du Pont, et tire 40,000 hommes du Caucase. Lucullus, laissant un corps de troupes devant Amisus, marche vers son adversaire, très-avantageusement posté dans les montagnes qui séparent le Pont de l'Arménie et de la Colchide. Aussi, plusieurs fois les troupes pontiques obtinrent-elles la supériorité sur les soldats de Lucullus, qui fut contraint de se retirer jusqu'à Cabires, où le roi le suivit. Enfin, deux combats livrés en Cappadoce, et dans lesquels les Romains furent vainqueurs, portèrent au comble la consternation dans les troupes de Mithridate, qui résolut d'abandonner son armée. Ses soldats veulent s'opposer à cette fuite désespérée : pendant le désordre, Dorilaüs est tué. Mithridate, renversé, foulé aux pieds, ne doit son salut qu'au dévouement de ses serviteurs, qui lui prête son cheval. Poursuivi dans sa fuite par les Romains, il n'évite d'être pris qu'en laissant entre les mains de ceux qui vont l'atteindre un mulet chargé d'or. Cette proie leur fait oublier Mithridate, qui se réfugie en Arménie, avec deux mille chevaux seulement. De là il envoie à ses sœurs et à ses femmes, qui étaient à Pharnacia, l'ordre de mourir, pour ne pas tomber entre les mains du vainqueur. Monime, l'une de ses femmes, après avoir vainement tenté de s'étrangler avec son bandeau royal, tendit la gorge à l'officier que lui avait envoyé son époux. Bérénice, autre femme de Mithridate, Statira et Roxane, ses sœurs, s'empoisonnèrent. La dernière, en prenant le fatal breuvage, accabla son frère d'imprécations. Statira, plus magnanime, le remercia de n'avoir pas au milieu de tant de dangers oublié de les préserver des derniers outrages.

La soumission entière du royaume de Pont, puis la prise d'Amisus, suivirent de près cette catastrophe. Il ne restait plus rien à Mithridate. Lucullus, après avoir rendu la liberté aux villes de Sinope et d'Amisus, en fit une province romaine (an 69 avant J.-C.). Cependant, le lâche Macharès envoie une couronne d'or au vainqueur, et fait alliance avec lui. L'Asie Mineure étant pacifiée, Lucullus songe à s'emparer de la personne de Mithridate. Tigrane avait refusé de voir son beau-père, qui, au temps de sa prospérité, s'était emparé du titre de *roi des rois*, auquel Tigrane croyait seul avoir droit de prétendre. Mais quand P. Clodius vint de la part de Lucullus demander qu'on lui livrât Mithridate, Tigrane, indigné, oublia tous les sujets de plainte contre son beau-père, le fit venir auprès de lui, et embrassa ouvertement sa défense. Malheureusement Tigrane, trop fier de ses forces innombrables, resta sourd aux avis de Mithridate, qui lui conseillait d'éviter une bataille générale. Elle fut livrée et perdue : les deux rois s'enfuirent, Mithridate le premier. La mutinerie des soldats de Lucullus l'empêcha de profiter de sa victoire; et Mithridate put rentrer dans ses États. Tombant à l'improviste sur les Romains, commandés par Fabius, qui occupait le Pont, il les défit complétement; mais, retardé par les blessures qu'il avait reçues dans la bataille, il laissa échapper Fabius.

Triarius arrête un instant ses progrès; mais dès la campagne suivante Mithridate menace une seconde fois de reconquérir l'Asie Mineure. Triarius est défait, et sa défaite aurait été encore plus décisive, si un transfuge romain n'eût traîtreusement blessé le roi dans la mêlée. Cet assassin fut sur-le-champ massacré avec tous les transfuges romains. Lucullus arrive pour venger la défaite de ses lieutenants ; Mithridate se retire à son approche. Mais Lucullus est remplacé par le consul Glabrion (an 67); Mithridate reprend l'offensive, et chasse successivement les Romains du Pont, de la Cappadoce et de la Bithynie; on eût dit que pendant huit ans Lucullus n'avait rien fait. Enfin, arrive Pompée, qui commence par ordonner au roi de Pont de se mettre à la discrétion du peuple romain. Mithridate jure qu'il combattra les Romains jusqu'à son dernier soupir. Pompée avait 60,000 hommes; les forces du roi étaient à peu près égales. Fidèle à sa manière de combattre, il recule devant l'ennemi jusque dans les montagnes de la Petite-Arménie. Là, Pompée l'enferme dans une gorge étroite, non loin de l'Euphrate, l'attaque de nuit, et anéantit son armée. Mithridate se fait jour à travers l'armée romaine avec 800 cavaliers. Abandonné bientôt par cette escorte, il erre dans les montagnes avec sa femme Hypsicratia, sa fille Dripétine et un officier fidèle. Par bonheur, il rencontre un corps de 3,000 hommes qui allait rejoindre son armée; il le conduit au fort de Sinoria, où étaient déposés ses trésors; il en distribue la plus grande partie à ses compagnons, emporte le reste, et se dirige vers l'Arménie : mais déjà Tigrane songeait à faire sa paix avec les Romains.

Arrivé dans la Colchide, qui n'avait jamais cessé d'être fidèle, il rassemble de nouvelles troupes, et conçoit le projet gigantesque de traverser rapidement la Thrace, la Macédoine et la Pannonie, pour pénétrer en Italie par le nord. Cependant, Pompée parcourait la Syrie en vainqueur; Mithridate sort de sa retraite, et reparait à la tête d'une puissante armée. Il marche vers le Bosphore pour punir Macharès, qui se donne la mort. A Panticapée, le roi de Pont fait poignarder sous les yeux de sa mère, un autre de ses fils, Xipharès, pour punir celle-ci d'avoir livré ses trésors aux Romains. Cependant, un mécontentement général était répandu dans son armée : ses principaux officiers l'abandonnent. Pharnace, le plus cher de ses fils, entre dans un complot. Mithridate lui pardonne; mais Pharnace reprend ses projets coupables, et se fait proclamer roi. Mithridate envoie demander à son fils la permission d'aller vivre dans une contrée lointaine. Point de réponse. Ce fut un arrêt de mort. Le monarque prend du poison, ainsi que ses deux filles, Mithridatis et Nyssa; mais le poison sans cesse impuissant contre Mithridate, qui se fait donner la mort par un officier gaulois. Avec sa vie se termina sa longue lutte contre les Romains.

Guerrier, politique, Mithridate fut encore le roi le plus lettré de son temps; il pouvait facilement parler vingt-deux langues; il avait composé un traité sur les poisons. Il avait réuni une immense collection de gravures en pierres fines : ce fut le plus bel ornement du triomphe de Pompée.

Charles Du Rozoir.

MITHRIDATE (*Vase de*). *Voyez* CAMÉE.
MITIDJA. *Voyez* MÉTIDJA.
MITOYEN, MITOYENNE. En droit, cette expression *mitoyen*, *mitoyenneté*, s'applique à un mur placé au point de contact de deux héritages, et qui, étant

assis moitié sur l'un, moitié sur l'autre, est construit à frais communs. Ainsi, le mot *mitoyenneté* n'est pas synonyme de *communauté* : la ligne séparative se trouve réellement au milieu du mur ; la moitié qui appartient à chacun des deux voisins est connue et déterminée, c'est celle qui joint son héritage. « Et cependant, dit Pothier, comme les deux parties du mur sont inséparables et ne forment ensemble qu'un même corps, le mur est censé une chose commune entre les deux voisins. » La mitoyenneté d'un mur est le résultat d'une convention ou d'une disposition de la loi : lorsqu'elle est conventionnelle, le titre qui l'établit en règle les charges et les effets. A défaut de titres, le Code Civil fournit une présomption légale, qui en tient lieu : « Dans les villes et les campagnes, tout mur servant de séparation entre bâtiments *jusqu'à l'héberge*, ou entrecours et jardins, et même entre enclos dans les champs, est présumé mitoyen, s'il n'y a titre ou marque du contraire. » L'*héberge* est le point où deux bâtiments de hauteur inégale peuvent profiter tous deux du mur commun. La partie du mur qui surpasse la hauteur de l'un des bâtiments est évidemment propre au maître de la construction la plus élevée.

Il y a marque de non-mitoyenneté lorsque la sommité du mur est droite et à plomb de son parement d'un côté, et présente de l'autre un plan incliné ; ou bien encore lorsqu'il n'y a que d'un côté ou un chaperon ou des filets et corbeaux de pierre qui y auraient été mis en bâtissant le mur. Dans ces cas, le mur est regardé comme appartenant exclusivement au propriétaire du côté duquel sont les corbeaux et filets de pierre, s'il n'y a de bâtiments que d'un côté ; mais s'il y trouve des vestiges qui annoncent qu'il en a existé de l'autre côté, comme des cheminées, etc., le mur est présumé mitoyen jusqu'à la hauteur de ces vestiges.

La réparation et la reconstruction du mur mitoyen sont à la charge de tous les co-propriétaires, et proportionnellement au droit de chacun ; mais on peut se dispenser d'y contribuer en renonçant à la mitoyenneté. La mitoyenneté donne droit à chacun des co-propriétaires de faire placer des poutres ou solives dans toute l'épaisseur du mur, à 54 millimètres près ; sans préjudice du droit qu'a le voisin de faire réduire à l'ébauchoir la poutre jusqu'à la moitié du mur, dans le cas où il voudrait lui-même asseoir des poutres dans le même lieu ou y adosser une cheminée. Chacun des co-propriétaires peut faire exhausser le mur mitoyen, en payant seul la dépense de l'exhaussement ; mais, soit que le mur ait été réparé, soit qu'il ait été exhaussé par un seul, le voisin qui n'y a pas contribué peut acquérir la mitoyenneté, en tout ou en partie, en payant la moitié de la dépense. De même, tout propriétaire joignant un mur a la faculté de le rendre mitoyen, en tout ou en partie, en remboursant au maître du mur la moitié de sa valeur.

Par une conséquence de l'espèce d'indivision qui résulte de la mitoyenneté, il est interdit à l'un des voisins de pratiquer dans le corps du mur mitoyen aucun enfoncement et d'y appliquer ou appuyer aucun ouvrage sans le consentement de l'autre, ou sans avoir, à son refus, fait régler par des experts les moyens nécessaires pour que le nouvel ouvrage ne soit pas nuisible au voisin. De même, l'un ne pouvant faire un acte essentiel de propriété sans le consentement de l'autre, la loi interdit à chacun des co-propriétaires d'établir dans le mur mitoyen aucune ouverture ou fenêtre, *en quelque manière que ce soit, même à verre dormant*.

A l'égard des *fossés* qui séparent les héritages, la loi les présume mitoyens s'il n'y a titre ou marque du contraire. La *marque* consiste dans la *levée* ou rejet de la terre qui provient du creusement, et lorsqu'elle se trouve d'un seul côté, attribue la propriété exclusive du fossé au propriétaire de ce côté. Si, au contraire, le fossé est mitoyen, il doit être entretenu à frais communs. Il existe encore une autre espèce de clôture, également susceptible de mitoyenneté. Toute haie qui sépare des héritages est réputée mitoyenne, à moins qu'il n'y ait qu'un seul de ces héritages en état de clôture, ou s'il n'y a titre ou possession suffisante au contraire. La connaissance des usages en matière de mitoyenneté est très-importante ; car les difficultés, les contestations sont nombreuses et pour ainsi dire journalières : aussi existe-t-il un grand nombre de *traités* pouvant servir de guides, même aux personnes qui ne sont point initiées à l'étude des lois ; et dans le nombre il faut citer ceux de Pardessus, Toullier, Fournel, etc. DUBARD.

MITRAILLE. On appelle ainsi les balles et autres petits projectiles lancés par le canon. On fait de la mitraille avec des débris de poterie, des cailloux, des morceaux de ferraille, des clous cassés, etc. ; il y a des *grappes de mitraille* : ce sont celles où les balles, groupées ensemble par des fils de fer, affectent la forme d'une grappe de raisin. Le rôle de la mitraille dans nos guerres n'a été important jusque ici que lorsque les parties belligérantes étaient à une faible distance l'une de l'autre ; la mitraille lancée par nos pièces actuelles de 8 ne porte guère en effet à plus de 500 mètres. Le canon-obus de 12, qui la lance à une distance plus considérable, et la *schrapnele* ou obus à mitraille, dont l'artillerie se sert maintenant avec succès, rendront plus important encore le rôle de la mitraille. On comprend en effet quels ravages doit faire dans une colonne d'attaque ou sur le pont d'un navire la grêle de projectiles que vomit d'un seul coup une pièce de canon. Comme la mitraille endommagerait l'âme des bouches à feu, on la met dans des gargousses en fer-blanc. La mitraille est contemporaine de l'invention de l'artillerie.

MITRE (du grec μίτρα). C'est ainsi que l'on nomme le bonnet élevé, de forme ovoïde, terminé en pointe, et ayant derrière deux pendants ou bandelettes, que portent les évêques et les archevêques dans les cérémonies religieuses. La mitre vient des Persans ; les Assyriens, les Égyptiens l'ont eue aussi ; les Grecs l'ont transmise à leur tour aux Romains ; mais à Rome elle constituait la coiffure des dames, et elle finit par n'être portée que par les femmes de mauvaise vie. Les évêques chrétiens de l'Occident ne prirent la mitre que longtemps après les évêques de l'Orient. Une mitre, ou bonnet d'évêque, consiste en deux feuilles de carton ou de métal très-mince, planes, hautes, terminées en pointe, recouvertes d'une étoffe de soie de la même couleur de fond que l'ornement sacerdotal : la mitre est souvent garnie d'or et de pierres précieuses, avec une croix sur le devant ; les deux pendants en arrière tranchent, par une couleur différente, sur le bonnet d'évêque. Il y avait autrefois des abbés portant la *mitre* et la crosse, comme les évêques, et ayant comme eux le droit de la faire figurer dans leurs armoiries ; les chanoines de Besançon, le célébrant et les chantres de Mâcon, le prieur et le chantre de Notre-Dame de Loches portaient la mitre avant la révolution ; nous avons encore aujourd'hui des *abbés mitrés et crossés* : nous pouvons citer l'abbé de Solesme. Les Romains représentaient le dieu Mithra coiffé d'une mitre.

MITRE (*Malacologie*), genre de mollusques gastéropodes, séparé par Lamarck du genre *volute*, avec lequel Linné l'avait confondu. Cette confusion était causée par l'analogie de la coquille, qui est seulement plus courte et plus ventrue chez les volutes. Les mitres sont donc mieux caractérisées par le canal terminal que par leur coquille turriculée, ou subfusiforme, à six pointes au sommet, à columelle chargée de plis transverses. L'animal des mitres est pourvu d'un pied petit et étroit ; sa tête est petite, terminée par deux tentacules grêles, coniques, pointus au sommet, portant les yeux à leur base ou à une certaine hauteur, selon les espèces. La trompe des mitres est beaucoup plus longue que celle des autres mollusques : celle de la *mitre épiscopale* est plus d'une fois et demie plus longue que la coquille. Un renflement, contenant le suçoir, termine cette trompe cylindracée.

MITRE D'ÉVÊQUE, champignon. *Voyez* HELVELLE.

MITSCHERLICH (EILHARD), professeur de chimie à l'université de Berlin, est né en 1794, à Neuende, près de Jewer, où son père remplissait les fonctions de ministre

15.

de l'Évangile. Destiné d'abord aux études archéologiques et philologiques, il vint à Paris, en 1813, suivre les cours de l'*École des langues orientales*; et ce ne fut que plus tard, en 1818, qu'il se livra à Berlin à l'étude de la chimie. Ses recherches sur les frappantes analogies, comme forme de cristaux et comme composition, existant entre les acides d'arsenic et les acides de phosphore, le conduisirent à la découverte du rapport existant entre la forme cristalline et la composition chimique des autres combinaisons (*isomorphisme*). Il poursuivait encore les résultats de cette découverte, en récompense de laquelle la Société royale de Londres lui décerna plus tard un de ses grands prix, quand Berzelius, venu visiter Berlin en 1819, en reconnut hautement l'importance à la minéralogie et la portée qu'elle devait avoir pour les développements ultérieurs de la chimie. Mitscherlich avait inspiré tant de confiance à Berzelius, que celui-ci l'invita à venir à Stockholm partager ses travaux dans son laboratoire. Il accepta et exécuta en Suède une suite d'intéressantes expériences sur les scories résultant de la manière de traiter le cuivre dans les hauts fourneaux de Fahlun. La plus remarquable est celle qui prouva l'identité des cristaux naturels de l'olivine et de l'augite avec ceux des scories des hauts fourneaux de cuivre et la formation des minéraux par voie artificielle. La chaire de chimie étant venue à vaquer à Berlin, ce fut sur la présentation de Berzelius lui-même que Mitscherlich fut appelé à la remplir, en 1821, en même temps que l'Académie des Sciences de Berlin l'admettait au nombre de ses membres. A son retour à Berlin, il découvrit le double forme cristallino du soufre (*dimorphisme*), et les perfectionnements qu'il apporta au goniomètre de réflexion le mirent en état de pouvoir observer le mouvement inégal (expansion) des angles dans les cristaux par la chaleur. Ses recherches sur les combinaisons d'un hydrogène carbonique, le benzin, le conduisirent à une vue simple sur la composition de ce qu'on appelle les *combinaisons organiques*, où l'on voyait et où on voit encore jusqu'à un certain point des radicaux composés. Il résulta de ses recherches qu'elles sont composées de la même façon que les combinaisons inorganiques; opinion qui n'a que tout récemment rencontré plus d'approbateurs, quoique peu de temps après ses recherches on eût découvert un grand nombre de combinaisons dont l'exposition fut provoquée par la sienne et dont la composition était analogue aux combinaisons de benzin. Ses recherches sur la formation de l'éther le conduisirent à la théorie de la combinaison et de la séparation chimique par contact, théorie d'après laquelle les affinités latentes dans des mélanges ou de simples combinaisons peuvent être mises en activité rien que par le contact avec une substance sans action chimique. On a de Mitscherlich, outre un grand nombre de dissertations insérées dans les Mémoires de l'Académie, un *Manuel de Chimie*, écrit avec autant d'élégance que de précision. Tous ses travaux prouvent qu'il était né observateur et qu'il sait tirer avec sagacité d'utiles déductions de ses observations. Presque toutes ses découvertes ont fait luire un jour nouveau dans le domaine de la chimie et de la physique; et l'histoire de ces deux sciences mentionnera toujours son nom au nombre de ceux des hommes qui ont le plus contribué à leurs progrès.

MITTAU. *Voyez* MITAU.

MITTE. Souvent les effets du plomb se compliquent avec la *mitte*, autre sorte de vapeur formée d'une substance ammoniacale des plus irritantes, qui, lorsqu'elle ne cause pas une cécité de plusieurs jours, occasionne une espèce d'ophthalmie aussi prompte que douloureuse, accompagnée d'un coryza très-aigu. La mitte se manifeste en quelques minutes par des picotements aux yeux; alors on ressent une douleur insupportable de cuisson au globe de l'œil; les paupières deviennent rouges, le nez s'embarrasse, et il se forme comme un catarrhe nasal. Cette vapeur qui prend si vivement au nez et aux yeux dans les cabinets d'aisances mal tenus n'est autre chose que la *mitte*. Celle-ci domine le plomb dans les fosses où l'urine est dans une proportion considérable. Les substances végétales, les eaux de savon et les liquides chargés de débris de toutes sortes contribuent puissamment à la production de la mitte; le plomb est produit par la matière solide. RICHER.

MITU PORANGA. *Voyez* HOCCO.

MITYLÈNE ou **MYTILÈNE**, capitale de l'île de Lesbos, ville jadis riche et puissante, fondée par des Éoliens, célèbre par les joutes littéraires qui y avaient lieu, fut prise par les Athéniens en l'an 427 avant J.-C., à l'époque de la guerre du Péloponnèse, après que toute l'île, à l'exception de Méthymne, eût, un an auparavant, déserté la cause d'Athènes. A l'instigation de Cléon, les vainqueurs y exercèrent les plus impitoyables vengeances. Sous la domination macédonienne, lorsque l'île de Lesbos reçut une constitution républicaine, Mitylène fut placée à la tête des autres villes, et conserva son influence et sa considération jusqu'à l'époque de la guerre de Mithridate, où les Mityléniens, ayant pris parti contre les Romains, furent exterminés par Sylla, qui fit vendre comme esclaves tous ceux qui ne furent pas passés au fil de l'épée. Après cette terrible catastrophe, la ville se releva, il est vrai, de ses ruines, et fut même favorisée par Pompée; mais elle ne put jamais regagner son antique prospérité. Quelques ruines sont tout ce qui reste aujourd'hui de Mitylène, auprès de la ville appelée *Castro*.

MIXTION, MIXTURE. Ces expressions indiquent le mélange de plusieurs substances, en proportion indéfinie, mélange dans lequel les propriétés de chacun des composants restent les mêmes : ainsi, la solution du sucre dans l'eau est une mixtion.

La mixtion se fait quelquefois entre des médicaments déjà préparés; alors la seule agitation dans un vase suffit pour l'opérer; d'autres fois, il faut avoir recours à des procédés pharmaceutiques susceptibles de diviser la matière et de la rendre propre à être mélangée avec d'autres, soit liquides, soit solides.

Pour faire une potion composée de sirops, d'eau distillée et de teintures alcooliques, on pèse toutes ces substances, les unes après les autres, et on les mêle par l'agitation. Voilà une première sorte de mixtion. Si l'on veut préparer une teinture alcoolique de plusieurs racines ou écorces, on met dans un même matras toutes les substances, et l'on agit dessus par digestion, comme s'il n'y en avait qu'une seule : c'est là une deuxième sorte de mixtion.

On ne pourrait pas appeler mixtion la fusion du soufre avec le fer, parce que dans ce cas il y a *combinaison* entre ces deux composants, et qu'ils ont tous deux perdu leurs propriétés primitives.

La *mixture* ne diffère de la mixtion que parce qu'elle exprime toujours un mélange entre des médicaments liquides très-actifs, destinés à être pris par gouttes sur du sucre, ou dans un verre de boisson appropriée.
C. FAVROT.

MIYAKO. *Voyez* MIAKO.

MNÉMONIQUE, MNÉMOTECHNIE, art de fortifier la mémoire. Les anciens déjà le connaissaient et lui attribuaient pour inventeur le poëte grec Simonide. Divers passages de Cicéron et de Quintilien, en font mention expresse. Voici la méthode qu'ils employaient : ils prenaient un espace limité quelconque, une chambre, par exemple, et sur cet espace ils remarquaient une série de 50 ou 100 objets fixés en des endroits déterminés. A ces endroits ils rattachaient les diverses images dont ils voulaient, etc., qu'ils se proposaient de prendre dans un certain ordre. Pour de grandes opérations de cette espèce, il était nécessaire d'observer dans ces endroits les progressions du système décadique. Par exemple, on imaginait une ville divisée en dix quartiers, composés chacun de dix maisons ayant chacune dix chambres; procédé qu'on simplifiait encore en s'imaginant la chambre mnémoniquement divisée en dix positions diverses de la maison; puis en s'imaginant cette même maison placée en dix endroits différents. Mais la difficulté consistait non pas seulement à trouver une image convenable pour chaque idée ou objet dont on se proposait de prendre note, mais de conserver de telle sorte cette image qu'on se ressouvînt du rapport qu'elle avait avec l'endroit dont il fallait préalablement se bien imprégner l'esprit. Quoi qu'il en soit, cette méthode des associations d'idées est à peu de chose près restée celle qui jusque dans ces derniers temps a servi de base à tous les systèmes de mnémonique.

A partir du quinzième siècle on voit se produire de nombreuses théories de mnémonique. Tantôt cet art est traité comme une espèce de science cabalistique, par Giordano Bruno entre autres, qui perfectionna la méthode de Lulle, et plus tard encore, vers la fin du seizième siècle, par l'Allemand Lambertus Schenkel, qui fit une grande sensation en colportant son système mnémotechnique en divers pays; tantôt on voit de fortes têtes, comme au quinzième siècle le célèbre Conrad Celtès et plus tard Leibnitz, faire de cet art l'objet de leurs méditations les plus sérieuses. Plusieurs des méthodes nouvelles qu'on proposa n'étaient que des modifications de celle des anciens. Cependant, il y en eut aussi, par exemple Winckelmann, Leibnitz, l'Anglais Grey (1756), qui là où il s'agissait de marquer des chiffres substituèrent aux chiffres des lettres se rattachant de diverses manières au mot dont il y avait lieu de prendre note, par exemple en changeant dans ces lettres la syllabe finale. Au commencement de ce siècle, les ouvrages allemands de Kæstner et du baron d'Arétin appelèrent de nouveau l'attention sur l'art de la mnémonique. L'ouvrage que publia M. Aimé Paris, sous le titre de *Principes et applications diverses de la mnémotechnie* (7ᵉ édit., Paris, 1833), est une œuvre pleine de vues neuves et originales sur cette matière. Il considère les mots de la langue française, comme on doit les écrire, suivant la manière de les prononcer; puis il les divise en voyelles et en articulations, ce qui lui permet d'exprimer des chiffres quand il s'agit de chronologie. Au moyen de certains points de rappel répondant aux chiffres, et avec lesquels on construit une formule en rapport avec ce qui est à noter, on parvient à conserver les nomenclatures. Ce système, passablement compliqué, fut modifié ensuite par les frères Filiciano et Alexandre de Castilho, qui en 1832 en firent avec succès en France et en Belgique diverses démonstrations publiques, et qui firent paraître un *Traité de Mnémotechnique* (5ᵉ édition, Bordeaux, 1835). Le Polonais Jazwinski inventa une méthode particulière, consistant dans la construction de carrés mnémoniques, et en y rattachant des images, comme aussi à leurs diverses combinaisons. Une société se forma pour la propagation de sa méthode, qu'il s'agissait surtout d'appliquer à l'enseignement et que le général polonais Bem s'efforça encore de perfectionner.

MNÉMOSYNE (du grec μνημοσύνη, mémoire), déesse de la mémoire chez les Grecs. Selon Diodore, elle était de la famille des Titans, fille d'Uranus et de la Terre. Les Grecs lui attribuaient l'art du raisonnement et l'imposition des noms convenables à tous les êtres, que la Bible attribue à Noé. La sévère déesse fut une fois sensible à l'amour; mais, comme pour réparer sa faiblesse, elle voulut que les neuf filles qu'elle mit au jour sur le mont Pierus fussent des filles pures que leur mère : ces neuf filles furent les Muses, que les poëtes nommèrent les *chastes sœurs*. Ce fut Jupiter, changé en berger, qui passa pour leur père. Mnémosyne avait une statue célèbre à Athènes, et une fontaine de Béotie portait son nom. Ordinairement la statuaire enveloppe Mnémosyne d'un grand manteau à plis roides, sous lequel elle élève sa main droite vers le menton dans l'attitude du recueillement. Elle est encore représentée assise sur un siége antique, le front baissé, ou la tête penchée, ou une main cachée dans son sein, un pied sur une escabelle, toutes attitudes convenables à la rêverie, à la méditation et au recueillement.   DENNE-BARON.

MOAB. « Les deux filles de Loth, dit la *Genèse*, devinrent enceintes de leur père : l'aînée eut un fils, qu'elle nomma Moab : c'est le père des Moabites. »

MOABITES. Cette nation, dont on connaît l'impure origine, et qui descendait de Moab, habitait à l'est au delà du Jourdain et de la mer Morte : elle se fit redouter des Juifs autant à cause de l'immoralité de son culte, qui comprenait jusqu'à des sacrifices humains, qu'en raison des fréquentes incursions qu'elle faisait sur leur territoire. Dans la période des Juges, les Moabites avaient pendant dix-huit ans tenu les Israélites sous leur joug. Plus tard David parvint bien à les rendre tributaires; mais vers l'an 900 avant notre ère ils parvinrent à s'affranchir complétement de tout tribut. Plus tard encore, après l'invasion des Assyriens, ils s'emparèrent de quelques parties du territoire des Israélites, et se liguèrent contre les Chaldéens contre Juda. Aussi les ouvrages des Prophètes abondent-ils en imprécations et en malédictions contre eux. Le nom de ce peuple finit par se perdre dans la grande nationalité arabe.

MOALLAKÂT, c'est-à-dire *les suspendus*. On désigne sous ce nom sept poëmes arabes de l'époque qui précéda immédiatement la venue de Mahomet, et qui, dit-on, étaient publiquement *suspendus*, exposés à La Mecque, à cause de leur excellence. Ils décrivent la vie du désert, les guerres intestines des tribus arabes, et contiennent des descriptions détaillées de chameaux et de chevaux. Le texte en fut publié pour la première fois, avec traduction anglaise en regard, par Jones (Londres, 1783). Il en parut ensuite une édition complète avec scolies, à Calcutta (1823).

MOAWIAH, fondateur de la dynastie des Ommèyades, descendait des aïeux de Mahomet, dont il fut le secrétaire, après avoir d'abord commencé par être son ennemi. En l'an 20 de l'hégire (640), le khalife Othman l'appela au gouvernement de la Syrie. Moawiah fit en cette qualité la conquête des îles de Chypre et de Rhodes, dont il détruisit le célèbre colosse. Quelque temps après l'assassinat d'Othman et la défaite d'Ayescha, Moawiah se fit proclamer khalife à Damas, et vint avec une armée considérable disputer ce titre à Ali. Les troupes de Moawiah, après de longues et infructueuses négociations, en vinrent aux mains avec celles d'Ali, qui l'emportaient sur elles, lorsque les négociations furent reprises; les deux compétiteurs choisirent deux arbitres pour prononcer sur leurs prétentions respectives; il fut arrêté entre l'arbitre d'Ali et Amrou, choisi par Moawiah, que les deux concurrents se dépouilleraient du khalifat, et qu'il serait procédé à une nouvelle élection. L'arbitre des Alides dit, en présence de la nation assemblée : « Je dépose Ali, comme j'ôte cet anneau de mon doigt. — Et moi, dit Amrou, je souscris à la déposition d'Ali que vous venez d'entendre prononcer; et puisque le khalifat est vacant, j'y nomme Moawiah, comme je mets cet anneau à mon doigt. » L'artifice peu loyal d'Amrou engendra des haines et un schisme qui subsiste encore en Orient. La guerre n'en continua qu'avec plus d'acharnement entre les deux compétiteurs. Trois fanatiques ayant comploté la mort d'Amrou, d'Ali et de Moawiah pour faire cesser ces sanglantes luttes intestines, Moawiah fut dangereusement blessé, et Ali tué. Les partisans d'Ali nommèrent son fils Haçan à sa place; mais celui-ci, se sentant trop faible pour gouverner, finit par résister à Moawiah, et voulant d'ailleurs éviter l'effusion du sang des musulmans, abdiqua le pouvoir. Moawiah, demeuré le maître, transporta le siége de l'empire à Damas. Moawiah fit la guerre aux Grecs et aux Arabes; il assiégea pendant sept ans Constantinople; la retraite de sa flotte, dont une partie fut détruite par le feu grégeois, et celle de son armée de terre, furent si désastreuses qu'il dut demander la paix et consentir à payer un tribut considérable à l'empire d'Occident. Une année après cette paix, le khalife mourut, à l'âge de quatre-vingts ans, après en avoir régné dix-neuf. Il avait commencé par être dur et cruel; après être arrivé par la ruse et la souplesse, il avait fait appel à la violence pour se maintenir. Vers les dernières années de sa vie, sa politique avait beaucoup changé, et inclinait à la clémence. Moawiah signala son règne par diverses réformes. Il rendit le khalifat héréditaire; il innova aussi dans les cérémonies du culte; il fut le premier qui prêcha assis; il fit faire la prière après le sermon, au lieu de la faire faire avant; enfin, il établit les chevaux de poste sur les routes chez les Arabes.

MOB, mot anglais, correspondant à nos mots *populace*, *plèbe*, et qu'on créa à l'occasion des émeutes populaires provoquées par la conspiration catholique sous le règne de Charles II. C'est ce sens que L'Estrange emploie le mot *mobile*; quand au mot *mob*, c'est dans Dryden qu'on le trouve employé pour la première fois. Postérieurement on en a dérivé le verbe *to mob* se livrer à l'émeute.

MOBILE, MOBILITÉ. Tout se meut dans la nature ; on nomme *mobilité* cette propriété des corps et de leurs éléments. On donne le nom de *moteurs* aux divers agents qui impriment le mouvement à des corps qui nous paraissent en repos : de là en mécanique la distinction entre le *moteur* et le *mobile*, entre la cause et son effet. La métaphysique a obscurci ces notions si claires en joignant à la faculté de se mouvoir une *inertie ou tendance à l'immobilité*, qui est en dehors de tout ce que la physique peut nous apprendre, et dont on ne peut avoir une idée juste sans recourir aux méthodes logiques. Ce mot d'*inertie*, débris de la métaphysique, a été conservé par la mécanique, quelque vague et inutile qu'il soit.

Dans le discours ordinaire, on substitue fréquemment le mot de *mobile* à celui de *moteur*, transportant ainsi dans le langage de la mécanique une expression réservée pour les sciences morales, et que Montesquieu a consacrée en disant que la vertu est le *mobile* des gouvernements républicains. En morale, toute cause habituelle d'impulsion, de résolution et d'acte est un *mobile*. Les *mobiles* les plus ordinaires de l'homme sont ses passions, ses croyances, la crainte du blâme et l'amour de la louange; les plus nobles sont l'amour de la vérité, les vues grandes et généreuses, tout ce qui mérite le nom de vertu.

La *mobilité*, qui est toujours un défaut dans le caractère, peut être un progrès dans les opinions et le résultat d'un perfectionnement intellectuel et moral, tel qu'une instruction plus complète, l'observation et l'expérience. Il serait absurde en effet de conserver contre l'évidence une opinion que l'on reconnaît soi-même erronée, pour conserver le futile honneur de n'en point changer. FERRY.

En termes d'imprimerie, on appelle *caractères mobiles* des caractères séparés qu'on place les uns après les autres pour en former des mots, par opposition aux planches gravées d'un seul bloc ou stéréotypées.

MOBILE (Premier, Second). Voyez FIRMAMENT.

MOBILE (Colonne). C'est à proprement parler une colonne de troupes qu'on détache du gros de l'armée pour un but déterminé. On peut considérer les corps francs comme des colonnes mobiles. On réserve cependant cette dénomination aux détachements d'une certaine force numérique et composés de troupes de toutes armes. On emploie de préférence les colonnes mobiles pour la petite guerre, afin d'inquiéter l'ennemi à de grandes distances, de lui enlever ses magasins et ses transports, et aussi afin de purger le pays de la présence des maraudeurs, etc., enfin pour multiplier autant que possible sur plusieurs points à la fois les forces disponibles, sans trop affaiblir le corps d'armée principal.

MOBILE (Garde). Voyez GARDE MOBILE.

MOBILE, la ville la plus importante et le grand centre commercial de l'État d'Alabama, dans l'Amérique septentrionale, sur le bras occidental du fleuve du même nom, à 4 myriamètres et demi de son embouchure dans la *baie de Mobile*, avec un port protégé par le fort Morgan et un aqueduc. On y comptait en 1830 3,194 habitants, en 1840 12,672, et en 1850 20,513, dont 9,804 esclaves. Après la Nouvelle-Orléans, Mobile est le plus grand marché à coton qu'il y ait en Amérique. On y a aussi fondé dans ces derniers temps plusieurs grandes manufactures de cotonnades.

MOBILES (Fêtes). Voyez FÊTES MOBILES.

MOBILIER, qui est *mobile*, qui peut se mouvoir. En droit, cette expression a la même signification que le mot *meuble*, pris dans sa plus grande extension. Il comprend non-seulement les meubles meublants, dont il est le synonyme dans le langage usuel, mais aussi l'argent comptant, les pierreries, les dettes actives, les livres, les médailles, les instruments des sciences, des arts et métiers, le linge de corps, les chevaux, les équipages, les armes, les grains, les vins, les foins, les autres denrées, ce qui fait l'objet d'un commerce. Il est synonyme des mots *biens meubles*, *effets mobiliers*.

Une *action mobilière* est toute action qui tend à la revendication d'un meuble, quel qu'il soit, corporel ou incorporel; ce droit à la revendication d'un meuble corporel ou incorporel constitue lui-même un *droit mobilier*. Les *ventes mobilières* embrassent également toutes les dispositions à titre onéreux qui portent sur des biens meubles, corporels ou incorporels. La *saisie mobilière* se dit également par opposition aux *saisies immobilières*.

MOBILIER DE LA COURONNE, partie effective de la dotation mobilière de la couronne, et qui comprend les meubles meublants contenus dans l'hôtel du garde-meubles et les divers palais et établissements impériaux. Il est dressé par récolement, aux frais du trésor, un inventaire descriptif de tous les meubles; ceux qui sont susceptibles de se détériorer par l'usage sont estimés. Le mobilier de la couronne est inaliénable et imprescriptible; il ne peut être donné, vendu, engagé, ni grevé d'hypothèques. Néanmoins, les objets inventoriés avec estimation peuvent être aliénés moyennant remplacement.

MOBILIÈRE (Contribution). Voyez CONTRIBUTION.

MOBILISATION. On comprend par ce mot l'ensemble des mesures prises pour faire passer une armée du pied de paix au pied de guerre. Tout doit déjà avoir été préparé à cet effet en temps de paix. Le matériel de guerre en armes, munitions, moyens de transport, habillements et objets d'équipement, etc., doit être constamment entretenu dans un état parfait de conservation, pour ce qui est de la quantité comme pour ce qui est de la qualité. On doit connaître au juste les ressources immédiatement réalisables du pays en chevaux, le chiffre exact des hommes de la réserve qui au premier signal peuvent rejoindre les drapeaux, afin de pouvoir au besoin porter sur le champ l'armée au complet de guerre, qui souvent est du double plus fort que le pied de paix. Les places fortes, les arsenaux et les magasins doivent être entretenus en bon état de réparation, etc. Un plan de mobilisation a été préalablement arrêté dans tous ses détails au ministère de la guerre : La répartition des contingents fournis par le recrutement, la fixation du chiffre des combattants, des ouvriers et des chevaux, la détermination des endroits où les diverses divisions de troupes devront se réunir, la réception du matériel et des munitions, la création des dépôts qu'il faudra laisser en arrière pour exercer les recrues et dresser les remontes, la formation des trains, des colonnes de munition, des équipages de pont, etc., tout cela constitue autant de mesures préalables à prendre; de même qu'il faut veiller à ce que le corps de l'intendance militaire présente un personnel suffisant pour assurer les approvisionnements de l'armée. Le service médical et le service des postes sont également du ressort de l'intendance. Le plan de mobilisation n'est point rendu public, mais seulement communiqué à chaque commandant de ce qui le concerne. Les troupes mobilisées sont ensuite divisées en brigades, en divisions et en corps d'armée, et parfois en plusieurs corps d'armée agissant chacun sur un théâtre à part, d'où résultent souvent de nouvelles formations. Dans toute bonne organisation militaire, l'armée doit pouvoir presque instantanément passer du pied de paix au pied de guerre.

MOBILITÉ. Voyez MOBILE.

MOCHON. Voyez CABASSOU.

MOCKER (ERNEST), artiste de l'Opéra-Comique, est né le 16 juin 1811, à Lyon, et avait d'abord été destiné par sa famille à l'état ecclésiastique. Plus tard, en 1825, reconnaissant que sa vocation n'était pas là, on le plaça à l'école de chant et de musique de Choron, où il fut le camarade de Monpou et de Duprez. En 1828 il entra à la société des concerts du Conservatoire, et plus tard à l'orchestre de l'Opéra, comme *timbalier*.

La timbale n'est pas ce qu'un vain peuple pense.

En effet, quoique cet instrument ne renferme que deux notes et qu'il semble que rien ne soit plus aisé que de frapper de temps en temps des coups de baguette en mesure, l'emploi de timbalier ne se confie jamais qu'à un musicien consommé. Bientôt, à l'exemple de Martin, qui avait commencé par être violon du théâtre dont il fit la gloire, Mocker quitta l'orchestre pour monter sur la scène. Son début à l'Opéra-Comique eut lieu le 13 août 1830 dans *La Fête du Village voisin*, et il fut tout aussitôt engagé pour doubler Chollet, car sa voix, aujourd'hui de ténor, était alors celle de baryton. A quelque temps de là il créa dans une pièce nouvelle, *Le Mannequin de Bergame*, le rôle bouffe de Georgini. La déconfiture du théâtre Feydeau, survenue au commencement de l'année 1831, l'obligea d'accepter un engagement au Hâvre, puis à La Haye et finalement à Toulouse, où son talent se développa complètement et d'où il fut rappelé, en 1839, pour faire partie de la troupe de l'Opéra-Comique. Comédien intelligent et soigneux, doué d'un extérieur agréable et ayant la tenue et les manières de la bonne compagnie, Mocker a su éviter un travers malheureusement trop commun aujourd'hui parmi les artistes. Jamais il ne recherche les grands éclats de voix, les effets outrés, et son jeu est toujours plein de naturel et de vérité. Nous nous bornerons à indiquer ici quelques-uns des ouvrages dans lesquels il a plus particulièrement réussi : *La Symphonie*, *Zanetta*, *Les deux Voleurs*, *Charles-Quint*, *Le duc d'Olonne*, *Le Code noir*, *Le roi d'Yvetot*, *Mina*, *Cagliostro*, *Les Mousquetaires de la Reine*, *L'Étoile du Nord*, *Valentine d'Aubigny*, etc.

DARTHENAY.

MODALITÉ (du latin *modus*), terme de philosophie par lequel on désigne la manière dont une chose existe, arrive ou est pensée, de sorte qu'on s'en sert ordinairement pour indiquer plus particulièrement son but accidentel. Ainsi on dit : La *modalité* d'une affaire, d'une action, etc. Dans le langage philosophique, ce mot sert à déterminer les jugements d'après lesquels on précise leur rapport avec l'objet à juger, selon que le j u g e m e n t est déclaré seulement possible, ou bien réellement valide ou encore nécessaire, par conséquent ou problématique, assertorique ou apodictique pour celui qui l'émet. On désigne donc sous le nom de *notions de modalité* la possibilité, la réalité et la nécessité. Kant considère ces déterminations du jugement comme des actes particuliers de l'intelligence, et dans son système les différences de *modalité* sont les trois dernières des douze catégories qu'il déclare être les idées fondamentales de l'esprit humain. Il est cependant parfaitement inutile de se référer pour la déduction de ces différences à une organisation particulière de l'esprit humain. Tout jugement n'est comme tel qu'une simple assurance (*assertoire*) ; ce n'est que lorsqu'on le compare avec son contraire qu'il devient soit *problématique*, soit *apodictique*. L'impossibilité ou l'incompréhensibilité du contraire en fait une *nécessité* ; une compréhensibilité égale, une possibilité logique ou une incontradictibilité, lui donnent seules un caractère *problématique*. Un jugement n'est jamais possible seul, il lui faut un point de comparaison ; jamais deux contraires ne sont nécessaires, mais il y a toujours l'un des deux qui l'est. L'ancienne règle de logique : « De la nécessité on peut conclure la réalité, et de la réalité la possibilité, mais jamais *vice versa*, » se comprend dès lors d'elle-même.

MODE, domaine où s'exerce l'imagination des femmes et où elles triomphent en souveraines : il ne faut donc pas s'étonner si dans cet empire les changements sont fréquents. Les femmes aiment les modes par instinct, comme les hommes les armes : ce sont des instruments de conquête ; elles en comprennent si bien l'importance que l'âge ne peut les détacher de leur usage. Les modes sont pour elles, et dans toutes les classes, des sujets continuels d'entretien ; seules elles ont la puissance de leur faire sentir les avantages comme les fatigues de la réflexion. En effet, les femmes, lorsqu'il s'agit de la mise en action des modes, calculent et méditent ; rien n'échappe à leur attention. La multiplicité des modes les fait vieillir promptement, et leur saison accomplie, on ne peut plus s'expliquer leur ancienne puissance : quelles formes grotesques, ridicules, elles ont mises en vogue ! Si les modes ont tant de charmes pour les femmes, si elles leur doivent des triomphes si doux, il faut convenir d'un autre côté qu'elles tendent de terribles pièges à leur sagesse : telle a résisté aux séductions les plus entraînantes, qui risque les démarches les plus téméraires pour se procurer le vêtement nouveau objet de tous ses désirs. Il est impossible de se faire une idée des sacrifices que les femmes peuvent s'imposer pour parvenir à suivre les modes ; dans ce genre, elles s'élèvent quelquefois jusqu'à l'héroïsme, se privant des choses qui paraissent les plus indispensables, beaucoup d'hommes se portent leur ressemblent. Il faut admirer la sagesse des États où l'on inflige à la mobilité de notre nature l'immobilité du costume : c'est fermer tout d'un coup la porte à beaucoup de vices. Les corporations religieuses qui traversent les siècles ne se détachent jamais de leur habillement primitif ; il donne *l'autorité de la constance* sur un monde au milieu duquel tout change et varie sans cesse.

SAINT-PROSPER.

Selon Montaigne, la *mode* pour les Français est une manie où l'on « tourneboule l'entendement, et il n'y a si fin entre nous qui ne se laisse embabouiner par elle et esblouir tant les yeux internes que les externes insensiblement ». La mode en général est un usage passager, qui dépend du goût et du caprice. En fait de modes comme en beaucoup d'autres choses, le Français est le premier peuple de l'univers. Les fous inventent les modes, les sages les suivent ; mais pour mériter ce titre il faut que ce ne soit ni de trop près ni de trop loin. Il y a des habits, des étoffes, des mots, des opinions, des systèmes, des poètes, des orateurs à la *mode*. Les modes nouvelles ne sont presque toujours que de vieilles modes rajeunies.

J.-A. DRÉOLLE.

MODE (Bœuf à la). On a donné ce nom à certain ragoût bien connu dans Paris, et qui consiste à faire cuire pendant longtemps au morceau de bœuf avec des carottes et des assaisonnements.

MODE (*Grammaire*). Le mode est la forme que la terminaison des verbes prend pour exprimer les différentes manières de présenter l'affirmation. En français il y a cinq modes : 1° l'*i n d i c a t i f* affirme d'une manière absolue une chose positive ; exemple : *Dieu existe*. 2° Le *c o n d i t i o n n e l* affirme qu'une chose serait positive si une condition était remplie ; exemple : *On serait heureux si on était sage*. 3° L'*i m p é r a t i f* affirme une chose positive qu'il commande ou à laquelle il exhorte ; exemple : *Priez Dieu dans le malheur*. 4° Le *s u b j o n c t i f* affirme une chose positive, mais en donnant à cette chose un degré de vague, de doute, d'incertitude, exemple : *Pensez-vous qu'il vienne ?* 5° L'*i n f i n i t i f* affirme une chose positive d'une manière générale ; exemple : *Être sage, c'est être modeste dans la prospérité et calme dans l'infortune*. Les modes varient suivant les langues ; les unes admettent un mode que d'autres rejettent, mais tous les modes des différentes langues se traduisent exactement entre eux. Ainsi, les Latins n'ont pas de *conditionnel*, mais ils le traduisent par certains temps de leur subjonctif. De même les Grecs ont un mode *optatif* que nous traduisons par les temps de notre subjonctif, par notre conditionnel. Autrefois, les modes étaient divisés en modes *personnels*, *impersonnels*, *directs*, *indirects*, *obliques*, etc. Mais ces vieilles définitions font aujourd'hui partie de nos archives grammaticales.

Édouard BRACONNIER.

MODE (*Musique*), disposition de certaines n o t e s de la g a m m e, qui, bien que n'apportant aucun changement à la base sur laquelle elle est établie, en modifie cependant l'expression d'une manière essentielle. Cette disposition est entièrement fondée sur notre système harmonique, et non sur le sentiment, comme l'étaient les modes des anciens. Il ne faut pas confondre le *mode* avec le *ton* : ce dernier indique seulement le degré de l'échelle musicale qui doit servir de point de départ à la transposition de la gamme, tandis que le mode, en déterminant l'élévation de la tierce, imprime à cette même gamme un caractère particulier qui en modifie les sons principaux, appelés *cordes* ou *notes essentielles du mode*. Ces cordes essentielles sont la *tonique*, la *médiante*, et la *dominante*; mais la médiante, qui est à la tierce de la tonique, est seule nécessaire pour déterminer le mode. Et comme il y a deux sortes de tierces, il y a également deux modes différents. Lorsque la médiante fait avec la tonique une tierce *mineure*, le mode est *mineur* ; il est *majeur* si l'intervalle entre ces deux notes est une tierce *majeure*. Il est à remarquer que dans le mode mineur on est souvent obligé de hausser accidentellement la sixième et la septième note du ton pour éviter les fausses relations et obtenir une *note sensible*, ce qui a lieu surtout dans les progressions ascendantes. Le mode majeur ne donne lieu à aucune acception de ce genre.

Des quinze différents modes de la musique des Grecs, quatre furent choisis, vers la seconde moitié du quatrième siècle, par saint Miroclet et saint Ambroise pour en composer le chant de l'Église catholique. Ces quatre modes, qui furent appelés *tons authentiques*, en raison du choix et de l'approbation de ces deux évêques, étaient le *dorien*, le *phrygien*, le *lydien* et le *mixo-lydien*, ayant pour toniques *ré*, *mi*, *fa* et *sol*. Il n'y avait d'autres demi-tons que ceux qui existent dans l'ordre naturel de la gamme, car on ne connaissait alors ni dièze ni bémol, et les différentes tonalités étaient uniquement dues au déplacement des demi-tons naturels relativement à la tonique. Deux siècles plus tard, le pape Grégoire ajouta à chacun de ces quatre tons un ton supplémentaire ou *collatéral*; qu'on nomma *plagal*, pour le distinguer de son ton authentique. La différence entre eux n'avait aucun rapport à la tonalité, qui était la même ; elle consistait seulement en ce que le chant du ton authentique devait être renfermé entre les deux toniques, et celui du ton plagal entre les deux dominantes; mais tous deux devaient se terminer sur une tonique commune. Chaque ton plagal était pris à la quarte inférieure de son ton authentique, dont il tirait aussi sa dénomination. Ainsi, le plagal du ton dorien se nommait *hypo-dorien* ou sous-dorien, celui du ton phrygien, *hypo-phrygien* ou sous-phrygien, et ainsi des autres. Ces huit différents tons, qu'on appelle *anciens tons d'église*, furent encore depuis augmentés par l'Église réformée de quatre nouveaux tons, savoir : *l'éolien*, *tonique la*; *l'ionien*, *tonique ut*, et leurs plagaux à la quarte inférieure, *l'hypo-éolien* et *l'hypo-ionien*. Tous ces tons ont été modifiés par le temps ; et les seuls qui soient aujourd'hui généralement usités pour la composition des chants d'église sont les huit suivants : le *dorien*, tonique *ré* mineur; le *dorien transposé*, tonique *sol*, avec *si bémol* à la clef; l'*éolien*, tonique *la*; le *phrygien*, tonique *mi*; l'*ionien*, tonique *ut*; l'*ionien transposé*, tonique *fa*, avec *si bémol* à la clef ; le *mixo-lydien transposé*, tonique *ré*, avec *fa dièze* à la clef, et enfin l'*ionien transposé*, tonique *sol*, avec *fa dièze* à la clef. On voit que les tons plagaux n'entrent pour rien dans cette nouvelle combinaison.

Charles BECQUEM.

MODE (*Philosophie*). Ce terme, que l'on confond indifféremment avec le mot *accident*, désigne les qualités qu'un être peut avoir ou n'avoir pas, sans que son essence soit changée ou détruite; les différents modes sont des manières d'être, de penser, d'exister, qui changent, disparaissent, sans que le sujet cesse d'être ce qu'il est. Un corps en repos ou en mouvement est, et ne cesse pas d'être; le mouvement, le repos, sont donc des *modes* de ce corps ; ce sont ses manières d'être. Tout ce qui existe a un principe, une cause d'existence. Les qualités essentielles n'en reconnaissent d'autres que la volonté du Créateur. Les attributs découlent des qualités essentielles, les modes dérivent ou de quelque mode antécédent ou de quelque être différent de celui dans lequel ils existent, ou de l'un et de l'autre à la fois. Il ne faut pas confondre avec les modes leur *possibilité*. Pour qu'un sujet soit susceptible d'un certain mode, il faut qu'il ait, au préalable, certaines qualités, sans lesquelles on ne saurait comprendre qu'il pût être revêtu de ce mode. Ces qualités nécessaires sont ou qualités essentielles, ou attributs, ou simples modes. Dans les deux premiers cas, le sujet, ayant toujours ses qualités essentielles et ses attributs, est toujours susceptible et prêt à recevoir le mode; et sa possibilité étant elle-même un attribut est par cela même prochaine. Dans le troisième cas, le sujet ne peut être revêtu du mode en question sans avoir acquis auparavant les modes nécessaires à l'existence de celui-ci : la possibilité en est donc éloignée, et ne peut être regardée elle-même que comme un mode;

Modifier un être, c'est le revêtir de quelques modes qui, sans en altérer l'essence, lui donnent pourtant de nouvelles qualités ou lui en font perdre. Malgré ces variations, l'être subsiste ; et c'est en tant que subsistant, quoique sujet à mille et mille modifications, que nous l'appelons *substance*. Or, l'idée de la substance peut servir à rendre plus nette et plus complète l'idée du mode qui la détermine à être d'une certaine manière.

MODE DE BRETAGNE (Oncle, tante, neveu, nièce à la). C'était un vieil usage de la province de Bretagne, le pays de France où le lien sacré de la famille se relâche le moins, que d'appeler de ces noms d'une parenté plus rapprochée les parents du cinquième degré. Ainsi, le cousin germain et la cousine germaine du père ou de la mère d'une personne est son oncle ou sa tante *à la mode de Bretagne*, et réciproquement cette personne est la nièce ou le neveu de la première. Cet us patriarcal est aujourd'hui relégué au fond de l'Armorique, et, comme dit Philaminte :

Il pue étrangement son ancienneté.

MODELAGE, MODELER. *Modeler* ne signifie pas seulement *faire un modèle* de statue, de nature morte, et même une ébauche de grande ou petite dimension, on dit aussi, en parlant de la peinture, *modeler* savamment, avec vigueur, avec mollesse, des têtes, des mains, des pieds, un torse, etc. En peinture, le *beau modelé* dépend du dessin et de la couleur : c'est rendre, au moyen des lignes et des ombres les parties saillantes, rondes ou plates d'un corps solide. On peut travailler le marbre d'après une simple ébauche, comme le faisait Michel-Ange, on s'arrête simplement à un modèle en plâtre ou en terre sur les dessins duquel des ouvriers dégrossissent et finissent pour ainsi dire ces statues en marbre. De nos jours, où l'art du *praticien* ou *mise au point* a fait les plus grands progrès, il est très-rare qu'un sculpteur dégrossisse lui-même le marbre ou la pierre, ni ne fait qu'y mettre la dernière main. Pour modeler en terre, on fait usage d'une argile purifiée et pétrie avec soin ; les mains de l'artiste la pétrissent de nouveau lorsqu'il veut donner aux différents morceaux qu'il travaille la forme grossière des choses qu'ils doivent représenter : après quoi il perfectionne, ajuste ces formes avec les doigts, surtout avec le pouce et avec l'instrument nommé *ébauchoir*. Pour préparer la cire à modeler, on la fait fondre dans de l'huile d'olive avec de l'arcanson et de la térébenthine. On verse plus ou moins d'huile dans ce mélange, suivant que l'on veut rendre la cire plus ou moins maniable. Pour lui donner une couleur plus chaude et plus agréable, on ajoute à cette composition un peu de brun-rouge ou de vermillon. Les peintres devraient savoir modeler : cette opinion est celle de plusieurs grands maîtres. Un modèle vivant ne peut se poser au gré de tous les caprices, ni en l'air, ni assis sur des nuages ; une figure modelée peut être mise dans toutes les attitudes dont on a besoin, et offrir à l'étude les parties qui sont les plus avantageuses à la composition; on peut même exécuter ainsi les principaux accessoires d'un tableau et varier leur disposition jusqu'à ce qu'on obtienne un ensemble satisfaisant. Dans ce but, les peintres doivent se servir de la cire à modeler, qu'ils peuvent modifier autant de fois qu'ils le désirent, tandis que l'argile une fois sèche ne peut plus se manier. On fait encore avec de la cire blanche ou rose de petits bas-reliefs, des fleurs, des médaillons en manière de camées, sur des fonds d'ardoise, d'ébène, etc. Les femmes réussissent surtout dans ce genre de travail, qui demande beaucoup de délicatesse et de fini.

A. Fillioux.

MODÈLE, exemplaire, patron, d'après lequel on travaille; objets d'imitation. En peinture, en sculpture, on appelle *modèle* la personne, homme ou femme, d'après laquelle les artistes dessinent, peignent, sculptent. Les grands maîtres apportent un soin tout particulier au choix de leurs *modèles* : aussi leurs œuvres se ressentent-elles de cette heureuse précaution. On donne aussi le nom de *modèle* à une œuvre d'art en cire ou en terre, destinée à être reproduite en une autre matière. Les sculpteurs anciens faisaient ce *modèle* en cire; aujourd'hui on préfère l'argile, comme plus maniable, moins tenace et exprimant les chairs avec plus de vérité. Les anciens n'ignoraient point cet usage de l'argile, dont l'invention est due à Dibutade de Sicyone; et, à Rome, Arcésilas, l'ami de Lucullus, s'acquit une grande célébrité par ses *modèles* en argile. Cet artiste vendit 60,000 sesterces (12,000 francs) à Lucullus un modèle en terre de la Félicité, et un talent (550 francs) à un chevalier romain un *modèle* de tasse en plâtre.

Tous les artistes généralement ont des *modèles*, types pour eux, si ce n'est de perfection, du moins du plus haut degré où puisse atteindre leur art. Ainsi, le potier, le sculpteur, l'architecte, etc., ont des *modèles* pris dans la nature; car la nature, inépuisable dans ses combinaisons, est toujours le meilleur *modèle*. Être digne de servir de *modèle*, c'est être bien fait, avoir toutes les parties du corps dans des proportions régulières et élégantes.

Il se dit au moral des personnes qui par leurs qualités méritent d'être prises pour *modèles*.

Il y a de bons *modèles*, qu'on se fait gloire d'imiter : pourquoi en est-il aussi de mauvais, que l'on veut suivre? En morale comme dans les arts, c'est un travers de l'esprit inexplicable, à moins qu'on ne suppose dans le copiste un jugement faux et des principes que rien au monde ne saurait corriger; mais on peut en changer la direction dans l'enfance, à l'aide de bons *modèles*, de goût et de sentiments. Dans les sociétés les plus corrompues, trouve encore de grandes vertus, des exemples à offrir; et ils sont alors d'autant plus rares que les vices les plus honteux sont le plus honorés. C'est le goût naturel, c'est une bonne direction surtout, qui, au milieu du déluge d'ouvrages mauvais ou dangereux dont nous sommes inondés, doivent guider un jeune homme dans le choix de ses *modèles* d'étude et de conduite.

J.-A. Dbfolle.

MODÈNE, duché souverain d'Italie, qui comprend la fertile plaine arrosée par le Panaro. Il est borné à l'ouest par Parme, et ne communique avec sa dépendance, le duché de Massa-Carrara, que par une étroite langue de terre. Sa superficie est de 43 myriamètres carrés; et le recensement de 1850 porte le chiffre de sa population totale à 586,458 habitants. Dans sa partie méridionale, il est traversé par les Apennins, qui au mont Cimone atteignent une élévation de 2,176 mètres. À l'exception du Pô, qui au nord lui forme sa frontière que sur une très-faible étendue, ses cours d'eau sont peu importants; et il n'y a que le canal Tassoni qui soit navigable. Le sol est plat et fertile au nord, le climat bon, mais pourtant pas aussi beau que dans le reste de l'Italie. On y cultive beaucoup de céréales, de vignes, d'oliviers et de mûriers; on y élève beaucoup de bestiaux, et l'extraction du marbre constitue une industrie importante. Le commerce y est assez actif. La constitution de l'État est la monarchie absolue pure, et le duc est issu d'une branche collatérale de la maison d'Autriche. Le pays est divisé administrativement en sept provinces : Modène, Reggio, Guastalla, Frignano, Garfagnana, Massa-Carrara et Lunigiana. Les lois autrichiennes y sont généralement en vigueur, mais elles n'en forment pas moins un code particulier. Le droit de confiscation y est admis; mais les majorats y sont prohibés. L'instruction publique y reste dans le plus déplorable état de négligence. L'armée, organisée tout à fait à l'autrichienne, est forte de 3,500 hommes; trois régiments de la milice de réserve comprennent en outre un effectif de 14,656 hommes. Le budget de 1851 évaluait les revenus publics à 8,413,622 francs, et les dépenses à 8,728,133 francs; déficit : 314,511 francs.

Modène faisait partie à une époque reculée de l'exarchat; ensuite il appartint à la Toscane, et plus tard avec Ferrare aux Torelli, auxquels la famille d'Este succéda à partir de l'an 1280. En 1582 Clément VIII s'empara du duché de Ferrare, comme d'un fief du saint-siége tombé en déshérence; et le duché de Modène ne comprit plus dès lors que le duché de Reggio et la principauté de Carpi. En 1633, le duc François Ier acquit la principauté de Correggio; François II, en 1710 le duché de Mirandola, en 1737 le duché de Novellara, et en 1741 par mariage le duché de Massa-Carrara. Le dernier duc de Modène de la maison d'Este fut Hercule III (mort en 1803), qui à l'arrivée des Français en Italie, en 1796, avait pris la fuite, quand le traité de Campo-Formio enleva ses États, et que la paix de Lunéville en dédommagea par le Brisgau, qu'il légua à sa fille unique et héritière, Marie Béatrice, épouse de l'archiduc Charles-Antoine-Joseph-Ferdinand. Celui-ci, qui prit alors le titre de duc de Modène-Brisgau, perdit le Brisgau aux termes de la paix de Presbourg, et mourut en 1806. Ce fut seulement en 1814 que son fils, le duc François IV, rentra en possession des États de son grand-père, où sa mère prit en même temps de nouveau les rênes du gouvernement du duché de Massa-Carrara, auquel le congrès de Vienne ajouta les fiefs impériaux de la Lunigiana. À la mort de la duchesse (14 novembre 1829) ce duché fit retour à son fils, aux États duquel il se trouva dès lors réuni; et le congrès de Vienne décida qu'à la mort de l'impératrice Marie-Louise, duchesse de Parme, de Plaisance et de Guastalla, les États de celle-ci feraient retour à la maison de Lucques, tandis que le duché de Lucques même serait réuni à la Toscane, en même temps que diverses parties du territoire de la Toscane et de Parme seraient alors ajoutées au duché de Modène; éventualités qui se réalisèrent en 1847. En cas d'extinction de la ligne qui règne aujourd'hui à Modène, le duché doit faire retour à l'Autriche.

La réaction qui, aussitôt après le retour de François IV, eut lieu dans ses États héréditaires n'était guère de nature à lui concilier l'affection de ses sujets. Les Jésuites et une police occulte comprimèrent fortement toute espèce de manifestation libre de l'esprit public, et le gouvernement s'imagina avoir assuré le repos du pays en soumettant tous les établissements d'instruction publique au régime de la surveillance la plus sévère et la plus dégradante. La révolution qui éclata en France au mois de juillet 1830, et qui détermina le duc de Modène à prendre les diverses mesures que jamais contre les diverses sociétés secrètes qui se propageaient alors dans toute l'Italie, exerça sur l'opinion des habitants du duché de Modène une si puissante influence, qu'une insurrection y éclata le 3 février 1831. Circonstance bien remarquable ! le chef de cette insurrection n'était autre que le chef de la police secrète lui-même, Ciro-Menotti. Le duc fut obligé à prendre la fuite, et alla se réfugier à Vienne. Ce fut seulement lorsque des troupes autrichiennes eurent réussi à rétablir l'ordre dans le duché, que le duc put rentrer à Modène, le 9 mars. Le 6 avril il y institua un tribunal extraordinaire, qui condamna Ciro-Menotti et d'autres encore à la peine de mort, et 107 individus aux galères; peine commuée en détention dans la maison des Jésuites, que le gouvernement provisoire avait tout aussitôt expulsés du pays, et que le duc s'empressa de rétablir. Les juifs se virent aussi enlever à la même époque les garanties civiles qui leur avaient été accordées en 1795, et le gouvernement tira d'eux de fortes sommes d'argent. En même temps le duc s'efforçait de se concilier l'approbation de l'opinion publique au moyen d'un journal intitulé *Voce della Verità*, qu'il dirigeait lui-même. Néanmoins, dès 1832 on découvrait une conspiration, par suite de laquelle le chevalier Giuseppe Ricci, l'un des amis intimes du duc, fut fusillé comme Menotti l'avait été l'année précédente. Les mêmes causes amenèrent en 1833, en 1835, et plus tard encore, des condamnations à la peine de mort ou aux galères, accompagnées de la confiscation de leurs biens, prononcées contre des hommes parfaitement considérés dans le pays. En 1835 le duc de Modène, conjointement avec la Sardaigne et Naples, seconda le prétendant espagnol don Carlos, au moyen d'un prêt de 25 millions de francs.

François IV étant mort le 21 janvier 1846, son fils François V lui succéda, et demeura en tout fidèle au système politique de son père; aussi, en raison des circonstances difficiles au milieu desquelles il prit le pouvoir, eut-il bientôt maille à partir avec ses sujets. Lorsque, par suite de l'abdication du duc de Lucques (15 septembre 1847), le duché de Lucques fit retour à la Toscane, qui par contre céda Pontremoli au duché de Parme et Fivizzano au duché de Modène, le grand-duc de Toscane fut vivement sollicité par la population de Fivizzano de la garder sous ses lois. Mais le duc de Modène fit aussitôt occuper Fivizzano par des troupes, détermination qui amena également, par représailles, un mouvement de troupes sur ses frontières de la part du gouvernement toscan. La médiation du pape et du roi de Sardaigne prévint seule une guerre entre les deux souverains, et le duc de Modène conserva Fivizzano. Mais un semblable échange de territoires et de sujets était tellement réprouvé par l'esprit du temps, que les habitants du duché de Modène eux-mêmes ne le virent s'effectuer qu'avec le plus vif mécontentement; il prit bientôt des proportions telles, que le duc, ne se sentant plus en sûreté dans ses États, dut implorer les secours de l'Autriche; et des troupes autrichiennes vinrent alors occuper Modène et Reggio.

Vers ce même temps mourut (16 décembre 1847) l'impératrice Marie-Louise, duchesse de Parme; et alors, conformément aux stipulations du traité de Vienne, le duché de Guastalla fit également retour au duché de Modène, pour lequel résulta ainsi un accroissement de territoire de près de 4 myriamètres carrés avec 50,000 habitants. Des scènes de désordre qui éclatèrent sur divers points du duché de Modène provoquèrent une augmentation du corps d'occupation autrichien; et un traité d'alliance offensive et défensive entre l'Autriche et Modène, conclu en février 1848, sanctionna cette occupation du territoire par des troupes étrangères. Mais l'agitation des esprits ne se calma pas pour cela; et au mois de mars le gouvernement dut consentir à l'expulsion des Jésuites. Le 20 mars, quand on reçut la nouvelle de la révolution qui venait de s'accomplir à Vienne, François V tenta de conjurer l'orage par d'hypocrites proclamations adressées à ses sujets; mais force lui fut bientôt de s'enfuir. Tout aussitôt, le 24 mars, un bataillon de volontaires qui s'était organisé à Bologne, entra dans la ville de Modène, aida la population à renverser le gouvernement que le duc avait laissé en fonctions. Un gouvernement provisoire fut institué, qui déclara le duc François V déchu du trône, en même temps que les scellés étaient mis sur tous ses biens. Le 29 mai le duché proclamait sa réunion avec la Sardaigne. Mais les revers éprouvés par le roi Charles-Albert dans le Milanais, notamment la perte de la bataille de Custozza, portèrent le parti révolutionnaire extrême au pouvoir à Modène; et dès le 10 août suivant François V rentrait dans sa capitale, en compagnie de la colonne commandée par Liechtenstein, après avoir publié de Mantoue une proclamation dans laquelle il promettait à ses sujets des institutions conformes à l'esprit du temps. A son retour, il accorda aussi une amnistie, sans réussir par là à se concilier l'esprit public. Les troubles n'en continuèrent pas moins, de sorte que dès le mois de septembre il fallut recourir à l'emploi des moyens de répression les plus énergiques. Le 18 novembre, un riche propriétaire, appelé Rizzali, tenta même d'assassiner le duc; mais il n'y eut de blessé qu'un des officiers qui l'accompagnaient.

En mars 1849, les hostilités ayant recommencé entre la Sardaigne et l'Autriche, les troupes autrichiennes évacuèrent le duché de Modène; et le 14 le duc abandonna encore une fois sa capitale pour se rendre à Brescello sur le Pô, en laissant du reste à Modène son ministère, qui continua d'administrer sous la protection d'un bataillon d'Autrichiens et de Modenais occupant la citadelle. Toutefois, dès le mois de mai suivant il rentrait dans ses États. Depuis lors sans doute de nombreuses et importantes réformes ont eu lieu dans l'administration; mais l'esprit rétrograde et illibéral du gouvernement est toujours resté le même, et il ne peut s'appuyer que sur un effectif de forces militaires dépassant de beaucoup les ressources de l'État. En juin 1850 un décret ducal remit les Jésuites en possession de leurs propriétés et de tous leurs anciens privilèges. Consultez Muratori, *Delle Antichità Estensi ed Italiane* (2 vol, Modène, 1717-1740); Tiraboschi, *Memorie storiche Modenesi* (9 volumes, Modène, 1811); Roncaglia, *Statistica general degli Stati Estensi* (2 vol, 1849); Campori, *Annuario storico Modenese* (Modène, 1851).

MODÈNE (en latin *Mutina*), capitale du duché et de la province du même nom, sur un canal faisant communiquer la Secchia avec le Panaro, située dans une belle et fertile plaine, siège d'un évêché et de toutes les autorités supérieures civiles et militaires, compte 30,000 habitants, et possède une université où existent des chaires de jurisprudence, de médecine et de philosophie. On y trouve une Académie des Beaux-Arts, une école vétérinaire, deux grands collèges tenus par les Jésuites et une école de sourds-muets. C'est une des plus jolies villes de l'Italie; les rues en sont droites, larges et presque partout bordées d'arcades. On y trouve un grand nombre de palais et d'hôtels, deux théâtres, vingt-cinq églises, deux couvents de Dominicains et un couvent de Bénédictins, et de belles promenades. Toutes les semaines il s'y tient des marchés aux bestiaux; mais le commerce n'y a pas éclat d'importance qu'à Reggio, et il n'y règne pas non plus autant de vie ni de mouvement. En fait d'églises, on remarque surtout la cathédrale, placée sous l'invocation de San-Geminiano, édifice de style gothique, dont la construction fut commencée en 1099, par la comtesse Mathilde, que le pape consacra en 1184, et réparée en 1822. Son clocher, en marbre blanc et haut de 164 brasses, connu sous le nom de *Ghirlandina*, contient le célèbre seau que les Modenais enlevèrent en 1325 aux Bolonais, et que le poète Alessandro Tassoni, natif de Modène, a immortalisé dans son poème héroï-comique *La Secchia rapita*. L'église de Santa-Maria-Pomposa contient le tombeau du célèbre Muratori. Le palais ducal, vaste édifice, magnifiquement orné à l'intérieur, renferme entre autres trésors la célèbre *Bibliotheca Estense*, riche de plus de 100,000 volumes et de 3,000 manuscrits, et une collection de plus de 26,000 médailles, les archives secrètes, un observatoire, et une assez bonne collection de tableaux. Mais depuis 1746 la fameuse galerie de Modène se trouve à Dresde, achetée qu'elle fut alors au duc par l'électeur de Saxe.

On fait remonter aux Étrusques la fondation de Modène. Les Boiens s'en emparèrent ensuite; ils en furent chassés l'an 194 avant J.-C., par Tib. Sempronius Longus. Cette ville prit une large part aux troubles du triumvirat. Decimus Brutus y soutint, dans la guerre appelée *guerre de Modène*, un siège contre Marc Antoine, qu'il fut vaincu. Constantin la détruisit dans la guerre contre Maxence, et la fit ensuite rebâtir. Ravagée et occupée tour à tour par les Goths et les Lombards, Charlemagne la releva de ses ruines; et dès lors elle devint florissante. Possédée tour à tour depuis par les papes, les

MODÈNE — MODISTE

Vénitiens, les ducs de Milan, de Mantoue, de Florence; en république sous le gouvernement de tyrans, comme les autres petites républiques d'Italie, Modène, toujours harcelée par les Bolonais, se donna, en 1288, aux princes de la maison d'Este, seigneurs de Ferrare, qui érigèrent leur nouvelle possession en duché, en 1453. Prise tour à tour par les Autrichiens, les Français et les Piémontais, dans les premières guerres du dix-huitième siècle, elle tomba de nouveau en notre pouvoir lors des guerres de la révolution. L'empire en fit plus tard le chef-lieu du département du Panaro.

MODÈNE (École de). *Voyez* ÉCOLES DE PEINTURE, tome VIII, p. 313.

MODÉRATION. C'est de toutes les qualités la plus difficile à acquérir, parce que c'est la plus opposée au fond même de la nature humaine, qui ne vit que de désirs et n'estime que ce qu'elle n'a pas. Des circonstances heureuses de la vie nous élèvent-elles au-dessus du commun des hommes, nous aspirons aussitôt à tout ce qu'il y a de plus élevé; afin de parvenir plus sûrement, nous avions pris d'abord la raison pour guide : arrivés au milieu de la route, nous ne consultons plus que notre amour-propre; il nous égare, et nous manquons le but. Le dix-neuvième siècle a vu, faute de *modération*, s'écrouler la plus haute des fortunes modernes : elle s'est perdue pour n'avoir su se contenir. Mais les hommes seraient assez éclairés pour sentir tout le prix de la *modération*, qu'ils ne chercheraient pas à l'acquérir, parce que, dénuée d'éclat, elle n'attire ni les regards ni les applaudissements; c'est le trésor caché du sage. Cependant, ayez en votre pouvoir talents, honneurs, santé, richesses, toutes les prospérités réunies, elles s'useront vite si la modération ne les rajeunit sans cesse. Elle devrait être la qualité essentielle du riche, comme l'économie celle du pauvre. Il y a un autre genre de *modération* qu'on ne saurait trop recommander, celle qui tient aux sentiments, aux idées et aux opinions. Les sentiments les plus nobles manquent-ils d'une certaine mesure, ils poussent à des excès criminels, ou du moins fort ridicules; il en est de même de l'exagération dans les idées ou les opinions politiques. Chacun a droit à une certaine latitude de liberté, de pensée et d'action : tant il est vrai que la *modération* doit trouver place partout.

SAINT-PROSPER.

MODÉRÉS. Ce mot date, en politique, de notre première révolution; c'était le nom que l'on donnait à ceux qui voulaient arrêter la marche des événements; et souvent la tribune de la Convention nationale entendit de vigoureux orateurs tonner contre les modérés; Robespierre les avait qualifiés d'*enragés modérés*. On vit souvent en effet que ceux qui se gratifiaient de cette bénigne appellation n'étaient rien moins que modérés dans leur langage et dans leurs actes dès qu'ils pouvaient se livrer à leur nature. La réaction sanglante du miui après le 9 thermidor fut faite par les modérés au nom de la modération; le *modérantisme*, pour parler le langage de l'époque, ne reculait pas devant les excès les plus coupables.

Dans tous les pays, le lendemain de chaque révolution, on voit apparaître, très-humblement d'abord, se grossir, puis élever la voix, et enfin chercher à dominer, à gouverner, un parti qui commence par prendre très-habilement le nom de *modéré*. Ce parti ne tarde pas à amener des réactions qui dépassent bien souvent les bornes de la modération.

MODERNES (Anciens et). *Voyez* ANCIENS ET MODERNES.

MODES. Ce mot, au pluriel, signifie les ajustements, les parures à la mode. Dès le seizième siècle, nos modes envahissaient les cours d'Allemagne, l'Angleterre, la Lombardie. Les historiens italiens se plaignent de ce que depuis le passage de Charles VIII on affectait chez eux de s'habiller à la française et de faire venir de France tout ce qui servait à la parure. Lord Bolingbroke rapporte que du temps de Colbert les colifichets, les folies et les frivolités du luxe français coûtaient à l'Angleterre 5 à 600,000 livres sterling par an, c'est-à-dire plus de 11 millions de francs, et aux autres nations à proportion. Blanqui a montré que cette rage, cette épidémie ne fait que s'accroître tous les jours. Paris confectionne par an 75,000 corsets qui rapportent un million, des chapeaux et des bonnets de femme pour plus de 5 millions, des fleurs artificielles pour 2 millions et des éventails pour 1 million. Nos modes se répandent jusqu'aux extrémités du monde, à Buenos-Ayres, à Valparaiso, au cap de Bonne-Espérance, en Sibérie, à Calcutta. Quant aux myriades de petillantes industrielles dont les doigts légers façonnent ces aimables riens, la terreur des maris, c'est un peuple ayant ses idées, sa langue, son style, ses plaisirs, ses peines, ses habitudes, j'allais presque dire ses mœurs; nous laissons à d'autres le soin de les décrire! J.-A. DRÉOLLE.

Les modes ont aussi leur littérature, les journaux de mode, dont le premier parut sous le Directoire avec le titre de *Journal des Dames et des Modes* ; tout le monde connaît le journal *La Mode*, qui après 1830 défendit avec ardeur les principes légitimistes, et que son nom léger ne sauva pas des rigueurs de la loi. Les journaux de modes pullulent aujourd'hui, et se composent d'ordinaire de gravures coloriées, d'un compte-rendu sur les événements survenus dans la fashion et de quelques nouvelles.

MODESTIE, vertu qu'il faut beaucoup respecter, parce que de nos jours elle exige de continuels efforts et ne rapporte jamais rien. Aux époques des grandes révolutions, la stabilité n'est nulle part; ce qui la veille est en haut se retrouve le lendemain en bas : des renversements si complets, des élévations si prodigieuses, troublent la raison générale. C'est à qui enlèvera le plus vite la première place; mais comme on se la dispute, chacun met en relief ce qu'il appelle ses titres, ses droits, ses succès et ses talents; enfin, pour être plus sûr de réussir, on se vante soi-même : or, c'est tout l'opposé de la modestie, qui cache avec soin ce qu'elle peut valoir. En général, c'est une vertu qu'on ne rencontre pas dans les gouvernements électifs, où les hommes les plus intelligents, les plus probes et les plus instruits sont obligés d'exalter leurs qualités pour obtenir des suffrages. Les gens qui ont une haute position, soit par la naissance, soit par des charges héréditaires, repoussent par la modestie la fatigue que leur donnent de continuels hommages; ils désarment leur grandeur pour se mêler aux charmes d'un commerce ordinaire. Il y a des professions où la modestie est de rigueur : c'est une sorte de douce simplicité dans les manières, les habillements et les discours; la dignité personnelle, loin d'en souffrir, y gagne, car alors on craint tant d'être en arrière, qu'on accorde plus qu'on ne doit.

La modestie est chez les jeunes filles et les jeunes femmes compagne de la décence; ce sont les deux points sur lesquels on insiste le plus dans leur éducation, et l'on fait bien; dans ce genre, il n'y a aucun péril à pousser un peu à l'extrême. Les succès du monde, les modes, les habitudes sont en guerre si ouverte avec la modestie et la décence, qu'il faudrait presque que les femmes en eussent trop pour être sûres d'en conserver toujours assez.

En littérature, la modestie ne peut plus désormais se rencontrer, pusqu'il y a métier; chacun enfle sa marchandise; l'essentiel est de vendre vite et beaucoup. SAINT-PROSPER.

MODILLON. En terme d'architecture, on appelle ainsi une sorte d'ornement en forme de console renversée, dans la corniche d'ordre ionique, corinthien ou composite, où il semble soutenir le larmier: des modillons sont d'ordinaire plus ou moins ornés d'enroulements et de feuilles d'eau; ils sont plus spécialement affectés à l'ordre corinthien, où ils sont toujours taillés avec enroulement.

MODISTE, ouvrière qui fait les chapeaux de dames. Sous les doigts agiles de la modiste, une foule de riens, de bouts de ruban, d'étoffes, prennent les formes les plus gracieuses, les plus délicates, s'enroulent, se contournent autour d'un squelette de chapeau ou de capote, dont la nudité n'a d'abord rien de gracieux ni de délicat. Les modistes parisiennes parent, enjolivent si bien ce qu'elles touchent, que les informes matériaux confiés à leurs mains en sortent à l'état de petits bijoux, que s'arrachent les dames de toutes les parties du monde ; car, grâce à ces laborieuses ouvrières, pour le bon goût et la fraîcheur des modes, toutes les nations sont tributaires de la France. Les modistes du siècle dernier, si nous nous en rapportons aux gravures contemporaines, étaient plus simples dans leur toilette que les modistes actuelles ; mais les *filles de mode*, c'est ainsi qu'on les nommait jadis, semblent avoir légué leurs mœurs un peu libres de tous temps à celles qui les ont suivies dans la carrière.

MODLIN, appelé par les Russes *Neugeorgieffsk*, dans le gouvernement de Plock (royaume de Pologne), au confluent du Boug et de la Narew dans la Vistule, à trois heures de Varsovie, est aujourd'hui l'un des boulevards de l'empire russe, et ne se compose que des bâtiments à l'usage de la garnison. Dès le dix-septième siècle les Suédois y avaient établi un camp retranché. Napoléon, ayant reconnu l'importance stratégique de cette position, y fit construire une forteresse, de 1807 à 1812. Au commencement de 1813, elle fut bloquée par les Russes ; mais le général Dændels, que l'empereur en avait nommé commandant, ne consentit à capituler, le 25 novembre, qu'après avoir tout perdu et lorsque depuis longtemps la faible garnison qui lui restait éprouvait les plus intolérables privations. En 1831, pendant la campagne de l'indépendance, le général Ledochowski ne s'y comporta pas moins héroïquement. Il ne consentit à capituler qu'après l'entrée des Russes à Varsovie, et parce que les généraux présents au conseil de guerre n'agréèrent pas sa proposition de faire sauter la forteresse. Ce sont les immenses travaux accomplis à Modlin depuis la révolution de Pologne, qui ont donné à la place de Modlin l'importance qu'elle a aujourd'hui.

MODON ou **MOTOUN**, le *Méthone* des anciens, ville bâtie sur un promontoire du sud-ouest de la Morée, dans la province grecque de Messénie, est pourvue d'un bon port, mais manque d'eau potable. Avant la guerre de l'indépendance, pendant laquelle elle fut presque complétement détruite, on y comptait une population de 7,000 âmes, réduite aujourd'hui à 1,000 environ. C'est aux environs de Modon que, le 25 février 1825, l'armée égyptienne commandée par Ibrahim-Pacha débarqua en Grèce. En 1827 les Français s'établirent à Modon, et y élevèrent des fortifications respectables.

MODULATION (du latin *modulatio*, fait de *modus*, mode). Dans le sens le plus étroit du mot, c'est en musique la manière de traiter convenablement le m o d e, en faisant entendre souvent les notes essentielles qui lui sont propres, et en évitant toute altération par dièse, bémol ou bécarre, qui rappellerait un ton ou un mode étranger. Mais dans une acception plus étendue et plus généralement usitée, on entend par *modulation* l'art de conduire le ch a n t et l'h a r m o n i e dans plusieurs tons différents, ou, si l'on veut, de changer de ton et de mode d'une manière agréable et conformément aux règles établies. Pour opérer ce changement dans la mélodie, il suffit de faire entendre les altérations qu'il nécessite, dans les sons du ton que l'on quitte, afin de les rendre propres à celui dans lequel on veut aller. Mais pour arriver au même but dans l'harmonie, il faut non-seulement faire le changement dans toutes les parties en même temps, mais encore avoir égard aux altérations de la mélodie, sans quoi l'on s'exposerait à faire simultanément deux modulations qui se contrarieraient réciproquement. Une mélodie peut cependant être construite de manière à pouvoir être accompagnée séparément dans plusieurs modes et même dans plusieurs tons par différentes harmonies, sans qu'aucune de ces versions pèche contre les règles ni contre le bon goût.

Les modulations sont aussi nécessaires à la musique que la différence des teintes et la dégradation de la lumière le sont à la peinture. Sans elles, la plus belle musique, qui ne sortirait rigoureusement pas des cordes d'un ton donné, nous fatiguerait bientôt par sa monotonie. Mais c'est une ressource dont il faut bien se garder d'abuser, car les modulations trop fréquentes gênent la marche de la mélodie, en coupant mal à propos le sens, et surprenant l'oreille à chaque instant, lui font perdre tout à fait ou suivre difficilement le ton.

Il existe une foule de modulations, qui ne s'écartent que fort peu du ton principal, ou qui tendent sans cesse à le rappeler. On les nomme *modulations passagères*. Quoique simples, elles offrent de grandes ressources pour l'accompagnement, en ce qu'elles impriment à la mélodie un caractère de fraîcheur et d'originalité que celle-ci n'aurait peut-être pas sans leur secours.

MODULE (de *modulus*, mesure). En architecture, ce mot n'exprime pas une mesure fixe : il désigne une unité variable, à laquelle on compare la grandeur des différentes parties d'un édifice. Cela tient à cette considération que, dans une œuvre architecturale, l'effet produit dépend plutôt des proportions des détails entre eux que de leur grandeur absolue. Généralement, on prend pour module le demi-diamètre du bas de la colonne ; et ce module se divise en un nombre variable de *parties*. (C'est le terme technique), ou encore en soixante minutes.

La numismatique a emprunté ce terme à l'architecture pour fixer les grandeurs relatives des m é d a i l l e s de bronze, que l'on a classées en trois *modules*, sous les dénominations de *pièces de grand bronze, de moyen bronze*, et *de petit bronze*.

En p e r s p e c t i v e, on appelle *module* une division arbitraire du bord du tableau sur lequel on construit le treillis perspectif ; chaque trapèze perspectif est nommé *module carré*, comme étant en effet la représentation d'un carré du plan géométral, qui aurait pour côté le module.

En algèbre, le module est la quantité constante par laquelle il faut multiplier les l o g a r i t h m e s naturels pour obtenir les logarithmes dans un système donné. On appelle encore *module* d'un type imaginaire la valeur absolue de la racine carrée du produit de ce type par son c o n j u g u é : $\sqrt{a^2 + b^2}$ est le module des expressions $a + b\sqrt{-1}$ et $a - b\sqrt{-1}$.

MOELLE (*Anatomie et Physiologie animales*). Chez un grand nombre de vertébrés, les cavités des os renferment une substance graisseuse, diffluente, jaunâtre, que les anatomistes désignent sous les noms divers de *moelle, de suc médullaire*, ou de *suc huileux*, suivant qu'elle est renfermée dans le canal médullaire des os longs, dans le diploé des os plats, dans les cellules des os spongieux, ou dans les porosités des os compactes. La moelle paraît formée par une agglomération de petites vésicules membraneuses, extrêmement déliées, enveloppant un liquide huileux, et elles-mêmes enveloppées dans une membrane essentiellement vasculaire (la membrane médullaire), qui n'est autre chose que le périoste interne, avec les nombreux prolongements cellulaires et vasculaires que ce périoste fournit dans le canal des os longs. La consistance de la moelle varie beaucoup dans les différentes espèces animales ; elle est assez considérable chez le bœuf et le mouton, chez lesquels aussi le système adipeux général présente le même caractère. À l'analyse chimique, la moelle n'a point encore fourni de résultats assez tranchés pour qu'il soit permis d'établir des différences réelles, des différences de composition, entre le tissu adipeux général et le tissu médullaire : quant aux différences apparentes, qui sont surtout des différences de fusibilité, de coagulabilité, de consistance, etc., elles indiquent seulement des proportions relatives différentes de stéarine et d'oléine.

Les fonctions physiologiques de la moelle sont encore fort obscures : on a tour à tour prétendu qu'elle servait à rendre les os moins fragiles ; qu'elle fournissait à leur nutrition ; qu'elle contribuait à la formation de la synovie, etc. Mais la friabilité plus ou moins grande des os dépend de la proportion qui s'établit entre l'élément fibreux et l'élément calcaire ; la nutrition des os est effectuée et par le périoste externe et la membrane médullaire, qui, ainsi que nous l'avons dit, forme à ces organes un périoste interne ;

enfin, la synovie est fournie par les membranes synoviales qui tapissent les articulations. Ainsi, tous les usages assignés à la moelle par les physiologistes anciens ont été formellement niés par les physiologistes modernes; même cette sensibilité exquise qui jadis lui était unanimement accordée lui est aujourd'hui refusée d'une voix non moins unanime; et peu s'en faut que la moelle des animaux ne soit réduite à ce rôle éminemment secondaire auquel Duhamel condamnait la moelle des végétaux ; peu s'en faut qu'on ne puisse dire : « La moelle est un simple tissu adipeux, sans grande importance physiologique, uniquement destinée à combler les cavités des os sans en augmenter le poids d'une manière notable. » BELFIELD-LEFÈVRE.

MOELLE (*Botanique*). Les botanistes appellent *moelle* cette substance spongieuse, légère et diaphane, qui dans les dycotylédonés occupe le canal central ou médullaire de la plante, et qui dans les végétaux monocotylédonés est en quelque sorte disséminée dans toute la tige ; substance spongieuse exclusivement formée de tissu cellulaire, que parcourent quelques rares vaisseaux. Dans la jeune plante, les cellules qui constituent ce tissu sont remplies d'un fluide diaphane; et les parois en sont parsemées de points verdâtres que les uns estiment de nature glanduleuse et que d'autres regardent comme appartenant à un système nerveux; dans la plante adulte, au contraire, les cellules sont en général vides, et les parois en sont diaphanes et desséchées. La structure des parois cellulaires a fourni matière à d'interminables discussions : ainsi, tandis que la plupart des phytologistes enseignaient que la paroi d'une cellule médullaire était simple et commune aux deux cellules contiguës, Link en Allemagne et Dutrochet en France s'efforçaient de démontrer que la moelle pouvait toujours se décomposer en vésicules plus ou moins hexagonales, à parois distinctes et complètes; ainsi, tandis que Mirbel décrivait longuement dans les parois cellulaires des pores parfaitement visibles au microscope, et qui permettaient le passage des fluides aériformes ou aqueux d'une cellule à l'autre, Treviranus, Link, Bernardi, Moldenhaver et Keyser déclaraient que ces pores hypothétiques échappaient par leur extrême ténuité à tous nos moyens d'investigation, et Rudolphi et Sprengel en niaient formellement l'existence, et prétendaient que la communication s'établissait entre les cellules voisines par l'interruption des membranes qui en formaient les parois, etc.

Mais si les discussions auxquelles a donné lieu la structure anatomique de la moelle des végétaux sont graves, que dirons-nous de celles qui ont eu pour but de déterminer les fonctions physiologiques de cette substance ? Linné a placé dans la moelle le siége de la vie des végétaux ; il en a fait l'agent essentiel de toute germination, la cause efficiente du développement des branches, etc. Halès, soucieux d'expliquer par des causes mécaniques les phénomènes de la vie végétative, a vu dans la moelle un organe essentiellement élastique, comprimant comme un ressort les autres organes, et la sollicitant à se développer. Dutrochet a avancé que la moelle fournissait les vaisseaux qui chaque année forment aux plantes dycotylédonées une nouvelle couche ligneuse. M. Knight a supposé que la moelle constituait un réservoir destiné à fournir des liquides à l'évaporation quelquefois surabondante des feuilles ; MM. Smith et Lindsey en Angleterre, MM. Brachet et Fouilloux en France, ont prétendu que l'appareil médullaire des végétaux était un véritable appareil nerveux, analogue en tout au système ganglionnaire des animaux, et, présidant comme celui-ci aux fonctions de la nutrition, de la sécrétion, de l'absorption, etc. Enfin, Duhamel, dans le dix-huitième siècle, depuis M. Raspail, ont déclaré que la moelle, loin d'être un organe essentiel à la végétation, n'était que du tissu cellulaire épuisé par la végétation de toutes les substances organisatrices qu'il recélait primitivement dans ses cellules, et complètement dénué de toute importance physiologique.

La discussion n'est point encore définitivement close sur aucune de ces nombreuses hypothèses ; car aucune d'elles n'a été pleinement confirmée ou pleinement infirmée par l'observation directe. Bornons-nous à ajouter que la moelle n'existe pas constamment dans toutes les espèces végétales ; que l'on y découvre parfois des vaisseaux longitudinaux semblables aux filets ligneux des monocotylédonés, et notamment chez la belle de nuit, la férule et quelques autres ombellifères; que la moelle des sumacs et de longues lacunes pleines de sucs propres; qu'une longue cavité pleine d'air remplace la moelle chez les chardons; et que la moelle du noyer et de plusieurs ombellifères s'ouvre, de distance en distance, par des lames transversales, de telle sorte que le canal médullaire paraît cloisonné, comme le chaume des graminées, par une multitude de diaphragmes. BELFIELD-LEFÈVRE.

MOELLE ÉPINIÈRE. Chez l'homme et chez les animaux supérieurs, le c e r v e a u envoie à l'intérieur de la colonne vertébrale un prolongement nerveux bien connu sous le nom de *moelle épinière*, *moelle spinale* ou *allongée*, organe dont l'importance se révèle et par la manière dont il est protégé dans son étui osseux et par les désordres qu'entraîne toute atteinte portée à l'intégrité de ses fonctions. L'anatomie reconnaît dans la moelle épinière plusieurs parties distinctes : c'est d'abord un organe double et symétrique, dont les deux moitiés, droite et gauche, sont séparées par une limite que la nature a tracée sous forme de deux sillons, l'un antérieur et l'autre postérieur, qu'on n'aurait qu'à suivre avec le scalpel pour partager longitudinalement la moelle en deux parties égales. Chacune de ces parties se divise elle-même en trois cordons, de sorte qu'on a en tout six rubans médullaires, deux antérieurs, deux postérieurs et deux latéraux. Lorsqu'on coupe la moelle en travers, on observe que les deux moitiés, droite et gauche, se tiennent par une sorte de trait d'union nommé *commissure grise centrale*, atteudu que la substance en est moins blanche que le reste. Un des faits les plus considérables qu'aient mis en évidence les expériences de vivisection, c'est la différence bien avérée qui existe entre deux sortes de fibres nerveuses, les unes étant exclusivement affectées au sentiment, et les autres au mouvement. Dans la moelle épinière il paraîtrait que la motricité appartiendrait aux cordons antérieurs et la sensibilité aux cordons postérieurs. La substance grise, insensible par elle-même, peut néanmoins servir de conducteur au sentiment.

MOELLE EXTERNE. *Voyez* ENVELOPPE.

MOELLENDORF (RICHARD-JOACHIM-HENRI DE), feld-maréchal-général prussien, né en 1725, débuta par être page de Frédéric II, qu'il accompagna en cette qualité dans sa première campagne de Silésie, en 1740. Nommé bientôt après enseigne du premier bataillon de la garde, il assista aux affaires de Hohenfriedeberg et de Sorr; et la manière brillante dont il se comporta lors de l'attaque d'un convoi de vivres qu'il avait été chargé de protéger lui valut le grade de capitaine et le titre d'officier d'ordonnance du roi. Dans la guerre de sept ans, il se signala d'une manière toute particulière aux batailles de Rossbach et de Leuthen; et en 1758 il passa major en même temps qu'il obtenait le commandement du 3e bataillon de la garde. A la suite de la bataille de Liegnitz, le roi le promut lieutenant-colonel. Fait prisonnier le 3 novembre 1760, à la bataille de Torgau, il fut échangé dès l'année suivante, et passa bientôt colonel. Il était lieutenant général en 1774, lorsque dans la guerre de succession de Bavière il fut chargé, sous les ordres du prince Henri, du commandement d'un corps d'armée en Saxe et en Bohême. Gouverneur militaire de Berlin à partir de 1787, il se fit remarquer par la sollicitude éclairée dont il fit preuve en toutes occasions pour le soldat, qu'on regardait trop encore dans ce temps-là comme une machine; et dans les dernières années de la vie de Frédéric II il composa presque à lui seul la société de ce prince. Frédéric-Guillaume II le nomma général en 1787 et feld-maréchal en 1793. Mais il tomba à ce moment en disgrâce, parce qu'il désapprouvait la guerre contre la France. L'année suivante pourtant, quand le duc de Brunswick résigna le commandement de l'armée prussienne, ce fut à Mœllendorf qu'on le confia. Quoique âgé de plus de quatre-vingts ans, Mœllendorf accepta un commandement dans la fatale campagne de 1806. Fait prisonnier à la bataille de Iéna, il fut traité par l'ennemi avec la plus grande distinction, et put regagner Berlin sur parole. Plus tard encore Napoléon lui conféra la grand'croix de la Légion d'Honneur. Mœllendorf mourut en 1816, à Havelberg.

MOELLEUX, dans son sens primitif et adjectif, signifie ce qui est rempli de moelle. Dans le sens figuré, il indique la douceur, la souplesse. En peinture, on qualifie de *moelleux* un pinceau aux touches larges, grasses et bien fondues; c'est dans ce sens que l'on dira d'un peintre qu'il a du *moelleux*; en sculpture, on emploie aussi l'adjectif *moelleux* substantivement en l'appliquant à la sculpture, et l'on dira que Puget avait du moelleux dans son exécution.

MOELLON. On désigne par ce nom dans l'exploitation des carrières les éclats de la pierre de taille, par conséquent la partie qui en est la plus tendre. Quelquefois aussi les bancs peu épais s'exploitent en médiocres morceaux, ou *moellons*. Il y en a de dur et de tendre. On l'emploie dans les fondations, pour le garni des gros murs, pour les murs médiocres et enfin pour les murs de clôture, et de quatre manières différentes. La première, qu'on appelle en *moellon de plat*, consiste à le poser horizontalement sur son lit, et en liaison dans la construction des murs mitoyens, de refend et autres de cette espèce élevés d'à-plomb. La seconde, qu'on appelle en *moellon d'appareil*, et dont le parement est apparent, exige qu'il soit bien équarri, à arêtes-vives, comme la pierre, de hauteur et de largeur égales. La troisième, qu'on appelle en *moellon de coupe*, consiste, à le poser dans la construction des voûtes sur *le champ*, c'est-à-dire sur sa surface la plus mince et la plus petite. La quatrième, enfin, qu'on appelle en *moellon piqué*, est de le piquer sur son parement pour la construction des voûtes de cave, murs de puits, etc., après l'avoir d'abord équarri.

MOELSTROM, nom d'un gouffre fameux, situé au milieu des Loffoden.

MOEN, île de la Baltique, qui dépend du bailliage de Sélande (Danemark), située au sud-ouest de la Sélande, dont la sépare le *Sund* ou détroit d'Ulf, et au nord-est de l'île de Falster, dont la sépare le *Grœnsund*, présente une superficie de 28 myriamètres carrés, et contient 15,000 habitants, de race danoise, qui se livrent surtout à l'agriculture, au commerce et à la navigation. Elle est remarquable par la nature montagneuse de son site, qui s'élève à 153 mètres au-dessus du niveau de la mer, par ses blocs erratiques, par ses rochers de craie bordant le rivage au sud, avec une hauteur moyenne à près de 60 mètres ; mais d'ailleurs elle est d'une grande fertilité.

Elle a pour chef-lieu *Stége*, sur la côte occidentale, avec un port sur le Sund d'Ulf, ville de 1,500 habitants, qui tient ses privilèges du roi *Éric Glepping*, au treizième siècle. Assiégée par les Lubeckois en 1510, elle tomba, le 28 avril 1569, au pouvoir du roi de Suède Charles X, avec toute l'île. Ses eaux ont souvent été le théâtre de batailles navales entre les Danois et les Suédois.

MOERIS. Les historiens grecs nomment ainsi un ancien roi d'Égypte, dont le nom fut ensuite donné à un grand lac artificiel, situé dans la province occidentale appelée aujourd'hui *el Fayoum*. Mais c'est, au contraire, le lac qui s'appelait *Piom en Mere*, c'est-à-dire le *Lac de l'Inondation*, parce qu'on y conduisait les eaux provenant de l'inondation du Nil, qu'on en dérivait ensuite pour arroser les environs de Memphis. Cette dénomination porta les Grecs à imaginer un roi *Mœris*, et ils réunirent sur ce nom tout ce qu'ils avaient pu apprendre des Égyptiens sur le grand créateur du lac. Ce roi s'appelait chez les Égyptiens *Amanehma III* ; il appartenait à la douzième dynastie, la dernière de l'ancien royaume, et fut l'avant-dernier roi de cette dynastie. Son règne, qui dura quarante-deux ans, eut lieu vers l'an 2150 av. J.-C. C'est ce même roi qui fit graver sur les rochers de Semneh, dans la basse Nubie, les indications, visibles encore de nos jours, des points extrêmes d'élévation atteints par les débordements des eaux du Nil, et dont tant de monuments signalent encore aujourd'hui la grande sollicitude pour le système d'irrigation du pays. En raison des nombreuses opérations de géométrie qu'il fallut faire pour cela, quelques auteurs le regardent aussi comme l'inventeur de cette science.

MOESIE. Ainsi s'appelait, comme province de l'Empire Romain, la contrée située au sud du Danube inférieur, qui à l'est confinait à la mer Noire, au sud aux chaînes du mont Hœmus et du mont Orbelus de Thrace et de Macédoine, à l'ouest, à celle du Scardus (aujourd'hui *Skardaph*), et qui était séparée de l'*Illyricum* par le Drinus (*Drina*), rivière qui se jette dans la Save. La rivière Ciabrus (*Cibria*) la partageait en deux moitiés, dont celle qui était située à l'est, appelée *Mœsie inférieure*, répondait à la contrée qu'on désigne aujourd'hui sous le nom de *Bulgarie*; celle qui était située à l'ouest, appelée *Mœsie supérieure*, et traversée par le Margius (la *Morawa*), répondait à la contrée qu'on appelle aujourd'hui la Servie.

Parmi les villes qui y furent fondées pendant la domination romaine, il faut mentionner : dans la Mœsie inférieure, indépendamment de Tomi, sur la mer Noire, aux environs de laquelle Ovide fut exilé, *Marcianopolis*, *Sardica* (aujourd'hui *Sophia*), et, sur les bords du Danube, *Ariopolis* (aujourd'hui *Raszovat*), *Dorostorum* (aujourd'hui *Silistrie*) et Nicopolis; dans la Mœsie supérieure, *Virninacium* (aujourd'hui *Widdin*), *Singidunum* (non loin de *Belgrade*), *Naissus* (aujourd'hui *Nissa*) et *Scopi* (aujourd'hui *Ouskoup*). Les habitants étaient partie de race thrace et partie de race germaine. A partir de l'époque de Darius Ier cette contrée obéit pendant une trentaine d'années aux Perses. Plus tard, à l'époque de la guerre du Péloponnèse, elle fit partie du royaume thrace des Odryses, sous Sitalcès et son fils Seuthès. Quand ils eurent fait la conquête de la Macédoine, les Romains se trouvèrent en contact avec les populations de la Mœsie. Dès l'an 111 av. J.-C. Marcus Livius Drusus remporta une victoire sur les Scordisques, et en l'année 29 av. J.-C. Crassus soumit toute la contrée. A partir de cette époque les Romains élevèrent sur les rives du Danube une suite de forteresses dont il existe encore aujourd'hui quelques traces. Sous Tibère , la contrée tout entière, où tenaient garnison deux légions, reçut une organisation complètement romaine; et l'époque où elle fut la plus florissante est celle du règne de Trajan, qui partit de la pour son expédition contre les Daces.

Au troisième siècle commencèrent les irruptions des Goths. Decius périt, en l'an 251, en cherchant à les repousser. Elles ne purent être arrêtées pour quelque temps que par Claude II, à la suite de la victoire qu'il remporta en 269 à Naissus, et en 271 par Aurélien, qui transféra les colons romains de la Dacie en Mœsie. A l'arrivée des Huns en Europe, les Visigoths inondèrent la Mœsie, que Théodose Ier finit par leur abandonner, à la condition de reconnaître sa souveraineté, après que Valens eut été vaincu et tué dans la bataille qu'il leur livra sous les murs d'Andrinople, en 378. Lors de la grande migration des peuples, au cinquième siècle, il y eut beaucoup d'habitants de la Mœsie qui n'abandonnèrent pas leurs foyers; ils se maintinrent, sous le nom de *Mœso-Goths*, jusqu'au sixième siècle dans le pays , qui depuis l'an 395 était au nombre des provinces de l'empire de Byzance. Au sixième siècle, les Antes, peuplade slave, envahirent la Mœsie inférieure , puis se soumirent, vers la fin du septième siècle, à l'empire. Au commencement du septième siècle, Héraclius avait accueilli les Serbes dans la Mœsie supérieure pour les opposer aux Avares.

MOESO-GOTHS (*Gothi minores*). C'est la dénomination générique sous laquelle on comprend les Goths qui, au troisième siècle de l'ère chrétienne, s'établirent dans la Mœsie inférieure près de l'embouchure du Danube, et parmi lesquels vécut Ulfilas, mais plus particulièrement ceux des Goths qui, à l'époque de la grande migration des peuples, restèrent là où ils se trouvaient sans se joindre à l'invasion des contrées occidentales et méridionales de l'empire par les barbares.

MOEURS (du latin *mores*), est la dénomination générale qui se donne à trois genres d'habitudes qui ne doivent pas se confondre. Il faut distinguer en effet les *mœurs morales* proprement dites, les *mœurs sociales*, et les *mœurs politiques*. Les premières sont dominées par la religion et la morale ; les secondes, par l'état général de la civilisation, de la littérature et des arts ; les troisièmes, par la nature et le caractère des institutions publiques d'un pays. On confond quelquefois ces trois genres de mœurs ; et dans le langage ordinaire, ce sont tantôt les habitudes politiques, tantôt les habitudes sociales ou les usages, tantôt les habitudes de religion et de morale qu'on entend sous le mot *mœurs*. Quand on dit les mœurs d'un pays et qu'on oppose les *mœurs barbares* aux mœurs *civilisées*, ce sont les lois et les usages, c'est à-dire les mœurs sociales et politiques qu'on entend. Quand on dit la *science* ou la *doctrine des mœurs*, c'est des mœurs morales et religieuses qu'on veut parler. On n'entend que les inclinations et les habitudes instinctives lorsqu'on parle des *mœurs* des animaux. En rhétorique, les *mœurs* d'un discours ou d'un orateur ne signifient que l'art de paraître en avoir ; et l'on distingue peu dans cette étude les mœurs *réelles* des mœurs *oratoires*. Cette absence de précision dans le langage ordinaire est la source de mille erreurs et de grand nombre de disputes. Il importe surtout de faire la distinction que nous avons établie lorsqu'il s'agit de celle des questions sur les mœurs qui en domine toutes les autres, celle des bonnes et des mauvaises mœurs. Les *mœurs* proprement dites, celles qui règlent les lois de la morale, qui tiennent toujours à la religion, sont bonnes lorsque ces lois sont méditées avec soin et pratiquées avec respect, lorsqu'elles règnent généralement dans un pays, et qu'elles ne sont ni contestées publiquement ni secrètement démenties. Elles sont mauvaises quand la loi morale, abandonnée de la loi religieuse et privée à la fois de son appui et de ses lumières, cesse de régner forte et pure sur la majorité des esprits ; qu'elle est niée par les uns et traitée avec indifférence par les autres. Alors naissent et grandissent l'indifférence, le scepticisme, le fatalisme et le matérialisme, doctrines qui tuent la morale comme la religion.

Les mœurs sociales sont bonnes lorsque la civilisation, les lettres et les arts, loin de fournir des moyens de corruption et d'être des agents de mollesse, favorisent et soutiennent toutes les habitudes honnêtes, l'amour du travail, de l'ordre et de l'économie, et le contentement dans la fortune même médiocre. Elles sont mauvaises, au contraire, lorsque les usages qui règnent dans le sein d'une nation et le goût général qui domine dans les lettres et les arts, dans tout ce qui constitue ou exprime la civilisation d'un pays, cessent d'entretenir l'harmonie et commencent à jeter le trouble d'abord dans les esprits et les consciences, puis dans les diverses classes de la société, par l'excitation de désirs d'ascension et de mouvements d'ambition qui ne sauraient être satisfaits. Les mœurs politiques sont bonnes lorsque l'amour des institutions publiques et le dévouement à la patrie règnent dans les habitudes générales d'un pays. Elles sont mauvaises lorsqu'il y a mécontentement et esprit d'insubordination d'en bas ; violence et oppression, corruption et rouerie d'en haut ; lorsque ce ne sont pas la sagesse et la probité qui commandent, lorsque ce sont l'intrigue et la vénalité qui prévalent ; lorsque ce n'est plus le mérite qui l'emporte sur la faveur ; lorsque, au contraire , la faveur est parvenue à s'introduire jusque dans les institutions les plus légales et les plus populaires. Mais, hâtons-nous de le dire, les mœurs ne sont jamais absolument bonnes ni absolument mauvaises. Celles-ci feraient du genre humain une société de démons, celles-là une société d'anges. Vouloir des mœurs parfaites, c'est vouloir le beau idéal ; les prêcher, c'est faire des utopies ; les espérer, c'est faire des rêves. Mais ce qu'on doit demander sans cesse, avec toute l'autorité du bon sens et de la raison, ce sont des mœurs relativement bonnes, les meilleures mœurs que comporte la faiblesse humaine. Sans doute, il faut toujours considérer qu'avec des facultés et des dispositions imparfaites nous ne saurions avoir des mœurs morales parfaites ; il faut néanmoins que nous envisagions sans cesse les lois de la perfection, afin que nous sachions toujours où nous devons aller.

Quant aux mœurs *sociales*, on ne saurait trop en prendre soin, surtout aux époques où l'autorité aspire d'un côté à l'absolutisme, tandis que de l'autre côté l'opinion publique se préoccupe de vœux et de théories qui mettent tous les sacrifices du côté des gouvernements, et toutes les libertés, y compris même la licence, du côté des gouvernés. A ces époques, loin de permettre que des mauvaises maximes s'arrogent le droit de corrompre le corps social, loin de permettre que les mœurs soient compromises par l'influence du pouvoir ou par celle de ses adversaires, par l'action des partis qui se disputent le peuple, parce qu'ils s'en disputent le commandement, ou par l'opinion d'une aveugle multitude, qui n'est d'ordinaire que l'instrument des partis, il faut que tous ceux qui respectent les mœurs veillent sur elles avec persévérance et interviennent pour elles avec énergie. Quant aux mœurs politiques, on peut, sans être un étroit utopiste, prétendre qu'elles soient à la hauteur des mœurs sociales ; et l'on doit, surtout aux époques d'une haute civilisation, exiger qu'à leur tour elles cessent de professer ce que condamnent les lois morales ; qu'elles cessent de qualifier de vertu ce qui réussit, de crime ce qui échoue, de faute le crime qui éclate, et d'erreur la faute qui demeure stérile. Qu'on ne s'y trompe pas, ceux même qui condamnent les utopistes vulgaires respectent les moralistes véritables : c'est que la doctrine des mœurs est la doctrine souveraine des empires.

L'action des mœurs sur les lois est d'une terrible puissance ; elle a brisé plus d'un sceptre, plus d'une dynastie, plus d'un empire. Les utopistes l'exagèrent, soit ; les moralistes ne l'exagèrent pas : quand ils la proclament, ils en appellent à l'histoire de tous les peuples de la terre. Les législateurs exagèrent la thèse contraire, l'influence des lois sur les mœurs. Ils ont tort d'exagérer cette action ; elle est grande par elle-même, mais elle a peu besoin de panégyristes et de plaideurs ; il est si facile de faire des lois et si difficile de faire des mœurs, qu'il y aura toujours plus de gens qui croiront à la puissance des lois qu'à celle des mœurs. On le sait, c'est quand il y a le moins de mœurs qu'il se fait le plus de lois. On doit par conséquent se défier de la facilité d'en faire. Elles sont d'une utilité incontestable quand elles répondent aux besoins des mœurs et s'appuient sur elles ; elles sont faibles ou même funestes hors de ces conditions. On peut changer les lois, cela est vrai ; mais ce sont les *mœurs politiques* et les *mœurs sociales*, ce ne sont pas les *mœurs morales* ou religieuses qu'on change par les lois. On n'améliore pas non plus les mœurs morales ou religieuses par les mœurs sociales ou les mœurs politiques ; on améliore, au contraire, les mœurs politiques et les mœurs sociales par les mœurs morales et religieuses. Cela mérite une attention profonde : cette attention est peu donnée à la question. L'étude des mœurs est généralement négligée de nos jours ; elle l'est dans la littérature générale et dans l'enseignement public de plusieurs des nations les plus avancées. C'est une lacune qu'on ne saurait trop déplorer dans la situation actuelle du corps social. Il y a de grandes indications sur les mœurs et leur influence dans l'ouvrage de Voltaire, *Essai sur les Mœurs* ; mais ce livre appartient moins à la morale qu'à l'histoire. Personne ne lit plus aujourd'hui l'ouvrage de Toussaint : *Des Mœurs*. Nous possédons sur les mœurs politiques une belle esquisse de M. Dumesnil. Alissan de Chazet a écrit sur les lois et les mœurs. Nous avons nous-même traité la question spéciale *De l'influence que les lois et les mœurs exercent les unes sur les autres*. MATTER.

MOFFETTES ou **MOUFFETTES**. On peut ranger au nombre des plus pernicieuses exhalaisons celles qui se dégagent des fosses d'aisances. Le gaz oxygène de l'atmosphère y est absorbé par la matière fécale, en sorte que l'air n'y est plus chargé que d'émanations putrides animalisées, et conséquemment carboniques et mortelles. De ces émanations provient ce que l'on nomme *moffettes* ou *mouffettes*, et qui produit de bien funestes résultats sur les vidangeurs. Les fosses d'aisances ne sont pas les seuls endroits qui donnent naissance aux moffettes. Il s'en forme aussi dans les caves, dans les souterrains, comme la fameuse grotte du Chien, près de Naples, où l'air extérieur n'a pas accès, dans les puits d'où l'on tire rarement de l'eau. Le feu g r i s o u, redoutable aux mineurs, prend également le nom de *moffettes*. Quelle que soit la nature de ces différentes vapeurs, on remarquera que celles d'entre elles qui sont chargées d'une proportion considérable de carbone asphyxient les hommes et les animaux sans laisser aucune trace externe d'altération. En cela elles agissent comme la vapeur du charbon ou du vin en fermentation. Les moffettes exhalées par l'ouverture et la vidange des fosses d'aisances sont aussi bien connues sous la dénomination de *p l o m b*, surtout quand la matière fécale domine sur les urines. RICHEN.

MOGADOR, ville et port de commerce de Maroc, sur l'océan Atlantique, par 12° de longitude occidentale et 31° 30' de latitude septentrionale, nommée *Souerah* par les Marocains. L'île qui lui sert de port prend seule chez ces derniers le nom de Mogador, d'après celui d'un saint appelé Sidi-Mogodoul, dont on voit le tombeau sur la côte opposée, à 3 kilomètres au sud de Souerah. Mogador, à environ 270 kilomètres de Maroc et à 66 de l'embouchure du Tensif, est construit dans une situation des plus extraordinaires, sur une petite presqu'île très-basse, battue de tous côtés par les eaux de la mer et au milieu d'une plaine de sables mouvants que les vents remuent comme des vagnes, déplaçant et transformant sans cesse leurs monticules. Ce petit Sahara, qui est un prolongement de la plaine d'Hélin, entoure la ville jusqu'à 8 kilomètres de distance; au delà, vers le sud-est, sont des campagnes plus fertiles et des montagnes boisées.

Le site de Mogador présente de la mer un aspect très-pittoresque, qui lui a valu le nom de *Souerah*, c'est-à-dire *petit Tableau*. Après avoir doublé le cap Cantin, on aperçoit bientôt en effet cette ville, comme perdue au milieu des flots, entourée d'une plaine aride, au delà de laquelle s'élèvent des collines d'un vert obscur, puis dans un lointain immense les grands sommets neigeux de l'Atlas. Des remparts, des minarets qui s'élèvent à une grande hauteur au-dessus des embrasures, découpent leurs lignes blanches au-dessus de la ville, dont on ne voit que les toits en terrasse; tout cela produit un coup d'œil des plus agréables. L'intérieur de la ville ne répond pas à cette première apparence, malgré la régularité des rues et la construction assez soignée de quelques édifices. Néanmoins Mogador est la ville la mieux bâtie du Maroc. Elle est divisée, par des sections de murailles, en plusieurs parties : le débarcadère et les magasins de la marine, le palais du sultan, la kasbah, le quartier des nègres, le quartier des juifs, situés tous deux aux extrémités, et enfin la grande ville, habitée par les musulmans. C'est là que sont les mosquées, les boutiques et l'alkaïsserie ou souk (le marché), construction assez belle, formée de galeries couvertes, soutenues par des colonnes. Le marché aux grains présente aussi une place carrée entourée de petites boutiques basses et étroites.

En laissant de côté la kasbah, Mogador forme un triangle qui a sa base vers la mer et son sommet au nord-est. C'est à cette pointe que se trouve la Milah ou quartier juif. Les murailles du côté de la terre ont une hauteur d'environ dix mètres sans fossés; elles sont flanquées de trois tours bastionnées avec terre-plein et embrasures. Les fortifications de Mogador du côté de la terre ne pourraient soutenir un siège régulier ; mais comme la marée s'étend fort loin presque tout autour de la ville, Mogador est défendu naturellement de ce côté. Des remparts très-solides et très-résistants ont été construits sur les fronts qui regardent l'Océan, au nord-ouest et au sud-ouest. La kasbah, située entre la plage du débarcadère et la ville, dont elle n'est séparée que par une grande rue, est moins une forteresse qu'un quartier de la ville, car elle renferme une population assez nombreuse; c'est là que demeurent les consuls européens, les principaux négociants maures et les négociants juifs commissionnés par des maisons de commerce des villes d'Europe. A l'extrémité de la kasbah, du côté de la mer, est le palais du sultan, dans une enceinte particulière, qui renferme une mosquée, une très-vaste cour et plusieurs bâtiments de service. Près de là est une grande esplanade destinée aux courses guerrières des cavaliers arabes, dont l'autre côté est fermé par l'enceinte sacrée ou *omsalah*, voisine de la grande mosquée.

Un îlot, long de 1 kilomètre et large de 600 mètres, forme le port, à douze cents mètres au sud-ouest du débarcadère. L'îlot n'est pas devant la ville, mais bien au-dessous, et sa pointe seule lui fait face. Les grandes batteries du débarcadère portent en plein sur l'îlot et sur son port. Le mouillage se prend entre le continent et l'îlot, sur une profondeur de 3 à 4 mètres, trop faible pour d'autres bâtiments que des bricks. Le canal du nord, entre la pointe de l'île et celle de Mogador, offre seul un fond de 10 mètres; c'est là que peuvent mouiller les vaisseaux de ligne, à l'abri des vents du nord et de l'est, mais exposés à tous les autres. L'île de Mogador est défendue par quatre batteries maçonnées et par des rochers et des bancs de sable. Son pourtour est très-escarpé; on ne peut y aborder que sur une petite plage de sable donnant sur la rade et protégée par une batterie. Sur un rocher qui forme l'extrémité de l'îlot s'élevait jadis un fort portugais.

Mogador est la résidence de deux caïds ou gouverneurs, celui de la province de Haha et celui de la province de Schiadma, habitées toutes deux par des Berbères (Amaziques ou Cheilous). Le climat y est en complète anomalie avec sa latitude. Le thermomètre ne s'y élève jamais au delà de 16° Réaumur, ce qui tient à la position avancée de Mogador dans l'Océan, où règne particulièrement le vent nord-est. Les marées qui viennent chaque jour entourer d'eau cette ville, la rendent très-humide. En hiver, au mois de janvier, le thermomètre se maintient à 12° ou 13° au-dessus de zéro. La population de Mogador ne paraît pas monter à plus de 12 ou 14,000 habitants, dont 1,300 juifs. Il y a fort peu d'Européens. C'est le port le plus commerçant de tout le Maroc. Sa douane rapporte à l'empereur près de 1 million de francs, bien que la moyenne du commerce n'aille guère au delà de 8 millions de francs, exportation et importation réunies. L'exportation consiste en peaux brutes de chèvre, de veau et de bœuf, en immenses quantités d'huile d'olive, en cire jaune, laine en suint, en gomme de barbarie, gomme arouan ou du désert, qui est la meilleure ; en paquets de plumes d'autruche, dents d'éléphant, amandes, plants d'absinthe, cumin, halks ou manteaux de laine blanche, coussins ou bournous à capuchon, babouches en maroquin, etc. L'exportation de toute autre denrée est prohibée, ainsi que celle des grains ; mais le sultan vend lui-même du blé, qu'il achète presque pour rien à ses sujets. L'importation à Mogador consiste en fer, acier, soie écrue, coutellerie, miroirs, ambre jaune, sucre, café, thé, épices, calicots de l'Inde et de l'Angleterre. Marseille est pour un tiers dans le commerce de Mogador ; l'Angleterre fait à peu près le reste. Les banqueroutes des indigènes sont fréquentes, parce que les étrangers n'ont aucune action sur eux. Le sultan est propriétaire de beaucoup de maisons dans la ville et de toutes les maisons de la kasbah, qu'il loue fort cher.

Mogador fut fondé en 1760, par le sultan Muléi-Mohammed, qui voulait avoir un port de commerce sur le point maritime le plus rapproché de la ville de Maroc. Le plan de Mogador est l'ouvrage de quelques ingénieurs européens, et entre autres d'un Français appelé Cornut, qui était né aux environs d'Avignon. On fit venir d'Europe des maçons et autres ouvriers ; on employa aussi des esclaves français. Cornut fut si mal récompensé, qu'après avoir servi dix ans le roi de Maroc il revint en France aussi pauvre qu'il en était parti. Muléi-Mohammed transporta à Mogador les habitants d'Agadir (Santa-Cruz) pour former un noyau à la population de sa nouvelle ville, et enjoignit aux Maures les plus riches des provinces voisines de venir y faire élever des maisons. La ville se trouva ainsi bâtie et peuplée dans un espace de dix à douze ans. En même temps les négociants européens furent invités à venir se fixer à Mogador, où de grandes facilités furent d'abord ouvertes au commerce, qui y fut pendant quelque temps florissant.

En 1844 Mogador fut attaqué par une escadre française commandée par le prince de Joinville. Après les hostilités commises par les troupes marocaines sur notre frontière de l'Algérie, le maréchal Bugeaud avait dû occuper Ouchda. Comme les négociations entamées presque aussitôt traînaient en longueur et que les troupes marocaines augmentaient en nombre, le maréchal se décida à frapper un coup décisif. Le prince de Joinville avait reçu le commandement d'une division navale, qui devait venir en aide aux opérations de l'armée de terre. Le prince commença par détruire les fortifications de Tanger ; et dans le but de ruiner une place de commerce source la plus claire des revenus de l'empereur, il se dirigea ensuite vers Mogador, à l'autre extrémité du royaume, où il arriva le 11 août. Le 15 les vaisseaux *Le Jemmapes* et *Le Triton* allèrent s'embosser devant les batteries de l'ouest, avec ordre de les battre et de prendre à revers les batteries de la marine. *Le Suffren* et *La Belle-Poule* vinrent prendre poste dans la passe du nord. Il était une heure de l'après-midi lorsque le mouvement commença. Aussitôt que les Arabes virent les vaisseaux se diriger vers la ville, ils commencèrent le feu de toutes leurs batteries. Nos vaisseaux ne répondirent qu'après avoir pris chacun leur poste de combat. A quatre heures et demie, le feu commença à se ralentir ; les bricks *Le Cassard*, *Le Volage*, *L'Argus* entrèrent alors dans le port, et s'embossèrent près des batteries de l'île, avec lesquelles ils engagèrent une lutte animée. Enfin, à cinq heures et demie, les bateaux à vapeur, portant cinq cents hommes de débarquement, donnèrent dans la passe, et vinrent prendre poste dans les créneaux de la ligne des bricks. Le débarquement sur l'île s'opéra immédiatement. La flottille s'avança sous une vive fusillade. Les troupes sautèrent à terre avec enthousiasme, et, gravissant à la course un talus assez roide, enlevèrent la première batterie. Là on se rallia, et deux détachements partirent pour faire le tour de l'île et débusquer trois à quatre cents Marocains des postes qu'ils occupaient dans les maisons et les batteries. On les poussa ainsi jusqu'à une mosquée, où un grand nombre d'entre eux s'étaient réfugiés. Les portes ayant été enfoncées à coups de canon, on s'engagea sous des voûtes obscures, au milieu d'une fumée épaisse, qui empêchait de rien voir. L'amiral fit retirer les combattants ; on cerna la mosquée, et la nuit étant survenue, on fit bivouaquer les troupes. Le lendemain, au jour, cent quarante Marocains se rendirent. Les Français ramassèrent sur l'île près de deux cents cadavres ennemis. Nos pertes avaient été de quatorze tués et soixante-quatre blessés.

L'île prise, il ne restait plus qu'à détruire les batteries de la ville qui regardent la rade. Le canon les avait déjà bien endommagées. Le 16, sous les feux croisés de trois bateaux à vapeur et de deux bricks, six cents hommes débarquèrent sans rencontrer de résistance. Toutes les pièces furent enclouées et jetées à bas des remparts, les embrasures furent démolies, les magasins à poudre noyés, trois drapeaux et neuf à dix canons de bronze furent enlevés, comme trophées, enfin, toutes les barques qui se trouvaient dans le port furent emmenées ou défoncées. On aurait pu entrer alors dans la ville ; mais ce n'aurait été qu'une promenade sans but : les troupes revinrent sur l'île, et les équipages regagnèrent le bord des navires. Après le départ des Français, la ville, restée sans défense, fut prise par les Kabyles de l'intérieur, qui y mirent le feu. Pendant quatre jours le sac de cette ville fut complet, et les malheureux habitants s'enfuirent dans toutes les directions. Le 23 août les troupes étaient parfaitement installées sur l'île de Mogador. Une partie de l'escadre retourna à Cadix.

Pendant que le prince de Joinville s'emparait de Mogador, le maréchal Bugeaud gagnait la bataille d'Isly et forçait l'empereur à demander la paix. Par la convention conclue à Tanger le 10 septembre, les Français devaient évacuer l'île de Mogador ainsi que la ville d'Ouchda. On avait pu connaître l'impossibilité de garder l'île de Mogador sans occuper la ville. L'amiral n'avait pas assez de troupes à sa disposition pour exécuter cette opération : les vivres pouvaient manquer, le mouillage n'était pas sûr pendant l'hiver ; malgré les préliminaires de paix, les Kabyles pouvaient nous être hostiles. Le prince de Joinville, pensant avec raison qu'il nous serait plus facile de reprendre Mogador au printemps que de le garder l'hiver, envoya l'ordre au commandant Hernoux d'évacuer l'île aussitôt après la signature provisoire du traité. Les troupes d'occupation, ayant tout détruit dans l'île, se retirèrent effectivement les 15 et 16 septembre, laissant à Mogador le souvenir d'un des plus glorieux exploits de notre marine.   L. LOUVET.

MOGOL, synonyme de Grand Mogol.

MOHÁCS, bourg de Hongrie, situé dans le comitat de Baranya, sur la rive droite du Danube, avec 10,618 habitants, doit sa célébrité dans l'histoire à la grande bataille que le jeune Louis II, le dernier roi de Hongrie, y perdit, le 29 août 1526, contre Soliman II. Le roi y fut tué, ainsi qu'une foule de magnats, de gentilshommes et d'évêques, et plus de 12,000 combattants. Cette immense catastrophe eut pour résultat l'anéantissement de l'indépendance nationale de la Hongrie.

Plus tard encore, le 12 août 1687, Charles de Lorraine livrait sous les murs de Mohács la bataille qui mit fin à la domination des Turcs en Hongrie et qui plaça ce pays sous la domination de la maison de Habsbourg.

MOHADY. *Voyez* AL-MOHADES.
MOHAMED AL NASSER LEDIN ALLAH. *Voyez* AL-MOHADES.
MOHAMED BEN TOUMERT. *Voyez* AL-MOHADES.
MOHAMMED ALI, pacha d'Égypte. *Voyez* MÉHÉMET-ALI.
MOHAMMED MIRZA, schah de Perse. *Voyez* ABBAS-MIRZA et PERSE.
MOHAWKS. *Voyez* IROQUOIS.
MOHILEF, gouvernement de la Russie occidentale, d'une superficie de 618 myriamètres carrés, avec 932,000 habitants, Rousniaques pour la plupart, mais parmi lesquels il y a aussi beaucoup de Grands-Russes, d'Allemands, de Juifs et même de Bohémiens. Borné par les gouvernements de Witepsk, de Smolensk, de Tschernigof et de Minsk, il appartenait jadis à la grande-principauté russe de Smolensk, et après la conquête qu'en firent les Lithuaniens dépendit, sous la suzeraineté de la Pologne, des voïvodies de Meislas et de Witepsk. Reconquis en 1772 par les Russes, il fut érigé en 1778 en gouvernement particulier. En 1796 on le réunit au gouvernement de Witepsk, sous le nom de *Russie blanche* ; mais depuis 1802 il forma de nouveau un gouvernement à part. C'est une contrée plate, traversée par de rares ondulations de terrain, très-fertile, jouissant d'un climat tempéré, appartenant au bassin du Dniépr, qui l'arrose avec ses affluents, la Sosha et le Drouez. Ses habitants sont très-actifs et très-industrieux. L'agriculture est arrivée parmi eux à un haut degré de perfection, et il en

est de même de l'arboriculture et de l'horticulture. Leurs magnifiques pâturages, leurs vastes forêts, leur permettent en même temps de tirer bon parti de l'élève du bétail et de l'exploitation de la chasse. Enfin, le Dniépr et ses nombreux affluents donnent lieu à une active navigation et à un commerce des plus importants avec le reste de l'empire. Tout se réunit donc pour en faire un des districts les plus riches de la Russie.

MOHILEF, chef-lieu du gouvernement, auquel il donne son nom, sur le Dniépr, dans une belle et fertile contrée, est l'une des plus belles villes de la Russie et le siège de deux archevêques, l'un grec, l'autre catholique. Ses rues sont droites, larges et bien pavées, et une belle promenade garnie d'arbres, d'où l'on jouit d'une vue ravissante sur toute la vallée du Dniépr, entoure la ville. On compte à Mohilef 27 églises, parmi lesquelles il faut mentionner surtout la magnifique église de Saint-Joseph, 4 couvents (il y avait autrefois un collège de jésuites), 14 écoles et établissements d'instruction publique, un grand nombre de fabriques, et 25,000 habitants, dont 8,000 juifs.

Le 23 juillet 1812, une grande bataille fut livrée sous les murs de Mohilef, entre l'armée française et les Russes commandés par Bagration.

MOI. Ce mot, qui n'appartenait autrefois qu'à la grammaire, et qui n'était que le plus notable des pronoms, est devenu, après le mot *Dieu*, le substantif par excellence ; il joue maintenant, et à juste titre, un rôle puissant en philosophie, et l'on peut dire, sans nulle exagération, qu'il porte en lui la philosophie tout entière. Le *moi* est non-seulement l'être ou la substance en qui existent les faits intérieurs qui sont perçus, il est encore le sujet qui les perçoit et qui a conscience de cette perception ; le *moi* est l'expression la plus simple de cette conscience. Quelques philosophes distinguent le *moi* pur, ou le *moi* absolu, du *moi* empirique, ou du *moi* relatif. Le premier, c'est le *moi* dans la plénitude et dans l'entière clarté de sa conscience ; le *moi* empirique ou relatif, c'est la conscience plus ou moins nette, telle qu'elle se rencontre dans l'enfance, dans les hallucinations, à certains degrés de l'aliénation et dans toutes sortes de circonstances qui troublent les facultés de l'intelligence. Il est évident que le philosophe habitué à sonder le *moi* n'en a pas une conscience plus nette que l'homme du peuple qui est en pleine possession de sa raison, mais il est évident aussi que toutes les conceptions ayant des degrés de clarté ou d'obscurité, celle du *moi* a les siens. Kant l'a parfaitement dit : « Il est un âge où l'enfant ne paraît pas avoir l'idée du *moi*. » Mais ce philosophe a eu tort de conclure que cet âge se prolonge pour un enfant autant que l'habitude de parler de soi à la troisième personne et de parler à la première. L'enfant qui vous dit *Charles est sage* sait parfaitement que c'est de lui-même, de son *moi*, que ce n'est pas d'une troisième personne qu'il rend compte. Il est des enfants qui parlent alternativement à la première et à la troisième personne ; il en est d'autres qui ne parlent pas à la troisième : indiquer l'époque précise où l'esprit humain commence à concevoir son *moi* est chose impossible ; ce début du *moi* est un des nombreux mystères qui échappent à l'observation propre comme à l'observation étrangère. Mais on peut accepter la distinction du *moi* pur ou absolu et du *moi* empirique ou relatif. Le premier est davantage l'objet de la philosophie, le second celui de l'anthropologie et de la pédagogie.

Le *moi* pur est le premier principe de toute philosophie, il en est le point de départ et le point d'appui. Sans le *moi* il n'y aurait pas de philosophie. En effet, si le *moi* ne pouvait pas s'étudier lui-même, se savoir, se tenir, se posséder, s'analyser, de quoi serait-il capable ? Voyez ce qu'est la pensée quand le *moi* n'a pas conscience pure et parfaite de lui-même, dans les passions, dans les défaillances, dans l'état d'imbécillité, d'extase ou de folie. Le *moi* se sachant lui-même est, au contraire, capable de savoir tout le reste. Mais il ne faut pas se tromper sur la conscience du *moi*.

Quand Fichte a dit que dans la conscience du *moi* il y a identité du *sujet pensant et de l'objet pensé*, il aurait eu raison s'il avait voulu dire que le *moi* dans ce cas est à la fois sujet et objet, et que dans le *moi* il y a unité et identité ; mais, en allant plus loin, en affirmant qu'en général tout ce que conçoit notre *moi* est de sa création, et qu'il y a toujours identité entre les *objets pensés* et le *sujet pensant*, il n'a enfanté qu'une bien pauvre théorie : c'est cette prétendue science de l'*id e n t i t é*, qui n'est autre chose que l'idéalisme de Berkeley et de Hume, sous une forme beaucoup moins ingénieuse et moins agréable.

On s'est trompé grossièrement quand on a considéré le *moi* comme une faculté d'intuition. Le *moi* n'est ni une faculté d'intuition, ni un objet d'intuition, mais c'est en lui que se passe l'intuition, et c'est lui qui est saisi de l'objet de l'intuition. Dans tout ce que je perçois, dans tout ce que je pense, il y a nécessairement l'idée du *moi*; si elle n'y était pas, ce ne serait pas *moi* qui percevrais, qui penserais ; ce ne serait pas *moi* qui garderais souvenir ; je serais étranger à ce qui se passe en *moi* : ce qui serait absurde. Aussi l'existence du *moi* ne peut-elle pas se prouver, par la simple raison qu'elle n'a pas besoin de démonstration. Le *moi* est à lui-même le plus sûr garant de son existence. La conscience qu'il a de lui est immédiate ; une démonstration ne lui donnerait qu'une connaissance médiate, c'est-à-dire insuffisante et sujette à doute. La prétendue démonstration de Descartes : *je pense, donc je suis*, n'en était pas une dans l'intention de ce philosophe : le *donc je suis* est une induction admirable ; mais les mots *je pense*, ou *je suis pensant*, ne sont qu'une affirmation, ils ne sont pas une démonstration. Ce fait primitif n'est pas susceptible d'être démontré, et si Descartes avait prétendu donner pour une démonstration ces deux assertions *je suis pensant, donc je suis*, il n'eût fait que ce qu'on a logique on appelle un *cercle vicieux*.

Le *moi* est un, il est simple, il est sans parties ; c'est toujours le *moi* tout entier qui pense, qui sent, qui agit ; ce n'est jamais une partie du *moi*. Il sait son identité comme son unité, comme sa simplicité ; il sait qu'il est toujours lui et à lui, qu'il n'est jamais un autre, ni inhérent à un autre. Dans ces conditions, son immatérialité, son immortalité, son indépendance, et par conséquent la plus puissante de toutes les réfutations du panthéisme. Cependant, être immatériel, simple et indépendant, le *moi*, doué de facultés qui se développent d'après leurs propres lois au milieu des lois auxquelles obéit l'univers, est en rapport avec des organes matériels qui forment son corps ; et des objets auxquels il donne le nom commun de *non-moi*. En effet, tout ce qu'il perçoit autour de lui et tout ce qui agit le plus puissamment sur lui, comme sa matérialité ; il sait qu'il y a des idées, de connaissances, de sensations, d'efforts et d'actions. Il est cependant aussi convaincu de l'existence du *non-moi* que de la sienne. En effet, si la perception qu'il en a est externe, elle n'est externe que quant à l'objet ; mais si elle est interne, il est de conscience intime, quant au sujet pensant, et pour la rejeter le *moi* serait obligé de se rejeter lui-même. Considérer le *non-moi* comme une création du *moi*, et prétendre que ce qui est dans le *moi* est son œuvre, qu'il a la faculté de faire toutes les idées qu'il veut, mais qu'au dehors rien ne répond à ses idées, c'est faire des systèmes arbitraires. Le *moi* n'a pas cette merveilleuse faculté de créer le *non-moi* ; le *non-moi* n'est pas plus de sa création qu'il ne l'est lui-même ; le *non-moi* est chose indépendante de lui, quoiqu'il soit en relation permanente avec lui, et l'idéalisme de Berkeley, de Hume et de Fichte n'est qu'un rêve philosophique, si rêver philosophiquement que de dépasser ainsi, en analysant les facultés du *moi*, les véritables données de la conscience.

Dans le *non-moi*, et très-près du *moi*, on distingue le *toi*, où se retrouve le *moi*. Le *toi* est analogue au *moi*. La connaissance du *toi* est presque aussi immédiate que celle du *moi*. Elle est le résultat d'une perception externe, sans doute, mais elle est confirmée, expliquée, étendue par l'analogie du *moi* et par la conscience qui nous impose à l'égard du *toi* des devoirs particuliers. Avant le philosophe Fichte, on disait, au lieu de *moi* et de *non-moi*, le *sujet* et *l'objet*, ou bien *l'homme* et *le monde*. Cependant, ce langage était peu précis, le *moi* pouvant être à la fois le sujet et l'objet de nos études, et l'homme faisant nécessairement partie du monde auquel on l'opposait. Aussi la nouvelle terminologie eut-elle sans peine droit de bourgeoisie parmi nous. Rousseau nous avait préparés au *moi* par le mot de Galatée : *C'est encore moi*.

Quelques personnes, trompées par la fortune du *moi* en général, sont allées plus loin, et ont créé un *moi humain*, un *moi social* : c'étaient des non-sens. Le *moi humain* devait être l'homme, le *moi social* le citoyen : mais l'homme en général n'existant pas plus que le citoyen en général, et l'idée du *moi* important avec elle celle de c o n s c i e n c e, il était difficile de concevoir l'utilité et le sens des mots le *moi humain* et le *moi social*, et on s'est hâté de les abandonner. MATTER.

MOINE, religieux faisant partie d'un ordre dont les membres vivent sous une règle commune et séparés du monde. L'usage a étendu cette dénomination aux ordres mendiants.

Le mot *moine* est employé dans plusieurs expressions proverbiales. On dit d'un homme qui a de l'embonpoint, qu'il est *gras comme un moine*, parce que certains moines avaient jadis la réputation de se bien nourrir. *L'habit ne fait pas le moine* signifie qu'il ne faut pas juger les hommes par l'apparence, par les dehors, et que sous un vêtement plus que modeste bat souvent un grand cœur. Ce proverbe est ancien, et se trouve dans le *Roman de la Rose*. *Faute d'un moine l'abbaye ne manque pas*, cela veut dire : Pour un moine absent, on ne manque pas de faire un abbé ; ou plutôt : L'absence d'une personne attendue ne doit empêcher ni la conclusion d'une affaire ni la mise en train d'une partie de plaisir.

Moine est aussi le nom d'un meuble de bois dans lequel on suspend un réchaud plein de braise pour chauffer le lit, ou d'un cylindre de bois creusé, doublé de tôle, dans lequel on introduit un fer chaud pour le même usage. C'est une sorte de bassinoire.

Pour le *moine* en termes de forgeron, *voyez* FORGE (Petite).

MOINE (ANTONIN), qui s'est fait connaître à la fois comme peintre et comme sculpteur, était né à Saint-Étienne. Il avait commencé par faire de la peinture, et dans les dernières années de la Restauration on a vu de lui des paysages dans la manière anglaise. Lorsque le mouvement romantique se produisit, Moine entra dans la ligue organisée contre les traditions de l'école impériale. C'est alors aussi qu'il se révéla comme sculpteur. Il exposa successivement *Le Lutin en voyage* et la *Chute d'un cavalier* (1831), la *Scène du Sabbat*, un buste de la reine Marie-Amélie, et deux bas-reliefs destinés à servir d'ornements à un vase de Sèvres (1833). Le jury, ridiculement irrité contre Moine, ne voulut point admettre au salon de 1835 l'important ouvrage qu'il avait achevé. Mais l'année suivante l'artiste reparut avec *L'Ange du jugement dernier* et deux statues de plâtre qu'il destinait à orner le bénitier de La Madeleine. Ce groupe ne fut point exécuté en marbre. Deux bénitiers au lieu d'un furent demandés à Moine, qui dut alors faire de nouveaux modèles. Parmi les sculptures d'Antonin Moine, il faut encore citer une statue de Sully (Luxembourg), la cheminée de la salle des conférences, à l'ancienne chambre des députés, les naïades et les tritons des fontaines de la place de la Concorde, et la statue de saint Protais, à l'église Saint-Gervais.

Sculpteur d'ornements, Moine a également modelé un assez bon nombre de pendules et de chandeliers d'un dessin élégant et fin. Il s'était surtout inspiré du style délicat des orfèvres de la Renaissance. *La Dame au faucon*, *Le Sonneur d'oliphan*, et la plupart de ses statuettes ne sont aujourd'hui ignorées de personne. Dans les dernières années de sa vie, Antonin Moine était revenu à la peinture, et particulièrement au pastel. Il a exécuté dans cette séduisante manière les portraits de Mme Jules Janin, de Mlle Piscatory, et d'un fils de M. Matthieu de la Redorte (1843). Le portrait de sa femme fut aussi très-remarqué au salon de 1845. Mais, perdant de vue la réalité, Moine a trop souvent dans ses pastels sacrifié à la fantaisie et à la manière. Sa couleur même n'est pas toujours harmonieuse.

Le 18 mars 1849, Moine se brûla la cervelle. Ce n'est point la misère comme on l'a dit, mais une sorte de mélancolie amère qui l'a poussé au suicide. Il avait alors cinquante-deux ans, et son talent était resté jeune et frais comme aux premiers jours. P. MANTZ.

MOINEAU, genre d'oiseaux de la famille des passereaux. Il a pour type le *moineau domestique*, vulgairement nommé *pierrot* (*fringilla domestica*, L); il n'est certes pas une espèce qui dévore une plus grande quantité de céréales, puisque, d'après des données certaines, le dégât s'élève, pour la France seulement, à la somme énorme de 10,000,000 de francs ; aussi est-elle pour l'agriculture un véritable fléau.

Le moineau ne présente rien de remarquable ni dans ses formes ni dans son plumage : la longueur de son corps, de la tête à l'extrémité de la queue, est de 16 centimètres, son poids est d'un peu plus de 30 grammes, et son vol de 22 ou 23 centimètres. Le mâle a le dessus de la tête et les joues d'un bleu cendré sombre, les sourcils marrons ; le tour des yeux noir, ainsi que l'espace entre le bec et l'œil ; le dessus du dos varié de noir et de roux, une plaque noire sur la gorge et le devant du cou ; la poitrine, les flancs et les jambes d'un cendré mêlé de brun, le ventre d'un gris blanc, les ailes et la queue noirâtres en dessus et cendrées en dessous. Il porte sur chaque aile une bande transversale d'un blanc sale ; son bec est noirâtre, d'un brun sombre avec du jaune en dessous, surtout à la base, et totalement noir dans la saison des amours ; ses pieds sont couleur de chair sombre et ses ongles noirâtres. La femelle est plus petite que le mâle : elle manque de la pièce noire de la gorge et du devant du cou ; le dessus de sa tête est d'un brun roux ; les autres nuances de son plumage sont généralement plus claires. A l'aide de ces caractères, on distinguera facilement le moineau mâle d'un moineau femelle ; cependant, ils n'ont rapport qu'à l'espèce la plus commune, car il existe plusieurs variétés, telles que le *moineau blanc*, le *moineau noir* ou *noirâtre*, le *moineau jaune* ou *moineau roux*, etc.

Aussi imprudent qu'importun, le moineau s'est fait pour ainsi dire le compagnon de l'homme, qu'il redoute à peine. C'est surtout dans les grandes villes, comme Paris, par exemple, que l'on peut voir ces oiseaux chercher leur nourriture jusqu'au milieu des rues. Sans aucune grâce dans ses formes et dans ses mouvements, sans aucun charme dans son chant, qui n'est qu'un cri monotone et souvent répété, il vient nous fatiguer sans cesse de ses jeux, ses combats et ses plaisirs.

La femelle fait son nid avec du foin et des plumes, sur les toits, sous les tuiles, dans les trous de muraille, quelquefois sur les charmes, les noyers et les peupliers : ce n'est que dans ce dernier cas qu'ils l'arrangent avec ordre et avec soin, pour préserver leurs petits du mauvais temps. Il en est qui s'emparent du nid des hirondelles et des pigeons. Leur ponte est de cinq à huit œufs, d'un cendré blanchâtre, avec beaucoup de taches brunes. Les petits naissent sans plume ni duvet, et ils sont tout rouges.

Le moineau s'apprivoise facilement, mais il ne s'attache pas à la main qui le nourrit : ce n'est que parce qu'il trouve dans l'esclavage le moyen de satisfaire sa voracité qu'il se laisse prendre et caresser ; et il ne rend point caresse pour caresse, comme d'autres animaux que l'homme élève pour sa récréation. D'une constitution robuste, il supporte également les chaleurs de l'été et les rigueurs de l'hiver. On le

16.

trouve dans toutes les contrées habitées par des hommes qui se nourrissent de graines ; il recherche les pays fertiles, et la présence de ces voleurs indique la richesse et l'abondance. La durée de leur vie n'a pas été fixée : les uns ne leur donnent que deux années d'existence, les autres la prolongent jusqu'à vingt ans : il y a sans doute exagération de part et d'autre, du moins dans certains cas. L'abus que font ces oiseaux des plaisirs de l'amour doit contribuer à abréger la durée de leur vie lorsqu'ils sont libres, mais aussi ils doivent vivre longtemps en cage, et l'on assure qu'un de ces oiseaux a vécu ainsi vingt-sept ans.

Le moineau ne vit pas en société ; il se réunit le soir, dans la belle saison, avec ses compagnons, pour piailler de concert. Cette joie ou cette gaieté est, dit-on, un signe de beau temps. Quand ils s'assemblent sur les haies, ce n'est que dans un désir de pillage : aussi font-ils dans les champs d'effrayants ravages ; mais cette réunion d'un grand nombre de ces voleurs est justement ce qui rend leur destruction plus facile. Plusieurs moyens se présentent pour y parvenir. La chasse au fusil se fait avec un fusil de gros calibre que l'on charge de cendrée de plomb ; on fait une traînée de graine, de foin de six ou sept mètres de longueur environ et d'une largeur inégale. Cette chasse se pratique ordinairement vers le mois de juin, époque où les jeunes moineaux sont plus avides et moins farouches. Quand on les a longtemps accoutumés à l'appât, et qu'on les y voit rassemblés en grand nombre, on fait feu tous les deux ou trois jours : plus souvent, les oiseaux ne reviendraient plus. A l'aide de ces précautions, on tue jusqu'à soixante moineaux d'un coup. Cette chasse est sans contredit la plus agréable et la plus facile : elle donne de très-bons résultats.

Nous ne dirons que quelques mots des autres moyens, parce qu'ils sont rarement employés et qu'ils exigent des chasseurs nombreux : l'un d'eux est la *pinsonnée*, qui consiste à frapper pendant la nuit sur les buissons où on a vu se poser des troupes de moineaux au coucher du soleil. Chaque chasseur doit être muni d'une chandelle et d'une palette en bois ; mais on conçoit combien cette chasse doit produire peu de résultats. Celle que l'on appelle la *rafle* est aussi une chasse de nuit, dans laquelle, on prend beaucoup de moineaux : elle consiste dans un filet contre-maillé de dix à douze pieds de longueur sur six à sept de large ; il est bordé, suivant sa longueur, d'une corde au moyen de laquelle on le fixe à une perche de douze ou quatorze pieds de haut. Deux personnes portent la rafle dépliée et tendue suivant la direction de la haie, à cinq ou six pieds de distance ; une troisième, placée en dehors de la rafle, vers son milieu, et à une distance convenable, élève une torche de paille allumée ; une quatrième, armée d'une perche, frappe alors sur le côté de la haie opposé à celui qui est du côté de la rafle ; les oiseaux, effrayés du bruit, s'envolent du côté où ils aperçoivent de la lumière, se jettent dans la rafle et s'embarrassent dans les mailles. On peut à l'aide de ce moyen prendre une quantité considérable de moineaux. Nous ne dirons rien de la *fossette* ni de *l'abret*, dont on ne se servent que les enfants et les jeunes bergers.

C. FAVROT.

MOINEAU FRIQUET, MOINEAU DE CAYENNE. *Voyez* FRIQUET.

MOIRE, MOIRAGE. La moire est une étoffe de soie précieuse par les reflets qu'offre son tissu. *Moirer* une étoffe, c'est lui donner les reflets de la moire. L'opération du moirage se fait, comme celle de la calandre, au moyen de cylindres ou rouleaux métalliques portant sur d'autres cylindres recouverts de carton ou, comme en Angleterre, de planures de sapin. Les cylindres employés pour le moirage sont gravés ; on donne le moirage à l'étoffe en l'aspergeant d'eau, au moment de la passer entre les cylindres ; on augmente la beauté du moirage en imprimant à l'étoffe un mouvement de va-et-vient dans le sens de sa largeur.

MOIRÉ MÉTALLIQUE, aspect que prend l'étain, et même d'autres métaux, par l'effet d'une cristallisation.

L'étain en fusion dans lequel on plonge une feuille de tôle bien décapée s'y attache en une couche fort mince, qui, dans son refroidissement sur cette surface, affecte des formes cristallines. C'est en effet une véritable cristallisation du métal, qui se manifeste sous des aspects variés très-singuliers, et d'où résultent des reflets extrêmement agréables. On aperçoit d'abord difficilement cette cristallisation, parce qu'elle est recouverte d'une lame mince d'étain non cristallisé, et qui reste par conséquent plus attaquable par les acides ; mais lorsque cette lame superficielle a été dissoute, la partie cristallisée, moins soluble qu'elle dans les acides, reste à découvert, et les cristaux se manifestent à la vue : c'est là ce que l'inventeur du procédé, M. Allard, ferblantier à Paris, a appelé *moiré métallique*. Les lampes et autres petits meubles plus ou moins élégants faits avec du fer-blanc ainsi préparé, ont été, il y a une quarantaine d'années, fort à la mode : le goût en semble passé.

PELOUZE père.

MOIS (du latin *mensis*). On nomme ainsi le temps que met le soleil à parcourir un des douze signes du zodiaque, ou que la lune emploie à faire l'une de ses révolutions. Il y a par conséquent deux sortes de mois : le *mois solaire* et le *mois lunaire* (*voyez* ANNÉE, CALENDRIER et les noms des mois).

MOISANT ou MOSANS DE BRIEUX. *Voyez* BRIEUX.

MOÏSE, législateur des Hébreux, guerrier, homme d'État, historien, poëte, moraliste.

Depuis la mort de Joseph, la race d'Israel avait continué d'habiter en Égypte ; mais son prodigieux accroissement excita la jalousie des Égyptiens. Les successeurs du pharaon qui avait si bien accueilli Joseph et sa famille suivirent envers ses descendants une conduite bien différente. Les Hébreux furent continuellement employés à creuser des canaux, à construire des digues, à élever des pyramides. Un roi, que l'on croit être Aménophis, père de Sésostris, ordonna même de faire mourir tous les mâles qui naîtraient des Hébreux. Tu sein même de cette persécution surgit un libérateur : ce fut Moïse, qui naquit alors à Tanis, l'an 1671 avant J.-C. Son père, Amram, de la tribu de Lévi, était âgé de soixante-dix-neuf ans. Jochabed, sa mère, le cacha durant trois mois ; mais, ne pouvant le soustraire plus longtemps aux recherches, elle fit un panier de jonc qu'elle enduisit de bitume, et y ayant mis l'enfant, elle l'exposa sur le bord du Nil. La fille du pharaon, à laquelle la tradition donne le nom de Thermutis, vint dans ce lieu pour se baigner ; elle fut touchée des cris de l'enfant, et résolut de le sauver. Elle l'adopta, lui donna le nom de *Moïse* (en égyptien *Mo-oudjched*, d'où le nom hébreux *Moscheh*), parce qu'elle l'avait *sauvé des eaux*, puis le fit instruire dans la science des Égyptiens. Josèphe raconte que durant son enfance le pharaon, le tenant dans ses bras, lui posa son diadème sur la tête. Moïse le jeta, et le foula à ses pieds. Longtemps après, les Éthiopiens battirent les troupes égyptiennes et menacèrent Memphis. Dans l'effroi général, Thermutis proposa de donner le commandement de l'armée à son fils adoptif. Il vainquit les Éthiopiens ; mais loin de lui valoir la reconnaissance de la cour, ses succès militaires accrurent la haine des prêtres égyptiens, qui firent entendre au roi que les talents et la popularité de cet Hébreu pouvaient devenir funestes à sa puissance.

A quarante ans, Moïse vivait dans tout l'éclat de la cour du pharaon ; mais cette prospérité ne l'éblouit point, et, touché de l'affliction de ses frères d'Israel, il aima mieux être affligé avec le peuple de Dieu que d'être heureux avec ceux qui s'en déclaraient les ennemis (saint Paul). Forcé de s'enfuir d'Égypte, par suite des dangers qu'il y courait, il se retira en Arabie, dans la terre de Madian, où il trouva une famille d'adoption. Jéthro, prêtre de Madian, lui donna en mariage Séphora, l'une de ses sept filles, dont Moïse eut deux fils, Gersam et Éliézer. Il se chargea de la garde des troupeaux de son beau-père, et pendant quarante ans remplit ces fonctions paisibles.

Cependant, les Israélites gémissaient toujours sous l'oppression la plus cruelle. Moïse ayant conduit ses troupeaux au fond du désert, vit le buisson ardent, sur la montagne d'Horeb, et entendit la voix du Seigneur qui le renvoyait en Égypte pour en faire sortir les enfants d'Israel, et pour les conduire dans la terre de Canaan. Moïse, plein de défiance de lui-même, objecta son insuffisance, l'incrédulité des Hébreux et les difficultés de l'entreprise. Dieu ne dédaigna pas de combattre ces objections; et c'est dans ce merveilleux débat élevé entre le Très-Haut et l'homme de son choix que Dieu peignit ainsi son essence : *Je suis celui qui est*. Il fallut deux miracles pour décider Moïse : d'abord, la métamorphose de la verge qu'il tenait à la main, et qui à la voix de Dieu fut changée en serpent, puis reprit sa forme primitive; puis la lèpre blanche dont Dieu couvrit la main de Moïse, et dont il guérit à l'instant. Moïse persistait à supplier Dieu d'envoyer quelque autre plus digne que lui ; Dieu s'offensa d'une humilité qui allait jusqu'à la désobéissance. Toutefois, il lui adjoignit son frère Aaron, qui avait le talent de la parole. « Prenez aussi cette verge en votre main, ajouta le Seigneur, car c'est avec elle que vous ferez des miracles. » Moïse prit congé de Jéthro, son beau-père, et partit pour l'Égypte. Près du mont Horeb, il vit venir à sa rencontre Aaron.

Arrivés en Égypte, tous deux annoncèrent aux anciens d'Israel les volontés de Dieu. Ils se présentèrent ensuite devant le roi d'Égypte, et lui demandèrent au nom du Seigneur, du Dieu d'Israel, l'autorisation d'emmener son peuple sacrifier dans le désert. Le pharaon s'y refusa ; et pour l'y déterminer, il ne fallut pas moins que les dix plaies dont le Seigneur, à la demande de Moïse, frappa l'Égypte. La terre de Gessen, qu'habitaient les enfants d'Israel, fut exempte de tous ces fléaux. La mort de son fils, qui fut la dernière plaie, toucha enfin le cœur du pharaon, et le força d'accorder aux Hébreux la permission de sortir d'Égypte avec tous leurs troupeaux.

Les Israélites, prêts à partir, debout, le bâton à la main, et en habit de voyage, mangèrent l'agneau pascal avec du pain sans levain, après avoir, suivant l'ordre de Dieu transmis par Moïse, emprunté des Égyptiens leurs vases d'or et d'argent. Ils partirent de Ramessès au nombre de 600,000 hommes, sans compter les femmes et les enfants, quatre cent trente ans après l'arrivée de Jacob (an 1491 avant J.-C.). Une colonne de feu les guidait pendant la nuit. Le troisième jour ils se campèrent sur les bords de la mer Rouge, en un lieu nommé *Phihahiroth*. C'est dans cette station qu'ils aperçurent le pharaon qui les poursuivait avec son armée. Les Israélites de demander à Moïse, comme en l'insultant, s'il eussent manqué de sépulcres dans l'Égypte et s'ils avaient besoin de venir chercher la mort dans ce désert ; Moïse les consola en leur promettant le secours de Dieu. En effet, le pharaon approchait, l'homme du Très-Haut étend sur la mer sa verge miraculeuse : aussitôt les eaux se divisent, et livrent passage aux Israélites. Le pharaon suit de près les Hébreux avec son armée. Moïse étend une seconde fois sa verge : les eaux se retirent pour engloutir le monarque et les Égyptiens. Ce prodige remplit tout Israel de confiance et de gratitude.

Tout est miraculeux dans la manière dont Moïse poursuit pendant quarante ans sa mission. Après trois jours de marche dans le désert de Sur, sans trouver d'eau, les Israélites ne purent boire à la source de Mara, à cause de son amertume. Alors le peuple murmura. Moïse cria au Seigneur; Dieu lui indiqua un morceau de bois qu'il jeta dans les eaux, et elles devinrent douces. Bientôt les plaintes recommencèrent. Dieu fit tomber sur le camp des cailles et cette rosée bienfaisante appelée *manne*. Ce prodige dura quarante ans. A Raphidim, les Israélites, pressés par la soif, allèrent trouver Moïse avec un esprit séditieux, et lui demandèrent pourquoi il les avait tirés d'Égypte. Ce chef si doux et si tranquille d'un peuple si mutin et si rebelle n'eut point d'autre refuge que celui même qui lui avait confié cette pénible mission. Dieu lui dit qu'il menât les anciens d'Israel, qu'il prît la verge dont il avait frappé le Nil lorsqu'il changea les eaux en sang, et qu'il allât jusqu'au rocher d'Horeb. Moïse frappa le rocher, et il en sortit de l'eau avec abondance. Vers le même lieu, les Amalécites vinrent attaquer les Israélites. Moïse triompha de ces ennemis par la valeur de Josué, fils de Nun, qu'il mit à la tête des plus vaillants fils d'Israel ; mais ce qui contribua le plus à cette victoire, ce fut la ferveur des prières que, placé sur le sommet d'une colline, il adressait au Seigneur, les bras tendus vers le ciel, pendant que l'on combattait dans la plaine. Elle fut complète, et Moïse fit jurer au peuple qu'à l'avenir il exterminerait les Amalécites de dessus la terre, ce qui fut accompli sous le règne de Saül.

Le troisième jour du troisième mois après la sortie d'Égypte, les Israélites arrivèrent auprès de la montagne de Sinaï, où fut conclue l'alliance du peuple d'Israel avec le Seigneur. Alors Dieu, se manifestant à tout Israel au milieu des éclairs qui annonçaient sa majesté redoutable, prononça lui-même les dix commandements qui contiennent les principes fondamentaux du culte de Dieu et de la société humaine. Lorsque Dieu leur eut parlé du haut du mont Sinaï, les Israélites, accablés de la majesté du Très-Haut, prièrent Moïse de servir désormais d'interprète à leurs volontés suprêmes. Le Seigneur l'appela donc seul sur la montagne, et lui communiqua une partie des règlements qui devaient faire la base de la législation des Hébreux. Toute la nation jura d'y être fidèle; mais les Israélites ne tardèrent pas à enfreindre son serment. Moïse était retourné sur la montagne; il y demeura quarante jours, pendant lesquels le Seigneur lui donna les instructions les plus détaillées sur les formes et les cérémonies du culte qu'il imposait à Israel.

Les Hébreux, ne voyant point revenir leur prophète, crurent qu'ils n'avaient plus de secours à attendre du Très-Haut ; ils forcèrent Aaron à exposer à leur adoration le veau d'or. Moïse descend de la montagne, tenant dans ses mains les deux tables de la loi : dans son indignation, il les brise, puis, prenant le veau d'or, il le brûle, et force le peuple à en jeter les cendres dans l'eau dont il s'abreuve. Ensuite, se plaçant à la porte du camp, il adressa à son frère Aaron les plus sanglants reproches; et, appelant à lui les Israélites restés fidèles, mais surtout la tribu de Lévi, il les excite à punir l'injure faite au vrai Dieu. A cet ordre, le glaive des lévites se promène sur tout le camp, et frappe indistinctement les coupables, qui périssent au nombre de 23,000.

Après cette exécution, bien faite pour refréner le penchant d'Israel à l'idolâtrie, Moïse demeura encore quarante jours sur la montagne, s'entretenant « face à face avec le Seigneur, comme on parle avec un ami ». A son retour, il rapporta au peuple deux nouvelles tables, sur lesquelles Dieu lui-même avait une seconde fois écrit ses dix commandements. Il fit achever, par des ouvriers que lui-même avait choisis, le tabernacle, l'arche d'alliance, où Dieu se montrait présent par les oracles ; les autels des holocaustes et des parfums; le chandelier d'or à sept branches; en un mot, tout ce qui devait servir au culte du Très-Haut, vases, ustensiles, ornements sacerdotaux, etc. Pour fournir à tous ces ouvrages, les Israélites, hommes et femmes, s'empressèrent d'offrir à Moïse leurs joyaux et les objets précieux qui provenaient de la dépouille des Égyptiens et des Amalécites.

Le cinquième jour du premier mois (*nisan*) de la seconde année qui s'était écoulée depuis la sortie d'Égypte, tout fut prêt pour célébrer avec solennité le culte du Très-Haut. Le tabernacle fut consacré. La nuée qui dans alors s'était arrêtée sur la tente que Moïse avait dressée hors du camp se transporta sur ce mystérieux monument, le couvrit et le remplit de la gloire du Seigneur. Moïse assembla le peuple devant le tabernacle, et consacra Aaron, ses enfants et les prêtres à l'exercice des fonctions du sacerdoce. Cette consécration dura sept jours. Un mois après eut lieu la consécration des lévites. Moïse promulgua, au nom du Seigneur, diverses lois, dont les plus remarquables concernent les premiers nés, les sacrifices, les mariages. Il fit aussi le dénombrement des tribus, assignant à chacune le rang qu'elle devait occuper un jour dans la Palestine.

Après une station d'environ un an au pied du mont Sinaï, Moïse leva le camp, et conduisit les Israélites dans le désert de Pharan. Pendant les trente-huit ans qu'il eut encore à le parcourir à la tête de son peuple, il eut bien souvent à déplorer les fautes et les révoltes d'Israël. A sa voix les Israélites y changèrent aussi plusieurs fois de station en s'approchant toujours de la terre promise.

Au premier mois de la quarantième année, les Israélites arrivèrent dans le désert de Sin près de Cadès. Le mois suivant, ayant épuisé l'eau de cette station, ils murmurèrent. Moïse et Aaron, affligés, se retirèrent dans le tabernacle, et s'adressèrent au Seigneur, qui ordonna à Moïse de prendre la baguette (déposée dans le tabernacle), de mener le peuple au rocher d'Horeb, et de parler à la pierre, qui lui donnerait des eaux. Moïse prit donc la baguette devant le Seigneur, et assembla le peuple devant le rocher; puis, au lieu de se borner à des paroles, il frappa deux fois comme par un sentiment de défiance. Aussitôt sort du rocher une eau abondante, qui fut appelée l'eau de contradiction. Dieu punit Moïse ainsi qu'Aaron de cette sorte d'hésitation : « Parce que vous ne m'avez pas cru, dit le Seigneur, et que vous ne m'avez pas sanctifié devant le peuple d'Israël, vous ne ferez point entrer ce peuple dans la terre que je lui donnerai. »

Le troisième mois, Moïse envoya des députés au roi d'Idumée pour lui demander passage sur son territoire. Le roi refusa, bien que selon le Deutéronome (ch. II, v. 29) il eût auparavant permis aux Israélites d'acheter des vivres chez lui. Il vint au-devant d'Israël à la tête d'une armée pour s'opposer au passage. Moïse fait prendre une autre route aux Israélites, et les mène au pied de la montagne de Hor, auprès de l'Idumée : ce fut là qu'Aaron termina ses jours. Moïse, par l'ordre du Seigneur, l'ayant conduit sur la montagne de Hor, le dépouilla de ses ornements sacrés, et en revêtit Éléazar, fils aîné du défunt.

Après avoir vaincu le roi d'Arad, et détruit toutes les villes soumises à ce prince, les Israélites dirigent leur marche vers Salmona : c'était s'éloigner de la terre promise. Le peuple perdit courage, et murmura. Dieu envoya contre les séditieux des serpents dont la morsure causait des douleurs semblables à celles que produit le feu : plusieurs en moururent. Le peuple vint trouver Moïse pour le prier de faire cesser ce fléau. Moïse pria pour le peuple, et le Seigneur lui ordonna de fabriquer un serpent d'airain, et de l'exposer au haut d'une perche, à la vue du peuple, pour servir de signe. Tous ceux qui regardaient ce simulacre étaient guéris. Arrivé à Pharga, Moïse fit demander à Séhon, roi des Amorrhéens, un passage par son pays. Séhon ne l'accorda point. On entra de vive force, et son pays fut livré au pillage. Moïse se rendit maître de toutes ses villes et de tout son territoire, qui s'étendait depuis Arnon jusqu'au pays des Ammonites. Og, roi de Basan, ayant levé une armée contre Israel, le Seigneur le livra à Moïse, et il fut taillé en pièces avec tout son peuple. Basan, les Israélites s'avancèrent jusqu'aux plaines de Moab, où ils firent leur 42° station. Balac, roi de Moab, ligué avec les Madianites voulut repousser les Hébreux, voulut intéresser le ciel en sa faveur, en se servant du ministère de Balaam. Ici se placent et le miracle de l'ânesse et la fameuse prédiction de ce prophète vénal, la fornication et l'infidélité des Juifs, qui habitèrent pour un temps de Madian, leurs sacrifices à Belphégor, puis la punition de 24,000 coupables, qui périrent frappés d'une plaie que leur envoya le Seigneur. Dieu commanda alors à Moïse de monter sur le mont Abarim pour voir de là la terre de Canaan, et lui annonça qu'après cela il mourrait, comme Aaron, sans y entrer.

« Ce grand homme, dit Bossuet, n'eut pas même la consolation d'entrer dans la terre promise : il la vit seulement du haut d'une montagne, et n'eut point de honte d'écrire qu'il en était exclu pour une infidélité qui, toute légère qu'elle paraissait, méritait d'être châtiée si sévèrement dans un homme dont la grâce était si éminente. »

Moïse pria le Seigneur de donner à son peuple un chef pour veiller sur lui. Dieu lui répondit qu'il avait fait choix de Josué pour le remplacer. Moïse le présenta au grand-prêtre Éléazar, devant le peuple, et lui imposa les mains. Ce fut en cette station que, d'après l'ordre du Seigneur, il ajouta quelques dispositions nouvelles à sa législation : il régla la manière dont se ferait le partage des terres; admit les filles à la succession de leur père mort sans héritiers mâles; statua dans le plus grand détail sur les sacrifices à offrir au vrai Dieu, sur certains jours de repos, sur le bouc émissaire, sur les engagements matrimoniaux, etc. Le Seigneur parla encore à Moïse, et lui ordonna de tirer vengeance des Madianites avant de mourir. Aussitôt, à la voix du prophète, 12,000 Israélites (mille hommes de chaque tribu) vont, sous la conduite de Phinées, attaquer les Madianites; ils tuèrent cinq de leurs princes et le prophète Balaam, brûlèrent toutes leurs villes, et, après avoir passé au fil de l'épée tous les hommes, emmenèrent captives les femmes. Moïse s'indigna contre les officiers, qui avaient épargné les femmes dont Balaam s'était servi pour porter Israël à l'idolâtrie. Il fallut les immoler toutes : on ne réserva que les vierges, au nombre de 32,000. Moïse ensuite donna à la tribu de Ruben, à celle de Gad et à la demi-tribu de Manassé, les terres au delà du Jourdain. Ce fut le dernier de ses travaux. Après avoir remis la conduite du peuple à Josué, promulgué une seconde fois la loi, et lui fit écrire dans un livre; composé le fameux cantique Cieux, prêtez l'oreille, etc., et donné ses dernières instructions à chacune des tribus, il monta sur la montagne de Nébo, d'où il ne pouvait distinguer tout le pays depuis Galaad jusqu'à Dan ; puis il s'endormit dans le Seigneur, à l'âge de cent vingt ans (1451 avant J.-C.), sans qu'on pût savoir depuis où était son corps ni découvrir son sépulcre. Moïse n'avait éprouvé aucune des infirmités de la vieillesse. « Sa vue ne baissa point et ses dents ne furent point ébranlées, dit l'Écriture. Tout le peuple le pleura pendant trente jours, et obéit à Josué, sous l'inspiration de son esprit et de sa sagesse; mais « il ne s'éleva plus dans Israël de prophète semblable à Moïse, à qui le Seigneur parlât comme à lui face à face, ni qui ait agi avec un bras si puissant et qui ait fait des choses aussi grandes et aussi merveilleuses » (Deutér., chap. xxxiv).

S'il était permis de ne le considérer que sous les rapports humains, Moïse paraîtrait encore entouré de la triple gloire de législateur, d'historien et de poète. L'école que Voltaire avait formée contre Moïse, déjà foudroyée par l'auteur des Lettres de quelques Juifs et par la haute philosophie de J.-J. Rousseau, ne compte plus aujourd'hui pour disciples que quelques hommes superficiels et dont l'opinion ne peut compter. « La loi judaïque, dit l'auteur du Contrat social, toujours subsistante, annonce aujourd'hui le grand homme qui l'a dictée, et tandis que l'orgueilleuse philosophie ou l'aveugle esprit de parti ne voit en lui qu'un heureux imposteur, le vrai politique admire dans ses institutions ce grand et puissant génie qui préside aux établissements durables » (liv. II, chap. 7). Quant aux erreurs personnelles de Voltaire sur Moïse, elles sont si graves qu'elles ne comportent pas de réfutation sérieuse. Un publiciste qu'on ne taxera pas de fanatisme, Benjamin Constant, s'est vu forcé de déclarer de nos jours « que pour s'égayer avec Voltaire aux dépens d'Ézéchiel ou de Moïse, il faut réunir deux choses qui rendent cette gaieté assez triste : la plus profonde ignorance et la frivolité la plus déplorable ». L'antiquité païenne, en méconnaissant la mission divine de Moïse, n'a pas laissé de lui rendre plus d'un témoignage. Sans parler de Pline le Naturaliste et d'Apulée, qui font de lui un grand magicien, Strabon, Tacite, Justin, Diodore de Sicile, le représentent comme un homme de science profonde, qui tira les Juifs de l'abaissement et de l'esclavage, et qui leur enseigna la connaissance d'un Dieu unique, dont il se disait l'envoyé, et avec lequel il prétendait avoir des communications fréquentes.

Les livres ou plutôt le livre de Moïse a cinq parties, qui lui ont valu chez les modernes le nom de *Pentateuque* ; 1° la *Genèse*, ou la création ; 2° l'*Exode*, ou la sortie d'Égypte; 3° le *Lévitique*, qui contient ce qui regarde le culte des Juifs et particulièrement la tribu de Lévi, à qui Dieu avait confié le soin des choses sacrées ; 4° les *Nombres*, ou dénombrement du peuple ; 5° le *Deutéronome*, ou répétition de la loi. Comme ces divisions sont arbitraires et ne reposent pas sur des caractères tranchés, les Hébreux se contentent de les désigner par les premiers mots de chacune : *Béréchite*, qui veut dire : Au commencement; *Elle Chemot* : Voici les noms ; *Vaicra* : Il appela ; *Bamidbar*, Dans le désert; *Elle hadebarim* : Voici les paroles.

Moïse a-t-il écrit le *Pentateuque* tel qu'il est aujourd'hui, ou bien des écrivains postérieurs l'ont-ils composé d'après ses mémoires ? Aben-Ezra, Maimonides, Spinosa, Hobbes, Richard Simon, Jean Leclerc, Newton, Middleton, Voltaire, etc., ont cru que Moïse n'était pas l'auteur du Pentateuque ; mais ils ne se sont pas accordés sur l'écrivain auquel il fallait l'attribuer. Il était plus facile de prouver que le Pentateuque est l'ouvrage de celui dont il porte le nom; et c'est ce qu'ont fait avec avantage les Bossuet, les Dupin, les Jahn, les Michaëlis, les Rosenmüller, les Duvoisins, etc.

La législation de Moïse, promulguée dans un temps où, selon l'expression de l'historien Josèphe, le mot *loi* était inconnu aux autres nations, a pour base l'unité de Dieu, la liberté politique : voilà ce qui en fait une législation vraiment divine ; voilà ce qui en a assuré l'impérissable durée. Le petit nombre de vérités métaphysiques qu'il est donné à l'homme de connaître s'y trouvent contenues ; aucune des vérités morales qui peuvent faire le bonheur de l'humanité n'y est omise, car si dans ses récits historiques ou dans ses lois Moïse n'a pas eu occasion de parler de l'immortalité de l'âme, il semble la supposer. Aussi, après quarante siècles sa législation est-elle encore celle d'Israël ; elle est le fondement de la loi chrétienne, et l'on peut dire que la même main qui a posé pour toujours les lois de la nature n'a pas dédaigné d'écrire elle-même ce code immortel. Consultez Guenée, *Lettres de quelques Juifs*, etc. (Paris, 1770); Pastoret, *Moïse considéré comme législateur* (Paris, 1788); Arthur Beugnot, *Moïse* (1834); Salvador, *Moïse, sa vie et ses institutions* (Paris 1836).

Charles Du Rozoir.

MOISI, **MOISISSURE**. On donne ces noms à des végétations qui se développent sur un grand nombre de matières, quand elles restent pendant un certain temps soumises à l'action de l'air et de l'humidité. La moisissure se développe surtout quand les matières commencent à entrer en putréfaction (*voyez* MUCÉDINÉES).

MOISSON, récolte du blé et des autres grains. On appelle *moissonneurs* et *moissonneuses* les hommes et les femmes employés à cette récolte. Le mot *moisson* s'applique aux grains eux-mêmes. Il se dit par extension de toutes les productions de la terre. Il se prend aussi pour le temps de la moisson. Dans le langage figuré, on dit : Une *moisson* de lauriers; une *moisson* de plaisirs. *Moisson* se trouve souvent dans l'Écriture Sainte appliqué à la conversion des âmes.

L'époque de la moisson, variable selon les années, la nature des terrains, leur exposition, l'espèce ou les variétés de semences, selon mille autres circonstances, ne peut être fixée d'une manière précise. L'expérience seule fait apprécier l'instant favorable. Coupés trop tôt, les grains ne sont, ni beaux, ni pesants, ni nourrissants ; coupés trop tard, ils s'égrènent par le fait même de l'opération, par les vents, par les pluies ; ils sont ravagés par les oiseaux. Dans la plus grande partie de la France, ordinairement la moisson se fait au mois d'août; aussi dans quelques départements, elle a pris le nom de ce mois. La moisson exige beaucoup d'activité, de soins, de vigilance et de présence d'esprit. « Les principales conditions d'une moisson prospère, dit M. Thaër, dans son *Traité d'Agriculture pratique*, sont qu'elle se fasse promptement, qu'on empêche que les céréales ne s'y égrènent, et que les grains soient serrés secs et à leur point de maturité. »

Mais pour remplir ces principales conditions, il faut dans le maître des qualités spéciales ; car sans elles il n'aura pas pourvu d'avance aux réparations et à l'aération de la grange; il n'aura pas tenu en état les outils, les attelages et les chemins d'exploitation; il aura oublié l'approvisionnement du ménage, la préparation des liens, etc., et ainsi, manquant à la première condition, il s'exposera à de grandes pertes. Le travail languira, et, dépourvu de cette vie, de cet ensemble qui centuplent les forces, il n'atteindra pas le but. Sciés (avec la faucille) ou fauchés (avec la faux), selon les habitudes locales, selon l'état des récoltes, les grains seront rentrés immédiatement ou laissés sur le sol en *andains*, en *javelles*, s'ils ont besoin de sécher. La faucille, préférable pour les grains versés, exige un plus grand nombre d'ouvriers ; leur disposition, dans ce cas, n'est pas indifférente : chacun prenant un sillon ou une partie de planche, celui qui mène la tête doit être un ouvrier à l'épreuve ; actif, il entraîne la troupe qui le suit, tandis que celui qui ferme la marche presse les paresseux et surveille l'ouvrage ; ainsi disposées, les choses vont vite et bien, sous l'œil d'un maître intelligent.

La température humide et chaude en même temps, pendant la moisson, menace-t-elle de faire germer ou pourrir les grains, le cultivateur vigilant voit le danger ; mais au lieu de se laisser abattre, il tient ses forces prêtes pour lui faire face : il redouble de soins et d'activité ; il fait retourner les andains, éloigne les épis de la terre, dispose les tiges de manière à ce qu'ils profitent du moindre courant d'air ; il se pénètre de l'importance d'avoir ces deux de soleil, il en tire parti pour mettre en sûreté tout ce qui peut se conserver en *grange* ou en *meule*. Il est bon que les gerbes soient autant que possible de même grosseur, et que le cultivateur en connaisse le nombre ; car avec cette double précaution il verra dès les premiers jours du battage l'étendue de ses ressources et la valeur approximative de son revenu. P. GAUDERT.

L'exposition de 1855 a fait connaître à la France des machines étrangères qui font le travail des moissonneurs avec une activité surprenante. Ces moissonneurs sont mues par la vapeur (*voyez* LOCOMOBILE).

MOITIÉ. L'une des deux parties d'un tout partagé en deux portions égales. Il se dit aussi par abus d'une portion inégale, mais approchant de la moitié. Ce mot appliqué à la femme exprime aussi une tendresse maritale, parfois comique par sa familiarité. Mais il n'y a pas que le bourgeois du Marais ou de la province qui s'en serve. Racine a dit :

Laissez à Ménélas racheter à ce prix ;
Sa coupable *moitié*, dont il est trop épris.

Et Voltaire :

De l'Eure et de l'Yton les ondes s'alarmèrent ;
Les bergers, pleins d'effroi, dans les bois se cachèrent,
Et leurs tristes *moitiés*, compagnes de leurs pas,
Emportent leurs enfants chèrement dans leurs bras.

Benserade a dit aussi : « Une *moitié* chaste et pleine d'appas est un trésor. »

MOIVRE (ABRAHAM), géomètre distingué, naquit en 1667, à Vitry en Champagne. Il montra de bonne heure une telle aptitude pour les sciences mathématiques, que son père ne put lui refuser de lui donner Ozanam pour professeur. Mais Moivre était protestant ; et il n'avait pas atteint vingt ans qu'il était forcé de s'expatrier par la révocation de l'édit de Nantes. Réfugié en Angleterre, Moivre y vécut en enseignant les mathématiques. Bientôt il publia de savants mémoires, qui, communiqués à la Société Royale de Londres, le firent admettre dans son sein, en 1697. Devenu l'ami de Newton, il fit quelques années après partie des commissions nommées pour prononcer sur la contestation qui s'était élevée entre celui-ci et Leibnitz au sujet de la découverte du calcul intégral. Vers la même époque il publia *The Doctrine of Chances* (Londres, 1716). On doit à Moivre d'autres ouvrages et de nombreux mémoires insérés dans les *Transactions philosophiques*. Mais ses plus belles découvertes sont consignées dans ses *Miscellanea analytica de seriebus et quadraturis* (Londres, 1730, in-4°). Il mourut le 29 novembre 1754.

Les géomètres donnent le nom de *formule de Moivre* à l'égalité

$$(\cos a + \sqrt{-1}.\sin a)^n = \cos na + \sqrt{-1}.\sin na,$$

où n représente un exposant quelconque. Cette formule, donnée par Moivre dans ses *Miscellanea*, est l'une des plus fécondes en applications : on peut en déduire la loi du développement de sin na, cos na, tg na, en fonction de sin a cos a, tg a; elle donne une méthode élégante pour la résolution des équations binomes et trinomes, etc.

Le nom de Moivre est également resté attaché à un théorème dont le *théorème de Cotes* n'est qu'un cas particulier. E. MERLIEUX.

MOJAÏSK. *Voyez* MOSHAISK.

MOKA ou MOKHA, ville située sur les bords du golfe d'Arabie, dans la province d'Arabie qu'on appelle l'Yémen, avec un vaste port, défendu par deux châteaux forts, et 5,000 habitants, dont 1,500 juifs, n'était encore au seizième siècle qu'un bourg insignifiant, lorsque le souverain de l'Yémen y transféra le commerce d'Aden, auquel les Portugais mettaient obstacle. A cause de sa proximité des contrées où l'on cultive le caféyer, sa prospérité s'accrut si rapidement, qu'on y compta, dit-on, jusqu'à 18 ou 20,000 habitants; mais, comme il est arrivé à la plupart des villes de cette partie de l'Asie, par suite de la ruine de tous les États mahométans, elle est singulièrement déchue aujourd'hui. La domination de Méhémet-Ali, vice-roi d'Égypte, sur l'Arabie lui avait rendu un peu de vie et d'activité; mais une fois que cette domination eut cessé, elle retomba dans le même état de marasme qu'auparavant. Le principal article du commerce de Moka est toujours le café, qu'on tire des contrées voisines, et que les amateurs s'accordent à proclamer être la meilleure espèce connue. Le cheïkh Schadeli, patron protecteur de la ville, en fut aussi le fondateur, à ce que rapporte la tradition arabe; et c'est lui qui enseigna à faire usage du café. Son tombeau, situé hors de la ville, est l'objet de nombreux pèlerinages.

MOLA (PIETRO-FRANCESCO), ordinairement appelé *Mola di Roma*, peintre italien de l'école de Bologne, né à Coldre, dans le canton du Tessin, en 1621, reçut les leçons de Giuseppe Cesari, à Rome, et d'Albani, à Bologne, d'où il se rendit à Venise. La jalousie qu'il inspira au Guerchin le força de retourner à Rome, où Alexandre VII lui fit exécuter l'histoire de Joseph dans la galerie de Monte-Cavallo. Il était au moment d'accepter l'invitation que lui avait fait adresser Louis XIV de venir à sa cour, quand il mourut à Rome, en 1665. Il existe encore aujourd'hui à Rome un grand nombre de fresques de lui. Il exécuta aussi plusieurs excellents tableaux qui ornent la collection du Louvre, entre autres, un *Saint Jean prêchant dans le désert*, *Agar et Ismael*, *Vision de saint Bruno dans le désert*, *Le Repos dans la fuite en Egypte*; *Herminie et Tancrède*. Il travaillait beaucoup, dessinait bien; et dans l'emploi des couleurs ainsi que pour la richesse de l'invention, il l'emporte sur son maître l'Albane, bien que ses ombres soient un peu noires. C'est seulement sous le rapport de la grâce qu'il lui est inférieur.

Un peintre du même nom, son contemporain et peut-être son parent, *Giovani Battista* MOLA, né en 1620 ou 1622, vraisemblablement en France, élève de l'Albane, s'adonna surtout à la peinture de paysage, et seconda son maître dans l'exécution de bon nombre de tableaux. Sa composition est grandiose et vigoureuse, mais à l'égard de la couleur il est resté bien loin en arrière de ses deux contemporains Claude Lorrain et Ruysdael.

Gasparo MOLA, de Lugano, né vers la fin du seizième siècle, fut un des meilleurs médailleurs qu'aient employés les papes. Ses têtes sont médiocres, et cependant vigoureusement traitées; ses revers, où l'on retrouve quelquefois la simplicité de l'antique, sont remarquablement exécutés.

MOLAIRES (du latin *molaris*, qui broye, fait de *mola*, meule). *Voyez* DENT.

MOLAY (JACQUES-BERNARD DE), dernier grand-maître des Templiers, descendait de la famille de Longwy et Raon, en Bourgogne. Il entra très-jeune encore, vers l'an 1265, dans l'ordre du Temple, et fut élu, à l'unanimité, chef de l'ordre en 1298, à cause de la bravoure dont il avait fait preuve dans la guerre contre les infidèles, de sa droiture et de sa prudence. En 1306 il était à Chypre, occupé d'une nouvelle expédition contre les Sarrasins, lorsqu'il reçut du pape Clément V et de Philippe le Bel l'invitation de se rendre en France. Il obéit, et fut ainsi enveloppé dans la tragique catastrophe de son ordre. Accueilli d'abord par Philippe le Bel avec la plus grande cordialité et invité même à tenir sur les fonts de baptême un prince de la maison royale, il fut soudainement arrêté, le 13 octobre 1307, avec tous les chevaliers résidant en France, et, après avoir souffert dans le cours de plusieurs années les plus cruelles tortures dans un cachot, il fut brûlé vif à Paris, le 18 mars 1314, en même temps que le grand-prieur Gui de Normandie, vieillard de quatre-vingts ans.

MOLDAU (La), principal cours d'eau de la Bohême, prend sa source dans les montagnes du Bœhmerwald, près des frontières de la Bavière, et, après avoir coulé d'abord le long de ces frontières dans la direction du nord-ouest au sud-est, se détourne brusquement à Hohenfürth, pour dès lors ne plus couler que vers le nord. Elle reçoit les eaux de la Malsch, de la Luschnitz, de la Wottawa, de la Sazawa, du Beraun et autres petites rivières, devient flottable à Hohenfürth, et navigable pour des barques de 200 à 300 quintaux de lest à partir de Budweiss, où un chemin de fer la met en communication avec Linz, sur le Danube, et la direction des salines de la haute Autriche; puis, après avoir baigné les murs de Rosenberg, Krumau, Budweiss, Moldauthein, Prague et Weidrus, elle va se jeter en face de Melnik dans l'Elbe, que ce surcroît d'eau rend dès lors navigable.

MOLDAVIE. L'une des deux principautés danubiennes que le traité de Paris du 30 mars 1856 a soustraites à la *protection* de la Russie pour les replacer sous la suzeraineté de la Sublime Porte, est bornée au nord et à l'ouest par l'Autriche (Bukowine et Transylvanie), à l'est par la Russie (province de Bessarabie), dont la sépare le Pruth, et au sud par l'autre principauté du Danube, la Valachie, enfin, sur une faible étendue, où le Danube lui sert de limites, par la Dobrudscha turque.

Avec la Valachie actuelle, dont elle partagea presque constamment les destinées, la Moldavie formait une grande partie de l'ancienne Dacie. A l'époque de la grande migration des peuples et encore dans les siècles suivants cette contrée fut le champ de bataille des Goths, des Huns, des Bulgares, et des tribus Slaves, les Avares, les Chazares, les Petschenègues, les Ouzes et les Magyares, qui y dominèrent successivement et s'en chassèrent alternativement. Tous ces peuples laissèrent des traces de leur passage dans la population dace roumanisée, et contribuèrent à former la race actuelle des Valaques, qui constitue aussi la population de la Moldavie, et qui au onzième siècle embrassa le christianisme du rite grec.

A la suite de la grande migration des peuples, cette contrée subit des dévastations d'autant plus grandes qu'elles y durèrent beaucoup plus longtemps que l'ouest de l'Europe et qu'elles se prolongèrent presque jusqu'à l'invasion des Turcs. Ensuite, au onzième siècle, les Koumans y fondèrent un empire indépendant; puis, au treizième, le pays eut à subir l'invasion des Mongoles. Les Tatares-Nogaïs y dominèrent plus tard; et quand ils l'abandonnèrent, le pays se trouva tellement dévasté qu'on ne rencontrait plus de population valaque que dans les montagnes et les forêts. Au quatorzième siècle il fallut une nouvelle émigration valaque de la Marmarosch hongroise pour repeupler le pays plat. Le chef de ces émigrés, Bogdan 1er, s'empara de la souveraineté du pays, qui prit le nom de *Moldavie*, d'un fleuve appelé *Moldava*, et y fonda une dynastie particulière (celle des *Dragoschites*), qui dépendit d'abord des rois de Hongrie, mais qui parvint plus tard à l'indépendance. Continuellement en lutte avec les peuples et les États voisins et en proie à des divisions intestines, la Moldavie, sous la domination de ces princes, qui prenaient le titre de *woïwodes* , put d'autant moins parvenir à un état de prospérité que dès le commencement du quatorzième siècle elle fut exposée aux irruptions des Turcs. Ce nouvel ennemi devenant de plus en plus puissant et dangereux, il fallut au commencement du seizième siècle, que Bogdan III se reconnût vassal de la Porte; et sous le règne du woiwode Pierre IV, lors de l'expédition de Soliman contre Vienne, la Moldavie ne fut plus qu'une province tributaire de l'empire turc.

Lors de l'extinction de la dynastie des Dragoschites, la Porte commença à traiter de plus en plus arbitrairement les princes de Moldavie, les nommant et les déposant suivant son caprice, appelant parfois à remplir ces fonctions des Grecs du Fanar, auxquels elle donnait le titre de *hospodars*. L'histoire de la Moldavie sous la domination turque n'est qu'un tissu d'intrigues intérieures; et les perpétuels changements de souverain qui en furent la suite, joints à la barbarie orientale, y étouffèrent tout développement de la civilisation. Déjà une partie de la basse Moldavie ou de la Bessarabie avait été réunie à la Russie, quand, en 1777, la Porte céda également à l'Autriche une partie de la haute Moldavie, la Bukovine; la paix de Bukharest en 1812 fit passer sous les lois de la Russie tout le reste de la Bessarabie. L'insurrection grecque de 1821 fut pour la Moldavie la cause d'innombrables calamités; la soldatesque turque s'y livra alors impunément à tous les abus de la force, et le traité d'Akermann, conclu en 1826, put seul apporter quelque amélioration à la situation du pays. Quand la guerre éclata en 1828 entre la Russie et la Porte, les troupes russes occupèrent la Moldavie, qui jusqu'au 11 mai 1834 demeura placée sous le commandement du général Kisseleff. Aux termes de la paix conclue en 1829, à Andrinople, et qui porta les frontières de la Russie du Dniestr jusqu'au Pruth, en lui livrant l'embouchure du Danube, la Moldavie reçut ainsi que la Valachie, et à titre de *principauté de Moldavie*, la constitution et l'organisation politiques qui la régirent jusqu'au début de la guerre d'Orient, à laquelle a mis fin la paix de Paris (30 mars 1856). Placée sous la *protection* et la *garantie* de la Russie, la Moldavie forma alors une principauté élective, dépendant bien plus de la Russie que de la Turquie, et dont le séjour était interdit à tout sujet turc. Plus tard, en avril 1834, le boyard Michel Stourdza fut élu hospodar à vie. Promu à cette dignité par la prépondérante influence de la Russie, il sacrifia tout aux intérêts russes; odieux depuis longtemps déjà aux autres boyards, jaloux de son élévation, il s'attira aussi la haine du peuple par sa rapacité, et fermant les yeux sur la vénalité des fonctionnaires et en faisant tout pour corrompre la moralité publique, de telle sorte qu'une sourde fermentation ne tarda point à se manifester dans toutes les classes. En outre, il surgit alors parmi les boyards un parti national et patriote rêvant le rétablissement de l'antique nationalité dacce par la réunion de toutes les populations roumaines des contrées danubiennes en un État daco-roumain, et visant à opérer d'abord les réformes préalablement nécessaires pour relever moralement et matériellement la bourgeoisie et la population des campagnes.

Dans une telle situation il était difficile que les tempêtes politiques de 1848, et surtout les immenses chauvements opérés en Autriche, ne réagissent pas sur la Moldavie et n'y provoquassent pas l'espoir d'une complète modification de l'état de choses dans lequel se trouvait le pays. Dès le 8 avril, dans une assemblée tenue à Jassy, et à laquelle assistèrent des hommes de toutes les classes de la nation et venus de toutes les parties du pays, on nomma une commission chargée de rédiger une supplique à adresser à l'hospodar, et dans laquelle devaient être exprimés les vœux et les besoins des populations. Ce qu'on demandait, c'était le respect des lois existantes, incessamment violées par les autorités, l'abolition des corvées (*roboten*), la création de deux banques pour favoriser les développements du commerce, l'amélioration de l'instruction primaire, tombée dans le plus déplorable état, la liberté de la presse et la dissolution de l'assemblée générale, uniquement composée de créatures de l'hospodar. Cette pétition, signée par presque tous les boyards et les habitants éclairés de Jassy, fut effectivement remise à l'hospodar. Mais le lendemain une seconde réunion de boyards fut dispersée par la force armée, que commandait le fils de l'hospodar; les individus qui en avaient fait partie furent arrêtés et maltraités, et des garnisaires placés dans les maisons des boyards les plus influents. Quant au peuple proprement dit, il resta tout à fait impassible en présence de ces faits. Le 12 avril arriva à Jassy le consul général russe Kotzebue, et le 24 le général Duhamel, officier d'ordonnance de l'empereur, lesquels déclarèrent tous deux que pas plus le czar que le sultan ne toléreraient dans ces contrées danubiennes l'anarchie ou la forme du gouvernement constitutionnel. Le 27 juillet, des forces russes considérables, commandées par le général Gassfort, vinrent occuper la Moldavie, et les individus qui avaient été arrêtés furent alors transférés à Maczin, en face de Braila, sans qu'aucun mouvement se manifestât dans le peuple. Toutefois, la plupart trouvèrent moyen en route de s'échapper. Ainsi, au moment où l'insurrection éclata avec toute sa force en Valachie, le mouvement était déjà tout à fait comprimé en Moldavie; et les tentatives que de la Bukowine, où ils s'étaient refugiés, les boyards émigrés firent pour révolutionner la Valachie, après le succès qu'obtint d'abord l'insurrection de la Valachie, de même que leurs efforts pour tout au moins réunir les deux principautés en seul État indépendant, échouèrent complétement, par suite des mesures énergiques de répression prises tant par la Russie que par la Porte.

A la suite de longues négociations, les deux puissances conclurent enfin un traité pour régler les conditions futures de l'état politique des principautés danubiennes, le traité de *Balta-Liman*, signé le 1er mai 1849. Voici quelles en étaient les principales dispositions : A l'avenir les hospodars ne devaient être élus que pour sept années. La loi fondamentale de 1831 demeurait en vigueur, sous cette réserve, toutefois, que les assemblées de boyards qui avaient eu lieu jusque alors étaient suspendues et remplacées provisoirement par un divan composé de boyards et de membres du haut clergé, et ayant pour mission de discuter le budget et de voter l'impôt. Deux commissions, dites *de révision*, devaient être chargées d'opérer dans ce *règlement* organique les modifications dont l'expérience signalerait l'utilité, et les propositions faites par les commissions être soumises à l'examen du ministère à Constantinople. Ces propositions une fois agréées par la Porte, d'accord avec le gouvernement russe, devaient avoir force de loi. Une armée d'occupation de troupes russes et turques devait rester dans les principautés jusqu'à ce que la tranquillité y fût complètement rétablie et assurée, et pendant tout ce temps-là des commissaires extraordinaires des deux puissances devaient être adjoints comme conseils aux hospodars. Le traité ne devait être valable que pour les sept années suivantes ; après quoi les deux puissances devraient prendre les mesures réclamées par les circonstances. Par suite de ce traité, le prince Stourdza donna sa démission. A sa place, la Porte nomma hospodar, le 16 juin 1849, le boyard Grégoire Ghika, homme bien vu des populations, et dont l'investiture cut lieu le 14 juillet suivant. Avec quelque insistance que le peuple demandât le retrait des troupes russes, ardemment désiré aussi par la Porte, il ne fut complétement opéré qu'au mois d'avril 1854. Mais les différends survenus encore une fois en 1853 entre la Russie et la Porte amenèrent, malgré les protestations de l'Angleterre et de la France, une nouvelle occupation des principautés danubiennes par des troupes russes, qui franchissaient le Pruth le 2 juillet 1853. L'expédition entreprise en commun, en 1854, par la France et l'Angleterre amena l'évacuation des troupes russes; et alors, du consentement des puissances belligérantes, une armée autrichienne vint y occuper les principaux points. La paix de Paris du 30 mars 1856, en replaçant les principautés sous la souveraineté directe de la Porte, a mis fin au *protectorat* que la Russie s'était arrogé; la question de la forme de gouvernement à donner à la principauté est restée réservée; et l'article 20 de ce traité a rectifié les frontières de la Bessarabie de telle sorte que la limite qui sépare aujourd'hui le territoire russe du territoire turc du côté de la mer Noire, part du lac de Bourna-Sola, à 2 myriamètres à l'ouest d'Akermann, rejoint en droite ligne la route d'Akermann à Ismaïl, suit l'ancien rempart de Trajan, qu'il ne faut pas confondre avec celui qui ferme la Dobrudscha, remonte le long de la rivière de Yalpoug, et va ensuite rejoindre le Pruth à Katamori. Le territoire abandonné par la Russie, pour assurer la libre navigation du Danube est circonscrit par les rives du Danube sur une longueur de 2 myriamètres, sur une longueur de 16 myriamètres sur les bords du Pruth, et par 12 myriamètres de côtes sur la mer Noire depuis celle des embouchures du Danube qu'on appelle *Bouche de Saint-Georges* jusque auprès d'Akermann, place qui reste à la Russie. Par là le cours du bas Danube ainsi que la côte de la mer Noire jusque auprès d'Akermann, et une large bande de territoire au delà du Pruth, dans les deux tiers de son cours, se trouvent complétement affranchis.

La superficie actuelle de la Moldavie est de 507 myriamètres carrés, avec une population d'environ 1,250,000 habitants; à quoi il faut ajouter l'accroissement de territoire et de population qu'a valu à la principauté la modification de ses frontières du côté de la Bessarabie, aux termes du traité de Paris du 30 mars 1856. Ce territoire est arrosé par le Sereth, le Danube et le Pruth; il est presque partout fertile; mais par suite des troubles et des guerres une grande partie du sol est encore en friche. L'élève du bétail, favorisée par d'excellents pâturages, y a pris de grands développements. On exporte de grandes quantités de porcs; l'élève des moutons s'y fait aussi sur une large échelle, et l'apiculture, grâce aux immenses forêts de tilleuls, y a pris des proportions encore plus fortes. Les sauterelles et les tremblements de terre sont souvent les fléaux du pays. Les richesses minérales qu'il contient, et qui comprennent même des métaux précieux, restent inexploitées; il n'y a que quelques mines de sel fossile, notamment aux environs d'Okna, près des frontières de la Transylvanie, dont on tire parti. Sous le rapport de la nature des produits du sol, comme sous celui des habitants, de la langue et du degré de civilisation, de la constitution, de la situation politique, de l'état social et industriel, la Moldavie présente les plus grandes analogies avec la Valachie. Le commerce y est presque exclusivement aux mains d'une foule de Juifs, d'Arméniens, de Grecs et de Russes établis dans le pays. La grande étape du commerce est Galacz. En 1851 les importations s'élevèrent à près de 17 millions de francs; tandis que le chiffre des exportations, consistant surtout en laine, peaux de moutons, cuirs, plumes, maïs, poix, suif, miel, sangsues, bestiaux et sel gemme, ne dépassa guère 2,200,000 fr. L'activité manufacturière y est bornée à la fabrication d'un peu de papier, de bougies stéariques, de verroterie et d'étoffes de laine. L'industrie y a un peu plus d'importance, mais se trouve aussi entre les mains des Juifs et autres étrangers.

On compte en Moldavie 40 villes et 2,016 villages. Elle est divisée en haute et basse Moldavie. La première se compose de six cercles, *Dorohoi*, *Botoschau*, *Suezawa*, *Niamzo*, *Roman* et *Bakau*; et la seconde de sept, *Pullna*, *Tekutsch*, *Kovarlui* ou *Galacz*, *Tutova*, *Waslui*, *Falchey* et *Jassy*. Chaque cercle est administré par un *ispravnik*, ou préfet, auquel est adjoint un directeur de cercle, qui remplit en même temps les fonctions de receveur des contributions. La capitale est Jassy. Quant aux finances publiques, la recette est d'environ 9,368,770 piastres, et la dépense de 7,718,130 piastres. La force armée se compose d'un régiment d'infanterie et d'un régiment de cavalerie, présentant en tout un effectif de 2,280 hommes de troupes régulières. Il y faut ajouter 934 *trabans* de ville et 12,750 hommes de garde nationale et de garde des frontières. Le total de la force armée est par conséquent de 15,904 hommes. Depuis 1845 cette armée a adopté les fracs et les casques à la prussienne. Consultez Wilkinson, *An Account of the Principalities of Valachie and Moldavie* (Londres, 1820); Anagnosti, *La Valachie et la Moldavie* (Paris, 1837); Colson, *État présent de la Valachie et de la Moldavie* (Paris, 1839); Ganesco, *La Valachie depuis 1830 jusqu'à ce jour*; *son avenir* (Paris, 1855); Elias Regnault, *Histoire politique et sociale des Principautés danubiennes* (Paris, 1855).

MOLDAVIQUE ou **MÉLISSE DE MOLDAVIE**. Voyez DRACOCÉPHALE.

MÔLE. On appelle ainsi une espèce de jetée construite à l'aide de grands quartiers de pierre et fermant, au besoin, l'entrée d'un port, avec de grandes et fortes chaînes, comme c'est le cas à la Havane. Le môle sert à empêcher que le sable amené par les courants ne finisse par obstruer l'entrée du port. Il protége les navires contre le choc des lames et les attaques d'un ennemi. Il diffère du *brise-lames* en ce que, bien que remplissant la même destination, et protégeant l'intérieur des ports contre l'action de la lame et des vents, il n'est pas isolé et fait suite au rivage, dont il n'est que la saillie ou le prolongement. Le plus grand môle que nous ayons en France est celui de Granville. Il a environ 600 mètres de long. Le plus souvent on élève à l'extrémité des môles des phares pour éclairer les vaisseaux pendant la nuit.

MOLÉ (MATTHIEU), fils d'Édouard Molé, procureur général au parlement pendant la Ligue, dont Henri IV récompensa l'intrépidité et les services par une place de président à mortier au même parlement, était né en 1584. Au sortir de ses études, il possédait les langues grecque et latine, était jurisconsulte éclairé, et paraissait déjà particulièrement versé dans les matières de l'Église. Le parlement le reçut dans son sein aussitôt que son âge le lui permit. Quatre ans après, il devint président d'une chambre des requêtes, et enfin, au mois de novembre 1614, son père ayant résigné la présidence à mortier entre les mains de Nicolas de Bellièvre, alors procureur général, le roi ou plutôt Richelieu lui donna la charge de ce dernier. Ainsi, Matthieu Molé avait moins de trente ans lorsqu'on lui confia les fonctions peut-être les plus délicates et les plus importantes de la magistrature. Il épousa à peu près dans ce temps Mlle de Nicolaï, fille du premier président de la chambre des comptes, et il en eut bientôt plusieurs enfants.

Il se lia d'abord avec les pieux solitaires de Port-Royal. L'abbé de Saint-Cyran surtout avait su lui inspirer une vénération particulière. Lorsque celui-ci fut renfermé au château de Vincennes par l'ordre de Richelieu, Molé se rendit auprès du cardinal pour lui représenter qu'on avait trop légèrement soupçonné la foi d'un si grand défenseur de l'Église, et dans le moment même où on l'avait arrêté il travaillait à un ouvrage commencé depuis longtemps, et destiné à réfuter les ministres sur le dogme de la présence réelle. Le cardinal répondit froidement : « Que Saint-Cyran pourrait continuer ce travail en prison. » Molé ne s'en tint pas là; mais le cardinal le trouvait sur ses pas. Enfin, un jour qu'à Saint-Germain il s'en voyait solliciter plus vivement que jamais, il lui saisit le bras avec impatience en s'écriant : « M. Molé est un honnête homme, mais il est un peu entier. » Affligé, et non rebuté, Matthieu Molé demanda au cardinal la liberté de son ami, en offrant d'être sa caution. Non-seulement il éprouva un nouveau refus, mais on commença à instruire le procès de Saint-Cyran comme hérétique et faux docteur ; il se hâta de lui faire dire d'avoir grand soin de parapher toutes les pages de son interrogatoire et de tirer des lignes depuis le haut des marges jusqu'en bas ; « car, ajouta-t-il, il a affaire à d'étranges gens ». On se doute bien que ce propos, rapporté au ministre, n'attira point au procureur général son affection.

A la *journée des dupes*, lorsque Richelieu triompha de la France et du roi, Matthieu Molé, dont l'esprit était enclin à l'ironie, et qui haïssait le despotisme du cardinal, ne doutait pas de sa chute, et il avait lancé contre lui quelques-uns de ces traits qu'on ne pardonne pas. Il était d'ailleurs le parent et l'ami du maréchal et du garde des sceaux de M a r i l l a c. Richelieu le fit comprendre dans la liste de leurs complices. Un arrêt du conseil l'interdit de ses fonctions, et lui ordonna de comparaître en personne. D'abord, il essaya de faire quelque résistance. Son substitut, Franchot, fit des remontrances à la chambre des vacations ; mais l'opposition de M. de Bellièvre, qui présidait, les rendit vaines. Il partit pour Fontainebleau, où était la cour : aussitôt qu'il parut dans le conseil, les préventions s'évanouirent, et il ne recueillit de tous côtés que des marques de déférence et d'estime. « Sa gravité naturelle (dit Talon, qui ne l'aimait pas), dont il ne rabattit rien dans cette circonstance, lui fit obtenir sur-le-champ arrêt de décharge. » Et il y vint reprendre ses fonctions.

Cependant Richelieu, quoiqu'il eût été quelquefois l'objet de ses railleries, et qu'il ne l'eût pas toujours trouvé docile à ses volontés, l'avait compté parmi les hommes qui devaient ajouter à la grandeur de la France, et par conséquent à sa propre gloire. Aussi, dès qu'il l'en crut digne, il le nomma premier président. Le même jour, Molé perdit sa femme, qui le laissait père de dix enfants. La mort du cardinal de Richelieu, arrivée deux ans après, vint lui rendre l'espoir de faire sortir de prison l'abbé de Saint-Cyran. Il s'empressa de demander sa liberté au roi, qui la lui accorda; en même temps il voulut contribuer pour mille écus aux frais d'impression de l'ouvrage de son ami, dont il avait pourtant cessé de partager toute la doctrine. Il s'était même éloigné de Port-Royal, comme d'un séjour dont il redoutait la séduction, et l'on peut dire que c'est l'exemple de l'avocat Le Maître qui lui avait appris à la craindre.

Quand la régence d'Anne d'Autriche déchaîna sur le pays le génie de l'intrigue et du désordre et que le parlement, devenu frondeur, s'imagina qu'il allait gouverner l'État, Matthieu Molé remplit un rôle bien pénible et bien glorieux. Tantôt il résistait aux tendances factieuses de la compagnie, tantôt il faisait entendre à la cour de sévères paroles. Il fut le héros par excellence de l'amour de l'ordre et du devoir. Et ces vertus, dédaignées du vulgaire, le conduisirent presqu'à son insu à une renommée éclatante, et lui valurent d'être comparé aux hommes les plus brillants de son siècle, à Gustave et au grand Condé, par son adversaire le plus acharné, le cardinal de R e t z.

Dans la journée des b a r r i c a d e s une populace furieuse environna le parlement, et lui fit jurer de demander à la reine la liberté des magistrats arrêtés. Matthieu Molé crut devoir se prêter au mouvement, dans l'espoir de le diriger, et partit pour le Louvre à la tête de la compagnie.

Arrivé au Louvre, le premier président peignit à la reine en termes énergiques la situation de Paris. Elle l'interrompit, en disant : « Je sais qu'il y a du bruit dans la ville ; mais vous m'en répondrez, messieurs du parlement, vous, vos femmes et vos enfants. » En même temps elle entra dans son cabinet ; le premier président l'y suivit, avec plusieurs magistrats ; et comme il en sortait sans avoir rien obtenu, le cardinal Mazarin vint lui annoncer qu'on rendrait les prisonniers et le parlement voulait promettre de cesser les assemblées qui avaient pour but de protéger le grand conseil, la cour des aides et la chambre des comptes contre les édits bursaux que la cour avait voulu leur imposer. Matthieu Molé répliqua que le peuple croirait qu'ils avaient été forcés s'ils prenaient dans le palais de la reine aucun engagement, et qu'ils allaient se retirer dans le lieu ordinaire de leurs séances pour en délibérer. Au retour du parlement, les barricades s'ouvrirent encore ; mais le peuple, morne et furieux, le menaçait par son silence, où semblaient déjà retentir des cris de mort. A peine le cortége touche-t-il à la troisième barricade que les hurlements se font entendre. Cent soixante magistrats sont sur le point d'être massacrés. Un marchand de fer, nommé Raguenet, s'avance, et, appuyant son pistolet sur le front du premier président : « Tourne, traître, lui dit-il, et si tu ne veux être massacré toi-même, ramène-nous B r o u s s e l, ou le Mazarin et le chancelier en otage. » « Le premier président, dit le cardinal de Retz, le plus intrépide homme à mon sens qui ait paru dans son siècle, demeura ferme et inébranlable ; il se donna le temps de rallier ce qu'il put de sa compagnie ; il conserva toujours la dignité de la magistrature, et dans ses paroles et dans ses démarches, et il revint au Palais-Royal au petit pas, dans le feu des injures, des exécrations et des blasphèmes. Il était naturellement si hardi qu'il ne parlait jamais si bien que dans le péril. Il se surpassa lui-même dans cette circonstance, et il est certain qu'il toucha tout le monde, à la réserve de la reine. » Enfin, le parlement promit de suspendre ses assemblées, et il sortit, ayant devant lui les carrosses du roi qui allaient chercher les prisonniers.

Cependant la cour, qui avait abandonné la capitale, fit des ouvertures d'accommodement aux principaux chefs de la F r o n d e, et le parlement envoya ses députés à Ruel pour traiter de la paix. Le premier président était à leur tête, et il conduisait la négociation, tandis que M a z a r i n s'appliquait à la traîner en longueur, lorsqu'on apprit que les frondeurs, profitant de l'absence des députés, voulaient les faire révoquer, et dominaient absolument dans les assemblées. A cette nouvelle, Molé ne balança plus ; il signa le traité, et courut où il croyait sa présence le plus nécessaire. Au lieu de changer la forme du gouvernement, comme s'en étaient flattés certains esprits, au lieu de satisfaire les prétentions personnelles des principaux frondeurs, le traité, rédigé en vingt-et-un articles, obligeait le parlement à se rendre à Saint-Germain pour la tenue d'un lit de justice, et le faisait renoncer aux assemblées de chambre, du moins pour l'année. Il accordait ensuite amnistie à ceux qui avaient pris les armes, et la reine y faisait espérer qu'elle ramènerait bientôt le roi à Paris.

Lorsque le premier président se rendit au Palais pour la première fois, il trouva une telle affluence de bourgeois, de populace, de soldats, qu'il eut de la peine à arriver jusqu'au lieu de l'assemblée des chambres. A son aspect, il se fit un profond silence. En entrant, il prit la parole ; à mesure qu'il avançait dans le compte qu'il avait à rendre, on voyait la consternation ou la rage se peindre sur tous les visages. Mais quand on entendit que Mazarin avait signé le traité, un cri général fit retentir la salle, et fut répété par le peuple dans toutes les enceintes du palais. Les frondeurs accablaient Matthieu Molé de reproches et d'injures, lorsqu'un horrible bruit se faisant entendre aux portes de la grande chambre, on vint dire que le peuple menaçait de les enfoncer et on ne lui livrait pas l'heure le premier président. « Son visage, dit le cardinal de Retz, fut le seul sur lequel il ne parut aucune altération à cette nouvelle. Au contraire, on y voyait quelque chose de surnaturel et de plus grand que la fermeté. » Il prit les voix avec la même liberté d'esprit qu'à l'une des audiences ordinaires, et il prononça du même ton l'arrêt portant que les députés retourneraient à Ruel, pour traiter des prétentions des généraux et pour obtenir que le cardinal ne signât point le traité. La fureur du peuple ne faisant que s'irriter davantage, on proposa au premier président de sortir par les greffes et de se retirer ainsi chez lui sans être vu. « La cour, répondit-il, ne se cache jamais. » Le coadjuteur s'approcha pour le prier du moins de ne pas s'exposer qu'il n'eût eu le temps d'adoucir le peuple. « Eh! mon bon seigneur, lui répliqua Molé d'un air railleur, dites le bon mot. » « Quoiqu'il me témoignât par là, ajoute Gondi, qu'il me regardait comme l'auteur de la sédition, je ne me sentis pourtant en cette occasion touché d'aucun mouvement que de celui qui me fit admirer l'intrépidité de cet homme. » Enfin, Matthieu Molé, ne voulant point attendre, sortit de la grande chambre en s'appuyant sur le bras du coadjuteur. Quand il parut, les cris et les menaces redoublèrent. Pour lui, il avait l'air si calme, sa démarche était si paisible et si lente, qu'on eût dit qu'il se promenait seul avec le coadjuteur. Un bourgeois lui appuya le bout de son mousqueton sur le front, en disant qu'il allait le tuer. Molé, sans écarter cette arme et sans détourner la tête, lui dit froidement : « Quand vous m'aurez tué, il ne me faudra que six pieds de terre. » Arrivé chez lui, il se hâta d'écrire à la reine le résultat de l'assemblée, puis il s'occupa pendant plusieurs jours de voir en particulier les plus ardents de sa compagnie, afin de les adoucir. Ses efforts furent couronnés d'un plein succès, car dès le lendemain le parlement déclara qu'il accepterait le traité, en se réservant de faire des remontrances sur certains articles et en demandant des conférences pour régler les intérêts des généraux.

Depuis quelque temps, les rentes de l'hôtel de ville ne se payaient pas, et les rentiers, irrités, avaient nommé douze syndics pour veiller à la conservation de leurs intérêts. Le premier président s'était opposé de tout son pouvoir à cette élection, en soutenant que l'assemblée dont elle émanait était illégale, et le peuple avait pris quelque intérêt à ce débat. C'était plus qu'il n'en fallait à Gondi pour agir. Il fait nommer parmi les syndics le célèbre Joly, sa créature dévouée; il lui ordonne de se faire au bras une blessure, et il aposte un autre de ses gens pour tirer sur Joly un coup de fusil quand il passerait dans la rue. Aussitôt, on répand dans Paris que le cardinal Mazarin doit faire assassiner tous les syndics. Molé voit se précipiter à l'audience la jeunesse des enquêtes et une multitude de rentiers. On crie qu'il faut à l'heure même assembler les chambres. Il répond qu'il s'agit d'une affaire criminelle ordinaire, et qu'elle doit s'instruire selon les formes accoutumées. On le menace, il résiste; et la discussion est remise au lendemain. Mais un incident changea dans la journée la face des choses, et fit prendre une autre direction au mouvement. Soit hasard, soit dessein, plusieurs coups de feu atteignirent la voiture vide du prince de Condé, et plusieurs balles la traversèrent. A l'instant des particuliers déposent avoir bien entendu dire qu'on veut assassiner le prince et la *grande barbe* (c'est ainsi qu'on appelait Matthieu Molé, à cause de la longue barbe qu'il portait), et que les auteurs du complot sont le duc de Beaufort et le coadjuteur. Gondi entraîne le duc de Beaufort au parlement. Ils trouvent les chambres assemblées, et ils entendent murmurer autour d'eux les mots de *conjuration d'Amboise*. Le premier président déclare qu'étant parties, ils ne peuvent rester juges, et qu'en conséquence ils doivent se retirer. Le coadjuteur réplique hardiment qu'ils sont prêts à le faire, si le prince de Condé et le premier président, qui sont parties comme eux, se retirent aussi. Condé reste, en faisant valoir sa qualité de prince du sang. Pour Molé, exigua qu'il déclare ne se plaindre de personne, et vouloir écarter de cette affaire ce qui le concerne, on exige qu'il se retire au greffe pendant qu'on délibérera sur la récusation présentée contre lui. La pluralité de 98 voix contre 62 décida qu'il resterait juge. Le lendemain, lorsqu'il ouvrit l'assemblée, le président La Grange demanda qu'on mit en liberté un nommé Belot, arrêté sans qu'il eût été lancé contre lui de décret. Molé représenta que l'arrestation de cet homme avait été commandée par les circonstances, et qu'on le retiendrait en attendant des révélations importantes. Aussitôt, un certain Daurat, conseiller, s'écria qu'il s'étonnait qu'on eût poussé l'exclusion duquel il y avait eu 62 voix osât ainsi violer les formes de la justice à la vue du soleil. A ces mots, Molé, saisissant sa barbe (geste qui lui

devenait familier lorsqu'il était vivement ému), se leva en déclarant qu'il laissait sa place à celui qu'on en croirait plus digne. Son mouvement faillit être le signal du carnage. En un instant, les deux partis furent rangés autour de leurs chefs, et se menacèrent. « Si le moindre laquais, dit le cardinal de Retz, eût alors tiré l'épée dans le palais, Paris était confondu. » Le soir même, Daurat ayant été faire ses excuses au premier président, celui-ci le reçut avec douceur, et lui dit qu'il ne se souvenait plus qu'il l'eût offensé.

Quand les princes de Condé et de Conti et le duc de Longueville eurent été arrêtés par ordre de la reine, le parlement en corps alla demander à la reine la liberté des princes, et le premier président, qui avait pour Condé un attachement et un goût particuliers, s'abandonnant aux mouvements de son cœur, mit peut-être ses sentiments à la place des convenances dans le discours qu'il prononça à cette occasion. Ce discours déplut à tous ceux qui l'entendirent, au duc d'Orléans, blessé de voir représenter le prince de Condé comme le plus ferme appui de la régence, à Mazarin, outré de la manière dont, sans y être nommé, il était peint, à la reine, qui n'en fut pas moins choquée; et Louis XIV, alors âgé de treize ans, dit à sa mère que sans la crainte de lui déplaire, il aurait chassé ou fait taire le premier président. Le public seul applaudit à ce discours bien plus qu'il ne l'avait jamais fait aux plus belles actions de celui qui l'avait tenu.

Molé demandait qu'on ménageât les formes, et que l'on ne sortît point, envers la cour, des bornes de la soumission et du respect. Ce fut chez lui que l'on minuta la requête en faveur des prisonniers. « Voilà, disait-il en la dressant lui-même, ce qui s'appelle servir les princes en gens de bien, et non comme des factieux. » Il ne tarda pas à reconnaître combien il s'était trompé. Son amitié pour Condé l'avait aveuglé sur ces mêmes intrigues qu'il avait jusque là si bien pénétrées. On jeta le masque, et, ne gardant plus aucune mesure, on voulut exiger de la reine de renvoyer Mazarin en même temps qu'elle rendrait la liberté aux princes. Anne d'Autriche, isolée dans sa cour, crut qu'elle ne pouvait conserver son ministre, puisque Molé ne savait plus la défendre. Elle fit sortir le cardinal de Paris, et se disposait à le suivre secrètement avec le roi, son fils; mais Gondi, averti des préparatifs de sa fuite, vole au milieu de la nuit chez Gaston, tandis que Mme de Chevreuse va sonner l'alarme chez tous les chefs du parti. En un instant une multitude armée environne le Palais-Royal, y et tient la reine et le roi enfermés. Monsieur arriva à neuf heures au parlement, et dit à la compagnie que les lettres de cachet pour la liberté des princes seraient expédiées dans deux heures. Matthieu Molé, poussant un profond soupir, s'écria : « M. le prince est en liberté, et le roi, le roi notre maître, est prisonnier ! » Les princes revinrent, tandis que Mazarin se retira chez l'électeur de Cologne. Condé triomphait; plus puissant et plus exigeant que jamais, il changea le ministère à son gré. Chavigny, sa créature dévouée, y entra, et la reine crut devoir beaucoup en remettant à Molé les sceaux, qu'on l'obligeait d'ôter à Châteauneuf. Mais le duc d'Orléans, qui n'avait point été consulté pour ces changements, et qui tous les jours voyait diminuer son crédit, exigea qu'on les lui retirât aussitôt.

Les nouveaux ministres, amis et collègues de Molé, l'abandonnèrent, et se rendirent chez la reine pour lui demander de le sacrifier. Il en coûtait à Anne d'Autriche d'éloigner de son conseil et de sa persoune le seul homme sur la vertu duquel elle pût compter. Elle prit la résolution généreuse de le consulter lui-même sur le parti qu'elle devait prendre. Molé, voyant son trouble, et connaissant mieux qu'elle la nécessité où elle se trouvait, ne la laissa pas achever, et saisissant la clef des sceaux, qu'il portait suspendue à son cou, il la lui présenta. Touché de son mouvement, la reine voulut lui offrir le chapeau de cardinal, mais il le refusa. Elle veut lui donner une place de secrétaire d'État pour son fils ; elle est encore refusée. « J'accorde, s'écria-t-elle sur l'heure,

à votre fils la survivance de la charge de premier président. »
Ici Matthieu Molé répond gravement « que M. de Champlâtreux n'a point encore assez servi l'État pour mériter cet honneur ». Enfin, elle le prie d'accepter cent mille écus ; tout en lui exprimant sa profonde reconnaissance, il déclare respectueusement qu'il ne les recevra point.

Cependant, le bruit s'étant répandu qu'on voulait arrêter une seconde fois Condé, dont les prétentions s'élevaient si haut que ses ennemis l'accusaient de penser à la couronne, il se retira à Saint-Maur, en adressant une lettre au parlement. Molé déclara qu'on ne pouvait la lire sans avoir pris les ordres de la reine. « D'ailleurs, il convient, dit-il, d'agir avec d'autant plus de circonspection que si la retraite et la lettre de M. le prince devenaient le signal de la guerre civile... » A ces mots, le prince de Conti s'écrie, en menaçant le premier président, qu'il a offensé son frère. « Nul, répond le premier président, n'a le droit de m'interrompre ni de me blâmer dans la place que j'occupe. » Conti réplique qu'il n'a pu entendre accuser son frère de vouloir renouveler la guerre civile. « Telles n'ont point été mes paroles, reprend Molé avec chaleur, et elles n'auraient pas encore donné à votre altesse le droit de m'interrompre... Au reste, il n'est que trop vrai que la retraite des princes du sang de la cour et les lettres écrites par eux au parlement ont souvent causé la guerre civile. Témoin celles allumées par le père, l'aïeul et le bisaïeul de M. le prince de Conti. » Conti, intimidé, fit ses excuses à la compagnie, et le premier président reprit son premier discours, en se servant des mêmes termes et de la même hypothèse avec un sang-froid et une présence d'esprit qui étonnèrent tous les témoins. Le prince de Condé restait à Saint-Maur, et déclarait qu'il ne reviendrait à la cour avant que la reine eût renvoyé les sous-ministres Servien, Le Tellier et Lyonne. A la fin, elle s'y détermina, mais en annonçant qu'elle allait rappeler Châteauneuf, La Vieuville et Molé. Condé répondit qu'il ne consentirait jamais à de pareils choix, et que sans doute aucun de ceux qu'ils concernaient n'oserait se passer de son consentement. Toutes les fois qu'il paraissait au parlement, Molé le conjurait de se laisser toucher par les malheurs de l'État, et ne cessait de lui rappeler ses devoirs envers son roi et sa patrie ; mais il demeurait inflexible.

Le parlement, tout occupé de faction, avait cessé de rendre la justice. L'enceinte du Palais n'offrait plus que l'aspect d'un camp. Chaque fois les deux partis s'y rendaient les armes à la main. Ils insultaient le premier président, l'appelaient Mazarin, et paraissaient prêts à l'égorger, jusqu'à ce qu'ils fussent en sa présence, lorsque la séance du 21 août vint décider la querelle en ajoutant encore à la gloire de Molé. La reine devait envoyer ce jour-là sa réponse aux mémoires justificatifs du prince. Au point du jour, le coadjuteur s'était préparé, avec les siens, de toutes les avenues du Palais. Condé arriva quelques instants après, accompagné de tout son parti. En passant devant le coadjuteur, il le mesura des yeux. Gondi répondit par des menaces. Au même instant, quatre mille épées se tirèrent, et allaient se croiser sous les voûtes du palais, lorsque le premier président, se précipitant entre le coadjuteur et Condé, les conjura, au nom de saint Louis, de ne pas ensanglanter le temple de la justice. A la vue de Molé suppliant, les combattants s'arrêtèrent ; et Condé, le premier, donna ordre à ses gens d'évacuer le Palais. Gondi limita, son exemple ; mais comme il sortait du parquet, le duc de La Rochefoucauld lui prit la tête entre les deux portes, et cria aux partisans du prince de le tuer. M. de Champlâtreux, qui se trouvait parmi ces derniers, accourut au bruit, et poussant rudement M. de La Rochefoucauld, il dégagea le coadjuteur, en déclarant qu'un pareil assassinat ne se commettrait jamais en sa présence. « En rentrant dans la grand'chambre, dit Gondi, j'annonçai à M. le premier président que je devais la vie à M. son fils, qui avait fait dans cette circonstance tout ce que la générosité la plus haute peut produire. »

Cette séance du 21 août parut ouvrir les yeux de la reine. Mais, passant de la timidité à la violence, elle voulut dès le soir même défendre au prince de Condé et au coadjuteur de paraître désormais au parlement. Molé se rendit aussitôt auprès d'elle, et lui fit sentir qu'elle ne pouvait confondre une des plus belles prérogatives qu'un prince du sang tint de sa naissance avec une faveur que les coadjuteurs de Paris tenaient du parlement. « Au reste, madame, ajouta-t-il, mon devoir peut seul m'inspirer cette réflexion ; car la manière dont M. le coadjuteur a reçu le *petit service* que mon fils a *essayé* de lui rendre ce matin m'a touché si sensiblement, qu'il m'en coûte beaucoup d'insister sur une chose qui pourra bien ne pas lui être agréable. »
La reine se rendit à la justesse de ces représentations. Le premier président courut chez Gondi, et lui raconta naïvement ce qui s'était passé chez la reine, et ce qu'il y avait dit. Gondi le remercia de l'avoir ainsi tiré avec honneur d'un très-mauvais pas. « Il est sage, reprit Molé, de le penser, et encore plus honnête de le dire. » En même temps, ils s'embrassèrent en se jurant amitié. « Je la tiendrai, s'écrie Gondi dans ses *Mémoires*, je la tiendrai à toute sa famille avec tendresse et reconnaissance. » Peu de jours après, le roi alla déclarer sa majorité au parlement, et Châteauneuf, La Vieuville et Molé furent rappelés au ministère. En apprenant que ce dernier rentrait au conseil, Condé déclara qu'il ne paraîtrait plus à la cour, et il partit pour la Guienne.

Trois jours après que Molé eut reçu pour la seconde fois les sceaux, la reine se retira avec le roi à Bourges, et il resta à Paris, réunissant et exerçant à la fois les fonctions de garde des sceaux et de premier président. Sa position alors devint plus pénible qu'elle ne l'avait jamais été. Les chefs de parti le ménageaient et même le respectaient ; mais le peuple reportait sur lui toutes ses fureurs. Sa porte était sans cesse assiégée d'une multitude irritée qui demandait le retour de la cour et la diminution des impôts. Un jour qu'il travaillait avec le maréchal de Schomberg, on vint lui dire que le peuple allait enfoncer sa porte, et demandait sa tête. Le maréchal lui proposa de faire dissiper l'attroupement par les Suisses qui l'accompagnaient. « Non, monsieur le maréchal, lui répondit-il en souriant, laissez-moi terminer seul cette affaire, car j'ai toujours pensé que la maison d'un premier président doit être ouverte à tout le monde. » En effet, dès qu'il parut l'émotion s'apaisa, et le peuple ne tarda pas à se retirer.

Matthieu Molé reçut vers ce temps l'ordre de se rendre à Bourges, pour y exercer ses fonctions de garde des sceaux auprès du roi. Quoique né très-fort, il commençait à sentir le besoin du repos. Il s'éloigna sans peine de Paris et de ses scènes tumultueuses, auxquelles son âge le rendait moins propre ; mais la nouvelle de son départ répandit partout l'effroi. Ce fut le dernier hommage de tous les partis à l'homme juste dont la seule présence les avait préservés tant de fois de la colère du peuple. Le duc d'Orléans le conjura de rester. Le maréchal de L'Hôpital, gouverneur de Paris, Chavigny, le coadjuteur, voulurent l'entretenir séparément. Talon le vit le dernier. « Je remarquais, dit-il, pour la première fois dans son âme un grand fonds de tristesse et de dégoût. » En effet, Matthieu Molé savait que Talon ne l'aimait pas, et il s'épancha devant lui, et qui est le comble de l'amertume. « Depuis sept mois, dit-il, le peuple ne cesse de demander ma mort ; chaque soir on vient me dire que le périrai le lendemain, et la cour me traite moins comme un serviteur qui lui est agréable que comme un homme qui lui est nécessaire. Une simple lettre de cachet m'ordonne de me rendre à Bourges, sans qu'aucun avis du secrétaire d'État s'y trouve joint, sans qu'on se mette en peine de me faire connaître la situation présente. Au reste, je porterai à la cour le même esprit dont vous m'avez toujours vu animé dans la grand'chambre ; je ferai tous mes efforts pour empêcher le retour du cardinal ; je dirai la vérité, après quoi il faudra obéir au roi. » Matthieu

Molé tint cette parole jusqu'à son dernier jour, car il mourut garde des sceaux. Pendant les trois années qu'il vécut encore, sa vie, pour être moins agitée, n'en fut pas moins utile. Il prit de l'autorité dans le conseil, et ne cessa d'y rendre des services importants. La mort vint le surprendre au milieu de ses travaux, ou plutôt elle ne le surprit point. Mais il avait soixante-douze ans, et il travaillait encore. Au terme de sa carrière, on ne vit point se réveiller en lui ces regrets si ordinaires aux vieillards. Il n'éprouva pas le besoin d'aller goûter dans la retraite le souvenir de ses sacrifices. Il ignora cette sorte de rêverie des derniers jours que produisent les illusions détruites, et qui consolent de tout ce qui échappe par le plaisir d'en être détrompé. Exempt d'infirmités et de mélancolie, comme un ouvrier robuste, vers la fin de sa tâche, il s'endormit.

Cte MOLÉ, de l'Académie Française.

Les *Mémoires de Matthieu Molé* sont publiés par la Société de l'histoire de France.

MOLÉ (LOUIS-MATTHIEU, comte), fils du président Molé de Champlâtreux qui sous la république porta sa tête sur l'échafaud, avec tous les parlementaires, était né le 24 janvier 1781. Par sa mère, il était proche parent de Lamoignon de Malesherbes; à douze ans il servait d'intermédiaire entre les membres proscrits et cachés de la famille, pour leur correspondance, ce qui le fit arrêter; une année après, demeuré seul à Paris, dans la gêne, à la garde d'un vieux serviteur, il entrait à l'École centrale (École Polytechnique). Sorti de cette grande pépinière d'hommes distingués, le jeune Molé travailla sérieusement; après la paix d'Amiens, il alla visiter l'Angleterre, pour se rendre compte par lui-même de ses institutions; en 1806 il publia un livre qui fit sensation et qui attira sur lui l'amitié de Fontanes, et le contre-coup l'attention de Napoléon, les *Essais de Morale et de Politique*. Napoléon nomma le jeune Molé auditeur, puis bientôt après maître des requêtes au conseil d'État; il l'investit du titre de commissaire impérial du sanhédrin israélite; le 19 novembre 1807 il l'appela à la préfecture de la Côte-d'Or; le 26 février 1809 au comité de l'intérieur du conseil d'État, avec le titre de conseiller, le 15 octobre suivant à la direction des ponts et chaussées, et enfin le 19 septembre 1813 au poste de grand-juge (garde des sceaux); et il le fit aussi comte de l'empire.

Cette rapide fortune politique, due d'abord au nom qu'il portait, le comte Molé la justifia sans doute par ses connaissances administratives, par l'activité que le maître inspirait à tous, exigeait de tous; mais il ne s'en montra pas reconnaissant par le dévouement inébranlable à Napoléon, car après sa chute, lors du débarquement de Cannes, Molé, qui avait prodigué l'encens au maître debout, signait, en qualité de membre du conseil municipal de la Seine, une adresse dont il était, dit-on, le rédacteur, et où se trouvait cette phrase toute bourbonienne : « Que nous veut cet étranger, pour souiller notre sol de son odieuse présence? » Néanmoins dans les cent jours il reprit le poste de directeur général des ponts et chaussées. Quelque temps plus tard, Napoléon disait de lui, à Sainte-Hélène : « Molé, un beau nom dans la magistrature; caractère appelé à jouer un rôle dans les ministères futurs. » Pair de France, l'un des meneurs les plus actifs du procès du maréchal-Ney, ministre de la marine du mois d'août 1817 à décembre 1818, il attacha son nom à une loi sur la presse; la Restauration lui donna à son tour le titre de comte. Renvoyé du pouvoir, il bouda aigrement, et passa dans le camp de l'opposition constitutionnelle qui devait amener la chute de la Restauration. Le comte Molé reparut dans la révolution de Juillet; le nouveau roi le nommait dès le 11 août 1830 son ministre des affaires étrangères; peu de temps après il devait résigner son portefeuille, car sa popularité et celle de ses amis étaient de plus en plus douteuses. Le 6 octobre 1836 il fut appelé à la présidence du conseil des ministres et au portefeuille des affaires étrangères; il eut d'abord pour collègue M. Guizot, qu'il remplaça plus tard par M. de Salvandy; il négocia le mariage du duc d'Orléans; il fit accorder par Louis-Philippe l'amnistie pour les condamnés politiques, avec la restriction de la surveillance; il associa son nom aux projets impopulaires de dotation du duc de Nemours et de disjonction, à la direction donnée au procès de Strasbourg, à l'affaire Conseil; puis il tomba, le 31 mars 1839, sous les efforts d'une coalition, dont M. Guizot était l'un des plus ardents champions.

De 1839 à 1848 le comte Molé ne fait plus guère parler de lui que comme membre et comme directeur de l'Académie Française, car de son fauteuil de ministre il passe à peu près sans transition à l'un des quarante fauteuils littéraires. Dans les grandes crises, cependant, son nom fut souvent mis en avant : on le représenta comme le chef futur de plusieurs cabinets avortés, et en février 1848 Louis-Philippe s'adressait à lui pour la composition d'un ministère, dont les lueurs de la révolution firent évanouir l'ombre. Cette révolution semblait avoir sonné l'heure de la retraite pour tous les hommes du vieux parti monarchique; mais tous renièrent bientôt leurs drapeaux. Molé fut envoyé par le département de la Gironde à l'Assemblée constituante, où, lors de la discussion du principe de la présidence de la république dans la constitution, il dit à ses collègues et au général Cavaignac : « Messieurs, mais vous êtes le pays lui-même; il n'a nulle presse de vous voir vous dessaisir du pouvoir... Il faut que le pouvoir ait le courage de continuer sa tâche comme nous continuerons la nôtre. » Néanmoins, après le 10 décembre, le comte Molé devint un des familiers du nouveau président, à qui il apportait le concours de son expérience, de ses conseils. Réélu à la Législative, il fut un des membres de la commission dite des burgraves qui concoururent avec le plus d'ardeur à l'enfantement de cette loi du 31 mai qui restreignait autant que possible le droit de suffrage; il appuya, il soutint, il vota toutes les mesures de réaction, de répression que voulurent le gouvernement et la majorité. Puis quand les intentions secrètes du bonapartisme commencent à prendre assez ostensiblement pour que les royalistes s'en inquiètent à leur tour, le comte Molé fait de l'opposition; il pousse l'assemblée dans la voie dont la proposition des questeurs est le terme. Au 2 décembre on le trouve encore à la mairie du 10e arrondissement, dans la réunion de représentants protestant contre le coup d'État. Rentré dans le calme de l'Académie Française, le comte Molé est laissé et demeure à l'écart, et meurt subitement, frappé d'apoplexie, dans son château de Champlâtreux, le 24 novembre 1855.

MOLÉ (FRANÇOIS-RENÉ), dont le véritable nom était *Molet*, fut pendant près d'un demi-siècle l'un des artistes le plus en renom de la Comédie-Française. Entré aux Français à vingt ans, en 1754, après avoir été d'abord clerc de notaire et commis dans les finances, il y débuta assez heureusement; mais il ne tarda pas à aller en province, pour s'y former. Ce fut le 27 janvier 1760 qu'il reparut sur notre première scène dramatique, cette fois pour ne plus la quitter. Quelques années plus tard il était conduit avec plusieurs de ses camarades au fort l'Évêque, pour avoir refusé de jouer avec Dubois. Après avoir abordé les jeunes-premiers de tragédie, il se rejeta sur la comédie, et il s'en trouva bien. Les rôles de fat surtout lui allaient à merveille; il excellait dans le pathétique; il avait de l'âme, de l'esprit; il était bel homme. Molé voulut, après la mort de Lekain et de Bellecour, tenter de s'emparer des premiers rôles de tragédie; mais il y renonça sagement. En 1789 Molé embrassa les principes d'une révolution qui relevant les comédiens de l'ostracisme porté contre eux, en fit des citoyens; il dut à ses opinions de n'être pas compris dans la proscription qui enveloppa les premiers, en grande partie royalistes, de la Comédie-Française. Il entra en 1793 à la salle Montansier, passa à Feydeau avec une partie des Comédiens-Français en 1797, et revint en 1799 se joindre à ses anciens camarades. Bien que sexagénaire, Molé avait conservé toute sa verve, toute sa vivacité, tout son entrain; il avait même conservé aussi, en dehors du théâtre, toutes ses passions viriles, car épris en 1802 d'un amour partagé pour une jeune personne de dix-sept ans, il contracta une maladie d'épuisement qui le mit au tombeau, le 11 décembre de la même année. Il faisait partie de l'Institut depuis sa réorganisation par le Directoire. Les journaux du temps sont pleins d'anecdotes piquantes sur Molé, dont les *Mémoires* ont été publiés en 1825. Il prononça divers discours de rentrée, suivant un usage qui n'existe plus aujourd'hui à la Comédie-Française; il a publié aussi divers éloges, notamment ceux de Préville et de Mlle Clairon. Étienne et Nanteuil firent paraître en 1803 un petit volume sur la *Vie de Molé*.

MOLÉCULE (diminutif de *moles*, masse). C'est une très-petite fraction ou partie d'un corps quelconque : on l'appelle aussi une *particule*. Le terme a t o m e s'emploie pour désigner les molécules d'une ténuité telle qu'on ne puisse plus les supposer divisibles au delà. Il y a deux principales sortes de molécules, les *élémentaires*, ou simples dans leur nature, ou *constituantes* ; d'autres sont *intégrantes*. Par exemple, une molécule de soufre ou de fer sont élémentaires, car elles sont simples; mais les molécules d'une pyrite de fer (sulfure de fer) pulvérisée sont intégrantes. Par leur agglomération, elles composaient cette pyrite, c'est-à-dire que chaque molécule de cette poudre était encore un composé d'atomes de soufre et de fer en combinaison intime. Tels sont la plupart des minéraux. A l'égard des corps organisés, les *élémentaires*, ou animaux, leurs tissus peuvent être considérés pareillement comme formés par une association de molécules composées de plusieurs éléments (carbone, hydrogène, oxygène pour les végétaux, et de plus l'azote chez les animaux, ou même aussi le phosphore, le soufre, etc., en certaines substances animales).

Les molécules des minéraux s'associent, dans la cristallisation des sels et autres combinaisons, selon des formes géométriques chez la plupart, comme l'ont montré les belles recherches cristallographiques de Haüy En général, le règne inorganique ne reconnaît que les lois géométriques dans ses formations toutes chimiques. Au contraire, les règnes organiques sont constitués d'autres bases; les molécules de leurs tissus sont tellement mobiles, dans leurs associations à éléments multiples et à proportions diverses, que la même molécule du bois peut être transformée en celle du sucre, ou d'alcool, ou de vinaigre, par quelque agent chimique, ou même d'après l'action de telle température, etc. D'ailleurs, les formes organiques sont la plupart dépendantes d'un tout central et individuel, arrondies en sphères ou en organes, membres ou parties, qui dérivent de cette forme primordiale.

Une foule d'observateurs ont tenté de vérifier, par des recherches microscopiques, si les molécules de tous les corps avaient des mouvements spontanés. Comme Buffon, Needham, Vrisberg, O.-F. Müller, soutiennent qu'on en remarque dans les molécules organiques de la semence des animaux et du pollen des plantes. R. Brown, habile botaniste, croit en avoir observé jusque dans les molécules élémentaires des minéraux, placées sur une humidité, et pouvoir obéir plus facilement à leur spontanéité. Mais l'évaporation des liquides, l'imbibition, la dissolubilité des parties, produisent des agitations qui peuvent tromper les meilleurs observateurs. Quant aux molécules des corps organisés, elles éprouvent autant des mouvements d'oscillation, de retournement, par les diverses répétitions de leurs mailles, les déploiements ou resserrements de leurs fibres, selon les degrés d'humidité ou de sécheresse, sans qu'on doive en conclure que ces ébranlements mécaniques ou physiques dépendent de la spontanéité ou de la vie de la matière. Il y a de plus des illusions d'optique du microscope. Sans doute, les molécules obéissent à des attractions ou affinités diverses dans toutes les combinaisons physico-chimiques, l'électricité, etc.; mais ces faits incontestables remontent aux grands principes d'action auxquels la nature est soumise. Et en admettant même que les molécules soient autant de petites intelligences douées de volonté et de puissance, elles ne pourraient rien constituer que de concert avec d'autres molécules : il faudrait toujours le concours d'une intelligence générale pour les associer simultanément en animaux et en mondes plus ou moins bien organisés.

J.-J. VIREY.

MOLÈNE, genre de plantes de la famille des solanées, dont les principales espèces sont connues sous les noms vulgaires de bouillon blanc et bouillon noir.

MOLESWORTH (Sir WILLIAM), homme d'État anglais, naquit en 1810, à Camberwell, dans le comté de Surrey, dans une famille branche cadette des vicomtes irlandais de Molesworth et possédant le titre de *baronet* depuis 1689. Élu membre du parlement en 1832 par le comté de Cornwall, il s'enrôla dans le parti qui n'entendait pas en rester à la réforme électorale qu'on venait enfin d'arracher à l'aristocratie, et qui ne considérait au contraire cette mesure que comme le point de départ des améliorations de toutes espèces réclamées par l'état social et politique de l'Angleterre. Il ne tarda point à être considéré comme le chef des *radicaux philosophes*, et pour plus facilement propager les idées de cette école, il fonda en 1835 le *London Review*, qui ne tarda point à fusionner avec le *Westminster Review*, et dans lequel il fit paraître une suite d'articles remarquables. En même temps il publiait de 1842 à 1845 une nouvelle édition des œuvres du sceptique H o b b e s, qui fait autant d'honneur à son zèle qu'à sa critique. Quand, en 1845, il se présenta aux suffrages des électeurs de Southwark, ses adversaires s'en prévalurent pour l'accuser formellement d'athéisme; mais il n'en fut pas moins élu. Sir William Molesworth dirigea alors toutes ses études sur l'état des colonies anglaises, et combattit le système qui consistait à les laisser autant que possible se gouverner elles-mêmes, ainsi qu'à les inonder de l'écume des prisons de la mère-patrie. Il fut aussi l'un des plus intrépides champions du *libre échange*, quoique sous d'autres rapports il ne se trouvât pas tout à fait du même avis que les hommes de Manchester. En 1852, une coalition des whigs et des peelites ayant amené la chute du cabinet tory, Molesworth fut appelé à prendre place dans la nouvelle administration qui se forma alors, et qui voulut ainsi s'assurer de l'appui du parti radical. Il y accepta la place de haut commissaire des forêts et des travaux publics. Plus tard on lui confia le portefeuille des colonies; et c'est dans l'exercice de ces fonctions que la mort vint le frapper, en novembre 1855, à la suite d'une attaque de péritonite. Marié depuis 1844, il ne laissait point de postérité.

MOLIÈRE (JEAN-BAPTISTE POQUELIN, *dit*) naquit à Paris, le 15 janvier 1622, dans une maison de la rue Saint-Honoré, au coin de la rue des Vieilles-Étuves, comme l'ont établi les savantes recherches de Beffara, et non pas sous les piliers des Halles, ainsi qu'on l'a cru pendant longtemps. Son père, Jean Poquelin, exerçait la profession de tapissier, et avait acquis, en outre, la charge de valet de chambre tapissier du roi. Il destinait son fils à le remplacer dans ces fonctions ; mais déjà l'enfant se sentait peu porté à suivre la profession héréditaire de sa famille. Il aimait passionnément le théâtre, où son grand-père maternel le conduisait quelquefois; enfin, il obtint, à l'âge de quatorze ans, de faire ses études classiques, et suivit, comme externe d'une pension, les classes du collège de Clermont. Cinq ans après il avait achevé sa philosophie et quittait ces bancs où il avait rencontré pour condisciples le prince de Conti, qui s'en ressouvint toujours par la suite, Bernier, Hesnault, et Chapelle, qui lui procura la connaissance et les leçons de Gassendi, son précepteur. Molière tira des conférences philosophiques l'idée de traduire Lucrèce. Cette traduction s'est perdue; on n'en connaît qu'un passage intercalé dans *Le Misanthrope*. Après avoir suivi la cour à Narbonne, en 1641, en qualité de valet de chambre tapissier du roi, il alla étudier le droit à Orléans, et s'y fit recevoir avocat. Mais son goût irrésistible pour le théâtre l'emporta sur toute autre considération. De retour à Paris, il se mit à la tête d'une troupe de comédiens de société, qui devinrent bientôt des comédiens de profession et s'intitulèrent l'*Illustre Théâtre*.

Alors Jean-Baptiste Poquelin se brouilla tout à fait avec sa famille, et prit le nom de *Molière*.

Il parcourut d'abord avec ses compagnons, au nombre desquels étaient les deux frères Béjart, leur sœur Madeleine, et Duparc, dit Gros-René, différentes villes de la province. A Bordeaux, il fut bien reçu du duc d'Épernon, et fit jouer une tragédie, *La Thébaïde*, qui n'eut point de succès et dont le malheureux sort le détourna à propos du genre tragique. C'est de cette période ambulatoire de sa vie que datent différentes pièces à l'italienne, dont on n'a plus que les titres, comme *Les Trois Docteurs rivaux*, *Le Maître d'École*, *Le Docteur amoureux*, ou que l'on a conservées comme le *Médecin volant* et *La Jalousie du Barbouillé*, premières esquisses du *Médecin malgré lui* et de *Georges Dandin*. Encore est-il douteux que la version en soit de Molière. En effet la première pièce qu'il fit imprimer lui-même fut *Les Précieuses*. Le *Cocu imaginaire*, malgré cinquante représentations de suite, ne l'aurait pas été, sans un amateur qui en prit l'initiative en dédiant l'édition à l'auteur.

A Lyon, en 1653, il fit jouer sa première pièce régulière, *L'Étourdi*. C'est pendant son séjour dans cette ville que Molière, qui auparavant avait entretenu une liaison assez tendre avec Madeleine Béjart, s'éprit de mademoiselle Duparc, et rebuté par celle-ci, trouva auprès de mademoiselle de Brie des consolations auxquelles il devait revenir encore au milieu des orages de sa vie maritale. A Pézénas, on montre un fauteuil qui était celui de la boutique d'un barbier achalandé où Molière venait s'installer pour étudier les originaux qui posaient devant lui. Cette habitude d'observer en silence était portée à un si haut point chez Molière, qu'elle le fit surnommer le *Contemplateur* par Boileau. Molière se rendit ensuite à Béziers ou à Montpellier, auprès du prince de Conti, qui tenait les états de Languedoc, et joua devant lui *L'Étourdi* et *Le Dépit amoureux*. Le prince, charmé, voulut l'attacher à sa personne et en faire son secrétaire, en remplacement de Sarrazin, qui venait de mourir. Le poète refusa, par attachement pour ses camarades et par amour pour son art et pour l'indépendance. Après quelques années passées encore dans le midi, il se rendit à Rouen, et obtint, par la protection du duc d'Orléans, de venir jouer à Paris sous les yeux du roi. Molière et sa troupe représentèrent le 24 octobre 1658, dans la salle des gardes du vieux Louvre, la tragi-comédie de *Nicomède* et *Le Docteur amoureux*. Le roi permit à la troupe de Molière de s'établir à Paris sous le nom de *Troupe de Monsieur*, et de jouer alternativement avec les comédiens italiens sur le théâtre du Petit-Bourbon.

L'année suivante Molière donna *Les Précieuses*. On rapporte qu'à la première représentation un vieillard du parterre, transporté, s'écria : « Courage, Molière! voilà la bonne comédie! » Ménage, qui s'y trouvait aussi, dit à Chapelain : « Nous approuvions, vous et moi, toutes les sottises qui viennent d'être critiquées si finement et avec tant de bon sens. Croyez-moi, il nous faudra brûler ce que nous avons adoré, et adorer ce que nous avons brûlé. » Durant les quatorze années qui suivirent son installation à Paris, et jusqu'à l'heure de sa mort, il ne cessa de produire. Après le *Cocu imaginaire* (1660), au sel un peu gros, mais franc, et l'essai malheureux de *Don Garcie de Navarre*, pièce imitée des *Adelphes* de Térence, viennent *L'École des Maris* (1661) et *L'École des Femmes* (1662), deux amusants chefs-d'œuvre, qui ne sont séparés que par le léger et ingénieux impromptu des *Fâcheux*, fait, appris et représenté pour les fêtes de Vaux. Louis XIV indiqua au poète la scène de la chasse, qui ne se trouvait pas dans la pièce à la première représentation. *L'École des Femmes* souleva bien des colères et des oppositions injustes. *La Critique de l'École des Femmes* et *L'Impromptu de Versailles* nous en apprennent suffisamment sur ce démêlé, qui fut surtout une querelle de goût et d'art. Cependant Molière se multiplie pour les plaisirs du roi, son bienfaiteur et son ami. *Le Mariage forcé* est composé en quelques jours, *La Princesse d'Élide* n'a que son premier acte de versifié, le roi ne doit pas at-

tendre. Dès 1664 il a terminé *Tartufe*, et ce n'est que trois ans plus tard que la persévérance du poète, aidée de la protection du roi, parvient à triompher de la cabale organisée par les hypocrites et les faux dévots, et à faire représenter sa pièce en entier. Dans l'intervalle ont paru *Don Juan*, encore un incomparable chef-d'œuvre, improvisé parce que la troupe de l'hôtel de Bourgogne et celle de Mademoiselle avaient déjà chacune leur *Don Juan*, et que cette statue qui marche ravissait tout Paris; *L'Amour médecin*; *Le Misanthrope* (1666), la première des comédies du genre élevé, et qui parut trop sérieuse au commun du public, puisque Molière fut obligé, pour conjurer la froideur de sa représentation, de lui joindre cette désopilante farce du *Médecin malgré lui*. « Si on osait, dit Voltaire, chercher dans le cœur humain, la raison de cette tiédeur du public aux représentations du *Misanthrope*, peut-être la trouverait-on dans l'intrigue de la pièce, dont les beautés ingénieuses et fines ne sont pas également vives et intéressantes, dans les conversations mêmes, qui sont des morceaux inimitables, mais qui n'étant pas toujours nécessaires à la pièce, peut-être refroidissent un peu l'action, pendant qu'elles font admirer l'auteur; enfin, dans le dénoûment, qui, tout bien amené et tout sage qu'il est, semble être attendu du public sans inquiétude, et qui, venant après une intrigue peu attachante, ne peut avoir rien de piquant. En effet le spectateur ne souhaite point que le misanthrope épouse la coquette Célimène, et ne s'inquiète pas beaucoup s'il se détachera d'elle. Enfin, on prendrait la liberté de dire que *Le Misanthrope* est une satire plus sage et plus fine que celle d'Horace et de Boileau et pour le moins aussi bien écrite; mais qu'il y a des comédies plus intéressantes, et que le *Tartufe*, par exemple, réunit les beautés du style du *Misanthrope* avec un intérêt plus marqué. » En même temps il composait pour les divertissements de la cour *Mélicerte* et *La Pastorale comique*.

Le *Sicilien* date de l'année 1667, et fut bientôt suivi d'*Amphytrion*, comédie imitée de Plaute et bien supérieure à son modèle; de *Georges Dandin*, de *L'Avare*, autre imitation de Plaute, pièce que Jean-Jacques Rousseau appelle une école de mauvaises mœurs : « C'est un grand vice, dit-il, d'être avare et de prêter à usure; mais n'en est-ce pas un plus grand encore à un fils de voler son père, de lui manquer de respect, de lui faire mille insultants reproches, et quand ce père irrité lui donne sa malédiction; de répondre, d'un air goguenard, qu'il n'a que faire de ses dons ? » Viennent ensuite *M. de Pourceaugnac*, *Les Amants magnifiques*, *Le Bourgeois gentilhomme*, *Psyché*, *Les Femmes savantes*, satire ingénieuse du faux bel-esprit et de l'érudition pédantesque qui régnaient alors à l'hôtel de Rambouillet. La scène entre Trissotin et Vadius fut imaginée d'après une dispute de Ménage et de l'abbé Cotin. *Le Malade imaginaire* (1673) est sa dernière pièce; car il mourut le soir même de la quatrième représentation.

L'œuvre de Molière est en même temps le tableau le plus fidèle de la vie humaine et l'histoire des mœurs, des modes et du goût de son siècle. Personne n'a saisi comme lui les expressions extérieures des passions et leurs mouvements dans les différents états et les diverses conditions de la mêlée humaine. Il saisit les hommes tels qu'ils sont, et sait mieux qu'eux-mêmes la plus secrète pensée enfouie au fond de leur cœur; il a le ton, le geste, il a le langage de tous leurs sentiments. « Ses comédies bien lues, a dit La Harpe, pourraient suppléer à l'expérience, parce qu'il a peint non des ridicules, qui passent, mais parce qu'il a peint l'homme, qui ne change point... Quel chef-d'œuvre, que *L'Avare!* Chaque scène est une situation, et l'on a entendu dire à un avare de bonne foi qu'il y avait beaucoup à profiter dans cet ouvrage, et qu'on pouvait en tirer d'excellents principes d'économie. Molière est de tous ceux qui ont jamais écrit celui qui a le mieux observé l'homme, sans annoncer qu'il l'observait, et même il a plus l'air de le savoir par cœur que de l'avoir étudié. »

Molière faisait si naturellement les vers que ses pièces en prose sont remplies de vers blancs ; on l'a remarqué pour *Le Festin de Pierre*, et l'on a même pensé que *Le Sicilien* avait été d'abord écrit en vers et que Molière avait ensuite brouillé le tout dans une prose, où l'on en retrouve des traces. Cette surprenante facilité bouleversait Boileau, qui lui demandait où il trouvait la rime. Il avait la verve rapide et prime-sautière, ne marchandant jamais la phrase ni le mot, au risque même d'un pied dans le vers, d'un tour violent ou d'un hiatus, le style ferme, vigoureux et plein de couleur à force de pensées. Ses ennemis lui reprochaient de voler la moitié de ses œuvres aux vieux bouquins, de piller effrontément le théâtre italien et de mettre largement à contribution les farces nationales et même les œuvres de ses contemporains. Il ne s'en défendit jamais ; mais imiter de cette sorte, c'est encore être original, car il enchâssait ses emprunts dans le splendide écrin de ses chefs-d'œuvre, comme Virgile ramassait une perle dans le fumier d'Ennius. Forcé pour les délassements de cour de combiner ses comédies avec des ballets, il s'y complut bientôt, déployant et déchaînant dans ses danses de commande les chœurs bouffons et pétulants des avocats, des tailleurs, des Turcs, des apothicaires, et jetant dans ces fantaisies un esprit étourdissant, la plus folle gaieté et les plus piquantes saillies.

Louis XIV demanda un jour à Boileau quel était le plus grand écrivain de son temps. Le juge rigoureux n'hésita pas, et répondit : « Sire, c'est Molière. — Je ne le croyais pas, répliqua Louis XIV ; mais vous vous y connaissez mieux que moi. » Pour cette réponse à Louis, la postérité pardonnera à Despréaux ce qu'il a dit dans son *Art poétique* :

. . . . Molière, illustrant ses écrits,
Peut-être de son art eût remporté le prix
Si, moins ami du peuple, en ses doctes peintures
Il n'eût pas fait souvent grimacer ses figures,
Quitté pour le bouffon l'agréable et la fin
Et sans honte à Térence allié Tabarin.
Dans ce sac ridicule où Scapin l'enveloppe
Je ne reconnais plus l'auteur du *Misanthrope*.

On voit par les derniers vers que le satirique reprochait surtout à son ami de n'avoir pas renoncé à sa profession de comédien. Et il n'avait point tout à fait tort. Malgré l'éclat de la faveur royale, le monde du siècle refusait à l'homme de génie sur les planches la considération dont jouissaient des milliers de sots à la cour et à la ville. Madame de Sévigné parle de lui avec une inconvenance choquante ; les valets de chambre du roi refusaient de faire leur service avec un histrion. Il est vrai que le roi ayant appris le fait, invita Molière à s'asseoir à sa table, et lui servit de ses propres mains une aile de poulet, en disant à ses courtisans : « Me voilà occupé de faire manger Molière, que mes officiers ne trouvent pas assez bonne compagnie pour eux. »

« Molière, dit La Grange, son camarade et le premier éditeur de ses Œuvres complètes, Molière faisait d'admirables applications dans ses comédies, on peut dire qu'il a joué tout le monde, puisqu'il s'y est joué le premier, en plusieurs endroits, sur les affaires de sa famille, et qui regardaient ce qui se passait dans son domestique : c'est ce que ses plus particuliers amis ont remarqué bien des fois. » Ainsi au troisième acte du *Bourgeois gentilhomme* il a donné un portrait ressemblant de sa femme. Il est très-probable qu'en créant les personnages d'Arnolphe, d'Alceste, il a songé à son âge, à sa situation, à sa jalousie, et que sous le travestissement d'Argan il donne libre cours à son antipathie pour les médecins. Mais il ne faudrait pas en inférer qu'il ait fait dans ses pièces les portraits d'originaux qui posaient devant lui, comme le veulent Guy-Patin, Tallemant, Dangeau et Cizeron-Rival, amateurs ingénus d'*anas* et d'anecdotes futiles ; il ne faudrait pas croire qu'Alceste est le duc de Montausier ; le *Bourgeois gentilhomme*, Rohault ; l'*Avare*, le président de Bercy. Il y a des traits à l'infini chez Molière, mais pas ou peu de portraits.

Le comique Molière était né tendre et disposé à l'amour.

Après avoir eu plusieurs attachements, il épousa à l'âge de quarante ans (1662) la jeune Armande Béjart, âgée de dix-sept ans au plus. Nous avons dit quelle atroce calomnie répandit à propos de ce mariage un comédien de l'hôtel de Bourgogne, Montfleury. Le roi vengea Molière de ces horribles propos en tenant sur les fonts du baptême avec la duchesse d'Orléans le premier enfant né de cette union. Cependant le grand poète, malgré sa passion pour Armande, et malgré son génie, n'échappa point à ces infortunes conjugales qu'il avait peintes avec tant de gaieté. Son existence ne fut qu'un long tourment entre sa femme, qui le trahissait, Madeleine Béjart, qu'il avait quittée, et Mlle de Bric, qu'il avait reprise, aussi embarrassé, disait Chapelle, que Jupiter au siége d'Ilion entre les trois déesses.

Il avait été le bienfaiteur de Racine débutant et inconnu. Il lui avait donné un sujet de tragédie (*La Thébaïde*) et cent louis. Celui-ci le paya d'ingratitude, et ils se brouillèrent. Mais ils avaient trop d'esprit pour ne pas se rendre justice réciproquement. Racine, à qui l'on annonçait le mauvais succès du *Misanthrope*, soutint que Molière ne pouvait pas avoir fait une mauvaise pièce et qu'on avait mal jugé ; Molière en sortant des *Plaideurs*, pièce qu'on avait mal accueillie, dit qu'elle était excellente, et que ceux qui s'en moquaient méritaient qu'on se moquât d'eux.

De Corneille il disait : « Il a un génie, un lutin, qui lui fait dire de très-belles choses et qui dit ensuite : Laissons faire le bonhomme et voyons comme il s'en tirera. »

Mademoiselle Poisson a tracé de Molière le portrait suivant, dont nous pouvons contrôler l'exactitude, quant aux traits du visage, par les toiles de Mignard, l'ami du poète, qui avait écrit un poème pour lui : *La Gloire du Val-de-Grâce* :

« Molière, dit-elle, n'était ni trop gras ni trop maigre ; il avait la taille plus grande que petite ; le port noble, la jambe belle ; il marchait gravement, avait le nez gros, la bouche grande, les lèvres épaisses, le teint brun, les sourcils noirs et forts, et les divers mouvements qu'il leur donnait lui rendaient la physionomie extrêmement comique. À l'égard de son caractère, il était doux, complaisant, généreux ; il aimait fort à haranguer ; et quand il lisait ses pièces aux comédiens, il voulait qu'ils y amenassent leurs enfants pour tirer des conjectures de leurs mouvements naturels. La nature lui avait refusé ces dons extérieurs si nécessaires au théâtre, surtout pour les rôles tragiques. Une voix sourde, des inflexions dures, une volubilité de langue qui précipitait trop sa déclamation, le rendaient de ce côté fort inférieur aux acteurs de l'hôtel de Bourgogne... Il se rendit justice, et se renferma dans un genre où ses défauts étaient plus supportables. Il eut même bien des difficultés pour y réussir, et ne se corrigea de cette volubilité si contraire à la belle articulation que par des efforts continuels, qui lui causèrent un hoquet qu'il a conservé jusqu'à la mort, et dont il savait tirer parti en certaines occasions. Pour varier ses inflexions, il mit le premier en usage certains tons inusités, qui le firent d'abord accuser d'un peu d'affectation, mais auxquels on s'accoutuma. Non-seulement il plaisait dans les rôles de Mascarille, de Sganarelle, d'Hali, etc., il excellait encore dans les rôles de haut comique, tels que ceux d'Arnolphe, d'Orgon, d'Harpagon. C'est alors que par la vérité des sentiments, par l'intelligence des expressions et par toutes les finesses de l'art, il séduisait les spectateurs au point qu'ils ne distinguaient plus le personnage représenté d'avec le comédien qui le représentait. Aussi se chargeait-il toujours des rôles les plus longs et les plus difficiles. »

Molière était grand et somptueux dans sa manière de vivre ; son domestique ne se bornait pas à cette bonne Laforêt, à qui il aimait à lire ses pièces. Son théâtre lui rapportait plus de trente mille livres de rente, qu'il dépensait en réceptions, en libéralités et en bienfaits. Sa table était somptueuse ; et Chapelle en faisait le plus souvent les honneurs. Pour lui, l'état de sa poitrine, dans les dernières années de sa vie, ne lui permit de vivre que de lait. On sait par le récit de Grimarest, qui en tenait tous les détails de Baron, les circonstances touchantes de sa mort. Il se trouvait ce jour-là très-souffrant de la poitrine. Sa femme et Baron le conjurèrent de ne point jouer. « Comment voulez-vous que je fasse? répondit-il; il y a cinquante pauvres ouvriers qui n'ont que leur journée pour vivre : que feront-ils si l'on ne joue pas? Je me reprocherais d'avoir négligé de leur donner du pain un seul jour, le pouvant faire absolument. » Martyr héroïque et volontaire, il joua donc, mais en proie aux plus vives douleurs; dans la cérémonie du *Malade imaginaire* il fut pris d'une convulsion, qu'il dissimula par un éclat de rire forcé. Après la représentation on le remporta chez lui; il fut pris de vomissements de sang, et rendit l'esprit entre les bras de deux sœurs de charité. C'était le 17 février 1673, à dix heures du soir.

Le curé de Saint-Eustache, sa paroisse, lui refusa la sépulture ecclésiastique, attendu qu'excommunié en sa qualité de comédien il n'avait pas été administré avant de mourir. La veuve de Molière adressa une requête à l'archevêque de Paris, Harlay de Champvalon, et courut à Versailles, accompagnée du curé d'Auteuil, se jeter aux pieds du roi. Louis XIV les reçut assez froidement, et écrivit à l'archevêque d'aviser à un moyen terme. Ce moyen terme fut que le corps serait porté au cimetière, sans passer par l'église. Les obsèques eurent lieu le 21 février au soir; dans la journée une populace fanatique s'était assemblée devant la maison mortuaire, et proféré des cris et des menaces. On la dissipa en lui jetant de l'argent.

A peine fut-il mort, que de toutes parts on apprécia Molière; et sa gloire a toujours brillé depuis incontestable et incontestée. « Chaque homme de plus qui sait lire, a dit M. Sainte-Beuve, est un lecteur de plus pour Molière. » Seul parmi tous nos grands écrivains, il a eu le merveilleux privilège d'être l'homme de toutes les époques, de toutes les idées, de toutes les passions. Il n'a pas rencontré de Zoïle; car ce lourd pédant allemand, Guillaume Schlegel, ne compte pas en vérité. La philosophie, qui révère en lui un des plus profonds penseurs dont puisse s'enorgueillir l'humanité, a proclamé depuis longtemps qu'il était un des précurseurs de la révolution française. *Tartufe* vaut bien *Figaro*. Consultez l'excellente *Histoire de Molière*, par M. Jules Taschereau.

MOLINA (LOUIS), théologien, naquit en 1535, à Cuença, dans la Nouvelle-Castille, entra chez les jésuites en 1553, fit ses études à Coïmbre, professa la théologie pendant vingt ans à l'université d'Evora, et vint mourir à Madrid, en 1600, à l'âge de soixante-cinq ans. Il a laissé plusieurs ouvrages, dont les principaux sont les *Commentaires* latins sur la première partie de la *Somme* de saint Thomas, un grand traité *De Justitia et Jure*, et un livre *De concordia gratiæ et liberi arbitrii*, imprimé à Lisbonne, en 1588, avec un *Appendix*. C'est dans cet ouvrage que Molina expose son fameux système sur la grâce et sur la prédestination, système qui fit naître ces interminables disputes entre les dominicains et les jésuites, et les partagea en *thomistes* et en *molinistes*. A peine la production du jésuite eut-elle paru, qu'Henriquez, son confrère, l'accusa de renouveler les erreurs des pélagiens et des sémi-pélagiens. Les dominicains continuèrent vigoureusement l'attaque, et dans des milliers de thèses, dans lesquelles le pour et le contre étaient soutenus avec la même aigreur, avaient été échangées de part et d'autre, quand le cardinal Quiroga, grand-inquisiteur d'Espagne, fatigué de toutes ces querelles, porta la cause au tribunal de Clément VIII, en 1567. Ce pontife institua pour la juger la célèbre congrégation *De Auxiliis*. On n'était encore arrivé à aucun résultat en 1667, et le pape Paul V se contenta à cette époque de défendre aux deux parties de s'injurier mutuellement; vaine défense : la même animosité sourde ne cessa de régner longtemps encore entre les dominicains et les jésuites.

Voici du reste la base du système de Molina : il n'admet point de grâce efficace par elle-même, et prétend que la même grâce est tantôt efficace, tantôt inefficace, selon que la volonté y coopère ou y résiste. Ainsi, dit-il, l'efficacité de la grâce vient du consentement de la volonté de l'homme, non que ce consentement lui donne quelque force, mais parce que ce consentement est là condition nécessaire pour que la grâce soit efficace, lorsqu'on la considère comme jointe à son effet; à peu près comme les sacrements, qui sont par eux-mêmes productifs de la grâce, et qui dépendent néanmoins des dispositions de ceux qui les reçoivent pour la produire réellement. Le plus grand nombre des partisans de la grâce efficace par elle-même ont prétendu que le molinisme renouvelait le semi-pélagianisme; mais le P. Alexandre, quoique dominicain et thomiste, ne partage pas cette opinion, et Bossuet, dans son premier et dans son second *Avertissement aux Protestants*, prouve d'une manière victorieuse que l'Église romaine, en tolérant le système de Molina, foudroie les hérésies des semi-pélagiens. Les théologiens les plus éclairés se sont depuis longtemps ralliés à l'avis du célèbre évêque de Meaux; et ils ont cru devoir justifier de toute erreur le système de Molina. Plusieurs d'entre eux en ont adopté le fond avec de légères modifications dans quelques articles : c'est ce qu'on appelle le *congruisme mitigé*, qu'il y aurait de l'injustice à confondre avec le *molinisme*.

MOLINISTES, partisans des doctrines théologiques émises sur la grâce et la prédestination par le jésuite espagnol Louis Molina.

MOLINOS (MICHEL), mystique espagnol, né en 1640, à Saragosse, avait fait ses études à Pampelune et à Coïmbre et avait peut-être eu quelques rapports avec la secte des *Alombrados* ou Illuminés, qui avait surgi vers 1575. Fixé à Rome à partir de 1669, après avoir obtenu le grade de docteur en théologie et avoir été ordonné prêtre, il s'y fit des amis importants, et publia à leur usage un livre intitulé *Guida Spirituale* (Rome, 1675), où en opposition aux idées reçues il représentait l'essence de la véritable piété, comme consistant dans une douce tranquillité d'âme, dans un pur amour de Dieu et dans la contemplation immédiate de Dieu. De là les noms de *quiétisme* et de *quiétistes*, donnés à son système et à ses adhérents. À l'instigation du père Lachaise, l'inquisition releva dans cet ouvrage soixante-huit propositions hérétiques, que le pape Innocent XI condamna comme telles, en 1687. La même année Molinos dut faire publiquement rétractation de ses erreurs; et il fut condamné en outre à passer le reste de ses jours chez les dominicains, dans les pratiques les plus rudes de la pénitence. Il mourut en 1696. Consultez, *Recueil des diverses pièces concernant le Quiétisme, ou Molinos, ses sentiments et ses disciples* (Amsterdam, 1688).

MOLINOSISME, doctrine de Molinos, quiétisme.

MOLITOR (GABRIEL-JEAN-JOSEPH, comte), maréchal de France, né le 7 mars 1770, à Hayange (Moselle), reçut de son père, lui-même ancien militaire, une éducation soignée, et au début de la révolution entra avec le grade de capitaine dans l'armée du nord, pendant la campagne de 1792; il passa ensuite avec le grade d'adjudant général à l'armée des Ardennes, puis, en 1793, à celle de la Moselle, sous les ordres de Hoche, et, après s'être également distingué aux armées du Rhin et du Danube, fut nommé en 1799 général de brigade et envoyé en Suisse, où il remporta les victoires de Schwitz, de Muffathal et de Glaris. En 1800 Molitor passa à l'armée du Rhin, sous les ordres de Moreau. Il effectua le passage du fleuve à Stein, à la tête d'une compagnie de grenadiers et chassa devant lui l'ennemi, dont le lendemain, 3 mai, il taillait en pièces l'aile droite à Stockach, en lui faisant quatre mille prisonniers. Revenant ensuite sur ses pas, il attaqua son aile gauche, et contribua au succès de la journée de Mœskirch. Détaché alors avec un corps de cinq mille hommes en Tyrol pour contenir un corps de vingt-cinq mille Autrichiens, il y remporta une série de succès, dont le dernier fut la reprise de Feldkirch, qui nous rendit maîtres de tout le Tyrol.

Molitor, devenu général de division, reçut à la paix d'Amiens le commandement de la septième division militaire, chef-lieu Grenoble. En 1805 il suivit Masséna en Italie, et commanda l'avant-garde de son armée. A l'affaire de Veronette, à celle de l'Ago, il culbuta les Autrichiens, et leur enleva plusieurs pièces de canon. A la bataille de Caldiero, il contint avec sa seule division toute l'aile droite de l'archiduc Charles; à Vicence, il fit huit cents prisonniers; à San-Piétro, il enleva également une partie de l'arrière-garde autrichienne. Après la paix de Presbourg, nommé gouverneur général de Dalmatie, il reçut de l'empereur l'ordre de reprendre les Bouches du Cattaro. Ses forces se composaient de trois régiments, sans subsistance et presque sans munitions; chaque homme avait douze cartouches dans sa giberne; et on avait 190 lieues à faire dans un pays de montagnes, complétement inconnu. Dans le trajet, Molitor apprend que les Autrichiens venaient de livrer Cattaro même aux Russes, et qu'une escadre russe menaçait les côtes; malgré tout, il pénètre dans les États de Raguse, où il est attaqué à la fois par les Russes et par les Monténégrins. Lauriston arrive à son secours avec une division, et réoccupe Raguse, que Molitor avait dû abandonner. Bloqué à son tour dans cette place par trois mille Russes et huit mille Monténégrins, il fut secouru par Molitor.

En 1807, chargé de commander en Poméranie les troupes destinées à agir contre les Suédois, il les attaqua à Damgarten, força le passage de la Regnitz, et poursuivit le roi Gustave IV, l'épée dans les reins, jusqu'à Stralsund. Pendant le siège de cette place, il commandait l'aile gauche de l'armée assiégeante, et pénétra le premier dans la ville. Cette brillante campagne lui valut de l'empereur, comme récompense, le titre de comte, auquel était attaché un majorat de 30,000 francs de rente, le commandement en chef de l'armée d'observation et le gouvernement général de la Poméranie. En 1809, appelé en Allemagne pour commander une division sous les ordres de Masséna, il s'y distingua à Eckmühl, à Neumarkt, où il arrêta la marche d'un corps d'armée autrichien et dégagea les Bavarois, effectua le 19 mai le passage du Danube à Ébersdorf, et s'empara de l'île de Lobau. Le 21, à la bataille d'Essling, il soutint seul avec sa division le premier choc de l'armée autrichienne. A Aspern, il revint trois fois à la charge, et contribua à conserver cette position, d'où dépendait le sort de l'armée. Enfin, à Wagram, chargé de l'attaque du village d'Aderka, il résista seul, pendant une grande partie de la journée du 6 juillet, aux efforts désespérés du centre de l'armée autrichienne. De 1810 à la fin de 1813, il commanda en chef l'armée d'occupation des villes hanséatiques et de la Hollande, commandement rendu singulièrement difficile par les désastres de la campagne de Russie et par les revers de la campagne de 1812. Ce ne fut que dans les derniers jours de 1813 qu'il évacua la Hollande avec les troupes sous ses ordres. Pendant la campagne de 1814, réuni à Macdonald, il prit vaillamment sa part aux affaires de la chaussée de Châlons et de La Ferté-sous-Jouarre.

A la première restauration, il fut appelé à remplir les fonctions d'inspecteur général de l'infanterie; mais ayant, pendant les cent jours, accepté de Napoléon la mission d'organiser la garde nationale en Alsace, il en fut puni à la seconde restauration par l'exil et par le retrait de tous ses emplois. Le maréchal Gouvion Saint-Cyr, toutefois, le rappela dès 1818, et lui rendit ses fonctions d'inspecteur général. Il fut chargé pendant la campagne d'Espagne de 1823 du commandement du deuxième corps, et de retour en France, il fut créé maréchal de France par Louis XVIII. La branche cadette lui conserva cette dignité, et l'appela successivement aux fonctions d'inspecteur général, de membre des commissions spéciales, de gouverneur des Invalides, et de grand-chancelier de la Légion d'Honneur. L'histoire ne le classera sans doute qu'au second rang parmi les grands capitaines qu'enfanta la révolution; mais il ne faut pas oublier, ainsi que l'a dit Foy, que « les généraux classés parmi nous au second rang tiendraient le premier dans les troupes des puissances rivales. » Il est mort le 8 août 1849, à Paris.

MOLLAH. C'est le titre qu'on donne chez les Turcs et les Persans au grand-juge chargé, dans les villes et des districts entiers, de l'administration de la justice civile et criminelle. Le mollah fait partie du haut clergé; il a sous ses ordres le cadi, et au-dessus de lui, en Turquie, les kadiasks; et chez les Persans, le sadr ou chef des mollahs. Dans les États turkestans, les mollahs sont chargés de toute l'administration locale.

MOLLASSE. Cette variété de grès, ainsi nommée parce qu'elle est de consistance assez molle quand on la tire de la carrière, est formée de grains quartzeux mélangés de calcaire compacte ordinaire, de calcaire plus ou moins argilifère, de marne endurcie, et, accessoirement, de feldspath et de mica, le tout réuni par un ciment marneux plus ou moins friable. On trouve quelques empreintes fossiles dans cette roche, qui commence à paraître dans la période salino-magnésienne, et devient plus abondant dans les formations supérieures. On l'emploie comme pierre à bâtir en Suisse et en Toscane.

MOLLESSE (du latin *mollities*), qualité de ce qui cède au toucher, de ce qui reçoit facilement l'impression des autres corps.

Mollesse, au figuré et en morale, est synonyme de manque d'énergie, de fermeté dans le caractère, dans la conduite, dans les mœurs. Boileau a personnifié dans ces vers :

La *Mollesse*, en pleurant, sur un bras se soulève......,
Au milieu de Citeaux habite la *Mollesse*.
C'est là qu'en un dortoir elle fait son séjour,
Les plaisirs nonchalants folâtrent à l'entour.
.... La *Mollesse*, oppressée,
Soupire, étend les bras, ferme l'œil et s'endort.

MOLLETERIE. *Voyez* Cuir.

MOLLEVILLE (BERTRAND DE). *Voyez* BERTRAND DE MOLLEVILLE.

MOLLIEN (FRANÇOIS-NICOLAS, comte), ancien pair de France, naquit à Rouen, en 1758. La révolution le trouva chef de bureau aux fermes générales, et le fit directeur de la caisse d'amortissement. Conseiller d'État au 18 brumaire, il fut nommé par Napoléon ministre du trésor, en avril 1806. Créé plus tard comte de l'empire, il conserva sa place jusqu'à la rentrée des Bourbons, reprit son portefeuille dans les cent jours, et se tint ensuite à l'écart. Louis XVIII l'appela à la pairie, le 5 mars 1819. Mollien n'a plus depuis lors occupé d'autres fonctions publiques que celles de président de la commission de surveillance de la caisse d'amortissement, de président de l'Institut agronomique; après 1830, de la commission nommée pour faire au commerce un prêt de trente millions, et enfin de membre du conseil supérieur du commerce. Il mourut en 1850.

MOLLUSQUES. Aristote paraît avoir le premier introduit dans la langue zoologique la dénomination de μαλάκια, dénomination par laquelle il désignait « des animaux mous, exsangues, dont les parties charnues sont superficielles et enveloppantes »; et il réserva la dénomination de ὀστρακό-δερματα pour les animaux mous et dépourvus de sang, mais qui se trouvent revêtus d'une enveloppe calcaire, plus ou moins cassante, plus ou moins cornée : du reste, il sépara les μαλάκια des ὀστρακό-δερματα, en intercalant entre ces deux classes, distinctes pour lui, toute la classe des crustacés. Élien, avec tous les naturalistes grecs, adopta et la division et la définition d'Aristote; Pline et la plupart des zoologistes latins conservèrent cette même division, en se bornant à remplacer les dénominations grecques du Stagyrite par les équivalents latins : *animalia mollia*, *animalia testacea*; et la plupart des naturalistes antérieurs à Ray, et notamment Isidore de Séville, Wolton, Bélon, Rondelet, Gesner, Aldrovande et Johnstone, adoptèrent à peu près la même classification, les mêmes défini-

17.

tions. Le grand classificateur Ray, qui appliqua le premier la dénomination générale de *vers* à tous les animaux à sang blanc (les animaux sans vertèbres des naturalistes modernes, moins les crustacés et les insectes), employa les dénominations de *vers mollusques*, *vers testacés*, comme les équivalents des mots grecs : μαλακία ὀστρακό-δερματα ; et Linné adoptant les désignations de Ray, les définit ainsi : MOLLUSCA : *animalia simplicia, nuda, absque testa, artubus instructa*. TESTACEA : *animalia simplicia, domo, sæpius calcareo, obtecta*. Bruguières, Pennant, Vicq d'Azyr, ainsi que toute l'école de Linné, adoptèrent ces définitions; seulement, ils rapprochèrent les uns des autres les mollusques et les testacés, qu'Aristote avait tenus séparés; et ils les classèrent ensemble dans la série zoologique, immédiatement après les insectes.

Comme l'on voit, pour toute la série des naturalistes, depuis Aristote jusques et y compris Linné, l'existence ou la non-existence chez les animaux mous à sang blanc d'une co qu i l l e ou enveloppe calcaire, était le caractère le plus important, puisque sur ce seul caractère était fondée une division de classe; et, qui plus est, toutes les subdivisions établies dans la classe des testacés n'étaient basées que sur des caractères déduits de la forme et de la disposition de cette même coquille. Mais à partir de Linné la valeur de la coquille, comme signe caractéristique, commence à décroître, depuis Pallas, qui le premier démontra que dans les animaux appartenant à ce type il ne fallait attacher qu'une valeur fort secondaire à l'existence ou à la non-existence d'une coquille, jusqu'à Poli, qui réunit formellement en une classe unique les mollusques et les testacés, et qui, dans sa sous-division de cette classe, déduisit ses caractères différentiels de l'organisation même des animaux, et ne tint pas le moindre compte ni de la forme, ni de la disposition, ni même de la présence de leur coquille.

En 1798, Georges Cuvier, suivant en cela la voie indiquée par Guettard, Adanson, Geoffroy, Müller et Poli, réunit définitivement, sous le nom classique de *mollusques*, les vers mollusques et les vers testacés de Ray et de Linné ; et il en fit une classe distincte et nettement définie dans le vaste groupe des animaux sans vertèbres ; classe qu'il éleva d'un degré dans la série animale, en la plaçant entre les vertébrés inférieurs, les poissons, et les animaux articulés extérieurement, les insectes, et qu'il sous-divisa en trois sections ; les *céphalopodes*, les *gastéropodes* et les *acéphales*. Depuis ce premier travail de l'illustre auteur des *Leçons d'Anatomie comparée*, la classe des *mollusques* a été l'objet de travaux très-importants et très-nombreux, travaux qui ont jeté un grand jour sur l'organisation de ces animaux, et qui ont permis d'en établir la classification méthodique. Citons comme ayant surtout contribué aux progrès que la malacologie a faits dans le dix-neuvième siècle, Cuvier, Lamark, de Blainville, Goldfuss, Oken, Desmarets, Savigny, Quoy et M. Gaymard.

Les mollusques sont ainsi définis : Animaux symétriques, pairs, invertébrés, à tête peu ou point distincte du corps, à peau nue, contractile en tous ses points, et quelquefois soutenue par une partie calcaire développée en son intérieur ; à circulation complète, à respiration localisée, tantôt dans des vessies pulmonaires, tantôt dans des branchies ; à génération ovipare, hermaphrodite, dioïque ou monoïque.

Le corps des mollusques, dont la forme varie à l'extrême, dans les différentes espèces, présente un caractère négatif constant : il n'est jamais articulé. Assez généralement ovale, plus ou moins allongé, convexe en dessus et plane en dessous, comme chez les l i ma c e s , les doris, etc., il est parfois convexe à ses deux faces, comme dans les sèches ; sub-cylindrique, comme dans certains ca l ma r s , globuleux, comme chez les p o u l p e s ; comprimé latéralement, comme dans les scyllèdes ; claviforme, comme chez les ta r e t s ; quelquefois il se contourne, tantôt à droite, tantôt à gauche, en spirale ou en hélice, comme chez un grand nombre de céphalés ; quelquefois, enfin, il peut être linguiforme, cylindrique, fusiforme, bossu, turriculé, ou même tellement irrégulier, tellement bizarre, que l'animal paraisse à peine symétrique, ainsi que cela a lieu pour les a s c i d i e s , et même pour les biphores. La tête est quelquefois nettement séparée du corps, comme dans les céphalophores ; quelquefois cette séparation est moins nettement indiquée, comme dans la plupart des gastéropodes ; quelquefois, enfin, elle est complètement insensible, comme dans tous les acéphales ; dans aucun ordre, la séparation du cou, de la poitrine, de l'abdomen, de la queue, n'est franche et distincte.

La peau des mollusques, molle, spongieuse et grandement semblable à une membrane pituitaire, se confond partout avec le plan musculaire sous-jacent, de façon à devenir contractile en toutes ses parties ; les réseaux vasculaires et nerveux y sont en général fort développés, et le pigmentum colorant y est quelquefois abondant. L'épiderme est souvent nul, et jamais la peau des mollusques ne présente de véritables poils. Dans un grand nombre d'espèces, après avoir entouré exactement le corps de l'animal, elle forme de larges replis, qui s'étalent en disques, qui se contournent en tuyaux, qui se creusent en sac, qui s'étendent et se divisent en forme de nageoires, et qui quelquefois se développent en larges nappes membraneuses, dans lesquelles l'animal s'enveloppe comme dans un *pallium* ou manteau. C'est dans l'épaisseur même de la peau, et généralement entre le réseau vasculaire et le pigmentum, que se dépose une couche de matière muqueuse, mélangée d'une quantité plus ou moins grande de matière crétacée, mélange qui, en s'accumulant et en se desséchant, produit ce corps protecteur des mollusques testacés que l'on désigne sous le nom de *coquille*. Ce dépôt n'a pas lieu chez tous les mollusques sans exception ; on appelle *mollusques nus* et les mollusques chez lesquels la peau demeure partout membraneuse et charnue, et ceux chez lesquels la substance mucoso-calcaire demeure cachée dans l'épaisseur même de la peau ; on appelle *testacés* les mollusques chez lesquels ce dépôt prend une extension et un développement tels, que l'animal tout entier peut trouver un abri sous le toit mobile qu'il porte partout avec lui.

Le canal alimentaire des mollusques se compose de deux membranes superposées, une membrane muqueuse interne formant le plus souvent des replis longitudinaux, et une membrane musculeuse, plus ou moins distincte, mais évidemment contractile dans tous ses points. Ce canal présente toujours deux orifices, plus ou moins éloignés l'un de l'autre, mais toujours parfaitement distincts, un orifice buccal et un orifice anal, qui jamais ne se confondent ; du reste, le nombre et le volume des dilatations gastriques, la disposition et l'étendue des circonvolutions intestinales, la nature et la complication des appareils accessoires de la digestion, varient à l'infini dans les différentes classes ; c'est à peine si l'on peut dire, d'une manière générale, que l'appareil digestif des mollusques se complique et se perfectionne à mesure que des mollusques acéphales les plus inférieurs on s'élève vers les céphalopodes, les sèches, les poulpes et les calmars. Dans les mollusques acéphales (sans tête), les organes de la digestion se composent d'une cavité buccale, toujours antérieure, le plus souvent arrondie, et dont l'orifice est garni de petites lèvres extrêmement variables de forme, qui se prolongent en appendices labiaux ou en palpes tentaculaires. Cette bouche s'ouvre directement dans un estomac pyriforme, à parois épaisses, et qui semble partout creusé dans le tissu même du foie. L'estomac aboutit à un canal intestinal, long et grêle, qui s'enroule autour du foie et des ovaires, remonte vers le dos de l'animal, et se termine dans la cavité du *manteau* par un prolongement libre plus ou moins considérable, à l'extrémité duquel est placé l'orifice anal. Telle est la forme la plus simple du canal alimentaire dans le type des *malacozoaires* (mollusques). Mais déjà chez les mollusques gastéropodes et trachélipodes cette forme se complique : la cavité buccale s'arme de nombreuses concrétions calcaréo-cornées, qui constituent de véritables dents, et qui souvent sont entourées à leur base de faisceaux musculaires puissants : au fond de cette cavité une langue cartilagineuse et hérissée de pointes cornées et crochues, s'enroule comme un ressort; et, par une disposition fort singulière, cette langue, qui n'est jamais *exsertile* en avant, peut pénétrer assez profondément dans le canal œsophagien. Un œsophage plus ou moins long conduit à un estomac plus ou moins compliqué, qui déjà se distingue et s'isole du tissu du foie, et le canal intestinal, auquel cet estomac aboutit, présente de distance en distance de nombreuses dilatations, dans lesquelles le bol alimentaire doit séjourner pendant son trajet. Enfin, chez les céphalopodes, la bouche est armée d'appendices cornés, semblables à un bec de perroquet; une langue charnue, mobile par elle-même, musculaire comme celle d'un quadrupède, et garnie de puissants crochets, lacère les aliments avant de les transmettre à l'œsophage : l'œsophage, long et grêle, conduit à un triple estomac ; le premier, nommé par Cuvier *jabot*, est membraneux, long, légèrement boursouflé; le second, très-musculeux, et garni à l'intérieur d'une membrane sub-cartilagineuse, est pareil en tout au *gésier* des oiseaux ; et le troisième, gonflé, irrégulier de forme, et souvent contourné en spirale, reçoit les conduits excréteurs de l'appareil biliaire. C'est de ce troisième estomac que naît l'intestin, assez régulièrement cylindrique de forme, et qui, après avoir fait de nombreuses circonvolutions, se termine par un orifice placé antérieurement dans l'entonnoir.

La circulation des mollusques est toujours complète et double; car la circulation pulmonaire accomplit toujours un circuit entier et indépendant ; toujours aussi, et dans toutes les classes, cette fonction est aidée par un ventricule charnu, musculaire, dorsal, sus-jacent au canal intestinal (si ce n'est dans les brachiocéphalés), aortique, c'est-à-dire placé entre les veines du poumon et les artères du corps, et non pas, comme chez les poissons, entre les veines du corps et les artères du poumon. Les mollusques céphalopodes ont en outre un ventricule ou sinus *pulmonaire*, qui même se divise parfois en deux ; mais les ventricules pulmonaires ne sont pas, comme dans les animaux à sang chaud, accolés et réunis au ventricule aortique, de façon à ne former qu'un organe unique : ces ventricules, lorsqu'ils sont multiples, demeurent toujours isolés et éloignés les uns des autres, de telle sorte que la circulation s'effectue au moyen de plusieurs cœurs distincts. Du ventricule aortique naît, tantôt par un seul tronc, tantôt par deux troncs distincts, comme chez les calmars, un système artériel complet, à parois épaisses, résistantes, élastiques, *gélatineuses*, au dire de Blainville, qui charrie vers tous les organes un sang froid, blanc ou bleuâtre, dans lequel la fibrine est proportionnellement moins abondante que dans le sang des vertébrés (*voyez* PHLÉBENTÉRISME) ; et ce sang, recueilli par des radicules veineuses qui se réunissent en des vaisseaux de moins en moins nombreux, de plus en plus gros, est porté, tantôt par un tronc unique, tantôt par deux troncs distincts, vers les organes respiratoires pour y être soumis à l'influence directe ou médiate, de l'air, et pour être de nouveau rendu au ventricule aortique, véritable organe central de la circulation. Du reste, il n'existe, chez les mollusques ni système veineux portal, ni système vasculaire lymphatique ou chylifère.

L'appareil respiratoire des mollusques revêt deux formes distinctes, la forme pulmonaire et la forme branchiale; dans la première de ces deux formes, qui est de beaucoup la moins commune, et qui est plus spécialement affectée aux mollusques exclusivement terrestres, l'air atmosphérique est reçu dans une cavité formée aux dépens du tégument externe, un sac toujours plus ou moins ovoïde de forme, un véritable estomac destiné à digérer de l'air, et tapissé par un lacis de vaisseaux afférents, et dans lesquels la circulation se maintient extrêmement active. Cette forme de l'appareil respiratoire se rencontre surtout dans les limnéens et les limacinés; elle se rencontre encore, mais moins fréquemment, dans les cyclostomes, les cyclobranches, et même dans les cervicobranches ; car de Blainville et Desmarets ont établi que chez les véritables patelles la respiration était pulmonaire. Dans la forme branchiale, l'appareil de la respiration se forme encore aux dépens du tégument; mais ici, au lieu de s'invaginer en forme de sac, la peau s'étale en lamelles, que baigne le milieu ambiant, et à la surface desquelles s'opère la transformation du sang. La plus grande diversité se manifeste dans la forme, dans la disposition de ces lamelles membraneuses, qui, du reste, sont presque toujours en nombre pair; et c'est surtout au moyen des caractères différentiels que peut fournir cette grande diversité que de Blainville a établi sa belle classification des malacozoaires. Ainsi, quant à la *forme*, l'appareil branchial se présente en forme d'arbuscules ramifiés dans les tritonies, de houppes dans les scyllées, de lanières dans les carolines, de pyramides tétraédriques dans les poulpes, les sèches, les phyllidies, les oscabrions; de réseau dans les ascidies, de franges dans les biphores, de lames semicirculaires dans la plupart des acéphales, de peignes dans un grand nombre de céphalés spirivalves, etc. Quant à la *disposition*, l'appareil branchial est complètement extérieur dans les nudibranches, les inférobranches, les ptéropodes ; il est renfermé dans un sac formé par le manteau dans les brachiocéphalés ; il est placé entre le manteau et le corps dans tous les acéphales, etc., etc. Quant à la *position*, les branchies sont *dorsales* dans les dories, les péronies, les testacelles ; elles sont *cervicales* dans la plupart des céphalés branchifères; elles sont *latérales* dans les scyllées, les tritonies, les éolides; elles sont sérialement et symétriquement disposées dans les deux lobes du manteau chez les limpines ; enfin, dans quelques espèces elles sont ou *latérales d'un seul côté*, ou *médianes*, ou *ventrales*. Mais quelles que soient les formes ou la disposition des branchies chez les mollusques, la structure anatomique et la fonction physiologique de ces organes demeurent constantes et parfaitement identiques à la structure et aux fonctions de ces mêmes organes chez les ostéozoaires.

Les formes variées et les diversités d'organisation que nous avons rencontrées chez les mollusques nous indiquent d'avance combien le système nerveux de ces mêmes animaux doit présenter de modifications différentes, et combien il doit être difficile de ramener ces modifications à un type général et unique ; aussi, ce que nous allons dire de ce système ne devra être regardé comme rigoureusement exact que dans certaines limites seulement.

Chez les mollusques acéphales, le système nerveux est en général peu développé, et souvent il est confondu avec les tissus ambiants, de manière à en rendre l'étude extrêmement difficile. La partie centrale, ou cérébrale, de ce système se compose d'un double ganglion, ou mieux d'un double cordon aplati, toujours situé au-dessus de l'œsophage : ce ganglion cérébral communique avec une masse nerveuse semblable, située au-dessous du muscle adducteur et postérieur ; et cette communication s'établit au moyen d'un double cordon, qui embrasse, comme dans un anneau, l'estomac, le foie et le pied, quand celui-ci existe. Dans les mollusques céphalés inférieurs, ceux qui, par leur organisation, se rapprochent le plus des acéphales, la disposition du système nerveux demeure la même ; mais à mesure que l'on s'élève en acéphales, par les gastéropodes et les trachélipodes, jusqu'aux brachiocéphalés, ou de système nerveux, tout en conservant les mêmes formes générales, se spécialiser et se perfectionne de plus en plus : les ganglions nerveux et les filets qui en émanent présentent plus de consistance; ils se distinguent plus nettement des tissus ambiants; ils forment des appareils de plus en plus spéciaux. Ainsi, dans les émarginulés, les patelles, les fissurelles et quelques genres voisins, le ganglion cérébral forme déjà un anneau qui embrasse le canal œsophagien, et fournit des filets à la bouche, aux tentacules, aux branchies ; dans les haliotides, un ganglion, distinct du ganglion cérébral, quoiqu'en communication médiate avec lui, fournit des filets au canal alimentaire et à l'appareil locomoteur; et dans les mollusques turbinés il existe déjà un ganglion oculotentaculaire, et un ganglion spécial aux organes de la reproduction. Mais c'est dans les mollusques brachiocéphalés (les sèches, les poulpes, les calmars, etc.) que le système nerveux atteint le plus haut développement que comporte le type des malacozoaires : le ganglion cérébral, fort gros, et formé de deux masses semblables réunies entre elles par une commissure, est renfermé dans un véritable crâne cartilagineux : de chaque moitié de cette espèce de cerveau part un cordon qui va se réunir à son congénère au-dessous de l'œsophage, et qui ceint ainsi ce canal d'un véritable collier. Des ganglions, toujours en communication médiate avec le ganglion central, sont affectés à la sensibilité générale et à la locomotion; d'autres, situés dans le voisinage de l'estomac, distribuent leurs filets au canal alimentaire; d'autres, enfin, se rendent aux appareils de la vue et de l'ouïe, aux lèvres et aux tentacules ; et tous ces ganglions sont mis en rapport avec le système central par des filets anastomiques.

Les organes des sens paraissent peu développés dans toute la classe des mollusques. Toutefois, leur peau, partout molle et muqueuse, constituerait, au dire des zoologistes, un organe tactile d'une grande délicatesse, qui transmettrait à l'animal les moindres vibrations du milieu dans lequel il se meut; et de plus, le sens du toucher serait encore localisé dans les bords, éminemment contractiles, du manteau pour les mollusques conchifères, et dans les tentacules que portent sur leur tête quelques mollusques céphalés. Le sens du goût nous paraît devoir être plus développé chez les mollusques que le sens du toucher : il est à présumer en effet que les palpes labiaux qui garnissent l'ouverture buccale, et qui reçoivent de gros filets nerveux du ganglion cérébral ne sont pas étrangers à cette fonction ; il est à présumer encore que la langue, musculaire et charnue, de quelques gastéropodes et de la plupart des mollusques brachiocéphalés n'est pas complétement dépourvue de sens gustatif ; il est à présumer, enfin, que cette étrange disposition, en vertu de laquelle le système nerveux central embrasse comme un collier l'origine œsophagienne du canal alimentaire, n'est point un fait indifférent dans la physiologie du sens du goût; et nous ne pouvons pas ne pas croire que l'introduction des substances alimentaires dans la cavité buccale des mollusques détermine des phénomènes d'une singulière intensité, alors que nous voyons le système nerveux tout entier présider à cette introduction. Rien n'indique que les mollusques possèdent de sens olfactif ; et quant au sens de l'ouïe, il n'existe certainement chez aucun, si ce n'est peut-être chez quelques céphalopodes, qui offrent quelques rudiments d'un organe auditif. Aussi les mollusques demeurent-ils toujours insensibles au bruit, quelque fort, quelque rapproché qu'il soit, si ce n'est lorsque ce bruit détermine des vibrations du milieu, dans lequel ils flottent. Le sens de la vue, complétement nul chez les acéphales, se réduit chez le grand nombre des mollusques céphalés à quelques points oculaires portés sur des appendices tentaculaires. Mais dans les céphalopodes, l'organe de la vue est porté tout à coup à un degré de développement fort remarquable ; car les yeux sont grands et logés dans des orbites creusés en partie dans le cartilage céphalique : mais, ce qui est assez étrange, ces yeux sont dépourvus de cornée transparente proprement dite, celle-ci étant remplacée par la peau elle-même, qui se prolonge sur le globe de l'œil, et constitue ainsi une véritable paupière parfaitement transparente.

Un grand nombre de fibrilles musculaires demeurent confondues avec le tissu même de la peau chez les mollusques et c'est à l'existence de ces fibrilles qu'il faut attribuer la contractilité que nous avons dit exister en tous les points du tégument. Néanmoins, les mollusques possèdent encore des fibres charnues parfaitement distinctes de la peau, fibres qui forment de véritables muscles, dont le développement, la disposition et la forme varient grandement, suivant qu'on les étudie chez les mollusques acéphales ou céphalés, ou même dans tel ou tel groupe de chacune de ces deux grandes sections. Chez les acéphales, on compte trois ordres de muscles distincts : le premier se compose de fibres qui des bords du manteau vont s'attacher non loin de la circonférence de la coquille; le second groupe de fibres musculaires constitue chez beaucoup d'acéphales une masse charnue, le *pied*, qui sert à la translation du corps par un procédé de reptation assez complexe ; enfin, le troisième groupe de fibres forma, chez les acéphalés bivalves, tantôt un faisceau unique, tantôt un double faisceau, qui, s'attachant de part et d'autre aux deux valves de la coquille, devient l'antagoniste du ligament élastique qui tend constamment à écarter celle-ci. Ce sont ces mêmes fibrilles musculaires qui constituent les byssus au moyen desquels les jambonneaux, les moules, etc., s'attachent aux rochers. Chez les gastéropodes le panicule charnu acquiert un développement considérable, qui constitue ce qu'on nomme le *pied* : dans les espèces dépourvues de coquilles, ce pied règne sur toute la longueur du corps; dans les espèces testacées, au contraire, il ne s'attache au corps que dans un endroit que l'on pourrait nommer le cou. Enfin, chez les brachiocéphalés, chez lesquels la tête est nettement distincte du cou, la couche musculaire sous cutanée se divise, au point de transition, en faisceaux supérieurs, inférieurs et latéraux : il existe en outre des muscles spéciaux pour les appendices locomoteurs qui entourent la tête. Au reste, la locomotion chez les mollusques est aussi variée que les organes destinés à la produire. Elle est nulle chez les acéphales fixés au sol par leur coquille, chez les huîtres, les spondyles, etc.; elle est bien peu sensible dans les mollusques lithodomes, qui se forent une demeure dans la pierre; elle est faible encore dans les mollusques qui adhèrent aux rochers par des byssus plus ou moins longs; elle est faible aussi dans les mactres, les vénus, les cythérées, les mulettes, etc., qui se déplacent sur le sable par les mouvements qu'elles impriment aux valves de leur coquille. Mais la progression, ou la translation dans l'espace, devient plus marquée chez les bucardes, qui sautent en appuyant sur le sol leur pied ployé comme un ressort; chez les gastéropodes, qui rampent, comme les limaces, au moyen du large disque charnu que l'on nomme leur pied : elle est complète et rapide enfin chez les ptéropodes, chez les hétéropodes, qui se meuvent sur les eaux au moyen d'appendices cutanés qui leur forment de véritables nageoires; chez les céphalopodes surtout, qui poursuivent leur proie à travers les mers comme des poissons, et dont les longs bras sont en même temps des organes de préhension et des organes de natation.

La disposition de l'appareil reproducteur chez les mollusques présente trois formes distinctes, qui souvent se rencontrent toutes les trois dans les différents genres d'une même famille. Chez un grand nombre d'espèces, cet appareil est unisexuel, et renferme, réunies, toutes les conditions de la reproduction : chez ces espèces, par conséquent, tous les individus sont parfaitement semblables entre eux ; il n'existe ni mâle ni femelle, et chaque individu est apte à reproduire seul son espèce. C'est l'*hermaphrodisme complet*. Tous les mollusques acéphales, et un grand nombre de céphalés sont dans ce cas. D'autres espèces sont bi-sexuelles ou monoïques, et le même individu réunit en même temps les deux formes parfaitement distinctes de l'appareil reproducteur. Dans ces espèces encore, il n'existe ni mâles ni femelles ; car tous les individus sont parfaitement semblables entre eux ; néanmoins, le concours de deux individus distincts paraît être toujours essentiel à la reproduction de l'espèce. C'est là l'*hermaphrodisme insuffisant* des naturalistes, et c'est le cas de la plupart des mollusques gastéropodes. Enfin, la troisième disposition de l'appareil génital dans les malacozoaires consiste dans l'isolement de chaque sexe sur un individu distinct; ce qui constitue dans chaque espèce des individus mâles et des individus femelles dissemblables. Ces mollusques sont dits *dioïques*, et cette forme est surtout commune chez les céphalopodes. Enfin, les mollusques sont tantôt ovipares, tantôt vivipares, et tantôt enfin ovo-vivipares.

G. Cuvier, dans son *Règne animal* (1817), a divisé son ordre des mollusques en six classes distinctes; et quoique la belle classification des malacozoaires proposée par de Blainville nous paraisse supérieure à bien des titres à celle de l'illustre auteur des *Leçons d'Anatomie comparée*, c'est encore celle-ci que nous croyons devoir reproduire ici, parce que les beaux travaux de son auteur sont encore les seuls qui soient admis comme classiques dans toutes nos écoles. La forme générale du corps des mollusques, dit Cuvier, étant assez proportionnée à la complication de leur organisation intérieure, indique leur division naturelle : 1° les uns ont le corps en forme de sac ouvert par le devant, renfermant les branchies, d'où sort une tête bien développée, couronnée par des productions charnues fortes et allongées, au moyen desquelles ils marchent et saisissent les objets. Nous les appelons *céphalopodes*. 2° En d'autres, le corps n'est point ouvert : la tête manque d'appendices, ou n'en a que de petits; les principaux organes du mouvement sont deux ailes ou nageoires membraneuses, situées au côté du cou, et sur lesquelles est souvent le tissu branchial. Ce sont les *ptéropodes*. 3° D'autres encore rampent sur un disque charnu de leur ventre, quelquefois, mais rarement, comprimé en nageoire; ils ont presque toujours en avant une tête distincte. Nous les appelons *gastéropodes*. 4° Une quatrième classe se compose de ceux dont la bouche reste cachée dans le fond du manteau, qui renferme aussi les branchies et les viscères, et qui s'ouvre, ou sur toute sa longueur, ou à ses deux bouts, ou à une seule extrémité. Ce sont nos *acéphales*. 5° Une cinquième classe comprend ceux qui, renfermés aussi dans un manteau et sans tête apparente, ont des bras charnus ou membraneux, et garnis de cils de même nature. Nous les nommons *brachiopodes*. 6° Enfin, il en est qui, semblables aux autres mollusques par le manteau, les branchies, etc., en diffèrent par des membres nombreux, cornés, articulés, et par un système nerveux plus voisin de celui des animaux articulés. Nous en ferons notre dernière classe, celle des *cirrhopodes*.

On rencontre des mollusques dans tous les milieux : il en est qui paraissent vivre presque constamment sous terre (les testacelles); d'autres vivent dans l'air, à la surface du sol (les limaces, les hélices, etc.); d'autres encore habitent constamment les eaux, douces ou salées, courantes ou dormantes (les acéphalophores); d'autres, enfin, sont amphibiens (les lymnées, les planorbes, etc.). Quant à la répartition de ces animaux dans les différentes régions du globe, on peut dire, en thèse générale, qu'aucun lieu n'est complètement dépourvu de mollusques terrestres, pélagiques, lacustres ou fluviatiles; on peut dire encore que presque toutes les familles sont représentées dans toutes les grandes zones du globe par quelques genres au moins; mais que des genres et les espèces sont beaucoup plus nombreux dans certaines zones que dans d'autres : ainsi, partout il existe des poulpes, des sèches, des calmars, mais la spirule, mais l'argonaute, appartiennent à la zone torride seulement, etc. On peut dire encore que les genres sont en général plus riches en espèces, et que les individus eux-mêmes sont de plus grande dimension dans les zones intertropicales que dans les régions polaires.

Les mollusques se nourrissent de toutes substances, animales ou végétales, vivantes ou mortes, fraîches ou putréfiées; mais chaque espèce, souvent chaque genre, et quelquefois même chaque famille, se borne à une seule nourriture spéciale. Enfin, tous les mollusques vivent isolés, en ce sens que jamais plusieurs individus distincts ne concourent ensemble à un but commun et fatal; mais souvent des circonstances de milieu, ou de reproduction, amoncellent sur un même point des nombres immenses d'invidus de même espèce : c'est ce qui a lieu pour les huîtres, les moules, les jambonneaux, etc.; et quelquefois aussi ces individus ne sont pas seulement agglomérés, mais bien aussi agglutinés entre eux de manière à ne plus former qu'une masse unique : c'est ce qui a lieu pour les botrilles, les pyrosômes, etc.
BELFIELD-LEFÈVRE.

MOLOCH ou **MOLECH**, c'est-à-dire *roi*. Il est souvent question sous ce nom, dans l'Ancien Testament, d'une idole des peuples orientaux, sous la forme duquel ils adoraient la planète Saturne, qu'ils considéraient comme malfaisante et auquel on offrait des sacrifices humains. Il se composait d'une forme humaine de métal, surmontée d'une tête de bœuf. Les Cananéens, et après eux les Israélites, sacrifièrent leurs enfants à Moloch, soit en les faisant brûler sur l'autel qui, dans la vallée de Géhenne, était érigé à cette divinité cruelle, soit en les enfermant dans le creux de l'idole même, colossale statue de cuivre que l'on faisait rougir à un grand feu. Pour qu'on n'entendît pas les cris des malheureux enfants victimes de cette atroce superstition, des tambours retentissaient au loin pendant tout le temps du sacrifice; d'où le nom de *Topheth*, que l'on avait donné à la vallée qui était le théâtre de ces abominables scènes. Jérémie s'efforça en vain de détourner le peuple juif de ce culte impie. Suivant quelques commentateurs de la Bible, plusieurs rois de Juda sacrifièrent leurs propres enfants à Moloch. Le roi Josias renversa l'autel de cette idole, que, sous Manassès, successeur d'Ézéchias, les Hébreux avaient élevée de nouveau; et il voulut que la vallée de Topheth devînt le dépôt des immondices de la ville de Jérusalem.
CHAMPAGNAC.

MOLOCH (*Histoire naturelle*). Voyez GIBBON.

MOLOSSES (Les), peuple de l'Épire, originaire de l'Asie Mineure. Après la chute de Troie, sous la conduite d'un fils de Néoptolème, ou Néoptolème lui-même, ils vinrent s'établir dans l'Épire, dont par la suite ils subjuguèrent les diverses populations. Plus tard ils passèrent, comme toute l'Épire, sous la domination romaine.

Les chiens *molosses* passaient pour être excellents. On les employait à la chasse et à la garde des troupeaux sur les montagnes.

MOLTKE, ancienne famille noble, originaire du Mecklembourg, et établie en Danemark depuis le commencement du siècle dernier.

Adam-Gottlob DE MOLTKE vint de bonne heure à la cour de Danemark, où il fit fortune, grâce à la faveur toute particulière que lui accorda le roi Frédéric V, qui, en 1750, érigea pour lui en comté la terre de Brengtved, située en Séland. Il mourut en 1792, laissant vingt-deux enfants, desquels descendent les diverses branches de la famille Moltke aujourd'hui existantes.

Son fils, *Joachim-Gottsche* DE MOLTKE, nommé ministre d'État en 1775, vécut de 1784 à 1813 retiré dans ses terres. Rappelé aux affaires en 1813, à une époque où jamais encore le Danemark ne s'était trouvé dans une situation si critique sous tous les rapports, il réussit, il est vrai, à relever le crédit national; mais comme sa fortune particulière, déjà très-considérable, s'accrut encore au milieu de la détresse du trésor public, il fut généralement accusé d'avoir profité de son passage au pouvoir pour prendre à son propre profit une part clandestine d'intérêt dans diverses opérations financières qui eurent pour but et résultat de porter au pair le papier émis par l'État, et demeuré pendant longtemps à vil prix. La terre de *Brengtved*, qu'il possédait au midi de la Sélande, et fut plus beau domaine qui existe en Danemark. Il mourut le 5 octobre 1818, léguant près d'un million de francs à des établissements scientifiques et à des écoles.

Son fils, *Adam-Guillaume*, comte DE MOLTKE, né en 1785, fut ministre des finances pendant plus de trente ans, et n'abandonna son portefeuille qu'en 1848. Mais peu de temps après, il accepta le ministère des affaires étrangères; poste dont il se démit en 1852. On n'estime pas sa fortune à moins de 500,000 fr. de rente, et il sait en user en homme d'esprit et de goût pour noblement protéger les lettres et les arts.

MOLUQUES (Iles) ou **ILES AUX ÉPICES**. On appelle ainsi l'immense archipel situé entre les Célèbes et la Nouvelle-Guinée, et dépendant de l'Asie, dont les diverses îles, placées directement ou indirectement sous la domination des Hollandais, forment ensemble un gouvernement distinct de leur colonie des Indes orientales. Elles semblent avoir été détachées de la Nouvelle-Guinée par des tremblements de terre, sont d'origine volcanique et rendent la navigation de ces parages très-périlleuse, à cause de leurs récifs, de leurs bancs de sable et de leurs bas-fonds cachés. En été la chaleur y est très-grande, et pendant la saison des pluies l'air y est très-malsain. Quelques-unes manquent d'eau, mais les fruits du cocotier y suppléent jusqu'à un certain point. La langue malaise y est la langue dominante. Quand les Portugais, commandés par Antonio de Abreu et Francisco Serrao, découvrirent, en 1511, les *Iles aux Épices*, les Arabes y étaient établis déjà depuis longtemps; et ils y avaient fait prédominer l'islamisme, mais mêlé de beaucoup d'idolâtrie. Elles demeurèrent sous la domination portugaise jusqu'au commencement du dix-septième siècle, époque où les Hollandais s'en emparèrent. A partir de 1796 les Anglais les leur enlevèrent à deux reprises; mais la paix de 1814 les leur restitua définitivement.

Les Hollandais n'eurent pas plus tôt pris possession de ces îles, qu'ils jugèrent avantageux de transporter la culture des arbres à épices dans les groupes d'Amboine et de Banda, situées au sud, et de l'anéantir dans le reste de l'Archipel. En conséquence, ils conclurent, en 1638, avec le sultan de Ternate, leur vassal, ainsi qu'avec les différents petits souverains des autres îles, un traité aux termes duquel tous les arbres à épices qui se trouvaient dans leurs États respectifs furent arrachés pour ne plus jamais être replantés; et ils leur accordèrent de dédommagement une pension annuelle d'environ 70,000 francs. Pour surveiller l'exacte exécution de ce traité, ils construisirent les trois redoutables forts *Orange*, *Holland* et *Wilhelmstadt*, dans l'île de Ternate, et neuf autres encore dans le reste des îles; et de temps à autre, autant que le permettaient les bêtes féroces et le défaut de praticabilité des forêts, ils arrachaient les arbres à épices qui y repoussaient. Pour empêcher la contrebande des épices, le gouverneur d'Amboine parcourait chaque année son gouvernement avec une escadre de vingt à trente navires. Mais en dépit de toutes ces précautions les arbres à épices continuaient de croître là où la puissance des Hollandais n'avait pu pénétrer; et malgré les sévères pénalités édictées par les Hollandais, les naturels n'en persistèrent pas moins à en faire un immense commerce interlope avec les Anglais. C'est dans ces derniers temps seulement que le gouvernement hollandais en est venu à avoir des idées plus libérales sur cette matière, ce qu'il faut sans aucun doute attribuer d'une part à la diminution qu'a subie la consommation des épices, et de l'autre au faible prix qu'ils en obtiennent.

Le gouvernement des îles Moluques, qui en novembre 1840 comptait 530,600 habitants sur une superficie de 1,414 myriamètres carrés, est divisé en trois groupes d'îles ou *Résidences* : les îles Banda au sud (288 myriamètres carrés, avec 155,770 habitants); les îles Amboines, au centre (336 myriamètres carrés, avec 277,500 habitants), où se trouve situé le siège du gouvernement général, dans l'île d'Ambon ou **Amboine**; et les Moluques proprement dites ou *Ternates* (780 myriamètres carrés, avec 97,330 habitants).

La *Résidence* des îles Banda, au nombre de quarante, et contenant les principales plantations de muscadier, se subdivise en quatre groupes, à savoir : les îles **Banda** proprement dites; les îles du sud-ouest, *Letti*, *Moa*, *Lakar*, *Matta*, et quelques autres petites îles situées à l'est de Timor; les îles de l'est, c'est-à-dire *Timorlaut*, la plus grande de toutes et habitée par une population pacifique, les îles *Tenember*, qui l'avoisinent, *Larrat*, les îles *Key*, etc.; les îles *Aru* ou *Arrou*, rangées sur deux lignes presque parallèles courant du nord au sud, et qui par leur population et mœurs douces et paisibles, les Alfoures ou **Hanaforas**, de même que par leur faune et leur flore, sont celles qui se rapprochent le plus de la Nouvelle-Guinée, île comprise dans l'Australie.

La *Résidence* des Moluques proprement dites ou des Ternates forme un groupe particulier de treize grandes et de plusieurs petites îles, situé entre la Nouvelle-Guinée et les Philippines. Le gouvernement réside au fort Orange, dans la petite île de *Ternate*, qui n'est pas moins remarquable par son origine volcanique que parce qu'elle est demeurée la résidence des sultans de Ternate, qui au quatorzième et au quinzième siècle tenaient sous leur autorité absolue la plus grande partie des îles Moluques. Aujourd'hui même ce sultan, quoique réduit à l'état de simple vassal de la Hollande, tient toujours sous ses lois une partie de Célèbes, de Dschiloilo et de Martay. Son palais, vaste et magnifique édifice, est situé dans la ville de Ternate, qui s'élève en amphithéâtre sur les côtes de la mer, et qui contient aussi le fort Orange. Au reste cette île a été horriblement dévastée en 1840 par un ouragan. *Gilolo* ou *Dschiloilo* est la plus grande île de ce groupe; on l'appelle aussi *Halmarera* ou *Halamaherra*. Située à l'est de Ternate, de même configuration que Célèbes, elle est hérissée de cones volcaniques et presque exclusivement habitée par des Papous et des Malais. L'intérieur en est gouverné par divers petits princes ou chefs indépendants. Une partie en est possédée, avec la ville de *Betschotie*, par le sultan de Ternate, et l'autre, avec la ville de *Galela*, par le sultan de Tidor.

L'île de *Tidor*, plus petite que Ternate, mais mieux peuplée, devant à la ville du même nom pour capitale, et où l'on compte 5,000 habitants, a un sultan vassal des Hollandais. Les petites îles de *Motir* et de *Matschan*, et l'île de Raischian, qui est un peu plus grande, obéissent également à des sultans qui reconnaissent la suzeraineté de la Hollande.

Jadis sur 500,000 pieds de girofliers qu'on comptait dans les différentes îles aux Épices, on récoltait, année commune, 300,000 kilogrammes de clous de girofle, dont 175,000 kilogrammes s'expédiaient en Europe, et 75,000 aux Indes. On récoltait en outre annuellement 350,000 kilogrammes de noix muscadées et 100,000 kilogrammes de fleur, dont 115,000 kilogrammes de noix et 50,000 kilogrammes de fleur s'expédiaient en Europe. Le surplus était mis en réserve pour les mauvaises années; et quand les approvisionnements arrivaient à fournir des masses trop considérables, on les anéantissait.

MOLYBDÈNE, métal découvert en 1778 par Scheele. Il est blanc comme l'argent, et à presque autant d'éclat. Son poids spécifique est 8,611. Il est cassant, entre difficilement en fusion, n'a que très-peu de ductilité, et tire sa dénomination de μολίβδαινα, nom grec de la **plombagine**, avec laquelle le sulfure naturel de molybdène fut longtemps confondu. Dans ces derniers temps, on s'est occupé d'appliquer les combinaisons du molybdène avec l'oxygène, l'acide molybdique et l'oxyde de molybdène, à la fabrication des couleurs pour la porcelaine.

MOLYBDOMANCIE (du grec μόλιβδος, plomb, et μαντεία, divination), sorte de divination qui avait lieu par l'observation des mouvements et des figures que présentait le plomb en fusion.

MOLYN (Peters). *Voyez* Tempesta.

MOMENT. Dans le sens le plus ordinaire de ce mot, un *moment* est un temps très-court, mais cependant assez prolongé pour que l'on puisse observer ce qui se passe entre ses limites. S'il était question d'un intervalle encore plus resserré, dont les deux extrémités semblent se confondre, on le nommerait un *instant*; c'est en quelque sorte l'*atome* de la durée. S'il était appréciable, si l'on discernait son commencement et sa fin, on aurait excédé prodigieusement l'espace qui lui est accordé. Cependant, on l'emploie souvent dans un sens très-voisin de celui de *moment*. Mais ces expressions ne sont pas prises à la lettre : il est des circonstances qui les font préférer à un langage plus exact, parce qu'elles portent l'empreinte d'une bienveillance empressée ou d'une ponctualité scrupuleuse, d'une sévère économie du temps. Lorsqu'on dit : Voici le *moment* de montrer son courage. Il faut saisir le *moment* favorable. Proütons des *moments* où la fortune nous sourit, etc., il ne s'agit point de durée, mais de circonstances opportunes et de ce qu'elles nous prescrivent. Cependant, si l'état de choses dont on parle se maintenait, le *moment* serait passé, et le *temps* serait arrivé.

Dans un autre ordre d'idées, un *moment* est ce qu'exprime le mot latin *momentum* (cause d'impulsion, de mouvement, de détermination). Quelques écrivains l'ont employé dans le sens moral ; mais il n'est plus en usage que dans la mécanique, et avec une signification restreinte ; il n'exprime que la mesure d'une *force motrice*, c'est-à-dire la *quantité de mouvement* qu'elle peut imprimer à un corps en repos. En statique, *moment* s'emploie plus spécialement pour désigner le produit d'une force par la distance de sa direction au point d'appui. FERRY.

MOMERIE (de μῶμος, railleur, moqueur). Par ce mot on entend le plus souvent l'affectation ridicule d'un sentiment que l'on n'a pas; telles sont, en général, les larmes d'héritiers collatéraux à l'enterrement de celui dont ils héritent; d'autres fois on entend par là de ridicules cérémonies à l'aide desquelles les ministres d'un culte sollicitent pour lui le respect; enfin, dans le sens le plus vieilli du mot, on entend par momerie une bouffonnerie, une chose concertée à l'avance pour faire rire.

MOMIE. On désigne par ce mot les corps organisés, et surtout les corps humains que, plus particulièrement dans l'antique Égypte, on conservait et on préservait de la corruption au moyen de l'embaumement. Les uns le font venir d'un mot arabe signifiant *salé*, les autres d'un mot persan désignant une enveloppe gommeuse. Ce n'étaient pas seulement des idées religieuses, mais aussi la nécessité qui portait les Égyptiens à embaumer leurs morts, parce qu'ils manquaient de bois pour brûler les cadavres et que les inondations du Nil étaient un obstacle à ce qu'on les ensevelît dans la terre. La nature des momies varie beaucoup, suivant les procédés d'embaumement qu'on a employés. D'après les recherches les plus récentes, on peut établir entre elles les classes suivantes. Les unes ne sont embaumées que par l'emploi d'un moyen contenant de la matière à tan et odorante, et remplies d'un mélange de résine ou d'asphalte aromatisé. La couleur en est rouge-brun, et les traits du visage sont ainsi conservés. D'autres sont traitées au moyen de substances salées, et remplies en même temps de résine et d'asphalte. Ces momies sont noirâtres, dures, lisses, de la nature du parchemin ; leurs traits sont défigurés, et elles n'ont conservé que peu de cheveux. Une troisième classe de momies n'ont été traitées qu'au moyen du sel, puis desséchées; elles sont blanches, légères, sans cheveux, la peau de la nature du parchemin et les traits déformés. Ces momies sont dures, sèches et plus ou moins friables. Tout le corps des momies est enveloppé d'étroites bandes d'étoffes de coton et de diverses couleurs. D'ordinaire, le visage seul est resté découvert, et quelquefois il est si parfaitement conservé, que les yeux ont complètement gardé leur rondeur. Les bandes d'étoffes sont serrées si fort autour du corps et à la longue se sont tellement imprégnées des baumes, qu'elles semblent ne plus faire qu'un seul corps. Ces momies sont conservées dans des bières de sycomore ou d'autre bois, consistant en un compartiment inférieur, et de son couvercle de la grandeur et de la forme du corps, et le plus ordinairement ornées d'hiéroglyphes et de figures.

Outre les corps humains, les anciens Égyptiens embaumaient aussi les corps de plusieurs de leurs animaux sacrés, notamment ceux des taureaux, des éperviers, des ibis, des chats, des renards, des crocodiles, des singes, des chauves-souris, de plusieurs espèces de poissons, etc., etc. Toutes ces momies, aussi bien celles des hommes que celles des animaux, mais ces dernières toujours séparées des premières, étaient déposées dans de grandes salles mortuaires ou n é c r o p o l e s, creusées à cet effet dans les deux chaînes de montagnes qui suivent parallèlement le cours du Nil sur chacune de ses rives depuis Syène jusqu'à Memphis, et dont la construction, aussi grandiose que merveilleuse, frappe encore aujourd'hui le spectateur d'admiration. Les plus vastes d'entre ces champs de la mort qui soient encore visibles sont ceux de Memphis, d'Abydos et de Thèbes. Les caveaux en sont parfois formés par d'immenses galeries souterraines. Les plus magnifiques de tous sont les tombeaux royaux, à Thèbes, qui forment en réalité des palais souterrains, ornés de sculptures et de peintures du dernier fini et ayant conservé tout leur éclat. En raison des sculptures et des peintures de tous genres qu'ils contiennent, et qui sont consacrées plus particulièrement à représenter la vie des anciens Égyptiens sous toutes ses faces, ces asiles de la mort, avec leur innombrable quantité de momies, constituent très-certainement l'une des mines les plus riches que puisse exploiter l'archéologue qui veut étudier l'Égypte.

Les anciens Égyptiens ne furent pas les seuls dans l'antiquité qui eussent appris à conserver leurs morts. Aux îles Canaries, les Guanches s'entendaient aussi parfaitement à les momifier ; et il est probable qu'à cet effet ils les faisaient sécher à l'air. Les momies de cette espèce qu'on a trouvées aux îles Canaries sont cousues dans des peaux de mouton et d'ailleurs bien conservées. On a trouvé au Mexique des momies apprêtées de la même manière; les anciens Péruviens, eux aussi, savaient conserver les corps de leurs incas à l'abri de toute décomposition.

Indépendamment de ces momies artificiellement préparées, on en rencontre de naturelles en divers endroits, un air vif et froid empêchant les corps de se décomposer et les amenant à un état de complète dessication. On en peut voir des exemples dans le couvent des capucins près de Palerme, en Sicile, dans le couvent du grand mont Saint-Bernard, dans le caveau de droite de la cathédrale de Brême, et ailleurs. Telle est l'origine des prétendues *momies blanches* ou *arabes*, ainsi qu'on appelle les corps humains qu'on rencontre dans les déserts de l'Arabie et de l'Afrique, restés longtemps sous le sable et tellement desséchés par la brûlante ardeur du soleil qu'ils sont devenus incorruptibles. Les momies véritables ou artificielles étaient autrefois employées en médecine comme moyen thérapeutique, et on en expédiait du Levant et de l'Égypte des fragments en Europe.

MOMIERS (Les), sobriquet donné en Suisse au parti méthodiste, qui, protégé par la grande société de propagande continentale, dont le siège est à Édimbourg, a fait dans ce pays depuis 1817 des progrès toujours croissants. Il est synonyme d'*hypocrite*, et vient du mot *momerie*. Les *momiers* parurent à Genève dès 1813. A cette époque, un jeune ecclésiastique protestant, nommé Empaytaz, imbu des idées mystiques de Mme de K r u d e n e r, y introduisit le méthodisme; soutenu par les méthodistes anglais Drumond et Haldane, il accusa dans un pamphlet le clergé de Genève de nier la divinité de Jésus-Christ et de ne point professer les doctrines de Calvin dans toute leur pureté. Pour mettre un terme aux dissensions religieuses produites par ces inculpations, le clergé adopta un règlement par lequel chaque ecclésiastique doit s'engager à ne point enseigner les doctrines blâmées par ses adversaires et à ne s'exprimer autant que possible sur les dogmes en discussion qu'en se servant des termes mêmes de l'Écriture. Cette mesure n'eut d'autre résultat que de donner plus de vivacité à l'opposition et plus de violence aux discussions. Les prédicateurs Empaytaz, Malan, Gauffen, Bost et Galland accusèrent le clergé de Genève d'avoir renoncé à Jésus-Christ et de nier les vérités de l'Évangile; puis ils tinrent de nombreux conciliabules. Le gouvernement local, avec un bon sens qui l'honore, ne leur en permit pas moins de constituer des communautés particulières; et après avoir été l'objet de diverses attaques de la part du peuple, les méthodistes de Genève parvinrent enfin à jouir d'une existence paisible.

Ils furent d'abord moins heureux dans le Pays de Vaud, où le peuple leur donna tout aussitôt le sobriquet de *momiers*, qui leur est resté, et se porta même contre eux à des voies de fait. Le gouvernement du Pays de Vaud, moins tolérant que celui de Genève, chassa les émissaires des *momiers*, et finit par rendre contre eux, le 20 mai 1824, un arrêté sévère, aux termes duquel les prédicants méthodistes Scheler, Olivier, Chavannes, le professeur Molard et autres, furent expulsés du canton. Mais comme ces rigueurs donnaient aux *momiers* l'apparence du martyre, on se relâcha peu à peu de la sévérité de l'arrêté qui les concernait, et fut complétement rapporté à la suite de la révolution de Juillet. Les missionnaires méthodistes rencontrèrent les mêmes répulsions dans les autres cantons de la Suisse, notamment à Berne, où le gouvernement sut faire respecter le clergé, qu'ils accusaient d'hérésie. Leurs efforts pour fonder un collége ont été aussi infructueux que ceux qu'ils tentèrent pour s'emparer de la direction des esprits au moyen de leur *Gazette évangélique*.

MOMUS, dieu de la raillerie et des bons mots, tire l'étymologie de son nom du grec μῶμος, moquerie. C'est encore un dieu éclos de l'imagination des Hellènes à l'époque la plus reculée de la civilisation. Hésiode, en sa *Théogonie*, le dit fils du Sommeil et de la Nuit. Plus tard Lucien fait de lui l'esprit fort, l'esprit frondeur de l'aristocratique Olympe. Il raconte que Neptune ayant fabriqué un taureau, Vulcain un homme et Minerve une maison, Momus fut choisi pour juger de l'excellence de leurs ouvrages; il trouva que les cornes du taureau étaient mal plantées, qu'il aurait fallu qu'elles fussent placées sous des yeux ou des épaules, afin de donner des coups plus violents. Quant à l'homme, il aurait fallu qu'on lui eût fait une petite fenêtre au cœur, pour voir ses pensées les plus secrètes. Enfin, la maison lui parut trop massive pour être transportée lorsqu'on aurait un mauvais voisin. On le représente levant un masque de dessus un visage et tenant une marotte à la main; un rire fin, et quelquefois goguenard, caractérise sa figure. DENNE-BARON.

MOMUS (Soupers de). *Voyez* CAVEAU, t. IV, p. 738.

MONACHISME. On en trouve l'origine dès avant l'époque chrétienne, alors que la corruption de la société provoqua le goût pour la vie solitaire et engagea à chercher dans la solitude un abri contre le mal. Des moines seuls avaient intérêt à savoir si Hénoch, parce qu'il avait mené une vie divine, avait été le premier ermite. Mais il est certain que dans la disposition naturelle des peuples de l'Asie méridionale à l'inactivité et à la calme contemplation il y avait déjà le germe de cette antique philosophie orientale dont les tendances à la vie contemplative, à la vie qui s'arrache des liens du corps et de la sensualité pour aspirer à l'idéal, donnèrent à la renonciation au monde un caractère et un charme tout particuliers de sainteté. A cela vint s'ajouter l'opinion généralement répandue de tout temps en Orient que faire pénitence de ses fautes passées en s'abstenant de toutes les jouissances de la vie était le moyen le plus sûr de se concilier la miséricorde de Dieu. On rencontre dans l'antiquité asiatique, bien avant la venue de Jésus-Christ, des anachorètes et des ermites, des saints et des moines faisant pénitence (*voyez* GYMNOSOPHISTES); et de nos jours encore les contrées où règnent les religions de Brahma, de Fo, de Lama, de Mahomet, sont remplies de fakirs et de santons, de tantris ou de songesses, de talapoins, de bonzes et de derviches. Chez les Juifs aussi, les nazaréens étaient des hommes qui se consacraient à Dieu; et la vie des esséniens ou thérapeutes, qui florissaient en Palestine et en Égypte vers le temps de Jésus, était tout à fait réglée d'après l'idée de la séparation du monde, ainsi que d'une piété et d'une discipline, qui prédomina plus tard dans la meilleure époque du monachisme chrétien. Chez les chrétiens, dont la religion établissait déjà une séparation bien distincte entre le corporel et le spirituel, et qui se grossit d'ailleurs au troisième siècle d'idées gnostiques et néoplatoniciennes sur le dépouillement du corps et l'élévation au-dessus du monde des sens, la vie solitaire commença à être approuvée et recommandée dès le quatrième siècle. Mais ce furent surtout les persécutions qui la propagèrent. A partir du cinquième siècle le monachisme apparaît comme une institution ecclésiastique, qui prit les formes les plus diverses et qui jusqu'au dix-septième siècle exerça toujours plus d'influence sur les mœurs et la civilisation, de même qu'elle prit toujours plus d'importance politique. Cette influence elle la conserve même encore de nos jours, surtout dans les pays occupés par des populations d'origine romaine.

MONACO, petite principauté d'Italie, sur la côte ligurienne de la Méditerranée et entourée par le comté sarde de Nice, a 17 kilomètres carrés de superficie, et dans les trois communes dont elle se compose, *Monaco*, *Mentone* (Menton) et *Roccabruna* (Roquebrune), compte 7,400 habitants. Sa constitution est la monarchie absolue. Le prince réunit entre ses mains le pouvoir exécutif et la puissance législative, et est un souverain indépendant, qui ne relève que de lui-même, au même titre que les plus huppés des potentats. Malheureusement pour le droit et la légitimité, voilà plusieurs siècles qu'il est toujours forcé de se placer sous la *protection* de quelque puissance étrangère; et depuis 1815 c'est le roi de Sardaigne qui lui rend ce bon office.

Les principaux produits de ce petit pays, ce sont les citrons et les huiles, dont il s'exporte chaque année pour plus de 100,000 francs. Les revenus du prince sont évalués à 340,000 francs. Sa capitale, la petite ville de *Monaco* (dans l'antiquité *Monæcus* ou *Herculis Monæci Portus*), est située sur un rocher couvert de cactus, et du côté de la mer d'énormes figuiers d'Inde; la crête de ce rocher est couronnée par divers ouvrages de défense. On trouve à Monaco un château d'assez bonne construction, un petit port et 1,300 habitants; tandis que *Mentone* ou *Menton*, port plus spacieux, compte une population de 3,000 âmes. Plus au nord-ouest de la capitale de la principauté, est situé le village de *Turbia*, avec une belle église et d'imposantes ruines, datant de l'époque romaine, désignées ordinairement sous le nom de *Trophée d'Auguste*. Au moyen âge, c'était un repaire de la féodalité et un refuge pour les criminels; sous le règne de Louis XIV, le maréchal de Villars employa la mine pour en faire disparaître les derniers débris. Aujourd'hui on n'y voit plus que de puissantes masses de pierre et quelques restes de statues et d'inscriptions. Sur un immense piédestal s'élevait autrefois la statue colossale de l'empereur Auguste.

La famille Grimaldi possède ce petit pays depuis l'époque de l'empereur Othon Ier. En 1450 il passa sous la *protection* de l'Espagne; et en 1641 le traité de Péronne le fit passer sous celle de la France. Le roi d'Espagne ayant en conséquence saisi des domaines des Grimaldi situés dans le Milanais et à Naples, Louis XIV en dédommagea cette maison en érigeant en sa faveur le duché-pairie de *Valentinois*. La famille Grimaldi étant venue à s'éteindre, en 1731, dans sa descendance mâle, Jacques-François-Léonard de Goyon-Matignon, comte de Thorigny, qui, en 1715, avait épousé la fille unique du dernier Grimaldi (ce qui lui avait valu le titre de duc de Valentinois et la pairie) et qui avait pris le nom de Grimaldi, hérita de la principauté de Monaco. Sous son petit-fils, Honoré IV, la principauté de Monaco fut réunie à la république française, le 14 février 1793. La paix de Paris, en 1814, la restitua à Honoré V, qui récupéra en même temps sa position en France; mais la principauté fut placée, par le traité du 20 novembre 1815, sous la *protection* de la Sardaigne. Par sa déclaration du 8 novembre 1817, cette puissance reconnut la *souveraineté* de la principauté, mais en se réservant le droit de l'occuper militairement ainsi que celui de nommer le commandant de place à Monaco.

Le prince Honoré V, qui succéda à son père, Honoré IV, en 1819, mourut en 1841. Pair de France sous la branche aînée, il prêta serment à la branche cadette, et continua de siéger au Luxembourg. Il est l'auteur d'un livre *Sur le paupérisme en France, et des moyens d'y remédier* (Paris, 1839). Comme il ne laissait pas d'héritiers directs, il eut pour successeur son frère puîné, Tancrède-Florestan-Roger-Louis de Grimaldi, né le 10 octobre 1785, qui prit le nom de *Florestan Ier* et mourut en juin 1856. On affirme et on trouve imprimé partout qu'avant de *ceindre la couronne* de ses pères, Florestan avait été longtemps *figurant* à l'Ambigu à Paris; cancans de coulisses vraisemblablement, et qui proviennent sans doute du goût effréné qu'il avait dans sa jeunesse pour le théâtre et surtout pour les coulisses. Il avait épousé, le 27 novembre 1816, Mlle Marie-Louise Gilbert. De ce mariage naquit, le 8 décembre 1818, Charles-Honoré Grimaldi, aujourd'hui prince régnant, qui lui-même a aujourd'hui un fils, Albert-Honoré, duc de Valentinois, prince héréditaire de Monaco, grand d'Espagne de première classe, né le 13 novembre 1848.

A la suite des événements de 1848, des troubles éclatèrent à Monaco, provoqués surtout par les prix élevés du sel et du pain. Ils déterminèrent le roi de Sardaigne Charles-Albert à faire occuper, du consentement même des habitants (parmi lesquels Florestan Ier avait le malheur d'être fort peu populaire), les deux communes de Menton et de Roquebrune; et ensuite, par un décret en date du 18 septembre 1848, elles furent réunies à la monarchie sarde. Florestan Ier protesta formellement contre cet acte; mais le 12 février 1849 un premier projet de loi, soumis à la chambre des députés de Sardaigne, proposa la réunion de ces deux communes au territoire du royaume. Les événements survenus dans l'intervalle déterminèrent le gouvernement sarde à substituer, le 21 octobre 1849, à ce premier projet un second projet, rédigé sur d'autres bases. La chambre l'adopta le 10 novembre, de sorte qu'à l'avenir Menton et Roquebrune devaient faire partie du territoire sarde, et à ce titre être régis par les mêmes lois. En conséquence, Florestan Ier adressa aux grandes puissances européennes signataires des traités de 1814 et de 1815 une protestation contre les procédés du gouvernement sarde, obligé en outre par le traité particulier de 1817 à respecter et faire respecter la souveraineté du prince sur Monaco, Menton et Roquebrune. Les représentations faites par les puissances au cabinet de Turin eurent effectivement ce résultat, que le second projet de loi dont il venait d'être question, lorsqu'il fut soumis à la sanction du sénat, le 2 janvier 1850, fut rejeté par cette assemblée.

Depuis on a parlé de démarches faites par Florestan Ier pour céder ses *États* à l'Autriche; mais il paraît que par une note collective, en date de juin 1852, les cabinets de Londres et de Paris mirent leur véto formel à la réalisation de ce projet. Il s'est présenté ensuite une société de *faiseurs* et de *tripoteurs* de Paris, qui a proposé à Florestan Ier de lui acheter ses États pour les mettre en commandite! Il s'agissait tout à la fois de l'organisation d'une petite république-modèle, d'une affaire commerciale monstre, d'une société de *crédit mobilier* comme il n'en existe pas encore, de la création d'un port franc, enfin d'attirer à Menton tout le commerce de la Méditerranée et autres mers. C'en était fait de Marseille, de Gênes, de Livourne, de Barcelone! Déjà on vendait *à primes* des promesses d'actions de la future compagnie, parmi les fondateurs de laquelle on comptait toutes les *illustrations* de la *haute banque*; nous ignorons quels sont les obstacles, et d'où est venu le véto, par suite desquels Robert Macaire et Cie ont été obligés de renoncer à ce mirobolant projet, du succès duquel il se faisaient gravement dépendre l'*avenir de la démocratie en Europe*; car pour le quart d'heure ces gaillards-là sont socialistes! Ce qu'il y a de positif, c'est qu'en avril 1854 une tentative faite par le prince héréditaire de Monaco pour révolutionner Menton et Roquebrune, les arracher *au joug* de la Sardaigne et les replacer sous l'autorité légitime de son père, échoua complétement; et qu'en dépit de ses protestations, ces deux communes restent *occupées*, à la grande satisfaction des habitants, par quarante soldats sardes. Toujours une tempête dans un verre d'eau!

MONADE. *Voyez* LEIBNITZ et MONADOLOGIE.

MONADELPHIE (de μόνος, seul, et ἀδελφός, frère). Linné a ainsi nommé la seizième classe de son système sexuel (*voyez* BOTANIQUE), dans laquelle les monades sexuel (*voyez* BOTANIQUE), dans laquelle il se placent les plantes monoclines dont toutes les étamines sont réunies en un seul faisceau par leurs filets, comme, par exemple, les malvacées. Cette classe se partage en cinq ordres : la *monadelphie-pentandrie*, caractérisée par cinq étamines; la *monadelphie-cunéandrie*, à neuf étamines; la *monadelphie-décandrie*, à dix étamines; la *monadelphie-dodécandrie*, à douze étamines; et la *monadelphie-polyandrie*, offrant un très-grand nombre d'étamines.

MONADOLOGIE. On appelle ainsi un système de philosophie spéculative qui cherche les dernières bases du faits dans des êtres simples, incorporels, appelés *monades*. La *monadologie*, ou doctrine des monades, a cela de commun avec la doctrine atomistique qu'elle admet des diversités dans la réalité; mais les monades diffèrent des *atomes* en ce que ceux-ci sont compris comme corporellement étendus et comme réciproquement impénétrables. Aussi l'atomisme ne conduit-il qu'à une explication mécanique de la nature, tandis que la monadologie a un caractère essentiellement dynamique. Leibnitz et Herbart furent les principaux défenseurs de la monadologie.

Par *monade* on entend d'ailleurs l'*unité*, et il en était déjà question dans la philosophie pythagoricienne pour désigner le principe des nombres et des choses.

MONAGHAN, le plus petit des comtés de la province d'Ulster (Irlande), a 13 kilomètres de superficie. La surface en est onduleuse, tantôt montagneuse, tantôt marécageuse, mais au total monotone. Le sol, arrosé par le Blackwater, le Fine et plusieurs petits lacs et cours d'eau, est assez fertile, mais généralement mal cultivé. Il produit surtout de l'avoine, des pommes de terre et du chanvre. L'élève du bétail, la fabrication du beurre et du fromage y ont pris une certaine importance; et on y compte plusieurs grandes manufactures de toile. La pierre calcaire y abonde. On y trouve aussi de la houille; cependant, faute de bois, on ne brûle guère que de la tourbe. En 1840 le chiffre de la population était de 200,422 âmes; en 1850 il n'était plus que de 143,410 : diminution, 28 pour 100. Son chef-lieu est *Monaghan*, autrefois place forte, sur la belle route conduisant à Londonderry, avec 4,000 habitants et d'importantes blanchisseries de toile.

MONALDESCHI (GIOVANNI, marquis DE), aventurier italien, issu de la noble famille d'Ascoli, s'en alla chercher fortune en Suède, et, grâce à la protection du comte de La Gardie, obtint, en 1652, la charge d'écuyer de la reine Christine. L'année suivante, il fut envoyé en mission en Pologne et auprès de diverses cours d'Italie. Après l'abdication de Christine, dont pendant ce temps-là il était devenu l'amant en titre, et qui l'avait nommé grand-écuyer, il l'accompagna dans ses voyages et, vint avec elle en France. C'est alors que par son ordre il fut mortellement frappé, le 10 novembre 1657, dans la galerie des Cerfs du château de Fontainebleau, que la cour de France avait mis à la disposition de la reine de Suède. La cause réelle de cet assassinat (car, au dépit des formes juridiques qu'on essaya de lui donner, il faut bien l'appeler par son nom) est demeurée une énigme historique. Ce qu'il y a de plus probable, c'est que Christine, ce prototype de la *femme libre* de nos jours, ayant acquis la certitude que son amant lui était infidèle, s'en vengea en le faisant mettre à mort sous prétexte de haute trahison. En cette circonstance, Christine fit preuve d'une effrayante impassibilité, et, avec une hypocrisie qui la peint bien, elle fit célébrer force messes pour le repos de l'âme du trépassé. Cette mystérieuse catastrophe a été exploitée à l'envi par les romanciers et les dramaturges de tous les pays.

MONANDRIE (de ἀνήρ, seul, et μόνος, mâle). Linné nomme ainsi la première classe de son système sexuel (*voyez* BOTANIQUE), comprenant les plantes hermaphrodites qui n'ont qu'une seule étamine. Il la divise en deux ordres : la *monandrie-monogynie*, à un seul pistil, et la *monandrie-digynie*, à deux pistils.

MONARCHIE (du grec μόνος, seul, et ἀρχή, pouvoir, commandement), gouvernement d'un seul, et la seule forme de g o u v e r n e m e n t qu'aient connue les peuples primitifs. On s'est demandé souvent si la r é p u b l i q u e l'avait précédée, et il est résulté de cette question d'admirables théories. On est remonté au droit naturel, on en a tiré des conséquences politiques. On n'oubliait que les faits et la nature des choses. On supposait que des hommes isolés, sauvages, sentant tout à coup, par une inspiration divine, le besoin et l'avantage de vivre en société, auraient mis leurs intérêts en commun sous la sauvegarde d'un gouvernement librement consenti par tous et d'une participation commune à l'administration de l'État. Mais il fallait pour cela une force de raison qui ne saurait appartenir aux peuples enfants. Aucune association primitive n'a pu être raisonnée. Elles ont toutes été fortuites et forcées. Elles ont été partout l'ouvrage d'un homme plus hardi, plus adroit ou plus puissant que les autres. C'est l'histoire de tous les peuples. Fouillez dans les annales de l'Asie, de l'Afrique, de l'Europe, de l'Amérique même, remontez aussi loin que vous pourrez, vous rencontrerez la monarchie ; et j'entends d'abord par ce mot le gouvernement de tous les individus qui, suivant la définition d'Aristote, ont, à divers titres, étendu leur pouvoir sur toutes les affaires publiques, tant au dehors qu'au dedans. Ainsi, dans l'ancien Testament, les patriarches étaient des monarques héréditaires. La Chine, l'Égypte, étaient des monarchies. Les premiers établissements formés dans la Grèce sont les monarchies de Sicyone et d'Argos. Les Assyriens et tous les peuples de l'Asie commencent comme les Grecs. Didon retrouve des monarques sur le rivage africain, où elle fonde la monarchie de Carthage. Toutes les nations qui entourent la peuplade juive à son retour d'Égypte obéissent à des rois. Troie, ses alliés, ses ennemis, tout est monarchie. Que l'on en sort, rencontre cette forme de gouvernement dans toute l'Italie. Colomb, Cortez, Pizarre, ne trouvent pas autre chose dans toutes les parties du Nouveau Monde où la civilisation s'est révélée. La république des Tlascalans, seule exception à cette règle, n'avait pas quarante ans d'existence. La plupart des sauvages mêmes obéissaient à l'autorité royale des caciques. Fabriquez des théories, messieurs les philosophes, voilà les faits. Si vous retrouvez les annales d'un monde plus ancien, nous verrons.

La première altération qu'ait subie la monarchie est la suppression de l'hérédité dans Israel, par l'établissement des j u g e s ou conducteurs (*duces belli*) ; mais ces juges étaient de véritables monarques, et les déclamations de Samuel contre les rois n'atteignent évidemment que les despotes sanguinaires qui cernaient la Judée. Quatre siècles après la création des juges, et trente ans après le rétablissement de la royauté chez les Hébreux, 1069 ans avant J.-C., la monarchie d'Athènes se modifie à son tour : d'héréditaire qu'elle était, comme toutes celles de la Grèce, elle devient seulement perpétuelle, et ses monarques sont appelés *archontes*. Deux cents ans plus tard, Lycurgue soumet la royauté de Sparte au contrôle des vingt-huit gérontes qui forment le sénat. Un siècle après, les archontes d'Athènes ne sont plus que des gouverneurs décennaux. Mais l'année où l'archontat perpétuel est aboli, cette même espèce de monarchie s'établit dans Rome naissante, sous le nom de *royauté*. Ainsi, jusqu'à la 754ᵉ année avant l'ère chrétienne, aucune république n'apparaît dans le monde. L'établissement de celle de C a r t h a g e n'a point d'époque déterminée. L'histoire est muette sur les trois siècles qui suivent la mort de Didon ; mais la république s'y montre au bout de cette lacune, qui se termine vers l'an 560 avant J.-C. On ne connaît pas plus l'origine des républiques crétoises. Aristote est le premier qui en parle ; mais Aristote écrit vers l'an 340, et la chronologie ne sait quelle date assigner à la mort du dernier roi de la race de Minos. Aristote remarque seulement que les villes de Crète étaient dans un état de guerre perpétuel, et que Gnosse et Gortyne avaient imposé des tributs à toutes les autres. Tel fut le sort des petites républiques de la Grèce continentale, dont aucune n'était antérieure à Solon. Ce législateur abolit les archontes décennaux et anéantit dans Athènes la dernière trace de l'institution monarchique. Combien cela dura-t-il ? Moins que Solon lui-même. Pisistrate rétablit la monarchie, et, en succombant à leur tour dans la lutte des deux principes, ses fils léguèrent aux Athéniens la guerre, la discorde, les démagogues et l'invasion. Les Mèdes, à la mort d'Arbace et trente ans avant Solon, avaient aussi essayé de la démocratie. L'anarchie les avait bouleversés, et en moins de vingt ans ils s'étaient remis d'eux-mêmes sous le sceptre de Déjocès.

C'était un emblème admirable que le sceptre des rois de l'antiquité. La houlette en avait donné l'idée ; mais les rois ne furent pas toujours des bergers. La plupart furent des loups pour leurs troupeaux, et Brutus imita Solon dans Rome. Ses institutions eurent une longue durée ; mais à quel prix ? Rome n'échappait à la guerre civile que par la guerre étrangère, et d'ailleurs dans les grands périls la démocratie se déclarait impuissante et se réfugiait momentanément à l'abri de la monarchie, sous le nom de *dictature*. Après ces faits primitifs, vinrent les définitions ; après la politique en action, la politique spéculative ; après les acteurs et les charlatans politiques, les ergoteurs, les sophistes et les philosophes. P l a t o n est le premier de ceux qui sont arrivés jusqu'à nous. Il vivait trois siècles après Solon, et bien des nations avaient passé devant lui avec le cortège de leurs fautes, de leurs erreurs et de leurs misères. Il avait vu les grands, les rois, le peuple, gouverner leur tour, exercer un pouvoir exclusif, tendre sans cesse à l'agrandir aux dépens des autres, et n'aboutir que rarement à cette prospérité publique qui doit être le but de tous les gouvernements. Il se prononça pour un État mixte, où, comme dans Sparte et dans la Crète, la monarchie et la liberté fussent balancées dans une juste mesure, où la démocratie fût tempérée par la dépendance de divers pouvoirs (*Lois*, liv. III). Mais en général c'est moins de la forme de l'État que du mérite et du caractère de ses chefs qu'il fait dépendre la prospérité. Platon subordonne toutes ses institutions politiques au sentiment de la vertu et au perfectionnement de la raison, et le soin qu'il prend de l'éducation des chefs, les qualités qu'il en exige, font désespérer de voir jamais se réaliser cette belle fiction du règne de Saturne qu'il se plaît souvent à décrire ou à rappeler. On voit qu'il avait entrevu en quelque sorte la monarchie constitutionnelle.

A r i s t o t e, laissant la forme du dialogue adoptée par son maître, et dans laquelle on a peine à deviner la pensée véritable du disciple de Socrate, pose en principe que le gouvernement royal est le plus avantageux de tous. Mais comme il a vu l'a r i s t o c r a t i e dégénérer en o l i g a r c h i e, la d é m o c r a t i e en d é m a g o g i e, il se souvient aussi que la monarchie royale, car il en distingue plus d'une, peut se transformer en d e s p o t i s m e ; et persuadé que nul de ces gouvernements pris à part ne s'occupe de l'avantage et des besoins de la société tout entière, il déclare que le despotisme, étant contraire à la nature, ne convient pas plus aux nations que l'oligarchie et la démocratie. Un de nos collaborateurs a appris tout à tour ce qu'on pouvait dire sur le despotisme ; je n'y reviendrai pas, quoiqu'il soit difficile de se tenir en équilibre sur la ligne étroite qui le sépare de la monarchie. Voltaire a eu raison sans doute d'observer que le mot *monarque* signifiait *seul prince, seul domi-*

nant, seul puissant; qu'il semblait exclure toute puissance intermédiaire, et c'est ainsi que je l'ai entendu en parlant des temps primitifs. Mais ce n'est point par l'origine des mots qu'il faut toujours définir les choses. Platon lui-même n'y a point en égard. Dans la pensée de quelques anciens, et surtout dans celle des philosophes modernes, la monarchie a été séparée, en théorie, du gouvernement absolu. C'est donc maintenant, suivant la définition de Montesquieu, un État où un seul gouverne, mais par des lois fixes et établies, ayant des pouvoirs intermédiaires subordonnés et dépendants.

Mais quels seront ces pouvoirs, leur nature, leur action et leurs limites? qui fera ces lois? qui fera les règlements? car cette distinction sur laquelle nous disputons encore a été faite par Aristote lui-même. Eh bien, ce sont toutes ces questions qu'après de longs, de sanglants discords, et une chute honteuse, les despotes de l'Empire Romain léguèrent aux barbares, qui s'en partagèrent les débris; et tandis que l'Asie et l'Afrique restaient en proie au despotisme, qui s'y reproduisait sans cesse, malgré le changement des dominateurs et des religions, les envahisseurs de l'Europe s'entr'égorgeaient pour la solution de ce problème, sans comprendre cette source éternelle de leurs divisions intestines. En effet, toutes ces sociétés nomades étaient des monarchies militaires, tempérées par des assemblées de grands ou de nation. Tacite a beau nous dire que la naissance y faisait les rois et la valeur les capitaines; c'était peut-être vrai de son temps, au premier siècle de l'ère chrétienne; je n'en réponds pas : la manie des antithèses nuit souvent à la vérité des faits. Mais ce que je sais bien, c'est que trois siècles après, Lombards, Goths, Vandales, Bourguignons, Hérules et Francs, n'avaient pas d'autres capitaines que leurs rois. Ces rois n'étaient pas absolus, ils essayaient seulement de le devenir; et comme les grands n'étaient point d'humeur à se laisser imposer une domination tyrannique, il en résultait des révoltes, des luttes sanglantes, des alternatives de despotisme et d'oligarchie auxquelles le peuple ne prenait part que dans sa double qualité d'instrument et de victime. La monarchie le devint à son tour. L'aristocratie victorieuse signala son triomphe en Italie par des établissements républicains, où le peuple fut moins libre que sous la monarchie; en France, en Allemagne, en Angleterre, et dans une grande portion de cette même Italie, ce triomphe des grands donna naissance à une foule innombrable de despotes armés, parmi lesquels s'établit au hasard et par le seul droit de la force une sorte de hiérarchie. Les monarques habiles, les Louis le Gros, les Philippe-Auguste, les Louis IX, surent les comprimer, les tromper ou les soumettre. Les Jean sans Terre, les Charles VI, y auraient péri sans le secours du peuple d'Angleterre n'avaient eu plus d'intérêt à l'asservir qu'à la détruire; si en France la présence de l'étranger, le merveilleux de la mission de Jeanne d'Arc, et l'intérêt du plus puissant vassal de la couronne n'eussent imprimé une direction commune à tant de passions diverses.

La féodalité avait d'ailleurs fait son temps. Mais le gouvernement absolu n'avait pu se relever nulle part en Europe. Presque toutes les couronnes du Nord étaient électives; les empereurs d'Allemagne n'avaient pu fixer leur autorité viagère dans aucune famille. Le parlement anglais, les cortès d'Espagne, balançaient l'autorité royale. Les papes avaient à défendre la leur contre la puissance des conciles; les monarchies du second ordre, qui s'élevaient toutes sur les ruines de la république, n'avaient ni stabilité ni avenir; elles servaient seulement à prouver encore une fois que la force des choses ramenait toujours les nations à ce principe salutaire. Louis XI et ses successeurs en France, Charles-Quint et Philippe II chez les Allemands et les Espagnols, Henri VIII chez les Anglais, reconquirent en même temps le pouvoir royal sur l'aristocratie. Ce fut une époque de réaction, et le peuple applaudit à l'abaissement des grands, parce que les grands n'avaient pas fait le bonheur du peuple. Mais les rois eurent le tort de vouloir s'attribuer tous les avantages de cette révolution. Le peuple avait senti sa force. La réforme religieuse avait introduit partout l'esprit d'analyse. La philosophie demanda compte à tous les pouvoirs de leur origine, de leurs droits et de leurs actes. Le sort des gouvernements absolus ne tint plus qu'à la valeur personnelle des gouvernants. Les despotes faibles devaient y périr, et la monarchie pouvait être enveloppée dans leur ruine. Les Stuarts servirent d'exemple en Angleterre; les successeurs de Louis XIV le renouvelèrent en France.

Mais le principe monarchique se releva dans les deux pays, fortifié de toutes les fautes, de tous les crimes de la république. Il fut reconnu par les nations que nulle part la république n'avait assuré leur repos, que les plus stables, les plus florissantes, n'avaient dû leur prospérité qu'à une forte aristocratie, dont le peuple avait été l'esclave; que Venise n'avait duré plus que les autres que par l'extension même des privilèges et du despotisme de l'aristocratie. L'examen du passé produisit cette autre vérité, que toutes les républiques avaient fini par un despote, et que cette fin avait partout été amenée par la corruption, le luxe et l'irrésistible appât des jouissances. Or, les populations européennes sont arrivées à ce point même où toutes les républiques ont péri. Il faut s'entendre néanmoins sur la corruption : les mœurs privées et domestiques ont partout gagné, mais aux dépens des mœurs politiques. Le vieux patriotisme s'est altéré; le commerce, l'industrie, les économistes, y ont substitué une sorte de cosmopolitisme, qui rend les guerres difficiles, mais qui détruit le sentiment de la nationalité. La passion du repos, de la stabilité, remplace tous les autres sentiments politiques. Si chacun s'efforce d'acquérir, chacun veut jouir en paix de ce qu'il acquiert. On craint la république comme un état de trouble et de guerre, comme une arène ouverte à toutes les ambitions; et dans un siècle où aucun frein ne les arrête, où aucune position ne leur semble trop élevée, on sent le besoin de leur imposer une puissance suprême au-dessous de laquelle elles puissent se mouvoir sans péril et pour l'avantage commun.

On veut la monarchie solide, parce que tout changement d'état, comme dit Machiavel, en entraîne toujours d'autres après soi. On la veut héréditaire, parce que toute élection de roi est une occasion de troubles, et que les ambitions perturbatrices ne font que sommeiller dans les monarchies électives. J.-J. Rousseau, dans son Contrat social, fait, suivant les mœurs de l'Europe actuelle, le plus bel éloge de la monarchie, en disant qu'il n'y a point de gouvernement qui ait plus de vigueur, et que tout y marche au même but. Il ajoute, il est vrai, que ce but n'est pas celui de la félicité publique, et que la force de l'administration tourne sans cesse au préjudice de l'État. Il y a là une exagération évidente dans l'intérêt de la démocratie; mais il y a un fonds de vérité, et c'est pour cela que les peuples ont désiré intervenir par leurs délégués dans le gouvernement des États. De là sont nées les *monarchies constitutionnelles*, ce gouvernement mixte qu'avait essayé Lycurgue, qu'avaient préféré Platon et Aristote. Mais ce n'est point dans ces philosophes qu'il faut en chercher les formes; on peut seulement y puiser des maximes de gouvernement qui sont de tous les temps et de tous les lieux. Ce qui était bon pour des cantons appelés royaumes ne saurait convenir à l'étendue des États modernes. L'aristocratie et la démocratie ne peuvent y intervenir que par délégation, et à cet égard il est des pays où les choses ont marché si vite, que Montesquieu lui-même a été dépassé. La royauté et la démocratie sont partout; l'aristocratie manque au plus grand nombre, parce qu'elle a maladroitement lutté quand la lutte était devenue impossible. En Angleterre, elle s'est sauvée par d'habiles concessions; elle est encore à peu près dans les conditions où Montesquieu l'avait trouvée. En France, elle a tout refusé, et le peuple lui a tout ravi. En Espagne, on est en train de la tuer, sans examiner si elle peut être utile; dans le nord de l'Europe, elle sert d'appui ou de contre-poids à l'absolutisme.

La question est de savoir si la monarchie se maintiendra sans le concours de l'aristocratie, dont Montesquieu établit la nécessité; si les pouvoirs électifs, placés entre le peuple et le monarque, pourront suppléer à ces puissances intermédiaires, tout à la fois héréditaires et indépendantes, dont il fait la condition d'une bonne monarchie. C'est un essai à faire; car si l'aristocratie est indispensable, il n'est pas au pouvoir de la loi d'en créer une. Le temps seul le peut, et les mœurs que la révolution nous a faites y répugnent. En France, les législateurs et les princes ont toujours été devancés par l'opinion. Quelle est la force à donner à la royauté pour qu'elle soit, suivant la maxime d'Aristote, plus puissante que chaque individu, que toutes les fractions même de la société, sans l'être plus que le peuple entier? Voilà la question qui s'agite sous tant de formes diverses dans dix États de l'Europe. La dispute sera longue, aucun homme vivant n'en verra peut-être la fin. A défaut de médiateur puissant, rappelons aux deux partis les maximes de deux philosophes : disons aux rois, avec Vico, que l'école des princes n'est autre chose que la science des mœurs des peuples; disons, avec Platon, aux chefs du peuple, que ceux qui ont en horreur le joug de la servitude doivent surtout se garantir d'un amour excessif de la liberté.

VIENNET, de l'Académie Française.

MONASTÈRES. On appelle seulement de ce nom les maisons de moines anciens, tels que ceux qui faisaient profession de la règle de Saint-Benoit, ou de très-grandes maisons religieuses moins anciennes. Toutes les autres maisons moins considérables de moines plus modernes, tels que ceux des ordres mendiants, s'appelaient *couvents*.

MONASTIQUE (Vie). Le nom de *moine*, tiré du grec μόνος, seul, désignait, dans l'origine, des hommes qui s'exilaient au fond des déserts pour s'occuper uniquement de leur salut. L'origine de la vie monastique remonte aux premiers âges du monde. Le prophète Élie, fuyant la corruption d'Israel, se retira, avec quelques disciples, sur les rives du Jourdain, où il vécut d'herbes et de racines. Saint Jean-Baptiste suivit cet exemple. Aussi, de très-bonne heure on vit des chrétiens se réfugier dans la solitude pour y vaquer à la prière, au jeûne, aux autres exercices de la pénitence; on les nomma *ascètes*, parce qu'ils se consacraient tout entiers aux exercices de piété. Jésus-Christ lui-même donna l'exemple de ce genre de vie, en passant quarante jours dans le désert. Peu à peu, la base de l'état monastique s'élargit; pendant les persécutions qui ensanglantèrent les trois premiers siècles de l'ère chrétienne, on vit les fidèles de l'Égypte et du Pont chercher loin du monde des asiles inaccessibles aux bourreaux. Saint Paul, premier ermite, se retira, vers 259, dans la Thébaïde pour fuir les persécutions de Dèce; il y vécut jusqu'à cent quatorze ans, dans une caverne, se nourrissant des fruits du palmier qui en tapissait l'entrée. Un autre Égyptien, saint Antoine, embrassa le même genre de vie; il eut à son tour de nombreux imitateurs. Tous ces chrétiens vivaient dans des cellules séparées, placées à quelque distance les unes des autres. Au milieu du quatrième siècle, saint Pacôme, le véritable fondateur des ordres monastiques, réunit à Tabenne, dans la haute Égypte, près de cinquante mille moines, dit la légende, et leur donna une règle commune. De là la distinction entre les *cénobites*, moines qui vivaient en communauté, et les *ermites* (du grec ἔρημος, désert) ou *anachorètes*, qui vivaient seuls.

Tous ces moines reconnaissaient pour supérieur un même *abbé*, et se réunissaient autour de lui chaque année pour célébrer la Pâque. Leurs occupations journalières consistaient en psalmodie, lecture, prière, étude, travail des mains, pratiques de pénitence. Ils se visitaient aussi quelquefois pour s'édifier par des conversations pieuses. En 306, saint Hilarion, fonda en Palestine des monastères semblables à ceux d'Égypte. De là la vie monastique gagna la Syrie, l'Arménie, le Pont, la Cappadoce, presque tout l'Orient. Saint Basile, qui avait pu l'apprécier en Égypte, dressa une règle pour les moines, règle si parfaite que ceux d'Orient la suivent encore. L'an 340, saint Athanase publia en Italie la *Vie de saint Antoine*, et inspira aux Occidentaux le désir de l'imiter. Vers la fin du même siècle, la vie monastique était introduite dans les Gaules par saint Martin. Saint Honorat fondait le célèbre monastère de Lérins, sur le modèle de ceux de l'Orient. Enfin, au commencement du sixième siècle, saint Benoît imposait une règle nouvelle aux moines qu'il avait rassemblés sur le mont Cassin, règle que la différence de climat exigea plus douce que celle de saint Basile, et qui bientôt fut suivie par tous les moines d'Occident.

Après l'établissement des monastères, il resta toutefois beaucoup de moines qui, comme au temps de saint Paul, demeurèrent tout à fait solitaires. Presque tous renonçaient à leur patrimoine pour subsister du produit de leurs travaux. Il n'y eut point d'abord de moine qui fût prêtre; il était même défendu aux prêtres de se faire moines, comme on le voit dans les épîtres de saint Grégoire. Ils étaient tenus pour laïques. Le pape Syrice fut le premier à les appeler à la cléricature, attendu la disette de prêtres. Au huitième siècle les associations religieuses faisaient partie du clergé, sans que leurs membres fussent pour cela confondus avec les ecclésiastiques. Au onzième on ne compta plus pour moines que les clercs. En 1311, le concile de Vienne exigea que tous les moines se fissent promouvoir aux ordres sacrés, n'exceptant de cette règle que les religieux uniquement voués au travail des mains, et qu'on nomma *frères lais* ou *convers;* les autres étaient appelés *moines de chœur* ou *profès*. On nommait *moines réformés* ceux chez lesquels il avait fallu rétablir l'ancienne discipline, relâchée, et *moines anciens* ceux qui avaient refusé de s'astreindre à la réforme. La profession monastique était une mort civile, produisant à certains égards les mêmes effets que la mort naturelle. Elle privait ceux qui l'embrassaient d'une grande partie de leurs droits civils, les retranchait de la famille, et les faisait considérer comme morts au monde. Le concile de Trente fixa à seize ans la liberté de faire profession de vie monastique.

« Ce fut longtemps, dit Voltaire (*Essais sur l'hist. génér.*, *Questions sur l'encycl.*), une consolation pour le genre humain qu'il y eût des asiles ouverts à tous ceux qui voulaient fuir les oppressions du gouvernement goth ou vandale. Presque tout ce qui n'était pas seigneur de château était esclave; on échappait dans la douceur des cloîtres à la tyrannie et à la guerre... Le peu de connaissance qui restait chez les barbares y fut perpétué. Les bénédictins transcrivirent quelques livres; peu à peu, il sortit des monastères des inventions utiles; d'ailleurs, ces religieux cultivaient la terre, chantaient les louanges de Dieu, vivaient sobrement, étaient hospitaliers; et leurs exemples pouvaient servir à mitiger la férocité de ces temps de barbarie. On ne peut nier qu'il n'y ait eu dans le cloître de grandes vertus. Il n'est guère encore de monastère qui ne renferme des âmes admirables, qui font honneur à la nature humaine. Trop d'écrivains sesont plu à rechercher les désordres et les vices dont furent souillés quelquefois ces asiles de la piété. Au lieu de déclamer contre tous les religieux sans exception, il fallait montrer les chartreux, vraiment riches de leurs richesses, se consacrant sans relâchement au jeûne, au silence, à la prière, à la solitude; tranquilles sur la terre, au milieu de tant d'agitations, dont le bruit vient à peine jusqu'à eux, et ne connaissant les secousses qui agitent le reste des prêtres où leurs noms sont insérés. Il fallait avouer que les bénédictins ont rendu beaucoup de bons ouvrages, rendu de grands services aux belles-lettres; il fallait bénir les frères de la Charité et ceux de la Rédemption des Captifs. Le premier devoir est d'être juste.... Il faut convenir, malgré tout ce que l'on a dit contre leurs abus, qu'il y a toujours eu parmi eux des hommes éminents en science et en vertu; que s'ils ont fait de grands maux, ils ont rendu de grands services, et qu'en général on doit les plaindre plus que les condamner.... Les instituts consacrés au soulagement des pauvres et au service des malades ont été les moins brillants et ne sont pas les moins respectables. Peut-être n'est-il rien de plus grand sur la terre que le sacrifice que fait un sexe délicat de la beauté, de la jeunesse, souvent de la haute naissance, pour soulager dans les hôpitaux ce ramas de toutes les misères humaines, dont la vue est si humiliante pour l'orgueil et si révoltante pour notre délicatesse. Les peuples séparés de la communion romaine n'ont imité qu'imparfaitement une charité si généreuse. »

MONCADA (Don Francisco de), comte d'OSONA, écrivain classique espagnol, descendait d'une des plus illustres maisons de Catalogne, à laquelle se rattachaient en France les vicomtes de Béarn, et en Sicile les ducs de Montalto. Né en 1585 à Valence, où son père remplissait les fonctions de vice-roi, il fut successivement conseiller de guerre et d'État, ambassadeur près la cour de Vienne, grand-maître de la maison de l'infante Clara-Eugénie, gouvernante des Pays-Bas, et commandant en chef des forces espagnoles dans cette province; fonctions qu'il remplit jusqu'en 1633 et dans l'exercice desquelles il acquit une grande réputation, comme politique et comme militaire. Il fut tué au siége de Gock, petite place du duché de Clèves, en 1635. De même qu'un grand nombre d'hommes d'État de cette époque, Moncada ne maniait pas moins bien la plume que l'épée. Son *Historia de la Expedicion de Catalones y Aragoneses contra Turcos y Griegos* (Barcelone, 1624, in-4°), réimprimée dans le *Tesoro de los Autores ilustres* de Jaime Tio (Barcelone, 1841) et dans le *Tesoro de Historiadores españoles* d'Ochoa (Paris, 1840) est restée classique, par la vivacité du récit et la perfection du style. Comme Mendoza, cet historien procède de l'école de Salluste et de Tacite; mais son styleest plus naturel, plus exempt d'enflure. On a, en outre, de lui une *Vida de Anicio Manlio Torquato Severino Boecio* (Francfort, 1642).

MONCEY (Bon-Adrien-Jeannot), duc de Conegliano, maréchal et pair de France, gouverneur de l'hôtel des Invalides, naquit à Palisse (Doubs), le 31 juillet 1754. Son père était avocat au parlement de la province de Franche-Comté. A l'âge de quinze ans, Moncey quitta le collége de Besançon pour entrer comme volontaire dans le régiment de Conti-infanterie. Au bout de six mois, les sollicitations de la famille le forcèrent d'accepter un remplaçant, et presque aussitôt il contracta un nouvel engagement dans le régiment de Champagne, où il resta simple grenadier jusqu'en juin 1773. Ce fut vers cette époque qu'après avoir fait la campagne des côtes de Bretagne, dégoûté du service par la lenteur de son avancement, il acheta son congé, et revint à Besançon se livrer à l'étude du droit. Mais en 1774 il reprit de nouveau du service, et entra dans le corps de la gendarmerie de la garde à Lunéville, et quatre ans après il passa comme sous-lieutenant de dragons dans les volontaires de Nassau-Siegen. Capitaine le 12 avril 1791 dans ce régiment, devenu, au commencement de la révolution, le cinquième bataillon d'infanterie légère, et connu sous le nom de *légion des chasseurs cantabres*, il le commanda au mois de juin 1793, quand il faisait partie de l'armée des Pyrénées occidentales, devant Saint-Jean-Pied-de-Port. Chef de bataillon en mars 1794, il mérita par son talent et son intrépidité le grade de général de brigade, et peu de temps après, sur la proposition du comité de salut public, celui de général de division.

Au mois de juillet suivant, Moncey fut appelé au conseil de guerre qui devait décider du plan de campagne; et chargé du commandement de l'aile gauche, il concourut à la prise de la vallée de Bastan, du fort de Fontarabie, du Port-du-Passage, de Saint-Sébastien et de Tolosa. Un décret de la Convention l'ayant appelé malgré lui au commandement en chef, au mois d'août 1794, il remporta sur les Espagnols, au mois d'octobre de la même année, la victoire de Villa-Nova, leur prit 2,500 prisonniers, 50 pièces de canon, 2 drapeaux; conquit la Navarre espagnole et la Biscaye, dont toutes les manufactures d'armes tombèrent entre ses mains, et dicta à l'Espagne le traité de paix de Saint-Sébastien. De retour en France, le général Moncey fut appelé au commandement de la 11e division militaire, à Bayonne (1796), puis de la 15e division militaire, à Lyon. Dans la campagne d'Italie de 1800, Moncey, à la tête de 20,000 hommes, franchit le Saint-Gothard, s'empare de Bellinzona et de Plaisance, combat à Marengo, et occupe la Valteline après la conclusion de l'armistice; à Monzabano, il a un cheval tué sous lui; à Roveredo, il fait une foule de prisonniers et reçoit, après la paix de Lunéville, le commandement des départements de l'Oglio et de l'Adda. Devenu en 1801 inspecteur général de la gendarmerie, il fut nommé maréchal de l'empire en 1804, et successivement chef de la onzième cohorte, grand-officier de la Légion d'Honneur, duc de Conegliano, et président du collége électoral du Doubs. Au mois de juin 1808 il est envoyé en Espagne contre les insurgés du royaume de Valence, qu'il bat dans différentes rencontres; mais l'opiniâtreté de leur résistance le force de se retirer vers Almanza. Il se rend sur la rive gauche de l'Èbre, et, dans les deux premiers mois de 1809, il se distingue devant Saragosse, défendue par l'intrépide Palafox. Rappelé par l'empereur, le duc de Conegliano prit, en septembre 1810, le commandement de l'armée de réserve du nord, et établit à Lille son quartier général. En 1814, major général, commandant en second la garde nationale parisienne, il disputa vaillamment aux alliés l'entrée de la capitale.

Après l'arrivée du roi, le duc de Conegliano fut nommé ministre d'État le 13 mai, membre de la chambre des pairs le 4 juin suivant, et continué dans ses fonctions d'inspecteur général de la gendarmerie. Également compris dans le nombre des pairs créés par l'empereur, en juin 1815, il perdit ses droits à ce titre, qu'il recouvra cependant en 1819. Quoiqu'il n'ait pas su se défendre des faveurs de la Restauration, Moncey réhabilita son caractère par sa noble conduite dans le triste procès du maréchal Ney; compris au nombre des membres du conseil de guerre qui devait juger le maréchal, il refusa d'y siéger, et écrivit au roi une lettre éloquente et ferme, qui lui valut sa destitution et trois mois d'arrêts au château de Ham. Cependant il ne tarda pas à rentrer en grâce; ses dignités, augmentées de nouvelles faveurs, lui furent rendues, et il prit en 1823, à la tête du quatrième corps, une part fort active à l'expédition anti-libérale d'Espagne, terminée par une convention conclue entre lui et le général Mina. Après la révolution de Juillet le maréchal Moncey fut nommé en 1833 gouverneur de l'hôtel des Invalides, place devenue vacante par la mort du maréchal Jourdan. Invalide lui-même, il se consola avec ses vieux compagnons d'armes de la perte d'un fils, le colonel de dragons Moncey, tué à la chasse, à l'âge de vingt-cinq ans. Le maréchal Moncey mourut en 1842.

Charles Dupouy.

MONCONTOUR, chef-lieu de canton du département de la Vienne, à 18 kilomètres de Loudun, sur la Dive, avec 400 habitants, est célèbre dans l'histoire par la déroute complète que le duc d'Anjou y fit essuyer, le 3 octobre 1569, aux huguenots commandés par Coligny. Le jeune Henri, prince de Navarre, alors âgé de seize ans, y commandait 4,000 chevaux. Ses conseils, s'ils avaient été suivis, auraient assuré la victoire à son parti.

MONCRABEAU (Diète de). *Voyez* Crac.

MONCRIF (François-Augustin de Paradis), né à Paris, en 1687, avait pris, en le francisant, le nom de son grand-père, d'origine anglaise. Une biographie affirme qu'il commença par se faire maître d'armes; une autre le dément; toujours est-il qu'il fut poëte, chansonnier, prosateur, et qu'il se distingua surtout par les qualités les plus avenantes de l'esprit, alliées à une physionomie agréable. Grâce à ces qualités, se faisant à la fois aimer et respecter, il fut vite bien accueilli partout; il avait connu dans le monde des jeunes seigneurs, dont il était le boute-en-train, le comte d'Argenson ; il en devint le secrétaire ; il fut ensuite secrétaire des commandements du comte de Clermont, chargé de la feuille des bénéfices, puis lecteur de la reine Marie Leczinska, titre qui lui valut son entrée à la cour, secrétaire général de l'administration des postes, fonctions qu'il occupa jusqu'à sa mort, arrivée le 13 novembre 1770. A tous ces titres divers, grâce auxquels il amassa une certaine fortune, nous pouvons ajouter encore celui de membre de la *société de ces messieurs* (*voyez* BUREAU D'ESPRIT), de membre du Caveau, et enfin de membre de l'Académie Française, où il avait été reçu en 1733. Moncrif, vivant à la cour, n'était cependant pas toujours très-courtisan. « Savez-vous, lui disait un jour Louis XV, qu'on vous donne quatre-vingts ans? — Oui, sire, répondit-il, mais je ne les prends pas ! » Lors de l'exil de son protecteur d'Argenson, en 1757, Moncrif sollicita la faveur de le suivre dans sa retraite ; on lui accorda d'aller y passer six semaines tous les ans. Avec sa fortune Moncrif venait en aide à de nombreux parents pauvres, dont il ne rougissait pas.

Indépendamment de quelques petites pièces de théâtre, de chansons, de romances fort agréables, de contes, dont quelques-uns sont estimés, Moncrif a publié les *Essais sur les moyens et la nécessité de plaire*, et le roman des *Ames rivales*. Moncrif a plaisamment raconté lui-même qu'un brave Indien, après avoir lu ce roman et en avoir pris au sérieux le point de départ, la métempsycose, lui envoya un ouvrage précieux, qui est aujourd'hui à la Bibliothèque impériale. L'*Histoire des Chats* lui valut beaucoup de plaisanteries, qui la lui firent reléguer en dehors de ses œuvres complètes ; Moncrif demandait à d'Argenson la place d'historiographe, après le départ de Voltaire pour la Prusse. « *Historiographe?* s'écria le ministre ; vous voulez dire *historiogriffe*. » Nous devons mentionner encore parmi ses œuvres les *Poésies chrétiennes*, qu'il composa par ordre de la reine, en 1747. On a aussi attribué à Moncrif les *Mille et une Faveurs*. Ses œuvres complètes ont été publiées à diverses reprises, depuis sa mort.

MONDAINS. L'Église donne ce nom aux hommes qui se livrent avec excès aux plaisirs, aux amusements du monde, aux hommes qui sont asservis à tous les usages de la société, bons ou mauvais. Les affections *mondaines* sont à ses yeux les penchants qui nous portent à violer la loi de Dieu. Saint Jean a dit : « N'aimez pas le monde, ni tout ce qu'il renferme ; celui qui l'aime n'est pas aimé de Dieu. Dans le monde, tout est concupiscence de la chair, convoitise des yeux, et orgueil de la vie. Tout cela ne vient pas de Dieu. Le monde passe avec toutes ses convoitises ; mais celui qui fait la volonté de Dieu demeure éternellement. »

MONDE. On désigne par ce mot ou par celui d'*univers* l'ensemble des corps terrestres et sidéraux considérés comme formant par leur ensemble et leur ordre un tout qu'on appelle *système du monde*. La contemplation nous apprend peu de choses sur le monde ; car notre vue est trop bornée pour son incommensurabilité : mais des présomptions et des pressentiments nous donnent l'explication de ce qui échappe à nos sens. La contemplation nous fait d'abord connaître notre globe terrestre, puis les planètes qui se meuvent avec lui autour du Soleil, et nous initie ainsi à la connaissance approfondie de notre système solaire. De ce système, qui ne forme pourtant qu'une si minime partie de l'univers, nous concluons que l'univers existe, puisque l'accord de la partie avec le tout est à présumer. Dans notre système solaire, nous considérons le Soleil comme un point central fixe autour duquel la Terre et d'autres planètes se meuvent régulièrement avec leurs lunes. Notre globe est la demeure d'êtres organisés, qui sentent et qui pensent. L'observation nous apprenant que les autres planètes de notre système solaire ressemblent à la Terre, nous en concluons qu'elles sont également habitées par des êtres placés dans les mêmes conditions. C'est là ce que Fontenelle cherche à prouver dans son livre, justement célèbre, *De la Pluralité des mondes*. Des observations récentes rendent vraisemblable l'opinion que les *étoiles fixes* sont des corps semblables à notre Soleil.

Ceci une fois admis, il est à présumer que chacune d'elles a ses planètes semblables à notre Terre, accomplissant autour d'elle, d'après un ordre prescrit, des révolutions analogues ; par conséquent que les systèmes solaires sont aussi innombrables que les étoiles fixes. Comme les différents globes de notre système solaire sont placés les uns à l'égard des autres dans certains rapports, il est à présumer qu'il en est de même des autres systèmes solaires. Et comme partout où s'étend notre perception nous constatons la présence d'une réciprocité d'effets, de l'ordre et de la nécessité, nous sommes amenés à supposer qu'il en est de même du reste du monde ou de l'univers, et par conséquent à le considérer comme un système, comme un tout harmoniquement lié. De nouvelles observations prêtent plus de force à ces présomptions, en nous apprenant que les étoiles fixes, regardées autrefois comme immobiles dans l'espace, sont, elles aussi, sujettes à un mouvement, encore bien qu'il faille des siècles pour le signaler. Ceci nous amène naturellement à conclure que toutes les étoiles fixes avec toutes leurs planètes se meuvent autour d'un soleil central invisible à nos yeux. Tout le système des étoiles fixes serait donc en grand ce qu'est en petit un système solaire isolé.

De même qu'il est impossible à notre intelligence de se représenter ces millions de révolutions dans leur ensemble, de même la grandeur et l'étendue du monde échappent également à son appréciation. Si déjà la distance du Soleil à la Terre nous paraît énorme, à combien plus forte raison ne doit-il pas en être de même des étoiles fixes dont on n'est pas encore parvenu à calculer l'éloignement. Il est difficile de se faire une idée bien claire de distances tellement immenses que pour les franchir il faut à la lumière (qui parcourt 31,000 myriamètres par seconde) trois, neuf et même pour certaines étoiles dix années ; et à un boulet de canon, qui franchit 300 mètres par seconde, 2,896,000 années !!!.

La configuration de la voie lactée nous indique que les innombrables étoiles dont elle se compose forment un tout complet, un système solaire, dans lequel le nôtre, placé à peu près au centre, ne paraît être que la plus petite partie. Si nous nous trouvions placés loin de notre système planétaire, il est évident qu'il nous apparaîtrait comme une sphère remplie de planètes et comme une cible d'une forme plus ou moins régulière. Plus nous pourrions nous en éloigner, plus ces petites étoiles nous sembleraient faibles et rapprochées les unes des autres, jusqu'à ce qu'enfin, dans un éloignement infini, le tout ne nous apparaît plus que semblable à un faible nuage ou à une nébuleuse. Puisque à l'aide d'un bon télescope on distingue dans toutes les directions du ciel un très-grand nombre de ces *nébuleuses*, comment ne pas conclure que ce sont autant de systèmes planétaires placés dans l'espace à une distance infinie, et composés comme le nôtre de millions de systèmes solaires ? Or, combien ces distances ne doivent-elles pas être immenses ! Herschell a calculé que l'éloignement de celles de ces nébuleuses qu'on aperçoit encore à l'aide de bons télescopes est au moins de 500 *distances sidérales* (par cette expression on entend 4 billions de myriamètres) et que les plus faibles sont à 8,000 distances sidérales de la terre, par conséquent que la lumière qu'elles projettent a besoin d'environ 24,000 années pour parvenir jusqu'à nous.

En contemplant l'univers, il est impossible de ne point être amené à réfléchir sur son origine et sur sa durée. Comme tous les objets qui composent notre monde de sens passent, depuis le commencement de leur origine, par diverses phases de développement, jusqu'au moment où ils atteignent le point culminant de leur formation, à partir duquel ils déclinent et marchent rapidement vers l'entier anéantissement de leur forme, il est vraisemblable que l'état dans lequel nous voyons aujourd'hui notre système solaire n'est que la suite d'un autre développement antérieur remontant à plusieurs millions d'années. Il est surtout trois circonstances qui, basées très-vraisemblablement sur les premières conditions de l'origine de notre système solaire, nous ouvrent un faible aperçu dans cette mystérieuse époque. Ce sont : 1° la direction identique du mouvement de toutes les planètes autour du Soleil et surtout de leur axe de l'ouest à l'est ; 2° leur orbite à peu près circulaire ; 3° la zône étroite et ne comprenant que quelques degrés, dans laquelle sont compris les champs de toutes les orbites planétaires.

La cause qui a produit ce fait doit avoir compris tous les corps du système planétaire, et, en raison de l'éloignement tout à fait prodigieux où ces corps sont les uns à l'égard des autres, avoir été un fluide d'une dilatation incommensurable. Il faut que ce fluide ait entouré le soleil à la manière d'une atmosphère ; ou bien, que la masse solaire, dilatée par une grande chaleur et déjà soumise à un mouvement de rotation sur son axe, se soit étendue d'abord bien au delà de tous les orbes planétaires et ne se soit contractée que beaucoup plus tard, pour arriver peu à peu à son état actuel. Dans cet état primitif, notre Soleil devait ressembler à ces nébuleuses qui nous apparaissent dans le télescope avec un noyau plus ou moins lumineux et dont l'enveloppe vaporeuse, en se fixant peu à peu au noyau, finit par produire une étoile proprement dite. Mais lorsque, par suite de la diminution de la haute température à la superficie de cette atmosphère solaire primitive, les limites s'en contractent et se rapprochent du point central du Soleil, il faut que la rotation des derniers éléments de cette atmosphère devienne de plus en plus rapide, et que, par le refroidissement des éléments solidifiés, ceux-ci soient séparés du reste de l'atmosphère, puisqu'en vertu du mouvement central, ils continuent leur carrière séparée autour du corps central. Si la formation, ainsi expliquée, avait été précédée d'une complète régularité, il faudrait que les orbites de toutes les planètes fussent exactement circulaires, et que leurs champs concordassent avec ceux de l'équateur solaire ; mais la moindre perturbation dans l'opération amène forcément une modification de ces éléments. En admettant cette hypothèse, ces nébuleuses plus ou moins régulières nous apparaîtraient comme autant de récents systèmes du monde, qui, après une longue série de milliers d'années, parviendront à leur complète formation ; et on voit alors dans les gradations diverses de ces étoiles et de ces nébuleuses des mondes arrivés aux différents degrés de leur durée.

Une autre question, qui se présente naturellement, est celle-ci : Le monde durera-t-il toujours ? Quand on considère qu'une période d'existence souvent très-courte est assignée à toutes les choses de cette terre, et qu'au terme de cette période elles disparaissent pour ne plus jamais revenir ; quand on voit des espèces entières d'animaux et des races humaines disparaître également, on est tenté de demander si l'éclat des étoiles et celui du Soleil dureront toujours. Les astronomes se sont efforcés de combattre cette idée et de trouver dans l'organisation même de notre système planétaire des motifs pour croire à la perpétuité de sa durée. De même en effet que sur cette terre une ineffable sagesse a pourvu à la conservation du monde végétal et animal, on ne saurait pas qu'il paraît y avoir aussi dans notre système planétaire, en raison de la simplicité et de la répartition des corps sidéraux, abstraction faite de petites perturbations renfermées dans d'étroites limites, de puissants motifs pour trouver les causes d'une durée que rien ne saurait troubler. Mais cette durée, si longue qu'on la suppose, n'est toujours point éternelle. Or rien ne garantit cette durée éternelle, attendu que là où des dérangements antérieurs ont été impuissants, des causes imprévues peuvent tout à coup amener la cessation de l'existence. Tout un système planétaire, après avoir accompli son temps, peut donc faire place à un autre, et nous apercevons jusque dans les hautes régions de l'éthérée des alternatives de vie et de mort qui nous entourent ici-bas. Tycho de Brahé, Kepler et Cassini ont en effet observé des étoiles fixes dont on ne retrouve déjà plus de traces aujourd'hui. Consultez sur ces matières

l'*Exposition du Système du Monde*, par Laplace ; la *Théorie analytique du Système du Monde*, par Pontécoulant, et l'*Essai sur la Structure du Ciel* de Herschell.

[Ce mot de *monde* trouve sa place dans la langue des sciences aussi bien qu'en littérature, sans que ses différents sens et leurs limites aient été déterminées par une logique rigoureuse. En astronomie, lorsque l'on parle du *système du monde*, ce mot ne désigne rien moins que l'univers entier, cet immense assemblage de groupes, de systèmes particuliers, dont chacun est aussi un *monde*. En nous bornant au groupe où nous sommes, nous ne pouvons nous dispenser de reconnaître dans ce monde unique autant de *mondes* très-distincts qu'il y a de planètes, et peut-être faut-il y joindre encore les satellites ; en un mot, tout corps céleste dans lequel il y a des habitants est un monde comme notre Terre. Mais les subdivisions ne s'arrêtent pas là : nous avons l'*Ancien* et le *Nouveau Monde*, et dans cette acception restreinte le *monde* n'est plus qu'un *continent*. On lui donne plus d'étendue lorsqu'on parle des *parties du monde* ; et cependant il ne s'agit encore que de la surface de notre globe, puisque les mers n'y sont point comprises. Si nous considérons la Terre dans toute sa masse, au lieu de borner nos observations à la surface, notre globe ne sera plus un *monde* ; tous les sens de ce mot comprennent l'idée d'habitations ou d'habitants, et ce qui ne peut l'admettre devient étranger au monde.

Si les *mines* obtiennent quelquefois le titre de *monde souterrain*, c'est parce que l'homme y pénètre, et que les mineurs y fixent volontiers leur demeure. Mais s'il faut s'en rapporter à l'auteur d'un système cosmologique très-moderne, publié en Amérique, il y aurait effectivement des mondes sous nos pieds ; notre globe serait formé par des sphères creuses enchâssées les unes dans les autres, et laissant entre elles un intervalle habitable ; les pôles, percés à jour par de grandes ouvertures, établiraient entre ces mondes et avec le nôtre une communication qui ne peut avoir lieu qu'en ballon. Comme l'atmosphère occupe nécessairement tout l'espace habitable entre ces globes concentriques et séparés les uns des autres, nulle autre voie ne peut conduire de l'un dans l'autre ; car, dût-on percer de part en part les couches interposées, on ne descendrait pas au moyen d'échelles ou de cordages dans ces puits sans fond.

L'état du genre humain à l'époque la plus reculée à laquelle on puisse remonter par de profondes recherches sur les langues, les monuments, les traditions, est ce que les érudits nomment le *monde primitif*. La géologie emploie le mot *primitif* dans le même sens et avec aussi peu de fondement. En effet, le terme au delà duquel nous ne pouvons plus continuer nos investigations n'est pas celui des œuvres de la nature ni celui du temps qu'elle y mit. Notre monde est certainement très-ancien, mais ne finira-t-il jamais ? Les lois générales de l'univers matériel garantissent à notre planète une durée sans limite assignable. La *fin du monde* ne serait donc qu'une transformation totale de la surface du globe, un cataclysme qui ferait disparaître la race humaine, entraînant en même temps la destruction de presque tous les êtres vivants. Ce grand événement préparerait la place pour un monde nouveau dans toute la rigueur du terme. Les géologues croient reconnaître les traces de plusieurs cataclysmes antérieurs que la Terre aurait subis, et dont ils assignent l'ordre de succession sans rien préjuger sur leur durée ni sur l'époque à laquelle ils ont eu lieu.

Dans tout ce qu'on vient de dire, le *monde* est le lieu d'habitation de l'homme ou des races analogues dans les planètes qui nous offrent des analogies si remarquables avec celle que nous occupons. Mais ce mot désigne aussi les habitants eux-mêmes, soit dans leur ensemble, soit dans les différents groupes que l'on peut y former. Quelques-unes de ces sections du genre humain ou du monde entier sont assez peu nombreuses : le *monde savant* et le *monde littéraire* sont les deux *mondes de l'intelligence*. On sait ce que c'est que le *grand monde*, le *beau monde*, et souvent on ne trouve rien de grand que des prétentions, rien de beau que les parures. Dans un sens plus général, tout ce qui établit des relations entre les hommes malgré la distance des lieux et la différence des gouvernements peut former un *monde* : on reconnaît ce pouvoir à quelques religions, à la civilisation, à la sociabilité. Après ces grandes divisions viennent les petits groupes auxquels on ne refuse pas non plus le titre de *monde*. Pour chacun de nous, le *monde* se réduit à la totalité des personnes avec lesquelles nous sommes en contact plus au moins intime, plus ou moins fréquent ; notre *société* en est le *noyau*.

L'esprit religieux fait envisager le monde sous un autre aspect : c'est l'ensemble des opinions, des maximes, des usages, des occupations du siècle ; la morale pratique est ce qu'on appelle *esprit du monde*, souvent peu d'accord avec la piété. Un zèle prompt à s'alarmer redouta jadis cet esprit, et crut lui échapper en fuyant jusque dans les déserts de la Thébaïde : on craint moins aujourd'hui sa pernicieuse influence, soit que les mœurs publiques se soient effectivement améliorées, soit que l'esprit religieux ait perdu de son empire.   FERRY.]

Personne n'ignore ce que l'on appelle *homme du monde*, *femme du monde*. Le monde dont il s'agit ici est le personnel des salons, composé de gens dont la fortune, l'éducation constituent une véritable aristocratie ; les hommes et les femmes du monde ont en quelque sorte des mœurs, des habitudes, un langage à part ; la plupart du temps ils ne font rien comme les autres, et c'est là ce qui constitue leur supériorité à leurs propres yeux. Sans s'inquiéter de tout approfondir, l'homme du monde parle de tout, tranche sur tout ; politique, mode, beaux-arts, littérature, tout lui est matière à conversation : une nouvelle bien neuve, bien fraîche a pour lui un inappréciable attrait, elle lui vaut un succès dans ces réunions banales dont des riens, assaisonnés souvent par un peu de médisance, font tous les frais. La femme du monde se lève tard, a sa cour et ses courtisans, va au bois en équipage, ou à cheval en costume d'amazone, assiste aux courses de chevaux, aux premières représentations, lit les romans nouveaux, se fait remarquer à tous les bals par l'élégance, le nouveau de sa toilette, se montre le soir aux Bouffes ou à l'Opéra, et recommence le lendemain la vie de la veille. Hommes et femmes du monde ont une réputation de futilité qui, le croirait-on, a trouvé des jaloux, des imitateurs. C'est ainsi que nous avons eu ce qu'un auteur dramatique a appelé dernièrement le *demi-monde*, appellation qui restera. Le demi-monde singe le monde ; sa composition est bien plus mélangée, car il se compose en général de femmes à vertu suspecte, de chevaliers d'industrie, et d'un certain nombre de dupes de leur conversation, qui ne manque pas, disent ceux qui les ont hantés, d'un certain charme. Le *monde* persifle volontiers le *demi-monde*, qui le lui rend bien.

MONDE (Ages du). *Voyez* AGES (Les quatre).
MONDE (Parties du). *Voyez* CONTINENT.
MONDE (Systèmes du). Le *système* ainsi, en général, la réunion de plusieurs globes dans un certain ordre, et en particulier une réunion de ce genre entre les corps sidéraux, notamment entre ceux qui composent notre système solaire. On compte trois principales productions de système du monde, celles de Ptolémée, de Tycho-Brahé et de Copernic. Ptolémée admettait que la Terre reste immobile au centre, et que les autres corps célestes se meuvent autour d'elle en formant des cercles parfaitement exacts. Tycho-Brahé chercha à rectifier ce que ce système avait d'insoutenable. Mais il admettait aussi que la Terre demeure immobile au centre de notre monde, et disait que le Soleil et la Lune tournent autour d'elle, tandis que les autres planètes se meuvent autour du Soleil. Le système que Copernic exposa avant que Tycho-Brahé développât le sien, et que les pythagoriciens avaient déjà pressenti, non par des motifs astronomiques, mais par suite de leur théorie sur le feu, et qui a été confirmé dans ses points fondamentaux par les obser-

vations et les découvertes de tous les astronomes postérieurs, est incontestablement le véritable, parce que c'est le seul qui donne une explication satisfaisante des phénomènes célestes. Il place le Soleil au centre de notre système, et fait tourner autour toutes les planètes entraînant avec elles leurs satellites. Nous mentionnerons encore ici l'ancien système du monde qu'avaient imaginé les Égyptiens, mais que nous ne connaissons que dans quelques-uns de ses traits généraux. Il ne différait de celui de Ptolémée qu'en ce que Mercure et Vénus s'y mouvaient autour du Soleil et non autour de la Terre.

MONDE (Voyages autour du). *Voyez* CIRCUMNAVIGATION (Voyages de).

MONDE ou MONDI. *Voyez* COATI.

MONDE ANTÉRIEUR ou MONDE PRIMITIF. Il est dans notre nature de chercher à se faire une idée de l'état de la Terre et des êtres qui l'habitaient avant la venue de l'homme, ou du moins avant les commencements des souvenirs humains et des traditions historiques, ainsi que sur l'origine de la création de la Terre et sur les développements successifs qui l'ont fait arriver à l'état où nous la voyons aujourd'hui. Ce sont ces différents états que nous nommerons *monde antérieur* ou *primitif*; primitif, seulement en ce sens qu'à ce mot se rattache l'idée accessoire de quelque chose existant de la sorte depuis l'origine. Ainsi, quand on parle d'une forêt *primitive*, on entend une forêt qui n'a été soumise à aucune modification par aucun essai de culture. Mais on ne saurait parler de *montagnes primitives*, par exemple, alors qu'on n'est pas parfaitement certain que ces montagnes soient bien réellement la forme originelle affectée par l'écorce terrestre. Il est illogique de parler d'une flore ou d'une faune du monde primitif, puisque évidemment aucune plante, aucun animal fossile, n'appartiennent aux premiers commencements de la Terre, et qu'il est généralement avéré que les restes aujourd'hui connus d'organismes antérieurs doivent appartenir aux époques les plus diverses.

La forme que prend l'histoire des états du monde antérieur, en d'autres termes, de la création, dépend essentiellement de l'état de l'observation empirique de la nature, c'est-à-dire de l'état de l'histoire naturelle. Moins celle-ci est avancée, moins on a de bonnes observations de la nature ; plus les idées qu'on se fait de l'origine et de la formation de la Terre appartiennent au domaine de l'imagination, plus aussi elles se rattachent étroitement aux systèmes religieux. Voilà pourquoi, aux époques les plus reculées, on voit toujours l'histoire de la création faire partie du mythe religieux, et se composer uniquement d'allégories dans lesquelles se laisse facilement reconnaître, comme base et point de départ, l'état où se trouvait alors l'observation de la nature. L'histoire mosaïque de la création elle-même, qui témoigne d'une observation fort exacte, et qui nous donne une exposition de la suite vraisemblablement chronologique des principales époques de la nature, répandant de tous points à l'état où se trouvait alors la connaissance de l'histoire naturelle, est le dernier exemple de l'union d'idées de cet ordre avec la religion. L'orthodoxie chrétienne n'hésite pas aujourd'hui à considérer cette histoire de la création de Moïse comme une base essentielle de la religion révélée, et dès lors à frapper d'anathème toute tendance de l'histoire naturelle à s'éloigner de la lettre du récit de Moïse. En effet, on trouve encore aujourd'hui, non-seulement dans les pays catholiques, mais encore en Angleterre et au midi de l'Allemagne, des théologiens et même de prétendus naturalistes qui refusent à l'histoire naturelle le droit de tirer des conséquences contredisant les assertions de Moïse, réduits dès lors à nier la plupart des nouvelles observations qui permettent de déduire avec une quasi-certitude l'existence d'états antérieurs, et à les considérer comme de simples jeux de la nature faisant illusion, par exemple les pétrifications d'organismes antérieurs.

La grande différence entre toutes les anciennes histoires de la création, y compris celle de Moïse, et les nouvelles ten-

MONDE ANTÉRIEUR — MONDE INFÉRIEUR

tatives qui ont été faites pour construire une histoire de la nature, consiste en ce qu'on ne s'appuyait autrefois que sur un petit nombre d'observations naturelles généralement connues, ou, pour mieux dire, en ce que dans la construction des mythes et des récits de l'origine de la nature on suivait involontairement, et sans en avoir la conscience, une voie qui se rattachait à l'état où se trouvait alors la connaissance de la nature ; tandis qu'aujourd'hui on recueille, avec l'entière conscience de ce qu'on fait, d'innombrables observations ayant trait à des états antérieurs du monde ; qu'on construit ainsi une histoire positive du monde antérieur, et qu'on arrive de la sorte à la base même de l'histoire de la création. Mais, d'un autre côté, la nouvelle histoire naturelle, au lieu d'imiter toutes les anciennes histoires de la création, qui, partant d'une puissance créatrice immédiate, immense, indépendante de toutes lois et inhérente à l'Être suprême, font sortir la Terre tout à coup ou du moins en actes se succédant rapidement, exactement limités, et qui la font également se développer par l'intermédiaire de grandes révolutions revenant périodiquement, mais toutes-puissantes aussi et agissant par chocs, la nouvelle histoire naturelle, disons-nous, a toujours mieux aimé prouver, à l'aide des forces de la nature dont les lois lui étaient connues, un développement procédant sans secousses, de la première origine du corps terrestre, et se continuant successivement d'après certaines lois. Sans doute on rencontre dans cette voie de grandes difficultés, provenant tantôt de ce que, malgré les progrès de la physique et de la chimie, les lois des forces de la nature ne nous sont point encore assez complètement connues pour que dans l'histoire du développement de la Terre on ne se heurte pas fréquemment à des points qu'on ne peut expliquer que fort imparfaitement et seulement à l'aide de déductions tirées de ce que l'on connaît, et tantôt de ce que pour expliquer à l'aide des forces déjà connues de la nature les énormes changements que la Terre a dû subir depuis sa première origine, et dont témoignent les traces encore existantes de ses états antérieurs, on est obligé d'admettre ou que ces forces ont eu autrefois beaucoup plus d'intensité, que peut-être même elles ont agi autrement en ce qui est des résultats, ou qu'il faut fixer pour la production successive des effets visibles des époques dont la durée dépasse en quelque sorte la conception de l'homme. Il n'est dès lors pas étonnant qu'il y ait de très-divers essais d'histoires de la création, employant les lois de la nature aujourd'hui connues à expliquer très-diversement les phénomènes du monde antérieur, et employant en outre à des effets des forces de la nature aussi différents sous le rapport de la quantité que sous celui de la qualité, agissant tantôt par chocs, tantôt par révolutions. Mais c'est là uniquement le résultat de l'imperfection de tout savoir humain et à cause de la minime échelle sur laquelle il nous est donné d'expérimenter les effets des forces de la nature. C'est sur ce point que roulent toutes les discussions des diverses écoles géologiques. En tous cas, il est bien plus rationnel d'admettre que tout s'est ainsi formé par un développement complètement régulier, continuel et soumis à des règles fixes, et que les progrès toujours croissants des sciences naturelles nous conduiront encore bien plus loin dans la connaissance de ces lois, que de prétendre tout expliquer par des effets particuliers et complètement incommensurables à ce que nous observons aujourd'hui.

Il suit de ce que nous venons de dire que l'histoire du monde antérieur a son enseignement empirique et son enseignement théorique. Le premier, qui n'est autre que l'histoire naturelle du monde antérieur, est donné par l'astronomie, à l'aide de laquelle nous apprenons à connaître les rapports que notre globe s'est trouvé avec les autres corps sidéraux depuis des temps infinis ; par la *géologie*, qui nous enseigne comment l'écorce terrestre se compose de diverses couches, et les rapports existant entre elles ; et aussi par la *science des pétrifications*, qui, comme botanique et

comme zoologie du monde antérieur, classe systématiquement tous les débris des anciens habitants de la Terre parvenus jusqu'à nous en empreintes, en pétrifications et autres traces, discute leur affinité avec les plantes et les animaux aujourd'hui connus, et indique la présence de ces débris dans les diverses couches pierreuses de l'écorce terrestre. L'enseignement théorique tirera d'abord ses inductions des lois qu'a fait connaître l'astronomie, lois qui régissent les rapports *cosmiques*, relativement aux conditions générales de temps et de lieu de la première origine de la Terre. Ensuite, comme géologie, il s'efforcera de démontrer, à l'aide des lois physiques et chimiques, comment on peut s'expliquer la première formation de la masse terrestre (chaos), et par là l'origine successive et le changement continuel de l'écorce terrestre. Sous ce rapport, bien que réduite à de pures hypothèses à l'égard des premières périodes et surtout en ce qui touche l'acte de la première origine (attendu que les expériences faites sur une petite échelle par les naturalistes relativement à la cristallisation de masses en ignition liquide, à la volatilisation des matières métalliques, à l'influence exercée sur ces circonstances par des courants galvaniques, etc., etc., sont jusqu'à présent restées fort imparfaites), elle s'appuiera beaucoup, pour les époques antérieures, sur la connaissance des pétrifications. Partant de ce principe qu'il y a partout dans les matières organiques développement continuel d'une forme à une autre, formation successive de nouvelles matières et disparition successive des anciennes, puisque certaines espèces d'animaux, par exemple l'élan, l'aurochs, etc., ou ont complètement disparu depuis l'époque historique, ou sont évidemment en train de disparaître, on admet que les couches pierreuses contenant des pétrifications doivent être d'autant plus récentes que ces pétrifications se rapprochent davantage des plantes et des animaux aujourd'hui existants, ou même s'y rapportent complètement, et qu'elles sont d'autant plus anciennes que ces similitudes manquent. On est arrivé de la sorte à établir une chronologie assez exacte des diverses couches contenant des pétrifications, et en même temps aussi des couches intermédiaires qui les séparent. D'après les inductions que l'état actuel des sciences naturelles permet de tirer du temps nécessaire pour certaines formations, on arrive à se faire une opinion sur les périodes et la durée des diverses époques de formation; et après avoir conclu de la nature de certaines époques et de ces pétrifications particulières à certaines contrées, quelles ont dû être les conditions de climat et autres qui existaient au temps de leur vie, on arrive même, pour diverses époques, à se faire une idée approximative de la forme alors particulière à l'écorce terrestre et de la physionomie de ses habitants, tant animaux que végétaux.

A la littérature du sujet que nous venons d'indiquer appartiennent tous les ouvrages de géologie, particulièrement ceux qui tiennent aussi compte des habitants de la Terre, notamment ceux de Lyell, Mantell, Buckland, etc. L'époque actuelle a vu paraître de très-remarquables productions, dont les auteurs se sont efforcés d'épuiser autant que possible la notion d'une histoire de la nature. Le *Cosmos* de M. A. de Humboldt fournit à cet égard les plus précieuses indications. Nous recommanderons également, comme une exposition aussi complète que possible de tous les états, et comme le plus heureux essai d'histoire générale de la nature qu'on ait tenté jusqu'à ce jour, l'*Histoire de la Nature*, de Bronn (2 vol., en allemand ; Stuttgard, 1841-1843).

MONDE INFÉRIEUR. L'idée d'un monde inférieur se rattache à deux notions : celle de la constitution de l'univers et de la terre, et celle de l'immortalité. Pour l'homme qui vit encore dans l'ignorance de l'enfance, la terre constitue tout l'univers. Il n'y a de vivant que ce qui y respire, et au-dessus d'elle règnent d'épaisses ténèbres. Au-dessus se trouve l'espace lumineux, séjour naturel des dieux. Dans la mythologie des Indiens, la profondeur des ténèbres (*Ouderah*) est déjà le lieu où les esprits déchus subissent leur

18.

poine. Chez les Égyptiens, le monde inférieur devient l'empire des morts ou des ombres, dans lequel Osiris et Isis, et plus tard Sérapis, règnent et rendent la justice. Le sombre caractère des Égyptiens et de leur religion, et surtout la nature particulière de leurs lieux de sépulture, influèrent sur l'idée qu'ils se formèrent de l'empire des morts. Les plus considérables de ces lieux de sépulture étaient situés dans l'Égypte centrale et dans la basse Égypte; et il est vraisemblable que de là provint l'idée d'un monde inférieur et d'une continuation souterraine de la vie. Diodore de Sicile nous apprend que ce fut aux Égyptiens que les Romains empruntèrent leurs idées sur Hadès, l'Élysée et le Tartare. Par les mots Tartare et Hadès ils entendaient primitivement le *monde inférieur*, c'est-à-dire l'espace obscur que l'on supposait exister sous l'écorce terrestre. Tantôt le Tartare, sur lequel repose la terre, est pour eux un fils du chaos, c'est-à-dire de l'espace primitivement obscur, du vide infini en général; tantôt, comme cachot des Titans et des méchants, il forme le plus profond du monde inférieur. Mais ce n'est toujours pas là encore l'empire des morts.

Après avoir d'abord été considéré en général comme un espace souterrain, Hadès devint plus tard le séjour des morts dans le même empire des morts; sauf que dans certains systèmes la demeure des morts était située à l'extrémité du monde, dans l'île des bienheureux chez Hésiode, ou aux Champs-Élysées, comme chez Homère. Suivant la description de ce dernier, à une journée de route, depuis l'île d'Æea, à l'extrémité occidentale de l'Océan, était situé le sombre pays des Cimmériens qui demeure toujours privé de lumière. Là se trouvait l'entrée de l'Hadès, et près des rochers de cette entrée souterraine l'Achéron, mare d'eau dans laquelle se précipitait l'ardent Pyriphlégéton ainsi que le Cocyte, l'un des bras du Styx. Cette idée fut ensuite développée en même temps que celle qu'on se faisait de la Terre. On transféra l'empire des morts dans l'intérieur ou au centre de la Terre; et d'effroyables endroits, où l'abîme semblait s'entr'ouvrir, en furent considérés comme l'entrée. D'après la donnée la plus générale, l'empire des morts était complètement entouré par le *Styx*, et on ne pouvait y parvenir qu'en traversant le *Cocyte* aux eaux bourbeuses. À l'aide de sa barque, *Caron* y traversait les morts que lui amenait *Mercure*. Sur la rive où Caron déposait les morts, se tenait dans une caverne l'horrible *Cerbère*. On parvenait ensuite dans un espace exigu, où le juge *Minos* était assis et jugeait les nouveaux arrivants, décidant quelle route leur âme devrait prendre. Là en effet la route se bifurquait : la voie de droite conduisait à l'*Élysée*, et la voie de gauche au *Tartare*, lieu de punition pour les réprouvés. L'idée égyptienne apparaît visiblement encore comme base de tout ce mythe. En effet, près de Memphis était situé le lac Achérousia, lequel fit imaginer ce fleuve infernal et ce séjour des morts; et on y trouvait un batelier qui transportait les morts aux lieux de sépulture des Égyptiens, service pour lequel il recevait une obole.

Les mystères eurent aussi pour résultat de propager l'idée égyptienne du monde inférieur. Les philosophes et les poètes introduisirent plus tard de nombreuses modifications dans l'idée de ce monde inférieur. C'est ainsi que l'idée de la purification et du pardon s'associa à celle de la migration des âmes; et il en résulta qu'à l'instar de Platon, par exemple, on admit le retour des morts dans le monde supérieur après un certain temps.

MONDES (Pluralité des). *Voyez* MONDE.

MONDOVI, ville et place forte de la principauté du Piémont (royaume de Sardaigne), sur les bords de l'Elero, est le chef-lieu d'une province de 22 myriamètres carrés, avec une population de 150,000 âmes. Siège d'évêché, on y trouve un séminaire, un château, une cathédrale, et 18,000 habitants. Cette ville, qui possède des manufactures de soieries, de draps, de cotonnades, et un commerce assez important, formait autrefois une petite république; mais elle se soumit vers la fin du quatorzième siècle aux comtes de Savoie. La victoire que les Français commandés par Bonaparte y remportèrent, le 21 avril 1796, sur les Autrichiens aux ordres de Beaulieu, fut un des triomphes qui signalèrent l'immortelle campagne de 1796.

[La bataille de Mondovi n'est qu'une conséquence de la marche obligée des armées française et piémontaise après la bataille de Montenotte. Une circonstance fortuite fit rencontrer à Mondovi la division Sérurier et le corps piémontais que commandait le général Colli. Les Piémontais perdirent 3,000 hommes, 8 pièces de canon et 10 drapeaux. Le lendemain de la bataille de Mondovi, le général Bonaparte forma son armée en trois colonnes, passa la Stura et porta son quartier-général à Cherasco. Ses communications avec Nice se trouvaient rétablies par Ponte-di-Nave, ce qui lui donna la possibilité de réorganiser son matériel et de porter à soixante bouches à feu la force active de son artillerie. Il profita de l'effet moral des victoires qu'il venait de remporter dans ces dix jours de campagne, et prit, sans que le soldat osât en murmurer, des mesures sévères pour rétablir la discipline et mettre un terme aux habitudes de pillage que les revers des dernières années avaient introduites dans l'armée. Sa proclamation de Cherasco est remarquable à cet égard : « Soldats, vous avez remporté en quinze jours six victoires, pris 21 drapeaux, 55 pièces de canon, plusieurs places fortes, et conquis la partie la plus riche du Piémont; vous avez fait 15,000 prisonniers, tué ou blessé plus de 10,000 hommes. Vous vous étiez jusque ici battus pour des rochers stériles, illustrés par votre courage, mais inutiles à la patrie ; vous égalez aujourd'hui par vos services l'armée de Hollande et du Rhin. Dénués de tout, vous avez suppléé à tout. Vous avez gagné des batailles sans canons, passé des rivières sans ponts, fait des marches forcées sans souliers, bivaqué sans eau-de-vie, et souvent sans pain. Les phalanges républicaines, les soldats de la liberté, étaient seuls capables de souffrir ce que vous avez souffert : grâces vous en soient rendues, soldats ! La patrie reconnaissante vous devra sa liberté, et si, vainqueurs de Toulon, vous présageâtes l'immortelle campagne de 1793, vos victoires actuelles en présagent une plus belle encore. Les deux armées qui naguère vous attaquaient avec audace fuient épouvantées devant vous ; les hommes pervers qui riaient de votre misère et se réjouissaient dans leur pensée des triomphes de vos ennemis sont confondus et tremblants. Mais, soldats, vous n'avez rien fait, puisqu'il vous reste à faire. Ni Turin ni Milan ne sont à vous ; les cendres des vainqueurs des Tarquin sont encore foulées par les assassins de Basseville ! On dit qu'il en est parmi vous dont le courage mollit, qui préféreraient retourner au sommet de l'Apennin et des Alpes ! Non, je ne puis le croire. Les vainqueurs de Montenotte, de Millesimo, de Dego, de Mondovi, brûlent de porter au loin la gloire du peuple français !... » — Cherasco est à dix lieues de Turin. La cour de Sardaigne, justement effrayée, se résolut à implorer la paix. Le roi envoya le général Latour et lecolonel Lacoste pour proposer un armistice et l'offre, comme gage de sa bonne foi, de livrer immédiatement les places de Ceva, Coni et Tortone à l'armée française. Le général Bonaparte accepta, et le traité de Cherasco fut signé le 15 mai. La paix fut conclue et signée à Paris par M. le comte de Revel, ambassadeur du roi de Sardaigne.
Gal MONTHOLON.]

MONESIA. *Voyez* DEROSNE.

MONGE (GASPARD), l'un de nos géomètres les plus distingués, naquit à Beaune (Côte-d'Or), en 1746. Son père n'était qu'un marchand forain; mais comme il sentait le prix de l'instruction, il profita de l'honnête aisance que lui avait procurée son état pour envoyer ses trois fils au collège de leur ville natale, que dirigeaient les oratoriens. Des deux frères de Gaspard Monge l'un devint par la suite professeur d'hydrographie, l'autre fut examinateur de la marine. Quant à lui, il avait à peine seize ans que sa haute aptitude était reconnue par ses maîtres, qui l'envoyaient professer la physique chez leurs confrères de Lyon.

L'année suivante, Monge étant venu passer les vacances au sein de sa famille, exécuta un plan de Beaune, dont il fit présent à l'administration municipale. Ce travail, effectué presque sans instruments, attira l'attention d'un lieutenant général du génie, qui s'informa du nom de l'auteur, et le recommanda au directeur de l'école spéciale de Mézières. Mais Monge n'était pas noble, et à cette époque le talent roturier devait céder le pas à l'ignorance nobiliaire. Monge, relégué à l'école parmi les conducteurs de travaux, ne se rebuta cependant point, et à quelque temps de là, chargé de faire les calculs d'une opération de défilement, il abandonna hardiment la marche suivie par la routine; il imagina une méthode qui le dispensait des longs tâtonnements employés jusque alors. Quand il présenta sa solution, le commandant de l'école ne voulait seulement pas l'examiner, disant qu'il était impossible d'exécuter d'aussi nombreux calculs en si peu de temps. Force fut de se rendre à l'évidence, et la supériorité des procédés de Monge fut reconnue.

En 1766 Monge devint répétiteur de mathématiques à cette même école de Mézières où il était entré avec un rang si modeste. En 1771 il succéda à Nollet comme professeur. Il fut ensuite appelé à remplacer Bezout comme examinateur pour les élèves de l'artillerie et les gardes du pavillon de la marine. La révolution survint : il l'accueillit avec enthousiasme, et, le 10 août 1793, il accepta le portefeuille de la marine. C'est vers cette époque que Bonaparte, alors simple capitaine d'artillerie, vint solliciter l'appui de Monge : l'accueil du ministre inspira au jeune officier une haute estime pour le savant géomètre, qui, de son côté, conçut pour le futur empereur une vive affection.

Monge, détourné de ses chères études par les hautes fonctions qu'il occupait, obtint du comité de salut public d'être remplacé. Mais son repos fut de courte durée. Il avait à peine quitté le ministère que la France se trouva menacée de tous côtés par la coalition étrangère. Établir les types des fonderies, des foreries de canons, des fabriques de poudre, tel fut pendant plusieurs mois l'objet de l'activité de Monge. En même temps, il publiait sa Description de l'art de fabriquer des canons (an III), et aussi ses Leçons de Géométrie descriptive, données à l'École Normale; car il avait contribué à la création de cette école, et un peu plus tard il était le principal fondateur de l'École Polytechnique. Là, comme à l'École Normale, il introduisit dans l'enseignement la géométrie descriptive. Nous avons dit ailleurs la part qui lui revient dans cette branche importante de la science (voyez DESARGUES).

Monge accompagna Bonaparte à l'armée d'Italie; le général en chef le chargea de faire transporter en France les chefs-d'œuvre enlevés pour orner nos musées. Pendant la campagne d'Égypte, Monge donna la première explication du mirage, et présida l'Institut fondé au Caire. La Décade égyptienne renferme plusieurs travaux de lui remontant à cette époque. Attaché pour toujours à la fortune de Napoléon devenu empereur, Monge fut nommé sénateur. Il n'en reprit pas moins ses admirables leçons d'analyse appliquée à l'École Polytechnique; seulement, se trouvant suffisamment doté par la munificence impériale, il consacra son traitement de professeur à la création de plusieurs bourses pour les élèves pauvres.

Les principaux travaux de Monge ont été imprimés dans les Mémoires des Académies des Sciences de Paris et de Turin, le Journal de l'École Polytechnique, les Annales de Chimie, etc.; dans le nombre, on remarque plusieurs mémoires sur la détermination et la construction des fonctions arbitraires dans les intégrales, les équations aux différences partielles, etc. Il a publié à part ses Feuilles d'Analyse appliquée à la Géométrie (1 vol. in-folio, an III; 4° édit. 1 vol. in-4°, 1809). Une vie si utilement consacrée à la science ne sauva pas Monge des fureurs de la Restauration. L'aveugle haine des Bourbons le chassa de l'École Polytechnique et lui ôta son titre de membre de l'Académie des Sciences : il mourut dans l'exil, le 28 juillet 1818.

Consultez : Brisson, *Notice historique sur Monge* (Paris, 1818); Ch. Dupin, *Essai historique sur les Travaux scientifiques de Monge* (1819); Arago, *Éloge de Monge*, prononcé devant l'Académie des Sciences, le 18 mai 1846.

E. MERLIEUX.

MONGEZ (ANTOINE) naquit à Lyon, en 1745; la révolution le trouva génovéfain, s'occupant avec ardeur de l'étude des sciences. Il fut nommé, par le Directoire, commissaire du gouvernement près de l'administration des monnaies; membre du Tribunat en 1800, il y demeura peu de temps. Membre de l'Institut, il en fut exclu lors de sa réorganisation en 1816, et y fut rappelé, par l'élection, en 1818. En 1828 Mongez fut destitué, sous le ministère Villèle, des fonctions qu'il occupait depuis le Directoire à l'hôtel des Monnaies, et réintégré en 1830. Mongez mourut en 1836. Ses principaux ouvrages, après les *Dictionnaire d'Antiquité* et de *Diplomatie*, ayant fait d'abord partie de l'*Encyclopédie méthodique*, sont l'*Histoire de Marguerite de Valois*, la *Vie privée du Cardinal Dubois*, la *Galerie de Florence*, le tome second de l'*Iconographie Romaine* de Visconti, et divers mémoires sur des questions spéciales.

MONGOLE ou **MONGOLIQUE** (Race). *Voyez* RACES.
MONGOLES (Langue et Littérature). *Voyez* ORIENTALES (Littératures).

MONGOLS, MONGOLIE. Mongol est un nom de peuple d'une signification très-peu précise, mais par lequel on désigne le plus ordinairement une certaine race d'entre les populations de l'Altaï. Au rapport des historiens mongols, les Mongols et les Tatars n'étaient à l'origine que des rameaux d'un seul et même peuple habitant le plateau de l'Asie septentrionale qui s'étend entre la Sibérie et la Chine, peuple appelé encore aujourd'hui par les Chinois *Ta-tsé* ou *Tata*, que Djinghis-Khan réunit en même temps qu'il entraînait à sa suite les peuplades turques et tungouses. De la vraisemblablement sera venue la confusion de noms, de telle sorte que dans l'Occident aussi bien que dans l'Orient on comprend aujourd'hui sous cette dénomination de *Tatars* trois peuples différents : les Mongols, les Turcs et les Tungouses. En raison de ce qu'offre de caractéristique le type de ce peuple, le nom de *Mongol* est devenu la dénomination particulière de l'une des races humaines (*voyez* HOMME). Quant au nom de *Tatar*, on l'a donné à toute la race du plateau extrême de l'Asie, aussi bien à cause de l'affinité des diverses langues qu'en raison de l'analogie des mœurs, du développement moral et de la constitution physique que présente entre eux les divers peuples appartenants à cette race, encore bien que sous ce rapport beaucoup de peuples de la famille turque portent plus ou moins le cachet de la race caucasique. Dans l'acception la plus restreinte, on entend par *Mongols* les nombreuses tribus nomades qui habitent ce qu'on appelle *la Mongolie*, ou le plateau situé entre la Chine au sud et la Sibérie au nord, entre la grande Tatarie à l'ouest et la Mandchourie à l'est, plateau au centre duquel se trouve le désert de Kobi, puis le plateau du Koukou-Nor ou lac Bleu, au nord du Thibet, et la haute Tatarie ou le plateau situé entre les chaînes de montagnes du Mouz-Tagh, du Belour-Tagh et du Kouen-Luen; enfin, celles qui, mêlées à d'autres races, habitent des parties de la vallée de la Sibérie et de celle de la mer Caspienne. Cette famille de peuplades proprement dites se divise en trois rameaux : celui des Tatars orientaux ou des Mongols, celui des Tatars occidentaux ou des Kalmoucks, et celui des Tatars septentrionaux ou des Bourètes. Les *Mongols orientaux* (à bien dire souche de toute la famille, possédant encore le territoire qu'elle occupait à l'origine, et à cause de laquelle les noms de *Tatars* et de *Mongols* ont été donnés à la race tout entière ainsi qu'à ses familles de langues et de peuples), se subdivisent, indépendamment de diverses autres petites peuplades ou hordes, en *Mongols-Khor* ou *Tschanuigols*, fixés entre le Thibet et la petite Boukharie, en *Mongols intérieurs*, fixés au sud du désert de Kobi, et en *Mongols extérieurs*, fixés au nord du Kobi et appelés *Mongols-Khalka* ou *Kalkas*, du Khalka, petit cours d'eau. Les *Mongols* de l'est, auxquels on donne par excellence le nom de *Mongols*, sont la souche primitive de toutes ces populations, et celle chez laquelle s'est le mieux conservé le type originel de toute la race. Ils sont d'ordinaire de stature moyenne, ont la barbe peu fournie, les oreilles longues et pendantes, les jambes généralement arquées, parce qu'ils passent à cheval la plus grande partie de leur vie. Ils sont naturellement francs, modérés, hospitaliers, pacifiques, mais en même temps paresseux, sales, et poussent l'orgueil jusqu'à la stupidité. Aux femmes, qu'ils épousent en aussi grand nombre qu'ils veulent, et qui habitent assez souvent avec les enfants des tentes à part, reviennent tous les soins de l'économie domestique. Leurs habitations consistent en *jourtes* ou tentes de feutre. Leur grande occupation est l'élève du bétail, et leurs principales richesses consistent en troupeaux de moutons à queue grasse, en chameaux à deux bosses, et en chevaux, en gros bétail et en ânes. Aussi la viande, le lait, le beurre et le fromage forment-ils la base de leur alimentation. Ils cultivent peu, et leur industrie se borne à la préparation des peaux et du feutre ; ils tirent le peu d'articles nécessaires à leurs besoins des Chinois, qui vivent parmi eux dispersés soit comme marchands, soit comme agriculteurs, ou bien réunis en colonies. Faute de fourrage dans les déserts qu'ils habitent, ils sont souvent obligés de changer de résidence pour aller s'établir au loin. Ils vivent donc encore tout à fait à l'état nomade, se subdivisent en un grand nombre de tribus ou *d'aïmaks*, obéissent à leurs propres chefs et princes héréditaires, soumis à l'empire chinois. Ces chefs doivent obtenir leur investiture à Péking, paraître à la cour à certaines époques et payer un tribut déterminé. Comme les Mandchoux, ils sont divisés en *baus*, en régiments, etc., et des gouverneurs chinois résident au milieu d'eux ; mais ceux-ci ne sont chargés que d'une surveillance politique, et n'interviennent point dans les démêlés des diverses tribus entre elles. La religion qu'ils professent est le bouddhisme, et le dalaï-lama est leur chef spirituel. La Mongolie soumise à l'empire de la Chine comprend une superficie d'environ 63,000 myriamètres carrés, généralement à l'état de désert, et sur laquelle on compte environ 2,500,000 Mongols et 500,000 Chinois. Les *Mongols-Tschachans* furent les premiers qui se soumirent aux Mandchoux. Dès 1616 ils furent divisés en étendards et en compagnies, et réunis aux huit étendards des Mandchoux. Après la conquête de la Chine par les Mandchoux, les Tschagans furent colonisés aux approches de la grande muraille, où ils servent en même temps de garde-frontières. La cour de Péking possède de ce côté plusieurs châteaux de plaisance, entre autres *Schehol* ou *Scheho* (41° 58' de lat. septentrionale). C'est seulement pendant les mois les plus chauds de l'année que le Fils du ciel vient s'établir dans ces fraîches demeures d'été, et l'on s'y rend souvent aussi de Péking pour chasser, à cause de la nature alpestre des contrées où elles sont situées.

L'histoire ancienne des Mongols est fort obscure. Quoique probablement ils aient dû autrefois prendre part aux grandes expéditions entreprises par les hordes de l'Asie septentrionale contre la Chine et les contrées occidentales de l'Asie, on manque de tous renseignements précis à cet égard ; et on ignore de même si les Scythes orientaux ou Huns, les Hiongnous et les Kitans, ont été à proprement parler des Mongols, encore bien qu'on puisse considérer comme constant qu'ils faisaient partie des races désignées sous la dénomination générique de Mongols ou de Tatars ; aussi les appelle-t-on tantôt Mongols et tantôt Tatars. C'est seulement à l'apparition de Djinghis-Khan, au commencement du treizième siècle, qu'un peu plus de lumière se fait sur l'histoire des Mongols. Il réunit les tribus éparses de l'Asie centrale et orientale, dont les plus importantes étaient les Tatars et les Mongols, et donna tout à coup par ses conquêtes une immense importance historique à son peuple. Les expéditions des Mongols, semblables à des essaims de sauterelles, portèrent alors en tous lieux la terreur et la dévastation, soumettant et ruinant tout sur leur passage. C'est cependant vers ce même temps que le bouddhisme d'une part et l'islamisme de l'autre commencèrent à devenir parmi eux les religions dominantes. A la suite de ces religions s'introduisit de l'Hindostan, du Thibet et de la Chine, de la Perse et des régions méridionales de l'Asie, une civilisation plus élevée, qui trouve son expression propre dans la *littérature mongole*. Quoique ne consistant guère qu'en traductions du thibétain et en imitations d'ouvrages musulmans originaux, cette littérature ne laisse pas que d'être assez riche, et surtout en importants ouvrages historiques.

Après la mort de Djinghis-Khan (1227), ses fils, qui se partagèrent son empire de telle sorte que l'un d'eux, Oktaï, conserva la direction suprême en qualité de *grand-khan*, continuèrent ses conquêtes, soumirent la plus grande partie de la Chine, détruisirent le sulthanat de Bagdad et rendirent tributaires les sulthans seldjoucides d'Iconium. Une armée mongole, aux ordres de Mankou-Khan et de Batou-Khan, pénétra de nouveau en Russie en 1237, prit Moscou d'assaut, et ravagea une grande partie de la Russie. Après avoir subjugué cet empire, cette armée, pareille à un torrent dévastateur, envahit la Pologne en 1240, brûla Cracovie et entra en Silésie, où, le 9 avril 1241, elle défit, il est vrai, l'armée combinée des chevaliers de l'ordre Teutonique, des Polonais et des Silésiens à la bataille de Wahlstadt, mais où elle essuya des pertes telles que ses chefs ne jugèrent pas prudent de s'engager plus avant en Allemagne. Ils se dirigèrent au sud, vers la Moravie, où ils commirent les plus affreuses dévastations, et où ils furent enfin par être complètement battus sur le mont Hostein, en avant d'Olmutz, par Iaroslaff de Sternberg. Force leur fut, faute de vivres, d'évacuer la Moravie, et ils se dirigèrent alors vers la Hongrie, qu'ils ravagèrent pas moins cruellement. Déjà la terreur de leur nom seul était si grande en Allemagne et en France, qu'on y ordonnait partout des jeûnes et des prières, et qu'on y fit les préparatifs nécessaires pour entreprendre contre eux une grande expédition. Des querelles intestines qui surgirent parmi eux à la mort d'Oktaï (1243) les déterminèrent à s'abstenir d'aller attaquer l'Europe occidentale et à se retirer à Karakorum, capitale de leur immense empire, entre les fleuves Onon et Tatnir, à l'effet d'y élire un nouveau *khakan* ou grand-khan. L'empire des Mongols était arrivé à son apogée au milieu du treizième siècle. Il s'étendait alors depuis la mer de la Chine à l'est jusqu'aux frontières de la Pologne, et depuis les régions alpestres de l'Himalaya jusqu'aux basses et stériles vallées de la Sibérie. Le siège principal du grand-khan était la Chine ; les autres pays étaient gouvernés par les khans inférieurs, qui descendaient de Djinghis-Khan et dépendaient plus ou moins du grand-khan. Les plus puissants de ces khans inférieurs étaient ceux de l'empire de Kaptschak, sur les bords du Wolga, de ce qu'on appelait la *Horde d'Or*, dont dépendait la Russie, et du Tchagataï ou Turkestan.

Mais quand l'esprit de Djinghis-Khan cessa d'inspirer sa dynastie, lorsque son empire eut été divisé entre plusieurs souverains, l'empire des Mongols tomba en décadence. Les querelles intestines devinrent de plus en plus fréquentes, la puissance toujours croissante des mahométans, qui parvinrent chacun à se rendre indépendants dans leurs gouvernements, et l'islamisme, religion des peuples subjugués à l'est, et que les vainqueurs eux-mêmes finirent peu à peu par embrasser, furent cause que dès la fin du treizième siècle, sous le règne du grand-khan Koublaï, l'empire mongol se fractionna en plusieurs royaumes indépendants. Les plus importants d'entre ces nouveaux États mongols furent ceux qui se fondèrent en Chine, dans le Turkestan, en Sibérie, dans la Russie méridionale et en Perse. Ce fractionnement, cet éparpillement des forces jusque alors centralisées, fit de plus en plus déchoir la puissance des Mongols au quatorzième siècle, de telle sorte que dès 1368 ils étaient expulsés de la Chine, et que le quinzième siècle vit se terminer leur domination sur la Russie. Au nord et au centre de l'Asie leur domination eut également disparu si, en 1369, n'avait pas surgi un nouveau conquérant de race mongole, Tamerlan ou Timour, lequel fonda alors un nouvel empire, comprenant toute l'Asie centrale, le sud de l'Asie et notamment la Perse, ainsi qu'une partie de l'Anatolie. Après la mort de Timour, son empire déchut si rapidement qu'il finit dès 1468, lorsque son arrière-petit-fils, Abou-Séid, périt assassiné. La dynastie de Timour ne se maintint que dans le Tchagataï, et c'est de là que Babour, l'un de ses descendants, alla, en 1519, fonder dans l'Hindostan un nouvel empire, qu'on appela l'empire mongol, à cause de l'origine mongole de son fondateur, de même qu'on donna pour cette raison à ce conquérant et à ses successeurs le titre de Grand-Mogol, et que les guerriers de race persane ou turque qui avaient pénétré avec lui dans l'Inde y furent désignés sous la dénomination de *Mongols*. C'est ainsi qu'à dater du commencement du seizième siècle les Mongols perdirent leur importance historique, se fractionnèrent en une foule de khanats et de tribus indépendants, et qu'ils devinrent pour la plus grande partie soumis plus ou moins aux nations qui les avoisinaient, aux Russes, aux Turcs othomans, aux Persans et aux dominateurs mandchoux de la Chine. Ce fut seulement dans le Tchagataï (*voyez* TURKESTAN) que les souverains mongols se maintinrent indépendants; là seulement règnent encore des khans faisant remonter leur origine jusqu'à Djinghis-Khan et à Tamerlan. Consultez Ssanang-Ssetsen Khoungtaidschi, prince mongol, qui vivait vers 1660, *Histoire des Mongols orientaux* (texte original, avec traduction allemande par J.-J. Schmid; Saint-Pétersbourg, 1829); D'Ohsson, *Histoire des Mongols depuis Tschinguiz-Khan jusqu'à Timour-lenc* (Paris, 1824); De Guignes, *Histoire générale des Huns, des Turcs, des Mongols* (Paris, 1756). J.-J. Schmid a publié une Grammaire Mongole (Saint-Pétersbourg, 1831), et un Dictionnaire Mongol (1834).

MONIME, une des femmes de Mithridate.

MONIQUE (Sainte), mère de saint Augustin, ie célèbre père de l'Église, naquit en 332, de parents chrétiens, en Afrique. Cependant, elle se vit contrainte d'épouser un pieux païen, un bourgeois de Tagaste appelé Patricius, qui, déterminé par les exemples qu'elle lui donnait, finit par se convertir, lui aussi, au christianisme. Sainte Monique entreprit plus tard avec ses fils Augustin et Navigius un voyage en Italie, où elle mourut, à Ostie, au moment où elle se disposait à retourner en Afrique. Sous le pontificat de Martin V ses restes mortels furent rapportés à Rome.

MONITEUR (du latin *monitor*, qui vient de *monere*, avertir). La base de l'enseignement mutuel reposant sur l'instruction communiquée par les élèves les plus avancés à ceux qui sont les plus faibles, ces sortes d'élèves-maîtres ont reçu le titre de *moniteurs*. Ils sont choisis pour chaque classe dans l'ordre de l'instruction et de la capacité. On les divise en deux classes : les *moniteurs généraux*, qui commandent à toute l'école, sous la surveillance du maître; les *moniteurs particuliers*, subordonnés aux précédents, et qui instruisent ou surveillent une classe ou une seule section d'enseignement. Les moniteurs particuliers se subdivisent en moniteurs de classe et en moniteurs de groupe. Par le moyen des moniteurs un seul maître peut avoir sous sa direction plusieurs centaines d'élèves, puisqu'il proportionne le nombre des instituteurs à celui des écoliers. Il faut avoir le soin de ne pas toujours employer les mêmes moniteurs pour les mêmes travaux ni dans les mêmes classes. Le maître doit fréquemment les faire passer d'une division dans une autre. Ces mutations sont favorables à l'instruction des moniteurs eux-mêmes, et tournent toujours au profit des élèves. Les moniteurs doivent aux élèves l'exemple de la bonne tenue et de l'exactitude. Il est de principe qu'un élève peut être moniteur dans la classe inférieure à celle dont il fait partie; cependant, c'est au maître à faire choix des élèves qui lui paraissent les plus propres à en remplir les fonctions, et c'est principalement dans les classes avancées qu'il va recruter ses moniteurs. Sans de bons moniteurs, l'enseignement mutuel manquerait son but. C'est au maître à s'attacher à former ces instructeurs, qui sont en quelque sorte ses lieutenants. Il faut donc qu'avant ou après les classes il prenne ses meilleurs élèves, qu'il leur donne des instructions sur tout ce qu'ils ont à faire, sur la conduite qu'ils doivent tenir, et qu'il les prépare sur les leçons qu'ils auront à transmettre.

MONITEUR (*Erpétologie*). On donne ce nom à une espèce de lézard, du genre des sauvegardes ou tupinambis, qui se trouve à Cayenne et à Surinam. On rapporte que la présence des caïmans inspire une si grande frayeur à ce reptile qu'il fait entendre un sifflement très-fort. Ce sifflement d'effroi est une sorte d'avertissement pour les hommes qui se baignent dans les environs; il les garantit, pour ainsi dire, de la dent du crocodile; de là le nom de *moniteur* donné au lézard qui avertit de se tenir sur ses gardes.

MONITEUR UNIVERSEL, *journal officiel de l'empire français*. Né en même temps que notre première révolution, témoin de toutes les révolutions qui l'ont suivie, le *Moniteur* parut pour la première fois le 24 novembre 1789, et fut fondé par Panckoucke, éditeur de l'*Encyclopédie méthodique*. Mais la rédaction n'en fut pas tout d'abord organisée, quant à l'économie des matières, comme elle le fut peu après. L'article des séances de l'Assemblée nationale n'était rédigé qu'en simple notice, d'une étendue très-restreinte et souvent peu exacte. Ce fut alors que Maret, depuis duc de Bassano, qui rédigeait le *Bulletin de l'Assemblée nationale*, consentit à réunir son travail au *Moniteur*, et fut par cela même le premier des rédacteurs en chef et l'organisateur de ce journal. De ce moment le *Moniteur* reçut la forme qu'il conserva jusqu'à l'avènement du nouvel empire. De ce moment, ce fut un tableau où brilla éminemment toute la vitalité de nos séances législatives et les diverses formes des orateurs de la tribune, en même temps qu'il reproduisait la fidèle expression de leurs improvisations et de leurs débats, tantôt orageux, tantôt graves et solennels. Le *Moniteur* devint en quelque sorte un cours animé de droit politique et d'administration générale, en attendant qu'il pût être considéré comme la base de notre histoire contemporaine. Ce qui rend la collection du *Moniteur* à jamais précieuse, c'est qu'il est le répertoire de tous les faits importants qui composent les matériaux de nos annales politiques modernes. Bien plus, c'est là seulement qu'on peut puiser une connaissance certaine des événements et des hommes de nos révolutions. C'est une espèce de procès-verbal écrit jour par jour par des témoins oculaires des faits, et en présence de témoins de tous les partis, témoins intéressés au redressement des erreurs; c'est une vaste scène sur laquelle les principaux acteurs de nos drames politiques apparaissent dépouillés de tous ces ornements d'emprunt que l'histoire donne ordinairement à ses héros; c'est là qu'on voit agir, c'est là qu'on entend parler chacun des personnages qui ont eu quelque influence sur les destinées de la France, depuis notre première révolution de 1789 jusqu'à ce jour. Sous le régime parlementaire une déplorable habitude s'était introduite, il faut bien le dire, dans la rédaction du compte-rendu des deux chambres. Les orateurs qui avaient paru à la tribune pendant une séance recueillis par le service sténographique attaché à la feuille officielle; et c'est ici surtout qu'il arrivait souvent que *le mieux* fût l'ennemi du *bien*, parce que le mieux n'était pas toujours le vrai. Des tables dressées avec intelligence, méthode et clarté, et publiées pour chaque année, facilitent d'ailleurs les recherches et conduisent comme par la main dans cet immense labyrinthe de faits qui s'y accumulent depuis bientôt un demi-siècle.

Des hommes d'un grand mérite ont à diverses époques coopéré à la rédaction du *Moniteur*, soit comme littérateurs, soit comme écrivains philosophiques, ou publicistes.

Maret en fut le rédacteur en chef jusqu'à la fin de l'Assemblée constituante. Berquin lui succéda, Berquin, cet aimable *ami des enfants*, à qui nous devons des *idylles* pleines de naturel, de douceur et de sensibilité. A cette époque on comptait parmi les rédacteurs du *Moniteur* Rabaut-Saint-Étienne, La Harpe, Laya, Framery, Ginguené, Garat, Suard, Charles His, Gallois, Granville, Marsilly, La Chapelle et quelques autres. Sous la Convention et le Directoire, Jourdan remplit les fonctions de rédacteur en chef; il eut pour principaux collaborateurs Trouvé, Sauvo et Guillois. Enfin, sous le consulat, Sauvo fut placé à la tête du *Moniteur*, et il en conserva la direction jusqu'en 1840, époque où il fut remplacé par M. Grün, alors rédacteur d'une obscure feuille ministérielle intitulée *Nouveau Journal de Paris*; ce dernier ne quitta ce poste qu'au 2 décembre, pour être nommé bientôt après *historiographe de l'empire*, importantes fonctions, auxquelles le rendait plus propre que tout autre l'étude silencieuse et philosophique des huit dernières années du règne de Louis-Philippe. Pendant près de quarante ans, Sauvo se chargea seul de l'article *théâtres*; et tous les hommes de goût se rappellent avec quel tact et quelle finesse il parlait du mérite des pièces et du jeu des acteurs. Entre les nombreux collaborateurs de Sauvo nous citerons : Peuchet, Tourlet, Jomard, Champollion, Amar, Tissot, Kératry, Petit-Radel, René Perin, Aubert de Vitry et Champagnac. N'oublions pas non plus de dire que Napoléon Ier a maintes fois enrichi le *Moniteur* de sa prose, toujours nette, précise et énergique. Pour certains articles semi-officiels à l'adresse des potentats étrangers, le grand homme tenait avec raison à ce que sa pensée ne fût pas travestie par quelque scribe inintelligent et par trop zélé. Mieux que personne il savait combien est vraie proverbe italien : *Traduttore, traditore*. La meilleure preuve que son neveu n'a pas cru devoir l'imiter en cela, c'est la fréquence des *errata* que de nos jours on a vu le *Moniteur* condamné à enregistrer, et qui accusent de la part du prote, si non de l'irresponsable rédacteur en chef, de bien singulières distractions.

Sous le nouvel empire on a, sans aucune espèce de nécessité, triplé le format du *Moniteur*, dont la collection a perdu ainsi le caractère d'uniformité qui en faisait le cachet. Le prix d'abonnement en a été réduit au taux le plus bas qu'il fût possible, et on est arrivé de la sorte à lui assurer un tirage de 14 à 15,000 exemplaires. L'augmentation de format a eu pour conséquence de forcer la rédaction à accepter des annonces et des réclames payantes pour remplir les colonnes du nouveau *Moniteur*, et sans doute aussi pour diminuer d'autant les frais de rédaction. Toutefois, il est permis de douter que la collaboration de quelques écrivains plus ou moins en renom, qu'on est allé débaucher à prix d'or dans les journaux auxquels ils étaient attachés, apparavant, en jetant un voile charitable sur les antécédents politiques de certains d'entre eux, soit une compensation suffisante pour les inconvénients de toutes espèces résultant de l'admission de l'annonce et de ses abus dans les colonnes du journal officiel (*voyez* OPINION PUBLIQUE [Exploitation de l']).

La rareté et le haut prix des collections complètes du *Moniteur* ont engagé des spéculateurs à le réimprimer. Mais l'opération n'a eu aucun succès, et il a fallu s'arrêter à l'année 1800. On ne saurait toutefois, que les onze années qu'on a ainsi réimprimées sont à tous égards celles de toute la collection qui offrent le plus d'intérêt.

MONITOIRE. On entend par ce mot, en droit ecclésiastique, des lettres qu'on publie au prône des paroisses, pour obliger les fidèles à venir, sous peine d'excommunication, déposer de ce qu'ils savent des faits qui y sont relatés. L'objet de ces lettres est de découvrir les auteurs de crimes demeurés inconnus. Ces lettres ne peuvent être décernées que pour des motifs graves, et alors qu'on désespère de parvenir par une autre voie à savoir la vérité sur les faits au sujet desquels on cherche à s'éclairer. Aux termes du décret du 10 décembre 1806, le ministre de la justice peut seul les ordonner, et c'est à lui que les révélations doivent être adressées, après avoir été reçues par les magistrats, les curés et les vicaires. Dans l'ancienne monarchie, le pouvoir civil recourait souvent à des *monitoires* rendus par le pouvoir ecclésiastique. Mais il était de règle qu'un juge d'église ne pouvait pas faire publier de *monitoires* sans la permission du juge séculier; et que lorsque celui-ci avait permis d'obtenir un monitoire, l'official était obligé de l'accorder et les curés et vicaires de le publier à la messe paroissiale, sur la première réquisition qui leur en était faite, sous peine de saisie de leur temporel. Avant de prononcer l'excommunication il fallait avoir fait au préalable trois monitions canoniques, et l'excommunication une fois lancée, on publiait quelquefois d'autres *monitoires* pour *l'aggrave* et la *réaggrave*, qui étendaient les effets extérieurs de l'excommunication.

Autrefois les officiers de la cour de Rome s'étaient mis en possession d'accorder à des créanciers des *monitoires*, par lesquels le pape excommuniait leurs débiteurs, s'ils ne les satisfaisaient pas dans un délai marqué par le monitoire; mais les parlements mirent fin à cet abus.

MONK (GEORGES), duc D'ALBEMARLE, le promoteur de la restauration de 1660 en Angleterre, descendait d'une bonne famille du comté de Devon, et était né en 1608, à Potheridge, près de Torrington. Ayant dans sa jeunesse maltraité un shérif qui voulait arrêter son père pour dettes, il n'échappa à un châtiment que lui aurait valu ce délit qu'en s'engageant dans l'armée. En 1625 il prit part à l'expédition d'Espagne, puis à une attaque tentée par les Anglais contre l'île de Ré. Dix années passées au service des Pays-Bas complétèrent son éducation militaire. Dans la guerre que Charles Ier entreprit en 1639 contre les Écossais, il avait le grade de lieutenant-colonel. Au début de l'insurrection d'Irlande, il s'y rendit avec son régiment, et resta gouverneur de Dublin jusqu'au moment où le marquis d'Ormond conclut la paix avec les rebelles, en 1643, pour pouvoir soutenir le roi contre le parlement. Quand la guerre civile éclata, Monk fut fait prisonnier dès 1644 par Fairfax et enfermé à la Tour comme royaliste. Il ne recouvra sa liberté que deux ans après, lorsqu'il eut juré le Covenant. Il fut alors investi d'un commandement au nord de l'Irlande, et enleva diverses places aux royalistes; mais par l'absence de résultats positifs il éveilla des défiances, et eut beaucoup de peine à éviter d'être accusé devant le parlement. Après la complète extermination des royalistes, Cromwell le nomma lieutenant général et commandant de l'artillerie. Il rendit en cette qualité des services essentiels à la bataille de Dunbar; aussi Cromwell, reconnaissant, lui confia-t-il le commandement supérieur en Écosse. En 1652 il revint en Angleterre, où il fut appelé à faire partie des commissions chargées de préparer la réunion politique de l'Écosse et de l'Angleterre. L'année suivante il fut adjoint à l'amiral Blake dans son expédition contre les Hollandais. A la tête d'une division de la flotte, forte de cent bâtiments, il battit, le 2 août, à la hauteur de Nieuport, l'amiral Tromp, qui disposait de forces égales; et le 6 du même mois il livra, à la hauteur de Kalwijk, une seconde bataille, dans laquelle Tromp perdit la vie. Au commencement de 1654 Cromwell l'envoya avec le titre de gouverneur en Écosse, où, en dépit de grandes difficultés, il réussit à maintenir son autorité contre tous les efforts des presbytériens. Dès cette époque le parti royaliste plaçait en lui toutes ses espérances, et en 1656 Charles II lui écrivit même dans ce sens une lettre que Monk s'empressa de communiquer à Cromwell, pour n'en concut pas moins contre lui de violents soupçons. « On m'a dit, lui écrivit le rusé protecteur, dans un *post-scriptum* qui cachait une rude menace sous l'apparence d'une plaisanterie, qu'il y avait en Écosse un mauvais drôle du nom de Monk, qui voudrait rappeler les Stuarts. Faites-le arrêter, je vous prie, et envoyez-le-moi. » Cependant, après la mort de Cromwell, Monk se prononça également en faveur de son fils Richard. Il n'était point encore assez sûr de l'Écosse, il n'avait point encore assez travaillé l'Angleterre. L'incapacité de Richard, l'antagonisme des anciens chefs de la révolution, le despotisme militaire du général Lambert, tout vint en aide à Monk. Il sentit qu'il tenait la fortune de l'Angleterre; mais ferait-il la guerre civile pour son propre compte, ou dans l'intérêt de la vieille royauté? Les promesses du prétendant le décidèrent. John Greenville lui fit au nom de son maître de si belles promesses, que le 18 octobre 1659 il commença à agir en maître, en faisant arrêter tous les officiers dont les dispositions lui paraissaient douteuses. Il franchit la frontière d'Angleterre, le 1er janvier 1660, à la tête d'un corps de 6,000 hommes, opéra sa jonction avec Fairfax, qui avait levé un corps d'armée pour Charles II, et le 3 février suivant il fit son entrée dans Londres, sans avoir eu besoin de tirer l'épée. Il s'attacha cependant encore à laisser tous les partis dans l'ignorance sur ses véritables projets; mais le 21 février il réintégra sur leurs sièges au parlement les membres presbytériens qui en avaient été exclus en 1648, et dès lors les partisans de la monarchie s'y trouvèrent en majorité déclarée. Le 8 mai 1660 le parlement proclamait Charles II roi d'Angleterre. Le nouveau monarque, qui sans aucun doute était redevable de sa couronne à la conduite ferme et habile du général, l'accabla des témoignages de sa faveur, et le nomma membre du conseil privé, chambellan, grand-écuyer, trésorier de la couronne, enfin duc d'Albemarle et gouverneur des comtés de Devon et de Middlesex. Monk, politique médiocre, du reste, se tint à l'écart de la cour, en se bornant à défendre encore de son épée la restauration contre les diverses rébellions dont elle eut à triompher. En 1666 il commanda sous les ordres du duc d'York la flotte envoyée contre les Hollandais. Battu en juin par Ruyter, à la hauteur de Dunkerque, dans une bataille qui dura trois jours, il remporta sur lui, le 25 du même mois, une sanglante victoire à North-Foreland. Il mourut le 3 janvier 1670. Le roi le fit inhumer, en grande pompe, dans l'abbaye de Westminster. Son immense fortune passa à son fils unique, célèbre par la déroute que l'armée anglo-hollandaise essuya sous ses ordres, à Denain, en 1712.

MONMOUTH, l'un des comtés de l'ouest de l'Angleterre, de 16 myriamètres carrés, dont 14 en culture. Arrosé à son centre par l'Usk, et à l'ouest de cette rivière rempli par des embranchements des montagnes du pays de Galles, qui au Sugar-Loaf atteignent une élévation de 780 mètres, mais s'abaissant à l'est de l'Usk jusqu'à la vallée du Wye, sur les frontières du comté de Gloucester, son sol présente les accidents les plus variés, d'agrestes parties de montagnes, de ravissantes vallées et de très-fertiles plaines. Quoique l'agriculture et l'élève du bétail y soient arrivées au plus haut degré de perfectionnement, les mines de houille et de fer constituent les principales richesses de ce comté. L'industrie y est fort active, et le commerce favorisé par des ports de mer, canaux, des rivières et des chemins de fer. La population, qui en 1800 n'était que de 54,750 âmes, avait atteint en 1851 le chiffre de 177,165 habitants.

Monmouth, son chef-lieu, à 35 kilomètres de Bristol, situé d'une façon ravissante, au confluent du Wynwye ou Munnow avec la Wye, au centre d'une contrée admirablement cultivée, compte avec son district 27,365 hab., dont la principale industrie consiste dans la fabrication des articles en chêne et en fer. Des trois ponts qu'on y compte, on remarque surtout celui de Tebs, à cause de la vue romantique dont on y jouit. Ses principaux édifices sont l'hôtel de ville et la prison du comté. Les débris de ses vieilles murailles et les ruines de son château fort, construit au temps de Guillaume le Conquérant, témoignent de la haute antiquité de cette ville, où naquit Édouard Ier.

Sur les bords de l'Usk et au voisinage des mines se trouve le bourg de *Caerlon*, jadis capitale des anciens Bretons, résidence de leur roi Arthur, l'*Isca Silurum* des Romains et quartier général de leur seconde légion, siége d'un archevêché, transporté plus tard à Saint-David, et où la tradition place le tombeaux de trente prétendus rois bretons.

La ville de *Newport*, bâtie aussi sur l'Usk et non loin de la mer, reçoit par cette rivière et par plusieurs chemins de fer les produits des nombreux bans houillliers, des mines de fer et des hauts fourneaux des vallées conduisant à Brecnock : aussi est-elle le centre d'un commerce des plus actifs.

MONMOUTH (James, duc de), fils naturel de Charles II d'Angleterre, ou plutôt, à ce qu'on prétend, du colonel Robert Sidney et de Lucy Walters, issue d'une assez bonne famille du pays de Galles, mais de mœurs fort équivoques, naquit le 19 avril 1649, à Rotterdam, et fut baptisé sous le nom de *James* Rofts. Une rumeur populaire, ne reposant d'ailleurs sur aucun fondement, voulait que sa mère eût été secrètement mariée avec Charles II et qu'elle en eût conservé les preuves dans certaine cassette noire dont il fut beaucoup question en ce temps-là.

Malgré la conduite rien moins que décente de Lucy, Charles II fit élever avec soin en France, où on l'instruisit dans la religion catholique, l'enfant dont elle lui attribua la paternité. Puis, après la restauration, il lui permit de paraître à sa cour sous le nom de *James* Fitzroy, et il ne tarda pas à le créer *comte d'Orkney, duc de Monmouth* et capitaine de ses gardes. Après avoir combattu dans les Pays-Bas sous les ordres du prince d'Orange, il fut envoyé avec le titre de gouverneur en Écosse, où régnait beaucoup d'agitation. Marié à la riche héritière de l'illustre famille écossaise de Buccleugh, *Anna* Scott, née en 1645, il réussit par sa conduite modérée à calmer les ressentiments des presbytériens. Une sanglante collision ayant cependant eu lieu au pont de Bothwell sur la Clyde, le 21 juin 1679, il obtint encore de la cour une amnistie en faveur des rebelles; mais il lui fallut alors remettre son commandement au duc d'York (*voyez* Jacques II), frère du roi, dont il haïssait la personne ainsi que les tendances religieuses et politiques. Quand ce prince revint d'Écosse à la cour, le duc de Monmouth passa aux Pays-Bas, où, pour contester les droits de l'héritier présomptif du trône, il chercha à prouver que Lucy Walters avait été réellement mariée avec Charles II. Malgré le vif déplaisir qu'en témoigna le roi, Monmouth eut permission de s'en revenir en Angleterre et devint le centre de toutes les intrigues ayant pour but d'éloigner le duc d'York du trône. Lors de la découverte du *Ryehouse-plot*, on alla jusqu'à l'accuser d'avoir voulu attenter à la couronne et à la vie de Charles II lui-même. En conséquence, malgré toute l'affection qu'il avait pour lui, le roi l'exila aux Pays-Bas, où d'ailleurs il lui assura un état de maison en rapport avec sa naissance.

Jacques II une fois monté sur le trône, tous les mécontents vinrent dans les Pays-Bas se grouper autour de Monmouth, qui bientôt se prépara à profiter du mécontentement universel régnant en Angleterre pour faire valoir ses prétendus droits au trône. Tandis que son complice, le duc d'Argyle, gagnait l'Écosse, il débarquait, le 11 juin 1685, avec une bande de quatre-vingts hommes armés, à Lyme, dans le comté de Dorset, d'où il lança tout aussitôt des proclamations dans lesquelles il accusait le roi d'avoir empoisonné Charles II et d'avoir été l'instigateur du grand incendie de Londres. A la tête de 3,000 protestants qui vinrent se mettre à sa disposition, il marcha sur Axminster et de là sur Taunton, où il fit ses bras ouverts. Quand sa petite armée se trouva forte de 6,000 hommes, il prit, le 20 juin, le titre de roi, et se dirigea sur Bridgewater. Mais le parlement s'était déclaré contre lui, et la cour réunit un corps de 3,000 hommes de troupes régulières, à la tête duquel le comte de Feversham attaqua les révoltés, le 5 juillet. Monmouth l'eût sans doute emporté, si le lâche et traître lord Grey, qui commandait sa cavalerie, aurait fait son devoir; mais ses troupes se débandèrent au plus fort de l'action. En cherchant alors son salut dans une prompte fuite, Monmouth eut le malheur de tomber de cheval. Le jour suivant on le découvrit dans un fossé, et on le conduisit à Londres. C'est en vain qu'il se jeta aux pieds du roi pour lui demander grâce. Jacques II se montra d'autant plus inexorable, que le coupable refusa de dénoncer ses complices. Le 15 juillet 1685 Monmouth fut, sans forme de procès, décapité de la manière la plus cruelle à Tower-Hill. La fureur avec laquelle la cour poursuivit son triomphe révolta le peuple, et disposa l'opinion en faveur de la révolution qui ne devait pas tarder à s'accomplir. Le récit de l'échauffourée qui coûta la vie à Monmouth est peut-être le chapitre le plus saisissant de l'ouvrage de Macaulay.

De son mariage avec Anna Scott, Monmouth avait eu trois fils : l'aîné, *Charles Scott*, comte de Doncaster, né le 14 mai 1672, mourut le 9 février 1674 ; le second, *James Scott*, duc de Buccleugh, né le 23 mai 1674, épousa, le 8 novembre 1693, *Henriette Hyde*, fille du comte de Rochester, et le fils qu'il eut d'elle, *Francis*, né en 1695, épousa en 1720 *Henriette Douglas*, fille du duc de Queensberry ; le troisième, *Henry Scott*, comte Deloraine, né le 5 septembre 1778, entra au service, obtint le grade de colonel en 1708, prit part à la guerre d'Espagne, passa brigadier en 1710, fut nommé en 1722 pair représentant d'Écosse à la chambre haute, et mourut le 4 janvier 1731, dans sa terre de Loadwell, comté de Dorset, laissant un fils.

La veuve de Monmouth se remaria en 1688, avec Charles lord Cornwallis, et mourut le 17 février 1732.

MONNAIE. Les plus anciennes traditions et le témoignage des voyageurs modernes nous apprennent que dans l'enfance des sociétés les ventes et les achats s'opèrent par voie de troc ou d'*échange en nature* ; mais partout où la civilisation a fait quelques pas, les imperfections et les inconvénients sans nombre attachés à ce mode de transaction ont conduit les hommes à choisir entre toutes une denrée particulière pour en faire spécialement un instrument d'échange. Les métaux, et principalement les plus rares, l'*or* et l'*argent*, ont été dans tous les temps, et à peu près dans tous les pays, consacrés à cet emploi. Incorruptibles, d'une valeur plus lente à varier que celle de la plupart des marchandises ; susceptibles, grâce à la parfaite similarité de leurs parties, de se partager en fractions d'un prix égal ; d'un transport facile et d'un commerce universel, ils offraient naturellement un terme de comparaison à toutes les valeurs et un moyen d'échange à tous les besoins. Plus tard, on a compris quels avantages et quelle célérité on procurerait aux opérations continuelles du commerce si l'on donnait à des portions déterminées de métal une forme et une empreinte qui, certifiant à tous leur valeur réelle, épargneraient aux vendeurs la nécessité d'en vérifier à chaque échange le titre et le poids. Ces pièces de métal, qui en général affectent la forme ronde, fabriquées au nom et sous la garantie de la nation et du chef de l'État, selon des conditions fixes et connues, forment la denrée que l'on appelle *monnaie*. Chez certains peuples, la monnaie fut de fer, de plomb, de cuir ; dans l'Inde, de simples coquillages, appelés *cauris*, et enfilés par chapelets, en remplissent les fonctions pour les menus échanges.

Ce qui vient d'être dit sur l'origine, la nature et l'utilité de la monnaie établit clairement qu'il n'est point de son essence d'être de métal ; il n'est même pas nécessaire que la denrée choisie pour servir de signe monétaire ait par elle-même, et abstraction faite de l'usage auquel on la destine, une valeur intrinsèque. Ce phénomène d'une monnaie circulant librement sans que sa matière première ait d'autre prix que celui qu'y attachent les conventions, se produit toutes les fois qu'une compagnie émet du papier-monnaie.

Le droit de fabriquer la monnaie a toujours été considéré comme un attribut essentiel de la souveraineté. Pendant le moyen âge, les seigneurs féodaux, les archevêques et les principaux barons battaient monnaie dans leurs terres ; à mesure que ces petites souverainetés sont venues s'absorber dans le pouvoir royal, le droit de fabriquer la monnaie s'est également concentré dans la main du chef de l'État. L'usage de frapper monnaie à l'effigie du prince est assez récent : il ne remonte pas en France au delà de quelques siècles. A Rome, dans les premiers temps de la république, on mettait les pièces de monnaie sous la protection des dieux ; en y faisant graver leur effigie ; plus tard, on y ajouta l'effigie de ceux des citoyens qui s'étaient distingués dans leur charge par les services qu'ils avaient rendus à la république ; mais cet honneur ne leur était rendu qu'après leur mort. Jules-César est le premier auquel la flatterie ait décerné cette distinction de son vivant. Les empereurs se maintinrent dans le même privilège ; et chacun se fit gloire de frapper monnaie à sa propre effigie, pour laisser à la postérité quelque trace d'un passage trop rapide. Lors de l'établissement de la religion chrétienne, on en revint à l'idée de mettre la monnaie sous la protection de Dieu, et l'on adopta pour empreinte l'effigie de la croix du Sauveur ou de l'agneau pascal ; et ce ne fut que beaucoup plus tard que fut adopté l'usage, à peu près général aujourd'hui, de frapper monnaie à l'effigie du prince régnant et de ses armes.

La valeur *réelle* des monnaies est celle de l'or et de l'argent qu'elles renferment ; leur valeur *nominale* est celle que l'autorité publique attribue à chaque pièce. Les étrangers ne reconnaissent aux monnaies d'un pays que leur valeur réelle, pendant que le peuple les indigènes les donnent et les reçoivent pour leur valeur nominale ; il est avantageux au commerce d'une nation que la différence entre la valeur réelle et la valeur nominale soit la moindre possible, c'est-à-dire que les pièces soient fabriquées avec de l'or et de l'argent sinon tout à fait pur, au moins mélangé de très-peu d'alliage. Le bronze, l'argent et l'or sont les seuls métaux admis dans la confection de nos monnaies, la monnaie de billon ayant été retirée de la circulation. Nos pièces d'or et d'argent contiennent 9 millièmes de métal pur et $1/1,000^e$ de cuivre : les pièces de un, de deux, de cinq et de dix centimes sont de bronze, composé de 95 centièmes de cuivre, 4 d'étain, et 1 de zinc. Les lois des 24 août 1790, 16 vendémiaire an II et 28 thermidor an III ont substitué le système décimal au système monétaire incomplet, variable et compliqué de l'ancien régime. Notre unité monétaire est donc le *franc*, pièce de cinq grammes d'argent au titre de neuf dixièmes de fin ; divisible en dix décimes, dont chacun se subdivise en dix centimes, toutes les autres pièces d'or, d'argent ou de cuivre expriment des multiples ou des fractions du franc.

L'immense production de l'or qui est résultée de la découverte des mines de la Californie et de l'Australie a fait baisser sur le marché général la valeur de ce métal par rapport à l'argent et à toutes les denrées. Frappé des conséquences que devait avoir la baisse de l'or, et s'en exagérant la portée, quelques économistes, et M. Michel Chevalier à leur tête, demandaient la démonétisation de ce métal, pour empêcher l'exportation de l'argent au profit des commerçants de métaux précieux. Déjà la Belgique et la Hollande étaient entrées dans cette voie. Le gouvernement fut d'un avis entièrement opposé. Il laissa les choses dans le *statu-quo*, se bornant à faire frapper des pièces d'or de cinq, de dix, de cinquante et de cent francs, afin de faciliter la substitution de cette monnaie à celle d'argent, avancée par la force même des choses.

MONNAIE (Fausse). *Voyez* FAUX-MONNAYAGE.

MONNAIE DE COMPTE. On appelle ainsi certaines valeurs qui n'ont d'existence que sur le papier, et qu'on emploie par habitude ou pour la facilité des calculs, sans qu'aucune pièce de monnaie réelle leur corresponde. Ainsi, en Angleterre, on compte par *livres sterling*, valant 25 francs 25 centimes ; en Espagne, par *réaux de veillon*, dont 1,000 valent 6 fr. 1 c. ; enfin, dans quelques parties de la France, il est encore d'usage de compter par *pistoles* (valeur de 10 fr.), bien qu'aucune monnaie réelle n'existe sous cette désignation.

MONNAIE DE CONVENTION. *Voyez* CONVENTION (Monnaie de).

MONNAIE DES MÉDAILLES. On appelle ainsi, à Paris, la collection complète de tous les carrés et poinçons des médailles et jetons frappés en France depuis François Ier jusqu'à ce jour. Cette collection, qui se trouvait autrefois au Louvre, a été transférée à l'hôtel des Monnaies, et fait partie de notre musée monétaire.

MONNAIE OBSIDIONALE. *Voyez* OBSIDIONALE (Monnaie).

MONNAIES (Cour ou Chambre des), tribunal chargé, sous l'ancienne monarchie, de connaître en dernier ressort, de toutes les matières, tant civiles que criminelles, qui avaient rapport à la fabrication et à l'altération des monnaies, et pour juger toutes les fautes, toutes les malversations et tous les abus commis, soit par les fonctionnaires et ouvriers employés dans les hôtels des monnaies, soit même par les changeurs, orfèvres, joailliers, et autres personnes travaillant et employant les matières d'or et d'argent. Composée des *maîtres généraux* des monnaies, qu'on appelait aussi par abréviation *généraux des monnaies*, la cour des monnaies fit longtemps partie de la *chambre des comptes*, et n'en fut séparée qu'en 1358. Elle était composée de huit membres; six de ces officiers avaient pour ressort les pays de la langue d'*oïl*, et les deux autres les pays de la langue d'*oc*. Les généraux des monnaies transportèrent leur tribunal à Bourges, en 1418, lors de l'occupation de la capitale par les Anglais; et il y demeura depuis cette époque jusqu'en 1737, époque où on le transféra de nouveau à Paris. Depuis, les généraux des monnaies de la langue d'oc et de la langue d'oïl siégèrent ensemble. En 1521 la chambre des monnaies fut érigée en cour souveraine, assimilée aux parlements; par le même édit, le nombre des maîtres, qui n'était précédemment que de huit, fut porté à quatorze. En 1704 un édit de Louis XIV institua à Lyon une seconde cour des monnaies, qui fut supprimée en 1771, et dont le ressort fut réuni à celui de la cour de Paris. Au moment où elle fut supprimée, à la suite des événements de la révolution, la cour des monnaies se composait d'un premier président, de cinq autres présidents, de deux conseillers d'honneur et de vingt-huit conseillers. Elle prenait rang immédiatement après la cour des aides, et en vertu d'un édit de 1719 ses différents officiers, par le fait même de leur nomination, acquéraient le premier degré de la noblesse.

MONNAIES (Hôtels des). L'administration et le contentieux des monnaies formaient autrefois des institutions spéciales, et jouissaient d'une juridiction particulière, qui possédait le rang de cour souveraine; depuis la loi du 1790 sur l'ordre judiciaire, le contentieux civil et criminel des monnaies est rentré sous la juridiction ordinaire. La même loi confia l'administration des monnaies à une commission, qui fut définitivement organisée par la loi du 7 germinal an XI et par l'arrêté du 10 prairial suivant, qui régissent encore la matière. Depuis l'ordonnance du 24 mars 1832, cette commission est aussi chargée de surveiller la fabrication des médailles d'or, d'argent et de bronze. Les monnaies sont frappées dans plusieurs villes déterminées, et dans des établissements nommés *hôtels des monnaies*; leurs directeurs sont de simples particuliers, nommés par le gouvernement, qui achètent les matières à leur compte et livrent à l'État les monnaies frappées à des conditions convenues.

L'*hôtel des monnaies* de Paris fut construit sur l'emplacement de l'hôtel de Conti, en 1771, par l'architecte Antoine, dont on voit le buste dans le grand escalier du monument. Deux vastes ailes sont reliées par un avant-corps, dont l'étage inférieur est le soubassement d'une ordonnance ionique de six colonnes. Elle est le support d'un entablement et d'un attique orné de festons, parmi lesquels s'élèvent les six statues de *La Paix*, du *Commerce*, de *La Prudence*, de *La Loi*, de *La Force* et de *L'Abondance*, par Lecomte, Pigale et Mouchy. L'escalier d'honneur, décoré de seize colonnes doriques, est fort monumental. L'édifice contient huit cours intérieures, dont la principale, cintrée à l'une de ses extrémités, est ornée des bustes de Henri IV, Louis XIII, Louis XIV et Louis XV. A l'hôtel des monnaies sont annexés un cabinet de minéralogie formé par Sage, qui y professa longtemps un cours de chimie, et un musée monétaire, formé de l'ancien cabinet des médailles qui se trouvait au Louvre.

Dès 864 il existait à Paris un établissement où l'on frappait monnaie, ainsi qu'on le voit par un capitulaire de Charles le Chauve. Il dépendait du palais des rois situé dans la Cité, et fut ensuite transféré dans la rue de la Vieille-Monnaie, que le boulevard de Sébastopol a fait récemment disparaître, puis au quatorzième siècle, dans la rue de la Monnaie, où il subsista jusqu'au dix-huitième siècle.

MONNAIES AUTONOMES. *Voyez* AUTONOMIE.
MONNAIES CONSULAIRES. *Voyez* CONSULAIRES (Monnaies).
MONNAIES DE FAMILLE. *Voyez* FAMILLE (Monnaies de).

MONNAYAGE. La fabrication de la monnaie exige diverses préparations, qui se succèdent dans l'ordre suivant. La fonte et l'alliage en sont les premières façons. L'essai a lieu ensuite, et détermine l'état de l'alliage effectué dans le creuset. Si le titre est jugé convenable, la coulée du métal se fait en lames étroites d'une dimension proportionnée au module des pièces à frapper. L'*ébarbage* s'opère ensuite, c'est-à-dire l'ablation des aspérités qui hérissent les bords de ces lames au sortir des moules qui ont servi à la coulée; puis les lames sont soumises à plusieurs *recuites*, destinées à les rendre plus malléables. Une succession de laminoirs, ingénieusement combinés, les réduit à l'épaisseur des pièces qu'elles doivent servir à fabriquer. On découpe alors dans la lame des *flans* ou disques de métal qui seront bientôt la monnaie en projet. Les flans sont pesés un à un; ceux qui sont trop légers sont jetés au rebut et destinés à la refonte; ceux qui sont trop lourds, au contraire, sont soumis à l'*ajustage*, opération exécutée au moyen d'un mécanisme qui rabote leur excès d'épaisseur. Vient maintenant le *cordonnage*, par lequel les bords de la pièce sont relevés légèrement, afin de faire disparaître le biseau, de disposer le flan à recevoir l'empreinte circulaire qui bientôt lui sera donnée, et de protéger celle des faces contre les frottements extérieurs. Parvenu à ce point de préparation, le flan a encore besoin d'être décapé, ce qui s'obtient en le plongeant dans un bain acide. Il n'y a plus alors qu'à soumettre les flans à l'action du balancier ou de la *presse monétaire*, inventée par Thonnelier, en 1829, agissant sur les matrices pour avoir les monnaies. Voici comment s'obtiennent ces matrices : la gravure se fait sur des poinçons où les différents signes à représenter sont figurés en relief; ces poinçons sont en acier trempé après leur gravure. C'est par l'assemblage de leurs empreintes qu'on forme la matrice, sorte de coin cubique d'acier, trempé aussi après la frappe, dans lequel les poinçons impriment leur figure en creux. Un seul poinçon suffit donc pour avoir des matrices en assez grande quantité pour les divers hôtels des monnaies. On voit combien il est facile de renouveler chaque année le millésime des monnaies.

Jusqu'au cinquième siècle les anciens employé le bronze pour faire leurs coins de monnaies ou de médailles. Ces coins étaient gravés au tour et comme les intailles et les causées. Depuis les coins furent d'acier; et on les grava au burin. La frappe des monnaies se faisait au marteau, et jusqu'au règne de Henri II il ne paraît pas qu'aucun autre instrument ait servi au monnayage. Ce fut alors qu'un menuisier appelé Aubry Olivier inventa pour la fabrication des monnaies un moulin ou manége, qui n'était autre que le balancier à l'état rudimentaire. La monnaie qu'il produisit fut la plus belle qu'on eût encore vue; mais comme ce procédé revenait plus cher que l'ancien, on l'abandonna. Nicolas Briot, sous Louis XIII, proposa de nouvelles machines, qui furent repoussées et qu'il porta alors en Angleterre. Enfin, les procédés d'Aubry Olivier, perfectionnés par Varin, furent adoptés par notre pays; et dès 1645 la frappe au marteau fut totalement interdite. Ce fut à la fin du dix-huitième siècle seulement que la virole fut adaptée au balancier et la virole brisée ne fut mise en pratique qu'après 1830. La *presse monétaire* est fondée sur le principe de la virole brisée.

Elle donne aux pièces une régularité parfaite, qu'elles n'avaient jamais eue; car grâce à elle on peut déterminer d'une manière certaine la force de pression. En dix heures une presse monétaire peut fabriquer 20,000 pièces de cinq francs ou 100,000 francs de numéraire.

MONNAYAGE (Faux). *Voyez* FAUX MONNAYAGE.

MONNERON. Trois frères de ce nom siégèrent dans nos assemblées, de 1789 à 1794, et doivent leur célébrité à une sorte de monnaie de cuivre qu'ils frappèrent alors.

L'aîné, d'abord intendant aux Indes, fut envoyé en 1789 aux états généraux par la sénéchaussée d'Annonay.

Le cadet, AUGUSTIN, fut envoyé à la Législative en 1791, par le département de Paris; après avoir pris part à quelques discussions, il donna sa démission, pour se livrer tout entier à ses opérations commerciales. Directeur général de la caisse du compte-courant, en 1798, il disparut un beau jour, quand beaucoup des billets de cette caisse étaient encore dans la circulation; le tribunal criminel de la Seine, devant lequel il fut traduit pour ce fait, l'acquitta.

Le troisième frère, Louis, fut également député, et siégea à la Constituante comme représentant des Indes orientales. Il parla et écrivit à propos de la question des colonies.

Rentré dans la vie privée en 1791, membre d'une commission de commerce et d'approvisionnement créée alors par le gouvernement républicain, en 1794, il reçut la mission d'opérer avec les commissaires anglais l'échange des prisonniers faits dans l'Inde. Il fut arrêté lors de la fuite de son frère, comme soupçonné de complicité avec lui; mais il ne tarda pas à être relâché.

MONNERON. Ce nom est resté à des espèces de pièces de monnaie frappées au compte des frères Monneron, dans les premières années de la révolution, et qu'ils appelèrent des *médailles de confiance*, remboursables contre des assignats. Il y en a de 1791 et de 1792, de 2 sols et de 5 sols. Les premières de ces pièces ont 32 centimètres de diamètre, les secondes 40 centimètres. L'avers des premières représente une liberté assise tenant du bras droit une hampe surmontée d'un bonnet phrygien et appuyée du bras gauche sur la table des droits de l'homme. Derrière, un coq est posé sur une colonne cannelée sans chapiteau. En haut, un astre répand sa lumière. Pour légende on lit : *Liberté sous la loi* : au bas : *L'an III de la liberté*. Le revers porte une simple inscription : *Médaille de confiance de deux sols à échanger contre des assignats de 50 livres et au-dessus*, 1791. *Monneron frères, négociants à Paris*. Les monnerons de cinq sols représentent le serment de la fédération. L'avers offre au piédestal d'un monument, derrière un autel sans statue, mais dont le socle est orné du médaillon du roi Louis XVI, et ayant à sa droite l'écu aux trois fleurs de lis, présente la constitution du pays aux gardes nationaux et à l'armée; tous, le bras droit étendu, agitant des drapeaux ou portant les armes, prononcent un serment. En haut on lit : *Acte fédératif*; en bas : 14 *juillet* 1790; en légende sur un relief : *Vivre libres ou mourir*. Sur le revers se trouve l'inscription : *Médaille de confiance de cinq sols remboursable en assignats de 50 livres et au-dessus. L'an IV de la liberté.* Puis en légende : *Monneron frères, négociants à Paris*, 1792. Le cordon des monnerons porte *Bon pour Bord. Marseil. Lyon, Rouen, Nantes et Stras.* Ils avaient été gravés par Dupré. L. LOUVET.

MONNIER (HENRY), écrivain, acteur et peintre, est né à Paris, en 1805. Il offre l'exemple rare de trois talents réunis à peu près au même degré chez un seul homme. D'abord clerc de notaire, puis surnuméraire au ministère de la justice, Henry Monnier, dégoûté du métier de plumitifère, entra un beau jour dans l'atelier de Girodet. Il en sortit peintre médiocre et caricaturiste excellent. Pendant les dernières années de la Restauration son crayon et sa plume eurent une vogue extraordinaire. Il illustra en outre les *Chansons* de Béranger, les *Fables* de La Fontaine, etc.; mais la révolution de Juillet lui ôta le sceptre de la caricature.

Dépossédé de ce côté, il se retourna promptement d'un autre. L'étude particulière qu'il avait faite des ridicules de son époque lui suggéra l'idée de les transporter sur la scène, puisqu'il ne pouvait plus les parodier sur le papier. Telle fut l'origine des *Scènes populaires*, dont le personnage le plus saillant, M. Prud'homme, est resté l'incarnation du bourgeois sentencieux et pédant. Encouragé par l'accueil fait à ses livres, Henry Monnier se décida à représenter lui-même devant le public les types inimitables qu'il avait créés. Au Vaudeville il joua *La Famille improvisée*, aux Variétés *Les Compatriotes*, et à l'Odéon, en 1852, *Grandeur et décadence de M. Joseph Prud'homme*, un des plus grands succès du temps. Ensuite, il se fit applaudir au Palais-Royal, dans *Le Roman chez la portière*, pièce également tirée des *Scènes populaires*. Dans *Peintres et Bourgeois*, pièce qu'il eut la malheureuse idée de faire mettre en vers par un collaborateur. Quoique très-réel, le talent de Henry Monnier tient moins à son imagination propre qu'à une faculté étonnante d'assimilation et à une prodigieuse mémoire. Doué d'un coup d'œil sûr, il saisit et retient tous les ridicules qui passent sous ses yeux et les rend avec la précision du daguerréotype. Indépendamment de ses succès avoués, il est l'auteur anonyme de presque toutes les charges qui depuis vingt ans égayent les ateliers.

Henri DE ROCHEFORT.

MONOCHROME (du grec μόνος, seul, et χρῶμα, couleur; peinture d'une seule couleur). À son origine, la peinture n'était en réalité que le dessin; en effet, les figures dessinées n'étaient formées que d'une seule couleur, ordinairement le rouge, fait avec le cinabre et le minium, parfois le blanc : c'étaient des peintures monochromes. La plupart des vases étrusques étaient monochromes; les peintures égratignées dont Polidoro décorait les édifices de Rome, les camaïeux, les grisailles, les dessins arrêtés quant à la partie du clair-obscur, enfin les estampes sont des peintures monochromes. Le caractère grave de cette sorte de peinture ne peut être racheté que par la beauté des formes et par l'expression.

MONOCLE (du grec μόνος, seul, et du latin *oculus*, œil), nom que l'on donne aux lunettes composées d'un seul verre et qui ne peuvent servir que pour un œil à la fois, comme certains lorgnons.

MONOCLE (*Chirurgie*), bandage dont les chirurgiens font usage pour la fistule lacrymale et les maladies des yeux.

MONOCLE (*Entomologie*). Linné avait établi sous ce nom un genre de crustacés, principalement caractérisés par l'existence d'un œil unique, situé sur la ligne médiane, à la partie supérieure et antérieure de la tête. Ce genre a été démontré depuis, notamment par Müller, qui en a retiré diverses espèces, dont il a fait le genre *daphnie*. Müller, trompé par la forme de la ressemblance des monocles qui viennent de naître avec leurs parents, avait également établi un genre *anymone*, qui n'a pas été conservé par les carcinologistes modernes.

M. Milne Edwards a fait du genre linnéen une famille, qu'il range dans l'ordre des copépodes. Les crustacés qui la composent sont tous très-petits, et subissent dans leur jeune âge des métamorphoses remarquables. Lors de leur éclosion, les monocles sont de forme presque circulaire, et n'ont qu'une paire d'antennes et deux paires de pattes natatoires. Mais ils changent plusieurs fois de peau ; leur thorax, leur abdomen se développent, et ils acquièrent quatre nouvelles pattes.

La plupart des monocles habitent les eaux douces. Certaines espèces sont abondantes dans les mares de la Suisse et des environs de Paris. Ils offrent, quant à leurs mains, de grandes analogies avec les branchiopodes, que plusieurs auteurs ont confondus avec les monocles.

M. Milne-Edwards divise la famille des monocles en trois coupes génériques: les *cyclopes*, les *cyclopsines*, et les *arparactions*.

MONOCORDE (du grec μόνος, seul, et χορδή, corde). Tel est le nom que les anciens donnaient à un instrument dont l'invention est attribuée à Pythagore, et qui servait à mesurer les proportions des sons musicaux. Le monocorde des anciens se composait d'une règle, divisée et subdivisée en plusieurs parties, et d'une corde de boyau ou de métal, médiocrement tendue entre deux chevalets fixes, au milieu desquels se trouvait un chevalet mobile : l'on promenait ce dernier contre les différents degrés marqués sur la règle ; et l'on trouvait ainsi les rapports des sons avec les longueurs des cordes qui les rendaient ; on mesurait de la même manière le grave et l'aigu de ces sons. Il y a eu des monocordes qui, faisant mentir leur nom, avaient diverses cordes et plusieurs chevalets mobiles. Les a c c o r d e u r s de pianos se servent d'un monocorde analogue.

MONOCOTYLÉDONES (Plantes), du grec μόνος, seul, et κοτυληδών, écuelle, cavité. On appelle ainsi, en botanique, par opposition aux plantes d i c o t y l é d o n e s, celles dont l'embryon est pourvu d'un seul c o t y l é d o n, et dont la tige se lignifie de dedans en dehors. En voici les caractères principaux : Radicule de l'embryon fibreuse ; tige sans moelle ni rayons médullaires ; feuilles à nervures parallèles (excepté dans les aroïdes) ; parties de la fleur en général au nombre de trois ou multiples du nombre trois. Dans nos climats, les plantes monocotylédones sont toutes des herbes. Les grains qu'on cultive partout en Europe sont des plantes de cette espèce. Dans les débris fossiles du règne végétal du monde antérieur, la plupart des plantes sont monocotylédones.

MONOECIE (de μόνος, seul, et οἰκία, demeure). Linné nomme ainsi la vingt-et-unième classe de son système sexuel (*voyez* BOTANIQUE), renfermant tous les végétaux phanérogames à fleurs unisexuées, portées sur le même pied. Cette classe renferme onze ordres, savoir : Les monœcie-monandrie, diandrie, triandrie, tétrandrie, pentandrie, hexandrie, heptandrie, polyandrie, monadelphie, syngénésie, gynandrie.

MONOGRAMME (μόνος, un, seul, et γράμμα, lettre). C'est le nom que l'on donne à la réunion de plusieurs lettres en un seul caractère, de sorte que le même jambage ou la même panse serve à deux ou trois lettres différentes.

C'est en cela qu'un monogramme diffère d'un c h i f f r e, dans lequel, au contraire, on doit suivre distinctement toutes les parties de chaque lettre. Ainsi, les deux L renversées et ornées que l'on voyait sur les pièces de deux sous du règne de Louis XV sont un *chiffre*, tandis qu'on doit considérer comme un *monogramme* les deux mêmes lettres capitales romaines adossées, n'ayant qu'un seul jambage au milieu, servant aux deux lettres. Cependant, on donne le nom de *monogramme du Christ* au chiffre composé de lettres grecques par lequel on désigne le Christ. L'étude des monogrammes est d'un grand secours pour expliquer les monuments écrits du moyen âge, en fixer l'âge et en établir l'authenticité ; ils sont de deux sortes d'après les règles diplomatiques : les *monogrammes imparfaits*, ne comprenant qu'une partie des lettres composant le nom propre, et qui sont les plus anciens ; et les *monogrammes parfaits*, où se retrouvent toutes les lettres du mot. Ces derniers furent surtout en usage de la fin du septième à la fin du dixième siècle.

Les anciens ont fait usage des monogrammes, et on en voit encore sur un grand nombre de médailles grecques et romaines. La plus grande partie de ces monogrammes sont indéchiffrables, et nous sont jusqu'à présent restés inconnus. Le plus ancien monogramme qui figure sur un acte public est celui de Théodoric, roi des Ostrogoths. En France, l'usage des monogrammes dans les actes publics tomba en désuétude au douzième siècle, et en Allemagne seulement au milieu du quinzième.

Les artistes aussi ont fait usage de monogrammes, et c'est souvent ainsi que sont marqués les tableaux et les gravures du quinzième et du seizième siècle mais depuis cette époque l'usage en a beaucoup diminué. Les personnes qui se sont occupées de l'histoire de l'art ont recueilli soigneusement les monogrammes employés par les peintres et par les graveurs ; souvent elles sont parvenues à les expliquer ; cependant, il en est resté encore beaucoup d'inconnus, et les auteurs anciens surtout ont fait un grand nombre d'erreurs. Le meilleur livre sur cette matière est le *Dictionnaire des Monogrammes* de Brulliot. DUCHESNE aîné.

MONOGRAPHIE (du grec μόνος, seul, et γράφειν, décrire). Description d'une seule espèce ou d'un seul genre d'animaux, de végétaux, etc. Il exprime également la description d'objets particuliers, comme la *monographie* des villes, des campagnes, des châteaux, etc. Ce mot, nouveau dans notre langue, a été nécessité par le besoin d'une subdivision d'études qui permit d'apporter plus de lumières dans les diverses branches des sciences physiques, géographiques, historiques et naturelles ; méthode opposée à celle des anciens, qui embrassaient une telle étendue qu'une infinité de faits et d'objets précieux pour la science ne pouvaient manquer de leur échapper.

MONOLITHE (du grec μόνος, seul, et λίθος, pierre) signifie *une seule pierre*, et peut être par conséquent considéré comme synonyme de b l o c. Strabon et Diodore ont cité plusieurs degrés et des colonnes *monolithes*. Hérodote parle d'un roc placé à Saïs, devant le temple de Minerve ; creusé intérieurement, il s'y trouvait une chambre dont la dimension était de 18 coudées de long sur 12 de large et 5 de haut. On croit que ce *monolithe* fut transporté de la ville d'Éléphantine à Saïs, par ordre du roi Amasis ; on employa, dit-on, trois mille hommes et trois années à ce transport. L'Égypte offre plusieurs monuments de même nature ; nous avons aussi à Paris des *monolithes* venus de ce pays, savoir : le zodiaque de Denderah et l'obélisque de Louqsor. Quelques-uns ont été transportés à Rome. Il existe des *monolithes* d'une haute antiquité, dans les Indes orientales, et même en Écosse. DUCHESNE aîné.

MONOLOGUE (du grec μόνος, seul, et λόγος, discours). C'est le nom qu'on donne à une scène dramatique où un acteur parle seul. « J'avoue, dit Chamfort, qu'il est quelquefois bien agréable sur le théâtre de voir un homme seul ouvrir le fond de son âme, de l'entendre parler hardiment de toutes ses plus secrètes pensées, expliquer tous ses sentiments, et dire tout ce que la violence de sa passion lui suggère ; mais il n'est pas toujours bien facile de le lui faire avec vraisemblance. » Un monologue est toujours froid et languissant, quelque bien écrit qu'il soit d'ailleurs, s'il n'a pour objet que d'instruire les spectateurs de quelques circonstances qu'ils doivent connaître. La force de l'habitude a fini par nous rendre fort indulgents sur ce point. Il n'en est pas moins vrai que, dans un art dont le principal but est l'imitation fidèle de la nature, il est assez peu naturel de multiplier, comme on le fait, les longs monologues, soit tragiques, soit comiques. Il n'y a que dans les maisons de fous que l'on pourrait trouver des personnages parlant ainsi tout haut, détaillant avec complaisance et de la manière la plus circonstanciée les choses qui les préoccupent, et exprimant distinctement et avec une certaine suite tout ce qui se passe dans leur tête ou dans leur cœur. Cependant, c'est ce qu'on voit, ce qu'on entend tous les jours sur nos théâtres. Quand un auteur se trouve embarrassé pour mettre son auditoire au courant de particularités nécessaires pour l'intelligence de l'action de sa pièce, vite il se rabat sur le monologue ; il met en scène un de ses héros, qui raisonne tout seul, qui combine des projets, qui se fait des objections et s'empresse d'y répondre, qui hasarde même une narration, etc., etc. On sent du reste qu'une telle manière de discourir est tout à fait invraisemblable. Les poètes ne devraient donc se permettre de monologues que le plus rarement possible et, lorsqu'ils ne peuvent s'en dispenser, les faire excuser par le mérite de la brièveté. Sans doute, dans le transport de la passion, un homme peut laisser échapper quelques paroles qu'il s'adresse à lui-même ; mais c'est là que devrait se borner le monologue dramatique. Les raisonnements, les récits, les récapitulations historiques, doivent en être bannis sévèrement. On m'objectera qu'il y a de longs monologues dans plusieurs des chefs-d'œuvre de notre scène. Qu'en faut-il conclure, sinon que ces chefs-d'œuvre seraient encore plus parfaits s'ils ayaient été débarrassés de ces soliloques hors nature ? CHAMPAGNAC.

MONOMANIE, MONOMANE. L'étymologie de ces mots, qui viennent du grec μόνος, seul, et μανία, folie, indique tout de suite la différence qui existe entre l'aliénation mentale, la démence, la folie et la monomanie. Le monomane est en proie à une idée fixe, qui égare sa raison; mais en dehors de cette idée il peut jouir de la plénitude de ses facultés, son raisonnement peut être sain et logique ; il est complétement inoffensif. Les monomanies varient à l'infini ; nous avons connu un monomane qui, se prenant pour un grain de millet, n'osait point sortir de chez lui de peur d'être mangé par les poules; un autre, ancien officier ministériel, que l'on retenait prisonnier chez lui en déposant un simple morceau de papier au seuil de sa porte, car la vue d'un morceau de papier lui inspirait une telle répulsion que nulle force humaine ne lui eût fait franchir cet obstacle. La monomanie n'est donc qu'un désordre partiel des facultés intellectuelles, appliqué à un seul cas, désordre qui provient de lésions de l'appareil cérébro-spinal et de lésions épigastriques. En examinant bien les monomanes, on les trouvera affectés de monomanies morbides, se livrant à des actes anormaux qui révèlent bien vite les lésions dont nous venons de parler : ils éprouvent des douleurs de tête, des embarras encéphaliques, des vertiges, des bourdonnements d'oreilles, des visions, des hallucinations, des insomnies, des rêvasseries; en proie à une continuelle agitation musculaire, ils remuent sans cesse, ils ont des tremblements, des secousses convulsives des membres, des contractions spontanées des muscles de la face, des courbatures, des débilités. En général, les monomanes ont le teint pâle, jaunâtre ; la région épigastrique est continuellement chez eux à l'état de gêne, de constriction, qu'augmente le sentiment d'une chaleur profonde, d'un feu intérieur; leur colonne vertébrale est douloureusement affectée, surtout dans la partie dorsale ; des serrements de cou, des étouffements, des palpitations, des constrictions diaphragmatiques, des soulèvements d'estomac, du trouble dans la digestion, du gonflement dans l'abdomen après les repas, des flatuosités intestinales, des constipations, du trouble dans les urines, sont, avec les lésions cérébro-spinales, les symptômes les plus certains de la monomanie. Les monomanies produites par de très-légères altérations organiques disparaissent très-facilement; mais il n'en est pas de même pour celles qui sont l'effet de lésions opiniâtres, car celles-ci reproduisent sans cesse l'irritation nerveuse qui engendre la monomanie.

MONOME (de μόνος, seul, et νομή, part, division). En algèbre, on donne ce nom à toute expression qui ne se compose que d'un seul terme, c'est-à-dire dont les parties ne sont séparées par aucun signe d'addition ou de soustraction ;

ainsi $24a^4bc$, $\dfrac{6a^2}{5b}$, etc., sont des monomes, tandis que a^4+b est un binome, et $a+b-c$ est un trinome (voyez POLYNOME).

MONOMOTAPA. Les anciennes relations de voyages mentionnent sous ce nom un vaste empire de l'Afrique orientale, situé entre 25° et 35° de longitude orientale, et 25° de latitude sud, en face de l'île de Madagascar, dont le séparait le bras de mer appelé canal de Mozambique. Elles le circonscrivaient par la mer de l'Inde à l'est, depuis l'embouchure du torrent de Manica ou rivière du Saint-Esprit jusqu'aux bouches du Zambèze ou Cuama, par la rive droite de ce fleuve, et par la rive gauche du torrent de Manica ou rivière du Saint-Esprit. Cet empire a disparu depuis un siècle, et les nombreux petits États nègres dont il se composait ou sont redevenus indépendants, ou relèvent des Portugais (voyez MOZAMBIQUE).

MONOPÉTALE se dit des fleurs dont la corolle est d'un seul pétale, d'une seule pièce, comme le jasmin.

MONOPHYSITES (du grec μόνος, seul, unique, et φύσις, nature). On désigne par ce nom les adhérents d'une secte chrétienne qui se divisa ensuite en une foule de branches différentes. Conformément à une formule en usage depuis saint Athanase, et notamment en Égypte, elle n'admettait dans la personne de Jésus-Christ qu'une seule nature (l'homme fait Dieu); doctrine qu'elle développa surtout dans ses discussions avec Nestorius. Si déjà saint Cyrille avait prétendu que la chair du Verbe appartient essentiellement à sa personnalité, plus tard l'archimandrite Eutychès parla d'une divinisation de la chair du Christ, et défendit, avec l'évêque Dioscore d'Alexandrie, la doctrine d'une nature unique, dans le synode tenu en 449 à Éphèse; synode que l'histoire désigne sous le nom de *synode de brigands*. Eutychès et tous ses partisans furent, il est vrai, condamnés comme hérétiques dans le concile tenu à Chalcédoine, en 451. Mais la décision de ce concile, suivant laquelle il y a dans le Christ deux natures sans mélange, ni transmutation, ni division, unies en une seule personne et hypostase, ne mit point un terme à ces discussions. Le clergé d'Asie et d'Égypte vit une tendance au nestorianisme, parce qu'il était généralement *monophysite*, et fut vivement soutenu dans son opinion par l'empereur Basilique.

L'*hénotique* ou traité d'union publié par l'empereur Zénon, en 482, était peu propre, en raison de l'ambiguïté de sa rédaction, à mettre un terme à ce différend; aussi, après de longues et souvent sanglantes discussions, les monophysites se séparèrent-ils formellement de l'Église orthodoxe. Cette séparation eut lieu dans les premières années du sixième siècle. La discorde se glissa d'ailleurs aussi dans leurs rangs. Dès 483, les *acéphales* s'étaient séparés de l'Église, et formaient, à proprement parler, le noyau du *monophysitisme*. De nouvelles divisions éclatèrent entre eux, en 519, sur la question de savoir si le corps du Christ est ou n'est pas corruptible. Les *sévériens*, partisans de l'évêque déposé d'Antioche, Sévérus, qui se rattachaient aux *acéphales*, admettaient la corruptibilité; les *julianistes* ou *gajanistes*, partisans des évêques Julianus et Gajanus, la rejetaient. Les premiers furent appelés, en conséquence, *phthartolâtres*, *corrupticoles*, ou partisans de la doctrine de la corruptibilité; les seconds *aphthartodocètes*, ou partisans de la doctrine de l'incorruptibilité. On les désigna aussi sous le nom de *phantasiastes*, parce qu'un corps incorruptible ne saurait être qu'une apparence. Ces derniers, à leur tour, sur la question de savoir si le corps du Christ a été créé, se divisèrent en *actisètes*, qui le tenaient pour incréé, et en *ctistolâtres*, qui le tenaient pour créé. Les *sévériens*, nommés aussi *théodosiens*, d'un de leurs évêques, finirent par l'emporter, et condamnèrent les *agnoètes*, secte qui se forma dans leur sein et qui refusait à Jésus-Christ, en tant qu'homme, l'omniscience. Vers l'an 500, le monophysite Ascusnages et après lui le philosophe chrétien Philopone s'avisèrent de prétendre que les trois personnes dont se compose la Trinité forment trois dieux. Mais cette doctrine parut hérétique aux monophysites eux-mêmes, et fut cause qu'un grand nombre d'entre eux rentrèrent dans le giron de l'Église catholique.

Les communautés monophysites se perpétuèrent surtout en Égypte, en Syrie et en Mésopotamie, où elles reçurent une organisation hiérarchique de patriarches particuliers qu'elles avaient à Alexandrie et à Antioche, et fondèrent les églises particulières désignées sous le nom de *jacobites* et d'*arméniens*, après que le symbole de leur foi religieuse eut été fixé par le Syrien Jacques Baradœus (Al Baradaï), mort vers l'an 578. Il faut aussi ranger au nombre des églises monophysites celles d'*Abyssinie* et les *coptes*.

MONOPOLE, MONOPOLEUR (des mots grecs μόνος, seul, πωλέω, je vends). Établir un *monopole*, c'est s'attribuer la faculté de vendre ou d'exploiter seul, à l'exclusion de tous autres, une chose déterminée. Les monopoles exercés par des individus sans concession préalable de l'État et résultant d'accaparements réalisés par eux ou de coalitions, sont punis par la loi. Mais il y a des monopoles, dits *monopoles légaux*, qui s'exploitent pour le compte des gouvernements, ou qui sont établis au profit d'individus et de classes d'individus.

En France les monopoles de l'État ne sont en général qu'une forme de perception des impôts, comme celui de la fabrication et la vente du tabac, par exemple ; d'autres, tout en contribuant à l'actif du budget, prétendent se légitimer par des considérations d'ordre et d'intérêt général : tels sont les monopoles du transport des lettres et de la fabrication des monnaies, que des entreprises particulières seraient, dit-on, impuissantes à réaliser dans des conditions aussi avantageuses pour la nation ; ou par des considérations de sécurité générale, comme celui de la fabrication et de la vente de la poudre ; d'autres, enfin, ne rapportent rien au trésor, et lui sont plutôt onéreux, mais sont maintenus sous prétexte d'intérêt public, comme le monopole de l'enseignement et celui des travaux publics.

Les monopoles légaux établis au profit d'individus ou de classes d'individus consistent dans la concession sans adjudication de certaines exploitations dépendant par leur nature du domaine public, les mines, par exemple ; ou dans l'interdiction d'exercer certaines professions sans autorisation préalable et dans la limitation du nombre des individus appelés à les exercer.

MONORIME (du grec μόνος, seul, avec le mot *rime*). Cette sorte de poëme, dont tous les vers sont sur la même rime, est depuis longtemps abandonnée par les poëtes français, au point que Richelet n'a pas daigné en parler dans ses règles de poésie, et que Boileau, dans l'*Art poétique*, a gardé un silence complet à cet égard. Cependant, on doit plusieurs exemples de *monorimes* au fameux auteur du *Roman de la Rose*, Jean de Meung, et à quelques poëtes provençaux ses contemporains et ses devanciers.

MONOSYLLABE. On donne ce nom à tout mot qui ne se compose que d'une seule syllabe (du grec μόνος, seul, et συλλαβή, syllabe). L'emploi des monosyllabes donne du nerf et de la rapidité à l'expression, mais c'est presque toujours aux dépens de l'harmonie. On peut facilement remarquer dans nos poëtes que les vers où se rencontrent beaucoup de monosyllabes sont en général fort durs et produisent une suite de chocs pénibles à l'oreille. Ouvrons la Fontaine au hasard :

La main est le plus sûr et le plus prompt secours...
Ilu tient tout, ce dit-on, mieux que deux tu l'auras,...
O gens durs, vous n'ouvrez vos logis ni vos cœurs...
Tout en tout est divers ; ôtez-vous de l'esprit, etc.

Ces vers, où dominent les monosyllabes, n'offrent rien de cette harmonieuse majesté qui distingue ordinairement notre vers alexandrin. Cet effet des monosyllabes n'est pourtant pas sans exception. On rencontre çà et là quelques vers heureux qui, pour n'être formés que de monosyllabes, n'en ont pas moins de douceur, tels que celui-ci de Malherbe :

Et moi, je ne vois rien quand je ne la vois pas.

CHAMPAGNAC.

MONOTHALAME (Coquille), de μόνος, seul, et θαλάμη, gîte. *Voyez* COQUILLE, t. VI, p. 489.

MONOTHÉISME (du grec μόνος, un, seul, et θεός, dieu). C'est la reconnaissance et l'adoration d'un dieu unique, ou la croyance que l'essence divine n'est qu'une en nombre (*unus numero*), c'est-à-dire que l'idée que se fait notre raison de l'être le plus parfait a sa réalité dans un sujet unique, possédant toutes les perfections dans une conscience unique. L'opposé du monothéisme est le polythéisme. Comme toutes les idées de la raison ne peuvent se développer qu'au moyen des impressions produites par l'expérience sur notre raison, il est naturel que le genre humain ait commencé par le polythéisme, attendu qu'il était nécessaire que l'expérience éveillât dans son esprit la notion de diverses perfections personnifiées par l'imagination. Avec les progrès toujours plus grands de la raison humaine, il a fallu qu'on arrivât à l'idée que toutes les perfections, pour conserver leur essence, devaient être comprises dans une unité de la conscience, et que par conséquent Dieu ne pouvait être qu'un. Voilà comment il est arrivé que même parmi les nations polythéistes il se rencontra toujours des sages qui reconnurent la fausseté du polythéisme et l'unité de Dieu, par exemple Psamnon chez les Égyptiens, Socrate et Platon chez les Grecs. Comme croyance populaire ou comme religion publique, nous trouvons le monothéisme établi chez les Juifs, chez les chrétiens et chez les mahométans. Comme religion populaire, il fut fondé par Abraham, souche du peuple israélite. Moïse en fit une religion d'État, et les prophètes le purifièrent de diverses idées fausses. Son principe dominant était que Dieu est le tout-puissant créateur, conservateur et souverain du monde, et le Dieu protecteur du peuple d'Israël. On l'appelait Jéhovah. Jésus-Christ représenta Dieu comme l'esprit le plus parfait, comme le bien absolu, l'unique sagesse, et aussi comme le Dieu de tous les hommes et de tous les peuples. Le monothéisme chrétien était donc destiné à devenir la religion de tous les peuples, la religion de l'humanité. Ainsi fut créé un lien nouveau et puissant entre les peuples, jusque alors divisés en partis ennemis par le polythéisme, ainsi que par l'idée qu'ils avaient été engendrés par des dieux ou encore qu'ils étaient particulièrement aimés par les dieux, et toujours prêts d'ailleurs à faire la guerre aux faibles et à les réduire en esclavage. Les chrétiens ayant adopté le dogme de la Trinité en même temps qu'ils invoquaient les saints et s'agenouillaient devant leurs images, Mahomet les tint pour idolâtres, et se crut prédestiné à rétablir le monothéisme dans sa pureté primitive, qu'il comprit plutôt au moyen de l'Ancien Testament qu'au point de vue chrétien.

MONOTHÉLITES, MONOTHÉLISME (du grec μόνος, seul, et θέλημα, volonté), secte chrétienne ayant beaucoup d'analogie avec celle des monophysites, qui reconnaissait bien dans Jésus-Christ la dualité de sa nature, mais qui maintenait qu'il y avait en lui unité de volonté et d'action, enseignant que sa volonté et son action humaines étaient absorbées dans sa volonté et son action divines. C'est ce qui leur paraissait résulter de son unité de personne, en même temps que nécessaire à la force de l'œuvre d'une rédemption.

Ce parti et les discussions qu'il souleva dans l'Église eurent pour origine une tentative faite en l'an 633, d'après les conseils des évêques Cyrus d'Alexandrie et Sergius de Constantinople, par l'empereur Héraclius, à l'effet de réconcilier les monophysites avec l'Église orthodoxe au moyen d'une formule suivant laquelle Jésus-Christ aurait accompli ses œuvres par une action à la fois divine et humaine. Sophronius, évêque de Jérusalem, et d'autres encore s'élevèrent vivement contre cette formule : de là une lutte que ne réussirent à apaiser ni l'édit impérial rendu en 638 sous le titre d'*ecthesis* ni le *typos* de 648 de l'empereur Constance II. Ce fut seulement le sixième concile œcuménique, tenu en 680 à Constantinople, qui réussit à assurer la prépondérance du dogme de l'existence en Jésus-Christ de deux volontés et de deux modes d'action sans antagonisme ni mélange ; prépondérance que l'empereur monothélite Philippicus Bardanes compromit seul pendant quelque temps. Des débris de la secte des monothélites se forma aussi plus tard celle des maronites.

MONOTONIE (du grec μόνος, sol, et τόνος, ton). Ce mot signifie littéralement uniformité, égalité de ton. Ainsi, on trouvera *monotone* la conversation d'une personne prononçant sur le même ton une longue suite de paroles ; au figuré, on appellera aussi *monotone*, quel que soit le ton qui la scande, la conversation de quelqu'un qui ne saura jamais sortir de certains sujets. Rien n'est fastidieux comme une lecture monotone, faite toujours sur le même ton, rien n'est monotone comme une déclamation qui coupe sans cesse le vers en deux et appuie sans cesse sur ses finales. La monotonie peut s'appliquer au style, quand son uniformité, le retour des mêmes figures, des mêmes pensées, font qu'il se ressemble continuellement. C'est par extension de ce sens propre que l'on dira de la vie de petite ville, de la vie de garnison, qu'elle est *monotone*, car rien ne vient l'accidenter, qu'à de rares intervalles, et l'on peut d'avance prévoir que le lendemain ressemblera identiquement à la veille.

MONOTRÈMES. Cette dénomination, créée par Geoffroy Saint-Hilaire, et aujourd'hui généralement adoptée par les zoologistes, désigne, d'une manière collective, quelques espèces animales fort peu nombreuses, découvertes dans la Nouvelle-Hollande; espèces qui présentent avec le type des mammifères des analogies tellement évidentes, et des anomalies tellement remarquables, que les naturalistes ont longtemps hésité sur la place qu'il fallait leur assigner dans la série animale. Ces espèces se classent dans deux genres, ou, plus exactement, dans deux ordres distincts; et ces deux ordres, les *échidnés* et les *ornithorynques*, diffèrent peut-être autant l'un de l'autre que la sous-classe qu'ils forment diffère elle-même de la classe des mammifères monodelphes.

Geoffroy Saint-Hilaire a formellement séparé les ornithorynques et les échidnés de la famille des édentés, à laquelle ses devanciers les avaient réunis. Il en a formé une classe distincte, sous le nom de *monotrèmes*, et l'a caractérisée ainsi : Doigts unguiculés; point de véritables dents; un cloaque commun, qui verse à l'extérieur, par une seule issue, les produits de la conception et les matières excrémentielles. Les *monotrèmes* formaient ainsi une cinquième classe dans le type des animaux vertébrés; et cette division fut adoptée avec plus ou moins de réserve par un grand nombre de naturalistes, et plus spécialement par Tiedemann, Lamarck, Latreille et Quoy. Lamarck formula ainsi son opinion à cet égard : « Les *monotrèmes* ne sont point des mammifères, car ils sont sans mamelles; de plus, ils sont probablement ovipares; ce ne sont pas des oiseaux, car ils n'ont pas les poumons percés; ce ne sont pas des reptiles, car ils ont un cœur à deux ventricules. » Mais, d'un autre côté, Spix, de Blainville, Cuvier et Meckel, se sont hautement élevés contre cette séparation des monotrèmes de la classe des mammifères. Spix s'est efforcé d'établir que leur corps couvert de poils, leurs poumons librement suspendus, la présence chez eux d'un diaphragme, l'existence de dents mâchelières et rudimentaires, enfin la grande ressemblance qui existe entre leur squelette et celui du tatou, ne permettaient pas de séparer les monotrèmes des mammifères. Blainville a prêté à l'opinion de Spix le grand appui de ses profondes connaissances anatomiques; et la développant avec cette dose de détails qu'il possède à un si haut degré, il en a été amené à conclure que les rapports qui unissent les monotrèmes aux mammifères sont tellement nombreux et tellement importants, que les anomalies qui les en distinguent sont, au contraire, tellement légères, au point de vue anatomique, et tellement peu nombre, que toute séparation devient complètement impossible. Enfin, Meckel, en démontrant directement l'existence d'un appareil mammaire chez la femelle de l'ornithorynque, a détruit de fond en comble le principal argument sur lequel cette séparation avait été basée.

Aujourd'hui donc nous l'avons déjà dit à l'article MARSUPIAUX, les zoologistes, admettant en cela les idées de Blainville, penchent à diviser la grande classe des mammifères en deux sous-classes collatérales et parallèles : les mammifères monodelphes et les mammifères didelphes. Les mammifères didelphes seraient eux-mêmes divisés en sections : les didelphes normaux ou *embryopares* (marsupiaux), et les didelphes anormaux ou *ovipares à mamelles* (monotrèmes).
BELFIELD-LEFÈVRE.

MONPOU (FRANÇOIS-LOUIS-HIPPOLYTE), compositeur,

naquit à Paris, le 12 juin 1804. Il entra de bonne heure dans l'école de musique sacrée de Choron; d'abord organiste de la cathédrale de Tours, Monpou revint à Paris pour étudier la composition musicale. Tour à tour organiste de Saint-Thomas d'Aquin, de Saint-Nicolas des Champs, de la Sorbonne, Monpou fit exécuter dans ces églises diverses messes de sa composition. Après la révolution de Juillet, Monpou abandonna la musique sacrée pour la musique profane : il commença sa réputation par des romances, *L'Andalouse*, *Guastibelza*, *Les Deux Arbres*, *Les Résurrectionnistes*, *Le Voile bleu*, etc. Monpou se créa tout d'abord un genre particulier; il encadra avec une ingénieuse habileté sa pensée dans des rhythmes piquants, heurtés, nouveaux, qui imprimaient à ses diverses productions un véritable cachet d'originalité. Il cherchait pour les enrichir de ces harmonies de poésie ayant déjà par elles-mêmes un mérite réel, indépendant de celui que pouvait leur donner la musique, et il prenait pour ses inspirateurs poétiques Alfred de Musset, Victor Hugo, Frédéric Soulié, aux vers desquels il donnait un charme nouveau. Monpou ne tarda pas à passer de la romance à l'opéra-comique, et en 1835 *Les Deux Reines* firent leur apparition au théâtre de l'Opéra-Comique; ce coup d'essai fut un coup de maître. Vinrent ensuite *Le Luthier de Vienne*, *Piquillo*, *Le Planteur*, *Perugina* et *La Chaste Suzanne*, au théâtre de la Renaissance; *La Reine Jeanne*. Atteint d'une affection organique de l'estomac, Monpou, encouragé par ses précédents succès, se livrait à la composition d'un nouvel opéra-comique en trois actes, lorsqu'une recrudescence de son mal l'engagea à aller demander la santé et le repos de la Touraine. La veille de son départ de la capitale, il écrivait à des amis : « Envoyez-moi des poésies, j'ai bon augure des chants de la Touraine. » Arrivé à Orléans, Monpou dut s'arrêter; il se fit transporter dans une campagne des environs, d'où il dut revenir se faire soigner à Orléans; il y rendit le dernier soupir, le 9 août 1841, à l'âge de trente-sept ans.

MONRÉALE, ville de Sicile, située dans une magnifique contrée, à 7 kilomètres de Palerme et reliée à cette capitale par une belle route. C'est le siége d'un archevêché, et on y compte 14,000 habitants. On y remarque surtout une belle abbaye de bénédictins, pourvue d'une riche bibliothèque, et la cathédrale, avec ses portes de bronze et les tombeaux de plusieurs rois normands du douzième siècle. C'est la petite cloche du château de Monréale qui, en 1282, donna le signal des fameuses vêpres siciliennes.

MONROE (JAMES), président des États-Unis de l'Amérique du Nord, de 1817 à 1825, né le 28 avril 1758, dans le comté de Westmoreland en Virginie, étudiait le droit quand éclata la lutte pour l'indépendance de sa patrie; et il abandonna aussitôt ses travaux, afin de la défendre par les armes. Après s'être distingué en maintes rencontres par sa bravoure et être parvenu au grade de colonel, il reprit en 1778 ses études interrompues. En 1782 il fut élu membre de l'assemblée législative, et en 1783 membre du congrès de la Virginie; puis en 1790 député au congrès national, dans lequel il siégea jusqu'en 1794, époque où il fut envoyé en France avec le titre d'ambassadeur. Rappelé en 1796 par le président Washington, il justifia sa conduite par la publication de sa correspondance diplomatique. Il fut ensuite, de 1799 à 1802, gouverneur de la Virginie. En 1803 on l'envoya de nouveau à Paris, avec le titre d'ambassadeur, pour négocier la cession de la Louisiane; et il fut ensuite chargé de missions à Londres et à Madrid. Il revint en Amérique en 1808, avec la perspective de succéder à Jefferson dans la présidence; mais renonçant pour le moment à sa candidature, il se fit renommer, en 1810, gouverneur de la Virginie, et fut fait secrétaire d'État en 1811, sous l'administration de Madison. Il fit en même temps chargé du ministère de la guerre, et tous ses efforts tendirent à relever le département de l'état de dépérissement dans lequel il languissait. Quand les Anglais s'emparèrent, en 1814, de Washington et l'incendièrent,

Monroe fut appelé au commandement en chef des forces américaines. La paix une fois rétablie, il se consacra uniquement à ses fonctions de secrétaire d'État jusqu'en 1817, époque où il fut élu président. En 1821 ses concitoyens le réélurent à l'unanimité. Ses admirables messages au congrès signalent avec autant de dignité que de véracité les immenses développements pris sous son administration par les forces vives du pays. Il contribua en effet plus qu'aucun de ses prédécesseurs à l'augmentation de la puissance du gouvernement de l'Union, et fut en quelque sorte le créateur de sa marine. C'est sous sa présidence que l'Union américaine s'accrut de l'acquisition de la Floride, que l'indépendance des colonies espagnoles et portugaises fut reconnue et que le gouvernement américain déclara qu'il ne tolérerait jamais d'intervention des puissances européennes dans les affaires intérieures des États de l'Amérique du Sud. Il prit aussi les mesures les plus énergiques pour arriver à la suppression de la traite, et favorisa les relations commerciales de l'Union avec les autres peuples sur la base d'une complète réciprocité. A l'expiration de ses fonctions, il s'unit à Jefferson et à Madison pour fonder la nouvelle université de la Virginie. Comme Adams et Jefferson, il mourut à New-York, le jour même de l'anniversaire de la déclaration de l'Indépendance américaine, le 4 juillet 1831.

Monroe possédait un esprit vigoureux, un jugement sain, et était doué d'une remarquable activité. Cité pour son extrême simplicité, comme président accessible à tous, il était sûr en opinion, loyal dans ses actes et dévoué au triomphe de l'idée démocratique ou antifédéraliste. Telle était la haute estime dont il jouissait dans l'esprit de ses concitoyens, qu'à l'expiration de sa présidence le congrès vota les fonds nécessaires pour payer les dettes qu'il avait contractées pendant son administration, et qui eussent sans cela pu devenir pour lui la source de cruels embarras.

MONROSE, comédien original, vif, spirituel, plein de verve et de gaieté, fantasque, toujours inspiré, doué en un mot du feu sacré, qui tint pendant vingt-cinq ans avec gloire l'emploi des premiers comiques au Théâtre-Français.

Successeur des Dugazon et des Dazincourt, il eut le grand honneur de les imiter. Jamais il n'imita personne, il fut toujours lui-même. Né comédien, ses facultés comiques étaient merveilleusement servies par ses qualités physiques. Sa physionomie était d'une mobilité étonnante, qui tournait parfois à la grimace; il avait les yeux vifs, rayonnants, le regard malin et assuré, le sourire plein de sarcasme, la tenue effrontée, l'allure facile et légère, le geste éblouissant de promptitude et de variété, l'organe mordant, souple, riche d'intonation. Il a joué tous les valets avec une supériorité incontestable : Mascarille, Scapin, Cliton, Hector du *Joueur*, le Dave de l'*Adrienne*, le Strabon de *Démocrite*, Lolive du *Grondeur*, Frontin du *Muet*. Il était surtout admirable de gaieté vraie et d'entrain comique dans les trois Figaro (du *Barbier de Séville*, du *Mariage* et de *La Mère coupable*). C'était son triomphe. Il était tout aussi remarquable dans le répertoire moderne, parce qu'il avait de l'originalité et une foi qui ne s'abandonnait jamais.

Né à Besançon, en 1784, Monrose appartenait à une famille de comédiens très-renommée dans la province. Sa tante, Mme Crescent, était un excellent premier rôle d'opéra. Son père était aussi un artiste justement estimé; sa sœur, Mme Sarny, était une actrice pleine d'âme et de sensibilité. Il commença ses études au collége de Chartres, mais il quitta Horace et Virgile pour débuter au théâtre des Jeunes Artistes; il avait alors dix-sept ans. En 1804 il entra au théâtre de la Montansier. Beaujolais, directeur de Bordeaux, l'enleva pour lui confier l'emploi des premiers comiques. De Bordeaux, Monrose alla à Nantes, et au plus beau temps de l'empire il fit partie de la troupe de Mlle Raucourt, qui avait obtenu le privilége des grandes villes d'Italie. Les événements de 1814 firent revenir nos artistes en France. Monrose débuta au Théâtre-Français en mai 1815, par Mascarille de *L'Étourdi*, et fut reçu sociétaire en 1816. Il acquit

DICT. DE LA CONVERS. — T. XIII.

bientôt une grande et légitime célébrité, et dès 1820 Étienne disait de lui : « C'est le premier valet du monde. » Monrose avait un véritable culte pour les chefs-d'œuvre de l'ancien répertoire; il avait de l'adoration pour Molière, et il jouait tous ses rôles avec le sentiment de la gloire. Dans le répertoire moderne, qu'il prisait moins, il a créé avec un naturel exquis le Notaire de *Chacun de son côté* et le Médecin de *La Camaraderie*. Mais il trouva surtout dans *Dominique le possédé*, de M. d'Épagny, le motif d'une création merveilleuse. Jamais on n'avait traduit d'une façon plus charmante la bizarre, le fantasque et le naïf.

Vers la fin de sa carrière, ce comédien si gai, si vif sur la scène, était à la ville sombre et mélancolique; son caractère était devenu inquiet, ombrageux. Il éprouvait un chagrin si profond de n'avoir pu obtenir l'admission d'aucun de ses enfants à la Comédie-Française, que son moral en fut attaqué. A sa représentation de retraite, chacun tremblait. Monrose, privé de la mémoire et de la raison, n'était parvenu à retenir le rôle que grâce aux soins persistants du docteur Blanche. Monrose ne se troubla pas, il retrouva tout à coup ses facultés, et dit son rôle de Figaro jusqu'à la fin sans encombre, et au bruit d'applaudissements qui partaient de tous les coins de la salle. Un an après, au mois de mai 1843, *Claude-Louis* MONROSE, dont le véritable nom était *Barrizin*, était porté à sa dernière demeure, escorté par un grand nombre d'hommes de lettres et d'artistes, ses constants amis. Samson prononça sur la tombe du grand comédien un éloge funèbre d'une simplicité touchante.   DARTHENAY.

Louis MONROSE, son fils aîné, qui avait en vain débuté trois fois sous ses yeux à la scène de la rue Richelieu, y tient aujourd'hui son emploi, en qualité de sociétaire : Louis Monrose a le physique un peu triste de son père, et beaucoup de ses qualités, dues à de constantes études. Un autre fils de MONROSE, *Eugène*, a également embrassé la carrière théâtrale; il a débuté avec peu de succès à la Comédie Française, après avoir joué au Théâtre de la Renaissance. Depuis il a été attaché à divers théâtres de province; mais il a fini par rentrer à Paris, où le Vaudeville l'a engagé.

MONS, capitale de la province de Hainaut (Belgique), ville fortifiée, assez bien bâtie, peuplée de 24,308 habitants, occupe l'emplacement où campa jadis le frère de Cicéron, et où il se déchira avec tant de vigueur contre Ambiorix, autrement *Ambtryck*, chef des Éburons. Au septième siècle, Waltrude, mise depuis au rang des saintes, y construisit un monastère, qui attira autour de ses murs un assez grand nombre d'individus, empressés de jouir de la protection spirituelle et temporelle d'un grand établissement religieux. Au neuvième siècle Mons pouvait passer pour une ville telle qu'on les concevait dans ce temps de civilisation à peine ébauchée. Le comte Baudouin IV, surnommé *l'Édificateur*, fut un des princes qui lui firent éprouver le plus puissamment une heureuse influence. Baudouin VI, depuis empereur de Constantinople, s'occupa avec succès du perfectionnement de ses institutions politiques, et lui donna, en 1200, une charte célèbre. En 1290, Mons dut à Jean d'Avesnes des agrandissements considérables. Vers 1304, Guillaume y établit des manufactures de laine, et fit tous ses efforts pour favoriser le commerce. Après avoir perdu le tiers de ses habitants par la peste, Mons recueillit les juifs que Philippe le Long, roi de France, chassait de ses États. Sous le règne de Charles-Quint cette ville était à son plus haut point de prospérité ; mais bientôt les troubles civils arrêtèrent cet heureux développement. L'opposition des Montois aux mesures fiscales du duc d'Albe fut cause que ce gouverneur les priva de leurs franchises et les écrasa d'une forte garnison. Ce fut alors que le comte Louis de Nassau s'empara de la place par stratagème. Les Espagnols ne tardèrent pas à y revenir, et la réaction fut cruelle. On a découvert une liste de proscrits : elle porte les noms de 380 individus, parmi lesquels se trouvent inscrits ceux de 128 fabricants et orfèvres. Le règne des archiducs Albert et Isabelle ramena la paix : règne faible, destiné à énerver le

19

peuple belge, mais sous lequel on s'étonna de respirer après les effroyables malheurs qui avaient ruiné le pays.

Mons essuya depuis plusieurs sièges : les Français s'en rendirent maîtres en 1691, et la gardèrent jusqu'à la paix de Ryswick ; ils l'occupèrent de nouveau en 1701; huit ans plus tard, Eugène et Marlborough la forcèrent à capituler. Elle échut à l'Autriche par le traité d'Utrecht. Prise de nouveau en 1746, elle retomba sous l'autorité autrichienne en 1748. Joseph II fit démolir ses fortifications en 1784. Ce fut presque sous ses murs que Dumouriez remporta la victoire de Jemmapes, village qui donna son nom au département dont Mons devint le chef-lieu. Les principaux édifices sont l'église de Sainte-Waudru, achevée en 1589 ; l'hôtel de ville, bâti en 1440 ; la tour du Beffroi, élevée en 1662, etc.; un canal allant de Mons à Condé, commencé en 1807, sous le gouvernement français, fut terminé en 1814. Un chemin de fer relie Mons avec Bruxelles, Valenciennes, Charleroy, Namur et Tournay. La contrée qui environne cette ville contient le plus riche gisement houiller qu'il y ait en Belgique ; et de 1834 à 1851 les produits en ont augmenté de plus de 80 pour 100.

Mons possède une bibliothèque, un collége, une académie de dessin, une société des sciences et des lettres, et une *Société des Bibliophiles*. DE REIFFENBERG.

MONSEIGNEUR. L'étymologie de ce mot est la même que celle de *messire* et *sire*. Cette qualification a-t-elle été donnée aux saints avant de l'être aux grands de la terre, ou bien attribuée simultanément aux uns et aux autres? Il est certain qu'elle a été commune à tous les saints ; mais il n'en a pas été de même pour cette myriade de princes, de nobles, et surtout de grands et de petits fonctionnaires qui tous prétendaient au titre de *monseigneur*. Ainsi qualifiés par tous et avant tous, les princes du sang royal ne s'appelaient entre eux que *monsieur*. On appelait *monseigneur*, sans y ajouter son nom, le fils aîné du dauphin ; et l'on peut voir par la lecture des *Mémoires de Saint-Simon* que les pairs ne donnaient du *monseigneur* aux princes du sang pas plus dans le discours direct que dans le discours indirect. C'était là une de leurs prérogatives. Mais ils leur donnaient de l'*altesse royale*. Les premiers présidents de cours souveraines, les membres des assemblées des états généraux, les ministres en place, les prélats, recevaient le titre de *monseigneur*. La vanité ou la flatterie avait même étendu cette appellation aux intendants de province, dont la plupart appartenaient à la classe des simples bourgeois. Notons ici une nuance qui a son importance. En parlant d'un prince, les gens ayant vécu dans le grand monde disaient, par exemple : *Monsieur le duc d'Orléans est parti ce matin pour la chasse;* ils auraient au contraire ne manqueraient jamais de dire : *Monseigneur le duc d'Orléans est parti*, etc. Par le même motif, le sacristain et le bedeau diront encore aujourd'hui : *Monseigneur l'évêque d'Orléans est parti*, tandis que l'homme qui sait vivre ne *monseigneurisera* ce prélat que dans le discours direct, et cela pour se conformer par courtoisie à l'usage qui traduit par *monseigneur* la qualification de *monsignor*, que la chancellerie papale donne à tous les évêques et à un certain nombre de dignitaires ecclésiastiques.

Cette qualification, abrogée par l'Assemblée constituante, fut reprise sous l'empire et la restauration. Bientôt alors, comme aux plus beaux jours de l'étiquette monarchique, on donna au *monseigneur* aux fonctionnaires du premier ordre. La révolution de 1830 enleva ce titre aux ministres, et leur laissa l'*excellence* pour fiche de consolation. Autant on a fait le second empire, le *Moniteur* a eu soin de nous apprendre que le titre de *monseigneur* n'appartient qu'aux « princes français et aux princes de la famille de l'empereur ».

MONS-EN-PUELLE ou **MONS-EN-PÉVÈLE**, village du département du Nord, à 20 kilomètres de Lille, où les Flamands furent défaits, en 1304, par Philippe le Bel. Le roi de France, instruit par le précédent désastre de Courtray, sut attirer dans la plaine l'ennemi retranché derrière une double ligne de chariots. Malgré l'impétuosité de l'attaque des Flamands, les Français, animés par leur roi, Châtillon et Charles de Valois, ne s'ébranlèrent point, et leur retour offensif fut irrésistible. On se battit jusqu'au soir, où la cavalerie put enfin rompre les bataillons serrés des milices flamandes. Six mille hommes restèrent sur le champ de bataille. Du reste, les résultats de cette victoire furent à peu près nuls.

MONSIEUR. Sous les premiers Valois, on écrivait encore dans les actes publics *monsieur le roi*. On avait aussi appelé les saints indistinctement *monsieur* ou *monseigneur*. Depuis, ce mot, pris dans son acception honorifique, n'a été donné qu'au plus âgé des frères du roi. Dans son acception générale, il s'appliqua à tous les bourgeois, et devint dans la suite commun aux Français de toutes les classes. A la fin de l'Assemblée législative, en 1792, le mot *monsieur* fut remplacé par celui de *citoyen* : les girondins à cet égard prirent l'initiative. Le mot *monsieur* reprit peu à peu, après la réaction thermidorienne ; mais *citoyen* fut conservé dans le vocabulaire officiel jusqu'à l'empire. On disait *citoyen* ministre, *citoyen* directeur, *citoyen* consul, etc. Après 1830, le mot *citoyen* fut quelque temps en faveur. En 1848, il fut adopté dans les actes officiels, dans les clubs et à la tribune, d'où il fut chassé par la réaction qui s'opéra dans l'Assemblée. Il resta en vigueur dans les associations d'ouvriers jusqu'au coup d'État du 2 décembre.

MONSIGNY (PIERRE-ALEXANDRE), l'un des plus illustres compositeurs du siècle dernier, était né à Fauquemberg, en Artois, le 17 octobre 1729. Ses parents, peu fortunés, le destinèrent à la carrière des finances; et il vint à Paris, où à dix-neuf ans il était employé à la comptabilité du clergé. Il quitta cette place pour entrer en qualité de maître d'hôtel chez le duc d'Orléans, le père de Philippe Égalité. Toutes les prétentions musicales de Monsigny se bornaient d'abord à jouer du violon, pour ses délassement personnel. Mais ayant assisté un jour aux Bouffes, à la représentation de *La Serva Padrona*, il sentit l'inspiration s'éveiller en lui, et voulut devenir compositeur, lui aussi. Il étudia donc la composition et l'harmonie, et cinq mois après il était en état d'écrire une partition. C'est tout modestement au théâtre de la Foire Saint-Laurent que Monsigny donna, en gardant l'anonyme, sa première production, *Les Aveux indiscrets*; son succès l'encouragea, et dans les deux années qui suivirent il fit encore jouer *Le Maître en droit*, *Le Cadi dupé*. Sedaine, enchanté de son *Cadi dupé*, voulut lui confier ses poèmes ; et *On ne s'avise jamais de tout*, joué à l'Opéra-Comique de la Foire, en 1761, fut leur premier ouvrage commun. Après la réunion de l'Opéra-Comique et de la Comédie-Italienne, Monsigny fit jouer les opéras-comiques *Le Roi et le Fermier, Rose et Colas*; le grand opéra *Aline*, reine de Golconde, *L'Île sonnante, Le Déserteur, Félix, ou l'enfant trouvé, Le Rendez-vous bien employé, La Belle Arsène*, opéras-comiques; *Pagamin de Monègue* et *Philémon et Baucis*, opéras. Monsigny était à l'apogée de sa réputation ; il luttait avec Grétry, et cependant tout à coup il s'arrêta, en 1777, dans une carrière qu'il parcourait si honorablement, et dès ce moment il ne produisit plus rien : « Il ne me vient plus une seule idée, » disait-il à ceux qui lui reprochaient de ne rien produire, Et en effet jusqu'à sa mort, arrivée le 14 janvier 1817, Monsigny ne fit plus aucune œuvre lyrique ; il vécut quarante-un ans, sans écrire une seule note. Monsigny est des compositeurs du dernier siècle un de ceux qui sont le plus légitimement goûtés ; la sensibilité était sa qualité dominante, et ses accents partaient du cœur. A la révolution, Monsigny perdit non-seulement sa charge chez le duc d'Orléans, mais encore la meilleurs partie de ce que lui avaient rapporté ses partitions. En 1798 les sociétaires de l'Opéra-Comique lui allouèrent une pension de 2,400 fr. Il fut nommé en 1800 inspecteur de l'enseignement au Conservatoire, et succéda à Grétry à l'Institut, en 1813.

MONSTRE, MONSTRUOSITÉ. Le mot *monstre* est trop souvent employé comme terme de comparaison pour que nous ayons besoin de le définir. Toute définition scientifique suppose d'ailleurs un ordre d'idées, une théorie ou un système quelconque. Telle définition est bonne suivant un système donné, qui est défectueuse suivant un autre; et comme jusque ici il n'y a rien de positivement arrêté sur la formation des monstres, ou plutôt comme il n'y a point d'opinion qui n'ait été émise et soutenue à leur sujet, nous sommes obligé, pour ne rien préjuger à l'avance, de laisser ce mot dans le vague de sa signification habituelle, en la restreignant toutefois à ne comprendre que ces productions insolites, originales, qui s'écartent notablement des caractères appartenant aux individus d'une espèce animale ou végétale.

Les monstres ont toujours fortement frappé l'imagination des hommes appelés à constater leur existence. Leurs formes étranges, leur arrivée à la place d'un individu régulier ordinaire, l'impossibilité de leur conserver longtemps la vie au milieu d'éléments qu'ils ne peuvent s'assimiler par la nutrition, tout cela, joint à l'obscurité de leur origine, était bien capable de les faire considérer comme des productions en quelque sorte surnaturelles, comme des signes de la colère des dieux ou de tout autre sentiment de la Divinité. De là une multitude de préjugés bizarres sur ces êtres, depuis les fables de la mythologie jusqu'aux opinions encore existantes aujourd'hui parmi les gens de la campagne dépourvus de toute notion d'histoire naturelle. Grâce à la révolution opérée par la philosophie moderne dans la manière d'étudier les productions de la nature, les monstres ont perdu une partie de ce qu'il y avait de merveilleux dans leur apparition. Les observations dignes de confiance et surtout les descriptions anatomiques, en se multipliant, ont permis des rapprochements capables de nous mettre sur la voie de leur origine et des circonstances de leur formation. On est enfin parvenu à pouvoir les classer méthodiquement (voyez TÉRATOLOGIE), comme les autres productions naturelles, et par là à les soustraire à l'empire de l'imagination, qui ne se plaît jamais tant à s'exercer que sur ce qui lui semble insolite.

Les anciens étaient fort prodigues du titre de *monstre*: ils appelaient monstrueux tout ce qui excitait un peu vivement leur surprise, tels que les grands cétacés et les animaux réguliers, mais de formes singulières, qu'ils voyaient pour la première fois. Nous avons des naturalistes qui se sont fait un système de cette manière de procéder. Selon eux, les monstres ne diffèrent des autres animaux que parce qu'ils ne peuvent pas se perpétuer par voie de génération : ils viennent au monde comme y sont venus les premiers animaux de chaque espèce. Tous les animaux différents sont des monstres les uns par rapport aux autres. Ils peuvent tous être descendus d'un seul animal primitif, et c'est la monstruosité qui les a diversifiés comme nous les trouvons aujourd'hui. De sorte donc que les cas de monstruosité que nous observons encore ne sont que les essais de la nature pour introduire de nouvelles espèces dans le règne animal, et qu'ils ne doivent avoir rien de surprenant pour nous que leur nouveauté. Tel est le système de la monstruosité universelle. Ses partisans ont en lui une foi assez robuste pour considérer les cas de monstruosité comme des expériences physiologiques toutes préparées par la nature, afin de nous initier à la manière dont elle passe d'une espèce à une autre, par de simples modifications d'organes dans un plan de composition unique pour tout le règne animal. Il est facile de s'apercevoir qu'on élimine ici la difficulté sans la résoudre aucunement. Ce n'est point un présent à une inquiète curiosité. Mais, de plus, cette manière de voir conduit directement, selon nous, à une erreur des plus graves. Considérer les cas de monstruosité comme des expériences physiologiques capables de nous faire découvrir les lois de la formation régulière des organes, c'est à peu près comme si l'on prenait en botanique ces excroissances anormales, ces maladies de l'écorce, par exemple, provenant de la piqûre des insectes, pour des développements dus uniquement aux évolutions des forces vitales des végétaux.

Les naturalistes dont nous parlons croient justifier la hardiesse de leur système en nous répétant sans cesse « que les monstres sont de Dieu, » qu'ils lui appartiennent comme toutes les autres créatures, et par conséquent qu'ils sont formés en vertu des mêmes lois. Assurément Dieu est la cause première de tout ce qui arrive en ce monde; il a donné à la matière certaines propriétés en vertu desquelles tous les phénomènes se produisent et se succèdent; mais parce qu'il a établi la gravitation générale, par exemple, n'y a-t-il plus rien d'accidentel dans un éboulement de terrain ou dans la chute d'un animal? N'est-il plus permis de mettre de différence entre le flux et le reflux de la mer et le mouvement de l'eau dans le lit de nos rivières? On nous donne évidemment là pour argument un de ces lieux communs qui ne prouvent rien, à cause du vague de leur généralité. D'ailleurs, il n'y a pas de plus mauvais systèmes que ceux où l'on prétend aller du simple au composé en fait de causes physiques. La diversité ne peut sortir de l'uniformité sans le concours de causes perturbatrices. Avec des causes et des lois générales de formation, il est aussi impossible de se rendre compte d'une manière satisfaisante des phénomènes particuliers que de s'expliquer les actions des hommes sans admettre une volonté particulière et indépendante pour chaque individu.

Après le système négatif et illusoire de la monstruosité universelle, il en reste deux autres qui se disputent la supériorité : dans l'un, on admet des germes originairement monstrueux, et dans l'autre on regarde la monstruosité comme un accident survenu pendant la formation d'un individu ordinaire. L'hypothèse des germes monstrueux ne nous paraît pas plus satisfaisante que le système précédent. C'est toujours une manière de se débarrasser de la difficulté en la faisant remonter à la cause première de toutes choses, ou en l'enveloppant dans le vague d'une expression banale. Et d'abord, qu'est-ce que c'est qu'un germe? qu'entend-on par ce mot, si fréquemment employé lorsqu'il s'agit de déguiser notre ignorance sur un point? On entend le commencement, l'ébauche d'un être organisé; c'est le produit immédiat de la puissance créatrice de Dieu, et sur lequel doivent s'exercer les forces ordinaires de la nature pour en former un individu normal. Mais ce produit contient-il en puissance tout ce qu'il faut pour parvenir à son état parfait? ne lui manque-t-il pas l'occasion, c'est-à-dire un concours de circonstances étrangères favorables pour se développer? Non, sans doute; car il y auraient eu en lui jusque la une compression, une gêne qui l'auraient condamné à une inertie absolue par la destruction de ses forces vitales. On ne saurait méconnaître le principe de la vie comme un ressort toujours prêt à remplir sa destination; ou bien il faudrait supposer dans les corps étrangers des ressorts doués d'une force équivalente à la sienne pour produire le repos du germe pendant des milliers d'années dans les ovaires d'un animal. Le germe sera donc si l'on veut l'ébauche d'un animal plus ou moins avancé ; mais il manquera encore de toutes les forces nécessaires pour l'amener à son entier développement; il ne sera qu'une sorte de noyau, ou plutôt qu'un centre d'action incapable de modifier en rien les forces vitales de l'animal. Mais alors sa petitesse s'oppose à ce que sa configuration ait quelque influence sur la forme définitive de l'animal. La monstruosité ne peut donc avoir sa cause dans un état ou disposition quelconque du germe.

Reste à examiner le système des causes accidentelles, et ces causes nous paraissent assez nombreuses et assez variées pour fournir des explications plausibles de tous les principaux cas donnés par l'observation. D'abord, nous ne pensons point, avec quelques physiologistes modernes, que les forces de la physique et de la chimie ordinaire soient capables de produire seules les phénomènes de composition et de vitalité des corps organisés. Encore une fois, les faits spéciaux doivent avoir des causes spéciales, et les propriétés de la matière reconnues par les physiciens et les chimistes sont trop générales, trop constantes, pour être la cause

19.

des phénomènes passagers de la vie organique. Nous sommes donc obligés de reconnaître dans les corps organisés d'autres forces en exercice que celles de la physique et de la chimie, non pour combattre et neutraliser l'action de ces dernières, mais pour suppléer à leur insuffisance, et ce sont ces forces auxiliaires que nous désignons sous le nom de *forces vitales*. Celles-ci s'emparent de la matière destinée à former un nouvel être même avant qu'elle soit expulsée du corps des deux animaux mâle et femelle dont le concours est indispensable à la formation de cet être. Leur présence est accusée par l'excès de vitalité qu'on remarque dans le mâle et la femelle à l'époque de l'amour. Le besoin impérieux de la reproduction n'est même que leur effet sur des corps déjà organisés. C'est alors que ces forces se modifient, qu'elles prennent les caractères propres à former un animal semblable au père et à la mère; c'est alors que se déterminent les ressemblances physiques, les identités de constitution et jusqu'aux affections et maladies héréditaires; et c'est la réaction des forces vitales du père et de la mère sur celles de l'être à former qui amène ensuite l'expulsion de la liqueur fécondante du côté du père et celle de l'œuf du côté de la mère. Voilà déjà la raison de l'hérédité des qualités entrevue. La nature prépare l'ouvrage important de la reproduction dans le plus grand mystère, c'est-à-dire à l'abri de tous les accidents, de toutes les forces perturbatrices capables de troubler l'action organisatrice des forces vitales de l'être à former. Le lieu où s'opère la conception est presque un sanctuaire impénétrable à tous nos moyens d'investigation. Cependant la nécessité du contact de l'œuf avec la liqueur fécondante est déjà une occasion d'irrégularité dans l'action des forces vitales. Il s'agit ici d'un contact, d'une opération mécanique entre deux substances douées chacune de beaucoup d'énergie. Comme l'œuf est étendu, dire qu'il a besoin d'être fécondé, c'est dire que toutes ses parties ont besoin d'être mises en rapport avec la liqueur fécondante; c'est énoncer la nécessité d'un contact de molécule à molécule entre deux substances très-actives. Or, un tel contact amené par une opération toute mécanique ne peut avoir lieu en même temps, au même instant, pour toutes les parties de la substance à féconder. De là des inégalités de développements ultérieurs et des diversités d'âge pour les différents organes à former, bien capables d'amener par la suite et les caractères individuels du fœtus et les principaux accidents de la monstruosité.

A ces considérations viennent s'ajouter celles de la composition et structure organique du jeune animal. A l'état normal, près les principaux organes ont entre eux à peu près les rapports des rouages d'une horloge : on ne saurait en retrancher un sans exposer la machine à une destruction entière. Il ne peut en être ainsi pendant la formation de ces mêmes organes : chacun d'eux doit jouir d'une vie individuelle, d'une indépendance qui le rende capable d'exister isolément jusqu'à son entière formation; car il faut exister avant d'être soumis à des lois quelconques de subordination. Et cette indépendance primitive nous explique suffisamment ces accolements et ces développements singuliers de deux germes greffés en quelque sorte l'un sur l'autre, comme on le voit dans le cas de double monstruosité. Il suffit que les parties de deux germes fécondés en même temps puissent donner lieu à des organes susceptibles de se prêter un mutuel appui après leur formation, pour occasionner la production des monstres composés en question.

Ce n'est qu'après que la subordination de certains organes principaux est établie que les autres se développent sur les premiers, comme par une sorte de végétation. Or, le développement des derniers n'étant qu'une conséquence, qu'un produit de la subordination dont nous parlons, on comprend qu'il aura lieu ou n'aura pas lieu suivant que les rapports établis entre les premiers organes seront capables de les produire ou de ne pas les produire. De là la présence ou l'absence des membres supérieurs et inférieurs, de la vessie et des organes génitaux, par exemple, qui peuvent exister même en excès, ou ne pas exister du tout, comme les productions du second ordre, telles que les dents, les cheveux, etc.

La structure organique entre à son tour dans l'explication des phénomènes de la monstruosité aux différents degrés de développement qu'elle établit entre les organes. L'accroissement par la nutrition d'une partie quelconque du corps ne peut consister, comme l'ont imaginé plusieurs physiologistes, dans un mouvement perpétuel de composition et de décomposition organique. La nature ne fait rien en vain, et d'ailleurs il est impossible qu'elle pût faire et défaire une chose en même temps. Elle ne peut procéder qu'en passant d'une composition, ou arrangement moléculaire, à un autre, différent du premier. Par conséquent jamais nos organes n'ont la même structure à deux époques quelconques de la vie. Leur composition moléculaire va sans cesse en se compliquant; mais s'il en est ainsi, on comprend qu'il est bien difficile pour eux de marcher de pair d'une composition à une autre dans les premiers âges de la vie fœtale. Il peut s'établir entre eux, presque immédiatement après la fécondation, des différences notables sous ce rapport. Et ces différences de composition ou de structure, équivalant à des différences d'âge, se feront aisément remarquer à l'extérieur par des disproportions quelquefois étranges de développement.

Telles sont les principales causes qu'il nous est permis d'assigner à la monstruosité sans nous engager trop loin dans le terrain mouvant des conjectures. A la vérité, nous expliquons peu de choses, nous laissons chaque fait particulier enveloppé dans une vague peu satisfaisant; mais encore une fois, comment faire une théorie sur des exceptions à la marche ordinaire de la nature? Il nous suffit de faire entrevoir seulement la possibilité d'une explication rationnelle pour faire au moins prendre patience à ces naturalistes auxquels les phénomènes sont plutôt des prétextes que des motifs pour se jeter dans le domaine des hypothèses les plus hardies; et nous espérons que l'on comprendra la réserve que nous mettons dans l'application de nos principes aux faits de détail. F. PASSOT.

MONSTRELET (ENGUERRAND DE), historien français, continuateur de Froissart, naquit, à ce qu'on croit, vers 1390, dans le Ponthieu, où se trouvait la terre de Monstrelet. Enguerrand fut prévôt de Cambray et bailli de Walincourt. Un acte, qui porte la date de sa mort au mois de juillet de l'an 1453, le qualifie *bien honnête homme et paisible*. C'est tout ce qu'on sait de sa vie. On a accusé Monstrelet d'avoir poussé l'attachement pour la maison de Bourgogne et la mauvaise volonté contre la cour de France au point d'altérer souvent la vérité; mais cette accusation tombe devant la lecture attentive de sa *Chronique*. Irréprochable sous le rapport de la partialité politique, Monstrelet ne s'est pas gardé toutefois d'une partialité plus excusable; c'est celle que lui inspirait sa tendre affection pour le duc de Bourgogne Philippe le Bon ; et encore, dans les deux ou trois réticences qu'il s'est permises en rapportant des paroles peu mesurées de ce prince, il n'efface pas entièrement la trace de ce qu'il ne juge pas à propos d'énoncer : il a soin d'alléguer que la mémoire lui manque. On ne saurait pécher contre la vérité avec plus de conscience. Si l'on veut trouver Monstrelet véritablement en défaut, il faut s'arrêter à son style et à la forme vraiment indigeste de sa *Chronique*, qui a fait dire de lui à Rabelais, qu'il était « baveux comme un pot à moutarde ». Son récit marche lentement; il s'interrompt à chaque pas pour citer des pièces officielles; sans précieux sans doute pour l'érudition, mais qui détruit tout le charme de la lecture. Son esprit, ferme et judicieux, s'élève au-dessus des préjugés de son siècle : dans son livre, point de contes de sorcellerie, d'astrologie, ni de ces prodiges qui remplissent les ouvrages de ses contemporains. Quand il parle des misères du peuple, on sent qu'il en était vraiment pénétré. Quatre livres avaient été publiés jusqu'à nos jours sous le nom de Monstrelet, commençant à

1400, et s'étendant jusqu'en 1467. Mais il était impossible que Monstrelet, mort en 1453, fût l'auteur des treize dernières années de sa prétendue *Chronique*. Il est également prouvé que les neuf années qui précèdent, de 1453 à 1444, ne lui appartiennent pas davantage. La *Chronique* de Monstrelet a été souvent réimprimée; l'édition de Denis Sauvage (Paris, 1572, 3 vol. in-fol.) est magnifique; mais celle qui mérite le plus d'estime est l'édition donnée dans ces dernières années par Buchon (Paris, 1826-1827).

Charles Du Rozoir.

MONSTRUOSITÉ. *Voyez* Monstre.
MONT (du latin *mons*), synonyme de montagne.
MONTAGNARDS. *Voyez* Montagne (Parti de la).
MONTAGNE. Les parties les plus hautes de la surface de la Terre sont, dans l'ordre de leur élévation, des *montagnes* ou des *collines*. Une colline prolongée et d'une hauteur médiocre est un *coteau*. En continuant à s'abaisser, la *butte* présente sa masse isolée, ses pentes assez roides et son sommet aigu; le *tertre* est encore moins élevé, d'un accès plus facile, et son sommet est large.

Les objets qui nous étonnent par leur grand volume et leur élévation reçoivent quelquefois le nom de *montagnes*, s'ils reposent sur une surface qui leur serve de base. Racine met ces vers dans la bouche de Théramène :

Cependant, sur le dos de la plaine liquide
S'élève à gros bouillons une montagne humide.

Les *montagnes de glace* des mers Polaires ne sont que les parties saillantes hors de l'eau de masses énormes dont tout le reste est plongé dans la mer.

La surface des planètes de notre système n'est pas unie, et peut être comparée à celle de la Terre; mais la hauteur des montagnes n'y est pas en raison de la grandeur de chaque globe, comme on serait tenté de le croire. Le volumineux Jupiter n'a plus que des collines peu saillantes, et Vénus, plus petite que notre globe, est couverte d'aspérités dont plusieurs surpassent en hauteur les points culminants des chaînes asiatiques. Notre satellite même est en rivalité avec sa planète quant à l'élévation des montagnes, et les observations qui mettent celles de ce petit corps céleste sous les yeux de tous les curieux ne laissent aucune incertitude sur leur mesure. Nous sommes donc fondés à penser que la structure des régions montagneuses a dans toutes les planètes beaucoup d'analogie avec celle de nos montagnes.

En nous bornant à l'étude des montagnes de notre planète, il n'est pas facile de constater qu'il y a des montagnes auxquelles on ne peut refuser le titre de *primitives*, parce que rien n'y parait avoir changé de place; d'autres sont aussi évidemment de formation plus récente. Parmi les premières, quelques-unes sont fort au-dessous de la grandeur de certaines montagnes secondaires; mais si on leur restituait ce qui provient de leurs ruines; si, par exemple, on reportait sur le centre granitique de la chaîne des Vosges tout ce qui lui appartient dans le bassin de la Moselle jusqu'au Rhin, dans le bassin de la Saône, les plaines de l'Alsace et la partie inférieure de ces montagnes, on composerait une masse si volumineuse et si haute que le Mont-Blanc ne serait plus qu'une humble colline en comparaison de ce colosse. Tout fait présumer que les montagnes primitives donnèrent autrefois à notre planète une forme assez semblable à celle de Vénus, et qu'elle fut même encore plus hérissée de montagnes d'une hauteur prodigieuse. Des éboulements, d'abord très-considérables, entassés au pied de ces monts gigantesques, sont aujourd'hui les montagnes secondaires : la destruction se ralentit graduellement; les débris, plus divisés, furent entraînés plus loin; les plaines se formèrent. Ce mouvement n'a pas cessé; les montagnes s'abaissent encore par des écroulements qui exhaussent le fond des vallées, et fournissent aux eaux courantes la matière de nouveaux atterrissements. Il y a donc sur toute la surface de la Terre une tendance au nivellement; mais combien de siècles s'écouleront avant que ce résultat définitif soit obtenu? Le calcul répond que leur nombre serait infini si la loi du décroissement graduel n'était pas changée.

Outre ces montagnes primitives, dont les ruines sont encore assez majestueuses, il y en a d'autres d'une origine plus récente, soulevées par les feux souterrains, par les forces qui ébranlent l'intérieur de la Terre. Quelques-unes de celles-là n'éprouvent plus l'action des agents qui les ont formées, et subissent maintenant la loi commune; d'autres grandissent par l'addition de matières arrachées de l'intérieur de la Terre. On compte en Europe un très-grand nombre de volcans éteints. Des volcans naissants sortent de la mer autour de l'île de Santorini; le Vésuve est en pleine activité depuis une trentaine de siècles, et l'Etna commence à vieillir : ses éruptions ne parviennent plus jusqu'au sommet; tout semble annoncer comme prochain le temps où il sera au nombre des volcans éteints. L'Asie a peu de volcans en activité, et presque toutes ses chaînes de montagnes sont primitives. En Amérique, les cratères des volcans atteignent la hauteur des points culminants dans les Alpes, et sont plus multipliés qu'en Europe, en comparant l'une à l'autre des contrées également étendues. Mais le plus grand nombre des volcans est dans les îles, et en général les plus actifs de ces feux souterrains sont peu éloignés des côtes.

Nous n'essayerons ni de remonter jusqu'à l'origine des montagnes primitives, contemporaines de la consolidation du globe, ni de peser les droits ou les prétentions des *vulcanistes* et des *neptuniens*. Au lieu de discuter des conceptions qui ne peuvent être encore que des hypothèses, examinons les contrées montagneuses par rapport aux productions qui leur sont propres et les caractérisent, en tenant compte en même temps de l'influence des latitudes et de la nature du sol. On a parlé d'une surface qui réunirait tout autour du globe les limites des glaces permanentes, et qui, s'élevant sous l'équateur à près de quatre mille mètres au-dessus de l'Océan, rencontrerait la surface de la mer au-delà de toutes les terres connues, mais sans arriver jusqu'au pôle. Il est certain que les causes qui élèvent ou abaissent la température d'une contrée placent aussi plus haut ou plus bas le point où les glaces ne fondent plus; mais comme l'action de ces causes peut varier, la hauteur du terme inférieur des glaciers ne doit pas être regardée comme constante, et l'on observe en effet qu'elle diminue dans les Alpes. Quoi qu'il en soit, c'est sur les surfaces *isothermes* qu'il faut chercher les plantes qui peuvent s'accommoder du même degré de chaleur : l'élévation du sol ne les modifie pas. On cueille sur les Alpes et sur les Pyrénées des fleurs qui ornent les bords de la mer Glaciale. Le groseillier, qui ne supporterait pas les chaleurs de l'Égypte, couvre les flancs des montagnes du Tibet, associé à nos arbres fruitiers, au bouleau, à la plupart des arbres et des autres végétaux de l'Europe tempérée. On sait que les semences voyagent facilement, que les vents et les oiseaux les transportent à de très-grandes distances; on conçoit aussi pourquoi les animaux sont confinés dans des espaces plus limités et n'ont pu franchir des obstacles qui n'ont pas arrêté les migrations des plantes. L'homme est soumis à la même loi : les politiques reconnaissent qu'une chaîne de montagnes sépare les peuples beaucoup plus que ne le pourrait faire un large fleuve, et même un bras de mer. Cependant, ces montagnes si difficiles à franchir sont un séjour favorable à l'espèce humaine. L'habitant des plaines a retrouvé quelquefois la santé, que les miasmes de son séjour habituel lui ont fait perdre. Mais ce qui est encore plus précieux que cette salubrité des régions montagneuses, c'est l'heureuse influence qu'elles exercent sur le moral de l'homme. Il faut bien que l'on y respire un air qu'on y respire, les habitudes que l'on y contracte, toute l'existence physique et sentimentale y aient des charmes particuliers, car aucun séjour n'est plus fortement regretté, et le montagnard dépaysé éprouve plus souvent et avec plus de violence les atteintes de la nostalgie. A très-peu d'exceptions près, les montagnes sont l'asile de quelques vertus, la population s'y montre digne d'estime.

Ferry.

MONTAGNE (Parti de la). On désigna ainsi, et encore sous le nom de *montagnards*, à l'époque de notre première révolution, un groupe particulier formé dans la Convention nationale par les hommes de l'opinion révolutionnaire la plus avancée, parce qu'ils choisirent pour place dans la salle des séances les bancs les plus élevés du côté gauche. Les plus marquants étaient Danton, Marat, Robespierre, Saint-Just, Collot d'Herbois, Égalité, etc., c'est-à-dire les membres de la Convention qui ne tardèrent pas à l'asservir complétement et à faire régner en France ce qu'on a appelé le *régime de la terreur*. Le parti opposé à la *montagne* était la *plaine* ou les girondins, qui avaient pris place sur les bancs les moins élevés de la salle (*voyez* CÔTÉ DROIT, CÔTÉ GAUCHE). Après l'extermination de la *Gironde*, on qualifia aussi la *plaine de marais*, parce qu'il n'en partait que des murmures comparés aux coassements inintelligibles des crapauds et des grenouilles. C'est là que se réunissaient les hommes timides habitués à voter silencieusement sous les menaces et les injonctions de la montagne. Une fois que les hommes de la terreur eurent perdu le pouvoir, le parti de la montagne ne tarda pas à s'annihiler complétement.

Après la révolution de 1848, le parti socialiste et démocratique n'eut rien de plus pressé que de s'emparer des bancs les plus élevés du côté gauche, dans le hangar qui servait de salle provisoire à l'Assemblée nationale constituante, et il tint alors fort à honneur de ressusciter à son profit les vieilles dénominations de *montagne* et de *montagnards*; enfin, pour que la parodie fût complète, la montagne de 1848 compta au nombre de ses membres un prince de presque aussi bonne maison que Philippe-Égalité.

MONTAGNE (Bleu de). *Voyez* BLEU DE CUIVRE.

MONTAGNE (Le Vieux de la). *Voyez* ASSASSINS et CHEIKH.

MONTAGNE ou PLATE-MONTAGNE (MATTHIEU PLATTENBERG, *dit*), l'un des élèves les plus remarquables qu'ait eus Philippe de Champagne.

MONTAGNES (Chaînes de). *Voyez* CHAÎNES DE MONTAGNES.

MONTAGNES (Guerre de). *Voyez* GUERRE.

MONTAGNES BLEUES. *Voyez* BLEUES (Montagnes).

MONTAGNES NOIRES. *Voyez* CÉVENNES.

MONTAGNES ROCHEUSES. *Voyez* ROCHEUSES (Montagnes).

MONTAGNES RUSSES. Les Russes, qui font parfois tourner en plaisirs l'âpreté de leur climat, construisent avec de la neige et de la glace des montagnes artificielles, qu'ils échafaudent quelquefois en bois, et où une couche d'eau, bien vite durcie par le froid, présente une surface unie et glissante sur laquelle des traîneaux courent avec une effrayante rapidité. La descente en traîneau sur les montagnes russes constitue une sensation agréable, un véritable plaisir. Les Français savent prendre les éléments de plaisir partout où ils trouvent : aussi importèrent-ils chez eux en 1816 les montagnes russes. Mais comme on n'a pas souvent 10 à 15 degrés de froid à sa disposition en France, on construisit chez nous, à l'instar de la Russie, des plans inclinés en bois d'où l'on lançait des chars à roulettes, retenus par des rainures; arrivés au bout de la surface à peu près plane de ces plans, où recommençait une rampe rapide, les chars étaient remontés au moyen d'une chaîne mue par un manége. Les premières montagnes russes de Paris furent établies aux Thernes, dans un jardin public; vinrent ensuite celles de Beaujon, qui étaient fort élevées, et où le sentiment de frayeur éprouvé par des personnes au moment où le char était lancé du haut de la montagne fit arriver de graves et nombreux accidents. Ces accidents mêmes ajoutèrent pendant un temps à la fureur des Parisiens et des Parisiennes pour les montagnes russes; mais, par un soudain revirement, elles cessèrent bientôt d'être à la mode, et aujourd'hui nous avons vu disparaître les dernières montagnes russes de Paris, celles de la *Grande-Chaumière*, bastringue à présent fermé. Mais les petits chemins de fer de nos jardins publics et des fêtes rurales remplissent identiquement aujourd'hui l'office des montagnes russes d'autrefois.

MONTAGU (MARY PIERREPONT, lady WORTHLEY), Anglaise non moins célèbre par ses écrits que par les efforts qu'elle fit pour propager la pratique de l'inoculation, était la fille du duc *Evelyn Pierrepont* de KINGSTON, et naquit en 1690, à Thoresby, comté de Nothingham. Elle reçut avec ses frères une éducation des plus soignées, et passa sa jeunesse loin du monde. Belle, spirituelle et instruite, elle inspira une vive passion à un homme déjà arrivé à l'âge mûr, car il avait quarante-six ans sonnés, c'est-à-dire vingt-quatre ans de plus qu'elle, *Édouard* lord WORTHLEY-MONTAGU, qui rechercha sa main et l'obtint, en 1712, et qui sur ses vives instances se décida à embrasser la carrière politique. Quand, en 1716, il eut été nommé envoyé d'Angleterre à Constantinople, elle l'accompagna à son poste, en passant par la Hollande, l'Allemagne et la Hongrie. Arrivée sur les bords du Bosphore, elle y étudia la langue turque, et obtint du sultan Achmet la permission de visiter le *harem*, où elle se lia d'une manière intime avec *Fatima*, alors sultane *validé*. Les nombreux et fréquents rapports que cette liaison amena entre elle et le padishah donnèrent lieu à beaucoup de médisances. On s'étonna notamment qu'elle eût pu, en tout bien et tout honneur, rester au harem pendant trois jours consécutifs ; et on en conclut que la belle ambassadrice n'avait pas été insensible à la brusque passion du sultan. Plus tard, quand lady Worthley-Montagu se fut séparée de son mari, elle ne se gênait pas, disait-on, pour avouer que son fils était le fruit des œuvres d'Achmet. Nous n'avons pas mission de défendre ici la mémoire de lady Montagu, femme un peu au-dessus des préjugés, comme tous les *bas-bleus* passés, présents et futurs; d'ailleurs, il y a pour l'exactitude du fait une toute petite difficulté, que notre impartialité nous fait un devoir de mentionner : c'est que ce fils, auquel nous consacrons plus loin un article spécial, était né en 1715, et que lord Worthley-Montagu ne fut nommé au poste de Constantinople, que l'année suivante. Il n'y a donc pour les amateurs de scandale d'autre ressource que de prétendre qu'on a fait confusion, et qu'il s'agissait d'une fille, née effectivement à Constantinople, et qui épousa plus tard le comte de Bute. Quoi qu'il en soit encore de cette accusation, lady Montagu profita de son séjour en Turquie pour étudier les mœurs du peuple chez lequel elle se trouvait, et ses *Lettres* sont à cet égard remplies de détails alors complétement neufs, et qui, grâce à l'immobilité des mœurs orientales, ont conservé encore aujourd'hui presque toute leur originalité. La partie de cette correspondance qui se rapporte au séjour de l'auteur en Turquie est incontestablement ce qu'elle offre de plus intéressant. Tous les voyageurs modernes s'accordent à reconnaître la justesse de ses observations et la fidélité de ses peintures locales. Elle ne se borne pas à de frivoles révélations sur les mœurs et les coutumes musulmanes; elle jette un coup d'œil plein de sagacité et de pénétration sur les institutions de l'islamisme, sur les vices d'un gouvernement qui n'a d'autre base que la force du sabre, sur la faiblesse ou les ressources de la Turquie. Les *Lettres* de lady Montagu pendant son séjour dans le Levant sont adressées surtout à sa sœur, la comtesse de Marr, à quelques autres dames, à un abbé et à Pope.

Nous avons dit que c'est à lady Montagu qu'on est redevable de la connaissance de l'inoculation et de la propagation de cette salutaire pratique. C'est avant même d'arriver à Constantinople, à peu de distance de cette capitale, qu'elle l'observa. Elle voulut tout aussitôt connaître tous les détails du procédé, et ce fut sur son propre fils, qu'elle avait essayé en Turquie, qu'elle en fit le premier essai. Ce ne fut pas d'ailleurs sans beaucoup de peine qu'elle parvint plus tard à la faire adopter en Angleterre.

Lord Worthley-Montagu ayant été rappelé par son gouvernement, en 1719, sa femme profita du retour pour parcourir les bords de la Méditerranée et revenir par l'Italie et la France en Angleterre. Elle y réunit pendant plus de vingt ans autour d'elle un cercle d'hommes distingués dans les lettres, et au milieu desquels elle tenait parfaitement sa place, parce qu'elle avait une instruction rare chez une femme. Elle avait appris le latin; les langues française et italienne lui étaient familières; dans sa jeunesse elle avait traduit le Manuel d'Épictète et avait soumis sa version au célèbre Burnet. Addison, Steele, Young et Pope étaient de sa société habituelle. Quelques plaisanteries indiscrètes devinrent entre elle et ce dernier l'occasion d'une rupture complète. Si Pope essaya de noircir lady Montagu, elle s'en vengea bien, et elle le désigne quelque part sous le nom de *méchante guêpe de Twickenham*. Ces petits désagréments, joints à la grande déroute du parti whig, remplacé alors sur toute la ligne à la direction des affaires par les tories, furent cause que lady Montagu, âgée de plus de cinquante ans, détermina son mari à aller vivre en Italie, où elle passa effectivement les vingt-deux dernières années de son existence, tantôt à Venise, tantôt à Lovère. Elle avait fini par se séparer de son mari. Quand il s'éteignit, en 1761, à l'âge de quatre-vingt-quinze ans, elle reconnut la nécessité de retourner en Angleterre, où elle mourut, le 21 août 1762. Elle était âgée de soixante-treize ans. Elle laissait quelques Essais poétiques sans valeur et les fameuses *Lettres* dont nous avons parlé, qu'elle n'avait écrites que dans l'intention de les publier quelque jour et qu'elle avait confiées à un ecclésiastique hollandais. Becket publia (3 vol., 1763) la première édition de ses Œuvres, mais incomplète, et suivant toute apparence sans en avoir le droit. En 1767, Cleveland en fit paraître une seconde édition, en 4 volumes, dont le dernier complétait la Cotrespondance, mais n'était que le fruit de l'imagination de l'éditeur. C'est en 1803 seulement que le comte de Bute, gendre de lady Montagu, en publia une édition complète et authentique, sous le titre de *The Letters and other Works of the lady Mary Worthley-Montagu*. Plus tard, lord Wharncliffe, son arrière-petit-fils, en publia une nouvelle édition (1837), enrichie d'une foule d'anecdotes, de fragments et de documents inédits.

On a souvent essayé de mettre les *Lettres* de lady Montagu au-dessus de celles de notre aimable Sévigné. La première n'a certainement pas plus d'esprit ni de grâce que la seconde, mais peut-être a-t-elle moins d'abandon, car elle songeait un peu au public. On ne trouve pas non plus chez elle ces traits d'une sensibilité profonde, ces élans de l'âme et ces saillies d'éloquence naturelle qui échappent quelquefois à la marquise au milieu de son spirituel commérage. En revanche, elle a plus de lumières, plus de goût, et beaucoup plus d'instruction. Toutes deux ont leurs petites faiblesses, l'envie, la médisance, la malice : elles étaient volontiers en cachette de leurs bonnes amies. La vanité de Mme de Sévigné se concentre dans sa fille; celle de lady Montagu, encore jeune et aimable, s'exerce pour son propre compte. Ceux qui cherchent surtout dans une correspondance l'allure familière d'un entretien et une image naïve de la pensée donneront sans doute la préférence à la marquise. Le cœur d'une mère et d'une mère se peint bien plus vivement dans les lettres à la comtesse de Grignan que dans celles à la comtesse de Bute. Ceux qui estiment davantage l'agrément du sujet, la nouveauté des détails et la finesse des observations pourront hésiter dans leur choix. Quelle que soit celle en faveur de laquelle on se décide, qu'on n'oublie pas, à ce propos, que chez les deux peuples les plus policés du monde ce sont deux femmes qui ont laissé, chacune dans leur langue, les meilleurs modèles du style épistolaire.

MONTAGU (ÉDOUARD WORTHLEY), fils de la précédente, né en 1715, annonça de bonne heure le caractère le plus excentrique ainsi que le goût le plus décidé pour la vie d'aventures; et la très-mauvaise éducation que lui fit donner sa mère acheva ce que la nature avait si bien commencé. A diverses reprises il s'échappa tantôt de la maison paternelle, tantôt de l'école de Westminster, pour s'en aller se cacher dans des familles de la plus basse extraction, chez des ramoneurs ou des marchands de marée, par exemple, où il gagnait par son travail le pain noir et la triste hospitalité qu'on lui accordait. L'une de ces escapades ne se prolongea pas moins d'un an; et pendant ce temps-là nul de sa noble famille ne put savoir ce qu'il était devenu. Enfin, sa mère, autant pour le dépayser que pour s'en débarrasser, l'envoya aux Indes occidentales avec un certain Forster pour Mentor.

Malgré le décousu de son existence et ses habitudes de vagabondage, Édouard Worthley-Montagu acquit des connaissances assez étendues, notamment en archéologie. A son retour en Angleterre, on ne le décida pas sans peine à se mêler d'affaires publiques, en vertu des privilèges de sa race aristocratique; mais il ne tarda pas à mener de nouveau la vie la plus dissolue et à contracter tant de dettes, que force lui fut, en 1751, pour éviter la prison, de se réfugier à Paris. Il s'y lia tout de suite avec des joueurs et des frippons, et se vit compromis dans une sale affaire d'escroquerie intentée devant le Châtelet. A son retour en Angleterre, il parut un peu corrigé, et vécut pendant quelques années dans la retraite, uniquement occupé d'études scientifiques. En 1754, il fut élu membre de la chambre des communes, et fit alors paraître un livre excellent, intitulé : *Reflections on the rise and the fall of the ancient republics* (Londres, 1759; traduit en français, Paris, 1769).

Après la mort de son père et de sa mère, qui le déshéritèrent à peu près, Édouard Montagu s'adonna de nouveau à son goût pour la vie d'aventures. Il se mit à parcourir l'Europe, et surtout l'Orient. Il apprécia lui-même parfaitement le genre de vie qu'il y avait mené en disant qu'il avait été valet d'écurie en Allemagne, postillon en Hollande, paysan en Suisse, souteneur de filles à Paris, zélé luthérien à Hambourg, abbé à Rome, et musulman en Turquie. Il finit par embrasser complètement les mœurs turques. Indépendamment d'une femme légitime, il entretenait un harem; vivant, s'habillant à la turque, et se conformant scrupuleusement à toutes les pratiques de dévotion de l'islamisme. Il paraît presque toujours arabe avec son domestique, jeune noir qu'il voulait faire passer pour son fils. En 1773 il était de retour à Venise d'une tournée en Orient, et il mourut dans cette ville, le 2 mai 1776, au moment d'entreprendre le pèlerinage de La Mecque. On trouvera sur lui de curieux détails dans Nichol, *Literary Anecdotes of the eightheenth century* (4 vol., Londres, 1812).

MONTAIGNE (MICHEL, seigneur DE), célèbre moraliste, naquit en 1533, au château de ce nom, en Périgord, d'une famille anciennement nommée *Eyghem*, originaire d'Angleterre. Dès qu'il bégaya, son père lui donna des précepteurs qui ne lui parlaient que latin, en sorte que le latin fut sa langue naturelle. Il apprit le grec en se jouant. On l'éveillait chaque matin au son d'une douce musique, de peur qu'en s'éveillant en sursaut il n'en contractât un caractère aigre et revêche. A six ans il était au collége de Guienne, à Bordeaux, étudiant sous Buchanan et Muret. Il en sortit à treize ans. Quand il eut fait son droit, il fut pourvu, en 1554, d'une charge de conseiller au parlement de Bordeaux, et sut se faire estimer de Pibrac et de Paul de Foix, ses collègues, ainsi que du célèbre chancelier de L'Hospital. Un autre de ses confrères, La Boétie, devait unir son nom à celui de Montaigne par une amitié à jamais célèbre et malheureusement trop courte.

En 1566, Montaigne épousa mademoiselle de la Chassaigne, fille d'un conseiller au parlement de Bordeaux. Son premier ouvrage fut une traduction de la *Théologie naturelle* de Raymond Second, qu'il entreprit à la prière de son père (1568). En 1571 et 1572 il publia les œuvres de son ami La Boétie. Les agitations de la France l'avaient confiné dans son château, où il se promettait bien de passer à ne rien faire le reste de ses jours. Mais il fallait un aliment à son esprit, véritable *cheval échappé*, comme il l'appelle; et le voilà à trente-neuf ans commençant ses *Essais*, *ce livre de bonne foi*, dont la première édition, qui ne contient que deux premiers livres, parut en 1580. Il se mit ensuite à parcourir la France, l'Allemagne, la Suisse, l'Italie, en observateur et en philosophe, honoré à Rome du titre de citoyen, élu maire de Bordeaux après le maréchal de Biron, puis négociateur de ses concitoyens à la cour, figurant avec éclat aux états de Blois, décoré enfin par Charles IX du collier de l'ordre de Saint-Michel, *sans*, dit-il, *qu'il l'eût sollicité*. Montaigne donna une dernière édition de ses *Essais* en 1588 (Paris, Langelier, in-4°). Profitant quelquefois des pensées des anciens sans les citer, « voulant, disait-il, que ses critiques donnassent une nazarde à Plutarque sur son nez, et qu'ils s'échaudassent à injurier Sénèque en lui »; accusé de scepticisme, parce qu'il avait dit : *Que sais-je ?* il légua à l'admiration de la postérité ce livre *ondoyant et divers* (*voyez* FRANCE [Littérature], t. IX, p. 712 et suiv.). Montaigne ne réussit pas toujours à conserver son château *vierge de sang* et *de sac* au milieu des guerres civiles, parce que, royaliste sincère et catholique modéré, *il était pelaudé à toutes mains : au gibelin il était guelfe, au guelfe gibelin*; mais il ne sentit guère le contre-coup des malheurs des temps, grâce à son indolence naturelle et aux tendres consolations de sa fille adoptive, Mlle de Gournay, et de son ami Charron. Affligé de la pierre et de douleurs d'entrailles, il repoussait en plaisantant les secours de la médecine, à laquelle il n'avait aucune foi. Frappé d'une esquinancie mortelle, et sentant venir sa dernière heure, il fit dire la messe dans sa chambre, et au moment de l'élévation, s'étant soulevé comme il put sur son lit, les mains jointes, il expira dans cet acte de piété, en 1592, à l'âge de soixante ans. Montaigne ne laissait qu'une fille, nommée Léonore; il légua à Charron les armes pleines de sa famille. Les éditions des *Essais* de Montaigne sont trop nombreuses pour que nous les énumérions ici. Les plus estimées sont celles de M. Amaury Duval, de M. J.-V. Leclerc et de la collection des classiques de Lefèvre. En 1812 l'Institut mit au concours l'éloge de Montaigne, et le prix fut décerné à M. Villemain.

MONTALEMBERT (MARC-RENÉ, marquis DE), célèbre ingénieur français, issu d'une ancienne famille noble du Poitou, né à Angoulême, le 15 juillet 1714, entra au service dès l'âge de dix-sept ans, fit la campagne de 1736, et la manière dont il se comporta aux sièges de Kehl et de Philippsbourg fut récompensée par une compagnie dans les gardes du prince de Conti. Plus tard il prit part aux campagnes d'Italie, de Flandre, etc., et en 1741 à la guerre de la succession d'Autriche. A la paix il consacra ses loisirs à la culture des sciences, et en 1747 il fut reçu membre de l'Académie des Sciences, dont il a enrichi les *Mémoires* d'un grand nombre de dissertations remarquables par la nouveauté des idées et par l'élégance du style. A l'époque de la guerre de sept ans il remplit les fonctions de commissaire français auprès des armées russe et suédoise, et fortifia Anklam et Stralsund. Plus tard il fut envoyé aux îles d'Aix et d'Oléron, et il fortifia cette dernière d'après son système, qu'il appela *la fortification perpendiculaire*, parce que les angles rentrants peuvent tous recevoir 90° et l'on choisit la forme de tenaille. Les tours rondes murées, dites *tours de Montalembert*, dont il prit peut-être l'idée en Hollande, ont très-vraisemblablement servi de modèle de nos jours aux tours maximiliennes. L'artillerie des places fortes lui doit aussi diverses innovations heureuses. Partisan enthousiaste de la révolution, il renonça en 1790 à la pension qu'il touchait en dédommagement de l'œil qu'il avait perdu au service. Les fonderies qu'il avait établies dans ses terres en Angoumois dévorèrent une partie de sa fortune. Réduit à vendre ses domaines, il passa en Angleterre avec sa femme; mais il revint à Paris à l'époque de la terreur, dont il profita pour faire prononcer son divorce et pour contracter de nouveaux liens conjugaux, malgré son âge avancé. Il avait déjà offert ses œuvres littéraires au ministre Choiseul. Quand elles parurent imprimées, elles lui valurent de vives attaques de la part des partisans de la méthode de Vauban. D'Arçon notamment combattit ses idées; mais Montalembert réfuta complétement ses critiques. La Convention, en 1795, et le Conseil des Cinq Cents, en 1796, mentionnèrent honorablement ses œuvres, et lui accordèrent des secours. Il mourut le 26 mars 1800. Son principal ouvrage est intitulé *La Fortification perpendiculaire, ou l'art défensif supérieur à l'offensif* (Paris, 1776; nouv. édit., 1796). On a aussi de lui des romans, des chansons et diverses petites comédies, telles que *La Statue*, *La Bergère de qualité*, *La Bohémienne*, etc.

MONTALEMBERT (MARC-RENÉ-MARIE, comte DE), fils du précédent, né à Paris, le 10 juillet 1777, servit dans l'armée de Condé, et entra ensuite au service d'Angleterre en qualité de lieutenant. A Londres, il épousa la fille d'un riche négociant qui avait fait sa fortune aux grandes Indes, miss Forbes, et grâce à ce mariage doré il put figurer dans l'état-major de Wellington pendant toute la guerre d'Espagne. La Restauration lui ayant rouvert les portes de la France, il fut nommé d'emblée colonel dans l'armée; puis en 1816 il entra dans la carrière diplomatique, et fut successivement ministre de France à Stuttgard et à Stockholm. Il avait été créé pair de France lors de la grande fournée de 1819; et, comme la plupart des pairs nommés en même temps que lui, il prêta serment à la dynastie d'Orléans aussitôt après la révolution de Juillet. Louis-Philippe n'eut pas le temps de le récompenser, car il mourut le 20 juin 1831.

MONTALEMBERT (CHARLES-FORBES-RENÉ, comte DE), fils du précédent, est né à Londres, en 1810. Comme la question de l'hérédité de la pairie n'avait point encore été décidée lorsque la mort lui enleva son père, il lui succéda en qualité de pair de France; mais à ce titre ne se borna à peu près sa part dans l'héritage paternel. Disciple de l'abbé de La Mennais et partageant ses idées en matières de liberté religieuse et de catholicisme, il devint l'un des collaborateurs de *L'Avenir*, et entreprit alors une double croisade en faveur de l'indépendance de la Pologne et de la liberté d'enseignement. En 1831 il ouvrit avec l'abbé Lacordaire l'*École libre*, qui fut fermée par autorité de justice. Quelques mois après, la cour des pairs le condamnait à 100 francs d'amende pour ce fait. Il publia ensuite une *Histoire de sainte Élisabeth de Hongrie* (Paris, 1836), puis la brochure intitulée *Du Vandalisme et du Catholicisme dans les Arts* (1840). En 1843, il contracta un riche mariage avec la fille de M. de Mérode, et attira vivement l'attention par une brochure contre le système d'instruction publique suivi en France, puis par un *Manifeste* des catholiques à l'occasion des discussions soulevées dans la chambre des pairs sur la question des rapports de l'Église avec l'État, et en 1845 en prenant ouvertement à la tribune la défense des jésuites. Il parla aussi de la manière la plus chaleureuse au Luxembourg en faveur des Irlandais; et en 1847 il fonda à Paris un *comité de la liberté religieuse*, destiné à appuyer et défendre les membres du *Sonderbund* en Suisse. En 1848, lors de la discussion de l'adresse, le discours qu'il prononça dans le sein de la chambre des pairs sur le radicalisme politique produisit une sensation des plus profondes; et c'est grâce à ses démarches qu'un service solennel fut célébré le 10 février à Notre-Dame pour le repos de l'âme d'O'Connell. Tout aussitôt après la révolution de Février, le comte de Montalembert publia un manifeste franchement républicain, et offrit ses services à la république. Grâce à l'appui du parti clérical, il fut élu dans le Doubs membre de la Constituante, puis de la législative, où il prit place à l'extrême droite. Il fut alors membre de la fameuse *réunion de la rue de Poitiers*, qui lui donna place dans son comité. Aux assemblées, il prononça de longs discours en faveur de la liberté de l'Église. Il fit partie de la fameuse commission qui prépara la loi du 31 mai restreignant le suffrage universel. En 1851 il fut élu membre de l'Académie Française. Le lendemain du 2 décembre, il réclama la mise en liberté des députés qui avaient été arrêtés. Il n'en fut pas moins nommé membre de la commission consultative, et se présenta encore aux électeurs du Doubs pour la députation au nouveau corps législatif : il y constitue aujourd'hui à peu près à lui seul toute l'opposition. En 1854 cette assemblée autorisa des poursuites contre lui à l'occasion de la publicité donnée à une lettre qu'il avait adressée à M. Dupin, et qu'un journal belge avait imprimée; mais les magistrats rendirent une ordonnance de non-lieu. Il a encore fait paraître depuis : *Des Intérêts catholiques au dix-neuvième siècle*, et *De l'Avenir politique de l'Angleterre*.

M. de Montalembert est de taille moyenne : il a la figure douce et gracieuse, quelque chose de rêveur dans le regard; et ses manières aristocratiques n'excluent pas une grande affabilité. Toute sa personne a quelque chose d'attrayant : son organe est harmonieux, son éloquence participe à la fois de l'onction de l'éloquence de la chaire et de la fougue de l'éloquence politique.

MONTALIVET (JEAN-PIERRE BACHASSON, comte DE), né à Sarreguemines, en 1766, fils du commandant de place de cette ville, entra à l'âge de treize ans, comme cadet, dans le régiment des hussards de Nassau ; mais parvenu au grade de lieutenant, il quitta la carrière militaire, et se fit recevoir à dix-neuf ans conseiller au parlement de Grenoble. Le jeune magistrat partagea, en 1788, avec ses collègues, l'honorable exil dont les frappa le cardinal de Brienne. Rendu à la vie privée en 1791, par la nouvelle organisation de la magistrature, il se rendit à Paris, où il essaya d'arracher à la mort son oncle, M. de Saint-Germain; il échoua, et, plein d'une noble indignation, il osa dénoncer la municipalité de Paris à la tribune des Jacobins. Après cela il n'eut plus qu'à s'engager comme volontaire dans les armées de la république. Il servit quelque temps en Italie; mais la dissolution du bataillon de volontaires de la Drôme, dont il faisait partie, le ramena à Valence avec le grade de caporal. En 1795 Jean Debry, commissaire extraordinaire de la république dans le midi, lui fit accepter le poste de maire de Valence. Il répondit pleinement à la confiance de ses concitoyens, malgré une affreuse disette et la gravité de la situation politique. En 1801, le premier consul, qui l'avait connu personnellement à Valence, en 1789, le nomma préfet de la Manche. On cite un trait qui lui fait honneur. Le chevalier de Brulard, son ancien camarade, son ami de collége, venait de pénétrer dans le département de la Manche, pour y rallumer l'insurrection royaliste ; Montalivet avait reçu l'ordre de le faire arrêter : c'était un arrêt de mort. Le préfet appelle dans son cabinet Brulard, lui donne vingt-quatre heures pour sortir du département; puis il monte en chaise de poste, et vient à Paris rendre compte de sa conduite au premier consul, qui l'approuve. En 1804 Montalivet fut appelé à la préfecture de Seine-et-Oise, et fut nommé en 1806 directeur général des ponts et chaussées. L'empereur lui confia en 1809 le portefeuille de l'intérieur. C'est sous son administration qu'eurent lieu les travaux de cette grande période de 1809 à 1812, la plus brillante de l'empire. Lors de l'entrée des alliés dans la capitale, Montalivet se retira avec l'impératrice et le roi de Rome à Blois, où il prit le titre de secrétaire d'état de la régence. Au retour de l'île d'Elbe, l'empereur l'appela à l'intendance générale des biens de la couronne.

Après l'abdication de Napoléon, Montalivet se retira dans le Berry, où il mena une vie paisible, sans autre préoccupation que l'éducation de ses enfants. En 1819 il fut tiré de sa retraite par M. Decazes, qui l'appela à la chambre des pairs, où il soutint fermement les opinions modérées qu'il avait toujours professées. Il mourut le 22 janvier 1823, dans sa terre de La Grange, dans la Nièvre. Calme et plein de sécurité au moment suprême, il adressa ces dernières paroles à ses fils, rassemblés autour de lui : « Voyez, mes enfants, avec quelle tranquillité on meurt quand on a vécu en honnête homme. »

MONTALIVET (CAMILLE, comte DE), pair de France, ministre de l'intérieur et intendant de la liste civile, fils du précédent, naquit à Valence, le 25 avril 1801. Après de bonnes études au collége Henri IV, il entra à l'École Polytechnique en 1820, et sortit en 1823 de l'École des Ponts et Chaussées. Son frère aîné étant mort la même année, M. de Montalivet lui succéda à la chambre des pairs, en 1826, quand il eut atteint la limite d'âge fixée par la loi. Il y continua les traditions constitutionnelles de son père, et publia, pour les soutenir, différentes brochures, dont la plus populaire fut celle intitulée : *Un jeune Pair de France aux Français de son âge*. En 1830 il fut un des premiers à reconnaître la nouvelle royauté, et fit partie de la commission chargée de surveiller la liquidation de l'ancienne liste civile. La même année la 4ᵉ légion de la garde nationale le choisit pour son colonel. Lors du procès des ministres, M. de Montalivet reçut le portefeuille de l'intérieur, et à la formation du ministère dit *du 13 mars*, il passa au ministère de l'instruction publique et d'heureux développements à l'instruction primaire. A la mort de Casimir Périer, le jeune ministre de l'instruction publique le remplaça au ministère de l'intérieur, et conserva ce poste jusqu'au 10 octobre 1832. En 1834 il fut un des pairs chargés de l'instruction du procès d'avril. En 1836 il rentra au ministère de l'intérieur, et le conserva, sauf quelques intermittences, jusqu'en 1840. A cette époque M. de Montalivet fut nommé intendant général de la liste civile. La révolution de février 1848 lui enleva ces fonctions; il rentra alors forcément dans la vie privée, mais gardant une noble fidélité aux convictions politiques de toute sa vie ainsi qu'à la famille d'Orléans, et s'occupant encore à l'occasion d'élections. En 1851 il défendit la mémoire du roi Louis-Philippe dans une brochure intitulée : *Le roi Louis-Philippe et la liste civile*.

MONTANISTES, secte à tendances ascétiques et fanatiques, qui n'a pas laissé que d'exercer une certaine influence sur la morale et la discipline de l'Église orthodoxe. Son fondateur, *Montanus*, qui vers l'an 160 se donna comme prophète à Ardaban, en Mysie, et plus tard à Pepouze, en Phrygie, ne se proposait nullement de perfectionner théoriquement la religion de Jésus, mais seulement d'y conformer davantage la vie extérieure et intérieure des chrétiens. En ce qui touche la morale et ses préceptes, il avait la prétention de faire passer l'Église de l'âge de l'adolescence à celui de la maturité. A cet effet, il soutenait que le Paraclet exerce une action incessante et merveilleuse, se manifestant par des extases prophétiques et des visions extérieures; que tout ce qui est rite ou dogme extérieur est sans importance, et qu'il y a pour le chrétien obligation rigoureuse de témoigner de sa pureté intérieure par l'ascétisme le plus sévère. Indépendamment des jeûnes ordinaires, il en proscrivait donc d'annuels et d'hebdomadaires. Se remarier ou fuir la persécution étaient à ses yeux de graves péchés, et il repoussait impitoyablement du giron de l'Église quiconque avait une fois failli à ses lois. Ses idées chiliastes ou *millénaires* ne différaient de celles des Pères de l'Église d'alors qu'en ce qu'il considérait comme très-prochaine l'arrivée du *millenium*, et qu'il était convaincu que Pepouze en serait le centre. Les partisans, nommés aussi quelquefois *cataphrygiens* ou *pepousiens*, qui trouvèrent dans Tertullien un ardent défenseur, et qui comptèrent dans leurs rangs quelques prophétesses, désignaient les partisans de l'Église dominante sous le nom de *psychiques*, tandis qu'ils se donnaient à eux-mêmes celui de *pneumatiques*, c'est-à-dire *animés par l'esprit*. Quoique vivement attaqués par l'école d'Alexandrie, à cause surtout du mépris dont ils faisaient profession pour la science, et quoiqu'à cet égard divers synodes les eussent formellement condamnés, ils se perpétuèrent jusque dans le sixième siècle.

MONTANSIER (Mlle), née à Bayonne, en 1730, quitta fort jeune son pays pour suivre aux colonies une troupe d'acteurs nomades, et revint en France avec des bénéfices assez considérables pour pouvoir entreprendre la direction de quelques théâtres de province; elle y fit bien ses affaires ; elle se trouva même en état de faire construire à ses frais une salle de spectacle au Havre. Nous ignorons quelle circonstance assura plus tard à M{}^{lle} Montansier la bienveillante protection de Marie-Antoinette, qui fut la source de sa fortune. Admise à la toilette de cette princesse, qui la consultait souvent sur le choix de ses ajustements et de ses bijoux, elle sut mettre à profit cette royale faveur en se faisant donner la direction du théâtre de Versailles, qu'elle cumulait avec celles des théâtres du Havre, de Nantes, de Rouen, et, en outre, de tous les spectacles de la cour; aussi était-elle millionnaire au moment où éclata la révolution de 1789. Cette même année, elle acheta d'abord la salle dite Beaujolais au Palais-Royal, pour y établir un théâtre, où elle fit jouer l'opéra, la tragédie, la comédie et le vaudeville ; mais ce qui n'existait là qu'en miniature, M{}^{lle} Montansier voulut l'exécuter en grand. Elle fit construire, vis-à-vis la Bibliothèque du Roi, une vaste salle où tous les genres de poésie dramatique devaient avoir leurs interprètes, et dont elle n'estimait pas la dépense à moins de neuf millions. A peine était-elle finie que le gouvernement révolutionnaire s'en empara, moyennant une indemnité de 300,000 fr., pour y placer l'*Académie nationale de Musique*, en lui conservant le nom de *Théâtre des Arts*, que lui avait donné la fondatrice. C'était une énorme brèche à la fortune de M{}^{lle} Montansier, qui réclama en vain, sous tous les gouvernements contre cette spoliation. Il lui restait encore la direction lucrative du théâtre des Variétés, où Brunet et ce foyer si fameux par ses jolies courtisanes attiraient la foule chaque soir ; mais ses prodigalités de toutes espèces, la table ouverte qu'elle tenait, les soirées qu'elle donnait pour tous les hommes un peu marquants des divers partis, qui se trouvaient là comme sur un terrain neutre, l'obligèrent à prendre des associés pour l'exploitation de son spectacle, et la réduisirent enfin à une gêne réelle ; elle s'en consola en plaidant contre ses créanciers, car elle était devenue une véritable *comtesse de Pimbêche*, et son costume antique et bizarre en complétait le portrait fidèle. M{}^{lle} Montansier, déjà âgée, avait épousé, sans renoncer au titre de *demoiselle*, le comédien Bourdon-Neuville, dont elle fut veuve au bout de deux ans. Elle mourut en juillet 1820, à quatre-vingt-dix ans, laissant le peu qui lui restait moitié à son avocat, moitié à de vieilles amies.

Lors de la révolution de 1848, on remplaça le nom, sans doute trop monarchique, de Théâtre du Palais-Royal par celui de *Théâtre de la Montansier*, titre qu'il garda jusqu'au coup d'État du 2 décembre. ODANY.

MONTANUS, hérésiarque du onzième siècle, qui donna son nom aux **montanistes**, était né en Phrygie, et mourut, à ce qu'on croit, sous Caracalla, en 212.

MONTANUS (ARIAS). *Voyez* ARIAS MONTANUS.

MONTARGIS, chef-lieu d'arrondissement dans le département du Loiret, à 69 kilomètres d'Orléans, à 110 kilomètres de Paris, sur le Loing, à la réunion des canaux de Briare et du Loing, près de la forêt de ce nom, avec 7,527 habitants, des tribunaux de première instance et de commerce, un collége, une salle d'asile, une caisse d'épargne, une typographie. On récolte dans ses environs une assez grande quantité de vins communs colorés, dits *vins du Gâtinais*, qui servent aux mélanges. Cette ville possède de nombreuses tanneries, des corroieries, des mégisseries, des fabriques de serges et de draps communs. Le commerce consiste en grains, vins, bois, cire, miel, safran, laines, cuirs, fers, bestiaux, draps. On y remarque l'église de la Madeleine pour la hauteur des piliers qui supportent les voûtes latérales du chœur. C'était autrefois la capitale du Gâtinais ; elle était défendue par un château fort et entourée de murailles, dont il reste quelques parties. Elle repoussa, en 1427, une première attaque des Anglais, qui s'en emparèrent en 1431, et une fois encore deux ans après. Ils la perdirent définitivement en 1438. Montargis, qui faisait partie de l'apanage de la maison d'Orléans, fit retour à la couronne par l'avénement de Louis XII. Engagé sous François 1er à Renée de France, il fut racheté sous Louis XIII à ses descendants. Il fit ensuite partie de l'apanage d'Orléans.

MONTAUBAN, chef-lieu du département de Tarn-et-Garonne, à 700 kilomètres de Paris, sur le Tarn, avec 24,726 habitants, un évêché suffragant de Toulouse, un grand et un petit séminaire, une église consistoriale calviniste, une faculté de théologie réformée, des tribunaux de première instance et de commerce, une bourse, un musée, un collége, une école normale primaire, une école gratuite de dessin, une bibliothèque de 11,000 vol., une société des sciences, agriculture et belles-lettres, une chambre consultative d'agriculture, une chambre consultative des arts et manufactures, un théâtre, quatre typographies. C'est une station du chemin de fer du Midi et du Grand-Central.

Montauban est une ville charmante, au milieu d'un beau et riche pays, assise sur le Tarn, dans une position très-avantageuse pour le commerce. En effet, à la jonction de sa rivière avec la Garonne, près de Moissac, offre un débouché naturel à ses productions sur Bordeaux, Toulouse et tout ce côté du midi de la France. Ses grandes fabriques de cadis, draps, ratines, serges, etc., occupent les habitants des faubourgs de Ville-Bourbon et de Sapiac. On y trouve des filatures de coton, de laine et de soie grège, des teintureries, des minoteries, des fonderies de métaux, des fabriques de sucre de betterave, de savon, de papier peint, de faïence et de pâtes d'Italie, des distilleries d'eau-de-vie, des brasseries, des briqueteries. Il s'y fait un commerce de grains et de volailles d'une certaine importance. Montauban avec sa belle promenade de la Falaise (le Cours), au bord de la rivière, ses boulevards, sa promenade des Carmes, son ciel si pur et ses belles maisons de campagne, est un délicieux séjour. Elle se divise en trois parties principales : la ville proprement dite, bâtie sur un plateau environné par le Tarn, le Tescon et un profond ravin, et en deux faubourgs, ceux de Toulouse et de Ville-Bourbon, entre lesquels la communication est établie au moyen d'un pont en briques de sept vastes arches en ogives. A l'une des extrémités de ce pont s'élève l'hôtel de ville ; à l'autre une grande porte en forme d'arc de triomphe. Sa cathédrale est un bel édifice de style italien, achevée en 1739.

Cette ville fut fondée en 1144 par Alphonse, comte de Toulouse. Elle se signala par son patriotisme dans les guerres contre les Anglais ; et cédée au roi d'Angleterre, par le traité de Brétigny, elle ne voulut pas cesser d'appartenir au roi de France. Ce fut une des premières villes qui embrassèrent la religion réformée ; en 1560 l'évêque Jean de Leîtes et son official embrassèrent le calvinisme. Ses habitants la fortifièrent et en firent une place de guerre formidable, le boulevard de leur parti ; on retrouve encore les traces de ses fortifications. En 1622 Louis XIII vint en faire le siége à la tête de son armée ; on montre encore le château de Piquecos, où ce roi avait établi son quartier général. Cette ville ne fut pas réduite ; elle ne fit sa soumission qu'en 1629, et bientôt après, Richelieu, premier ministre, fit détruire toutes ses défenses. Les dernières années du dix-septième siècle furent signalées par d'horribles persécutions contre les réformés ; et lorsque enfin il leur fut permis de vivre, ils restèrent sans état civil.

MONTAUSIER (CHARLES DE SAINTE-MAURE, duc DE), né en 1610, en Touraine, dans la foi protestante, qu'il abjura plus tard pour embrasser le catholicisme, entra de bonne heure au service, se distingua plus particulièrement au siége de Brisach, en 1636, et fut nommé maréchal de camp à l'âge de vingt-huit ans. Il fit les campagnes d'Allemagne sous les ordres du maréchal de Guébriant, fut fait prisonnier peu de temps après la mort de son général, et rentra en France en 1645, en payant une rançon. Ce fut vers ce temps-là qu'il épousa Julie d'Angennes de Rambouillet, dont il eut quatre enfants. Un seul, une fille, mariée au duc d'Uzès-Crussol, lui survécut. Son mariage lui valut sa nomination au grade de lieutenant général ; et après avoir fait pendant quelque temps la guerre en Allemagne, on lui confia le gouvernement de la Saintonge et de l'Angoumois. Pendant les troubles de la Fronde, il demeura invariablement fidèle à la cour. Nommé en 1662 gouverneur de la Normandie, il mérita bien de cette province par une administration sage et paternelle, et fit notamment preuve de dévouement lors de l'épidémie cruelle qui la ravagea en 1664. La même année, envoyé par Louis XIV à Rome, il réussit à obtenir réparation de l'injure faite à notre ambassadeur, le marquis de Créquy. A son retour, Montausier fut créé duc et pair de France, et en 1668 Louis XIV le désigna pour présider à l'éducation du dauphin. Ce fut lui qui présenta Bossuet au grand roi pour remplir les fonctions de précepteur, et Huet pour celles de sous-précepteur. De tels choix indiquent tout de suite ce qu'il y avait de solidité dans l'esprit du duc de Montausier. Homme austère et intègre, peut-être un peu morose, il n'était pas aimé des courtisans, à cause de sa rude franchise : mais Louis XIV lui conserva toujours son estime et ses bonnes grâces.

A l'époque du mariage de son élève, en 1680, Montausier se retira de la cour, et vécut dès lors dans une philosophique retraite jusqu'à sa mort, arrivée en 1690.

MONTAUSIER (JULIE D'ANGENNES DE RAMBOUILLET, duchesse de). *Voyez* ANGENNES (Maison d').

MONT-AUX-OISEAUX. *Voyez* FÆR-CËRNE.

MONTBARD, chef-lieu de canton du département de la Côte-d'Or, à 18 kilomètres de Semur, agréablement situé au pied d'une colline, sur la Brenne et le canal de Bourgogne, avec 2,719 habitants, des tanneries, une fonderie de fer, une fabrique de lacets, un commerce de bois, chanvre, fil, laine, et d'entrepôt. C'est une station du chemin de fer de Paris à Lyon. Montbard n'est remarquable que par le château où est né et qu'habitait Buffon. Il est entouré de jardins et de magnifiques allées, et dominé par les ruines d'un vieux fort. On y montre encore la tour où naquit le grand écrivain, son cabinet d'étude, situé au-dessus d'une terrasse, et les restes de son cabinet d'histoire naturelle.

MONTBEL (GUILLAUME-ISIDORE, baron), l'un des ministres de Charles X, signataire des fameuses ordonnances de juillet 1830, né à Toulouse, en 1786, se fit remarquer en 1815, lors des cent jours, par l'ardeur de son zèle monarchique. Successeur de Villèle, comme maire de Toulouse, il fut nommé député en 1827, et lors de la formation du cabinet Polignac, obtint le portefeuille de l'instruction publique, que trois mois après, par suite de la démission de Labourdonnaye, il échangea contre celui de l'intérieur. Le 19 mai 1830, il quitta le ministère de l'intérieur pour prendre celui des finances. C'est en cette qualité que sa signature figure au bas des fatales ordonnances. Pendant la lutte qui s'ensuivit, M. de Montbel ne faiblit pas un seul instant et repoussa jusqu'au dernier moment toute idée d'accommodement et de transaction. C'est lui qu'à Rambouillet Charles X chargea de rédiger l'ordonnance portant nomination du duc d'Orléans aux fonctions de lieutenant général du royaume. Après le triomphe de la révolution, il parvint à gagner la frontière, et se rendit à Vienne. Il fut compris comme contumax dans l'arrêt de la cour des pairs, qui condamna les signataires des ordonnances à la mort civile et à la prison perpétuelle. Acte fut en même temps donné aux commissaires de la chambre des députés des réserves spéciales faites pour le recouvrement sur ses biens d'une somme de 421,000 francs, illégalement ordonnancée par lui le 28 juillet, au plus fort de la lutte, pour être distribuée à la troupe et l'encourager dans sa résistance à l'insurrection.

MONTBÉLIARD, chef-lieu d'arrondissement dans le département du Doubs, sur la Halle et la Luzine, et sur le canal du Rhône au Rhin, avec 6,144 habitants, un tribunal civil, une église consistoriale luthérienne, un collège, une bibliothèque publique de 9,000 volumes et 200 manuscrits, 4 typographies, des filatures mécaniques de coton, des fabriques de bonneterie de laine, soie et filoselle, des teintureries, des tanneries, des chamoiseries. La fabrication des ressorts de montre et de pendules et autres articles d'horlogerie est sa branche d'industrie la plus importante avec la fabrication d'instruments aratoires. Le commerce consiste en vins, vinaigres, eaux-de-vie, grains et farines, fromages, cuirs dits de Montbéliard, planches de sapin et de chêne, bois de construction et pour la marine, bois merrain.

Montbéliard est assez bien bâti et dominé par un vieux château sur une hauteur escarpée qu'habitaient autrefois ses comtes, et qui sert aujourd'hui de prison. En fait de monuments nous citerons l'hôtel de ville, la bibliothèque, le bâtiment des halles, l'église Saint-Martin, remarquable par la hardiesse de sa voûte, enfin la statue de Cuvier, qui orne une de ses places.

Montbéliard était dans l'origine un comté appartenant aux ducs de Bourgogne. Il passa plus tard, en 1419, à une des branches de la maison de Wurtemberg. Ce n'était alors qu'une ville d'une très-petite importance. En 1530, devenue protestante, elle acquit un haut degré de prospérité, à cause du grand nombre de calvinistes qui vinrent s'y établir, et y apportèrent leur industrie. Sa position favorable, entre l'Alsace, la Franche-Comté et la Suisse, facilita aussi beaucoup l'accroissement de son commerce. Elle perdit néanmoins une partie de cet éclat lorsqu'elle passa sous la domination française, et vit ses hautes murailles rasées par Louis XIV, en 1677. Rendue à l'Empire par la paix de Ryswick, elle fut reprise en 1792 par les Français, à qui la paix de Lunéville en assura la possession.

MONT-BLANC, le colosse des Alpes, le géant des montagnes de l'Europe, haut de 4,905 et, suivant d'autres, de 4,920 mètres au-dessus du niveau de la mer, avec ses trois pics couverts de neiges éternelles, desquels descendent seize glaciers, plus ou moins grands, vers le nord et vingt vers le sud, fait partie des Alpes Grecques. Situé en Savoie, il est borné à l'ouest par les vallées de *Chamouny* et de *Montjoie*, la première au nord et la seconde au sud, et les vallées *Ferret* et de l'*Allée Blanche*, qui se prolongent dans le val d'Entrèves. Ses eaux vont rejoindre d'un côté l'Arve et par suite le Rhône, et de l'autre la Dore-Baltée et par suite le Pô. Son pic extrême, couvert d'une épaisse croûte de neige et d'où l'œil découvre trois cents cinquante glaciers, est une étroite crête appelée la *Bosse du Dromadaire*, longue de 50 mètres, large de 18, et taillée à pic au nord, mais un peu moins escarpée au sud. Depuis 1760, que de Saussure a fondé un prix à l'effet de trouver un chemin conduisant au sommet du Mont-Blanc, il a été gravi à diverses reprises et tout récemment encore par des femmes intrépides, une habitante de la vallée de Chamouny et une demoiselle D'Angeville, du département de l'Ain. On s'accorde à dire que le premier qui y parvint fut le docteur Pacard, de Chamouny (8 août 1786); mais son guide Jacques Balmat, avait déjà trouvé le sentier dès le mois de juin précédent, et atteint le point extrême. Saussure, guidé par Balmat, y parvint aussi le 3 août 1787. Il partit de Chamouny à sept heures du matin, le 1er août 1787, avec son domestique et dix-huit guides chargés d'instruments de physique, d'une tente, d'un lit, d'échelles de cordes, de perches, de vivres, de paille, etc. La caravane arriva à deux heures à la Montagne de la Côte, où elle passa la nuit. Le lendemain, elle traversa d'abord le glacier de la Côte, dont les énormes fentes présentaient de grands obstacles à vaincre; ensuite les neiges qui s'étendent jusqu'au dôme du Gouté. Les rocs étaient plus escarpés et les glaciers plus remplis de crevasses. A quatre heures, on s'arrêta à une hauteur de 3,990 mètres au-dessus du niveau de la mer. Après avoir passé la nuit dans la tente, les voyageurs se remirent en route le lendemain, à sept heures. La pente était si rapide et la neige si dure, que ceux qui marchaient en avant étaient obligés de se servir de la hache pour y tailler des espèces de marches. A huit heures, tout Chamouny vit la caravane avancer vers les dernières hauteurs; lorsqu'elle eut atteint le sommet, vers les onze heures, on mit en branle toutes les cloches du village. Mme de

Saussure suivait de Chamouny, avec un télescope, tous les pas du naturaliste. Les voyageurs mirent deux heures à franchir la dernière rampe, qui cependant n'est ni longue ni escarpée ; mais l'excessive raréfaction de l'air épuisait si promptement leurs forces qu'au bout de dix ou quinze pas ils étaient obligés de s'arrêter pour reprendre haleine et se reposer. Saussure passa cinq heures dans sa tente sur le sommet de la montagne. La couleur du ciel était d'un bleu très-foncé, et à l'ombre on voyait les étoiles. A midi le thermomètre exposé *au soleil* marquait 2 degrés 3/10es au-dessous de zéro, tandis qu'à Genève il était à 22 degrés au-dessus. A trois heures, toute la caravane descendit à 400 mètres au-dessous de la cime, et passa la nuit dans ce lieu. Le 5 août, elle arriva heureusement à Chamouny. Aujourd'hui une ascension au mont Blanc est une affaire de cinquante à soixante heures. C'est une distraction que se passent volontiers les *gentlemen* touristes.

De même que Chamouny à l'ouest, le grand village piémontais *Courmayeur*, à 1,250 mètres au-dessus du niveau de la mer, est la localité habitée la plus importante qu'on rencontre à l'est du Mont-Blanc. Célèbre par ses eaux thermales et acidulées, il est situé au milieu de prairies et de groupes d'arbres magnifiques, et tout entouré d'effroyables montagnes de glace et de neige. Au sud, on trouve le *Pic Saint-Didier*, avec une source marquant 27° R. Tout près de là, à l'ouest, s'élève le mont *Cramont*, haut de 2,817 mètres, d'où l'on découvre le versant est du Mont Blanc.

Du reste, on découvre le Mont-Blanc de Lyon, de Dijon et même de Langres, c'est-à-dire en ligne directe à une distance d'environ cinquante myriamètres.

Au temps du premier empire on comprenait sous la dénomination de *département du Mont-Blanc* la plus grande partie de la Savoie, avec Chambéry pour chef-lieu.

MONTBRISON, chef-lieu d'arrondissement du département de la Loire, sur le Vizezi, avec 8,047 habitants, un tribunal civil, une école normale primaire départementale, une bibliothèque publique de 1,500 volumes, une société d'agriculture et de commerce, deux typographies. C'est une station du chemin de fer de Roanne à Lyon (à Montrond). Cette ville est mal bâtie, le plus grand nombre de ses rues sont mal percées et étroites; cependant, elle s'est beaucoup améliorée depuis vingt ans. L'hôtel de la sous-préfecture est vaste ; le palais de justice, établi dans l'ancien couvent de Sainte-Marie, ne manque pas d'élégance. L'église Notre-Dame est sans contredit le plus beau monument de la ville. Elle est entourée d'un cloître qui laisse le bâtiment entièrement isolé. Le portail est d'un travail très-délicat, mais la façade est restée inachevée, ainsi qu'une des tours, qui ne dépasse pas le cordon régnant au niveau du faîte. On voit dans l'intérieur le tombeau du comte de Forez Guy IV, son fondateur. La tannerie est la seule branche de commerce en activité. Le peuple y est laboureur et vigneron. Le territoire produit de bon grain et de bon fourrage, mais le vin y est de qualité très-inférieure. Il y a aussi dans la ville une fontaine d'eau minérale.

Montbrison fut fondé au douzième siècle, au pied d'un château fort, bâti par les Romains, où résidaient les comtes du Forez. En 1223, le comte Guy IV affranchit les habitants de Montbrison. Un siècle après, la ville fut brûlée par les Anglais. A la suite de ce désastre, Marie de Berry, duchesse de Bourbonnais et comtesse du Forez, lui octroya une charte de clôture. Ces murailles, dont il n'existe aujourd'hui que quelques restes, étaient fort élevées et flanquées de quarante-six grosses tours voûtées et à deux étages, distantes les unes des autres d'environ cinquante pas. Après la trahison du connétable de Bourbon, Montbrison fit retour à la couronne de France. Pendant les guerres de religion elle souffrit tous les maux imaginables. Des Adrets la mit à sac. Plus tard Nemours s'en empara sous la Ligue, et son château fut rasé par Henri IV. En 1754 Mandrin prit Montbrison, et n'y commit aucun dégât, se contentant de la caisse du receveur de la gabelle, chez lequel il s'invita à souper. Jusqu'en 1855, Montbrison avait été le chef-lieu du département de la Loire.

MONTCALM DE SAINT-VÉRAN (LOUIS-JOSEPH, marquis DE), né au château de Candiac, près de Nîmes, en 1712, fut nommé maréchal de camp en 1756, et appelé à ce titre au commandement des forces chargées de la défense de nos colonies dans l'Amérique du Nord. Après des avantages signalés remportés sur les généraux anglais, malgré l'absence de tout secours de la mère patrie et la disproportion numérique des troupes qu'il avait à opposer à l'ennemi, il fut forcé d'accepter un combat inégal, en 1759, le 8 septembre, sous les murs de Québec. Mortellement blessé au commencement de l'action, il mourut des suites de cette blessure.

Paul-Joseph DE MONTCALM, issu de la même famille et né dans le Rouergue, en 1759, fit la guerre d'Amérique sous les ordres de Suffren et de d'Estaing, avec le grade de capitaine. Membre de l'assemblée des états généraux en 1789, il mourut en 1812, dans le Piémont, où il s'était retiré dès 1791.

MONT-CARMEL (Ordre militaire de Notre-Dame du), institué et réuni à l'ordre de Saint-Lazare par Henri IV, en 1608.

MONT-CASSEL. *Voyez* CASSEL.
MONT-CASSIN. *Voyez* CASSIN.
MONT-CENIS. *Voyez* CENIS.
MONTCONTOUR. *Voyez* MONCONTOUR.

MONT-DE-MARSAN, chef-lieu du département des Landes. Il est bâti au confluent de la Douze et de la Midou, qui forment la rivière navigable de Midouze. Les belles avenues qui y conduisent, le joli pont qui traverse la Midou, ses rues droites, ses maisons propres et ses édifices font de Mont-de-Marsan une ville très-agréable. On y remarque l'hôtel de la préfecture, le palais de justice, le marché et la prison, l'hospice et la caserne. Elle possède en outre un collége, une bibliothèque publique de 12,000 volumes, un tribunal civil, une société d'agriculture, une salle de spectacle, une pépinière départementale servant de promenade publique, une autre promenade, dite le *Jardin de la Vignotta*, et un établissement d'eaux minérales alimenté par deux sources ferrugineuses froides. Sa population est de 4,655 habitants. Autour des murs, le sol, travaillé avec soin, s'est couvert de cultures, d'arbres, de jardins, de vignobles, qui ont fait de sables incultes une oasis où l'on retrouve la fraîcheur, l'agrément des campagnes les plus favorisées, et souvent presque un paysage. Mont-de-Marsan possède des distilleries de matières résineuses et des fabriques de drap commun ; son commerce principal consiste dans l'expédition à Bayonne des vins et eaux-de-vie de l'Armagnac. Cette ville doit son nom et sa fondation à un comte de Marsan, qui la fit bâtir, en 1140. Elle fut prise et pillée en 1560, par Montgommery, chef des protestants. C'était la capitale du petit pays de Marsan, qui faisait partie du patrimoine d'Henri IV.

OSCAR MAC CARTHY.

MONT-DE-PIÉTÉ, maison privilégiée de prêt sur nantissement, que l'administration française range au nombre des établissements de bienfaisance. Ceux-là seuls, pourtant, méritent ce nom qui prêtent gratuitement aux pauvres, et c'est le très-petit nombre. La plupart, n'ayant point de capital qui leur appartienne en propre, le demandent à l'emprunt ; et les intérêts qu'ils doivent servir à leurs actionnaires non-seulement interdisent tout acte de bienfaisance, mais encore portent à un taux exagéré les droits exigés des emprunteurs. Les monts-de-piété sont utiles aux travailleurs : nul doute ne peut s'élever à cet égard ; mais ils favorisent aussi les vols en servant trop souvent de lieux de recel.

En France les monts-de-piété ont pour ressources : 1° les réserves et les sommes disponibles des administrations de secours publics; 2° les cautionnements des employés de l'administration ; 3° les sommes fournies par quelques actionnaires particuliers ; 4° les emprunts qu'ils sont autorisés à contracter sur leurs billets au porteur à un an de date, à un taux qui varie suivant le cours de l'agio.

Les bénéfices des monts-de-piété sont employés par quelques-uns d'entre eux à former ou à accroître leur capital de dotation; d'autres, qui procèdent des établissements hospitaliers, versent leurs excédants de recette dans la caisse des hospices ou autres établissements de bienfaisance lorsque les frais généraux sont couverts et que l'intérêt a pu être abaissé au taux légal de 5 pour 100. Telle est la disposition de la loi du 24 juin 1851, espèce de compromis avec cette réforme généralement demandée : la formation d'une dotation pour chaque mont-de-piété, par la retenue des bénéfices, et la séparation complète de leurs intérêts d'avec ceux des hospices.

Le Mont-de-Piété de Paris se compose d'une maison principale, située rue des Blancs-Manteaux et rue de Paradis, d'une succursale rue Bonaparte, et de bureaux auxiliaires rue de la Pépinière et de la Montagne-Sainte-Geneviève. Dix-neuf commissionnaires, nommés par l'administration, sont en outre installés dans les différents quartiers de la ville, pour faciliter toutes les opérations; mais leur entremise n'est pas obligatoire. Douze appréciateurs, solidairement responsables, sont chargés d'estimer la valeur des objets portés à l'engagement. L'engagement est fait pour un an. Les droits à percevoir par le Mont-de-Piété sont fixés à 3/4 pour 100 par mois. Ils sont dus par quinzaines, la quinzaine commencée se paye en entier, et se compte à partir de la date de l'engagement. Le premier mois se paye toujours en entier. Il est dû encore un droit fixe de prisée de 1/2 pour 100 sur le montant du prêt. Le Mont-de-Piété prête depuis la somme de trois francs jusqu'à une somme illimitée. Sur les objets mis en gage il n'avance que 2/3 de la valeur d'estimation pour les objets mobiliers, les 4/5 pour les matières d'or et d'argent. Il délivre à l'emprunteur une *reconnaissance* de l'objet mis en gage. Cette reconnaissance est faite au porteur. L'objet mis en gage doit être, au bout d'un an, dégagé ou *renouvelé*; faute de ce faire, il peut être vendu dans le courant du treizième mois. Le renouvellement est un nouvel engagement pour un an, qui donne lieu aux mêmes droits. Le dégagement et le renouvellement ne peuvent se demander qu'en rapportant la reconnaissance. Certains objets ne se renouvellent pas. Le *boni* est la plus-value produite par la vente; il appartient au dépositaire du nantissement vendu, qui a le droit de le réclamer pendant trois ans. Ce délai expiré, le *boni* qui n'a pas été revendiqué fait retour aux hôpitaux. A l'effet de donner à l'emprunteur plus de facilités pour le retrait de son gage, on lui a permis de s'acquitter à sa convenance par des remboursements successifs, dont le moindre peut être d'un franc.

Une réforme dans l'organisation du Mont-de-Piété de Paris impérieusement réclamée par l'opinion publique, c'est la suppression des commissionnaires, qui reçoivent annuellement une somme de plus de cinq cent mille francs, tribut prélevé sur les classes nécessiteuses.

Ces commissionnaires, comme on sait, sont nommés par l'administration sur la présentation de leurs cédants; ce qui constitue une charge. Ils fournissent un cautionnement dont ils reçoivent l'intérêt. Ils opèrent à leurs risques et périls. Ils reçoivent les gages, en donnent un récépissé provisoire, font une appréciation qui n'est pas obligatoire pour l'administration, et se mettent en avance de leurs propres deniers. Ils sont tenus ensuite de porter le jour même les gages au Mont-de-Piété, où l'engagement définitif a lieu, après une appréciation régulièrement faite par les appréciateurs. La rétribution des commissionnaires est fixée à 2 pour 100 sur les engagements et 1 pour 100 sur les dégagements. Les quatre cinquièmes des engagements ont lieu par l'entremise des commissionnaires, parce que l'emprunteur croit y trouver plus de facilités.

La vente des reconnaissances, au moyen de laquelle le déposant a une facilité très-grande de se procurer, postérieurement à l'engagement, une partie plus ou moins forte de la plus-value constatée par son titre, est une chose sans doute regrettable, mais contre laquelle la loi doit rester impuissante, puisque la transmission par voie de vente de tout objet mobilier est parfaitement licite. La loi du 24 juin 1851 s'est efforcée de prévenir ces ventes de reconnaissances, ordinairement provoquées par des cas d'urgent besoin. Une de ses dispositions porte : « Tout dépositaire, après un délai de trois mois à partir du jour du dépôt, pourra requérir, aux époques des ventes fixées par les règlements des monts-de-piété, la vente de son nantissement, avant même le terme fixé sur la reconnaissance. » Il est permis de douter qu'on ait obtenu des résultats satisfaisants de cet article de la loi. En effet, la vente des reconnaissances a pour cause le besoin immédiat d'argent, et cet article ne supprime pas les lenteurs de la vente administrative.

On croit généralement que l'origine des monts-de-piété remonte à la fin du moyen âge et qu'ils ont pris naissance en Italie. L'Église ayant pendant longtemps condamné le prêt à intérêt, l'usure des juifs et des Lombards avait produit des maux immenses dans toute l'Europe. Un religieux de l'ordre des Frères mineurs, le P. Barnabé de Terni, prêchant à Pérouse, traça un tableau si attendrissant des misères et des souffrances dont il avait été le témoin, qu'émus de compassion, les plus riches d'entre ses auditeurs se réunirent pour former un fonds commun destiné à faire aux pauvres de la ville des prêts gratuits. La banque de prêt qu'ils fondèrent ne dut exiger des emprunteurs que le remboursement de ses frais de service. Dans la plupart des États de l'Italie, on imita cet exemple, et des monts-de-piété y fonctionnaient dès l'année 1464, qui prêtaient à 5 et 6 pour 100. Cependant, Reiffenstuel, auteur bavarois, fait remonter cette institution à une époque bien antérieure et cite la banque de charité qui avait été fondée au douzième siècle à Freisingen, en Bavière, sous la direction d'une association charitable, confirmée par Innocent III.

L'introducteur des monts-de-piété aux Pays-Bas fut Wenceslas Cœberger, peintre, architecte et économiste, au temps de l'archiduc Albert et d'Isabelle. Ils furent importés en France au siècle dernier seulement. L'ouverture du Mont-de-Piété de Paris ne date que du 1er janvier 1778. Les lettres d'autorisation ne font connaître ni l'importance ni l'origine de la dotation de cet établissement; on lit seulement dans la collection des lois et arrêtés de l'époque, que le 7 août 1778 et le 25 mars 1779 le Mont-de-Piété de Paris fut autorisé à faire un emprunt sur l'hypothèque des droits et revenus de l'Hôpital Général, qui ne laisse supposer que cet hôpital coopéra à sa fondation, s'il n'y pourvut pas entièrement.

La révolution abolit le privilège des monts-de-piété, et cette industrie fut libre pendant quelques années. Mais les excès des spéculateurs éhontés qui l'exercèrent dans cette période anarchique firent rétablir l'ancien mode d'administration par la loi du 16 pluviôse an XII. Celui de Paris fut réorganisé par un décret du 24 messidor de la même année. Cet état de choses subsista jusqu'à l'ordonnance du roi du 12 janvier 1831, qui remplaça un récépissé par un conseil d'administration présidé par le préfet de la Seine, et soumit la comptabilité du Mont-de-Piété à la cour des comptes.

Depuis cette époque, la loi du 24 juin 1851 et un décret du président de la république du 27 mars suivant ont modifié son organisation et créé un conseil de surveillance.

Son budget en l'année 1855 se balançait en recettes et en dépenses par une somme de 39,784,000 francs. Les droits perçus par le Mont-de-Piété figuraient pour 1,362,500 francs; le droit de prisée s'élevait à 117,500 francs, savoir 85,000 francs sur 17 millions, montant des dégagements effectifs, et 32,500 francs sur 6,500,000 francs, montant des renouvellements. Enfin, la caisse d'à-comptes figurait pour une somme de 250,000 francs; 925,000 francs représentaient les intérêts de fonds empruntés sur bons à ordre ou au porteur. En effet, une ordonnance ministérielle du 25 février 1854 ayant fixé à 4 1/2 pour 100 le taux des emprunts du Mont-de-Piété, avec autorisation d'élever ce taux à 5 pour 100, si la réserve déposée au Trésor venait à descendre au-dessous de 1,200,000 francs, l'administration se trouva, le 27 mars suivant, dans la nécessité d'user de cette autorisation. Enfin, le montant des prêts à effectuer par engagements et renouvellements ayant été calculé sur une somme de 25 millions, le droit de prisée des commissaires priseurs, fixé à 1/2 pour 100, figurait au budget pour 125,000 francs. Balance faite entre les recettes et les dépenses, il y avait pour 1855 un bénéfice évalué à 50,845 francs 77 centimes.

D'après le rapport au ministre publié en 1850 par M. de Watteville, on voit que le nombre des monts-de-piété en France était de quarante-cinq. Celui de Paris faisait à lui seul plus d'affaires que tous les autres ensemble. Après lui venaient ceux de Lille, de Marseille, de Lyon. Il y a vingt-deux monts-de-piété en Belgique ; cent-huit en Hollande, indépendamment des banques de petits prêts où l'engagement est fait pour quelques semaines, et où le prêt descend souvent jusqu'à 30 centimes. L'intérêt en est exorbitant, 50 à 60 pour 100. En Angleterre la loi a réglementé le tarif des *Pawn-brokers*, qui, du reste, sont des établissements libres et privés. L'intérêt dépasse 20 pour 100 par an.

W.-A. DUCKETT.

MONTDIDIER. *Voyez* SOMME.

MONT-D'OR. Le Mont-d'Or (qu'il faudrait écrire *Mont-Dore*, pour se conformer à l'étymologie du mot *ore*, *dor*, *dur*, *udor*, qui se retrouve dans beaucoup d'idiomes, comme l'équivalent d'*aqua*) est situé dans le département du Puy-de-Dôme en Auvergne, à 35 kilomètres de Clermont-Ferrand, à 457 de Paris. La source de la Dordogne est au bas du petit village du Mont-d'Or, où les neiges se conservent durant sept mois de l'année. Il est peu de contrées où les orages soient aussi réitérés que dans ce village, dont l'élévation au-dessus de la mer est de 1,133 mètres, ou plus de 133 mètres au-dessus du bourg de Cauterets dans les Pyrénées. Toutefois, ces orages sont peu dangereux, en raison de cette multitude de pics élevés, qui y font l'office de paratonnerres. C'est un lieu aussi curieux pour les naturalistes qu'il est efficace pour les malades.

Il existe au Mont-d'Or sept sources citées : 1° la source de César ou de la Grotte (41°,25 centig.); 2° la source Caroline (45°,6); 3° le Grand-Bain, source du Pavillon ou de Saint-Jean (41°) ; 4° la source Ramond (41°) ; 5° la source Rigny (41°) ; 6° la Madeleine (42°,50) ; 7° la Sainte-Marguerite (12°, 50). De ces différentes sources jaillissent des eaux limpides, incolores et inodores; et à l'exception de la dernière source, dont l'eau a une saveur aigrelette, toutes ont un léger goût alcalin ou de lessive; toutes aussi sont bouillonnantes et bulleuses, à cause du gaz carbonique qui s'en échappe, particulièrement lorsqu'il fait orage. Il se dégage alors une si grande abondance de ce gaz, surtout à la source César ou de la Grotte, qu'on interdit l'entrée de ces bains lorsque l'atmosphère est fortement électrique, dans la crainte fort légitime d'une asphyxie mortelle, accident terrible, qui n'est pas sans exemple au Mont-d'Or. Toutes les sources réunies fournissent assez d'eau pour qu'on puisse administrer plusieurs centaines de bains par jour. L'établissement thermal est très-remarquable. Voici de quels principes le docteur Bertrand a constaté l'existence dans les eaux du Mont-d'Or : acide carbonique (par litre ou 1000 gr.) 0 gr.,133 ; carbonate de soude, 0 gr.,409 ; muriate de soude, 0 gr.,300 ; sulfate de soude, 0 gr.,102, indépendamment de quelques traces de silice, d'alumine et de fer, et outre de faibles quantités de carbonate de chaux et de magnésie; mais il y a été trouvé dans ces derniers temps, d'abord par M. A. Chevallier, et plus tard par M. Thénard, une certaine quantité d'arsenic, auquel on n'a pas manqué d'attribuer des propriétés jusque alors inexpliquées.

Les eaux du Mont-d'Or portent à la peau, remuent le cœur, augmentent et accélèrent les sécrétions, ravivent d'anciennes éruptions ou en suscitent de nouvelles ; et c'est ainsi qu'elles ont plus d'une fois divulgué l'existence d'affections vénériennes dont les malades se croyaient guéris, ou que le médecin ne soupçonnait pas. On en prescrit l'usage dans les maladies chroniques de l'estomac, dans les anciens rhumatismes, et aussi dans les maladies de poitrine commençantes, particulièrement lorsqu'il y a un peu d'oppression sans pléthore. La source de la Madeleine est spécialement affectée à ce dernier usage. M. Bertrand, aux études et aux soins duquel ces eaux ont dû leur vogue, les conseille dans d'anciens catarrhes, dans la pneumonie chronique, dans quelques crachements de sang qui se joignent à de la faiblesse, dans quelques phthisies sans fièvre ni maigreur, principalement s'il y a pâleur de la face et laxité des tissus; enfin, il les a vues réussir dans des ascites essentielles ou sans lésions organiques, et quelquefois même dans des anévrismes du cœur; mais il a soin d'ajouter que de pareilles cures, quant aux maladies du cœur, sont aussi exceptionnelles qu'inespérées. Pour ce qui est des phthisies pulmonaires, le Mont-d'Or n'en guérit que d'apparentes, sans réalité; mais il en est autrement de quelques névroses de la poitrine.

Ces eaux ne conviennent ni aux scrofuleux ni aux goutteux, et elles seraient presque toujours funestes aux personnes atteintes d'anévrismes, aux phthisiques très-avancés, de même qu'aux individus qui auraient déjà éprouvé des attaques d'apoplexie. Les personnes très-sanguines doivent s'interdire les eaux du Mont-d'Or.

Le premier effet de ces eaux est d'accélérer le pouls excessivement, de causer une oppression allant quelquefois jusqu'à l'anxiété, une grande ardeur et beaucoup d'agitation. Je parle surtout ici des bains pris au Pavillon. Durant de pareils bains, on voit promptement augmenter les douleurs provenant d'une affection vénérienne, ou d'une carie, soit des os, soit des dents. Au contraire, les douleurs rhumatismales se trouvent alors calmées comme par enchantement, et presques assoupies. Ce prompt effet des eaux du Mont-d'Or, les vieillards et les phthisiques sont ceux qui en sont le moins gênés et le moins calmés : chez eux, les effets bons ou mauvais sont moins manifestes. Presque toujours, les eaux du Mont-d'Or augmentent les sueurs et les crachats; mais elles diminuent la quantité des urines et rendent le ventre paresseux : or, voilà précisément ce qui doit faire douter de la durée du bien-être que ces bains puissants procurent d'abord. En général, on doit se défier des remèdes qui contrarient la sécrétion des reins, et qui procèdent par de la fièvre et de la constipation ; car de pareils effets ne peuvent être durables. Les phthisiques qui vont au Mont-d'Or éprouvent quelquefois un dévoiement excessif et subit, pendant lequel l'expectoration diminue, ainsi que la toux : ce n'est là qu'une amélioration insidieuse, et dans de telles conjonctures, il importe d'interrompre sans retard l'usage des eaux : car, ainsi que l'observe le docteur de Brioude, elles abrégeraient les jours du malade avec une rapidité effrayante.

Ces eaux sont employées en bains, en douches, en boisson et même en *bains de pieds* dans le cas de céphalalgie opiniâtre ou d'affection profonde des poumons ou de l'estomac. On n'en boit guère que deux ou trois verres chaque matin; encore a-t-on soin, tant l'action en est vive, de les couper avec quelques breuvages doux, tels que le lait et différentes tisanes. Si l'on usait de ces eaux à doses trop élevées, il pourrait en résulter des gonflements, des maux de tête, une sorte d'ivresse, des dérangements dans les fonctions du ventre et des irritations diverses. Quant aux bains, ils sont tellement excitants, principalement ceux du Pavillon, qu'il serait souvent dangereux d'y séjourner beaucoup plus de quatre à cinq minutes. On a d'ailleurs le soin presque toujours de les tempérer et de les adoucir avec de l'eau moins chaude et moins saturée de principes salins, conditions que remplissent convenablement les eaux de la source Sainte-Marguerite. Quelquefois même on se prépare à l'avance pour prendre de pareils bains : on s'affaiblit, soit en observant une diète végétale, soit en se purgeant ou se faisant saigner. Les femmes doivent interrompre ici l'usage des eaux à l'époque des mois : sinon, il faudrait craindre qu'il ne survint des pertes utérines. Le traitement thermal au Mont-d'Or dure rarement plus de quinze à vingt-cinq jours, et l'effet des eaux ne se manifeste quelquefois qu'après le départ des malades. La saison commence le 15 juin, et finit le 15 octobre.

Le séjour du Mont-d'Or est assez triste ; mais les routes sont belles et les promenades variées, la société polie et nombreuse. On se promène beaucoup au Mont-d'Or, mais constamment d'après l'avis de l'inspecteur, toujours habile à prévoir les variations de l'atmosphère et les orages. La hauteur du baromètre, la direction des vents, mais surtout l'aspect du Capucin (montagne située tout près du Mont-d'Or) lui font connaître quelle sera la journée et quelles vicissitudes éprouvera l'atmosphère ; et lorsqu'il prévoit des brouillards ou des orages, il interdit aux malades toute course aventureuse dans les montagnes, car il sait qu'une averse, aussi bien qu'une humidité brumeuse, pourrait devenir mortelle en des personnes dont la peau a été vivement excitée par l'effet des bains.

On a remarqué que les eaux du Mont-d'Or, bien qu'elles accélèrent sensiblement les battements du cœur et du pouls, paraissent néanmoins ralentir les progrès de la tuberculose des poumons, et qu'elles arrêtent parfois tout à coup l'espèce de crachement de sang qui désigne la présence de ces mêmes tubercules. On a fait la même remarque dans plusieurs établissements des Pyrénées ; et pourtant les eaux, la plupart sulfureuses, de ces dernières contrées different essentiellement des eaux du Mont-d'Or. J'en inférerais volontiers que ce bien-être presque subit des poumons provient d'une autre cause que de l'action des eaux.

On peut transporter les eaux du Mont-d'Or, les conserver et les boire loin de la source ; mais c'est à la condition qu'elles seront renfermées dans des vases hermétiquement bouchés, ne contenant qu'un verre d'eau tout au plus. Avant de les boire, il faut faire chauffer ces petites bouteilles dans un bain-marie, qui devra marquer de 57 à 60° C; ce qui rétablit à son degré naturel la température de l'eau bue loin des sources. On commence par deux flacons les premiers jours ; on porte la dose jusqu'à quatre, pour ensuite redescendre graduellement jusqu'à un seul flacon ; après quoi, passé deux à trois semaines, il faut en cesser entièrement l'usage. Dr Isidore BOURDON.

MONT-D'OR ou **MONT-DORE** (Fromage du). *Voyez* FROMAGE.

MONTEBELLO, bourg de la délégation de Vicence, (royaume Lombardo-Vénitien), avec 3,000 âmes, restera à jamais célèbre par la victoire que le général Lannes y remporta, le 9 juin 1800, sur les Autrichiens, et qui lui valut plus tard le titre de *duc de Montebello*. Une partie de l'armée française avait pris position au delà du Pô, et le reste effectuait le passage de ce fleuve, quand le premier consul apprit la capitulation de Gênes, événement qui mettait à la disposition de l'ennemi des renforts considérables. Bonaparte, sans leur donner le temps de rejoindre le gros de l'armée autrichienne, résolut de les battre en détail ; et comme le général Ott, qui amenait de Gênes le corps le plus considérable, occupait Casteggio, il n'attendit pas pour l'attaquer que tout le reste de l'armée eût effectué le passage, jugeant que les divisions Lannes, Murat et Victor lui suffisaient pour empêcher Ott de pousser plus avant. Après une défense opiniâtre, qui lui coûta 3,000 hommes laissés sur le champ de bataille, 5,000 prisonniers, 6 pièces de canon et plusieurs drapeaux, Ott fut obligé de battre en retraite, et ne put rallier que la moitié de son corps sous les murs de Tortone.

MONTEBELLO (Duc de). *Voyez* LANNES.

MONTECERBOLI, château à moitié en ruines bâti sur une hauteur de la vallée de Cecina, dans la province de Volterra (grand-duché de Toscane), est célèbre par les sources de Bore (appelées *lagoni* ou *fumacchi*), qui se trouvent aux environs. Comme sources médicales, elles sont en grand renom ; et depuis 1830 elles produisent la matière première de l'acide borique. Près des bâtiments de la fabrique se trouvent quatre sources chaudes, d'une température variant entre 24 et 25 degrés Réaumur, et dont on ne tirait autrefois aucun parti. L'acide borique en est la base ; et quelques-unes de ces sources dégagent en même temps du gaz hydrosulfurique. Au point de vue thérapeutique, les sources dont la température est la moins élevée conviennent surtout aux cas de gastralgie chronique, d'anorexie et de faiblesse d'estomac ; les eaux plus chaudes au contraire, qu'on peut prendre en bains, sont particulièrement efficaces pour les rhumatismes, les affections goutteuses, les maladies de la peau, etc. Consultez Raspi, *Communications sur quelques-unes des principales sources médicales de la Toscane* (Vienne, 1851).

MONTE-CHRISTO, petite île située à 42 kilomètres au sud de l'île d'Elbe et dépendant du grand-duché de Toscane. C'est une colossale masse de granit de 28 kilomètres carrés de superficie, aujourd'hui inhabitée et visitée seulement de temps à autre par des pêcheurs. Au moyen âge il y existait un couvent de camaldules, dont l'église subsiste encore. L'intéressant roman d'Alexandre Dumas *Le comte de Monte-Christo* a appelé dans ces derniers temps l'attention sur ce rocher.

MONTECUCULI (RAIMOND, comte DE), prince de l'Empire et duc de Melfi, l'un des généraux les plus distingués que les armées autrichiennes aient vus à leur tête, né dans le pays de Modène, en 1608, entra au service comme volontaire dans l'artillerie autrichienne, sous les ordres de son oncle, le comte *Ernest* de MONTECUCULI : il eut tout aussitôt occasion de se distinguer dans la guerre de trente ans. Parvenu au grade de capitaine, il assista à la bataille de Breitenfeld (7 septembre 1631), où il reçut une blessure grave et fut fait prisonnier dans la retraite. Rendu à la liberté l'année suivante, il reprit du service dans l'armée impériale en qualité de major, et le 17 juillet 1635 la bravoure dont il fit preuve à l'assaut de Kaiserslautern lui valut le grade de colonel. Envoyé en Bohême en 1639 pour disputer le passage de l'Elbe, à Melnick, aux Suédois commandés par Baner, il fut battu et fait encore une fois prisonnier dans la retraite. Il profita des loisirs que lui fit une captivité de plus de deux ans pour baser de nouveaux principes de stratégie sur ses propres expériences. Echangé en 1642, il rejoignit aussitôt l'armée impériale en Silésie, où il battit un corps ennemi à Troppau et où il s'empara de Brieg. Quoique l'empereur l'en eût récompensé par le grade de quartier-maître général, la guerre n'éclata plus tôt en Italie qu'il y accourut offrir ses services au duc de Modène, qui le nomma général de cavalerie et lui accorda le titre de feld-maréchal. Cependant il ne tarda pas à revenir en Autriche, où, en 1644, il fut nommé feld-maréchal-lieutenant et membre du conseil aulique. En 1645 il appuya avec son corps d'armée l'archiduc Léopold dans son expédition contre Ragoczy, prince de Transylvanie ; puis il opéra sur le Rhin contre Turenne. L'année suivante il fit une rude campagne contre les Suédois en Silésie et en Bohême. Avec Jean de Werth il les battit complétement en Silésie, victoire qui lui valut le titre de général de cavalerie. Après la conclusion de la paix de Westphalie, il prit de nouveau, à partir de 1651, part aux délibérations du conseil aulique. En 1653 il alla visiter sa famille à Modène, et eut le malheur d'y tuer d'un coup de lance son ami le comte Mancini, dans un carrousel célébré à l'occasion des noces du duc. Il alla ensuite voyager en Allemagne, et l'année suivante il fut chargé de diverses missions diplomatiques, entre autres pour la Suède. Lorsqu'en 1657 l'empereur envoya un corps d'armée commandé par Hatzfeld au secours du roi de Pologne Jean-Casimir, vivement pressé par Ragoczy et par les Suédois, Montecuculi ne tarda pas à remplacer Hatzfeld dans son commandement, et contraignit Ragoczy à faire la paix avec la Pologne et à se détacher de l'alliance suédoise. Créé feld-maréchal l'année d'après et envoyé au secours des Danois contre les Suédois, il délivra Copenhague du côté de la terre avant que les Hollandais eussent eu le temps d'amener des renforts par mer, puis chassa les Suédois du Jutland et de la Fionie. Après la paix d'Oliva, qui mit fin à cette guerre, il fut nommé gouverneur de Raab; et la même année il alla prendre le commandement de l'armée envoyée par l'empereur dans la Transylvanie, que les Turcs avaient envahie. Il les força à l'évacuer; et par sa sage temporisation il déjoua toutes les entreprises de l'ennemi jusqu'à l'arrivée des Français, commandés par La Feuillade, qui lui aidèrent à remporter, le 10 août 1664, la mémorable victoire du Saint-Gothard. C'est dans cette bataille que l'aveugle impétuosité des Turcs céda pour la première fois à la tactique européenne. A la paix, il fut nommé président du conseil aulique et plus tard appelé à la direction de l'artillerie.

Quand la guerre éclata de nouveau entre la France et la Hollande, guerre à laquelle l'empereur et les États de l'Empire durent prendre part comme alliés des Hollandais, Montecuculi prit en 1672 le commandement en chef de l'armée impériale. Il s'empara de Bonn, déjoua toutes les manœuvres de Turenne, et opéra sa jonction avec le prince d'Orange; résultat qui arrêta la marche victorieuse de Louis XIV. L'année suivante, il est vrai, l'empereur lui ôta son commandement pour le confier à l'électeur de Brandebourg; mais Léopold ayant bientôt compris que Montecuculi était le seul capitaine que l'on pût dignement opposer à Turenne, lui rendit le commandement en 1675, et lui donna l'ordre de se porter sur le Rhin.

Les deux généraux s'observèrent pendant quatre mois, qui furent employés de part et d'autre aux manœuvres les plus habiles et le plus sagement combinées. L'Europe attentive attendait avec anxiété l'issue de cette lutte; les deux armées, épuisées par les marches, manquant de vivres et de fourrage, allaient enfin s'engager : toutes deux se promettaient d'avance la victoire, lorsque Turenne fut tué d'un coup de canon, devant Salzbach, en allant reconnaître l'emplacement d'une batterie qu'il voulait établir (27 juillet). Dans son rapport à l'empereur, Montecuculi s'exprimait au sujet de cette mort dans des termes qui font honneur à l'élévation de ses sentiments.

La perte de Turenne obligea l'armée française à repasser le Rhin. Montecuculi, profitant habilement de cette circonstance, battit les Français dans quelques attaques d'avant-postes; et il allait s'emparer de plusieurs places importantes de l'Alsace, lorsque Condé vint arrêter sa marche et le repousser sur la rive droite du fleuve. « Cette campagne, dit Folard, fut le chef-d'œuvre de Turenne et de Montecuculi; il n'y en a point de si belle dans l'antiquité : il n'y a que les experts dans le métier qui puissent en bien juger. » Elle fut la dernière de Montecuculi. Le grand capitaine, alors âgé de soixante-six ans, alla vivre à la cour de Vienne, comblé d'honneurs et de gloire. Ses années de repos, et particulièrement celles de sa vieillesse, furent consacrées à la culture des lettres et des arts. L'empereur Léopold le nomma, en 1679, *prince de l'Empire*; et à peu de temps de là le roi de Naples lui conféra le titre de *duc de Melfi*. Ayant accompagné l'empereur à Lintz, par suite d'une épidémie, il fut grièvement blessé par la chute d'une poutre, au moment où il entrait à cheval dans le château de cette ville, et mourut des suites de cette blessure, le 16 octobre 1681, à l'âge de soixante-douze ans. Il a laissé des mémoires instructifs et rédigés en latin, sur l'art de la guerre, sur la guerre contre les Turcs et sur la campagne de 1664. On a aussi de lui quelques sonnets en italien ; et on assure qu'il existe encore de lui beaucoup d'ouvrages restés manuscrits.

MONTÉFIASCONE, ville de la délégation de Viterbe, (États de l'Église), et siège d'évêché, est bâtie de la façon la plus pittoresque, près du lac de Bolsena, sur un mamelon isolé. Sa population est de 4,500 âmes.

On désigne, dans le commerce, sous le nom d'*Est*, *est*, *est*, l'excellent vin muscat qu'on recueille aux environs; et voici, dit-on, à quel propos : Jean Fugger, prélat allemand, voyageant en Italie, se faisait précéder par un domestique de confiance, chargé de déguster avant monseigneur les vins qu'on trouvait en route, et de lui désigner, par le mot *est* écrit sur chaque auberge bien pourvue, les endroits où il convenait de faire halte. A Montefiascone, le serviteur intelligent écrivit trois fois de suite, en signe de triple recommandation, le mot convenu : *Est*, *est*, *est*. Jean Fugger, curieux de vérifier ce si laconique mais éloquent éloge était fondé, s'arrêta là, et y but tant, qu'il en mourut sur place. On l'enterra dans l'église de l'endroit, placée sous l'invocation de Saint-Flavien; et son digne serviteur, après lui avoir fait élever un monument qui subsiste encore de nos jours, y fit tracer cette inscription : *Est, est, est, propter nimium est dominus meus mortuus est*.

MONTEIL (Amans-Alexis), savant historien français, naquit en 1769, dans le Rouergue, d'une famille d'origine parlementaire. Dès sa sortie du collège, il entreprit d'écrire une *Histoire des Colléges*, qui ne fut jamais terminée, mais dont on retrouve quelques pages dans le grand travail historique qui fut l'occupation de toute sa vie, l'*Histoire des Français des divers états*, publiée de 1827 à 1845. Pendant les troubles de la révolution, Monteil sacrifia son patrimoine, son temps et ses soins à recueillir chez les épiciers les trésors paléographiques dont ils se trouvaient détenteurs sans le savoir, pour pouvoir, à l'aide de ces matériaux, reconstruire l'histoire de la vieille société, et faire à l'égard de notre vieille France ce que Barthélemy avait fait pour la Grèce dans son *Voyage d'Anacharsis*. Monteil voyagea pendant près de trente ans sans discontinuer, passant à fureter dans les provisions de vieux papiers à la livre la plus grande partie de son temps, toujours bien vu des épiciers, que ses manières simples et gaies charmaient, et qui le plus souvent en échange des dragées qu'il donnait à leurs enfants, lui laissaient emporter, sans même en réclamer de lui le payement, les documents les plus précieux. Dans son *Histoire des divers États*, ouvrage auquel l'Académie décerna un des prix de la fondation Gobert, Monteil a su prêter une apparence de légèreté à des études de la nature la plus ingrate, et dans ce livre l'érudition n'étouffe pas l'originalité. Pauvre et modeste, Monteil habita pendant vingt ans un grenier à Passy; grenier où jamais, par les hivers les plus rigoureux, il n'entra de feu que dans un de ces vases en terre qu'on appelle *gueux*, et le bonhomme plaçait à côté de lui pour y réchauffer ses doigts quand l'onglée arrêtait sa plume. Ce grenier même devint de luxe pour Monteil; il cessa de recevoir de l'Institut le faible prix de ses beaux travaux, et il lui fallut, pour se faire une dernière ressource, vendre ses chers bouquins, qui n'encombraient pas moins de trois pièces. Il se retira alors à Cely, petit village situé entre Melun et Fontainebleau, près de deux neveux, qui chaque jour recueillaient sa dictée, qui l'accompagnaient dans ses courts voyages, et lui rappelaient, chose souvent nécessaire, que les heures des repas et du sommeil avaient sonné. C'est là qu'il s'est éteint, dans les premiers jours de mars 1850.

MONTÉLIMART, chef-lieu d'arrondissement dans le département de la Drôme, sur le Jabran et le Roubion, à 44 kilomètres sud-sud-ouest de Valence, avec 9,862 habitants, un collège, une bibliothèque publique de 3,000 volumes, une typographie, des moulineries et filatures de soie, des fabriques de vannerie, de vermicello, des distilleries, des confiseries produisant surtout un nougat renommé, des tanneries, des corroieries, des mégisseries, une fabrication de maroquins estimés, des pépinières, un commerce de grains, fruits, cire, miel, huile, truffes, soies grèges, ouvrées et en trames, bois de construction, etc. Une station du chemin de fer de Lyon à la Méditerranée. La situation de Montélimart est des plus agréables, sur le penchant d'une colline chargée de vignobles, qui donnent un bon vin rouge d'ordinaire, et environnée de riches prairies, de riants coteaux et de bosquets, où les orangers croissent en pleine terre. Ses rues sont bien percées et renferment un grand nombre de fort jolies maisons. Un boulevard intérieur et extérieur fait tout le tour de la ville.

Cette ville, qui dépendait des *Segalauni* avant l'invasion romaine, est désignée dans les itinéraires romains sous le nom d'*Acunum*. C'était autrefois une place extrêmement fortifiée, et qui est encore entourée dans toute sa circonférence d'une enceinte d'épaisses murailles garnies de tours et dominée par ;l'ancienne citadelle, d'une construction imposante. Au onzième siècle elle portait le nom de *Monteil*, qu'elle changea, en 1198, contre celui de *Monteil-Adhémar*, du nom d'un seigneur qui en affranchit les habitants. Clément VII en acquit la souveraineté en 1383; mais elle fut réunie à la couronne de France en 1446. Cependant, la suzeraineté limitée en fut donnée successivement aux Borgia, à Diane de Poitiers et aux princes de Monaco avec le duché de V a l e n t i n o i s, dont elle était une des villes principales. Elle fut prise en 1567 par les huguenots; mais elle ne tarda pas à être reprise par les catholiques, sous les ordres de Bertrand de Simiane, seigneur de Gardes. Elle fut aussi plus tard assiégée par l'amiral Coligny; mais elle opposa à ses efforts la résistance la plus opiniâtre.

MONTEMAYOR (JORGE DE), célèbre poète portugais, né vers 1520, à Montemayor ou Montemor, dont il prit le nom, reçut une éducation très-négligée, et entra de bonne heure au service, quoique ses goûts l'entraînassent vers la musique et la poésie. Plus tard, il se rendit en Castille, et, faute d'autres ressources, s'engagea comme chantenr dans la chapelle royale. Il accompagna Philippe II dans ses voyages en Allemagne, en Italie et dans les Pays-Bas, et la remarquable facilité avec laquelle il apprenait les langues étrangères suppléa à ce que son éducation première avait eu de défectueux. Plus tard, la reine Catherine, épouse de Jean III de Portugal, et sœur de l'empereur Charles-Quint, l'appela à sa cour. Il mourut vers 1562. C'est lui qui, dans le célèbre roman intitulé *Diana* (dernière édition, Madrid, 1802), qu'il laissa inachevé, créa le roman pastoral des Espagnols. De toutes les continuations qu'on en a essayées, celle de G i l P o l o est la meilleure. On a aussi de lui, sous le titre de *Cancionero*, un recueil de poésies et une traduction des œuvres du troubadour Ausias March (Saragosse, 1562).

MONTEMOLIN (Comte de). C'est le titre qu'a pris, comme prétendant au trône d'Espagne, forcé de garder l'*incognito* par des circonstances majeures, le fils aîné de don Carlos, son père, par un acte d'abdication formelle, lui ayant cédé sa couronne, en 1844, les partisans de la royauté *légitime* d'Espagne ne sont plus désignés sous le nom de *carlistes*, mais sous celui de *Montemolinistes*.

MONTENDRE (Combat de). Au commencement de 1402, Jean de Herpedenne, seigneur de Belleville et de Montagu, en Poitou, sénéchal de Saintonge, fit savoir à la cour du roi, à Paris, que sept chevaliers d'Angleterre, ayant le désir de faire armes pour l'amour de leurs dames, portaient défi aux chevaliers de France. Les Anglais trouvèrent bientôt des adversaires : sept chevaliers, appartenant tous à la maison de Louis duc d'Orléans, alors régent du royaume, obtinrent la permission de répondre à ce défi. Un héraut fut chargé de faire savoir aux Anglais que Montendre, près Bordeaux, serait le lieu du combat; que ce combat serait à outrance, mais que le vaincu pourrait racheter sa vie, en donnant un diamant pour toute rançon. Les chevaliers anglais étaient le seigneur de Scales, Aymont Cloiet, Jean Fleury, Thomas Trays, Robert de Scales, Jean Héron et Richard Witevale ; les chevaliers français : B a r b a z a n, Guillaume Bataille, du Chastel, de la Champagne, Ivon de Carouis et Archambaut de Villars. Ces derniers furent les vainqueurs. Christine de Pisan composa plusieurs ballades en leur honneur. Jean Juvénal des Ursins et le moine de Saint-Denys nous ont conservé, dans leurs chroniques, tous les détails de cette fameuse rencontre.

LEROUX DE LINCY.

MONTENEGRO (ce qui veut dire en Italien *Montagne noire*), chez les Turcs *Kara-Dagh*, chez les Albanais *Mal-Iris* ou *Mal-Esija*, chez les indigènes slaves *Zrnagora* ou *Tschernagora*. C'est le nom d'un district de Turquie, indépendant depuis longtemps, qui constitue de nos jours une principauté particulière, placée sous la protection de la Russie, et qui, située entre l'extrémité méridionale de la Dalmatie autrichienne à l'ouest, l'Herzégovine au nord, l'extrémité méridionale de la Bosnie à l'est et l'Albanie au sud, comprend une contrée montagneuse de 55 à 60 myriamètres carrés, avec les vallées de la Moratscha supérieure, qui se jette dans le lac de Scutari, et celles de ses affluents. Entourée au nord (où le *Dormitor* atteint 2,566 mètres d'élévation) et au sud par d'inaccessibles chaînes de montagnes transversales, à l'est par le mont Kom, dont le point culminant, le *Koutsch-Kom*, a 2,500 mètres de hauteur, et par d'autres ramifications des Alpes Dinariques, cette contrée confine à l'ouest à la mer Adriatique, où elle présente une côte à pic et d'un accès difficile, quoique peu étendue, mais dont elle est politiquement séparée ; et, semblable à un bastion élevé et d'un accès difficile, la chauve plateau que sépare le rampart Monténégrin du rebord montagneux des montagnes de la Dalmatie de la suite de terrasses dont se compose l'Albanie. Le Montenegro tire son nom, à ce qu'on prétend, de ses sombres forêts ; cependant, les épaisses forêts ne sont pas précisément ce qui caractérise ce pays, aujourd'hui du moins, quoiqu'on y rencontre, surtout au sud et à l'est, beaucoup de forêts de chênes, de hêtres, de pins sauvages, de noyers et de sumacs. Tout au contraire, les hautes côtes et les plateaux de la montagne calcaire, déchirés partout par de sauvages fondrières et couverts de blocs de rocher, présentent un aspect généralement désolé. Le Montenegro est en outre pauvrement arrosé. La Moratscha prend sa source à l'extrémité septentrionale du pays, dans les flancs du Dormitor, coule à travers la partie orientale, entre ensuite en Albanie, dépasse *Podgorizza*, et va se jeter, à *Zabljak* ou *Schabljak*, dans le beau et poissonneux lac de Scutari. Quelques myriamètres avant son embouchure, elle reçoit à droite la Seta ou Zetta, qui prend sa source dans l'Herzégovine, disparait sous terre près des frontières, puis coule de nouveau au sud, en séparant la partie occidentale de l'accessible partie orientale, c'est-à-dire le Montenegro proprement dit, de la Berda, et atteint à Spush le territoire albanais. Divers affluents de la Moratscha et d'autres cours d'eau venant se jeter dans le lac de Scutari, outre leur extrême richesse en truites et autres poissons, ont encore une importance toute particulière, à cause de la fertilité des vallées qu'ils arrosent.

En raison de la constitution de son sol, le Montenegro n'est fertile que dans ses vallées, qui, comme celles de la Moratscha et de la Zeta, sont à bien dire, avec la contrée riveraine du lac de Scutari, les greniers de ce pays. L'agriculture, qui pourtant est encore fort arriérée, la culture de la vigne et la pêche dans le lac de Scutari sont les principales ressources de la population, qui cultive le maïs, le seigle, l'orge et l'avoine, les pommes de terre, beaucoup de tabac, diverses espèces de choux, beaucoup d'oignons et d'aulx, et qui récolte aussi un peu de fruits, de même que des olives et des figues, et élève des mulets, des moutons, des chèvres, des porcs, mais peu de gros bétail. La chasse donne beaucoup de gibier. Le défaut de sentiers tracés dans les montagnes, de routes de terre et de voies fluviales de communication est un obstacle aux progrès du commerce. Les produits monténégrins qu'on voit exposés en vente dans les bazars du pays, de même qu'à Cattaro, sont les peaux, la laine, le gibier, les poissons salés et fumés, la viande de chevreau et d'agneau desséchée, la viande de porc, la poix, etc.

Le Montenegro est moins célèbre par la nature montagneuse de son sol, quelque intéressante qu'elle soit d'ailleurs, que par ses habitants, les *Tschernagorzes* ou *Monténégrins*, de même que par l'état politique et social dans lequel ils vivent. Non compris les émigrés, qui sont allés s'établir soit en Bosnie, soit dans la Dalmatie autrichienne, leur nombre s'élève à 85,000, et suivant d'autres à 100,000 âmes. Ils appartiennent à la grande famille des peuples slaves, professent la religion grecque et reconnaissent l'empereur de Russie pour chef spirituel. C'est une belle et vigoureuse race, aux traits nobles et fiers, mais quelque peu sauvage, preste dans tous ses mouvements et endurcie à toutes les fatigues. Ils forment une des plus remarquables populations de l'Europe, aussi bien sous le rapport de leurs mœurs, demeurées encore presque à l'état de nature, et de leur état social, que par leurs destinées et leurs incessantes luttes. Plutôt pasteur nomade et chasseur aventureux qu'agriculteur casanier, le Monténégrin a conservé toute l'originalité primitive de son type. Non moins féroce qu'irascible, rusé, fallacieux, vindicatif à l'excès, sachant se suffire à lui-même, naturellement querelleur et belliqueux, il est doué en même temps de la plus généreuse bravoure et aime sa liberté par-dessus tout. Il pousse la frugalité jusqu'à ses dernières limites; et ses mœurs sont simples et pures, quoique rudes. Chez lui l'esprit de famille et de tribu a conservé toute sa force première, comme le prouvent d'une part la vie patriarcale que mène chaque famille groupée dans son antique propriété héréditaire, et de l'autre l'esprit de vengeance et les mortelles inimitiés qui règnent de tribu à tribu. Ce caractère national et une population beaucoup trop considérable, eu égard aux ressources si exiguës du sol et au défaut de toute industrie, font des Monténégrins une nation aventurière, pouvant facilement devenir une nation d'indomptables soldats, pour peu que des intérêts politiques ou religieux se trouvent en jeu.

La constitution du pays est un bizarre mélange d'institutions sacerdotales et patriarcales et d'institutions démocratiques et républicaines. A la tête du gouvernement est placé, comme chef de l'État, un prince-évêque, portant le titre de *wladika*, et cumulant la dignité de *wladika*, ou chef primitif, avec celle d'archevêque. Il est tout à la fois grand-prêtre, juge, législateur, administrateur et chef militaire. Mais la considération dont il jouit dans le peuple tient encore plus à sa dignité spirituelle, de même qu'à ses qualités personnelles. Ces fonctions se conféraient autrefois à l'élection; depuis 1658 elles sont héréditaires dans la maison Petrowitsch de Njegosch; toutefois, le mariage n'étant pas permis au prince-évêque, elles le sont de telle sorte qu'elles passent de l'oncle au neveu. Depuis une vingtaine d'années un conseil ou sénat de douze membres, élus par les familles les plus importantes du pays, est adjoint au prince-évêque. Il a pour mission de mettre plus d'ordre dans les détails de l'administration et dans l'exécution des lois et, à ce qu'il paraît, de délibérer sur les projets de loi qui doivent être soumis à l'assemblée du peuple. Après le wladika vient dans les affaires spirituelles l'archimandrite du couvent d'Ostrok. Les districts ou *nahias* du pays sont administrés par un *sirdar* (duc) et un woïwode ou lieutenant; les communes séparées ou *pléménas* dont se composent les districts, par un *knjas* ou *knees* (comte) et un *baïraktar*, ou porte-étendard (*gonfalionere*). Ces charges aussi sont héréditaires et réservées à certaines familles; les autres fonctionnaires (un secrétaire d'État, un chancelier et les dix *capitaines* ou préteurs, qui fonctionnent comme juges provinciaux des quarante communes) sont, au contraire, élus par le peuple, de même que les autorités administratives de chaque village. En outre, 30 hommes appartenant aux plus nobles familles (*perienitsi*) remplissent les fonctions de gardes d'honneur auprès du wladika, et 800 gardes nationaux veillent à la sûreté publique dans les districts. En regard de cette machine gouvernementale et administrative existe la commune ou l'assemblée du peuple, composée de tous les hommes en état de porter les armes. Cette assemblée a mission de délibérer sur toutes les affaires d'intérêt général; et quoique l'opinion personnelle du wladika exerce un grand poids, le peuple a de temps immémorial conservé le droit de donner librement son avis sur toutes choses. Les assemblées du peuple ont lieu à des époques fixes, dans un endroit s'élevant en amphithéâtre et ombragé par des peupliers, aux approches de *Zettinje*, chef-lieu du pays. Faute d'une délimitation bien précise des pouvoirs, la puissance judiciaire et l'autorité administrative sont confondues comme au temps des patriarches; mais elles ne sauraient être exercées d'une façon arbitraire, car s'il n'existe presque point de lois écrites, le pouvoir de la tradition et des usages n'en est que plus grand. Faute aussi d'un système quelconque de police, les passions privées ont toute liberté de se satisfaire; et il en résulte beaucoup de désordres et d'insécurité dans le pays.

Le Montenegro proprement dit est divisé en quatre districts ou *nahias*, et la Berda en quatre districts de montagnes ou *berdas*. Les nahias sont : *Katunska*, comprenant 9 communes, *Zrnitschka* 7, *Rjetschka* 63, *Ljeschanska* ; les berdas : *Bjelopawlitji* comprenant 4 communes, *Piperi* 3, *Moratschka* 4, *Kutschi* ou *Kutska* 4. Cette dernière berda est située à l'extrémité orientale du pays, entre la Moratscha et le mont Kom; elle a à l'ouest Piperi. La population est répartie dans environ 300 villages et une foule de hameaux. Il n'y a point de ville dans le Montenegro; car *Zettinje* ou *Cettigne*, chef-lieu du pays, dans la *nahia* de Katunska, n'est qu'un petit bourg très-simple, où, à part le couvent et le palais du wladika, on ne compte guère qu'une vingtaine de maisons bien construites. C'est d'ailleurs le seul point fortifié qu'il y ait dans toute la contrée; tous les autres villages, dont les plus beaux et les plus peuplés (le plus grand compte 1,200 habitants) sont situés du côté de Cattaro, et les plus pauvres dans la Berga, ne sont pas murés, et ne se trouvent même pas situés sur des hauteurs. Des hommes de cœur, voilà aux yeux des Monténégrins les meilleures murailles dont on puisse se pourvoir. Or, le Montenegro peut mettre 15,000 sous les armes et même 20,000 en y comprenant quelques communes composées de Monténégrins, mais ne faisant point partie du Montenegro proprement dit, d'où surgissent de fréquentes causes de querelles avec les Turcs. Au besoin, ce chiffre pourrait y être porté à 80,000 combattants, si on armait de fusils les vieillards et les enfants.

Au moyen âge le Montenegro faisait partie du grand empire des Serbes, sous le nom de *principauté de Zenta* (Zeta ou Zetta, du nom du fleuve Zeta), dont le prince, résidant dans son château fort de Zabljak, régnait sur toute la contrée plate qui s'étend jusqu'à la Moratscha inférieure et à la rive orientale du lac de Scutari. Cette dépendance de la Servie prit fin en 1389, lorsque le roi Lazare eut été tué, à la bataille de Kossowa, et que les Turcs, victorieux, rendirent la Servie tributaire. Son gendre, Georges Bolscha, se posa alors en souverain indépendant des Monténégrins. Lui, de même que son fils Skatimir, surnommé *Tschernoje* ou le Noir, à cause de la couleur brun foncé de son visage, donnèrent à leurs maisons le nom de *Tschernojewitsch*, et tous leurs descendants défendirent courageusement leur indépendance contre les Othomans. Mais après la mort du héros albanais Skanderbeg (1466), à côté duquel le prince Étienne, fils de Skatimir, avait battu les Turcs commandés par Mourad à Kroja (1450), lorsque les Slaves, Serbes et Albanais fixés autour de Zenta eurent successivement accepté la domination turque, et lorsque la principauté elle-même se trouva menacée, Iwan, fils d'Étienne, évacua la forteresse de Zabljak ainsi que les plaines, et chercha de la sécurité dans le siège de montagnes. Il y fonda, en 1485, le monastère de Zettinje, comme siège de sa domination et de l'évêque de Montenegro. C'est là dès lors que les braves princes de la maison de Tschernowitsch défendirent leur indépendance, sans se soucier autrement que Venise leur refusât les secours qu'ils lui demandaient, non plus que la Porte les considérât comme des sujets du pacha de Scutari et à ce titre exigeât d'eux un tribut.

Mais en 1516 Georges Tschernowitsch, à la sollicitation de sa femme, une Vénitienne de la famille Mocenigo, dont il n'avait pas d'enfants, abdiqua, et alla s'établir à Venise, après avoir, du consentement du peuple, transmis le gouvernement à l'archevêque Germanos, alors métropolitain du pays. Telle fut l'origine du gouvernement sacerdotal dans le Montenegro. Depuis lors le pays fut toujours gouverné par un archevêque et un wladika ou chef militaire, mais n'ayant à côté du premier qu'une ombre de pouvoir. Les deux dignités étaient héréditaires, celle de wladika dans la famille Radonitsch; celle d'archevêque, depuis 1658, dans la maison Petrowitsch de Njegosch, dont la souche, l'archevêque Danielo Petrowitsch, avait délivré, en 1657, le pays tombé par trahison dans l'esclavage des Turcs. C'est en 1830 seulement que les deux dignités furent pour la première fois réunies sur le même individu.

Sous Danielo Petrowitsch et ses successeurs, les Monténégrins ou Tschernagorzes ont réussi jusqu'à ce jour à conserver leur indépendance, en dépit de toutes les attaques dont elle a été l'objet. Seulement, en 1688, une partie d'entre eux se placèrent sous la protection autrichienne et habitent la côte, maintenant autrichienne, de Cattaro. Après de nombreuses querelles intestines, Montenegro, qui depuis longtemps avait jeté les yeux sur la Russie, avec qui il avait de commun l'origine et la religion, et de qui d'ailleurs il attendait plus de secours que de la catholique Venise, se plaça sous la protection du puissant chef de son Église, de l'empereur de Russie. Pierre le Grand accueillit avec empressement cette demande; et depuis lors le droit de protection sur les Monténégrins et celui de consacrer leur prince-évêque sont restés au nombre des prérogatives de l'autocrate du Nord. Depuis lors aussi la Russie a toujours tout fait pour se rattacher de plus en plus ces braves montagnards. Le grand-vizir Duman Kœprili ayant commis les plus horribles dévastations sur le territoire de Monténégrins, Pierre le Grand leur envoya de riches présents pour contribuer à la reconstruction de leurs villages et de leurs églises. En 1718, par le traité de Passarowitz, Venise céda à la Porte le Montenegro, qui ne lui avait jamais appartenu; et cet acte de cession fut un des motifs mis dès lors en avant par la Porte pour prétendre à la souveraineté du Montenegro. Mais cette circonstance n'eut d'autre résultat que de jeter de plus en plus ce pays dans les bras de la Russie. De nombreux bienfaits, tels qu'en surent habilement répandre parmi ces montagnards Elisabeth, Catherine II et Paul, leur inspirèrent un tel respect pour la personne de l'empereur, qu'en 1767 un aventurier dalmate, Schipan-Male, c'est-à-dire le Petit-Étienne, put oser se présenter aux Monténégrins comme l'empereur Pierre III, dont l'assassinat n'avait été que simulé, et exercer parmi eux pendant quatre ans une espèce de domination, jusqu'au moment où il trouva la mort dans une révolte. Cependant les Monténégrins, en dépit des services essentiels qu'ils rendirent aux Autrichiens et aux Russes coalisés, dans leurs guerres contre la Porte de 1768 et (sous le règne du brave Pierre Petrowistch Ier, qui dura de 1777 à 1830) de 1787 à 1791, furent en quelque sorte sacrifiés lors de la paix conclue en 1791 à Sistowa, et abandonnés aux vengeances des Turcs. En 1796 ceux-ci, commandés par le pacha de Scutari, entreprirent contre les Monténégrins une guerre d'extermination; mais ils y perdirent, outre 30,000 hommes, leur chef et un riche camp. Cet abandon avait si peu refroidi les Monténégrins à l'égard de la Russie qu'à partir de 1803 ils la secondèrent encore de la manière la plus énergique dans leurs luttes en Dalmatie contre les Français aux ordres de Marmont et de Lauriston.

Tout récemment cette influence de la Russie a été principalement favorisée par les traitements barbares que les Turcs firent essuyer aux chrétiens de la Bosnie, de même que par les sentiments et les tendances panslavistes du feu prince Pierre Petrowitsch II (1830-1851), le premier qui réunit dans sa personne les dignités de wladika et d'archevêque. Ce noble et généreux prince, qui avait été élevé à Saint-Pétersbourg, s'efforça de civiliser jusqu'à un certain point ses compatriotes; et il y réussit à beaucoup d'égards. Il établit le sénat et une cour de justice composée de 150 membres, s'attacha plus particulièrement à combattre et à réformer les habitudes vindicatives du peuple et à introduire une jurisprudence fixe. Il réussit même à faire publier un almanach officiel et un journal mensuel.

De 1830 à 1840, par suite de quelques actes de brigandage, d'assez fréquents démêlés éclatèrent entre les Monténégrins et les autorités autrichiennes; mais toujours la médiation russe les termina amiablement. Les conflits avec les Turcs eurent un caractère plus grave.

En 1836 le cercle albanais de Kutska, à l'est de la Moratscha, s'était placé sous la souveraineté du wladika; puis en 1843 il s'était replacé sous l'autorité turque, soi-disant parce qu'on l'écrasait d'impôts, mais peut-être bien à cause de la diversité de religion (les habitants du cercle de Kutska sont catholiques romains). Depuis lors la population de ce cercle était en hostilité déclarée avec le wladika, et Osman, pacha de Scutari, profita de cette circonstance pour s'emparer des îles Wranija et Lessendra, situées dans le lac de Scutari, afin d'enlever presque complètement aux pauvres montagnards les ressources de pêche qui leur sont indispensables. Quand, en 1846, le wladika entreprit un voyage dans diverses cours étrangères, les Turcs réussirent à soulever contre leur prince les habitants du cercle de Piperi, en proie aux horreurs de la famine. Ces conflits et des accusations réciproques de provocation à la révolte amenèrent de la part des Monténégrins, sur le territoire des frontières, de nombreux actes de brigandage, qui prirent encore plus de gravité en 1850; et en juin 1851 les sanglantes collisions qui eurent lieu entre les chefs de famille Koprivizza et Merkowitsch déterminèrent la Porte à réunir des troupes sur les frontières de l'Herzégovine; mesure qui provoqua par contre des armements dans le Montenegro. Mais la Porte, peu tranquille sur la situation de la Bosnie et de l'Albanie, jugea prudent d'user de condescendance; de même que le wladika, fatigué de toutes ces contrariétés, chercha à s'arranger pendant qu'il en était temps encore, de sorte que pour cette fois la lutte put encore être évitée.

Le 31 octobre 1851 mourut le wladika, qui, par suite de ses essais de civilisation, avait perdu une grande partie de son crédit auprès de Monténégrins, passionnés pour leur vieux usage. Aux termes de son testament, c'était son neveu Danielo Petrowitsch qui devait lui succéder, et pendant la minorité de ce jeune prince l'administration du pays devait être confiée à son oncle Pero Tommaso Petrowitsch. Le nouveau wladika arriva au mois de décembre 1851 de Vienne, où il avait fait ses études, et en février 1852 il partit pour Saint-Pétersbourg, à l'effet d'y recevoir l'investiture du tsar. Tandis que la Russie reconnaissait cette fois de la manière la plus positive le Montenegro comme État indépendant, la Porte essayait au contraire, et de la manière la plus inattendue, de faire valoir ses prétendus droits de suzeraineté sur ce territoire. Au mois de mai, en dépit des mesures sévères prises par le sénat pour éviter toute perturbation de la tranquillité publique et toute violation de frontières, 300 Monténégrins partis de Tschewo surprenaient le village turc de Vitalizza, y commettaient divers assassinats, et s'en revenaient de cette expédition de brigandage en emmenant avec eux de nombreux troupeaux. D'un autre côté, des Turcs attaquèrent et tuèrent aussi quelques Monténégrins. A la suite de ces faits, un corps turc se réunit sur les frontières de l'Herzégovine, et la défection du cercle de Piperi, qui prit parti pour les Turcs, de même que l'irruption de Zabijak en Albanie par une bande de Monténégrins partis de Zrnitschka (11 nov. 1852), donnèrent le signal à une sanglante guerre. L'idée que la Russie seule avait pu pousser à de telles provocations, et notamment à la prise de Zabijak, et la crainte de voir les Monténégrins en sortant de leurs montagnes déterminer la défection de Scutari et même de Novibazar et de tous les rajas du nord-ouest de l'empire, excitèrent de profondes inquiétudes à Constantinople. Elles s'accrurent encore quand on apprit que Danielo avait battu les troupes turques sur les bords de la

20.

Moratscha, à Spush, et à Podgoriza (la principale affaire avait eu lieu le 15 décembre), et qu'il avait occupé le bout de territoire turc qui pénètre au nord-ouest dans le Montenegro ; que Pero Petrowitsch avait appelé 10,000 hommes sous les armes et mis en outre une forte garnison dans Zabljak. Déjà le 25 novembre (un jour avant la fermeture du Bosphore et la note aux puissances maritimes) le divan de Constantinople, où le vieux parti turc l'emportait décidément, avait résolu d'entreprendre une vigoureuse campagne contre les Monténégrins; et au commencement de 1853 56,000 hommes de troupes régulières et irrégulières étaient prêts à marcher contre eux. Tandis qu'une flotte bloquait les côtes de l'Albanie, que Sélim-Pacha, au sud, à la tête de 4,000 hommes, attaquait la côte à l'ouest du lac de Scutari, à Arilivari, et qu'au nord Arap-Bey, parti de Grahowo, se mettait en marche sur Zrnitschka, Omer-Pacha, chargé du commandement en chef, en qualité de séraskier et de maréchal (*mouscher*) de la Roumélie, mettait à exécution le plan de séparer la Berda du Montenegro, en opérant sa jonction avec Reis-Pacha dans l'Herzégovine. En conséquence, lui et Osman de Scutari, à la tête de 25 à 30,000 hommes, franchirent la Seta à Podgorizza et Spush, tandis que Reis-Pacha, parti de Nikschilj, cherchait à forcer le passage des sources et du pays haut de ce fleuve. Mais les Monténégrins, déterminés à soutenir la lutte jusqu'à toute extrémité, opposèrent la plus courageuse résistance ; et quoique les Turcs, à la suite de sanglants combats, gagnassent toujours du terrain, ils restèrent cependant victorieux sur presque tous les points. Tous les efforts d'Omer-Pacha, qui subit des pertes considérables, demeurèrent infructueux. La Porte, déjà en démêlés avec les cabinets de Vienne et de Saint-Pétersbourg (*voyez* OTHOMAN [Empire]) et redoutant une intervention armée de la part de ces grandes puissances, se vit donc forcée de donner ordre à Omer-Pacha de battre en retraite et de reconnaître l'indépendance du Montenegro. C'est tout ce que désirait la Russie; et ce pays sera toujours pour elle, dans l'un des endroits les plus vulnérables de la Turquie sur la mer Adriatique, un excellent poste avancé, d'où elle pourra reprendre à un moment plus favorable l'exécution des plans que le traité du 30 mars 1856 ne pourra jamais que différer plus ou moins longtemps. En 1855 le prince Danielo Petrowitsch a fait accepter à l'assemblée du peuple un nouveau statut constitutionnel relatif à la succession. Ce statut porte que le prince actuel aura pour héritiers d'abord ses héritiers directs, puis son frère et les héritiers de celui-ci. Si cette ligne mâle venait à s'éteindre, le peuple aurait à se choisir un chef, mais toujours dans la famille Petrowitsch. Consultez dans le recueil mensuel de la Société de Géographie de Berlin (1842 et 1847) les dissertations d'Ebel sur le Montenegro et ses habitants ; Paié et Scherb , *Cernagora* (Agram, 1846 et 1851*.*) ; Wilkinson , *Dalmatia and Montenegro* (Londres, 1848) ; Xavier Marmier, *Lettres sur l'Adriatique et le Montenegro* (Paris, 1854).

MONTENOTTE, village du Piémont, dans les Apennins, est célèbre par la déroute que Bonaparte fit essuyer, le 12 avril 1796, aux Autrichiens commandés par Argenteau.

[Le général Bonaparte prit à Nice, le 27 mars 1796, le commandement des débris de l'armée d'Italie. Depuis bientôt trois ans, le quartier général n'avait pas quitté Nice, les soldats manquaient de tout ; on en trouve la preuve dans l'ordre du jour qu'il publia à son arrivée : « Soldats, vous êtes nus, mal nourris ; le gouvernement vous doit beaucoup, il ne peut rien vous donner. Votre patience, le courage que vous montrez au milieu de ces rochers, sont admirables ; mais ils ne vous procurent aucune gloire, aucun éclat ne rejaillit sur vous. Je veux vous conduire dans les plus fertiles plaines du monde. De riches provinces, de grandes villes, seront en votre pouvoir ; vous y trouverez honneur, gloire et richesses. Soldats d'Italie, manqueriez-vous de courage et de constance? » Le passage de l'ordre défensif à l'ordre offensif est l'une des opérations délicates de l'art de la guerre ; Napoléon le savait et combien de dangers s'y rattachaient, pour des troupes mal organisées, indisciplinées ; mais il savait aussi que ces dangers étaient la nécessité de son avenir et du salut de la république. Il ordonna la concentration de l'armée sur son extrême droite. Les divisions Sérurier, Masséna et Augereau prirent position, la première à Garessio , pour observer le camp des Piémontais à Ceva ; la deuxième à Loano, la troisième à Finale et à Savone: la division Laharpe un peu plus en avant, pour menacer Gênes , ayant sa brigade d'avant-garde à Voltri.

Le général en chef de l'armée combinée, le comte de Beaulieu, accourut en toute hâte au secours de Gênes. Il établit son quartier général à Novi , ordonna au général piémontais Colli de prendre position sur la Stura et le Tanaro, dirigea sur Montenotte le centre de l'armée sous les ordres du général d'Argenteau , et sa droite sur Voltri , par la Bocchetta, pour couvrir Gênes. Le général Bonaparte comprit de prime abord ce que ces dispositions du général ennemi lui offraient de chances favorables , les accidents du pays interceptant toutes communications directes entre le centre et la gauche de l'armée autrichienne , l'armée française pouvant se réunir en peu d'heures, et tomber en masse sur celui de ces corps isolés qu'il lui conviendrait d'écraser le premier. Dans cette position, le général Bonaparte attendit vingt-quatre heures l'initiative que ne pouvait pas manquer de lui donner le général ennemi, et dans la nuit du 12 au 13 il marcha avec les divisions Augereau et Masséna pour envelopper, en passant par le col de Cadibone Castellazzo, le corps de d'Argenteau, qui tenait en respect le colonel Rampon, qui depuis deux jours défendait glorieusement les redoutes de Monteiegino. Le 12, à la pointe du jour, les Autrichiens, qui étaient campés à Montenotte inférieur, furent attaqués en tête par la division Laharpe, et en queue et en flanc par la division Masséna. Augereau , retardé dans sa marche par le mauvais état des chemins , ne prit point part au combat. La déroute de l'ennemi fut complète ; 2,000 prisonniers, 4 drapeaux, 5 pièces de canon, restèrent au pouvoir des Français. Gal MONTHOLON.]

MONTE-PULCIANO, petite ville de Toscane, à environ 8 myriamètres de Florence , dans la vallée de Chiana, siège d'évêché , avec un séminaire , un collége, une cathédrale, divers grands édifices et 10,000 habitants, est surtout célèbre à cause de ses vins, qui sont au nombre des meilleurs qu'on récolte en Italie. On trouve des eaux thermales à Chianciano, village voisin.

MONTEREAU ou MONTEREAU-FAUT-YONNE, chef-lieu de canton, dans le département de Seine-et-Marne, à 25 kilomètres est de Fontainebleau, au confluent de l'Yonne et de la Seine, avec 6,545 habitants, un tribunal de commerce, une chambre consultative des arts et manufactures, des carrières d'excellente argile à faïence , une importante manufacture de faïence dite *faïence de Montereau*, de nombreuses tuileries, des fabriques de poterie de terre et de grès, de pipes, de ciment romain, de carreaux en mosaïque , une fabrique de bas, des tanneries , un commerce actif et un fort marché aux grains pour l'approvisionnement de Paris, avec lequel Montereau est en communication journalière par des bateaux à vapeur. C'est une station de chemin de fer de Paris à Lyon , et de Montereau à Troyes, avec embranchement sur Provins. On y voit un beau pont au confluent des deux rivières, et un autre sur l'Yonne, où fut assassiné Jean sans Peur, dont on montre l'épée suspendue à la voûte de l'église collégiale de Notre-Dame. La ville est généralement bien bâtie et dominée par une montagne rapide, sur laquelle s'élève le château de Surville.

Montereau doit sa fondation à un château fort construit au commencement du onzième siècle par un comte de Sens, illustre brigand de ces temps féodaux. Prise, en 1420 par le duc de Bourgogne, reprise et livrée au pillage par Charles VII, en 1438, cette ville fut deux fois saccagée pendant les troubles de la Ligue, et tomba en 1814 au pouvoir des armées coalisées, qui en furent chassées par Napoléon, après une bataille mémorable livrée sous ses murs.

Informé de la mésaventure éprouvée par son avant-garde la veille à Mormant et à Valjouan, le prince de Schwartzenberg replia promptement son armée derrière la Seine, gardant toutefois les trois passages de Nogent, Bray et Montereau. Montereau aurait été pris dès la veille sans la lenteur de Victor. Napoléon, irrité, lui ôte le commandement en chef sur le champ de bataille, et le donne au général Gérard. L'action avait été entamée par le général Château, jeune officier plein de feu et d'intelligence ; il allait forcer le passage de la Seine, quand il fut frappé mortellement d'une balle. Les divisions Pajol et Duhesme, soutenues par une faible brigade de cavalerie légère, commandée par le général Delort, réussirent pourtant à se maintenir jusqu'à une heure de l'après-midi, où Gérard arriva avec son corps de réserve. Aussitôt il fait avancer quarante pièces de canon attachées à son infanterie, et maîtrise le feu de l'ennemi. A deux heures une attaque combinée et générale de l'armée emporta la position formidable des alliés. Les Wurtembergeois sont rejetés de l'autre coté de la Seine et de l'Yonne, sans avoir eu le temps de faire sauter les ponts. L'ennemi eut dans cette journée 3,000 hommes tués et blessés ; 3,000 autres furent faits prisonniers, et il perdit encore 4 drapeaux et 6 pièces de canon. L'empereur s'écria : « Mon cœur est soulagé ; je viens de sauver la capitale de mon empire ! »

MONTEREY, chef-lieu de l'État du Nouveau-Léon (Mexique), sur un bras du Tigre, avec 15,000 habitants, fut fondé en 1599, érigé en évêché en 1777, et pris le 24 décembre 1846 par le général américain Taylor, à la suite d'une capitulation consentie par le général Ampudia. Il y a au voisinage de riches mines.

MONTEREY, appelé aussi *San-Carlos de Monterey*, port de mer de l'État de Californie (États-Unis), sur une baie de l'océan Pacifique, à 1 myriamètre à l'ouest du cap ou *Punta-Pinos* (38° 37'30" de latit. sept.), compte plus de 5,000 habitants, et devra avant peu devenir une ville importante, car c'est là que s'approvisionnent les chercheurs d'or des contrées aurifères baignées par les divers affluents du San-Joaquin. La baie de Monterey fut découverte en 1542, par Cabrillo, qui la nomma *Bahia de Pino*, à cause des belles forêts de pins qui l'avoisinent. Monterey ne fut fondé qu'en 1770. C'est dans son port que, le 6 juillet 1846, le commodore Sloat, commandant les forces navales des États-Unis dans la mer du Sud, adressa aux habitants de la Californie une proclamation par laquelle il leur notifiait qu'il prenait possession de la Californie au nom des États-Unis.

MONTE-ROSA, le *Mons Sylvius* des anciens, après le Mont-Blanc la plus haute montagne des Alpes Centrales, forme la pointe de l'angle droit où l'extrémité orientale des Alpes Penniennes vient rejoindre les Alpes Lépontines, qui se prolongent ici jusqu'au Saint-Gothard. Il divise le canton du Valais de l'Italie et le territoire de Novare du Piémont. Il donne naissance aux vallées de Malters, de l'Anza, de la Sesia et de Lys. Sa partie méridionale, située au nord de la vallée de Gressonay, forme une immense crête ferrugineuse, qui atteint son point extrême d'altitude à son centre, appelé *crête de Lys*. Une foule d'arêtes et de fondrières rocheuses s'en détachent au sud pour se confondre dans le glacier de Lys, d'où sort le Lysbach, qui arrose la vallée de Gressonay. La crête occidentale et le petit Moncervin ; les crêtes ferrugineuses au nord forment neuf pics, dont la plupart ont été mesurés trigonométriquement. Le pic le moins élevé est la *Pyramide Vincent*, haute de 4,533 mètres au-dessus du niveau de la mer, et appelée ainsi du nom de celui qui le gravit le premier, en 1819 ; le plus élevé est un rocher escarpé, de 4,762 mètres au-dessus du niveau de la mer. Cette masse montagneuse paraît composée, surtout dans sa moitié supérieure, d'argile micacée, alternant çà et là avec du gneiss, et contient des mines d'or, de cuivre et de fer. Le dernier haut fourneau est situé à 3,362 mètres, au milieu des neiges éternelles. Le granit ne se trouve par grandes masses qu'au pied de la montagne. Le seigle d'hiver et d'été mûrit encore à une hauteur de 1,800 et même 2,000 mètres, et la vigne, dans la vallée de Sesia, à 1,030 mètres. Entre le versant nord et le versant sud il y a une différence de plus de 330 mètres pour les diverses limites de végétation. La limite des neiges sur le versant sud est à 3,166 mètres, et la limite des hautes futaies à 2,333 mètres. Huit communes parlant allemand et, comme leurs compatriotes du Valais et de l'Uchtland en Suisse, appartenant à la race bourguignonne, habitent les cinq vallées qui s'étendent au sud et au sud-est du Monte-Rosa.

MONTÈS (LOLA). *Voyez* MONTEZ.

MONTESPAN (FRANÇOISE ATHÉNAÏS DE ROCHECHOUART DE MORTEMART, marquise DE), maîtresse de Louis XIV, naquit en 1641, et fut connue d'abord sous le nom de mademoiselle *de Tonnay-Charente*. Elle fut mariée à vingt-deux ans à H.-L. de Pardaillan de Gondrin, marquis de Montespan, qui la produisit à la cour, et, par le crédit de Monsieur, auquel il était attaché, obtint pour elle une place de dame du palais de la reine. Sa beauté, sa réputation de vertu, la conduite brutale de son mari, son esprit mordant, héréditaire dans sa famille, les nombreuses occasions qu'elle avait et qu'elle cherchait de plaire au roi, et son art merveilleux à faire valoir tous ses avantages, finirent par inspirer à Louis XIV une vive inclination pour la marquise. La malheureuse La Vallière alla pleurer dans un couvent son amour et les fautes ; le marquis de Montespan fut exilé dans ses terres, d'où il ne sortit plus jusqu'à sa mort, et pendant quatorze ans l'orgueilleuse favorite fit tout ployer sous ses lois. Fière des huit enfants qu'elle avait donnés au roi, sans doute les calculs de sa vanité s'élevaient déjà jusqu'à la couronne de France, quand elle les vit crouler sous un choc imprévu. Une femme dont elle s'était déclarée la protectrice, et qui en revanche avait officieusement accepté dans toutes ses intrigues le rôle d'entremetteuse, la bigote M a i n t e n o n, jugea qu'il était temps de frapper le coup décisif ; et le peu redoutable F o n t a n g e s vint trôner à la place de la Montespan (1686). Comme tant de femmes galantes, la marquise de Montespan se jeta dans la religion (1690) et acheva ses derniers jours au milieu des pratiques d'une dévotion minutieuse ; elle jeûna, elle pleura, elle fit de grandes aumônes, et mourut en 1707, âgée de soixante-six ans, à Bourbon-l'Archambault. De son mariage légitime elle laissait un fils, le duc d'A n t i n. Les fruits de ses rapports avec Louis XIV furent le duc du M a i n e ; le comte de Vexin, mort en 1683 ; Melle de Nantes, mariée au duc de Bourbon ; Melle de Tours, morte en 1681, et Melle de Blois, mariée au duc d'Orléans ; enfin, le comte de Toulouse ; sans compter plusieurs autres, morts en bas âge, et tous ceux qui avaient été légitimés.   Charles DUPOUY.

MONTESQUIEU (CHARLES DE SECONDAT, baron DE LA BRÈDE ET DE), d'une famille distinguée de la Guienne, naquit au château de La Brède, près de Bordeaux, le 18 janvier 1689. Destiné à la magistrature, il s'appliqua de bonne heure à approfondir le chaos indigeste des Coutumes, en même temps qu'il lisait avec ardeur tous les livres d'histoire, de voyages, et les œuvres des anciens. A vingt ans il composait un ouvrage pour prouver que l'idolâtrie de la plupart des païens ne méritait pas la damnation éternelle ; mais cet écrit ne vit pas le jour. Trente-deux ans, il fit paraître les *Lettres persanes*, dont l'idée première est empruntée aux *Amusements sérieux et comiques* de Dufresny, et *Le Temple de Gnide*, production un peu froide, que Mme Du Deffand appelait spirituellement l'*Apocalypse de la galanterie*. A la mort de Sacy, Montesquieu se présenta comme candidat à l'Académie Française. Le cardinal de Fleury, premier ministre, écrivit à l'Académie que le roi refusait son approbation à la nomination de l'auteur d'un livre tel que les *Lettres persanes*, tout brûlant de sarcasmes impies contre la religion, les évêques et le pape. Suivant Voltaire, Montesquieu fit faire à la hâte une nouvelle édition, de laquelle il retrancha tous les passages incriminés, et alla lui-même en porter un exemplaire au cardinal. Tant de confiance, le crédit de quelques amis, la protection surtout du maréchal d'Estrées, directeur de l'Académie, ouvrirent les portes au candidat. Son discours de réception fut court, mais plein d'esprit et d'énergie.

Avant d'écrire *L'Esprit des Lois* et les *Considérations sur les causes de la grandeur et de la décadence des Romains*, Montesquieu parcourut l'Europe, et prétendit au retour que l'Allemagne était faite pour y voyager, l'Italie pour y séjourner, l'Angleterre pour y penser, la France pour y vivre. La nation anglaise, flattée des éloges que Montesquieu avait donnés à la sagesse de sa constitution et de ses lois, voulut lui en témoigner sa reconnaissance ; Dassier, célèbre par ses médailles en l'honneur des grands hommes, vint de Londres frapper celle de Montesquieu. Tandis que *L'Esprit des Lois* lui attirait des hommages de la part des étrangers, il lui suscitait des critiques dans son pays. Un abbé *débonnaire* donna le signal par une mauvaise brochure en style moitié sérieux, moitié bouffon. Le *Gazettier ecclésiastique* lança deux feuilles contre l'auteur, l'une pour prouver qu'il était athée, l'autre pour démontrer qu'il était déiste. Montesquieu couvrit son adversaire de ridicule dans sa *Défense de L'Esprit des Lois*. Cependant la Sorbonne, excitée par les cris du folliculaire, entreprit l'examen de *L'Esprit des Lois*, et y trouva plusieurs choses à reprendre, mais ne prononça jamais la censure.

Montesquieu prit part aux travaux de l'*Encyclopédie*, et c'est pour ce grand ouvrage qu'il composa l'*Essai sur le Goût*. Les chagrins qu'entraînaient les critiques justes ou injustes, le genre de vie qu'on forçait Montesquieu à mener à Paris, altérèrent sa santé, naturellement délicate. Depuis la publication de *L'Esprit des Lois*, ses forces physiques diminuaient sensiblement. Il fut attaqué, au commencement de février 1755, d'une fièvre inflammatoire. La cour et la ville s'en émurent ; le roi lui envoya le duc de Nivernais pour s'informer de son état. Pendant toute sa maladie la duchesse d'Aiguillon le soigna avec une tendre sollicitude, et ne le quitta pas un moment où il perdit connaissance. Il mourut à Paris, le 10 février 1755, à l'âge de soixante-six ans, après treize jours de souffrances. Il regrettait moins pour ses qualités personnelles que pour son génie ; il était aussi aimable dans le monde que profond dans ses livres ; sa douceur, sa gaieté, sa politesse, ne l'abandonnaient jamais ; sa conversation vive, piquante, instructive, était coupée par des distractions qui plaisaient d'autant plus qu'il ne les affectait point ; économe sans avarice, il ignorait le faste et n'en avait pas besoin. Les grands le recherchaient, mais leur société n'était pas nécessaire à son bonheur. Dès qu'il le pouvait, il s'enfuyait à sa terre. On retrouvait cet homme si grand et si simple sous les arbres de la Brède, parlant gascon avec les villageois d'alentour, partageant leurs plaisirs, assoupissant leurs querelles, les consolant dans leurs chagrins (*voyez* FRANCE [Littérature], t. IX, p. 721).

Outre les ouvrages que nous avons mentionnés, et qui ont été réunis sous le titre d'*Œuvres complètes*, Montesquieu avait laissé un grand nombre de manuscrits. Quelques-uns, publiés après sa mort, figurent dans ses *Œuvres*. Parmi ceux qui n'ont pas vu le jour, on cite une *Relation de ses Voyages*, six gros vol. in-4° ; des *Matériaux pour L'Esprit des Lois* ; un roman politique et moral intitulé *Arsace*; des lambeaux d'une *Histoire de Théodoric, roi des Ostrogoths*. Il avait composé encore, assure-t-on, une *Histoire de Louis XI*, qu'il jeta au feu par mégarde, croyant n'y jeter qu'un brouillon, déjà brûlé à son insu par son secrétaire. M. de Leyre publia, en 1758, sous le titre de : *Le Génie de Montesquieu*, un choix très-bien fait des pensées de cet écrivain. En 1767 parurent les *Lettres familières de Montesquieu*. Quelques-unes sont dignes de lui, d'autres ne méritaient pas les honneurs de l'impression. En 1815 l'Académie Française mit au concours l'*Éloge de Montesquieu*. Le prix fut décerné à M. Villemain.

Le baron de MONTESQUIEU, petit-fils et dernier descendant en ligne directe du grand homme, mourut sans postérité, près de Cantorbéry, en 1824. Il avait servi sous Rochambeau en Amérique, et dans l'armée de Condé durant l'émigration. C'était un homme de conscience et de cœur. Marié en Angleterre, il refusa sous la Restauration la pairie, que M. Decazes lui fit offrir.

MONTESQUIOU, chef-lieu de canton du département du Gers, avec 2,015 habitants. C'était autrefois une baronnie dépendant de l'Armagnac, et qui a donné son nom à une ancienne et illustre famille.

MONTESQUIOU. L'origine de cette famille remonte aux Fézensac. La branche mère des barons de Montesquiou, commencée au onzième siècle, finit sous Charles IX, au siège de Saint-Jean-d'Angely, par la mort de François de Montesquiou, capitaine des gardes du duc d'Anjou, qu'une arquebusade calviniste punit de l'assassinat du prince de Condé à Jarnac. Sept branches en étaient sorties ; cinq se sont éteintes, entre autres celle qui a produit les Montluc ; les deux branches qui existent encore sont les Montesquiou d'Artagnan et les Montesquiou-Marsan. Des lettres patentes de Louis XVI, en date de 1777, donnèrent le titre de comte au chef de la famille Montesquiou, et l'autorisèrent, ainsi que tous les membres de cette famille, à joindre le nom de *Fezensac* à celui de Montesquiou, comme le nom véritable et originaire.

MONTESQUIOU D'ARTAGNAN (PIERRE DE), né en 1645, fit ses premières armes en Hollande, contre l'évêque de Munster ; il servit ensuite avec distinction dans les armées de Louis XIV, en Belgique et pendant la guerre de la succession. Mais il se signala surtout à la bataille de Malplaquet, où il commandait l'infanterie, et mérita le bâton de maréchal de France (1709). L'année d'après, il rentra en Flandre, où il se montra avec la même distinction. Son plus beau fait d'armes dans cette campagne est la rupture des digues de l'Escaut, exécutée à la vue des garnisons des places conquises, et qui rendit le cours de ce fleuve inabordable pendant tout l'hiver. Le maréchal de Montesquiou mourut au Plessis-Piquet, près Paris, en 1725, à l'âge de quatre-vingt-cinq ans, chevalier des ordres du roi et gouverneur d'Arras.

MONTESQUIOU-FEZENSAC (ANNE-PIERRE, marquis DE), issu d'une autre branche, né en 1741, d'abord menin des enfants de France, puis écuyer de Monsieur, maréchal de camp en 1780, devint membre de l'Académie Française en 1784. Lors de l'assemblée des notables, la noblesse de Paris le choisit pour la représenter aux états généraux, où il se réunit au tiers état. Là, comme dans l'assemblée constituante, il traita diverses questions d'économie politique, et publia plusieurs rapports et mémoires sur les finances du royaume. A la fin de la session, il fut élevé au commandement de l'armée du midi, et il apaisa les troubles d'Avignon ; et c'est à la suite de cette mission qu'il envahit et occupa, sans coup férir, la Savoie, à la tête du corps d'armée réuni sur les frontières du Dauphiné. Chargé dans cette circonstance d'une négociation avec la république de Genève, il fut accusé par la Convention d'avoir compromis la dignité de la nation, et placé sous le coup d'un décret, qu'il éluda en se retirant en Suisse. En 1795 il adressa un mémoire justificatif au gouvernement, fut rayé de la liste des émigrés, et rentra en France, où il mourut, en 1798. Ses principaux ouvrages sont deux comédies ; sa *Correspondance* (in-8°) et un livre intitulé du *Gouvernement des finances de France*, etc. (1797, in-8°).

MONTESQUIOU-FEZENSAC (ÉLISABETH-PIERRE, d'abord baron, puis comte DE), fils du précédent, né à Paris, en 1764, débuta dans la carrière militaire comme sous-lieutenant au régiment des dauphin-dragons ; il se tint à l'écart pendant la révolution, vint assister en 1804 au couronnement de Napoléon, et fit partie du corps législatif. Président de la commission des finances, il fut nommé en janvier 1809 grand-chambellan de l'empire, en remplacement de Talleyrand. Président du corps législatif, sénateur, aide-major général de la garde nationale parisienne en 1814, pair de France à la première restauration, grand-chambellan pendant les cent jours, le comte de Montesquiou fut nommé député en 1819 ; il votait avec l'opposition.

Madame de Montesquiou-Fezensac, sa femme, fut nommée en 1811 gouvernante des enfants de France; elle fut ainsi pendant cinq ans la gouvernante du roi de Rome, qu'elle suivit à Vienne, et qui l'appelait maman *Quiou*. Mme de Montesquiou, dit M. de Baussel dans ses *Mémoires* sur le palais impérial, était bonne fille, bonne épouse, bonne mère et amie fidèle.

MONTESQUIOU (Anatole, comte de), fils du précédent, fut officier d'ordonnance de Napoléon, qui lui confia quelques missions : il fut nommé colonel à Hanau. A Vienne avec le roi de Rome, il revint en France en 1815, fut aide de camp du duc d'Orléans, envoyé à Rome et à Naples après 1830. Député de la Sarthe de 1834 à 1841, puis pair de France, il était maréchal de camp et chevalier d'honneur de la reine. Il a publié plusieurs recueils de poésie. En 1847 son frère, le comte *Alfred* de Montesquiou, se tua dans un accès de fièvre chaude.

Napoléon de Montesquiou, fils du comte Anatole, après avoir fait partie de la maison militaire de Louis-Philippe, a été pendant plusieurs sessions député de l'arrondissement de Saint-Calais (Sarthe), et est rentré dans la vie privée après un échec électoral, en 1846.

Dans la branche des *Montesquiou-Marsan*, nous trouvons d'abord le comte *André-Philippe* de Montesquiou-Fezensac, né en 1753, parvenu en 1770 au grade de colonel du régiment de Lyonnais; maréchal de camp en 1792, il eut un commandement à Saint-Domingue, s'en démit à la mort de Louis XVI, fut incarcéré comme royaliste, rentra en France lors du consulat, et fut nommé par Louis XVIII, en 1814, lieutenant général, avec le commandement du Gers.

MONTESQUIOU-FEZENSAC (Raymond-Aimery-Philippe, Joseph de), né à Paris, en 1784, soldat en 1804, était élu sous-lieutenant par les officiers de son régiment à la fin de la même année; lieutenant pendant la guerre de Prusse, en 1806, aide de camp de Ney, gendre du duc de Feltre; capitaine en 1809, aide de camp de Berthier pendant la campagne d'Autriche, chef d'escadron et baron de l'empire après cette campagne, colonel du 4e de ligne après la bataille de la Moskowa, il prit part à la célèbre retraite du maréchal Ney. On raconte qu'à son retour dans les rangs de la grande armée, après cette marche si périlleuse du corps de Ney, l'empereur lui ayant demandé où était son régiment, le colonel de Fezensac lui montra quelques officiers et quelques soldats couverts de neige et de haillons; l'empereur, ne voyant point flotter de drapeau sur cette troupe, demanda brusquement où était son aigle. Le voici, répondit le jeune colonel en le tirant de son sein. Le grade de général de brigade fut sa juste récompense, et il fit en cette qualité la campagne de 1813 dans le corps de Vandamme. La Restauration trouva donc M. de Fezensac maréchal de camp, et elle n'eut garde de répudier un homme qui venait de joindre une illustration personnelle à une aussi grande illustration de race. Louis XVIII fit de lui un aide-major général de la garde royale, un écuyer cavalcadour, un lieutenant général, un commandeur de Saint-Louis et un grand-officier de la Légion-d'Honneur. La mort de l'abbé de Montesquiou l'investit du titre de duc comme chef du nom, et la révolution de Juillet ne fit pour lui que ce qu'aurait fait la Restauration en l'élevant à la dignité de pair de France. Il accepta l'ambassade de Madrid en 1838, et la garda pendant six mois. Il a souvent pris part aux discussions de la chambre des pairs.

MONTESQUIOU-FEZENSAC (L'abbé François-Xavier-Marc-Antoine de) naquit en 1757, au château de Marsan, près d'Auch (Gers), et fut destiné de bonne heure à l'état ecclésiastique. Il devint agent général du clergé en 1789, et fut député aux états généraux par le clergé de Paris. Un esprit intrigant et persuasif le fit remarquer dans cette assemblée, où il se fit des partisans même parmi ses adversaires. Mirabeau disait, en parlant de lui : « Méfiez-vous de ce petit serpent, il vous séduira. » Deux fois nommé président de l'Assemblée nationale, le 5 janvier 1789, et le 28 février suivant, il conquit, par son habileté et son impartialité, d'una-

nimes remerciments. Quoique siégeant au côté droit, l'abbé de Montesquiou ne se crut pas obligé d'en partager toutes les opinions, et lors même qu'il les adoptait, c'était presque toujours avec quelques modifications; ce qui le fit constamment jouir dans le côté gauche d'une sorte de popularité. Il s'opposa, en sa qualité d'agent général du clergé, à la vente des biens de celui-ci; mais quand elle fut décrétée, il accepta d'être un des douze commissaires chargés de la régulariser.

Après avoir échappé aux proscriptions du 10 août et du 2 septembre, il passa en Angleterre, et ne revint en France qu'après le 9 thermidor, pour y servir les intérêts des Bourbons. C'est alors qu'il fut chargé par Louis XVIII de remettre au premier consul une lettre devenue célèbre; il s'acquitta noblement de sa tâche, et reçut de Bonaparte l'accueil dû à son caractère et à sa mission. Exilé à Menton, près de Monaco, ou plutôt éloigné de Paris, il put quelque temps après rentrer paisiblement dans la capitale.

En avril 1814 l'abbé de Montesquiou fut un de ceux qui contribuèrent le plus à amener la déchéance de Napoléon au profit des Bourbons; il fut nommé membre du gouvernement provisoire, et, sur l'appel du roi, il concourut à la rédaction de la charte constitutionnelle, dont on lui doit la plus grande partie. Louis XVIII l'appela, au mois de juillet 1814, au ministère de l'Intérieur, et l'abbé de Montesquiou eut la triste gloire, tout en vantant la liberté de la presse, de présenter un projet de décret, lequel n'accordait qu'aux écrits de trente feuilles la liberté de paraître sans être assujettis à la censure. L'abbé de Montesquiou ne suivit pas Louis XVIII à Gand; il se retira en Angleterre. Rappelé par la seconde restauration, il refusa, malgré la médiocrité de sa fortune, l'indemnité de 100,000 fr. accordée aux ministres par le roi; il conserva le titre de ministre d'État, fut nommé pair, membre de l'Académie Française en 1816, et créé duc en 1821. La révolution de Juillet trouva l'abbé de Montesquiou fidèle à ses antécédents. Il se démit de la pairie, et termina paisiblement sa carrière au mois de février 1832.

Cet homme si brillant, si spirituel, qui avait été le plus cher confident du monarque, avait pour toute ressource, à ses derniers jours, une rente viagère de mille écus, que lui avait léguée en mourant son ami l'abbé de Damas.

MONTESSON (Charlotte-Jeanne Béraud de la Haie de Riou, marquise de) naquit à Paris, en 1737; sa famille était originaire de Bretagne, et de bonne noblesse. A seize ou dix-sept ans, elle fut mariée à un vieillard, le lieutenant général de Montesson, dont elle devint veuve en 1769. Depuis trois ans déjà le duc d'Orléans, petit-fils du régent, faisait inutilement la cour à Mme de Montesson; à la mort de son mari, il redoubla d'insistance auprès d'elle, mais toujours en vain : Mme de Montesson était une femme d'une inébranlable vertu. Le duc d'Orléans lui offrit de l'épouser; mais elle refusa d'abord, en alléguant que ce serait pour lui une mésalliance. Néanmoins, ce mariage se fit, avec l'assentiment formel de Louis XV, le 23 avril 1773, à la condition qu'il demeurerait secret; on comprend bien que c'était là le secret de la comédie. Mme de Montesson sut toute sa vie tenir noblement son rang, et se tirer avec autant de tact que de dignité de la position douteuse que lui faisait à la cour une union que beaucoup considéraient comme n'en étant pas une. Le duc d'Orléans aimait assez les plaisirs et les actrices; pour le retenir auprès d'elle, Mme de Montesson joua, dans son hôtel de la Chaussée d'Antin, des pièces qu'elle écrivait elle-même. Veuve une seconde fois en 1785, Mme de Montesson le reconnaître par Louis XVI la légitimité de son douaire, qui ne lui fut assuré que sous l'empire. Elle mourut à Paris, en 1806. Aux qualités de l'esprit, unies à une charmante figure, Mme de Montesson joignait celles du cœur; elle était bienfaisante pour le plaisir de l'être, et non par ostentation; dans le cruel hiver de 1787, un grand nombre de malheureux trouvèrent dans ses serres et son orangerie un abri et des ateliers, qu'elle organisa pour les soustraire à la misère et aux rigueurs de la température.

Bonne musicienne, cantatrice agréable, actrice pleine d'intelligence et de grâce sur le petit théâtre de son hôtel, après avoir fait des pièces en prose, elle en fit aussi en vers; elle a fait imprimer pour quelque-uns de ses amis, sous le titre d'*Œuvres anonymes*, ses principales productions dramatiques et littéraires. On lui attribue une traduction du *Vicaire de Wakefield*.

MONTEUR. Voyez Ajusteur.

MONTEVIDEO, capitale, siége du gouvernement et le port le plus important de la république d'Uruguay (Amérique méridionale), et chef-lieu du département auquel elle donne son nom, sur la rive septentrionale et près de l'embouchure de la Plata, fleuve qui l'entoure de trois côtés, à 21 myriamètres à l'est de Buenos-Ayres, est une ville extrêmement forte, qui possède un des meilleurs ports extérieurs de la Plata, quoique les eaux en soient peu profondes et qu'il soit sujet aux tempêtes du Pampero et ne compte aujourd'hui que de 20 à 25,000 habitants, dont beaucoup de Français et d'Italiens, d'Anglais, d'Allemands et de nègres libres. Elle était bien plus considérable autrefois, et compta jusqu'à 40,000 habitants. Elle fut fondée en 1726, sous le nom de *Montevideo* ou *San-Felipe*, par le gouverneur espagnol de Buenos-Ayres, qui y établit un certain nombre de familles émigrées des îles Canaries. Érigée en 1757 en siége d'une administration provinciale particulière, elle devint à l'époque de la guerre de l'indépendance le principal théâtre des événements. Devenu avec la Banda-Orientale, à partir de 1825, un État libre, sous le nom de république de Montevideo, ce pays prit en 1828 le nom d'*Uruguay*. Les luttes de partis qui depuis lors y ont continuellement existé jusque dans ces derniers temps, les guerres avec Buenos-Ayres et avec le Brésil, des interventions de la part de la France et de l'Angleterre, des siéges et des blocus sans cesse renouvelés, et la contrebande, que ces circonstances ont singulièrement favorisée, ont presque anéanti son commerce. En 1846 il n'en était sorti que 92 bâtiments; et la valeur des cargaisons était estimée à environ 13 millions de francs. Elles étaient surtout à la destination de la France, de l'Allemagne, de l'Angleterre, de l'Espagne, des États-Unis, de l'Italie et du Brésil; et leurs principaux articles consistaient en cuirs séchés et salés, en peaux de veau et de mouton, en laine, crin et cornes.

MONTEZ (Lola), femme galante fameuse par ses aventures, née en 1820, à Montrose, en Écosse, est la fille naturelle d'un officier écossais, appelé Gilbert, et d'une créole, qui se maria plus tard et fit élever sa fille dans une pension à Bath. A l'âge de dix-huit ans, elle épousa un jeune officier du nom de *James*, avec lequel elle vécut pendant quelque temps aux grandes Indes, mais qu'elle finit un jour planter là. A bord du bâtiment qui la ramenait en Europe, elle fit diverses *connaissances*, et entre autres celle d'un jeune homme appartenant à l'une des plus nobles familles de l'Écosse (Lennox), qu'on eut beaucoup de peine à empêcher de lui donner son nom et sa main. De retour en Angleterre, Lola Montez y mena la vie la plus désordonnée; puis elle s'en alla faire un tour en Espagne, où elle fut tour à tour entretenue par divers Anglais de marque, notamment par lord Malmesbury, qui la présentait comme une Espagnole. Mais les entreteneurs devenant rares, Lola en fut réduite, pour vivre, à faire de la prostitution de bas étage jusqu'au moment où elle rencontra un protecteur assez généreux pour consentir à la dépayser et à la conduire à Bruxelles, puis à Paris. Dans cette dernière capitale, elle réussit à se faire admettre comme figurante dans un théâtre, puis engager comme danseuse à la Porte Saint-Martin. Grâce à cette position, ses aventures dans le monde *fashionable* la mirent à la mode. Au siècle dernier, elle eut sans doute été à M. le duc de Fronsac ou à M. le duc de Lausun, si elle n'avait appartenu à quelque fermier général. Faute de mieux, dans ce siècle de fer, elle fit en 1846 le bonheur et l'orgueil d'un des rois de l'opinion publique, de Dujarrier, gérant de *La Presse*, quand son amant fut tué en un duel déloyal, à la suite d'une querelle de jeu survenue dans un tripot. Les circonstances de cette rencontre avaient été telles, que la justice dut informer; et le procès criminel qui s'ensuivit eut pour résultat de faire condamner à dix années de détention l'adversaire de Dujarrier, un certain Rosemond de Beauvallon, l'un des écrivains qui pulsaient à la caisse des fonds secrets le dévouement avec lequel ils défendaient le gouvernement de Louis-Philippe. Lola Montez, à qui un testament fait par Dujarrier avant de se rendre sur le terrain, léguait une vingtaine de mille francs, fut appelée à déposer comme témoin des faits qui s'étaient passés dans le tripot. Elle vint à la cour d'assises en grand deuil, et se montra reconnaissante envers son généreux amant en chargeant du mieux qu'elle put le meurtrier. Ce drame judiciaire, à propos duquel le public vit défiler sous ses yeux dans un incroyable débraillé toute la Bohème politique, littéraire et artistique de Paris, eut un grand retentissement, et rendit Lola la lionne du moment. Les propositions lui arrivèrent de tous côtés, de la part des directeurs de théâtre qui donnaient à la curiosité publique et voulant faire exhibition sur leurs planches de la *lorette* à la mode.

Quelques mois après, on apprit qu'elle était à Munich; et alors chaque courrier, pour ainsi dire, nous apporta les plus étourdissants détails sur la fortune qu'elle y faisait. La danseuse espagnole, *veuve* en dernier lieu du gérant de *La Presse*, avait inspiré la plus vive passion au vieux roi Louis de Bavière, qui donnait à sa famille, à sa cour, à ses sujets, l'exemple de folies dont un mousquetaire eût rougi au siècle dernier. Le scandale de cette liaison occupa près d'une année les différents journaux de l'Europe, qui énuméraient complaisamment toutes les faveurs dont le royal et suranné galant se plaisait à combler l'objet de son amour. C'est ainsi qu'une ordonnance royale, datée d'Aschaffenbourg, le 14 août 1847, et contre-signée par deux ministres, créa Lola Montez comtesse de Landsfeldt, et lui accorda, avec le titre d'*excellence*, des armoiries auprès desquelles pâliraient celles de la couronne de Castille. Songeant au sérieux en même temps qu'à l'agréable, le vieil *étourdi* avait eu la précaution de joindre à ce cadeau un brevet de pension viagère sur l'État de 20,000 florins, soit à peu près 52,000 francs. Cette autre Dubarry vivait d'ailleurs entourée d'un luxe tout princier, et son royal protecteur lui faisait construire un hôtel magnifique à Munich.

Il était difficile que tant de scandales n'excitassent pas une vive indignation en Bavière. Bientôt la royale prostituée ne put plus paraître en public sans y provoquer des huées et des sifflets. Des émeutes s'ensuivirent, émeutes toujours sévèrement réprimées, mais qui ajoutèrent aux griefs et aux ressentiments populaires. Devant l'empire illimité qu'elle exerçait sur l'esprit du vieux roi, Lola poussa à diverses reprises l'impudence jusqu'à frapper de coups de cravache des militaires et des citoyens qui ne se découvraient pas avec assez d'empressement devant elle. La comtesse de Landsfeldt imagina ensuite de tenter de réagir sur l'opinion en faisant de son hôtel le centre d'une espèce d'association politique de jeunes gens ennemis des *préjugés* et plaçant la *cause du progrès* sous la protection de la maîtresse du roi. Ces jeunes gens, appartenant pour la plupart à l'université, donnaient à leur association le nom d'*Alemania*; mais bientôt, signalés au mépris public par leurs camarades ils se virent exclus du droit de demander réparation d'une insulte et déclarés indignes de se mesurer avec des gens d'honneur. Quand ils se présentaient aux cours, ils étaient outrageusement hués et sifflés.

A la suite de scènes de ce genre qui eurent lieu au commencement de février 1848, la comtesse de Landsfeldt obtint de son royal amant une ordonnance qui fermait les cours de l'université : cette mesure produisit une telle fermentation dans toutes les classes de la population, que quelques jours après le vieux roi était contraint de la retirer et même de consentir au départ de sa maîtresse. A peine la nouvelle s'en fut-elle répandue dans la ville, que la foule se porta vers les rues voisines de sa demeure pour être témoin de son départ. Lola, après avoir commencé par douter de l'authenticité de l'ordre royal qui lui était remis d'avoir à sortir immédiatement de Munich, fut bien forcée de se rendre à l'évidence, et monta dans la voiture qui devait l'emmener loin de la capitale. Un détachement de cavalerie dut lui frayer un passage à travers les flots de la foule, d'où partaient toujours des insultes et même des cris de mort. Quand cette voiture fut hors de vue, la multitude se rua sur l'hôtel que Lola venait d'abandonner, en brisa les portes et le saccagea. Le vieux roi, navré de douleur, assistait incognito à cette scène de dévastation ; lui aussi pénétra avec la foule dans la demeure de sa bien-aimée, sans doute dans l'espoir d'en rapporter du moins encore quelque souvenir précieux à son cœur. Mais assez grièvement blessé par une des pierres qui de toutes parts étaient projetées contre les croisées de cette maison maudite, et reconnu heureusement à ce moment par quelques officiers qui lui firent un rempart de leur corps, il fut ramené à son palais. Lola, sortie de Munich par une porte, y rentra le soir même par une autre ; mais elle tenta vainement de parvenir jusqu'au palais. Tous les abords lui en furent fermés, et elle dut s'éloigner définitivement.

Dans les premiers jours de mars éclatait à Munich un nouveau mouvement, bien autrement sérieux, à la suite duquel le roi Louis était obligé d'abdiquer au profit de son fils aîné. A ce moment seulement, Lola s'aperçut que son rôle était fini. Jusque là, espérant toujours quelque brusque revirement des choses, elle avait erré dans les provinces de château en château, parmi les résidences royales. Elle comprit enfin que c'en était fait de ses grandeurs, et quitta au plus vite le sol bavarois, trop heureuse d'échapper ainsi aux vengeances populaires qu'elle avait pris plaisir à provoquer.

A la suite de diverses pérégrinations, la comtesse de Landsfeldt arriva, au commencement de 1849, en Angleterre, où elle ne tarda point à se faire épouser par un jeune officier aux gardes, nommé Heald, et héritier d'une grande fortune, qu'il était en train de manger le plus joyeusement possible. Le mariage eut lieu en dépit de tous les obstacles que la famille du conjoint chercha à y mettre ; mais il était parfaitement nul en droit, puisque le premier mari de Lola Montez, M. James, cet officier dont nous avons parlé, ne mourut que dans le courant de 1850. L'heureux couple partit alors pour l'Espagne, afin d'y passer la lune de miel ; mais au bout de six mois Mme Heald avait assez de cette existence bourgeoise, et connaissant par expérience la manière de s'y prendre, elle déserta avec armes et bagages la demeure conjugale, sans que d'ailleurs son époux s'inquiétât le moins du monde de faire courir après la belle fugitive. Le jeune fou qui s'était compromis si fâcheusement aux yeux du monde par cette parodie de mariage se noya à la fin de 1852, en vue de Lisbonne, dans une promenade en mer qu'il était allé faire en compagnie d'une *jeune dame*, parce que le mouvement imprimé aux vagues par un bâtiment à vapeur qui vint à passer par là fit chavirer la frêle embarcation dans laquelle il se trouvait.

Lola Montez n'avait pas attendu qu'elle fût devenue veuve de son second mari pour s'en aller dès 1852 chercher fortune aux États-Unis, où elle exploita de son mieux la curiosité et la sensualité des riches *Yankees*. Ses exhibitions de ville en ville la conduisirent, dans le courant de 1853, en Californie, où, peu de temps après son arrivée à San-Francisco, elle épousa un M. Hull, éditeur propriétaire du Journal *The San-Francisco Whig*. Trois mois après, madame Hull intentait devant les tribunaux un procès en divorce, et la justice accueillait sa demande. Redevenue alors, comme devant, *comtesse de Landsfeldt, baronne de Rosenthal et chanoinesse de l'ordre de Sainte-Thérèse*, Lola Montez fit pendant près de dix-huit mois les délices des tripots les plus aristocratiques de San-Francisco ; puis les contributions volontaires des riches amateurs venant à baisser de chiffre, elle imagina un nouveau genre d'exhibition à la portée de toutes les bourses, et auquel elle donna le nom de *conversations*. Ces conversations duraient un quart d'heure ; et moyennant un droit fixe, perçu comme à la porte d'un théâtre, on avait le droit de la voir dans une de ses plus riches toilettes et de causer avec elle en français, en anglais ou en espagnol, sur tel sujet qu'on voulait choisir. Puis quand il ne se présenta plus assez de curieux, Lola Montez s'embarqua, en juin 1855, pour l'Australie, pour aller exploiter la curiosité des chercheurs d'or de cette autre partie du monde. Les dernières nouvelles qu'on en ait reçues au moment où nous imprimons ces lignes disent que la foule se porte avec empressement aux représentations extraordinaires dans lesquelles les directeurs de théâtre font figurer la fameuse comtesse de Landsfeldt.

MONTEZUMA, le dernier souverain du Mexique avant la conquête de cet empire par les Espagnols, succéda, en 1502, à son père, qui portait le même nom. C'est sous son règne que Fernand Cortez débarqua, en 1519, au Mexique, à la tête d'une petite armée. Épouvanté par une antique prédiction et par ce qu'avait d'étrange l'arrivée imprévue de ces étrangers, Montezuma accueillit Cortez comme son souverain. Mais quand il eut fini par reconnaître que les nouveaux venus n'étaient point des êtres surhumains, il songea secrètement à les exterminer. Cortez n'en eut pas plus tôt été instruit, qu'il fit charger Montezuma de chaînes, et qu'il le contraignit à reconnaître la souveraineté du roi d'Espagne. Révoltés de n'avoir plus pour maître qu'un esclave des étrangers, les Mexicains coururent aux armes ; et Montezuma ayant voulu s'interposer pour apaiser la révolte fut hué et blessé grièvement. Les Espagnols le protégèrent, il est vrai, et pansèrent même sa blessure ; mais, ne pouvant se consoler d'être tombé dans le mépris de ses sujets, il persista toujours à arracher lui-même l'appareil mis sur sa plaie ; et il ne tarda pas à succomber (1520). Les enfants qu'il laissait en mourant embrassèrent la religion chrétienne. L'aîné fut créé *comte de Montezuma* par Charles-Quint. Le dernier descendant de ce nom, Don Marsilio de Teruel, comte de Montezuma, grand d'Espagne de première classe, fut banni d'Espagne à cause de ses opinions libérales. S'étant réfugié alors au Mexique, il ne tarda pas à y éprouver le même sort, et mourut à la Nouvelle-Orléans, en 1836.

MONTFAUCON, éminence située hors de Paris, au nord-est, à 500 mètres du bassin de La Villette et de la barrière du Combat. Cette éminence, qui domine le sol le plus exhaussé de Paris, et même le sommet de la plupart de ses édifices, est elle-même dominée par la butte Saint-Chaumont. Là jadis s'élevait un haut massif de maçonnerie, surmonté de treize piliers, liés par des poutres auxquelles supportaient cinquante à soixante cadavres humains. Une large rampe en pierre conduisait à ce monument funèbre, dont les uns attribuent la construction à Pierre de La Brosse, favori et chambellan de Philippe le Hardi, d'autres à Enguerrand de Marigny, et quelques-uns enfin à Pierre Remi. Telles étaient les *fourches patibulaires* de Montfaucon, où plus d'un noble seigneur rendit le dernier soupir. Neuf ministres des finances y expièrent leurs torts ou ceux du pouvoir, à une époque où la théorie de la responsabilité ministérielle n'était pas même soupçonnée.

Depuis longtemps le gibet de Montfaucon n'existe plus. Son emplacement fut couvert longtemps par une voierie où se faisaient les opérations de l'écarrissage et le dépôt des immondices de Paris ; lieu d'horreur autrefois, il devint un lieu de dégoût : on y pendait jadis les hommes, on y abattit les chevaux. Le dépôt d'immondices a été transporté dans la forêt de Bondy.

MONTFAUCON (Dom Bernard de), savant bénédictin, était né en 1655, au château de Soulage, en Languedoc, d'une famille noble, qui comptait parmi ses ancêtres les premiers barons du comté de Comminges. Sa passion pour l'étude se révéla dès sa jeunesse. A une mémoire prodigieuse il joignait un grand talent d'analyse et de synthèse. Il apprit l'espagnol et l'italien sans autre maître qu'un dictionnaire. Un jour, en présence de M. Pavillon, évêque d'Aleth, il exposa avec tant d'ordre et de précision le système et les singularités des *Antiquités judaïques* de Josephe, que ce digne évêque lui dit en l'embrassant : « Continuez, mon fils, et vous serez un grand homme de lettres. » Cependant, le récit des sièges et des batailles dans les vieux historiens, peut-être aussi le retentissement des exploits du grand Turenne, enflammèrent son imagination. Il entra, en 1672, dans le corps des cadets de Perpignan, et fit deux campagnes en Allemagne sous les ordres de Turenne. Dangereusement malade et frappé des dernières paroles d'un de ses amis, qui lui recommanda en mourant de renoncer à la carrière militaire, il retourna au château de Père donné par les bénédictins; et après avoir visité Milan, Modène, Venise, Ravenne, Bologne et Florence, il revint à Paris mettre en ordre les riches matériaux qu'il avait amassés. Dès lors la vie de Montfaucon n'est plus que l'histoire de ses ouvrages. Dans une extrême vieillesse, cet infatigable écrivain donnait encore huit heures par jour à l'étude : l'avant-veille de sa mort, il communiquait à l'Académie le plan d'une suite des *Monuments de la Monarchie française*; il mourut presque subitement, à l'âge de quatre-vingt-sept ans, le 21 décembre 1741. Il fut inhumé avec pompe, dans l'église de l'abbaye Saint Germain-des-Prés, à côté du père Mabillon, dont il a soutenu la réputation avec honneur. En 1719 le roi l'avait nommé membre honoraire de l'Académie des Inscriptions, bien qu'il n'y eût pas alors de place vacante.

Avec quelques dissertations d'un grand intérêt sur le papyrus, le papier d'Égypte, celui de chiffe et de coton, sur les monuments antiques, sur les mœurs du siècle de Théodose, etc., ce laborieux écrivain nous a laissé : *Analecta sive varia opuscula græca hactenus inedita* (Paris, 1688); *Vérité de l'histoire de Judith* (Paris 1690, réimprimée en 1692); *Diarium Italicum, sive monumentorum veterum bibliothecarum*, etc., *notitiæ singulares, itinerario italico collectæ* (Paris, 1702) : c'est une relation des curiosités que l'auteur avait remarquées dans son voyage d'Italie; *Collectio nova Patrum et Scriptorum Græcorum* (Paris, 1706, 2 vol.); *Palæographia Græca, sive de ortu et progressu litterarum græcarum* (Paris, 1708) : cet ouvrage a pour but d'établir l'âge des manuscrits grecs par la connaissance des caractères de chaque époque; *De priscis Græcorum ac Latinorum Litteris*; le livre de Philon, *De la Vie contemplative*, traduit du grec (Paris, 1709); *Bibliotheca Coisliana, olim Segueriana, sive manuscriptorum omnium græcorum quæ in ea continentur accurata Descriptio* (Paris, 1715); *L'Antiquité expliquée et représentée en figures, latin et français* (Paris, 1719-1724, 15 vol. in-fol.) : immense travail, qui seul suffirait à la gloire de l'auteur; *Supplément au livre de L'Antiquité expliquée* (Paris, 1724), composé d'une grande quantité d'antiques, pour la plupart inconnues jusque alors; *Les Monuments de la Monarchie française, avec les figures de chaque règne* (Paris, 1829-1833, 5 vol.); *Bibliotheca librorum manuscriptorum nova* (Paris, 1739) ; enfin, d'excellentes éditions des œuvres de saint Athanase, de saint Chrysostome et des *Hexaples* d'Origène. Montfaucon préparait une nouvelle publication du dictionnaire grec d'Æmilius Portus, avec des additions considérables, quand la mort vint interrompre ses travaux.

MONTFERRAT, ancien duché souverain, borné par le Milanais, le Piémont et Gênes, qui fait aujourd'hui partie intégrante de la monarchie sarde. Situé entre les Alpes maritimes et le Pô, et formant deux parties distinctes, sa superficie est de 35 myriamètres carrés. Il avait pour chef-lieu Casal. C'est aux environs de cette ville qu'est situé le château de Couccaro, où, suivant une ancienne tradition, serait né Christophe Colomb.

Après avoir successivement appartenu autrefois à l'empire romain, aux Lombards, et plus tard à l'empire des Francs, le Montferrat eut, jusqu'au commencement du quatorzième siècle, ses marquis particuliers. Il passa alors par héritage à une branche collatérale de la maison impériale de Byzance, et en 1536 au duc de Mantoue. Ce fut seulement lorsque le duc Charles IV de Mantoue eut été mis, en 1703, au ban de l'Empire; que la Savoie fit valoir ses prétentions à la possession du Montferrat, prétentions dont l'empereur Léopold Ier reconnut le bon droit.

MONTFLEURY (ZACHARIE JACOB, dit) était né dans l'Anjou, à la fin du seizième siècle. D'abord page du duc de Guise, puis comédien en province, il entra ensuite dans la troupe de l'hôtel de Bourgogne, où il s'acquit une grande réputation d'acteur; il y joua *Le Cid* et *Les Horaces* de Corneille, y fit représenter une tragédie d'*Asdrubal*, et mourut en 1667. Molière, dans son *Impromptu à Versailles*, s'est moqué de la déclamation de Montfleury, qui pour s'en venger essaya de déshonorer notre grand auteur comique.

Son fils, *Antoine* JACOB, né en 1640, a travaillé de bonne heure pour le théâtre; il a donné seize pièces, dont une, *La Femme Juge et Partie*, est demeurée au répertoire.

MONTFORT (Maison de). Elle remontait au dixième siècle, et avait pris son nom de la ville de Montfort-l'Amaury, dans le Mantois. Au nombre des plus célèbres personnages qu'elle produisit, nous citerons : *Amaury II*, qui épousa les intérêts du roi de France Henri Ier contre sa mère, Constance, et lui ménagea l'appui du duc de Normandie. Son fils, *Simon* Ier, servit également Henri contre Guillaume le Bâtard, et mourut en 1087. *Simon II*, qui mourut en 1013, suivit aussi le parti du roi Louis le Gros contre Guillaume le Roux, et l'aida à comprimer la révolte de Bouchard de Montmorency. Ses successeurs *Amaury IV*, *Amaury V* et *Simon III* possédèrent le comté d'Évreux.

Simon IV, deuxième fils de Simon III, fut le trop fameux chef de la croisade contre les albigeois. Il avait auparavant pris part à la quatrième croisade, et s'était distingué en Palestine par son courage et ses talents. Il laissa deux fils, *Amaury VI*, qui le remplaça comme chef des croisés, devint plus tard connétable, et mourut en 1226, et *Simon*, qui passa en Angleterre, où il fut créé comte de Leicester, et épousa, en 1238, la comtesse de Pembrocke, sœur du roi Henri III. Ce mariage et les talents de Simon lui valurent le gouvernement de la Guienne; mais desservi auprès du monarque, il perdit sa faveur, et s'unit avec plusieurs seigneurs mécontents, qui voulaient se saisir du pouvoir et régner sous le nom de leur souverain. Henri ayant convoqué un grand conseil à Westminster, les barons s'y rendirent en armes, s'emparèrent de sa personne et formèrent un comité, composé de vingt-quatre membres, auxquels appartint l'autorité souveraine. Au bout de deux ans, Henri parvint à rentrer dans ses droits, et Leicester se réfugia en France. Il revint en Angleterre, et leva l'étendard de la rébellion. Comme les forces du prince et des barons se balançaient, ils prirent pour arbitre saint Louis, qui rendit une sentence par laquelle Henri devait rentrer dans la plénitude de ses prérogatives. Mais cette décision fut repoussée par les barons; la guerre continua avec une nouvelle fureur.

La bataille de Lews mit Henri et son fils Édouard aux mains de Leicester, qui, en rendant au monarque toutes sortes de respects, le contraignait à prêter son nom aux actes de sa tyrannie. En effet, il s'empara de l'administration des affaires, et régna despotiquement. Mais s'étant brouillé avec le comte de Glocester, celui-ci enleva le prince Édouard de sa prison, et lui donna une armée. Leicester marcha contre eux, et fut vaincu dans les champs d'Evesham, en 1265. Il périt les armes à la main, ainsi que l'un de ses fils; et de tous les barons qui combattaient pour lui, dix échappèrent seuls à la mort. Leicester avait de grandes qualités, et servit son pays en réformant de grands abus et en jetant les fondements des libertés qui ont émancipé le peuple anglais et fondé sa prospérité.

Jean, fils d'Amaury VI, mourut à Clypre, accompagnant saint Louis à la croisade, ne laissant qu'une fille, Béatrice, dont le mariage porta le comté de Montfort dans la maison de Dreux. Il passa ensuite à la maison de Bretagne, par le mariage du duc Arthur II avec sa fille, Yolande.

Le fils né de cette union fut ce célèbre *Jean de Montfort* qui disputa si longtemps le duché de Bretagne à son neveu Charles de Blois. Son fils, *Jean IV*, avec l'aide de son héroïque mère, Jeanne de Flandre, finit par triompher de son compétiteur, et fut la souche de la dernière branche ducale de Bretagne. Un frère du vainqueur des albigeois, *Guy de Monfort*, le suivit en Palestine, et prit une notable part à la guerre contre les hérétiques. Il fut tué en 1229, l'année même où le traité de Meaux termina enfin ces luttes sanglantes. Ses fils, *Philippe Ier* et *Aufroy*, furent la tige des branches de Castre et de Thoron, qui s'éteignirent bientôt.

MONTFORT-L'AMAURY. *Voyez* SEINE-ET-OISE.
MONTFORT-LE-ROTROU. *Voyez* SARTHE.
MONTFORT-SUR-MEU. *Voyez* ILLE-ET-VILAINE.

MONTGAILLARD (BERNARD DE PERCIN DE), connu sous le nom de *petit feuillant* pendant la Ligue, naquit au château de Montgaillard, en 1553. Il entra dans l'ordre des feuillants, et fut un des ligueurs les plus acharnés; il se multipliait, malgré la claudication dont il était affecté; aussi l'appelait-on *le laquais de la Ligue*. Il se distinguait par ses prédications plus que séditieuses et par les démonstrations de son dévouement. Dans la grande procession où figurèrent en armes presque tous les ordres monastiques de la capitale, « on distinguait toujours hors du rang le petit feuillant, armé tout à cru, se faisant faire place avec une épée qu'il brandissait à deux mains, une hache d'armes à sa ceinture, son bréviaire pendu par derrière, et le faisoit beau voir sur un pied faisant le moulinet devant les dames ». Après la prise de Paris, Montgaillard se réfugia à Rome, où il passa dans l'ordre de Citeaux. Il vint ensuite dans les Pays-Bas, y devint le prédicateur de l'archiduc Albert, et, après avoir refusé plusieurs évêchés, accepta, pour réformer sa discipline relâchée, l'abbaye de Nivelle et enfin celle d'Orval, où il mourut, le 8 juin 1628, après y avoir introduit une réforme semblable à celle de la Trappe. Il avait composé beaucoup d'écrits dirigés contre Henri IV, qu'il brûla avant sa mort. On n'a de lui maintenant que l'*Oraison funèbre de l'archiduc Albert* et une lettre fort violente adressée à Henri III, en 1589, en réponse à une lettre de ce monarque.

Un abbé de MONTGAILLARD, né en 1772, en Languedoc, mort à Paris, en 1825, émigra en 1791, puis rentra en France en 1799, et obtint sous le consulat un emploi dans l'administration: On a de lui une prétendue *Histoire de France depuis la fin du règne de Louis XVI*, mauvais pamphlet écrit dans les intérêts des d'Orléans, auquel les louanges vénales des journaux purent seules faire une espèce de succès, et depuis longtemps oublié.

MONTGOLFIER (ÉTIENNE), correspondant de l'Académie des Sciences, né à Annonay, en 1740, mort auprès de la même ville, en 1799, fut l'un des auteurs d'une brillante découverte dont la France ait pu s'honorer. Sa famille était connue depuis longtemps par son habileté dans l'art de la fabrication du papier. Tous ceux qui en faisaient partie n'étaient guère occupés dès leur enfance qu'à rechercher de nouveaux moyens d'industrie, soit mécaniques soit chimiques, pour accélérer et pour accroître le perfectionnement de leurs travaux. Étienne Montgolfier joignit à cette éducation, pour ainsi dire naturelle et commune, qui le dirigeait vers les sciences, une instruction particulière, qu'il vint de bonne heure acquérir à Paris : il y fut placé au collége de Sainte-Barbe, et s'y attacha principalement à l'étude des sciences exactes. Bientôt il se livra d'une manière exclusive à l'architecture théorique et pratique; et il existe dans les environs de Paris des églises et des maisons particulières bâties d'après ses plans et sous sa direction, qui attestent tout à la fois et ses talents et son bon goût. La mort d'un frère aîné rappela E. Montgolfier dans la manufacture héréditaire que son père dirigeait avec succès : il ne tarda pas à ajouter un nouvel éclat aux travaux communs, et les papiers d'Annonay devinrent célèbres par ses soins et par ses découvertes; les presses de Paris s'en enrichirent, et celles des autres pays nous les envièrent. Il naturalisa en France les papiers vélins, remarquables par leur éclat et par leur blancheur, et que les seuls étrangers avaient fabriqués jusque alors, mais avec moins de perfection; il changea le mécanisme employé dans sa fabrique, y ajouta de nouveaux procédés, plus économiques et plus efficaces, découvrit souvent lui-même des pratiques précieuses, que les Hollandais, longtemps nos rivaux dans ce genre de fabrication, connaissaient déjà et n'appliquaient qu'en les enveloppant d'un impénétrable mystère; et s'il ne consomma pas à lui seul la révolution qui s'est opérée vers la fin du siècle dernier dans cette branche importante de notre industrie, il y eut du moins une grande part.

Son frère, *Joseph* MONTGOLFIER, qui fut le compagnon de ses travaux et de sa gloire, s'associait à toutes ses méditations, était le dépositaire de toutes ses pensées, et lui communiquait toutes les siennes; c'était un homme supérieur aussi, mais il était un peu bizarre dans ses conceptions et dans ses habitudes sociales; il avait moins de savoir et moins d'instruction que son frère, mais il avait plus que lui peut-être le génie qui jusqu'à un certain point soit s'en passer et qui souvent ne qu'il ne sait pas. Ainsi, par exemple, il n'avait jamais appris que l'arithmétique, et il faisait de mémoire et sans écrire des calculs qui auraient effrayé les plus habiles mathématiciens, bien qu'ils eussent pu y appliquer toutes les formules de leur science. Toutefois, ses idées avaient besoin d'être rectifiées par un esprit méthodique et éclairé par l'étude, comme était celui d'Étienne. On peut dire qu'ils ne formaient qu'un seul homme à eux deux, et que l'un était toujours la faculté supplémentaire de l'autre; c'est ce qui explique comment la découverte qui les a rendus si célèbres, et même les découvertes, car ils en ont fait plusieurs que le mécanisme de leur vie ne leur a pas permis de compléter toutes, appartiennent bien réellement à l'un et à l'autre.

On a prétendu que le hasard avait été pour beaucoup des anecdotes dont je puis garantir la fausseté; je n'examine point si le hasard n'a pas toujours influé de quelque manière sur les plus belles inventions du génie; mais je dirai que le génie n'en est pas moins admirable, pour avoir saisi parti d'idées inutiles et destinées à ne rien produire, au lieu de la créer lui-même, celle qui pouvait, dans ses conséquences et dans ses résultats, devenir le principe et la base d'une grande et sublime découverte. Celle de MM. Montgolfier fut pour eux bien certainement le résultat d'une théorie appuyée sur des faits et des observations qui avaient échappé jusque alors à l'attention des hommes vulgaires. Ils reconnurent qu'il serait possible d'élever à une très-grande hauteur une masse d'un très-grand poids, en remplissant son intérieur d'un fluide plus léger que l'air atmosphérique dont elle serait entourée, et telle sorte que, pour être en équilibre avec lui, elle pût s'élever par sa légèreté relative, comme une bouteille vide surnage au-dessus de l'eau, étant devenue, en se remplissant d'air, plus légère qu'elle. Ils n'eurent plus alors qu'à trouver ce fluide, et ce fut l'air atmosphérique lui-même, raréfié par la chaleur, qui le devint. Ce fut le principe de leur découverte, principe simple et naturel, mais qu'on n'avait pas aperçu avant eux, ou que du moins on n'avait pas mis en pratique. Il se trouva juste dans l'application qu'ils en firent : leur première expérience publique eut lieu à Annonay, le 5 juin 1783, devant les députés aux états particuliers du pays, qui y étaient assemblés, et un grand nombre de spectateurs ; elle fut couronnée du plus brillant succès. Un globe de toile doublée de papier, de 11 m. 66 c. de diamètre, préparé par eux, portant avec lui un brasier enflammé, employé à continuer dans son intérieur la raréfaction de l'air atmosphérique qui le remplissait, et emportant aussi un mouton vivant, s'éleva à plusieurs centaines de mètres, et redescendit, après quelque temps, à plus de trois kilomètres du point de départ, sans que l'animal qu'il avait enlevé eût éprouvé le moindre mal, et lui-même la moindre avarie.

Après cette expérience, si décisive, Étienne Montgolfier vint à Paris pour en faire d'autres, sous les yeux des savants les plus capables de l'aider à en étendre les résultats, et il fut accueilli partout avec enthousiasme. On se rappelle la sensation que produisirent ses premiers essais dans cette ville si avide de nouveautés et où l'on est si susceptible d'être frappé de tout ce qui a de la grandeur et de l'éclat. L'expérience qui fut faite au château de La Muette mit le sceau à sa renommée. Deux courageux amis des sciences s'associèrent à sa gloire, en devenant les premiers navigateurs aériens qu'eût encore offerts l'espèce humaine : l'un fut le marquis d'Arlande, gentilhomme languedocien, l'autre cet infortuné Pilastre du Rosier, qui périt d'une manière si terrible dans une entreprise pareille. Partis des jardins de La Muette, ils traversèrent la Seine et allèrent descendre paisiblement de l'autre côté de Paris, près de la route de Fontainebleau. Le roi voulut que ces expériences fussent répétées à Versailles, afin d'en être témoin ; et leur succès ne fut pas moins grand que celui des précédentes.

Mais il manquait à cette merveilleuse invention le complément qui pouvait seul lui donner une grande influence sur toutes les combinaisons humaines, l'art de se diriger dans les airs. Les frères Montgolfier en firent le sujet de leurs études et de leurs essais : ils ne le jugeaient pas impossible, et quelques combinaisons physiques et mécaniques qu'ils se proposaient de tenter leur paraissaient pouvoir atteindre à ce but ; mais il fallait de nombreuses expériences nécessairement dispendieuses, et leur fortune était médiocre ; le gouvernement les avait laissés presque sans récompense. Le roi seulement avait donné des lettres de noblesse au père de MM. Montgolfier, le cordon de Saint-Michel à Étienne, et mille pistoles de pension à Joseph, son frère aîné, compagnon de sa gloire et de ses travaux. Après de longues sollicitations, quelques secours insuffisants, et fort modiques, leur furent attribués pour cela ; ils les eurent bientôt consommés. On leur en promit d'autres, qu'on ne leur donna point, et la révolution, qui survint durant le cours de ces nouvelles expériences, les interrompit et leur ôta les moyens de les continuer. Déjà ils avaient construit un aérostat en soie, d'une très-grande capacité et d'une forme lenticulaire, lequel, en s'élevant et s'abaissant à volonté par l'augmentation et la diminution de la chaleur, se rapprochait plus ou moins rapidement d'un point déterminé ; ils avaient aussi l'idée d'appliquer à leurs aérostats, qu'ils auraient rendus moins fragiles, la puissance de la machine à vapeur, dont la géniale enfant tient de miracles, et dont ils avaient étudié la théorie avec une extrême attention.

« Cette découverte est un enfant qui promet beaucoup, disait Franklin en admirant ses premiers résultats ; mais il faudra voir quelle sera son éducation... » Cette éducation, pour me servir de la même comparaison que ce grand homme, a été complétement négligée, et n'a été livrée qu'à des empiriques, dont le seul but est d'en faire des moyens d'amusement et de spectacle pour les grandes villes et les grandes fêtes. Étienne Montgolfier trouva du moins dans sa célébrité l'avantage de faire apprécier par les hommes les plus honorables et les plus illustres de la fin du dernier siècle ses qualités personnelles, et d'en être chéri et honoré. Après la cessation de ses expériences si célèbres, il retourna dans sa demeure ordinaire, et reprit avec le même succès et la même activité qu'auparavant les travaux de sa manufacture. La révolution vint l'y menacer : heureusement, l'union qui a toujours régné parmi ses concitoyens, et qui ne permit pas à l'esprit de parti de s'introduire parmi eux, leur éloignement du foyer des agitations, repoussèrent presque tous les maux loin de cette contrée ; la considération dont il jouissait, l'attachement qu'avaient pour lui les nombreux ouvriers dont il était le bienfaiteur, et la vénération qui environnait son père, âgé de plus de quatre-vingt-dix ans, le défendirent contre tous les dangers de la délation et de l'arbitraire. Il avait été nommé, dès les premiers temps de la révolution, d'abord procureur-syndic de son district, et ensuite administrateur de son département. Il mourut à cinquante-deux ans, des suites d'une longue maladie. Cte BOISSY-D'ANGLAS.

MONTGOLFIÈRE, nom que l'on a donné aux aérostats construits suivant le système des frères Montgolfier, c'est-à-dire s'élevant au moyen de l'air chaud.

MONTGOMERY, l'un des comtés septentrionaux de la principauté de Galles (Angleterre), situé entre les comtés de Merioneth, de Denbigh, de Shropshire, de Radnor et de Cardigan, d'une superficie de 78 myriamètres carrés, comptait en 1851 une population de 28,756 habitants. Quoique à son extrémité sud-ouest, du côté du comté de Cardigan, le Plenlemmon atteigne une altitude de 770 mètres et envoie des ramifications dans toutes les directions, l'aspect général de la contrée n'a au total rien d'âpre ni de sauvage ; et elle est, au contraire, traversée par de belles et fertiles vallées, dont les collines et les montagnes sont entièrement couvertes de la plus luxuriante verdure. A l'ouest, le Dovey va se jeter dans la baie de Cardigan, de même que des flancs du Plenlemmon sourdent la Wye, pour couler au sud, et la Severn, qui, avec le Rhin et le Vyrnwy arrosent la partie orientale du comté. Le canal de Llanymynech ou de Montgomery, embranchement du canal d'Ellesmere qui conduit à la Mersey au-dessous de Liverpool, part à Newport de la Severn, dont il traverse la vallée et aboutit à Welshpool, où est la frontière franchit le Vernoy à l'aide d'un aqueduc. Les montagnes se composent d'ardoise et de chaux, et le sol des vallées d'argile. Le climat est sain et tempéré. Le sol, inégal à l'ouest et au sud-ouest, est peu propre à l'agriculture ; à l'est on récolte des céréales et du chanvre. Le manque de bois commence déjà à se faire sentir. Les mines de plomb, pour la plupart très-riches et dont quelques-unes contiennent du plomb argentifère, sont épuisées ; mais l'ardoise et la pierre à chaux sont toujours l'objet d'une importante exportation. De vastes pâturages favorisent l'éducation des bêtes à cornes, des chevaux et des moutons. La fabrication des lainages, notamment des flanelles, constitue la plus importante des industries manufacturières.

MONTGOMERY, chef-lieu du comté, dans une belle et fertile contrée, bâti sur le versant d'une colline baignée par la Severn, et sur le sommet de laquelle on voit les ruines d'un ancien château fort, possède un bel hôtel de ville, et, y compris son district, compte 20,872 habitants. *Welshpool*, ville mal bâtie, située au pied d'une colline et sur les bords de la Severn, qui, à peu de distance de là devient navigable pour les bâtiments d'un faible tonnage, est reliée par un canal à Chester et à Ellesmere, et forme le grand marché des flanelles et de *Welsh-Webs*.

Montgomery est encore le nom d'un grand nombre de comtés et de localités des États-Unis, et le chef-lieu de l'État d'Alabama, à 50 myriamètres de Mobile, sur l'Alabama, qui y devient navigable, et sur un chemin de fer conduisant encore à 10 myr. plus loin, jusqu'à *West-Point*. On y compte 4,000 hab., et il s'y fait de grandes affaires en coton.

MONTGOMERY (GABRIEL DE), chevalier français, célèbre par sa bravoure et ses malheurs, descendait d'une famille émigrée d'Écosse en France, et, comme son père, était officier dans la garde écossaise. Lors d'un tournoi que Henri II fit célébrer, le 30 juin 1559, à l'occasion du mariage de sa fille, le roi, qui avait déjà rompu plusieurs lances, engagea le jeune Montgomery à faire un pas d'armes avec lui. Montgomery ne le suivit qu'en hésitant dans la lice, et eut le malheur de toucher le roi à la tête, sous la visière, dans l'œil droit avec la hampe de sa lance, qui du premier choc s'était brisée. Henri II mourut de cette blessure, après avoir encore vécu onze jours, mais sans reprendre connaissance. Quoique innocent, Montgomery s'éloigna de France, et se rendit en Angleterre, où il embrassa le protestantisme. Toutefois, en 1562, au début des guerres de religion, il ne put se dispenser de revenir dans son pays et d'y prendre les armes pour la défense du parti protestant. La même année il défendit Rouen avec la plus grande intrépidité, mais dut finir par l'évacuer. La lutte ayant recommencé en 1565, on le vit encore dans les rangs de ses co-religionnaires; et il figura à la bataille de Saint-Denis. Lors de la troisième guerre de religion, il fut l'un des chefs du protestantisme, et remporta de nombreux avantages sur les troupes royales en Languedoc et en Béarn. Quoique condamné à mort avec Coligny par la cour, il vint à Paris après la paix de Saint-Germain. Ce fut par miracle qu'il échappa au massacre de la Saint-Barthélemy et qu'il réussit à se réfugier en Angleterre. Au mois d'avril 1573 il parut devant La Rochelle avec une petite flotte, qui lui servit surtout à dévaster les côtes de la Bretagne. Après avoir opéré une descente en Normandie et avoir réussi à réunir un corps de huguenots assez considérable, il entreprit la guerre de son chef. Mais bientôt, trop vivement pressé dans Saint-Lô par le maréchal de Matignon, il se retira au château de Domfront, où force lui fut de capituler, le 27 mai 1573. Matignon lui avait garanti la vie sauve. Catherine de Médicis exigea qu'on le lui livrât, malgré la parole donnée. Après une longue détention, Montgomery eut la tête tranchée, le 27 mai 1574, sur la place de Grève à Paris. Il mourut héroïquement, laissant neuf fils, qui, eux aussi, furent de braves soldats.

MONTGOMERY (JAMES), poëte anglais, naquit en 1771, à Irwine, dans le comté d'Ayr (Écosse). Son père, qui mourut missionnaire aux Indes occidentales, le fit élever à Leeds dans un séminaire; puis il fut placé en apprentissage chez un marchand. Mais l'enfant sentait qu'il y avait en lui l'étoffe d'un poëte, et avec quelques shellings seulement dans sa poche il s'en alla à pied à Londres offrir ses vers à un éditeur, qui les refusa, il est vrai, mais qui se sentit tant de sympathie pour lui, qu'il lui proposa une place de commis dans sa maison. En 1792 Montgomery fut appelé à prendre part à la rédaction d'un journal de Sheffield très-répandu, *The Sheffield Register*. La révolution française inspirait alors de vives terreurs au gouvernement anglais, qui crut devoir prendre de sévères mesures contre la presse. L'éditeur du *Register*, à la suite d'un procès qui lui fut intenté, dut s'éloigner de Sheffield; et Montgomery prit alors la rédaction en chef de ce journal, dont il changea le titre en celui de *The Sheffield Iris*. Toutefois, il fut également l'objet de poursuites judiciaires. Dès le mois de janvier 1794 il était condamné à trois mois de prison pour un poëme sur la prise de la Bastille; et une année après il expiait un nouveau délit de presse par six mois de détention dans la citadelle d'York. Montgomery n'en continua pas moins à défendre avec chaleur la cause de la liberté; et quand, en 1825, après trente années de rédaction en chef, il se retira du *Sheffield Iris*, une assemblée publique réunie sous la présidence du comte Fitz-William, lui vota des remerciements au nom de ses concitoyens.

Dès 1806 Montgomery avait fait paraître *The Wanderer of Switzerland, and other Poems*, qui lui fit tout de suite une place honorable parmi les poëtes contemporains; et malgré une aigre critique dont il fut l'objet dans l'*Edinburgh-Review*, son livre eut quatre éditions en dix-huit mois. En 1809 il publia *The West-Indies*, poëme sur l'abolition de l'esclavage; en 1813, *The World before the Flood* (description de la vie patriarcale des premiers hommes, qu'on peut considérer comme ayant servi de modèle aux *Amours des Anges* de Moore et au *Caïn* de Byron; en 1817, *Thoughts on Wheels*, réflexions sur l'influence pernicieuse de la loterie, et *The Climbing-Boy*, appel à l'humanité du public en faveur des pauvres petits ramoneurs; puis, en 1819, *Greenland*, poëme où l'on trouve de remarquables descriptions de la nature hyperboréenne; et en 1828, *The Pelican-Island*, qui a pour sujet un épisode du voyage du capitaine Flinders dans la mer du Sud. Toutes les poésies de Montgomery se recommandent par la pureté de leur morale, par un profond sentiment de religiosité, par l'éclat du style, par une appréciation délicate des beautés de la nature, toutes qualités qui lui ont fait une immense popularité parmi ses compatriotes.

Montgomery mourut à l'âge de quatre-vingt-quatre ans, dans son petit domaine de Mount-Drey, aux environs de Sheffield, en mai 1854. En 1830 il avait été chargé de faire un cours de littérature et de poésie à la *Royal-Institution*; ses leçons ont été imprimées en 1833. Quelque temps après, le gouvernement lui accorda une pension de 150 livres sterling, dont il jouit jusqu'à sa mort. Une première édition de ses œuvres complètes parut en quatre volumes, en 1841, et une seconde en 1851. Dans l'année qui précéda sa mort, le digne vieillard avait encore publié un recueil poétique intitulé *Original Hymns for public, private and social devotion*.

MONTHOLON (CHARLES-TRISTAN DE), comte de LÉE, connu par son attachement à l'empereur Napoléon Ier, était né à Paris, en 1782, d'une famille de robe. Destiné d'abord à la marine, il entra dans l'armée de terre dès l'âge de quinze ans, en 1797. Chef d'escadron au moment où eut lieu la révolution du 18 brumaire, il donna dans cette journée des preuves de dévouement absolu au premier consul, qui l'en récompensa par un sabre d'honneur. Plus tard il assista successivement aux campagnes qui eurent lieu en Italie, en Autriche, en Prusse et en Pologne; et à la bataille de Wagram, où il remplissait les fonctions d'aide de camp de Berthier, il fut grièvement blessé. L'empereur, qui dès 1809 l'avait nommé chambellan, lui confia en 1811 une mission confidentielle près l'archiduc Ferdinand de Wurtzbourg; et de cette petite cour Montholon adressa à Napoléon un mémoire des plus curieux sur la situation des diverses cours allemandes et leurs dispositions essentiellement hostiles à la France. A son retour il passa général de brigade, et en 1814 il fut chargé du commandement dans le département de la Loire. Quand Napoléon abdiqua, Montholon accourut aussitôt à Fontainebleau offrir ses services, qui ne furent pas agréés; mais pendant les cent jours l'empereur s'en souvint, et le promut au grade d'adjudant général. Après la bataille de Waterloo, où il fit bravement son devoir, Montholon obtint la permission d'accompagner l'empereur à Sainte-Hélène, où il ne fit suivre par sa femme et par ses enfants. La fidélité et le dévouement dont il fit preuve envers l'illustre captif ne se démentirent pas un seul instant. Napoléon, reconnaissant, le comprit dans son testament pour une somme de 2 millions à prendre sur les 5 millions en or qu'avant de partir de Paris il avait placés chez Laffitte, le nomma l'un de ses exécuteurs testamentaires, et lui confia une partie de ses manuscrits. De retour en Europe, Montholon n'épargna ni peines ni sacrifices pour remplir la mission qui lui avait été confiée, et, en société avec le général Gourgaud, il fit paraître les *Mémoires pour servir à l'Histoire de France sous Napoléon, écrits à Sainte-Hélène sous sa dictée* (Paris, 1823, 8 vo).

La mère du général Montholon s'était remariée avec M. de Sémonville : par les relations de son beau-père, tout puissant sous la Restauration comme grand-référendaire de la chambre des Pairs (après avoir rempli des fonctions analogues, sous l'empire, au sénat dit *conservateur*), il n'eût tenu qu'à lui de se faire *pardonner* par le gouvernement *légitime* son attachement au grand homme. Montholon n'en fit rien, et chercha, au moyen de grandes spéculations, que lui permirent de tenter les deux millions à lui légués par l'empereur, à se faire dans le monde des affaires une position équivalant à celle que par sa naissance, son grade et ses relations de famille il eût pu occuper dans le monde officiel. Malheureusement il calcula mal; non-seulement les deux millions de l'empereur y passèrent; mais force lui fut encore de se *réfugier* dès 1828 en Belgique, afin d'éviter la prison pour dettes. Le gouvernement de Juillet, qui accueillait à bras ouverts les gens les plus tarés dans l'opinion, du moment qu'ils affichaient un grand zèle pour *l'ordre légal*, se souciait médiocrement des hommes à *billets protestés*, quelle que fut d'ailleurs leur valeur personnelle. Ce ne fut donc pas sans peine que Montholon obtint alors sa réintégration dans l'armée, où il fut placé dans le cadre de non-activité. Lors de l'échauffourée de Boulogne (août 1840), son nom figurait avec la qualification de *chef de l'état-major* au bas de la proclamation adressée par Louis-Napoléon au peuple français. On sait l'insuccès de cette tentative, au sujet de laquelle règnent encore aujourd'hui un mystère et une incertitude que le temps parviendra peut-être à faire cesser. Traduit avec le prince devant la cour des pairs, Montholon fut condamné à vingt années de détention et renfermé au fort de Ham avec Louis-Napoléon.

Plus tard le gouvernement de Louis-Philippe, prenant en considération l'état de maladie de Montholon, autorisa sa translation dans une *maison de santé* à Paris; mesure qui équivalait jusqu'à un certain point à un acte de graciement. Montholon comprit si bien ce qu'il y avait de compromettant pour lui dans cette faveur, qu'aussitôt rendu à la santé il la sollicita comme une grâce d'être réintégré dans sa prison, d'où il ne sortit plus qu'après l'évasion de son co-détenu.

Les dossiers des procès de Strasbourg et de Boulogne ayant disparu des greffes criminels peu de temps après la révolution de février 1848, volés évidemment alors pour le compte d'individus intéressés à ce que la lumière ne se fît pas sur les *services secrets* qu'ils avaient pu rendre au gouvernement de Louis-Philippe dans ces deux ténébreuses affaires, il faudra sans doute attendre quelques révélations d'outre-tombe pour savoir à quoi s'en tenir sur les perfides rumeurs auxquelles donnèrent lieu divers actes de mansuétude semblables à celui dont Montholon fut l'objet. Aussi bien, elles n'avaient pas assez de propagateurs intéressés pour que les créatures d'un pouvoir qui ne se faisait pas faute de calomnier ses adversaires quand il ne pouvait pas les défaire.

Après la révolution de Février, Montholon se présenta dans le département de la Charente-Inférieure aux électeurs du suffrage universel, qui l'envoyèrent à l'Assemblée législative. Il est mort en août 1853.

MONTHYON ou **MONTYON** (JEAN-BAPTISTE-ROBERT AUGER, baron DE,), né en 1783, d'une famille de robe distinguée, fut successivement intendant du Limousin, de l'Auvergne et de la Provence, et obtint le titre de chancelier honoraire du comte d'Artois, dignité dont il jouissait encore à sa mort. Monthyon, au commencement de la révolution, émigra en Angleterre, où il publia quelques écrits. En 1800 il remporta le prix proposé par l'Académie de Stockholm pour le meilleur ouvrage *Sur le progrès des lumières au dix-huitième siècle*. Huit ans après, il publia un volume où il examine l'influence qu'ont les diverses espèces d'impôts sur la moralité, l'activité et l'industrie des peuples. Cet ouvrage fut suivi en 1815 d'un autre travail, ayant pour titre : *Particularités et observations sur les ministres des finances les plus célèbres, depuis 1650 jusqu'en 1791* (1 vol. in-8°). On doit encore à Monthyon d'autres écrits, dont le plus remarquable est son rapport à Louis XVIII *Sur les principes de la Monarchie française.*

Dès 1782 Monthyon avait fondé un prix annuel de vertu et un autre pour le meilleur ouvrage qui aurait paru dans l'année, au jugement de l'Académie Française; mais à son retour en France, qui n'eut lieu qu'en 1815, il trouva ses fondations abolies : la Convention les avait supprimées. Il les rétablit, et, dans les dernières années de sa vie, il légua par son testament aux hospices une somme de trois millions de francs ; de plus, par une clause expresse, il ordonna que les différents legs qu'il avait fondés au profit de l'Académie Française et des hospices augmenteraient en proportion de la fortune qu'il laisserait en mourant. Les prix fondés par M. de Monthyon sont: 1° un prix annuel de 10,000 francs en faveur de celui qui dans l'année aura trouvé un moyen de perfectionnement de la science médicale et de l'art chirurgical, au jugement de l'Académie des Sciences ; 2° un prix annuel de 10,000 francs en faveur de celui qui aura découvert les moyens de rendre quelque art mécanique moins malsain, au jugement de l'Académie des Sciences; 3° un prix annuel de 10,000 francs en faveur du Français qui aura composé et fait paraître le livre le plus utile aux mœurs; 4°, un prix également annuel de 10,000 francs en faveur d'un Français pauvre, et qui dans l'année aura fait l'action la plus vertueuse. Ces deux derniers prix sont distribués au jugement de l'Académie Française. Il léguait en même temps une rente de 10,000 francs à chacun des hospices des arrondissements de Paris pour être par eux distribués en gratifications ou secours aux pauvres sortant de ces établissements. C'était noblement se venger de la réputation d'avare qu'on lui avait faite de son vivant. Monthyon, dont l'éloge a plusieurs fois été l'objet de concours publics, mourut à Paris, le 29 décembre 1820, à l'âge de quatre-vingt-sept ans. Il passait pour l'homme de France qui avait le plus d'anecdotes et qui les racontait avec plus d'esprit et d'agrément. La ville d'Aurillac, pour perpétuer le souvenir de son administration paternelle, lui a élevé un monument ; ses restes mortels ont été enterrés à l'hôtel-Dieu, où on voit sa statue.

MONTI (VINCENT), l'un des plus célèbres poëtes italiens modernes, naquit le 19 février 1754, à Fusignano, près de Ferrare. En 1778 il alla à Rome, où, par la protection du prélat Nardini, il obtint la place de secrétaire du prince L. Braschi, neveu de Pie VI. Le jeune *abbé*, car à cette époque Monti en prenait le titre et en portait l'habit, se livra à de profondes études sur les princes des poëtes italiens ; son âme passionnée, ardente, encore neuve, saisissait les sublimes inspirations de Dante, et en appréciait les beautés. Son édition du *Convito* est un monument de son admiration pour cette gloire de l'Italie. Bientôt il parut imiter la manière dans quelques vers qui commencèrent sa réputation. La brillante renommée d'Alfieri l'offusquait; lorsque celui-ci vint à Rome, Monti l'attaqua. Cette tentative ne fut pas heureuse; et alors, pour lutter corps à corps contre son rival, il composa deux tragédies, *Galeotto Manfredi* et *Aristodemo*, où, tout en imitant quelques-unes des beautés des anciens, il devina une partie de celles de la nouvelle école, dont Manzoni est le chef en Italie ; car il ne s'y soumit pas entièrement aux règles de l'unité, sans se jeter pourtant dans le système opposé, que plus tard d'ailleurs il combattit. L'assassinat de Basseville, envoyé de France à Rome, inspira à Monti la *Basvilliana*, ouvrage où il se montra vraiment poëte, et où il déploya tout son génie : le style en est admirable; c'est une imitation délicieuse non des créations poétiques, mais des vers les plus sonores et les plus vibrants du Dante et de Virgile. Le *Prométhée, La Maschueniane, La Feroniade* (violente satire contre les Français) suivirent la *Basvilliana*. Mais Monti ne tarda pas à devenir l'admirateur enthousiaste de Bonaparte, et alors, courtisan obséquieux, il donna une seconde édition de *La Feroniade*, dont il modifia les traits les plus acérés, et désavoua la *Basvilliana*. Cette palinodie fut récompensée par la place de secrétaire du directoire de la République Cisalpine, la chute de ce gouvernement et les revers des armées françaises en Italie forcèrent Monti à se réfugier en France. La victoire de Marengo, qui tua la liberté et enfanta l'empire, le ramena à Milan. Lors de la création du royaume d'Italie, Monti, qui avait été successivement professeur d'éloquence à Pavie et de belles-lettres à Milan, fut nommé historiographe du nouveau royaume, c'est-à-dire chargé de célébrer en vers les hauts faits de l'empereur et roi, tâche dans l'accomplissement de laquelle on ne saurait disconvenir qu'il fit preuve d'un talent aussi souple que varié, tout en se montrant bas adulateur du pouvoir et rampant courtisan de César heureux. A cette même époque, il publia quelques vers anacréontiques, mais il n'a ni la fraîcheur ni le laisseraller propres à ce genre de poésie. Au milieu de ces travaux de poète lauréat, Monti s'occupait d'un plus important ouvrage : sans savoir le grec, il traduisit l'*Iliade*.

Cependant, le grand empire tomba : le puissant empereur, qui avait été chanté par Monti, n'était plus qu'un proscrit! Monti, oubliant que Napoléon avait été son bienfaiteur, après avoir été son ami, célébra sa chute; oubliant qu'il était Italien, il chanta la gloire de l'Autriche. *Il ritorno di Astrea*, sans augmenter sa réputation littéraire, a imprimé une tache sur toute sa vie. Il est vrai que ce poème lui valut la conservation de ses places et de ses pensions.

Monti mourut à Milan, le 13 octobre 1828. Il avait épousé, à Rome, la fille unique du célèbre graveur Pikler; il donna sa fille en mariage au comte Giulio Perticari, connu par quelques ouvrages de polémique littéraire, et qui le seconda dans la lutte qu'il engagea avec l'Académie de la *La Crusca* à l'occasion de sa nouvelle édition du grand dictionnaire de la langue italienne. Ses *Opere inedite e rare* ont été publiés à Milan (5 vol., 1833) ; et ses *Opere varie*, dans les *Classici italiani* (Milan, 1827). AZARIO.

MONTIGNAC. *Voyez* DORDOGNE.

MONTIGNY (ROSE CIZOS, Mme LEMOINE), plus connue sous le nom de *Rose Chéri*, est née à Étampes, en 1825. Son père, acteur et directeur d'une petite troupe de province, commença à la faire s'essayer à Bourges, en 1830, dans *Le Roman d'une heure*. Enchanté de son intelligence, il lui fit aborder immédiatement la rampe, et la petite Rose grandit ainsi sur les planches, se faisant applaudir tour à tour à Moulins, à Nevers, à Clermont, au Puy, à Périgueux, à Chartres, à Lorient, à Bayonne , etc. A quatorze ans, elle était déjà une excellente petite actrice, une parfaite musicienne, et elle dansait le boléro dans la *La Muette de Portici* comme une danseuse émérite. Périgueux fut, en 1842, la dernière étape de province de Rose Chéri : M. Romieu, alors préfet de la Dordogne, donna à la jeune actrice une lettre de recommandation pour Bayard, à Paris ; Bayard la recommanda à M. Delestre-Poirson, directeur du Gymnase, et le 30 mai elle débuta dans *Estelle*, sous le simple prénom de *Marie* : après deux débuts, elle fut remerciée. Alors la jeune actrice, repoussée à Paris, tenta vainement d'entrer à la Comédie-Française, au Vaudeville; elle ne fut accueillie nulle part, et dut se trouver très-heureuse de rentrer au Gymnase, à raison de 800 francs par an, pour y apprendre en double les rôles *en-cas*. Un en-cas ne tarda pas en effet à se présenter, et le 5 juillet 1842 Rose Chéri eut à doubler Mlle Nathalie dans le rôle créé pour Mme Volnys dans *Une Jeunesse orageuse*. Le public murmura à l'annonce d'une doublure; mais à la fin de la soirée la timide débutante avait obtenu un véritable triomphe, et le public réclamait son nom avec insistance. « Quel nom, dirai-je ? demanda le régisseur à la mère de la débutante. — Rose Cizos. — Cizos!... impossible de dire ce nom-là... il prêterait à la plaisanterie. — Mon mari, dans ses tournées dramatiques, prenait le nom de *Chéri*. — Bien. » Et le régisseur lança au milieu des applaudissements le nom de Rose Chéri ; le lendemain le directeur du Gymnase offrait à la jeune actrice un engagement de 4,000 francs par an.

C'est dans *Le Premier Chapitre* que Rose Chéri continua ses tentatives; et à partir de ce moment les créations se succédèrent pour elle avec éclat ; *Les Deux Sœurs*, Mme *de Cérigny*, *La Belle et la Bête*, *Un Changement de Main*, *Clarisse Harlowe*, *Irène*, *La Niaise de Saint-Flour*, et tant d'autres ouvrages dont *Le Fils de Famille*, *Diane de Lys*, *Flaminio*, *Le Demi-Monde* closent aujourd'hui la liste, lui valurent les succès les plus mérités.

Dès que sa réputation se fit, les offres les plus brillantes arrivèrent à Rose Chéri ; l'Odéon lui offrit, dit-on, 10,000 francs pour jouer *Agnès de Méranie* ; M. Buloz, administrateur de la Comédie-Française, fit les démarches les plus instantes pour la décider à entrer aux Français. Elle ne voulut pas quitter la scène de ses premiers succès, et depuis quatorze ans elle y est demeurée la première par droit de talent. C'est une actrice pleine de charme, de verve, de grâce, de sensibilité, qui donne de la fraîcheur à tout ce qu'elle touche. Quelque temps après ses premiers triomphes du Gymnase, elle fit une tournée à Londres, d'où elle revint chargée d'applaudissements et de couronnes : elle vivait patriarcalement de la vie de famille, qu'elle honorait par ses vertus privées, quand un jour M. Scribe se présenta pour demander sa main, au nom de son directeur, M. Lemoine-Montigny ; cette démarche, aussi flatteuse pour celle qui en était l'objet qu'honorable pour celui qui la faisait, aboutit promptement à un mariage, et le 12 mai 1845 la jeune actrice devenait Mme Montigny ; pour le public, elle est toujours demeurée, elle sera toujours Rose Chéri. Napoléon GALLOIS.

MONTI ISOLATI ou **PADUANI**. *Voy.* EUGANEI (Monti).

MONTIJO, nom d'un domaine situé en Estrémadure et que Charles II érigea en comté, en 1697, en faveur de Jean de Porto-Carrero, famille descendant d'un patricien génois, appelé Ægidius Bocanegra, frère du doge d'alors, et qu'en 1340 sa république avait envoyé au secours du roi de Castille Alphonse XI contre les Maures. Créé, en récompense de ses services, amiral et comte de Palma, Bocanegra s'établit en Espagne. Son petit-fils épousa l'héritière de l'illustre maison de Porto-Carrero, dont il prit le nom et les armes, et qu'il continua. Au comte Jean de Montijo, son descendant, dont il a été question plus haut, succéda son fils, Christophe de Porto-Carrero, comte de Montijo, marquis de Barcarota, grand d'Espagne, chevalier de la Toison d'Or et ambassadeur d'Espagne près diverses cours. Celui-ci épousa la sœur du comte de Teba, de l'ancienne famille Guzman, et fit entrer ainsi ce titre de comté dans sa famille. C'est de lui que descend l'impératrice actuelle des Français, *Eugénie de* MONTIJO, née le 5 mai 1826, mariée le 29 janvier 1853 à Napoléon III. L'Almanach royal d'Espagne nous apprend que la naissance lui donne le droit de porter les noms de *Guzman*, *de Fernandez*, *de Cordova*, *de La Cerda* et *de Leira*, qui se rattachent aux pages les plus glorieuses de la monarchie espagnole ; qu'elle réunit sur sa tête trois grandesses de première classe, *Teba*, *Banos* et *Mora*, sans compter une foule d'autres titres ; qu'elle est sœur de la duchesse de Berwick et d'Albe, et fille du comte de Montijo, *duc de Penandara*. Elle est née à Grenade. Sa mère, Andalouse comme elle, dona *Maria Manuela*, se rattache à une famille écossaise catholique, les Kirkpatrick de Glasburn, qui à la chute des Stuarts furent obligés d'émigrer. Le père de Mlle Eugénie de Montijo, officier dans l'armée espagnole, prit parti pour les Français lors de l'invasion de l'Espagne par les armées de Napoléon et de la création d'une royauté nouvelle en faveur de Joseph Bonaparte. Passé colonel d'artillerie au service de France, il perdit à la bataille de Salamanque, en même temps qu'un boulet de canon lui fracassait la jambe. Lors de l'évacuation de l'Espagne par l'armée Française, il la suivit en France, prit part à la campagne de 1814 et fut décoré par l'empereur sur le champ de bataille. Lorsqu'il fallut songer à défendre Paris, Napoléon le chargea de lui présenter un plan de fortifications provisoires à établir autour de la capitale ; et on le choisit pour commander les élèves de l'École Polytechnique postés aux buttes Saint-Chaumont. Revenu plus tard en Espagne, il siégea pendant plusieurs années au sénat, et mourut en 1839.

MONTJAU (MADIER DE). *Voyez* MADIER DE MONTJAU.

MONTJOIE. Le cri de guerre des rois de France était autrefois *Montjoie saint Denys!* et, à leur imitation, les ducs de Bourgogne de la maison de Valois criaient *Montjoie saint Andrieu!* et les rois d'Angleterre, *Montjoie Notre-Dame saint Georges!* On n'est point d'accord sur l'étymologie de ce mot. Jules Chifflet, après Orderic Vital, qui vivait sous Louis le Gros, prend *monjoie* pour *ma joie, mon appui* (meum gaudium). Robert Cenal, évêque d'Avranches, en donne une autre étymologie : il raconte que Clovis, se voyant dans un extrême danger à la bataille de Tolbiac, invoqua saint Denys, dont la reine Clotilde lui avait parlé plusieurs fois, et qu'il cria *mon Jove saint Denys*, comme voulant dire que si saint Denys le sauvait de ce péril et lui faisait remporter la victoire, il serait désormais son *Jove* ou son *Jupiter*, et que de *mon Jove*, qui fut le cri de guerre des Français, on fit *mon joie* ou *montjoie*. Du Cange pensait que par ce mot il fallait entendre une colline, et qu'ici ce mot désignait Montmartre, où saint Denys souffrit le martyre ; d'autres lisent *moult joye* ; mais le père Ménestrier, qui n'entendait badinage sur rien de ce qui se rapporte au blason , rejette ces interprétations avec mépris, en empruntant néanmoins une partie de celle de Du Cange. Une *montjoie*, *montjon* ou *montjavoul*, d'après son explication, signifiait en vieux langage un tas de pierres destiné à marquer les chemins. Le cri de *Montjoie* annonçait donc simplement que la bannière de saint Denys ou de saint André réglait la marche de l'armée. Ce cri est d'une haute antiquité; il se retrouve dans les poésies de la date la plus reculée, mais rien ne prouve qu'il soit antérieur à la troisième race.

Le premier héraut d'armes de France portait le titre de *Montjoie*. DE REIFFENBERG.

MONTLHÉRY, commune du département de Seine-et-Oise, avec 1,653 habitants, sur la pente d'une colline au sommet de laquelle s'élève une tour haute de 32 mètres, qui semble avoir été jadis beaucoup plus élevée. C'est le reste d'un formidable château dont l'histoire se rattache à celle des premiers Capétiens. *Thibaut File-Étoupes*, fils de Bouchard II de Montmorency, paraît avoir été son premier seigneur. Son fils, Guy Ier, et son petit-fils, *Milon de Brai*, surnommé le Grand à cause de ses exploits à la croisade, lui succédèrent. Gui II, dit Troupel ou Troussel, fils de ce dernier, dut céder en 1084 Montlhéry à Philippe Ier, qui lui donna en échange Meung-sur-Loire. Le roi en investit son fils bâtard, Philippe de Mantes, qui , le céda à Hugues de Crécy lors de la révolte contre Louis le Gros. Celui-ci fit reconnaître son côté pour seigneur de Montlhéry un fils de Milon le Grand, qui fut surpris et tué par son compétiteur. Le château fit alors retour au domaine royal.

Montlhéry fut encore le lieu où il y avait une bataille, le 16 juillet 1465, entre Louis XI et les seigneurs confédérés sous le nom de *ligue du bien public*, commandés par le comte de Charolais. Louis tâchait de regagner Paris sans être obligé de livrer bataille ; mais il ne put éviter le combat. L'aile gauche de la gendarmerie française fut forcée de reculer devant les archers flamands et picards, et culbutée par le comte de Charolais, qui avec lances à peine autour de lui fit prendre la fuite à une cavalerie sept ou huit fois plus forte. Ce qui explique cette déroute, c'est le bruit de la mort du roi qui s'était répandu parmi les Français. Pendant ce temps l'aile gauche des Bourguignons était mise en déroute par les gens d'armes dauphinois et savoyards. Le roi, après s'être assuré par lui-même qu'il n'était pas mort, se retira au château de Montlhéry. La nuit vint ensuite, qui empêcha de recommencer le combat. Le roi se replia alors sur Corbeil, et les Bourguignons se dirent victorieux, puisque le champ de bataille leur restait. Mais les Français reprirent Saint-Cloud et le Pont-Sainte-Maxence sans coup férir. Le château de Montlhéry fut détruit à, l'exception de son donjon, pendant les guerres de la Ligue.

MONTLOSIER (FRANÇOIS-DOMINIQUE-REYNAUD, comte DE), né le 16 avril 1755, à Clermont en Auvergne, fut député suppléant de la noblesse de Riom aux états généraux, dans lesquels il siégea après la démission de Rosières. Il y défendit avec chaleur les intérêts de la cour et de l'aristocratie, et s'éleva avec éloquence contre les mesures révolutionnaires qui déclarèrent propriétés de l'État les biens de l'Église. « Vous chasserez les prélats de leurs palais, s'écriait-il, ils se retireront dans la chaumière du pauvre qu'ils ont nourri ; vous leur arracherez leur croix d'or, eh bien , ils prendront une croix de bois. C'est une croix de bois qui a sauvé le monde ! » Après la dissolution de l'Assemblée constituante, Montlosier émigra, et se rendit d'abord à Coblentz, puis en Angleterre, où il devint le rédacteur en chef du *Courrier de Londres*, feuille qui combattait avec une violence extrême les principes et les idées de la révolution. En 1800, chargé par Louis XVIII de faire secrètement des ouvertures au premier consul, il fut arrêté à Calais ; et alors on sut si bien le circonvenir qu'après son retour en Angleterre, le *Courrier de Londres* suspendit subitement ses attaques contre la France. Montlosier, en récompense de ce service, obtint un poste lucratif au ministère des affaires étrangères, auquel il resta attaché comme publiciste pendant la plus grande partie de l'empire. Il rédigea alors pour l'empereur un volumineux mémoire sur l'ancienne monarchie, sur les causes de sa ruine et sur les moyens qui eussent pu la sauver. Ce mémoire, que Napoléon lut et loua beaucoup, ne parut qu'après la chute de l'empire, sous le titre : *De la monarchie française depuis son établissement jusqu'à nos jours* (1814 ; 2e édit., 1815), avec une préface violente contre Napoléon. Montlosier faisait dans cet ouvrage l'apologie du gouvernement féodal, et en demandait formellement le rétablissement. En 1826 il fit paraître un *Mémoire à consulter*, dans lequel il signalait, avec une grande indépendance d'opinions, les tendances envahissantes du clergé et des partis auxquels le jésuitisme, l'ultramontanisme et le parti prêtre exposaient la monarchie. En même temps il mettait le gouvernement en demeure de répondre officiellement sur les faits qu'il dénonçait, en adressant une pétition à ce sujet aux deux chambres. Privé de la pension dont il jouissait depuis les premières années de la restauration, il entra au *Constitutionnel*, où il continua la guerre à outrance qu'il avait déclarée au parti prêtre. En 1829 il publia sa brochure *De la Crise présente et de celle qui se prépare*, dans laquelle il essayait de se poser en médiateur. Après la révolution de Juillet, il donna son concours à la dynastie nouvelle, qui l'appela, en 1832, à faire partie de la chambre des pairs. Mais il n'y fit que de rares apparitions, et se retira bientôt après aux environs de Clermont en Auvergne, où il mourut, le 9 décembre 1838. L'évêque de Clermont refusa ses prières et sa dépouille mortelle. Peu de temps auparavant, il avait fait paraître un livre intitulé *Des Mystères de la Vie humaine* ; on a aussi de lui des *Mémoires sur la Révolution française, le Consulat, l'Empire et la Restauration* (Paris, 1829, 2 vol.), ouvrage resté inachevé.

MONTLUC (BLAISE DE), maréchal de France, né vers 1502, au château de Montluc, en Guyenne, descendait d'une branche de la famille d'Artagnan-Montesquiou, dont la fortune était médiocre. Aussi débuta-t-il dans la carrière une simple page du duc Antoine de Lorraine. Plus tard, à l'âge de dix-sept ans, il accompagna Lautrec en Italie. Après avoir servi avec distinction sous les règnes de François Ier, Henri II et François II, nommé, en 1564, gouverneur de Guyenne, il mérita le surnom de *Boucher royaliste*, par ses cruautés envers les protestants. Il reçut, en 1570, à l'assaut de Rabasteins, un coup de feu qui l'obligea à porter un masque le reste de sa vie. Il fut créé maréchal de France, en 1574, et mourut en 1577, dans sa terre d'Estillac, où il s'était retiré et où il composa ses fameux *Commentaires*, qui parurent pour la première fois en 1592, à Bordeaux.

MONTLUC (JEAN DE), son frère, embrassa l'état ecclésiastique, et vint à la cour de François Ier. Il sut capter la faveur de ce prince et de son successeur, Henri II ; il entra dans la diplomatie, et fut successivement envoyé en mission en Angleterre, en Irlande, en Écosse, en Allemagne, en Italie, à Constantinople, en Pologne, où il contribua puissamment à faire passer la couronne sur la tête du duc d'Anjou, depuis Henri III. Jean de Montluc, très-dévoué à Catherine de Médicis, fut appelé en 1553 à l'évêché de Valence. On le soupçonna d'être favorable aux opinions des protestants, bien qu'il ait écrit en Pologne, en véritable courtisan, une apologie de la Saint-Barthélemy. Il mourut en 1579, laissant une grande réputation de tolérance.

MONTLUÇON, chef-lieu d'arrondissement dans le département de l'Allier, à 12 kilomètres ouest-sud-ouest de Moulins, sur la rive droite du Cher, à l'endroit où commence le canal de Berry, avec 9,942 habitants, un tribunal de première instance, un collége, une manufacture de glaces, des fabriques de toile, de poterie, des fonderies de métaux, des forges, des verreries, des taillanderies, des tanneries, des teintureries, des tourneries en bois, une typographie. Située dans une contrée abondante en pâturages, cette ville était autrefois environnée de murailles flanquées de tours. Sous les Carlovingiens, elle était déjà le siége d'une seigneurie, qui passa au dixième siècle aux sires de Bourbon. Les Anglais s'en emparèrent en 1171; en 1188 Philippe-Auguste la reprit. Au quatorzième siècle, elle souffrit encore beaucoup pendant les guerres avec les Anglais. Un embranchement de chemin de fer doit la relier à Moulins.

MONTMARTRE, ville de la banlieue de Paris, élevée en partie sur une hauteur au nord de Paris, plus particulièrement désignée sous le nom de *butte Montmartre*, et de laquelle on découvre toute la capitale. L'époque de formation gypseuse, et l'exploitation de ses nombreuses carrières de plâtre remonte à une époque très-reculée. Les fréquents accidents auxquels cette exploitation a donné lieu dans les derniers temps du règne de Louis-Philippe ont eu pour résultat de porter l'administration à prendre des arrêtés qui l'ont soumise à certaines conditions restrictives. Des mesures ont été prises pour combler les excavations et consolider le sol dans les parties de la montagne qui pouvaient offrir quelques dangers. On a fait cesser les exploitations clandestines et celles qui, pratiquées à l'aide de la poudre, lançaient des pierres et des débris jusque dans les propriétés voisines.

Dès les temps les plus reculés, des habitations avaient été construites sur cette montagne, qui au temps des Romains avait nom *Mons Martis* (Mont de Mars), à cause d'un temple consacré à Mars qu'on y avait élevé. Plus tard, le *Mons Martis* devint le *Mons Martyrum* (Montagne des Martyrs), parce que ce fut au bas de cette montagne que saint Denys et ses compagnons souffrirent, dit-on, le martyre. Au douzième siècle, le roi Louis le Gros fit bâtir sur le sommet de la butte Montmartre une abbaye de religieuses, qui, s'il faut en croire la chronique scandaleuse locale, n'étaient rien moins qu'exactes à observer leur vœu de chasteté. C'est ainsi que, lors du siége de Paris, Henri IV y prit pour maîtresse sœur Marie de Beauvilliers, qu'il trouva à son goût; et les officiers de sa suite, plus ou moins bien partagés, ne rencontrèrent pas plus que lui de vertus intraitables dans cet asile de l'innocence. Mais on sait qu'il ne faut jamais croire que la moitié de ce qu'on dit. En 1814 Montmartre fut pourvue de quelques fortifications informes, élevées à la hâte quand les armées alliées marchèrent sur Paris. En 1815 on l'entoura d'ouvrages susceptibles d'une assez longue défense. Après la capitulation de Paris, les troupes anglaises et prussiennes s'y établirent, et s'y conduisirent tout à fait en pays conquis. Pour se chauffer, elles arrachaient les solives des plafonds et des toits des maisons; et dans les premiers mois de 1817, longtemps encore après le départ de *nos bons amis* les ennemis, la plupart des habitations y étaient encore abandonnées *primo occupanti*, sans portes, ni fenêtres, ni toitures. Qui a vu Montmartre à cette époque a bien de la peine à le reconnaître, aujourd'hui qu'on y compte plus de trente mille habitants et qu'on y construit à chaque instant

DICT. DE LA CONVERS. — T. XIII.

de nouvelles maisons. Avant la révolution de Février, on estimait à sept millions la valeur des propriétés bâties qui couvraient cette butte. En recourant à la loi d'expropriation et en indemnisant les propriétaires, on aurait pu, sans danger ni inconvénient, continuer l'extraction du plâtre et arriver ainsi quelque jour à raser complètement la hauteur. Cependant on a préféré renoncer à toute idée de dépossession et s'en tenir aux mesures de précaution que nous avons indiquées. A ne considérer, d'ailleurs, que le côté pittoresque de la question, on peut dire que Paris perdrait beaucoup à n'avoir plus au nord l'aspect de la butte Montmartre. Depuis 1848 on rapporte de la terre à Montmartre, et la butte, qui s'affaissait en certains endroits, se relève et se consolide.

Au pied de la butte Montmartre est situé le cimetière de la ville de Paris dit Cimetière du Nord ou Montmartre, qui reçoit la dépouille mortelle des habitants de six de ses arrondissements.

MONTMAUR (PIERRE DE).

Tandis que Pelletier, crotté jusqu'à l'échine,
S'en va chercher son pain de cuisine en cuisine,
Savant en ce métier, si cher aux beaux esprits,
Dont Montmaur autrefois fit leçon dans Paris.

C'est en ces termes que Boileau nous fait connaître Montmaur et nous apprend qu'il était un des beaux esprits piqueassiettes de son siècle. Montmaur était né dans le Quercy, en 1576. Élève des jésuites, il prit d'abord l'habit ecclésiastique, qu'il quitta quelque temps après. Il fut successivement charlatan, vendeur de drogues à Avignon, avocat et poëte à Paris, et professeur de grec au Collége de France. Il était fort pédant, affectait de trancher sur tout, de tout connaître, bien qu'il fût souvent en défaut. Montmaur avait l'esprit très-méchant, très-caustique; aussi ses bons mots lui attirèrent-ils beaucoup d'ennemis, qui par là s'en tinrent pas aux épigrammes et lui attribuèrent les actes les plus répréhensibles. Ménage a publié sa vie, en latin, sous le titre de *Vita Gargilii Mamurræ*; Sallengre a publié en deux volumes, intitulés *Histoire de Montmaur*, toutes les satires lancées contre lui; Henri de Valois a donné une édition de ces œuvres complètes. Ménage le représentait comme un perroquet, d'autres lui donnaient pour devise une âne mangeant des chardons, avec ces mots; « Ils le piquent, mais il les mange; » les appellations les plus injurieuses lui furent prodiguées, mais tout cela le trouva indifférent; il n'en continua pas moins avec un aplomb, qui avait sa source dans une avarice sordide, son métier de parasite. Un jour, il arriva à un dîner où se trouvaient également plusieurs de ses ennemis, qui s'étaient donné le mot contre lui; un avocat, fils d'huissier, chef des conjurés, s'écria aussitôt: » Guerre, guerre! — Que vous ressemblez peu, lui riposta Montmaur, à votre père, qui ne fait que crier : *Paix là, paix là !* » Il mourut en 1648.

MONTMÉDY, chef-lieu d'arrondissement du département de la Meuse, à 86 kilomètres nord-est de Bar-le-Duc, ville forte et place de guerre de quatrième classe, au pied d'un coteau que baigne le Chiers, avec 2,049 habitants, un tribunal de première instance, des fabriques de vinaigre, des tanneries, des moulins à farine, un commerce de cuirs, pelleteries, clouterie, papiers, grains. Elle fut prise par les Français sur les Espagnols en 1657, et cédée à la France par le traité des Pyrénées.

MONTMIRAIL, chef-lieu de canton, sur la frontière occidentale du département de la Marne, près de la rive droite du Petit-Morin, à 94 kilomètres de Paris, avec 2,570 habitants, une exploitation importante d'excellente pierre meulière, une fabrique de meules à moulins, des fabriques d'horlogerie, des tanneries, un commerce de bestiaux, laines, grains et bois. Le territoire de Montmirail a été le théâtre d'un des combats de la mémorable campagne de 1814. Napoléon, ayant organisé la défense de la Seine, se porta en avant pour arrêter la marche des alliés, et se prépara d'abord à écraser les corps épars de l'armée de Silésie, qui occupait la Champagne. Ses opérations commencèrent par la bataille de Champ-Aubert, si funeste à l'armée russe, et c'est le lendemain qu'eut lieu celle de Montmirail, le 11 février 1814. Le corps du général Sacken, renforcé par trois brigades de celui du général York, parut en avant de Montmirail, où Napoléon venait d'arriver avec la division Ricard et la vieille garde. L'armée russe n'était que de 18 à 20,000 hommes; ne pouvant éviter le combat, le général Sacken prend position, son centre appuyé à la ferme de l'Épine-aux-Bois, sur la route de Montmirail à La Ferté-sous-Jouarre, la gauche au village de Fontenelle, sur la route de Montmirail à Château-Thierry, et sa droite à la rivière du Petit-Morin, en arrière du village de Marchais. Bientôt le combat s'engage. Le village de Marchais est pris et repris trois fois. L'action durait depuis plus de cinq heures ; et les deux armées se trouvaient encore dans leur première position. La nuit approchait ; Napoléon, ayant reçu des renforts dans ce moment, se décida à renouveler le combat, sans attendre le reste de son armée. De l'attaque de l'Épine-aux-Bois, qui était la clef de la position des Russes, allait dépendre le succès de la journée. Napoléon donne le signal. Aussitôt le général Friant s'élance vers l'Épine-aux-Bois avec plusieurs bataillons de la garde, soutenu sur la droite par le duc de Trévise, et sur la gauche par la cavalerie du général Nansouty. Quarante pièces de canon en défendent les approches. Les Russes sont abordés au pas de course. La mêlée devient affreuse ; l'artillerie ne peut plus jouer; la fusillade est effroyable. Mais le succès était encore incertain, quand les lanciers, les dragons et les grenadiers à cheval de la garde, s'étant fait jour sur les derrières des masses de l'infanterie russe, tombent sur celle-ci, la culbutent et la mettent dans le plus complet désordre. L'infanterie française, profitant du mouvement de la cavalerie, se précipite à son tour sur les Russes, déjà ébranlés. Ceux-ci n'ont bientôt plus de salut que dans la fuite, et abandonnent leur position, leurs canons et leurs bagages. Peu après, la ferme de l'Épine-aux-Bois est enlevée. Tout ce qui s'y trouve est sabré, tué, fait prisonnier ou mis en fuite. Les Russes, pêle-mêle, généraux, officiers, soldats, infanterie, cavalerie, artillerie, se retirent précipitamment sur la route de Château-Thierry, et la nuit seule mit fin à la poursuite des vainqueurs. Six drapeaux, 26 bouches à feu, tant russes que prussiennes, 300 voitures de bagages ou de munitions, et plus de 700 prisonniers restèrent entre les mains des Français, auxquels cette victoire coûta environ 2,000 hommes. Mais 3,000 ennemis avaient mordu la poussière. Oscar Mac-Carthy.

MONTMORENCY, chef-lieu d'un canton du département de Seine-et-Oise, à 14 kilomètres de Paris, avec 2,144 habitants, une culture importante de fleurs et de fruits, surtout de cerises excellentes, dites cerises de Montmorency, une récolte de châtaignes, et une fabrication et un commerce de cercles de châtaignier. Cette petite ville s'élève sur une colline, qui domine la belle vallée à laquelle elle a donné son nom, et d'où la vue s'étend de toutes parts sur un panorama que l'on ne cesse d'admirer, et qui est sans contredit la plus belle vue des environs de la capitale. A vos pieds, devant vous, une plaine couverte de moissons jaunissantes, de cultures et d'arbres dont la verdure présente les teintes les plus variées; au delà, l'étang d'Enghien, qui semble une petite mer encadrée dans des bois d'un aspect sombre, et en arrière desquels s'élèvent des collines dont les formes gracieuses se dessinent sur l'azur du ciel, et qui s'ouvrent pour laisser apercevoir l'ensemble de la capitale, se perdant au loin dans une brume vaporeuse; à gauche, une vaste plaine bornée par des hauteurs, au milieu de laquelle s'élance vers la nue le clocher pyramidal de Saint-Denis, et toujours des villages qui se dessinent au milieu des arbres; en arrière, le plateau de Montmorency, qui sa délicieuse forêt, qui vient couvrir de son ombre le joli village d'Andilly ; puis la vallée s'enfonce au loin, toujours belle, toujours gracieuse. La position de Montmorency rend la marche assez pénible dans la plupart de ses rues. En outre, celles-ci sont très-irrégulières ; quelques-unes, presque entièrement bordées de maisons de plaisance, sont d'un aspect fort agréable. Le seul édifice remarquable de la ville est son église, bel édifice gothique du quatorzième siècle. Il ne reste plus aucune trace de l'ancien château seigneurial ; mais celui de Luxembourg mérite de fixer l'attention par ses magnifiques points de vue, l'abondance de ses eaux et ses élégantes plantations.

En 1551 la terre de Montmorency fut érigée en duché-pairie ; les Bouchard la possédèrent jusqu'au dix-septième siècle, que Henri II, duc de Montmorency, ayant eu la tête tranchée, le 30 octobre 1632, cette terre fut confisquée par Louis XIII, et donnée au prince de Condé, duc de Bourbon, qui avait épousé la sœur de la victime de Richelieu. Louis XIV, par lettres patentes de 1689, en confirmant cette donation, changea le nom de Montmorency en celui d'*Enghien*. Plus tard, en 1793, la Convention nationale, sur la demande des habitants, décréta que désormais il serait appelé *Émile*, en l'honneur de J.-J. Rousseau. Malgré une ordonnance de Louis XVIII, qui approuvait les lettres patentes du grand roi, l'antique dénomination a toujours prévalu.

A peu de distance de Montmorency, on voit la petite maison habitée par le philosophe génevois, et qui est devenue si célèbre sous le nom de *l'Ermitage*. D'abord simple, modeste et irrégulière, elle a tout à fait perdu de son caractère primitif à la suite des embellissements exécutés par les divers propriétaires qui s'y sont succédé depuis qu'elle n'abrite plus de Jean-Jacques. Son second possesseur fut le célèbre Grétry. Oscar Mac-Carthy.

MONTMORENCY (Barons et ducs de). Outre la ville de Montmorency, l'illustre famille de ce nom possédait les terres d'Écouen, Chantilly, Montpilloy, Champursy, Courteil, Vaux-lès-Oreil, Tillay, le Plessier et la Villeneuve. La Maison de Montmorency était en outre propriétaire, dès le douzième siècle, des terres de Marly, Feuillarde, Bray-sur-Seine, Saint-Brice, Hérouville, Epinay, Conflans-Saint-Honorine, Varneuil, Attichy. Depuis plus de huit siècles, les Montmorency ont porté le titre de *premiers barons de France*. Cette race illustre était alliée à plusieurs maisons royales : avant 1789, elle avait donné à la France six connétables, onze maréchaux, quatre amiraux, des grands-maîtres, des grands-chambellans, etc. ; enfin, des cardinaux à l'Église. Toutes les chroniques, toutes les histoires générales, nous font connaître plus ou moins en détail les divers membres de cette famille, que Henri IV proclamait la première après la maison de Bourbon. Elle n'a pas manqué d'historiens particuliers, entre autres le savant André Duchesne et le froid Desormeaux, et les biographes Dauvigny, Pérau et Turpia, qui lui ont consacré plusieurs articles dans leur *Histoire des hommes illustres de France*. Des généalogistes ont fait remonter l'origine des Montmorency jusqu'au temps de Clovis. Ils leur donnent pour auteur le Franc-Salien Lisoie, qui, selon eux, reçut le baptême avec l'époux de Clotilde. D'autres, remontant encore plus haut, veulent que la tige des premiers barons chrétiens soit le Gaulois Lisbius, qui donna l'hospitalité à l'apôtre du christianisme en Gaule, saint Denys, dont il partagea le martyre. Mais qu'importent ces origines fabuleuses à une famille qui dès l'an 950 nous montre dans Bouchard 1er, sire de Montmorency, un des plus puissants feudataires du duché de France, ce qui suppose déjà plusieurs générations de noblesse et d'importance politique ? Bouchard II, mort vers 1020, obtint du roi Robert la permission de construire une forteresse à Montmorency. Mais Bouchard abusa bientôt de cette position pour piller les domaines des moines de Saint-Denys, ce qui attira contre lui les armes du pieux roi Robert.

Albéric, qui vivait en 1060, fut connétable : cet office n'était encore qu'une charge de la maison du prince, la surintendance de l'écurie. Par suite du principe d'hérédité féodale, qui s'étendait même aux fonctions publiques, THIBAUT II de Montmorency, neveu d'Albéric, devint connétable après son oncle, vers 1090. Il jouissait d'un grand crédit à la cour de Philippe Ier, et dans plusieurs actes de l'époque il est qualifié de *prince, noble prince du royaume*. En 1101 Louis le Gros, alors prince royal de France, vint assiéger dans sa forteresse BOUCHARD IV, sire de Montmorency, pour le châtier des déprédations qu'il exerçait sur ses voisins. Robert II, comte de Flandre, et Simon II, comte de Montfort-l'Amaury, assistaient le prince; mais tous leurs efforts pour forcer Bouchard à rendre la place furent sans succès. Ce Bouchard, qui affectait ainsi l'indépendance léodale, ne fut pas le seul guerrier de sa famille qui se soit intitulé *sire de Montmorency par la grâce de Dieu*. Ces fiers barons ne respectaient pas plus la royauté capétienne à son berceau que la paix publique.

En 1138 MATTHIEU Ier, petit-neveu de Thibaut II, fut nommé connétable. Il avait épousé en premières noces Aline, fille naturelle du roi d'Angleterre Henri Ier. En 1141 il épousa en secondes noces la reine Adèle, veuve de Louis le Gros, et devint ainsi le beau-père du roi Louis VII ; mais il n'eut d'enfants que de son premier mariage. Il mourut en 1160. Son cinquième fils, nommé *Matthieu*, sire de Marly, fonda la branche de *Montmorency-Marly*. Il était en outre seigneur de Verneuil (pays chartrain), Montreuil-Bonnin (Poitou) et Picanville (Normandie). Il se croisa, en 1189, avec Philippe-Auguste, et se distingua au siège de Saint-Jean-d'Acre. A son retour en France, il prit part à la guerre des albigeois. Combattant contre les Anglais devant Gisors, il fut désarçonné et fait prisonnier par Richard Cœur de Lion (1198). Il trouva la mort dans la quatrième croisade, à la prise de Constantinople (1204). BOUCHARD Ier, son fils, prit part à la guerre contre les albigeois, et y gagna les châteaux de Saissac et de Saint-Martin (diocèse de Carcassonne). La branche des Montmorency-Marly s'éteignit en 1352.

MATTHIEU II, baron de Montmorency, surnommé *le grand*, petit-fils du connétable Matthieu Ier, jouit dans les temps de la plus haute renommée, et elle paraît aussi bien méritée pour le moins que celle du fameux connétable Anne de Montmorency. Toute sa vie fut une suite de faits glorieux (1189-1230). Au siège de Château-Gaillard, place très-forte, alors située au milieu de la Seine, et qui demanda six mois pour la réduire, il déploya autant d'habileté que de valeur. La conquête de toute la Normandie sur les Anglais fut la suite de ce succès (1203). Montmorency fut secondé dans cette occasion par Simon IV de Montfort-l'Amaury, époux de sa sœur, et par Guillaume des Barres. Ces trois frères d'armes acquirent la réputation des plus braves chevaliers de France. Montmorency eut une grande part au gain de la bataille de Bouvines, où il combattit l'aile droite sous le duc de Bourgogne; il enleva, dit-on, de sa main, quatre enseignes impériales, et, en mémoire de cette prouesse, le roi voulut que ce guerrier ajoutât quatre aigles ou alérions aux douze qui décoraient déjà son écusson. En 1218 Montmorency fut nommé connétable de France; il commanda l'armée de Louis VIII dans la première campagne de ce prince contre les Anglais, dans la guerre contre les albigeois. A son lit de mort (1226) Louis VIII conjura le connétable de protéger l'enfance de son fils aîné, et Montmorency fut en effet le plus ferme appui de la reine Blanche, régente de France : ce fut lui qui commandait l'armée avec laquelle saint Louis conquit, en 1229, Bellesme et le comté du Perche. Il mourut en 1230, laissant beaucoup d'enfants de trois lits différents. De la seconde femme Emma, héritière du comté de Laval, était né celui qui fonda la première branche de *Montmorency-Laval*, éteinte en 1412. Jeanne, fille du premier Montmorency-Laval, épousa Louis de Bourbon, l'un des ancêtres d'Henri IV. Le grand connétable Matthieu II ne prenait que le titre de baron. Par ses alliances et celles de ses ancêtres, il était grand-oncle, oncle, beau-frère, neveu, petits-fils de deux empereurs et de six rois.

MATTHIEU III, petit-fils de Matthieu II (1243-1270), suivit saint Louis dans sa seconde croisade, et mourut de la contagion devant Tunis. Son second fils, Érard, fonda la branche de *Montmorency-Conflans*, qui finit par la mort d'Antoine et de Hugues, tués en combattant vaillamment à la journée de Verneuil, le 17 août 1424.

CHARLES, baron de Montmorency (1325-1381), l'un des seigneurs les plus braves, les plus humains et les plus judicieux de son temps, assista comme maréchal de France aux batailles de Crécy et de Poitiers. Il fut, en 1360, un des négociateurs du traité de Brétigny, et un des otages du roi Jean. JACQUES de Montmorency, petit-fils de Charles, est la tige de la branche de *Montmorency-Ciroselle*, éteinte en 1615.

JEAN II de Montmorency (1414-1447), dépouillé de ses domaines dans l'île, par le régent Bedford, les recouvra après l'expulsion des Anglais. Sous le règne de Louis XI, deux fils qu'il avait eus de sa première épouse, héritière de Nivelle et de Fosseux en Brabant, embrassèrent le parti de Charles le Téméraire, duc de Bourgogne. Indigné de cette félonie, Jean II, après avoir fait sommer l'aîné Jean, seigneur de Nivelle, à son de trompe, de rentrer dans le devoir, sans qu'il comparût, le traita de chien, et le déshérita, ainsi que son frère utérin. Telle est l'origine du proverbe : *Il ressemble au chien de Jean de Nivelle, qui fuit quand on l'appelle*. Le baron Jean II, avec l'autorisation de Louis XI, institua pour héritier son troisième fils Guillaume, qu'il avait eu d'un second lit. Quant aux deux aînés, déshérités par leur père, ils fondèrent les branches des seigneurs de *Nivelle*, aujourd'hui comtes de Horne, et des marquis de *Fosseux*, aujourd'hui ducs de Montmorency.

GUILLAUME, troisième fils de Jean II (1477-1531), servit avec distinction sous les rois Louis XI, Charles VIII, Louis XII et François Ier. Des droits de sa mère Marguerite d'Orgemont, Guillaume acquit Chantilly et d'autres domaines considérables. Il épousa en secondes noces Anne Pot, demoiselle de Rochepot, lui apporta pour dot la seigneurie de Thoré.

MONTMORENCY (ANNE DE), fils de Guillaume, né à Chantilly, en 1493, eut pour marraine la reine Anne de Bretagne, femme de Louis XII, et fut au nombre des campagnons d'enfance du jeune duc d'Angoulême, depuis François Ier. Anne fit ses premières armes en Italie, en 1512. Son père, si l'on en croit Brantôme, ne lui lui avait pour cette campagne « donné que cinq cents livres avec de bonnes armes et de bons chevaux, afin qu'il pâtit et n'eût toutes ses aises, disoit-il, parce que nul ne peut jamais bien savoir qui ne sait pâtir ». Il combattit à Ravenne (1512), puis à Pavie (1517). En 1522 il seconda Bayard dans sa belle défense de Mézières. Il serait trop long d'énumérer toutes les batailles où il se trouva pendant cinquante-cinq ans, depuis Ravenne jusqu'à Saint-Denis; et il n'en est aucune où il n'ait été, comme dit Brantôme, *ou pris, ou blessé, ou mort*. La fatale journée de La Bicoque (1552), où il pensa périr cent fois, lui valut le bâton de maréchal de France. Il était déjà colonel général des Suisses. En 1524 il fut du nombre des généraux qui forcèrent le connétable de Bourbon à lever le siège de Marseille. A la tête d'un corps de troupes, il le poursuivit dans sa retraite jusqu'au delà de Toulon. Après ce succès, il combattit fortement dans le conseil du roi le projet d'une nouvelle expédition dans le Milanais; et les désastres qui marquèrent cette entreprise ne justifièrent que trop ses prévisions. Il n'assista point à la bataille de Pavie, mais, presque toujours malheureux à la guerre, il fut au nombre des prisonniers faits dans cette journée. Envoyé la veille en détachement à Santo-Lazzaro, comme il revenait pour prendre part à la bataille, il fut surpris par un détachement ennemi et fait prisonnier. Il traita bientôt après de sa rançon, et prit part aux négociations qui amenèrent le traité de Madrid. La charge de grand-maître de France et le gouvernement du Languedoc furent le prix de ces services. Dès ce moment jusqu'à sa disgrâce, il fut l'âme des conseils de François Ier. Il présidait à toutes les

21.

parties de l'administration. Son économie bien entendue, son équité, sa connaissance profonde des lois du royaume et son assiduité au travail, augmentèrent encore la considération que lui avait méritée sa bravoure. Il était un des personnages les plus importants et les plus respectés de l'État. Malheureusement une insatiable cupidité se joignait à tant de qualités, et lui inspira souvent des conseils funestes. C'est ainsi que, afin de conserver les impôts qu'il tirait du port de Savone, il fit rejeter par François Ier les légitimes réclamations d'André Doria pour l'affranchissement de sa patrie, et força la ville de Gênes à se donner à l'empereur (1528).

En 1536, lorsque les troupes de Charles-Quint entrèrent à la fois en Provence, en Champagne et en Picardie, François Ier résolut d'arrêter l'ennemi en lui opposant un désert. Toute la Provence, des Alpes à Marseille, et de la mer au Dauphiné, fut dévastée par Montmorency avec une inflexible sévérité, dont seul peut-être il était capable, lui, l'auteur de ce salutaire mais rude conseil. Le maréchal, établi dans un camp inattaquable, entre le Rhône et la Durance, attendit patiemment que l'armée de l'empereur se fût consumée devant Marseille. La Provence fut sauvée, et Montmorency mérita le titre de *sage cunctateur* et de *Fabius français*. Après une courte campagne en Picardie Montmorency passe en Italie avec le dauphin, force le duc de Suze, et amène par ses succès la trêve de Nice (1538). Quelques mois auparavant il avait reçu l'épée de connétable. Montmorency, lors du passage de Charles-Quint en France (1539), conseilla à François Ier de n'imposer aucune condition à ce prince. L'empereur promit simplement au connétable d'effectuer en cession du Milanais, à condition que pendant son séjour en France on ne lui en parlerait pas. Ce conseil maladroit, qu'on se repentit plus tard d'avoir suivi, des rapports trop familiers et suspects avec le dauphin, plus tard Henri II, attirèrent à Montmorency la disgrâce du roi : il se retira à Chantilly, et ne rentra aux affaires qu'à la mort de François Ier. Il recouvra alors toute sa première autorité, malgré l'avis qu'avait donné le feu roi à son successeur, de ne jamais rappeler le connétable. En 1548, lors de la révolte de la Saintonge et de la Guienne au sujet de la gabelle, après la rapide pacification de ces provinces, due à la douceur et à la modération du duc d'Aumale, la rigide connétable, brûlant de venger la mort du gouverneur Monneins, son parent, se présenta à la tête d'une armée devant Bordeaux. Il entra dans cette ville par une brèche de 40 pieds, qu'il fit faire aux murailles; il désarma les habitants, anéantit tous leurs priviléges, leur imposa une amende de 200,000 liv., les priva de leurs cloches, suspendit le parlement pour un an, força 125 des plus notables citoyens à déterrer avec leurs ongles le corps de Monneins, et à le porter sur leurs épaules dans la cathédrale, puis condamna à être pendus ou aux galères deux cents individus.

Pour mériter les bonnes grâces de Diane de Poitiers, le connétable de Montmorency s'allia avec elle par le mariage de Montmorency-Damville, son second fils, avec Antoinette de La Marck, petite-fille de Diane, et dut à la faveur de la maîtresse du roi d'être plusieurs fois appelé à la tête des armées; ce fut un malheur pour la France. Sa témérité et son obstination lui firent perdre la bataille de Saint-Quentin (1557), où périt la fleur de la noblesse française. Lui-même, blessé et renversé de son cheval, fut fait prisonnier avec un de ses fils. Dans sa captivité, le connétable de Montmorency jeta les bases du traité de Câteau-Cambrésis, paix déshonorante pour la France, appelée *malheureuse* parce qu'elle enlevait à la France tout ce que cette puissance avait gagné par une guerre longue et ruineuse. Il voulait avant tout arrêter une guerre qui augmentait chaque jour le crédit et la popularité de son rival, le duc François de Guise; de plus, il voyait là un moyen de payer au duc de Savoie Philibert la somme de 1,200,000 livres, qu'il devait pour sa rançon, par la cession d'une partie des conquêtes de la France sur la Savoie. En 1559, pendant les onze jours qui s'écoulèrent entre la fatale blessure d'Henri II et sa mort, le connétable mit tout en œuvre pour conserver quelque part dans le gouvernement; il excitait les princes du sang à venir prendre leur place dans le conseil, stimulait l'ambition d'Antoine de Bourbon, roi de Navarre. Tout fut vain, les Guise triomphèrent par le crédit de Marie Stuart; et quand le connétable se présenta au nouveau roi, François II lui conseilla froidement d'aller prendre du repos dans ses terres. Le vieux connétable se retira dans sa magnifique résidence de Chantilly, qu'il se plut à embellir et où il mena un train de prince. Il avait mis à profit sa faveur sous le règne précédent, en faisant ériger la baronnie de Montmorency en duché-pairie (1551), distinction que jusque alors les princes du sang avaient seuls obtenue.

A la mort de François II, Catherine de Médicis rappela Montmorency, pour l'opposer aux Guises. En entrant dans Orléans, où se trouvait la cour, il leva les corps de garde et congédia les troupes qui étaient aux portes : « Je veux, dit-il, que désormais le roi aille en sûreté, sans gardes, par tout son royaume. » S'approchant du jeune Charles IX, il mit un genou en terre, lui baisa la main, puis, ému jusqu'aux larmes, il ajouta : « Sire, que les troubles présents ne vous épouvantent pas! je sacrifierai ma vie, ainsi que vos fidèles sujets, pour la conservation de votre couronne. » Ces sentiments étaient sincères, car on ne peut refuser à Montmorency le mérite d'avoir été un sujet dévoué. Après avoir réconcilié la régente avec le roi de Navarre, lieutenant général du royaume, il menaça de se retirer et d'aller à Paris faire déclarer ce prince régent du royaume, si l'on ne chassait les Lorrains. Déjà ce départ commençait à s'effectuer; mais le jeune roi, par le conseil du chancelier L'Hôpital, alla appeler le connétable dans son appartement et lui défendit de quitter la cour. Cet ordre arrêta tout; le connétable n'osa donner l'exemple d'une désobéissance formelle; il demeura. Bientôt de nouveaux sujets de mécontentement le jetèrent dans les querelles de religion, où l'attiraient son ambition et son intérêt menacé. Dans une assemblée provinciale tenue à Paris, on avait proposé de faire rendre compte des gratifications excessives accordées sur les confiscations des biens des calvinistes, sous le règne de Henri II; le connétable avait beaucoup reçu : le maréchal de Saint-André et Diane de Poitiers, qui étaient dans le même cas, le rapprochèrent des Guise, et c'est alors que se forma le *triumvirat* (1561). Quelques jours après le massacre de Vassy, signal de la guerre civile (1562), Montmorency et ses complices, François de Guise et le maréchal de Saint-André, enlevèrent la personne du roi à Fontainebleau, et le conduisirent à Paris. Là, à la tête de ses troupes rangées en bataille, le connétable attaque les temples où se faisaient les prêches, fait enfoncer les portes, puis jeter au feu et briser les chaises et les bancs; c'est alors qu'il reçut le sobriquet de *capitaine Brûle-Bancs*. La guerre civile éclate. Montmorency livre au prince de Condé la bataille de Dreux (1562), est fait tout de suite prisonnier, et les catholiques ne doivent la victoire qu'au duc de Guise. La pacification d'Amboise (19 mars 1563) lui rend la liberté, et, secondé par le prince de Condé, il enlève Le Havre aux Anglais. Bientôt le connétable, qui se voit de nouveau négligé par la reine, se met à déclamer contre la convention d'Amboise, comme trop favorable aux calvinistes, et forme le projet d'ameuter la populace de Paris pour massacrer les calvinistes et piller leurs maisons. Plus de trois cents étaient proscrits, et leur arrêt signé de la main de Montmorency. Catherine de Médicis, avertie à temps, amène le roi à Paris; sa présence déjoue cet affreux complot. Le connétable se retira à Chantilly, et quelques-uns de ses complices les plus furieux sont pendus la nuit sans forme de procès aux portes de leurs maisons. Il désirait vivement pour son fils la survivance de la charge de connétable. Le roi, pour adoucir son refus, le gratifia d'une somme d'argent considérable. La seconde guerre civile a lieu. Condé et le vieux Montmorency se trouvent en présence devant Saint-Denis ; ils ont à La Chapelle une entrevue qui ne fait qu'envenimer les haines, et Montmorency se décide à livrer bataille (1567) dans la plaine de Saint-Denis : la victoire fut pour lui, mais elle lui coûta cher. Il montra, selon sa coutume, la vigueur d'un jeune homme et la valeur d'un soldat. Seul au milieu d'un escadron ennemi, il se vit coucher en joue par l'Écossais Robert Stuart : « Tu ne me connais donc pas? lui crie Montmorency. — C'est parce que je te connais, répond l'étranger, que je te porte ce coup; » et en même temps Stuart tire à bout portant. Atteint mortellement, le connétable conserve assez de force pour frapper du pommeau de son épée le meurtrier, à qui il casse plusieurs dents. Apprenant que l'armée du roi est maîtresse du champ de bataille : « Je n'eusse su mourir ni m'enterrer, dit-il, en plus beau cimetière que celui-ci. » Ce fut avec peine qu'on le décida à se faire transporter dans son hôtel à Paris (rue Sainte-Avoie); il vécut encore deux jours. Conservant jusqu'au bout son caractère peu endurant, il interrompit les exhortations du religieux qui voulait le préparer à la mort : « Laissez-moi, mon père, lui dit le connétable : croyez-vous qu'ayant vécu quatre-vingts ans, je ne sache pas mourir un quart-d'heure? » Il expira le 12 novembre 1567, âgé de soixante-quatorze ans. On lui fit des obsèques royales. Charles IX le regretta sans doute, mais non pas la reine mère : elle s'écria qu'en un jour il lui était advenu deux bonheurs, la victoire sur les ennemis du roi, et la mort du connétable. On a remarqué que Montmorency, comme tous les membres du triumvirat, avait péri de mort violente.

Sévère dans ses mœurs, Anne de Montmorency était pour les autres d'un rigorisme pédantesque et impitoyable : « étant le seigneur du monde qui était le plus grand rabroueur, » dit Brantôme. Le connétable, ajoute le même auteur, ne manquoit jamais à ses dévotions et à ses prières, car tous les matins il ne failloit de dire et entretenir ses patenôtres par les champs aux armes, parmi lesquelles on disoit qu'*il falloit se garder des patenôtres de M. le connétable*, car les disant et en marmotant, lorsque les occasions se présentoient, il disoit : « Allez-moi pendre un tel ; attachez celui-là à un « arbre; faites passer celui-là par les piques ou les arque-« buses, tout devant moi ; taillez-moi en pièces tous ces ma-« rauds qui ont voulu tenir ce clocher contre le roi; brûlez-« moi ce village; boutez-moi le feu partout à un quart de « lieue à la ronde. » Et ainsi tels et semblables propos de justice ou police de guerre proféroit-il, sans se débaucher de ses paters, jusqu'à ce qu'il les eust parachevés, pensant faire une grande erreur s'il les eust remis de dire à une autre heure, tant il y étoit consciencieux. »

Montmorency, comme chevalier, comme courtisan, comme politique, eut toutes les qualités et tous les défauts de son siècle; tout en lui, jusqu'à la longueur de sa carrière, a contribué à rajeunir la splendeur de sa maison, dont les titres de gloire commençaient un peu à vieillir. Ce qui contribua encore à l'éclat de sa vie, c'est qu'il était entouré de cinq fils dans la force de l'âge, et qui tous furent appelés à jouer un rôle politique.

MONTMORENCY (FRANÇOIS, duc DE), l'aîné des fils d'Anne, né vers 1530, fit ses premières armes en Piémont (1551), et se distingua dans toutes les guerres de son temps. Il reçut le bâton de maréchal en 1561, moins à titre de récompense de ses services incontestables que pour acquitter le prix d'un marché par lequel il cédait au duc de Guise la charge de grand-maître de France. Il obtint en outre le gouvernement du château de Nantes. Durant les troubles religieux qui éclatèrent sous François II, François de Montmorency, sans renoncer au catholicisme, pencha toujours pour le parti des Bourbons et des calvinistes. Il fit tous ses efforts pour détourner son père d'entrer dans le triumvirat. Après la pacification d'Amboise, il l'accompagna au siège du Hâvre (1563). Il était gouverneur de Paris depuis 1553. Le cardinal de Lorraine voulait entrer comme en triomphe dans cette capitale, accompagné d'une nombreuse suite armée; Montmorency dispersa le cortége, et le cardinal, forcé de se réfugier dans une boutique, ne put gagner son hôtel qu'à la faveur de la nuit (1565). Le prince de Condé n'approuva point cet affront sans résultat. « C'est trop peu, dit-il, si ce n'est pas un jeu ; c'est trop, si c'en est un. » L'année suivante la reine ménagea une réconciliation apparente entre les deux ennemis, qui s'embrassèrent devant toute la cour. Après la paix trompeuse de Longjumeau, Montmorency fut du nombre des seigneurs que Médicis voulut faire arrêter ; mais il leva des troupes en Normandie, et sut faire respecter sa liberté. On mit en délibération s'il ne devait pas être compris, ainsi que ses frères, dans le massacre de la Saint-Barthélemy ; mais François de Montmorency, averti à temps, se retira à Chantilly. La cour n'ayant pas su profiter de la terreur des calvinistes, on vit alors se former le parti des *malcontents*. Montmorency, l'un des chefs, poussa le duc d'Alençon à demander la lieutenance générale du royaume, dont avait été investi son frère le duc d'Anjou (depuis Henri III). Il fut l'âme de la conspiration dite *des jours gras* (1574). Le roi de Navarre et le duc d'Alençon devaient s'échapper de la cour, aller rejoindre le prince de Condé, prendre sur leur route le maréchal de Montmorency et ses frères, et tous ensemble se mettre à la tête des protestants. Ce complot avorta par la faiblesse et l'indécision du duc d'Alençon. Montmorency fut envoyé à la Bastille avec le maréchal de Cossé : il y courut les plus grands dangers. Henri III, que le bruit de la mort de Damville, gouverneur du Languedoc et frère de Montmorency, crut n'avoir plus à ménager cette famille, et ordonna d'étrangler les deux captifs de la Bastille. Ils durent la vie aux remontrances de Gilles de Souvré, qui obtint qu'au moins l'on attendît la confirmation de cette nouvelle : elle se trouva fausse, et la crainte qu'inspirait le gouverneur du Languedoc sauva Montmorency. Bientôt un autre de ses frères, Thoré, entra en France, à la tête d'un corps de reîtres. La reine mère, après avoir menacé Thoré de faire exécuter le maréchal s'il ne se retirait, finit par rendre la liberté à Cossé ainsi qu'à Montmorency, et les chargea de négocier avec les rebelles. Tout ce qu'ils purent obtenir par la convention de Champigny fut une trève de sept mois. Le maréchal de Montmorency mourut en 1579, dans sa quarante-neuvième année, laissant la réputation d'un habile négociateur et d'un homme très-entendu à la guerre.

MONTMORENCY (HENRI Ier, duc DE), second fils d'Anne, fut connu sous le nom de *Damville* pendant la vie de son père et de son frère; il servit avec éclat durant les guerres du règne de Henri II et dans les guerres civiles. A la bataille de Dreux, il fit prisonnier le prince de Condé. Cet exploit lui valut le gouvernement du Languedoc (1563), et bientôt après (1566) il obtint le bâton de maréchal. Il fut présent avec trois de ses frères à la journée de Saint-Denis. Pendant les troubles du règne de Charles IX, il se renferma dans son gouvernement de Languedoc. Il aurait voulu y maintenir la paix ; mais tantôt les entreprises des calvinistes, tantôt les ordres de la cour, l'arrachaient à sa tranquillité. Il y revenait le plus tôt qu'il pouvait. Cette conduite le fit regarder à la cour comme un homme peu sûr. Plusieurs fois Catherine voulut sans succès l'attirer à la cour, elle tenta même de le faire empoisonner ; mais Damville déjoua tous les pièges, et, sous prétexte de ramener les calvinistes, il ne cessait de négocier avec eux. Il se rendit à Turin lorsque Henri III, revenant de Pologne, passa par la Savoie : Damville espérait obtenir par l'intercession du duc Emmanuel-Philibert les bonnes grâces du nouveau roi pour la famille de Montmorency. Henri s'y montra disposé ; mais l'arrivée de deux agents de la reine mère changea ses dispositions ; il donna ordre d'arrêter Damville, qui retournait dans son gouvernement. Le duc de Savoie, qui avait garanti la sûreté de ce seigneur, le fit conduire par ses troupes à Nice, où il s'embarqua pour le Languedoc. Damville jura de ne jamais voir Henri III qu'en effigie, et il tint parole. Ainsi poussé à bout, il se déclara (bien malgré lui, à ce qu'on peut croire) chef du tiers parti, dit des *politiques* ou des *malcontents*, et dans lequel étaient entrés ses deux frères puînés, Méru et Thoré. Aux états du Languedoc, qu'il convoqua à Montpellier, la coalition des politiques et des calvinistes fut consolidée. Damville publia un manifeste pour déclarer que le but de l'association était de rétablir la paix et le bon ordre; il exhortait tous les bons Français à se joindre à lui, attribuait toutes les calamités publiques aux conseils des Guise, du chancelier Birague et du maréchal de Gondi, et représentait sous des couleurs odieuses la conduite qu'on avait tenue envers le duc d'Alençon, le roi de Navarre, les maréchaux de Cossé et de Montmorency, ainsi qu'envers lui-même. Ce manifeste fut le signal de la guerre civile. Danville battit les troupes envoyées contre lui, et jusqu'à la fin du règne de Henri III il se maintint dans le Languedoc, moins en gouverneur qu'en souverain. A l'avénement de Henri IV, il s'empressa de le reconnaître. Ce grand roi, qui n'appelait Damville que son *compère*, le fit connétable en 1593. Montmorency-Damville mourut à Agde, le 1er avril 1614. Doué d'une rare bravoure, favorisé de tous les dons extérieurs, il avait touché le cœur de Marie Stuart, qui, devenue veuve de François II, l'aurait épousé si la jalousie de Médicis n'avait forcé cette princesse à quitter pour jamais la France.

MONTMORENCY (CHARLES DE), seigneur de *Méru*, troisième fils d'Anne de Montmorency, était amiral de France, et fut créé par Charles IX, le 17 juin 1571, colonel général des Suisses et Grisons. Il mourut en 1612.

MONTMORENCY (GABRIEL DE), baron de *Montberon*, quatrième fils du connétable Anne de Montmorency, capitaine de cinquante hommes d'armes, fut tué à la bataille de Dreux, sous les yeux de son père (1562).

MONTMORENCY (GUILLAUME DE), seigneur de *Thoré*, frère des précédents, colonel général de la cavalerie légère en Piémont, mourut en 1554.

MONTMORENCY (HENRI II, duc DE) maréchal de France, fils du connétable Henri Ier, né à Chantilly, en 1595, eut pour parrain Henri IV, qui ne l'appelait que son fils. Louis XIII le fit amiral en 1612, et chevalier du Saint-Esprit en 1619. Investi du gouvernement de Languedoc, dont le feu roi lui avait assuré la survivance, Montmorency reprit plusieurs places aux protestants, assista au siège de Montauban et fut blessé à celui de Montpellier (1621). En 1625, il fut chargé du commandement de la flotte que les Hollandais avaient envoyée à Louis XIII, et battit les protestants. Cette victoire rendit au roi les îles de Ré et d'Oléron. Le moment était venu pour le cardinal de Richelieu d'abaisser la puissance des seigneurs : aussi cette même année Montmorency eut-à se démettre de la charge d'amiral, moyennant un million d'indemnité. En 1628, tandis que Richelieu soumettait La Rochelle, ce seigneur combattait en Languedoc le duc de Rohan, chef des protestants. Il sortit vainqueur de cette lutte, qui se termina par la pacification d'Alais. Bientôt Louis XIII passe en Piémont, et force le pas de Suze : un combat de Veillane (10 juillet 1629), Montmorency, par sa valeur impétueuse, détermina la victoire, et Louis XIII lui écrivit : « Je me sens obligé envers vous autant qu'un roi peut l'être. » Montmorency allait bientôt apprendre ce que valent les protestations des rois. Cependant, au milieu des succès de cette campagne, Louis, atteint d'une maladie dangereuse et inquiet sur le sort de Richelieu après sa mort, appelle le duc de Montmorency, à qui il venait de donner le bâton de maréchal : « Promettez-moi, lui dit le roi, et donnez-moi votre parole d'honneur qu'à la première demande de M. le cardinal vous prendrez une bonne escorte, et le conduirez vous-même à Brouage (c'était une ville où, du consentement du roi, Louis XIII lui écrivit : « Je me sens obligé envers vous autant qu'un roi peut l'être. » Montmorency donna sa parole, et Richelieu n'en fut pas plus reconnaissant. En 1632, mécontent de ne pouvoir obtenir la dignité de connétable, pour ainsi dire héréditaire dans sa famille, il se jette dans le parti de la reine mère et de Gaston, duc d'Orléans, contre le premier ministre. Montmorency lève ses troupes en Languedoc. Gaston, à la tête des mercenaires lorrains, vient se joindre à lui à Castelnaudary : le combat s'engage contre les troupes royales. Gaston, au moment décisif, montre une honteuse lâcheté. Montmorency, qui combat presque seul, reçoit dix blessures, et est fait prisonnier; on le traduit devant le parlement de Toulouse. Prévoyant son sort, il daigne à peine se défendre, et laisse sa tête sur l'échafaud (30 octobre 1632). Ainsi périt, à l'âge de trente-sept ans, le dernier rejeton de la branche aînée des Montmorency. Richelieu l'immola moins à ses vengeances qu'à son système. Il voulait, suivant l'expression de M. Michelet, « faucher ce dernier rejeton du monde féodal et chevaleresque ». Le maréchal Henri II de Montmorency avait épousé Marie-Félicie Orsini, parente de la reine Marie de Médicis. Inconsolable de la mort de son mari, elle prit le voile en 1657, et mourut en 1666, supérieure du couvent de la Visitation, à Moulins.

MONTMORENCY (CHARLOTTE-MARGUERITE DE), sœur du duc Henri II, épousa Henri, prince de Condé, en 1610. Ce fut pour cette princesse que Henri IV, vieilli, s'éprit d'un fol et ridicule amour. Restée veuve, en 1646, elle mourut le 2 décembre 1650. Elle était mère du grand Condé, du prince du Conti et de la duchesse de Longueville.

[MONTMORENCY-BOUTEVILLE (FRANÇOIS, comte DE), fils de Louis de Montmorency, vice-amiral sous Henri IV, n'est guère connu que par ses duels nombreux, dans lesquels il tua nombre de comtes, de barons et de marquis ; c'était un de ces raffinés d'honneur qui ne connaissaient que l'épée, envers et contre tous, amis et ennemis. Obligé de se retirer à Bruxelles après un de ses duels, en janvier 1627, et n'obtenant pas de Louis XIII les lettres d'absolution qu'il en faisait solliciter, il eut la forfanterie de dire que nonobstant ce refus, il irait se battre à Paris, en pleine place Royale, c'est-à-dire dans le quartier le plus fréquenté de l'époque : il tint parole, et se livra sur cette place à un combat de trois contre trois, où le marquis d'Amboise fut tué par des Chapelles, cousin de Bouteville. Après cet exploit, le comte et son cousin prirent la fuite; mais arrêtés, par ordre du roi, à Vitry en Champagne, ils furent conduits à Paris, jugés, condamnés à mort, et décapités en place de Grève, le 21 juin 1627. Ces deux moururent bravement; François de Montmorency-Bouteville ne voulut pas se laisser bander les yeux, et la tête entre les mains du bourreau, il caressait encore coquettement ses moustaches, dont il était fier. C'est de lui que descendent les Montmorency Luxembourg.]

La branche des *Montmorency-Laval* est issue de Gui de Montmorency, fils de Matthieu II, et d'Emma, héritière de Laval.

MONTMORENCY (MATTHIEU-JEAN-FÉLICITÉ LAVAL, duc DE), issu de la seconde branche des Montmorency-Laval, né à Paris, le 10 juillet 1750, fit la guerre d'Amérique, et, de retour en France, fut élu député aux états généraux. Élève de l'abbé Siéyès, il se montra tout d'abord ardent défenseur des principes révolutionnaires, et fut l'un des plus éloquents promoteurs de la vente des biens du clergé. Il avait des premiers prêté le serment du Jeu de Paume : il avait été des quarante-sept gentilshommes qui se réunirent à la chambre du tiers; dans la fameuse nuit du 4 août, il avait voté l'abolition des titres et des droits féodaux. Le 16 juin 1790, on l'entendit encore s'écrier : « Que toutes les armes et armoiries soient donc abolies ! que tous les Français portent désormais les mêmes costumes, celles de la liberté ! » Le 29 septembre suivant, il proposa de déclarer insensé Duval d'Esprémenil, qui avait proposé à l'assemblée de détruire son œuvre et de faire une contre-révolution complète. Le 12 juillet 1791, Matthieu de Montmorency fit partie de la députation chargée d'assister à la translation des restes de Voltaire; puis, le 27 août suivant

il appuya la proposition de décerner les honneurs du Panthéon à J.-J. Rousseau. Rivarol disait de lui : « Le plus jeune talent de l'assemblée, il hégaye encore son patriotisme, mais il le sait déjà comprendre. Il fallait qu'un Montmorency parût populaire pour que la révolution fût complète, et un enfant seul pouvait donner ce grand exemple. Le petit Montmorency s'est donc dévoué à l'estime du moment, et il a combattu l'aristocratie sous la férule de l'abbé Siéyès, etc. »
Après la session, il fut pendant quelques mois aide de camp du maréchal Luckner ; mais bientôt, malgré les gages irrécusables qu'il avait donnés à la révolution, il se vit obligé d'émigrer. Il se retira en Suisse, à Coppet, auprès de Mme de Staël : telle fut l'origine d'une amitié que rien ne put altérer. Là il apprit que son frère, l'abbé de Laval, avait péri sur l'échafaud ; et c'est alors qu'il commença à revenir à ses préjugés de race. Rentré à Paris en 1795, Matthieu de Montmorency vécut entièrement étranger aux affaires politiques ; il était membre de plusieurs associations bienfaisantes, et consacrait tous ses moments à des pratiques de piété et à des actes de charité. Il n'en partagea pas moins en 1811 l'exil de Mme de Staël. La Restauration de 1814 le trouva à Paris sous la surveillance de la police impériale ; il ne songea plus qu'à faire oublier aux Bourbons ses antécédents par des actes de dévouement alors faciles et sans péril. Les récompenses ne se firent pas attendre : il devint successivement aide de camp de *Monsieur*, depuis Charles X, maréchal de camp en 1814, et chevalier d'honneur de *Madame* duchesse d'Angoulême en 1815. Pendant les cent jours, il était à Gand, et fut à la seconde restauration nommé pair de France : Le 21 mars 1817, à l'occasion de la vente proposée des bois de l'État, il prononça un discours pour désapprouver cette mesure, et témoigna son regret de la conduite qu'il avait tenue pendant la révolution. Durant la session de 1822, il fit encore une fois une rétractation complète de ses anciennes opinions. En 1821 il avait été nommé ministre des affaires étrangères ; l'année suivante il prit part au congrès de Vérone, et détermina la sainte-alliance à engager la France à soutenir en Espagne le gouvernement absolu. Il fut créé duc à son retour, membre du conseil privé, gouverneur du duc de Bordeaux, enfin membre de l'Académie Française, distinction qui lui attire bien des épigrammes. Son discours de réception, sur *l'alliance des lettres et de la religion*, écrit avec une élégante pureté, fut vivement critiqué par les journaux de l'opposition. Matthieu de Montmorency figurait parmi les fondateurs de la Société des Bonnes-Lettres et de la Société des Bonnes-Études. Une mort subite l'enleva, le vendredi saint 24 mars 1826, au moment où il faisait ses dévotions dans l'église de Saint-Thomas-d'Aquin, sa paroisse.

Charles Du Rozoir.

MONTMORIN SAINT-HÉREM. Les Montmorin Saint-Hérem appartenaient à une des anciennes familles d'Auvergne. L'un d'eux, *Baptiste-François*, né en 1704, se distingua dans plusieurs campagnes, et conquit le grade de lieutenant général sur le champ de bataille. Gouverneur de Fontainebleau et de Belle-Isle, il mourut en 1779. Son fils, *Louis-Victoire-Lux*, comte de Montmorin, né en 1762, embrassa également la carrière des armes ; il était au commencement de la révolution colonel du régiment de Flandre, sur lequel la cour comptait beaucoup. Gouverneur de Fontainebleau, il vint s'établir aux Tuileries pour défendre Louis XVI, fit partie de ce qu'on appelait alors les *chevaliers du poignard*, fut arrêté après la journée de 10 août, enfermé à l'Abbaye, et périt dans les massacres de septembre.

MONTMORIN SAINT-HÉREM (Armand-Marc, comte de), parent du précédent, mais issu d'une autre branche, fut d'abord menin du dauphin (depuis Louis XVI), puis ambassadeur en Espagne, commandant du roi en Bretagne, ministre des affaires étrangères en 1787. Montmorin marcha d'accord avec Necker jusqu'au commencement de la révolution, et fut exilé et rappelé comme lui au moment du 14 juillet. Montmorin fut, avec beaucoup de royalistes constitutionels, le fondateur du club des *Amis de la Constitution*, qui devait devenir plus tard les Jacobins. Nonobstant son attitude au commencement de la révolution, Montmorin était avant tout dévoué au roi et à l'aristocratie ; aussi fût-il souvent attaqué dans les clubs et même à l'Assemblée nationale ; ses menées contre-révolutionnaires après la fuite de Varennes devinrent tellement visibles, tellement palpables, qu'il fut question de le mettre en accusation, et qu'il fut mandé à la barre. Il donna sa démission ; mais il continua à être un des conseillers intimes de Louis XVI, avec Malouet, Bertrand de Molleville et quelques-uns de ceux qui formaient ce que le peuple avait appelé le *comité autrichien*, foyer permanent de conspiration contre la constitution et les institutions révolutionnaires qui en étaient issues. Après le 10 août 1792, Montmorin se cacha ; il fut arrêté le 21, traduit à la barre de l'Assemblée, et conduit à la prison de l'Abbaye. Décrété d'accusation le 31, il périt à la prison de l'Abbaye, dans les massacres de septembre.

MONTPARNASSE. *Voyez* Montrouge.

MONTPELLIER, ville de France, chef-lieu du département de l'Hérault, à 750 kilomètres sud-sud-est de Paris, à 8 kilomètres de la Méditerranée, avec laquelle elle communique par le Sez et le port de Cette, place de casernement avec citadelle ; c'est le chef-lieu de la 10me division militaire. C'est aussi le siège d'un évêché suffragant d'Avignon, et dont le diocèse ne comprend que le département de l'Hérault, d'une église consistoriale calviniste, d'une académie universitaire, de tribunaux de première instance et de commerce, d'une bourse et d'une chambre de commerce, d'une faculté de médecine qui possède une bibliothèque de 35,000 volumes, un cabinet d'histoire naturelle et un cabinet d'anatomie, d'une faculté des sciences, d'une faculté des lettres. Cette ville possède en outre un lycée avec cours préparatoires pour les écoles spéciales d'industrie et de commerce, une école normale primaire, une école spéciale de pharmacie, une école de dessin et de peinture, une école des beaux-arts, une école de commerce, une école de chant, des cours de géométrie et de mécanique, une bibliothèque publique de 8,000 volumes, un musée que lui a légué le peintre Fabre et qui se compose d'une belle collection de tableaux, dessins et gravures de maîtres et d'une bibliothèque de 15,000 volumes ; un jardin des plantes avec cabinet d'histoire naturelle et de physique, une société d'agriculture, une société archéologique, huit typographies, un mont-de-piété prêtant sans intérêts, de vastes hospices et hôpitaux et de nombreux établissements de bienfaisance, une maison centrale de force et de correction. Sa population est de 45,811 habitants.

Deux chemins de fer établissent des communications rapides entre cette ville, Cette et Nîmes.

L'école de médecine de Montpellier, jadis la plus célèbre de l'Europe et la plus ancienne avec l'école de Salerne, doit sa fondation à des médecins arabes, chassés d'Espagne et accueillis par les comtes de Montpellier.

La ville s'élève sur les dernières hauteurs que domine la montagne de Saint-Loup, d'où s'échappe la petite rivière de Lès, dont les eaux navigables vont grossir l'étang de Thau. Des canaux souterrains amènent dans les différents quartiers les eaux du ruisseau de Merdanson. Une jolie rampe élève doucement le voyageur des bords du Lès jusqu'au plateau, peu élevé, sur lequel est située cette ville, percée de rues étroites, montueuses, et tortueuses, mais formées de maisons bien bâties, presque toutes de pierre de taille. L'édifice le plus remarquable est la Bourse, jadis l'amphithéâtre de Saint-Côme, rotonde à huit pans, ornée d'une jolie colonnade d'ordre corinthien. Nommons encore la fontaine de Jacques Cœur et le théâtre. Le Peyrou est une vaste et magnifique plate-forme gazonnée, parfaitement unie, plantée d'arbres, environnée de balustrades, élevée de quatre mètres sur une autre promenade ornée d'une allée couverte, et qui en est une dépendance. On y monte par un perron, et l'on y entre par une grille. Au milieu s'élève la statue équestre de Louis XIV. A l'une de ses extrémités on voit sur une butte artificielle un château d'eau, construit en forme de rotonde à six faces, et orné de belles colonnes. Chaque face de l'hexagone est ouverte en arcades. L'intérieur de cet élégant pavillon est rond et voûté en coupole. Il renferme un bassin, d'où l'eau coule en nappe, et tombe en cascades sur des rochers qui la transmettent en un bassin extérieur. Elle est apportée de huit kilomètres, par un superbe aqueduc moderne, construit en belle pierre de taille, dans le goût noble des anciens, et composé de trois rangs d'arcades posés l'un sur l'autre. La vue dont on jouit du Peyrou est magnifique; mais les Alpes et les Pyrénées restent trop dans l'éloignement pour qu'on les aperçoive, quoi que l'on en ait dit. L'*Esplanade* est une autre promenade fort agréable, quoique bien moins somptueuse que la précédente; elle s'étend en longues et larges allées, entre les remparts et la citadelle. Quant aux remparts, ils n'existent plus qu'en partie. Près du Peyrou est le jardin botanique, le premier qui ait été formé en France : ce fut en 1598. Non loin de là, l'étranger s'arrête avec curiosité sur une tour, dite *la Tour du Pin*, sur le sommet de laquelle croissent plusieurs pins, à la conservation desquels un préjugé populaire attache celle de la ville.

Cette ville est très-industrielle. Les laines, les huiles, les vins et eaux-de-vie du Languedoc, les liqueurs, la parfumerie, les confitures, les fruits secs, le vert-de-gris, la crème de tartre, le vitriol et l'eau-forte qui s'y fabriquent ainsi que dans les environs, sont des branches de commerce pour ses habitants, dont un grand nombre sont occupés aussi aux tanneries, à la fabrication des draps et autres étoffes de laine, des soieries, des toiles et mouchoirs de coton, à celle des couvertures de coton et de laine. Il y existe aussi des papeteries, de grandes exploitations de marbres. De toutes ces diverses branches, la plus importante, celle qui lui est pour ainsi dire exclusive, est la préparation du vert-de-gris. Ce sont les femmes qui s'y adonnent particulièrement. La ville de Cette est le port de Montpellier, et le lieu d'où se font toutes ses expéditions à l'étranger.

Montpellier est renommé pour la salubrité et la douceur de son climat. L'air y est plus pur et moins brûlant, les chaleurs plus soutenues et moins étouffantes qu'à Marseille. Le redoutable mistral s'y fait bien moins sentir; et c'est à peine si on s'y aperçoit du fléau des cousins, qui infestent les côtes de la Méditerranée. La beauté de ses campagnes, couvertes de nombreuses maisons de plaisance, ajoute encore aux agréments du séjour de cette ville.

L'origine de Montpellier remonte au dixième siècle. L'emplacement où il s'éleva fut cédé à Ricuin, évêque de Maguelone, vers 975, par deux filles de la maison des comtes de Substantion, auxquelles il appartenait, et c'est très-probablement à cette circonstance qu'il dut le nom de *Mons-Puellarum*, la montagne des filles, d'où est venu celui de la ville. Avant cette époque, au septième siècle, ce n'était qu'un lieu inculte, entouré de palissades et de fossés, et où les habitants de Substantion menaient paître leur bétail : on y entrait par une seule porte, fermée avec cette espèce de verrou que les Latins appelaient *pessulus*, et qui avait fait donner à la colline le surnom de *Mons Pessulanus*. Plus tard, il paraît qu'il servit de refuge à une partie des habitants de Maguelone, lorsque cette ville fut rasée par Charles Martel. Par la suite, Montpellier eut ses comtes particuliers, et passa, au treizième siècle, sous la domination des rois de Majorque, par le mariage de la fille d'un de ses comtes avec Pierre II d'Aragon. Les bourgeois de Montpellier se firent alors octroyer une nouvelle charte de commune, et bientôt le commerce de la ville prit un grand essor. Elle eut des vaisseaux et des consuls dans tout l'Orient. En 1349 Philippe de Valois en fit l'acquisition; mais Charles V la céda, en 1365, à Charles le Mauvais, roi de Navarre, et elle ne retourna à la France qu'à la fin du règne de Charles VI. Son heureuse situation en avait fait, dans l'espace d'un siècle et demi, l'une des villes les plus florissantes de l'Europe, lorsque les guerres civiles vinrent interrompre le cours de sa brillante prospérité. Sous Henri III, les calvinistes s'en emparèrent, s'y constituèrent en république, et en restèrent maîtres jusqu'au 20 octobre 1622, que Louis XIII s'en empara, après un siège long et sanglant. Avant la révolution, Montpellier était le siège des états du Languedoc.

Oscar MAC-CARTHY.

MONTPELLIER (Fromage de). *Voyez* FROMAGE.

MONTPENSIER, village du département du Puy-de-Dôme, à 26 kilomètres nord-est de Riom, avec 636 habitants. C'était autrefois une duché-pairie, érigée en 1538 par François Ier, et l'on y voyait un vieux château fort, où mourut Louis VIII, et qui fut démoli en 1634. Elle a donné son nom à deux branches de la maison de Bourbon.

La première descendait de Louis de Bourbon, troisième fils de Jean Ier, quatrième duc de Bourbon, qui épousa, en 1428, Jeanne, fille unique de Béraud III, dauphin d'Auvergne. De Gabrielle de La Tour, sa seconde femme, il laissa *Gilbert* de Bourbon, comte Montpensier et dauphin d'Auvergne (1486).

Opposé pour Louis XI à Charles le Téméraire, sa valeur et ses succès élevèrent promptement Gilbert de Montpensier au rang des grands capitaines de son époque. Il contribua, sous Charles VIII, à la conquête du royaume de Naples, dont il fut nommé vice-roi. Mais plus propre aux affaires qui se traitent l'épée à la main sur un champ de bataille qu'habile à manier les ressorts compliqués d'une grande administration, son indolence naturelle et l'indiscipline de ses troupes firent perdre à la France cette importante conquête, qui lui avait coûté tant de travaux et de sacrifices. Le comte Gilbert mourut à Pouzzole, le 5 octobre 1496, laissant deux fils :

Louis II, chef de la seconde armée que Louis XI envoya dans le duché de Milan, et qui mourut de la fièvre, à Naples, en 1501, et *Charles*, qui fut le célèbre connétable de Bourbon.

Les dispositions qu'il avait faites pour sa succession étant demeurées nulles par la confiscation qu'il avait encourue, ce ne fut qu'en 1560 que le roi François II consentit à remettre Louis II de Bourbon, duc de Montpensier (fils du prince de la Roche-sur-Yon, désigné par le connétable pour son présomptif héritier), en possession du dauphiné d'Auvergne, du comté de Forez, de la baronnie de Beaujolais et de la terre de Dombes. Ce prince devint ainsi la tige de la seconde branche de Montpensier. Il reconnut cette libéralité du roi par les services qu'il rendit à la couronne durant les troubles civils, sous Charles IX et Henri III, notamment par la prise ou la soumission des villes d'Angers, Tours, Saumur, Le Mans, Pons, Saint-Jean-d'Angély et La Rochelle. Il battit les protestants à Messignac (1568), et contribua, l'année suivante, au gain des batailles de Jarnac et de Moncontour. Louis II fut un des chefs les plus acharnés de cette guerre fanatique. Il avait épousé en secondes noces (1570) Catherine-Marie de Lorraine, fille de François de Guise, et mourut en 1582.

La duchesse de Montpensier était donc sœur du Balafré, du cardinal de Guise et du duc de Mayenne. Après l'assassinat de Blois, Henri III, qui avait, dit-on, raillé son infirmité (elle était boiteuse), n'eut pas d'ennemie plus passionnée que cette femme. Elle portait toujours à la ceinture des ciseaux d'or, destinés, disait-elle, à tondre *frère* Henri de Valois. Quand le poignard de Châtel l'eut enfin vengée, les transports de sa joie furent horribles. Elle embrassa l'homme qui lui apporta la nouvelle, et s'écria : « Je ne suis marrie que d'une chose, c'est qu'il n'ait pas su avant de mourir que c'est moi qui ai fait le coup. » Puis, montant en carrosse avec la duchesse de Nemours, sa mère, elle parcourut les rues de Paris en criant : *Bonne nouvelle!* Pendant le siège de la ville par Henri IV, elle refusa de s'éloigner, supportant avec héroïsme les privations les plus cruelles et encourageant par son exemple et ses paroles ardentes les habitants à la résistance. On conçoit son désespoir quand les portes s'ouvrirent enfin devant le Béarnais. Elle avait tout à craindre de lui. Mais le politique Bourbon s'empressa de la rassurer par de galants compliments, et l'invita à venir le soir même au Louvre à la grande réception. Il la reçut avec une galante courtoisie, et joua même aux cartes avec elle. Cependant, elle quitta Paris, craignant que le parlement ne fît rechercher les auteurs des désordres commis pendant la Ligue. Elle y revint au bout de quelques jours, complétement rassurée sur les intentions du roi.

Elle mourut à Paris, le 6 mai 1596.

François de Bourbon, né en 1539, du premier mariage de Louis II, lui succéda. Il servit avec le même dévouement Henri III et Henri IV, et mourut en 1592.

Henri de Bourbon, prince de Dombes, puis, en 1582, duc de Montpensier et dauphin d'Auvergne, fils du précédent, servit utilement Henri IV en Bretagne, contre le duc de Mercœur, sur lequel il remporta quelques avantages. Mais il fut battu au combat de Craon, en 1592. Prince brave, mais borné, il eut la faiblesse de se laisser circonvenir par ceux qui dans les troubles civils osaient rêver le rétablissement des gouvernements en fiefs héréditaires, et déclarer qu'il n'accorderait qu'à cette seule condition les secours dont Henri IV avait le plus pressant besoin; même il n'hésita pas à se rendre l'organe de ces prétentions auprès du monarque : « Mon cousin, mon ami, répondit Henri IV, je crois que quelque esprit malin a charmé le vôtre, ou que vous n'êtes pas en votre bon sens, de me tenir des discours si indignes d'un bon sujet et d'un prince de mon sang. Si je croyais, ajouta-t-il, que vous eussiez dans le cœur les desseins criminels que je viens d'entendre sortir de votre bouche, je vous ferais voir qu'un prince généreux ne laisse pas sans châtiment une offense cruelle. » Le roi, s'apercevant, aux discours du duc de Montpensier, qu'il agissait sans discernement, mais non pas sans patriotisme, finit par le consoler de la douleur et de la confusion que lui causait cette démarche, et, pour ménager l'amour-propre du prince autant que pour n'avoir pas à punir des coupables, Henri IV voulut que leur entretien restât ignoré, et que le duc rejetât les ouvertures qui lui avaient été faites comme s'il eût été éclairé par sa propre réflexion, avec menaces de punir sévèrement ceux qui oseraient y donner suite.

Marie de Bourbon-Montpensier, dauphine d'Auvergne, sa fille unique et son héritière en 1608, épousa, le 6 août 1628, Gaston-Jean-Baptiste, duc d'Orléans, frère de roi Louis XIII, et fut mère de la célèbre *mademoiselle de Montpensier*. Celle-ci légua le duché de Montpensier et le dauphiné d'Auvergne au duc d'Orléans, frère de Louis XIV, qui les a transmis à ses descendants. Le plus jeune des fils du roi Louis-Philippe porte encore le titre de duc de Montpensier. LAINÉ.

MONTPENSIER (ANNE-MARIE-LOUISE d'ORLÉANS, duchesse DE), connue sous le nom de *Mademoiselle*, fille de Gaston, duc d'Orléans, naquit en 1627 ; elle eut pour parrain le cardinal de Richelieu. Les premières années de Mlle de Montpensier s'écoulèrent au milieu de mille projets d'union avec les hautes têtes couronnées de l'Europe. Dès le berceau elle fut nourrie de l'idée d'épouser Louis XIV, puis le cardinal-infant, le comte de Soissons, le roi d'Espagne lui-même; puis encore le duc de Savoie, et le prince de Galles, héritier de la couronne d'Angleterre. Tous les beaux rêves de la jeune princesse s'évanouirent bientôt, et elle atteignait sa vingt-deuxième année lorsque les troubles de la Fronde éclatèrent. Mlle de Montpensier avait un caractère de fille romaine, et toute l'énergie de la branche d'Orléans semblait s'être concentrée en elle. Durant la Fronde, elle fut la reine du peuple et des halles. Gaston d'Orléans s'étant déclaré pour le parti des frondeurs, Mlle de Montpensier suivit la même cause que son père. Quand on résolut d'envoyer une expédition à Orléans, Mlle de Montpensier s'offrit pour l'accompagner ; les comtesses de Fiesque et de Frontenac l'accompagnaient ; toutes trois, habillées en amazones, le casque en tête, l'épée au poing, arrivèrent à Orléans, et en prirent possession au nom des frondeurs.

Dans ses *Mémoires*, Mlle de Montpensier conserve beaucoup de modestie en racontant cette expédition d'amazones sur Orléans : « Mes deux amies ne me quittèrent jamais, dit-elle; et à cause de cela Monsieur avait écrit, après mon entrée dans Orléans, des compliments sur leur bravoure, d'avoir monté à l'échelle en me suivant, et au-dessus de la lettre il avait mis : « A mesdames les comtesses maréchales-de-camp dans l'armée de ma fille contre le Mazarin. » Le 2 juillet 1652, lors du combat du faubourg Saint-Antoine, Mademoiselle se rendit à l'hôtel de ville, obtint deux mandements, l'un pour faire armer les métiers, l'autre pour aller secourir Condé et ses gens; puis elle se porta à la Bastille, et fit tirer le canon sur les troupes royales. « Mademoiselle, voulant faire exterminer tous ceux qui tenaient pour Mazarin, mit un gros bouquet de paille à sa tête, et passa dans toutes les rues en criant : « Que ceux qui ne sont pas du « parti de Mazarin prennent la paille, sinon ils seront sac- « cagés comme tels. » On vit alors en un moment chacun porter de la paille sur sa tête, afin d'éviter la furie de ceux du parti des princes.

Ici finit la vie active de la grande Mademoiselle. Le roi rentra dans sa capitale : une des premières mesures du conseil fut l'exil du duc d'Orléans et de sa fille ; la jeune héroïne se retira dans sa terre de Saint-Fargeau, où elle écrivit ses *Mémoires*. Revenue plus tard à la cour et disgraciée de nouveau, elle fut enfin rappelée en 1660. C'est après avoir refusé la main de Charles II, roi d'Angleterre, et celle du roi de Portugal Alphonse-Henri, que Mlle de Montpensier s'éprit pour le duc de Lauzun de l'amour le plus violent et le plus déraisonnable. Elle avait alors quarante ans. Tout le monde connaît les résolutions extravagantes où la jeta cette passion, son mariage secret, la brutalité de son amant, et les persécutions du roi contre l'ambitieux Lauzun.

Mlle de Montpensier, revenue de ses illusions, de ses erreurs, de ses folies, mourut le 5 mars 1693, dans les sentiments d'une piété sincère.   A. MAZUY.

MONTPENSIER (ANTOINE-MARIE-PHILIPPE- LOUIS D'ORLÉANS, duc DE). *Voyez* ORLÉANS (Maison d').

MONTRE. Ce mot désigne une petite horloge portative, ordinairement d'or ou d'argent. On croit que ce fut à Nuremberg, vers 1500, que se firent les premières montres. Il paraît pourtant certain qu'on en offrit une à Charles V, la première qui ait paru en France, ce qui en ferait remonter l'invention beaucoup plus haut. Quoi qu'il en soit, lorsqu'on vit les premières montres, les horloges étaient encore toutes mues par des poids. Dans les montres, il fallut substituer un ressort à ces poids; et l'inégalité de tension du ressort conduisit bientôt à l'invention de la fusée, encore employée aujourd'hui.

Les montres les plus communes sont les montres *à verge*, du nom de cette pièce d'échappement; elles sont les plus anciennes, les moins chères et les plus mauvaises. Les montres *à cylindre*, ainsi appelées de ce que la pièce d'échappement est un cylindre creux, sont les meilleures. On en fait aujourd'hui dont l'échappement permet au balancier d'achever sa vibration librement, après qu'il a reçu la pulsion nécessaire à l'entretien de ce mouvement. Ces montres, dites *à échappement*, *à vibration libre*, sont d'une exécution très-difficile et fort chères. Il y a une infinité d'autres montres, de forme et de construction bizarres, dites montres *de fantaisie*; elles paraissent généralement mauvaises. Les montres des dames sont très-petites et très-plates; elles perdent toujours en qualité ce qu'elles gagnent ainsi en exiguïté de volume.

Les *montres perpétuelles* sont ainsi nommées parce qu'elles se remontent d'elles-mêmes par le mouvement qu'on leur imprime en les portant sur soi; elles ont été perfectionnées par Bréguet.

Graham, F. Berthoud, Barlow, Quare, Tompion, Lépine, etc., ont également apporté d'ingénieux perfectionnements aux montres : Graham, en inventant les échappements à cylindre; Berthoud, en substituant le rubis à l'acier pour les cylindres; Barlow, en inventant le mécanisme de la sonnerie des *montres à répétition*; Lépine, en introduisant en France des montres très-plates, etc.

Les *montres marines* sont de grosses montres portatives destinées à la plus exacte mesure possible du temps; on les nomme aussi *garde-temps* ou *chronomètres*; elles sont montées sur deux petits balanciers comme ceux des boussoles, et enfermées dans des boîtes d'environ 36 centimètres carrés. Il y en a qu'on peut porter au gousset. Leur principal usage est de faire déterminer en mer la longitude ou distance angulaire entre deux méridiens. Le premier chronomètre fut construit en 1736, par l'Anglais Harrison. Pierre Leroy commença en France la fabrication des chronomètres, et leur apporta deux perfectionnements tout à fait capitaux. Le premier est l'invention d'un échappement beaucoup plus parfait que l'ancien, et le second la découverte d'une propriété précieuse des ressorts spiraux par laquelle s'obtient un réglage extrêmement exact. Ferdinand Berthoud vint après lui, et ce fut un de ses instruments que Fleurieu, d'après les ordres de Louis XV, expérimenta aux frais de l'État à bord d'un navire de la marine royale. Depuis lors, cette industrie s'est largement développée chez nous, grâce aux travaux de Bréguet père, Berthoud fils et Motel, qui ont consacré leur laborieuse carrière à son perfectionnement.

La fabrication des montres destinées aux usages ordinaires est surtout exploitée en Suisse: c'est ce pays qui, dans les belles qualités, fournit presque la moitié de l'Europe, sauf les régions exploitées par l'Angleterre, et encore cette dernière reçoit-elle comme importation une partie énorme de pièces établies dans le style des siennes, et qui plus tard seront expédiées sous le nom d'horlogerie anglaise courante. La fabrication de la montre en France est presque en entier concentrée autour de Besançon. Pendant longtemps elle n'a produit que des pièces ordinaires et à bas prix; actuellement elle réussit dans les bonnes qualités courantes, sans toutefois lutter avec la Suisse. Paris ne produit que peu de montres, en dehors de pièces exceptionnelles, comme celles que faisait Bréguet père, et dont quelques-unes, très-remarquables, ont été vendues jusqu'à 30,000 francs. Quelques horlogers font des montres dites *de Paris*; seulement leur prix élevé ne les met pas à la portée de tout le monde. En Angleterre la montre s'établit dans de vastes fabriques, où tout se confectionne à la fois. Rien n'est plus beau ni meilleur que la vraie horlogerie anglaise; nous disons *vraie*, parce qu'il s'en vend prodigieusement de fausse, établie sur le continent à des prix très-inférieurs à ceux des bonnes maisons. L'excellence des montres anglaises tient beaucoup, il faut aussi le dire, à l'habitude de leur laisser cette épaisseur qui assure le jeu de toutes les pièces, et à un diamètre qui dispense de bien des finesses de main.

Le mot *montre* veut dire aussi un échantillon, une partie d'un tout, destiné à faire juger de la nature ou de la qualité de ce tout, ou bien encore l'action de montrer ce tout lui-même pour en faire concevoir une plus juste idée. C'est dans ce sens qu'on appelle *montre* ce que les marchands exposent devant leurs boutiques pour faire savoir quelle sorte de marchandise ils vendent.

Les marchands de chevaux appellent *montre* la manière dont ils essayent et conduisent leurs chevaux devant l'acheteur auquel ils veulent les vendre; c'est l'objet entier qu'ils exposent ici, avec le développement de ses qualités, et il y a bien des moyens pour rendre cette montre assez trompeuse aux yeux de ceux qui ne sont pas connaisseurs. Ils appellent aussi *montre* l'endroit où ils exposent ces mêmes chevaux pour les vendre; c'est toujours dans le sens de la première acception; seulement le contenant, par figure de rhétorique, est pris ici pour contenu.

Faire *montre* de son esprit signifie en faire parade.

Montre se disait communément autrefois pour revue des troupes; il se disait également du prêt, c'est-à-dire de la paye décadaire ou mensuelle qu'on donnait aux soldats.

On appelle *montre* d'orgues les tuyaux d'orgues qui paraissent au dehors.
BILLOT.

MONTRÉAL, après Québec la ville la plus importante du Bas-Canada, est située à l'extrémité méridionale d'une île longue d'environ 5 myriamètres et large de 14 kilomètres, extrêmement fertile et parfaitement cultivée, dans le lac Saint-Louis, que forme le Saint-Laurent. Elle est très-bien bâtie, mais la ville haute est plus belle que la ville basse. La plus grande de ses rues, presque toutes très-larges, est la rue Notre-Dame; c'est là que se trouvent la plupart des édifices publics. Les sept faubourgs de Montréal communiquent tous avec la ville, où les vastes incendies d'octobre 1845 et de février 1850 ont causé de grands dommages. Sur la place du marché s'élève une statue de Nelson, haute de 10 mètres. Le plus bel édifice de toute l'Amérique anglaise, et après la cathédrale de Mexico la plus grande église du Nouveau Monde, est sans aucun doute la magnifique cathédrale catholique de Montréal, longue de 225 pieds anglais, et dont la construction ne fut terminée qu'en 1829. Elle est de style gothique, et 10,000 personnes peuvent facilement y trouver place à l'intérieur. En 1850 la population était de 48,207 habitants, généralement d'origine française, de même que la langue française est demeurée la langue des relations sociales. La ville possède plusieurs établissements d'instruction publique supérieure, et depuis 1821 une université anglaise. Quoiqu'il existe diverses fabriques à Montréal, c'est avant tout une ville de commerce, et elle est le grand entrepôt du trafic de pelleteries de la Compagnie de la Baie d'Hudson. Elle doit sa prospérité à son excellente position, et sera toujours une importante étape de commerce, bâtie qu'elle est au point où le Saint-Laurent cesse d'être navigable pour les bâtiments de mer. Divers chemins de fer la relient d'ailleurs au reste du Canada et aux États-Unis. Le cabotage de Montréal, dont le port a été amélioré à grands frais, a beaucoup d'importance. Le chiffre des importations et des exportations va au delà de 3 millions de liv. st. par an. Les premières consistent surtout en articles des manufactures anglaises, les secondes en produits du pays, notamment en pelleteries, potasse, froment, orge, maïs, pois, fèves, farine, chair de porc, beurre, miel, et poissons salés. Ce dernier article seulement il s'expédie pour 70 à 80,000 liv. st. par an aux Indes occidentales. Le commerce des bois est aussi très-considérable, mais cependant moins qu'à Québec. Montréal fut fondée en 1640, et s'appelait primitivement *Ville Marie*. En 1688 les Indiens y firent un effroyable carnage de la population française. C'est aussi le dernier point du Canada que les Français aient conservé; en 1760 sa garnison, commandée par M. de Vaudreuil, dut capituler entre les mains de lord Amherst. Le 23 novembre 1775 les Américains du Nord, commandés par Montgomery, s'en rendirent maîtres; mais ils l'évacuèrent au printemps suivant.

MONTREUIL ou **MONTREUIL-SUR-MER**, chef-lieu d'arrondissement dans le département du Pas-de-Calais, près de la rive droite de la Canche, avec 3,939 habitants. Ville forte avec citadelle, place de guerre de seconde classe, elle possède un tribunal de première instance, une société d'agriculture, une typographie, des raffineries de sel, des tanneries, des fabriques de toile, de savon mou, de papier, une scierie mécanique, des mortiers à farine. C'est une station de chemin de fer d'Amiens à Boulogne (à Norton).

Elle s'élève sur une colline isolée et fort escarpée d'un côté; elle est construite en briques et assez bien percée. On y remarque l'église Saint-Saulve et quelques autres constructions curieuses, parmi lesquelles la principale est son ancien château fort. Elle fut prise par Charles-Quint, en 1537; elle résista en 1554 aux efforts réunis des Impériaux et des Anglais, et fut définitivement réunie à la France avec le comté de Ponthieu, en 1665.

MONTREUIL ou **MONTREUIL-SOUS-BOIS**, nommé aussi *Montreuil aux Pêches*, village du département de la Seine, à 8 kilomètres de Paris, avec 3,810 habitants, une culture importante d'arbres à fruits en espalier et une récolte de pêches renommées. On y trouve encore des fabriques de porcelaine, de briques, de tuiles, des taillanderies, des vanneries, des boissellleries, et on y exploite du plâtre.

MONTREVEL (Nicolas-Auguste de LA BEAUME, marquis de), maréchal de France en 1707, et célèbre par ses campagnes infructueuses contre les Camisards, naquit en 1636 ; il descendait d'une noble famille de la Bresse, remontant au douzième siècle. Il se distingua de bonne heure sur les champs de bataille, et même dans les duels ; il conquit un à un tous ses grades, par des prodiges de valeur, se distingua comme colonel à Senef, comme maréchal de camp à Namur et à Fleurus. Après avoir obtenu le bâton de maréchal de France, il fut nommé gouverneur du Languedoc. Il venait d'être appelé au gouvernement de l'Alsace, lorsqu'il mourut, le 11 octobre 1716. Tous les historiens s'accordent à dire que ce soldat, si brave devant l'ennemi, mourut des suites de la frayeur qu'il éprouva en ayant, à table, une salière renversée sur lui. Saint-Simon s'est beaucoup moqué de son ignorance, et prétendait qu'il ne savait point distinguer sa main droite de sa main gauche.

MONT-ROSE. *Voyez* Monte-Rosa.

MONTROSE, bourg et port du comté d'Angus (Écosse), sur un promontoire sablonneux, à l'embouchure du South-Esk, dans une baie de la mer du Nord, et d'un accès fort étroit, compte 15,240 habitants, dont les principales industries sont la fabrication des toiles et des toiles à voile, la megisserie, le cabotage, la pêche du Groënland et la construction des navires, qui dans ces dernières années y a pris beaucoup de développement.

MONTROSE (James GRAHAM, marquis de) descendait d'une noble et ancienne famille d'Écosse (*voyez* Graham), et était né à Édimbourg, en 1612. Après avoir voyagé dans toute l'Europe pendant sa jeunesse, il offrit ses services au roi d'Angleterre Charles Ier ; mais, à l'instigation du duc de Hamilton, on repoussa dédaigneusement ses avances, de sorte qu'il s'en revint en Écosse, où il accepta un commandement dans l'armée des presbytériens. Offensé par les chefs presbytériens, qui persistaient à le tenir au second plan, il se laissa déterminer peu de temps après à prendre en mains, d'abord secrètement, puis ouvertement, les intérêts du roi en Écosse. Il rassembla les royalistes ; et en 1644, après l'arrivée d'un corps de 1,100 Irlandais, il commença formellement la guerre contre les covenantaires. Quoique assez médiocre général, il fit preuve d'un courage, d'une habileté et d'une constance extraordinaires. Quand il eut battu complètement, au mois de décembre, le comte d'Argyle à Inverlochy, on fit marcher contre lui le général Baillie, dont il anéantit l'armée, à la tête de ses braves montagnards, le 15 août 1645, dans une sanglante affaire livrée près de Kilsith. Il convoqua alors à Glasgow un parlement favorable à la cause royale, et de qui il obtint des subsides. Le *covenant*, menacé, rappela d'Angleterre l'armée presbytérienne aux ordres de Lesly ; et maintenant de beaucoup inférieur en forces, Montrose fut à son tour complétement défait, le 13 septembre 1645, à la bataille de Selkirk. Il s'enfuit au delà de la Tweed, avec un petit nombre d'hommes, et continua à faire une inutile guerre de partisans jusqu'au moment où le roi, prisonnier dans le camp écossais, lui ordonna de cesser la lutte et de passer à l'étranger. Montrose se rendit alors en France, où Mazarin lui accueillit froidement ; puis en Allemagne, où il prit part aux dernières campagnes de la guerre de trente ans et où il parvint au grade de général dans les armées impériales. Après la mort de Charles Ier, il vint à La Haye mettre son épée à la disposition de Charles II pour lui aider à reconquérir sa couronne. Avec l'appui du Danemark et de la Suède, il recruta un petit corps, qu'il conduisit sur des vaisseaux hollandais aux îles Orcades, et débarqua enfin, en avril 1650, sur la côte du comté de Caithness. Mais les populations, lasses de la guerre civile, s'enfuirent à son approche ; et Lesly envoya contre lui le colonel Strachan, qui dès la première rencontre, mit en déroute les troupes royalistes. Montrose, déguisé en paysan, se sauva dans les montagnes ; puis, au bout de quelques jours, exténué de faim et de froid, force lui fut de se découvrir à un de ses anciens officiers, appelé Aston. Celui-ci lui promit de le sauver ; mais déterminé par les 2,000 liv. sterl. offertes par le parlement, il le livra à Lesly. On le conduisit à Édimbourg, où le parlement le condamna à être pendu à un gibet de trente pieds de haut. Il souffrit ce supplice le 21 mai 1650, et mourut avec la plus grande intrépidité. Son chapelain Wishart a écrit sa vie.

Après la restauration de Charles II, le fils de Montrose fut rétabli dans les biens et les dignités de son père. Son petit-fils, *James* GRAHAM, quatrième marquis de Montrose, fut créé, en 1707, *duc de Montrose*, et remplit sous Georges Ier les fonctions de secrétaire d'État pour l'Écosse. Il mourut en 1742.

James GRAHAM, troisième duc de MONTROSE, né en 1755, entra au parlement comme député de Cambridge, et fut nommé en 1783 lord de la trésorerie par son ami Pitt. En 1789 il fut nommé payeur général de l'armée et, après avoir succédé à son père, en 1790 lord grand-écuyer. Il abandonna cette position en 1795 pour prendre un siége dans l'*India-Board* ; mais en 1802 il se retira de l'administration en même temps que Pitt. Celui-ci étant rentré aux affaires en 1804, le duc de Montrose, l'un de ses fidèles dans la chambre haute, fut nommé président du *Board of Trade*, fonctions dont il se démit à la mort de son ami. De 1808 à 1824 il fut encore une fois grand-écuyer, puis grand-chambellan jusqu'en 1827 ; mais alors, à la chute du ministère de lord Liverpool, il se retira complètement des affaires publiques. Il mourut à Londres, en 1836.

Son fils aîné, *James* GRAHAM, quatrième duc de MONTROSE, né le 16 juillet 1799, comme lui tory et *protectioniste* ardent, fut un des membres du ministère de lord Derby, de février 1852 à janvier 1853 ; grand-maître (*lord stewart*) de la maison de la reine.

MONTROUGE, commune de la banlieue de Paris, avec 9,223 habitants, et qui se divise, sous le rapport de l'agglomération des habitations, en quatre principales fractions : le *Grand-Montrouge*, qui s'étend depuis les fortifications sur la route d'Orléans jusqu'à la barrière d'Enfer ; *Montparnasse*, qui confine à la barrière du Maine et au cimetière dit du Sud ou de Montparnasse, et *Montsouris* à la barrière Saint-Jacques. On trouve au Grand-Montrouge une distillerie, une salpêtrerie, une fabrique de produits chimiques et de tissus imperméables ; au Petit-Montrouge, l'hospice de La Rochefoucauld pour la vieillesse, l'embarcadère du chemin de fer d'Orsay et de Sceaux, la mairie, édifice neuf et de bon goût, des fabriques de blanc de baleine et de bougie diaphane, une exploitation importante de carrières de pierre à bâtir, de noir animal, de cuir vernis, des raffineries de sucre, une distillerie, une usine de gaz de résine, des pépinières, un théâtre à Montparnasse, et dans les parties attenant aux barrières de Paris de nombreuses guinguettes, fréquentées par les classes ouvrières de cette ville. Le *Jardin de Paris*, les *Mille Colonnes* et le *Banquet d'Anacréon* sont le *Mabille*, le *Château-Rouge* et le *Deffieux* de l'endroit. Le dimanche et le lundi les jardins de ces établissements fastueux et leurs salons de deux à trois cents convives sont encombrés par le grand peuple travailleur, qui vient y dîner en famille, père, mère, garçons, jeunes filles coquettement vêtues et dont les yeux brillent de plaisir. Celles-ci prennent part aux quadrilles qui s'organisent alors, aux sons faux et criards d'une abominable musique. Il faut le dire, la danse est plus décente là qu'ailleurs ; il est vrai qu'on n'y voit pas de gens *comme il faut*. Moins réservée sans doute est la clientèle toute prolétaire de la *Petite-Californie*, restaurant sans rival, où les assiettes, cuillères, fourchettes et gobelets en fer blanc sont enchaînés aux tables, comme si on se défiait de la probité du consommateur.

Sous la Restauration les jésuites avaient établi une de

leurs maisons professes au Grand-Montrouge ; aussi ce trope, *les hommes de Montrouge*, revient-il à chaque instant dans les journaux et les pamphlets de l'époque.

MONT-SAINT-JEAN, village situé à environ deux kilomètres de Belle-Alliance, dans l'arrondissement de Nivelle de la province du Brabant méridional (Belgique), et dont pendant longtemps on donna en France le nom à la bataille de Belle-Alliance ou de Waterloo.

MONT SAINT-MICHEL. Le Mont Saint-Michel, célèbre par son antique abbaye, devenue maison centrale et prison d'État, est situé au fond de la baie de Cancale, entre Granville et Saint-Malo, et s'élève hardiment au milieu d'une vaste plaine de sable que la mer recouvre deux fois par jour, à marée haute : le rocher sur lequel se groupe le village du Mont Saint-Michel, avec ses 1,082 habitants, a 9,000 mètres de périmètre ; il s'élève à 45 mètres au-dessus du niveau de la mer, jusqu'à la base de l'abbaye qui le couronne, et dont la hauteur est de 85 mètres. La mer s'élève jusqu'à 15 mètres dans cette vaste plaine de sable, mouvante par endroits, où les navires ont entièrement disparu jusqu'au sommet des mâts : aussi le Mont Saint-Michel n'est-il deux fois par jour qu'une île dont de violents courants battent les flancs, tandis que pendant le reflux on parcourt à pied, à cheval, ou en voiture, les huit kilomètres qui le séparent du continent. On arrive au Mont Saint-Michel, tout hérissé de remparts et de tours, par une première porte, où stationnent, bien inoffensives, deux pièces de canon prises sur les Anglais en 1423, lorsqu'ils firent le siége du mont ; on traverse encore une cour servant de corps de garde, et deux autres portes avant d'arriver dans un labyrinthe de remparts, d'escaliers conduisant au château ; dans celui-ci se trouvent des souterrains immenses, des caves, des magasins à poudre, à boulets, des oubliettes, des *in pace*. Fondé en 708 selon les uns, en 996 selon les autres, reconstruit en 1022, le monastère, qui fut primitivement une abbaye de l'ordre de Saint-Benoît, présente un aspect des plus imposants ; l'église en est fort belle : Louis XI institua dans cette abbaye, en 1469, l'ordre de Saint-Michel. Il fit placer dans les souterrains de l'abbaye la fameuse cage de fer, remplacée plus tard par une cage de bois sur le modèle, où trop de victimes de la cruauté la plus raffinée ont douloureusement traîné une vie pire que la mort qui devait fatalement les délivrer. Louis-Philippe, enfant, visita la cage de fer au Mont Saint-Michel, et il s'exprima avec une grande véhémence contre cet instrument de torture. L'abbaye du Mont Saint-Michel subit quelques dévastations à l'époque de la révolution ; elle fut réparée sous l'empire, et convertie en maison de force. Elle est aujourd'hui pour les détenus civils et pour les détenus militaires maison centrale de réclusion : sous Louis-Philippe, les condamnés politiques de juin 1832, ceux de l'affaire du 12 mai 1839, y furent détenus ; les tortures qu'y subirent ces derniers, soumis au régime cellulaire, livrés au bon plaisir de leurs geôliers, sont une des hontes du gouvernement de Juillet.

MONTSERRAT, antique et célèbre abbaye de Bénédictins de la province de Catalogne (Espagne), aujourd'hui à peu près en ruine, fut ainsi nommée à cause des nombreux pics de la montagne sur laquelle elle est construite, pics semblables aux dents d'une scie (*serra*). La hauteur de cette montagne au-dessus du niveau de la mer est de 1,268 mètres ; ce n'est pas chose aisée que de gravir les dangereux degrés taillés dans le roc vif et conduisant aux treize anciens ermitages, qui faisaient partie du monastère. Les plus jeunes des religieux en habitaient la partie la plus élevée, et nichaient comme des aigles sur les pointes extrêmes de la montagne. On leur envoyait du couvent des vivres au moyen de mulets dressés à cet usage ; et c'était seulement les jours de grande fête qu'ils se réunissaient dans la chapelle du couvent pour assister à la célébration de l'office divin. Beaucoup de ces ermitages n'occupaient pas plus de place que la plus misérable hutte, mais quelques-uns avaient un petit jardin. D'autres paraissaient littéralement suspendus dans les airs, et on ne pouvait y arriver qu'à l'aide d'échelles et de ponts tremblants jetés au-dessus d'effroyables précipices. En vieillissant, les cénobites venaient habiter des cellules plus rapprochées du couvent au fur et à mesure que la mort y faisait des vides, jusqu'à ce qu'ils finissent par être admis dans le couvent même. L'abbaye de Montserrat, qui avait déjà été à moitié détruite par les Français le 28 juillet 1812, souffrit encore bien davantage en 1837, époque où elle fut le quartier général de l'insurrection carliste en Catalogne.

MONTSERRAT, île de l'Amérique anglaise, qui fait partie du gouvernement d'Antigoa, dont elle est distante de 43 kilomètres au sud-ouest. Son chef-lieu s'appelle *Plymouth*. Sa population est de 8 à 9,000 habitants, dont les cinq sixièmes nègres. Le sol est montagneux, fertile et bien arrosé dans les vallons. Montserrat produit surtout du rhum et du sucre. Elle a été découverte par Christophe Colomb en 1493, colonisée par les Anglais en 1632, et prise en 1668 par les Français, qui la restituèrent à la paix d'Utrecht.

MONTSOREAU (La dame de). *Voy.* BUSSY D'AMBOISE.

MONTUCLA (JEAN-ÉTIENNE), savant mathématicien, né à Lyon, en 1725, mort à Versailles, le 18 décembre 1799, fit ses premières études au collége des jésuites de sa ville natale. Sa famille était pauvre ; resté orphelin à l'âge de seize ans, Montucla alla terminer ses études d'abord à Toulouse, puis à Paris, où il se lia avec D'Alembert. Il fit partie de la rédaction de la *Gazette de France*, et commença à rassembler les matériaux de son *Histoire des Mathématiques*, dont la première édition ne parut qu'en 1758. Un autre mathématicien français, Montmort, avait entrepris de faire un travail analogue ; mais il était mort sans pouvoir l'achever, et ses manuscrits étaient perdus. L'*Histoire des Mathématiques* de Montucla est donc une œuvre entièrement originale. Les deux premiers volumes sont surtout remarquables ; quant aux deux autres, ils n'étaient pas encore publiés lorsque mourut Montucla, et ce fut Lalande, qui se chargea de les compléter. « Il faut avouer, dit M. Barginet, qu'il n'a pas été aussi heureux que son ami ; les deux derniers volumes, auxquels il a eu quelque part, sont très-inférieurs aux deux premiers sous tous les rapports. » « Ces deux derniers volumes, ajoute M. Weiss, n'offrent le plus souvent qu'une lourde gazette d'optique et d'astronomie physique, où se trouvent parfois des jugements hasardés. »

Montucla a en outre publié une excellente édition des *Récréations mathématiques* d'Ozanam (1778, 4 vol. in-8°) et une *Histoire des recherches sur la quadrature du cercle*, ouvrage plein d'intérêt, dont il a reproduit une bonne partie à la suite du tome Ier de son *Histoire des Mathématiques*.
E. MERLIEUX.

MONTYON. *Voyez* MONTHYON.

MONUMENT, dans le sens générique du mot et de la chose, est un signe destiné à rappeler la mémoire des faits, des choses et des personnes. Ce mot s'applique à une multitude d'ouvrages d'art, architecture, sculpture. L'idée de monument appliquée aux œuvres d'architecture désigne un édifice construit, soit pour conserver le souvenir de choses mémorables, soit pour devenir un objet d'embellissement, de magnificence dans une ville. La ville d'Athènes était si peuplée d'anciens *monuments*, que Cicéron a dit « que partout où l'on passait on marchait sur l'histoire ». Les palais des souverains et des grands sont presque toujours des monuments ; il en est de même de ces vastes établissements d'utilité publique qui entrent en première ligne dans les besoins des peuples, et auxquels une sorte d'instinct commence à toujours voulu que l'art imprimât un caractère extérieur marquant leur importance et avertissant le spectateur de leur destination. Les temples sont dans cet ordre moral d'idées les premiers des monuments : voilà pourquoi ils ont toujours été et sont partout les édifices qui annoncent de plus loin les habitations des hommes, dominent les autres bâtiments et décorent les villes. Les palais de justice, les hôtels de ville, les établissements, d'instruction publique, les sièges d'administration, les théâtres, les lieux d'assemblée, doivent encore être rangés parmi les monuments. Il y a, toutefois, peu d'établissements, même d'un genre plus modeste, qui ne puissent devenir pour l'architecture des objets dignes du nom de monument. Ce n'est pas toujours le luxe des ordres, la pompe de la décoration, qui constituent dans l'opinion de l'artiste le caractère du monument. L'étendue du plan, l'élévation des masses, la solidité de la construction, la symétrie et de belles proportions feront toujours d'un hospice, d'une caserne, d'une halle, d'un marché, de véritables *monuments* dans le sens qu'on attache à ce mot.

Monument signifie encore tombeau ; mais cette acception n'est d'usage que dans le discours soutenu.

Au figuré, *monument* s'applique aux ouvrages durables de littérature, de science et d'art : le poëme des *Lusiades* est un beau *monument* élevé à la gloire de la nation portugaise. Une médaille peut être un monument précieux. Les manuscrits sont regardés comme des monuments écrits.

MONUMENTS DRUIDIQUES. *Voyez* Druidiques.

MONVEL (Jacques-Marie Boutet de), acteur, né à Lunéville, en 1745, débuta à la Comédie-Française en 1770, par le rôle d'Égiste dans *Mérope*; et après un séjour de cinq ans en Suède (1781-1785) revint en France, et rentra au Théâtre-Français (1791). Jamais les rôles de *pères nobles* et de *grands raisonneurs*, qu'il adopta, tels que ceux d'*Auguste*, de *don Diègue*, de *Burrhus*, de *Zopire*, de *Fenelon*, n'ont été plus dignement remplis. Malgré l'absence presque complète de moyens physiques, l'âme expansive de Monvel, ses yeux si expressifs, son geste et son accent commandaient un tel silence qu'aucune des inflexions de son organe affaibli, mais toujours docile, n'échappait au spectateur. Enfin, la mémoire vint à lui manquer ; il fut obligé de quitter la scène (1806). Monvel, qui fut pendant quinze ans le premier acteur du premier théâtre de l'Europe, et membre de l'Institut, était un littérateur distingué. Il a composé pour le théâtre : *L'Amant bourru*, comédie en vers, restée au répertoire de la Comédie-Française ; *Bayard* ; *La Jeunesse de Richelieu*, drame composé en société avec M. Alex. Duval ; *Blaise et Babet* ; *Raoul, sire de Créquy* ; *Sargines* ; *Ambroise*, opéras-comiques. On sait que la célèbre Mlle Mars était sa fille. Viollet-le-Duc.

MONZA, appelée dans l'antiquité et au moyen âge *Modicia* ou *Modœcia*, ville et chef-lieu de préture de la province de Milan, située sur les deux rives du Lambro, qu'on y passe sur un beau pont de granit, et reliée à Milan par un chemin de fer, compte 8,000 habitants, qui entretiennent de nombreuses fabriques d'étoffes de laine, de chapeaux et de cuirs. Ils s'y trouve huit églises paroissiales, un séminaire archiépiscopal, une prison, un collège, une école de commerce, un hôpital, une caserne d'infanterie et une de cavalerie. Théodoric, roi des Ostrogoths, construisit un palais à Monza ; les rois lombards y avaient un château, sur les fondations duquel s'élève aujourd'hui le palais de justice, et le séjour qu'y fit l'empereur Frédéric Barberousse a donné à cette ville une nouvelle célébrité. Dans la belle cathédrale, placée sous l'invocation de saint Jean, et bâtie en 595 par la reine lombarde Théodelinde, mais qui fut réédifiée au quatorzième siècle par Campione, on conserve, indépendamment du tombeau de la fondatrice, œuvre du treizième siècle, et de diverses autres reliques d'objets rares et précieux de tous genres, la célèbre couronne de fer. Le château impérial, vaste et élégant édifice, qui contient de riches appartements et de belles peintures, est encore plus remarquable, par le parc qui l'entoure. Ce parc, qui n'a pas moins de neuf *milles* italiens de circuit, est entouré de murs et divisé en quatre parties distinctes : le jardin botanique, le jardin chinois, le jardin français et le jardin anglais. C'est l'un des plus vastes qu'il y ait en Italie ; il contient de belles parties, une riche collection de plantes rares, une pépinière, etc. On trouve aussi aux environs de Monza une foule de riches habitations de plaisance.

MOORE, nom commun à divers savants et littérateurs anglais du dix-septième et du dix-huitième siècle.

Jonas Moore, mathématicien, né en 1617, mort en 1679, eut l'honneur de donner des leçons de mathématiques au prince fils de Charles Ier, qui régna plus tard sous le nom de Jacques II. La restauration lui valut sa nomination aux fonctions d'intendant de l'artillerie. Il employa son crédit auprès du gouvernement à lui faire fonder divers établissements dans l'intérêt de la science ; et c'est à sa sollicitation notamment que la maison de Flamsteed fut érigée en observatoire. On a de lui des traités d'arithmétique, d'algèbre, etc.

Francis Moore, voyageur, explora, vers 1730, les côtes de la Gambie, et publia une relation de son expédition sous ce titre : *Voyages dans les parties intérieures de l'Afrique, contenant une description de plusieurs nations qui habitent le long de la côte de Gambie* (Londres, 1738). On a aussi de lui des *Extraits de Léon l'Africain et d'autres géographes*, et un *Dictionnaire de la Langue Mandingue.*

Philipp Moore, théologien, né en 1705, mort en 1783, donna une édition revue et corrigée de la traduction de l'Écriture Sainte dans la langue des habitants de l'Ile de Man. Il mourut recteur de Kirkbridge. On vante à bon droit sa *Correspondance*, choix de lettres familières échangées avec les personnages les plus considérables de son siècle.

John Moore, médecin, né en 1730, à Stirling, en Écosse, fut pendant longtemps attaché à divers corps d'armée comme médecin, et se fixa à Londres à partir de 1778, après avoir accompagné dans ses voyages sur le continent un fils de la duchesse d'Argyle, que l'extrême délicatesse de sa santé condamnait à l'observation des plus minutieuses précautions hygiéniques. Cette tournée lui fournit le sujet de divers ouvrages relatifs aux contrées qu'il avait parcourues, et contenant les observations qu'il y avait eu lieu d'y recueillir. Il publia aussi quelques romans et divers essais de morale et de philosophie, des réflexions sur les causes de la révolution française et ses principales phases. Son fils fut le célèbre général sir John Moore (*voyez* l'article ci-après).

MOORE (Sir John), général anglais distingué, fils d'un médecin dont on a quelques bons ouvrages, naquit en 1761, à Glasgow, et fut élevé sur le continent, où son père avait accompagné le duc d'Hamilton. La protection de ce seigneur lui facilita son admission dans les rangs de l'armée, et dès 1776 il put prendre part à la guerre d'Amérique. En 1793 il fit partie de l'expédition de Gibraltar, et l'année suivante de celle de la Corse. Il se distingua particulièrement au siège de Calvi ; et lorsqu'il revint en Angleterre, en 1795, avec le général Stewart, il fut nommé général de brigade. L'année suivante il accompagna aux Indes occidentales, à la tête d'une brigade, sir Ralph Abercromby, qui, après la prise de Sainte-Lucie, en mai 1796, lui confia le gouvernement de cette île. Moore la purgea des bandes de nègres insoumis qui l'infestaient ; mais le mauvais état de sa santé le contraignit à s'en retourner en Angleterre, au mois d'août 1797. Il accepta alors, sous les ordres d'Abercromby, qui revint un mois après lui, un commandement en Irlande, et rendit des services essentiels au gouvernement lors de l'insurrection qui éclata dans cette île en 1798 : aussi en fut-il récompensé par le grade de général major. En juin 1799 il accompagna le duc d'York dans son expédition de Hollande ; mais une grave blessure le contraignit bientôt à retourner en Angleterre. Il était à peine guéri qu'il prit de nouveau un commandement dans l'armée expéditionnaire envoyée en Égypte sous les ordres d'Abercromby. Grièvement blessé à la tête de la réserve à Aboukir, il put cependant prendre part au siége du Caire. Après la prise d'Alexandrie, il revint en Angleterre, et reçut un commandement à l'intérieur. En mai 1808 il fut nommé au commandement en chef d'un corps de 10,000 hommes chargé de soutenir les Suédois contre les Russes, les Danois et les Français. Lors de son débarquement à Gothembourg, le roi Gustave-Adolphe IV lui chercha noise, et le fit même arrêter ; c'est pourquoi Moore jugea à propos de s'en revenir en Angleterre avec son corps expéditionnaire. Il eut ordre immédiatement de partir pour le Portugal, où il arriva peu de temps après la capitulation de Cintra. Il prit alors le commandement en chef, opéra sa jonction avec le corps de 15,000 hommes aux ordres du général Baird, et pénétra en Espagne par Burgos, dans l'espoir de voir les nombreux insurgés espagnols se réunir à lui. Quoique forcé dès Salamanque de reconnaître l'impossibilité de réunir rapidement tous les éléments de résistance, il n'en osa pas moins suivre le général Hope dans sa marche sur Madrid. Soult vint à sa rencontre, et l'empereur en personne manœuvra pour couper aux Anglais la route de la mer. Dans cette position, Moore se décida à battre en retraite sur La Corogne, pour y embarquer les troupes placées sous ses ordres. Il gagna une avance considérable en trompant les Français par des feux; et le 11 janvier 1809 il arriva sous les murs de La Corogne. Mais les Français se lancèrent vivement à sa poursuite, et le forcèrent à accepter, le 16 janvier, une bataille sanglante, dans laquelle il fut mortellement blessé. Il mourut quelques heures après, emportant la certitude que son armée était sauvée. Son frère a publié une histoire de cette campagne (Londres, 1809) et la *Vie de sir John Moore* (1834). Napier le juge d'une manière plus complète, dans son *History of the War in the Peninsula* (3 vol., Londres, 1832).

MOORE (Thomas), l'un des plus célèbres poètes anglais des temps modernes, né le 28 mai 1779, à Dublin, était le fils d'un négociant catholique de cette ville. Il eut pour maître Samuel Whyte, qui déjà avait fait l'éducation première du célèbre Sheridan; et ses progrès furent si rapides, qu'à l'âge de quatorze ans il se trouvait en état de suivre les cours de l'université de sa ville natale. En 1799, il arriva à Londres pour étudier le droit à *Middle-Temple*. C'est alors qu'il fit paraître une excellente traduction des Odes d'Anacréon, écrite, à ce qu'on prétend, à l'âge de seize ans à peine, et dont le succès fut tel, qu'il résolut de renoncer au barreau et de se consacrer désormais uniquement à la culture des lettres. En 1803, époque où parurent les *Considérations* sur la crise qui menaçait alors l'Angleterre, il obtint au tribunal de l'amirauté à l'île Bermude une place de greffier, qu'il fit gérer par un fondé de pouvoirs pendant qu'il s'en allait faire une tournée aux États-Unis. L'impression qu'il en garda ne répondit pas aux idées qu'il s'était faites à l'avance : aussi ce pays et ses habitants sont-ils sévèrement appréciés dans ses *Odes and Epistles* (2 vol., Londres, 1806). Ce recueil fut vivement critiqué par Jeffrey, dans la *Revue d'Édimbourg*. Thomas Moore provoqua son critique en duel; mais la police intervint, et le duel n'eut pas lieu. Du reste, la rencontre eût été sans aucun danger pour les deux adversaires; car les témoins s'étaient entendus pour ne charger les pistolets qu'avec des balles de papier. Cette circonstance ayant donné lieu à quelques épigrammes de la part de lord Byron, l'humeur, par trop susceptible, du poète irlandais s'en émut; mais après de courtes explications, les deux bardes se lièrent d'une étroite amitié. Tous deux appartenaient en effet au parti whig, tous deux abhorraient le torysme et l'anglicanisme : c'en était assez pour les rapprocher, malgré les profondes dissemblances de leurs caractères : l'un aussi ennemi de l'ordre social factice que les préjugés et les intérêts sont parvenus à établir, que J.-J. Rousseau avait pu l'être au siècle dernier, et détestant non moins profondément la tyrannie des convenances ; l'autre, homme du monde avant tout, heureux des succès qu'il y obtint, chanteur agréable, que les salons s'arrachent et qui se laisse doucement aller aux enivrements d'une gloire que son esprit gai et toujours content lui rend facile.

A quelque temps de là Thomas Moore fit paraître, sous le pseudonyme de *Thomas Little* (allusion de bon goût à l'exiguïté de sa taille), un recueil de poésies érotiques, où les convenances sont fréquemment blessées, mais qui par leur grâce et leur chaleur obtinrent un succès extraordinaire. Les essais qu'il tenta alors pour exploiter le théâtre furent moins heureux ; par exemple, *The gipsy Prince* (1803) et *M. P.*, or the *Bluestocking* (1811). Avec beaucoup moins de profondeur et de portée, mais plus de grâce, de facilité et de poésie que Butler, Th. Moore se chargea en même temps de toutes les pasquinades politiques dont l'Angleterre s'amusa depuis le commencement du dix-neuvième siècle. C'est lui qui vengea Sheridan, laissé dans l'abandon et la misère à son lit de mort; c'est lui qui poursuivit de poignants sarcasmes le prince régent (devenu plus tard Georges IV) au milieu de sa vie indolente et luxurieuse. Pendant plus de quarante ans il ne parut pas de livre nouveau en politique, les communes n'eurent pas à s'occuper de quelque projet de loi blâmé par le parti libéral, sans fournir tout aussitôt à Thomas Moore le sujet de plaisanteries et de facéties, qui circulaient en tous lieux et causaient souvent de cruelles blessures à l'amour-propre et à l'orgueil des hommes en possession des hautes places. C'est ainsi qu'il publia successivement un grand nombre de brochures, tant en vers qu'en prose, dans lesquelles il flagellait impitoyablement le parti tory, son intolérance et sa bigoterie. Si les pamphlets intitulés : *Corruption and Intolerance* (1808), *The Sceptic* (1809), *A Letter to the Roman Catholics of Dublin*, et la satire *The two penny Postbag* (1810), qui désola plus particulièrement le prince régent, productions auxquelles il ajouta plus tard *The Fudge family in Paris*, satire ingénieuse et piquante des ridicules des Anglais en voyage (dont le titre pourrait se traduire ainsi en Français : *La famille de L'Escampette à Paris* [1818]), enfin *Fables for the Holy Alliance* (1823), ne sont pas précisément des chefs-d'œuvre de pensée et de style, on ne saurait nier que la pasquinade y revêt toujours une forme spirituelle et piquante. *The two penny Postbag* (la boîte de la petite-poste) est un recueil de prétendues lettres écrites par toutes les personnes de la cour du prince régent, et que Thomas Moore, sous le nom de M. Lebrun cadet, s'amusa à scander et à rimer. Malheureusement les continuelles allusions qu'on y trouve aux événements du moment, les noms propres défigurés et exploités malicieusement, enfin le jargon du beau monde tourné en ridicule, rendront avant peu cet ouvrage, dont on ne compte plus les éditions, bien difficile à comprendre; et nous ne nous étonnerions pas que plus tard quelque érudit songeât à l'enrichir d'un commentaire aussi étendu que celui de Lycophron.

Les *Irish Melodies*, paroles pour les *Mélodies nationales irlandaises* de Stevenson, dont les premières parurent en 1807 et dont les autres se succédèrent à des intervalles plus ou moins éloignés jusqu'en 1837, sont une œuvre d'une valeur autrement durable. Les *sacred Songs, duets and trios* (1816), musique de Thomas Moore et de Stevenson, en sont le pendant. Son poëme le plus étendu, celui où son talent est parvenu à son apogée, *Lalla Rookh*, poésie orientale, fut publié en 1817.

Thomas Moore alla alors visiter la France et l'Angleterre, d'abord en société avec lord John Russell; mais en 1822 force lui fut de prolonger son séjour à Paris bien au delà du temps qu'il aurait voulu, et cela pour échapper à une prise de corps lancée contre lui en Angleterre comme responsable des faits et gestes du gérant de sa charge de l'île Bermude, lequel dans l'exercice de ces fonctions s'était rendu coupable de nombreux abus de confiance. Moore couvrit le déficit avec le produit d'une plume, et rentra en 1823 en Angleterre, où il s'établit dans une maison de campagne près de Devizes, dans le Wiltshire. Depuis lors il ne fit plus reparaître, en fait de poëmes, que *The Loves of the Angels* (Les Amours des Anges [1823]), espèce de pendant à Lalla Rookh, et le roman *The Epicurean*. Il sembla renoncer désormais à la poésie pour se livrer à l'étude de l'histoire de son pays. Déjà, en 1823, dans ses *Memoirs of the Life of capitain Rock*, il avait tracé un tableau de l'état de l'Irlande, qui, bien qu'empreint d'esprit de parti, donne une idée exacte du système suivi depuis des siècles par le gouvernement anglais à l'égard des Irlandais. Ses *Memoirs of lord Edward Fitz-Gerald* (2 vol., Londres, 1831) renferment des documents précieux sur l'histoire d'Irlande. Par contre, les brillants sophismes qu'il développa dans ses *Travels of an Irish Gentleman in search of religion* (1833) lui attirèrent de violentes attaques. Il rédigea aussi pour la *Cyclopædia* du docteur Lardner une *History of Ireland*. En 1821 il avait donné une édition des Œuvres de Sheridan. Quatre ans plus tard, il écrivit sa *Biographie*, travail intéressant sans doute, mais qui n'est pas sans défaut. En mourant lord Byron lui confia le soin de publier ses Mémoires, et lui en fit parvenir le manuscrit. Mais, cédant d'une part aux obsessions de la famille de l'illustre poëte, et de l'autre à la crainte d'endosser comme éditeur la responsabilité des personnalités que Byron avait dû y accumuler et de se faire ainsi d'irréconciliables ennemis dans cette grande société aristocratique dont la fréquentation était devenue un des besoins de son existence, Thomas Moore, dépositaire infidèle, consentit à la suppression de cet ouvrage posthume, dans lequel lord Byron disait sans doute à la grande société anglaise non fait encore plus crûment qu'il ne le lui avait jamais dit. C'est là, il faut bien le dire, une faute, une tache même dans la vie de Thomas Moore, et qu'il ne répara point en publiant ensuite ses *Letters and Journal of lord Byron, with notice of his Life* (1830).

Thomas Moore, nous l'avons dit, faisait ses délices du monde. Il passait toutes ses soirées dans les bals et les *raouts* du *West-End*. Il était chanteur et musicien; doué d'une voix de soprano assez passable, il chantait sa propre musique, et c'était à qui l'aurait. Aussi les invitations à dîner pleuvaient-elles chez lui; et on raconte que dans les quinze dernières années de sa vie, il ne lui arriva peut-être pas de dîner une seule fois chez lui. Il avait épousé une ancienne comédienne, qui, tout au rebours, était bien la femme la plus casanière, la plus exemplaire des ménagères qui se pût rencontrer, et qui laissait son mari libre de mener le genre de vie qui lui plaisait, se résignant à bien des privations pour lui en faciliter les moyens, et mettant son bonheur à élever ses enfants dans le calme et la solitude où elle s'était réfugiée; mais Dieu ne lui fit pas la grâce de les conserver. Thomas Moore mourut à Slopperton-Cottage, le 26 février 1852. Dans les dernières années de sa vie il avait obtenu, par la protection de ses amis, arrivés à la direction des affaires, une pension de 300 liv. st. (7,500 fr.) Après sa mort, lord John Russell, l'ami de la plus grande partie de sa vie, publia au profit de sa veuve et sous le titre de *Memoirs, Journal and Correspondance of Thomas Moore* (4 volumes) le journal qu'il laissait en mourant, qu'il avait commencé avec l'intention de le léguer comme ressource à sa famille, et dont chaque jour il écrivait une page. Pendant longues années il ne rentra jamais chez lui, le matin, sans prendre encore le temps de mettre ce journal au courant, avant de s'endormir.

Ce qui distingue éminemment Thomas Moore comme poëte, c'est la grâce de l'expression, l'éclat scintillant du style; mais il a plus d'esprit que d'imagination, 'et il parle plus aux sens qu'à l'âme. Sa poésie enchante, mais n'élève point; et quoiqu'il se soit tant complu aux descriptions de l'amour, jamais il n'osa s'aventurer à descendre dans les profondeurs du cœur humain.

MOQUETTE. On donne ce nom à une variété de tissus à dessins répétés, dont la fabrication tient, à Aubusson, Albeville, Amiens, Tourcoing et Roubaix un rang important. Les moquettes se divisent en deux catégories, les *moquettes veloutées* et les *moquettes épinglées* ou *bouclées*; ces dernières sont surtout employées en tentures de croisées, portières, garnitures de meubles, etc. Les moquettes se font soit au métier à la tire, soit au métier à la Jacquart, adapté à ce genre de fabrication; l'ouvrier accomplit simplement la besogne d'un tisserand, le dessin s'exécutant naturellement par la chaîne. Les moquettes veloutées se font à l'aide de broches à rainure; l'ouvrier en coupe la laine; les moquettes épinglées se confectionnent, au contraire, au moyen de broches rondes, et l'ouvrier n'en coupe point la laine, qui forme ainsi une sorte de boucle à chaque point, d'où leur vint le nom de moquettes bouclées. On fait aussi, à l'usage de la sellerie, des moquettes communes.

MOQUEURS. Les oiseaux qui portent ce nom forment une section du genre *merle*. On en compte plus de vingt espèces, toutes étrangères à l'Europe, et se distinguant des merles proprement dits par un bec plus mince et plus convexe; des ailes de médiocre longueur, une queue aussi très-étagée, aussi longue au plus longue que le reste du corps, caractérisent encore les moqueurs, dont Brisson a formé le genre particulier *mimus*.

Le *moqueur proprement dit* (*turdus polyglottus*, Gmelin; *mimus polyglottus*, Br.) appartient aux États-Unis. De toutes les espèces de la nombreuse famille des merles, c'est celle qui possède au plus haut point la faculté d'imiter les autres animaux, et en même temps celle dont le chant naturel est le plus suave et le plus mélodieux. De ce talent d'imitation vient le nom de *moqueur* donné à cet oiseau. C'est surtout au printemps qu'il déploie toutes les ressources de son gosier.

MORA (Don José-Joaquin de), l'un des plus remarquables poëtes espagnols modernes, né à Cadix, en 1783, prit part à la lutte pour l'indépendance nationale. En 1814 il prit la direction de la *Cronica literaria y cientifica*, qui devint bientôt l'un des journaux les plus répandus de la Péninsule. Après le rétablissement de la constitution des cortès en 1820, il rédigea les journaux *El Constitucional* et *La Minerva*, et eut rétablissement de la monarchie absolue il fut obligé de passer à l'étranger. Il se réfugia alors à Londres, où il publia divers recueils de poésies, et prit en outre une part importante à la rédaction des différents journaux que les réfugiés espagnols firent paraître à cette époque en Angleterre. En 1827 il accompagna Ribadavia à Buenos-Ayres; plus tard, il s'établit à Santiago, au Chili, puis dans la république de Bolivie, qui le nomma son consul général à Londres. Mora s'est essayé dans presque tous les domaines de la poésie lyrique, et le plus souvent avec bonheur. Quelques-unes de ses productions en ce genre brillent par la grâce de la pensée et par le bonheur de la versification; mais il réussit généralement encore mieux dans la poésie comique et satirique.

Il ne faut pas le confondre avec un autre écrivain espagnol du même nom, Américain d'origine, *Jose-Maria de* Mora, qui a fait paraître : *Mejico y sus revoluciones* (8 vol., Paris, 1836), et *Obras sueltas* (1838).

MORABITES ou **MORABIDES**. *Voyez* Al-Moravides.

MORAL. On donne cette épithète non-seulement à tout ce qui est conforme aux mœurs, mais encore à tout ce qui les concerne. Souvent on va même plus loin, et on appelle *moral* ce qui n'est pas physique : on dit les *intérêts moraux* de la société, pour désigner tous ceux de ses intérêts qui ne sont pas purement matériels. On appelle *immoral* non pas tout ce qui ne se rapporte pas aux mœurs, mais tout ce qui leur est contraire. La *loi morale* est le principe suprême qui règle les mœurs sous le point de vue du devoir, et la *doctrine morale* est l'ensemble des préceptes qui découlent de ce principe. Cette doctrine s'appelle plus simplement la *morale;* celui qui l'enseigne est un *moraliste;* la *moralité* est le caractère distinctif des actes qu'il prescrit.

On entend par *certitude morale* une certitude fondée sur de fortes probabilités, telle qu'on peut l'avoir dans les choses ordinaires de la vie. Il est opposé à *certitude physique*. Quand la démonstration rigoureuse manque, la certitude morale la remplace souvent.

MORALE, science des mœurs, considérées sous le point de vue de l'obligation morale. Elle se distingue en deux parties, l'une générale, l'autre spéciale. La première, qui n'est qu'une introduction à la seconde, mais qui est réellement la plus importante des deux, examine les grandes questions du *devoir* en général, et par conséquent celles de l'obligation, celles du *bien* et du *mal moral*, des motifs de nos actions, de la loi suprême qui les domine, du souverain bien qu'elle a pour but de réaliser, de la conscience dans ses rapports avec la raison, qui est son principal interprète ; et enfin la question de la vertu, qui est dans la vie de l'homme l'expression la plus pure de la morale. La seconde partie de cette science, la partie spéciale, n'est que l'application des principes généraux que pose la première : c'est la théorie des *devoirs*. On la divise communément en trois sections, dont la première embrasse nos devoirs envers nous-même ; la seconde, nos devoirs envers les autres hommes ; la troisième, nos devoirs envers Dieu. On voit que la première de ces sections touche essentiellement à la philosophie, la seconde à la politique, la troisième à la religion ; on voit aussi que toute la partie générale de cette science, toute la doctrine du devoir, tient à la philosophie.

On a longtemps confondu la morale, tantôt avec la philosophie, tantôt avec la religion, tantôt avec la politique ; mais malgré ses rapports intimes avec ces trois grandes sciences, elle forme une étude à part ; elle a ses principes propres ; elle repose non-seulement sur toutes les grandes facultés de l'âme, l'intelligence, la sensibilité et la liberté ; mais, au nom de cette dernière, qui est la plus belle de toutes, et sur laquelle se fonde toute notre destinée, elle a la mission de régler toute la vie de l'homme. La morale est si bien une science indépendante qu'à son tour elle juge la religion, la philosophie et la politique, et qu'elle les contrôle, comme elle est jugée et contrôlée par elles. Ce n'est pas seulement en vertu des facultés les plus fondamentales de l'homme, l'intelligence et la liberté, qu'elle se constitue ; c'est aussi en vertu de la loi suprême du monde moral, loi que l'auteur de ce monde a donnée à notre conscience, c'est-à-dire à notre raison appliquée à la question du bien et du mal. L'indépendance et la suprématie de la morale sont donc également légitimes. Mais il est rare que la morale, la religion, la philosophie et la politique soient réellement indépendantes les unes des autres ; il est rare que la politique soit immorale, que la philosophie soit antireligieuse, que la religion soit ennemie de la philosophie, que la morale soit l'adversaire de la religion, de la politique ou de la philosophie. On a vu néanmoins des religions immorales, des systèmes de politique et de philosophie immoraux. Si dans les temps ordinaires, dans ceux d'un développement régulier et pacifiquement progressif, il y a harmonie entre ces doctrines, il y a désaccord aux époques de crises, de révolutions et de réformes, en un mot dans l'état de civilisation agitée.

Au début des sociétés, la religion domine à tel point la morale, la politique et les premiers essais de spéculation, qu'il n'y a dans ces dernières doctrines ni élément de résistance ni tendance d'opposition contre la première. A d'autres époques, la morale n'a pas de principes à elle, pas d'interprètes, pas d'autorité propre ; mais aussitôt que se développent les institutions politiques et que la philosophie commence à poser ses doctrines, la morale acquiert plus d'importance ; elle trouve alors sa place dans les enseignements que donnent la religion, la politique et la philosophie ; mais elle ne parvient à se faire reconnaître dans toute son autorité qu'au sein d'une civilisation complète. Enfin, elle forme une des sciences les plus importantes, et son appui est également recherché de l'État et de l'Église : elle a non-seulement son principe souverain, ses maximes absolues ; elle a ses interprètes spéciaux et une immense influence sur les destinées publiques des nations. Depuis trois siècles, depuis la Renaissance, elle marche parmi nous à ces conquêtes ; elle les fait lentement, elle ne les a encore achevées nulle part.

La seule Écosse a su lui donner des chaires spéciales dès le commencement du dernier siècle ; ailleurs, la morale est enseignée sous la tutèle de la métaphysique ou de la théologie, ou bien elle est à peine enseignée ; elle ne l'est qu'à la jeunesse. C'est là une des lacunes les plus profondes de l'enseignement moderne. La morale doit être exposée sous toutes les formes, sous la forme populaire comme sous la forme systématique, et toujours avec un soin proportionné à son importance. Elle doit toujours s'appliquer à l'état social du pays, à la politique, mais en la dominant. Ainsi l'enseignaient Socrate, Platon, Aristote, Cicéron. La morale enseignée comme elle doit l'être est à la fois le plus puissant auxiliaire de la religion et de la politique et le plus glorieux triomphe de la philosophie. On possède beaucoup de traités de morale, surtout de l'école écossaise : nous avons publié *l'Histoire des doctrines morales et politiques des trois derniers siècles* (Paris, 1836-1837, 3 vol. in-8°).

MATTER.

Morale se prend encore familièrement pour réprimande : un père fait ordinairement *de la morale* à ses enfants.

MORALE CHRÉTIENNE (Société de la), fondée en 1821, par le duc de La Rochefoucauld-Liancourt. Le but de cette société était l'application du principe du christianisme aux relations sociales, pour arriver à l'amélioration sociale par les institutions et les mœurs. Dès la première année, cette société se composait déjà de 150 membres, parmi lesquels on remarquait le comte de Lasteyrie, le comte Alexandre de Laborde, MM. Guizot, Charles de Rémusat, Mahul, Roux, Jullien de Paris, François Delessert, Pierre Périer, de Gérando, Llorente, le docteur Spurzheim, de Keratry, les pasteurs Athanase Coquerel, Marron et Goepp, le général Foy, Benjamin Constant, Casimir Périer, Casimir Delavigne, le général Thiard, Sismondi, les amiraux sir Sydney Smith, Verhuel, etc. ; MM. de Broglie, de Lamartine, Carnot, Berville, Baroche ont fait partie de la société de la morale chrétienne. Cette association est divisée en comités : 1° pour l'abolition de la traite et de l'esclavage ; 2° des prisons ; 3° pour le placement des orphelins ; 4° de charité et de bienfaisance ; 5° de la paix ; 6° d'amélioration morale ; 7° de réhabilitation morale pour les libérés. Elle publie un journal depuis sa fondation. C'est au moyen de souscriptions mensuelles, annuelles et de dons volontaires, que la Société de la morale chrétienne accomplit les bonnes œuvres qu'elle a pour but, et qui sont : la défense gratuite des détenus et l'avenir des libérés ; l'adoption, l'entretien, l'éducation des enfants orphelins, jusqu'à la fin de leur apprentissage ; les secours aux ouvriers malades ou blessés. Des dames, déléguées par le comité des prisons, portent des secours et des consolations dans les prisons de femmes.

MORALES (CHRISTOFORO DE), l'un des compositeurs les plus distingués du xvi° siècle, précurseur de Palestrina, était né à Séville, et remplissait les fonctions de chanteur de la chapelle pontificale sous le pape Paul III. On trouve de lui des messes, des motets et des *Magnificat* dans diverses collections mêlées publiées à Venise, à partir de 1560. Il était d'usage jadis qu'on exécutât toujours dans la chapelle du pape son motet *Lamentabatur Jacob*, une fois par an, le premier dimanche de Carême.

MORALES (LUIS [et non pas *Christobal Peres*, comme disent certaines biographies]), l'un des peintres les plus célèbres qu'ait produits l'Espagne, né à Badajoz, en 1509, fut surnommé *el Divino*, soit à cause de l'excellence de ses ouvrages, soit parce qu'il choisissait de préférence les sujets de piété. La rue qu'il habitait reçut également son nom, en son honneur. Malgré sa grande réputation, il vécut toujours dans un état voisin de la misère, surtout à ses débuts, parce qu'il apportait tant de soin à l'exécution de ses tableaux, qu'il travaillait avec une excessive lenteur, et dès lors produisait peu. Après avoir longtemps exercé son art à Séville et à Madrid, il mourut, en 1586, à Badajoz, et il n'avait pour subsister, dans les dernières années de sa vie, que les secours que lui accordait Philippe II. Son style est d'une sévérité remarquable et son dessin quelquefois dur, quelque art qu'il apporte dans le mélange des couleurs, et quel que soit le soin avec lequel il exécute son œuvre. On voit de ses tableaux à Tolède, Valladolid, Burgos et Grenade.

MORALITÉ, en général, signifie *réflexion morale*. C'est ainsi qu'on dit : Il y a de belles *moralités* à tirer de cette histoire. Les *moralités* chrétiennes sont des réflexions conformes aux principes et à l'esprit de la religion chrétienne. Nous avons de très-bons livres de moralités chrétiennes. *Moralité* signifie aussi le sens moral que renferme un discours fabuleux ou allégorique. Il y a de belles *moralités* cachées dans les fables de La Fontaine. Elles sont indifféremment placées avant ou après le récit de l'action. *Moralité* s'emploie pour conscience, discernement moral : Les actions des insensés sont dépourvues de *moralité*. La *moralité* des actions humaines n'est autre chose que le rapport de ces actions avec les principes de la morale. La *moralité* d'une action suppose la liberté. Ce sens plus restreint encore s'applique au caractère moral, aux principes, aux mœurs d'une personne : Les hommes d'une *moralité* irréprochable deviennent de plus en plus rares.

MORALITÉS. Les moralités, pour ne point sortir de la stricte acception du mot, étaient des leçons de morale. Or, dès le moyen âge ces leçons revêtaient la forme littéraire ; elles se produisaient en vers, et maints ouvrages de ce genre qu'on récitait, maints poëmes, étaient appelés *moralités*, par opposition sans doute aux fabliaux, assez libres, des trouvères. La vie des saints mise en vers appartenait à la catégorie des moralités, ainsi que certaines sortes de sermons. La première moralité affectant une forme théâtrale est le *Petit-Plet*, du poëte anglo-normand Chardry, dialogue entre un jeune homme et un vieillard sur les misères et le bonheur de la vie.

Quand les mystères et les soties engendrèrent la comédie en France, les moralités se produisirent à leur tour avec éclat ; elles formaient un genre complétement à part ; les mystères en effet étaient des pièces saintes, les soties des farces, les moralités des pièces de fantaisie, sur une fable imaginée par leurs auteurs, avec un dénoûment moral. Mais pour être dans le goût du siècle, elles empruntaient aux mystères une foule de personnages saints ou infernaux, Dieu, la Vierge, le Diable, la personnification des vertus ou des vices ; et, comme les mystères, elles exigeaient, pour être jouées, un nombre très-considérable de personnages ; leur représentation durait quelquefois plus d'un jour.

Les moralités eurent pendant longtemps plus de vogue que les mystères, car ces derniers, avec des personnages différents, étaient, par la nature même de leur sujet, calqués l'un sur l'autre, tandis qu'il y avait bien peu de parité entre les moralités ; ainsi, *L'Enfant ingrat*, qui n'était dépourvu ni de mérite littéraire ni de mérite dramatique, ressemblait peu à *L'Homme juste* et *L'Homme mondain* ou à tout autre. Les confrères de la Passion jouèrent leurs moralités à l'ancien hospice de La Trinité, alors dans la direction de Saint-Denis. Quant la comédie prit naissance, à l'hôtel de Bourgogne, par arrêt du parlement, les moralités avaient accompli leur temps.

MORAT (en allemand *Murten*, en latin *Muratum*), ville d'environ 1,800 âmes, située dans le canton de Fribourg (Suisse), près du lac du même nom, que la Broye met en communication avec le lac de Neufchâtel, à six heures de distance de la ville de Berne, est surtout célèbre par la victoire que les confédérés y remportèrent, le 22 juin 1476, sur le duc de Bourgogne Charles le Téméraire. Aigri par la défaite qu'il avait essuyée, le 3 mars de la même année, à Granson, le duc avait promptement réuni une nouvelle armée de 40,000 hommes, à la tête de laquelle il parut dès le 10 juin sous les murs de Morat. Les contingents des villes rhénanes, Strasbourg, Bâle, Colmar, Schelestadt, Kaiserberg, du Sundgau et du comté de Pfirdt, accoururent au secours de leurs bons alliés les confédérés. Le duc René II de Lorraine, prince sage et généreux, que Charles le Téméraire avait expulsé de ses États, leur secourut également. Instruits par un déserteur de la position qu'avait choisie leur adversaire, qui leur avait de beaucoup supérieur en forces, les confédérés, secondés par la garnison de Morat, s'avancèrent sur les sentinelles qui gardaient les retranchements ennemis, les désarmèrent ou les contraignirent à prendre la fuite, et pénétrèrent en même temps que les fuyards dans le camp des Bourguignons, dont ils firent un horrible carnage. Tous les bagages de l'ennemi et toute son artillerie tombèrent entre leurs mains, et Charles le Téméraire n'échappa que grâce à la rapidité de son cheval. Les vainqueurs firent présent au brave duc René, qui s'était distingué au premier rang pendant la bataille, de la tente du duc de Bourgogne, de tous ses bagages et de toute son artillerie, lui promettant en outre de venir à son secours où et quand besoin serait ; engagement qu'ils tinrent fidèlement. Avec les ossements recueillis plus tard sur le champ de bataille de Morat, on avait construit un charnier, ce monument barbare fut détruit le 2 mars 1798 par l'armée française qui envahit la Suisse à cette époque. En 1822 on l'a remplacé, comme monument national, par un obélisque.

MORATIN (Leandro Fernandez de), surnommé *le Molière espagnol*, né à Madrid, le 10 mars 1760, d'un père qui s'était fait un certain nom dans la littérature, montra de bonne heure les heureuses dispositions dont la nature l'avait doué. L'amour des beaux-arts exaltait son âme ; il aimait la peinture presque autant que la poésie, et il voulut aller à Rome pour y étudier les chefs-d'œuvre des grands maîtres. Toutefois, la crainte de déplaire à sa mère lui fit abandonner ce projet. Son oncle, habile joaillier, désirait lui faire embrasser sa profession ; mais le destin lui réservait une autre carrière : tandis que le vieux lapidaire croyait son neveu occupé à monter des diamants et des émeraudes, le jeune homme composait en secret ses premières poésies, et l'Académie espagnole accordait un accessit à son poëme *La Toma de Grenada* (La Prise de Grenade). Il avait dix-neuf ans ; mais comme il eut le malheur de perdre son père l'année suivante, il ne lui en fallut pas moins continuer à travailler de son métier de joaillier pour assurer sa subsistance et celle de sa mère, jusqu'à ce que le comte Cabarrus l'emmena avec lui en qualité de secrétaire à Paris, où son goût et ses dispositions pour la poésie dramatique se développèrent dans la société de Goldoni. Peu après son retour en Espagne, il obtint une prébende dans l'archevêché de Burgos. Plus tard il trouva dans le prince de la Paix un protecteur qui lui fit obtenir plusieurs bons bénéfices et une pension, de sorte qu'il put dès lors se livrer sans contrainte à son goût pour les lettres. Déjà il avait donné les comédies *El Viejo y la Niña* (Le Vieillard et la jeune Fille [1790]) et *La Comedia nueva, o el cafe* (La comédie nouvelle, ou le café [1792]), dont le succès fut très-grand. Le poëte entreprit alors un voyage en France, en Allemagne, en Suisse et en Italie. A son retour, il fut attaché en qualité de traducteur au ministère des affaires étrangères, et nommé en même temps membre de la direction du théâtre. Bientôt même on lui confia cette direction tout entière ; mais il s'en démit plus tard. C'est à cette époque qu'il fit paraître, à des intervalles très-rapprochés, les comédies *El Baron* (Le Baron) ; *La Mogigata* (L'Hypocrite) ; *El Si de las Niñas* (Le Oui des jeunes Filles), délicieuses productions dignes à tous égards de leur immense succès.

Protégé par le prince de la Paix, Moratin dut se cacher en 1808, lors de la chute de ce tout-puissant ministre ; mais il rentra à Madrid avec l'armée française, et fut nommé en 1811 conservateur en chef de la Bibliothèque du Roi. Après l'évacuation de la capitale par l'armée française, l'année suivante, il lui fallut encore une fois prendre la fuite comme *afrancesado* ; et il tomba alors dans une pénurie extrême, qui ne cessa qu'en 1816, lorsqu'on lui eut rendu ses anciens émoluments. Mais le malheur avait glacé en lui la veine poétique. Des persécutions nouvelles, qu'il éprouva à Barcelone, le déterminèrent à venir s'établir de 1817 à 1820 à Paris. Revenu à ce moment à Barcelone, les événements politiques le forçaient à s'en éloigner de nouveau, deux ans après, et à se réfugier encore une fois en France, où il s'établit d'abord à Bordeaux, puis en 1827 à Paris ; c'est là qu'il mourut, le 21 juin 1828. Peu de temps auparavant, le poëte avait fait paraître dans cette capitale *Los ultimos Accentos de Ynarco Celenio*, poëte arcade, poëme qui, on peut le dire, était le chant du cygne. Le génie de Moratin y brille comme aux beaux jours de sa gloire. Suspendant sa lyre au laurier d'Apollon, il dépose sa couronne sur l'autel de la patrie, et supplie les Muses de l'écouter pour la dernière fois. « Venez, filles du ciel, s'écrie-t-il, venez pour me fermer les yeux; emportez mes cendres, et couvrez-les de fleurs ! » Humble prière d'un poëte dont la mémoire vivra longtemps dans la postérité.

En 1853 ses restes mortels furent transférés à Madrid, par ordre de la reine d'Espagne. Dans les dernières années de sa vie Moratin s'était occupé d'un choix de ses œuvres complètes (3 vol., Paris, 1825; 2ᵉ édit., 1826) et d'une histoire de l'origine du théâtre espagnol, qui forme les deux premiers volumes de ses œuvres complètes publiées par les soins de l'Académie (6 vol., Madrid, 1830-1831). Il a paru d'innombrables éditions de ses comédies, qui ont été traduites dans la plupart des langues, de même que de ses poésies lyriques.

Moratin n'est pas seulement le plus célèbre poëte dramatique que l'Espagne ait ou de nos jours; il exerça en outre une influence notable sur la régénération du théâtre espagnol par son admirable correction, par la simplicité et le naturel de ses compositions, par l'art infini avec lequel il excelle à tracer des caractères. Toutefois, on peut lui reprocher de s'être montré l'imitateur par trop timide des Français, d'avoir permis à la froide et classique régularité de rogner les ailes de son imagination, qui n'avait déjà rien d'exubérant; et force est bien de convenir que, comme originalité et puissance de création, il est fort inférieur aux grands poëtes dramatiques de sa nation. Comme poëte lyrique, il brille plus aussi par la précision et l'élégance que par la profondeur du sentiment et la nouveauté de la pensée. Il a réussi beaucoup mieux dans la satire. On trouvera un choix de ses poésies lyriques dans la *Floresta de Rimas modernas Castellanas* de Wolff (Paris, 1837).

MORAVES (Frères). *Voyez* BOHÈMES (Frères).

MORAVIE, margraviat et province allemande de la monarchie autrichienne, bornée au nord par le comté prussien de Glatz et par la Silésie autrichienne, à l'est par la Hongrie, au sud par la Basse-Autriche et à l'ouest par la Bohême, compte sur une superficie de 282 myriamètres carrés une population de 1,800,000 habitants, sans y comprendre la Silésie autrichienne, que l'organisation administrative actuelle de l'empire en a détachée. Les monts Sudètes la séparent de la Silésie, les montagnes de Moravie de la Bohême, et les monts Karpathes de la Hongrie. Des ramifications de ces diverses montagnes parcourent tout le pays, où l'on ne rencontre de plaines qu'au sud. Le plus important de ses cours d'eau est la Morawa ou March, qui a donné son nom au pays et qui n'est pourtant navigable que sur une très-faible partie de son parcours. L'Oder, qui prend sa source en Moravie, s'en éloigne tout aussitôt après. On n'y trouve pas de grands lacs, mais beaucoup d'étangs. La crête des montagnes est peu fertile; mais l'intérieur offre bon nombre de belles plaines, et le sol est d'une fécondité extrême dans ce qu'on appelle l'*Hanna* ainsi qu'au sud, où l'on récolte aussi des vins médiocres. Le fer est la plus importante des richesses minérales que recèlent ses montagnes; on y trouve aussi de la houille, un peu de plomb et d'argent, mais beaucoup de carrières de chaux et de marbre. Les eaux minérales y sont nombreuses, mais la mode ne les a pas prises sous son patronage.

La Moravie est une des contrées les plus industrieuses de la monarchie autrichienne. Les toiles de Moravie soutiennent la comparaison avec les meilleures toiles de Silésie. La fabrication des étoffes de coton commence à y prendre d'importants développements; ses manufactures de draps et de tissus de laine sont depuis longtemps célèbres, et la fabrication des cuirs n'y a pas pris moins d'importance. Les mines de fer, qui toutes se trouvent entre les mains de l'industrie privée, ont pris dans ces derniers temps d'immenses développements. Il faut aussi mentionner la fabrication des armes, des aiguilles et autres produits métalliques, des ustensiles de cuisine, de la porcelaine, de la faïence, du papier, des papiers peints, des liqueurs, de l'eau-de-vie, de la bière, du vinaigre, du sucre de betterave, des produits chimiques, etc. Le commerce intérieur y est des plus actifs, favorisé qu'il est par des chemins de fer, des canaux et de bonnes routes. La population, répartie en 90 villes, 191 bourgs à marché et 3,029 villages, se compose pour les trois quarts de Slaves, qui diffèrent d'ailleurs beaucoup entre eux pour ce qui est de l'origine, de la dénomination et des coutumes. Les *Hannaks*, qui habitent la Hanna, les Slovaques fixés aux environs de la Morawa, et les Czèchs, bien autrement nombreux encore, forment les trois principales races. A la population romane appartiennent les Moldaves des montagnes des frontières de la Hongrie et une petite colonie française établie à Czeitsch. Les Allemands habitent en général les villes, ainsi que les frontières de la Silésie et de l'Autriche; et on y compte 38,255 juifs. La plus grande partie de cette population professe la religion catholique, et les protestants ne sont guère qu'au nombre de 52,000. Depuis 1849 la Moravie est divisée en deux cercles, *Brunn* et *Olmutz* : le premier subdivisé en douze arrondissements, et le second en treize. On y compte six tribunaux de première instance siégeant à Brunn, Olmutz, Neutschim, Hradisch, Iglau et Znaym, et une cour d'appel à Brunn, dont ressortit également la Silésie autrichienne.

La Moravie était autrefois habitée par les Quades, tribu germaine. Quand ils passèrent en Gaule et en Espagne à la suite des Vandales, l'an 407, ils y furent remplacés par les Rugiens et les Hérules, puis, vers 548, par les Lombards. La contrée fut en dernier lieu repeuplée par une colonie d'Esclavons, expulsés par les Valaques (Bulgares), et qui du nom de la Morawa furent appelés Moraves. Lors de la chute du royaume des Avares, les Moraves eurent la liberté de se répandre plus au loin et de fonder un royaume, qui, sous le nom de *Grande Moravie*, comprenait un territoire autrement étendu que la Moravie actuelle. Charlemagne subjugua les Moraves, et contraignit leur roi Samoslaff à recevoir le baptême; cependant, le véritable apôtre de la Moravie fut saint Cyrille. Louis le Débonnaire rendit tributaire le roi Mégomir; et Louis le Germanique fit prisonnier le roi Radislaff. L'empereur d'Allemagne Arnoul agrandit la Moravie d'un côté vers l'Oder, et de l'autre vers la Hongrie jusqu'au Gran; mais Swatopluk s'étant révolté, il le vainquit avec l'aide des Bohêmes et des Hongrois. Sous Swatobog, fils de Swatopluk, la Moravie devint la proie des Hongrois, des Polonais et des Allemands; et à partir de 1029 elle demeura unie au royaume de Bohême. En 1197 elle fut érigée en margraviat, puis divisée en un certain nombre de principautés et de duchés. Au quatorzième siècle eut lieu la réunion de toutes les parties du margraviat sous les lois de la maison de Luxembourg; puis après la mort de Louis II, à la bataille de Mohacz (1526), comme la Bohême elle échut, en vertu de traités antérieurs, à la maison d'Autriche. La constitution de 1849 l'a complètement séparée de la Bohême, pour en former un domaine propre de la couronne (*Kronland*).

MORAWA, nom slave de deux cours d'eau : 1° du March, dans la Moravie; 2° de la Morawa, en Servie, rivière provenant de la réunion de la Morawa orientale et de la Morawa occidentale, et qui, après avoir coulé dans la direction du nord au sud, se jette dans le Danube, non loin de Semendria.

MORAY (Comté de). *Voyez* ELGIN.

MORBIDESSE. *Voyez* MORBIDEZZA.

MORBIDEZZA, terme de peinture que dans les appréciations critiques on emprunte souvent à la langue italienne, ou bien qu'on traduit par le mot *morbidesse*. Il est dérivé du mot italien *morbido*, qui signifie délicat, souple au toucher. On ne l'emploie guère que pour désigner cette espèce de douceur et de souplesse particulières aux chairs dans les natures délicates, telles que celles des femmes et des enfants. La *morbidezza* se trouve surtout dans le sentiment des chairs, lorsqu'elles ont à l'œil, dans un tableau, toute la douceur, toute la souplesse qu'elles auraient au toucher dans un beau modèle vivant. Elle contribue beaucoup à l'agrément, à la grâce, à la vérité des figures de femmes et d'enfants. L'opposé de la *morbidezza* est un style sec et léché.

Les grands sculpteurs ont prouvé que sous une main habile les matières les plus dures sont susceptibles de reproduire aux yeux les effets visibles des chairs, ce que, par conséquent, on entend par *morbidezza*.

MORBIHAN, département de la France occidentale, situé dans l'ancienne Bretagne. Il tire son nom d'un golfe formé sur ses côtes par l'océan Atlantique, que l'on appelle dans le pays *Morbihan* (petite mer), de *mor* (mer, en basbreton). Divisé en quatre arrondissements, 37 cantons et 242 communes, sa population est de 472,773 individus. Il envoie trois députés au corps législatif. Il est compris dans la seizième division militaire, le diocèse de Vannes et le ressort de la cour d'appel et l'académie de Rennes.

Sa superficie est d'environ 681,707 hectares, dont 291,531 en landes, pâtis, bruyères; 260,971 en terres labourables; 69,062 en prés; 34,462 en bois; 16,881 en vergers, pépinières et jardins; 3,707 en propriétés bâties; 3,118 en étangs, abreuvoirs, mares, canaux d'irrigation, 68 en vignes, etc. Il paye 1,473,052 francs d'impôt foncier.

Les départements limitrophes sont ceux du Finistère à l'ouest, des Côtes-du-Nord au septentrion, d'Ille-et-Vilaine à l'est, de la Loire-Inférieure au sud-est. Au midi, il est baigné par l'Océan, sur une étendue de 180 kilomètres. Ses côtes forment plusieurs ports, des baies, des anses, et projettent dans leur partie centrale la longue presqu'île de Quiberon, qui s'avance à travers les flots de la mer, précédée d'une longue file d'îlots et de rochers. La surface de ce département, montueuse dans quelques parties et surtout au nord, est cependant généralement plate. Elle est arrosée par l'Oust, qui coule, ainsi que ses affluents, le Duc et l'Urtz, sur un plateau; par le Blavet, que grossissent le Scorf et l'Evel; par l'Elle, par la Vilaine, dont les eaux vivifient la lisière du sud-est. Le sol, quoique inégal, est fertile et donne assez de grains pour la consommation; mais il est trop souvent couvert de bruyères; et si l'œil se repose quelquefois sur des vallées et des plaines cultivées, dont les champs sont ombragés de chênes et de châtaigniers, souvent aussi il découvre des lieux incultes et abandonnés à une végétation sauvage. Ces terrains sont envahis par l'ajonc, plante épineuse, à fleurs jaunes, que l'on pile pour nourrir le bétail, et par le genêt, dont on ne fait usage que pour chauffer les fours, quoique les Romains, suivant Pline, en tirassent d'excellents cordages. La céréale la plus abondante est le seigle. On recueille aussi du millet, du sarrasin, un peu de froment, du chanvre, du lin, beaucoup de navets et de lentilles, de pommes à cidre, lequel forme la principale boisson des habitants, et une petite quantité de vin de qualité médiocre. L'éducation du gros et du menu bétail est favorisée par d'excellents pâturages, qui nourrissent aussi beaucoup de chevaux vigoureux, destinés au trait. Les abeilles sont nombreuses et donnent un miel recherché. D'innombrables oiseaux aquatiques nichent sur les rochers de la côte, tandis que les rivières et les eaux de la mer offrent d'abondantes ressources au pêcheur. La pêche occupe plus de 6,000 individus; celle des sardines surtout y est très-active, et s'y fait en grand. Les congres et les raies sont aussi fort communs. Quant aux bois, ils sont peu étendus. Les forêts de la Nouée, de Painpont, de Comort, offrent d'assez belles masses. Il existe dans différentes localités des mines de fer et de plomb argentifère, du charbon de terre, des carrières d'ardoise et de marbre rouge et noir, du cristal de roche, une espèce de sable corail, et sur les bords de la mer, de grands marais salants très-productifs. Parmi les établissements industriels de ce département les établissements métallurgiques occupent le premier rang. Le département renferme encore quelques manufactures de draps et d'étoffes de laine commune, des tanneries, des papeteries, des verreries, des brasseries, des chapelleries, des filatures de coton, des fabriques de dentelle, de toile et de produits chimiques, des chantiers de construction pour le commerce, etc.

Vingt-cinq ports de mer facilitent son commerce avec les contrées voisines et l'étranger. 7 routes impériales, 16 routes départementales et 2,475 chemins vicinaux lui ouvrent en outre des débouchés pour l'intérieur, et ses diverses parties sont liées par la navigation de la Vilaine, du Blavet, de l'Oust et du Scorf. De plus, le canal de Nantes à Brest y a une bonne partie de son cours, ainsi que celui du Blavet.

Belle-Ile, l'île Groaix, les îlots d'Houac et d'Hœdic, dépendent du département du Morbihan. Le chef-lieu de ce département est *Vannes*; les villes et endroits principaux sont: *Lorient*; *Napoléon-Ville*, *Ploërmel*, *Auray*; *Hennebon*, chef-lieu de canton, jadis l'une des plus fortes places de Bretagne, et où la comtesse de Montfort se défendit, en 1341, contre Charles de Blois, qui ne put s'en emparer: elle est sur le Blavet, qui y forme un petit port par lequel il se fait un commerce assez important; on y compte 4,770 habitants; *Josselin*, chef-lieu de canton, avec 2,808 habitants, près de laquelle se passa le célèbre combat *des Trente*; *Port-Louis*, ville à l'embouchure du Blavet, avec un bon port, qui peut contenir plusieurs vaisseaux de guerre et un assez grand nombre de vaisseaux marchands. On y compte 2,947 habitants, et une citadelle qui défend l'entrée de la baie de Lorient; *La Roche-Bernard*, ville à l'embouchure de la Vilaine, avec 1,270 habitants; *Quiberon*; *Carnac*, etc.   Oscar Mac-Carthy.

MORCEAU D'ENSEMBLE. *Voyez* Ensemble (Morceau d').

MORDANÇAGE, opération par laquelle on applique les mordants servant à la teinture des étoffes, et notamment des indiennes et toiles peintes. Par le bousage on fixe ensuite complétement les mordants.

MORDANT. Le rôle des mordants dans la teinture des étoffes paraît avoir été connu dès la plus haute antiquité. Pline, parlant du procédé merveilleux par lequel les Egyptiens peignaient leurs vêtements, dit qu'ils appliquaient d'abord sur des tissus blancs non point des couleurs, mais des substances sur lesquelles mordaient les couleurs, lorsque ces tissus étaient plongés dans les cuves colorantes. Les Indiens, à qui nous avons, il y a à peine un siècle, emprunté l'art de peindre divers dessins sur les étoffes, appliquaient et pointillaient à la main leurs mordants.

Certaines couleurs ont une très-grande affinité pour certains corps; employer ces corps pour fixer ces couleurs était donc une idée toute naturelle. Ces corps s'appellent *mordants*; ils sont en général pris parmi les bases ou acides métalliques : l'alumine, l'étain et le fer oxydé sont les trois meilleurs mordants connus, par leur disposition à s'allier aux fibres organiques qu'il faut teindre et par l'affinité de certaines couleurs pour eux: les deux premiers, étant naturellement blancs sont les seuls qui puissent être employés lorsque l'on veut conserver les couleurs primitives que l'on applique, ou du moins qu'elles ne subissent qu'une inappréciable altération. Les mordants colorés par eux-mêmes produisent une couleur composée différente de celle qui est appliquée. Nous parlons de trois catégories de mordants; mais nous devons ajouter que les diverses variétés de mordants étant insolubles par eux-mêmes, on ne doit les dissoudre qu'avec des corps dont l'attraction pour eux est aussi faible que possible; car autrement, elle deviendrait un obstacle à celle du mordant pour les tissus. Une fois en dissolution, on applique les mordants sur des dessins plus ou moins délicats, dont les contours doivent être nettement tracés, opération qui ne peut se faire ni au moyen de la planche, ni par rouleaux, ni à la mécanique. On donne de la consistance aux

22.

mordants en les épaississant soit avec de la gomme, soit avec de l'amidon et les farines ; la première de ces substances a l'inconvénient de faire sécher trop rapidement le mordant, et par conséquent de faire que, se combinant trop faiblement avec l'étoffe, il ne fournit que des couleurs faibles. Souvent, pour obtenir des teintes différentes, plusieurs mordants sont imprimés les uns sur les autres; on doit bien éviter qu'ils ne se confondent en se dissolvant, ce qui arriverait facilement si un fond ou de fortes masses de mordant recouvraient une impression délicate au rouleau. Pour obvier à cet inconvénient, on laisse reposer la première impression pendant quelques jours avant d'y appliquer la seconde, et on varie les épaississants.

MORDRE, terme de graveur à l'eau-forte. *Voyez* GRAVURE, tome X, p. 502.

MORDWINES. *Voyez* FINNOIS.

MORE (THOMAS). *Voyez* MORUS (Thomas).

MOREAU (JEAN-VICTOR) naquit à Morlaix, le 11 août 1763. Fils d'un avocat, il fut, après de bonnes études, envoyé à Rennes pour y suivre les cours de l'école de droit ; mais son penchant l'entraînait vers la carrière des armes, et il s'engagea comme simple soldat. Sa famille eut le crédit de faire rompre cet engagement, et il revint à Rennes continuer sérieusement ses études. Sa rare intelligence et son caractère doux et généreux lui concilièrent l'amitié de ses camarades et de ses professeurs. Nommé prévôt de l'école de droit, Moreau joua un rôle important en 1787, dans les troubles qui suivirent les fausses mesures ordonnées par le ministre Brienne. Il défendit avec sagesse et énergie les privilèges des parlements menacés, et mérita le surnom de *général du parlement*. En vain le gouverneur militaire avait-il ordonné de se saisir du chef rebelle : l'opinion et l'ardeur des écoliers protégèrent Moreau, qui montra dans ces circonstances difficiles cette froide intrépidité qui devait plus tard contribuer à sa haute réputation militaire. En 1788 Moreau se rallia au nouveau ministère, qui semblait vouloir marcher vers d'indispensables réformes, et se tournant contre le parlement, à la tête des réunions armées de Nantes et de Rennes, il lui porta les derniers coups.

En 1790, à Pontivy, il se forma une confédération générale de la jeunesse bretonne. Moreau en obtint la dangereuse présidence ; il se montra digne de ce poste difficile. Nommé chef du premier bataillon qui s'organisa dans le département du Morbihan, il se rendit ensuite avec ses jeunes soldats à l'armée du nord sous le commandement de Pichegru. Général de brigade à la fin de 1793, et de division en 1794, Moreau fut appelé au commandement d'un corps d'armée destiné à agir dans la Flandre maritime, et fit à la tête de l'aile droite de Pichegru la campagne d'hiver de 1794, qui soumit la Hollande à la France : dans le cours de cette campagne, il prit Menin, Ypres, Bruges, Ostende, Nieuport, l'île de Cassandria et le fort de l'Ecluse. C'est aussi lui qui apprit aux généraux Daëndels et Dumonceau par quel système militaire il devenait facile de garder la conquête que la république venait de faire. Pendant le cours de ses victoires, son père, accusé de correspondance avec les émigrés, venait de périr sur l'échafaud. Moreau se vengea en rendant de nouveaux services à sa patrie.

Nommé général en chef des armées de Rhin-et-Moselle, il ouvrit en juin 1796 cette admirable campagne qui mit le sceau à sa réputation. Dans la nuit du 23 au 24 juin, après avoir forcé le camp de Franckenthal et forcé Wurmser à se réfugier sous les murs de Manheim, Moreau franchit le Rhin près de Strasbourg, culbuta les troupes des Cercles, défit l'armée du prince de Condé, et marcha contre la grande armée autrichienne. Le 6 juillet il attaqua le prince Charles à Rastadt, et malgré une résistance opiniâtre il força à abandonner le champ de bataille et à se retirer sur Ettlingen. Le 9 Moreau aborda l'archiduc sur le nouveau terrain qu'il avait choisi, et le battit complètement. Le prince Charles parvint à gagner la redoutable position de Pfortzheim ; le 15 Moréau le contraignit à la quitter. Les 18, 21 et 22, à Stuttgard, Canstadt, Berg et Edingen, l'armée de Moreau victorieux porta les derniers coups aux troupes allemandes, qui abandonnèrent la ligne du Necker, et laissèrent, le 3 août, la ville de Constance au pouvoir des troupes françaises. Le 11 du même mois le général autrichien, toujours défait, mais toujours audacieux, se jeta sur les troupes victorieuses. La lutte fut longtemps indécise. Moreau, secondé par Desaix, parvint à ressaisir la victoire ; le prince Charles, par une manœuvre habile, rejoignit le corps du général Wartensleben. Les militaires unirent accusé Moreau de n'avoir pas, avant sa jonction avec ce général, porté le dernier coup à l'archiduc. Toutefois, l'armée républicaine attaqua, le 24 août, l'armée autrichienne de Latour à Friedeberg, près d'Augsbourg, la surprit par une marche rapide, lui tua et lui prit beaucoup de monde. Moreau se disposait à franchir le Danube, lorsqu'il apprit que l'archiduc venait d'accabler Jourdan sous le poids de forces supérieures. Il fallut en conséquence que Moreau songeât à effectuer sa retraite : il la commença le 11 septembre, traversa le Lech le 17, et du fond de l'Allemagne il regagna lentement les frontières de France. Chaque fois que l'ennemi voulut le presser trop vivement, il lui fit tête et le battit. A Biberach, il défit complètement les troupes autrichiennes et prit des régiments entiers. Il repassa enfin le Rhin à Brisach et à Huningue, et rentra en France, mettant heureusement fin à cette fameuse retraite à laquelle il a donné son nom.

Au mois de février 1797 Moreau se rendit à Cologne, pour réorganiser l'armée de Sambre et Meuse, dont il céda bientôt le commandement à Hoche. Revenu sur le haut Rhin, Moreau traversa ce fleuve le 20 avril, près de Guembsheim, devant un ennemi en bataille sur la rive opposée. Cette belle et audacieuse opération réussit complètement. 4,000 prisonniers, 20 canons, la reprise du fort de Kehl, en furent les résultats matériels. Les préliminaires de Leoben arrêtèrent la fortune victorieuse de Moreau. Cependant, la journée du 18 fructidor signalait à la France la trahison de Pichegru. Ce fut alors seulement, et trop tard pour sa gloire, que Moreau se décida à remettre au parti victorieux une correspondance de Pichegru avec le prince de Condé, trouvée dans le fourgon du général Klinglin. Cette tardive démarche n'obtint qu'un blâme général. Appelé à Paris pour le Directoire, il ne satisfit point les chefs du pouvoir, et fut obligé de demander sa retraite, qui lui fut accordée. Il se retira alors dans une petite maison de campagne près de Paris ; mais les circonstances ayant repris un caractère de gravité menaçant pour la France, il fut rappelé, nommé en septembre 1798 inspecteur général, et placé dans le sein de la commission chargée de préparer le plan de la campagne de 1799.

Envoyé en Italie sous les ordres du général Scherer, après la défaite et la fuite de ce général, Moreau prit le commandement de l'armée. Les Français se trouvaient réduits à 25,000 hommes. Souwaroff, victorieux, commandait 90,000 soldats enthousiasmés ; Moreau ne désespéra point, et sauva l'armée. Le 11 mai, à Bassignano, il battit complètement 12,000 Russes. Il pensait pouvoir reconquérir l'Italie lorsqu'il se serait réuni aux troupes de Macdonald : la sanglante défaite de la Trebia détruisit ses calculs. Sur ces entrefaites, le Directoire l'appela au commandement en chef de l'armée du Rhin, et envoya Joubert pour le remplacer en Italie. Lorsque ce dernier arriva, l'ennemi et notre armée étaient en présence. Joubert voulut laisser à Moreau le commandement de l'affaire qui allait s'engager. Moreau se refusa à cet honneur, mais il déclara qu'il combattrait à côté de Joubert en qualité de simple volontaire. Après les désastres de Novi et la mort de Joubert, Moreau opéra la retraite avec une si admirable supériorité qu'il suspendit l'effet de la victoire. Après ce dernier service, il quitta l'armée, et passa à Paris en se rendant à son commandement du Rhin.

Pendant son séjour dans la capitale Moreau vit pour la

première fois Bonaparte; et séduit par les prévenances du vainqueur de l'Égypte, il l'aida dans le coup d'État du 18 brumaire : Moreau, à la tête de 500 hommes, investit le Directoire, et se constitua le geôlier de ses membres. Le premier consul le récompensa par le commandement des armées du Danube et du Rhin. La victoire accompagna partout nos légions, qui triomphèrent le 5 mai à Mœrskirch, à Engen, à Memmingen, à Biberach le 9 mai. Le Danube fut franchi le 22 juin. Moreau accrut encore sa gloire aux batailles d'Hoschstedt, de Nedersheim, de Nordlingen, d'Oberhausen, et termina cette brillante campagne par la victoire de H o h e n l i n d e n. Moreau n'était plus qu'à 25 lieues de Vienne, lorsqu'il apprit la nouvelle de la victoire de M a r e n g o et du traité qui en avait été la suite. Il revint alors à Paris, où Bonaparte le reçut avec amabilité : « J'ai fait une campagne de jeune homme, lui dit-il, et vous celle d'un général consommé. » Le consul lui fit aussi accepter une riche paire de pistolets, sur lesquels il regrettait, disait-il, de n'avoir pu, faute d'espace, faire graver le nom de toutes les victoires de Moreau. A cette époque, il fut même question d'un mariage entre la sœur cadette de Bonaparte et le vainqueur de Hohenlinden.

Il ne tarda pas à se refroidir dans son amitié pour le premier consul ; il ne vit plus en lui qu'un rival, et un rival heureux. Rentré dans la vie privée, après avoir épousé une femme dont la fierté excitait sans cesse sa haine et son envie, il transforma sa maison en foyer d'intrigues contre le gouvernement. Lors de la création de la Légion d'Honneur, il refusa d'en faire partie; le titre de maréchal de France lui fut offert, il le dédaigna. Enfin, Moreau fut arrêté le 15 février 1804, comme complice de Georges Cadoudal et de Pichegru. Soutenu par de nobles amis, défendu par une fraction de l'opinion populaire, représentée par l'opposition comme une victime de la haine de Bonaparte, il pensait que la cour criminelle, devant laquelle il comparut le 29 mai 1804, n'oserait le condamner : il se trompait. Moreau prononça un discours plein de choses belles et élevées. La procédure fut mal conduite ; d'imprudents amis du pouvoir ajoutèrent à l'intérêt qui s'attachait à l'accusé. Le procureur général avait insisté sur la peine de mort, en disant toutefois que Moreau obtiendrait sa grâce : « Eh ! qui nous la donnera à nous cette grâce ? » répondit un juge. La cour entra en délibération le 10 juin, à huit heures du matin. La condamnation à mort fut justement repoussée, et Moreau se vit simplement condamné à deux ans de prison.

Mᵐᵉ Moreau sollicita alors que la condamnation de son mari fût commuée : Moreau obtint la permission de se rendre aux États-Unis, à condition qu'il ne pourrait rentrer en France qu'avec l'autorisation du gouvernement français. Le général partit avec sa femme et ses enfants ; il alla s'embarquer à Cadix, et arrivé aux États-Unis s'établit dans une belle maison de campagne, au pied de la chute de la Delaware. Là il vivait heureux et tranquille, plein d'oubli d'un passé triste et orageux ; mais à côté de lui se trouvait toujours une fatale providence. C'est elle qui le poussa à accepter les offres des ennemis de sa patrie et à mépriser ses devoirs les plus sacrés pour ne songer qu'à satisfaire sa haine. Le malheureux général, pressé vivement par une lettre autographe de l'empereur Alexandre, partit le 21 juin 1813 avec M. Svinine, conseiller d'ambassade russe. Il arriva le 24 juillet à Gothembourg, d'où il se rendit à Prague. Là il se réunit aux empereurs de Russie, d'Autriche et au roi de Prusse, et dressa le plan de la funeste campagne de 1813. Ce fut de lui que vint le conseil, si exactement suivi, d'éviter les affaires générales. Mais l'heure du châtiment n'était pas éloignée, et elle arriva avant que Moreau eût trempé ses armes du sang français. Le 27 août 1813, l'armée alliée attaquait Dresde. Moreau s'approcha de cette ville avec l'empereur Alexandre et le roi de Prusse. Il faisait les dernières dispositions pour lancer les colonnes, et venait de communiquer quelques observations à l'empereur de Russie, lorsqu'un boulet de canon lui fracassa le genou de la jambe droite, traversa le cheval et emporta le mollet de l'autre jambe. On l'emporta dans une maison voisine. Là on lui coupa d'abord la jambe droite, qui commença son éducation, et ensuite la jambe gauche. Les ennemis, ayant été forcés de se replier, emportèrent le malheureux blessé, qui expira dans la nuit du 1ᵉʳ au 2 septembre. Le corps de Moreau, transporté en Russie, fut enterré dans l'église catholique de Saint-Pétersbourg. Sa veuve, dont l'influence fatale causa ses malheurs et ses fautes, reçut de l'empereur Alexandre une somme de 500,000 roubles et une pension de 30,000. Louis XVIII lui conféra le titre de *maréchale*. A. GENEVAY.

MOREAU (HÉGÉSIPPE), poëte contemporain, naquit en 1809, à Provins, et, orphelin de bonne heure, fut recueilli par un prêtre de ses parents, qui commença son éducation, et qui, le destinant à la carrière sacerdotale, le fit entrer au petit séminaire de Fontainebleau. Les études assez superficielles qu'il pouvait faire dans un établissement de ce genre étaient à peine terminées, qu'Hégésippe Moreau sentit faiblir en lui la vocation pour le service des autels. Afin donc de se dérober aux exhortations ainsi qu'aux réprimandes de ses supérieurs et de son protecteur, il prit le parti de fuir le petit séminaire et de se réfugier à Paris, espérant y trouver une existence indépendante. Elle ne lui eût pas fait défaut s'il avait été modeste dans ses prétentions ; mais, comme il arrive le plus souvent à ces natures avides d'indépendance et impatientes de tout joug, surtout de celui d'un travail régulier, il crut que la culture des lettres lui offrirait d'emblée les ressources nécessaires pour réaliser ses rêves. Désabusé bientôt, Hégésippe Moreau avait goûté de cette vie du *bohème* littéraire et artistique parisien, dans laquelle s'étiolent et se flétrissent tant de belles intelligences, et il n'eut pas le courage de s'y arracher. La misère de Paris, mais la misère qui s'avilit dans la fréquentation des bas lieux de l'art dramatique, des cafés et des tabagies, lui parut préférable à l'existence modeste qu'il eût pu trouver en province. Il était sans famille, sans amis ; il n'essaya point de s'en créer, et quand la faim parla chez lui trop haut, force lui fut de courber la tête sous la pression de la nécessité et de la réalité, et d'entrer chez un imprimeur comme correcteur. Cette position modeste le mettait à l'abri du besoin ; mais elle absorbait la majeure partie de son temps. Son caractère s'aigrit ; il s'isola de plus en plus, et finit par demander à l'eau-de-vie des surexcitations et des illusions. D'une constitution chétive, il ne résista pas longtemps à ce genre de vie ; et dans les dernières années de sa vie, l'abus des liqueurs fortes lui avait complètement fait perdre l'usage de la voix. Vint enfin le jour où la maladie le força à implorer le secours d'un hôpital. Il y succomba en peu de temps à une phthisie, et eut du moins en mourant la consolation de corriger les épreuves de son *Myosotis*, bijou de vers pour lequel, quelque temps auparavant, il avait enfin réussi à trouver un éditeur aventureux, qui n'avait pas craint d'en risquer les frais d'impression.

Dans ce petit volume Hégésippe Moreau a prouvé qu'il y avait en lui l'étoffe d'un véritable poëte. Il y a de la grâce et de la fraîcheur dans ses idées ; son vers est de la bonne école. La publication posthume du *Myosotis* fut du reste, on peut le dire, une bonne fortune pour cette critique sans âme, sans conscience et sans talents, sans idées, qui n'a jamais que du dénigrement, du fiel et de la basse jalousie pour les talents contemporains, et qui ne leur est sympathique que lorsqu'il lui est enfin donné de pouvoir faire leur apothéose. Si Hégésippe Moreau, pendant son *Myosotis* à la main, était venu réclamer timidement, et de sa voix éteinte, dans quelque bureau de journal l'attention favorable de la critique, celle-ci l'eût renvoyé, avec le superbe dédain qui lui est propre, à la *Compagnie générale des Annonces*. Mais Hégésippe était mort à l'hôpital ! Quel heureux prétexte pour arrondir d'éloquentes périodes et bafouer les vivants, en n'ayant l'air que de rendre justice à un trépassé, pour faire preuve au grand jour, et sans qu'il leur en coûtât rien, de désintéressement, de sensibilité et de toutes les qualités dont on déplore le plus souvent l'absence complète chez les dispensateurs jurés de la gloire!

MORÉE. C'est le nom sous lequel on a communément désigné le **Péloponnèse** des anciens, à partir du moyen âge, et vraisemblablement depuis le quatrième siècle de notre ère. On le fait dériver de la ressemblance qu'offre la configuration de cette presqu'île avec la feuille d'un mûrier, *morum*; d'autres le font venir du mot slave *more*, c'est-à-dire mer.

La Morée forme l'extrémité méridionale de la Grèce, et comprend dans le royaume actuel de ce nom les nomarchies d'Argolide, de Corinthe, de Laconie, de Messénie, d'Arcadie, d'Achaïe et d'Élide. Dans l'empire byzantin la Morée composait un *thema* particulier, administré par des stratéges. Après avoir été traversée et dévastée, lors de l'irruption des barbares, par les Goths et les Vandales, elle devint, vers le milieu du huitième siècle, la proie de bandes errantes de Slaves. Elles s'emparèrent de ce territoire, dont les guerres et la peste avaient fait à peu près un désert, puis peu à peu elles finirent par reconnaître l'autorité des empereurs de Byzance et par se *gréciser*. Aujourd'hui encore des noms d'origine slave affectés à des lieux, à des cours d'eau, etc., témoignent combien la domination slave a'y était répandue, et prouvent que les Moréotes actuels n'ont rien moins que tout pur sang grec dans les veines.

En 1207 la Morée devint la proie d'un certain nombre de chevaliers français, qui l'érigèrent alors en principauté d'Achaïe, avec douze pairies, des assises et toutes les institutions féodales de l'Occident. L'empereur grec Michel VII Paléologue, revenu en 1261 à Constantinople, reconquit il est vrai une partie de la Morée, qui forma un *despotat* particulier; mais la principauté d'Achaïe demeura dans la famille Ville-Hardouin jusqu'en 1346, époque où l'extinction de la descendance mâle de cette maison et les prétentions rivales d'une foule de compétiteurs plongèrent le pays dans un état de confusion qui ne cessa qu'en 1460, lorsque les Turcs en eurent conquis la meilleure partie, qu'ils érigèrent en sandschak, avec Tripolizza pour chef-lieu et, qui, sauf le court intervalle de 1687 à 1715, pendant lequel les Vénitiens la possédèrent, demeura aussi en leur pouvoir jusqu'à la création du royaume de Grèce actuel. Par suite de la barbarie des Turcs et de leurs guerres continuelles avec les Vénitiens, la Morée était tombée dans un état tel qu'en 1719 on n'y comptait plus que 200,000 habitants; chiffre que les pestes de 1752 et 1782 réduisirent encore de moitié. Mais le court intervalle de tranquillité dont il lui fut donné de jouir pendant la révolution française et l'époque qui la suivit, de même que les suites indirectes du système continental, y provoquèrent le retour d'une prospérité telle que peu de temps avant le commencement de l'insurrection grecque on y comptait déjà plus de 300,000 habitants, dont un sixième seulement se composait de Turcs. La Morée eut beaucoup à souffrir pendant la guerre d'indépendance. En 1828 un corps d'armée française y débarqua sous le commandement du maréchal Maison, et força Ibrahim-Pacha à l'évacuer (*voyez* GRÈCE). D'après le recensement de 1851, le chiffre de la population était de 506,383 âmes. Consultez Buchon, *Recherches et matériaux pour servir à une histoire de la domination française aux treizième, quatorzième et quinzième siècles dans les provinces de l'empire grec* (Paris, 1849).

MORELLE, genre de plantes de la famille des solanacées, tribu des solanées, et de la pentandrie monogynie du système sexuel. Ce genre, que les botanistes nomment *solanum*, est l'un des plus considérables du règne végétal : il renferme plus de cinq cents espèces. Outre les caractères qu'indique suffisamment leur classification linnéenne, les morelles offrent un calice persistant à cinq divisions, une corolle à tube très-court, un limbe étalé, plissé, à cinq lobes plus ou moins profonds, des anthères rapprochées, une baie succulente, à deux ou plusieurs loges polyspermes.

De toutes les espèces de ce genre, la plus importante par l'utilité que l'homme en retire est sans contredit la *morelle tubéreuse* (*solanum tuberosum*, L.), à laquelle nous consacrons un article particulier, sous son nom vulgaire, la **pomme de terre**. Nous faisons de même pour la *morelle pomme d'amour* (*solanum lycopersicum*, L.), ou *tomate*, la *morelle mélongène* (*solanum melongena*, L.), ou *aubergine*, la *morelle grimpante* (*solanum dulcamaria*, L.), ou *douce-amère*.

Mais l'espèce qui porte plus communément le nom de *morelle* ou *mourelle*, et que l'on appelle encore *crève-chien*, est la *morelle noire* (*solanum nigrum*, L.). qui croît à peu près partout, dans les lieux incultes comme dans les champs; son nom de *morelle noire* lui vient des baies noires à leur maturité, qui succèdent à ses petites fleurs pendantes, blanches, presque ombellées. Cette plante, aux feuilles d'un vert sombre, est glabre dans ses diverses parties. Sa tige, herbacée, rameuse, anguleuse, s'élève à 3 décimètres environ. Ses feuilles, pétiolées, sont ovales et dentées. Elles répandent une odeur assez fétide, rappelant un peu la musc; ce qui n'empêche pas de manger, dans certaines contrées, les feuilles de la morelle noire ainsi que celles de la bléde, sa congénère, en guise d'épinards. Les baies renferment une certaine quantité de solanine à l'état de malate; elles ont des propriétés narcotiques, mais ne sont pas aussi vénéneuses qu'on le croit vulgairement.

Quelques morelles sont cultivées dans nos jardins et nos orangeries comme plantes d'ornement. Telles sont la *morelle de Madagascar* (*solanum pyracanthum*, Lam.), la *morelle blanche* (*solanum marginatum*, L.), etc. Telle est encore la *morelle faux piment* (*solanum pseudocapricum*, L.), vulgairement *amomum des jardiniers, petit cerisier d'hiver, cerisette*, etc. Cette dernière espèce, originaire de Madère, est un joli arbuste d'environ un mètre de haut, dont les baies, globuleuses, de la couleur et de la forme d'une petite cerise, ne mûrissent en effet que l'hiver.

E. MERLIEUX.

MORELLET (L'abbé ANDRÉ), né à Lyon, le 7 mars 1727, d'un père commerçant, fut destiné de bonne heure à l'état ecclésiastique. Après avoir fait ses études à Paris, au séminaire des Trente-Trois, et pris ses grades en Sorbonne, en 1752, il fut chargé d'une éducation particulière, et voyagea quelque temps en Italie avec son élève. A son retour, il étudia les matières de droit public et d'économie politique, et se consacrant tout entier à soutenir les opinions nouvelles, écrivit de nombreux ouvrages sur tous les sujets d'administration, de politique et de philosophie à l'ordre du jour.

Il partit pour l'Angleterre en 1772, et s'y lia avec Franklin, Garrick, l'évêque Warburton, et le marquis de Lansdown, qui lui fit obtenir en 1783 une pension de 4,000 livres. de Louis XVI. En 1785 l'Académie ouvrit ses portes à l'abbé Morellet, qui succéda à l'abbé Millot. A cette époque aussi il obtint le prieuré de Thimers, d'un revenu de 16,000 livres. La révolution changea cette heureuse position de fortune; et le décret qui ordonna la vente des biens du clergé refroidit le patriotisme de l'abbé Morellet; mais la destruction de l'Académie Française fut pour lui le coup le plus cruel. Échappé aux proscriptions, il chercha dans les travaux de traduction des ressources contre la misère. Il se mit à traduire des romans, entre autres ceux d'Anne Radcliffe. En 1799 il fut nommé professeur d'économie politique aux écoles centrales; et la révolution du 18 brumaire lui rendit son ancienne position et ses anciens honneurs. Joseph Bonaparte, qui estimait son talent et son caractère, le combla de bienfaits. Appelé au corps législatif en 1808, à l'âge de quatre-vingt-un ans, l'abbé Morellet y siégea jusqu'en 1815. Il mourut en 1817, des suites d'une chute grave qu'il fit en 1814, en sortant du spectacle. Un des ouvrages les plus importants de l'abbé Morellet est sa traduction du *Traité des Délits et des Peines* de Beccaria.

JONCIÈRES.

MORÉRI (Louis), docteur en théologie, né le 25 mars 1643, à Bargemont, en Provence, d'une famille noble, mort à Paris, le 10 juillet 1680, est l'auteur du premier dictionnaire historique qui ait paru en France. Cet ouvrage fut publié pour la première fois en un volume in-folio, à Lyon, en 1673. Moréri n'avait que trente ans. On admira avec raison l'immense érudition qui avait présidé à ce travail, tout incomplet qu'il fût; mais il fournissait les moyens de faire mieux. C'est même aux imperfections de ce dictionnaire qu'on doit celui de Bayle, qui ne s'était proposé d'abord que de réfuter les erreurs ou de suppléer aux lacunes de Moréri. Moreri vint à Paris en 1675, et prépara une seconde édition, augmentée, de son dictionnaire; le premier volume était imprimé, quand une mort prématurée, causée par l'excès du travail, le surprit, en 1680. Son dictionnaire eut après lui de nombreuses éditions, et reçut de différentes mains des augmentations considérables, qui portèrent à dix le nombre de ses volumes : la meilleure édition est celle de 1759.

MORET. *Voyez* AIRELLE.

MORET (ANTOINE DE BOURBON, comte DE), fils naturel de Henri IV et de Jacqueline de Breuil, comtesse de Moret, naquit à Fontainebleau, en 1607; l'année suivante, il fut déclaré prince légitime : il fut élevé à Pau, eut pour précepteur dans cette ville l'historiographe Duplix, et à Paris, au collége de Clermont, Lingendès, depuis évêque de Sarlat et de Mâcon. Le comte de Moret fut investi des bénéfices des abbayes de Savigny, de Saint-Étienne de Caen, de Saint-Victor de Marseille, ce qui ne l'empêcha pas de prendre parti contre Richelieu; le comte de Moret s'associa en effet à la fortune de son frère naturel Gaston, duc d'Orléans; ses biens furent confisqués en 1631, sous l'inculpation dirigée contre lui d'être un de ceux qui avaient pernicieusement conseillé ce prince et l'avaient emmené hors du royaume, enfin comme perturbateur du repos public. Lors de la révolte du duc de Montmorency, le comte de Moret rentra en France avec le duc d'Orléans, qui lui confia le commandement de 500 Polonais; il commandait l'aile gauche de l'armée de ce prince à l'affaire de Castelnaudary; ce fut son premier fait d'armes, et dans son impatience de jeune homme il chargea avant d'avoir reçu l'ordre d'attaque; il tomba aux côtés de son écuyer, tué roide; on l'emporta, et dès ce moment on ignora ce qu'il était devenu. Le comte de Schomberg, dans sa relation du combat, dit du comte de Moret, blessé d'une mousquetade, qu'*on le croyait mort*; M. de Brienne le père s'exprime ainsi dans ses Mémoires : « *On disait* que le comte de Moret avait été tué. » On prétendit que le comte avait été transféré dans l'abbaye de Prouille, dont l'abbesse, sœur du duc de Ventadour, aurait perdu son abbaye pour l'avoir reçu. Ce qu'il y a de certain, c'est qu'on ne trouve nulle part la sépulture du fils de Henri IV. Quarante ans après cette mort, entouré de circonstances si mystérieuses, on affirme que le comte de Moret n'est pas mort ; on cite des faits, des paroles, des confrontations dont le résulterait qu'il est le même personnage qu'un pieux solitaire, qui va mourir, en odeur de sainteté, en 1692, dans l'ermitage de Gardelles, en Anjou. Ce solitaire avait d'abord pris le nom de Jean-Jacques; il avait tour à tour habité et parcouru le Dauphiné, le Velay, le canton de Genève, l'ermitage du mont Cindre, diocèse de Lyon, Avignon, Turin, Rome, Notre-Dame de Lorette, les États Vénitiens, la Lorraine, Martemont, Douelvant, Saint-Guinefort, le diocèse de Langres, Oisilly, l'Espagne, d'où il avait l'intention d'aller en Portugal; puis il revint en France, se fixa d'abord à Saint-Pérégrin, puis enfin aux Gardelles, où il mourut, au bout de onze ans. Encore une énigme historique !

MORETO Y CAVANNA (Don AUGUSTIN), poëte dramatique espagnol, descendait d'une ancienne famille de Valence, et après avoir par piété renoncé à tout rapport avec le monde, et même à la culture de la poésie, mourut directeur de l'hôpital du Refugio, à Tolède, le 28 octobre 1669. Au temps de sa jeunesse, l'un des familiers du cardinal Moscoso, il s'était lié dans sa maison avec Lope de Vega, Calderon, Quevedo et autres poëtes célèbres. A cette époque de sa vie, il composa, soit seul, soit en société, un grand nombre de comédies qui obtinrent un grand succès, à cause de l'invention ingénieuse, de la force comique et des caractères heureusement tracés qu'on y trouve, quoique parfois elles dégénèrent en facéties et en caricatures. Plusieurs de ses pièces furent arrangées pour la scène française par Scarron, Molière et autres; et sa comédie *El Desden, con el desden*, l'une des quatre pièces du théâtre espagnol qu'on considère comme classiques, fut imitée non-seulement par Molière dans sa *Princesse d'Élide*, mais encore par Carlo Gozzi dans sa *Principessa filosofa*, o il contraveleno. Ses drames *El valiente Justiciero* et *La Fuerza de la Sangre* prouvent également qu'il n'était pas moins propre à manier le drame. Ses *Comedias* parurent pour la première fois à Madrid, en 1654; et après sa mort il en parut une édition plus complète (3 vol., Valencia, 1676-1703, in-4°).

MOREY (PIERRE), exécuté comme complice de Fieschi, était né à Chapaigne (Côte-d'Or). D'abord ouvrier bourrelier, il servit pendant dix ans comme ouvrier dans le train d'artillerie, puis dans un régiment de hussards : il comparut en 1816 devant la cour d'assises de la Côte-d'Or, sous la prévention d'avoir tué un soldat autrichien, et fut acquitté comme ayant agi en état de légitime défense. Il vint ensuite s'établir sellier-bourrelier à Paris, dans la rue Saint-Victor. Après 1830, il fut décoré de Juillet; lié avec Fieschi, qui s'était présenté à lui comme condamné politique, il le nourrit pendant trois mois, et lui fournit, dit-on, les moyens de construire sa machine infernale. Arrêté, mis en accusation à la suite de l'attentat Fieschi, comme son complice, et traduit devant la cour des pairs, il voulait d'abord se laisser mourir d'inanition; puis il consentit à prendre de la nourriture, et se fit remarquer aux débats par son attitude ferme et réservée. Faible et malade, il fallut le transporter d'abord à l'infirmerie de Bicêtre, puis à l'hôpital de la Pitié. Il avait appartenu, après 1830, à la *Société des Droits de l'Homme* et aux sociétés républicaines; il était encore dans un tel état de faiblesse lors de son exécution, qu'il fallut le porter en quelque sorte sur la planche fatale. Quand son arrêt de mort lui fut signifié, il répondit : « Je suis vieux; la nature ne me réservait que quelques années seulement ; la maladie dont je suis atteint ne me laissait que quelques jours encore. Qu'importe de mourir un moment plus tôt, un moment plus tard? »

MORFIL, nom que l'on donne aux dents d'éléphant lorsqu'elles ont été extraites du corps de l'animal, et qu'elles ne sont pas encore mises en œuvre par l'ouvrier.

MORFIL. *Voyez* FIL (*Coutellerie*).

MORGAGNI (GIOVANNI-BATTISTA), le créateur de l'anatomie pathologique, naquit en 1682, à Forli (États de l'Église), étudia la médecine à Bologne, et y fut reçu docteur en 1701. Après avoir pratiqué pendant quelque temps la médecine dans sa ville natale, il fut appelé, en 1711, à occuper la chaire d'anatomie à l'université de Padoue, et acquit une juste célébrité dans l'exercice de ces fonctions, qu'il continua de remplir jusqu'à sa mort (1771). Indépendamment de sa science de prédilection et de l'anatomie pathologique, dont il posa les fondements dans son grand ouvrage intitulé : *De Sedibus et Causis Morborum per anatomen indicatis*, si souvent réimprimé depuis, il s'occupa de philologie et d'archéologie, comme en témoignent de remarquables dissertations qu'on trouvera dans ses *Opera omnia* (5 vol., Venise, 1765). Nous mentionnerons encore parmi les nombreux ouvrages qu'on a de lui : *Adversaria Anatomica* (Bologne, 1706) et *Epistolæ Anatomicæ XVIII* (Venise, 1764). Diverses parties du corps humain que le premier il décrivit, et auxquelles son nom a été donné, ont rendu son nom immortel dans l'histoire de l'anatomie.

MORGAN (Lady), l'une des femmes auteurs les plus remarquables de l'Angleterre, est née en 1789, en Irlande, d'un comédien, nommé Owenson. Elle se fit connaître de bonne heure par un choix de poésies intitulées *Lay of the Irish Harp*, puis par les romans *Saint-Clair*, *The Novice* of *Saint-Dominic*, *The wild Irish Girl*, et par ses *Patriotic Sketches of Ireland*, dans lesquels elle décrit d'une manière spirituelle les mœurs et les coutumes de l'Irlande. Après son mariage avec le médecin sir Charles Morgan, elle alla parcourir en 1816 la France et l'Italie, et ne revint en Irlande qu'en 1823. Outre quelques romans, tels que *The Missionary* et les tableaux de mœurs irlandaises *O'Donnell* et *Florence Carthy*, elle publia alors deux ouvrages qui contribuèrent surtout à augmenter sa réputation littéraire : *France* (2 vol., 1827), peinture de la société française, spirituelle, piquante, mais souvent partiale et défectueuse, et *Italy* (1821), tableau que lord Byron trouvait de la dernière exactitude. Vinrent ensuite *The Life and Times of Salvator Rosa* (1824), l'un de ses plus faibles ouvrages, et le roman *The O'Briens and Flahertys* (1827). En 1827 elle parcourut de nouveau la France, où elle publia son *Book of the Boudoir*, qui contient des anecdoctes amusantes sur elle-même et des détails intéressants ; puis en 1833, *Belgica*. Dans son livre intitulé *France in* 1829 (Londres, 1830), elle présente le tableau où se trouvait alors notre pays. Dans le roman *The Princess, or the beguine* (1835), elle fait un travail analogue sur la Belgique. Elle fit ensuite paraître *Woman and her Master*, histoire philosophique de la femme, et *The Book without a name*, collection d'essais et d'esquisses provenant de sa propre plume et de celle de son mari, qui mourut le 28 août 1843. En 1847 elle enrichit de remarques intéressantes et de quelques détails autobiographiques une nouvelle édition de sa *Wild Irish Girl*. Elle prit aussi une part des plus actives aux efforts tentés en Italie, pendant les années 1847 et 1848, dans les intérêts de la liberté, et publia une lettre à Pie IX pour l'encourager à persévérer dans ses essais de réforme. Une brochure du cardinal Wiseman, où quelques détails donnés par elle sur le prétendu siège de Saint-Pierre à Rome, étaient traités de mensongers, provoquèrent de sa part un spirituel pamphlet intitulé *Letter to cardinal Wiseman in answer to his remarks* (1850), et où elle mit complétement hors de combat son illustre adversaire. Aujourd'hui lady Morgan vit retirée dans une ville aux environs de Londres.

[Un journaliste anglais a porté sur lady Morgan ce jugement sévère. « Lady Morgan a enseveli miss Owenson. » C'est là une injustice qu'on peut expliquer par les préventions fâcheuses que l'esprit patriotique de lady Morgan a toujours montrées contre l'Angleterre. Ainsi, dans ses romans, les Anglais qu'elle met en scène sont presque toujours dépeints sous des couleurs ridicules, et destinés à faire ressortir l'intelligence et la finesse des Irlandais. Quoi qu'il en soit, on peut reprocher à lady Morgan d'avoir abandonné le système de composition qu'elle avait adopté dans ses premiers ouvrages, pour n'en suivre aucun et pour se livrer au caprice de son imagination et au laisser-aller de son esprit. Sans cette dernière qualité, qu'elle possède à un degré excellent, lady Morgan aurait vu baisser chaque jour sa réputation. C'est grâce à son esprit, toujours piquant, toujours sur le qui-vive, qu'elle a pu faire accepter du public des romans sans suite, sans fond, sans vérité, et des descriptions de mœurs légères, aussi pleines d'ignorance, d'étourderie, d'aplomb et de pédantisme que ses ouvrages sur la France et l'Italie. Lady Morgan a toujours défendu avec chaleur, dans ses écrits, les intérêts de l'Irlande, sa patrie : elle les a soutenus aussi vivement par sa plume qu'O'Connell par la parole. En lisant la plupart des ouvrages de lady Morgan, on est bien tenté de ne voir en elle que la *généralissime des bas-bleus*. Mais on hésite à qualifier ainsi une femme dont, malgré toute la mauvaise volonté possible, on ne peut nier l'esprit et le patriotisme : deux choses qui ne se sont jamais rencontrées dans un bas-bleu. JOUCIÈRES.]

MORGANATIQUE (Mariage), *matrimonium ad morganaticam*, ou *matrimonium ad legem salicam*, expression dérivée du mot de la langue gothique, *morgjan*, qui veut dire *écourter*, *abréger*. On appelle ainsi, ou encore *mariage de la main gauche*, les mariages contractés par des personnages de maisons souveraines, où il est stipulé par le contrat que l'épouse n'étant pas d'une naissance aussi noble que l'époux, les enfants qui proviendront de leur union seront exclus du droit de succéder comme souverains à leur père. Les femmes aussi sont admises à contracter des unions *morganatiques*. En Prusse, ce n'est pas là un privilège accordé uniquement au souverain et à la haute noblesse; les membres de la petite noblesse, et jusqu'aux individus ayant le titre de *conseillers royaux*, en jouissent également.

MORGANE (La fée) était sœur d'Arthus et élève de l'enchanteur Merlin, s'il faut en croire les chroniques du vieux temps de la chevalerie. On suppose que ce sont les Normands qui ont donné le nom de la *fée Morgane*, *Fata Morgana*, au phénomène de mirage ou de réflexion dont les habitants de la ville de Reggio sont souvent les témoins.

MORGARTEN, montagne située à l'est du lac d'Égeri, dans le canton de Zug (Suisse), et au sommet de laquelle s'élève aujourd'hui la chapelle d'Haselmatt, est célèbre dans l'histoire par la victoire que les cantons forestiers de Schwytz, d'Uri et d'Unterwalden y remportèrent sur les Autrichiens, le 6 décembre 1315. Par suite de la haine que leur inspirait la domination autrichienne, ces cantons s'étaient déclarés en faveur de l'empereur Louis de Bavière, lequel comptait aussi au nombre de ses partisans l'électeur de Mayence, Frédéric d'Autriche, anti-roi de Louis, les mit en conséquence au ban de l'Empire, et l'évêque de Constance les excommunia. Frédéric ayant fait marcher contre eux une armée de 20,000 hommes, aux ordres du son frère Léopold, l'armée des trois cantons, forte seulement de 1,600 hommes, se posta dans le défilé étroit serpentant entre le Morgarten et le lac d'Égeri, tandis qu'un fort détachement prenait position sur le revers escarpé de cette montagne. A peine les troupes de Léopold se furent-elles engagées dans le défilé, que des hommes placés sur la hauteur firent rouler sur elles des quartiers de rochers. La cavalerie des cantons profita ensuite du désordre et de la confusion jetés dans leurs rangs par cette manœuvre, pour les charger avec fureur; et la plus grande partie de l'armée ennemie y périt. Il n'y eut qu'un petit nombre d'hommes, entre autres l'archiduc Léopold, qui purent échapper à l'horrible carnage qui suivit. Les trois cantons conclurent alors, le 8 décembre 1315, une indissoluble union, à laquelle accédèrent successivement jusqu'en 1513 dix autres cantons.

MORGELINE. Voyez MOURON.

MORGHEN (RAFFAELLO), graveur célèbre, né en 1758, à Florence, descendait d'une famille flamande. Il eut pour premiers maîtres son père et son oncle, employés tous deux à Naples au bel ouvrage sur les antiquités d'Herculanum. Pour se perfectionner encore, il entra, en 1778, dans l'atelier de Volpato à Rome, et partagea dès lors les travaux de cet artiste consommé. En 1792 il vint à Naples, par suite de propositions avantageuses qui lui avaient été faites; en 1799 il accepta la chaire de professeur de gravure à l'Académie des beaux-arts de Florence, que lui fit offrir le grand-duc de Toscane Ferdinand III. C'est dans cette ville qu'il mourut, en 1833. On a de lui une foule de gravures du premier mérite, la plupart d'après les tableaux des grands maîtres. Les plus célèbres sont *La Madonna della Seggiola* et *La Transfiguration* d'après Raphaël; *La Madonna del Sacio*, d'après Andrea del Sarto; *L'Aurore*, d'après Guido Reni; la *Chasse de Diane*, d'après le Dominiquin; la *Danse des Saisons*, d'après le Poussin; mais surtout *La Cène*, d'après Léonard de Vinci (1800), dont les premières épreuves, mais sans la virgule après le mot *vobis*, se vendent des prix fous. Citons encore ses portraits du Dante, de Pétrarque, d'Arioste, du Tasso, etc. Palmerini a publié (Florence, 1810; 2ᵉ édit., 1824) le catalogue complet de ses œuvres, qui se composent de 254 planches.

Ses frères, *Antonio* et *Guglielmo* Morghen, cultivèrent comme lui la gravure, mais sans atteindre à la hauteur de son talent. Il a laissé un fils, qui s'est fait un nom comme paysagiste.

MORGUE. C'est une des formes sous lesquelles se révèle l'orgueil; c'est une affectation de considérer les autres comme au-dessous de soi, de les humilier, de les envisager du haut de sa grandeur, si tant est qu'il puisse y avoir quelque grandeur dans les petits esprits, car la morgue n'est que le fait des petits esprits. L'affection morale que nous constatons ici se manifeste partout sous les mêmes formes; un regard fixe, sévère, impérieux, une contenance hautaine, une suffisance intraitable, une présomption intolérable, en sont les signes. La fierté se rencontre dans toutes les classes, mais la *morgue* ne saurait exister que dans les classes élevées.

MORGUE, second guichet d'une prison, dans lequel on retient quelque temps les accusés ou condamnés qu'on écroue, afin que les gardiens et porte-clefs puissent les examiner à loisir et les reconnaître au besoin.

On donne le même nom à un lieu où l'on expose sur des dalles inclinées les corps nus des personnes trouvées mortes dans le cours ou sur le bord des fleuves, au pied d'un bâtiment en construction, dans divers endroits autres que leur domicile, soit que cette mort ait été volontaire, comme suicide, asphyxie, immersion, soit qu'il n'en faille accuser qu'un accident, un hasard, un coup, une chute. Cette exposition d'un cadavre a pour but de le faire reconnaître par les parents, les amis du défunt, et de le confronter avec les détenus, qu'on suppose coupables ou complices de cette mort. A côté de chaque cadavre sont étalés les vêtements, chapeau, chaussures, qu'il portait au moment où il a été trouvé.

La morgue de Paris renferme presque toujours un grand nombre de ces cadavres, dont les diverses physionomies, les muscles contractés, les hideuses blessures, la peau jaune, bleue, verdâtre, excitent dans l'âme un horrible sentiment de dégoût et de répulsion. Et il est pourtant des femmes qui se repaissent de ce spectacle! Elle est actuellement située sur le quai du Marché-Neuf; mais elle doit être prochainement déplacée.

MORIER (James), romancier anglais, né vers 1780, d'une famille de la Suisse française établie en Angleterre, se consacra à l'étude des langues orientales. Nommé secrétaire de l'ambassade anglaise en Perse, il eut occasion de s'y familiariser avec la langue et les mœurs du pays. A son retour il déposa le résultat de ses observations d'abord dans ses *Travels in Persia, Armenia and Asia Minor to Constantinople* (Londres, 1812), et ensuite dans *A second Journey through Persia, Armenia and Asia Minor* (1818), de même que dans son *The Adventures of Hajii Baba* (1828), *Zohrab, or the hostage* (1832), *Ayesha, the mad of Kars* (1834). Il a réussi à peindre de main de maître le caractère des Persans; et dans son *Hajii Baba*, c'est un Persan qui observe et critique les mœurs européennes. James Morier mourut à Brighton, en 1849.

Son frère, *David-Robert* Morier, se consacra aussi à la diplomatie, et il était en dernier lieu envoyé d'Angleterre en Suisse quand il en fut rappelé en 1849. Dans une brochure *What has religion to do with politics* (Londres, 1848), il a cherché à démontrer que pour faire un véritable homme d'État un profond sentiment de religiosité est, avant tout, nécessaire.

MORILLE, genre de champignons voisin des helvelles, dont le chapeau forme une masse elliptique ou en cloche irrégulière, composée de plis réticulés et de cavités nombreuses; recouvert entièrement par la membrane fructifère, ce chapeau est adhérent au pédicule : celui-ci est creux et sa surface est caverneuse.

Les morilles apparaissent au printemps à la surface de la terre; leur développement est quelquefois considérable; elles sont de consistance sèche et cassante; leur odeur et leur saveur sont agréables; ce sont enfin les champignons les plus sains et les plus faciles à reconnaître.

L'espèce la plus connue est la *morille commune* (*morchella esculenta*, Pers.), d'une couleur fauve clair, ayant un chapeau à peu près elliptique, couvert d'aréoles très-creuses et fort irrégulières, un pédicule court, épais et fistuleux. Les autres espèces, également comestibles, diffèrent de celle-ci par la forme de leur chapeau et par leur couleur, brune ou d'un jaune plus ou moins foncé. La morille se récolte sur les coteaux calcaires, dans les bois et surtout là où on a fait du charbon.

MORILLO (Don Pablo), comte *de Carthagène* et marquis *de La Puerta*, général espagnol, né en 1777, à Fuente, dans la province de Toro, d'une famille obscure, servit d'abord dans la marine, et ne commença à se faire un nom qu'à l'époque de la guerre contre Napoléon, comme chef de guerillas, dans la province de Murcie. Les succès signalés qu'il remporta à diverses reprises sur les troupes françaises lui valurent le grade de général; et en 1815 on lui confia le commandement d'une armée expéditionnaire de 10,000 hommes, chargée de faire rentrer l'Amérique méridionale sous les lois de la mère patrie. Le 5 décembre 1815 il s'empara de Carthagène, et se rendit maître, en juin 1816, de Santa-Fé de Bogota, où il déploya à l'égard des républicains la plus cruelle sévérité; mais à partir du commencement de 1817 Bolivar le réduisit à se réfugier de place forte en place forte, et enfin à ne plus oser tenir la campagne devant lui. La déclaration d'amnistie générale qu'il publia le 17 septembre 1817, à Caraccas, n'ayant obtenu créance nulle part, force lui fut de continuer la lutte, malgré l'insuffisance des ressources mises à sa disposition; et sous ce rapport on doit convenir qu'il fit preuve d'un incontestable talent. Mais il lui fallut finir par entamer avec Bolivar des négociations, à la suite desquelles eut lieu la conclusion d'un armistice à Truxillo, le 26 novembre 1820; et immédiatement après il s'embarqua pour l'Espagne.

La conduite qu'il y tint pendant toute la durée du régime constitutionnel fut des plus équivoques. Il appuya la tentative faite en juillet 1822 par le parti absolutiste avec le concours de la garde royale pour renverser la constitution. Après l'insuccès de cette échauffourée, il se rattacha au parti vainqueur, et fut nommé capitaine général des Asturies et de la Galice; mais l'inaction dont il fit preuve dans ces fonctions donna bientôt lieu de suspecter la sincérité de son attachement à la cause constitutionnelle. Quand, à Séville, les cortès déclarèrent Ferdinand VII suspendu de ses fonctions de roi, Morillo prit ouvertement parti contre l'assemblée, le 26 juin 1823, et parut un instant vouloir jouer le rôle de médiateur. Vivement pressé par le corps d'armée aux ordres du général Bourck, il dut, dans les premiers jours de juillet, signer une suspension d'armes; après quoi, il fit sa soumission à la régence instituée à Madrid, et livra la Galice aux Français, sans même essayer d'un simulacre de défense, à la condition qu'on garantirait à lui et à ses adhérents la tranquille jouissance de leurs biens et de leurs droits civils. Mais par suite du rétablissement, en Espagne, de l'absolutisme pur et simple, il dut se réfugier en France, et les biens nationaux dont il avait fait l'acquisition furent confisqués. Sous le ministère Zea-Bermudez, il fut rappelé d'exil et réintégré dans les fonctions de capitaine général de la Galice. A la mort de Ferdinand VII il commanda pendant quelque temps l'armée chargée d'agir contre don Carlos, et mourut à Madrid, en 1838. Ses *Mémoires* (Paris, 1826) contiennent d'intéressants matériaux pour l'histoire de sa vie et pour celle de la révolution américaine.

MORILLON. Le *morillon* (*anas fuligina*) est une espèce d'oiseau du genre c a n a r d, long de 45 centimètres, de couleur noire, qui a les plumes de l'occiput prolongées en huppe, le ventre blanc, avec une tache également blanche à l'aile et le bec plombé. Il nous vient assez régulièrement du Nord tous les hivers. Il est moins défiant que le canard sauvage et le *millouin commun*, et il se laisse facilement approcher à la portée du fusil. DÉMEZIL.

MORIN (JEAN), père de l'Oratoire, né à Blois, en 1591, mort d'une attaque d'apoplexie foudroyante, le 28 février 1659, était issu de parents calvinistes. Après avoir fait ses premières études à La Rochelle, il apprit à Leyde la philosophie, les mathématiques, le droit, la théologie, les langues orientales. Il fut supérieur du collège d'Angers, puis se fixa à Paris, dans la maison de l'Oratoire. Il se consacra entièrement à la vulgarisation de l'Écriture Sainte, des conciles, des Pères, et il publia, en latin, une quantité assez considérable d'ouvrages et de dissertations, principalement sur l'époque de l'Ancien Testament, d'après le texte hébreu ; il eut à propos de diverses de ces publications, de vives disputes avec les hébraïsants, et défendit avec ardeur la chronologie des Septante contre les partisans de celle de la vulgate. Il était pour toutes les matières bibliques d'une étonnante érudition ; un seul fait montrera combien étaient ardues les études auxquelles se livrait le père Morin : à l'aide de deux exemplaires samaritains du Pentateuque, qu'il compara du texte hébreu, il restitua la langue samaritaine. Il dirigea l'édition de la Bible des Septante, qui parut en trois volumes, en 1628. Ses traités sur les *Ordinations* et sur la *Pénitence* sont très-estimés ; les examinateurs lui firent retrancher et rétracter quelques parties de ce dernier ouvrage. Le père Morin fut appelé à Rome par Urbain VIII, qui voulait tenter la réunion de l'Église grecque avec l'Église latine, tant il faisait autorité en matière de discipline. Richelieu, jaloux, dit-on, de la liberté avec laquelle le père Morin s'exprimait à Rome sur son compte, le fit rappeler par ses supérieurs, au bout de neuf mois, au moment où il allait obtenir le chapeau de cardinal, qu'il l'empêcha ainsi d'avoir. Le père Morin était plein de franchise, mais très-vif, très-susceptible : sa vie ne fut qu'une longue suite de polémiques, souvent irritantes et irritées ; ainsi, il attaqua tour à tour Copernic et les partisans de son système, les ennemis de l'astrologie judiciaire, le père Du Liris, qui lui contestait la découverte qu'il prétendait avoir faite de la science des longitudes ; il s'attaqua ensuite dans les assemblées générales des Oratoriens au chef de l'ordre, qui s'arrogeait de tyranniques priviléges, et ces attaques l'obligea à y renoncer. Le père Morin a été très-certainement un des savants les plus remarquables de son temps ; il était d'une opiniâtreté dans ses opinions dont on aura la mesure, quand on saura que trois ans après la prise de La Rochelle il ne croyait pas encore à la reddition de cette ville.

MORIN (SIMON) avait été commis dans l'administration des finances ; il se jeta dans les rêveries de l'illuminisme ; errant sur les précipices sans fond, il se perdit dans les ténèbres d'un mysticisme exalté et privé de tout frein. Ce fut en 1647 qu'il eut l'idée de faire imprimer, sous le titre de *Pensées*, le livre où il développa des opinions qui passeraient aujourd'hui complétement inaperçues. Il avait eu le soin de dédier son livre au roi, et de se soumettre « avec tout respect et obéissance au jugement de l'Église très-sainte ». Le livre de Morin fut oublié au milieu des troubles de la Fronde ; mais cet illuminé, s'exaltant de plus en plus, vint à se persuader qu'il était le *fils de Dieu* ; il cherchait à se faire des prosélytes, et il n'y parvenait guère, comme on peut croire, lorsque, dénoncé par un mauvais poëte, Desmarets de Saint-Sorlin qui, s'était lié avec lui dans des vues perfides, il fut arrêté. Le parlement le jugea avec une rigueur impitoyable ; condamné au feu comme hérétique, l'infortuné fut brûlé en place de Grève, le 14 mars 1663.

Simon Morin, au dire de M. Michelet, est un homme du moyen âge égaré dans le dix-septième siècle. Ses pensées contiennent beaucoup de choses originales ; on y trouve entre autres ce beau vers :

Tu sais bien que l'amour change en lui ce qu'il aime.

Il est étonnant qu'on n'ait pas eu plus de miséricorde pour ce malheureux, en lui tenant compte de la soumission dont il témoignait. Il met ses pensées sous la *protection* du Sauveur des hommes ; il sollicite la *grâce* du Saint-Esprit, et il laisse son livre sous la *sauvegarde* de la sainte Vierge. Il trace des pages de la plus édifiante mysticité. « La plus nécessaire science du salut nous est donnée en contemplant Jésus en croix... Chacun sait s'il aime Dieu, mais nul ne sait s'il est digne de l'aimer. » Ses *Pensées* forment un volume fort rare et très-recherché des bibliophiles, qui le payent volontiers un prix élevé. On peut consulter, pour plus amples détails, les *Mémoires* de D'Artigny, les *Mémoires* de Nicéron, et le *Dictionnaire des Livres condamnés*, par Peignot. G. BRUNET.

MORINIE, pays habité par les *Morini*, peuple de la seconde Belgique. Il était borné au nord et à l'ouest par la mer, à l'est par l'Aas et au sud par le territoire des *Ambiani* et par celui des *Atribates*, et formait deux cantons, l'un ayant pour chef-lieu *Gessoriacum* et l'autre *Teruana*.

MORION. *Voyez* CASQUE.

MORLAIX, chef-lieu d'arrondissement du Finistère, à 84 kilomètres nord-nord-est de Quimper et 517 de Paris, avec 12,393 habitants. Cette ville est située à 10 kilomètres sud de la mer, au confluent du Jarleau et du Kerlent, qui y forment une rade sûre et commode. Il y a à Morlaix un tribunal civil, un tribunal et une chambre de commerce, un bureau de douanes, une manufacture de tabac, une école impériale d'hydrographie, une société d'agriculture, une société vétérinaire, deux typographies, un entrepôt réel et fictif de toutes espèces de marchandises venant de l'étranger. Morlaix fait un commerce considérable en grains, graines oléagineuses, porc salé, suif, miel, cire, cuirs verts, tannés et corroyés, toiles, fils blancs et écrus, lin, chanvre, papier ; on y trouve des minoteries, des fabriques d'amidon, de colle, de noir animal, des tanneries, des papeteries, des lamineries de plomb ; cette ville fait des armements considérables pour la pêche de la morue. Nommée d'abord *Julia*, puis *Saliocan*, suivant Conrad de Salisbury, Morlaix appartenait en premier lieu aux ducs de Bretagne, à qui les comtes de Léon la disputèrent. Tombée au pouvoirs des Anglais sous le quatorzième siècle, elle fut reprise sur eux par Duguesclin, occupée de nouveau en 1374 par les Anglais, qui furent peu de temps après exterminés par les habitants. Morlaix ayant été prise et pillée par les Anglais en 1521, François Ier y fit alors construire le *Château du Taureau*. En 1594 cette ville se soumit à Henri IV, après avoir longtemps tenu pour la Ligue.

MORLAQUES (en langue slave *primorzi*). On désigne ainsi, dans le sens le plus restreint, les habitants de la côte de Croatie, sur l'Adriatique, ou des Fontières-Militaires de Karlstadt. Il est déjà question dans Constantin Porphyrogénète de ce territoire sous le nom de *Parathalassia* (pays de côtes) ; et, avec les îles qui l'avoisinent, il fut peuplé par des Slaves de race chorvate ou croate, qui l'appelèrent *Primorje*, c'est-à-dire pays baigné par la mer. Les Serbes fixés plus au sud, dans la Dalmatie proprement dite, donnèrent le même nom au territoire s'étendant entre Cettina et Narenta (Neretra). Par conséquent, sous la dénomination la plus large, on comprend par *Primorje*, toute la côte d'Istrie sur l'Adriatique ; et les habitants en sont les *Primorsi* ou *Marlaques*, suivant leur nom italianisé. Les Morlaques proprement dits professent la religion catholique romaine, parlent serbe ou du moins les dialectes croates de cette langue, et aussi l'italien. Ce sont d'excellents marins, qui forment la base de la marine autrichienne.

MORMONS ou *saints des seconds jours*, ou encore, de la *seconde époque*, secte religieuse fondée en 1827, par un certain Joe Smith. Il naquit le 23 décembre 1805, dans l'État de Vermont (Amérique du Nord), s'occupa beaucoup de rechercher des trésors enfouis et d'autres balivernes, et finit par s'établir à l'ouest de l'État de New-York. C'est là, à ce qu'il prétend, que, le 27 septembre 1827, l'ange du Seigneur lui remit un écrit incrusté sur des plaques métalliques ayant l'éclat de l'or, qu'il traduisit et publia sous le titre de

MORMONS

Book of the Mormons (Livre des Mormons). On l'imprima pour la première fois en 1830, en Amérique, et en 1841 en Europe. Il y raconte, dans un style imité de la Bible, comme quoi Lehi, pieux patriarche juif, quitta Jérusalem, au temps du roi Sédécias, avec ses fils Laman, Lemuel, Sam et Nephi, ainsi qu'en compagnie d'un certain Ischmael et de ses filles, et s'en alla dans le désert, où, après avoir marché pendant bien lontemps à l'est, ils arrivèrent sur les rives d'une grande mer. Du consentement de Dieu, Nephi, du nom duquel tous les descendants de Lehi, sont appelés *Nephites*, construisit un navire sur lequel il gagna la terre qui lui avait été promise, l'Amérique, avec ceux que nous venons de nommer. Outre des vivres, il avait eu la précaution d'embarquer avec lui toutes sortes de graines et d'animaux. Peu de temps après son arrivée en Amérique, qui avait d'abord été colonisée par les Jarédites, lesquels, gens justes, avaient trouvé grâce lors de la confusion des langues à Babylone, Nephi confectionna un certain nombre de plaques de laiton, sur lesquelles il incrusta les pèlerinages et les aventures de sa race et beaucoup de révélations que Dieu lui avait communiquées sur ses destinées futures et sur celles de l'humanité en général. Encore avant sa mort, Nephi oignit son fils Jacob, et le donna pour chef aux Nephites. Ceux-ci avaient déjà pris le nom de *chrétiens* avant la venue de Jésus-Christ sur terre. Le Christ lui-même leur apparut aussi, dans la trente-quatrième année après sa naissance, après être ressuscité des morts, et il leur annonça l'Évangile comme il l'avait fait en Palestine. Les Nephites menèrent ensuite, sous la direction de leurs patriarches, une vie toute chrétienne et respirant la crainte de Dieu, jusqu'à ce qu'enfin, vers l'an 320, il éclata parmi eux des divisions intestines et par suite des guerres qui anéantirent toute piété et toute crainte de Dieu. C'est alors qu'apparut pour la première fois *Mormon*, pieux chrétien et guerrier distingué. A la tête d'une armée de 42,000 hommes, il vainquit, l'an 330 après Jésus-Christ, les Lamanites, qui, à cause de leur impiété, encourent la malédiction de Dieu et tombèrent dans les ténèbres de la barbarie. La couleur blanche de leur peau se changea en un rouge sale, comme celle des Indiens actuels, leurs malheureux débris. *Moroni*, fils de Mormon, continua l'histoire dans les deux derniers livres de la Bible des Mormons jusqu'à l'an 400, époque vers laquelle les Nephites, parce qu'ils étaient tombés de nouveau dans le péché, furent complétement exterminés par les Lamanites. Moroni resta seul, acheva l'histoire de son peuple sur les plaques en question, et l'an 420 de notre ère les scella avec les pierres translucides qui avaient autrefois servi de fenêtres aux Jarédites dans le vaisseau sur lequel ils étaient arrivés en Amérique. Moroni lui-même avait à l'avance désigné Joe Smith comme celui qui découvrirait un jour ces plaques. Lors donc que celui-ci les eut découvertes, il se servit des pierres brutes en question au lieu de lunettes pour lire et comprendre les *hiéroglyphes perfectionnés* sur lesquels Moroni, suivant ses propres dires, avait écrit sur les plaques.

Dès 1827 Joe Smith trouva une foule d'adhérents, et plusieurs milliers d'individus le suivirent dans l'ouest du Missouri, où ils fondèrent la ville de *Far-West*. Chassés de cet endroit par la violence, les Mormons se rendirent dans l'Illinois, où, en 1840, ils fondèrent dans le comté d'Hankok la ville de *Nauvoo*, sur les bords du Mississipi. La ville, où se trouvait un temple magnifique, se développa rapidement, et acquit un haut degré de prospérité. Le prophète en était le maire. A ce titre il fit briser, en 1844, les presses d'un mormon excommunié, d'un certain docteur Forster, rédacteur d'un journal. Cet acte de violence et d'arbitraire détermina les autorités du comté d'Hankok, siégeant à Carthage, à lancer un mandat d'arrestation contre Joe Smith, son frère Hiram et seize autres individus signalés comme ayant pris part à la démolition de l'imprimerie de Forster. Le constable chargé de remettre le mandat à Joe Smith pour avoir, en sa qualité de maire, à le faire exécuter, fut expulsé de la ville par le *city-marshall*. Afin d'avoir raison de cette mutinerie et pour que force restât à la loi, la milice du comté fut appelée sous les armes; de leur côté, les Mormons fortifièrent Nauvoo, et résolurent de défendre leur prophète jusqu'à la dernière extrémité. La population du Missouri et de l'Illinois se partagea en deux partis, l'un favorable, l'autre contraire aux Mormons. En même temps une telle surexcitation se répandait dans les esprits, que le gouverneur de l'Illinois prit en personne le commandement de la milice qui menaçait de détruire la ville de fond en comble et d'en passer la population au fil de l'épée. Pour éviter l'effusion du sang, le gouverneur somma Joe Smith de se constituer volontairement prisonnier avec ses co-accusés, en s'engageant à les protéger contre tout acte de violence. Ces conditions furent enfin acceptées. Smith et son frère se constituèrent prisonniers, et furent enfermés dans la maison d'arrêt de Carthage. Quoique le 26 juin le gouverneur eût de nouveau garanti aux détenus qu'il saurait bien les défendre contre toute tentative de violence, le 27 au soir une bande d'individus armés, et pour la plupart déguisés en Indiens, envahit la prison où se trouvaient les deux frères. On fit feu sur eux, et tous deux périrent sur le coup. Le cadavre de Joe fut ensuite appendu à un mur en guise de cible, puis rendu à ses adhérents. Le lieu où il fut enterré reste un secret que les Mormons se gardent bien de révéler aux mécréants.

Dès lors, c'est-à-dire à partir de 1845, les Mormons, continuellement en querelle avec leurs *païens* de voisins, commencèrent à émigrer en bandes nombreuses vers les plus lointaines régions de l'ouest, à l'effet d'y chercher une nouvelle *terre promise*. Une colonne de leurs pionniers, partie du territoire de Jowa, encore à peine peuplé, pénétra par des chemins jusque alors inexplorés jusqu'au versant nord du plateau, franchit l'Elkorn, suivit ensuite les bords de l'Orégon jusqu'au fort Bredjer, et de là, franchissant les montagnes Rocheuses, arriva enfin, le 25 juillet 1847, dans la vallée du lac Salé (*Salt lake*). Tout aussitôt commencèrent la colonisation du pays et la fondation de la capitale de leur nouvel État, de leur *Nouvelle Sion* ou *Nouvelle Jérusalem*. Deux ans après la construction de la première maison, la ville (*Great Salt Lake City*) comptait déjà 900 habitants. La population de tout l'État des Mormons, que dès 1850 les Américains admettaient à faire partie de l'Union, sous la dénomination de *Territoire d'Utah*, mais auquel les Mormons eux-mêmes donnent le nom de *Deseret*, ou encore de *Terre du Deseret et des Mouches à miel*, contenait, d'après le recensement fait cette même année 1850, 11,354 habitants. A la fin de 1851, le chiffre de la population était de 30,000 âmes, et il est à la fin de 1852 de plus de 70,000.

Que si l'aptitude et l'habileté toutes particulières des Mormons pour la colonisation, jointes à une merveilleuse constance, déterminèrent les rapides développements de leur État, il faut aussi reconnaître d'un autre côté que l'heureuse situation géographique du territoire dont ils ont fait choix et un prosélytisme enthousiaste amenant chaque jour de de nouveaux émigrants n'y ont pas peu contribué et promettent à cet État d'importantes destinées. Aujourd'hui le successeur de Joe Smith et le premier président de l'État théocratique d'Utah est un certain Briham-Young. Il est assisté de deux conseils et du patriarche J. Smith (on dit pourtant qu'il est mort en 1854). La seconde autorité se compose du *Quorum des douze apôtres*, assisté de l'historiographe de « l'Église, du président du bâton de Sion » (*president of the stake of Sion*) et de deux conseils; une troisième autorité, *le grand conseil*, se compose de douze membres. Font en outre partie du *clergé de l'Église* plusieurs conseils, un président des Septante, un évêque président de l'Église, les présidents de l'assemblée des anciens (*Elder's Quorum*). On manque encore en Europe de renseignements bien précis et bien exacts sur l'organisation intérieure de l'État des Mormons, qu'on peut considérer comme une théocratie. Lors de l'érection du territoire d'Utah, Brigham Young en fut nommé gouverneur par les États-Unis; mais depuis lors il s'est montré dans tous ses actes si hostile à l'Union, que les commissaires envoyés de Washington à Utah pour procéder à une enquête se virent contraints d'abandonner le pays. Le rapport sur la situation de l'État des Mormons adressé au congrès par ses commissaires ne contient pas seulement les plus vives attaques contre le gouverneur et les autres fonctionnaires publics; il déclare en outre que leurs institutions sont tout à fait incompatibles avec les institutions politiques des États-Unis, de même que les Mormons en général sont incapables d'entretenir les moindres rapports avec toute société humaine qui n'a pas les mêmes bases. Quelles que puissent être la partialité et la passion qui ont inspiré ce rapport et d'autres encore, tous s'accordent cependant à reconnaître que les Mormons, tout au moins ceux qui existent en Amérique, se montrent doués d'une activité et d'une intelligence peu communes, et que leur chef actuel est un homme aussi habile qu'énergique.

On ne possède encore que des renseignements fort insuffisants sur les idées morales et religieuses des *saints des seconds jours*, les fondateurs et les chefs de la secte n'ayant pas encore jugé à propos de les exposer d'une manière systématique. Un fait certain, c'est qu'ils admettent et pratiquent la polygamie. Un voyageur, M. Benjamin Ferris, dit avoir vu, à un bal donné par le président, danser toute la famille de ce dernier, composée de 152 enfants, de toutes les tailles, *et de ses trente-deux femmes*. Pour un Mormon épouser beaucoup de femmes, c'est à peu près la même chose qu'avoir beaucoup de chevaux dans son écurie; il leur ménage à chacune d'elle une case particulière dans son habitation, de telle sorte que ces dames vivent isolées et sans se mêler à leurs compagnes si bon leur semble.

Ce qui confond toutes nos idées, à nous autres Européens, qui depuis bientôt trente ans entendons prêcher *l'émancipation de la femme*, son assimilation complète aux droits de l'homme, c'est de voir les Mormonnes non pas seulement accepter leur esclavage comme une joie, mais encore se laisser dégrader, ravaler, jusqu'à la brute. Ce qu'il y a de certain, c'est que l'association des Mormons est avant tout une protestation contre le puritanisme de l'Amérique, en même temps qu'une réaction contre son indépendantisme. C'est aussi ce qui explique comment les *Yankees*, si tolérants pourtant à l'égard des sectes les plus ridicules, se montrent si acharnés contre les Mormons. Il paraît d'ailleurs que c'est à tort qu'on a attribué à ces sectaires un communisme particulier. La seule obligation imposée par leur loi à tout individu faisant partie de leur société, c'est de déposer la dixième partie de ses produits ou de ses revenus dans le *trésor du Seigneur*, et il en est fait emploi dans l'intérêt de toute l'Église, c'est-à-dire de l'État.

Les Mormons se livrent à une propagande des plus actives, et qui déjà a été couronnée des plus grands succès. Depuis 1837, époque où leurs premiers missionnaires arrivèrent en Angleterre, les Mormons, au moyen de leurs *apôtres des saints*, ont fait un grand nombre de prosélytes en France, en Danemark, en Norvège, et surtout dans la Grande-Bretagne et l'Irlande, où leur nombre s'élevait déjà en 1852 à 30,767. Ils se sont aussi répandus en Asie et en Afrique, mais principalement dans les îles de la mer du Sud, de sorte qu'au commencement de 1853 on évaluait déjà leur chiffre total à plus de 300,000. Un commandement de leur religion impose à tous les *saints* l'obligation de se rassembler (*gathering*) et de venir s'établir à *Sion* dans Utah, attendu que ceux-là seuls qui se rassembleront à Sion seront exceptés du jugement universel qui aura lieu le second jour (*latter day*) sur toute l'humanité, et qui, vraisemblablement arrivera dans le cours même de ce siècle. Les efforts de leurs missionnaires en Europe sont secondés par divers journaux. C'est ainsi que paraissent à Liverpool *L'Étoile millénaire*; dans le pays de Galles, *La Trompette de Sion*; à Paris, *L'Étoile de Deseret*, etc. *L'Étoile scandinave*, qui se publiait à Copenhague, fut supprimée par l'autorité en 1853, de même que *La Bannière de Sion*, dont quatre cahiers (nov. 1851 à février 1852) avaient paru à Hambourg.

On a souvent prétendu que le fondateur de la secte, Joe Smith, n'avait été qu'un imposteur, qui, après avoir longtemps médité et mûri son plan, s'était posé en prophète avec son *Book of the Mormons*. Il se peut que, suivant ce qui arrive le plus ordinairement en pareil cas, il y ait eu calcul de sa part; mais il ressort des renseignements officiels recueillis sur sa vie la certitude qu'il commença par être dupe de ses propres illusions, et qu'il avait la conviction intime de sa mission divine. Quant à l'origine de la Bible des Mormons, il paraît établi que ce livre fut composé vers 1812, à New-Salem, par un prêtre du nom de Salomon Spaulding. En composant ce livre, où le roman et la fantaisie occupent une si grande place, Spaulding n'avait eu d'autre but que d'offrir une distraction à ses voisins, à qui il avait l'habitude d'en lire de temps à autre des chapitres. Quand il se fixa plus tard à Pittsbourg, il montra son manuscrit à un journaliste appelé Patterson, qui l'emporta pour le lire. Longtemps après, Patterson proposa à l'auteur de publier son livre précédé d'une préface, sur laquelle ils ne purent tomber d'accord. Mais pendant ce temps-là un certain Sidney Regdon, compositeur dans l'imprimerie de Patterson, et qui plus tard joua un rôle éminent dans l'histoire des Mormons, avait copié le manuscrit; et c'est ainsi que Smith en eut connaissance. Suivant d'autres renseignements, moins authentiques, l'auteur du livre ne serait autre que Regdon lui-même, qui aurait trompé Smith. Consultez Gunnison, *The Mormons of the Latter Day Saints in the Valley of The Great Salt Lake* (Philadelphie, 1852); le capitaine Stansbury, *Survey of Utah* (1852); Benjamin Ferris, *Utah and the Mormons* (1853).

On a remarqué que c'était plus particulièrement parmi les classes laborieuses que les prédicats du Mormonisme parvenaient en Europe à faire des recrues à leur religion et à leur association. Quelques-uns des malheureux qui s'étaient laissé séduire par les belles promesses et les intrépides affirmations des missionnaires des *saints des seconds jours*, qui sont revenus à leurs risques et périls du territoire d'Utah, représentent la Nouvelle-Sion, Deseret, comme une autre Sodome; et vraiment on n'a pas de peine à les en croire. Ils racontent que les personnes réellement pieuses entraînées en Amérique par les apôtres mormons ont entièrement perdu l'esprit, phénomène intellectuel qui s'explique facilement. Les autres, disent-ils, sont tombées dans l'impiété et le blasphème, et bon nombre dans la plus complète incrédulité, ou absence absolue de foi religieuse quelconque. Toutefois, il reste à côté de ces esprits désabusés ou bien égarés une masse nombreuse pour laquelle les théories et la pratique du Mormonisme continuent à avoir toujours beaucoup d'attraits. Fortement attachée par ses intérêts et ses instincts à la nouvelle doctrine, cette masse est assez forte, numériquement parlant, pour tenir en respect les insubordonnés et faire respecter les volontés du gouvernement. Les fonctionnaires ont à leur disposition pour l'exécution de leurs ordres un corps d'hommes appelés la *tribu de Dan*. Pour être admis dans ce corps, il faut avoir satisfait à plusieurs conditions de taille et de constitution, et notamment avoir les cheveux et les moustaches rouges. Ces hommes prêtent serment d'exécuter les ordres secrets de l'Église, quels qu'ils soient. Ils sont chargés de surveiller et de réprimer à l'instant même toute manifestation d'opposition. Toutes les lettres venant du dehors ou du dedans passent par leurs mains avant d'être remises aux destinataires. Les établissements civilisés sont à plus de 800 kilomètres de distance; en est séparé par des montagnes de l'accès le plus difficile, par des déserts que parcourent des tribus sauvages qui massacrent impitoyablement tous les blancs qu'elles rencontrent sans défense. Toute fuite est impossible, excepté pendant l'été, lors du passage des caravanes qui se dirigent vers l'Orégon. C'est généralement de Liverpool que les racoleurs mormons expédient leurs dupes en Amérique. Ils se dirigent sur la Nouvelle-Orléans ; de là on remonte le Mississipi jusqu'au point où les caravanes d'émigrants se mettent en marche pour gagner la nouvelle *Sion*. Les frais de voyage de chaque émigrant sont, l'un portant l'autre, de 500 fr.; et toujours ce sont ces malheureux fanatiques qui les font, vendant à cet effet tout ce qu'ils possèdent et ne conservant pas le plus ordinairement de quoi réparer leur sottise et s'en revenir quand la triste réalité les aura dégrisés.

Ce qu'il n'y a pas de moins curieux dans tout cela, c'est que les hommes qui parviennent à fanatiser ainsi tant de pauvres diables sont eux-mêmes d'une intelligence fort bornée, que leur instruction littéraire est à peu près nulle. Il n'y a pas là de beaux parleurs, de faiseurs de phrases, comme étaient nos saint-simoniens, nos fouriéristes, nos cabetistes et *tutti quanti*; mais tout simplement de ces êtres dégradés appartenant à la lie des grandes villes, et qui en employant une espèce de jargon mystique, parviennent à exercer un empire absolu sur leurs dupes. Il est impossible qu'un état social auquel on a donné des bases pareilles subsiste longtemps, et il n'y a pas grand mérite à prédire qu'avant peu ou les Mormons auront répudié leurs immorales institutions et seront rentrés dans la grande famille des êtres civilisés dont ils se sont volontairement séparés, ou bien que leur association aura vécu.

MORNAY (DUPLESSIS-). *Voyez* DUPLESSIS-MORNAY.

MORNES. On appelle ainsi aux Antilles, à la Réunion et à Maurice les montagnes de second et de troisième ordre qui s'avancent dans la mer pour former un cap ou qui s'élèvent dans l'intérieur des îles. Quelquefois, lorsque les montagnes de première grandeur peuvent être aperçues de la mer, elles reçoivent également le nom de *mornes* : ainsi le *Gros Morne*, le *Morne de Vauclin* et la *Morne de la Calebasse* à la Martinique, etc.

MORNING-ADVERTISER, MORNING-CHRONICLE, MORNING-HERALD, MORNING-POST, journaux anglais. *Voyez* JOURNAL, JOURNALISME, tome XI, page 667.

MOROGUES (BIGOT DE). *Voyez* BIGOT DE MOROGUES.

MORON (PIERRE DE). *Voyez* CÉLESTIN V et CÉLESTINS.

MORPETH. *Voyez* CARLISLE.

MORPHÉE, fils du Sommeil et de la Nuit, est souvent confondu, mais à tort, avec son père; il n'est que le premier des Songes, qui sont au nombre de trois, mais qui ont sous eux la foule des Songes subalternes, innombrables comme les sables de la mer. Les Grecs donnèrent à ce dieu un nom analogue à son office, Morphée signifiant *forme* dans leur idiome. Sur les monuments, Morphée est représenté sous la figure d'un vieillard barbu ; deux petites ailes qu'il a à la tête, et deux grandes de papillon aux épaules, lui servent à planer sans bruit dans les ténèbres et à se tenir en équilibre dans l'atmosphère. Il porte dans la main une corne d'où se répandent sur la terre la multitude des songes, des visions, des apparitions nocturnes. Sur le bas-relief de la villa Albani, les ailes de Morphée sont celles d'un aigle. Morphée est bien plus convenablement représenté sur le sarcophage du Capitole, où est sculptée la fable d'Endymion. Languissamment couché, la tête soutenue par son bras gauche, il dort vêtu d'une tunique négligée, à manches tombant sur ses poignets ; deux ailes de papillon, qu'il a au dos, et deux petites ailes d'oiseau, qu'il a à la tête, sont prêtes à le transporter dans les plaines vaporeuses de la nuit. Un seul monument le représente ayant des ailes de papillon au chef. L'allégorie de Morphée et de ses pavots, par lesquels les modernes surtout le personnifient, est bien usée; il appartenait à notre La Fontaine de raviver ces belles mais antiques figures mythologiques. Il dit élégamment dans une de ses fables, pour exprimer que tout dort :

Morphée avait touché le seuil de ce palais.

MORPHINE (de μορφή, sommeil profond). C'est un des premiers alcaloïdes connus. Il fut découvert presque en même temps par Séguin en France et par Sertuerner en Allemagne. C'est particulièrement à la morphine et à la narcotine que l'opium doit ses propriétés médicamenteuses et ses effets toxiques. Cette substance a fait l'objet des recherches de Robiquet, Thomson, Pelletier, Caventou, Baup, Guillemond, Hottot, Henry fils, Girardin, Plisson, Edward Staples, Gregory. La morphine à l'état de pureté est en prismes rectangulaires blancs, transparents, et quelquefois seulement translucides; elle est insipide et inodore, verdit le sirop de violette, brunit le papier de curcuma ; elle est soluble dans l'éther, l'alcool et les huiles, insoluble dans l'eau froide, soluble dans quatre-vingt-deux fois son poids d'eau bouillante ; ses diverses solutions ont une saveur amère; exposée à l'action du feu, elle fond à une température peu élevée, avec dégagement d'ammoniaque. La morphine sature les acides et forme avec eux des sels neutres cristallisables, solubles dans l'eau et l'alcool, blancs, inodores, d'une saveur amère assez marquée. L'un de ces sels, *l'acétate de morphine*, est devenu célèbre dans les annales du crime. Le nitrate de cet alcaloïde se prépare en étendant l'acide nitrique de cinq parties d'eau ; car cet acide concentré décompose la morphine, la dissout et la convertit en une substance rouge-sanguin, qui passe au jaune-orangé. Si l'on fait agir les sels de peroxyde de fer sur la morphine, elle prend aussitôt une couleur bleu-foncé. Ce caractère n'appartient encore qu'à cette substance.

On a publié divers procédés pour la préparation de cet alcaloïde; celui de Robiquet est le plus généralement suivi : il consiste à faire bouillir la solution aqueuse d'opium avec de la magnésie calcinée, dans la proportion de dix à douze grammes par livre d'opium. La magnésie opère la décomposition du méconate acide de morphine, et il se produit un précipité formé de morphine et de sous-méconate de magnésie. On lave ce précipité sur un filtre avec de l'eau froide, ensuite avec de l'alcool à 22°, qui s'empare d'une matière colorante brune; on traite ensuite le précipité à plusieurs reprises par l'alcool bouillant, qui ne dissout que la morphine, laquelle cristallise par le refroidissement ou la concentration de ce menstrue; on la purifie en la redissolvant dans l'alcool et y ajoutant suffisante quantité de charbon animal.

La morphine n'est employée en médecine qu'à l'état salin, surtout à celui d'acétate. Ces sels ont toutes les propriétés de l'opium sans en avoir la plupart des inconvénients.

Sur 100 parties de morphine, l'analyse a donné à Brande : Carbone, 72 ; hydrogène, 5,5 ; azote, 5,5 ; oxygène, 17. Bussy a trouvé : Carbone, 69 ; hydrogène, 6,5 ; azote, 4,5; oxygène, 20. Enfin Pelletier et M. Dumas donnent les chiffres suivants : Carbone, 72,02 ; hydrogène, 7,61 ; azote, 5,53 ; oxygène, 14,84.   JULIA DE FONTENELLE.

MORPHOLOGIE. On désigne sous ce nom, tiré du grec (μορφή, forme, et λόγος, discours), l'étude scientifique des formes des corps naturels.

MORRISON (ROBERT), missionnaire protestant, né le 5 janvier 1782, à Morpeth, dans le Northumberland, fut envoyé à Macao et à Canton par la Société Biblique anglaise, pour y apprendre le chinois et traduire ensuite l'Écriture Sainte dans cette langue. Arrivé le 4 septembre 1807 à Macao, il eut à lutter contre toutes sortes de tracasseries, jusqu'à ce qu'il eut obtenu un emploi dans les factoreries de cette ville. A l'arrivée de lord Amherst en Chine, il le suivit comme interprète. En 1818 il fonda à Malakka un *Anglo-Chinese college* pour l'étude de la littérature chinoise et pour la propagation de la Bible. Après avoir passé dix-sept années en Chine, il revint en Angleterre en 1823, rapportant avec lui une collection de 10,000 livres chinois. Lors des différends qui surgirent entre l'Angleterre et la Chine, le gouvernement l'accrédita comme agent dans ce pays, où il était retourné dès 1826 pour le compte de la Compagnie des Indes orientales. En juillet 1834 il accompagna lord Napier à Canton comme interprète, et y mourut, le 1er août suivant. On a de lui *Horæ Sinicæ* (Londres, 1812), une *Grammaire*

Chinoise (Serampour, 1815) et un *Dictionnaire Anglo-Chinois* (6 volumes; Macao, 1815-1819).

Son fils, *John-Robert* MORRISON, né à Macao, en 1814, succéda à son père en qualité de secrétaire et d'interprète de la factorerie anglaise à Canton. Par suite des démêlés qui éclatèrent en 1839 entre le gouvernement chinois et l'Angleterre, il dut quitter cette ville, et accompagna alors l'expédition anglaise à Shanghaï et à Nanking. Au rétablissement de la paix il fut nommé secrétaire colonial et membre de l'assemblée législative de Hongkong, où il mourut, des fièvres, en août 1843. On a de lui un manuel d'une haute utilité pour ceux qui font le commerce avec la Chine, *The Chinese commercial Guide* (Canton, 1834).

MORS. Le mors se compose de trois pièces, qui, par leur combinaison, n'en font qu'une. Il est formé de deux branches et de l'embouchure, qui se subdivise en deux canons et un cintre au milieu appelé *liberté de la langue*. Les anneaux et autres ouvertures qui se trouvent dans le haut et le bas des branches sont destinés dans la partie supérieure à recevoir les montants, et dans la partie inférieure les rênes de la bride. Les éperonniers et selliers ont profité de l'ignorance ou de la frivolité de la plupart des cavaliers pour changer la forme des mors, et bientôt des mors simples, mais utiles, ont été remplacés par des mors composés, brillants, mais dangereux. Pour notre compte, nous serions d'avis qu'on adoptât un seul mors pour tous les chevaux, quels que soient d'ailleurs leur conformation et leur état de sensibilité. Voici quelles seraient sa forme et ses proportions : branches droites, de la longueur de six pouces, à partir de l'œil du mors jusqu'à l'extrémité des branches ; circonférence du canon, deux pouces et demi ; liberté de la langue, de la largeur de deux pouces à peu près dans sa partie inférieure, et d'un pouce dans la partie supérieure. Sous le rapport de la largeur, il faut admettre différentes dimensions, selon la bouche des chevaux, afin qu'ils n'y vacillent point, et que les parties qui doivent avoir un point d'appui fixe le conservent toujours exactement. Quoique le mors ci-dessus détaillé soit très-doux, je puis affirmer qu'il peut suffire à rendre sensibles et à soumettre à la plus passive obéissance les chevaux les plus froids, les plus sujets à s'emporter, et ceux mêmes qui offrent le plus de résistance.

BAUCHER, professeur d'équitation.

MORS AUX DENTS. On devrait entendre par cette expression l'action du cheval qui prend les branches de ce frein avec les incisives, et qui dès lors lutte avec avantage contre son conducteur ; mais en disant qu'un cheval prend le *mors aux dents*, on entend généralement parler de celui qui s'emporte, bien que le frein ait conservé sa position normale. On peut parer au premier inconvénient par l'usage de la fausse gourmette, et éviter le second en assouplissant le cheval à l'avance pour qu'il soit facile ensuite de vaincre, au moment où elles naissent, toutes les forces qui ne viennent pas de nous.

Au propre, prendre le *mors aux dents* se dit ou d'un homme qui, n'écoutant plus ni avis ni remontrances, se livre à ses passions, ou de celui qui s'abandonne à la colère, qui s'emporte rapidement, ou enfin d'une personne qui longtemps indolente, inactive, change tout à coup et travaille avec une ardeur qu'on ne lui connaissait pas.

MORSE, amphibie du Nord nommé *walrross* par les Hollandais, et appelé vulgairement *bête à la grande dent*, *éléphant de mer*, *vache marine*, *cheval marin*, bien que rien ne permette de l'assimiler à la vache ou au cheval. Le morse forme à lui seul un genre de mammifères, voisin des phoques. Sa mâchoire supérieure est armée de deux longues dents très-dures et très-fortes, nommées *défenses*, comme celles de l'éléphant. Recourbées en dedans, elles servent à l'animal pour s'accrocher, soit aux glaçons, soit à la terre, et suppléer à la mauvaise conformation de ses pieds de derrière, qui lui sont presque inutiles quand il est hors de l'eau. Ses pieds, palmés, comme ceux des canards et autres oiseaux nageurs, lui permettent de se mouvoir rapidement dans l'eau. Il détache avec ses dents les coquillages des rochers et du fond, ainsi que les plantes marines, qui sont une partie de ses aliments.

Les morses peuvent atteindre six mètres et plus de longueur, et leur corps est couvert d'un poil ras et brunâtre. Ils sont en outre habitués à vivre en société, à s'aider mutuellement, à réunir leurs forces contre les ennemis communs. Attachés au climat sous lequel ils sont nés, il est à remarquer qu'on n'en trouve que dans les mers du Nord. Le morse reste aussi, dit-on, fidèlement attaché à une seule femelle. On sait que l'accouplement de ces animaux n'a pas lieu à la manière des autres quadrupèdes ; la femelle attend le mâle couchée sur le dos. L'accouplement a lieu en juin, et le terme de la gestation arrive à peu près vers le commencement du printemps. La femelle se retire à terre ou sur un glaçon pour mettre bas, et elle y retourne chaque fois qu'elle veut se reposer ou allaiter son petit, qui, quoique jeune, la suit pourtant à l'eau.

Les morses étaient autrefois en plus grand nombre, mais depuis que les mers du Nord sont fréquentées par les navigateurs, leur race est beaucoup diminuée. On en trouve rarement plus de vingt dans les troupes les plus nombreuses. Plus méfiants qu'autrefois, si on les surprend à terre ou sur les glaçons, ils s'empressent de regagner la mer ; mais les chasseurs parviennent aisément à leur couper la retraite, choisissent dans la bande les individus dont il leur convient de s'emparer, et les harponnent sans que les autres puissent les défendre, tant les mouvements de ces animaux sont difficiles et lents. Aucune chasse n'est moins périlleuse. Le chasseur exécute ses manœuvres, dispose ses cordages, multiplie les blessures de sa victime, dont les mugissements douloureux implorent vainement du secours, sans autre empêchement que les efforts de quelques compagnons de la victime, qui essayent, au moyen de leurs défenses, d'arrêter et de rompre les cordes. En 1854 un navire de Bergen a rapporté de Spitzberg un morse que l'équipage avait apprivoisé et qui a été offert à la ménagerie de Stockholm. Il se laissait caresser ; et lorsqu'on le jetait à la mer, il se bornait à nager autour du navire, puis rendait un son plaintif indiquant en quelque sorte son désir de retourner à bord, où il se laissait ramener avec plaisir.

La chair des morses fournit une huile aussi bonne que celle des baleines, et leurs dents sont préférables à l'ivoire, étant plus dures et moins sujettes à jaunir. Elles n'ont ni la grosseur ni la longueur des défenses de l'éléphant ; cependant on trouve de ces *dents de vache marine* qui ont plus de 80 centimètres de long et plus de 33 centimètres de tour à leur insertion dans l'alvéole. La peau des morses, dure et épaisse, donne un excellent cuir lorsqu'elle est tannée. Les Russes l'emploient particulièrement pour les soupentes des voitures.

L. LOUVET.

MORSE (SAMUEL FINLEY-BREESE), artiste américain et inventeur du télégraphe électro-magnétique, est le fils aîné d'un ecclésiastique appelé *Jedediah* MORSE, connu par une bonne géographie de l'Amérique, et est né le 27 avril 1791, à Charlestown, dans l'État de Massachusets. A la fin de ses études de collège, il montra un tel goût pour les beaux-arts que son père finit par consentir à ce qu'il se rendît avec Allston en Europe, pour y étudier la peinture. Arrivé à Londres, en 1811, il se forma à l'Académie royale, sous la direction de West, et une toile représentant *Hercule mourant*, qu'il exposa en 1813, fut remarquée par les connaisseurs. Toutefois, faute de ressources suffisantes pour vivre à Londres, force lui fut de s'en revenir dès l'année suivante aux États-Unis, où, comme peintre de portraits, il mena une existence des plus précaires, d'abord dans le New-Hampshire et ensuite dans la Caroline du sud. Vers 1824 il résolut d'aller s'établir à New-York, grande ville qui lui offrait plus de ressources pour l'exercice de son talent, et le conseil municipal lui confia bientôt après le soin de faire un portrait en pied de La Fayette, qui venait de commencer sa promenade triomphale à travers les États de l'Union. A quelque temps de là il fonda la Société des Arts, qui s'agrandit plus tard sous la dénomination de *National Academy of Design*, et qui l'élut pour son président. Il fut aussi, vers le même temps, le premier qui eut l'idée de faire des *lectures publiques* sur les beaux-arts. En 1829 il entreprit une nouvelle tournée en Europe ; et, après avoir parcouru la France, l'Italie et l'Angleterre, il prit, en 1832, passage à bord du paquebot *Le Sully* pour revenir en Amérique. Pendant la traversée, les conversations qu'il eut avec un passager, au sujet des expériences électro-magnétiques qui venaient d'avoir lieu à Paris, lui firent naître l'idée d'appliquer cette force à l'établissement d'un système de communication télégraphique. A peine arrivé à New-York, il en avait déjà arrêté tout le plan ; puis, reconnaissant que dans l'application la théorie faisait défaut, il reprit ses travaux de peinture, mais en consacrant à la réalisation de son idée tout le temps qu'il pouvait dérober à ses occupations ordinaires. A la suite de diverses expériences dont le succès avait couronnées, il se trouva enfin à même, en 1835, de présenter à l'université de New-York un modèle de son *Recording electric Telegraph*, dont il avait fabriqué à lui seul tout l'appareil, sauf une horloge de bois qu'il y faisait servir. En 1837 il prit un brevet à Washington pour son invention, en même temps que Wheatson en Angleterre et Steinheil en Bavière confectionnaient des télégraphes électriques. L'appareil dont se sert ce dernier est à peu près le même que celui de Morse ; mais en raison de sa délicatesse et de son mécanisme compliqué, il a été reconnu qu'on ne pouvait point l'appliquer à de grandes lignes. Aussi le congrès des chemins de fer tenu en Allemagne en 1851 résolut-il, de l'avis de Steinheil lui-même, de se servir à l'avenir de la méthode proposée par Morse.

Le premier télégraphe électro-magnétique qui fonctionna aux États-Unis a été établi en 1844, entre Washington et Baltimore ; et depuis lors Morse a eu la joie de voir les fils du réseau électrique de sa patrie s'étendre sur une longueur de plus de 1,500 myriamètres. Malgré ce brillant succès qu'il a obtenu en cherchant des applications pratiques de la science, Morse n'a point renoncé à la culture des beaux-arts, qui continue à être la plus douce de ses occupations.

MORSURE. Ce mot signifie l'action de mordre, ou la plaie, la cicatrice produite par cette action. La plupart des animaux mordent pour se défendre ou pour attaquer leur ennemi. La plaie produite par l'incision de leurs dents dans les chairs est souvent dangereuse ; la morsure de quelques insectes est venimeuse ; la morsure du chien enragé communique l'**hydrophobie**.

MORT (*Médecine*). Les anciens regardaient la *vie* comme la mère de la *mort*, qui à son tour éternisait la vie ; ce qui semble dire que la matière est indestructible, et qu'elle ne fait que subir des changements continuels ou des transmutations non interrompues. La plus brillante santé, la constitution la plus robuste, l'enfance, l'adolescence et la virilité ne sont qu'un bien faible rempart pour nous dérober à ses coups ; souvent même elle choisit les instants de la vie où nous croyons avoir le moins à la redouter.

Imminet et tacito clam venit illa pede. (TIBULLE.)

On divise la mort en *mort absolue* ou *réelle*, et en *mort apparente*. Dans la première, plus d'espoir de retour à la vie ; dans la seconde, les fonctions vitales ne sont que suspendues, et le rappel à la vie est très-possible. La mort est également divisée en *mort naturelle*, qui est celle qui arrive avec la vieillesse, et en *mort accidentelle*, ou produite par la rupture de l'équilibre des fonctions vitales, ou bien par des lésions organiques, l'action des agents extérieurs, etc. L'homme qui s'éteint après une longue vieillesse meurt, pour ainsi dire, en détail ; ses fonctions extérieures cessent les unes après les autres ; tous ses sens se ferment successivement ; les causes ordinaires des sensations passent sur eux sans les affecter. Ainsi, la *vue* s'obscurcit, se trouble et cesse de transmettre l'image des objets : c'est la *cécité sénile* ; la *surdité* l'accompagne ; le *tact* s'émousse ; il en est de même de l'odorat, de l'imagination et de la mémoire ; les cheveux et la barbe blanchissent ; enfin la mort s'opère de la circonférence au centre. Chez l'espèce humaine la mort naturelle est bien plus rare que la mort accidentelle. Bichat a admis deux genres de vie, la *vie animale* et la *vie organique* ; quand la première cesse, la seconde peut encore avoir lieu : alors il y a possibilité de rappel à la vie ; mais quand celle des organes est éteinte, la mort réelle a lieu.

Si quelque chose est propre à démontrer l'incertitude des signes de la mort, ce sont les nombreux exemples de rappel à la vie d'un grand nombre de *noyés*, de *strangulés*, d'*asphyxiés*, de *léthargiques*, etc. ; ce sont les nombreux exemples de personnes enterrées vivantes par trop de précipitation, exemples que nous avons recueillis dans un de nos ouvrages. Pour bien distinguer la *cessation définitive* des fonctions dont l'ensemble constitue la vie, d'avec leur *suspension*, qui ne donne lieu qu'à une *mort apparente*, il est plusieurs signes qui pris isolément sont incertains, et dont l'ensemble n'offre même que des probabilités ; ces principaux signes sont : 1° l'absence de la respiration et de la circulation ; 2° l'absence de la contractilité et celle du sentiment ; 3° le refroidissement et la face hippocratique ; 4° la sueur froide de tout le corps ; 5° les taches livides et les vergetures ; 6° le relâchement des sphincters ; 7° l'aplatissement des parties du corps sur lesquelles a été couché le cadavre ; 8° la mollesse et la flaccidité des yeux ; 9° la roideur ou rigidité cadavérique. Ces signes, pris isolément, ne sauraient indiquer une mort réelle ; réunis, ils n'annoncent même qu'un *état de mort* ; la putréfaction est le seul signe d'une mort réelle, car la putréfaction ne peut s'établir sous l'influence de la vie, puisqu'elle porte avec elle tout l'effrayant cortège de la destruction ; il est donc évident qu'elle est le signe certain et irrévocable de la mort.

JULIA DE FONTENELLE.

Chaque instant dans la vie est un pas vers la mort, a dit avec beaucoup de justesse un poëte ; en effet, la mort est sans cesse attachée à la vie comme une menace prochaine, menace qui se réalise tôt ou tard. Hors du cas de *mort prématurée*, quand quelque maladie moissonne l'homme à son adolescence, dans les âges peu avancés ; hors du cas de *mort violente*, que les anciens appelaient *male mort*, soit à la suite d'un meurtre, soit à la suite de ces maladies, telles que l'apoplexie, la rupture d'un anévrisme, frappant l'organisme humain comme d'un coup de foudre et est d'ordinaire précédée par l'affaiblissement des facultés et des organes.

Ce terrible mot de *mort* a engendré un certain nombre de locutions usuelles. La mort étant un fait naturel, normal, il semble qu'il y ait pléonasme à dire d'une personne qu'elle est morte de sa *mort naturelle* ; par cette expression, comme par celle de *belle mort*, on veut dire passer de vie à trépas par le cours naturel des choses, et non pas *mort tragique*, *mort violente*, à la suite d'un crime, par *mort subite*, *instantanée*, comme à la suite d'une attaque, d'un coup de feu. On dira d'un malade qui a été en danger de périr qu'il a été entre la vie et la *mort*, qu'il a vu la *mort* de près ; cette dernière locution est souvent appliquée au soldat sur le champ de bataille, car sa vie y est souvent en danger imminent. Avoir la *mort* entre les dents, être à l'article de la *mort*, c'est la situation d'un moribond prêt à rendre le dernier soupir.

L'on jurait autrefois Dieu *par la mort*, ce qui fut sévèrement défendu : de là vinrent les imprécations *mordious*, *morbieu*, *morbleu*, *morgué*, considérées aujourd'hui comme très-inoffensives, et inventées pour déguiser le blasphème que nos pères commettaient parfois.

Dans notre législation civile, le mot *mort* est systématiquement remplacé par celui de décès; mais au criminel, au contraire, quand il s'agit d'un crime, d'un meurtre, d'un assassinat, on emploie toujours le mot *mort*; et le coupable peut être puni de la peine de mort. Alors il est *condamné à mort*. Les poëtes remplacent souvent ce mot, dans leurs vers, par celui de *trépas*.

La *mort saisit le vif*, dit-on au Palais, ce qui signifie que, d'après nos règles en matière de propriété, celle-ci n'est jamais sans possesseur; dès l'instant même du décès, elle passe sans interruption, sans interrègne, du défunt à son héritier, et si celui-ci renonce, aux héritiers subséquents. Autrefois, aux jours de proscription, quand des têtes étaient mises à prix, on enjoignait aux gens de courir sus à ceux que l'on mettait hors la loi, de les prendre *morts ou vifs*, ce qui permettait de les tuer au besoin. Ajoutons encore ici quelques locutions proverbiales : pour exprimer qu'un secours arrive après coup, quand il n'est plus temps, on dira : *Après la mort le médecin*; on dira d'un lambin, qu'il serait *bon à aller chercher la mort*; d'un fait qui ne saurait se reproduire, *La mère en est morte*; jouer *à la mort* d'une somme déterminée, c'est établir que le jeu cessera quand un des joueurs aura perdu cette somme. Après la mort de l'abbé Dubois, le régent écrivait à un de ses courtisans, que celui-ci avait fait exiler de la cour : « *Morte la bête, mort le venin*; viens souper avec moi. » Cette expression est restée, pour dire que la rancune ne survit pas à celui qui l'a causée. La locution bien connue *Dieu ne veut pas la mort du pécheur* ne signifie point Dieu ne veut pas que le pécheur meure, mais bien Dieu lui fera miséricorde. On dira d'une personne qui semble à chaque instant, par son état maladif, prête à rendre l'âme, et que l'on trouve toujours debout : *La Mort n'a pas faim*.

Le mot mort, dans les locutions figurées, ne signifie pas toujours la fin de l'existence; ainsi, pour exprimer que l'on ressent une vive affliction, on dira qu'*on a la mort dans l'âme*; pour dire que l'on a enduré beaucoup et de cruelles souffrances, l'on dira que l'on *a souffert mille morts*; pour exprimer sa répugnance pour une chose, on dira que *la faire, c'est la mort*; pour exprimer le nec plus ultra de l'ennui, l'on remarquera que l'*on s'ennuie à la mort*. Haïr quelqu'un *à la mort*, c'est éprouver contre lui une haine qui ne s'éteindra jamais. Au contraire, cette expression populaire *à la vie, à la mort*, indique la promesse d'un attachement éternel.

MORT (*Mythologie*). Ce terrible et mystérieux *peut-être* d'Hamlet, qui se tient caché par delà le tombeau, a toujours frappé les hommes de terreur. Les Grecs, peuple sage et enjoué, voulurent bien recevoir la Mort dans leur théogonie; mais ils ne crurent pas devoir élever des temples ni des autels à une divinité inexorable, sourde et aveugle, impassible ministre de la Nécessité et des Destins. Les Romains imitèrent les Grecs : il n'y eut point dans la ville éternelle de temple élevé à la Mort; elle y eut seulement quelques rares autels, sur lesquels était cette inscription : *Somno æternali sacrum* (dédié au sommeil éternel). Les habitants de Cadix avaient aussi consacré un autel à la Mort. La Bétique et la Lusitanie tenaient le culte des Phéniciens, qui adoraient cette divinité sous le nom de Béel-Phégor, le dieu de la pourriture. Un de leurs auteurs, Sanchoniaton, dit que Saturne mit au rang des dieux son fils *Moth* (la Mort), qu'il eut de Rhéa, et qu'il fut honoré par ces peuples. Saturne est le Temps, Rhéa la Nature, et Moth la Mort, la conséquence de ces deux premières puissances cosmologiques, qui sont après Dieu *tout ce qui est*. D'ailleurs, le culte de la Mort était convenable à cette contrée, où le soleil expire, et où les poëtes ont placé le palais de la Nuit. Virgile fait bien entendre dans un vers qu'on sacrifiait des hécatombes à cette divinité redoutable; mais ce sacrifice était plutôt un rite commun aux fêtes des tombeaux qu'un culte direct à cette inflexible déesse, à laquelle Hésiode donne un cœur d'airain et des entrailles de fer. Orphée composa, à la vérité, un hymne à la Mort, mais il ne roule sur

les offrandes et les libations dues aux mânes. Toutefois, les Éléens et les impitoyables Spartiates avaient des statues de cette divinité conjointement avec celles du Sommeil, son frère, son image vivante. En effet, le sommeil, réparateur des forces de l'homme, semble lui avoir été donné par son créateur pour l'accoutumer insensiblement et sans effroi à l'anéantissement inévitable de notre corps, dans un jour qui n'est pas loin. Selon les mythologues, la Mort, fille de la Nuit, n'a point de père. C'est une fille inféconde, éclose des froides ténèbres avec le monde.

Les Hellènes, nation rieuse, n'ont pas donné à la Mort l'aspect hideux que lui a imprimé l'austère christianisme. La plupart de nos sculpteurs l'ont représentée sous la figure d'un squelette agile, d'une horrible moissonneuse, tenant une faux d'une main, et quelquefois une clepsydre ou horloge d'eau de l'autre. Toutefois, il est vrai que sur une sardoine antique un squelette danse devant un paysan qui joue de la flûte double, et que c'est la Mort qui prend ce petit divertissement champêtre. Dans l'un des monuments antiques, on voit la Nuit tenant dans ses bras deux enfants endormis, les jambes croisées : celui du côté droit est blanc, l'autre noir; l'un dort profondément, l'autre fait semblant de dormir : ce dernier est la Mort qui, toute jeune, déjà veille à sa proie. Quelquefois, cette divinité est représentée les yeux baissés vers la terre, ou voilée, et tenant une faux dans la main. Le plus gracieux et le plus mélancolique emblème qu'ait eu cette noire déesse chez les anciens se voit sur une cornaline. C'est un pied ailé, auprès un caducée, et au-dessus, un papillon qui prend l'essor. Le pied ailé est l'indice de celui qui n'est plus, et qui, comme l'oiseau, laissant la terre, va suivre à travers les airs Mercure et son caducée; le papillon est l'image de l'âme qui remonte vers le ciel.

Les peuples de l'Italie, se rapprochant déjà du nord, furent plus sombres dans leurs allégories. Les Étrusques peignaient la Mort avec une face horrible, ou sous une tête de Gorgone hérissée de couleuvres, ou sous la figure d'un loup furieux. Le gracieux Horace même lui donne des ailes noires, l'arme d'un filet, dont elle enveloppe sa victime. La plus commune des allégories de la Mort fut chez les Romains un génie triste et immobile, tenant un flambeau renversé. L'if à la noire verdure, et qui empoisonne les abeilles; le cyprès, dont les branches coupées ne repoussent plus ; le coq, qui trouble de son clairon le silence des ténèbres, étaient consacrés à la Mort. Mais les anciens, loin de s'épuiser en encens, en sacrifices et en libations pour cette divinité, semblaient au contraire la narguer. Les Romains, dans les repas, fleurissaient leurs têtes et leurs coupes de couronnes de roses, images de la brièveté de la vie. Chez les voluptueux, le soir, lorsque, suppléant aux rayons de l'astre du jour, une esclave prononçait cette formule devant les convives : *Vivamus, pereundum* (Vivons, il nous faudra mourir), cette formule était la contre-partie de celle-ci de nos trappistes : « Frères, il faut mourir! » Les Grecs en usaient de même : sur une sardoine antique est représentée en relief une tête de mort et un trépied couverts de mets; entre ces deux objets, on lit cette inscription : *Bois et mange, et couronne-toi de fleurs, c'est ainsi que nous serons bientôt*.

Les anciens relégaient la Mort dans le *Tartare*; Virgile la place au seuil des enfers. Hercule l'y lia avec des chaînes de diamants lorsqu'il délivra Alceste. Sisyphe la chargea de fers, et la retint longtemps en prison. Milton a fait un tableau sublime de la Mort; l'auteur des *Martyrs*, loin de peindre la Mort sourde, comme les anciens, lui attribue une ouïe si fine qu'elle entend croître le brin d'herbe.

Chez les Grecs, les morts subites étaient attribuées à Apollon et à Diane : le premier frappait les hommes, la seconde les femmes. Parmi eux, ainsi que parmi les Romains, les morts prématurées semblaient le châtiment de quelque crime, et la vengeance des dieux. Titus expirant, levant les yeux au ciel, se plaignait à lui de ce qu'il l'enlevait si jeune, « Et cependant, lui disait-il, ma vie fut pure, si ce n'est dans une seule chose! » Il songeait peut-être au massacre des Juifs.

L'aspect d'un mort souillait les vivants, selon les anciens; les dieux mêmes, à l'abri sous leur immortalité, fuyaient devant lui; dans l'*Hippolyte* d'Euripide, Diane se détourne de son favori mourant, et ce héros dit à Thésée, son père, de lui voiler à l'instant la face, de peur que l'aspect d'un mort ne souille son front royal.

Habert nous a laissé *Le temple de la Mort*, œuvre poétique et sombre. L'Anglais Buckingham, dans un poème sur ce lugubre sujet, a entassé les plus horribles images.

DENNE-BARON.

MORT (Frères de la). *Voyez* FRÈRES DE LA MORT.

MORT (Peine de), PEINE CAPITALE. Avant la révolution, il existait en France cinq manières diverses d'appliquer la peine de mort; c'étaient le feu, peu à peu tombé en désuétude, la roue, la potence, la décollation et l'é-cartellement. Le Code Pénal de 1791 décréta qu'elle n'aurait plus lieu à l'avenir que par décapitation, sans qu'il pût jamais être exercé aucune torture envers les condamnés. Cependant, le Code Pénal de 1810 ressuscita la mutilation du poing droit pour le crime de parricide. Elle fut de nouveau supprimée lors de la révision de 1832. A la même époque la peine de mort fut formellement abolie pour le crime de fausse monnaie et divers autres. L'un des premiers actes du gouvernement provisoire de 1848 fut d'en proclamer en matière politique l'abolition, qui fut confirmée par l'article 5 de la constitution. Mais la loi des 10-15 juin 1853 a excepté de ce bénéfice les attentats contre la vie et la personne de l'empereur et les attentats contre la vie des membres de sa famille.

La question de la légitimité de la peine de mort est une des plus graves de l'ordre social. Montesquieu, J.-J. Rousseau, Mably, Filangieri se sont prononcés pour l'affirmative. La thèse contraire a été soutenue par Beccaria, Livingston, Duport, Tronchet, Lechapelier, La Rochefoucauld, Destutt de Tracy, Lepeletier Saint-Fargeau, Marat, Robespierre, La Fayette, Victor de Tracy, MM. Dupin aîné, Victor Hugo et l'éloquent orateur auquel nous cédons la parole.

MORT (Abolition de la peine de). Longtemps avant que le législateur puisse formuler en loi une conviction sociale, il est permis aux philosophes de la discuter. Le législateur est patient, parce qu'il ne doit pas se tromper : son erreur retombe sur la société tout entière. On peut tuer une société à coups de principes et de vérités, comme on la sape avec l'erreur et le crime. Ne l'oublions jamais ; nous nous irritons pas contre les timides lenteurs de l'application ; tenons compte au temps de ses mœurs, de ses habitudes, de ses préjugés même. Songeons que la société est une œuvre traditionnelle, où tout se tient, qu'il n'y faut porter la main qu'avec scrupule et tremblement ; que des millions de vies, de propriétés, de droits, reposent à l'ombre de ce vaste et séculaire édifice, et qu'une pierre détachée avant l'heure peut écraser des générations dans sa chute. Notre devoir est d'éclairer la société, et non de la maudire : celui qui la maudit ne la comprend pas. La plus sublime théorie sociale qui enseignerait à mépriser la loi et à se révolter contre elle serait moins profitable au monde que le respect et l'obéissance que le citoyen doit même à ce que le philosophe condamne.

Ceci était nécessaire à dire pour bien établir notre situation. Nous ne sommes que des consciences individuelles cherchant à s'éclairer. Nous faisons l'*enquête* de la peine de mort.

Le genre humain a une conscience comme l'individu. Cette conscience, comme la nôtre, ses doutes, ses troubles, ses remords. Elle se replie de temps en temps sur elle-même, et se demande si les lois qui résument l'instinct social sont en rapport avec les divines inspirations de la religion, de la philosophie, de la science. Et c'est là que nous ne pouvons assez admirer cette toute-puissance des convictions inertes, que rien ne peut étouffer, qui se soulèvent en nous

contre nous-mêmes, qui cherchent à agir ou dans les livres, ou dans les assemblées délibérantes, ou dans les sociétés libres, et qui pour des intérêts qui leur sont étrangers, où elles semblent complétement désintéressées, forcent des hommes d'opinions, de religions, de nations diverses, à s'entendre d'un bout de l'Europe à l'autre. C'est là ce qui devrait prouver aux plus incrédules qu'il y a dans l'homme quelque chose de plus fort, de plus irrésistible que la voix de son égoïsme, quelque chose de surhumain qui crie en lui contre ses propres mensonges, et qui ne lui laisse aucun repos jusqu'à ce qu'il ait restauré dans ses lois le principe que Dieu a mis dans sa nature. Nous sommes à une de ces époques d'examen social ; il n'est donc pas étonnant que cette conscience publique commence à s'interroger sur une des plus terribles anxiétés de sa législation, et qu'elle se demande s'il est vrai qu'il y ait une vertu sociale dans le sang versé, s'il est vrai que le bourreau soit l'exécuteur d'une sorte de sacerdoce de l'humanité, s'il est vrai que l'échafaud soit la dernière raison de la justice. Son horreur du sang, son mépris du bourreau répondent : Laissons-la réfléchir.

Nous ne voulons fausser aucune vérité pour en redresser une. Nous ne pensons pas que la société n'ait jamais eu ou cru avoir le droit de vie et de mort sur l'homme. Nous pensons qu'elle ne l'a plus. La société étant, selon nous, nécessaire, elle a tous les droits nécessaires à son existence ; et si dans les commencements de son existence, dans les imperfections de son organisation primitive, dans son dénûment de moyens répressifs, elle a pensé que le droit de frapper le coupable était sa raison suprême, son seul moyen de préservation, elle a pu frapper sans crime, parce qu'elle frappait en conscience. En est-il de même aujourd'hui ? Et dans l'état actuel d'une société armée d'une force suffisante pour réprimer et punir sans verser le sang, éclairée d'une lumière suffisante pour substituer la sanction morale, la sanction corrective à la sanction du meurtre, cette société peut-elle légitimement rester homicide ? La nature, la raison, la science répondent unanimement : Non. Les plus incrédules hésitent : pour eux au moins il y a doute. Or, le jour où le législateur doute d'un droit si terrible, le jour où, en contemplant l'échafaud ensanglanté, il recule avec horreur et se demande s'il pour punir un crime il n'en a pas peut-être commis un lui-même, de ce jour la peine de mort ne lui appartient plus ; car qu'est-ce qu'un doute qui ne peut se résoudre qu'après que la tête a roulé sur l'échafaud ? Qu'est-ce qu'un doute auquel est suspendue la hache de l'exécuteur, et qui la laisse tomber sur une vie d'homme ? Ce doute, s'il n'est pas encore un crime, est bien près d'être un remords !....

L'homme peut tout faire, excepté créer. La raison, la science, l'association, lui ont soumis les éléments. Roi visible de la création, Dieu lui a livré la nature ; mais pour lui faire sentir son néant, au milieu des témoignages de sa grandeur, Dieu s'est réservé à lui seul le mystère de la vie. En se réservant la vie, il a dit évidemment à l'homme : Je me réserve aussi la mort. Tu ne tueras pas, car tu ne peux restituer la vie : tuer est un attentat à moi-même, c'est une usurpation de mon droit divin, c'est une violence faite à ma création. Tu pourras tuer, car tu es libre ; mais pour mettre le sceau de la nature à cette inviolabilité de la vie humaine, je donne à la victime l'horreur de la mort, et un cri éternel au sang contre le meurtrier.

Cependant, ce sceau de la nature fut rompu par la première mort violente. Le meurtre devint le crime de l'homme pervers, et, il faut le dire, il devint la défense de l'homme juste; comme droit de défense ou de préservation, il devint déplorablement légitime. Il appartient à l'homme comme il appartient au tigre contre le tigre. La société venant à se former, et encore à ses premiers rudiments, en déposséda l'individu et se chargea de l'exercer elle-même. Ce fut un premier pas. Mais la société confondit, en s'emparant de ce droit, la vengeance avec la justice, et consacra cette loi brutale du talion, qui punit le mal par le mal, qui lave le sang dans le sang, qui jette un cadavre sur un cadavre, et qui dit à l'homme : « Regarde, je ne sais punir le crime qu'en le commettant. » Et cependant cette loi fut juste; je me trompe, elle parut juste, tant que la conscience du genre humain n'en connut pas d'autre. Cette loi fut juste, mais fut-elle morale ? Non, ce fut une loi charnelle, d'impuissance, une loi de désespoir. Elle ne fit qu'établir la société vengeresse de l'individu et meurtrière du meurtrier; la société avait une mission plus sainte. Préserver l'individu du crime, sans donner l'exemple du mourire; faire respecter et triompher la loi morale, sans violer la loi naturelle ; restaurer l'œuvre de Dieu et proclamer contre tous et contre elle-même ce grand, social et divin principe, ce dogme éternel de l'inviolabilité de la vie humaine. Un instinct sourd lui révélait ce besoin de s'élever à la sociabilité morale, et de substituer le respect de la vie à la sanglante profanation du glaive. L'histoire est pleine de ces tentatives. Un adoucissement sensible des mœurs les signala partout : la Toscane, la Russie, le témoignent encore. Le christianisme enseigna enfin à l'humanité le dogme de sa spiritualisation. Le mal et le crime devinrent les seules victimes à immoler. La société, dans l'esprit du christianisme, remettant toute vengeance à Dieu, n'eut plus que deux actes à accomplir : garantir ses membres des atteintes ou des récidives du crime, et corriger le criminel en l'améliorant. Cette divine révélation du mystère social, dont le premier acte fut la miséricorde d'un juste pardonnant à ses meurtriers du haut d'une croix, n'a plus cessé depuis de pénétrer les mœurs, les institutions et les lois. Il y a lutte sans doute encore entre la chair et l'esprit, entre les ténèbres et la lumière; mais l'esprit triomphe, mais la lumière va croissant ; et des tortures, des chevalets, jusqu'aux prisons pénitentiaires, où le supplice n'est plus que l'impuissance de nuire et la nécessité de travailler et de réfléchir, il y a un immense espace, il y a un abîme que la charité a comblé. Cet espace, nous pouvons le contempler avec satisfaction pour le présent, avec espérance pour l'avenir. Les applications de la peine de mort s'effacent de plus en plus de nos codes ; les supplices douloureux disparaissent ; les échafauds, spectacles autrefois des rois et des cours, se construisent honteusement la nuit pour échapper à l'horreur du peuple ; nos places, nos rues les vomissent, et de dégoûts en dégoûts, ils se rejettent jusque dans nos faubourgs les plus écartés, qui bientôt les repousseront encore. Que reste-t-il donc à la société qui ne l'empêche de laver pour jamais ses mains ? Ce qui lui reste : une erreur, un préjugé, un mensonge : l'opinion que la peine de mort lui est encore nécessaire.

Et d'abord nous demanderons si ce qui est atroce est jamais nécessaire, si ce qui est infâme dans l'acte et dans l'instrument est jamais utile, si ce qui est irréparable devant un juge soumis à l'erreur est jamais juste, si enfin si le meurtre de l'homme par la société est propre à consacrer devant les hommes l'inviolabilité de la vie humaine ? Aucune voix ne s'élèvera pour nous répondre, excepté peut-être la voix paradoxale de ces glorificateurs du bourreau, qui, attribuant à Dieu la soif du sang, au sang répandu une vertu expiatrice et régénératrice, préconisent la guerre, ce meurtre en masse, comme une œuvre providentielle, et font du bourreau le prêtre de la chair, le sacrificateur de l'humanité. Mais la nature répond à ces hommes par l'horreur du sang, la société par l'instinct moral, la religion par l'Évangile.

Reste donc l'intimidation, qui, si elle était affaiblie, selon nos adversaires, par l'abolition de la peine de mort, laisserait, selon eux, déborder le crime. Ils croient avoir besoin de la mort comme sanction de la justice.

Sans doute il faut sanction à la loi ; mais cette sanction est de deux espèces : une sanction matérielle, une sanction morale. Ces deux sanctions doivent concourir et satisfaire ensemble à la société. Mais, selon que cette société est plus ou moins avancée dans ses voies de spiritua-

lisation et de perfectionnement, cette sanction de la loi participe davantage de l'une de ces deux natures de pénalité, c'est-à-dire qu'elle est plus matérielle ou plus morale, plus afflictive ou plus corrective, que la peine infligée par la loi s'applique davantage à la chair ou davantage à l'esprit. Ainsi, les législations primitives tuent, les législations chrétiennes et avancées retranchent le glaive où se font briller plus rarement à l'œil du peuple, puis enfin le brisent tout à fait et substituent au supplice sanglant la détention, qui préserve la société, la honte, qui marque au front le coupable, la solitude, qui le force à réfléchir, l'enseignement, qui l'éclaire, le travail, qui dompte la chair et l'esprit du criminel, le repentir enfin, qui le régénère. Voilà les deux natures de sanction entre lesquelles nous avons nous-même à choisir. Or, pour choisir, nous n'avons qu'à prononcer si, dans notre état actuel de garanties et d'administration sociales, nous n'avons pas, indépendamment de l'échafaud, des forces défensives et répressives surabondantes pour prévenir ou pour intimider le criminel ?

Ces forces se divisent en deux natures : forces matérielles et forces morales. En forces matérielles de préservation, la société a d'abord son organisation même, son gouvernement, œil toujours ouvert, main toujours étendue sur elle pour agir, défendre, pouvoir. Elle a des armées permanentes, force présente partout pour contraindre ce qui résisterait. Elle a des polices patentes ou secrètes, des surveillances centrales et municipales investies du droit de protection et de vigilance sur le dernier hameau du territoire. Elle a sa gendarmerie, armée toujours en campagne contre le malfaiteur. Elle a des tribunaux disséminés dans tous les chefs-lieux de ses provinces pour donner oracle, interprétation, efficacité à la loi. Elle a enfin des routes surveillées, des rues éclairées, des murs, des clôtures, des foyers inviolables, des déportations, des prisons, des bagnes, vaste arsenal de forces défensives matérielles.

En forces morales, la société est-elle plus désarmée? Voilà d'abord la religion, communion des esprits et des consciences, législation de famille dont le code punit le crime d'une pénalité éternelle. Elle est présente partout, même dans la nuit, même sur les routes désertes, et fait entendre dans la solitude et dans le silence la voix intérieure de ses enseignements, de ses promesses, de ses menaces. Voilà la législation avec ses codes, ses poursuites d'office, ses jurys, corps redoutés même du plus innocent, et devant qui c'est déjà une peine que d'avoir à comparaître. Voilà l'opinion, ce juge multiple des hommes entre eux, le juge d'abord prévenu, plus tard infaillible, qui supplée la religion et la loi et rétribue chacun selon ses œuvres. Voilà la honte, ce supplice de l'opinion, qui poursuit, flétrit, torture le criminel même acquitté, et qui, s'il échappe aux juges, lui fait du juge de chaque regard. Voilà la presse et la plume, qui écrivent partout le nom, l'acte, la peine, et donnent au châtiment humain l'ubiquité de la vengeance céleste. Voilà les lumières progressives, l'enseignement universel, la moralité croissante, forces nouvelles de la société morale contre les agressions du crime.

Qui osera dire que cet arsenal est insuffisant ? La routine seule ou la peur. Examinons la situation d'esprit du criminel qui médite un attentat. Il le commet à jamais qu'une de ces deux causes : une passion ou un intérêt. Si c'est la passion qui pousse l'homme au crime, l'intimidation de la loi n'agit plus sur lui. La passion, aveugle de sa nature, exclut le raisonnement; elle se satisfait à tout prix, elle ne recule pas devant la chance de la mort. Au contraire, souvent l'idée de braver la mort donne une sorte de féroce excitation au criminel, et il se croit justifié à ses propres yeux en se disant qu'il joue sa passion contre la mort. Qui de nous niera qu'il y ait pour la mystérieuse nature humaine une tentation dans le péril, comme il y a un vertige dans l'abîme ? Ou c'est l'intérêt ; et alors le criminel qui calcule à froid, qui sait la chance qu'il encourt, et qui poursuit néanmoins son œuvre homicide, a pesé son crime contre sa peine ; et puisque l'énormité de cette peine ne l'arrête pas, c'est apparemment que l'intimidation n'agit plus sur lui. Il n'est pas besoin d'ajouter que l'intimidation par toutes les autres peines, la honte, la réclusion, l'isolement, la pénitence à vie, n'agiraient ni moins ni plus que la peine de mort. Les duels, les innombrables suicides, les attentats commis journellement dans les bagnes, dans l'unique but d'obtenir la mort, sont une preuve que la peine de mort n'est pas toujours pour le criminel le plus effrayant des supplices, et que la vie est pour beaucoup d'hommes plus difficile à supporter que l'échafaud.

On a de tous temps effrayé l'imagination d'un débordement de crimes à chaque adoucissement des supplices; les supplices, les tortures ont été abolis, et la statistique du crime est restée à peu près la même. L'état de la société a eu sur le nombre ou la rareté des crimes plus d'influence que l'état de la législation. La Toscane a supprimé la mort, et a vu réduire à rien les crimes contre les personnes. A Naples et à Rome l'introduction des pénalités françaises a réduit les assassinats à trente pour cent. En Russie, où pendant quatre-vingts années il n'y a eu que quatre exécutions capitales, les crimes contre la vie diminuent chaque année. En France, nous avons porté la peine de mort contre l'infanticide ; et l'infanticide n'a pas diminué. La statistique démontre que les crimes diminuent en raison de l'éducation et de l'aisance des populations, et que la sobriété des peines tempère la férocité du crime.

Les lois sanglantes ensanglantent les mœurs. Là est le vice de ces lois d'intimidation par le meurtre. A les supposer même efficaces, que fait le législateur si pour intimider quelques scélérats il déprave par l'habitude de la mort, par le goût du sang, l'imagination de tout un peuple ? s'il lui fait respirer le sang, palper le cadavre ? Non, le danger n'est pas dans l'absence de ce honteux spectacle ; il est dans l'espérance trop fondée de l'impunité que l'inapplication des lois de mort inspire au criminel. Il se dit avec raison : « La peine de mort répugne à mes juges ; j'ai cent chances contre une qu'on ne me l'appliquera pas, et pour éviter de me l'appliquer, on m'acquittera. C'est la peine de mort qui me préserve, c'est mon immunité : commettons le crime. »

Mais on nous fait une objection grave. Cette objection est sans réplique, parce qu'elle exclut le raisonnement. Vous croyez vous plus sages que vos pères ? Pensez-vous que la justice date de vous ? La peine de mort est l'instinct de l'humanité, la peine de mort est l'instinct de la justice divine, car partout l'homme l'écrivit sous l'inspiration de sa nature ; le code de toutes les nations semble avoir été écrit avec la pointe d'un poignard.

Nous répondons : Cela est vrai. La peine de mort est l'instinct brutal de la justice matérielle, l'instinct du bras qui se lève et qui frappe, parce qu'on a frappé. Et c'est parce que cela est vrai pour l'humanité à l'état de l'instinct et de nature, que cela est faux pour la société à l'état de raison et de moralisation. Quelle a été l'œuvre de la civilisation ? De prendre en tout le contre-pied de la nature, de constituer une nature spirituelle, divine, sociale, en sens inverse de la nature brutale, de faire faire à l'homme et à la société, image collective de l'homme, précisément le contraire de ce que l'humanité charnelle et instinctive aurait fait. Les religions, les civilisations, ne sont autre chose que ces triomphes successifs du principe divin sur le principe humain. Écoutez en tout ce que dit la nature et ce que dit la loi. La nature dit à l'homme : La terre est à tes besoins ; voilà un arbre chargé de fruits ; tu as faim, mange ! La loi sociale dit : Meurs au pied de l'arbre sans toucher au fruit ; Dieu et la loi vengent la propriété. La nature dit à l'homme : Choisis au hasard parmi ces femmes dont la beauté te séduit, et quand cette beauté sera fanée, délaisse-la pour t'attacher à une autre. La loi sociale lui dit : Tu n'auras qu'une seule compagne, pour que la famille se constitue et se resserre par un nœud indissoluble et assure la vie, l'amour, la protection aux enfants ! La nature dit à l'homme :

Demande le sang pour le sang, tue ceux qui te tuent. Une loi plus parfaite lui dit : La vengeance n'est qu'à Dieu, parce que lui seul est infaillible ; la justice humaine n'est que défensive : tu ne tueras pas ; et moi, pour conserver à tes yeux le dogme de l'inviolabilité de la vie humaine, je ne tuerai plus.

Aussi, voyez relativement au crime la différence des deux sociétés, selon qu'elles adoptent l'un ou l'autre de ces principes. Un juge déclarant le fait sans l'apprécier ; un bourreau que l'on mène tuer en public pour enseigner au peuple qu'il ne faut jamais tuer ; une foule aux pieds de laquelle on répand le sang pour lui inspirer l'horreur du sang : voilà la société selon la nature ! Un juge appréciant le crime, et graduant la peine au délit ; la vengeance remise au juge suprême et à la conscience du coupable ; un peuple dont l'indignation contre le crime ne se change pas en pitié pour le supplicié ; un cachot qui se referme pour défendre à jamais la société du criminel ; et sous les voûtes de ce cachot l'humanité, encore présente, imposant le travail et la correction au coupable, Dieu lui inspirant le repentir et la résignation, et le repentir lui laissant peut-être l'espérance : voilà la société selon l'Évangile, selon l'esprit, selon la civilisation. Choisissez ! Pour nous, notre choix est fait.

Il y a, dit-on, des embarras et des périls d'exécution. La transition d'un système à l'autre exige une pénalité nouvelle, et la société ne peut se résoudre à une épreuve pendant laquelle elle aurait quelques chances contre elle ? La transition !...... elle n'est autre chose que l'emprisonnement provisoire des condamnés dans les maisons de détention, jusqu'à ce que l'on ait construit un certain nombre de *maisons de crime*, de prisons pénitentiaires en France ou dans une de nos colonies lointaines. C'est une dépense de quelques millions à répartir en peu d'années, c'est-à-dire une dépense insensible, une dépense qui, je ne crains pas de l'affirmer, serait couverte en peu de jours par une souscription volontaire, la plus glorieuse, la plus sainte des souscriptions, la souscription du rachat du sang. Je ne vois que le bourreau qui y perdrait ; mais il y reconquerrait son droit d'homme ! Quant aux chances de péril que la société aurait, dit-on, à courir au premier moment par une recrudescence de crimes, je n'y crois pas ; ce serait peut-être fois que la générosité inspirerait la vengeance. Mais à supposer même qu'il y eût un moment, non de danger, mais d'inquiétude dans le pays, cette chance ne vaut-elle pas qu'on l'encoure ? La société et le criminel se regarderont-ils éternellement pour voir lequel des deux cessera le premier d'être féroce ? Ne faut-il pas que quelqu'un commence ? Peut-on espérer que ce sera le crime qui donnera le premier l'exemple de la vertu et de la mansuétude ? lui ignorant, brutal, sans foi, sans lumières, sans courage ! N'est-ce donc pas à la société de commencer ? n'est-ce pas mentir à la providence sociale que de lui faire appréhender une ruine de l'exercice d'une vertu ? Non, elle n'a de danger à courir que par l'hésitation de son système actuel, qui garde la mort sans conviction, le glaive sans frapper ; et pour réaliser ce noble instinct qui la travaille, elle n'a qu'une chose à faire : un acte de foi en elle-même, un acte de confiance en ce Dieu qui lui inspire, et qui l'aidera à réaliser une des plus saintes phases de sa régénération.

D'heureux symptômes nous présagent le but glorieux de nos efforts. Montesquieu , ce prophète des sociétés, dit quelque part l'adoucissement des peines est un symptôme certain et constant du développement de la liberté chez les peuples, tant la liberté et la moralité sont jumelles dans les pensées de la Providence. Espérons que la parole de Montesquieu ne sera pas vaine, et que la spiritualisation de nos mœurs se montrera proportionnellement dans nos lois. Heureux le jour où la législation consentira enfin dans ses codes ces saintes inspirations de la charité sociale ! Heureux le jour où elle verra disparaître devant la lumière divine ces deux grands scandales de

23.

la raison du quatorzième siècle, l'esclavage et la peine de mort! Heureux le jour où la société humaine pourra dire à Dieu, en lui restituant ses générations tout entières : nous rendons intactes à la nature toutes les vies qu'elle nous a confiées ! Comptez, Seigneur ! il n'en manque pas une. Si le crime a répandu encore quelques gouttes de sang sur la terre, nous ne l'avons pas lavé dans un autre sang ; nous l'avons effacé sous nos larmes. Nous avons rendu son innocence à la loi. La société est une religion aussi ; mais son autel n'est pas un échafaud. Elle reçoit l'homme de la nature, pour transformer et sanctifier l'humanité, et à la place du crime et de la mort, elle renvoie aux pieds du juge suprême le repentir et la réparation. L'Évangile est à la fois son inspiration et son modèle, et la législation ne sera complète qu'autant que chacune des lois humaines sera une traduction et un reflet d'une des lois de Dieu. C'est le génie du législateur de les découvrir, et c'est sa vertu de les écrire.

A. DE LAMARTINE, de l'Académie Française.

MORTAILLABLES. On nommait ainsi, sous le régime féodal, des espèces de serfs *adscripti glebæ*, auxquels le seigneur donnait des terres qu'ils devaient cultiver et ne pouvaient quitter sans sa permission, et le seigneur avait droit de suite sur eux.

Les héritages mortaillables étaient les biens tenus à cette condition ; les tenanciers ne pouvaient les donner, vendre ni hypothéquer qu'à des personnes de la même condition et sujets du même seigneur.

MORTAIN. *Voyez* MANCHE (Département de la).

MORTALITÉ. Toutes les productions vivantes sont assujetties à une destinée commune, à un ordre invariable. Cet état, cette condition, cette nature des choses périssables, un seul mot les formule ; c'est celui de *mortalité*. Maintenant, si nous comparons le sens propre de ce mot et les modifications qu'il a subies par l'usage, nous découvrirons indépendamment de sa signification primitive, deux significations accessoires, qu'il ne faudra que citer pour en déterminer la différence. Ainsi, par exemple, *mortalité* exprime tantôt la mort d'une quantité plus ou moins considérable d'hommes ou d'animaux qui sont emportés en peu de temps par la même maladie, tantôt la quantité d'individus de l'espèce humaine qui, sur un certain nombre de vivants, meurent dans le cours d'une année. C'est sous le point de vue de cette dernière acception, qui la rend synonyme de durée de la vie humaine, que nous devons envisager la *mortalité*.

La mortalité s'estime en général sur le rapport des décès à la population ; or, il est peu de pays où le nombre des morts et celui des habitants soit constaté d'une manière digne d'inspirer de la confiance. Les chiffres suivants relatifs à l'Europe ne s'écartent pas beaucoup de la vérité ; nord de l'Europe, 1 décès pour 41 habitants ; centre, 1 pour 40 ; sud, 1 pour 34 : la mortalité paraît décidément plus forte dans les régions méridionales. Toutefois, des climats trop rigoureux présentent aussi une proportion défavorable; on a compté, durant six années, en Islande 1 décès par 30 habitants. L'influence du séjour des villes et des campagnes est prononcée ; les populations urbaines payent au trépas un tribut plus élevé que les populations rurales. En Belgique, on a trouvé que le rapport était de 1 mort pour 37 habitants dans les villes et de 1 sur 47 dans les campagnes. Rome, Vienne et Venise ont été signalées comme offrant, encore plus que beaucoup d'autres grandes villes, un nombre considérable de décès. Il faut reconnaître cependant que de nouvelles recherches, faites avec soin et durant d'assez longues périodes, sont indispensables pour permettre d'arriver à cet égard à des assertions qui puissent offrir un degré de probabilité assez élevé. Il est à remarquer qu'une grande mortalité marche presque toujours de front avec une fécondité considérable. Un temps passe à un état plus prospère lorsqu'il donne la vie à moins de citoyens, mais lorsqu'il les conserve mieux. Les chiffres recueillis par de laborieux statisticiens tendent à établir qu'il existe un rapport direct entre l'intimité de la mortalité et celle de la fécondité, ou, en d'autres termes, que le nombre des naissances est réglé par le nombre des décès. Ceci confirme les idées des économistes, qui pensent que la population tend toujours à prendre un certain niveau, déterminé par la quantité des produits. Il paraît certain qu'il existe une cause particulière de mortalité qui frappe de préférence les enfants mâles avant et immédiatement après leur naissance. Les morts-nés du sexe masculin sont notablement plus nombreux que ceux du sexe féminin ; l'inégalité, sensible dès le début de la vie, domine graduellement jusqu'au huitième ou dixième mois, époque où elle devient à peu près nulle ; cette inégalité est un fait remarquable dans l'histoire naturelle de l'homme ; elle mérite de fixer l'attention des physiologistes. La mortalité des deux sexes devient à peu près la même passé la période de l'allaitement ; celle des femmes augmente dans une forte proportion de quatorze à dix-huit ans. De vingt-et-un à vingt-six ans, époque où les passions les plus vives, c'est la mortalité de l'homme qui l'emporte ; de vingt-six à trente, l'égalité tend à se rétablir. La mortalité, supérieure en général chez les femmes pendant le temps de la fécondité, diminue ensuite. D'après les recherches de M. Quetelet, c'est vers l'âge de cinq ans que la vie probable est la plus longue ; à cet âge elle est de quarante-huit à cinquante-un ans. M. Rickmma évalue la moyenne en Angleterre à trente-deux ans pour les hommes, à trente-quatre pour les femmes. Dans les villes comme dans les campagnes, il meurt pendant le premier mois qui suit la naissance quatre fois autant d'enfants que pendant le second mois et presque autant que pendant les deux années qui suivent la première, quoique la mortalité soit alors encore très-forte. On a calculé que dans les villes de l'Europe la perte sur les garçons est telle qu'à la fin de la cinquième année, après dix mille naissances il ne reste plus que cinq mille sept cent trente-huit enfants ; mais l'âge de cinq ans offre ceci de bien remarquable que la mortalité, très-grande jusque là, s'arrête assez brusquement, et devient très-faible jusqu'à l'époque de la puberté. On a cru longtemps que de quarante à cinquante ans la mort sévissait avec plus de force chez les femmes qu'aux autres époques de la vie ; M. Benoiston de Châteauneuf a montré que cette opinion était sans fondement. Quoique la vie moyenne des femmes soit plus longue que celle des hommes, on a cru reconnaître en général qu'il y a plus de centenaires chez ceux-ci que chez celles-là.

Les recherches d'un membre de l'Institut (Bouvard) ont montré que la mortalité varie singulièrement en France suivant les divers départements. Chose extraordinaire, nul rapport, nulle analogie, nul motif ne vient rendre raison de ces différences énormes. La durée moyenne de la vie est de quarante ans dix-mois six-sept jours pour l'ensemble du pays ; elle atteint son *maximum* dans les Hautes-Pyrénées (54 ans 8 mois 20 jours) et dans l'Orne (53, 8, 16), tandis qu'elle présente son *minimum* dans les Bouches-du-Rhône (31 ans 1 mois 28 jours), et dans la Seine (31, 8, 5) ; les Basses-Pyrénées, le Cantal, la Moselle, la Vienne, les Ardennes, la Haute-Marne, les Deux-Sèvres, l'Ariège, appartiennent aux départements placés dans des conditions favorables ; le Finistère, l'Ile-et-Vilaine, les Basses-Alpes, le Morbihan, le Cher, le Vaucluse, le Var sont, au contraire, dans une mauvaise catégorie. En recherchant d'après la longévité et le nombre des naissances la période nécessaire pour le doublement de la population, on trouve des différences telles que ce doublement s'effectuerait en soixante-huit ans dans la Moselle tandis qu'il demanderait dans l'Eure dix-sept siècles et demi. Ces anomalies appellent des recherches nouvelles et l'examen le plus sérieux des faits.

Ce serait ici l'occasion de dire quelques mots des *tables de mortalité*. On peut définir une pareille table en disant qu'elle doit présenter une série décroissante de nombres exprimant la loi en vertu de laquelle un groupe d'individus d'âge égal arrivant successivement à la mort. La construction d'un pareil tableau paraît au premier coup d'œil chose assez simple ; de fait, pareille tâche est des plus difficiles. L'état civil des citoyens a été, dans la plupart des États de l'Europe, constaté avec peu de méthode et de soin ; la France elle-même ne possède que des documents où se révèlent de grandes lacunes et des erreurs sensibles. Hors de l'Europe, tout encore est à faire. Ce fut à la fin du dix-septième siècle qu'on commença en Angleterre à chercher dans les registres mortuaires les bases d'une table de mortalité. Les travaux de Petty, d'Halley, de Simpson, n'étaient que des essais, qui ne peuvent plus être utiles. En 1746 un calculateur laborieux, Deparcieux, publia son *Essai sur les Probabilités de la Vie humaine*, ouvrage qui fit autorité pendant un siècle et qui jouit encore d'une haute estime, bien que des recherches nouvelles l'aient rectifié sur quelques points. En 1783 un savant anglais, Price, mit au jour un traité sur les rentes viagères, *On reversionary Payments* ; il y donna une table qui devint classique et qui, adoptée pour les assurances sur une ou plusieurs têtes avec réversion, obtint presque force de loi. Aujourd'hui elle est délaissée ; ou a reconnu qu'elle assignait à la vie humaine une trop grande rapidité. MM. Farr et Milne, en Angleterre, Duvillard et Bienaimé, en France, se sont livrés à des travaux analogues. N'oublions pas surtout de mentionner la table construite par M. de Monferrand, à l'aide des méthodes rigoureuses qu'enseigne l'analyse mathématique et qui repose sur les observations déduites de 11,793,289 décès.

G. BRUNET.

M. Matthieu remarque que la table de Deparcieux donne une mortalité bien moins rapide que celle de Duvillard, et il ajoute : « Ces deux tables sont employées en France par des compagnies d'assurance sur la vie : elles se servent de la table de Duvillard pour les sommes payables au décès des assurés ; mais pour les assurances payables du vivant des assurés, telles que les rentes viagères, elles font usage de la table de Deparcieux... »

MORT APPARENTE. Un corps ne doit être réputé cadavre que lorsqu'il y a *mort réelle ou organique*, et la putréfaction en est seule la preuve certaine ; hors de là le corps doit être réputé en *état de mort*, et n'être point sans espoir de rappel à la vie : ce qui doit nous tenir en garde contre les dangers des inhumations précipitées, qui ont été signalées par Lancisi, G. Fabri, Falconer, Forestus, Amatus Lusitanus, Albert, Bottonus, Winslow, Misson, Pechlin, Schenkium, Kornmann, Jannin, Terilly, Thouret, Pineau, Levy, Julia de Fontenelle, Dessartz, Durande, Louis, Bruhier, Chaussier, Chantourelle, Tascheron, Manni, etc. En effet, l'asphyxie, l'hystérie, la léthargie, les convulsions, l'hypochondrie, la syncope, la catalepsie, les pertes sanguines très-fortes, la chorée, l'apoplexie, l'épilepsie, l'extase, le tétanos et plusieurs autres maladies dont les symptômes se manifestent par des accidents nerveux peuvent donner lieu à une mort apparente, surtout chez la femme, dont le système nerveux est bien plus excitable que chez l'homme. Dès la plus haute antiquité on a eu des preuves du danger des inhumations précipitées, qui ont converti une mort apparente en une mort réelle. Moïse a-t-il prescrit de garder les morts pendant trois jours ; les Romains les conservaient pendant sept, et malgré ce long intervalle et les soins qu'ils prenaient pour le rappel à la vie, Pline parle de plusieurs morts en apparence ressuscités sur le bûcher : tels furent le consul Acilius Aviola, le préteur Lucius Lamia, Celius Tubero, etc. Les protestants, en Allemagne, les Anglais, etc., n'enterrent les morts qu'après trois jours révolus : outre cette sage précaution, on a fondé à Augsbourg, Berlin, Bamberg, Francfort-sur-le-Mein, Mayence, Munich, Weimar, Wurtzbourg, des établissements mortuaires, où les corps sont déposés et soigneusement observés jusqu'à ce que la putréfaction commence à se déclarer. En France, le terme légal entre le décès et l'inhumation est de vingt-quatre heures ; encore même cet insuffisant délai est-il souvent très-abrégé par de fausses déclarations de l'heure du décès, par les autopsies, les embaumements, etc. L'Espagne et le Portugal sont les lieux où l'on garde le moins les morts : pour peu que vous dormiez trop longtemps, dit de Langle, on vous met en terre.

Nous ne décrirons point ici les curieuses observations sur les personnes enterrées vivantes, desquelles ont parlé Bacon, Baronius, la *Gallia Christiana*, Apulée, Plutarque, Pline, saint Augustin, Bruhier, Pineau, Simon Goulard, Bernard, Rigaudeaux, le prof. Charles, Misson, le P. Calmet, Devaux, Fleury, Ranolphe, don Luc d'Achery, Mornac, l'abbé Menon, André Vésale, le P. Lacour, Barthez, Fossati, etc. Tous ces faits se trouvent détaillés dans notre ouvrage sur l'incertitude des signes de la mort. Nous pourrions en ajouter de plus récents, qui tous prouvent l'insuffisance de notre législation contre les dangers des inhumations précipitées.

JULIA DE FONTENELLE.

MORTARA, ville murée de la partie sarde du Milanais, dans la province et à 2 myriamètres au sud-est de Novare, sur la rive droite de l'Arbigna, dans une contrée malsaine, compte une population de 4,500 âmes, qui se livre sur une grande échelle à la culture du riz. Cette ville a acquis de la célébrité de nos jours par la victoire que les Autrichiens, commandés par l'archiduc Albert et le comte Wralislaff, remportèrent sous ses murs, le 21 mars 1849, sur l'armée piémontaise aux ordres du duc de Gênes. Ils prirent ensuite la ville d'assaut, et Radetzky marcha alors sur Novare. La perte des Piémontais fut de 5 bouches à feu et de 2,500 hommes faits prisonniers, dont 50 officiers supérieurs.

MORT-BOIS, expression qui se rapporte à l'exercice des droits d'usage dans les bois et forêts. Il ne faut pas confondre le *mort-bois* avec le *bois mort*. Le condamné frappé de mort civile était, par la fiction de la loi et quant à ses droits civils, considéré comme mort naturellement : *Mors civilis æquiparatur naturali*, avait dit le droit romain. Le code appliquait ce précepte à la lettre. La succession du mort civilement s'ouvrait et se divisait *ab intestat* entre ses héritiers légaux. Il était retranché de la famille comme de la société, et ne pouvait ni recueillir une succession ni être l'objet d'une libéralité. Les biens qu'il avait pu acquérir après la condamnation tombaient en déshérence et faisaient retour à l'État. Il était incapable de contracter une union légitime. Le mariage qu'il avait contracté précédemment était dissous. Si la condamnation avait été prononcée par contumace, ses effets n'en étaient pas immédiats : la mort civile n'était encourue que cinq ans après l'exécution par effigie ; mais si après cette époque le condamné faisait tomber par un débat contradictoire l'arrêt qui l'avait frappé, il ne recouvrait la vie civile que pour l'avenir, son patrimoine demeurait acquis aux mains de ses héritiers, il ne recouvrait pas des droits aux hérédités ouvertes dans l'intervalle écoulé, et son mariage demeurait dissous irrévocablement.

De toutes les réformes réclamées dans notre législation civile et pénale, aucune ne se justifiait par des considérations plus graves et plus solides que la suppression de cette institution. C'était un reste de la barbarie antique et de la barbarie féodale, qui avait inventé cette maxime sauvage : « Qui confisque le corps confisque les biens. » Une chose remarquable, c'est que le Code Napoléon avait plutôt aggravé que mitigé les effets attachés à la mort civile par le droit romain, par nos anciennes coutumes et par nos lois révolutionnaires.

Cette conséquence immorale et odieuse de la dissolution

du mariage par la mort civile, qui réduisait au rôle de concubine la femme demeurée fidèle au condamné et considérait comme enfants naturels les enfants qui pouvaient naître de leur union, avait été signalée et combattue par le premier consul lui-même dans la discussion du Code Civil. Et depuis lors elle n'avait cessé d'exciter des réclamations. Aujourd'hui les condamnations à des peines afflictives perpétuelles emportent la dégradation civique et l'interdiction légale. Le condamné à une peine afflictive et perpétuelle ne peut disposer de ses biens, en tout ou en partie, soit par donation entre vifs, soit par testament, ni recevoir à ce titre, si ce n'est pour cause d'aliments. Néanmoins, pour éviter toute rigueur superflue, le gouvernement a le droit de relever le condamné de cette incapacité sans l'astreindre aux longs délais et aux formalités compliquées de la réhabilitation.

MORTE (Mer), appelée dans l'Écriture la *Mer de Sel* ou la *Mer du Levant*, par les Grecs de même que par les Romains *lac Asphaltite*, par les Arabes *lac de Lot*, l'une des plus remarquables mers intérieures que l'on connaisse, située au sud-est de la Palestine, longue de 7 à 8 myriamètres, avec une largeur variant entre 14 et 20 kilomètres, qui reçoit les eaux du Jourdain et d'autres rivières, sans avoir d'écoulement visible. Son niveau est à 433 mètres au-dessous du niveau de la Méditerranée, et ses côtes occidentales et orientales sont garnies de montagnes escarpées, atteignant même à l'est une altitude de 350 à 450 mètres. Il résulte de cette situation que le climat a presque la chaleur étouffante de celui des tropiques. Ajoutons que dans la moitié de la mer Morte, celle qui regarde le nord, les eaux ont plus de 400 mètres de profondeur, tandis que dans l'autre moitié, celle qui regarde le sud, elles sont très-basses. C'est sans aucun doute au sud qu'était située cette belle plaine de *Siddim*, avec les villes de Sodome et de Gomorrhe, qui un jour, suivant le récit de la Bible, disparurent englouties dans le lac; fait qui s'explique pertinemment par la nature volcanique de toute la contrée environnante. L'eau de la mer Morte contient 24,05 pour 100 de matières salines; ce qui la caractérise, c'est la forte proportion de brome qu'elle renferme, puisque, d'après l'analyse, un mètre cube contiendrait de 3 à 4 kilogrammes de bromure de magnésium. Si un jour l'industrie arrivait à faire un large emploi du brome, c'est à la mer Morte qu'elle devrait aller le demander.

Pline rapporte que de riches habitants de Rome se faisaient apporter à grands frais, pour se baigner, l'eau de la mer Morte, à laquelle ils attribuaient des vertus médicinales; et il taxe cette recherche d'extravagance. Galien observe à ce propos qu'en mêlant du sel à de l'eau douce on aurait obtenu à bien moins de frais les mêmes résultats. Toutefois, la présence dans ces eaux d'une quantité si considérable de brome signalée par l'analyse doit nécessairement leur donner certaines vertus thérapeutiques. A l'extrémité sud-ouest de la mer Morte s'élève une montagne qui n'est qu'un immense bloc de sel. Sur la côte orientale, on trouve également des blocs de sel et des sources thermales, ainsi que du soufre; et l'eau rejette beaucoup d'asphalte. Elle ne contient aucune espèce de poissons, pas même de crustacés. On n'y aperçoit que bien rarement des oiseaux aquatiques, et ses rivages sont à peu près dépourvus de végétation. Tout y paraît torréfié, et la nature y semble morte; d'où le nom donné ordinairement à ce vaste lac. Consultez Lynch, *Official Report of the United-States expedition to explore the Dead Sea and the river Jordan* (Baltimore, 1852); F. de Saulcy, *Voyage autour de la mer Morte et dans les terres Bibliques* (2 vol., Paris, 1853).

MORTEL (Péché). *Voyez* PÉCHÉ.

MORTEMART. La famille des Rochechouart-Mortemart descend des vicomtes de Limoges; elle compte dans ses annales des alliances royales ou princières. Le marquis de Mortemart, né en 1600, premier gentilhomme de la chambre de Louis XIV, duc et pair en 1650, et mort en 1675, était le père du duc de Vivonne, ainsi que de madame de Montespan, de la marquise de Thianges et de l'abbesse de Fontevrault, ces trois sœurs si célèbres par leur esprit et qui donnèrent lieu à ce dicton *l'esprit des Mortemart*.

MORTEMART (VICTURNIEN-HENRI-ELZÉAR DE ROCHECHOUART), né en 1787, à Paris, se distingua dans la marine militaire, pendant la guerre d'Amérique. Il prit dans les eaux de la Chesapeack la frégate *L'Iris*; appelé à commander le *Richmond*, vaisseau anglais capturé par nous le même jour, il affronta glorieusement le feu de trois vaisseaux de ligne ennemis dans la désastreuse affaire du 12 avril 1782, dont il vint apporter la nouvelle à la cour: il fut fait capitaine de vaisseau, eut le commandement de *La Nymphe*, et de conserve avec *L'Amphitrite*, il prit le vaisseau de ligne anglais *L'Argo*. A la paix, ce jeune et brillant officier mourut, enlevé le 17 mars 1783, par une maladie aiguë.

MORTEMART (CASIMIR-LOUIS-VICTURNIEN DE ROCHECHOUART, DUC DE) est le petit-fils du duc de Brissac, tué dans les massacres de septembre 1792. Il naquit à Paris, le 20 mars 1787, mais il fut élevé en Angleterre, où ses parents émigrèrent. Rentré en France en 1801, il y embrassa la carrière militaire; il commença en 1806, comme sous-lieutenant de dragons, ses premières campagnes, et fut décoré à Friedland; lieutenant pendant la campagne d'Autriche, où il se distingua, il devint en 1810 officier d'ordonnance de Napoléon. Il fit la campagne de Russie, fut fait officier de la Légion d'Honneur à Leipzig, et ne prit aucune part à la campagne de France. L'officier d'ordonnance de Napoléon fut des premiers à signer la déchéance de celui-ci: il reçut, en témoignage de la reconnaissance royale, le commandement des cent Suisses de la garde, et fut fait pair de France. Il passa à Gand avec Louis XVIII; rentré avec les Bourbons, il fut, de 1815 à 1818, major général de la garde nationale; capitaine-colonel des gardes du corps à pied, maréchal de camp, chevalier-commandeur des ordres royaux. Lieutenant général en 1828, M. de Mortemart fut la même année envoyé à Saint-Pétersbourg avec le titre d'ambassadeur. On sait quel rôle M. de Mortemart joua à Paris, lors de la révolution de Juillet; l'ambassadeur de Charles X près la révolutionnaire Laffitte accepta parfaitement, en 1831, la mission de représenter Louis-Philippe à la cour de l'empereur Nicolas et de rendre le czar favorable à la dynastie nouvelle. M. de Mortemart bien au cour sous Louis-Philippe, ne l'est pas moins aujourd'hui, car il siège sur les bancs du sénat.

MORTE-PAYE. *Voyez* CITADELLE.

MORT ÉTERNELLE. La mort, d'après la doctrine du christianisme, est la peine du péché originel, puisque la chute d'Adam fut suivie de ce terrible anathème: « Parce que tu as touché au fruit défendu, tu mangeras ton pain à la sueur de ton front, jusqu'à ce que tu rentres dans cette terre d'où tu as été tiré; car tu n'es que poussière et tu redeviendras poussière. » Mais ce qui console celui qui croit en Jésus-Christ, c'est que la mort est l'expiation du péché en même temps qu'elle en est la peine. Ainsi, le chrétien qui fait de nécessité vertu, et qui, sur le point de quitter ce monde, subit avec résignation l'arrêt de mort porté contre l'homme pécheur, met sa confiance aux mérites et aux satisfactions de Jésus-Christ, est assuré de recevoir miséricorde. Mais, outre cette mort déjà si horrible à la nature, il en est une autre, plus à redouter encore. Au sortir de cette vie, deux routes se présentent, dont l'une conduit aux joies du ciel, et l'autre dans les enfers; et comme tout alors est consommé sans retour, comme il ne reste plus de moyens pour obtenir et mériter miséricorde, l'état de ceux qui ont suivi la seconde route, qui est la voie large, se nomme justement la *mort éternelle*; car saurait-il y avoir quelque chose de plus affreux que d'être séparé pour toujours de la vérité et du souverain bien? L'abbé J.-G. CHASSAGNOL.

MORTIER, sorte de vase en métal, en pierre, ou en bois, dont on se sert pour piler, égruger, réduire en poudre certaines drogues solides. Le pilon en est l'instrument qu'on emploie pour exécuter ces opérations.

MORTIER (*Costume*), bonnet des présidents de chambre des anciens parlements. Les archéologues en font re-

monter l'origine à l'empereur Justinien. C'était, suivant eux, un ornement impérial. C'était la coiffure des rois des deux premières races, et même de la troisième, au moins jusqu'à Louis IX; on le remarquait encore dans les portraits de ce prince sur les vitraux de la Sainte-Chapelle du Palais, dans les tableaux des anciens comtes de Flandre et de Hainaut. « Ce bonnet, dit l'érudit auteur des *Prérogatives de la Robe*, estoit comme celui que portent encore les femmes à présent (1701) au derrière de leur teste en forme de chaperon, taillé à la manière des capuchons ou cocluchons des moines de Saint-Benoist. » Il est du moins vraisemblable que la forme a subi de notables variations, et que le bonnet impérial de Justinien différait quelque peu de celui des présidents de chambre et des chefs de juridiction inférieure. Il était l'accessoire obligé du costume de toute la haute magistrature; sa forme était ordinairement ronde, plate et peu élevée. On remarque encore sur les hauts siéges de quelques tribunaux un carré élevé à côté de la place du président; c'est la tradition d'un usage ancien : ce carré servait à poser le *mortier* des présidents, qui ne s'en couvraient qu'aux grandes audiences solennelles et lorsqu'ils prononçaient les arrêts. La couronne des barons d'autrefois, que leurs successeurs portent encore au cimier de leur écusson, n'était autre chose que le *mortier*. Les barons du moyen âge étaient aussi officiers de justice. Les parlements leur succédèrent : c'est peut-être à cette circonstance qu'il faut attribuer l'origine du *mortier* parlementaire. La forme des bonnets de nos juges n'est plus la même. Le *mortier* du chancelier était d'étoffe d'or, bordé et rehaussé d'hermine ; celui du premier président, de velours noir orné de deux galons d'or. Le *mortier* des présidents de chambre n'avait qu'un seul galon.
DUPEY (de l'Yonne).

MORTIER (*Artillerie*), bouche à feu faite à peu près comme un mortier à piler, espèce de canon, dont on se sert pour lancer des *bombes*, pour jeter des carcasses pleines de pierres ou de matières inflammables. Cette arme n'a été connue que deux cents ans après le canon. Il est parlé de mortiers au siége de Naples sous Charles VIII. Les Turcs en firent usage, en 1522, au siége de Rhodes. L'âme du mortier a de longueur à peu près une fois et demie son calibre. Les mortiers en usage dans le service de mer sont coulés avec leur plate-forme de métal (*voyez* BOMBARDE). Ainsi, dans les bombardements maritimes, tout se borne à connaître la portée des mortiers, afin de se placer à la distance convenable de l'objet sur lequel on veut tirer. Les coups d'essai indiquent si l'on doit s'approcher ou s'éloigner. L'artillerie du service de terre préfère les mortiers à chambre conique; ceux de 12 pouces se chargent avec 11 liv. de poudre, et sous l'angle de 45° ils lancent leur bombe à 2,700 mètres. Dans la dernière guerre, on employait à Sébastopol des mortiers d'un calibre considérable : le général Paixhans en avait fait fondre pour le siége d'Anvers un qui lançait des bombes de 250 kilogrammes ; il éclata après avoir jeté dans la citadelle quelques-uns de ces monstrueux projectiles.

MORTIER (*Maçonnerie*), mélange de chaux et de sable, de ciment ou de pouzzolane, détrempé avec de l'eau, et servant à lier les pierres ou les moellons d'une construction. Un mortier fait dans des proportions d'ingrédients relatives aux capacités de saturation de chacun d'eux et à l'action mutuelle qu'ils doivent exercer, offre une combinaison chimique parfaite, intime, et d'où doit résulter la solidité des masses. Depuis que la nature de la silice (base de tous les sables et l'ingrédient principal de tous les genres de poterie cuite) a été mieux connue, la théorie véritable des mortiers est devenue fort claire. La silice y fait le rôle d'acide : les mortiers sont donc des silicates de chaux ; dans beaucoup de circonstances, et principalement lorsqu'il s'agira de constructions hydrauliques, le mortier sera encore plus solide, la combinaison plus intime, si l'on se procure un silicate à double base, en associant l'alumine à la chaux. De là la supériorité des mortiers de tuilots sur ceux de sable pur ; de là encore l'explication de l'effet avantageux des chaux hydrauliques, qui offrent un mélange intime d'alumine et de chaux. Les éléments proportionnels du meilleur des mortiers connus jusque ici se trouvent naturellement combinés dans une pierre calcaire dont le type primitif est un Angleterre, et dont l'analogue s'est d'abord rencontré, sous forme de galets, sur la plage de Boulogne-sur-Mer. Depuis, on a trouvé des variétés plus ou moins parfaites dans beaucoup d'autres localités, en France. Dans cette pierre, la chaux est carbonatée; par la cuisson, on en chasse l'acide carbonique, et le mortier reste tout fait : il ne s'agit plus que de pulvériser et de gâcher à l'eau comme le plâtre. Dans la composition artificielle des mortiers, l'on doit donc tendre le plus possible à se rapprocher des proportions d'ingrédients qu'offre le caillou anglais ou celui de Boulogne. Voilà pourquoi nous en rapportons ici l'analyse : *Caillou d'Angleterre, qui donne le ciment romain* : carbonate de chaux, 637; silice, 180; alumine, 66. — *Caillou de Boulogne* : pierre calcaire, 72 ; silice, 12 ; alumine, 5. Dans toutes les variétés on trouve des traces de fer, de manganèse, de magnésie; mais ces substances accidentelles semblent être sans influence. On remarquera que dans la composition artificielle la chaux vive qu'on emploiera ne devra pas dépasser la moitié des quantités ci-dessus de carbonate de chaux.
PELOUZE père.

On croit à tort que les Romains avaient pour la fabrication des mortiers un secret consistant suivant les uns dans le choix des matières, et suivant les autres dans la manière de les employer seulement. Si cela était vrai, les mortiers romains devraient être partout également durs : or, il s'en faut de 1 à 6 qu'il en soit ainsi ; d'ailleurs, les ingrédients, chaux, sable et brique, toujours en évidence dans ces mortiers, sont absolument les mêmes que ceux du pays où les monuments existent. Aussi Vitruve dit-il : « Je ne détermine pas quelle doit être la matière des murailles, parce que l'on ne trouve pas partout ce que l'on pourrait désirer, mais il faudra employer ce qui se trouvera, etc. »

« Mais, répond-on, les mortiers antiques sont infiniment supérieurs aux mortiers modernes, dont l'insuffisance est assez prouvée par l'état déplorable de la plupart de nos bâtiments. » Pour que cette conséquence fût juste, on aurait dû comparer de grands monuments à de grands monuments, et des constructions chétives et précaires à des constructions du même genre ; on eût pu alors opposer, même avec avantage, aux mortiers antiques ceux de nos vieux remparts, et en général des grands édifices du moyen âge. Quant aux frêles murailles de nos maisons particulières, elles eussent parfaitement figuré à côté de celles dont parle Pline (liv. XXXVI), quand il dit : *Ruinarum urbis ea maxime causa, quod furtæ calcis, sine ferrumine suo, cæmenta componuntur.*

Dans les calculs où la ténacité du mortier entre comme donnée, on peut compter, lorsqu'on n'a rien négligé pour régler convenablement les proportions et le choix du procédé d'extinction, on peut compter, disait-on, pour le cas des chaux éminemment hydrauliques, sur une résistance absolue moyenne de 12 kil.,00; pour les chaux hydrauliques ordinaires, sur 10,00; pour les chaux hydrauliques de moyenne qualité, sur 7,00 ; pour les chaux grasses, sur 3,00 ; les mauvais mortiers, tels que nos maçons les fabriquent, ne donnent pas au delà de 0,75 : ces résistances appartiennent à des alliages continuellement exposés aux intempéries, et à l'air. Les meilleurs *ciments* et mortiers du même âge, immergés ou enfouis sous un terrain constamment humide, ne donnent pas au-delà de 10 kil.,00. Tels sont les importants résultats réalisés par M. Vicat, et chaque jour confirmés par ses recherches.

MORTIER (ÉDOUARD-ADOLPHE-CASIMIR-JOSEPH), DUC DE TRÉVISE, maréchal et pair de France, fils d'un député aux états généraux, naquit à Câteau-Cambrésis, en 1768. Entré en 1789 dans le premier bataillon de volontaires du département du Nord, il y était capitaine en 1791, adjudant général en 793. Il fut blessé par la mitraille sous les murs de Maubouge, se trouva aux affaires de Mons, Bruxelles, Louvain et Fleurus, et prit part aux batailles de Jemmapes et de Nerwinde. Entre autres faits d'armes, il battit les Autrichiens le 31 mai 1796, et les repoussa au delà de l'Archer. Devenu général de brigade en 1799, il commanda les avant-postes de l'armée du Danube. Il fut appelé au mois de mars 1800 au commandement des 15° et 16° divisions militaires. En 1803, lors de la reprise des hostilités avec l'Angleterre, ce fut lui qui commanda l'armée destinée à s'emparer du Hanovre. Il reçut du premier consul Bonaparte les éloges les plus flatteurs à son retour à Paris, où il devint l'un des quatre commandants de la garde consulaire. En 1804 il fut nommé chef de la deuxième cohorte, maréchal de l'empire et grand-aigle de la Légion d'Honneur.

Appelé en septembre 1805 au commandement d'une division de la grande armée sous les ordres de l'empereur, il se dirige en octobre sur la rive gauche du Danube, coupe les communications de l'armée russe avec la Moravie, et en défait complètement une partie. Avec 40,000 hommes seulement, il offre le combat à l'armée entière, commandée par le général Koutousoff. Le maréchal, dans cette occasion, fit des prodiges de valeur. Ce fut le maréchal Mortier qui s'empara de Hambourg, en 1806. Il vainquit les Suédois à Anclam l'année suivante, et prit une part brillante à la bataille de Friedland. En 1808 il eut le commandement du 5° corps de l'armée d'Espagne, et se distingua au siège de Saragosse; il gagna en 1809 la bataille d'Ocaña, concourut avec le maréchal Soult aux opérations contre Badajoz, fut chargé du siège de Cadix, et gagna encore, le 19 février, la bataille de Gebora. Le maréchal changea alors de théâtre : il fit la campagne de Russie, et reçut de l'empereur la terrible mission de faire sauter le Kremlin. Le maréchal Mortier partagea avec le maréchal Ney l'honneur de sauver les débris de la grande armée; ce fut lui aussi qui réorganisa la jeune garde à Francfort dans la campagne de 1813, durant laquelle il combattit à Lutzen, à Dresde et à Leipzig. Il fit toute la campagne de 1814, et défendit Paris avec le duc de Raguse.

Les titres de chevalier de Saint-Louis et de pair de France, que le maréchal Mortier obtint de la Restauration, ne purent lui faire oublier qu'il avait été nommé en 1808 duc de Trévise, et qu'il avait reçu en même temps une dotation de 100,000 fr. de rente sur les domaines de l'ancien électorat de Hanovre; mais il sut concilier sa reconnaissance pour l'empereur avec ses devoirs envers le gouvernement qui l'avait remplacé. Le maréchal Mortier était gouverneur de la 16° division militaire à l'époque des cent jours. Arrivé à Lille un peu avant Louis XVIII, il conjura M. de Blacas d'engager le roi à partir le plus tôt possible; Louis XVIII céda à ces conseils, et le maréchal l'accompagna jusqu'au bas des glacis. « Je vous remercie de ce que vous avez fait, monsieur le maréchal, lui dit le roi; je vous rends vos serments : servez toujours la France, et soyez plus heureux que moi. » En 1816 il fut nommé gouverneur de la 15° division militaire, et envoyé à la chambre des députés par le département du Nord. Une ordonnance royale de mars 1819 rétablit le duc Trévise dans les honneurs de la pairie, dont il s'était trouvé d'abord exclu comme ayant fait partie de celle des cent jours. Membre du conseil de guerre chargé de juger l'infortuné maréchal Ney, en novembre 1815, il avait été d'avis, comme tous ses collègues, de l'incompétence du conseil. En 1830 il adhéra au nouvel ordre de choses, et fut nommé grand-chancelier de la Légion d'Honneur. En novembre 1834 il accepta la présidence du conseil, avec le portefeuille de la guerre; il fut remplacé comme président par M. de Broglie, en mars 1835, et au ministère par le général Maison, à la fin d'avril.

On connaît la triste fin du maréchal Mortier, frappé mortellement par la machine infernale de Fieschi, en 1835. Sa famille, craignant pour lui la fatigue de la journée, voulait le détourner d'aller à la revue du 28 juillet; mais le maréchal, qui était de très-haute taille, faisant allusion sans doute aux bruits d'attentat dont on parlait depuis quelques jours, répondit : « Non, non, j'irai ; je suis grand, peut-être couvrirai-je le roi. » Dans la marche du cortége, le maréchal se plaignit de la pesanteur qui l'accablait. Quelqu'un l'engagea à se retirer ; il n'y voulut point consentir. Il venait à peine d'exprimer cette résolution, qu'il tomba foudroyé par la mitraille. Il était encore vivant quand on le transporta, du lieu où il était tombé, dans une salle de billard du Jardin Turc. Il chercha à s'appuyer contre une table, puis tout à coup, saisi par les dernières convulsions, porta le corps en arrière, poussa un grand cri, et expira. Une balle l'avait frappé obliquement dans l'oreille gauche, et était sortie au-dessous de la droite, en traversant les muscles du cou. Son corps et ceux des autres victimes ont été déposés aux Invalides.

MORTIFICATION (*Médecine*), du latin *mortificatio*, fait de *mors*, mort, et *facio*, j'opère. On désigne par ce mot un état des corps organisés après l'extinction de la vie, et qui est le commencement de la décomposition putride. Il est principalement usité par rapport aux substances animales, mais il est applicable aux végétaux. La *mortification* rappelle l'idée de la gangrène; il paraît même à plusieurs une expression synonyme ; cependant la précision, qu'il est si nécessaire d'apporter dans le langage, exige que ces deux mots ne soient pas confondus. Celui qui nous occupe ici désigne l'état qui succède à la perte totale ou partielle de la vie, tandis que la gangrène est seulement le résultat d'une mort locale; au surplus, les causes de l'un et l'autre état sont les mêmes, et nous ne devons point redire ce qui peut les produire. Toutes les parties d'un corps organisé passent à la mortification selon leur texture : celles qui sont solides, comme les os, les tissus ligneux, résistent plus ou moins longtemps, mais celles qui sont abreuvées de sucs se décomposent promptement; aussi peut-on répéter, comme pour la gangrène, que sous le rapport de la mortification les substances d'élite sont les pires : ainsi, le meilleur fruit est celui qui se gâte le plus tôt et le plus facilement. Bien que la mortification soit un commencement de putréfaction, elle est provoquée ou attendue pour faire servir diverses substances à la nourriture des hommes : ainsi la chair des animaux tués récemment est ferme et moins savoureuse que celle qui a éprouvé un premier degré de décomposition, ou qui est mortifiée. La chaleur et l'humidité favorisent et hâtent cet état; l'extrême fatigue qu'on a fait éprouver aux animaux avant de les priver de la vie produit aussi un effet semblable. Plusieurs fruits s'améliorent également par la mortification ; et l'on sait que l'on ne peut manger qu'à cette condition, par exemple les nèfles. Les viandes comprises sous le nom de gibier sont celles qu'on laisse le plus se mortifier : il est même certaines personnes qui attendent une putréfaction manifeste pour les faire servir sur leur table : c'est une dépravation du goût, qui compromettrait la santé si on n'y abandonnait souvent. Les chairs mortifiées outre mesure, autrement dites *faisandées*, sont malsaines. En général, il convient de s'abstenir de tout aliment qui révolte l'odorat; ce sens, dont l'organe domine la bouche, est appelé avec raison à la sentinelle de l'estomac.

La mortification étant en réalité une dégradation marquée par la perte de la forme et de la couleur, ainsi que des attributs repoussants, ce mot a été pris dans un sens moral qui rappelle le rapport physique ; il est très-fréquemment employé dans cette acception. Ainsi, les chagrins produits par les causes humiliantes ou déplaisantes sont appelés des *mortifications*. CHARDONNIER.

MORTIFICATION (*Théologie*). On entend par cette expression un essai, un apprentissage et un commencement de la mort, » a dit Bossuet ; et jamais pensée n'a été plus grande d'expression et de profondeur. En argumentant sur la nature même de l'homme, est-il digne d'un être composé d'esprit et de matière de se laisser dominer par les penchants matériels comme la brute, au lieu d'assujettir une chair grossière aux lois de l'intelligence ? Toute la question est là. Que les incrédules modernes, ceux qui ont gravement décidé que mortifier les sens était chose impie, se donnent donc la peine d'étudier Platon et Pythagore, ce dernier surtout, dont on a dit : *Esurire docet, et discipulos invenit* (il apprend à avoir faim, et il trouve des disciples)! Ignorent-ils qu'Épicure, dont la doctrine incomprise a été tant calomniée, ne vivait que de fruits et de pain d'orge, et que Porphyre, Julien, Proclus, Hiéroclès et les autres philosophes ses disciples ont constamment pratiqué la même abstinence?.... Chaque page de l'Évangile offre des textes en faveur de la mortification, et il n'est pas étonnant que les Pères de l'Église, les docteurs, les théologiens, en aient conseillé l'usage et proclamé l'efficacité. « Pour nous, dit Tertullien, desséchés par les jeûnes, exténués par toutes espèces de continence, éloignés de toutes les commodités de la vie, couverts d'un sac et couchés sur la cendre, nous faisons violence au ciel par nos désirs, nous fléchissons Dieu. » « Après des leçons et des exemples aussi formels, convenons qu'il faut être de bien mauvaise foi pour attaquer ou tourner en ridicule une vertu pratiquée par tous les sages de l'antiquité et par les plus vertueux philosophes de notre âge.

MORT-NÉ se dit de l'enfant qui n'est pas né *viable*. Le question de savoir si un enfant est né *viable*, c'est-à-dire s'il respirait au moment de sa naissance'(*voyez* DOCIMASIE PULMONAIRE), est l'une des plus intéressantes que puisse offrir la médecine légale, appliquée tant au droit civil qu'au droit criminel : au *droit criminel*, quant à la poursuite d'un *infanticide*; au *droit civil*, quant au partage de succession. L'enfant *mort-né* ne succède pas ; l'enfant né viable, au contraire, alors même que l'instant de la *mort* aurait immédiatement suivi celui de sa *naissance*, a pu être saisi d'un droit de propriété qui remonte au jour de sa conception ; il a pu recueillir à titre gratuit et transmettre à titre successif. Son droit s'est ouvert par sa naissance, et sa succession s'est ouverte par son décès. L'enfant *mort-né* doit être présenté comme tout autre à l'officier de l'état civil, non plus pour qu'il constate la naissance ou la mort, car il n'est pas juge de la question de viabilité, mais il doit seulement certifier le fait qu'un enfant lui a été présenté sans vie.

MORTON (WILLIAM T. GREEN), chirurgien dentiste de Boston, à qui est dû le procédé anestésique de l'éthérisation par inhalation. Son maître, le docteur Charles Jackson, médecin chimiste de la même ville, lui avait souvent parlé des vertus calmantes de l'éther, des expériences déjà faites par les élèves du collége de Cambridge (Amérique), et même il lui avait confié la recette d'un élixir contre le mal de dents (*Tooth-ache drops*); mais Jackson n'avait aucune idée de l'éthérisation, et ce fut Morton, malgré son ignorance bien réelle, qui eut l'honneur d'inventer l'inhalation de l'éther. Dès le 30 septembre 1846, et grâce à cette inhalation au moyen de vases pourtant fort imparfaits, le chirurgien Morton arrachait sans douleur et sans souvenir une dent barrée ; le patient ne sentit pas l'opération. Quinze jours après, le 14 octobre , les chirurgiens de l'hôpital de Boston essayèrent avec succès du même moyen pour leurs opérés, et le chirurgien Bigelow, l'un d'entre eux, lut à la société médicale de Boston, le 3 novembre suivant, un mémoire circonstancié et déjà convaincant sur l'éthérisation. A partir de là ce fut une découverte avérée, qui depuis s'est popularisée en Europe. Morton et Jackson ont commencé par s'associer pour exploiter la découverte ; ensuite, ils se sont ainsi disputée avec tant d'acharnement, qu'ils ont l'un et l'autre publié séparément un factum à Paris, où chacun d'eux entretenait et soldait deux avocats américains pour la défense expresse de ses droits. Le gouvernement français fit un moment sans justice pencher la balance du côté de M. Jackson en lui accordant la croix d'Honneur; mais l'Institut a depuis montré le désir de rapprocher et d'apaiser les deux adversaires en décernant à l'un comme à l'autre un prix de 2,500 fr. sur les fonds Monthyon : « à Ch. Jackson pour l'idée scientifique ; à Will. Morton pour l'*invention*. »

Dr Isidore BOURDON.

MORTS (Danse des). *Voyez* DANSE DES MORTS et MACABRE (Danse).

MORTS (Fête des). La *fête des Morts* ou des *Trépassés* a lieu le 2 novembre, le lendemain de la Toussaint : ce sont des litanies solennelles, lugubres et libératrices, appropriées, pour ce jour seulement, au saint sacrifice de la messe. Généralement composées à l'intention des âmes du purgatoire, elles se font dans toutes les églises catholiques de la chrétienté. L'autel y est tendu de drap noir, sur lequel ruissellent des larmes brodées en argent. Déjà, l'an 827, un diacre de Metz, Malaire, dans son livre des offices ecclésiastiques, qu'il dédia à Louis le Débonnaire, avait introduit l'office des morts; mais, par la tradition, il y a tout lieu de croire que cet office, non encore général, n'était célébré qu'à quelques autels et en commémoration de morts particuliers. C'est saint Odilon, abbé de Cluny, qui l'an 998 institua dans tous les monastères de sa congrégation la fête de la commémoration de tous les fidèles qui depuis l'établissement de l'Église avaient comparu devant Dieu. L'antiquité païenne avait eu chez elle un simulacre de cette dévotion chrétienne. Notre fête des Morts est toutefois beaucoup plus touchante que celle du paganisme, car des vivants elle fait des médiateurs entre l'homme et Dieu, et elle jette une arche de salut entre le purgatoire et le ciel. La croyance d'avoir rendu à la clarté des soleils célestes une mère, un père, un frère, un ami gémissant dans un séjour de malaise, dans d'humides ténèbres, est délicieuse. Cette croyance attachée à la force de la prière, qu'un sublime idolâtre, Homère, ne méconnaissait pas, est une des croyances les plus douces et les plus incontestables rattachées aux dogmes du christianisme : aussi cette fête, approuvée par les papes, se répandit-elle dans tout l'Occident. Les chrétiens d'alors, ce jour-là, semaient dans le ciel et sur la terre : car en même temps que leurs prières délivraient les morts, leurs aumônes et leurs bonnes œuvres nourrissaient les vivants. Naguère encore on voyait des diocèses , des paroisses, et les laboureurs accomplissaient durant cette journée sainte quelques travaux gratuits pour les pauvres et offraient à l'église du blé. Or, dans la plus haute antiquité, en Phénicie, en Grèce, dans leurs auteurs, et dans saint Jean, le blé, six mois caché sous le sillon, puis, au retour du soleil, de son épi verdoyant perçant la glèbe , fut le symbole de la résurrection.

A Paris, le 2 novembre, trois vastes cimetières ouvrent toutes larges aux vivants dès le matin leurs portes noires. Une foule muette et recueillie entre. Les uns suspendent aux urnes, aux cippes, d'autres aux cachots funèbres, ceux-ci aux palais, ceux-là aux cabanes sépulcrales de ces nécropoles des couronnes d'immortelles, des guirlandes de roses, des bouquets de jasmin , de souci même, triste fleur des veuves , toutes offrandes fragiles comme la vie, et qu'emportera l'ouragan du soir. Vainement une main pieuse voudrait-elle offrir comme les anciens quelques fruits de la terre aux mânes chéris, nul arbre fécond ne croît dans ces jardins du trépas. C'est dans ces jardins sans joie, sur ces gazons nourris de nos cendres et de nos larmes que se termine la fête chrétienne des Morts, après toutefois les expiations de l'autel, le saint sacrifice de la messe enfin , le seul propitiatoire, selon l'Église. Puis, avant que le pâle soleil d'automne tombe sous l'horizon, les avides bocages de la mort rendent cette foule à la grande cité , à laquelle ils la reprennent bientôt un à un, mais vite et à jamais ! Hélas ! les lieux sacrés, les vivants importent dans leur cœur, au moins pour quelques jours, les traits, la voix, l'image de ceux qui ont été aimés, image qui, au dire de tous, se formule miraculeusement sur les tombes. Par quel excès de folie ou de mauvaise foi le célèbre Mosheim , théologien protestant, auteur d'un livre sur les fêtes, osa-t-il traiter celle-ci de superstitieuse, et, bien mieux, de déshonorante ! Répondons-lui par ce vers si touchant de M. de Lamartine, dans sa pièce admirable et sans pareille : *Pensée des Morts* :

Les oublier, c'est s'oublier soi-même.

DENNE-BARON.

MORTS (Jugement des). *Voyez* JUGEMENT DES MORTS.

MORUE, genre de poissons de la famille des gadoïdes, différant du merlan par la présence d'un barbillon attaché sous la symphyse de la mâchoire inférieure. L'espèce type de ce genre, la *morue* proprement dite, a le dos et les côtés d'un gris bleuâtre, qui pâlit sous le ventre, où il est tout à fait blanc, après avoir pris successivement une teinte du gris perlé au gris rosé, et du rosé au blanc. Son corps est parsemé de mouchetures dorées comme celles de la truite, mais beaucoup plus étendues ; ses écailles, quoique minces, sont plus fortes que celles des autres poissons du même genre ; elles sont petites et transparentes. Ce poisson a la tête très-forte, la bouche fendue comme celle du merlan, la mâchoire supérieure très-avancée. Les maxillaires de l'une et de l'autre mâchoire sont assez fortes, mais ne reçoivent pas toutes les dents, qui offrent plusieurs rangées implantées, les premières dans les alvéoles, les autres concentriques, fixées dans les chairs : ces dents, qui se trouvent ainsi être dans le fond du gosier, sont très-aiguës, celles des premiers rangs beaucoup plus fortes que celles du second rang, et ainsi de suite, en décroissant en volume, en force et en nombre. La morue ne jouit pas d'une bonne vue. Quoique très-gros, ses yeux sont voilés par une membrane assez dense qui les affaiblit. L'opercule qui recouvre les branchies de ce poisson est formé de trois lames superposées, et la membrane des branchies présente sept rayons, qui la soutiennent ; les nageoires, qui ont un développement varié, sont au nombre de trois sur le dos, petites, triangulaires, tronquées d'arrière en avant, ont de 19 à 21 rayons, et offrent plusieurs mouchetures jaunes ; les nageoires pectorales sont arrondies, de couleur jaune, non mouchetées, et soutenues par 16 rayons ; les verticales sont immaculées, de couleur grise, de forme triangulaire et soutenues de 6 rayons ; les anales n'ont pas de taches, sont triangulaires, tronquées, petites et pourvues de 16 à 17 rayons ; enfin, les caudales, légèrement arrondies, offrent une concavité dans le milieu, ont 30 rayons, et sont légèrement mouchetées comme les dorsales.

La morue a la peau très-épaisse, la chair blanche, comme feuilletée ; sa taille moyenne est de 1 mètre ; on en a trouvé de 3 mètres de longueur. La morue pèse, terme moyen, 8 kilogrammes ; on en a vu peser 30.

La fécondité de la morue égale sa voracité ; car dans une morue pesant 25 kilogrammes on a trouvé 3,686,000 œufs. L'époque du frai varie selon les latitudes, en décembre sur les côtes d'Europe, au printemps sur celles d'Amérique, etc. Alors la voracité de ces poissons semble s'augmenter encore ; ils se réunissent en plus grand nombre, et font une chasse impitoyable à leur proie, surtout aux maquereaux, qui, pour la fuir, viennent par bancs se jeter sur nos côtes. Parmi les morues, le nombre des mâles est plus du double de celui des femelles, les grosses morues frayent avec les petites, et cette opération dure pendant trois mois ; au moment du frai, lorsque les grosses morues ne peuvent trouver une proie assez abondante, elles dévorent celles du premier âge.

Les morues résident en grand nombre sur les bancs de Terre-Neuve, au cap Breton, la Nouvelle-Écosse, la Nouvelle-Angleterre, la Norvège, les côtes d'Islande, le banc de Dogger, les Orcades, etc. C'est particulièrement au printemps qu'on les voit se réunir par bancs parallélogrammes ; les côtes du Kamtschatka et celles d'Amérique du côté opposé, etc., les voient également pulluler.

La morue meurt presque aussitôt qu'on l'a tirée de l'eau, ou qu'on l'a fait passer dans l'eau douce. Sa chair, délicate et de facile digestion, est très-recherchée lorsqu'elle est fraîche ; c'est un aliment sain et excellent. Fraîche, elle orne la table des classes moyennes ; salée, elle sert d'aliment à presque toutes les classes inférieures de la société. Les gourmets n'affectionnent que la tête et le foie, dont ils font un mets très-renommé. On sait que la morue est consommée surtout aux jours d'abstinence chez tous les peuples chrétiens. Sous le nom de *bacalado*, on en consomme en Espagne pendant le carême seulement une quantité presque aussi considérable que dans tout le reste de l'Europe.

Les dénominations de *morues blanches, noires, vertes*, etc., indiquent non des espèces différentes, mais seulement les diverses modifications que le poisson a subies dans la salaison : ainsi, la première reçoit son nom de l'enduit salin qui la recouvre ; la seconde de la décomposition qui avait précédé la salaison ; la troisième est de même celle qui a été salée et séchée en même temps. On donne encore également le nom de *morue noire* au gade-colin.

Outre l'aliment qu'on retire de la chair de la morue, on se procure encore de l'huile avec son foie. Cette huile est particulièrement recommandée dans la phthisie et les affections de poitrine. La vessie natatoire de ce poisson sert à faire de l'i ch th yocolle qui se rapproche beaucoup de celle que fournit l'esturgeon. Avec les arêtes et les têtes, le Kamtschadale nourrit les chiens qu'il attache à ses traîneaux. Le Norvégien les mêle à diverses plantes marines, et les fait manger à son bétail, singulier aliment, qui, dit-on, donne au lait des vaches une qualité supérieure. Les œufs de morue ne s'emploient que comme appât pour la pêche de la sardine et de l'anchois de la Méditerranée : aussi les expédie-t-on en très-grande quantité, soit dans le midi de la France, soit en Espagne. Les autres espèces du genre *morue* sont : la *morue égrefin* (*gadus eglefinus*, L.), le *dorsch* ou *petite morue* (*gadus callarias*, L.) ; etc.

Le *cabillaud* de Belgique, le *bacaillon* des Basques, les *moruettes* (jeunes morues), les *guyls*, les *doguets*, les *codlingues*, etc., sont divers noms du même animal, selon les idiomes des parages où il a été pêché, et ses différents âges, qui influent sur sa grandeur, tout comme son alimentation sur ses couleurs. Ainsi, par exemple, on a constaté que les morues qui habitent sur des fonds de sable ou vaseux ont les parties inférieures du corps d'une nuance argentée, tandis que celles qui se trouvent entre les rochers ont les mêmes parties rougeâtres et tachetées de marques jaunes. On sait également que la chair de la morue est d'autant plus savoureuse qu'elle est pêchée à de plus hautes latitudes.

MORUE (Pêche de la). Nous avons des preuves certaines que les nations de l'Europe se sont livrées à la pêche de la morue depuis le neuvième siècle ; au commencement du dixième, nous trouvons des pêcheries établies sur les côtes de Norvège et d'Islande. Dès 1508, Amsterdam avait une pêcherie de morue sur les côtes de la Suède. Au rapport d'Anderson, ce fut en 1536 que la France envoya au banc de Terre-Neuve le premier vaisseau pour y pêcher. Longtemps on a prétendu que c'était au Malouin Jacques Cartier que l'on devait la découverte du grand banc de Terre-Neuve ; aujourd'hui on a fait honneur aux Basques. On sait en effet qu'environ cent années avant la navigation de Christophe Colomb, des pêcheurs basques, allant à la pêche de la morue à Terre-Neuve, et en firent la première pêche. Plusieurs cosmographes, entre autres Antoine Magin, Corneille Wythler (Flamand), et Antoine Saint-Romain (Espagnol) témoignent de ce fait. Du reste, les Malouins et les Basques sont les plus habiles pêcheurs de morue.

En 1578 la France envoya à Terre-Neuve 150 navires pour la pêche ; l'Espagne 100, le Portugal 50, et l'Angleterre 30. Au moment de la révolution, le produit de la pêche française de la morue s'élevait à 15,731,000 fr. Par les tableaux officiels de l'état du commerce extérieur de la navigation publiés en 1782, nous voyons qu'année moyenne, de 1786 à 1790, il est sorti de France seulement pour la pêche de Terre-Neuve 372 bâtiments. En 1791 le montant des primes payées pour l'exportation dans les ports étrangers s'est élevé à 483,516 fr., et pour les colonies à 414,369 fr. (chaque homme employé à Terre-Neuve avait de prime 75 fr.). Ces succès étaient le résultat de la paix de 1783 et des nombreux encouragements par lesquels le gouvernement stimulait l'ardeur des armateurs et des matelots ; chaque année il y avait 10,900 matelots français occupés à cette pêche ; mais à partir de 1792 nos pêches déclinèrent sensiblement jusqu'au traité d'Amiens, qui les remit sur leur ancien pied. Aujourd'hui nos départements maritimes se livrent avec succès aux grandes pêches de la morue, qui font sans contredit la principale source des richesses de Granville, de Saint-Malo, Saint-Brieux, Bayonne, etc.

La pêche de la morue se fait ordinairement pendant le mois de février, et se prolonge même jusqu'à la mi-avril, quelquefois jusqu'en mai. Elle est le plus souvent terminée en six semaines ; cependant, il n'est pas rare qu'elle dure quatre à cinq mois. On se sert pour pêcher la morue de lignes, de calcs de plomb, d'hameçons, de rets, etc. Chaque pêcheur ne pêche à la fois qu'un poisson, mais il est si abondant que le même pêcheur en prend communément de 350 à 400 par jour. C'est principalement sur le grand banc de Terre-Neuve, qui paraît le rendez-vous des morues, dans la baie de Canada, à l'île de Sable, à celle de Saint-Pierre, au Banc-Vert, etc., que l'on pratique cette pêche. Outre les pêcheurs, chaque vaisseau doit avoir à son bord plusieurs décolleurs, ainsi que des trancheurs, des saleurs, des mousses, etc. La morue *verte*, c'est-à-dire celle qui n'est point destinée à être séchée, se sale à bord du navire. Le décolleur lui coupe la tête, le trancheur l'ouvre, après quoi le saleur la sale à fond de caie, tête contre queue et queue contre tête. On ne doit pas mêler la pêche des différents jours, et chaque couche, d'une brasse en carré, doit être recouverte de sel. Lorsque la pile est terminée, et que la morue a égoutté son eau durant deux ou trois jours, quelquefois quatre et même cinq, on la met en place hors du vaisseau, on la sale de nouveau, et enfin on n'y touche plus que la charge ne soit complète. En France, les habitants des Sables d'Olonne sont ceux qui s'adonnent le plus à la pêche de ce poisson.

La bonne qualité de la morue dépend toujours d'une préparation faite à propos et dans une saison favorable : celle qu'on prépare au printemps et avant les grandes chaleurs est plus belle, d'une meilleure qualité, et la peau plus brune lorsqu'elle est salée comme il faut ; le trop de sel la rend blanche et plus sujette à se rompre ou à paraître humide dans les mauvais temps ; trop peu de sel au contraire la fait corrompre. La morue des Anglais est généralement inférieure à la nôtre; ceux d'entre eux qu'ils la façonnent avec peu de soin, et que leur sel étant plus corrosif que le nôtre, il lui donne une certaine âcreté. Du reste, comme leur pêche est plus abondante et bien moins coûteuse, ils donnent leur morue à un prix inférieur au nôtre. C'est surtout en Italie et en Espagne qu'ils s'en procurent le débit. Les peuples du Nord, voisins des lieux où se fait la pêche de la morue, emploient pour la préparer quelques procédés particuliers, dont le plus connu est celui qui consiste à la dessécher sans sel, en la suspendant par la queue au-dessus d'un fourneau, ou en l'exposant au vent. Cette sorte de dessication lui donne une dureté égale à celle du bois, et c'est pour cette raison qu'on nomme la morue ainsi desséchée : *stocfish*, *stocvish* ou *stockfish*, qui signifie poisson en bâton (*stock*, bois, et *fish*, poisson). Selon quelques lexicographes, *stocfish* désigne plutôt un poisson à billot, et cela parce qu'avant de manger le *stocfish* on le bat sur un billot pour le rendre plus tendre.

Les morues sont d'une telle voracité, que toutes sortes d'appâts sont bons pour les prendre. Les pêcheurs de Picardie et de Flandre se servent beaucoup de grenouilles ; les Basques, d'anchois ou de sardines ; les pêcheurs de Boulogne emploient de préférence des vers de terre, des harengs, maquereaux, etc. En Islande on fait usage de moules, en Hollande de lamproies. Les Anglais et les Hollandais emploient des haims moins grands et des lignes plus déliées que les Français. Dans la contrée de Sundmew, en Norvège, au lieu de haims pour la pêche, on se sert d'un filet en nappe. Mais aujourd'hui l'emploi des filets est presque généralement abandonné chez nous ; c'est de l'hameçon que l'on se sert toujours. Les lignes sont plus ou moins longues, selon la profondeur des eaux où l'on pêche. Il les faut assez fortes pour pouvoir retirer le poisson, et assez fines pour que l'on sente bien quand une pièce est prise. Les haims doivent se trouver proportionnés à la force des poissons qu'on veut prendre ; ils sont préférables en acier dans les lieux sans rochers, mais ils valent mieux en fer lorsqu'on est obligé de les jeter à travers des roches.

Un arrêt du conseil d'État, du 20 décembre 1687, avait réglé les droits d'entrée de la morue verte à 8 fr. p. 100. et ceux de la morue sèche à 2 fr. p. 100. Celles qui proviennent de nos pêches ont été affranchies de tous droits par l'arrêt du conseil d'État du 2 avril 1754. Depuis lors plusieurs modifications ont été apportées à ces règlements. Plusieurs ordonnances et décrets ont aussi été rendus pour régler en proportion la pêche de la morue. Nous avons cédé aux Anglais, en 1763, le grand banc de Terre-Neuve, à la condition expresse « que les Français auront la liberté de la pêche et de la sécherie sur une partie des côtes de cette île ». L'article 1er du traité de janvier 1783 confirme de nouveau cette réserve de la France, tout en lui reconnaissant la possession complète des îles Saint-Pierre et Miquelon. En 1802 un nouveau traité, conclu le 25 mars entre la France et l'Angleterre (art. 15), vint rétablir sur les mêmes bases les droits de la France qui avaient été méconnus les années précédentes durant la guerre. Le 8 mars 1802 (17 ventôse an x), les consuls rendirent un décret par lequel des primes et encouragements étaient créés pour la pêche de la morue.

D'autres arrêtés des 17 prairial an x et 9 nivôse même année, etc., vinrent encore modifier dans quelques-unes de leurs dispositions les moins importantes les règlements en vigueur. Enfin, un long arrêté du 15 pluviôse an xi fut rendu pour fixer la police qui devait présider à la pêche de la morue à l'île de Terre-Neuve.   E. PASCALLET.

MORUE LONGUE. *Voyez* LINGUE.

MORUO. *Voyez* CONGRE.

MORUS (THOMAS), dont le véritable nom était *More*, le célèbre chancelier du roi d'Angleterre Henri VIII, était le fils d'un juge du *King's Bench*, et naquit à Londres, en 1480. Dans sa jeunesse il fut pendant quelque temps page du cardinal Morton, évêque de Canterbury. Plus tard il alla à Oxford, où pendant quelques années il se consacra avec le plus grand succès à l'étude de toutes les branches de la science, mais plus particulièrement à celle de la jurisprudence. Lors de l'avènement de Henri VIII au trône, il jouissait déjà à Londres d'une grande réputation comme avocat et il remplissait aussi les fonctions de sous-sheriff. Le cardinal Wolsey l'introduisit auprès du jeune roi, qui le prit en affection, le nomma membre de son conseil privé, et lui confia diverses missions diplomatiques en France et dans les Pays-Bas. Malgré la faveur royale dont il était l'objet, Morus restait sur sa réserve et ne se faisait pas illusion sur ce qu'il y avait de capricieux et d'arbitraire dans le caractère de son maître. Lorsqu'il eut mené heureusement à fin les négociations qui aboutirent, en 1529, à la paix de Cambray, Henri VIII le nomma lord chancelier, en remplacement de Wolsey, et lui confia les sceaux de l'État. Morus s'acquitta de ces hautes fonctions avec un désintéressement absolu, faisant preuve d'une droiture peu commune et d'une ardeur extrême au travail. Il voulait, il est vrai, comprimer la réformation ; mais s'il persécuta ses partisans, ce fut par des considérations politiques, et non par attachement au dogme catholique. Quand Henri VIII, pour pouvoir divorcer, rompit ouvertement avec la cour de Rome, ce fut en vain qu'il recourut aux prières, aux ordres, aux menaces pour gagner son populaire chancelier à son avis. Morus, considérant le divorce comme contraire au droit et aux prescriptions de la conscience, donna en 1532 sa démission de ses diverses charges, et se retira, dans la pauvreté, avec sa famille à Chelsea. Quand, en 1534, on exigea de lui qu'il prêtât serment au nouveau statut de succession, qui prononçait en même temps l'annulation du premier mariage du roi, Morus consentit à prêter serment à l'ordre de succession ; mais il rejeta les autres articles, qui violentaient sa conscience. En conséquence, le roi le fit enfermer avec l'évêque Fisher dans la tour de Londres, où il fut en butte à toutes sortes de mauvais traitements. Pendant quinze mois Morus résista à tous les efforts faits pour vaincre son obstination. Fatigué de cette résistance et résolu de le pousser tout à fait à sa perte, le roi le fit sommer de prêter le serment de suprématie. Thomas Morus déclara que, comme chrétien, il ne pouvait reconnaître un chef temporel de l'Église ; et toutes les supplications les plus instantes de sa famille, en proie à la misère, ne purent le déterminer à modifier sa manière de voir. Après une monstrueuse procédure, il fut condamné, le 6 mai 1535, à la peine du gibet; et le 6 juillet suivant il subit son supplice, sur la plate-forme de la tour, avec la plus grande tranquillité d'âme et une résignation toute chrétienne.

Thomas Morus était profondément versé dans la connaissance des langues anciennes, et aussi habile politique que bon jurisconsulte. Il contribua en outre beaucoup au perfectionnement de la langue anglaise. Ses Œuvres complètes parurent pour la première fois en 2 volumes, dont le premier (Londres, 1559) comprend ses ouvrages écrits en anglais, et le second (Louvain, 1566) ses ouvrages composés en latin. Le plus connu de tous, et qui a été traduit dans presque toutes les langues, intitulé *De optimo Reipublicæ Statu deque nova insula Utopia* (Louvain, 1566), est un livre dans lequel il a consigné les rêveries de sa jeunesse sur un État régi par les lois de la raison. Érasme, son ami intime, a parfaitement apprécié son caractère dans ses Lettres à Hutten ; et Hans Holbein le jeune, qui fut pendant quelque temps à son service, a peint de lui plusieurs portraits. Le dernier de ses descendants mâles fut *Thomas More*, mort en 1795; et sa postérité s'est complétement éteinte en 1815, dans la personne de lady Ellenborough. Consultez Mackintosh, *Life of sir Thomas Morus* (Londres, 1830) ; la princesse de Craon, *Thomas Morus* (Paris, 1833) ; D. Nisard, *Thomas Morus*, *Érasme et Mélanchthon* (1855).

MORUSI. *Voyez* Mourousis.

MORVAN, MORVANT ou **MORVENT**, contrée montagneuse située entre la Bourgogne et le Nivernais, comprise aujourd'hui dans les départements de la Nièvre et de l'Yonne. Vézelay en était la capitale. Les habitants se nomment eux-mêmes du nom peu harmonieux de *Morvandiaux*.

MORVE. Les vétérinaires appellent ainsi une maladie du cheval ou de l'âne, maladie qui se manifeste par une violente inflammation de la pituitaire, par des érosions chancreuses, à bords épais et élevés, et par un écoulement fétide, par les narines, d'une matière purulente mêlée de sang. Le mal gagne rapidement les voies aériennes, après avoir envahi une partie de la tête, et l'animal qui en est atteint succombe en peu de jours. La morve a été considérée jusqu'ici comme une maladie incurable; elle est contagieuse non-seulement du cheval au cheval, mais encore de l'animal qui en est atteint à l'homme, et l'on a malheureusement constaté la mort d'un grand nombre de gens qui avaient contracté la morve en soignant ou en touchant des chevaux morveux. La morve a été naturellement placée par notre législation dans la catégorie des *vices rédhibitoires*.

MORVILLIERS. La France a compté deux chanceliers de ce nom ; bien qu'n'appartenant pas à la même famille.

Le premier, *Pierre de* Morvilliers, issu d'une noble famille de Picardie, arriva à ces hautes fonctions en 1461; il fut, par la véhémence injurieuse du langage qu'il tint au duc de Bourgogne et à son fils, auprès duquel Louis XI l'avait envoyé en 1464, une des causes de la *guerre du bien public* : aussi ce monarque, une fois cette guerre terminée, le destitua-t-il après l'avoir désavoué. Pierre de Morvilliers mourut en 1476.

Autant son homonyme était emporté, véhément, autant *Jean de* Morvilliers était affable et conciliant. Fils d'un procureur de Blois, où il naquit, en 1506, entré dans les ordres, devenu doyen du chapitre de Bourges, admis au grand conseil par l'influence des Guise, il fut un des juges de Poyet. Morvilliers fut envoyé en ambassade près la république de Venise ; rentré en France, il fut appelé en 1552 à l'évêché d'Orléans, dont il se démit volontairement, en 1564, fonctions dans lesquelles il eut à défendre par mandement du roi sa barbe contre ses chanoines, qui voulaient la lui faire couper. Il assista comme évêque au concile de Trente, n'accepta les sceaux, qui lui avaient déjà été offerts, qu'après la mort du chancelier de L'Hôpital, et s'en démit en 1571, après les avoir gardés pendant un peu plus de deux ans, pour se retirer dans son abbaye de Saint-Pierre de Melun. Il mourut à Tours, en 1577. C'était un homme ayant l'expérience des affaires, mais d'une honnêteté qui allait jusqu'à la faiblesse ; il encouragea la littérature de son époque.

MOSAÏQUE, ouvrage de rapports, fait de plusieurs petites pièces de marbre, de pierre, de matières vitrifiées liées ensemble par un ciment et de l'arrangement desquelles résultent des figures, des arabesques, des ornements de toutes espèces. Ce mot vient de *musia* ou *musiva*, parce que c'était principalement dans les endroits dédiés aux Muses ou *musées*, que l'on trouvait des mosaïques. Ce genre d'ornement est très-ancien ; le pavé des plus grands temples de la Grèce, de la Sicile et de l'Ionie est en mosaïque. L'*atrium*, au moins, de toutes les maisons d'Herculanum et de Pompeia est pavé de même. Les fouilles à Rome en font découvrir tous les jours. Une des plus remarquables ainsi trouvées est celle d'Otricoli, aujourd'hui au musée Clémentin. Le centre en est une tête de Méduse autour de laquelle sont des combats de centaures, des groupes de tritons et de néréides. Parmi quelques autres non moins remarquables, il faut citer celle du musée Capitolin, trouvée dans la *villa Adriana*, près de Tivoli, et dont la principale pièce est une coupe où boivent des colombes. Cette mosaïque est exactement décrite dans Pline. Elle a été, dit cet auteur, exécutée à Pergame dans le pavé d'une salle à manger. Dans les fouilles faites à Nîmes, et qui ont fait connaître la forme de la *Maison carrée*, on a aussi trouvé des mosaïques fort intéressantes, et l'on en découvre journellement sur d'autres points de la France et de l'Europe. Les plus belles mosaïques modernes sont celles de la coupole de Saint-Pierre à Rome, ordonnées par Clément VIII. Tous les tableaux des autels, même ceux de Raphael, y sont aujourd'hui remplacés par des copies en mosaïque. La belle mosaïque qu'on voit au musée du Louvre, dans la salle de Melpomène, est sortie de l'école de mosaïque qui fut fondée à Paris sous l'empire, et dirigée par Belloni. Déjà au commencement du dix-huitième siècle Christophori avait fondé à Rome une école de *Mosaïstes* qui avait fourni un grand nombre d'artistes distingués.

On dit au figuré : C'est un ouvrage en *mosaïque*, c'est une *mosaïque*, en parlant d'un ouvrage d'esprit composé de morceaux séparés donc les sujets sont différents.

BILLOT.

MOSAÏSME, mot nouveau, dérivé du nom latin de Moïse, *Moses*, et sous lequel on comprend l'ensemble des doctrines religieuses et morales du grand législateur des Hébreux.

MOSBOURG (Le comte de). *Voyez* Agar.

MOSCHELÈS (Ignace), célèbre pianiste et compositeur de musique pour piano, est le fils d'un négociant juif, et naquit à Prague, le 30 mai 1794. Les rares dispositions que tout enfant déjà il annonçait pour la musique déterminèrent son père à le confier, en 1804, aux leçons de Dionys Weber, sous la direction de qui son talent se développa de la manière la plus heureuse. En 1808 il alla à Vienne, où il trouva dans Albrechtsberger le maître le plus zélé et dans Salieri le conseiller le plus paternel. La rivalité qui ne tarda pas à s'établir entre lui et les autres pianistes célèbres de l'époque contribua beaucoup à perfectionner son talent. Après de nombreux voyages artistiques en Allemagne, il se rendit, en 1820, en Angleterre par la Hollande et la France, où sa brillante et chaleureuse exécution, ses compositions pleines d'effets et d'intérêt, et son talent vraiment hors ligne, excitèrent l'admiration générale. En 1823 il revint en Allemagne, et fit alors quelque séjour à Munich et à Vienne; mais en 1825 il retourna à Londres, où il fut nommé professeur de musique à l'Académie, et qu'il continua d'habiter jusqu'en 1846, époque où, à la sollicitation de Mendelssohn, il vint se fixer à Leipzig, pour y prendre de concert avec lui la direction du conservatoire de cette ville. La haute réputation dont cet établissement jouit à l'étranger est en partie due aux efforts de Moschelès. La perfection mécanique de son jeu se manifeste dans les morceaux brillants et à effet comme dans les morceaux les plus suaves et les plus délicats, la vigueur et la précision de son exécution le rendant également propre aux uns et aux autres. Pendant longtemps il partagea avec Hummel et Kalkbrenner le sceptre du piano, jusqu'au moment où parurent Liszt, Henselt, Thalberg et encore quelques autres virtuoses.

Ses compositions, non moins remarquables sous le rapport de l'invention que sous celui d'une exécution tout à la fois correcte et brillante, sont avec celles de Hummel les productions les plus saillantes de la nouvelle école. Indépendamment des charmantes variations d'Alexander, nous citerons : la Sonate qu'il a dédiée à Beethoven, sa Sonate mélancolique, son Sextuor avec accompagnement de piano, l'*Allegro di Bravura*, sonate à quatre mains, ses brillantes Variations sur l'air *Au Clair de la Lune* et *Jadis et aujourd'hui*, enfin ses *Études*, qui ont tant contribué au développement immense qu'a pris de nos jours l'étude du piano.

MOSCHUS, poëte bucolique grec, né à Syracuse, qui florissait sous le règne de Ptolémée-Philométor, environ cent quatre-vingts ans avant J.-C., en même temps que Bion de Smyrne, son maître et son ami, et un peu moins d'un siècle après l'inimitable Théocrite, le créateur du genre et leur modèle à tous deux, si ce n'est que ces deux poëtes ne sont point dramatiques, comme l'auteur attendrissant de *Daphnis*, de *Polyphême*, comme le naïf et magnifique peintre des fêtes d'Adonis et de la gloire de Ptolémée. Il nous reste de ce bucolique un peu plus de 700 vers en 8 à 9 pièces, dont une seule n'est pas tout à fait complète, l'*Épitaphe de Bion*. Ce sont : l'*Amour fugitif*, pièce pleine de goût et de grâce; l'*Europe*, l'*Épitaphe de Bion*, *Mégara*, *femme d'Hercule*; 4 autres très-petites idylles, dont la dernière, la plus courte, est l'*Amour laboureur*. L'*Épitaphe de Bion* est une touchante élégie pleine de tristesse et de larmes; *Europe* est un tableau suave et riant; la corbeille de fleurs de cette princesse, fille d'Agénor le Phénicien, qui donna son nom à cette vaste terre où nous vivons, y a gardé ses parfums. On ne sait rien de plus sur la vie de Moschus, dont les œuvres sont le plus généralement imprimées à la suite de celles de Bion et de Théocrite. Longepierre les a traduites en vers; la prose de Gail, qui a traduit aussi Moschus, vaut assurément mieux que de tels vers.

DENNE-BARON.

MOSCOU, l'antique et la première capitale de l'empire russe, aujourd'hui encore la seconde résidence des souverains et la ville où a lieu leur couronnement, avant la fondation de Saint-Pétersbourg la seule ville que les czars habitassent habituellement, n'est pas seulement l'une des cités les plus importantes de l'Europe sous le rapport de son étendue, du chiffre de sa population et des proportions de son commerce ainsi qu'à d'autres égards encore, mais occupe aussi une grande place dans l'histoire à cause des événements dont elle fut le théâtre en 1812. Elle est située à 68 myriamètres de Saint-Pétersbourg, et s'y trouve reliée par un chemin de fer terminé en 1851, au centre de l'empire, sur les bords de la Moskwa et de la Jaousa, qui se réunit avec la première un peu au-dessous de la ville, dans une contrée accidentée, fertile et bien cultivée, et comprend les cinq parties principales dont le détail suit, séparées le plus ordinairement par des murailles, mais parfois aussi par des boulevards : 1° le *Kreml*, le plus ancien quartier de la ville, dans l'intérieur duquel on arrive par cinq portes; 2° *Kitaïgorod* ou la ville chinoise, célèbre surtout par sa grande halle, le *Gostinnoï Dwor*, ainsi que par ses nombreuses boutiques d'Arméniens, de Persans, de Boukhares et de Tatares; 3° *Beloïgorod*, ou la ville blanche, ornée d'une foule de beaux édifices publics et de palais, par exemple le palais du gouvernement, la grande maison des orphelins, le magnifique hôtel Paschkoff; 4° *Semtœnoïgorod*, ou la ville de terre, avec moins de beaux édifices, et un grand nombre maisons en bois, de casernes, de boucheries, de boulangeries, de barraques, etc.; 5° les 30 *Slobodes*, ou faubourgs, qui tous font encore partie de la ville proprement dite, contiennent bon nombre d'églises, de couvents et d'hôpitaux d'une grande magnificence, mais moins de belles habitations particulières, et sont entourés d'un haut rempart garni de fossés, où la Moskwa n'opère de solution de continuité que sur deux points.

Moscou est le siége d'un métropolitain, d'un gouverneur général militaire et d'autres autorités militaires, d'un directeur général de la police et de diverses administrations supérieures, ainsi que d'une université, fondée en 1755 et réouverte en septembre 1813. A cette université sont attachés une imprimerie, un musée, une clinique, qui était autrefois ce qu'on appelait l'académie de médecine et de chirurgie, un célèbre musée anatomique, un cabinet de physique et de chimie, un observatoire, un jardin botanique et diverses sociétés savantes, telles que la Société impériale des Naturalistes. Entre autres établissements d'instruction publique, il faut citer une académie pratique de commerce, une école de commerce, un séminaire ecclésiastique et deux écoles ecclésiastiques de cercle, quatre gymnases, deux corps de cadets, l'institut des enfants d'officiers supérieurs dépendant de la maison des orphelins, une école d'architecture, une école de géomètres-arpenteurs, une école d'agriculture, l'école de dessin de Strogonoff, une école d'arts et métiers, trois écoles de cercle, une école de chirurgie, seize écoles élémentaires civiles, l'Institut de Catherine et l'Institut d'Alexandre pour les jeunes filles nobles, diverses écoles particulières à l'usage des jeunes filles, quatorze écoles pour les jeunes filles pauvres et quelques écoles de dimanche. Le nombre des professeurs et instituteurs de tous grades dans l'arrondissement de Moscou se monte à 1,129, et celui des écoliers de l'un et l'autre sexe à 19,298.

L'activité manufacturière de Moscou est relativement fort importante et embrasse tous les genres d'industrie. Cette ville forme d'ailleurs le point central de tout le commerce intérieur et l'entrepôt général des approvisionnements en marchandises de toutes espèces. En 1849 les revenus de la ville s'élevaient à 1,128,489 roubles argent et les dépenses à 1,105,588. Diverses dépenses particulières s'élevaient en outre au chiffre de 73,000 roubles argent.

Moscou est une des villes les plus curieuses, les plus magnifiques, les plus originales qu'on puisse voir. On y trouve réunis presque tous les peuples de l'Europe et de l'Asie, presque toutes les religions de la terre et presque tous les styles d'architecture, la grecque comme l'italienne, la gothique comme la byzantine, la tatare comme la persane. En 1850 la population totale s'élevait à 450,000 âmes. Sur ce nombre on comptait 10,000 ecclésiastiques, religieux et religieuses, 30,000 nobles, c'est-à-dire fonctionnaires publics en activité de service ou en retraite, 20,000 juges et hommes de loi, 18,000 marchands, 70,000 petits bourgeois, 25,000 ouvriers, 40,000 paysans de la couronne, 120,000 serfs, 25,000 soldats, 20,000 soldats en inactivité, environ 150,000 paysans de diverses espèces; se nourrissant de leur travail, comme portefaix, comme revendeurs ou comme cochers et conducteurs de toutes espèces de voitures, mais quelquefois aussi demandant leur subsistance à la mendicité. Le nombre des bâtiments est d'environ 20,000, dont 2,140 édifices appartenant à la couronne, et 17,860 maisons particulières. Les constructions en bois peuvent être évaluées à 8,000, et les constructions en pierre à 12,000. Il n'y a pas de ville au monde où l'on compte autant d'édifices consacrés au culte qu'à Moscou. En 1850 il s'y trouvait 238 églises grecques, outre 7 cathédrales, plus 2 églises protestantes, 1 église réformée, 2 églises anglicanes, 1 église catholique, 3 églises arméniennes, 1 mosquée et 31 chapelles, sans compter 14 couvents d'hommes, 7 couvents de femmes, et 1,481 maisons ecclésiastiques, conventuelles et mortuaires; 95 édifices publics sont consacrés à des réunions de sociétés, 27 sont des palais à l'usage de l'empereur ou des grands-ducs, et 514 autres servent pour la plupart à des buts d'utilité publique. Au nombre de ces derniers se trouvent une foule d'hôpitaux, parfois parfaitement organisés et richement dotés. En première ligne on remarque le grand hôpital général militaire; qui peut contenir 1,840 malades, et auquel sont attachés 25 médecins. Parmi les 45 autres hôpitaux et instituts médicaux, on remarque plus particulièrement l'hôpital de la ville, l'hôpital Pawloff, l'hôpital Galyzin, l'hôpital Scheremetieff, l'hôpital de Catherine, l'hôpital de Marie, l'hospice Kourakin, l'hôpital des enfants, l'institut ophthalmologique, la clinique de l'université, et la maison d'accouchement adjointe à la maison des orphelins. Il existe en outre 15 autres maisons des pauvres, entretenues par la couronne pour des cas particuliers, et 9 entretenues par des particuliers, et 15 asiles entretenus par les églises; un institut pour les fils de marchands pauvres, une fondation pour les cadets, un hospice des invalides, une maison de travail et enfin le grand hospice des orphelins, fondé par l'impératrice Maria Féodorowna, mère de l'empereur Alexandre Ier, édifice qui forme à lui seul une ville tout entière, et dont le chiffre de la population équivaut à celui de bien des villes de moyenne importance. Dans les dix années de 1822 à 1831 on y recueillit 52,549 enfants, par conséquent au delà de 5,000 en moyenne par an. Dans la même période de temps, il en était mort 34,713. En 1831 cet établissement gigantesque contenait une population de 23,788 individus. Les dépenses qu'il entraînait s'élevaient à 17,223,993 roubles.

En fait d'autres édifices, mentionnons encore : le Grand Théâtre Impérial, détruit par un incendie en 1853, où l'on représentait des ballets, des opéras et des pièces russes à grand spectacle; le Petit Théâtre Français, où l'on joue des vaudevilles français et russes, la grande maison d'assemblée de la noblesse (la Sobranié), le club des marchands, le club anglais, le club allemand, le Wauxhall à Petrowski, la grande et magnifique halle (Gostinoï Dwor) et plusieurs moindres, l'arsenal, le trésor et l'édifice de l'université. Plus : la grande maison d'exercice construite par un Français, le général Bétancourt, longue de 190 mètres sur 57 de large et 15 de haut, qu'on échauffe en hiver au moyen d'un grand nombre de poêles; le palais justice, avec une salle longue de 100 mètres et large de 33 ; le palais du sénat, le bâtiment de l'aqueduc Sucharoff, la porte triomphale de la ville du côté de Saint-Pétersbourg, etc. Une des curiosités de Moscou est encore la grande cloche, qu'on regardait autrefois comme ayant été suspendue jadis dans le clocher du Kreml (l'Iwan Weliki) ; mais des recherches récentes ont démontré que l'opération de la fonte qui eut lieu à l'endroit même où elle se trouve aujourd'hui, n'ayant pas réussi, elle s'enfonça dans la terre. On en évalue le poids à 400,000 livres russes. Il y a quelques années que cette cloche gigantesque, la plus grande qu'il y ait en Russie, fut soulevée de terre ; et elle repose aujourd'hui sur une base en pierre, à laquelle on arrive par une porte. Parmi les monuments on distingue la statue en bronze et en pied du bourgeois Minin ainsi que celle du prince Pojarsky, œuvre du sculpteur russe Martos, et exposée sur la place rouge, en face du Kreml, pesant 480,000 livres et placée sur un piédestal de 280,000 livres. Les canons trophées de la guerre de 1812, symétriquement rangés devant l'arsenal du Kreml, forment un monument moins artistique. Ils sont au nombre de 875, à savoir : 366 français, 189 autrichiens, 123 prussiens, 110 italiens, 34 bavarois, 22 hollandais, 12 saxons, 8 espagnols, 5 wurtembergeois, 4 polonais, 1 westphalien et 1 hanovrien. La ville a 18 portes, 50 corps-de-garde, 78 places et marchés, 4 grandes places de parade, 57 ponts, 258 rues, 582 ruelles, 11 grands bassins artificiellement alimentés par l'eau qu'y amène un aqueduc de plusieurs myriamètres, plus 5,000 puits, 32 étangs communaux et 270 étangs particuliers ; enfin, de vastes étendues de terrain, situées dans l'intérieur même de la ville, ou sont cultivées en céréales, en prairies, ou bien ne sont que des plaines sablonneuses.

Moscou fut fondée en l'an 1147, par le prince Juri (Georges) Wladimirowitsch Dolgorouckí, venu là de Kief, puis complètement détruite en 1176, sous le prince Wsewolod III Georgewitschi, par le prince souverain de Rosáu. Onze ans plus tard apparaît dans l'histoire, d'abord sous le nom de Prince de la Moskwa, le brave Michel, frère cadet d'Alexandre Newski ; et en 1328, Jean Danilowitsch, qui portait le titre de grand-prince, transféra sa résidence de Wladimir à Moscou. Depuis lors Moscou demeura la capitale de la grande-principauté à laquelle elle donna son nom. En même temps elle devint le siége d'un métropolitain. Par la suite cette ville eut à souffrir d'un grand nombre de calamités. Au quatorzième siècle elle fut prise par les Lithuaniens et les Tatares, qui la réduisirent en cendres ; en 1547 elle fut ravagée par une effroyable incendie ; en 1571 le khan d'Astrakhan l'assiégea, et la livra aux flammes. Mais Moscou se relevait toujours de ses ruines plus devenir encore plus brillante qu'auparavant, encore bien que dès 1725 Pierre le Grand eût transféré sa résidence à Saint-Pétersbourg. En 1812 Moscou éprouva une horrible catastrophe. Napoléon ayant pénétré cette année au cœur même de l'empire de Russie avec la plus formidable armée qu'on eût encore jamais vue en Europe, s'efforça vainement d'arrêter sa marche victorieuse en lui livrant sur les bords de la Moskwa une bataille sanglante ; le 14 et le 15 septembre il faisait son entrée dans la ville, dont les habitants, en l'abandonnant en masse, avaient fait un désert (voyez MIL HUIT CENT DOUZE [Campagne de]). L'armée russe avait évacué la ville et battu en retraite sur Kaluga. La plus grande partie de la population s'était sauvée, emportant avec elle ce qu'elle avait de plus précieux. Les approvisionnements de l'arsenal, les archives publiques, avaient été mis en sûreté. Les reprís de justice avaient vu les portes des prisons s'ouvrir devant eux et avaient été dirigés sous escorte militaire sur Nijni Nowogorod. Il ne restait plus guère dans la ville que 12,000 individus, dont plus de moitié se composaient du rebut de la population, de gens tous disposés à piller et à brûler, et le reste généralement de malades dans les hôpitaux.

L'horrible incendie qui immédiatement après l'entrée de l'ennemi à Moscou dévora du 14 au 21 septembre plus de la moitié de ses églises, de ses palais, et de ses maisons, fut-il l'œuvre du rebut de la population restée dans la ville ou bien des Français ? Faut-il y voir un acte sublime de patriotisme accompli par Rostopschin, le gouverneur de Moscou ? Ce sont là des questions qui ont été vivement controversées et qui ne sont point encore résolues(Consultez Rostopschin, La Vérité sur l'incendie de Moscou [Paris, 1823]).

Napoléon ne s'éloigna des ruines fumantes de la ville que le 19 octobre ; mais son départ avait l'air d'un convoi de deuil. Il n'avait pas perdu moins de 40,000 hommes dans ce désert de décombres et l'incendie avait coûté aux Russes 320 millions de roubles. De 9,158 maisons qu'on comptait à Moscou avant l'incendie, il n'en restait plus que 2,626. Sur 8,521 magasins ou boutiques le feu n'en avait épargné que 1,363. Mais l'antique capitale de la Russie s'est relevée de ses cendres plus belle et plus magnifique que jamais. Consultez Schnitzler, *Moscou ; tableau statistique, géographique, topographique et historique* (Pétersbourg, 1834).

MOSCOVIE, nom qu'on donnait autrefois à la Russie et dérivé de celui de sa capitale, Moscou.

MOSCOVIE (Laine de). *Voyez* GASTON.

MOSELLE, grande et belle rivière, affluent du Rhin. Sa source sort des monts Faucilles, près des ruines du château de Moselle, au-dessus du village de Bussang. La Moselle traverse en France les départements des Vosges, du sud-est au nord-ouest ; de la Meurthe, nord-ouest, puis nord-est ; de la Moselle, nord ; ensuite, elle fait limite entre la Belgique et la Prusse Rhénane, nord, sur une longueur d'environ 35 kilomètres ; et continue sa course dans la province prussienne, nord-est, jusqu'à son embouchure dans le Rhin, à Coblentz. Elle parcourt ainsi une étendue d'environ 520 kilomètres. Les principaux lieux où elle passe sont : Remiremont, Épinal, Charmes, Toul, Pont-à-Mousson, Metz, Thionville, Sierck, Trèves, Bern-Castel, Coblentz (Prusse-Rhénane). Ses principaux affluents sont : la Valogne, le Madon, la Meurthe, la Seille, l'Orne ; enfin, la Sarre. Depuis Frouart seulement, lieu de sa jonction avec la Meurthe, la Moselle est navigable sur un cours de 356 kilomètres, dont 115 en France. Les objets ordinaires du transport par la Moselle sont la houille, le fer, les grains, le plâtre, la pierre, les ardoises, le vin, la garance, les huiles. LA BASTIDE.

MOSELLE (Département de la), formé en majeure partie de l'ancienne Lorraine, et de différents territoires appartenant aux trois évêchés et au comté de Bar. Il touche, au nord, au grand-duché de Luxembourg, à la Prusse et à la Bavière Rhénanes ; au midi, au département du Bas-Rhin et à celui de la Meurthe ; à l'ouest, il est borné par celui de la Meuse.

Divisé en 4 arrondissements, 27 cantons, 628 communes, il compte 459,684 habitants. Il envoie trois députés au corps législatif, est compris dans la 5ᵉ division militaire, forme le diocèse de Metz, possède une cour impériale et ressortit à l'académie de Nancy.

Sa superficie est de 532,796 hectares, dont 303,913 en terres labourables ; 45,597 en prés ; 5,291 en vignes ; 142,127 en forêts et bois ; 12,237 en cultures diverses ; 6,591 en terrains incultes ; 1,477 en propriétés bâties ; 3,141 en rivières, étangs, marais ; 186 en terrains et bâtiments publics ; 12,232 en routes, chemins, places publiques, et rues, etc.

La surface de ce département, généralement élevée, devient très-montagneuse dans sa partie orientale (à l'est de la Sarre), où s'élève la chaîne des Vosges. Ici, le pays est peu fertile, mais très-pittoresque, couvert de montagnes revêtues d'épaisses forêts de chênes et de sapins, entre-coupé de vallées profondes et étroites. Le reste du département (les arrondissements de Thionville, Metz et Briey) ne présente qu'un plateau sillonné par des cours d'eau dont les vallées sont bien moins encaissées, et qui s'étend souvent en vastes plaines, dont les plus étendues sont celles des rives de la Moselle. C'est cependant dans cette partie du pays que se trouvent les points les plus élevés. Le département de la Moselle est arrosé de la Moselle, qui le traverse dans toute sa largeur à l'ouest, en lui donnant son nom, par l'Orne, la Seille, la Canner, ses affluents ; par la Sarre et sa tributaire la Nied, formée de deux autres, la Nied française et la Nied allemande ; par le Chiers, qui appartient au bassin de la Meuse, et par ses affluents, la Crune et l'Othain. Les étangs se trouvent presque tous dans la partie orientale du département : ils sont peu nombreux, et en grande partie artificiels. En général, le climat est plutôt froid que tempéré, et plutôt humide que sec.

Dans la partie montagneuse, le sol léger et sablonneux est sec et aride. La pomme de terre est le seul légume que l'on y cultive avec succès. Partout ailleurs, la terre est généralement fertile, surtout les rives de la Seille et la vallée de la Moselle. L'agriculture a fait depuis un certain nombre d'années beaucoup de progrès ; le plâtre, la marne, sont presque partout employés comme engrais. On recueille du blé et du seigle suffisamment pour la consommation, de l'avoine en petite quantité, des légumes, ainsi que des fruits en abondance ; des graines oléagineuses, une assez grande quantité de lin et de chanvre, un peu de houblon. Les mirabelles de Metz sont bien connues, et ses melons, ses pêches, ses poires, sont d'une qualité supérieure. Le produit des vignobles est d'une qualité assez médiocre, et se consomme presque entièrement sur les lieux. La partie orientale du pays est la plus boisée. Le pin, le chêne, le hêtre, le coudrier, dominent dans les forêts. Celles-ci sont très-giboyeuses, et servent de refuge à des chevreuils, des loups, des renards, des belettes, des chats sauvages et des lièvres, mais le sanglier y est rare. Dans la partie orientale, on trouve quelques animaux des régions du Nord. Les rivières sont très-poissonneuses. On y pêche des brèmes, des loches, des saumons (dans la Moselle), des truites saumonées, des ombres, des aloses, des luttes, des lamproies de rivière, etc. Les prairies naturelles sont très-étendues. Le bétail qu'elles nourrissent est d'une petite race, ainsi que les chevaux ; les moutons donnent une laine fort ordinaire ; on a cherché à les améliorer en introduisant dans le pays quelques troupeaux de moutons anglais et de chèvres thibétaines. En compensation, on élève une grande quantité de porcs. Le lard et les jambons de Longwy sont recherchés et viennent à Paris. Les abeilles sont assez nombreuses. Le minerai de fer abonde partout, mais les dépôts les plus riches sont ceux de Saint-Pancré, Aumetz, Moyeuvre, Hayange, Hargasten, Brevilliers, Brettnack. Il y existe en outre du plomb et du cuivre, de la houille, d'excellente pierre de taille, des meules à aiguiser, des quartzites, du gypse et de la marne en abondance aux environs de Thionville et de Longwy, de la chaux, qui est d'une qualité excellente aux environs de Metz ; des argiles à poterie et à tuilerie. Les fossiles sont très-communs, entre autres sur les coteaux baignés par la Nied, la Moselle, la Seille et l'Othain. Il y a des sources minérales à Stuzelbronn, Walzbronn, Guénetrange, à Bonnefontaine, près de Metz, et des sources salées à Saint-Julien-lès-Metz, Salzbronn et Morhange.

L'industrie manufacturière de ce département a principalement pour objet la fabrication de draps communs et autres lainages, tricot noir très-fin et très-léger ; toile, cotonnades, soieries, broderies, chapeaux, cuirs, papiers, tabatières de carton (à Sarreguemines et ses environs) qui occupent l'habitant dans la morte saison ; chaudronnerie, faïencerie, poterie de grès, mais surtout taillanderie, quincaillerie, clouterie, et objets en fer de toutes espèces ; la distillation d'eau-de-vie de grains, de fruits, de raisin et de pommes de terre ; la filature de la laine et du coton. Il y existe 13 hauts fourneaux, 14 fours d'affinerie à la houille et 40 forges, des usines de diverses espèces, qui livrent des fers en gueuse et moulés, de l'acier, des tôles, des fers blancs, etc. ; plusieurs fabriques de produits chimiques, des sucreries de betteraves, des fours à chaux et à plâtre, de nombreuses tuileries et briqueteries, des verreries, qui donnent gobeletterie, verres à vitres, cristaux, bouteilles, etc. Ville-Houblemont livre de la coutellerie commune fort recherchée.

Le commerce est favorisé par la navigation de la Moselle et de la Sarre, qui le mettent en rapport avec les régions voisines, par les chemins de fer de Metz et de Nancy à Sarrebruck et de Nancy à Forbach, par 12 routes impériales qui aboutissent à Metz, et 12 routes départementales. Les objets d'exportation consistent d'abord dans tous les principaux produits de son industrie, et en vin, eau-de-vie, bois de construction et de charpente, confitures de Metz, miel, lard, jambons.

Il y a des vestiges d'antiquités, de chaussées et de voies romaines en plusieurs endroits de ce département, dont le chef-lieu est *Metz*. Les villes et endroits principaux sont *Thionville*; *Sarreguemines*; *Briey*, chef-lieu d'arrondissement, avec un tribunal civil et 2,400 habitants. C'est une ancienne ville, qui doit son origine à un camp romain. Elle est divisée en *haute* et *basse*. La ville haute est bâtie eu amphithéâtre sur le revers escarpé d'une montagne; la ville basse est au pied, et coupe une vallée délicieuse qu'arrose le Woigot, et que de superbes forêts entourent de toutes parts. *Saint-Avold*, chef-lieu de canton, avec une station du chemin de fer de Nancy à Sarrebruck et 4,021 habitants; jolie ville, bâtie dans une riante vallée, que domine la masse de rochers de grès appelée Blieteberg, dont la surface est ornée de jardins disposés en gradins. Cet endroit doit son origine à un monastère fondé par Sigebald, évêque de Metz, en 730. En 756 Grodegrand y ayant transporté les reliques de saint Nabor, il en prit le nom, auquel on a donné par la suite la forme actuelle. *Bitche*; *Forbach*, bourg bâti sur la frontière de Prusse, et sur l'escarpement septentrional de la montagne de Selosberg, dont le sommet est couronné par les ruines d'un ancien château fort. On y compte 4,826 habitants. C'est une station à la tête de ligne du chemin de fer de Metz à Sarrebruck. *Boulai*, ville située se penchant et au pied d'une colline, dans une vallée arrosée par la Katzbach, qui se jette près de là dans la Nied. On y remarque l'église paroissiale, vaste édifice riche d'ornements. On y compte 2,849 habitants. *Longwy*, *Sarralbe*, ville située dans un beau vallon, au confluent de la Sarre et de l'Albe, avec 3,460 habitants. *Gorze*, dans une gorge pittoresque, au-dessus des montagnes qui bordent le bassin de la Moselle. Cette ville, jadis fort importante, a été long temps célèbre par une abbaye fondée en 745 par Grodegrand et Charles Martel, et fils de Charles Martel. On y compte 1,800 habitants. *Bouzonville*, petite ville dont l'ensemble, dans la vallée de la Nied, au pied d'une montagne nue et ravinée, forme un tableau extrêmement pittoresque. On y compte 2,129 habitants. *Sierck*, petite ville située dans un fond, entre le Stromberg et les rochers du vallon de Montenach : c'est l'un des points les plus importants de la frontière sous le rapport commercial. Elle est entourée de murailles, et défendue par un château qui commande le cours de la Moselle à une grande distance. L'aspect extérieur en est charmant. Au-dessous de Sierck est le célèbre camp de Kunsberg. On y compte 2,149 habitants. *Hayange* et *Moyœuvre-la-Grande*, villages près de Thionville, ont des forges superbes. *Saint-Louis*, à 30 kilomètres de Sarreguemines, possède la cristallerie la plus ancienne de France et une des plus importantes de l'Europe.

LA BASTIDE.

MOSELLE (Vins de la). On appelle ainsi les vins qu'on récolte sur les bords de la Moselle de même que dans les vallées latérales qui l'avoisinent, par exemple dans le pays de Liége, dans le pays de Luxembourg et en Lorraine. Il y en a de rouges et de blancs. Ce sont des vins légers; mais ce qui fait leur mérite, c'est que, bien que légers, ils ne laissent pas que de joindre à une saveur pure et vive cette finesse du bouquet et ce pétillement, qui les font aimer de plus en plus. Les meilleures espèces, dégagées de toute acidité, défaut des vins communs de la Moselle, passent pour de bons vins de table, très-favorables à la santé. Ils n'échauffent pas et conviennent particulièrement aux personnes obligées de suivre un régime doux. On distingue d'ordinaire les vins de la *Haute Moselle* et ceux de la *Basse Moselle*. Les premiers se récoltent depuis Trèves jusqu'à Burg, au-dessous de Trarbach; les seconds, à partir de là jusqu'à Coblentz. Les premiers crûs sont ceux de Scharzberg, d'Ober-Emmel (dits aussi vins de la Sarre), et de Gruhausen, près Trèves. Ils sont corsés et capiteux; tandis que le vin de Braunberg est remarquable par la délicatesse de son bouquet. Les meilleures qualités secondaires sont celles de Zeltingen, de Wehlen, de Graach, qui viennent sur une montagne non loin de Berncastel; de Pisport, dans le cercle de Wittlich, et de Winningen, près de Coblentz.

MOSHAISK ou **MOJAISK**, ville du gouvernement russe de Moscou, à l'embouchure de la Moshaïska dans la Moskwa, à 9 myriamètres de Moscou, avec 3,000 habitants, est remarquable par la bataille qui s'y livra le 7 septembre 1812, mais que l'on appelle plus justement la *bataille de la Moskwa*, et que les Russes nomment d'après le village de Borodino.

MOSKWA ou MOSKOWA, affluent de l'Oka, qui se jette dans le Volga, est célèbre par la bataille qui se livra sur ses rives le 7 septembre 1812, qu'on appelle aussi quelquefois, mais à tort, *bataille de Moshaïsk*, et à laquelle les Russes donnent le nom de Borodino, village sur lequel s'appuyait leur aile droite. Elle fut gagnée par Napoléon sur les Russes commandés par Koutonsoff, Barclay de Tolly et Bagration (*voyez* MIL HUIT CENT DOUZE [Campagne de]). Mais comme les Français y perdirent beaucoup plus de monde que les Russes, que la retraite de ceux-ci s'effectua en bon ordre et sans que l'ennemi songeât à la troubler, ils ont toujours considéré cette bataille comme une victoire; et pour en immortaliser le souvenir un mausolée d'une originalité remarquable, dû à l'architecte Adamini, a été inauguré en grande pompe le 7 septembre 1839 sur le champ de bataille de Borodino. C'est en récompense de la bravoure déployée dans cette journée par le maréchal Ney, déjà duc d'Elchingen, que Napoléon le créa *prince de la Moskwa*.

MOSKWA ou MOSKOWA (Bataille de la). Les débuts de la campagne de mil huit cent douze avaient été brillants. Barclay de Tolly, fuyant pour ainsi dire une grande bataille, dont les chances, surtout devant un capitaine comme Napoléon, devaient être si incertaines, se maintenait, malgré les clameurs des siens, dans une sage défensive. Mais tout à coup l'armée russe change de chef. Cédant à la voix de l'opinion publique, qui attribuait les malheurs de la guerre aux mauvais choix des généraux, l'empereur Alexandre défère le commandement suprême à Koutousoff, récemment vainqueur des Turcs. Dès lors le plan de Barclay est abandonné. Le nouveau généralissime des armées russes ne veut pas laisser arriver les Français à Moscou sans livrer bataille. En conséquence, il fait avancer ses divers corps vers Borodino, pour s'asseoir dans une forte position en avant de Moshaïsk.

Le 5 septembre, les deux armées étaient en présence. L'armée russe était en ligne derrière la Moskwa, sa droite appuyée sur Borodino, sa gauche sur la Kaluga. Cette gauche était le côté le plus vulnérable; aussi l'avait-on garnie d'un grand nombre de troupes, et une redoute formidable, défendue par dix mille hommes, barrait le passage. De plus, c'était sur le flanc de la grande armée et sur celui de notre grandearmée que se trouvait cette redoute; tout portait donc à l'enlever, si l'on voulait s'avancer : Napoléon en donna l'ordre. Ce fut le 61e régiment de ligne qui marcha le premier. La redoute fut enlevée d'un seul élan et à la baïonnette. Mais bientôt elle fut reprise. Trois fois le 61e l'arracha aux Russes, et trois fois il en fut rechassé ; mais enfin il s'y maintint, tout sanglant et à demi détruit. Le lendemain quand l'empereur passa ce régiment en revue, il demanda où était son troisième bataillon : « Il est dans la redoute, répartit le colonel. »

Quand la plaine eut été nettoyée, cette redoute, qui était l'avant-poste ennemi, devint la nôtre. La nuit était venue, les feux s'allumèrent, et Napoléon établit son bivouac à gauche de la grande route, non loin du lieu qui venait d'être le théâtre de cette lutte acharnée; le lendemain, dès les premières lueurs du crépuscule, l'empereur s'avança entre les deux lignes, et parcourut de hauteur en hauteur tout le front de l'armée ennemie pour la reconnaître. Toutes les dispositions d'ensemble et de détails ayant été arrêtées, les différents corps se préparèrent à la grande bataille qui devait se livrer le lendemain. Deux armées de cent vingt mille hommes chacune, ayant chacune six cents canons, allaient dans quelques heures se disputer la victoire. Le lendemain ne tarda pas à arriver : c'était le 7 septembre.

A deux heures du matin, les maréchaux commandant les différents corps vinrent prendre les derniers ordres de l'empereur. On fit lire aux soldats la proclamation suivante : « Soldats, disait Napoléon, voilà la bataille que vous avez tant désirée. Désormais la victoire dépend de vous ; elle nous est nécessaire, elle nous donnera l'abondance, de bons quartiers d'hiver, et un prompt retour dans la patrie ! Conduisez-vous comme à Austerlitz, à Friedland, à Vitepsk et à Smolensk, et que la postérité la plus reculée cite votre conduite dans cette journée; que l'on dise de vous : « Il était à cette grande bataille sous les murs de Moscou ! »

Dès que les premières lueurs du jour parurent et qu'éclatèrent les premiers coups de fusil de Poniatowsky, l'empereur, posté près de la redoute conquise le 5 septembre, s'écria, avec une sorte d'enthousiasme : « Voilà le soleil d'Austerlitz ! » Mais, il faut le dire, ce soleil nous était contraire. Il se levait du côté des Russes, montrait l'armée française à leurs coups et éblouissait nos soldats ; ce premier désavantage ne fut pas le seul. Dans cette mémorable et sanglante journée, le génie tutélaire de Napoléon, ce génie qui avait conquis tant de victoires, semblait l'avoir abandonné. Les marches que l'empereur venait de faire avec l'armée, les fatigues des nuits et des jours précédents, tant de soins, une si grande attente, l'avaient épuisé. L'énergie du mal physique avait déterminé en lui une prostration absolue des forces morales. Ses traits étaient affaissés, son air souffrant et abattu. En un mot, on pourrait dire qu'il assista à la bataille plutôt comme spectateur presque indifférent que comme principal acteur, tant il se montrait anéanti. Cependant soutenus par leurs glorieux souvenirs, soldats et généraux firent leur devoir.

Trois batteries de soixante pièces de canon, établies sur les hauteurs, se trouvaient en avant des centres de l'armée. Celle de droite commença le feu, qui s'étendit aussitôt sur toute la ligne. Dans ces premiers moments, l'attention de l'empereur était fixée sur sa droite, quand tout à coup, vers sept heures, la bataille éclata à sa gauche. Le prince Eugène venait de s'emparer du village de Borodino et de son pont. Il se trouva qu'on avait engagé de front une bataille qui avait été conçue dans un ordre oblique. Dès lors tout s'ébranla. Bientôt, après deux combats meurtriers, la colonne du corps de Davout attaque et enlève d'abord la première redoute, puis la seconde, qui fut vivement disputée, reprise même, mais qui tomba de nouveau et resta au pouvoir des nôtres. Le roi de Naples profita de ces premiers succès pour porter au delà des redoutes les corps de cavalerie des généraux Nansouty et Latour-Maubourg, qui culbutèrent la première ligne ennemie sur la seconde et balayèrent la plaine jusqu'au village de Semenowska. D'un autre côté, Morand faisait attaquer la plus grande et la plus forte redoute de toute la ligne ; mais les soldats du 30e, après y être entrés à la baïonnette, avaient été forcés de quitter leurs conquêtes à des troupes imposantes.

Cependant la gauche de l'armée française était vivement pressée et perdait beaucoup de monde. Plusieurs régiments formés en carrés, soutinrent le choc de la cavalerie russe sans être entamés ; et peu après, cette cavalerie fut repoussée par la garde italienne, accourue au secours du vice-roi. Après cet effort, le prince Eugène revint avec la garde italienne vers la grande redoute, qu'il se disposait à attaquer. Déjà cette formidable redoute était menacée par le deuxième corps de cavalerie, à la tête duquel le brave général Montbrun venait d'être tué par un boulet. Le roi de Naples ordonna au général Caulaincourt de prendre le commandement, de passer le ravin et de charger les Russes. Caulaincourt part aussitôt avec ses cuirassiers, culbute tout ce qui lui résiste, puis, tournant subitement à gauche suivant l'ordre donné, il pénètre le premier dans la redoute sanglante, où il tombe frappé d'une balle. Pendant cette charge décisive de cavalerie, le vice-roi, avec son infanterie, électrisée par son exemple, entrait l'épée à la main dans cette même redoute, et, achevant la victoire des cuirassiers de Caulaincourt, venait s'affermir dans cette position. Toutefois, les Russes n'y avaient pas renoncé ; ils combattirent avec acharnement, mais sans succès, et périrent en grand nombre au pied de ces ouvrages, qu'ils avaient eux-mêmes élevés. Heureusement leur dernière colonne d'attaque se présenta sans artillerie vers Semenowska et vers la grande redoute. Trente canons, réunis à propos par Belliard, l'écrasèrent et la mirent en déroute sans qu'elle eût le temps de se déployer.

De son côté, Grouchy, par des charges sanglantes et réitérées sur la gauche de la grande redoute, assura la victoire et balaya cette plaine ; mais il ne put poursuivre les débris des Russes. De nouveaux ravins, et derrière eux des redoutes armées, protégeaient leur retraite. Ils s'y défendirent avec rage jusqu'à la nuit. De ces secondes hauteurs, ils écrasèrent les premières qu'ils avaient cédées à nos troupes. Ce fut vers trois heures et demie que cette dernière victoire fut remportée ; il y en eut plusieurs dans cette journée ; chaque corps vainquit successivement ce qu'il avait devant lui, sans profiter de son succès pour décider de la bataille, car chacun, n'étant pas soutenu à temps par la réserve, s'arrêtait épuisé. La bataille était finie. Peu de victoires avaient été achetées plus chèrement. Le nombre des morts et des blessés était considérable de part et d'autre. Plus de 30,000 cadavres jonchaient le champ de bataille, parmi lesquels un grand nombre de généraux. Des prodiges de valeur, d'une valeur presque inouïe, signalèrent cette journée mémorable. Pendant l'action, le roi de Naples fit, à plusieurs reprises, demander avec instance à l'empereur une partie de sa garde pour achever, mais il ne put rien obtenir. Napoléon répondait à ceux qui le pressaient : « Qu'il y voulait mieux voir, que sa bataille n'était pas encore commencée, que la journée serait longue, qu'il fallait savoir attendre, etc. » Ainsi, la garde impériale demeura forcément inactive pendant cette bataille si meurtrière. Du reste, dans le bulletin de cette journée si meurtrière, Napoléon se plut à apprendre à l'Europe que lui ni sa garde n'avaient été exposés.

Les plus habiles militaires présents à la bataille, ceux-là même qui pouvaient le plus justement revendiquer l'honneur de la victoire, disaient qu'on y avait combattu comme dans l'enfance de l'art ; que c'était une bataille sans ensemble, une victoire de soldat plutôt que de général. On n'y reconnaît point le génie de Napoléon. Sept jours après, nos soldats entraient dans les murs déserts et silencieux de la grande Moscou, dont le nom rappelle de si grands désastres !

CHAMPAGNAC.

MOSKOWA (Prince de la-). *Voyez.* NEY.

MOSQUÉE, mot fait de l'italien *moschea*, dérivé lui-même de l'arabe *medschid*, qui veut dire *lieu de prières*. C'est le nom qu'on donne aux temples mahométans. Au nombre des caractères distinctifs de l'architecture des mosquées, on remarque surtout les coupoles ainsi que les tours s'élevant en étages et ornées à leur extrémité de croissants, dites *minarets*, du haut desquelles un aveugle, souvent, appelle les fidèles à la prière. D'ailleurs, ce sont généralement des édifices carrés, avec des avant-cours où se trouvent des fontaines pour les ablutions. A l'intérieur, les seuls ornements consistent en arabesques et en préceptes du Coran inscrits sur les murailles. On n'y voit aucune espèce de tableaux. Le sol est le plus ordinairement couvert de tapis ou de nattes. Il ne s'y trouve point de sièges. Au sud-est, il y a une espèce de chaire pour l'iman, et dans la direction de La Mecque une niche vers laquelle les fidèles doivent diriger leurs regards.

On donne le nom de *djamia* aux grandes mosquées, où se célèbre le service divin du vendredi, et où en Turquie se font les prières pour le grand-seigneur. Rigoureusement parlant, les sectateurs de l'islamisme ont seuls le droit d'entrer dans les mosquées ; mais il y a déjà longtemps qu'en Turquie et dans les pays qui en dépendent, ainsi qu'aux grandes Indes, on use d'un peu plus de tolérance à cet égard. Des grandes mosquées ou *djamia* dépendent des *médressés* ou écoles, des *imarets* ou hôpitaux, et quelquefois même des cuisines publiques, où les pauvres peuvent faire cuire leurs aliments. Les revenus des mosquées proviennent de fonds de terre auxquels sont attachées de grandes immunités.

MOSQUITO (Côte de), en anglais *Mosquito Coast*, littéralement *côte des Moustiques*, État Indien placé sous la protection de l'Angleterre et situé sur la côte orientale des républiques de Honduras et de Nicaragua, séparé de la première par le *Roman* ou *Lamos*, qui se jette dans la baie de Honduras à l'est du port de Truxillo et du cap Honduras, et de la seconde au sud-est par le Blewfields-River ou Rio Escondido, qui se jette dans la *baie de Blewfields* ou lagune du golfe de Mosquito, appelé autrefois golfe de Guatemala. Le développement que présente la côte dans ces limites, sans y comprendre quelques courbes peu importantes, est évalué à 70 myriamètres, et sa surface à 760. D'autres évaluations, par suite de l'incertitude des limites intérieures, varient entre 650 et 2,060 myriamètres carrés. C'est à l'est du cap *Gracias à Dios* que la côte fait la saillie la plus vive ; elle y forme une foule de baies et présente quelques bons ports, par exemple la *Boca del Dore*, le port de *Gracias à Dios*, et quelques autres situés à l'embouchure des rivières. Le banc de Mosquito ou de *Honduras* s'étend en mer jusqu'à 15 et 20 myriamètres ; la mer n'y présente nulle part plus de 30 brasses de profondeur, et on y rencontre une foule d'îlots, de récifs et de rochers. Au fond d'une lisière de côtes plates et marécageuses s'élève le pays de montagnes, les hautes terrasses de Honduras et de Nicaragua, s'abaissant doucement vers la mer en vastes plateaux et ramifications. De leurs flancs s'échappent aussi une foule de cours d'eau, tels que le *Roman*, le *Blackriver* ou *Tinto*, le *Patook* ou *Cartago* au nord, le grand *Rio de Segovia* ou *de Herbias*, appelé aussi *Cape* ou *Wanksriver*, le *Toucas* ou *Rio del Oro*, le *Tonglas* ou *Patco*, le *Rio Grande Perlas* et le *Blewfields* à l'est. Leurs débordements, les exhalaisons des eaux stagnantes des marais et des lacs du littoral, joints à la chaleur tropicale du climat et à ses deux saisons pluvieuses, rendent ces pays malsains. On y rencontre aussi beaucoup de cerfs, de chevaux à moitié sauvages, et de bêtes à cornes, d'oiseaux de toutes espèces, de poissons et de tortues, mais aussi des alligators ; des serpents et des lézards venimeux, des insectes extrêmement nombreux, notamment des moustiques et des taons. Les habitants du pays sont Indiens de race, et appartiennent pour la plupart à la famille des *Mosquitos* ou *Mosquitos*, appelés aussi *Moscos*, ne comptant plus guère aujourd'hui que 20,000 têtes, et errant généralement à l'état sauvage. Ils se divisent en plusieurs tribus : les *Mosquitos* proprement dits, les *Poyais*, les *Taukas*, les *Taguz-Calpas*, les *Mata-Calpas* et les *Talal-Calpas*. Ils sont en général d'une belle stature, naturellement belliqueux et courageux, et d'une grande adresse à conduire leurs canots. La chasse et la pêche constituent leurs principales occupations ; ceux d'entre eux qui ont des demeures fixes font aussi un peu d'agriculture et élèvent quelques bestiaux. Toutefois, ils ont plus de porcs que de bêtes à cornes et de chevaux. Les Anglais ont répandu parmi eux un semblant de civilisation ; mais la population est demeurée en réalité très-barbare, et dans ces derniers temps la démoralisation et la paresse y ont fait des progrès effrayants ; cela ne les empêche pas, toutefois, d'avoir une manière d'organisation politique. Ils ont à leur tête un roi, qui s'est fait baptiser avec quelques seigneurs de sa cour, et dont le pouvoir est modéré par une espèce d'assemblée législative. Le jugement par jurés est aussi en vigueur parmi eux. Les principales localités sont : *Poyais* sur le Blackriver, et non loin de la *Aguazila* ; *Cartago*, ou *Orgata*, sur la baie de Caratasca ; *Tobuncana*, au nord-ouest de l'embouchure du Rio de Segovia ; *Topapa* et *Jolavor*, sur la côte orientale ; *Blewfields*, au sud, est la capitale.

La côte de Mosquito fut découverte en 1502, par Christophe Colomb, à l'époque de son quatrième voyage. Quoique Christoval de Olide eut dès 1523 pris possession de Honduras au nom de la couronne de Castille, les Espagnols, par suite de la vaste étendue de leurs conquêtes, la négligèrent complètement, et même ne la soupirent jamais ; et au milieu du dix-septième siècle les naturels défendaient encore contre eux leur indépendance. Quand la flotte expédiée dans ces parages par Cromwell se fut emparée de la Jamaïque, le roi des Mosquitos, d'accord avec les chefs de son peuple, se plaça sous la protection de l'Angleterre, qui accepta ce protectorat et l'a toujours conservé depuis. A partir de cette époque, divers essais de colonisation furent tentés sur les bords du Blackriver par les Anglais. Puis, à la suite du traité de 1786, ils abandonnèrent le pays, et les Espagnols en reprirent possession. Mais ceux-ci, toujours odieux aux aborigènes, durent, à la suite d'une attaque commandée par le prince sauvage Tempête, évacuer le pays ; de telle sorte que le roi des Mosquitos se retrouva de nouveau souverain libre et indépendant. En 1820 il céda le territoire de Poyais, qui avait le projet d'y fonder une colonie d'émigration, un royaume de la *Nouvelle-Neustrie*. Mais les Indiens s'étant montrés hostiles à cette entreprise, et Mac Grégor n'ayant trouvé auprès des puissances européennes ni appui ni sympathie, l'Espagne ayant même formellement protesté contre ses prétentions, il lui fallut y renoncer.

Plus tard, les États limitrophes, Honduras, Nicaragua et Costa-Rica, élevèrent des prétentions à la possession de la côte de Mosquito, encore bien qu'elle ne leur eût jamais appartenu. Les Nicaraguans s'établirent à l'embouchure du San-Juan, qui sert de décharge au lac de Nicaragua, jusqu'où devaient s'étendre, au sud, les limites des Mosquitos, suivant la prétention du roi et de ses protecteurs. Mais le 21 août 1821 le colonel Mac Donald, gouverneur de Balize ou de l'Honduras anglais, débarquait, en compagnie du roi de Mosquitie, à l'embouchure du San-Juan, faisait prisonnier le lieutenant-colonel nicaraguan Quijano, comme ayant violé le territoire britannique, l'emmenait sans autre forme de procès à bord de la frégate la *Tweed*, puis après l'avoir débarqué sur un point désert de la côte, gagnait le large. En reconnaissance du service que l'Angleterre venait de lui rendre, le roi se plaça alors sous sa suzeraineté. Pendant ce temps-là une société anglaise avait acheté le territoire s'étendant depuis le gap Gracias à Dios jusqu'à l'embouchure du Patook, sur une profondeur d'environ 28 myriamètres (208 myriamètres carrés), et d'autres colonies anglaises s'établissaient en outre sur le Blackriver et le Blewfields. Cette société offrit au comité de colonisation allemande placé sous la protection du prince Charles de Prusse et du prince de Schœnburg-Waldenburg de lui vendre une certaine étendue du sol, qu'une commission fut chargée d'aller examiner. Mais l'opinion publique s'étant montrée hostile à une telle entreprise, le comité de colonisation se déclara dissous dès 1846 ; et il n'y eut qu'un très-petit nombre de colons prussiens qui, en 1846 et 1848, partirent pour la côte de Mosquito. Les Anglais, au contraire, n'ont jamais perdu ce pays de vue, à cause de l'importance de sa situation commerciale; et déjà, sous divers prétextes, ils en ont occupé plusieurs points, par exemple le port de Truxillo, sur la côte septentrionale de Honduras. Toutefois, la tentative faite par les Anglais d'étendre les limites de la Mosquitie jusqu'au San-Juan et de s'assurer ainsi soit la possesion, soit la domination des voies de communication projetées à peu de distance de là pour relier l'océan Pacifique à l'Atlantique, ont échoué contre l'énergie des Américains du Nord. Ils ne peuvent même point agir ouvertement en maîtres sur le territoire de la Mosquitie, le traité intervenu en 1850 entre la Grande-Bretagne et les États-Unis ayant positivement statué qu'aucune des deux puissances ne devrait chercher à s'emparer de cette contrée.

MOSS (Convention de). *Voyez* CHRISTIAN VIII et NORVÈGE.

MOSSOUL, chef-lieu d'un petit eyalet de la Turquie d'Asie, qui, sur les deux rives du Tigris, comprend une partie du Kourdistan occidental et de la Mésopotamie septentrionale. Cette ville est à 35 myriamètres au Nord de Bagdad, et bâtie sur une colline crayeuse longeant la rive occidentale du Tigris, dont la largeur y est d'environ 100 mètres et qu'on y passe sur un pont de bateaux, en même temps qu'un pont en pierre est jeté sur un bras du fleuve qui se trouve à l'est. La contrée arrosée par le fleuve, de même que celle où l'on rencontre des sources et des cours d'eau, est fertile et produit en abondance des céréales, des légumes, des fruits de toutes espèces, des melons, des limons doux, d'excellentes grenades, des figues, des olives, du coton et du tabac. Au delà de cette véritable oasis, le sol devient aride et de la nature des steppes; il est parcouru par des hordes pillardes de Kourdes et de Bédouins arabes; et on y rencontre beaucoup de gibier et de bêtes fauves. La ville, qui de nos jours n'occupe guère que le tiers de son ancien emplacement, est encore à moitié entourée du côté de la terre par une vieille et forte muraille, et contient dans son enceinte un grand nombre d'endroits complètement déserts. Les rues étroites, tortues et sales; les maisons, bâties en terre ou en briques sèches et recouvertes d'un mortier à la chaux ou d'un stuc gypseux, sont parfois aussi construites en pierres de taille. Mossoul compte plusieurs mosquées, notamment une grande mosquée principale, aujourd'hui à moitié en ruine, qu'avoisine le minaret oblique appelé *Al Tawelah*, et située sur l'emplacement même de l'ancienne église Saint-Paul, ainsi qu'un grand nombre de tombeaux de saints mahométans, huit églises chrétiennes, dont trois en ruines, et quatre patriarches chrétiens. Cette ville est le siège d'un patriarche jacobite, et était jadis la grande métropole des chrétiens de la Mésopotamie (nestoriens, chaldéens unis, jacobites, etc.), mais dont le nombre est singulièrement diminué de nos jours, par suite des guerres, des pestes, des famines, du prosélytisme musulman, de l'oppression et d'une longue anarchie. On peut se faire une idée de l'énorme diminution de population qui y a eu lieu, en songeant que de 1740 à 1840, c'est-à-dire dans l'espace d'un siècle, le chiffre de ses habitants a baissé de 60,000 à 20,000, dont environ 14,000 mahométans (Arabes, Kourdes, Osmanlis) et un millier de juifs.

Mossoul était jadis un des grands centres du commerce et de l'industrie en Orient; et il y a cinquante ans c'était encore le grand marché des articles de droguerie de l'Orient, du café moka d'Arabie, et des marchandises de la Perse. Mais aujourd'hui les guerres et les troubles intérieurs, le développement du transit par Abouschehr à la Perse, et l'habitude qu'ont adoptée les Anglais de passer directement par Suez, ayant complètement changé la direction du commerce, les bazars de Mossoul, de même que le transit qui s'y faisait pour Bagdad, Alep et Constantinople sont tout à fait anéantis. Le commerce avec le Kourdistan a seul conservé de l'importance, parce qu'on tire de ce pays d'énormes quantités de noix de galle, dont la plus grande partie s'expédie par Alep sur la Mediterranée ou par Bagdad aux grandes Indes. Les bazars de cette ville, qui était autrefois en possession de fournir toute l'Europe des articles dits de Mossoul, et notamment des tissus de coton connus sous le nom de m o u s s e l i n e s, d'objets en maroquin, etc, sont encombrés aujourd'hui de marchandises européennes. Les ateliers de tissage, de teintureries, d'impressions sur étoffes et de mégisserie, sont complétement tombés; on n'y fabrique plus du tout de mousselines. A peu de distance de Mossoul existent des mines de soufre, et entre autres sources minérales des eaux sulfureuses de 20 à 21° R. C'est aussi aux environs de Mossoul que sont situées les ruines de Ninive, qu'ont mieux fait connaître de nos jours les fouilles entreprises par Botta et Layard.

MOSTAGANEM ou MUSTY-GANIM, ville du département d'Oran (Algérie), chef-lieu d'une subdivision militaire et d'une sous-préfecture, à 1 kilomètre de lamer, à 296 kilomètres d'Alger et à 80 d'Oran, par environ 35°55' de latitude septentrionale et 2° 17' de longitude occidentale. La ville de Mostaganem, située sur la côte orientale du golfe d'Arzew, au sud-ouest et à 12 kilomètres de l'embouchure du Chélif, est bâtie en amphithéâtre sur des hauteurs en vue de la mer et adossée de trois côtés à des coteaux élevés. Elle se trouve sur les bords d'un ravin au fond duquel coule une source abondante. Les vaisseaux mouillent vis-à-vis l'ouverture de ce ravin, mais dans la saison des vents ce mouillage n'offre pas de sécurité.

La population de Mostaganem a dû être jadis fort considérable. En 1830 on l'évaluait à 15,000 habitants. En 1838 on n'y trouvait plus guère que 4,000 individus. Cette population s'est accrue depuis, et on y compte à présent 6,458 habitants, dont 3,222 indigènes. La population musulmane et juive de Mostaganem est généralement industrieuse. Les femmes brodent pour les Arabes des bonnets dont la ville fait un grand commerce avec l'intérieur. Les hommes sont tous artisans, cultivateurs ou commerçants. On y fait surtout le commerce des laines, des bestiaux, des grains et des fourrages.

Le territoire de Mostaganem comprend trois villes distinctes : *Mostaganem*, *Matamore* et *Mazagran*. De ces trois villes Mostaganem est la plus importante; Matamore en est en quelque sorte la citadelle. Mazagran est situé à l'ouest, à 7 kilomètres. Ce territoire comprend le ravin de Mostaganem, où coulent des sources abondantes, qui peuvent arroser une très-grande étendue de terrain après avoir fait mouvoir des usines. Des moulins existent sur ce cours d'eau. La ville de Mostaganem est assise sur une roche de calcaire sablonneux, de formation secondaire, à 85 mètres au-dessus du niveau de la mer. Les roches qui bordent le rivage et qui forment les collines de Mazagran sont de grès calcaire secondaire et coquillier, traversés par de riches filons d'argile, qui était employée à la fabrication d'ouvrages de poterie. Il existe dans le district des Hachems des dépôts de pouzzolane. Le territoire de Mostaganem est un des plus fertiles de la province d'Oran; les plateaux et les pentes des collines des Hachems, à l'est de la ville, du côté de la mer, étaient généralement cultivés en céréales. La vigne y est cultivée avec le plus grand soin; l'olivier couvre les campagnes du Chélif, le figuier y croît en abondance. Mostaganem possédait autrefois de grandes cultures de henné (*lausonia inermis*), plante tinctoriale qui colore en beau brun-rouge. La garance croît naturellement dans les montagnes et les plaines du Chélif. De belles plantations de cotonniers couvraient jadis les plaines de l'Habrah. La vallée de Mazagran et les plaines qui s'étendent entre cette ville et Mostaganem étaient autrefois couvertes d'habitations et de riches cultures; mais les hostilités qui ont si longtemps désolé ce pays et le manque de bras qui se fait partout sentir en Algérie, ont entraîné la destruction successive des plantations et des maisons de campagne qui rendaient ce pays un des plus beaux de la régence.

24.

Sous le règne de l'empereur Gallien, l'Afrique septentrionale fut désolée par d'effroyables tremblements de terre ; un grand nombre de villes du littoral furent submergées et des sources d'eau salée jaillirent en plusieurs endroits. Peut-être faut-il attribuer à ces catastrophes l'aspect abrupte de la côte de Mostaganem, qui effectivement semble conserver les traces d'un affreux bouleversement. Sans doute alors une partie du rivage, et avec elle le *Portus magnus*, qui devait se trouver en cet endroit, furent engloutis par la Méditerranée. La formation des lacs salés d'Arzew et de la Sebkha peut se rapporter aux mêmes causes. Les chroniques musulmanes font remonter au douzième siècle la fondation de la ville arabe de Mostaganem. Gouvernée d'abord par le chef sarrazin Youssouf, elle tomba ensuite aux mains d'un autre chef, Ahmed-el-Abd, dont les descendants conservèrent cette possession jusqu'au seizième siècle. Alors les Turcs s'en emparèrent, sous le commandement de Khaïreddin, surnommé *Barberousse*. Celui-ci agrandit l'enceinte de Mostaganem, la fortifia, et de cette époque date l'importance de cette ville. Matamore n'était alors qu'un faubourg de Mostaganem. Attirées par la fertilité du sol, de nombreuses familles maures vinrent s'établir à Mostaganem et sur son territoire : de grandes exploitations agricoles furent entreprises ; la culture du coton fut alors importée avec succès dans cette partie de l'Algérie. Les Espagnols, maîtres d'Oran, après plusieurs excursions jusqu'à Mazagran, tentèrent, en 1558, une expédition contre Mostaganem sous la direction du comte d'Alcaudète, qui y périt. Les invasions espagnoles, les incursions des Arabes, l'incurie, et l'avidité des gouverneurs paralysèrent le développement industriel et agricole de cette contrée, et en 1830 les habitants du territoire de Mostaganem produisaient à peine les objets nécessaires à leur consommation.

A l'époque de la conquête d'Alger, des Turcs et des Koulouglis d'Arzew, de Mazagran et de Mostaganem se retirèrent dans la forteresse de cette dernière ville, au nombre d'environ 1,200 ; ils y furent rejoints par 457 Turcs de la milice d'Oran, lorsque les troupes françaises prirent possession de cette ville. Ces débris des vieilles milices turques, sentant le besoin de se réunir, s'étaient successivement concentrées dans les trois villes de Mostaganem, de Tlemsen et de Mascara. Ils s'y défendirent vaillamment contre les Arabes des environs. La garnison de Mascara, serrée de près et dépourvue de vivres, se confiant aux promesses qui lui étaient faites, eut le malheur de livrer cette ville aux Arabes ; elle fut massacrée tout entière. Le même sort menaçait les milices de Tlemsen et de Mostaganem. Pour les maintenir dans nos intérêts, le général Boyer imagina de leur accorder une solde mensuelle et des munitions. Avec ce secours elles continuèrent longtemps la résistance. C'était en 1831 ; en même temps le commandement de Mostaganem fut confié au kaïd Ibrahim. Les tribus environnantes, refusant de reconnaître son autorité, pillèrent les récoltes et détruisirent les maisons de plaisance qui ornaient les abords de Mostaganem. Le commandant de cette ville fit alors foudroyer la ville de Tig-Did, où s'était réfugié l'ennemi, et cette collision eut pour résultat l'émigration d'une partie des familles maures au milieu des tribus arabes.

En 1833, Abd-el-Kader ayant obtenu une sorte de soumission des défenseurs de Tlemsen, entraîna les tribus de l'ouest contre les tribus du Chéliff, avec l'intention bien arrêtée de s'emparer de Mostaganem. La fidélité des Turcs de cette ville était depuis longtemps suspecte au général Desmichels, et l'indépendance qu'affichait leur chef avait éveillé son attention. Il n'y avait pas un instant à perdre pour prévenir la défection dont nous étions menacés et empêcher que Mostaganem ne tombât aux mains de l'émir. Le 23 juillet, une flottille partit d'Oran, emportant 1,400 hommes. Les vents s'opposèrent d'abord au débarquement. Il fallut relâcher à Arzew, où les Français étaient installés depuis le 3 juillet. Le 27 on débarqua à l'embouchure de la Macta. Après cinq heures d'une marche pénible dans les sables jusqu'à mi-jambe, on s'arrêta à la fontaine de Sdidia, où l'on passa la nuit. Le 28, à quatre heures et demie du matin, on se remit en route. Enfin, on arriva devant Mazagran. Quelques Arabes étaient embusqués dans les jardins ; il fallut les déloger. Cette ville était abandonnée. Les habitants s'étaient retirés dans l'intérieur. Les Turcs de Mostaganem vinrent au-devant des Français. Le kaïd s'y rendit bientôt lui-même, et le général put entrer à Mostaganem. Le 29, les Arabes parurent en force, et il y eut un engagement sérieux dans les masures du village ruiné de Tig-Did. Les Maures quittèrent leur ville avec la permission du général. Le 31, on dut encore repousser une attaque des Arabes, qui dura sept heures. Le 1er août les Arabes coupèrent les canaux ; mais ils ne purent détourner la source qui coule dans le ravin. Le 2, la ville maure étant évacuée, les troupes s'y installèrent. Les Turcs et les Koulouglis gardèrent Mostaganem. Le général Desmichels s'embarqua pour Oran, emmenant avec lui le kaïd Ibrahim et laissant le commandement au lieutenant-colonel Dubarreil. Cette conquête nous avait coûté une quinzaine de blessés et deux tués. Après le départ du général, de nouvelles attaques eurent lieu ; mais les Français ne devaient plus quitter Mostaganem.

Après la prise de Mascara, en décembre 1835, une nombreuse population venue de cette ville, ainsi que de Callah et de Mazounah, acceptant la protection française, s'établit à Mostaganem. Les Betsowah Kabyles, anciens habitants d'Arzew, furent placés à Mazagran, dont ils cultivèrent les jardins. De son côté, Abd-el-Kader dirigea les habitants fugitifs de Mazagran et de Matamore sur Tagdempt. En 1840, lors de la reprise des hostilités, Mostaganem eut à subir une attaque vigoureuse. Mazagran soutint un siège héroïque, et Mostaganem fut délivré.

Un arrêté ministériel du 1er septembre 1834 avait institué un commissaire du roi à Mostaganem. Au mois de janvier 1836, le maréchal Clauzel érigea un beylick de Mostaganem, dont Ibrahim fut investi. La convention de la Tafna n'ayant réservé à l'administration française que le territoire de Mostaganem et de Mazagran, l'autorité musulmane reçut une nouvelle organisation : un hakem ou gouverneur civil fut chargé de l'administration municipale, sous la surveillance du commissaire du roi. Une ordonnance royale du 31 janvier 1848 régla l'administration municipale de cette ville, qui a été de nouveau constituée par un décret de 1854.

L. LOUVET.

MOSTAR, capitale de l'Herzegowine.

MOT, assemblage de voyelles et de consonnes, qui sert à peindre une idée. *Mot* vient de l'ancien latin *mutum*, fait de *mutire* (parler bas), qui dérive du grec μῦθος (mot, parole, discours). Court de Gébelin distingue deux sortes de mots : les uns, qui désignent les objets dont on fait la comparaison ; les autres, qui font voir qu'on les compare entre eux ; ceux-là, qui forment les masses du tableau ; ceux-ci, qui servent à les lier. Des grammairiens, fort habiles d'ailleurs, ont établi des divisions et des subdivisions de mots dont la subtilité métaphysique échappe aux intelligences vulgaires, et n'y laisse qu'un vide pédantesquement ridicule. Celui-ci partage tous les mots en *substantifs* et *modificatifs* ou *attributifs*, parce qu'il n'y a dans la nature que des *substances* et des *manières d'être*. Celui-là établit une distinction entre les mots qui signifient *les objets des pensées*, et ceux qui marquent le *modes de ces pensées*. Un autre reconnaît des mots *affectifs* et des mots *énonciatifs*. Un quatrième appelle ces derniers *discursifs*. Disons avec M. Thurot que si l'on veut admettre un trop grand nombre de divisions et de subdivisions, on augmente le désordre et la confusion auxquels on voulait remédier.

Chaque mot, suivant les fonctions qu'il a à remplir, rentre dans une des divisions générales appelées *parties du discours*, et qui sont au nombre de neuf : le *nom* ou *substantif*, l'*adjectif*, l'*article*, le *pronom*, le *verbe*, l'*adverbe*, la *préposition*, la *conjonction*, l'*interjection*. Les mots appartenant aux cinq premières classes sont *variables* ou dé-

MOT — MOT D'ORDRE

clinables; ceux qui prennent rang dans les quatre autres sont *invariables* ou *indéclinables*. Les mots d'une seule syllabe, se nomment *monosyllabes*. Les mots de deux, trois syllabes, ont le nom de *dissyllabes*, *trissyllabes*, etc. Généralement, on appelle *polysyllabes* tous les mots composés de plusieurs syllabes.

La pureté du langage dépend du choix des mots. Suivant Beauzée, *mot* serait principalement relatif au matériel, ou à la signification formelle qui constitue l'espèce, tandis que *terme* se rapporterait plutôt à la signification objective qui détermine l'idée, ou aux différents sens dont elle est susceptible.

« *Leurrer*, par exemple, dit ce grammairien, est un mot de deux syllabes : voilà ce qui en concerne le matériel; et par rapport à la signification formelle ce mot est un verbe au présent de l'infinitif. Si l'on veut parler de la signification objective dans le sens propre, *leurrer* est un terme de fauconnerie ; et dans le sens figuré, où nous l'employons au lieu de *tromper* par de fausses apparences, c'est un *terme* métaphorique. Ce serait parler sans justesse et confondre les nuances que de dire que *leurrer* est un terme de deux syllabes, et que ce *terme* est à l'infinitif, ou bien que *leurrer*, dans son sens propre, est un *mot* de fauconnerie ; ou , dans le sens figuré, un *mot* métaphorique. »

Parmi les mots, on distingue les *synonymes*, c'est-à-dire ceux qui ont le même sens , ou dont le sens a de grands rapports, et des différences légères, mais réelles; et les *homonymes*, mots dont la prononciation est identique avec celle d'autres mots dans une même langue.

On appelle *mots consacrés* quelques mots particuliers qui ne peuvent être employés que dans certains cas; ailleurs ils seraient déplacés. Peut-être cette qualification leur vient-elle de ce que ces mots ont commencé par la religion , dont les saints mystères ne pouvaient être exprimés que par des mots faits exprès pour eux ; tels sont : *Trinité*, *Incarnation*, *Assomption*, etc. On appelle aussi *mots consacrés* les mots propres qui appartiennent à la langue des arts ; mais le terme de *mots techniques* leur convient mieux. Quant aux *mots sacramentels* ou *sacramentaux*, comme on dit quelquefois dans le langage familier, ce sont les mots essentiels pour la conclusion d'une affaire ou d'un traité.

Le *mot à double entente*, est celui qui présente deux sens, soit à l'auditeur, soit au lecteur. C'est sur cette double signification, qui résulte de l'homonymie ou de la consonnance, que se fonde le petit mérite du calembour et du jeu de mots.

Le *bon mot*, qui mérite de ne pas être confondu avec la pointe, le calembour et le jeu de mots, est un sentiment vivement et finement exprimé. La spontanéité est sa condition essentielle. Les véritables bons mots sont extrêmement rares ; cependant, il nous serait facile d'en citer une foule échappés à plusieurs de nos hommes célèbres : ceux de Fontenelle, par exemple, sont empreints d'une originalité fine et délicate. En voici un d'une tout autre espèce, mais dont l'énergique simplicité a quelque chose de lacédémonien. Louis XV dînait au camp de Compiègne, après avoir assisté aux grandes manœuvres. La table était servie sous une immense tente ; des grenadiers portaient les plats. L'odeur que répandaient ces soldats dans un lieu étroit et échauffé blessa la délicatesse des organes du prince. « Ces braves gens, dit-il un peu trop haut, sentent diablement le chausson. — C'est, répondit brusquement un grenadier, parce que nous n'en avons pas. » Un profond silence suivit cette réponse.

On dit d'une personne qui réussit à trouver le côté plaisant de toutes choses, et qui se plaît à égayer la société par ses saillies, qu'elle a toujours le *mot pour rire*.

Mot s'emploie très-souvent pour désigner une sentence, un apophthegme , ou quelque dit mémorable.

Dans les devises et armoiries, ce qu'on appelait le *mot* est une courte sentence, placée tantôt au-dessus tantôt au-sous de l'écusson, et faisant généralement allusion au nom ou à quelque pièce des armes de la personne à qui appartenaient les armoiries. Cette coutume d'employer un *mot*, soit comme symbole, soit comme cri de guerre, pour s'animer, se reconnaître et se rallier dans les combats, est d'une haute antiquité ; nos ancêtres avaient adopté cet usage, et plusieurs mots de ce genre se sont perpétués dans les blasons des grandes familles et divers ordres de chevalerie.

Dans le commerce, *mot* se dit du prix qu'un marchand veut de sa marchandise ou de celui que l'acheteur en offre. Ce livre est de cinq francs , c'est mon dernier *mot* ; vous ne m'en donnez que quatre, vous ne serez pas pris au *mot*. Un marchand qui n'a qu'un *mot* est celui qui ne surfait pas.

On écrit un *mot* à quelqu'un , c'est-à-dire une lettre très-courte ; un auteur touche un *mot* de tel ou tel sujet quand il ne fait que l'effleurer en passant.

Au figuré, de *grands mots* sont des expressions exagérées, les *gros mots*, des injures , des paroles offensantes ; savoir le *fin mot* d'une intrigue, c'est connaître l'intention secrète de ceux qui la mènent. Avoir le *mot* c'est être averti de quelque chose ; entendre à *demi-mot* signifie qu'on comprend aisément. On tranche le *mot* quand on parle sans ménagement ; se donner le *mot*, c'est s'entendre , se concerter pour une chose. Traduire un auteur *mot à mot*, n'est autre chose que l'expliquer sans aucun changement dans les mots et dans leur ordre ; traduire *mot pour mot* c'est rendre le sens de chaque, mot. *En un mot*, est une formule de conclusion , qui équivaut à l'adverbe *enfin*.

Le *mot d'une énigme*, au propre , c'est le sens caché sous les paroles mystérieuses qui composent l'énigme. Tenir le *mot* de l'énigme , c'est l'avoir devinée. Chaque jour, on dit tous les jours que l'on connaît le *mot* de l'énigme , pour faire entendre qu'on n'est pas dupe des voiles trompeurs dont s'enveloppe une ténébreuse intrigue.

CHAMPAGNAC.

MOTALA, bourg à marché du bailliage de Linkœping (Suède), situé dans l'une des plus belles contrées du royaume, à l'endroit où le *Motala-Elf* sort du lac Wetter pour couler parallèlement au canal de Gœtha et tomber, après avoir formé plusieurs cataractes, dans le lac Boren, puis de celui-ci dans les lacs de Kung, de Norrby et de Roxen ; de là, en se dirigeant au nord-ouest, il atteint le lac de Glan , d'où il coule de nouveau à l'est pour aller se jeter dans une baie de la Baltique voisine de Norrkœping.

Motala est célèbre par ses ateliers mécaniques, construits en 1822 sous la direction du Dr Fraser, ingénieur anglais, et qui depuis lors sont devenus d'une haute importance pour la préparation des fers de Suède. Ils occupent un emplacement d'environ 1600 mètres de long , et toute la largeur qui sépare le canal du Motala-Elf, soit près de 400 mètres. On y fabrique des machines à vapeur , des cilyndres , des pompes , toutes espèces de machines triturantes, des presses hydrauliques , des presses typographiques , des grues, des canons , etc. Cette vaste usine n'a pas coûté moins de trois millions de francs à établir. Près de Motala on voit le tombeau du comte de Platen , chargé de la direction des travaux du canal de 1810 à 1829, époque de sa mort.

MOT D'ORDRE, MOT DE RALLIEMENT. Dans la langue militaire , c'est un mot donné pour se reconnaître dans les patrouilles , dans les rondes de nuit , dans une expédition. Le *mot d'ordre* se donne tous les soirs à l'armée en garnison. La série des mots d'ordre est faite au ministère de la guerre et envoyée par quinzaine aux généraux qui commandent les divisions militaires ; à Paris , le chef de l'État donne le mot d'ordre aux Tuileries ; le général le donne dans l'armée qu'il commande; il est porté à tous les chefs. Le mot d'ordre est sacré ; quiconque le divulgue est puni de mort. A côté du mot d'ordre , on donne chaque jour un mot dit *de ralliement*. Chaque sentinelle doit l'avoir, et l'exiger de tout corps de troupes, patrouille, ronde ou découverte qui passe devant son poste. Quand un poste reconnaît une patrouille , il en reçoit le mot d'ordre et lui donne en échange celui de ralliement. Il n'en est pas de même des rondes de major ou d'officier supérieur. On doit

leur donner le mot d'ordre, et elles rendent celui de ralliement.
CHAMPAGNAC.

MOTÉNÉBBI, célèbre poëte arabe, né en 915, à Koufa, s'appelait en réalité *Achmed*, et était fils d'un certain *Hussein*. Dominé par une ambition excessive, il finit par vouloir jouer le rôle de prophète, et fut surnommé, en conséquence, *Al-Motenebbi*, ce qui veut dire *le prophétisant*. Il périt en 965, assassiné, sur la route de Bagdad à Koufa, par des brigands bedouins. Ses poëmies sont en général des panégyriques, ou bien consacrés à chanter des batailles; et on y voit apparaître déjà le style artistement étudié des poëtes arabes postérieurs. Son *Divan*, collection de 289 poëmes, qui a occupé plus de quarante commentateurs, a été imprimé en 1814, à Calcutta. De Hammer est le premier qui l'ait complétement traduit (*Vienne*, 1823).

MOTET, morceau de musique sacrée composé sur des paroles latines à l'usage de l'Église romaine, comme psaumes, hymnes, antiennes, répons, etc. On donne à ces différentes compositions le nom de *musique latine*. Les Allemands appellent *motet* le morceau de musique dont le texte en prose est puisé dans l'Écriture Sainte. Ce nom lui vient selon les uns de ce que le nombre des paroles doit être circonscrit, et selon d'autres du verbe *movere*, *motum* (mouvoir), parce que la partie du chant devant être fleurie a par cela même un mouvement plus rapide que le chant simple, ou le plain-chant, qui lui sert parfois de basse.

MOTEUR. Par ce mot on désigne généralement tout ce qui fait mouvoir, agir, tout ce qui transmet le mouvement. Au point de vue moral, philosophique et social, on nomme *moteurs* les principes moraux d'après lesquels nous nous conduisons, les principes ou causes des actes humains, et les principes sociaux qui règlent les rapports des hommes. L'âme humaine est douée de facultés; parmi ces facultés, les unes sont dites *premières* ou *facultés motrices*, et les autres *secondaires*, parce qu'elles procèdent des *premières*. En théodicée, Dieu est nommé le premier, le souverain *moteur* de tout, parce qu'il a donné la vie aux causes secondes. Descartes, raisonnant en philosophe et en physicien, a proclamé la nécessité du premier moteur; Aristote avait posé le même principe en disant que Dieu est le seul moteur des corps dans son concours immédiat. Les sectateurs de ce philosophe admettent dans les animaux une faculté motrice ou locomotrice.

Figurément, en morale, *moteur* se dit aussi de celui qui donne le mouvement à une affaire, qui fait agir, excite et pousse les autres.

En mécanique, *moteur* est le nom assigné à la cause qui donne le mouvement à une machine, à un appareil quelconque. L'air, l'eau, le feu, les animaux, les hommes, les poids, les ressorts pouvant imprimer directement le mouvement, sont autant de *moteurs* lorsqu'ils agissent de manière à communiquer une certaine vitesse aux parties inertes d'une machine. De plus, outre ces moteurs, qui sont naturels, on nomme encore *moteurs* les machines elles-mêmes, qui reçoivent l'impression de ces moteurs et la transmettent aux parties que l'on veut faire mouvoir. Ainsi, il y a deux sortes de *moteurs : des moteurs naturels* ou *premiers*, et des *moteurs secondaires* et *intermédiaires*. La vapeur de l'eau bouillante est un des plus puissants moteurs connus, et il est peu de feu et peu de circonstances dans lesquelles on ne puisse l'employer avec succès; ainsi que le prouve l'expérience de chaque jour.

En anatomie, on appelle *moteurs* certains nerfs qui font mouvoir les yeux, tels que le *moteur oculaire commun* et le *moteur oculaire externe*.
E. PASCALLET.

MOTHE-FOUQUÉ (LA). *Voyez* LA MOTHE-FOUQUÉ.
MOTHE-LE-VAYER (LA). *Voyez* LA MOTHE-LE-VAYER.

MOTIF. Ce mot, comme celui de *raison*, exprime une influence exercée sur la volonté. Mais l'influence du *motif* est une influence d'entraînement, celle de la *raison* une influence abstraite, rationnelle, qui ne fait qu'éclairer l'esprit. Les *motifs* peuvent n'être que des sentiments, des impulsions obscures et secrètes, pour celui même qui agit. Les *raisons* sont des *motifs*, mais des *motifs* clairement aperçus et discutés, dans lesquels l'agent raisonnable a puisé des considérations qui lui ont paru autoriser ou légitimer l'action, et, qui tout au moins, l'expliquent, si elles ne la justifient pas; les *raisons* sont relatives au compte que l'agent rend ou se rend à lui-même, ou qu'on lui demande de sa conduite avant ou après l'exécution. La force des *motifs* s'estime par la véhémence et la rapidité avec lesquelles ils emportent la détermination; la force des *raisons* s'estime par le plus ou moins de raison ou de plausibilité des réflexions qui ont décidé à agir. L'enlèvement d'Hélène a été le *motif* de la guerre de Troie, c'est-à-dire qu'il a poussé ou engagé les Grecs à l'entreprendre; il en a été la *raison*, c'est-à-dire ce qui a paru aux Grecs une considération suffisante pour la faire, et ce qu'ils auraient répondu à ceux qui leur en auraient demandé compte ou raison.
Benjamin LAFAYE.

MOTIF (*Musique*), terme dérivé de l'italien, et désignant l'idée principale, la pensée dominante d'un opéra, d'un simple morceau. C'est par des motifs plus ou moins sentis, plus ou moins gracieux, qu'un musicien fait connaître l'originalité et la puissance de son faire ; c'est par la manière dont le motif est amené, développé, abandonné, repris, qu'on juge du degré d'habileté et de science du compositeur. Le motif est presque toujours exécuté par les voix, par les violons, par les instruments chantants, tels que les flûtes, les hautbois, etc.

MOTIFS (Exposé des). *Voyez* EXPOSÉ DES MOTIFS.

MOTION. Ce mot de la langue parlementaire est synonyme du mot *proposition*, et s'entend de toute proposition faite de son propre mouvement par un membre d'une assemblée. En Angleterre, toute présentation de bill relatif à quelque affaire publique est précédée d'une motion. Une *motion d'ordre* est celle par laquelle on demande la parole sur l'ordre que l'on doit suivre dans une délibération.

MOTOUN. *Voyez* MONON.

MOTS (Jeu de). *Voyez* JEU DE MOTS.

MOTTE; petite masse plate et ronde, faite ordinairement avec le tan qu'on ne peut plus employer à préparer les cuirs, et qui sert à faire du feu. La motte de tannée offre d'abord assez de combustibilité pour s'allumer. Quand elle a été suffisamment séchée, elle s'allume facilement, ne répand pas beaucoup de fumée, brûle paisiblement, s'affaisse sous elle-même, et elle a l'avantage de garder quelques étincelles de feu pendant plusieurs heures de suite. Elle convient donc parfaitement à ceux qui ont besoin de retrouver du feu le matin, et à ceux qui, la nuit dans leur maison, à quel prix cet avantage est obtenu. Il faut pour évaporer 25 kilogrammes d'eau un kilogramme de bon bois sec, qui coûte 3 centimes environ. Or, savez-vous quel nombre des meilleures mottes de tannée il est nécessaire d'employer pour produire le même effet calorifique? La quantité énorme de treize; qui, au taux de 10 centimes pour vingt mottes, prix ordinaire à Paris ; fait la somme de 15 centimes : le prix de ce combustible, comparé au meilleur bois, est donc dans le rapport de 36 fr., valeur pour un double stère de bois neuf, à 189 fr. Et cependant, reportons notre pensée sur un jour d'hiver rigoureux; voyons descendre de leurs greniers ouverts à tous les vents, sortir de leurs froides et humides tanières ces formes féminines, pâles et hâves, qui, leur pièce de 10 centimes à la main, vont au-devant de ce tombereau qui promène à cris lugubres, comme la misère elle-même, *la motte et le youssier de motte* !
PELOUZE, père.

MOTTE-HOUDARD (LA). *Voyez* LA MOTTE-HOUDARD.

MOTTE-PIQUET (Comte de la). *Voyez* LA MOTTE-PIQUET.

MOTTE-VALOIS (Comtesse de La). *Voyez* La Motte-Valois.

MOTTEVILLE (Françoise Bertaut, dame de), auteur de *Mémoires* fort spirituels et pleins d'intérêt sur la reine Anne d'Autriche et sur la Fronde. Elle était fille de Pierre Bertaut, gentilhomme ordinaire de la chambre du roi, et nièce du poète de ce nom mentionné par Boileau. Les divers biographes la font naître en 1615. M. de Monmerqué marque sa naissance en 1621, d'après un passage de ses mémoires, où elle dit : qu'après le renvoi de Mme du Fargis, elle avait dix ans. Or, le renvoi de cette dame d'honneur d'Anne d'Autriche eut lieu à la suite de la *journée des dupes*, 27 décembre 1630. Sa mère, qui avait la confiance de la reine, l'avait placée auprès de cette princesse. Mais trois ans après, le cardinal de Richelieu, à qui la mère portait ombrage, fit donner par le roi l'ordre de retirer cette enfant. Sa mère l'envoya en Normandie. La reine lui fit une pension de 600 livres, qui fut portée à 2,000 en 1640. Elle épousa, en 1639, *Nicolas* Langlois, seigneur de Motteville, premier président de la chambre des comptes de Normandie. Cette union ne dura que deux ans. Après la mort de Louis XIII, en 1643, Anne d'Autriche, devenue régente, rappela près d'elle Mme de Motteville, sans cependant lui donner une des charges de sa maison. Depuis lors Mme de Motteville ne quitta plus la reine; elle la soigna pendant sa dernière maladie, dont elle nous a transmis les détails. La reine, par son testament, lui légua 30,000 livres. Son attachement et sa reconnaissance pour cette princesse la déterminèrent à écrire son histoire. « Ce que j'ai mis sur le papier (dit-elle dans l'avertissement de ses *Mémoires*), je l'ai vu et je l'ai ouï; et pendant la régence, qui est le temps de mon assiduité auprès de cette princesse, j'ai écrit sans ordre, de temps en temps, et quelquefois chaque jour, ce qui m'a paru tant soit peu remarquable. J'ai employé à cela ce que les dames ont accoutumé de donner au jeu et aux promenades, par la haine que j'ai toujours eue pour l'inutilité de la vie des gens du monde. » On trouve dans cet écrit un caractère de simplicité et de vérité, un récit naïf, non sans finesse, qui entraînent la confiance. Aucun de ses contemporains ne donne de détails plus authentiques sur l'intérieur et sur la vie privée d'Anne d'Autriche, et sur les ressorts secrets qui ont fait agir la cour pendant les troubles de la Fronde.

Sans ambition comme sans brigue, elle se trouva la confidente de deux reines. Aimée d'Anne d'Autriche, elle fut admise aussi dans la familiarité de Henriette, reine d'Angleterre, femme de Charles Ier. Ce fut dans son soin que cette princesse répandit ses premières douleurs, à la nouvelle de l'exécution de son mari. Placée au milieu d'une cour brillante, dont elle ne partageait pas la dissipation, elle observait attentivement les hommes et les choses. Telle est l'idée que ses Mémoires donnent d'elle; et Mme de Sévigné, qui n'en parle qu'une fois, la montre se tenant à l'écart et rêvant profondément. Elle mourut le 29 décembre 1689. Ses *Mémoires pour servir à l'histoire d'Anne d'Autriche* ont été publiés pour la première fois en 1723. L'éditeur paraît s'être permis de fréquentes altérations. Un manuscrit de la bibliothèque de l'arsenal, copié de la main de Conrart, présente des différences notables avec le texte imprimé. Malheureusement, ce manuscrit s'arrête à l'année 1644. La dernière édition de M. Petitot indique ces différences. On a donné en 1855 une nouvelle édition des mémoires de Mme de Motteville d'après le manuscrit de Conrart, avec une notice par M. Sainte-Beuve.   Artaud.

MOUCHARD, mouche. C'est en ces termes que depuis longtemps déjà l'on désigne les espions que la police met aux trousses de celui dont elle veut connaître toutes les actions, toutes les démarches. On dit qu'un inquisiteur de la foi qui s'appelait Mouchy, et de son nom d'église *Démocharès*, avait des agents, des familiers, des espions pour découvrir les hérétiques. Ces agents furent nommés *mouchards*, et le mot se serait ensuite généralisé. Cette étymologie peut être exacte; nous préférons, avec Ménage, faire dériver *mouchard* de *mouche*; les mouches voltigeant partout, se posant partout pour chercher leur pâture, ont présenté une saisissante analogie avec les espions se mêlant à tout pour trouver les éléments de quelque rapport; l'expression vient peut-être aussi de *fine mouche*, qui signifie une personne habile, rusée.

MOUCHE (*Entomologie*). Le genre *mouche*, tel qu'il a été défini par Latreille, appartient à l'ordre des diptères, et forme le troisième genre de la famille des athéricères. Les insectes qui appartiennent à ce genre, dont la *mouche domestique* (*musca domestica*, L.) peut être regardée comme le type, sont de forme oblongue et sub-cylindrique. Leur tête est irrégulièrement globuleuse, un peu plus large que longue, et légèrement aplatie vers la partie antérieure et supérieure; elle présente deux larges yeux à facettes, trois petits stemmates distincts et des antennes à trois articles; le troisième article, plus long que les deux autres, formant une palette arrondie et prismatique composée d'une soie mince et souvent plumeuse. La cavité buccale, située à la partie inférieure de la tête, renferme une trompe membraneuse, coudée, rétractile et bilabiée; les palpes, filiformes et hérissés de poils, sont situés à la base de la trompe, et sont comme elles rétractiles. Le corselet, cylindrique de forme, paraît n'être constitué que d'un seul segment; les ailes, membraneuses, transparentes, à nervures longitudinales fermées par des nervures transverses, sont grandes et étalées horizontalement; les pattes, longues, grêles et hérissées de poils, se terminent par un double crochet et par deux pelotes, munies, dit-on, d'un appareil pneumatique, qui permet à l'insecte de faire un vide et d'adhérer ainsi aux surfaces les plus obliques et les plus polies, par la simple pression de l'atmosphère. L'abdomen est formé de quatre segments distincts, et se termine chez la femelle par un oviducte peu saillant.

Les mouches pondent toutes des œufs, très-petits, mais en très-grand nombre : une seule espèce, la *mouche vivipare*, dépose sur la viande des larves déjà toutes formées, et qui grandissent presque à vue d'œil. Les larves qui proviennent de ces œufs sont apodes, cylindriques, molles, flexibles, coniques et pointues à l'extrémité antérieure, obtuses et arrondies à l'extrémité postérieure de leur corps. Leur tête est garnie de deux crochets écailleux, qui par leur rétraction ou leur saillie rendent sa forme variable. Elles vivent, suivant les différentes espèces, dans le fumier, dans les terres grasses, dans les substances animales, dont elles accélèrent la putréfaction, dans quelques cryptogames, dans les feuilles, les fleurs, les fruits de quelques plantes, etc. Pour se transformer en nymphes, les larves n'abandonnent pas leur peau; mais cette peau, devenue écailleuse, constitue elle-même la coque dans laquelle la nymphe se forme, se développe, et subit enfin sa dernière métamorphose. De cette coque, l'insecte sort parfait; il étale au soleil ses ailes encore humides et fripées; et au bout de quelques heures à peine il prend son essor dans les airs.

Les mouches abondent surtout vers les mois de juillet et d'août, et dans nos provinces méridionales leur importunité devient parfois intolérable. Il est d'usage alors de suspendre au plafond un petit faisceau de branches de saule ou de fougère : les mouches s'y vont nicher par milliers pendant la nuit, et par milliers aussi on les extermine pendant leur sommeil.

La mouche domestique est fort sujette à une maladie très-grave, dont elle guérit rarement, et dont la cause n'est point connue : une matière sébacée, grasse, onctueuse, s'accumule dans son abdomen, qui se gonfle comme le ventre d'un hydropique; les organes vitaux s'atrophient sous cette pression sans cesse croissante; la peau de l'abdomen se distend jusqu'aux dernières limites de son élasticité; puis, la matière graisseuse suinte à travers tous les pores, et la mouche succombe à cette ascite de nouvelle espèce, dont la paracentèse même ne la sauverait pas. Serait-ce une hypertrophie du tissu adipeux? serait-ce, ce qui nous paraît plus probable, une affection analogue à celle qui attaque le ver-à-soie, et qui est connue dans nos magnaneries sous le nom de *muscardine*, maladie qui est déterminée par le développement d'une petite plante cryptogame dans le corps même de l'insecte? Ce point curieux de pathologie entomologique n'est point encore suffisamment élucidé.

Aristote a confondu sous la désignation commune de μυῖα un grand nombre d'insectes à deux ailes, d'espèces, de genres, de familles différents. Plaute, Varron et les naturalistes latins, ont traduit par *musca* la dénomination grecque du Stagyrite, en l'appliquant, comme lui, à une multitude d'insectes diptères de familles très-diverses. Linné a fait de *musca* le nom d'un genre, divisé par lui en deux sections, dont l'une renferme les diptères à antennes effilées, grenues, ou terminées en massue; et l'autre les diptères à antennes terminées par une palette, et portant une soie sur le dos. Scopoli a démembré le genre de Linné, et en a formé bon nombre de genres nouveaux, fondés pour la plupart sur des caractères déduits des organes de la manducation. Geoffroy, De Geer, Fabricius, et plus récemment Meiger, ont poussé plus loin encore la subdivision; Duméril, Fallen et Latreille, ont restreint de beaucoup le genre *musca*, tel qu'il leur avait été légué par Fabricius; et, depuis, M. Robineau-Desvoidy, élevant la *famille des muscides* jusqu'à la dignité de la *classe*, a exclu du genre *mouche* la moitié des espèces qui y avaient été admises par Latreille. Quant à celles qui sont reconnues par M. Robineau-Desvoidy pour appartenir à ce genre, elles sont encore de beaucoup trop nombreuses pour que nous puissions les indiquer ici.

BELFIELD-LEFÈVRE.

Le mot *mouche*, dans le sens propre, a donné naissance à une foule d'expressions proverbiales et figurées : Gober des *mouches*, Être un *gobe-mouche*, c'est ne rien faire, perdre son temps ; Prendre la *mouche*, c'est se piquer, se fâcher mal à propos ; Quelle *mouche* vous pique? pourquoi vous emportez-vous?

Gardez-vous, dira-t-on, de cet esprit critique;
On ne sait bien souvent quelle *mouche* le pique. BOILEAU.

On prend plus de *mouches* avec du miel qu'avec du vinaigre ; on réussit mieux par la douceur que par l'âpreté; Faire d'une *mouche* un éléphant, c'est exagérer outre mesure; Des pattes de *mouche*, une mauvaise écriture, trop menue, mal formée, sans liaison; Faire la *mouche* du coche, se donner beaucoup de mouvement pour rien, se poser en homme indispensable, s'enorgueillir du succès auquel on a le moins contribué.

MOUCHE (*Astronomie*), constellation de l'hémisphère austral, qui n'est point visible dans nos climats.

MOUCHE, petit morceau de taffetas noir gommé, de la grandeur d'une aile de mouche, que les dames se mettaient autrefois sur le visage par ornement ou pour faire paraître leur teint plus blanc. Au dix-septième siècle, on ne sortait pas sans sa boîte à mouches, dont le couvercle, muni à l'intérieur d'un petit miroir, permettait de rajuster les mouches détachées par accident. Le grand art consistait à savoir les placer de la manière la plus avantageuse. Les *mouches* étaient rondes ou découpées en croissant ou en étoile. Les rondes s'appelaient des *assassins*. On nommait celle placée au milieu du front, la *majestueuse*; au coin de l'œil, la *passionnée*; sur le nez, l'*effrontée*; sur les lèvres, la *coquette*. Un bouton importun venait-il à poindre, vite il disparaissait sous une mouche appelée la *recéleuse*.

Les mouches furent en usage dès la fin du règne de Louis XIV et pendant tout le règne de Louis XV. Il y eut même alors des hommes du beau monde qui en portèrent par agrément. La Fontaine fait dire à la *mouche* :

Je rehausse d'un teint la blancheur naturelle :
Et la dernière main que met à sa beauté
Une femme allant en conquête,
C'est un ajustement des *mouches* emprunté.

On appelle aussi *mouche* un petit bouquet de barbe qu'on laisse croître sous la lèvre inférieure, et qui s'est encore appelé selon la circonstance, *impériale* ou *royale*.

On donne en outre le nom de *mouche* à un but de tir, d'où l'expression faire mouche, et à des morceaux de peau placés au bout des fleurets.

MOUCHE (*Jeu de cartes*). La mouche se joue à plusieurs, depuis trois jusqu'à six. Suivant le nombre des joueurs, on emploie un jeu de trente-deux cartes ou un jeu complet. Les cartes ont le même rang qu'au piquet, sauf l'as, qui vient après le valet. On en donne cinq à chaque joueur, chacun est libre de passer ou de jouer le jeu; celui qui y va peut écarter de une à cinq cartes, en en reprenant au talon autant qu'il en jette. Si un joueur a, soit avant l'écart, soit après, cinq cartes de même couleur, les autres *prennent la mouche*, c'est-à-dire qu'ils mettent à la corbeille la somme qui s'y trouvait, et que celui qui *a la mouche* a empochée. S'il y a plusieurs mouches, celle d'atout, désignée par la retourne, l'emporte sur les autres; à défaut de celle d'atout, c'est celui dont le point est le plus élevé. S'il n'y a pas de mouche, on joue en suivant les règles du rams, chaque joueur devant fournir, forcer et même surcouper. Chaque levée vaut à celui qui la fait le cinquième de l'enjeu. Ceux qui ne font aucune levée prennent la mouche.

La mouche est aussi un jeu d'écoliers : un d'eux, choisi au sort, fait la *mouche*, et tous les autres frappent sur lui comme pour le chasser. Rabelais dit de quelques officiers qu'ils jouaient à la *mouche* avec leurs bourrelets, et que c'est un exercice salutaire, *a Mosco inventore*.

MOUCHE (*Marine*). On appelle ainsi un petit navire de marche et d'évolutions faciles, qui a mission d'observer la position des ennemis et de transmettre les ordres.

MOUCHE À MIEL, nom vulgaire de l'abeille.

MOUCHE DE HESSE. *Voyez* CÉCIDOMYIE.

MOUCHE DE SAINT-MARC, MOUCHE DE LA SAINT-JEAN. *Voyez* BIBION.

MOUCHEROLLE. Les oiseaux qui portent ce nom ne forment pour Vieillot qu'une simple section du genre *gobe-mouche*. Cependant G. Cuvier, Temminck et la plupart des ornithologistes en font un genre distinct. Au reste, même port, mêmes mœurs, mêmes habitudes chez les moucherolles que chez les gobe-mouches.

Les moucherolles appartiennent à l'ordre des passereaux dentirostres, et sont ainsi caractérisés : Bec long, très-déprimé, deux fois plus large que haut; mandibule supérieure recourbée sur la mandibule inférieure, qui est pointue à son extrémité et garnie à sa base de poils d'une longueur quelquefois considérable; ailes obtuses; pieds faibles et courts; quatre doigts, dont les latéraux sont inégaux.

Ce genre renferme un grand nombre d'espèces, toutes étrangères à l'Europe. La plus grande, dont la taille ne dépasse pas 22 centimètres, habite l'Amérique méridionale. C'est le *moucherolle à huppe transverse* (*todus regius*, Latr.), que Buffon nomme le *roi des gobe-mouches*. Une huppe d'un beau rouge bai terminée de noir couronne son front; les parties supérieures du corps sont d'un brun foncé; les couvertures alaires sont d'un brun fauve, avec les pennes rousses ainsi que l'abdomen; la poitrine est blanche, maculée de brun ; la gorge jaunâtre; un collier noir, des sourcils blanchâtres, un bec et des pieds noirs, font ressortir l'élégance des couleurs de cet oiseau.

MOUCHERON (FRÉDÉRIC DE), l'un des meilleurs paysagistes de l'école hollandaise, né à Emden, en 1633, fut élève de Jean Asselyn, puis alla à Paris', et s'établit plus tard à Amsterdam, où il mourut, en 1686. C'était un observateur fidèle de la nature. C'est ainsi que dans plusieurs de ses tableaux il a placé des pièces d'eau où les objets d'alentour miroitent. Les figures qui ornent ses paysages sont de Helmbreker et d'Adrien Van der Velde. Le musée d'Amsterdam possède une estampe gravée par Moucheron.

Son fils *Isaac* MOUCHERON, dit *Ordonnance*, né à Amsterdam, en 1670, se fit aussi un nom comme peintre et comme graveur. A partir de 1694 il alla voyager en Italie ; puis il revint dans sa ville natale, où il mourut, en 1744. Ses tableaux sont peints avec une grande facilité, et le coloris en est très-chaud. On a aussi de lui quelques gravures, notamment d'après Le Poussin.

MOUCHOIR, linge qu'on porte dans sa poche pour se moucher et s'essuyer, ou qui sert à couvrir le cou ou la tête. De même que les Perses, auxquels Cyrus avait défendu de se moucher et de cracher en public, les Grecs se servaient peu du mouchoir. Cette coutume existe encore dans l'Asie. Là les grands personnages eux-mêmes, lorsqu'ils sont absolument forcés de se moucher, ont recours à leurs doigts, qu'ils essuient avec un superbe mouchoir de mousseline soigneusement brodé. Du temps d'Hippocrate, on ne se mouchait pas, mais au lieu d'un mouchoir on en avait deux. Le bon ton était d'en porter un à sa ceinture et un autre à la main : c'étaient des tissus somptueux souvent imprégnés d'odeurs fortes. Chez les anciens, quand on était à la tribune, sur le théâtre ou dans un temple, on devait sécher la sueur de son front avec sa robe. Néron s'assujettissait scrupuleusement à cette règle; ses historiens rapportent qu'il n'essuyait sa sueur qu'avec les manches de son habit de dessous, et qu'on ne s'apercevait même jamais qu'il eût besoin de cracher ou de se moucher. Cependant les Romains avaient différentes sortes de mouchoirs : le *sudarium* et l'*orarium* pour essuyer la sueur du visage et de la bouche; le *solare*, qu'on mettait sur la tête pendant le grand soleil ; le *focale*, qu'on portait au cou lorsqu'on était ce que l'on voulait paraître malade. Les femmes soutenaient encore leur gorge avec un mouchoir.

Aujourd'hui, on fait plus que jamais usage des mouchoirs de poche; l'introduction du tabac a surtout rendu le mouchoir un des articles les plus essentiels de notre toilette. On appelle particulièrement *mouchoirs à tabac* des tissus de soie ou de toile d'une couleur sombre. Les mouchoirs de femme, ceux même de poche, sont souvent d'un prix élevé. Peu de personnes se servent de mouchoirs de coton, parce qu'ils échauffent la peau, y excitent des cuissons, des rougeurs, des boutons; les mouchoirs de lin et de chanvre sont les plus communs. Il est aussi du bon ton de se servir des mouchoirs appelés *foulards*.

Beaucoup de personnes ont contracté l'habitude de parfumer leur mouchoir, habitude agréable quand les odeurs que l'on emploie ne sont pas trop fortes. Henri III, si jaloux de son teint et de la blancheur de ses mains qu'il couchait avec un masque et des gants préparés, avait, dit-on, des mouchoirs qui l'annonçaient un quart de lieue à la ronde. Sous son règne et sous celui de son successeur, l'art des empoisonnements, venu d'Italie, excitait une telle frayeur qu'on en redoutait les effets jusque dans les mouchoirs. Rien n'est plus malsain que de porter son mouchoir au fond de son chapeau comme les gens de la campagne et les militaires. On ne saurait aussi trop veiller à la propreté des mouchoirs. On fait des mouchoirs en toile blanche plus ou moins fine, en toile de hollande, en batiste. On en vend beaucoup aussi en toile rayée à carreaux, en fil et coton de diverses couleurs ou imprimés à dessins variés. Pour les mouchoirs de cou, autrement dits *fichus*, on emploie des matières très-diverses, depuis l'indienne et la soie jusqu'à la gaze, la blonde et la dentelle. On en a varié la forme et les dimensions de cent manières. On nomme *mouchoirs à deux faces* des étoffes légères de soie, façon de serge, dont un côté est d'une couleur par la chaîne, et l'autre d'une autre couleur par la trame. Les marchands de nouveautés tirent en grande partie les mouchoirs de cou et les mouchoirs de poche en mousseline, coton, fil, batiste, de Lyon, Nîmes, Rouen, quelquefois même, mais rarement, des Indes. On appelle *mouchoirs-horipal* des tissus de coton d'Asie. Il y en a de même espèce qu'on nomme *balacor*. Chollet est la première ville de France pour la fabrication des mouchoirs de poche; Mayenne, autrefois sa rivale, est presque entièrement déchue de son ancienne importance.

Par ces mots *jeter le mouchoir*, on entend choisir entre plusieurs belles celle qu'on préfère. C'est qu'en effet cnez les Turcs le maître, à son réveil, en use ainsi pour désigner la favorite à laquelle il donne la préférence et qu'il veut honorer de ses faveurs.

MOUCHY (ANTOINE DE), né à Compiègne, en 1494, mort à Paris, en 1574, docteur en Sorbonne, dont il fut le recteur en 1541, et chanoine de Noyon, devint inquisiteur de la foi, sous le nom de *Démocharès*, et déploya contre les réformés un acharnement qui le leur rendit odieux. Il assista au concile de Trente, à celui de Reims, et au colloque de Poissy. Il était à sa mort doyen de la Faculté de théologie et *senieur* de Sorbonne.

MOUCHY (PHILIPPE DE NOAILLES, duc DE), né à Paris, le 7 décembre 1715, frère du maréchal de Noailles, prit part à toutes les guerres de 1733 à 1748; aide de camp de Louis XV, fait lieutenant général en 1748, pour avoir assuré le salut de l'armée à la retraite d'Hilkersperg, il fut ensuite gouverneur de la Guyenne, puis maréchal de France. Le duc de Mouchy était très-dévoué à Louis XVI ; il était aux Tuileries le 20 juin 1792, il s'y trouvait encore le 10 août, pour la défense du roi. Arrêté quelque temps après et accusé, ainsi que sa femme, d'avoir recélé et aidé des prêtres réfractaires, ils comparurent devant le tribunal révolutionnaire ; tous deux furent condamnés, et exécutés le 27 juin 1794 : le maréchal avait alors soixante-dix-neuf ans, et la maréchale soixante-six.

MOUE. *Voyez* CONSTRICTION.

MOUETTE, genre d'oiseaux de l'ordre des palmipèdes, ayant pour caractères : Bec de médiocre longueur, lisse, tranchant, comprimé latéralement; mandibule supérieure recourbée vers le bout; mandibule inférieure renflée en formant un angle saillant près de la pointe; narines latérales, placées au milieu du bec; langue aiguë à l'extrémité et un peu fendue; tarses longs et nus au-dessus du genou; les trois doigts antérieurs entièrement palmés; ailes dépassant la queue.

Les mouettes sont des oiseaux essentiellement nageurs. On les trouve sur le littoral de toutes les mers, où ils recherchent les poissons morts et vivants, les vers, les mollusques, les matières animales en putréfaction. Ils vont quelquefois faire leur chasse à plus de cent lieues des côtes. D'autres fois ils s'aventurent dans l'intérieur des terres. Quelques espèces fréquentent les eaux douces.

Le genre *mouette* se divise en deux sections mal définies : dans la première on range les espèces dont la taille égale au moins celle d'un canard, et que Buffon nomme *goélands*; la seconde, à laquelle on affecte plus spécialement le nom de *mouettes*, renferme les espèces plus petites.

MOUFFETTES. *Voyez* MOFFETTES.
MOUFLARD. *Voyez* CHANFREIN.
MOUFLE. Cette machine est composée d'un nombre variable de poulies, les unes fixes, les autres mobiles. Les premières sont réunies dans une même chappe solidement assujettie ; les autres sont également placées dans une chappe unique, à laquelle est adapté un crochet servant à suspendre le poids que l'on veut élever à l'aide de cette machine. On applique la puissance à l'extrémité d'une corde qui entoure d'abord la première poulie fixe, puis la première poulie mobile, puis la seconde poulie fixe, la seconde poulie mobile, et ainsi de suite. La théorie indique que pour soulever un poids donné à l'aide d'une moufle il suffit d'une force égale à ce poids divisé par le nombre des cordons. Mais on est loin d'atteindre ce résultat dans la pratique, car il faut tenir compte du poids de la moufle et surtout du frottement des cordes sur les poulies.

MOUFLON. Ce nom s'applique à diverses espèces de mouton, à l'état sauvage.

MOUFTI. *Voyez* MUFTI.

MOUGIK, nom que l'on donne en Russie aux paysans, aux serfs. Vous reconnaîtrez invariablement le Mougik russe à sa longue barbe, à son bonnet fourré, aux épaisses bandes de laine qui, entourant ses jambes et ses pieds, lui servent de chaussures : voués au plus dur esclavage, les Mougiks ne connaissent point les jouissances morales, mais ils ne manquent point d'un certain bonheur matériel. Les repas des Mougiks aux grands jours de fête épouvanteraient Gargantua lui-même. La plupart des serviteurs, des domestiques, des cochers, des petits marchands, nous ne disons pas des petits boutiquiers, que l'on rencontre à Saint-Pétersbourg, appartiennent à la classe des Mougiks.

MOUILLAGE, lieu où un vaisseau peut jeter l'ancre, pour y séjourner à l'abri du vent et de la grosse mer. On dit un *grand mouillage* de celui qui est profond, *petit mouillage* de celui qui ne l'est pas. Le bon *mouillage* est celui où un navire est bien assis et ne court aucun risque, grâce à la configuration des côtes.

[Les côtes qui bordent la mer sont découpées de dentelures irrégulières plus ou moins enfoncées dans les terres, qui offrent un abri sûr contre tous les dangers de la navigation : ces bassins sont désignés sous le nom général de *ports* : cependant, un *port* marque spécialement un lieu perfectionné et agrandi par la main des hommes, propre à recevoir et à réparer les vaisseaux ; tandis que les rades, les baies, les havres, et en général tous les endroits où l'on mouille l'ancre, appelés pour cette raison *mouillages*, sont creusés par le travail de la seule nature. Les formes et les accidents des terrains sont autant d'avantages ou de désavantages pour les mouillages : une montagne heureusement placée abrite contre le vent régnant ; des pointes de terre, des roches jetées en sentinelles perdues rompent et cailloutent les vagues énormes venant de la pleine mer ; une entrée étroite brise le dernier clapotis et maintient le calme dans la baie. A mesure qu'un navire approche du mouillage, les dangers augmentent pour lui : la terre le menace du naufrage ; la mer, tourmentée d'obstacles, devient mauvaise, et s'agite avec furie comme pour l'engloutir. Malheur au bâtiment mal gouverné à travers ces montagnes mobiles qu'il doit péniblement labourer ! malheur à lui s'il en choque une maladroitement ! elle tombe lourdement à bord, casse, détruit et emporte tout ce qui se trouve sur bon passage. Ce torrent dévastateur, qu'on nomme *coup de mer*, nettoie quelquefois un beau navire en un clin d'œil et le met ras comme un ponton.

FONMARTIN DE LESPINASSE, *officier de marine*.]

MOULAGE ; MOULEUR. On doit croire que les anciens firent usage du procédé de nos mouleurs, et qu'ils en connurent tout aussi bien que nous les avantages. Il existe des bas-reliefs antiques en terre cuite, rehaussés de peintures polychromes, qui, par leur identité avec des sujets connus et souvent décrits, montrent, indépendamment d'autres preuves, qu'ils ne sont point des ouvrages modèles et originaux, mais bien moulés et obtenus au moyen de creux où on les imprimait. La même observation s'est appliquée à des frises, des ornements de corniche, des moulures qui ne sont à coup sûr que des reproductions. C'est à l'emploi que les anciens firent du moulage que nous devons un grand nombre de bas-reliefs, de figurines en terre cuite, de mascarons, de vases ornés, etc. Une telle pratique entrait probablement pour beaucoup dans cette division de l'art de sculpter à laquelle on donna le nom de *plastique*.

On se sert ordinairement de plâtre pour mouler : après qu'il a été cuit, battu et passé au tamis de soie, on le délaye plus ou moins dans l'eau, suivant la fluidité qu'on veut lui donner. Si on veut prendre seulement le moule d'une médaille ou d'un ornement de bas-relief, il suffit d'imbiber d'huile, au moyen d'un pinceau, toutes les parties de ces objets de petite dimension, puis de les couvrir de plâtre. On obtient alors en creux ce qu'on appelle un *moule*. Mais s'il s'agit de mouler une figure de ronde bosse, il faut prendre des précautions que nous allons détailler. On couvre le modèle de plusieurs pièces ; ce revêtement s'exécute par assises : la première, en commençant par la base de la figure, s'étendra, par exemple, depuis les pieds jusqu'aux genoux ;

mais si le modèle est colossal, on sera obligé de faire, pour mouler cette longueur, plusieurs pièces et plusieurs assises, parce que le plâtre employé en trop grands morceaux s'affaisse et se tourmente ; au-dessus de la première assise, on en établit une seconde, dont les pièces sont toujours proportionnées à la hauteur de la figure, et on continue ainsi jusqu'aux épaules, sur lesquelles on fait la dernière assise, qui s'élève jusqu'à la tête. Si on veut reproduire un ouvrage dans lequel il n'y ait que peu de détails, et dont les pièces formant le moule, quoique grandes, soient faciles à dépouiller, on n'a pas besoin de seconds revêtements ou enveloppes, qu'on nomme *chappes*. Si au contraire on veut mouler des figures drapées, des ouvrages chargés d'ornements et de détails, qui, pour être dépouillés aisément, exigent qu'on multiplie les petites pièces, il faut alors avoir recours aux grandes chappes, c'est-à-dire revêtir toutes ces petites pièces avec d'autre plâtre par grands morceaux. On huile tant les premières que les secondes pièces, aux endroits où elles se joignent, afin qu'elles ne s'attachent pas les unes aux autres, et les chappes sont disposées de manière à ce que chacune d'elles renferme plusieurs petites pièces, auxquelles on attache de légers anneaux de fer pour faciliter leur dépouillement et servir à les faire tenir dans leurs enveloppes par le moyen de ficelles qu'on passe à la fois dans ces anneaux et dans les chappes. Une fois cette opération finie, on marque les grandes et les petites pièces par des chiffres ou des lettres, afin qu'on puisse les reconnaître quand il faudra les rassembler.

Quand le creux ou moule en plâtre est fait, on le laisse reposer jusqu'à ce qu'il soit parfaitement sec. Toutes les fois qu'on veut s'en servir, on imbibe d'huile toutes ses parties ; on les place selon l'ordre et le rang qu'elles doivent occuper, puis on les couvre de la chappe, s'il a été nécessaire de leur en donner une, après quoi on jette dans le creux du plâtre assez fluide pour qu'il puisse bien s'introduire dans toutes les sinuosités du moule ; on peut même aider à cela en balançant un peu le moule lorsque sa dimension le permet. Quand le plâtre qu'on a jeté dans le creux est bien sec, on enlève les uns après les autres tous les morceaux du revêtement et l'on découvre la figure moulée. On devra faire en sorte que les jointures des parties se rencontrent aux endroits où il n'y ait que peu de détails, pour qu'on puisse réparer aisément les *bavures* : c'est ainsi qu'on appelle les coutures qui se trouvent aux différents joints des morceaux de plâtre.

Depuis que le goût des objets d'art devient général en France, l'industrie des mouleurs prend un grand développement. On est parvenu à mouler des objets d'une ténuité extrême, tels que des feuilles, des fleurs, etc. Le moulage rend ainsi tous les jours de nouveaux services aux sciences naturelles ; on moule aujourd'hui les organes des animaux avec une perfection, due en grande partie à l'heureuse découverte faite par M. Stahl des propriétés du chlorure de zinc, dont il suffit d'enduire les pièces à mouler pour obtenir des épreuves d'une grande pureté. Pour les objets de petite dimension, on emploie également avec succès des moules en gélatine : ces moules pouvant être faits d'une seule pièce, on évite ainsi les bavures.

Les figures moulées n'ont de prix qu'autant qu'elles sont les reproductions exactes d'un original. Celles qui sont faites avec des contre-moules sont toujours défectueuses, parce que le modèle s'use, et se détruit à mesure qu'on s'éloigne du modèle. On appelle *contre-moules* des empreintes prises sur des objets qui ne sont eux-mêmes que des reproductions.

A. FILLIOUX.

Dans l'art du fondeur (*voyez* FONDERIE), l'ouvrier qui verse dans les moules de sable, de pierre ou de métal, les métaux fondus, se nomme *mouleur*, et son occupation *moulage*. Pour le moulage du canon, on peut consulter l'article consacré à cet instrument de guerre. Les artificiers ont changé la signification de ce mot : dans leur langage, au lieu d'exprimer l'*action de mouler*, il est pris pour la matière même, et sert à désigner les rouleaux destinés aux cartouches ; ils disent donc du moulage de 3, de 4, de 5, etc. En termes de potier et de chandelier, le mot *moulage* varie également d'acceptions (*voyez* POTERIES, CRANDELLE). Le *moulage* d'un m o u l i n est la partie qui sert à faire tourner les m e u l e s, etc.

Moulage est encore un vieux terme de Coutumes ; on appelait droit de *moulage* le droit que les seigneurs levaient sur leurs vassaux pour la mouture des grains. Dans les contrées où le meunier est payé en farine, *moulage* désigne aujourd'hui la portion qu'il prélève pour son payement. Au bon vieux temps, il y avait des *mouleurs de bois*, et on appelait ainsi ceux qui étaient préposés au *moulage* (mesurage) du bois à brûler sur les ports et dans les chantiers de Paris.

MOULE, creux artistement taillé qui sert à former une figure ou un bas-relief, soit au moyen de la fonte, soit par impastation. C'est à André Verrochio, qui vivait dans le quatorzième siècle, que l'on doit l'invention de ces moules formés sur le visage des personnes vivantes ou mortes, et dans lesquels on fond ensuite des masques de c i r e pour en conserver la ressemblance ; vers le milieu du siècle dernier, cette invention a été perfectionnée par le peintre Benoist. Les masques de cet artiste étaient animés par des couleurs si naturelles et par des yeux d'émail imités avec tant d'art que bien souvent on les confondait avec les modèles.

Pour ce que les b a t t e u r s d' o r appellent *moule*, *voyez* l'article consacré à cette industrie.

Au sens moral, quand on dit : Ces deux personnes ont été jetées dans le même *moule*, cela signifie qu'elles ont des rapports surprenants de figure, de taille, de caractère, d'humeur. Montesquieu a dit : L'âme d'un souverain est un *moule* qui donne la forme à tous les autres. Proverbialement, on dit encore qu'une chose *ne se jette pas en moule*, pour dire qu'elle n'est pas facile à faire, qu'il faut du temps pour l'achever. On dit enfin d'une chose rare que *le moule en est perdu*.

MOULE (*Malacologie*). Genre de mollusques conchylifères dimyaires, ainsi caractérisé : Coquille équivalve, régulière ; charnière ordinairement sans dents ; ligament marginal subintérieur, très-long ; corps ovale, allongé ; lobes du manteau simples ou frangés, réunis postérieurement en un seul point pour former un siphon anal ; bouche assez grande, munie de deux paires de palpes labiaux triangulaires ; pied grêle, cylindracé, sécrétant un byssus grossier, qui sert à fixer l'animal, branchies formant quatre feuillets presque égaux ; muscle adducteur postérieur grand et arrondi ; muscle antérieur beaucoup plus petit, accompagné par deux muscles longitudinaux qui servent aux mouvements du pied.

La *moule comestible* (*mytilus edulis*, L.,), très-commune sur nos côtes, est de taille médiocre ; sa coquille est d'un violet foncé, obscur en dehors, blanche en dedans. Il s'en fait en France une grande consommation. On sert sur nos tables les moules assaisonnées de diverses manières. Cet aliment n'est cependant pas toujours exempt d'inconvénients ; on a vu les moules causer de graves accidents, attribués à tort à la présence d'un petit crustacé du genre *pénothère*, que l'on trouve quelquefois dans leur intérieur. Tout ce que l'on peut affirmer à cet égard, c'est que le vinaigre est le meilleur remède contre l'empoisonnement occasionné par l'ingestion des mauvaises moules.

Ce genre renferme un grand nombre d'espèces, quoique les zoologistes modernes en aient retiré toutes celles que l'on appelle *moules d'eau douce*, et qui forment aujourd'hui les genres *anodonte* et *mulette*.

MOULIN. Par ce mot, qui, d'après Ménage, vient du latin *molinum* et de *mola*, on désigne dans notre langue toute espèce de machine ayant pour objet de *diviser*, *écraser*, *pulvériser* une substance quelconque ; partant, on distingue autant de sortes de moulins que d'effets qu'ils produisent. Il y a des *moulins à farine*, *à fruits*, à *drèche*, *à huile*, *à moutarde*, à *tan*, à *poivre*, *à moudre* et *piler l'orge*, *l'avoine*, *le riz*, etc. ; des *moulins à foulon*, *à tabac*, *à broyer les couleurs*, *à débiter le bois*, *à moulures*, *à papier*, etc., etc. Toutefois, le mot *moulin* s'entend plus particulièrement des machines à *eau*, à *vent*, à *vapeur*, à *bras*, etc., dont l'emploi est de réduire le blé en farine. Quant à l'artisan qui dirige le moulin, qui réduit le blé en farine, qui le *blute*, c'est-à-dire qui sépare la farine du son, on le nomme *meunier*, soit que le moulin lui appartienne, soit qu'il le tienne à bail.

Dans les premiers siècles, on dut *torréfier* les grains, afin d'en séparer la pellicule, méthode que pratiquent encore les sauvages. Les premiers instruments dont on dut se servir pour écraser les grains furent les pilons et les mortiers de bois ou de pierre. On en vint à faire usage de deux pierres, l'une fixe, et l'autre que l'on faisait mouvoir à force de bras, à peu près comme nos peintres broient et mêlent leurs couleurs. Ce travail était encore très-long et très-pénible. Enfin, le génie de l'homme en société s'étendant et se perfectionnant, on imagina la construction des moulins et l'art admirable d'employer les éléments à ces travaux si nécessaires ; on parvint même à utiliser ces moulins de manière à séparer en même temps la farine du son. On commença d'abord à faire le blutage, en faisant passer le blé pilé dans des tamis, ou plutôt des paniers d'osier ; ensuite, on fit des tamis avec des joncs, puis avec du fil, et enfin avec des crins de cheval. Aujourd'hui, les tamis dont on fait usage sont de soie.

Depuis l'invention des moulins, le travail du *meunier* a cessé d'être pénible ; il se réduit à mettre le blé dans la *trémie* lorsque la petite clochette l'avertit qu'il n'y en a plus, et à remplir les sacs de farine : les machines font le reste. Pline rapporte à Cérès l'invention du moulin ; la Bible fait mention de l'art de moudre le grain entre deux meules de pierre superposées ; Moïse, en racontant les plaies d'Égypte, fait parler Dieu des meules et des moulins. Ils étaient alors à bras, portatifs ; chaque ménage avait le sien, qu'un âne ou des esclaves faisaient tourner. Ce travail humiliant était imposé aux prisonniers de guerre et aux citoyens dégradés. Samson fut condamné à tourner les meules chez les Philistins. Plaute, le Molière de Rome, y fut également contraint pour quelques plaisanteries. Des Hébreux l'usage des moulins portatifs passa aux Grecs ; Homère nous en parle dans son *Odyssée*. Mêlés, deuxième roi de Lacédémone, fit don de cette découverte à ses sujets : ce fut même, dit-on, du nom de ce prince que les pierres à moudre reçurent le leur. Les Romains pilèrent leur blé jusque après leur conquête d'Asie ; alors ils employèrent à tourner leurs moulins des esclaves et des condamnés, puis des ânes et des chevaux.

Quant aux moulins à eau, sans être modernes, ils ne remontent pas à une origine aussi reculée. Au milieu des opinions diverses, ce qui paraît le plus certain, c'est qu'ils furent inventés dans l'Asie Mineure. A Rome, on les connaissait déjà du temps d'Auguste : Vitruve nous en donne la description dans son *Traité d'Architecture*. Cependant, Pline, qui écrivait environ soixante-dix ans après, n'en parle pas. Quoi qu'il en soit, les moulins à eau ne furent en usage à Rome que sous les règnes d'Honorius et d'Arcadius. Sous Justinien, lorsque Rome fut assiégée par les Goths, Bélisaire fit construire des moulins au pied du mont Janicule, sur le courant de petits ruisseaux ; puis il en hasarda quelques-uns sur les rives du Tibre. De Rome et de l'Italie, les moulins à eau passèrent en France, au commencement de la monarchie, et nous voyons la loi salique en faire mention.

Parmi les *moulins à bras* on en distingue de deux sortes, à *meules de pierre* et *meules métalliques*. Les premiers, qui ressemblent assez aux moulins à moutarde, sont formés de deux meules en pierre ; la meule inférieure est fixe, creusée cylindriquement, elle reçoit dans l'intérieur la meule tournante. Le grain lorsqu'il est réduit en farine entre ces deux meules, sort par une gouttière pratiquée sur le bord du cylindre creux. Ces meules, qui doivent être en pierre meulière de la meilleure espèce, et piquées à petits grains, donnent par heure de 20 à 30 kilogrammes de farine. Les moulins à bras et à meules métalliques sont ou à boisseau ou à noix métallique ; alors ils ressemblent aux moulins à poivre, ou à meules plates, lesquelles sont en fonte dure, un peu concaves, d'un diamètre de 24 centimètres sur 68 millimètres d'épaisseur. Placée dans une position verticale, l'une d'elles est fixe et l'autre mobile ; leurs surfaces moulantes sont en outre sillonnées par des cannelures angulaires, obliques par rapport au rayon. Ce moulin, dont l'invention est due à M. Molard aîné, produit de 10 à 12 kilogrammes de farine par heure. La force d'un homme suffit pour lui imprimer un mouvement de 30 tours à la minute. Ces moulins portatifs diffèrent peu de ceux qui ont été inventés par le duc de Raguse ; ils peuvent être également employés pour le service militaire ; mais il faut dire en général que tous les moulins à bras ne doivent être regardés que comme des moyens supplémentaires et de réserve.

Il y a des *moulins à eau* de trois sortes : à roues hydrauliques à *augets*, à roues hydrauliques à *aubes*, et les moulins dits à *turbines*. Dans les moulins à roues hydrauliques à augets, ces roues reçoivent l'eau par-dessus lorsque la chute est plus forte que le diamètre de la roue, et par le côté lorsque la chute égale au moins la moitié du diamètre de la roue. Si la roue dépasse 4 mètres de diamètre, elle doit avoir en vitesse une force telle qu'elle fasse au moins cinq tours par minute, ou un tour toutes les 12 secondes.

Les moulins les plus ordinaires se composent d'une roue extérieure, qui est mise en mouvement par l'eau : au centre de cette roue passe un arbre ou essieu soutenu par deux pivots ; à la partie de l'essieu qui donne dans le moulin est attaché un *rouet*, à la circonférence duquel sont implantées quarante-huit chevilles qui s'engrènent dans la *lanterne*, laquelle est composée de deux plateaux qui la terminent en haut et en bas, et de neuf fuseaux, qui forment son contour. La lanterne est traversée par un axe de fer, qui d'un bout porte sur le *palier*, pièce de bois d'environ 16 centimètres de largeur, sur 13 d'épaisseur, et 2^m,92 de longueur entre ses deux appuis, et de l'autre bout supporte à son extrémité la meule supérieure, laquelle est mise en mouvement par la lanterne qui elle-même est mue par le rouet. Entre la meule supérieure et la lanterne est une autre meule traversée, par l'axe de la lanterne, lequel y roule librement. Cette meule inférieure est fixée d'une manière immobile, et c'est sur celle-là que tourne la meule supérieure, qui est mise en mouvement par les eaux, à l'aide des pièces dont nous avons parlé. Les meules sont renfermées dans un cintre de bois de la même forme. La meule inférieure, qui est immobile, forme un cône, dont le relief, depuis les bords jusqu'à la pointe, est de 20 millimètres perpendiculaires. La meule tournante ou supérieure est en forme d'un autre cône en creux, dont l'enfoncement est de 27 millimètres environ. Au-dessus des meules s'élève une trémie, espèce de grande boîte dans laquelle on jette le blé ; au bas de la trémie est une petite auge inclinée pour recevoir le blé qui s'échappe de l'orifice inférieur de la trémie, et pour le conduire dans l'ouverture de la meule supérieure. A côté de la trémie, on trouve une petite sonnette suspendue, et ne pouvant sonner tant qu'il y a du blé dans la trémie ; mais aussitôt qu'il cesse d'y en avoir, elle se trouve agitée par les secousses de l'auget. Le meunier, attentif au signal, recharge aussitôt la trémie, sans quoi la meule supérieure, n'ayant plus de matière pour s'exercer, viendrait à frotter la meule dormante, et en ferait jaillir des étincelles qui, en se multipliant, mettraient le moulin et la charpente en feu. Le meunier doit aussi avoir soin de rebattre de temps en temps les meules pour en rendre raboteuses les surfaces qui broient le blé ; car, en s'usant, ces surfaces deviennent unies, et ne pouvant plus qu'écraser ou aplatir le blé. Le choix des meules est chose très-importante, quel que soit le moulin.

Pour chaque moulin du système anglais, il faut au moins la force de trois chevaux, et celle de quatre pour nos grands moulins à meules de 2 mètres : la force d'un cheval est représentée par 75 kilogrammes élevés à 1 mètre par seconde.

Les moulins à *roues hydrauliques à aubes*, ou moulins *pendants*, et moulins *sur bateaux*, sont sur le bord des rivières. La construction des moulins pendants est dispendieuse ; il faut enfoncer dans la rivière une foule de grosses pièces de bois pour soutenir de grandes roues à aubes construites d'une manière particulière. On conduit l'eau dans une grande cuve, où elle entre dans une direction inclinée à l'axe de cette cuve, au fond de laquelle est placée la roue à aubes, qui tourne horizontalement. L'eau se précipite ainsi sur la *turbine*, qu'elle entraîne, et dont l'axe porte la meule tournante. C'est ainsi que sont construits les fameux moulins du Bazacle, à Toulouse.

Les moulins dits *sur bateaux* sont portés par deux bateaux liés ensemble. La roue est à aubes, et mue par le courant. Ces moulins ont la roue directement opposée au fil de l'eau et au courant le plus vif ; cependant, lorsque les eaux deviennent hautes et rapides, on a soin d'amener les moulins sur le bord de la rivière.

Les *moulins à vent* sont à ailes *verticales* ou *horizontales*. M. Molard a démontré l'infériorité de ceux qui sont à ailes horizontales. Les moulins à vent sont d'origine orientale ; nous en devons l'importation aux croisés, vers 1040 ou 1050. A Rome, les moulins à vent n'étaient pas connus du temps où écrivait Vitruve. La vitesse des ailes du moulin est proportionnelle à la force du vent ; elle est d'environ 6, 8, 10 et 12 tour par minute. Les moulins destinés à l'arrosage des jardins vont quelquefois plus rapidement encore. La construction intérieure des moulins à vent a beaucoup de rapport avec celle des moulins à eau ; mais, la puissance motrice étant un autre élément, il a fallu une autre mécanique extérieure pour en profiter. Toute la charpente du moulin à vent est soutenue par une très-forte pièce de bois qui la traverse en partie, et autour de laquelle elle peut tourner à volonté, afin de présenter toujours les ailes au vent. A la queue du moulin est attachée une longue pièce de bois, faisant l'effet d'un long levier, à côté de laquelle est placée l'échelle qui communique du dehors. Le meunier n'a qu'à pousser ou retirer, à l'aide d'un tourniquet, cette longe pièce de bois, et l'arbre des ailes se met aussitôt dans la direction du vent. Dans l'intérieur, on rencontre au premier étage la pièce de bois sur laquelle tourne le moulin ; le devant, la huche posée sous les meules afin de recevoir la farine. Au second étage est le coffre aux meules, la trémie et la lanterne au bas du rouet. Dans le troisième est l'arbre des ailes, le rouet, le cerceau, qui embrasse le rouet pour le lâcher ou l'arrêter, et enfin, un engin à tirer le blé, qui reçoit son mouvement du rouet. Somme toute, la beauté de l'invention du moulin à vent consiste : 1° dans le parfait équilibre de la masse du moulin, qui se soutient et joue en l'air sur un simple pivot ; 2° dans la disposition des ailes pour recevoir le vent ; 3° dans le rapport de la force mouvante avec la résistance des meules et des frottements. Les moulins à vent procurent, il est vrai, des avantages considérables, mais ils sont sujets à de graves inconvénients qui arrêtent le travail, inconvénients inséparables de la force qui les fait mouvoir. Ces moulins chôment plus du tiers de l'année, soit que le vent leur manque, soit que l'ouragan les tourmente ou les renverse.

Nous ne dirons rien de particulier sur les *moulins à vapeur*, le moteur seul est différent. Au reste, ce n'est pas seulement aux moulins à farine que s'applique la vapeur ; on rencontre aujourd'hui toute sorte de moulins à vapeur pour la *foulerie*, la *scierie*, la *papeterie*.

Les *moulins à monder et perler* l'orge sont des moulins ordinaires à farine : il suffit d'élever à la hauteur convenable la meule courante, et d'y faire passer les grains après les avoir humectés. Les gruaux d'avoine se préparent de la même manière; seulement, au lieu d'humecter les grains, on les fait dessécher dans un four. Les *moulins à foulons* sont ceux dont on se sert dans la fabrication des draps pour les feutrer (*voyez* FOULAGE). Les *moulins à broyer* les couleurs ressemblent à ceux qu'on emploie pour le polissage des glaces. Il y a aussi des *moulins à débiter le bois*, des *moulins à tabac* et des moulins pour scier la pierre. Ausone parle de plusieurs de ces *moulins à scier* construits sur la Roër, dans le quatrième siècle, pour scier le marbre. On emploie encore des moulins pour la confection de la poudre.

On appelle *moulin à écosser* des moulins destinés à broyer l'écorce des arbres et à la préparer pour la tannerie. Ils consistent simplement en deux marteaux qui se lèvent successivement et frappent dans une grande auge les écorces qu'on y jette. On en rencontre beaucoup dans le Morvan, département de la Nièvre.

Les *moulins dits à moulures* sont de récente invention. Les moulures sont produites dans le bois par un mouvement de rotation, et les outils qui servent à proûler se trouvent disposés sur un cylindre armé de lames de fer entre lesquelles sont fortement serrées, par des vis et des écrous, les queues des outils dont l'ensemble doit former la moulure désirée. Le cylindre tourne rapidement sur son axe, en même temps qu'il a un mouvement progressif le long d'un établi sur lequel est fixé le bois qu'on profile.

Les *moulins à fruits* servent à écraser les fruits pour en retirer le jus. Ils consistent simplement en une meule verticale roulant dans une auge circulaire. On s'en sert aussi pour la préparation du *pastel* et du *vouède*, pour la teinture en bleu, et pour d'autres objets.

Le *moulin à papier* sert à réduire le chiffon en pâte, et celle-ci en papier. Le *moulin à tan* ressemble au moulin à fruits. La meule en est verticale : on s'en sert de même pour moudre le charbon animal qu'on emploie au raffinage du sucre. Les *moulins à huile* sont, après les moulins à farine, de la plus grande importance : aussi ont-ils reçu également de grandes améliorations. Autrefois, on exprimait l'huile des graines oléagineuses avec des pilons et des meules verticales ; maintenant, les pilons ont fait place à deux cylindres en fonte horizontalement placés, comme ceux d'un laminoir. Leur diamètre est de 22 à 24 centimètres, leur longueur de 42 à 48 centimètres. Les cylindres, qui se meuvent avec vitesse, sont surmontés d'une *trémie* destinée à recevoir la graine. Un autre cylindre en bois, et gravé, placé au bas de la trémie, reçoit un mouvement de rotation, et fournit la graine au laminoir ; puis des raclettes, placées au-dessous, détachent la pâte des cylindres. Les *moulins pour broyer* le poivre, la cannelle, le café, la moutarde, etc., se tournent à la main, avec une simple manivelle ; il n'est personne qui ne les connaisse : il y en a de diverses formes, de diverses dimensions, en bois, en fonte, etc.

Le *moulin banal* était autrefois un moulin appartenant au seigneur suzerain, et dans lequel il pouvait obliger tous ses vassaux à venir moudre, moyennant un droit de *moulage*. D'après l'article 72 de la *Coutume de Paris*, un moulin à vent ne pouvait être banal. Ces moulins étaient des servitudes, et ne s'établissaient pas sans titre, etc.

On dit proverbialement *Faire venir l'eau au moulin*, pour procurer par son industrie du profit à soi ou aux siens ; *Il viendra moudre à notre moulin*, c'est-à-dire il aura besoin de nous ; *Jeter son bonnet par-dessus le moulin*, c'est se faire, de guerre lasse, indifférent sur tout ; une personne fort babillarde s'appellera un *moulin à paroles* ; Se *battre contre des moulins à vent* (réminiscence de *Don Quichotte*), c'est se forger des fantômes pour les combattre.

E. PASCALLET.

MOULIN. Nous avons eu, sous notre première république, deux généraux, deux frères de ce nom. Le premier fut blessé de deux coups de feu à la prise de Chollet par les Vendéens, en 1794, et il se brûla la cervelle, pour ne point tomber vivant entre leurs mains.

Le second général du nom de MOULIN n'est connu que parce qu'il faisait partie depuis peu du directoire, lors du coup d'État du 18 brumaire; Jacobin zélé, employé dans l'état-major de la garde nationale, il avait été appelé à de hautes fonctions militaires sous la révolution : il commanda l'armée des côtes du nord, celle des Alpes en 1794 ; en 1796, à la tête d'une division, il reprenait Kehl, déjà à moitié tombé dans les mains de l'ennemi. En 1798 et 1799, il avait commandé la division de Paris. Il prit sa retraite après le 18 brumaire, ayant à peine de quoi vivre.

Moulin ne manquait ni de bravoure ni d'intelligence ; il a cependant toujours été considéré comme un général assez nul. Ses principes, son attachement à la république, ne furent pas pour lui une cause de proscription sous le consulat et l'empire. Aussi, quand il demanda à reprendre du service, c'est-à-dire qu'ils lui confièrent le commandement de la place d'Anvers. Il mourut en 1808.

MOULIN A MARCHES (Supplice du). L'invention des *moulins à marche*, ou *moulins de discipline*, est due à William Cubit, Anglais d'origine; le premier essai en eut lieu dans la prison de *Bury*, en 1818. Depuis lors ces moulins ont été introduits comme mode de punition dans presque toutes les prisons pénitentiaires de la Grande-Bretagne. Voici à peu près comment est décrit le moulin à marches (*stepping-mill*) dans la *Revue Encyclopédique* du mois de mars 1824. Le premier coup d'œil de cette machine est nouveau : vous présente quinze ou vingt hommes sur une ligne parallèle, tenant les deux mains à une barre de bois, et posant alternativement les pieds sur la marche de la roue qu'ils font mouvoir par le poids de leur corps, c'est-à-dire qu'ils sont toujours le mouvement de monter, quoiqu'ils restent toujours à la même place. Chacun fait environ cinquante pas par minute. Ce mouvement d'ascension, uniforme comme une marche militaire, n'offre rien de violent aux yeux du spectateur, quoiqu'il soit assez fatigant pour ne pouvoir être continué au delà d'un quart d'heure. Mais après un repos d'environ cinq à six minutes, le prisonnier remonte ; et ce mouvement de rotation continue depuis le matin jusqu'au soir, faisant ainsi une marche équivalant à une ascension de 10 à 12,000 pieds dans la journée. L'introduction du *moulin à marches* eut lieu en 1823 dans la maison de correction de New-York. Nous ne dirons pas tous les bons résultats qui ont été la conséquence de l'introduction des moulins à marches dans les prisons comme moyen pénitentiaire. Ces avantages sont maintenant reconnus et proclamés depuis longtemps.

MOULIN A SUCRE (Supplice du). Pour bien comprendre toute l'horreur de ce supplice, il est besoin de connaître la forme du moulin dit *à sucre*. Or, ce moulin où l'on met les cannes à sucre est composé de trois forts rouleaux de pareil diamètre. Ces rouleaux sont en bois et recouverts chacun d'un tambour ou cylindre en métal. A quelques pouces au-dessous des tambours sont des hérissons, dont les dents s'engrènent les unes dans les autres. Sous les rouleaux est une forte table construite d'un seul bloc, dont le dessus, creusé en forme de cuvette, est garni de plomb. Toutes ces pièces sont assujetties et renfermées dans un châssis de charpente solidement construit. Les trois rouleaux présentent ensemble deux faces opposées; vis à vis de chacune d'elles est un nègre; l'un engage les cannes entre le rouleau du milieu et l'un des deux autres. Ces cannes prises, tirées et comprimées fortement, sont reçues par le deuxième nègre, qui, à son tour, les engage entre le même rouleau central et l'autre rouleau latéral, afin qu'elles soient de nouveau exprimées. Autrefois, à la *Jamaïque*, et dans toute l'étendue de leurs possessions des Indes, les Anglais employaient le supplice du moulin que nous venons de décrire lorsqu'ils voulaient punir un nègre, ou qu'ils avaient à châtier quelques Américains qu'ils avaient pu attraper faisant le métier de pirates. Après avoir attaché les deux pieds du coupable, on lui liait les mains à une corde passée dans une poulie attachée au châssis du moulin, puis on élevait le corps, et on mettait la pointe des pieds entre les tambours. Alors on faisait marcher le moulin, en laissant filer la corde qui attachait les deux mains, à mesure que les pieds et le reste du corps passaient entre les tambours, qui les écrasaient lentement.

MOULINS, chef-lieu du département de l'Allier, grande et belle ville, agréablement située, sur la rive droite de l'Allier, que l'on traverse sur un beau pont en pierre, avec 17,318 habitants, un évêché suffragant de Sens, des tribunaux civil et de commerce, un lycée, une école normale primaire, une bibliothèque publique de 19,000 volumes, une société d'agriculture, un théâtre, deux journaux, deux typographies, dont une renommée pour la beauté et le luxe de ses éditions. Moulins présente de magnifiques avenues, de belles promenades aux bords de sa rivière, des rues larges, droites, bien pavées, et des maisons peu élevées, à compartiments rouges et noirs, d'un aspect général régulier, et partant un peu monotone. Cependant, la ville est très-animée et très-gaie durant la belle saison, parce qu'alors elle est continuellement sillonnée par les équipages qui se rendent à Néris, à Vichy, au Mont-Dore. Un chemin de fer doit la mettre en relation avec Montluçon. De l'ancien château des seigneurs de Bourbon, dévoré par l'incendie de 1755, et que le testament du premier des Archambault désigne sous le nom de *palais des Moulins*, probablement à cause des nombreux moulins qui l'avoisinaient, il reste encore une grosse tour carrée, vieux débris du moyen âge, qui sert actuellement de prison. On remarque en outre, à Moulins, le nouvel hôtel de ville, l'église Notre-Dame, qui remonte à 1386, bel édifice gothique, mais malheureusement inachevé, et, sur la rive gauche de l'Allier, une magnifique caserne de cavalerie. Le lycée occupe le local de l'ancien couvent de la Visitation, fondé par la veuve du dernier connétable de Montmorency, dont le superbe mausolée se trouve dans la chapelle.

C'est une ville peu industrielle ; elle fabrique cependant de la coutellerie estimée, de la quincaillerie, des bas, des couvertures de laine, de coton et de molleton, des cordes d'instruments. On y trouve quelques tanneries et teintureries.

Simple rendez-vous de chasse vers le dixième siècle, Moulins passa peu à peu à l'état de ville du onzième siècle au douzième siècle, et commença à prendre quelque importance lorsqu'au quatorzième siècle les princes de Bourbon désertèrent Souvigny pour y fixer leur résidence. C'est à Moulins que fut convoquée par Catherine de Médicis la fameuse assemblée qui devait assurer le maintien de la paix entre catholiques et protestants, et qui fut, au rebours, suivie des guerres désastreuses de la ligue.

Charles LARONDE (de l'Allier).

MOULTÂN, grande ville et l'une des places les plus fortes de l'Asie, dans la partie sud-ouest du Pendjab, à 6 myriamètres de l'Indus et à 9 kilomètres de la rive droite du Djinab, dans une fertile contrée, à près de 8 kilomètres de circuit et est entourée d'une épaisse muraille de 13 mètres de haut et flanquée de tours. Elle est défendue en outre par divers ouvrages extérieurs et par une forte citadelle. On y compte plusieurs mosquées, et il s'y trouve un beau temple hindou fort en renom, surmonté d'une grande coupole, où l'on voit une statue de Bouddha, qui, avec les tombeaux de deux saints mahométans, attire chaque année un grand nombre de pèlerins venant de toutes les parties de l'Inde. Sa population, forte de 60,000 âmes, est vantée pour son industrie, et entretient un grand nombre de manufactures de soieries, de tapis et de toiles peintes. La ville, jadis beaucoup plus grande et plus importante qu'aujourd'hui, est singulièrement déchue, par suite de sièges fréquents et de diverses autres calamités qu'entraîne la guerre. Appelée aujourd'hui encore par les indigènes *Malli-than* ou *Mallitharan*, elle serait construite, à ce qu'on prétend, sur l'emplacement même qu'occupait au temps d'Alexandre le Grand la capitale des *Malli*. En l'an 711 les Arabes s'en emparèrent pour le khalife Walid, et ils la nommèrent d'abord *Deral-Zeheb*, ou Maison d'Or, à cause des immenses richesses qu'ils y trouvèrent, puis *Koubbeh-oul-Islam*, ou coupole de la foi. En l'an 1004, elle fut prise d'assaut et détruite, en même temps que la forteresse Bhadia ou Tahora, qui l'avoisinait alors, par le sultan ghasnévide Mahmoud Ier. Sous le règne d'Akbar le Grand, au seizième siècle, elle devint la capitale d'une vice-royauté du même nom; et en 1640 on y construisit la forteresse de *Chah-Djehan*, qu'Aurong-Zeïb augmenta encore. Plus tard elle passa sous la domination des Afghans, et forma avec un vaste territoire une province particulière de leur empire. Mais en 1818 elle fut prise d'assaut par Runjet-Singh, qui l'incorpora avec toute la province à l'empire des Sikhs, et qui en fit de nouveau la capitale d'un gouvernement. Pendant l'anarchie qui suivit sa mort, arrivée en 1839, Moultân témoigna d'abord des plus mauvaises dispositions, qui pendant la guerre avec l'Angleterre prirent tout à fait le caractère de la révolte ; mais à la paix de Lahore, le 22 février 1846, elle fit sa soumission, en refusant seulement d'acquitter l'arriéré du tribut. Aussi son gouverneur, Moulradsch, dut-il être déposé au printemps de 1848. Les deux officiers anglais qui accompagnèrent de Lahore à Moultân Khan-Singh, désigné pour le remplacer, furent traîtreusement assaillis, le 29 avril, au milieu de leurs négociations avec Moulradsch et assassinés. Moulradsch se déclara alors indépendant, leva des troupes et souleva les tribus afganes voisines de son territoire. Son armée fut complètement battue, d'abord le 18 juin, à Ahmedpour, puis le 1er juillet au village de Sadousân, situé à environ 7 kilomètres de Moultân. Il assistait lui-même à cette dernière affaire, et fut réduit à se réfugier en toute hâte dans sa capitale. Il n'y vit alors bloqué à partir du 2 septembre par le général Wish, à la tête de 28,000 hommes et d'une formidable artillerie. Un assaut furieux tenté par les Anglais, le 12 et le 13 septembre, réussit, il est vrai, en dépit de la défense désespérée des habitants de Moultân; mais la défection subite de Radja-Schir-Singh, qui passa à l'ennemi avec 5,000 hommes, contraignit le général Wish à lever le siège. Il fut repris le 27 décembre suivant, quand le général Wish eut opéré sa jonction avec le corps d'armée aux ordres du général Auckland venu de Bombay. Les magasins à poudre ayant fait explosion dans la journée du 30, et après une canonnade des plus vives, qui dura pendant deux jours, la ville basse tomba le 2 janvier au pouvoir des assiégeants et le reste de la ville le lendemain, 3. Les vainqueurs la livrèrent alors au pillage, où l'on n'estime pas à moins de 15 millions de francs le produit du butin. Le bombardement de la citadelle continua sans interruption jusqu'au 22 janvier, jour où le brave garnison la défendait dut se rendre, faute de munitions. Moulradsch, fait prisonnier, mourut dans la traversée de Calcutta à Allahabad (août 1851). Depuis que le Pendjab a été incorporé à l'Inde anglaise (29 mars 1849), Moultân et son territoire sont la possession incontestée de l'Angleterre.

MOULURE. C'est une espèce d'ornement d'architecture ou de sculpture placé sur le nu d'un mur, sur les faces d'un corps solide, quelles que soient sa forme ou ses dimensions. Sous le nom général de *moulure* on désigne tous les détails, toutes les parties plus ou moins importantes qui constituent l'art des profils. L'origine du mot vient probablement de ce que les dessins que représentent les moulures se ressemblent entre eux et se répètent comme s'ils avaient été *moulés* les uns sur les autres. On les exécute en pierre, en marbre, en bronze, en stuc, en plâtre, en bois, en or, en argent, en ivoire, soit qu'elles décorent les façades ou l'intérieur d'un édifice, les flancs d'un vase ou d'un coffret. Les unes se prononcent en saillie, d'autres sont en retrait ou en creux, plates ou bien uniformes. Le cordon, l'astragale, le tore, la nervure, appartiennent au premier ordre. Les moulures plates sont les carrés grands et petits, les plinthes et demi-plinthes. Les moulures en creux sont le trochile et la nacelle ou scotie; le trochile est contraire au tore, la nacelle au cordon. Il y a des moulures qui ont tout ensemble de la saillie et du creux : ce sont la gorge et la doucine. On grave d'ordinaire sur les tores des oves, sur les cordons des billettes ou graines de laurier, en manière d'olives ou de perles enfilées ; sur les gorges et doucines des feuillages, sur les bandes des coquilles et sur les plinthes des denticules.

On peut classer toutes les espèces et variétés de moulures en trois ordres, les rondes, les carrées et les mixtes; celles dont on fait un usage fréquent en architecture se nomment et se définissent ainsi qu'il suit. La moulure en demi-cœur ou talon à tête se compose, quant à sa partie supérieure, d'un tore; un talon forme sa partie inférieure : on l'emploie aux cadres, aux bordures, aux corniches, dont elle fait le profil. La moulure inclinée est une face d'architrave, qui, n'étant pas dressée d'aplomb, penche en arrière par le haut pour gagner de la saillie. La moulure lisse n'admet pas d'ornements. La moulure ornée est taillée de sculptures en relief ou en creux. Les moulures couronnées sont surmontées d'un filet. Les moulures simples, régulières, sont celles qui n'ont point de filets qui les accompagnent, qui ne sont pas travaillées sur leurs contours; de plus, elles sont ou grandes, comme les doucines, les gorges, les talons, les tores, ou petites, comme les filets, les astragales. On peut varier, combiner les détails dans ces ornements, qui donnent beaucoup de richesse, de grâce, d'élégance à l'ensemble d'un édifice, mais il est plus facile de les prodiguer que de les assembler avec goût, et comme l'ont fait les grands architectes du quinzième et du seizième siècle.

L'architecture gothique est enrichie d'une grande quantité d'ornements fort ouvragés, qu'on désigne d'une manière assez vague sous le nom de *moulures*. Les entrelacs, les damiers, les nervures, les rinceaux, etc., sont répandus à profusion dans nos églises du moyen âge. Mille fantaisies d'une merveilleuse légèreté de travail, d'une finesse exquise, sont appelées *denticulures*. Tous ces détails ont des noms qui leur sont propres. A. FILLIOUX.

MOUNIER (JEAN-JOSEPH), membre distingué de notre première Assemblée constituante, naquit le 12 novembre 1751, à Grenoble, où son père était marchand de draps. Malgré un penchant décidé pour la carrière des armes, il étudia le droit à Orange, s'établit comme avocat dans sa ville natale, et finit par acheter, en 1783, une charge de magistrature. Lors des troubles qui éclatèrent à Grenoble en 1787 et 1788, il parvint à ramener la paix dans les esprits, et grâce à ses efforts les populations du Dauphiné se bornèrent à envoyer au roi une adresse dans laquelle elles réclamaient l'établissement d'assemblées provinciales, la convocation des états généraux, l'admission du tiers état pour moitié dans la représentation nationale, les délibérations des trois ordres en commun et le vote par tête. La cour ayant mal accueilli cette adresse, les états du Dauphiné prirent la résolution de se réunir sans convocation préalable de l'autorité, et élurent Mounier pour leur secrétaire général. La réunion des états était fixée au 21 juillet 1788, à Vizille. Dans l'intervalle, la noblesse du Dauphiné chargea Mounier de rédiger une nouvelle adresse au roi, qu'une députation, composée de six de ses membres, eut mission d'aller porter à Versailles. Cette adresse eut le même sort que la précédente. La réunion des états du Dauphiné eut donc lieu au jour annoncé, et après avoir consacré tous les grands principes qu'elle avait solennellement avancés, elle se sépara, en s'ajournant de nouveau au 1er septembre suivant à Romans. Dans cette nouvelle assemblée, Mounier présenta un projet d'organisation d'états provinciaux, et rédigea les deux lettres mémorables que les trois ordres du Dauphiné adressèrent, le 14 septembre, à Louis XVI et à son ministre Necker.

Élu député aux états généraux, Mounier y soutint avec énergie ses principes, et publia une brochure en faveur du système représentatif, tel qu'il fonctionne en Angleterre. Sur le refus des commissaires de la noblesse et du clergé de consentir à voter par tête, Mounier proposa un arrêté auquel on préféra celui de Syeyès. Lors du serment du Jeu-de-Paume l'honneur de l'initiative appartint à Mounier; il fut aussi un de ceux qui, à l'exemple de Mirabeau, refusèrent d'obéir aux injonctions du marquis de Dreux-Brézé. Membre du comité chargé de préparer les bases à donner à la constitution nouvelle, Mounier fit tout ce qu'il put pour faire prévaloir le principe du *veto* absolu de la couronne et celui de la division du pouvoir législatif en deux chambres. Il échoua, et renonça à faire partie du comité de constitution. Dans la mémorable nuit du 4 août il défendit, avec une rare énergie, les droits de la propriété. L'assemblée le choisit le 29 septembre suivant pour son président.

Mounier donna, le 8 octobre, sa démission de député pour se rendre à Grenoble auprès du comité permanent des états du Dauphiné, qui s'étaient réunis à la première nouvelle des journées du 5 et du 6. Un décret de l'Assemblée nationale interdit toute réunion de ce genre; et Mounier fut signalé comme un déserteur de la cause de la révolution. Malgré un mémoire justificatif qu'il publia dès son arrivée à Grenoble, il se vit obligé de se réfugier d'abord en Savoie, puis de là en Suisse, où il publia, indépendamment de diverses brochures, ses *Recherches sur les causes qui ont empêché les Français de devenir libres* (2 vol., Genève, 1792; traduit en allemand par Gentz, Berlin, 1794). En 1793, après avoir refusé l'offre que lui fit le gouvernement anglais d'une charge importante dans l'ordre judiciaire au Canada, il accepta de lord Hawke la mission de diriger ses fils dans leurs voyages sur le continent. Cette tâche accomplie, il se fixa dans le grand-duché de Saxe-Weimar, et établit au château du Belvédère, dont le grand-duc lui abandonna la jouissance, une maison d'éducation, qui compta bientôt parmi ses élèves les héritiers des plus beaux noms de l'Angleterre.

Après le 18 brumaire il rentra en France, où l'empereur l'appela à la préfecture d'Ille-et-Vilaine, et peu de temps après au conseil d'État. Mounier mourut à Paris, le 26 janvier 1806, d'une hydropisie de poitrine. Parmi les ouvrages qu'on a de lui, nous mentionnerons plus particulièrement celui qui a pour titre : *De l'influence attribuée aux philosophes, aux francs-maçons et aux illuminés sur la Révolution française* (Tubingue, 1801; nouv. édit., Paris, 1821).

MOUNIER (CLAUDE-ÉDOUARD-PHILIPPE, baron), fils du précédent, né à Grenoble, le 2 décembre 1784, entra à vingt-deux ans au conseil d'État en qualité d'auditeur; et de 1807 à 1808 remplit les fonctions d'intendant, d'abord dans le duché de Saxe-Weimar, et ensuite en Silésie. En 1809 l'empereur le nomma chef de son cabinet, et lui accorda en même temps le titre de baron, avec une dotation de 10,000 fr. de rente dans la Poméranie suédoise. En 1812 il fut nommé maître des requêtes, et en 1813 intendant des bâtiments de la couronne. En 1814 Louis XVIII le confirma dans ces fonctions, dont les attributions furent cependant diminuées et qu'il conserva jusqu'à la révolution de juillet 1830. Pendant les cent jours Mounier se retira en Allemagne. A la seconde restauration il fut créé conseiller d'État et membre de la commission mixte chargée de la liquidation des créances que les souverains étrangers faisaient valoir contre la France. Les réclamations s'élevaient à 1,600,000,000 fr.; Mounier les fit réduire à 300 millions, et sortit pauvre de cette immense opération. Nommé pair de France en 1819, il refusa par modestie, au mois de février de l'année suivante, le portefeuille de l'intérieur, et ne voulut que la direction générale de la police du royaume et de l'administration départementale, fonctions qu'il résigna aussitôt qu'un autre système politique prévalut dans les conseils de la Restauration. Il renonça en même temps à son titre de conseiller d'État ; mais il reprit ses fonctions d'intendant des bâtiments de la couronne, et rentra même au conseil d'État sous l'administration de M. de Martignac. En 1830 il se démit de toutes ses fonctions salariées, et ne conserva que son siège à la chambre des pairs, où il continua à être l'âme et la vie de tous les travaux vraiment utiles. En 1840 il accepta une mission temporaire à Londres, qui ne dura que quelques semaines. Il est mort pauvre, à Passy, le 11 avril 1843.

MOURAD. *Voyez* ANURATH.

MOURAD-BEY, célèbre chef de Mamelouks, était né vers 1750, en Circassie, et fut vendu, jeune encore, comme esclave en Égypte. Il s'y distingua tellement au service de son maître, qu'à l'âge de vingt-quatre ans à peine il était déjà au nombre des vingt-quatre beys qui gouvernaient l'Égypte. Il soumit successivement à ses lois tous les autres beys, à l'exception d'Ibrahim-Bey, avec qui il se réconcilia en 1776, afin de partager la souveraineté de l'Égypte. Tous deux furent, à la vérité, forcés de fuir jusque dans la haute Égypte, devant Ismael-Bey, qui s'était mis à la tête des autres beys; mais ils y levèrent une armée considérable, battirent leur adversaire, et se trouvèrent alors maîtres de l'Égypte. En 1786 ils battirent également le capitan-pacha, qui était venu rétablir l'autorité du grand-seigneur dans ces contrées, et le forcèrent à se retirer honteusement. Ils gouvernèrent tous deux depuis, dans une indépendance presque absolue de la Porte, jusqu'au débarquement de Bonaparte en Égypte (1798). Mourad-Bey fut alors battu à deux reprises, et, après la porte de la bataille des Pyramides, dut encore une fois se réfugier dans la haute Égypte. Mais dès que Bonaparte fut retourné en France, Kléber se trouva hors d'état d'assurer sa position autrement que par une convention signée avec Mourad-Bey, le 30 avril 1800, dans l'île de Djizeh. Mourad-Bey y était reconnu comme prince de l'Assouan et du Djirdjeh, dans la haute Égypte. A partir de la signature de cette convention, il se maintint en bons termes avec les Français, et, après l'assassinat de Kléber, demeura neutre dans la lutte que l'Angleterre et la Porte entreprirent de concert pour mettre un terme à la domination française en Égypte. Quand, en 1802, après l'évacuation complète de l'Égypte par l'armée française, Méhémet-Ali fut nommé par la Porte pacha de cette contrée, Mourad-Bey et Elfy furent deux adversaires contre lesquels il lui fallut incessamment lutter jusqu'en 1811, époque où tous deux périrent de la peste, ou peut-être bien empoisonnés.

MOURADGEA D'OHSSON (IGNACE), diplomate et orientaliste, naquit à Constantinople, et descendait d'une riche famille arménienne. Entré de bonne heure au service de la légation de Suède près la Porte Ottomane, il fut nommé d'abord chargé d'affaires, puis en 1782 ministre plénipotentiaire à Constantinople. Connaissant à fond les langues turque et arabe, initié aux mœurs et aux usages de l'Orient, de ses sérails, de ses mosquées et de la vie de famille des Turcs, il publia son célèbre *Tableau général de l'Empire Ottoman* (2 vol., 1787-1789). Le sultan Sélim III se fit présenter cet ouvrage, et ordonna de faciliter de toutes les manières possibles les recherches que le savant auteur pourrait entreprendre par la suite. Après un long séjour à Constantinople, Mouradgea d'Ohsson se rendit à Paris, où il publia, comme fruit des travaux de plusieurs années de sa vie, une exposition complète de l'Empire Ottoman, en trois parties distinctes, ayant chacune un titre à part : 1° *Tableau historique de l'Orient*, histoire de tous les peuples soumis à la puissance turque; 2° *Tableau général de l'Empire Ottoman*, exposition de la législation, de la religion, des mœurs, etc.; et 3° *Histoire de la Maison Ottomane*, histoire commençant à Osman Ier et allant jusqu'à 1758. Il était près de terminer cet important travail lorsqu'il mourut, le 27 août 1807. Son fils, le baron d'Ohsson, l'a continué.

MOURAWJEFF, famille noble russe, originaire de la grande-principauté de Moscou, et qui, en 1488, obtint d'Ivan Wasiljewitsch Ier des terres dans le pays de Novogorod. Elle a produit, dans le cours du dix-huitième et du dix-neuvième siècle, plusieurs hommes qui se sont fait un nom, soit comme militaires, soit comme administrateurs ou encore comme littérateurs.

Nicolaï Jerofejëwitsch MOURAWJEFF, capitaine au corps du génie, publia, en 1752, sous le titre de *Natschalnyja osnowanija Matematiki*, le premier livre en langue russe consacré à l'exposition des principes de l'algèbre. Chargé sous Catherine II de la direction des travaux topographiques en Russie, il finit par obtenir le grade de lieutenant général ainsi que le gouvernement de la Livonie, et mourut en 1770, à Montpellier, où il s'était rendu dans l'espoir de rétablir sa santé.

Michaïl Nikititsch MOURAWJEFF, né en 1757, à Smolensk, fut choisi par Catherine II pour être l'instituteur des grands-ducs Alexandre et Constantin, à l'usage desquels il rédigea une suite de traités relatifs à l'histoire, à la morale et à la littérature, qui se recommandent par un style agréable ainsi que par l'élévation des pensées, et regardés comme classiques dans la littérature russe. Sous Paul Ier il fut nommé conseiller intime, et en 1802, sous Alexandre Ier, adjoint au ministre de l'instruction publique. Il mourut en 1807. Ses ouvrages, *Opyty Istorii; Slowesnosti; Nrawo utschenia*, ont été publiés par Karamsin (3 vol., Moscou, 1810). Un supplément, *Emiliewy pisma*, parut plus tard (1815).

Nicolaï Nasarowitsch MOURAWJEFF, conseiller intime, secrétaire d'État, et jusqu'en 1832 directeur de la chancellerie particulière de l'empereur, s'est aussi fait un nom comme écrivain en publiant *Njekotoryja is sabaw ot dochnowenija* (3 vol., Pétersbourg, 1829).

Nicolaï Nicolajewitsch MOURAWJEFF, fils du lieutenant général Nicolaï Jerofejewitsch, né à Riga, en 1768, fut élevé dans la maison de son beau-père, le prince Urussoff, et alla ensuite passer quatre ans à l'université de Strasbourg. Revenu en Russie en 1788, il fut nommé lieutenant dans la flotte de la Baltique. Blessé à la bataille de Rotschensalm, il fut fait prisonnier par les Suédois. Rendu à la liberté par la paix de Werelo, il obtint le commandement de ce qu'on appelait le yacht doré de l'impératrice Catherine; mais en 1796 il quitta la marine pour entrer dans l'armée de terre, et l'année suivante il eut son congé. Il s'établit alors dans un petit domaine aux environs de Moscou, où il fonda une institution particulière à l'usage des officiers d'état-major, et de laquelle sortirent plusieurs généraux distingués. Mourawjeff fit les campagnes de 1812 à 1814 comme colonel et en qualité de chef d'état-major du général Tolstoï; ce fut lui qui signa, avec le général français Dumas, la capitulation en vertu de laquelle Dresde dut ouvrir ses portes aux coalisés, et il prit ensuite part au siége de Hambourg. Nommé directeur de la division d'une école militaire, qui fut érigée en école impériale. En 1823, le délabrement de sa santé le contraignit d'y renoncer; et il se consacra alors avec zèle à des travaux agricoles. L'un des fondateurs et des membres les plus actifs de la Société Économique de Moscou, il fit publier, en 1830, une traduction russe des *Principes d'Agriculture rationnelle* de Thaer, qu'il enrichit de nombreuses observations relatives à la Russie. Il mourut à Moscou, le 1er septembre 1840, emportant les regrets de tous, et laissant cinq fils, dont l'aîné, *Alexandre*, né en 1792, est aujourd'hui colonel en retraite. — Le second, *Nicolaï*, né en 1793, fut chargé, en 1821 par le général Iermoloff, commandant l'armée du Caucase, d'une mission à Chiwa, pays jusque alors peu connu, et sur lequel il a jeté beaucoup de lumière dans ses *Puteschestwie w' Turkmeniju i Chiwu* (Pétersbourg, 1822). Promu général major à l'époque de la guerre de Perse, il obtint, en 1830, le commandement de la brigade des grenadiers lithuaniens de la garde, à la tête desquels il se distingua à la bataille de Kazimierz, gagnée sur Sierawski par le baron Kreuz; fait d'armes qui lui valut le grade de lieutenant général. A l'assaut de Varsovie, c'est lui qui commandait l'aile droite, et qui se rendit maître des retranchements de Rakowiec. Chargé, en 1832, d'une mission extraordinaire auprès de Méhémet-Ali pour le déterminer à suspendre les hostilités contre la Porte, il commanda ensuite les troupes russes débarquées sur les bords du Bosphore; puis en 1835 il fut appelé au commandement du cinquième corps d'infanterie. Mis en inactivité trois ans plus tard en raison de désordres qui avaient éclaté dans le corps sous ses ordres, il fut remis en activité en 1848, et nommé alors membre du conseil militaire de l'empire, en même temps que chef du corps des grenadiers. Appelé au commandement du corps du Caucase à la fin de 1854, il porta la guerre en Arménie, mit le siège devant Kars; un premier assaut qu'il tenta échoua complétement, et coûta cher à son armée; mais enfin cette ville, réduite à toute extrémité, dut se rendre, après avoir perdu l'espoir d'être secourue. — Le troisième, *Michaïl*, né en 1795, n'était encore âgé que de quinze ans lorsqu'il fonda à Moscou une Société de Mathématiques. Il seconda ensuite son père dans la direction de son école militaire, et traduisit en russe la *Géométrie Analytique* de Garnier. Nommé plus tard général, gouverneur de Grodno, puis de Koursk, il est depuis 1850 membre du sénat. — Le plus jeune *Andreï*, qui s'est consacré aux services civils, aujourd'hui membre du conseil d'État et de la direction du saint-synode, est connu par ses nombreux voyages en Terre Sainte, en Grèce, en Arménie, etc., dont il a donné d'intéressantes descriptions, ainsi que par quelques écrits relatifs à la théologie ou à l'histoire ecclésiastique.

Artamen Saccharowitsch MOURAWJEFF, colonel des hussards d'Astrachan, fut compromis dans la conspiration de 1825 et exilé à vie en Sibérie. Son frère *Alexandre*, qui a fait avec distinction les campagnes de Turquie et de Pologne, mourut en 1842, à Varsovie, lieutenant général et chef d'une division de cavalerie. Sa sœur *Catherine*, qui avait épousé le ministre des finances comte Cancrin, mourut en 1848, à Pawlowsk. — Un autre lieutenant général du nom de Mourawjeff, qui s'est distingué dans les guerres contre les montagnards du Caucase, est depuis 1848 gouverneur général de la Sibérie orientale.

Une branche de la famille Mourawjeff ajoute à son nom celui d'*Apostol*, par suite d'un mariage avec la fille du hetman des cosaques Apostol.

Iwan Matwéjewitsch MOURAWJEFF-APOSTOL, né en 1769, envoyé de Russie sous Paul Ier près les cercles de la basse Saxe, puis à Madrid, mort sénateur à Pétersbourg, en 1851, est connu par une traduction russe des Satires d'Horace, des *Nuées* d'Aristophane et par un *Voyage en Tauride* publié en 1822.

Sèrgeï MOURAWJEFF-APOSTOL, fils du précédent, lieutenant-colonel au régiment de Tschernigoff, homme plein d'instruction et doué d'une rare énergie, fut un des principaux chefs de la conspiration de 1825. Quand l'insurrection de Saint-Pétersbourg eut échoué, il fit arrêter le colonel Gebel, qui avait été chargé de l'arrêter, et proclamer le grand-duc Constantin empereur. Puis il s'empara de la ville de Wassilkoff. Mais le 15 janvier 1826 il fut attaqué près du village d'Ustinowka par les troupes envoyées à sa poursuite, grièvement blessé et fait prisonnier. Son frère *Hippolyte* périt dans la mêlée. Quant à lui, on le conduisit à Saint-Pétersbourg, où, le 25 juillet, il subit le supplice de la strangulation. Un troisième frère, *Matwée*, lieutenant-colonel en retraite, fut condamné à vingt ans de bannissement en Sibérie.

MOUREILLER ou **CERISIER DES ANTILLES**. *Voyez* MALPIGHIER.

MOURON. On donne ce nom à deux genres de plantes bien distincts, appartenant l'un à la famille des lysimachiées, et l'autre à la famille des caryophyllées. Le premier genre porte scientifiquement le nom d'*anagallide*, le second celui de *morgeline*. Nous ne parlerons ici que de ce dernier, dont l'une des espèces est bien connue sous les noms de *mouron blanc*, *mouron des petits oiseaux* (*aloine media*, L.). C'est une petite plante aux tiges couchées ou redressées, très-rameuses et tendres, garnies de feuilles entières, ovales et pointues, avec des fleurs constamment blanches. On la donne aux petits oiseaux de volière, qui la mangent avec plaisir. D'une odeur légèrement aromatique et d'une saveur douce, on sert le mouron en salade dans quelques localités, ou bien on le fait cuire comme herbe potagère. La morgeline est, en outre, un vulnéraire résolutif, astringent, quoique peu usité; et l'eau qu'on en retire, connue en pharmacie sous le nom d'*eau de plantain*, est recommandée contre les maux d'yeux. Elle entre, en outre, dans diverses préparations cosmétiques. Les champs de seigle et de froment offrent une autre espèce de mouron, qui diffère de la précédente par la forme de ses feuilles et de ses fleurs, disposées en ombelles. La graine, légèrement brune et quelquefois rosée, est également bonne pour les oiseaux.

MOUROUSIS, célèbre famille de Fanariotes. Elle a pour souche *Panajottis*, le premier Grec qui, en 1656, fut nommé interprète de la Porte, et qui eut pour successeur dans cette dignité Alexandre Maurocordatos. *Constantin* MOUROUSIS, hospodar de Moldavie, fut déposé en 1806 parce que la Porte le soupçonnait d'être d'intelligence avec la Russie; en 1812 il fut pourtant réintégré dans ses fonctions, grâce à l'influence que la Russie exerçait sur le divan, mais la même année il périt assassiné. *Dimitrios* MOUROUSIS, qui vivait au commencement de ce siècle, était un homme enflammé de l'amour de son pays, d'un esprit entreprenant, versé dans la connaissance des sciences, et d'une activité politique remarquable. Il contribua infiniment à l'amélioration du sort de ses compatriotes, notamment en répandant parmi eux les lumières de l'instruction, par exemple en fondant en leur faveur le lycée de Kuru-Tschesmé près de Constantinople. En 1812 la Porte l'employa comme drogman dans les négociations préliminaires pour la paix de Bucharest. Mais à son retour de cette mission, soupçonné de s'être laissé gagner par la Russie, il fut mis à mort au quartier général du grand-vizir et exécuté par la garde personnelle de ce dernier. Sa tête fut expédiée à Constantinople; et son frère cadet, *Panajottis*, qui remplissait les fonctions d'interprète de l'arsenal, et qui s'était servi de l'influence que lui donnait une telle position pour faire beaucoup de bien dans les îles de l'Archipel, eut le même sort. C'est à Dimitrios Mourousis que Constantinople fut redevable, en 1803, de l'introduction de la vaccine; et ce fut lui qui détermina les synodes à expédier partout des circulaires pour recommander l'adoption de cette salutaire pratique. Il ne mérita pas moins dans le commerce grec en Turquie, en obtenant pour lui divers priviléges qui contribuèrent beaucoup à lui faire prendre de larges développements. *Constantin* et *Nicolas* MOUROUSIS étaient au service de la Porte quand éclata l'insurrection de la Grèce, le premier en qualité d'interprète de la Porte, et le second comme drogman de l'arsenal : tous deux furent égorgés par ordre du sultan Mahmoud, peu de jours après le supplice du patriarche Grégoire.

MOURZOUK. *Voyez* FEZZAN.

MOUSQUET. Cette arme, d'origine moscovite, remplaça l'arquebuse; elle fut introduite en France sous François Ier, on le prouve un mousquet qui se trouvait au cabinet d'armes de Chantilly, et qui était marqué des armes de France avec la Salamandre, devise de ce prince; le duc d'Albe en répandit l'usage pendant son gouvernement des Pays-Bas (1567-1573). Les premiers mousquets, d'un calibre lourd et grossièrement faits, ne servaient que dans l'attaque et dans la défense des places. On leur donna le nom d'*arquebuse à mèche*, et plus tard celui de *mousquet biscaïen*. Les assiégés s'en servaient avec avantage pour éloigner l'ennemi des remparts et pour inquiéter ses travaux d'approche. Le mousquet perfectionné avait une longueur totale de 1^m,62; il se composait d'un canon, dont la longueur était de 1^m,19, et d'une platine d'un mécanisme très-simple. Le chien ou serpentin, garni d'une mèche, tombait sur le bassinet au moyen d'une machine à bascule, qui faisait jouer la pression du pouce; et qui mettait le feu à l'amorce. Le calibre de cette arme était de 20 balles à la livre; sa portée ordinaire était de 223 à 292 mètres. Avant de mettre le feu au mousquet, on l'appuyait sur une espèce de fourchette ou bâton ferré; ce bâton, pointu par le bout d'en bas, était fiché en terre. La fourchette soutenait l'arme et lui servait d'appui. Le *mousquet à rouet* était plus léger que le précédent. On avait adapté à la platine un chien portant une pierre comme le fusil moderne. Lorsque cette pierre appuyait sur la détente, elle frottait un rouet d'acier cannelé : ce frottement produisait des étincelles, qui mettaient le feu à l'amorce.

En 1604 on substitua généralement le fusil au mousquet. Cependant, en 1621 on rendit le mousquet à une des compagnies des gardes à cheval de Louis XIII, qui prit le nom de compagnie de *mousquetaires*, et devint plus tard le régiment royal-artillerie.

Le maréchal de Vauban inventa un fusil-mousquet, qui réunissait les avantages de ces deux armes; il avait à la fois une batterie de fusil et une platine de mousquet, de sorte que si le chien manquait, on mettait le feu à l'amorce au moyen de la mèche. En 1688 on donna cette arme à quelques compagnies d'infanterie, mais l'usage en fut bientôt abandonné.

Le musée d'artillerie de Paris possède une très-belle collection de mousquets de toutes les formes et de tous les calibres.

MOUSQUETAIRE. Lorsque l'usage du mousquet s'introduisit en France, on donna le nom de *mousquetaires* aux soldats des bandes ou compagnies qui en furent armées. Avant l'institution des régiments, un tiers de l'infanterie était armé de *piques*, et formait le centre d'un bataillon ; les deux autres tiers étaient armés de mousquets et d'*arquebuses*. En 1600 Henri IV créa, pour le service de sa garde, une compagnie de gentilshommes, à laquelle il donna le nom de *carabins du roi*. En 1622 Louis XIII ayant donné le mousquet à cette compagnie, lui fit prendre le nom de *mousquetaires*. Le comte de Trois-Villes en était capitaine-lieutenant en 1646, lorsque, sur son refus de se démettre de sa charge en faveur de Mancini, duc de Nevers, neveu du cardinal Mazarin, l'implacable ministre licencia cette compagnie. Elle fut rétablie en 1647, et le commandement en fut donné à Mancini. Une seconde compagnie de mousquetaires de la garde fut créée en 1660. La première était montée sur des chevaux *gris*, et la seconde sur des chevaux *noirs* ; c'est de là que leur est venu le nom de *mousquetaires gris* et de *mousquetaires noirs*. Le roi en était capitaine-commandant ; un capitaine-lieutenant était chargé des détails du service, de l'instruction, de la police et de l'administration. Le service des deux compagnies consistait, en temps de paix, à suivre le roi à la chasse ; en temps de guerre, elles combattaient comme les dragons, à pied et à cheval, selon l'occasion.

Les compagnies de mousquetaires avaient chacune un drapeau et un étendard : ceux de la première portaient pour devise une bombe lancée de son mortier et tombant sur une ville ; avec ces mots : *Quo ruit est lethum*; ceux de la deuxième avaient un faisceau de douze dards empennés, la pointe en bas avec ces mots : *Alterius Jovis altera telo*. Ces troupes d'élite se distinguèrent particulièrement pendant la campagne de 1672, au siége de Valenciennes, de 1677, aux batailles de Fontenoy et de Cassel (1745, 1766). L'effectif des deux compagnies a beaucoup varié : il a été de 100, 150 et 250 et 300 cavaliers.

D'après les règlements, les compagnies de mousquetaires devaient être chacune de 250 hommes ; mais on y recevait en temps de guerre autant de volontaires qu'il s'en présentait. Les mousquetaires s'armaient, s'habillaient, se montaient au moyen de leur solde ; leurs armes étaient une épée, des pistolets et un fusil : leur uniforme était rouge, avec des galons d'or dans la compagnie des mousquetaires gris, et d'argent dans la compagnie des mousquetaires noirs. Par-dessus leur habit ils portaient un juste-au-corps bleu avec croix de velours blanc, l'une devant, l'autre derrière. Les officiers portaient le hausse-col dans le service à pied. Dans l'ordre des préséances militaires, les mousquetaires marchaient immédiatement après les chevau-légers de la garde et avant les grenadiers à cheval. Les deux compagnies de mousquetaires, supprimées en 1775, par économie, rétablies en 1789 et supprimées de nouveau en 1791, furent recréées à la Restauration (1814) et définitivement supprimées en 1815.

SICARD.

MOUSQUETERIE, action d'un feu soutenu et régulier de fusil, de mousqueton, ou de toute autre arme à feu portative. En termes de guerre, ce mot signifie une vive fusillade engagée entre deux troupes combattant, l'une contre l'autre. L'effet de la mousqueterie est bien moins formidable qu'on ne le croit généralement. Le maréchal de Saxe dit dans ses *Rêveries* : « La *tirerie* fait toujours plus de bruit que de mal ; j'ai vu des salves entières ne pas tuer quatre hommes. » A Malplaquet, où on tira près de deux millions de coups de fusil, sans compter les coups de canon, la totalité des morts et des blessés des deux côtés ne s'éleva pas à 30,000 hommes. De nos jours la mousqueterie est certainement devenue plus redoutable, grâce à la perfection des armes que l'on donne aux soldats, à la justesse de portée du fusil et à l'adresse acquise par l'habitude de l'exercice du tir.

MOUSQUETON, arme à feu plus courte et plus légère que le fusil. La cavalerie moderne a conservé l'usage du mousqueton, dont on compte encore trois modèles ou dimensions différentes, un pour la grosse cavalerie, un pour les hussards et un pour la gendarmerie. Sous le règne de Louis XVI les gardes du corps portaient encore des mousquetons damasquinés en or, à porte-vis et à batterie tournante.

SICARD.

MOUSSACHE. *Voyez* CASSAVE.

MOUSSE. *Voyez* MOUSSES.

Mousse signifie aussi les petits bouillons produits par l'agitation des liqueurs, et qui y surnagent : la *mousse* de la bierre, de l'eau de savon, du chocolat.

MOUSSE (*Marine*). Mousse! mousse! à chaque instant ce cri retentit à bord des navires, et un coup de sifflet aigre, saccadé, en trois notes précipitées, plusieurs fois répétées, tel que le cri du pinçon qui appelle ses petits, l'accompagne ; puis accourent et grimpent comme des écureuils des enfants prestes, agiles, le nez au vent, flairant à droite et à gauche, guettant ce qu'il faut faire, recevant un coup de pied par-ci, une calotte par là, une bourrade à tribord, un coup en jambe à bâbord, mais tout cela sans rudesse, sans fâcherie ; le matelot qui les administre sait en amortir l'effet ; il leur donne de la légèreté, et le mousse, qui comprend, jette en échange une grimace, un sourire, un grognement selon son humeur. Ainsi posé dès le bas âge sur un navire, l'enfant apprend à naviguer comme l'oiseau apprend à voler ; le métier de marin n'est point une étude pour lui ; il le sait sans s'en douter ; son corps se développe et grandit au milieu du trouble des flots ; l'écume de la vague l'a si souvent couvert qu'il ne fait que rire de ses plus menaçants mugissements, n'a-t-il pas cent fois raillé la tempête dans les cordages ? détourne-t-il seulement la tête quand la rafale lui lance au visage des torrents d'eau ? Il croque sa galette de biscuit d'aussi bon appétit, quoique la navire tangue et roule avec violence, qu'alors qu'il se balance doucement sur la rade ; les craquements du navire ne troublent point son sommeil ; la lame le berce dans son hamac, et l'endort profondément. Connaîtrait-il le mal de mer s'il n'avait épié le passager ou le conscrit malade pour lui escamoter son biscuit ou son vin ? Le soleil des tropiques a bronzé son teint ; il a soufflé dans ses doigts près des glaces du pôle ; combien de fois a-t-il pensé à sa mère sous des cieux différents de son ciel natal ! Il s'étonne peu : ne voit-il pas chaque jour de nouveaux mondes, des climats nouveaux ? Malin, rusé même, contour de bourdes, mais franc et ouvert dans son allure, jamais il ne fuit sous le regard : il regarde son monde entre les yeux, et juge bien vite l'homme ; tout d'action, de mouvement, d'intelligence, il devine la pensée, et n'a de respect que pour la supériorité d'esprit, la force et le courage. L'ergotage ne lui va pas : toute pensée qui n'est pas traduisible par une action, il la dédaigne. Il nage comme un poisson, fait pirouetter un bâton mieux qu'un compagnon du devoir, avale le verre d'eau-de-vie sans cligner la paupière, aime son navire, son métier ; fidèle à son chef, il ne recule devant aucune expédition aventureuse ; il voue à sa mère un culte intime et tendre au fond de son cœur. Tous les mousses ne sont pas identiquement taillés sur le même patron ; il y a plus d'une variété dans l'espèce : le mousse des gabiers, le mousse des maîtres, le mousse des aspirants ou mousse du poste, ont chacun leur caractère, leur type à part.

Ce n'est pas chose nouvelle que d'embarquer des enfants pour les former au métier de marin. Venise, aux jours de sa plus grande gloire, mettait sur ses navires les fils des premières familles de la république. Le nom même de *mousse* nous vient des peuples de la Méditerranée, en italien *mozzo*, *moço* en espagnol ; il est entré dans le français par la langue des troubadours, par le patois provençal, qui en a fait *mousso*. La marine est peu populaire en France ; aussi, malgré toutes les peines que se donne le gouvernement pour attirer les mousses à bord de ses navires, ne peut-il en obtenir qu'un trop petit nombre : il a même établi à grands frais dans les ports de Brest et de Toulon des bâtiments-écoles pour les mousses, dans le but de former ainsi des sous-officiers pour sa marine ; mais son but a été manqué jusque ici : l'éducation qu'on donne à ces enfants est trop élégante ; très-peu d'entre eux sont restés dans la marine de l'État : ils trouvent ailleurs des avantages qui les en écartent.

Théogène PAGE, capitaine de vaisseau.

MOUSSE DE CORSE. On donne ce nom à un mélange de plusieurs plantes marines et d'animaux zoophytes, qu'on ramasse principalement sur le rivage et les rochers de l'île de Corse ; on en fait un fréquent usage dans les maladies vermineuses des enfants. Il s'en faut de beaucoup que cette substance soit constamment identique : aussi ses effets vermifuges sont-ils très-variables. Les recherches des naturalistes y ont fait reconnaître un grand nombre de plantes différentes, et il paraît qu'elle ne combat point la présence des vers intestinaux par son odeur marécageuse, comme on se le persuade vulgairement, mais que cet effet est dû surtout à la proportion plus ou moins grande qu'elle peut contenir du *fucus helmintho-corton*, dont les botanistes modernes ont fait un genre particulier sous le nom de *gigartina* (*voyez* ALGUES). Rien de si trompeur en effet que ces agrégats de plantes marines qui nous sont apportées sous la dénomination commune de *mousse de mer* ou *mousse de Corse*.   PELOUZE père.

MOUSSELINE. On appelle ainsi un tissu fin, léger et doux, fabriqué en fil de coton ; il y a des mousselines unies, rayées, brodées ; des mousselines peintes, etc. Selon les uns, le mot *mousseline* vient de ce que ce tissu n'est pas parfaitement uni et est couvert d'un petit duvet qui ressemble à de la mousse. Selon d'autres, elle est ainsi appelée de *moussale*, nom qu'elle porte en Mésopotamie et en Perse, ou de la ville de Mossoul, dans la Turquie d'Asie, qui était l'entrepôt général de ces tissus fabriqués dans les Indes orientales. La mousseline était connue des Romains ; du moins la description que Pline et Juvénal nous ont tracée de la transparence indécente des voiles dont s'enveloppaient les dames romaines, s'applique parfaitement à ce tissu. Ce n'est que du commencement de notre siècle que date la grande fabrication française des mousselines ; il nous vient encore aujourd'hui des Indes des espèces particulières de mousselines, telles que mallemoles et betilles. En Hollande, en Suisse, on brode beaucoup de mousselines qui se vendent comme ouvrages des Indes ou de Perse ; on y fabrique aussi de très-belles mousselines de même qu'en Angleterre. Les principales manufactures de France sont celles de Tarare, Saint-Quentin, Rouen, Alençon, Nancy, etc.... Les qualités diverses des mousselines qui se fabriquent à Tarare et autres lieux se distinguent en mousselines claires, garnies, mi-claires, mi-doubles, nansouks, mousselines clair ordinaire, et joli clair pour linon ou broderies ; mousselines beau et grand clair, à l'imitation de celles de l'Inde ; en organdi souple et ferme, organdi de l'Inde, batiste d'Écosse ; en objets de fantaisie fond clair ; en mousselines lancées et brodées en tous genres. Les apprêts et le blanchissement des mousselines de Tarare sont aussi parfaits qu'en Écosse et en Suisse. Le tissage est modelé sur celui de l'Écosse ; les mousselines qui en sortent imitent toutes les mousselines de l'Europe et de l'Inde. En général, les mousselines fabriquées en France ont peu de débouchés à l'extérieur, et les exportations tentées jusque ici n'ont jamais pris une grande extension.

A Tarare, les ouvriers *mousseliniers* travaillent dans des boutiques ; les métiers leur appartiennent, le fabricant leur fournit seulement la chaîne encollée et la tissure ou trame pour tout ce qui tient à la fabrication de l'uni et du façonné.   PASCALLET.

Dans ces derniers temps, on a donné le nom de *mousseline de laine* à une étoffe légère tissée en laine ou bien en laine et coton.

MOUSSELINE (*Mycologie*). *Voyez* CHANTERELLE.

MOUSSERON, nom vulgaire d'une espèce du genre *agaric*. Elle présente un chapeau de forme arrondie, une petite taille, un corps très-charnu, une substance blanche et ferme, jointe à un parfum des plus agréables. Elle croît au printemps, dans les bois, au milieu de la mousse, sous les arbres et dans les prés. Elle aime un terrain un peu humide, et il en revient constamment au lieu même où elle a paru l'année précédente. Les mousserons présentent au-dessous de leur chapeau plusieurs sillons qui s'étendent du centre à la circonférence. On connaît en France plusieurs variétés de mousserons : le *mousseron d'armas*, ou *macaron des prés*, très-abondant et très-estimé dans le midi de la France ; le *mousseron prunelle* ou *d'Italie*, d'un gris de souris foncé : on le récolte au Jura et dans les basses Alpes ; le *mousseron de Bourgogne*, ou *vrai mousseron* : il est presque blanc ; il a un goût excellent : aussi les habitants en récoltent-ils des quantités considérables, qu'ils font sécher et vendent au marché. Ce mousseron, quand il est sec, a une odeur de truffe. Il est très-recherché pour les tables somptueusement servies.

On désigne aussi fréquemment sous le nom de *mousseron* une variété de champignon en entier bien développé, à chapeau blanc dessus, rosé en dessous, d'une consistance ferme, et que l'on trouve presque entièrement enfoncé dans la terre. Il croît dans les prés, dans les bois et au bord des ruisseaux ; il est très-estimé. On le prépare à la vinaigrette, et on le mange comme des cornichons ; c'est vraiment un mets délicieux.

Parmi les variétés du mousseron, il en est qui, loin d'être comestibles, sont dangereuses, et ont même occasionné la mort ; les moyens de les distinguer des bons mousserons ne sont pas encore bien sûrs ; cependant, une odeur de rose, d'amande amère ou de farine récente, sont des indices de l'innocuité des mousserons. On peut d'ailleurs leur appliquer les caractères qui servent à faire reconnaître les champignons. Il faut rejeter entièrement ceux qui ont une texture fibreuse, une consistance molle, une couleur livide et rouge sanguine. Le meilleur antidote contre les empoisonnements par les mousserons est l'émétique, qui provoque les vomissements.   C. FAVROT.

MOUSSES, famille naturelle de plantes cryptogames ou acotylédones, offrant pour caractères des fleurs encore indéterminées, une urne rarement sessile, presque toujours stipitée, axillaire ou terminale, à une ou quatre loges gonflées de poussière, ayant une colvmelle centrale, le plus souvent couverte d'une coiffe ou d'un opercule caduc, et à son ouverture, de dents, de cils ou de membranes ; des rosettes en étoile ou en tête, ou en bourgeons, sessiles, axillaires ou terminales, renfermant des corps cylindriques et des tubes articulés. Les *mousses*, en général, sont de

25.

petites plantes, toujours vertes, et se nourrissant bien plus par les pores absorbants des feuilles que par les sucs pompés par leurs racines. Leurs feuilles membraneuses, simples et sessiles, sont distiques, éparses ou imbriquées. La plupart du temps elles forment de petits gazons très-denses, qui se détruisent par la base, tandis qu'ils augmentent par le sommet. Leurs tiges sont simples ou ramifiées, rampantes ou droites. Dans son *Histoire naturelle des Plantes*, Mirbel a payé aux *mousses* un poétique tribut, qu'on nous saura gré de reproduire : « Ces sapins, ces cyprès en miniature, dit-il, dont la cime est ombragée par l'herbe la plus délicate et la moins élevée; ces festons et ces guirlandes qui parent le tronc des arbres d'une verdure plus durable que celle dont se couronne leur tête durant la belle saison; ces tapis d'une verdure molle et douce, qui voile l'âpre et dure surface des rochers; ces gazons fins, qui subsistent sous la neige et dans le fond des eaux, qui bravent la rigueur des hivers et le feu des étés, voilà le spectacle qu'offre la nombreuse famille des *mousses*. Déjà les fleurs ont disparu, les feuilles se détachent et sont balayées par les vents du nord; leur éclat s'est terni; elles ont pris par avance la couleur uniforme et triste de la poussière dans laquelle elles vont rentrer; l'hiver, enfin, déploie toutes ses rigueurs; il jettesur la terre un voile de neige. Tout a passé, tout a péri; et la faible *mousse* se conserve plus verdoyante que jamais; le printemps ne dédaigne pas,sa tendre parure, et l'enlace à sa superbe et brillante couronne. »

A cet éloge mérité contentons-nous d'ajouter quelques observations. Les *mousses*, on le voit, jouent un grand rôle dans la nature; après les *lichens*, ce sont les premières plantes qui s'emparent d'un terrain entièrement inculte, et pour végéter il ne leur faut qu'une surface inégale, une humidité habituelle : aussi les trouve-t-on sur les pierres les plus dures, sur les sables les plus arides, sur les arbres les plus élevés, en aussi grande abondance que dans les terres les plus fertiles, dans les marais les plus inondés. Sans parler du service essentiel qu'elles rendent, en absorbant pendant l'hiver, alors que tous les autres moyens de purifier l'air sont affaiblis, l'hydrogène et le carbone qui le vicient, et en lui restituant l'oxygène qui l'améliore, il est certain qu'elles fertilisent les pays sablonneux, en y introduisant chaque année, par la décomposition de leurs feuilles et de leurs tiges, cet humus, ou terreau, si nécessaires à l'accroissement de la plupart des plantes.

Les *mousses* en général sont sans saveur et sans odeur; toutefois, il en est quelques-unes qui passent pour vermifuges, sudorifiques et purgatives, et dont la médecine fait usage. Mais ce n'est pas sous ce rapport qu'elles sont le plus utiles à l'homme. D'une dessication prompte et facile, et peu sujettes à la pourriture, elles servent à calfater les bateaux, à lier les argiles dans la construction des maisons; les pauvres en font des couchettes, et les riches en ornent l'intérieur des grottes de leurs jardins anglais.

MOUSSON. Le soleil échauffe inégalement les diverses zones de la terre; entre les tropiques, il darde ses rayons presque perpendiculairement : l'atmosphère embrasée se dilate, se raréfie, s'élève; l'air des pôles, plus froid, plus lourd, s'ébranle et se met en marche pour combler le vide ainsi formé; chaque molécule atmosphérique se présente animée du mouvement de rotation du globe de l'ouest à l'est, plus ou moins rapide selon les latitudes, presque nul près des pôles, fort grand sous l'équateur. Dépaysée en arrivant sous la zone torride, la molécule polaire, qui n'a pas eu le temps de participer à la rotation de la nouvelle zone, parce que la transmission du mouvement n'est pas instantanée, se trouve en retard de vitesse sur tout ce qui l'environne; elle produit une résistance, un choc, sur les objets emportés par la rotation diurne; de là les vents généraux connus sous le nom de *vents alizés*. Les moussons ont la même origine; seulement leur direction se trouve un peu modifiée par la configuration des terres. Du mois d'avril au mois de septembre, le soleil, dans l'hémisphère boréal, échauffe les terres de l'Arabie, de la Perse, de l'Inde, de la Chine : l'atmosphère australe déverse alors ses torrents glacés; ils traversent l'océan Indien du sud au nord, suivant la loi de l'équilibre des fluides. La rotation de la terre les infléchit vers l'est : ils produisent les vents généraux du sud-est; mais venant à heurter les côtes de l'Afrique, du Bengale, de Siam, dont la direction est à peu près sud-ouest, ils s'inclinent de nouveau, suivent les contours des rivages, et soufflent définitivement du sud-ouest dans le golfe Arabique, la baie de Bengale, les détroits de la Sonde et de Malacca. De mars en octobre, la mousson se renverse : c'est alors l'atmosphère boréale qui envoie ses colonnes vers l'équateur; les côtes les font fléchir vers l'est; elles balayent l'océan Indien par des vents de nord-est. Il y a donc deux moussons, la mousson sud-ouest et la mousson nord-est. Les Romains connurent ces vents périodiques; un navigateur, Hippalus, les leur révéla : ils lui donnèrent son nom; ce fut à partir de l'époque de cette découverte qu'ils purent établir des relations de commerce suivies avec l'Inde. Chaque voyage, l'aller et le retour, durait un an; les navires partaient en mer des ports de la mer Rouge, se rendaient à la côte de Malabar, et rentraient au mois de février de l'année suivante.

Théogène PAGE, capitaine de vaisseau.

MOUSTACHE. La moustache est la partie de la barbe que l'on laisse croître au-dessus de la lèvre supérieure. Cette mode n'était en usage dans l'antiquité que chez quelques peuples barbares. Les soldats de Mérovée et de Clovis se distinguaient de ceux des nations voisines par une légère moustache; le reste du visage était soigneusement rasé. La moustache s'épaissit au temps de Charlemagne, et forma une espèce de fer à cheval; sous Charles le Chauve elle descendit jusque sur la poitrine. Cet usage se perdit peu à peu, et avait entièrement disparu au neuvième siècle. A partir du règne de Henri 1er jusqu'à la fin du douzième siècle, la moustache se maria avec une barbe longue et pointue, placée à l'extrémité du menton. A cette époque les croisés rapportèrent d'Orient l'usage de la moustache; les templiers furent les premiers à l'adopter, pour se conformer aux mœurs des peuples au milieu desquels ils vivaient. La moustache, presque abandonnée vers la fin du quatorzième siècle, reparut sous le règne de François Ier. Elle devint très-commune depuis Henri II jusqu'à Louis XIV au menton, et cette touffe de barbe reçut le nom de *royale*. Cette espèce d'ornement servait de complément à la moustache, qui était mince et montante. Ministres, hommes de cour, nobles, poètes, magistrats, prélats, médecins, bourgeois, gens de guerre, tous portaient la moustache et la royale. Lorsque cet engouement cessa, la moustache resta aux corps d'élite de l'armée, servit à les distinguer des autres troupes, et fut parmi les soldats un sujet d'émulation : c'était à qui aurait l'honneur de porter moustache. Jusqu'en l'an XII (1803), les grenadiers des régiments d'infanterie et les hussards avaient seuls le droit de porter moustache. Un règlement de l'an XIII (1805) l'étendit à toute la cavalerie, excepté les dragons. Une décision ministérielle concéda ce privilège aux officiers de toutes armes en 1821, et en 1822 aux compagnies d'élite des régiments d'infanterie de ligne et légère; enfin, en 1832 le droit de porter moustache fut accordé aux officiers, sous-officiers et soldats de tous les corps de l'armée. Dans le civil, la moustache, après avoir traversé toutes les phases que nous avons rapportées plus haut, apparut tout à coup, vers 1817, sur la lèvre supérieure d'une classe de jeunes Parisiens dont les habitudes toutes pacifiques rendaient cet ornement singulier. Un vaudeville des *Variétés* fit tomber cette mode sous le ridicule; après la révolution de 1830 le romantisme la ramena, et depuis cette époque on a repris avec engouement plus que jamais la moustache, la royale et la barbe du quinzième et du seizième siècle.

Depuis environ trois siècles l'usage de la moustache s'est répandu en Europe, et particulièrement en Allemagne. Il a toujours existé chez les Chinois, les Turcs et les Tatars, qui ont pour elle la plus grande vénération. Pendant la guerre d'Orient les soldats anglais ont obtenu l'autorisation de porter la moustache. On sait qu'au moyen âge on empruntait de l'argent sur sa moustache, comme jadis les Égyptiens sur le cadavre de leur père. Qui ne connaît l'anecdote du fameux capitaine portugais dom Jean de Castro empruntant, après le siège de Diu, cent mille écus aux juifs de Goa sur sa moustache?

Moustache s'emploie quelquefois au figuré pour désigner un militaire blanchi sous les drapeaux ; on dit communément : *C'est une vieille moustache.* SICARD.

MOUSTAPHA. Quatre sultans ottomans ont porté ce nom.

MOUSTAPHA Ier était le fils puiné de Mahomet III. Son frère, Achmed Ier, avait épargné sa vie et s'était contenté de l'enfermer dans le sérail, où il resta quatorze ans. Quand Achmed mourut, son fils Osman n'était âgé que de treize ans. Cette considération et les dernières volontés du souverain défunt écartèrent du trône l'héritier de la ligne directe pour y porter un prince de la ligne collatérale. Moustapha, cependant, était presque entièrement privé de ses facultés intellectuelles. Il passait son temps à jeter des pièces d'or aux poissons du Bosphore ou à poursuivre, le sabre à la main, les jeunes Icoglans, dont il voyait couler le sang avec un sourire stupide. Un de ses amusements favoris était de faire amener devant lui des gens du peuple ou des enfants et de leur conférer les plus hautes dignités de l'empire; leur profond étonnement causait à Moustapha des accès d'une joie insensée. Les chéikhs, qui comptaient être les maîtres sous ce simulacre de souverain, essayèrent de faire passer cet idiot pour un saint; mais une révolution de palais le renversa au bout de trois mois. Osman, son neveu, le relégua de nouveau dans le harem, où la révolte des janissaires qui fit périr ce jeune prince, en 1622, vint encore une fois le chercher. Quand on enfonça les portes, il crut qu'on venait l'assassiner, et tendit docilement le cou aux soldats. Son second règne ne dura pas plus d'un an. Les troupes ayant honte d'obéir à un prince fou, le déposèrent de nouveau. Il mourut en 1639, à l'âge de cinquante-quatre ans.

MOUSTAPHA II, fils de Mahomet IV, succéda à son oncle Achmed II, en 1695. Il avait environ trente-deux ans. Son règne commença par une victoire navale remportée sur les Vénitiens par le capoudan-pacha Husséin-Mezzomorto. Moustapha II remporta lui-même quelques avantages sur les Impériaux commandés par l'électeur de Saxe Frédéric-Auguste. Mais Azof capitula devant Pierre le Grand, et la bataille de Zeuta, gagnée par le prince Eugène, en 1697, détermina le sultan à signer la paix de Carlovicz, qui fut négociée par le grand-vizir Kœprili Zadeh. La Porte cédait à l'empereur de Transylvanie et tout le pays situé entre le Danube et la Theiss. Venise gardait la majeure partie de ses conquêtes ; Azof demeurait au czar. Cette paix de Carlovicz est un des événements politiques les plus remarquables de la fin du dix-septième siècle. Elle dévoila aux puissances occidentales la décadence profonde et incurable de l'empire d'Osman. Moustapha II vivait retiré dans une de ses maisons de plaisance, se livrant à la chasse et aux plaisirs, lorsque l'exécution d'un vizir amena une défection à Constantinople. Les troupes que le sultan lui opposa passèrent aux révoltés. Moustapha se rendit alors au sérail, et annonça lui-même à son frère Achmed III que les soldats l'avaient choisi pour leur padichah (1703). Il mourut quelques mois après.

MOUSTAPHA III succéda à son père, Osman III, en 1757. Il s'occupa d'abord de remettre de l'ordre dans les finances, et chercha, en rétablissant les lois somptuaires, à faire revivre parmi les Ottomans ces vertus de leur grande époque qui avaient fait toute leur force. Le kizlar-agaci fut dépouillé de l'influence qu'il exerçait dans les affaires de l'État. Mais l'avènement de Catherine II et la mort du roi de Pologne Auguste III ouvrit une nouvelle période de troubles et de guerres pour l'Europe. Longtemps la Porte ferma les yeux sur les menées de la Russie et persista dans ses dispositions pacifiques. Ce ne fut qu'après la confédération de Bar, quand les Russes eurent à plusieurs reprises violé le territoire turc, que le sultan prit les armes. L'étendard du prophète fut déployé. Krin-Gheraï, le khan de Crimée, détruisit les établissements russes de la nouvelle Servie; mais Choczim, où Potocki s'était jeté avec quelques mille hommes, se rendit à l'armée de Galitzin. Catherine se crut alors appelée à renverser l'empire des Osmanlis. Comptant sur les sympathies de religion qui unissaient aux Russes tous ces peuples d'origine, de mœurs et de langues différentes, soumis à l'autorité de la Porte, elle songea à soulever la Grèce. Une escadre commandée par Spiridoff, partie de l'embouchure de la Néva, jeta des troupes de débarquement en Morée; l'année suivante elle fut renforcée par une flottille aux ordres d'Elphinstone. L'insurrection fut bientôt comprimée en Laconie et en Messénie; mais la flotte ottomane fut détruite dans la baie de Tchesmé. En même temps Romanzoff gagnait une grande bataille à Bender, que le comte Paniu prenait d'assaut; Ismaïl se rendait sans coup férir, et Dolgorouki s'emparait de presque toute la Crimée. A quelque temps de là Moustapha III mourait. C'était un prince d'un zèle infatigable; il travaillait sans relâche pour suppléer à la paresse et à l'incapacité de ses ministres; si les circonstances l'avaient favorisé, il eût compté au nombre des plus grands souverains ottomans.

MOUSTAPHA IV était fils d'Abd-ul-Hamid. Il monta sur le trône en 1807, proclamé par la révolution militaire qui en fit descendre son cousin Sélim III. Dès son avénement il publia un firman pour renouveler la déclaration de guerre contre la Russie. Il promit de rétablir les anciens usages, abolit toutes les institutions de Sélim et détruisit même l'imprimerie de Scutari. Mais l'année suivante il était renversé lui-même par Moustapha Baïrak-Dar, pacha de Routchouk. W.-A. DUCKETT.

MOUSTAPHA (KARA). *Voyez* KARA-MOUSTAPHA.
MOUSTAPHA BAÏRAKTAR. *Voyez* BAÏRAK-DAR.
MOUSTAPHA-BEN-ISMAEL. *Voyez* MOUSTAPHA-BEN-ISMAEL.

MOUSTIQUAIRE, rideau de gaze ou de mousseline très-claire dont on entoure les lits dans les pays où l'on a besoin de se préserver de la piqûre des moustiques.

MOUSTIQUE (de l'espagnol *mosquitos*, petites mouches), nom vulgaire en Amérique de plusieurs espèces d'insectes du genre *cousin*.

MOÛT. On appelle ainsi le vin au sortir de la grappe et lorsqu'il n'a point encore fermenté.

On donne le même nom à la liqueur de la bière qui n'a pas encore subi la fermentation.

MOUTARDE. On n'est pas d'accord sur l'origine du mot *moutarde*. Boerhaave pense que ce nom dérive de *mustum ardens*, parce que de temps immémorial on a préparé la sauce ainsi nommée avec le moût et cette semence. Quelques auteurs font venir cette dénomination de *moult* (beaucoup), et *ardre* (brûler). Les Dijonnais ont prétendu que ce nom provient d'un trait de reconnaissance d'un de nos rois pour l'héroïque défense qu'avaient faite les Bourguignons, auxquels il donna pour devise à leur écu ces trois mots: *moult me tarde.* Dans l'Écriture Sainte et les plus anciens auteurs, il en est fait mention sous le nom de *sénevé;* dans les ouvrages modernes, on lui donne le même nom, mais plus souvent celui de *moutarde.* Le condiment ainsi nommé a été d'abord préparé en Italie : *In Italia cum musto conterebatur, unde dixerunt mustum ardens, hinc mustardum* (Boerhaave, *Hist. Plant.*).

La moutarde, considérée comme genre botanique, appartient à la tétradynamie siliqueuse, famille des crucifères. On en compte vingt espèces, et quoiqu'elles soient presque toutes douées des mêmes propriétés, on donne cependant la préférence à la *moutarde noire* ou *sénevé ordinaire* (*sinapis nigra*); c'est cette dernière que la médecine et les moutardiers emploient. Cette plante croît naturellement sur les bords des fossés, des grands chemins, et dans les champs cultivés, etc. Par la culture, cette graine devient meilleure; celles qui proviennent d'Angleterre et de Villefranche en sont un exemple. Cette plante est annuelle; ses tiges sont rameuses, un peu velues, striées, hautes d'un mètre environ; les feuilles inférieures sont pétiolées, ailées, rudes au toucher; fleurs jaunes, petites, disposées en épi lâche; siliques glabres et rapprochées de la tige. Sa fertilité est telle que, suivant Fischer de Greisheim, d'une livre semée dans un champ de 90 perches, il récolta 558 livres, indépendamment de ce qui s'était perdu. Plusieurs chimistes se sont livrés à l'analyse de la moutarde, entre autres Margraaf, Thieberge, Robiquet, Dumas, Pelouze, Fauré, Geiger, Hesse, Henri, Julia de Fontenelle, etc. Ils en ont extrait, par la contusion et la pression, une huile douce, d'une couleur ambrée, ne se figeant point à 4° au-dessous de zéro, soluble dans l'éther, se saponifiant très-bien. 100 parties de moutarde donnent, d'après M. de Dombasle, 18 de cette huile; d'après moi, de 20 à 25, et suivant Fischer, 30. Le schevé donne une autre huile, qui est volatile, et à laquelle il doit ses propriétés. Cette huile est d'une saveur très-âcre, d'une odeur aussi vive que celle de l'ammoniaque; elle est très-caustique, et plus pesante que l'eau; d'après moi, elle fait les 0,18 du poids de la moutarde; elle est soluble dans l'eau, l'alcool, l'éther et les huiles, à l'état de pureté; elle bout à 143° c.; elle dissout à chaud le soufre et le phosphore; les alcalis chauffés avec cette huile produisent du sulfure et du sulfo-cyanure. D'après MM. Dumas et Pelouze, qui en ont soigneusement étudié les propriétés, elle est composée de 49,84 de carbone, 20,49 de soufre, 14,41 d'azote, 10,18 d'oxygène, et 5,09 d'hydrogène. D'après les expériences d'un grand nombre de chimistes, cette huile ne préexiste pas toute formée dans les semences de moutarde; elle se développe sous l'influence de l'eau qu'on met en contact avec elle; l'infusion en contient une grande partie en dissolution, ainsi qu'une grande quantité d'albumine coagulable par la chaleur, et un acide libre, qui est le sulfo-sinapique. Ces semences ne renferment point de phosphore, comme Margraaf l'avait annoncé.

La moutarde réduite en poudre et broyée avec le vinaigre et des substances aromatiques forme un condiment très-employé; en médecine, elle est considérée comme un bon rubéfiant. J'ai fait connaître ses propriétés contre les maladies psoriques, dans un ouvrage sur l'huile volatile; le premier, j'ai annoncé que ces semences étaient douées d'une grande antisepticité. Ainsi, la viande saupoudrée de moutarde ou plongée dans son infusion, se conserve saine; et elle a subi un commencement de putréfaction, elle s'y désinfecte.

La moutarde blanche (sinapis alba, L.) est surtout célèbre par ses graines blanches ou d'un jaune clair et d'un volume à peu près double de celui des graines de la moutarde noire. Cette semence donne beaucoup de mucilage; elle est exploitée par le charlatanisme, qui lui prête toutes sortes de propriétés.

La moutarde lui monte au nez se dit proverbialement d'un homme que gagne l'impatience; s'amuser à la moutarde, c'est s'occuper des riens; en de la moutarde après dîner désigne des choses arrivant toujours quand on n'en a plus besoin. Julia de Fontenelle.

MOUTARDE DES CAPUCINS ou **MOUTARDE DES ALLEMANDS.** Voyez Cochléaria.

MOUTARDIER. Tel est l'homme qu'on donne à celui qui prépare et vend de la moutarde, ainsi qu'au vase destiné à la contenir. On en a figuré: Il se croit le premier moutardier du pape, en parlant d'un homme médiocre qui a grande opinion de son mérite, et qui affecte de l'importance.

MOUTON. Dans un troupeau de bêtes à laine, outre les mâles (béliers) et les femelles (brebis), il y a des moutons, mâles mutilés, qui pour le produit de la laine sont intermédiaires entre les béliers et les brebis, et les surpassent pour la bonté de leur chair. Dans notre langue, trop souvent capricieuse et incorrecte, les moutons, quoique n'étant pas propres à représenter leur espèce, ni par le caractère et les habitudes, ni même pour les formes, ont imposé leur nom à tout le troupeau.

Ce genre, de l'ordre des ruminants, est très-voisin des chèvres. L'anatomie ne montre entre ces deux groupes que des différences spécifiques, c'est-à-dire de même valeur que celles que l'on peut rencontrer entre deux espèces congénères. Bien plus, la chèvre produit avec le bélier; et la brebis avec le bouc, et les métis qui proviennent de ces accouplements ne sont pas inféconds. Il en résulte que si Linné a créé le genre ovis, si Brisson, Erxleben, Bodaërt, G. Cuvier, Et.-Geoffroy Saint-Hilaire, A.-G. Desmarest, etc., l'ont adopté, d'un autre côté Leske, Illiger, Blümenbach, Rangani, etc., remarquant le manque de caractères propres à séparer d'une manière bien tranchée les chèvres des moutons, les ont réunis dans une même division sous les dénominations de capra, d'ægiomus, etc.

Sans nous prononcer sur cette question, disons les caractères que donnent au genre ovis les auteurs qui le reconnaissent. Ces ruminants, pourvus de cornes creuses, persistantes, anguleuses, ridées en travers, contournées latéralement en spirale et se développant sur un axe osseux celluleux, qui a la même direction, offrent un total de trente-deux dents. Le chanfrein est arqué, le museau terminé par des narines de forme silongée, oblique, ayant mufle ou partie nue et muqueuse. Ces animaux n'ont ni larmiers ni barbe au menton. Les oreilles sont médiocres et poilues. Le corps est de stature moyenne, couvert de poils, et offre deux mamelles inguinales. Les jambes sont assez grêles, sans brosses aux genoux. Enfin, la queue (du moins dans les espèces sauvages) est plus ou moins courte, inflexible ou pendante.

Les moutons vivent en familles ou en troupes plus ou moins nombreuses. Les pays élevés, les sommets des montagnes sont les lieux qu'ils habitent de préférence. Leurs habitudes sont les mêmes que celles des chèvres. A l'état sauvage, où les voit sauter de rocher en rocher avec une vitesse presque incroyable; leur souplesse est extrême, leur force musculaire prodigieuse, leur bonds très-étendus et leur course très-rapide; on ne pourrait les atteindre, s'ils ne s'arrêtaient fréquemment au milieu de leur course pour regarder le chasseur d'un air stupide et pour attendre que celui-ci soit à leur portée avant de reconnaître à fuir. Mais dans l'état auquel la brebis a été amenée par l'influence d'une longue domesticité, ses mœurs sont tout à fait modifiées: elle ne peut plus se passer du secours et de la protection intéressée que l'homme lui accorde. « Elle est, dit Buffon, sans ressource et sans défense. Le bélier n'a que de faibles armes; son courage n'est qu'une pétulance inutile pour lui-même, incommode pour les autres, et qu'on détruit par la castration. Les moutons sont encore plus timides que les brebis..... Le moindre bruit extraordinaire suffit pour qu'ils se précipitent et se serrent les uns contre les autres, et leur crainte est accompagnée de la plus grande stupidité; car ils ne savent pas fuir le danger; ils semblent même ne pas sentir l'incommodité de leur situation: ils restent où ils se trouvent, à la pluie, à la neige; ils y demeureraient patiemment; et pour les obliger à changer de lieu et à prendre une route, il leur faut un chef, qu'on instruit à marcher le premier! »

L'esson divise le genre ovis en quatorze espèces, dont quatre seulement ont été bien étudiées; ce sont: 1° le mouflon d'Afrique, ou mouflon barbu (ovis tragelaphus, Cuv.), appelé encore mouton à manchettes (ovis ornata, Geoffr.), qui habite les lieux déserts et escarpés de la Barbarie et du Nord de l'Afrique; 2° le mouflon d'Amérique ou bélier de montagne (ovis Geoffr.), découvert en 1800 dans l'Amérique du Nord par le voyageur anglais Gillevray; 3° l'argali (ovis ammon, Linné), qui habite les régions fraîches ou tempérées de l'Asie, n'est pas rare dans les montagnes de la Mongolie, de la Songarie et même de la Tartarie, et se trouve abondamment répandu dans le Kamtschatka; 4° le mouflon proprement dit, souche présumée de nos moutons domestiques et dont nous parlerons tout de suite.

Cet animal, plus grand que le mouton domestique, a environ 1ᵐ,15 de longueur et 0ᵐ,75 de hauteur au garrot. Les cornes du mâle ont près de 0ᵐ,66 de longueur, et la queue un peu plus de 0ᵐ,08. Le mouflon a le chanfrein husqué, les cornes grosses et vidées, le cou assez gros, le corps épais, musculeux, à formes arrondies, les jambes assez robustes, les sabots coquets, la queue infléchie et nue à la surface inférieure. Le corps est couvert de deux sortes de poils : un poil laineux ou laine, gris, épais, ayant ses filaments en tire-bouchon, et un poil soyeux, assez roide et seul apparent au dehors; la tête ne présente que de ces derniers poils. Le pelage est d'un fauve terne, mêlé de quelques poils noirs sur la tête, le cou, les épaules, le dos, les flancs et la face extérieure des cuisses, avec la ligne dorsale plus foncée; le dessous du cou jusqu'à la poitrine, la base antérieure des jambes de devant, les bords des flancs et la queue, le dessus et les côtés des fesses, sont noirâtres; la partie antérieure de la face, le dessous des yeux, le dedans des oreilles, les canons des jambes, le ventre, les fesses et les bords de la queue sont blancs; la face interne des membres est d'un gris sale; une tache d'un jaune pâle se voit au milieu de chaque flanc. Chez les femelles, le pelage offre moins d'épaisseur; les cornes manquent souvent, et lorsqu'elles existent, elles sont beaucoup moins fortes que chez les mâles. Les jeunes individus sont d'un fauve plus pur que les vieux, avec les fesses d'un fauve brun ; leurs cornes, qui commencent à pousser peu de temps après leur naissance, ont déjà de 0ᵐ,15 à 0ᵐ,20 au bout d'un an. Le mouflon se trouve dans les parties les plus élevées de la Corse et de la Sardaigne, sur les montagnes occidentales de la Turquie européenne et dans quelques îles de l'Archipel Grec.

« Dans l'état de nature, dit M. E. Desmarest, les mouflons ne quittent jamais les sommets des montagnes; ils marchent par troupes, qui se composent de plus d'une centaine d'individus, et à la tête desquelles se trouve toujours un vieux et robuste mâle. En décembre et janvier, époque du rut, ces troupes se divisent en bandes plus petites, formées chacune de quelques femelles et d'un seul mâle. Lorsque ces bandes se rencontrent, les mâles se battent à coups de cornes ; souvent l'un d'eux périt, et alors les femelles qui l'accompagnent se joignent au troupeau du mouflon qui survit au combat. Les femelles portent cinq mois, et mettent bas, en avril ou mai, deux petits qui peuvent marcher dès le moment de leur naissance, et dont les yeux sont ouverts; elles ont pour eux beaucoup de tendresse, et les défendent avec courage. Les jeunes n'atteignent tout leur développement qu'à leur troisième année, mais montrent dès la fin de la première le désir de s'accoupler. »

A l'état domestique, ce n'est qu'à l'époque du rut que les béliers montrent quelque ardeur, quelque courage ; alors seulement un sentiment de jalousie irréfléchi les porte à se battre entre eux, et qu'ils font en s'élançant les uns contre les autres et en se frappant à grands coups de tête; hors de ce temps, ils sont dans un état complet d'indolence et de stupidité. Les brebis ne semblent avoir qu'un faible attachement pour leur progéniture, et elles se la voient enlever sans chercher à la retenir. Les jeunes, qui portent le nom d'*agneaux*, semblent doués d'un sentiment un peu plus fin : il est constant qu'ils reconnaissent parfaitement leur mère au milieu d'un troupeau. Mais cette lueur d'instinct, loin de se développer, ne tarde pas à s'atrophier, et l'agneau devenu adulte présente tous les caractères de cette stupidité que nous avons signalée dans l'espèce ovine.

Après ces divisions, fixées par les naturalistes, voyons celles que les agronomes et les commerçants ont faites suivant d'autres vues, qui ne sont pas non plus sans importance.

On distingue en Angleterre quatorze races recommandables, soit par le poids et les bonnes qualités de leur toison, soit par la saveur de leur chair, la promptitude et la facilité d'engraisser les moutons. Dix de ces races n'ont point de cornes, et les quatre autres sont cornues. Il y en a sept dont la laine est moins estimée, mais qui sont généralement préférées pour la boucherie ; parmi celles-ci la race de *Dishley* tient le premier rang, les races de *Dorsetshire*, de *Norfolk*, de *Cheviot*, de *Dunenced* et de *Shetland* fournissent les meilleures laines, dont le prix est au moins double de celui des qualités inférieures. Il résulte de là que les moutons de ces races vivent beaucoup plus longtemps que ceux dont la principal mérite est apprécié par les gastronomes : on n'accorde que deux ans aux *dishley* et aux *tees-waters*, tandis que les *cheviots*, les *dunenceds* ne sont mis à l'engrais qu'au milieu de leur cinquième année, au temps où leur viande commence à durcir et à devenir moins savoureuse.

Londres tire de la Grande-Bretagne tous les moutons pour ses boucheries; autrefois Paris s'approvisionnait dans plus de la moitié des provinces françaises et mettait de plus à contribution la Belgique, la Hollande, quelques parties de l'Allemagne. Ce fait peut donner une idée de la grande multiplication des bêtes à laine en Angleterre, en comparaison du nombre de ces animaux en France, car on sait qu'à cette époque Paris était moins peuplé qu'il ne l'est aujourd'hui, et que d'ailleurs les Anglais consomment beaucoup plus de viande que les Français, même dans les villes. Ce fait suffirait seul pour prouver que la France ne connaissait pas alors les véritables intérêts de son agriculture, de la subsistance de ses habitants et de ses manufactures de lainage; et qu'on n'y avait pas donné assez de soins et de développements à ces grands moyens de prospérité publique et privée. Il paraît qu'on ne s'était pas plus occupé du perfectionnement de la chair des moutons que de la multiplication des bêtes à laine et de l'amélioration des toisons. Quoique les moutons des Ardennes et de *prés salés* eussent une grande renommée à Paris, l'Europe ne les connaissait point, tandis que les éloges des moutons des Alpes et de Dishley retentissaient partout.

En Espagne, et en général dans l'Europe méridionale, le mouton passe pour être meilleur que dans le nord, et remplace souvent le bœuf sur la table du riche. On a peu d'informations gastronomiques sur les qualités de la viande de mouton dans les autres parties de l'Europe ; on s'y est plus occupé de la toison des bêtes à laine que de leur chair; l'exemple de l'Angleterre fait voir que ces deux sortes de recherches ne sont pas inconciliables, qu'on peut les entreprendre à la fois et avec succès; mais on ne peut disconvenir que les laines ont beaucoup plus d'importance que la quantité d'aliments qu'on peut tirer des animaux qui nous fournissent leur toison. Le bœuf consomme moins que le mouton en raison de son poids, et son travail a plus de prix que les toisons d'une douzaine de moutons mérinos, dont la nourriture est plus dispendieuse, et qui ne font rien. En comparant la brebis à la vache, on aura bientôt la certitude que la seconde serait beaucoup plus utile que la première, si la laine n'était pas pour nous une matière dont nous ne pouvons nous passer. En effet, la vache donne de meilleur lait et en plus grande quantité que ce qu'on en tirerait du nombre de brebis qui consommeraient la même quantité d'aliments; le plus souvent le lait de la brebis ne sert qu'à la nourriture des agneaux, au lieu qu'on en tire encore de la vache qui travaille, comme dans les départements du Puy-de-Dôme et du Cantal. Ainsi, puisque la principale destination des bêtes à laine est de nous livrer celle même dont nous les dépouillons annuellement, considérons-les uniquement sous ce point de vue. Voyons d'abord quelles sont les races les plus estimées et comment les pays qui les possèdent sont parvenus à les obtenir.

L'Espagne est longtemps la possession exclusive de la meilleure race des bêtes à laine, les précieux *mérinos*, dont tous les autres peuples se sont empressés de faire l'acquisition, dès qu'ils en ont senti la nécessité d'améliorer leurs races indigènes ou de les remplacer par d'autres d'un produit plus avantageux. Quelques écrivains prétendent que les mérinos sont originaires d'Afrique, d'où ils ont été importés en Espagne par les Maures ; mais, disent certains critiques, si cette opinion était fondée, on retrouverait encore en quelque lieu de l'Afrique la souche primitive des troupeaux espagnols, et les voyageurs n'en font aucune mention. Cette objection est plus faible qu'elle ne le paraît au premier coup d'œil ; on peut lui opposer que la race des mérinos ne se conserve pure que par les soins de bergers intelligents et attentifs, qui en écartent les agneaux dégénérés, choisissent non-seulement les béliers, mais les brebis qui réunissent au plus haut degré toutes les qualités qu'on recherche dans ces animaux, et forment ainsi des troupeaux d'élite pour la propagation, mutilant ou rejetant les individus médiocres et tous ceux qui ont quelque défaut, quelque léger qu'il soit. Il n'est donc pas surprenant que les mérinos n'aient pu se maintenir sous la conduite de bergers africains, tels qu'ils sont aujourd'hui ; et les Maures d'Espagne, depuis leur retour dans leur ancienne patrie, n'ont-ils pas perdu les sciences, les arts, la civilisation qui les distinguait ? Puisque l'homme même a subi une aussi grande altération, ses animaux ne pouvaient conserver un perfectionnement artificiel que l'industrie humaine lui avait donnée. Si les bêtes à laine de la France, de la Saxe et de l'Angleterre étaient abandonnées à des Berbers ou à des Bedouins, elles perdraient promptement tout ce qu'elles ont acquis par les soins des agronomes éclairés qui ont dirigé leur perfectionnement. Au reste, si les Espagnols doivent effectivement aux Maures leur excellente race de bêtes à laine, ce n'est pas le seul service que leur ait rendu cette nation, digne d'un meilleur sort, et qu'il serait glorieux pour la France de tirer de l'état de barbarie où elle est tombée.

Parmi les mérinos espagnols, on distingue plusieurs variétés, que l'on nomme aussi *races*, tant la langue technique de cette partie de l'économie rurale est pauvre et dépourvue de moyens d'expression exacte. La plus estimée de ces sortes de races est celle que l'on nomme *léonaise* ; elle hiverne dans l'Estramadure, et arrive au printemps aux environs de Ségovie, où les toisons sont déposées. Leurs pâturages d'été sont dans la région montagneuse de la Vieille-Castille et du royaume de Léon. Il en reste aussi une partie dans les montagnes qui séparent les deux Castilles. Ces troupeaux voyageurs font quatre à cinq lieues par jour, environ cent cinquante lieues à chaque migration : ils sont donc en marche pendant plus de soixante jours, y compris l'aller et le retour, et ce temps est encore allongé par une multitude de causes de retard que la prudence des bergers ne peut éviter. Ces bergers sont au nombre de cinq pour conduire mille bêtes ; ils sont subordonnés les uns aux autres et reconnaissent un chef commun, le *mayoral*. Cette organisation hiérarchique est avantageuse et économique pour les troupeaux composés de plusieurs milliers d'animaux ; et on les confiait à des bergers isolés, il faudrait les diviser en centaines, car, suivant Buffon, d'accord sur ce point avec l'opinion commune, un homme seul ne peut guère conduire plus de cent bêtes à laine. On emploierait donc dans ce cas un nombre de gardiens à peu près double de celui qu'exige la méthode actuelle ; mais cette méthode n'est applicable qu'à des troupeaux très-nombreux, de mille bêtes au moins, ou subdivisibles en sections de ce même nombre. Elle demeurera donc confinée en Espagne, où des lois spéciales protègent ces immenses collections d'animaux ambulants, comme le meilleur moyen de conserver la pureté de la race. Ces troupeaux appartiennent à de riches propriétaires, à des hommes puissants, des grands, des monastères, auxquels il a été facile d'obtenir des prérogatives aux dépens des cultivateurs placés sur la route suivie par leurs bêtes. Pour consolider la possession de ces prérogatives, tous les intéressés ont formé, sous le nom de *mesta*, une association où le crédit particulier de chaque membre contribue à la force commune. Le souverain nomme un *gardien général des mérinos*, auquel les *mayorals* des troupeaux particuliers sont subordonnés : cet emploi est très-lucratif en Espagne.

C'est par l'importation des mérinos espagnols que les Anglais sont parvenus à perfectionner leurs laines ; ils n'ont pu conserver la finesse des toisons léonaises, mais ce défaut a été plus que compensé par une grande augmentation de longueur et de force. On tire aussi de temps en temps des béliers de la côte d'Afrique, ce qui semble prouver que la souche présumée des mérinos existe encore dans l'Atlas. Mais le croisement des races et le choix sévère des plus beaux individus pour la propagation sont des moyens d'amélioration qui réussissent partout. C'est par l'introduction de béliers des Indes que les Hollandais ont relevé leur race indigène et obtenu des laines à peu près aussi bonnes que celles de la Grande-Bretagne.

Avant qu'on ne songeât en France à suivre l'exemple de l'Angleterre et de la Hollande, on y avait des laines d'assez bonne qualité : celles du Roussillon étaient fines, mais courtes, et la Flandre en fournissait d'une longueur remarquable. Les provinces voisines des Pyrénées, et notamment le Roussillon, avaient quelques troupeaux transhumans, ainsi que la Provence. Ce régime dure encore ; des troupeaux qui passent l'hiver dans le département des Bouches-du-Rhône vont paître pendant l'été jusque dans les montagnes de la Savoie. Mais dans tout le reste de la France on n'avait que des laines grossières, et nos manufactures de draps fins étaient dans la nécessité de tirer de l'étranger la plus grande partie des matières qu'elles employaient. Enfin, on sentit le besoin de s'affranchir de ce tribut onéreux, et l'on s'occupa sérieusement des moyens d'y parvenir. Daubenton entra le premier dans cette carrière ; il fit des expériences sur les meilleures races françaises, tira de l'Espagne quelques béliers, forma deux troupeaux, qui pendant plus de vingt ans fournirent des brebis et des béliers à ceux qui voulaient prendre part aux améliorations qu'il avait obtenues, composa plusieurs mémoires sur la bergerie et une instruction pour les bergers et les propriétaires de troupeaux. Des travaux aussi utiles furent dignement récompensés : Daubenton vécut assez longtemps pour qu'il fût témoin des progrès de ses préceptes et des lumières qu'il avait répandues, il eut sous ses yeux le doux spectacle du bien qu'il avait fait.

En 1785, la ferme royale de Rambouillet fut établie, et l'on y plaça un troupeau de mérinos. Ces animaux avaient été choisis avec le plus grand soin ; l'ambassadeur de France en Espagne avait présidé à cette précieuse acquisition. Les agneaux provenus de cette importation furent d'abord distribués gratuitement, et négligés par ceux qui les avaient reçus ; on prit le parti de les vendre, et alors seulement ils furent estimés et recherchés. Les événements de la révolution firent suspendre les ventes, et lorsqu'il fut possible de les reprendre, le prix des béliers et des brebis augmenta graduellement, au point qu'en 1818 des béliers furent vendus 2,390 francs, et des brebis 1,542 francs. Pendant la révolution 4,000 mérinos furent tirés d'Espagne et conduits en France en vertu d'un article du traité de Bâle. Le principal dépôt de ce troupeau fut placé à Perpignan, et il a très-bien réussi. Un simple particulier avait entrepris de naturaliser en France les meilleures races anglaises, mais le succès n'a pas répondu à ses espérances. Au nord et à l'est de la France, les soins des gouvernements et des agronomes sont aussi dirigés vers le perfectionnement des laines et couronnés par le succès.

Il est bien avéré maintenant que la laine des mérinos français n'est pas inférieure à celle des meilleures races espagnoles, quoique celle-ci soit encore achetée à plus haut prix. On a constaté aussi, à l'avantage des mérinos français, que leur taille s'est accrue par l'influence du climat, d'une vie plus sédentaire et plus commode, d'une nourriture ou plus abondante ou mieux choisie. Ainsi, loin que l'expatriation ait été défavorable à cette race de bêtes à laine, on peut assurer qu'elle a y gagné sensiblement, qu'elle est devenue plus robuste, qu'elle est mieux traitée suivant sa nature et ses besoins. La vigueur est une des qualités essentielles dans les individus que l'on destine à la propagation de la race; il faut donc éprouver leur force, et n'admettre que les mâles et les femelles qui auront le mieux soutenu l'espèce de lutte à laquelle on les aura soumis. De plus, les bergers instruits reconnaissent au simple coup d'œil les brebis bien constituées et propres à produire de beaux agneaux. Pour les béliers, l'inspection de la forme n'est pas jugée suffisante; on examine attentivement la peau, qui doit être parfaitement exempte de taches noires, même sur les parties que la laine ne couvre pas, même sur la langue. Les premières portées des brebis ne donnent communément que des agneaux faibles; à mesure que les portées se renouvellent, jusqu'à ce que les mères approchent de la décrépitude, elles donnent de plus beaux agneaux et les nourrissent mieux. Quant aux béliers, ils ne doivent commencer leurs fonctions que lorsqu'ils ont pris leur entier accroissement, vers la fin de leur deuxième année. On recommande aussi d'empêcher les brebis d'être fécondées avant le même âge, et s'il se peut même avant trois ans. Pour l'allaitement des agneaux, le lait de vache ou de chèvre peut être substitué sans inconvénient à celui des mères ou d'autres brebis. Lorsqu'on est forcé de donner ainsi des nourrices à des agneaux de race à laine fine, on peut les prendre parmi les brebis de race commune, la toison des nourrissons n'en sera nullement altérée. On prend ces précautions lorsque les mères sont trop jeunes, au-dessous de deux ans, parce qu'on a observé que l'allaitement les fatigue beaucoup plus que la gestation.

Il paraît constant que les mérinos sont plus vivaces qu'aucune des races communes de la France. On a vu à Croissy, près de Paris, une brebis de race espagnole mettre bas un agneau à l'âge de dix-neuf ans. Le troupeau de mérinos de Valençay, dans le département de l'Indre, a produit un exemple de longévité et de fécondité encore plus remarquable : une brebis y a vécu jusqu'à vingt-deux ans, mettant bas régulièrement chaque année deux agneaux à la fois. On cite quelques autres troupeaux où l'on a vu des brebis encore plus âgées; mais la durée ordinaire de la fécondité est pour les mérinos de douze à quinze ans, et pour les races françaises de sept à huit ans. Au delà de ces termes, les propriétaires de troupeaux mettent à la réforme les brebis qu'ils jugent trop vieilles pour produire des agneaux d'une belle venue.

Une brebis n'a communément qu'un seul agneau, et souvent une seule portée par an; d'autres ont deux portées ou deux agneaux à la fois, et même trois. Il y a, dit-on, des races dont le produit annuel est de cinq agneaux en deux portées. Le climat n'exerce aucune influence sur cette fécondité : lorsque Virgile, faisant l'éloge de l'Italie, dit que les brebis y sont pleines deux fois par an (*bis gravidæ pecudes*, etc.), il ignorait que les déserts de la Scythie et d'autres contrées encore moins favorisées par la nature nourrissaient des races de bêtes à laine qui ne sont pas moins fécondes. Dans quelques cantons de la Sibérie, où le thermomètre descend de temps en temps au-dessous de la congélation du mercure, où la terre est couverte de neige pendant plus de sept mois, rien n'est plus commun que de voir des brebis donner à leur propriétaire quatre agneaux en deux portées. FERRY.

Le mot *mouton* vient de l'italien *montone*, qui dérive de *mont*, dit Trévoux, parce que les bons moutons paissent en lieu haut et sec. Il est formé de *mutus*, suivant le savant Huet, qui trouve cet animal fort silencieux.

On dit familièrement : C'est un *mouton*, il est doux comme un *mouton*, pour désigner un homme d'une humeur fort douce, fort traitable. *Il ressemble aux moutons du Berry, il est marqué sur le nez*, c'est-à-dire il a quelque marque fort apparente sur le visage; les hommes sont de vrais *moutons de Panurge*, sautant l'un après l'autre, pour faire que chacun d'eux fait comme il a vu faire; le peuple, dit Trévoux, se laisse conduire comme les *moutons*, suivant le premier qui marche, se laissant tondre par le premier qui s'en mêle. *Revenons à nos moutons*, signifie : reprenons le fil de notre discours, revenons à notre sujet. Ce dicton a été emprunté au proverbe de l'*Avocat patelin*.

Mouton se dit figurément, en langage de prison, d'un homme aposté par l'autorité pour gagner la confiance des détenus, surprendre leur secret et le dévoiler.

Moutons, au pluriel, se dit par analogie au mouvement ondoyant des troupeaux des vagues blanchissantes qui s'élèvent sur la mer, les lacs, les rivières, lorsqu'elles commencent à être agitées; on en a fait un verbe: L'orage gronde, l'océan, les lacs, le Rhône, commencent à *moutonner*.

MOUTON (*Mécanique*), masse de fer, ou grosse pièce de bois armée de fer, qu'on élève et qu'on laisse retomber sur des pieux pour les enfoncer en terre : On a enfoncé ces pieux jusqu'à refus de *mouton*. Il est probable que ce mot aura succédé à celui de *bélier*, par lequel les anciens désignaient une machine de guerre, leur servant à enfoncer les portes et à abattre les murailles des villes.

On désigne aussi par ce mot la grosse pièce de bois dans laquelle sont engagées les anses d'une cloche pour qu'elle reste suspendue.

MOUTON (*Numismatique*), ancienne monnaie d'or, sur laquelle était un *mouton*, avec ces mots *Ecce agnus Dei*. Ce fut saint Louis qui fit faire des deniers d'or à l'agnel, qu'on nomma depuis *moutons* d'or.

MOUTON (GEORGES), comte DE LOBAU, maréchal de France, naquit le 21 février 1770, à Phalsbourg (Meurthe). Destiné au commerce, il courut en 1792 au secours de la patrie, menacée par l'étranger, et s'enrôla dans un bataillon de volontaires, où sa haute stature et sa bravoure le firent bientôt remarquer. Son avancement fut rapide, et en 1798 il était appelé à remplir les fonctions d'aide de camp auprès de Joubert, chargé du commandement en chef de l'armée d'Italie après le départ de Bonaparte pour l'Égypte. Nommé colonel d'un des régiments composant la garnison de Gênes, il sut maintenir dans son corps la plus exacte discipline au milieu des plus dures privations, et le 11 avril 1799, à l'affaire de Verreria, il enleva aux Autrichiens six drapeaux. Peu de temps après il était dangereusement blessé à l'attaque du fort Guezzi. En 1805, au camp de Boulogne, Napoléon le promut au grade de général de brigade et le choisit pour aide de camp. Nommé général de division après la paix de Tilsitt, il fut créé en même temps inspecteur général de l'infanterie. Au mois de décembre 1807, il fut appelé au commandement du corps d'observation réuni au pied des Pyrénées. L'année suivante, il commandait une des divisions aux ordres du maréchal Bessières. Incorporé à partir du 10 novembre dans le corps du maréchal Soult, il battit les Espagnols à Germonal, leur enleva 25 bouches à feu, 12 drapeaux et leur fit 6,000 prisonniers, brillant fait d'armes qui prépara la prise de Burgos et ouvrit la route de Madrid à nos troupes.

Dans la campagne de 1809, il fut appelé à l'armée d'Allemagne. Le 21 avril, le lendemain de la victoire d'Abensberg et la veille de celle d'Eckmuhl, il franchit, à la tête du 17e de ligne, le pont de l'Isar, conduisant à Landshut, quoique déjà il fût enflammé de toutes parts, mouvement dont l'audace et le succès frappèrent d'admiration l'empereur, et par suite duquel les Français purent pénétrer dans Landshut, où s'était jeté le général Hiller, dans l'espoir d'opérer sa jonction avec l'archiduc Charles. 30 pièces de canon, 9,000 prisonniers, 600 caissons tout attelés et remplis de munitions, 3,000 voitures de bagages, les magasins et les hôpitaux de l'ennemi, furent les trophées de cette audacieuse manœuvre, qui eut en outre pour résultat de séparer les deux armées ennemies. Le lendemain Napoléon remportait la mémorable bataille d'Eckmuhl. Le courage héroïque dont le général Mouton fit preuve le 21 mai suivant, à la bataille d'Aspern, sauva la plus grande partie de l'armée française, acculée dans la grande île de Lobau, que forme le Danube, un peu au-dessous de Vienne. L'armée était obligée de repasser le fleuve, dont le débordement subit ajoutait à la difficulté de ses mouvements. Pour qu'elle pût effectuer sa retraite sans la voir se changer en déroute, il fallait que Masséna tint ferme dans la plaine et que Mouton couvrit de son corps l'île de Lobau. Napoléon fut admirablement secondé par ses lieutenants. L'ennemi, repoussé sept fois à la baïonnette par le corps aux ordres de Mouton, céda devant la sublime obstination d'un général décidé à se faire tuer, au besoin, sur place. Le titre de comte de Lobau fut le prix de ce beau fait d'armes. Dans la campagne de Russie, il fut chargé des fonctions d'aide-major général et comme tel appelé à diriger la marche des énormes masses d'infanterie mises en mouvement dans cette gigantesque expédition. Lors de la retraite, il fut du petit nombre de généraux que Napoléon ramena avec lui en France pour y organiser une nouvelle armée. Dans la campagne de 1813, il assista aux batailles de Lutzen et de Bautzen, et après la déroute de Kulm, fut appelé à prendre le commandement des débris du corps de Vandamme. Resté à Dresde après la bataille de Leipzig, il partagea la captivité de Gouvion-Saint-Cyr.

La paix de Paris le rendit libre, mais le gouvernement royal le laissa sans emploi. Pendant les cent jours Napoléon le créa pair et lui confia le commandement de la première division militaire. A la bataille de Waterloo il commandait à l'aile droite le 6e corps d'armée, et avait ordre d'arrêter la marche de Bulow. Après avoir glorieusement résisté dans cette journée à un ennemi cinq fois supérieur, il fut fait prisonnier, sur le champ de bataille, au moment où il cherchait à rallier les débris de notre armée. Compris, après la rentrée de Louis XVIII à Paris, sur la liste des proscrits, il résida en Belgique jusqu'en 1818, époque où le gouvernement de la Restauration, revenu à des idées plus modérées, lui rouvrit les portes de son pays. Il y vécut à peu près oublié jusqu'en 1828. A ce moment les électeurs de son département jetèrent les yeux sur lui pour en faire leur représentant à la chambre des députés, où il prit place au centre gauche. Proclamé, à la suite des journées de Juillet, membre de la commission municipale provisoire de Paris, il fut un de ceux qui crurent obéir au voeu national en plaçant la couronne de Charles X sur la tête du duc d'Orléans. Le 26 décembre de la même année, Louis-Philippe, qui l'avait déjà fait pair et grand'croix de la Légion d'Honneur, le nomma commandant général de la garde nationale de la Seine, en remplacement du général La Fayette, et en juillet 1831 il lui accorda le bâton de maréchal de France. Un commencement d'émeute ayant eu lieu sur la place Vendôme, le 5 mai 1832, à la suite d'un rassemblement considérable d'individus venant déposer des couronnes funèbres aux pieds de la colonne, en commémoration de l'anniversaire de la mort de Napoléon, Lobau, au lieu de dissiper la multitude en force, fit pointer sur elle les pompes à incendie tenues en réserve à l'état-major de la place et au ministère de la justice. La déroute et la débandade des républicains furent complètes. Jamais volées de mitraille ne produisirent d'effet plus décisif, jamais on ne vit le sauve qui peut plus général; mais jamais non plus le parti ne pardonna à Lobau d'avoir agi à son égard comme avec une poignée de gamins, et, pour le ridiculiser, il le gratifia du sobriquet de Lancelot. Mouton mourut à Paris, le 27 novembre 1838.

MOUTON BLANC (Dynastie du). *Voyez* Ac-Coinlu.
MOUTON DU CAP. *Voyez* Albatros.
MOUTON-DUVERNET (Régis-Barthélemy, baron), général, naquit au Puy, le 5 mars 1769; engagé à dix-sept ans dans le régiment de la Guadeloupe, il y fit comme soldat, dans la colonie, les campagnes de 1787 à 1791; il rentra en France avec le grade de lieutenant, fut capitaine adjudant-major au siége de Toulon; nommé chef de bataillon sur le champ de bataille, le 2 messidor an VII, major le 19 août 1806, colonel du 63e, avec lequel il fit les campagnes de 1806 et 1807, le 10 février de la même année, baron de l'empire en 1809, général de brigade le 21 juillet 1811, et général de division le 4 août 1813. Mouton-Duvernet compta dans ses états de service de véritables actions d'éclat; il se distingua dans la campagne de Saxe en 1813, dans celle de France en 1814 : bien que nommé chevalier de Saint-Louis, à la première restauration, il ne fut pas employé dans le service actif. Membre de la chambre des représentants de 1815, il s'y montra l'un des champions les plus chaleureux de l'indépendance nationale. « Proclamons Napoléon II empereur des Français ! s'y écriait-il après le désastre de Waterloo, et à ce nom tous prendront les armes depuis l'épingle jusqu'au canon. » Le 2 juillet Mouton-Duvernet était appelé au commandement de la division de Lyon : sa modération ne lui fit point pardonner par Louis XVIII son attitude à la chambre. des représentants, et il fut, comme Ney, compris dans l'ordonnance de proscription du 24 juillet 1815. Comme celui-ci, il se cacha; découvert, il fut condamné à mort par un conseil de guerre et exécuté.

MOUTON NOIR (Dynastie du). *Voyez* Cara-Coinlu.
MOUTURE, action de moudre, de broyer les matières friables; appliquée au blé, elle a pour objet la séparation de ses différentes parties (farine blanche et bise, remoulage, recoupes, son). L'art de moudre le blé varie selon les localités; les différents procédés peuvent être ramenés à quatre : 1° *la mouture économique*, la première de toutes pour la quantité et la qualité des farines, se compose d'un système de machines mues par une force unique : là les cribles mis en mouvement nettoient le blé, qui passe dans la trémie, puis sous les meules, et tombe dans un bluteau, qui sépare la première farine; restent le gruau et le son, que d'autres moutures isolent; 2° *la mouture en son gras* laisse au boulanger le soin de séparer, après la première opération, le son du gruau, qu'il renvoie ensuite au moulin; 3° *la mouture à la grosse*, assez analogue aux deux précédentes, livre au boulanger la farine brute et l'oblige à bluter pour séparer de la fleur le son et le gruau; 4° *la mouture rustique* opère en un seul temps : les meules, fort rapprochées, broient le blé tout d'une fois, et les bluteaux donnent deux masses : d'un côté la farine, le gruau et les recoupettes, de l'autre le gros son. On obtient par la *mouture économique* un sixième de farine de plus que par les autres procédés; et chaque produit est d'une qualité supérieure : 120 kilos de blé donnent 80 kilos de farine blanche, 10 de farine bise, 27 de différents sons, et 2 ou 3 de déchet. Si elle était adoptée dans toute la France, il en résulterait une augmentation notable des produits, et la fixation du prix du pain, reposant sur une base certaine, n'exposerait plus l'autorité à blesser les intérêts des boulangers ou des consommateurs.

On donne encore le nom de *mouture* à un mélange par tiers de blé, de seigle et d'orge.

Tirer d'un sac deux moutures signifie prendre double profit dans une même affaire. P. Gaubert.

MOUTURE (Droit de). On appelait autrefois ainsi la taxe prélevée par le propriétaire d'un moulin sur les individus qui y faisaient moudre leurs grains. Le seigneur suzerain obligeait ses vassaux à moudre au moulin banal moyennant le droit de mouture. L'exemption de ce droit s'appelait *franc-mouture*.

MOUVANCE. C'était, en droit féodal, la relation de supériorité existant du fief dominant au fief servant. Il y avait la mouvance *active* et *passive*. Lorsqu'un fief relevait d'un autre fief supérieur, c'était la mouvance passive; lorsqu'il en avait d'autres qui dépendaient de lui, c'était la mouvance active. Il y avait encore la mouvance *immédiate* et la mouvance *médiate* : la première, quand un fief relevait d'un autre sans intermédiaire, la seconde dans le cas contraire; la mouvance *noble* et la *roturière*, quand le possesseur du fief servant devait foi et hommage ou tout au moins fidélité au seigneur du fief dominant, ou bien quand le premier n'était tenu qu'à de certaines redevances.

MOUVEMENT. Quand on arrête sa pensée sur la faculté des corps que ce mot exprime, pour chercher, dans l'abstraction métaphysique comment on pourrait concevoir la nature sans son existence, on trouve qu'à lui sont liées, de près ou de loin, presque toutes nos idées, presque toutes nos perceptions nettes des choses qui nous entourent. C'est le mouvement en effet qui seul a le pouvoir de nous faire complètement comprendre ce que sont l'espace et le temps, ces deux grands faits de la nature dont il est le lien. Aussi, pour ceux qui se contentent de leurs yeux pour voir, le mouvement tient-il dans l'univers une place immense, qui s'agrandit encore lorsqu'on emprunte à la science son regard perçant. Pour l'homme qui voit, le mouvement est le symbole et l'indice de la végétation et de la vie, la faculté de tout ce qui peut se reproduire; pour celui qui sait et qui contemple, la lumière, la chaleur et l'électricité, ces trois principes qui régissent l'univers, sont aussi du mouvement. La nature en a imbibé la matière, comme on imbibe l'éponge d'eau.

Et pourtant il s'est trouvé des esprits qui l'ont nié, ce fait immense, sans lequel tout est mort. Ils ont dit que le mouvement n'existait pas, que notre foi en lui n'était qu'une erreur des sens, et pour démontrer l'absurde paradoxe ils ont entassé sophismes sur sophismes. Pourquoi faut-il qu'il se trouve toujours ainsi des hommes se faisant un honneur de contredire les plus évidentes choses, pour faire parade de leur prétendue force d'esprit ! Il serait trop long et fastidieux sans doute de rapporter ici toutes les niaiseries débitées à ce sujet; d'ailleurs, elles ont toujours exprimé des négations partielles, et presque toutes les sectes philosophiques ont adopté et défini le mouvement. Ces définitions, parfaitement conformes quant au fond, varient légèrement dans les termes, qui pour toutes n'ont pas la même rigueur et la même précision. Voici la définition de Borelli, philosophe de l'école de Galilée : *Le mouvement est le passage successif d'un corps d'un lieu à un autre, dans un certain temps déterminé, le corps étant successivement contigu à toutes les parties de l'espace intermédiaire.* C'est à peu près celle qu'on a maintenant adoptée. D'après la définition même, l'idée de mouvement conduit immédiatement à l'idée du temps qui s'écoule, pendant que le corps passe d'une position à une autre. De là l'idée de *vitesse*, l'une des deux propriétés du mouvement.

Nous allons détailler maintenant, en quelques mots, les divers aspects sous lesquels le mouvement peut être considéré. Il y a d'abord le *mouvement absolu* et le *mouvement relatif*. Si l'on rapporte les diverses situations occupées par un corps qui se meut à d'autres corps entièrement fixes de position, c'est-à-dire complètement privés de mouvement, le déplacement du corps, par rapport à ces points fixes, donnera l'idée et la mesure du *mouvement absolu*. Mais si les points auxquels on rapporte les déplacements du corps, au lieu d'être fixes, sont doués du mouvement quelconque, le mouvement, pris par rapport à eux, n'est plus absolu, mais *relatif*; et pour connaître le mouvement absolu du corps il faudrait connaître celui des points mobiles auxquels on rapporte ses déplacements. D'après cela, lorsque l'on considère plusieurs systèmes de corps en mouvement, *le mouvement absolu* de chacun d'eux pourra être apprécié lorsque l'on connaîtra le mouvement absolu de l'un des systèmes et les mouvements des autres systèmes par rapport au premier. De même, on pourra déduire les mouvements relatifs de la connaissance des mouvements absolus. On conçoit aussi que le mouvement absolu est unique, tandis que les mouvements relatifs peuvent se superposer à l'infini. Pour en donner un exemple, imaginons un homme qui marche sur un bateau qu'un fleuve emporte. L'homme se déplace par rapport au bateau, qui lui-même se meut sur le fleuve. Les eaux du fleuve se déplacent par rapport à leurs rives, qui sont, avec tous les points de la terre, emportés dans l'espace, par le mouvement diurne et le mouvement de translation dans l'écliptique. Et peut-être, enfin, le soleil, autour duquel tout cela se meut, est-il lui-même entraîné dans un orbe immense, autour d'autres points mobiles.

Il est dans certains cas très-difficile de juger si un mouvement est absolu ou relatif. Cela provient de la difficulté de savoir si un point est fixe ou ne l'est pas. C'est ainsi, par exemple, que nous n'avons aucune conscience des mouvements du globe que nous habitons, parce que nous n'avons pas de points de comparaison dont la fixité nous soit connue. Aussi, guidés par le premier instinct des choses, les hommes ont cru la terre immobile, et le soleil en mouvement autour d'elle. Il a fallu la forte voix de la science pour détruire cette erreur si naturelle. Nous ferons observer d'ailleurs que, pour sa détermination complète, un mouvement doit être rapporté à trois points au moins. Si l'on ne prenait qu'un point, le corps mobile pourrait se déplacer d'une manière quelconque sur la sphère dont ce point est le centre sans que son mouvement fût sensible. Si l'on prenait deux points seulement, le mobile pourrait décrire un cercle quelconque autour de l'axe joignant les deux points sans nullement changer sa position par rapport à aucun d'eux. Avec trois points, non en ligne droite, le mouvement, quel qu'il soit, peut toujours être apprécié.

Maintenant, nous devons parler des propriétés du mouvement lorsqu'on y introduit l'idée de vitesse. La *vitesse* est le rapport qui existe entre l'espace qu'un corps a parcouru et le temps qu'il a mis à se déplacer. Ainsi, le temps pendant lequel divers mouvements sont accomplis étant le même, les vitesses sont entre elles dans le même rapport que les espaces parcourus ; et si l'espace parcouru par divers corps dans des temps différents est le même, les vitesses de chaque corps sont dans le rapport inverse du temps employé par eux. C'est pourquoi l'on définit généralement la vitesse *l'espace que parcourt un corps dans l'unité de temps*. Tout ce que nous venons de dire de la vitesse se rapporte à celle qui est toujours la même dans le cours du mouvement : elle est alors facile à apprécier et à mesurer; mais lorsqu'elle est variable, il faut connaître la loi de ses changements pour en avoir la mesure. Alors en effet la vitesse du corps à un moment déterminé n'est pas l'espace qu'il parcourt dans l'unité de temps qu'il suit, ou qu'il a parcouru dans l'unité de temps qui précède, mais l'espace qu'il parcourrait si sa vitesse restait pendant l'unité de temps celle qu'il possède à l'instant déterminé que l'on considère. Les calculs de la dynamique peuvent seuls alors donner la mesure de cette vitesse. Cela posé, le mouvement peut être *uniforme* ou *varié*, suivant que la vitesse est toujours la même ou change avec le temps ; le mouvement varié lui-même peut être *uniformément* ou *non uniformément varié*; et le mouvement varié peut enfin être *accéléré* ou *retardé*.

La matière, étant incapable de produire en elle des mouvements spontanés, ne peut altérer d'une manière quelconque ceux qu'on lui imprime. Cette propriété de la matière se nomme *inertie*; et c'est en vertu de cette faculté négative que le repos est son état d'équilibre et qu'il faut une cause extérieure pour le faire cesser. Supposons que la cause extérieure qui fait cesser pour un corps l'état de repos soit un choc brusque, qui l'ébranle et l'abandonne ensuite; si nulle cause nouvelle de mouvement ne vient se joindre à la première, le corps, n'ayant pas en lui la faculté de transformer le mouvement reçu, devra continuer, en vertu du choc, à se mouvoir constamment avec la même vitesse : on voit donc que le mouvement *uniforme* est déterminé par un choc. Il est à remarquer d'ailleurs que dans la nature le mouvement uniforme est très-difficilement réalisable, à cause des forces qui agissent sur un corps après l'impulsion reçue. Ainsi, lorsqu'une boule, par exemple, est lancée sur un terrain horizontal, elle devrait s'y mouvoir indéfiniment avec une vitesse uniforme; mais les frottements qu'elle éprouve dans sa marche, quelque faibles qu'ils soient, retardent peu à peu son mouvement, et finissent par rendre sa vitesse nulle.

Le mouvement *varié* se produit sous l'action d'une force qui agit sur le corps à chaque instant de son mouvement, que le corps ait d'ailleurs été ou n'ait pas été soumis à un choc initial. Le mouvement *uniformément varié* est déterminé par l'action incessante d'une force constamment de même intensité, et qui par suite modifie à chaque instant de quantités égales le mouvement possédé par le corps. Ce genre de mouvement peut, du reste, être *accéléré* ou *retardé*, suivant que la force qui agit incessamment tend à augmenter ou à diminuer la vitesse. Le mouvement, dont nous avons parlé plus haut, d'une boule sur un plan horizontal est un mouvement uniformément retardé, pourvu que le frottement de la boule sur le plan soit toujours le même.

Le mouvement *non uniformément varié* est déterminé par l'action incessante d'une force dont l'intensité change pendant la durée du mouvement. Ce mouvement peut être aussi, du reste, *accéléré* ou *retardé*. Ce sont des mouvements de ce genre qui se produisent le plus souvent dans la nature, parce qu'en général les forces qu'elle met en jeu ont une intensité variable avec la distance à leur centre d'action du corps sur lequel elles agissent; et cette distance varie généralement pendant le mouvement. La gravité, qui sollicite les corps à se mouvoir vers le centre de la terre, n'est pas une force constante. Elle diminue d'intensité à mesure qu'on s'élève dans l'atmosphère. Par suite, elle donne lieu à des mouvements non uniformément variés : tel est le cas d'une pierre qui lancée en l'air vient à retomber par son propre poids. Nous remarquerons seulement que les variations de la gravité sont si faibles dans les limites où nous pouvons étudier son action à la surface de la terre, qu'on peut la regarder comme une force constante. C'est presque toujours ainsi qu'on la considère dans les calculs de la dynamique.

Nous avons encore à définir ce qu'on entend par *mouvement simple* et *mouvement composé*. Le *mouvement simple* est celui qui a lieu sous l'action d'une force unique, que cette force soit d'ailleurs un choc instantané ou une force agissant pendant toute la durée du mouvement. Le mouvement simple a toujours lieu en ligne droite. Cela résulte de l'inertie de la matière, qui ne peut modifier d'une manière quelconque les impulsions qu'elle reçoit. Le *mouvement composé* est celui qui a lieu sous l'action de deux ou d'un plus grand nombre de forces. Le corps se meut alors généralement suivant des courbes plus ou moins compliquées. Lorsque l'on connaît l'énergie et la direction des forces qui agissent sur un corps à tous les instants de son mouvement, les lois de la dynamique donnent le moyen de trouver la courbe qu'il doit décrire ; réciproquement, la connaissance de la courbe qu'un corps décrit peut amener à connaître les forces qui agissent sur lui. La recherche des courbes décrites dans les mouvements composés est basée sur un théorème extrêmement simple, qu'on appelle le *parallélogramme des forces*.

Un corps peut communiquer son mouvement ou une partie de son mouvement à un autre corps (*voyez* CHOC DES CORPS). L'action mécanique d'un corps sur un autre est le mouvement que le premier imprime au second. Maupertuis a nommé *quantité d'action* d'un corps le produit de sa masse par l'espace qu'il parcourt et par sa vitesse.

Telles sont à peu près toutes les notions élémentaires et générales qu'on peut donner du mouvement. Les anciens s'en étaient peu occupés : on trouve sur lui quelques mots d'Archimède dans son livre *De Æquiponderantibus*. C'est Galilée qui le premier en découvrit les lois. Ses recherches et leurs résultats sont consignés dans son ouvrage *De Motu Graviorum*. Après lui, ses idées ont pris de l'extension par les travaux de Torricelli, son disciple. Ensuite sont venus marcher dans la même voie Huyghens, Newton, Leibnitz, Varignon, Mariotte, etc., etc.

Les plus grands mouvements qu'il soit donné à l'homme d'étudier et de connaître sont les mouvements des astres, et en particulier ceux de la Terre, du Soleil et des planètes de notre système. Les astres ont différents mouvements : le *mouvement diurne* est le premier qu'on

ait observé. Le mouvement de la Terre, d'Occident en Orient, est parfaitement démontré. Le *mouvement propre* d'une planète est celui par lequel cette planète avance chaque jour d'Occident en Orient, d'une certaine quantité. Le *mouvement moyen* se distingue du *mouvement vrai* en ce que le premier est supposé dégagé de toutes les inégalités qui affectent le second. Le *mouvement apparent* se dit aussi, par opposition au mouvement vrai, lorsqu'il est affecté de la réfraction atmosphérique et de la parallaxe. Le mouvement est *géocentrique* ou *héliocentrique*, suivant qu'il est considéré de la Terre ou du Soleil.

Mouvement en mécanique désigne généralement le système qui met une machine en mouvement. On emploie surtout ce mot en horlogerie, pour désigner le système des ressorts et des roues qui font marcher les aiguilles des instruments à mesurer le temps.

On appelle *mouvements animaux* tous les mouvements qui changent la situation, la figure, la grandeur des membres ou des organes des animaux. Ainsi, l'action de marcher, la respiration, la circulation du sang, sont des mouvements animaux. Ces mouvements doivent être séparés en deux classes : les mouvements spontanés, produits par la volonté et régis par elle, et les mouvements naturels, dans lesquels la volonté n'a aucune part. Les premiers ont lieu dans les membres des animaux, et en général dans tous les organes ayant par les nerfs une relation directe avec le cerveau. Les autres se produisent tout à fait à notre insu, dans les organes qui tirent leurs nerfs du grand sympathique. Nous citerons comme faisant partie de cette dernière classe la circulation du sang et la digestion, sur lesquelles la volonté ne peut agir. En zoologie, le mouvement est le signe de la sensibilité, de la vie, et l'immobilité l'un des signes de la mort.

Dans l'art militaire, les *mouvements stratégiques* sont les évolutions, les marches, les contre-marches et autres manœuvres que fait une armée, pour s'approcher ou s'éloigner de l'ennemi et changer quelque chose dans l'ordre de bataille. La science des mouvements est la partie principale de l'art du général. Ils donnent souvent le moyen de vaincre l'ennemi sans combat, et les annales de la guerre en offrent de mémorables exemples. Les mouvements stratégiques peuvent être compris sous deux grandes divisions, les mouvements pour se porter en avant et les mouvements rétrogrades. Ils sont d'un ordre tout à fait différent ; et tel général éminemment habile, dans l'un des genres de mouvements échoue dans l'autre.

En langage administratif, le mot *mouvement* est employé comme synonyme de *changement* dans la population d'un lieu. C'est dans ce sens que l'on dit mouvement d'une ville, d'un hôpital, d'une prison, etc., pour parler des diminutions ou des accroissements que la population de ces lieux d'habitation éprouve, et des diverses phases par lesquelles elle passe dans ses transformations. En général, les prisons, les hôpitaux, les ports militaires, etc., possèdent un bureau spécial appelé *bureau des mouvements*, dans lequel sont tenus des registres contenant les listes du personnel de l'établissement. Par analogie, on appelle *mouvement d'un port* le nombre des navires qui y entrent et en sortent.

En peinture, le mot *mouvement* est employé avec deux significations un peu différentes. Ainsi, l'on dit qu'il y a du *mouvement* dans un tableau, pour indiquer que la scène qu'il représente est animée, et que cette animation est fidèlement reproduite par la peinture. Cette expression peut s'appliquer aussi à une figure particulière, à l'un des personnages qui font partie de la scène représentée. Dans la seconde signification, *mouvement* désigne la pose, la disposition donnée aux membres des figures d'un tableau. C'est dans ce sens que l'on doivent être prises les expressions du genre suivant : Ce bras est d'un *mouvement* hardi ; Le *mouvement* de cette jambe est vague et indécis, etc. Dans les arts plastiques les mouvements du corps doivent être en harmonie avec les mouvements de l'âme, d'où résulte l'expression.

En musique, le mot *mouvement* désigne la vitesse ou la lenteur que l'on donne à la mesure, suivant le caractère de l'air que l'on joue ou que l'on chante. En général, les indications propres à régler le mouvement de la voix ou des instruments s'écrivent dans la musique notée, et s'expriment par des mots italiens, tels que : *allegro*, *presto*, *grave*, *adagio*, etc., qui correspondent aux mots français ; *gai*, *vite*, *grave*, *lent*, etc., etc. L'observance exacte du mouvement est absolument nécessaire pour donner à un air l'expression qu'il doit posséder. *Mouvement* désigne encore la marche des sons de diverses parties qui doivent jouer ensemble, lorsqu'elles passent du grave à l'aigu ou de l'aigu au grave.

Enfin, pour en finir avec les sens les plus généraux de ce mot si fréquemment employé, nous parlerons de sa signification dans les phénomènes de notre nature morale. *Mouvement* sert à désigner les vives émotions qui se manifestent en nous quand une partie de notre système passionnel est excitée par une cause quelconque, et les rapides impulsions des élans qui nous portent à quelque action énergique. Cette expression revient d'ailleurs très-fréquemment dans le langage, ainsi que les mots qui se rapportent à l'idée qu'il exprime ; c'est ainsi que l'on dit : une âme agitée, un beau *mouvement*. En littérature *mouvement* s'entend de ce qui anime le style, de ce qui rend le discours propre à émouvoir les auditeurs. Le style doit avoir du mouvement. Les mouvements oratoires constituent l'éloquence.

L.-L. VAUTHIER.

MOUVEMENT (Parti du). Dans l'histoire de nos divisions politiques, on a souvent peine à suivre les transformations successives et diverses des partis ; mais ce travail de recherches, en raison des fréquents changements de dénomination qu'ils ont tour à tour subis, ne laissera pas que d'embarrasser quelquefois, bien autrement que nous, les Saumaise futurs, à qui nous estimons rendre un service réel en consignant ici ce qu'on appela *parti du mouvement*. Pendant les dix-huit années du règne de Louis-Philippe, ce fut celui qui reprit l'œuvre entreprise sous la Restauration par les *libéraux* et interrompue par eux dès que la révolution de Juillet les eut nantis de sinécures, de préfectures et de croix d'Honneur. A son tour, *le parti du mouvement*, que *Le National* servit d'organe officiel sous le règne du dernier roi, ne fut pas plus tôt parvenu à se nantir des sinécures et des préfectures que la révolution de Février enlevait aux *libéraux*, qu'il trouva que tout était pour le mieux dans le meilleur des mondes possibles. Moins adroit que le parti dont il avait pourtant si dextrement escamoté la position, il la reperdit bien vite, sous la double pression de la réaction monarchique et du parti qui prend bravement le nom d'*anarchique* et s'en honore. Aujourd'hui le *parti du mouvement* est tout aussi vieux, tout aussi rococo que le *parti libéral* de la Restauration, et inspire un *socialisme* un mépris tout aussi profond.

MOUVEMENT PERPÉTUEL. On entend par ces mots un mouvement ayant son principe en lui-même, ou disposé du moins de manière à n'être altéré par aucune force retardatrice. Un tel mouvement, s'il était possible, ne devrait jamais cesser, et mériterait l'épithète de *perpétuel*. La réalisation d'un semblable mouvement a occupé plusieurs intelligences, quoique sa recherche ne soit jamais sortie du domaine des choses de curiosité ; souvent on a cru le problème résolu, mais les efforts ont été vains jusque ici. Les systèmes moteurs des mécanismes destinés à produire un mouvement perpétuel ont été très-variés. On a essayé d'y employer des piles électriques d'une espèce particulière. Nous dirons un mot de ce mécanisme. Il consistait en deux piles électriques, composées de rondelles de papier, enduites sur leurs deux faces de poudres métalliques particulières, et que l'on superposait, en les séparant par une couche d'huile. Ces deux piles, disposées parallèlement, de manière

à avoir leurs pôles opposés tournés vers le haut, étaient surmontées d'un petit bras de levier, mobile sur un pivot le soutenant en son milieu, et portant à ses deux extrémités deux légères feuilles d'or, assez longues pour toucher en passant l'extrémité des deux piles. Chaque feuille d'or, après avoir touché l'une des piles, était repoussée par elle et attirée par l'autre. De là quatre forces, dont deux attractives et deux répulsives, concordant pour produire un mouvement de rotation, lequel se serait perpétué indéfiniment si les deux piles eussent pu conserver perpétuellement leur puissance d'agir. On ne voyait en elles aucune cause de désorganisation, parce que les substances dont elles étaient composées n'ont aucune action l'une sur l'autre dans les circonstances ordinaires de leur contact ; mais on remarqua, au bout de quelques années, un ralentissement dans le mouvement, qui devint enfin tout à fait nul. On disséqua alors les piles, qui furent trouvées dans un état complet de désorganisation, due sans doute à l'action de l'électricité en mouvement.

L.-L. VAUTHIER.

MOUZAFFERABAD. *Voyez* KASCHMIR.

MOUZAIA, montagne des premières chaînes de l'Atlas en Algérie, dont le point culminant s'élève à 1,560 mètres au-dessus du niveau de la mer et située entre 0° 20' et 0° 25 de longitude orientale, par 36° 22' de latitude septentrionale. C'est là que se trouve ce fameux col ou *téniah* par où l'on passe pour aller d'Alger à Médéah, et dont la possession nous a coûté plusieurs fois de efforts inouïs. Le Mouzaïa renferme de riches mines de cuivre et de fer, qui ont été concédées en 1844 et mises en exploitation. Un village européen, annexe de Médéah, s'y est développé. Une grande tribu arabe porte également son nom. La ferme ou *l'haouch* de Mouzaïa est située dans l'ouest de la plaine de la Métidja, au delà de la Chiffa, à 12 kilomètres de Blidah. C'est un rectangle entouré de murs, dans l'intérieur duquel on entre par une porte voûtée ; sur la moitié du périmètre intérieur, il existe des arcades couvertes, avec des mangeoires et des anneaux pour attacher les chevaux ; à l'ouest de ces constructions et au delà du mur se trouve une ferme ; au sud il y a un joli verger d'orangers, arrosé par un ruisseau qui vient des montagnes. L'*haouch* Mouzaïa *Aga* était, sous la domination turque, une station de l'aga, qui s'y rendait tous les ans avec un corps de cavalerie pour faire rentrer les impôts. Cette ferme se trouve en face d'une gorge, qui sert de passage pour arriver sur les hauteurs de l'Atlas. La route qui y conduit fut construite en 1836 par le maréchal Clauzel ; elle est dominée constamment par les crêtes qui se rattachent d'un côté au piton de Mouzaïa et de l'autre au col lui-même.

Plusieurs fois depuis l'occupation française le *téniah* de Mouzaïa devint le théâtre d'actions militaires importantes. D'abord, au mois de novembre 1830, le maréchal Clauzel, se rendant à Médéah pour prit possession de Blidah, eut s'établir à la ferme de Mouzaïa. Le 21 l'armée s'engagea dans les défilés de l'Atlas. Arrivée près du col, elle fit une halte ; une salve de vingt-cinq coups de canon célébra l'apparition du drapeau tricolore sur l'Atlas. Bientôt l'ennemi se montra de toutes parts. Il fut débusqué successivement des mamelons qu'il occupait ; mais Bou-Mezrag nous attendait au téniah avec son fils et son aga. Il avait six mille hommes, deux pièces d'artillerie, et gardait une coupure de un mètre et demi de large par laquelle il fallait inévitablement passer. On tiraillait depuis plus de deux heures lorsque le général en chef donna l'ordre à quelques bataillons de gagner les crêtes de gauche et de les suivre pour tourner le col et prendre l'ennemi à revers. Nos soldats, épuisés de fatigue, mourant de soif, accablés par un soleil brûlant, redoublèrent de courage, et se dirigèrent droit vers la crête malgré une grêle de balles et de pierres. Au même moment, le général Achard arrivait à l'entrée du col avec un bataillon du 37ᵉ de ligne. Il fit déposer les sacs à terre, la charge battit, et tous s'élancèrent avec ardeur par un sentier tortueux sous le feu roulant de l'ennemi. Le col franchi, les Kabyles se sauvèrent sans plus opposer de résistance. Avant le coucher du soleil, les Français étaient maîtres de toutes les positions, et le drapeau national flottait sur toutes les hauteurs. Ce premier passage du Mouzaïa fit beaucoup d'honneur à notre armée ; car l'ennemi était plus nombreux et gardait une position inexpugnable. Cette journée nous avait coûté plus de 200 hommes mis hors de combat.

En 1831, au retour de Médéah, quand le général Berthezène ramenait avec lui notre bey Mustapha-ben-Omar, notre arrière-garde fut vivement attaquée au passage du Mouzaïa, le 3 juillet. La dernière compagnie, privée de son chef, se débanda et se jeta précipitamment sur le gros de la colonne. Une terreur panique se répandit dans les rangs, qui se rompirent, et chacun s'enfuit sur la ferme de Mouzaïa, où l'armée se reforma. Le commandant Duvivier, cependant, avec ses zouaves et quelques Parisiens tint bon, arrêta les Arabes, et se replia en bon ordre vers la plaine. Les Kabyles et les Arabes s'arrêtèrent au pied de la montagne. Cette retraite nous coûta 62 morts et 192 blessés.

En 1836 une nouvelle expédition fut dirigée sur Médéah par le maréchal Clauzel. Le 30 mars le corps expéditionnaire arriva, après un engagement, sur le ruisseau et sous le mamelou de Mouzaïa, à deux kilomètres de la ferme de ce nom. Cette position fut mise en état de défense. Les troupes pénétrèrent le 31 au matin dans les montagnes de Mouzaïa en trois colonnes, celles de flanc manœuvrant de façon à protéger le passage de la colonne du centre, où marchaient les bagages. Le chemin fut bientôt impraticable pour l'artillerie de campagne ; et les troupes du génie commencèrent par tracer et exécuter une route. Par cette circonstance, la marche des troupes fut ralentie, et les Kabyles de Mouzaïa et des sources de l'Oued-Jer s'approchèrent pour tirailler avec nos flanqueurs. Le quartier général s'installa le soir sur le plateau du *Déjeûner*. Le 1er avril au matin, les travaux reprirent avec ardeur. Le col était occupé par 2,000 Arabes. Le général Bro fut chargé de gravir les hauteurs à gauche, avec les zouaves, le bataillon léger d'Afrique et le 2e léger, en se dirigeant sur le col par les crêtes. Pendant ce temps la colonne du centre marchait par la route qui se traçait et s'exécutait au fur et à mesure. Arrivé à une certaine hauteur, le général Bro se porta directement sur le col, qui fut enlevé à cinq heures du soir par les zouaves. Les Kabyles furent chassés de toutes les hauteurs en arrière et à droite du col, et pendant nos troupes établirent leurs feux de bivouac. Le 2 et le 3 les Arabes vinrent attaquer nos positions avec un acharnement sans égal. Partout ils furent repoussés avec perte. Le 4 avril, le général D e s m i c h e l s s'avança jusqu'à Médéah, remit à notre bey les armes et les munitions qu'il lui portait, et revint au Mouzaïa. Le 5 avril les travaux du génie étaient terminés. Une route de 15,600m de développement (dont 1,600 au delà du col) était faite. Depuis la veille, une rampe de 600m avait été tracée sur le roc et dans les ravins pour amener l'artillerie au point culminant. Sur un rocher on traça le nom du maréchal Clauzel avec les millésimes 1830 et 1836, et le 7 avril l'armée se mit en mouvement pour redescendre le Mouzaïa et châtier les tribus hostiles. On rentra dans la plaine sans encombre. Pendant l'absence de l'armée, des travaux importants avaient été exécutés à l'haouch de Mouzaïa.

Quand, en 1840, le maréchal V a l é e dut prendre possession définitive de Médéah, ce fut encore une nouvelle affaire sur le col de Mouzaïa. Le maréchal amassa de grands approvisionnements à la ferme de Mouzaïa. Toutes les forces d'Abd-el-Kader étaient réunies au téniah. Le passage était fortifié avec soin. Le maréchal Valée fit une diversion en allant dégager Cherchel ; des secours arrivèrent d'Oran, et l'armée se porta enfin sur le Mouzaïa en passant par la ferme. Le col n'est abordable en venant de Mouzaïa que par la crête orientale, dominée toute entière par le piton de Mouzaïa. Abd-el-Kader depuis six mois avait fait exécuter de grands travaux pour le rendre imprenable ; un grand nombre de redoutes, reliées entre elles par des branches de retranchements, couronnaient tous les saillants de la position. Enfin, l'émir avait réuni sur ce point toutes ses troupes régulières pour défendre une position regardée à bon droit comme la plus importante de l'Algérie. Le maréchal Valée résolut néanmoins d'attaquer cette position formidable. Le duc d'O r l é a n s fut chargé de l'enlever avec sa division dans laquelle passèrent trois bataillons de la 2e division. Le reste de cette division et le 17e léger formèrent une réserve prête à appuyer au besoin les mouvements du prince. Le duc d'Orléans forma sa division sur trois colonnes : celle de gauche, commandée par le général D u v i v i e r, forte d'environ 1,700 hommes, avait pour mission d'attaquer le piton par la gauche et de s'emparer de tous les retranchements que les Arabes y avaient élevés. La seconde colonne, sous les ordres du colonel L a m o r i c i è r e, forte de 1,800 hommes, devait, dès que le mouvement de la gauche serait prononcé, gravir par une arête de droite, afin de prendre à revers les retranchements arabes et se prolonger ensuite sur la crête jusqu'au col. La troisième colonne, sous les ordres du général d'Houdetot, était destinée à aborder le col de front dès que le mouvement par la gauche aurait forcé l'ennemi à évacuer les crêtes.

Le 12 mai, à quatre heures du matin, aussitôt que le général de Rumigny eut couronné le mamelon qui domine l'entrée de la route, le du d'Orléans commença son mouvement. Les Arabes n'opposèrent aucune résistance jusqu'au plateau du Déjeuner, situé à la naissance de l'arête qui suit d'abord la route. Un voyait les Arabes prendre leur position dans les retranchements construits par l'émir. A midi et demi le général Duvivier fit tête de colonne à gauche, et les troupes s'élevèrent vers le piton par un terrain d'un accès si difficile, que souvent elles ne pouvaient cheminer qu'en s'aidant avec les mains. Dès que cette colonne commença à gravir les pentes du piton, elle fut accueillie par une vive fusillade qui la prenait de front et de flanc. Les Kabyles étaient embusqués derrière les roches presque à pic des lesquelles il fallait monter. Ils avaient profité avec une remarquable intelligence, pour cacher leurs tirailleurs, des ravins infranchissables que présente le terrain, et ils avaient construit trois retranchements successifs, dont les parapets étaient garnis de nombreux défenseurs. Le général Duvivier fit rapidement marcher la colonne vers la crête à gauche du piton, sans s'inquiéter des retranchements, qui furent débordés et enlevés par ses flanqueurs pendant que la colonne, profitant du passage d'un nuage qui empêchait l'ennemi de l'apercevoir, fit une halte de quelques instants. Elle continua ensuite son mouvement, et essuya à demi-portée le feu de trois autres retranchements se dominant entre eux, et dont le dernier était protégé par un réduit. Deux bataillons et des masses de Kabyles défendaient cette position. Le 2e léger, entraîné par le colonel Changarnier, se précipita sur les retranchements. La charge battit dans toute la colonne et les redoutes furent emportées. Affaibli, miné par la fièvre, le général Duvivier, ayant jeté les vêtements trop lourds dont il ne pouvait plus supporter le poids, marchait appuyé sur une branche d'arbre. Le tiers des braves qu'il commandait avait déjà été atteint. « Allons, mes amis, s'écriait le général, suivez-moi, montez, courez toujours ; quand nous ne resterions que dix, ceux-là du moins en arrivant seront maîtres de la redoute. » Les Arabes qui occupaient le pic voulurent essayer un retour offensif ; mais, abordés eux-mêmes avec une vigueur peu commune, ils furent culbutés dans les ravins, et le drapeau du 2e léger flotta glorieusement sur le point le plus élevé de la chaîne de l'Atlas. Le général Duvivier échelonna ses troupes sur la route qu'il venait de parcourir. Le 2e léger se porta dans la direction du col.

Pendant ce glorieux combat, le duc d'Orléans continuait à marcher avec les deux autres colonnes. A trois heures on arriva à une arête boisée par laquelle le maréchal Valée prescrivit de faire gravir la deuxième colonne. Le colonel Lamoricière s'élança vigoureusement à la tête des zouaves, que toute la colonne suivit. Une première redoute fut débordée et occupée rapidement; une autre fut enlevée, et la colonne se trouva séparée par une gorge à pentes abruptes d'un troisième retranchement, d'où l'ennemi dirigea sur elle un feu de deux rangs à demi-portée de fusil. Du col, deux bataillons de réguliers et des Kabyles se portèrent vivement sur un plateau de roches à pic d'où ils tiraient sur les zouaves. Par bonheur on entendit alors le 2ᵉ léger qui débouchait sur les derrières de l'ennemi; les zouaves arrivaient au pied du retranchement : par un élan d'enthousiasme ils se précipitèrent dans l'intérieur, culbutèrent l'ennemi, et quelques instants après les deux colonnes firent leur jonction. Dès que la deuxième colonne eut atteint la crête, le duc d'Orléans marcha avec le 23ᵉ et le 48ᵉ vers le col. « Allons, mes enfants, dit-il aux soldats, les Arabes nous attendent et la France nous regarde! » L'ennemi essaya de l'arrêter en démasquant une batterie qu'il avait établie à l'ouest du col, dans une position d'où elle battait d'écharpe la direction de la route. Le maréchal Valée fit marcher en avant la batterie de campagne; et, dès qu'elle fut à portée du col, elle commença son feu, qui éteignit celui des Arabes et facilita l'attaque directe. Le duc d'Orléans lança un des bataillons du 23ᵉ en tirailleurs sur la gauche, et se porta à la tête des deux autres sur le col, où il se trouva au moment même où la colonne de gauche atteignait les crêtes qui le dominent. Le duc d'Aumale, à la tête des grenadiers, arriva un des premiers sur le col que les Arabes évacuaient en désordre. Le duc d'Orléans fit poursuivre l'ennemi par les trois colonnes réunies. Les bataillons réguliers se retirèrent dans la direction de Miliana et les Kabyles se dispersèrent de tous côtés.

Pendant que la première division enlevait le col, l'arrière-garde avait un engagement sérieux avec de nombreux rassemblements de Kabyles. Le général de Rumigny y fut atteint d'une balle à la cuisse. A sept heures du soir le corps expéditionnaire prit position sur le col même, et continua à occuper le piton et les crêtes de Mouzaïa. Cette journée nous coûta des pertes considérables. Pendant les quatre jours qui suivirent, les troupes du génie construisirent une route sur la pente du sud. La descente est roide de ce côté, et le terrain est composé de roches qu'il fallut entamer au pic pour ouvrir la voie, le chemin des Arabes n'étant sur plusieurs points qu'un sentier où un homme pouvait à peine passer. Le 16 mai, l'état de la route permettrait à l'artillerie de passer, le duc d'Orléans alla prendre position au bois des Oliviers. Le 17 l'armée entrait à Médéah, qu'elle ne devait plus quitter.

Après la prise de Miliana, le maréchal Valée revint occuper, le 15 juin 1840, le ténïah de Mouzaïa par le sud, en présence de toutes les forces d'Abd-el-Kader. L'arrière-garde fut violemment attaquée; mais toutes les dispositions étaient prises pour repousser l'ennemi. Un combat sanglant et glorieux eut lieu; l'ennemi, culbuté à la baïonnette, se retira après avoir éprouvé des pertes sensibles; de notre côté, nous eûmes 32 hommes tués et 260 blessés. Le 2 juillet, la tribu des Mouzaïas fut châtiée de son hostilité par une colonne revenant de Médéah.

Au mois de novembre de la même année, le général Changarnier, revenant de ravitailler Médéah, eut à soutenir un combat assez vif sur le versant méridional de Mouzaïa. Cent Arabes furent tués, cinquante des nôtres furent mis hors de combat.

Le 2 avril 1841 et les jours suivants, le général Bugeaud manœuvrant pour ravitailler Médéah, eut encore à livrer un combat sur le téniah. Le général Changarnier, qui couvrait la retraite, fut grièvement blessé à l'épaule et n'en continua pas moins son service. L'ennemi ayant été repoussé, on resta quelques jours sur le col, pour protéger le passage des approvisionnements, et une fois le ravitaillement opéré on revint à Blidah. Ce ne fut néanmoins qu'au mois de juin 1842 qu'on obtint enfin la soumission complète de la grande tribu des Mouzaïas.   L. LOUVET.

MOXA, MOXIBUSTION. Le feu fut considéré dès l'antiquité, et chez la plupart des peuples, comme un des moyens médicaux les plus puissants. « Les maladies, disait Hippocrate, qui ne peuvent être guéries par des remèdes cèdent au fer, ou, si cette ressource est insuffisante, on peut compter sur le feu, il n'y a aucun espoir de guérison pour un mal qui résiste à ce dernier agent. » Il y eut sans doute beaucoup d'exagération dans ces éloges de la cautérisation par le feu, car l'emploi de cette médication s'est restreint d'âge en âge, au point qu'il était tombé en désuétude dans le siècle dernier : alors différents chirurgiens, et notamment des chirurgiens français, s'efforcèrent de le tirer de l'oubli, à l'occasion d'un procédé très-usité en Chine et au Japon pour exercer cette opération, et moins terrible que le fer rouge. On avait appris que les habitants de ces pays employaient comme cautère le duvet extrait de l'artemise à larges feuilles; qu'ils formaient avec cette sorte d'étoupe une petite masse cylindrique qui brûle aisément, lentement, sans jeter de flamme, et qu'ils nomment *moxa*. Des recherches entreprises à ce sujet apprirent aussi que d'autres matières combustibles étaient usitées pour ce même but chez d'autres nations. On sut que les Arméniens employaient l'agaric de chêne, les Thessaliens la mousse, les Lapons le bouleau réduit en pourriture, les musulmans le coton cardé, etc. Cette dernière substance fut adoptée en France : on en fit des cylindres d'un pouce de hauteur sur un diamètre variable, et on les désigna par le nom de *moxa*, aujourd'hui naturalisé au point qu'il figure dans tous les dictionnaires modernes. L'application de ce combustible a reçu en Allemagne le nom de *moxibustion*, qui est maintenant assez admis dans le langage médical. Le mode de cautériser n'est point rapide comme l'action d'un fer rouge; le coton comprimé, et renfermé dans une enveloppe de toile, est allumé, placé sur la peau, et maintenu en place à l'aide d'une pince : on active la combustion, soit avec un chalumeau, soit avec tout autre ventilateur. La première sensation éprouvée par le patient est une chaleur légère qui s'accroît graduellement, et cause enfin une douleur très-vive; vers la fin de l'opération, on entend ordinairement un petillement qui provient de la rupture de l'épiderme; puis on aperçoit une escarre noire au centre et jaunâtre à sa circonférence.

L'application du moxa exige divers soins, et cette médication est assez douloureuse pour inspirer de l'effroi. Cet inconvénient est d'autant plus fâcheux que la moxibustion est efficace dans un grand nombre de cas; quelques praticiens ont essayé d'y remédier : l'un d'eux, M. Sarlandière, reprenant le procédé japonais, est parvenu à extraire de l'armoise indigène un duvet servant à fabriquer, avec autant de facilité que de promptitude, de légers cônes assez semblables aux clous fumants, et dont la combustion, peu prolongue, est de beaucoup moins pénible que celle des moxas parés avec le coton. On a aussi proposé d'employer comme moxa le jonc, la moelle du *hélianthe* ou fleur de soleil (*helianthus annuus*), et d'augmenter la combustibilité des matières avec du salpêtre. D'autres ont réduit le volume des moxas de coton, et ceux-ci sont encore les plus usités. On peut d'ailleurs en composer avec beaucoup d'autres substances ignescibles.

La moxibustion est une ressource énergique dans un grand nombre de cas. Les applications des moxas sur des lieux déterminés ont rendu la vue dans des cas de cécité récente, surtout dans la paralysie appelée *goutte sereine*. L'odorat et le goût ont également été ainsi restaurés. L'aphonie qui résulte assez souvent d'un refroidissement subit cède aussi à ce moyen. On peut encore espérer de guérir aussi les paralysies des membres quand elles ne sont pas anciennes; l'asthme, diverses autres affections de la poitrine, celles des viscères abdominaux. En général, la moxibustion est une médication avulsive, à laquelle on doit recourir quand les sédatifs ont failli; mais il ne faut pas attendre trop longtemps. En pareilles occurrences, si les moxas effrayent, il faut les remplacer par les cautères po-

tentiels ou par les sétons, qui prévalent même aujourd'hui.
Dr Charbonnier.

MOYEN, MOYENNE, ce qui tient le milieu entre deux extrémités, qui n'est ni trop grand ni trop petit. On appelle **médailles de moyen bronze**, ou absolument du *moyen bronze*, des médailles de bronze d'une moyenne grandeur. Les auteurs de la *moyenne latinité* sont ceux qui ont écrit depuis le temps de Sévère, ou environ, jusqu'à la décadence de l'empire. Une femme de *moyenne vertu* est une femme de conduite suspecte, de réputation équivoque. La *moyenne région de l'air* se prend pour celle qui est entre la haute et la basse, celle où se forment les météores. En logique, on entend par *moyen terme* la partie d'un syllogisme qui sert à unir les deux autres, à en prouver la convenance ou la disconvenance. Figurément et familièrement, on appelle *moyen terme* le parti moyen qu'on prend pour terminer une affaire embarrassante, pour concilier des prétentions opposées.

Moyen est encore, 1° ce qui sert pour parvenir à quelque fin, comme le *moyen* de faire fortune; arriver par le *moyen* de l'intrigue; 2° le pouvoir, la faculté de faire quelque chose, comme le *moyen* d'obliger quelqu'un; dépenser selon ses *moyens*, c'est-à-dire selon ses facultés pécuniaires; 3° les facultés naturelles, morales ou physiques : un enfant qui a peu de *moyens*, un orateur qui ne sait pas ménager ses *moyens*; 4° un terme de palais indiquant les raisons qu'on apporte pour établir les conclusions qu'on a prises : *moyens* d'appel, d'intervention, de nullité; 5° un terme de législation et de finance : *Voies et moyens*, revenus de tous genres que l'État applique à ses dépenses : *Budget des voies et moyens*.

MOYEN (*Grammaire*). Dans la conjugaison grecque des verbes actifs, le *moyen* est une forme qui répond à notre verbe réfléchi. Toutefois, il répond moins à notre verbe purement réfléchi, *je me frappe*, qu'à notre verbe indirectement réfléchi, *je me frappe le front*. Le verbe moyen se conjugue comme le verbe passif, excepté au futur et à l'aoriste, qui ont les formes proprement dites *moyennes*. Son emploi est très-délicat dans l'explication des auteurs.
Édouard Braconnier.

MOYEN (*Temps*). *Voyez* Temps.

MOYEN ÂGE. On appelle ainsi la grande époque historique qui tient le milieu entre l'antiquité et les temps modernes. Cette dénomination est justifiée et par la position de cette époque servant de transition entre les temps passés et ceux qui les ont suivis, et par le caractère particulier que, comparée à l'âge de l'homme, elle présente à l'égard des deux époques qui la limitent. S'il est permis de dire que l'antiquité, époque où domine la susceptibilité sensuelle, fut l'enfance de l'humanité, et que les temps modernes, en raison de leur tendance prédominante à la réflexion et à une maturité morale plus élevée, en est l'âge viril, le moyen âge, époque intermédiaire, présente, tout au moins chez le plus grand nombre des peuples européens, par suite de la prédominance de la rude énergie personnelle, du sentiment du goût pour les aventures, de l'enthousiasme et d'une certaine sensualité spiritualisée, le même caractère que la jeunesse parmi les individus de notre espèce pris isolément.

Les historiens ne sont pas d'accord sur la limite où commence le moyen âge et sur celle où il finit. Quelques-uns, par exemple, le font dater de la bataille de Soissons, en 486, d'autres de l'arrivée de Charlemagne au trône; tandis que pour la grande majorité il commence l'année même où s'écroula l'empire d'Occident, c'est-à-dire en l'an 476 de notre ère. De même il en est qui font finir le moyen âge à la découverte de l'Amérique, d'autres à la découverte de l'imprimerie, la plupart à la réformation, tandis que d'autres le prolongent jusqu'à la paix de Westphalie. Ces différences tiennent à ce que le moyen âge avec les phénomènes qui lui sont propres, qui le caractérisent, ne naquit pas tout à coup d'un seul événement, mais qu'il se forma d'une suite de développements et de faits pour constituer un tout. Tracer d'une si longue période de temps, pendant laquelle défilent tour à tour sur le théâtre de l'histoire les peuples les plus divers et se fondent la plupart des nouveaux États et des nouvelles constitutions de l'Europe, un tableau d'ensemble, n'est pas une tâche facile. Mais ce qui domine tout le moyen âge, c'est ce grand et manifeste résultat qu'à cette époque tout en Europe fut en voie de formation ou de transformation, que du milieu des ruines de l'empire des Romains surgirent deux nouveaux mondes politiques, celui des Germains en Europe, et celui des Arabes en Asie et en Afrique; que deux religions nouvelles, le christianisme en Europe et le mahométisme en Orient, toutes deux ayant des principes communs et provoquant cependant des haines profondes entre leurs sectateurs, remplacèrent le paganisme mourant; enfin, qu'à la suite d'une foule de bouleversements et de révolutions l'Orient devenait la proie du despotisme, tandis qu'en Occident se développaient des nationalités et des institutions diverses et qu'un nouveau système politique et ecclésiastique se produisait sous la forme du système féodal et de la hiérarchie. De tous les peuples qui figurent alors dans l'histoire, les populations germaniques ont incontestablement le plus d'importance. Tous les autres peuples, comme les Slaves, les Arabes, les Mongols, etc., ne méritent de fixer l'attention qu'à cause des relations qu'elles eurent avec les Germains et de l'influence réciproque qu'ils exercèrent les uns sur les autres. En même temps que la constitution sociale et les institutions politiques des populations germaniques étaient déterminées à l'extérieur par les rapports mutuels des conquérants et des vaincus, par leur situation intérieure et par leurs relations extérieures, leurs antiques mœurs et coutumes, en se mêlant aux formes de la vie sociale et de la civilisation qu'elles trouvaient déjà établies dans les lieux où elles se fixaient, arrivaient à constituer un nouvel ordre social tout à fait indépendant. Le respect pour la femme, caractère distinctif des peuples germains, devenait la base d'une vie de famille se manifestant dans des rapports plus purs et plus tendres. L'esprit chevaleresque et l'esprit de cité développaient une pieuse énergie ainsi que des sentiments de loyauté et d'humanité jusque alors inconnus; et le génie enthousiaste, aspirant sans cesse à l'infini, de cette époque, trouva son expression non-seulement dans la tendance aux aventures et aux expéditions guerrières, mais encore dans les monuments d'une architecture grandiose et d'une peinture pleine de magnificence, de même que dans les immortelles créations d'une poésie où domine l'imagination.

Malgré ces caractères généraux communs au moyen âge, on y remarque à ses diverses périodes des directions particulières et bien tranchées. Ces périodes sont au nombre de trois. La première, qui commence à la ruine de l'empire d'Occident par suite de la grande migration des peuples et qui s'étend jusqu'au règne de Charlemagne ainsi qu'à la dissolution de la grande monarchie carlovingienne sous les successeurs immédiats de ce grand homme, nous montre la continuation de la lutte violente entre les éléments de l'ancienne vie romaine et ceux de la nouvelle vie germaine. En politique on voit se constituer l'empire avec le système féodal qui s'y rattache et qui donna naissance à une orgueilleuse et insolente aristocratie, qui en haut s'attaquait à la royauté et à l'autorité centrale, et qui en bas s'acharnait contre les libertés populaires qu'elle s'efforça partout d'anéantir et qu'elle anéantit effectivement sur quelques points. Dans l'Église se produisaient alors les débuts de la puissance sacerdotale, ainsi que les constants efforts du siége apostolique pour se placer à la tête de la hiérarchie et arriver ainsi à la domination de l'univers. Dans la seconde période, qui date de la chute de l'empire des Carlovingiens et va jusqu'à la fin du treizième siècle, la création des communes fait apparaître dans la vie politique un nouvel élément à côté de l'aristocratie féodale, d'où résulte pour la puissance des rois et des princes la possibilité de créer une autorité centrale dont la force varie suivant les localités. Les assemblées délibérantes créées sous des dénominations diverses datent de ce temps-là. Un certain équilibre de force et de puissance s'établit entre la royauté, l'aristocratie et le peuple, qui du reste est représenté alors presque exclusivement par les villes. De l'incertitude de la démarcation des droits de ces divers pouvoirs et de leurs relations réciproques naquirent des faits qu'on ne trouve pas dans les États régulièrement ordonnés, tels que les trêves de Dieu et les tribunaux secrets. Dans l'Église, ce temps-là est l'époque de l'apogée de la puissance et de l'éclat de la caste sacerdotale, qui d'ailleurs chercha vainement à s'emparer de l'autorité suprême en Europe, et qui employa surtout les forces dont elle disposait à comprimer violemment les aspirations à l'indépendance qu'elle rencontrait dans le domaine de la foi.

Par suite des progrès de la civilisation à cette époque, l'aristocratie féodale s'efforça d'ennoblir et de perfectionner les éléments qui la constituaient en cultivant la poésie et en composant des poëmes dans la langue nationale; direction d'idées dans laquelle la bourgeoisie ne tarda pas à se jeter, elle aussi, bien qu'il y ait moins de sentiment et de poésie dans ses œuvres. De cette époque datent encore le réveil et la rénovation des beaux-arts (peinture italienne et allemande). C'est alors également qu'on commença à se servir des langues nationales pour écrire l'histoire. La science qui demeura le plus en arrière fut la philosophie, laquelle, dans la première forme sous laquelle elle se produisit, celle de la scolastique, ne développa qu'une activité stérile. La troisième époque, qui s'étend de la fin du treizième siècle à celle du quinzième siècle ou au commencement du seizième, voit les institutions politiques désignées sous le nom d'*états* acquérir un caractère de plus en plus libre et élevé; et l'autocratie de la royauté surgit, en France notamment, de l'antagonisme existant entre l'aristocratie et les villes. Dès ce point alors l'influence de l'aristocratie s'amoindrir, et grandir celle de la bourgeoisie. L'invention de la poudre à canon, les applications de plus en plus nombreuses et rapides, la découverte de la route conduisant par mer aux Grandes-Indes, celles de l'imprimerie et de l'Amérique contribuèrent essentiellement à cette transformation. Dans l'Église, les abus que les papes et la caste sacerdotale s'efforçaient de maintenir toujours en vigueur, à l'aide de la puissance dont ils disposaient, provoquèrent une opposition de plus en plus forte, et qui ne tarda point à se manifester au sein du clergé lui-même, par exemple aux synodes de Bâle et de Constance, et ayant pour organes tantôt de soi-disants hérétiques comme Wiclef et J. Huss, tantôt des mystiques, qui s'efforçaient de redonner au christianisme quelque chose de plus intime. Vers la fin de cette époque, les signes qui caractérisent le moyen âge s'effacent toujours davantage. On assiste alors à la décadence de la caste sacerdotale ainsi qu'à celle de la puissance impériale; partout la féodalité est obligée de céder la place au tiers état avec son vigoureux esprit populaire, avec son industrieuse activité et son habileté mûrie par l'expérience. Les temps modernes commencent à ce moment. Quant à l'Orient, il n'eut point de moyen âge, dans le sens qu'on attache à ce mot en Europe; cependant, le mahométisme et la littérature arabe y font aussi époque.

MOYEN HARMONIQUE. Voyez HARMONIQUE (*Mathématiques*).

MOYENNE (*Mathématiques*). La moitié de la somme de deux nombres déterminés est la *moyenne arithmétique* entre ces deux nombres. Ainsi, 4 est la moyenne arithmétique entre 3 et 5. Dans une proportion arithmétique, la somme des moyens est égale à la somme des extrêmes; par suite, si les moyens sont les mêmes, l'un d'eux est égal à la moitié de la somme des extrêmes. C'est probablement là l'origine de l'expression *moyenne arithmétique*.

Pour avoir la moyenne arithmétique de deux lignes droites, en géométrie, on place ces lignes l'une au bout de l'autre, et l'on prend la moitié de la ligne totale; on a bien alors la moitié de la somme des deux autres. Par exten-

sion, on appelle *moyenne arithmétique* de plusieurs quantités la somme de ces quantités divisée par leur nombre.

Un nombre dont le carré est égal au produit de deux nombres donnés est leur *moyenne géométrique* : ce terme est aussi déduit de la considération des proportions. Dans une proportion géométrique, le produit des moyens est égal au produit des extrêmes; si les moyens sont égaux, leur produit sera le carré de l'un d'eux, qui jouira dès lors, comme on voit, de la propriété que nous avons dit appartenir à la moyenne géométrique. Ainsi 6 est la moyenne géométrique entre 4 et 9. Pour trouver la moyenne géométrique de deux lignes droites données, on les met l'une au bout de l'autre; sur la ligne totale, comme diamètre, on décrit une demi-circonférence, puis par le point de jonction des deux lignes données on élève une perpendiculaire; la partie de cette ligne comprise entre le diamètre et la demi-circonférence est la moyenne géométrique cherchée. Cela veut dire que la surface du carré construit sur la ligne trouvée est égale à celle du rectangle construit avec les deux lignes données.   L.-L. VAUTHIER.

MOYENNE (Ligne). *Voyez* AIMANT.

MOYENNE CULTURE. *Voyez* CULTURE.

MOYENS (*Arithmétique*). On appelle ainsi, dans toute proportion, les deux termes du milieu : les deux autres sont les *extrêmes*.

Dans une progression, les termes consécutifs compris entre deux autres termes forment une suite de *moyens* entre ces deux derniers. Ces moyens sont dits *arithmétiques* ou *géométriques*, suivant la nature de la progression.

MOYENS COERCITIFS. *Voyez* COERCITION.

MOYETTE ou MEULON, petite meule provisoire qu'on fait dans les champs pour garantir les blés de la pluie. Cette méthode, qui tend à se substituer au système des javelles ou gerbes laissées sur champ, remonte à une date déjà reculée, et a pris, dit-on, naissance en Flandre. Les agronomes recommandent beaucoup maintenant ce système. Pour confectionner une moyette, on établit ce qu'on appelle une *poupée* en liant une gerbe au-dessous de l'épi pour la placer debout, en lui donnant du pied. Le blé est ensuite apporté par brassées, les tiges bien parallèles et appuyées contre la poupée, toujours l'épi en l'air et la tige ayant un peu de pied. Quand la moyette a la grosseur voulue, on fait avec une gerbe une sorte de *chapeau* en parapluie qu'on place sur le tout. Au besoin, on lie la moyette entière. Ainsi arrangés, les blés ne craignent pas la pluie, la main-d'œuvre est à meilleur marché et les produits sont améliorés.   L. LOUVET.

MOYEU. *Voyez* CHARRON.

MOZABITES, nom que l'on donne en Afrique à une race indigène produit des relations qui ont fréquemment existé entre les Turcs et les Arabes; les Mozabites ressemblent plus à ces derniers qu'aux premiers. Ces indigènes, que l'on peut classer parmi les Berbers, forment une population mobile, qui a été comparée avec assez de raison à nos Limousins et à nos Auvergnats; c'est parmi la *Beni Mozab* que se recrutent en Algérie les domestiques, les portefaix, les porteurs d'eau.

MOZAMBIQUE, gouvernement général des Portugais sur la côte orientale de l'Afrique méridionale, en face l'île de Madagascar, que le canal de Mozambique, large en moyenne de 63 myriamètres, sépare du continent. Suivant les documents officiels, sa superficie serait de 9,000 myriamètres carrés, et sa population de 280,600 habitants, dont une très-minime partie seulement est soumise aux Portugais. Situé entre le Zanguebar et la Cafrerie, il s'étend depuis le cap Delgado jusqu'à la baie de Dalagoa; et le Zambèze le partage en deux régions distinctes, le Mozambique proprement dit au nord, et le Sofala au sud. Le littoral, qui est bordé d'un grand nombre d'îles basses, est généralement très-plat, d'une monotone uniformité; et en raison de l'absence de baies fermées et de bons ports, ainsi que de l'ensablement des fleuves à leur embouchure, des suites non interrompues de bancs de sable et des bas-fonds de la mer qui l'avoisine, de même que par la violence des courants qui y règnent, il a toujours été extrêmement dangereux pour les navigateurs; aussi est-ce tout récemment seulement qu'on a acquis des notions plus exactes à son sujet. Les courbes décrites par les côtes ne forment guère de vastes golfes ouverts, où les navires ne peuvent que de loin en loin rencontrer un abri derrière les petites îles qui s'y trouvent. Les seules baies fermées et pouvant être utilisées comme ports sont le golfe de Pomba, assez profond pour recevoir les navires des plus grandes dimensions, le port Alméida et la baie de Dalagoa. Ce littoral plat est tantôt une côte sablonneuse, dépourvue d'arbres et couverte seulement çà et là de quelques mimeuses, tantôt, à cause des fleuves qui à l'époque des pluies débordent et inondent tout au loin, un vaste marécage couvert de forêts vierges, parcourues par des troupeaux de buffles, d'éléphants et de rhinocéros, et par des bêtes féroces de toutes espèces, tandis que les cours d'eau foisonnent de crocodiles et d'hippopotames. L'intérieur du pays est très-peu connu. Il a vraisemblablement pour limite occidentale, vers le plateau intérieur de l'Afrique méridionale, la grande chaîne de montagnes qui s'étend du sud au nord à travers la plus grande partie du continent, à partir du Qonothlamba ou Montagnes neigeuses du pays des Cafres jusqu'à la montagne de la Lune. Suivant d'anciens rapports portugais, qui parlent de froids extrêmes et d'abondantes chutes de neige en hiver, ce pays doit être un plateau fort élevé. Mais ce plateau n'est point les monts Loupata, auxquels les anciens Portugais donnaient le nom imposant de Spina Mundi (Crête du monde) et ne sujet desquels on a émis tant de fables. Tout au contraire, il ne se compose guère que de terrasses successives, du moins là où il est traversé par le Zambèze, qui y forme une série de puissantes cataractes, entre Senna et Tété, n'ayant guère plus de 400 à 500 mètres d'élévation, et ne pouvant dès lors être couvertes de neige à aucune époque de l'année. Parmi les cours d'eau extrêmement nombreux qui y prennent leur source, le plus important de toute la contrée et même du continent tout entier est le Zambèze ou fleuve aux poissons dans la langue des naturels, appelé aussi Couama, Quillimane ou rivière de Senna. Il a sa source dans le plateau central, et sort, dit-on, d'un grand lac. Du plateau de Chicova, il se précipite en formant les grandes cataractes de Chicaronga dans sa région moyenne, le pays de montagnes appelé Fémalé, où il coule comme un torrent impétueux à travers l'étroite Loupata, dont les rapides rendent encore plus difficile sa navigation, surtout à la remonte. Non loin de Senna, il entre dans son bassin inférieur, et parcourt ici presque sans interruption un désert malsain et couvert de bambous. Il se jette dans la mer par sept grands bras, entre lesquels s'est formé un vaste delta, extrêmement malsain et couvert de forêts de mangroves ou rhizophores. Celui de ces bras qui est situé le plus au nord est le Couama ou rivière de Quoillimane ou Quoellimane, et le plus méridional le Louabo, qui se jette dans la mer à Melamby, à huit myriamètres plus au sud. L'embouchure du premier a près de deux kilomètres de large. C'est de tous le plus accessible; mais, par suite de deux bancs de sable qui l'obstruent, il n'est navigable pour les bâtiments de fort tonnage qu'à l'époque de la marée haute. Immédiatement derrière cette baie, à Quoillimane, il devient si large, qu'il a tout l'air d'un grand lac d'eau douce. Le Zambèze reçoit de toutes parts de nombreux affluents, comme le Panhamas, le Lamgoùra, l'Arraya, le Manjoro, l'Inandire, le Rouenca et le Rciziga, qui s'y jette deux kilomètres au-dessous, dans les hautes terres de l'intérieur; et dans le pays plat, le Schirry ou Tschire, fleuve d'une grande longueur de parcours et très-profond.

Le climat est extrêmement chaud. Du commencement de novembre à la fin de mars y règne la chaude saison des pluies, toujours accompagnée de violents orages avec éclairs et coups de tonnerre. Pendant l'autre moitié de l'année, l'atmosphère est constamment sèche et même froide, les vents soufflant alors du sud-est et du sud-ouest. A l'intérieur au contraire, vers la région centrale, règne un climat excellent, uniforme et au total tempéré, notamment dans le pays de Tété. Sur les côtes, d'immenses marais et amas d'eaux stagnantes rendent l'air extrêmement malsain. Sur cent Européens qui viennent s'y établir, on n'en trouve plus que la vingtième partie au bout de cinq ans. Aussi toutes les tentatives faites depuis trois cent cinquante ans par les Portugais pour y fonder avec des blancs des établissements fixes, ont-elles toujours échoué; et leurs possessions situées dans cette contrée ne sont-elles que des lieux de déportation.

La flore du littoral présente un caractère tout tropical. Le sol marécageux est couvert de forêts de mangroves, et le sol sablonneux le plus ordinairement d'*avicennias* et par ci par là de palmiers. Plus au fond, dans l'intérieur, de même qu'à l'extrémité septentrionale, on trouve d'immenses forêts de copals et de caféiers, ceux-ci à l'état sauvage, aux environs de Tété. Outre le caféier et le palmier, les mangos, les cachous (*anacardium occidentale*) y forment d'épaisses forêts, de même que le malumpava, espèce d'adansonia mesurant 25 mètres de circonférence à son tronc, le cotonnier, le buisson à laine (ce dernier donnant d'excellents produits), l'azalée et d'autres plantes oléagineuses, le manioc, le jalap, la rhubarbe, la mexoera, espèce de céréale à petits grains, les ananas, les citrons, les oranges. L'indigo y croît à l'état sauvage et comme mauvaise herbe, de même que la canne à sucre à Senna et à Quoillimané.

Le règne animal est d'une richesse extrême en animaux de toutes espèces; les pachydermes surtout abondent dans les forêts marécageuses. Les cours d'eau sont habités par d'innombrables hippopotames et crocodiles. De grands antilopes couvrent les vastes plaines sablonneuses, qui se trouvent vers Sofala, pays sur les côtes duquel on rencontre aussi beaucoup de baleines et où les Américains viennent leur donner la chasse. En fait d'oiseaux, ceux qu'on rencontre le plus sont l'ibis et le flamingo. On y trouve aussi de gigantesques serpents et à Sofala beaucoup de tortues. Les cours d'eau sont extrêmement poissonneux. Les nombreux essaims de sauterelles, de moustiques et autres insectes sont au nombre des fléaux de ces régions. On trouve à Sofala des bancs entiers d'huîtres à perles; ils étaient jadis en grand renom, mais l'exploitation en est abandonnée depuis plusieurs siècles; et il en est de même des bancs situés sur la côte opposée des îles Quoerimba. Les minéraux utiles semblent être rares; et l'exploitation de l'or, notamment, semble avoir été fort exagérée. De puissants gisements de houille existent à l'intérieur de Mozambique, et quelques-uns sont à ciel ouvert. On trouve dans l'intérieur de Sofala du marbre rouge ainsi que des topazes à Manica et des rubis dans les rivières appelées Rouveo et Manoure; enfin, à Quoïssanga, du minerai de fer et de cuivre, dont les naturels savent tirer parti.

La population indigène de ce vaste territoire se divise en nombreuses tribus, dont les chefs, suivant l'usage africain, prennent le nom comme titre, mais au sujet desquelles nous manquons de renseignements positifs, surtout quand ils vivent dans des lieux de l'intérieur et loin des rives du Zambèze. Les peuplades de Mozambique, les *Makouas* et celles de Quoillimane, se rapprochent beaucoup des nègres de la Guinée, à cause de leur visage large et plat, de leurs cheveux laineux, de leurs lèvres épaisses et de leur nez épaté; tandis que les *Mororos*, fixés à quelques journées de marche seulement à l'ouest de Quoillimane, ont de longs cheveux luisants, ainsi qu'une belle stature; ce qui distingue la plupart des tribus cafres. En ce qui est de la langue, c'est la grande famille de ces dernières qu'appartiennent les diverses peuplades fixées au nord jusqu'au cap Delgado. Toutefois, dans cette direction, le véritable type nègre devient de plus en plus dominant parmi elles. Les Makouas servent les Portugais comme esclaves et comme soldats, et les défendent contre les attaques des tribus de l'intérieur. A l'ouest des

Makouas, on trouve ensuite la grande tribu des *Marawis*, et au nord-ouest de Tété, sur la rive septentrionale du Zambèze, la grande tribu des *Mbizas* ou *Movizas*, qui se distingue par son habileté dans la préparation du fer. Les nombreux petits États nègres qui habitent le cours supérieur du Zambèze formaient autrefois l'empire du Monomotapa.

Bien que les Portugais considèrent ce pays depuis plus de trois siècles comme leur appartenant, ils n'y possèdent cependant que quelques misérables stations, situées le long du Zambèze et de la côte ; et depuis le commencement de ce siècle ils ont perdu toute espèce de pouvoir et d'influence à l'intérieur. Ces postes sont placés sous l'autorité d'un gouverneur général résidant dans l'île de Mozambique, et forment sept districts : *Lourenzo Marquez*, *Inhambana*, *Sofala*, *Tété*, *Senna*, *Qouillimane* et les *Iles Qouerimba*. Les postes les plus avancés, *Zamba*, sur le haut Zambèze, et *Manica*, dans son bassin central, sont abandonnés depuis 1835. Les revenus qu'en tire le gouvernement portugais consistent presque exclusivement en produits du sol provenant des domaines de la couronne, et dans les droits de douane de Mozambique et de Qouillimane. Presque tous les officiers et employés de l'État, les uns faute d'un salaire suffisant, les autres par esprit de cupidité, font le commerce. En résumé, on peut dire que ces lointaines possessions sont une véritable charge pour le Portugal, à qui ils ne servent que comme lieu de déportation à l'usage des criminels. Par suite de la suppression de la traite des nègres, qui constituait autrefois l'élément principal de la prospérité de toutes les possessions portugaises, le commerce maritime y est complètement tombé, attendu que la traite pour le Brésil ne peut plus se faire sur une certaine échelle que de la baie de Dalagoa, et pour l'Arabie par l'embouchure de l'Angoscha ainsi que les îles Qoueremba, au moyen de marchands arabes. Le commerce de l'intérieur avec les stations portugaises établies sur les rivages de la mer ou sur les bords du Zambèze est généralement entre les mains de *Banians* ou de ce qu'on appelle les *canaris* (descendants de Portugais et de femmes hindoues), la perfidie et la cruauté des Portugais à l'égard des indigènes les ayant tellement aigris contre eux, qu'ils interdisent aujourd'hui à leurs marchands l'accès de leur territoire. Aussi l'exportation de l'ivoire s'est-elle en grande partie dirigée des bords du Zambèze à Zanguebar.

Les exportations maritimes des possessions portugaises ne consistent aujourd'hui surtout qu'en un peu d'or et en grains, miel, cire, oreille, copal, huile d'Azaïte, caur is (on en tire plusieurs milliers de boisseaux des îles Querimba), perles, écailles de tortue et ivoire. L'exagération des droits de douane (22 pour 100 sur les marchandises importées à Mozambique) et de fausses mesures administratives ont constamment diminué l'exportation.

Dans le Mozambique proprement dit, sur une étendue de côtes de 86 myriamètres, les établissements portugais les plus importants sont : la ville de Mozambique, résidence du gouverneur général des possessions portugaises de l'est de l'Afrique et d'un évêque, située dans la plus grande des trois îles du même nom, longue de 7 kilomètres et large de 4, plate, malsaine et dépourvue d'eau potable, centre du commerce portugais, avec un vaste port, trois églises, et d'après le recensement de 1841, 377 habitants libres (dont 31 blancs), 735 hommes de garnison et plus de 6,000 esclaves ; *Ibo*, ville bien fortifiée, dans l'une des îles Qouerimba, siège du sous-gouverneur ; *Qouillimane* ou *Qouellemane*, place de commerce et autrefois la plus important marché à esclaves de toute cette contrée, à environ 18 kilomètres au-dessus de l'embouchure du Couama, dans une contrée marécageuse et des plus malsaines, avec 130 habitants libres (dont 12 Portugais), et de 5 à 6,000 esclaves ; *Senna* ou *Sena*, dans une situation tout aussi marécageuse et malsaine, autrefois marché important, à présent complètement déchu et apauvri, avec une centaine d'habitants ; *Tété* ou *Tetté*, petit endroit dans une situation charmante et salubre, au milieu des montagnes, faisant un peu de commerce avec l'intérieur et les lavages d'or de Muschinga, qui l'avoisinent.

Dans le pays de Sofala (c'est-à-dire, en arabe, *Pays-Bas*), les Portugais ne possèdent qu'un petit district de côtes, avec le bourg de Sofala, sur la baie du même nom, au milieu d'une contrée malsaine et remplie de marais salants, autrefois florissant comptoir, ne consistant plus aujourd'hui qu'en misérables huttes de paille, avec une église et un fort en ruines. Plus au sud on trouve *Inhambana*, sur le fleuve du même nom, endroit aussi bien situé que salubre, avec un magnifique port, centre d'un commerce fort actif, consistant surtout en cire et ivoire.

MOZARABES, MUZARABES ou MOSTARABES. C'est le nom donné communément aux chrétiens d'Espagne qui après la conquête de ce royaume par les Maures, au commencement du huitième siècle, conservèrent, sous la domination de leurs vainqueurs, et en leur payant un tribut, l'exercice de leur religion, leurs lois et leurs coutumes. Ed. Pococke, dans son *Histoire d'Arabie*, nous apprend, d'après Abulfaradje, qu'on donnait le nom de *Mostarabes* ou *Arabes externes* à tous ceux qui vivaient parmi les Arabes sans être originaires de leur pays.

A la suite de l'institution de la foi chrétienne en Espagne par les hommes apostoliques, après les invasions que les peuples barbares connus sous le nom d'Alains, de Suèves, de Vandales et de Goths firent dans cette contrée, au cinquième siècle, une grande diversité de cérémonies religieuses régnait dans les églises d'Espagne, lorsque saint Léandre, archevêque de Séville, résolut de ramener toutes ces liturgies à l'uniformité. Il n'est pas permis de présumer qu'il en fit une toute différente de celles qu'on avait auparavant ; mais on a lieu de penser qu'en conservant une bonne partie des anciens usages, il en emprunta plusieurs aux Orientaux, et peut-être encore plus au rit gallican, pour composer un office dont les évêques de la Gaule Narbonnaise, qui avaient déjà ce rit, pussent s'accommoder. Saint Isidore, frère de saint Léandre et son successeur dans la chaire épiscopale de Séville, mit la dernière main au bréviaire et au missel arrangés par le premier et destinés à être en usage dans toute l'étendue du royaume des Goths en Espagne et dans la Gaule Narbonnaise. Un concile, convoqué à Tolède, en 633, par le roi Sisenand, sous la présidence de saint Isidore, donna à ce nouvel ouvrage une suprême et dernière sanction. Ce fut dans le huitième siècle que cet office, nommé d'abord *gothique*, reçut le nom de *mozarabe*. Il continua d'être célébré en Espagne jusqu'à l'époque où les papes voulurent le remplacer par celui de Rome. Alexandre VII, Grégoire VII et Urbain II employèrent à ce dessein trente années d'efforts, soutenus par la volonté de la reine Constance, fille du duc de Bourgogne et femme d'Alphonse VI, roi de Castille. Le concile de Jaca, tenu en 1060, suivant le père Labe, d'après Surita, ou mieux en 1063, suivant le père Pagi, sous le premier roi d'Aragon, Ramire, paraît avoir été le premier où il fut ordonné d'abroger l'office gothique. Les peuples de la Péninsule n'abandonnèrent toutefois qu'avec la plus grande peine la liturgie nationale, et dans les couvents se manifesta une violente opposition aux décrets des pontifes romains. Le pape Urbain II, l'an 1088, ayant envoyé en qualité de légat en Espagne Richard, abbé de Saint-Victor de Marseille, le révoqua en 1090 ; et avant cette révocation, si l'on en croit Roderic de Tolède, écrivain du treizième siècle, la suppression de l'office gothique causa un soulèvement parmi le peuple et les grands du royaume : il fallut recourir aux épreuves du duel et du feu. Enfin, le missel romain, tel qu'il était en usage alors en France, ou, pour mieux dire, dans quelques églises de France, fut reçu par ordre du roi Alfonse dans toute l'Espagne, à la réserve de quelques monastères.

L'office mozarabique ne subsistait plus dans aucune église cathédrale au commencement du treizième siècle, et à la fin du quinzième siècle il était tombé partout en désuétude. Le cardinal Ximenès, craignant que le souvenir même ne s'en perdît, forma le projet de le rétablir. Par ses ordres, le missel mozarabe fut imprimé à Tolède, en 1500, et le bréviaire en 1502, et dans l'enceinte de la cathédrale s'éleva une chapelle où il fonda des chanoines et autant de clercs qu'il en fallait pour y célébrer tous les jours cet office. Ce ne fut pas sans beaucoup de recherches et de soins que l'on vint à bout de rétablir ce missel et ce bréviaire; et le cardinal Ximenès employa pour cet objet un habile chanoine de la cathédrale, nommé Alfonse Ortius. On ne trouvait plus ces antiques monuments de la foi qu'écrits en caractères gothiques, abandonnés depuis onze cents ans. Il fallut les reproduire en caractères communs et usités, pour faciliter le moyen de les lire exactement. A cette première difficulté se joignit celle de se procurer ces offices tout entiers et réunis en un même corps. Dans l'impossibilité d'y parvenir, on se vit obligé de substituer des rubriques et des pratiques à la place de celles qu'on croyait perdues ou abolies, et on les emprunta au missel de Tolède, tel qu'on le possédait dans la cathédrale à la fin du quinzième siècle. Le missel mozarabe n'a été entièrement en usage que dans la chapelle du cardinal Ximenès : l'on y dit l'office tous les jours et la messe tous les dimanches. D'après Roblès, curé de Tolède, qui a écrit la vie du cardinal, il paraît que dans six anciennes églises, qu'on appelle *mozarabes*, parce qu'elles subsistent depuis que les chrétiens furent ainsi appelés, on chante la messe selon ce rit le jour de la fête des saints auxquels elles sont dédiées.

Le bréviaire et le missel mozarabiques n'ayant été tirés qu'à un très-petit nombre d'exemplaires, étaient devenus très-rares et d'un prix excessif, lorsque le père Leslée les fit réimprimer à Rome, en 1755, avec des notes et une longue préface. Le père Lebrun, dans son *Explication de la Messe*, retraçant l'histoire du rit mozarabique, et voulant prouver que ce rit n'a pas été rétabli tel qu'il était au septième siècle, prétend que pour remplir les vides on y avait inséré plusieurs prières tirées du missel de Tolède, qui n'est pas le pur romain, mais qui est conforme en plusieurs points au missel gallican; il distingue ces additions d'avec le vrai mozarabe, et compare celui-ci avec le gallican. Le père Leslée, qui a fait la même comparaison, pense que le premier est le plus ancien. Dom Mabillon, qui a étudié la liturgie gallicane, est d'un sentiment contraire, et il paraît que c'est aussi celui du père Lebrun. L'office mozarabique est conforme au plus pures doctrines catholiques, telles qu'elles sont professées dans les ouvrages de saint Isidore de Séville, dans les canons des conciles d'Espagne, tenus sous la domination des Maures, et dans la liturgie gallicane, dont l'authenticité est incontestable. Le missel gothique mozarabe est supérieur au missel gallican pour l'abondance et la variété des prières, ouvrage de saint Léandre et de saint Isidore, ainsi que des docteurs postérieurs ou antérieurs qui ont travaillé à la composition de ce recueil. On remarque dans les oraisons un grand rapport avec les Évangiles du jour, et toujours beaucoup de goût et de justesse; en sorte qu'on peut regarder le missel mozarabe comme une source féconde d'instruction et de prières. Édouard DU LAURIER.

MOZART (JEAN-CHRYSOSTOME-WOLFGANG-AMÉDÉE), le plus grand compositeur que l'Allemagne ait produit, naquit le 27 janvier 1756, à Salzbourg, où son père, sous-directeur de la chapelle épiscopale, mourut, dans l'exercice de ses fonctions, en 1787. Son fils lui fut redevable de son excellente éducation musicale. Dès l'âge de quatre ans il commença à lui apprendre le piano; et dès lors l'enfant perdit toute espèce de goût pour les plaisirs et les distractions de son âge. Quand il eut atteint sa sixième année, son père le conduisit avec sa sœur Marie, douée comme lui d'un génie musical, à Munich et à Vienne, où les deux jeunes virtuoses furent présentés à la famille impériale. Ce qui doublait l'étonnement excité par la prodigieuse facilité du jeune Mozart, c'est qu'il ne consentait à jouer que devant des connaisseurs et n'attachait aucun prix aux éloges de la multitude. Il demanda à l'empereur François de vouloir bien faire appeler Wagenseil, musicien alors en grand renom, et sa prière ayant été accueillie, il joua avec un talent admirable et sans la moindre hésitation un de ses concertos. Jusque là il s'était borné à l'étude du piano. On lui fit présent alors d'un petit violon; il s'essaya aussitôt à en jouer, et de retour à Salzbourg avec son père, ses progrès sur cet instrument tinrent du prodige. On vit bien alors tout ce qu'il y avait d'essentiellement musical dans l'organisation de Mozart, car il ne s'occupait que de musique. On cite des traits vraiment étonnants de la finesse avec laquelle il savait distinguer les nuances musicales les plus délicates. Son oreille souffrait au moindre désaccord; chaque ton rude, brusque, heurté, tels que ceux de la trompette, lui était insupportable.

En 1763, il fit avec son père et sa sœur sa première tournée hors d'Allemagne, et sa réputation se répandit alors de tous côtés. Sa famille résolut de lui faire entreprendre des voyages artistiques, et dès lors sa renommée alla toujours croissant. A Paris, où il séjourna six mois, il fut comblé d'applaudissements; et il y publia ses premières sonates pour piano. En 1764 sa famille le conduisait à Londres, où il se fit entendre à la cour, et où il joua un concerto sur l'orgue du roi, à la vive admiration de tout l'auditoire. Dans un concert public qu'il donna, on n'entendit que des symphonies de sa composition. Là, comme à Paris, on lui présenta les œuvres les plus difficiles de Bach, de Haendel, etc., et il les exécuta à première vue sans la moindre hésitation. Pendant son séjour en Angleterre, il composa aussi six sonates, qu'il dédia à la reine. En 1765 il parcourut les Pays-Bas, où il se fit souvent entendre sur l'orgue. Il tomba dangereusement malade à La Haye, et après sa guérison il composa six sonates, qu'il dédia à la princesse de Nassau. Au commencement de 1766, il alla à Amsterdam, puis à La Haye. Il revint ensuite à Paris, puis il gagna Munich en passant par la Suisse, et à la fin de l'année il était de retour à Salzbourg. Ce fut en 1768 seulement qu'il entreprit une nouvelle tournée avec sa sœur, et il se rendit d'abord à Vienne, où l'empereur Joseph II le chargea de composer la musique de *La finta Simplice*. Cette partition obtint les suffrages du maître de chapelle Hasse et de Métastase; elle ne fut cependant jamais exécutée. Lors de la bénédiction de l'église des Orphelins à Vienne, ce fut Mozart, âgé alors de douze ans, qu'on chargea de composer un offertoire, et qui, en présence de la cour impériale, dirigea l'orchestre chargé d'exécuter ce morceau solennel. Déjà il était chef d'orchestre de la cour de Salzbourg, lorsqu'en 1769 il entreprit avec son père un voyage en Italie; et à Bologne, à Rome, à Naples, à Paris, il excita l'admiration générale par son jeu. A Milan, où il arriva à la fin d'octobre 1770, il composa l'opéra de Mithridate, qui fut représenté dès le 26 décembre, et qui obtint un grand nombre de représentations. A son retour à Salzbourg, en 1771, il composa la grande sérénade théâtrale *Ascanio in Alba* pour le mariage de l'archiduc Ferdinand; en 1772, à l'occasion de la consécration du nouvel archevêque, la sérénade *Il sogno di Scipione*; et dans l'hiver de 1773 l'opéra de *Lucio Silla*, qui fut représenté vingt-six fois de suite. Après avoir encore écrit l'opéra comique *La finta Giardiniera* (1775), deux grand'messes, une sérénade, *Il Re pastore*, et à Paris, où il avait été appelé pour la seconde fois, une grande symphonie pour le concert spirituel, je se rendit en 1779 à Vienne, où il fut nommé compositeur de la chambre de l'empereur.

Le moment où Mozart vint se fixer à Vienne est l'époque décisive de sa vie. C'est alors que son talent jeta son plus vif éclat, en même temps que sa destinée se simplifiait. Il y épousa, en 1781, la célèbre cantatrice Lange. Il cessa alors les grands et fréquents voyages, et sauf de rares et courtes excursions, il séjourna toujours depuis dans cette capitale. Avant d'y arriver, il s'était chargé d'écrire pour l'Opéra de Munich l'opéra d'*Idoménée*, qui fut représenté en 1781 avec le plus grand succès. Cette œuvre marque le point de transition entre les créations plus ou moins hâtives de sa jeunesse et son époque classique. Elle n'a pu, il est vrai, se maintenir au répertoire, parce que son ensemble convenait peu à l'effet théâtral; mais jamais peut-être par la suite Mozart ne s'est élevé si haut et n'a déployé une telle richesse d'idées : aussi a-t-elle été reprise tout récemment. En 1781, n'étant encore que fiancé, il fut chargé par l'empereur Joseph II de composer la musique de *Belmont et Constance, ou l'enlèvement du sérail*, paroles de Bretzner, où l'on retrouve complétement le caractère de la passion qui l'animait, et où le célèbre air de Belmont respire l'amour porté à son plus haut degré. Les incomparables parties comiques de cet opéra, notamment le rôle d'Osmin, témoignent de l'heureuse gaieté d'esprit sous l'influence de laquelle il l'écrivit. Il composa ensuite, en 1785, en utilisant divers thèmes empruntés à des œuvres précédentes, l'opéra *David Penitente*, et, outre quelques bluettes, *Le Nozze di Figaro*, que plus tard il nommait lui-même son ouvrage de prédilection. Cet opéra obtint peu de succès à Vienne : on en trouva la musique trop difficile et trop large pour un opéra-comique. Exécuté l'année suivante à Prague, il y fit fureur. C'est aussi pour le théâtre de Prague, dont le public s'était tout de suite élevé à l'intelligence de ses partitions, qu'il composa, en 1787, son chef-d'œuvre, *Don Juan*. De 1788 à 1790, à la demande de Van Swieten, il remania complétement l'*Acis et Galatée*, *Le Messie*, *La Fête d'Alexandre*, et *Cæcilia* de Hændel; et dans ce travail ingrat, notamment pour ce qui regarde l'instrumentation du *Messie*, il apporta un soin qu'il mettait à peine à ses propres ouvrages. En 1791 il composa pour le théâtre de Vienne l'opéra *Cosi fan tutte*, et l'année suivante, outre deux cantates et plusieurs morceaux de musique instrumentale, *La Flûte enchantée*, *La Clemenza di Tito*, et son célèbre *Requiem*, œuvre posthume, comme on sait et à laquelle Mozart n'eut pas le temps de mettre la dernière main. On sait aussi que l'authenticité de certains passages de cet ouvrage a plus tard été vivement discutée et même mise en doute. Quoi qu'il en soit, c'est par ce chef-d'œuvre que le grand artiste termina sa carrière. Il mourut le 5 décembre 1791, à l'âge de trente-six ans, d'une hydropisie cérébrale.

Il s'en faut que sa position à Vienne ait été brillante et digne de son génie. Pendant longtemps il fut réduit à vivre en organisant des concerts, en entreprenant des tournées artistiques, en donnant des leçons de musique, ou encore du mince produit de ses compositions. Ce fut seulement lorsque le roi de Prusse Frédéric-Guillaume II lui eut offert à Berlin une position et un traitement de 3,000 thalers, que l'empereur Joseph II se détermina à lui accorder le titre de compositeur de la chambre, aux appointements de 800 florins. Cette grâce si minime suffit pour l'enchaîner; pourtant, il ne put s'empêcher de dire : « C'est trop peu pour ce que je fais, et trop peu pour ce que je puis faire. » Ce que Mozart a produit en grandes symphonies, en quatuors, en musique pour piano, et en général dans tous les genres de musique, est vraiment prodigieux. On n'en doit que plus vivement regretter qu'il ne se soit pas trouvé dans une position qui lui ait permis de se livrer exclusivement et sans préoccupations aucunes à la culture de son art. Il n'est pas de compositeur qui ait exercé une influence aussi universelle sur les hommes de l'âge le plus différent et placés dans les conditions sociales les plus diverses. On peut dire qu'il fut le musicien de l'amour, car c'est le sujet de tous ses opéras, des principales œuvres du son génie, c'est-à-dire de celles qui transmettront son nom à la postérité la plus reculée. Il en a représenté tous les degrés et toutes les nuances, depuis la passion la plus délicate et la plus idéale jusqu'aux ravissements sensuels. Vivant à une époque où le génie allemand prit un admirable essor, qui développa sur tout dans les esprits la vie sentimentale, Mozart eut en musique le mérite d'émanciper le cœur et d'opposer la beauté parfaite à l'antique gravité et à la sublimité des productions de l'ancienne école. Consultez Alexandre Oulibicheff, *Vie de Mozart* (Moscou, 1841); et Holmes, *Life of Mozart* (Londres, 1845). En 1840 la ville de Salzbourg a élevé un monument à la mémoire de Mozart. Sa veuve se remaria plus tard à un conseiller d'État danois, du nom de Nissen, auteur d'une volumineuse et pourtant fort incomplète biographie de Mozart (Leipzig, 1828). Elle survécut à son second mari, et mourut à Salzbourg, le 6 mars 1842. Le fils cadet de Mozart, *Wolfgang* MOZART, né à Vienne, le 26 juillet 1791, connu comme pianiste et comme compositeur de musique pour piano, fut pendant de longues années directeur d'une école de chant à Lemberg, en Gallicie. En 1819 il entreprit une tournée artistique en Allemagne. Il est mort le 30 juillet 1844, à Carlsbad.

MOZETTE. C'est le nom que l'on donne au *camail* des évêques; la mozette des évêques est violette. Les cordeliers portaient aussi autrefois la mozette.

MSILAH ou **EMSILAH**, petite ville de la province de Constantine, située par 2° 12′ de longitude orientale, 35° 42′ 30″ de latitude septentrionale, et qui est traversée par l'Oued-Ksab, ou Rivière des Roseaux. Elle se divise en trois groupes : la ville proprement dite, sur la rive gauche de l'Oued-Ksab, et les faubourgs de Chelama et de Khougbta, sur la rive droite. La surface des jardins est triple de celle de la ville. Le Ksab traverse la ville dans le sens de sa longueur, et coule au sud-ouest pour aller se jeter, à 60 kilomètres au delà, dans le lac Cholt. Les murs de clôture, les maisons, les mosquées, les minarets même de Msilah sont construits en briques de terre crue pétrie avec un mélange de paille hachée. Les maisons sont couvertes en terrasse avec la même terre massée et battue sur des rondins. On trouve cependant à Msilah des pierres de taille romaines, des tronçons et des chapiteaux de colonne, dont quelques-uns semblent remonter au beau temps de l'architecture; mais la majeure partie appartient à une mauvaise époque. Ces matériaux ont été apportés là d'une vile romaine en ruines, située à 4 ou 5 kilomètres à l'est, et que les Arabes désignent sous le nom de Bechilga (l'ancienne *Sculia*). Les Romains y avaient amené les eaux du Ksab au moyen d'un aqueduc, dont on voit encore des traces. L'intérieur de Msilah présente un aspect misérable. La ville n'est protégée que par une mauvaise enceinte en terre, formée par les murs de clôture des jardins. La population habituelle paraît être de 1,200 habitants; mais les pillages successifs des troupes d'Abd-el-Kader et l'arrivée des Français en avaient fait fuir un grand nombre. Les habitants de Msilah sont industrieux. La possession de nombreux troupeaux les a exposés aux incursions de leurs voisins; et ils ne s'occupent plus que de la culture de leurs jardins. Cependant, ils font un petit commerce de pelleterie, et fabriquent des chaussures et d'autres ouvrages en maroquin. Pour les Arabes, le Sahara commence à Msilah.

Depuis 1838, Abd-el-Kader entretenait des forces à Msilah, où il avait établi en dernier lieu son kalifat Hadji-Mohammed. De là il expédiait des émissaires dans toute la province, et répandait la crainte parmi les populations de l'ouest de la Medjana. Mokrani, notre kalifat, n'avait pu les soustraire à cette fâcheuse influence, surtout depuis qu'Abd-el-Kader avait nommé Ben-Salem kalifat de la Medjana. Au mois de juin 1841, le général Négrier, commandant de Constantine, résolut de mettre un terme à cet état de choses. Il se rendit à Sétif avec 1,700 hommes de toutes armes; le 8 juin il quittait Sétif avec le général Gueswiller, et le 11 il entrait à Msilah en suivant le cours tortueux du Ksab, et sans avoir rencontré l'ennemi. Il y resta trois jours, et revint en suivant une route plus longue mais plus facile. Cette petite campagne, qui n'ajouta aucun trophée sanglant à notre histoire militaire, eut pourtant le mérite de porter notre puissance jusqu'au désert. En même temps Biscara tombait au pouvoir de notre chéik-el-arab. L. LOUVET.

MUANCES ou **MUTATIONS.** Dans la musique ancienne on appelait ainsi tous les passages d'un ordre ou d'un sujet de chant à un autre. Les définitions qu'en ont données Aristoxène, Bacchus, Aristide, Quintilien, ont le défaut d'être obscures ou trop générales, et auraient grand besoin d'être éclaircies par des divisions, au sujet desquelles ces auteurs ne sont pas mieux d'accord. Il semble cependant résulter de ce qu'ils nous apprennent à cet égard qu'il y avait cinq espèces de *muances* : 1° Dans le genre, lorsque le chant passait par exemple du diatonique au chromatique ou à l'enharmonique, et *vice versa* ; 2° dans le système, lorsque la modulation unissait deux tétracordes disjoints ou en séparait deux conjoints, ce qui revient au passage du béquarre au bémol, et *vice versa* ; 3° dans le mode, quand on passait par exemple du dorien au phrygien ou au lydien, etc.; 4° dans le rhythme, quand on passait d'un mouvement à un autre, du lent au vite, etc. ; 5° enfin dans la mélopée, quand on interrompait par un chant gai un chant grave, etc.

Dans la musique moderne, on appelait *muances* ou *mutations* les diverses manières d'appliquer aux notes les syllabes *ut*, *ré*, *mi*, *fa*, etc., selon les diverses positions des deux semi-tons de l'octave et les différentes manières d'y arriver. Gui Arétin n'ayant inventé que six de ces syllabes, comme il y a sept notes à nommer dans une octave, il fallait nécessairement répéter le nom de quelque note. On nommait donc toujours *la fa* ou *mi la* les deux notes entre lesquelles se trouvait un des semi-tons. Ces noms déterminaient en même temps ceux des notes les plus voisines, soit en montant, soit en descendant. On conçoit ce qu'avait de difficile pour les commençants un tel système de notation, et il faisait à vrai dire leur désespoir. Au dix-septième siècle, on eut en France l'heureuse idée d'ajouter la syllabe *si* aux six autres qu'avait déjà inventées Gui Arétin. Par ce moyen fort simple, la septième note de l'échelle se trouvant notée, les *muances* devinrent inutiles et furent proscrites dans la musique française; ce qui n'empêcha pas les musiciens des autres pays, soit par routine, soit par aversion pour les innovations venant de l'étranger, d'y tenir longtemps encore.

MUCÉDINÉES (du latin *mucedo*, moisissure), groupe de champignons renfermant les moisissures. Ce sont des végétaux qui ont l'aspect de tubes plus ou moins allongés, simples et rameux, croissant et vivant sur le corps le plus souvent en décomposition, tels que les pierres humides, les matières en fermentation, les bois qui commencent à pourrir, etc. La science possède encore peu de connaissances certaines sur ces végétaux difficiles à étudier. On les divise en cinq tribus, qui portent les noms de *phyllinées*, *mucorées*, *mucédinées vraies*, *byssacées* et *isariées*. Toutes ces tribus renferment un grand nombre de genres, et n'offrent d'intérêt qu'aux cryptogamistes. Les auteurs avaient donné d'abord le nom générique de *mucor* à tous les végétaux de ce genre; mais il a été subdivisé, et a donné lieu à l'établissement du groupe des mucédinées.

MUCILAGE (du latin *mucilago*, ce qui approche de la nature de la morve, dérivé de *mucus*, morve). C'est ainsi que les chimistes nomment le liquide visqueux et épais que forme la gomme, lorsqu'on la fait dissoudre dans l'eau. On nomme également *mucilage* une substance végétale approchant de celle que nous venons de désigner, et qui est produite par les racines de guimauve et de grande consoude, la graine de lin et les semences de coing. Les mucilages participent des émollients et relâchantes des substances qui servent à les former.

Du mot *mucilage* on a fait l'adjectif *mucilagineux*, que l'on applique soit aux plantes qui produisent du mucilage, soit aux glandes qui filtrent des humeurs visqueuses.

MUCIUS, famille plébéienne romaine, qui ne parvint aux grandes charges que vers le deuxième siècle av. J.-C., mais qui faisait remonter son origine à Caius Mucius Scævola, qu'on disait avoir été contemporain de l'établissement de la république. L'an 508 av. J.-C., Rome, assiégée par Porsenna, roi des Étrusques, était à deux doigts de sa perte. Mucius, jeune patricien, conçoit le projet de mourir ou de la

délivrer en tuant Porsenna. Il se déguise en Étrusque, se rend au camp ennemi, et s'étant avancé jusqu'à la tente du roi, il y trouve avec son secrétaire occupé à distribuer la paye aux soldats; Mucius, prenant ce dernier pour le roi lui-même, le tue. Aussitôt il est arrêté. Porsenna le presse de questions et le menace de la mort la plus cruelle pour l'obliger à déclarer ses complices ; Mucius ne répond que ces mots : *Je suis Romain*; et plongeant sa main droite dans un brasier ardent, il l'y laisse brûler, pour la punir de sa méprise. Le roi, frappé d'admiration, ordonna qu'il fût mis en liberté. Mucius n'ayant plus que sa main gauche, reçut le surnom de *Scævola*, ou gaucher. Comme avant de quitter le camp étrusque, il prévint Porsenna que trois cents jeunes Romains avaient juré d'accomplir la tâche que lui-même venait de manquer, qu'il l'engagea à abandonner Tarquin et à faire sa paix avec les Romains, en lui disant que c'était le seul moyen de sauver sa vie, Porsenna le crut; et c'est ainsi que Rome fut sauvée par l'héroïsme d'un seul de ses citoyens. Ce trait, admis par quelques historiens, rejeté par d'autres, a trouvé des incrédules et même des juges sévères.

Parmi les Mucius des âges postérieurs, on distingue :

Publius Mucius Scævola, consul l'an 133 av. J.-C., qui, avec son frère Publius Licinius Crassus Mucianus et quelques autres esprits généreux, appuya les plans de Tiberius Gracchus et se refusa à les contrecarrer comme consul. Élevé en l'an 130 par Gracchus aux fonctions de grand-pontife, la science du droit devint dès lors héréditaire dans sa maison.

Quintus Mucius Scævola, l'augure, cousin du précédent, et qui fut consul en l'an 117, était parvenu à l'âge de quatre-vingt-huit ans lorsqu'il combattit le décret de proscription lancé contre Marius par Sylla. Cicéron le considérait comme lui ayant appris la jurisprudence.

Quintus Mucius Scævola, le grand-prêtre, fils de Publius, ordinal et deux à l'ordre des chevaliers, très-célèbre parmi les Grecs asiatiques pour avoir institué une fête appelée *Mucia* et pour l'équité qu'il apporta dans l'exercice de ses fonctions de préteur en Asie, obtint le consulat en l'an 95 avec Lucius Licinius Crassus, l'orateur. Lors des funérailles du vieux Marius, il faillit être assassiné par Flavius Fimbria. En l'an 83, le fils de Marius le fit tuer par le préteur Damasippus. Ses 18 livres sur le *Jus Civile* passaient pour le plus important de ses ouvrages ; et Cicéron le range au nombre des jurisconsultes les plus savants et les plus éloquents qu'il ait entendus.

MUCOSITÉ (de *mucus*, morve). Fluide visqueux sécrété en plus ou moins grande quantité par les membranes muqueuses, dans leur état naturel ou dans leur état d'irritation. Les mucosités buccales et du canal alimentaire facilitent la déglutition des aliments, en les rendant plus glissants. Les mucosités des membranes muqueuses ont leur source dans des glandes qui ont de petites poches cylindriques appelées *cryptes*, ou d'une autre forme plus compliquée, cas dans lequel on les nomme *follicules*; elles suintent par les pores dont la fréquence est criblée.

Par extension, on a appliqué le mot de *mucosité* au suc de diverses plantes, bien qu'il n'ait pas complètement la fluidité et la viscosité des mucosités animales.

MUCUS, nom latin des sécrétions naturelles de la membrane muqueuse du nez, et qui est souvent employé en français comme synonyme de *mucosité*.

MUE. La *mue* diffère de la *métamorphose* : 1° en ce que dans la *mue* les modifications qui surviennent, au lieu de porter indifféremment et simultanément sur tous les appareils organiques, portent *exclusivement* sur le système tégumentaire, et plus spécialement encore sur le système épidermique (nous réunissons ici sous le nom de *système épidermique* non-seulement l'épiderme proprement dit, mais encore les poils, les cornes, les bois, etc., chez les mammifères ; les plumes, le bec, etc., chez les oiseaux ; les écailles chez les reptiles et les poissons, les enveloppes cornées ou calcaires des mollusques, des insectes, des crustacés, etc., etc.); et 2° en ce que dans la *mue* les modifications survenues, quelque importantes qu'elles paraissent, n'entraînent jamais des fonctions physiologiques nouvelles déterminant chez l'animal de nouvelles habitudes. Ainsi, nous désignons exclusivement sous le nom de *mues* ces transformations normales, plus ou moins complètes, qui surviennent à des époques déterminées et souvent périodiques, et qui affectent exclusivement la portion excrétée et inorganique de l'appareil tégumentaire; et nous rangeons soit parmi les phénomènes embryogéniques, soit parmi les phénomènes métamorphiques, toutes les transformations normales qui portent sur des appareils organiques et qui entraînent pour ceux-ci des fonctions physiologiques nouvelles. Cette distinction n'est point admise, ou plutôt n'est point établie par tous les naturalistes : la plus grande confusion règne même à cet égard dans la plupart des travaux modernes. Cette confusion tient évidemment à ce que les phénomènes embryogéniques qui surviennent chez l'animal alors qu'il vit déjà d'une vie indépendante dans le milieu extérieur coïncident presque constamment avec des modifications d'un système épidermique semblable à celles qu'on a coutume d'appeler *mues*; et les naturalistes, au lieu de voir dans ces changements de l'épiderme les signes extérieurs et visibles d'une modification organique profonde, et de les classer par conséquent avec celle-ci dans les phénomènes embryogéniques, les naturalistes, disons-nous, ont coutume d'envisager la transformation profonde comme concomitante avec le changement extérieur, et les désignent tous deux sous le nom de *mues*. Ainsi, pour ne citer qu'un seul exemple, un grand nombre de naturalistes regardent aujourd'hui encore comme constituant de véritables mues les changements qui surviennent dans l'espèce humaine à l'époque de la puberté, parce qu'en effet à cette époque a lieu un développement particulier du système pileux; mais il est de toute évidence que ce développement n'est que concomitant à une modification organique bien autrement importante, modification qui porte spécialement sur les appareils directs et corrélatifs de la reproduction, et qui forme bien réellement la série des phénomènes embryogéniques, puisque c'est par elle que l'individu devient apte à perpétuer son espèce. Ces choses posées, nous allons brièvement indiquer les principaux phénomènes que présente la mue dans la série animale.

La *mue* ne se présente jamais dans l'espèce humaine; les phénomènes de la première et de la seconde dentition, que l'on a souvent décrits comme des mues, sont des faits embryogéniques, puisque par ces phénomènes l'homme acquiert des aptitudes organiques nouvelles : ainsi que nous l'avons déjà vu, il faut en dire autant des phénomènes de la puberté. Quant aux desquamations épidermiques qui surviennent après les longues maladies, et surtout après les fièvres éruptives, ce sont des phénomènes de l'ordre pathologique, et non des transformations normales : par conséquent ce ne sont pas des mues.

La mue ne produit point chez les mammifères de changements bien notables, car dans la grande majorité des cas elle se borne à une modification dans le pelage. Ainsi, chez l'hermine, le lièvre variable, etc., le poil blanchit d'une manière remarquable aux approches de l'hiver; et cette blancheur plus grande paraît destinée à protéger ces animaux contre les excès du froid, et, ainsi que l'ont démontré les expériences de Rumford et de Leslie, les vêtements blancs sont, toutes choses égales d'ailleurs, de beaucoup les plus frais en été, les plus chauds en hiver. Chez la marte, le poil devient en hiver plus touffu, plus fin, plus moelleux; et c'est ce qui rend plus précieuses les fourrures d'hiver des animaux des pays froids : chez quelques variétés de chevaux, et notamment chez les chevaux de Norvège, le poil, lisse et court en été, devient long et frisé aux approches de la froide saison, etc. Les mues qui ont lieu lorsque l'animal, au lieu de changer seulement de saison, passe du premier âge à l'âge adulte, sont également remarquables,

et le plus fréquemment en perdant sa première livrée le mammifère revêt une robe plus simple de couleur et plus monochrome : ainsi, les faons de presque toutes les espèces de cerfs, les lionceaux, les jeunes couguars, les jeunes sangliers et les jeunes tapirs, ont le pelage élégamment varié de deux couleurs différentes, tandis que les adultes de leurs espèces sont tous unicolores, etc.

Chez les oiseaux, la mue détermine des changements beaucoup plus notables : il en résulte même d'immenses différences entre les couleurs du plumage de deux individus de même sexe et de même espèce pris à différentes époques de l'année; et ces différences n'ont pas peu contribué à introduire dans les catalogues ornithologiques une multitude d'espèces purement nominales. En général, chez les oiseaux les deux sexes se ressemblent par la couleur de leur plumage dans les premières époques de la vie; et en général aussi la femelle porte dans l'âge adulte le même plumage que dans son jeune âge, la mue chez elle se bornant à remplacer des plumes vieillies par des plumes fraîches, mais du reste semblables. Au contraire, le mâle, dans ses mues successives, tend presque constamment à revêtir un plumage d'une couleur de plus en plus tranchée, et qui le distingue toujours plus nettement de la femelle. Ces changements se remarquent surtout chez les oiseaux des pays intertropicaux, qui brillent entre tous par l'éclat de leur plumage : chez les colibris, les cotingas, les oiseaux dorés, les tangaras, les perroquets, les haras, les souimangas, les veuves, etc. Mais chez quelques espèces aussi les femelles, lorsqu'elles avancent en âge et cessent de pondre, paraissent rentrer dans les mêmes conditions que les mâles. Alors à chaque mue leur plumage change de couleur; et après un certain nombre d'années elles acquièrent les couleurs, les parures, et en général tous les caractères déduits du plumage que l'on regarde comme particuliers aux mâles : c'est ce qui a lieu, par exemple, chez un grand nombre de faisans. Beaucoup d'oiseaux aussi prennent en hiver des plumes blanchâtres, qu'ils échangent au printemps contre des plumes colorées : ce sont surtout dans nos climats les vanneaux, les chevaliers, les barges, les pluviers, les plongeons, les cincles, les maubèches, etc.

Mais c'est surtout chez les animaux sans vertèbres, et plus spécialement chez les animaux articulés, les entomozoaires, que la mue devient un phénomène général et vraiment important. Chez ceux-ci en effet le corps est empêché dans une enveloppe calcaréo-cornée complétement inextensible (enveloppe qui répond à la couche épidermique des ostéozoaires), et qui rend nécessaire une desquamation plus ou moins complète toutes les fois que le corps de l'animal a atteint le plus grand volume que puisse comporter cette enveloppe solide : alors en effet celle-ci se divise, et bientôt elle se trouve remplacée par une enveloppe de même nature, mais qui permet à l'animal qu'elle renferme de prendre un nouvel accroissement : ainsi en est-il jusqu'à ce que l'animal ait atteint son parfait développement, c'est-à-dire l'âge adulte. Ces changements de surpeau, qui sont pour les entomozoaires des périodes de crises douloureuses, sont plus ou moins nombreuses, plus ou moins fréquentes, plus ou moins complètes; mais elles ont lieu sans exception chez tous les animaux articulés.

Les crustacés subissent presque toutes leurs métamorphoses dans l'œuf, c'est-à-dire qu'il n'existe pas réellement pour eux de métamorphoses proprement dites, et qu'ils naissent au monde avec les organes et à peu de chose près les formes qu'ils doivent conserver leur vie durant. Il en résulte que les crustacés sont sujets à un grand nombre de mues, puisqu'il existe de notables différences entre le volume du crustacé au moment où il sort de l'œuf et celui du même animal parvenu à l'âge adulte. La plupart des crustacés ne se débarrassent de leurs enveloppes que par de puissants efforts; un grand nombre même y périt.

Les arachnides aussi sont sujettes à des mues, mais chez celles-ci les phénomènes que la mue présente sont bien moins sensibles. De Geer a décrit la manière dont s'exécute cette opération en termes assez concis pour qu'il nous soit possible de reproduire ici son texte : « J'ai eu occasion un jour de voir une petite araignée occupée à se défaire de sa vieille peau, étant suspendue par le derrière à un fil de soie comme elles le sont toujours alors. J'observai d'abord que la vieille peau était fendue tout le long du milieu du corselet, et que le corps fut d'abord tiré hors de l'ouverture de cette fente; après quoi l'araignée tenait les pattes élevées en haut et étendues en ligne droite, les unes tout près des autres, en paquet, ayant le dos dirigé en dessous ou tourné en bas. Ensuite elle remua peu à peu, et lentement, toutes les pattes de leurs enveloppes, continuant toujours de les tenir en haut et en lignes droites et parallèles les unes auprès des autres, parce qu'alors elles étaient encore trop faibles pour être mises en mouvement. Quelques instants après elle les pliait et les appliquait contre le corps, restant cependant longtemps dans cette dernière posture, et toujours suspendue au fil qui partait de son derrière : enfin elle commença à se donner des mouvements et à marcher. »

La mue est encore très-évidente chez les insectes, mais elle n'a réellement lieu que dans leur premier âge : ce sont surtout les chenilles qui ont été le plus étudiées sous ce rapport. Toutes renouvellent leur surpeau trois ou quatre fois; mais il en est qui muent jusqu'à douze fois avant de se métamorphoser en chrysalide. Un ou deux jours avant cette grande opération, les chenilles se mettent à la diète absolue; bientôt elles perdent l'usage de leurs membres, et ne conservent plus que les mouvements généraux de la partie antérieure de leur corps, qu'elles redressent de temps en temps par secousse. Leur surpeau, desséché et décoloré, ne tarde pas à se fendre vers le point qui répond au troisième anneau, puis la fente gagne la tête en se prolongeant en même temps en arrière jusqu'au quatrième anneau. Par cette fente, la larve fait sortir la partie antérieure de son corps, et il lui devient alors facile, en se contractant et se rallongeant successivement, de se désengainer complétement. La nouvelle surpeau est rarement semblable en tout à la précédente : tantôt elle en diffère par un système de coloration particulier, tantôt par l'absence de poils, etc.

BELFIELD-LEFÈVRE.

MUELNAERE (Félix-Armand, comte de), né en 1794, à Pitthem (Flandre occidentale), d'une famille bourgeoise, remplit de bonne heure les fonctions du ministère public à Bruges. Élu en 1824 membre des états généraux du royaume des Pays-Bas, il ne tarda pas à y figurer au premier rang parmi les orateurs de l'opposition. En 1829 le gouvernement en empêchant sa réélection augmenta encore sa popularité dans les Flandres; et la révolution de septembre 1830 le ramena naturellement aux affaires. Il fut alors élu membre du congrès et nommé bientôt après gouverneur de la Flandre occidentale. Partisan de la monarchie constitutionnelle et de l'exclusion de la maison d'Orange, il vota pour le duc de Nemours, puis au refus de ce prince, en faveur du prince Léopold de Saxe-Cobourg. Nommé le 24 juillet 1831 ministre des affaires étrangères, il signa en cette qualité le traité des vingt-quatre articles. Dès le 12 novembre 1831 il avait offert sa démission; il consentit cependant à diriger encore les affaires jusqu'au 17 décembre 1832, époque où il remit son portefeuille au général Goblet, pour la reprendre encore le 4 août 1834, lors de la dissolution du cabinet Lebeau. Mais la nomination des banquiers Meus et Goghen aux fonctions de ministres sans portefeuille excita contre lui une opposition tellement vive, qu'il fut obligé, en décembre suivant, de donner sa démission. Il reçut comme dédommagement le titre de comte, et fut nommé encore une fois gouverneur de la Flandre occidentale.

En avril 1841 M. de Muelnaere reprit, pour la troisième fois, la direction des affaires étrangères, et la conserva jusqu'en avril 1843, époque où il dut résigner son porte feuille, par suite de la dissolution du cabinet. Depuis la dissolution du congrès en 1831 jusqu'en 1848, époque où fut rendue la loi qui déclare incompatibles avec le mandat de député toutes fonctions publiques, il fit partie de la chambre des députés : il n'y rentra en 1850 qu'après avoir renoncé à la place de gouverneur de la Flandre. Dans cette assemblée il appartient au parti dit catholique.

MUETS. *Voyez* Sourds-Muets.

MUETS DU SÉRAIL. La civilisation a fait disparaître en Europe les nains, les fous du roi; l'Orient, à son tour, voit disparaître ces redoutables *muets du sérail*, dont la présence annonçait si souvent l'arrêt de mort prononcé par le maître : le bourreau vulgaire remplace maintenant chez les Turcs ces messagers de mort. Les muets servaient, dans l'intérieur du sérail, à l'amusement du sultan ; s'ils étaient appelés *muets*, ce n'est point qu'ils ne se parlaient que par signes et attouchements sur certaines parties du corps représentant les diverses lettres alphabétiques; ils formaient ainsi leurs mots comme nos sourds-muets forment les leurs depuis que leur éducation a été si laborieusement réglée par les abbés de l'Épée et Sicard. Les muets du sérail, nous l'avons dit, étaient souvent les exécuteurs des arrêts de mort prononcés par le bon plaisir du sultan : ils se présentaient un firman impérial à la main ; puis quand le patient avait lu et baisé respectueusement ce firman, ils lui passaient autour du cou le fort cordon de soie dont ils étaient aussi porteurs, et le serrant chacun par un bout, ils l'étranglaient : Sélim III a été une des dernières victimes des muets du sérail.

MUETTE, nom qui a été primitivement donné à une petite maison bâtie, soit pour y garder les *mues* de cerfs, soit pour y réunir les oiseaux de fauconnerie au temps de la *mue*, soit pour s'y ménager des *tête-à-tête* de galanterie, pendant lesquels les roués de la régence voulurent que tout fût *muet* aux alentours. Plus tard, cette dénomination a été appliquée à des pavillons, à des édifices même considérables, servant aux princes et aux grands de rendez-vous de chasse : on disait ainsi : la *Muette* du bois de Boulogne, la *Muette* de la forêt de Saint-Germain-en-Laye.

Ferdinand BERTHIER.

Le château de *La Muette*, ou plutôt de *La Meute*, à Passy, était anciennement une maison de chasse du roi à l'entrée du bois de Boulogne. Ce petit château fut ainsi nommé parce qu'on y renfermait les chiens de chasse. Le nom de *La Muette*, désignant un lieu secret, fermé de bois de tous côtés, est moins significatif, et n'est qu'une altération du premier. Ce château existait du temps de Charles IX, qui y rendit un édit daté de sa maison de Passy-lès-Paris. Il fut rebâti au commencement du règne de Louis XV ; et la fameuse duchesse de Berry, fille du duc d'Orléans, régent, y mourut, en 1719, des suites de ses impudicités. Ce fut au château de La Muette qu'eut lieu, le 21 novembre 1783, la seconde expérience aérostatique. Pilastre du Rozier et le marquis d'Arlandes s'abandonnèrent dans les airs à ballon perdu, et descendirent, au bout de vingt-cinq minutes, au delà du boulevard, derrière le Jardin des Plantes! D'Arlandes fut ramené en triomphe à La Muette, où le premier dauphin, fils de Louis XVI, et la duchesse de Polignac, sa gouvernante, lui firent servir à dîner. Ce château renfermait un cabinet d'instruments de physique et d'astronomie, qui fut réuni à l'Observatoire de Paris, en 1790. C'est à La Muette qu'Audinot, chassé de la salle de l'Ambigu, obtint la permission d'établir, en 1785, ses petits comédiens du bois de Boulogne, qui, jouant dans l'enceinte d'une maison royale avaient le droit de représenter des comédies des Théâtre-Français et des opéras-comiques. Ils ne jouaient que deux fois la semaine, nous pompeuses fêtes et dimanches. Ce spectacle ne se soutint que deux ou trois ans. Acquéreur de La Muette, Sébastien Érard, facteur de pianos, y avait réuni une très-belle collection de tableaux originaux des plus

grands maîtres, qui a été vendue en 1832, après sa mort.
H. AUDIFFRET.

MUFTI, mot arabe, signifiant *commentateur* ou *interprète de la loi*, c'est-à-dire du Coran. Le grand-mufti, appelé aussi chez les Turcs *chéikh-ul-Islam*, c'est-à-dire chef des élus, est chargé en Turquie de la direction supérieure de la religion et des lois. Dans l'ordre des rangs il vient immédiatement après le grand-vizir, et reçoit même du sultan des démonstrations honorifiques qui ne s'accordent pas à celui-ci. Son élection dépend uniquement du bon plaisir du grand-seigneur, qui peut le déposer quand bon lui semble. Mais tant qu'il est en fonctions, il ne saurait être frappé d'une condamnation capitale; et quand il est déposé, la confiscation ne peut atteindre ses biens. On le consulte dans toutes les matières judiciaires de même que dans toutes les affaires politiques de quelque importance; et il rend des décisions, appelées *fetvas*, rédigées avec une concision extrême et sans être précédées d'aucun considérant.

MUGE ou **MULET**, genre de poissons acanthoptérygiens, ainsi caractérisé : Corps presque cylindrique, couvert de grandes écailles; deux dorsales séparées, dont la première n'a que quatre rayons épineux ; ventrales attachées un peu en arrière des pectorales; six rayons aux ouïes; tête un peu déprimée, couverte aussi de grandes écailles ou de plaques polygonales; museau très-court, bouche transversale, formant un angle au moyen d'une proéminence du milieu de la mâchoire inférieure qui répond à un enfoncement de la supérieure ; dents infiniment déliées, souvent même presque imperceptibles. On trouve des muges dans toutes les mers. Leur chair est tendre, grasse, et d'un goût agréable. L'une des plus grandes espèces est le *muge à large tête* (*mugil cephalus*, Cuvier et Valenciennes), vulgairement *cabot* sur quelques côtes de France; elle atteint près de 70 centimètres de longueur, et pèse jusqu'à 8 et 9 kilogrammes.

MUGISSEMENT. *Voyez* BOEUF.

MUGUET (*Botanique*), genre de plantes de la famille des asparaginées, dont les espèces diffèrent tellement par le port, par la forme et la disposition de leurs fleurs, qu'on ne peut guère leur reconnaître pour caractères constants que les suivants : six étamines ; ovaire globuleux, surmonté d'un style que termine un stigmate obtus, triangulaire, ou à trois lobes plus apparents ; baie capsulaire, à trois loges, contenant chacune une semence.

Le *muguet de mai* (*convallaria maialis*, L.), qui se cultive fréquemment dans les jardins, n'est pas rare dans les bois, les vallées et autres lieux ombrageux et humides, et fleurit en mai et en juin. Sa racine et ses fleurs passent pour être émétiques et purgatives. Sa racine est menue, fibreuse et rampante; ses tiges sont grêles, carrées, noueuses, hautes de 10 à 20 centimètres. Ses feuilles naissent autour de chaque nœud ; elles sont d'un beau vert, elliptiques, pointues, entières, glabres, souvent plus longues que la hampe. Ses fleurs, qui viennent au sommet de la hampe, sont blanches et très-odorantes, d'une seule pièce, en cloche, ouvertes, disposées, au nombre de six à douze, en grappe unilatérale.

Le *muguet anguleux* (*convallaria polygonatum*, L.) est aussi nommé *sceau de Salomon*, à cause des linéaments en forme de sceau que présentent les veines de son rhizome, lorsqu'on le coupe un peu obliquement. Ce rhizome, blanchâtre, charnu, de la grosseur du doigt, est divisé en un grand nombre de nœuds ; de là vient sans doute la qualification de *polygonatum* (à plusieurs genoux). Il s'en élève des tiges simples, anguleuses, chargées de feuilles ovales, à demi amplexicaules, toutes tournées du même côté, et portant chacune dans leur aisselle une ou plusieurs fleurs blanchâtres, pendantes, tubulées, auxquelles succèdent de petites baies globuleuses, d'un bleu foncé.

Le genre *muguet* renferme plusieurs autres espèces. Toutes sont propres aux contrées septentrionales des deux continents.

MUGUET (*Médecine*), affection aiguë, qui frappe plus spécialement les enfants du premier âge, surtout lorsqu'ils sont nourris avec de la bouillie ou des aliments grossiers ; on appelle aussi cette affection *blanchet*. Le manque de soin, de propreté, l'habitation de lieux malsains, une constitution faible et délicate prédisposent à cette maladie. Le muguet commence par un gonflement ou une rougeur de l'extrémité et du bord de la langue, un développement et une inflammation des papilles ; la succion devient douloureuse, impossible pour l'enfant à la mamelle ; au bout de deux ou trois jours apparaissent sur la partie extérieure de la lèvre inférieure de petits points, bientôt d'un blanc mat et transparent, qui se réunissent et forment de petites plaques auxquelles, on ne sait pourquoi, on a prétendu trouver quelques ressemblances avec la fleur du muguet. Cette éruption gagne le gosier, le pharynx, l'œsophage, le tube digestif, et l'enfant, tourmenté par une soif ardente, dépérit et s'éteint dans une prostration complète. Le muguet n'est point contagieux, mais il est quelquefois épidémique. Une bonne nourrice est souvent le seul, le meilleur remède contre cette affection, qui offre peu de chance de guérison quand elle envahit les organes internes.

MUHLBERG, ville riveraine de l'Elbe, dans l'arrondissement de Mersebourg (Saxe prussienne), faisait autrefois partie du cercle électoral du royaume de Saxe, et compte 3,200 habitants.

Elle est célèbre dans l'histoire par la bataille qui se livra sous ses murs, le 24 avril 1547, entre l'électeur Jean-Frédéric de Saxe et l'empereur Charles-Quint. Cette bataille eut les résultats politiques les plus importants pour la Saxe ; et la cause du protestantisme ainsi que l'Allemagne tout entière en eussent également profité si le nouvel électeur de Saxe, Maurice de Saxe, ne s'était point déclaré à ce moment-là contre l'empereur (*voyez* SCHMALKADE [Ligue de]). Par suite d'une suspension d'armes, conclue mal à propos par l'électeur Jean-Frédéric avec le duc Maurice, qui était son ennemi, l'empereur eut le temps d'arriver sur le théâtre de la guerre avec le gros de son armée. Surpris par l'arrivée des troupes impériales, l'électeur n'eut d'autre parti à prendre que d'évacuer la contrée voisine de Mugeln et de Meissen, où il se trouvait à la tête de 13,000 hommes, de passer en toute hâte l'Elbe à Meissen et de se diriger sur Wittemberg, où il espérait pouvoir défier l'empereur. Il avait eu soin de faire incendier le pont de Meissen, et le même ordre fut donné à l'égard du pont de bateaux de Muhlberg ; mais il ne fut que partiellement exécuté. L'empereur, à son arrivée sur les lieux, fit promptement rétablir ce pont. Un paysan indiqua en outre un gué où la cavalerie pouvait aisément passer le fleuve, et l'empereur put de la sorte rejoindre l'électeur sous les murs de Muhlberg. La bataille ne dura pas longtemps. L'électeur prit la fuite, et fut fait prisonnier à Lochau (aujourd'hui Annaburg), par suite de sa négligence.

MULÂTRE. L'Académie définit le mulâtre un individu né d'un nègre et d'une blanche, ou d'un blanc et d'une négresse. En parlant d'une femme mulâtre, on dit dans nos colonies une *mulâtresse*. En espagnol on dit *mulato* et *mulata*. Tout cela a une évidente analogie avec le mot *mulet*. Les Espagnols appliquent le mot *métis* au fruit de l'union d'un blanc avec une Indienne. Mais les croisements des métis de différents degrés entre eux ou avec soit des Indiens, soit des blancs, ont donné lieu à une multitude de dénominations, qui se rapportent à des degrés correspondants de l'échelle des croisements. Nous ne considérerons ici que les *mulâtres* de nos colonies d'Amérique. Là les dénominations sont beaucoup plus simples ; on n'entend pas parler de *zambi* ou *lobos*, de *morisques*, de *quatralvi* ou *castisse*, de *zambaigi*, de *tresalve*, d'*octavon*, de *saltatras*, de *coxote*, de *cambusos*, de *giveros*, de *puchuelos*, d'*albarassados*, de *barzinos*. Là le *mulâtre* proprement dit est le fruit de la conjonction d'un homme blanc avec une femme noire, ou d'un nègre avec une blanche. C'est le sens rigoureux du mot.

Quant aux individus nés de croisements, ils portent tous le nom d'*hommes de couleur*. C'est une désignation collective et générique des métis issus au premier degré, ou à un degré quelconque, de la race blanche et de la race noire ou africaine.

La filiation des hommes dits de *couleur* a deux points de départ, et s'étend en deux séries, à partir des types primitifs *blanc* et *noir* : l'une de ces séries est ascendante et l'autre descendante. *Série descendante*. De la conjonction d'une femme noire avec un homme blanc il naît un *mulâtre* ; de la conjonction d'un mulâtre ou d'une mulâtresse avec une noire ou un noir il naît un *capre* ; et au troisième degré, dans l'un comme dans l'autre cas, le fruit est un *griffe*. Je ne sache pas qu'il y ait jamais eu aucun autre degré de prétendue dégénérescence autrement qualifié que par la commune appellation de *nègre*. Dans la série ascendante, on connaît au premier degré le *mestif*, issu d'un blanc et d'une mulâtresse, ou d'un mulâtre et d'une blanche ; au deuxième degré, c'est le *quarteron*, et au troisième degré le *mamelouk*. Quant aux degrés supérieurs à ceux-ci, ils ne sont plus caractérisés que par l'appellation vaguement stigmatisante de *sang-mêlé*.

Sang-mêlé ! Que cette odieuse, anti-naturelle, anti-humaine et fatale épithète nous rappelle de procès, de larmes, d'humiliations, de duels et de catastrophes ! L'homme le plus probe, le plus brave, le plus spirituel, le plus généreux et le plus aimable, le plus riche même, cet homme était-il accusé d'être un *sang-mêlé*, il ne lui restait plus qu'à venger l'atrocité à jamais déshonorante de cette accusation dans le sang d'un ennemi, ou à mourir de honte, accablé sous le poids de l'infamie : il était désormais perdu dans l'opinion, flétri, repoussé dans le camp des parias. Mais peut-être son cruel bourreau lui refusera-t-il de croiser le fer ; car c'est une satisfaction que messieurs les hauts barons de *pur sang* peuvent sans déshonneur et doivent même dénier à tout individu marqué du fatal stigmate. Quel recours humain restera-t-il donc à celui-ci ? Le suicide ou l'assassinat, la fuite au loin, l'abandon de la propriété, du sol natal ; le renoncement à tous les objets de la vie chère et de la plus légitime affection.

Le croisement des races humaines, *blanche* et *noire*, a eu pour résultat évident une amélioration physique, assez semblable à celle qu'on observe dans le croisement des races d'animaux qui en sont susceptibles. Le mulâtre est en général plus fortement constitué, plus musculeux, résiste plus longtemps aux exercices violents de la guerre et de la gymnastique ; il est plus apte à l'équitation, à l'escrime et à la danse, qu'aucun des individus des deux souches où il a puisé la vie. Les mulâtres, les mestifs, les mamelouks des deux sexes, montrent aussi les plus heureuses dispositions pour tous les autres arts d'agrément : leur oreille est très-musicale ; leurs membres sont plus souples que ceux de la race blanche ou noire ; il y a surtout chez les femmes de couleur cette *disinvoltura* qui, bien loin de témoigner de la faiblesse, dénote au contraire l'empire que la force leur donne sur tous mouvements musculaires. Rien de plus gracieux, de plus voluptueux et de mieux équilibré que la danse de ces femmes. L'individu mâle dans cette race est fier et sensible, mais d'une irascibilité extrême. On lui reproche d'être lascif et, avec plus de raison peut-être, de se livrer à son penchant irrésistible pour les jeux de hasard. De son intrépide bravoure les preuves ont été trop multipliées, et sont aujourd'hui trop vulgairement connues pour qu'il soit nécessaire de s'y arrêter. Doué d'une organisation aussi impressionnable, il est facile de pressentir quel impétueux torrent a dû se déborder à l'époque d'une révolution qui semblait appelée à leur rendre leurs droits naturels en régénérant toute la société, lorsque les espérances des gens de couleur se sont trouvées frustrées. Ce n'est pas ici le lieu de parler de leur rage, des efforts inutiles mais remarquables qu'ils firent, de leurs tentatives désespérées, des excès enfin auxquels la passion de l'indépendance les entraîna. Le préjugé européen, continuellement réchauffé et nourri par des déclamations intéressées et mensongères, signale les femmes de couleur comme libertines en général et toujours prêtes à se prostituer : c'est calomnier en masse et non juger. Ardentes et passionnées, dans cette classe les amours n'ont assurément rien de platonique, mais nulles femmes peut-être au monde ne sont susceptibles d'un attachement plus désintéressé, plus profond, plus fidèle plus vrai ; le dévouement de ces femmes au père de leurs enfants ne saurait être surpassé que par leur exquise et brûlante tendresse maternelle : c'est une assertion que repousseront sans doute nos Lucrèces des salons parisiens, mais dont il nous serait facile d'apporter des preuves irréfragables.   PELOUZE père.

MULDE (La), après l'Elbe le principal cours d'eau de la Saxe, commence aux environs de Colditz, où elle provient de la jonction de la *Mulde de Zwickau* ou occidentale, qui prend sa source près de Schœneck, dans le Voigtland saxon, passe à Zwickau et reçoit la Chemnitz, et de la *Mulde de Freiberg*, ou orientale, qui prend sa source près de Graupen, en Bohême, passe à Freiberg, et reçoit la Zschopau. Après sa jonction, elle baigne en Saxe les villes de Grimma et de Wurzen. Elle sert surtout au flottage des bois. La pêche du saumon, qui abondait autrefois près de Wurzen, a complétement cessé aujourd'hui. Après avoir quitté le royaume de Saxe, la Mulde traverse une partie de la Saxe prussienne, et va se jeter dans l'Elbe près de Dessau.

MULE. C'est le nom du produit femelle du cheval et de l'ânesse, ou de l'âne et de la jument (*voyez* MULET).

On donnait autrefois le nom de *mule* à des pantoufles d'homme et à une chaussure de femme qui n'avait pas de quartier. Il n'est plus usité que lorsqu'il s'agit de la pantoufle du pape, sur laquelle il y a une croix. C'est dans ce sens qu'on dit baiser la *mule du pape* (*voyez* BAISEMENT DE PIEDS.)

Les *mules* sont encore des engelures qui viennent au talon dans les grands froids. En termes d'art vétérinaire, on appelle *mules traversières* ou *traversines* des fentes ou crevasses qui se montrent sur le derrière du boulet du cheval.

MULET. Le cheval et l'âne, comme on le sait, susceptibles de s'accoupler ensemble, et produisent ainsi le *mulet*, qui participe aux qualités des espèces auxquelles il doit son origine, et que nous employons aux mêmes usages. On désigne plus particulièrement sous le nom de *mulet* proprement dit l'animal qui est produit par l'accouplement de l'âne et de la jument, tandis que la dénomination de *bardeau* est appliquée à celui qui provient du cheval et de l'ânesse.

Le *mulet* proprement dit (*mulus* des anciens) est de la taille du cheval, et en général plus grand dans les contrées méridionales que dans les septentrionales. Il a la tête plus courte et plus grosse que le cheval, les oreilles plus longues, la queue presque nue, et les jambes sèches comme celles de l'âne, les sabots beaucoup plus étroits et plus petits que ceux du cheval. Par ces caractères il a beaucoup de rapports avec l'âne qui en est le père, mais par sa taille il se rapproche de la jument qui l'a porté.

Le *bardeau* (*hinnus* des anciens), de la taille de l'âne, et souvent même moins grand, a la tête plus longue et plus mince à proportion, les oreilles un peu plus courtes, les jambes plus fournies, la queue garnie à peu près comme celle du cheval. Il est toujours plus petit que le mulet, et à l'encolure plus mince. Ainsi, il a des rapports de forme avec le père, ou le cheval, et sa stature se rapproche de celle de la mère, ou de l'ânesse.

C'est à tort que l'on a prétendu que les mulets étaient absolument inféconds. Ils ont les organes de la génération, tant internes qu'externes ; l'on a des exemples bien authentiques qui prouvent que la mule peut produire, et que le mulet peut remplir les fonctions de son sexe. Cependant ils sont toujours inféconds dans les climats froids, ne produisent que rarement dans les climats chauds, et plus rarement encore dans les climats tempérés.

Le *bardeau* est d'assez peu d'usage; mais le *mulet*, au contraire, est fort estimé. Presque aussi fort que le *cheval*, il est aussi vigoureux et aussi adroit que l'*âne*; il bronche rarement, et est employé avec beaucoup d'avantage dans les pays montueux. En Espagne, en Italie, et en général dans presque tous les pays méridionaux de l'Europe, on s'en sert comme bête de somme, et il remplit très-bien le service des routes.

En France, autrefois, les magistrats et les médecins allaient sur des mules; et l'on voyait au Palais de Justice des bornes de pierre servant aux juges à monter et à descendre. Plus tard, il fut du bon ton d'avoir un carrosse tiré par des mules empanachées, comme encore de nos jours en Espagne.

DÉMÉZIL.

Mulet se dit en général de tout animal provenant de deux animaux de différentes espèces, et qui n'engendre point. Il se dit par extension, en botanique, de toute plante qui est le produit d'une semence fécondée par le pollen ou la poussière d'une plante d'une autre espèce (*voyez* HYBRIDES).

On dit, au figuré: Être chargé comme un *mulet*, pour exprimer le fardeau d'un travail trop considérable; Être têtu comme un *mulet*, pour être fort opiniâtre.

Mulet est aussi le nom vulgaire des poissons du genre *muge*.

MULETIER. C'est l'homme qui panse les mulets, les charge, les conduit. En Espagne, c'est une race à part, brave, nerveuse, galante, probe, et amie de la liberté. Rien de plus pittoresque que cette longue file de mulets conduits par un seul homme, attachés un à un, et serpentant avec lenteur autour des Pyrénées ou des Asturies, le dernier mulet portant un lourd bourdon dont les échos répètent le son monotone, tandis que le muletier, légèrement penché sur la croupe du premier, redit, en râclant sa guitare, une chanson nationale qui remonte à l'invasion des Maures. Si l'on excepte quelques rares diligences, ces hommes infatigables exercent le privilége des transports dans cette vieille Espagne, si accidentée, si peuplée de brigands. Ils jouissent dans nos villes françaises d'une confiance illimitée. Les négociants leur livrent des valeurs considérables sans en retirer un reçu. Souvent la guerre a interrompu ces relations amicales; mais dès que la paix est revenue, on a vu accourir les muletiers débiteurs, apportant en toute hâte le montant de leur dette.

MULETTE, genre de mollusques conchylifères dimyaires, très-voisin des moules, mais ne renfermant que des espèces fluviatiles, ce qui leur a fait donner le nom de *moules d'eau douce.* Lamarck limite le genre *mulette* en n'y admettant que les espèces dont la charnière a deux dents sur chaque valve. Telles sont: la *mulette des peintres* (*unio pictorum,* Lamk.), vulgairement *coquille des peintres*, espèce oblongue et mince, dont la nacre est argentée et brillante, et qui se trouve dans toutes les rivières de France; la *mulette du Rhin* (*unio sinuata,* Lamk.), dont la coquille, grande, épaisse, pesante, offre une nacre assez belle pour que ses concrétions puissent être employées à la fabrication des perles, etc.

MULEY-ABD-ER-RHAMÂN, sultan aujourd'hui régnant de Fez et de Maroc, est né en 1778. Il eût dû monter sur le trône à la mort de son père, arrivée en 1794; mais, trop jeune alors, il ne put empêcher son oncle Muley-Souleiman de s'emparer de la dignité de sultan. Toutefois, celui-ci fut assez consciencieux pour ordonner par l'acte de ses dernières volontés qu'il aurait pour successeur le neveu qu'il avait écarté du trône. C'est de 1823 que date le règne de Muley-Abd-er-Rhamân. Pendant les quatre années qui suivirent son avénement il eut à lutter contre des tribus rebelles; mais il les réduisit à l'obéissance, et dès lors son règne fut tranquille. A l'époque de leur plus profonde humiliation, les puissances maritimes s'étaient vues contraintes de payer tribut au Maroc et à divers autres États barbaresques, afin d'être à l'abri de toute espèce d'attaque et de molestation de leur part. C'est ainsi que la république de Venise payait un tribut annuel d'environ 80,000 fr. L'empereur d'Autriche François II s'étant refusé à acquitter plus longtemps ce honteux tribut, un navire de commerce du port de Venise, arrivé à Rabath en 1828, fut pillé par les Marocains et son équipage chargé de chaînes. Une escadre autrichienne aux ordres de l'amiral Bandiera parut alors sur les côtes de Maroc, mais sans pouvoir obtenir aucune réparation pour cette avanie. Le sultan consentit toutefois à conclure un traité de paix, à restituer le navire confisqué et à renoncer pour l'avenir au tribut. Un différend de la nature la plus grave avec l'Espagne, dont le sultan avait fait décapiter, en 1844, l'agent consulaire, appelé Darimon, fut terminé par la médiation de l'Angleterre. Les guerres religieuses soutenues en Algérie contre les Français par Abd-el-Kader devaient être pour le sultan de Maroc l'origine de périls autrement sérieux. Les menaces de guerre faites par l'Espagne avaient surexcité au plus haut degré le fanatisme des populations; et Abd-el-Kader eut l'art d'exploiter cette disposition des esprits pour y trouver une arme de plus contre la France. Le sultan se vit forcé d'attaquer les Français; mais en dépit de la valeur déployée par ses troupes, le désastre qu'elles essuyèrent à Isly (13 août 1844) mit fin à la guerre sur terre, tandis qu'une escadre française, aux ordres du prince de Joinville, répandait la terreur tout le long des côtes. On reconnut alors l'impossibilité de résister plus longtemps à la supériorité des forces françaises; et cette fois encore la médiation de l'Angleterre amena la conclusion d'un traité de paix, qui ne modifia point d'une manière essentielle les délimitations des deux États, mais par lequel le sultan prit l'engagement de n'entretenir qu'un petit nombre de troupes sur la frontière de l'Algérie, et à interner l'émir Abd-el-Kader. Cette leçon ne le rendit guère plus sage, car il fallut encore bombarder Salé en 1852. Les Espagnols n'ont cessé non plus d'être en guerre avec les Marocains aux environs de Mililla, et pendant la récente guerre d'Orient plusieurs navires européens ont été pillés par des pirates des côtes du Maroc. Le sultan Muley Abd-er-Rhamân est un zélé musulman, mais sans partager le sombre fanatisme de son peuple; et trop souvent sa sévérité dégénère en cruauté. Le plus âgé de ses nombreux fils et l'héritier présomptif du trône, né en 1803, s'appelle Sidi-Mohammed.

MULEY-ISMAEL, forêt de l'Algérie, située à environ 40 kilomètres d'Oran, sur des collines peu élevées et d'un accès facile. La forêt de Muley-Ismael comprend les broussailles qui s'étendent sur les collines séparant la plaine de Tlélat de celle du Sig, depuis les montagnes qui forment l'extrémité sud de ces plaines jusque près de l'embouchure de la Macta. Ces broussailles couvrent une étendue de terrain d'environ 40 kilomètres de long sur une largeur moyenne d'environ 4 kilomètres, ce qui donnerait une surface d'environ 16,000 hectares; mais toute cette étendue n'est pas également couverte de bois; il existe à l'intérieur de nombreuses clairières. Le terrain, très-accidenté, est entrecoupé par de nombreux ravins, mais peu profonds. On y trouve le lentisque, le thuya articulé, l'olivier sauvage, un arbre qui ressemble à l'orme et que les Arabes appellent ktem, l'azérolier, etc. Malheureusement ces bois ont beaucoup souffert, soit par les bestiaux, soit par les incendies, soit par l'incurie des Arabes, qui les coupent et les ébranlent.

Au mois de juin 1835, cette forêt fut témoin d'une action sanglante et désastreuse, suivie de la fatale journée de la Macta, qui changea notre politique vis à vis d'Abdel-Kader. Les Douairs et les Smélas, qui s'étaient placés sous notre protection, étaient attaqués par l'aga de l'émir, El-Mezary. Le général Trézel, pour tenir sa parole, avait dû se porter au milieu d'eux et faire cesser les sanglantes exécutions d'El-Mezary, qui se retira en entraînant quelques familles avec lui. Quelques jours après, le général sortit d'Oran avec l'intention de faire un mouvement plus décisif. Il était à la tête d'une petite division de 2,500 hommes, composée d'un bataillon du 66e de ligne, d'un bataillon du 1er de ligne, du 2e régiment de chasseurs d'Afrique, d'un bataillon et demi de la légion étrangère, et d'une batterie de campagne. Le général s'établit au camp du Figuier; là il écrivit à l'émir qu'il eût à renoncer à tout droit de suzeraineté sur nos alliés. Abd-el-Kader répondit que sa religion ne lui permettait pas de laisser des musulmans sous la domination française, et qu'il poursuivrait les tribus rebelles partout où elles se réfugieraient. Après quelque hésitation, le général Trézel se décida à prendre l'offensive. Le 26 juin nos troupes sortirent de leurs retranchements, à quatre heures du matin, et s'engagèrent dans l'épais taillis de Muley-Ismael. L'avant-garde, commandée par le colonel Oudinot, ne se composait que de deux escadrons de chasseurs et trois compagnies de la légion étrangère. Assaillie tout à coup par la nombreuse cavalerie d'Abd-el-Kader, elle se trouva en un instant enveloppée de toutes parts. Le colonel Oudinot essaya plusieurs fois de rallier ses troupes ébranlées, mais il tomba mortellement frappé d'une balle. Chasseurs et fantassins se replient alors en désordre sur le gros de la colonne, et malheureusement le 66ᵉ, qui formait le centre était lui-même attaqué en ce moment. La panique s'empare de lui, et il plie à son tour. C'en était fait de la division sans une inspiration du général, qui dirige l'arrière-garde vers la tête de colonne, en bon ordre et au pas de charge. L'énergie de ce mouvement culbute les Arabes et arrête les fuyards. Nos compagnies se reforment; mais l'ordre de marche a été rompu, et à midi le général fait faire une halte hors du bois, dans la vallée du Sig. La honte de la défaite avait irrité les soldats; oubliant toute discipline, ils se précipitent sur les fourgons de vivres, qu'ils mettent au pillage. Pour arrêter ces excès, le général fait reprendre la marche. L'ennemi se tenait derrière les retranchements. Le général dut se décider à la retraite. Par malheur, au lieu de suivre la route qui conduit directement à Arzew, le général aima mieux déboucher dans le golfe par les gorges de la Macta. Les Arabes profitèrent de cette faute, et à peine les troupes étaient-elles engagées qu'elles eurent un feu terrible à essuyer. L. LOUVET.

MULGRAVE (CONSTANTIN-JOHN PHIPPS, lord), navigateur anglais, fils d'un pair d'Irlande, naquit en 1744. Entré de bonne heure dans la marine, il était déjà capitaine de frégate en 1765, et acquit la réputation d'un bon marin. En 1768 il quitta le service, et entra à la chambre basse, où il défendit avec talent et conscience les droits du peuple. En 1773 la Société royale des Sciences ayant de nouveau agité la question de la possibilité de trouver un passage vers le grand Océan à travers la mer polaire du Nord, que les Anglais avaient inutilement cherché de 1527 à 1614, Mulgrave s'offrit pour tenter de nouveau l'épreuve. Le 10 juin 1774 il mit à la voile de la rade de Nore avec deux vaisseaux, et dès le 27 du même mois il se trouvait sous le 27ᵉ parallèle, à l'extrémité septentrionale du Spitzberg, sans avoir encore aperçu de glace. Le 29, on signala la terre. Le 5 juillet, par 79° 34' de latitude, il rencontra d'énormes masses de glace, à travers lesquelles il chercha inutilement, dans toutes les directions, à se frayer un passage. Le 30 du même mois, il se trouva complétement enfermé dans les glaces, et sa situation devint des plus critiques. Le 1ᵉʳ août ses deux bâtiments se trouvèrent tellement entourés de glaçons s'amoncelant les uns sur les autres, qu'il n'y eut plus possibilité pour eux de se mouvoir. Mulgrave fit alors fendre à coups de hache la glace, souvent épaisse de quatre à cinq mètres, mais sans pouvoir réussir à passer. Déjà il se disposait à transporter ses canots sur les glaces jusqu'à la mer libre, quand il s'éleva un vent favorable qui mit les glaces en mouvement. Il fit alors mettre toutes les voiles dehors, et le 10 août il avait complétement quitté la région des glaces. Il jeta l'ancre près du Spitzberg, d'où, le 26 août, il repartit pour l'Angleterre; et le 25 septembre suivant il était de retour dans la rade de Nore. Son expédition avait servi à démontrer l'impossibilité de naviguer dans la mer polaire. Il reprit alors ses travaux politiques, entra de nouveau en 1775, au parlement, et fut nommé en 1777 l'un des commissaires de l'amirauté. Cette charge ne l'empêcha pas de servir activement dans son grade pendant la guerre de l'Angleterre contre ses colonies; il obtint le commandement d'un vaisseau de ligne, et le conserva jusqu'à la paix. Il fut alors nommé membre du conseil privé, et élevé en 1784 à la dignité de pair d'Angleterre. En 1791 le délabrement de sa santé le força à donner sa démission de ses divers emplois, et il alla voyager sur le continent. Il mourut à Liége, le 10 octobre 1792.

Mulgrave contribua beaucoup à perfectionner la construction des navires, et fut l'un des membres les plus actifs de la société archéologique de Londres. Il a publié les détails de son expédition sous le titre de *Journal of a Voyage towards the North pole* (Londres, 1774).

MULGRAVE (HENRI-PHILIPPE PHIPPS, lord), frère du précédent, né en 1755, se consacra, comme lui, de bonne heure, à la marine, fit les campagnes de la guerre contre les colonies d'Amérique, et à la paix entra à la chambre basse, où il soutint énergiquement la politique du gouvernement. En 1792 il fut créé baron et membre de la chambre des lords. Peu de temps après, il entra au ministère, comme ami intime de Pitt. La mort de Pitt lui ayant fait perdre sa position, il passa dans les rangs de l'opposition. A la mort de Fox, il rentra au ministère avec le titre de premier lord de l'amirauté, et à partir de 1807 il s'y montra toujours l'adversaire opiniâtre de l'émancipation des catholiques. Ce fut lui qui, en 1809, organisa et dirigea en personne l'expédition contre l'île de Walcheren, à cette occasion il fut l'objet des plus vives attaques de la part de l'opposition. En 1812 il échangea ses fonctions de premier lord de l'amirauté contre celles de grand-maître de l'artillerie, et fut en même temps créé comte de *Normanby* et vicomte *Mulgrave*. Quoique plus tard il eût cédé sa charge de grand-maître de l'artillerie au duc de Wellington, il n'en demeura pas moins membre du cabinet. Il mourut en 1831, laissant un fils unique, le comte de Mulgrave, aujourd'hui marquis de *Normanby*, qui fut longtemps ambassadeur à Paris.

MULHOUSE (en allemand *Mülhausen*), le chef-lieu d'un canton du département du Haut-Rhin, ville fort agréablement située, au milieu d'une campagne fertile, dans une île formée par la rivière d'Ill, sur le canal du Rhône au Rhin, à 30 kilomètres de Colmar. Sa population est de 29,574 habitants. Elle possède un tribunal, une bourse et une chambre de commerce, un conseil de prud'hommes, un comptoir d'escompte, un entrepôt réel de marchandises, un bureau de douanes, un collège, une société industrielle dont les travaux sont consignés dans un bulletin paraissant à des époques indéterminées, qui distribue annuellement environ 30,000 francs de prix pour découvertes ou perfectionnements utiles aux arts et aux manufactures, et qui possède une collection des produits de tous les pays manufacturiers. C'est une station du chemin de fer de Strasbourg à Bâle et de Thann à Mulhouse. Une ligne de railways doit l'unir directement à Paris par Noisy-le-Sec, Troyes, Chaumont-sur-Marne, Langres et Vesoul.

Mulhouse est une des villes de France où l'industrie est la plus avancée et la plus active. Ses manufactures livrent au commerce des mousselines, des percales, des siamoises et autres tissus de coton, des tissus de lin, des draps fins, de la bonneterie, mais surtout une immense quantité de toiles de laine, et de soieries peintes, que l'excellence du teint, la délicatesse, l'élégance et la beauté du dessin font rechercher sur les marchés du monde entier. La modicité du prix leur permet en outre de soutenir avec succès la concurrence avec tous les produits étrangers du même genre. On confectionne aussi à Mulhouse des étoffes de soie et des peluches tissées à bras, des brosses, des maroquins, des savons, des produits chimiques, de l'amidon, des article de bimbeloterie; il y existe des blanchisseries, des teintureries, des tanneries, des brasseries et des fabriques de mécaniques et de machines à filer et à tisser. Les produits de la fabrication constituent un commerce immense. On exploite aux environs de bonnes pierres lithographiques.

La vieille ville s'élève sur la rive gauche de l'Ill et les nouveaux quartiers entre cette rivière et le canal du Rhône au Rhin, qui y forme un vaste bassin pour le chargement et le déchargement des bateaux. Cette dernière partie de la cité est percée de rues tirées au cordeau, garnies de trottoirs, bordées d'habitations élégantes. Au centre s'étend une belle place décorée de portiques, et sur laquelle s'élève le Palais de l'Industrie, bel édifice, élevé par la Société Industrielle, et où se tiennent la bourse et la chambre de commerce. Le vieux Mulhouse offre, entre autres édifices remarquables, l'église réformée, l'église catholique de Saint-Étienne, l'hôtel de ville et le collége. On voit sur la petite place Lambert une colonne érigée à la mémoire du mathématicien de ce nom.

Il est question de Mulhouse comme village en 717. En 1268 elle fut érigée en ville; libre impériale, et en 1515 elle s'unit avec la Suisse pour se mettre à l'abri des attaques des landgraves d'Alsace. Oscar MAC-CARTHY.

Mulhouse n'appartient à la France que depuis 1798. C'était auparavant une petite république de la confédération helvétique, qui s'administrait seule et se défendait elle-même. Mulhouse a conservé des traces de son origine. Au premier aspect, c'est bien encore la ville suisse couchée au fond de sa vallée, avec ses toits roses, ses peupliers et ses montagnes neigeuses à l'horizon. Seulement, à mesure que l'on s'approche, cette physionomie s'efface, et l'aspect industriel se révèle de plus en plus, jusqu'au moment où la ville entière apparaît comme une usine immense, mais silencieuse ; vous prêtez en vain l'oreille, nul bruit ne parvient jusqu'à vous ; aucune rumeur de foule, aucun retentissement de fer. Parfois, seulement, les cent cheminées qui s'élèvent dans les airs vomissent de plus épais tourbillons de fumée, comme si la fabrique en travail poussait une respiration plus forte ; mais le silence n'est point troublé : il semble que dans ce grand corps tout se fasse mystérieusement et au dedans : on sent qu'il vit, mais l'on n'entende pas vivre.

En entrant dans la ville, l'aspect change complètement. Vous ne trouvez plus que des rues étroites, qui ne portent pas de nom, bordées par des boutiques sans enseigne et par de laides maisons que l'on a eu la bizarre idée de numéroter par unités et fractions. C'est seulement après avoir traversé les vieux quartiers que vous rencontrez la nouvelle ville, bâtie à l'instar de Paris, et dont vous voyez s'étendre au loin les colonnades blanches. Quoique la population de Mulhouse soit un mélange d'Alsaciens, de Suisses, de Tyroliens, de Juifs et de Français de l'intérieur, la langue et le caractère allemands dominent partout.

Malgré la prospérité de Mulhouse, le luxe est loin d'avoir suivi le mouvement progressif des fortunes. La richesse des familles ne se révèle que par une sorte de profusion sans goût, qui ne dépasse guère les prévisions d'un vulgaire *comfort*, et ne s'élève jamais jusqu'à la recherche délicate. C'est l'abondance prodigue, mais sans ce charme qui fait du luxe un art intelligent. A la vérité, cet homme qui gagne un million par an a moins de loisir que le plus pauvre de ses ouvriers : il se lève avant le soleil, passe le jour au milieu des miasmes fétides de l'atelier, et se délasse le soir en parcourant les colonnes de chiffres de son grand-livre; mais c'est sa joie. Partout ailleurs le travail tend au repos; mais le Mulhousien, lui, n'a point de terme où il doive s'arrêter : le travail conduit au travail, la fatigue à la fatigue; l'industrie n'est point pour lui un moyen, un but, c'est une manière d'être ; il fabrique, comme vous lisez les journaux, comme vous dînez à six heures, par habitude, par tempérament, par plaisir.

C'est à cet industrialisme ardent que Mulhouse a dû de reproduire un des miracles d'accroissement réservés jusqu'à présent aux seules villes du Nouveau-Monde; c'est grâce à la dévorante activité de ses manufacturiers que sa fabrication est devenue la seule industrie française capable de supporter les concurrences étrangères. Mais aussi quelle habileté! quelle ingénieuse ardeur de perfectionnement! quelle patience d'essais chez ces hommes ! Ne vous arrêtez ni à leur extérieur ni à leur langage, si vous voulez les juger réellement, mais visitez leurs ateliers; c'est là que vous trouverez leur intelligence traduite non par des mots, mais par d'adroits arrangements, de merveilleux procédés, d'admirables machines ; car ces hommes si simples et si peu faits au beau langage ont pénétré dans toutes les pratiques de la science ; ces imaginations si froides en apparence sont inépuisables en créations fécondes; ces esprits que vous croyez si lourds inventent tous les élégants caprices de la mode, et c'est de la main rude de ces cyclopes que sortent les tissus gracieux qui chaque été rendent vos filles plus fraîches et vos femmes plus belles.

Mais pour tant de travaux, qui deviennent chaque jour plus immenses, les bras sont déjà en trop petit nombre; et quoique tout manque à Mulhouse , la chair humaine y est encore la denrée la plus rare. La ville produit sur la population des campagnes qui l'environnent l'effet d'une pompe aspirante; elle l'attire et l'absorbe de plus en plus, sans pouvoir cependant satisfaire aux besoins croissants de sa population. Tout vient s'amasser, se mêler et se perdre dans ce lac grossi qui tend à se faire océan : enfants, femmes, vieillards, tout est appelé, tout est reçu; il n'est pas de main si inhabile ou si faible qui ne trouve son emploi. Aussi la plupart se laissent-ils séduire par cet appât d'un salaire immédiat qu'ils peuvent obtenir sans apprentissage, et la fabrique occupe tous les bras. D'un autre côté les ressources de consommation n'ayant point grandi proportionnellement avec la population, il en résulte que Mulhouse est peut-être la ville de France où l'on se procure le plus difficilement et au plus haut prix les aisances journalières.

Si la classe moyenne est soumise à de pénibles privations, que l'on juge de celles que supportent les ouvriers! A la vérité, il serait difficile de dire si leur misère l'emporte sur leur démoralisation. Chez eux chaque privation a engendré un vice: que dire de la cherté des logements, il n'est point rare de voir deux ou trois familles habitant la même chambre, et vivant dans la plus hideuse promiscuité. Les filles de fabrique, que fatiguent le travail et la pauvreté, tâchent de devenir mères pour trouver une place de nourrice dans une maison bourgeoise. Tout cela est horrible sans doute , mais n'est point particulier à Mulhouse. Partout où l'industrie a entassé de la matière humaine dans ces cloaques infects que nous appelons des villes , la corruption n'a point tardé à s'y mettre. Émile SOUVESTRE.

MULL. Voyez HÉBRIDES.

MULLE, genre de poissons acanthoptérygiens de la famille des percoïdes, à ventrales abdominales, qui comprend les espèces connues sous les noms de *surmulet* et de *rouget*.

MULLER (JEAN). Voyez REGIOMONTANUS.

MULLER (JEAN DE), célèbre historien allemand, né le 3 janvier 1752, à Schaffhouse, d'une famille roturière, reçut une éducation soignée, dont il fut redevable à son père, co-recteur du gymnase de Schaffhouse, et plus encore à son grand-père maternel, Jean Schoop, ecclésiastique très-versé dans la connaissance de l'histoire de la Suisse, et qui lui inspira le goût de ces études historiques. De la théologie, il alla en 1769 suivre les cours de l'université de Gœttingue, où sa liaison avec Schlœzer eut pour résultat d'augmenter son aversion naturelle pour cette science et son goût inné pour l'histoire. Quand il eut passé les examens théologiques, en 1772, il fut nommé professeur de langue grecque au gymnase Schaffhouse, et fit alors paraître son premier ouvrage, celui qui est écrit en latin et intitulé : *Bellum Cimbricum* (Zurich, 1772). A partir de ce moment tous ses loisirs furent consacrés à l'étude des chartes et des anciens documents relatifs à l'histoire de la Suisse. C'est de cette époque aussi que date sa liaison avec Bonstetten ; et deux ans après il accepta la place de précepteur dans la maison du conseiller d'État Tronchin-Calandrini, à Genève. Dès 1775 il y renonçait pour se livrer à des travaux scientifiques en commun avec Kinloch de la Caroline du Sud, dans la maison que celui-ci habitait à Chambrisi. Après le départ de Kinloch pour l'Amérique, il se livra exclusivement à de grands travaux préparatoires pour son Histoire de la Suisse, séjournant tantôt chez un ami, tantôt chez un autre ; et pendant l'hiver de 1777, pour se procurer quelques ressources pécuniaires, il fit à Genève des cours d'histoire universelle à l'usage des jeunes Anglais qui habitaient cette ville. Ces leçons lui servirent plus tard pour publier son *Histoire universelle en vingt quatre livres* (Tubingue, 1811). En vain son père le pressait de reprendre les modestes fonctions de professeur au gymnase de Schaffhouse, qui tout au moins assuraient son indépendance ; il ne perdit jamais de vue le but qu'il s'était proposé ; et il acheva vers ce temps-là le premier volume de son *Histoire des Suisses*, qui parut à Berne en 1780. Il entreprit alors un voyage en Prusse, peut-être bien avec l'espoir secret d'y obtenir une place ; mais après avoir eu avec Frédéric II un entretien aussi peu sommes redevables de ses *Essais historiques*, il s'en revint sans être plus avancé. A peu de temps de là, il obtint la chaire de statistique au *Collegium Carolinum* de Cassel. Les réformes inconsidérées et prématurées entreprises par Joseph II dans ses États lui inspirèrent les *Voyages des Papes*, ouvrage consacré au développement de cette thèse : « L'ordre sacerdotal est le palladium des peuples contre l'arbitraire des princes, » qui lui fit de nombreux amis à Rome et dans l'Allemagne catholique, mais qui par contre firent douter de l'orthodoxie de son protestantisme.

Son séjour à Cassel ne fut pas de longue durée, encore bien que pour y améliorer sa position on lui eût en outre donné la place de sous-bibliothécaire ; et au bout d'un an, en 1783, il était de retour à Genève, où Tronchin l'engagea comme lecteur et où il partageais son temps entre ses cours publics et ses travaux historiques. En 1786, à la recommandation de Heyne et de l'anatomiste Scemmering, l'électeur de Mayence le nommait son bibliothécaire ; et c'est pendant son séjour à Mayence qu'il fit paraître le second volume de son *Histoire des Suisses*. Quoique protestant, il reçut en 1787 de l'électeur son protecteur une mission pour Rome, au retour de laquelle il obtint un emploi à la chancellerie, et il arriva bientôt à y occuper une situation éminente. En 1791 il fut anobli par l'empereur. Envoyé l'année suivante en mission à Vienne, il retrouva à son retour, en octobre 1792, Mayence au pouvoir des Français. Avec l'autorisation de Custine, il emporta ses effets personnels et ses manuscrits, et s'en retourna à Vienne, où il obtint une place à la chancellerie impériale avec le titre de conseiller intime de cour. Diverses brochures qu'il publia alors dans les intérêts de la politique autrichienne, et qui firent une vive sensation, n'eurent pas pour lui les résultats d'influence et d'avancement qu'il eût pu en attendre, parce qu'il se refusa à changer de religion et à embrasser le catholicisme. Tout ce qu'on fit pour lui, ce fut de le nommer sous-conservateur de la bibliothèque impériale ; position qui lui permit du moins de continuer avec ardeur son travail sur l'*Histoire des Suisses*. Mais les difficultés qu'il rencontra de la part de la censure pour l'impression des volumes subséquents de cet ouvrage le décidèrent à quitter Vienne en 1804 et à aller se fixer à Berlin, où il fut nommé historiographe de la couronne. Outre quelques travaux littéraires et historiques, parmi lesquels nous citerons ses Mémoires à l'Académie de Berlin *Sur l'histoire de Frédéric II* et *Sur la ruine de la liberté des peuples anciens*, ainsi que son *Essai sur la chronologie des temps primitifs*, il s'y occupa aussi d'une édition des œuvres de Herder et il publia le quatrième volume de son *Histoire des Suisses* (1806). Il se disposait à écrire l'*Histoire de Frédéric II*, pour laquelle il avait obtenu, mais non sans difficultés, qu'on mit à sa disposition les archives du royaume, quand la catastrophe de Iéna vint frapper la Prusse. Müller resta à Berlin ; et la protection toute spéciale dont il fut l'objet de la part des vainqueurs, l'entretien que Napoléon lui-même voulut avoir avec le célèbre historien de la Suisse, le convertirent au système napoléonien. Une telle évolution d'idées ne pouvait manquer de le rendre suspect : le discours qu'il prononça au sein de l'Académie le 29 janvier 1807, et qui roulait sur ce thème : *De la Clôture de Frédéric*, acheva de soulever contre lui l'opinion, en même temps que le gouvernement se décidait à lui enlever ses emplois. Il venait d'être nommé par le roi de Wurtemberg professeur à l'université de Tubingue et se rendait à son poste, lorsqu'un courrier de cabinet lui apporta un ordre de Napoléon d'avoir à venir en toute hâte le trouver à Fontainebleau. Alors, malgré tout ce qu'il fit pour s'en défendre, il fut nommé ministre secrétaire d'État du nouveau royaume de Westphalie. Après s'être préparé à ces fonctions par quelques travaux exécutés à Paris sous la direction de Maret, duc de Bassano, il se rendit à son poste en décembre de la même année. Mais comme il n'était rien moins que propre à la place qu'on l'avait forcé d'accepter, le roi Jérôme dut dès le mois de janvier 1808 l'en décharger pour le nommer conseiller d'État et directeur général de l'instruction publique. Le découragement qui résulta pour lui de la non-réussite de ses plans, les chagrins que lui causèrent les calamités de l'époque, et les poignants embarras d'argent contre lesquels il avait à lutter par suite de dettes nombreuses qu'il avait dû contracter en menant une existence si agitée, minèrent rapidement sa santé ; et il mourut le 29 mai 1809, peu de temps après avoir publié le 5e volume de son *Histoire des Suisses*. Le roi Louis de Bavière, alors qu'il n'était encore que prince royal, lui fit élever un monument dans le cimetière de Cassel, où repose sa dépouille mortelle. Comme il ne s'était jamais marié, la calomnie avait profité de cette circonstance pour lui prêter de mauvaises mœurs. La meilleure manière de faire justice de cette accusation, c'est de rappeler quels noms illustres figurèrent parmi ceux de ses amis, Bonstetten, Gleim, Jacobi, Herder, Füssli, le comte d'Antraigues, M. de Humboldt, Heyne, l'archiduc Jean d'Autriche, le prince Louis de Prusse et le roi de Bavière. Les mérites de son *Histoire des Suisses* sont généralement appréciées.

MÜLLER (Charles-Ottfried), l'un des plus ingénieux et des plus savants archéologues des temps modernes, naquit en 1797, à Brieg, en Silésie. A peine eut-il terminé ses études, qu'il donna une idée des recherches savantes auxquelles il s'était déjà livré, dans l'*Æginelicorum Liber* (Berlin, 1817). La même année il fut attaché comme professeur au collège de Breslau, appelé *Magdalenum* ; et c'est tout en enseignant la grammaire à ses élèves qu'il réalisa le vaste projet d'analyser le cycle mythique tout entier et de remonter jusqu'à l'origine des traditions grecques sur chaque peuplade. En 1819 Heeren et Boekh le firent nommer professeur d'archéologie de la galerie de Dresde, et se rendit ensuite, dans le même but, à Paris et à Londres. En 1839 il obtint du gouvernement hanovrien la permission d'aller visiter l'Italie et la Grèce, et succomba à Athènes, le 1er août 1840, aux fatigues sans nombre auxquelles, malgré sa constitution débile, il s'était exposé pendant ce voyage, notamment pour étudier les inscriptions du temple de Delphes.

Les écrits qu'il a laissés embrassent l'ensemble de l'archéologie. Dans l'impossibilité de les mentionner tous, nous nous bornerons à citer son *Histoire des Races et des États Helléniques*, dont une édition nouvelle et plus complète a été donnée après la mort de l'auteur, et d'après les notes manuscrites, par Schnedewin (Breslau, 3 vol., 1844) ; son essai ethnographique *Sur la demeure, l'origine et l'histoire ancienne du Peuple Macédonien* (Berlin, 1825), et ses *Étrusques* (Breslau, 1828) ; *De Tripode Delphico* (1820) ; *De Phidiæ Vita et Operibus* (1827) ; *De Munimentis Athenarum* (1836) ; *Antiquitates Antiochenæ* (1839) ; *Minervæ Poliadis Sacra et Ædes in arce Athenarum*

(1820). On a aussi de lui une *Histoire de la Littérature de l'ancienne Grèce* (Londres, 1840), qu'il composa en anglais, à la demande d'un grand nombre d'érudits anglais.

MULLER (PIERRE-ÉRASME), savant archéologue, né en 1776, à Copenhague, où son père remplissait les fonctions de conseiller de conférences, fut d'abord nommé, en 1801, professeur de théologie à l'université de Copenhague. Nommé évêque de Sélande en 1830, à la mort de Munter, il mourut dès 1834. On a de lui, indépendamment de quelques ouvrages de théologie, un grand nombre de dissertations et de mémoires relatifs aux antiquités du Nord. Une édition critique des œuvres de Saxon le Grammairien, à laquelle il n'eut pas le temps de mettre la dernière main, parut après sa mort. De 1805 à 1830 il avait rédigé la *Gazette littéraire de Danemark*.

MULLER (WENZEL), fécond compositeur allemand, né à Turnau, en Moravie, le 26 septembre 1767, mort à Vienne, le 2 août 1835, ne composa pas moins de 227 opéras-comiques, sans compter une foule de morceaux isolés, cantates, symphonies, messes, etc. Dans le nombre des opéras, on cite surtout *La Guitare enchantée*, *Le nouvel Enfant du Dimanche*, *Les Sœurs de Prague*, *Le Moulin du Diable*, qui obtinrent un succès immense et rendirent le nom de leur auteur populaire dans toutes les parties de l'Allemagne. C'est en 1783, à l'âge de seize ans, qu'il fit représenter sur le théâtre de Brunn son premier ouvrage, *Le Rendez-Vous manqué*; son dernier, *Asmodée*, fut joué en 1834.

MULL-JENNY. La *mull-jenny* est, dans une filature, la machine qui, après avoir reçu le coton des machines à carder et à étirer, en étire encore la mèche, lui donne la grosseur du fil qui doit être produit, le tord, le file et l'endevide. A l'article COTON (tome VI, p. 603), nous avons fait connaître l'inventeur de cette machine. Ce n'était qu'un simple ouvrier, comme ses deux prédécesseurs dans l'invention des machines à filer, Hargreaves et Arkwright; c'est de la combinaison des deux machines inventées par ceux-ci que Crompton tira la mull-jenny. La mull-jenny se compose de cylindres qui étirent le coton; un chariot mobile, portant d'un côté des cannelures de bois qui le mordent et le tordent, des œillets qui le laissent passer dans la dimension voulue, et de l'autre des bobines qui le reçoivent, l'enroulent autour d'elles et remplissent l'office du fuseau, complète ce système. Le chariot étant arrivé à un point donné des cylindres, ceux-ci s'arrêtent, les mèches de coton qu'ils étirent sont comprimées au point de ne plus pouvoir s'étendre au delà du point où elles sont étirées et tordues par d'ingénieux mécanismes, qui fonctionnent en même temps que le chariot continue sa marche. Au point précis où la torsion est complète, une détente fait arrêter le chariot, et les bobines enroulent bruyamment le coton qui a été filé pendant son trajet; puis le chariot revient prendre sa place près du cylindre, et la mèche de coton qu'ils amincissent recommence à s'étirer jusqu'au moment où les cylindres s'arrêtent encore. C'est en 1786 que la mull-jenny fut introduite pour la première fois dans les fabriques; son inventeur ne prit pas de brevet d'invention; mais le parlement, reconnaissant le pas immense qu'il avait fait faire à l'art de la filature, lui accorda une gratification de 5,000 livres sterling. Divers perfectionnements apportés depuis lors au mécanisme des *mull-jenny* l'ont rendu encore plus puissant. Un métier à la *mull-jenny* peut porter de 200 à 400 broches ou bobines, qui représentent ce que dans l'enfance primitive du filage représenteraient 200 ou 400 fuseaux; suivant le numéro du coton filé, il peut en filer de 4 à 6 kilogrammes par jour. Un seul ouvrier peut suffire pour surveiller deux *mull-jenny* placées en face l'une de l'autre, et en rattacher les fils quand ils se cassent par suite de l'étirage.

MULOT, petit mammifère du genre r a t. Sa taille dépasse de peu celle de la souris : sa longueur totale est de 20 centimètres environ, dont la queue occupe à peu près la moitié. Le pelage du *mulot* (*mus sylvaticus*, L.) dans la variété la plus commune est fauve jaunâtre plus ou moins vif, en dessus; tout le dessous de son corps est d'un blanc nettement séparé du fauve des flancs et du dos; ses pieds sont blancs; ses oreilles, très-grandes, sont noirâtres à leur extrémité; sa queue, velue, est noirâtre en dessus, blanche en dessous; un museau acuminé, des yeux très-grands et proéminents, complètent les caractères spécifiques du mulot.

Le mulot vit dans toute l'Europe et en Sibérie On le trouve dans les bois et dans les champs. En hiver, il se retire dans les meules de blé, et parfois jusque dans les maisons et les caves.

MULTILOCULAIRE (de *multus*, multi, nombreux, et *loculus*, loge, cavité), qui est partagé en plusieurs loges. Ce terme s'emploie en botanique et en conchyliologie (*voyez* COQUILLE).

MULTINOME (du latin *multus*, multi, nombreux, plusieurs, et du grec νομή, part, division), mot hybride remplacé par celui de polynome.

MULTIPLE. Un nombre est dit *multiple* d'un autre lorsqu'il est exactement divisible par celui-ci : par exemple, 24, 36, 48, etc., sont des multiples de 12. Un nombre, qui est à la fois multiple de plusieurs autres en est un *multiple commun* : ainsi, 120, 180, etc., sont des multiples communs à 4, 6, 10, etc. Plusieurs nombres étant donnés, on peut toujours leur trouver une infinité de multiples communs; il suffit de déterminer le plus petit de tous et de le multiplier par la suite des nombres entiers.

Pour trouver le *plus petit multiple commun* de plusieurs nombres, on décompose ces nombres en facteurs premiers; puis on forme un produit des facteurs différents fournis par cette décomposition, en donnant à chacun le plus haut exposant dont il soit affecté. Supposons qu'il s'agisse des nombres 36, 40, 45, 72, on a :
$36 = 2^2 \times 3^2 \quad 40 = 2^3 \times 5 \quad 45 = 3^2 \times 5 \quad 72 = 2^3 \times 3^2$.
Les facteurs premiers différents sont 2, 3, 5; le plus haut exposant de 2 est 3; celui de 3 est 2; enfin 5 n'entre qu'à la première puissance. Le plus petit multiple commun est donc $2^3 \times 3^2 \times 5$ ou 360. Cette recherche est de nombreuses applications; l'une des plus fréquentes est la réduction des fractions au plus petit dénominateur commun.

On peut aussi trouver le plus petit multiple commun de *deux* nombres, en remarquant que ce plus petit multiple est égal au produit des deux nombres divisé par leur plus grand diviseur commun.

La notion de *multiple* a pour corrélative celle du *sous-multiple*. Sous-multiple est synonyme de d i v i s e u r.

En géométrie, on nomme *point multiple* un point par lequel passent plusieurs branches d'une même courbe : c'es un *point double, triple*, etc., suivant que ces branches sont au nombre de deux, trois, etc. E. MERLIEUX.

MULTIPLICANDE. *Voyez* MULTIPLICATION.

MULTIPLICATEUR (Arithmétique). *Voyez* MULTIPLICATION.

MULTIPLICATEUR (Physique). *Voyez* GALVANOMÈTRE.

MULTIPLICATION. Cette opération a pour but de trouver un nombre appelé *produit*, tel qu'il se compose avec un nombre donné appelé *multiplicande* comme un autre nombre donné appelé *multiplicateur* se compose avec unité. Soit à multiplier 30 par 6; il faut trouver un nombre qui se compose avec 30 comme 6 est composé avec l'unité; or, 6 est l'unité répétée 6 fois; le produit cherché sera donc 30 répété 6 fois. La multiplication des *nombres entiers* consiste donc à répéter le multiplicande autant de fois qu'il y a d'unités dans le multiplicateur. Cette définition de la multiplication est plus simple que la première; mais elle n'a pas la même généralité; elle ne s'applique qu'aux nombres entiers; car si le multiplicateur est une fraction, que signifierait *répéter le multiplicande autant de fois qu'il y a d'unités dans le multiplicateur ?*

En ne nous occupant d'abord que de la multiplication des nombres entiers, nous reconnaissons immédiatement que cette opération n'est qu'une méthode abrégée d'addition de plusieurs nombres égaux. Ainsi, multiplier 30 par 6, c'est ajouter entre eux 6 nombres égaux à 30. En effectuant cette addition, on trouve pour total 180, qui est le produit cherché. Mais plus le multiplicateur est considérable, plus cette addition devient longue; on a donc dû lui substituer un procédé plus rapide.

La multiplication des nombres entiers présente trois cas : 1° *Les deux facteurs* (on donne collectivement ce nom au multiplicande et au multiplicateur) *n'ont qu'un seul chiffre*. Pour multiplier 8 par 5, par exemple, on peut opérer en ajoutant entre eux cinq nombres égaux à 8. Mais on a formé une table qui renferme les produits des neuf premiers nombres par chacun d'eux. Cette table, nommée *Table de multiplication* (et aussi *Table de Pythagore*, parce qu'on en a attribué l'invention à ce philosophe), est facile à apprendre; car elle ne renferme véritablement que 36 produits à retenir, en ayant égard à cette considération que le produit de deux facteurs ne varie pas quand on intervertit leur ordre. 2° *Le multiplicande a plusieurs chiffres; le multiplicateur n'en a qu'un*. Il suffit de répéter successivement les unités, dizaines, centaines, etc., du multiplicande autant de fois qu'il y a d'unités dans le multiplicateur. 3° *Le multiplicateur a plusieurs chiffres*. De même que le cas précédent se ramène au premier, celui-ci se déduit du second, en remarquant qu'il suffit de multiplier successivement le multiplicande par les unités, dizaines, centaines, etc., du multiplicateur. Si l'on veut, par exemple, multiplier 375 par 247, on multipliera successivement 375 par 7, 375 par 40, et enfin 375 par 200; on ajoutera ces produits partiels, et l'opération sera terminée. Or, la multiplication de 375 par 7 est une multiplication par un seul chiffre; quant à celle de 375 par 40, remarquons que 40 équivaut à 10 × 4; on pourra donc multiplier d'abord 375 par 10, ce qui revient à écrire un zéro à sa droite, d'après l'un des principes les plus simples de la numération décimale; on aura ainsi 3750, que l'on multipliera par 4; etc. Tout cela offre si peu de difficulté, qu'il suffit de jeter les yeux sur l'opération suivante pour s'en rendre compte :

```
  375  . . .  multiplicande
  247  . . .  multiplicateur
 2625  . . .  1er produit partiel
 1500  . . .  2e produit partiel
  750  . . .  3e produit partiel
92625  . . .  produit.
```

Dans la pratique, comme ci-dessus, on n'écrit pas les zéros qui indiquent les multiplications par 10, 100, etc.; on se contente à chaque multiplication partielle de reculer d'un rang vers la gauche le produit obtenu.

Nous avons donné ailleurs la règle de la multiplication des *fractions* ordinaires et des nombres fractionnaires. Quant aux fractions décimales et aux nombres décimaux, leur multiplication se ramène à celle des nombres entiers; on opère comme s'il n'y avait pas de virgule, mais on sépare sur la droite du produit autant de chiffres décimaux qu'il y en a dans les deux facteurs ensemble.

Quand on n'a besoin d'obtenir un produit qu'à une approximation donnée, on emploie la *multiplication abrégée*, dont voici la règle. On écrit dans un ordre inverse les chiffres du multiplicateur sous le multiplicande, de manière que les unités simples correspondent à celui du multiplicande qui exprime les unités cent fois plus petites que celles de l'ordre que marque l'approximation demandée; on multiplie le multiplicande successivement par chacun des chiffres du multiplicateur, à partir de la droite, en faisant abstraction des chiffres du multiplicande placés à droite de celui qui sert de multiplicateur; on écrit chacun de ces produits partiels au-dessous du multiplicande, de manière que les premiers chiffres à droite soient dans la même colonne verticale; enfin, on additionne tous ces produits; on supprime deux chiffres sur la droite du résultat, et on augmente d'une unité le dernier chiffre conservé. Comme application, proposons-nous de trouver le produit de 741,05688974... par 64,26531492... à moins de 0,1 près. D'après la règle précédente, qui porte le nom de *règle d'Oughtred*, on disposera l'opération de la manière suivante :

```
    74105688974  . . .  multiplicande
. . .  2941356246  . . .  multiplicateur renversé
         44463408
          2964224
           148210
            44460
             3705
              222
                7
          47624236  . . .  produit.
```

Le produit cherché est 47624, 3 à moins de 0,1 près.

La *multiplication algébrique* repose sur quatre règles relatives aux *signes*, aux *coefficients*, aux *exposants* et aux *lettres*. Nous n'en donnerons que les énoncés : 1° Le produit de deux termes est positif ou négatif, suivant que ces deux termes sont de même signe ou de signe contraire ; 2° le coefficient d'un produit est égal au produit de ceux des facteurs; 3° lorsque la même lettre se trouve au multiplicande et au multiplicateur, on l'écrit au produit en lui donnant pour exposant la somme de ses exposants dans les deux facteurs ; 4° les lettres non communes aux deux facteurs s'écrivent au produit. La démonstration de ces principes nous prendrait trop de place. Contentons-nous de terminer par un exemple de multiplication de deux polynomes.

$$3x^4 - 2ax^3 - 6a^2x^2 - 5a^3x$$
$$2x^3 - 4ax^2 + 3a^2x$$
$$\overline{6x^7 + 4ax^6 - 12a^2x^5 - 10a^3x^4}$$
$$ - 12ax^6 - 8a^2x^5 + 24a^3x^4 + 20a^4x^3$$
$$ + 9a^2x^5 + 6a^3x^4 - 18a^4x^3 - 15a^5x^2$$
$$\overline{6x^7 - 8ax^6 - 11a^2x^5 + 20a^3x^4 + 2a^4x^3 - 15a^5x^2}$$

E. MERLIEUX.

MULTIVALVE (du latin *multus, multi*, nombreux, plusieurs, et *valvus*, cosse, gousse). *Voyez* COQUILLE.

MUMMIUS (LUCIUS), consul romain en l'an 146 av. J.-C., comprima l'insurrection des Achéens par la victoire qu'il remporta à Leucopetra sur Diæos, ainsi que par la prise et l'incendie de Corinthe. L'Achaïe devint dès lors une province romaine, et son vainqueur reçut le surnom d'*Achaïcus*. On rapporte qu'ayant résolu de transporter dans la ville éternelle les chefs-d'œuvre des arts qui se trouvaient à Corinthe, et dont il n'appréciait que vaguement le mérite et la valeur, il recommanda aux ouvriers chargés de l'emballage de tous ces tableaux, vases et statues, d'apporter le plus grand soin à cette opération, les menaçant naïvement, dans le cas où ses envois n'arriveraient pas en bon état, de les leur faire remplacer à leurs dépens. En l'an 142 il fut, comme censeur, le collègue de Scipion, qui, en l'an 146, avait détruit Carthage.

MUNCER. *Voyez* MUNZER.

MUNCH-BELLINGHAUSEN (ÉDOUARD-JOACHIM, comte DE), ex-président de la diète de Francfort et qualité de ministre plénipotentiaire d'Autriche près la Confédération germanique, né à Vienne, en 1786, était à peine âgé de trente ans lorsqu'il fut appelé à faire partie de l'espèce de congrès qui, à la demande de l'Autriche, se réunit en 1819, à Dresde, pour débattre et régler toutes les questions relatives à la navigation de l'Elbe. L'habileté dont il fit preuve dans ces négociations, aussi épineuses que délicates, lui concilia la faveur toute particulière de M. de Metternich, qui le regarda dès lors comme l'homme le plus propre à représenter la politique et les intérêts de la cour de Vienne à Francfort, et lui conféra en 1823. Depuis cette époque jusqu'à la révolution de 1848, il n'est pas un seul acte relatif à la Confédération germanique qui ne porte la signature de l'*alter ego* du tout-puissant ministre autrichien. Il est rentré alors dans la vie privée en même temps que son patron. En 1831 il avait été créé comte ; et il a acheté aux Dietrichstein la seigneurie de Merkenstein, située près de Vienne.

Un de ses cousins, *Eligius-François-Joseph* baron de MUNCH-BELLINGHAUSEN, né à Cracovie, en 1806, premier conservateur de la bibliothèque de Vienne, jouit, comme poëte dramatique, d'une réputation honorable. Tous ses ouvrages ont paru sous le pseudonyme de *Frédéric Halm*. Il a fait jouer en 1836, sur le théâtre de Vienne, *Griseldis* et *Adept*, deux tragédies philosophiques, dont la première obtint un grand succès; en 1837, *Camoëns*, poëme dramatique, œuvre de sa jeunesse; en 1838, *Imelda Lambertazzi*, tragédie historico-romantique, toutes œuvres qui n'ont guère obtenu que ce qu'on est convenu d'appeler un succès d'estime. Après s'être essayé à traduire diverses pièces de Lope de Vega et de Shakespeare, qui ne réussirent que médiocrement, il fut plus heureux avec son drame romantique original *Le Fils du Désert*, qui a été traduit dans la plupart des langues de l'Europe. On lui attribue *Le Gladiateur de Ravenne*, qui a eu un immense succès en Allemagne, sous le voile de l'anonyme.

MUNCHHAUSEN (JÉRÔME-CHARLES-FRÉDÉRIC, baron DE), né en 1720, au château de Bodenwerder, situé dans le pays de Hanovre et appartenant à sa famille, l'une des meilleures du pays, mourut en 1797. Il se fit, de son vivant, la réputation d'un des plus intrépides menteurs qu'on eût jamais vus; et son nom est devenu en Allemagne ce qu'est parmi nous celui de M. de Crac. Ancien officier de cavalerie au service de Russie, amateur passionné de chasses, de chiens et de chevaux, Munchhausen avait fait les campagnes de 1737 à 1739 contre les Turcs, et prenait un plaisir extrême à raconter les mirobolantes aventures qu'il prétendait lui être arrivées dans ces contrées qui, en raison de leur éloignement, ne prêtent déjà que trop à la fiction; aventures qu'à chaque nouvelle édition il avait toujours soin d'enrichir de détails jusque alors complétement inédits et bien autrement incroyables encore que le fond primitif sur lequel il brodait ses variantes. Comme il arrive aux menteurs de profession, Munchhausen finissait par croire lui-même de la meilleure foi du monde à la réalité des faits qu'il racontait ainsi à tous venants. Sa manie acquit insensiblement une telle notoriété en Allemagne, que l'usage finit par s'établir d'appeler *munchhausiades* toutes les récits grotesques, toutes les *blagues* qu'il convient aux mauvais plaisants de débiter et que nos pères appelaient irrévérencieusement des *gasconnades*.

Dès 1785 il parut à Londres un livre intitulé : *Baron Munchhausen's Narrative of his marvellous Travels and Campaigns in Russia*, dont Burger donna en 1786 une traduction allemande. Notons d'ailleurs, en passant, qu'une bonne partie des mensonges mis par Bürger sur le compte du baron de Munchhausen a paraissent déjà été imprimés sous le titre de *Mendacia ridicula* dans les *Deliciæ Academiæ* de J.-P. Lange (Heilbronn, 1665).

MUNGO-PARK, célèbre par ses voyages en Afrique, naquit en 1771, à Fowlshiels, près de Selkirk, en Écosse. Après avoir étudié la médecine à Édimbourg, il s'établit à Selkirk comme chirurgien. Plus tard il se rendit à Londres, et entra au service de la Compagnie des Indes orientales en qualité d'aide-chirurgien. Au moment où il revint des Indes, en 1793, l'*African Society* de Londres reçut la nouvelle de la mort du major Houghton, qui avait entrepris à ses frais un voyage en Afrique. Mungo-Park s'offrit pour le remplacer, fut agréé, et partit, le 22 mai 1795, pour la factorerie anglaise de Pisania sur la côte de Gambie, pour un séjour de plusieurs mois où il apprit la langue des Mandingos. Il parcourut ensuite de l'ouest à l'est les royaumes de Moulli, Hondou, Kædschaga, Kasson, Kaarta et Loudamar. Dans ce dernier royaume, il fut fait prisonnier au commencement de mars 1796, et près de l'endroit où Houghton avait trouvé la mort, par le roi maure Ali, qui le traita de la manière la plus cruelle. Poussé au désespoir par les affreux traitements dont il était l'objet, il résolut de recouvrer sa liberté à tout prix. Il s'enfuit, et réussit, à travers des périls de toutes espèces, à atteindre trois semaines après le but de son voyage. Il arriva en effet sur les bords du Niger, dont il continua à suivre les rives jusqu'à ce que des obstacles insurmontables le forçassent à retourner sur ses pas. Prenant alors sa route à l'ouest, et toujours le long des rives du Niger, il arriva en septembre à Kamilia, dans le royaume des Mandingos, où, par suite de maladie, force lui fut de s'arrêter pendant sept mois. Un marchand d'esclaves, avec lequel il passa au marché, le ramena alors, le 10 juin 1797, à la factorerie anglaise de la Gambie; et le 15 décembre suivant il était de retour à Londres. Le récit de ses pérégrinations, qu'il publia alors sous le titre de *Travels in the interior of Africa* (1799), est empreint d'une grande véracité et en outre fort attachant. En 1801 il s'établit encore une fois comme chirurgien en Écosse, à Peebles; mais dès 1805 il entreprit un nouveau voyage en Afrique, et cette fois aux frais du gouvernement. En avril 1805 il partit de Pisania sur la Gambie avec trente-six Européens, dont trente soldats et le reste ouvriers, pour pénétrer dans l'intérieur de l'Afrique. Quand, au mois d'août, il atteignit les rives du Niger, il ne lui restait plus que sept de ses compagnons. En novembre 1805 il envoya de Sansanding sur le Niger, dans le royaume de Bambarra, son journal et ses lettres à Gambie, où on les reçut effectivement. Là il se construisit un canot, sur lequel il s'embarqua avec quatre Européens, les seuls survivants d'entre ses compagnons, et atteignit le royaume d'Haoussa, où le roi, offensé de ce qu'il ne lui eût pas offert de présents, le fit attaquer par des hommes armés dans un étroit défilé près de Boussa, sur une rivière qui lui descendait du Niger à la recherche de l'embouchure du Niger. Poursuivi par les nègres à coups de flèches et de pierres, et n'ayant plus avec lui qu'un seul homme, il essaya vainement de leur échapper en se jetant à la nage, et trouva la mort dans les flots. Dès 1806 on apprit sa mort dans la factorerie anglaise du Sénégal, par les récits de quelques marchands d'esclaves. On a publié à Londres, en 1805, l'histoire de ce second voyage, ainsi que des détails sur la vie de Mungo-Park. C'est pour obtenir les papiers de l'infortuné voyageur, restés entre les mains du roi de Jaouri, et aussi pour reconnaître les bords du Tschadda, que Lander se sont partis plus tard en Afrique.

MUNICH (en allemand *München*), capitale du royaume de Bavière, dans la Bavière supérieure, sur la rive gauche de l'Isar et dans une plaine bornée à l'est par de petites collines, se compose de la vieille ville et de cinq faubourgs. On y comprend aussi trois bourgs situés sur la rive droite de l'Isar, Au, Haidhausen et Obergiessen. En 1158, le duc Henri le Lion donna à la *Villa Munichen* le droit de battre monnaie. Les neuf ducs de la maison de Wittelsbach, qui y résidèrent souvent, contribuèrent encore davantage aux développements de sa prospérité. Louis le Sévère fit de cette ville sa résidence habituelle. En 1254 elle fut entourée de murs, de remparts et de fossés. Sous l'empereur Louis le Bavarois, et à la suite de l'effroyable incendie qui la détruisit en grande partie, en l'an 1327, elle reçut le caractère qu'elle a conservé encore en partie de nos jours.

En y comprenant ses faubourgs et les trois annexes de la rive droite de l'Isar, Munich compte 115,000 habitants, dont 7,000 protestants et 1,000 juifs, vingt-deux églises et chapelles catholiques et un temple protestant. Sans les annexes, le chiffre de la population ne serait que de 96,000 âmes. On jugera de l'énorme augmentation que Munich a subie dans ce siècle quand on saura qu'en 1801 le nombre de ses maisons n'était que de 1,964, en 1819 de 2,521, qu'il dépasse aujourd'hui 4,000, et qu'en 1812 celui des habitants n'était encore que de 40,638. Outre l'église protestante, construite de 1827 à 1832, il s'y trouve une église grecque, et depuis 1826 une synagogue. En 1803, le roi Maximilien supprima les dix-huit couvents qui y existaient alors; mais le roi Louis en rétablit bon nombre, tant d'hommes que de femmes. Munich est le siège des autorités supérieures du royaume, d'une cour d'appel et de la cour de cassation pour le Palatinat du Rhin, d'un président de régence et d'un archevêque. En tête de ses établissements consacrés aux Sciences où aux arts, il faut placer l'Académie des Sciences, fondée en 1759, et réorganisée en 1827. L'Académie des Beaux-Arts, créée en 1809, provient de l'Académie de Peinture et de Dessin, fondée en 1759; elle est divisée en trois départements, l'architecture, la sculpture, et la peinture avec la gravure, et possède une collection considérable de modèles en plâtre d'après l'antique. La *Bibliothèque de la cour et de l'État*, singulièrement augmentée lors de la suppression des couvents, par l'adjonction de leurs bibliothèques respectives, comptait en 1841 plus de 355,000 ouvrages, formant au moins 800,000 volumes, dont 13,000 incunables, et plus de 50 impressions xylographiques, ainsi que 18,800 manuscrits. La *Glyptothèque* comprend, dans douze salles, dites salle Égyptienne, salle des Incunables, etc., d'après les monuments qui s'y trouvent, les œuvres de la sculpture. La *Pinacothèque* renferme dans neuf grandes salles et vingt-trois cabinets une remarquable collection de tableaux, au nombre de 1,300, et classés par écoles; notamment l'ancienne collection Boisserée et les trésors artistiques achetés en Italie par le roi Louis; et au rez-de-chaussée, une collection de gravures riche de plus de 300,000 feuilles, une collection d'environ 10,000 dessins à la main, ainsi qu'une collection de vases grecs, de miniatures, de mosaïques, de peintures sur émail et de peintures sur porcelaine. On cite encore à Munich plusieurs galeries particulières d'une grande richesse, et il faut aussi mentionner les ateliers de Kaulbach, de Henri Hess, de Zimmerman, de Pierre Hess, de Schwind, de Morgenstern, comme autant d'expositions publiques des beaux-arts. Les collections réunies dans le Jardin du Roi renferment des terres cuites et des bronzes antiques, des objets de parure en or et en argent et des ustensiles provenant de la Grèce et de Rome, des ouvrages en ivoire, des produits de l'art hindou et chinois, des armes et des costumes de peuples sauvages, et une suite de modèles d'édifices antiques et gothiques.

L'université de Munich n'est autre que celle de Landshut, transférée en 1826 dans la capitale. Elle est divisée en cinq facultés; parce qu'aux quatre facultés d'usage on en a ajouté une cinquième, dite *des sciences économiques*, et comptait soixante professeurs et douze agrégés. En 1853 le nombre des étudiants dépassait 1,700. Elle possède une bibliothèque riche de 160,000 volumes et un amphithéâtre d'anatomie.

En fait d'établissements charitables, il faut surtout mentionner la maison des sœurs grises ou hospitalières, le grand hôpital Saint-Joseph, pouvant contenir huit cents malades, l'hospice des incurables, l'hôpital militaire, divers hospices d'orphelins, la maison des enfants trouvés, la maison d'aliénés, diverses maisons de prêt, la caisse d'épargne et la fondation Louis, créée en 1828, et qui avance aux bourgeois embarrassés de petites sommes sans intérêt.

On peut dire que les arts et l'industrie jettent à Munich beaucoup plus d'éclat que les lettres et les sciences, et l'on ne pourrait pas citer en Allemagne une ville réunissant une aussi grande quantité d'artistes et d'industriels distingués. En revanche, l'activité manufacturière y est demeurée fort en arrière. Les plus importants établissements de ce genre à mentionner sont les établissements royaux pour la fonte du bronze, pour la fabrication de la porcelaine et pour la peinture sur verre; puis l'établissement mathématico-mécanique fondé en 1815 par Reichenbach, l'institut optique d'Utzschneider et Fraunhœfer, et la fabrique de machines de Maffei. Il y existe aussi des fabriques de drap, de cuir, de soleries, de cotonnades, de papier, de filigrane d'or et d'argent, de tabac, un laminoir de cuivre et une fabrique de sucre de betterave. Les brasseries de Munich sont en grand renom, et on vante plus particulièrement les espèces de bière appelées *Bock* et *Salvator*. Les grains sont l'article le plus important du commerce qui se fait à Munich, où se tiennent deux grandes foires annuelles. Un chemin de fer relie la capitale à Augsbourg. Les plus belles promenades sont le Parc, la rue du Soleil, pourvue d'allées, la place de la Promenade, et le Jardin anglais, où se trouvent les bains de Diane, le *Monopteros*, temple consacré à la mémoire de l'électeur Charles-Théodore, et la Tour Chinoise. Outre le Théâtre de la Cour, on y compte deux théâtres populaires. La population se fait remarquer par son goût pour les fêtes publiques et pour les divertissements de tous genres. Les cafés, les guinguettes et les cabarets regorgent de monde; et l'on peut dire que l'habitant de Munich vit bien plus hors de chez lui que dans sa maison. La prostitution, sévèrement proscrite dans cette ville, n'y étale ni ses hontes ni ses misères; mais à en juger du moins par le nombre des naissances illégitimes, qui l'emporte de beaucoup sur celui des naissances légitimes, il ne faudrait pas vanter bien haut la moralité de la population.

MUNICIPAL (Conseil), ORGANISATION MUNICIPALE. *Voyez* CONSEIL MUNICIPAL.

MUNICIPALITÉ, mot introduit dans la langue du droit public par la révolution de 1789. Il s'entend du corps des officiers municipaux, de la commune, du territoire administré par eux, ou bien de la maison où ils tiennent leurs séances et ont leurs bureaux.

MUNICIPES (*Municipia*). Les Romains appelaient ainsi les cités conquises qui avaient été admises dans le concert de la république et dont les habitants étaient devenus citoyens romains tout en conservant une certaine liberté intérieure, le droit de choisir leurs magistrats et de s'administrer elles-mêmes dans certaines limites. La politique de Rome avait imaginé cette sujétion, qui lui enchaînait fortement tant de peuples différents de mœurs, de caractères, de coutumes et de langages. Après la soumission des Latins au troisième et au quatrième siècle, Rome avait très-libéralement accordé ce droit municipal; par la suite, elle s'en montra très-avare. Mais la guerre sociale eut pour résultat d'effacer toute différence en Italie entre les municipes et les colonies.

Une loi de Jules César de l'an 45 av. J.-C. (*lex municipalis*), dont un fragment s'est conservé dans la *Tabula Heracleensis*, apporta plus d'uniformité dans la constitution intérieure des différents municipes, et détermina d'une manière plus précise leurs rapports avec tout l'État. César fut aussi le premier qui érigea en *municipium* une ville de province, Gades en Espagne. Un grand nombre d'autres le furent sous les empereurs, mais on leur refusa le plus souvent cette administration indépendante de la justice dont jouissaient les municipes italiens; elles restèrent soumises à la juridiction du gouverneur. Les citoyens proprement dits d'un municipe se nommaient *municipes*, et différaient des simples habitants (*incolæ*). Les premiers seuls avaient le droit de se réunir dans les comices, assemblées qui se conservèrent dans les municipes italiens aussi longtemps qu'à Rome. C'est dans leur sein seulement qu'était choisi le sénat, appelé ordinairement *ordo decurionum*, d'après le titre de ses membres, les *décurions*; le reste de la commune, dans laquelle étaient particulièrement compris les propriétaires (*possessores*) avait plus d'autres classes, portait le nom générique de *plebeii*. Au-dessous des décurions se trouvaient les *duumviri*, *triumviri* ou *quatorviri*, selon leur nombre, qui portaient le titre additionnel de *juri dicundo*, lorsque, comme en Italie, ils étaient chargés de l'administration de la justice, et de *præfecti juri dicundo* quand ils étaient désignés par l'État; les *censores* où *quinquennales*, chargés de tout ce qui avait rapport au cens; puis les *ædiles* et les *quæstores*. Après ces diverses charges honorifiques (*honores*) venaient les bas emplois, qualifiés de *munera* et de *curationes*. C'est seulement vers la fin du quatrième siècle que, sous la dénomination de *defensores rei publicæ*, on créa des fonctionnaires spécialement chargés de défendre la commune contre l'arbitraire de l'État et des autorités urbaines.

C'est à son excellente organisation des villes, objet des soins tout particuliers des meilleurs empereurs depuis Trajan jusqu'à Dioclétien, que l'État romain fut, à l'époque des empereurs, en grande partie redevable de la conservation de sa force intérieure. Elle se brisa à partir de Constantin et de ses successeurs. Julien et les deux Théodose furent les seuls qui s'occupèrent de ce qui avait trait aux villes, les autres en précipitèrent la décadence en violant à chaque instant leurs droits, et notamment en les accablant d'impôts excessifs, dont le poids retombait en grande partie sur les décurions. Consultez, sur la continuation pendant le moyen âge de l'organisation romaine des villes, Savigny, *Histoire du Droit Romain au moyen âge* (t. 1er); Raynouard, *Histoire du Droit Municipal en France* (Paris, 1829).

MUNITION. Ce mot, qui ne s'emploie guère qu'au pluriel, désigne tout ce qui constitue l'approvisionnement des armées, des places fortes et des lieux de garnison. Ces provisions se divisent en *munitions de guerre* et en *munitions de bouche*. Les premières comprennent les poudres, les cartouches, les gargousses, les projectiles, les armes portatives, les outils de l'artillerie et du génie et en général tout le matériel d'une armée ou d'une place ; les secondes consistent en vivres de toutes natures, en pain manutentionné, en biscuits et en fourrages. En tous temps le gouvernement entretient dans ses magasins et dans ses arsenaux des munitions de guerre et de bouche; mais c'est surtout en cas de guerre que ces provisions s'augmentent avec activité, pour être ensuite dirigées sur les lieux de rassemblement, sur les places fortes et sur tous les points du théâtre de la guerre. La réunion et la conservation de tous ces objets sont confiées aux corps administratifs, aux officiers des différentes armes et aux garde-magasins (*voyez* MAGASINS MILITAIRES). Une place de guerre se rend lorsqu'elle n'a plus de *munitions* et que ses approvisionnements sont épuisés.

MUNITION (Fusil de). *Voyez* FUSIL.

MUNITION (Pain de), pain qui est fabriqué dans les manutentions de l'État, pour l'usage des troupes, par les soins des munitionnaires et de leurs agents.

MUNITIONNAIRE. On donne ce nom aux individus chargés de l'entreprise et de la fourniture des vivres et des fourrages d'une armée, des troupes en campagne et des troupes en garnison dans les places et dans l'intérieur de l'empire. La première fourniture réglée fut faite sous Philippe le Bel, l'an 1311, par des employés auxquels on donna le nom de *comnis du roi*. En 1470, Louis XI créa deux commissaires généraux des vivres pour la direction, la comptabilité et la distribution des subsistances. Les provinces fournissaient, à titre de contribution, les grains ou farines, les fourrages. Les versements en étaient faits dans les magasins de l'État, sur récépissé des agents du gouvernement. Au licenciement de l'armée, les approvisionnements restants étaient restitués aux propriétaires qui avaient participé à la contribution. Le premier traité des vivres et fourrages par entreprise fut fait sous Henri III, l'an 1574, et confié à un munitionnaire général, nommé par le roi. Lorsque, en 1648, les habitants n'eurent plus le dépôt onéreux des fournitures, elles furent faites au compte du trésor royal. C'est à cette date que l'on peut placer l'établissement de l'entreprise régulière des vivres et des fourrages. Ce service s'est fait depuis par des administrateurs qui conservèrent le titre de *munitionnaire en chef* ou de *munitionnaire général;* par des *munitionnaires particuliers*, par des régisseurs et par des entrepreneurs, agents spéciaux des premiers. Les uns fournissaient les fonds nécessaires aux achats, tenaient la comptabilité des fournitures et dirigeaient les approvisionnements sur les lieux de rassemblement des troupes ; les autres étaient chargés de surveiller la manutention des subsistances, la conduite des transports et la direction des distributions, enfin, de la tenue des livres et des écritures. Le service des subsistances se divise en *vivres de station* et en *vivres de campagne*, en *pied de paix* et en *pied de guerre*. L'administration a des équipages et des accessoires, des magasins ordinaires, des magasins de siège et d'approvisionnement de réserve.

Le service administratif et de transport commença à s'organiser en 1757. On plaça des équipages et un nombre déterminé de caissons à la suite du personnel, et on y adjoignit des hommes chargés de les conduire et de les diriger. En 1787 les régiments furent chargés, en temps de paix, de la manutention de leur pain et d'une partie des achats. L'année suivante, le fourrage ayant cessé d'être à la charge de l'administration des corps, on le confia à une régie. Diverses tentatives furent essayées, de 1788 à 1790, pour améliorer ces deux services. On créa un directoire des subsistances ; on mit les vivres et les fourrages en régie, après quoi on en revint au mode des réquisitions. Alors l'administration des subsistances devint une mine d'or, qu'exploitèrent sans ménagements d'infidèles agents et d'avides employés. On reprit sous le consulat le système de régie, et un ordre régulier commença à s'établir dans le service des subsistances de l'armée. Le service par entreprise, abandonné en 1807, fut confié à un directeur général et à des inspecteurs. Une régie générale des subsistances militaires, créée en 1817, prit l'année suivante la dénomination de *direction générale*, et son personnel fut composé d'un directeur général, de trois administrateurs et de six inspecteurs généraux, d'un secrétaire de la direction générale, d'un caissier, de quatre inspecteurs ordinaires et d'un nombre proportionné d'employés de tous grades. Une ordonnance du 30 janvier 1821 détermina de nouvelles bases d'organisation pour l'administration des subsistances militaires, distingués, quant au personnel, en *administration centrale* et en *administration divisionnaire*. En 1823 le gouvernement supprima la direction générale des subsistances, dont les attributions rentrèrent au département de la guerre. La campagne d'Espagne vit reparaître le système des entreprises. Tout le monde connaît le résultat des opérations du munitionnaire Ouvrard. Une ordonnance de 1827 établit un nouveau service des subsistances militaires, divisé en trois parties : 1° les vivres ; 2° les fourrages ; 3° les approvisionnements de siège. Depuis 1831 la fourniture des grains pour les subsistances des troupes est mise chaque année en adjudication avec publicité et concurrence. Le service des fourrages est fait au moyen de marchés à prix ferme passés en adjudication publique. SICARD.

MUNKÁCS, bourg de Hongrie, chef-lieu du comitat de Beregh, situé dans une plaine, sur les bords de la Latorcza, compte 4,500 habitants, gens de métier pour la plupart, dont les produits se placent avantageusement lors du marché qui s'y tient chaque semaine et qui y attire des environs un grand nombre d'acheteurs.

A 2 kilomètres de Munkács est située la forteresse du même nom, construite en 1359, par Théodore Keriatovich, sur la crête d'un rocher isolé au milieu de la plaine. Quoique petite, elle ne laisse pas d'être, comme place fortifiée, remarquable par sa situation et l'épaisseur peu commune de ses murailles, de même qu'elle est célèbre dans l'histoire des siècles passés par les nombreux sièges qu'elle eut à soutenir. On cite plus particulièrement celui où l'héroïque Hélène Zrinyi, femme d'Emmerich Tœkely, chef des révoltés hongrois au dix-septième siècle, s'y défendit contre le général autrichien Caprara. La place ne capitula que le 14 janvier 1688, après trois années d'investissement.

Depuis le commencement de ce siècle, et surtout depuis la compression de la révolution de 1848, le château de Munkács est utilisé par le gouvernement autrichien comme prison d'État.

MUNNICH (BURKARD-CHRISTOPHE, comte DE), ministre d'État et feld-maréchal russe, né en 1683, dans le duché d'Oldenburg, était déjà en 1701 capitaine au service de Hesse-Darmstadt. En 1716 on le voit colonel au service du roi de Pologne. Peu de temps après il passa au service de Suède, avec le grade de général major. En 1720 il entra au service russe. En 1727 Pierre II le nomma général en chef, et lui accorda en 1728 le titre de comte. Sous l'impératrice Anne il devint feld-maréchal et président du

27.

conseil supérieur de l'empire. Munnich donna alors une nouvelle organisation à l'armée russe, et créa le corps des cadets pour lui servir de pépinière d'officiers. En 1734 il assiégea et prit Dantzig. L'année d'après il fit une campagne contre les Turcs. En 1736 il dévasta la Crimée ; en 1737 il s'empara d'Oczakof ; en 1739 il franchit le Dniestr à Sinkobza, battit les Turcs à Stewutschan, s'empara de la forteresse de Choczim et occupa la Moldavie. La paix signée à Belgrade, le 18 septembre 1739, mit seule un terme à ses succès. Il obtint de l'impératrice, à l'agonie, qu'elle désignât pour tuteur du prince Iwan, héritier présomptif du trône et encore mineur, le duc Ernest-Jean de Courlande, espérant bien que le duc n'aurait que le côté honorifique de ce rôle, et que ce serait lui, en réalité, qui aurait le pouvoir. Mais s'apercevant qu'il s'était trompé, il renversa le duc, et le fit arrêter ; après quoi, ce fut la princesse Anne, mère d'Iwan, qui exerça ostensiblement la régence. Munnich se fit alors nommer premier ministre, et témoigna un désir extrême de contracter une alliance avec la Prusse. Mais la régente s'étant mise en relation avec les cours de Vienne et de Dresde, il en conçut un tel dépit qu'il donna sa démission en mai 1741. Peu de temps suparavant, l'électeur de Saxe, en sa qualité de *vicaire de l'Empire*, l'avait créé comte du Saint-Empire ; mais ce ne fut qu'en 1762 qu'il en reçut les lettres patentes. En effet, au moment où il se disposait à partir pour l'Allemagne, il fut arrêté par ordre de l'impératrice Élisabeth, montée sur le trône au mois de décembre 1741, et condamné à un exil perpétuel à Pelim, en Sibérie, avec confiscation de tous ses biens. Il y vécut jusqu'en 1762, époque où il fut rappelé par l'empereur Pierre III, qui le remit en possession de ses biens, titres et dignités. La même année, Catherine II le nomma directeur général des ports de la mer Baltique. Munnich mourut en 1767, à Saint-Pétersbourg. On a de lui : *Ébauche pour donner une idée de la forme du gouvernement de l'empire de Russie* (en français, Copenhague, 1774).

MUÑOS (Don Fernando), *de Rienzarès*, en Espagne, et *de Montmorot*, en France, grand d'Espagne de première classe, chevalier de la Toison d'Or, grand'croix de la Légion d'Honneur, etc., mari *morganatique* de la reine Marie-Christine, est né en 1810, à Tarançon (province de Cuença), d'une famille des plus obscures, car il servait déjà depuis longtemps dans les gardes du corps, lorsque sa sœur, blanchisseuse de son état, exerçait encore cet humble métier. Voici, dit-on, l'origine de sa brillante fortune : Un jour qu'il galopait avec un détachement de gardes du corps sur la route du Buen-Retiro à Madrid, derrière la voiture de Marie-Christine, cette princesse laissa soulever par le vent et tomber sur la route le riche mouchoir brodé et orné de maline qu'elle tenait à la main : mettre pied à terre, ramasser le précieux tissu, remonter à cheval et le présenter galamment à la reine, fut pour l'heureux *Muños* l'affaire d'un moment. Pour prix de ce service, Marie-Christine lui permit, faveur insigne ! de galoper le reste du chemin à la portière de sa voiture. Elle eut ainsi occasion d'admirer de près une bonne mine à cheval ; et la veuve de Ferdinand VII n'était pas encore de retour à son palais, que déjà elle ne s'appartenait plus. Elle avait conçu pour son beau garde du corps une de ces passions profondes, qui trouvent leur excuse dans leur durée et leur constance. Bientôt Muños, créé plus tard duc de Rianzarès, épousait secrètement Marie-Christine ; et jamais la presse aux cent voix n'a pu découvrir que le moindre nuage se soit élevé dans cette union, de laquelle sont issus huit ou dix enfants. On s'accorde à louer dans don Fernando Muños une grande et convenable réserve, qui l'a empêché de songer jamais à devenir un personnage politique. C'est la reine seule qui a eu pour son époux des velléités d'ambition. Il paraît en effet qu'un instant elle rêva pour lui une royauté en Amérique, et que la fameuse expédition du général Florez, ancien président de la république de l'Équateur, dont il fut tant question en 1846 et 1847, avait pour but réel de reconstituer le principe monarchique dans cette ancienne colonie espagnole, qui eût alors offert la couronne à l'époux de Marie-Christine. Ne pouvant en faire un roi, cette princesse résolut de le faire au moins deux fois *duc* ; en 1847 elle obtint donc de Louis-Philippe des lettres patentes conférant au duc de Rianzarès le titre de *duc de Montmorot*, et décrivant ses armoiries, qui sont : *de gueules, à l'aigle déployée d'argent, chargée en cœur d'une croix de sable*. Montmorot est un petit village de Franche-Comté, voisin des Salines de Dieuze, l'un des immeubles à l'acquisition desquels Marie-Christine a consacré une partie de son immense fortune.

MUNSTER ou **MOUNSTER** (On prononce *Monster*), en Irlandais *Mown*, province du sud-ouest et la plus grande de l'Irlande, bornée au nord par le Connaught, à l'est par le Leinster, au sud et à l'ouest par l'Océan Atlantique. Ses côtes, violemment déchirées et échancrées, présentent un grand nombre de baies, de rades et de ports, par exemple à l'ouest la baie de Gallway et la baie de Mal, le golfe qui forme l'embouchure du Shannon, les baies de Tralee et de Dingle ; au sud-ouest, les baies de Ballynskeley, de Kenmare, de Bantry et de Dunmanus ; au sud, celles de Roaring, de Water et de Ross, les ports de Kinsale et de Cork, les baies de Youghal et de Dungarvan, et à l'extrémité sud-est le port de Waterford. Elles sont en outre entourées d'un grand nombre d'îles, de rochers et de récifs, dont les plus remarquables sont les îles de South-Arran, à l'entrée de la baie de Gallway ; Valentia, au sud de l'entrée de la baie de Dingle et renfermant le port de l'Europe situé le plus avant vers l'ouest, et les îlots de *Bull*, de *Cow*, de *Calf* et de *Cat* (c'est-à-dire Taureau, Vache, Veau, Chat), enfin le plus méridional de tous *Cape Clearcisland*. La province de Munster est la partie la plus montagneuse de l'Irlande, et celle où le sol atteint les points extrêmes d'altitude. Au nord, on y trouve le petit pays de montagnes de Clare, et au sud-ouest la contrée, éminemment romantique, du Kerry, dite la *Suisse d'Irlande*. Les montagnes du Kerry atteignent 833 mètres d'élévation ; et les Carran-Tual, dans les *Macgillicuddy's Rocks*, 1,066 mètres. Le pays de montagnes formant l'extrémité occidentale de l'Irlande et se terminant par le cap Sybil, entre la baie de Tralee et la baie de Dingle, où le sol atteint à Cahirconrigh une hauteur de 1,300 mètres, serait même la partie la plus élevée de toute l'île. Les montagnes de Cork, au contraire, ne dépassent pas 6 à 700 mètres d'altitude, tandis que celles du comté de Waterford sont beaucoup plus élevées, hérissées d'anfractuosités et d'aspérités présentant une foule de fondrières, quelques petits lacs de montagnes et des vallées plus ou moins larges. Les cours d'eau les plus importants de cette province sont le Shannon au nord, le Cashen, le Mang et le Lane, à l'ouest ; le Bandon, le Lee et surtout le Blackwater, ainsi que le Suir, au sud. Indépendamment de ces voies de communication naturelles, il y existe divers chemins de fer. De nombreux ports, tels que Waterford, Youghal, Cork, Kinsale, Baltimore, Tralee, Dingle, Valentia et Limerick, favorisent les développements du commerce. La population, qui en 1845 était de 2,396,161 habitants, n'était plus en 1851 que de 1,831,817 : chiffre qui accuse une diminution bien plus considérable que dans les trois autres provinces, et atteint à 23 pour 100. Il n'y a pas en Irlande, cette terre classique de la misère, de province où la population agricole soit aussi misérable. Elle se compose en grande partie de journaliers habitant des huttes construites en boue. La pêche, favorisée par l'existence sur la côte d'un certain nombre de bancs, y est très-importante. La province de Munster est divisée en six comtés : *Clare*, *Cork*, *Kerry*, *Limerick*, *Tipperary* et *Watterford*.

MUÑOZ (Gilles de). *Voyez* Clément VIII, antipape.

MUNSTER, chef-lieu de l'arrondissement du même nom ainsi que de la province de Westphalie (Prusse), siège d'un évêque et d'un chapitre, d'une cour d'appel, etc., bâtie sur une petite rivière appelée l'Aa et affluent de l'Ems, est située dans une contrée absolument plate. C'est une jolie ville, où l'on ne compte pas moins de 35,000 habitants. On y trouve des églises catholiques et une seule église protestante. Parmi les églises, qui toutes ont été dans ces derniers temps l'objet de réparations considérables, on remarque surtout la cathédrale, construite en 1225, sur une belle et vaste place, plantée de tilleuls séculaires. Citons en outre l'église Saint-Lambert, sur la place du Marché, dont la tour renferme encore les trois cages en fer où l'on suspendit les cadavres des trois anabaptistes Jean de Leyde, Kupperdolling et Krechtling, après leur supplice. En fait d'édifices civils, il faut mentionner le château royal, avec un beau parc, l'hôtel de ville, avec sa belle façade gothique et où les curieux vont visiter la salle dans laquelle fut signée, le 24 octobre 1648, la paix de Westphalie, dite aussi *paix de Munster*. Dès le siècle dernier les fortifications avaient été transformées en promenades ; et la citadelle avait fait place à un palais épiscopal. L'université catholique de Munster fut supprimée en 1818, et remplacée par une académie, qui se compose de deux facultés, de dix-sept professeurs et d'environ trois cents étudiants. Cet établissement possède une bibliothèque de plus de 50,000 volumes. Il y a en outre à Munster un gymnase, fréquenté par plus de sept cents élèves. La grande majorité des habitants professent la religion catholique. On fabrique dans cette ville des cuirs, des étoffes de laine, des draps, etc., et on y trouve aussi d'importantes brasseries et distilleries.

En 1532, sous l'évêque Frédéric II, qui penchait assez pour une réforme modérée dans l'Église, la réformation pénétra dans Munster en dépit de la vive résistance du chapitre. En 1535 et 1536 cette ville fut le théâtre des troubles religieux et politiques causés par les anabaptistes ; et une réaction violente y eut lieu, quand elle eut été prise d'assaut par son évêque, le 25 juin 1533. Plus tard encore des démêlés sanglants éclatèrent entre les habitants et leur évêque, notamment avec le belliqueux Christophe Bernard de Galen, qu'ils refusèrent de reconnaître et de recevoir dans leurs murs, après son élection, qui avait eu lieu en 1650. Galen contraignit la ville à se rendre à discrétion l'année suivante, et y étouffa à jamais l'esprit de révolte. Il y construisit une citadelle, dans laquelle il s'établit, tandis que ses prédécesseurs avaient toujours résidé à Kœslin. Dans la guerre de sept ans, Munster fut tour à tour prise et reprise par les Français et par les alliés.

L'ancien évêché de Munster était le plus grand de la Westphalie, et comprenait une superficie d'environ 130 myriamètres carrés avec 350,000 habitants. Placé à l'origine sous la protection héréditaire des comtes de Tecklenburg, il fut érigé en principauté indépendante au douzième siècle. A partir de 1719 l'archevêque de Cologne fut en même temps prince-évêque de Munster. L'évêché fut sécularisé en 1803, et son territoire attribué à titre d'indemnité partie à la Prusse, partie au duc de Holstein-Oldenburg, au duc d'Aremberg, aux princes de Salm, aux ducs de Croy et de Looz et Corswaren. En 1807 la partie qui avait été attribuée à la Prusse fut réunie à la France ; mais le congrès de Vienne la restitua à la première des puissances.

MUNZER (Thomas), fanatique fameux au temps de la réformation, naquit à Stolberg, dans le Harz. S'il est quelque chose de vrai dans la tradition qui porte que son père aurait été injustement mis à mort par un comte de Stollberg, on s'explique aisément la tendance des idées qu'il manifesta plus tard. Après avoir d'abord été maître d'école à Aschersleben, puis aumônier d'un couvent de femmes à Halle, et avoir prêché pendant quelque temps avec succès à Stollberg, il fut, en 1520, nommé prédicateur à Zwickau. Dès l'année suivante il se rendit à Prague, à l'effet de s'y faire des partisans parmi les Hussites. En 1523 il fut nommé curé à Allstedt en Thuringe. Séduit par la lecture des mystiques, il tonnait dans ses sermons contre la théologie scolastique et romaine ; à Prague, il avait fait placarder, *contra papistas*, un violent écrit, qui existe encore écrit en entier de sa main. Il réussit mieux à propager en Thuringe ses extravagantes doctrines que ne put le faire Karlstadt en Saxe. Il combattait non pas seulement le papisme, mais encore ce qu'il y avait, disait-il, de *servile*, de *littéral*, de *moyen terme* parmi les réformateurs, réclamant une réforme radicale dans la constitution politique et ecclésiastique, et, par la promesse d'une complète liberté civile, excitant le peuple à s'insurger contre les autorités établies. Le nombre de ses partisans s'accrut tellement, qu'en 1524 l'électeur Frédéric de Saxe et le duc Jean de Weimar lui enjoignirent d'avoir à déguerpir d'Allstedt. Munzer obéit, et se retira d'abord à Nuremberg, puis à Schaffhouse. Mais il revint en Thuringe, et s'établit à Mulhausen, où il parvint si bien à s'emparer de l'esprit de la multitude, qu'il put déposer l'ancien conseil municipal, dépouiller les couvents et les riches et proclamer la *communauté universelle des biens*.

Un autre fanatique, appelé Pfeifer, après avoir prêché des doctrines analogues à Eichsfeldt, vint se réunir avec ses adhérents à Munzer, qui bientôt, en apprenant que 40,000 paysans avaient levé l'étendard de l'insurrection en Franconie (*voyez* Paysans [Guerre des]), ne douta plus qu'il ne fût prédestiné à accomplir de grandes choses. Il convoqua ses partisans à Frankenhausen, leur promettant à tous de faire d'eux autant de seigneurs ; puis il prit les mesures nécessaires pour guerroyer. Après avoir établi Pfeifer en qualité de gouverneur à Mulhausen, il se rendit, à la tête de 300 hommes d'élite, à Franckenhausen, rompit les négociations ouvertes avec le comte de Mansfeld, et enflamma de nouveau les esprits. L'électeur Jean le Constant s'étant alors ligué avec le duc Georges de Saxe, le landgrave Philippe de Hesse et le duc Henri de Brunswick, ces princes firent marcher contre les révoltés 1,500 hommes de cavalerie avec plusieurs régiments d'infanterie. Munzer et ses gens, au nombre de 8,000, occupaient une position favorable sur la hauteur de Franckenhausen, et s'étaient fortifiés de retranchements construits à l'aide de leurs chariots. Avant d'en venir aux mains, les princes essayèrent encore une fois des voies de la douceur. Munzer ne voulut consentir à aucune transaction, et enflamma au contraire ses partisans par les discours plus exaltés et en leur faisant chanter des psaumes offrant quelque analogie avec la circonstance. Le 15 mai 1525 on en vint aux mains ; et après la résistance la plus désespérée, les insurgés furent complètement défaits. 5,000 et suivant quelques versions 7,000 d'entre eux restèrent sur le carreau. Le reste, alin de ne nombre se trouvaient Munzer et Pfeifer, se réfugia à Franckenhausen, qui peu de temps après fut pris et pillé par les troupes des confédérés. Manquant de courage à cet instant décisif, Munzer s'était caché dans un grenier, et s'était mis au lit en feignant d'être malade. Il eût peut-être échappé, si un soldat, qui vint fouiller sa valise, n'y avait pas trouvé la lettre à lui adressée quelques jours auparavant par le comte de Mansfeldt pour entrer en accommodement. Cette pièce le fit reconnaître. Arrêté aussitôt, il fut conduit à Heldrungen, et soumis à la question, il nomma tous ses complices. On l'envoya ensuite à Mulhausen pour y avoir la tête tranchée, ainsi que Pfeifer et vingt-quatre autres chefs des insurgés. En marchant au supplice, Munzer parut avoir toute espèce d'énergie. Quand on lui eut coupé la tête, son corps fut empalé, et sa tête demeura longtemps clouée à un poteau.

MUPHTI. *Voyez* Mufti.

MUQUEUSE (Fièvre), nom donné par Pinel à une espèce de fièvre continue. Cette dénomination est aujourd'hui abandonnée, et les symptômes de la fièvre muqueuse sont rapportés à une espèce de gastrite ou de gastro-entérite.

MUQUEUSE (Membrane). *Voyez* Membrane.

MUQUEUX (Tissu, Système). On comprend sous le nom de *tissu* ou *système muqueux* l'ensemble des membranes muqueuses qui font partie des organes des animaux. Le système entier forme deux grandes divisions, la *muqueuse gastro-pulmonaire* et la *muqueuse génito-urinaire*. Le tissu muqueux se distingue surtout des autres par la grande quantité de *follicules* qu'il contient dans son épaisseur : ce sont de petites glandes qui sécrètent des *mucosités* et les versent à la surface de la membrane. Ainsi, l'humeur qui coule des fosses nasales, celle qui est rejetée par l'expectoration, celle qui se mêle aux aliments dans l'estomac et les intestins, sont le produit de la sécrétion des follicules muqueux, quoique chacune de ces humeurs se distingue par un caractère particulier.

MUR, MURAILLE. *Mur* se dit de toute construction en maçonnerie destinée à séparer des propriétés ou à clore un espace quelconque. Les murs se font en pierre de taille, en moellon, en briques cuites et crues, en cailloux, en pisé, le tout relié avec du mortier de chaux et de sable, du plâtre, et même de l'argile. La mur de face est celui qui est à la face du bâtiment. On appelle *mitoyen* le mur qui sépare les fonds de deux voisins, et qui est commun à tous deux. Les *gros murs* sont les murs principaux, sur lesquels reposent la charpente, la toiture et la plus grande partie du reste de l'édifice. Le *mur de refend* au contraire est celui qui, renfermé dans les gros murs, sépare les pièces de l'intérieur du bâtiment. Les murs de nos maisons ne sont généralement pas quadrangulaires, mais à angles saillants et rentrants, plus ou moins nombreux, et disposés de telle sorte qu'on puisse toujours défendre un point attaqué avec la plus grande partie possible des forces de la place. L'ouvrage est d'autant plus parfait qu'on s'approche de la solution de ce problème stratégique, contre lequel échouraient vraisemblablement toutes les combinaisons du génie militaire : *Défendre un point attaqué quelconque avec la force de tous les autres points*.

Muraille est synonyme de *mur*, quoiqu'il convienne néanmoins mieux aux plus fortes constructions de ce genre en maçonnerie. On dit la *muraille* d'un bâtiment, d'un navire, en parlant de l'épaisseur de son bord : c'est son côté depuis la flottaison jusqu'en haut.

On dit proverbialement, *se donner la tête contre un mur*, pour dire : Entreprendre une chose impossible ; *Les murs ont des oreilles*, pour dire : Soyons circonspects, on peut nous écouter. *Mettre quelqu'un au pied du mur*, c'est le mettre hors d'état de reculer, le forcer à prendre un parti.

Tirer au mur, en termes d'escrime, veut dire pousser à fond de tierce et de quarte contre quelqu'un qui ne fait que parer, en renversant chaque fois par la parade l'épée de son adversaire sur le poignet de ce dernier.

Les deux plus grandes murailles du monde sont celle qui sépare la Chine de la Tatarie et celle qui a été élevée entre la Nubie et l'Égypte, sur la route conduisant de Syène à Philoé. Toutes les deux, faites pour garantir le pays d'invasions, sont en briques crues, et ont une même épaisseur. Les murs de Babylone, dont il reste à peine quelques vestiges, pouraient tenir le troisième rang parmi ces gigantesques ouvrages.
BILLOT.

MUR ou **MUHR**, rivière. *Voyez* DRAVE.

MURAIRE (HONORÉ, comte DE), naquit en 1750, à Draguignan, où il exerça d'abord la profession d'avocat. Il présidait son district lorsque fut élue la Législative. Il s'y montra défenseur ardent de la constitution, et prit une grande part aux modifications qui s'effectuèrent dans la législation. Persécuté sous la terreur, il fut élu en 1795 au Conseil des Anciens par le département de la Seine. Un des membres les plus influents du parti clichyen, il fut porté sur les listes de proscription après le coup d'État du 18 fruc-

tidor ; mais il obtint de subir sa peine à l'île d'Oléron, où il resta jusqu'à la fin de 1799. En avril 1800 le sénat le nomma membre du tribunal de cassation, dont il devint premier président l'année suivante, en remplacement de Tronchet. Entré au conseil d'État, il prit une part active à la rédaction de nos codes. L'empire le fit comte. A la première restauration il resta neuf mois à la tête de sa compagnie ; au 20 mars il reprit ses fonctions, qui cessèrent de nouveau avec les cent jours. Il mourut en 1837. Quelques *Éloges funèbres* prononcés par Muraire à la cour de cassation méritent de n'être pas oubliés.

MURAL (Cercle). *Voyez* CERCLE MURAL.

MURALE (Couronne). *Voyez* COURONNE.

MURAT, chef-lieu d'arrondissement dans le département du Cantal, à 44 kilomètres au nord-est d'Aurillac, au pied du Cantal et sur la rive gauche de l'Alagnon, avec 2,699 habitants, une fabrication de dentelles, des scieries de planches, un commerce de fromages dits du Cantal, de bestiaux et de cuirs. La ville est dominée par un petit mont conique, formé de basaltes prismatiques qui ressemblent à des tuyaux d'orgue, et qui était autrefois couronné du château fort de Bonnevie, démoli par ordre de Louis XI.

MURAT (JOACHIM), maréchal de l'empire, prince, grand-amiral, grand-duc de Berg, enfin roi de Naples, naquit le 25 mars 1787 selon les uns, 1771 selon d'autres, à La Bastide, près de Cahors, où son père exerçait l'état d'aubergiste. Il obtint, par la protection d'une famille noble du Périgord, une bourse au collège de Cahors, qu'il quitta pour aller terminer ses études à Toulouse. Destiné à l'église, il était déjà arrivé jusqu'au sous-diaconat, lorsque *l'abbé Murat* (c'était ainsi qu'on l'appelait dans sa ville natale) commit quelque étourderie de jeunesse qui le fit renvoyer du séminaire. Mat reçu par son père, et ne se sentant guère d'humeur à partager le service de fil minisou avec les domestiques, il s'engagea dans le douzième régiment de chasseurs, qui passait à Toulouse. Il y obtint en peu de temps le grade de maréchal des logis. Son caractère vif et emporté lui fit commettre une infraction à la discipline assez grave pour déterminer son renvoi du régiment. Il se rendit alors à Paris, où pendant quelque temps il gagna sa vie comme garçon de café. Lorsque la garde constitutionnelle de Louis XVI fut décrétée, il en fut admis à en faire partie ; et lors du licenciement de ce corps il passa sous-lieutenant dans un régiment de chasseurs. Il arriva rapidement au grade de lieutenant-colonel : c'est alors qu'il écrivit d'Abbeville, sa garnison, à la Société des Jacobins de Paris pour lui faire connaître son intention de changer son nom en celui de *Marat*. Dénoncé pour ce fait, après le 9 thermidor an II, il allait être destitué, lorsque J.-B. Cavaignac, ancien président du directoire du département du Lot, alors députe à la Convention, fit rayer la dénonciation des régistres du comité de salut public. Le 13 vendémiaire an IV, Murat servit sous les ordres de Bonaparte, que Barras venait de choisir pour refouler les sections royalistes en insurrection contre la représentation nationale. Bonaparte, nommé au commandement de l'armée d'Italie, s'attacha Murat comme aide de camp. Il fit preuve d'intelligence et d'une bravoure surprenante au commencement de cette inimortelle campagne, et mérita l'estime particulière du général en chef. Chargé au mois de floréal an IV (mai 1796) d'apporter au Directoire exécutif vingt-et-un drapeaux enlevés à l'ennemi, il fut reçu avec triomphe, et accueilli avec une noble dignité les honneurs dont on l'entoura. Au mois du juin de la même année, Murat accompagna le ministre Faypoult, qui avait ordre de demander au doge de Gênes l'expulsion de l'ambassadeur autrichien. De retour à l'armée, on le vit prendre une part active et glorieuse à la plupart des affaires qui signalèrent la fin de la campagne. Vers la fin de mars 1798, il réduit la Valteline à la nouvelle République Cisalpine. Envoyé à Rome avec Berthier, Murat, alors général de brigade, châtia les insurgés de Marino, Albano et Castello. Quand l'expédition d'Égypte fut résolue, Murat déclara que rien ne le séparerait de son général, et il s'embarqua avec lui. Au siège de Saint-Jean-d'Acre, le jeune général obtint l'honneur périlleux de monter le premier à l'assaut de cette place. Après la levée du siège, il contribua puissamment au gain de la bataille du mont Thabor (16 avril 1799). Au mois de messidor, il rejeta dans le désert Mustapha-Pacha et son innombrable armée. Le 7 thermidor, les troupes sous ses ordres commencèrent à Aboukir l'attaque du camp turc, et décidèrent de la victoire; Murat fut grièvement blessé en cherchant à faire prisonnier le fils du pacha du Caire. Tant de bravoure et de succès méritaient une éclatante récompense ; Joachim reçut le grade de général de division, et partit avec Bonaparte pour la France, le 24 vendémiaire an VIII (16 octobre 1799). Lors du coup d'État du 18 brumaire, c'est Murat qui, à la tête de soixante grenadiers, dispersa le conseil des Cinq Cents. Il obtint quelque temps après le commandement de la garde consulaire, et, à peu près à la même époque, Bonaparte lui donna sa sœur Caroline en mariage.

Dans la seconde campagne d'Italie, le beau-frère du premier consul commandait la cavalerie à Marengo, et mérita un sabre d'honneur pour sa brillante conduite dans cette journée. Chargé du gouvernement de la République Cisalpine, Murat résigna ces fonctions pour aller présider les opérations du collège électoral du département du Lot, qui le nomma député au corps législatif. Il devint ensuite et successivement gouverneur de Paris, avec rang de général en chef, maréchal de l'empire, prince, grand-amiral et grand-aigle de la Légion d'Honneur.

Dans la campagne de 1805, le beau-frère de l'empereur, chargé du commandement de la cavalerie, entra le premier à Vienne, le 13 novembre; et après avoir battu l'arrière-garde russe à Hollabrünn et à Guntersdorf, il parut, le 2 décembre, sur le champ de bataille d'Austerlitz, où ses habiles manœuvres et sa prodigieuse valeur déterminèrent en partie l'immortelle victoire qui termina cette campagne.

En 1806, Napoléon nomma son beau-frère grand-duc de Berg. La guerre contre la Prusse ayant commencé la même année, il commanda la cavalerie à la bataille d'Iéna, qui devint le tombeau de la monarchie prussienne. Le lendemain, le grand-duc force la ville d'Erfurth à capituler et s'empare des immenses magasins qu'elle renfermait. A Wigensdorf, il obliga la brigade du prince Hohenlohe à déposer les armes, et vit tomber entre ses mains un matériel considérable. Neuf jours après, le général Blucher se rendait à discrétion et lui remettait son épée. Dans la campagne d'hiver de 1806 à 1807, le grand-duc rendit également des services signalés. A la sanglante bataille d'Eylau, il enleva à l'infanterie russe une partie de son artillerie. Le jour de la victoire de Friedland, à laquelle il regretta de ne pas assister, il investissait avec le maréchal Soult Kœnigsberg, seconde capitale de la Prusse, et faisait capituler 4,000 Russes devant cette ville. Au mois d'avril 1808, il reçut le commandement de l'armée destinée à opérer sur l'Espagne, et il entrait un mois après dans Madrid, à la tête de ses troupes. Une insurrection qui menaçait l'existence de tous les Français ayant éclaté dans cette capitale, le gouverneur se vit obligé de recourir à la force. L'opiniâtre résistance des Espagnols rendit seule l'engagement meurtrier.

Appelé vers la fin de 1808 au trône de Naples, il prit possession de ses États au mois de septembre de cette même année, sous le nom de Joachim Napoléon. Le peuple napolitain le reçut avec ces vives démonstrations de joie et d'enthousiasme si communes mais si peu durables dans un pays comme l'Italie. Il succédait à Joseph Bonaparte, qui n'avait laissé que de faibles souvenirs à Naples. En montant sur le trône, Joachim envoie le général Lamarque s'emparer, sous ses yeux, avec une poignée d'hommes, de l'île de Caprée, occupée par les Anglais, et tellement fortifiée qu'ils l'appelaient le *petit Gibraltar*. Le roi profite de quelques mois de paix pour rétablir l'ordre dans les finances, l'administration, et créer une armée, qu'il élève à 70,000 hommes de fort belles troupes. Il relève également la marine, et donne aux équipages une organisation meilleure; enfin, il ordonne la formation d'une garde nationale dans tout le royaume. Une visible mésintelligence ne tarda pas à éclater entre le cabinet de Naples et celui des Tuileries à l'occasion de la protection éclatante que Joachim, jaloux de se rendre indépendant dans ses États, accordait aux nationaux. Le grand défaut de Murat était la vanité : en le flattant, on était toujours sûr de lui plaire, et qui connaît mieux que les Italiens l'art d'encenser et de séduire ! Les Napolitains répétaient sans cesse à leur roi qu'il pouvait compter sur une armée nationale prête à devenir sous ses ordres une armée de héros, et qu'il était temps qu'on répudiât la tutelle des étrangers. La reine seule combattait cette disposition fâcheuse de son époux pour les Français ; mais Murat craignait de passer pour l'esclave de sa femme, à laquelle il disait souvent, et en faisant allusion au mari de la princesse Elisa : « Tu ne feras jamais de moi un Bacciochi. » Enfin, il exigea de tous les *étrangers* à son service une renonciation absolue à leur première patrie. Un décret de l'empereur l'en punit cruellement : « Considérant que le royaume de Naples fait partie du grand empire ; que le prince qui règne dans ce pays est sorti des rangs de l'armée française ; qu'il a été élevé sur le trône par les efforts et le sang des Français , Napoléon déclare que les citoyens français sont de droit citoyens du royaume des Deux-Siciles. » Ce décret porta au plus haut degré la mésintelligence entre l'empereur et Murat, et dès ce moment il n'est pas douteux que ce dernier n'ait préparé sa défection. Appelé sous les drapeaux français dans la gigantesque expédition de Russie, Murat n'osa pas résister à la voix de Napoléon ; mais tout porte à croire qu'il était déjà d'accord avec les alliés. On raconte en effet que tandis qu'il commandait la cavalerie, le prince Cariati, chargé de sa part d'une mission pour le quartier général ennemi , avait prêté à plusieurs reprises sa lunette d'approche à l'empereur Alexandre, qui disait : « Voyons si nous ne pourrons pas découvrir dans la plaine notre allié le roi de Naples. »

Quoi qu'il en soit , Joachim, en reparaissant sur le champ de bataille, retrouva Français, et montra sa valeur ordinaire. Dans la désastreuse retraite, l'empereur, en quittant l'armée, le 5 décembre , lui remit le commandement des troupes. Désespérant alors de l'étoile de Napoléon, Murat quitta précipitamment l'armée, et revint dans la capitale de ses États. Ici finit la phase glorieuse de sa vie.

A peine de retour à Naples, il s'occupe de renouer ses relations diplomatiques avec l'Autriche et l'Angleterre, et s'efforce de consommer sa défection. C'est au milieu de ces intrigues perfides que le surprend l'ouverture de la campagne de 1813. Appelé de nouveau par Napoléon, Murat attendit les premiers événements pour se déclarer. Les batailles de Lutzen et de Bautzen le décidèrent. A Dresde, il accabla l'aile gauche de l'armée ennemie , et coupa aux alliés les routes de Freyberg et de Pirna. Après la bataille de Leipzig, Murat repart pour ses États, et le 11 janvier 1814 il signe avec la cour de Vienne un traité par lequel il s'engage à fournir aux alliés un corps de 30,000 hommes ; il obtenait à ce prix sa reconnaissance politique comme souverain de Naples. Abusant de vice-roi Beauharnais par de feintes promesses, il prend dans les dépôts de la haute Italie des vivres et des munitions qu'on lui promet de payer et qui s'avance sur les derrières de l'armée française et italienne. Ce mouvement força le vice-roi à se replier sur l'Adige, et dérangea tous les plans des Napoléon.

Les Bourbons ayant instamment demandé la déchéance de Joachim au congrès de Vienne, celui-ci lève une forte armée, et appelle les *carbonari*, ou patriotes italiens, à l'insurrection ; tout à coup on lui annonce que l'empereur vient de remonter sur le trône de France. Alors, soit qu'il voulût le devancer dans la haute Italie et la réunir sous son empire, soit qu'il voulût aider son beau-frère par une puissante diversion, il commença les hostilités contre l'armée autrichienne. Après quelques succès d'avant-garde, qu'il s'exagéra comme des victoires, Murat vit ses colonnes mises en déroute, et regagna ses frontières dans le plus grand désordre. Les Autrichiens tournèrent Capoue, et obligèrent le roi à s'enfuir sur un esquif, tandis que la reine sa femme était réduite à se livrer aux Anglais.

Le 25 mai, à dix heures du soir, Murat débarque avec sa suite sur la fameuse plage de Cannes, d'où il envoie un courrier à l'empereur, qui, se souvenant de la défection de 1814, jugea convenable de tenir l'ex-roi de Naples éloigné de Paris et de l'armée. Joachim, après la bataille de Waterloo et les insurrections royalistes de Marseille et de Toulon, ne se jugeant plus en sûreté dans sa résidence de Plaisance, se jette furtivement, le 22 août, dans une frêle embarcation, et se dirige vers Bastia, où, malgré une violente tempête, il débarque, le 25 août, toujours plein d'une folle vanité. A peine voit-il quelques-uns de ses anciens serviteurs revenir à lui, qu'il conçoit le projet insensé de reconquérir le royaume de Naples. Il met à la voile, le 28 septembre 1815, avec sept transports contenant environ 250 hommes. Une violente bourrasque ayant dispersé sa flottille, Murat est jeté presque seul dans le golfe de Sainte-Euphémie, et pousse la témérité jusqu'à continuer sa marche en avant avec une poignée d'hommes. Les habitants ayant fait feu sur sa faible troupe, les deux bâtiments qu'il venait de quitter prennent aussitôt le large et l'abandonnent; Murat revient sur ses pas, s'efforce, mais vainement, de détacher une barque de pêcheur échouée sur le sable, et tombe entre les mains du peuple, qui le traîne prisonnier au château de Pizzo. Trois jours après, il était jugé et condamné à mort, par une commission militaire. La seule faveur qu'il obtint fut celle d'écrire à sa femme. Conduit dans une salle du château de Pizzo, il vit entrer douze soldats qui se rangèrent sur deux rangs devant lui. Repoussant avec une espèce d'indignation le bandeau et la chaise qu'on lui offrait : « J'ai trop souvent bravé la mort pour la craindre, dit-il; visez au cœur. » Au même instant, il tombait frappé de douze balles à bout portant. Il était âgé de quarante-huit ans. Au moment où il se disposait à tenter cette folle expédition, Murat avait reçu de son agent Macirone une lettre dans laquelle le cabinet de Vienne lui offrait un asile dans les États autrichiens à la condition de renoncer au titre de roi et de se contenter de l'avenir de celui de comte de Lipona (anagramme de *Napoli*). Murat refusa, et persista à parodier l'épopée des cent jours de son beau-frère.

Napoléon, qui, toujours sévère pour Murat, ne consentait à lui reconnaître que la plus brillante valeur, a laissé tomber de sa plume, à Sainte-Hélène, ces mots cruels : « En proie deux fois aux plus étranges vertiges, Murat deux fois fut la cause de nos malheurs en 1814, en se déclarant contre la France, en 1815, en se déclarant contre l'Autriche. »

Le veuve de Murat, *Marie-Annonciade-Caroline* BONAPARTE, née à Ajaccio, le 26 mars 1782, prit le titre de *comtesse de Lipona*, à la mort de son mari, et résida presque constamment dès lors aux environs de Trieste. Elle mourut à Florence, le 18 mai 1839. Quelques années auparavant elle avait obtenu l'autorisation de se rendre à Paris, où elle avait séjourné pendant près de trois mois, pour suivre de plus près quelques réclamations pécuniaires auxquelles le gouvernement de Louis-Philippe s'empressa de faire droit. On la supposait généralement remariée depuis longtemps, mais en secret, avec un général Macdonald, n'ayant que le nom de commun avec le maréchal, et qui partagea sa retraite jusqu'au dernier moment.

De son mariage avec Caroline Bonaparte, Murat laissa deux fils et deux filles :

Napoléon-Achille MURAT, né le 21 janvier 1801, qui après la mort de son père se retira dans les États autrichiens avec sa mère. Mais en 1821 il passa aux États-Unis, où il s'établit dans la Floride, et se maria avec une petite-nièce de Washington. Il s'occupait de sciences, avait écrit plusieurs ouvrages sur la constitution politique de l'Union, et jouissait au plus haut degré de l'estime de ses nouveaux concitoyens, lorsqu'il mourut, le 15 avril 1847, dans son petit domaine de Talahassée.

Napoléon-Lucien-Charles, prince MURAT, son frère cadet, est né à Milan, le 16 mai 1803. Lui aussi, en 1815, il suivit sa mère en Autriche. En 1825 il passa en Espagne, et y fut arrêté. Rendu bientôt après à la liberté, il gagna également les États-Unis, où il se maria. Mais dans le Nouveau Monde la fortune lui fut si peu propice qu'il avait fini par n'avoir plus d'autres ressources pour y subsister que le produit d'une école de petites filles tenue par sa femme. A la nouvelle des événements survenus en France en février 1848, il s'empressa de gagner l'Europe; et le département du Lot, où il se mit sur les rangs pour la représentation nationale, le nomma successivement son représentant à l'Assemblée constituante et à la Législative. Il fit alors partie du comité de la rue de Poitiers. En 1849 il fut nommé envoyé extraordinaire et ministre plénipotentiaire près la cour de Turin. L'année suivante, une légion de la garde nationale de la banlieue l'élut pour son colonel. Par décret du 25 janvier 1852 il a été nommé sénateur; un décret postérieur lui a donné le titre de prince de la famille impériale, en vertu duquel il a droit aux qualifications de *monseigneur* et d'*altesse impériale*. Il a un fils, Joachim MURAT, qui est aujourd'hui officier dans l'armée, et une fille, qui a épousé le baron de Chassiron.

Lætitia-Joséphine MURAT, née le 25 avril 1802, a épousé le comte Pepoli, de Bologne.

Louise-Julie-Caroline MURAT, née le 22 mars 1805, a épousé le comte Rasponi, de Ravenne.

Consultez Coletta, *Histoire des six derniers mois de la vie de Joachim Murat* (1821); Franceschetti, *Mémoires sur les événements qui ont précédé la mort de Joachim Ier* (1826); Léonard Gallois, *Histoire de Joachim Murat* (1828).

MURATORI (LOUIS-ANTOINE), un des érudits les plus célèbres et les plus laborieux de l'Italie, naquit à Vignola, dans les États de Modène, le 21 octobre 1672. En 1694, à vingt-deux ans, il fut appelé à Milan par le comte Charles Borromée, qui l'attacha à la célèbre bibliothèque ambrosienne. Il y étudia les auteurs anciens et les principaux d'entre les modernes. En 1700, le duc de Modène le rappela pour en faire son bibliothécaire, et le nomma conservateur des archives publiques. Les académies des Arcades et de la Crusca, l'Académie Étrusque de Cortone, la Société royale de Londres, l'Académie impériale d'Olmutz, lui envoyèrent presque en même temps leurs diplômes. Une accusation d'hérésie et d'athéisme dirigée contre lui par ses ennemis ne trouva point crédit auprès de Benoît XIV, pontife éclairé, qui lui écrivit même une lettre pour le tranquilliser à ce sujet. Il mourut, le 23 janvier 1750, âgé de soixante-dix-sept ans.

Ses nombreuses publications et ses savantes dissertations attestent une érudition colossale. Elles roulent sur la jurisprudence, la philosophie, la théologie, la poésie, les antiquités, et surtout l'histoire du moyen âge, dont il a recueilli les sources avec un zèle infatigable. Ses ouvrages comprennent 46 volumes in-fol., 34 in-4°, et 12 in-8°. Voici les titres de ses principales publications : *Anecdota* (Milan, 1697-1798); *Anecdota Græca* (Padoue, 1709); *Rerum Italicarum Scriptores* (25 vol., Milan, 1725-1751); *Antiquitates Italicæ medii ævi* (6 vol., 1738-1742); *Novus Thesaurus veterum Inscriptionum* (12 vol., Milan, 1739-1742); *Annali d'Italia* (1744-1749); *Della perfetta Poesia Italiana* (Venise, 1748; nouvelle édition, 3 vol., Milan, 1821). ARTAUD.

MURAWJEFF. *Voyez* MOURAWIEFF.

MURCIE (*Murcia*), ancien royaume d'Espagne, qui appartenait jadis aux Maures, et comprenant, sur une superficie de 261 myriamètres carrés, une population de 596,000 habitants. Il confine à l'est au royaume de Valence, au sud à la Méditerranée, à l'ouest aux royaumes de Grenade et de

Jaen, et au nord à la Nouvelle-Castille. Dans l'ancienne division administrative du royaume d'Espagne, il formait l'une de ses dix-sept provinces ; mais depuis 1833, époque où l'on en a détaché Albacete, pour en constituer une province particulière, comptant aujourd'hui 196,000 habitants, il n'est plus l'une des quarante-huit provinces d'Espagne, avec environ 400,000 habitants. Le royaume de Murcie est l'une des plus belles contrées de l'Espagne ; on y jouit d'un climat sain, agréable, dont la chaleur est tempérée par diverses chaînes de montagnes, telles que la Sierra de Segura, la Sierra de Salinas et la Sierra de Huescar. Son sol produit en abondance des céréales, des fruits de toutes espèces, du vin, de l'huile et de la soie. Il recèle dans ses entrailles beaucoup de richesses métalliques, mais dont la plus grande partie restent malheureusement inexploitées. On vante surtout la beauté de la vaste vallée de la *Segura*, le principal cours d'eau de Murcie, qui dans son cours supérieur est obligé de se frayer passage à travers d'immenses groupes de rochers, et qui reçoit le Mundo et la Sangonera. En mars 1829, un tremblement de terre causa d'effroyables ravages dans la plus grande partie de cette province. Des milliers d'édifices furent renversés, et un grand nombre d'habitants furent tués ou grièvement blessés. Des sources d'eau fétide surgirent des masses de décombres, de cendres et de sable ainsi mises en mouvement, et la Segura, sortant de son lit, inonda toute la vallée.

Murcie, sur la Segura, chef-lieu de la province et siége d'évêché, compte 36,000 habitants, et est presque entièrement bâtie dans le goût mauresque. En février 1854 un incendie qui éclata dans la cathédrale, et dont on ne put se rendre maître qu'au bout de six heures, ne laissa subsister de ce superbe édifice que les murs et les tours, et causa une perte évaluée à plus de quatre millions de francs. Les boiseries du chœur, magnifiquement sculptées, avaient à elles seules coûté au delà de 400,000 fr. La ville de Murcie possède en outre onze autres églises, trois colléges, un séminaire, une école de marine et deux hôpitaux.

Après le chef-lieu, la ville la plus considérable de la province est Carthagène.

MUR DES PICTES. *Voyez* Pictes (Mur des).
MUR DU DIABLE. *Voyez* Diable (Mur du).
MÛRE. *Voyez* Mûrier.
MURÆNA. *Voyez* Licinius.
MURÈNE, genre de poissons de l'ordre des malacoptérygiens apodes, famille des anguilliformes. G. Cuvier le caractérise ainsi : pectorales nulles ; branchies s'ouvrant par un petit trou de chaque côté ; estomac en forme de sac très-court, vessie aérienne petite, ovale, placée dans le haut de l'abdomen. Les murènes se font encore remarquer par des opercules petits, développés dans la peau, et qui ne s'ouvrent que fort en arrière, par une espèce de tuyau, disposition qui abrite mieux les branchies, permet aux murènes de demeurer plus longtemps qu'aucun autre poisson hors de l'eau sans périr ; et enfin, par l'absence apparente de leurs écailles, presque insensibles et comme encroûtées dans une peau grasse et épaisse. Les yeux de ces animaux sont grands, leurs teintes sont livides ou sombres ; une mucosité qui transsude de leur peau les rend difficiles à saisir, et leur premier aspect inspire une certaine horreur ; mais en revanche leur chair est généralement blanche, tendre et agréable à manger. Quant à leur caractère, ce sont tous des poissons carnivores et voraces.

L'espèce la plus remarquable de ce genre est la *murène commune* (*muræna helena*, L.) ; c'est un poisson rusé, carnassier et vorace, dont le corps est tout diapré de vert et de noir ; ses formes agiles ne sont pas sans élégance, mais il a des airs de reptile qui inspirent toujours un certain effroi. Ses mœurs sont à peu près celles de l'anguille, avec cette différence qu'elle habite de préférence la mer et ses bords saumâtres. Cependant, la murène vit dans les viviers qu'on lui prépare, pourvu qu'on y ménage de sombres retraites, pour qu'elle s'y puisse soustraire aux ardeurs du soleil. Les anciens Romains en élevaient beaucoup de la sorte, pour en couvrir leur table. C'est dans les historiens qu'il faut voir le prix qu'ils mettaient à leur possession. Ils consacraient des sommes énormes à leur creuser de magnifiques viviers. Ils se plaisaient à orner ces poissons de bijoux précieux et à les accoutumer à accourir à la voix de leur maître. On rapporte que Pollion alla jusqu'à nourrir les siens avec des esclaves qu'il leur faisait jeter. Le grand orateur Quintus Hortensius poussait la tendresse pour ses chères murènes jusqu'à pleurer la mort de celles que des accidents faisaient périr sous ses yeux. Ce poisson est très-répandu dans la Méditerranée.   F. Passot.

MURET, chef-lieu d'arrondissement dans le département de la Haute-Garonne, à 20 kilomètres sud-sud-ouest de Toulouse, sur la rive gauche de la Louge et de la Garonne, à leur confluent, avec 4,511 habitants, une société d'agriculture, une fabrication de draps grossiers, une distillerie d'eau-de-vie, des tuileries, un pont en fer sur la Garonne, remarquable par sa dimension. Cette ville est célèbre par le siége qu'elle soutint en 1213 contre le roi d'Aragon, à la tête d'une armée considérable, et par la bataille livrée sous ses murs par le comte de Montfort, dans laquelle ce roi fut tué et son armée mise en déroute. Son église est à présent surmontée d'une croix enlevée à une chapelle de Bomarsund en 1854, et qui lui a été donnée par le général Niel.

MURET (Marc-Antoine), célèbre humaniste du seizième siècle, né en 1526, à Muret, aux environs de Limoges, après avoir successivement professé, dès l'âge de dix-sept ans, les belles-lettres à Poitiers, à Bordeaux et à Paris, se fixa à Toulouse, où il s'attira une condamnation capitale comme *sodomiste* et hérétique, qui le contraignit à fuir en Italie. A partir de 1554 il vécut alternativement à Venise et à Padoue, jusqu'au moment où le cardinal Hippolyte d'Este le fit venir près de lui, à Rome. Quand son protecteur se rendit en France, en 1562, avec le titre de légat, Muret l'y accompagna ; et l'année suivante, à son retour à Rome, il y fit sur les classiques grecs et latins, notamment sur la morale d'Aristote, des cours publics, qui eurent un grand retentissement. En 1567 il commença à enseigner le droit civil à Ascoli. Malgré la faveur du pape Grégoire XIII, il avait accepté, sur l'offre du roi de Pologne, une chaire dans l'université qui venait d'être fondée à Cracovie ; mais divers obstacles l'empêchèrent de donner suite à cette proposition, et en 1576 il prit les ordres. En 1584 il renonça à l'enseignement, et mourut à Rome, le 4 juin 1585.

Les ouvrages de Muret sont écrits dans un style à la fois simple et élégant. Les plus célèbres sont ses *Discours*, ses *Epîtres*, ses *Variæ Lectiones*, en 19 livres, et son *Observationum Juris Liber singularis*. On a aussi de lui des éditions de Térence (Rome, 1555), de *Catulle, Tibulle et Properce* (Venise, 1558), de *Sénèque le philosophe* (Rome, 1585), des *Philippiques* de Cicéron (Paris, 1564), et une série de scolies remarquables sur d'autres auteurs, tels que Salluste, Aristote et Platon.

La meilleure édition de ses œuvres complètes est celle qu'en a donnée Ruhnken (Leyde, 1779, 4 vol.). On trouve dans le Ier volume de cette édition les *Juvenilia Poemata*, et ses *Orationes*, au nombre desquelles figure une oraison funèbre de Charles IX, où Muret fait l'éloge de la Saint-Barthélemy. Une nouvelle édition plus complète en a été donnée dans ces dernières années à Leipzig, par Frotscher et Koch.

MURIATES, ancienne dénomination de plusieurs composés chimiques connus aujourd'hui sous les noms de *chlorures* et de *chlorhydrates*.

MURIATIQUE (Acide). *Voyez* Chlorhydrique (Acide).

MÛRIER (du grec μόρον, mûre), genre de plantes rangé par Jussieu dans la famille des urticées, et qui forme pour d'autres botanistes le type de la famille des morées ;

il appartient à la monœcie-tétrandrie du système sexuel.

Ce genre se compose d'arbres et d'arbrisseaux à suc blanc, laiteux, qui croissent spontanément dans les régions chaudes de toute la terre. Leurs feuilles alternes, entières ou lobées, sont accompagnées de stipules. Leurs fleurs sont petites, réunies en épis axillaires, unisexuels, serrés, dont les mâles sont oblongs ou cylindriques, et les femelles plus courts, ovoïdes ou presque globuleux. Les fleurs mâles offrent un périanthe divisé en quatre lobes ovales, quatre étamines opposées à ces divisions, à anthère introrse et biloculaire; à leur centre est un rudiment d'ovaire. Les fleurs femelles présentent un périanthe à quatre folioles ovales, un ovaire ovoïde et sessile, surmonté de deux styles terminaux. Le fruit est un akène sec ou très-peu charnu.

Exotiques à l'Europe, les mûriers ont été naturalisés dans cette partie du monde à cause du bénéfice que l'on peut en retirer. Le *mûrier noir* (*morus nigra*, L.) porte de gros fruits suaves, appelés *mûres*, dont le parfum et la saveur sucrée charment les gourmets. On croit cet arbre originaire de la Perse ou de la Chine; mais depuis longtemps il s'était propagé en Orient, d'où il passa probablement de la Grèce en Italie, fort anciennement, sans doute, puisque Pline en parle comme d'un arbre indigène, et d'où il fut ensuite transporté dans les Gaules par les Romains. Il a été mentionné par les auteurs grecs et latins. On présume que c'est le mûrier que cite Théophraste sous le nom de *sycaminon*. Les poëtes eux-mêmes ont chanté ce végétal, dont le feuillage les aura séduits. Ovide, dans la fable de *Pyrame et Thisbé*, fait périr ces deux infortunés sous un de ces arbres, et la fiction dit que leur sang, en arrosant ses racines, communiqua une teinte pourpre-noire aux fruits, qui précédemment étaient blancs, et que la prière de Thisbé les dieux leur conservèrent cette couleur sinistre, pour rappeler la catastrophe des deux amants. Virgile, dans l'une de ses églogues, s'est plu à peindre une naïade barbouillant la face de Silène avec le sucre empourpré des mûres. Horace, dans ses vers, donne pour précepte de manger des mûres à la fin du repas pour se bien porter pendant les jours brûlants de l'été. Pline, au contraire, les dit malsaines à ce moment du repas, et, environnant le mûrier d'erreurs fabuleuses, il rapporte qu'il est appelé le plus sage des arbres, parce qu'il ne végète que quand le froid est passé et qu'alors son extension a lieu avec bruit et s'exécute dans l'espace d'une seule nuit. On confectionne quelques ouvrages de menuiserie ou de tour avec le bois du mûrier noir; son écorce peut être employée à la fabrication du papier, et ses fibres sont susceptibles d'être tissées en cordages. Ses feuilles peuvent remplacer celles du mûrier blanc pour la nourriture du ver à soie, ainsi que cela a lieu en Calabre, en Sicile et dans quelques contrées de l'Espagne; mais il paraît qu'alors ces insectes donnent une soie plus grossière. Les fruits de cet arbre sont alimentaires, rafraîchissants et laxatifs; ils servent aussi à colorer le vin. Anciennement, les Romains en faisaient un médicament qui s'administrait dans tous les maux. Aujourd'hui, on en forme le *sirop de mûres*, que les médecins conseillent en général dans les maladies inflammatoires et surtout dans les affections de la gorge.

Le *mûrier blanc* (*morus alba*, L.) porte des fruits d'un blanc rougeâtre : c'est à la nourriture qu'il fournit aux vers à soie qu'il a successivement dû sa culture en Chine, pays dont il paraît issu, dans l'Inde et la Perse, ainsi que dans les diverses régions de l'Europe. Les historiens chinois font remonter l'origine de l'emploi de ce mûrier pour nourrir la chenille du bombyx (ver à soie) jusqu'à l'impératrice Loui-Tsen, femme de Hoang-Ti, dont le règne commença deux mille six cent quatre-vingt-dix-huit ans avant J.-C.; le succès qu'elle en obtint et les beaux ouvrages qu'elle fabriqua avec la soie lui valurent le nom d'*Esprit des mûriers*. Mais l'introduction du mûrier blanc et du ver à soie en Europe n'eut lieu que vers le milieu du septième siècle, pendant le règne de l'empereur Justinien, et elle fut opérée par deux moines grecs, qui apportèrent de l'Inde à Byzance des œufs de ver à soie et des semences de cet arbre; puis on propagea celui-ci dans le Péloponnèse, qui cinq cents ans après, à cause de l'importance de ses plantations de mûriers, prit le nom de Morée. De la Grèce, la culture de cet arbre s'introduisit en Sicile et en Italie, vers 1130, par les soins de Roger, roi du premier de ces pays, qui, après la conquête des principales villes du Péloponnèse, transporta de la Grèce à Palerme des ouvriers en soie. La France possédait déjà un certain nombre de pieds de mûriers blancs à l'époque de Charles VII; mais ce fut, suivant Olivier de Serres, à l'issue des guerres de Charles VIII en Italie, en 1494, que la culture du mûrier prit en France une assez grande extension, après que les seigneurs qui accompagnaient ce prince eurent ramené avec eux des pieds de cet arbre précieux, dont on prétend que quelques-uns subsistent encore maintenant dans les domaines impériaux du midi. Mais quoique Charles VIII ait fait distribuer des mûriers à plusieurs provinces et encouragé les manufactures de soie de Lyon, en France on ne faisait guère usage que de soieries étrangères. Henri II, pénétré de l'importance de ces arbres, en protégea la culture, et, le premier de nos rois, porta des bas de soie indigène. Sous Charles IX, un jardinier de Nîmes créait de vastes pépinières pour la propagation des mûriers, et Olivier de Serres s'en occupa avec ardeur. Henri IV suivit l'exemple de ses prédécesseurs en établissant, d'après les conseils de cet illustre agriculteur, et malgré Sully, des pépinières destinées à les élever ; par ses ordres, quinze à vingt mille mûriers blancs furent plantés dans le jardin des Tuileries pendant l'année 1601, et ce roi fit construire dans son enceinte une vaste maison pour y nourrir des vers à soie avec leur produit, puis il ordonna aux députés du commerce d'encourager les moyens la propagation du mûrier en France. L'exemple de Henri IV fut suivi par le duc de Wurtemberg. Malheureusement, sous le règne de Louis XIII on négligea ces arbres. Cependant, bientôt après, Colbert, sentant toute l'importance des mûriers, distribua les pieds qu'on en extirpait, et les fit planter, aux frais de l'État, sur les propriétés des campagnes; mais ce procédé violent, quoique généreux, n'ayant pas réussi, parce que la malveillance des particuliers faisait succomber les mûriers, il accorda ensuite aux propriétaires une somme de 24 sous pour chaque pied qui subsisterait trois ans après sa plantation, pour les encourager à les soigner. Ce fut alors qu'on vit le bienfait de cet arbre se répandre dans toutes les provinces méridionales de la France. Louis XV, ne mettant pas moins d'importance à cette culture, établit aussi des pépinières royales dans le Berry, la Bourgogne, ainsi que dans quelques autres provinces, et les mûriers qu'on y élevait étaient ensuite distribués gratuitement aux cultivateurs. A l'époque de notre première révolution, on abattit en assez grand nombre de mûriers; mais les pertes s'en réparent actuellement, et plus d'un million de ces arbres ont été plantés dans les départements du centre et du midi de la France.

Pendant longtemps on a cru qu'il fallait au mûrier blanc une température assez élevée pour croître et pour prospérer. Cependant, cet arbre est aujourd'hui cultivé avec succès jusque dans plusieurs provinces septentrionales de l'Allemagne, et même jusqu'en Russie, où il réussit fort bien. Néanmoins, en France, on ne le cultive en grand, et pour l'éducation des vers à soie, que dans les provinces du centre et du midi, jusqu'aux environs de Lyon; mais nous ne doutons pas qu'avec des soins on ne puisse facilement l'acclimater dans presque toutes les parties de la France.

Le bois de mûrier blanc sert de combustible; dans les pays où il est commun, on en fabrique des barriques, qui communiquent aux vins un parfum agréable. Klaproth a découvert dans le tissu ligneux de ce mûrier un acide qu'il appelle *moroxylique*, mais que les chimistes nomment plus communément *moriqué*. Cet arbre nous offre encore dans son écorce des fils textiles, dont on peut fabriquer de bonne toile, après lui avoir fait subir la même préparation qu'au chanvre. Olivier de Serres découvrit cette propriété par hasard. Ayant mis sécher sur le pignon d'une maison des morceaux d'écorce de ce mûrier, qu'il destinait à faire des cordes, un coup de vent les précipita dans une mare, où ils restèrent plusieurs jours : quand on les retira, il s'aperçut qu'ils offraient des fils aussi délicats que du lin, et l'on en put fabriquer de la toile. Duhamel dit que cette écorce fournit une couleur jaune, et Faujas de Saint-Fond a fait du papier avec elle ainsi qu'avec des feuilles du même arbre. Enfin, il n'y a pas jusqu'au fruit de cette urticée qui ne puisse être utilisé pour la nourriture des oiseaux de basse-cour, qui le mangent avec plaisir. F. PASSOT.

MÛRIER A PAPIER. *Voyez* BROUSSONNETIER.

MURILLO (BARTOLOMEO ESTEBAN), le peintre espagnol le plus remarquable de son siècle et le prince de l'école de Séville, né à Séville, en 1618, apprit les premiers éléments du dessin d'un de ses parents, Juan del Castillo, mais qui ne put lui communiquer le secret d'un bon coloris. Il ne l'acquit que lorsque Pierre de Moya, de l'école de Van Dyck, arriva de Londres à Séville ; et dès lors il brûla du désir de se perfectionner par l'étude des grands maîtres. Mais l'Italie était bien loin pour songer à y aller avec des ressources aussi exiguës que celles qu'il possédait. Murillo prit bravement son parti, et se mit à peindre des tableaux de sainteté de pacotille pour l'Amérique jusqu'à ce qu'il eût amassé la somme suffisante pour entreprendre le voyage de Madrid, en 1643.

Dans cette capitale, son compatriote Velasquez lui accorda la permission de copier les chefs-d'œuvre du Titien, de Rubens et de Van Dyck ; mais il se livra surtout à l'étude des tableaux de Ribera et de ceux de Velasquez. En 1645 il était de retour à Séville, où il excita l'admiration générale par le style nouveau dont il fit preuve dans les tableaux qu'il fut chargé d'exécuter pour le couvent des Franciscains. Les commandes lui arrivèrent alors en foule ; et à son état de misère succéda bientôt une aisance grâce à laquelle il put faire un brillant mariage. De ce changement, si avantageux dans sa position, date visiblement dans ses œuvres un style nouveau. Son époque la plus glorieuse comprend l'intervalle de 1670 à 1680 ; c'est dans cet intervalle qu'il exécuta pour l'église de *San-Jorge de la Caridad* les huit grandes toiles représentant les œuvres de la Charité, qui se distinguent par leur magnifique composition, par une admirable justesse de perspective et par un coloris de toute beauté. Trois de ces tableaux seulement sont restés aux lieux pour lesquels ils avaient été faits. Il exécuta des toiles d'une égale perfection pour l'église de *Los Venerabiles* et pour le couvent des Capucins, où il fit vingt-huit tableaux, envoyés plus tard en Amérique. Les madones de Murillo, et le nombre en est considérable, sont belles et charmantes, mais terrestres. Celle qui orne la galerie de Leuchtenberg fait exception, et se distingue par une expression plus élevée. Dans les toiles de Murillo désignées sous le nom de *conceptions*, son talent prend encore un élan plus haut ; et il y règne une expression indicible de piété et d'aspiration au ciel. La plus belle qu'on connaisse faisait partie de la galerie du maréchal Soult ; il l'obtint pour prix de la grâce qu'il accorda à deux moines d'un couvent espagnol qu'il se disposait à faire pendre comme coupables d'espionnage. A sa vente, qui eut lieu en 1852, Napoléon III, alors encore président de la république, la fit acheter pour la galerie du Louvre ; et les enchères en furent poussées jusqu'à 615,000 fr. Dans la même vente, un autre chef-d'œuvre de ce grand maître, *Saint Pierre délivré de prison par des Anges*, fut acheté pour le compte de l'empereur de Russie. Les Enfants-Jésus de Murillo ont un charme tout particulier ; le plus beau qu'on connaisse fait partie du musée de Madrid. Murillo peignit aussi un grand nombre de saints : l'un des plus célèbres est son saint Antoine avec l'Enfant-Jésus. Les portraits de Murillo sont très-rares ; il en existe deux, pleins de vie, au musée de Berlin. Ce grand artiste mourut à Séville, en 1682, au moment où il peignait pour l'église des Capucins de Madrid un grand tableau d'autel représentant les fiançailles de sainte Catherine.

Les madones de Murillo produisent une impression non moins vive que celles de Raphael, bien qu'elles n'aient pas leur sublime pureté. C'est parce qu'il est moins propre à représenter l'idéal qu'il a si bien réussi dans ses tableaux de genre de grandeur naturelle. Ses *Petits Mendiants*, qu'on voit dans la Pinacothèque, à Munich, produisent un effet tout à fait en dehors de l'horizon du grand peintre italien. Il est en outre servi par un coloris et un clair-obscur tels que bien peu d'artistes en ont jamais eus. En dépit de tous les obstacles, Murillo parvint à créer l'Académie de Madrid, dont il fut président à dater de 1660. Les élèves de ce grand maître ne tardèrent cependant pas à s'écarter de sa manière. Indépendamment des Murillo que nous avons mentionnés ci-dessus, on en compte une quarantaine tant à Paris, dans la collection du Louvre, qu'en Angleterre. Mais il en existe encore de magnifiques en Espagne, notamment à Séville, par exemple un *Saint Antoine de Padoue*, dans la cathédrale, et à Madrid, dans le Musée, où l'on en voit quarante-six, dont le plus beau est une *Ascension de la Vierge Marie*. La galerie de Dresde possède aussi de Murillo une magnifique madone avec l'Enfant-Jésus : et l'on en voit également de fort belles à Munich, et à Vienne, dans la galerie du prince Esterhazy.

MURILLO (BRAVO). *Voyez* BRAVO-MURILLO.

MUR MITOYEN. *Voyez* MITOYEN.

MURRAY (Comté de). *Voyez* ELGIN.

MURRAY, le plus grand fleuve de la Nouvelle-Hollande, prend sa source au mont Kosciuszko, sous le nom de Hume, à l'est d'*Albury*, dans les monts Warragong, ou Alpes de l'Australie, coule d'abord longtemps à l'ouest, où il forme la limite entre la Nouvelle-Galles du Sud et l'*Australia felix*, pénètre ensuite dans le territoire de l'Australie méridionale, d'où il se dirige au sud ; et après avoir traversé à Wellington le lac, peu profond, de Victoria, appelé aussi Marais d'Alexandrine (*Alexandrine March*), il va se jeter dans la baie d'Encounter, à l'est du golfe Saint-Vincent et de l'île Kangourou. On estime son parcours total à 154 myriamètres et la superficie de son bassin à environ 15,000 myriamètres carrés. Malgré cela, c'est un fleuve d'une importance minime, dont la largeur et la profondeur sont proportionnellement médiocres ; et son embouchure dans la mer est étroite en même temps qu'ensablée. A l'époque des pluies, il inonde régulièrement les contrées qui l'avoisinent, en formant un grand nombre de marais et de lagunes, qui dans les chaleurs persistantes ressemblent à des lacs. Parmi ses nombreux affluents, sur la source et le parcours desquels on manque d'ailleurs jusqu'à présent de renseignements positifs, les plus considérables sont ceux de sa rive droite, par exemple le *Murrumbidgi*, qui prend sa source au nord du mont Hume, coule à l'ouest, et confond alors ses eaux avec celles du *Lachlan*, qui vient du nord-est des Montagnes Bleues, et le *Karaula* ou *Darling*, qui vient de fort loin au nord-est. A partir du point où il reçoit le Darling, le Murray ne cesse plus d'être navigable. Aussi le gouvernement de l'Australie du Sud se propose-t-il d'y établir prochainement un service de bateaux à vapeur, et de désobstruer son embouchure des sables qui l'encombrent, pour la rendre accessible de plus forts navires.

MURRAY (JAMES STUART, comte DE), régent d'Écosse pendant la captivité de Marie Stuart, était le fils naturel de Jacques V, roi d'Écosse, et de Marguerite, fille de lord Erskine, et naquit en 1531. De bonne heure il fut pourvu du prieuré de Saint-Andrew, et fut destiné à l'état ecclésiastique. Mais à la mort du roi, en 1542, sa mère l'emmena avec elle au château de Lochleven, et nourrit dans son esprit les plus ambitieux projets. Quand sa sœur consanguine, Marie Stuart, alors âgée de six ans, fut conduite en France, il l'y suivit, et mit tout en usage pour se faire aimer d'elle et pour lui devenir nécessaire. A son retour en Écosse, il se jeta dans le parti protestant, sur lequel il parvint à exercer une grande influence et soutint en secret la politique anglaise, sans pour cela rompre ouvertement avec la France. Plus tard, il se lia de la manière la plus intime avec la reine d'Angleterre, Élisabeth, dans l'espoir d'arriver par son appui à la couronne d'Écosse, et se mit à cet effet à la tête des dissidents. Quand, en 1561, Marie Stuart revint dans son royaume héréditaire, elle n'en chercha pas moins un appui en lui, le légitima et lui donna le titre de comte. Peu touché de ces faveurs, Murray affecta bientôt vis à vis de la reine les formes les plus arrogantes, se posant en chef du parti protestant, favorisant toutes ses intrigues, et trempant dans toutes les conspirations dirigées contre son autorité. Après avoir vainement essayé d'empêcher le mariage de cette princesse avec Darnley, il excita celui-ci à assassiner le chanteur Rizzio. Il se réfugia alors en France, mais revint peu de temps après en Écosse, et, au dire de plusieurs historiens, prit part avec le comte de Bothwell au mystérieux assassinat de Darnley. Toutefois, sa complicité dans ce crime n'est rien moins que démontrée et est même invraisemblable. Il accusa aussitôt de ce meurtre la reine et Bothwell, puis, au mois de mai 1567, il se mit à la tête de la noblesse confédérée pour la défense du royaume; et dès le 15 juin la reine était faite prisonnière par lui à Carberry. Après avoir forcé Marie Stuart à abdiquer au château de Lochleven, appartenant à sa mère, Murray se fit décerner par les barons protestants la tutelle de Jacques VI, et persécuta avec une impitoyable rigueur les catholiques dévoués à Marie Stuart. Quand il reçut avis de la fuite de la reine, il accourut à la tête de 6,000 hommes, dispersa ses partisans dans une bataille livrée le 15 mai à Langside, et les força de se réfugier en Angleterre. D'intelligence avec la reine Élisabeth, qui lui accordait des subsides considérables, il commença alors à Édimbourg une instruction judiciaire contre sa sœur consanguine sous l'inculpation d'avoir participé à l'assassinat de son époux, et se rendit en Angleterre à l'effet d'y réunir tous les documents propres à faire déclarer Marie Stuart coupable.

Au grand regret d'Élisabeth, qui déjà voyait dans l'usurpateur le plus soumis de ses vassaux, Murray périt le 23 janvier 1569, à Linlithgow, assassiné par un gentilhomme du nom de James Hamilton, qui fut poussé à commettre ce crime plutôt par esprit de parti que pour le désir de satisfaire une haine particulière. Il laissait deux filles, et avait dissipé depuis longtemps en intrigues politiques les trésors immenses fruits de ses rapines et de ses exactions.

MURRAY (John), célèbre libraire-éditeur anglais, était fils d'un Écossais, qui, après avoir longtemps servi dans la marine, était venu se fixer, en 1768, à Londres, où il avait fondé une maison de commerce de librairie, de laquelle sont sorties diverses publications importantes, par exemple l'*Histoire de la Grèce* de Mitford, les *Annales de Dalrymple* et le *Plutarque* de Langhorne. Né à Londres, en 1778, John Murray n'avait encore que quinze ans lorsqu'il perdit, en 1793, son père, dont la maison fut conduite alors par un gérant. Mais il n'eut pas plus tôt atteint sa majorité qu'il en prit la direction, et, par un heureux mélange de prudence et de hardiesse, il ne tarda pas à occuper une des premières places parmi les éditeurs de Londres. C'est sous ses auspices que parurent les ouvrages des écrivains les plus célèbres de son temps, des W. Scott, des Byron, des Campbell, des Southey, des Washington Irving; ses publications prirent une telle extension, qu'il y eut un moment où il sembla monopoliser toute la littérature anglaise. Il faisait preuve d'autant de luxe dans le choix des ouvrages qu'il publiait que de générosité dans ses rapports avec les gens de lettres. C'est ainsi qu'il paya à Campbell, pour ses *Specimens of the Poets*, outre les 800 liv. st. prix convenu, une somme égale, en lui disant que ses honoraires avaient été fixés trop bas. Byron l'avait surnommé *l'avt̂* (le roi) des éditeurs.

Ce fut lui qui, en 1807, conçut le plan du *Quaterly Review*, qui, après de longues négociations suivies avec Canning, Scott, Dundas et autres, parut le 1ᵉʳ février 1809, et qui lui fit gagner des sommes considérables, quoique, tory zélé, il eût eu, en la créant, moins en vue son profit personnel que l'avantage et l'intérêt de son parti. Il fut moins heureux lorsqu'il publia le journal *The Representative*, qui dut disparaître après une existence de courte durée. Par sa *Family Library*, dont 80 volumes parurent de 1830 à 1841, et qui compta au nombre de ses collaborateurs W. Scott, Lockhart, Brewster, Irving, Southey, etc., il donna l'impulsion première aux bibliothèques populaires et économiques, qui depuis lors ont eu tant de succès en Angleterre. Il mourut à Londres, le 25 juin 1845.

Son fils, John Murray, continue sa maison avec le plus grand succès, et s'est surtout fait connaître par sa collection de manuels du voyageur (*Handbooks for Travellers*).

MURRHINS (Vases), *Vasa murrhina*. C'est le nom qu'on donnait dans l'antiquité à une espèce de vaisseaux de luxe, tels que gobelets, terrines, coupes, qui se distinguaient autant par le prix de la matière que par le fini et la délicatesse du travail. Les premiers dont il soit fait mention appartenaient à Mithridate le Grand, roi de Pont; et Pompée, entre les mains duquel tombèrent plusieurs d'entre eux, les apporta à Rome, où il les déposa dans les temples, comme objets consacrés aux dieux. Plus tard, Auguste reçut aussi quelques vases de cette espèce parmi les dépouilles de l'Égypte; et par la suite ils devinrent, comme objet de luxe, assez communs parmi les riches particuliers, mais en conservant toujours une grande valeur. Ils étaient fabriqués avec une matière diversement colorée, opaque, mais d'une fragilité extrême, dont nous ne possédons plus aujourd'hui aucun échantillon; c'est à tort en effet que quelques personnes ont voulu ranger le *Vase de Portland* au nombre de ceux que l'on désigne sous le nom de murrhins. Il en résulte que les présomptions les plus diverses ont été émises au sujet de la véritable composition de la matière première avec laquelle on les confectionnait, attendu que la seule dénomination elle-même, *murrha*, comme la matière, ne provenait ni de Rome ni de la Grèce, mais d'Asie. Suivant Pline, cette matière première était un fossile, une espèce d'onyx, comme on en rencontrait dans le pays des Parthes et en Caramanie, dont la beauté consistait dans la couleur foncée et mêlée de taches et dans les deux couleurs blanche et pourpre, de telle sorte que les couleurs s'y perdaient confondues comme dans l'arc-en-ciel. Des auteurs postérieurs et les archéologues modernes varient beaucoup sur la nature de cette matière première des vases murrhins, les uns la tenant pour une espèce de calcédoine à couleurs changeantes, comme le girasol ou le cacholong, les autres pour une dendragate, pour une sardoine, pour du flusspath, pour la pierre précieuse que les Chinois appellent *yu*. Le comte de Caylus y voyait des scories de fer, Wilhelm de la stéatite de Chine, Bœttiger et d'autres une espèce de porcelaine vitreuse, une imitation de l'ancienne porcelaine de Chine.

MUSA (Antonius), Grec de nation et affranchi d'Auguste, guérit ce prince d'une maladie dangereuse, consistant en une espèce de fluxion arthritique dans les articulations, accompagnée d'obstruction et d'amaigrissement. Æmilius, médecin ordinaire de l'empereur, avait tenté de triompher de cette maladie par l'emploi des sudorifiques, mais il n'avait fait qu'empirer le mal. Musa eut alors l'heureuse idée d'essayer du moyen contraire. L'opinion générale blâmait cet acte d'empirisme, mais l'état alarmant dans lequel se trouvait le prince permettait d'avoir recours même aux moyens les plus désespérés. Musa prescrivit un régime rafraîchissant, ordonna de faire manger à Auguste de la laitue, de ne lui servir que des boissons froides et même de lui faire prendre sans cesse de l'eau froide. Ce traitement réussit si complètement que l'empereur fut rétabli au bout de quelques jours, et qu'il vécut encore trente-six ans. A bien dire, Musa serait donc le véritable inventeur de l'*hydropathie*, nouveau système médical qui dans ces derniers temps n'a pas fait moins de partisans fanatiques au delà du Rhin que l'homœopathie, et qui, comme celle-ci, guérit de toutes espèces de maux les patients qui ont une foi robuste en son efficacité. Quoi qu'il en soit, Musa reçut d'Auguste une très-forte somme à titre de récompense, et du sénat une statue, ainsi que le droit de porter un anneau d'or à l'instar des chevaliers. L'emploi de l'eau froide comme moyen curatif devint dès lors fort en vogue à Rome; et Horace, qui, suivant le conseil de Musa, recourut aux bains froids pour guérir des maux d'yeux, s'en trouva bien. Antonius Musa est auteur de deux traités intitulés : *De Herba botanica* et *De tuenda Valetudine*. Ils ont été imprimés à Venise, en 1547.

MUSAGÈTES, c'est-à-dire *Conducteur des Muses*. C'est le surnom que portait Apollon, comme dirigeant le chœur des Muses.

MUSARAIGNE. Les musaraignes, qui forment un des genres les plus naturels de l'ordre des carnassiers insectivores, sont de très-petits animaux, dont l'aspect rappelle en général celui des souris, et qui doivent leur nom à cette ressemblance (*mus araneus*). Cependant, elles se distinguent facilement de ces dernières par la forme de leur tête, qui est plus allongée, et surtout par leur museau, présentant à son extrémité une véritable petite trompe. Quelques espèces du genre *musaraigne* se font remarquer principalement par leur extrême petitesse : il en est dont la taille ne dépasse pas celle des plus petits oiseaux-mouches, et par conséquent reste au-dessous de celle de quelques insectes. Mais un caractère commun à toutes les musaraignes, quoique plus difficile à constater au premier abord que les autres, c'est l'existence d'une glande sur chaque flanc, sécrétant une humeur particulière, une espèce de musc, d'une odeur souvent assez pénétrante pour déceler tout de suite la présence de ces animaux, en affectant spontanément l'odorat. Cette glande, d'une teinte chocolat, entourée d'une grande quantité de points glanduleux d'un rouge très-vif, est située un peu plus près des jambes de devant que de celles de derrière. Elle est protégée par des poils roides et serrés, qui ne se distinguent guère des autres à la simple vue que par leur aspect, gras et huileux, et par une sorte d'auréole, produite autour de la glande par le nu de son contour.

Les musaraignes doivent être mises au nombre des animaux qu'on a coutume de désigner sous le nom de *cosmopolites*. On les trouve dans toutes les parties du monde, sous tous les climats; et on devrait même admettre, suivant les naturalistes américains, que quelques espèces sont communes aux deux continents. Mais ces animaux n'ont point tous pour cela le même genre de vie. Quelques espèces vivent dans des lieux secs ; d'autres se plaisent dans les prairies humides et sur le bord des fontaines; d'autres encore pénètrent aussi dans les greniers à foin et dans les caves, où leur présence se manifeste souvent par l'odeur qu'elles répandent. Elles ressemblent communément aux espèces du genre rat, par leur port et leurs habitudes aussi bien que par leur extérieur, avec cette différence, toutefois, qu'elles ont moins de vivacité. Les chats les poursuivent comme s'ils se laissaient tromper par les apparences ; mais après leur avoir donné la mort, ils ne peuvent les manger, à cause de leur odeur musquée. D'après l'infériorité de leur vivacité sur celle des rats et des souris, on comprend que les musaraignes doivent se laisser attraper facilement. Elles ont cependant sur les autres animaux l'avantage de ne pouvoir pas se laisser surprendre aussi fréquemment, parce qu'elles sont capables d'être averties par le moindre bruit de la présence de l'ennemi. Telle est la sensibilité de l'ouïe chez ces petits animaux qu'ils ne peuvent reposer dans leur retraite qu'en se bouchant littéralement les oreilles au moyen d'un opercule disposé par la nature à cet effet à l'entrée du conduit auditif.

Il existe dans les campagnes un préjugé assez répandu relativement aux musaraignes : c'est d'en croire la morsure venimeuse et de lui attribuer une maladie souvent mortelle, qui se développe quelquefois avec une grande rapidité chez les chevaux et les mulets; mais des observations nombreuses prouvent que les musaraignes ne sont pour rien dans l'apparition de cette espèce de charbon.

L'espèce la plus répandue en Europe est la *musaraigne commune* (*sorex araneus*, Schrebr.), ou *musette*, qui se trouve dans les bois et les prairies. Elle se tient habituellement cachée dans des troncs d'arbre, dans des feuilles et dans des trous; elle se réfugie souvent en hiver dans les écuries et les granges, où l'odeur forte qu'elle répand la fait découvrir.

La *musaraigne carrelet* (*sorex tetragonurus*, Duv.) vit à peu près dans les mêmes lieux que la précédente, et doit son nom à la forme de sa queue, qui est quadrilatère, et terminée tout à coup par une pointe fine.

La *musaraigne d'eau* (*sorex fodiens*, Pallas) se trouve également en France : elle fréquente de préférence le bord des ruisseaux. Elle est un peu plus grande que la musette, et nage avec facilité au moyen d'une disposition particulière de ses pieds, qui sont bordés de poils roides.

F. PASSOT.

MUSARD. Le *Dictionnaire de l'Académie* avait accordé ses grandes lettres de naturalisation au musard, qu'il les refusait encore au flâneur; le flâneur n'est donc qu'un dérivé du musard. C'est ce que constate un de nos Dictionnaires en disant : *Flâner*, se promener en musant. Le flâneur est en effet essentiellement rôdeur; le musard *musardera* sans sortir de chez lui, tout aussi bien que dehors. Il cherchera continuellement des distractions dans tout ce qui lui passera devant les yeux, et quand on voudra appeler sa pensée sur autre chose, il se délectera paresseusement dans la contemplation de l'objet, de l'idée, que son esprit examine, et auxquels il ne songera bientôt plus; le musard est l'homme que la moindre des choses préoccupe d'une façon fort peu sérieuse, amuse comme un enfant, et qui ne vit qu'en s'occupant de bagatelles, dont il est difficile de le détacher. Le flâneur se promène pour chercher à s'amuser, à *muser*; le musard s'amuse naturellement, sans le chercher, sans savoir pourquoi.

MUSC (de l'arabe *mosch* ou *musch*), quadrupède originaire de l'Asie, appartenant aux climats les plus tempérés de cette vaste région. Tout ce qu'on a fait pour en introduire ailleurs l'espèce a été en pure perte. Il paraît que les anciens ne le connaissaient pas. Il a été rangé par Cuvier dans le huitième ordre du règne animal, lequel comprend les mammifères ruminants, et dans le genre *chevrotains*, dont un des principaux caractères est d'être dépourvu de cornes. Le musc a quelque ressemblance avec le chevreuil d'Europe; sa taille est de 51 à 54 centimètres prise des épaules, et de 54 à 56 centimètres à la hauteur du train de derrière, cette partie étant plus élevée que l'avant-train; sa longueur depuis l'origine des oreilles jusqu'à la naissance de la queue est d'environ 72 centimètres. Sa tête a quelques rapports avec celle du lévrier; mais elle est moins effilée, plus saillante à la hauteur des yeux, et moins carrée vers l'occiput; les oreilles sont très-rapprochées l'une de l'autre, et plantées droites sur le sommet de la tête comme celles des lapins; ses yeux sont ronds, grands et ouverts, assez écartés l'un de l'autre; le bout du museau est noir et calleux, comme le nez du chien ; la couleur de la pupille, longuement fendue, comme chez tous les animaux nocturnes, est d'un brun-noir vif, et celle de la cornée d'un beau roux très-transparent. Le musc n'a d'incisives qu'à la mâchoire inférieure, au nombre de huit, et porte à la mâchoire supérieure deux longues dents canines, qui dépassent la lèvre de 5 à 8 centimètres, et qui lui servent tantôt de défense ou d'armes offensives, tantôt de point d'appui, pour franchir les précipices et d'instruments pour déterrer ou couper les racines et ouvrir l'écorce des arbres, afin d'en sucer la sève et d'en extraire la résine. Ces dents tiennent de la nature de l'ivoire; elles sont dures, et présentent dans leur conformation une espèce de couteau ou croissant à double tranchant. Quant aux dents molaires ou mâchelières, elles sont au nombre de douze à

MUSC — MUSCADIER

chaque mâchoire et de six de chaque côté, disposées de manière à coïncider parfaitement entre elles. Les jambes du musc ont des caractères singuliers ; celles de devant sont droites, frêles, légères et flexibles comme celles de la gazelle ; celles de derrière, lourdes, pesantes, robustes, fortement arquées ; aussi rendent-elles plus de services à l'animal. Elles sont toutes quatre munies d'un double sabot, formant la fourche comme le pied de chèvre, mais disposé différemment dans les jambes de derrière et les jambes de devant, les deux ongles étant égaux dans celles-ci et l'ongle intérieur dépassant d'un centimètre au moins l'ongle extérieur dans les autres ; elles sont armées en outre chacune de deux ergots, très-mobiles, longs de plus de deux centimètres, posant à terre comme ceux des renards, et pouvant servir également de contre-appui pour courir sur la glace et sur la neige, pour descendre les montagnes, franchir les rochers et les ravins, et grimper sur les arbres que le vent a légèrement inclinés ou qui se penchent sur le bord des abîmes.

Le musc aurait toute la grâce et l'élégance du chevreuil s'il avait le cou moins court et mieux proportionné au reste du corps, si sa croupe était moins forte et moins équarrie, si sa queue enfin, longue de cinq centimètres environ et garnie de poils gris de fer foncé au dessus et de poils fauves au dessous, ne formait pas une sorte de rudiment charnu, épais, large et massif, qui semble ôter encore à l'animal de sa légèreté. La teinte générale du pelage du musc est brun gris de fer foncé, tirant tantôt sur le fauve, comme sous la queue, sur le gras des cuisses et autour du nombril, tantôt sur le blanchâtre, comme sous la mâchoire inférieure, sous le ventre, à l'entrée et sur le bord des oreilles ; tantôt, enfin, sur le noir, comme sur les jambes au-dessus des sabots et autour des articulations, sous le cou et sur le poitrail, ayant, à partir de la gorge jusqu'à la naissance des membres antérieurs, deux longues bandes blanchâtres, larges d'un demi-pouce, bordées de noir. Le musc a aussi quelques parties de sa fourrure, telles que les jambes, la gorge et la poitrine, moirées ou grisaillées, comme la marte, offrant des reflets argentés fort agréables à l'œil quand le jour glisse sur ces parties. La nature du poil du musc est cassante, dure et cartilagineuse, chaque poil étant épais, peu flexible et long de 13 millimètres, sauf à l'extrémité de la queue et par la poche au musc, où il est d'une qualité plus souple et a de 54 à 67 millimètres.

Le musc, doux et timide de son naturel, vit paisible et solitaire avec sa compagne au milieu des rochers, sur le bord des torrents, au fond des bois et des forêts ; il se nourrit d'herbes aromatiques, de racines, de feuilles et d'écorce d'arbres résineux, de plantes amères et jalleuses, de barbotine et de jeunes pousses d'arbrisseaux. On le trouve répandu dans tout le Tibet, dans les chaînes de montagnes du royaume de Siam et de l'empire du Mogol, dans les forêts les plus sauvages du royaume de Tong-Kin, dans quelques contrées du nord de la Cochinchine et du midi de la Sibérie. Le musc, pour l'intelligence, l'instinct et les ruses, peut être comparé au renard. Il est comme lui rôdeur de nuit ; mais il est rare qu'il s'approche des habitations pour y commettre des dégâts ; cependant, pressé par la faim, il s'introduit dans les jardins, les vergers et les parcs, en franchissant les clôtures et les fossés. Il ne s'élance pas sans s'être assuré que le terrain de l'autre côté est bon pour le recevoir, et pour cela il frappe à plusieurs reprises, avec ses jambes de derrière, le sol pour en apprécier le fond. Se trouve-t-il en face d'un précipice, il ne se hasarde pas à le franchir sans avoir fait plusieurs bonds à terre et s'être assuré que les forces ne lui manqueront pas pour unir les deux bords. Est-il poursuivi, avant de choisir une retraite il cherche à dissimuler sa fuite, en doublant sa course, en multipliant ses circuits et ses détours ; en courant sur l'extrémité de ses ongles ; il est d'ailleurs si léger qu'il ne laisse après lui que de faibles traces de son fumet, et court sur la neige sans presque s'y enfoncer ; au surplus, il a la propriété de pouvoir absorber la forte odeur de musc qu'il répand au dehors. On le chasse ordinairement dans le cœur de l'hiver, quand le froid et le manque de vivres l'obligent à passer d'un pays dans un autre : c'est alors seulement qu'on le rencontre par troupeaux.

Le musc entre en amour vers le milieu de l'automne ; c'est pour lui une époque de torture : ses naseaux se gonflent et se chargent d'écume, ses yeux pétillent, son corps brûle ; il se frotte sans cesse contre les arbres et les rochers. Rien n'est plus facile alors que de découvrir sa retraite : une odeur forte de musc se répand partout sur son passage et sur chacun des objets qu'il a touchés. Le musc mâle est en effet porteur d'une poche ou petit sac contenant une substance solide, spongieuse et séreuse, connue aussi sous le nom de musc, laquelle est placée sous le ventre. De cinq à huit centimètres de diamètre, légèrement aplatie, elle est formée de deux enveloppes percées chacune par le milieu d'un petit orifice assez semblable à celui du mamelon d'une femme, et par où s'échappe, par la pression, le trop-plein du liquide contenu dans la bourse. Le musc est une sorte de résine ou corps extra-résineux formé de grumeaux secs et gras sous les doigts, semblables à des fragments de sang coagulé et desséché, d'une saveur amère et âcre sous la dent, et d'un brun couleur d'acajou tirant sur la lie de vin, comme le foie de veau. La chimie, en s'occupant de décomposer cette substance, a trouvé qu'elle contenait un tiers de matière gommo-résineuse, quelques parties d'ammoniaque, et une sorte d'huile, composée d'un nombre infini de particules déliées, très-mobiles, volatiles et odorantes, donnant naissance à cette odeur si forte de musc que tout le monde connaît, et qui produit des hémorrhagies quand on la respire pure. Le musc est pour les Orientaux une branche de commerce considérable ; on le vend tel qu'on l'extrait du corps de l'animal, renfermé dans sa poche, qui en contient ordinairement 60 à 90 grammes. Les chasseurs ont soin, pour lui conserver toute sa force et toute sa pureté, de sceller les deux bouts après les avoir liés ; mais les marchands en altèrent souvent la substance en y introduisant des matières étrangères et diverses poudres métalliques pour en augmenter ainsi le poids. Les villes les plus renommées pour cette vente sont Boutan et Patna. Les parfumeurs mêlent le musc à l'ambre gris, à la civette, à une foule d'autre matières odorantes, pour en adoucir l'odeur et le rendre plus agréable. La médecine tire aussi quelque avantage du musc : elle le range parmi les médicaments toniques, spasmodiques, cordiaux et échauffants. On l'administre délayé dans de l'eau, de l'alcool, ou avec diverses substances solides. Il entre aussi dans une foule de préparations, et notamment dans les compositions balsamiques, onguentacées et pulvérulentes.

Les Orientaux font grand cas de la chair du musc, qui est très-délicate et sans odeur ; ils transforment sa peau en un cuir très-poli et d'un grain très-fin.

Jules SAINT-AMOUR.

MUSCADE. On appelle *noix muscade*, ou simplement *muscade*, la partie centrale du fruit du muscadier aromatique. Le *beurre de muscade* est une huile solide et très-odorante, que l'on retire des muscades bouillies dans l'eau, et que l'on emploie en médecine comme stimulant.

Il y a aussi une espèce de rose nommée *rose muscade*, à cause de son odeur.

Les escamoteurs appellent *muscades* de petites boules, de la grosseur d'une muscade, dont ils se servent dans leurs tours de gibecière. BELFIELD-LEFÈVRE.

MUSCADIER. Le muscadier, rangé d'abord dans la famille des *laurinées*, forme aujourd'hui le type générique d'une nouvelle famille, créée par Robert Brown sous le nom de famille des *myristicées*. Les muscadiers sont des arbres quelquefois assez élevés, à feuilles simples, persistantes, luisantes, alternes, entières et pourvues de stipules ; les fleurs, petites, unisexuelles, dioïques, sont axillaires et en petit nombre, tantôt nombreuses et agglomérées en panicule, axillaire ou terminale; leur calice, globuleux et monophylle, est denté à son extrémité; dans les fleurs femelles, il est caduc et urcéolé; les étamines, dont le nombre varie de trois à douze, sont réunies, et par leurs filets et par leurs anthères, et forment une colonne au centre de la fleur; l'ovaire est libre et monoculaire; le style, très-court, est surmonté d'un stigmate bilobé. Parmi les nombreuses espèces du genre muscadier décrites par différents auteurs, et qui croissent, les unes dans l'Amérique méridionale, les autres dans les Indes occidentales, une seule espèce doit nous occuper ici; c'est le muscadier aromatique.

Le *muscadier aromatique* (*myristica aromatica*, Lam.) est un arbre haut de dix mètres environ, dont le port rappelle singulièrement celui de l'oranger, et dont les branches, à ramifications grêles et alternes, se disposent en verticilles de manière à former une tête arrondie et extrêmement touffue. Les feuilles, ovales, longues de cinq à quinze centimètres, et acuminées, sont glabres, d'un vert brillant à leur face supérieure, glauques et blanchâtres en dessous. Les fleurs sont disposées en petits faisceaux pédonculés, à l'aisselle des feuilles; elles sont petites, sans corolle, d'une teinte jaunâtre, d'une odeur fort suave, pendant en grelots, comme celles du muguet, ou formant de petits corymbes très-peu garnis. Le fruit est une baie drupacée et charnue, de la grosseur moyenne d'une pêche, et se compose de trois parties, parfaitement distinctes : 1° l'enveloppe externe, ou le *brou*; 2° l'enveloppe moyenne, ou le *macis*; 3° la noix centrale, ou la *muscade*. L'enveloppe extérieure, charnue, blanchâtre, glauque ou jaune, est remplie d'un suc astringent; elle se rompt en deux valves, incomplètes. L'enveloppe moyenne, ou l'arille, est une membrane fibreuse, mince, découpée en lanières charnues, d'un rouge écarlate extrêmement vif : cette membrane jaunit, et devient cassante à mesure qu'elle se dessèche; c'est alors qu'elle prend le nom de *macis*. L'amande centrale est de forme arrondie, plus ou moins ellipsoïdale; sa chair, très-ferme, huileuse, blanchâtre, et très-odorante, est parsemée de veines rameuses, irrégulières, d'une couleur rougeâtre, qui donnent à la muscade son apparence marbrée.

Le muscadier aromatique est originaire des Moluques, et plus particulièrement des îles de Banda. En 1770 il fut introduit pour la première fois dans les îles de France et de Bourbon, et aujourd'hui il est cultivé dans la plupart des colonies européennes. Il se plaît de préférence dans les terrains frais, à l'ombre des autres arbres, et dans toutes les saisons ses branches sont également chargées de feuilles, de fleurs et de fruits.

Suivant quelques auteurs, le fruit du muscadier était connu de Théophraste, qui le désigne sous le nom de κόμακον; mais tout ce que Théophraste dit de cet arbre est tellement vague, qu'il est complétement impossible de rien affirmer à cet égard. Ce furent, suivant toute probabilité, les Arabes qui les premiers connurent la muscade, et qui en introduisirent l'usage en Europe. Avicenne, au douzième siècle, en fait positivement mention, sous le nom de *jansiban* ou *noir de Banda*; et Sérapion le désigne également sous le nom de *jensbare*. Mais l'usage de la muscade ne commença à se répandre d'une manière générale en Europe que lorsque les Portugais, et après eux les Hollandais, se furent emparés des îles où croît le muscadier; et s'il faut en croire les vers de Boileau, cet usage aurait atteint son apogée en France vers le siècle de Louis XIV.

Aimez-vous la muscade? On en a mis partout.

Aujourd'hui ce emploi de la muscade est beaucoup moins commun, il s'en consomme encore annuellement en France environ 2,000 kil.

La muscade s'emploie en médecine comme stomachique, cordiale, céphalique, etc.; Hoffman et Cullen en ont préconisé l'emploi dans le traitement des fièvres intermittentes; mais ils ne l'employaient qu'associée à l'alun. Il est certain que cet aromate agit comme stimulant très-énergique du système circulatoire; aussi faut-il en surveiller l'emploi toutes les fois qu'on a lieu de soupçonner une disposition inflammatoire. Rumphius, Bontius et Lobel affirment qu'ils ont vu l'administration de la muscade à hautes doses déterminer des tremblements, du délire, un état comateux, et quelquefois même l'apoplexie.

On obtient de la noix muscade deux huiles, une huile volatile et une huile concrète. L'huile volatile est quelquefois prescrite par gouttes dans quelques médicaments magistraux; l'huile concrète entre dans la composition du baume hypnotique, de la thériaque céleste, du baume nervin, remèdes jadis souverains dans les affections rhumatismales, etc. La noix muscade elle-même, et en nature, entre dans la composition de l'eau de mélisse, de l'esprit carminatif de Sylvius, de la poudre létifiante, du requiès de Nicolaï, du baume de Fioraventi, etc. BELFIELD-LEFÈVRE.

MUSCADINS. Les muscadins ont précédé les incroyables dans la carrière du dandysme; pourquoi et comment Chabot les appela-t-il ainsi, le jour où il tonna contre eux à la Convention? C'est ce qu'il nous serait bien difficile d'expliquer. Les muscadins étaient les *fashionables*, les *dandies*, les *lions* de notre première révolution; à un moment où les plus brûlantes préoccupations agitaient tous les citoyens, ils ne songeaient qu'à se faire remarquer par leur toilette, le raffinement de leur costume, la coupe de leurs habits, l'éclat de leurs breloques.

MUSCARDIN. Le *muscardin* de Buffon est une espèce du genre *loir* : c'est le *myoxus avellanarius* de Gmelin. Très-répandue dans presque toute l'Europe méridionale et tempérée, cette espèce habite la lisière des bois, les taillis et les haies. Comme l'écureuil, le loir se fait un lit de mousse pour l'hiver, qu'il passe dans un engourdissement plus ou moins complet (*voyez* HYBERNANTS [Animaux]). Ce petit animal n'a pas huit centimètres de longueur du bout du museau à l'origine de la queue. Ses parties supérieures sont d'un beau blond fauve; les inférieures, plus pâles, sont presque blanches; la queue est fauve, à poils courts et peu nombreux. Les oreilles du muscardin sont larges, courtes, elliptiques. Sa chair est d'un goût désagréable.

MUSCARDINE. On donne ce nom à une des maladies qui attaquent le plus fréquemment les vers à soie. Le ver qui en est affecté se tord, se raccourcit, meurt, prend une teinte rouge, se durcit, et finit par se couvrir d'une sorte de moisissure blanche. La muscardine est causée par un végétal microscopique, le *botrytis bassiana*, dont le germe se développe dans le corps de l'insecte en une multitude de ramifications; de ces nombreux rameaux vient le duvet blanc qui se manifeste à la surface de la peau du ver mort; ils donnent naissance à de nouveaux germes reproducteurs qui vont propager la maladie dans le corps d'autres vers avec une rapidité funeste.

La muscardine est très-redoutée dans les magnaneries, où ses ravages sont assez considérables pour que la perte annuelle qu'elle occasionne en France par cette maladie ait été évaluée à une somme de vingt à trente millions. Aussi a-t-on cherché par mille moyens à en préserver nos établissements séricoles. MM. Robinet, de Gasparin, Guérin-Meneville, Eugène Robert, se sont particulièrement occupés de cette question; les deux derniers ont fait aux magnaneries de Sainte-Rulle et de Mondragon des expériences qui permettent d'espérer d'heureux résultats.

MUSCAT (Vin). On désigne sous ce nom plusieurs espèces de vins sucrés, comme musqués, et spiritueux, rouges et blancs, qu'on récolte tant en France qu'en Italie. Les meilleurs vins muscats de France sont le Rivesaltes blanc, le Bagnol rouge et le Lunel. Les meilleurs d'Italie sont l'Albano de la Campagna, le *Lacryma-Christi* et le Carigliano de Naples; le vin de Syracuse, de Sicile; le Moscato, le Nasco et le Giro, de Cagliari; le muscat d'Algheri et d'Oliastra, en Sardaigne. On récolte aussi diverses sortes de vins muscats en Espagne, en Toscane, à Lipari, Chypre (*voyez* Grèce [Vins de]), Candie, Santorin, Samos, aux Canaries et au cap de Bonne-Espérance.

MUSCHENBROEK ou MUSSCHENBROEK (Peter van), célèbre physicien hollandais, naquit à Leyde, en 1692, et y étudia la médecine, la physique et les mathématiques. A Londres, où il se rendit après avoir terminé ses études, il se lia avec Newton. Peu de temps après son retour dans son pays, il fut nommé professeur de physique et de mathématiques à Utrecht. Mais il ne tarda pas à échanger cette chaire contre une chaire analogue à Leyde. Il y mourut, en 1761, après avoir refusé les offres que lui firent, à diverses reprises, les gouvernements anglais, prussien et danois pour le fixer dans leurs États respectifs. Muschenbroek rendit d'importants services à la physique expérimentale. Ses travaux ont fait faire de grands progrès aux sciences naturelles, et ses expériences témoignent d'autant d'exactitude que de perspicacité. On lui doit notamment l'invention du pyromètre et d'une foule d'instruments de physique, dans la construction desquels il fut secondé par son frère Jean. Ses principaux ouvrages sont : *Elementa Physicæ* (Leyde, 1726); *Tentamina Experimentorum naturalium* (Leyde, 1731); *Compendium Physices experimentalis* (1762), etc.

MUSCLE. Les muscles sont ce qu'on appelle vulgairement la *chair* des animaux. Un muscle, considéré dans son ensemble, est formé de deux parties : la portion charnue et vraiment musculaire, et l'aponévrose ou tendon. La partie musculaire est composée de fibres réunies en faisceaux, et qui ont la faculté de se contracter sous l'influence de la volonté ou d'un autre stimulant; l'aponévrose n'est que l'enveloppe fibreuse qui maintient l'organe dans sa position, et sert à le fixer aux parties voisines; quand l'aponévrose se termine sous forme de cordon plus ou moins épais, elle prend le nom de *tendon*. Chez l'homme et un grand nombre d'animaux, les muscles sont rouges; cette couleur, due à la présence du sang, varie suivant l'âge des individus : chez les plus jeunes, les muscles sont d'un rouge vermeil; ils sont d'un rouge plus foncé chez les adultes ; et chez les vieillards ils pâlissent et prennent quelquefois une teinte jaunâtre. Outre la *fibre*, qui constitue les muscles, il entre dans la composition de ces organes des vaisseaux, des nerfs et du tissu cellulaire. Les muscles sont répandus dans toutes les parties du corps; mais ils se trouvent surtout autour des os et sous la peau; aussi, la forme extérieure du corps dépend en grande partie de la position des muscles et de leur volume; il présentent sous la peau un grand nombre de saillies et d'enfoncements, qui deviennent un sujet d'études spéciales pour les peintres et les sculpteurs. Chez la femme, les saillies des muscles sont moins prononcées que chez l'homme, parce que le tissu cellulaire et la graisse, plus abondante, remplissent les intervalles des muscles, et arrondissent tous les contours : il en est de même chez les enfants.

Dans le corps humain, le nombre des muscles est de 374 ; ce nombre n'est cependant pas invariable : certains muscles manquent quelquefois, et d'autres fois on en trouve qui n'existent pas ordinairement, et qu'on nomme *surnuméraires*. Sous le rapport de la forme, les muscles offrent un grand nombre de variétés. La plupart sont épais au milieu, et amincis à leurs extrémités ; mais chez quelques-uns on observe une disposition contraire. Il y en a qui ont seulement quelques millimètres de longueur, tandis que d'autres sont plus longs que la cuisse. Le principal muscle qui concourt à la respiration, le diaphragme, n'est qu'une membrane tendue entre la poitrine et l'abdomen; et la membrane musculaire des intestins est encore plus mince et plus déliée. L'analyse chimique des muscles a fait voir que l'élément essentiel de ces organes est une fibre, simple, incolore, contractile, qu'on a nommée *fibrine* : cet élément se retrouve dans le sang.

Les muscles sont les organes du mouvement : leur fonction principale est de faire mouvoir les différentes parties du corps. Quand le muscle entre en action, les fibres dont il est composé se contractent et se raccourcissent; les parties auxquelles le muscle est fixé sont entraînées dans ce mouvement, et se trouvent ainsi déplacées. Le muscle reprend ensuite sa première forme, par le relâchement de ses fibres; mouvement regardé comme passif par quelques-uns, et que d'autres physiologistes regardent comme une extension active de la fibre musculaire. Ce mouvement alternatif des muscles s'exécute avec une force et une promptitude extraordinaires; c'est sur la langue qu'il est le plus facile d'en juger : cet organe, presque entièrement composé de fibres musculaires, libre dans presque toute son étendue, exécute les mouvements les plus vifs et les plus variés, et peut donner l'idée la plus juste d'un muscle en action. Comme aucune fonction de l'économie ne peut s'exercer sans mouvement, il s'ensuit que les muscles concourent et sont nécessaires à toutes les fonctions : ainsi, la circulation, la digestion, ont besoin pour s'accomplir de l'action musculaire; la respiration et la parole ne pourraient pas avoir lieu sans l'action des muscles, qui font mouvoir la poitrine, le larynx et la bouche; le fœtus périrait dans le sein de sa mère si les fibres musculaires de la matrice, en se contractant, ne le forçaient pas de sortir de cet organe pour paraître au jour. Les muscles ne sont pas moins nécessaires à la solidité des articulations qu'ils entourent, et des cavités qu'ils enveloppent. C'est aussi leur effort continu qui permet à l'homme de se tenir debout sur ses pieds; ils dépensent même une somme de force très-grande pour maintenir cette position, qui semble presque un état de repos.

N.-P. Anquetin.

MUSCOLOGIE. Ce nom hybride, formé du latin *muscus*, mousse, et du grec λόγος, discours, sert à désigner la partie de la botanique qui s'occupe spécialement de l'étude des mousses.

MUSCULAIRE, qui appartient, qui est relatif ou qui a rapport aux muscles : ainsi, on dit l'action, la fibre, les artères *musculaires*, etc. Le système musculaire comprend l'ensemble des muscles qui existent dans le corps des animaux ; il se divise naturellement en deux sections : dans la première, on range les muscles dont l'action est soumise à la volonté : ils ont été nommés par Bichat *muscles de la vie animale;* l'autre section comprend les *muscles de la vie organique* : ils agissent sans le concours de la volonté. Le cœur, le diaphragme, la membrane musculaire de l'estomac et des intestins, sont des muscles de la vie organique. Cette distinction, qui au premier abord semble bien tranchée, est souvent difficile à établir : plusieurs muscles appartiennent en même temps à la vie animale et à la vie organique : le diaphragme, le sphincter du rectum, par exemple, peuvent agir spontanément, et leur action cependant peut être suspendue à volonté. On a vu même quelques hommes qui pouvaient arrêter pour quelques instants les mouvements de leur cœur ; en plus grand nombre, peuvent contracter à volonté les muscles de leur estomac, et provoquer ainsi le vomissement. Bien plus, les muscles évidemment soumis à l'empire de la volonté, comme ceux des membres, agissent quelquefois spontanément et par un mouvement instinctif. A l'état normal, le système musculaire est le plus volumineux de ceux qui forment le corps humain; mais , à la suite des maladies de langueur, on le trouve quelquefois dans un état d'émaciation extraordinaire ; tout le tissu cellulaire a disparu, et les muscles les plus épais sont réduits à l'état de membranes, souvent aussi minces qu'une feuille de papier. L'exercice, au contraire, augmente le volume des muscles. Il est des maladies qui ont leur siége spécial dans le tissu musculaire : telles sont les douleurs rhumatismales; les crampes ne sont que des contractions douloureuses de la fibre musculaire. La rétraction permanente des muscles donne lieu à de nombreuses difformités ; quelquefois les déviations de la colonne vertébrale ne dépendent que de cette cause ; et comme la contraction des muscles cesse avec la vie, on a vu des bossus se redresser après leur mort. N.-P. ANQUETIN.

MUSCULAIRE (Tempérament). *Voyez* TEMPÉRAMENT.

MUSCULEUX, qui a beaucoup ou de gros muscles. L'énergie musculaire n'est pas toujours en rapport avec le volume et la force apparente des muscles ; il n'est pas rare de voir des hommes peu musculeux déployer une force physique extraordinaire. C'est que l'action des muscles ne dépend pas seulement du nombre et de la force de leurs fibres ; l'influence nerveuse est encore indispensable à cette action : si l'innervation est faible, la contraction musculaire ne peut pas être forte ; et le muscle le plus vigoureux est paralysé s'il est privé de nerfs. N.-P. ANQUETIN.

MUSEAU. La partie antérieure et inférieure de la tête du chien et de quelques autres quadrupèdes est en général pointue, par suite du prolongement des mâchoires ; c'est cette partie à laquelle on a donné le nom de *museau*. Ce nom ne s'étend pas à tous les quadrupèdes : ainsi, l'on ne dira pas le *museau* d'un porc, d'un sanglier, mais bien le *boutoir*.

Museau s'emploie quelquefois dans le langage familier ; *Voyez le beau museau !* dit ironiquement une soubrette de l'ancienne comédie à un valet qui fait l'aimable ; populairement : *Aller montrer son museau*, c'est s'insinuer où l'on n'a que faire, ce dont il cuit quelquefois ; *Donner sur le museau* de quelqu'un, le frapper, ou, au figuré, le remettre à sa place.

MUSÉE (en grec Μουσεῖον). C'est le nom qu'à l'origine les anciens donnèrent à un temple des Muses, puis qu'ils appliquèrent à tout endroit consacré aux muses, c'est-à-dire aux belles-lettres, aux sciences et aux arts. C'est dans la seconde acception de ce mot que le noble protecteur des sciences et des lettres, Ptolémée Philadelphe, qui régna de l'an 284 à l'an 246 av. J.-C., fonda à Alexandrie en Égypte le premier *musée*, dans une partie de son palais, qu'il destina en même temps à recevoir une bibliothèque. C'est là que se réunissait cette société choisie de savants qu'il entretenait aux frais de l'État, pour pouvoir se livrer paisiblement à des recherches et à des entretiens scientifiques. Plus tard l'empereur Claude en ajouta un autre, qu'il nomma d'après lui.

Depuis la fin du moyen âge on entend généralement par *musée* une collection d'objets rares et curieux appartenant soit à l'histoire naturelle, soit au domaine de l'art, et exposés dans un local construit exprès, à l'usage des connaisseurs et des amis des arts, qui peut leur offrir des sujets d'étude et de comparaison à ceux qui se livrent à la culture des arts. A l'époque de la Renaissance on réservait le nom de *museum* à un cabinet d'étude et à tout ce qui en dépend ; mais cette distinction a cessé d'être en usage.

Les premières traces d'établissements de ce genre se trouvent dans les péristyles des anciens temples. Delphes, avec ses salles divisées suivant les tribus grecques, le temple de Junon à Samos et l'Acropole d'Athènes, dédiée à Pallas, abondaient en œuvres d'art. Mais c'étaient des offrandes faites aux dieux. Il cessa d'en être ainsi à partir des expéditions d'Alexandre, dont les successeurs accumulèrent dans leurs royales demeures les chefs-d'œuvre de l'art, pour les montrer dans leurs triomphes. L'art entra au service des rois, dont il contribua à rehausser la pompe et la magnificence. Il s'organisa alors un pillage général d'objets d'art, qui dura depuis le sac de Corinthe jusqu'au règne d'Adrien ; et parmi les empereurs romains, il y en eut plus d'un qui, à l'exemple de Néron, tira à lui seul de Delphes 500 statues pour en orner sa maison dorée. Toutefois, ce n'était pas encore là fonder des musées ou des galeries, dans le sens qu'on attache aujourd'hui à ces mots. On ornait les édifices publics avec goût, et la tradition de l'art se perpétuait de la sorte ; mais cette dernière lueur de l'antique grandeur ne tarda point à disparaître, et dans les temps de confusion et de désorganisation générale qui suivirent, le sein de la terre put seul dérober aux mutilations ou à la destruction des Vandales les chefs-d'œuvre de l'art.

C'est de l'époque des Médicis que date une nouvelle ère pour l'art. Cosme 1er réunit des antiques et fonda le célèbre musée de Florence. D'autres princes amis des arts rivalisèrent bientôt avec lui. Un membre de la famille des Médicis, le pape Léon, transporta à Rome l'amour des arts qui distinguait les princes de sa maison. La villa Médicis, construite sur le Monte-Pincio, devint le grand dépôt des chefs-d'œuvre de l'art qu'on parvenait à retrouver ; et la plus noble émulation se manifesta parmi les seigneurs de Rome et de toute l'Italie pour se livrer à des fouilles pratiquées avec intelligence, afin de pouvoir orner leurs demeures particulières de chefs-d'œuvre de l'antiquité arrachés ainsi aux siècles passés. Toutes ces collections avaient commencé par des collections de médailles. C'est la famille d'Este qui réunit la première collection de pierres gravées. Après les médailles, vinrent les bustes ; on en décorait le plus ordinairement des bibliothèques ou des salles du trône ; tandis qu'on exposait les autres productions de la statuaire dans de vastes salles ou dans des cours ouvertes, comme en témoignent le *Cortile*, dans le Belvédère, et les différentes villas situées tant à Rome que hors de cette ville. A cet égard, il n'y avait rien de plus beau à voir que l'exposition d'antiques qui ornaient sept des salles de la villa Borghèse, et qui, après la chute de Napoléon ne furent pas rendus à l'Italie, parce que cette collection avait été achetée par les Français.

Les plus célèbres musées de l'Italie, sont : le musée du Vatican, à Rome, qui occupe presque tous les appartements de cet immense palais, et qui ne contient pas seulement des statues, des bas-reliefs et des tableaux, mais encore des livres et des manuscrits. Le Musée de Naples rivalise avec celui du Vatican, et brille surtout pour les bronzes, les vases et les pierres gravées. Florence, Turin, Modène, Venise et Vérone ont également de riches musées. En France, au temps du premier empire, le musée du Louvre à Paris, où se trouvaient accumulés les chefs-d'œuvre de l'art en tous genres, était le plus riche de l'univers ; et aujourd'hui encore il figure au premier rang. Des musées d'Angleterre le plus ancien est celui d'Oxford, qui fut fondé en 1679, et qui est redevable de la plus grande partie de ses richesses à Elias Ashdon, dont il porte le nom ; mais le plus riche de tous est le *British Museum*, à Londres. La Russie possède à Saint-Pétersbourg un musée d'une richesse extrême en antiques, pierres précieuses, tableaux et gravures. Un édifice spécial y a été récemment construit, sous la direction de Klinze, pour en contenir tous les trésors. Le *Musée Thorwaldsen*, à Copenhague, est quelque chose de fort remarquable. L'Allemagne est le pays du monde où l'on voit le plus de musées. Les plus célèbres et les plus remarquables sont ceux de Dresde, de Vienne, de Munich et de Berlin. Gotha, Weimar, Cassel, Darmstadt, Brunswick, Francfort-sur-le-Mein, Nuremberg, Munster, Bonn, Breslau, Prague, en ont aussi de très-distingués. En 1853 il a été fondé à Nuremberg un *musée allemand*, destiné à recevoir les originaux ou les copies de l'art et de la littérature antiques de l'Allemagne. A ces collections publiques, il faut encore joindre les galeries particulières, qui deviennent de plus en plus nombreuses en France, en Angleterre et en Allemagne, à la différence de l'Italie, où le noble goût semble se perdre chaque jour davantage.

Que si en général on perd de vue le plus noble but des œuvres de l'art, qui est d'enflammer l'imagination et d'embellir la vie, attendu que trop souvent on ne les enlève des lieux pour lesquels ils ont été créés, il n'en est que plus urgent que les conservateurs des musées apportent un ordre systématique dans la manière de les exposer, afin que rien n'affaiblisse l'effet qu'ils doivent produire. A part les considérations tirées de l'espace dont on peut disposer, il est certains principes dont il n'est pas permis de s'écarter, suivant qu'on se propose une exposition du développement historique des diverses écoles, ou bien une impression d'ensemble produite par le grandiose et la magnificence décorative de l'exposition. Voici à peu près comment on peut les formuler : les tableaux, les sculptures et les gravures ne doivent pas être confondus comme dans les *Uffizii* de Florence. En outre, il faut aviser aux moyens d'avoir un jour juste et plein d'effet. Autrefois on faisait venir le jour du plafond ; mais on en a depuis reconnu les inconvénients. La méthode de classer les tableaux par écoles est extrêmement instructive. Les toiles de grande proportion demandent une lumière venant d'en haut, comme au Louvre, dans le grand salon carré. Autant que possible, il faudrait éviter de placer les tableaux trop au-dessus les uns des autres.

La France, sous le rapport des grandes collections artistiques, ne le cède à aucun pays du monde. Paris s'enorgueillit de son magnifique musée du Louvre, du musée du Luxembourg, du musée de Cluny et de son École des Beaux-Arts, qui est encore un musée. Quelques musées des départements ont également une certaine importance.

Le *musée de Rouen* a été ouvert en 1809. On y voit trois cents tableaux, entre autres un *Saint François*, par Annibal Carrache ; un *Ecce Homo*, par Mignard ; une *Mort de saint François*, par Jouvenet ; plusieurs *Marines* de Vernet, une statue, en terre cuite, de *Pierre Corneille*, par Caffieri ; une autre, en marbre, également de *Corneille*, par Cortot ; des modèles en plâtre des plus belles statues de l'antiquité.

Le *musée de Besançon* est connu sous le nom de *Musée Paris*, à cause du célèbre architecte qui lui légua, par son testament, une riche collection de tableaux, d'antiquités, etc.

Le *musée de Dijon*, au palais des États, est un des plus riches des départements ; on y voit des œuvres de beaucoup d'artistes bourguignons, de Prud'hon, Naigeon, Devosge, Bertrand, Petitot, Renaud, Attiret, Bornier, Larmier et Marlet.

Le *musée d'Orléans*, fondé en 1825, est très-riche. On y trouve des tableaux de Mignard, de Vien, du Guide, de Philippe de Champagne, de Benedettoluti, de Van-Romain, du Guerchin, de Drouais, de Rigaud et de Fragonard, etc.

Le *musée d'Autun* est riche en antiquités et en médailles.

Le *musée de Grenoble*, inauguré en 1802, renferme plus de cent trente tableaux, parmi lesquels on remarque des originaux de Rubens, de l'Albane, de Paul et Alexandre Véronèse, du Lorrain, du Pérugin, de Philippe de Champagne, de L'Espagnolet, du Bassano, de Lucatelli, de Josépin, de l'Orizzonte, de Solario, de Crayer, de Van der Meulen, de Le Brun, de Le Sueur, etc. Une collection de plâtres moulés sur l'antique contribue à l'ornement de cette belle galerie.

Le magnifique *musée de Lyon* possède plusieurs fragments antiques découverts dans le voisinage de cette ville. Parmi les tableaux on cite l'*Adoration des Mages*, par Rubens ; *Les Sept Sacrements*, par le Poussin ; l'*Assomption de la Vierge*, par le Guide ; la *Prédication de saint Jean* et le *Baptême du Christ*, par l'Albane ; *Moïse sauvé des eaux*, par Paul Véronèse ; l'*Ascension de Jésus-Christ*, par Pérugin ; un portrait de chanoine, par Annibal Carrache ; l'*Adoration des bergers* et l'*Invention des reliques*, par Philippe de Champagne ; *La Circoncision*, par le Guerchin ; *Saint Luc peignant la Vierge*, par Giordano ; plusieurs toiles du Tintoret d'un remarquable mérite ; *Les Marchands chassés du Temple*, par Jouvenet ; l'*Adoration des Anges*, par Stella ; *Le Christ à la colonne*, par Palme ; *Saint François d'Assise*, par L'Espagnolet ; un *Clair de lune*, par Bidault ; le *Tournois du Duguesclin*, par Revoil ; des toiles de Bonnefond, des fleurs de Van Huysum, Van Brussel, Van der Kaben, etc. Citons encore les musées de Lons-le-Saulnier, de Dôle, de Vienne, d'Angers (où se trouvent plusieurs tableaux des grands maîtres de l'école française et des meilleurs artistes de nos jours), de Tours, d'Arles, d'Aix, de Marseille, de Troyes, de Mézières et de Bourg, ainsi que le musée historique de Versailles.

MUSÉE. Plusieurs poëtes de l'antiquité ont porté ce nom. Le plus ancien est celui que Virgile place dans les Champs-Élysées à la tête d'une foule nombreuse de musiciens et de poëtes ; on lui donne pour père Orphée, Eumolpe ou Linus ; il était né à Athènes, au treizième ou quatorzième siècle avant J.-C., et mourut à Phalère. On n'a de ses ouvrages que les titres cités par d'anciens auteurs ; ils roulent tous sur la morale et la religion.

Le poëte qui a le plus illustré le nom de Musée est l'auteur du poëme de *Héro et Léandre*, qui est surnommé *le Grammairien* dans ses manuscrits. Malheureusement on ne sait rien sur son existence ; on n'est pas même sûr du temps où il vécut : quelques-uns le placent au treizième siècle de notre ère, appuyés sur ce fait que Tzetzès est le premier auteur qui en ait parlé, et d'autres le rejettent 1300 ans avant J.-C., en le confondant avec *Musée l'Athénien*. Cependant, la critique moderne a fixé la date de ce joli poëme au milieu du cinquième siècle de l'ère chrétienne.

On cite quelquefois un autre *Musée*, poëte thébain, antérieur à la guerre de Troie, dont l'existence est très-problématique, et que l'on confond souvent avec l'ancien *Musée*. Éphèse eut aussi un *Musée*, auteur d'une volumineuse épopée, *La Perséide*. Un autre auteur de ce nom, poëte latin contemporain de Martial, se déshonora par des vers d'une révoltante obscénité.

MUSÉE BRITANNIQUE. *Voyez* BRITISH MUSEUM.

MUSÉE D'ARTILLERIE, au dépôt central de l'artillerie, place Saint-Thomas d'Aquin, près de l'église de ce nom, dans l'ancien couvent des Jacobins. Voici à Paris l'origine de ce musée, le plus riche peut-être de l'Europe dans la spécialité des objets qu'il renferme.

Lors de la prise de la Bastille, on trouva dans cette forteresse une grande quantité d'armes de toutes espèces, dont quelques-unes étaient fort anciennes. Réunies en 1794 aux armes les plus précieuses des anciens arsenaux des provinces, et notamment de l'arsenal de Sedan, elles formèrent le noyau de cette belle collection, qui s'enrichit considérablement pendant les guerres de l'empire. Les Prussiens le pillèrent en 1815 ; dans la tourmente de 1830, le peuple souleva y fit irruption, et en enleva de magnifiques armes, mais la plus grande partie fut restituée après le combat.

Ce musée offre un grand intérêt, tant sous le rapport de l'histoire que sous celui de l'instruction militaire. La salle des armures comprend, outre les armures de pied en cap, différentes pièces de l'équipement chevaleresque, telles que cottes de mailles, brassards, cuissards, gantelets, hausse-cols, rondaches, etc. La plupart appartiennent au quinzième et seizième siècles, d'autres sont d'origine grecque ou romaine, d'autres enfin proviennent des peuples orientaux, tels que les Mahrattes, les Hindous et les Arabes. Une collection des armes offensives de main n'est pas moins curieuse : les haches celtiques en silex, les franciques, les pertuisanes, les hallebardes et les masses d'armes, les piques de notre ancienne infanterie, les fléaux d'armes, y figurent à côté des haches modernes de nos sapeurs et les lances qui sont encore aujourd'hui en usage dans les diverses armées de l'Europe.

Les armes à feu portatives sont rangées sur des râteliers, et l'on peut, en les examinant, suivre chronologiquement toutes les transformations qu'elles ont subies depuis l'arquebuse à mèche jusqu'au fusil à percussion. On voit beaucoup de mousquets et d'arquebuses incrustés ou damasquinés d'une exécution magnifique. Viennent ensuite les modèles des fusils et carabines en usage dans les armées russe, prussienne, autrichienne, danoise, hollandaise, suédoise, anglaise, espagnole, ainsi que les modèles des fusils et des mousquetons français à partir de 1717. La collection des fusils de rempart et celle des pistolets n'est pas moins curieuse ; des amorces, des chargettes, des poires à poudre, des fourches à mousquet complètent cette curieuse série.

Dans la partie du musée réservée à l'artillerie se trouvent des bombardes en fer forgé de la première moitié du quinzième siècle, des canons ouverts par la culasse, des couleuvrines, des canons de Gustave-Adolphe, des pièces françaises, espagnoles et turques, des modèles à l'échelle du sixième de l'artillerie française depuis les premières années du règne de Louis XIII jusqu'à nos jours, ainsi que les modèles des calibres en usage dans les armées étrangères. Les projectiles, les caissons, les affûts, les divers instruments qui se rapportent soit au service et au tir des pièces, soit à la fabrication de la poudre, les capsules, les étoupilles, les machines propres à fabriquer les armes à feu portatives ou les armes blanches, permettent d'embrasser dans leur ensemble tous les perfectionnements que les instruments de guerre modernes ont reçus depuis deux siècles.

MUSÉE DE MONSIEUR. *Voyez* ATHÉNÉE.

MUSÉE DES MONUMENTS FRANÇAIS. Lorsqu'en 1790 l'Assemblée constituante eut déclaré les biens du clergé propriétés nationales, on s'occupa de la conservation des œuvres d'art renfermées dans les édifices religieux. Une *commission des monuments*, composée de savants et d'artistes, fut spécialement chargée de ce soin. Les bâtiments du couvent des Petits-Augustins furent convertis en musée des monuments français, et notre collaborateur Alexandre Lenoir en fut nommé conservateur. C'est à ses soins, à son érudition et à son goût que l'on dut la formation de cette collection si remarquable. Nos plus curieux monuments nationaux y étaient rangés chronologiquement, et faisaient revivre notre vieille histoire. On y avait surtout placé, dans des salles construites et ornées dans le goût du siècle auquel elles étaient consacrées, les dépouilles des églises supprimées. Les restes des châteaux d'Anet et de Gaillon, transportés à Paris, avaient été relevés et restaurés dans les cours du musée. Cinq salles séparées contenaient les productions des arts de cinq siècles, depuis le treizième jusqu'au dix-huitième. Dans le jardin étaient rangés les tombeaux de trop grande dimension pour figurer dans les salles. Là reposaient les dépouilles mortelles de Turenne, de Descartes, de Molière, de La Fontaine, et celles d'Héloïse et d'Abélard, pour lesquelles Alexandre Lenoir avait fait construire exprès une chapelle, avec les débris du Paraclet. En 1815, la suppression de ce musée ayant été décidée, une partie de ces monuments fut transportée au cimetière du Père Lachaise. Les autres furent rendus à leur destination primitive ou répartis entre divers établissements. L'École des beaux-arts a été construite sur l'emplacement du *Musée des Monuments français*. On doit prochainement le rétablir au musée de Cluny agrandi.

MUSÉE DU LOUVRE. La Convention nationale ordonna, dans sa séance du 27 juillet 1793, l'établissement d'un *musée national*, et désigna pour son emplacement la grande galerie du Louvre. Le *Muséum français*, appelé quelque temps après *Musée central des Arts*, s'ouvrit le 8 novembre 1793.

C'est à François Ier qu'il faut faire remonter l'origine des collections rassemblées au Louvre. Ce prince fit recueillir et acheter à grands frais, partout et surtout en Italie, de nombreux objets d'arts, antiquités, médailles, camées, orfèvreries, bijoux, peintures, sculptures. C'était à Fontainebleau, dans le cabinet du roi, qu'étaient placés ces objets précieux.

Jusqu'à Louis XIII, cette collection reçut peu d'accroissement. Mais à la mort de Mazarin, Colbert racheta pour Louis XIV le magnifique cabinet formé par le cardinal ministre et qu'il avait enrichi des dépouilles de celui de Charles Ier d'Angleterre. Le cabinet du roi lui dut encore une foule de nouvelles richesses; car, avec l'aide de Le Brun, il ne cessa de faire des emprunts successifs à tous les pays, à toutes les écoles, à tous les genres. Cependant tant de chefs-d'œuvre étaient entièrement perdus pour le public et ne servaient que comme ameublement au palais de Versailles, lorsqu'ils ne gisaient pas abandonnés dans la poussière des greniers. Sous le règne de Louis XV, Rigaud fit un choix dans la superbe collection du prince de Carignan dont la vente eut lieu en 1743. Sept ans après, le roi permit qu'une partie de ces trésors fussent transportés au Luxembourg et livrés à l'admiration des amateurs et des artistes. Mais vers 1785, Louis XVI ayant donné le Luxembourg à son frère M. le comte de Provence, la collection des tableaux fut enlevée et réunie au dépôt de la surintendance de Versailles. L'Assemblée nationale, enfin, rendit son décret du 26 mai 1791 qui ordonnait que le Louvre recevrait le dépôt des monuments des sciences et des arts. La Convention, comme nous l'avons dit, devait le réaliser.

Les conquêtes de la révolution et surtout celles de l'empire mirent à contribution l'Europe entière pour accroître et enrichir le Musée. Les chefs-d'œuvre de l'Italie, de la Flandre, de la Hollande, de l'Allemagne, de l'Espagne, comme jadis ceux de la Grèce dans la Rome des Césars, formèrent la partie inappréciable du Musée Napoléon. Mais c'étaient des trophées de la victoire, que les alliés revendiquèrent après la chute de l'empire.

Jusqu'à la révolution de 1848, le Musée du Louvre fit partie de l'apanage de la liste civile. Le roi Louis-Philippe contribua peu à l'accroissement du Musée. Une collection nombreuse de tableaux espagnols y avait été déposée; mais à la suite des événements de Février, ils firent retour au domaine privé. Ce ne fut qu'après la révolution et dans les années suivantes que le Musée reçut une distribution digne des chefs-d'œuvre qui y sont accumulés.

Le Louvre contient aujourd'hui *douze* musées différents : le musée de peinture, le musée des dessins, le musée des gravures, le musée de sculpture antique, le musée de sculpture moderne, le musée assyrien, le musée égyptien, le musée américain, le musée étrusque, le musée algérien, le musée de la marine, le musée des souverains.

Le *musée de peinture* comprend, d'après les livrets officiels, 543 tableaux des Écoles d'Italie, 15 de l'École espagnole, 618 des Écoles flamande, hollandaise et allemande, et 660 de l'École française. Il possède des œuvres de Cimabué, Giotto, Fra-Angelico, Ghirlandajo, Mantegna, Léonard de Vinci, Pérugin, Francia, Corrége, Raphaël, Jules Romain, André del Sarto, Giovanni et Gentile Bellini, Giorgione, Titien, Tintoret, Sébastien del Piombo, Jacques Palma, Bassan, Véronèse, Pâris, Carrache (Ludovico et Annibal), Domiquin, Guide Albane, Guerchin, Caravage Salvator Rosa, Luca Giordano, Canaletti, etc., Moralès, Vélasquez, Murillo, Michel Wohlgemuth, Holbein, Lucas Kranach, Balthazar Denner, Christian Seibold, Adam Elzheimer, Van-Eyck, Memling, Quintin Metpi, Jean de Mabuse, Pierre et Franz Porbus, Antonio Moro, Otto Venius, Rubens, Gaspard de Crayer, Sneyders, Jordaens, Van Dyck, Gérard Honthorst, Van der Heist, Rembrandt, Philippe de Champagne, Van der Meulen, Franz Hals, Van der Werff, René et Jean Breughel, Pœlenburg, Gérard Dow, Terburg, David Teniers, Adam et Isaac Van Ostade, Karel, Du Jardin, Jean Steen, Adrien Brauwer, Wouwermans, Metzu, François et Guillaume Mieris, Gaspard Netscher, Hingelandt, Schalken, Paul Bril, Swanevelt, Wynantz, Albert Cuyp, Jean Both, Ruysdael, Hobbema, Conrad Delsker, Huymans de Malines, Adrien et Guillaume Van der Velde, Van der Heyden, Backhuysen, Neefs, Hecnwick, Pierre de Hooch, Paul Potter, Fyt, Weenix, David de Heem, Mignon, Van Huysum, etc. ; Martin Fréminet, Clouet, Vouet, Poussin, Lorrain, Valentin, Lesueur, Lebrun, Mignard, Rigaud, Claude Lefevre, Jacques Courtois, Sébastien Bourdon, Jouvenet, Watteau, Boucher, Carle Vanloo, Greuze, Joseph Vernet, Vien, David, Girodet, Pierre Guérin, Gérard, Gros, Prudhon, Géricault, Léopold Robert, Sigalon, etc.

Le *musée des dessins et des pastels* offre la plupart des maîtres dont le musée principal possède déjà des tableaux, et de plus des dessins et esquisses par quelques-uns qui n'y sont point représentés, Michel Ange entre autres; les pas-

28.

tels sont peu nombreux, Latour, Vivien, Chardin et Rosalba Carriera.

Le *musée des gravures* contient les œuvres de Gérard Edelinck, des trois Audran, Étienne Baudet, Nicolas Tardieu, Gaspard Duchange, Rousselet, Picart le Romain, Auguste Desnoyers, etc.

Le *musée de sculpture antique* possède trois morceaux capitaux, la *Vénus de Milo*, la *Diane chasseresse* et le *Gladiateur combattant*, et encore un grand nombre d'autres très-précieux et très-dignes d'admiration : le *Marsyas attaché*, la *Polymnie*, *L'Enfant à l'oie*, la *Vénus d'Arles*, une *Melpomène colossale*, *Le Faune à l'enfant*, deux *Faunes dansant*, deux *Hermaphrodite*, un *Centaure avec l'amour en croupe*, un *Pollux*, un *Achille*, un *Germanicus en Mercure*, plusieurs *Apollon* entre autres l'*Apollon au lézard*, des *Bacchus*, des *Minerve*, des *Hercule*, des *Muses*, des *fleuves*, des *Cariatides*, etc., etc.

Le *musée de sculpture moderne* offre des œuvres de Michel-Ange, Benvenuto Cellini, de Jean de Boulogne, de Jean Cousin, de Germain Pilon, et de Jean Goujon, de Pierre Puget, de Coyzevox, de Guillaume Coustou, de Bouchardon, Pigalle, Falconet, Caffieri, Pajou, Houdon, Roland, Chaudet, Cortot, Bosio et Canova.

Le *musée assyrien*, qui n'est encore qu'à sa naissance, renferme quelques monuments très-précieux de cette antique civilisation de Babylone et de Ninive, entre autres les deux énormes taureaux à tête d'homme, accompagnés de leurs gigantesques statues latérales qu'on croit être la personnification de Nabuchodonosor et de Sennachérib.

Le *musée égyptien* se divise en deux parties : dans l'une, on voit les grandes et lourdes pièces de sculpture tenant au culte et aux monuments publics, statues, bustes, sarcophages, sphinx, lions, etc.; dans l'autre, on trouve sous les vitrines des armoires les petits objets se rapportant aux mœurs domestiques, statuettes, vases, ustensiles, aunes, amulettes, etc.

Le *musée de l'art américain* offre quelques fétiches, quelques ornements, quelques ustensiles enlevés aux temples des divinités aztèques et aux palais des Incas du Pérou.

Sous le nom de *musée étrusque* se comprennent quelques productions de l'art italique et de beaux vases étrusques de différentes époques.

Le *musée algérien* ne contient encore qu'un fort petit nombre d'antiquités; mais il ne peut manquer de prendre d'importants développements.

Le *musée de la marine* est une collection de petits modèles qui font comprendre les progrès accomplis par l'art de la navigation depuis le tronc d'arbre creusé, jusqu'au vaisseau à trois ponts et au bateau à vapeur. Ces modèles, exécutés avec une fidélité rare, reproduisent nos constructions navales jusque dans leurs plus petits détails. On voit dans le même musée les plans en relief de nos ports de guerre et une curieuse collection d'armures indiennes, de pagodes, de parures sauvages, trophées des excursions scientifiques de notre marine.

Enfin, le *musée des souverains* est la collection de divers objets qui ont authentiquement appartenu à un souverain français. On y remarque, entre autres objets, la chapelle de l'ordre du Saint-Esprit sous Henri III, et de belles panoplies. Cette collection a été formée par les ordres de l'empereur actuel, pendant le cours de sa présidence. On y a placé une quantité considérable d'objets ayant appartenu à Napoléon 1er, ses gants, sa redingotte grise et son petit chapeau.

MUSÉE DU LUXEMBOURG. Ce musée fut créé par Louis XVIII. Son ordonnance portait qu'il recevrait les chefs-d'œuvre des peintres et des sculpteurs vivants, et que leurs œuvres y resteraient dix ans après leur mort en attendant qu'on fît un choix parmi elles pour en doter le Louvre.

Le catalogue du Musée du Luxembourg comprend deux cent quatre-vingt-cinq numéros; savoir : 159 tableaux, 9 cartons de dessins, 26 sculptures modernes, 13 sculptures d'après l'antique, 61 gravures et 17 lithographies.

La peinture est représentée par MM. Eugène Delacroix, Ingres, Delaroche, Deveria, Court, Couture, Ary et Henry Scheffer, Horace Vernet, Heine, Blondel et de Pujol, Roqueplan, Cabat, Robert Fleury, Biard, Bertin, Aligny, Daunats, Hébert, Mlle Rosa Bonheur, etc.; la sculpture par Rude, Pradier, MM. Jouffroy, Duret et Jaley.

Des dessins de MM. Ingres et Vidal, des gravures de MM. le baron Desnoyers, Pollet, Henriquel-Dupont, et des lithographies de MM. Mouilleron, Nauteuil, A. Lecomte, Soulange-Tessier, Raffet, etc., sont les productions les plus remarquables qu'on y voit exposées.

MUSÉE PIO-CLÉMENTIN. *Voyez* Pio-Clémentin (Musée).

MUSE LIMONADIÈRE (La). *Voyez* Bourette.

MUSES, divinités grecques et latines, au nombre de neuf, filles de Jupiter et de Mnémosyne, déesse de la mémoire. Leur nom vient du grec μύω (je ferme avec mystère), parce que les faveurs de ces déesses sont interdites au vulgaire; ou selon d'autres, du mot hébreu ou phénicien *musar* (science, doctrine). Leurs noms sont : Clio, Euterpe, Thalie, Melpomène, Terpsichore, Érato, Polymnie, Calliope, Uranie. Chacune d'elles avait ses fonctions et son domaine : la poésie, la musique, la danse, les arts et les sciences. Les Grecs leur donnaient différentes origines. « La ville de Sicyone, disaient-ils, avait commandé à trois sculpteurs célèbres de faire chacun les statues de la Mémoire, de la Méditation et du Chant, les trois seules Muses qui existassent alors. Les artistes accomplirent chacun trois merveilles, et Sicyone, ravie d'admiration, acheta aussitôt les neuf statues, qu'elle plaça dans le temple d'Apollon ; depuis ce temps on compta neuf Muses. » Cicéron, qui en compte quatre nées du second Jupiter, ajoute à ces trois premières déesses Thelxiopé (*le charme de la voix*). Il prétend aussi que neuf autres de ces divinités, parées des beaux noms des vraies Muses, les filles du maître des dieux et de la déesse de mémoire, sont nées de Piérus, roi macédonien, et d'Antiope. En effet, ce prince passe pour avoir eu neuf filles dotées par la nature de voix merveilleuses ; elles osèrent défier au chant les chastes sœurs, furent vaincues et changées en pies.

Les Muses habitaient l'Olympe ou les cimes élevées de l'Hélicon, du Parnasse et du Pinde. Elles avaient, comme les grands dieux, la science du passé, du présent et de l'avenir. Si toutes ne restèrent point vierges, elles passaient généralement pour être pudiques ; leur sein, qui n'est jamais nu, comme celui des nymphes, fait aisément reconnaître leurs images. Elles sont représentées dans la force de l'âge ; des fleurs ou des palmes, rarement des lauriers, réservés à Apollon, couronnent leur tête, et quelquefois des plumes, en mémoire de leur victoire sur les filles de Piérus. Chaque Muse a des attributs particuliers. Sur d'anciens monuments, on les voit dansant en chœur, et se tenant comme les Grâces par la main. Quelquefois, des ailes légères frémissent sur leurs épaules : sont-ce celles dont elles se servirent pour échapper à la violence amoureuse d'un roi de Phocide, Pyrénée ? sont-ce celles de l'imagination ou de la renommée, qui volent d'un bout du monde à l'autre ? Elles étaient invoquées en même temps que les Grâces dans les banquets ; on leur faisait des libations avec une coupe pleine jusqu'au bord, et couronnée de roses. Athènes rendait un culte solennel à ces déesses. Plusieurs villes de la Grèce, entre autres celles de la Macédoine, les honoraient particulièrement. Thespie, la Béotienne, célébrait tous les ans une fête en l'honneur des Muses, dans les bocages de l'Hélicon. Cette ville accordait des prix aux musiciens et aux poëtes qui s'y distinguaient. Ces déesses avaient trois temples chez les Romains, dont un leur était consacré sous ce nom : aux Camènes (*cantus amœni*, chants délicieux). On croit que ce fut Numa qui le premier le leur éleva, au voisinage de Rome, près de la porte Capène. Les chastes sœurs ne sauvèrent pas toutes leur virginité : Calliope fut mère d'Orphée, et Terpsichore, violentée par Achéloüs, le fleuve aux bras nerveux, mit au jour les Sirènes. Platon révéla les amours de Polymnie et d'Uranie. Érato emprunta son nom voluptueux à Éros, l'Amour, dont elle ne fuyait pas les flèches. *Héliconides, Parnassides, Aonides, Aganippides, Piérides, Thespiades, Libéthrides, Méonides, Olympiades, Pégasides, Castalides,* furent les nombreux surnoms qu'elles portèrent dans l'antiquité. La plupart de ces surnoms sont empruntés aux villes, fontaines, fleuves, montagnes, lieux, ou qu'elles habitaient, ou qu'on leur avait consacrés.

Quelques érudits ont fait venir les Muses de l'Égypte. Diodore rapporte en effet qu'Osiris avait à sa cour et à ses gages un chœur de neuf jeunes filles, merveilleusement instruites dans l'art de la danse et du chant, et qu'Horus-Apollon, son frère, prince d'une grande beauté, conduisait. D'autres veulent que Jupiter ait eu à sa cour, en Crète, neuf chanteuses gagées, appelées *Muses*, et que par la suite il passa pour avoir été leur père. Bientôt les Muses devinrent cosmopolites. On dit généralement : les *Muses païennes,* les *Muses chrétiennes,* les *Muses françaises, italiennes, anglaises, allemandes.* On dit d'une femme poète : *C'est une Muse.* Ces déesses enfin s'étaient tellement identifiées à leurs favoris, qu'en parlant de l'esprit, du génie d'un poète, ou d'un poëte lui-même, on se sert de cette expression : *sa Muse.*   DENNE-BARON.

MUSETTE, instrument de musique à anches et à vent, dont l'invention remonte aux Lydiens. La vieille mythologie l'attribue à Pan, à Faune et à Marsias. Diodore prétend que ce fut le berger sicilien Daphnis qui inventa cet instrument, et qui le premier fit des pastorales et chanta les vers qu'on appelle *bucoliques.* La musette se compose d'une peau qui s'enfle au moyen d'un soufflet faisant partie de l'instrument, d'un bourdon et d'un ou deux chalumeaux. Elle ressemble beaucoup à la c o r n e m u s e ; le bourdon seul est différent : il porte quatre anches sur un cylindre, dont on ouvre et ferme les trous ou rainures par des morceaux de bois ou d'ivoire que l'on nomme *layettes.* Son chalumeau a onze trous, dont quelques-uns, que les doigts ne pourraient atteindre, sont bouchés par une clef mobile. L'étendue ordinaire du dessus de la musette est d'une dixième, d'une onzième ou d'une douzième, et plus, suivant le nombre de trous et de clefs qu'on y adapte. Son bourdon a cinq tons différents, avec lesquels il fait toutes les parties. Sa mélodie est plus douce et plus gracieuse que celle de la cornemuse. Les notes de basse sont généralement peu travaillées, et la même note est souvent tenue pendant tout le chant. Il y a eu une espèce de musette qu'on nomme *sourdeline* ou *sampogne.*

MUSETTE (*Zoologie*). *Voyez* MUSARAIGNE.
MUSEUM (British). *Voyez* BRITISH MUSEUM.
MUSÉUM D'HISTOIRE NATURELLE. Cet établissement, compris dans les attributions du ministère de l'instruction publique, est situé au sud-est de Paris, sur la rive gauche de la Seine. Il se compose de plusieurs galeries où se trouvent disposées méthodiquement des collections appartenant aux trois règnes de la nature, d'un vaste jardin des Plantes, dont plusieurs parties, ouvertes seulement aux élèves, sont destinées à l'étude de la botanique et de la culture, de serres chaudes et de serres tempérées, d'une ménagerie d'animaux vivants, où l'on s'efforce d'acclimater loin de leur patrie près d'un million d'animaux de différentes classes, d'une bibliothèque d'histoire naturelle, et d'amphithéâtres pour les cours publics, qui sont au nombre de quinze, et se font encore dans les galeries ou à la campagne. Une vingtaine de prosecteurs ou d'aides-naturalistes secondent les professeurs titulaires. Le jardin fournit aux établissements publics qui lui sont analogues des graines d'arbres et des plantes utiles aux progrès de la botanique, de l'agriculture et des arts, et entretient une collection de plantes officinales, pouvant servir tant aux études qu'aux besoins des malades pauvres.

Le Muséum d'Histoire naturelle a pris ce nom en 1793 ; il a remplacé l'ancien *Jardin du Roi.* Les professeurs étaient choisis parmi les professeurs de l'École de Médecine. Il n'y avait encore que trois chaires, botanique, anatomie et pharmacie, et l'enseignement y était très-restreint. La Convention l'agrandit en le réorganisant, et y institua douze chaires. La pénurie fut si grande dans cet établissement à la fin de la république, sous le Directoire et plus d'une fois même sous le consulat, qu'un grand nombre d'objets furent perdus ou altérés ; on manquait également d'espace et d'alcool. La ménagerie, en particulier, était si dénuée que plus d'une fois on fut obligé de sacrifier plusieurs animaux pour en alimenter d'autres. Mais l'empire dota généreusement cet établissement, en lui accordant annuellement 300,000 francs. Cette somme fut réduite par la Restauration. Cependant M. Decazes destina une rente perpétuelle de 20,000 francs pour une école de voyageurs; et le cabinet d'anatomie fut triplé en considération de Cuvier. Après les cent jours, le Muséum fut menacé d'une ruine complète ; chaque puissance voulait le mettre au pillage pour s'indemniser de tout ce que la France avait enlevé aux musées de l'Europe durant vingt années de conquêtes. Ce fut le roi de Prusse, à la recommandation de M. Alexandre de Humboldt, qui sauvegarda nos cabinets d'histoire naturelle. L'empereur d'Autriche se montra aussi un appréciateur plein de goût des services que Paris ne cesse de rendre aux savants de toutes les nations. Oubliant les pertes qu'avaient pu subir les universités de son empire, il prit le moment de notre défaite pour faire don au Muséum de la collection de vers intestinaux de Bremser, ainsi que d'une magnifique collection de champignons imités. Mais il fallut indemniser la Hollande de la collection du stathouder que nous avions enlevée d'Amsterdam ; et il fallut rendre au pape des pierres gemmes que les joailliers appréciaient encore mieux que les naturalistes. Il y eut même des émigrés qui retrouvèrent à peu près intacts au Muséum des objets d'histoire naturelle et des livres que la révolution avait confisqués dans leurs hôtels de Paris ou dans leurs châteaux.

MUSIQUE, art d'émouvoir par des sons les hommes intelligents et doués d'une organisation spéciale. Définir ainsi la musique, c'est avouer que nous ne la croyons pas, comme on dit, faite pour tout le monde. Quelles que soient en effet ses conditions d'existence, quels qu'aient jamais été ses moyens d'action, simples ou composés, doux ou énergiques, il a toujours paru évident à l'observateur impartial qu'un grand nombre d'individus, ne pouvant ressentir ni comprendre sa puissance, ceux-là n'étaient pas faits pour elle, et que par conséquent elle n'était point faite pour eux.

La musique est à la fois un sentiment et une science; elle exige de la part de celui qui la cultive, exécutant ou compositeur, une inspiration naturelle et des connaissances qui ne s'acquièrent que par de longues études et de profondes méditations. La réunion du savoir et de l'inspiration constitue l'art. En dehors de ces conditions, le musicien ne sera donc qu'un artiste incomplet, si tant est qu'il mérite le nom d'artiste. La grande question de la prééminence de l'organisation dans l'étude sans organisation, qu'Horace n'a pas osé résoudre positivement pour les poètes, nous parait également difficile à trancher pour les musiciens. On a vu quelques hommes parfaitement étrangers à la science produire d'instinct des airs gracieux et même sublimes, témoin Rouget de Lisle et son immortelle *Marseillaise* ; mais ces rares éclairs d'inspiration n'illuminant qu'une partie de l'art, pendant que les autres, non moins importantes, demeurent obscures, il s'ensuit, eu égard à la nature complexe de notre musique, que ces hommes en définitive ne peuvent être rangés parmi les musiciens : *ils ne savent pas.*

On rencontre plus fréquemment encore des esprits méthodiques, calmes et froids, qui, après avoir étudié patiemment la théorie, accumulé les observations, exercé longuement leur esprit et tiré tout le parti possible de leurs facultés incomplètes, parviennent à écrire des choses qui répondent en apparence aux idées qu'on se fait vulgairement de la musique, et satisfont l'oreille sans la charmer et sans rien dire au cœur ni à l'imagination. Or, la satisfaction de l'ouïe est fort loin des sensations délicieuses que peut éprouver cet organe ; les jouissances du cœur et de l'imagination ne sont pas non plus de celles dont on puisse faire aisément bon marché ; et comme elles se trouvent réunies à un plaisir sensuel des plus vifs dans les véritables œuvres musicales de toutes les écoles, ces producteurs impuissants doivent donc encore, selon nous, être rayés du nombre des musiciens : *ils ne sentent pas.*

Ce que nous appelons *musique* est un art nouveau, en ce sens qu'il ne ressemble que fort peu très-probablement à ce que les anciens peuples civilisés désignaient sous ce nom. D'ailleurs, il faut le dire tout de suite, ce mot avait chez eux une acception tellement étendue que, loin de signifier simplement, comme aujourd'hui, l'art des sons, il s'appliquait également à la danse, au geste, à la poésie, à l'éloquence et même à la collection de toutes les sciences. En supposant l'étymologie du mot *musique* dans celui de *Muse*, le vaste sens que lui donnaient les anciens s'explique naturellement ; il exprimait, et devait exprimer en effet, ce à quoi président les Muses. De là les erreurs où sont tombés, dans leurs interprétations, beaucoup de commentateurs de l'antiquité. Il y a pourtant dans le langage actuel une expression consacrée dont le sens est presque aussi général. Nous disons *l'art* en parlant de la réunion des travaux de l'intelligence, soit seule, soit aidée par certains organes, et des exercices du corps que l'esprit a poétisés. De sorte que le lecteur qui dans deux mille ans trouvera dans nos livres cette phrase devenue le titre banal de bien des divagations : « De l'état de l'art en Europe au dix-neuvième siècle, » devra l'interpréter ainsi : « De l'état de la poésie, de l'éloquence, de la musique, de la peinture, de la gravure, de la statuaire, de l'architecture, de l'action dramatique, de la pantomime et de la danse, en Europe au dix-neuvième siècle. » On voit qu'à l'exception près des sciences exactes, auxquelles il ne s'applique pas, notre mot *art* correspond fort bien au mot *musique* des anciens.

Ce qu'était chez eux l'art des sons proprement dit, nous ne le savons que fort imparfaitement. Quelques faits isolés, racontés peut-être avec une exagération dont on voit journellement des exemples analogues, les idées boursouflées ou tout à fait absurdes de certains philosophes, quelquefois aussi la fausse interprétation de leurs écrits, tendraient à lui attribuer une puissance immense et une influence sur les mœurs telle que les législateurs devaient, dans l'intérêt des peuples, en déterminer la marche et en régler l'emploi. Sans tenir compte des causes qui ont pu concourir à l'altération de la vérité à cet égard, et en admettant que la musique des Grecs ait réellement produit sur quelques individus des impressions extraordinaires, qui n'étaient dues ni aux idées exprimées par la poésie, ni à l'expression des traits ou de la pantomime du chanteur, mais bien à la musique elle-même, et seulement à elle, le fait ne prouverait en aucune façon que cet art eût atteint chez eux un haut degré de perfection. Qui ne connaît la violente action des sons musicaux, combinés de la façon la plus ordinaire, sur les tempéraments nerveux dans certaines circonstances ? Après un festin splendide, par exemple, quand, excité par les acclamations enivrantes d'une foule d'adorateurs, par le souvenir d'un triomphe récent, par l'espérance de victoires nouvelles, par l'aspect des armes, par celui des belles esclaves qui l'entouraient, par les idées de volupté, d'amour, de gloire, de puissance, d'immortalité, secondées de l'action énergique de la bonne chère et du vin, Alexandre, dont l'organisation d'ailleurs était si impressionnable, délirait aux accents de Timothée, on conçoit très-bien qu'il n'ait pas fallu de grands efforts de génie de la part du chanteur pour agir aussi fortement sur cette sensibilité portée à l'état presque maladif.

Rousseau, en citant l'exemple, plus moderne, du roi de Danemark Éric, que certains chants rendaient furieux au point de tuer ses meilleurs domestiques, fait bien observer, il est vrai, que ces malheureux devaient être beaucoup moins sensibles que leur prince à la musique ; autrement, il eût pu courir la moitié du danger. Mais l'instinct paradoxal du philosophe se décèle encore dans cette spirituelle ironie. Eh ! oui sans doute les serviteurs du roi danois étaient moins sensibles à la musique que leur souverain : qu'y a-t-il là d'étonnant ? Ne serait-il pas fort étrange, au contraire, qu'il en eût été autrement ? Ne sait-on pas que le sens musical se développe par l'exercice ? que certaines affections de l'âme, très-actives chez quelques individus, le sont fort peu chez beaucoup d'autres ? que la sensibilité nerveuse est en quelque sorte le partage des classes élevées de la société, quand les classes inférieures, soit à cause des travaux manuels auxquels elles se livrent, soit pour toute autre raison, en sont-à peu près dépourvues ? Et n'est-ce pas parce que cette inégalité dans les organisations est incontestable et incontestée, que nous avons si fort restreint, en définissant la musique, le nombre des hommes sur lesquels elle agit ? Cependant, Rousseau, en ridiculisant ainsi ces récits des merveilles opérées par la musique antique, paraît en d'autres endroits leur accorder assez de croyance pour placer beaucoup au-dessus de l'art moderne cet art ancien, que nous connaissons à peine et qu'il ne connaissait pas mieux que nous. Il devait certes moins que personne déprécier les effets de la musique actuelle, car l'enthousiasme avec lequel il en parle partout ailleurs prouve qu'ils étaient sur lui d'une intensité des moins ordinaires.

Quoi qu'il en soit, et en jetant seulement nos regards autour de nous, il sera facile de citer en faveur du pouvoir de notre musique des faits certains, dont la valeur est au moins égale à celle des anecdotes douteuses des anciens historiens. Combien de fois n'avons-nous pas vu, à l'Opéra, par exemple, aux représentations des chefs-d'œuvre de nos grands maîtres, des auditeurs agités de chairs terribles, pleurer et rire à la fois, et manifester tous les symptômes d'émotions à la suite de la fièvre. Un jeune musicien provençal, sous l'empire des sentiments passionnés qu'avait fait naître en lui *La Vestale* de Spontini, ne put supporter l'idée de rentrer dans notre monde prosaïque au sortir du ciel de poésie qui venait de lui être ouvert ; il prévint par lettres ses amis de son dessein, et, après avoir encore entendu deux fois le chef-d'œuvre objet de son admiration extatique, pensant avec raison qu'il avait atteint le maximum de la somme de bonheur réservé à l'homme sur la terre, un soir, au sortir de l'Opéra, il se brûla la cervelle. La célèbre cantatrice Mme Malibran, entendant pour la première fois au Conservatoire la symphonie en *ut mineur* de Beethoven, fut saisie de convulsions telles qu'il fallut l'emporter hors de la salle. Vingt fois nous avons vu en pareil cas des hommes graves obligés de sortir pour soustraire aux regards du public la violence de leurs émotions. Quant à celles que l'auteur de cet article doit personnellement à la musique, il affirme que rien au monde ne saurait en donner l'idée exacte à qui ne les a point éprouvées. Sans parler des affections morales que cet art a développées en lui, et pour ne citer que les impressions reçues et les effets éprouvés au moment même de l'exécution des ouvrages qu'il admire, voici ce qu'il peut dire en toute vérité : à l'audition de certaines musiques, tout mon être semble entrer en vibration ; c'est d'abord un plaisir délicieux où le raisonnement n'entre pour rien ; l'habitude de l'analyse vient ensuite d'elle-même faire naître l'admiration ; l'émotion, croissant en raison directe de l'énergie ou de la grandeur des idées de l'auteur, produit successivement une agitation étrange dans la circulation du sang ; mes artères battent avec violence ; les larmes, qui d'ordinaire annoncent la fin du paroxisme, n'en indiquent souvent qu'un état progressif, qui doit être de beaucoup dépassé. En ce cas, ce sont des contractions spasmodiques des muscles, un tremblement de tous les membres, un engourdissement total des pieds et des mains, une paralysie partielle des nerfs de la vision et de l'audition ; je n'y vois plus, j'entends à peine : vertige... demi-évanouissement... On pense bien que des sensations portées à ce degré de violence sont assez rares, et que d'ailleurs il y a un vigoureux contraste à leur opposer, celui du mauvais effet musical, produisant le contraire de l'admiration et du plaisir. Aucune musique n'agit plus fortement en ce sens que celle dont le défaut principal me paraît être la platitude jointe à la fausseté d'expression. Alors je rougis comme de honte ; une véritable indignation s'empare de moi ; on pourrait, à me voir, croire que je viens de recevoir un de ces outrages pour lesquels il n'y a pas de pardon ; il se fait pour chasser l'impression reçue un soulèvement général, un effort d'excrétion dans tout l'organisme, analogue aux efforts du vomissement quand l'estomac veut rejeter une liqueur nauséabonde. C'est le dégoût et la haine portés à leur terme extrême ; cette musique m'exaspère, et je la vomis par tous les pores. Sans doute l'habitude de déguiser ou de maîtriser mes sentiments permet rarement à celui-ci de se montrer dans tout son jour ; et s'il m'est arrivé quelquefois depuis ma première jeunesse de lui donner carrière, c'est que le temps de la réflexion m'avait manqué : j'avais été pris au dépourvu.

La musique moderne n'a donc rien à envier en puissance à celle des anciens. A présent, quels sont les modes d'action de l'art musical? Voici tous ceux que nous connaissons ; et bien qu'ils soient fort nombreux, il n'est pas prouvé qu'on ne puisse dans la suite en découvrir encore quelques autres. Ce sont :

La *mélodie*, effet musical produit par différents sons entendus *successivement* et formulés en phrases symétriques. L'art d'enchaîner d'une façon agréable ces séries de sons divers, ou de leur donner un sens expressif, ne s'apprend point : c'est un don de la nature, que l'observation des mélodies préexistantes et le caractère propre des individus et des peuples modifient de mille manières.

L'*harmonie*, effet musical produit par différents sons entendus *simultanément*. Les dispositions naturelles peuvent seules sans doute faire le grand harmoniste ; cependant, la connaissance des groupes de sons produisant les *accords* généralement reconnus pour agréables et beaux et l'art de les enchaîner régulièrement s'enseignent partout avec succès.

Le *rhythme*, division symétrique du temps par les sons. On n'apprend pas au musicien à trouver de belles formes rhythmiques ; la faculté particulière qui les lui fait découvrir est l'une des plus rares. Le rhythme, de toutes les parties de la musique, nous paraît être aujourd'hui la moins avancée.

L'*expression*, qualité par laquelle la musique se trouve en rapport direct de caractère avec les sentiments qu'elle veut rendre, les passions qu'elle veut exciter. La perception de ce rapport est excessivement peu commune ; on voit fréquemment le public tout entier d'une salle d'opéra, qu'un son douteux révolterait à l'instant, écouter sans mécontentement, et même avec plaisir, les morceaux dont l'expression est d'une complète fausseté.

Les *modulations*. On désigne aujourd'hui par ce mot les passages ou transitions d'un ton ou d'un mode à un mode ou à un ton nouveau. L'étude peut faire beaucoup pour apprendre au musicien à déplacer ainsi avec avantage la tonalité et à modifier à propos sa constitution. En général, les chants populaires modulent peu.

L'*instrumentation* consiste à faire exécuter à chaque instrument ce qui convient le mieux à sa nature propre et à l'effet qu'il s'agit de produire. C'est en outre l'art de grouper les instruments de manière à modifier le son des uns par celui des autres, en faisant résulter de l'ensemble un son particulier que ne produirait aucun d'eux isolément ni réuni aux instruments de son espèce. Cette face de l'instrumentation est exactement ce que le coloris est en peinture. Puissante, splendide et souvent outrée aujourd'hui, elle était à peine connue avant la fin du siècle dernier. Nous croyons également pour elle, comme pour le rhythme, la mélodie et l'expression, que l'étude des modèles peut mettre le musicien sur la voie qui conduit à la posséder, mais qu'on n'y réussit point sans des dispositions spéciales.

Le *point de départ des sons*. En plaçant l'auditeur à plus ou moins de distance des exécutants, et en éloignant dans certaines occasions les instruments sonores les uns des autres, on obtient dans l'effet musical des modifications qui n'ont pas encore été suffisamment observées.

Le *degré d'intensité des sons*. Telles phrases et telles inflexions présentées avec douceur ou modération ne produisent absolument rien, qui peuvent devenir sublimes en leur donnant la force d'émission qu'elles réclament. La proposition inverse amène des résultats encore plus frappants ; en violentant une idée douce, on arrive au ridicule et au monstrueux.

La *multiplicité des sons* est l'un des plus puissants principes d'émotion musicale. Les instruments ou les voix étant en grand nombre, et occupant une large surface, la masse d'air mise en vibration devient énorme, et ses ondulations prennent alors un caractère dont elles sont ordinairement dépourvues. Tellement que dans une église occupée par une foule de chanteurs, si un seul d'entre eux se fait entendre, quelle que soit la force, la beauté de son organe et l'art qu'il mettra dans l'exécution d'un thème simple et lent, mais peu intéressant par lui-même, il ne produira qu'un effet médiocre ; tandis que ce même thème, repris même avec douceur, à l'unisson, par toutes les voix, acquerra aussitôt une incroyable majesté.

Des diverses parties constitutives de la musique que nous venons de signaler, presque toutes paraissent avoir été employées par les anciens. La connaissance de l'harmonie leur est seule généralement contestée. Un savant compositeur, notre contemporain, Lesueur, s'est posé l'intrépide antagoniste de cette opinion. Voici les motifs de ses adversaires. L'harmonie n'était pas connue des anciens, disent-ils ; différents passages de leurs historiens et une foule de documents en font foi. Ils n'employaient que l'*unisson* et l'*octave*. On sait en outre que l'harmonie est une invention qui ne remonte pas au delà du huitième siècle. La gamme et la constitution tonale des anciens n'étant pas les mêmes que les nôtres, inventées par l'Italien Guido d'Arezzo, mais bien semblables à celles du plain-chant, qui n'est lui-même qu'un reste de la musique grecque, il est évident pour tout homme versé dans la science des accords que cette sorte de chant, rebelle à l'accompagnement harmonique, ne comporte que l'unisson et l'octave. On pourrait répondre à cela que l'invention de l'harmonie au moyen âge ne prouve point qu'elle ait été inconnue aux siècles antérieurs. Plusieurs des connaissances humaines ont été perdues et retrouvées, et l'une des plus importantes découvertes que l'Europe s'attribue, celle de la poudre à canon, avait été faite en Chine fort longtemps auparavant. Il n'est d'ailleurs rien moins que certain, au sujet des inventions de Guido d'Arezzo, qu'elles soient réellement les siennes, car lui-même, dans ses écrits, en cite plusieurs comme choses universellement admises avant lui. Quant à la difficulté d'adapter au plain-chant notre harmonie, sans nier qu'elle ne s'unisse plus naturellement aux formes mélodiques modernes, le fait du chant ecclésiastique exécuté en contre-point à plusieurs parties et de plus accompagné par les accords de l'orgue dans toutes les églises, y répond suffisamment.

Voyons à présent sur quoi est basée l'opinion de Lesueur. L'harmonie était connue des anciens, dit-il ; les œuvres de leurs poètes, philosophes et historiens, le prouvent en maint endroit d'une façon péremptoire. Ces fragments historiques, fort clairs en eux-mêmes, ont été traduits à contre-sens. Grâce à l'intelligence que nous avons de la notation des Grecs, des morceaux entiers de leur musique à plusieurs voix, accompagnées de divers instruments, sont là pour témoigner de cette vérité. Des duos, trios et chœurs, de Sapho, Olympe, Terpandre, Aristoxène, etc., fidèlement reproduits dans nos signes musicaux, seront publiés. On y trouvera une harmonie simple et claire, où les accords les plus doux sont seuls employés, et dont le style est absolument le même que celui de certains fragments de musique religieuse composés de nos jours. Leur gamme et leur système de tonalité sont parfaitement identiques aux nôtres. C'est une erreur des plus graves de voir dans le plain-chant, tradition monstrueuse des hymnes barbares que les druides hurlaient autour de la statue d'Odin, en lui offrant d'horribles sacrifices, un débris de la musique grecque. Quelques cantiques en usage dans le rituel de l'église catholique sont grecs, il est vrai; aussi les trouvons-nous conçus dans le même système que la musique moderne. D'ailleurs, quand les preuves de fait manqueraient, celles de raisonnement ne suffisent-elles pas à démontrer la fausseté de l'opinion qui refuse aux anciens la connaissance et l'usage de l'harmonie! Quoi! les Grecs, ces fils ingénieux et polis de la terre qui vit naître Homère, Sophocle, Pindare, Praxitèle, Phidias, Apelles, Zeuxis, ce peuple artiste, qui élevait des temples sublimes que le temps n'a pas encore abattus, dont le ciseau taillait dans le marbre des formes humaines dignes de représenter les dieux; ce peuple, dont les œuvres monumentales servent de modèles aux poètes, statuaires, architectes et peintres de nos jours, n'aurait eu qu'une musique incomplète et grossière comme celle des barbares!... Quoi! ces milliers de chanteurs des deux sexes entretenus à grands frais dans les temples, ces myriades d'instruments de natures diverses, qu'ils nommaient: *lyra, psalterium, trigonum, sambuca, cithara, pectis, magas, barbiton, testudo, epigonium, simmicium, epandoron*, etc., pour les instruments à cordes; *tuba, fistula, tibia, cornu, lituus*, etc., pour les instruments à vent; *tympanum, cymbalum, crepitaculum, tintinnabulum, crotalum*, etc., pour les instruments de percussion, n'auraient été employés qu'à produire de froids et stériles unissons ou de pauvres octaves! On aurait ainsi fait marcher du même pas la harpe et la trompette; on aurait enchaîné de force dans un unisson grotesque deux instruments dont les allures, le caractère et l'effet différent si énormément! C'est faire à l'intelligence et au sens musical d'un grand peuple une injure qu'il ne mérite pas, c'est taxer la Grèce entière de barbarie.

Tels sont les motifs de l'opinion de Lesueur. Nous lui répondrons seulement: Les plains-chants que vous appelez barbares ne sont pas tous aussi sévèrement jugés par la généralité des musiciens actuels; il en est plusieurs, au contraire, qui leur paraissent empreints d'un rare caractère de sévérité et de grandeur. Le système de tonalité dans lequel ces hymnes sont écrites, et que vous condamnez, est susceptible de rencontrer fréquemment d'admirables applications. Beaucoup de chants populaires, pleins d'expression et de naïveté, sont dépourvus de *note sensible*, et par conséquent écrits dans le système tonal du plain-chant. D'autres, comme les airs écossais, appartiennent à une échelle musicale bien plus étrange encore, puisque la quatrième et le septième degré de notre gamme n'y figurent point. Quoi de plus frais cependant et de plus énergique parfois que ces mélodies des montagnes! Déclarer barbares des formes contraires à nos habitudes, ce n'est pas prouver qu'une éducation différente de celle que nous avons reçue ne puisse en venir à modifier singulièrement nos opinions à leur sujet. De plus, sans aller jusqu'à taxer la Grèce de barbarie, admettons seulement que sa musique, comparativement à la nôtre, fût encore dans l'enfance; le contraste de cet état imparfait d'un art spécial et de la splendeur des autres arts qui n'avec lui aucun point de contact, aucune espèce de rapport, n'est point du tout inadmissible. Le raisonnement qui tendrait à faire regarder comme impossible cette anomalie est loin d'être nouveau, et l'on sait qu'en mainte circonstance il a conduit à des conclusions que les faits ont ensuite démenties avec une brutalité désespérante. L'argument tiré du peu de raison musicale qu'il y aurait à faire marcher ensemble à l'unisson ou à l'octave des instruments de nature aussi dissemblables qu'une lyre, une trompette et des timbales, est sans force réelle; car enfin cette disposition instrumentale est-elle praticable? Oui, sans doute, et les musiciens actuels pourront l'employer quand ils voudront. Il n'est donc pas extraordinaire qu'elle ait été admise chez des peuples auxquels la constitution même de leur art ne permettait pas d'en employer d'autre.

A présent, quant à la supériorité de notre musique sur la musique antique, je crois qu'elle est probable. Soit en effet que les anciens aient connu l'harmonie, soit qu'ils l'aient ignorée, en réunissant en faisceau les idées que les partisans des deux opinions contraires nous ont données de sa nature et de ses moyens, il en résulte avec assez d'évidence cette conclusion : Notre musique contient celle des anciens, mais la leur ne contenait pas la nôtre. C'est-à-dire : nous pouvons aisément reproduire les effets de la musique antique, et de plus un nombre infini d'autres effets, qu'elle n'a jamais connus et qu'il lui était impossible de rendre.

De l'art des sons en Orient, nous n'avons rien dit encore; voici pourquoi : tout ce que les voyageurs nous ont appris à ce sujet jusque ici se borne à des puérilités informes, et sans relations aucunes avec les idées que nous attachons au mot *musique*; à moins donc de notions nouvelles, et opposées sur tous les points à celles qui nous sont acquises, nous devons regarder la musique chez les Orientaux comme un bruit grotesque, analogue à celui que produisent les enfants dans leurs jeux.

Hector Berlioz, de l'Institut.

Entre les premières apparitions naturelles de la musique et la musique devenue un art, se place la science ; d'abord l'acoustique, ensuite la théorie de l'harmonie, du rythme et de la mélodie. L'acoustique est, à bien dire, la science qui intervient entre l'art des sons et les rudes expressions de la nature. Sur cette double base s'élèvent les principes de la composition, plus artistique, et du mélange des voix que l'on comprend sous le nom de théorie du double contre-point, dont renferme la fugue, le canon, l'imitation, etc. Quant aux systèmes mathématiques modernes de musique, on peut considérer comme leurs créateurs Huyghens, Sauveur (vers 1701), Rameau (vers 1722) et Euler dans ses recherches mathématiques sur la musique. En ce qui est de l'acoustique proprement dite, c'est Chladni qui, au dix-neuvième siècle, a ouvert la carrière qu'ont suivie ensuite d'autres physiciens, tels que Weber et Bendseil. La théorie musicale a été autrefois l'objet des travaux spéciaux de Mattheson, de Martini, de Marburg, de Kirnberger, de Knecht, de Vogler, etc., et dans ces derniers temps de Weber, de Reicha, d'André de Marx et d'Hauptmann. Tandis qu'elle ne se composait autrefois que d'une accumulation empirique de règles de toutes espèces, les savants que nous venons de nommer en dernier lieu l'ont singulièrement fait progresser et l'ont presque établie à l'état de science.

D'une part, la grande diversité de ce qui peut être opéré dans la nature des tons, de l'autre le lieu de l'exécution, le but qu'on a en vue et le caractère de composition qui en résulte, déterminent la division naturelle à établir entre les différents genres de musique, le progrès depuis les éléments qui ont été énumérés plus haut jusqu'à son application artistique; et on arrive ainsi, pour ce qui est du premier point, à distinguer la *musique vocale* de la *musique instrumentale*, et pour ce qui est du second, à distinguer la musique *sacrée* et la musique *profane*. La composition vocale peut avoir été écrite pour une seule ou bien pour plusieurs voix ; l'œuvre instrumentale pour un seul ou pour plusieurs, ou encore pour des masses d'instruments. La musique *d'église* se divise en celle qui est spécialement destinée à l'usage du culte, et celle qui a un caractère général d'église, comme par exemple l'*oratorio*. La musique profane est la musique de théâtre (*voyez* Opéra), la musique de concert, la musique de chambre, la musique de *danse*, la musique militaire.

Dans son acception la plus large, la musique est un des arts les plus anciens, précisément par la raison que son moyen d'exposition, le son, a été donné de la manière la plus parfaite à l'homme, et que tout sentiment vif cherche son expression dans les sons. On cite comme l'un des plus anciens chants avec accompagnement instrumental, chez les Hébreux, le cantique de Mirjam, sœur de Moïse, qui fut chanté après le passage de la mer Rouge. Le poëte et le musicien se trouvaient confondus chez eux, et les instruments qui accompagnaient les chants étaient la harpe, la cithare, la trompette et le tambour. Chez les Hébreux, c'est au temps de David et de Salomon que la musique avait atteint l'apogée de sa perfection; et une partie de leur culte consistait à chanter des psaumes avec accompagnement d'instruments, surtout depuis que David eut spécialement préposé à cet effet des chanteurs et des instrumentistes. La musique des Hébreux paraît avoir eu un rhythme très-précis, beaucoup de mélodie, mais un accompagnement monotone, quoique fort, ce qui est aussi le cas chez la plupart des peuples de l'antiquité. Il n'est point démontré qu'ils possédassent des signes musicaux se plaçant sur le texte. C'est des Hindous et des Chinois, qui possédaient la plus ancienne musique dans une échelle de cinq tons, que les Égyptiens reçurent la musique; mais il va sans dire que tous ces efforts n'ont que le nom de commun avec l'art actuel.

La musique des Grecs, qui donnèrent même à cet art le nom qu'il a conservé, a bien autrement d'importance pour nous. Vient ensuite la musique des Romains. En effet nous la trouvons déjà chez les Grecs au nombre des beaux-arts; et tandis que chez les autres peuples, sauf les Chinois, elle restait dans un état de grossière barbarie, elle commençait au contraire à être traitée scientifiquement en Grèce. Et cependant la musique des Grecs différait encore beaucoup de ce que nous appelons *musique*, et n'a point exercé d'influence sur l'art moderne. Le génie grec était trop porté à la contemplation et s'occupait trop de faits extérieurs pour que la musique, qui pénètre dans l'intérieur de l'esprit, pût arriver en Grèce à une perfection égale à celle des autres beaux-arts. Les mythes désignent comme inventeur de la musique tantôt Apollon, tantôt Hercule, qui sur les bords du Nil aurait inventé la lyre à sept cordes; tantôt Minerve, qui inventa la flûte simple; tantôt Pan, qui inventa la flûte qui porte son nom et qui, suivant quelques auteurs, se composait déjà de sept tuyaux. Les traditions relatives aux prodiges opérés au moyen de la musique par Amphion et son frère Zéthus, par Orphée, Linus, etc., témoignent de sa divine origine. Ces traditions placent son berceau en Lydie, où Amphion aurait appris son art, ainsi qu'en Arcadie, où la vie pastorale favorisa le jeu de la flûte, du chalumeau et de la cithare. On fait provenir des provinces grecques de l'Asie Mineure différents modes : le *mode phrygien*, que quelques-uns attribuent à Marsyas, qui aurait trouvé la flûte rejetée par Minerve et inventé la double flûte; le *mode dorien*, que propagea le Thrace Thamyris; le *mode lydien*, le *mode éolien*, le *mode ionien*. Leur chant consistait en déclamation musicale, qui était accompagnée d'instruments simplement, et plutôt pour relever le rhythme. Parmi les plus anciens chanteurs et musiciens, outre les personnages mythologiques, on cite le Phrygien Olympus, auquel quelques-uns attribuent l'invention du genre enharmonique, le joueur de flûte Saccadès. A partir du sixième siècle avant notre ère, il semble qu'on ait déjà étudié scientifiquement la musique, et en particulier qu'on ait mesuré les sons. Lasus d'Hermione en Péloponnèse, qui vivait vers l'an 546 av. J.-C., et qui fut le maître de Pindare, composa déjà, dit-on, un écrit théorique sur la musique. Pythagore et plusieurs de ses disciples, par exemple Philolaos, s'occupèrent des rapports mathématiques des sons. Il inventa pour la précision mathématique des sons le monocorde, appelé plus tard *le canon de Pythagore*. Il considérait la musique

MUSIQUE 441

comme un moyen de calmer et de purifier l'âme, ainsi que comme un remède dans les maladies du corps. Damon est cité comme l'un des plus célèbres maîtres de musique au temps de Périclès et de Socrate. C'est de lui que Platon disait qu'on ne pouvait point changer sa musique sans changer la constitution même de l'État. Platon et son disciple Aristote considéraient aussi la musique comme un moyen d'éducation. Euclide, vers l'an 277 avant J.-C., traita le premier d'une manière scientifique la théorie mathématique des sons. La musique des Grecs déchut, avec tous leurs autres arts aussitôt que leur liberté eut succombé (*voyez* Grecs [Musique des]).

Les Romains semblent avoir reçu des Étrusques leur musique religieuse en même temps que la pratique des sacrifices, et des Grecs la musique instrumentale, dont ils se servaient sur la scène et en campagne. C'est en l'an 186 avant J.-C. qu'on vit, dit-on, pour la première fois à Rome des instruments à cordes. Les Romains paraissent avoir surtout perfectionné la musique militaire, dont il existait plusieurs espèces. Une circonstance qui nuisit beaucoup aux progrès de cet art, c'est qu'à l'origine la musique n'était cultivée que par des esclaves. La récitation musicale, qu'on accompagnait avec des instruments, paraît avoir été à la déclamation oratoire ce que le rhythme poétique était au nombre de la prose. Les orateurs, eux aussi, au début et pendant la durée de leurs discours, se faisaient donner le ton par des instrumentistes. Comme signes de notation, les Romains se servaient de leurs lettres capitales. Sur la scène on accompagnait le chant avec des flûtes : les instruments commençaient par préluder; ensuite de quoi l'acteur parlait, et alors, suivant toute apparence, l'accompagnement instrumental ne continuait qu'en simples accords, ou bien il faisait des pauses, soutenant ou haussant le récit emphatique en se faisant entendre de nouveau. Cet accompagnement se composait de flûtes (*tibiæ*) et d'autres instruments à vent, quelquefois aussi de lyres et de cithares. On se servait de flûtes différentes, suivant que le sujet était comique ou tragique; c'est pourquoi il y avait des *tibiæ dextræ* et des *tibiæ sinistræ*, dont les premières étaient employées de préférence pour les situations graves, et les secondes pour les situations plaisantes et pour les farces. Plus tard on se plaignit souvent que la force des instruments contraignît l'acteur à exagérer ses moyens. Les Grecs avaient précédé les Romains dans tout cela. Sous les premiers empereurs romains la musique était un objet de luxe, et à la mort de Néron on congédia, dit-on, cinq cents chanteurs et musiciens d'un même coup.

La musique est, à bien dire, une invention dont le mérite revient tout entier aux peuples de l'Europe occidentale, le résultat des siècles chrétiens, ce qui fait leur gloire, et la plus caractéristique de toutes les créations modernes. En effet, tandis que dans les sciences et dans la plupart des arts les Grecs et les Romains ont été nos législateurs, la musique s'est développée chez nous d'une manière complétement indépendante. Le plain-chant, qui s'exécutait à l'unisson ou en octaves, devint la base de la musique moderne, et se chantait sans goût. Une circonstance qui favorisa singulièrement les progrès de la musique du moyen âge, c'est qu'elle faisait partie du culte divin, de même que du *Quadrivium*, objet de l'enseignement des écoles. Martin Gerbert, dans ses *Scriptores ecclesiastici de Musica sacra* (3 vol., Saint-Blaise, 1784), a réuni une collection de recherches sur ce sujet. Hucbald ou Hughald, moine bénédictin à Saint-Amand en Flandre, avait déjà enseigné, vers l'an 1000, les premiers rudiments du contre-point. On attribue généralement à Gui d'Arezzo l'agrandissement du système musical et le perfectionnement du système de notation par le système des lignes, et à ses successeurs l'invention de l'hexacorde et de la solmisation. Jean de Muris, au quatorzième siècle, inventa, dit-on, la notation écrite. Franco de Cologne, au treizième siècle, est désigné comme celui qui perfectionna le premier la mesure musicale et inventa des signes pour la marquer. L'orgue soutint le chant, et contribua à la formation de l'harmonie. A partir du quinzième siècle, la musique fut scientifiquement traitée dans les Pays-Bas, en Espagne et en France. Il était réservé aux Flamands de poser les bases proprement dites de la musique moderne en exécutant les premières compositions régulières à plusieurs voix. Ce furent notamment Dufay, Josquin Desprès, Willaert et Orlando di Lasso qui dans l'espace de deux siècles lui firent faire d'immenses progrès. En Italie, Palestrina, formé par l'étude des musiciens qui l'avaient précédé, et que nous venons de nommer, devint le créateur de la musique classique d'église, tandis qu'en Allemagne Luther et ses amis Senfl et Walter, musiciens distingués, arrivaient à produire de grands effets avec des chœurs. C'est alors qu'eut lieu en Italie et en Allemagne le principal développement de la musique, notamment de la musique d'église; tandis qu'en France il ne se faisait rien d'important qu'en musique profane, et seulement encore par des Italiens ou des Allemands francisés. C'est de cette époque que date dans chacun de ces trois pays un progrès incessant de l'art musical, ainsi que la tendance à s'élever de plus en plus haut, but atteint en Allemagne principalement par les Gluck, les Mozart, les Beethoven.

On pourrait résumer de la manière suivante l'histoire de ce développement de la musique. Tous les arts débutent par être au service du culte divin ; et dans les premiers temps de leur existence ils habitent les temples, comme serviteurs de la Divinité et comme intermédiaires de sa magnificence. C'est la période du style sublime, représenté en Italie par Palestrina et ses successeurs, de même que par les plus anciens des grands maîtres de l'école vénitienne; style qui s'y maintient jusqu'à 1600, et qui en Allemagne commence vers l'époque de la Réformation, dure jusqu'à Bach et Hændel, dans le milieu du dix-huitième, où il atteint son apogée. Mais l'art est en quelque sorte un hypocrite : il trompa l'Église en lui faisant accroire qu'il se consacrerait toujours exclusivement à son service. L'élément à moitié sensuel qui le compose, et qui établit son affinité avec le profane et avec le terrestre, le fit entrer dans le monde; et alors il servit d'expression aux joies comme aux douleurs terrestres de l'homme. Cet essor, produit par la résurrection du génie classique en Occident et par l'esprit de la Réformation, se manifesta musicalement par l'invention de l'opéra. Ce grand et important événement ne tarda point à provoquer une puissante modification dans le domaine de la musique ; et l'art, qui jusque alors était demeuré vis-à-vis de la foule dans un orgueilleux isolement, devint le compagnon de la vie journalière. L'Italie, en inventant l'opéra, donna l'impulsion première à cette révolution. Mais, conformément au principe particulier de la musique, l'Italie ne put porter cette invention à sa perfection suprême. Elle a produit de grandes et inimitables choses en fait de musique d'église, dans la période du style sublime ; puis elle a transporté dans la musique d'église les formes nouvelles acquises au moyen de l'opéra, et de la sorte elle est arrivée à produire une période musicale fort belle et non moins riche en œuvres impérissables. Mais s'appropriant trop un élément lyrique, et s'attachant en même temps trop sensuellement et par sa nature au perfectionnement du chant, elle a fini par tomber dans la sensualité. L'Allemagne se chargea de continuer et de perfectionner ce que l'Italie avait commencé. L'opéra italien s'était de bonne heure introduit en Allemagne, où il se posa en rival de l'art national et surtout de la musique d'église. Une fois la période du style sublime écoulée, l'Allemagne, par Gluck et Mozart, reçut et accepta la mission de perfectionner l'art ; en même temps que la France arrivait à avoir sous ce rapport une importance plus générale. Tandis que l'Italie représentait surtout le principe sensuel et mélodique, l'Allemagne une tendance décidément spirituelle, dans laquelle elle groupait harmonieusement un grand nombre de voix et approfondissait de plus en plus les lois de l'harmonie, la France, conformément à son génie national, s'attachait de préférence dans sa musique à l'élément dra-

matique et sous le rapport du maniement des voix à créer un récitatif déclamatoire et intelligible. Gluck, on peut le dire, appartient autant à la France qu'à l'Allemagne, et ces deux pays se trouvèrent de la sorte en opposition avec la direction italienne, qui y avait jusque alors dominé. En même temps, à la différence des anciens temps, où le chant était presque tout en musique, la musique instrumentale arrivait à prendre de plus en plus d'importance et d'indépendance, et Beethoven en Allemagne la portait à son apogée. C'est ainsi que le plus grand et le plus original des arts de l'Europe moderne a parcouru dans l'espace de trois siècles les principales époques qu'on remarque dans le développement de tous les arts en Italie, du sublime au beau, et du beau au sensuel et à l'agréable ; et il en a été de même en Allemagne, sauf que l'art s'y est arrêté au beau. Les grands événements auxquels l'Allemagne s'est vue appelée à prendre part dans le courant du dix-neuvième siècle, et ont protégé l'art contre l'abâtardissement, et lui ont appris à exploiter un domaine dont on ne soupçonnait point encore la grandeur, celui de la musique instrumentale. L'histoire de la musique a été écrite par Martini, dans sa *Storia della Musica* (3 vol., Bologne, 1795); par Marpurg, dans son introduction critique à l'histoire de la musique (en allemand [Berlin, 1754]); par Burney, dans sa *General History of Music from the earliest ages to the present period* (Londres, 1776) ; par Hawkins, dans sa *General History of the science and practice of Music* (5 vol., Londres, 1776), et tout récemment par Coussemaker, dans son *Histoire de l'Harmonie au moyen âge* (Paris, 1852).

MUSIQUE (Gravure de). *Voyez* GRAVURE DE MUSIQUE, tome X, page 503.

MUSKAU, seigneurie située en Silésie, dans l'arrondissement de Liegnitz, et qui dépendait autrefois de la Haute-Lusace. Elle comprend environ 6 myriamètres carrés et une population de 10,000 habitants, au nombre desquels se trouvent beaucoup de Wendes, parlant un dialecte particulier. Dans la première moitié du seizième siècle, elle appartenait à la famille de Schœnaich ; en 1597, elle fut acquise par les comtes de Dohna. En 1645, ceux-ci la vendirent aux barons de Callenberg, lesquels, à leur tour, la revendirent en 1784 à la famille Puckler. En 1845, le prince Hermann-Louis-Henri Puckler la vendit au comte de Hatzfeld. Elle a pour chef-lieu la petite ville du même nom, sur la Neisse, avec 2,000 habitants et un beau château, appartenant au prince Puckler, bâti au milieu d'un parc d'environ 1,000 arpents.

MUSQUIN. *Voyez* CUIRASSE.
MUSSCHENBROEK. *Voyez* MUSCHENBROEK.
MUSSET (ALFRED DE), l'un des rares écrivains de ce temps-ci à qui il ait été donné de résumer, dans une œuvre constamment originale et constamment applaudie, toutes les passions, toutes les inquiétudes qui depuis vingt ans ont agité les âmes. Sous une forme seulement française, et que quelques-uns ont d'abord pu croire frivole parce qu'elle était spirituelle, il a exprimé ces doutes amers, ces tristesses vagues qui probablement vont disparaître des cœurs, mais dont tous les hommes de ce siècle ont été plus ou moins atteints. Sous ce rapport, M. de Musset a continué en France l'œuvre que Byron avait entreprise en Angleterre ; et en effet il est impossible de méconnaître la parenté qui rattache l'un à l'autre ces deux grands esprits. Le talent de M. de Musset se développa très-vite. Né à Paris, en décembre 1810, et fils de M. Musset-Pathay, à qui nous devons l'*Histoire de J.-J. Rousseau*, le jeune poète publia en 1830, à vingt ans, un premier volume de vers, les *Contes d'Espagne et d'Italie*. Peut-être si notre curiosité bibliographique voulait fouiller plus avant dans le passé trouverait-elle une brochure (*L'Anglais mangeur d'opium*, par A. D. M., 1828) dont M. de Musset pourrait bien être l'auteur; mais ce début avait passé inaperçu. Les *Contes d'Espagne*, au contraire, eurent un très-grand retentissement. Il y avait dans la muse nouvelle

une séve si ardente et si jeune, un si fringant caprice et tant d'élégance, la prosodie y était même si cavalièrement traitée qu'on put deviner dans *Don Paëz*, dans *Les Marrons du feu*, un poëte plein d'avenir.

M. de Musset publia ensuite un second volume de vers : *Un Spectacle dans un fauteuil* (1833), et sous le même titre deux volumes de prose, drames ou proverbes, dont quelques-uns ont été mis depuis à la scène. Un roman important, la *Confession d'un enfant du siècle* (1836), acheva de le faire connaître. Depuis lors la *Revue des Deux Mondes* a inséré d'autres comédies de M. de Musset, un article sur le salon de 1836, des vers, de la critique, des nouvelles, etc. Le libraire Charpentier publia en 1840 et 1841 des éditions, malheureusement incomplètes, des *Poésies*, des *Comédies et Proverbes*, de la *Confession* et des *Nouvelles*. M. A. de Musset a depuis donné un nouveau volume de *Poésies* (1850), puis des *Contes* (1854), où l'on retrouve *Le Merle blanc*, *Mimi Pinson*, *La Mouche*, et les *Lettres sur la Littérature*. La charmante histoire du *Merle blanc* avait déjà paru dans les *Animaux peints par eux-mêmes*; *Le Secret de Javotte* et diverses autres nouvelles ont été publiés par le *Constitutionnel*. On a joué au Théâtre-Français et au Théâtre Historique quelques-unes des proverbes de M. de Musset ; le succès n'en a pas été égal. *Le Caprice*, *Il ne faut jurer de rien* et *La Porte ouverte ou fermée*, paraissent seuls devoir se maintenir longtemps au répertoire. Rien n'est délicat, spirituel et fin comme ces petites pièces, où l'intrigue est faible, mais où le sentiment éclate dans chaque mot. *Louison*, comédie en deux actes et en vers, a moins bien réussi. Mais ce n'est pas là qu'est la force réelle de M. de Musset. Les mœurs de la passion, les secrets mystères du cœur sont mieux à leur place dans un roman que sur la scène. Qui donc aujourd'hui pourrait méconnaître l'amère éloquence du discours de Desgenais, dans la *Confession d'un enfant du siècle*, et, dans le même livre, la grâce émouvante de l'épisode des amours d'Octave avec Brigitte; Il y a là à chaque page des mots qui vont au cœur. *Les Deux Maîtresses*, *Emmeline*, *Margot*, sont des chefs-d'œuvre de sentiment, de simplicité et de style.

La prose de M. de Musset se rattache en effet aux meilleures traditions françaises. Elle est nette et pure comme celle de Lesage et quelquefois de Voltaire, plus colorée pourtant, ainsi qu'il convient à un écrivain qui semble avoir longtemps étudié Shakespeare. Poëte, M. A. de Musset laissera une œuvre peu volumineuse, mais véritablement excellente, si du moins, comme nous l'avons toujours cru, la palme appartient dans ce temps à ceux qui ont le mieux exprimé les émotions modernes. *La Coupe et les Lèvres*, *Rolla*, *Namouna*, et particulièrement dans ce poëme les deux cents vers où l'auteur interpelle et renouvelle à sa manière le type de don Juan), voilà le bréviaire où nous avons appris, sur la foi d'un maître qui le connaît si bien, le désenchantement de la vie. *Les Nuits* ont aussi un accent lyrique, une largeur de souffle qu'on ne saurait trop admirer. Les *Poésies nouvelles* de M. de Musset semblent révéler chez lui une sorte de lassitude prématurée ; on n'y sent plus le premier élan. Mais qu'importe! Le repos est permis à ces natures ardentes dont l'audace précoce nous a déjà tant donné. Les romanciers qui ne mettent dans leurs écrits que leur imagination peuvent produire indéfiniment ; il n'en saurait être de même des poëtes qui prenant les lettres au sérieux versent dans leur œuvre tout leur cœur et se livrent à nous tout entiers.   P. MANTZ.

En 1850, le Théâtre-Français a encore joué de M. A. de Musset *Le Chandelier*; l'année suivante l'Odéon reprit *André del Sarte*, et le Gymnase joua *Bettine*. Nommé membre de l'Académie Française à la place de Dupaty, il prit séance le 27 mai 1852, et fut créé bibliothécaire du ministère de l'instruction publique en 1853. La *Revue des Deux Mondes* a encore imprimé de lui, en 1855, des *Scènes de la vie italienne*.

MUSSET (PAUL DE), frère du précédent, mais beaucoup moins célèbre que lui, mérite pourtant de n'être pas passé sous silence. La prose a suffi à son ambition, et l'on ne peut citer de lui que de courts romans ou des nouvelles. La *Revue de Paris* et la *Revue des Deux Mondes* ont publié la plupart de ses historiettes, écrits faciles, peu profonds, mais quelquefois pleins de charme, qui plus tard ont été réimprimés en volumes. On a de M. Paul de Musset : *Samuel*, *La Tête et le Cœur*, *Lauzun*, *Guise et Riomm*, *Les Femmes de la Régence*, etc. A la suite d'un voyage qu'il a fait en Italie, il a très-spirituellement raconté son odyssée dans ses *Courses en voiturin*, et, pris d'une vive passion pour Venise, où il a longtemps demeuré, il a donné une traduction des *Mémoires* de l'excentrique Ch. Gozzi. Parmi ses nouvelles, il en est quelques-unes, comme *Le dernier Abbé*, Mlle de *Lespinasse*, Mlle *de Brie*, qu'on relira toujours avec plaisir, non pas seulement parce que le tour en est très-français et très-vif, mais parce que le sentiment délicat s'y laisse entrevoir. M. Paul de Musset a pendant quelque temps rendu compte des théâtres dans *Le National*, et il s'acquitta de cette tâche en homme de goût. Son style procède évidemment des maîtres du dix-huitième siècle, et il est toujours clair, sobre de métaphores et d'inversions. En 1856 il a fait représenter sans succès à l'Odéon *La Revanche de Lauzun*, comédie en quatre actes.

MUSTAPHA I-IV, sultans ottomans. *Voyez* MOUSTAPHA.

MUSTAPHA (KARA). *Voyez* KARA-MOUSTAPHA.

MUSTAPHA-BARAÏKTAR. *Voyez* BAÏRAK-DAR.

MUSTAPHA-BEN-ISMAIL, chef des Douairs et des Smélas en Algérie, un de nos plus fidèles alliés, était né à Mascara, on ne sait guère en quelle année : les musulmans s'inquiètent peu de leur âge ; ils savent que le terme de la vie ne se calcule pas sur sa durée. « Mon jour de naissance s'en est allé bien loin d'ici, disait Mustapha en 1838 devant le conseil de guerre qui jugeait le général Brossard, et jo n'ai rien gardé pour en conserver le souvenir. » Cependant, il fixait alors son âge entre soixante et soixante-dix ans. Mustapha se fit remarquer dans sa jeunesse par une grande bravoure, beaucoup de sang-froid et une détermination prompte au milieu des dangers. Au moment de la conquête française, il était aga des Douairs et des Smélas, deux tribus arabes formant le maghzen du bey d'Oran. Après la prise d'Alger, l'armée française se présenta devant Oran, et le bey Hassan, qui commandait dans cette ville, paraissait disposé à la livrer ; mais la nouvelle de la révolution de Juillet décida le général Bourmont à rappeler ses troupes. Hassan profita du départ des Français pour attirer Mustapha dans la ville, et le garda comme otage. Au moment de l'expédition du maréchal Clauzel sur Oran, Mustapha reçut en même temps des propositions du général français et de l'empereur de Maroc, qui tous deux lui offraient la place d'Hassan. Mustapha garda d'abord la neutralité. Muley-Ali, général de l'empereur, fit de grands progrès dans la province, et Hassan se vit abandonné de presque tous les chefs de tribus. Mustapha n'imita pas cet exemple, et, malgré les ordres de l'empereur, il refusa d'aller à Tlemcen recevoir son investiture. Sa résistance ne tarda pas à être punie par la dévastation des propriétés qu'il possédait près d'Oran. Alors, voyant toute la population se ranger du côté de Muley-Ali, Mustapha se décida à suivre l'exemple général. Muley-Ali, craignant son influence, le retint prisonnier, et Mustapha ne recouvra sa liberté que lorsque la France eut obtenu que l'empereur de Maroc ne se mêlerait plus des affaires de la régence.

Mustapha ne tarda pas à faire la guerre aux Français, tantôt pour son compte, tantôt avec le jeune bey de Mascara. Mais quand le traité conclu entre l'émir et le général Desmichels eut donné une trop grande part d'influence à Abd-el-Kader, ce *fils de pâtre*, comme l'appelait Mustapha, il se mit en guerre ouverte avec ce jeune chef, et le battit complètement. En avril 1834, Abd-el-Kader, voulant prendre sa revanche, quitta Mascara pour marcher contre son rival, et le battit à son tour. Mais, confiant dans sa victoire, l'émir se mit en route pour Tlemcen, et campa sans précaution à la lisière de la forêt de Zetoul. Mustapha rassemble alors ses troupes, atteint son ennemi dans la nuit, et le met en pleine déroute, en s'emparant de ses bagages, de ses armes, de ses chevaux de main et d'un canon. Cependant, les Français élevaient alors de leurs mains la puissance de leur ennemi; ils intervinrent dans la lutte, et Mustapha obtint son pardon à la suite de plusieurs négociations. Mustapha crut prudent néanmoins de mettre entre lui et l'ennemi les murailles d'une citadelle. Il se retira auprès des Turcs et des Koulouglis qui défendaient le méchouar de Tlemcen. Il y resta bloqué par Ben-Nouna, kaïd de cette ville pour Abd-el-Kader, jusqu'à l'arrivée des Français, le 13 janvier 1836. Mustapha vint alors à la rencontre du maréchal Clauzel : « Depuis six ans, lui dit-il, j'ai reçu plus de cent lettres de généraux ; je n'ai pas osé me fier à eux ; mais votre réputation et votre conduite en Afrique m'inspirent tant de confiance que je viens me mettre entre vos mains. » Quelques jours après il combattait dans nos rangs. Dans les combats d'Ouchbah et d'Ybdar, il montra cette brillante valeur, cette remarquable intelligence qui lui attirèrent l'estime de l'armée. Il se fit encore remarquer à l'affaire du 26 janvier, près du confluent de l'Issur et de la Tafna. Le succès de l'expédition du général Perregaux, au retour de Tlemcen, dans l'est de la province d'Oran, et jusque sur les bords du Chélif, lui fut dû en grande partie. Le 15 avril, il se plaça au premier rang de nos généraux au combat de Dar-el-Atchen. Quelques jours après, Mustapha soutint avec sa bravoure habituelle la sanglante et pénible retraite de l'armée. Le 30 avril il reçut en récompense la croix d'officier de la Légion d'Honneur. Le 29 juillet 1837 il fut promu au grade de maréchal de camp. Au combat de la Sickak, Mustapha fut blessé à la main, et en resta estropié, sans rien perdre de son activité.

En 1838, le général Brossard l'ayant fait appeler pour témoin, Mustapha visita la France. Il vint jusqu'à Paris, émerveillé des prodiges de la civilisation, se déclarant prêt à faire ce que la France lui demanderait. Il avoua qu'il ne comprenait pas grand'chose à tous ces embarras de subsistances, ces guerres de fournisseurs, ces conflits de marchés qui préoccupent peu un Arabe, capable de passer trois jours au besoin avec une poignée d'orge. Il amenait avec lui son jeune fils et un parent qui servait aussi dans nos rangs. En 1841, Mustapha se distingua encore dans l'expédition dirigée contre Tagdempt et Mascara. Sans prendre ombrage de la nomination du jeune Osman, comme bey d'Oran, il entama, à la fin de 1841, en compagnie du colonel Tempoure, des négociations avec Sidi-Chigr, marabout vénéré qui s'associa à notre politique contre Abd-el-Kader, et amena ainsi la soumission des tribus voisines de Tlemcen. Cette glorieuse campagne et cette généreuse conduite lui méritèrent, le 25 février 1842, la croix de commandeur dans la Légion d'Honneur. Cependant la guerre continuait sur la frontière du Maroc. Le duc d'Aumale avait pu s'emparer de la smalah d'Abd-el-Kader, et en apprenant ce fait d'armes, le 19 mai 1843, le général Lamoricière, qui marchait vers les sources du Chélif, fit hâter le pas et porta sa cavalerie en avant. Bientôt on rejoignit une tribu qui fuyait, et qui ne fit aucune résistance, quoiqu'Abd-el-Kader fût au milieu d'elle. Au retournant à Oran avec son magasin, chargé du butin de cette razzia, le général Mustapha fut attaqué, dans un bois, à El-Biada, près de Kerroucha, par des Arabes en embuscade, et reçut presqu'à bout portant une balle en pleine poitrine qui l'étendit roide mort. Les cavaliers qui l'accompagnaient, au nombre de cinq à six cents, saisis d'une terreur panique, s'enfuirent en laissant son corps au pouvoir de l'ennemi. Abd-el-Kader fit mutiler, dit-on, le corps du vieux général, qui avait l'habitude de dire : « Mustapha-Ben-Ismaïl n'a que deux ennemis dans le monde, Satan et le fils de Mahi-Eddin. » Cette mort tragique excita d'abord des soupçons : on crut à une trahison, qu'une enquête n'a pu confirmer. Le commandement du goum des Douairs et des Sméfas formant le maghzen d'Oran passa alors au neveu de Mustapha, El-Mezari, qui était son premier aga, et qui avait aussi autrefois porté les armes contre nous. L. LOUVET.

MUSTY-GANIM. *Voyez* MOSTAGANEM.

MUSULMAN. C'est la qualification que prennent les sectateurs de Mahomet; ce mot dans la langue turque signifie *vrai croyant, vrai fidèle*.

MUTATION (*Droit*). La substitution d'un nouveau propriétaire à un ancien d'un objet mobilier ou immobilier, qui s'opère par vente, donation ou par décès, s'appelle *mutation*. Elle donne ouverture, au profit du trésor public, à un droit proportionnel que le nouveau propriétaire est tenu de payer. Pour les transmissions entre vifs de meubles à titre onéreux le droit varie de 50 centimes pour 100 fr. à 10 fr. pour 100 fr.; pour les transmissions entre vifs d'immeubles à titre onéreux, de 1 fr. 50 pour 100 à 10 pour 100; pour les transmissions entre vifs à titre gratuit en ligne directe, de 1 pour 100 à 4 pour 100; pour les transmissions entre vifs, à titre gratuit, entre époux, de 0 fr. 75 pour 100 à 4 fr. 50 pour 100; pour les transmissions entre vifs à titre gratuit en ligne collatérale, de 2 pour 100 à 8 pour 100; pour les transmissions entre vifs à titre gratuit entre personnes non parentes, de 4 pour 100 à 9 pour 100; pour les mutations par décès en ligne directe (meubles), 25 centimes pour 100 fr., (immeubles), 1 pour 100; pour les mutations par décès entre époux (meubles), 1 fr. 50 pour 100, (immeubles), 3 pour 100; pour les mutations par décès en ligne collatérale, de 3 pour 100 à 8 pour 100; pour les mutations par décès entre personnes non parentes (meubles), 6 pour 100, (immeubles), 9 pour 100.

En général la présentation dans les bureaux de l'enregistrement de l'acte, soit authentique, soit privé, qui constate la mutation de propriété, ou la déclaration exigée par la loi; mais on conçoit que dans les contrats purement conventionnels il faut une déclaration spéciale de l'acquéreur. L'administration a toujours soin de rechercher dans tous les pactes de famille qui lui sont soumis s'il n'y a pas quelque trace d'une ancienne mutation de propriété qui n'aurait pas été déclarée, et elle ne manque pas de faire payer alors et *droit* et *double droit*.

MUTATIONS (*Musique*). *Voyez* NUANCES.

MUTE, MUTELETTE. *Voyez* CIBLE.

MUTISME, MUTITÉ (du latin *mutus*, muet); c'est l'état d'une personne qui ne peut pas articuler les sons, et qui par suite ne saurait parler : le mutisme provient en général de surdité de naissance (*voyez* SOURDS-MUETS.)

MUTIUS SCÆVOLA. *Voyez* MUCIUS.

MUTUEL (Enseignement). *Voy.* ENSEIGNEMENT MUTUEL.

MUTUELLISME. *Voyez* AVRIL 1834 (*Journées d'*), tome II, p. 306.

MUTULE (du grec μυτίλος, moule, coquillage.) C'est le nom qu'on donne à des sortes de modillons carrés dans la corniche de l'ordre dorique, où elle répond perpendiculairement au triglyphe: les romains ont quelquefois employé les mutules dans l'ordre composite.

MUYSCAS (Les). *Voyez* CUNDINAMARCA.

MUZARABES. *Voyez* MOZARABES.

MYCALE, mont situé en Ionie, en face de l'île de Samos, célèbre par le combat naval qui eut lieu en vue, l'an 479 avant J.-C., et dans lequel Xantippe et Léotychide défirent les Perses, le jour même où Pausanias gagnait la bataille de Platée (*voyez* IONIE, tome XI, p. 460).

MYCELIUM (du grec μύκης, champignon). *Voyez* CHAMPIGNONS et BLANC DE CHAMPIGNON.

MYCÈNE, antique ville la partie nord-est de l'Argolide dans le Péloponnèse, dont la tradition attribuait la fondation à Persée, était jadis la capitale d'un petit royaume dont Agamemnon était le souverain. Quoique très-fortifiée, elle fut prise, l'an 464 avant J.-C., par les habitants d'Argos, qui la saccagèrent de fond en comble; et depuis lors elle ne put plus se relever de ses ruines, qui existaient encore au temps de Strabon. On en voit aujourd'hui des débris grandioses, consistant en gigantesques murailles cyclopéennes, dans ce qu'on appelle la *Porte du Lion* et dans le *Tombeau d'Agamemnon*.

MYCOLOGIE (du grec μῦκος, champignon, et λόγος, discours), nom donné à la partie de la botanique qui s'occupe plus spécialement de l'étude des champignons.

MYÉLITE (du grec μυελός, moelle, cervelle), inflammation de la moelle épinière, d'où résulte souvent la gibbosité.

MYGALE (du grec μύγαλη, musaraigne), genre de la famille des aranéïdes ou arachnides fileuses, établi par Walckenaër, et que l'on distingue par huit yeux, des mandibules horizontales, des palpes insérés à l'extrémité des mâchoires, des filières inégales, etc. Les palpes se terminent dans la femelle par un seul crochet, et dans le mâle par l'organe génital, dont la base est renflée à la pointe et en bec lacéré. Les mygales se distinguent aisément des ériodons, des pachyloscèles et des atypes de Latreille, ou des missulènes et des oléteres de Walckenaër, par leurs palpes insérés à l'extrémité des mâchoires, tandis que dans les deux derniers genres que nous venons de nommer ils sont attachés à la base de ces mêmes mâchoires. Les filistates et les dysdères, qui appartiennent à la même famille, en sont séparés par le nombre de leurs yeux, qui n'est que de six.

Le genre *mygale* renferme les araignées les plus grandes et les plus fortes, associées néanmoins à des espèces assez faibles, mais douées d'un instinct et d'une industrie remarquables. Assez nombreux en espèces, ce genre a été divisé par Walckenaër en trois familles. Dans la première, celle des plantigrades, il place les espèces à pattes obtuses à leur extrémité, charnues et veloutées en dessous, et à onglets non pectinés, insérés en dessus et cachés par les poils; leurs mandibules sont inermes ou dépourvues de râteaux. Dans la seconde famille, les digitigrades inermes, il range les espèces à pattes minces à leur extrémité, avec des onglets terminaux apparents et pectinés; leurs mandibules sont également dépourvues de râteaux. Enfin, dans la troisième famille, les digitigrades mineuses, il met les espèces dont les onglets terminaux sont apparents et non pectinés, et dont les mandibules sont pourvues à l'extrémité de leurs premières pièces, de pointes droites, cornées, et formant un râteau.

La première famille contient la *mygale Leblond*, la *mygale aviculaire* ou *araignée des oiseaux*, qui atteint jusqu'à cinq centimètres de longueur, depuis le bord antérieur du céphalothorax jusqu'à l'extrémité de l'abdomen. On rattache à cette famille les *mygales cancérides* (*matoutou* des Caraïbes ou *araignée crabe*), *fasciata*, *atra* et *brunnea* de Latreille. Toutes se trouvent dans les contrées les plus chaudes de l'Amérique, de l'Afrique, de l'Asie et des Grandes-Indes. On raconte que quelques-unes de ces espèces attaquent l'oiseau mouche et le colibri; plusieurs sont venimeuses.

La seconde famille renferme la *mygale zébrée*, dont la patrie est inconnue, et dont l'abdomen brun-noir est marqué sur le dos de sept bandes transversales, d'un rouge vif ferrugineux; la *mygale notasienne*, qui habite la Nouvelle-Hollande, et la *mygale calpéienne*.

A la troisième famille appartiennent les aranéides qui se creusent un trou en terre, fermé hermétiquement par une porte qui s'ouvre et se ferme à leur volonté. Parmi ces espèces, on cite la *mygale maçonne*, qui se trouve dans le midi de l'Europe, et même en France, notamment à Montpellier; et la *mygale pionnière*, que l'on trouve en Corse. M. Léon Dufour pense que la *mygale cardense* n'est autre que le mâle de la mygale maçonne.

Cuvier a donné le nom latin de *mygale* au genre qui contient le desman.   L. LOUVET.

MYIAKO Voyez MIAKO.

MYKADO, titre du Daïri ou souverain spirituel du Japon.

MYLADY. *Voyez* MILADY.

MYLORD. *Voyez* LORD.

MYNACH (Le), torrent du pays de Galles. *Voyez* DIABLE (Pont du).

MYNIAS, ou plus exactement MINYAS, était, suivant l'opinion la plus accréditée, fils de Chrysès; il fut roi d'Iolchos, et donna son nom aux peuples Minyens. Il bâtit la ville d'Orchomène, où l'on célébrait en son honneur des fêtes appelées *Minyées*. Ses filles furent changées en chauves-souris pour avoir méprisé les mystères de Bacchus; elles étaient au nombre de trois. Ovide appelait les trois *Minyéides* ou *Minyéiades* : Clymène, Iris, Alcithoé; d'autres auteurs leur donnent les noms de Leuconoé, Leucippe et Alcithoé.

MYOLOGIE (du grec μῦς, muscle, et de λόγος, discours). C'est une des parties les plus essentielles de l'anatomie : elle traite des muscles. Un ouvrage classique sur cette matière est celui d'Albinus : *Historia Musculorum Hominis* (Leyde, 1734). On consultera aussi avec fruit ses *Tabulæ Sceleti* et *Musculorum Corporis humani* (1747).

MYOMANCIE (du grec μῦς, souris, μαντεία, divination), espèce de divination par les souris. Quelques auteurs regardent la myomancie comme une des plus anciennes manières de deviner. Les souris et les rats entraient dans le système général de la divination chez les Romains. Le cri aigu d'une souris, dit Élien, suffit à Fabius Maximus pour se démettre de la dictature. Plutarque dit qu'on augura mal de la dernière campagne de Marcellus, parce que des rats avaient rongé l'or du temple de Jupiter.

MYOPIE, MYOPE (de μύω, je ferme, et ὤψ, œil). La *myopie* est causée par la trop grande courbure de la cornée transparente. L'œil voit alors distinctement les objets très-rapprochés, tandis qu'il n'aperçoit que confusément ce qui est un peu loin. On remédie à ce défaut au moyen de lentilles biconcaves, qui font diverger les rayons parallèles et augmentent la divergence de ceux qui apportent l'image des objets éloignés; la lumière prend ainsi une direction comme si elle avait été réfléchie par des objets plus voisins. Le changement que l'œil éprouve par les progrès de l'âge augmente le presbylisme, et diminue graduellement la myopie, en même temps que sa cause. Ceux qui ont porté des lunettes biconcaves dans leur jeunesse sont affranchis de la nécessité de recourir plus tard aux lunettes biconvexes, et souvent même leur vieillesse se passe sans que leurs yeux aient besoin de recourir à l'opticien. Que les myopes ne se plaignent donc point de la gêne temporaire à laquelle ils sont soumis; elle cessera précisément à l'époque où l'usage des lunettes commence pour les vues ordinaires; et puisqu'il est prouvé que le nez a été concédé à l'espèce humaine pour porter cet instrument d'optique, peu importe que l'on commence ou que l'on finisse par lui donner cette destination.   FERRY.

MYOSOTIS (de μῦς, souris, et οὖς, ὠτός, oreille; par allusion à la forme des feuilles dans certaines espèces), genre de plantes de la famille des borraginées, ayant pour caractères : Calice à cinq divisions persistantes; corolle hypocratiniforme; tube très-court; limbe à cinq lobes échancrés au sommet; cinq écailles convexes et rapprochées à l'orifice du tube; graines lisses ou hérissées sur leurs angles.

L'une des espèces les plus connues est le *myosotis des marais* (*myosotis palustris*, With), jolie plante à petites fleurs bleues, que dans quelques provinces on nomme *gremillet*. Les Allemands lui ont donné un nom charmant pour la signification, mais peu harmonieux pour nos oreilles, *vergiss mein nicht*, c'est-à-dire *ne m'oubliez pas*. Aussi le myosotis est-il en Allemagne, comme chez nous, la pensée, le symbole des affections les plus tendres. Les prosateurs et les poètes y font sans cesse des allusions; M. Alphonse Karr en abuse quelquefois.

Le *myosotis lappula* croît sur les murailles. Cette espèce se distingue par des feuilles garnies de poils. Le *myosotis apula*, originaire d'Italie, a les fleurs jaunes.

MYOTILITÉ (de μῦς, μυός, muscle). *Voyez* CONTRACTILITÉ.

MYOTOMIE (du grec μῦς, muscle, et τέμνω, je coupe), partie de l'anatomie pratique qui s'occupe de la dissection et de la préparation des muscles.

MYRE. *Voyez* CONGRE.

MYRIAMÈTRE (du grec μυριάς, dix mille, et μέτρον, mesure, dont on a fait *mètre*). *Voyez* MÈTRE.

MYRIAPODES (de μυρίοι, innombrable, et πους, ποδός, pied), classe d'insectes appelés aussi *millipèdes*, et vulgairement *mille-pieds* ou *cent-pieds*. Les myriapodes sont des insectes terrestres, articulés extérieurement, à segments nombreux ; chaque anneau de leur corps porte un ganglion nerveux et le plus souvent une paire de pattes articulées. L'abdomen n'est pas distinct du thorax. Les myriapodes n'ont pas d'ailes. Ils sont pourvus de deux antennes. Leur bouche est composée de plusieurs paires d'appendices. Les deux ouvertures du canal intestinal sont terminales et opposées. Les yeux sont stemmatiformes, composés ou nuls. La circulation est incomplète, la respiration trachéenne, la génération bisexuée, dioïque, ovipare ou vivipare.

On divise les myriapodes en deux ordres ; les *chilognathes*, ayant pour type le genre *iule*, et les *chilopodes*, comprenant les *scolopendres*, les *géophiles*, etc. Les organes génitaux, situés chez ceux-ci à l'extrémité anale, se trouvent dans les premiers entre les quatrième et septième segments, à la surface du ventre.

Certaines espèces de myriapodes sont frugivores ; d'autres attaquent des animaux pour s'en nourrir ; les crochets dont est armée la bouche des scolopendres ont à leur extrémité une petite ouverture par laquelle s'écoule la sécrétion d'une glande spéciale ; ce liquide répandu dans la plaie cause une vive irritation. C'est dans les lieux humides, sous la mousse, sous l'écorce des arbres, dans les habitations aussi, que vivent les myriapodes. La plupart craignent la sécheresse et fuient l'ardeur du soleil. Quelques scolopendres sont phosphorescents. Plusieurs espèces résistent aux plus grandes mutilations. Quand on arrache la tête d'un géophile, on le voit aussitôt marcher dans le sens de la queue, et il peut vivre ainsi pendant quelque temps. On trouve des myriapodes dans toutes les contrées du globe.

MYRIORAMA (de μυριάς, dix mille, et ὅραμα, vue). Nom que l'on a donné à une sorte de tableau inventé à Paris par Brès et perfectionné à Londres par Clark. Il consiste en pièces mobiles au moyen desquelles on peut représenter une variété presque infinie de vues pittoresques ou autres en combinant plusieurs parties ou fragments exécutés sur des cartes séparées.

MYRMÉCOPHAGES (du grec μύρμηξ, fourmi, et φαγω, je mange). *Voyez* ÉDENTÉS.

MYRMIDONS, peuple de la Thessalie qui suivit Achille au siége de Troie. Les poëtes rapportent qu'une fourmilière, dans le tronc d'un immense chêne de l'île d'Égine (aujourd'hui Lépante), fut changée en une fourmilière d'hommes par Jupiter, à la prière d'Éaque, dont une peste cruelle avait moissonné jusqu'au dernier des sujets. De là le nom de *Myrmidons*, donné à ce nouveau peuple, du mot μύρμηξ, fourmi. On explique raisonnablement ce mythe en supposant que ces Myrmidons, peuplade à demi sauvage, mais ménagère et prévoyante, habitaient dans les cavernes, où cachaient leurs grains et leurs semences dans des greniers souterrains. D'autres prétendent que les Myrmidons furent une colonie d'Éginètes, en Thessalie, que les Thessaliens nommèrent ainsi par dérision, parce que les premiers habitants d'Égine avaient, disait-on, habité sous terre.

Familièrement, on appelle *Myrmidons* les gens de petite taille.

DENNE-BARON.

MYRON, l'un des plus célèbres sculpteurs qu'ait produits la Grèce, et qui maniait avec un égal bonheur l'airain, le marbre et le bois, florissait vers l'an 450 avant J.-C. Il était originaire d'Eleuthères en Béotie, mais il exerça son art à Athènes, où plus tard il acquit droit de cité, et fut redevable de sa grande réputation à la vérité et à la gracieuse simplicité avec laquelle il savait reproduire dans leurs moindres détails les manifestations les plus énergiques de la vie. Ses chiens et ses monstres marins étaient d'admirables modèles. Il excellait surtout à représenter les vaches appelant leurs veaux ; sujet qu'il traitait de prédilection et qui a fourni aux poëtes grecs et latins matière à de nombreuses épigrammes. On ne vantait pas moins son Coureur, son Discobole et son Athlète. Parmi ses statues mythiques, son Hercule, qui faisait partie d'un groupe colossal comprenant Jupiter et Minerve, était particulièrement célèbre.

MYRRHA, fille de Cinyras, roi de Chypre, amoureuse de son père, le trompa pour lui faire partager son amour, et en eut un fils nommé Adonis. Le roi, instruit de l'inceste qu'il avait commis, voulut tuer sa fille ; elle s'enfuit en Arabie, où elle fut changée en un arbre qui produit la *myrrhe*.

MYRRHE. La fable de Myrrha nous donne l'origine de l'arbre qui fournit cette gomme-résine ; mais la science ne nous a pas encore fait connaître sa famille : les uns pensent qu'il appartient au genre *mimosa*, d'autres au genre *amyris*. La myrrhe nous est apportée de l'Arabie et de l'Abyssinie en morceaux irréguliers, demi-transparents, de la couleur de la colle forte. Sa cassure est brillante et vitreuse ; elle a une saveur amère et résineuse, une odeur aromatique agréable ; sur 100 parties, elle en contient, d'après Pelletier, 34 de résine et 66 de gomme. Lorsqu'on la brûle, elle répand comme l'encens des vapeurs très-suaves, ce qui l'a fit mettre dès la plus haute antiquité au nombre des parfums les plus recherchés : les mages venus d'Orient, après avoir adoré Jésus se prosternant, « lui présentèrent des dons, de l'or, de l'encens et de la *myrrhe* ». Elle fut longtemps employée en médecine comme tonique et excitante ; c'était un des emménagogues les plus accrédités ; elle fait partie de la plupart des préparations que les anciens nous ont transmises ; elle entre dans la thériaque, le mithridate, l'orviétan, la confection d'hyacinthe, le baume de Fioraventi, les pilules de cynoglosse, etc.

P. GAUBERT.

MYRSILE. *Voyez* CANDAULE.

MYRTE, nom d'un genre de plantes de l'icosandrie-monogynie, de la famille de myrtoïdes ou myrtinées, qui compte une trentaine d'espèces. Le *myrte commun* (*myrtus communis*, L.) est un joli arbre, cultivé dans nos jardins pour sa forme gracieuse et la bonne odeur de ses feuilles. A Paris et dans tout le nord de la France, on ne peut le conserver que dans les caisses, à cause de la rigueur de l'hiver. Son écorce est d'un gris-brun, ses rameaux opposés ; ses feuilles persistantes, toujours vertes et glabres, opposées, petites, ovales, entières, sont parsemées de points transparents, formés par de petites glandes vésiculeuses logées dans le parenchyme et remplies d'une huile volatile ; ses fleurs, blanches ou rougeâtres, portées sur un pédoncule grêle, axillaires, solitaires, sont remplacées par de petites baies pisiformes, d'un rouge foncé, et couronnées par les dents du calice. Le myrte croît naturellement dans les parties méridionales de l'Europe, où l'on en fait des tonnelles et des palissades charmantes. Consacré à Vénus chez les peuples de la Grèce et de l'Italie, il était un ornement dans différentes cérémonies civiles ou religieuses ; il couronnait le front du vainqueur, et était le symbole de l'autorité pour les magistrats d'Athènes. Le bois du myrte est très-dur, et peut s'employer dans les ouvrages de marqueterie ; son écorce, ses feuilles, ses fleurs et ses baies sont douées d'un haut degré de propriétés astringentes ; on les employait autrefois en médecine comme toniques et stimulants, dans les diverses espèces de catarrhes chroniques. On trouve dans le commerce l'eau distillée de myrte, et l'extrait connu sous le nom de *myrtille*. Cet arbrisseau se reproduit facilement par marcotte ou bouture et peut dès la seconde année servir à la décoration. Ses principales variétés sont les *myrtes romains*, *à feuilles de buis d'Italie*, *à feuilles d'oranger*, *à feuilles de thym*, *de Portugal*, etc.

Le *myrtus caryophyllata* est une autre espèce de l'Amérique méridionale, dont l'écorce sert comme aromate sous le nom de *cannelle giroflée, bois de girofle*.

Le *myrtus pimenta* est un grand arbre qui croit surtout à la Jamaïque, et dont les fruits sont vendus en Europe pour l'assaisonnement des mets, sous les noms de *tout épice* ou *poivre de la Jamaïque*. Ses petites baies, noires, globuleuses, récoltées un peu avant la maturité, sont séchées au soleil, et mises en caisses pour être expédiées en Angleterre, et livrées au commerce. Une partie réduite en poudre est vendue sous le nom de *poudre de clou de girofle*; une autre partie sert à la fabrication d'une huile essentielle de clous de girofle. P. GAUBERT.

MYRTE ÉPINEUX. *Voyez* FRAGON.

MYRTIL ou **MYRTILLE.** *Voyez* AIRELLE.

MYSIE, contrée de la côte occidentale de l'Asie Mineure, habitée à l'origine par des Thraces venus d'Europe, et où on trouvait le mont Ida et les fleuves le Granique et le Scamandre. Plus tard elle fut divisée en *Petite Mysie*, ou partie nord-ouest, riveraine de l'Hellespont, et où étaient situées les villes de Cyzique, Lampsaque et Abydos; et en *Grande Mysie*, riveraine de la mer Égée, de laquelle dépendaient le territoire de Troie, la Dardanie, Pergame et une foule de florissantes villes éoliennes. La Mysie partagea d'ailleurs les destinées des autres États de l'Asie Mineure; et, après avoir pendant longtemps conservé son indépendance, appartint tour à tour aux Perses et aux Grecs, puis aux Macédoniens, et devint enfin province romaine, en l'an 130 av. J.-C. Dans l'antiquité, les Mysiens avaient la réputation de manquer de bonne foi : d'où l'habitude d'appeler proverbialement *le dernier des Mysiens* tout homme méprisable et corrompu.

MYSON, contemporain d'Anacharsis et de Solon, était un simple laboureur de Chen, bourg de la Laconie. Platon le compte au nombre des sept sages de la Grèce, au lieu et place de Périandre.

MYSORE était autrefois un vaste État de la partie méridionale de l'Inde en deçà du Gange, occupant le plateau qui s'étend, entre le douzième et le treizième degré de latitude septentrionale, sur une profondeur d'environ 28 myriamètres et avec une élévation variant entre 900 et 1,200 mètres, des Ghattes occidentales aux Ghattes orientales. Depuis le commencement du seizième siècle, il obéissait à des radjahs d'origine brahmanique, quand, en 1759, Hyder-Ali les en expulsa. Tippou-Saïb, son fils et successeur, perdit le trône et la vie, en 1799, dans sa lutte contre les Anglais, qui partagèrent alors cette contrée. Ils s'en réservèrent environ 560 myriamètres carrés, avec l'ancienne capitale Seringapatam, et en abandonnèrent environ 350 myriamètres carrés à leurs alliés, le Nizam d'Hyderabad et les Mahrattes. Avec le reste, d'une superficie d'environ 1,100 myriamètres carrés, ils constituèrent la *nababie* de Mysore, et y établirent en qualité de souverain, sous le titre de *radjah*, un rejeton de la race détrônée par Hyder-Ali, le prince Krishna-Adiaver, âgé de six ans, et dont les descendants, qui résident à Madras, sont demeurés complétement indépendants du gouvernement anglais, sauf qu'ils sont tenus de lui payer un tribut annuel de 7,500,000 fr., et de recevoir des garnisons anglaises dans leurs places fortes les plus importantes. La ville la plus considérable de l'État de Mysore est aujourd'hui la ville du même nom, où l'on compte 50,000 habitants. C'est la résidence du souverain, qui habite un vaste palais situé dans la citadelle, et en même temps celle du représentant de la puissance britannique.

MYSTAGOGUE (du grec μύστης, qui initie aux mystères, et ἀγωγός, guide). C'était, chez les anciens, le prêtre qui initiait aux mystères. Orphée, qui descendit dans les hypogées de Memphis, et fut initié par les prêtres égyptiens aux mystères d'Isis, fut sans doute le premier mystagogue.

MYSTÈRES (du grec μυστήριον, chose cachée). En théologie, on appelle *mystère* ce qu'on ne peut comprendre sans le secours de la révélation divine. Les vérités révélées aux premiers chrétiens, et dans l'intelligence desquelles ne peut pénétrer la raison humaine, sont des mystères. La création est le premier des mystères; l'éternité de Dieu est aussi un mystère. Les mystères de la foi chrétienne sont ceux de la Trinité, de l'Incarnation, de la Passion de Jésus-Christ, de la Résurrection, de l'Ascension, de l'Eucharistie, de la Résurrection générale au jugement dernier. Le symbole des Apôtres résume les principaux mystères auxquels doivent croire les chrétiens. L'Église a institué des fêtes dans lesquelles elle honore ces mystères.

Le paganisme avait aussi ses mystères : les prêtres égyptiens cachaient les leurs au peuple sous des caractères hiéroglyphiques; les initiés seuls les connaissaient, et ceux qui les révélaient étaient sévèrement punis. La franc-maçonnerie, qui est en dehors de tout symbole religieux, a la prétention de procéder des mystères d'Isis. Les mystères d'Éleusis étaient, chez les Grecs, une imitation des mystères Égyptiens. Les Romains, ou plutôt les Romaines, célébraient en l'honneur de la mère de Bacchus les mystères de la bonne déesse; les femmes seules en effet, parmi lesquelles la femme d'un consul ou d'un préteur remplissait à cette occasion les fonctions de prêtresse, se livraient pendant la nuit aux mystères de la bonne déesse; Athènes avait ses Thesmophories, mystères en l'honneur de Cérès et de Proserpine, auxquels les femmes seules aussi pouvaient assister; elles s'y préparaient par la continence et par cinq jours de jeûne. Les hommes en étaient exclus et punis de mort. Les Thesmophories duraient cinq jours; les Romains les célébraient sous le nom de *cerealia*. Les mystères de Samothrace, dont parle Strabon, étaient connus dès la plus haute antiquité; les Vestales seules en avaient connaissance. L'opinion générale est que la plupart des mystères étaient accompagnés d'incroyables scènes de débauche. Les mystères de Cotytto, dont le culte passa de la Thrace dans Athènes, étaient célébrés avec un secret impénétrable. Alcibiade s'y fit initier.

MYSTÈRES, pièces de théâtre du moyen âge, dont le sujet était généralement tiré de la Bible ou du Nouveau Testament. On a longtemps rapporté aux croisades l'origine de ces drames pieux; mais il est maintenant reconnu que, dès les premiers temps du christianisme il avait été fait plusieurs essais de ces sortes de compositions. Dès le troisième siècle on voit un drame sur la vie de Moïse par Ézéchiel le tragique, et dans le siècle suivant une autre pièce de ce genre attribuée à Jean Chrysostôme, intitulée *Le Christ souffrant*. Après le long enfantement des idiomes de l'Europe latine naquit la littérature légendaire, qui se changea progressivement en littérature dramatique. Le dialogue devint en usage. On trouve dans les œuvres d'Isidore de Séville un *Conflictus Vitiorum et Virtutum*, qui ressemble entièrement aux *moralités* du quinzième siècle. Le clergé avait senti de bonne heure la nécessité de satisfaire le besoin qu'a toujours eu le peuple de se distraire de ses labeurs et de ses privations par des fêtes et des spectacles. Aussi l'Église lui prodigua-t-elle les processions et les cérémonies mêlées de chants : la cathédrale remplaça de tous points la scène antique. Grégoire de Tours nous apprend qu'en l'année 587, aux funérailles de sainte Radegonde, près de deux cents religieuses chantèrent une scène funèbre dialoguée autour de son tombeau. Sous nos rois de la seconde race, les fêtes de Noël et de l'Épiphanie fournirent le sujet annuel des solennités dramatiques. Ce fut aussi vers cette époque que s'établit la coutume de représenter l'adoration des mages, et que dut commencer la célèbre fête des fous et des ânes. Vers le dixième siècle, on trouve dans le théâtre de Rosweide, religieuse allemande, le drame d'*Abraham*, et une pièce du genre allégorique intitulée *La Foi, l'Espérance et la Charité*. La fin du drame des *Vierges sages et des Vierges folles*, représentée au onzième siècle, et peut-être avant, prouve qu'il a été non-seulement récité, mais de plus *représenté* dans l'église. C'est dans ce même siècle qu'on trouve les liturgies bouffonnes et les danses sur les tombeaux des cimetières, origine de la célèbre danse macabre. Matthieu Paris nous apprend que Geoffroy, abbé de Saint-Alban en Angleterre, y fit représenter dans les premières années du douzième siècle *Le Mystère de sainte Catherine*, dont il était l'auteur, et se servit pour la représentation de ce drame des chapes et des ornements sacerdotaux de l'abbaye. Nous connaissons encore, du même siècle, *Le Mystère de la Résurrection*, représenté aussi en Angleterre par des confréries laïques, et *Le Mystère de la venue de l'Antéchrist*, joué devant l'empereur Barberousse, qui contient une foule d'allusions aux démêlés de ce prince avec le pape Alexandre III.

Le moyen âge ne connut point les chefs-d'œuvre dramatiques de l'antiquité ; mais les jeux du paganisme, qui formèrent d'abord son théâtre populaire, se lièrent bientôt aux cérémonies de l'Église triomphante et aux croyances des barbares, qui, malgré le vernis passé sur elles par le clergé, reparaissaient par intervalles et donnaient lieu à tant de folies païennes christianisées. Toutefois, dès que le drame ecclésiastique eut emprunté son langage à l'idiome vulgaire, il prit un développement qui bientôt ne permit plus d'en restreindre la représentation dans l'intérieur des cathédrales, et obligea le clergé de laisser transporter la scène d'abord dans les parvis des églises, puis dans les places publiques. Le nombre considérable des personnages rendit bientôt nécessaire la coopération des confréries, qui éloignèrent de plus en plus les représentations du lieu et des idées qui leur avaient donné naissance. Ces pieuses associations, formées des corporations des arts et métiers, des corps enseignants, des compagnies de judicature, se chargèrent dès lors d'assurer le peuple par les représentations théâtrales, et à mesure qu'elles se multiplièrent, elles se livrèrent partout à des jeux scéniques. Les différentes confréries d'ouvriers, non-seulement celles qui touchaient à l'art, comme la confrérie de Saint-Leu, mais les plus humbles, celles des *tisserands*, des *corroyeurs*, et même des *cordonniers*, représentèrent ainsi des mystères avec une grande solennité. Il est à remarquer que ces classes diverses d'ouvriers, associés pour rendre hommage à la religion, et dont quelques membres s'élevaient parfois jusqu'à la composition des mystères qu'ils représentaient, restaient pour tout le reste dans toute la simplicité de leur condition.

Le but et l'intention des auteurs des mystères étaient à la fois d'amuser et d'instruire le peuple par de grands exemples, et, à la manière de Shakespeare, ils mettaient en action tout ce qui devait frapper l'imagination et les yeux. Ces pièces manquent parfois de plan ; leur marche irrégulière est souvent entravée par une foule d'incidents qui n'ont entre eux aucune liaison, et par la multiplicité des personnages, dont le nombre dépassait quelquefois trois à quatre cents ; mais elles ne laissaient pas d'impressionner vivement un public encore grossier. Du reste, elles étaient imposantes par leur appareil, par leurs dimensions colossales et par la vénération attachée aux objets qu'elles représentaient sur la scène. Les représentations de ces drames pieux empruntaient principalement leur éclat et leurs grands effets aux souvenirs de la Terre Sainte, aux scènes douloureuses du Calvaire, au spectacle vivant de la passion. La foi commune aux auteurs et aux spectateurs ajoutait encore à l'illusion de ces représentations solennelles, dont chacune était un événement pour toute une ville, pour toute une province. Dans ces siècles où le despotisme était le droit des grands, on montrait au peuple les bergers et les rois égaux devant Dieu, et quelquefois même, comme dans le mystère de *La Nativité*, les bergers admis dans l'étable près de l'enfant divin avant les rois. On opposait à la justice du Châtelet le jugement dernier, et aux tribunaux humains ce tribunal suprême où les juges de la terre seront jugés à leur tour. La simplicité et la croyance du temps couvraient les erreurs et les absurdités que l'ignorance et la superstition mêlaient nécessairement à ces spectacles religieux.

La plupart des mystères étaient composés par des prêtres, qui souvent y remplissaient eux-mêmes les principaux rôles, et ils s'en pénétraient si bien qu'ils y jouaient presque leur vie, comme il arriva à Metz dans la représentation du mystère de *La Passion*, où l'ecclésiastique qui remplissait le personnage de Judas voulut le continuer jusqu'à la pendaison : heureusement on s'aperçut qu'il s'étranglait, et l'on se hâta de le dépendre. On trouve à ce sujet dans un historien suédois, Daïn, une aventure fort singulière : l'auteur chargé du rôle de Longis, le centenier qui perça le flanc de Jésus-Christ, se laissa tellement emporter au feu de son action, qu'il perça effectivement le côté de l'acteur qui était sur la croix, et le tua ; celui-ci tomba du coup, et dans sa chute il écrasa l'actrice qui jouait Marie. Le roi Jean II, présent à ce spectacle, s'emporte contre Longis, saute sur le théâtre et lui abat la tête. Le peuple, qui avait été très-satisfait de l'acteur, devient furieux contre le prince, se jette en foule sur lui, et le massacre.

C'était une gloire et un honneur de jouer dans les mystères. Les acteurs étaient choisis et les rôles distribués par le maire et les échevins de la ville, qui, après avoir fait prêter serment à chaque acteur, faisaient publier à son de trompe : « Que nul ne fust si osé ni si hardy de faire œuvre mécanique en la ville l'espace des jours en suivant, ès-quels on devait jouer le mystère. » Quand la représentation exigeait un nombre trop considérable d'acteurs, on les convoquait à son de trompe et à cri public, et ceux qui se sentaient du goût pour jouer se présentaient devant les commissaires nommés pour juger de leur capacité. La charge qu'on acceptait ainsi était sérieuse ; les acteurs s'engageaient par corps et sur leurs biens, « à parfaire l'emprise; ils étaient tenus de faire serment et *euls obligier* par-devant hommes de fiefs et notaires, de jouer ès jours ordonnez, et de comparoistre des jours de représentation à sept heures du matin pour recorder, sur peine de six patars. »

On peut prendre dans les peintures dont sont ornés quelques manuscrits une idée de la disposition et de l'étendue des théâtres sur lesquels se jouaient les mystères. Ils étaient généralement élevés à grands frais, tantôt dans la place publique, souvent dans les parvis des églises, et parfois dans les cimetières, pour ajouter à la religieuse moralité des sujets la moralité des lieux. Lors de la représentation du mystère de *L'Incarnation* et de *La Nativité de N.-S. Jésus-Christ*, en 1473, les échafauds furent dressés dans une grande place publique. Dans la partie orientale étaient représentés le paradis et au-dessus Nazareth. Le paradis offrait un théâtre resplendissant, décoré de guirlandes ; au centre, Dieu, sous la figure d'un beau vieillard, paraissait assis sur un trône lumineux ; à sa droite était une femme représentant la Paix, à ses pieds la Miséricorde ; à sa gauche, on apercevait la Justice, et un peu au-dessous la Vérité. Neuf ordres d'anges entouraient le trône. On remarquait dans Nazareth la maison des parents de Notre-Dame, son oratoire et la demeure d'Élisabeth. Du côté du couchant, on avait élevé d'autres échafauds destinés à figurer Jérusalem, Bethléem et Rome. Sur celui de Jérusalem, on voyait le logis de Siméon, le temple de Salomon, la demeure des vierges, l'hôtel de Gerson, scribe, le lieu du peuple païen et celui du peuple juif. A Bethléem, on distinguait la demeure de Joseph et de ses deux cousines, la crèche, l'endroit où l'on payait le tribut, le champ des pasteurs. Sur l'échafaud de Rome, on avait figuré le château du prévôt de Syrie, le temple d'Apollon, la maison de la sibylle, le palais des princes, la synagogue, le lieu où l'on recevait le tribut, la chambre de l'empereur, son trône, une fontaine, le Capitole. Sur le devant du théâtre, l'enfer était représenté par une énorme tête de dragon, dont la gueule, assez large pour recevoir plusieurs personnages à la fois, s'ouvrait et se fermait quand les diables voulaient y entrer ou en sortir. Les limbes, ou séjour des patriarches qui attendaient le Messie, étaient placés au-dessus de l'enfer ; c'était une grosse tour carrée, environnée de barreaux à travers lesquels on pouvait voir les âmes bienheureuses. Des écriteaux indiquaient aux spectateurs la destination de ces divers échafauds, ainsi que le détail de ce qu'ils contenaient, et avant de commencer la représentation les acteurs se montraient tous à la fois dans chaque partie de cette vaste décoration.

Les effets des machines employées dans ces sortes de spectacles n'étaient pas moins extraordinaires. Dans un mystère de la Passion, en vingt-cinq journées, joué à Valenciennes, « on fit paraître des choses étranges et pleines d'admiration... Ici Jésus-Christ se rendait *invisible*, ailleurs il se *transfigurait* sur la montagne du Thabor..... ; l'*éclipse*, la *terre tremble*, le brisement des pierres et les autres miracles advenus à la mort de notre Sauveur furent représentés avec de nouveaux *miracles*. » Des décollations même avaient lieu sur la scène, où l'apparence était substituée, on ne sait trop comment, à la réalité. « La teste saute trois fois, et à chaque fois yst une fontaine. » (Note du Martyre de saint Paul.) On lit dans un manuscrit contenant le Miracle de saint Denys : « Le saint décapité prend tranquillement, *aux yeux des spectateurs*, sa tête dans ses mains, et l'emporte. » Nos arts d'aujourd'hui feraient-ils plus et même autant ?
PELLISSIER.

MYSTICISME, MYSTIQUE. Le mysticisme (mot formé du grec μυστικός) est la doctrine ou la science de ce qui est *mystique*, c'est-à-dire de ce qui est inconnu au vulgaire, de ce qui n'est révélé qu'aux initiés, que cette initiation soit l'effet de leur génie, de la supériorité de leur intelligence et de la persévérance de leurs efforts, ou l'effet d'une communication ésotérique, d'une tradition mystérieuse, dont ils auraient eu le privilège. La *mysticité*, si le mot de mysticisme était pris à la rigueur, ne désignerait que une science, mais seulement l'étude de l'inconnu : il ne saurait y avoir, en effet, de science ou de doctrine de ce qui est mystique. Mais, nous venons de le dire, le mot de *mysticisme* ne se prend pas à la rigueur ; il signifie simplement une doctrine qui porte sur un ordre de choses qu'on n'aborde pas ordinairement, les uns étant convaincus que les facultés de l'homme ne suffisent pas pour le connaître, les autres ne se souciant pas de s'en occuper. Ceux qui sont ou qui se disent en possession de quelque doctrine, de quelque science mystique, ne croient pas d'ordinaire qu'ils tiennent des choses inconnues, révélées, insensibles aux autres ; ils pensent seulement que les autres ou n'ont pas eu le loisir de s'en occuper, ou n'ont pas apporté à leurs études les dispositions convenables pour les voir couronnées de succès.

Il est cependant beaucoup de mystiques qui se prétendent éclairés, au moyen d'une irradiation ou d'une illumination d'en haut, d'une science tout à fait particulière, essentiellement réservée, et à tel point incompréhensible aux esprits vulgaires qu'ils ne sauraient la saisir, si même on essayait de leur en faire part. De ces hommes, il s'en trouve dans tous les temps ; l'antiquité n'en a pas eu le privilège, le monde moderne en compte encore. Il est difficile de les combattre. On est au des leurs, et alors on ne saurait douter de ce qu'on croit, ou bien on appartient, suivant eux, à la vaste catégorie des esprits vulgaires, et alors on ne saurait juger de ce qui est réservé aux esprits supérieurs. Le mysticisme, ou la doctrine qu'enseignent les mystiques, ne peut donc pas être réfuté, pas plus que la foi qu'ils ont en eux-mêmes. En effet, comment réfuter Plotin, Porphyre, Jamblique et Proclus, qui se disent en communication avec les génies célestes, qui raisonnent en vertu de leur intuition ? Comment réfuter Paracelse, Bœhme, Fludd et Saint-Martin, qu'illuminait une méditation suivie de visions, d'extases ou de révélations spéciales. Mais il faut distinguer soigneusement le mysticisme religieux ou philosophique de la doctrine des révélations sacrées et du *prophétisme*. Le prophétisme, qui est une des faces de la révélation sacrée, et qui ne s'accordait que par voie extraordinaire, au choix de Dieu, et que

dans le sens d'une religion provisoire, essentiellement typologique, n'a rien de commun avec ce mysticisme ambitieux qui prétend se mettre en rapport avec l'être suprême quand il lui plaît, et le forcer, pour ainsi dire, malgré qu'il en ait, à lui révéler ses mystères, comme la tradition grecque voulait qu'on arrachât des oracles à Protée. Quant à la révélation, loin de se confondre avec le mysticisme, elle se garde de le favoriser : elle fait connaître des dogmes ou des faits positifs ; elle les adresse à toutes les intelligences, et elle déclare à peu près clos le système qu'offre leur ensemble.

On a confondu aussi le mysticisme avec le *piétisme*, le *quiétisme*, le *méthodisme*, l'*illuminisme* et le *panthéisme* ; il touche plus ou moins à chacun de ces systèmes, mais il faut le distinguer de chacun d'eux. Il est plus audacieux que le premier, qui ordinairement se défie de lui avec raison ; il est moins dangereux que ne devenait le second dans la bouche et dans le cœur de Mᵐᵉ Guyon ; mais il est moins réservé que ne fut ce même système dans la pensée de Fénelon. Le mysticisme est trop libre pour s'allier intimement au méthodisme, système réglé, austère, et d'ailleurs trop spécial dans ses tendances essentiellement britanniques pour jamais s'accorder avec lui. L'illuminisme, système également spécial, d'un caractère essentiellement germanique, ne peut pas prétendre non plus aux hauteurs du mysticisme. Seul, le panthéisme peut rivaliser avec lui sous ce rapport. Il est, comme le mysticisme, de tous les temps ; il appartient à la civilisation la plus avancée, à la nôtre, par exemple, comme à la civilisation primitive de l'Inde. Il n'est pourtant pas le mysticisme ; il n'en est qu'une des formes les plus dangereuses. Mais le mysticisme lui-même est dangereux sous toutes ses formes ; il séduit les forts par l'orgueil, les faibles par la vanité, tous par le bonheur réel ou imaginaire qu'il procure, par les illusions qu'il entretient ou par les ravissements qu'il promet. Il est, en saine philosophie, l'une des aberrations les plus déplorables et les plus respectables ; il est *déplorable*, parce qu'à l'usage légitime de nos facultés intellectuelles il en substitue l'abus le plus irrationnel ; il est *respectable*, en ce qu'il est le plus souvent élevé dans ses tendances et presque toujours uni aux plus éclatantes vertus.

Il nous manque une bonne histoire du mysticisme. Le docteur Lücke annonçait à ce sujet un travail qu'il n'a pas achevé, et qui eût peut-être porté un cachet un peu mystique. Le champ en est immense. Le volume publié dans le *Panthéon littéraire* sous le titre de *Mystiques* confond tous les genres de mysticisme et embrasse quelques morceaux qui n'ont rien de mystique. On distingue ordinairement le mysticisme philosophique du mysticisme religieux ; le mysticisme est précisément la science, vraie ou prétendue, qui efface toute distinction entre les doctrines de la raison et celles qui vont au delà, et cette distinction a peu de valeur.
MATTER.

MYSTIFICATION, MYSTIFICATEUR. Ces mots appartiennent au dernier siècle : ils furent créés et adoptés, malgré les réclamations de Voltaire, pour désigner, les tours de toutes espèces joués à l'incroyable crédulité de Poinsinet, qui a conservé le nom de *Poinsinet le mystifié*. Nous eûmes dès ce moment des *mystificateurs* en titre, et ce fut en quelque sorte un état dans la société. Les philosophes eux-mêmes s'en mêlèrent, et tous les habitués de la table du baron d'Holbach se liguèrent, dans cette charitable intention, contre un pauvre curé de campagne, l'abbé Petit, qui croyait avoir fait une tragédie de *David et Bethsabée*, et qui avait eu le malheur, en venant à Paris pour la faire jouer, de réclamer leurs bons offices. C'était pain bénit pour nos philosophes de mystifier un curé. Plus tard, on soupçonna des mystificateurs un prétendu *mylord Gord*, soubriquet qui lui fut donné parce que c'était surtout en contrefaisant les personnages britanniques qu'il jouait ses scènes improvisées. Une grande dame de ce temps-là,

Mme de Crussol, fut complétement sa dupe; et un jour où il se donnait pour un fameux médecin anglais, elle lui fit des confidences très-intimes : furieuse lorsqu'elle sut la vérité, son crédit fit enfermer pour quelque temps le docteur supposé, qui apprit ainsi à ses dépens que toute vérité n'est pas bonne............ à entendre. Musson, fameux à la même époque, fit l'amusement des cercles les plus brillants de la capitale. Dugazon, toutefois, fut pour lui un digne rival. Il sut mystifier jusqu'à un amant de sa femme, talent qui n'est pas commun chez les maris. Puis, dans le moment où le sexe du chevalier ou de la *chevalière* d'Éon était un grand objet de doute et de paris, présenté dans plusieurs salons sous le nom et le costume de ce mystérieux personnage, il fit éprouver, dit-on, à quelques curieuses du grand monde une autre mystification, qui fit grand bruit.

Le siècle dernier eut aussi, parmi les nobles ou d'illustres personnages, ses mystificateurs amateurs : on citait entre autres le comte d'Albaret et le docteur Tronchin, qui firent plus d'une fois entre eux assaut de mystifications. Le docteur finit par écraser son émule, en lui faisant espérer un mariage avec une riche veuve hollandaise, qui se trouva être une Française, mariée depuis longtemps. Le comte ne s'en releva pas; et, pour comble d'infortune, son aventure fut, sous des noms supposés, transportée au théâtre par Sauvigny, dans sa comédie du *Persifleur*. On sait que déjà le théâtre s'était emparé, dans *La Mélomanie*, d'une autre mystification, celle de Desforges-Maillard, qui en se donnant pour une Sapho bretonne, trompa tous les gens de lettres du temps, y compris Voltaire, et reçut par la voie du *Mercure de France* leurs poétiques déclarations. Mais le haut et puissant mystificateur de l'époque antérieure à la nôtre, ce fut *Monsieur*, depuis S. M. Louis XVIII. Dans des articles anonymes ou pseudonymes insérés dans le *Journal de Paris*, S. A. annonçait tantôt aux bons Parisiens la découverte en Amérique d'une harpie vivante, tantôt l'expérience d'un homme qui devait marcher sur la Seine avec des patins de son invention, etc. Nous sommes, dit-on, aujourd'hui trop éclairés pour être dupes à ce point; ce qui n'empêche pas que le fameux conte de la femme *à la tête de mort*, qui offrait à un intrépide épouseur sa main et sa fortune, n'ait encore, de notre temps, envoyé à son prétendu domicile bon nombre d'amateurs et de curieux.

Nos mystificateurs actuels bornent généralement leur talent à contrefaire la surdité, la myopie, et quelque autre infirmité physique, ou bien à des exercices de ventriloquie. Aussi n'y a-t-il rien de plus ennuyeux que de pareils *mystificateurs*, et presque toujours ceux qui les ont mandés pour égayer leurs convives se trouvent les premiers *mystifiés*.

Oury.

MYSTIQUE (Testament.) *Voyez* TESTAMENT.

MYTHES (du grec μῦθος, fable). Ce mot est employé pour désigner les obscures traditions relatives aux dieux et aux héros dont le paganisme peuplait son ciel, traditions provenant d'une époque antérieure à toute histoire.

MYTHOGRAPHES. On appelle ainsi les écrivains de l'antiquité qui ont exposé et expliqué, le plus ordinairement en prose, les diverses traditions poétiques des anciens âges. On les divise en deux classes. La première comprend les mythographes proprement dits, qui se bornent à une simple narration des antiques traditions et suivant la forme traditionnelle; la seconde se compose des écrivains qui s'occupent moins du mythe en lui-même que de développer le système d'interprétation qu'ils ont imaginé et en faire l'application à certains mythes. Les principaux ouvrages de ce dernier genre, à savoir le livre de Cornutus, *Sur l'Essence des Dieux* et les *Allégories homériques* d'Héraclide ou Heraclitus ont une tendance essentiellement philosophique, et représentent la principale direction de l'interprétation allégorique des mythes, la direction physique, qui ramène aux forces de la nature l'essence de tous les dieux, comme représentants de l'antique tradition. La seconde direction de l'interprétation allégorique des mythes, la direction historique ou pragmatique, est représentée par l'ouvrage anonyme intitulé : *Libri Incredibilium*; la troisième direction, la direction morale, par un ouvrage assez peu connu : *De Ulixis Erroribus*. Les plus importants ouvrages des mythographes grecs sont la *Bibliotheca* d'Apollodore, les *Narrationes* de Conon, ainsi que la *Nova Historia* de Ptolémée, dont il n'existe plus que des fragments dans Photius, les *Narrationes amatoriæ* de Parthénius, les *Transformationes* d'Antoninus Liberalis, les ouvrages de Palæphatus, d'Héraclite et d'un inconnu, qui ont pour titre *De Incredibilibus*; enfin, l'ouvrage de Joannes Pedasianus, *De Herculis Laboribus*, et celui de Nicétas, *Deorum Cognomina*. A cette énumération il faut encore ajouter chez les Romains les *Fabulæ* d'Hyginus, les *Mythologiæ* de Fulgentius Lactantius, l'ouvrage de Julius Firmicus, *De Erroribus profanarum Religionum*, le livre d'Albricus *De Deorum Imaginibus*, etc. La meilleure collection des *Mythographi græci* est celle de Westermann (Brunswick, 1843) : les *Mythographi latini* ont été publiés par Muncker (2 vol., Amsterdam, 1681) et par Van Slaveren (Leyde et Amsterdam, 2 vol.-in 12, 1712).

MYTHOLOGIE (du grec μῦθος, fable, et λόγος, discours), l'ensemble des traditions fabuleuses, à la fois religieuses et poétiques, propres à un peuple, sur l'origine et la nature des dieux et sur leurs rapports avec les hommes. Comme la mythologie des Grecs est celle qui a reçu les développements les plus riches, et dont nous possédons les monuments les plus complets, de sorte aussi c'est elle dont nous nous occuperons plus particulièrement dans cet article. L'antique civilisation grecque est un résultat de la fusion de deux éléments ou de deux races, celle des Pélasges et celle des Hellènes, représentant les uns une époque sacerdotale primitive, les autres l'époque héroïque chantée par Homère. A ces deux époques répond un double système religieux, le *naturalisme* et l'*anthropomorphisme*, qui se réfléchissent, l'un dans les poèmes d'Homère, l'autre dans les poèmes d'Hésiode, les deux créateurs ou les deux sources de la mythologie grecque.

La théogonie d'Hésiode conserve les traces manifestes d'un culte primitif de la nature, dont les forces sont personnifiées dans la plupart de ses dieux. On y voit que le monde est né du Chaos. Les divers symboles sous lesquels le poëte produit ses fictions ne font guère que présenter la nature sous le rapport de sa plénitude de vie et de son inépuisable fécondité, et tous ces symboles se résolvent, en dernière analyse, dans la notion d'un animal infini. Dans ce système de théogonie poétique, la vie de la nature n'est considérée que comme une alternative perpétuelle d'amour et de haine, d'attraction et de répulsion ; on n'y découvre pas le moindre pressentiment d'une intelligence supérieure, qui se manifeste à la conscience de l'homme tout en brillant aussi dans les phénomènes du monde extérieur. En un mot, le fond de la théogonie est un matérialisme complet, qui sans s'annoncer comme système philosophique ne pénètre pas moins dans toutes les croyances populaires, sous des formes purement poétiques.

Dans Homère, on ne voit nulle part des opinions aussi matérielles. Déjà le passage du culte de la nature à l'anthropomorphisme est accompli : ses dieux sont des personnifications des passions humaines : ils ont donc un caractère plus moral, quoique bien imparfait encore et même bien grossier ; néanmoins, on y voit déjà briller des lueurs d'intelligence qui les rendent bien supérieurs aux forces aveugles de la nature. Les dieux d'Homère sont, il est vrai, beaucoup moins dieux que ses héros. Ceux-ci nous paraissent plus qu'humains, et souvent presque divins, sous le rapport de l'élévation et de la noblesse des sentiments ; tandis que les premiers sont sujets à des faiblesses qui les rendent parfois ridicules. Ils sont soumis à tous les inconvénients de l'humanité : ils souffrent, ils pleurent; Vénus, blessée par Diomède, verse des larmes à la vue de son sang qui coule. Mars est également blessé par le même héros;

le corps de Mars en tombant couvre sept arpents de terre. Assurément cette image, tout en étonnant les sens par l'idée d'une stature gigantesque, ajoute peu à la dignité de la nature divine. Enfin, les dieux de l'*Iliade* éprouvent tous les besoins et toutes les infirmités de notre espèce, sauf la mort. L'anthropomorphisme d'Homère est moral autant que matériel : ses dieux partagent toutes les passions, les erreurs, les caprices de l'humanité; ils sont irascibles, injustes, envieux. Non-seulement ils se querellent, ils se provoquent et combattent entre eux, mais ils descendent à chaque instant sur la terre, ils sont en contact continuel avec les hommes; ils prennent parti pour les uns contre les autres, ils se mêlent à leurs combats. Enfin, le poëte leur prête des actions condamnables, que l'on désapprouverait dans un homme; tel est, au vingt-deuxième chant de l'*Iliade*, le guet-apens tendu à Hector par Minerve.

Avec le temps, les deux systèmes théologiques représentés par Hésiode et par Homère, le naturalisme et l'anthropomorphisme, se sont mêlés, amalgamés, et dans cette confusion inévitable on a perdu l'intelligence des dogmes, des mythes et des symboles. Ainsi, dans la théologie primitive toutes les formes de la divinité, tous les événements qui la concernaient avaient originairement une signification qui se rapportait à la nature; mais tel mythe ou tel symbole dont le sens était relatif aux forces physiques tombait dans l'absurde dès qu'on le traduisait dans l'anthropomorphisme, c'est-à-dire dès qu'on l'appliquait à des êtres semblables aux hommes; souvent même il prenait une apparence d'immoralité. Tel est par exemple le mythe de Saturne ou *Kronos*, qui dévore ses enfants : idée horrible, et l'on donne à ce mythe une signification humaine et morale, mais qui dans l'allégorie primitive signifie seulement que le temps engloutit sans cesse tout ce qu'il produit. Hésiode abonde en fictions de ce genre, qui si on ne les rapporte pas à la nature tombent dans l'absurde et dans l'immoralité. Quoique l'anthropomorphisme domine dans Homère, on y trouve cependant aussi quelques traces du symbolisme de la nature et des allégories physiques, par exemple quand Jupiter dit aux dieux que s'ils attachaient une chaîne au ciel et s'y suspendaient tous, ils ne réussiraient pas cependant à l'arracher de son siége, et que même il pourrait les enlever de terre et les tirer tous à lui; il y a là une allégorie relative à l'enchaînement de tous les êtres. Ailleurs, Jupiter dit à Junon de se rappeler la punition qu'elle subit un jour pour avoir persécuté Hercule : Junon, emblème de l'air, était représentée suspendue au ciel, les mains liées, ayant chaque pied chargé d'une enclume. Ces passages appartiennent évidemment à une époque antérieure et sacerdotale. Le sens de ces allégories physiques se perdit : dès lors la carrière fut ouverte aux interprétations.

Il suffit de ce premier aperçu pour entrevoir combien est épineuse la tâche de celui qui veut donner une histoire ou une explication complète de la mythologie. Il s'agit de constater le nombre et la nature des divers systèmes d'interprétation qui peuvent rendre compte des antiques traditions et des mythes obscurs; il s'agit de faire à chacun sa part et de reconnaître à quel système appartient telle ou telle fable. Où est le fil propre à nous guider dans ce labyrinthe? La mythologie, qui dans les premiers âges se confondait avec la poésie, contenait l'ébauche de toutes les connaissances de l'homme sur la nature, sur Dieu et sur l'histoire.

Un troisième système d'interprétation ne tarda pas à se joindre aux deux premiers que nous avons caractérisés plus haut. On voulut voir des hommes dans les dieux et les héros de la fable; on ramena toutes les fictions du vieil Olympe à des événements historiques. Le plus ardent promoteur de ce système fut Évhémère, qui trouva de nombreux adhérents chez les Grecs et chez les Romains. L'historien Diodore de Sicile s'efforça d'expliquer dans ce sens la religion égyptienne. Enfin d'autres voulurent rendre raison de la théologie de tous les peuples par des allégories astronomiques. C'est le système de Dupuis. Le tort de toutes ces théories est d'être trop exclusives et de prétendre réduire à un seul principe ce qui est si divers et si compliqué. Sans doute il y a du vrai dans chacune, mais il faut savoir assigner à chacune son domaine. On n'y réussira qu'à l'aide d'une vaste érudition éclairée par une critique sévère. Depuis quelque temps les Allemands surtout ont fait là-dessus des travaux recommandables. Les plus remarquables sont ceux de Heyne, Voss, Gœrres, Ottfried Müller, Hermann, et surtout Creuzer, dont la *Symbolique* a été traduite en français par M. Guigniaut.   ARTAUD.

MYTHOLOGIE DU NORD. *Voyez* NORD (Mythologie du).

MYTILÈNE. *Voyez* MITYLÈNE.

MYXINE (de μύξα, mucosité), genre de poissons cyclostomes, établi pour une seule espèce. Du corps de la myxine s'écoule une mucosité si abondante que ce singulier animal semble convertir en gelée l'eau des vases où l'on cherche à le conserver en vie. Une matière semblable s'échappe en outre de toutes les parties de sa peau et l'enduit d'une sorte de vernis. La myxine s'introduit dans le corps des gros poissons, se glisse dans leurs intestins et les perfore pour s'en repaître, ce qui l'a fait longtemps confondre avec les annélides.

N

N, substantif féminin selon l'ancienne appellation (*enne*), et masculin d'après la nouvelle (*ne*), est la quatorzième lettre et la onzième consonne de notre alphabet. L'articulation dont la lettre n est le signe représentatif est linguale, dentale et nasale, parce qu'elle est subordonnée à un mouvement de la langue, qui en s'appuyant contre les dents supérieures fait pendant ce mouvement refluer par le nez une partie de l'air sonore modifié par l'articulation. Quatre fonctions différentes sont assignées à la lettre n dans notre langue : 1° cette lettre est le signe de l'articulation *ne* toutes les fois qu'elle commence une syllabe, comme dans *nourrir*; 2° à la fin d'une syllabe, elle est l'indice orthographique de la nasalité de la voyelle qui précède, comme dans *bon, commun, prochain*; on doit excepter seulement les trois mots *examen, hymen, amen*, où cette lettre finale représente l'articulation *ne*; 3° le *n* est un caractère auxiliaire pour rendre l'articulation mouillée que l'on figure par *gn*, comme dans *seigneur, magnificence, indignité*; on en excepte quelques noms propres, où le *n* a sa valeur naturelle, tandis que le *g* perd la sienne; 4° *n* suivi de *t* est un signe muet de la troisième personne du pluriel à la suite d'une *e* muet, comme *ils chantent*.

Quant à la prononciation de la lettre *n* à la fin des mots, elle nécessite quelques explications. Jamais les mots terminés en *an* ne doivent se lier avec les voyelles qui les suivent. Ainsi, au lieu de dire un *courtisan'adroit*, il fait prononcer sans liaison : un *courtisan adroit*. Même règle pour les mots terminés en *ean*, comme *océan*, et en *ein*, comme *dessein* : il y a quelques exceptions en faveur du mot *plein*. En pronom *rie* se lie pas quand il n'y a pas un rapport nécessaire entre ce monosyllabe et le mot suivant; mais quand il précède immédiatement le verbe qui le détermine, il se lie toujours, aussi bien que la préposition *en* avec son régime. Sauf bien peu d'exceptions, il n'y a point de liaison après les substantifs terminés en *en*, *ien*, *in*, *ion*, *oin*, *ouin*, *on*. La finale *un* est une de celles qui comportent le plus de difficultés, et dont la prononciation éprouve le plus de contradictions. Les uns font la liaison, les autres la réprouvent. Ce qui n'est contesté par personne, c'est que les noms de villes, comme Autun, Verdun, etc., ne souffrent point de liaison, et que le mot *un* ne se lie jamais devant *oui, huit, onzième*.

La lettre *n*, dans toutes les langues, désigne l'idée de fils, d'être produit ou né, l'idée de fruit, de tout ce qui est nouveau ; dans les caractères hiéroglyphiques, elle est représentée sous la figure d'un fruit encore attaché à l'arbre auquel il doit la naissance. N capital suivi d'un point est souvent l'abrégé du mot *nom*, ou le signe d'un nom propre qu'on ignore. En termes de marine, N. signifie *nord*; N.-E. veut dire *nord-est*, et ainsi de suite pour les autres vents qui se combinent avec celui du nord. Chez les Romains N était une lettre numérale, qui signifiait 900. La lettre N sur nos monnaies est la marque particulière de celles qui ont été frappées à Montpellier. CHAMPAGNAC.

En chimie Na signifie S o d i u m, et Ni Nickel.

NABAB ou **NABOB**, corruption du mot *nawaub*, qui signifie *délégué*. C'est le titre qu'on donnait dans l'empire du Grand-Mogol (Indes orientales) aux commandants ou administrateurs de provinces soumis à l'autorité des *soubhadars*, ou gouverneurs des grandes divisions territoriales. Après la destruction de cet empire, ceux qui se soumirent comme vassaux à l'autorité de la Grande-Bretagne continuèrent à le porter. C'est ainsi que la qualification de nabab devint très-commune dans les Indes, et qu'on la donna aux Hindous riches et considérés. En Europe et surtout en Angleterre, on l'emploie avec une nuance de sarcasme pour désigner tous ceux qui ont fait aux Indes de grandes fortunes et qui vivent avec une splendeur orientale.

NABIS, tyran de Sparte, l'an 205 avant J.-C., est représenté par l'histoire comme un monstre de cruauté. Il s'entoura d'une garde spéciale, qui commettait, à son instigation, les plus affreux brigandages, mettant à mort les principaux habitants du pays, s'emparant de leurs biens, de leurs femmes. Quelques historiens rapportent que Nabis avait inventé une machine ressemblant assez à une statue, à une femme, revêtue de magnifiques habits, sous lesquels elle avait les bras, les mains, et la poitrine, hérissés de pointes de fer. Quelqu'un refusait-il de l'argent au tyran, celui-ci lui disait : « Peut-être n'ai-je pas le talent de vous persuader ; mais j'espère qu'Apéga, ma femme, vous persuadera. » Il plaçait alors le patient en face de la statue, qui l'étreignait avec force et lui enfonçait dans les chairs les pointes meurtrières. Nabis surprit et pilla Messène et Argos; il prit parti contre les Romains avec le roi Philippe, mais Quintus Familius l'obligea à demander la paix. Nabis fit ensuite la guerre aux Achéens ; il battit d'abord leur général Philopœmen dans une bataille navale, puis il fut battu par lui près de Sparte. Nabis appela 1,000 Étoliens à son aide ; mais ceux-ci l'égorgèrent par trahison, l'an 192 avant notre ère.

NABO. Voyez Néno.

NABONASSAR. L'histoire donne ce nom à un roi de B a b y l o n e dont le règne aurait commencé l'an 747 avant J.-C., après la mort de S a r d a n a p a l e : l'origine de Nabonassar, environnée de la plus complète obscurité, a donné lieu à vingt versions contradictoires. Les uns le disent Mède, les autres le font fils de Sardanapale. Nabonassar, après avoir supprimé les actes de ses prédécesseurs, ordonna, dit-on, qu'on recueillerait soigneusement ceux de son règne ; il fit, ajoute le Syncelle, relever exactement les éclipses, et l'étude de l'astronomie fit de son temps de grands progrès. Son règne dura quatorze ans. Nabonassar est célèbre dans l'histoire par la fameuse ère qui porte son nom, époque fixe qui commença avec son règne, le 26 février 747, d'où est venu le *c a n o n m a t h é m a t i q u e*, nommé aussi le *canon des rois*.

NABONASSAR (Ère de). Voyez ÈRE et NABONASSAR.

NABOTH, riche habitant de la ville de Jezreel, avait une vigne près le palais d'A c h a b ; ce prince ayant voulu la lui acheter pour enclore dans ses domaines, Naboth refusa de l'aliéner, pour rester fidèle à la loi. Achab conçut un tel chagrin de ce refus qu'il se mit au lit et ne voulut plus prendre aucune nourriture. Jézabel, pour lui faire livrer la vigne qu'il convoitait, ordonna aux principaux de la ville d'accuser Naboth d'avoir blasphémé Dieu et maudit le roi, et de produire de faux témoins à l'appui de cette accusation. L'ordre fut exécuté servilement, et sur la déposition de deux faux témoins, Naboth fut condamné à mort et lapidé. Achab eut la vigne qu'il convoitait. On sait combien fut terrible l'expiation qu'Élie prophétisa à Jézabel.

NABUCHODONOSOR ou NEBOUKADNEZAR, roi de Babylone (604 à 553 av. J.-C.), succéda à son père Nabopolassar, qui avait de nouveau rendu le royaume de Babylone indépendant de la monarchie assyrienne. Il l'agrandit par la conquête, et en porta les limites jusqu'aux frontières occidentales de l'Asie ; la magnificence de Babylone fut son œuvre. Il battit le roi d'Égypte Nicho à Circésium, détruisit Jérusalem, et tint la ville de Tyr assiégée pendant treize ans. Suivant la coutume des conquérants asiatiques, il transféra, en l'an 588 av. J.-C., un grand nombre de Juifs en Babylonie ; et c'est à ce séjour forcé de leurs compatriotes sur le sol étranger que les Juifs, dans leur histoire, donnent le nom de *captivité de Babylone*. La tradition veut que Nabuchodonosor ait pénétré à travers la Libye jusqu'aux rives occidentales de l'Afrique ; celle que rapporte Daniel dans son livre, et qui fait vivre ce prince pendant sept ans sous la forme d'une bête féroce, est peut-être l'exagération que les haines nationales donnèrent à une maladie mentale dont Nabuchodonosor était affecté.

NACELLE (du grec ναῦς, navire). Suivant l'Académie on entend par *nacelle* un petit bateau n'ayant ni mâts ni voiles. Dieu sait dans combien de romances ou de barcarolles on trouve la nacelle ; mais les poètes ne nous paraissent pas d'accord avec le docte aréopage, et leur nacelle n'est pas nécessairement sans voiles. Ennemis de la fatigue, ils aiment bien mieux invoquer le vent ou les zéphyrs que de chanter la monotone cadence des rames ou le souffle bruyant des chaudières.

Dans les aérostats, on nomme *nacelle* le panier qu'ils portent et où se placent ordinairement les aéronautes.

NACHTSCHEVAN, chef-lieu des colonies allemandes du gouvernement d'Iékatérinoslaff (Russie méridionale).

NACRE. On appelle ainsi la partie blanche, brillante et argentée de certaines coquilles. La nacre est douée de reflets irisés, qui résultent de la structure de sa surface ; pour s'en convaincre, il suffit d'en prendre une empreinte avec de la cire à cacheter ; cette cire offre les mêmes *irisations*. La nacre est composée de beaucoup de carbonate de chaux et d'un peu de mucus animal. Sa composition est donc la même que celle des perles ; du reste, celles-ci ne sont que de la nacre sécrétée isolément, en forme de globules, dans des lacunes du manteau. Presque toute la nacre employée dans les arts provient des valves de l'aronde margaritifère. On regardait autrefois en médecine la nacre porphyrisée comme absorbante et propre à arrêter les vomissements et le dévoiement ; mais on sait aujourd'hui que le carbonate de chaux peut lui être facilement substitué, et qu'il doit avoir les mêmes propriétés. Les tabletiers font avec la nacre des cuillers, des jetons, des manches de couteau, et une foule d'objets de luxe, mais tous avec le temps prennent une teinte jaune qui en altère la beauté.

NADIR. Ce mot, qui nous vient des Arabes, indique, en astronomie, le point du ciel qui est diamétralement opposé au zénith. Le zénith et le nadir sont les deux pôles de l'horizon.

NADIR, chah de Perse, né en 1688, dans le Khorassan, était fils d'un commandant des Turcomans, et entra de bonne heure au service du gouverneur persan de sa province natale. Mais des passe-droits dont il eut à se plaindre l'engagèrent à le quitter, et quelque temps après il était devenu le chef d'une redoutable bande de brigands. Cependant Tahmasp, le chah de Perse alors régnant, ayant eu recours à lui contre Aschraf, son rival, Nadir, heureux dans cette lutte, fut récompensé, en 1729, du service qu'il avait rendu à son souverain par le commandement en chef de toutes ses armées, et se trouva bientôt investi de la direction suprême des affaires. Avec une hypocrite humilité, il prit alors le nom de *Tahmasp-Kouli-Khan* (c'est-à-dire esclave du Khan Tahmasp). Peu de temps lui suffit pour s'assurer entièrement du dévouement de l'armée, et le chah ayant, sur ces entrefaites, conclu avec les Turcs une paix désavantageuse, il le détrôna, puis s'empara de la régence sous le nom du jeune chah, Abbas II. Son pupille étant venu à mourir en 1733, il se proclama lui-même chah de Perse à la suite d'une grande victoire qu'il remporta sur les Turcs, et prit dès lors le nom de chah Nadir. Ses armes furent partout triomphantes ; mais il versa des torrents de sang, et se livra, même à l'égard de ses sujets, aux plus implacables cruautés. Ses troupes, enrichies par le pillage, lui étaient si complètement dévouées, que personne n'osait le braver. La haine même du clergé, qu'il avait dépouillé d'une bonne partie de ses revenus, fut impuissante contre lui. Son expédition la plus célèbre, mais en même temps la plus sanglante, fut celle dans laquelle il vainquit le Grand-Mogol, en 1739, et détruisit la ville de Delhi, après avoir enlevé à ce prince ses trésors et diverses provinces. Mais son propre neveu et l'un de ses gouverneurs de province finirent par se mettre à la tête d'une conspiration, par suite de laquelle il périt assassiné, en 1747.

Son fils unique, né en 1737, et qui lui survécut, fut conduit d'abord à Constantinople, puis à Semlin, où l'impératrice Marie-Thérèse le fit baptiser et élever. Il prit part, avec le grade d'officier et sous le nom de *baron Semelin*, à la guerre de Sept ans, dans laquelle il fut plusieurs fois blessé. Il prit alors sa retraite, avec le rang de major, et vécut dans l'obscurité et l'isolement, à Madling, jusqu'à sa mort.

NÆVIUS (CNEUS), l'un des plus anciens poètes romains, né en Campanie, était Grec d'origine ; après avoir servi dans l'armée romaine, à l'époque de la première guerre punique, il composa des tragédies à Rome, vers l'an 235 avant J.-C. Mais il paraît qu'il réussit mieux dans la comédie ; il finit par s'essayer dans un poëme épique en vers saturniens : *De Bello Punico*. Objet de la haine de l'aristocratie, qu'il s'était aliénée par ses mordantes épigrammes, il fut forcé de se réfugier à Utique, où il mourut, l'an 204 avant J.-C. On ne possède que quelques fragments assez insignifiants de ses ouvrages.

NAGEOIRES. On donne ce nom à des membranes dilatées et soutenues par des rayons de formes diverses, servant à la natation des poissons. Ces appareils sont plus ou moins développés ; souvent il en manque quelques-uns ; enfin, ils disparaissent tous dans certains anguilliformes.

Suivant leur insertion, les nageoires sont dites *dorsales*, *caudale*, *anales*, *pectorales* et *ventrales*.

Dans les coryphènes et d'autres poissons, la nageoire dorsale s'étend depuis la nuque jusqu'à la caudale. Quelquefois la dorsale est très-courte. Tantôt elle se rapproche de la tête, tantôt reculée sur l'extrémité de la queue, comme dans les brochets. Parfois aussi il n'y en a pas. Il y a des poissons qui en ont deux, trois, et même jusqu'à douze. Les saumons ont deux nageoires dorsales, mais la seconde, nommée *adipeuse*, est un simple repli de la peau, sans aucun rayon. Ordinairement chez les espèces qui ont deux nageoires sur le dos, les rayons de la première sont épineux et ceux de la seconde sont mous.

Excepté chez le gymnote, l'anale est toujours moins longue que la dorsale. L'anale n'est adipeuse que chez quelques raies et quelques squales. Il existe des poissons qui ont plusieurs anales.

La forme de la caudale varie du triangle à l'élipse ; elle est souvent fourchue, particulièrement chez les poissons qui nagent avec le plus de rapidité. Souvent la dorsale, la caudale et l'anale sont réunies ; quelquefois cette dernière manque.

Les pectorales et les ventrales représentent chez les poissons les membres antérieurs et postérieurs des animaux supérieurs. Les premières forment une paire, attachée derrière l'ouverture des ouïes, à la ceinture humérale. Les secondes sont attachées aux os pelviens. Les pectorales manquent à de certains poissons. Chez d'autres, elles prennent un tel accroissement qu'elles leur servent à exécuter une sorte de vol; telles sont celles des grands dactyloptères, des scorpènes volants, des exocets.

Quant aux ventrales, leur position varie comme leur grandeur. On les appelle *abdominales* quand elles sont placées entre l'anus et l'insertion des pectorales, *thoraciques* quand elles sont rapprochées de ses dernières, *jugulaires* quand elles sont insérées au devant. On avait donné dans les méthodes artificielles une trop grande importance à ces caractères, et on avait divisé les poissons en *abdominaux*, *thoraciques* et *jugulaires*; ceux chez qui les nageoires manquaient complétement recevaient le nom d'*apodes*.

NAGPOUR. Le royaume de Nagpour, dans l'Inde anglaise, est une des possessions médiates de la Compagnie des Indes Situé dans l'Inde intérieure, cet État a pour habitants des Mahrattes ; il formait autrefois l'ancienne province de Gandwana. *Nagpour*, sa capitale, est située sur les bords du Nag; en 1740 ce n'était encore qu'un village; en 1825 elle comptait 115,000 habitants. Les rues en sont tortueuses, les maisons assez mal bâties; on n'y trouve aucun monument remarquable; le palais du roi lui-même ne se distingue que par son étendue. C'est dans le royaume de Nagpour que se trouvent situées les mines de diamants de Wyragluis, autrefois très-riches.

NAGY-SANDOR (JOSEPH DE). l'un des généraux de la révolution hongroise, né en 1804, à Gross-Warden, dans le comitat de Bihar, entra de bonne heure dans les rangs de l'armée autrichienne. Mais il se retira du service vers 1842, avec le grade et la pension de capitaine, et s'établit alors dans un domaine qu'il possédait en Hongrie. Ami de son pays, il se mit à la disposition du gouvernement national aussitôt après la révolution de 1848, et prit part dès l'été de cette année, avec le grade de major, aux combats livrés dans le sud, et à la suite desquels il passa colonel. Envoyé alors à l'armée du nord, il fit, comme commandant des hussards de Hanovre, la campagne du printemps de 1849, et à la suite des victoires remportées à Tapiobicske, à Isasseg et à Gœdœllœ. il fut promu au grade de général, le 6 avril. C'est lui qui commandait le premier corps à la bataille de Waitzen ; et il prit ensuite part à la prise de Nagy-Sarlo, à l'expédition entreprise pour venir au secours de Comorn, et à la prise d'Ofen. Dans cette dernière affaire, où son corps fut chargé de l'assaut des fortunées du 16 et du 21 mai, il déploya autant d'énergie que de bravoure personnelle. Plus tard, Nagy-Sandor se rendit à Comorn, où Gœrgei avait établi son quartier général. Il y commandait dans la malheureuse affaire livrée le 16 juin sur les bords de la Waag, engagée malgré son avis et celui de Klapka. Gœrgei lui était déjà devenu suspect pendant le siège d'Ofen ; il n'avait pas hésité à faire part de ses soupçons au gouvernement national, et il avait déclaré publiquement à Gœrgei qu'un autre César rencontrerait en lui un autre Brutus. Mais il n'avait pas assez d'énergie de caractère pour que ses actes répondissent à ses paroles. Quand la mésintelligence éclata ouvertement, dans les premiers jours de juillet, entre Gœrgei et le gouvernement national, Nagy-Sandor se déclara d'abord hautement pour celui-ci; mais bientôt il se laissa déterminer par ses officiers à changer d'avis, et il se rendit lui-même à Pesth avec Klapka, pour y porter des paroles de conciliation et faire laisser le commandement en chef de l'armée à Gœrgei. Plus tard, celui-ci ayant différé son départ de Comorn, Nagy-Sandor entra seul avec son corps, le 9 juillet, dans la contrée de la Theiss; mais d'après l'avis de Klapka, il revint de Batorkess, et prit part à la bataille livrée, le 11, sous les murs de Comorn. Gœrgei ayant alors consenti à partir, Nagy-Sandor, comme chef de l'avant-garde, eut à soutenir, le 16 juillet, à Waitzen, un engagement des plus vifs avec les Russes ; et ce fut grâce à ses efforts que la capitulation offerte à Gœrgei le 24 juillet, à Rimassombath, fut rejetée. Envoyé au commencement d'août à Debreczin par Gœrgei, il y fut attaqué le 7 par Paskewitsch, et Gœrgei, qu'il appela à son secours, l'en laissa se tirer comme il pourrait. Nagy-Sandor n'en soutint pas moins avec 6 ou 7,000 hommes au plus une glorieuse lutte de cinq heures contre des forces russes deux fois supérieures; mais à la suite de cette affaire, son corps se trouva si affaibli, qu'arrivé à Arad, forcé lui fut d'adhérer à la capitulation consentie par Gœrgei. Livré par les Russes aux Autrichiens, il fut pendu, à Arad, le 6 octobre 1849. Il mourut avec courage, comme il avait vécu et combattu. Excellent officier de cavalerie, sa belle mine sous les armes lui avait valu le surnom de *Murat de l'armée hongroise*.

NAÏADES, NAYADES ou NAÏDES, divinités mythologiques des fleuves et des fontaines. Elles passaient pour filles de Jupiter. Selon les poëtes, ces n y m p h e s des eaux séjournaient quelquefois dans les forêts ou folâtraient dans les prairies. Strabon compte les naïades au nombre des prêtresses de Bacchus. On voit dans Homère et dans Ovide que ces divinités aquatiques avaient pour retraite des grottes voisines de la mer, et entourées d'arbrisseaux, de sources d'une eau limpide, et de tout ce qui pouvait en rendre le séjour frais et agréable.

NAIN, NAINE. Ces mots sont employés pour désigner l'extrême petitesse de la taille, soit pour l'espèce humaine, soit pour tout animal ou végétal réduit fort au-dessous de la stature naturelle. Ils dérivent du mot grec νάνος, du premier bégayement *nana*, ordinaire à l'enfance. Nous ne nous occuperons pas ici des fables des anciens Grecs sur les Pygmées, sur les Troglodytes, sur des habitants voisins des sources du Gange, décrits par Pline et divers géographes sous le nom de *Spithamiens*, parce qu'ils n'excédaient jamais la hauteur de trois palmes (*spithama*); nous les reléguerons parmi les Lilliputiens de Swift et les Myrmidons ou peuples fournis des poëtes. Cependant, il existe des populations que l'on peut réellement qualifier de naines. La stature de la plupart des nations polaires, Lapons, Grœnlandais, Esquimaux, Samoïèdes, Kamtschadales, Ostiaques, etc., ne dépasse guère un mètre et demi, et se tient au-dessous, à cause du froid excessif de leurs rigoureuses régions. Cette même température contracte toutes les fibres des animaux et des végétaux rabougris nés sous ce climat; et ce qui le démontre, c'est la stature plus haute que prennent ces êtres lorsqu'ils peuvent croitre sous des latitudes plus douces et plus chaudes.

Parmi les animaux, comme parmi les végétaux, la petitesse de la stature, dans la même espèce, résulte du défaut d'une nourriture suffisante ou de toutes les causes qui empêchent une complète croissance faute d'alimentation, soit dans le sein maternel, soit hors du sein, et selon les lieux, les circonstances, telles qu'une sécheresse trop resserrante, un froid trop vif, etc. Tantôt cette petitesse peut dépendre d'un vice, tel que celui du rachitisme et des scrofules (ce qu'on remarque souvent en effet dans la constitution des nains); tantôt aussi de l'étroitesse des organes utérins, qui ne permettent point à l'embryon d'obtenir un accroissement normal. La même résultat dépend aussi de la simultanéité de plusieurs embryons dans la même gestation, et nous découvrons ici l'une des causes qui font que certaines espèces et races d'animaux sont toujours naines en comparaison d'autres congénères.

Une chaleur trop vive pousse rapidement les animaux et les végétaux vers leur développement reproductif, ou les fait fleurir, fructifier, engendrer, avant le terme naturel de leur parfaite croissance. Il en résulte des êtres précoces, hâtifs, mais imparfaits et nains. Les personnes qui se marient trop jeunes abrègent leur taille et aussi le cours de l'existence ; en se hâtant ainsi de cueillir toutes les jouissances, elles s'épuisent bientôt : *citius pubescunt, citius senescunt*. C'est par des procédés analogues qu'on se procure de petites races de chiens carlins et bichons. En donnant à ces animaux encore jeunes des aliments excitants, des boissons alcooliques, qui crispent leurs fibres, on les fait rester à l'état d'avortons et de nains. L'usage des lotions toniques avec l'alcool resserre aussi la taille de ces animaux. De même, les Chinois ont l'art de rendre les arbres nains, et pour ainsi dire magots, par certaines cultures ou par des retranchements de branches qui diminuent la végétation et hâtent la floraison des autres parties.

Quoiqu'ils se rencontrent assez fréquemment chez toutes les nations, même les plus procères, comme en Pologne, en Lithuanie, en Samogitie, etc., les nains ne peuvent former aucune race distincte, comme le supposaient les anciens, pour les habitants de l'Abyssinie et autres lieux arides de l'Afrique. Ce que le naturaliste Commerson avait écrit sur les Quimos des montagnes de Madagascar, espèces de pygmées à longs bras, n'a point été constaté; au contraire, Rochon et d'autres observateurs modernes n'ont vu en eux que quelques individus dégénérés, ne formant nullement de race.

La conformation des nains n'est pas proportionnée comme celle des hommes ordinaires : la plupart montrent une tête volumineuse, des membres tordus ou rachitiques, un tronc souvent irrégulier, des jambes grêles. En général, ils restent toujours analogues aux enfants dans leurs habitudes et leur tempérament. Comme eux, ils ont les mouvements vifs, ce qui est commun d'ailleurs aux individus de petite stature. Leur cerveau, quoique considérable, ne leur attribue pas plus d'intelligence; au contraire, plusieurs sont stupides et somnolents, sujets au carus et même à périr d'apoplexie; car le sang se porte avec force dans cet organe. La circulation du sang reste en effet rapide chez ces petits individus. Ils sont pétulants, colériques, d'autant plus qu'ils se voient faibles, en butte aux railleries et aux dédains du monde, dont ils deviennent les jouets; aussi leur esprit se montre envieux, jaloux, inconstant.

Les nains étant en tout plus petits que les autres individus de la même espèce, leurs fonctions s'opèrent avec plus de rapidité, puisque les retours et les espaces à parcourir sont plus circonscrits. Ils deviennent donc plutôt pubères, et le cercle de leur existence étant plus étroit, ils sont vieux et cassés de bonne heure.

On lit chez les anciens historiens quelques exemples de nains extraordinaires, mais peu vraisemblables, tels que cet Égyptien cité par Nicéphore Caliste (*Histoire ecclésiast.*, t. XII, ch. 37), qui, à l'âge de vingt-cinq ans n'était pas plus gros qu'une perdrix, dit-il, ayant du reste une voix agréable et un petit raisonnement qui témoignait beaucoup de bon sens et de sentiments honorables. Parmi les modernes, Fabrice de Hilden a vu un nain haut de 40 pouces. Les *Transactions philosophiques*, n° 495, en citent un autre de 38 pouces anglais, pesant 43 livres. Gaspard Bauhin parle aussi d'une nain de 36 pouces. On en a vu un de 30 pouces (*Trans. phil.*, n° 261), un de 28 pouces (*Ancien Journal de Médec.*, t. XII, p. 167). Cardan affirme avoir vu un de deux pieds seulement. Demaillet, consul au Caire, parle d'un Égyptien qui ne passait pas 18 pouces (*Telliamed*, t. II, p. 194). Birch, dans sa *Collection anatomique*, parle d'un autre n'ayant que 16 pouces, quoique âgé de trente-sept ans. C'est le plus remarquable par sa petitesse. Nous avons vu en 1818 une naine allemande qui n'avait guère, à l'âge de neuf ans, que 18 pouces de haut, cependant vive, gaie, d'une intelligence enfantine; son pouls était à 90 pulsations par minute.   J.-J. VIREY.

Chez les anciens, qui avaient des raffinements de luxe dont nous n'approcherons peut-être jamais, c'était la mode parmi les riches d'entretenir des nains plus ou moins difformes. Une laideur extraordinaire et grotesque devenait un mérite dans ces êtres dégradés. Les Orientaux, aux yeux desquels l'homme semble être fait pour servir de jouet à l'homme, apprirent aux Grecs et aux Romains l'art d'empêcher la croissance et de créer pour ainsi dire des nains artificiels. Les dames de Rome payaient fort cher de pareils serviteurs. Domitien en fit combattre publiquement dans l'amphithéâtre contre des femmes dont la beauté contrastait avec leurs traits monstrueux. Les nains, machine importante des épopées du moyen âge, peuvent bien venir aussi de la mythologie et des traditions du Nord. Leur généalogie est la même que celle des géants. Comme eux, vermisseaux nés d'Ymer, ils doivent peut-être leur origine à la comparaison qui s'établissait naturellement entre la haute stature des Norvégiens et des autres peuplades septentrionales et la petite taille, la nature dégénérée des Lapons. *Nainn*, *nain*, est, dans l'*Edda*, le nom d'un *alfe* ou génie élémentaire. *Puki* en Islande, *puke* en Suède, était un démon de taille exiguë, et l'analogie de ce nom avec celui de *Petit-Poucet* n'échappera à personne.

Un corps écrasé, des traits repoussants, telle était l'image qu'on se formait volontiers de la malice et de la méchanceté. Pepin, bâtard de Charlemagne, et qui trahit son père, est sous la plume du moine de Saint-Gall un petit nain bossu : *Nanus et gipperosus Pippinus*.

Aux nains l'on accordait le talent de fabriquer d'excellentes armures. Les traditions populaires, toujours à l'affût du merveilleux, faisaient jouer un grand rôle aux nains dans le domaine du mystérieux. Aux yeux du peuple allemand, des nains habiteraient les mines et seraient les gardiens des trésors cachés. La croyance en des êtres surnaturels qui se manifestent sous la forme de nains, lorsqu'ils se rendent visibles, subsiste aussi, quoique affaiblie, dans plusieurs cantons de la Belgique et de la Hollande. Les Flamands et les Hollandais les appellent habituellement *kalvermannekens* (demi-hommes) et *kaboutermannekens* (petits drôles); on les désigne aussi par des dénominations qui reviennent à *esprits travailleurs*. Dans les provinces de Liége et de Namur, ces esprits complaisants sont appelés *sotai* et *nutons*. On raconte que la belle grotte de Remouchamps en est peuplée.

Des croyances si populaires ne pouvaient manquer de passer dans la poésie. Les nains ont servi de pages aux châtelains, de messagers d'amour aux chevaliers; au son de leurs cors, les pont-levis des châteaux se sont abaissés. Mais, lors même que la chevalerie n'existait plus que dans les romans, les nains conservèrent encore leur vogue à la cour et chez les grands seigneurs. Les rois de France, les comtes de Flandre, partageaient leur faveur entre eux et leurs fous.

Le nain de Charles-Quint s'appelait *Corneille* de Lithuanie; au tournoi de 1545, donné à Bruxelles, il obtint le deuxième prix pour avoir été le premier sur les rangs et le plus galant. Il y avait des nains à la cour du rival de Charles-Quint, François Iᵉʳ. La reine mère de Louis XIII les remit à la mode. Louis XIV supprima la charge de *nain du roi*. Blaise de Vigénère nous apprend qu'en Italie la manie des nains était encore poussée plus loin qu'en France au seizième siècle. « Je me souviens, dit-il, de m'être trouvé, l'an 1556, à Rome, en un banquet du feu cardinal Vitelli, où nous fûmes tous servis par des nains, jusqu'au nombre de trente-quatre, de fort petite stature, mais la plupart contrefaits et difformes. » Sous François Iᵉʳ et Henri II, on citait un nain d'une petitesse extrême, appelé *Grand-Jean*, par antiphrase, un Milanais, qui se faisait porter dans une cage comme un perroquet, ainsi qu'une fille de Normandie appartenant à la reine mère, et qui à l'âge de sept à huit ans n'arrivait pas à dix-huit pouces.

Un autre personnage fameux, de la même espèce, redevable en grande partie de sa réputation à Walter Scott, fut sir Geoffrey, ou Jeffery Hudson. Il était né en 1619, et fut présenté à huit ans dans un pâté, par la duchesse de Buckingham, à la reine Henriette-Marie, femme de Charles Iᵉʳ, roi d'Angleterre. A trente ans, il n'avait de hauteur que dix-huit pouces anglais; mais à cette époque de sa vie il commença à grandir, et finit par atteindre dans sa vieillesse la taille de trois pieds neuf pouces anglais. Encore jeune, on le vit, au milieu d'une fête de la cour, sortir, à la grande surprise des spectateurs, de la poche d'un employé du palais, dont la taille était, il est vrai, gigantesque. En 1744, Jeffery, plus fidèle au malheur que beaucoup d'autres, mieux organisés, qui le regardaient en pitié, accompagna en France la reine Henriette. Un Allemand appelé Crofts, s'étant laissé aller sur son compte à des plaisanteries que Jeffery ne voulut point supporter, on en vint à un duel. Crofts parut armé d'une seringue. Nouvelle fureur du nain, qui, forçant son adversaire à un combat sérieux, à cheval et au pistolet, le tua du premier coup de feu. Jeffery mourut en 1682, dans la prison de Westminster, où il était renfermé sous le poids d'une accusation politique.

La Pologne est toute fière du nain Borwilawski. C'était un gentilhomme, qui se fit connaître par la variété de ses talents; il écrivit lui-même son histoire, et sa renommée s'étendit dans toute l'Europe. Il présenta, comme Jeffery, le phénomène de l'accroissement de la taille dans sa vieillesse. Stanislas, déchu du trône de Pologne, eut à Nancy le célèbre nain Bébé. Aujourd'hui on ne parle plus de nains royaux; mais des êtres remarquables par l'exiguïté de leur taille sont l'objet d'exhibitions dans les Deux Mondes, à l'état de curiosités : c'est ainsi que l'on a pu voir en ces derniers temps Tom Thumb ou *Tom Pouce*, le prince et la princesse *Colibri*, etc.

On a tenté de multiplier la race des nains. Ces essais ont été inutiles. Il y a cependant des exemples de naines devenues mères, quoiqu'elles n'aient pu accoucher sans péril.

DE REIFFENBERG.

NAIN JAUNE, jeu de cartes assez innocent, qui se joue avec un carton où sont marquées cinq cartes; le sept de carreau, qui porte le nom de *nain jaune*, la dame de pique, le roi de cœur, le dix de carreau et le valet de trèfle. Il se joue avec un jeu complet de 52 cartes; il peut y avoir de trois à huit joueurs; à trois, chacun reçoit quinze cartes; à quatre, douze; à cinq, neuf; à six, huit; à sept, sept; à huit, six : il reste toujours des cartes au talon; aucun joueur ne peut les voir. Chaque joueur met cinq jetons sur le nain jaune, quatre sur le roi de cœur, trois sur la dame de pique, deux sur le valet de trèfle, et un sur le dix de carreau.

Le premier joueur à la droite du donneur commence à jouer en suivant l'ordre ascendant des cartes, l'as, le deux, le trois et ainsi de suite, sans distinction des couleurs; il s'arrête dès qu'il y a une lacune dans son jeu, c'est-à-dire dès qu'il n'a pas la carte immédiatement supérieure ; le joueur qui le suit continue de même, et ainsi de suite des autres; si la carte qui manque à celui qui joue est restée au talon, ce qui se connaît parce que personne ne peut l'interrompre, il continue à jouer. Lorsqu'un joueur a placé sa dernière carte, tous ceux qui restent mettent leur jeu à découvert, chaque joueur paye à celui qui n'a plus de cartes soit un jeton par carte, soit un jeton par point de chaque carte, en comptant les figures pour dix, selon les conventions Celui qui, pendant le coup, ayant le sept de carreau, ou nain jaune, est parvenu à le jouer, prend les jetons placés sur le sept de carreau ; mais celui qui ne parvient pas à le jouer en prend la *bête*, c'est-à-dire qu'il place sur le nain jaune autant de jetons qu'il s'y en trouve; il en est de même pour les quatre autres cartes figurées au carton. Comme les mouches pourraient finir par s'élever à des sommes considérables, si elles se renouvelaient plusieurs fois de suite, on peut leur assigner un maximum qu'elles ne doivent point dépasser.

NAIN-JAUNE. C'était le titre d'un petit journal libéral, publié sous la première restauration ; rédigé par les sommités littéraires du parti libéral ou bonapartiste, cette publication, qui était hebdomadaire et paraissait en brochure de plusieurs feuilles , a joui pendant quelque temps, à cette époque, d'une vogue immense.

NAIRN, comté du nord de l'Écosse, situé au sud du golfe de Murray, compte, sur une superficie d'environ 7 myriamètres carrés une population de 9,966 habitants. A l'intérieur, surtout au sud, il est montagneux et n'offre que peu de sol arable , mais en revanche de vastes marais. La côte en est plate et généralement sablonneuse, mais cependant fertile sur quelques points, dans la vallée du Nairn par exemple. Après le Nairn , son cours d'eau le plus important est le Findhorn , qui a 8 myriamètres de parcours. Il est célèbre par les beaux paysages qu'offrent ses rives, mais aussi par ses crues subites et les dévastations qu'elles entraînent. Les parties du sol susceptibles de culture sont cultivées avec soin, et produisent des grains , des pommes de terre et du chanvre. On y élève aussi de beau bétail. Ce comté est administré avec celui d'Elgin par le même shérif. Tous deux envoient un représentant au parlement, et leurs chefs-lieux en nomment alternativement un autre. Le chef-lieu, *Nairn*, situé à l'embouchure du fleuve du même nom, est un joli petit bourg, bien bâti , avec un établissement de bains de mer, un port et 3,420 habitants, qui se livrent à la pêche du hareng et du saumon, ainsi qu'à la fabrication des châles dits *tartans* et au commerce des grains.

NAIRS ou **NAIRES**. C'est le nom que l'on donne à une caste militaire du Malabar et du Dekkan, qui se rattache à la caste des Chatrias; anciennement, les rois de Malabar choisissaient leurs gardes du corps parmi les nairs. La fierté des naïrs, ou militaires malabares, était renommée; elle ne les empêche point cependant de servir de guides, et de guides d'une fidélité à toute épreuve, aux étrangers qui réclament leurs services moyennant un salaire fort minime.

NAISSANCE. C'est le moment où un enfant vient au monde, et pour les objets inanimés ou les êtres figurés , l'origine, le commencement.

La constatation de la naissance des enfants est l'un des points dont le législateur a dû le plus se préoccuper. La naissance de l'enfant doit être déclarée dans les trois jours à l'officier de l'état civil par le père, ou , à défaut du père, par les docteurs en médecine, en chirurgie, sages-femmes, officiers de santé ou autres personnes ayant assisté à l'accouchement, ou par la personne chez laquelle la mère sera accouchée, si elle est accouchée hors de son domicile : le défaut de déclaration dans ce délai de trois jours est puni de six jours à six mois de prison, et de 16 à 300 francs d'amende. Passé ce délai légal, cette déclaration ne peut plus être reçue qu'en vertu de jugement ordonnant la réparation de l'omission commise, et qui constitue une véritable suppression d'état au détriment de l'enfant. L'enfant doit être présenté à l'officier de l'état civil lors de la déclaration de naissance. Plusieurs médecins, regardant le déplacement de l'enfant, qui doit être porté à la mairie, comme pouvant être préjudiciable à sa santé, ont demandé que la naissance fût constatée , comme les décès, à domicile , après déclaration préalable. L'*acte de naissance* , fait en présence de deux témoins, doit énoncer le jour, le lieu et l'heure de la naissance, le sexe et les prénoms de l'enfant, les noms, prénoms et profession de la mère et du père, mais pour celui-ci en cas de mariage seulement ou quand, en personne ou par fondé de pouvoir, il déclare sa paternité ; enfin, cet acte doit contenir également les noms, prénoms, profession et domicile des témoins. Tout enfant nouveau-né trouvé à l'état d'abandon devra être remis à l'officier de l'état civil, ainsi que les vêtements et effets trouvés avec lui ; ce dont il sera dressé un procès-verbal détaillé, mentionnant en outre l'âge apparent de l'enfant, son sexe, les noms qui lui seront donnés, l'autorité civile à qui il aura été remis. Ce procès-verbal sera inscrit sur les registres.

L'acte de naissance d'un enfant né à la mer doit être dressé dans les vingt-quatre heures, en présence du père s'il est présent, et de deux témoins pris parmi les officiers ou à leur défaut les hommes de l'équipage. Les déclarations de naissance à l'armée doivent être faites dans les dix jours. L'état civil des enfants français nés à l'étranger peut y être constaté soit par un acte de naissance fait suivant les lois et usages du pays, s'il n'y a point de consul français , et dans le cas contraire, suivant les formes des actes de l'état civil dressés par les agents diplomatiques.

Naissance se prend encore pour *race*, *famille*, *extraction*, *noblesse*. En astrologie *naissance* signifie le point auquel naissait un enfant, eu égard à la disposition du ciel et des astres.

Naissance, au figuré, est synonyme d'*origine*, de *commencement* : la *naissance* du monde, d'un état, d'une hérésie, d'une sédition, du jour, du printemps, de la verdure, des fleurs. *Naissance* est aussi le point où commence, d'où part, d'où s'élève une chose qui se prolonge ensuite : un fleuve à sa *naissance*, la *naissance* d'une tige.

En architecture, la *naissance* d'une colonne, c'est le commencement du fût; la *naissance* d'une voûte, c'est le commencement de sa courbure.

NAÏVETÉ. C'est là une de ces qualités qui ne sont pas susceptibles d'être acquises, et qui doivent être nées avec nous. Heureux qui la possède, car la naïveté est aussi un charme, et un charme inimitable. La nature semble l'avoir réservée principalement à ce sexe dont il pare si bien les autres attributs. Vous dites d'une jeune fille qu'elle est *naïve* : c'est toujours un éloge; Ce jeune homme est *naïf*, est presque toujours une critique : c'est que la naïveté chez la première est nécessairement la compagne de l'innocence, tandis que chez le second elle peut n'être qu'une nuance de la n i a i s e r i e.

En littérature, la *naïveté* du style reçoit aussi différentes acceptions : celle de Marot, de Montaigne et de quelques autres écrivains est une grâce; chez d'autres, c'est la très-proche voisine de la bêtise.

Toutefois, c'est surtout au pluriel qu'elle prend cette fâcheuse signification, et il y a toujours intention maligne à citer les *naïvetés* d'une personne. Le bonhomme seul a joui de l'heureux avantage de s'illustrer par les siennes, et d'éclipser par elles chez la postérité les traits les plus ingénieux; il est vrai qu'il en eut de toutes les espèces. Son mot à cette amie qui veut, après Mme de la Sablière, hériter du soin qu'elle avait eu de ce grand enfant et l'emmener chez elle, ce *J'y allais*, est une naïveté sublime.

C'est la naïveté qui fait parfois, sans s'en douter, les plus malignes épigrammes. Après la déroute de Crevelt, le prince de Clermont arrive seul dans un village à quelque distance du champ de bataille, et demande au maître de l'auberge si l'on y avait vu déjà beaucoup de fuyards : « Non, monseigneur, répond l'autre naïvement, nous n'avons vu que vous. »

Rien de plus ridicule que l'affectation de la naïveté. La naïveté elle-même est fort rare dans la société moderne, avec la précocité des esprits et des passions : elle n'est guère le partage que des peuples enfants, et nous voulons être des hommes. OCRRY.

NAKCHI-ROUSTAM. *Voyez* PERSÉPOLIS.

NARSCHIBENDES, nom d'un ordre de d e r v i c h e s.

NAMUR, l'une des neuf provinces dont se compose le royaume de B e l g i q u e, bornée au nord-est par la province de Liége, à l'est par le Luxembourg, à l'ouest par le Hainaut et au sud par la France, compte sur une superficie de 46 myriamètres une population de 274,073 habitants. Le sol, tantôt plat et tantôt s'élevant assez pour former des montagnes fortement boisées, qu'on peut considérer comme une prolongation des Ardennes, et qui traversent les limites de cette province, est d'une remarquable fertilité. Ses principaux cours d'eau sont la M e u s e, la Sambre et la Lesse. Outre les produits de son agriculture et d'une importante élève de bétail, cette province est riche en fer, plomb, calamine, soufre, alun, pierres à feu, pierres calcaires et ardoises, en argile excellente, en houille et en marbre, surtout aux environs de Philippeville et de Dinant.

Namur formait déjà au dixième siècle un comté indépendant, composé de parties des comtés de Lomne et d'Arnau. Sous Henri 1er, dit *l'Aveugle*, mort en 1190, il fut réuni au Luxembourg. Il en fut ensuite séparé et passa sous la souveraineté de la maison de Hainaut, puis par mariage sous celle de Pierre de Courtenay, empereur de Constantinople (mort en 1219). Le fils de ce prince, Baudouin, rendit le comté à Guy de Dampierre, comte de Flandre (1261), dont les héritiers le conservèrent jusqu'en 1420, époque où Jean, comte de Namur, qui n'avait pas d'héritiers, vendit ce comté grevé de dettes immenses à Philippe le Bon, duc de Bourgogne, moyennant 132,000 florins d'or. Il forma ensuite l'une des 17 provinces des Pays-Bas, dont il partagea dès lors les destinées. Déjà la France, par la paix de Nimègue (1679), s'était approprié la forteresse de Charlemont et diverses autres parties du comté de Namur, qu'elle conserve encore aujourd'hui. La paix de Lunéville le réunit complètement à la France, où il forma le département de Sambre-et-Meuse. Depuis 1814 il constitua une province du royaume des Pays-Bas, à laquelle on ajouta diverses parcelles des territoires de Liége, du Luxembourg, du Brabant et du Hainaut; et c'est avec les mêmes délimitations qu'il fut compris en 1831 dans le nouveau royaume de Belgique. La province de Namur est divisée aujourd'hui en trois arrondissements : *Namur, Dinant et Philippeville*.

Le chef-lieu de la province, NAMUR, en flamand *Namen*, bâti à l'embouchure de la Meuse dans la Sambre, place très-forte, avec citadelle et siége d'évêché, compte 22,020 habitants. Cette ville possède une cathédrale et seize autres églises, un séminaire, un athénée royal, un grand pensionnat fondé et dirigé par les jésuites, une école de peinture, un conservatoire de musique, deux bibliothèques, un muséum d'histoire naturelle, un institut de sourds-muets, une maison d'aliénés et un pénitentiaire pour femmes. La cathédrale, placée sous l'invocation de saint Aubin, est une des plus belles églises modernes de la Belgique. Elle fut consacrée en 1772, et contient le tombeau de don J u a n d'A u t r i c h e. L'église de Saint-Loup, construite au commencement du dix-septième siècle par les jésuites, ruisselle de dorures. Les produits de la coutellerie de Namur sont justement renommés. La ville, qui était fortifiée dès les temps les plus reculés, fut protégée en outre, en 1691, par le fort Guillaume, œuvre de C o e h o r n. Néanmoins elle fut prise en 1692 par Louis XIV et Vauban. Après six jours de siége ; et la citadelle, défendue par Coehorn en personne, dut capituler au bout de trente jours. Le stathouder héréditaire Guillaume III reprit, en 1695, cette citadelle, dont le système de défense avait été singulièrement agrandi par Vauban, ainsi que la ville, que défendait le duc de Boufflers avec une armée de 16,000 hommes. Le siége avait duré six semaines. Occupée par les Français à partir de 1701, cette place fut inutilement bombardée par les coalisés; mais en 1715 elle fut comprise dans les villes qu'on laissa occuper par les Hollandais. En 1746 Namur et sa citadelle tombèrent de nouveau au pouvoir des Français, ainsi que le comté de Clermont; mais ils l'évacuèrent en 1748, aux termes de la paix d'Aix-la-Chapelle. En 1784 Joseph II en fit raser les fortifications, et autant en advint de la citadelle lorsque les Français s'en rendirent maîtres en 1794. Fortifiée de nouveau depuis cette époque, elle fut occupée en 1815 par les Français dans leur retraite après la bataille de Waterloo, et le général Vandamme, battant en retraite de Wavres avec son corps d'armée, s'y défendit énergiquement contre le second corps de l'armée prussienne, aux ordres du général Pirch. Il ne l'évacua qu'après la signature des conventions qui eurent pour suite l'évacuation du sol belge par les troupes françaises. En 1816 on la fortifia avec plus de soin que jamais. Les chemins de fer de Liége et de Bruxelles, la navigation sur la Sambre et la Meuse favorisent singulièrement son commerce.

NANCY, chef-lieu du département de la M e u r t h e, près de la rive gauche de la Meurthe, avec une population de 45,129 habitants. C'est le siége d'un évêché suffragant de l'archevêché de Besançon et dont le diocèse se compose du département, c'est aussi le siége d'une synagogue consistoriale, d'une cour impériale, dont le ressort comprend les départements de la Meurthe, des Vosges et de la Meuse, de tribunaux civils et de commerce, d'une chambre de commerce, d'un conseil de prud'hommes, d'une académie universitaire, avec faculté des lettres et des sciences, de l'école impériale forestière; elle possède une école préparatoire de médecine, un lycée, une école normale primaire, une bibliothèque publique de 26,000 volumes, un musée de tableaux, un cabinet d'histoire naturelle, un jardin des plantes, une société impériale des sciences, lettres et arts, une société centrale d'agriculture, un théâtre, trois journaux, sept typographies. C'est une station du chemin de fer de Strasbourg.

L'industrie manufacturière de Nancy est considérable. On y trouve des filatures de coton, des filatures de laine, des fabriques de drap, des fabriques de bonneterie; mais la broderie au plumetis sur tissus de batiste, mousselines et jaconas est la branche la plus considérable de son industrie et de son commerce. Mentionnons encore parmi les articles manufacturés les boules d'acier vulnéraire de Nancy, les produits chimiques, les toiles de chanvre et de fil, les liqueurs, l'eau de Cologne, la mercerie, les amidons et les fécules, les pâtes façon d'Italie, la vannerie, les instruments de musique et de physique, les caractères d'imprimerie et les cloches, les peignes de corne, les chapeaux de paille et d'osier. Il existe près de Nancy une carrière de marbre monumental, et à 24 kilomètres se trouve la célèbre ferme modèle de Roville.

Nancy est une des plus belles villes de France. Elle est divisée en ville vieille, irrégulièrement bâtie et renfermant cependant plusieurs beaux édifices, et ville nouvelle, percée de rues larges, longues et bien bâties. Elle renferme un grand nombre de monuments remarquables, le *palais du Gouvernement*, utilisé ous forme de préfecture; *la Porterie*, changée en caserne de gendarmerie, le palais de justice, où l'on voit la tapisserie qui garnissait la tente de Charles le Téméraire, l'ancien hôtel des monnaies (tribunal civil actuel), la porte Notre-Dame, la porte Stainville, la place de Trèves, l'hôpital militaire, la colonne de Bourgogne, les façades et le groupe central de la place d'Alliance, les allées de la Pépinière, et surtout la place Stanislas, où se trouvent l'évêché, la salle de spectacle et l'hôtel de ville, décoré des fresques de Girardet, et que la statue du roi Stanislas, ses grillages à dentelles, ses fontaines bronzées rendent très-remarquable; les églises de Saint-Epvre, Saint-Sébastien, la cathédrale, les Prémontrés, qui servent de temple protestant, Bonsecours, avec le tombeau du roi Stanislas, les Cordeliers, où sont les tombeaux de tous les princes de la maison de Lorraine.

Cette ville fut fondée au onzième siècle. Ce ne fut d'abord qu'un château, résidence des ducs de Lorraine. Deux cents ans plus tard elle était déjà la capitale du duché de Lorraine. Les ducs Ferri III et Raoul y élevèrent un magnifique palais. Prise en 1475 par Charles le Téméraire, qui en fut chassé l'année suivante, elle eut encore à subir un nouveau siége de la part de ce prince, et était réduite à la dernière extrémité lorsqu'il fut tué dans la bataille livrée sous ses murs, le 5 janvier 1477. René II et Antoine y construisirent de beaux édifices. La ville neuve, commencée en 1603, par Charles III, et achevée par le duc Henri, était défendue par des fortifications, démolies sous Louis XIII et Louis XIV, à l'exception de la citadelle, qui subsiste encore. Richelieu s'empara de Nancy, qui redevint libre à la paix des Pyrénées (1660), jusqu'au retour de sa domination française. Le traité de Ryswick (1697) rendit au duc Léopold Nancy, qui fut réunie à la France avec le duché de Lorraine, conformément au traité de Vienne de 1735, après la mort de Stanislas, roi de Pologne, dernier duc.

NANCY (Bataille de). Après la défaite de Morat, Charles le Téméraire était revenu mettre le siége devant Nancy. Le duc René s'en alla chercher des renforts chez les Alsaciens et chez les Suisses, et put réunir de 18 à 20,000 hommes, avec lesquels il se porta au secours de la capitale assiégée. Ce fut le 5 janvier 1477 que la bataille s'engagea. Les assiégés avaient été avertis de la veille de l'arrivée de René par un fanal allumé sur les tours de Saint-Nicolas. Le duc de Bourgogne était placé au centre de son armée, où est aujourd'hui Bonsecours; sa droite du côté de la Malgrange et sa gauche appuyée sur la rivière de la Meurthe. L'avant-garde de René, composée de 7,000 hommes d'infanterie et de 2,000 chevaux, s'avança vers le bois de Jarville, et prit les ennemis en flanc, en même temps qu'un second corps de Suisses et d'Allemands, disposé comme le premier, attaquait l'aile gauche. L'armée bourguignonne ne put résister au choc impétueux des Lorrains, des Suisses et de la garnison de Nancy, qui prit part à l'action. Charles le Téméraire fondit à plusieurs reprises sur l'ennemi, et se jeta en désespéré au plus fort de l'action. Mais entraîné par les fuyards, il termina sa carrière dans les marais de Saint-Jean.

NANDOU, genre d'oiseaux de l'ordre des échassiers. On n'en connaît encore bien qu'une espèce, que Linné rengeait parmi les autruches. Le *nandou* ou *autruche d'Amérique* (*struthio rhea*, Linné), de moitié plus petit que l'autruche proprement dite, s'en distingue surtout par son pied, à trois doigts, tous munis d'ongles. Son plumage est fourni, grisâtre, plus brun sur le dos; une ligne noirâtre descend le long de la nuque du mâle. Le nandou n'est pas moins abondant dans le sud de l'Amérique méridionale que l'autruche en Afrique. On n'emploie ses plumes que pour faire des balais. Pris jeune, il s'apprivoise aisément. On en mange la chair, mais seulement lorsqu'il est jeune.

DÉMEZIL.

NANGASAKI, grande ville commerciale de l'empire du Japon, dans l'île de Kiousiou, avec un port au milieu de la baie de Kiousiou formée par deux caps, est entourée par de hautes montagnes et fortifiée du côté de la mer, mais ouverte du côté de la terre, et compte 75,000 habitants. La ville intérieure se compose de rues étroites, tortueuses et mal unies, et possède 62 temples, dont le plus célèbre est celui de Souwa. Les hauteurs environnantes sont également couvertes de temples, présentant l'aspect le plus pittoresque. Le port de Nangasaki est le seul port du Japon qui soit ouvert aux étrangers, c'est-à-dire aux Chinois, aux Coréens et aux Hollandais. Les Chinois et les Hollandais y ont des factoreries particulières; les premiers, à Jakoujin, à l'extrémité méridionale de la ville; les seconds, dans l'îlot de Desima, relié à la ville par un pont, mais où ils sont complètement prisonniers. Le commerce des Hollandais, qui consiste surtout en exportation de cuivre et de camphre, d'ailleurs astreint aux plus humiliantes restrictions et formalités. Il ne leur est permis que de faire entrer chaque année un certain nombre de vaisseaux et une certaine quantité de marchandises. Les Chinois et les Coréens jouissent d'un peu plus de liberté, mais ils ne peuvent non plus séjourner que dans leurs faubourgs.

NANINI (GIOVANNI-MARIA), l'aîné, l'un des élèves de Goudimel, entra en 1577, en qualité de chanteur, dans la chapelle du pape, à Rome. Professeur de chant et de composition à l'école de musique de cette ville, dont il fut nommé directeur lors de la mort de Palestrina, à qui il succéda aussi comme maître de chapelle de Sainte-Marie-Majeure, il mourut en 1607. Nanini ne fut pas moins célèbre par son habileté comme instrumentiste que par ses compositions, qui continuèrent dans la manière de Palestrina. Son neveu, *Bernardino* NANINI, sorti de son école, en continua la tradition.

NANKIN ou mieux **NANKING**, c'est-à-dire la *capitale du sud*, par opposition à Péking, la capitale du nord, et dont le véritable nom est *Kiang-ning* (calme du fleuve), chef-lieu de la province de Kiang-sou (Chine), sur la rive méridionale du Kiang à peu de distance de l'embouchure de ce fleuve, demeura la résidence des empereurs de la Chine jusqu'en 1405, époque où ils la transférèrent à Peking. Quoiqu'un tiers de cette immense ville soit en ruines et qu'en comparaison de Peking on puisse dire que ce n'est qu'un désert. on y compte encore, dit-on, près de 500,000 habitants, remarquables par leur civilisation et leurs lumières. Nanking est d'ailleurs considéré comme le foyer de l'érudition et de la civilisation chinoises; et le nombre des savants, des bibliothèques et des institutions scientifiques qu'on y trouve est beaucoup plus considérable que celui de toute autre ville de la Chine. Elle a des manufactures dans tous les genres d'articles chinois et fait un commerce assez actif, de même que l'industrie y est très-florissante. Le plus remarquable de ses édifices est la fameuse Tour de Porcelaine, haute de 66 mètres, octogone, construite en briques, revêtues de porcelaine, à laquelle sont suspendus des milliers de clochettes, et qui dépend du temple de la Reconnaissance. Chacun des neuf étages dont elle se compose est entouré d'une galerie, ornée de peintures et de statues d'idoles. Les matériaux de ce bel édifice sont tellement unis, qu'il semble fait d'une seule pièce. Les tombeaux des empereurs, détruits lors de l'invasion des Mandchoux, étaient aussi jadis l'une des curiosités de la ville. Les instruments du célèbre observatoire de Nanking, provenant de la domination des Mongoles, y furent apportés de Péking sous le règne de Kang-hi. Ces instruments, qui excitèrent l'admiration des missionnaires, ne sont pas l'œuvre des Chinois, mais d'astronomes mahométans et d'artistes occidentaux. Aux environs de la ville on récolte d'immenses quantités d'un genre de coton jaunâtre, qui sert à fabriquer l'étoffe connue sous le nom de nankin. L'arbuste ne diffère en rien des autres cotonniers; et il paraît qu'il est uniquement redevable de la couleur qui lui est propre à la nature particulière du sol. La plante appelée Tong n'est pas ici moins importante. Elle est employée en thérapeutique, et avec sa légère écorce on confectionne des oreillers et des semelles. Sa pulpe, molle et semblable à du velours, se découpe en bandes qu'on nous vend ordinairement pour du papier de riz et sur lesquelles on représente en Chine, avec des couleurs extrêmement vives, des fleurs et des fruits, des plantes, des animaux et des hommes. C'est à Nanking que, le 22 août 1842, les Chinois furent contraints de signer avec les Anglais une paix qui a ébranlé la domination des Mandchoux et qui, pour la première fois que mentionne l'histoire, a entraîné la Chine dans le mouvement du reste du monde. Depuis, Nanking tomba au pouvoir des insurgés chinois.

NANKIN. On appelle ainsi, du nom de la ville d'où elle nous est d'abord venue, une étoffe de toile de coton d'un très-beau lainage, à longues soies teint en fil de couleur jaune ou rougeâtre, à tissu simple, serré et solide. La Chine a été longtemps le seul pays qui fabriquât du nankin. Mais au commencement de ce siècle cette fabrication a pris en Europe un vaste développement. En Angleterre, à Londres et à Manchester; en Suisse, en Saxe; en France, à Rouen, on a vu s'établir de nombreuses fabriques de nankin, qui ont lutté avec quelque avantage contre le *nankin des Indes*.

NANNI (JEAN). Voyez ANNIUS VITERBIENSIS.

NANNINI (AGNOLO, et mieux GIOVANNINI), appelé ordinairement *Firenzuola*, nom que son père, Bastiano, avait pris de l'endroit où sa famille était originaire, naquit le 28 septembre 1493, à Florence, et fit ses études à Sienne et à Pérouse. Plus tard il se rendit à Rome, où, dit-on, il entra dans l'ordre de Vallombrosa, fait que Tiraboschi ne trouve pas vraisemblable, et obtint ensuite les deux abbayes de Santa-Maria di Spoleti et de San-Salvador de Bayano. Ami de Pietro Aretino, il fut le compagnon de sa vie de débauches, et comme lui se fit une grande réputation d'écrivain, tant en vers qu'en prose, dans le genre burlesque et satirique aussi bien que dans le genre grave et moral, comme romancier et comme dramaturge. L'Académie de la Crusca le compte parmi les classiques, et invoque souvent son autorité. Ses œuvres, parmi lesquelles on remarque deux comédies, une imitation libre de l'*Ane d'Or* d'Apulée, les *Discorsi degli Animali* et huit nouvelles à la manière du *Decamerone*, ne furent publiées d'une manière complète que fort tard (3 vol., 1763). L'époque de sa mort n'est pas bien connue; tout ce qu'on sait, c'est qu'en 1548 il y avait déjà plusieurs années qu'il n'était plus.

NANSOUTY (ÉTIENNE-MARIE-ANTOINE CHAMPION, comte DE), né à Bordeaux, le 30 mai 1768, entra à onze ans à l'école militaire de Brienne, en sortit en 1782 pour aller à celle de Paris; sous-lieutenant au régiment de Bourgogne (cavalerie) en 1783, il était en 1793 colonel d'un régiment de cavalerie. Nansouty prit une part active aux guerres de la république; pendant plusieurs années, il se distingua à l'armée du Rhin. Général de brigade en 1799, Nansouty se fit remarquer à Stockach, à Engen, à Moeskirch; il fit en 1801 la campagne de Portugal. Général de division en 1803, il commanda le corps de cuirassiers à la campagne d'Austerlitz; il se distingua les années suivantes à Eylau, à Friedland, à Essling, à Wagram, à la Moskowa. Il fut blessé à cette dernière bataille. Dans les grandes occasions, c'étaient toujours les belles charges de cavalerie de Nansouty qui décidaient la victoire. Nansouty avait été pendant quelque temps chambellan de l'impératrice Joséphine, fonctions dont il s'était fait relever dès qu'il l'avait pu; après la campagne de Friedland, Napoléon le nomma son premier écuyer, grand-aigle de la Légion d'Honneur, comte de l'empire avec dotation; en 1813, il le nomma colonel général de dragons. Nansouty eut dans la campagne de Saxe, de nouvelles occasions de rendre de grands services à l'armée, notamment à Dresde, à Wachau, à Leipzig, à Hanau : la campagne de France mit le sceau à sa réputation brillante et mérita d'excellent général de cavalerie; il commandait la garde impériale : Brienne, Montmirail, Champ-Aubert, Craonne furent les derniers fleurons de sa couronne militaire. Nansouty, malade, dut abandonner son commandement. A la rentré des Bourbons, l'ancien écuyer de l'empereur devint capitaine-lieutenant de la première compagnie des mousquetaires du roi (gardes du corps). Il mourut le 12 février 1815.

NANTES, chef-lieu de la Loire-Inférieure, sur la rive droite de la Loire, au confluent de l'Erdre et de la Sèvre-Nantaise, à 38 kilomètres de l'embouchure de ce fleuve dans l'Océan, avec 96,362 habitants, un évêché suffragant de Tours, une église consistoriale calviniste; c'est le chef-lieu de la 15me division militaire, d'une direction d'artillerie, des subsistances militaires et de douanes. Elle possède une école impériale d'hydrographie de première classe, un tribunaux civils et de commerce, un conseil de prud'hommes, une bourse et une chambre de commerce, une école secondaire de médecine, un lycée, une école gratuite de dessin, une institution de sourds-muets; une bibliothèque publique de 45,000 volumes, un musée de tableaux, un musée d'histoire naturelle, un musée industriel, maritime et commercial, un jardin des plantes, une société impériale académique, une société des beaux-arts, une société industrielle, une société d'horticulture, 4 journaux politiques, 5 typographies, une succursale de la Banque de France, une caisse d'épargne, un mont-de-piété, un hôtel-Dieu, un hospice dit de *sanitat* pour les infirmes, les vieillards, les insensés et les orphelins, un hospice des incurables, un dépôt de mendicité, un entrepôt réel. C'est une station du chemin de fer de Tours à Nantes.

Nantes est après Bordeaux la plus importante des villes de commerce maritime de France sur l'Océan. Elle entretient des relations immenses avec l'Inde, l'Afrique, les colonies d'Amérique, la Chine. Son industrie consiste dans la fabrication de bas, de toiles, de toiles de coton, de cotonnades, de calicots, d'indiennes, de toiles peintes, finettes, futaines, flanelles, coutil-laine, voiles; de chapeaux en feutre, vernis, de soie et de paille; de chaussures, de filets pour la pêche; de pianos et autres instruments de musique; d'instruments d'optique, de mathématiques et de marine; de cordages, brosserie, clouterie et pointes de Paris; de plomb, étain et zinc laminés, de plomb de chasse, minium, tuyaux étirés; de poterie d'étain et de faïence, de chaux hydraulique, de ciment romain, de plâtre, de produits chimiques, de céruse, de noir d'ivoire et de fumée, de noir animal engrais, de vinaigre, d'huile de colza, de graines et de poisson, de conserves alimentaires renommées, de biscuits de mer, de farines étuvées, fécule et sirop de fécule, de salaisons. On y trouve de nombreuses raffineries de sucre, des raffineries de sel, des brasseries, de nombreuses filatures à vapeur, des corroieries, des chamoiseries, des pelleteries, des papeteries, des tanneries, des blanchisseries, des cireries, des fonderies en fer et en cuivre, des fonderies de canon. On y construit beaucoup de navires marchands, de corvettes, et d'autres vaisseaux pour l'État. Son commerce, très-considérable, consiste en blé, vin, produits des îles, exportation des produits de la France. Nantes expédie un grand nombre de navires dans les mers du Nord pour la pêche de la baleine. Elle possède une école de mousses, un magasin général de vivres et de munitions pour la marine, approvisionnant les ports de Brest, Lorient et Rochefort. Son port, sur un bras de la Loire, s'étend dans une longueur d'environ 1,860 mètres et peut contenir 200 navires. Les bâtiments et restent à flot à la basse mer; mais la marée ne s'y élevant pas à plus de deux mètres, ceux de plus de 200 tonneaux sont obligés de décharger à Paimbœuf, Le Pellerin, ou Saint-Nazaire.

Nantes est une ville généralement bien bâtie et remarquable par la régularité de ses places publiques et l'ordre de son architecture. Le quai de la Fosse, ombragé de beaux arbres, bordé d'hôtels et de superbes magasins, couvert de navires et de bateaux de toutes espèces offre un coup d'œil admirable. Citons encore les quais de Chezine et leurs chantiers de construction; ses ponts, ses îles et ses prairies; les cours ou promenades de Saint-Pierre, de Saint-André, d'Henri IV et du Peuple; la place Royale, dont le contour est formé d'élégantes maisons, avec des boutiques rivales de celles de Paris et de Londres; l'île Feydeau, le quartier Graslin.

Parmi les monuments anciens et modernes que renferme cette ville, nous citerons le vieux château, bâti en 938, par Alain Barbe-Torte, masse de bâtiments irréguliers flanquée de tours rondes, et qui sert aujourd'hui de magasin à poudre, le château de Bouffay, qui date de la fin du dixième siècle, et dont la tour, construite en 1662, contient l'horloge et la cloche du beffroi; la cathédrale, non achevée, et son portail à trois entrées, décoré de figurines en relief d'une étonnante pureté de dessin. On y voit le tombeau de François II, dernier duc de Bretagne, exécuté en l'année 1507, et composé d'une grande quantité de statues, chef-d'œuvre du sculpteur Michel Columb; l'église Saint-Similien, la chapelle Saint-François-de-Sales, l'hôtel-Dieu, l'hôtel des Monnaies, l'observatoire de la marine, l'hôtel de la préfecture, le passage Pommeraye, la bourse, ornée d'un péristile de dix colonnes surmontées d'autant de figures, avec une autre façade, au-dessus de laquelle s'élèvent les statues de Jean Bart, Duquesne, Cassart et Duguay-Trouin; celles d'Artur III et d'Anne de Bretagne au cours Saint-Pierre, celles de Duguesclin et d'Olivier de Clisson au cours Saint-André, la statue de Cambronne, le monument élevé à la mémoire du général Bréa, etc., etc.

L'origine de Nantes remonte aux temps les plus reculés. Capitale des *Namnètes* avant la domination romaine, elle soutint au cinquième siècle un siège de soixante jours contre les Huns. Au neuvième, les Normands s'en emparèrent trois fois, et y commirent d'horribles ravages. Attaquée par les Anglais, elle fut délivrée en 1380 par le connétable Olivier de Clisson, et réunie à la couronne, ainsi que toute la province, en 1491, par le mariage d'Anne de Bretagne avec le roi Charles VIII. Peu de villes en France jouissaient d'un état aussi florissant, lorsque la révolte des nègres et la perte des colonies portèrent le premier coup à sa prospérité, dont les guerres civiles achevèrent la destruction. Nous ne nous étendrons ici ni sur les tentatives infructueuses des troupes vendéennes ni sur les représailles qui les suivirent. Le nom de Carrier couvrit, en 1793, Nantes d'un voile de sang.

NANTES (Édit de). *Voyez* ÉDIT DE NANTES.

NANTEUIL (ROBERT), peintre au pastel et l'un de nos plus célèbres graveurs, naquit en 1630, à Reims. Son père et sa mère, qui étaient d'honnêtes gens sans fortune, tenaient dans cette ville un petit commerce; on s'imposant de strictes économies, ils firent néanmoins donner une assez bonne éducation à leur fils, dans l'espérance qu'il pourrait un jour entrer dans les ordres ou acheter une charge de procureur; mais le jeune Nanteuil contraria bientôt ces projets en négligeant les études grecques et latines pour se livrer avec ardeur à son goût pour le dessin. Ses parents s'opposèrent tant qu'ils purent à sa vocation, mais en dépit des obstacles il s'y attacha de plus en plus. Il voulut bien, selon le vœu de ses parents, finir ses études, mais au sortir du collège, pour montrer qu'il ne renonçait pas à ses projets, il grava lui-même la thèse de philosophie qu'il eut à soutenir dans sa ville natale. Il maniait déjà le crayon et le burin avec assez d'habileté; il avait surtout l'art de saisir par un côté noble et original les ressemblances, et ses portraits au pastel, d'une bonne exécution, d'un joli travail, lui avaient fait à Reims une petite célébrité, lorsqu'il résolut de venir à Paris, dans le but d'étudier l'art de la gravure sous les plus grands maîtres d'alors.

Il arriva dans la capitale sans aucune recommandation et dans un très-mince équipage. Toutes ses espérances reposaient sur son talent, encore inconnu; mais en revanche il avait beaucoup d'esprit, et il sut d'abord se ménager l'occasion de montrer son savoir-faire. Voici quel fut le singulier moyen dont il s'avisa pour trouver des amateurs où personne n'eût pensé à les aller chercher. Il avait remarqué qu'à certaines heures du jour, les abbés qui étudient en Sorbonne se rendaient chez un traiteur établi devant le collège; il rôda aux environs de cette maison, et quand toutes les tables furent garnies de leurs nombreux habitués, il entra, feignant de chercher celui d'entre eux qui devait ressembler à un portrait qu'il leur montra. « Je suis, dit-il, bien en peine de retrouver l'homme qui m'a commandé et m'a payé d'avance cette peinture; il m'a pourtant donné rendez-vous en cet endroit. Ne serait-il pas, messieurs, de votre connaissance? » On s'informa, on chercha vainement; le prétendu modèle ne se trouva point, mais le portrait, en passant de mains en mains, fut admiré. Nanteuil, qui ne voulait que cela, se montra fort sensible aux éloges des honnêtes ecclésiastiques, et se vint à leur proposer de les peindre chacun en particulier d'une manière agréable, et pour un prix modique. Sa proposition fut acceptée de grand cœur, et la besogne finie, tous les jeunes abbés que Nanteuil avait eu le soin de peindre selon les airs qu'ils voulaient se donner furent très-contents de montrer leurs portraits, un peu flattés, et vantèrent en conséquence partout le talent de leur peintre; il n'en fallut pas davantage pour lui procurer de nouveaux amateurs. Bientôt cet grand cas de ses ouvrages, et il put en augmenter le prix, si bien qu'en moins de deux années il amassa une somme d'argent assez considérable.

Désormais à l'abri du besoin, il dirigea ses études vers la gravure. Le premier maître sous lequel il étudia et se perfectionna dans ce genre fut un nommé Regnasson, dont il épousa la fille. Il travailla peu de temps avant d'arriver à produire. Son étonnante facilité, sa verve, sa couleur, sa touche spirituelle et originale obéirent au burin. Quelques gravures publiées sous son nom, et par endroits traitées dans la manière nouvelle, dont il tira plus tard un étonnant parti, eurent un succès général. On parla de lui à la cour, et il fut présenté à Louis XIV, qui, voulant juger par lui-même du mérite de notre artiste, lui commanda son portrait, ceux de la reine mère, du dauphin et du duc d'Orléans. Ces ouvrages, dont quelques-uns étaient de grande dimension, eurent été d'abord peints au pastel, puis gravés avec cette supériorité du talent qu'on retrouve de nos jours dans les estampes de Nanteuil. Le roi lui assigna une pension et lui donna le titre de graveur et de dessinateur de son cabinet. Ce grand artiste, dont la réputation se développait toujours, mourut encore jeune, à Paris, en 1678. Il avait gagné, dit-on, par son talent, plus de cinquante mille écus; mais comme il aimait le luxe, les plaisirs, et menait un grand train de vie, il ne laissa que très-peu de cette fortune à ses héritiers.

Les ouvrages de Robert Nanteuil ont cela de particulier, qu'ils lui appartiennent entièrement, et ne sont pas des copies d'originaux en peinture ou en sculpture; aussi ne sont-ils signés que de son nom : *Ad. viv., Robertus Nanteuil faciebat.* Sa gravure est indépendante et n'emprunte rien au travail d'autrui. Il travaillait d'après des peintures au pastel ou au crayon noir; il est vrai que les dessins qui lui servaient d'esquisses étaient, par la nature de leur fini, de véritables tableaux. Quelques-uns nous sont restés, mais en général, comme on a pris peu de soin de les conserver, ils sont devenus fort rares; il faisait lui-même peu de cas de ces études, dont la perte est regrettable, car c'est seulement par le petit nombre de celles qui existent encore, bien que détériorées et considérablement pâlies, qu'on peut se faire une idée du talent qu'il avait pour la peinture. Comme graveur, Nanteuil mérite à coup sûr d'être placé au premier rang parmi les artistes français; peut-être ses ouvrages seraient-ils plus recherchés par les connaisseurs s'il avait abordé l'histoire ou le paysage au lieu de s'en tenir à n'exécuter que des bustes ou des têtes isolées, qui pour la plupart intéressent fort peu, surtout lorsqu'elles ressortent sur des fonds unis et plats sans perspective, sans accessoires; mais peut-être n'eût-il pas réussi dans ce genre, et n'excellait dans celui qu'il avait adopté. A la précision, à la douceur, à l'étonnante pureté de son burin, se joignent des tons moelleux, de l'esprit et une rare intelligence de la couleur et du modèle. Mieux que personne, il sut que la gravure appliquée au portrait demandait une certaine délicatesse de touche, des effets bien calculés et des détails finis avec soin. Ainsi, il faisait les yeux, les mains, les chairs, les linges, les dentelles, avec une rare délicatesse; ses cheveux ont une grande légèreté, quoiqu'il n'ait pas usé de ce procédé *trompe-l'œil* qu'employait toujours Masson, et qui consistait à exécuter bien à brin et d'une manière sèche une certaine quantité de cheveux, qui se détachait en blanc sur des masses et des fonds noirs. Notre artiste comprenait que la manière large dont les Pesne, les Audran et plus tard les Fray, les Wagner, les Strange, ont traité leurs draperies dans les estampes d'histoire, ne convenait nullement aux étoffes du portrait, et il se garda bien de les imiter. Il n'admit pas non plus, de peur de tomber dans la froideur, les tailles savantes, mais trop uniformes de Claude Mellan. S'il n'eut point la verve et le faire spirituel des Sylvestre et des Callot, la douceur de Poilly, il fut peut-être supérieur à chacun de ces derniers par un talent plus complet, plus sage, plus logique. Il est certain cependant que ses portraits paraîtront un peu froids, un peu maniérés, si on les compare à ceux qui ont été gravés d'après Van Dyck par les Bolswert, les Wosterman et les Pierre de Jode; mais à côté des œuvres célèbres de ces maîtres, celles de notre graveur se feront valoir par leur beau fini et seront appréciées, surtout à cause de la variété du travail, qui se modifiait, se combinait selon les objets qu'il voulait représenter. Il traitait particulièrement chaque détail avec des procédés que lui seul entendait bien. Sa pratique ordinaire était de graver en points longs et très-fins les demi-teintes, et les fortes ombres en tailles ou hachures. Mais il a gravé d'un style ferme, en taille et sans aucun point, la tête du président Édouard Molé, et tout en points le visage de la reine Christine de Suède. Le travail de ce portrait est d'une suave légèreté; les étoffes sont d'une coquetterie, d'une richesse que l'on ne saurait trop admirer.

Avant Nanteuil, les plus habiles en l'art de graver avaient désespéré de pouvoir rendre avec le blanc du papier et le noir monotone de l'encre toutes les couleurs qui doivent briller dans un portrait. Dans celui de Louis XIV, qui est aussi grand que nature, on compte vingt couleurs différentes et bien distinctes, celles des lèvres, des yeux, des joues, des cheveux, des étoffes, etc. Enfin, il possédait le secret de rendre avec harmonie la valeur des tons, la dégradation des teintes, que dans le principe la peinture seule avait le privilége d'exprimer avec ses pinceaux.

On regarde encore comme des chefs-d'œuvre les portraits de M. Simon Arnaud de Pomponne, secrétaire d'État; du petit Millard, du cardinal Mazarin, du maréchal de Turenne, du marquis de Castelnau, etc. La fécondité de Nanteuil fut vraiment prodigieuse : il exécuta pour les libraires beaucoup de portraits d'auteurs, et ces vers de l'*Art poétique* de Boileau viennent à l'appui de notre assertion :

Il met tous les matins six impromptus au net;
Encore est-ce un miracle en ces vagues furies,
Si bientôt, imprimant ses sottes rêveries,
Il ne se fait graver, au devant du recueil,
Couronné de lauriers par la main de Nanteuil.

Il grava huit fois, et dans des formats différents, le portrait du roi Louis XIV. Son recueil actuel, qui n'est pas complet, contient plus de 240 estampes. L'abbé de Marolles avait rassemblé plus de 280 pièces et quelques études au pastel de la main de Nanteuil. On voyait dans cette belle collection sept thèses ou morceaux historiques, quatorze portraits de princes ou princesses, et quatre-vingt-trois de personnages illustres dans la politique, la guerre, les lettres, les sciences ou les beaux-arts.
A. FILLIOUX.

NANTEUIL (CHARLES-FRANÇOIS LEBŒUF), statuaire et membre de l'Académie des Beaux-Arts, a eu dans sa jeunesse le rare bonheur de produire une œuvre charmante et qui a suffi à sa réputation. Né à Paris, en 1792, il entra dans l'atelier de Cartellier, et remporta le prix de sculpture en 1817. Sans trop se laisser dominer par les exemples de roideur et d'immobile correction qu'il avait pu puiser chez son maître, il exécuta à Rome, en 1822, une statue d'*Eurydice* piquée par un serpent et mourante. Cette figure fut exposée au salon de 1824 et achetée par le roi, qui la fit placer à Trianon. Elle orne aujourd'hui le jardin du Palais-Royal, et chacun peut tous les jours en apprécier l'heureux mouvement et la grâce. M. Nanteuil exécuta ensuite une statue de *sainte Marguerite* (1827, église Sainte-Marguerite), les figures de *saint Jean* et de *saint Luc* en bronze, une *Naïade*, pour le palais de Saint-Cloud, et le buste de *Prudhon*, pour le musée du Louvre. Il est aussi l'auteur du fronton de Notre-Dame de Lorette. Mais dans aucune de ces œuvres M. Nanteuil n'a pu retrouver le talent qu'il avait mis dans son *Eurydice*; il n'a pu non plus réveiller la sympathie endormie d'un public oublieux. C'est surtout à son premier succès qu'il doit d'être, en 1831, nommé membre de l'Institut, à la place de son maître, Cartellier.

NANTISSEMENT. C'est un contrat par lequel un débiteur remet une chose à son créancier pour sûreté de la dette. Le nantissement d'une chose mobilière s'appelle gage, celui d'une chose immobilière s'appelle antichrèse. Le gage confère au créancier le droit de se faire payer sur la chose qui en est l'objet, par privilége et préférence sur les autres créanciers; le créancier n'a qu'un simple droit de détention sur la chose, il ne peut par conséquent s'en servir. Le débiteur en conserve la propriété, et ne peut en être dépouillé par le créancier qu'après l'observation de plusieurs formalités tracées par la loi. L'acte de nantissement doit renfermer avec la plus scrupuleuse exactitude la désignation des objets donnés en gage. Le défaut d'exécution de cette formalité, rigoureusement exigée par la loi, entraînerait la nullité du contrat.

Il ne suffit pas de l'essence du contrat de nantissement que la chose soit remise entre les mains du créancier; la tradition a lieu pour sûreté de la dette. Ainsi, en matière de gage, il ne suffit pas, pour acquérir un privilége sur un meuble, de signifier au débiteur l'acte qui contient la stipulation, il faut de plus qu'il y ait tradition de l'objet remis en gage, et le créancier perdrait son droit de gage si l'objet qu'il retient comme engagiste sortait de ses mains, parce que la détention doit en être continuée afin que la convention produise son effet.

Le seul défaut de payement au terme convenu entre les parties ne peut autoriser le créancier à disposer du gage. La loi ne lui donne d'autre droit que celui de faire ordonner en justice que ce gage lui demeurera en payement, et jusqu'à due concurrence, d'après une estimation faite par experts, ou qu'il sera vendu aux enchères.

Le dépôt du nantissement a lieu en faveur du débiteur et du créancier, car l'un et l'autre sont également intéressés. Le premier n'aurait peut-être pas trouvé la somme dont il avait besoin sans le gage; le second l'a reçu pour un intérêt, pour sa sûreté ; dès lors des obligations réciproques leur sont imposées. Le créancier est tenu de veiller, en bon père de famille, à la conservation du gage, et il répond de la perte ou de la détérioration en cas de négligence de sa part. Lorsque le gage consiste en une créance mobilière, il doit à l'échéance faire les actes conservatoires et les poursuites pour le recouvrement dont l'omission ou le retard pourraient entraîner quelque déchéance. Il doit restituer le gage aussitôt après l'acquittement total de la dette, et tenir compte au débiteur des fruits que la chose engagée a pu produire. S'il s'agit d'une créance donnée en gage, et que cette créance porte intérêt, le créancier impute ces intérêts sur ceux qui peuvent lui être dus. De son côté, le débiteur supporte tous les accidents qui peuvent arriver sans le fait ni la faute du créancier, comme aussi il est obligé de tenir compte au créancier des dépenses utiles et nécessaires que celui-ci a faites pour la conservation de la chose engagée. Enfin, il est tenu de procurer au créancier le droit de gage, et, par suite, de le garantir de tous troubles et évictions, même des défauts cachés qui rendent la chose insuffisante pour assurer le payement de la créance.

Le nantissement ne prive pas le débiteur de ses droits de propriété ; il peut disposer librement de l'objet engagé, sous la réserve des droits du créancier, et dans tous les cas il ne peut en réclamer la restitution, à moins que le détenteur n'en abuse, qu'après avoir entièrement payé, tant en principal qu'intérêts et frais, la dette pour sûreté de laquelle le gage a été donné. E. DE CHABROL.

On appelait autrefois *pays de nantissement* les endroits dans lesquels la coutume voulait que pour avoir privilége sur les biens d'un débiteur on fît inscrire la créance sur le registre public.

NANTUA, chef-lieu d'arrondissement du département de l'Ain, dans une gorge entourée par des rochers escarpés, sur le bord oriental du lac de son nom, avec 3,746 habitants, un tribunal civil, un collége, une société d'agriculture. On trouve dans ses environs d'excellentes pierres lithographiques, et la ville renferme des fabriques de toiles de coton et de fil, de percales, calicots, mousselines, de poignes en corne, de boutons de nacre, de tabatières, une filature de coton, une filature de laine, cachemire du Thibet, des papeteries, des tanneries, des chamoiseries, de nombreuses scieries hydrauliques. On pêche d'excellentes truites dans le lac de Nantua; et on fait un commerce important de sapins, de fromages dits de Gruyère et de Gex, et de chaussures. C'est un entrepôt de vins et de grains entre la France et la Suisse. Charles le Chauve a été inhumé dans l'église de cette ville.

NAPÉE (du grec νάπος, bois, forêt, pente de montagne), divinité fabuleuse, qui présidait aux forêts et aux collines, comme les dryades aux arbres, et les naïades aux fontaines. Vossius pense que les napées étaient les nymphes des vallées.

NAPHTE. Dans quelques localités on rencontre un *bitume liquide*, que l'on désigne sous le nom de *naphte*; mais cette substance est mêlée d'une plus ou moins grande proportion d'un bitume brun, épais, que l'on en sépare facilement par la distillation, en recueillant le liquide volatilisé, lorsque son point d'ébullition est constant. Le naphte pur est incolore, d'une odeur forte et pénétrante; sa densité est de 0,758, celle de l'eau étant représentée par 1 ; il bout à 85°,5 ; il est insoluble dans l'eau, soluble dans l'alcool, l'éther et les huiles ; il dissout l'iode, le soufre, le phosphore, la résine, le camphre, et à chaud une assez grande quantité de cire ; le caoutchouc y prend un volume trente fois plus grand. Lorsqu'on le fait passer en vapeur dans un tube de porcelaine rougi, il se décompose en partie, donne un charbon très-brillant, de l'hydrogène peu carboné, de l'eau et une huile qui, soumise à une douce chaleur, fournit une matière cristallisée. Il brûle par l'approche d'un corps en combustion, avec une flamme bleuâtre et une fumée épaisse. Cette substance a la même composition que le carbure de l'hydrogène connu sous le nom d'*hydrogène percarburé*.

Les sources de naphte sont peu nombreuses ; dans les environs du Caucase, on en rencontre d'assez abondantes, ainsi qu'à Balaghan, près de Bakou, sur la mer Caspienne : cette exploitation rapporte au khan de Bakou un certain revenu. Probablement les flammes qui sortent de beaucoup de points de la surface de ces fontaines, et que l'on nomme le *champ de feu* ou *feux perpétuels*, proviennent du bitume liquide qui imprègne le terrain : les Guèbres, adorateurs du feu, y ont élevé plusieurs temples ; ils utilisent aussi ce feu pour cuire leurs aliments et calciner la pierre à chaux. Sur les bords du Tigre, dans la Turquie d'Asie, il existe aussi quelques sources de naphte ; dans une caverne près de Darab, il en découle une petite quantité, que le gouvernement fait extraire une fois par an pour l'envoyer à la Porte. Dans la Tatarie indépendante, on trouve du naphte à la montagne de Carka, et on en rencontre aussi d'Iupur au Japon. On trouve encore du naphte à Léonforte et Bivora, en Sicile et en Calabre. Dans les États de Parme à Amiano, il existe une source abondante de ce bitume, qui sert à l'éclairage.

Le naphte était autrefois employé en médecine; il ne sert plus guère sous ce rapport qu'en Asie. L'odeur du naphte éloigne les insectes; on peut l'employer pour la conservation des fourrures, mais cette odeur est difficile à faire disparaître. H. GAULTIER DE CLAUBRY.

NAPIER (Lord JOHN), plus généralement désigné sous le nom de *Neper*, mathématicien célèbre, né en 1550, était le fils aîné du baron écossais Archibald Napier de Merchiston. Après avoir terminé ses études à l'université de Saint-Andrew et avoir ensuite voyagé en France, en Italie et en Allemagne, il fit de la culture des mathématiques la grande occupation de sa vie. Il s'est surtout illustré par l'invention des logarithmes, et y fut conduit par les efforts qu'il tenta pour trouver une méthode plus abrégée de calculer les triangles. On lui doit aussi l'invention d'un instrument de calcul connu sous le nom de *bâtons de Neper*, à l'aide duquel on peut faire plus promptement et avec plus de facilité la multiplication et la division des plus grands nombres (*voyez* CALCULER [Instruments à]). Son *Commentarius in Apocalypsin* (Édimbourg, 1593) prouve qu'il avait fait une étude particulière de la révélation de saint Jean. Kepler lui dédia ses *Éphémérides*. Il mourut dans sa baronnie de Merchiston, le 31 avril 1617. Ses principaux ouvrages sont : *Mirifici Logarithmorum Canonis Descriptio* (Édimbourg, 1614) et *Rhabdologia, seu numerationis per virgulas libri duo* (Édimbourg, 1617). Consultez M. Napier, *Memoirs of John Napier of Merchiston, his lineage, life and times, with a history of the invention of logarithms* (Londres, 1834), qui a aussi publié un ouvrage posthume de son aïeul, *De Arte Logica* (Londres, 1842).

NAPIER (ARCHIBALD), fils aîné du précédent, savant jurisconsulte, fut nommé en 1622 *lord justice clerk* à la cour suprême d'Écosse, et créé en 1627 *lord* NAPIER DE MERCHISTON. Il mourut en 1645. Francis Scott, fils de son arrière-petite-fille Élisabeth, hérita en 1706 de la pairie de sa tante, et prit alors le nom de *Napier*.

NAPIER (WILLIAM-JOHN, neuvième lord), né le 13 octobre 1786, fut capitaine dans la marine royale et l'un des pairs représentants de l'Écosse. Il est connu par le rôle malheureux qu'il joua en qualité d'inspecteur général du commerce anglais à Canton, et qui fut cause de sa mort, arrivée à Macao, le 11 octobre 1834.

NAPIER (FRANCIS, dixième lord), fils du précédent, né le 15 septembre 1819, embrassa la carrière diplomatique et fut attaché à l'ambassade de Constantinople, puis en mai 1846 secrétaire de légation à Naples. A l'époque de la révolution de 1848 il y remplit pendant quelque temps les fonctions de chargé d'affaires, et fit alors d'inutiles tentatives pour amener une conciliation entre le gouvernement royal et les insurgés de la Sicile. En 1852 il fut nommé secrétaire d'ambassade à Saint-Pétersbourg.

NAPIER (MACVEY), né en 1717, d'une branche collatérale de la même famille, se fit recevoir avocat en 1799. Nommé ensuite greffier de la *Court of Session* d'Édimbourg, il fut appelé, en 1825, à occuper une chaire de droit à l'université d'Édimbourg. Après avoir publié des *Remarks illustrative of the scope and influence of lords Bacon's writings* (Édimbourg, 1818), il fut chargé de la rédaction d'un Supplément à l'*Encyclopædia Britannica*, qu'il publia en 6 volumes, en 1824, et fit ensuite paraître la septième édition, entièrement refondue, de ce grand ouvrage, dont le 21e et dernier volume parut en 1842. A partir de 1829 il avait aussi succédé à Jeffrey dans la direction de la *Revue d'Édimbourg*. Il est mort à Édimbourg, en 1847.

Un autre descendant de Napier de Merchiston est *Joseph* NAPIER, savant jurisconsulte irlandais, né en 1804, à Belfast, depuis 1848 député de l'université de Dublin à la chambre des communes, et qui de 1852 à 1853 remplit sous le ministère Derby les fonctions d'avocat général en Irlande.

NAPIER (Sir CHARLES), vice-amiral anglais, né le 6 mars 1786, à Falkirk, est le fils aîné de l'honorable sir Charles Napier de Merchiston Hall, capitaine de vaisseau, et le petit-fils de *Francis*, cinquième lord NAPIER. Entré au service avant l'âge de quatorze ans, il avait déjà fait diverses campagnes de mer contre les Français, lorsqu'il fut nommé capitaine de la flotte en 1809. Élu plus tard, à diverses reprises, membre de la chambre des communes, il y siégea parmi les whigs. En dernier lieu, et commanda pendant plusieurs années la frégate *La Galathée*, et fit alors beaucoup parler de lui par les essais qu'il tenta pour diriger ce navire à l'aide de roues à aubes. A peu de temps de là il devenait l'un des principaux propagateurs de la navigation à vapeur. En 1832 il abandonna sa position pour entrer au service de Dom Pedro, avec le rang d'amiral, et contribua alors puissamment au rétablissement de la reine dona Maria dans ses droits légitimes, notamment par la victoire qu'il remporta sur les forces navales de dom Miguel à la hauteur du cap Saint-Vincent, et que dom Pedro récompensa par le titre de *vicomte du cap Saint-Vincent*. Quand dom Miguel eut été expulsé du Portugal, Napier revint en Angleterre, où il fut mis à demi-solde, par suite de l'hostilité déclarée dont il était l'objet de la part des tories. Il ne fut replacé sur le cadre d'activité qu'à l'accession au trône de Victoria, qui le créa baronnet en 1840. La même année, il prit, comme commodore placé sous les ordres de l'amiral Stopford, une part des plus importantes aux opérations entreprises contre Méhémet-Ali et Ibrahim-Pacha sur les côtes de Syrie; et ce fut lui qui signa le traité imposé au vice-roi par l'Angleterre. Il a raconté lui-même les événements de cette guerre dans un livre ayant pour titre *The War in Syria* (2 vol., Londres, 1842). A son retour de Londres, il fut de nouveau élu membre de la chambre des communes, où il figura toujours dans les rangs du parti whig, faisant d'ailleurs des intérêts et des progrès de la marine anglaise son affaire spéciale dans cette assemblée. Mais sa franchise et la loyauté de son caractère, qui l'empêchaient de se plier aux étroites exigences des coteries, le brouillèrent bientôt avec son propre parti, arrivé alors à la direction des affaires.

En 1846 il fut, il est vrai, nommé encore contre-amiral; mais alors il fut la victime de nombreux passe-droits; et lors des élections de 1847 le gouvernement ne soutint pas sa candidature, ce qui l'empêcha d'être réélu. Il s'en vengea par une série de lettres adressées au *Times*, et dans lesquelles il signalait les nombreux abus existant dans l'administration de la marine anglaise. Elles ont été recueillies et publiées par son cousin, le général Napier, sous ce titre : *The Nacyrit's past and present State* (Londres, 1851). L'amiral Dundas lui ayant été préféré pour le commandement de la flotte dans la Méditerranée, il adressa une lettre publique à lord John Russell, qui produisit une vive sensation et ne contribua pas peu à la chute du cabinet whig. En mai 1853 il fut promu, à l'ancienneté, vice-amiral *du pavillon bleu*. Au commencement de l'année 1854, le courant de l'opinion détermina le gouvernement anglais à lui confier le commandement en chef de la flotte destinée à agir dans la Baltique contre les forces russes. On se rappelle le peu de succès des opérations de cette campagne, qui trompa les espérances qu'on avait conçues de la puissante diversion que les flottes combinées de France et d'Angleterre devaient opérer au Nord, tandis que les armées des coalisés attaqueraient la Russie au Sud. Arrivé devant Cronstadt, l'amiral Napier reconnut l'impossibilité de rien tenter avec des vaisseaux de ligne contre ce boulevard de la Russie dans la Baltique. Ou l'en rendit responsable; et le commandement de la flotte lui fut retiré. Sir Charles Napier se montra vivement blessé du procédé, et n'hésita point à accuser dans diverses occasions publiques le gouvernement d'avoir agi avec légèreté et imprudence. Il se plaignit hautement de ce qu'on lui avait confié une flotte *très-mal équipée et encore plus mal disciplinée*. On comprend que ces reproches durent profondément blesser les officiers et les équipages qui s'étaient trouvés sous ses ordres, et lui faire perdre sa popularité en Angleterre. Au reste, les succès négatifs de la campagne de 1856 lui ont donné raison. Pour prendre Cronstadt, il fallait créer toute une flottille de bombardes et de bateaux plats, avec lesquels on pût, vu le peu de profondeur des eaux, s'approcher assez des ouvrages de Cronstadt pour les canonner utilement ; c'est ce que l'amiral Dundas, successeur de sir Charles Napier, reconnut comme lui. L'hiver de 1855 à 1856 fut en conséquence employé à construire cette flottille spéciale réclamée par les besoins de l'attaque, et il est à croire qu'un des motifs qui déterminèrent la Russie à traiter de la paix au commencement de 1856, ce fut la certitude que le flotte des alliés disposait enfin de moyens à l'aide desquels Cronstadt ne pouvait manquer d'être réduit. Sir Charles Napier avait donc eu raison de ne rien tenter dans la campagne de 1855, puisqu'il n'eût pu en résulter qu'un échec, sinon un désastre, pour la marine anglaise.

NAPIER (Sir CHARLES-JAMES), le conquérant du Sindh, petit-fils du seizième lord Napier, né à Londres, le 10 août 1782, entra au service à l'âge de douze ans. Nommé major en 1804, il fut employé de 1808 à 1811 dans la Péninsule, et obtint le grade de lieutenant-colonel. Il fit alors partie de l'expédition envoyée aux États-Unis par l'Angleterre, et arriva ensuite trop tard sur le continent pour pouvoir prendre part à la bataille de Waterloo. Il n'en accompagna pas moins l'armée anglaise à Paris. A la paix il obtint le grade de colonel, et en 1821 il fut nommé gouverneur de l'île de Céphalonie, où il mérita les sympathies de la population par ses efforts pour faire progresser la civilisation et l'industrie. Toutefois, ses incessantes propositions de réformes et d'améliorations finirent par le fatiguer pour lord haut commissaire Adam, qui lui fit perdre sa place. Quand éclata l'insurrection grecque, il en épousa aussitôt les intérêts avec la plus vive ardeur, et conçut pour l'affranchissement de la Grèce un plan qui obtint le suffrage de lord Byron. Mais le comité philhellène de Londres n'ayant point partagé cette opinion, Napier ne put pas le mettre à exécution, et fut condamné à passer plusieurs années dans l'inaction. Il employa alors ses loisirs forcés à décrire divers ouvrages relatifs aux sciences militaires, à l'économie politique et à la littérature. Ce ne fut qu'en 1837 qu'il fut promu au grade de général major et qu'on le chargea à ce titre d'un commandement dans les comtés du nord de l'Angleterre. Dans l'automne de 1841, lord Hill, commandant supérieur de l'armée anglaise, lui fit donner un commandement aux Indes orientales. Il soumit alors au nouveau gouverneur général, lord Ellenborough, un projet ayant pour but de réparer les désastres précédemment essuyés par les armes anglaises dans l'Afghanistan, le lui fit adopter, et fut chargé de le mettre à exécution. Peu de temps après, il fut appelé au commandement en chef des forces anglaises envoyées dans le Sindh et dans le Béloutschistan. En dépit de la fatalité qui sembla toujours le poursuivre personnellement sur les champs de bataille, et qui a sillonné son corps de blessures, il cueillit encore de nouveaux lauriers dans cette expédition. En effet, dans les années 1843, 1844 et 1845, il réussit à dompter le Béloutschistan, à anéantir la puissance des émirs du Sindh, et à opérer la complète soumission des montagnards de la rive droite de l'Indus. Le gouvernement anglais lui en témoigna sa satisfaction en lui accordant la décoration de l'ordre du Bain. Mais il n'en fut pas de même de la Compagnie des Indes, qui désapprouva l'extension donnée par le général à ses opérations, parce qu'elle a le bon sens de ne pas voir sans inquiétude l'accroissement de l'armée anglaise, et le 15 décembre 1849 il publia un ordre du jour caractéristique, qui produisit une sensation des plus vives. En 1851 il revint en Angleterre, où depuis lors il a publié une nouvelle édition de ses *Lights and Shades of military Life* (Londres, 1852), imitation libre de l'ouvrage d'Alfred de Vigny, intitulé *Grandeur et servitude militaires*. A l'occasion des mesures de précaution que le gouvernement anglais se crut obligé de prendre à la suite du coup d'État du 2 décembre, il publia une brochure intitulée *Letter on the Defence of England by corps of volunteers and militia* (Londres, 1852). Il est mort à Oaklands, près Portsmouth, le 29 août 1853.

Son frère, le lieutenant-général sir *Georges Thomas Napier*, né en 1784, ancien aide de camp du général Moore à la bataille de La Corogne, fut de 1838 à 1844 gouverneur de la colonie du Cap, où il s'efforça de dompter les Cafres. Il mourut en 1855, à Genève, où il avait fixé sa résidence.

Un troisième frère, sir *William-Francis-Patrick Napier*, né en 1785, embrassa également la carrière militaire, et fit avec distinction les campagnes de la Péninsule, pendant lesquelles il fut à diverses reprises grièvement blessé. Au rétablissement de la paix, il entreprit d'écrire l'histoire de la guerre à laquelle il avait pris part, et publia son *History of the War in the Peninsula and in the South of France* (6 vol., 1828-1840; 2ᵉ édit., 1853) ; ouvrage de peu d'importance au point de vue de la science, mais qui se recommande par un style nerveux et par l'indépendance de ses appréciations. Pour défendre son frère, il écrivit aussi *The Conquest of Scinde, with some introductory passages in the life of general sir Charles Napier* (1845), et *History of general sir Charles Napier's Administration of Scinde* (1852). Il est aujourd'hui général, chef d'un régiment d'infanterie, et depuis 1848 commandeur de l'ordre du Bain.

NAPISTIQUE (Le parti). *Voyez* GRÈCE, tome X, p. 531.

NAPLES (Royaume de). *Voyez* SICILES (Royaume des Deux-).

NAPLES, en italien *Napoli*, la *Neapolis* des anciens, capitale du royaume des Deux-Siciles, dans la province de *Terra di Lavoro*, sur les bords du beau golfe du même nom, que limitent au nord le cap Misène, au sud le cap Campanella ainsi que les îles de Capri, d'Ischia et de Procida, se distingue de toutes les autres villes maritimes par la beauté de sa situation, qu'on ne peut comparer qu'à celles de Constantinople, de Gênes et de Lisbonne. C'est l'une des plus belles et en même temps la plus peuplée des villes de l'Italie. Elle a environ 35 kilomètres de circuit, compte au delà de 50,000 maisons, n'est ni entourée de murailles ni garnie de portes, et est divisée en douze districts. En 1851, on y comptait 416,475 habitants. Les rues en sont partout pavées en lave, mais généralement étroites et tortueuses. Les maisons, qui ont de cinq à six étages, sont pourvues de toits plats et de balcons. De toutes les rues la plus grande et la plus magnifique est celle de Tolède, où se presse incessamment une foule compacte d'allants et de venants. Les rues de Santa-Lucia et de Chiaja, parallèles au rivage, sont habitées par le beau monde, qui s'y promène surtout le soir. La rue Chiaja en particulier, ornée de trois rangées d'arbres, et d'une foule de statues, de pelouses vertes et de terrasses, contient un grand nombre de palais magnifiques, en face desquels se prolonge la *Villa Reale*, jardin royal où se trouve exposé le célèbre groupe du Taureau Farnèse. Parmi les places publiques (*larghi*), qui sont toutes irrégulières, les plus belles sont : le *Largho de Castello*, devant le palais du roi, ornée de nombreuses fontaines jaillissantes, théâtre ordinaire de toutes les fêtes et réjouissances populaires; le *Largho di Monte Oliveto*, avec un beau jet d'eau et la statue en bronze de Charles II; le *Largho dello Spirito Santo*, près de la rue de Tolède, avec un beau monument semi-circulaire orné de vingt-six statues, élevé en l'honneur de Charles III; et la plus grande de toutes, le *Largho del Mercato*, où Conradin de Hohenstaufen fut décapité. Des six châteaux forts que possède Naples, les plus importants sont le *Fort Saint-Elme*, qui forme une étoile régulière sexangulaire, construit sur une hauteur dominant la ville, entourée de fossés creusés dans le roc vif, de mines, avec des casernes et des voûtes souterraines. Il défend la ville du côté de la terre et en même temps la tient en respect avec ses canons; le *Castello-Nuovo*, sur le port, près du palais du roi, qui défend la ville du côté de la mer; et le *Castello dell' Uovo*, situé sur une langue de terre s'avançant dans la mer, et qui défend la ville à l'ouest. Naples n'a, toutes proportions gardées, qu'un petit nombre de monuments d'architecture à montrer, et sauf le bâtiment du Ministère des Finances, situé dans la rue de Tolède, ils sont tous défigurés, aussi bien à l'extérieur qu'à l'intérieur, par une surcharge d'enjolivements de mauvais goût, lorsque leur uniformité et leur pauvreté d'ornementation ne leur donne pas un cachet de nullité. Les édifices les plus dignes d'être visités sont le Palais du roi, situé près de la mer, à l'extrémité de la rue de Tolède, remarquable par sa grandeur, par l'architecture de son frontispice, par son magnifique escalier, par la richesse de ses appartements et par la splendeur de sa chapelle. Un palais royal appelé *Capo di Monte*, d'où l'on découvre une vue admirable; le palais archiépiscopal, avec de belles fresques par Lanfranco; le *Reclusorio*, ou Maison des Pauvres, le plus vaste édifice qu'il y ait à Naples, avec quatre cours intérieures et une église au centre; le *Palazzo Degli Studj* avec le Musée Bourbon, qu'un décret de 1816 a érigé en propriété allodiale de la couronne, au rez-de-chaussée duquel se trouvent les plus belles peintures murales et mosaïques qu'on a pu recueillir à Herculanum et à Pompéi, de même que les statues antiques, au nombre desquelles nous nous contenterons de citer l'Hercule Farnèse, la Flore Farnèse, la Vénus Callipyge, un Aristide provenant d'Herculanum et les statues équestres des deux Balbus. Le premier étage renferme une remarquable collection de vases étrusques, une galerie de tableaux, la salle des papyrus, contenant les manuscrits d'Herculanum avec l'appareil employé pour les dérouler, et enfin la Bibliothèque royale, riche de 150,000 volumes et où se trouvent une foule de manuscrits du plus grand prix ; le beau théâtre de San-Fernando, et surtout le théâtre San-Carlo, le plus grand de l'Italie, qu'un incendie détruisit en 1816 et qui a été reconstruit d'après les plans de Nicolini. Il a 165 *palmes* de large sur 330 de long, et contient 142 arcades, sans compter la galerie formant le sixième rang. Sur 122 églises qu'on compte à Naples, et dont aucune n'est remarquable par son architecture, sur 130 chapelles et 149 couvents, on ne peut guère citer que la cathédrale, placée sous l'invocation de Saint-Janvier, construite en 1299, par Niccolo Pisano, et dont les embellissements ordonnés par le cardinal Caraffa ont détruit à dessein le caractère primitif, qui appartenait au genre gothique. C'est la plus grande et la plus riche de toutes les églises de Naples. L'entrée en est ornée de deux colonnes de porphyre et la nef supportée par cent dix antiques colonnes de marbre et de granit. Sous son maître-autel repose le corps de saint Janvier, dont le sang est conservé dans une chapelle particulière, dans deux fioles, et qui devient liquide trois fois par an, le 6 mai, le 19 septembre, et le 16 décembre, de même qu'avant les éruptions du Vésuve ou toute autre calamité. Mentionnons encore, cependant, l'église *il Giesu-Nuovo*, célèbre par sa coupole ; la chapelle du couvent de Santa-Chiara, où l'on voit des tombeaux d'anciennes familles de l'Anjou ; *San-Domenico*, avec de beaux tableaux ; *San-Paolo*, construit sur l'emplacement d'un temple de Castor et de Pollux, dont on voit encore quelques débris du côté de la maison ; *San-Francesco di Paola*, bâti sur le modèle du Panthéon de Rome, dont la belle coupole, haute de 60 mètres, est soutenue par trente-quatre colonnes en marbre, et renfermant les statues colossales équestres de Charles III par Canova, et de Ferdinand Ier par Righetti ; *Santa-Maria del Parto*, chapelle petit, il est vrai, mais célèbre par le tombeau de Sannazar ; et enfin, les *Santi-Apostoli*, l'une des plus remarquables et des plus riches églises de la ville, construite sur les ruines d'un temple de Mercure. Il existe aussi à Naples une chapelle protestante allemande, placée sous la protection de l'ambassade de Prusse, et formant une même communauté avec la corporation protestante française. Elle est située dans l'hôtel de l'ambassade.

Au nombre des curiosités de Naples, il faut encore mentionner les catacombes, situées dans les montagnes qui l'avoisinent au nord. Les palais particuliers les plus remarquables par leur architecture sont ceux du prince de Salerne, du prince Doria-Angri, le palais *Maddalone* et le palais de la *Vicaria*, autrement dit *Castello Capuano*. En fait d'établissements scientifiques, nous citerons l'université, fondée en 1224, par Frédéric II, qui possède une bonne bibliothèque et de riches collections, mais plus remarquable cependant par la beauté architecturale de son palais que par les résultats scientifiques qu'elle a produits ; l'observatoire, en lave taillée, sur la hauteur appelée *Cœpodi Monte* ; la bibliothèque Brancaccia, riche de plus de 50,000 volumes et contenant un grand nombre de manuscrits ; la bibliothèque ministérielle ; l'*Academia Ercolanese di Archeologia* ; le conservatoire de musique ; le *Collegio reale*, pour l'éducation des jeunes nobles ; l'école de marine ; l'école polytechnique et le collége chinois, où l'on élève de jeunes Chinois destinés à la prêtrise, afin d'aller ensuite propager le christianisme chez leurs compatriotes. Parmi les établissements de bienfaisance, au nombre de plus de soixante, on remarque surtout deux hôpitaux, celui *degli Incurabili*, où l'on traite d'ailleurs toutes espèces de maladies, et celui *della Annunziata*, maison fort riche, où l'on recueille les orphelins et les femmes repenties ; enfin, la maison royale des pauvres (*Real Albergo di Poveri*), qui coûte au gouvernement 500,000 fr. d'entretien par an, et où l'on apprend des métiers et les éléments des arts à plus de six mille enfants. Il n'existe

à Naples qu'un petit nombre de manufactures et de fabriques, et quoique cette ville soit le cœur du royaume des Deux-Siciles, le commerce y est pour la plus grande partie aux mains des étrangers. La population a généralement en horreur toutes espèces d'occupations, et leur préfère de beaucoup les représentations de polichinelle, l'audition des improvisateurs et de la musique. La classe infime et complétement sans ressources, les lazzaroni, vit dans l'oisiveté et sans soucis. Il n'y a pas plus d'immoralité dans la population de Naples que dans celle de toute autre grande ville ; et si on peut lui reprocher sa vivacité et son ardeur toute méridionale pour les plaisirs, il faut reconnaître que la sobriété, la gaieté, la bienveillance et la loyauté sont au nombre des vertus qui la distinguent. Le dialecte napolitain a une littérature particulière.

Les environs de Naples sont magnifiques, et abondent en monuments de l'antiquité. Nous citerons plus particulièrement le mont Pausilippe, avec sa remarquable grotte ; le lac d'Agnano ; les thermes de San-Germano ; la Grotte du Chien ; la vallée volcanique de *Solfatara* ; le ravissant Pozzuoli ; le *Monte-Nuovo*, qui surgit en 1538, la nuit, à la suite d'un tremblement de terre ; les environs de Baïes, si riches en souvenirs mythologiques, le Vésuve, Herculanum, Pompéi, Portici et Caserta-Nuova.

La ville de Naples constitue un district particulier dans la *province de Naples*, laquelle est divisée en trois districts, et sur une superficie de 12 myriamètres carrés compte une population de 440,000 âmes ; tandis que la *Terra di Lavoro*, divisée en cinq districts, contient sur une surface d'environ 80 myriamètres carrés 750,000 habitants.

NAPLOUSE, ville de la Turquie d'Asie (Syrie), comptant 10,000 âmes de population. Naplouse est le *Sichem* de l'Ancien Testament, le *Sychas* du Nouveau, le *Néapolis* des anciens Grecs et Romains, le *Nabolar* des Arabes. Capitale de la Samarie, Naplouse est encore la métropole de la secte des Samaritains, qui continuent à aller adorer Jéhovah sur le mont Garizim, qui borne la vallée fertile et agréable où est située la ville. La tradition place à Naplouse les grottes sépulcrales de Joseph, de Jacob et de Josué, ainsi que le puits de Jacob. Naplouse est une ville industrieuse et commerçante.

NAPOLÉON Ier, empereur des Français, naquit le 15 août 1769, à Ajaccio (Corse). Il était le fils cadet de Charles Bonaparte, issu d'une famille patricienne de l'île, et de Lætitia Ramolino. Son père, homme instruit et capable, l'ami de Paoli, avait pris une part active aux combats livrés par ses compatriotes pour la défense de leur indépendance contre les Génois et les Français. Sa mère, femme d'une remarquable beauté et d'une rare énergie de caractère, donna le jour à huit enfants, qui, associés aux prodigieuses destinées du second de leur frère, portèrent presque tous des couronnes. Elle suivait d'ordinaire son mari dans ses expéditions ; et en 1769 elle avait encore assisté aux dernières luttes par suite desquelles la Corse était passée définitivement sous la domination de la France, lorsque deux mois après son retour dans ses foyers elle accoucha de l'enfant qui devait un jour remplir l'univers du retentissement de son nom, de sa gloire et de ses malheurs. Le jeune Napoléon reçut l'éducation simple et sévère qui était d'usage en Corse. On ne trouve dans les premières années de sa vie rien des jeux et des plaisirs ordinaires de l'enfance. De bonne heure aussi il annonça une vivacité d'esprit des plus extraordinaires, une infatigable activité, et cette sensibilité qui est le propre des enfants précoces et méditatifs. La protection de M. le comte de Marbeuf, gouverneur de l'île, valut à M. Charles Bonaparte, dont la guerre avait singulièrement amoindri le patrimoine, une bourse à l'école militaire de Brienne pour le second de ses fils, qui déjà faisait concevoir les plus belles espérances. Ce fut le 23 avril 1779 que le jeune Napoléon, âgé de près de dix ans accomplis, entra dans cet établissement, où il se fit bientôt remarquer par l'ardeur qu'il apportait à s'instruire, en même temps que par son caractère passionné et opiniâtre.

A peu de temps de là, on le regardait déjà comme l'un des élèves de l'école les plus forts en mathématiques. Il dévorait en outre tous les ouvrages relatifs à l'histoire qu'il pouvait se procurer, et faisait ses délices de la lecture des Vies des hommes illustres de Plutarque; mais pour les connaissances purement littéraires, pour l'étude des langues anciennes et de la grammaire, ou encore des arts de pur agrément, il se laissait distancer par ses condisciples. Il existe un témoignage précieux de l'idée qu'avaient alors au sujet de leur jeune élève les professeurs de l'école de Brienne. C'est une note par laquelle un maître, appelé Léguille, rend compte à ses supérieurs de la conduite de Napoléon dans ses classes : « Corse de nation et de caractère, ajoute-t-il à la mention de ce nom : il ira loin, si les circonstances le favorisent ! » Rarement prophétie se trouva aussi exacte. En 1784 Napoléon passa de l'école de Brienne à l'école militaire de Paris. Tous ceux de ses camarades qui ont publié leurs souvenirs personnels sur l'homme extraordinaire dont il leur avait été donné de partager alors les travaux, nous le représentent à cette époque de sa vie comme recherchant la solitude, non par manque de sociabilité, mais par besoin de s'isoler afin de pouvoir se recueillir et se livrer avec plus d'attention à l'étude. Dès le 1er septembre 1785 il était reçu, à la suite de brillants examens, lieutenant en second au régiment d'artillerie de La Fère, dont une partie tenait alors garnison à Grenoble et une autre à Valence; et il consacrait à se perfectionner dans les sciences exactes les loisirs que lui laissait son service. Il céda aussi alors à la tentation d'écrire, et son style laconique, énergique, parfois imagé comme celui des Orientaux, fait déjà pressentir l'éloquence si originale et si puissante qu'il déploya ensuite dans tant de circonstances décisives de sa vie. Il entreprit notamment une histoire de la Corse; et l'abbé Raynal, à qui il en communiqua les premiers livres, l'encouragea vivement à la continuer. En 1786 il remporta le prix sur cette question mise au concours par l'Académie de Lyon : « Quels sont les principes qu'il faut inculquer aux hommes pour les rendre aussi heureux que possible ? »; mais en même temps qu'il s'abandonnait à ces rêveries philanthropiques, entendant un jour une dame dire à propos de Turenne : « Oui, c'était un grand homme; mais je l'aimerais mieux s'il n'avait pas brûlé le Palatinat, » il lui échappait de répondre : « Hé! qu'importe cet incendie, s'il était nécessaire à ses desseins! » Cette exclamation peint bien l'homme.

Napoléon Bonaparte avait vingt ans quand éclatèrent les premières commotions de la révolution. Tout plein des souvenirs des luttes soutenues par les Corses pour leur liberté, il se trouvait naturellement porté à embrasser les idées nouvelles, dont le triomphe devait avoir pour infaillible résultat d'agrandir démesurément la carrière qui lui était ouverte. « Si j'avais été maréchal de camp, a-t-il dit depuis avec franchise, j'aurais embrassé le parti de la cour; mais sous-lieutenant et sans fortune, je dus me jeter dans la révolution. » On trouve un témoignage remarquable des principes politiques qu'il professait alors, dans une lettre qu'il publia en 1790 à Auxonne, où son régiment se trouvait en garnison; il y signalait le député corse Buttafuoco comme trahissant et la France et la Corse. C'est vers ce temps-là que Paoli, revenu d'Angleterre en France, fut appelé au commandement supérieur de la Corse. En 1791 Bonaparte demanda et obtint un congé, afin de pouvoir accompagner dans son pays natal, à ce moment en proie aux luttes intestines des partis, cet homme célèbre, avec lequel il était depuis longtemps en correspondance. A son arrivée en Corse on lui confia provisoirement le commandement d'un bataillon de gardes nationaux soldés, levé dans l'île pour y maintenir la tranquillité, et à la tête duquel il livra divers engagements à la garde nationale d'Ajaccio, dont l'esprit était généralement contre-révolutionnaire et anti-français. Le 6 février 1792 il passait capitaine à l'ancienneté, et il retourna alors à Paris pour s'y disculper de la fausse accusation d'excitation à la guerre civile portée contre lui à cause de la sévérité avec laquelle il avait réprimé les tentatives faites par une partie de la population d'Ajaccio pour se séparer de la France. Après avoir été témoin oculaire de la terrible journée du 10 août et des massacres de septembre, il s'en revint précipitamment en Corse pour y protéger sa famille, persécutée par le parti anti-français. Dans les premiers mois de 1793 on le chargea d'appuyer avec deux bataillons corses l'expédition envoyée sur les côtes de la Sardaigne. A la suite de la levée de boucliers que l'insuccès de cette entreprise provoqua en Corse de la part du parti anti-français, Paoli lui proposa un jour d'entrer au service des ennemis de la France. Napoléon repoussa cette ouverture avec indignation, et se mit, au contraire, à la disposition des représentants du peuple Saliceti et Lecourbe, envoyés en Corse pour y déjouer les coupables intrigues de Paoli. Celui-ci, déclaré traître envers la France, leva ouvertement l'étendard de la révolte. L'expédition dirigée par les représentants contre Ajaccio, devenue la place d'armes des insurgés, expédition à laquelle Napoléon s'empressa de prendre part, échoua complétement; et les partisans de la France, frappés de proscription, durent quitter l'île avec les débris des troupes françaises. La famille Bonaparte tout entière, signalée aux haines et aux vengeances du parti anti-français, dut chercher un refuge en France; et Napoléon, après l'avoir conduite et établie à Marseille, alla rejoindre son régiment à Nice. C'est à quelque temps de là qu'il publia une brochure célèbre, Le Souper de Beaucaire (Avignon, 1793), dans laquelle il condamnait en termes énergiques le soulèvement royaliste des départements du midi, et démontrait la supériorité d'action des troupes régulières sur les troupes irrégulières, milices, gardes nationales, etc., en même temps qu'il y défendait ouvertement le système de la terreur.

Le parti de la contre-révolution semblait pourtant à la veille de triompher. L'ouest et le midi étaient en pleine insurrection contre la Convention; et bientôt la trahison livrait Toulon à une flotte anglo-espagnole. En présence de ces graves périls, le comité de salut public redoubla d'énergie: il donna l'ordre de réunir au plus vite les forces nécessaires pour reprendre cette place à l'ennemi; des représentants du peuple, appartenant au parti de la Montagne et alors en mission dans le midi de la France, Saliceti, Albitte, Fréron, Ricard, Robespierre jeune, furent chargés de l'organisation de cette armée et de hâter les opérations du siège. Signalé comme un officier capable et professant les principes du républicanisme le plus pur, recommandé en outre par Robespierre jeune, avec qui il avait en occasion de se lier d'une manière assez intime, le capitaine Bonaparte fut chargé par les représentants de tous les détails relatifs à l'expédition des poudres; mission par suite de laquelle il alla séjourner pendant quelque temps à Lyon, et dut même pousser jusqu'à Paris. La manière dont il s'en acquitta fut récompensée, à son retour au quartier général de Carteaux, par le grade de chef de bataillon; et bientôt Albitte, Saliceti et Barras jetaient les yeux sur lui pour lui confier, en remplacement du général Dutheil, empêché par une grave maladie, le commandement de l'artillerie de siège. Quand Dugommier eut été appelé à remplacer l'incapable Carteaux, Napoléon se trouva libre de mettre à exécution le plan d'attaque qu'il avait conçu, et qui consistait à attaquer non la ville, mais les hauteurs qui l'entourent, ainsi que la redoutable fort Mulgrave, avec le port et la rade. Dès lors les affaires changèrent bientôt de face. Ce n'est pas pourtant que Napoléon n'eût encore à lutter contre bien des obstacles et des résistances; mais il en triompha à force de persévérance, d'activité et d'audace. Un jour qu'il visitait les travaux avec un des commissaires de la Convention, celui-ci critiqua la position d'une batterie. « Mêlez-vous de votre métier de représentant, lui répondit brusquement Napoléon, et laissez-moi faire le mien. Cette batterie restera où elle se trouve, et je réponds du succès sur ma tête! » L'événement justifia la confiance qu'il avait en lui-même. Dans la nuit du 18 au 19 décembre 1793, le fort fut enfin pris d'assaut par les troupes républicaines. L'ennemi abandonna dès le lendemain la rade, et la ville dut capituler. La reprise de Toulon, qui avait pour la république l'importance d'une victoire, était due à l'activité et à l'audace du jeune commandant de l'artillerie; elle lui valut l'admiration de l'armée et les chaleureuses félicitations des représentants du peuple, qui s'empressèrent de le recommander à la reconnaissance du gouvernement. « Donnez-lui de l'avancement, écrivait de son côté Dugommier au comité de salut public, car si vous vous montrez ingrat envers lui, il est homme à s'avancer tout seul! » La récompense qui était si légitimement due à Napoléon se fit cependant quelque peu attendre; sa promotion au grade de général de brigade n'eut lieu que le 6 février 1794.

Tandis que l'armée dite *révolutionnaire* exerçait de tristes vengeances dans la malheureuse ville de Toulon, qui n'avait pu rester trois mois au pouvoir des Anglais sans que beaucoup de ses habitants se fussent compromis vis-à-vis du gouvernement républicain, le général Bonaparte recevait ordre d'aller mettre les côtes de la Provence en état de défense. Après s'être acquitté de cette mission avec habileté, en dépit de tous les obstacles que la médiocrité jalouse ne manque jamais de susciter au talent naissant, il se rendit à Nice, où se trouvait alors le quartier général de l'armée d'Italie, et où, sous les ordres de Dumerbion, il prit le commandement de l'artillerie. Quoique dans une position secondaire, il y devint bientôt l'âme de toutes les opérations. Après avoir attentivement étudié les positions occupées par l'armée, il proposa au général en chef un plan d'opérations dont l'adoption amena en peu de jours l'expulsion des Piémontais de tous les points sur lesquels ils s'appuyaient. Une autre combinaison stratégique, proposée par lui, empêcha la jonction des forces anglaises et autrichiennes et assura la neutralité de Gênes. Il venait d'envoyer au comité de la guerre un plan ayant pour but l'invasion immédiate de l'Italie, lorsque la journée du 9 thermidor (27 juillet 1794) amena la chute du gouvernement de la terreur. Compromis vis-à-vis du parti victorieux par ses relations avec Robespierre jeune, le général Bonaparte se vit alors jeter en prison sous les plus futiles prétextes, et le jeune vainqueur de Toulon eut même un moment l'échafaud en perspective. Mais les représentants Albitte et Salicetti, qui avaient ordonné son arrestation, comprirent combien sa présence était indispensable à l'armée; et au bout de quinze jours de détention ils le firent remettre en liberté. La prise d'Oneille, celle du Col de Tende et le combat del Cairo signalèrent aussitôt le retour du commandant de l'artillerie à son poste. Toutefois, quelques semaines plus tard, le nouveau directeur des affaires militaires, un transfuge de la Montagne nommé Aubry, lui faisait ôter son commandement, et, n'osant le destituer ouvertement, lui offrait une brigade d'infanterie à l'armée de la Vendée. Le général Bonaparte avait trop de pénétration pour ne pas comprendre que la guerre civile, une guerre obscure de coups de main et de broussailles, ne pouvait que donner à ses talents et à son ambition une fausse direction et compromettre même la gloire qui déjà s'attachait à son nom. Il refusa le déplacement qu'on lui offrait, et plutôt que de le subir il donna sa démission. C'est alors qu'il vint avec ses aides de camp et amis Sébastiani et Junot habiter à Paris un logement des plus modestes, et il s'y trouva bientôt en proie à la gêne la plus cruelle. Dans le complet isolement où il se trouvait maintenant et qui le rendait très-malheureux, une foule de plans stratégiques plus hardis, plus extraordinaires les uns que les autres, ne cessaient de fermenter dans sa tête, de même qu'il élaborait constamment de nouveaux projets pour sortir de l'obscurité dans laquelle il était retombé et pour s'élever plus haut qu'il n'était encore parvenu. Il paraît même qu'il caressa alors un instant l'idée d'entrer au service du Grand-Turc et d'essayer de jouer en Orient un rôle auquel son imagination prêtait déjà les proportions les plus grandioses; ce qui prouve bien que l'ambition fut toujours l'unique mobile de ses actions. Les revers éprouvés par l'armée d'Italie sous les ordres de Kellermann firent remplacer Aubry à la direction des affaires militaires par Doulcet de Pontécoulant. Celui-ci, frappé de la grandeur des projets émanant du général d'artillerie démissionnaire qu'il trouva dans les cartons de son prédécesseur, fit admettre Napoléon, déjà presque oublié, à participer aux travaux du comité topographique. Il remplissait ces fonctions, dans l'exercice desquelles il eut occasion de faire prendre à l'armée la position de la ligne de Borghetto, lorsque survint la journée du 13 vendémiaire (5 octobre 1795), c'est-à-dire la lutte de la réaction royaliste contre la Convention.

Barras, nommé général de l'armée de l'intérieur en remplacement de Menou, proposa à ses collègues, effrayés, de lui donner pour second le général Bonaparte, dont il avait pu apprécier la capacité à l'époque du siége de Toulon; mais celui-ci, contre l'attente de son protecteur, n'accepta pas ses offres sans quelque hésitation. Son ardeur révolutionnaire s'était singulièrement refroidie : les forces et par suite les chances de succès des deux partis en présence étaient à peu près égales; la défaite de la Convention pouvait être l'irréparable naufrage de sa fortune, de même qu'une victoire pouvait transmettre son nom à l'exécration de la postérité, comme il arrive presque toujours dans les guerres civiles. Ce ne fut donc qu'après avoir bien réfléchi qu'il se décida à se laisser adjoindre à Barras dans le commandement de l'armée de la Convention; mais son parti une fois pris, quelques heures lui suffirent pour organiser la victoire. Elle fut complète. La mitraille eut bientôt dispersé les colonnes des sectionnaires marchant contre la Convention; et la nuit n'était pas encore venue, qu'il ne restait plus à l'insurrection un seul des points de la capitale qu'elle occupât le matin. Dix jours après, le 16 octobre, Napoléon, en récompense du service qu'il venait de rendre aux maîtres de la France, recevait d'eux le grade de général de division, et le 26 du même mois il était appelé au commandement en chef de l'armée de l'intérieur. Dans ce poste il déploya l'activité qui lui était particulière; il réorganisa la garde nationale, comme élément essentiel du maintien de la tranquillité publique, et par sa vigilance il prévint dans la capitale le retour des scènes de désordre que la disette y avait provoquées les années précédentes et qu'elle eût pu y produire de nouveau. C'est pendant cet hiver de 1795 à 1796 que le général Bonaparte eut occasion de rencontrer dans les salons de Paris Mme de Beauharnais (*voyez* JOSÉPHINE), veuve d'un général des armées de la république mort sur l'échafaud. Quoiqu'elle eût quelques années de plus que lui et qu'elle fût mère de deux enfants déjà parvenus à l'adolescence, il y avait dans toute sa personne tant de grâce et de distinction, qu'il éprouva pour elle la passion la plus vive. Au milieu des hommages empressés dont elle était l'objet, la belle veuve, de son côté, se montra sensible à l'amour qu'elle avait inspiré au jeune général; et le 9 mars 1796 ils contractèrent un mariage civil, qu'ils ne songèrent que quelques années plus tard à faire consacrer par la religion.

Schérer avait été appelé au commandement de l'Italie, mais il ne répondait point aux espérances qu'on avait conçues de lui. Chaque courrier, pour ainsi dire, apportait la nouvelle de quelque nouveau désastre. Son armée, manquant de tout, se démoralisait toujours davantage, de même que l'effectif en diminuait de plus en plus. Il était tout simple que le général commandant l'armée de l'intérieur profitât de ses relations continuelles avec les hommes alors au pouvoir pour appeler leur attention sur les plans de campagne qu'il avait proposés déjà deux années auparavant au comité de salut public, se faisant fort d'avoir en peu de temps changé la face des choses en Italie si on le chargeait de les mettre à exécution. Heureusement pour la France, la direction supérieure des affaires de la guerre se trouvait à ce moment confiée à Carnot. Celui-ci, appréciant la grandeur des idées stratégiques qui lui étaient soumises, se joignit à son collègue

30.

468   NAPOLÉON

Barras pour décider le Directoire à retirer à Schérer son commandement et à le confier au jeune général, dans les entretiens duquel il avait reconnu tout de suite une capacité militaire de premier ordre. Douze jours après son mariage, le 21 mars 1796, le général Bonaparte, nommé au commandement en chef de l'armée d'Italie, quittait précipitamment Paris pour se rendre à son nouveau poste. C'est de ce moment que commence à bien dire la merveilleuse carrière de l'homme le plus extraordinaire des temps modernes. La nomination de ce général en chef de vingt-six ans et demi, qui jamais encore n'avait assisté à une bataille rangée, pouvait paraître, dans de telles circonstances, l'œuvre des bureaux de Paris et un passe-droit fait à vingt généraux plus anciens que lui en grade. Il payait peu de mine. Sa taille était petite, grêle, ses joues caves et son teint plombé. Mais son profil romain, le feu de ses regards, sa parole brève et accentuée, produisaient l'impression la plus vive; et le soldat avait conservé le souvenir des services signalés que son nouveau général en chef avait rendus deux années auparavant, quoique dans une position secondaire. Bonaparte vint prendre à Nice le commandement de l'armée. Elle présentait un effectif d'à peine 32,000 hommes, et manquait complétement de vêtements, de vivres et de munitions; les liens de la discipline, si nécessaires en présence de l'ennemi, y étaient profondément relâchés. Une vingtaine de bouches à feu constituaient toute l'artillerie qu'elle pouvait mettre en ligne, tandis que les Autrichiens, aux ordres de Beaulieu, comptaient 60,000 hommes bien équippés, et l'armée piémontaise, commandée par Colli, 30,000. L'ennemi, qui ne disposait pas de moins de 200 pièces de canon, vivait en outre dans l'abondance et possédait toutes les places fortes du pays. Telle était l'exacte situation de choses au moment où l'armée des Alpes passa sous les ordres d'un nouveau général. On n'attend pas sans doute de nous le récit détaillé et complet de cette immortelle campagne d'Italie par laquelle se révéla tout à coup au monde frappé d'étonnement et d'admiration le plus grand génie militaire qui ait encore paru sur la terre, et bien moins encore celui des autres guerres faites par *l'homme du destin*, et qui portèrent si haut la gloire du nom français. Une telle tâche, outre qu'elle serait au-dessus de nos forces, nous entraînerait beaucoup trop loin. Dans cette rapide esquisse nous devons, pour être fidèle à l'idée générale de notre livre, nous borner à la simple mention des faits principaux de cette existence prodigieuse; nous devons seulement en indiquer les résultats, et en faire de loin en loin l'appréciation morale, sans nous laisser éblouir par l'éclat d'une gloire dont le souvenir va toujours en grandissant parmi les hommes.

Le plan d'opérations prescrit par Carnot au jeune général en chef n'était autre, on le devine, que celui que Napoléon avait adressé dès 1794 au comité de salut public. Il consistait, en résumé, à transporter au cœur même des États autrichiens le théâtre des opérations militaires au moyen de trois armées manœuvrant de conserve, mais suivant des routes différentes. Le rôle assigné à l'armée des Alpes dans cette trilogie stratégique était d'envahir l'Italie au sud-ouest et de pénétrer par la Lombardie et le Tyrol dans les États héréditaires de l'empereur, tandis que Moreau avec l'armée du Rhin marcherait sur Vienne par la Souabe et la Bavière, et Jourdan avec l'armée de Sambre et Meuse par le bas Rhin. Dès son arrivée au quartier général, Napoléon montra qu'il était né pour le commandement, et il sut inspirer tout à la fois de l'estime, de la confiance et du respect aux divers généraux placés sous ses ordres, tous pourtant plus anciens que lui au service et éprouvés déjà dans vingt batailles, comme Masséna, Augereau, La Harpe, Sérurier, Joubert, Cervoni, etc. Quant aux troupes, il les électrisa, on peut le dire, par une proclamation où il parlait en homme sûr de lui-même, en même temps qu'il y faisait preuve de la plus militaire et de la plus entraînante éloquence. « Soldats, leur dit-il, vous manquez de tout. La république vous doit beaucoup, mais ne peut rien faire en ce moment pour vous. La constance, le courage que vous avez déployés au milieu de ces rochers sont dignes d'admiration, et ne vous ont pourtant pas donné de gloire. Je vais vous conduire dans les plaines les plus fertiles du monde. De riches provinces, de grandes villes tomberont en notre pouvoir. Vous y trouverez tout ce qui vous manque ici; vous y acquerrez de la gloire et des richesses. Soldats, manquerez-vous de persévérance et de courage? » A partir de ce moment il s'établit entre le général en chef et ses soldats une confiance réciproque, gage des triomphes inouïs qui étaient réservés à cette armée naguère encore si profondément démoralisée. La tactique par laquelle Napoléon, en présence d'un ennemi si supérieur en nombre, fondait l'espoir de ses succès était quelque chose de tout à fait nouveau dans l'histoire de l'art militaire. Basée sur une connaissance parfaite du terrain et des habitudes de l'ennemi, elle consistait à manœuvrer de manière à pouvoir à un moment donné, et en tenant exactement compte des questions de temps et de lieux, réunir sur un point quelconque et avec le plus de rapidité possible toutes ses forces disponibles, afin de porter de là des coups décisifs à l'ennemi, dont les troupes se trouveraient trop éparpillées pour se prêter un mutuel appui. Le but stratégique que Napoléon avait à ce moment en vue, c'était de séparer les Piémontais des Autrichiens. Le premier mouvement que son armée fit sur son aile droite dépassa déjà ses espérances. Beaulieu avait disposé ses troupes en trois corps, afin de pouvoir rompre la ligne de communication des Français; mais Napoléon, concentrant toutes ses forces dans l'espace d'une seule nuit, battit, le 11 avril 1796, le centre de l'ennemi à Montenotte, puis, en poussant toujours en avant, le 14 à Millesimo, et le 15 à l'affaire de Dogo. Le résultat de ce brillant début fut de complétement séparer les deux armées ennemies; et pendant que Beaulieu ralliait et concentrait ses Autrichiens, Napoléon, tombant à l'improviste sur les Piémontais, les chassait de leur camp retranché de Ceva et les battait le 22 à Mondovi; de telle sorte que Colli dut se retirer avec les débris de son armée derrière la Stura. Frappée de terreur, la cour de Turin se hâta d'implorer la paix; et le vainqueur lui accorda, le 28 avril, l'armistice de Cherasco, qui le rendait maître de toutes les places fortes du pays et des immenses approvisionnements qu'elles contenaient. Les promesses faites au début de la campagne par le général en chef se trouvaient complétement réalisées, et l'abondance régnait maintenant parmi ces soldats qui, un mois auparavant étaient sans pain et sans chaussures. En outre, l'armée ennemie avait eu 10,000 hommes tués et 15,000 faits prisonniers.

Au milieu de la surprise et de l'admiration que cette suite presque incroyable de triomphes causa à la France et à ceux qui la gouvernaient, on voit déjà Napoléon mener de front les opérations militaires, l'administration et les affaires de la politique, agir comme s'il n'avait de comptes à rendre à personne, non-seulement dépasser ses instructions, mais encore imposer bientôt ses volontés au gouvernement qui l'emploie, et, comme eût pu le faire un potentat victorieux, adresser en son propre nom aux populations de l'Italie une proclamation dans laquelle il leur annonce la fin prochaine des misères que le despotisme fait peser sur elles.

Beaulieu, franchissant le Pô à Valenza, avait pris position à Valeggio pour couvrir Mantoue et en même temps empêcher les Français de passer le fleuve, comme vraisemblablement ils tenteraient de le faire à leur tour. Mais dès le 7 mai Napoléon effectuait à l'improviste le passage à Plaisance, en trompant Beaulieu par d'habiles manœuvres, et forçait ainsi son adversaire à se retirer derrière l'Adda. Laissant de côté Milan, il courut ensuite à Lodi, où le général autrichien Sebottiendorf, à la tête de 10,000 hommes, était chargé de défendre le passage de l'Adda. Dès le 10 mai cette importante position tombait au pouvoir de l'armée française, à la suite d'une sanglante affaire, dans laquelle on vit son général en chef s'exposer comme un simple soldat, mener lui-même ses colonnes au feu et s'emparer du pont que dominaient les batteries autrichiennes. Sebottendorf, complétement battu, et dont les pertes étaient énormes, fut réduit à se replier sur Brema, où Beaulieu se trouvait avec les débris de son armée. Cette dernière victoire, due surtout à l'audace des conceptions de Napoléon, acheva de démoraliser l'armée autrichienne, en même temps qu'elle lui inspira à lui-même, suivant son propre aveu, une confiance illimitée dans ses inspirations. Cette confiance préside dès lors à chacune de ses actions ; c'est elle qui lui dicte ses rapports au Directoire ainsi que ses proclamations aux populations dont il envahit le territoire, et elle ne tardera pas à dégénérer en une espèce de fatalisme superstitieux. Les résultats de la bataille de Lodi furent l'occupation de Pizzighettone, de Cremone et autres importantes places du Milanais, et la retraite de Beaulieu derrière le Mincio. Moins de deux mois avaient suffi à Napoléon pour être maître de la plus belle partie de la Lombardie ; l'effroi régnait dans toutes les petites cours d'Italie, qui sollicitaient la paix à l'envi. Dès le 9 mai il avait accordé un armistice au duc de Parme, le 20 il conclut un arrangement semblable avec le duc de Modène ; mais ce fut en leur imposant à l'un et à l'autre le payement immédiat de fortes contributions de guerre, dont partie était appliquée aux besoins de son armée et l'autre adressée par lui au Directoire, à qui il prescrivait en quelque sorte l'emploi qu'il devait faire des 50 millions environ qu'il lui faisait ainsi passer, et qui, dans sa pensée, devaient servir avant tout à fournir à l'armée du Rhin les ressources dont elle avait besoin pour seconder ses opérations. En même temps qu'il faisait preuve du plus grand désintéressement personnel, il dépouillait les musées de l'Italie de leurs principaux chefs-d'œuvre, et les envoyait à Paris comme autant de trophées de ses brillantes victoires. Afin de pouvoir organiser sa conquête, il laisse derrière lui une partie de son armée pour surveiller les mouvements de Beaulieu, et avec l'autre il marche sur Milan, où il entre en triomphe le 15 mai. Le 18 le Directoire signait avec la Sardaigne un traité de paix en vertu duquel la République française acquérait la possession de la Savoie, du comté de Nice, du territoire de Tende, et obtenait d'autres notables avantages.

Dans la manière indépendante dont Napoléon avait conduit toute cette merveilleuse campagne, dans le ton impératif de sa correspondance, le Directoire avait pressenti les ambitieuses pensées qui avaient germé au cœur de cet homme. La victoire entourait son nom du plus radieux éclat ; il était dès lors un péril incessant pour le gouvernement faible et corrompu. On ne répondit donc que d'une manière évasive à ses pressantes instances pour obtenir qu'un caractère plus énergique fût imprimé aux opérations offensives sur la ligne du Rhin ; on s'efforça de détourner, au contraire, sur le pape et le royaume de Naples ses belliqueux projets. Enfin, on songea sérieusement à partager le commandement de l'armée d'Italie entre lui et Kellermann. A ces stupides insinuations Napoléon répondit par l'offre de sa démission ; et le Directoire, qui comprenait combien les services de tel capitaine étaient indispensables à la France, n'eut garde de le prendre au mot. Cet incident donna encore plus de force et d'autonomie au général en chef de l'armée d'Italie, dont le rôle à partir de ce moment fut en réalité celui d'un empereur romain. C'est ainsi qu'on le voit signer des traités de paix, d'autres qui créer d'un trait de plume des États sans même daigner en référer préalablement à son gouvernement. Désormais, c'est sa volonté qui décide de toutes les affaires de la république. A Milan, il déploie la plus infatigable activité administrative ; quelques semaines lui suffisent pour y créer les diverses institutions populaires, telles que gardes nationales, municipalités, etc., qui doivent préparer le pays à recevoir un gouvernement républicain, et en même temps pour habiller ses soldats, atteler son artillerie, monter sa cavalerie et réunir sous sa main tous les moyens d'action qui lui sont indispensables. Toutefois, ces immenses résultats ne pouvaient être obtenus qu'en frappant les populations d'accablantes réquisitions ; et malgré la répulsion profonde qu'avait Napoléon pour les exactions arbitraires commises par les agents de l'administration, malgré la sévère justice qu'il fit incontinent de tous les tripotages qui lui furent dénoncés, trop d'abus étaient inséparables d'un tel système pour ne pas lui aliéner bientôt les populations qui l'avaient d'abord accueilli en libérateur. La noblesse et le clergé regagnèrent donc l'influence qu'ils avaient momentanément perdue sur les basses classes, et réussirent à leur inspirer l'esprit de résistance contre les déprédations de toutes espèces commises par les vainqueurs. Dès la fin de ce même mois de mai 1796 il éclatait sur divers points de la contrée occupée par l'armée française des mouvements qui placèrent Napoléon dans une situation des plus critiques, et qu'il n'étouffa qu'en employant les moyens de répression les plus énergiques. Après avoir comprimé la menaçante insurrection de Pavie et pris les mesures les plus minutieuses pour empêcher le retour de semblables périls, il marcha de nouveau contre Beaulieu, qu'il trouva retranché derrière le Mincio. Le 30 il forçait le passage de cette rivière à Borghetto, à la suite d'une brillante victoire, et rejetait dans le Tyrol les débris de l'armée autrichienne, dont Masséna fut chargé de surveiller les mouvements ultérieurs. Pendant ce temps-là, quoique manquant d'un matériel de siége, il va assiéger (1er juin 1796) Mantoue, cette clef de l'Italie, où Beaulieu, en fuyant devant son vainqueur, avait encore eu le temps de jeter 13,000 hommes. Pour sauver cette place, l'Autriche envoie Wurmser à la tête de 60,000 hommes de troupes fraîches. Napoléon en avait à peine 40,000 ; mais l'ennemi commit encore une fois la faute de diviser et d'éparpiller ses forces. Napoléon en profite avec l'admirable promptitude de coup d'œil qui le caractérise. Il n'hésite pas à transformer le siége de Mantoue en simple blocus, court au-devant de Wurmser, et, sans lui laisser le temps de concentrer son armée, l'écrase successivement à Lonato et Castiglione (4 août). Wurmser, lui aussi, se trouve rejeté dans le Tyrol comme venait de l'être Beaulieu ; mais les renforts qu'il reçoit rendent encore son attitude formidable. Napoléon le prévient, le bat à Roveredo, à Bassano (12 septembre), et le contraint à s'enfermer dans Mantoue (12 octobre), tandis qu'il avait compté acculer lui-même les Français entre son armée victorieuse et les assiégés. Le siége de Mantoue est repris alors avec une nouvelle vigueur par une partie de l'armée française, pendant que Napoléon en détache l'autre pour surveiller les défilés du Tyrol.

Napoléon, au milieu des dangers que lui avait fait courir cette seconde campagne, avait pu apprécier les véritables dispositions des souverains italiens ; il mit à profit la suspension momentanée des hostilités, résultat de ses victoires, pour assurer ses conquêtes par de hardies combinaisons politiques. Il s'occupa d'abord de grouper et d'organiser les éléments démocratiques dans ses nouvelles conquêtes ; puis il créa diverses légions italiennes, et de son autorité privée il fonda les républiques Cispadane et Transpadane, auxquelles il donna des constitutions, calquées sur celle qui régissait alors la France. Dans l'accomplissement de cette tâche, les obstacles les plus sérieux dont il eut à triompher lui vinrent du Directoire, qui pour obtenir la paix de l'Autriche aurait volontiers renoncé à toutes les conquêtes faites en Italie. Le duc de Modène ayant en secret secouru l'ennemi, Napoléon dénonça l'armistice conclu avec lui cinq mois auparavant, et le 8 octobre déclara les États de ce prince réunis au territoire de la République Transpadane. Le 9 il accorda à la république de Gênes la protection de la France, mais seulement aux conditions les plus dures. Le 10 il signa la paix avec Naples ; et le grand-duc de Toscane ne l'obtint le 5 novembre suivant qu'au prix des plus grands sacrifices. Les difficultés élevées en matières spirituelles par le Directoire firent échouer les négociations ouvertes avec le pape. Le général Gentili, envoyé depuis longtemps déjà en Corse, en avait expulsé les Anglais, et avait réussi vers la mi-octobre à complétement replacer cette île sous la domination française.

Force fut à Napoléon de faire à ce moment des ouvertures de paix au cabinet de Vienne, qui les repoussa, et réunit, au contraire, dans le Tyrol une nouvelle armée de 45,000 hommes aux ordres d'Alvinczy. L'armée française, affaiblie par ses sanglantes victoires, n'était guère en état de commencer une troisième campagne; elle pouvait tout au plus mettre en ligne 33,000 hommes. Mais Alvinczy, imitant les fautes de ses devanciers, divisa ses forces. A la tête de 30,000 hommes, il marcha par le Véronais sur Mantoue, tandis que Davidowich avec 15,000 hommes descendait les vallées de l'Adige pour opérer sa jonction avec lui à Vicence. Napoléon voulut l'empêcher; mais obligé de couvrir Mantoue à tout prix, il se vit arrêté aux environs de Vérone. C'est en vain que Masséna et Augereau s'avancèrent à la rencontre de l'ennemi sur les bords de la Brenta; les Français durent même abandonner à Davidowich la ville de Trente. Le 6 novembre Napoléon livra la bataille de la Brenta, mais il se vit contraint de rétrograder jusqu'à Vérone. Il attaqua encore Alvinczy le 12 sur les hauteurs de Caldiero; et enfin, à force de constance et d'intrépidité, après trois jours de combat (15-17 novembre), il remporta sur lui la sanglante bataille d'Arcole. L'armée autrichienne n'était point anéantie; mais deux mois s'écoulèrent avant qu'Alvinczy, renforcé par 50,000 hommes, osât reprendre l'offensive. Dans le courant de janvier, ses colonnes, suivant des routes différentes et divisées en plusieurs corps, traversèrent Roveredo, Vicence et Padoue, en marchant de conserve contre le centre et les ailes de l'armée française, à ce moment forte de 40,000 hommes. Napoléon, après avoir tout exactement calculé, résolut d'attendre les différents corps ennemis sur le plateau de Rivoli, où ses profondes combinaisons stratégiques et les fautes commises par ses adversaires lui valurent un de ses plus importants triomphes. 13,000 prisonniers et 40 bouches à feu tombèrent en son pouvoir; et Alvinczy dut se réfugier avec les débris de son armée dans le Tyrol. Le jour même de cette bataille, une colonne autrichienne, aux ordres de Provera, et forte de 5,000 hommes, avait marché sur Mantoue; mais dès le 16 elle était forcée de mettre bas les armes, en même temps que Wurmser, après avoir inutilement tenté de seconder son mouvement, était de nouveau rejeté dans Mantoue. 45,000 hommes tués ou faits prisonniers, et 600 bouches à feu laissées au pouvoir des Français, tels avaient été pour l'armée autrichienne les résultats de cette série de combats acharnés. Débarrassés désormais de tout périls sur leurs derrières, les Français poussèrent alors avec un redoublement de vigueur le siége de Mantoue, qui le 2 février 1797 était réduite à capituler.

Pendant que Napoléon avait à déjouer les efforts tentés par Alvinczy pour sauver Wurmser et Mantoue, les troupes pontificales, violant l'armistice, avaient recommencé les hostilités; et il avait d'abord envoyé contre elles les légions italiennes. Maintenant Victor, à la tête d'une division, put envahir les États de l'Église; il battit les Pontificaux sur les bords du Senio et à Ancône, et s'avança jusqu'à Tolentino, où le pape s'empressa de signer la paix, le 19 février 1797.

Ces victoires, qui avaient successivement livré à Napoléon la haute Italie et l'Italie centrale, avaient achevé de le rendre complétement indépendant du Directoire, de sorte que rien ne s'opposait plus à ce qu'il allât attaquer l'Autriche au cœur même de ses États héréditaires. Mais à ce moment l'archiduc Charles amena sur les bords du Tagliamento un corps de troupes d'élite tirées de l'armée du Rhin; et quand il eut opéré sa jonction avec les débris de l'armée d'Alvinczy, il se trouva avoir sous ses ordres une armée de 35,000 hommes, avec laquelle il se mit en mesure d'empêcher l'ennemi de pénétrer sur le territoire de l'Empire. Pour la première fois la force numérique se trouvait du côté de Napoléon, qui, depuis que les divisions Delmas et Bernadotte l'avaient rejoint, comptait un effectif de 55,000 hommes. Divisant alors ses forces, il marcha lui-même à la tête de 38,000 hommes à la rencontre de l'archiduc, en Frioul, tandis qu'il ordonnait à Joubert de se frayer passage à travers le Tyrol avec 17,000 hommes et de venir ensuite opérer sa jonction avec le corps d'armée principal. Ce plan, comme toute cette campagne en général, était d'une audace qui touchait à la témérité. Dès le 10 mars Napoléon franchissait la Piave; le 16 il forçait le passage du Tagliamento et contraignait les Autrichiens à battre en retraite sur Palma-Nova. Masséna, après avoir forcé les défilés de Ponteba, battit l'archiduc le 21 mars, à Tavis, tandis que d'autres divisions s'emparaient de Gradiska, franchissaient l'Izonzo, occupaient Trieste, et à l'affaire de Chiusa-Veneta enlevaient à l'ennemi 5,000 prisonniers, 32 bouches à feu et 400 caissons. De Goritz, Napoléon, passant la Drave, alla établir son quartier général à Klagenfurt. Successivement chassé de toutes ses positions, l'archiduc finit par se retirer sur Neumark, avec le dessein d'y rallier ses troupes et de tout faire pour défendre ce poste si important. La proximité où Napoléon se trouvait à ce moment de Vienne avait répandu la consternation dans cette capitale. Politique trop habile pour donner à son ennemi les forces du désespoir, il adressa à l'archiduc des propositions de paix; mais elles furent orgueilleusement repoussées. Poursuivant alors ses succès, Napoléon battit encore une fois son adversaire, le 2 avril, à Neumark, puis le 4, à Hundemark, et le 5 il entrait à Léoben. Dès le 8 le cabinet de Vienne adhérait à l'armistice de Judenburg, qui amena la signature des préliminaires de Léoben (18 mai).

Habitué à poursuivre son but avec une incroyable activité, Napoléon s'occupa alors de la position critique de l'Italie, où son éloignement avait donné aux ennemis du nom français le courage de relever la tête. Débouchant du Tyrol sur les derrières de Joubert, le général autrichien Loudon avait quelque temps auparavant repris possession de Trieste, de Fiume et d'une petite portion de la Lombardie. Encouragé par ces succès, le gouvernement vénitien, en dépit de sa neutralité, avait organisé en secret un soulèvement général du pays contre les Français, et prêté la main à toutes les conspirations tramées par l'aristocratie et le clergé. Sur divers points une populace fanatisée assaillit et égorgea non-seulement des Français isolés, mais encore des détachements entiers de troupes. Le 5 mai, contre la volonté expresse du Directoire, gagné à prix d'or par l'oligarchie vénitienne, Napoléon déclara la guerre à la république de Venise. Le 12 ses troupes entraient dans les lagunes, et à quelques jours de là un gouvernement démocratique remplaçait à Venise l'antique oligarchie. Gênes éprouvait un semblable sort à la fin du même mois; et le 14 juin Napoléon proclamait la République Cisalpine. Pendant que ceci se passait, il transportait son quartier général de Milan à Montebello, à l'effet de se trouver plus rapproché du théâtre des négociations. Ce quartier général ressemblait à la cour d'un puissant souverain entouré de généraux, de ministres et de diplomates. La présence de Joséphine, à laquelle il témoignait toujours l'attachement le plus passionné, y provoquait les fêtes les plus brillantes. Au milieu de toutes les distractions, de tous les plaisirs, le jeune général en chef faisait preuve d'autant de simplicité que de tempérance et de sobriété, et ne cessait de s'occuper des moyens de consolider sa prépondérance et ses succès.

Tandis que le conquérant de l'Italie créait de nouvelles républiques et traitait de la paix comme eût pu faire un potentat, sa perspicacité lui avait fait apercevoir la crise qui se préparait en France. Les royalistes d'une part et les républicains avec le Directoire de l'autre briguaient à l'envi son appui dans la lutte qui se préparait. Napoléon se décida, mais non sans quelque hésitation cependant, pour la république et le Directoire, non sans doute parce qu'il leur devait tout ce qu'il était, mais parce qu'il comptait bien recueillir quelque jour leur héritage. Augereau, dont la nullité politique n'inspirait de défiance à personne, reçut de lui l'ordre de se rendre en toute hâte à Paris, afin d'y seconder le coup d'État du 18 fructidor, et Napoléon lui-même promit d'accourir au secours de la république, s'il arrivait que les républicains eussent le dessous. En même temps il rattachait l'armée à sa politique par d'éloquentes proclamations, et se créait ainsi le levier à l'aide duquel il ne devait pas tarder à fonder son autocratie militaire. Comme la paix pouvait être utile à l'exécution de ses projets, il adressa d'aigres reproches au Directoire en l'accusant de compromettre les négociations par ses trop grandes exigences. D'un autre côté pourtant, afin de rendre l'Autriche plus traitable, il fit avancer quelques troupes au delà de la Piave et occuper la ligne de l'Isonzo. Ses menaces, presque brutales, arrachèrent enfin à l'ennemi, le 17 octobre 1797, la fameuse paix de Campo-Formio, aux termes de laquelle l'Autriche abandonnait à la France la rive gauche du Rhin, en même temps que de son autorité privée Bonaparte lui adjugeait comme indemnité Venise avec l'Istrie, la Dalmatie et les provinces de la terre ferme jusqu'à l'Adige, c'est-à-dire tous les ci-devant États Vénitiens. Ce trafic odieux fait avec la nationalité des peuples auxquels il s'était présenté quelques mois auparavant en libérateur révolta à bon droit les patriotes italiens. Il prouve bien que Napoléon était déjà capable de tout sacrifier à son ambition personnelle. Le Directoire, désireux de l'éloigner de l'Italie, l'envoya alors au congrès de Rastadt ; mais il n'y eut pas plus tôt signé la convention militaire avec les envoyés autrichiens, qu'il repartit pour Paris, où il arriva le 5 décembre 1797.

Ce fut dans la population à qui entourerait le jeune héros de plus d'hommages. Les fêtes données en son honneur se succédèrent sans interruption, et l'Institut crut s'honorer en l'appelant à siéger dans son sein en remplacement de Carnot, proscrit à la suite de la journée du 18 fructidor. Le Directoire, qui considérait son impérieux rival avec autant de crainte que de jalousie, organisa de son côté, le 10 décembre, au Luxembourg, une grande solennité dans laquelle le vainqueur lui remit avec une pompe toute théâtrale et au milieu d'allocutions plus déclamatoires les unes que les autres l'original du traité de Campo-Formio. Mais au lieu de satisfaire l'ambition de Napoléon, ces démonstrations honorifiques l'excitèrent encore davantage. Le désintéressement qu'il avait montré dans des circonstances où il lui aurait été si facile de s'enrichir offrait le contraste le plus saillant avec la rapacité et la vénalité qu'on reprochait à bon droit à la plupart des hommes alors au pouvoir. Après avoir levé de sa propre autorité sur les peuples conquis plus de 120 millions de contributions en argent ; après en avoir disposé sans contrôle, il ne rapportait pour toute fortune personnelle qu'une somme de 300,000 fr., représentant à peu près les épargnes qu'il avait pu faire sur son traitement de général en chef, et il l'employa à acheter pour sa femme le domaine de la Malmaison. Les efforts que le Directoire fit pour le déterminer à retourner au congrès de Rastadt furent inutiles. En revanche, Napoléon accepta le commandement en chef d'une armée réunie au nord de la France pour aller combattre, disait-on, l'Angleterre sur son propre sol ; mais il s'aperçut bien vite qu'on n'avait eu en cela d'autre but que de l'éloigner, et après une rapide tournée d'inspection sur les côtes de la Manche, du détroit et de la mer du Nord, il s'empressa de revenir à Paris. C'est alors que, cédant aux inspirations d'une imagination qui nourrissait depuis longtemps les projets les plus extraordinaires, ou bien dévoré de la soif d'acquérir plus de gloire encore en frappant les esprits par des hauts faits auxquels on ne pût rien comparer dans l'histoire, et acquérant des proportions d'autant plus grandes que le théâtre en serait plus lointain, il proposa au Directoire un plan qui datait de ses campagnes en Italie, et dont on trouve les traces dans sa correspondance avec le gouvernement, de même que dans ses proclamations à son armée. Ce plan n'était autre que celui de la conquête de l'Égypte. C'est des bords du Nil que la France devait, suivant lui, s'ouvrir les portes de l'Inde, afin d'aller attaquer l'Angleterre au cœur même de sa puissance. L'idée n'était d'ailleurs pas nouvelle ; il en avait déjà été question sous Louis XIV, et plus tard sous Louis XV. Quelque chimérique qu'elle dût paraître, quelque inopportun que fût le moment choisi pour son exécution, puisqu'on se mettait ainsi à dos une puissance de plus, la Turquie, qui jusque alors avait gardé la plus exacte neutralité envers la France, le Directoire l'adopta avec empressement, sans doute parce qu'elle lui fournissait le moyen de se débarrasser tout à la fois et d'un compétiteur dont la présence en France était pour lui un constant danger, et des hommes qui dès lors s'étaient attachés à sa fortune et qu'on savait prêts à tout tenter pour servir son ambition. Des armements immenses furent tout à coup ordonnés à Toulon, sans qu'on en indiquât le but. C'est Napoléon lui-même qui les dirigeait ; et les instructions adressées par le Directoire aux ministres de la guerre, de la marine et des finances leur enjoignaient de mettre à sa disposition tout ce qu'il leur demanderait en fait d'hommes, de matériel et d'argent. On choisit pour faire partie de l'expédition 30,000 des meilleurs soldats de l'armée d'Italie, et on leur donna pour chefs les généraux les plus célèbres et les plus éprouvés, Kléber, Desaix, Reynier, Bon, Menou, Vaubois, Damas, Lannes, Lanusse, Murat, Leclerc, Davout. Une flotte aux ordres de l'amiral Brueys, composée de 13 vaisseaux de ligne, de 14 frégates et d'un grand nombre de bâtiments légers, eut ordre de prendre ces troupes à son bord. Une foule de savants distingués, tels que Monge, Costaz, Berthollet, Haüy, Fourrier, Geoffroy-Saint-Hilaire, Dolomieu, etc., furent attachés à cette mystérieuse entreprise, dont les préparatifs étaient complètement achevés au bout de deux mois. Le 8 mai 1798 Napoléron arriva à Toulon, et dans une proclamation chaleureuse adressée aux troupes et aux équipages il leur promit de les conduire par mer à de nouvelles victoires, sans que personne d'ailleurs sût encore quel en serait le théâtre. L'expédition mit à la voile le 19 mai (30 floréal an VI) ; et l'heureuse étoile de Napoléon voulut qu'elle échappât à la flotte de Nelson, qui dès qu'il avait appris que des armements avaient lieu à Toulon s'était aussitôt mis à surveiller avec une infatigable ardeur les mouvements de la flotte française. Celle-ci arriva le 9 juin dans les eaux de Malte, île dont on s'empara en passant, après une capitulation consentie par le grand-maître de l'ordre le 12 juin. La fortune qui s'attachait à toutes les entreprises de Napoléon voulut encore qu'au lieu de faire voile directement sur l'Égypte, il donnât l'ordre, pour mieux tromper les Anglais, de gouverner sur Candie, dont la flotte française fit le tour ; et après quarante-trois jours de navigation, elle parut tout à coup sous les murs d'Alexandrie (1er juillet 1798). C'est alors seulement que le général en chef fit connaître à l'armée sa destination, en même temps qu'il lui traça la conduite qu'elle avait à tenir vis-à-vis des populations avec lesquelles elle allait se trouver en contact. Alexandrie fut prise sans grande résistance, avant même que le débarquement eût été achevé ; Napoléon adressa à la population une proclamation rédigée dans un style tout oriental, et où il lui annonçait que l'armée française n'était venue en Égypte que pour mettre un terme à la domination tyrannique des mameloucks, et qu'elle respecterait ses usages, sa religion et ses lois. « Trois fois heureux, disait-il en terminant, ceux qui seront avec nous ! ils prospéreront dans leur fortune et dans leur rang. Heureux ceux qui seront neutres ! Ils auront le temps de nous connaître et se rangeront avec nous. Mais malheur, trois fois malheur à ceux qui s'armeront pour les mameloucks et qui combattront contre nous ! il n'y aura pas d'espérance pour eux ; ils périront ! »

Après avoir pourvu à l'administration de la ville et de la province, il partagea son armée en cinq divisions ; et le 7 juillet il se mit en marche sur la capitale de l'Égypte, le Caire, en donnant le premier à ses soldats l'exemple du courage et de l'abnégation. Le 13 juillet la flottille française qui accompagnait l'armée expéditionnaire en remontant le Nil rencontra près du village de Chébrissé les bâtiments des mameloucks, et les dispersa. En même temps l'armée était assaillie par un corps de cavalerie de 4,000 hommes, aux ordres de Mourad-Bey, qui, à la suite d'une fusillade meurtrière, fut également mis en déroute. Le 21 juillet l'armée arriva dans le voisinage du Caire, à peu de distance des Pyramides, où elle rencontra l'ennemi, fort de 60,000 hommes et occupant une position retranchée sur la rive droite du Nil, pour couvrir la capitale. Le résultat de la célèbre bataille des Pyramides fut l'extermination presque complète de cette armée, dont le camp tomba au pouvoir du vainqueur, avec 50 pièces de canon, 400 chameaux et tous les bagages. Le 25 juillet Napoléon entrait au Caire. Il y organisa immédiatement un divan provisoire, et s'efforça de se concilier la confiance des principaux habitants. Mourad-Bey, dans sa retraite, avait pris la route de la haute Égypte; Desaix fut chargé de l'y poursuivre. Ibrahim, battu à Salanieh, fut rejeté dans les sables de la Syrie par Napoléon, qui se préparait à de nouveaux succès, car jusqu'à présent la fortune n'avait pas cessé de lui sourire, quand une dépêche de Kléber, commandant d'Alexandrie, vint lui apprendre (14 août) qu'à la suite d'un combat acharné Nelson avait anéanti la flotte française dans la rade d'Aboukir (1er août 1798). Au milieu de la consternation générale que produisit cette fatale nouvelle, il fut presque le seul qui conservât son sang-froid, malgré l'immense responsabilité que cet événement faisait peser sur lui, et quoiqu'il semblât anéantir tous les plans qu'il avait conçus pour la conquête de l'Orient. Son parti est aussitôt pris : pour se défendre dans l'isolement où il se trouve, aujourd'hui qu'il ne peut plus compter sur des renforts de la France, il tirera le meilleur parti possible des ressources que le pays même met à sa disposition. En conséquence, il s'occupe avec plus d'ardeur que jamais du soin de l'organiser et de tous les détails relatifs à son administration intérieure. Pour se concilier l'esprit des populations, il célèbre avec pompe l'anniversaire de la naissance de Mahomet, et à cette occasion revêt le chéick de la pelisse d'honneur, en présence du Divan, comme eût pu le faire le sultan lui-même; enfin, il termine cette solennité en répandant d'abondantes aumônes parmi la population. Le lendemain il décrète la formation d'un Institut d'Égypte, sur le modèle de celui de Paris, et le divise en quatre sections : mathématiques, physique, économie politique, littérature et beaux-arts. Le Caire voit publier dans ses murs deux journaux français, la *Décade égyptienne*, feuille consacrée à la littérature et à l'économie politique, et le *Courrier d'Égypte*, journal politique.

Quoique toute la conduite de Napoléon en Égypte eût été marquée au coin de la politique la plus habile, et qu'on l'eût vu même, pour mieux capter les populations, adopter les mœurs et les pratiques religieuses de l'Orient, combler d'honneurs et de distinctions les chéicks et les imans, qui semblèrent accepter de bonne grâce la domination française, il y avait un grand obstacle à ce qu'il acquît franchement les sympathies des habitants. C'était le fanatisme musulman surexcité encore par le système oppressif d'impôts et de réquisitions auquel Napoléon avait obligé de recourir afin de pourvoir aux besoins de son armée. Aussi le désastre d'Aboukir ne fut pas plus tôt connu qu'on vit des conspirations et des révoltes, la plupart fomentées par des émissaires étrangers, éclater dans toutes les villes et dans toutes les provinces. Celle du Caire, notamment, exposa l'armée et son chef aux plus graves périls; on la comprima dans le sang, et plus de 4,000 révoltés restèrent sur le carreau. Après avoir ainsi rétabli son prestige ébranlé, Napoléon, dominé par ses grandes pensées d'avenir, s'adonna à la recherche du canal creusé autrefois par Sésostris entre la mer Rouge et la Méditerranée, une tournée aussi fatigante que dangereuse. Il faillit en effet se noyer à un gué de la mer Rouge, en se rendant à la source de Moïse, et n'échappa alors à une mort imminente que parce qu'un guide se chargea de l'emporter sur ses épaules. Son but, en faisant ce voyage d'exploration, était de rétablir un jour ce canal et d'ouvrir ainsi une nouvelle route au commerce de l'Inde. Au retour il apprit à Belbéis qu'Achmed,

pacha de Syrie, avait pris position sur la frontière de Syrie, et que la Porte réunissait en Anatolie un corps d'armée destiné à envahir l'Égypte. Prenant alors l'audacieuse résolution de prévenir ses adversaires, il fit aussitôt au Caire les préparatifs nécessaires pour marcher en personne sur la Syrie; et le 6 février 1799 il partit à la tête d'environ 10,000 hommes, l'infanterie sous les ordres de Bon, de Kléber, de Lannes et de Regnier, la cavalerie sous ceux de Murat. Le 19 il enleva le fort El-Arish, après une faible résistance; le 24 il s'empara de Gaza, et de là il marcha sur Jaffa (Joppé), qui fut prise d'assaut, le 7 mars, et livrée au pillage par les vainqueurs. La garnison, forte de 2,000 hommes, fut passée au fil de l'épée, parce qu'on manquait du nombre d'hommes nécessaire pour garder tant de prisonniers. Cet effroyable carnage, dont on aimerait à pouvoir douter pour l'honneur de l'humanité, dura deux jours entiers. Napoléon institua ensuite un divan à Jaffa, et y créa un hôpital destiné à recevoir les Français malades de la peste. Pour arrêter les progrès du découragement et de la terreur que cette maladie répandait dans l'armée, il visita en personne, le 11 mars, les salles de cet hôpital, et au péril de sa vie toucha les bubons des pestiférés pour les rassurer et les encourager à supporter leurs souffrances. L'effet de cette démarche sur le moral de l'armée fut des plus puissants. Il continua ensuite sa marche en avant, et arriva le 18 mars sous les murs de Saint-Jean d'Acre, où commandait Djezzar-Pacha. Il en commença immédiatement le siège, quoique manquant de grosse artillerie; mais cette place, abondamment pourvue de tout par les Anglais, lui opposa la plus opiniâtre résistance. Après avoir envoyé Kléber à la tête d'une division à Nazareth et Murat à Saffeth, il partit lui-même, le 16 avril, avec tout ce qu'il avait de forces disponibles, pour la nouvelle que les Turcs avaient franchi le Jourdain. Le lendemain il rejoignit Kléber aux prises sur le mont Thabor avec la cavalerie turque, forte de 20,000 hommes. Rangeant immédiatement ses colonnes en carrés, quelques heures lui suffirent pour remporter une victoire des plus décisives, grâce à une tactique aussi audacieuse qu'elle ménageait peu la vie des hommes. Les Turcs laissèrent sur le champ de bataille 5,000 morts, le trésor de leur armée, ainsi que de grands approvisionnements, et repassèrent le Jourdain. Napoléon reprit alors les opérations du siège de Saint-Jean-d'Acre avec une nouvelle vigueur; mais quoiqu'il eût reçu de Jaffa la grosse artillerie dont il avait besoin, il échoua dans cette entreprise. Après avoir perdu 3,000 hommes, tant par les maladies qu'à la suite des sorties effectuées par les assiégés, force lui fut de reprendre, le 21 mai, la route de l'Égypte. Ce ne fut pas sans peine qu'il parvint à maintenir dans cette retraite l'ordre et la discipline; pour donner le premier l'exemple de la résignation, cette vertu si nécessaire au soldat, il marchait à pied en tête des colonnes. En repassant par Jaffa, il lui fallut songer à ce que deviendraient les malheureux pestiférés entassés dans l'hôpital. Les uns furent évacués par mer sur Damiette, les autres par terre sur Gaza et sur El-Arish. Il n'en restait plus qu'une soixantaine, qu'on jugeait incurables; c'est alors que, pour soustraire ces malheureux aux vengeances atroces que les Turcs ne manqueraient sans doute pas d'exercer sur eux, et aussi pour abréger leurs souffrances, Napoléon prit la terrible parti de les faire empoisonner au moyen de l'opium. Cet acte de sa vie est un de ceux qui, au point de vue de leur moralité, ont été le plus diversement appréciés et qui prêtent aussi le plus à la controverse.

Lorsqu'il arriva au Caire, le 14 juin, il y trouva la population aux prises avec l'autorité militaire. La sévérité et la prudence qu'il apporta dans la répression de ces désordres eurent bientôt rétabli la tranquillité dans la ville; et alors il partit à la rencontre des mameloucks de Mourad-Bey, échappé à Desaix, organisait dans la basse Égypte. Il ne les eut pas plus tôt dispersés qu'il reçut la nouvelle qu'une armée turque, forte de 18,000 hommes de troupes d'élite, aux ordres de Mustapha-Pacha, venait de débarquer à Aboukir sous la protection de la flotte anglaise, et s'y était retranchée dans une étroite presqu'île. Aussitôt il court à Alexandrie, et sans même attendre l'arrivée de toutes ses divisions, il attaque résolûment les retranchements de l'ennemi. Ce fut Murat qui, par les charges sanglantes de sa cavalerie, décida du succès de cette journée. 12,000 Turcs furent culbutés dans la mer ou passés au fil de l'épée ; 6,000, formant la garnison du fort, furent faits prisonniers. Cette victoire était nécessaire et pouvait consolider la domination française en Égypte.

Mais comprenant que tant de combats, tant de victoires, ne font que fatalement affaiblir de plus en plus son armée, Napoléon tourne de nouveau ses regards vers la mère patrie. Depuis dix mois il était sans communication directe avec son gouvernement ; la lecture des journaux anglais que lui avait fait tenir l'amiral Sidney-Smith l'avait mis au courant des désastres que les armées françaises avaient essuyés en Italie et sur le Rhin ; car le traité de Campo-Formio n'avait été qu'une courte trêve; et la guerre avec l'Autriche avait recommencé dès que cette puissance avait été instruite de l'échec grave subi par Napoléon sous les murs de Saint-Jean-d'Acre. En outre, son frère Lucien était parvenu à lui faire passer, vraisemblablement par l'intermédiaire d'un Grec de Céphalonie, des renseignements précis sur la situation critique où se trouvaient la France et le Directoire, sur les menées et les intrigues des partis, ainsi que sur les chances qu'un tel état de choses pouvait offrir à son ambition. Il prend alors la résolution de s'en retourner en France. Prétextant un voyage au Delta, il remet le commandement de l'armée à Kléber, qui ignore son projet; et le 24 août 1799 il s'embarque secrètement à Damiette, avec Lannes, Murat, Berthier, Andréossy, Bourrienne, Lavalette, Berthollet et Monge, pour aller rejoindre l'amiral Gantheaume, qui l'attendait avec les frégates La Muiron et La Carrère, débris du désastre naval d'Aboukir. L'armée n'apprit ce départ, on pourrait dire cette fuite, que par les proclamations qu'avait laissées Napoléon ; et tout d'abord elle éclata en reproches et en invectives contre le général en chef qui l'abandonnait comme eût pu faire un vulgaire déserteur. Ce fut d'ailleurs par miracle que cette fois encore Napoléon échappa aux croiseurs anglais ; et le 9 octobre 1799, sans avoir égard aux règlements sanitaires, habitué déjà à se mettre au-dessus des lois, il débarqua à Saint-Raphan près de Fréjus, après quarante-six jours de navigation.

La république se trouvait dans une situation tellement déplorable, que de Fréjus à Paris, où il arriva le 14, le voyage de Napoléon fut un véritable triomphe. C'était partout à qui accourrait sur le passage du général célèbre dans lequel chacun croyait voir le seul homme capable de sauver la France ; et cet accueil le confirma dans ses projets, en le convainquant plus que jamais que la nation demandait un maître. Les directeurs, qui représentaient chacun un parti différent, virent tous son retour inopiné avec des sentiments instinctifs de défiance ; mais ils n'osèrent pas plus lui demander compte d'avoir ainsi abandonné son armée sans ordres, que d'avoir violé les lois et règlements sanitaires qui soumettaient à une quarantaine plus ou moins longue tous les bâtiments arrivant de l'Orient. Quant à Napoléon, il affecta de vivre dans une profonde retraite, et vit les directeurs le plus rarement qu'il put ; mais son petit hôtel, rue Chantereine, devint bientôt le centre de réunion et d'action de tous ceux qui, comprenant qu'une nouvelle révolution était imminente, essayaient déjà de l'exploiter au profit de leur fortune. Après avoir bien étudié la position respective des partis en présence et calculé leurs chances respectives de de succès, comme il avait déjà fait avant les journées de vendémiaire et de fructidor, Napoléon se décida pour le parti dont Sieyès était le chef. Malgré l'antipathie profonde que ces hommes éprouvaient l'un pour l'autre, ils arrêtèrent de concert tous les détails d'une conspiration ayant pour but le renversement de la constitution de l'an III et du gouvernement directorial. La journée du 18 brumaire (9 novembre 1799) éclata donc moins d'un mois après le retour de Napoléon à Paris. Elle eut pour résultat de charger une commission du Conseil des Anciens (dont venaient d'être éliminés 62 membres connus par leurs sentiments républicains) du soin de rédiger une constitution nouvelle et de confier provisoirement le pouvoir exécutif à trois consuls : Napoléon, Sieyès et Roger-Ducos. Dès la première séance de ce nouveau gouvernement, Napoléon, secondé à cet égard par ses créatures, Talleyrand, Cabanis, Rœderer, Chazal et Boulay de la Meurthe, affecta de prendre le ton d'un dictateur. « Maintenant nous avons un maître ! Il sait tout, il fait tout, il peut tout ! » dit Sieyès avec résignation, en sortant de cette délibération. Après avoir constitué un ministère composé d'hommes sur le dévouement desquels il pouvait compter, on le vit déployer dans toutes les branches de l'administration publique la fiévreuse activité qui faisait le fond de son caractère. L'armée, qui se trouvait presque complètement dissoute, fut réorganisée : il remit de l'ordre dans les finances, et rétablit le crédit en renonçant aux emprunts forcés. La terrible loi sur les otages fut également révoquée. En même temps il poursuivait l'échange des prisonniers ; il fondait l'École Polytechnique et instituait, pour préparer la rédaction d'un code civil, une commission de jurisconsultes éminents, aux travaux de laquelle il présidait lui-même. Dès le 15 décembre, c'est-à-dire cinq semaines après la révolution du 18 brumaire, parut la constitution nouvelle, écrite sous la dictée de Napoléon, et qui, pour la forme, restait soumise à l'acceptation du peuple. Elle lui conférait pour dix années toutes les prérogatives d'un souverain constitutionnel. Deux collègues, portant aussi le titre de consuls, lui étaient adjoints, mais ils n'avaient que voix délibérative. Sieyès et Roger-Ducos ayant refusé ce rôle de comparses, le premier consul fit choix de deux nullités politiques, Cambacérès et Lebrun.

La révolution du 18 brumaire et le nouvel ordre de choses qu'elle constitua ne provoquèrent aucune espèce de protestation dans le pays. Les masses, depuis si longtemps instruments aveugles sous la main de quelques ambitieux subalternes, aspiraient au repos ; elles comprenaient que l'unité dans le pouvoir pouvait seule le leur donner ; et le glorieux chef qui venait de remporter tant et si grandes victoires paraissait l'homme destiné à clore enfin l'ère des révolutions. Napoléon, dès qu'il se trouva revêtu de la première magistrature de la république, agit et parut comme s'il était né sur le trône. Il ne tarda pas à aller habiter le palais des Tuileries, où il s'entoura d'une cour brillante. On ferma la liste des émigrés, et plus des neuf dixièmes de ceux qui étaient allés demander à l'étranger un refuge contre les excès de la révolution obtinrent l'autorisation de rentrer en France. Fouché organisa une formidable police, qui bâillonna la presse ; il réussit ainsi à anéantir les anciens partis et à mettre leurs chefs dans l'impossibilité de nuire. La réorganisation des diverses autorités civiles fut opérée sur le modèle de l'armée ; et le système de la subordination hiérarchique la plus rigoureuse donna à l'administration la force qui lui avait manqué jusque alors. Quelques semaines après l'établissement du consulat, la Vendée se trouvait complètement pacifiée ; et beaucoup de royalistes se rattachèrent au premier consul, dans l'idée qu'il couronnerait son œuvre de restauration sociale en rappelant les Bourbons sur le trône.

Après d'inutiles ouvertures de paix faites à l'Angleterre et à l'Autriche, Napoléon porta sans plus tarder toute son attention sur le théâtre des opérations militaires en Italie, où Masséna, réduit à une armée de 40,000 hommes, n'était plus en état de lutter contre les 130,000 Autrichiens que commandait Mélas. C'est alors qu'après avoir trompé l'ennemi sur son véritable plan de campagne, quatre jours lui suffirent pour faire franchir à son armée le grand et le petit Saint-Bernard, le Simplon et le mont-Cenis (17-21 mai 1800). Surexcitée par la présence du chef dans l'étoile duquel elle a maintenant la confiance la plus illimitée, elle triomphe de tous les obstacles et débouche dans les vallées de la haute Italie, alors que l'ennemi la suppose encore concentrée autour de Dijon. A la suite de divers engagements peu importants, Napoléon effectue le passage de la Sésia et du Tésin (31 mai), et le 2 juin il rentre en triomphe à Milan, où il reconstitue tout aussitôt la République Cisalpine. Le 6 il bat les Autrichiens à Montebello, et le 14 l'immortelle victoire de Marengo, qui coûta 40,000 hommes à Mélas et le contraignit à signer le lendemain un armistice par lequel il abandonnait toute l'Italie aux Français, termine cette campagne. Elle n'avait pas duré en tout trois semaines, et replaça Gênes, Nice, Savone, Alexandrie, Turin, une foule d'autres places, toute la Ligurie, tout le Piémont, sous les lois de la France; la paix de Lunéville (31 décembre 1800) en consacrera définitivement les immenses résultats. Après avoir réorganisé la république ligurienne, l'heureux vainqueur remit le commandement de son armée à Masséna, et dès le 4 juillet il était de retour à Paris, où cette merveilleuse campagne venait encore d'ajouter à l'enthousiasme public pour sa personne.

Mais Napoléon n'avait pas tellement anéanti les partis, qu'ils ne s'agitassent encore dans l'ombre. Si le temps des *coups de main*, des *journées*, était passé pour eux, en revanche l'heure des complots était venue. Le 24 décembre 1800, le premier consul n'échappa que par une espèce de miracle à l'explosion de la machine infernale de la rue Saint-Nicaise. Quoiqu'il fût surabondamment démontré que c'était là un complot exclusivement royaliste, on en profita pour y impliquer cent-trente républicains dont on redoutait l'énergie, et que sans autre forme de procès l'on déporta à la Guyane. En même temps le gouvernement consulaire obtint du sénat et du Tribunat l'établissement d'une haute cour de justice, spécialement chargée de juger les complots et attentats contre la sûreté de l'État. On eut soin de la constituer presque uniquement d'hommes à la dévotion du pouvoir; et un autre tribunal révolutionnaire fonctionna au profit du premier consul. Pour éviter la paix rétablie avec l'Autriche, Napoléon employa toute l'habileté de sa diplomatie à obtenir que l'Angleterre ne le désarmât aussi de son côté. Pour hâter ce moment, il seconda le système de neutralité armée des puissances maritimes, et conclut avec le Portugal un traité qui fermait les ports de ce royaume aux vaisseaux anglais. Dans le désir de faire sa paix avec la Turquie (1er octobre 1801), il n'hésita pas à abandonner l'Égypte. En même temps il faisait d'actives démarches pour amener entre la France et le saint-siège une réconciliation, rendue facile par les égards avec lesquels il avait toujours traité le souverain pontife, de même que par la puissante protection qu'il accordait en France au clergé. Quoique personnellement indifférent en matière de foi, il reconnaissait dans le clergé catholique un instrument dont un gouvernement absolu pouvait tirer grand parti pour sa sûreté; aussi avec ce rapport voyait-il le protestantisme d'un œil moins favorable. Enfin, à la suite de longues négociations, eut lieu à Paris, le 15 juillet 1801, la signature du célèbre concordat qui faisait rentrer la France dans le giron de l'Église catholique, tout en sauvegardant les antiques libertés gallicanes. A son tour, l'Angleterre, épuisée par dix années de lutte, consentait, le 27 mars 1802, à la signature du traité de paix d'Amiens.

Devenu dès lors plus libre de ses actions, Napoléon ajouta le Piémont et l'île d'Elbe au territoire français, en même temps qu'il modifiait les institutions des diverses républiques créées en Italie sous son patronage, de manière à assimiler encore plus ces nouveaux États à la France. C'est de cette époque aussi que date la création de la Légion d'Honneur et la vive impulsion donnée à tout ce qui pouvait favoriser le développement de la prospérité matérielle. Le 8 mai, sous prétexte de mieux assurer la tranquillité du pays, le sénat prolongea d'avance pour dix ans de plus Napoléon dans ses fonctions; et trois mois après, le 2 août, le même corps lui décernait le consulat à vie. Toutes ces modifications successivement apportées à la constitution de l'an VIII s'opérèrent sans rencontrer la moindre résistance, encore bien que, pour leur donner du moins l'apparence de la légalité, on consentit à les soumettre à la sanction du peuple, qui restait libre de les improuver comme de les approuver. Or, toujours d'immenses majorités vinrent les sanctionner et consacrer librement par un nouvel et éclatant hommage les pouvoirs illimités confiés par la France au héros dont le génie et la fortune avaient tant ajouté à sa puissance. Une fois déclaré consul à vie, Napoléon put donc rejeter loin de lui le masque de républicanisme qu'il avait encore continué de prendre jusque là, et ne plus dissimuler que son but véritable était le rétablissement de la monarchie à son profit. Des mesures de haute police, d'administration militaire firent raison des velléités d'opposition et des souvenirs républicains qui se manifestèrent, soit dans les corps délibérants, soit dans la presse; souvent même le premier consul en triompha rien qu'en utilisant le don de fascination qu'il possédait à un si haut degré, et qui lui faisait bientôt convertir à ses idées et à son système les esprits les plus récalcitrants, les hommes qui regrettaient le plus vivement le régime de liberté orageuse auquel le coup d'État du 18 brumaire était venu mettre un terme. Aussi bien il offrait de magnifiques primes aux *conversions*, du moment qu'elles étaient éclatantes; et bon nombre des trente-et-une sénatoreries, c'est-à-dire des grosses sinécures créées par un arrêté du sénat en date du 4 janvier 1803, servirent à récompenser des transfuges du parti républicain, en attendant que l'empire en fit des barons ou des comtes. Il n'attachait pas moins de prix à gagner à sa cause les représentants des ci-devant ordres privilégiés, qui étaient toujours sûrs d'obtenir de lui ce qu'ils lui demanderaient, et qui ne se firent pas faute non plus d'en profiter. En voyant les plus grands noms de l'ancienne monarchie briguer ses faveurs, il ne douta pas qu'il lui serait facile d'obtenir des princes de la maison de Bourbon un abandon formel de leurs droits. Il fit donc faire à ce sujet des ouvertures à Louis XVIII, alors à Mittau; mais le frère de Louis XVI repoussa ces propositions, dans une lettre pleine de dignité. « Je ne confonds pas M. *de Buonaparte* avec ceux qui l'ont précédé, écrivait le descendant des anciens rois au premier consul.... Je lui sais gré de quelques actes d'administration;... mais il se trompe s'il croit m'engager à renoncer à mes droits. Loin de là, il les établirait, s'ils pouvaient être litigieux, par les démarches qu'il fait en ce moment. »

Dans l'intérêt du commerce et aussi pour pouvoir rétablir la marine française, qui avait si cruellement souffert pendant ces dix années de guerre, Napoléon eût bien voulu rester longtemps encore en paix avec l'Angleterre; mais cette puissance n'avait en réalité entendu signer à Amiens qu'une trêve momentanée, et plus que jamais les développements incessants de la prospérité et de la puissance de la France lui portaient ombrage. Les griefs s'accumulèrent donc rapidement de part et d'autre. Après une acrimonieuse guerre de plume faite par la voie des journaux des deux pays, l'ambassadeur d'Angleterre quitta Paris; et dès le 18 mai 1803 avait lieu une nouvelle déclaration de guerre. Le prétexte de la rupture fut la possession des Lampadosa et de Malte. Quoiqu'en paix avec l'Allemagne, Napoléon fit aussitôt occuper l'électorat de Hanovre, qu'il traita en pays conquis. En même temps qu'il jetait les bases de son fameux *système continental* en prenant, à la date du 20 juillet 1804, un arrêté prohibant de la manière la plus absolue l'introduction des marchandises anglaises en France, d'immenses préparatifs étaient faits dans tous les ports de France depuis le Havre jusqu'à Ostende pour opérer une descente en Angleterre. De son côté, cette puissance bloqua un grand nombre de ports français, et seconda du mieux qu'elle put les menées et les intrigues des émigrés, devenus plus remuants que jamais. Des navires anglais débarquèrent en France Georges Cadoudal, Pichegru et beaucoup d'autres conspirateurs, décidés à renverser et même à assassiner le premier consul, dans l'intérêt de la cause des Bourbons. Au mois de février 1804 la police saisit quelques-uns des fils de cette vaste conspiration, au sujet de laquelle d'ailleurs règne encore aujourd'hui beaucoup d'obscurité et d'incertitude, et fit condamner à mort et exécuter plus de quarante individus prévenus à tort ou à raison d'en avoir fait partie. Georges Cadoudal fut fusillé avec plusieurs de ses complices. On trouva un jour Pichegru étranglé dans sa prison; et Moreau, dont tout le crime était d'être le rival de gloire de l'homme qui gouvernait la France, dut partir en exil. Il est faux d'ailleurs que Napoléon, pour arracher des aveux aux accusés, ait eu recours à la torture ou qu'il ait fait assassiner dans sa prison le capitaine anglais Wright, l'un des complices de Pichegru et de Georges, celui qui avait débarqué en France les principaux chefs du complot. Ce qu'il y a d'avéré, au contraire, c'est que l'instruction judiciaire démontra que les conspirateurs entretenaient de mystérieux rapports avec certains émigrés français de haut parage résidant alors en Allemagne, mais dont les noms ne purent jamais être découverts. C'est là ce qui servit de prétexte à Napoléon pour donner l'ordre d'enlever (18 mars 1804), sur le territoire badois, l'infortuné duc d'Enghien, qui fut conduit à Vincennes et fusillé (21 mars) dans les fossés de cette forteresse en vertu d'un simulacre de jugement rendu par une commission militaire. Ce fut là un odieux assassinat, qui pèsera éternellement sur la mémoire de celui qui en fut le malheur de l'ordonner. La conscience publique en fit aussitôt justice, et un long cri d'horreur parti de tous les coins de la France et de l'Europe couvrit les acclamations dont le vulgaire, qui partout et toujours admire et divinise le succès, continuait à saluer le maître de la France. La raison d'État, grâce au ciel, est impuissante au dix-neuvième siècle pour justifier un crime; et les tentatives très-réelles d'assassinat dont le premier consul avait été l'objet de la part de quelques agents de l'étranger et de certains enfants perdus du parti de l'émigration ne pouvaient l'autoriser à se venger de ces partis en masse en appliquant la peine du talion à tel ou tel de ses membres, de préférence à tel ou tel autre, alors que rien n'établissait leur participation à ces attentats. Le drame sanglant qui clôt l'ère si glorieuse du consulat inspire à M. de Salvandy les réflexions suivantes : « On a dit que l'obéissance avait surpassé l'attente de Napoléon, que le meurtre si prompt l'avait lui-même étonné, qu'il avait été servi au delà de ses vœux, qu'il eût donné la vie au jeune héritier de tant de héros. On l'a dit; je le crois. La passion commande un crime, elle ne va pas jusqu'au bout. La politique seule est douée de cette fatale persévérance. Et loin que la politique fût servie par le coup qu'il venait de frapper, il sembla un moment avoir ébranlé sa puissance. La consternation fut universelle. La France, qu'il avait nourrie dans la haine des crimes révolutionnaires, revoyait un de ces crimes, avec toute l'épouvante de la surprise, du calme public et du silence des passions. En un moment il venait de démentir et de compromettre son ouvrage de quatre années. Il prit ce moment pour le consommer. Le 27 mars, c'est-à-dire dans la semaine même, il fit porter au sénat le tableau de tous les dangers du pays : la guerre, les complots, les intrigues de l'étranger et celles des factions, leurs efforts communs pour déchirer le sein de la France, mettre en question ses destinées et la livrer à toutes les misères de réactions sans terme, comme de régimes sans fixité. Le sénat répondit sur-le-champ qu'il n'y avait qu'un port assuré pour la France, et il indiqua la monarchie héréditaire. Après une halte, le 30 avril, le Tribunat délibéra sur la nécessité d'élever à l'empire Napoléon Bonaparte et ses héritiers. Carnot seul opposa son veto. Le 18 mai l'empire fut proclamé, et le lendemain, 19, Napoléon Ier parut avec son cortège de connétable, de grands dignitaires, de maréchaux de l'empire. Le peuple et l'armée applaudirent à ce spectacle. C'était un grand coup d'audace. L'Angleterre ennemie, l'Europe menaçante, Moreau prêt à comparaître devant un tribunal, et le duc d'Enghien assassiné de la veille, quel moment pour franchir le dernier échelon, démasquer le trône et s'y asseoir, les mains teintes du sang des Capétiens, dont il veut être salué l'héritier par les peuples et par les rois! Mais il rassure la France contre les coalitions; il est plus grand que Moreau, comme il est plus grand que tout; et il fait oublier le duc d'Enghien aux peuples à force de gloire, aux rois à force de puissance. Il le fera oublier au pape même, et le successeur de saint Pierre n'attendra pas que le successeur de Charlemagne aille à Rome chercher la couronne impériale. Il la lui apportera. Ce qui marque la place de Napoléon dans le monde, ce n'est pas qu'il ait régné, c'est qu'il ait commencé de régner le jour où il l'a fait. La France ne vit qu'une chose, la monarchie; qu'un homme, Napoléon; qu'un principe, l'ordre; qu'une espérance, le repos avec la puissance. Elle crut que la révolution était finie : elle se trompait. Il fallait avec la monarchie quelque chose de plus, la liberté; et la monarchie impériale ne pouvait point la donner. »

Ce fut sur la motion du tribun Curée que fut décrété l'établissement d'un gouvernement impérial héréditaire en faveur de Napoléon. Les actes officiels du nouveau souverain portèrent tous dès lors la formule suivante : « Napoléon, par la grâce de Dieu et les constitutions de la république, empereur des Français, etc. » Il fut immédiatement reconnu par l'Autriche, la Bavière, le Portugal, le Danemark et Naples, et peu de temps après par la Prusse, l'Espagne et la Toscane. La cérémonie du sacre eut lieu le 2 décembre 1804, avec une pompe inouïe, dans l'église Notre-Dame de Paris. On remarqua qu'après avoir reçu l'onction sainte du pape, il se mit lui-même la couronne sur la tête et qu'il en fit autant à l'impératrice. Le 5 eut lieu, au Champ de Mars, une grande revue pour la distribution des aigles aux régiments de l'armée; et pour la première fois, dans une allocution qu'il prononça à cette occasion, il se servit de l'expression *mon peuple*. Le 2 janvier 1805 il adressa au roi d'Angleterre une lettre autographe, dans laquelle il lui faisait de nouvelles ouvertures de paix, probablement pour rejeter ainsi par avance la responsabilité de la lutte qui allait s'engager. Puis, accompagné des *princes* et des *princesses* de sa *maison*, il se rendit à Milan, où, le 26 mai, il se fit couronner en qualité de roi d'Italie au milieu de cérémonies analogues à celles qui avaient eu lieu à Paris, et où il se plaça aussi lui-même sur la tête la couronne de fer des rois lombards. Le 8 juin il déclara son beau-fils Eugène vice-roi d'Italie; et malgré la déclaration formelle qu'il avait faite dans son discours d'ouverture du corps législatif, le 27 décembre précédent, qu'il ne chercherait point à agrandir davantage le territoire français, un décret, en date du 21 juillet, réunit sans aucune explication Gênes et Parme à l'empire. Sa sœur Elisa Bacciocchi, qui portait déjà le titre de *princesse de Piombino*, vit arrondir ses États du territoire de la république de Lucques.

La prise d'un grand nombre de navires de commerce français par les croiseurs anglais, qui coïncida avec la proclamation de l'empire, décida Napoléon à s'occuper de l'exécution d'un projet de débarquement en Angleterre. Les ordres furent donnés pour la construction d'une flottille composée de 2,365 chaloupes de débarquement de 12,000 marins, pouvant recevoir à bord une armée de 180,000 hommes, 10,000 chevaux et 650 bouches à feu; et ces immenses préparatifs furent aussitôt poussés avec une vigueur extrême, en même temps qu'un camp était formé à Boulogne, port d'où devait partir l'expédition. Ils absorbèrent le restant de l'année 1804 et les premiers mois de 1805, et ne laissèrent pas de singulièrement inquiéter l'Angleterre, encore bien que tout porte à croire que si elle avait pu être mise à exécution, elle eût été un immense désastre pour la France, parce que, à moins de circonstances exceptionnellement favorables, cette immense flottille eût été vingt fois coulée bas par la flotte anglaise avant d'avoir pu atteindre le sol britannique. Mais il y a tout lieu de penser que ce ne fut jamais là un projet sérieux de la part de Napoléon, et qu'il ne voulut, par cette démonstration menaçante, que masquer d'autres projets, conçus en vue d'éventualités qui ne devaient pas tarder à se réaliser. Quoi qu'il en soit, l'Angleterre avait réussi dès le commencement de cette année 1805 à former contre la France une nouvelle coalition avec la Suède, la Russie et l'Autriche. Dès que Napoléon en fut instruit, son plan d'opérations fut aussitôt arrêté. Il renonça à sa descente en Angleterre; et ce fut avec l'armée réunie sous les murs de Boulogne qu'il résolut d'aller châtier l'Autriche de son manque de loyauté. Vingt mille chariots *construits à l'avance* transportèrent comme par enchantement des hauteurs d'Ambleteuse sur les bords du Rhin cette armée, qui pour la première fois reçut alors le surnom de *grande*, et qui le justifia par ses victoires. Après avoir quitté Paris le 24 septembre 1805, Napoléon franchissait avec l'avant-garde le Rhin au pont de Kehl, le 1er octobre. Moins de vingt jours après, la Bavière, notre alliée, était délivrée de la présence de l'armée autrichienne qui l'avait envahie; et M a c k, rejeté dans Ulm, fut obligé de mettre bas les armes avec les 26,000 hommes qu'il commandait, abandonnait aux mains du vainqueur 3,000 chevaux *et 86 pièces de canon attelées*. De là Napoléon marche à la rencontre de l'armée russe, qui venait d'arriver à marches forcées sur le théâtre de la guerre, la bat dans divers engagements, et le 13 novembre il établit son quartier général à Schœnbrunn, tandis que Murat entrait à Vienne. L'immortelle bataille d'Austerlitz (2 décembre), dans laquelle l'armée russe fut anéantie, termina cette merveilleuse campagne de deux mois, dont le résultat fut de mettre la monarchie autrichienne à la discrétion de Napoléon. Le 26 décembre la paix fut signée, à Presbourg. L'Autriche reconnut Napoléon en qualité de roi d'Italie, et céda au royaume d'Italie Venise et la Dalmatie. La Toscane, Parme et Plaisance furent incorporées à l'empire français. Les électeurs de Bavière et de Wurtemberg furent élevés à la dignité de rois; et la Prusse, en échange du grand-duché de Berg, reçu en fief de l'Empire en faveur de Murat, de la principauté de Neufchâtel, érigée en fief en faveur de Berthier, et du margraviat d'Anspach, cédé à la Bavière, reçut le Hanovre, enlevé à l'Angleterre dès l'année précédente par une armée française. La Russie ne fut point admise à figurer dans ce traité; ce qu'elle obtint par la médiation de l'Autriche, ce fut un armistice, grâce auquel les débris de son armée purent évacuer le sol autrichien sans être inquiétés dans leur retraite par les Français.

C'est au moment même où une série de victoires comme n'en offrit jamais l'histoire semblaient avoir déjoué toutes les intrigues de l'Angleterre pour rattacher le continent à sa politique, qu'un immense désastre, éprouvé dans les eaux de Trafalgar (20 décembre 1805) par les flottes combinées de France et d'Espagne, vint contrebalancer l'effet moral produit en Europe par le triomphe d'Austerlitz. N e l s o n, dans cette fatale journée, anéantit les derniers débris de la marine française. Désormais il fallait renoncer à lutter sur mer contre l'Angleterre, et Napoléon ne s'y résigna qu'en se promettant de prendre bientôt sa revanche de cette catastrophe et de blesser sa rivale au cœur par l'emploi d'autres moyens. Il quitta le château de Schœnbrunn le 27 décembre, et après avoir séjourné successivement à Munich et à Stuttgard, il rentra à Paris, le 27 janvier 1806.

La campagne d'Autriche avait fait de Napoléon l'arbitre des destinées de l'Allemagne, dont tous les souverains venaient à l'envi grossir le cortège de ses courtisans. Il songea alors à cimenter son système par des alliances de famille; et l'Europe apprit coup sur coup au commencement de cette année 1806 le mariage d'Eugène Beauharnais, fils de Joséphine, avec une princesse de Bavière, et celui de Stéphanie Beauharnais, nièce de Joséphine, avec le prince électoral de Bade. Dès le mois de février, prenant prétexte de ce que le gouvernement napolitain avait accueilli sur son territoire une armée russo-britannique, il fit occuper militairement le royaume de Naples; et après avoir déclaré que la maison de Bourbon avait désormais cessé de régner à Naples, il adjugeait ce trône vacant à son frère Joseph.

En même temps il octroyait la principauté de Guastalla à sa sœur Élisa (*voyez* Boncuèse), et mettant fin à l'existence de la République Batave, il érigeait la Hollande en royaume en faveur de son frère Louis Bonaparte. C'est aussi de la même époque que date la création de cette foule de duchés et de grands fiefs qu'il érigea en Italie en faveur de ses principaux lieutenants, soldats parvenus, dont il voulut faire les pairs de la grande aristocratie européenne, comme lui-même s'était placé au rang des souverains. Le 12 juillet 1806 fut créée la Confédération du Rhin, qui eut pour conséquence immédiate la dissolution complète des derniers débris de l'antique Empire Germanique; et le titre de *protecteur* de cette Confédération, que prit Napoléon, lui donna le droit d'intervenir dans le règlement de toutes les affaires intérieures de l'Allemagne, où il s'efforça de comprimer l'esprit de nationalité en même temps qu'il s'aliéna de plus en plus des populations soumises par lui au plus odieux des despotismes, au despotisme de l'étranger. L'arrivée de F o x et de son parti aux affaires sembla un instant permettre d'espérer une réconciliation avec l'Angleterre; mais la mort imprévue de cet homme d'État amena la rupture des négociations déjà ouvertes à cet effet. Le pouvoir passa de nouveau entre les mains des tories, qui eurent bientôt constitué avec la Prusse une coalition nouvelle, à laquelle accédèrent la Suède et la Russie. A peine le roi de Prusse, dont la neutralité pendant les dernières guerres avait laissé les forces intactes, et qui sentait son indépendance menacée par la prépondérance toujours croissante de la France, eut-il lancé sa déclaration de guerre sous forme de manifeste, que Napoléon quitta Paris (25 septembre 1806), afin de se rendre à Bamberg, où près de jours lui suffirent pour concentrer une armée de 120,000 hommes. Les Prussiens, réunis aux Saxons, présentaient un effectif de 150,000 hommes, commandés par de vieux généraux de l'école de Frédéric le Grand, qui professaient le plus souverain mépris pour les talents stratégiques de Napoléon, et qui déjà se flattaient hautement de lui apprendre bientôt le grand art de la guerre. La campagne s'ouvrit le 7 octobre. Par ses manœuvres habiles Napoléon déborda encore une fois l'armée ennemie; et après lui avoir coupé ses communications et sa retraite, il l'anéantit à Iéna (14 octobre). Cette victoire, par laquelle se termina une campagne de sept jours, le rendit maître absolu des destinées de la Prusse. Le 25 il entrait à Berlin, d'où un mois plus tard (21 novembre 1806) il lançait le fameux décret qui déclarait les îles Britanniques en état de blocus, interdisait aux neutres tout commerce, tout rapport avec l'Angleterre, et prescrivait la confiscation de toutes les marchandises anglaises de même que l'arrestation de tous les Anglais trouvés dans les pays occupés par des troupes françaises. Après avoir amnistié l'électeur de Saxe et s'être assuré de son alliance en lui décernant le titre de roi, Napoléon songea à aller à la rencontre des Russes; et le 25 novembre il établissait son quartier général à Posen. Le 19 décembre il le transférait à Varsovie. Après une courte suspension d'armes, l'armée russe aux ordres de Bennigsen rentra dans la Prusse orientale; et à la suite de divers engagements meurtriers, l'ennemi, contraint toujours de battre en retraite, livra, le 7 et le 8 février 1807, la bataille d'Eylau, la plus sanglante des batailles dont fasse mention l'histoire de l'empire. Forcée encore de reculer, l'armée russe, décimée mais non anéantie dans cette horrible boucherie, alla prendre ses quartiers d'hiver derrière la Passarge. Des négociations pour la paix furent liées alors; mais comme de part et d'autre on ne cherchait qu'à gagner du temps, Napoléon ouvrit, le 4 juin, ce qu'on a appelé la seconde campagne de Pologne. A la suite de divers engagements livrés le 5 à Lomelten et à Spanden, le 6 à Deppen, le 9 à Guttstadt, le 10 à Heilsberg, il contraignit enfin les Russes, le 14 juin, à accepter une bataille rangée dans les plaines de *Friedland*. Leur armée y fut littéralement exterminée, et ses débris durent aller se réfugier derrière le Niémen. Au lieu de songer à les y poursuivre, Napoléon se montra encore une fois disposé à traiter; et le 25 eut lieu, sur un radeau fixé au milieu du Niémen, en face de Tilsitt, la célèbre entrevue de Napoléon et d'Alexandre Ier. Les conférences furent fréquentes et intimes, et le roi de Prusse ainsi que la belle reine de Prusse y furent parfois admis. Alexandre subit ou feignit de subir l'influence fascinatrice qu'exerçait toujours Napoléon quand il voulait être enjoué et aimable; et les deux potentats, franchement réconciliés en apparence, parlèrent de se partager pacifiquement le monde. La paix de Tilsitt rendit au roi de Prusse ses États; mais Napoléon oublia dans ce règlement des affaires de l'Europe la malheureuse Pologne, à laquelle il avait laissé espérer le rétablissement de son indépendance. Tout ce qu'il fit pour elle se borna à grouper sous le nom de *grand-duché de Varsovie* les provinces polonaises devenues prussiennes à la suite des deux partages, et d'en attribuer la souveraineté au roi de Saxe. En revanche, un nouveau royaume fut fondé en Allemagne avec les États du duc de Brunswick et des électeurs de Hanovre et de Hesse-Cassel, sous la dénomination de *royaume de Westphalie*; et ce fut son frère Jérôme qu'il en gratifia. Quelque temps après, le nouveau monarque épousait la fille du roi de Wurtemberg.

Le 27 juillet 1807 Napoléon était de retour à Paris. Le 19 août une résolution du sénat prononça la suppression du Tribunat, dernier et bien faible vestige de liberté représentative qu'eût conservé la constitution de la France. De la même époque date aussi la publication des Codes de Commerce et Pénal, qui terminaient le magnifique monument de codification générale commencé sous le Consulat, mais dont le dernier portait visiblement l'empreinte de la pensée despotique qui en dicta les principales dispositions. La Russie et le Danemark adhérèrent aussi au système du blocus continental; mais le Portugal ayant plus que jamais embrassé les intérêts de l'Angleterre, Napoléon envoya sur les bords du Tage une armée française, qui dut traverser toute la Péninsule; et renforcée d'un corps auxiliaire espagnol, cette armée, que commandait Junot, fit son entrée triomphale dans les murs de Lisbonne, le 30 novembre 1807. Fuyant devant les aigles françaises, le prince régent de Portugal s'était embarqué pour le Brésil; et dès le 13 le fatidique *Moniteur* avait annoncé à l'Europe que la maison de Bragance avait cessé de régner. Après le Portugal, vint le tour de l'Espagne. Mettant à profit les scandaleuses discordes intérieures auxquelles était en proie la famille royale d'Espagne, et la toute-puissante influence qu'il exerce sur Godoï, le favori de la reine, Napoléon jette encore son dévolu sur cette couronne. Perfidement attirés à Bayonne, sous prétexte de les réconcilier, Charles IV et son fils le prince des Asturies (*voyez* FERDINAND VII) sont contraints de faire abandon entre les mains de l'empereur des Français de tous leurs droits à la couronne des Espagnes et des Indes. Madrid, dans ses idées, ne devait plus être que le chef-lieu d'une préfecture de France, dont le titulaire serait son frère aîné Joseph, rappelé à cet effet de Naples, où Murat alla trôner à sa place. De tels projets, une extension pareille donnée à sa puissance étaient le délire de l'orgueil et de l'égoïsme, et préparèrent le renversement du colosse dont les jours de revers devaient dater de cette fatale guerre d'Espagne. Nous ne reviendrons pas sur les détails de cette lutte, puisque ce que nous en pourrions dire ferait double emploi avec ce qui se trouve raconté déjà à l'article ESPAGNE, auquel nous renvoyons en conséquence le lecteur. Sur le rocher de Sainte-Hélène Napoléon jugeait lui-même avec autant de sévérité que personne cette grande faute de sa vie. « J'embarquai fort mal toute cette affaire, a-t-il dit (*voyez* le *Mémorial de Sainte-Hélène*, tome IV, p. 233, et *O'Meara*, t. II, p. 200). L'immoralité dut se montrer par trop patente, l'injustice par trop cynique; et l'attentat ne se présenta plus que dans sa hideuse nudité, privé de tout le grandiose et des nombreux bienfaits qui remplissaient mon intention. La guerre d'Espagne a été une véritable plaie et la cause première des malheurs de la France. C'est ce qui m'a perdu. »

Depuis le consulat, presque chacune des grandes victoires de Napoléon avait été suivie d'un sénatus-consulte ordonnant une levée de 80,000 hommes; maintenant ce ne sera plus que par *fournées* de 120,000 et même de 200,000 hommes que procédera le sénat dit *conservateur*. La France n'a-t-elle pas toujours été et ne sera-t-elle pas encore toujours assez peuplée pour payer sa gloire en chair humaine!

Tandis que l'Espagne, secondée par l'Angleterre, lutte héroïquement contre l'invasion française, l'Autriche, qui voit que la grande armée presque tout entière a été transportée dans la Péninsule, que son ennemi a dégarni l'Allemagne, où le sentiment de la nationalité comprimée s'exaspère de plus en plus, croit le moment favorable pour tenter de nouveau la fortune des armes, se venger de ses défaites précédentes et recouvrer les provinces que la victoire lui a enlevées. Une armée forte de 150,000 hommes, aux ordres de l'archiduc Charles, pénétrera par la Bohème en Bavière; 50,000 hommes de troupes de ligne et 25,000 miliciens ont ordre d'opérer en Italie; et un troisième corps, fort de 40,000 soldats, commandé par l'archiduc Ferdinand, est chargé d'occuper le grand-duché de Varsovie. A ces forces Napoléon pouvait opposer 100,000 Français, 60,000 Bavarois et Wurtembergeois, 60,000 hommes provenant des divers contingents de la Confédération du Rhin, et 15 à 20,000 Polonais. Apprenant que les Autrichiens ont envahi le sol de la Bavière, il quitte Paris le 12 avril 1809, passe en revue les 80,000 hommes avec lesquels il compte ouvrir la campagne, et le 20 avril, à Abensberg, il se jette sur l'aile gauche de l'archiduc, tandis que Davout est chargé de tenir son aile droite en échec. Dès cette première affaire les Autrichiens perdirent 18,000 prisonniers; le lendemain, à l'affaire de Landshut, ils en perdirent de nouveau 9,000 avec un immense matériel. Le 22 avril l'empereur bat encore l'archiduc à Eckmuhl, et lui fait 16,000 prisonniers. Ce général autrichien se vit alors obligé de regagner la Bohème avec son armée, qu'il était nécessaire à concentrer à Ratisbonne; le 23 il repassa le Danube, tandis que les Français chassèrent son arrière-garde de Ratisbonne. Napoléon continua sa marche sur l'Isar et l'Inn; le 3 mai il infligea encore une sanglante leçon aux débris de l'armée autrichienne à Ebersberg, et le 9 il arriva sous les murs de Vienne, qui capitula trois jours après. Du château de Schœnbrunn, où il établit de nouveau son quartier général, il adressa aux Hongrois des proclamations dans lesquelles il les engageait à élire un roi, en même temps qu'il ordonnait la dissolution de la *landwehr* autrichienne et lui ordonnait, sous les peines les plus sévères, de regagner ses foyers. Les orgueilleuses proclamations qu'il adressa à son armée étaient pleines de haine et de mépris pour la famille impériale d'Autriche. Le 17 mai il faisait son entrée à Vienne, d'où, comme pour ajouter encore à l'humiliation de la maison de Habsbourg, il datait un décret par lequel il réunissait purement et simplement les États de l'Église à l'empire français; acte auquel Pie VII répondit du Vatican en lançant les vieux foudres de l'Église sur l'usurpateur du domaine de saint Pierre (10 juin 1809). Et en représailles de l'anathème dont le frappe le successeur du prince des Apôtres, qui il y a cinq années à peine lui donnait l'onction sainte, Napoléon le fait enlever de son palais, le 6 juillet, jeter dans une voiture entre deux gendarmes et conduire à Grenoble, qu'il lui assigne pour prison.

En évacuant Vienne, les Autrichiens s'étaient retirés sur la rive gauche du Danube, et présentaient encore un effectif de 100,000 hommes. Napoléon se mit à leur poursuite. Le 20 mai son armée s'emparait de l'île de Lobau, prenait position sur la rive droite du Danube, et attaquait successivement l'ennemi à Aspern et à Essling (21 mai), bataille qui dura deux jours, et qui apprit au monde étonné que les armées de Napoléon n'étaient point invincibles. Ses soldats étaient toujours les hommes d'Austerlitz; mais le personnel, le matériel, l'organisation et la discipline des troupes qu'ils avaient à combattre avaient été singulièrement améliorés. La victoire devait maintenant s'acheter par des sacrifices autrement grands et par des luttes bien plus opiniâtres. Tandis que les Français se retranchaient dans l'île de Lobau, sur laquelle ils avaient été forcés de se replier, on vit arriver sur le théâtre des opérations le prince Eugène, qui avait battu l'archiduc Jean à la bataille de Raab. Ce renfort subit porta l'effectif de l'armée française à 150,000 hommes, avec 400 canons. Elle put dès lors engager une suite de combats plus sanglants les uns que les autres, qui se terminèrent, le 6 et le 7 juin, par la terrible bataille de Wagram, où l'armée autrichienne fut écrasée et anéantie. Les affaires d'Hollabrunn, de Schœnegrab et de Znaïm (11 juillet) terminèrent la campagne. L'Autriche se vit réduite alors à solliciter la paix, qui, après de longues négociations, fut enfin signée à Vienne, le 14 octobre 1809. Elle lui coûta 1,400 myriamètres carrés de territoire, d'énormes contributions de guerre et la perte de toutes ses communications avec la mer.

Cette paix de Vienne marque l'apogée de la puissance de Napoléon ; et l'Europe, sauf la péninsule pyrénéenne, qui continuait à être le théâtre d'une lutte opiniâtre soutenue par le patriotisme espagnol et surtout par l'or de l'Angleterre, jouit alors d'un intervalle de repos de près de trois années, que le conquérant mit à profit pour consolider son trône et organiser son immense empire. C'est de cette époque que datent les gigantesques travaux d'utilité publique exécutés tant sur le territoire français que dans les pays conquis, qui n'ont pas moins contribué à immortaliser le nom de l'empereur que ses victoires. C'est alors aussi qu'il regretta de n'avoir pas d'héritier direct de son nom et de sa puissance, et qu'il songea à briser les liens qui l'attachaient à Joséphine, pour pouvoir contracter un nouveau mariage. Un sénatus-consulte, en date du 16 octobre 1809, prononça donc son divorce, et il fit aussitôt entamer des négociations pour obtenir la main de la grande-duchesse de Russie Anne, qui depuis a été reine des Pays-Bas, union qui aurait eu sur les destinées de la France une influence incalculable ; mais la cour de Saint-Pétersbourg, pour repousser les ouvertures qui lui furent faites à ce sujet, allégua la trop grande jeunesse de la princesse. Napoléon s'adressa alors à l'Autriche, qui se tint pour fort honorée de lui accorder l'archiduchesse Marie-Louise. Ce mariage, qui fut célébré à Paris, le 2 avril 1810, est peut-être la plus grande des fautes politiques de l'empereur ; il le porta à se rapprocher de plus en plus du parti de l'émigration, afin de pouvoir entendre l'écho de ses antichambres retentir de noms aristocratiques ; il lui fit toujours plus oublier son origine révolutionnaire. Napoléon crut à une franche et complète réconciliation entre lui et l'Autriche ; et comptant sur la sincérité de son alliance, il affecta toujours plus de mépris pour l'opinion de l'Europe. Son frère Louis, roi de Hollande, pour l'intérêt de son peuple, ayant négligé d'exécuter dans toute sa rigueur les prescriptions du décret de Berlin, il n'hésita pas à le punir de sa désobéissance en lui enlevant la couronne qu'il lui avait donnée ; et un sénatus-consulte, en date du 10 janvier 1810 réunit la Hollande à l'empire français. Il en fut de même du Valais, des territoires de la Confédération du Rhin voisins de l'Ems, du Weser et de l'Elbe, des villes hanséatiques, du duché d'Oldenbourg, d'une partie du grand-duché de Berg et même d'une partie du royaume de Westphalie, auquel d'ailleurs avait été réuni peu de temps auparavant tout le Hanovre. Puis, ce fut le tour de la Catalogne, qu'un décret incorpora à l'empire français jusqu'à l'Èbre. Nos frontières s'étendirent alors des rives du Tibre à celles de l'Elbe. Rome devint la seconde et Amsterdam la troisième capitale de cet immense État, qui comprenait 44 millions d'habitants. Mais l'autorité de Napoléon s'étendait en réalité sur près de 100 millions d'hommes en Europe. Le 20 mars 1811 il lui naquit un fils (voyez REICHSTADT), qui devait hériter de cette prodigieuse puissance, et qui à son entrée dans la vie reçut le titre de roi de Rome.

Les aggravations apportées au système continental par un décret daté de Trianon le 28 avril 1811 provoquèrent entre la France et la Suède un conflit de nature à amener une guerre générale. Les usurpations de Napoléon, qui n'avaient pas même épargné le duc d'Oldenbourg, quoique proche parent de la maison impériale de Russie, la création du grand-duché de Varsovie après la paix de Tilsitt, les pertes immenses causées au commerce de son empire par le blocus continental, avaient peu à peu refroidi beaucoup Alexandre pour Napoléon, comme le prouve la réponse dilatoire faite à sa demande d'une princesse russe en mariage ; et l'empereur des Français se montra très-sensible à ce refroidissement. Un oukase, en date du 19 décembre 1810, avait déjà autorisé l'introduction dans les ports russes sous pavillon étranger des denrées coloniales de provenance anglaise ou autre, et interdit en même temps l'importation de certains produits des manufactures françaises. Au milieu de l'échange de notes diplomatiques provoqué par cette affaire et par les incorporations de territoire faites à l'empire français, on apprit tout à coup que de nombreux corps de troupes russes étaient venus s'échelonner le long des frontières du grand-duché de Varsovie. Napoléon répondit à cette démonstration en déclarant les places fortes de la Vistule et de l'Oder en état de siége et en faisant occuper la Poméranie suédoise. Tandis qu'on faisait de part et d'autre des armements gigantesques, la diplomatie s'efforça encore pendant plus d'une année d'empêcher par les voies pacifiques la crise d'éclater. Mais la Russie rejeta l'ultimatum présenté par l'ambassadeur de France, et exigea en outre l'évacuation immédiate de la Poméranie suédoise ; car elle venait de s'assurer de l'alliance de la Suède, en même temps que l'influence anglaise l'emportait à Constantinople et décidait la Porte à conclure la paix avec le tsar, débarrassé ainsi des périls dont l'eussent sans cela menacé la Suède au nord et la Turquie au midi. Dès lors Napoléon n'hésita plus. Il quitta Paris le 9 mai 1812, pour se rendre en Pologne. La guerre n'étant point encore officiellement déclarée, le *Moniteur* se borna à annoncer « que l'empereur allait faire l'inspection de la grande armée réunie sur les bords de la Vistule, et que l'impératrice l'accompagnerait jusqu'à Dresde, pour y voir son auguste famille. » Arrivé à Dresde, Napoléon s'y arrêta pendant quinze jours pour y tenir cour plénière de rois, de grands-ducs et de princes. Quoique la guerre d'Espagne lui eût déjà coûté près d'un million d'hommes, ce fut à la tête d'une armée de 500,000 Français, Italiens, Allemands, Polonais, Suisses, Espagnols, Hollandais, Portugais, qu'il franchit le Niémen dans les journées des 23, 24 et 25 juin 1812. Cette armée, l'une des plus belles qu'on ait jamais vues, était répartie en quatorze ou quinze corps placés chacun sous les ordres d'un roi, d'un prince ou d'un maréchal ; mais il n'y avait point d'accord entre tous ces généraux, aucune harmonie entre les divers corps, peu de confiance dans le résultat final de l'expédition, blâmée plus ou moins ouvertement par ceux-là même qui étaient appelés à concourir à son exécution. Napoléon ouvrit la campagne en proclamant le rétablissement du royaume de Pologne, et en convoquant la confédération nationale ; toutefois, par égard pour l'empereur d'Autriche, son beau-père, il se garda d'y comprendre la Gallicie. Aussi bien, son imagination nourrissait les projets les plus gigantesques et songeait déjà à fonder un nouvel empire de Byzance sur les débris de la Russie et de la Turquie.

Ici commence cette fatale campagne de mil huit cent douze, dont le récit de laquelle nous n'ayons point à revenir, suivie tout aussitôt des non moins désastreuses campagnes de mil huit cent treize et mil huit cent quatorze. Avec les premiers revers s'étaient d'abord dessinées les fidélités douteuses, bientôt vinrent les perfides défections et enfin les lâches trahisons, entre lesquelles il faut surtout flétrir celle de Murat. Sur cette pente rapide et fatale l'empire de Napoléon devait s'écrouler en moins de temps qu'il n'en avait fallu à son fondateur pour le créer. Nous avons admiré la rapidité de ses conquêtes au début de sa glorieuse carrière. Rappelons, comme retour philosophique sur l'instabilité et le néant des grandeurs humaines, qu'il ne fallut non plus que quinze mois à ses ennemis, victorieux enfin pour refouler ses innombrables bataillons des bords du Volga à ceux de la Seine et de la Marne. Le sol français était envahi, et l'héritier de la révolution, naguère encore maître de l'Europe, consentait, pour obtenir la paix des vainqueurs, à abandonner tous les agrandissements que la guerre avait valus à la France depuis 1792. Les triomphes inespérés que, grâce à des prodiges de tactique, Napoléon remporta en février 1814 sur les coalisés le portèrent à croire que tout pouvait encore se réparer et à rétracter les concessions qu'au congrès de Châtillon il faisait au besoin de la paix. Le 1er mars les représentants de l'Angleterre, de la Russie, de l'Autriche et de la Prusse signaient un traité pour se garantir réciproquement l'abaissement de la France et son retour à ses anciennes limites. De telles conditions impliquaient comme conséquence nécessaire la restauration du trône des Bourbons, qui seuls, par une des fatalités de leur position, pouvaient les accepter. Dès le 12 mars, la ville de Bordeaux accueillait avec enthousiasme le duc d'Angoulême et proclamait le rétablissement de la maison de Bourbon. Presqu'en même temps on voyait arriver dans les départements de l'ancienne Franche-Comté le comte d'Artois, depuis Charles X. Bientôt Blücher, reprenant l'offensive, se décide à pousser une pointe sur Paris, où rien n'est organisé pour la défense, tandis que Napoléon s'enfonce dans la Champagne à la poursuite de Schwarzenberg. C'est le 27 mars que l'empereur reçut au bivouac, près de Saint-Dizier, la nouvelle de cet audacieux mouvement; il abandonna aussitôt la poursuite des Autrichiens pour accourir défendre la capitale. Mais il était trop tard! Dès le 29 le roi Joseph, qu'il avait laissé à Paris en qualité de président du conseil de régence, décide que Marie-Louise et son fils se retireront à Blois. Le 30 l'armée des coalisés était sous les murs de la grande ville, et après une lutte inégale, quoiqu'elle n'ait pas été sans gloire, Paris est réduit à capituler; le lendemain les empereurs d'Autriche et de Russie ainsi que le roi de Prusse y faisaient leur entrée triomphale. C'en était fait de l'empire!

Le parti royaliste, qui avait fait le mort pendant toute la durée de l'empire, se réveilla, et fit preuve à ce moment d'une ardeur d'initiative favorisée sans doute par la présence des armées étrangères, mais qui ne laissa pas que d'influer sur la détermination que les coalisés étaient appelés à prendre. C'est aux cris de *Vive le roi!* qu'il accueillit les troupes russes, prussiennes et autrichiennes défilant le long des boulevards. Le jour même le sénat, ce corps adulateur entre tous, proclamait la déchéance de l'empereur, retiré alors avec les débris de son armée à Fontainebleau; et Napoléon, abandonné à l'envi par ceux-là même qu'il a le plus comblés de faveurs et de richesses, est réduit à abdiquer le trône, tant en son nom qu'en celui des représentants de sa race. Le 20 du même mois il part avec 400 hommes qu'on lui permet d'emmener comme garde personnelle, et se dirige vers l'île d'Elbe, que les coalisés lui ont assignée pour résidence, en même temps qu'ils lui en concédaient la souveraineté.

Onze mois après, par la plus merveilleuse des révolutions, Napoléon était réinstallé aux Tuileries (*voyez* CENT JOURS); mais la fatale bataille de Waterloo brisa irréparablement cette grande destinée. Afin de conserver sa liberté personnelle, il hésite un instant pour savoir s'il ira demander asile aux États-Unis ou bien à l'Angleterre. Contraint par le gouvernement provisoire qui s'est constitué à Paris de s'éloigner de la capitale et de gagner Rochefort, il décide à se « placer sous la protection » du plus puissant, du plus constant et du plus généreux de ses ennemis, « écrit-il le 13 juillet au prince régent d'Angleterre, et je ne se rend avec confiance à bord du *Bellérophon*, qui le 26 mouille dans les eaux de Plymouth. C'est là qu'il apprend enfin, le 30, et sans avoir pu obtenir l'autorisation de débarquer, que le gouvernement anglais, le considérant comme prisonnier de guerre, a pris la détermination de le déporter à Sainte-Hélène. Nous renverrons le lecteur à cet article, où le général Montholon, le compagnon fidèle de sa captivité, a raconté la lente agonie de celui à qui, malgré ses fautes et ses erreurs, la postérité confirmera ce titre de *grand homme*, que lui ont décerné les générations contemporaines.

NAPOLÉON II. *Voyez* REICHSTADT (Duc de).

NAPOLÉON III. Si, en garantie de notre impartialité et de notre indépendance, nous ne pouvons donner pour épigraphe à la notice qu'il nous faut consacrer à notre auguste collaborateur, ces mots : *Nec injuria nec beneficio cognitus*, il nous sera tout au moins permis de commencer par prendre acte de ce que le *Dictionnaire de la Conversation* savait être juste envers le chef actuel de la grande nation alors qu'il n'était encore que le *prisonnier de Ham*; de ce que, pour nous montrer sympathique à son nom et à sa cause, nous n'avons point attendu le merveilleux changement survenu dans sa fortune. Ce changement, personne certes ne pouvait le prévoir quand paraissait, dans le tome IIIe du Supplément à notre première édition, l'article qu'on va lire et au bas duquel se trouve le nom d'un homme bien connu des amis de la liberté. Nous réimprimons textuellement, à treize années de distance, le travail dont l'ancien aide de camp de La Fayette voulut bien, sur nos instantes sollicitations, se charger dans notre livre; il exprimait alors et il exprime encore aujourd'hui des idées qui ont toujours été les nôtres. Notre tâche devra donc se borner à le compléter par l'appréciation succincte des faits qui se sont accomplis depuis le moment où s'est arrêté l'honorable écrivain.

[L'empire de Napoléon était resplendissant de gloire et de puissance. Des Pyrénées à la Baltique, de la Méditerranée au Danube, il embrassait dans sa sphère les royaumes et les républiques qui couvraient les trois quarts du continent européen. La Pologne, la moitié de la Germanie, l'Italie, l'Espagne, la Hollande, la Belgique, la Suisse, Brême, Lubeck, Hambourg, obéissaient à sa loi ou pliaient sans murmurer sous son impulsion. Par sa grande civilisation, la France impériale était la patrie adoptive de tous les hommes civilisés, le foyer où venaient s'illuminer toutes les intelligences; par l'uniformité philosophique et égalitaire de ses codes, par sa vigoureuse administration, elle appelait à elle tous les intérêts qui demandaient protection, ordre et sécurité; par l'éclat de sa gloire et l'ampleur de ses forces, elle tenait le monde en échec. Courbés dans ses antichambres, les rois de l'Europe contemplaient dans un respectueux silence une grandeur qui les éblouissait. Qu'on eût insufflé la liberté dans cette œuvre merveilleuse de la fortune et du génie, et l'on eût obtenu le bel idéal des systèmes politiques, un système puisé dans nos propres entrailles, tout français, plein de vie et de fécondité, qui satisfaisait aux besoins et aux droits nés de la révolution; un gouvernement enfin tel que notre histoire, notre géographie, nos mœurs et notre caractère le réclamaient; mais la liberté n'y était pas... Un héritier direct manquait aussi aux destins de l'empire. La plus haute personnification de la puissance humaine n'était qu'un homme, et cet homme, sans postérité de son sang, pouvait mourir les mains pleines de couronnes.

C'était en 1808. En ce temps-là, sur les marches d'un trône élevé par Napoléon, apparut un royal enfant. Le prince *Louis-Napoléon* naquit à Paris, le 20 avril 1808; il était le troisième fils de Louis Bonaparte, que l'empereur, son frère, avait instauré roi de Hollande, et d'Hortense de Beauharnais, cette affectueuse et ravissante femme qui s'échappa des mains de Dieu toute pétrie de grâce et de beauté, qui régna simplement, souffrit avec majesté, et mourut avec courage; cette reine si éprouvée, qui, sous le diadème comme dans l'exil, présenta la réunion de tous les charmes et l'alliance de toutes les douleurs.

Alors, du nord au midi, les peuples du grand empire saluèrent la naissance du neveu de César comme la venue d'un rejeton destiné à fortifier et peut-être à perpétuer la dynastie napoléonienne. Étranges voies de la Providence! le proscrit qui languit aujourd'hui dans une prison d'État, sur la terre de France, était en 1808 le second héritier du nouveau Charlemagne! L'enfant que Napoléon et Joséphine tinrent sur les fonts baptismaux, au milieu des pompes et des splendeurs de Fontainebleau, contemple maintenant du fond d'un cachot les tempêtes du monde, et n'a que des souvenirs pour consoler et nourrir ses regrets !

Le prince Louis avait sept ans à peine lorsque l'édifice impérial s'écroula sous le poids de l'Europe, conjurée contre la France. Commencée dans les grandeurs des palais, son éducation devait s'achever dans les rudes épreuves de l'exil. Après les cent jours, proscrite et tourmentée par la coalition, la reine Hortense se réfugia en Bavière, où l'éducation de ses deux jeunes enfants devint le grand intérêt de sa vie. Cette merveille d'élégance, cette femme aux formes délicates et frêles, qu'un souffle de l'adversité semblait devoir briser, s'arma tout à coup d'une noble fortitude. Elle comprit que son devoir de mère et de Française était de donner à ses enfants une éducation énergique et populaire, qui les mit en rapport avec les idées du siècle et les éventualités de l'avenir; et cette éducation mâle et sévère, elle eut le courage de la leur imposer avec une admirable persévérance de volonté. Un Français, maître de conférences à l'École Normale (M. Le Bas), fut chargé de diriger dans ces voies les premières études du prince Louis. En 1824, quand les potentats furent rassurés sur les craintes que leur inspirait encore le grand nom de Bonaparte, la proscription pesa moins ombrageuse et moins dure sur les débris de la famille impériale, et la reine Hostense put aller chercher en Suisse le repos qui la fuyait depuis neuf ans. Elle s'établit dans le canton de Thurgovie, au château d'Arenenberg, qui devint un lieu d'asile pour les proscrits, de charité pour les malheureux, d'hospitalité pour tout le monde : il y avait là des larmes pour toutes les douleurs, des consolations pour toutes les misères.

Dès ce moment le prince Louis, dont l'enfance était déjà assouplie aux travaux du corps et de la pensée, se livra avec passion à l'étude de l'histoire et des sciences mathématiques, dans lesquelles il fit d'assez rapides progrès pour pouvoir, très-jeune encore, composer un *Manuel d'Artillerie* que les meilleurs officiers de l'armée considèrent comme un excellent traité sur la matière. Mais l'étude et la méditation ne suffisaient pas à l'activité exubérante de cet esprit aventureux et ardent. Le prince Louis ne trouvait que dans les fatigues du corps un apaisement aux vagues inquiétudes qui le dévoraient. Tantôt il partageait avec un zèle incroyable les exercices des troupes badoises qui formaient la garnison de Constance, tantôt il s'enfonçait plusieurs jours dans les profondeurs des Alpes, gravissait les crêtes couvertes de neiges éternelles, explorait les plus hautes montagnes, les lacs et les abîmes, jouait avec tous les périls, et revenait meurtri et brisé, calmer les inquiétudes de sa mère, à la tendresse de laquelle il donnait bientôt de nouveaux sujets d'alarmes. Cette âpre manière de vivre contribua puissamment à développer les forces morales et physiques du prince Louis, et lorsqu'il fut admis, plus tard, à faire partie du camp fédéral de Thun, il s'y enfonça rompu à toutes les fatigues du métier, mangeant le pain du soldat et partageant gaiement tous ses travaux.

Louis était à Thun, le sac sur le dos, la brouette et le compas à la main, lorsque parvint en Suisse la nouvelle de la révolution de Juillet. Ce grand événement, qui remuait tant de souvenirs et d'espérances, enflamma naturellement l'imagination du jeune Bonaparte. A ses yeux le malheur ne pouvait pas prescrire contre la gloire, et le moment était arrivé où la liberté pouvait regarder cette gloire en face. Voilà ce que rêvait le prince Louis. Le pauvre exilé, qui n'avait que de nobles souvenirs, ne pressentait pas qu'après cette grande commotion de la société française, on ne croirait plus ni à la liberté, ni à la tyrannie, ni à la honte, ni au courage; et qu'au milieu de cette dégénération de tous les caractères, le mot *gloire* deviendrait un épouvantail; il se croyait en présence d'un grand drame, et il n'avait devant lui qu'une parodie. L'événement ne tarda pas à dissiper ses illusions. Il se trouvait à Rome avec sa mère et son frère Napoléon Bonaparte, lorsque la révolution éclata dans les États du saint-siége. Plus courageux que prudents, ces deux jeunes hommes se jetèrent tête baissée dans l'insurrection, et firent cause commune avec les défenseurs de l'indépendance italienne. Ils guidaient l'un et l'autre les révoltés qui marchaient sur Rome, mais qui durent se disperser au premier choc des Autrichiens. Séparés des autres conjurés, Napoléon et Louis Bonaparte se replièrent sur Forli, où l'aîné des deux frères succomba en quelques jours à une inflammation de poitrine. Découragé, accablé de douleurs et de souffrances, Louis allait inévitablement tomber aux mains des Autrichiens, lorsqu'il dut son salut au courage de sa mère. Accourue, sous un nom supposé et au milieu de tous les périls, la reine Hortense enleva son fils mourant, et, traversant rapidement la Péninsule, elle le conduisit sur le sol de cette France, dont une loi sauvage interdisait l'entrée à sa famille, sous peine de mort. Mais la France fut toujours la terre de l'hospitalité. Aussi la reine ne balança-t-elle pas à faire connaître sa présence ainsi que celle de son fils à Paris, au nouveau pouvoir qui siégeait aux Tuileries; elle demanda et obtint l'autorisation de respirer pendant quelques jours l'air bienfaisant de la patrie. Mais après une courte résidence, abrégée par les craintes d'un gouvernement qui avait déjà la conscience de son impopularité, les deux exilés durent quitter précipitamment cette capitale, qui fut autrefois le théâtre de leur grande fortune. La mère et le fils se rendirent à Londres, où ils devinrent l'objet des investigations ombrageuses de la diplomatie française, et qu'ils quittèrent bientôt pour rentrer en Suisse.

Rendu à sa paisible retraite, le prince Louis reçut des chefs de la révolution polonaise l'invitation de se placer à leur tête. « A qui, lui écrivaient-ils, la direction de notre « entreprise pourrait-elle être mieux confiée qu'au neveu du « plus grand capitaine de tous les siècles (1) ? » Consultant moins ses forces que son courage, Louis Bonaparte allait se mesurer à cette grande et difficile tâche, lorsqu'il en fut détourné par la mort du duc de Reichstadt et par la rapidité des événements qui se succédaient en Pologne. Peut-être, dans l'ordre de ses idées, la fin soudaine de l'héritier direct de l'empereur Napoléon lui créait-elle des droits et une situation qui l'enchaînaient à la destinée de la France. Toujours est-il que, le duc de Reichstadt une fois dans la tombe toutes les inquiétudes de la diplomatie européenne se fixèrent sur le prince Louis, dont la circonspection précoce sut néanmoins dérober à toutes les polices le secret de ses rêves plus ou moins raisonnables qui remplissaient son esprit. Quelque imprudents qu'aient pu paraître dans d'autres moments les épanchements de ce jeune homme, il n'en est pas moins vrai qu'une réserve extrême et difficile à pénétrer forme le trait distinctif de son caractère. Soit pour donner le change aux observateurs qui l'enveloppaient de tous côtés, soit pour agrandir le cercle de ses connaissances, il parut se consacrer de nouveau et exclusivement à l'étude des grandes questions politiques qui agitent le monde. En 1833 il publia sur l'état de la Suisse un petit livre intitulé *Considérations politiques et militaires*, dans lequel il s'attacha à faire connaître le système de cette société fédérative. Cette brochure, qui produisit quelque impression en Suisse et valut à son auteur d'abord le titre honorifique de citoyen de la république, et puis le grade de capitaine dans l'artillerie de Berne, expose avec lucidité le principe des diverses constitutions qui régissent les cantons helvétiques; elle ne résout aucun problème important, mais elle est l'indice d'un esprit penseur et analytique. Deux ans plus tard, le prince Louis publia son *Manuel d'Artillerie*, fruit d'une érudition hâtive et d'une remarquable intelligence militaire.

C'est au milieu de ces préoccupations studieuses qu'il méditait son expédition de Strasbourg. Sans doute, des amis plus ardents qu'éclairés, auxquels il confiait ses douleurs de proscrit, poussèrent son inexpérience à ce coup hardi; mais

(1) Cette lettre fut écrite le 28 août 1831, par le général Kniaziewicz, le comte Plater, etc.

des écrivains moins véridiques que dévoués l'ont très-inexactement attribué à des excitations imaginaires : « La « Fayette, ont-ils dit, engageait le prince Louis à se mettre « à la tête des idées démocratiques de la France, lui pro- « mettant le concours de son nom et de sa vieille expé- « rience (1). » Cette assertion, contre laquelle s'élève la vie entière de l'illustre général, exprime une chose qui n'est ni vraie ni vraisemblable. Le prince Louis eut en effet un entretien avec La Fayette, et voici littéralement les paroles que lui adressa le vétéran de la liberté : « En 1830 nous « avons tous commis une grande faute, pour ne pas dire un « crime. Au lieu de mettre la France en demeure de se pro- « noncer sur le système et sur les hommes qui lui conve- « naient, nous lui avons imposé une forme de gouvernement « et une dynastie. De là toutes les déceptions qui ont suivi « les trois grandes journées. Si une nouvelle révolution vient « à éclater, et je la crois inévitable, le premier devoir des « hommes qui la dirigeront devra être de convoquer des « assemblées primaires, afin que cette fois le pays dise « hautement et nettement ce qu'il veut. Eh bien, vous « portez un nom populaire, et si la France, sincèrement in- « terrogée, croyait devoir s'y rallier, je ferais ce que j'ai fait « toute ma vie : je m'inclinerais devant le verdict souverain « de mon pays. » Or, il y a quelque différence entre cette loyale profession de principes et les paroles qu'un zèle in-discret a prêtées à La Fayette *mort.*

La vérité dans tout ceci est que la situation générale de la France, l'inquiétude des esprits, les mécomptes qui fer-mentaient au fond de tous les cœurs, le soulèvement de la Vendée, l'insurrection de Lyon, le mécontentement de l'armée, une fausse appréciation de tous ces symptômes et les illusions d'une jeune tête, sujette à s'inéprendre, entraî-nèrent le prince Louis dans une entreprise irréfléchie. Encou-ragé par quelques braves officiers, qui pleuraient sur leur gloire méconnue plus que sur la liberté trahie, il oublia que le temps est passé où les révolutions procédaient des baïon-nettes, et qu'une garnison n'est pas un peuple. On connaît l'issue de la tentative du 30 octobre 1836. Strasbourg était confié à la garde de deux régiments d'artillerie, d'un régiment de pontonniers et de trois régiments d'infanterie. Confiant dans le prestige de son nom : « Soldats, s'écria le prince « Louis , appelé en France par une députation des villes et « garnisons de l'est, et résolu à vaincre ou à mourir pour la « gloire et la liberté du peuple français, c'est à vous les pre- « miers que j'ai voulu me présenter, parce qu'entre vous et « moi il existe de grands souvenirs, etc. » A ces paroles, adressées au régiment dans lequel Napoléon avait fait ses premières armes, ces militaires crièrent en effet *Vive Na-poléon!* Mais il suffit de la fermeté d'un colonel pour arrêter le mouvement. C'est que pour faire une révolution il faut désormais avoir pour soi le poids des masses et l'énergie d'un principe. Or, les bataillons ne sont pas plus les masses que la gloire n'est un principe. Les peuples veulent être libres et glorieux, mais libres avant tout. Cependant, un coup hardi, la mort de l'officier qui lui barrait le chemin, eût peut-être rendu incertain le sort de cette journée; mais le jeune prince recula devant cette nécessité terrible des révo-lutions, et il perdit la partie sans pouvoir perdre la vie.

Vaincu et prisonnier, Louis voulut loyalement assumer toute la responsabilité de l'événement et dérober la tête de ses amis aux conséquences de leur défaite. On n'en sépara pas moins sa cause de celle des autres conjurés; mais, appelé à prononcer sur leur sort, le jury rétablit, par un verdict d'acquittement, le principe de l'égalité de tous devant la loi. Le prince fut conduit dans la citadelle du Fort-Louis, et bientôt après embarqué à bord d'une frégate qui le trans-porta aux États-Unis. Avant de quitter la France, il donna, a-t-on dit, sa parole d'honneur de ne rentrer en Europe qu'a-vec l'autorisation du gouvernement. Ce fait est inexact. Le prince Louis subit la clémence intéressée de ses ennemis, mais il ne l'acheta par aucune transaction.

Cependant, la reine Hortense, déjà en proie à une affection cruelle, était tombée dangereusement malade. Informé de cette triste nouvelle, Louis accourut en Europe, où il arriva à temps pour recevoir les derniers soupirs de la plus tendre des mères : elle expira dans ses bras, au château d'Arenem-berg, le 3 octobre 1837.

A ce coup affreux succédèrent de nouvelles épreuves. Ir-rité par le verdict du jury alsacien, et surtout par le retour du prince, le ministère du 15 avril réclama impérieusement son expulsion de la Suisse, et fit de cette expulsion un *casus belli* contre le plus vieil allié de la France. Le 14 août M. Molé écrivait à l'ambassadeur du gouvernement en Suisse : « Vous déclarerez au vorort que si, contre toute attente, la « Suisse, prenant fait et cause pour celui qui compromit si « gravement son repos, refusait l'expulsion de Louis Bona- « parte, vous avez ordre de demander vos passe-ports. » Le prince Louis publia une protestation énergique contre l'ostracisme dont on voulait le frapper, et, de son côté, la diète helvétique, résistant noblement aux instances du gou-vernement français, s'arma pour la défense de sa souverai-neté menacée. Alors on vit une puissante monarchie faire marcher une armée pour opprimer un État faible et lui ar-racher l'expulsion d'un proscrit protégé par le droit des gens. Aveuglé par ses frayeurs, le cabinet des Tuileries ne vit pas les dangers d'une politique qui faisait de son jeune adver-saire un prétendant assez considérable pour justifier une guerre. Louis, au contraire, mesurant parfaitement la portée de cet acte inouï, usa avec habileté dans cette circonstance avec autant d'habileté que de convenance. Après avoir provoqué, par une résistance calculée, les folles démonstrations du gouvernement français, il déclara solennellement ne pas vou-loir exposer la Suisse aux hasards d'une lutte inégale, et s'éloigna avec dignité de cette terre hospitalière, la seule en Europe où il eût trouvé repos et protection.

En quittant l'Helvétie, il se retira en Angleterre, où, sous le titre d'*Idées napoléoniennes*, il publia un exposé de ses doctrines politiques. Ce livre est une apologie de la mo-narchie de Napoléon représentée comme émanation directe de la souveraineté populaire et comme régularisation des faits, des intérêts et des idées consacrés par la révolution ; c'est une couronne tressée avec les rameaux de chêne de la république et les feuilles de laurier du consulat et de l'em-pire. Mais quelle que soit notre dévotion au malheur, nous devons dire que cet écrit pèche par le défaut de liberté et de philosophie. Il respire une odeur d'autocratie militaire et un mélange de principes libéraux et de domination préto-rienne que ni les principes, ni les mœurs, à remuer les grands senti-ments qui depuis un demi-siècle fermentent au cœur de la nation. Il est bien sans doute d'évoquer les grandes images de la gloire, mais non de légitimer tout ce qui est brillant et d'oublier que si sous le règne d'un héros le despotisme peut quelquefois paraître de la grandeur, il n'est et ne paraît jamais que de la tyrannie sous un règne ordinaire. Or, en 1836 le héros de la France était descendu tout entier dans la tombe. Dans l'âme du prince Louis il y a place pour des idées plus larges que l'idolâtrie d'un nom ou d'un système fini, et, nous désirons que la fortune ne lui refuse pas toujours l'occasion d'un dévouement utile à son pays... Les hommes médiocres tombent, et ne se relèvent plus sous le poids d'une erreur; les hommes d'intelligence et de pro-grès secouent l'erreur et marchent avec la vérité.....

Le prince Louis vivait à Londres entouré des prévenances de l'aristocratie et de quelques sympathies populaires, lorsque le ministère du 12 mai obtint des chambres un crédit d'un million destiné à la translation des cendres de l'em-pereur Napoléon, « qui, dit M. Thiers , fut le souverain lé- « gitime de la France ». Quelle influence cette parole, votée avec enthousiasme par la législature, exerça-t-elle sur l'es-prit du prince Louis? Crut-il la France redevenue napo-léonienne et le moment opportun pour ressaisir l'héritage

(1) Brochure Laity et procès de la chambre des pairs. — Revue de l'empire.

du grand homme?... Trois mois après, il se jeta sur la plage de Boulogne.

L'espace nous manque pour apprécier cette tentative, le plus étrange épisode de cette époque, si féconde en étrangetés. Quant aux calculs qui présidèrent à cette entreprise et aux vastes moyens d'exécution qui devaient en assurer le succès, peut-être toutes ces choses, encore enveloppées d'un officieux mystère, se réduisent-elles aux simples proportions que M. Berryer leur assigna devant la cour des pairs : en présence des projets qui s'ourdissaient contre la France en 1840, on sentit qu'il fallait réveiller d'autres sentiments que l'égoïsme et l'individualisme, dans cette fière et glorieuse patrie, et, ne pouvant espérer le faire au nom du gouvernement actuel, on alla invoquer la mémoire de celui qui avait promené la grande épée de la France des extrémités du Portugal aux extrémités de la Baltique. Et alors qu'arriva-t-il ? « Sans préméditation, dit l'illustre avocat, sans calcul, sans « combinaison, mais jeune et ardent, sentant son nom, le « prince Louis se dit : J'irai, je mènerai le deuil, je poserai « ses armes sur sa tombe, et je dirai à la France : Me « voici... Voulez-vous de moi? »

Telles furent probablement les véritables proportions de la conjuration qui se dénoua le 6 octobre 1840, devant la cour des pairs, par la condamnation du prince Louis à un emprisonnement perpétuel, dans une forteresse sur le territoire continental de la France. Le 7 il fut conduit au château de Ham, où, au moment où nous écrivons cette notice, le neveu de l'empereur Napoléon partage les tristes loisirs de sa captivité entre l'étude de l'histoire et le culte des idées libérales, plus heureux, dit-il, de souffrir dans une prison française que de vivre loin de sa patrie. B. SARRANS.]

Pendant son séjour au donjon de Ham le prince Louis Napoléon, qui ne pouvait avoir de distraction que le travail, composa divers ouvrages annonçant de sérieuses études et une profonde intelligence des questions sociales. C'est ainsi que dès la fin de 1841 il faisait paraître sous le titre de *Fragments historiques* de judicieuses observations sur les causes de la chute des Stuarts. On reconnaît tout de suite que l'écrivain a étudié la révolution de 1688 aux sources mêmes, et que ses jugements sur les hommes qui ont joué un rôle dans ce grand drame sont le résultat de ses méditations personnelles. L'année d'après, au moment où l'on se préoccupait de la situation faite à l'industrie sucrière par la législation alors en vigueur, il publia une *Analyse de la question des sucres*, où il se prononce pour le système suivi en cette matière par son oncle, ainsi que contre le monopole des colonies. Vinrent ensuite des *Réflexions sur le mode de recrutement de l'armée*, le premier volume d'une *Histoire des Armes à feu* et une substantielle brochure sur l'*Extinction du paupérisme*. Le remède à ce chancre rongeur de nos sociétés modernes, l'auteur le voit dans la fondation de colonies agricoles sur les divers points du territoire restés jusqu'à présent rebelles à la culture; colonies qu'on chargerait du défrichement des landes et des terres communales improductives ainsi que du reboisement des montagnes, etc. C'est l'État qui doit, suivant lui, fournir les capitaux nécessaires pour la création de tels établissements, dont l'excédant de produit sur les frais d'exploitation devrait être employé en secours à des ouvriers sans travail. Dans cette rapide énumération des travaux par lesquels le prince Louis-Napoléon chercha à tromper les ennuis de sa captivité, nous mentionnerons encore la part qu'il consentit à prendre à ce moment à la rédaction du *Dictionnaire de la Conversation*. C'est peu de temps après la publication de l'article CANON (*voyez* tome IV, page 365), qu'il lui fut donné de voir tomber ses fers.

Depuis longtemps son vieux père, l'ex-roi de Hollande Louis Bonaparte, atteint à Florence d'une maladie des plus graves, était en instance auprès du gouvernement français pour obtenir la consolation d'embrasser une dernière fois son fils avant sa fin, qu'il sentait prochaine. Le prisonnier, si on accordait cette faveur au frère de Napoléon, s'engageait d'ailleurs sur l'honneur à revenir à Ham, aussitôt qu'il aurait accompli le pieux devoir qui l'appelait auprès d'un père mourant ; Louis-Philippe demeura inflexible. Nul doute qu'à cet égard il ne fût complètement dans son droit ; mais Louis-Napoléon aussi n'était pas moins dans le sien quand , déguisé en ouvrier maçon, il réussissait, le 25 mai 1846, au matin, à tromper la surveillance de ses geôliers. On ne s'aperçut de son évasion que lorsqu'il avait déjà atteint le sol hospitalier de la Belgique, d'où il se rendit à Londres. Il s'y livrait activement aux démarches nécessaires pour obtenir les passe-ports sans lesquels il ne pouvait songer à traverser le continent et à gagner l'Italie ; lorsqu'il apprit que le roi Louis venait de mourir à Livourne, le 26 juillet. Dès lors il n'avait plus de motifs pour quitter l'Angleterre, et c'est là que le surprit la révolution de 1848. Comme tous les autres membres de sa famille, Louis-Napoléon crut que la journée du 24 février avait abrogé en fait et en droit les lois de proscription rendues contre les Bonaparte en 1816 et en 1832 ; et il accourut aussitôt à Paris. Mais le gouvernement provisoire, voyant dans sa présence sur le territoire français un péril pour la chose publique, lui fit intimer l'ordre d'avoir à repartir immédiatement ; et désireux de ne point créer de difficultés nouvelles à un pouvoir qui en avait déjà tant à surmonter, Louis-Napoléon se résigna à reprendre le chemin de l'exil. Les hommes de Février, par leurs folies et leurs excès démagogiques, ne devaient-ils pas bien mieux servir sa cause que l'eût pu faire la propagande la plus habile ? Louis-Napoléon s'abstint de poser sa candidature lors des premières élections pour la Constituante, où plusieurs de ses cousins furent appelés avant lui. Mais la réaction contre les hommes portés au pouvoir par le flot de 1848 prenant des proportions de plus en plus menaçantes, le parti bonapartiste ne tarda point à être une puissance avec laquelle les maîtres de la France devaient compter. Ils le comprirent parfaitement ; aussi, moins d'un mois après la réunion de l'Assemblée nationale, une proposition formelle y fut-elle faite par un de leurs pour remettre en vigueur les lois qui interdisaient aux Bonaparte le séjour du territoire de la France. L'Assemblée ayant repoussé cette motion à une grande majorité, sa décision impliquant l'abolition formelle des diverses incapacités civiles et politiques qui pesaient depuis 1815 sur cette famille ; et aux réélections qui eurent lieu tout de suite après sur divers points du pays, pour combler les vides faits dans les rangs de la représentation nationale par de doubles nominations, le nom de Louis-Napoléon sortit de l'urne électorale à la presque unanimité des suffrages dans quatre départements à la fois. Il était donc libre de rentrer en France et de venir prendre son siège à l'Assemblée. C'est une agitation factice, mais dont par cela même la violence donna lieu à des désordres déplorables. Ne voulant pas que son nom, symbole d'ordre, de nationalité et de gloire, pût servir à augmenter les troubles et les déchirements de la patrie, le nouveau représentant du peuple écrivit de Londres au président de l'Assemblée nationale une lettre, datée du 14 juin, par laquelle il déclarait que pour éviter un tel malheur il le resterait plutôt en exil, et où se trouvait cette phrase : « Je n'ai pas recherché l'honneur d'être représentant du peuple, parce que je savais les injustes soupçons dont j'étais l'objet. Je rechercherai encore moins le pouvoir. Si le peuple m'imposait des devoirs, je saurais les remplir. » A peu de temps de là éclataient les funèbres journées de juin ; et c'est encore là une des circonstances heureuses de la vie de Louis-Napoléon qu'il ne soit trouvé absent de France au moment où avait lieu ce sanglant conflit, dont sans cela ses ennemis n'eussent pas manqué de chercher à rejeter sur lui la responsabilité. Quand le calme se trouva rétabli tout au moins à la surface, et après la levée de l'état de siége,¹ Louis-Napoléon crut le moment venu de rentrer en France pour y exercer son mandat législatif. Le 24 septembre il arrivait donc à Paris, et le surlendemain 26 il prenait possession de son siége à l'Assemblée nationale, où il se fit inscrire dans le comité d'instruction publique. La popularité qui s'attachait à son nom allait toujours croissant; et dès le 12 octobre l'Assemblée, cédant à la pression de l'opinion, rendait un décret qui abrogeait formellement la loi de 1832.

Les hommes alors à la tête des affaires affichaient du reste le plus profond mépris pour le neveu de l'empereur et affectaient de l'appeler *Monsieur Bonaparte*, comme c'était l'habitude des écrivains ministériels sous Louis-Philippe. Ils s'attendaient bien à voir *M. Bonaparte* poser sa candidature à la présidence de la république; mais ils se croyaient tellement sûrs de leur fait, qu'ils annonçaient hautement que cette candidature rallierait au plus deux ou trois cent mille voix, et servirait à constater de la manière la plus éclatante la vitalité de la république en France, ainsi que l'impuissance des partis monarchiques, de celui-là même qui réunissait le plus d'éléments démocratiques dans son sein. On sait ce qu'il en advint au 10 décembre. Ce jour-là, on peut le dire, *l'empire était fait*; car les six millions de suffrages donnés à Louis Napoléon, que voulaient-ils dire autre chose, si ce n'est : « La France a besoin d'ordre, de repos et de sécurité. Les hommes qui sans le consulter lui ont imposé le lendemain du 24 février la forme du gouvernement républicain n'ont tenu aucune des séduisantes promesses qu'ils lui faisaient. Tous les intérêts ont été froissés, effrayés; le commerce, l'industrie sont aux abois. On a laissé sans appui les peuples étrangers qui avaient cru au principe de la solidarité des nations libres, et la grande nation a encore plus perdu de sa considération à l'extérieur sous le gouvernement des hommes du *National* et de la *Réforme* que sous celui des Bourbons. A l'intérieur toutes les bases de l'ordre social ont été profondément ébranlées. Au despotisme monarchique on a substitué le despotisme révolutionnaire; des villes, des départements entiers ont été mis hors la loi. Puisque vous vous sentez le courage nécessaire pour essayer de sauver votre pays, comme faisait il y a un demi-siècle votre oncle, d'immortelle et populaire mémoire, le peuple français, à qui vous promettez l'ordre, la sécurité et la liberté, a foi dans votre parole : il vous remet ses pleins pouvoirs et vous confie ses destinées! » Quiconque a été témoin dans nos campagnes de l'enthousiasme avec lequel les populations se rendaient alors au chef-lieu de canton pour y voter comme un seul homme, et déférer la présidence de la république à Louis-Napoléon, ne pourra jamais, s'il est sans passions ni préjugés, traduire autrement le vote du 10 décembre; vote essentiellement libre et spontané, qui fut la protestation solennelle de la France contre la forme de constitution que lui avaient imposée quelques centaines de déclamateurs et d'énergumènes, le jour où la royauté constituée dix-huit ans auparavant par les deux-cent-vingt-et-un était morte de vieillesse et de couardise.

Cette élection, en quelque sorte providentielle, était venue déjouer trop de combinaisons ayant pour but le triomphe des vieux partis, pour ne pas provoquer aussitôt au sein de l'Assemblée nationale la plus haineuse opposition contre l'élu de la France. Le président de la république en triompha d'abord en entourant loyalement pour ministres et pour conseillers les chefs des partis modérés; mais quand ceux-ci reconnurent qu'il avait bien moins en vue leurs intérêts particuliers que ceux de la nation, ils ne tardèrent pas à lui faire une guerre, d'abord sourde, et ensuite déclarée. Les élections nouvelles qui remplacèrent l'Assemblée constituante par l'Assemblée législative donnèrent la majorité aux vieux partis dynastiques, qui, abjurant leurs divisions, se coalisèrent pour conduire la France vers une troisième restauration. De là des mesures rigoureusement répressives prises à l'intérieur, les restrictions mises à la liberté de la presse sous un régime républicain, et au suffrage universel sous un gouvernement qui l'avait inscrit en tête de son programme, etc. Mais la popularité du président augmentait toujours en dépit de toutes les intrigues des royalistes faisant cause commune avec les *montagnards*. En prévision des luttes que l'obstination des vieux partis devait nécessairement provoquer au moment où viendraient à expirer, en mai 1852, les pouvoirs de Louis-Napoléon, l'opinion se prit donc à réclamer avec instance la prolongation pendant une nouvelle période de quatre ans. De là les innombrables pétitions adressées en juin et juillet 1851 de tous les points du pays à l'Assemblée législative pour obtenir la *révision de la constitution*; et encore une fois montagnards, henriquinquistes et orléanistes de se coaliser pour repousser une mesure qui équivalait à la prolongation des pouvoirs de Louis-Napoléon. Il était difficile qu'un conflit ne se produisît pas bientôt par suite du désaccord existant sur cette grave question entre le pouvoir exécutif, soutenu par l'opinion, et le pouvoir législatif, composé en très-grande partie d'hommes qui avaient été les complices des régimes précédents et à qui la nation était en droit d'attribuer la responsabilité des fautes de toutes espèces qui avaient conduit le pays au bord de l'abîme. Les causes du coup d'État du 2 décembre 1851 et les incidents qui marquèrent cette journée, à jamais fameuse dans notre histoire, étant l'objet d'un article spécial de ce dictionnaire, nous ne reviendrons pas ici sur ce qui en a déjà été dit. Un fait incontesté, d'ailleurs, c'est que Louis-Napoléon ne fit ce jour-là que prévenir les meneurs des deux partis royalistes, qui s'étaient décidés à le faire arrêter et envoyer à Vincennes, pour s'emparer de la direction des affaires et réaliser les plans de restauration qui avaient servi de base à la *fusion*.

Le rétablissement du suffrage universel fut le résultat de la journée du 2 décembre. Le peuple français, convoqué dans ses comices les 20 et 21 du même mois pour avoir à sanctionner ou improuver ce que le président de la république avait cru devoir faire dans l'intérêt du pays, répondit par 7,481,231 *oui* contre 647,292 *non*, en même temps qu'il donnait à Louis-Napoléon pleins pouvoirs pour préparer une constitution nouvelle ayant pour base le maintien des pouvoirs présidentiels entre ses mains pendant dix ans. Elle fut publiée le 14 janvier 1852. Mais ce que la France demandait surtout, c'était un pouvoir exécutif non électif, en d'autres termes le rétablissement de la monarchie; aussi le 2 décembre 1852 le sénat et le corps législatif institués par la nouvelle constitution se rendaient-ils les interprètes des vœux du pays en déférant la couronne à l'homme qui par sa courageuse initiative avait rendu à la France l'ordre, le calme et la sécurité dont elle avait tant besoin après quatre années d'agitations et de troubles révolutionnaires.

Le moment n'est pas venu d'apprécier un règne qui ne date encore que de quatre années, et auquel pourtant une si belle page est déjà assurée dans l'histoire.

Le 29 janvier 1853 Napoléon III a épousé la fille d'un ancien colonel espagnol au service de France, Mlle *Eugénie de Montijo*, qui lui a donné un héritier, le 16 mars 1856.

NAPOLÉON, pièce d'or, à l'effigie de l'empereur, de 20 francs, contenant 5,8064 grammes d'or pur, et pesant 6,4516 grammes bruts. On frappe aujourd'hui des demi-napoléons et des quarts de napoléon. Les pièces de 40 francs étaient appelées *doubles napoléons*.

NAPOLÉON (Code). *Voyez* CODE NAPOLÉON.

NAPOLÉON-VENDÉE, naguère BOURBON-VENDÉE, autrefois LA ROCHE-SUR-YON, chef-lieu du département de la Vendée, située sur l'Yon, avec 7,498 habitants, un tribunal de première instance, un lycée, une école normale primaire départementale, une bibliothèque publique de 6,000 volumes, une typographie. Plusieurs fois ravagée pendant les guerres de la révolution, elle comptait à peine 800 habitants en 1807. Napoléon, voulant la repeupler, lui accorda par un décret du 8 août 1808 trois millions pour l'achèvement de plusieurs édifices.

NAPOLÉON-VILLE, autrefois PONTIVY, chef-lieu d'arrondissement dans le département du Morbihan, sur la rive gauche du Blavet, avec 7,792 habitants, un tribunal civil, un lycée, un comité d'agriculture, une caisse d'épargne. On y trouve des sources d'eaux minérales ferrugineuses froides. L'industrie consiste dans la fabrication des toiles dites de Bretagne, avec quelques tanneries produisant des cuirs fort estimés. Cette ville fait un commerce de grains, de fils, de chevaux, de bestiaux et de beurre. Elle était autrefois entourée de murailles, dont on voit encore quelques restes, et c'était la capitale du duché de Rohan. On y remarque le vieux château des ducs de Rohan et une caserne de cavalerie, l'une des plus belles de France.

Le canal du Blavet met Napoléon-Ville en communication avec Lorient.

NAPOLI DE ROMANIE ou **NAUPLIE**, chef-lieu d'éparchie, dans la nomarchie d'Argolide (Grèce), est situé à l'est du Péloponnèse, au fond du golfe d'Argos ou de Napoli de Romanie, dans une étroite presqu'île. Sa position, les ouvrages qui l'entourent, et notamment les trois forts *Palamidi*, *Albanitika* et *Itschkali*, en font la ville maritime la mieux fortifiée qu'il y ait dans toute la Grèce. Son port, sûr et spacieux, peut contenir 600 navires. On y compte 14,000 habitants, qui font un commerce assez important. Cette ville est le siège d'un archevêque grec ; elle possède un arsenal, une école militaire et un collège. Dans l'antiquité, son port, qui se trouvait un peu plus au nord qu'aujourd'hui, s'appelait Argos. Pris en 1539 par les Turcs, repris en 1686 par les Vénitiens, Napoli de Romanie tomba définitivement aux mains des Turcs en 1715. Le soulèvement des Grecs en 1821 lui donna une grande importance. En 1823 les Turcs se virent obligés de l'évacuer ; et la ville devint en 1824 la capitale de la Grèce, en même temps que le siège du gouvernement national. C'est là qu'en 1831 Capo d'Istria périt assassiné, et que débarqua, le 6 février 1833, le roi Othon, qui en 1835 transféra sa résidence à Athènes.

NAPOLITAIN (Dialecte). On parle à Naples un dialecte italien qui compte une littérature particulière. Le Cortese est l'écrivain qui a tiré le meilleur parti de l'idiome local ; après lui vinrent une foule de rimeurs qui le manièrent avec succès, mais nul aussi heureusement que lui.

Valentino a tracé un tableau saisissant de la grande peste qui, en 1656, enleva à la capitale deux cent mille habitants, et dans son poème de la *Mezza Canna* il a rallié la folle vanité, le luxe, les sottises de ses compatriotes.

Sgruttendio s'est fait le parodiste de Pétrarque ; il célèbre les charmes, les *vertus* d'une donzelle de bas étage, nommée Cecca, cuisinière de profession : il adresse des sonnets à des femmes du peuple qui signalent quelque défaut corporel : l'une était borgne, l'autre boiteuse, celle-ci laide et celle-là bossue. Il chante avec transport les folles joies, le tumulte, les masques, le bruit du carnaval ; les bonds prodigieux, *salti sperticati*, de Polichinelle le mettent hors de lui. Il ne se connaît plus lorsqu'il vient à entonner un dithyrambe en l'honneur du mets national, de l'incomparable macaroni. Il dévore des yeux, des dents, du cœur, ces longs tuyaux blancs comme neige dont la pâte docile se dévide flexueusement, s'affine et se file incommensurablement sous les doigts d'un habile débitant ; il les compare à la chevelure de Bérénice, il les place parmi les astres ; il fait des vœux pour que tout ce qu'il touche se change en macaroni ; enfin, il demande aux dieux de le transformer lui-même en macaroni.

Un autre Valentino a laissé un poème didactique et moral de quinze mille vers environ, intitulé *Les Ciseaux* (*La Fuorfece*) ; il est divisé en deux lames et en une paire de manches ; il s'y rencontre force citations en latin, même en grec, voire en hébreu. Nunziante Pagano a retracé dans son poème, *La Mortella d'Orzoloni*, une histoire touchante et pathé-

tique, fort éloignée du genre burlesque qu'affectionnent exclusivement les autres rimeurs des environs du Vésuve. Peruccio a célébré la catastrophe supposée de la ville d'Agnano, engloutie un beau jour, et dont un lac prit la place. Fasano a donné une traduction de la *Jérusalem délivrée* ; elle fut fort bien accueillie. Laissons de côté Basile, Parmiero et divers autres, et terminons en signalant deux collections bien faites et fort curieuses de *Poemi in lingua napoletana* ; l'une a paru en 1783-88 (28 vol. in-18), l'autre en 1826 (3 vol. in-8°).
G. BRUNET.

NAPOLITAIN (Mal). *Voyez* SYPHILIS.
NAPOLITAIN (Onguent). *Voyez* ONGUENT.
NAPOLITAINE (École). *Voyez* ÉCOLES DE PEINTURE, tome VIII, page 314.

NAPPE. *Voyez* COUVERT et LINGE DE TABLE.

A l'église, la *nappe* est le linge dont on couvre l'autel. Avant le troisième siècle, on ne le couvrait ordinairement que d'une nappe ; maintenant, sud d'un met trois, deux au moins, dont une pliée en double. On appelle *nappe de communion* le linge placé devant les communiants.

En hydraulique, on entend par *nappe* une espèce de cascade dont l'eau tombe en forme de nappe, d'une pierre large et unie. Il se fait des *nappes* d'eau sur tous les degrés de certaines cascades : les plus belles sont les mieux garnies ; quand elles tombent de trop haut, elles se déchirent. On appelle aussi *nappe d'eau* une grande étendue d'eau tranquille, comme celle d'un lac, d'un étang.

Nappe, en termes de chasse, est la peau du cerf qu'on étend par terre quand on veut donner la curée aux chiens.

Il se dit aussi d'une espèce de filet qui sert à prendre les cailles, les alouettes, les ortolans.

NARBONNAISE. *Voyez* GAULE.

NARBONNE, chef-lieu d'arrondissement du département de l'Aude, bâti à l'extrémité sud d'un bassin entouré de montagnes. On chercherait en vain aujourd'hui dans Narbonne cette ville que Martial appelle la *belle* et Cicéron le *boulevard du peuple* romain. Sa grandeur et sa prospérité ont disparu. La splendeur de la Gaule celtique méridionale bien avant l'occupation des Romains n'est plus aujourd'hui qu'une ville de quatrième ordre. L'origine de Narbonne remonte à la plus haute antiquité. Polybe rapporte que dès l'an 229 av. J.-C. Pythéas de Marseille la considérait comme une des principales villes des Gaules. Plus tard (116 ans av. J.-C.), lorsque Narbonne devint colonie romaine, son importance ne fit que s'accroître. Elle prit alors le nom de *Narbo Martius*, du consul qui y conduisit la colonie. Appréciant la position de cette place, les Romains en firent le siège de leur gouvernement. Jules César l'érigea en cité, et accorda à ses habitants le droit de participer aux honneurs et aux dignités de l'empire. Sous Tibère, sa prospérité et son importance devinrent encore plus grandes ; les arts et les sciences y furent cultivés avec succès. Son école publique rivalisa longtemps avec celle de Rome. Réduite en cendres sous Antonin, ce prince la rebâtit plus belle qu'auparavant. Vers 309, Constantin le Grand en fit la capitale de la Gaule Narbonnaise. Elle avait alors son Capitole, son théâtre, son forum, des portiques, des arcs de triomphe, des thermes, des aqueducs, et méritait d'être appelée le *miroir de Rome*.

Narbonne fut une des premières villes de la Gaule converties au christianisme. Au quatrième siècle, ses évêques s'intitulèrent archevêques métropolitains et primats du premier siège. Les archevêques d'Aix et d'Arles devaient leur céder la prééminence, qu'ils leur contestèrent quelquefois. Jusqu'en 1316 les évêques de Toulouse se trouvèrent placés sous la dépendance de l'archevêque de Narbonne. Aux titres de métropolitain et de primat les archevêques de cette ville joignirent encore celui de seigneur, par la donation de la moitié de la ville, faite par le roi Pepin. Ils conservèrent cette qualification jusqu'en 1212. Six baronnies dépendaient, en outre, de cet archevêché.

Prise en 719 par les Sarrasins, Narbonne devint une

place considérablement fortifiée; mais la religion et les églises y furent détruites. Deux fois Charles Martel vint mettre le siége devant cette ville, sans pouvoir y donner suite. Pepin le Bref, son fils, finit par s'en emparer, après un siége de trois ans. Au douzième et au treizième siècle nous la voyons conclure des traités de paix et de commerce avec Gênes, Pise et Nice. Séparée par le canal de la Robine, qui partage la ville dans sa largeur en deux portions un peu inégales, de l'ouest à l'est, celle du nord prit le nom de *cité*; l'autre, située sur la rive droite de la Robine, prit le nom de *bourg*. Narbonne fut une des premières villes de France à se constituer en commune, en 1148. Chaque division de la ville eut son consulat et son administration particulière.

Les consuls ne tardèrent pas à étendre leur pouvoir et à remplacer les seigneurs et les vicomtes, auxquels ils ne laissèrent qu'un droit de suzeraineté. François Ier fit continuer les fortifications, et y ajouta les tours, bastions et courtines que l'on voit aujourd'hui. L'ingénieur chargé de la construction des remparts eut la singulière idée de réunir tous les bas-reliefs et fragments de ruines provenant des monuments romains détruits, et de les incorporer dans la partie supérieure des murailles, en sorte que l'enceinte de Narbonne présente aux amateurs et à l'archéologue un vaste et curieux musée d'antiquités.

Sous Louis XIV, le climat de Narbonne était devenu très-malsain. Le retrait de la mer ayant laissé une multitude de grands étangs stagnants autour de la ville, l'air se trouva vicié par leurs exhalaisons. Les inondations auxquelles ce pays est sujet chaque année ajoutèrent encore à cet inconvénient. De nombreuses saignées pratiquées depuis dans la plaine, en opérant l'écoulement des eaux, ont desséché le sol et assaini considérablement l'air. Un canal, qui en 1656 avait cessé d'être navigable, par l'envasement et le défaut de réparations, se trouve parfaitement entretenu. En général la ville est dépourvue d'agréments. Sa seule promenade est la double allée plantée nouvellement sur les deux côtés du port. La vaste et monotone plaine qui entoure Narbonne offre un paysage fort peu agréable. Le canal la fait communiquer à la Méditerranée par les étangs de Baye et de Sijean, et avec l'Océan par le canal du Midi. Quoique son commerce actuel soit peu étendu, elle fait encore néanmoins des exportations considérables du sel qu'elle retire des marais salants. Ses troupeaux lui donnent aussi un assez grand produit en laine, employée sur les lieux à la fabrication des draps communs et des châles. On récolte encore dans l'arrondissement de Narbonne de la soie, des grains, de l'huile, du vin, de la cire et du miel d'une grande réputation. Ses produits industriels sont : le vert-de-gris, les cuirs, les bonneteries et les toiles de fil. Au nombre des établissements charitables, on doit citer l'hôtel-Dieu, qui est à la fois hôpital civil et militaire; l'hôpital général, où sont traités les pauvres des deux sexes, ainsi que les enfants trouvés; le bureau de bienfaisance, la société maternelle.

Narbonne possède un tribunal civil de première instance, un tribunal de commerce, une école impériale d'hydrographie de quatrième classe, un petit séminaire. La cathédrale, sous l'invocation de Saint-Just, fondée en 1271, peut passer pour le plus beau monument de Narbonne. Elle a remplacé l'église de Charlemagne, laquelle avait elle-même remplacé l'église primitive, bâtie par saint Rustique, en 441. On peut regretter que cet édifice soit resté inachevé. Autrefois on y voyait, au milieu du chœur, le tombeau de Philippe le Hardi : la révolution l'a fait disparaître. L'église Saint-Paul n'a guère de remarquable que l'antiquité de son style gothique. Le pont vieux, ou pont des marchands, d'une seule arche-travée, est de construction romaine. Il paraît avoir servi à unir les deux quartiers de Narbonne à l'époque où l'Aude traversait la ville. Composé alors pour le moins de dix arches, la plupart existent encore, et servent de fondations ou de caves aux maisons situées aux abords du pont actuel.

L'ancien palais archiépiscopal ressemble plutôt à un château fort qu'à la demeure d'un prélat ; c'est là qu'ont été installés les tribunaux. La population de Narbonne est de 20,000 âmes.
L. DE TOURREIL.

NARBONNE-LARA (Louis, comte DE), né à Colonna, duché de Parme, au mois d'août 1755, mort à Torgau, le 17 novembre 1813, descendait des anciens vicomtes de Narbonne; son père était premier gentilhomme de la chambre, et sa mère dame d'honneur de la duchesse de Parme, fille de Louis XV. Amené en France à l'âge de cinq ans, il fut élevé à la cour, où sa mère fut attachée à Mme Adélaïde. Il fit ses études à Juilly, étudia le droit, les lettres, les langues étrangères, se livra à des recherches diplomatiques, et entra dans la carrière des armes. Il servit d'abord dans l'artillerie, fut ensuite capitaine de dragons, guidon de gendarmerie, et à trente ans il était colonel du régiment de Piémont. Narbonne adopta assez volontiers les idées de la révolution, qu'une partie de la noblesse propageait alors; il fut nommé en 1790 commandant en chef de toutes les gardes nationales du Doubs. Il accompagna à Rome les tantes du roi; revenu à Paris, il fut nommé maréchal de camp, mais il ne voulut de ce grade que lorsque Louis XVI eut accepté la constitution. Ministre de la guerre pendant trois mois, Narbonne visita les frontières, et fit à l'Assemblée législative un rapport pour trop exalté; il fit décréter l'organisation de trois corps d'armée : contrarié de l'opposition que lui faisait Bertrand de Mallevile dans le conseil, il était au moment de déposer son portefeuille, lorsqu'on le lui retira, le 10 mars 1792. Narbonne se rendit ensuite à l'armée. Il se trouvait à Paris à l'époque du 10 août; son dévouement à la personne de Louis XVI lui valut un décret d'accusation. Grâce à Mme de Staël, avec qui il était lié, il put se réfugier à Londres. Lors du procès de Louis XVI, il demanda à la Convention, qui le lui refusa, un sauf-conduit pour venir prendre part à la défense de ce monarque. La guerre ayant été déclarée entre la France et l'Angleterre, Narbonne quitta la Grande-Bretagne, et habita successivement la Suisse, la Souabe et la Saxe. Il rentra en France en 1801 ; en 1809 on lui rendit son grade de lieutenant général, et il fut successivement chargé d'une mission à Vienne, gouverneur de Raab jusqu'à la paix de Schœnbrunn, puis de Trieste. Plénipotentiaire en Bavière, il fit ensuite la campagne de Russie en qualité d'aide de camp de Napoléon. En 1813, Narbonne fut ambassadeur à Vienne, au congrès de Prague, et enfin gouverneur de Torgau, où il mourut. M. Villemain a consacré un volume de ses *Souvenirs* à retracer le portrait de M. de Narbonne.

NARCÉINE, alcaloïde découvert en 1832, par Pelletier, dans l'extrait aqueux d'opium. La narcéine est blanche, inodore, en cristaux aciculaires, soluble dans l'eau et l'alcool, insoluble dans l'éther : ses solutions alcoolique et aqueuse, faites à chaud, précipitent par le refroidissement. Mise en contact avec un acide minéral étendu d'assez d'eau pour qu'il ne puisse réagir sur elle, la narcéine prend aussitôt une couleur bleue : cet effet se produit avec l'acide sulfurique étendu de quatre parties d'eau, l'acide nitrique et deux parties de ce liquide, ou bien, l'acide chlorhydrique uni à parties égales d'eau ; elle ne rougit point par l'acide nitrique, et ne bleuit pas par les sels de peroxyde de fer. Elle est azotée.
JULIA DE FONTENELLE.

NARCÈS. Voyez NARSÈS.

NARCISSE, genre de plantes de l'hexandrie-monogynie, et de la famille des amaryllidées, tribu des narcissées. Un calice cylindrique en entonnoir et à limbe double, l'exté-

.rieur à six divisions profondes, ouvertes, l'intérieur en cloche ou en roue, au sommet denté ou crénelé, représentant une couronne ou un godet ; six étamines insérées à la base du limbe intérieur, et plus courtes ; un ovaire inférieur, arrondi, à trois côtés, portant un style mince, plus long que les étamines, et couronné par un stigmate divisé en trois ; une capsule presque ronde, obtuse, à trois angles et à trois cellules remplies de semences globulaires : tels sont les caractères de ce genre. Les fleurs sont renfermées avant leur développement dans une gaîne membraneuse d'une seule feuille, pliée en deux, qui s'ouvre latéralement pour donner passage à une ou plusieurs d'elles.

Les botanistes comptent environ vingt espèces de narcisses indigènes ou exotiques, dont chacune a produit un nombre infini de variétés.

Le *narcisse des poètes* (*narcissus poeticus*, L.), qu'on trouve en Italie et dans le midi de la France, où il croît spontanément dans les prairies , a été, dit-on , l'espèce la plus connue dans l'antiquité ; c'est elle qui a donné naissance à la fable de ce *beau Narcisse* se laissant consumer d'amour dans l'extatique contemplation de ses charmes, et changé par les dieux après sa mort en la fleur qui porte son nom. Cette plante fleurit au mois de mai ; sa racine est plus petite et plus ronde, ses feuilles sont plus longues, plus étroites et plus plates que celles du *faux narcisse*. Ses fleurs, simples ou doubles, solitaires dans leur spathe, blanches et à couronne pourpre, exhalent une odeur agréable, mais forte. Ce *narcisse* sert ordinairement à faire des bordures ; il ne craint point la gelée, et son ognon égale en grosseur celui d'une tulipe. Quand le printemps est sec , il faut avoir soin de l'arroser, car sans cette précaution il fleurirait difficilement. On peut sans inconvénient le laisser plusieurs années en terre. On profite, quand on veut le relever, d'un jour de juillet bien sec, et on le fait sécher à l'ombre : il se replante au mois d'octobre.

Le *narcisse des bois* ou *faux-narcisse* (*narcissus pseudo-narcissus*, L.) est très-répandu dans les prés et les bois d'Angleterre, de France et d'Italie. Sa grosse racine bulbeuse, d'où sortent cinq à six feuilles plates, de 0^m,33 de long sur 3 centimètres à peine de large, supporte une tige de 0^m,50 de hauteur, avec deux angles longitudinaux. Cette tige est surmontée d'une fleur solitaire, d'une couleur de soufre pâle, à couronne jaune et grande , faite en cloche et crépue, frangée, et aussi longue que les divisions de la corolle. Ce *narcisse* est inodore, et son ognon fleurit au mois d'avril : il se cultive comme le précédent. Parmi ses nombreuses variétés, il en est quatre qui se font remarquer, l'une à pétales blancs, avec un godet d'un jaune pâle ; l'autre à pétales jaunes, avec un godet doré ; la troisième double et jaune, la quatrième à fleurs doubles, avec trois ou quatre godets l'un dans l'autre. Ce *narcisse* est émétique, et on le préconise comme anti-spasmodique.

Le *narcisse d'Orient* (*narcissus orientalis*, L.) croît sans culture dans les campagnes de l'Orient, et son odeur, suave et parfumée, l'a fait rechercher avec empressement par les fleuristes, qui en ont obtenu un grand nombre de variétés. Ses feuilles sont larges, et sa corolle d'une blancheur éblouissante, avec une couronne intérieure, trois fois moins longue qu'elle, de couleur jaune, échancrée et divisée en trois.

Le *narcisse tazète* à bouquets (*narcissus tazetta*, L.) se rapproche beaucoup du précédent, dont il est aisé toutefois de le distinguer, puisque sa spathe contient plusieurs fleurs, tandis que celle du *narcisse d'Orient* n'en renferme que deux au plus. On lui donne communément le nom de *narcisse d'hiver*, parce qu'il fleurit dans cette saison et aux premiers jours du printemps. Son caractère spécifique est d'avoir des feuilles planes, un peu plus courtes que la tige, et de 6 millimètres de large environ ; une tige à deux angles, haute de 30 centimètres, épaisse et lisse ; une spathe enveloppant plusieurs fleurs (six à dix), dont les pédoncules inégaux et presque triangulaires ont un point commun ; une corolle à tube vert , au limbe extérieur blanc ou jaune, avec six découpures , au limbe intérieur fait en cloche, trois fois plus court , blanc , jaune soufre ou orangé. Ce *narcisse* est également répandu en Portugal , en Chypre, en Espagne , aux environs de Constantinople et dans nos provinces méridionales. Il pare nos cheminées , il parfume nos appartements dans la saison des frimas ; et de tous ceux qu'on cultive dans nos jardins d'Europe , c'est celui que donne le plus grand nombre de variétés. Les plus distinguées sont : 1° le *narcisse de Constantinople*, avec sa tige assez élevée, au sommet garni de plusieurs boutons, qui forment en s'épanouissant un merveilleux bouquet : ses fleurs doubles et parfumées, sa corolle d'un gris blanc , et son godet intérieur d'un jaune pâle et tendre ; 2° le *narcisse de Chypre*, semblable en tout au premier, mais dont l'ognon est moins gros, dont la fleur, plus petite et à odeur plus suave, s'épanouit un peu plus tard ; 3° le *grand soleil* d'or, portant une tige plus haute que les deux précédents , aux fleurs simples et presque inodores, à la corolle d'un jaune citron, à la couronne d'un jaune plus vif ; 4° enfin , le *tout blanc*, le plus tardif de tous, et dont les fleurs sont aussi blanches qu'odorantes.

Le *narcisse jonquille* (*narcissus jonquilla*, L.) est indigène d'Orient et d'Espagne, où il croît naturellement ; on le retrouve encore dans le bas Languedoc. Tout le monde connaît sa jolie fleur, son délicieux parfum, son éclat velouté. Du centre de son ognon , étroit , allongé et recouvert d'une pellicule brune, s'élève une tige tendre et sillonnée, au sommet de laquelle une gaîne membraneuse réunit , depuis deux jusqu'à sept ou huit , les fleurs soutenues par des pédoncules inégaux naissant d'un point commun. On ne connaît que deux variétés de *narcisse jonquille*, l'une simple, l'autre double, et la même culture leur est commune. Leur ognon doit se planter en septembre, dans une terre franche, ni trop légère, ni trop forte, et sans mélange de racines d'arbres, d'herbes nuisibles et de fumier. On le relève tous les ans, ou seulement tous les deux ou trois ans, au mois de juin ou de juillet.

Mentionnons encore le *narcisse odorant* (*narcissus odorus*, L.), originaire des contrées australes de l'Europe, à fleurs blanches ou jaunes ; le *narcisse à bulbes* (*narcissus bulbocodium*, L.), connu sous l'appellation vulgaire de *trompette de Médise* ou de *cotillon à panier*, originaire de Portugal et d'Espagne, à une fleur jaune et solitaire ressemble à celle d'un liseron ; le *narcisse musqué* (*narcissus moschatus*) d'Espagne, à spathe uniflore , à fleur blanche ou jaune, d'une odeur de musc agréable et prononcée ; le *triandre* (*narcissus triandrus*, L.), qui fait exception au genre , n'ayant pour l'ordinaire que trois étamines, et croît sur les Pyrénées ; le *narcisse d'automne* (*narcissus serotinus*, L.), à fleur toute blanche , à spathe multiflore , fleurissant en automne, et répandu sur les côtes de Barbarie, en Espagne et en Italie ; enfin, le *narcisse d'Espagne* (*narcissus hispanicus*, Gouan.), si commun dans les Pyrénées , avec sa corolle aux deux limbes jaunes, et répandant parfois une odeur semblable à celle du syringa.

NARCISSE , jeune Grec de Thespies, d'une incomparable beauté, était fils du fleuve Céphise et de la nymphe Liriope. Épris de ses perfections physiques, il dédaignait les femmes, non par chasteté, comme Hippolyte , mais par un excès de vanité. L'Amour, irrité, prononça contre lui une imprécation qu'écrivit Némésis. Ce dieu le frappa d'une folie lente, d'une passion sans réalité, sans espoir ; il le rendit éperdument épris non de lui-même, comme naguère, mais de son image. Sur les frontières de Thespies, non loin d'un bourg nommé Donacou, coulait dans un lieu charmant une fontaine solitaire : penché sur le miroir de cette fontaine, Narcisse se sentit pour la première fois follement épris de son image et embrasé d'un feu dont il mourut lentement consumé, payant ainsi son indifférence et ses mépris pour la trop sensible Écho. L'aveugle Tirésias avait prédit aux parents de Narcisse qu'il vivrait tant qu'il ne verrait pas son image.

A la place de Narcisse expiré, les nymphes, qui voulaient lui élever un tombeau malgré ses dédains pour elles, ne trouvèrent, au bord émaillé de la fontaine, qu'une fleur inconnue, à laquelle elles donnèrent son nom.

Telle est l'ingénieuse version d'Ovide dans ses *Métamorphoses*, tel est le Narcisse de la fable. Pausanias fait de Narcisse un jeune homme qui meurt du chagrin d'avoir perdu sa sœur jumelle qui lui ressemblait infiniment.

DENNE-BARON.

NARCISSE, affranchi, puis secrétaire de Claude, et l'un des amants de Messaline, fut le favori le plus puissant et le plus riche de cette cour exécrable. Digne d'elle en tous points, il possédait la ruse à un haut degré; ferme, audacieux et capable, il monta tout d'une course au sommet du pouvoir et de la fortune. Ses richesses étaient immenses : il laissa 400 millions de sesterces. Avide et prodigue, il ravissait l'or d'une main et le jetait de l'autre; son luxe surpassait celui de l'empereur; il n'eut d'égaux en prodigieuses somptuosités que Crassus et Lucullus. Cet insolent affranchi osa haranguer les légions de Plautius, qui se refusaient à une expédition dans la Grande-Bretagne. Les légions, les seules conservatrices de la fierté romaine, couvrirent de huées la voix de l'orateur ; *Aux Saturnales! aux Saturnales!* cria toute l'armée, faisant ainsi allusion aux entraves et aux fers qu'il avait naguère portés. Puis, tous les soldats, tournant la tête vers leur chef : « Menez-nous où vous voudrez, » crièrent-ils d'un accent unanime. Toutefois, l'affranchi, qui sentait lui échapper l'ascendant qu'il avait sur Messaline, à laquelle son autorité sans bornes portait ombrage, conçut des craintes sérieuses. Narcisse fait ordonner par Claude la mort de Messaline, et cette mort est déjà un fait accompli avant que le stupide empereur, prêt à pardonner à son impudique épouse, eût pu se rendre compte de ce qu'on exigeait de lui. Sans la résolution vive de Narcisse, c'en eût été fait de la puissance et de la vie de l'audacieux affranchi. Claude récompensa d'un crime odieux l'amant jaloux, le favori déchu, en l'investissant de la questure. Enhardi par l'assassinat de Messaline, cet esclave prétendit donner à son maître une impératrice de son choix ; mais Agrippine, soit par ruse, soit par ses charmes, avait déjà fixé les stupides regards de Claude. Le puissant affranchi protégeait de sa bassesse le vertueux Britannicus contre l'ambition d'Agrippine, qui menait par la main le jeune Néron au trône des césars. L'adroite Agrippine engagea le luxueux favori, malade de la goutte, à se rendre aux bains de Campanie, pour raffermir sa santé. Narcisse se laissa persuader; il partit. Sans délai, profitant de son absence, Agrippine accomplit sur son époux par le poison le lâche parricide qu'elle méditait déjà en lui donnant la main aux autels des dieux. A cette nouvelle, Narcisse, qui avait à craindre le dernier supplice, ne faillit point à sa fermeté ordinaire ; il se donna la mort, l'an 54 de notre ère, après avoir brûlé les papiers importants qui eussent attiré sur bien des têtes la vengeance d'Agrippine. « Cet homme, dit Tacite, convenait merveilleusement aux vices encore cachés de Néron. » Et Néron seul le pleura. Il appartient à un monstrueux successeur des césars, au seul Vitellius, d'avoir parmi ses dieux domestiques les images en or de Narcisse.

DENNE-BARON.

NARCOTINE, alcaloïde découvert en 1804, dans l'opium, par Derosne, et nommé successivement *opiane*, *sel cristallisable de l'opium*, *sel de Derosne*. A l'état de pureté, la narcotine est en prismes rhomboïdaux, en aiguilles déliées ou en paillettes nacrées ; elle est inodore et insipide ; elle fond au-dessus de 100° centigrades ; elle est insoluble dans l'eau froide ; l'eau bouillante n'en dissout que $\frac{1}{175}$, et l'alcool bouillant que $\frac{1}{120}$; elle est soluble dans l'éther ainsi que dans les huiles fixes et volatiles ; l'acide nitrique concentré ne la rougit point, comme la morphine et les sels de peroxyde de fer ne lui communiquent aucune couleur ; les acides la dissolvent, sans perdre leurs propriétés, et donnent lieu à des sels acides très-amers. Le procédé le plus facile pour obtenir la narcotine consiste à traiter le marc d'opium, qui a été épuisé par l'eau froide, par de l'acide acétique étendu d'eau et bouillant; on filtre, et l'on précipite par l'ammoniaque. Le précipité obtenu, après avoir été lavé à l'alcool faible, est mis en ébullition avec de l'alcool à 40°, qui par le refroidissement laisse cristalliser la narcotine.

D'après Magendie, c'est à la présence de la morphine et de la narcotine dans l'opium que sont dus les effets variables de ce médicament. La morphine provoque fortement le sommeil, et la narcotine produit des effets convulsifs, avec agitation des mâchoires, écume à la bouche, etc.

D'après M. Liebig, la narcotine est ainsi composée : carbone, 65,27 ; hydrogène, 5,35 ; azote, 3,78 ; oxygène, 25,63.

JULIA DE FONTENELLE.

NARCOTIQUE. On donne le nom de *narcotiques* aux substances diverses qui jouissent de la propriété de produire l'assoupissement, comme *l'opium*, la belladone, etc.; elles paraissent agir en diminuant les propriétés vitales de tous les tissus, et exercent une influence particulière sur le cerveau, etc. On les nomme *sédatifs* ou *calmants*, quand on les emploie à calmer une excitation morbifique , à modérer le cours trop vif de la circulation, etc.; *anodins*, quand ils paralysent la douleur, et *hypnotiques* quand ils provoquent le sommeil.

JULIA DE FONTENELLE.

NARCOTISME. C'est ainsi qu'on désigne l'ensemble des effets qui sont déterminés par les substances narcotiques. Le *narcotisme* n'est souvent qu'un assoupissement plus ou moins profond ; d'autres fois, c'est un empoisonnement qui a pour caractères l'assoupissement, un engourdissement général, une sorte de stupeur ou d'ivresse, des nausées avec délire, vertiges, mouvements convulsifs, gonflement des yeux, dilatation des pupiles, etc.

JULIA DE FONTENELLE.

NARD. Les écrivains anciens, tant sacrés que profanes, citent parmi les plus précieux des parfums une substance végétale qu'ils appellent *nard*, mais dont ils n'indiquent l'origine et les caractères qu'en des termes extrêmement vagues. C'était avec du *nard* que se parfumait l'épouse dans le *Cantique de Salomon* : « Le nard dont j'étais parfumée exhalait l'odeur la plus suave. » C'était avec du *nard* que les riches Romains se parfumaient les mains et le front dans leurs festins, ainsi que le dit positivement Pétrone dans le *Festin de Trimalcion* ; ainsi que le disent encore en vingt endroits Horace et Tibulle :

. . . . Assyriaque nardo
Potamus uncti.

(HORACE, lib. II, *ode* 8.)

Jamdudum syrio madefactus tempora nardo.

(TIBULLE, lib. C.)

Ce fut avec du *nard*, enfin, que, dans la maison de Simon le Lépreux, Marie-Madeleine oignit les pieds de Jésus de Nazareth. Les anciens employaient également le *nard* comme médicament : Théophraste, Dioscoride, Hippocrate, en font mention fréquente, et en conseillent l'usage pour dissiper les obstructions du foie, de la rate, du mésentère, pour exciter les urines et la sueur ; pour neutraliser les venins, etc. ; et Galien traita l'empereur Marc-Aurèle d'une faiblesse d'estomac en lui conseillant des frictions d'onguent de nard sur l'épigastre. Il semblerait qu'une substance végétale aussi généralement employée et jouissant d'une si haute faveur, soit comme aromate, soit comme agent thérapeutique, aurait dû être assez exactement décrite pour qu'il nous fût possible de la retrouver aujourd'hui. Il n'en est rien toutefois ; et il est même extrêmement probable que les Romains eux-mêmes n'ont jamais connu la plante qui leur fournissait ce *nard* dont ils faisaient si grand cas. Et en effet Galien se plaint amèrement des falsifications que l'on faisait subir au *nard*, et qui le rendaient en même temps inerte et méconnaissable. Dans des temps plus modernes, vers le seizième siècle, le nard acquit de nouveau une grande vogue en médecine, ainsi qu'il est écrit dans les œuvres de Bontius, de Rivière, de Crantz, de Geoffroi, de Murray, de Sprengel, etc.

Aujourd'hui, l'on connaît dans les pharmacies sous le nom de *nard indien* ou *spica-nard* une substance végétale qui nous vient en effet des Indes, et plus spécialement de Ceylan. Cette substance nous arrive sous forme de corps entouré de plusieurs membranes ou tuniques concentriques, qui elles-mêmes sont composées de petites fibres entre-croisées en tous sens et ressemblant à un réseau. Il paraît évident que ce sont des bas de tiges coupées près de la racine et encore enveloppées dans les gaines subsistantes des feuilles. Cette substance a une odeur assez forte, mais peu agréable, et une saveur amère, propriétés qu'elle doit probablement à un principe résineux et à une huile éthérée qu'elle renferme. Elle est tombée dans le discrédit le plus complet, soit comme parfum, soit comme médicament.

En médecine, les anciens faisaient entrer le nard dans la thériaque, le mithridate, l'hiera de coloquinte, l'huile de scorpion, etc. En parfumerie, ils l'associaient à la racine du *calamus aromaticus*, à la myrrhe, à l'opobalsamum, à l'huile de ben, à l'huile première des olives. Parmi les innombrables opinions qui ont été émises sur les plantes qui fournissaient aux anciens le nard, nous n'en citerons qu'une seule ; c'est celle qui a été avancée par un savant anglais (*Recherches asiatiques*, tome II). Suivant ce savant orientaliste, le nard de Ptolémée et de Dioscoride n'était autre chose que la racine et le bas de la tige d'une plante connue des Hindous sous le nom de *djatamansi*, et nommée par les Arabes *sombul* (épi, pique), parce qu'en effet la base de la tige est entourée de fibres qui lui donnent l'apparence d'un épi, et qui justifient parfaitement les noms de *stachys* et de *spica*, par lesquels les Grecs et les Romains la désignaient. Cette plante est une valériane, qui croît dans les parties les plus montagneuses de l'Inde, le Népaul, le Boutan, etc.

Le mot *nard* vient des langues orientales, et très-probablement c'est un mot de la langue primitive, car il se trouve identique dans les langues qui en dérivent le plus directement. En effet, les Hébreux écrivent *nerd*; les Chaldéens *nirda*; les Arabes et les Syriaques *nardin*.

BELFIELD-LEFÈVRE.

NARDA. Voyez ARTA.

NARDINI (PIETRO), l'un des plus célèbres violons du dix-huitième siècle, né à Livourne, en 1725, se forma à Padoue sous Tartini, dont il fut l'élève le plus remarquable. En 1762 il entra dans la chapelle de Stuttgard; il revint en 1763 à Livourne, d'où en 1769 il alla voir à Padoue son ancien maître, qu'il soigna dans sa dernière maladie avec la tendresse d'un fils. L'année suivante, il fut attaché comme premier violon à la chapelle de Florence, où il mourut, en 1796. On a de Nardini beaucoup de compositions pour violon et quelques trios pour flûte. Au total, ses œuvres sont d'un caractère sérieux, mais perdent beaucoup quand elles ne sont pas exécutées dans l'esprit de l'ancienne école de Tartini. Nardini brillait surtout dans l'exécution des *adagio*: on eût cru plutôt entendre l'accent humain que le son d'un instrument.

NARD SAUVAGE. Voyez CABARET (*Botanique*).

NARINES, ouvertures irrégulièrement ovalaires, qui occupent la base du nez, et servent d'orifice aux fosses nasales. Elles sont séparées l'une de l'autre par une petite cloison, en partie cartilagineuse, en partie osseuse, formée en avant par le cartilage nasal, et en arrière par la lame ethmoïdale jointe au vomer; elles sont souvent tapissées de poils qui finissent par devenir assez forts chez l'homme. C'est en mettant, comme l'on dit, les *narines au vent*, que la plupart des animaux flairent et éventent ce qui d'abord ne frappe que légèrement leur odorat.

NARISCHKIN (Les). Cette famille russe, dont le nom primitif était, dit-on, *Yarischkin*, ne fut élevée au rang des boyards que le 22 janvier 1671, à l'occasion du mariage du czar Alexis avec *Natalie Kirilofna* NARISCHKIN; mariage dû à l'influence exercée par le ministre *André Matdvejef*, lequel réussit à rendre durable le pouvoir de Natalie sur l'esprit de son époux. Ce pouvoir s'accrut encore quand *Iwan Kirilowitsch* NARISCHKIN, propre frère de l'impératrice, eut généreusement sacrifié sa vie pour sauver celle de son souverain, lors de la grande révolte des strélitz; en 1682. En 1719 Pierre le Grand accorda à *Alexandre* NARISCHKIN, fils de *Léon*, second frère de Natalie, le titre de comte, et même, suivant les prétentions de la famille Narischkin, la dignité de prince. Cependant, jusqu'à ce jour elle n'a jamais fait précéder son nom d'aucun titre. Les donations qui lui ont été faites par les czars Alexis, Pierre le Grand et autres, l'ont rendue l'une des plus riches familles de l'empire; et elle a constamment joué un grand rôle à la cour de Saint-Pétersbourg. Elle possède la plus grande partie des villages situés sur la droite de la grande route de Moscou à Smolensk.

NARQUOIS. Voyez DRILLES.

NARRATION. En rhétorique, la narration est l'exposition développée des faits. Il n'est point de genre où la narration ne puisse avoir lieu; seulement dans les uns elle domine et remplit le fond, comme dans le genre historique; dans les autres elle est accidentelle, comme dans le genre oratoire. En poésie, la même différence se retrouve entre l'épique et le dramatique.

Les règles de la narration sont relatives au sujet considéré en lui-même, à l'intention du narrateur, au but qu'il se propose, aux convenances et à l'occasion. Mais dans tous les cas le devoir de celui qui raconte est d'instruire et d'intéresser. Les qualités essentielles de la narration sont donc la clarté, la vérité ou la vraisemblance, et l'intérêt.

La narration sera claire si le narrateur distingue nettement les choses, les personnes, les temps, les lieux, le motif des actions ; si les faits y sont à leur place et dans leur ordre naturel ; s'il n'y a rien de louche, d'inexplicable, de contourné, rien d'oublié, que l'on désire, si l'expression est lucide et convenable aux objets qu'elle décrit.

La narration doit être vraie ou vraisemblable, selon le genre auquel elle appartient. La vérité ou vraisemblance consiste à présenter les choses comme on les voit dans la nature; à observer l'à-propos et les convenances relatives au caractère, aux mœurs, aux qualités des personnes, aux circonstances de temps et de lieu. Que Cinna rende compte à Émilie, dans l'appartement même d'Auguste, de ce qui vient de se passer dans l'assemblée des conjurés, la personne et le temps sont convenables, mais le lieu ne l'est pas. Quand Théramène raconte à Thésée tous les détails de la mort d'Hippolyto, la personne et le lieu sont bien choisis, mais point le temps : ce n'est pas dans le premier accès de la douleur d'un père, qui se reproche la mort de son fils, peut entendre la description du prodige qui l'a causée.

Ce n'est pas tout de narrer avec clarté et vraisemblance, il faut encore exciter et soutenir l'intérêt. Il y a deux sources d'intérêt dans le récit, le fait en lui-même, et la manière de le raconter. Dans les ouvrages d'imagination, le choix du sujet et la combinaison des faits appartiennent le plus souvent à l'auteur. Or, c'est dans ce choix que consiste le principal mobile de l'intérêt. Dans les sujets imposés, dans ceux où les faits doivent être présentés dans toute leur réalité, il faut, pour produire l'intérêt qui appartient au sujet lui-même, mettre en évidence toutes les circonstances favorables qui s'y rattachent, en faire sentir toute l'importance par des observations substantielles, en faire découler naturellement une source de réflexions et de lumière. Quant à l'intérêt qui vient de la manière de raconter, il consiste surtout dans la convenance et dans l'agrément du style. Ceci est du ressort de l'élocution.

Il est encore une qualité essentielle et plus particulière à l'art oratoire : c'est une certaine adresse à présenter les faits sous un point de vue favorable au sujet, à arranger les circonstances du récit de telle sorte qu'elles conduisent d'elles-mêmes l'esprit à des inductions avantageuses à l'opinion qu'on soutient, à la vérité qu'on veut faire triompher. Ici le narrateur doit, sans altérer la vérité ni détruire la substance des faits, insister sur les circonstances favorables, adoucir ou voiler légèrement celles qui seraient choquantes, réunir et accumuler les unes par des rapports, des analogies, des contrastes, isoler les autres, etc. Cet art est d'autant plus parfait qu'il est mieux dissimulé. Auguste HUSSON.

NARSÈS ou NARCÈS, eunuque de la cour de Constantinople, était né en Perse. On le voit figurer d'abord comme chambellan de Justinien. Il servit ensuite très-utilement ce prince lors de la révolte d'Hippace et de Pompée. Bientôt après il débarque près de Ravenne avec 5,000 hommes, surprend les Goths aux environs de Rimini, et les force d'abandonner leur camp. Bélisaire, arrivant au moment de la déroute de l'ennemi, félicita les troupes de leur succès, qu'il attribuait à l'habileté d'un autre général, Eldiger. « Il n'en a point le mérite, répondit un des autres chefs; nous ne devons la victoire qu'au génie de Narsès. » Ce fut là le commencement de la fatale division de Narsès et de Bélisaire. Narsès refusant d'obéir à Bélisaire, se retira avec les soldats qu'il avait amenés. Ce ne fut que treize années plus tard, alors que les Goths conquéraient l'Italie, qu'il reparut dans les camps avec le titre de général de l'armée d'occident. Tout l'empire vit un tel choix avec étonnement; mais Narsès, par son génie, sa prudence et son activité, ne tarda pas à le justifier. Il marcha contre les Goths, commandés par leur roi Totila, et les défit en deux batailles rangées, l'an 552. Toutes les villes qui se trouvèrent sur sa route lui ouvrirent leurs portes; et il vint s'emparer de Rome, d'où il chassa les Goths. Narsès, toujours rapide et toujours heureux, atteignit après de Casilin toutes les forces ennemies, et remporta sur elles une victoire décisive. L'Italie tout entière se vit rangée de nouveau sous les lois romaines. Narsès la gouverna treize ans.

Après la mort de Justinien et de Bélisaire, Narsès, qui conservait à quatre-vingt-quinze ans toute la vigueur de l'esprit et du corps, était seul capable d'arrêter l'invasion des Lombards; mais des intrigues de cour, en voulant perdre ce grand capitaine, ouvrirent les Alpes à l'ennemi. L'impératrice Sophie, femme de Justin II, détermina l'empereur à rappeler ce général, et à lui ordonner d'apporter à Constantinople les trésors qui se trouvaient à Rome. Narsès répondit « qu'enlever cet argent à l'Italie, c'était la priver de tout moyen de défense, et qu'il était prêt à rendre un compte exact de l'emploi de ces fonds ». Alors les courtisans persuadèrent à l'impératrice que Narsès voulait se rendre indépendant en Italie. Celle-ci, plus femme que reine, et de plus en plus dominée par sa haine et par son mépris pour le vieux général, lui envoya une quenouille et un fuseau, avec une lettre qui ne contenait que ces mots : « Revenez sans délai ; je vous donne la surintendance des ouvrages de mes femmes; c'est la place qui vous convient : il faut être homme pour avoir le droit de manier des armes et de gouverner des provinces. » Narsès, furieux, dit au courrier qui lui apportait cette lettre insolente : « Pars, et annonce à ta maîtresse que je lui file une fusée qu'elle ne pourra jamais dévider. » Entraîné par son ressentiment, Narsès oublia ce qu'il se devait à lui-même; il sortit de Rome, se retira à Naples, et écrivit à Alboin, roi des Lombards, pour l'inviter à venir conquérir l'Italie, en l'assurant que sa marche ne serait arrêtée par aucun obstacle. Toutefois, il se repentit bientôt après de ce premier mouvement. Écoutant les conseils du pape Jean III, il rentra dans Rome, où il lui accueilli comme on devait s'y attendre : « Pars, et annonce à ta maîtresse que je lui file une fusée qu'elle ne pourra remplir ce beau rôle. Rien n'était préparé pour la défense. Alboin, à la tête d'une armée nombreuse, avide de carnage et de butin, s'était précipité sur l'Italie, où il voyait tout fuir devant lui. C'est sur ces entrefaites, que Narsès, affaibli par l'âge et hors d'état de marcher à la rencontre des envahisseurs, mourut accablé de remords, et pleurant sa longue gloire ternie par un moment d'égarement. Narsès est un exemple frappant des bizarreries du sort. « Étranger, dit un historien, captif, esclave, maltraité par la nature, qui lui avait donné une figure basse et une taille courte, mutilé par les hommes, rien ne pouvait annoncer son élévation. Il dut sa fortune à un caprice de l'empereur et sa gloire à son génie. »

CHAMPAGNAC.

NARUSZEWICZ (ADAM-STANISLAS), historien et poëte polonais, né en 1733, en Lithuanie, entra en 1748 dans l'ordre des Jésuites, et après avoir voyagé en Allemagne, en France et en Italie, fut préposé à la direction du *Collegium nobilium* des jésuites à Varsovie. Lors de la suppression de l'ordre de Jésus, Stanislas-Auguste le nomma évêque de Smolensk et plus tard de Luck. En 1773 le roi le chargea d'écrire en détail l'histoire du premier partage de la Pologne; et le travail de Naruszewicz, qui ne fut point imprimé, obtint l'approbation entière du prince qui l'avait commandé. Stanislas-Auguste confia alors à Naruszewicz la mission d'écrire une histoire complète de Pologne, et rétribua royalement ce travail. Telle fut l'origine de l'*Histoire de Pologne* de Naruszewicz (Varsovie, 1780). Cet ouvrage obtint un grand succès et le mérita, à cause de la critique pleine de sagacité qui distingue les récits de l'auteur, dont le style a quelque chose de la concision et de l'énergie de celui de Tacite. Quand son protecteur eut été renversé du trône, Naruszewicz se consacra exclusivement à ses devoirs épiscopaux, et résida dès lors à Ianowiec, en Gallicie, où il mourut, en 1796, de la douleur que lui causait le triste sort de sa patrie. On a aussi de lui une traduction de Tacite, une biographie de Chodkjewicz, célèbre général lithuanien, une *Histoire des Tatares, des Idylles* et des *Satires.*

NARVAEZ (Don RAMON), duc de VALENCIA, général et homme d'État espagnol, né en 1795, à Jaen, en Andalousie, était encore très-jeune quand il prit part à la guerre de l'indépendance; et il était colonel lorsque la guerre civile éclata en 1833 dans les provinces basques. La vigueur qu'il déploya contre les carlistes lui valut le grade de brigadier. Ce qui contribua surtout à mettre son nom en avant, ce fut l'énergie avec laquelle il poursuivit, l'épée dans les reins, le général carliste Gomer dans son audacieuse expédition à travers toute l'Espagne, en 1836. Quand la guerre cessa dans les provinces basques, il se brouilla avec Espartero. Il prit complétement fait et cause pour la reine régente Marie-Christine, et fut de ceux qui en 1841 eurent recours à l'insurrection pour renverser Espartero. Mais la tentative qu'il fit au mois d'octobre 1841 pour s'emparer de Cadix ayant échoué, il fut exilé à Paris, où, comme l'un des chefs des *moderados*, il fit partie de la *camarilla* de Marie-Christine, chassée comme lui d'Espagne. Narvaez, par son caractère résolu et énergique, était tout à fait l'homme qui convenait pour l'exécution des projets de contre-révolution tramés par l'ex-régente ; et en 1842 il se rendit à Perpignan, afin de pouvoir de là mieux diriger les intrigues christinistes. Lors de l'insurrection qui éclata en Espagne en 1843, contre Espartero, ce fut lui surtout qui contribua au succès de cette levée de boucliers; et après la victoire, il fut créé *duc de Valencia* et grand d'Espagne de première classe. La reine le plaça en outre à la tête des affaires, et par son énergie il parvint à comprimer toutes les tentatives des progressistes et des *ayacuchos*. Le ministère dont il avait la présidence ayant été renversé en 1846 (*voyez* ESPAGNE), il se tint à l'écart, et sembla même vouloir abandonner la cause de Marie-Christine, parce que cette princesse, contrairement à son avis, avait marié sa fille Isabelle avec le prince François d'Assise. Le ministère Pacheco, jugeant la présence de Narvaez dangereuse en Espagne, prit le parti de l'éloigner, et colora son exil du titre d'ambassadeur à Paris. Mais Narvaez s'était réconcilié avec Christine, et dès le 4 octobre il était rappelé à la présidence du conseil comme ministre des affaires étrangères. Par suite d'une nouvelle brouille survenue entre Marie-Christine et lui, qui eut pour cause son refus de faire aux enfants issus du second mariage, contracté par cette princesse avec Muñoz, les grandes positions que leur mère voulait leur assurer, il donna sa démission, le

10 janvier 1851, et se retira à Paris. Il ne tarda point, il est vrai, à rentrer en Espagne; mais il y resta l'objet des craintes et des défiances de la cour, parce qu'il désapprouvait en général les atteintes portées à la constitution depuis le ministère Murillo. En 1853 il fut même encore question de l'exiler, sous prétexte de lui confier l'ambassade de Paris ou de Vienne; mais Narvaez refusa l'une et l'autre de ces positions, et vint volontairement se fixer en France, où il demeura, jusqu'au mois de juillet 1856. Apprenant alors que le maréchal O'Donnell se séparait d'Espartero pour former un ministère réactionnaire, il s'empressa d'accourir en Espagne; mais il reçut bientôt l'ordre de s'arrêter et de retourner en France.

NARVAL, genre de cétacés de la famille des delphiniens, parfaitement caractérisé, et très-nettement différencié de tous les autres genres de la même famille, par les anomalies extrêmement remarquables que les narvals présentent dans leur système dentaire. En effet, au lieu de l'appareil dentaire en général si complet dans toute la famille des dauphins, on ne rencontre chez le jeune narval que deux germes dentaires, disposés dans deux alvéoles, creusées chacune dans l'un des os intermaxillaires supérieurs. De ces deux germes, l'un, et c'est presque toujours le germe droit, avorte dans le plus grand nombre de cas, tandis que le germe gauche ne tarde pas à faire saillie hors de l'alvéole, et se développe, chez le narval adulte, en une défense droite, horizontale, sillonnée de stries contournées en spirales, dirigée parallèlement à l'axe du corps, et longue quelquefois de huit à dix pieds : il semblerait que tous les éléments qui concourent à former le système dentaire des autres dauphins se fussent réunis chez le narval en une seule dent, et que la diminution numérique des corps dentaires fût ici compensée par l'immense augmentation en volume de celui qui est demeuré seul (Isidore Geoffroy Saint-Hilaire). Il importe toutefois de remarquer que cet avortement de l'un des deux germes dentaires n'est pas un fait constant : dans quelques cas, rares il est vrai (et c'est surtout chez les femelles que ces cas se présentent), le narval retombe dans les conditions organiques de l'état normal des autres mammifères; et les deux dents, sortant également de leurs alvéoles, se développent parallèlement et symétriquement des deux côtés de l'axe médian du corps, ainsi que Reisel, Anderson, Albers, Donaterre et quelques autres naturalistes en ont constaté de nombreux exemples.

La forme et les proportions du narval paraissent être très-favorables à une rapide translation dans l'eau, et rappellent celles du béluga et du marsouin globiceps. Sa longueur moyenne est de cinq à six mètres; son plus grand diamètre, qui se trouve un peu en arrière des nageoires pectorales, est d'un mètre environ ; sa nageoire caudale présente environ 1^m,30 d'envergure, sur une longueur proportionnelle; sa nageoire dorsale, véritablement rudimentaire, se réduit à une arête irrégulière et peu saillante, quoique très-étendue en longueur; ses nageoires pectorales sont courtes, étroites et coupées obliquement. La peau du narval, entièrement nue, brillante et lisse, est recouverte d'un épiderme fort mince, et recouvre elle-même une épaisse couche de graisse lardacée. Chez les individus adultes, la partie dorsale du tégument est d'un gris noirâtre parsemé de taches plus foncées et très-nombreuses : ces taches deviennent plus clair-semées vers les flancs, qui, ainsi que le ventre, sont d'une teinte bleuâtre. Chez les individus plus avancés en âge, la peau, dans toute son étendue, prend une teinte fauve, sur laquelle les taches noirâtres deviennent de plus en plus saillantes.

Le narval habite presque exclusivement les mers du Nord, et longe d'ordinaire les côtes du Groënland et de l'Islande; quelquefois, mais rarement, il se hasarde plus au sud, et il en est même qui sont venus échouer sur les côtes d'Angleterre. Ils vivent en troupes assez nombreuses, et se nourrissent principalement de méduses, de sèches, de poulpes, de petits poissons, etc., Quelques naturalistes affirment qu'ils livrent la guerre aux grands animaux pélagiques, qu'ils les transpercent de leur longue défense, et qu'ils se repaissent de leurs cadavres; mais cette opinion paraît peu soutenable, lorsque l'on fait réflexion que la bouche du narval, extrêmement petite, est complétement dépourvue de tout appareil de mastication.

Les zoologistes ne sont pas davantage d'accord sur les services que peut rendre au narval la longue dent dont il est armé. Les uns n'y voient qu'un organe à peu près inutile, qui cause au narval bien plus de dommage qu'il ne lui rend de services; ceux-là prétendent que souvent dans ses courses inconsidérées le narval enfonce sa longue défense dans les corps sous-marins avec une telle violence qu'il lui devient impossible de la dégager, et qu'il périt asphyxié lorsqu'il ne parvient pas à la briser. Scoresby pense que cette défense peut servir à briser de minces couches de glace où à transpercer les petits animaux dont le narval se nourrit, et que sa bouche inerme ne lui permet pas de saisir. D'autres, enfin, font de cette dent unique une arme offensive, justement redoutée de tous les habitants des mers; et Steigertahl raconte, d'après le dire d'un capitaine de vaisseau baleinier, que le narval ne balance pas à plonger sa défense dans les flancs des grands cétacés, et boit avidement l'eau rougie du sang qui jaillit de la blessure qu'il a faite.

En somme, l'histoire naturelle du narval nous est peu connue; et autant en faut-il dire de son histoire anatomique. Lacépède admettait dans le genre narval trois espèces distinctes, mais les travaux des zoologistes modernes ont ramené ces trois espèces à une seule.

Le mot *narval* (que l'on écrit également *narwal*, *narwhal* et *narhwal*) provient de deux mots tudesques ou celtiques : *narh*, qui signifie *charogne*, *cadavre*, et *whale*, qui dans presque toutes les langues du Nord désigne la *baleine*. Cette étymologie s'explique différemment : les uns prétendent que le narval a été ainsi nommé parce qu'il recherche comme nourriture les cadavres des habitants des mers; étymologie peu probable, puisqu'elle repose sur un fait suivant toute apparence faux. D'autres disent que cette dénomination se rapporte à une croyance des Islandais, qui regardent la chair du narval comme mortelle, croyance qui n'a aucun fondement réel, et qui est loin d'être générale parmi les peuples du Nord, puisque les Groënlandais estiment la chair du narval un manger fort délicat et la font sécher à la fumée pour l'usage de leur table. Quant à toutes les autres dénominations par lesquelles le narval se trouve désigné dans les anciens naturalistes (*monoceros*, *ein-horn*, *unicorn*, *een-hlorning*, *licorne de mer*, *monodon*, etc.), elles signifient toutes *corne unique*, et elles indiquent la singulière anomalie que présente l'appareil dentaire de ce cétacé.
BELFIELD-LEFÈVRE.

NARVAL (Corne de). *Voy.* NARVAL et DENTS DE NARVAL.

NARWA, ville et place forte du gouvernement de Saint-Pétersbourg (Russie), sur la rive gauche de la Narwa ou Narova, qui provient du lac Peïpus et qui à 14 kilomètres de son embouchure dans le golfe de Finlande, à *Ioala*, bourg où l'on compte de nombreuses fabriques, forme une chute de 7 mètres d'élévation, large de plus de 150 mètres, et partagée en deux parties par une île. Narwa se compose de la ville proprement dite, généralement habitée par des Allemands, et du faubourg fortifié d'*Iwangorod*, sur la rive droite du fleuve, où n'habitent que des Russes. Elle possède un port, un arsenal, une bourse de commerce et 5,000 habitants. Il s'y fait un commerce forct actif on planches et madriers, grains, chanvre et lin, ainsi qu'une pêche très-considérable de saumons et autres poissons. Narwa fut fondée en 1213, par le roi de Danemark Waldomar, et prise en 1553 par le grand-prince Iwan Wassiljewitsch aux Suédois, qui s'en rendirent de nouveau maîtres en 1590, et en 1658 elle soutint des sièges opiniâtres contre les Russes.

Le 30 novembre 1700, le roi de Suède Charles XII, n'ayant sous ses ordres que 8,200 hommes, battit sous les murs de Narwa une armée russe de 80,000 hommes commandée par le duc de Croy, et lui enleva son camp retranché. Quatre ans plus tard le czar Pierre le Grand effaça la honte de cette défaite en prenant d'assaut Narwa, qui depuis lors est restée en la possession de la Russie.

NASAL, pièce d'armure. *Voyez* CHANFREIN.

NASHVILLE, chef-lieu du Tennessee.

NASI. *Voyez* CARAÏTES.

NASIRÉENS ou **NAZARÉENS**. On nommait ainsi chez les anciens Juifs une espèce d'ascètes, qui, entre autres vœux, faisaient celui de ne se jamais couper les cheveux ; ils s'abstenaient de vin, et ne touchaient pas les corps des morts. Samuel et Samson étaient nasiréens.

NASSAU (Duché et Maison de). Le duché de Nassau est borné au nord par la province du Rhin et par la Westphalie (Prusse); à l'est, par le grand-duché de Hesse, par la Prusse, Hesse-Hombourg, la Hesse électorale et le territoire de la ville libre de Francfort; au sud, par le même territoire et par le grand-duché de Hesse ; à l'ouest, par la province du Rhin (Prusse), et, à l'exception d'un seul bailliage et de deux enclaves situées entre les deux Hesses, forme un territoire assez arrondi, d'une superficie d'environ 60 myriamètres carrés, plutôt montagneux que plat, entrecoupé de nombreuses vallées, et, sauf les plateaux extrêmes du *Westerwald*, d'un climat généralement tempéré. Les principales montagnes qu'on y rencontre sont : le *Taunus*, qui couvre la moitié sud du duché, entre le Main et la Lahn, atteint à son point extrême une altitude de 900 mètres, et renferme la magnifique vallée du Rhin qu'on appelle le *Rheingau*; l'âpre et stérile *Westerwald*, dont le pic le plus élevé, le *Salzburger Kopf*, atteint 660 mètres de hauteur et couvre la moitié septentrionale du duché. Après le Main et le Rhin, les cours d'eau les plus importants qui l'arrosent sont la Lahn, qui devient navigable à Weilbourg, et forme une ravissante vallée traversant le duché de l'est à l'ouest, avec ses affluents la Weil, l'Embs et l'Aar, venant du mont Taunus, et la Dille et l'Elbe, venant du Westerwald, enfin la Nidda. Le sol produit autant de grains qu'il en faut pour la consommation des habitants, d'excellents fruits, des légumes de toutes espèces, du chanvre, du lin et du tabac, mais surtout des vins de premier choix dans le Rheingau. Les bords de la Lahn présentent aussi quelques crûs fort estimés. Les forêts sont très-giboyeuses ; et on trouve partout dans les montagnes du fer, du plomb, du cuivre et même un peu d'argent. Il y a de la houille et du marbre dans le Westerwald. Un des éléments de la prospérité du pays consiste dans ses nombreuses et célèbres sources d'eaux minérales, telles que Wiesbaden, Weilbach, Langen-Schwalbach, Schlangenbad, Ems, Selters, Niederselters, Fachingen, etc., qui rapportent au duché un produit net annuel de plus de 100,000 florins. En 1851 la population s'élevait à 428,218 âmes. Sauf quelques descendants d'anciens huguenots français et 6,000 juifs, elle est toute d'origine allemande. Sur ce chiffre on compte 224,000 protestants et 195,000 catholiques. A l'exception de quelques hauts fourneaux, il existe peu de manufactures importantes. L'industrie se borne à la fabrication des objets et des ustensiles les plus indispensables à la vie ; et à cet égard on peut citer Hœchst comme un petit endroit fort industrieux. En revanche, il se fait de grandes affaires avec le produit des sources, en minéraux, bestiaux et bêtes de somme, qui trouvent un placement avantageux à l'étranger ; ce commerce est favorisé par les facilités de communication qu'offre la navigation du Rhin, du Main et de la Lahn, ainsi que par un grand nombre de belles routes. La forme du gouvernement est la monarchie constitutionnelle, régie par une charte en date de septembre 1814. L'assemblée des états se compose, aux termes de la loi électorale de 1851, de deux chambres, et se réunit tous les ans. En 1852 les revenus publics étaient évalués à 4,238,000 florins ; et le contingent que comme membre de la Confédération le duché doit mettre à sa disposition est de 6,745 hommes d'infanterie et de 576 artilleurs avec 12 bouches à feu et un détachement de pionniers de 56 hommes. Il fait partie du neuvième corps. Depuis 1840 la capitale du duché et la résidence du duc souverain est Wiesbaden.

Le territoire actuel du duché de Nassau était occupé dans l'antiquité par les Alemans. Plus tard, il dépendit de la Franconie, et ensuite de l'Empire d'Allemagne. Parmi les grands possesseurs de terres et les seigneurs qui à cette époque parvinrent à acquérir des droits de souveraineté indépendante, on cite surtout les riches comtes de Laurenburg, ainsi appelés d'un château qu'ils possédaient sur les bords de la Lahn. Les rois d'armes les font sortir d'un chef des Suèves, que César appelle *Nasua* ; mais les documents authentiques ne commencent qu'à Otbon de Laurenburg, frère de l'empereur d'Allemagne Conrad Ier, au dixième siècle. Son fils Walram Ier, mort en 1020, eut deux fils, devenus la souche de deux lignes différentes. L'aîné, Walram II, continua la ligne de Laurenburg, qui à partir de 1160 prit le nom de *Nassau*, d'après un nouveau château qui venait d'être construit ; le cadet, Othon, épousa l'héritière de Gueldre, et fonda la ligne de *Nassau-Gueldre*, qui s'éteignit en 1400, dans sa descendance mâle. Les fils du comte Henri II, dit *le Riche*, se partagèrent, en 1255, les États héréditaires de Nassau. Walram IV, l'aîné, eut la partie méridionale : Idstein, Wiesbaden et Weilburg ; le cadet, Othon, la partie septentrionale : Dillenburg, Beilstein et Siegen. Ils fondèrent les branches dites, de leurs noms, *Walramienne* et *Othonienne*. C'est la première qui règne encore aujourd'hui sur le duché de Nassau ; la seconde occupe le trône des Pays-Bas. Le fils de Walram IV, Adolphe de Nassau (*voyez* l'article qui lui est consacré ci-après), fut élu empereur d'Allemagne en 1292. Sa descendance forma diverses branches, dont la plus jeune, représentée par le comte Louis II (mort en 1625), réunit en 1605 toutes les possessions de la branche walramienne. Mais ses fils fondèrent à leur tour trois lignes : *Nassau-Saarbruck*, *Nassau-Idstein* et *Nassau-Weilburg*. La ligne de Nassau-Idstein s'éteignit dès 1721, en la personne de Georges-Auguste-Samuel, qui avait pris le titre de prince. La ligne de Nassau-Saarbruck se subdivisa, en 1640, en trois rameaux : *Nassau-Ottweiler*, *Nassau-Saarbruck*, et *Nassau-Usingen*. Les deux premières s'étant éteintes dès 1721, la dernière forma à son tour deux lignes : *Nassau-Usingen* et *Nassau-Saarbruck*, la seconde éteinte en 1797, et la première en 1816. En 1783 la branche othonienne accéda à la convention d'hérédité conclue dès 1738 dans la branche walramienne, qui lui établissait le droit de primogéniture parmi ses différents rameaux. Elle possédait alors un territoire d'environ 45 myriamètres carrés. Aux termes de la paix conclue en 1801 à Lunéville, le duc *Charles Guillaume* de Nassau-Usingen dut abandonner à la France le comté de Saarbruck et divers bailliages situés sur la rive gauche du Rhin, formant ensemble 14 myriamètres carrés, avec 53,000 habitants, et le duc de Nassau-Weilburg, environ 5 myriamètres et 19,000 âmes. Le premier, par le recez de 1803, reçut une indemnité de 25 myriamètres carrés avec 23,000 habitants, et le second 11 myriamètres carrés et 37,000 âmes. Les deux lignes obtinrent en outre le droit de siéger et le droit de voter dans le collège des princes à la diète, qui leur avait été contesté jusque alors. En se hâtant d'accéder à la Confédération du Rhin, le prince alors chef de la maison de Nassau, *Frédéric-Auguste* de Nassau-Usingen, gagna en 1806 le titre de duc, et les deux lignes le droit de souveraineté ainsi qu'un agrandissement territorial de 22 myr. carrés et de 84,500 habitants. En même temps toutes les possessions de la ligne walramienne furent réunies en duché indivisible. Après la bataille de Leipzig, l'une et l'autre ligne de la maison de Nassau accédèrent à la coalition ; et le congrès de Vienne reconnut expressément le droit de la branche walramienne à hériter du Luxembourg en cas d'extinction de la branche othonienne. En vertu des traités d'échange conclus avec la Prusse, le duc de Nassau-Usingen et le prince de Nassau-Weilbourg reçurent la presque totalité des possessions de la branche othonienne, et en 1816 le comté de Katzenellnbogen. La ligne de Nassau-Usingen étant venue à s'éteindre en la personne du duc *Frédéric-Auguste*, mort le 24 mars 1816, toutes les possessions de la branche walramienne firent retour au rameau de Nassau-Weilburg, le seul subsistant. Le prince de Nassau-Weilburg, *Guillaume*, né en 1792, et qui avait succédé à son père deux mois à peine auparavant, devint alors le souverain unique du pays de Nassau, et prit le titre de duc. Il mourut le 20 août 1839, laissant pour successeur son fils *Adolphe*, né le 24 juillet 1817, qui en 1844 épousa la grande-duchesse *Élisabeth*, fille du grand-duc Michel de Russie, laquelle mourut en couches en 1845. Il s'est remarié en 1851, avec la princesse *Adélaïde* d'Anhalt-Dessau, qui lui a donné un fils, le prince héréditaire *Guillaume-Alexandre*, né le 22 avril 1852.

La branche cadette de la maison de Nassau, la branche othonienne, fondée par le comte Othon (mort en 1292), et qui règne aujourd'hui dans les Pays-Bas, n'a acquis de l'importance dans l'histoire que depuis le comte *Jean III*, qui eut deux fils, *Henri* et *Guillaume* surnommé *le Vieil* (mort en 1559). Le premier posséda les terres situées dans les Pays-Bas, savoir : le comté de Vianden, la baronnie de Breda et la vicomté d'Anvers; à Guillaume échurent les terres d'Allemagne : les comtés de Nassau, de Dillenburg, de Bentein et de Dietz. Henri épousa Claude de Châlons, princesse d'Orange. Elle lui donna un fils, appelé René, que son oncle Philibert, dernier prince d'Orange de la troisième race, institua héritier de tous ses biens. René est donc la tige des princes d'*Orange-Nassau*. Ce fut lui qui prit pour devise : *Je maintiendrai*. N'ayant pas eu d'enfants d'Anne de Lorraine, il déclara son cousin *Guillaume de Nassau*, fils aîné de Guillaume *le Vieil*, son héritier universel. Ce prince est le fameux Guillaume *le Taciturne*, le fondateur de l'indépendance des Provinces-Unies, qui mit en pratique des maximes politiques dont ses descendants contestent sans doute aujourd'hui la justesse et la légitimité. *Maurice* et *Frédéric*, deux grands hommes d'un caractère différent, lui durent le jour. *Guillaume II*, fils du dernier, épousa Henriette-Marie d'Angleterre, fille de Charles Ier. Les réactions du parti royal en Angleterre favorisées par sa maison, provoquèrent les rancunes de Cromwell contre les Hollandais et les terribles guerres maritimes que se firent les deux nations. De cette union sortit un fils posthume, le belliqueux *Guillaume-Henri*, qui, fidèle aux maximes du Taciturne, devint en 1674 *stathouder* héréditaire des Pays-Bas, puis en 1689 roi d'Angleterre, sous le nom de *Guillaume III*. et qui à sa mort, arrivée en 1702, sans qu'il laissât de descendance mâle, reconnut pour héritier de ses domaines situés sur le continent *Jean-Guillaume Frison*, prince de Nassau-Dietz, de la branche othonienne, son plus proche agnat, stathouder héréditaire de la Frise, né en 1687, mort en 1711. Toutefois, il légua à la maison de Brandebourg, en reconnaissance de l'appui qu'elle lui avait prêté lorsqu'il s'était agi pour lui de prendre possession du trône d'Angleterre, les principautés d'Orange et de Moers et d'autres seigneuries situées en Westphalie. Ce Jean-Guillaume Frison descendait du frère de Guillaume Ier de Nassau, dit le *Taciturne*, du comte Jean de Dillenburg, mort en 1606, pendant la guerre de l'indépendance, avec le titre de stathouder de Gueldre et de Zütphen. Jean de Dillenburg eut quatre fils : Jean III de *Moyen*, qui fonda la ligne de *Nassau-Siegen*, éteinte en 1743; Georges, qui fonda la ligne de *Nassau-Dillenburg*, éteinte en 1739; Louis-Jean, qui fonda la ligne de *Nassau-Hadamar*, éteinte en 1811, et Ernest-Casimir, qui fonda la ligne de *Nassau-Dietz*. Guillaume-Louis, mort en 1620; Ernest-Casimir, assassiné en 1632, le fils et le petit-fils de celui-ci, Guillaume-Frédéric, mort en 1664, et Henri-Casimir, mort en 1696, furent successivement stathouders héréditaires de la Frise et de Groningue. Le fils de Henri-Casimir fut le Jean-Guillaume Frison, dont il vient d'être question plus haut, stathouder de Frise, qui à la mort de Guillaume III, stathouder héréditaire de Hollande, prit le titre de prince d'Orange, et qui mourut en 1711. Plus heureux que lui, son fils *Guillaume IV*, avec l'appui de l'influence que le parti orangiste exerçait dans la république, réussit à joindre successivement au stathoudérat de la Frise les stathoudérats de Gueldre, de Zütphen, de Groeningue, d'Omeland et de la Drenthe, et enfin à se faire proclamer stathouder héréditaire en 1748. Il mourut en 1751. Il eut pour successeur son fils, *Guillaume V*, né en 1748, qui fut d'abord placé sous la tutelle du duc Louis de Brunswick, et dont le règne fut très-malheureux. Les patriotes le contraignirent à renoncer à presque toutes ses prérogatives; pour se maintenir, il lui fallut l'appui de la Prusse; et à l'approche des troupes françaises en 1795, il fut forcé de se réfugier en Angleterre. En 1802 il perdit tous les biens et titres qu'il possédait dans les Pays-Bas, et reçut à titre d'indemnité en Allemagne la principauté de Fulda. Il mourut le 6 avril 1806. Son fils, qui fut le roi des Pays-Bas Guillaume Ier, perdit en 1807 la principauté de Fulda ainsi que la souveraineté de ses domaines héréditaires situés en Allemagne. Mais à la fin de 1813 il rentra dans les Pays-Bas comme souverain, fut reconnu en 1815 en qualité de roi des Pays-Bas et de grand-duc de Luxembourg, et mourut en 1843, après avoir abdiqué en 1840. Il eut pour successeur son fils *Guillaume II*, mort en mars 1849, et auquel a succédé son fils *Guillaume III*, roi aujourd'hui régnant.

L'histoire des Nassau, soit généalogique, soit politique, a été écrite d'une manière spéciale ou épisodique par J. Orlers (1616), G. Baudart (1616), J. et G. de la Pise (1639 et 1661), A Montanus (1662), La Fargue (1740), Anciolt de la Houssaie (1754), G. Arnoldi (1799), Van der Aa (1814), Q. de Flejres (1814-1821), G. de Franquen (1826), etc. Consultez aussi la *Correspondance de la Maison de Nassau*, publiée par Groen van Prinsterer.

NASSAU, petite ville d'environ 1,200 habitants, sur la rive droite de la Lahn, dans le duché de Nassau, n'est célèbre depuis longtemps que par le manoir de Nassau, situé sur l'autre rive de la Lahn, qu'on dit avoir été construit en 1180, et qui passe comme le berceau de la maison de Nassau (*voyez* l'article ci-dessus). La contrée au milieu de laquelle est situé la ville de Nassau est charmante; et une visite au vieux manoir des Nassau est une des distractions que ne manquent pas de se donner les baigneurs d'Ems.

NASSAU, chef-lieu des îles Bahama.
NASSAU ou **WATERFORD**, chef-lieu des îles Banda.
NASSAU (ADOLPHE DE), empereur d'Allemagne (1292-1298), né entre les années 1250 et 1255, était le fils cadet du comte Walram de Nassau. Élu empereur à l'unanimité des voix, le 10 mai 1292, il fut couronné à Aix-la-Chapelle, le 24 juin suivant. Il n'avait d'autre fortune que son épée, quoiqu'il appartînt à une famille illustre : et il s'était d'ailleurs fait un nom par sa grande valeur, de même qu'il possédait toutes les qualités brillantes qui avaient élevé et maintenu sur le trône impérial son prédécesseur, Rodolphe de Habsbourg. Adolphe de Nassau fut redevable de son élection autant à la conduite arrogante d'Albert d'Autriche qu'à la politique égoïste des électeurs de Cologne et de Mayence, qu'il gagna à ses intérêts en leur promettant force villes et territoires qu'il ne possédait même pas. L'empereur s'étant refusé ensuite à tenir les engagements pris par le comte, fut bientôt abandonné par ceux-là même qui avaient été ses plus chauds partisans. Manquant absolument d'argent, il accepta d'Édouard Ier d'Angleterre une somme de 100,000 liv. st., en s'engageant à l'assister dans sa lutte contre Philippe le Bel; puis il ne fut pas fâché de voir le pape lui défendre formellement d'une bulle de prendre part à cette guerre. Si par là il se rendit méprisable aux yeux de la nation allemande, il le devint encore bien davantage lorsque profitant, en 1293, de la haine que le landgrave Albert le Grossier avait conçue pour ses fils, il lui acheta la Thuringe, puis essaya de se mettre à main armée en possession de son acquisition; mais il échoua dans cette tentative. Adolphe de Nassau, en raison de cette acquisition, faite dans la vue de dépouiller des héritiers légitimes, et aussi

à l'instigation d'Albert d'Autriche et du rancuneux archevêque Gérard de Mayence, fut cité à comparaître devant le collége des électeurs, sans que l'électeur Palatin et ceux de Trèves et de Cologne eussent donné leur assentiment à cette mesure. N'ayant point comparu, il fut déposé le 23 juin 1298, et Albert d'Autriche fut élu empereur à sa place. Dès ce temps-là Albert et Adolphe étaient en guerre l'un contre l'autre. Le second paraissait devoir l'emporter sur le premier; mais celui-ci, en recourant à la ruse, réussit à faire tomber son rival dans une embuscade entre Gellheim et Rosenthal, près de Worms. Adolphe, après s'être vaillamment défendu, fut tué, le 2 juillet 1298, de la propre main d'Albert. Son ennemi, l'archevêque Gérard, en apprenant sa fin, lui rendit justice en s'écriant : « Nous venons de perdre l'homme le plus brave qu'il y eût en Allemagne. » Henri VII fit placer son corps, ainsi que celui d'Albert, dans le caveau sépulcral des empereurs, à Spire.

NATAL, NATALIA ou TERRE DE NOEL, partie du pays des Cafres, sur la côte orientale de l'Afrique méridionale, appelée ainsi parce que les Portugais y abordèrent pour la première fois le jour de Noël (*Dies natalis Domini*) de l'an 1498, connue également sous le nom de *Colonie Victoria*, est bornée au nord par l'Om-Toukela et au sud par l'Om-Zinkoulou. A partir de la côte, le sol s'y élève en terrasses successives jusqu'à l'inaccessible Qoathlamba ou Inkala (c'est-à-dire Montagne de Neige), montagne à pic, haute de 2,000 et même suivant d'autres récits de 3,000 mètres, et dominée par le Mont du Dragon. Aujourd'hui colonie anglaise, Natal présente un développement de côtes de 30 myriamètres, avec une profondeur extrême à l'ouest de 22 myriamètres. D'innombrables collines, d'élévation médiocre, rangées parallèlement, et séparées par de charmantes vallées, où coulent des rivières et des fleuves qui portent à la mer le tribut de leurs eaux pures et claires comme du cristal, couvrent le sol, où l'on n'aperçoit nulle part, comme plus loin au sud, de marécageuses solitudes. Au nord-ouest, vers la source de l'Om-Toukela, le sol va toujours en s'élevant davantage jusqu'à ce qu'il finisse par former, entre les affluents supérieurs de ce fleuve, un plateau haut de 500 mètres. Indépendamment des deux fleuves qui lui servent de limites, ce pays est arrosé par un grand nombre de cours d'eau qui ne laissent pas que d'avoir une certaine importance, par exemple le Bosjeman ou Bouschinaun, appelé aussi Buffalo ou Rivière des Buffles, ou encore Om-Zingati ; et le climat en est très-supportable, même pour des Européens. Son sol est d'une qualité excellente, et quoique la culture y soit encore fort négligée, il produit des grains, du tabac, du coton et des fruits de toutes espèces, de même que par la belle et riche végétation de ses savanes il convient parfaitement à l'élève du gros bétail, des chevaux et des moutons ; industrie qui se trouve exclusivement aux mains de la population hollandaise, tandis que la population anglaise s'occupe surtout de commerce. L'exportation du bétail, du beurre et autres produits agricoles pour les îles Maurice et de la Réunion donne lieu déjà à d'importantes transactions et promet de devenir de plus en plus considérable. Il y a aussi entre Natal et la colonie du Cap des relations par mer très-actives. Jusqu'à présent on n'a encore que fort peu tiré parti des richesses que le sol contient en fer et en houille. On manque tout à fait de renseignements sur le nombre des émigrés européens, des Anglais et notamment des *boers* Hollandais, qui en 1848 avaient presque complétement déserté la colonie, mais qui commencent à y revenir. Les indigènes, appartenant tant à la tribu des Zoulahs qu'à la population cafre aborigène, que les Zoulahs ont exterminée en grande partie, sont au nombre de 100,000 têtes, et suivant d'autres de 200,000. Ils habitent des districts à part (appelés par les Anglais *locations*), sous l'autorité de chefs à eux, ou bien par familles au milieu des établissements des *boers*. Ils sont tous placés sous l'administration d'un fonctionnaire anglais, dont dépendent les divers chefs indigènes. Le christianisme n'a encore fait parmi eux que de très-faibles progrès. Occupé depuis 1835 seulement par les Anglais, Natal forme l'un des territoires dépendant de la colonie du Cap, et relève de son gouverneur général ; mais on y a établi depuis 1845 un sous-gouverneur, auquel est adjoint un conseil d'administration de cinq membres, et depuis 1848 un corps législatif composé de trois fonctionnaires. La garnison se compose d'un régiment d'infanterie. En 1848, le pays a été divisé en six districts.

Le chef-lieu, *Pieter Moritzburg*, sur le Bosjeman, siége des autorités, jolie ville, bien régulière, compte 1,600 habitants, Hollandais d'origine pour la plupart, et est le grand marché du pays, au milieu duquel elle se trouve située. Dans le district de la ville de *Port-d'Urban*, appelée autrefois *Port-Natal*, bâtie sur la baie du même nom, avec l'unique port de la colonie, mais qui est excellent, et où l'on compte 600 habitants, on rencontre beaucoup de Cafres. Sur les rives de l'Umgeni on a fondé une colonie allemande appelée *Deutschland* et où l'on compte 200 habitants.

NATATION. On nomme ainsi l'action de nager ou la locomotion de différents animaux dans un milieu liquide. Qu'on se penche au-dessus des eaux limpides des fleuves, des rivières, des ruisseaux, des lacs, etc., et qu'on pénètre du regard dans leur profondeur, on ne tarde pas à rencontrer une foule d'êtres dont les allures sont variées à l'infini. Là d'innombrables insectes se meuvent en tous sens : les uns nagent avec une grande facilité à l'aide de pattes qui officient comme des rames : tels sont les dytiques à l'état d'insectes parfaits, tandis qu'à l'état de larves, et ayant une tout autre structure, ils se déplacent, soit en marchant, soit en frappant fortement l'eau à l'aide de leur queue ; d'autres larves se font remarquer surtout par la singularité de leurs mouvements : ce sont celles des libellules. Comme les précédentes, dépourvues d'organes spéciaux de natation, elles fendent rapidement le milieu où elles vivent en dilatant et en rapprochant les anneaux de leur abdomen pour absorber de l'eau, qu'elles rejettent ensuite comme une fusée par l'orifice anal, et qui communique une forte impulsion à leur corps : ce sont ces mêmes animaux qui iront plus tard se ranger au nombre des plus agiles filles de l'air, où elles sont alors connues vulgairement sous le nom de *demoiselles*. D'autres insectes, se tenant habituellement entre deux eaux, décrivent continuellement des cercles, genre de locomotion qui leur a valu le nom de *gyrins* ou *tourniquets*. D'autres, ayant un corps très-léger et de très-longues pattes, courent sur l'eau, qui est pour eux une surface solide ; il en est qui ont la forme de vers et qui se meuvent par des mouvements ondulatoires plus ou moins rapides ; tel est le mode de natation des sangsues. On remarquera aussi la démarche des crustacés, principalement de l'écrevisse, avançant tantôt à l'aide de ses pattes, tantôt reculant avec la vélocité d'un trait par l'action de sa queue. Les poissons, eux, se meuvent comme les oiseaux dans l'air, et c'est avec raison que leur mode de nager a été comparé au vol. La natation de ces nombreux animaux offre des différences multiples, comme leur organisation. Il n'est pas rare de voir une couleuvre sillonner la scène qui nous occupe et montrer avec quelle facilité nagent la plupart des serpents. Parmi les quadrupèdes ovipares, les grenouilles offrent des modèles pour plonger et nager. Plusieurs oiseaux sont également conformés pour habiter l'eau, soit à sa surface, soit au-dessous. Il en est qui sont tout à la fois nageurs et plongeurs ; quelques-uns se rapprochent même beaucoup des poissons : tels sont les manchots, dont les ailes sont des espèces de nageoires, plutôt couvertes d'écailles que de plumes. On peut observer en France la natation des quadrupèdes amphibies : quelques-uns de nos fleuves recèlent encore des castors, dont les mœurs sont si intéressantes ; les loutres ne sont pas très-rares, et les rats d'eau ne sont que trop communs.

Les quadrupèdes qui vivent exclusivement sur la terre peuvent aussi nager quand certaines circonstances les y contraignent : ils semblent alors se mouvoir comme sur le sol, avec cette différence cependant que les mouvements de leurs extrémités ne sont point combinés de même. Le tableau des variations que présente l'acte de nager devient immense quand on contemple les habitants des mers, et ces innombrables infusoires, qu'on ne peut apercevoir qu'à l'aide du microscope. Il est impossible de ne pas éprouver un vif sentiment d'admiration en voyant, dans le tableau de l'animalité mouvante, quels rapports existent entre les causes et les effets dont la vie se compose.

Au milieu du monde animé, l'homme se distingue par une triste prérogative, c'est l'impuissance de nager instinctivement : son organisation est contraire à ce genre de locomotion ; la situation horizontale ne lui convient que pour le repos ; sa pesanteur spécifique l'entraîne au-dessous de la surface du liquide, où il ne peut plus respirer ; son intelligence en outre lui fait apprécier un danger dont la crainte paralyse ses forces. Il faut qu'il apprenne à se familiariser avec l'eau et à maîtriser toutes ses dispositions défavorables à la natation. Différents modes sont usités pour faciliter cet apprentissage : on se sert tour à tour d'une hotte de joncs sur laquelle on appuie la poitrine, de deux vessies remplies d'air atmosphérique, de deux gourdes ou de deux larges pièces de liège, réunies autour du corps par un cordon. On a même parlé de fabriquer avec cette dernière écorce une sorte de gilet sans manches, permettant à celui qui en serait revêtu de flotter sur l'eau comme un bateau ; ce gilet devait s'appeler *scaphandre*. Plusieurs personnes blâment l'emploi de ces auxiliaires ; ils ont cependant l'avantage, en soutenant le corps, de laisser à l'apprenti la liberté d'exercer ses membres et de s'habituer aux mouvements qui sont les conditions principales de la natation. Ces soutiens seulement ne doivent pas enhardir au point de perdre pied dans une eau profonde ; car ils peuvent accidentellement se détacher du corps.

L'homme étant exposé en diverses circonstances aux périls que l'eau fait courir, il est nécessaire qu'il sache nager : aussi cet art est-il aujourd'hui un article essentiel de l'éducation. A Paris, les écoles de natation sont durant l'été le rendez-vous d'un nombre considérable de personnes ; et tout est réuni dans ces établissements pour propager sans inconvénient une instruction nécessaire. L'art de nager et de plonger est indispensable pour certaines professions : c'est par lui qu'on récolte le corail, les éponges, les huîtres à perles, etc. On trouve parmi ceux qui s'adonnent à ces métiers dangereux des nageurs surprenants par leur force et leur agilité, comme aussi par la durée du temps qu'ils passent sous l'eau. Des peuplades sauvages, qui vivent principalement du produit de la pêche, nagent aussi, hommes, femmes et enfants, avec une dextérité et une puissance qui étonnent, au dire des navigateurs.

La natation est encore recommandable sous le rapport de l'hygiène, car elle réunit les avantages du bain à celui de l'exercice musculaire. L'expérience a appris combien elle est salutaire durant l'été : quand nous sommes accablés par la surexcitation que produit le calorique, nous recouvrons instantanément nos forces par l'action sédative de l'eau froide ; et l'agitation devient dans ce liquide un délassement agréable. Les mouvements que la natation exige favorisent, comme tout autre exercice gymnastique, le développement des muscles, et notamment ceux de la poitrine. L'utilité de nager n'est pas assez commune sous ce rapport ; d'ailleurs, la saison des bains de rivière est si courte dans notre pays qu'on ne peut s'adonner suffisamment à cet exercice. Cet exercice doit être pris avec prudence et avec modération. Malheureusement, la connaissance de l'art de nager, qui devrait soustraire aux dangers, y expose trop fréquemment ; et on peut dire qu'il se note plus de nageurs que de personnes inhabiles dans cet art : c'est que ces dernières sont prudentes, tandis que les autres, trop confiantes dans leurs forces, en abusent. L'action du froid produit chez plusieurs sujets des crampes, qui paralysent l'action musculaire et ravissent la puissance qu'on possédait ; on court d'ailleurs le risque d'être entraîné par des courants que la force humaine ne saurait surmonter. On ne peut ainsi s'adonner longtemps à la natation, parce qu'elle exige de grands efforts musculaires. La tentative de Byron pour vérifier l'histoire d'Héro et Léandre en est un exemple mémorable : après avoir accompli sa pénible traversée, il éprouva une courbature qui le retint six jours au lit dans la cabane d'un pêcheur. Il est à désirer qu'on ne se risque jamais solitairement dans les eaux profondes, et qu'on conserve toujours de la défiance dans la faculté de nager. CHARDONNIER.

NATCHEZ (Les), peuplade indienne, qui au commencement du siècle dernier habitait encore la rive orientale du Mississipi, à 50 myriamètres de son embouchure, mais que la civilisation a fait disparaître. L'un de ces événements si fréquents dans les rencontres des blancs et des peaux-rouges fut l'origine de leurs hostilités avec les Français, qui les exterminèrent pour ainsi dire, en 1730. Les Natchez vivaient sous un chef qui prenait le titre de *frère du Soleil*. Il était maître de la vie et des biens de ses sujets. Tous les enfants nés à la même époque que l'héritier présomptif étaient attachés à sa personne pendant toute sa vie, comme serviteurs. A la mort d'un Natchez, ses parents les plus proches venaient le pleurer pendant un jour ; ensuite, on le couvrait de ses plus beaux habits, on lui peignait les cheveux et le visage, on l'ornait de plumes ; après cela, on le portait dans la fosse qui lui était préparée, et on déposait à côté de lui une chaudière et quelques vivres ; ensuite, on venait encore pleurer sur sa fosse plus ou moins longtemps, selon qu'on lui était plus ou moins proche. Le deuil consistait à ne pas se peindre le corps, et à ne pas paraître aux assemblées de réjouissances. Les Natchez adoraient le soleil. Le père de Charlevoix vit son temple en 1721 : c'était une longue cabane couverte en feuilles de latanier, n'ayant d'autre plancher que le sol même, et où l'on entretenait un feu continuel, alimenté par trois bûches disposées en triangle, lesquelles brûlaient par les bouts qui se touchaient. La seule chose qui rappelle les Natchez dans le territoire qu'ils habitaient est la jolie petite ville à laquelle on a donné leur nom, et qui est la plus importante de l'État de Mississipi. Parmi nous, un grand écrivain en a fait le sujet de l'une de ses œuvres : tout le monde connaît la nouvelle de Chateaubriand qui a pour titre *Les Natchez*.

NATES. *Voyez* GÉNÉRAL (Système), tome V, p. 33.

NATHAN, prophète du temps de David. On ignore quelle fut sa patrie. Il avait acquis la confiance du roi d'Israël. David, victorieux de ses ennemis les plus redoutables, et tranquille possesseur de Jébus l'idolâtre, sur la montagne de Sion, résolut d'y élever un temple magnifique au Seigneur, et il dit au prophète Nathan : « Ne voyez-vous pas que je demeure dans une maison de cèdre, et que l'arche de Dieu ne loge que sous des peaux ? » La nuit suivante le Seigneur parla à Nathan, et lui dit : « Parlez à mon serviteur David, et dites-lui : « Voici ce que dit le Seigneur : Pourquoi me bâtiriez-vous une maison afin que j'y habite ? Lorsque vos jours seront accomplis, et que vous vous serez endormi avec vos pères, je mettrai sur votre trône après vous votre fils, qui sortira de vous, et j'affermirai son règne. Ce sera lui qui bâtira une maison en mon nom. » Mais la mission de Nathan n'était point encore achevée dans la maison de David.

L'année suivante, ce prince tomba dans le péché avec Bethsabée, la femme d'Urie l'Hétéen. Le Seigneur envoya donc Nathan vers David ; et Nathan étant venu le trouver lui fit ce récit figuré et adroit, mais selon la justice de Dieu, à la manière, encore aujourd'hui, des Orientaux ; « Il y avait deux hommes dans une ville, dont l'un était riche et l'autre pauvre ; le riche avait un grand nombre de brebis et de bœufs, le pauvre n'avait rien du tout qu'une petite brebis qu'il avait achetée et nourrie, qui avait crû parmi ses enfants en mangeant de son pain, buvant de sa coupe et dormant dans son sein, et il la chérissait comme sa fille. Un étranger étant venu voir le riche, celui-ci ne voulut point toucher à ses brebis ni à ses bœufs pour lui faire festin ; mais il prit la brebis de ce pauvre homme, et la donna à son hôte. » David entra dans une grande indignation contre cet homme, et il dit à Nathan : « Vive le Seigneur ! celui qui a fait cette action est digne de mort. » Alors Nathan dit à David : « C'est vous-même qui êtes cet homme : c'est pourquoi l'épée ne sortira jamais de votre maison, parce que vous avez pris la femme d'Urie l'Hétéen ; et le fils qui vous est né d'elle va perdre la vie. » David n'abandonna point pour cela Bethsabée ; il en eut un autre fils, qu'elle appela S a l o m o n. Nathan fut chargé de l'éducation de Salomon, qu'il sacra ensuite comme roi et dont il fut, ajoute-t-on, l'historiographe, comme il avait été celui de David.

DENNE-BARON.

NATHANAEL, qui était peut-être la même personne que l'apôtre saint B a r t h é l e m y, était originaire de Cana en Judée, et s'attacha à Jésus-Christ, lorsque celui-ci avec sa sagacité prophétique eut reconnu la simplicité et la pureté de son cœur. Dans le Nouveau Testament il est presque toujours nommé avec Philippe, et dans les trois premiers évangiles il n'est pas fait mention de lui sous le nom de Nathanael, tandis que l'Évangile de saint Jean ne cite aucun Barthélemy.

NATI ou **NATSCH**. *Voyez* BAYADÈRES.

NATION. Le mot *nation* est un mot collectif, dont on se sert pour exprimer une agrégation considérable d'hommes vivant ensemble sous les mêmes lois, en communauté de mœurs et de langage, dans une certaine circonscription territoriale. Les mots *p e u p l e* et *nation* s'emploient quelquefois indifféremment l'un pour l'autre dans un même sens ; mais il est à remarquer que le mot *nation* s'entend plus spécialement d'une agrégation d'hommes qui ont une origine commune : ainsi, quoique la grande famille slave fasse aujourd'hui partie de peuples différents, on peut très-bien dire : la *nation* slave, pour désigner cette collection d'individus ayant une origine commune, attestée encore par l'identité de mœurs et de langage.

Les nations ont presque toutes un caractère particulier qui les distingue : ainsi, l'on dit proverbialement : grave comme un Espagnol, jaloux et vindicatif comme un Italien, fourbe comme un Grec. Autrefois, l'Athénien, et de nos jours, le Français, ont reçu la qualification de *léger*. Comme l'individu dans l'ordre social, une nation a des droits et des devoirs à remplir envers elle-même et envers les autres nations. Les droits sont presque toujours des devoirs. Le premier et le plus précieux des droits d'une nation est le droit de se gouverner comme elle le juge à propos. Le second droit d'une nation est le droit de conservation : ainsi, une nation a toujours le droit de repousser par la force toute agression injuste. Le troisième droit d'une nation est celui d'un développement libre et complet de toutes ses facultés. Ce droit de développement ou perfectionnement n'est tempéré que par l'obligation de ne pas nuire aux autres nations. Le principal devoir des nations les unes envers les autres, celui qui, sainement entendu et largement interprété, les comprendrait toutes, et le devoir qui leur prescrit de s'aimer et de se rendre réciproquement toutes sortes de bons offices, comme le feraient les frères d'une même famille. La Convention nationale, dans sa déclaration des droits, disait : « Les hommes de tous les pays sont frères ; les différents peuples doivent s'entr'aider selon leur pouvoir, comme les citoyens d'un même État. »

Nation était dans l'ancienne u n i v e r s i t é de Paris une société de maîtres, vivant sous les mêmes lois, les mêmes institutions et les mêmes préfets. Le lien entre ces maîtres était une commune patrie. Cette forme d'association dans l'école de Paris a de beaucoup précédé l'institution des facultés, association indépendante de la patrie, et qui résultait de la distinction des études. Il y avait quatre nations : celles de France, de Picardie, de Normandie et d'Allemagne. Le nom du collège des *Quatre-Nations*, fondé par le cardinal Mazarin, n'avait rien de commun avec l'antique dénomination des nations universitaires : ce collège était destiné à recevoir les élèves appartenant aux quatre nations espagnole, italienne, allemande, et flamande, sur lesquelles le roi Louis XIV avait fait des conquêtes.

Charles DU ROZOIR.

NATIONALE (Garde). *Voyez* GARDE NATIONALE.
NATIONALES (Assemblées). *Voyez* CONSTITUANTE (Assemblée) et LÉGISLATIVE (Assemblée).
NATIONALES (Fêtes). *Voyez* FÊTES PUBLIQUES.

NATIONALITÉ. Lorsque dans une nombreuse agrégation d'hommes, vivant sous les mêmes lois, il existe certaines tendances générales dans les idées, des intérêts matériels et moraux presque identiques, et surtout un but d'activité commun, on peut dire qu'une nationalité est constituée. Plus il y a d'unité dans ces trois caractères essentiellement constitutifs, plus la nationalité est ferme, compacte et vigoureuse. Mais quand certaines idées ne sont plus généralement admises, quand les intérêts divergent et se fractionnent, quand on ne s'entend plus sur le but qu'on doit atteindre par un effort commun, alors la nationalité s'affaisse, languit et meurt.

L'histoire des nationalités peut se diviser en deux périodes : 1° période barbare, qui ne fut que la consécration du droit du plus fort ; 2° période organique ou période d'équilibre et de pondération.

Une tendance prononcée à l'envahissement des peuples voisins marque d'un trait commun le commencement de presque toutes les nationalités. L'on conçoit en effet que pour que des hommes se réunissent en corps de nation, il faut qu'il y ait avec eux communauté de vues et identité d'intérêts. Un but d'activité commun nettement défini, qui prend ordinairement sa source dans un besoin de conservation, ne tarde pas à faire éclore une exubérance de vitalité et de forces qui, convergeant au même point, se traduit le plus souvent par la guerre et la conquête. L'équilibre européen, qui date de Richelieu, marque le commencement de la période que nous avons appelée *organique*. Nous vivons encore aujourd'hui sous ce régime ; et quoiqu'il y ait eu depuis ce grand ministre des améliorations notables dans les rapports de peuple à peuple, l'antagonisme est loin d'avoir cessé. Le droit ne pouvant avoir ni d'autre sanction que celle de la force, il s'ensuit qu'il n'est le plus souvent qu'une théorie vaine et stérile. Quand une nation se croit assez puissante pour commettre une usurpation sans courir de graves dangers, elle ne manque jamais d'en saisir l'occasion avec empressement.

La constitution des hommes en nationalité ne nous semble pas être la fin dernière et l'état normal du grand corps humanitaire. L'esprit de nationalité est un esprit étroit, qui engendre l'égoïsme, qui subalternise l'intérêt général à l'intérêt privé, et, par une conséquence logique et inévitable, les nations se trouvent placées les unes vis-à-vis des autres dans un état d'antagonisme et de lutte qui entraîne à sa suite les plus désastreuses péripéties.

NATIONALREFORMERS. *Voyez* FREESOILERS.
NATIONAUX (Ateliers). *Voyez* ATELIERS NATIONAUX.
NATIONAUX (Biens). *Voyez* BIENS NATIONAUX.
NATIONAUX (Chants). *Voyez* CHANTS POPULAIRES.
NATIONAUX (Conciles). *Voyez* CONCILE.

NATIVITÉ, naissance, jour de la naissance. Ce mot est principalement usité dans le calendrier ecclésiastique pour désigner la fête d'un saint. Ainsi l'on dit la *nativité* de la sainte Vierge, la *nativité* de saint Jean-Baptiste. Quand on dit simplement la *Nativité*, on entend le jour de la naissance de Jésus-Christ, la fête de N o ë l.

La *nativité de la sainte Vierge* se célèbre tous les ans dans l'Église romaine, le 8 septembre, pour honorer la naissance de la mère de Jésus-Christ. Les historiens ecclésiastiques font remonter cette institution à plus de dix siècles. Les Grecs, les coptes, d'autres chrétiens d'Orient, célèbrent cette fête; elle est donc antérieure à leur séparation, qui date de plus de douze cents ans.

Dans les martyrologes et les missels, *natalis* signifie souvent le jour du martyre ou de la mort d'un saint, parce qu'en mourant les saints ont commencé, une vie immortelle et sont entrés en possession du bonheur éternel.

Dans la liturgie mozarabique, on appelle *nativité* la seconde partie des neuf en lesquelles on divise l'hostie.

NATIVITÉ (Thème de). *Voyez* Horoscope.

NATOIRE (Charles), peintre, né à Nîmes, en 1700, fut élève de Lemoine et le maître de Vien, qui répudia bientôt sa tradition. Ses productions les plus goûtées après un *Saint Sébastien*, qui n'est pas sans mérite, sont celles du premier étage des appartements du château de Versailles, de la chapelle des Enfants-Trouvés, de l'hôtel Soubise, et du cabinet des Médailles de la Bibliothèque. Il fut de 1756 à 1775 directeur de l'Académie de France à Rome, où sa sévérité et son rigorisme religieux le firent peu aimer. Il fit expulser un pensionnaire de l'Académie pour n'avoir point accompli à Pâques ses devoirs religieux : le pensionnaire expulsé intenta une action contre son dévot directeur, qui fut condamné à 20,000 francs de dommages et intérêts : Natoire mourut en Italie, en 1777.

NATOLIE, corruption du nom de l'Anatolie.

NATRIUM. *Voyez* Sodium.

NATROCALCITE. *Voyez* Gay-Lussite.

NATRON ou NATRUM, carbonate de soude natif, composé salin, d'un blanc grisâtre, qui se forme journellement à la surface des terrains sablonneux, tantôt sous une forme pulvérulente, tantôt en masses solides et compactes comme la pierre. Le natron abonde dans les contrées méridionales; mais aucune n'en produit une quantité aussi considérable que l'Égypte. C'est à 24 kilomètres ouest du Caire que se trouve la vallée des lacs de natron; dans le milieu de cette vallée, un espace de 26 kilomètres de long, sur une largeur de 6 à 800 mètres, est occupé par ces lacs, et la vallée elle-même a une profondeur de 9 kilomètres de large. Un plateau de 44 kilomètres de diamètre la sépare du Nil. Par sa pente orientale seulement, qui est du côté de ce fleuve, s'épanchent dans son sein, durant trois mois de l'année, de nombreuses sources d'eau douce : cette eau, qui s'évapore ensuite, laisse à sec plusieurs des lacs, qui en général n'ont que très-peu de profondeur. Là se trouvent réunis trois espèces de sels, du carbonate de soude ou natron, du muriate de soude ou sel marin, et du sulfate de soude ou sel de Glauber. Quelquefois le même lac contient ces sels séparément : ainsi, sa partie orientale n'a que du natron, tandis que sa partie occidentale ne fournit que du sel marin. De ces deux sels dissous dans les mêmes eaux, le sel marin cristallise le premier; le natron cristallise ensuite, de telle sorte qu'il devrait y en avoir plusieurs couches alternatives au bout d'un certain temps. Ces mêmes phénomènes ont été observés par Patrin dans les lacs salés de Sibérie. Mais comme chaque année les sels se trouvaient en dissolution complète, le même sel ne pouvait former plusieurs couches, et, soit qu'on y touchât ou non, la quantité restait toujours la même. Le natron est très-sujet à tomber en efflorescence, et cette disposition est attribuée à la perte de son eau de cristallisation; néanmoins, en Égypte, où la sécheresse est extrême, et où par conséquent cette perte devrait être plus sensible que partout ailleurs, on voit le natron former des masses tellement compactes que les indigènes l'emploient à la construction, comme la pierre. Patrin parle même d'un ancien fort dont l'enceinte, flanquée de tours, est construite en entier avec ces singuliers matériaux. Nous employons le natron soit au blanchiment du lin, soit dans la fabrication du verre.

NATTE, tissu plat de paille, de jonc, de genêt, de roseau, etc., fait de trois brins ou cordons entrelacés, et qui sert à couvrir les planchers, à revêtir les murs d'une chambre, à garantir des frimats certaines fleurs et certains fruits. Au commencement du dernier siècle, tous les murs des maisons, à Paris, n'étaient tapissés que de nattes. Il paraît que les nattes ont pris naissance dans la basse Asie. Les anachorètes de la Palestine les travaillaient et s'en couvraient. Les Orientaux mangent et couchent généralement sur des nattes. En Amérique, les nègres seuls ou les colons fort éloignés des côtes les font servir à ce double emploi; l'homme à son aise s'endort bercé dans un hamac; il est encore dans les contrées pauvres du Nouveau Monde où une natte suspendue par un clou à l'entrée d'une chaumière remplace la meilleure porte de bois, tant l'attaque nocturne et le vol sont choses inconnues dans ces heureux climats : là, à la campagne, dès que le soleil se lève, une natte est étendue sur le seuil de la porte; et les enfants de la maison, blancs, nègres, mulâtres, indiens, tous entièrement nus, y sont entassés jusqu'à ce que vienne la nuit.

Le *nattier* est celui qui fait ou vend de la *natte*. Ce fut jadis le nom d'une secte sortie du manichéisme, et dont les membres, soumis à un chef appelé Constance, couchaient sur des tissus de jonc.

Natte se dit de toutes sortes de tresses de fil, de soie, d'or, d'argent, lorsqu'elles sont faites de trois brins ou cordons.

On appelle *natte de cheveux* des cheveux tressés de cette manière. Ce fut là une mode gracieuse du quinzième et du seizième siècle, que nos dernières années ont eu le bon esprit de rajeunir.

NATURALISATION. C'est l'acte par lequel un étranger obtient les mêmes droits et privilèges que s'il était né en France. La qualité de citoyen français peut être acquise à l'étranger au moyen de la naturalisation; mais dix années consécutives de domicile en France, après l'âge de vingt-et-un ans accomplis, exigées par l'article 3 de la Constitution de l'an VIII, ont paru dans quelques cas une formalité trop rigoureuse, et, par un sénatus-consulte du 18 février 1808, elle a été adoucie en faveur des étrangers qui auraient rendu de grands services à l'État. La naturalisation peut leur être accordée par un décret de l'empereur, rendu d'après l'avis du conseil d'État. Une ordonnance du 4 juin 1814 fait encore à l'égard des étrangers naturalisés certaines réserves, comme celle du droit de siéger aux chambres législatives, à moins que par d'importants services ils n'aient obtenu des lettres spéciales dites de *grande naturalisation*. Ces lettres établissent pour l'étranger la qualité de citoyen français : elles sont accordées par l'empereur, et doivent être ratifiées par le sénat et par le corps législatif. Un décret du 28 mars 1848 autorisa provisoirement le ministre de la justice à accorder la naturalisation à tous les étrangers qui la demanderaient en justifieraient par actes officiels ou authentiques de leur résidence en France depuis cinq ans au moins, et produiraient en outre à l'appui de leur demande une attestation favorable des magistrats municipaux. Enfin, la loi du 21 novembre 1849 rétablit la législation antérieure en ordonnant une enquête préalable sur la moralité de l'étranger et en réduisant à un an le délai de dix ans en faveur des étrangers ayant rendu des services importants à l'État.

Un avis du conseil d'État, du 17 mai 1823, rétablit une distinction entre les *lettres de naturalisation* et les *lettres de naturalité* : les premières sont constitutives d'un droit nouveau ; les secondes ne font que constater un droit précédemment acquis.

Naturalisation se dit aussi de l'acclimatation des animaux et des végétaux, c'est-à-dire de leur transport de leur climat normal dans un autre.

Il s'entend, au figuré, du transport des mots d'une langue dans une autre, sans la moindre altération, soit dans le sens, soit dans la forme. D'abord accueillis par l'esprit d'imitation ou par la mode, ils finissent par être consacrés par l'usage; ils sont alors naturalisés et prennent rang dans les dictionnaires. Pour qu'un mot mérite d'être naturalisé, il faut qu'il exprime avec justesse ou avec force la chose dont il est le signe représentatif. Il y a bien de ces mots dont la

naturalisation n'est pas d'une pure légitimité ; mais en général leur adoption paraît suffisamment motivée. Entre autres langues, le latin nous a donné *opéra, errata, déficit, débit, quitus*, etc.; l'italien *mezzo-termine, mezzotinto, far niente*, etc. ; l'anglais *confortable, fashionable ; dandy, turf, sport,* etc. ; l'espagnol *matador*, etc., expressions qui n'emportent plus aujourd'hui chez nous aucune idée étrangère ; la mode, l'habitude et l'utilité sont les trois agents qui prononcent en dernier ressort sur la naturalisation des mots ou des phrases qu'on emprunte aux langues étrangères.
CHAMPAGNAC.

NATURALISME. On désigne ainsi en philosophie, par opposition au *supernaturalisme*, le système suivant lequel l'homme arriverait à la connaissance de la vérité, et surtout de la vérité religieuse, rien que par le développement naturel et l'emploi des forces de son esprit ; par conséquent, par ses propres efforts et sans assistance divine basée sur l'histoire; en d'autres termes, le système suivant lequel l'homme ne peut admettre pour vrai, en fait de principes de foi, que ceux de la vérité desquels il s'est convaincu par son propre raisonnement. Le naturalisme est donc l'ennemi naturel de la croyance à une révélation, et ne diffère du *rationalisme* qu'en ce que celui-ci se réserve l'examen des doctrines révélées, tandis que le naturalisme au contraire nie la révélation elle-même. Quand il va jusqu'à méconnaître une intelligence régulatrice de la nature et agissant d'après un but fixé, il ne tarde pas à tomber soit dans le p a n t h é i s m e, soit dans l'a t h é i s m e.

NATURALISTE. On l'a considéré quelquefois comme un de ces hommes futiles courbés sur une mousse ou courant après des papillons et remplissant leurs poches de cailloux. On s'est imaginé que pour acquérir ce titre il suffisait d'entasser des pierres, des coquilles, des plantes ou quelques peaux rembourrées sur des rayons, de débiter quelques noms latins sur chaque objet, de savoir exactement la forme des pattes d'une mouche ou la longueur des pennes d'un oiseau, d'avoir beaucoup de mémoire et rien de plus. Le vulgaire des hommes, et même la populace des savants, ne voit rien au delà. Ce n'était pas sous ce point de vue étroit et ignoble que Linné, Buffon, Cuvier ou Jussieu contemplaient l'histoire naturelle. Ils sentaient trop combien il est nécessaire de s'élever à la hauteur de la nature, de pénétrer ses grandes et profondes lois, d'envisager son ensemble et de s'accorder à chaque objet que l'importance qu'il possède ou le rang qu'il occupe dans le grand système du monde. Le naturaliste va cherchant par toute la terre les rapports, les harmonies des créatures entre elles et avec l'ensemble général, la grande chaîne qui les unit, les merveilleuses facultés qui les distinguent, et leur admirable organisation. Il examine aussi leur utilité par rapport à nos besoins, à nos misères, à nos maladies, pour servir d'aliments, de vêtements, ou pour embellir la vie, accomplir notre félicité.

Dans l'histoire naturelle, il existe deux ordres de connaissances, le premier, qui se borne à la simple description des objets physiques, qui fait l'exacte énumération de leurs parties, en détaille les formes, la texture, l'arrangement de leurs pièces : il est indispensable, puisqu'il fait étudier les objets avant tout ; le second ordre est celui qui cherche à expliquer les effets et à remonter aux causes par l'induction et l'analogie. Ces deux ordres ne doivent point se séparer, car le simple descripteur ou nomenclateur, ne s'occupant point des principes des êtres, manque le but de la science, comme celui qui établit des systèmes d'explication sans les fonder sur des faits. Les sciences naturelles demandent donc à quiconque embrasse leur étude *l'esprit de patience et d'observation, l'amour ardent et infatigable de la vérité.*

Toujours l'étude de la nature eut l'heureux privilége de favoriser le développement du génie, parce qu'elle est la source de tout ce qu'il y a de grand et de vrai dans le monde. L'on a toujours vu la sagacité, l'art de découvrir les rapports éloignés, s'accroître nécessairement par les recherches d'histoire naturelle. L'esprit de méthode, indispensable pour conserver dans la mémoire une infinité de faits, acquiert une facilité merveilleuse par cette étude. Aussi la plupart des naturalistes deviennent les plus savants entre les hommes, pour l'ordinaire, à cause de l'art des classifications qu'ils possèdent. De plus, étant sans cesse occupé de contemplations variées, l'esprit du naturaliste s'élève, non moins que celui de l'astronome, à des vues qui l'enchantent, qui l'écartent de toute action ou passion ignoble.
J.-J. VIREY.

NATURE, terme dérivé de *nasci*, naître, et qui exprime l'origine des choses ou leur essence même. D'abord, la nature a été considérée comme la puissance créatrice de l'univers, *natura naturans*. Il est évident qu'on la confond alors avec son auteur suprême, on lui donne les attributs de Dieu. On prend ensuite le mot *nature* pour l'ensemble de l'univers ou des êtres créés : *natura naturata*. Tel est le monde ou le système général de tous les corps, ouvrage de la Divinité. La nature est aussi l'ensemble des forces établies pour l'ordre perpétuel, la révolution successive des choses, telles que le mouvement des astres et de la Terre, le cours des saisons, la reproduction des êtres vivants. Sous le nom de *nature* on comprend en outre l'essence d'un objet : ainsi, les principes constitutifs d'un minéral, l'organisation propre d'une plante ou d'un animal, ou leurs qualités, sont aussi leur *nature* spéciale. Les forces actives qui gouvernent l'organisme animé, l'ensemble des facultés, leur concours, ou synergie, disposé en tel ou tel sens, est encore désigné en physiologie et en médecine sous le nom de *nature*. On appelle ainsi les efforts conservateurs, la *force médicatrice de la nature* dans les maladies, qui opère plus ou moins en un individu.

La nature, disent aujourd'hui les sectateurs allemands de la philosophie de la nature, *est la réalisation de tout ce qu'on peut concevoir* ; il semble qu'elle ait eu, comme nous, de l'imagination, et qu'elle ait créé dans une matérialisation extérieure, d'après des lois rationnelles, toutes les séries d'êtres ou d'organisations que nous pouvons supposer dans la sphère de nos idées. Ces philosophes supposent que toutes les créations vivantes d'animaux et de végétaux émanent d'un seul être prototype ; celui-ci, en se développant, se multipliant, obtient successivement, par ses innombrables variétés et espèces végétales et animales, toutes les merveilles de la création qui embellissent le globe, jusqu'à l'état de supériorité et de perfection où est parvenue la race humaine, fleur terminale de ce grand arbre de la vie. Cette force procréatrice et organisante émane du globe terrestre ; c'est une partie de la vaste intelligence animant avec ordre et harmonie toutes les sphères de cet univers. La puissance génératrice de chaque nature ou végétal est comme un ruisseau dérivé de cet océan, immense créateur de toutes choses. Les anciens et plusieurs philosophes panthéistes modernes considèrent de leur côté la nature comme une âme du monde, une énergie diffuse dans toute la masse de l'univers (*mens agitans molem*), pour la production et le renouvellement des créatures émanées de son sein. Les anciens Chaldéens et Sabéens, comme la plupart des peuples primitifs et sauvages, ont envisagé les astres comme des divinités et leur ont offert des sacrifices. Au contraire, les atomistes anciens, comme plusieurs matérialistes modernes, nient qu'il existe une nature divine ; et ils rejettent même la force médicatrice, l'âme *informante* et dirigeante, dans le corps de l'homme et des animaux. Qu'appelez-vous *nature*, dit Rob. Boyle, si ce n'est le pur mécanisme du monde (*cosmicus mechanismus*), c'est-à-dire de concours simultané des attractions et autres forces particulières, dépendant des configurations et des masses, ou du mouvement des corps appartenant au système de l'univers? S'agit-il de la nature de l'homme? c'est le mécanisme propre de sa structure organique en fonctions, c'est le jeu nécessaire ou forcé de toutes les pièces qui constituent en lui des facultés; mais il n'y a point un être spécial qu'on puisse nommer *nature.* L'univers contient en lui des êtres divers, comme un vaisseau voguant sur l'océan contient une multitude d'individus, de machines et ustensiles, ou comme une femme porte en son sein un embryon, ce qui forme ainsi un système complexe d'êtres et de choses, de fonctions et de facultés multiples. Tout cela n'est ni l'effet d'une nature, ni un effet contre nature, mais le résultat nécessaire des choses créées par la toute-puissance divine. Ainsi, admettre une nature particulière, c'est se former une idole, ajoute ce physicien, une sorte de divinité à la façon des païens et des idolâtres, qui croyaient au besoin de placer des naïades et des nymphes aux fontaines pour faire écouler leurs eaux, des dryades aux chênes pour les faire croître, etc. Ne laissons point usurper, dit-il, la gloire de Dieu par les créatures, et n'admirons point l'horloge, mais bien l'horloger.

Cette dispute des philosophes était au fond purement nominale, car il est certain qu'on n'admet point un être positif et matériel nommé *nature*, présent soit dans l'univers, soit dans un être quelconque, pour en expliquer les fonctions et les mouvements divers; mais on comprend sous ce nom un ensemble de causes et de puissances actives, tellement coordonnées par la suprême sagesse de Dieu qu'il s'ensuit un système harmonique de combinaisons et de rapports, ou d'organisation et de vie, duquel résulte le concours universel de reproduction et de rénovation nécessaire au maintien de l'équilibre du monde tel que nous le voyons. Cette nature, fille de Dieu même, émanée de la plus sublime sagesse, est excellemment industrieuse dans ses œuvres; elle n'opère rien inutilement, et produit toujours pour quelque fin ou but de perfection; jamais elle ne change ses desseins sans raison profonde; elle atteint ses fins par les voies les plus courtes ou les plus directes; comme elle ne manque point aux choses nécessaires, elle ne surabonde point dans les superflues. La nature en général, considérée comme une force vive dans le monde, peut être conçue très-distinctement sans être représentée ni expliquée par aucune image, comme le dit Leibnitz. Ainsi, l'impulsion du mouvement n'a rien de matériel par elle-même comme l'électricité, la chaleur, etc., ou autre agent impondérable et incoercible. Toute nature vivante aspire à se conserver, à guérir ses plaies ou à se compléter quand elle est imparfaite; elle veille à la reproduction, à la conservation des espèces; elle ne fait point de saut brusque dans la série de ses œuvres : c'est ainsi qu'elle rattache les animaux aux végétaux, et passe du règne inorganique ou minéral sur une chaîne de dégradations qui réunit tous les êtres. Elle tend à tout ce qui peut perfectionner ses actes ou à s'élever du simple au composé, des êtres bruts à l'organisation, et des êtres insensibles aux sensibles, puis de ceux-ci à l'homme, chef intelligent et supérieur de la création.

De même la nature fuit ce qui lui cause dommage ou destruction; elle appète ce qui la conserve, et abhorre ce qui détruit ou tue. On ne parvient à la soumettre qu'en lui obéissant; on l'enchaîne avec ses propres liens. Elle est l'art de Dieu, selon Platon, ou l'artisan par excellence. C'est, d'après Aristote, le principe et la cause du mouvement et du repos de toutes les choses existantes par elles-mêmes, non par accident ou par hasard. Hippocrate en faisait un *feu artiste*, ou la chaleur vitale qui aspire à la génération et se meut d'elle-même pour produire et perfectionner tous les êtres. La nature est la vérité même; toujours semblable à elle seule, elle marche dans une route certaine; elle n'a rien de faux ni de trompeur quand on sait bien l'interroger; de son instinct émane toute vérité, toute justice; l'art humain aspire sans cesse à l'imiter, sans pouvoir y atteindre entièrement. Que le philosophe, le médecin, soit le ministre, l'imitateur de cette nature : c'est son premier, son plus auguste devoir de s'instruire à fond de toutes les choses qu'elle crée, de la composition des organes, de leurs fonctions, de leur structure, des principes élémentaires ou constituants des êtres, des connexions, des rapports de sympathie ou d'opposition de toutes les productions naturelles, afin d'en apprécier les usages, l'emploi et les facultés.

Tout est merveilleux dans l'ensemble de la nature, mais tout y est exact, simple et uniforme, même dans ses innombrables variétés. Cependant, dira-t-on, ne voyons-nous point des monstruosités, des aberrations, dans la structure des animaux et des plantes, qui semblent sortir des *lois de la nature*, en signaler les *jeux* ou les *écarts*? Ces défauts ou ces erreurs dans l'organisation, qu'on a qualifiées du nom de *monstres*, et qui autrefois inspiraient tant d'horreur, s'expliquent de nos jours, d'après les lois mêmes de la physiologie, par des influences extérieures toutes physiques qui contrarient le libre développement des embryons dès l'état fœtal, ou leur accroissement normal, en les soudant, les comprimant, les tiraillant, etc. De là résultent tant de déformations dont la théorie exerce de nos jours la sagacité de nos plus habiles anatomistes et naturalistes. Ainsi tout s'explique dans ces prétendues bizarreries de la nature, dans ces productions extraordinaires que l'on nomme des *jeux de la nature*. La nature a varié d'ailleurs ses types d'espèces selon le besoin des lieux pour lesquels elle les destinait. La nature, ministre de la Divinité, créa par une sage providence tous les moyens de perpétuité des races, et par cette inépuisable fécondité des germes des espèces les plus faibles ou périssables elle multiplie les chances de leur existence, comme le prouvent les plus chétifs insectes.

Tout ce que nous savons elle-même dans les animaux et leurs instincts, qui pour nous seraient art. Toutes les productions du génie humain ne sont que la plus parfaite imitation de la nature. Ce que nous appelons a r t, ouvrage et talent, n'est en réalité que l'opération même de la nature par notre ministère, puisque rien, à proprement parler, ne saurait absolument émaner de nous-mêmes et de notre fonds, car nous sommes un produit de la nature. Nous opérons au contraire d'autant mieux que nous suivons davantage ces dons spontanés de la nature ; et que nous y mettons moins de nous. En effet, ce que nous exécutons est d'autant plus b e a u, plus voisin de la perfection, que nous y mettons plus de naturel et de vérité. Nous sentons alors je ne sais quel transport d'enthousiasme qui nous élève à la source pure de l'intelligence. Cette puissance suprême qui, ayant organisé les membres des animaux, s'en sert comme d'instruments vivants pour accomplir ses œuvres, cette lumière sublime qui préside à la formation de tant de génies, nous illumine dans les sentiers de la vie quand nous écoutons ses plus sages directions. Ce serait bien en vain que l'homme prétendrait atteindre seul au faîte de la raison, si la puissance suprême n'avait pas déposé en son sein un rayon de son génie, et si nous ne cherchions pas à suivre ces voies d'unité, d'harmonie et de proportions que nous observons dans les plus merveilleuses productions de la nature.

Payer tribut à la nature, c'est mourir. *L'état de nature*, c'est la vie sauvage, pour l'espèce humaine comme pour les animaux et les végétaux, car l'existence sauvage n'est soumise qu'à la pure *nature*. La civilisation ou l'éducation, la culture, forcent les penchants naturels, les transforment dans le chien, dans l'arbre fruitier, etc.

La *loi de la nature*, ou la plus conforme à la destination et aux besoins d'un être, s'oppose souvent aux lois de la société et de la morale religieuse; car l'homme de la nature, de la pure, souvent grossier et brutal, ne comprend que son propre intérêt dans un complet égoïsme ; il sacrifierait l'univers à ses jouissances et aux passions du moment, comme le nègre imprévoyant, tout entier à ses sensations actuelles. L'on a dit que la *nature humaine* était perverse, portée d'elle-même aux vices plutôt qu'aux sacrifices de la vertu. Tel est sans doute l'homme solitaire, et, qui ne considère que les choses ou le monde ; mais l'homme social comprend qu'il ne peut compter sur les secours ou les services d'autrui sans en rendre de pareils à ses semblables. Il sort de sa *nature* pour vivre en citoyen.

Le terme *nature* désigne encore les sortes ou espèces de biens ou d'objets, ou d'affaires, etc.; la *nature* d'un terrain, d'un arbre, etc.

En vain on affirme que *nourriture passe nature*, parce que les habitudes d'une bonne éducation peuvent à la longue refréner et combattre les vicieux penchants, comme dans Socrate. Il n'en est pas moins des natures revêches et indomptables, comme celle de Néron; *factus natura velare odium fallacibus blanditiis*, dit Tacite. J.-J. VIREY.

NATUREL. L'homme, comme les animaux, a des qualités, des goûts, des inclinations morales innées, que décèle souvent l'étude de la complexion, l'expression de la physionomie; ces propensions originelles tiennent à l'organisme même, et l'on peut dire, dans ce sens, que le naturel est la physionomie du cœur. Parmi les hommes, les uns ont un naturel doux, paisible, les autres un naturel méchant, hargneux, féroce quelquefois; il en est de même chez les animaux. Mais chez l'homme le c a r a c t è r e peut parfois dompter le naturel; chez l'animal, rien ne le modifie, pas même l'éducation. Un poëte a dit:

Chassez le naturel, il revient au galop.

Par extension, du moral au physique, on a entendu par *avoir du naturel* avoir un air aisé, facile, des habitudes simples, sans affectation ni contrainte, un franc parler.

Le mot *naturel* est appliqué dans les beaux-arts, en sculpture, en peinture, en musique, etc.; on dira des compositions qui représentent bien les objets avec leurs qualités et leurs passions qu'elles ont du naturel. Le naturel est une grande qualité chez un artiste, chez un écrivain.

Dans le style, le *naturel* est complètement l'opposé du f a u x, c'est-à-dire de tout ce qui est par trop affecté, guindé, prétentieux, de l'enflure, de l'exagération, de la recherche, du langage ampoulé, appliqués soit aux pensées, soit aux sentiments. Les choses simples, dites simplement; les pensées et les sentiments exprimés avec aisance, sans efforts, sans apprêts, sans affectation, constituent le *naturel*. Lorsqu'il est porté à sa perfection, on croirait que l'ouvrage, que le style, que la diction claire, facile, limpide qui le constituent coulent de sources, et pourtant le naturel est souvent produit avec un grand art. Les fables de La Fontaine, les chansons de Béranger, sont à bon droit regardées comme des modèles de *naturel*.

Dans l'art culinaire, on dit d'un mets qu'il est *au naturel* quand il est préparé simplement, sans sauce.

Les voyageurs ont donné aux indigènes des contrées sauvages qu'ils ont visitées le nom de *naturels*.

Pris adjectivement, *naturel* désigne tout ce qui appartient à la nature, qui est conforme aux lois de la nature ou à la nature particulière de chaque espèce, de chaque individu; de ce qui est conforme à la raison ou à l'usage commun. Un *vin naturel* est celui qui n'a pas été frelaté, mélangé d'eau.

NATUREL (Droit). *Voyez* DROIT NATUREL.
NATUREL (Enfant). *Voyez* ENFANT (*Droit*).
NATURELLE (Histoire). *Voyez* HISTOIRE NATURELLE.
NATURELLE (Philosophie). *Voyez* PHILOSOPHIE NATURELLE.

NATURELLES (Sciences). Les diverses sciences naturelles se partagent le champ sans limites qu'on appelle la n a t u r e, et ont pour objet de la faire connaître à l'esprit. Quand on commence par considérer la nature, comment elle agit en grand, comment l'univers est rempli et animé de corps sidéraux; quand ensuite on examine quels sont les rapports de ces corps entre eux et qu'on démontre comment, dans ces rapports, la pluralité des mondes apparaît formant un tout, l'univers (voyez MONDE), on fait de la *cosmologie*, science qui prend le nom de *cosmogénie* lorsque l'origine probable ou le mode de formation des corps sidéraux est l'objet qu'étudie l'observateur, et celui d'*astronomie* quand il considère les rapports mathématiques des corps sidéraux entre eux, les lois de leurs mouvements et la fixation de leurs orbites qui en est le résultat. Au contraire, la connaissance empirique du ciel des étoiles fixes est appelée *astrognosie* et aussi *cosmographie*.

De tous les corps sidéraux, il n'en est qu'un dont il soit donné à l'homme de pouvoir étudier la structure intérieure et les détails. C'est la T e r r e. La science qui a pour objet la composition de notre globe s'appelle la g é o l o g i e. Comme branches de cette science, nous voyons d'une part la *géogénie*, qui a pour but de chercher à connaître la structure de la Terre à son origine, et de l'autre la y d o g n o s i e ou l'*orologie*, appelée aussi o r y c t o l o g i e ou la *géologie* dans son sens le plus restreint, qui a pour objet la constitution intérieure des roches. La g é o g r a p h i e, au contraire, s'occupe de la forme extérieure de la surface terrestre et de ce qu'elle contient. Une connaissance exacte de la Terre, de sa structure et des phénomènes qu'on y observe, phénomènes qui tendent tantôt à la conserver et tantôt à la bouleverser et à la modifier, est inséparable de la connaissance des éléments, des matières fondamentales ou des forces fondamentales dont le concours ou l'action réciproque a produit la planète terrestre ou bien la conserve. La p h y s i q u e proprement dite a pour objet de les étudier et d'exposer les lois qui les régissent. Mais comme les éléments physiques ne peuvent être considérés comme un tout qu'autant qu'ils sont décomposables en parties ou molécules et que la notion d'un tout sans la connaissance de ses parties est quelque chose de très-imparfait, celui qui se livre à l'étude des sciences naturelles est obligé d'examiner également ce côté caché et mystérieux de la nature, pour voir comment elle sépare et unit les matières, comment elle détruit des corps en les réparant, et comment, en les unissant, elle en produit de nouveaux. Dans cette voie, les naturalistes ont trouvé un champ immense, incommensurable, pour de nouvelles recherches devenues l'objet d'une science naturelle spéciale, la c h i m i e, laquelle agit également dans ces deux directions.

L'étude et la description des corps naturels, comme détails sous tous les rapports, comme individus possédant des caractères particuliers et différents, est l'objet qu'a en vue l'*histoire naturelle* proprement dite. Tandis que celle-ci suit le corps naturel depuis son origine jusqu'à son achèvement, et s'il est organique, jusqu'à sa dissolution, formant par conséquent un tableau historique de son apparition et de ses rapports, la *description de la nature* ne s'en occupe que sous la forme qu'il a prise. La *géologie* et la *géogénie*, en tant que faisant partie de la description de la nature, sont par conséquent l'*histoire naturelle* du globe terrestre, et la *géognosie* en est la description. Sous le rapport des différents produits ou individus naturels, l'histoire naturelle se subdivise en autant de sciences spéciales que son sujet compte de grandes divisions. Elles sont au nombre de trois : 1° la m i n é r a l o g i e; 2° la b o t a n i q u e et la z o o l o g i e ; 3° l'*anthropologie*.

Dans un sens plus restreint, la *minéralogie* comprend l'*oryctognosie*, c'est-à-dire la description naturelle des minéraux d'après les signes extérieurs, et l'*oryctologie* ou *géognosie*, ou description naturelle des diverses espèces de montagnes. La c r y s t a l l o g r a p h i e, c'est-à-dire la science des formes régulières qui affectent les minéraux, et la *chimie minérale*, bien qu'on ne lui reconnaisse pas le caractère d'une science particulière et qu'elle ne soit qu'une partie de la chimie, doivent trouver l'une et l'autre de fréquentes applications aux deux branches de la minéralogie, attendu que sans elles l'étude des caractères d'un corps minéral est impossible. Au reste, la minéralogie se confond si souvent avec l'histoire naturelle de la Terre ou la géologie, qu'il est bien difficile d'établir entre elles une rigoureuse démarcation.

La *phytologie* ou *botanique* et la *zoologie* forment les autres grandes divisions de l'histoire naturelle. Le propre des corps organiques étant une certaine durée, et d'autres termes une vie limitée à un certain temps, il faut avant tout, pour pouvoir tracer le tableau historique d'un tel corps, posséder la connaissance de ses activités et ensuite celle de sa structure et de ses capacités, attendu que celles-ci supposent celles-là. On arrive ainsi aux sciences de l'*anatomie* (phytotomie et zootomie), de la *physiologie*, qui se distingue en *physiologie végétale* et *physiologie animale*, et comme résultat de ces deux sciences, à celle de la *biologie* ou science des lois de la vie.

Comme, par beaucoup de motifs d'une importance évidente, on ne saurait considérer l'homme uniquement sous son côté matériel, il faut que l'*anthropologie* forme une branche de l'histoire naturelle. Aux deux modes d'observation ordinaires, l'historique et le descriptif, se présentent ici comme constituant l'histoire naturelle des races humaines, s'associe la science de l'esprit (*psychologie*), qui n'offre de résultats clairs qu'en ce qui touche l'homme, mais qui n'a jamais pu jeter une lumière satisfaisante sur le côté idéal des animaux.

Nous n'avons point à parler ici de l'importance et de la valeur des sciences naturelles en général et en particulier; c'est là d'ailleurs un fait dont ne doute aujourd'hui aucun homme éclairé. Pour étudier avec succès les sciences idéales, il est en effet indispensable de posséder une connaissance approfondie des sciences naturelles. L'art de guérir ou *médecine* repose en grande partie sur elles; mais on ne saurait, rigoureusement parlant, le classer parmi les sciences naturelles, attendu qu'il ne s'occupe de l'organisation que placée dans des conditions anormales, et qu'il ne peut l'expliquer, non pas isolément, mais seulement au moyen de la connaissance des découvertes faites dans l'ensemble du domaine des sciences naturelles et qui régissent le jeu de l'organisme en état de santé.

NATURE MORTE. En peinture, on appelle *tableaux de nature morte* les tableaux dont la partie capitale se compose d'animaux tués ou morts, tels qu'oiseaux, poissons, gibier, etc., et qui sont généralement destinés à orner les salles à manger.

NAUDÉ (GABRIEL), savant bibliophile, né à Paris, en 1600, mort à Abbeville, en 1653, étudia la médecine à Paris et à Padoue. Entré comme bibliothécaire, d'abord chez le président de Mesme, puis chez les cardinaux Bagni, Barberini, à Rome, et Mazarin, en 1642, il était depuis 1633 médecin ordinaire du roi Louis XIII. Pendant dix ans Naudé parcourut l'Europe, recherchant partout les livres les plus rares, les plus précieux, et enrichissant ainsi de manuscrits d'un grand prix et de près de 40,000 volumes la bibliothèque du cardinal. A la mort de celui-ci, Naudé eut la douleur de voir détruire son œuvre en détail; car les héritiers de Mazarin firent vendre cette riche bibliothèque, dont les diverses parties furent ainsi disséminées de tous côtés; il en racheta tous les livres de médecine avec les bien modestes économies qu'il avait pu réaliser sur un petit bénéfice qui lui avait été donné. Naudé alla alors en Suède, pour prendre la direction de la bibliothèque de la reine Christine; mais le climat ne convenait pas à sa santé; il revint en France, et mourut peu de temps après son arrivée. Naudé a laissé un assez grand nombre de productions littéraires, dont les principales sont: *Apologie pour les grands hommes faussement soupçonnés de magie*; *Avis pour dresser une bibliothèque*; *Traité des plus belles bibliothèques*; *Addition à l'Histoire de Louis XI*; *Bibliographia politica*; *Considérations sur les coups d'État*. Naudé était de mœurs sévères, sobre; son esprit et ses connaissances étaient très-étendues; il défendait avec ardeur, avec opiniâtreté ses opinions. On a publié plusieurs éditions d'anecdotes sur son compte, sous le titre de *Naudeana*.

NAUDET (JEAN-BAPTISTE-JULIEN-MARCEL), sociétaire de la Comédie-Française de 1786 à 1806, naquit le 14 mai 1743 à Champlitte, en Franche-Comté, et mourut vers 1830. Après avoir fait de bonnes études au collège des Augustins de sa ville natale, il s'engagea; il était sergent dans les gardes françaises en 1764, avec la perspective d'en rester là: aussi, après quelques années passées encore sous les drapeaux, il quitta le service et entra au théâtre. Il débuta à la Comédie-Française le 20 septembre 1784. Doué d'une belle figure, d'une belle taille, de belles manières, et surtout de beaucoup de naturel et d'intelligence, Naudet s'acquittait parfaitement de l'emploi des raisonneurs; il excellait aussi dans les traîtres. Il avait une réputation de vertu rigide, de probité, qui lui valut, à la révolution, le grade de capitaine dans la garde nationale. En 1793, prévoyant l'arrestation de ses camarades de la Comédie-Française, qui ne cessaient de manifester leur hostilité contre la révolution, il se fit délivrer un passe-port pour la Suisse, avec des recommandations pour les représentants en mission dans cette contrée: ceux-ci, charmés de ses qualités, de son esprit, le gardèrent plusieurs mois auprès d'eux, et il profita du crédit qu'il avait sur leur esprit pour faire rayer bien des personnes de la liste des suspects. Rentré en France, à la fin de 1794, Naudet se joignit d'abord aux comédiens français du théâtre Feydeau, puis à ceux du théâtre Louvois, qu'il suivit à l'Odéon; il rentra ensuite au Théâtre-Français de la rue Richelieu.

NAUDET (JOSEPH), né à Paris, le 8 décembre 1786, est le fils du précédent: il fit d'excellentes études à l'école centrale du Panthéon, aujourd'hui lycée Napoléon, et en sortit après avoir obtenu le prix d'honneur aux concours généraux de 1804 et 1805. Professeur de troisième au lycée Napoléon, en 1810, M. Naudet y obtint deux années après la chaire de rhétorique; il fut en 1816 appelé comme maître des conférences à l'École Normale. Membre de l'Académie des Inscriptions et Belles-Lettres en 1817, suppléant au Collège de France, de 1817 à 1822, pour la chaire de droit naturel, inspecteur général des études de 1830 à 1840, élu membre de l'Académie des Sciences morales et politiques, officier de la Légion-d'Honneur, M. Naudet est depuis 1840 directeur de la Bibliothèque impériale, et depuis 1852 secrétaire perpétuel de l'Académie des Inscriptions.

M. Naudet est connu par de nombreux ouvrages historiques, parmi lesquels nous devons mentionner: *Histoire de l'Établissement, des Progrès et de la Décadence des Goths en Italie*, ouvrage couronné par l'Institut en 1810; *Essai de Rhétorique*; *Des Changements opérés dans toutes les parties de l'administration de l'empire romain, sous les règnes de Dioclétien, de Constantin, etc., jusqu'à Julien*, ouvrage également couronné par l'Institut, en 1815; *La Conjuration de Marcel contre l'autorité royale*. Nous devons encore mentionner de lui deux mémoires remarquables publiés dans le Recueil de l'Académie des Inscriptions et Belles-Lettres: *De l'état des personnes en France sous les rois de la première race*, et *De l'instruction publique chez les anciens, et particulièrement chez les Romains*.

M. Naudet a en outre collaboré à un grand nombre de recueils, notamment au *Journal des Savants*, qu'il a enrichi d'une foule d'articles biographiques pleins d'érudition; il a aussi attaché son nom à la publication de divers ouvrages classiques, tels que *La Henriade* de Voltaire, ou bien les *Conciones* de Cicéron, le Lucain, le Catulle, le Plaute, le Tacite de la collection Lemaire. Les savants commentaires, les notes précieuses dont il a enrichi ces éditions leur donnent une prix particulier. Sa traduction de Plaute, dans les classiques de Panckoucke, jouit d'une réputation méritée. Enfin, on a de lui un volume de *Fables*.

NAUFRAGE, perte d'un navire à la mer. Outre les mauvais temps ou les ouragans, il existe à la mer un grand nombre d'autres causes qui peuvent occasionner la perte d'un bâtiment, même par le plus beau temps du monde, comme les écueils de toutes espèces sur lesquels le navire peut échouer, ou qui peuvent y déterminer des voies d'eau telles que les pompes soient impuissantes à en arrêter les progrès. Ce dernier accident est surtout fréquent dans les navires mal construits, ou ceux qu'ont rongés les rats et la vétusté. Qu'il survienne une grosse mer, et des voies d'eau s'y déclarent en quelque sorte spontanément.

Le golfe de Gascogne et les atterrages de Terre-Neuve

sont, au dire des marins, les parages où l'on peut avoir le plus à souffrir du mauvais temps et de la grosse mer. Quand on les éprouve au large, les accidents n'ont ordinairement rien de bien dangereux pour les vaisseaux solidement construits : ce n'est que dans le voisinage des côtes ou d'un écueil quelconque qu'ils sont à craindre. Lorsqu'il arrive alors que le vent et la mer vous poussent sur les rochers, il ne reste autre chose à faire que de *s'élever dans le vent*, c'est-à-dire se rapprocher du large ou s'éloigner de la terre par tous les moyens possibles ; si l'on n'y réussit pas, il y a encore les a n c r e s, au moyen desquelles on peut tenter d'arrêter la marche du vaisseau entraîné sur les écueils qu'on veut fuir ; mais cette ressource est presque toujours insuffisante quand la mer et le vent sont très-forts ; et soit que les câbles rompent alors, ou que les ancres dérapent, on ne parvient guère ainsi qu'à retarder sa perte. Lorsque enfin on a en vain épuisé tous les expédients, il ne reste plus, si la côte est bien connue, et qu'on soit encore maître de la direction du navire sous le vent, qu'à chercher un endroit favorable pour échouer, et à s'y diriger ; on se réserve ainsi la chance de sauver peut-être l'équipage et les débris du navire, ou une partie de sa cargaison, plus ou moins avariée. Si le vaisseau est précipité sur des rochers souvent à pic, ou hérissés d'aspérités, comme on en voit tant sur nos côtes de Bretagne, tout est alors brisé, broyé en quelques instants. Le navire se perd, comme on dit, *corps et biens*.

Si c'est au large que survient un des accidents qui peuvent causer la perte d'un navire, comme le choc contre un écueil, un incendie, etc., le sauvetage s'opère au moyen des embarcations, quand il est possible de les mettre à la mer. Si elles ne sont point assez fortes pour contenir l'équipage, on peut trouver un moyen de salut provisoire dans la construction de radeaux, qui remplacent le bâtiment : ces divers expédients, ainsi que quelques autres machines plus ou moins ingénieuses, proposées comme moyen de s a u v e t a g e, supposent toujours dans leur emploi une mer qui n'est pas trop forte.

Le mot *naufrage* ne s'applique à la perte d'un bâtiment que lorsque celle-ci tient à des causes absolument inhérentes à la navigation, à des accidents dépendant des hasards exclusivement propres à la mer : ainsi, un vaisseau qui aura fait eau pendant un combat, et se sera perdu par l'effet de celui-ci, n'aura pas fait naufrage pour cela ; il aura simplement coulé sous le feu ennemi.

Peut-être serait-ce ici le cas de parler de la sauvage coutume qu'ont les habitants des côtes dans quelques contrées de regarder comme leur propriété tout ce que leur apporte la mer par suite de naufrages, préjugé poussé si loin chez quelques grossiers pêcheurs de certaines localités qu'ils ne se font aucun scrupule, pour cacher leur brigandage, de mettre à mort les passagers et les marins jetés sur leurs côtes. Trop souvent aussi on les a vus ne pas se borner à attendre sur le rivage les navires naufragés ; mais encore occasionner la perte de ces navires, au moyen de feux trompeurs, qu'ils plaçaient à une certaine distance dans l'intérieur des terres, pour simuler ceux que le gouvernement fait allumer sur les côtes, ou plutôt encore ceux qui se placent la nuit sur les barques de pêche ; ces sortes de guet-apens ne sont plus depuis longtemps, grâce à Dieu, dans les usages des habitants de nos côtes, ou du moins y sont très-rares.

NAULAGE, NAULIS ou **NOLIS, NOLISSEMENT.** *Voyez* AFFRÈTEMENT.

NAUMACHIE (du grec ναῦς, vaisseau, et μάχομαι, je combats), simulacre de combat naval, qui occupait une place importante dans les fêtes publiques chez les Romains. Jules César le premier qui, en l'an 46 av. J.-C., ait fait représenter une naumachie ; et à cet effet le champ avait été creusé par ses ordres. Une naumachie, qui existait encore au temps de Titus, avait été construite par Auguste sur l'emplacement des Jardins de César : elle avait 600 mètres de long, sur 66 mètres de large, pouvait contenir 50 vaisseaux trirèmes, et vraisemblablement garnis de gradins disposés en amphithéâtre à l'usage des spectateurs. Domitien en fit construire une autre sur le même emplacement. Il paraît que les bassins des naumachies pouvaient être remplis et vidés à volonté, afin de pouvoir être utilisés pour d'autres jeux et exercices ; mais il est peu vraisemblable qu'on ait exécuté des naumachies dans le c i r q u e même, qu'on eût inondé dans ce but. L'empereur Claude, avant d'entreprendre le détournement du lac Fucin, y fit célébrer une naumachie. Les gladiateurs employés dans les naumachies étaient appelés *naumacharii*.

NAUNDORF. Ce faux d a u p h i n, prétendu Louis XVII, apparut pour la première fois à Paris en mai 1832. C'était un homme de quarante-huit ans environ. Il ne savait pas un mot de français et n'avait pas même de quoi dîner quand il fut présenté à Mme la comtesse de R..., ancienne femme de chambre de Marie-Antoinette, connue de tout le monde par son inépuisable charité. Naundorf était d'une belle taille ; son air, malgré le délabrement de son costume, respirait une noble fierté ; de plus, et ceci n'est pas à oublier, il avait dans les traits quelque ressemblance avec Louis XVI. Il fut bien accueilli, et quand on lui demanda son nom, il répondit en allemand, de l'air le plus naturel du monde, qu'il s'appelait *Charles-Louis*, et était le duc de Normandie, fils de Louis XVI et de Marie-Antoinette. Mme de R... fut étonnée, et il y avait de quoi ; elle le fut bien davantage quand, tirant de sa garde-robe un petit habit qui avait appartenu au dauphin, elle entendit Naundorf s'écrier aussitôt : « Mon habit ! » De ce moment ses yeux s'ouvrirent à la lumière, et l'inconnu devint pour elle le légitime héritier de la couronne de France. Nous aurions l'air de faire un roman si nous racontions tous les hommages dont Naundorf fut dès lors environné, toutes les fêtes dont il devint l'objet et le héros, toutes les riches offrandes qui ne cessèrent de pleuvoir dans sa royale cassette. On assure que plus de quatre millions furent recueillis parmi les croyants, versés dans ses mains et noblement dissipés en meubles splendides, équipages de luxe, largesses princières, ou folles dépenses. Il prit un hôtel dans la rue de Bourgogne, au faubourg Saint-Germain, se laissa appeler *prince* et *monseigneur*, eut un équipage, se nomma des aides de camp et des ministres, écrivit à la duchesse d'Angoulême pour en être reconnu, et s'adressa à la justice pour obtenir une possession d'État. Du reste, les preuves destinées à constater aux yeux des plus incrédules sa glorieuse origine ne manquèrent pas. C'est ici surtout que le merveilleux abonde. On assure qu'un jour une dame prétendit devant lui savoir que le dauphin avait à la mâchoire inférieure deux dents incisives aussi aiguës que celles d'un lapin ; et aussitôt Naundorf montra à l'assemblée ébahie ces deux dents extraordinaires. Peu de jours après, une autre dame fort riche, mais non moins incrédule, et qui avait beaucoup connu le dauphin, demanda à Naundorf s'il ne se souvenait pas d'un petit nom d'amitié qu'il lui donnait souvent quand ils jouaient ensemble, à Versailles. Le duc chercha longtemps, et ne trouva rien ; la dame, qui s'y attendait, riait sous cape de son embarras. On dîna, et pendant le dîner le duc, d'ordinaire grand mangeur, mangea peu, parla moins et rêva beaucoup ; on allait se séparer, et l'inquiétude, le soupçon étaient sur tous les visages, lorsque Naundorf, prenant brusquement par le bras la dame déjà sur le seuil de la porte, et la faisant rentrer au salon presque de force, articula d'une voix très-haute, et qui entendue de tous, un mot dont l'effet fut tel que l'incrédule visiteuse se trouva mal. Ce mot, nous ne le répéterons pas, d'abord parce qu'il est resté le secret des adeptes, et ensuite parce qu'il représente, assure-t-on, une idée fort peu honnête. Le lendemain, Naundorf reçut de l'ancienne compagne de ses jeux enfantins un petit billet tout parfumé qui ne contenait que quelques lignes, mais qui dut lui sembler bien précieux, car ce billet était un *bon de cent cinquante* *mille francs* sur le banquier de celle qui l'avait tracé. Il faut convenir que le tour était ingénieux et qu'il fut bien joué. Enfin, on se souvint qu'il existait dans la Beauce un paysan du nom de Martin, qui depuis longtemps passait pour être un peu prophète. Ce Martin fut appelé à Paris par les partisans de Naundorf, qui le mirent, sans le prévenir, bien entendu, en présence de leur héros. A sa vue, le prophète villageois n'hésita pas à déclarer que le personnage qui était devant lui était bien incontestablement Charles-Louis, duc de Normandie. Les adeptes crièrent au miracle, et les offrandes continuèrent de pleuvoir. C'est déjà quelque chose qu'une voix d'en haut; mais un coup de poignard, pour venir d'en bas, quand il est donné à propos, a bien son mérite aussi pour entretenir ou ranimer l'intérêt d'un drame. Ce coup de poignard ne manqua pas à l'illustration de Naundorf: il y a mieux, il en reçut cinq au lieu d'un, un soir qu'il avait voulu parcourir seul les rues de Paris; et l'assassin qui lui donna dans le guichet le plus obscur du Carrousel eut même la bonhomie d'ajouter, pour qu'on ne se trompât pas sur ses intentions, ces mots significatifs : « Meurs, Capet ! » Mais Capet ne mourut point; il en fut quitte pour une égratignure, grâce à une médaille de la sainte Vierge qu'il portait toujours sur lui, et qui reçut les coups qu'on lui destinait. Toujours est-il que les marques d'intérêt que Naundorf reçut de toutes parts à la suite de cet événement et les offrandes qui ne firent que s'en accroître l'eurent bientôt consolé. La prudence cependant conseillait de prendre un parti décisif, car enfin la tentative manquée une première fois pouvait réussir la seconde. M. de Forbin-Janson, l'évêque de Nancy, proposa sérieusement à Naundorf d'entrer dans les ordres, et lui promit de faire placer avant peu la tiare pontificale sur sa tête. Ce parti ne fut du goût de personne : on le rejeta. Alors M. Sosthène de La Rochefoucauld parla de faire un voyage à Prague, et exprima même l'espoir que Louis-Philippe, informé de l'existence du fils de Louis XVI, s'empresserait de lui céder une couronne qu'il n'avait acceptée que malgré lui. De ces délibérations il ne sortit qu'une chose : ce fut une lettre de Naundorf à Louis-Philippe, pour lui faire connaître que peu de temps avant le 10 août Louis XVI avait fait enfouir dans une cave des Tuileries des sommes considérables et une foule d'objets précieux, que lui, Naundorf, se faisait fort de retrouver. Cette lettre, publiée dans le journal fondé par Naundorf, prouve qu'il savait à qui il s'adressait. Dès le lendemain elle lui valut une longue visite de M. Delaborde, aide de camp de Louis-Philippe, mais n'eut pas d'autre résultat.

Cependant, tout le mouvement qui se faisait autour de ce prétendant occulte finit par inquiéter la police, et un beau matin, en 1834, Naundorf vit entrer chez lui deux gendarmes qui venaient le prier de prendre place avec eux dans le coupé d'une diligence partant pour la frontière. Ce dénoûment trivial fit rentrer Naundorf dans sa primitive obscurité. Après avoir habité quelques années l'Angleterre et s'être vu forcé d'en sortir, nous ne savons pas bien pourquoi, il alla chercher un asile en Hollande, dans la petite ville de Delft. Il y est mort fort obscurément, le 10 août 1845 ; le 10 août! jour si fatal jadis à la famille dont il se prétendait issu. Que ses partisans, s'il en a encore, se consolent : on assure qu'il a laissé six enfants ! Hippolyte Tribaut.

D'après les recherches de la police française, Charles-Guillaume Naundorf était juif d'origine, né à Potsdam. Venu à Berlin en 1810, il gagnait son pain en colportant des horloges en bois. En 1812 il partit pour Spandau, où il s'établit comme horloger, et s'y maria. Il se donnait alors quarante-trois ans, et se disait protestant. Deux enfants naquirent de son mariage. En 1822 Naundorf vendit son atelier, et alla s'établir à Brandebourg. Il y continua son métier, et fit de mauvaises affaires. En 1824 il fut traduit devant les tribunaux sous l'accusation d'incendie, et fut acquitté faute de preuves. A la fin de la même année, il reparaît devant la justice, accusé du crime de fausse monnaie. Il se disait alors fils de prince. Quoi qu'il en soit, il fut condamné à trois années de travaux forcés dans une maison de détention, peine qu'il subit de 1825 à 1828, dans l'établissement pénitentiaire de Brandebourg. Sorti de sa prison et se trouvant à Crossen, il publia qu'il était le fils de Louis XVI, se donna le titre de prince, et fit imprimer un gros livre à l'appui de ses prétentions. Pour échapper aux nouvelles poursuites des tribunaux, il se réfugia d'abord à Dresde, puis en Suisse. C'est de là qu'il vint à Paris. L. LOUVET.

NAUPACTE, ville sur les ruines de laquelle s'élève aujourd'hui Lépante, était dans l'antiquité un port important, situé dans la Locride occidentale ou Ozolique, dont le nom provenait, dit-on, de ce que c'est là qu'avait été armée la flotte que les Héraclides destinaient à la conquête du Péloponnèse. Elle était célèbre par une grotte qui l'avoisinait, et qui était consacrée à Aphrodite. C'est là que les veuves désireuses de convoler en secondes noces se rendaient pour supplier la déesse de leur faire la grâce de trouver un second mari. En l'an 435 av. J.-C., les Athéniens enlevèrent Naupacte aux Locriens, et y établirent une colonie de Messéniens et d'Ilotes auxquels les Spartiates avaient accordé la permission de quitter leur territoire. Dans la guerre du Péloponnèse, Naupacte, qui servait de station à la flotte des Athéniens, fut à diverses reprises le théâtre de combats importants. Plus tard elle appartint aux Achéens, puis aux Étoliens, qui, l'an 217 av. J.-C., y firent la paix avec Philippe de Macédoine. Au moyen âge les empereurs de Byzance la cédèrent aux Vénitiens.

NAUPLIE. *Voyez* NAPOLI DE ROMANIE.

NAUSÉES. L'envie de vomir se produit par des *nausées*; le trouble dont l'estomac est alors le siège réagit sur les organes, produit des velléités d'expulsion par la bouche des matières qu'il contient; ces spasmes et leurs effets sont ce qu'on appelle les *nausées* (*voyez* MAL DE MER). Les nausées sont ordinairement accompagnées de ce que l'on nomme très-improprement *mal de cœur*. Cet état en effet n'est autre chose que les symptômes de trouble des organes digestifs qui se produisent au creux de l'estomac ou dans la ventre. Ces symptômes sont fréquents dans l'indigestion, l'ivresse, la grossesse, et dans une multitude de maladies, et doivent attirer toute l'attention du médecin ; car le vomissement qu'ils amènent peut avoir les résultats les plus graves.

NAUSICAA, fille du roi des Phéaciens Alcinoüs, est célèbre par son amitié pour Ulysse, qu'elle accueillit après son naufrage, et conduisit au palais de son père. Suivant quelques auteurs, elle épousa plus tard Télémaque, et eut de lui un fils, appelé Perseptolis ou Ptoliporthos.

NAUTILE ou BATEAU-POISSON. *Voyez* BATEAUX SOUS-MARINS.

NAUTIQUE. Ce mot, qui vient de *Naute*, navigateur, dans le vieux langage, désigne ce qui a rapport à la navigation : c'est dans ce sens que l'on dit : Des connaissances *nautiques*, la science *nautique*, etc. Dans la campagne d'Égypte, on avait appelé légion *nautique* un corps formé des matelots de la flotte.

Dans un sens moins large, nautique signifie ce qui se passe sur l'eau: une promenade, une joûte *nautique*.

On a appelé à Paris *Théâtre Nautique* un théâtre dont quelques voies d'eau ramassées dans un bassin qui occupait le dessous de la scène justifiaient les prétentions maritimes : les planches de la scène étaient enlevées, et l'on voyait alors flotter une gondole sur le fameux bassin nautique. Le Théâtre Nautique, qui s'était installé à la salle Vantadour, n'eut qu'une assez courte existence.

NAVAL. Cet adjectif, qui n'a point de pluriel masculin, n'est usité qu'avec un petit nombre de mots, tels que combat, forcée, armée, construction, et quelques autres. On se sert plus fréquemment du mot *maritime*. L'expression *armée navale* a remplacé celle de *flotte* de guerre, et se donne seule à toute force navale de vingt-sept vaisseaux et au-dessus, si ce n'est quand on veut exprimer la totalité des bâtiments de guerre d'un État.

NAVALE (Couronne). *Voyez* COURONNE.

NAVALE (École). La création des écoles de la marine appartient à l'Assemblée nationale constituante : une loi du 30 juillet 1791 institua trente-quatre écoles gratuites et publiques de mathématiques et d'hydrographie, dans un même nombre de villes maritimes, sous la surveillance des municipalités locales et la direction de professeurs nommés au concours. Chaque année, les examinateurs de la marine examinaient, dans les trente-quatre villes d'école, les concurrents aux grades d'aspirant, d'enseigne non entretenu et d'enseigne entretenu. Si les candidats avaient satisfait à l'examen, ils étaient admis dans la marine royale avec l'un des grades ci-dessus, suivant leur degré d'instruction. La Convention nationale, en sanctionnant cet état de choses dans la loi du 30 vendémiaire an IV (22 octobre 1795) sur les *écoles de service public*, donna le nom d'*écoles de navigation* à ces divers établissements, et en forma deux nouvelles pour la marine du commerce : l'une à Morlaix, l'autre à Arles. Mais en outre elle prescrivit la formation de trois écoles spéciales, pour les aspirants reçus, dans les ports de Brest, Toulon et Rochefort. Une corvette d'instruction était armée et désarmée annuellement pour l'instruction des aspirants ; ils y étaient embarqués pendant six mois, mettaient souvent à la voile, et faisaient des sorties le long des côtes. On exécutait sur ces corvettes tout ce qui peut donner aux aspirants l'instruction la plus complète sur le gréement, le pilotage et le canonnage. Après six mois d'embarquement sur la corvette d'instruction, les aspirants rentraient dans le port, et étaient occupés à suivre les différents ateliers de la marine. Peu de mois après leur débarquement, une nouvelle corvette ou une frégate, commandée par des officiers habiles, était armée dans chaque port ; et les aspirants y étaient embarqués pour faire une campagne de long cours, qui durait environ un an. Pendant ce temps, les aspirants étaient exercés aux manœuvres et observations les plus utiles à leur instruction et aux progrès de la navigation. Ils rédigeaient les journaux et mémoires de l'expédition ; et dans les belles mers les officiers leur faisaient commander les manœuvres du vaisseau.

Cette organisation fut maintenue pendant quinze ans. Mais le 27 septembre 1810 un décret impérial vint opérer une réforme complète dans le mode de renouvellement des officiers de la marine française et donner une impulsion vigoureuse au système d'éducation spéciale adopté jusque alors. Deux *écoles spéciales de marine* furent créées, devant contenir chacune trois cents élèves, en trois divisions. L'une de ces écoles fut formée à Brest, à bord du vaisseau *Le Tourville*; l'autre à Toulon, sur *Le Duquesne*. Ces écoles étaient placées sous les ordres des préfets maritimes : on n'y était admis que par un décret. La durée des études était de trois ans, et on ne pouvait passer d'une division à l'autre sans satisfaire aux examens qui terminaient les cours et justifier d'un temps déterminé de navigation pour chaque division. Pour cela, les élèves étaient envoyés par détachement à bord des bâtiments quelconques qui mettaient sous voile ; ils y servaient comme les gens de l'équipage pour toutes les manœuvres et les exercices des armes. Ils n'avaient de commandement sur aucun homme de l'équipage. Ces détachements étaient commandés par leurs officiers. Le séjour des élèves à bord devait leur compter comme navigation effective. Après la troisième année de service, les élèves de première classe sortaient de l'école pour servir dans les équipages de haut bord, en qualité d'aspirants de première classe brevetés ; dès lors ils étaient susceptibles de l'avancement au grade d'enseigne de vaisseau, selon la forme indiquée par les règlements. Telle fut l'organisation trop tardive de ces écoles sous le régime impérial. Les officiers les plus distingués en sont sortis.

La Restauration trouva de la part des élèves des écoles spéciales de marine ce qu'elle avait rencontré dans les autres écoles spéciales de l'empire, une profonde aversion contre un gouvernement imposé par l'étranger ; aussi leur dissolution ne tarda-t-elle pas à être décidée. Les *écoles spéciales* furent sacrifiées et remplacées par un *collège royal de la marine*. Malheureusement, cette nouvelle création se ressentit de l'influence déplorable qui présida, à cette époque de réaction, à toutes les mesures prises relativement au personnel et au matériel de la marine française. Par un esprit inouï de courtisanerie (si nous pouvons nous exprimer ainsi), l'école destinée à former des officiers de vaisseau fut placée sur une montagne, à Angoulême, à vingt lieues de la mer ; et cela parce que le duc d'Angoulême, neveu du roi, avait été nommé grand-amiral du royaume. Le nombre des élèves du collège royal de la marine fut fixé à cent cinquante au plus ; ils prenaient le titre d'*élèves de la marine de troisième classe*. Au bout d'un an d'études théoriques, les élèves, s'ils avaient satisfait à l'examen déterminé par le règlement, recevaient le titre d'*élèves de la marine de deuxième classe*, et étaient dirigés sur le port de Rochefort, pour recevoir sur des bâtiments l'instruction pratique nécessaire. Ils étaient ensuite embarqués sur deux corvettes d'instruction, armées l'une à Brest et l'autre à Toulon, et faisaient sur ces bâtiments deux campagnes de dix mois chacune, la première près des côtes, la seconde en pleine mer. Pendant celle-ci, les deux corvettes se rejoignaient sur un point déterminé à l'avance, et naviguaient de conserve jusqu'à leur rentrée. Au retour de cette seconde campagne, les élèves subissaient un second examen, à la suite duquel ils étaient nommés, en cas de succès, *élèves de la marine de première classe*. Les élèves de la marine de première et deuxième classe étaient partagés en trois compagnies. La première servait à Brest, la seconde à Toulon, et la troisième à Rochefort. Il était entretenu dans chacun de ces trois ports, pour la suite de l'instruction des élèves non embarqués, un professeur et un répétiteur de mathématiques et d'hydrographie, un professeur de langue anglaise, un professeur de dessin, un maître de manœuvre, un maître de construction et un maître d'artillerie. Le 8 septembre 1824 une ordonnance fixa à deux ans le cours des études dans le collège royal de la marine. Une décision ministérielle du 7 mai 1827 établit à Brest, à bord du vaisseau *L'Orion*, une école navale d'application, sur laquelle étaient dirigés les élèves du collège royal de la marine, après deux années d'études.

Tels étaient à l'époque de la révolution de Juillet les éléments d'instruction des sujets qui se destinaient au service de la marine royale. Le 7 décembre 1830, sur le rapport de M. le comte d'Argout, ministre de la marine, intervint une ordonnance portant suppression du *collège royal de la marine* d'Angoulême. Trois ordonnances successives des 1er novembre 1830, 24 avril 1832, et 4 mai 1833, ont définitivement réorganisé l'école de marine à Brest, sous le nom d'*École Navale* ; elle est maintenue sur le vaisseau *L'Orion*. Les candidats doivent avoir treize ans au moins, seize ans au plus, à moins qu'au moment de l'inscription ils n'aient accompli une année de navigation ou fait une campagne sous l'équateur, dans ce cas, ils sont admis aux examens jusqu'à dix-huit ans. Les candidats sont admis à cette école à la suite d'examens qu'ils auront subis aux époques désignées pour ceux de l'École Polytechnique ; les examinateurs de cette dernière école sont chargés de procéder aux examens des candidats qui se présentent pour l'École Navale. La durée des études est fixée à deux ans : à l'expiration de la première année, les élèves de la seconde division passent un examen public devant une commission présidée par le préfet maritime, avant d'entrer dans la première ; les élèves qui ne sont pas reconnus capables d'entrer dans la première sont licenciés. A la fin de la seconde année, les élèves de cette division subissent un nouvel examen, pour être admis au grade d'élèves de deuxième classe ; ceux qui ne sont pas reconnus aptes sont licenciés. Les élèves de la marine ne peuvent être promus de la deuxième classe à la première sans avoir subi un nouvel examen public, tant sur la théorie de la navigation que sur la manœuvre, le gréement, les apparaux et le canonnage. Ces examens se font dans chacun des cinq grands ports, devant une commission désignée par le préfet maritime; ils doivent avoir lieu dans le mois qui suit l'arrivée des élèves dans le port. Les élèves qui ont répondu d'une manière satisfaisante sont maintenus à leur rang sur la liste générale de la marine, et leur nomination au grade d'élève de première classe date du jour où ils ont accompli leurs deux années de navigation, quelle que soit l'époque à laquelle ils se présenteront à l'examen. Quatre emplois au moins d'élèves de la marine de première classe sont donnés chaque année à un même nombre d'élèves de l'École Polytechnique ayant complété leurs deux années d'études, et ayant satisfait aux examens de sortie de cette école. Mais pour être promus à ce grade, ils doivent subir un nouvel examen, semblable, quant aux dispositions et à ses conséquences, à celui auquel sont soumis les élèves de la marine, pour passer de la seconde classe à la première. MERLIN.

NAVARIN, ville forte et port de mer, sur la côte sud-ouest de la Morée, chef-lieu de l'éparchie de Pylos, dans la nomarchie de Messénie (royaume de Grèce), compte 2,000 habitants, et a de l'importance à cause de son port, formé par la *baie de Navarin*, à l'entrée méridionale de laquelle elle est bâtie, et protégé par l'île Sphagia ou Sphacteria. Cette baie ne communique avec la mer que par deux bras étroits, au nord et au sud, et qu'il est très-facile de défendre. Sur la côte nord de l'île, on trouve le château fort du *vieux Navarin*, qui protège l'entrée de la baie, extrêmement étroite en cet endroit, appelé aussi *Palæokastron* et construit sur l'emplacement où, dit-on, s'élevait autrefois Pylos, la résidence de Nestor.

La baie de Navarin était déjà célèbre dans l'antiquité par une grande bataille navale qui s'était livrée dans ses eaux pendant la guerre du Péloponnèse, l'an 425 av. J.-C. Le nouveau Navarin actuel, appelé aussi *Neokastron*, fut fondé au moyen âge, lors de la domination française par le Péloponnèse, par Nicolas de Saint-Omer. Par la suite, il appartint alternativement aux Vénitiens et aux Turcs. Ces derniers en demeurèrent finalement les possesseurs, et le conservèrent jusqu'à la guerre de l'indépendance grecque, où elle acquit une nouvelle célébrité par la bataille que les flottes combinées de la France, de l'Angleterre et de la Russie, y livrèrent le 20 octobre 1827 à la flotte turco-Égyptienne, qui se composait de 78 bâtiments de guerre de différentes grandeurs, et dont plus des quatre cinquièmes furent brûlés ou coulés bas. Les escadres alliées comptaient 1,252 bouches à feu et 8,850 hommes d'équipage. La flotte turque comptait 2,155 bouches à feu et environ 19,620 hommes d'équipage ou de garnison. Ce ne fut pas le courage qui manqua à ses chefs, mais l'instruction et l'union. Avec un peu plus d'expérience dans les manœuvres de l'artillerie, ils eussent pu mettre les flottes combinées hors d'état de sortir de la baie de Navarin, où elles s'étaient aventurées. La destruction de la flotte turque fut saluée en France comme le gage certain de l'affranchissement de la Grèce; mais les hommes vraiment politiques y virent un grave danger pour le maintien du *statu quo* en Orient. Constantinople était désormais à la discrétion de la flotte russe de Sébastopol; et le ministère anglais, pris au dépourvu par la nouvelle de cette bataille livrée et gagnée sans qu'il eût donné des instructions positives à l'amiral Codrington, chef des forces navales britanniques dans la Méditerranée, répudia en quelque sorte les lauriers de Navarin en qualifiant cette victoire dans le parlement d'événement funeste, *untoward event*.

NAVARRE, pays situé sur les deux versants des Pyrénées. Il se divise en *haute* et *basse Navarre*. La haute Navarre, qui appartient à l'Espagne, est une des provinces et aussi une des divisions militaires du royaume commandées par un capitaine général. Son chef-lieu est *Pampelune*; les villes principales sont Sanguesa, Olite, Estella et Tudela.

La basse Navarre, ou *Navarre française*, avait pour capitale *Saint-Jean-Pied-de-Port*; les villes principales sont Saint-Palais et Gramont. Elle fait aujourd'hui partie du département des Basses-Pyrénées.

La Navarre fut érigée en royaume au neuvième siècle, par Inigo, comte de Bigorre, dans la maison duquel elle resta plusieurs siècles. Elle passa ensuite à divers princes de différentes dynasties. Philippe le Bel fut le premier roi de France qui joignit à ce titre celui de *roi de Navarre*. Il avait épousé Jeanne de Navarre, héritière de ce royaume et des comtés de Champagne et de Brie. La Navarre en fut démembrée, et fut donnée en 1316 à Jeanne, fille unique de Louis le Hutin. Elle entra dans la maison d'Albret en 1494. Dès 1512 Ferdinand V, roi d'Aragon et de Castille, s'empara de la haute Navarre. La partie française resta seule à la maison d'Albret, et fut tout l'héritage porté par Jeanne d'Albret à la maison de Bourbon par son mariage avec Antoine, père de Henri IV. Louis XIII, fils d'Henri IV, unit en 1620 la basse Navarre à la France. Cependant, les rois ses successeurs jusqu'à Charles X conservèrent le titre de rois de France et de Navarre.

NAVARROIS. *Voyez* COMPAGNIES (Grandes).

NAVET, espèce du genre *chou*.

NAVETTE (*Botanique*), espèce de chou que l'on cultive pour la graine, dont on retire une huile propre à brûler et à être employée dans plusieurs arts. C'est une variété du *chou-navet*. La navette est moins productive que le colza; mais elle donne des produits dans des terrains qui ne pourraient convenir à cette dernière plante. La navette la plus estimée vient des environs de Caen.

Une variété voisine, la *navette d'été*, est encore moins productive que la précédente, et donne une graine plus petite.

NAVETTE (*Technologie*), instrument de tisserand, qui sert à porter et à faire courir le fil, la soie, la laine, entre les fils de la *chaîne* sur le métier. Les femmes en France se servaient autrefois de petites navettes d'or, de laque, d'écaille, pour faire des nœuds ou du filet. Sous le ministère de Necker, on permit à Delasalle, manufacturier de Lyon, de placer ses machines au château des Tuileries. Il y disposa de nouvelles navettes, appelées *navettes volantes*, fort supérieures aux autres pour faire de la gaze et d'autres étoffes de toutes largeurs. Cette heureuse découverte nous a été ramenée depuis comme anglaise.

Faire la *navette*, au figuré, signifie faire beaucoup d'allées et de venues, d'une personne à une autre ou d'un point à un autre.

NAVIGATEURS (Iles des). Cet archipel est situé dans la Polynésie, au nord de celui des îles Tonga, entre les 13° et 16° de latitude sud et les 170° et 175° de longitude est. Il est connu aussi sous le nom d'archipel d'*Haniva*; l'on suppose que Bougainville, qui l'a découvert, l'a fait que retrouver l'île Baumann de Roggewein. Les habitants de cet archipel, dont la population est nombreuse, sont de taille athlétique; la civilisation a fait chez eux de rapides progrès, et fera sans doute disparaître leur férocité native. Ils sont, ainsi que l'indique le nom qui leur a été donné d'abord, très-habiles dans la navigation.

L'archipel des Navigateurs se compose de sept îles, dont les principales sont : *Pola*, une des plus étendues de la Polynésie, *Oyalava*, *Maouna*, où se trouve la baie *du Massacre*, ainsi nommée de ce que deux officiers et neuf matelots de La Pérouse y furent massacrés par les naturels; *Fanfoue*, *Opoun*, *Rose* : les côtes de la plupart de ces îles sont généralement assez basses, ce qui en rend l'abord dangereux ; il s'y trouve cependant plusieurs mouillages assez bons.

NAVIGATION, NAVIGATEUR. La *navigation* est la science théorique et pratique qui enseigne à conduire un bâtiment sur mer, à le diriger d'un point sur un autre; le *navigateur* est celui qui pratique cette science. L'homme s'est emparé de la navigation du jour où ayant vu un tronc d'arbre flotter sur les eaux sans être submergé, il en a réuni plusieurs ensemble pour s'en faire un radeau et descendre ou traverser une rivière. Où en était la navigation lorsque Noé construisit l'arche, que l'on peut considérer comme le plus grand navire ayant jamais existé, si l'on calcule d'après l'espace que devait y occuper chaque spécimen de la création? L'arche dut nécessairement donner l'idée de construire des navires, qui des fleuves finirent par s'aventurer sur les côtes maritimes; la nécessité de diriger ces nefs fit d'abord inventer les voiles, les rames, le gouvernail; celle de s'abriter contre les intempéries atmosphériques fit ensuite ponter les navires. C'est ainsi que de progrès en progrès l'homme conquérait l'élément de navigation qui devait donner au commerce un développement continu.

La navigation se divise en trois parties bien distinctes : la *navigation intérieure fluviale*, c'est-à-dire celle que pratiquent les mariniers sur les rivières, les canaux ; la *navigation maritime* le long du littoral d'un pays ; c'est ce qu'on appelle encore le cabotage; enfin, la *navigation hauturière* ou en pleine mer. Si la navigation intérieure d'un pays est un puissant moyen de transport, un appui puissant donné aux relations commerciales, le cabotage et la navigation hauturière donnent au commerce lui-même, et partant à l'industrie, un énorme développement. La navigation de la France, comme celle de toutes les puissances maritimes, tend à s'accroître chaque jour, depuis que le rôle de la vapeur dans la locomotion nautique a pris le développement auquel nous assistons maintenant.

Si nous laissons de côté la fable des Argonautes, nous reconnaîtrons que les Phéniciens sont le premier peuple navigateur dont l'histoire parle avec certitude; ils longeaient d'abord les côtes, jetant l'ancre chaque nuit, et arrivaient ainsi jusqu'en Espagne; une tempête ayant poussé leurs navires au large des colonnes d'Hercule, les Phéniciens pénétrèrent dans l'Océan, et eurent des relations commerciales longtemps suivies avec Cadix. Les Phéniciens furent les premiers qui, se guidant sur la position des étoiles et des astres, osèrent perdre les côtes de vue; dès ce moment la navigation au long cours exista. Les Phéniciens, quelques-uns de leurs navires, partis de la mer Rouge, longèrent l'Afrique orientale, doublèrent le cap de Bonne-Espérance, et revinrent près de leur point de départ après une navigation de trois ans.

Pendant que les Grecs, les Romains, ne faisaient que de la navigation côtière, les Phocéens suivaient l'exemple des Phéniciens, et allaient fonder des colonies; les Carthaginois, issus des enfants de Tyr, les remplacèrent dans leurs excursions hardies. Hannon commença l'exploration des côtes d'Afrique, que le défaut de vivres l'empêcha seul de continuer; Himilcon, Pythias firent des excursions encore plus longues et plus hardies; on assure même que des navigateurs carthaginois, poussés par les orages ou les courants, auraient atteint les rivages de l'Amérique.

Les Égyptiens succédèrent les premiers aux Carthaginois pour le sceptre des mers. Les Perses, de leur côté, n'étaient pas demeurés en arrière, et l'excursion de Néarque atteste que les Grecs eux-mêmes se lançaient dans les expéditions maritimes. La navigation ne fut jamais plus en honneur chez les Romains qu'au commencement de la décadence. L'irruption des Sarrasins en Europe et les croisades sont les principales phases de la navigation au moyen âge. Bientôt Venise et Gênes rivalisent, vers l'Orient, tandis qu'au Nord, où de hardis pirates se sont longtemps promenés partout, touchant au Groënland et aux parties nord de l'Amérique, la ligue hanséatique assure sa prépondérance maritime. La boussole a été inventée, et avec elle les navigateurs ne craindront plus désormais de s'aventurer les yeux fermés dans l'immensité de l'espace. Le Portugal sous Henri le Navigateur devint la première des nations maritimes; ses marins se lancent jusqu'aux Açores, aux Canaries, au Cap-Vert. Vasco de Gama double le cap de Bonne-Espérance, et les Lusitaniens établissent de nombreuses colonies le long des côtes ignorées de l'Afrique, dans les Indes, et jusqu'aux portes du Céleste Empire. Après les premières expéditions de Colomb, Cabral découvre le Brésil. L'Espagne rivalise avec le Portugal, et Christophe-Colomb, Fernand-Cortez, Améric-Vespuce, le Portugais Magellan comptent parmi ses plus célèbres navigateurs. L'Angleterre prend part, elle aussi, à ce grand mouvement de découvertes qui nous donne un monde nouveau, et Jean-Cabot découvre l'Amérique septentrionale; Drake, Frobisher, Raleigh, Davie, au seizième siècle; Hudson, Baffin, Barlow, Anson, Byron, Waller, Cook, Vancouver, au dix-huitième; et enfin, de nos jours, Parry, Ross, qui a le premier découvert le pôle magnétique, Franklin, mort si malheureusement, illustrent tour à tour la Grande-Bretagne.

Dans le principe, la Hollande ne le cédait pas à l'Angleterre pour les navigations hardies; elle compta Van Noort, Peter Nuyte, Jacques Le Maire, Abel Tasman, qui découvrit la terre de Van-Diémen; ses lourdes galiotes entretinrent un commerce continu avec le Japon; elle s'établit au cap de Bonne-Espérance, et pendant que les autres nations européennes fondaient leurs principales colonies sur les îles ou le continent du Nouveau Monde, elle mettait à peine le pied en Afrique et en Amérique, et s'établissait solidement aux îles de la Sonde, aux Moluques, à Timor.

La France, il faut bien le dire, est venue la dernière au rang des nations navigatrices, bien que la navigation ait toujours été en honneur à Marseille, dans la Méditerranée, et sur les côtes de la Bretagne et de la Manche; les flibustiers prirent les premiers le chemin du Nouveau Monde, avant que la marine royale allât y conquérir les possessions que nous y comptons aujourd'hui ; mais si ses grands navigateurs sont en quelque sorte les derniers venus, il n'en ont pas moins, par la hardiesse de leurs expéditions, par l'importance de leurs découvertes, conquis à notre patrie un rang des plus honorables dans les fastes maritimes; nous pouvons citer, à partir du siècle dernier, les noms de Bougainville, Lapérouse, Bruni d'Entrecasteaux, Baudin, Freycinet, Duperrey, Dumont d'Urville.

NAVIGATION (Acte de), *Navigation's act*. On appelle ainsi une loi que le parlement républicain d'Angleterre rendit le 9 octobre 1651, dans le but de faire prospérer le commerce maritime de la Grande-Bretagne. Cet acte mémorable avait surtout en vue les Hollandais, qui en étaient venus à accaparer presque tout le commerce de transit du monde. Il stipulait : 1° que toutes les marchandises produites ou fabriquées en Asie, en Afrique ou en Amérique ne pourraient être introduites en Angleterre, en Irlande et dans les colonies anglaises, que par des navires anglais, venant directement du port de chargement et ne pouvant point compléter ailleurs leur cargaison; 2° que toutes les marchandises produites ou fabriquées dans les pays d'Europe ne pourraient être introduites dans les possessions de la Grande-Bretagne qu'à bord de navires appartenant aux pays d'où provenaient ces marchandises ou bien d'où on les exportait. Telles étaient les principales règles posées par cet acte, que maintint également en vigueur le parlement royaliste qui succéda au parlement républicain de Cromwell. Toutefois, la dernière disposition en fut modifiée en ce sens qu'on déclara qu'elle ne s'appliquait qu'aux marchandises provenant de la Russie et de la Turquie ou à certains articles désignés depuis lors dans le commerce sous le nom d'*enumerated articles*, tandis que tous les autres articles pourraient être importés indifféremment par des navires de toutes nations. Cette clause ne modifia cependant que fort peu l'état des choses, attendu que tous les principaux articles d'échange étaient compris dans l'exception des *enumerated*. Bientôt même on crut être allé trop loin par cette concession, et alors on prohiba, toujours en vue des Hollandais, sous peine de confiscation du navire et de sa cargaison, l'importation en Angleterre d'une foule de marchandises exportées soit de la Hollande, soit des Pays-Bas, soit de l'Allemagne, dans quelques circonstances qu'eût lieu cette importation, que ce fût sous pavillon britannique ou sous pavillon étranger. Quoique, par la suite, le gouvernement anglais se soit départi à plusieurs égards de cette législation draconienne, les principales dispositions en restèrent en vigueur jusqu'aux modifications introduites tout récemment dans son système de tarifs et douanes.

En 1787 le congrès des États-Unis vota, à titre de représailles, un acte de navigation littéralement copié sur celui de l'Angleterre ; et les puissances du Nord menacèrent d'avoir recours à des mesures analogues. Aussi les actes rendus par le parlement en 1821 et 1825 modifièrent-ils profondément l'esprit de l'acte de navigation, en admettant désormais le système de réciprocité, et en rendant égales les conditions du commerce avec toutes les puissances amies. La distinction entre les marchandises *enumerated* et celles qui ne le sont pas subsista toujours ; mais elles purent être importées aussi bien à bord de navires anglais que de navires du pays d'où elles proviennent ou encore d'où on les exporte.

Par suite de la grande réforme opérée par Robert Peel dans la politique commerciale de l'Angleterre, qui a pour ainsi dire aboli le système protecteur resté jusque alors en vigueur, et qui a préparé les voies à la complète liberté du commerce, les lois relatives à la navigation ne pouvaient pas ne point être révisées et modifiées. C'est ainsi que le 15 novembre 1848 le ministère Russell faisait présenter au parlement par M. Labouchère, ministre du commerce, un bill qui supprimait complètement toutes les clauses de l'acte de navigation, à l'exception des restrictions apportées au cabotage et à la pêche en faveur de l'industrie nationale. Toutefois, le gouvernement se réservait la faculté d'user de représailles à l'égard des pays qui traiteraient défavorablement les navires anglais. En dépit de la vive opposition du parti protectionniste, ce bill passa à la chambre basse ; mais la discussion n'en put avoir lieu à la chambre haute, à cause de la fin de la session. Dans la session suivante, le bill fut de nouveau remis sur le tapis. Dans l'intervalle, le ministère avait recueilli des renseignements sur les dispositions des puissances étrangères à adopter le système de la réciprocité, et ces renseignements avaient été favorables. Le bill passa à la première lecture dans la chambre basse, mais à une plus faible majorité que l'année précédente. A la chambre haute la majorité ne fut que de dix voix, et cela uniquement par la raison qu'un ministère tory était impossible dans la situation politique du pays. L'expérience a prouvé depuis que la suppression de l'acte de navigation avait été une mesure aussi utile au pays que juste en principe.

NAVIGATION AÉRIENNE. *Voyez* AÉROSTAT.

NAVIGATION A VAPEUR. *Voyez* BATEAUX A VAPEUR.

NAVIGATION INTÉRIEURE. On appelle ainsi, par opposition à la navigation maritime, celle qui a lieu sur les fleuves, rivières, lacs et canaux ; et par *système de navigation intérieure* on comprend l'ensemble des voies naturelles ou artificielles de communication déjà établies ou à établir entre les différents fleuves ou rivières qui arrosent et fertilisent un pays, les travaux faits ou à faire pour l'amélioration de la navigabilité des fleuves et des rivières, leur canalisation, la distribution de leurs eaux, etc.

On divise la navigation intérieure d'un pays en bassins, dont les limites sont déterminées par les montagnes ou hauteurs d'où sourdent les eaux des ruisseaux et des rivières qui en alimentent les fleuves principaux. La France compte six bassins, ceux de la Loire, de la Seine, de la Garonne, du Rhône, du Rhin et de la Meuse, d'une étendue de 9,881 kilomètres, auxquels il faut ajouter les 3,915 kilomètres de nos diverses lignes de canaux. On aura une idée de l'activité et de l'importance de la navigation par l'énoncé de ce fait, que dans le seul parcours de la brsse Seine, jusqu'à Rouen, le mouvement des transports est de 72,185,000 tonnes kilométriques à la descente, et de 105,072,000 à la montée. En 1852 le mouvement des canaux était de 67 à 68,000,000 de tonnes, c'est-à-dire le double du mouvement de tout le roulage quinze années auparavant. En France, chaque bassin est divisé en *arrondissements de navigation*, dans chacun desquels il existe des bureaux où des fonctionnaires spéciaux sont chargés de percevoir les droits prélevés sur la navigation intérieure, à l'effet de subvenir aux frais qu'exige son entretien et de constater les contraventions commises aux règlements de police contenus dans les lois rendues sur cette matière. Les poursuites à faire contre les contrevenants ont lieu à la diligence des procureurs impériaux. Les contestations soulevées par les contribuables relativement aux droits sont décidées administrativement par les conseils de préfecture. Les droits de navigation produisent au trésor public une somme d'environ 3 millions ; dans ce chiffre ne figure pas, bien entendu, le produit de l'exploitation des canaux. Ces droits seront peut-être longtemps un obstacle à un plus grand développement de la navigation intérieure, car pour soutenir la concurrence des chemins de fer, celle-ci sur divers points a dû abaisser ses tarifs jusqu'à ne rien gagner ; or, si une taxe n'existait pas, il eût été plus facile à la batellerie de lutter contre le bas prix auquel les voies de fer avaient descendu leurs tarifs pour le transport de certaines marchandises.

Un bon système de navigation intérieure sera toujours l'un des plus puissants moyens de prospérité agricole, manufacturière et commerciale que puisse posséder un pays. Aussi tous les gouvernements éclairés ont-ils toujours fait les plus grands efforts pour créer de faciles et multiples communications intérieures par eau. Les chemins de fer, quels que soient leurs incontestables avantages pour la célérité de la locomotion, ne pourront jamais tenir lieu, pour l'économie des transports, d'un bon système de navigation intérieure. On peut dire qu'à cet égard il est peu de contrées mieux partagées que la France ; et on se fera une idée des sacrifices qu'elle s'est imposés pour perfectionner sa navigation intérieure, quand on apprendra que dans un espace de quinze années seulement, c'est-à-dire de 1831 à 1846, plus de 500 millions ont été consacrés à des travaux ayant pour but de compléter le vaste système de canalisation destiné à relier entre eux les différents bassins qui partagent son sol. Après avoir d'abord fait appel à l'industrie particulière pour ces travaux si grandioses et si utiles, l'État a fini par comprendre que sa mission sociale était de les entreprendre lui-même, afin de les exploiter au mieux de l'intérêt général, tandis que l'industrie particulière ne peut naturellement tendre qu'à en tirer le meilleur parti possible pour ses intérêts privés. On l'estime pas à moins de 800 millions la somme qui serait encore nécessaire aujourd'hui pour achever l'ensemble des travaux dont le magnifique programme présenté à cet effet aux chambres dans la session de 1839 par le ministère.

NAVIGATION SOUS-MARINE. *Voyez* BATEAUX SOUS-MARINS.

NAVIRE (du latin *navis*, *navigare*, venant lui-même du grec ναυς). On nomme ainsi toute espèce de bâtiment propre à naviguer, quels qu'en soient le volume, la forme et les usages : ainsi, le trois-mâts marchand et la pirogue du nègre, lo vaisseau à trois ponts et la petite canonnière, les lourdes maries-salopes des ports de mer et le bateau de charge informe que traînent les rivières, l'élégante gondole vénitienne et le grossier catimaron fernambouois, sont également compris dans la vaste et générale acception du mot *navire*. On en distingue d'autant d'espèces, d'autant de formes qu'il y a de peuples et peut-être de peuplades sur la terre, et ce serait ici un bien rude travail, s'il était possible, que d'en donner rien que la nomenclature dans la langue de chacun de ces peuples. Chez les nations civilisées, les navires se divisent en marine militaire ou de l'État, et en marine marchande, spécialement affectée au commerce. Les bâtiments de l'une et de l'autre se comprennent assez généralement sous le nom de *vaisseau* ; les navires de l'État, à voiles ou à vapeur, se disent, suivant leur force, en diverses classes : vaisseaux de ligne, frégates, corvettes, avi-

sos, bricks, *flûtes*, goélettes, bombardes, canonnières, cutters, lougres, sloops, etc. ; à cette nomenclature nous devons ajouter un nouveau genre de navire, qui n'a fait son apparition dans les armées navales que dans la guerre terminée par la prise de Sébastopol ; nous voulons parler de ces *batteries flottantes* dont la muraille, toute bardée de fer, est un bouclier qui les préserve des projectiles ennemis, et qui portent, avec un faible tirant d'eau, des bouches à feu d'un calibre énorme.

C'est en général aux conditions de leur construction, de leur voilure, que les navires doivent leurs qualités de solidité, de rapidité. Les navires servant à la navigation fluviale n'ont pas de quille ; ils sont plats en dessous, afin de ne pas avoir un trop fort tirant d'eau ; ils sont munis d'un immense gouvernail, car un gouvernail ordinaire serait impuissant à les diriger ; ils usent bien rarement, et seulement quand ils ont le vent arrière, de la voile carrée que peut porter le mât unique élevé sur leur pont, lorsqu'ils sont pontés : les navires destinés à tenir la mer portent plusieurs mâts, dont la voilure constitue leur appellation générique ; ils sont pourvus d'une quille fine et solide qui leur permet de fendre l'onde sans être arrêtés par sa résistance ; leur gouvernail est petit, élégant, mais son action est sûre. Quelle que soit leur marche, les navires à voiles sont aujourd'hui distancés de bien loin par les navires et bateaux à vapeur, steamers, steamboats, paquebots, etc., soit à aubes, soit à hélice : la vapeur fait mouvoir un appareil qui tient lieu des rames des anciens, ce premier pas de l'art de la navigation.

Les navires mixtes, pouvant se servir alternativement et simultanément de la voile et de la vapeur, semblent aujourd'hui avoir un avantage incontestable sur les simples vapeurs, car ils consomment une bien moindre quantité de charbon et peuvent porter plus de marchandises. Les essais tentés avec l'air chaud ou la vapeur d'éther comme moteurs ont aussi pour but de diminuer la place occupée sur les navires à vapeur par l'eau et le charbon.

Depuis quelques années déjà, le fer entre dans la construction des navires comme élément principal ; on construit en fer la coque des navires tout entière, sans que les conditions de flottaison, de rapidité soient altérées ; *Le Chaptal*, vapeur de l'État construit à Asnières, est en fer. La plus grande, la plus énorme construction de ce genre est *Le Grand Oriental*, que les Anglais établissent dans les proportions colossales. Le *Great Britain*, qui passait jusqu'à présent pour le géant des mers, ne sera rien en comparaison du *Grand Oriental* ; celui-ci mesurera 692 pieds anglais de longueur, 83 de largeur, 114 entre les roues il aura 800 chambres de passagers de première classe, sans compter la place pour les 400 hommes formant son équipage et les passagers de deuxième et troisième classe ; indépendamment de l'immense quantité de charbon qu'il portera pour sa consommation, il pourra arrimer dans sa cale 5,000 tonnes de marchandises. Le *Grand Oriental* sera mixte ; sa voilure sera supportée par sept mats ; 3,000 chevaux de vapeur mettront en mouvement à la fois et l'hélice et des appareils de roues à aubes ; quatre machines auxiliaires lèveront les ancres, baisseront les voiles, feront jouer les pompes, etc. Ce colosse des mers allant à toute vapeur aura une vitesse de 15 à 16 nœuds. Les communications entre le capitaine et l'équipage se feront par des signaux ou par des télégraphes électriques ; enfin, *Le Grand Oriental* aura pour chaloupes deux vapeurs à hélice de 90 pieds de long. On le voit, les Anglais se lancent résolument dans des tentatives qui, en modifiant complètement la physionomie actuelle de la marine, changeront à l'avenir toutes les conditions de la navigation. De si gigantesques tentatives ne doivent point nous surprendre de la part d'un peuple essentiellement maritime, et dont la marine marchande est bien supérieure en nombre à la nôtre.

En effet, le nombre de nos navires de commerce ne saurait plus suffire aujourd'hui aux nécessités commerciales de la France ; c'est là un inconvénient si nettement révélé par la pratique depuis quelques années, que pour y obvier un décret récent a fait fléchir la rigidité de nos lois de douanes, en permettant pour un temps limité l'entrée libre à l'état brut des matières servant à la construction des navires, et en autorisant, également pour un temps, l'achat de navires étrangers tout construits, en bois ou en fer, moyennant un droit de dix pour cent. C'est là une expérimentation, une tentative qui peut avoir les plus utiles résultats et donner enfin à notre commerce, sans l'obliger à payer aux pavillons étrangers un fret exorbitant, le nombre de voiles nécessaire pour assurer ses expéditions.

Dès les temps antiques de la Grèce, nous voyons chaque navire porter un nom particulier ; une figure emblématique placée sur leur pavillon révélait au loin ces noms, qui étaient toujours à peu près ceux-ci *Tigre*, *Bélier*, *Taureau*, etc. Cet usage de donner un nom à chaque navire est aujourd'hui universellement répandu, et partout on remarque combien la modestie de ceux qui prennent les navires de commerce contraste avec le caractère imposant de ceux qui sont donnés aux navires de l'État.

Les navires employés dans le commerce au long cours, au cabotage et à la pêche, s'élèvent à plus de 80,000, jaugeant plus de 600,000 tonneaux.

Un *navire à fret* est celui qui est loué pour porter des marchandises. *Navire armé* se dit de celui auquel il ne manque plus rien pour appareiller, qu'il soit de guerre ou de commerce. Le navire *armé en guerre* est celui qui, prêt à prendre la mer, est uniquement destiné à attaquer : les corsaires étaient appelés *navires armés en course*. Un navire *désarmé* est celui qui n'a, dans le port, ni mât, ni gréement, ni équipage, ni artillerie. Le navire *arqué* est celui dont les extrémités sont tombées, de sorte qu'il a perdu son gondolage, et que sa quille fait un arc, dont la concavité est en dessous. Le navire *condamné* est celui qui est trop vieux pour pouvoir naviguer. Un navire est *dur* ou *doux*, suivant la nature de ses mouvements de tangage et de roulis. *Navire !...* est le cri de l'homme en vigie, pour avertir quand il découvre un bâtiment au large.

NAXOS (aujourd'hui *Nozia* ou *Axia*, nommée dans l'antiquité *Dia*, et encore *Strongyle*), la plus grande des Cyclades, compte environ 15,000 habitants, sur une superficie de 4 myriamètres carrés. Ses côtes sont fort escarpées, et elle est traversée à l'intérieur par des chaînes de hautes montagnes bien boisées, alternant avec des vallées fertiles et assez bien arrosées. La plus haute montagne est le *Dia* ou *montagne de Jupiter*, élevée de 1,000 mètres au-dessus du niveau de la mer, sur le versant occidental de laquelle on trouve une grotte à stalactites. De son sommet on découvre jusqu'à vingt-deux îles. Non loin de là on rencontre la *Tour d'Achille*, tour ronde construite en blocs de marbre, haute de 17 mètres et bien conservée. Sa muraille a 1 mètre d'épaisseur et elle a à l'intérieur 7 mètres 66 cent. de diamètre. Quelques tombeaux helléniques l'avoisinent. Les principales productions de l'île consistent en vin, huile, grains, fruits de toutes espèces, bois et pierre à bâtir. Cependant l'agriculture, l'industrie et le commerce y sont demeurés sans importance. Dans l'antiquité elle était célèbre par son extrême fécondité, par le mythe de Bacchus, à qui des autels et des temples étaient consacrés, de même qu'on y célébrait des fêtes et son honneur, et enfin par les aventures d'Ariane. Elle fut fameuse également dès la plus haute antiquité par une espèce de marbre, appelé *ophaltes* ou *ophites*, qu'on employait beaucoup, parce qu'il allait toujours en se durcissant davantage à l'air. La tradition veut que les premiers habitants de l'île de Naxos aient été des Thraces, qui plus tard furent soumis par des Thessaliens, sous la conduite d'Otus et d'Ephialtes. Les Thessaliens ayant été forcés de quitter l'île par une sécheresse persistante, des Cariens s'y établirent sous la conduite de Naxos, qui, dit-on, donna son nom à l'île. Pisistrate soumit l'île de Naxos aux Athéniens. Après sa mort, elle recouvra sa liberté, et devint très-florissante. Elle ne tarda pas toutefois à partager le sort de toutes les îles de l'Archipel, et tomba sous la domination des Perses. Mais lorsque ceux-ci, conduits par Xerxès, voulurent subjuguer la Grèce, les Naxiens saisirent cette occasion pour reconquérir leur indépendance à la suite des batailles de Salamine et de Platée. Pendant les guerres de Mithridate, cette île fut occupée par les Romains. Le triumvir Antoine la soumit au protectorat des Rhodiens; cependant il l'en délivra lorsque ceux-ci abusèrent de leur pouvoir. Naxos resta ainsi dans une sorte d'indépendance jusqu'à l'époque où Vespasien monta sur le trône impérial; celui-ci en fit une province romaine. Elle partagea les destinées de l'empire d'Orient, après la chute duquel elle tomba, comme toutes les autres îles de l'archipel grec, sous la domination des musulmans. Aujourd'hui elle fait partie de la Grèce indépendante.

Son chef-lieu, Naxos, avec environ 4,000 habitants, une cathédrale et un château fortifié, est le siége d'un évêque grec et d'un évêque catholique. Dans un petit îlot qui l'avoisine, près de la source d'Ariane, on voit encore aujourd'hui les ruines d'un temple de Bacchus.

NAYADES. *Voyez* NAÏADES.

NAZARÉEN, nom que les Juifs et les païens donnaient dans les premiers siècles de notre ère à tous les chrétiens sans distinction, et qu'ils faisaient dériver de Nazareth, et non point, comme on le pense généralement, aux juifs christianisants. Il y avait pour ceux-ci chez les Juifs une dénomination spéciale, *minæens*, c'est-à-dire apostats; et les païens christianisants étaient qualifiés d'*ébionites*. Ce ne fut qu'à la longue qu'on finit par appliquer dans l'Église cette dénomination aux partis judaïsants; et à partir de saint Épiphane et de saint Jérôme on ne l'appliqua plus qu'à cette classe de juifs christianisants qui, à la différence des ébionites, autrement sévères, considéraient la loi judaïque comme n'étant obligatoire que pour les juifs christianisants. Il est extrêmement vraisemblable qu'ils provenaient des réfugiés qui, à l'époque de la guerre de Judée, s'étaient réfugiés de Jérusalem à Pella; c'est là, ainsi qu'à Kolabs, de l'autre côté du Jourdain, et à Berœa, dans la basse Syrie, qu'étaient leurs principaux établissements. Leur doctrine était un mélange de judaïsme et de christianisme. Ils reconnaissaient le canon de l'Ancien Testament comme authentiques; mais ils rejetaient celui du Nouveau, et ils possédaient un Évangile particulier, attribué à saint Matthieu, auquel ils prêtaient un caractère divin. Dans l'apôtre saint Paul ils honoraient l'apôtre des gentils. Leur Évangile, qui, suivant saint Jérôme, était écrit en hébreu, était appelé aussi l'*Évangile des Hébreux*. On n'a que des données contradictoires relativement à leurs opinions sur la divinité de Jésus. Suivant saint Épiphane, parmi les nazaréens reconnaissaient Jésus pour Dieu ou pour homme. Origène, saint Jérôme et saint Augustin prétendent au contraire qu'ils considéraient Jésus comme le Fils de Dieu; et les témoignages de ces Pères de l'Église paraissent plus dignes de foi que celui de Théodoret, suivant lequel les nazaréens n'auraient vu dans Jésus qu'un homme juste. Ils observaient la circoncision, célébraient le sabbat et le dimanche, observaient le baptême et la communion, et ils se perpétuèrent jusqu'au septième siècle. En Asie il existe encore aujourd'hui des chrétiens auxquels on donne le nom de *nazaréens*.

Il ne faut pas confondre les anciens nazaréens avec les *nazaréens ou guèbres*, dont on rencontre de nos jours encore quelques débris en Perse.

Enfin, on donne aussi le nom de nazaréens aux n a s i - réens.

NAZARETH, petite ville ou bourg de Galilée, dans l'ancien territoire de la tribu de Zabulon, était située, suivant saint Luc (4,29), sur une hauteur, et est célèbre pour avoir été le séjour des parents de Jésus, de même que le lieu où il fut élevé. Comme les habitants de cet endroit, de même que tous ceux de la Galilée en général, étaient méprisés par les Juifs, ce fut par dérision que ceux-ci donnèrent à Jésus le surnom de *Jésus de Nazareth*. Aujourd'hui encore chrétien se dit en arabe *nassâra*. Pendant les premiers siècles de l'ère chrétienne, Nazareth n'eut pas d'autres habitants que des juifs; mais plus tard, notamment à partir de l'époque des croisades, cet endroit acquit de plus en plus de considération comme un lieu de pèlerinage, au nom duquel se rattachaient de si importants souvenirs historiques. La ville neuve (en arabe *an Naszira*), qui est située sur le versant d'une montagne, compte environ 3,000 habitants, dont les deux tiers sont chrétiens. Le plus grand et le plus massif édifice qu'on y voie est le couvent des Latins, le plus beau qu'il y ait dans toute la Palestine.

NAZIANZE, petite ville de l'ancienne Cappadoce, qui fait actuellement partie de la Karamanie.

NEANDER. On compte deux théologiens protestants allemands de ce nom. L'un, *Daniel-Amédée* NEANDER, né en 1775, dans l'Erzgebirge saxon, fut nommé évêque par le roi de Prusse. Mis à la retraite sur sa demande, en 1853, il a été promu à cette occasion grand-croix de l'ordre de l'Aigle rouge. On a de lui divers sermons sur des textes choisis de l'Écriture Sainte. L'autre, *Jean-Auguste-Guillaume* NEANDER, né en 1789, à Gœttingue, de parents juifs, se convertit au christianisme, fut reçu docteur en théologie à Heidelberg, en 1811, et attaché deux ans plus tard à cette université en qualité de professeur agrégé. Plus tard il fut appelé à occuper comme titulaire la chaire de théologie de l'université de Berlin. Il est mort en 1850. On a de lui, entre autres ouvrages, un *Essai sur l'empereur Julien et sur son siècle* (1812); un *Essai sur saint Bernard et son siècle* (1813); *Saint Jean Chrisostome et l'Église de son temps, notamment en Orient* (1818); *Faits mémorables de l'histoire du Christianisme* (3e édit., 1845). Ces divers ouvrages n'étaient en quelque sorte que des travaux préparatoires pour son grand ouvrage, qui a pour titre *Histoire universelle de la religion et de l'Église chrétiennes* (six volumes, en onze parties; Hambourg, 1825-1852).

NÉANT. Deux facultés intellectuelles directement opposées, celle d'imaginer et celle d'abstraire, contribuent à nous donner l'idée de ce que ce mot exprime. Dans plusieurs cas, le *néant* est un équivalent du *rien*; mais son origine n'est pas la même : c'est à l'abstraction seule que nous devons la notion du *rien*, notion toujours *claire*, essentiellement simple. Pour bien concevoir les sens divers du mot *néant*, il faut les chercher dans les locutions où il est placé : on *plonge dans le néant*; on y *replonge* ce qui apparemment en était sorti sans avoir le droit d'exister. L'expression *tirer du néant* fut prise à la lettre par un pieux cénobite de l'ancienne abbaye de Sept-Fonts, dont les écrits firent partie des bibliothèques des maisons d'éducation jusque vers la fin du siècle dernier. L'auteur y fait une effrayante énumération des *misères* et même des *difformités* dont la puissance créatrice nous délivra lorsqu'elle daigna nous donner l'existence : « Qu'étiez-vous dans ce misérable état du néant?...... Vous ne saviez rien, étant l'oubli même.... Vous étiez plus laid que le péché, etc..... En un mot, vous n'étiez *rien.* »

Ce mot de *néant* n'est pris que très-rarement dans le sens grammatical et rigoureux; presque toujours il n'exprime que la suppression de la plus grande partie de ce que l'on suppose *anéanti*. Remarquons même que le verbe *anéantir* ne signifie pas opérer une destruction totale, mais seulement réduire à *presque rien* la chose dont il s'agit. Les tribunaux ne se contentent point de ces à-peu-près; toutes leurs expressions ont un sens plus net, qui ne laisse aucune latitude, et ce qu'ils ont mis au *néant* doit être considéré comme n'existant plus. *Néant à la requête* est un refus positif exprimé en termes du palais.

Par une bizarrerie de langage qui tient à l'imperfection de notre intelligence, on dit que le *néant* est *antérieur* à toute existence créée; on lui attribue de la sorte une date, une durée, un mode *d'existence*. On ne peut cependant l'assimiler sous aucun rapport à l'*espace*, étendue abstrait, infinie dans ses trois dimensions : tout ce qui parvient à l'existence est considéré comme *sorti* du *néant*, qui serait ainsi le réservoir où l'on puiserait successivement tous les êtres futurs, de même que suivant l'ancienne cosmogonie le chaos fournit tous les matériaux pour la composition de l'univers. L'imagination pouvait concevoir le chaos; la philosophie des Grecs s'en accommoda. Quant au *néant absolu*, abstraction qui supprime tous les êtres, et par conséquent toutes leurs relations entre eux, c'est une conception dont les sciences ne peuvent faire aucun usage, et qu'il faut abandonner à la métaphysique. FERRY.

NÉAPOLIS, c'est-à-dire *ville neuve*, ville de la Campanie, dans l'Italie centrale, fut fondée par des habitants de Cumes et d'autres villes d'origine grecque, à quatre milles romains d'une ville plus ancienne appelée *Palæpolis*, ou *Parthenope*, du nom d'une sirène qui y était particulièrement adorée, mais dont il n'existe plus de traces aujourd'hui. D'après les recherches faites par Niebuhr, elle devait se trouver à peu de distance de l'entrée du golfe de Puteoli, aujourd'hui Pouzzoles, sur le versant occidental du mont Pausilippe. Aux temps de l'antiquité où Néapolis et Palæopolis existaient encore, elles se gouvernaient comme États indépendants. Après la destruction de la plus ancienne de ces villes dans la seconde guerre des Samnites (326-304 av. J.-C.), par Publius Pluton, Néapolis resta une charmante colonie, où florissait l'érudition grecque; mais elle avait bien moins d'étendue que la Naples de nos jours, dont l'accroissement et l'importance ne datent que du moyen âge.

NÉARQUE, célèbre marin crétois, natif d'Amphipolis, commanda la flotte d'Alexandre le Grand pendant son expédition dans l'Inde orientale, de l'an 327 à 326 avant J.-C. Il fit une des explorations regardées comme les plus hardies de l'antiquité, partit des rives de l'Indus, et, traversant la mer Érythrée, arriva dans le golfe Persique, découvrant pendant cette navigation les embouchures de l'Euphrate et du Tigre, tandis qu'Alexandre ramenait en Perse par terre la plus grande partie de son armée. Les fragments que nous a conservés Arrien du journal de voyage tenu par Néarque ont été publiés par Vincent, avec traduction anglaise (Oxford, 1809, in-4°), et par Gier dans ses *Alexandri historiarum Scriptores œtate suppares* (Leipzig, 1844).

NÉARQUE, philosophe pythagoricien, qui fut le maître de Caton le Censeur.

NÉAUX. *Voyez* EUPEN.

NÉBO ou **NABO** était, après Bélus, la principale divinité des Babyloniens; son nom signifiait *celui qui préside à la prophétie*, ce qui fait conjecturer, contrairement à l'opinion de Vossius, qui fait de Bélus le Soleil, et Nébo la Lune, que Nabo avait été quelque prophète du pays, dans les temps reculés. Les Hévéens l'adoraient sous le nom de *Nabahas*. Les rois assyriens faisaient généralement précéder leur nom propre du nom de cette divinité: ainsi Nabo-Nassar, Nabo-Polessar, Nabu-Chodonosor. Le musée du Louvre possède aujourd'hui une statue du dieu Nébo, trouvée dans les ruines de Ninive: le dieu est debout; il a la tête couverte par un bonnet en forme de sébille renversée qu'enserrent deux cornes et une tresse de pierres; sa barbe et sa chevelure, très-longues, descendent en spirales délicatement juxtaposées; sa bouche est surmontée d'une moustache en croc. Nébo a les mains croisées à l'endroit de la ceinture. Aux poignets sont attachés des bracelets ornés d'un diadème de grosses perles.

NÉBOUKADNEZAR. *Voyez* NABUCHODONOSOR.

NÉBRASKA (c'est-à-dire, dans la langue des Indiens Otoes, *large* et *plat*). C'est le nom indigène d'un affluent du Missouri, appelé aussi par les blancs *Plat*, dans le territoire central des États-Unis de l'Amérique du Nord. Il prend sa source, sous le 40° degré de latitude septentrionale, dans ce qu'on appelle le *Parc du Nord*, l'un des plateaux des montagnes Rocheuses, se dirige au nord et à l'est à travers les montagnes en formant un grand nombre de cataractes et de rapides, coule ensuite comme un torrent, reçoit, sous le nom de *Nebraska* ou de *North-Fork*, après un parcours de 60 myriamètres le bras méridional, qui est l'une de ses sources, appelé le *Paduca* ou *South-Fork*, puis se dirige à l'est, en formant un grand nombre d'îles fertiles, mais sans arbres, pour rejoindre le Missouri, qu'il atteint 90 myriamètres au-dessous de Saint-Louis, après un parcours total de 228 myriamètres. Ses eaux, toujours vaseuses, sont si basses que pendant les trois quarts de l'année ce n'est qu'avec une extrême difficulté que des bateaux légers peuvent s'y mouvoir. Il n'en est pas moins devenu d'une grande importance dans ces derniers temps, parce que c'est le long de ses rives que se trouve la grande route conduisant au défilé du sud par l'Orégon et la Californie. Des voitures chargées peuvent circuler depuis son embouchure jusqu'à celle de la Columbia et jusqu'à San-Francisco.

On a tout récemment donné le nom de ce cours d'eau à une immense prairie de l'intérieur de l'Amérique du Nord, qui s'étend depuis les montagnes Rocheuses à l'est jusqu'au Missouri et en partie jusque près du Mississipi, au nord jusqu'au Saskatschavan, dans l'Amérique septentrionale anglaise, et au sud jusqu'au Texas. Une grande partie en a déjà été détachée pour former le territoire du Minesota, les États de Jowa, d'Arkansas et du Texas, le territoire du Nouveau-Mexique et l'*Indian-Territory*, de sorte qu'on ne comprend plus sous la dénomination de Nebraska que ce qui est resté en dehors des délimitations ci-dessus, c'est-à-dire la contrée, immense encore, qui s'étend entre les montagnes Rocheuses à l'ouest, l'*Indian-Territory*, le Texas et le Nouveau-Mexique au sud, le Missouri à l'est, et le 49° degré de latitude au nord. Mais depuis 1850 le gouvernement de Washington a décidé de former de la partie méridionale de ce pays non organisé jusqu'à présent un nouveau territoire, le *Nebraska-Territory*, qui s'étend au nord jusqu'au 43° degré, est traversé par le Plat et une foule d'autres affluents du Missouri, et comprend une superficie de 5,300 myriamètres carrés. Il est situé entre les parties depuis longtemps déjà défrichées des États-Unis et les nouveaux territoires s'étendant en deçà des montagnes Rocheuses jusqu'à la côte de l'ouest, avec lesquels une simple communication par mer ne suffit pas. Tout récemment il a été question à Washington d'établir une longue chaîne de postes militaires, depuis les limites de l'État de Missouri jusqu'à l'Orégon et à la Californie, qui, distants l'un de l'autre d'environ 14 myriamètres, serviraient à constituer autant de centres de futurs établissements fixes. Si ce plan est mis à exécution, la plus grande partie de ces postes militaires devront être établis dans le Nebraska, et le pays recevra ainsi, à partir de ce point, des colons dans sa région la plus fertile. La partie de la région des Prairies, située au nord-ouest, de ce que l'on a jusqu'à présent compris sous le nom de Nebraska dans sa plus large expression, forme également le *Nord-West-Territory*, non encore organisé jusqu'à présent, qui comprend tout le bassin supérieur du Missouri et c'est jusqu'à Minesota, qu'on conséquence on continue à désigner sous le nom de *territoire* du Missouri, et qui ne comprend pas une superficie moindre de 19,413 myriamètres carrés.

NÉBULEUSES. On donne ce nom à des amas d'étoiles renfermant plusieurs milliards de ces astres, situés à une telle distance de nous qu'ils paraissent se confondre en quelques taches blanchâtres. A une vue simple, on distingue très-bien celle qui est placée au-dessous du baudrier d'Orion. Mais la plus remarquable de toutes est celle que l'on appelle *la voie lactée*.

La plupart des astronomes regardent les nébuleuses comme des amas de *poussière stellaire*, s'organisant sous nos yeux, c'est-à-dire se réunissant en étoiles sous la puissance de l'attraction. Herschell considère toutes les étoiles comme faisant partie de quelqu'un de ces systèmes particuliers; dans son opinion, notre Soleil appartiendrait à la voie lactée. Cette hypothèse est très-admissible.

A mesure que nos instruments d'optique se perfectionnent nous parvenons à découvrir de nouvelles nébuleuses, c'est-à-dire à séparer les étoiles qui les composent. Dans l'hypothèse d'Herschell, ces nébuleuses détachées, que nous décomposons à grand'peine, seraient situées immensément au delà de la voie lactée, et formeraient pour ainsi dire chacun un ciel particulier.

Quelques nébuleuses ont reçu le nom de *nébuleuses planétaires*, parce que leurs bords nets et tranchés, leur donnent l'apparence de planètes. L'une d'elles, située dans la constellation d'Andromède, a un diamètre apparent de 12″, ce qui donne à penser que son diamètre réel n'est pas moindre que le grand axe de l'orbite d'Uranus.

NÉCESSAIRE. On désigne ainsi, en tabletterie, un petit meuble, sous forme de boîte, d'étui, de panier, etc., qui contient des ustensiles usuels à divers usages. Les dames ont des *nécessaires de travail*, où se trouvent les ciseaux, les poinçons, les étuis, le dé, en un mot tout ce qui peut leur servir pour les travaux de couture; il y a des *nécessaires de toilette*, renfermant les divers objets ou ustensiles qui servent à la toilette; des *nécessaires de voyage*, des *nécessaires de campagne*, pour les militaires, contenant ce qui est utile pour le couvert, en un mot des nécessaires pour beaucoup d'usages. L'industrie parisienne excelle dans la fabrication de ces petits meubles, dont beaucoup sont de véritables meubles de luxe; car si l'on en voit en cuir et en noyer, généralement les bois les plus précieux servent à les confectionner, et ils sont richement incrustés. Les pièces de beaucoup de riches nécessaires sont d'or, de vermeil ou d'argent. Il y a aussi d'humbles et modestes nécessaires, garnis pourtant de leur petite glace à l'intérieur, et, dans les conditions les plus économiques, des petits ustensiles, ciseaux, bobines, etc., qui font le bonheur des enfants du pauvre, et le nécessaire à vingt-cinq sous fait bien des heureuses le 1er janvier.

NÉCESSITÉ. Suivant le *Dictionnaire* de l'Académie, *nécessité* se dit proprement de tout ce qui est absolument nécessaire et indispensable; *nécessaire* signifie : dont on ne peut se passer, dont on a absolument besoin pour quelque fin; et *indispensable* se dit des choses très-nécessaires, dont on ne peut se passer. Afin de rendre intelligible la définition de la *nécessité*, recourons au seul moyen efficace, qui est d'établir les différences qui existent entre *nécessaire* et *indispensable*. Considérés de la manière la plus générale, tous deux expriment dans les choses des exigences qui font qu'elles doivent avoir lieu en fait faites. Voici les différences : *nécessaire* vient d'un primitif, *neco*, d'où dérive aussi *nectere* (lier, attacher, enchaîner), qui en est le fréquentatif; *nécessaire*, c'est donc ce à quoi on est attaché ou enchaîné, mais par des liens naturels : telle est la mort; aussi se dit-elle en latin *nex*, *necis*. *Indispensable*, de *in*, négatif, et *dispensare* (disposer, régler), c'est ce qui n'est pas disponible, facultatif; ou bien ce dont on ne peut se dispenser, s'exempter, s'affranchir, ce à quoi on ne peut se soustraire. La première différence, et toutes les autres s'y rapportent, consiste par conséquent en ce que *nécessaire* et *indispensable* font considérer l'exigence, l'un par rapport à la chose, l'autre par rapport à nous. On ne peut pas ne pas faire, ne pas subir ce qui est *nécessaire*; on ne saurait ne pas faire, ne pas subir ce qui est *indispensable*. Le caractère de *nécessaire* existe à cause de l'objet; celui d'*indispensable* existe à cause du sujet. De là vient qu'*indispensable* se dit seulement en parlant des personnes; l'effet soit *nécessairement*, et non pas *indispensablement*, la cause. En second lieu, ce qui est *nécessaire* est universellement, à tous égards, quoi qu'il arrive; c'est, comme la mort, quelque chose d'irrévocablement fixé et à quoi on est réduit. Ce qui est *indispensable* dépend souvent des lieux, des circonstances, des individus, du moment. Enfin, la nature fait les choses *nécessaires*, les convenances font les choses *indispensables*. Il est impossible de ne pas faire ce qui est *nécessaire*; souvent il est simplement mal de ne pas faire ce qui est *indispensable*. *Indispensable* se doit dire de toutes les sujétions qui nous sont imposées par les bienséances, les devoirs sociaux, nos engagements envers nous-mêmes, nos habitudes : les besoins que nous nous créons sont *indispensables*, au lieu que nos besoins naturels sont *nécessaires*, et s'appellent même des *nécessités*.

Dans un sens moins général, *nécessaire* et *indispensable* signifient : dont on ne peut se passer, dont on a absolument besoin. La différence alors est encore la même : *nécessaire* s'entend par rapport à la chose, *indispensable* par rapport à la personne. *Nécessaire* est plus général, plus vague; *indispensable*, plus particulier, plus précis. Ce qui est *nécessaire* est très-utile, très-bon, très-avantageux, et cela naturellement et toujours; ce qui est *indispensable* est plus pressant, c'est, dans le cas et relativement à la personne dont il s'agit, une condition *sine qua non*. Ce qui prouve mieux encore que *nécessaire* se prend dans un sens général et affaibli, c'est qu'on dit : se priver du *nécessaire*, et même une *indispensable nécessité*. A la rigueur, un individu peut n'avoir pas ce qui est *nécessaire*, eu égard au but qu'il poursuit, parce que ce mot exprime une exigence générale, objective; mais il ne peut manquer impunément de ce qui est *indispensable*, parce que c'est une exigence subjective, qui le touche personnellement. On s'est quelquefois maintenu dans un emploi sans les talents *nécessaires*; on ne peut qu'échouer quand on commence une entreprise sans les ressources *indispensables*.

Le mot *nécessité* conserve son caractère d'objectivité, quand on l'emploie dans le sens de *besoin* et d'*indigence*, c'est-à-dire pour exprimer un état opposé à celui de bien-être, de richesse. De leur côté, *besoin* et *indigence* sont marqués, au contraire, d'un caractère incontestable de subjectivité. On est dans la *nécessité* lorsqu'on est dans la détresse, lorsque les événements ou les circonstances pressent et enlacent dans des liens qui étreignent. « Les riches, dit Pascal, sont obligés d'assister les pauvres dans les *nécessités* urgentes; » et ailleurs : « La nature instruit les animaux à mesure que la *nécessité* les presse. » Jean-Jacques pour vivre était obligé de copier de la musique; il ne voulait point se servir de son talent d'écrivain comme d'un métier : « Parce que, dit-il lui-même, la *nécessité*, l'avidité peut-être m'eût fait faire plus vite que bien. » Dans la *nécessité*, nous sommes serrés, pressés, réduits à l'extrémité, à la misère; dans le *besoin*, on éprouve un simple sentiment de peine par suite d'une privation; dans l'*indigence*, on éprouve un besoin accablant, un vide profond qui afflige et fait souffrir.   Benjamin LAFAYE.

NÉCESSITÉ (Pièces de). On comprend sous cette dénomination les différentes espèces de monnaies frappées lorsqu'il y a manque de métaux précieux, pour les suppléer dans les transactions habituelles du commerce. A cet effet, on se sert tantôt de métaux, mais alors en leur donnant une valeur nominale bien au-dessus de leur valeur réelle, tantôt d'objets complètement sans valeur. Dans l'un et l'autre cas, l'émission des *pièces de nécessité* repose uniquement sur le crédit de celui qui les met en circulation. On a frappé en temps de guerre un grand nombre de pièces de ce genre, surtout en Allemagne.

On donne plus particulièrement le nom de monnaie obsidionale aux pièces frappées pendant les sièges pour subvenir à la solde des troupes. Consultez : Duby, *Recueil général des pièces obsidionales et de nécessité* (Paris, 1786), et Reider, *Essai de description des pièces de nécessité frappées depuis plusieurs siècles* (Halle, 1806).

Nous devons ici que mention toute particulière aux *thalers de nécessité* que le roi de Suède, Charles XII, fit frapper de 1715 à 1719, par suite du complet épuisement auquel ses incessantes guerres avaient réduit les caisses publiques de son royaume. Leur valeur intrinsèque est de quelques centimes, et elles devaient circuler pour un thaler jusqu'à ce que le produit des mines permit de les retirer. On en frappa successivement pour environ 18 millions, et à dix empreintes différentes, dont la dernière est devenue la plus rare.

NÉCHO — NECKER

NÉCHO ou **NÉCHOS**, que l'Écriture appelle le Pharaon Néchas, était le second monarque égyptien de son nom. Fils de Psammiticus, il lui succéda l'an 617 avant J.-C. Néchos fit creuser le canal partant du Nil et allant au golfe d'Arabie, canal dont l'achèvement fut arrêté à cause de l'immensité de monde qui périt en y travaillant ; il imprima à la navigation maritime des Égyptiens une telle impulsion, qu'Hérodote place sous son règne le voyage autour de l'Afrique fait par les vaisseaux de la mer Rouge à la Méditerranée : ce voyage aurait duré trois ans, ce qui nous paraît être un argument en faveur de son authenticité, assez opiniâtrément contestée. Néchos combattit les Assyriens : Josias, roi de Juda, ayant voulu l'empêcher de pénétrer sur leur territoire, le Pharaon le défit, et Josias perdit la vie en même temps que la bataille. Il prit ensuite aux Assyriens *Circesium* (Kaschemisch) ; mais Nabuchodonosor lui reprit cette ville, le battit, et le contraignit à se renfermer dans les limites de son empire. Néchos mourut six cents ans avant notre ère.

NECKAR (Le), l'une des plus grandes rivières du bassin allemand du Rhin, et le cours d'eau le plus important qu'il y ait en Wurtemberg, prend sa source sur le versant oriental de la forêt Noire, non loin de Donaueschingen, à près de 700 mètres au-dessus du niveau de l'Océan, et devient navigable à Kanstadt. Il a pour affluents, en Wurtemberg, l'Ems, la Filz, lá Murr, le Kocher, l'Iaxt et d'autres rivières ; il entre ensuite sur le territoire badois, et, après un parcours d'environ 50 myriamètres, va se jeter dans le Rhin à Mannheim. Ses rives sont délicieuses ; elles offrent la plus extrême diversité de points de vue, et la large vallée qu'il arrose forme presque partout les plus riches prairies. La navigation du Neckar, après avoir été pendant longtemps un objet de discussion entre le grand-duché de Bade et le Wurtemberg, a été déclarée complètement libre par les stipulations du congrès de Vienne, et depuis lors Mannheim et Heidelberg sont devenus ports francs. La navigation du Neckar est la principale voie de communication du commerce avec la Suisse par Friedrichshafen, et avec la Bavière et l'Autriche par Ulm et Danube. Les principaux objets qu'il sert à exporter sont le bois, les fruits secs, le plâtre, la potasse, les cuirs tannés et le tabac en feuilles. Les importations et les articles de transit se composent surtout de denrées coloniales.

Le cercle du Neckar, division administrative et politique du Wurtemberg, comprenant environ 42 myriamètres carrés et 505,000 habitants, dix-sept bailliages et Stuttgard, la capitale du royaume, est sur tous les points d'une extrême fertilité. C'est la partie de l'Allemagne la plus peuplée.

NECKAR (Vins du). Les meilleurs sont ceux qu'on récolte à Schalckenstein, à Kæsberg, à Klein-Bottwar, à Korb, le Brotwasser de Stetten, les vins de Rosswag, de Weinsberg, etc. Ils sont légers, fins et salubres. Tout récemment on a eu l'idée de transformer les vins de qualité inférieure en vins mousseux ; et les fabriques de Champagne d'Eslingen et d'Heilbronn sont en grand renom.

NECKER (JACQUES), ministre des finances et ensuite premier ministre sous Louis XVI, naquit à Genève, le 30 septembre 1732. Sa famille était protestante et originaire du nord de l'Allemagne. Son éducation distinguée le rendit familier avec les grandes questions de philosophie et de politique. Il se livra au commerce suivant le désir de ses parents, et parvint, après vingt ans de travaux, à faire une fortune honorable et brillante. Dès ce moment il se mêla aux affaires d'une nature plus élevée. La république de Genève le nomma son ministre résident à la cour de France. Le syndicat de la Compagnie des Indes françaises, qu'il occupa de 1764 à 1770, fournit à Necker l'occasion de montrer un grand talent d'administrateur. Sa renommée s'accrut successivement par l'*Éloge de Colbert*, qui lui valut le prix de l'Académie Française, et par son ouvrage intitulé : *Essai sur la Législation et le Commerce des Grains*. Dès lors il était facile de prévoir que Necker arriverait tôt ou tard à la direction des finances du royaume. La guerre de l'indépendance américaine était résolue, et il fallait de l'argent à tout prix ; le comte de Maurepas, premier ministre de Louis XVI, incapable de lever seul les difficultés qui l'environnaient, proposa au roi, en 1776, d'adjoindre Necker au contrôleur général des finances Taboureau ; Necker reçut d'abord le titre de directeur du trésor royal , mais l'année suivante il fut le directeur général des finances.

Necker entra pleinement et franchement dans la voie des réformes qu'exigeaient le siècle et la raison. Pour donner l'exemple et avoir les coudées franches dans ses projets, il refusa le traitement considérable attaché à ses importantes fonctions. Le célèbre *Compte-rendu au roi* en 1781 *sur les finances de l'État*, par Necker lui-même, contient les principaux actes de son administration depuis 1776. Cette œuvre renferme les principaux titres de gloire de ce ministre, et fera vivre longtemps son nom dans l'histoire. Necker, dans le *Compte-rendu*, commence par signaler l'importance de la publicité dans les finances, qui impose à un ministre l'exactitude des devoirs, tandis que les ténèbres et l'obscurité favorisent la nonchalance. Cette publicité devait avoir aussi la plus grande influence sur la confiance publique : elle était en grande partie cause de cet immense crédit dont jouissait l'Angleterre, et qui faisait sa principale force durant la guerre. Le *Compte-rendu* est divisé en trois parties : dans la première, Necker examine l'état des finances, le crédit public et les diverses opérations relatives au trésor royal ; dans la seconde, il développe les actes qui ont réuni des économies importantes à des avantages d'administration ; dans la troisième , il expose au roi des dispositions générales « qui n'ont eu pour but que le plus grand bonheur de ses peuples et la prospérité de l'État ».

Entré en fonctions en 1776, Necker s'était trouvé en présence d'un déficit de 24 millions ; il réussit néanmoins, dans les conditions défavorables que lui léguaient ses prédécesseurs, à rétablir le crédit de l'État et à porter assez loin l'économie dans les grandes affaires , par la suppression des abus, des gains, des gratifications, du gaspillage des deniers publics, pour obtenir un excédant de 10,200,000 livres des recettes sur les dépenses. Il aida à la fondation de la caisse d'escompte et du mont-de-piété, fit établir le prix uniforme de cinq a six sous la livre pour le sel, dans toutes les parties de la France, améliora le régime et la construction des prisons et des hôpitaux, fit de larges diminutions dans les grâces viagères, pensions , gratifications, etc., accordées à la noblesse, et qui s'élevaient à 28,000,000 par an ; il supprima les parts d'intérêt qu'acceptait la noblesse dans les affaires de finances de l'État, fermes, régies , etc.; il diminua le nombre des trésoriers, des receveurs généraux proprement dits et des receveurs généraux des domaines et bois, les rendit tous dépendants du ministère des finances , réduisit leurs taxations, et leurs bénéfices, et divisa la perception entière de tous les droits payés par les contribuables entre trois compagnies ; il diminua de moitié les frais de la maison du roi, et fit adopter des mesures qui devaient augmenter les revenus de la couronne; il diminua enfin les honoraires des grandes fonctions et augmenta ceux des petites ; il supprima les abus de l'administration des monnaies.

Parmi les réformes qu'il fit encore réaliser citons : la suppression du droit de *main morte*, du droit de *suite*, l'organisation d'assemblées et d'administrations provinciales : les administrations provinciales devaient répartir les contributions, proposer au roi les réformes les plus favorables à la justice, prêter une oreille attentive aux plaintes des contribuables , diriger la confection des routes de la manière la moins onéreuse au peuple, etc. Toute augmentation de la taille, de la capitation taillable et des autres accessoires dut être soumise à l'enregistrement des cours, au lieu d'être susceptible d'augmentation selon le bon plaisir du gouverneur ; la taxe du vingtième fut simplifiée, le recensement des propriétés ne put être fait que tous les vingt ans, et dans l'intervalle d'un recensement à l'autre les contributions qui les frappaient ne pouvaient être augmentées. Enfin, Necker proposait d'affranchir les provinces des traites et péages, douanes intérieures qui paralysaient à chaque pas le commerce.

Le Compte-rendu fut lu au roi en présence du comte de Maurepas, et répandu ensuite dans la France, où on le lut avec avidité. L'Europe entière honora le ministre qui en était l'auteur; le gouvernement absolu reçut par cette publication un coup dont il ne se releva pas : la France venait d'être initiée aux matières d'État; elle connut trop désormais la plaie qui la rongeait au cœur pour n'être pas résolue à employer les remèdes violents s'ils devenaient nécessaires. La popularité de Necker déplut au vieux premier ministre Maurepas. Il ne pardonnait pas d'ailleurs au directeur général des finances d'avoir profité de son absence de Versailles, causée par un accès de goutte, pour faire remplacer au département de la marine son protégé Sartine par l'illustre maréchal de Castries, qui entendait la comptabilité autrement que l'ancien lieutenant de police. Maurepas, avec une satisfaction qu'il ne dissimulait pas assez, laissait les courtisans répandre autour de lui des réfutations malveillantes pour Necker. Celui-ci résolut enfin d'arrêter le jeu de ces insinuations perfides et d'imposer silence à ses ennemis par la discussion de ses projets devant le roi. Il n'avait pas encore l'*entrée au conseil*, que sa qualité de protestant avait empêché de lui accorder : il la demanda; on la refuse, mais on lui propose l'*entrée de la chambre*, ce que les courtisans considéraient comme une grande faveur pour un homme qui n'était pas noble. Il donne sa démission peu après le Compte-rendu : on l'accepte plutôt que de surmonter des préjugés. La retraite de Necker fut regardée comme un malheur public. Le grand Frédéric passait une revue lorsqu'il reçut des dépêches qui la lui annonçaient : « Ils ont accepté la démission de Necker, dit-il ; cela fait pitié. » Au sortir du ministère, Necker composa un ouvrage intitulé *Administration des finances* ; il parut en 1784 ; on en vendit 80,000 exemplaires en peu de jours.

Dans la première assemblée des notables (1787) Calonne, alors premier ministre, accusa Necker ; il affirma qu'au lieu d'un excédant de dix millions, il y avait à sa sortie du ministère un vide de cinquante millions. Necker offrit au roi de venir se justifier devant les notables. Cette faveur lui fut refusée. Il répondit par un écrit qui lui valut son exil à quarante lieues de Paris. Cependant, Calonne succomba quelques jours après. Louis XVI avait pensé à le remplacer par Necker, mais il en fut détourné par les courtisans ; et l'archevêque de Toulouse, Loménie de Brienne, le plus acharné ennemi de Calonne, devint premier ministre. Loménie eut bientôt mis les finances dans une situation déplorable, qui amena la convocation des états généraux. Épouvanté lui-même de la situation menaçante où se trouvait le pouvoir, il fit demander l'assistance de Necker. Celui-ci répondit qu'il aurait consenti à partager les travaux du premier ministre au commencement de son entrée aux affaires, mais qu'il ne voulait pas, dans le moment actuel, partager son discrédit. Brienne vit alors que le moment de la retraite était arrivé ; il céda la place à Necker. Lorsque Necker rentra aux affaires, la chambre lui y suivit ; il trouva le trésor royal avec quatre cent mille francs. Néanmoins, le crédit fut rétabli sur-le-champ ; les difficultés les plus pressantes furent écartées ; en un seul jour les effets remontèrent de 30 pour 100. Necker fit mettre en liberté la députation de Bretagne, qu'on avait enfermée à la Bastille, rappela le parlement exilé, et fit arriver, avec toute la diligence possible, les subsistances, que l'hiver très-rigoureux de cette année rendait fort difficiles à réunir. Toutes ces mesures furent si bien dirigées qu'une irritation calma partout, et se changea même en expressions de vive reconnaissance pour le ministre qui répandait tant de bienfaits.

La convocation des états généraux une fois décidée, il fallut régler leur organisation. Necker, dont le principal mérite était l'habileté financière, n'osait prendre sur lui la décision de la question qui occupait la France entière, celle du doublement du tiers état et du vote par tête. Il s'adressa, pour prendre un parti, à une assemblée des notables qui s'ouvrit à Versailles le 6 novembre et ferma sa session le 8 décembre suivant. L'assemblée des notables se déclara contre ce qu'on appelait le doublement du tiers. Néanmoins, le conseil du roi, par un arrêt du 27 décembre 1788, ordonna que le nombre total des députés serait de mille au moins ; qu'il serait formé en raison composée de la population et des contributions de chaque bailliage, et que « le nombre particulier des députés du tiers état serait égal à celui des deux premiers ordres » ; cette déclaration, attribuée à Necker, accrut à son égard la faveur de la nation.

Le 5 mai 1789 les états généraux furent ouverts par le roi en personne : lorsque Necker entra dans la salle, il fut l'objet de l'enthousiasme général. Après que le roi et le garde des sceaux, Barentin, eurent prononcé leurs discours, Necker occupa l'assemblée pendant trois heures. Il eut le tort de parler en homme prudent, qui ne voulait se commettre ni avec la cour ni avec le peuple ; son discours fut un long budget de finances, où il n'aborda point la question du *vote par ordre* ou *par tête*, que tous les esprits attendaient avec impatience. En voulant ménager tout le monde, il fit beaucoup de mécontents parmi les députés du tiers, et porta lui-même un grand coup à l'immense popularité dont il jouissait. Satisfait d'avoir obtenu la double représentation du tiers état, il craignait l'indécision du roi et le mécontentement de la cour en demandant davantage. N'appréciant pas assez l'importance d'une crise qu'il considérait plus comme financière que comme sociale, il croyait pouvoir arrêter tous les débats qu'il prévoyait par l'adoption du gouvernement anglais, en réunissant la noblesse et le clergé dans une seule chambre et le tiers état dans une autre. Trompé par les éloges qu'il avait reçus de ses amis et du public, Necker se flattait de conduire et d'arrêter les esprits au point où s'arrêtait le sien : dans cette illusion, il laissait naître les événements au lieu de les prévenir. Mais il lui était réservé d'apprendre bientôt que les demi-mesures n'ont aucune puissance devant un parti vainqueur.

Necker, qui était sincèrement attaché à la cause populaire, et qui désirait aussi la conservation intacte d'une monarchie modérée, voulait que Louis XVI, dans une séance royale, ordonnât la réunion des ordres, mais seulement pour toutes les mesures d'intérêt général ; qu'il s'attribuât la sanction de toutes les résolutions prises par les états généraux ; qu'il improuvât d'avance tout établissement contre la monarchie tempérée, tel que celui d'une assemblée unique ; qu'il promît enfin l'abolition des privilèges, l'égale admission de tous les Français aux emplois civils et militaires, etc. Le premier ministre n'avait pas eu la force de devancer le temps par un plan pareil ; il ne sut pas, lorsqu'il le présenta, en assurer l'exécution. Les intrigues de la cour, qu'une sorte de fatalité inspirait à sa perte, amenèrent lieu à cette séance royale du 23 juin, où Louis XVI ordonna la séparation par ordre, et irrita profondément les esprits par un langage d'autorité qui ne convenait plus. Necker, par le conseil de ses amis, n'assista point à cette séance, ce dont on lui fit le plus grand honneur ; il envoya même sa démission au malheureux roi, qui avait méconnu ses conseils. A peine la nouvelle de cette démission fut-elle répandue qu'un mouvement populaire éclata. Necker fut supplié de conserver son portefeuille, et y consentit sur la promesse formelle que ses conseils seraient les seuls suivis désormais. Le premier ministre obtint du roi qu'il l'aidât à surmonter les dégoûts du clergé et surtout de la noblesse à se réunir en assemblée commune avec le tiers état. Louis XVI écrivit même dans ce but une lettre qui consomma enfin la réunion des trois ordres.

Mais le conseil secret, dont les préjugés aveugles poussaient le roi vers l'abîme, avait obtenu une concentration de troupes sur Paris et Versailles, afin d'intimider l'assemblée. Le 11 juillet, on crut pouvoir agir ouvertement. Necker reçut, pendant son dîner, un billet du roi qui lui enjoignait de quitter le royaume sur-le-champ. Il dîna tranquillement, sans faire part de l'ordre qu'il avait reçu aux amis qu'il avait invités. Sa femme elle-même ne l'apprit qu'au sortir de table. Il monta en voiture avec elle, comme pour aller à Saint-Ouen, et prit à deux cents pas de sa maison la route de Bruxelles. Ce ne fut que le lendemain, 12 juillet, que la fille de Necker elle-même et ses amis apprirent son départ. Aussitôt que la nouvelle s'en répandit à Paris, la plus vive agitation s'y manifesta. On se rend au Palais-Royal, où Camille Desmoulins prononce son célèbre appel aux armes. Bientôt après on promène le buste de Necker dans la ville ; le tumulte se propage ; la cavalerie charge le peuple ; l'irritation augmente, et le 14 la Bastille était prise. Pour calmer les esprits, le roi fut obligé de renvoyer les troupes ainsi que le ministère aveugle qui s'était emparé des affaires, et de rappeler Necker. Cet homme, populaire alors, revint en triomphe, pendant que les ministres contre-révolutionnaires et tous les auteurs des desseins qui venaient de manquer, le comte d'Artois, le prince de Condé, le prince de Conti, la famille Polignac, quittaient la cour et sortaient de France, commençant ainsi la première émigration. L'entrée de Necker à Paris fut un jour de fête ; l'assemblée entière des électeurs le reçut à l'hôtel de ville, et plus de 200,000 habitants, pressés sur la place et aux environs, le saluèrent et l'applaudirent à son arrivée. Mais ce jour, qui fut pour lui le comble de la popularité, en devint aussi le terme. Voulant arrêter les vengeances populaires, qui déjà s'étaient exercées d'une manière sanglante contre ceux qui avaient trempé dans les projets du 14 juillet, il demanda une amnistie générale, qui lui fut accordée sur-le-champ. Cette grâce, qui comprenait le baron de Bezenval commandant en second de l'armée récemment assemblée sous Paris, et que l'on avait arrêté à Nogent, quoiqu'il fût muni d'un passe-port du roi, fut bientôt regrettée et reprochée à Necker, que l'on accusa de protéger les ennemis du peuple. L'amnistie fut révoquée, et dès ce moment Necker ne fit plus que lutter contre la révolution.

Le ministère qu'il parvint à constituer eut un faible parti dans l'Assemblée constituante. Il se composait du petit nombre de ceux qui désiraient les institutions anglaises. L'influence de Necker sur l'Assemblée fut presque nulle durant le temps de sa dernière administration. Malgré ses efforts, il n'avait pu faire cesser les embarras financiers, qui avaient été l'occasion, mais non pas la cause, d'une révolution appelée invinciblement par les lumières, la richesse, la force imposante de la classe moyenne. Les états généraux avaient été convoqués pour rétablir les finances épuisées. A peine étaient-ils réunis que toutes les facultés des députés avaient été absorbées dans une lutte de pouvoir ; les besoins impérieux du moment avaient été oubliés pour asseoir avec justice les droits de la nation. Necker seul avait tout le souci des finances : enfermé dans ses pénibles calculs, dévoré de mille tourments, il s'efforçait de remédier à la détresse publique. Les besoins augmentaient avec la diminution des revenus, causée par la réduction du prix du sel, le retard des payements, le refus fréquent de payer les impôts, la contrebande à main armée, etc. Le 9 août Necker vint proposer à l'assemblée un emprunt de 30 millions ! Il fut voté, mais avec des modifications telles qu'il devint impossible. Cet emprunt ayant échoué, Necker, le 27 août, expose de nouveau les besoins impérieux du trésor, et propose un emprunt de 80 millions, qui ne réussit pas mieux que le premier. Quelques jours après commencèrent les débats sur les questions fondamentales de la constitution de l'État. Les deux chambres et le veto du roi furent mis en discussion. L'unité de l'Assemblée et sa permanence furent votées à une forte majorité. Vint ensuite la question du rôle réservé au roi après que l'Assemblée aurait voté des lois : les uns, et c'étaient les zélés partisans de la cour, à la tête desquels se trouvait Mou-

nier, voulaient le *veto absolu*. Necker imagina, comme moyen conciliatoire, le *veto suspensif*, qui revenait au même, mais dont l'expression était une concession apparente ; il conseilla au roi de se prononcer en faveur de ce dernier, qui fut en effet décrété par l'Assemblée. L'adoption du *veto suspensif*, qui avait été en partie l'ouvrage de Necker, raviva un peu sa popularité, et lui servit à faire adopter des mesures financières dont le besoin devenait de plus en plus pressant. Le 24 septembre 1789 Necker reprocha à l'Assemblée de n'avoir rien fait pour les finances, après cinq mois de travail ; puis il demanda une contribution du quart du revenu, assurant que ces moyens lui paraissent suffisants. Un comité, assemblé immédiatement, emploie trois jours à examiner ce plan, et l'approuve entièrement dans la séance du 26. Cette journée fut l'une des plus mémorables de l'Assemblée, par l'éloquence de Mirabeau, qui voulait faire adopter de confiance le plan de Necker, dont il était l'ennemi personnel, et sur lequel il voulait faire peser toute la responsabilité de cette opération décisive. Voyant que l'Assemblée hésitait, frappé au reste de l'urgence des besoins, cet illustre orateur se précipite à la tribune, et fait une improvisation magique. Aussitôt l'Assemblée se lève, et décrète que, *oui le comité des finances, elle adopte de confiance le plan du ministre*. Mais ce moyen ne pouvait suffire aux besoins du trésor que pour un temps fort restreint. C'était d'ailleurs la dernière mesure financière que Necker dût provoquer.

Après les 5 et 6 octobre, Necker s'opposa à la confiscation des biens du clergé ; lorsque plus tard on hypothéqua sur ces biens un emprunt de 400 millions, Necker voulut s'y opposer ; il réprouva la circulation des assignats, bonne alors, sagement établie, mais désastreuse plus tard, lorsqu'on eut fait des émissions qui n'étaient fondées sur aucune valeur. L'existence ministérielle de Necker ne se consomma plus que dans une lutte inutile ; toutes les mesures étaient prises, ou sans le consulter, ou sans écouter ses mémoires, car, en sa qualité de ministre, il était privé de la parole dans l'assemblée. D'un autre côté, le parti de la noblesse, aveuglément attaché à ses priviléges, ne pardonnait pas à Necker son engouement pour la monarchie constitutionnelle. Ceux des nobles qui consentaient à la concession d'une portion de leurs anciens droits l'accusaient d'avoir provoqué une révolution qu'il ne pouvait diriger. « Les temps étaient bien changés pour lui, dit M. Thiers, et il n'était plus ce ministre à la conservation duquel le peuple attachait son bonheur un an auparavant. Privé de la confiance du roi, brouillé avec ses collègues, excepté Montmorin, fort mal négligé par l'Assemblée, et n'en obtenait pas tous les égards qu'il eût pu en attendre. L'erreur de Necker consistait à croire que la raison suffisait à tout, et que, manifestée avec un mélange de sentiment et de logique, elle devait triompher de l'entêtement des aristocrates et de l'irritation des patriotes. Necker possédait cette raison un peu fière qui juge les écarts des passions et les blâme ; mais il manquait de cette autre raison, plus élevée et moins orgueilleuse, qui ne se borne pas à les blâmer, mais qui sait les conduire. Aussi, placé au milieu d'elles, il ne fut pour toutes qu'une gêne et point un frein. Demeuré sans amis depuis le départ de Mounier et de Lally, il n'avait conservé que l'inutile Malouet. Il avait blessé l'Assemblée en lui rappelant sans cesse, et avec des reproches, le soin le plus difficile de tous, celui des finances : il s'était attiré en outre le ridicule de la manière dont il parlait de lui-même. » La nouvelle émission de 800 millions d'assignats, décrétée au commencement de septembre 1790, malgré l'opposition de Necker, amena sa retraite : le 4 septembre il donna sa démission, qui fut acceptée avec plaisir par tous les partis. L'ex-ministre se dirigea immédiatement vers la Suisse, et traversa non sans courir des dangers les provinces où son passage avait produit l'enthousiasme un an auparavant ; sa voiture fut même arrêtée à la frontière, et il fallut un ordre de l'Assemblée constituante pour que la liberté d'aller en Suisse lui fût accordée. Il se retira à sa terre de Coppet, baronnie qu'il avait achetée, près de Genève, où il mourut, en 1804.

Necker a fait plusieurs ouvrages de politique et de finances ; mais le plus important de tous, celui qui eut la plus grande influence sur son existence et sur son siècle, est sans contredit le *Compte-rendu*. Nous ne pouvons passer sous silence un fait qui honorera toujours la mémoire de Necker. Lorsqu'il eut remplacé Brienne dans la direction des affaires, les banquiers Hoppe ne voulurent se charger de la subsistance de Paris qu'avec la caution personnelle du premier ministre. Il leur offrit en garantie deux millions de sa fortune, qu'il déposa au trésor royal. Lorsqu'il reçut le billet de Louis XVI qui lui enjoignait de quitter le royaume sur-le-champ, le 11 juillet 1789, son premier soin fut d'écrire à MM. Hoppe qu'il maintenait sa caution. Il laissa également son dépôt après sa démission définitive ; sa famille ne put le recouvrer qu'après 1815, par l'intervention de Louis XVIII. Necker en effet avait été déclaré émigré en 1792 pour avoir envoyé à la convention un plaidoyer en faveur de Louis XVI.

Auguste CHEVALIER.

NEC-PLUS-ULTRA, NON-PLUS-ULTRA. *Nec plus ultra*, cette inscription que la mythologie antique plaçait sur les colonnes d'Hercule, au détroit de Gibraltar, signifiait littéralement *plus rien au delà*, tu n'iras pas plus loin. Cette locution latine, ainsi que *non plus ultra*, son équivalente, est passée dans notre langue, et y signifie le terme, le point qu'on ne saurait dépasser.

NÉCROLOGIE, NÉCROLOGE (du grec νεκρός, mort, et λόγος, discours). *Nécrologie* signifie une notice faite à l'occasion de la mort d'un individu, *nécrologe* un livre-registre sur lequel on inscrit les noms des morts. Dès la plus haute antiquité, chaque église chrétienne inscrivait dans son *nécrologe* le nom, la date de naissance et de décès, et un court éloge des évêques et des prêtres distingués que la mort enlevait à la congrégation religieuse. Les couvents d'hommes et de femmes adoptèrent à leur tour cette coutume ; un registre était dressé et tenu avec le plus grand soin pour conserver le nom des saints, des évêques, des moines, des curés, des bienfaiteurs ; le temps de leur mort et le jour de leur commémoration, ainsi que cela avait toujours lieu pour les saints comme pour les bienfaiteurs. « On y marquait aussi à mesure, est-il dit dans le *Dictionnaire de Trévoux*, la mort des abbés, des prêtres et des religieux ; et parmi les séculiers celle des chanoines et des dignitaires. » Le nécrologe s'appelait aussi le *calendaire* (*calendarium*) et l'*obituaire* (*obitorium* ou *obituarium*), c'est-à-dire le livre des *obits* (décès). Depuis, le mot *nécrologe* s'est appliqué à certains ouvrages consacrés à la mémoire des hommes célèbres, parmi lesquels les auteurs de ces recueils ont souvent inscrit des noms d'hommes fort obscurs, mais dont les héritiers les payaient grassement pour dire du bien de leurs auteurs. Aussi est-ce avec raison que l'Académie, si naïve dans ses exemples, a inscrit cet axiome dans son *Dictionnaire* : « La *nécrologie* est toujours un peu suspecte d'exagération. »

Ch. Du Rozoir.

NÉCROMANCIE (du grec νεκρός, mort, et μαντεία, divination), divination par laquelle on prétendait évoquer les morts pour les consulter sur l'avenir. Elle était fort en usage chez les Grecs, et surtout chez les Thessaliens : ils arrosaient de sang chaud un cadavre, et prétendaient ensuite en recevoir des réponses certaines pour l'avenir. Ceux qui le consultaient devaient auparavant avoir fait les expiations prescrites par le magicien qui présidait à cette cérémonie, et surtout avoir apaisé, par quelques sacrifices et par des présents, les mânes du défunt, qui sans ces préparatifs demeurait constamment sourd à toutes les questions. Les anciens condamnaient les nécromanciens à l'exil ; sous Constantin, ils devinrent passibles de la peine de mort. Par extension, on a donné chez nous le nom de *nécromancien* à tout individu s'occupant de magie, de sorcellerie.

NÉCROPOLE (du grec νεκρός, mort, et πόλις, ville). On désignait spécialement sous ce nom les immenses sépulcres ou hypogées dans lesquels les anciens Egyptiens déposaient leurs momies, et dont un grand nombre se sont plus ou moins bien conservés jusqu'à nos jours. Les nécropoles sont de grandes et larges allées souterraines, d'une telle immensité qu'on dirait des cités souterraines. Toutes les villes égyptiennes avaient de semblables sépulcres ; mais il n'y a que ceux qui avaient été taillés dans le roc vif et qui appartiennent aux plus grandioses monuments de l'architecture égyptienne, qui se soient conservés. Les Arabes, les Grecs, les Etrusques, les Romains, avaient aussi leurs nécropoles. Les catacombes étaient également des espèces de nécropoles ; les cimetières ont remplacé chez nous les nécropoles des anciens.

NÉCROSE (du grec νέκρωσις, mortification), gangrène des os, appelée autrefois *carie sèche*. Les os comme les muscles, les vaisseaux, les nerfs, et tous les autres organes du corps humain, jouissent de propriétés vitales qui les développent, les conservent et les font vivre ; mais aussi, en vertu de leur organisation, ils peuvent s'altérer dans leur développement, dans leur forme, dans leurs rapports, dans leur texture ; ils peuvent enfin mourir isolément, en détail, avant le terme, et cette mort partielle des os s'appelle la *nécrose*. Cette maladie n'était pas inconnue des médecins de l'antiquité ; elle n'a été cependant bien observée qu'à une époque beaucoup plus éloignée d'eux que de nous. La nécrose peut affecter tous les os, dans des proportions diverses, soit en partie, soit en totalité. Des deux tissus constituant la substance osseuse, le tissu compacte est bien plus souvent atteint ; le tissu spongieux le siège de la nécrose, qui du reste affecte tantôt la surface externe, tantôt la surface interne, ou bien la totalité de l'os. C'est presque toujours dans la continuité des os que s'observe la nécrose ; elle attaque quelquefois le cal des fractures ou les extrémités osseuses des moignons coniques. Les cartilages ossifiés sont enfin susceptibles de se nécroser.

Toutes les causes qui tendent à détruire la circulation et l'influx nerveux dans les éléments d'un os, soit spontanément, soit consécutivement à l'inflammation (*ostéite*), peuvent en déterminer la nécrose. La nature de ces causes doit varier. Une contusion, une plaie, une fracture, surtout par arme à feu ; des topiques irritants ou caustiques, l'action prolongée du froid ou la congélation, le feu ou des brûlures profondes, la gangrène des parties molles, voilà pour les causes externes ou déterminantes. Certaines maladies constitutionnelles, telles surtout que les scrofules et la syphilis, et à un moindre degré les affections scorbutiques, rhumatismales, arthritiques, psoriques et dartreuses, voilà pour les causes internes ou prédisposantes. Il faut en outre admettre des causes spéciales de nécrose, telles que la dénudation d'un os, le décollement ou la déchirure du périoste, soit par la cause première ou vulnérante, soit par une infiltration de sang ou de pus, et puis, l'ostéite, les lésions de la moelle, et enfin la saillie des os après les amputations mal faites ou mal réunies.

En raison de ces causes, ainsi que de l'os affecté, la nécrose est *simple* ou *compliquée*, *superficielle* ou *profonde* (on bien *invaginée*) ; de la surtout des formes différentes, que l'on rapporte à trois espèces principales : 1° Nécrose externe ou des lames superficielles d'un os long, le périoste étant détruit et la moelle intacte ; 2° Nécrose interne ou des lames profondes, la moelle étant détruite et le périoste intact ; 3° Nécrose totale ou de l'épaisseur et de la circonférence : elle se divise en trois genres : 1° destruction de ses deux membranes ; 2° conservation de l'une d'elles ; 3° conservation des deux.

Toute portion d'os nécrosée, quelle que soit son espèce, tend à se séparer du reste par un travail particulier : cette portion d'os s'appelle *séquestre*, et ce phénomène *séparation du séquestre*. La déperdition de substance osseuse doit être remplacée ensuite ; c'est en effet ce qui arrive dans la plupart des cas, et ce nouveau travail s'appelle, à tort peut-être, *reproduction* ou *régénération de l'os*. Si une portion du périoste est détruite, les couches externes correspondantes de l'os se séparent et meurent, tandis que les couches internes continuent de vivre par la membrane médullaire. Cette forme de nécrose s'appelle *exfoliation*, parce qu'en effet les lames osseuses superficielles semblent se détacher par feuilles. Lorsqu'au contraire le périoste est intact et la moelle détruite, le phénomène inverse a lieu, mais il devient compliqué. Un travail inflammatoire s'opère, les lames externes se gonflent au niveau de la nécrose des lames internes, qui tendent à s'isoler de plus en plus ; la suppuration arrive, se fait jour au dehors et favorise ainsi l'expulsion du séquestre. Le séquestre expulsé, la cavité accidentelle de l'os se remplit par les orifices des vaisseaux osseux et médullaires d'une lymphe sanguinolente et glutineuse, qui s'organise peu à peu, jusqu'à ce que le canal de la moelle soit ainsi reproduit. Si l'os est nécrosé dans toute son épaisseur et toute sa circonférence, avec destruction de ses deux membranes, il n'a plus d'appui sur lui-même, rien qui puisse le revivifier, car les parties molles dont il est entouré ne sont pas organisées à cet effet, si bien qu'à la période d'élimination il s'opère souvent une fracture spontanée du séquestre, qui ensuite est expulsé sans qu'il puisse être régénéré. Quelquefois cependant, après l'extraction d'un séquestre peu étendu, il se forme aux extrémités osseuses séparées, des productions stalactiformes qui s'abouchent, s'unissent, se solidifient, et remplacent la portion nécrosée. Si l'une des deux membranes, le périoste, par exemple, n'a pas été détruite dans la nécrose de la totalité de l'os, on admet généralement que ce périoste se sépare, s'irrite, s'injecte, se gonfle et sécrète une lymphe qui s'épaissit peu à peu elle-même, s'organise, devient adhérente, et finit par ossifier le périoste. Si dans la nécrose totale ce n'est que la membrane externe, mais l'interne ou médullaire, qui se trouve conservée, c'est par elle que devrait se faire le travail de reproduction inverse à celui du périoste ; cette ossification par la membrane médullaire s'opère assez vite. Mais s'il s'agit des os plats, des os du crâne surtout, et par conséquent de la dure-mère, il n'y a plus rien de semblable ; la déperdition de substance laissé un vide qui tend à se rétrécir, à se fermer même, par l'amincissement des bords de l'ouverture crânienne ; la dure-mère n'y fait rien, elle reste intacte, libre et telle que l'a faite son organisation primitive. Il en est de même pour la nécrose des fosses nasales et de la voûte palatine. Lorsque, enfin, les deux membranes restent intactes dans la nécrose de toute l'épaisseur et la circonférence de l'os, elles secondent doublement le travail d'ossification par l'épanchement ou l'exsudation de lymphe plastique, qui se combine aux sucs sanguins des vaisseaux.

Les symptômes généraux de la nécrose peuvent se rapporter à trois périodes, qui se lient entre elles ; savoir : *Première période* : Inflammation primitive ou spontanée, comme dans l'ostéite ; *Deuxième période* : Inflammation secondaire ou essentielle, propre à la nécrose : *Troisième période* : Expulsion du séquestre. Le gonflement de la partie immédiatement en rapport avec l'os nécrosé constitue le premier signe. Il augmente d'autant plus que la nécrose s'opère plus profondément ; il est tantôt circonscrit, tantôt très-étendu. La rougeur et la chaleur ne sont pas prononcées ; mais la douleur est à peu près constante, et plus vive si la cause du mal est plutôt interne qu'externe ; elle est accompagnée de symptômes généraux, fièvre, insomnie, amaigrissement, troubles fonctionnels d'autant plus graves que l'expulsion du séquestre semble plus lente, plus difficile. La suppuration tend à se former toujours, et marque ordinairement l'arrêt de développement de la tumeur. Un ou plusieurs abcès se manifestent plus promptement, selon que la nécrose est plus superficielle, et ils s'ouvrent spontanément, soit à l'extérieur, soit à l'intérieur. Si ces foyers purulents communiquent entre eux, il en résulte des décollements plus ou moins étendus, et des lésions fistuleuses pénétrant dans l'intérieur de l'os par des trous multipliés, qui servent à l'écoulement du pus et même à l'issue des fragments nécrosés. Ces ulcérations fistuleuses n'ont aucune tendance à se fermer, ou si elles se ferment accidentellement, c'est pour se rouvrir bientôt, et ne se cicatriser définitivement que lorsque le séquestre a été expulsé. Le nombre, la forme, la profondeur, la direction de ces ouvertures, sont du reste très-variables. Quant à la nature de la suppuration, elle n'offre non plus rien de constant ; le pus n'altère pas l'os nécrosé, comme on l'a cru, mais il peut altérer l'os nouveau ou la continuité de l'os sain.

L'examen superficiel de ces divers symptômes et l'appréciation des circonstances antérieures ne suffiraient pas pour reconnaître sûrement l'existence de la nécrose, si elle n'était constatée par une exploration attentive. Voir et toucher surtout l'os nécrosé, voilà le moyen de diagnostic certain. Il n'est bien applicable qu'à la nécrose avec ulcération des parties molles. On introduit pour cela le doigt dans le foyer, si l'ouverture est assez large, sinon une sonde ou un stylet, qui fasse reconnaître l'étendue de la dénudation de l'os, sa surface, sa résonnance et sa mobilité. Or, une surface inégale, rongée, rugueuse, un son clair, sec, osseux, la sensation d'un ou de plusieurs fragments libres, mobiles, tels sont les signes certains, pathognomoniques de la nécrose. La nécrose syphilitique se reconnaît à des douleurs nocturnes, à des ulcérations à la gorge, des exostoses, des taches de la peau, et surtout à l'état des organes génitaux. On reconnaîtra de même la nécrose scrofuleuse aux symptômes généraux des scrofules, de même la nécrose scorbutique à ceux du scorbut, et ainsi des autres complications.

Il est facile de concevoir, d'après tout ce qui précède, combien la nécrose doit varier dans sa marche, tantôt lente, tantôt rapide ; si la nécrose est une maladie mortelle pour l'os, elle ne l'est pas pour le malade, et n'a de terminaison funeste que lorsqu'elle est accompagnée d'une suppuration ancienne et abondante, qui a épuisé toutes les forces, ou lorsqu'elle est compliquée de quelque lésion profonde de l'un des organes ou des produits organiques essentiels à la vie. On doit tenir pour principe que tout os nécrosé est un corps étranger dont il faut aider ou opérer l'extraction. Pour empêcher un os de se nécroser lorsqu'il a été dénudé dans une certaine étendue, avec déperdition de substance des parties molles, il faut panser la plaie mollement avec des médicaments mucilagineux, appliquer un appareil légèrement contentif, et le renouveler rarement, afin d'empêcher le contact de l'air. Si des foyers sanguins se sont formés consécutivement à une contusion de l'os, il faut les ouvrir à temps, évacuer le sang, nettoyer le fond de la plaie et en rapprocher les bords. Des injections émollientes conviennent quelquefois dans les foyers sanguins ou purulents, lorsqu'il existe quelques signes locaux d'inflammation. On ne réussit pas toujours à empêcher les résultats malheureux des nécroses, malgré les soins les plus habiles. Il faut alors en venir au traitement curatif de la nécrose. Ici l'art n'a plus qu'à seconder le travail si admirable de la nature, qui se suffit souvent à elle-même, pour absorber le séquestre, s'il est assez faible ou on assez mince, ou pour l'expulser au contraire s'il est trop volumineux, et il ne faut pas en hâter le moment par des manœuvres violentes.

Lorsque l'os nécrosé se détache de l'os sain et de l'os nouveau, il faut ébranler le séquestre, sans efforts, sans secousse, en appréciant ses rapports et sa mobilité, et favoriser sa séparation et son issue par l'ouverture la plus rapprochée de l'une de ses extrémités, que l'on agrandira au besoin : s'il reste assez fortement enclavé dans les tissus, on le brisera, pour le sortir par morceaux, s'il est friable, et s'il ne l'est pas, on devra recourir au trépan, appliqué par couronnes assez rapprochées l'une de l'autre pour ne former qu'une seule ouverture ; au lieu du trépan, on peut se servir d'une de scies si ingénieusement inventées naguère. Le séquestre une fois extirpé, on remplit la cavité osseuse

33.

avec de la charpie mollette, et l'on applique un pansement simple et doux, renouvelé selon l'abondance de la suppuration. La position des membres et un régime approprié suffisent pour compléter le traitement curatif. La suppuration diminue, le dégorgement s'opère, des boutons charnus se développent à la surface de la plaie, les parois du nouveau cylindre osseux s'amincissent, la cicatrice se forme. Il faut préserver le nouvel os des violences extérieures, et même des efforts musculaires, tant qu'il n'a pas acquis une solidité complète; car s'il s'agit d'un os isolé, comme au bras, à la cuisse, le membre peut devenir difforme par défaut de soutien, ce qui n'arriverait pas pour un des os de l'avant-bras ou de la jambe, parce que l'autre, faisant office d'attelle, lui prête son point d'appui. Le nouvel os se trouve dès lors à la place et dans les limites de l'ancien : il a les mêmes formes, les mêmes rapports, les mêmes insertions musculaires. L'amputation avait été jusqu'à la fin du siècle dernier la seule ressource chirurgicale dans les cas de nécrose de l'un des grands os d'un membre inférieur; elle n'est plus indiquée que dans certains cas graves exceptionnels.
Hippolyte LARREY.

NECTAIRE. Il existe une grande confusion sur la signification de ce mot, que les botanistes ont employé dans des sens très-différents. Linné donnait le nom de *nectar* aux liquides sucrés ou mielleux renfermés dans les fleurs d'un grand nombre de plantes, et recherchés par les abeilles et d'autres insectes. Il appelait *nectaire* les organes producteurs de ces liquides. Mais il ne tarda pas à s'écarter lui-même de la définition qu'il avait posée. Aujourd'hui on tend à restreindre l'application de ce terme, en se renfermant strictement dans le premier sens du mot *nectaire*.

NECTAR. C'est de ce nom que les Grecs ont appelé une boisson délicieuse réservée aux dieux, et qui donnait l'immortalité aux hommes qui la touchaient seulement des lèvres. Elle tire son nom de la négation grecque νη, et de κτείνειν, tuer. A l'imitation de Sapho, il ne faut pas confondre le nectar avec l'ambroisie : l'un était le breuvage, l'autre l'aliment des divinités. Selon Homère le nectar était rouge ; il brillait de la pourpre vive de nos raisins. Ganymède et la fraîche Hébé étaient chargés le premier de verser d'une aiguière d'or cette divine liqueur dans la coupe de Jupiter, et la seconde d'une amphore d'albâtre couronnée de roses dans la coupe des autres dieux.

Au figuré *nectar* se dit d'une boisson, d'un vin délicieux.
DENNE-BARON.

NEEFS (PIETER), dit l'*ancien*, peintre d'architecture, né à Anvers, après 1580, fut élève de Steenwijk l'ancien. Son genre, c'était l'architecture et la peinture de perspective; et il s'est surtout fait un nom par les intérieurs d'églises, notamment de la cathédrale d'Anvers, qui lui a fourni le sujet d'un grand nombre de toiles. En général il la représente à l'intérieur éclairée par des cierges ou bien par des torches, et la lumière porte toujours sur quelque objet remarquable de l'église. La clarté de l'expression et le clair-obscur y sont admirables ; mais on leur reproche une certaine dureté et le manque de perspective aérienne. Le nombre de ses tableaux est assez considérable ; et comme d'ordinaire, c'étaient Frank, Breughel, Van Thulden, Teniers, qui lui peignaient ses figures : ses toiles n'en ont que plus de valeur. Il mourut en 1661.

Son fils, *Pieter* NEEFS, dit *le jeune*, qui florissait entre 1650 et 1660, peignit le même genre, mais sans atteindre la perfection de son père.

NEER (AART VAN DER), peintre de paysages, naquit vraisemblablement à Amsterdam, en 1613 ou 1619, et mourut en 1693 suivant les uns, plus tard encore suivant d'autres. C'est l'un des plus illustres représentants du paysage naïf, affranchi du joug de la théorie, et il n'est peut-être pas inférieur à son célèbre contemporain Ruysdael. Il excellait surtout à représenter l'eau limitée par un horizon bas et renfermée entre des rives étroites, et à embellir ce paysage par des effets de clair de lune. A cet égard, il est resté sans rival. Il ne réussissait pas moins bien dans la peinture des scènes d'hiver et d'incendie.

Son fils, *Eglon Hendrick* VAN DER NEER, né à Amsterdam, en 1643, fut l'élève de J. Vanloo, et peignit surtout des tableaux d'histoire et des paysages. On a aussi de lui quelques morceaux de sociétés, soigneusement exécutés, mais conçus dans une élégance maniérée. Il vécut d'abord à Paris, puis à Orange, et finalement à la cour Palatine, à Dusseldorf, où il mourut, en 1703. Il avait le titre de peintre du roi d'Espagne; Van der Worff, entre autres, fut de ses élèves.

NEERWINDE, petit village de la province de Liège (Belgique), célèbre par la victoire que le maréchal de Luxembourg remporta, le 29 juillet 1693, sur les Anglais commandés par Guillaume III, ainsi que par la défaite qu'y essuya Dumouriez, le 18 mars 1793, et qui rendit le prince de Cobourg de nouveau maître de la Belgique.

NEF. Ce mot était d'une acception assez usuelle pour désigner les navires dans les temps où ils n'avaient point encore acquis les dimensions colossales où on les porte aujourd'hui.

On appelle *moulin à nef* un moulin construit sur un bateau.

Nef se dit aussi d'une sorte de récipient ou vase de vermeil en forme de navire, et destiné dans les palais à des usages domestiques du ressort de la table.

Ce mot est particulièrement usité encore aujourd'hui pour désigner la partie des églises qui s'étend depuis le chœur jusqu'à la principale porte. C'est l'emplacement qu'occupe ordinairement le public pendant la messe et les offices divins. Ce nom vient de la forme intérieure des églises, qui offre généralement assez d'analogie avec le dedans de la coque ou d'une partie de la coque renversée d'un navire.
BILLOT.

NÉFASTES (JOURS). *Voyez* FASTES.
NÈFLE, fruit du néflier.
NÉFLIER, genre d'arbres et d'arbrisseaux de la famille des rosacées, dont on connaît environ soixante espèces, toutes indigènes dans nos contrées, et dont le feuillage conserve toute sa fraîcheur, même au milieu des ardeurs de l'été. Ils ne fleurissent guère qu'à la fin de mai et au commencement de juin. Leurs fruits, comestibles dans plusieurs espèces, ont en général beaucoup d'éclat et contribuent en automne à l'ornement des bosquets.

Le *néflier vulgaire*, désigné par les botanistes sous le nom de *mespilus germanica*, croît spontanément dans les bois de l'Europe. C'est un petit arbre tortueux, qui perd par la culture les épines dont il est armé à l'état sauvage. Son fruit, qu'on appelle *nèfle*, très-astringent avant la maturité, ne devient mangeable qu'en hiver, après avoir séjourné au fruitier et subi une décomposition et une fermentation qui le ramollissent et lui communiquent une saveur vineuse. Parmi les espèces de néfliers qu'on cultive dans nos jardins comme arbrisseaux d'agrément nous citerons l'*aubépine* et le *néflier pyracanthe* ou *buisson ardent*.

NÉFLIER DU JAPON. *Voyez* BIBACIER.
NEGAPATAM ou **NEGAPATNAM**, ville de l'Hindoustan anglais, dans la présidence de Madras et le district de Tandjaore, sur le golfe du Bengale. C'est l'ancienne capitale des possessions hollandaises dans l'Inde. Elle fut prise par les Anglais en 1781.

NÉGATIF, NÉGATIVE. *Voyez* POSITIF et NÉGATION.
NÉGATION (du latin *negatio*), exprime l'action de nier : la négation est le contraire de l'affirmation. Dans le langage philosophique, la négation est l'absence d'une qualité dans un sujet qui n'en est pas capable. On ne peut l'expliquer plus clairement qu'en disant que c'est l'action de concevoir et d'exprimer qu'un sujet n'est pas autre chose. Non-seulement, suivant la *Logique de Port-Royal*, les propositions négatives séparent l'attribut du sujet selon toute l'extension de l'attribut, mais elles séparent aussi cet attribut du sujet selon toute l'extension qu'a le sujet dans la propo-

sition, c'est-à-dire qu'elle l'en sépare universellement si le sujet est universel, et particulièrement s'il est particulier. Si je dis que *nul vicieux n'est heureux*, je sépare toutes les personnes heureuses de toutes les personnes vicieuses, et si je dis que *quelque docteur n'est pas docte*, je sépare *docte* de *quelque docteur*, et de là on doit tirer cet axiome : « Tout attribut nié d'un sujet est nié de tout ce qui est contenu dans l'étendue qu'a ce sujet dans la proposition. »

Les grammairiens appellent *mots négatifs* ceux qui ajoutent à l'idée caractéristique de leur espèce et à l'idée propre qui les individualise l'idée particulière de la négation grammaticale. Les mots *personne*, *rien*, *aucun*, *ne*, *ni*, *non*, sont des mots négatifs. La négation renfermée dans la signification de ces mots tombe sur la proposition entière dont ils font partie, et la rend négative. Il ne faut point confondre ces mots négatifs avec les mots p r i v a t i f s. Silvestre de Sacy, dans ses *Principes de Grammaire générale*, dit que les particules destinées à exprimer la négation peuvent être considérées comme des adverbes.   CHAMPAGNAC.

NÉGLIGENCE, NÉGLIGENT, NÉGLIGÉ. La *négligence*, dont quelques personnes veulent à peine faire un défaut, en est cependant un grand, puisqu'elle ne nuit pas moins aux autres qu'à nous. Il est bien rare que le négligent ne le soit que pour lui, et qu'il donne plus de soin et d'attention aux affaires dont on le charge, aux intérêts qui lui sont confiés, qu'aux siens propres : c'est, en outre, un défaut *acquis*, et la négligence n'a point, comme la paresse, la faible excuse de l'*innativité*; c'est par degrés que l'on s'y accoutume, et qu'elle devient une habitude. Le *négligent* n'est pas un de ces caractères fortement prononcés qui conviennent au théâtre ; toutefois, Dufresnoy, qui saisissait assez bien les nuances et les demi-caractères, l'a peint avec talent et vérité : on prétendit, il est vrai, que dans ce personnage il avait tracé son portrait.

Il est une autre sorte de négligence, celle des habillements, que l'on excuse chez les gens de lettres, les artistes, en un mot, chez les hommes occupés de soins plus graves que ceux de la toilette, quand cependant elle n'est pas poussée trop loin et que ce n'est point chez eux une affectation. Quant aux dames, on sait que lorsqu'elles négligent un peu leurs atours, la coquetterie n'y veut rien perdre, et que le *négligé* est souvent leur plus séduisante parure.

Dans le style, la *négligence* est tantôt un juste objet de critique, tantôt une faute excusable, ou même une grâce qui séduit mieux le lecteur que le *purisme* le mieux observé; cela dépend du genre de l'ouvrage : on ne tolère point les *négligences* dans les grandes compositions, telles que le poëme, l'histoire, la tragédie, la haute comédie, etc.; on les pardonne à des productions plus légères, comme l'épître, le conte, la chanson, etc.; celles de Chaulieu n'ont point nui à son renom littéraire, et l'on serait bien fâché que Mme de Sévigné eût effacé les siennes.   OURRY.

NÉGOCE, NÉGOCIANT. Le mot *négoce* fait du latin *negotium*, dérivé lui-même d'*otium*, loisir, et de la particule privative *nec*, synonyme par conséquent d'*occupation*, d'*affaire*, se dit des transactions commerciales les plus hautes et les plus importantes, de celles qui se font dans les banques, et même des affaires de l'État et des intérêts de la politique, qui se *négocient*, se traitent par *négociations*, au moyen de *négociateurs*. Un banquier, un grand négociant, qui rougiraient d'être appelés m a r c h a n d s ou c o m m e r ç a n t s, ne font point de difficultés de s'allier avec le *négoce*, surtout le *haut négoce*; car, pour prévenir la tendance générale que toutes les classes de la société ont toujours à l'usurpation, pour parer, pour remédier aux empiétements journaliers d'une classe sur une autre, on a créé des subdivisions dans les divisions, des distinctions dans les distinctions, et le terme de *négoce* n'a plus paru assez noble en lui-même si on ne lui adjoignait une épithète pour le relever.
Edme HÉREAU.

NÉGOCIATION, NÉGOCIATEUR. Le *négociateur* est ou celui qui négocie quelque affaire considérable auprès d'un prince, d'un État, ou le personnage, plus modeste, qui négocie quelque affaire particulière, telle qu'un mariage, une vente, etc. Un habile négociateur, dit La Bruyère, sait parler ambigument et d'une manière enveloppée, afin de faire valoir ou de diminuer la force des mots, selon les occasions. La *négociation* est en diplomatie l'art, l'action de négocier les grandes affaires, les affaires publiques, un armistice, la paix ; dans les relations ordinaires, c'est l'action ou la manière de traiter une affaire; en style de banque, c'est le trafic des agents de change, des banquiers, sur des effets de commerce. Dans ce dernier cas, *négocier* signifie en particulier transporter, céder des effets publics, des lettres de change à une personne qui en donne la valeur moyennant intérêt, prime, gain ou perte de change.

Dans un sens plus général, *négocier* signifie faire c o m m e r c e, faire trafic, d'où est venu le mot n é g o c i a n t.

On sait quelle importance le mot *négociation*, pris diplomatiquement, a dans les discussions parlementaires. C'est toujours sur les négociations pendantes que se rejettent les ministres qui veulent se taire à propos des affaires étrangères.

NÈGRE, NÉGRESSE, NÉGRILLON, sont des individus de sexe et d'âge différents qui constituent la race noire si remarquable dans la grande famille du genre humain.

*Æthiopes maculunt orbem, tenebrisque figurant
Per fuscas hominum gentes.*

(MANILIUS, *Astronomicón*, liv. IV.)

Tout le monde connaît cette sorte de museau, ces cheveux laineux avec une barbe rare, ces grosses lèvres si gonflées, ce nez large et épaté, ce menton reculé, ces yeux ronds et à fleur de tête, qui distinguent les nègres et les feraient reconnaître même quand ils seraient blancs de peau comme les *albinos*. Le front du nègre est abaissé et arrondi, sa tête comprimée vers les tempes ; ses dents sont placées obliquement en saillie. Plusieurs d'entre eux ont les jambes cambrées, presque tous avec peu de mollets, des genoux toujours demi-fléchis, une allure éreintée, le corps et la cou tendus en avant, tandis que les fesses ressortent beaucoup en arrière. Tous ces caractères extérieurs montrent déjà une nuance vers la forme des singes.

Indépendamment de la proportion de grandeur des os de la face et des mâchoires prolongées, le crâne ou l'encéphale est plus rétréci dans le nègre, ce qui constitue une infériorité radicale et constante de son organisme. Il s'ensuit que les nègres sont beaucoup plus sujets à l'idiotie qu'à la folie, car rarement on en voit de fous ; ils ne connaissent ni l'apoplexie, ni même l'hydrophobie, dit-on. Le Coran de Mahomet dit aussi que tous les peuples ont eu des prophètes, excepté les *nègres*, comme s'ils manquaient de haute capacité et d'inspiration. Leurs principaux défauts sont la paresse, l'apathie, l'ignorance, le défaut de génie (quoiqu'il y ait des exceptions nombreuses ;) il n'en est pas moins généralement établi que les peuplades nègres, dans tous les lieux du globe qu'elles habitent depuis tant de siècles, en parfaite indépendance, au sein de l'Afrique surtout, végètent sans prévoyance, sans développement spontané de civilisation, sans conserver même celle qu'on leur offre ou que présentent leurs voisins plus éclairés. Ils préfèrent croupir dans l'oisiveté, parce que le travail sous un climat brûlant leur paraît si insupportable qu'ils ne s'y livrent, quoique robustes, que par nécessité de vivre. Les mâchoires des nègres étant plus prolongées que celles des blancs, comme les os de leurs pommettes, ils ont des muscles masticateurs plus puissants. Leur occiput, plus aplati, et le reculement du trou occipital plus en arrière, rendent chez eux la nuque du cou moins creuse, ce qui fait que ce rapproche de la forme de l'orang-outang, ainsi que l'arrondissement de la conque de l'oreille. Le docteur Madden observa dans la haute Egypte que le squelette des nègres offre assez fréquemment six vertèbres lombaires (comme l'orang) au lieu de cinq, ce qui donne raison de la longueur de leurs reins et de leur allure dégingandée. Leurs hanches sont moins saillantes que les nôtres; leur cavité pelvienne, rétrécie du haut, s'ouvre plus vers le sacrum, comme chez les singes; de là vient l'accouchement facile de la négresse. Il n'est pas jusqu'au négrillon qui naît plus velu que le blanc, et jusqu'à la longueur des bras et des doigts des pieds et des mains, chez les nègres, qui ne présente une tendance manifeste vers la forme des quadrumanes, selon les remarques des célèbres anatomistes Sœmmerring, Camper et P. Rudolphi.

De plus, on trouve des Hottentots et des nègres dont les os propres du nez sont soudés en un seul, comme dans les singes macaques, et dont l'humérus est percé à la fosse de l'olécrane, de même que chez le pongo (non les gibbons). Les os du crâne, durcis au grand air et au soleil, soudés de bonne heure aux nègres, sont plus épais, plus blancs ou éburnés que ceux des autres races; aussi les nègres portent toujours leurs fardeaux sur la tête, au rapport des frères Lander. Ces gros corps athlétiques, le long du Niger, restent toute leur vie de grands enfants, dans leur excessive indolence et leur malpropreté; heureux, malgré leur volontaire pauvreté, ils rient et se laissent duper, subjuguer sans peine, par leurs gouvernements arbitraires. Leurs femmes, babillardes, faciles, crédules, cèdent, comme les hommes, à toutes les superstitions par stupidité.

Nous avons reconnu avec quelques autres observateurs que l'encéphale du nègre était généralement moins volumineux, moins pesant d'environ 6 à 0 onces, que celui même de la femme blanche, déjà inférieur en poids à celui de l'homme blanc. A la vérité, le célèbre anatomiste Tiedemann a mesuré plusieurs encéphales de nègres aussi volumineux que ceux des blancs : cette infériorité ne s'en applique pas moins à l'espèce en général, bien qu'il y ait encore une très-grande distance du nègre à l'orang. Ce n'est donc point un motif suffisant pour conclure avec MM. Blumenbach, Prichard, Gaetano, Pesce, et d'autres auteurs, que la race humaine est une. Si l'on s'en rapporte même à la Bible, la postérité de Cham diffère de ses frères, depuis sa malédiction. Noirs jusque dans leur intérieur, les nègres ont le sang, la chair, les muscles d'un rouge tirant sur le brun. La portion grise de leur moelle encéphalique et de la colonne épinière est très-foncée en couleur, ou même noirâtre, ainsi que le sang et la chair musculaire. Quelques anatomistes ont rencontré quatre lobes à leur poumon droit, mais ce caractère n'est pas partout comme l'est la forme arrondie de la portion de leur estomac dite le *cul-de-sac*; il se relève bien plus que celui de l'homme blanc, au-dessus de l'inosculation de l'œsophage, ce qui structure le rapproche de celui des singes.

Enfin, à mesure que diminuent les organes intellectuels, ceux de la volupté brute se déploient davantage; les nègres en offrent la preuve par la grosseur de leurs parties sexuelles et par l'extension considérable des lèvres du vagin et des nymphes chez la plupart des négresses, au point qu'elles exigent l'excision en divers pays. Personne n'ignore que sous les climats chauds et humides toutes les membranes s'allongent, que les mamelles des négresses tombent comme des besaces, que leurs parties sexuelles se relâchent, que les bourses, ou le scrotum, se distendent et s'emplissent souvent d'humeurs chez les vieux nègres : les tissus cellulaires et muqueux prédominant ainsi dans toute cette race.

En effet, la nature approprie le nègre aux contrées brûlantes; son tempérament est en général lymphatique et mou, même dans les déserts les plus arides; lent, apathique, sa paresse impatiente la vivacité des Européens; son indolence ne peut comprendre notre mobile inquiétude. Aussi l'on reconnaît ce relâchement de ses membres par l'inertie, qu'il préfère à tout, par somnolence, et jusque par ces amas de graisse au croupion des femmes boschismans, de la tribu des Houzouânas, dont on a vu un exemple à Paris, sous le nom de la *Vénus hottentote*. Les nègres sont moins sensibles que les Européens; l'eau-de-vie la plus forte, le rhum, le piment, les condiments les plus brûlants n'excitent que faiblement leurs nerfs du goût; leur peau, molle, épaisse, huileuse, lisse ou peu velue, encroûtée, sous l'épiderme, d'un réseau noirâtre, muqueux, qui lui donne cette teinte charbonnée, enveloppe les houppes nerveuses qui viennent s'y épanouir. Parmi nous, une peau fine, délicate, éprouverait des tourments horribles des moindres froissements du fouet : le serf nègre, déchiré par les lanières de cuir de son commandeur, et dont les plaies saignantes sont quelquefois frottées, par surcroît de punition, de vinaigre et de poivre, soutient cependant de tels châtiments avec flegme et patience. On en a vu, sortis du supplice, accourir à la danse de leurs *guiriots*, au son du *belafo* de leurs musiciens, ou se livrer à l'amour avec cette furie bestiale qui transporte aussi la négresse.

Ces traits d'infériorité autorisent plusieurs naturalistes et physiologistes à établir une différence spécifique entre le nègre et les races blanches. S'il est vrai que dans les règnes organisés les esprits émanés du degré le plus imparfait pour s'élever au rang le plus perfectionné, le nègre, comme inférieur, doit avoir précédé l'homme blanc. De même, la plupart des races noires ou brunes d'animaux sont plus brutes, grossières ou sauvages que les blanches, plus molles et civilisées (comme on l'observe dans les genres des cochons, des chiens, etc.). Ainsi, l'homme blanc, affaibli sans doute par la culture intellectuelle et cette éducation sociale qui le garantit de la rudesse des éléments, en revanche y gagne un plus grand développement de sensibilité et d'intelligence que n'en peut obtenir le sauvage et le nègre endurci sous le soleil brûlant de l'Afrique. Il est donc facile de prouver, par l'organisation anatomique, que le nègre se rapproche plus des singes que notre race blanche; que son cerveau est comparativement plus étroit que le nôtre, tandis que les nerfs qui en émanent avec la moelle épinière sont plus volumineux : aussi est-il moins destiné à la pensée qu'aux actes de l'animalité. En effet, ses hémisphères cérébraux, plus petits, offrent moins de circonvolutions, tandis que de grands tubercules quadrijumeaux, un cervelet considérable, avec une grosse moelle allongée, annoncent une propension plus marquée vers les fonctions corporelles sensitives, que pour les facultés intellectuelles. De même, Camper a montré, par la comparaison de l'angle facial, que le blanc dans les races les plus perfectionnées approchait de l'ouverture droite de 90°, tandis que le museau du nègre descendait même au-dessous de 80, et que le singe orang s'abaisse à 65, pour se confondre avec l'ignoble muffle des brutes s'avançant vers la pâture, tandis que le cerveau et le front se reculent, comme si la pensée cédait à la gloutonnerie. Aussi l'animal est-il plutôt fait pour manger que pour réfléchir. Les organes du goût et de l'odorat, plus développés chez le nègre que dans le blanc, prouvent, comme ceux des sexes, un plus puissant ascendant sur son moral qu'ils n'en ont sur le nôtre; le blanc est donc plus destiné à la vie intellectuelle et civilisée que le nègre.

On a cru généralement que la couleur des nègres résultait de l'action continuée des rayons solaires sur ces habitants de l'Afrique; l'on a regardé les Éthiopiens comme à demi rôtis, détestant le soleil ainsi qu'on le disait des Troglodytes, fuyant dans des cavernes; mais l'habitation géographique des peuples a montré qu'ils n'étaient nullement colorés en raison de la chaleur et de l'éclat des diverses contrées du globe. Il y a au contraire des hommes blancs de l'Afrique, même dans le milieu de l'Afrique, décrits par Léon l'Africain, par Marmol, Shaw, Bruce, Adanson, et des tribus nègres plus ou moins noires, soit à la terre de Diémen, à la Nouvelle-Zélande, soumis à des froids rigoureux; et enfin sous les plus horribles climats polaires habitent des races à cheveux et yeux noirs, à peau très-brune, comme les Esquimaux, les Lapons, les Kamtschadales, à côté des blancs et blonds Islandais et Finnois.

Cette couleur âtre, huileuse, salissante d'ailleurs, pénètre toutes les humeurs du nègre; ses chairs, son sang, son cerveau; sa bile est plus foncée que chez les blancs. Peut-être l'odeur forte des nègres en sueur émane-t-elle de la même cause. Toutefois, les os, les dents, conservent leur blancheur, ainsi que le liquide reproducteur, contre l'opinion de quelques anciens. Quelquefois, dans les maladies par exemple, les nègres se décolorent et deviennent livides. Les négrillons ne naissent pas noirs à la vérité, mais déjà plus colorés que les blancs, surtout à leurs parties génitales, et ils brunissent sans être exposés au soleil. Il est bien vrai que l'action de cet astre hâle et noircit plus ou moins la peau des blancs, mais elle ne produit pas ces effets sur les poils des quadrupèdes ou les plumes des oiseaux, car il y a des espèces blanches sous les cieux les plus ardents, et les Européens, les Asiatiques, de race blanche originaire, ne deviennent réellement noirs qu'à la suite d'alliances avec les nègres. Les anatomistes admettent pour cause le pigment noir qui se dépose en couche dans le tissu muqueux, dit de *Malpighi*, sous l'épiderme, et pénètre dans les poils ou cheveux pour les teindre de sa nuance (différente selon les races humaines). Ce pigment, selon Lecat, P. Barrière et d'autres auteurs, émane de la bile ou des capsules atrabilaires gonflées d'un suc noir. On trouve chez quelques animaux atteints de mélanose, ou maladie noire, des dépôts ou poches tuberculeuses de matière noire analogue à celle d'un sang veineux très-foncé; c'est une sorte d'excrétion de carbone surabondant, dont manquent au contraire les *albinos*. Meckel père faisait émaner de la partie corticale brune du cerveau du nègre cette coloration qui imprègne tout l'organisme ; mais il faut reconnaître, selon nous, une disposition native, comme entre le lapin à chair blanche et le lièvre à chaire noire, à moins de recourir, avec Ovide, à la chute de Phaéton :

Indè etiam Æthiopes nigrum traxisse colorem
Credituṛ.

Il est certain que des peuples à peau blanche ne supporteraient point l'action vive des rayons d'Afrique sans être frappés de ces inflammations appelées *coups de soleil*. Aussi ce réseau muqueux noir du nègre garantit le derme, et H. Davy observe que la chaleur rayonnante est absorbée, comme la lumière, par les surfaces noires, qui la convertissent en chaleur sensible. Il s'ensuivrait que cette couleur noire augmenterait encore la chaleur dans le nègre (comme le font pour nous les habits noirs en été). Le docteur Douville, en son voyage dans l'Afrique centrale, a expérimenté que les nègres ressentent plus de chaleur corporelle que les blancs de même âge et de même sexe, et que le travail rend cette chaleur encore plus insupportable aux nègres.

De là suit une autre considération : l'ardeur du tempérament doit en être augmentée : aussi la puberté est précoce chez les nègres et les négresses surtout; dès l'âge de dix à douze ans elles arrivent à la nubilité, et la liberté dont elles jouissent les fait bientôt devenir mères. Par la même cause, et par la lubricité naturelle à cette race, les nègres des deux sexes vieillissent plus promptement et s'usent plus que les blancs. Ces peuplades seraient excessivement nombreuses si tous leurs enfants vivaient ; mais l'incurie et la paresse, qui les laissent périr parfois dans l'indigence au milieu d'un sol fertile, faute de soins et de culture, les petites guerres qu'ils se livrent dans leur barbare anarchie, la traite, dans laquelle les pères vendent leurs enfants pour du rhum ou des colliers de verroterie, diminuent notablement cette population. Il faut dire aussi que la corruption et la férocité sont poussées parfois à leur comble chez diverses tribus nègres, et qu'elles ne prennent de notre civilisation trop souvent que les vices, comme le disaient Mollien des habitants du Fouta-Toro, et d'autres voyageurs des Gallas, des Anzicos, etc. Les Ashanties, les Fanties, emploient des barbaries atroces, soit par vengeance contre leurs ennemis, soit pour leurs affreux sacrifices humains avec l'ivresse et tous les débordements à leurs fétiches, *gris-gris* divinisés. Comme ils sont peu sensibles eux-mêmes, ils ont des supplices cruels, et l'anthropophagie ne leur est pas inconnue encore aujourd'hui. S'il existe des nègres peu jaloux pour leurs femmes, d'autres exercent sur elles des férocités inouïes. Cependant, à côté de ces fureurs, on trouve des peuplades d'une hospitalité patriarcale et d'une bonté qui descend jusqu'à la faiblesse de se laisser enchaîner et réduire à la servitude.

C'est par suite de cette inertie morale que les nègres esclaves, rendus à la liberté, périssent en plus grand nombre, faute de travailler et de s'assurer une existence à venir, que les blancs. Cette mortalité, plus considérable parmi les affranchis que chez les esclaves, a été surtout constatée aux États-Unis. On comprend déjà la supériorité morale incontestable de la race blanche ; elle est telle que nulle part sur le globe les nègres n'ont pu réduire des hommes blancs en servitude, tandis que ceux-ci, en moindre nombre et moins robustes de corps, vont saisir au fond de l'Afrique les nègres pour les enchaîner, les dompter dans des colonies. Dès les anciens âges on qualifiait de *blancs* les hommes libres et de *noirs* les esclaves ; de là viennent les noms de Russie-Blanche, Valachie-Blanche, etc. Les Huns furent jadis distingués en *blancs*, ou libres, et en *noirs* (quoique de couleur blanche), comme serfs. On n'a pas même, aux États-Unis d'Amérique, obtenu l'égalité démocratique entre le descendant d'un nègre et le blanc, quoique le mélange réitéré avec cette dernière race, par des générations successives, ait effacé la tache originelle. Un édit de Louis XIV, en 1704, avait fait déchoir de la noblesse quiconque s'alliait aux négresses, et même aux mulâtresses. Ce préjugé règne encore dans les républiques espagnoles d'Amérique. On a dit que l'homme blanc était franc, *candide*, loyal, tandis que le noir était faux, rusé ou fourbe, comme la plupart des serviles menteurs et fripons. Le courage en effet paraît, ainsi que le génie, l'apanage des races blanches, dominatrices et civilisatrices du globe, tandis que les souches noires n'ont donné que des esclaves.

Voici comment se divisent, aux colonies, les produits mélangés des races blanche et noire : *mulâtre* issu de blanc et nègre, 1/2 blanc, 1/2 noir; *terceron* issu de blanc et mulâtre, 3/4 blanc, 1/4 noir; *griffe* ou *zambo*, issu de noir et mulâtre, 3/4 noir, 1/4 blanc; *quarteron* issu de blanc et terceron, 7/8 blanc, 1/8 noir; *quarteron saltatras*, issu de noir et terceron, 7/8 noir, 1/8 blanc; *quinteron*, issu de blanc et quarteron, 1/16 blanc, 15/16 noir; *quinteron saltatras*, issu de noir et quarteron, 15/16 noir, 1/16 blanc.

Le mot *saltatras* (saut en arrière) désigne un retour vers la race noire. Les mélanges du sang noir avec d'autres tiges, comme celle des Américains naturels, ou Caraïbes, ou avec les Indiens de l'Asie orientale, engendrent des individus de nuances variées qui portent des dénominations différentes selon les contrées. Ce sont ces hommes de couleur qui menacent à Haïti et qui renoncent l'avenir des établissements européens. N'ayant ni l'intelligence perfectionnée des blancs, ni la soumission laborieuse des nègres, dédaignés des premiers, haïs des seconds, comme voulant usurper sur ceux-ci les droits des blancs sans en posséder les titres légitimes, ils forment une caste ambiguë sans état fixe, et plus prompte à la révolte que disposée au travail.

On sait que la teinte foncée du nègre réside dans le tissu réticulaire placé sous l'épiderme : celui-ci est une concrétion de la mucosité (dite de Malpighi), laquelle transsude continuellement par les petits vaisseaux du chorion, et forme le pigment noir. Cette couleur n'est encore dans le négrillon naissant qu'une nuance jaunâtre, qui, brunissant peu à peu, devient d'un beau noir luisant dans l'âge de la force, et qui se ternit enfin ou pâlit dans la vieillesse, et lorsque les cheveux grisonnent. Les nègres sont d'autant plus forts, actifs et vigoureux, qu'ils sont d'un beau noir dans leur race. Leurs cicatrices restent grises.   J.-J. VIREY.

NÉGREPONT. Voyez EUBÉE.
NÉGRES (Traite des). Voyez TRAITE DES NÈGRES.
NÉGRIER (FRANÇOIS-MARIE-CASIMIR), général de divi-

sion, représentant du peuple à l'Assemblée constituante, mort sur les barricades en juin 1848, était né au Mans, le 27 avril 1788. Il avait dix-sept ans quand il s'engagea. Il se distingua à la prise de Hamelen et au siége de Dantzig en 1806, et reçut la croix d'Honneur à Friedland. Il fit ensuite les campagnes d'Espagne, et rentra en France en 1813, avec le grade de chef de bataillon. Il se fit remarquer dans la campagne de France en 1814, et fut blessé l'année suivante à la bataille de Waterloo. Sous la Restauration, il rentra dans l'armée avec son grade, et fut nommé lieutenant-colonel en 1825. Fait colonel après les journées de Juillet, il devint maréchal de camp en 1836 et obtint de passer en Algérie, où il prit le commandement d'une brigade active chargée de soumettre une tribu de la Métidja. Le général Damrémont marchant sur Constantine lui laissa le gouvernement de l'Algérie. Après la prise de cette ville, Négrier fut appelé à commander la province dont elle est le chef-lieu. Avec 3,000 hommes de troupes il soumit les tribus voisines. Il commanda en chef les expéditions sur Mila et sur Stora (Philippeville) en 1838 ; la première expédition sur Msilah en 1841 ; la première expédition contre les Kabyles de Collo et l'expédition contre les Haractas en 1842. Le 1er août de cette année il fut remplacé par le général Galbois. Il était lieutenant général depuis 1841. Il commanda ensuite les divisions de Rennes et de Lille, et après la révolution de Février il fut envoyé à l'Assemblée constituante par le département du Nord. Questeur de cette assemblée, il prit le 25 juin 1848 le commandement d'un corps de troupes envoyé contre les insurgés. En débouchant du boulevard Bourdon sur la place de la Bastille, il reçut une blessure au front, et tomba en disant : « Adieu ! je meurs en soldat. » Il expira au lieu même où il avait été frappé, au pied de la colonne de Juillet. Une statue en bronze lui a été élevée à Lille. Il laissait un fils, né en 1829, officier dans l'armée, et qui a été blessé au siége de Sébastopol. L. LOUVET.

NEGRITOS. *Voyez* PAPOUL.

NÉHÉMIE, juif de distinction et échanson du roi de Perse Artaxerce Longuemain, fut, sur ses instantes sollicitations, envoyé en Judée par ce prince, en l'an 444 avant J.-C., comme gouverneur, avec l'autorisation de faire reconstruire les murailles et les portes de Jérusalem, de repeupler la ville, d'y rétablir l'ordre et de faire respecter les lois nationales des Israélites ; tâche dans laquelle il réussit, en dépit de la misère des basses classes de la population, et de l'hostilité déclarée des Samaritains, des Arabes et des Ammonites. Il revint en Perse, l'an 432 avant J.-C. ; mais fit encore, en l'année 414, un second voyage à Jérusalem, pour détruire, à ce qu'il paraît, des abus qui s'étaient glissés dans l'administration du pays. Il nous a transmis nombre de détails sur les résultats de sa mission, dans un livre qui a été compris plus tard avec des additions dans la bible hébraïque, comme continuation du livre d'Esdras.

NEIGE. L'état gazeux est l'état naturel de l'eau privée de toute compression. L'état liquide et l'état solide ne peuvent exister qu'à la faveur d'une force étrangère, capable de gêner sa force expansive naturelle. On en a la preuve dans la vaporisation complète d'un morceau de glace exposé assez longtemps à l'air à une température quelconque. Par conséquent, on voit que si la température de la vapeur se trouve assez basse dans les hautes régions de l'atmosphère, il suffira d'une pression subite et inattendue pour la faire repasser immédiatement à l'état solide. Or, il n'est besoin pour cela que d'un coup de vent à travers un nuage au-dessous de zéro. L'air mélangé avec la vapeur permet aux molécules de celle-ci un rapprochement où les distances respectives sont conservées. La force comprimante fait simplement prédominer la force de cohésion ou de cristallisation des molécules sur la force expansive du gaz. La vapeur se solidifie donc au milieu de toutes les circonstances les plus favorables à la cristallisation. De là les flocons de neige qui tombent en abondance, d'abord sur les plus hautes montagnes d'une contrée, et ensuite sur toute la surface du sol, lorsque le rayonnement a fait descendre la température de l'air au-dessous de zéro.

Lorsque sa cristallisation s'opère au milieu d'un air calme, la neige affecte la forme de petites étoiles hexagonales terminées en pointes très-aiguës ; elle ne présente au contraire que des masses flocconneuses irrégulières si l'agitation de l'atmosphère fait entre-choquer les petits cristaux et les rassemble en groupes. Étant composée d'un grand nombre de molécules de glace assez désunies, la neige présente à l'air une infinité de surfaces, et cela explique sans doute son évaporation, qui est très-considérable. En effet, lorsqu'il n'en est pas tombé plus de cinq centimètres, deux jours, au plus, par un vent sec, et au plus fort de la gelée, suffisent pour la faire disparaître. La neige est facilement compressible, et perd une partie de son opacité et de sa blancheur sous une forte compression. Ce phénomène est fort simple. L'observation prouve que tous les petits glaçons qui composent la neige jouissent de la transparence ; qu'ils sont séparés par des intervalles remplis d'air, dont la réfrangibilité est bien différente de celle de la neige, et que par conséquent la lumière éprouve une multitude de réfractions qui doivent donner à la neige l'opacité et la blancheur. Maintenant, si par une forte compression l'on rapproche étroitement les particules, on chasse l'air qui, avant cette compression, se trouvait interposé entre les petits cristaux, et dès lors il est évident que les milieux traversés par la lumière diffèrent moins en réfrangibilité ; que partant la lumière souffre moins de réflexions et que la neige doit perdre une partie de son opacité et de sa blancheur.

On sait que les vents du sud et d'ouest, qui couvrent le ciel de nuages, diminuent presque toujours l'activité du froid : aussi, comme pendant un temps sombre et couvert, n'est-il pas surprenant qu'elle soit suivie de cette variation atmosphérique. Quelquefois cependant il neige par un froid très-vif, qui redouble ensuite d'intensité, et Musschembroek a même observé que la neige alors tombait sous la forme d'aiguilles, tandis que celle qui tombe par un temps doux est mêlée de pluie et prend toujours la forme de gros flocons.

L'influence de la neige sur la conservation des plantes et sur la constitution de l'atmosphère est un fait reconnu. Elle prévient d'abord le rayonnement vers le ciel, qui, par des nuits calmes et sereines, suffit seul pour faire prendre aux corps terrestres une température sensiblement inférieure à celle de l'air. Elle pénètre ensuite les vents qui passent sur les montagnes qu'elle couvre, et refroidit ainsi les ardeurs brûlantes du tropique et de la zone torride. Comme elle réfléchit fortement la lumière, son aspect longtemps soutenu blesse les yeux faibles et délicats, et nos malheureux frères qui en 1812 ont perdu la vue dans les steppes de la Russie ne témoignent que trop de l'exactitude de cette assertion. La neige est beaucoup plus légère que la glace ordinaire ; on évalue le volume de la glace ne surpasse que d'un neuvième environ celui de l'eau dont elle est formée, tandis que la neige fraîchement tombée a douze fois plus de volume que l'eau qu'elle fournit étant fondue. Plusieurs navigateurs ont trouvé de la neige rouge à la baie de Baffin, dans l'hémisphère boréal et à la Nouvelle-Shetland, dans l'hémisphère austral. Francis Bauer a reconnu avec le microscope que la couleur des neiges polaires est due à la présence d'un très-petit champignon du genre *uredo*. Au Saint-Bernard, la neige rouge est permanente, et identique avec celle des pôles.

NEIGE (Arbre à la). *Voyez* CHIONANTHE.

NEIPPERG, ancienne famille noble de la Souabe, élevée à la dignité de comte de l'empire en 1734, par l'empereur Charles VI. Ses possessions, placées moitié sous la souveraineté du Wurtemberg et moitié sous celle de Bade, comprennent une superficie d'environ un myriamètre carré, avec 3,200 habitants.

Le comte *Guillaume* DE NEIPPERG, feld-maréchal au service de l'empereur, conclut, en 1739, la malheureuse paix de Belgrade, et perdit en 1741, contre Frédéric le

Grand, la bataille de Molwitz, qui décida du sort de la Silésie. Mais il n'en demeura pas moins l'un des favoris de l'empereur François 1er et de Marie-Thérèse, et mourut, en 1773, membre du conseil aulique de guerre et commandant de Vienne.

Le comte *Albert-Adam* DE NEIPPERG, né le 8 avril 1774, petit-fils du précédent, entra de bonne heure au service d'Autriche, mais eut le malheur d'être fait prisonnier, sur les bords du Rhin, par les Français, qui lui firent subir de mauvais traitements parce qu'ils le prenaient pour un émigré. C'est à cette occasion qu'il eut un œil crevé. Cet accident ne l'empêcha pas de continuer à servir ni de se distinguer d'une manière toute particulière dans la campagne d'Italie. Par suite des préliminaires de paix que, de concert avec le comte de Saint-Julien, il conclut à Paris avec Talleyrand, et que le cabinet autrichien refusa de sanctionner, il fut exilé à Mantoue, et y épousa alors la femme divorcée d'un sieur Remondini de Bassano. Dans la campagne de 1809, il fit partie du corps d'armée de l'archiduc Ferdinand, et fut nommé, en 1811, envoyé d'Autriche à Stockholm. La part qu'il prit aux affaires de Leipzig, en 1813, lui valut l'honneur d'être chargé d'aller porter à Vienne la nouvelle de cette grande et décisive victoire des alliés. Dans l'automne de 1814, il fut nommé feld-maréchal-lieutenant, et fut choisi pour grand-maître de la maison de l'impératrice Marie-Louise, qui plus tard, quand la mort de Napoléon l'eut rendue maîtresse de disposer de sa main, l'épousa morganatiquement. Il mourut le 22 février 1829. Son fils aîné, le comte *Alfred* DE NEIPPERG, né en 1807, a épousé, en 1840, la princesse Marie de Wurtemberg.

NEIRA ou **BANDA NEIRA**. *Voyez* BANDA.

NEITH, déesse égyptienne, qui était surtout adorée dans la ville de Saïs (Basse Égypte) comme divinité locale, et que les hiéroglyphes désignent en conséquence souvent sous le nom de *maîtresse de Saïs*. Les Grecs la comparaient à leur Athéné, que rappelaient des symboles, autrefois deux flèches, et plus tard un instrument qu'on regarde comme une petite navette. Elle paraît fréquemment comme compagne de Ptha, lequel, comme dieu local, était dans l'antique Memphis à la tête des dieux de la Basse Égypte ; aussi porte-t-elle souvent le surnom de *grande mère des dieux*. Comme toutes les grandes divinités, il n'est pas rare de la trouver identifiée avec Isis. Tous les ans on célébrait à Saïs une grande fête pendant laquelle on allumait, la nuit, d'innombrables lampes ; d'où elle était désignée sous le nom de *fête des lampes*. Plutarque et Proclus rapportaient qu'on lisait au-dessus de son temple à Saïs cette inscription : « Je suis le tout, le passé, le présent et l'avenir ; aucun mortel n'a encore entrevu mon vêtement (Péplos). » Mais cette inscription n'a aucunement le caractère égyptien, et peut encore moins avoir été celle d'un temple en particulier.

NÉLÉE, fils de Créthée ou plutôt de Poseidôn et de Tyro, fille de Salmoneus, frère jumeau de Pélias, époux de Chloris et père de Nestor, fut comme son frère exposé par Tyro. Des bergers trouvèrent les deux enfants et les élevèrent. Ce ne fut que lorsqu'ils furent arrivés à l'âge adulte, qu'ils apprirent quelle était leur mère. Pélias, en punition des tortures que leur marâtre Sidero avaient infligées à leur mère, Alcimède Sidero. Après la mort de Créthée, les deux frères se disputèrent la souveraineté de Iolchos en Thessalie ; et Nélée ayant eu le dessous parmi eux, ce fut lui il fonda Pylos. Il s'y brouilla avec Héraclès, parce qu'il ne voulut point lui pardonner le meurtre d'Iphitos ; en conséquence Héraclès tua les fils de Nélée, à l'exception de Nestor. Nélée eut aussi des luttes à soutenir contre les Arcadiens et contre le roi d'Épire Augias. Suivant Pausanias, il mourut à Corinthe, où Sisyphe lui éleva un tombeau. Ses descendants, les *Nélides*, furent expulsés de Messénie par les Héraclides, et la plus grande partie d'entre eux s'établirent à Athènes.

NELLI (PIERRE), célèbre faiseur de capitoli, était de Sienne ; on ignore la date de sa naissance et celle de sa mort. Ses satires ont été publiées, en 1563 : Nelli avait donné à ses satires le nom de *Satires à la Cartona*. Dans ses *Capitoli*, il ne respectait rien, ni la religion ni le clergé.

NELSON (HORACE), l'une des gloires de la marine anglaise, était fils du ministre de Buresham Thorpe, dans le comté de Norfolk, et naquit dans ce village, le 29 septembre 1758. Il n'avait que douze ans lorsqu'il commença son apprentissage de marin. Le capitaine Suckling, son oncle maternel, remarquant les heureuses dispositions qu'il annonçait, le prit à son bord, lui donna les premiers enseignements dans ses voyages, et le confia après au capitaine Philips, chargé d'un voyage de découvertes vers le pôle nord. Nelson, grâce à son activité et à son intelligence, avança assez rapidement. Lieutenant en 1777, il suivit Christophe Parker, commandant du poste de la Jamaïque. Commandant de corvette en 1778, puis capitaine en second en 1779, il fit la guerre d'Amérique avec ce titre. De retour en Angleterre, il partit bientôt avec la frégate le *Borée* pour les îles Sous-le-Vent. Il avait sous ses ordres le duc de Clarence, qui faisait ses premières armes sur le *Pégase*, dont il avait le commandement. Une circonstance critique, jointe à l'inexpérience du jeune prince, pensa mettre en péril le *Pégase* et son équipage : une manœuvre hardie de Nelson sauva les jours du duc et de ses gens.

Nelson, déjà renommé en Angleterre, se maria à Nevis, dans les Indes occidentales, avec la veuve du Dr Nesbit ; mais bientôt il abandonna sa jeune épouse. De retour en Angleterre, il rentra dans la vie privée, jusqu'à ce que la guerre contre la France le rappela au service. Il partit sous les ordres de lord Hood pour la Méditerranée, où en août 1793 il fut envoyé en mission à Naples auprès de l'ambassadeur d'Angleterre. C'est là qu'il contracta avec lady Hamilton, la trop fameuse courtisane, une liaison qui devait plus tard tant nuire à sa gloire. La même année il fut chargé d'aller croiser sur les côtes de la Corse, et perdit un œil à la prise de Bastia. Sous lord Hotham, nommé alors au commandement de la flotte britannique dans les eaux de la Méditerranée, il rendit d'importants services, et mérita d'être élevé au grade de commodore. Il tenta alors une attaque contre les îles Canaries ; mais la résistance du gouverneur espagnol rendit ses efforts inutiles. Un combat célèbre dans les fastes maritimes et glorieux pour le nom de Nelson devait bientôt réparer ce léger échec. Il battit, de concert avec l'amiral sir John Jervis, depuis lord Saint-Vincent, la flotte espagnole à la hauteur du cap Saint-Vincent, (14 février 1797), et captura un vaisseau de 64 et un vaisseau de 112 canons. Ce brillant succès lui valut le titre de contre-amiral et la décoration de l'ordre du Bain. Sa victoire fut accueillie à Londres avec enthousiasme, et les honneurs populaires qu'on lui rendit durent satisfaire son âme avide de gloire. Le gouvernement lui donna bientôt le commandement de l'escadre qui bloquait Cadix ; il fit bombarder cette place ; mais cette agression resta sans résultats. Il perdit quelque temps après le bras droit, en cherchant à s'emparer d'un vaisseau de ligne espagnol qui se trouvait dans le port de Santa-Cruz. Son retour en Angleterre, malgré ces deux échecs, fut celui d'un triomphateur. La cité de Londres lui avait précédemment envoyé des lettres de bourgeoisie dans une boîte d'or du poids de 800 guinées ; il reçut à cette époque du gouvernement une pension de 1,000 liv. sterl.

La seconde croisière qu'il fit devant Cadix ne fut pas couronnée de succès. Il avait reçu l'ordre d'observer la flotte française mouillée à Toulon, et prête à transporter Bonaparte en Égypte. Un coup de vent l'éloigna de sa position : il fut forcé de relâcher en Sicile, et lorsqu'il reparut devant Toulon, la flotte française avait quitté le port. Il se mit, mais inutilement, à sa poursuite. Sur les côtes d'Égypte, il rencontra l'amiral Bruix, qui avait 13 vaisseaux, 3 frégates et un aviso, dans la baie d'Aboukir. Nelson profita de la négligence de l'amiral, qui avait laissé un assez grand espace entre la terre et ses vaisseaux : il coupa le rivage, en faisant passer six de ses vaisseaux entre la côte et la flotte française. Fort de cette manœuvre, il attaqua de front Bruix : la nuit se passa dans ce combat furieux, et le matin il durait encore ; mais le vaisseau que montait l'amiral français sauta par l'explosion du magasin à poudre. La bataille était dès lors perdue pour les Français : leurs prodiges de courage furent inutiles ; ils se firent tuer ou sauter, et Nelson trouva tous leurs navires rasés et désemparés. Cette victoire, achetée si cruellement et si brillante par ses difficultés même, lui valut de nouveaux honneurs. Nommé baron du Nil en Angleterre, duc de Bronte en Sicile, citoyen de Messine par le sénat de cette ville, il reçut du grand-seigneur une aigrette en diamants.

Son séjour à Naples fut fatal à cette haute réputation d'honneur, de courage et de loyauté, qu'il devait à sa conduite passée. Nelson, pour plaire à lady Hamilton, qui lui témoignait le plus violent amour, se mêla aux intrigues dont ce malheureux pays était victime, et laissa mourir lâchement des innocents, entre autres le prince Caracciolo, dont il aurait pu sauver les jours. Mais les Français ayant envahi le territoire napolitain, il conduisit la cour à Palerme, d'où il essaya inutilement de provoquer une contre-révolution à Naples. Lord Keith ayant été appelé au commandement de la flotte de la Méditerranée, Nelson partit avec lady Hamilton pour Trieste, traversa l'Allemagne, et arriva en Angleterre en novembre 1800. Peu de temps après, il fut nommé amiral du *pavillon bleu*. En cette qualité, il fut chargé du commandement en second de la grande flotte envoyée dans la Baltique sous les ordres de l'amiral Parker pour détruire la coalition des puissances du Nord. Quand la flotte anglaise eut franchi le Sund, Nelson fut chargé d'attaquer Copenhague, le 2 avril 1801, avec 12 vaisseaux de ligne et 13 frégates. Malgré la brillante valeur déployée par la marine anglaise, le combat, qui dura cinq heures, resta indécis ; et Nelson se vit contraint de proposer aux Danois un armistice qui amena un arrangement entre les deux puissances. Tandis que l'amiral Parker traitait avec la Suède et la Russie, Nelson croisa dans les eaux de la Baltique, et à son retour en Angleterre il fut nommé chef du royaume et créé vicomte. Il fut ensuite appelé au commandement d'une flotte côtière, avec laquelle il fit une inutile tentative contre Bologne, le 16 août 1801. A la reprise des hostilités, il fut chargé de nouveau d'un commandement dans la Méditerranée. Il s'y borna à observer de loin les mouvements de la flotte française ; mais quand, au mois de mars 1805, il eut appris qu'elle venait de quitter Toulon et d'opérer sa jonction avec la flotte espagnole de Cadix et se dirigeaient vers les Indes occidentales, il courut dans l'espoir de les rejoindre encore assez à temps ; mais il arriva trop tard. Les deux flottes ennemies étaient rentrées dans le port de Cadix. Après un court séjour en Angleterre, il prit de nouveau devant Cadix le commandement d'une flotte, composée de 27 vaisseaux de ligne, à la tête de laquelle il se lança à la poursuite des deux flottes alliées qui avaient pris la mer le 19 octobre et qui présentaient un effectif de 33 vaisseaux de ligne. Il les rejoignit le 21, à la hauteur du cap de Trafalgar. Transmettant aussitôt par signaux télégraphiques à ses équipages cet ordre du jour laconique et devenu si célèbre en Angleterre ; *England expects every man to do his duty* (l'Angleterre s'attend à ce que chacun fera son devoir), il donna l'ordre d'attaque. Jamais peut-être, dans aucune rencontre, Nelson ne montra plus d'habileté et ne déploya de plus savantes manœuvres. Tout le monde connaît le résultat de cette bataille décisive : 17 vaisseaux de l'escadre combinée furent pris ou coulés bas. Nelson reçut un coup de fusil, parti du *Bucentaure*, que montait l'amiral français de Villeneuve, et mourut quelques instants après. Son corps fut rapporté en Angleterre en janvier 1806. L'Angleterre comprit quelle perte elle faisait en perdant Nelson, qui l'avait habituée aux victoires : le deuil fut général. Ses dépouilles mortelles restèrent exposées plusieurs jours à Greenwich, et furent déposées à Saint-Paul, sous un monument de marbre. Le titre et la pairie de Nelson passèrent à son frère, qui en 1835 le légua à son neveu, Thomas Bolton. Celui-ci mourut l'année suivante, laissant un fils, Horace, né en 1823, et aujourd'hui lord Nelson.

Nelson avait eu de lady Hamilton une fille, qui porta son nom. Sa vie a été écrite par Clarke (1810), par Churchill (1813) et par Southey (2° éd., 1831). Consultez aussi Pittigrew, *Memoirs of the Life of Nelson* (2 vol., 1849).

NÉMÉE, bourg de l'Argolide, dans le Péloponnèse, entre Cléonie et Philus, était célèbre dans l'antiquité par le temple magnifique qu'y avait Jupiter, et surtout par les *jeux néméens*, qu'on y célébrait.

NÉMÉENS (Jeux), jeux qu'on célébrait quatre fois, dans l'espace de deux olympiades, dans l'ombreuse vallée au milieu de laquelle était bâti Némée. Ces jeux, organisés à peu près comme les jeux *olympiques*, *isthmiques* et *pythiques*, faisaient partie des grandes solennités nationales de la Grèce, et avaient été établis, suivant la tradition locale, en l'honneur de Jupiter, par les sept princes ligués contre Thèbes, ou, suivant une autre version, par Hercule, après qu'il eut vaincu le *lion de Némée*, dont la caverne était située à peu de distance de le bourg. Ils consistaient pareillement, partie en exercices gymnastiques ou corporels, partie en luttes musicales et intellectuelles. Les juges des différentes luttes, choisis par les villes d'Argos, de Sicyone et de Corinthe, portaient un costume noir et jouissaient d'une grande réputation de loyauté et d'impartialité. Le prix accordé aux vainqueurs consistait, à l'origine, en une couronne de branches d'olivier, et plus tard en une couronne de lierre. Nous avons encore de Pindare onze hymnes à la louange des vainqueurs aux jeux néméens.

NÉMÉSES. *Voyez* FURIES.

NÉMÉSIEN (MARCUS-AURELIUS-OLYMPIUS-NEMESIANUS), poète romain du troisième siècle de notre ère, originaire de Carthage, s'était fait une grande réputation par plusieurs poèmes didactiques sur la pêche, la chasse et la navigation, qu'il avait donnés sous les titres de *Halieutica*, *Cynegetica* et *Nautica*. On possède encore un fragment de trois cent vingt-cinq vers de sa *Cynegetica* (publié par Haupt, Leipzig, 1838), quelques débris d'un poème *De Aucupio* ; on le suppose le véritable auteur du poème intitulé *Laus Herculis*, qu'autrefois on attribuait faussement à Claudien. C'est à tort aussi que quelques personnes le regardent comme le véritable auteur de l'*Halieutica* attribuée à Ovide, et de quatre églogues que les critiques attribuent à Calpurnius. Ce qui subsiste des œuvres de Némésien a été réimprimé plusieurs fois. Contemporain de l'empereur Numérien, Némésien avait soutenu une lutte poétique contre ce prince, et en était sorti victorieux ; ce qui n'empêcha pas le vaincu de lui conserver son amitié et sa protection.

NÉMÉSIS était chez les anciens la déesse chargée de châtier les méchants ; on la représentait ailée, tenant des torches et un fouet ; Smyrne lui avait voué un culte particulier : aussi y trouve-t-on nombre de médailles de Némésis ; les unes la représentent avec les attributs de la vertu, ayant quelquefois le bras gauche levé et un doigt sur sa bouche. Sa main droite dépose sa poitrine, et elle porte son regard sur son sein ; d'ordinaire, elle tient dans sa main gauche une coquille, un frein ou une branche de frêne, et dans la droite une mesure. Dans d'autres médailles, on la voit ayant une roue pour symbole, comme la Fortune, une couronne, une lance dans une main, pour renverser ceux qu'elle veut châtier, une bouteille dans l'autre, miroir qu'elle présente sans cesse à ceux qui ont mérité ses faveurs ; enfin, elle monte un cerf, symbole d'une longue vie. Némésis était suivant les uns fille de Jupiter et de la Nécessité, et suivant d'autres fille de l'Océan et de la Nuit, de l'Érèbe et de la Nuit, ou de la Nuit seule. Ministre de la vengeance divine, Némésis avait surtout pour mission de punir les enfants qui outrageaient leurs parents. Jupiter aima

Némésis à la façon dont il aima Léda. Platon ne comptait qu'une seule furie ; c'était Némésis.

Le poëte Barthélemy publia, de 1831 à 1832, de très-remarquables satires hebdomadaires sous le titre de *Némésis*.

NÉMOCÈRES. *Voyez* DIPTÈRES.

NE M'OUBLIEZ PAS. *Voyez* MYOSOTIS.

NEMOURS, chef-lieu de canton du département de Seine-et-Marne, avec 3,935 habitants, un collége, une bibliothèque publique de 4,000 volumes. Cette ville est entourée par la rivière et le canal du Loing ; on y voit les restes d'un ancien château flanqué de tours et un beau pont sur le Loing. On exploite dans ses environs des pierres de taille, dites de Château-Landon ; on y trouve des pépinières, de nombreux moulins à farine, des moulins à tan, des tanneries importantes, des peausseries, des mégisseries, des fabriques de chapeaux, des marbreries, des fours à chaux, des tuileries, des briqueteries. Le commerce consiste en blés, vins, fromages et bois.

Nemours doit son nom au voisinage de la forêt de Fontainebleau, *Nemoshm*, de *nemus*. Cette petite ville est célèbre par le traité qui y fut conclu, le 7 juillet 1585, entre le roi, Henri III et la Ligue, et qui est connu sous le nom d'*édit de Nemours*. Dès l'an 1404 elle fut érigée en duché en faveur du comte d'Évreux. Les possessions qui composaient ce duché ayant passé par mariage à la branche cadette de la maison d'Armagnac, Louis XI rétablit, en 1461, la dignité de duc de Nemours, en faveur de Jacques d'Armagnac, comte de la Marche. Après la mort violente de celui-ci, l'un de ses fils, Louis d'Armagnac, recouvra le titre de duc de Nemours ; mais il mourut, en 1503, sans laisser d'enfants. Louis XII conféra alors le duché de Nemours à son neveu, Gaston de Foix. François 1er l'octroya, en 1528, à Philippe de Savoie, frère de sa mère. La descendance mâle de cette maison de Savoie-Nemours, qui marqua dans les guerres de religion, s'éteignit en 1659. En 1689 Louis XIV fit don du duché de Nemours à son frère *Monsieur*, duc d'Orléans. Le second fils du roi Louis-Philippe a fait revivre ce titre de nos jours.

NEMOURS, ville d'Algérie. *Voyez* DJEMMAA-GHAZAOUAH.

NEMOURS (JACQUES D'ARMAGNAC, duc DE), fils du connétable d'Armagnac, fut élevé avec Louis XI, avec qui il se lia d'une étroite amitié. Son mariage avec la fille du comte du Maine le rapprocha encore du roi, dont cette princesse était cousine. C'est lui qui accepta les conditions au nom de qui ne l'empêcha pas d'accéder à la ligue du *bien public* ; unis il fit bientôt sa paix avec Louis XI, et obtint alors le gouvernement de l'Ile-de-France. Après la mort du connétable de Saint-Pol, il entra dans de nouveaux complots avec les ducs de Bourgogne et de Bretagne. Le roi donna ordre à Pierre de Bourbon, sire de Beaujeu, de l'arrêter. Bourbon se rendit à la suite d'une armée sous les murs de Carlat en Auvergne, où Jacques d'Armagnac s'était renfermé.

Celui-ci avait une garnison nombreuse et dévouée, des vivres et des munitions pour plus d'une année. Il pouvait opposer une longue résistance. Il préféra se rendre, à la seule condition qu'il lui serait permis de se justifier et qu'il aurait la vie sauve. Pierre de Bourbon accepta ces conditions au nom du roi. On le conduisit alors à Vienne en Dauphiné. Sa femme, qui était en couches, fut saisie d'un tel effroi à la nouvelle de l'arrestation de son mari qu'elle mourut deux jours après.

Le prisonnier fut transféré de Vienne à Pierre-Encise, et jeté dans un cachot, où tous ses cheveux blanchirent. De là il fut transféré à la Bastille, où il fut d'abord traité avec quelques égards ; mais, sous prétexte qu'il voulait corrompre ses gardes, il fut renfermé dans une cage de fer. Une de ses lettres au roi porte cette date : *en la cage de la Bastille, le dernier janvier* 1477. Il avait d'abord protesté contre la commission nommée par le roi pour le juger et récusé Aubert le Virte, son délateur, qui en était membre. L'instruction, qui dura près de deux ans, n'offrit aucune preuve positive contre lui, mais de simples indices qu'il avait eu connaissance de la conjuration.

Il s'était d'abord renfermé dans un système de dénégation. Mais, soit qu'il voulût compliquer sa cause, ou la rendre plus favorable, il avoua ensuite plus qu'on ne lui demandait, et révéla un nouveau complot, dans lequel se trouvaient impliqués Jean de Bourbon, le comte de Dammartin, les princes de la maison d'Anjou, et tous les capitaines des compagnies d'ordonnance ; il n'avait, disait-il, retardé ces aveux que par la crainte des chefs de l'entreprise, et parce que le roi lui avait refusé de le laisser venir à la cour, lorsqu'il en avait demandé la permission. Il écrivit au roi ; il s'avouait dans cette lettre coupable et digne de mort ; il n'oublia rien pour fléchir ce prince : il lui rappelait le souvenir de la duchesse de Nemours, sa cousine germaine. Louis XI fut inflexible, et renvoya sa lettre aux commissaires, pour être jointe au procès. Il ne fut pas plus heureux dans ses protestations contre la commission, en invoquant son privilége de pair. Le chancelier d'Oriole avait suspendu la procédure, et représenté au roi les égards qu'il devait à un accusé allié à la famille royale. Le chancelier fut révoqué, et l'affaire envoyée au parlement. Cette cour se rendit à la Bastille, reçut les réponses de l'accusé, et lui déclara qu'elle allait procéder au jugement de son procès.

Le duc de Nemours déclina la juridiction du parlement, sous prétexte qu'il était clerc, et prétendit devoir être en cette qualité jugé par les tribunaux ecclésiastiques. Il renonça bientôt lui-même à cette exception, mais en réclamant les égards qu'on devait à ses services et à sa famille nombreuse, que sa condamnation réduirait à la misère et couvrirait d'infamie. Louis XI transféra le parlement à Noyon, lui adjoignit les anciens commissaires, deux membres de la cour des aides, et deux maîtres des requêtes des cours de Paris et de Rouen ; les lieutenants criminels du bailli de Vermandois et du prévôt de Paris, et un avocat au Châtelet. Plusieurs juges s'assemblèrent. Aubert le Virte eut la permission de s'absenter ; Louis Graville, seigneur de Montaigu, et Bousile, vice-roi de Roussillon, qui avaient garanti les conditions de la capitulation faite avec Pierre de Bourbon, sire de Beaujeu, refusèrent de donner leurs avis, attendu qu'il « leur semblait en leur conscience qu'ils ne le devaient ». Le sire de Beaujeu lui-même ne donna pas son avis ; il représentait le roi, et se contenta de recueillir les opinions. Il prononça l'arrêt, qui n'articulait aucun fait. Il fut lu au prisonnier par Le Boulanger, premier président au parlement de Paris, accompagné du greffier Denis Hesselin, maître d'hôtel du roi, et d'autres juges, qui se transportèrent à cet effet à la Bastille... « Et tout vu et considéré à grande et mûre délibération, lui fut dit par ledit président, et par la cour du parlement, qu'il était *criminaux* de crime de lèse-majesté, et comme tel, condamné par arrêt d'icelle cour à être ledit jour décapité ès halles de Paris : ses biens, seigneuries et terres acquises, confisqués au roi, laquelle exécution fut, le dit jour (4 août 1477), faite à l'échafaud ordonné ès dites halles, à l'heure de trois heures après midi, qu'il eut illec le cou coupé, et puis enseveli et mis en bière, et délivré aux cordeliers de Paris, pour être inhumé en ladite église ; et vinrent quérir le corps, ès dites halles, jusques environ de sept à huit (heures), vingt cordeliers, auxquels furent délivrés quarante torches, pour mener et conduire ledit corps dudit seigneur de Nemours en leur église. »

Par ordre exprès du roi, les plus jeunes fils du condamné furent attachés sous l'échafaud, et fixés perpendiculairement et directement sous le poteau de décollation, pour que le sang coulât sur leur tête et leur visage le sang de leur père. Ils furent ensuite ramenés à la Bastille ; le gouverneur les faisait fustiger en sa présence chaque semaine, et on leur arrachait une dent chaque mois ; l'un perdit la raison et la vie en prison ; l'autre fut tué dans un combat en Italie. Le roi donna une partie des biens de Jacques d'Armagnac à Pierre de Bourbon, sire de Beaujeu, qui avait dirigé cette procédure; une autre partie au duc de Graville et à d'autres, et s'adjugea le reste: DUPEY (de l'Yonne).

NEMOURS (LOUIS-CHARLES-PHILIPPE-RAPHAEL, duc DE), second fils de Louis-Philippe, est né à Paris, le 25 octobre 1814. Après avoir suivi, comme son aîné, les classes du collège Henri IV, il venait à peine de terminer ses études, quand éclata la révolution de juillet 1830 ; mais depuis longtemps déjà il avait été nommé, par le roi Charles X, colonel du 1er régiment de chasseurs, à la tête duquel il entra dans Paris le 3 août. Six mois plus tard, en février 1831, il fut élu roi des Belges. Louis-Philippe n'osa point accepter pour son fils, encore mineur, cette couronne; et les mêmes prétextes furent mis plus tard en avant pour décliner l'offre du trône de la Grèce, dont il fut aussi un instant question pour lui.

Colonel d'un régiment de cavalerie à douze ans, on ne s'étonnera pas d'apprendre que le duc de Nemours ait été déjà lieutenant général à vingt-trois. La part qu'il lui avait été donné de prendre au siège d'Anvers et à diverses expéditions en Algérie, notamment à la prise de Constantine, où il commandait une brigade sous les ordres de Danrémont, servirent à justifier cet avancement si rapide. Tant que vécut le duc d'Orléans, le duc de Nemours se trouva complétement effacé par la popularité d'assez bon aloi que son aîné était parvenu à se faire dans l'armée. Une seule circonstance le mit alors en relief ; ce fut son mariage, en avril 1840, avec une princesse de Saxe-Cobourg-Kohary, héritière d'une des plus grandes fortunes de la Hongrie. Son père en prit prétexte pour demander aux chambres une dotation de 500,000 fr. en faveur de son second fils. L'opinion se souleva avec raison contre l'avidité du vieux roi pour les siens; ses ministres, après avoir mis en jeu toutes les intrigues à l'effet de faire passer la fameuse loi de dotation, durent, en fin de compte, la retirer honteusement. Mais quand une mort fatale vint frapper (13 juillet 1842), l'héritier de la couronne, M. de Nemours acquit tout aussitôt une importance qui s'explique parfaitement.

Le duc d'Orléans laissait deux enfants mineurs. A qui de leur mère, la princesse Hélène de Mecklembourg, duchesse d'Orléans, ou de leur oncle, devait revenir la régence, en cas de prédécès de Louis-Philippe? Telle fut la question qui surgit alors, et au sujet de laquelle la charte était muette. Pour la résoudre, Louis-Philippe fit présenter aux chambres une loi spéciale, qui attribuait la régence au duc de Nemours. Peu de mesures du règne furent plus généralement improuvées. On la considéra comme une violation des lois traditionnelles de l'ancienne monarchie; et l'opinion fut d'autant plus prompte à se prononcer en faveur de la mère de l'héritier du trône, que, à tort ou à raison, M. le duc de Nemours avait toujours été le membre le moins populaire de sa famille. Dans l'armée il n'y avait qu'une voix pour blâmer sa roideur aristocratique, qui contrastait singulièrement avec la familiarité toute militaire de ses frères Orléans, Joinville et d'Aumale ; pendant longtemps, d'ailleurs, on l'avait représenté comme blâmant assez librement le escamotage du 7 août 1830 qui avait placé sur la tête de son père la couronne de Henri V. Fondés ou non, ces bruits n'avaient pas peu contribué, avec le caractère réservé, timide même, de ce prince, qu'on prenait pour de l'orgueil, à lui aliéner les sympathies des masses. Louis-Philippe essaya encore cependant d'obtenir pour lui, à cette occasion, la fameuse dotation de 500,000 fr. qui avait soulevé précédemment dans le pays une si unanime réprobation. L'opposition républicaine ne manqua pas de s'emparer habilement de cette question pour saper de plus en plus l'établissement déjà vermoulu de juillet 1830 ; et elle fit si bien, que le 24 février 1848 pas une voix ne s'éleva pour demander le maintien de la loi de juillet 1846, qui déclarait M. le duc de Nemours régent pendant la minorité du comte de Paris.

Après avoir encore, dans la matinée même, commandé un des corps massés sur la place du Carrousel, ce prince fit preuve d'une abnégation qui l'honore. Il n'essaya pas un seul instant de se prévaloir de ses droits, et accompagna noblement sa belle-sœur à la chambre pour placer la mère et le fils sous la protection des représentants de la nation. Il était trop tard. L'histoire dira quelle fut alors la lâcheté des hommes en qui le pouvoir agonisant avait pendant si longtemps placé toute sa confiance, et les honteuses défections de tous ces dévouements si décidés quarante-huit heures auparavant à s'ensevelir sous les débris du trône de Juillet. Au milieu de la terrible scène dont la salle du Palais-Bourbon fut alors le théâtre, la conduite de M. de Nemours ne fut ni sans convenance ni sans courage ; et aujourd'hui, que tout avenir politique semble à jamais impossible pour ce prince, ce doit être pour lui une bien précieuse consolation que de penser qu'au dernier acte de sa vie publique se rattache le souvenir d'un devoir dignement rempli. Depuis son exil il se rallia, dit-on, à l'idée de la fusion, et fut le premier à faire visite au comte de Chambord.

NEMROD ou **NIMRUD** était, suivant la légende hébraïque, le fils de Kousk, c'est-à-dire un *Kouschite*, dénomination sous laquelle les Hébreux comprenaient les populations de l'Éthiopie et de l'Arabie méridionale. Il est aussi désigné comme le fondateur de l'empire de Babylone, à l'époque de la plus haute antiquité, comme en ayant reculé les limites jusqu'à l'Assyrie, et comme ayant bâti diverses grandes villes, entre autres Ninive. Le proverbe « Comme Nemrod redoutable chasseur devant Jéhovah » prouve qu'on le considérait comme l'inventeur de la vénerie. L'historien juif Josèphe nous le représente comme ayant construit la tour de Babylone, et par suite comme un scélérat consommé. Peut-être le même motif a-t-il déterminé l'astrognosie perse à lui consacrer la constellation du géant, c'est-à-dire de l'Orion des Grecs, et à l'attacher ainsi au ciel en punition de ses forfaits.

L'énorme amas de terre appelé aujourd'hui *Bers-i-Nimrud*, qu'on voit sur la rive occidentale de l'Euphrate, cache les ruines de la tour de Babel, cet édifice colossal à huit étages, qu'Hérodote a pu encore admirer, et répond identiquement à la partie de Babylone appelée plus tard Borsippa.

Nimrud, enfin, est le nom d'un petit village arabe situé au sud de Mossoul, aux environs duquel de précieux débris de l'époque de l'empire assyrien, des palais tout entiers en pierre de taille, étaient demeurés enfouis pendant des siècles cachés sous les monceaux de terre, et que tout récemment l'Anglais Layard est parvenu à mettre en lumières à l'aide de fouilles pratiquées avec intelligence, et qui ont été en grande partie transportés à Londres. Ces monuments, du plus haut prix pour l'histoire de l'antiquité primitive, appartenaient au groupe de villes qui portaient autrefois en commun le nom de Ninive, et faisaient partie de la ville de Calah, la *Larisse* des Grecs.

Aujourd'hui encore, une digue construite à travers le Tigris et construite en énormes blocs de pierre qu'on aperçoit quand les eaux du fleuve sont basses, continue à être appelée Sakr-el-Nimrud. Elle semble avoir été élevée à l'effet d'établir un réservoir vaste pour alimenter les innombrables canaux qui s'étendaient comme un réseau sur toutes les contrées voisines.

NENNDORF, bourg de la Hesse électorale, avec une résidence d'été appartenant à l'électeur, est renommé par ses eaux sulfureuses et salines, dont la température est de 8° Réaumur, qui exhalent une forte odeur sulfureuse et ont une amertume toute particulière. On les emploie avec succès, tant à l'intérieur qu'à l'extérieur, dans les affections cutanées, les maladies du bas-ventre, la goutte, les maladies nerveuses, chroniques, etc. Les sources sulfureuses de Nenndorf étaient connues depuis longtemps ; mais ce ne fut qu'en 1789 que l'électeur Guillaume 1er songea à en tirer parti ; et de cette époque seulement datent les embellissements qui ont classé l'établissement thermal de Nenndorf parmi les plus renommés de l'Allemagne.

NÉNUFAR — NÉOPHYTE

NÉNUFAR ou **NÉNUPHAR**, genre de plantes de la famille des nymphéacées et de la polyandrie-monogynie du système sexuel. Il est des nénufars à fleurs rouges, bleues, jaunes et blanches.

Le *nénufar blanc* est aux plantes aquatiques ce que le lis est à nos fleurs terrestres, d'où sans doute la dénomination de *lis des étangs*. Dès la plus haute antiquité, il est presque partout question du *nénufar*. Ainsi, une nymphe de la mythologie meurt de la jalousie que lui inspire Hercule, et se voit métamorphosée en nénufar ou *nymphæa*. Indépendamment de cette gracieuse origine, on le rencontre dans les poésies et les livres religieux des Indiens, et on le retrouve également dans les traditions comme sur les monuments des Égyptiens; leurs lotos sacrés ne sont que les *nymphæas* divers, que le Nil berce à la surface de ses ondes.

Mais c'était peu pour le nénufar de trôner parmi les plantes aquatiques et de se perdre dans la nuit des temps; il a été bien autrement préconisé pour ses prétendues propriétés anti-aphrodisiaques : voyez plutôt Dioscoride et Pline en discourir avec admiration. Les chanteurs d'alors y cherchaient un moyen certain de perfectionner leur voix, et les médecins d'autrefois un remède assuré contre de cruelles insomnies. Des déserts de la Thébaïde, où l'ascétisme chrétien l'appelait à combattre les désirs de la chair révoltée, il passa dans les cloîtres, d'où il est arrivé jusqu'à nous avec une imposante réputation, qui malheureusement est tombée devant l'analyse chimique. Il est aujourd'hui constant qu'à la fécule amilacée de ses racines il se joint des principes toniques, astringents, et que ses fleurs seules possèdent, mais à un faible degré, la propriété émolliente.

Les successeurs de Linné ont conservé dans le genre *nymphæa*, outre le *nénufar blanc* (*nymphæa alba*, L.), dont nous venons de dire un mot, le *nénufar bleu* (*nymphæa cœrulea*, Savigny), le *nénufar lotus* (*nymphæa lotus*, L.) et quelques autres espèces. Mais ils en ont séparé les *nelumbium* et les *nuphars*.

Les *nuphars*, ou *nymphæas à fleurs jaunes*, qui depuis Smith forment un genre, se distinguent des *nymphæas* proprement dits par leur calice, qui est à cinq sépales persistants, tandis que celui des *nymphæas* est à quatre sépales caducs. L'espèce la plus commune dans nos contrées est celle que l'on nomme vulgairement *nénufar jaune* (*nymphæa lutea*, L.; *nuphar lutea*, Smith).

Quant aux *nelumbiums*, leur plus belle espèce est la *nelumbium speciosum*, dont les fleurs figurent parmi les plus belles et les plus grandes du règne végétal; leur diamètre a jusqu'à trois décimètres; leur couleur est blanche ou rose; elles ressemblent à de grandes fleurs de magnolia; leur corolle a plus de quinze pétales. Cette plante a été nommée *lis du Nil*, et aussi *fève d'Égypte*, à cause de la forme de ses graines. C'est le *lotus rose* d'Athénée.

Toutes les espèces de nénufars vivent dans les eaux tranquilles ou peu agitées et offrent un fond limoneux. Leurs fleurs offrent les couleurs les plus pures et les plus riches. Il en est enfin qui répandent une suave odeur. Tous ces motifs les font rechercher pour l'ornement de nos bassins et de nos pièces d'eau.

NÉOCORAT, dérivé du grec νεόκωρος, qui signifia d'abord un fonctionnaire chargé de la surveillance d'un temple, mais qui sous les empereurs devint un titre honorifique. C'est ainsi qu'on désigna par la suite le droit de fonder des temples, des fêtes et des jeux publics en l'honneur des empereurs; droit avidement recherché par les villes, notamment par celles de l'Asie Mineure, et qui par suite de l'usage, devenu de plus en plus général, de décerner des honneurs divins aux empereurs, fut accordé à un grand nombre de villes, et même à certaines d'entre elles à plus de vingt reprises différentes.

NÉOCTÈSE ou **SCORODITE**, variété de fer arséniaté. C'est un arséniate de fer hydraté, d'un vert bleuâtre. Cette substance se trouve en petits cristaux de forme octaédrique, implantés dans les dépôts cobaltifères ou stannifères, à Graul, près de Schneeberg (Saxe), à Saint-Léonard et Vaubry, près Limoges, et à Antonio Pereira (Brésil). L'analyse chimique y a fait découvrir un atome d'acide arsénique pour un atome d'oxyde ferrique et quatre atomes d'eau.

NEOGRAD, comitat de Hongrie, dans le cercle extérieur du Danube, et, d'après la nouvelle division territoriale du royaume, dépendant aujourd'hui du district de Presbourg, compte, sur une superficie de 55 myriamètres carrés, une population de 192,000 âmes, dont 125,000 Hongrois, 62,000 Slaves, et le reste Allemands. Son sol, pierreux et stérile au nord, produit en abondance au sud toutes les espèces de céréales et du vin. Il a pour chef-lieu le bourg de *Balatha-Gyarmath*, centre d'un commerce important en vins, avec un collége et près de 4,000 habitants. Ce comitat tire son nom de la forteresse de *Neograd*, autrefois formidable, et qui, après avoir soutenu encore en 1685 de furieux assauts de la part des Turcs, n'est plus aujourd'hui qu'un monceau de ruines.

NÉOGRAPHISME (du grec νέος, nouveau, et γράφω, j'écris), manière d'orthographier contraire à l'usage. L'idée de simplifier l'orthographe a donné lieu à bien des néographismes, comme l'idée de remplacer *ph* par *f*, *y* par *i*, etc. Les savants réclament au nom de l'étymologie, mais cela n'empêche pas quelques néographismes de passer dans l'usage.

NÉOLOGISME, NÉOLOGIE, NÉOLOGUE, NÉOLOGISTE (du grec νέος, nouveau, et λόγος, discours). Selon l'Académie, la *néologie* est l'invention, l'usage, l'emploi des termes nouveaux; et par extension l'emploi des mots usuels dans un sens nouveau ou différent de la signification ordinaire. Le *néologisme* est l'habitude d'employer des termes nouveaux ou de donner aux mots reçus des significations différentes de celles qui sont en usage; mais ce mot ne se prend qu'en mauvaise part. Il s'en suit que la *néologie* est un emploi heureux d'une expression nouvelle, tandis que le *néologisme* est un emploi malheureux des expressions de ce genre. La même distinction se retrouve entre *néologue* et *néologiste*, que l'on confond néanmoins bien souvent. La *néologie*, ou l'art de faire, d'employer des mots nouveaux, demande beaucoup de jugement et de goût, ajoute l'Académie. La néologie est un art, le néologisme est un abus. Le néologisme est une affectation de se servir d'expressions et de mots nouveaux, ridiculement détournés de leur sens naturel ou de leur emploi ordinaire. Ainsi, des mots vains et superflus, qui ne font que surcharger la langue d'une abondance stérile; des mots, des expressions baroques et bizarres, qui réveillent l'idée du barbarisme, telle est la définition la plus exacte du *néologisme*. « Un terme hasardé est peu de chose, dit l'abbé Desfontaines : c'est le tour affecté des phrases, c'est la jonction téméraire des mots, c'est la bizarrerie, la fadeur, la petitesse des figures, qui caractérisent surtout le *néologue*, et lui donnent un faux air d'esprit auprès de ceux qui n'en ont guère. »

La *néologie* a ses lois et ses règles; la première de ces lois est de n'enrichir la langue que de ce qui lui manque; la seconde de ces règles est de se conformer, dans la formation des mots nouveaux, au génie, aux formes propres, à l'analogie de la langue. Hors de là, vous tombez dans le ridicule.

NÉOMÉNIE (du grec νεομηνία, commencement d'une nouvelle lune, de νέος, nouveau, et μήνη, la lune), nouvelle lune. *Voyez* LUNE.

NÉOPHYTE (du grec νεόφυτος, fait de νέος, nouveau, et φύω, j'engendre). On appelait ainsi, dans la primitive Église, les nouveaux chrétiens, ou les païens nouvellement convertis à la foi. Les Pères ne découvraient pas les plus secrets mystères de la religion aux néophytes. On donne encore le nom de *néophytes* aux chrétiens que les missionnaires font chez les infidèles. Les néophytes japonais ont montré à l'Église, dans le seizième et le dix-septième siècle, tous les prodiges de courage et de foi qui l'avaient illustrée dans ses commencements. On a donné autrefois ce nom aux nouveaux clercs, à ceux qu'on venait de recevoir dans l'Église. On a donné aussi ce nom aux novices dans les monastères, *quasi novellus, aut nuper renatus.*

NÉOPLANTA. *Voyez* NEUSATZ.

NÉOPLATONISME, NÉOPLATONICIENS. Ces deux mots, qui s'expliquent l'un l'autre, puisqu'il est évident que le nouveau platonisme est la doctrine des nouveaux platoniciens, sont au nombre de ceux qui demandent le plus d'attention et le plus de rectifications. En effet, on les emploie avec peu d'exactitude jusque dans les ouvrages d'histoire et de philosophie les plus recommandables sous d'autres rapports. Il faut d'abord, pour être exact, établir bien nettement que les platoniciens, ceux qui dans l'histoire sous le nom de *nouveaux platoniciens* eurent la prétention d'être des platoniciens anciens, des partisans du platonisme primitif, prétention qu'ils ne justifièrent pas, à la vérité, mais qui du moins pouvait leur faire décerner le titre de *paléoplatoniciens*, ou d'anciens platoniciens, aussi bien que celui qu'ils portent encore. Il faut ensuite bien distinguer, parmi les platoniciens, ceux qui enseignèrent véritablement de nouvelles théories et ceux qui conservèrent les anciennes. En effet, il faut, pour établir des classifications qui aient une valeur scientifique, adopter quatre grands groupes de platoniciens, c'est-à-dire les disciples immédiats du maître, ou les *dogmatistes*; les *sceptiques*, ou les disciples immédiats de Carnéade et d'Arcésilas; les *éclectiques*, ou les disciples immédiats d'Antiochus et de Philon; et les *mystiques*, ou les disciples plus ou moins immédiats d'Ammonius Saccas et de Plotin. Le dernier groupe est le seul qui soit connu dans l'histoire sous le nom de *nouveaux platoniciens*, tandis que c'est au fond le troisième qui seul le mérite. Le second se composait de philosophes qui restaient bien en deçà de Platon; le quatrième, de théosophes, qui allèrent bien au delà. Quoi qu'il en soit, et en attendant qu'une terminologie rationnelle se fasse jour plus généralement, c'est le quatrième groupe, celui des philosophes *mystiques*, qui seul porte dans l'histoire vulgairement le nom de *nouveaux platoniciens*. On les appelle communément les *nouveaux platoniciens des premiers siècles de notre ère*, pour les distinguer de ceux du quinzième siècle, dont nous parlerons tout à l'heure, et relativement auxquels ces nouveaux platoniciens sont fort anciens.

On a fait fort bien d'établir cette distinction, mais on fait ensuite une confusion étrange. On nomme fort communément les nouveaux platoniciens des premiers siècles les *alexandrins* ou les *philosophes de l'école d'Alexandrie*, et rien n'est plus faux que cette terminologie, autrefois adoptée dans tous les livres, et suivie encore dans quelques compilations du jour. Il est pourtant facile de s'apercevoir qu'elle manque complétement d'exactitude. D'abord, ce ne fut pas l'école d'Alexandrie, ce ne furent pas les membres du célèbre musée de cette ville, qui demandèrent le retour à l'ancien platonisme; ce furent, au contraire, des philosophes appartenant à d'autres pays : ce furent surtout Alcinous, Numenius et Plutarque. Les philosophes d'Alexandrie, loin d'applaudir à cette tendance lorsqu'elle se révéla, la combattirent de tous leurs moyens et de tout leur pouvoir. Au temps où elle s'annonça, ils professèrent le scepticisme et l'éclectisme. Cependant, quand ils eurent vu, par les destinées de l'un et de l'autre de ces systèmes, que les doctrines d'hésitation et de doute n'avaient plus de chances auprès de ces populations grecques qui déploraient ensemble la chute de leurs croyances et celle de leurs institutions, Ammonius Saccas et son disciple Plotin adoptèrent le syncrétisme mystique, ou ce mélange d'enseignements fortement empreints de dogmatisme philosophique et de dogmatisme religieux qu'on appelle le *nouveau platonisme*, et qui fut en effet un platonisme nouveau, c'est-à-dire un platonisme singulièrement enrichi par la théologie, la pneumatologie, et surtout la démonologie, des sanctuaires de l'Orient. Mais ce syncrétisme, il faut le dire, ne plut pas aux critiques d'Alexandrie. Plotin n'eut pas un seul disciple un peu remarquable au musée de cette célèbre cité; et il appréciait si bien l'esprit de la savante école au seuil de laquelle il prêchait son mysticisme que bientôt il la quitta pour aller s'établir à Rome.

Son disciple chéri, Porphyre, qui essaya de donner une forme systématique aux doctrines de son maître et qui rédigea les *Ennéades* de Plotin, où il sut glisser tant d'opinions qui n'appartenaient qu'à lui, ne songea pas plus que le disciple d'Ammonius à fixer sa bannière au milieu des Alexandrins. Il préféra l'Italie, la Grèce, la Syrie. Son disciple Jamblique, qui fit un si grand pas sur le système de Porphyre et de Plotin, et qui substitua plus hardiment qu'eux les mystérieux enseignements des sanctuaires, les croyances de la théurgie et les pratiques de la goétie aux doctrines de Platon, ne songea pas plus que ses maîtres à l'école d'Alexandrie. Ce fut en Syrie, en Asie Mineure et en Grèce qu'il trouva ses plus fidèles partisans. Bientôt la ville d'Athènes fut le principal siége du nouveau platonisme, qui depuis Plotin se confondait avec le polythéisme, et se constituait, contre la religion chrétienne, le plus ardent défenseur des anciennes institutions du culte.

Proclus fut là, au cinquième siècle, dans l'antique asile des lettres, de la philosophie et des arts de la Grèce, le plus illustre représentant de ce système théosophique, l'un des plus curieux qu'offrent les annales de l'esprit humain. En effet, rien n'est plus digne d'attention et de respect que cette école néoplatonicienne, qui, enfin convaincue que le scepticisme et l'épicurisme ont perdu ensemble la philosophie et la religion, s'appliquent à rétablir l'une par l'autre la religion et la philosophie, avec la même enthousiasme que leurs prédécesseurs s'étaient efforcés de les miner l'une et l'autre. On en a voulu aux nouveaux platoniciens de s'être alliés au sacerdoce, d'avoir même subordonné l'école au sanctuaire, et d'avoir combattu le christianisme, en faisant de l'académie une simple succursale d'Éleusis ou de Samothrace. Il est sans doute à regretter que Plotin, Porphyre et Proclus aient méconnu l'Évangile et attaqué ensemble les mœurs et les doctrines des chrétiens; et l'on ne saurait leur pardonner d'avoir sanctionné en quelque sorte du double cachet de leur génie et de leur piété les accusations dirigées contre l'Église par le fanatisme populaire des polythéistes; mais quand on considère combien il y a eu de bonne foi dans leur erreur, on ne saurait refuser un tribut d'estime à cette pieuse phalange de philosophes qui aimèrent mieux professer le mysticisme le plus absolu que de laisser plus longtemps leur malheureuse patrie sans aucun genre de croyances au milieu de toutes les calamités qui l'écrasaient. A leurs yeux les chrétiens se confondaient avec les sceptiques, les épicuriens et les gnostiques. Les chrétiens niaient, comme ces derniers, la vérité du polythéisme. Dès lors il fallait, se disaient les platoniciens, les combattre comme les autres incrédules.

A la renaissance, quelques savants, amis des lettres grecques, Marsile Ficin à leur tête, vouèrent à Plotin, à Porphyre, à Jamblique et à Proclus une étude spéciale, sans doute en raison de la profonde piété que respire le mysticisme de ces théosophes. Ils devinrent les fondateurs d'une seconde école de nouveaux platoniciens. Nous possédons un grand nombre de traités spéciaux sur les divers philosophes de l'école néoplatonicienne. On peut comparer notre *Histoire de l'École d'Alexandrie* (2 vol. in-8°). MATTER.

NÉOPTOLÈME. *Voyez* PYRRHUS.

NÉORAMA (du grec ναός, habitation, et ὅραμα, vue). A la différence du *diorama*, où l'on aperçoit la représentation d'un lieu ou d'un édifice avec des changements de lumière, et du *panorama*, où l'on voit un tableau circulaire éclairé par une lumière tombant d'en haut, on appelle *néorama* la représentation de l'intérieur d'un édifice animé par des personnages et que le spectateur, placé dans un point central, aperçoit avec des effets de lumière changeants. L'invention en est due à notre compatriote J.-P. Alaux, qui exposa le premier à Paris, en 1827, dans un édifice construit ad hoc, la vue de l'intérieur de l'église Saint-Pierre de Rome.

NEPAUL (On prononce *Nipâl*) ou NEPAL, et à bien dire *Nijampal*, c'est-à-dire terre sainte, est le nom d'un royaume des Indes orientales qui s'étend le long de l'Himalaja sur son versant sud, depuis le 98° jusqu'au 106° degré de longitude orientale, avec une largeur moyenne de 15 à 22 myriamètres, et occupant l'espace compris entre la région des Djongel et la plus haute chaîne de pics neigeux de l'Himalaja, qui atteint ici son point extrême d'altitude au Dhawalagiri. Le Nepaul, qui de la sorte se trouve borné au nord par le Thibet, à l'ouest et au sud par les possessions indo-britanniques et à l'est par le Bhotan, est une contrée montagneuse, d'un accès difficile, présentant généralement les caractères des régions alpestres, et consistant en divers systèmes de vallées arrosées par des affluents du Gange. Sa superficie est de 1,770 myriamètres carrés, et sa population, dont on évalue le chiffre à 2,500,000 âmes, se compose de différentes peuplades, le plus généralement de race hindoue, mais plus ou moins mélangées de sang thibétain ; d'où il résulte une diversité extrême dans les langues et les religions des habitants, qui honorent plutôt Bouddha que Brahma. Dans le nombre on en remarque surtout deux : les *Parbatijas*, ou Hindous de la montagne, qui adorent Brahma et parlent un dialecte hindou répandu dans tout le Nepaul, parce que la dynastie aujourd'hui dominante le parle ; et les *Nirwaris*, à bien dire le peuple civilisé du Nepaul, issus d'un mélange des Thibétains et d'Hindous, qui sont bouddhistes, ont fait le plus de progrès dans l'agriculture et l'industrie, et parlent une langue mêlée de mots sanscrits et thibétains. Après ces deux peuplades principales, il faut encore citer les *Bhotijas*, qui forment la grande masse de la population de la contrée voisine appelée le Bhotan, et qui dans le Nepaul sont les habitants primitifs des plateaux les plus élevés de l'Himalaja. Les principaux objets de l'agriculture, qui est surtout pratiquée avec succès dans les fertiles vallées des régions moyennes de l'Himalaja, sont le riz, le maïs et autres céréales particulières à l'Inde, le coton, la canne à sucre, l'indigo, et en hiver le froment et l'orge. Les villages sont entourés de plantations de mangas et de tamarins, qui ne contribuent pas peu à embellir le paysage. En fait d'animaux domestiques, il faut surtout citer le mouton ; et, dans les riches pâturages des plateaux, les Bhotijas se livrent aussi à l'élève des chèvres de Kaschmir. Les montagnes fournissent du cuivre, du fer, du plomb et du soufre, et dans les rivières on recueille du sable aurifère. Les Nepauliens font preuve d'une habileté toute particulière dans le traitement des métaux. Quant à ce qui est de leur état de civilisation, c'est le bouddhisme qui domine parmi eux, et il a fondé à Bhatgang, l'une des capitales du pays, une école scientifique. La grande bibliothèque adjointe au temple de cette ville contient accumulées d'immenses richesses de littérature bouddhistique.

L'ancienne dynastie fut expulsée en 1768, par le radjah de Gorkha, chef d'une belliqueuse tribu de l'ouest du Nepaul. Il rendit sa dynastie dominante en même temps qu'il donna la prépondérance à sa tribu parmi celles du Nepaul. Cette dynastie, qui règne encore aujourd'hui, se distingue surtout par sa passion pour les conquêtes. C'est ainsi qu'elle est parvenue à réunir en un seul et même État les différents États indépendants qui avaient existé au Nepaul sous l'ancienne dynastie ; mais de là aussi des guerres nombreuses et sanglantes. C'est ainsi que les incursions faites en 1784 et 1792 par les Gorkhas dans le Thibet et en Chine eurent pour suite une guerre avec la Chine, qui fut malheureuse et rendit le Nepaul tributaire de l'Empire du Milieu. Ils eurent aussi des démêlés avec les Anglais. Vaincus en 1815, ils furent obligés par la paix signée en 1816, à Kathmandou, de céder aux vainqueurs la partie occidentale de leur territoire, ce qui mit les Anglais en possession des sources du Gange. L'attitude hostile prise par les Gorkhas vis-à-vis des contrées voisines et la dépendance dans laquelle ils se trouvent placés à l'égard de la Chine sont cause qu'il n'y a entre le Nepaul et les possessions britanniques qu'un commerce insignifiant.

Le radjah a pour résidence la ville de Kathmandou, qui compte 500,000 habitants. Le radjah actuel, Radjentra-Bikram-Sah, règne depuis 1816. Il a une armée disciplinée à l'européenne, mais ou la politique anglaise lui interdit formellement d'avoir des officiers européens, et ses revenus s'élèvent à environ 15 millions de francs.

NÉPENTHÈS (en grec νηπενθής, qui dissipe le chagrin), genre de plantes de la dioecie-polyandrie, constituant à lui seul la petite famille des *népenthées*. L'espèce la plus remarquable est le *népenthès de l'Inde* (*nepenthes indica*, Lam.). C'est une plante herbacée, avec d'épaisses racines, une tige simple, couronnée de fleurs disposées en touffes. Les feuilles sont alternes, embrassant en partie la tige à leur base et terminées par des vrilles, dont chacune supporte une sorte d'urne membraneuse et profonde, de forme oblongue et fermée par une petite valvule assez semblable au couvercle d'une boîte. Cet appendice de la feuille est un des mécanismes les plus travaillés qu'on puisse trouver dans les productions les plus compliquées de la nature. Cette urne est en effet remplie d'une eau douce et limpide que sécrète la plante. Au matin, le couvercle est fermé, mais il s'ouvre pendant la chaleur du jour, et alors une partie de l'eau s'évapore. Mais l'urne s'emplit de nouveau pendant la nuit, et chaque matin trouve le vaisseau plein de liquide et le couvercle fermé. Cette plante croît sous des climats où le voyageur souffre souvent de la soif et est heureux de boire l'eau que lui offre ce végétal, chaque urne du népenthès contenant la valeur d'un tiers de verre ordinaire.

Homère, dans son Odyssée, donne le nom de *népenthès* à un breuvage narcotique qu'Hélène composait pour dissiper la mélancolie de Télémaque à la recherche de son père Ulysse. La composition de ce merveilleux breuvage a beaucoup occupé les commentateurs, quoique Plutarque, Athénée et Philostrate déclarent que le *népenthès* d'Homère n'était pas autre chose que les charmes de la conversation de la belle Lacédémonienne.

NEPER. *Voyez* NAPIER (Lord JOHN).

NEPER (Analogies de). On appelle ainsi un théorème de trigonométrie trouvé par Neper ou Napier, et à l'aide duquel on résout de la manière la plus simple tous les cas de triangles sphériques.

NEPER (Bâtons de). *Voyez* CALCULER (Machines à).

NÉPHÉLÉMANCIE (du grec νεφέλη, nuage, μαντεία, divination), divination par l'inspection des nuages. On tirait des présages de leurs formes et de la manière dont ils sont chassés par les vents.

NÉPHRÉTIQUE (Bois). *Voyez* BEN.

NÉPHRÉTIQUES (Coliques). *Voyez* COLIQUE.

NÉPHRITE (du grec νεφρός, rein), maladie, douleur des reins. Les néphrites se produisent sous diverses formes, tout en affectant toujours spécialement les mêmes parties.

La *néphrite aiguë* peut être occasionnée par des contusions dans la région lombaire, une plaie qui divise les fibres des reins, des exercices violents, des efforts de lombes, des corps étrangers, tels que des calculs, des vers, un froid humide. L'inflammation des reins que nous appelons *néphrite* se produit alors, souvent sur les deux reins à la fois, à la suite de frissons intenses, auxquels succède une vive réaction. Une douleur obtuse, gravitative, se produit dans la région lombaire, et se fait ressentir jusqu'aux divers organes du basventre, jusqu'aux cuisses ; la sécrétion des urines ne s'opère plus que goutte à goutte ; les urines sont même complètement supprimées dans le cas d'inflammation très-vive, ou d'inflammation des deux reins à la fois. Arrivée à sa plus grande intensité, la néphrite peut réagir sur l'estomac, en provoquant des nausées, des vomissements ; sur l'encéphale, en produisant de fortes céphalalgies. Quand elle est le résultat d'une plaie pénétrante, de violentes contusions, elle peut avoir pour résultat de mêler du sang, et même du pus à l'urine. Si la maladie se prolonge au delà de sept à huit jours, il y a à craindre la formation d'un abcès dans les reins. La néphrite doit être traitée comme toutes les inflammations, par les antiphlogistiques ; une application locale de sangsues ou de ventouses scarifiées, des lavements émollients tièdes, des tisanes délayantes et douces, eau d'orge, de mauve, de graine de lin, etc., produiraient les meilleurs résultats. Dans certains cas, on a employé avec succès les révulsifs, les bains de vapeur, les toniques, les excitants.

La *néphrite albumineuse*, connue aussi sous le nom de *maladie de Night*, ou *albuminurée*, était souvent confondue avec l'h y d r o p i s i e, avant que le docteur anglais Night l'eût étudiée et décrite. Dans ce genre de néphrite, la sécrétion normale des urines est remplacée par une exsudation des parties albumineuses du sang dans les petits vaisseaux urinaires des reins ; ces parties albumineuses surnagent dans l'urine comme du blanc d'œuf ; d'autres fois elles se coagulent dans le tissu des reins, qu'elles tuméfient, et finissent par s'y former à l'état de granulation ; la néphrite albumineuse arrivée à ce degré produit soit une hydropisie générale, soit une rétention de l'urée dans le sang, qui est souvent rapidement mortelle. Cette maladie, au contraire, traîne en longueur lorsque une partie des reins seulement est attaquée, et que l'autre sert encore à la sécrétion urinaire. La néphrite albumineuse se développe le plus souvent après des fièvres scarlatines, le choléra, le typhus, à la suite d'un cancer, d'une maladie de cœur, d'excès continus de boisson, d'un refroidissement. La médication n'en est pas encore bien fixée.

NEPHTALI, sixième fils de Jacob, qu'il eut de Bala, servante de Rachel. La Genèse ne nous fournit que peu de particularités sur sa vie, si ce n'est qu'il eut quatre fils : Jaziel, Guni, Geser et Sallem. Jacob avait une grande tendresse pour cet enfant ; elle se manifesta par cette bénédiction en style oriental qu'il lui donna avant de mourir : « Nephtali est comme un arbre qui pousse des branches nouvelles, et dont les rejetons sont beaux. » Elle prédisait la nombreuse lignée de l'heureux fils de Bala, qui donna son nom à l'une des douze tribus du peuple juif. A la sortie d'Égypte, cette tribu était forte de 53,400 hommes en état de porter les armes.

NEPHTHYS, déesse égyptienne, fille de Seb (*Chronos*) et de Nout (*Rhea*), sœur d'Osiris, d'Hasoeris, de Set (*Typhon*) et d'Isis. Elle apparait surtout comme compagne de Set. On ne connait pas en Égypte de temple particulièrement consacré à Nephthys. Dans les peintures et les sculptures relatives au culte des morts, elle est représentée le plus ordinairement pleurant les morts avec sa sœur Isis. Elle est placée à la tête de la momie, et Isis à ses pieds.

NÉPOMUCÈNE ou **NÉPOMUK** (JEAN), dont le véritable nom était *Jan Nepomucki*, en latin *Joannes Nepomucenus*, patron de Bohême et l'un de ses saints les plus célèbres, s'appelait, suivant une légende fort peu historique, *Jean Welflin*. Né en 1320, à Pomuck, petite ville de la Bohême, il fit ses études à Prague, et y devint chanoine. Par esprit d'humilité chrétienne, il refusa d'être nommé évêque. Il devint successivement doyen de l'église collégiale de Tous les Saints, aumônier et confesseur de la reine. Quelques courtisans du roi Wenceslas lui ayant inspiré des doutes sur la fidélité de son épouse, ce prince exigea de Nepomuk qu'il lui révélât le secret de la confession de la reine ; et celui-ci s'y étant refusé, le roi ordonna de le précipiter pieds et poings liés dans la Moldau (21 mars 1383). On ne retrouva son cadavre que le 6 mai, et ce jour fut consacré à la glorification de sa mémoire. Honoré comme martyr dans toute la Bohême, Népomuk fut canonisé en 1729, par le pape Benoît XIII. Nous venons de raconter la légende. Dans l'histoire, il n'est question que d'un différend survenu entre le roi Wenceslas et l'archevêque de Prague soutenu par son chapitre. Il éclata à propos d'actes de violence commis par les gens de l'archevêque, et de l'interdit lancé par celui-ci contre le favori du roi, par suite des mesures de répression adoptée par l'autorité séculière. Le vicaire général Jean de Pomuk, instigateur principal de tous ces faits, fut mis à mort par ordre du roi, le 20 mars 1393, et son corps précipité ensuite dans la Moldau.

NEPOS (CORNELIUS), historien romain, né, suivant la version commune, l'an 95 avant J.-C., fut l'ami de C a t u l l e, qui lui dédia ses vers ; de Cicéron et de T. Pomponius Atticus, à qui il eut souvent recours dans ses affaires domestiques. On connait peu de choses sur sa vie ; seulement, il fut renommé pour la pureté de ses mœurs. Des ouvrages historiques qu'on lui attribue nous possédons encore, sous le nom de *Vitæ excellentium Imperatorum*, vingt-cinq biographies, très-courtes pour la plupart, de grands capitaines, d'hommes d'État célèbres, qui, à l'exception d'Amilcar et d'Annibal, de Caton l'ancien et d'Atticus, appartiennent tous à l'antiquité grecque. Elles se distinguent en général par la clarté et l'élégance du style, par la propriété des mots et par le laconisme de la phrase. Il excelle aussi à tracer les caractères, encore bien qu'on puisse lui reprocher d'un autre côté le manque de proportions dans la mention qu'il fait de choses importantes et de choses sans importance ; de même qu'il ne fait pas tout à fait s'en rapporter à son témoignage, parce qu'il ne consulta pas assez les sources. La biographie de Caton diffère complètement des autres biographies écrites par Cornelius Nepos, en ce que les proportions en sont bien autrement grandes. Ces inégalités, quelques bizarreries dans l'expression et dans la construction, ont même provoqué des doutes et de vives discussions sur le véritable auteur de cet ouvrage, sur sa forme primitive, sur le lieu et l'époque où il fut composé. Il en est, Rink entre autres, qui veulent que l'auteur véritable soit Æmilius Probus, dont le nom figura en effet jusqu'au milieu du seizième siècle sur le titre de toutes les éditions, et qui font dater l'ouvrage de l'époque de Théodose. D'autres veulent que Probus n'ait été que l'abréviateur de Nepos. Une troisième opinion, et la plus répandue, attribue le livre tel qu'il est à Cornelius Nepos.

NEPOS (FLAVIUS JULIUS), empereur romain. Rome était si bas tombée lorsqu'elle s'éteignit, que rien de ce qui avait la force ne voulait des tristes lambeaux de la pourpre auguste. R i c i m e r faisait et défaisait les empereurs, et, après lui, un autre barbare, le Pannonien Oreste, s'adjugea ce rôle. Ce fut d'abord Glycerius qu'il fit *divin* ; bientôt il s'ennuya de Glycerius, et l'envoya, en qualité d'évêque, dans les jardins de Salone (473). Alors il prit Flavius Julius Nepos, gouverneur de la province de Dalmatie, qui était né, et auquel l'empereur d'Orient Léon avait donné en mariage une nièce de sa femme. Tout le règne de Nepos peut se résumer en trois mots : l'expulsion de Glycerius, la cession de l'Arvernie au roi des Wisigoths Evarie, et la révolte d'Oreste, qui s'était fait préfet des Gaules. Le Pannonien rebelle n'eut qu'à se montrer en Italie pour chasser ce fantôme d'empereur (475). Nepos ne trouva bientôt d'asile que dans le palais de Dioclétien à Salone. Là, pendant quatre ans, on vit deux monarques déchus, Nepos et ce Glycerius qu'il avait renversé, jouer sérieusement, l'un à la royauté, l'autre au sacerdoce : spectacle unique au monde, et qui finit par un coup de poignard. L'évêque fit assassiner le césar par ses esclaves, et célébra les funérailles de l'avant-dernier empereur romain. Alphonse PAILLARD.

NÉPOTISME (du latin *nepos*, neveu, petit-fils). Ce mot ne s'employait d'abord que pour exprimer l'autorité que prenaient les neveux d'un pape dans l'administration des affaires pendant le pontificat de leur oncle. On sait combien les papes ont souvent abusé de leur pouvoir pour faire avancer leur famille et pousser leurs parents au cardinalat : de là l'expression de *cardinal-neveu* pour désigner les cardinaux qui devaient leur promotion à leur parenté avec le pape. Bientôt, par extension, on a appliqué cette expression aux actes des hommes haut placés qui se servent de leur influence pour appeler leurs parents aux emplois. Avant la révolution de 89, ce terme devait s'employer assez peu dans ce sens. La constitution du pays rendait le népotisme général, et par cela même insignifiant : les rangs étaient classés, les positions désignées à l'avance, et dès lors l'injustice semblait ne pas exister : on naissait président comme on naissait colonel. Le népotisme, cette plaie des sociétés nouvelles, ce privilége qui a succédé aux anciens privilèges, s'est introduit dans les mœurs comme il était dans les cœurs après la déclaration de l'admissibilité de tous les Français indistinctement aux emplois publics. Ainsi, le jour où l'on semblait étouffer tous ces priviléges dévolus à une seule classe, on en créait un nouveau, on créait le népotisme, énorme abus, qu'il sera difficile de déraciner : sous la Restauration, les réclamations les plus énergiques ont signalé l'indigne usage que les hauts fonctionnaires faisaient de leur influence pour jeter les places à la tête de leurs parents. Les révolutions de 1830 et de 1848, en appelant au pouvoir des hommes nouveaux, semblaient promettre un terme à ces actes honteux. Malheureusement, il n'en a pas été ainsi. JONCIÈRES.

NEPTUNE, antique divinité italique, était vraisemblablement à l'origine un dieu terrestre, qui présidait aux chevaux, et tout à fait différent du Poseidôn des Grecs, avec lequel il n'avait qu'une ressemblance accidentelle. Ce ne fut que plus tard qu'on l'identifia avec lui, lorsque les Romains eurent une flotte et connurent la mythologie grecque. Poseidôn, originairement le dieu de l'eau en général, et en particulier de l'humidité fécondante, était fils de Chronos et de Rhéa, et dans le partage de l'univers qui eut lieu après la guerre contre Chronos, reçut pour lot la mer, dans les profondeurs de laquelle il avait son palais. C'est là que se trouvaient ses chevaux, qu'il attelait au char avec lequel il se promenait sur la surface des ondes. Comme souverain de la mer, il embrassait la Terre avec son élément et l'ébranlait quelquefois. Dans la guerre de Troie, il prit très-vivement parti pour les Hellènes, car il était encore irrité contre les Troyens depuis qu'en compagnie d'Apollon, il avait construit les murs de leur ville. Le symbole de sa puissance était le trident, avec lequel il soulevait ou calmait les flots, brisait les rochers, etc. Il passait aussi pour avoir créé le cheval, et à ce titre il présidait aux courses. Suivant Hérodote le nom et le culte de Neptune seraient venus de Libye en Grèce. Il avait pour épouse Amphitrite, de laquelle il eut les Tritons, Rhodé et Benthésycimé. Il eut en outre d'Antiope Bœolos et Hellên, de Chionê Eumolpe, d'Europe Euphême, de Gæa Antée, d'Iphimedera Otos et Ephialtès, de Libya Agnoré et Bélos, de Lysianassa Busiris, de Méduse Chrysaor et Pégase, de Thoosa Polyphème, etc. Il était adoré dans toute la Grèce, et surtout dans le Péloponèse, dans les îles et dans les villes de la côte d'Ionie. On célébrait en son honneur les yeux isthmiques. On lui sacrifiait des taureaux noirs et blancs, quelquefois aussi des sangliers et des béliers. Les attributs et les symboles de sa puissance étaient le dauphin, le cheval et le trident. On le représentait généralement, à l'époque la plus reculée, dans un calme majestueux, ses vêtements toujours en ordre, même au milieu de la lutte, bien qu'on le rencontre parfois complètement nu et violemment agité. A l'époque où l'art atteignit son apogée, son idéal se développa d'une manière plus caractéristique. Alors une taille svelte et élancée on lui donna une musculature plus accusée qu'à Jupiter, et que l'attitude contribue encore à faire ressortir davantage. Son visage a des formes carrées, et il y a peu de calme dans ses traits ; ses cheveux sont un peu mêlés et en désordre, quelquefois ornés d'une couronne de pin. Lui aussi, il a un entourage d'êtres à part. On le représente le plus ordinairement assis avec Amphitrite sur un char traîné par des chevaux marins, entouré de tritons et autres monstres marins.

NEPTUNE, planète dont la distance au Soleil est 30,04, celle de la Terre étant prise pour unité. La durée de sa révolution sidérale est de 60,127 jours (plus de 164 ans). Son diamètre réel est à celui de la Terre comme 4,8 est à 1. L'excentricité de son orbite n'est que 0,0087, et son inclinaison 1° 46′ 59″.

Cette planète a été vue pour la première fois à Berlin par M. Galle, dans la nuit du 23 septembre 1846. Bien d'autres planètes, avant et depuis cette époque, ont été signalées dans notre système solaire. Mais ce qui donne une importance toute particulière à la découverte de Neptune, c'est que sa position dans le ciel avait été à peu près indiquée par M. Leverrier avant que l'astre eût été aperçu.

En calculant les tables d'Uranus, Bouvard avait reconnu l'existence de certaines perturbations, qui lui paraissaient inexplicables, à moins d'admettre un astre situé soit en dedans soit en dehors de l'orbite d'Uranus ; mais cette supposition ne l'avait conduit à aucune conclusion formelle. En 1845, M. Leverrier, voyant que les tables de Bouvard ne se trouvaient plus d'accord avec la marche d'Uranus, fut amené à reprendre l'hypothèse de son devancier. En examinant toutes les observations faites depuis 1690, par Flamsteed, jusqu'en 1845, M. Leverrier constata que les inégalités d'Uranus présentent des phases continues d'accroissement et de diminution très-lentes. Il en conclut que l'astre perturbateur n'était pas un corps qui tel qu'une comète, se trouverait accidentellement dans le voisinage de notre système, mais bien une planète. Était-ce un gros satellite ? Non ; car il ne produirait que des inégalités à courte période. Cette méthode d'exclusion ne laissait plus à supposer qu'une planète. Mais où fallait-il la placer ? L'observation des tables de Saturne ne permettait pas de chercher dans l'orbe d'Uranus. M. Leverrier en tira cette conséquence que la planète perturbatrice devait être au delà.

Se fondant sur l'analogie, M. Leverrier supposa que la planète cherchée obéissait à la loi de Bode. Représentant les autres éléments de cet astre par des indéterminées, il posa les équations de condition auxquelles ces indéterminées devaient satisfaire. Ce difficile travail le conduisit, après une longue discussion, à ce résultat qu'il formulait ainsi devant l'Académie des Sciences, le 1er juin 1846 : « La planète qui trouble Uranus existe. Sa longitude vraie au 1er janvier 1847 sera 325°, sans qu'il puisse y avoir une erreur de 10° sur cette évaluation. » Le 23 septembre suivant, les prévisions de M. Leverrier se trouvaient réalisées, grâce à l'heureux concours de circonstances dont nous avons parlé dans la biographie de cet astronome.

La lenteur du mouvement de Neptune n'a pas encore permis de vérifier tous ses éléments. M. Lassell a reconnu un satellite de cette planète. E. MERLIEUX.

NEPTUNIENS. C'est le nom qu'on donne aux géologues qui, adoptant les idées de Werner, considèrent l'écorce terrestre comme ayant été formée uniquement par l'action des eaux (*voyez* CHALEUR TERRESTRE).

NÉRAC, chef-lieu d'arrondissement du département de Lot-et-Garonne, sur la Baïse, avec 7,194 habitants, des tribunaux de première instance et de commerce, une église consistoriale calviniste, de nombreuses amidonneries, minoteries et fabriques de biscuit de mer, une filature de laine, une fabrique de drogueis, des fabriques de liège, un grand commerce de toile, chanvre, lin, grains, liège, comestibles et pâtés en terrines renommée. Nérac est divisé en deux portions par la Baïse : l'une porte le nom de *Grand*, l'autre de *Petit Nérac*. Ce lieu était déjà connu en 1011, lorsque Arcius d'Olbion en concéda la seigneurie à l'abbaye de Condom. De belles mosaïques découvertes dans ce lieu, avec des restes de bains antiques et d'une nymphée, indiquent qu'il y avait là au temps de la domination romaine une *villa*, ou maison de campagne décorée avec soin. Nérac appartint aux rois de Navarre des deux branches, des Albrets et des Bourbons, et c'est là que fut conçu Henri IV. On y trouve encore une aile du château gothique qu'il habitait, et on lui a élevé une belle statue en bronze, sur la place même de ce château. Nérac possède encore une vaste halle. La ville a été ruinée par les troupes de Louis XIII, qui l'enlevèrent aux calvinistes, et depuis par la révocation de l'édit de Nantes. Alexandre DU MÈGE.

NÉRÉE, dieu marin, époux de Doris, sa sœur, et plus

ancien que Neptune, à qui néanmoins il était soumis, fut, selon Hésiode, fils de l'Océan et de Thétys ; d'autres le disent fils de l'Océan et de la Terre. Ce fut ce dieu qui de la main montra à Hercule la route de l'Occident, ce point de terre où mûrissaient les pommes d'or que lui avait demandées Eurysthée. Ce dieu, comme la plupart des divinités marines, Neptune, Protée, et aussi Achéloüs, prenait toutes les formes qu'il voulait. C'est par ce moyen qu'il prétendit échapper au fils d'Alcmène, qui le pressait de lui indiquer la contrée où il pourrait cueillir les fruits précieux qu'il avait promis de rapporter à son persécuteur. Mais Alcide l'étreignit si fortement dans ses robustes bras qu'il ne put avoir recours à ses ruses accoutumées. La mer Égée passait pour le séjour de prédilection du divin vieillard. Les chants, les jeux, les danses des Néréides, ses filles, charmaient sa douce oisiveté. Une pierre antique représente Nérée avec une robe vert de mer ainsi que le fier Neptune ; mais il se contentait de la conque d'un triton, espèce de trompette, avec laquelle, comme un berger, il appelait les monstres marins d'un bout de son empire à l'autre. A peine son culte passa-t-il dans la Grande-Grèce : s'il est chez elle quelques autels, on ne sache pas qu'il y ait compté un seul temple. DENNE-BARON.

NÉRÉIDES. Ces filles de Nérée et de Doris étaient au nombre de cinquante, selon Hésiode, de trente selon Homère. Apollodore les réduit au petit nombre de quatre. Parmi elles on cite : Amphitrite, Thétys, et Galatée. Toujours bonnes, toujours riantes, elles portaient secours aux victimes du furieux Neptune. Elles soulevaient les navires engagés dans les syrtes, elles les poussaient, elles les tournaient au vent propice, elles soutenaient sur les vagues les naufragés, elles détournaient la proue des écueils. Les matelots grecs tendaient vers elles leurs bras suppliants. Du miel, du lait et de l'huile, emblème de leur douceur, étaient les offrandes que préféraient ces charmantes filles ; quelquefois, mais rarement, le sang d'un chevreau rougissait leurs autels, élevés ordinairement au bord des flots, où elles avaient des bois sacrés. Pausanias l'historiographe dit, dans ses *Corinthiaques*, avoir vu à Gabala un temple célèbre qui leur était consacré. Des reines insulaires ou régnant sur les côtes usurpèrent le titre de Néréides. Des médailles romaines représentent les Néréides femmes par le haut et poissons par l'extrémité. En général, les monuments antiques nous les offrent jeunes, souriantes, tenant une branche de corail, riche bouquet des mers que l'air rend semblable à la pourpre, ayant des perles dans les cheveux, et montées sur quelques monstres marins, qui par leurs formes bizarres contrastent avec leurs grâces de jeunes filles. Quelquefois elles sont assises sur un dauphin, ou sur un cheval de mer, ou sur un taureau à queue de poisson, qu'elles flattent de leurs mains blanches. Pline a vu un beau bas-relief en œuvre de Scopas, où le chœur des filles de Nérée semblait faire écumer les ondes. Sur leurs épaules voltigeait ordinairement une draperie légère, couleur des vagues en repos. Ainsi est vêtue une belle statue d'Amphitrite tirée des ruines de la villa Antonin, en Italie. Cette Néréide tient un gouvernail dont elle presse le dos écailleux d'un monstre marin couché paisiblement à ses pieds. Un rostre, ou éperon de vaisseau, sort de la base de cette statue. Quelquefois aussi les filles de Nérée tenaient d'une main le trident, de l'autre un dauphin, ou une victoire, ou une couronne. Les précieuses fresques d'Herculanum nous offrent trois de ces divinités subalternes dont l'imagination riante des Grecs avait égayé leur archipel. DENNE-BARON.

NERF FÉRURE, coup, atteinte qu'un cheval a reçue du pied d'un autre cheval, sur le tendon de la partie postérieure d'une jambe.

NERFS, SYSTÈME NERVEUX. Les nerfs sont les organes du sentiment, les provocateurs du mouvement volontaire. Ce sont des cordons blanchâtres, mous et pulpeux, qui se répandent et se ramifient dans chaque partie du corps, et qui tiennent attachés à la moelle épinière ou au cerveau. Lorsqu'on *réfléchit* qu'il n'y a pour tout le corps humain que quarante-deux paires de nerfs, et que ensuite on envisage à combien de fonctions ces nerfs président, combien d'organes ils tiennent enchaînés pour n'en former qu'un tout, qu'un individu, dans l'impossibilité où l'on est de pénétrer les secrets de la nature, on se borne à admirer sa puissance. Quatre-vingt-quatre nerfs ! et ce nombre suffit à toutes les sensations comme à tous les mouvements ; et c'en est assez pour mettre en jeu toutes les fonctions, pour donner l'unité et l'harmonie à des rouages innombrables ; assez pour éclairer l'intelligence et pour obéir à tous les commandements de la volonté ; assez pour établir un juste accord entre le physique et le moral de l'homme, et pour mettre l'homme lui-même en communication avec l'univers ! Encore, de ces quarante-deux paires de nerfs, y en a-t il quatre paires pour l'œil et ses muscles ; trois presque entières pour la langue, deux pour les muscles et la peau de la face, deux autres pour les sens de l'ouïe et de l'odorat ; en tout, dix paires pour la tête, ce qui se réduit à trente-deux paires ou à soixante-quatre le nombre des nerfs destinés au reste du corps. Remarquons que le nombre des nerfs paraît plutôt proportionné à l'énergie des mouvements qu'à la vivacité des sensations : ainsi, le nez et l'oreille, qui sont immobiles, n'en ont qu'une paire chacun ; et les yeux, sur les huit nerfs qu'ils reçoivent, n'en gardent que deux pour la sensation de la vue (les nerfs optiques).

Ces quatre-vingt-quatre nerfs se subdivisent en des milliers de filets nerveux, dont le vaste réseau embrasse le corps, après l'avoir de toutes parts pénétré, et tous ces troncs nerveux vont s'attacher et s'unir à la moelle vertébrale ou au cerveau. Mais le côté vraiment merveilleux de cette disposition des nerfs, c'est qu'un si petit nombre d'instruments servant à accomplir tant d'actes diversifiés conservent constamment dans leurs actes l'ordre le plus parfait. Ils ont beau s'éparpiller dans des organes souvent dissemblables, beau s'unir entre eux et s'entremêler jusqu'à la confusion avec les filets d'autres nerfs, et bien qu'il paraisse exister dans leurs mailles mystérieuses un courant pour la sensation et un courant pour les mouvements volontaires, on ne voit jamais ni désordre ni incertitude dans tant de phénomènes et de rapports partout si compliqués. La soudaineté et la précision, voilà les principaux caractères des actes nerveux. Outre les sensations et l'intelligence, dont le système nerveux fournit seul tous les instruments ; outre les mouvements, dont il est l'excitateur ; outre la volonté, dont lui seul transmet les ordres ; outre les expressions, qu'il prête aux passions et à la pensée, en sollicitant la pensée, les gestes et la physionomie ; outre ces différentes attributions des nerfs, il faut bien que quelque chose tienne tous les organes enchaînés les uns aux autres, pour que de tant de parties diversifiées résulte un ensemble individuel où tout conspire au même but, où tout se résume par l'unité. Or, ce que nous savons des nerfs nous les montre propres à cette grande destination, dont les autres organes paraissent formellement incapables.

Disons toutefois qu'indépendamment de ces quatre-vingt-quatre nerfs qui s'unissent au cerveau ou à la moelle épinière, il existe au dedans de nous un autre grand nerf, très-complexe, qui porte le nom de *grand sympathique*. Ce dernier nerf est plus grand, plus compliqué dans ses ramifications, moins blanc et moins nacré, plus noueux, plus *plexueux*, et aussi plus irrégulier que les autres nerfs. Il est en outre moins sensible du corps, et ses nombreux filets, partout joints aux leurs, se répandent presque exclusivement autour des artères, et, avec elles et par leur moyen, dans ceux de nos organes sur lesquels la volonté ne paraît avoir aucun empire. On sait que ce nerf communique avec le cerveau, autour de l'artère carotide interne, avec des filets échappés de la cinquième et de la sixième paire de nerfs cérébraux ; on sait qu'au bas du tronc il s'anastomose en arcade avec ses propres rameaux, tandis que le cerveau s'interpose entre ses premiers filets supérieurs. Ces anastomoses si singulières nous aident à expliquer pourquoi les maladies des yeux et du cerveau donnent lieu à des vomissements et font perdre l'appétit, et pourquoi les maladies du foie et du ventre produisent des maux de tête, la migraine, la tristesse et l'hypocondrie. Tissot de Lausanne surtout a fait à ce sujet des conjectures innombrables concernant les effets sympathiques. Le principal renflement du nerf grand sympathique, autrement dit le *ganglion semi-lunaire*, est placé dans le ventre, au-dessous du diaparagme, et les filets qui émanent de ce renflement s'unissent à plusieurs autres renflements, nommés ganglions, ainsi qu'à de nombreux entrelacements, nommés *plexus*. Tel paraît être le point central de ce nerf, et c'est dans le lieu même où réside le ganglion semi-lunaire vers l'épigastre, que se font sentir les vives impressions de la crainte, du désir et de l'espérance. Le grand sympathique lui-même forme, depuis la tête jusqu'au coccix, une multitude de *plexus* et vingt-quatre ganglions ou petits cerveaux.

Voilà tout ce qu'on sait de ce nerf. Mais on n'en connaît précisément ni la nature, ni la première origine, ni les maladies, ni même les usages. On a fait à l'occasion de ce grand nerf beaucoup plus d'hypothèses qu'il n'a de ganglions. Si je m'abandonnais à mon tour à faire des conjectures sur ce grand réseau nerveux, j'oserais envisager cet ensemble d'anneaux étroitement unis qui le composent comme le moyen autant que l'image du mutuel enchaînement des viscères, recevant tous de ses nerfs et agissant tous hors du domaine de la volonté. Puisque, après avoir soigneusement énuméré les organes intérieurs dont l'active opposition constitue notre existence animale, je trouve parité de nombre entre ces viscères, et les renflements du grand sympathique, je m'autoriserais de cette analogie pour conclure que chacun de ces renflements a un centre d'action, ayant le gouvernement exclusif d'un de ces viscères; et je verrais dans le système de ces ganglions ou renflements les liens merveilleux au moyen desquels tant d'actes diversifiés constituent la vie individuelle ou d'ensemble. Observant ensuite les connexions de ce nerf grand sympathique avec les nerfs de la moelle vertébrale et du cerveau, je n'hésiterais plus à le croire l'agent le plus puissant de ces phénomènes de concomitance qu'on nomme *sympathies*, et je le mettrais de moitié dans ceux des actes vitaux qui n'ont point la volonté pour seul mobile ni la pensée pour objet. Je lui attribuerais l'association des actes de pur instinct avec ceux dont nous avons la conscience; et, plaçant au cerveau le siège de l'âme, lui-même serait comme le foyer imitateur du principe vital. C'est bien certainement au moyen de ce nerf que nous ressentons le besoin d'aliments, les impressions de la faim et de la soif, le sentiment pénible de certains mouvements internes et de beaucoup de douleurs, telles que les coliques, les nausées, les spasmes hystériques, etc.

Nous sommes un peu plus renseignés quant aux quatre-vingt-quatre nerfs qui viennent du cerveau ou de la moelle vertébrale. Voici ce que nous savons d'essentiel à leur sujet : 1° Tous sont constants dans chaque individu de même espèce, et toujours parfaitement réguliers et symétriquement disposés à droite et à gauche. 2° Certains, comme l'optique, l'auditif et l'olfactif, ne servent qu'à la vue, à l'ouïe et à l'odorat; mais plusieurs de ceux qui servent au goût et au toucher sont en même temps des excitateurs du mouvement volontaire. Toutefois, il a été constaté de nos jours que les deux racines originaires des nerfs de la moelle vertébrale, l'antérieure vaquait seule aux mouvements arbitraires, la postérieure étant uniquement consacrée à des actes de pure sensibilité. — On peut même augurer de prime abord pour quelques organes et quelques régions du corps si le principe sentitif y prévant sur le principe moteur, d'après le volume proportionnel des racines antérieures et postérieures des nerfs vertébraux qui se rendent dans ces parties. 3° Les nerfs qui s'unissent au cerveau ou qui en sortent sont croisés, c'est-à-dire que le nerf du côté droit provient du côté gauche du cerveau, et réciproquement. Il en résulte que si le côté droit du cerveau est malade, ce sont les nerfs destinés au côté gauche du corps qui sont affaiblis, irrités ou paralysés : coup de sang à gauche, paralysie à droite, *et vice versa*. 4° Les nerfs sont les premiers formés, les premiers accrus des organes; ils sont aussi les premiers à s'affaiblir. 5° Piquez un nerf, irritez-en la pulpe, aussitôt surviendront des convulsions dans les muscles où s'en distribuent les rameaux. La même chose se remarque même dans un tronçon séparé du corps. En portant le bistouri sur le trajet des nerfs d'un membre qui vient d'être amputé, vous verrez des convulsions effrayantes dans tout le membre séparé : c'est un phénomène qui fait frémir. A la même cause doivent être attribuées les convulsions et les grimaces de certains guillotinés. Le docteur Sue eut la pensée d'inférer de pareils faits que les suppliciés souffrent encore après leur détroncation. Mais le cœur continue de palpiter quelques instants après avoir été séparé d'un corps plein de vie, et pourtant le cœur, même à l'état normal, est parfaitement insensible. Richerand s'en est assuré dans une opération mémorable autant que malheureuse. Harvey fit toucher à Charles Ier un cœur mis à nu par une carie du sternum, et le jeune lord sujet de cette épreuve n'accusa aucune douleur. C'est qu'en effet des contractions et des mouvements convulsifs ne sont pas des preuves irrécusables de souffrances ni même de sensibilité. Haller rapportait tous les phénomènes de cette espèce à ce qu'il nommait l'*irritabilité*. 6° Si vous comprimez, si vous liez un nerf, gros ou petit, aussitôt vous verrez s'engourdir, puis se paralyser, la partie où ce nerf portait la vie et la vertu sentante; mais si la substance du nerf n'a pas été altérée, la sensibilité et le mouvement renaîtront quand aura cessé la compression. 7° Coupe-t-on un nerf, la partie vivante dans laquelle il se ramifiait cesse de sentir, les muscles qui recevaient de lui seul des filets moteurs tombent paralysés. Mais au bout de quelque temps une substance intermédiaire réunit les deux bouts contigus, et bientôt la paralysie et l'insensibilité disparaissent.

Pour ce qui est des douze premières paires de nerfs, celles-là proviennent directement du cerveau ou de ses parties attenantes. La plupart de ces nerfs se distribuent à la face ; ils servent aux organes des sens, ou au jeu de la physionomie, exprimant les passions. Ce sont l'*olfactif*, l'*optique*, le *moteur commun des yeux*, le *pathétique*, le *trijumeau* ou *trifacial*, le *moteur externe des yeux*, le *facial*, l'*auditif*, le *nerf vague*, ou *pneumo-gastrique*, le *grand hypoglosse* ou *gustateur*, le *glosso-pharyngien* et le *sous-occipital*.

Les trente autres paires naissent régulièrement de chaque côté du tronc, par deux racines formant ganglion à l'endroit où elles s'unissent, vingt-quatre entre les vingt-quatre vertèbres, et les six autres par les trous du sacrum et du coccix.

Tous les animaux ayant du sang ont aussi des nerfs : on en trouve dans les quatre classes des vertébrés, dans les mollusques, dans les annélidés, les insectes et les crustacés, et même dans les vers ; les polypes et la plupart des vers intestinaux en sont privés, de même que les plantes, bien que tous les animaux exécutent manifestement des mouvements. Dans les animaux privés de nerfs, le corps entier paraît homogène. La même substance, le même tissu vivant préside à cet ensemble des actes vitaux ; les mêmes instruments servent à toutes sortes d'usages ; à digérer, à absorber, à sécréter, à respirer, à sentir, à se mouvoir, à se conserver, à se reproduire. Ce n'est qu'à partir des vers de terre et de quelques échinodermes que des nerfs fort simples apparaissent. Plus haut dans l'échelle animale, dans les insectes ou les crustacés, dans les mollusques, des nerfs à ganglions et quelquefois en collier se multiplient, se diversifient et se compliquent, paraissant avoir déjà des attributs spéciaux. Mais ce n'est que dans les vertébrés, à commencer par les poissons, que les nerfs, plus nombreux et plus dissemblables, s'organisent en système, et président respectivement à des actes spéciaux bien définis. C'est à ce

34.

grand nombre de nerfs et d'organes, comme à leur disparité, qu'est due l'individualité dont une structure homogène était dépourvue. Là aussi se trouve de plus en plus réalisée la spécification des organes et de leurs attributs plus physiologiques, à peu près comme la multiplicité des talents spéciaux et des industries d'un peuple atteste une civilisation avancée.

On avait bien envie que les nerfs fussent creux, mais l'expérience a résisté aux hypothèses les plus séduisantes. On a dit qu'un fluide très-ressemblant et peut-être tout-à-fait identique à l'électricité circulait dans les nerfs; on a de plus assuré que ces organes étaient des canaux, et des canaux tellement disposés que le fluide du mouvement et le fluide de la sensation y pouvaient l'un et l'autre librement circuler, bien qu'en sens contraire, sans se heurter, sans se pénétrer ni se confondre. Ce fluide, auquel on attribuait jusqu'au pouvoir merveilleux de procréer les individus, on avait espéré qu'il pourrait aussi ressusciter des morts. Mais quand même un fluide comme celui qu'on suppose circulerait dans les nerfs, pense-t-on que le secret de la vie nous fût par là plus tôt connu? Croit-on qu'il nous fût jamais possible ou d'augmenter ce fluide nerveux, ou de composer de toutes pièces un fluide tout semblable à lui, et par qui la vie dût se prolonger durant des siècles ou ne plus finir?

Les organes pulpeux, renfermés dans le crâne et dans le canal des vertèbres, le cerveau, le cervelet, la moelle allongée et l'épinière, les nerfs qui s'en séparent ou qui s'y joignent, et ces autres nerfs, plus isolés de leurs centres et plus complexes, qui occupent les principales cavités du tronc sous le nom de nerf grand sympathique, les ganglions des uns et des autres, leurs plexus, voilà ce qu'on nomme le *système nerveux*. Le mot vague de *nerfs* est souvent employé pour exprimer collectivement le même ensemble d'organes. Le système nerveux, ainsi que le sang, compte parmi les agents essentiels de la vie. Il n'est pas un organe qui ne reçoive des nerfs et du sang au secours ou une influence; pas une fonction qui puisse se passer de leur concours. Les nerfs sont, pour ainsi dire, les animateurs du corps humain.

Outre leur influence générale sur la vie, les nerfs ont en propre les fonctions les plus relevées de l'existence. Depuis les plus simples sensations jusqu'à la pensée, et depuis la volonté jusqu'au mouvement et à la parole, qui servent à la manifestation de la pensée et du vouloir, l'on ne voit qu'un seul et premier instrument à ces nobles actes, je veux dire le système nerveux. C'est au moyen des nerfs que s'éclaire, que souffre, qu'agit et se manifeste le principe qui veut et qui pense en nous. Sans eux, la volonté manquerait d'émissaires, la pensée d'interprètes et l'être vivant d'unité.

A une exception près, je le répète, les organes nouveaux sont tous symétriques. Tous se correspondent et font correspondre le reste des organes. C'est par eux que les fonctions sont subordonnées et les organes rendus solidaires. Notez, en outre, que chaque agent nerveux concourt aux fonctions de tout le système des nerfs, comme l'ensemble de ce système participe à l'action de chaque nerf : *un pour tous, tous pour chacun*, serait une devise convenable pour exprimer l'harmonie des fonctions nerveuses.

Les nerfs et leurs dépendances immédiates sont de toutes les parties vivantes les seules soumises à l'intermittence et à la périodicité : eux seuls, mais tous, ils ont besoin de repos et de sommeil. Ils n'ont de vie active que pendant les deux tiers de l'existence individuelle ; dans un corps qui a vécu soixante ans, les nerfs n'ont vraiment agi que pendant ans. Étant les seuls qui se laissent influencer par l'habitude, ce qui les affecte aujourd'hui les trouvera moins sensibles demain. Une chose qu'on ne saurait trop méditer, c'est que, si diversifiés que soient les nerfs, et bien que chacun d'eux ait son attribution spéciale, néanmoins la plus parfaite unité règne dans l'ensemble de leurs fonctions. Il y a là, ainsi que dans la parfaite unité des mouvements des corps célestes, l'indice certain d'êtres indépendants des effets qu'ils dirigent.

L'étude analytique des fonctions dévolues à chaque nerf n'est vraiment accessible qu'aux naturalistes ; le médecin n'y saurait atteindre. A cet égard, il ne peut jaillir de lumière que de l'examen des animaux entre eux comparés. En effet, comment serait-il possible au médecin d'isoler sur l'homme l'action de chaque organe nerveux ? Une portion du cerveau, par exemple, peut-elle être isolément comprimée, isolément enflammée, irritée ou médicamentée ? Pourrait-on altérer ou blesser un seul organe nerveux sans influencer ou blesser à la fois et incontinent tous les nerfs ? Si donc la chose est impossible, je demande quelle importance peuvent avoir quant à l'histoire de l'homme des résultats qui ne sont vérifiables que sur des animaux, alors surtout qu'il s'agit des organes de la volonté, des sensations et de la pensée !

Les maladies du système nerveux sont très-douloureuses et très-compliquées, mais aussi très-irrégulières. Elles consistent principalement en névralgies, en névrites, douleurs lancinantes dans le trajet des nerfs, en convulsions ou paralysies; en faiblesse, exaltation, perversion ou anéantissement des facultés de sentir, de penser ou de vouloir. Une chose caractérise les symptômes inhérents à ces maladies : ils se montrent presque toujours loin des altérations matérielles auxquelles ils servent de manifestation.

Les médicaments les plus efficaces dans ces genres de maux sont : l'opium par-dessus tout, le café, le quinquina et ses dérivés, la noix vomique ou la strychnine. Les deux premières substances paraissent agir principalement sur le cerveau; les deux autres sur la moelle épinière et ses nerfs. L'opium calme la sensibilité et assoupit la pensée, le café les éveille et les sollicite. Le quinquina interrompt ou supprime les phénomènes maladivement périodiques. Quant à la noix vomique et à la strychnine, elles provoquent des convulsions tétaniques à de certaines doses ; et de moindres doses ont plus d'une fois mis fin à des spasmes et à des croups. Il y a encore le haschisch, qui exalte la pensée jusqu'aux plus folles hallucinations ; il y a l'éther et le chloroforme, qui engourdissent l'action sentante et la conscience, au point de rendre insensible aux causes ordinaires des plus grandes souffrances.

Enfin, et pour nous résumer, les nerfs, c'est-à-dire le système nerveux, composent un tout parfait, formé de parties diversifiées : l'unité et l'harmonie sont les caractères de leurs actes multiples. Conducteurs des mouvements, organes des sensations, instruments matériels de l'entendement et de la volonté, ils servent de lien commun entre les organes; et de la concordance comme de la solidarité qu'ils établissent entre eux tous résultent l'unité vitale et les phénomènes sympathiques et synergiques. Ils concourent à toutes les fonctions, ils s'immiscent dans tous les mystères de la vie. Les derniers à agir, les premiers à mourir, souvent malades et difficiles à guérir, leurs souffrances, fréquemment éloignées de leurs altérations ou blessures, ont plusieurs remèdes héroïques, mais lesquels la médecine serait sans crédit comme sans pouvoir. Dr Isidore Bourdon.

Nerf dans le langage vulgaire se dit improprement des tendons des muscles : un *nerf* foulé, le *nerf* du jarret.

On appelle *nerf de bœuf* le membre génital du bœuf arraché et desséché. On s'en est beaucoup servi comme instrument de correction.

Nerf signifie figurément, au sens moral, force, vigueur. On dit d'un homme qu'on ne fait pas fléchir aisément : Il a du *nerf*. On dit aussi : Le style de Tacite a du *nerf*. Proverbialement : L'argent est le *nerf* de la guerre ; c'est-à-dire qu'on ne soutient la guerre qu'avec beaucoup d'argent.

Nerfs, en termes de relieur, petites cordes attachées au dos du livre, et sur lesquelles les cahiers sont cousus.

NERI (Philippe de) *Voyez* Philippe de Neri.

NÉRIS ou NÉRIS LES BAINS, bourg du département de l'Allier, à 8 kilomètres au sud-est de Montluçon, avec 1,432 habitants, une exploitation de houille et un établissement d'eaux minérales renommées. Néris n'a point changé de nom depuis l'époque où, saccagé sous Constantin II, il fut restauré par Julien. Plusieurs beaux débris antiques, un amphithéâtre et les restes d'un *castrum* prouvent que Néris était une ville considérable lorsqu'elle fut dévastée par Clovis, et plus tard par les Normands.

[Les eaux salines de Néris ont depuis des siècles une célébrité que personne ne conteste, mais qu'aucune cure bien décisive ne justifie. Les sources, au nombre de quatre, paraissent se confondre à fleur de terre, et il est probable qu'elles dérivent toutes d'un même réservoir souterrain. La dernière connue date de 1755; on la vit jaillir abondamment pour la première fois, et tout à coup, à l'époque du tremblement de terre de Lisbonne; et c'est un des faits sur lesquels se fonde l'opinion que les sources minérales ont quelques communications secrètes avec les volcans, cette cause probable des tremblements de terre. Ces eaux n'ont ni couleur, ni saveur, ni odeur, et leurs principes salins sont peu abondants. Il est heureux qu'on leur suppose des vertus, car il serait difficile de leur en découvrir. C'est une de ces réputations traditionnelles qui, s'adressant à une crédulité paresseuse, répugnent à tout examen.

Les eaux de Néris sont surtout recherchées pour leur douceur et leur température. En bien comme en mal, elles ont peu d'action sur les organes. Nullement comparables aux eaux de Vichy, plus alcalines et plus gazeuses, il n'y a pas jusqu'à Plombières qui ne leur soit préférable, même pour les maux d'estomac. On a vu trente personnes souffrantes quitter Néris (1850) sans compter parmi ces malades aucune guérison. Ces eaux contiennent, outre leurs sels, de la barégine particulière, et vraisemblablement des molécules de silice réduites à une ténuité d'atomes; telle était au moins l'opinion de Buffon. Mais si elles sont douces et onctueuses à la peau, en conséquence de cette barégine *trémellaire* et de cette silice, celles de Bagnoles (Couterne), celles de Saint-Amand, de Castéra-Verdusan (Gers), d'Aix en Provence et de Saint-Sauveur, ne le sont pas moins. Comme toutes les eaux chaudes, elles calment les douleurs externes, au moins pendant qu'on y reste plongé. Leur chaleur de 47 à 55° c. les rend utiles dans le rhumatisme; mais c'est une attribution thérapeutique que partagent toutes les eaux hautement thermales. Dr Isidore Bourdon.]

NÉRITES, genre de coquilles composant avec les natices et les navicelles la famille des néritacées, et se divisant en trois groupes, dont l'un comprend celles qui ont des dents aux bords gauche et droit: ce sont les *nérites marines*; l'autre, celles qui n'ont des dents qu'au bord gauche, correspondant au genre *néritine* de Lamarck; et enfin celles qui n'ont pas de dents.

L'animal des nérites est globuleux, à pied épais, circulaire, à muscle columellaire bipartite, mais sans lobe pour l'opercule en arrière ni sillon en avant; ses yeux, pédonculés, sont placés à la base externe de tentacules coniques; sa bouche, dépourvue de dent labiale, est munie d'une langue denticulée, prolongée dans la cavité viscérale; sa branchie pectiniforme, unique, est d'une grandeur remarquable; l'organe excitateur mâle est placé en avant du tentacule droit. La coquille, épaisse, semi-globuleuse, à spire peu marquée, est sans ombilic, à ouverture semi-lunaire, à bord droit, denté ou non, à bord gauche tranchant, oblique, denté ou non, à opercule calcaire peu spiré ayant à son bord postérieur une ou deux apophyses.

On trouve des nérites dans presque tous les pays du monde; mais c'est dans les contrées les plus chaudes qu'on rencontre les espèces les plus grandes et aux couleurs les plus vives. Elles passent une partie de leur vie hors de l'eau, sans jamais trop s'en éloigner. Les nérites aiment à vivre en familles; aussi en trouve-t-on plusieurs espèces groupées sur le même rocher.

Parmi les espèces marines, nous citerons la *nérite polie*, à coquille la plus souvent noire, et le bord droit de l'opercule agréablement strié, qui se trouve dans la mer des Indes, et la *nérite grive*. Parmi les coquilles fluviatiles nous mentionnerons la *nérite parée*, dont le test, petit, ovale, convexe, est glabre ou jaunâtre, avec de petites lignes et des taches très-variées, brunes ou noires, que l'on trouve dans les rivières de la France, notamment mêlée au sable de la Seine et de la Marne; la *nérite longue épine*, des Indes occidentales, de couleur noire, avec de longues épines tubuleuses, qui couronnent postérieurement son dernier tour, et la *nérite courte épine*, découverte à la Nouvelle-Irlande, avec les premiers tours de spire armés d'épines.

NÉRON (Nero Claudius Cæsar Germanicus), fils de Domitius Œnobarbus et d'Agrippine, fille de Germanicus, né à Antium, le 25 décembre de l'an 37 de notre ère, adopté par l'empereur Claude, l'an 50, lui succéda, le 13 octobre de l'an 54. Tous les historiens s'accordent à célébrer sa justice, son affabilité, sa libéralité, sa politesse, et les sentiments d'humanité qu'il manifesta dans les premières années de sa jeunesse. A Néron demeuré ce qu'il était d'abord on eût certes pardonné de briguer en plein théâtre des applaudissements comme acteur et comme chanteur, d'ambitionner des couronnes poétiques et le prix des courses en char. Était-ce hypocrisie de sa part? sont-ce les circonstances qui l'ont changé? Toujours est-il qu'il s'engagea bientôt dans la voie du crime, et qu'une fois dans cette voie, il ne s'arrêta plus. Il fit périr par le poison Britannicus, fils de sa mère, Agrippine, et de l'empereur Claude, dès qu'il craignit que celle-ci ne voulût en faire contre lui un compétiteur à la pourpre impériale. Après avoir essayé de faire noyer sa mère dans une galère à soupape, il la fit poignarder par un affranchi. Le sénat approuva ce parricide, car Néron disait n'avoir arraché la vie à sa mère que pour sauver la sienne; mais Néron, nonobstant cette absolution du sénat, fut toujours poursuivi par ses remords. Là est peut-être le secret des excès de toutes natures auxquels il se livra pour s'étourdir et qui engendrèrent de nouveaux crimes.

Néron, disent les historiens, passait son temps dans les cabarets et dans les lieux de débauche, en compagnie d'une jeunesse avec laquelle il battait, volait et tuait; ainsi, une nuit il rencontre un sénateur que ne le connaissait pas, veut arracher sa femme de ses bras et la violer; le sénateur faillit tuer son agresseur. Ayant appris que c'était l'empereur, il lui écrit pour lui faire des excuses. « Quoi! s'écrie, Néron, il m'a frappé, et il existe encore! » Et il envoie sur-le-champ à ce sénateur, nommé Montanus, l'ordre de se donner la mort. Néron répudie sa femme Octavie, et épouse Poppea Sabina: habillé en femme, il épouse Pythagore, puis Dariphion, un de ses affranchis. Quelques historiens lui reprochent un des grands incendies de Rome; mais c'est peut-être là une assertion hasardée, et bien des faits semblent l'absoudre de cette monstruosité. Néron accusa les chrétiens de cet incendie, il en prit occasion pour les persécuter cruellement. Il fit rebâtir avec splendeur les quartiers détruits, et y fit construire un palais magnifique, où l'or, l'argent, le jaspe, l'albâtre, le marbre étaient prodigués, et qu'il appela la Maison d'Or. Néron aimait le faste; il ne portait jamais deux fois les mêmes habits; allait-il à la pêche, les filets dont il se servait étaient d'or; s'il voyageait, il fallait mille fourgons pour sa seule garde-robe. Quand il revint de la Grèce, où il était allé disputer le prix de la course aux jeux Olympiques, où il l'obtint, bien qu'il eût été renversé, il fit une entrée triomphale sur le char d'Auguste, entouré de musiciens et de comédiens de toutes les parties du monde. Il faisait largesse au peuple avec une profusion que l'on comprendra; car lui, qui n'avait rien d'avare, n'avait qu'à puiser à pleines mains dans le trésor public pour se faire une réputation de générosité; aussi jetait-il l'argent, l'or, et même les pierreries aux courtisans de la rue, et ceux-ci criaient *vive César!* Les dilapidations de la fortune publique au profit de sa popularité lui firent de nombreuses créatures, dont l'attachement à sa personne se manifesta même à sa mort.

Malheur à qui faisait obstacle à Néron; malheur à qui voulait conduire mieux que lui les chevaux d'un char, à qui eût osé prétendre chanter, jouer de la lyre, faire des vers mieux que lui; malheur à qui ne battait pas des mains à ses tentatives musicales ou poétiques; malheur surtout à qui eût osé concourir avec lui pour lui disputer le prix. La cruauté de l'empereur n'épargnait personne. Les historiens qui ont écrit sur Néron ont tous écrit, il ne faut point se le dissimuler, sous l'inspiration de ses ennemis triomphants.

Aussi sont-ils quelquefois suspects de partialité contre lui; mais s'ils lui reprochent quelques faits qui peuvent être controuvés, tels que l'embrasement de Rome, arrivé à une époque où il en était absent, l'empoisonnement de Burrhus, qui l'avait fait empereur, il est une foule de crimes, d'actes de cruauté qu'ils lui attribuent qu'on ne saurait révoquer en doute. Néron fit mettre à mort Octavie, sa première femme; il tua d'un coup de pied Poppée, qui l'avait remplacée dans le lit nuptial; Sénèque, Lucain, Pétrone, Pison, Épicharis, accusés de conspiration contre lui, périssent également par ses ordres; le consul Vestinius, Corbulon, un de ses plus vaillants, de ses plus habiles généraux, éprouvent le même sort, sans motifs plausibles; tout ce qui lui avait servi à arriver à la puissance suprême était brisé par lui dès qu'il craignait des adversaires dans ses anciens complices.

Néron s'appuyait sur le peuple dans les coups redoublés qu'il portait aux familles patriciennes. Mais parvenu à la pourpre par les prétoriens, il dévait périr par les prétoriens. Le Gaulois Vindex proclame, en Aquitaine, Galba empereur, et l'insurrection se propage avec la rapidité de l'éclair : elle gagne les prétoriens. Le sénat, qui supposait leur tyran couronne les projets les plus monstrueux, le condamne à être précipité du haut de la roche Tarpéienne, comme ennemi public, après avoir été traîné tout nu publiquement et fouetté jusqu'à ce que mort s'en suive. L'on a représenté souvent Néron comme étant mort et lâche; cela ne paraît pas exact. Ainsi, lorsque, fuyant devant le sort qui le menace, il a trouvé un refuge d'où il voit aussi la mort s'approcher, il fait creuser sous ses yeux une fosse pour sa sépulture; il caresse du doigt le tranchant de son poignard, en disant : « L'heure fatale n'est pas encore venue; » et quand le bruit des cavaliers qui viennent le saisir vivant frappe son oreille, il se poignarde en s'écriant : « Mourir! un artiste comme moi! »

Des actes qui n'étaient pas sans grandeur furent accomplis sous le règne de Néron; l'indépendance de la Grèce fut alors son ouvrage. L'organisation administrative romaine fut perfectionnée; presque tous les impôts furent supprimés; les fonctionnaires prévenus de violences et de rapines furent rigoureusement poursuivis; la quantité de blé que ces provinces avaient à fournir fut diminuée; une grande régularité fut établie dans l'administration des finances et de la justice. Les instructions données par Néron pour la reconstruction des maisons de Rome dévorées par l'incendie peuvent être considérées comme un modèle de sagesse. Voilà ce que l'histoire pourra dire en faveur de ce règne souillé de tant de sang.

NERPRUN, genre de la famille des rhamnées, composé d'arbrisseaux indigènes en Europe, et ainsi caractérisé : Feuilles alternes, stipulées, entières ou dentées, le plus souvent glabres; fleurs petites, verdâtres et peu apparentes; calice à tube urcéolé, à limbe divisé en quatre ou cinq lobes dressés ou étalés, aigus; corolle nulle ou à quatre ou cinq pétales alternes ayant la forme du calice; quatre ou cinq étamines, à filet très-court, à anthère introrse, biloculaire; ovaire à trois ou quatre loges; drupe charnu à deux ou quatre noyaux, osseux, monospermes.

Les espèces les plus communes de ce genre sont le *nerprun purgatif* (*rhamnus catharticus*, L.), vulgairement noirprun ou *bourguépine*; le *nerprun bourdaine* (*rhamnus frangula*, L.), ou *bourgène*; le *nerprun alaterne* (*rhamnus alaternus*, L.), que son feuillage persistant et d'un vert gai fait rechercher pour l'ornementation des jardins, où il produit un effet très-pittoresque, surtout en hiver, car il forme un buisson de un à deux mètres d'élévation, et qui croît spontanément dans toutes les contrées riveraines de la Méditerranée; enfin, le *nerprun des teinturiers* (*rhamnus infectorius*, L.), dont les fruits, employés en teinture sous le nom de *graines d'Avignon*, donnent la couleur jaune estimée que l'on appelle *stil de grain*.

NERTHUS, ancienne divinité des Germains, dont Tacite fait mention dans sa *Germanie* (chap. 1), était, suivant lui, adorée par divers peuples riverains de la Baltique, comme la Terre, notre mère, *Erde*, d'où la corruption du nom de Nerthus en Hertha. Dans une des îles de la Baltique, que, sans preuves bien concluantes, on suppose être l'île de Rugen, se trouvait voilé à tous les regards, au milieu d'un bois sacré, le char de la déesse. Quand les prêtres avaient déclaré qu'elle s'y était assise, elle faisait sur ce char, attelé de vaches, des promenades triomphales, répandant partout sur ses pas l'abondance, la joie et la prospérité. Au retour, on faisait laver dans un lieu secret, par des esclaves, le char, les étoffes qui l'entouraient et la déesse elle-même; puis on jetait ces esclaves dans un lac voisin, qui les engloutissait à jamais.

NERTSCHINSK, ville de 6,300 habitants, dans le gouvernement d'Irkoutsk (Sibérie orientale), à environ 700 myriamètres de Saint-Pétersbourg, et à plus de 100 myriamètres du chef-lieu du gouvernement dont elle dépend, est bâtie à l'embouchure de la Nertscha dans la Schilka, qui toutes deux appartiennent au bassin de l'Amour, avec une forteresse qui domine la frontière chinoise. Elle est surtout célèbre par les mines de plomb, d'or et d'argent de Nertschinski, situées à environ 28 myriamètres de là, dans les montagnes de ce nom qui font partie de la Daurie, contrée alpestre environnant le lac Baïkal. Dans ces mines, qui se composent de trente-trois fosses pour l'extraction du minerai d'argent, travaillent, en général à d'horribles profondeurs, plus de 4,000 mineurs, dont environ 1,000 condamnés; aussi le sort de ces criminels est-il le plus malheureux qu'on puisse imaginer. En 1835 on y recueillit 212 pouds d'argent et 6 kilogrammes d'or. En 1843 le produit de l'extraction aurifère fut de 48 pouds, dont 38 provenant de l'affinage de l'argent. *Nertschinskoï-Sawod*, village de mineurs, construit dans la montagne de Nertschinski, il y a une trentaine d'années, compte déjà plus de trois cents maisons.

NERVA (M. Cocceius), empereur romain, né l'an 32, à Narni, en Ombrie, s'appliqua à l'étude des belles-lettres. La nature l'avait fait poëte ; la douceur naturelle de son caractère répandit la mélancolie dans ses vers. Néron aima ce fils des Muses; et le sanglant empereur soupirait des éloges au lauréat, qu'il appelait son *Tibulle*. La jeune vertu de Nerva se tint à l'écart; et tandis que l'orgie énervait la grande Rome, lui dans l'ombre étudiait la philosophie, rêvait un meilleur avenir, et recherchait les vieilles lois, toutes pleines des souvenirs de la grandeur du Capitole. Pour la première fois consul avec Vespasien, il porta une seconde fois la pourpre avec Domitien (en 90). Ce prince ombrageux, digne héritier de Tibère, devina l'âme de Nerva, qu'il exila. Le futur empereur se préparait à s'éloigner de Rome pour la Séquanie, lorsqu'on lui apprit que le pouvoir de Domitien allait périr; que les prétoriens eux-mêmes laisseraient volontiers tomber cette puissance. Nerva, pour le bonheur de Rome, s'associa aux conspirateurs, et le 18 septembre 96 il fut proclamé empereur, après la chute de Domitien.

Nerva ennoblit la dignité qui lui avait été conférée; il abolit le crime de lèse-majesté, source de supplices et de tyrannie; il rappela les chrétiens proscrits, auxquels il permit l'exercice de leur culte, et les hommes que la convoitise ou l'avidité des maîtres de l'empire avait exilés; il leur rendit leurs biens. Après avoir réparé les injustices, il voulut punir les crimes; d'une main il releva les opprimés, de l'autre il frappa les oppresseurs. La horde infâme des dénonciateurs, toute sanglante du meurtre des derniers Romains, fut poursuivie, et Nerva défendit de recevoir à l'avenir le témoignage des affranchis et des esclaves accusant leurs bienfaiteurs et leurs maîtres. Domitien avait accordé des terres aux familles pauvres; l'empereur confirma ces dons, et il s'occupa de donner un asile et du pain aux enfants abandonnés, en soulageant les villes que des fléaux avaient ravagées. Il réforma le luxe dévorant du palais, et vendit ses bijoux et son propre patrimoine, qu'il considérait comme inutile, puisqu'en devenant le maître il était aussi devenu l'hôte du peuple romain. Nourri des vieilles traditions du Capitole, il voulut rendre au sénat sa primitive splendeur; il déclara les sénateurs inviolables, et les consulta souvent. Quand le sénateur Calpurnius conspira contre ses jours, il se borna à l'exiler, estimant plus la clémence que la justice. Les méchants murmurèrent et regrettèrent le passé; la garde prétorienne voulut commander comme autrefois. Nerva, obligé de céder un instant, et effrayé des malheurs qui pouvaient suivre sa mort, résolut de se choisir un successeur. Il le prit digne de lui. Il aurait pu élever sa famille; il préféra le bonheur du peuple Trajan fut l'élève et le fils adopté de Nerva. La mort enleva cet homme de bien l'an 98, à la fin de janvier.

A. GENEVAY.

NERVAL ou **NERVIN** (Baume). *Voyez* BAUME.

NERVEUX. Cet adjectif sert à qualifier ce qui appartient aux nerfs. On dira d'une personne qui a les nerfs très-irritables, qu'elle est *nerveuse*. *Nerveux* se prend quelquefois comme synonyme de vigoureux, au propre et au figuré; c'est ainsi que l'on dira : Un bras *nerveux*, Un style *Nerveux*.

Enfin, dans une autre acception, *nerveux* signifie plein de nerfs : Le pied est la partie la plus *nerveuse* du corps.

L'on supposait autrefois qu'un fluide en circulation dans les nerfs était l'agent du mouvement et de la sensibilité : on avait en conséquence donné à ce fluide le nom de *fluide nerveux*; aujourd'hui l'on n'admet plus guère l'existence du fluide *nerveux*.

NERVEUX (Système). *Voyez* NERFS.
NERVEUX (Tempérament). *Voyez* TEMPÉRAMENT.
NERVIENS. Les Nerviens étaient un des nombreux peuples de la Gaule Belgique; ils occupaient le Cambrésis, la Flandre française et le Hainault, et pouvaient mettre 50,000 hommes sous les armes. Ce peuple, qui avait Cambray pour capitale, lutta vigoureusement contre César, qui faillit perdre la vie dans une sanglante bataille qu'ils lui livrèrent, et qu'ils perdirent. Selon Strabon, les Nerviens tiraient leur origine des Germains.

NERVIN s'est dit en médecine des remèdes propres à fortifier les nerfs.

NERVURE est en botanique des filets saillants qui parcourent les surfaces des feuilles et de certaines plantes et des pétales de certaines fleurs.

En termes de relieur, c'est la réunion des parties saillantes qui sont formées sur le dos d'un livre par les nerfs ou cordes qui servent à relier.

Nervure se prend en architecture pour les arêtes des voûtes, pour les moulures placées sur des parties lisses ou des angles, et qui semblent être sur ces superficies ce que les nerfs sont à l'extérieur de la peau. Ces nervures se révèlent dans plusieurs monuments d'architecture gothique, dans les colonnes corinthiennes de la grande niche du Panthéon à Rome, dans les chapiteaux ioniques du temple de Minerve-Poliade à Athènes. En construction, la nervure est généralement l'arête qu'on laisse pour fortifier une partie de la pierre, particulièrement aux angles, et quelquefois la joue. On se sert encore du mot *nervure* pour désigner dans le feuillage des rinceaux d'ornements les côtes élevées de chaque feuille, qui représentent les tiges des plantes naturelles.

NERWINDE. *Voyez* NEERWINDE.
NESIM. *Voyez* BOUCLES D'OREILLES.
NESLE (Hôtel et Tour de). L'hôtel de Nesle, bâti par les seigneurs de ce nom, occupait avec ses jardins et ses bâtiments de service l'emplacement où l'on voit aujourd'hui l'hôtel de la Monnaie, le quai Conti, et les bâtiments de l'Institut, ci-devant collège Mazarin. A l'extrémité occidentale de cet emplacement, à l'angle formé par le cours de la Seine et le fossé de l'enceinte de Philippe-Auguste, étaient situées la Porte et la Tour de Nesle. La Porte, primitivement appelée Porte Hamelin, espèce de Bastille, qui subsistait encore du temps de Louis XIV, se composait d'un édifice flanqué de deux tours rondes, entre lesquelles était la porte de la ville. La tour de Nesle, située à quelques toises au nord de cette porte, était ronde, très-élevée, accouplée à une seconde tour, plus haute encore, mais moins forte en diamètre, et qui contenait l'escalier à vis desservant la tour principale. Au sujet de cette tour, qui occupait l'emplacement où s'élève aujourd'hui le pavillon du palais de l'Institut contenant la bibliothèque Mazarine, Brantôme a recueilli dans ses *Dames Galantes* une vieille tradition locale, qu'il ne saurait, dit-il, affirmer pour vraie, mais suivant laquelle, « une reine se tenait à l'hôtel de Nesle, « laquelle faisait le guet aux passants, et ceux qui lui « plaisaient et agréaient le plus, de quelque sorte de gens « que ce fussent, les faisait appeler et venir à elle; et « après en avoir tiré ce qu'elle en voulait, les faisait pré- « cipiter de la tour en bas dans l'eau (*voyez* BURIDAN) ».

Philippe le Bel avait acheté, en 1308, l'hôtel en question d'Amaury, marquis de Nesle, moyennant la somme de 5,000 livres. Il fut aliéné par son fils Louis le Hutin, et depuis il fit retour au domaine. Jeanne de Bourgogne, la reine à qui l'on attribue les processus dont nous avons parlé, ordonna, par son testament, qu'on le vendît pour le produit en être employé à la fondation du *Collège de Bourgogne*. Acquis plus tard par le duc de Berry, il fit encore retour à la couronne. En 1446 Charles VII en fit don à François Ier, duc de Bretagne, qui mourut sans enfants. En 1552 Henri II en vendit quelques parties, sur l'emplacement desquelles on éleva divers hôtels particuliers, comme l'hôtel de Nevers, l'hôtel Guénégaud, etc. Ce ne fut que sous Louis XIV que l'emplacement de l'hôtel de Nesle fut complètement aliéné. Le cardinal Mazarin l'acheta alors pour y faire construire le collège auquel il laissa son nom.

NESLES (Les demoiselles de). *Voyez* CHATEAUROUX (Duchesse de).

NESSELRODE (CHARLES-ROBERT, comte DE), chancelier de l'empire de Russie, l'un des diplomates les plus distingués de notre époque, appartient à une famille noble de Westphalie, qui par de nombreuses alliances se rattache aux familles patriciennes de Francfort. Il est né le 16 décembre 1780, à Francfort-sur-le-Mein. Son père (le comte *François de* NESSELRODE, né en 1724, mort à Francfort, en 1810) avait épousé, le 26 décembre 1779, Mlle Louise de Gontard, de cette ville. Ce fut quelque temps après la naissance de son fils qu'il alla représenter Catherine II auprès de Pierre III de Portugal. La comtesse de Nesselrode mourut au bout de quelques années, à Lisbonne; et après sa mort le jeune Charles fut envoyé à Francfort auprès de son oncle Henri de Gontard, pour y faire son éducation. Après avoir d'abord porté pendant quelque temps l'épaulette, il se décida à embrasser définitivement la carrière diplomatique, que le souvenir des services rendus par son père au gouvernement russe devait facilement lui ouvrir. Il fut attaché à la légation russe à Berlin, et le quelque temps de là passa en la même qualité à Stuttgardt. En 1805 et 1806 il remplit à La Haye les fonctions de secrétaire de légation et de chargé d'affaires. En 1807 il fut nommé conseiller d'ambassade à Paris. Dès 1810 il avait réussi à se procurer des renseignements positifs sur les armements secrets ordonnés dans tout l'empire français par Napoléon, en vue d'une rupture éventuelle avec la Russie; et en 1811 le comte Tschernicheff l'envoya à Saint-Pétersbourg mettre sous les yeux de l'empereur les documents recueillis, que la prudence ne permettait pas de confier à de simples dépêches, si bien chiffrées qu'elles fussent. C'est de ce voyage à Saint-Pétersbourg et des révélations si graves qu'il eut occasion de faire à son souverain que datent l'influence et le crédit du comte de Nesselrode auprès de l'empereur Alexandre. Frappé de ce qu'il y avait de bon sens pratique et de réfléchi dans son esprit, ce prince l'attacha aussitôt à la chancellerie d'État, et partagea ensuite entre lui et Capo d'Istria les attributions et le titre de ministre des affaires étrangères. A partir de ce moment et pendant près d'un demi-siècle le nom de M. de Nesselrode se trouve mêlé à toutes les grandes négociations diplomatiques qui ont eu pour résultat de déplacer l'axe des influences créées par la révolution française et par Napoléon, son héritier, et de refaire la carte de l'Europe, un instant bouleversée par les éclatantes victoires, par les prodigieuses conquêtes de l'homme du destin. En 1812 la Russie avait à lutter seule contre Napoléon, c'est-à-dire contre toute l'Europe, car l'alliance de l'Angleterre ne pouvait guère lui servir qu'à faciliter les opérations financières nécessaires pour donner à la défense de l'empire menacé les proportions colossales de l'attaque ; or le territoire russe n'était pas encore envahi par la grande armée, que déjà M. de Nesselrode était parvenu à nouer de secrètes intelligences avec la Prusse, l'Autriche et la plupart des princes de la Confédération du Rhin, dont les bataillons étaient cependant à ce moment même groupés sous les aigles françaises. Il n'y avait pas jusqu'à Murat lui-même qui n'eût favorablement accueilli les ouvertures qui lui étaient faites, et qui en secret ne protestât de sa disposition à saisir la première occasion qui se présenterait de secouer le joug, de plus en plus intolérable, que Napoléon imposait à ses alliés. Les désastres de la campagne de Russie furent le signal de la réaction préparée de longue main dans les cabinets de l'Europe par M. de Nesselrode ; et à la fin de 1813 c'est le sol français qui à son tour était envahi par l'Europe tout entière. Le 19 mars 1813 il avait signé la convention de Breslau, destinée à compléter le traité de Kalisch ; le 15 juin suivant il conciliait avec lord Cathcart, à Reichenbach, en Silésie, le traité par lequel l'Angleterre s'obligeait à fournir à la coalition les subsides dont elle avait besoin. Le 9 septembre, à Tœplitz, les plénipotentiaires de la Russie et de l'Autriche signaient un traité d'alliance offensive et défensive entre les deux puissances ; et un traité identique intervenait le même jour entre la Prusse et l'Autriche. Le nom de M. de Nesselrode se trouve au bas de tous ces actes, et il ne faut pas oublier que le ministre assez habile pour liguer ainsi contre Napoléon les puissances qui six mois auparavant étaient ses alliées avait à peine encore trente-trois ans. On voit qu'il en est de l'habileté comme de la valeur, et qu'elle n'attend pas le nombre des années.

La diplomatie européenne était alors nomade ; elle suivait les grands quartiers généraux et les accompagnait de bivouac en bivouac. M. de Nesselrode, constamment à la suite de l'empereur Alexandre, entra avec lui en France, et le 1er mars 1814 il y signa, à Chaumont, le fameux traité de la Quadruple Alliance, par lequel l'Europe victorieuse déclarait qu'elle ne traiterait plus avec Napoléon, qu'on proclamait ainsi déchu du trône un mois avant la prise de Paris. Dans la nuit du 30 au 31 du même mois, Marmont se voyait réduit à traiter avec M. de Nesselrode et le comte Orloff de la reddition de la capitale, où il lui était impossible de tenir plus longtemps ; le lendemain les armées alliées faisaient leur entrée triomphale dans Paris, et c'en était fait de l'empire de Napoléon. L'Europe était enfin vengée de ses longues et cruelles humiliations, et le temps est venu sans doute où l'on peut, où l'on doit reconnaître la générosité dont elle en usa alors avec la nation française, à qui elle n'imposa le payement d'aucune espèce d'indemnité pour les frais de la guerre, et à qui elle abandonna même les chefs-d'œuvre de l'art dont la victoire avait dépouillé les musées de l'Italie et de l'Allemagne pour en enrichir le musée du Louvre, et que la victoire était certes en droit de nous reprendre, comme elle fit l'année suivante, après les cent jours. Dans cette conduite, si différente de celle qu'avaient tenue les armées françaises dans les diverses capitales étrangères, il faut savoir reconnaître l'influence modératrice de la diplomatie, et une bonne partie de l'honneur en revient nécessairement à M. de Nesselrode.

Après avoir signé la paix de Paris du 30 mai 1814, il alla assister au congrès de Vienne, où la Russie prit une part si importante au règlement des affaires générales du continent. Le débarquement de Napoléon à Cannes surprit les plénipotentiaires au milieu des fêtes et des bals ; mais, avec une résolution qui pallie leur imprévoyance, ils signaient dès le 13 mars l'acte solennel qui mettait définitivement Napoléon au ban des nations. La constitution de la Sainte-Alliance fut l'œuvre personnelle de l'empereur Alexandre, qui y apporta quelques-unes des idées mystiques dont il commençait à être obsédé. Dans l'esprit de ce prince, l'ordre monarchique qu'on constituait en Europe, à l'effet d'y comprimer l'esprit de révolte et de révolution, devait durer indéfiniment, « parce qu'il était fondé sur la combinaison puissante des nouvelles harmonies créées pour répondre aux récents progrès de la raison humaine,». M. de Nesselrode avait l'esprit trop positif et trop vif pour donner dans ce galimatias double ; et s'il consentit à se prêter aux hallucinations de son maître, jamais il ne perdit de vue le grand but de toute sa vie politique, l'accroissement incessant de la grandeur et de la force matérielle de la Russie, dont son habileté consommée réussit à faire pendant plus de trente ans l'arbitre des destinées de l'Europe.

Il y avait à peine dix-huit mois que le congrès d'Aix-la-Chapelle avait résolu toutes les questions qui se rattachaient à l'évacuation du sol de la France par les armées coalisées, qu'une subite explosion de l'esprit révolutionnaire en Espagne, à Naples et en Piémont prouvait aux hommes de la Sainte-Alliance combien profonde avait été leur erreur de croire qu'ils en avaient fini avec cet esprit de liberté et de progrès qui est le propre de l'humanité, qui dérange sans doute les belles combinaisons de la diplomatie et entraîne trop souvent à sa suite autant de calamités générales que de misères particulières, mais auquel il est finalement impossible de résister. Les congrès de Troppau, de Laybach et de Vérone, où nous retrouvons encore une fois le nom de M. de Nesselrode, furent impuissants à consolider l'œuvre de la Sainte-Alliance ; et la révolution qui n'avait été si comprimée à Naples et en Piémont qu'elle surgit de nouveau en Grèce. Grande fut alors la perplexité de l'empereur Alexandre, qui ne pouvait s'empêcher de faire des vœux pour le triomphe des insurgés, parce que ces insurgés appartenaient à l'église dont il était le chef et gémissaient depuis près de quatre siècles sous l'oppression des Turcs, ces ennemis naturels du monde chrétien, enfin parce que la Russie croit avoir la mission providentielle d'expulser quelque jour de l'Europe des barbares qui en ont usurpé, grâce à ses divisions, la plus belle partie. Mais, d'un autre côté, il ne pouvait se dissimuler que prendre fait et cause pour les Grecs, c'était déchirer lui-même les traités qu'il considérait comme la garantie de la paix du monde, et donner le premier l'exemple de l'infraction à la foi jurée. Les victoires remportées tant sur terre que sur mer par les insurgés mirent fin aux hésitations du cabinet russo. Il s'aperçut en effet, à sa grande surprise, qu'il lui fallait compter, lui aussi, avec l'opinion publique, qui commençait à s'indigner de voir le souverain de l'orthodoxe Russie ne pas donner son appui à un peuple combattant sous l'étendard de la croix grecque. M. de Nesselrode, dans une note célèbre adressée aux cabinets de Vienne et de Berlin, se chargea d'expliquer à l'Europe ce revirement survenu dans les idées de la cour de Saint-Pétersbourg au sujet de la cause grecque, qui maintenant avec lui prenait décidément sous sa protection, et de rassurer les puissances signataires des traités de la Sainte-Alliance au sujet des intentions de son maître.

C'est alors qu'une mort subite et prématurée enleva l'empereur Alexandre, qui légua à son frère Nicolas la solution des difficultés de plus en plus grandes que devait soulever la question grecque, en dévoilant toujours davantage les projets de conquête cachés sous la politique habile et temporisatrice suivie depuis plus d'un siècle par la Russie à l'égard de l'Empire Ottoman. Le traité d'Andrinople conclu ne

1829, à la suite de deux campagnes dont le résultat avait été de faire franchir les Balkans aux aigles russes, mit la Turquie à la discrétion de la Russie, et fait le plus grand honneur à la perspicacité ainsi qu'à la sagacité de M. de Nesselrode, qui sous le nouveau règne avait conservé les fonctions de ministre des affaires étrangères, et à qui l'empereur Nicolas ne témoignait pas une confiance moins entière que l'empereur Alexandre. La pensée qu'on voit dominer tout le règne de l'empereur Nicolas, c'est de développer incessamment l'influence de la Russie en Orient, tout en rassurant autant que possible l'Europe sur les éventualités que cette influence pourrait provoquer un jour ou un autre, et en même temps de maintenir les principes proclamés en 1815 par la Sainte-Alliance, afin de pouvoir au besoin intervenir dans les affaires intérieures du continent. La révolution de Juillet fit comprendre à l'empereur que l'esprit révolutionnaire était plus fort, plus vivace que jamais; et s'il fit à la dynastie acclamée sur les barricades par les 221 l'aumône de la reconnaître, ce fut en des termes tels que le nouveau roi dut comprendre que jamais le cabinet de Saint-Pétersbourg ne verrait en lui qu'un usurpateur. L'insurrection de la Pologne fut pour la Russie un moment de crise redoutable; et M. de Nesselrode, réussissant à faire en sorte que l'Europe restât l'arme au bras, tranquille spectatrice de la nouvelle exécution d'une nation aussi brave qu'infortunée et ayant les sympathies de tous les peuples chrétiens, remporta un des plus beaux succès qui aient marqué sa carrière diplomatique. Le traité d'Unkiar-Skélessi (8 juillet 1833), qui livrait la Turquie pieds et poings liés à la Russie, est un des autres triomphes de son habileté politique, qui ne parut jamais plus grande, que lors de la conclusion du traité du 15 juillet 1840. A propos de l'éternelle question d'Orient, la diplomatie russe était encore une fois parvenue à coaliser toute l'Europe contre la France, et cela sans que les ministres de Louis-Philippe eussent rien su de ce qui se tramait contre notre pays. Le roi des barricades désavoua alors son trop belliqueux ministre, M. Thiers, le remplaça par M. Guizot, partisan de la paix à tout prix, demanda bien humblement pardon des preuves de sympathie données par la France à Méhémet-Ali dans sa, lutte contre le sultan, et obtint ainsi sa rentrée dans le concert européen. La Russie donnant le change à l'Europe, l'ameutant contre cette incorrigible France, qui veut *révolutionner* l'Orient, et prenant le padischah sous sa protection, tel fut le tour de force accompli en 1840 par M. de Nesselrode, qui porta ainsi la puissance de la Russie à son apogée. En 1848 et 1849 elle garda une attitude d'observation, et n'intervint dans les commotions auxquelles était alors en proie l'Europe centrale qu'au moment où l'occasion se présenta à elle de venir au secours de la maison d'Autriche, à laquelle la Hongrie était au moment d'échapper et de porter ainsi un coup décisif à la révolution. En même temps elle mettait à profit les troubles dont les Principautés étaient le théâtre pour augmenter encore par le traité de Balta-Liman son influence en Orient, et par sa médiation entre la Prusse et l'Autriche, à la veille de se disputer à coups de canon l'hégémonie de ce grand corps germanique aspirant à l'unité, elle resserrait les liens de l'alliance déjà à moitié rompue des puissances de l'est. En 1853, quand survinrent en Orient les complications qui conduisirent à la guerre dont ces contrées furent le théâtre en 1854, 1855 et 1856, M. de Nesselrode était de l'avis d'une solution pacifique de ce conflit, où l'empereur Nicolas crut malheureusement l'honneur de la Russie engagé. La guerre une fois déclarée, M. de Nesselrode se montra en toutes circonstances disposé à traiter du rétablissement de la paix sur des bases honorables; et le dernier service qu'il lui ait été donné de rendre à son pays d'adoption au jeune empereur, que la mort de l'empereur Nicolas venait de faire l'arbitre des destinées de cinquante millions de nationaux, a été d'user de toute son influence pour faciliter les négociations par suite desquelles s'ouvrit ce congrès de Paris qui, le 30 mars 1856, a rendu la paix au monde. Certes c'est là une carrière dignement remplie, dignement close. M. de Nesselrode crut alors devoir prendre du repos après une vie si active, afin d'avoir, comme il disait, le temps de se préparer à en rendre compte à son Créateur. En accédant à sa demande, l'empereur Alexandre II n'a pas voulu se priver absolument des services et des bons conseils de son ancien ministre; et tout en lui donnant un successeur dans la direction des affaires étrangères, il l'a maintenu dans ses fonctions de chancelier de l'empire. M. de Nesselrode, âgé aujourd'hui de soixante-seize ans, est, avec M. de Metternich, le seul survivant des hommes d'État qui prirent part aux travaux du congrès de Vienne. On vante à bon droit ses circulaires et ses dépêches diplomatiques, toutes remarquables par la précision du langage; par la netteté et la lucidité des discussions, par le soin avec lequel il sait éviter ces expressions, ces déclarations qui engagent ou qu'on est ensuite obligé de rétracter. Ce sont autant de modèles que doivent étudier les diplomates de tous les pays.

NESSUS, centaure, fils d'Ixion et de Néphélé. *Voyez* DÉJANIRE.

NESTOR, fils de Nélée et de Chloris, neveu de Pélias et petit-fils d'Hercule, est le héros favori d'Homère. Son père, roi d'Orchomène et de Pylos, en Arcadie, le fit élever chez les Géraniens. Fort jeune encore, Nestor préluda à sa longue et brillante carrière par une expédition contre les Épéens, depuis Éléens, autre peuple du Péloponnèse. Cependant, il ne prit aucune part à la guerre que son père et ses onze frères soutinrent contre Hercule, lorsque celui-ci traversa la Messénie, après avoir fondé les jeux olympiques. C'est à cette neutralité qu'il dut d'échapper à la ruine de sa nombreuse famille. Non content de lui accorder la vie, le vainqueur le plaça sur le trône paternel, et réunit même sous sa domination tout l'empire des Messéniens. Aux noces de Pirithoüs et d'Hippodamie, où les Lapithes et les Centaures se disputèrent si horriblement la fiancée, Nestor se distingua par sa valeur; il tua de sa main plusieurs Centaures, et reçut au visage une blessure dont il conserva la marque toute sa vie. Sa grande vieillesse ne l'empêcha pas d'accompagner les autres princes grecs au siège de Troie; il y conduisit quatre-vingt-dix vaisseaux montés par les Pyliens et les Messéniens, ses sujets. Là il se fit admirer par son courage et son éloquence, qu'Homère compare à des flots de miel. L'auteur de l'Iliade accumule sur sa tête toutes les grandes qualités qui composent un héros achevé, de manière à justifier ce mot d'Agamemnon, « que s'il avait dix Nestors dans son armée, c'en serait fait de Troie ». Après le désastre de Troie, Nestor revint dans sa patrie achever sa longue carrière, dans un repos heureux et mérité, au milieu d'une postérité nombreuse; car de son mariage avec Anaxilie, fille d'Atrée, suivant les uns, avec Eurydice, fille de Clymène, suivant les autres, il n'avait pas eu moins de deux filles et sept fils. Des auteurs veulent, au contraire, qu'il soit allé en Italie fonder Métaponte. L'époque et le genre de sa mort sont d'ailleurs demeurés inconnus. Les anciens s'accordent à dire qu'il vécut trois âges d'homme, ce qu'il paraît plus raisonnable d'interpréter par quatre-vingt-dix à cent ans que par trois cents, comme l'a fait Ovide. Sa longévité devint proverbiale chez les Grecs et même chez les Latins, qui pour souhaiter à quelqu'un une longue vie lui souhaitaient les années de Nestor.

NESTOR, le plus ancien des chroniqueurs russes, né vers l'an 1056, était moine dans le couvent de Petscheri, à Kief, et mourut vers l'an 1116. Outre quelques vies d'abbés et de religieux de son couvent, mais dont les fragments n'ont été recueillis que plus tard, par une main étrangère, il écrivit dans l'ancienne langue slave ou ecclésiastique une chronique qui est d'une importance extrême pour l'histoire du Nord. Il y met visiblement à profit les plus anciennes histoires byzantines; on ignore quelles furent les autres sources auxquelles il puisa. Il fut le contemporain d'un grand nombre de faits qu'il raconte, ou bien il les tenait de la bouche d'un vieux moine de son couvent. Ses indications de dates commencent à l'année 852. L'exposition y est conforme à l'esprit du temps. De pieuses considérations et des sentences bibliques sont souvent intercalées dans le texte, et les personnages dont il y est question parlent le plus souvent eux-mêmes. Comme le texte original de sa chronique s'est perdu, et qu'elle a été étrangement défigurée jusqu'en 1203 par les interpolations que se sont permises ses continuateurs, l'évêque Sylvestre de Kief, et quelques autres encore restés inconnus, il sera difficile d'apprécier son véritable mérite comme historien tant que la critique n'aura pas établi d'une manière précise ce qui est bien de Nestor dans l'ouvrage qui porte son nom. On ne peut pas même dire avec certitude jusqu'à quelle année va son travail. Les plus anciennes éditions sont de 1767, 1781, 1784, 1786 et 1796, et imprimées soit à Saint-Pétersbourg, soit à Moscou. La dernière édition complète est celle qu'en a donnée Pogodin, en 1841. La seule traduction française de la chronique de Nestor est celle de M. Paris.

NESTORIANISME. *Voyez* Nestoriens.

NESTORIENS, nom d'une secte religieuse qui adopta les opinions de Nestorius, et qui naquit au cinquième siècle. Comme les nestoriens prétendaient que dans le Christ l'élément divin et l'élément humain, après leur réunion en une seule personne, avaient conservé leur essence propre, ils en inféraient que l'incarnation du *Logos* était incompréhensible, que la transmission des qualités essentiellement humaines à l'élément divin du Christ ne pouvait avoir eu lieu, que par conséquent il ne pouvait être question des souffrances du *Logos*, non plus que de Marie comme mère de Dieu, et qu'il ne fallait voir dans Marie que la femme qui avait mis J.-C. au monde. Les opinions, qui constituent ce qu'on appelle le *nestorianisme*, furent condamnées par Célestin Ier à Rome, par Cyrille à Alexandrie, et tout d'une voix dans le concile général tenu à Éphèse en l'an 431. Il en résulta une scission entre l'Église grecque et celles d'Antioche et d'Égypte, les deux premières ayant trouvé dans la condamnation de l'apolinarisme (*voyez* APOLLINAIRE) et le docétisme (*voyez* DOCÈTES). Toutefois, l'Église d'Égypte fut d'avis que ces Églises, en séparant les deux natures dans le Logos, devaient croire à un Christ double. Cependant, il régnait toujours peu d'unité parmi les Orientaux, et l'évêque Rabulas d'Éphèse embrassa la doctrine de Cyrille, et s'éleva contre les écrits de Théodore de Mopsueste, où il voyait la véritable origine du nestorianisme. L'évêque Jean d'Antioche négocia aussi avec Cyrille, et se réunit à lui quand Cyrille eut sanctionné une profession de foi rédigée par Théodoret, conforme dans ses dispositions essentielles aux doctrines de l'Église d'Antioche, et dans laquelle il reconnaissait que les deux natures dans le Christ étaient devenues une unité et que Marie était la mère de Dieu. Beaucoup d'Égyptiens n'y virent, avec raison, que la profession de foi du nestorianisme, précédemment condamné, et beaucoup d'évêques de Syrie, voyant confirmer la condamnation innocente de Nestorius, rompirent avec l'Église d'Antioche. Cependant, pour justifier la condamnation, les docteurs de l'Église, tels que Cassien et saint Augustin, falsifièrent la doctrine de Nestorius, qui de la sorte ne fut transmise aux siècles suivants que défigurée, jusqu'au moment où Luther, dans son écrit *Sur les Conciles*, et après lui quelques hommes judicieux, eussent signalé la falsification. Les évêques de Syrie furent contraints par la force de reconnaître la paix ecclésiastique intervenue entre Jean et Cyrille. Ceux qui s'y refusèrent furent expulsés de leur siége. Ce fut là surtout le sort des docteurs de l'école théologique d'Édesse. Ils se réfugièrent en Perse, et y fondèrent (an 489), sous la direction de Thomas Barsumas, l'Église séparée des chrétiens chaldéens, ou, comme on les appelle aux grandes Indes, des *chrétiens de Saint Thomas*. Ils se placèrent sous l'autorité de l'évêque de Séleucie et Ctésiphon, et le nommèrent leur *catholicos* ou *jacelich*. Au concile de Séleucie (en 500), sous le jacelich Babbæus, le dogme fondamental des deux natures de Jésus dans une même forme et de Marie comme mère du Christ fut de nouveau proclamé; et les nestoriens non-seulement se maintinrent en Perse, où ils trouvèrent un appui puissant contre Rome, mais encore se répandirent même pendant le cours du sixième siècle dans toutes les parties de l'Asie, notamment dans l'Arabie et dans l'Inde. On prétend même qu'en l'an 636 ils parvinrent jusqu'en Chine. En même temps ils conservèrent l'érudition de l'Église de Syrie (leur plus importante école était située à Nisidis), et répandirent la connaissance de la science grecque en Asie. Au onzième siècle ils réussirent à convertir la famille des princes tatares des Keraïts. Ce fut inutilement que le pape Alexandre III tenta de soumettre à son autorité cette famille princière, ainsi que les nestoriens, dont tout au contraire l'influence ne fit que s'accroître. De nouvelles tentatives faites sous Innocent IV et sous Nicolas IV ne furent pas plus heureuses. Toutefois, en 1551, une scission éclata parmi les nestoriens, les uns ayant alors reconnu pour évêque le prêtre Sulakas, ordonné par le pape Jules III sous le nom de Jean, et les autres le prêtre Barmas. Le parti qui avait reconnu Sulakas rentra dans le giron de l'Église catholique, sous l'influence de l'archevêque de Goa, Alexis de Menesis, et forma ce qu'on a appelé depuis lors les *nestoriens unis*. On les désigne d'ordinaire sous le nom de chrétiens chaldéens. Ils sont au nombre d'environ 90,000, reconnaissent la suprématie du siége de Rome et les sept sacrements; mais ils ont toujours conservé leur dogme fondamental, et suivent le rit de l'Église grecque. Les *nestoriens non unis* ne reconnaissent en fait de sacrements que le baptême, la communion et l'ordre de prêtrise. Leurs prêtres peuvent se marier, et leur nombre s'élève à environ 70,000 âmes. Leur ancienne culture scientifique a presque complétement disparu. Les religieux nestoriens de l'un et l'autre sexe suivent la règle de Saint-Antoine. Ils ont un grand nombre de couvents, mais il en est peu qui soient très-peuplés. Dans beaucoup de monastères résident aussi des nonnes, qui rendent des services de sœurs laies. Moines et nonnes peuvent d'ailleurs quitter leur couvent et se marier quand bon leur semble. Après les exercices religieux, le travail manuel constitue leur principale occupation.

NESTORIUS, moine et presbytère d'Antioche, patriarche de Constantinople à partir de l'an 428, eut pour maîtres Diodore de Tarse et Théodore de Mopsueste, et se distingua par son érudition et son éloquence. Comme, d'accord avec le presbytère Anastase, il établissait une distinction très-tranchée entre la nature divine et la nature humaine du Christ, et se refusait en conséquence à donner à la vierge Marie le nom de mère de Dieu, il fut accusé par Cyrille, à Alexandrie, de faire des deux natures de Christ deux personnes différentes et de nier la divinité du Christ; en conséquence de quoi il fut déposé, comme hérétique, par le concile tenu à Éphèse en 431. Il mourut vers l'an 440, dans l'exil, et abandonné même de ses amis, par des considérations politiques (*voyez* NESTORIENS).

NESZMÉLY, village de Hongrie, célèbre par ses vins, situé sur la rive droite du Danube, dans le comitat de Comorn, compte environ 1,200 habitants. Il est tout entouré de vignobles. Sur un sol d'origine volcanique, sujet parfois aux tremblements de terre, la culture de la vigne réussit si admirablement que l'on recueille en conséquence à Neszmély le *vin de Tokay* celui qui passe pour le meilleur de la Hongrie, et il n'est pas non plus moins recherché par les gourmets de tous les pays. Au reste, il en est du cru de Neszmély comme de tous les grands crûs, en France, en Allemagne, en Espagne, en Italie, dans l'Archipel, etc.; il s'en vend vingt fois plus qu'il ne s'en récolte, attendu que l'on fait passer les produits des vignobles voisins pour ceux du cru en renom.

NETSCHER (GASPARD) naquit à Heidelberg, en 1639, ou à Prague, en 1636. Son père, *Jean* Netscher, sculpteur et ingénieur, ayant quitté Prague, parce qu'il était protestant, se retira à Heidelberg, et y mourut. Sa veuve, obligée de quitter Heidelberg avec ses quatre enfants, alla chercher un asile dans un château fortifié, où les vivres manquèrent après un siége de plusieurs mois. La pauvre mère eut la poignante douleur de voir deux de ses fils mourir de faim à ses côtés. A la faveur d'une nuit obscure, elle se sauva avec sa petite-fille et son fils Gaspard, qui n'avait alors que deux ans. Elle arriva exténuée à Arnheim, où elle vécut des charités de quelques personnes bienfaisantes, et en particulier d'un médecin nommé Tullekens, qui jouissait en vieux garçon d'une fortune considérable. La figure animée et gracieuse du petit Gaspard l'intéressa ; plus tard, il conçut pour lui une tendresse si vive qu'il se l'attacha tout à fait par les liens de l'adoption; de plus, il voulut, en bon père, lui assurer un état et le mettre à même de le remplacer un jour auprès de ses nombreux malades. Le jeune Netscher fit des progrès dans l'étude de la langue latine; mais il employait ses heures de récréation et une partie de ses nuits à dessiner : bientôt il fut dominé par sa vocation d'une manière tout à fait exclusive, et malgré les réprimandes sévères de ses maîtres, il voulut être peintre.

Tullekens vit avec peine ses projets dérangés; mais il ne crut pas devoir user de l'influence qu'il exerçait sur Netscher pour le détourner d'un penchant si prononcé. Il le plaça d'abord chez un peintre verrier, qui passait pour un artiste très-habile, à Arnheim; puis il l'envoya étudier à Deventer, chez un nommé Koster, qui excellait à peindre les oiseaux, le gibier et la nature morte. Gaspard entra dans cet atelier à la recommandation d'un parent de Terburg, qui, revenu riche de ses voyages en Espagne et en Angleterre, était alors bourgmestre de Deventer. La douceur, l'habileté de ce maître, inspirèrent du goût et de l'ardeur à son jeune élève, qui, ayant mis à profit ses belles dispositions, parvint à surpasser ses condisciples ; à cette époque, Netscher composait déjà avec esprit, et réussissait surtout à reproduire avec une grande supériorité d'exécution les draperies, les étoffes de soie, les meubles, les tapis. De bonne heure il s'était appliqué à dessiner les objets d'après nature, et à peindre tous les effets de la lumière et de la couleur. Au sortir de cette école, il acheva de se perfectionner sous Terburg, dont il adopta un peu la manière; il est loin pourtant de rappeler la légèreté de touche, l'élégance du dessin, la finesse des tons, qu'on trouve dans les ouvrages de ce dernier. Puis il se mit à peindre pour les marchands de tableaux, qui exploitèrent à qui mieux mieux son talent, encore inconnu. Pour s'écarter de cette direction mauvaise, où ses belles qualités auraient fini par se perdre, il résolut de faire un voyage en Italie, et d'aller étudier la peinture des grands maîtres. Dans cette intention, il s'embarqua sur un navire qui allait à Bordeaux. Pendant la traversée, il eut occasion de faire la connaissance d'un Liégeois nommé Godyn : cet homme, qui était un marchand assez riche, avait une fille jeune et jolie : notre peintre conçut de l'amour pour elle, et il l'épousa, en 1659. Dès lors, adieu les Alpes, l'Italie, et les aventureux voyages, et les projets de gloire ; un coup inattendu de la fortune changea toute la destinée de Netscher, et il s'établit à Bordeaux. Il y a apparence que durant toute sa vie il y serait paisiblement resté, si dans cette ville, comme dans la majeure partie de la France, la religion protestante, qu'il exerçait, n'eût pas éprouvé de dures persécutions.

Il revint de Bordeaux, et fixa sa résidence à La Haye, où son nom fut bientôt célèbre. Afin de se conformer au goût des amateurs de cette époque et de ce pays, il s'attacha d'abord à composer de petits sujets d'un fini précieux, qui furent très-recherchés, mais toujours fort peu payés pour le temps qu'il passait à les peindre. Aussi, malgré l'ardeur qu'il mettait à produire, il ne devenait pas riche. L'étonnante réputation, la facilité des Rembrandt, des Gérard Dow, des Metzu, des Terburg, qui étaient ses contemporains, et pour lui de redoutables rivaux, nuisaient à la vente de ses ouvrages, et ne le laissaient arriver qu'en sous-ordre. Cependant, il avait à sa charge une famille, qui devenait de jour en jour plus nombreuse. Ce fut alors qu'adoptant un genre à la fois plus facile et plus productif, il se fit portraitiste. Personne ne réussissait mieux que lui à saisir les ressemblances, et il ne pouvait suffire à peindre tous les ambassadeurs, les princes étrangers et les riches négociants, dont La Haye était le rendez-vous. Temple, qui remplissait dans cette ville les fonctions de chargé d'affaires pour l'Angleterre, fit à notre artiste, de la part du roi Charles II, son maître, des propositions magnifiques, espérant ainsi l'engager à s'établir à Londres ; mais Netscher ne les accepta pas, prétextant le mauvais état de sa santé, son peu de goût pour les grandeurs, ses habitudes sédentaires. Enfin, il aimait sa nouvelle patrie , et d'ailleurs la première de ses excuses n'était que trop bonne, puisqu'il fut réduit bientôt à garder le lit. Il peignit même plusieurs portraits dans cette incommode et pénible situation ; avec le temps, ses infirmités devinrent plus douloureuses, et il fut contraint de renoncer au travail. Il mourut à La Haye, le 15 janvier 1684. Sa succession, qui s'éleva, dit-on, à plus de 83,000 florins, fut partagée entre ses neuf enfants, dont deux, Théodore et Constantin, furent peintres. Sa veuve, encore jeune, épousa un maître d'armes, qui la rendit malheureuse et dissipa par son inconduite, par son ivrognerie, le peu de fortune qu'elle avait voulu partager avec lui.

Netscher peut passer pour l'un des meilleurs artistes de l'école hollandaise. Sa touche est moelleuse, fondue et délicate, sans être apparente ou affectée; son fini est doux, et ne sent pas l'étude ou la peine; son pinceau est plein de fraîcheur ; le ton de sa couleur est naturel et doré. Dans ses intérieurs, on trouve une intelligence admirable du clair-obscur. Son dessin, qui parfois semble lourd, est pourtant correct. Ses figures, un peu trop rondes, ont de la simplicité, souvent de la grâce, et toujours une expression naturelle. Notre musée du Louvre possède de lui *La Leçon de chant* ; *La Leçon de basse de viole*. On voyait autrefois dans la galerie du Régent, au Palais-Royal , le portrait de Netscher peint de sa main ; *Une Maîtresse d'École apprenant à lire à une jeune fille* ; *Sara présentant Agar à Abraham* ; *Les Bohémiennes* ; *Un Sacrifice à Vénus*. Descamps ajoute à ce catalogue *Une Jeune Femme qui tricote des bas* ; *Une Mère apprenant à lire à ses enfants* ; *Une Dentelière* ; le portrait en pied d'*Une femme tenant une montre* ; *Un enfant qui fait des bulles de savon*, gravé par Wille sous le nom du *Petit Physicien* ; *Une Jeune Fille se nettoyant les dents*. Le comte de Vence possédait le portrait de Netscher, ceux de sa femme et de ses deux filles, et la plus belle composition du pinceau de ce maître, une *Cléopâtre se faisant mordre le sein par l'aspic*. La gravure que nous en a donnée Wille est remarquable et très-recherchée. On cite encore *Vertumne et Pomone* ; le portrait d'une femme italienne; le portrait d'une princesse d'Orange, reine d'Angleterre ; un gentilhomme faisant voir une médaille d'or à deux dames ; une nymphe nue et endormie à l'ombre, surprise par un satyre ; une femme faisant la toilette de deux enfants ; deux portraits de femme en pied avec un chien ; une petite couturière ; un enfant qui se regarde dans un miroir ; la femme de Netscher allaitant son fils ; le portrait de Marie Stuart ; un berger et une bergère dans un paysage ; une conversation musicale à quatre personnages ; une jeune fille agaçant une perruche, etc. La moitié de ces tableaux est peinte sur bois, l'autre sur toile.

NETSCHER (THÉODORE), l'aîné des fils de Gaspard, naquit à Bordeaux, en 1661, et fut élève de son père. A l'âge de dix-huit ans il quitta Leyde pour venir à Paris avec le comte d'Avaux, envoyé de France en Hollande. A la recommandation de ce personnage, il fut bien venu de la noblesse, peignit le beau monde et la cour ; il passa ainsi vingt années à Paris, vivant dans le luxe et toujours fêté ; puis il revint en Hollande, à la suite de M. Oudyck, ambassadeur de ce pays près la cour de France. Peu de temps après , il obtint la recette des états généraux à Huist ; sans s'occuper beaucoup de cette charge, il en touchait les appointements. Devenu riche et grand seigneur, il fit un voyage à Londres ;

mais ayant été accusé de malversations pendant son absence, comme receveur, il se hâta de revenir en Hollande ; non content de se disculper, il se démit de sa charge, dont il pouvait fort bien se passer, et mourut à Hulst, en 1732. Cet artiste, qui n'avait pas un mérite supérieur, eut une existence magnifique. La nature de son talent, un peu maniéré, lui valut tant de succès dans le monde que bientôt il dédaigna d'exercer sa profession. Néanmoins, il existe de lui une foule de portraits historiques, qui ne sont pas très-recherchés, mais qui, s'ils étaient réunis, formeraient une curieuse collection.

NETSCHER (CONSTANTIN) fut, comme son aîné, Théodore, élève de son père, n'eut pas tout le talent de son maître, et ne fit pas, à l'exemple de son frère, une brillante fortune ; mais il eut assez de célébrité dans le genre du portrait. Il avait surtout l'art de flatter et de bien peindre les visages de femme. On cite de lui comme très-remarquable un tableau qui représente en pied les sept enfants du baron Suasso, et notre musée possède de ce peintre une assez jolie petite toile : c'est une *Vénus pleurant Adonis métamorphosé en fleur*. Constantin était né en 1670, à La Haye ; il mourut dans cette même ville, en 1722, âgé de cinquante-deux ans. A. FILLIOUX.

NEUF se dit assez généralement, dans l'ordre matériel des êtres, des choses tout nouvellement faites : Un habit *neuf*, une table *neuve*. Il n'a guère qu'une seule acception dans l'ordre moral, comme quand en parlant d'un livre on dit, en mauvaise part : Il n'y a rien de *neuf* là-dedans ; ou en parlant de quelques propositions présentées comme nouvelles : Tout cela n'est pas *neuf*. C'est le mot *nouveau* qui doit s'appliquer à l'ordre moral des êtres. Un habit peut être *neuf* et ne pas être *nouveau*, parce qu'il est d'une mode déjà passée. On dira un *livre nouveau* pour désigner celui qui n'aura paru que depuis peu ; mais on appellera *livre neuf*, celui dont les pages n'auront été encore été maculées par les doigts des lecteurs ; mais ce cas aussi, un livre peut être neuf et n'être pas nouveau ; il peut également ne pas être neuf et être nouveau.

Neuf s'emploie quelquefois figurément pour dire *un homme emprunté*, qui n'est pas au courant de ce qu'il convient de faire dans une situation donnée : Ce jeune homme a paru bien *neuf* dans la société de ces dames. BILLOT.

NEUF-BRISACH. *Voyez* BRISACH.

NEUFCHÂTEL, canton suisse divisé en six arrondissements, qui se compose de la principauté de Neufchâtel et du comté de Valengin. Il confine à l'ouest à la France, et présente une superficie de 10 myriamètres carrés avec une population de 72,000 âmes. Sur ce nombre on compte 5,600 catholiques et une centaine de juifs ; le reste appartient à la religion réformée. Plusieurs chaînes du Jura traversent le territoire ; le *lac de Neufchâtel*, situé à 68 mètres au-dessus du lac de Genève, long de 4 myriamètres sur 1 myr. de large, avec une profondeur de 133 mètres, et très-poissonneux, le met en communication avec le Rhin, au moyen d'autres petits lacs et cours d'eau. On y élève beaucoup de bétail, on y récolte de bon vin, de beaux fruits, du lin et du chanvre, mais pas assez de céréales pour la consommation des habitants. En revanche, l'industrie manufacturière y déploie une remarquable activité et surtout pour objet la fabrication des dentelles, des cotonnades et des montres. Cette dernière fabrication occupe directement la plus grande partie de la population. On y fabrique aussi de la coutellerie, des instruments mécaniques, des toiles peintes, etc. Ce canton doit en partie sa prospérité aux ouvriers étrangers qu'y a de tout temps attirés la liberté dont on y jouit. On y parle le plus généralement français, et l'allemand n'est en usage que dans un très-petit nombre de localités.

Après avoir souvent changé de souverains, la principauté de Neufchâtel finit par échoir à une famille française, les Longueville, dont le dernier rejeton, la duchesse de Nemours, Marie d'Orléans, mourut en 1707. Les états du pays appelèrent alors à la souveraineté la Prusse, par représentation de la maison d'Orange. Elle en prit possession, et ses droits furent reconnus par le traité d'Utrecht. En 1806 le roi de Prusse fut contraint de céder la principauté de Neufchâtel à la France ; et alors Napoléon l'érigea en souveraineté indépendante en faveur de Berthier, qui la perdit après la chute de l'empire. La paix conclue à Paris en 1814 en agrandit le territoire et la restitua au roi de Prusse, qui, par une ordonnance datée de Londres le 18 juin 1814, lui octroya une *charte constitutionnelle*, semblable à celle de Genève, en même temps qu'il lui confirmait les droits d'État indépendant et ayant des intérêts complètement distincts de ceux de la Prusse. Il fut admis le 12 septembre suivant, comme 22e canton, dans la Confédération helvétique, où il constituait le seul canton soumis à un gouvernement monarchique. Les troubles qui éclatèrent en Suisse en 1831 eurent leur contre-coup dans le canton de Neufchâtel ; mais ils y furent bien vite comprimés. Il en résulta que par forme d'ordonnance la constitution reçut quelques modifications, en 1831. Le prince souverain accorda aussi au gouvernement neuchâtelois, et sur sa demande, le droit d'entrer en négociations avec la Confédération à l'effet d'obtenir que le canton cessât à l'avenir d'en faire partie. Mais dans la session de juillet 1834 la diète helvétique rejeta, à l'unanimité, cette proposition, Neufchâtel resta en conséquence avec la Confédération dans les mêmes rapports qu'auparavant. En ce qui touche l'administration intérieure du canton, le droit de légiférer et d'établir des impôts était partagé entre le prince et les états, dont dix membres étaient à la nomination du prince. En même temps que Neufchâtel fournissait au prince une liste civile de 70,000 francs et qu'un bataillon de 400 hommes recrutés sur son territoire faisait partie de la garde royale à Berlin, il était tenu de fournir son contingent à l'armée fédérale. Dans de pareilles conditions il était impossible que les froissements entre la majorité, ouvertement républicaine et helvétique, et la minorité royaliste, ne se renouvelassent pas de temps à autre. Ils s'augmentèrent à la suite des événements de 1847 et 1848. Une démonstration armée du parti républicain contraignit, le 1er mars 1848, le conseil d'État alors existant à donner sa démission ; après quoi un gouvernement provisoire proclama l'abolition de la monarchie et l'établissement de la république. Une comité rédigea alors une constitution républicaine, conçue dans l'esprit démocratique, qui fut adoptée par la majorité (30 avril) et garantie par le gouvernement fédéral. Le roi de Prusse protesta à diverses reprises depuis lors, notamment en 1850, à propos de la mise en vente des propriétés domaniales et ecclésiastiques, contre cette atteinte portée à ses droits ; et diverses tentatives faites depuis par les royalistes pour rétablir l'ancien régime, par exemple en septembre 1856, ont échoué. Un protocole signé le 24 mai 1852 par les membres de la conférence de Londres reconnaît les droits du roi de Prusse sur Neufchâtel fondés par les traités de 1815, de même que son droit à voir son autorité rétablie ; de sorte que cette question demeure toujours un péril pour la Confédération.

La prospérité du canton a pris d'immenses accroissements dans ces derniers temps. La dette, qui sous le dernier gouvernement, avec des revenus publics montant à près de 3,000,000 de francs, s'était élevée à 500,000 francs, a été réduite de plus des neuf dixièmes. Le budget des recettes pour 1852 était évalué à 829,000 francs, et dépasse toujours les évaluations présumées. L'instruction publique y est l'objet de soins tout particuliers. L'État et les communes consacrent 148,000 francs à l'entretien des écoles, qui sont fréquentées par plus de 1,000 élèves. Le traitement de chaque maître d'école est en moyenne de 500 francs. Une caisse gratuite de prêts hypothécaires a été récemment organisée.

NEUFCHÂTEL, chef-lieu du canton du même nom, au pied du Jura, au point où le Seyon se jette comme un impétueux torrent dans le lac de Neufchâtel, est une jolie petite ville, bien bâtie, entourée de charmantes maisons de campagne, et compte environ 8,000 habitants. La plupart des établissements utiles ou des institutions de bienfaisance qu'on y voit sont le fruit de fondations faites par de riches citoyens. Rien de charmant comme l'aspect que présente cette ville, entourée au nord, au sud et au couchant par de riches coteaux plantés de vignes, couverts de vergers, de jardins magnifiques, et recelant dans leurs flancs de verdoyantes vallées où paissent de nombreux troupeaux.

NEUFCHÂTEL ou **NEUFCHATEL-EN-BRAY**, chef-lieu d'arrondissement dans le département de la Seine-Inférieure, petite ville, agréablement située sur le penchant d'un coteau, près de la rive droite de la Béthune, avec 3,486 habitants, des tribunaux de première instance et de commerce, une exploitation de terre à poterie et à faïence, de carrières à plâtre, de mines de fer. On fabrique dans ses environs des fromages frais très-renommés, dont on fait un commerce considérable, ainsi que de beurre.

NEUFCHÂTEL (Fromage de). *Voyez* FROMAGE (t. X, page 21) et HOUQUE.

NEUGEORGIEFFSK. *Voyez* MODLIN.

NEUHOF (THÉODORE, baron DE), fameux aventurier du siècle dernier, qui fut un instant roi de la Corse, descendait d'une famille noble de Westphalie. Son père était capitaine des gardes de l'évêque de Munster, et mourut en 1695. Il règne d'ailleurs sur les premières années de sa vie de bien grandes incertitudes : quelques-uns le font naître à Metz, en 1690 ; certains lui font faire ses études au collège des jésuites de Munster, puis à Cologne, qu'il aurait quitté après avoir tué un jeune homme en duel ; d'autres en font un page de la duchesse d'Orléans. Les premiers le font retirer à La Haye, obtenir en Espagne une sous-lieutenance, aller guerroyer contre les Maures, conquérir le grade de capitaine, et enfin tomber dans les mains des Maures d'Oran ; les seconds, au contraire, lui donnent d'abord une lieutenance dans le régiment français de Lamarck, puis ils le mettent au service de la Suède, où il aurait été l'agent principal des intrigues du baron de Gœrtz et du cardinal Alberoni : d'après ceux-ci, il se serait réfugié en Espagne après la mort du baron, et Alberoni, reconnaissant des services qu'il lui avait rendus, l'aurait fait colonel. Les uns le font livrer au dey d'Alger, dont il aurait été l'interprète pendant dix-huit ans, et qui l'aurait envoyé en Corse à la tête de deux régiments barbaresques pour soustraire cette île à la domination génoise ; les autres, au contraire, lui font épouser à Madrid la demoiselle d'honneur et en même temps la favorite de la reine, la fille de lord Kilmancelt ou Kilmarnoch ; ils le font ensuite disparaître avec les bijoux et la garde-robe de sa femme, arriver à Paris, se lier avec Law, s'associer à ses spéculations, s'enrichir, se ruiner, parcourir l'Allemagne, la Hollande, l'Angleterre, cherchant partout aventure, s'endettant partout, et ils lui font enfin donner par l'empereur Charles VI le titre de résident à Florence.

Ici les incertitudes, les variantes cessent enfin. Nous sommes en 1736. Neuhof, en rapport avec des Corses, leur persuade que son influence auprès des cours étrangères peut assurer leur indépendance, l'expulsion des Génois de leur île, si la Corse consent à le prendre pour roi ; il débarque en effet à la tête de Tunisiens, d'Algériens, vêtu lui-même à la Turque ; le bey de Turnis lui avait, on ne sait comment, confié des troupes, 4,000 fusils, des pistolets, des souliers, des munitions et des vaisseaux. Les Corses accueillirent à bras ouverts leur libérateur, dont ils ignoraient l'aventureux passé, et dans une assemblée générale de chefs et principaux de l'île il fut proclamé roi. Le voilà donc régnant sous le nom de *Théodore I*^{er}, battant monnaie, ayant une garde royale de 400 hommes, instituant son ordre de chevalerie, l'ordre de la *Persévérance*, ayant une cour, des ministres, et, pour mieux se convaincre de sa royauté, faisant exécuter trois de ses principaux sujets. Excités par l'acte d'autorité qu'ils avaient accompli, en se donnant un roi, les Corses firent subir quelques échecs aux Génois, qui mirent sa tête à prix ; ces succès furent bientôt annihilés par des revers, qui firent hautement murmurer contre Théodore. Les Français ayant été appelés par les Génois à leur secours, le nouveau roi persuada à ses sujets qu'en se rendant sur le continent il trouverait les secours en hommes et en argent qui lui faisaient défaut ; et après avoir formé un conseil de régence de vingt-huit citoyens, il quitta la Corse. En Italie, il trouva quelques dupes qui lui donnèrent de l'argent ; à Paris, la police le menaça du For-l'Évêque, et il partit ; à Amsterdam, ses créanciers le firent emprisonner pour dettes.

Le roi de Corse sous les verrous ne se décourage point. « Il trouva, dit Voltaire, le secret de tromper des juifs et des marchands étrangers établis à Amsterdam comme il avait trompé Tunis et la Corse. Il leur persuada non-seulement de payer ses dettes, mais de charger un vaisseau d'armes, de poudre, de munitions de guerre et de bouche, avec beaucoup de marchandises, leur promettant qu'ils feraient seuls le commerce de la Corse et leur faisant envisager des profits immenses. L'intérêt leur ôtait la raison ; mais Théodore n'était pas moins fou qu'eux. Il s'imaginait qu'en débarquant en Corse des armes, en paraissant avec quelque argent, toute l'île se rangerait incontinent sous ses drapeaux malgré les Français et les Génois. Il ne put aborder, se sauva à Livourne, et ses créanciers de Hollande furent ruinés.

De nouveaux troubles ayant éclaté en Corse, en 1741, après le départ du corps français d'occupation, Neuhof chercha à en profiter pour y opérer une restauration en sa faveur ; mais les ressources nécessaires lui manquèrent, et force lui fut de se réfugier en Angleterre, où, poursuivi par ses créanciers, il ne tarda pas à être incarcéré pour dettes Il resta en prison pendant sept années. Le ministre H. Walpole ouvrit enfin une souscription pour le rendre à la liberté. Neuhof put ainsi satisfaire ses créanciers ; mais il mourut peu après, le 11 décembre 1755. Ses amis lui érigèrent un monument funèbre, avec cette inscription : « La fortune avait donné une couronne à cet homme ; dans sa vieillesse elle lui refusa même du pain. »

NEUILLY, chef-lieu de canton du département de la Seine, à 8 kilomètres à l'ouest de Paris, sur la rive droite de la Seine, avec 15,897 habitants, des pépinières de rosiers, une culture importante de fleurs, des fabriques de tissus en caoutchouc, d'ouvrages de bonneterie et de passementerie, de chapeaux de paille, de sabots, de produits chimiques, d'acier fusible et de damas oriental, une féculerie, une distillerie de mélasse, une fonderie de suif en branche, des imprimeries sur étoffes, des blanchisseries de linge, un commerce de bois. On y passe la rivière sur un pont de 243 mètres de long, construit sous le règne de Louis XV, par le célèbre ingénieur Perronet, et qui est un véritable chef-d'œuvre d'élégance, de hardiesse et de solidité. C'est le premier pont horizontal qui ait été fait en France. Il est supporté par cinq arches très-surbaissées, qui ont 38 mètres d'ouverture et 9 de hauteur sous clef ; leur plus forte portion d'un cercle dont le rayon serait de 48 mètres. Il n'y avait encore qu'un bac à Neuilly en 1606 ; mais un accident qu'y éprouva Henri IV en revenant de Saint-Germain, cette même année, détermina ce monarque à y faire construire un pont. Quoique qualifié de *beau et excellent* par Dubreuil, il ne dura pas plus de trente-cinq ans ; en 1638 il était détruit. Depuis, on le répara et rebâtit même plusieurs fois, jusqu'à l'époque où fut élevé celui qui existe encore.

Neuilly est bien bâti et renferme un assez grand nombre de maisons de plaisance. On y trouve une église fort simple. Dans ces derniers temps, une autre église, sous l'invocation de Saint-Ferdinand, a été élevée aux Thernes. Près de là se trouve une chapelle bâtie sur l'emplacement de la maison où mourut le duc d'Orléans, en 1842. Quant au château, propriété privée du roi Louis-Philippe, ce n'était qu'un pavillon d'une architecture à la fois modeste et élégante, avec un parc qui comprenait plusieurs jolies îles sur la Seine. Le château a été brûlé et saccagé à la révolution de Février, et le domaine morcelé et vendu en vertu du décret de 1852 qui a saisi les biens de la maison d'Orléans. On trouve encore à Neuilly une pompe à feu qui distribue les eaux dans la ville.

Autour de Neuilly s'élèvent, comme dépendances, la folie Saint-James, le château de Bagatelle. La commune s'est accrue des villages de Sablonville, des Thernes, de Saint-James et de Villiers.

L'origine de Neuilly est due à un port établi autrefois à la place où est maintenant le pont, c'est-à-dire vis-à-vis des chemins de Nanterre, Bezons et autres lieux. Au treizième siècle (1222) on l'appelait *Portus de Lugliaco*; et une charte de l'abbaye de Saint-Denys lui donne le nom de *Lulliacum*. Il paraît que ces deux mots étaient la forme savante de celui de *Nully*, qu'il a porté pendant longtemps. Du reste, ce village n'était d'abord qu'une annexe de la paroisse de Villiers-la-Garenne, qui est à côté, mais la construction du pont l'ayant considérablement agrandi, les deux endroits ont changé de rôle. En 1815, il y eut à Neuilly plusieurs engagements entre les troupes anglaises et françaises.
Oscar Mac-Carthy.

NEUROBATES. *Voyez* Danseur de Corde.

NEUSATZ ou **NEOPLANTA**, en hongrois *Uj-Videk*, ville libre et chef-lieu du district de ce nom (60 myr. carrés, 219,000 hab.), dans la woïwodie de Servie détachée de la Hongrie depuis les événements de 1849, sur la rive gauche du Danube, en face de Peterwardein, siège de l'évêque grec non uni de Bács, avec un collége illyrien, une école supérieure catholique et une école israélite, station de bateaux à vapeur, comptait avant 1849 19,000 habitants. Prise d'assaut le 11 juin 1849 par les troupes impériales aux ordres de Jellachich, elle fut réduite en ruines par les insurgés, qui la bombardèrent de la citadelle, où ils s'étaient retirés.

NEUSTRELITZ (c'est-à-dire *Nouveau Strelitz*), capitale du grand-duché de Mecklembourg-Strelitz, sur la rive orientale du lac de Zitter, date seulement de 1783. On y compte 7,500 habitants, qui vivent surtout des dépenses de la cour. A deux kilomètres on trouve Altstrelitz (*Vieux Strelitz*), petite ville de 4,000 âmes, avec d'importantes foires aux chevaux.

NEUSTRIE, ou *France occidentale*, *France inférieure*. C'est le nom que porta la partie occidentale de l'empire des Francs à partir du partage de l'an 511, sous les Mérovingiens et les Carlovingiens. Elle comprenait le territoire qui s'étend depuis l'embouchure de l'Escaut jusqu'aux rives de la Loire au sud, et renfermait les provinces françaises qui furent plus tard désignées sous les noms d'Île-de-France, Orléanais, Perche, Touraine, Maine, Bretagne, Normandie, Picardie et Artois, les Flandres française et belge; elle était bornée au sud par l'Aquitaine, à l'est par la Bourgogne et l'Austrasie. Les principales villes qu'on y comptait étaient Soissons, Paris, Orléans et Tours. Le duché de France formait le noyau du royaume de Neustrie. La dénomination de royaume de Neustrie tomba en désuétude à partir du dixième siècle, quand, en l'an 912, Charles le Simple eut abandonné aux Normands la partie de territoire qui forma dès lors la Normandie.

NEUTRA, en hongrois *Nyitra*, comitat situé sur la rive gauche du Danube, qui avant les événements de 1848 était l'un des plus grands qu'il y eût en Hongrie. Il comprenait une superficie de 85 myriamètres et 364,351 habitants, répartis en 2 villes royales, 1 ville épiscopale, 39 bourgs à marché et 413 villages. La population en est en grande partie slave d'origine, et professe la religion catholique. Les Magyares et les protestants n'en font que la sixième partie. Tout récemment il a été divisé en deux comitats, le *haut Neutra*, chef-lieu Neutra, ville de 6,000 âmes, bâtie sur la rive droite de la rivière du même nom; et le *bas Neutra*, chef-lieu l'ancienne ville libre royale de Tyrnau.

NEUTRALITÉ, NEUTRE (*Droit international*). Un État garde la *neutralité* s'il reste en paix avec des parties belligérantes, s'il ne prend aucune part à leurs dissensions, ne favorise ni les prétentions ni les armes d'aucune, et ferme également ses frontières à leurs troupes, excepté dans les cas où l'humanité ne permet point de refuser un asile. Cette noble attitude est celle de la force; un État faible ne peut résister aux mouvements des grands corps dont il est entouré, à moins que des circonstances extraordinaires ne le préservent de leurs chocs.

Dans les guerres sur mer, il est généralement admis que le pavillon *couvre la marchandise*. Quoique l'on soit d'accord sur ce point de jurisprudence maritime, les droits du pavillon neutre sont méconnus fréquemment, et ne trouvent de protection efficace que dans le déploiement de forces navales assez imposantes convoyant les vaisseaux de commerce. Mille prétextes se présentent pour colorer les infractions, si elles sont utiles, que l'on avoue ou que l'on dissimule en raison des circonstances ou des personnes.

Sur terre, il semble au moins qu'on fait la guerre plus loyalement, et en quelque sorte avec plus de générosité; car on n'y délivre point, comme sur mer, des lettres de marque à des entrepreneurs de pillage pour leur propre compte : on permet aux peuples de rester *neutres*, sauf quelques restrictions commandées par la guerre entre les gouvernements. Si les applications de l'art militaire peuvent être la source de quelque bien, de même que certaines maladies contribuent quelquefois à l'amélioration de la santé, au développement de facultés indolentes, etc., c'est aux armées de terre plutôt qu'à celles de mer qu'il est réservé de rendre des services de cette nature, à moins que tous les gouvernements, imitant les puissances contractantes du congrès de Paris en 1856, ne reconnaissent la *neutralité* des mers, et ne renoncent aux lettres de marque et aux armements en course.

On appelle *neutralité armée* l'attitude des puissances qui, sans prendre parti pour aucun des États belligérants, font des armements de terre ou de mer, pour se trouver prêts à tous événements et protéger le commerce maritime de leurs nationaux.
Ferry.

NEUTRE (*Sciences naturelles*). Quelques espèces d'insectes réunissent en sociétés nombreuses des individus de l'un et de l'autre sexe et d'autres, en bien plus grand nombre, qui n'ont aucune apparence de sexe et ne contribuent point à la reproduction. Cependant cette classe neutre est non-seulement utile, mais nécessaire à toute la population; c'est elle qui construit les habitations, recueille et prépare les subsistances, prodigue ses soins aux générations naissantes, etc. Les abeilles nous offrent un admirable exemple de ces associations; les autres classes d'animaux n'ont rien que l'on puisse comparer au travail et aux mœurs de ces *neutres*.

En chimie, le sens du mot *neutre* devrait recevoir quelque extension : on le restreint aux combinaisons salines qui ne manifestent ni les propriétés de l'acide qu'elles contiennent ni celles de la base qui les sature : pourquoi ne l'appliquerait-on pas à tous les composés binaires où les caractères des deux composants sont totalement disparu?

En mécanique, deux forces égales et directement opposées sont en équilibre et ne produisent aucun mouvement; en chimie et en médecine, deux actions très-énergiques séparément se *neutralisent* en se combinant, et si quelque nouvel agent vient les séparer en s'emparant de l'une, l'autre se reproduit comme elle était avant la combinaison.
Ferry.

NEUTRE (Genre). Notre idiome n'a point de *neutre*, car il ne l'indique par aucun signe caractéristique. Les langues qui ont admis ce troisième genre n'y ont pas compris, à beaucoup près, tout ce qu'il peut réclamer à bon droit, tout ce que le raisonnement lui aurait accordé s'il avait plus de part aux combinaisons des signes de la pensée. Il faudrait remonter jusqu'à l'origine du langage et le suivre dans ses progrès, pour découvrir comment des substances minérales, et même des abstractions, ont reçu dans les mots qui les désignent le caractère d'un sexe. Ces recherches, auxquelles il n'est plus temps de se livrer, n'amèneraient peut-être pas toutes les connaissances qu'il importerait d'acquérir sur les causes qui ont faussé l'organe de la pensée et rendu moins assuré l'usage de l'instrument des découvertes. Quand même on aurait appris comment des relations entre les êtres et de pures abstractions ont été revêtues d'un signe affecté à la désignation d'un sexe, il resterait encore à découvrir le secret de la distribution de ces signes, pourquoi, par exemple, nous disons *un* roc et *une* roche, sans pouvoir assigner avec quelque précision ce qui distingue l'un de l'autre ces deux objets, où tout paraît identique. La logique réclame un genre *neutre* et la restitution en sa faveur de ce que les deux autres ont usurpé; la grammaire veut que l'on conserve les langues telles qu'on les a faites, et souffre même impatiemment qu'on les enrichisse : comme la logique a raison, et comme sa cause est jugée par le public, qui parle beaucoup et pense peu, la grammaire gagnera toujours son procès. FERRY.

NEUTRE (Verbe). *Voyez* VERBE.

NEUVAINES. Ce sont des prières faites à Dieu ou en l'honneur d'un saint pour obtenir du ciel quelque faveur, prières que l'on répète pendant *neuf jours*. L'usage de ces sortes de supplications est fort commun, et remonte à la plus haute antiquité. Ce genre de prières trouve sa raison dans les dogmes catholiques. Comme la sainte Trinité renferme *trois* personnes, le nombre *trois* est devenu sacré pour l'Église, qui affecta d'en multiplier l'expression dans son culte extérieur, parce que ce mystère avait été attaqué par divers hérétiques. De là la triple immersion dans le baptême, le *trisagion*, ou trois fois saint, chanté dans la liturgie, les signes de croix répétés trois fois par le prêtre pendant le saint sacrifice... Par la même raison le nombre *neuf*, ou trois fois trois, est devenu significatif : ainsi, l'on dit neuf fois le *Kyrie, eleison*, trois fois à l'honneur de chaque personne divine, pour marquer leur parfaite égalité. La *neuvaine* a probablement le même sens, et fait la même allusion.

L'abbé J.-G. CHASSAGNOL.

NEUVIÈME (*Musique*). *Voyez* INTERVALLE.
NEUVIÈME (Droit de). *Voyez* CHAMPART.
NEUWIED, chef-lieu du comté médiatise de Wied, résidence du prince régnant de Wied et siége des autorités, dans l'arrondissement de Coblentz (Prusse rhénane), sur la rive droite du Rhin, compte 7,000 habitants. Cette ville ne date que des premières années du dix-huitième siècle; aussi est-elle généralement bien bâtie et ses rues bien tracées. Le château, situé au milieu d'un beau parc, contient, outre une remarquable collection d'antiquités provenant des ruines d'une cité romaine qu'on découvrit près de là, en 1791, le célèbre Musée brésilien, fruit des voyages du prince Maximilien de Wied dans l'Amérique du Sud. La population est très-industrieuse; elle fabrique des étoffes de laine et de coton, des papiers peints, etc., des montres, de la quincaillerie, et fait un commerce actif sur le Rhin. A peu de distance de Neuwied se trouve le château de plaisance de *Monrepos*, de la terrasse duquel on découvre la vue la plus admirable.

NEVA. *Voyez* NEWA.

NEVERS, chef-lieu du département de la Nièvre, siége d'un évêque suffragant de l'archevêché de Sens, s'élève en amphithéâtre sur une colline au milieu de fertiles campagnes, au confluent de la Loire et de la Nièvre. Son aspect extérieur est fort pittoresque, mais l'intérieur n'y répond pas toujours : il y a des rues escarpées, tortueuses, mal pavées. Nevers possède un collège, des tribunaux de première instance et de commerce, une chambre consultative des manufactures, un grand et un petit séminaire, plusieurs hôpitaux, une salle de spectacle, une bibliothèque de 12,500 volumes, un cabinet de médailles et de minéralogie, une société centrale d'agriculture, des manufactures et des arts, un beau pont sur la Loire, de belles casernes de cavalerie, des fabriques estimées de faïence, de porcelaine, d'enclumes et d'étaux, une fonderie de canons pour la marine. Elle est entourée des plus belles usines de France. Son port, qui est très-commode, est formé à l'embouchure de la Nièvre par une gare naturelle. La population est de 17,045 habitants. Son commerce consiste en produits de ses manufactures, bois de construction et de chauffage. C'est une station du chemin de fer du Centre. Les monuments remarquables qu'elle renferme sont l'église de Saint-Étienne, qui remonte à l'an 1083, époque à laquelle elle fut rebâtie par Guillaume, comte de Nevers; le palais des ducs de Nevers, transformé en hôtel de ville, et l'église de Saint-Cyr, qui date du douzième siècle, et dont tous les connaisseurs admirent le beau vaisseau gothique.

Cette ville est fort ancienne; elle existait avant l'arrivée dans les Gaules de Jules César, qui la désigne sous le nom de *Noviodunum*. Elle faisait partie du territoire des Éduens. Au sixième siècle Nevers était déjà le siége d'un évêché régulièrement constitué. A peu près vers la même époque Nevers se sépara de la Bourgogne, et devint la capitale de cette portion de territoire qui a reçu le nom de *Nivernais*. En 763, le duc Pepin y tint son parlement. Charles le Chauve y vint plusieurs fois, y battit monnaie, et en 843 octroya aux habitants une charte par laquelle il renonça, tant pour lui que pour ses successeurs, à leur donner d'autre évêque que celui qui serait nommé par eux.

Vers la fin du neuvième siècle, Nevers devint le siége d'un comté héréditaire. En 952 elle fut prise et brûlée par Hugues, comte de Paris. Pierre de Courtenay, l'un de ses comtes, la fit ceindre de murs pour la mettre à l'abri des attaques des Brabançons. Nevers fut organisée en commune le 27 juillet 1231. Les Anglais dévastèrent ses faubourgs au quinzième siècle et les lansquenets dans le seizième.

Auguste GILLOT, de Nevers.

NEVERS (Comtes et ducs de) on de NIVERNAIS. L'histoire quelque peu authentique des comtes de Nevers ne remonte pas au delà du dixième siècle, époque où déjà depuis longtemps le comté de Nevers relevait du duché de Bourgogne. A la mort de Guillaume, arrivée en 987, *Othon*, duc de Bourgogne, s'empara du comté de Nevers et l'octroya à son frère *Henri le Grand*, lequel le céda à *Otte Guillaume*, fils d'Adalbert, roi d'Italie. Celui-ci n'ayant pas eu d'enfant mâle, donna son comté en dot à sa fille *Mathilde*, qui épousa *Landry* de Maers. Un comte du nom de *Renaud* et cinq du nom de *Guillaume* se succédèrent ensuite de l'an 1028 à l'an 1181. Leur héritière, *Agnès*, porta alors ce comté dans la maison de Courtenay, en épousant *Pierre* de Courtenay, qui n'eut d'elle qu'une fille, *Mathilde*, laquelle épousa *Hervé* de Donzi.

De cette maison, le comté passa alors successivement, par les alliances matrimoniales, dans les maisons de Châtillon, de Bourbon, de Bourgogne et de Flandre. En 1348, *Marguerite* de Flandre, fille unique de *Louis III* de Male, dernier comte de Nevers, épousa *Philippe le Hardi*, duc de Bourgogne. Leur fils aîné, *Jean sans Peur*, porta pendant quelque temps le titre de comte de Nevers. Mais au partage des États à son père, qui eut lieu, entre lui et son frère *Philippe II*, le comté de Nevers fut attribué à celui-ci, qui périt à la bataille d'Azincourt, laissant de son mariage avec Bonne d'Artois un fils âgé d'un an seulement, *Charles Ier* de Bourgogne, qui eut pour successeur *Jean II* de Bourgogne. Celui-ci mourut à Nevers, en 1491, laissant deux filles, *Élisabeth*, mariée au duc de Clèves, et Charlotte, femme de Jean d'Albret.

Il eut pour successeur son petit-fils, *Engilbert* de Clèves, qui lui succéda du chef de sa mère. Celui-ci accompagna Charles VIII dans son expédition d'Italie, et commandait les Suisses à la bataille de Fornoue. Lors de l'expédition de Louis XII dans les Milanais, il suivit ce prince à la tête des Suisses, dont il était colonel; et il mourut en 1506, laissant trois fils, Charles, Louis et François. L'aîné, *Charles*, lui succéda. Après s'être distingué sous Louis XII et

François Ier, il mourut au Louvre, en 1521, laissant de sa femme, Marie d'Albret, un fils, *François Ier* de Clèves, qui lui succéda. Ce fut en faveur de celui-ci que le roi François Ier érigea, en 1538, le comté de Nevers en duché-pairie. De ses cinq enfants, l'aîné, *François II* de Clèves, qui lui succéda, fut blessé à Dreux d'un coup de pistolet, et mourut à l'âge de vingt-trois ans, sans laisser de postérité. *Jacques*, frère cadet de François, lui succéda, mais ne lui survécut que six mois, et n'eut point d'enfants.

Henriette de Clèves, sa sœur, hérita alors du duché de Nevers, et l'apporta en dot à son mari, *Louis* de Gonzague, fils de Frédéric II, duc de Mantoue, lequel servit successivement Henri II, Charles IX, Henri III et Henri IV. Ce fut lui que ce prince chargea, en 1595, d'aller à Rome demander son absolution à Clément VIII. Il mourut en 1595. Il passait pour un des hommes les plus instruits de son époque. Il avait, suivant De Thou, l'âme grande, beaucoup de prudence, mais une excessive lenteur et une circonspection extrême. Ses *Mémoires*, publiés par Gomberville, en 2 vol. in-4°, contiennent sur les événements de 1574 à 1595 des détails et des documents curieux.

Son fils, *Charles II* de Gonzague, né en 1580, lui succéda. Ce fut lui qui entoura de murs la ville d'Arches, et qui lui donna le nom de *Charleville*. Il mourut en 1637, à Mantoue, où l'avait appelé la succession du duc Vincent de Gonzague. Il eut pour successeur son petit-fils, *Charles III* de Gonzague, dont le père mort fort jeune en 1631. Celui-ci vendit le duché de Nevers et ses autres possessions, en 1659, au cardinal Mazarin, lequel en fit don à son neveu, *Philippe-Julien Mancini Mazarini*, né à Rome, en 1641, mort à Paris, en 1707.

Celui-ci avait épousé, en 1670, Diane-Gabrielle de Damas, fille du marquis de Thianges et de Gabrielle de Rochechouart-Mortemart. Il mourut le 8 mai 1707. C'était un des beaux esprits de l'hôtel de Rambouillet; il se prononça pour Pradon contre Racine. On lui attribue le fameux sonnet si connu :

Dans un fauteuil doré, Phèdre, tremblante et blême,
Dit des vers où d'abord personne n'entend rien, etc.

Le véritable auteur de ce sonnet était Mme Deshoulières, qui protégeait Pradon envers et contre tous; mais elle n'avait pas mis son nom à cette œuvre; les amis de Boileau et Racine en accusèrent le duc de Nevers. D'autres répondirent en parodiant le sonnet anonyme. L'original était, comme la parodie, une épigramme sanglante, mais d'aussi mauvais goût : le duc et sa sœur y étaient fort mal traités.

Et ma sœur vagabonde, aux crins plus noirs que blonds,
Va dans toutes les cours, etc.

Le duc, furieux, voulait faire assommer Boileau et Racine. Tous deux désavouèrent spontanément le sonnet anonyme. Cette affaire, qui n'était qu'un scandale de coterie, aurait eu les plus déplorables conséquences sans la prudente et énergique intervention du prince de Condé. Il fit dire au duc de Nevers, en termes fort durs, qu'il regarderait comme faites à lui-même les insultes qu'on oserait adresser aux deux poètes ses amis; et il leur offrit un asile dans son hôtel. « Si vous êtes innocents, leur disait-il, venez-y. Si vous êtes coupables, venez-y encore. » On sut enfin que le chevalier de Nantouillet, le comte de Fiesque, Manicamp et d'autres étourdis avaient improvisé la parodie du sonnet.

Les poésies du duc de Nevers sentaient le grand seigneur: c'était le laisser-aller d'un courtisan spirituel. Mais on a retenu les vers contre l'abbé de Rancé, le réformateur de la Trappe, qui du fond de son désert avait lancé d'outrageantes diatribes contre Fénelon. On pouvait dire de l'abbé de Rancé : « Je vois ton orgueil à travers les trous de ta robe de bure. » La réponse du duc de Nevers au *factum* du trappiste étincelle de verve et d'originalité :

Cet abbé, qu'on croyait pétri de sainteté,
Vieilli dans la retraite et dans l'humilité,
Orgueilleux de ses croix, bouffi de sa souffrance,

Rompt ses statuts sacrés en rompant le silence,
Et contre un saint prélat s'animant aujourd'hui,
Du fond de ses déserts déclame contre lui.
Et moins humble de cœur que fier de sa doctrine,
Il ose décider ce que Rome examine.

Le livre des *Maximes des Saints*, du pieux archevêque de Cambray, était alors déféré à la cour de Rome. Voltaire a beaucoup vanté les talents de Philippe duc de Nevers. La postérité n'a point sanctionné son jugement. Le portrait seul de l'abbé de Rancé fait exception.

Son neveu, dernier duc de Nevers, est plus connu sous le nom de duc de Nivernais. Dupey (de l'Yonne).]

NEVEU, **NIÈCE**, fils ou fille du frère ou de la sœur, qui par contre sont dits oncle et tante. *Neveu* vient de *nepos*, qui dans la basse latinité a la même signification. Ils sont parents au troisième degré avec leurs oncles et tantes. Il ne leur est permis de se marier avec eux qu'autant qu'ils ont obtenu la main levée de la prohibition prononcée par la loi. La représentation est admise en leur faveur dans les successions. Il est permis aux oncles et tantes de faire substituer leurs biens en faveur de leurs neveux et nièces.

A Rome, on nomme *cardinal-neveu* le neveu du pape régnant fait cardinal, souvent par népotisme.

Dans le style soutenu, en poésie, nos *neveux*, nos derniers *neveux*, nos *arrière-neveux*, se prennent pour la postérité, pour ceux qui viendront après nous.

NEVIS (en espagnol *Nevies*), l'une des îles Sous le Vent et faisant partie des Antilles anglaises, au sud de Saint-Christophe, dont elle est séparée par un chenal de trois kilomètres de large. Sur une superficie de 62 kilomètres, elle compte 12,000 habitants, dont 800 blancs au plus. Cette colonie anglaise, dont la fondation remonte à l'an 1648, est administrée par un gouverneur, assisté d'un conseil, et par une assemblée coloniale. Le sucre figure en première ligne parmi ses produits.

NÉVRALGIE (du grec νεῦρον, nerf, et ἄλγος, douleur), nom générique d'un certain nombre de maladies dont le principal symptôme est une douleur fort vive, exacerbante ou intermittente, qui suit le trajet d'une branche nerveuse, s'étend à ses ramifications, et paraît par conséquent avoir son siège dans ce nerf. Les principales névralgies ont été désignées par les noms de *faciale*, dont la *sous-orbitaire*, la *maxillaire*, la *frontale*, sont les subdivisions; d'*ilio-crotale*, de *fémoro-poplitée*, *fémoro-prétibiale*, *plantaire*, *cubito-digitale* : on a aussi admis des névralgies *anomales*.

Névralgie faciale. C'est le *tic douloureux* de beaucoup d'auteurs. Elle est caractérisée par des douleurs aiguës lancinantes, revenant par intervalles et comme par secousses dans certains lieux déterminés de la face, et toujours dans les mêmes, et produisant des mouvements convulsifs dans les muscles correspondants. Elle peut avoir son siège dans le nerf orbito-frontal, dans le sous-orbitaire, ou dans la branche maxillaire du nerf trifacial. Dans le premier cas (*névralgie frontale*), la douleur commence au trou sourcilier, et de là elle s'étend aux ramifications qui se distribuent au front, à la paupière supérieure, à la caroncule lacrymale, à l'angle nasal des paupières; quelquefois elle se porte spécialement dans l'orbite. Dans le second cas (*névralgie sous-orbitaire*), la douleur se fait sentir, le trajet de la branche sous-maxillaire du nerf trifacial, et particulièrement dans les rameaux sous-orbitaires; souvent elle naît du trou sous-orbitaire, et s'étend aux ramifications qui se distribuent à la joue, à la lèvre supérieure, à l'aile du nez, à la paupière inférieure et à l'angle externe de l'œil; quelquefois elle remonte vers l'origine du nerf, et se fait sentir aux dents, au sinus maxillaire, au voile du palais, à la luette, à la base de la langue; dans certains cas, elle s'étend à tout un côté de la face, où elle détermine des contractions convulsives. Dans la troisième variété (*névralgie maxillaire*), la douleur part communément du trou mentonnier; elle suit les nerfs qui se rendent au menton, aux lèvres; elle remonte dans le canal maxillaire, s'étend aux rameaux fournis par cette branche, aux dents, aux alvéoles, sous le menton, au côté de la langue, aux tempes.

Dans ces trois variétés de névralgie faciale, l'invasion est souvent lente, quelquefois subite; la marche des douleurs est exacerbante ou même intermittente; la durée des attaques varie depuis quelques minutes jusqu'à quelques heures. La durée totale de la maladie est souvent fort longue; il n'est pas rare qu'elle persiste indéfiniment, malgré les remèdes; quelquefois la guérison n'est que passagère. Dans certains cas, les douleurs sont tellement vives et les attaques si rapprochées qu'elles entraînent le dépérissement ou qu'elles entraînent les malades à mettre eux-mêmes un terme à leur existence. Beaucoup de moyens ont été employés contre cette affection, dont les causes sont fort obscures. Les principaux sont les saignées générales et locales, les vomitifs, les purgatifs, les topiques rubéfiants, vésicants, calmants, les douches, les frictions mercurielles, l'électricité, l'aimant, l'incision du nerf ou la destruction d'une portion de cet organe par excision ou cautérisation. De tous les remèdes employés, celui dont on use le plus généralement aujourd'hui est désigné sous le nom de *Méglin*, qui l'a proposé. Il consiste en des pilules composées de parties égales d'oxyde de zinc, d'extrait de jusquiame noire et de valériane sauvage : on administre ces pilules matin et soir, et l'on en augmente progressivement le nombre, depuis une jusqu'à quarante, et même plus.

La *névralgie ilio-scrotale* n'a été que très-rarement observée. Elle est caractérisée par une douleur très-vive occupant le trajet du rameau de la première paire lombaire, qui suit la crête de l'ilium et accompagne le cordon des vaisseaux spermatiques.

[La *névralgie sciatique, goutte sciatique , névralgie fémoro-poplitée, sciatique nerveuse*, etc. Sous ces différents noms on comprend une des maladies les plus douloureuses que l'on connaisse, l'affection d'un nerf, le plus volumineux de l'économie, né du plexus lombo-sacré, dont il est la continuation à la sortie du bassin par l'échancrure sciatique, d'où il descend perpendiculairement vers le jarret, et se divisant en deux branches principales : l'une contourne la tête du péroné et aussi le long de la jambe pour se terminer dans le pied ; l'autre, plus considérable, nommée *tibiale*, descend dans les muscles postérieurs de la jambe, passe derrière la malléole interne, et se divise en plantaire interne et externe. Une branche principale du plexus sacré, le petit nerf sciatique , se porte dans les muscles fessiers et sous la peau. Après avoir décrit le nerf malade, disons que le mot *névralgie* indique le symptôme prédominant, *la douleur du nerf*, c'est-à-dire un trouble fonctionnel sans lésion matérielle. En effet, s'il existe des causes matérielles quand la grossesse, les déplacements de l'utérus, une tumeur dans l'excavation pelvienne, un anévrisme, etc., déterminent des douleurs violentes dans le trajet du nerf sciatique, est-ce bien là réellement une névrose ? Les causes, la marche, l'état du nerf et le traitement sont-ils semblables ? Il en est de même dans l'accouchement, lorsque la compression du plexus sacré provoque de si intolérables douleurs. La névropathie n'est plus alors que le symptôme d'une autre maladie.

La cause la plus fréquente de cette affection si commune doit être cherchée dans le froid humide. Inconnue dans l'enfance et rare dans la vieillesse, la sciatique est plus souvent observée chez l'homme que chez la femme, et dans les nuits d'humidité et de froid que dans les temps secs et chauds. Elle existe assez rarement des deux côtés à la fois. L'affection rhumatismale y dispose; cependant, moins que les autres névroses, celle-ci est susceptible de migration, de transformation en une autre névralgie. Les violences extérieures peuvent déterminer une inflammation du tissu du nerf et une névralgie. La sciatique se développe graduellement et avec rapidité, en commençant par un sentiment de froid, d'engourdissement, même de froid, avec des paroxysmes, soit irréguliers, soit périodiques. Bientôt après, les douleurs les

DICT. DE LA CONVERS. — T. XIII.

plus déchirantes se propagent de l'échancrure sciatique vers les parties externes de la hanche, près de l'épine et le long de la cuisse jusqu'au jarret et même jusqu'au pied. Cette douleur, qui s'exaspère sous la pression et par le mouvement, occasionne des élancements qui s'irradient comme par fulguration, ainsi que le dit Cotugno, le premier qui ait bien décrit la sciatique (1765). Certains *points*, et en particulier le sommet de la cuisse et la tête du péroné, le dessus du pied, etc., sont les centres de ces rayonnements. La coloration de la peau n'est nullement modifiée, la chaleur l'est rarement. Les redoublements ont fréquemment lieu la nuit. La durée de cette maladie varie de quelques jours à des mois et des années : elle ne cesse jamais brusquement. Du reste, si la mort ne termine point ces souffrances, elles peuvent déterminer l'amaigrissement même général et le marasme, la claudication, parfois la paralysie locale de la sensibilité. Les récidives sont très-fréquentes. Le diagnostic n'est presque jamais difficile ; cette douleur est en effet si précise d'ordinaire, que le malade peut décrire la direction du nerf comme le ferait un anatomiste. D'un autre côté, la coxalgie ne s'accompagne point de sensibilité à la pression du nerf et provoque l'allongement d'abord, plus tard le raccourcissement de la cuisse. Le rhumatisme musculaire pourrait plus facilement être confondu avec la névralgie. Celle-ci est-elle due à une cause matérielle, qui en change le caractère? C'est parfois une question très-difficile à éclaircir, et cependant importante pour le traitement comme pour le prognostic.

Si la maladie est légère, il suffit de quelques sangsues, de frictions, avec le liniment volatil, de sinapismes et de douches de vapeur sur les *points* douloureux pour amener la guérison. Si elle est plus intense, les sangsues, les vésicatoires volants ou fixes, appliqués largement et multipliés sur les points les plus douloureux, comme la partie supérieure et postérieure de la cuisse, la partie extérieure, supérieure et aussi inférieure de la jambe, les narcotiques saupoudrés sur ces plaies, amèneront un bon résultat. Sinon, il convient de recourir à la cautérisation transcurrente sur les principaux sièges de la douleur, et particulièrement sur le dos du pied. Quelque confiance que l'on ait dans les narcotiques , les bains de vapeur, l'hydrothérapie, le quinquina , particulièrement utile s'il y a périodicité, l'huile de térébenthine, l'électro - puncture, etc. , il ne faut pas oublier que c'est presque uniquement aux applications suivies d'irritation de la peau que l'on doit ses succès. Que dire d'un traitement tout à fait empirique, vanté depuis peu et qui est vulgaire en Corse? Ne semble-t-il pas qu'on lise une consultation rédigée par Molière ? Dans la douleur de la cuisse, cautérisez un point de l'oreille, et la douleur disparaît pour ne plus revenir, ou tout au moins elle diminue, et cesse rapidement sans que la plupart du temps on ait besoin de recommencer. Déjà Mercatus, en 1580, préconisait ce moyen, qui, essayé à l'hôpital Saint-Louis, semble avoir réussi.

Pour éviter les récidives, il importe de préserver les convalescents contre le froid humide et de leur faire porter de la flanelle. Alors l'usage des eaux thermales de Néris, Barèges, Wiesbaden, etc. , peut rendre de grands services.

Dr Auguste GOUPIL.]

La *névralgie fémoro-prétibiale (ischias nervosa antica* de Cotugno) a son siège dans le trajet du nerf crural; elle se fait sentir dans la direction de ce nerf depuis l'aine jusqu'au jarret, et quelquefois le long du bord tibial de la jambe et sur le dos du pied. Sous le rapport de sa marche, de sa durée et de son traitement, elle diffère peu de la précédente.

La *névralgie plantaire* est très-rare : la douleur est bornée au trajet des nerfs plantaires.

La *névralgie cubito-digitale* (ischias nervosa digitalis de Cotugno) est caractérisée par une douleur qui s'étend depuis l'endroit où le nerf passe sous la condyle interne jusqu'au dos de la main et à son bord cubital. Elle est quelquefois semblable à celle qu'on éprouve par l'action d'un corps contondant sur cette partie du coude.

Sous le nom de *névralgies anomales*, Chaussier a réuni diverses névroses, dont les unes sont caractérisées par des douleurs vives, circonscrites dans un petit espace, ou se prolongeant par irradiation, mais n'ayant pas leur siége dans le trajet d'un nerf, et dont les autres sont produites par des tumeurs développées sur le trajet des nerfs, ou succèdent à des contusions, à des divisions incomplètes de nerfs.

NÉVRITE (du grec νεῦρον, nerf). C'est le nom que les médecins donnent à une inflammation de nerfs, maladie assez rare, moins douloureuse que la névralgie, mais continue, sans intermittences. On la traite par les antiphlogistiques, et quand elle leur résiste, par les résolutoires volants.

NÉVROBALISTIQUES (Armes). *Voyez* MACHINES DE GUERRE.

NÉVROLOGIE (du grec νεῦρον, nerf, et λόγος, discours). On donne ce nom à la partie de l'anatomie qui s'occupe des nerfs. Ce n'est que récemment, depuis qu'on est tombé d'accord sur ce qu'il faut entendre par *nerfs*, que le domaine de la *névrologie* a pu être fixé. Chez les anciens anatomistes on ne trouve pas la moindre trace de cette notion traitée comme science particulière, et Aristote paraît être le premier qui en ait eu le pressentiment. Galien lui fit faire de grands progrès, mais les Arabes n'allèrent pas à cet égard au delà de ses recherches. A l'époque de la restauration de l'anatomie, Falloppe et Eustachi firent faire d'immenses progrès à la connaissance des nerfs. La *névrologie* moderne fut fondée dans la seconde moitié du dix-septième siècle, par Th. Willis et Raymond Vieusseus, puis perfectionnée par Alex. Monro, Sœmmering, Anderšch, Gall et Spurzheim, Carus, Burdach, etc.

NÉVROME (du grec νεῦρον, nerf). *Voyez* GANGLION.

NÉVROPATHOLOGIE. On appelle ainsi le système pathologique qui fait dériver l'origine des maladies d'un état morbide des nerfs. Toutefois, il n'a jamais été assez complétement développé pour qu'une école particulière ait pu s'y rattacher.

NÉVROPTÈRES (du grec νεῦρον, nerf, et πτερόν, aile). Dans la méthode de Latreille, les névroptères forment le huitième ordre de la classe des insectes. Les névroptères sont ainsi caractérisés : quatre ailes membraneuses nues, transparentes, réticulées, et ordinairement de grandeur; bouche offrant des mandibules, des mâchoires et deux lèvres propres à la mastication; point d'aiguillon caudal; rarement d'oviscapte chez la femelle; articles des tarses ordinairement entiers, et variant par le nombre. Les névroptères, ainsi caractérisés, diffèrent des hémiptères, des orthoptères et des coléoptères, par la transparence de leurs ailes supérieures, qui sont semblables aux ailes inférieures quant à la texture et souvent même quant à la forme : ils sont différenciés des rhipiptères et des diptères par le nombre de leurs ailes, et par la forme de leur bouche, qui est celle d'un insecte broyeur.

La grandeur relative de la tête est fort variable chez les névroptères ; mais toujours ceux-ci portent, à la partie antérieure, des antennes, le plus souvent filiformes ou sétacées, et terminées, tantôt en masse allongée, comme chez les *myrméléons*, tantôt par un petit bouton, comme chez les *ascalaphes*. Des yeux à réseaux sont placés des deux côtés de la tête; et souvent entre eux on remarque trois petits stemmates, qui parfois aussi manquent. La bouche se compose d'ordinaire de deux lèvres, de deux mandibules et de deux mâchoires: ces derniers organes, très-développés chez les espèces carnassières, comme les libellules, sont presque rudimentaires chez les espèces qui ne naissent que pour se reproduire et mourir, comme les éphémères. Le corselet est renflé, comprimé et tronqué chez le plus grand nombre : il donne attache à d'élégantes paires d'ailes et à trois paires de pattes. Les ailes sont toutes réticulées, transparentes; elles présentent souvent des reflets très-vifs ou des taches de différentes couleurs: toutes servent au vol; toutes sont à peu près de même grandeur, si ce n'est chez les *némo-*

ptères et quelques autres familles, si ce n'est encore chez les éphémères, où les ailes inférieures avortent presque complétement. Quant à la position des ailes, elles sont tantôt rapprochées verticalement l'une de l'autre, tantôt posées en toit sur l'abdomen, tantôt étalées horizontalement, comme chez les libellules. Les pattes sont composées de quatre pièces : la hanche, la cuisse, le jambe et le tarsé; ce dernier varie beaucoup quant au nombre des articles dont il se compose. L'abdomen, en général très-allongé, dépourvu d'aiguillon et de tarière, est toujours sessile.

Latreille divise cet ordre en trois familles. La première famille, celle des *subilicornes*, renferme deux genres, les libellules et les éphémères, insectes carnassiers, à demi-métamorphose, dont les larves aquatiques respirent au moyen d'un appareil spécial, et sortent de l'eau pour subir leur dernière métamorphose. Mais les uns, les libellules, ont les mâchoires et les mandibules fortes et cornées; aussi parcourent-ils les plaines de l'air comme des éperviers, s'abattant comme eux sur tous les pauvres papillons qu'ils peuvent enserrer dans les longues griffes dont leurs pattes sont armées; les autres, les éphémères, vivant quelques heures au plus, ont à peine des organes de mastication visibles ; aussi ne prennent-ils pas de nourriture, et meurent-ils immédiatement après qu'ils ont transmis la vie. La deuxième famille, celle des *planipennes*, renferme les panorpes au corps allongé, à la tête verticale, aux ailes ovales ou linéaires; les fourmilions, aux nymphes inactives, qui fréquentent les endroits chauds des pays méridionaux, et qui sommeillent le jour, accroches à l'écorce des arbres ; les hémérobes, demoiselles terrestres, au corps mou, aux yeux globuleux et brillants de couleurs métalliques, qui volent lourdement, et qui imprègnent d'une odeur fétide tout ce qu'elles touchent; les termites, insectes à demi-métamorphose, actifs, terrestres, carnassiers ou rongeurs dans tous les bois, où leur république, formée d'innombrables citoyens, se compose de nymphes ou de femelles incomplètes, d'un petit nombre de femelles et de mâles nombreux, uniquement nés pour perpétuer l'espèce; les perles, enfin, dont les larves vivent sous l'eau, où elles se construisent des fourreaux, dans lesquels elle subissent leur métamorphose, et dont elles ne sortent que pour perpétuer leur espèce. Enfin, la troisième famille, celle des *plicipennes*, ne renferme que le genre phryghne, insectes qui à l'état de larves vivent sous l'eau, dans des fourreaux, qu'elles construisent avec des feuilles, des racines et des mousses, et qu'elles traînent partout avec elles, et qui, à l'état de nymphes, nagent, courent à travers les eaux au moyen de leurs quatre pieds libres et frangés, ou flottent à la surface dans leur ancienne dépouille, qui leur sert de bateau ; qui à l'état d'insectes parfaits voltigent par troupes au-dessus des eaux et des rivières, où pénètrent la nuit dans les maisons, pour se précipiter à travers les flammes des bougies.
BELFIELD-LEFÈVRE.

NÉVROSES, nom générique des maladies qu'on suppose avoir leur siége dans le système nerveux, et qui consistent dans un trouble idiopathique des fonctions sans lésion sensible dans la structure des parties et sans agent matériel qui les produise.

NEWA (La), fleuve très-large, mais qui n'a guère plus de six myriamètres de parcours, dans le gouvernement de Saint-Pétersbourg, sert de canal de décharge au lac Ladoga, traverse Saint-Pétersbourg en formant plusieurs bras, notamment sous les noms de *grande* et de *petite Newa*, de *grande* et de *petite Newka*, entre lesquels sont situées les belles et élégantes îles Petrofsky, Krestofsky-Ostroff, Kamenny-Ostroff, Jelagin et Wassily-Ostroff, toutes couvertes d'élégantes villas, et se jette, à peu de distance de la ville, dans le golfe de Finlande, où il présente une énorme embouchure. Par le lac Ladoga, la Newa communique avec le Wuoxa, qui provient du lac Saïma, avec le Wolchoff, qui vient du lac Ilmen, et avec le Suir, qui sort du lac Onéga et porte par conséquent un immense volume d'eau à la Baltique. Elle est très-poissonneuse, peut porter des navires d'un très-fort tonnage, et se couvre d'ordinaire vers la mi-novembre d'une épaisse croûte de glace, qui ne disparaît que vers la mi-avril. Son eau se boit à Saint-Pétersbourg; mais elle provoque de légères indispositions chez les étrangers qui n'ont pas la précaution de la mêler avec du vin.

NEW-ALBION. *Voyez* NOUVELLE-ALBION.

NEWARK, la ville la plus importante du New-Jersey, l'un des États-Unis de l'Amérique du Nord, sur le Passaic, ne comptait encore en 1820 que 6,507 habitants. D'après le recensement de 1850, sa population atteignait alors le chiffre de 38,894 âmes. La ville est agréablement située, possède un grand nombre d'édifices publics, 25 églises, 2 bibliothèques, et 6 écoles du degré supérieur. Sa situation la rend très-favorable au commerce, le Passaic pouvant y recevoir des navires de 100 tonneaux. Le canal Morris traverse la ville, que des chemins de fer et la navigation à vapeur relient en outre avec les localités les plus importantes qui l'avoisinent.

NEWARK ou **NEWARK UPON TRENT**, ville du comté de Nottingham (Angleterre), centre d'une grande fabrication de cotonnades, de toiles à sac et de malt, d'un important commerce de céréales, de bestiaux et de plâtre, renferme avec son district 30,349 habitants. Il ne reste plus aujourd'hui que quelques ruines pour rappeler son château fort, construit au douzième siècle, par le roi Étienne, et dont il est souvent fait mention dans l'histoire d'Angleterre; mais son église paroissiale est l'un des plus beaux monuments gothiques de l'Angleterre. C'est à Newark que mourut le roi Jean, en 1216; les Écossais campaient sous ses murs en 1646, quand Charles Ier vint se réfugier au milieu d'eux.

NEW-BRITAIN. *Voyez* NOUVELLE-BRETAGNE.
NEW-BRUNSWICK. *Voyez* NOUVEAU-BRUNSWICK.
NEW-CALEDONIA. *Voyez* NOUVELLE-CALÉDONIE.

NEWCASTLE, chef-lieu du comté de Northumberland, nommé aussi *Newcastle-upon-Tyne*, pour le distinguer de *Newcastle-under-Line*, dans le Staffordshire. C'est le cinquième des grands ports commerciaux de l'Angleterre. Cette ville est située sur la rive septentrionale de la Tyne, qui va se jeter à 10 kilomètres de là dans la mer du Nord, et bâtie sur une colline entourée de fabriques et d'usines, tandis que l'autre rive forme un quai garni dans toute sa longueur de bâtiments employés au transport de la houille, et aussi de chantiers de construction. Avec ce que l'on appelle son district, la ville compte 89,145 habitants. Deux ponts la relient au bourg de *Gateshead*, situé sur la rive méridionale de la Tyne, dans le comté de Durham, qui comprend avec son district une population de 78,000 âmes, et est comme le faubourg de Newcastle. L'un de ses ponts est en pierre, et n'a rien de remarquable; l'autre, le *High-Level-Bridge*, situé un peu plus amont, fut construit de 1846 à 1849, par Robert Stephenson, et passe pour le plus beau pont qu'il y ait au nord de l'Angleterre. Il a coûté un million de francs, et on y a employé près de 100,000 quintaux de fonte. La partie basse, le vieux quartier de Newcastle, construite sur un sol inégal, avec des rues sales et étroites, n'est guère habitée que par des marins et des matelots. La ville haute, au quartier neuf, présente plusieurs belles rues, de vastes marchés et un grand nombre de beaux édifices, tant publics que particuliers. Parmi les monuments antiques on remarque une tour haute d'environ 33 mètres et le château (*castle*) avec sa chapelle, qui pour la beauté et la richesse de son architecture ne le cède à aucune chapelle normande existant en Angleterre. Ces deux monuments ont été restaurés en 1847 et 1848, aux frais de la Société des Antiquaires de Newcastle, qui utilise la tour pour ses réunions, et en a en outre établi un musée, où l'on dépose toutes les antiquités trouvées soit sur place, soit dans les environs. La cathédrale de Newcastle, Saint-Nicolas, avec sa tour svelte, aérienne, haute de 66 mètres, est un admirable monument d'architecture gothique. Parmi les édifices modernes de bon goût, on remarque le *Session's*

House, où se tient la cour de justice du comté, avec son portique à colonnes; mais surtout le *Royal-Arcade*, immense édifice semi-circulaire, d'une longueur moyenne de 80 mètres, ressemblant à un temple, et qui, outre un vaste salon, soutenu par des colonnes et destiné à la lecture des journaux, contient encore deux banques, différents clubs, le bureau de poste, l'administration du timbre, etc. Newcastle possède encore, en fait d'établissements publics, six églises, trois hôpitaux, une maison d'aliénés, un collége, un grand nombre d'écoles gratuites, une bourse, un casino spacieux, un hôtel de ville, un grand théâtre et une halle couverte, dont les sculptures en bois sont quelque chose d'unique dans leur genre.

Newcastle est une ville fort riche. La principale industrie de ses habitants consiste dans l'exploitation des inépuisables gisements houilliers situés sur les deux rives de la Tyne, depuis Shields jusqu'à Lammington, qui occupe environ 40,000 travailleurs et fournit à l'exportation 50 millions de quintaux de houille par an. L'exploitation de la houille est mentionnée dès l'an 1281 comme une industrie spéciale à la ville. En 1852 l'exportation s'en était élevée à 2,443,982 tonnes, expédiées pour la plus grande partie à Londres, et aussi dans divers autres ports d'Angleterre, ou encore dans les Pays-Bas, en Danemark, en Suède et en Norwége, en Russie, en Portugal et dans les Indes occidentales. Pour la navigation Newcastle vient immédiatement après Londres. Dès 1846 elle comptait 1246 navires à voiles et 146 à vapeur, jaugeant ensemble 287, 503 tonneaux, et la recette brute de la douane s'était élevée à 480,760 liv. st. (en 1848 elle ne fut que de 391,986 liv. st.). Newcastle, d'ailleurs, n'est pas seulement le grand centre de l'industrie houillière; on y fait encore d'immenses affaires en céréales, en plomb, et on y arme pour la pêche de la baleine. Il s'y trouve des raffineries de sucre, des mégisseries, des moulins à grains, à huile et à papier, des briqueteries, des fabriques de vitriol, de colle, de sel ammoniac, de soude, de goudron, de savon, de poterie, de blanc de céruse et de couleurs, de nombreuses verreries, environ 40 hauts-fourneaux et grandes fonderies de fer, d'immenses fonderies d'ancres et de chaînes. Après Londres, c'est la ville d'Angleterre où il se construit le plus de navires; ses chantiers de construction s'étendent sur les deux rives de la Tyne jusqu'à Tynemouth. Il n'y a que les bâtiments de 3 à 400 tonneaux qui puissent arriver jusqu'aux quais, les autres doivent s'arrêter à Shields. On compte aux environs de Newcastle plus de 40 voies à éclisses à ciel découvert, et tout autant sous terre, les unes et les autres servant à l'exploitation des mines de houille. Du magnifique embarcadère de la ville un chemin de fer se dirige vers Shields à l'est, un autre de 9 myriamètres de parcours, vers Carlisle, unissant ainsi la mer du Nord à la mer d'Irlande. A environ 4 kilomètres de la ville on rencontre le retranchement construit par les Romains, et connu sous le nom de *mur des Pictes*. Au temps des Anglo-Saxons cet endroit s'appelait *Monkchester*. Le duc Robert de Normandie, frère de Guillaume le Conquérant, en fit détruire le château fort, qui servait de retraite aux rebelles, et en reconstruisit, à quelques kilomètres plus loin, un autre, appelé le château neuf (*New-Castle*), qui a donné son nom à la ville actuelle, et dont il subsiste encore aujourd'hui quelques débris, dont nous avons parlé plus haut. C'est dans ce château, où les rois d'Angleterre et d'Écosse se rencontrèrent souvent et se célébraient alors de brillants banquets, que la justice se rendait d'année en année au nom du roi d'Angleterre et d'après les lois anglaises.

Newcastle est aussi le nom d'une petite ville des États-Unis de l'Amérique du Nord, sur les bords de la Delaware, à 3,111 habitants et un grand atelier de construction de machines appartenant à la compagnie du chemin de fer de Newcastle à Frenchtown. Elle fut fondée en 1651, par des Hollandais, sous le nom de *fort Casimir*, sur un territoire appartenant alors aux Suédois; ceux-ci s'en emparèrent en 1654. Les Hollandais la leur reprirent l'année suivante, et

35.

lui donnèrent le nom de *Nouvelle-Amsterdam*. Quand, plus tard, les Anglais s'en rendirent maîtres, ils l'appelèrent *Newcastle*, et c'est là que Penn s'établit, en 1682.

NEWCASTLE (Thomas PELHAM-HOLLES, duc de) était le fils aîné de lord Pelham de Loughton, et naquit en 1694. Adopté dans son enfance par son oncle, John Holles, duc de Newcastle, il hérita de son titre en 1711 et d'une fortune de 30,000 liv. st. de rente. Mêlé de bonne heure aux intrigues de la politique, il entra dans le parti whig, qui gouverna le pays lors de l'accession de la maison de Hanovre au trône d'Angleterre. En 1717 le roi Georges 1er le nomma lord grand-chambellan, et en 1731 l'influence de Walpole lui fit obtenir une place de secrétaire d'État. D'abord partisan, comme son protecteur, de la politique de paix, il passa plus tard au parti de la guerre, qui renversa Walpole, en 1742; et l'opposition triomphante lui laissa son siège dans le cabinet. En 1743 il réussit même à faire nommer son frère premier lord de la trésorerie; et à sa mort il le remplaça dans ces fonctions, qui en Angleterre confèrent la présidence du conseil. Il resta au pouvoir pendant toute la guerre de sept ans, dont les résultats, si avantageux à l'Angleterre, ne furent dûs qu'au génie de Pitt. Newcastle, très-jaloux de sa puissance, était incapable de s'en servir. Quoique ayant rempli pendant plus de quarante ans, à une époque de profonde corruption, les plus hautes fonctions publiques, loin de s'y enrichir, il y perdit une notable partie de sa fortune. Il mourut en 1768. Comme il ne laissait pas d'héritier direct, des lettres patentes royales firent passer son titre à son neveu, *Henry* FIENNES-CLINTON, neuvième comte de Lincoln.

NEWCASTLE (Henry Pelham FIENNES-PELHAM-CLINTON, duc de), né en 1785, succéda à son père en 1795. Venu en France avec sa mère, après la paix d'Amiens, il y fut retenu prisonnier lors de la reprise des hostilités, et n'obtint d'être remis en liberté qu'en 1807. Il épousa alors une riche héritière, fille de lady Middleton, et fut nommé en 1812 chevalier de l'ordre de la Jarretière. Tory fanatique, il contribua beaucoup en 1831 à faire rejeter le bill de réforme par la chambre haute. Ce vote produisit une si grande irritation dans les masses, que quelques jours après une bande d'émeutiers incendia son château dans le Nottinghamshire. Quand la réforme parlementaire triompha dans la chambre haute, il cessa de prendre part désormais à ses travaux. Il est mort en 1851, à Clumber-Park, après avoir dépensé une grande partie de sa fortune dans des luttes électorales.

NEWCASTLE (Henry Pelham PELHAM-CLINTON, duc de), fils aîné du précédent, né en 1811, porta jusqu'à la mort de son père le titre de *comte de Lincoln*, et entra à la chambre basse en 1832, comme représentant du comté de Nottingham, qui fut son guide politique; et sous son administration il remplit de 1834 à 1835 les fonctions de lord de la trésorerie. En 1841 il fut nommé lord commissaire des eaux et forêts. Quand, en 1845, différant d'opinion avec son illustre chef sur la question de l'abolition de la législation en vigueur jusque alors sur les céréales, comme son cabinet se sépara de sir Robert Peel, le duc de Newcastle lui resta fidèle, et fut nommé premier secrétaire d'État pour l'Irlande. Cette nomination rendait nécessaires de nouvelles élections. Le regardant comme un apostat de la cause protectionniste, son père fit tout pour empêcher sa réélection, et y réussit effectivement. Mais à quelque temps de là il fut élu par la ville de Falkirk. En 1846 il donna sa démission en même temps que Peel, tout en continuant à prendre une part active à toutes les discussions du parlement, et l'opinion publique le désigna alors comme le futur président d'un cabinet libéral conservateur. En 1852, lors de la coalition des whigs et des peelites, il fut nommé secrétaire d'État pour les colonies. Appelé à prendre le portefeuille de la guerre en 1854, il eut à soutenir le poids des difficultés de la campagne de Crimée, et au commencement de 1855 finit par être sacrifié aux clameurs qui s'élevaient de toutes parts contre le manque d'approvisionnements de l'armée. Il alla ensuite faire un tour en Orient, où une dépêche télégraphique vint lui offrir de nouveau le portefeuille des colonies.

NEW-ENGLAND. *Voyez* Nouvelle-Angleterre.
NEW-FOUNDLAND. *Voyez* Terre-Neuve.
NEWGATE. C'est le nom de la grande prison de Londres, où l'on renferme les criminels les plus dangereux.
NEW-GUINEA. *Voyez* Nouvelle-Guinée.
NEW-HAMPSHIRE, l'un des États-Unis de l'Amérique du Nord, formant l'extrémité nord-est de l'Union, borné au nord par le Canada inférieur, à l'est par le Maine, au sud-est par l'océan Atlantique, au sud par le Massachusetts, séparé à l'ouest par la rivière Connecticut de l'État de Vermont, compte sur une superficie de 312 myriamètres carrés (dont 114 de terre arable) une population qui de 1790 à 1850 s'est élevée de 141,899 à 317,964 habitants (dont 473 hommes de couleur libres), par conséquent qui s'est augmentée de 124 pour 100. Son développement de côtes, qui n'a guère plus de 28 kilomètres, forme un rivage étroit, généralement sablonneux, où divers petits cours d'eau ont leur embouchure, n'offrant que fort peu d'anses et de ports, comme à l'embouchure du Piscataqua, près de Portsmouth, le seul port de la contrée, mais aussi l'un des meilleurs que possèdent les États-Unis. A une distance de 3 à 4 myriamètres du rivage, le sol s'élève insensiblement et devient de meilleure qualité. Plus loin on atteint la région des collines et au nord celle des montagnes. La principale chaîne, continuation des Alleghanys, commence entre le Connecticut et le Merrimack, se dirige au nord vers les sources du second de ces cours d'eau, et forme les vallées des deux bassins. Ses points d'extrême élévation sont le grand *Monadnok*, le *Sunape*, près du lac du même nom, au nord le *Moosehillek* et plus au nord encore le groupe des Montagnes Blanches (*White Mountains*), qui atteignent une majestueuse altitude et dont le piton le plus élevé, le *Mount Washington*, a 2,079 mètres de haut.

Le New-Hampshire est très-richement arrosé; on y trouve cependant plutôt de grands lacs que de grands cours d'eau. Le lac de Winnipiseogee a 23 kilomètres de long avec une largeur moyenne de 2 à 10 kilomètres. La rivière Merrimack et, sur sa frontière occidentale, le Connecticut sont ses deux plus importants cours d'eau. Le climat, extrêmement chaud en été et extrêmement froid en hiver, est au total assez salubre, et le sol est en général assez fertile; sur les rives des fleuves il est même d'une grande fécondité. Celui des régions élevées convient plus à l'élève du bétail qu'à l'agriculture. Tout récemment, on a trouvé dans les montagnes de riches gisements de cuivre et de fer. Il y existe aussi un certain nombre des sources ferrugineuses; et à Chester il y a une source d'eaux sulfureuses. L'agriculture et l'élève du bétail constituent la grande industrie de la population, qui fabrique aussi des cotonnades, des lainages, du papier et des cuirs, secondée qu'elle est sous ce rapport par une foule de chutes d'eau d'une facile utilisation. Les principaux articles d'exportation sont le bois de construction, le poisson, la viande de bœuf et de porc, les chevaux, les moutons et la potasse. Toutefois, depuis une dizaine d'années les transactions maritimes ont beaucoup diminué. Les seize voies ferrées qu'on compte dans le New-Hampshire présentent un développement total d'environ 520 kilomètres. Les finances de cet État sont prospères.

Avec une dette publique de 61,195 dollars, il avait en 1852 209,998 dollars de revenu, et sa dépense n'était que de 202,004 dollars. Il compte 4 établissements d'instruction supérieure, dont le plus considérable est le *Darmouth College*, à Hanovre, 68 académies ou écoles intermédiaires, et 2,284 écoles primaires ou de district.

Les premiers établissements créés dans le New-Hampshire datent de 1623. En 1679 il fut érigé en province complétement séparée du Massachusetts. Il fut admis dans l'Union le 21 juin 1778. Sa constitution particulière fut délibérée et votée en 1784, puis modifiée en 1792. L'esprit en est modiocrement démocratique. Le pouvoir exécutif est confié à un gouverneur recevant 1,000 dollars de traitement, et assisté d'un conseil de cinq membres. La législature (*General Court of New-Hampshire*) se compose d'un sénat de 12 membres et d'une chambre de 230 représentants. Toutes les élections sont annuelles. Le New-Hampshire envoie au congrès 2 sénateurs et 3 représentants, et est divisé en dix comtés. Il a pour chef-lieu politique *Concord*, sur le Merrimack, qui y est navigable, à 11 myriamètres au nord de Boston, avec laquelle elle communique par un canal. Elle compte 8,534 habitants, et est le point de jonction où viennent pivoter diverses lignes de chemin de fer. Mais la plus grande ville de tout l'État et son unique port de mer est *Portsmouth*, sur un promontoire de la côte méridionale du Piscataqua, à 3 kilomètres de la mer; ville bien construite, avec de beaux édifices publics, 8 églises, 7 banques, etc. On y compte 9,739 habitants. Elle est le centre d'une importante construction de navires, d'un commerce considérable, et le siége d'un grand nombre d'usines. Dans l'île de *Navy-Island*, située sur la rive orientale du Piscataqua, le gouvernement fédéral possède d'immenses chantiers de construction. Mais de tout l'État de New-Hampshire la ville la plus peuplée est *Manchester*, située près de la chute du Merrimack, à Asmokeag, dont la population était en 1840 de 3,235 habitants et en 1850 de 13,733.

NEW-HANOVER. *Voyez* NOUVELLE-BRETAGNE.

NEW-HAVEN, ville des États-Unis de l'Amérique du Nord, qui est alternativement avec Hartford le chef-lieu de l'État du Connecticut, située sur une baie du détroit de Long-Island, est très-régulièrement construite. Ses rues, garnies d'arbres, et les jardins dont sont entourées beaucoup de ses maisons, lui donnent l'aspect le plus agréable. Ses édifices les plus remarquables sont l'hôtel de ville, construit dans le style dorique et le *Yale-College*. Cet établissement d'instruction publique, organisé à peu près à la façon des universités d'Allemagne, et fondé en 1701 à Killingworth, puis transféré en 1717 à New-Haven, comptait en 1851 vingt-cinq professeurs et environ cinq cents étudiants. Il possède une bibliothèque de plus de 50,000 volumes. Le port de New-Haven est sûr, mais vaseux; les vaisseaux qui tirent plus de 13 pieds d'eau n'y peuvent entrer qu'avec la marée haute. La population s'est élevée, de 1810 à 1840, de 5,772 à 14,990 habitants; elle était en 1851 de 22,539. Des chemins de fer relient cette ville à New-York et à Boston, et le canal de Farmington la met en communication avec Northampton dans le Massachusetts. Il y a aussi des services quotidiens de paquebots à vapeur entre Boston, New-York et New-Haven.

NEW-JERSEY, l'un des États-Unis de l'Amérique du Nord, borné au nord par l'État de New-York, à l'est par l'Hudson inférieur et l'Atlantique, au sud par la même mer, à l'ouest par la Pensylvanie et la Delaware, États dont le séparent la Delaware et la baie du même nom. Sa superficie est de 275 myriamètres carrés, dont un tiers est en culture. Au nord, où il est traversé par le *Blue-Ridge*, l'une des chaînes des Monts Alleghanys; son sol est inégal et même montagneux, et il en est de même au centre; mais la plus grande partie au sud présente aux plaines du littoral de l'Atlantique. Les grands fleuves navigables y font défaut, à l'exception de l'Hudson au nord-est et de la Delaware à l'ouest. Ses côtes plates, manquant de baies profondes, hérissées d'écueils et de bancs de sable, sont aussi peu favorables au commerce que dangereuses aux navigateurs. Le port principal est *Perth-Amboy*, à l'embouchure du Raritan dans la baie du même nom, et ne peut être rangé que dans la seconde classe des ports de mer. Le sol est généralement médiocre, couvert de marais sur de vastes étendues. Le climat est le même que celui de la partie sud de l'État de New-York; c'est d'un climat maritime, mais sujet dans l'intérieur à des variations extrêmes. Il règne des fièvres pernicieuses dans les contrées marécageuses de la côte. Au nord, on exploite divers minéraux utiles, comme le plomb, le cuivre et surtout le fer. En 1850 on y a découvert une mine de zinc. La population, qui en 1702 n'était que de 10,000 habitants, avait atteint en 1850 le chiffre de 489,555 âmes, dont 466,240 blancs, 23,093 hommes de couleur libres et 222 *apprentices*, comme on appelle les anciens esclaves depuis l'abolition de l'esclavage, qui a eu lieu dans cet État en 1846.

L'agriculture est le grand élément de prospérité de l'État du New-Jersey, et dans la partie nord l'élève du bétail a pris de très-grands développements. La culture des fruits et des légumes s'y fait aussi sur une vaste échelle; les produits en trouvent un écoulement aussi facile qu'avantageux à New-York et à Philadelphie; on pourrait même en exporter en Europe. On y fabrique beaucoup de cotonnades, de lainages, d'articles de quincaillerie, de voitures, et depuis peu des aiguilles; mais le commerce et la navigation y sont peu importants, à cause de la concurrence écrasante de New-York et de Philadelphie. Le cabotage y est assez actif, mais on n'y prend pas part aux grands armements de pêche. Les canaux et les chemins de fer exécutés dans ces derniers temps n'ont pas laissé que de singulièrement accroître la circulation et faciliter les transactions. Le plus clair du produit de l'État consiste dans les droits de transit qu'il perçoit et dans l'intérêt du capital qu'il a engagé dans la construction de ses voies ferrées. Il possède six grands établissements d'instruction supérieure, entre autres le collége de New-Jersey ou *Nassau-Hall*, fondé en 1788, à Princeton, l'une des meilleures institutions de ce genre qui existent aux États-Unis, auquel est adjointe une école de droit; et *Rutger's College*, autrefois *Queen's College*, fondé en 1770, à New-Brunswick. On y compte environ 70 écoles intermédiaires et 1,612 écoles primaires. Les méthodistes forment la grande majorité de la population.

Les premiers établissements créés en ce pays furent l'œuvre des Hollandais, qui débarquèrent en 1623, au cap de May, sous la conduite de Cornelius May. En 1638 les Suédois essayèrent aussi d'en fonder; mais les Hollandais de New-York les en chassèrent, en 1655; et ceux-ci, à leur tour, en furent chassés par les Anglais, en 1664. Le New-Jersey, nom que prit alors la colonie, se donna le 2 juillet 1776 une constitution indépendante, et fut admis le 19 décembre 1787 à faire partie de l'Union. Sa constitution actuelle date de 1844. Aux termes de cette constitution un sénat (composé aujourd'hui de 20 membres) élu pour trois ans, une chambre des représentants (composée de 60 membres), élus tous les ans, et un gouverneur, nommé tous les trois ans et recevant 1,600 dollars d'appointements, constituent le pouvoir législatif et la puissance exécutive. Le New-Jersey envoie aujourd'hui au congrès 2 sénateurs et 5 représentants. Ses finances sont dans l'état le plus prospère. Au 1er janvier 1852 sa dette publique était de 764,346 dollars; ses recettes, de 182,108 dollars, et ses dépenses, de 180,615 dollars. On y comptait à la même époque vingt-six banques, dont vingt-quatre possédaient un capital de 3,800,766 dollars.

L'État est divisé en vingt comtés. Il a pour chef-lieu *Trenton*, sur la rive gauche de la Delaware, non loin de ses cataractes. On y trouve onze églises, une maison d'aliénés, un tyée et 6,766 habitants. Mentionnons encore *New-Brunswick*, sur la rive orientale du Raritan (7,898 habitants); *Peterson*, près des belles cataractes du Passaic, avec de florissantes fabriques et 21,341 habitants; *Jersey-City*, sur l'Hudson, en face de New-York, avec quatre églises, deux écoles supérieures, diverses fabriques et 6,856 habitants.

NEW-LANARK, bourg d'Écosse, comté de Lanark, sur les bords de la Clyde, est célèbre par l'école à l'usage des ouvriers que Robert Owen y organisa, en 1800.

NEWMAN (JOHN-HENRY), théologien anglais, qui a acquis de la célébrité par le rôle qu'il a joué de nos jours dans les querelles religieuses, est le fils d'un banquier de Londres, et né en 1801. De bonne heure il fit preuve de rares talents et d'un goût des plus vifs pour l'étude. Sur les bancs de l'école il rimait et faisait déjà des pièces de théâtre. L'ardeur excessive avec laquelle il se livra au travail quand il alla suivre les cours de l'université d'Oxford nuisit à sa santé et même à la direction de ses idées, sans que d'ailleurs il réussit d'abord à se faire remarquer. En 1822 il fut élu *fellow* de l'*Oriel-College*, à Oxford. Animé d'une piété vive, il n'eut pas plus tôt atteint l'âge voulu qu'il se fit ordonner prêtre. Il appartenait alors à ce qu'on appelle dans l'Église anglicane l'école évangélique ou piétiste, mais qui convenait peu à son esprit poétique et à ses sympathies pour le moyen âge; et on le vit bientôt se rapprocher des sévères doctrines de la haute Église. Dès lors, s'appuyant sur une étude approfondie des Pères, il commença à développer les tendances qui devaient provoquer une si vive agitation dans l'Église officielle d'Angleterre. En 1828 il fut nommé à la cure de Sainte-Marie, à Oxford ; et ses sermons, qui trouvaient beaucoup d'écho parmi les étudiants, lui acquirent une grande influence dans l'université. En 1820 il se démit des fonctions de *tutor*, qu'il remplissait en même temps à l'*Oriel College*, parce qu'on ne lui permit pas d'exercer une surveillance sur les élèves. Peu de temps auparavant, son ami Pusey avait obtenu une chaire à l'université; et celui-ci, obéissant à l'influence qu'exerçait sur lui l'esprit, plus sagace et plus énergique, de Newman, se rattacha au système religieux auquel il donna plus tard son nom (*voyez* PUSÉYISME). En 1833 parurent les premiers *Tracts for the times*, publiés par ces deux chefs de file en société avec quelques jeunes gens qui partageaient leurs idées. Bientôt après, Newman fit paraître *The Arians of the fourth century* (Londres, 1834), ouvrage qu'on peut considérer comme le manifeste de cette direction d'idées. Peu à peu les conséquences de ses doctrines apparurent de plus en plus visibles, et on vit les puseyites se convertir en foule aux doctrines de l'Église catholique, tandis qu'en 1843 l'autorité supérieure suspendait Pusey de ses fonctions de prédicateur. Newman hésitait encore à faire ouvertement profession de catholicisme ; mais en octobre 1845 il se sépara décidément de l'Église protestante, et dans un voyage qu'il fit alors à Rome il fut ordonné prêtre de l'Oratoire. Revenu dans sa patrie, il employa toutes les ressources d'une dialectique subtile et d'une éloquence peu commune pour propager la foi dans les bras de laquelle il s'était jeté. Après avoir combattu dans ses *Letters on certain difficulties felt by Anglicans submitting to Rome* (Londres, 1850) les scrupules qui empêchaient certaines personnes de se rattacher au papisme, il tint des conférences extrêmement suivies, dans lesquelles il mettait en saillie une rare talent le côté faible du protestantisme, et les publia sous le titre de *Discourses adressed to mixed congregations* (1850). Une attaque violente qu'il fit paraître dans le *Dublin Review* contre le prêtre italien Achilli, qui venait d'embrasser l'anglicanisme, lui attira un procès en calomnie, qui après les débats les plus scandaleux se termina, en avril 1853, d'une manière défavorable pour lui. Les frais énormes entraînés par la nécessité de faire venir des témoins d'Italie et d'autres pays furent couverts par une souscription, à laquelle tous les prélats de l'Église catholique en Europe engagèrent leurs ouailles à prendre part; et Newman, condamné, sortit du tribunal avec l'auréole du martyre aux yeux de son parti. Un fait certain, c'est que Newman était bien plus utile à la propagande romaine avant qu'après son abjuration; et de même fois devenu ouvertement catholique il a perdu une grande partie de son influence.

NEWMARKET, bourg de 3,500 âmes, dans le comté de Cambridge, au nord-est de Londres, avec sa longue et unique rue, située entre deux collines pelées, qui plus loin s'abaissent pour former le plus beau champ de course qu'il y ait en Angleterre, s'étend jusqu'au comté de Suffolk. Ce n'est qu'une série non interrompue d'auberges et de cafés, qui souvent ne peuvent pas contenir les milliers d'amateurs et de curieux que les grandes courses d'avril, de juillet et d'octobre y attirent. Signalons un usage qu'il serait bon d'introduire dans nos exhibitions, où la foule est toujours si confuse et si désordonnée. Aux courses de Newmarket, le premier rang de curieux est formé par les enfants ; le second, par les dames. Les hommes ne prennent place que derrière elles, au troisième rang.

NEW-MEXICO. *Voyez* NOUVEAU-MEXIQUE.
NEW-ORLÉANS. *Voyez* NOUVELLE-ORLÉANS.
NEWSKY (ALEXANDRE), *Voyez* ALEXANDRE NEWSKY.
NEW-SOUTH-SHETLAND. *Voyez* NOUVEAU SHETLAND MÉRIDIONAL.
NEW-SOUTH WALES. *Voyez* NOUVELLE GALLES DU SUD.

NEWSTEAD-ABBEY, c'est-à-dire l'*Abbaye de Newstead*, dans le comté de Nottingham, l'un des plus remarquables monuments d'architecture qu'il y ait en Angleterre, dans une situation éminemment pittoresque, est la demeure de la famille Byron, et contient aujourd'hui le tombeau du célèbre poète de ce nom. C'était à l'origine un couvent de moines de l'ordre de saint Augustin. Fondé par Henri II, il fut supprimé par Henri VIII, qui en fit présent à son favori John Byron. Consultez Washington Irving, *Abbottsford and Newstead-Abbey* (Londres, 1835).

NEWTON (ISAAC). Cet homme, dont le nom est prononcé avec respect dans tous les lieux où les sciences ont pénétré, naquit à Wolstrope, village du Lincolnshire, le 25 décembre 1642. Son père, *John* NEWTON, baronnet, seigneur de Wolstrope, mourut peu d'années après la naissance de son fils, et sa veuve se remaria dès que le jeune Isaac fut assez âgé pour être mis au collège : on l'envoya à Grantham, où son goût pour les mathématiques se décida promptement. Le traité d'Euclide était alors le seul que l'on mît entre les mains de la jeunesse dans toute la Grande-Bretagne. L'enfant, destiné à porter si haut ces sciences et leurs applications, ne lisait point les démonstrations d'Euclide; il lui avait devinées d'après le seul énoncé du théorème à démontrer ; enfin, les ouvrages de Descartes et de Kepler exercèrent sa pensée d'une manière plus utile : il fut sur la voie de ses grandes découvertes, et il n'avait pas encore seize ans. Sa mère le fit alors revenir auprès d'elle, afin qu'il s'exerçât de bonne heure à l'administration de son patrimoine, et qu'à l'époque de sa majorité il fût en état de gérer lui-même ses affaires ; les études et les livres l'emportèrent sur toute autre occupation, et après deux années d'épreuve le jeune géomètre fut renvoyé, non à Grantham, mais à Cambridge.

Il avait alors dix-huit ans ; son portefeuille se remplissait de *Mémoires* sur des questions de hautes mathématiques, de mécanique céleste, de physique, etc. : ces matériaux étaient destinés à ne paraître que beaucoup plus tard, lorsque le modeste savant se serait cru en état de se présenter au public avec des œuvres dignes de son attention. Il fallut souvent le forcer à tirer de l'obscurité des écrits où l'on trouvait des solutions plus générales et plus complètes que celles que d'autres géomètres se hâtaient de publier : l'honnête Barrow, professeur de mathématiques au collège de La Trinité, à Cambridge, exerça plus d'une fois sur le jeune Newton cette sorte de violence; et pour l'obliger plus sûrement à faire part au monde savant de tout ce qu'il ferait pour les progrès des sciences, il se démit de sa chaire, à condition qu'il aurait pour successeur Newton, alors âgé de vingt-six ans. Il est bien constaté que deux ans avant qu'il devint professeur il avait fait toutes ses grandes découvertes, que les *Principes mathématiques de la Philosophie naturelle*, l'*Optique* et le *Traité des Fluxions* auraient pu paraître en 1666 : ce ne fut qu'en 1687 que l'on eut la première édition du livre des *Principes*.

Pour se rendre raison d'un aussi long retard, il faut porter ses regards sur l'état des sciences à cette époque, non seulement en Angleterre, mais dans le reste de l'Europe. La philosophie dont Aristote est si faussement accusé régnait encore dans les écoles; mais dans le monde savant le cartésianisme l'avait détrônée. La révolution était récente, et les esprits, satisfaits de ce qu'ils croyaient avoir conquis, étaient peu disposés à y renoncer. La physique céleste de Descartes laissait à l'imagination une grande et belle part; le newtonianisme ne lui accorde que ce qu'il est impossible de lui refuser. On devait s'attendre à de vives discussions entre les sectateurs de doctrines aussi opposées, et Newton n'était nullement propre à ces combats : « Je ne conçois pas, disait-il, que l'on puisse sacrifier une chose aussi réelle que le repos pour courir après une ombre. » Il fallut donc attendre que les esprits fussent plus disposés à changer de direction, à l'adoption de méthodes nouvelles, à des études plus approfondies et plus pénibles. Cette époque vint enfin pour l'Angleterre, et le livre des *Principes* fut publié. On vit alors qu'un aussi long retard n'avait compromis ni les intérêts des sciences ni la gloire de l'auteur; la philosophie newtonienne s'établit sans opposition, et avec une promptitude étonnante, d'abord parmi les compatriotes du grand géomètre, puis en Allemagne, malgré la rivalité qu'entretenait entre ce pays et l'Angleterre la contestation relative à l'invention du calcul infinitésimal.

La France, plus cartésienne que le reste de l'Europe, ne compta d'abord que ses géomètres parmi les *newtoniens* ou *newtonistes*, deux sectes qui divisaient alors la nouvelle philosophie, quoiqu'elles ne fussent séparées par aucune dissidence réelle : les *newtonistes* s'imposaient la loi de ne pas aller plus loin que leur maître, de marcher exactement sur ses traces, sans se permettre aucune excursion dans les régions scientifiques où Newton n'est pas entré; les *newtoniens* avaient plus de confiance en eux-mêmes, et, bien convaincus de la vérité de la nouvelle doctrine, ils osaient en faire des applications. A la fin du dix-septième siècle, il n'y avait plus de cartésiens dans la Grande-Bretagne, et il n'en restait que très-peu en Allemagne et en Italie : quelques années et un seul livre avaient suffi pour opérer ce changement. Ainsi, Newton apparut subitement dans toute sa grandeur, et presqu'en aussi peu de temps il fut en possession de toute sa renommée. Fontenelle le comparait au Nil, que nul mortel n'a pu voir faible et petit, disaient les anciens.

L'éclat dont le savant fut environné, quoique très-honorable pour les sciences, ne contribua pas à les enrichir; bientôt Newton, chargé de fonctions publiques, n'eut plus cet heureux loisir dont il faisait un si bon emploi. Nommé garde des monnaies en 1696, il dirigea la grande opération de refonte, qui fut faite l'année suivante; en 1699 on le chargea des fonctions de maître des monnaies, et les devoirs de cette place ne laissèrent que bien peu de temps aux mathématiques, et moins encore aux expériences du physicien ; la part des mathématiques pouvait être la plus petite : le coup d'œil rapide du géomètre suppléait à la durée des méditations, comme on en put juger lors du fameux problème de la *brachistochrone*, proposé par Bernoulli, comme étrenne à tous les géomètres. Tous répondirent à l'appel, et donnèrent leur solution, mais un seul avait nommé la courbe jouissant de la propriété dont il s'agissait ; sa note était d'une concision extrême : « La branchistochrone entre deux points donnés est une cycloïde. » Bernoulli connut dans ce laconisme l'empreinte du génie de Newton, et il ne se trompait point.

Après la publication du livre des *Principes*, l'Angleterre s'enorgueillit du présent qu'elle avait fait au monde savant. La nation et la cour, les amis des sciences, et ceux même qui faisaient profession de peu d'estime pour les sciences, étaient pleins de vénération pour l'auteur de cet ouvrage. En 1705 la reine Anne le nomma chevalier, et sous le règne suivant la princesse de Galles (Caroline d'Anspach) se félicitait d'être contemporaine d'un aussi grand homme. Chacun voulait le voir, l'entendre, et des invitations auxquelles il ne pouvait se refuser l'entraînèrent souvent en des lieux peu fréquentés par les savants. Sans ambition, il ne fut jamais courtisan, quoiqu'on ne lui épargnât point les faveurs. A la fin d'un dîner qu'il donnait à une réunion savante, un des convives ayant proposé un *toast* en l'honneur de la famille royale, « Préférons, dit Newton, d'offrir cet hommage aux savants honnêtes de toutes les nations. Tous, ensemble, ils tendent au même but, le *bon* et le *vrai*. » Cette pensée fut celle de toute sa vie : il l'a exprimée avec une imposante solennité, après avoir indiqué ce qui manquait encore à la théorie de la lumière : « Si nous parvenons à perfectionner les sciences, dit-il, nous pourrons espérer d'arriver par cette voie au perfectionnement de la morale, sans laquelle la science n'est en effet qu'un vain nom. »

En 1703 la Société royale de Londres choisit Newton pour son président, et lui conserva cette honorable fonction jusqu'à la fin de sa carrière, « exemple unique, dit Fontenelle, dont on ne crut pas devoir craindre les conséquences ». La vie entière de cet homme si remarquable est l'exemple du bonheur le plus constant et le mieux mérité. Une extrême simplicité de mœurs, jointe à un sentiment exquis de toutes les convenances, une heureuse disposition à reconnaître le mérite des autres en oubliant le sien propre, l'art de faire paraître chacun sous l'aspect le plus favorable, les vertus de l'homme public et celles du simple particulier, une bienfaisance éclairée, voilà les qualités aimables et dignes d'estime qui caractérisaient Newton. Sa longue carrière fut presque exempte de maladies. Il vécut célibataire, et son confesseur assurait, dit Voltaire, que, semblable à un pur esprit, le philosophe géomètre n'eut de relation intime avec aucune femme. Son patrimoine et la haute fortune que ses emplois lui avaient procurée servirent constamment soit à un faste qui lui était imposé, soit à des expériences dont l'utilité publique était le but, soit à soulager des infortunes non méritées, à seconder de louables efforts, à encourager de jeunes talents.

Cette vie si précieuse aux sciences et à l'humanité fut terminée le 20 mars 1727. Dès que la nouvelle de cette grande perte fut répandue à Londres, la cour ordonna que l'on rendît aux restes mortels de Newton les mêmes honneurs qu'à ceux des personnes du plus haut rang. Le corps fut exposé sur un lit de parade : pour le transporter à la sépulture royale de Westminster, où sa place était préparée, les coins du poêle furent portés par le lord chancelier et six pairs du royaume; on permit à la famille de l'illustre défunt de lui ériger un mausolée, sur lequel on lit une épitaphe dont voici la fin : *Sibi gratulentur mortales tale tantumque exstitisse humani generis decus!*

Si Newton n'avait traité que des questions de mathématiques, d'astronomie ou de physique, aucune discussion n'aurait troublé sa longue et paisible carrière ; mais ses recherches s'étendirent jusqu'à l'histoire ; il essaya de réformer d'anciennes chronologies, et les érudits furent alarmés. Fréret se chargea de la défense des chronologies attaquées, et la guerre par écrits fut poussée avec vigueur de part et d'autre; mais le public n'y prit qu'un assez faible intérêt, quoique le sujet ne fût pas sans importance, car il s'agissait d'application de l'astronomie à la vérification des dates, et de mesures moyennes prises sur un très-grand nombre de faits analogues employées comme moyens d'évaluer la durée de quelques intervalles historiques sur lesquels on a pu se tromper faute d'indications assez précises. Dans sa *Chronologie des anciens royaumes corrigée*, Newton introduit le calcul, et comme il est plus facile de citer des auteurs que de combiner des chiffres suivant les règles de l'arithmétique, la réforme ne fut pas approuvée. Le cartésianisme n'opposa pas autant de résistance : il céda le terrain sans le disputer.

Un traité d'algèbre intitulé *Arithmetica universalis*, et (*Analysis per quantitatum series, fluxiones et differentias*) termineraient la liste des ouvrages de Newton, s'il n'y avait laissé dans l'oubli qu'il mérite son *Commentaire de l'Apocalypse*, œuvre de sa vieillesse, et qu'il n'avait pas livré à l'impression. Malheureusement, ce livre subsistera aussi longtemps que la mémoire de son auteur. On connaissait assez la fragilité humaine, et les dangers auxquels nos plus éminentes facultés sont exposées ; un mémorable exemple de plus n'ajoutait rien à notre instruction. Il y a sans doute lieu de s'étonner que l'auteur du livre des *Principes*, que l'intelligence qui a pu concevoir et nous révéler le véritable système du monde ait vu quelques années plus tard que le pape est l'antechrist, que l'Apocalypse est la prédiction d'événements accomplis depuis longtemps, etc. ; mais il faut se rappeler que cet homme extraordinaire était protestant, bon Anglais, d'une haute piété, d'une foi qui ne lui permettait point l'examen de ce que sa religion avait consacré.

Quoique la France fût bien pourvue de géomètres lorsque la philosophie newtonienne essaya de s'y substituer à celle de Descartes, ce fut à Voltaire et à Mme Du Châtelet que l'on fut redevable des progrès de la nouvelle doctrine ; la science nous arriva sous l'égide de la littérature. On ne lira plus ce que l'auteur de *La Henriade* et de *Mahomet* a écrit sur le système du monde, mais on n'oubliera point qu'il fut un des propagateurs les plus zélés des connaissances actuellement répandues parmi les *gens du monde* en astronomie physique. Le temps approche où les ouvrages de Newton cesseront aussi d'être consultés, si ce n'est par quelques érudits ; ceux de Galilée et de Descartes ont déjà subi cette immortalité destinée des écrits scientifiques : l'immortalité est le privilège exclusif des chefs-d'œuvre de la littérature.
FERRY.

NEW-YORK, celui des États dont se compose l'Union Américaine du Nord qui a le plus d'importance par sa richesse, sa population et son influence, est des *Middle-Atlantic States*, entre le 30° 30′ et le 45° de latitude septentrionale, est est borné au nord par le Canada, le fleuve Saint-Laurent et le lac Ontario, à l'ouest par la rivière de Niagara et le lac Érié, au sud par la Pensylvanie, le New-Jersey et l'Océan Atlantique, à l'est par le Connecticut, le Massachusetts et le Vermont. Sa superficie est de 1,450 myriamètres carrés. Sa surface présente la configuration la plus variée. Deux chaînes de montagnes (les *Highlands* et les monts *Catskill*), qui en traversant une partie à l'est et qu'on peut considérer comme une prolongation des Monts Alleghanys, constituent son principal relief et lui donnent tout à fait dans sa partie orientale le caractère d'une région montagneuse. A l'ouest, au contraire, le sol est partout plat, sauf au sud près des frontières de la Pensylvanie. Son système d'irrigation est des plus riches. Le plus important de ses cours d'eau est l'Hudson, dont le parcours est de 50 myriamètres, à cause des immenses services qu'il rend comme voie de communication, attendu que dans la partie inférieure de son cours, où il forme une espèce de mer, tant il a de largeur, il est navigable pour des bâtiments au long cours jusqu'à la ville d'Hudson, pour des sloops même jusqu'à Troy, à 8 kilomètres au-dessus d'Albany et à 25 myriamètres de son embouchure. Accru à Troy par le *Mohawk*, rivière de 21 myriamètres de parcours, moins importante pour la navigation que pour l'industrie, à cause de ses nombreuses chutes de 12 à 25 mètres d'élévation, l'Hudson, large près de New-York de 1,700 mètres, se jette dans l'Océan Atlantique. Le *Genesee*, de 21 myriamètres de parcours, se jette dans le lac Ontario, après avoir formé diverses chutes importantes ; et il en est de même du *Black-River*, rivière de 18 myriamètres de parcours, de l'*Oswego*, etc. L'*Oswegatchie* se jette dans le Saint-Laurent, et le Saranac dans le lac Champlain, près de Plattsbourg. A la frontière nord coule le *Saint-Laurent* ; à la frontière méridionale l'*Alleghany*, le *Susquehannah* et le *Delaware*, dont les principaux affluents prennent leur source dans l'État de New-York. Outre les lacs Champlain, Ontario et Érié, qui appartiennent en partie à l'État de New-York, il en contient une foule de moindre étendue. Le développement des côtes de l'État de New-York sur l'Atlantique est le plus faible des treize anciens États de l'Union ; et cependant il n'est aucun où le voisinage de la mer ait provoqué et développé une aussi grande activité commerciale. Ce résultat tient surtout à l'heureuse position du magnifique port de la ville de New-York, à ses faciles communications par eau avec un vaste territoire intérieur, et à la sollicitude extrême que l'État a toujours montrée pour le perfectionnement et l'accroissement de ses voies de communication. Sous ce rapport l'État de New-York occupe le premier rang dans l'Union. En 1825 il ne possédait encore que le canal Érié, de 56 myriamètres de développement ; tandis qu'en 1853 le parcours de ses canaux atteignait le chiffre de 131 myriamètres.

Le climat de l'État de New-York est variable au sud-est, et entre les montagnes l'hiver est long et rigoureux. A l'ouest il est sans doute plus modéré ; mais comparé à celui qui règne en Europe à latitude égale, il ne laisse pas que d'être toujours extrême pour la chaleur comme pour le froid. La nature du sol est partout favorable, et il est parfois d'une rare fertilité. Toutefois, les districts agricoles appartiennent plutôt aux plaines de l'ouest, et le territoire qui s'étend entre la vallée du Mohawk et les grands lacs est à bien le grenier à blé du pays. En 1850 on comptait dans l'État 630 myr. carrés de sol mis en culture. Le sol onduleux de l'est convient mieux à l'élève du bétail, dont les produits, joints au miel et à la cire, forment l'objet d'un important commerce avec l'intérieur et l'extérieur et s'expédient jusqu'en Europe. L'État possède encore quelques belles forêts, notamment dans les districts montagneux ; mais dans les plaines les bois disparaissent rapidement devant les progrès de la mise en culture. Les essences les plus importantes sont le pinastre de Weymouth, le sapin de Hemlock, le chêne, le bouleau, le hêtre, l'érable et surtout l'érable à sucre, qui en 1850 a produit plus de cinq millions de kilogrammes de sucre. En fait de minéraux, il faut surtout mentionner le sel et le fer, tandis que la houille fait défaut.

L'État de New-York est le plus peuplé de toute la Confédération, comme celui de Massachusetts est l'État où la population est la plus compacte. En 1790 on n'y comptait encore que 340,120 habitants, en 1850 le chiffre de la population s'élevait à 3,097,394 âmes ; ce qui donne un accroissement de 808,68 pour 100. Dans ce chiffre les hommes de couleur libres figuraient pour 47,937. Parmi les blancs on comptait 651,801 individus nés à l'étranger, dont 118,398 Allemands, 54,820 Anglais, 31,000 Écossais, 343,111 Irlandais et 47,200 Anglo-Américains. Le nombre des Indiens n'était plus que de 3,779, et il n'y a plus d'esclaves dans l'État. Malgré les immenses développements pris par le commerce et l'industrie, l'agriculture constitue toujours la principale occupation de la population. En 1850 on comptait 86 manufactures de cotonnades, et 249 manufactures d'étoffes de laine, les premières produisant pour environ 3,520,000 dollars de valeur, et les secondes pour 7,000,000. Néanmoins, l'État de New-York, à l'égard à son étendue et à sa population, est demeuré sous ce rapport inférieur au Massachusetts et à la plupart des États de la Nouvelle-Angleterre. En revanche, la fabrication du fer y est bien plus importante que dans tous les autres États de l'Union et même qu'en Pensylvanie. Les usines consacrées aux diverses préparations du fer y sont au nombre de 401, et produisent année commune pour plus de 8 millions de dollars de fer. Au reste, il est peu d'espèces d'industries qui n'y soient pratiquées en grand. La construction des machines et celle des vaisseaux y ont aussi pris d'immenses développements. Pour cette dernière industrie, l'État de New-York ne le cède qu'à l'État du Maine. En 1850 il était sorti de ses chantiers 224 bâtiments, dont un grand nombre à vapeur. Les arsenaux et les chantiers se trouvent à New-York même, à Sacketts Harbour et à Brooklyn. La pêche y a aussi une grande importance. Le commerce et la navigation de l'État de New-York dépassent de beaucoup ceux des autres États de l'Union. Dans l'exercice de 1850-1851, l'exportation s'est élevée à plus de 86 millions de dollars et l'importation à 141 millions. Les principaux articles d'exportation sont les grains, la farine, la viande salée, le beurre, le fromage, les chevaux, le gros bétail, la potasse, la graine de lin, les pois, les fèves et le bois de construction. Le commerce est favorisé par douze ports, dont quatre (*New-York*, *Sagg-Harbour*, *Greenport* et *Cold-Spring*) sur la mer, et le reste dans les lacs ou sur le Saint-Laurent, par une foule de canaux et de routes de poste (2,000 myriamètres de parcours), et par 45 voies ferrées, dont le développement en 1853 dépassait 310 myriamètres ; et il y en avait encore pour 140 myr. en construction. A ces moyens il faut ajouter 277 banques, possédant ensemble un capital de 65 millions de dollars, avec une circulation de 30 millions de billets. Au point de vue religieux, la majorité appartient aux méthodistes épiscopaux et aux presbytériens. Les congrégationalistes, les anabaptistes, les réformés hollandais, les universalistes, les quakers et les catholiques y sont aussi très-nombreux. L'État possède beaucoup d'établissements scientifiques et littéraires, 19 universités et collèges, dont 6 pour la théologie, 1 pour le droit et 4 pour la médecine. 600 écoles du degré intermédiaire et 14,000 écoles primaires répondent aux autres besoins de l'instruction populaire. Il existe aussi à *Westpoint* une école militaire, commune à tous les États de la Confédération.

L'Hudson et l'île Manhattan furent découverts en 1609, par Henri Hudson. En 1613 les Hollandais fondèrent un premier établissement à l'extrémité septentrionale de cette île, s'emparèrent du pays, et lui donnèrent le nom de *Nouveaux-Pays-Bas* ou *Nouvelle-Belgique*. En 1664 les Anglais commandés par Richard Nicholls prirent possession de la contrée au nom du duc d'York ; et aux termes de la paix conclue à Breda en 1667, les Hollandais leur en abandonnèrent la possession. Ceux-ci, après l'avoir reprise en 1673, durent la restituer en vertu d'une convention signée à Westminster l'année suivante ; et le duc d'York reçut de son frère Charles II de nouvelles lettres patentes qui l'érigeaient en fief en sa faveur. Le prince gouverna très-despotiquement la colonie ; cependant, dès 1683 elle possédait une assemblée législative. En 1689, après l'expulsion des Stuarts, la province devint une dépendance immédiate de la couronne. Mais l'administration nouvelle eut aussi ses abus ; et les nombreux mécontentements qu'elle fit surgir, notamment en 1765, lors de l'établissement de l'impôt du timbre, donnèrent lieu à des difficultés, qui ne précédèrent que de peu la séparation des colonies anglaises d'avec la mère-patrie. En 1776 les troupes anglaises s'emparèrent de l'État de New-York, et ne l'évacuèrent qu'en vertu de la paix de 1783. En 1788 il fut admis au nombre des États composant l'Union. Sa dernière constitution est de 1846 ; elle est conçue dans l'esprit le plus démocratique, et a remplacé la constitution de 1777, qui était à l'origine *très-conservative* et avait dû être amendée dès 1821. Elle a pour base le suffrage universel. Est électeur tout citoyen des États-Unis blanc et résidant dans l'État depuis un an ou dans le comté depuis dix mois. Les hommes de couleur ont le même droit, après trois ans de séjour dans l'État, quand ils possèdent depuis un an une propriété de la valeur de 250 dollars et qu'ils payent l'impôt. La puissance exécutive est aux mains d'un gouverneur, qui reçoit 4,000 dollars de traitement. La puissance législative est exercée par un sénat, composé de 52 membres, et par une chambre des représentants, composée de 128 membres. Le gouverneur, les principaux fonctionnaires publics et les sénateurs sont élus pour deux années, les juges pour huit, et les représentants pour une seule. L'État de New-York envoie au congrès 2 sénateurs et 33 représentants. Il est divisé en 59 comtés. Il a pour chef-lieu politique *Albany*, ville de 45,000 habitants, bâtie sur la rive droite de l'Hudson, à 15 myriamètres environ de New-York, après Jamestown la plus ancienne ville de toute l'Union. Mais New-York est la cité la plus importante. Il faut encore mentionner *Brooklyn*, *Buffalo*, *Rochester*, *Syracuse*, *Troy*, *Utique* et *Williamsburgh*.

NEW-YORK, la plus grande ville du Nouveau Monde, après Londres la plus importante place de commerce de la terre, est située entre l'Hudson, l'Harlem-River et l'East-River, à l'extrémité sud de l'île de Manhattan, longue de 2 myriamètres et d'une superficie d'environ 7 kilomètres carrés, qui forme le territoire de la ville et du comté de New-York. Bâtie dans une position magnifique sur la baie de New-York, qui n'a pas moins de 35 kilomètres d'étendue, elle est complétement protégée contre les fureurs de l'Océan par un groupe d'îles (*voyez* LONG-ISLAND), et forme en même temps un port défendu à toutes ses issues par des fortifications (le port intérieur), tandis que le port extérieur, ou la baie proprement dite, s'étend depuis les *Narrows* (son entrée méridionale), entre State's Island et Long-Island, jusqu'à 28 kilomètres au sud du cap de Sandy-Hook, dans le New-Jersey. Les navires étrangers et nationaux employés au long cours stationnent pour la plupart sur les rives de l'East-River, et les bâtiments caboteurs ainsi que les bâtiments employés à la navigation intérieure se placent de préférence dans l'Hudson. Fondée en 1613, par les Hollandais, sous le nom de *Nouvelle-Amsterdam*, et prise en 1664 par les Anglais, qui l'appelèrent New-York (*Nouvelle-York*), elle resta au pouvoir de ces derniers jusqu'en 1783, sauf un court intervalle, de 1773 à 1774, et devint avec une merveilleuse rapidité la ville la plus considérable de l'Amérique du Nord. Sa population, qui en 1731 n'était encore que de 4,622 habitants, avait atteint en 1852 le chiffre de 532,392 âmes, dont 80,000 Allemands. En y comprenant Brooklyn, Williamsburg et Long-Island, qui à bien dire ne forment avec elle qu'une même ville, elle renferme 750,000 habitants, dont 100,000 Allemands. Sauf l'ancien quartier, bâti à l'origine par les Hollandais, irrégulièrement tracé et ayant généralement des rues étroites, la ville de New-York est régulièrement et bien construite. Dans la nuit du 16 au 17 décembre 1835 un effroyable incendie détruisit une partie du quartier des affaires occupant une superficie de 40 acres ; et la perte résultant de ce sinistre, tant en maisons qu'en marchandises, fut évaluée à 18 millions de dollars. Depuis longtemps ce quartier a été reconstruit, plus commodément et plus magnifiquement qu'auparavant. De même, il ne reste plus de traces des grands incendies qui la ravagèrent encore le 31 mars 1842 et du 17 au 19 juillet 1845. A l'extrémité sud de l'île, on trouve ce qu'on appelle la *Battery*, place plantée d'arbres et de bosquets, d'où l'on découvre une vue de toute beauté sur la baie, la promenade favorite des habitants de New-York. De la Battery part la plus grande rue de New-York, *Broad-Way*, traversant dans la direction du nord, sur une longueur de trois kilomètres, toute la ville, et qui, quoique très-animée, forme plutôt le centre du luxe et des plaisirs, le rendez-vous du beau monde, qu'une rue de commerce proprement dite. Les véritables quartiers des affaires sont situés des deux côtés de la partie sud de *Broad-Way*, à l'est surtout, dans la partie étroite et irrégulière de la ville. C'est ce que les Hollandais avaient appelé la *Nouvelle-Amsterdam*. Les édifices publics de New-York sont généralement du meilleur goût ; par exemple, la nouvelle Bourse (*Merchants Exchange*), magnifique et massif édifice, construit en granit, orné d'un très-beau portique de seize colonnes d'ordre ionique, avec un dôme soutenu par huit colonnes, d'ordre corinthien et en marbre blanc ; le bâtiment de la douane fédérale (*Custom-House*), construit en marbre blanc et en forme d'ancien temple ; l'hôtel de ville ou *City-Hall*, au milieu du Parc, avec de magnifiques ornements ; le palais de justice, ou *The Tombs*, bâti en granit, dans le style égyptien, et duquel dépend la maison de détention ; le bâtiment de l'université de New-York, de style gothique ; enfin le *Columbia-College*. Il faut encore mentionner en fait d'édifices grandioses le *City's Hospital*, le *Barnum's Museum*, le bâtiment de la Société biblique américaine, le Lycée et le Muséum d'histoire naturelle ; la Bibliothèque de New-York, riche de 40,000 volumes ; la Bibliothèque d'Astor, qui ne date que de 1835 et possède déjà plus de 80,000 volumes, pour la fondation et l'érection de laquelle ce célèbre négociant de New-York légua une somme de 400,000 dollars ; divers hôpitaux et plusieurs hôtels construits dans des proportions giganturques. Le plus célèbre de tous est l'*Astor-House*, qui date de 1836, colossal édifice, qui ressemble à un palais construit en granit, véritable monde en miniature. En 1849 on a commencé la construction d'un monument à la mémoire de Washington. C'est un obélisque de 166 mètres de hauteur, mesurant à sa base 18 mètres carrés et à son faîte 12 mètres, creux à l'intérieur, orné à l'extérieur de bas-reliefs et de tablettes commémoratives de tous les États de l'Union. Mais le plus grandiose édifice qu'on ait encore construit à New-York est l'aqueduc de Croton, terminé le 5 octobre 1842, et qui distribue chaque jour dans les divers quartiers de la ville de 27 à 60 millions de *gallons* d'une eau pure et salubre.

On compte à New-York 261 églises appartenant à 29 communions différentes, dont 46 aux presbytériens, 45 aux épiscopaux, 33 aux méthodistes, 31 aux anabaptistes, 21 aux catholiques, 19 aux réformés hollandais, etc., etc., et 12 synagogues. Une bulle pontificale en date du 19 juillet 1850 a érigé New-York en archevêché, ayant pour suffragants les évêchés de Boston, d'Hartfort, d'Albany et de Buffalo. Parmi les divers édifices consacrés au culte, on en cite quelques-uns qui sont d'une belle ordonnance architecturale. La plus remarquable et sans contredit la plus belle église de toute l'Union est celle de La Trinité, récemment terminée, avec un clocher haut de 88 mètres. La ville possède 207 écoles primaires et 6 établissements d'instruction supérieure, à savoir : le *Columbia-College*, fondé en 1754, par le roi Georges II, sous le nom de *King's College*, avec 1 président, 7 professeurs et 110 étudiants; la *New-York University*, fondée en 1831, avec 1 chancelier, 11 professeurs et 421 étudiants; le grand séminaire théologique de l'Église épiscopale, avec 5 professeurs et 64 étudiants; l'*Union-Seminary* des presbytériens, avec 5 professeurs et 106 étudiants. Il faut aussi mentionner une grande maison d'éducation pour les jeunes filles ; l'école des ouvriers, la Société historique, qui possède une riche bibliothèque, une collection d'antiquités indiennes, de médailles, etc. ; la Société ethnographique; la Société de géographie, dont la fondation ne remonte qu'à 1852 ; l'*American-Institute*, pour favoriser les progrès de l'agriculture, de l'industrie et du commerce ; l'Académie nationale des Beaux-Arts, avec une collection de statues, et qui organise des expositions de tableaux. Longue serait d'ailleurs la liste des institutions de charité et des sociétés de bienfaisance que nous pourrions citer. Il y a à New-York 5 théâtres, 1 salle d'opéra, 1 cirque, 6,000 auberges et cabarets, 15 marchés et bazars. Il s'y publiait en 1850 106 journaux, qui mettaient en circulation chaque année 82,368,478 numéros. On y comptait 3,387 fabriques et manufactures, roulant sur un capital de 34,500,000 dollars et fabriquant annuellement pour plus de 105 millions de dollars de marchandises, draps, vêtements, chapeaux, sucre, articles d'orfèvrerie et de quincaillerie, pianos et machines, et 150 imprimeries. La construction des navires occupe sur ses douze chantiers, et dans les ateliers pour la fabrication des machines qui s'y rattachent, 25,000 ouvriers. En 1850, 87 bâtiments, jaugeant ensemble 89,741 tonneaux, furent lancés à la mer, et dans ce nombre 46 vapeurs. Comme principal centre du commerce et même des affaires de librairie de l'Union, New-York présente un mouvement de navigation des plus animés. Outre d'innombrables bâtiments caboteurs, barques de rivières et bateaux de canaux, il entra en 1852 dans son port 3,822 bâtiments au long cours, dont 206 vapeurs. Sur ce chiffre on comptait 2,300 bâtiments nationaux, 1,013 anglais et 258 allemands. En 1852 le commerce extérieur y était élevé à 201,728,580 dollars (et celui de toute l'Union à 421,878, 266 dollars). Dans ce chiffre l'importation figurait pour 120,267,848 dollars, et l'exportation pour 81,461,032 dollars. Le produit de la douane avait été de 28,771,452 dollars. Les 26 banques existantes en 1851 avaient un capital de 38 millions de dollars, une encaisse métallique de 5 millions de dollars, et une circulation de billets de 24 millions de dollars. N'oublions pas de dire que New-York est le principal port pour l'émigration européenne.

L'administration municipale est aux mains d'un maire, élu annuellement par le peuple, et d'un *common council*, composé de deux collèges d'*aldermen*. La ville est divisée en 18 *wards* ou quartiers. Ses revenus montent à 3,409,178 dollars, et ses dépenses à 4,160,335 dollars. Sa dette s'élevait au 1er janvier 1853 à 13,885,856 dollars. Le département de la police emploie un personnel de 903 fonctionnaires, et exigeait en 1852 une dépense de 689,906 dollars. La milice urbaine est forte de 45,000 hommes. Les compagnies d'assurances de New-York sont au nombre de plus de 2,000. Des lignes régulières de bateaux à vapeur relient ce port à Liverpool, à Southampton, au Hâvre, à Brême, etc., etc. New-York est en outre un point central auquel viennent aboutir un grand nombre d'importantes voies ferrées. Cependant, sauf celui de Harlem, aucun de ces rail-ways n'aboutit immédiatement à la ville; et leurs embarcadères sont tous situés sur la rive opposée, avec laquelle on ne peut communiquer qu'au moyen de bateaux à vapeur.

NEW-ZEALAND. Voyez NOUVELLE-ZÉLANDE.

NEY (MICHEL), duc d'ELCHINGEN, prince DE LA MOSKOWA, l'un des plus intrépides et des plus habiles lieutenants de Napoléon, conquit sur les champs de bataille les titres de maréchal de France, de duc et de prince. Fils d'un tonnelier, il était né à Sarrelouis, le 10 janvier 1769; clerc de notaire à treize ans, il entra à dix-huit dans la carrière des Turenne et des Condé; quand la révolution éclata, il avait le grade de sous-lieutenant dans un régiment de hussards. Il était capitaine en 1794, lorsque le général Kleber, appréciant sa bravoure et sa capacité, le fit nommer adjudant général chef d'escadron, l'employa près de lui, et lui confia plusieurs expéditions de partisans, qui eurent un plein succès. L'avancement de Ney fut très-rapide. Les combats d'Altenkirchen, d'Obermerch, de Wurtzbourg, de Forcheim, avec 2,000 prisonniers, de Forcheim, marquèrent en quelque sorte ses premières étapes pour arriver à la fortune par la gloire. Nommé général de brigade en 1796, après la glorieuse journée de la Rednitz, il contribua beaucoup à la victoire de Neuwied, en enfonçant les Autrichiens, à la tête d'un corps de cavalerie française. Quelques jours après (16 avril 1797), il déloges l'ennemi de Diersdorf; mais son cheval s'étant abattu au moment où, n'ayant plus que le tronçon de son sabre, il s'exposait comme un simple soldat pour sauver une pièce d'artillerie volante, il fut fait prisonnier, et sur le champ remis en liberté sur sa parole de ne point reprendre les armes avant son échange. Cet échange, Hoche, qui avait appris à estimer son compagnon d'armes, le sollicita et l'obtint.

Ney reprit son commandement jusqu'à la paix de Léoben. Quand la guerre recommença, il commanda, sous Bernadotte, une des brigades de l'armée du Rhin ; il se rendit maître de Manheim par un audacieux coup de main, à la tête de 150 hommes déterminés, et conquit ainsi son grade de général de division sur le champ de bataille. Transféré sous Masséna à l'armée du Danube, Ney, qui avait déjà été blessé à Alikow, à Frauenthal, le fut plus dangereusement à Winterthur; placé après sa guérison à l'armée du Rhin, dont il eut un instant le commandement provisoire, il fit des prodiges de valeur, et en maintenant l'archiduc Charles, il l'empêcha de venir au secours de Souwaroff, et assura ainsi le gain de la bataille de Zurich.

Ney adhéra au coup d'État du 18 brumaire. Il se couvrit de gloire à la tête de sa division dans tous les combats, et notamment à la bataille d'Hohenlinden. L'année suivante, après la paix de Lunéville, il soigna ses blessures. Napoléon lui fit épouser en 1801 Mlle Auguié, amie d'enfance d'Hortense Beauharnais; à l'occasion de ce mariage, il lui fit cadeau d'un magnifique sabre égyptien. Inspecteur général de cavalerie, puis ministre plénipotentiaire en Suisse, Ney fut appelé en 1803 au commandement du 6e corps, au camp de Boulogne: c'est là qu'il reçut le bâton de maréchal de l'empire et le grand-cordon de la Légion d'Honneur. Les hostilités contre l'Autriche ayant recommencé en 1805, Ney passa le Rhin à la tête d'un corps d'armée, et eut une grande part à la victoire d'Elchingen, dont plus tard il porta le nom avec le titre de duc. Ses habiles manœuvres amenèrent la capitulation d'Ulm; il entra dans le Tyrol, et s'en rendit maître après avoir mis l'archiduc Jean en pleine déroute. Lorsque commença la rapide guerre de Prusse, en 1806, Ney occupait avec le 6ᵉ corps la Haute-Souabe, sur la rive droite du Danube, jusqu'aux frontières de la Suisse, du Vorarlberg et du Tyrol. Il prit aussitôt une part signalée aux opérations militaires, et montra partout la même valeur et les mêmes talents; à Iéna, où il acheva la défaite des Prussiens à la fin de la bataille; à Magdebourg, où il força de capituler avec 800 bouches à feu et une garnison de 16,000 hommes; à Mohrungen, où il dégagea Bernadotte cerné par toutes les forces russes; à Guttstadt, où, avec 14,000 hommes en proie à la disette et à un froid rigoureux, il soutint pendant trois mois les attaques de 70,000 Russes, soutenus par 100 canons. Deppen, Eylau, Friedland ajoutent à la gloire de Ney; dans cette dernière bataille, c'est la droite qu'il commanda qui décida la victoire. Kleber et ses soldats appelaient l'adjudant général Ney l'*infatigable*; la grande armée baptisa le maréchal du surnom de *brave des braves*.

Il passa en Espagne en 1809, et dans cette guerre funeste on peut citer de lui de nouvelles preuves de courage et d'habileté. Cependant, à cette époque Napoléon conçut des soupçons sur la fidélité du maréchal Ney, qui fut rappelé en France, où il passa quelque temps dans une sorte de disgrâce. Il fut néanmoins employé dans la désastreuse campagne de Russie, où il mit dans la plus grande évidence et sa bravoure personnelle et ses talents militaires. La fameuse bataille de la Moskowa fut la couronne de Ney. Dans les désastres sans nombre qu'eurent à essuyer nos soldats durant la retraite de Moscou, Ney, qui avait le commandement de l'arrière-garde, contribua à sauver les débris de notre grande armée en soutenant les combats incessants dont le harcelait l'ennemi, et en triomphant énergiquement des obstacles qu'il rencontra pendant une route si longue et si pénible. Sa retraite de Russie est un immortel fait d'armes. Ney, dont le corps fut réduit peu à peu à 3,000 hommes, se trouva coupé du reste de l'armée par les Russes, et ne parvint à la rejoindre que lorsqu'on l'y considérait comme perdu et qu'après plusieurs jours de combats et de souffrances cruelles. Le *brave des braves* fut proclamé par toute l'armée le héros de la retraite, où il avait su faire tant de prodiges; et Napoléon, en apprenant que Ney venait de reparaître, s'écria avec emphase : « J'ai donc sauvé mes aigles! J'aurais donné trois cents millions de mon trésor pour racheter la perte d'un tel homme! »

Le prince de la Moskowa ne démentit point sa vieille renommée pendant la suite de la retraite; il demeura inébranlable à l'arrière-garde, poste si digne de lui, pendant que tout fuyait, Murat lui-même. Ney, faisant face à chaque instant à l'ennemi, semblait représenter à lui seul la grande armée tout entière. À son arrivée à Hanau, il y organisa en peu de temps cette même armée qui, après les désastres les plus inouïs, remporta les victoires de Lutzen et de Bautzen. Le 26 et le 27 août, devant Dresde, il combattit avec sa valeur et son intelligence ordinaires; mais le 6 septembre 1813 il fut battu par Bülow, qui le força de se retirer sur Torgau. Il marcha cependant quelques jours après sur Dessau, en chassa les Suédois, se distingua à Leipzig, et facilita la retraite de l'armée française sur Lindenau et Hanau. Ayant repassé le Rhin, il disputa pied à pied le terrain contre les armées innombrables de l'Europe coalisée. Ney se couvrit aussi de gloire à Brienne, à Montmirail, Craonne et Châlons-sur-Marne. Mais la résistance, quelque valeureuse qu'elle fût, était devenue inutile : les armées des puissances alliées firent leur entrée dans la capitale de la France, et, le 11 avril, la déchéance de Napoléon Bonaparte fut prononcée. On rapporte qu'à Fontainebleau Ney le contraignit, pour ainsi dire, d'abdiquer le trône, et passa aussitôt du côté des Bourbons.

Louis XVIII l'accueillit avec une flatteuse distinction, le combla de faveurs et de bienfaits, lui prodigua les marques d'estime et de confiance. La dignité de pair de France, la grande décoration de l'ordre de Saint-Louis, le commandement en chef des cuirassiers, dragons, chasseurs et chevau-légers-lanciers, et le gouvernement de la 6ᵉ division militaire, dont le siège était à Besançon, furent autant de liens avec lesquels ce monarque crut s'attacher pour toujours le héros de la Moskowa. Mais bientôt, pour le malheur de Ney, son premier maître, échappé de l'île d'Elbe, reparut sur le sol de la France. Cet événement, dont la nouvelle retentit à Paris comme un coup de foudre, vint mettre à une difficile épreuve la fidélité du maréchal et d'un grand nombre de ses compagnons d'armes. On sait que la plupart des anciens généraux de l'empire se tournèrent aussitôt vers celui qui tant de fois les avait conduits à la victoire.

Dans ces circonstances, le tort grave du maréchal Ney fut de se présenter à Louis XVIII, de lui offrir ses services, et de promettre d'amener le fugitif de l'île d'Elbe *enfermé dans une cage de fer*. Il n'est point douteux que Ney ne fût de très-bonne foi en faisant cette promesse fanfaronne, qui plus tard le fit accuser de trahison envers sa patrie. Mais il y avait dans le caractère du maréchal une irrésolution, une fluctuation habituelle, qui contrastait étrangement avec l'énergie et l'intrépidité de son courage. Dans la nuit du 11 au 12 mars, il transféra son quartier général de Besançon à Lons-le-Saulnier. Là il apprit que la garnison de Grenoble avait pris fait et cause pour l'empereur, que celui-ci était déjà à la tête de forces considérables, et qu'il venait d'être reçu avec enthousiasme par la population de Lyon. Bientôt ses troupes demandèrent à se rattacher à la cause impériale, et il vit arriver auprès de lui le général Bertrand, qui l'instruisit du véritable état des choses. Ney publia alors une proclamation dans laquelle il déclarait que Napoléon était le seul souverain légitime de la France. Le 14 il se mit en marche sur Dôle avec les troupes sous ses ordres; le 17 il entrait à Dijon, et à Auxerre il rencontra enfin l'empereur, avec qui il entra à Paris le 20 mars. Il sembla de nouveau s'attacher sincèrement aux intérêts de Napoléon; mais, par suite de la mobilité de son caractère, il donna encore lieu de douter de sa fidélité. On le soupçonna même d'entretenir de secrètes intelligences avec le parti républicain, qui avait relevé la tête depuis le retour de Napoléon.

Ce qu'il y a de certain, c'est que sa conduite à Fleurus et à Waterloo, où il avait un commandement, parut des plus équivoques, et qu'il faillit même à sa vieille réputation d'habileté militaire. Sans doute, dans cette lutte suprême, il déploya comme toujours une admirable bravoure personnelle. Couvert de boue, de contusions, de sang, il eut à Waterloo cinq chevaux tués sous lui; mais on peut admettre que dans cette campagne, qui devait être si promptement décisive, ses facultés supérieures furent paralysées par une inquiétude vague, peut-être par de funestes pressentiments. Après la déroute, Ney fut des premiers à s'en revenir à Paris; il ne songea même pas un seul instant à rallier une armée qui s'était débandée que faute d'ordres et de chefs. Le 22 juin il attaqua sans aucune mesure, dans la chambre des pairs, le rapport du prince d'Eckmühl (Davout), ministre de la guerre, qui, entre autres choses, annonçait l'arrivée de 80,000 hommes sous les murs de Guise. « La nouvelle qu'on vient de vous lire est fausse sous tous les rapports, s'écria Ney avec irritation : il n'y a que le désordre. L'ennemi peut entrer quand il voudra. Le seul moyen de sauver la patrie est d'ouvrir les négociations. » Une telle déclaration, dans un tel moment, faite par un tel homme, équivalait à un cri de *sauve qui peut*. C'était, on peut le dire, un véritable acte de félonie envers la France. L'opinion publique en jugea ainsi, et le gouvernement provisoire s'abstint de confier un commandement quelconque à Ney sous les murs de Paris. Au retour du roi, le maréchal Ney fut compris dans l'ordonnance de proscription du 14 juillet. Il parvint d'abord à se soustraire aux poursuites dirigées contre lui; mais on découvrit sa retraite en Auvergne : il y fut arrêté en octobre, conduit sur-le-champ à Paris, et enfermé à la Conciergerie. Traduit le 9 du mois suivant devant un conseil de guerre composé des maréchaux Moncey, Augereau, Masséna et Jourdan, qui se déclara incompétent, il fut alors renvoyé devant la cour des pairs. L'accusation fut soutenue avec acharnement par le procureur général Bellart. Malgré les efforts de ses éloquents défenseurs, Dupin et Berryer père, Ney fut condamné à mort, le 6 décembre. Le maréchal entendit le fatal arrêt avec une courageuse résignation, et il envisagea la mort avec la même intrépidité qu'il l'avait bravée dans tant de batailles. Ses adieux à sa femme et à ses enfants, le lendemain matin, furent courts, mais déchirants; quoique vivement ému, il n'eut pas un moment de faiblesse. Arrivé à l'extrémité du jardin du Luxembourg, lieu de l'exécution, il remercia le curé de Saint-Sulpice de ses bons offices. A peine fut-il sur le terrain qu'il se plaça lui-même devant le peloton exécuteur. Alors, mettant sa main droite sur sa poitrine, et jetant son chapeau, il s'écria : « Vive la France ! Camarades, droit au cœur ! » C'était le 7 décembre 1815, à neuf heures du matin. Longtemps l'opinion publique a reproché aux membres de la cour des pairs la condamnation du maréchal, et l'on se souvient encore du retentissement qu'eurent au Luxembourg ces terribles paroles d'Armand Carrel : « La mort de Ney fut un abominable assassinat ! » Une appréciation calme et réfléchie des faits démontre que si Ney s'était rendu coupable de la plus insigne trahison à l'égard de la cause royale, il se trouvait protégé, comme tant d'autres, contre son passé par les termes formels de la capitulation de Paris. En le laissant vivre, la Restauration se serait montrée à bon marché généreuse à l'égard d'un homme maintenant trop déconsidéré pour pouvoir lui nuire; en se vengeant, elle se déshonora en même temps qu'elle réhabilita en quelque sorte sa victime. La veuve de Ney ne mourut qu'en 1854.

Après l'arrivée du prince Louis-Napoléon à la présidence de la république, une statue du maréchal a été élevée au lieu même où il avait reçu la mort.

Ney laissait quatre fils. L'aîné, *Joseph-Napoléon* NEY, prince de LA MOSKOWA, est né le 8 mai 1803. Sous la Restauration, Laffitte lui donna sa fille en mariage; cette union, si l'on s'en rapporte aux allégations que des contestations judiciaires entre les deux époux ont rendues publiques, fut loin d'être heureuse. Après la révolution de Juillet, le prince de la Moskowa fut nommé aide de camp du duc d'Orléans, et pair, le 19 novembre 1831. Après s'être abstenu pendant dix ans de siéger parmi les juges de son père, il prit enfin possession de son siége en 1841, non sans avoir protesté d'abord à la tribune contre la condamnation du maréchal. Le prince de la Moskowa, musicien distingué, a publié aussi des écrits sur la question des remontes. Il est membre du Jockey-Club, et fait aujourd'hui partie du sénat. Sa fille unique a épousé, en 1852, M. Fialin de Persigny.

Le second des fils du maréchal, *Michel* NEY, duc d'ELCHINGEN, entra dans la cavalerie. Au commencement du règne de Louis-Philippe, il fut, à Moulins, un duel politique, contre un des rédacteurs du journal républicain de cette ville. Il était colonel d'un régiment de dragons, en garnison à Paris, lors du 2 décembre; après le coup d'État, il fut nommé général en disponibilité. Au début de la guerre d'Orient, il obtint un commandement dans l'armée expéditionnaire, débarqua à Gallipoli et y mourut, du choléra, en 1854.

Le troisième, *Eugène* NEY, remplit sous Louis-Philippe les fonctions de consul à l'étranger, et mourut en revenant en France.

Le quatrième, *Edgard* NEY, a servi dans la cavalerie ; quand le prince Louis-Napoléon fut arrivé à la présidence de la république, il fit de M. Edgard Ney son officier d'ordonnance; c'est à lui qu'il adressa cette fameuse lettre qui, lors de l'expédition de Rome, souleva tant d'orages dans le sein de l'Assemblée législative. M. le comte Edgard Ney est maintenant général de brigade, aide de camp et premier veneur de l'empereur.

NEZ. Le nez forme la partie extérieure et proéminente de l'appareil de l'olfaction ; il est situé dans la ligne médiane et à la partie moyenne de la face, dont il forme en général le caractère le plus saillant. On y distingue une racine, qui l'unit au front, une portion antérieure ou dorsale, deux côtés : les deux cavités qui s'ouvrent à la partie inférieure du nez se nomment les *narines* ; le cartilage qui les sépare l'une de l'autre constitue la cloison, ou le *septum*; leur pourtour s'appelle les *ailes du nez*. On y distingue encore, en allant du dehors au dedans, une couche tégumentaire formée par la peau, une couche musculaire, une voûte en partie osseuse et en partie cartilagineuse, une membrane muqueuse ou pituitaire tapissant la surface interne de cette voûte, et dans laquelle se distribuent les nerfs olfactifs. La peau du nez ne diffère en rien de celle qui recouvre le reste de la face, si ce n'est peut-être par une plus grande abondance de cryptes et de follicules.

La couche musculaire chez l'espèce humaine se compose de cinq muscles distincts : 1° le *pyramidal*, qui descend entre les sourcils et couvre les côtés du nez ; 2° le *transverse*, qui vient de dessous l'angle interne de l'orbite, et qui s'étend sur le côté du nez, pour s'unir avec son congénère sur la ligne médiane ou dorsale; 3° le *releveur de l'aile du nez et de la lèvre supérieure*, qui descend de l'angle interne de l'orbite à la lèvre supérieure, et fournit dans son trajet des fibres nombreuses aux ailes du nez ; 4° l'*abaisseur de l'aile du nez*, qui vient de la partie de l'os maxillaire qui contient les incisives, et monte directement au bord inférieur de l'aile du nez; 5° le *nasal*, qui vient de la partie inférieure de la cloison, et se porte en bas et de côté pour se confondre avec le muscle orbiculaire des lèvres. C'est à la contraction, tantôt isolée, tantôt simultanée, de ces différents muscles, que le nez doit sa grande puissance d'expression.

La partie supérieure de la voûte osseuse est formée par les deux os propres du nez (os *nasaux*), qui s'unissent d'une part aux os frontaux, et qui de l'autre reposent sur la tige montante des os maxillaires supérieurs et sur la lame osseuse de l'ethmoïde ; la portion inférieure de cette même voûte est formée par des cartilages ou fibro-cartilages auxquels s'attachent les muscles qui opèrent les divers mouvements du nez.

La membrane muqueuse, pituitaire ou olfactive, qui tapisse la surface interne de cette voûte se continue d'une part avec la peau qui se réfléchit aux bords des narines, et de l'autre avec la membrane muqueuse de l'arrière-bouche et de l'œsophage. Cette membrane, en général très-fine, est pulpeuse ou fongueuse ; la couleur, qui résulte des ramifications innombrables de petits vaisseaux sanguins, en est d'un beau rouge; elle est parsemée d'une grande quantité de pores, qui ne sont que les orifices de petits follicules, d'où suinte continuellement un liquide muqueux, qui devient plus abondant dans ces affections connues sous le nom de coryza ou *rhume de cerveau*, et qui ne sont autre chose que des inflammations de la membrane muqueuse des fosses nasales.

La cavité des narines communique directement avec des cavités voisines qui sont creusées dans l'intérieur de quelques-uns des os de la face : ce sont les *sinus* (ou cavités) *frontaux*, les *sinus ethmoïdaux*, les *sinus maxillaires*; la membrane pituitaire tapisse toutes ces cavités ; enfin, elle recouvre encore quelques appendices osseux, qui sont saillants à l'intérieur de la cavité nasale elle-même, et qui paraissent destinés à augmenter la surface de la membrane olfactive ; ce sont les *cornets inférieurs et supérieurs*.

Le nez, c'est-à-dire la portion externe et proéminente de l'appareil olfactif, n'existe guère que dans l'espèce humaine : chez la presque totalité des ostéozoaires, la partie externe de l'appareil de l'olfaction se borne à un simple orifice, qui communique avec des cavités ou *sinus* plus ou moins étendus. Ceux-ci au contraire existent dans toute la série des vertébrés, et le volume et la disposition en sont extrêmement variables. Ainsi les *sinus frontaux*, petits chez les singes, sont très-volumineux chez les carnassiers; parmi les rongeurs, ils manquent chez les rats, les marmottes, l'agouti, le lièvre, l'écureuil, et sont au contraire très-développés chez le porc-épic. Les mêmes différences existent parmi les édentés et les ruminants. Enfin, l'éléphant a des *sinus frontaux* énormes; le cochon, le tapir, le babiroussa, en ont de très-développés, tandis qu'ils manquent complétement chez le rhinocéros, l'hippopotame, etc., etc. Des irrégularités analogues s'observent dans les *sinus maxillaires* et les *sinus sphénoïdaux*.

BELFIELD-LEFÈVRE.

Chez l'homme, il y a des nez *grands*, *petits*, *aquilins*, *retroussés*, *épatés*, *pointus*, *de perroquet*, *de furet*, *camus*, *camards*, *enluminés*, *bourgeonnés*, *boutonnés*, *gravés*. Des nations entières se distinguent par leur nez. Chez certains Arabes, les nez camards sont les plus beaux : on le leur aplatit, on le leur écrase. En Tatarie, les beautés les plus admirées sont celles qui ont le moins de nez. Les grands nez sont généralement en honneur, excepté en Chine et chez les Tatars.

On dit : Parler, chanter du *nez*, pour parler, chanter d'une manière désagréable et comme si le nez était bouché; Saigner du *nez*, pour, manquer de courage; Ne pas voir plus loin que son *nez*, que le bout de son nez, pour, avoir peu de lumières, de prévoyance; Tirer les vers du *nez*, pour, arracher adroitement un secret; Jeter quelque chose au *nez*, pour, reprocher sans cesse; Mettre, fourrer son *nez* partout, pour, se mêler indiscrètement de ce qui ne nous regarde pas; Ne pas lever le *nez* de dessus son ouvrage, pour, s'y appliquer sans cesse; Mener quelqu'un par le *nez*, par le bout du *nez*, pour; lui faire faire ce qu'on veut; Se casser le *nez*, pour, échouer dans une affaire; Avoir un pied de *nez*, pour, avoir la honte de ne pas réussir; Il vaut mieux laisser son enfant morveux que de lui arracher le *nez*, pour, il vaut mieux tolérer un petit mal que d'en risquer un grand; Il est si jeune que si on lui tordait le *nez*, il en sortirait du lait, pour désigner un jeune homme se mêlant de choses au-dessus de son âge; Cela paraît comme le *nez* au milieu du visage, pour désigner quelque chose d'évident, de palpable, d'inévitable; Ce n'est pas pour son *nez*, pour, ce n'est pas pour lui.

Nez signifie quelquefois le sens de l'odorat : Il a bon *nez*; Il a le *nez* fin; Cette moutarde lui monte au *nez*. Au figuré : Il a eu bon *nez* de ne pas venir, veut dire qu'il a été bien inspiré dans cette occasion, qu'il a montré de la prévoyance, du tact.

En termes de marine, *nez* est l'éperon, l'avant, la proue d'un vaisseau. On dit souvent : Ce vaisseau est trop sur le *nez*, pour exprimer qu'il penche trop en avant.

NEZ (Saignement de). *Voyez* ÉPISTAXIS.

NEZIB ou NISIB, petit bourg situé sur la rive occidentale de l'Euphrate, à peu de distance de Beredjik, probablement la même endroit que la ville de *Nisibis*, dont parle le géographe arabe Aboulféda, comme située dans le pays de Roum (l'empire byzantin), est devenu célèbre de nos jours, par la déroute complète que l'armée turque aux ordres d'Hafiz-Pacha y essuya, le 23 juin 1839, de la part de l'armée de Méhémet-Ali, commandée par Ibrahim-Pacha. Ce désastre amena l'intervention des grandes puissances dans la collision qui avait éclaté entre le grand-seigneur et son vassal.

NIAGARA, torrent qui met en communication le lac Érié avec le lac Ontario, et qui forme la ligne de démarcation entre le Canada, possession appartenant à l'Angleterre, et le territoire de l'État de New-York, l'un des États-Unis de l'Amérique du Nord. Son cours, dans la direction du nord, est de 35 kilomètres de longueur, et de 50 en tenant compte des courbes qu'il décrit; et la différence de niveau entre les deux lacs est de 105 mètres.

A environ 10 kilomètres de Fort Érié, à l'endroit où il prend naissance, il se partage en deux bras, qui enserrent l'île de *Grand-Island*, appartenant à l'État de New-York, et qui se réunissent environ 14 kilomètres plus loin. A l'entrée du bras occidental est situé un État appelé *Navy*, appartenant à l'Angleterre. A 7 kilomètres plus loin tout au plus, près d'une courbe vivement accusée, se dirigeant de l'ouest au nord et connue sous le nom de *Détour*, le torrent forme les chutes d'eau les plus grandioses. L'île des Chèvres (*Goat Island*), appelée aussi *île d'Iris*, à cause des arcs-en-ciel qu'on y voit presque constamment, et qui occupe près du quart de la largeur totale du torrent (308 mètres, avec une superficie de 75 acres), sépare la *chute du Niagara* en deux bras inégaux. Le bras oriental, la chute *Américaine* ou du *Fort Schlosher*, a 350 mètres de largeur et 51 mètres de hauteur à son centre ; le bras occidental, qui forme la grande chute, ou *chute du Fer-à-Cheval*, a 633 mètres de large et 48 mètres d'élévation. La première est située complétement dans l'intérieur du territoire de l'Union; la seconde seulement à moitié, la ligne qui marque la délimitation entre les territoires anglais et américain étant censée passer par son centre. L'île des Chèvres présente à son extrémité inférieure une masse de rochers qui se prolonge perpendiculairement jusqu'au pied de la chute. La masse d'eau qui se précipite ainsi dans un gouffre dont on ne connaît pas la profondeur et formé par des murailles de rochers hautes de 70 à 90 mètres, est évaluée à 100 millions de tonnes ou 40 millions de pieds cubes par heure. A 5 et même 7 myriamètres de distance on peut entendre le bruit sourd de la cataracte, pour peu que le vent soit favorable. Le frémissement du sol sous les pieds, le brouillard épais qui s'élève au-dessus des eaux bouillonnantes, et que l'on aperçoit de plusieurs kilomètres en avant, en annonce l'approche. Le chemin pour y arriver, d'abord pénible et même dangereux, frayé au milieu de rochers éboulés, devient ensuite plus facile. Pour descendre l'escarpement qui en domine la base, on suit un sentier tracé au milieu des broussailles, dans une forêt de pins qui en dérobe la vue, et c'est subitement qu'on se trouve en face d'un spectacle qui défie toute description. D'un coup d'œil on aperçoit les rives escarpées et les forêts immenses qui environnent cette scène majestueuse. Il n'y a pas de termes qui puissent donner une idée de l'irrésistible force de ces flots, de ces tourbillons, de ces nuages d'écume, et de la rapidité de leurs mouvements, de l'éclat et de la variété magique des couleurs, du volume et de la vélocité de ces vagues en furie, des masses de vapeur qui s'élèvent à perte de vue et se condensent dans les airs, de l'horrible fracas, du terrible mugissement de ces avalanches d'eau. Comme la chute forme un arc convexe, il n'est point que la rive d'endroit où l'on puisse saisir cet imposant tableau dans tout son ensemble. Le plus favorable est le Rocher de la Table (*Table Rock*), rocher haut de 47 mètres et faisant saillie sur la rive canadienne. Du coté américain, où la chute forme une ligne plus droite, et se montre par conséquent moins pittoresque, en face de l'île des Chèvres, qui est dessinée en parc, il y a déjà longtemps que son propriétaire a construit un pont en bois. En 1848 un pont suspendu a cependant été établi, provisoirement à l'usage des piétons seuls, au-dessous de la chute, entre elle et ce qu'on appelle le Tourbillon (*Whirlpool*). Il se trouve à 78 mètres au-dessus du niveau de l'eau; sa largeur est de 13 mètres et son développement de 250 mètres. Un chemin de fer passe même sur cet audacieux ouvrage.

Jusqu'aux chutes, le parcours du Niagara est de 30 kilomètres et la pente de 21 mètres, dont 17, il est vrai, à partir seulement du dernier demi-kilomètre qui précède les chutes. Jusqu'à ce rapide, il est navigable en amont. A environ 500 mètres au-dessus de la cataracte, l'eau est si tranquille qu'on a pu y établir sans aucun danger un bac. Mais à 7 kilomètres plus loin le tourbillon dont il a été question ci-dessus est formé par une courbe que décrit subitement le torrent, et détruit tout sur son passage.

L'énorme masse d'eau des chutes se précipite presque horizontalement sur un banc de rocher calcaire de 28 mètres d'épaisseur et au-dessous duquel se trouvent des masses d'ardoise d'égale puissance et que l'eau ne tarde pas à entraîner avec elle. C'est grâce à ces circonstances géognostiques que la masse d'eau tombe de toute la hauteur, et non en terrasses, et que les parties du rocher calcaire, incessamment miné par les eaux, qui cessent d'être soutenues, s'en détachent, comme cela est arrivé déjà en 1818 et en 1835 au Rocher de la Table, et en 1828 au Fer-à-Cheval. Il en résulte aussi que les chutes vont toujours en reculant davantage. Il n'est donc pas improbable que les cataractes se trouvaient autrefois situées près des hauteurs de *Queenston*, et que le canal, d'un peu plus de 2 myriamètres, qui s'étend aujourd'hui entre Queenston et les chutes a été produit autrefois par les mêmes causes qui font que les chutes vont aujourd'hui se rapprochant toujours du lac Érié.

Les chutes du Niagara interrompant toute communication directe par eau entre les deux lacs Érié et Ontario, on a construit sur la rive canadienne l'important *canal de Willand*, conduisant du fort Colbourne, sur le lac Érié, au nord, au fort Dalhousie, sur le lac Ontario.

Le *comté de Niagara*, qui fait partie de l'État de New-York, a pour chef-lieu *Lockport*. On y trouve sur la rive droite du torrent le bourg de *Niagara-Falls*, protégé par le port Schlosher, et à l'embouchure du torrent dans le lac Ontario, le fort Niagara.

Le *district de Niagara*, qui fait partie du Canada et comprend la presqu'île située entre le lac Érié et le lac Ontario, a pour chef-lieu la ville de *Niagara*, appelée autrefois Newark, construite à l'embouchure du Niagara et protégée par les forts Georges et Missisaga ou Massacuaga.

NIAIS, NIAISERIE. La *niaiserie* est cette sorte de sottise gauche, embarrassée, cette simplicité d'esprit qui est le résultat de l'inexpérience, et que l'expérience fait souvent disparaître (*voyez* BÊTISE). Aussi un sot restera toujours un sot, mais un niais pourra facilement se *dénialser*, pour peu qu'il ait de l'intelligence. On n'en voit pas moins quelquefois des hommes d'esprit commettre de véritables *niaiseries*. Dans certains cas, on appelle niaiseries des bagatelles, des choses frivoles; S'occuper de *niaiseries*, c'est s'occuper de choses n'en valant pas la peine.

L'embarras du niais amuse assez en général tous ceux qui en sont témoins; aussi la comédie s'est-elle emparée du caractère de *niais*, et depuis longtemps les théâtres de Paris ont tous eu leurs niais célèbres, qui savaient, avec un grand esprit d'observation et une grande intelligence, traduire la nature et rendre la niaiserie humaine à la lueur de la rampe. Le *niais* de mélodrame est en général adoré aux boulevards, car il délasse des fortes émotions que donnent le tyran et le traître s'acharnant sur leur victime.

On dit parfois, en parlant de quelqu'un : c'est *un niais de Sologne*. Y aurait-il donc beaucoup plus de *niais* en Sologne qu'ailleurs? Bon Dieu, non, car *les niais de Sologne*, ajoute le proverbe, *ne se trompent qu'à leur profit*; c'est-à-dire que sous des dehors simples, sous une affectation de niaiserie, ils dissimulent une grande adresse, une finesse qu'ils savent parfaitement appliquer à leur avantage.

Niais se dit adjectivement, au moral, pour qualifier un acte qui annonce de l'inexpérience. Faire connaître à un adversaire les moyens dont on veut se servir pour le combattre, c'est un acte niais.

En fauconnerie, on appliquait l'épithète de *niais* aux oiseaux de proie que l'on prenait dans le nid, qui n'en étaient pas encore sortis.

NIBELUNGEN ou **NIBELUNGS** (Chant des), la plus importante des épopées produites au moyen âge en Allemagne par la poésie de cour, et avec le *Parcival* de Wolfram d'Eschenbach, le chef-d'œuvre de la vieille poésie épique germanique. Voici quel en est le sujet : Siegfried, fils du roi Siegmund des Pays-Bas, s'en vient de Xante à Worms, où réside le roi des Bourguignons Gunther avec ses frères Gernot et Giselher, ainsi que sa charmante sœur Kriemhilt. Il épouse cette princesse, après que Gunther a lui-même obtenu la main de Brunhilt, vierge vigoureuse et souveraine de l'Islande, grâce à la force et au don d'invisibilité que lui donne un manteau magique. Mais dans une discussion qui s'élève entre les deux princesses au sujet du rang et de la dignité de leurs époux respectifs, Kriemhilt révèle imprudemment comment Brunhilt a été domptée par Siegfried au lieu de Gunther. Courroucée, celle-ci n'aspire plus qu'à la vengeance, et elle fait assassiner Siegfried à la chasse par le terrible Hagen de Tronje. Lors des funérailles, le sang qui s'échappe de ses blessures trahit le meurtrier. Mais Kriemhilt dissimule encore sa vengeance, et vit tout entière à savourer sa douleur pendant treize ans, à Worms, dans la plus profonde affliction, quoique offensée à plusieurs reprises par Hagen, qui précipite aussi dans le Rhin, entre Worms et Lorsch, où il est toujours demeuré enfoui depuis, le rocher des Nibelungen, immense trésor que Siegfried a enlevé autrefois aux Nibelungen, princes résidant au loin dans le Nord. Alors arrive à Worms le margrave Rudiger de Bechelaren, demander la main de Kriemhilt au nom d'Etzel (Attila), le roi du pays des Huns (la Hongrie); et Kriemhilt, qui songe à se venger, accepte la recherche dont elle est l'objet. Après un nouvel intervalle de treize années, elle invite les Bourguignons, qu'on appelle eux-mêmes Nibelungen depuis la conquête du rocher des Nibelungen, ses frères et Hagen, à venir dans le pays des Huns assister à une fête qui se célèbre à la cour d'Etzel, et elle dispose tout pour qu'ils y périssent. Gunther, Gernot, Giselher et tous les autres hommes de Bourgogne sont tués effectivement, à la suite d'une longue et effroyable lutte, après que du côté d'Etzel le fidèle Rudiger de Bechelaren et les héros de Dietrich de Berne, qui séjourne encore à la cour d'Etzel, ainsi qu'un grand nombre d'autres braves, ont mordu la poussière. Enfin, Kriemhilt elle-même, avec l'épée de Siegfried, tranche la tête à Hagen, qui persiste à garder le secret du lieu où gît le précieux rocher; et à la vue de ce meurtre, le fidèle serviteur de Dietrich de Berne, le vieil Hildebrand, accourt saisi de fureur, et à son tour tue Kriemhilt.

Ce poëme, dont on ignore l'auteur, date dans sa forme actuelle de l'an 1210 environ, époque où il dut être remanié d'après d'antiques traditions par quelque poëte ambulant qui se trouvait alors en Autriche. À en juger par une vingtaine de copies manuscrites plus ou moins complètes qui en existent encore aujourd'hui, il dut être assez répandu depuis le treizième jusqu'au seizième siècle; mais n'ayant point été imprimé alors, comme le *Parcival* de Wolfram, il ne fut plus connu du dix-septième siècle que par quelques historiens, et seulement à titre de source historique, puis finit par tomber dans un complet oubli à partir du dix-septième siècle. Quoique Bodmer l'eût déjà signalé à l'attention publique, il n'a été, à bien dire, remis en lumière qu'au commencement du siècle actuel, et depuis lors il a été l'objet d'une foule de commentaires et de recherches sans nombre faites pour lui restituer, autant que possible, sa forme originale, altérée à la longue par des copistes inintelligents. À la suite du Chant des Nibelungen, on imprime toujours un autre poëme, qui se trouve également dans les manuscrits originaux, et qui est intitulé : *La Plainte*. Il raconte les funérailles faites aux héros morts à la cour d'Attila; le message envoyé dans leur pays pour y apprendre leur mort, ainsi que les honneurs accordés à Dietrich de Berne. L'auteur en est également inconnu; mais cette *Odyssée* d'une autre *Iliade* lui est aussi de beaucoup inférieure.

NICANDER ou **NICANDRE**, savant poëte et médecin grec, originaire de Colophon, vivait de l'an 160 à l'an 140 avant J.-C., à la cour de Pergame, à l'époque du dernier roi, Attale, et composa plusieurs poëmes didactiques, que les anciens estimaient, moins à cause de l'élégance et de la facilité de la versification qu'en raison des connaissances approfondies qu'ils prouvaient de sa part sur toutes les matières qu'il y traitait. Quelques-uns de ces poëmes, notamment les *Géorgiques*, qui servirent, dit-on, de modèle à Virgile, sont perdus; mais nous en possédons encore deux, très-remarquables au point de vue de l'histoire naturelle. L'un, intitulé *Theriaca*, traite des animaux venimeux et des remèdes à employer contre leurs morsures; l'autre, *Alexipharmaca*, traite des contre-poisons en général. Ces deux ouvrages ont été souvent réimprimés, soit ensemble, soit séparément.

NICARAGUA, république de l'Amérique centrale, entre Honduras au nord, la côte des Mosquitos et la mer des Antilles à l'ouest, l'État de Costa-Rica au sud, et l'océan Pacifique à l'ouest, qui depuis qu'elle a acquis son indépendance ne s'est fait remarquer que par d'incessantes luttes de partis et par l'anarchie extrême qui en a été le résultat. Aussi serait-il fort difficile d'indiquer d'une manière bien précise quelles sont ses délimitations. Si l'on admet que la Mosquitie ne fasse pas partie du territoire de Nicaragua, cet État ne comprendrait guère plus de 770 myriamètres carrés. Au sud on trouve la plaine de Nicaragua avec deux lacs réunis par le Panaloya, le lac de Managua et le lac de Nicaragua, séparé de l'océan Pacifique par une chaîne volcanique n'ayant pas en certains endroits plus de 16 kilomètres de large; le second est beaucoup plus étendu que le premier. Ils occupent ensemble une superficie de 31 myriamètres carrés, traversent le territoire à une distance moyenne de 5 myriamètres de la côte occidentale, et forment avec le bassin du San-Juan, fleuve de 14 myriamètres de parcours, qui leur sert de décharge, une remarquable interruption du plateau de l'Amérique centrale, où l'on rencontre, au sud du plus grand des deux lacs, deux volcans. Outre la vaste baie de Conchagua, appelée aussi golfe de Tousera ou d'Amapala, le littoral forme ce qu'on nomme le golfe de Papagayo. Derrière ce littoral étroit, qui jusqu'à présent a constitué à lui seul presque tout le territoire de l'État, s'étendent des régions montagneuses d'un accès difficile, encore fort mal connues, et se rattachant à la grande Cordillère, à savoir : les districts de Chontalès, de Matagalpa et de Segovia. Le territoire de cet État est d'ailleurs parfaitement arrosé. Une foule de petites rivières portent leurs eaux à l'océan Pacifique, entre autres l'*Estero réal*, qui vient au nord du volcan Telica, et navigable jusqu'à 4 myriamètres de son embouchure pour des bâtiments tirant de neuf à dix pieds d'eau. Les deux lacs intérieurs, avec le fleuve qui leur sert de décharge dans la mer des Antilles, sont d'une tout autre importance pour le pays. Le *lac Managua*, appelé aussi lac Leon, a 7 myriamètres de long sur 4 à 5 de large, et se trouve à 98 mètres au-dessus du niveau de la mer, dont il n'est éloigné que d'environ 4 myriamètres. La profondeur en varie depuis 3 mètres jusqu'à 13. Le Panaloya, qui lui sert de décharge, forme à son point de départ une chute de 4 mètres de haut; mais il est vaseux, et tout récemment un tremblement de terre a beaucoup diminué son volume d'eau comme celui du lac lui-même. Le *lac Nicaragua*, séparé de l'océan Pacifique par l'étroite chaîne volcanique dont nous avons parlé, a dans ses plus grandes dimensions 18 myriamètres de long sur environ 8 de large, et couvre une superficie de près de 200 myriamètres carrés. Il est à 40 mètres au-dessus du niveau de l'Océan. Sa profondeur est d'environ 25 mètres, et il renferme un grand nombre d'îles volcaniques, couvertes de la plus riche végétation. Il n'a d'autre décharge (*desaguadero*) que le San-Juan, appelé aussi San-Juan del Norte ou San-Juan de Nicaragua, qui va se jeter dans la mer des Antilles après un parcourt de 15 myriamètres, entravé par de nombreux bas-fonds et rapides, à travers une contrée de pays sauvages, avec une largeur variant entre 100 et 300 mètres, et une profondeur de 4 à 7 mètres. Depuis quelques années on y a établi, de même que sur les lacs, des services de bateaux à vapeur. Ces conditions hydrographiques ont donné naissance à un projet suivant lequel on utiliserait le San-Juan et les deux lacs pour établir une communication artificielle par eau entre l'océan Atlantique et la mer Pacifique. Le climat de Nicaragua est très-chaud dans les plaines de l'ouest, mais au total il ne passe pas pour insalubre.

Le sol, bien que d'origine volcanique, est couvert d'une épaisse couche de terre végétale et d'une grande fécondité. Ses vastes forêts, outre des bois de construction ou pour meubles, ou encore de teinture, contiennent un grand nombre d'arbres à gomme et beaucoup de plantes médicinales des plus précieuses. Toutes les céréales d'Europe y croissent à côté des produits particuliers aux régions tropicales. Mais l'élève du bétail constitue la grande ressource du pays. D'après les renseignements qui paraissent les plus certains, la population totale serait aujourd'hui de 264,000 âmes. On estimait autrefois qu'elle n'était que de 250,000 habitants, chiffre sur lequel on comptait 25,000 blancs, 15,000 mulâtres ou noirs, 80,000 Indiens de pure race et 130,000 *ladinos* ou métis. L'industrie et l'exploitation des mines n'y ont aucune importance; mais la situation géographique de l'État de Nicaragua est si favorable au commerce, qu'on peut prévoir qu'après l'exécution du canal projeté une partie du commerce du monde se fera en transit dans ce pays, aujourd'hui si négligé.

D'après la loi électorale de 1852, la constitution de Nicaguara est démocratique. Le pouvoir exécutif est confié à un président, élu pour deux ans. Un sénat et une chambre des députés exercent la puissance législative. Au point de vue administratif, l'État est divisé en cinq districts ou départements : Leon, Managua, Granada, Nicaragua et Segovia. Le chef-lieu, *Leon*, siège du gouvernement et d'un évêque, à 2 myriamètres du lac Managua et à égale distance de l'océan Pacifique, dans une belle et fertile plaine, fut fondé en 1523, par Francisco de Cordova. Cette ville, jadis fort importante et maintenant à moitié ruinée, ne compte plus que 30,000 habitants. Les autres villes à citer sont : *Managua*, sur la rive méridionale du lac du même nom, dans une position salubre, avec 13,000 habitants; *Masaya* ou *Massaya*, plus au sud-est, avec le même chiffre de population; *Granada*, avec 14,000 habitants, sur la rive nord-ouest du lac de Nicaragua; *Nicaragua*, sur la côte occidentale du même lac, ville assez industrieuse et comptant 12,000 habitants, gens de couleur pour la plupart; *Chinandega*, 14,000 habitants; *Realejo*, désigné d'ordinaire comme le principal port de Nicaragua sur l'océan Pacifique, lieu insignifiant, avec 1,000 habitants au plus, à une heure de marche de la côte, sur les bords d'un petit fleuve dont l'embouchure est le meilleur port de ce littoral; *Concordia* ou *San-Juan del Sur*, port situé sur la baie de Papagayo, qui acquerrait une grande influence si l'on exécutait le canal de Nicaragua; enfin *San-Juan del Norte* ou *San-Juan de Nicaragua*, petite localité située à l'embouchure du San-Juan dans la mer des Antilles, dont le consul d'Angleterre en Mosquitie a récemment pris possession, et qui porte depuis lors le nom de *Grey-Town*, avec au plus un millier d'habitants de toutes nations, mais qui, comme port libre placé sous la protection de l'Angleterre et des États-Unis, a pris un rapide essor, et qui gagnera encore bien autrement quand le canal projeté aura été réalisé.

Le pays de Nicaragua, peu de temps après avoir été découvert et exploré par Gil Gonzalez Davila, fut érigé en intendance particulière de la capitainerie générale de Guatemala. Comme cette province, il se sépara de l'Espagne en 1821, et en 1823 il entra dans la confédération des cinq États-Unis de l'Amérique Centrale. Quoique ayant, en raison de sa situation géographique, plus d'intérêt que les autres États, et notamment plus que Guatemala et Costa-Rica, au maintien de la confédération, il ne tarda pas à vouloir la dissoudre. Les tentatives qu'il fit dans ce but, ses conflits et ses guerres avec Costa-Rica au sujet de la possession du territoire de Nicoya ou Guanaste, qui s'était spontanément adjoint à ce dernier État, ont été continuelles discordes intérieures, plus sanglantes et plus implacables que dans toute autre contrée de l'Amérique ci-devant espagnole, remplissent l'histoire de Nicaguara de 1825 à 1848. Depuis lors il n'y est constitué un ordre de choses un peu plus durable, parce qu'on est enfin parvenu à organiser une espèce de gouvernement, si faible qu'il soit. Au président don Ramirez succéda, en 1851, Laureano Pineda, et à ce dernier, le 20 février 1853, le général don Fruto Chamorro. En 1855 le général Nanose fut élu pour deux ans comme son successeur; mais un aventurier, nommé Walker, vint remettre tout en question, et, aidé par des aventuriers américains, il parvint à se maintenir dans le pays en repoussant les troupes de Costa-Rica. Il a été élu président, à une grande majorité, en 1856.

Tandis que Nicaragua disputait encore à Costa-Rica la possession du port de San-Juan, l'Angleterre, sous le prétexte que l'extrémité orientale de l'État où est situé ce port fait partie du royaume de la côte des Mosquitos, placé sous sa protection, éleva des prétentions à la possession de ce point, qui est d'une si haute importance pour l'exécution du canal. Le 1er janvier 1848, des troupes anglaises occupèrent San-Juan. Nicaragua sentit alors les inconvénients de son état d'isolement. A l'instigation de l'État de Honduras, non moins intéressé, un congrès, composé de députés de Nicaragua, de Honduras et de San-Salvador, fut convoqué pour le rétablissement partiel de la confédération, et se réunit le 9 janvier 1851 à Chinandega. Costa-Rica et Guatemala refusèrent d'y prendre part. Ce congrès résolut l'établissement d'un gouvernement central; mais ce projet en resta là. Toutefois, l'événement le plus important pour l'État de Nicaragua en particulier, pour toute l'Amérique Centrale et l'avenir de commerce du monde, ç'a été la construction du *canal de Nicaragua*, dont il a été question plus haut. Le plan en avait été conçu à diverses reprises depuis le seizième siècle. Enfin, une compagnie américaine (*Atlantic and Pacific Ship Canal Company*) conclut, en 1849, avec l'État de Nicaragua un traité pour l'exécution de ce canal, et commença aussitôt ses préparatifs, mais se vit entraver par les Anglo-Mosquitos et par les Costa-Ricains. Bien que le gouvernement américain eût conclu en 1850 un traité formel avec l'Angleterre pour lever tous les obstacles, les intrigues n'en continuèrent pas moins; et les Anglais créèrent même en concurrence à la compagnie américaine une autre compagnie (l'*Accessory-Transit-Company*), ayant son siège à Costa-Rica. Ce fut plus tard seulement que les différents États intéressés à la question conclurent une nouvelle convention, qui aplanissait toutes les difficultés existant entre Nicaragua, la Mosquitie et Costa-Rica, et donnait toute liberté de construire le canal. Les travaux immenses qu'il exigera ont attiré à Nicaragua le courant de l'émigration; et une puissante société de colonisation créée à Berlin a même obtenu du gouvernement de Nicaragua la concession d'un vaste territoire. Mais beaucoup de travailleurs allemands qui s'étaient rendus dans ce pays l'ont abandonné depuis, par suite des troubles incessants auxquels il est en proie, et aussi parce que le climat ne leur a pas paru favorable. Consultez Bulow, *La République de Nicaragua dans l'Amérique Centrale*, etc. (en allemand, Berlin, 1849); Marure, *Memoria historica sobre el Canal de Nicaragua* (Guatemala, 1845); Liot, *Panama, Nicaragua et Tehuantepec* (Londres, 1849); Squier, *Sketches of Travel in Nicaragua* (New-York, 1851); le même, *Nicaragua, its people, scenery, monuments, and the proposed Interoceanic Canal* (Londres, 1852).

NICARAGUA (Bois de). *Voyez* SAINTE-MARTHE (Bois de).

NICCOLINI (GIOVANNI BATTISTA), poëte italien, né le 31 décembre 1785, à San-Giuliano, près Pise, appartient à une famille patricienne de Florence. Foscolo, en lui attribuant son poème *La Chevelure de Bérénice*, attira sur lui l'attention; et la reine d'Étrurie le nomma professeur d'histoire et de mythologie à l'académie des beaux-arts de Florence, fonctions qu'il cumula avec celles de conservateur de la bibliothèque de la même institution. On a de lui plusieurs dissertations sur des sujets relatifs aux beaux-arts, par exemple *Sur le sublime chez Michel-Ange*; mais sa vocation décidée le portait vers la poésie dramatique. Sa première tragédie, *Polissena*, fut couronnée en 1810 par l'Académie de la Crusca. Il donna ensuite *Ino e Temisto*, *Medea*, *Edipo*, *Matelda*, *Nabucco*, œuvre étrange, publiée à Londres, en 1819, sous le voile de l'anonyme, et *Antonio Foscarini* (1827), sujet emprunté à l'histoire de Venise, qui obtint un succès d'enthousiasme partout où la censure le laissa représenter, et qui répandit au loin la réputation de Niccolini. Son *Giovanni da Procida*, joué en 1830, à Florence, ne put, par des motifs politiques, être représenté que sur un petit nombre de théâtres d'Italie. En 1831 Niccolini donna une édition de ses œuvres en prose, des drames et de ses poésies lyriques (3 vol., Florence). Parmi les drames qu'il composa ultérieurement, nous citerons *Lodovico il Moro* (1834), *Rosamunda* (1839), *Arnoldo di Brescia* (1835), mis aussitôt à l'index par la cour de Rome, parce que l'auteur, non content de maudire le joug de l'étranger, s'y élève contre la puissance temporelle de l'Église, et enfin *Filippo Strozzi* (1847). Appesanti par l'âge, le poète a gardé le silence depuis lors.

NICE (en italien *Nizza*), comté et province dépendant du royaume de Sardaigne, séparé de la France par le Var, compte une population de 248,000 âmes sur une superficie de 60 myriamètres carrés, et se compose de quatre arrondissements: *Nice*, *Sospello*, *Oneglia* (Oneille), et la principauté souveraine de Monaco, placée sous la protection de la Sardaigne. Le pays est traversé par les derniers prolongements des Alpes. Le climat est modérément chaud, et le sol produit beaucoup de fruits, d'huile et de vin. La fabrication des étoffes de soie et le commerce des produits du sol constituent les principales industries des habitants, qui entretiennent aussi un grand nombre de mégisseries, de savonneries, et exécutent de beaux ouvrages de marqueterie.

Le chef-lieu, NICE, au pied de l'aride montagne appelée Montalban, à peu de distance de l'embouchure du Paglione dans la Méditerranée, est une jolie ville, admirablement située en amphithéâtre, et entourée de bois de citronniers et d'orangers. Elle est le siége d'un évêché ainsi que d'une intendance, possède un port artificiel, de création récente (*Porta di Limpia*), et avec sa banlieue contient une population de 40,000 âmes, sans comprendre la garnison ni les étrangers, qui y affluent en hiver. Elle est le centre d'un commerce assez actif en liqueurs, articles de parfumerie, essences, huiles, soies et fleurs artificielles. Les rues de la vieille ville sont tortueuses, étroites et garnies de maisons sombres et généralement mal bâties. La ville neuve, qui va toujours croissant, est très-agréablement construite, de même que le faubourg de *Croce di Marino*, qui l'avoisine et s'étend le long des bords de la mer, vers le territoire français. C'est là que résident en hiver la plupart des étrangers, dont la grande majorité se compose d'Anglais. La ville et ses environs, protégés contre les vents du nord-ouest, sont célèbres par l'air pur et salubre qu'on y respire, de même que par la douceur du climat, le thermomètre y descendant rarement à zéro en hiver. Nice est dès lors le séjour favori de tous ceux qui font usage de bains de mer, des personnes qui souffrent de la goutte ou sont affectées de rhumatismes, d'engorgements, et maladies du bas-ventre, veulent guérir des maladies de la peau, ou bien qui ont besoin d'un air fortifiant et excitant. L'atmosphère y est si pure en hiver, que lorsque le temps est beau on peut découvrir les montagnes de la Corse.

Assiégée par terre, en 1543, par François Ier, et par mer par les Turcs aux ordres du fameux Khaïr-ed-din Barberousse, cette ville tomba au pouvoir des assiégeants, à l'exception de la citadelle, et fut pillée par les Turcs. Assiégée trois fois encore par les Français, en 1691 par Catinat, en 1706 par Berwick, et en 1793, elle tomba toujours en leur pouvoir.

En 1796 le comté de Nice fut réuni à la France, et forma le département des Alpes maritimes; les événements de

1814 le replacèrent sous l'autorité de la Sardaigne. Consultez Risso, *Histoire naturelle des principales Productions de l'Europe méridionale, et particulièrement de celles des environs de Nice et des Alpes maritimes* (Paris, 1826); *Le Conducteur des Etrangers à Nice* (Nice, 1846); Camous, *Conseils hygiéniques et médicaux aux Malades*, etc. (1848).

NICE (Trêve de). Elle fut conclue pour dix années, le 18 juin 1538, entre François Ier et Charles-Quint, à Nice, sous les auspices du pape Paul III. Malgré les avantages que le roi François Ier avait tirés de son alliance avec la Turquie, il était effrayé de la clameur universelle qui s'était élevée contre lui dans la chrétienté. Il cherchait donc à se rapprocher de l'empereur, qui, de son côté, était bien aise de rompre l'alliance de son rival avec Soliman. Le pape offrit sa médiation aux deux monarques, et les invita à une entrevue près de Nice. Leurs ministres conférèrent entre eux plusieurs fois, et les princesses françaises firent des visites au pape ainsi qu'à l'empereur. Les deux souverains paraissaient désirer vivement la paix; mais ils se défiaient tellement l'un de l'autre, qu'aucun des deux ne put croire son adversaire décidé à livrer le prix du sacrifice que chacun se disait prêt à faire. Sentant peut-être qu'il leur convenait mieux de garder chacun ce qu'ils possédaient que de faire des échanges qu'ils ne désiraient sans doute pas, ils conclurent une trêve qui les laissait chacun maîtres de ce qu'ils tenaient. Cette trêve rétablissait les communications d'amitié et de commerce entre les sujets des deux monarchies. Le duc de Savoie, qui venait de perdre sa femme, sœur de l'impératrice, se trouvait cruellement sacrifié par son beau-frère et son neveu, qui de tous ses États ne lui laissaient plus que le comté de Nice. Le roi de France, selon son usage, abandonnait ses alliés, l'empereur turc et les princes protestants; il laissait le duc de Gueldre, qu'il avait excité à attaquer les Pays-Bas, sous la dépendance de l'empereur; il n'accordait une mention qu'au seul petit État de La Mirandole, pour empêcher qu'un jugement ne fût prononcé entre le comte Jean-Thomas et le comte Galeotto II et que ce dernier ne fût privé des forteresses qu'il avait conservées aux Français. Au moyen de cette trêve, les États de Savoie, aussi riches que le Milanais, plus rapprochés de la France et plus aisés à défendre et à gouverner, restaient dans les mains des Français; et l'empereur avait moins de honte de céder à François Ier les États de son beau-frère et de son allié pour se dispenser de livrer la province qu'il avait promise lui-même.

NICÉE, ville de Bithynie, fut fondée par Antigone, fils de Philippe, qui lui donna le nom d'*Antigonia*; dans la suite, Lysimaque l'appela *Nicæa*, du nom de sa femme, fille d'Antipater. Elle était de forme carrée, et avait du temps de Strabon seize stades de circuit. Après avoir été pendant quelque temps un simple évêché, elle fut érigée en métropole. Nicée, qui a pris le nom d'*Isnik*, fait aujourd'hui partie de la Turquie d'Asie, dans l'Anatolie, et possède un évêché grec. Il n'y a plus rien de remarquable dans cette ville que son aqueduc et les tristes restes de son ancienne splendeur. Située dans un terrain fertile en blé et en excellents vins, elle est bornée au couchant par un lac très-poissonneux, qui se décharge dans la mer de Marmara. Lorsque le vent est favorable, on peut sans danger faire le trajet d'Isnik à Constantinople en sept heures. Les juifs occupent la plus grande partie de cette ville.

L'ancienne Nicée est surtout célèbre par le premier concile général qui eut lieu dans ses murs, en 325, sous le règne et par les ordres de Constantin. Cette assemblée, composée d'hommes vénérables, non-seulement par leur capacité et par leurs vertus, mais par les souffrances qu'ils avaient endurées pour la religion, s'était réunie pour terminer la contestation qu'Arius, prêtre d'Alexandrie, avait élevée au sujet de la divinité du Verbe. Il s'y trouva 18 évêques, convoqués des différentes parties de l'Empire Romain, et ils étaient accourus de la Perse et même de la Scythie. Arius y fut condamné par acclamation. Le concile décida que Dieu le fils est consubstantiel au père; et la profession de foi qui y fut dressée, et que l'on nomme le *symbole de Nicée*, fait encore aujourd'hui partie de la liturgie de l'Église. Dix-sept évêques qui soutenaient Arius refusèrent d'abord de souscrire à sa condamnation et à la décision du concile; douze d'entre eux se soumirent quelques jours après, et enfin il n'en resta que deux, qui furent exilés par l'empereur avec Arius. Ce même concile régla que la Pâque serait célébrée dans toute l'Église le dimanche qui suivrait immédiatement le quatorzième jour de la lune de mars, comme cela se pratiquait déjà dans tout l'Occident; il dressa aussi des canons de discipline, au nombre de vingt, qui ont été unanimement reçus et observés. Les Orientaux des différentes sectes en reçurent un plus grand nombre, connus sous le nom de *canons arabiques du concile de Nicée*, mais les différentes collections qu'ils en ont faites ne sont pas uniformes.

Le deuxième concile de Nicée, qui est le septième général, fut tenu, l'an 787, contre les iconoclastes, ou briseurs d'images; s'y trouva 377 évêques d'Orient, avec les légats du pape Adrien. Il y fut décidé que l'on rendrait aux images de Jésus-Christ, de sa sainte Mère, des anges et des saints, le salut et l'adoration d'honneur, mais non la véritable *latrie*, qui ne convient qu'à la nature divine, parce que l'honneur rendu à l'image s'adresse à l'original, et que celui qui adore l'image adore le sujet qu'elle représente; que telle est la doctrine des Pères et la tradition de l'Église catholique, répandue partout. Dans les lettres que le concile écrivit à l'empereur, à l'impératrice et au clergé de Constantinople, il expliqua le mot d'*adoration*, et fit voir que dans le langage de l'Écriture Sainte *adorer* et *saluer* sont deux termes synonymes. Cette décision, envoyée par le pape Adrien à Charlemagne et aux évêques des Gaules, essuya beaucoup de difficultés et de contradictions. On fut choqué du terme d'*a d o r a t i o n* dont se servait le concile, sans faire attention que cette expression est aussi équivoque en grec qu'en latin, et que le plus souvent elle signifie *se mettre à genoux*, *se prosterner*, ou donner quelque autre marque de respect. Les choses allèrent encore plus loin sous Louis le Débonnaire, et un concile national décida que l'assemblée de Nicée avait erré en prescrivant l'adoration des images. Insensiblement les préventions se dissipèrent, et avant le dixième siècle le concile fut universellement reconnu pour le septième œcuménique, et le culte des images se trouva établi dans tout l'Occident. L'abbé J.-G. Chassagnol.

NICÉPHORE (Saint), né à Constantinople, vers l'an 750, fut, en 806, patriarche de cette ville; son père avait été secrétaire de Constantin Copronyme, puis exilé, à cause de son attachement au culte des images. Constantin Copronyme ayant entendu parler de la science et des talents de Nicéphore, le fit venir, lui rendit la charge de son père, et se fit représenter par lui dans un concile. L'éloquence de Nicéphore lui avait fait tant de partisans que, bien qu'il ne fût point ecclésiastique, il fut élu patriarche de Constantinople. Nicéphore était, comme son père, grand partisan du culte des images; Léon l'Arménien, parvenu à la pourpre impériale, combattit au contraire ce culte; les évêques se mirent contre Nicéphore du côté de l'empereur, et le patriarche, frappé d'exil, se retira dans le monastère de Saint-Théodore, qu'il avait fondé : il y mourut, après une retraite de quatorze ans, le 2 juin 828. On a de lui le *Breviarium historicum*, commençant à la mort de Maurice et finissant en 770; *Chronologia tripartita*; la *Stichométrie*, ou énumération des livres sacrés; les *Antirrhétiques*, écrites contre les iconoclastes, et dix-sept *Canons*, insérés dans la collection des conciles.

NICÉPHORE. Trois empereurs grecs de ce nom ont régné en Orient.

NICÉPHORE Ier. Au commencement du neuvième siècle régnait à Constantinople Irène Auguste. Sept eunuques suffirent pour la renverser. Ils chaussèrent le brodequin de

NICÉPHORE — NICÉPHORE BRYENNE

pourpre au grand logothète Nicéphore, le présentèrent à la garde du palais d'Éleuthère, et la garde, vendue d'avance, salua Nicéphore empereur. Le patriarche, tremblant, sacra le lendemain l'avare trésorier, au milieu des épées nues. Irène, la malheureuse femme, se résigna, alors le doigt de Dieu, et alla mourir dans un monastère lointain, où le lin qu'elle filait dut suffire à sa subsistance. Cette révolution de sérail arriva l'an 802. Lâche et grossier, idiot, plongé dans une torpeur perpétuelle, le logothète ne retrouvait de la vie que pour sucer le sang et les sueurs de l'empire. Ses sujets l'abhorraient, ses voisins le traînaient dans la fange. Charlemagne lui dicta un humiliant traité. Le fameux Haroun-al-Raschid lui imposa trois fois la honte d'un tribut annuel, et sa mort seule sauva Constantinople. Dès lors l'imbécile tyran opprima, écrasa sans pudeur ses malheureux sujets. Quelques conspirations éclatèrent, mais sans succès. De leurs chefs, le plus redoutable, Bardanès le Turc, pour lequel s'était déclarée la moitié de l'empire, se hâta d'abdiquer ce sanglant fardeau, pour se couper lui-même les cheveux de son iloche impériale et cultiver son petit champ dans l'île de Protée, les pieds toujours nus, une tunique de peau de chèvre sur les épaules. L'impitoyable terreur de Nicéphore l'atteignit dans ce pieux asile : au mépris des promesses les plus saintes, Bardanès fut dépouillé de tous ses biens et eut les yeux crevés. Tranquille alors, Nicéphore ne connut plus de bornes dans ses infamies. Aux noces de son fils, le difforme Stauracè, avec Théophano, que Nicéphore arracha du lit de son premier mari pour la jeter dans celui de son fils, il trouva le secret de faire rougir une cour qui ne rougissait plus. Ses pourvoyeurs firent la chasse aux femmes; et les deux plus belles, réservées pour les plaisirs dégoûtants du vieillard, vinrent s'asseoir à côté de la jeune épouse. Il était temps que le ciel en finît avec cet homme. Les Bulgares, ravageaient l'empire en tous sens; Nicéphore marcha contre eux (811) avec son fils Stauracè, que huit ans auparavant il avait associé à l'empire. Il rejeta toutes les propositions du roi des Bulgares Crum, ravagea ses champs, brûla ses palais. Crum jura de l'ensevelir sous les ruines de son empire. Il eut victoire et vengeance. Les Grecs étaient campés dans une plaine environnée de montagnes inaccessibles ; le Bulgare les y enferma dans un parc de rochers et de bois, sans que le stupide césar s'aperçût de rien. A la fin, à la vue des barrières debout et infranchissables, il s'écria : « Nous sommes perdus! il faudrait des ailes pour sortir d'ici. » La nuit suivante, cette enceinte de bois entassé s'embrasa, et à la lueur de ce cercle de feu l'armée byzantine fut détruite, broyée, exterminée. Stauracè, dangereusement blessé, s'enfuit à grand'peine. Nicéphore périt, et sa tête, plantée au bout d'une pique, servit de risée aux vainqueurs (25 juillet 811.) Son gendre, Michel Ier, s'empara aussitôt du trône.

NICÉPHORE PHOCAS, deuxième du nom, fut un digne et hardi capitaine, un soldat heureux. Dès le règne de Constantin VII, on vantait ses exploits. Sous Romain le jeune, il s'avança jusqu'à l'Euphrate et s'empara d'Alep. En 960, il tomba sur l'île de Crète, dont il fit la conquête en dix mois. Un vieil oracle prédisait le trône au conquérant de Candie : Nicéphore ne l'oublia pas. Romain II mort, il sut se faire le premier des cent amants de la voluptueuse Théophano, mère et tutrice des deux jeunes empereurs Basile II et Constantin VIII, et chef du commandement des troupes d'Orient. Le 2 juillet 963 elles le proclamèrent empereur en Cappadoce; à peine maître du pouvoir, Nicéphore, qui avait épousé Théophano, commença l'exécution de ses vastes projets contre les Sarrasins. Un de ses généraux, Zimiscès, venait de leur porter un rude coup à la journée de la *Colline du Sang*. Nicéphore lui-même passa le mont Amanus, ravagea tout le contour du golfe d'Issus, pénétra jusqu'à Mopsueste, dont il passa la garnison au fil de l'épée, et s'empara de Tarse. Après cette glorieuse campagne (965), la Cilicie ouvrait l'entrée de la Syrie : l'empereur y parut dès le printemps suivant, surprit Membig, Laodicée,

soumit à un tribut annuel les émirs d'Alep, de Tripoli, de Damas même, prit en neuf jours l'opulente Arca, enleva Antioche, racheta de khalife d'Afrique tous les prisonniers grecs par l'envoi de l'épée de Mahomet, et comblé de gloire, conclut enfin la paix avec lui. Les Sarrasins ayant voulu venger ces défaites, Amida, Malaz-Kerda (*Mauro-Castrum*) en Arménie, la Mésopotamie entière, sont ravagées par Nicéphore, et le khalife de Bagdad tremble devant lui dans la grande mosquée (968). Une femme sauva l'Orient. Théophano, abandonnée de son mari, se crut méprisée; elle se livra à Zimiscès, pour lui mettre le poignard à la main. Nicéphore Phocas, *le prince de tous les princes*, *le fléau des Sarrasins*, s'était attiré la haine du peuple et surtout de la cour. Une vaste conspiration s'organisa. Dans la nuit du 10 au 11 décembre 969, plusieurs conjurés, cachés dans le palais, pénètrent, guidés par l'infâme Théophano elle-même, dans la retraite où l'empereur, en proie depuis quelques jours à une sombre mélancolie, couchait sur la terre nue, vêtu d'une robe de moine. Zimiscès lui frappe du pied le visage, lui fait fendre le crâne, lui arrache la barbe, lui brise la mâchoire avec le pommeau de son épée. « Mon Dieu », s'écrie Nicéphore, ayez pitié de moi! » et il meurt. Les gardes fuient; Zimiscès est proclamé.

NICÉPHORE BOTONIATE, troisième du nom, descendait des anciens Fabius de Rome. Proclamé empereur d'Orient, le 10 octobre 1077, il eut à lutter contre de nombreux compétiteurs. Alexis Comnène, son général, défit le premier d'entre eux, Nicéphore Bryenne, à qui Botoniate fit crever les yeux; Basile, Constantin Ducas, lui disputèrent aussi le trône; enfin, Botoniate voulait envoyer Alexis Comnène contre un quatrième prétendant à l'empire, Mélissène, beau-frère de Comnène : Comnène refusa, dans la perspective de la position délicate où le placerait un insuccès. Botoniate résolut alors de faire crever les yeux à Alexis et à Isaac Comnène, qui, avec leurs frères s'enfuirent en Thrace; Alexis y fut à son tour proclamé empereur. Il pénétra dans Constantinople avec une armée, qui y commit de grands désordres; et Nicéphore Botoniate, pour désarmer ce cinquième compétiteur, n'eut plus d'autre ressource que d'abdiquer et d'embrasser la vie monastique. Cet empereur avait eu pour favoris deux Esclavons, qui le perdirent, car, n'étant pas aimés des Comnène, ils ne cherchèrent qu'à exciter Botoniate contre ceux-ci. Botoniate fut relégué, en 1081, dans un couvent, où il mourut, peu de temps après sa déchéance.

NICÉPHORE BRYENNE. Deux hommes distingués de l'empire d'Orient, le père et le fils, ont porté ce nom.

Le premier, général distingué, battit les Croates et les Bulgares. Prévenu que l'on avait inspiré d'injustes défiances contre lui à son maître, l'empereur Michel Parapinace, qu'on lui avait rendu hostile après qu'il eut manifesté l'intention de l'élever à la dignité de césar, il se révolta, et se fit proclamer empereur à Dyrrachium. Mais il se trouva bientôt en face d'un autre compétiteur à l'empire, Nicéphore Botoniate, qui avait réellement détrôné Michel Parapinace. Battu par Alexis Comnène, que son compétiteur envoya contre lui, Nicéphore Bryenne fut fait prisonnier ; Bazile, ministre du nouvel empereur, lui fit crever les yeux, en 1080.

Son fils, *Nicéphore* BRYENNE, né en Macédoine, à Orestius, s'acquit la faveur d'Alexis Comnène, qui lui donna sa fille Anne, et, parvenu à l'empire, le nomma césar. Nicéphore Bryenne eut souvent la direction des affaires ou le commandement des armées, sous le titre, créé pour lui, de *panhypersebastus* (auguste au-dessus de tous). Nicéphore, malgré les efforts de sa femme et de sa belle-mère, Irène, ne put cependant pas être désigné par Alexis Comnène comme son successeur. Il prit noblement son parti de cet échec, ne voulut être le prétexte d'aucune cabale, d'aucune intrigue politique, et continua à s'occuper du service de l'État et d'importants travaux historiques. Il mourut en

1137, d'une maladie qu'il contracta à Antioche, dont il était allé chercher à faire lever le siège. Nicéphore Bryenne a laissé l'histoire de ses contemporains, les empereurs Isaac Comnene, Constantin Ducas, Romain Diogène, Michel Parapinace, et le commencement de celui de Nicéphore Botoninte; son ouvrage, que la mort ne lui a point permis de terminer, embrasse la période qui s'étend de 1057 à 1071.

NICÉPHORE GRÉGORAS, né à Héraclée-le-Pont, vers 1295, mort vers 1359, est connu surtout par son histoire de Constantinople, en trente-huit livres, embrassant de 1204 à 1359, qu'a traduite le président Cousin; il a laissé en outre de nombreux écrits. Grégoras fit des études remarquables; il fut accueilli à la cour d'Andronic, réclama dans le calendrier les réformes que devait y introduire trois siècles plus tard Grégoire XIII, fut banni à l'avénement d'Andronic le jeune, et revint à Constantinople deux ans après. Il combattit les Palamytes, encourut la disgrâce de l'impératrice Anne, et fut, par des altérations de ses livres, rendu tellement odieux au peuple que sa vie était à chaque instant menacée, et que son cadavre demeura pendant quelque temps privé de sépulture. Ses adversaires le redoutaient tellement, que pendant quelque temps ils lui firent défendre d'écrire et de sortir de chez lui.

NICÉRON (JEAN-FRANÇOIS), religieux minime, né à Paris, en 1613, mort le 22 septembre 1645, a été l'ami de Descartes; il s'est continuellement occupé d'optique. Il a publié, *Thaumaturgus opticus*, un volume in-folio, dans lequel il a développé la *Magie artificielle des effets merveilleux de l'optique*, qu'il avait publiée antérieurement, avec la Catoptrique du P. Mersenne. Il a donné également une traduction de l'Italien Antonio Maria Cospi, *Interprétation des Chiffres, ou règles pour bien entendre et expliquer solidement toutes sortes de chiffres simples*.

NICÉRON (JEAN-PIERRE), issu de la même famille, né à Paris, en 1685, entré dans les ordres monastiques comme barnabite, professeur d'humanités, de philosophie, de philologie, mort en 1738, s'est fait un nom dans l'histoire littéraire et bibliographique de la France par ses *Mémoires pour servir à l'histoire des hommes illustres dans la république des lettres, avec un catalogue raisonné de leurs ouvrages*: cet ouvrage, en quarante-quatre volumes, manque de méthode; bien des hommes illustres de Nicéron sont dépourvus de toute espèce d'illustration; beaucoup de ses biographies sont trop sacrifiées, d'autres trop développées; néanmoins, l'œuvre de Nicéron est un monument littéraire qui a sa valeur. Nicéron a fait quelques traductions de l'anglais, notamment le *Traité de l'Eau commune*, de Jean Hancocke; les *Voyages de Jean Ovington à Surate*; la *Conversion de l'Angleterre au christianisme*; les *Réponses de Woodward au docte Camerarius sur la géographie physique, ou histoire naturelle de la terre*. Nicéron a laissé quelques manuscrits, entre autres les trois premiers livres d'un ouvrage biographique et bibliographique, qu'il intitulait la *Bibliothèque française*.

NICÉTAS ACHOMINATE, surnommé CHONIATE, de Chone, ville de Phrygie, sa patrie. Venu jeune à Constantinople, il parvint aux honneurs par sa réputation et ses talents; grand-secrétaire, dans la retraite pendant quatre années, sénateur sous Isaac L'Ange, grand-logothète, puis dépouillé de cette fonction, chargé de la défense de Philippopolis contre Frédéric Barbe-Rousse, il parvint avec peine à s'échapper de Constantinople lors de la prise de cette ville par les Français, en 1204. Il se réfugia à Nicée, et y mourut, en 1206. Nicétas Choniate est connu par son histoire de Constantinople, commençant en 1118, à la mort d'Alexis Comnène, et finissant au règne de Baudouin; histoire qui se compose de vingt-un livres; il a laissé également un discours sur les monuments détruits par les croisés, et, enfin, un ouvrage théologique en dix-huit livres, intitulé: *Orthodoxæ fidei*.

NICHAN-IFTIHAR. Voyez NISCHAN-IFTIKHAR.

NICHE. On appelle de ce nom en architecture un espace pratiqué en creux dans l'épaisseur des murs d'un édifice: la destination ordinaire de cette espèce de renfoncement est de contenir différents objets d'art, qui varient dans leur goût et dans leurs formes, tels que bustes, urnes, vases, trépieds, lampes, mais particulièrement des statues, des groupes, des figures d'animaux en ronde bosse. Ce nom de *niche* est d'origine italienne, et vient probablement de *nichio*, qui veut dire *coquille*, *conque marine*. Cette étymologie se fonde sur ce que la partie supérieure demi-sphérique des *niches* est souvent ornée de la figure d'une coquille.

Quand l'art de construire se fut perfectionné, les architectes ne s'en tinrent pas à employer les niches dans l'unique but de produire un agréable effet extérieur; ils les rendirent encore essentielles à la solidité des longs murs. Elles servirent encore comme de décharges pour lier dans leurs différentes parties les hautes murailles, et dans ce cas elles rompent les assises horizontales, régulières, et de plus produisent une économie de matériaux dans les murs épais, en isolant et buttant les murs de terrasse: les monuments de la vieille Égypte offrirent dans leurs masses solides des réduits ou *niches* de forme oblongue où se plaçaient debout les gaines peintes des momies. Dans quelques édifices grecs, on en a trouvé de forme quadrangulaire, selon le goût de leur architecture, qui n'admettait guère les cintres.

Le mode de sépulture antique contribua à propager chez les Grecs, aussi bien que chez les Romains, l'emploi des *niches*, qui était motivé et raisonné dans les monuments funéraires, dans les sépulcres de famille qu'on appelait *columbaria* : on y voit des murs intérieurs ornés d'un ou plusieurs rangs de *niches* destinées à recevoir des urnes qui contenaient les cendres des morts; et parfois une niche ménagée avec de plus grandes dimensions que les autres occupait une place d'honneur dans une des chambres ou *ædicula* dont se composaient les *columbaria*; c'est en cet endroit que se plaçait l'urne cinéraire ou le sarcophage du chef de la famille.

Les fontaines, les bains publics, les grottes nymphées ou temples consacrés aux nymphes, empruntèrent leur principal ornement à ces cavités, dont on régla les proportions; leur nombre se multiplia encore par le prodigieux développement du polythéisme, qui se traduisait surtout par la statuaire; il fallait bien trouver le moyen de loger, de mettre en vue tout ce peuple de dieux; enfin, à mesure que les traditions des symboles païens perdirent leurs significations, les *niches* devinrent un ornement banal d'architecture.

Au moyen âge, dans le style gothique, elles sont répandues à profusion; mais leur forme se modifie: comme les rudes images qu'elles devaient contenir, elles sont étroites et longues, mais n'ont que très-peu de profondeur. On les voit en relief orné et sculpté à jour surmontées figures, qui s'avancent en saillie, supportées ordinairement par une console en cul de lampe ou en pendentif; au reste, leur décoration est tout à fait relative à l'ordre architectural qu'elles accompagnent.

Dans l'art moderne, les *niches* ne figurent surtout comme objets de décoration, les *niches* n'ont aucun sens; et le bon goût n'a pas toujours présidé à l'emploi peu judicieux qu'on en a fait; de plus souvent même elles ne sont que des accessoires mal entendus et parasites, servant à remplir des superficies qu'il eût été facile d'occuper d'une tout autre manière. Si on les a prodiguées sur les façades des palais de la renaissance, elles sont longtemps demeurées vides, parce que ce n'était pas absolument dans l'idée d'y placer des statues que les artistes les imaginaient, mais bien pour suivre une habitude routinière.

Selon leurs formes, leurs accompagnements, selon les places qu'elles occupent à l'intérieur ou à l'extérieur d'un édifice, les *niches* portent différents noms: ainsi, on appelle *niches à cru* celles qui prennent naissance immédiatement au rez-de-chaussée, ne s'élèvent sur aucun corps ou massif et reposent sans plinthe sur l'appui continu d'une façade: telles sont celles de quelques fontaines publiques à Paris ou

36.

les deux grandes niches du portique du Panthéon ; *rustiques*, celles dont les bandeaux sont décorés de refends et de bossages : les façades du palais du Luxembourg en offrent des exemples ; *rondes*, celles dont le plan et la fermeture sont formés d'une demi-circonférence : on en voit de pareilles dans la grande façade du Louvre ; les *niches carrées* ont leur plan et leur fermeture quadrangulaires, comme celles du pavillon des Tuileries du côté du jardin ; les *angulaires* sont pratiquées dans une encoignure, et leur fermeture est une trompe ; celles en *tour ronde* sont creusées dans le parement d'un mur circulaire ; celles en *tour creuse*, dans le parement intérieur d'un mur circulaire ; la niche *de buste* est un petit renfoncement de forme ronde dont l'ornement et les proportions varient ; celle *de rocaille* est revêtue et décorée de coquillages : on ne l'emploie que dans les grottes et fontaines ; celle qu'on appelle *feinte* n'a qu'une très-petite profondeur, et les figures qu'elle contient sont peintes ou exécutées en bas-relief ; la *niche d'autel* occupe la place d'un tableau dans un retable d'autel : telle est celle de la chapelle de la Vierge dans l'église de la Sorbonne ; enfin, celles en *tabernacles* sont décorées de montants, de chambranles, de colonnes avec fronton, de consoles, de corniches, et reposent sur un stylobate : on en voit de beaux modèles dans la magnifique façade du Louvre et au dehors de Saint-Pierre et de Saint-Jean de Latran à Rome:
A. FILLIOUX.

NICHOLSON (WILLIAM), l'un des mathématiciens les plus distingués qu'ait eus l'Angleterre, né en 1753, était fils d'un avocat de Londres. Élevé dans le comté d'York, il alla dès l'âge de seize ans faire un voyage dans l'Inde. Après avoir pendant quelque temps suivi sur le continent, à partir de 1776, les opérations commerciales de Wedgewood, il se consacra exclusivement à des travaux scientifiques et littéraires, et ouvrit à Londres, en 1775, une pension, qu'il dirigea pendant plusieurs années avec le plus grand succès. Ce fut lui qui conçut le projet des grands ouvrages hydrauliques de la partie ouest du comté de Middlesex. Il fut aussi l'inventeur d'un grand nombre d'instruments mécaniques, pour lesquels il prit des brevets, sans toutefois les utiliser. Parmi ses ouvrages nous mentionnerons surtout son *Introduction to natural and experimental Philosophy* (1781); son *Journal of natural Philosophy, Chemistry and the Arts* (1797) ; *Dictionary of Chemistry* (1795); *First Principles of Chemistry*. L'insuccès de diverses entreprises industrielles qu'il tenta dans les dernières années de sa vie le réduisit à une position des plus précaires. Il était en prison pour dettes quand on lui confia la direction de la *British Encyclopædia* (6 vol., Londres, 1806-1809). Il est mort en 1815.

NICIAS, fils de Nicérate, illustre général grec, contemporain de Périclès et d'Alcibiade, avait commencé par s'élever par son mérite aux premières places de sa patrie. Ses largesses lui attirèrent la confiance populaire, et il n'eût peut-être tenu qu'à lui de succéder à Périclès. Il enleva Cythère aux Lacédémoniens, Minoa et le petit fort de Nicée aux Corinthiens, le fort de Thyrmée aux Éginètes. Malgré ses succès et ses victoires, Nicias était prudent et sage dans ses avis : il s'était opposé à la guerre que Cléon mena si bien contre l'île de Sphactérie ; il s'opposa à celle qu'Alcibiade demandait contre la Sicile, sous le prétexte de secourir les Égestains et les Léontins. La guerre fut néanmoins décidée, et Nicias, à qui furent adjoints Alcibiade et Lamachus, partit pour l'entreprendre, à la tête de 15,000 hommes et de 300 voiles. Il débuta par le siège de quelques villes, et arriva devant Syracuse. Cette ville demanda des secours aux Spartiates. Ceux-ci, grâce à la négligence avec laquelle se faisait le blocus de Syracuse, envoyèrent Gylippe, avec trois galères et 400 Lacédémoniens ; ce faible renfort pénétra dans la ville assiégée, et suffit à relever le moral de ses défenseurs. Nicias avait entrepris malgré lui ce malheureux siége ; il eut le tort de repousser les propositions d'accommodement que lui fit Gylippe, et

bientôt ses troupes, démoralisées, battues, harcelées par les Syracusains, furent plutôt assiégées qu'assiégeantes. Alcibiade avait quitté l'armée, Lamachus était mort ; les Athéniens envoyèrent à Nicias le général Démosthène avec des renforts ; mais la disette et les maladies affaiblirent l'armée de Nicias à ce point qu'elle dut songer à se retirer, après un échec essuyé par elle : au moment de la retraite, une éclipse épouvanta Nicias ; les Syracusains en profitèrent pour lui couper les abords de la mer et l'accabler. Nicias lutta énergiquement contre la mauvaise fortune, combattant à chaque pas ; près du fleuve Asinarius, il essuya une défaite plus terrible que les autres, car 8,000 de ses soldats demeurèrent sur le carreau. Nicias dut se rendre (413 ans avant notre ère) avec les débris épuisés de son armée ; et les Syracusains le condamnèrent, ainsi que Démosthène, à la lapidation, bien qu'ils ne se fussent rendus qu'à la condition qu'ils auraient la vie sauve. Selon Timée, prévenus du sort qui les menaçait, ils se poignardèrent eux-mêmes.

NICKEL. Ce métal rarement employé dans les arts s'y présente le plus souvent combiné avec le zinc et le cuivre, qui en font un alliage d'un blanc d'argent, mais voilé pourtant d'une légère teinte rougeâtre. Cet alliage, que l'on fabrique surtout en Allemagne, peut prendre par le poli un fort bel éclat ; mais le cuivre qu'il contient le fait vert-de-griser promptement sous l'influence des acides, et surtout de l'acide acétique, ce qui rend son usage dangereux dans le service de la table et de la cuisine. Découvert en 1731, par Cronstedt, célèbre minéralogiste suédois, étudié depuis par Bergmann, le nickel ne fut cependant obtenu à l'état de pureté qu'au commencement de ce siècle. Ce fut Richter qui le premier parvint à le dégager du fer et de l'arsenic. Bien pur, le nickel est d'un blanc rougeâtre et d'une ductilité un peu moins grande que celle de l'argent. Il peut se forger aisément, mais ne fond qu'à la plus haute température de nos fourneaux. Sa densité, comprise entre celles du fer et du cuivre, est 8,446.

Le nickel a une grande parenté avec le cobalt. Ces deux métaux sont les seuls qui partagent avec le fer la propriété d'acquérir la faculté magnétique sous l'influence d'un aimant ; seulement, ils perdent tous deux cette faculté dès qu'on les éloigne du corps aimanté, tandis que le fer, et surtout le fer aciéré, la conserve longtemps, et avec énergie, en vertu de la propriété que les physiciens nomment *force coërcitive*.

Quoique jouissant d'une assez grande affinité pour l'oxygène, le nickel ne peut cependant pas produire sans quelque influence étrangère la décomposition de l'eau, que d'autres métaux, tels que le fer et le cuivre, décomposent avec la plus grande facilité, pour s'emparer de l'oxygène qu'elle contient. Les propriétés de ce corps et de ceux qu'il forme par ses combinaisons avec l'oxygène et les acides ne sont pas assez remarquables pour que nous nous étendions plus longuement sur ce sujet ; on peut seulement dire qu'en général les sels qu'il produit, d'un vert assez foncé lorsqu'ils sont en dissolution dans l'eau, ou qu'ils contiennent de l'eau de combinaison, deviennent d'un jaune fauve par l'action de la chaleur, que l'on ne peut du reste pas pousser bien loin sans courir le risque de détruire la combinaison saline.

Dans la nature, le nickel existe combiné avec l'arsenic. Le minerai contient en outre généralement du cobalt, du fer, de l'antimoine et du soufre en proportions variables. La séparation du nickel ne peut être effectuée qu'en faisant passer le minerai par diverses transformations, et en le soumettant à diverses préparations longues et difficiles.
L.-L. VAUTHIER.

NICOBAR (Iles), appelées aussi par les Danois *Iles Frederick* et par les Malais *Ponto-Sambilong*. C'est le nom de sept grandes et de douze petites îles situées au sud-est du golfe du Bengale (Indes orientales), entre les îles Andaman et Sumatra. Elles forment deux groupes différant géologiquement, séparés par le canal Sombrero et formant ensemble une superficie d'environ 20 myriamètres carrés. Le groupe du sud ne comprend que deux iles, le *Petit-Nicobar*, d'environ 98 kilomètres carrés, et le *Grand-Nicobar* d'un peu plus de 8 myriamètres carrés. Cette dernière est la plus grande et aussi la plus méridionale de toutes les îles Nicobar. Toutes deux sont montagneuses, ont des forêts primitives et offrent la luxuriante végétation des contrées tropicales. Les îles du groupe du nord, dont la plus septentrionale s'appelle *Car-Nicobar*, sont plus petites, plus basses, et présensent une tout autre configuration. Elles sont, au total, d'une médiocre fertilité.

Le climat des îles Nicobar est complétement océanien. Les extrêmes de la température y sont modérés; mais la saison des pluies y dure neuf mois. Pendant ce temps-là il y tombe d'énormes masses d'eau, et il y règne des vents d'une violence telle que toute navigation doit cesser. Il n'est peut-être pas d'endroit au monde où les fièvres tropicales soient plus dangereuses. Les habitants, au nombre de 5,000, et suivant d'autres de 12,000, sont d'origine malaise et dans un état de civilisation encore bien peu avancé. Jusqu'à présent l'insalubrité du climat a opposé d'insurmontables obstacles à tous les établissements qu'on a tentés aux îles Nicobar. C'est ainsi qu'ont successivement échoué un établissement fondé en 1711 par les jésuites, un autre tenté en 1778 par les Autrichiens à Camorta, et tous ceux des Danois, qui en 1756 prirent possession de tout le groupe. Les derniers essais de colonisation faits par les Danois datent de 1845; mais les fièvres délétères les contraignirent en 1848 à y renoncer. Les missionnaires hernhutes, qui ont une station à Nancowry, sont de tous les Européens ceux qui ont fait preuve de plus de constance.

NICODÈME, suivant le recit de la Bible l'ami timide de Jésus, et qui aimait la vérité, était pharisien et membre du sanhédrin de Jérusalem. La tradition veut qu'il se soit fait baptiser plus tard, qu'il ait été en conséquence banni par les Juifs, mais soutenu secrètement par son cousin Gamaliel. Il serait difficile de décider s'il est le même que Nicodème fils de Gorion, dont il est question dans le Talmud. L'Évangile apocryphe qui porte son nom, *Evangelium Nicodemi*, ou *Acta Pilati*, porte des traces évidentes de sa fausseté.

NICOLAÏ (Famille). Cette famille parlementaire, l'une des plus illustres et des plus anciennes de la noblesse de robe, est originaire du Vivarais, et descend de *Jean* DE NICOLAÏ, le premier dont il soit fait mention, et qui était conseiller au parlement de Toulouse lorsque Charles VIII l'emmena avec lui dans son expédition de Naples. Il fut créé maître des requêtes par Louis XII, et obtint en 1518 la charge de premier président de la cour des comptes, demeurée héréditaire dans sa famille jusqu'à la révolution de 1789.

Jean-Aimar DE NICOLAÏ, qui servit d'abord dans les mousquetaires, conserva dans la magistrature la franchise des camps, et brilla à la cour du régent par ses mœurs rigides. Il avait été le tuteur de Voltaire, qui conserva toujours pour lui une piété presque filiale. Son frère, *Antoine-Chrétien* DE NICOLAÏ, mourut maréchal de France, en 1777. Ses deux petits-fils, *Aimar-Charles* et *Aimar-Charles-Marie* DE NICOLAÏ, périrent sur l'échafaud, en 1794. Ce dernier avait remplacé en 1789 M. de Chastelux à l'Académie Française.

Une famille russe du même nom a voulu s'enter sur les *Nicolaï* de France. Cette prétention de la vanité est à reléguer dans le pays des chimères.

NICOLAIE. *Voyez* CLAIRVILLE.

NICOLAÏTES, nom d'une prétendue secte d'hérétiques qui, dit-on, s'étrait propagée au premier siècle de notre ère en Syrie et en Asie Mineure. La première mention de ce nom se trouve dans l'Apocalypse de saint Jean (chap. II,6,15), où l'auteur s'élève contre les séducteurs de Pergame, qui méprisaient non-seulement les lois d'abstinence imposées aux païens convertis au christianisme, mais encore violaient ouvertement les prescriptions relatives au commerce des sexes. Du reste, on ne le rencontre dans aucun écrit apostolique. En se fondant sur cette circonstance, en tenant compte du langage figuré de l'Apocalypse, des récits des Pères de l'Église uniquement fondés sur la tradition, et des contradictions qu'ils présentent, on en a conclu avec raison que ce n'était point là le nom d'une secte proprement dite, mais une dénomination employée par l'auteur de l'Apocalypse pour désigner ces séducteurs. Cependant, la tradition faisant mention d'une secte d'hérétiques de ce nom, et les sectes étant dénommées d'après leurs chefs, les Pères de l'Église en induisirent qu'il ne pouvait être question que de Nicolas d'Antioche (Actes des Apôtres, VI, 5). Saint Irénée et Tertullien le regardèrent donc comme le chef de la secte, quoique saint Luc parle de lui comme d'un homme digne de respect. Ainsi fait aussi saint Clément d'Alexandrie, suivant qui il aurait été bien innocemment la cause de cette secte. Ce Nicolas avait une belle femme, et en était devenu jaloux. Réprimandé à ce sujet par les Apôtres, il aurait renvoyé sa femme, en disant qu'il fallait savoir comprimer les désirs de la chair. Des chrétiens, qui avaient encore un vieux levain de paganisme, se méprirent sur la portée de cette expression, et s'en autorisèrent pour professer l'indifférence en matière de morale. Suivant saint Irénée, Nicolas aurait, au contraire, repris sa femme. C'est de là qu'au moyen âge, lorsque s'introduisit la règle du célibat ecclésiastique, on se servit de l'expression *hérésie nicolaïte* pour désigner les prêtres qui n'éloignaient pas d'eux leurs femmes, ou bien qui contractaient mariage en dépit de leur état.

Une secte théosophique anglaise a aussi reçu le nom de *Nicolaïtes*, d'après son fondateur, Henri *Nicolaï*, qui réunit ses adhérents en une famille d'amour, *familia caritatis*. Ces sectaires furent aussi appelés *familistes* ; ils disparurent sous le règne d'Élisabeth, qui rendit contre eux une loi sévère.

NICOLAJEFF, ville toute moderne, fondée en 1789, par le prince Potemkin, dans le gouvernement russe de Kherson, au confluent de l'Ingoul dans le Bog. Devant la ville, ce fleuve a plus de 10 mètres de profondeur, mais près de son embouchure dans la mer Noire il forme un liman qui se confond avec celui du Dniepr, et qui n'a guère plus de 6 mètres d'eau. Pour permettre aux bâtiments de guerre de naviguer avec sécurité dans le fleuve, l'amirauté russe a fait reconnaître et baliser un chenal de 8 mètres de profondeur depuis Nicolajeff jusqu'à la mer Noire. Aussi, pour que des vaisseaux construits et armés à Nicolajeff, et ne tirant que 23 pieds d'eau puissent pendant une grande partie de l'année en sortir et entrer dans la mer Noire, il suffit de certaines précautions élémentaires. Pour les vaisseaux de premier rang ou de 120 canons, ils doivent prendre leur armement dans un port de la mer Noire.

Sous la main ferme et vigoureuse de l'empereur Nicolas, qui s'occupait d'une manière toute particulière de la flotte de la mer Noire, Nicolajeff avait pris des développements énormes et était devenu un établissement maritime de premier ordre, qui était pour la Russie dans la mer Noire ce que sont pour la France Rochefort et Lorient sur l'Océan. On y trouve deux ports, de grands chantiers de construction pour la marine impériale, une école de navigation et de pilotage : et comme siège de l'amirauté de la mer Noire, elle a remplacé Kherson. C'est une ville construite régulièrement et avec goût, avec de belles et larges rues se croisant à angle droit, et bordées pour la plupart de belles maisons ornées de colonnades et de balcons. En fait d'édifices publics, on y remarque surtout l'hôtel de l'amirauté, l'hôtel de ville, la douane, la cathédrale, de style moderne, et l'observatoire, dont la construction date de 1821. On y trouve aussi une très-belle place servant de marché, une promenade publique sur le quai de l'Ingoul, et sur les bords de la même rivière, à environ 4 kilomètres en amont, le magnifique château de *Spaskoje*, au milieu d'un parc de toute beauté, autrefois propriété de Potemkin, et appartenant aujourd'hui à l'amiral Greigh. Le climat de Nicolajeff est très-agréable et très-salubre. La population, qui vit surtout du commerce et de la navigation, atteint le chiffre de 30,000 âmes. A 14 kilomètres, près du village de Poroutino sur le Bog, on voit les remarquables ruines de l'ancienne ville milésienne *Olbiopolis*, et notamment ce qu'on appelle les *Cent Tombeaux*.

Les événements de 1854 et 1856 avaient appelé l'attention toute particulière de l'Europe sur Nicolajeff, car c'est là que se construisaient les vaisseaux de la flotte de la mer Noire. Une partie de cette flotte stationnait même ordinairement à Nicolajeff; et si au moment où la lutte a éclaté en Orient elle se trouvait toute concentrée à Sébastopol, c'est que le prince Mentchikoff avait tenu à avoir sous sa main toutes les ressources offensives et défensives. Le traité de 1856, en limitant désormais les forces navales que la Russie aura le droit d'entretenir dans la mer Noire, a enlevé à Nicolajeff une partie de son importance; mais il ne faut pas oublier que si on a pu détruire Sébastopol, Nicolajeff est toujours resté debout avec ses magnifiques chantiers de construction, avec ses immenses magasins d'armement et d'approvisionnement. L'avenir seul nous apprendra donc jusqu'à quel point les fruits de cent années de travail et de persévérance ont pu être à jamais anéantis.

NICOLAS. L'Église compte cinq papes et un antipape de ce nom.

NICOLAS Ier était fils d'un Romain, nommé Théodore Régionaire. Sergius II l'avait fait sous-diacre, Léon IV diacre, et Benoît III l'avait pour ainsi dire associé au gouvernement de l'Église; à la mort de ce dernier il fut élu pape, le 24 avril 858. Nicolas Ier se prononça énergiquement pour saint Ignace, dans ses démêlés avec Photius, qui alla jusqu'à faire déposer le souverain pontife par un concile, déposition dont Nicolas ne tint aucun compte. Le pape s'attaqua ensuite à Lothaire II, roi de Lorraine, qu'il excommunia pour avoir répudié sa femme Thietberge et avoir épousé Valdrade, sœur de l'archevêque de Cologne Gunther : cet archevêque s'étant mêlé de cette affaire, et ayant fait déclarer par un concile tenu à Cologne la validité de ce mariage, Nicolas cassa les actes de ce concile, et dépouilla Gunther ainsi que son oncle Tentgaud, archevêque de Trèves, des fonctions épiscopales. Ces deux prélats mirent en rumeur toute l'Église gallicane, et lancèrent un manifeste contre le saint-siège. L'empereur Louis embrassa le parti de son frère Lothaire, et courut à Rome pour châtier le pape. Mais dans l'attaque d'une procession par ses soldats, la vraie croix ayant été brisée et jetée dans la boue, le superstitieux empereur en fut tellement effrayé, qu'il s'estima trop heureux d'obtenir son pardon, et qu'il souscrivit à la déposition des prélats qu'il venait défendre. Tous les évêques lorrains se soumirent; Lothaire lui-même, n'osant braver l'anathème, répudia Valdrade, et reprit la reine Thietberge. Charles le Chauve eut son tour. Il avait fait arrêter Rothade, évêque de Soissons, à la sollicitation d'Hincmar de Reims, qui l'avait déposé. Nicolas Ier reçut l'appel de Rothade, menaça Hincmar et ses suffragants des foudres du saint-siège, et ordonna au roi Charles de relâcher son prisonnier. Il le blessait en même temps au cœur en prenant le parti de Baudouin, le forestier de Flandre, qui venait d'enlever sa fille Judith. Charles le Chauve montra quelque velléité de résistance, et finit par céder sur les deux points. Il accorda sa fille au ravisseur, et rendit le siège de Soissons à Rothade. La conversion des Bulgares et de leur roi Bogoris est un des grands événements de ce pontificat. En la pressant par ses envoyés, Nicolas avait un double but : celui de faire entrer un peuple entier dans le giron de l'Église, et le plaisir de faire un acte de souveraineté aux portes de Constantinople et dans le ressort du patriarchat d'Orient.

Ce pontife entreprenant, digne précurseur de Grégoire VII, mourut le 13 novembre 867. On loue sa charité, son savoir; mais les cent lettres qu'il a écrites aux divers souverains et prélats de son temps sont empreintes de cet esprit d'orgueil et de domination qui l'animait. Dans une de ces lettres, il encourageait les évêques à désobéir aux princes qu'ils ne croiraient pas légitimes; et Réginon a eu raison de dire qu'il commandait en roi aux princes et aux rois, comme s'il eût été le monarque de l'univers.

NICOLAS II. A la mort d'Étienne X, les comtes de Toscanelle s'étaient hâtés d'élire un pape, qui prit le nom de Benoît X; mais Hildebrand (*voyez* GRÉGOIRE VII), indigné de leur précipitation, assembla ses partisans à Florence; et Gérard, évêque de cette ville, ayant été élu, prit, en 1058, le nom de Nicolas II. Il était né dans le royaume de Bourgogne; l'empereur Henri IV protégea son élection, et le fit accompagner dans Rome par le duc Godefroi de Lorraine. Benoît X abdiqua la tiare à ses pieds, pour échapper à l'anathème; et le nouveau pape s'occupa sans relâche de rétablir la discipline dans une église dont la débauche et la simonie s'étaient emparées; l'hérésie de Bérenger y apportait de nouveaux troubles, et l'irruption des Normands dans le royaume de Naples ajoutait aux embarras du saint-siège. Pour remédier à tant de maux, Nicolas II ouvrit à Rome, en avril 1059, un concile où assistèrent 113 évêques : on y fit des règlements contre les simoniaques, les adultères, les voleurs de grands chemins, et l'on régla enfin les formalités pour l'élection du pape, qui dut être faite par les cardinaux, consentie par le peuple et le reste du clergé, et approuvée par l'empereur. Ne pouvant chasser les Normands, le pape prit le parti de se raccommoder avec Robert Guiscard, leur chef, qu'il investit du duché de Calabre et de la Pouille, et cut l'adresse d'en faire un vassal, et un défenseur du saint-siège. Deux autres conciles furent tenus à Vienne et à Tours pour le rétablissement de la discipline. Mais les ordinations continuèrent à se faire à prix d'argent dans toute la chrétienté, et Nicolas II mourut à la peine, vers la fin du mois de juin 1061.

NICOLAS III succéda, le 25 novembre 1277, à Jean XXI, dont il avait été le principal ministro : c'était *Jean Gaëtan des Ursins*, cardinal de Saint-Nicolas, à qui saint François d'Assise avait, dit-on, prédit la tiare. Rodolphe de Habsbourg se démit entre ses mains de toutes les prétentions de l'empereur sur le patrimoine de saint Pierre et sur la Romagne. Charles d'Anjou renonça en même temps au vicariat de l'Empire et à la dignité de sénateur; et le nouveau pape publia, le 18 juillet 1278, un décret qui excluait les étrangers du gouvernement temporel de Rome et des États du saint-siège. Il profita des terreurs qu'inspirait l'ambition effrénée de Charles d'Anjou à Michel-Paléologue, empereur de Constantinople, pour essayer de réunir les deux Églises grecque et latine; mais il n'eut pas plus que les autres papes la gloire de finir ce schisme. Il ne réussit pas davantage dans son projet de réconcilier le roi de France, Philippe le Hardi, avec Alfonse de Castille, et dans sa résolution d'abolir les tournois. Mais il eut l'honneur de soumettre à un tribut de 100 marcs d'argent le roi de Hongrie, Ladislas III, pour le punir d'avoir protégé les idolâtres de la Comarie. Nicolas III, occupé sans relâche de l'agrandissement de sa famille, avait formé de grands desseins pour l'établir dans la haute Italie, et pour chasser les Français de la Sicile, quand la mort le surprit, à Surien, près de Viterbe, le 22 août 1280. Au dire des historiens du temps, il fut renommé pour sa vertu, sa grandeur d'âme et sa piété. Son ambition et sa cupidité sont moins contestées, car les trente-trois mois de son pontificat lui suffirent pour rendre sa famille la plus riche et la plus puissante de toutes les familles romaines.

NICOLAS IV fut le successeur d'Honorius IV, après une vacance de dix mois. Il se nommait *Jérôme* d'Ascoli, parce qu'il était né dans cette ville, de parents pauvres. Entré de bonne heure dans les frères mineurs, il y fut distingué par saint Bonaventure, général de l'ordre, qui l'envoya comme provincial en Dalmatie. Il fut promu lui-même au généralat, en 1274, pendant sa nonciature de Constantinople, et fait cardinal par Nicolas III. Martin IV lui donna l'évêché de Palestrine, le 23 avril 1281, et il fut enfin élu pape d'une voix unanime, le 15 février 1288. Ce fut à sa prière que Charles II d'Anjou fut relâché par Alfonse d'Aragon; et en le couronnant roi de Sicile, le 29 mars 1289, il ordonna à l'Aragonnais de quitter l'île qu'il avait usurpée. Mais il fallait une armée pour appuyer cet ordre, et le pape n'en avait pas une à donner à son nouveau vassal. La perte de la Palestine fut pour lui un sujet de douleur; et il fit de vains efforts pour exciter les princes chrétiens à renouveler la folie des croisades. Tous ses projets furent arrêtés par sa mort, le 4 avril 1292. On loue son savoir, son goût pour les gens de lettres : on lui attribue une grande part dans l'établissement de l'université de Montpellier; mais il était intraitable pour ses ennemis, et les poursuivait jusque dans le tombeau, car il fit déterrer et brûler les corps de deux moines qui l'avaient appelé antechrist.

NICOLAS V, antipape, fut ce *Pierre de Corbière* qu'opposa l'empereur Louis de Bavière au pape Jean XXII, le 12 mai 1328. Son nom de famille était *Rainalluci*; mais l'histoire lui a donné le nom de son village, et en ceignant la tiare il prit celui de *Nicolas V*, qu'il n'a pas gardé. Les quelfes, ses amis, le font descendre de la famille des Colonne, les gibelins lui donnent un paysan pour père. Les premiers lui attribuent toutes les qualités d'un vrai pontife, les seconds en font le plus méchant des hommes. J'ai dit le reste à l'article Jean XXII.

NICOLAS V, fils d'un médecin de Sarzane, se nommait *Thomas*, et était cardinal-évêque de Bologne quand il fut élu à la place d'Eugène IV, au mois de février 1447. Félix V vivait encore à Lausanne; mais il n'avait conservé dans son obédience que les Suisses et la Savoie. Nicolas fut immédiatement reconnu par les autres puissances; et la médiation de Charles VII, roi de France, lui valut, en 1449, la démission de son royal compétiteur, qui redevint Amédée de Savoie. C'est pendant ce pontificat que la ville de Constantinople tomba, le 29 mai 1453, sous le fer de Mahomet II. L'empereur Constantin-Paléologue avait imploré des secours du pape; et celui-ci avait semblé en promettre, moyennant la soumission de l'Église grecque. Mais il était hors d'état de tenir cette promesse, et le peuple grec ne voulait pas de l'union. A la nouvelle de cette catastrophe, Æneas Sylvius, qui fut, depuis, le pape Pie II, engagea Nicolas V à prêcher une croisade, et y employa lui-même toute son éloquence. Les intérêts opposés des princes de l'Europe firent échouer ce projet; et les Turcs restèrent maîtres du Bosphore. L'année précédente (1452), Nicolas V avait couronné à Rome l'empereur Frédéric III, et pris le parti de ce prince contre les Autrichiens, les Hongrois et les Moraves. Les rebelles se moquèrent des anathèmes; et deux ou trois combats finirent cette révolte. Le saint-siège n'inspirait plus de craintes, et se relâchait lui-même de sa rigueur; car ce pape souffrit le divorce du prince Henri de Castille et son mariage avec une seconde femme du vivant de la première. En 1454, les Prussiens, fatigués de la domination de l'ordre Teutonique, n'eurent pas plus d'égards aux ordres et aux foudres de Nicolas V, qui leur enjoignait de rester sous le joug des chevaliers. Ils se donnèrent au roi de Pologne. Un violent accès de goutte emporta ce pape, qui venait d'échapper à une conjuration tramée contre sa vie par un nommé Étienne Porcarin, dont le gibet avait fait justice. Nicolas V mourut le 24 mars 1455, et laissa une grande réputation de vertu et de charité. Ses bienfaits avaient attiré dans Rome les savants grecs qui fuyaient le glaive de Mahomet II. Il fit rechercher dans l'Orient les livres anciens, qui allaient périr dans ce naufrage du vieil empire, et offrit jusqu'à 5,000 ducats à celui qui lui apporterait l'*Évangile de saint Matthieu* en langue hébraïque.

Viennet, de l'Académie Française.

NICOLAS DE PISE. *Voyez* Pisano.

NICOLAS PAWLOWITSCH, empereur de Russie (1825 à 1855), troisième fils de l'empereur Paul Ier et issu de son mariage avec Maria-Feodorowna (Sophie-Dorothée), fille du duc Eugène de Wurtemberg, était né le 25 juin (7 juillet) 1796, au château de Gatschin, près de Pétersbourg. Il reçut une éducation distinguée, et son caractère sérieux, résolu, fut pour son énergie physique et morale un préservatif contre l'énervement que produit d'ordinaire la vie des cours. Pendant le règne de son frère aîné, Alexandre Ier, il vécut tout à fait étranger aux événements et aux affaires de la politique. Au rétablissement de la paix générale, en 1815, il alla parcourir diverses contrées de l'Europe, l'Angleterre entre autres. Le 13 juillet 1817, il épousa la fille aînée du roi de Prusse Frédéric-Guillaume III; et l'intérieur de sa vie de famille présenta toujours le tableau du bonheur le plus parfait. Toute étiquette en était bannie; le père, la mère et les enfants se traitaient librement et familièrement, comme de simples et honnêtes bourgeois; et plus tard l'empereur ne souffrit non plus jamais que ses enfants lui donnassent les qualifications de *sire* et de *majesté* ailleurs que dans les occasions officielles et lorsque les formes solennelles de la représentation devaient être rigoureusement observées. Appelé à monter sur le trône, par suite de la renonciation de son aîné Constantin, à la mort d'Alexandre Ier (décembre 1825), on le vit alors réprimer avec énergie une conspiration militaire préparée longtemps à l'avance, et qui éclata à l'occasion du changement de règne. Cet événement, qui compromit l'existence même de la dynastie, joint aux indices d'une certaine désorganisation intérieure qu'avait favorisée le gouvernement faible et irrésolu d'Alexandre, exerça sans contredit une grande influence sur la politique du nouveau règne, de même que sur le caractère personnel du nouveau souverain. Nicolas crut à la nécessité d'en revenir à l'ancien système militaire d'obéissance passive et absolu du tsarisme (*voyez* Tsar); et on ne saurait disconvenir qu'il l'appliquait avec une véritable grandeur. Son premier soin fut de porter remède aux révoltants abus administratifs dans l'administration; et la systématisation du code civil russe, commencée en 1827, mais terminée seulement en 1848, fut le corollaire de cette œuvre. Constamment bien porté pour l'ordre des paysans et prenant en toutes occasions sa défense contre les prétentions de la noblesse, il trompa pourtant l'espoir de ceux qui avaient compté sur lui pour l'abolition du servage. Dans les premières années de son règne sa politique eut l'Asie presque exclusivement en vue. La Perse commença une guerre qui se termina sous les deux ans, et dont le résultat fut la paix de Tourkmantschaï (28 février 1828), qui accrut notablement le territoire russe. La paix ne fut pas plus tôt rétablie de ce côté qu'un conflit éclata entre la Turquie et la Russie. Le traité conclu en 1829 à Andrinople y mit un terme. Peut-être Nicolas laissa-t-il alors échapper une occasion unique de refouler les Turcs en Asie et de réaliser les plans constants de la Russie, en rétablissant l'empire de Byzance. L'Europe entière, applaudissant alors aux victoires de ses armées, ne témoignait qu'une médiocre inquiétude de savoir ce qu'il en adviendrait de l'empire du croissant, cette honte de nos temps modernes; et ils sont nombreux ceux qui pensent que si à ce moment la Russie eût brusqué le dénoûment, elle aurait eu en sa faveur mille fois plus de chances que vingt-cinq ans plus tard.

Les événements dont l'ouest de l'Europe fut le théâtre en 1830 devaient nécessairement être mal jugés en Russie; le cabinet de Saint-Pétersbourg ne reconnut donc que d'assez mauvaise grâce le nouveau roi que venait de se donner la France. A cette occasion, l'empereur Nicolas ayant adressé à Louis-Philippe une lettre qui n'était rien moins que bienveillante, le gouvernement acclamé sur les barricades s'en vengea en livrant la personne du tsar aux insulteurs jurés gagés par sa police. Ils eurent ordre aussitôt de faire chorus avec les aboyeurs du parti républicain et de déchirer à belles dents, en toutes occasions, le prince qui s'était permis de donner des leçons de convenance à l'élu des *deux cent vingt et un*. L'insurrection de la Pologne et les calamités qui en furent la suite pour ce pays furent d'ailleurs très-habilement exploitées dans l'intérêt de ces rancunes princières. Ce réveil de la nationalité polonaise amena une lutte gigantesque, dans laquelle la Russie ne triompha qu'en faisant appel à toute son énergie, qu'en employant toutes ses ressources. La répression fut sévère sans doute ; aussi toutes les sympathies de l'Europe occidentale furent-elles pour les vaincus ; sympathies parfaitement stériles d'ailleurs, et qui trouvèrent leur expression aussi facile qu'inutile dans un nouveau débordement d'invectives et d'injures contre le prince coupable d'avoir comprimé une révolution. Pour être juste, cependant, il eût fallu savoir tenir compte des nécessités de la position de l'empereur Nicolas. Ne se trouvait-il pas, lui aussi, en face d'une opinion publique qui avait ses exigences, et qui lui imposait des devoirs ? On ne commande à cinquante millions d'hommes qu'à la condition d'épouser sans réserve leurs intérêts et de savoir ménager leurs préjugés et leurs passions. Pour la Russie, la Pologne était un pays conquis depuis un demi-siècle, auquel on avait eu la faiblesse de laisser ses lois, ses institutions administratives et jusqu'à sa nationalité, et qui n'avait reconnu la générosité du vainqueur qu'en essayant de revenir sur l'arrêt de la fatalité. La guerre de Pologne fut donc éminemment populaire en Russie, parce que chacun comprit que si une insurrection pouvait détacher de l'empire des tsars un royaume que la victoire lui avait donné, c'en serait bientôt fait de l'édifice politique si péniblement et si artificiellement élevé par le génie de Pierre le Grand.

Quand l'ordre régna de nouveau à Varsovie, comme le général Sébastiani vint un jour l'annoncer à la tribune de la chambre des députés, c'est-à-dire quand l'insurrection eut été irrévocablement vaincue et comprimée, le gouvernement russe dut songer à réorganiser sa conquête et à y prévenir le retour de faits semblables. Il fut alors accusé par la presse de l'Europe occidentale non-seulement de manquer aux lois de l'humanité, mais encore et surtout de faire table rase des traités internationaux qui avaient réglé les conditions de jouissance de sa conquête. L'abus de la force matérielle ne saurait certes être trop énergiquement réprouvé et flétri, parce qu'il y a là retour vers cet état de barbarie auquel l'Europe a eu tant de peine à se soustraire ; mais ceux qui appelaient alors l'empereur Nicolas *le bourreau de la Pologne* auraient dû se demander si, en fin de compte, le système que ce prince avait cru devoir adopter à l'égard des vaincus, et pour prévenir le retour de luttes nouvelles, différait beaucoup de celui que la France suivait à ce moment même à l'égard des Arabes. Pendant dix-huit années n'a-t-on pas vu la France, en dépit de la résistance patente et du mauvais vouloir de ses gouvernants, faire une guerre d'extermination à la nationalité arabe, sans avoir assurément plus de droit à la propriété du sol africain que la Russie n'en peut avoir à la propriété du sol polonais ? Là aussi n'y a-t-il pas eu une nationalité indépendante confisquée par l'abus le plus criant du droit de la force ? Avec cette différence, toutefois, que la Russie ne luttait en Pologne que pour rétablir un ordre de choses consacré par tous les traités internationaux en Europe depuis 1776, et contre lequel il n'y avait jamais eu d'autres protestations que celles qu'avaient cru devoir élever isolément quelques généreux publicistes ; tandis que l'établissement des Français en Afrique et l'extension toujours plus grande donnée à leur occupation constituaient des faits nouveaux, accomplis uniquement en vertu de ce même droit du plus fort dont on eût voulu que la Russie s'abstint de faire usage, alors qu'elle pouvait s'y croire autorisée par une longue possession d'état, par la complicité de certains gouvernements et par le silence de tous.

Il est évident que l'empereur Nicolas ne laissa pas que d'être sensible au débordement d'outrages et d'invectives que lui valut le règlement des affaires de la Pologne, et qu'il se roidit de plus en plus contre l'opinion publique de l'Europe, habilement ameutée contre lui. Il est si naturel chez lui le parti pris d'isoler autant que possible ses États de l'Europe occidentale, au moyen d'une espèce de cordon sanitaire ou de blocus hermétique, ayant pour but d'en interdire l'accès aux idées qui dominaient à l'ouest. Comprenant ensuite combien il était important de donner plus d'homogénéité à son immense empire, il s'attacha avant tout à en *russiser* de plus en plus les diverses parties, aussi bien sous le rapport des intérêts, des lois, de la religion et des institutions, que sous celui de la langue ; mais dans la poursuite de ce but politique, indiqué par le plus simple bon sens, il était difficile que son gouvernement ne donnât pas lieu à bien des accusations et des récriminations.

La révolution polonaise une fois comprimée, l'empereur déploya beaucoup d'énergie et d'activité pour réduire les populations du Caucase, défendant leur liberté et leur nationalité du même droit que les Polonais ou les Arabes, mais autrement favorisés dans cette lutte par la configuration de leur sol. Aussi les efforts et les sacrifices faits pendant des vingt-cinq dernières années par la Russie dans ce pays de montagnes sont-ils demeurés à peu près sans résultats. Les dangers dont l'extension toujours croissante de la puissance britannique dans l'Inde menace la Russie du côté de l'Asie déterminèrent Nicolas à chercher par son expédition de Khiwa à se créer là un boulevard et une place d'armes. Cette expédition, qui eut lieu en 1839, fut un désastre. L'empereur fut plus heureux dans sa politique à l'égard de la Turquie. En 1832 l'intervention d'une armée russe sauva le trône du sultan, gravement compromis par les victoires d'Ibrahim-Pacha, fils de Méhémet-Ali. La Russie exerça dès lors, en vertu du traité d'Unkiar-Skélessi, une influence assez égale à Constantinople, où elle s'arrogea le droit de protection exclusive sur les Grecs, ses coreligionnaires. La guerre entre le vice-roi d'Égypte et le sultan ayant recommencé en 1840, l'Europe vit que c'en était fait de l'empire de Mahomet et de l'équilibre factice qu'il constitue dans le système de la politique générale, si elle n'interposait pas à temps sa médiation ; et par les sages concessions qu'il fit alors, Nicolas écarta les périls d'une situation aux exigences de laquelle il n'était peut-être pas encore en mesure de faire complétement face. Les événements provoqués en Europe par notre révolution de Février rendirent à la Russie le rôle prépondérant que lui ont fatalement attribué tous les événements survenus en Europe depuis un siècle. Contrairement à l'attente générale, il n'éclata pas alors le moindre mouvement en Pologne ; et l'année suivante une armée russe put, en présence de toute l'Europe, vaincre la révolution en Hongrie et, par suite, en Autriche. Dans les affaires du Danemark et des duchés de Schleswig-Holstein, la Russie n'exerça pas un rôle moins dominateur ; et elle se réserva même la chance de prendre quelque jour complétement pied en Europe, en maintenant ses droits éventuels d'hérédité sur les duchés, par représentation de la maison de Gottorp, dont sa dynastie régnante est issue. La compression de l'agitation révolutionnaire en Allemagne eut pour résultat de resserrer plus étroitement que jamais l'alliance politique et de famille de la Prusse et de la Russie. Tous les efforts de celle-ci tendirent dès lors à aplanir les différends provoqués entre la Prusse et l'Autriche par leurs prétentions respectives à l'hégémonie des grands corps germanique. Le rétablissement de l'empire en France, en alarmant vivement l'Europe pour son indépendance, resserra encore davantage les liens qui rattachaient les puissances du Nord au système russe ; et le cabinet de Saint-Pétersbourg put un instant espérer voir le gouvernement anglais, si non prendre ouvertement fait et cause en sa faveur, du moins demeurer neutre dans le grand duel qui tout signalait comme imminent entre la France impériale et la Russie. Mais Nicolas se trompa quand il crut le moment était enfin arrivé de réaliser les projets séculaires de la Russie à l'égard de l'Orient ; et la querelle qu'il y suscita à propos de la question des lieux saints trompa toutes ses prévisions. Il avait espéré s'appuyer sur la France, à défaut de l'Angleterre, et *vice versa* ; mais, contre toute attente, contre toute probabilité, l'intérêt commun réunit ces deux puissances, dont le *veto* absolu prit le gouvernement russe au dépourvu et lorsqu'il ne pouvait plus reculer. Il faut rendre à l'empereur Nicolas la justice de proclamer qu'il sut être à la hauteur des périls que lui avait créés cette situation imprévue. Mais la lutte entre lui et les puissances occidentales prit tout de suite un caractère autre qu'on aurait cru. Elle fut maritime avant tout, et créa dès lors au gouvernement russe des difficultés et des périls auxquels il n'était pas préparé. En portant le théâtre de la guerre sur l'un des points extrêmes de l'empire de Nicolas, la France et l'Angleterre s'assurèrent la facilité d'approvisionner et d'alimenter en tous temps leur armée d'opération, tandis que l'armée russe devait avoir à lutter contre la difficulté de subsister dans des contrées encore à peu près complètement dépourvues de voies de communication, et où on n'avait pas pris les dispositions nécessaires pour réunir à l'avance tout ce qu'il fallait pour nourrir de grandes masses groupées sur un même point. Sa résistance n'en fut pas moins glorieuse, il faut le reconnaître; mais les forces physiques de Nicolas trahirent l'énergie de sa volonté, et dès la fin de février 1855 un dérangement notable était devenu visible dans la santé de ce prince. Contre l'avis de ses médecins, il n'en persista pas moins à vouloir passer une revue de sa garde, qui avait été annoncée. Il resta pendant trois heures exposé à un froid des plus vifs; en rentrant à son palais, il se sentit pris de la fièvre, et fut obligé de se coucher. On ne crut d'abord qu'à une grippe violente; mais dès le 28 février l'inflammation se porta à la poitrine. Le 2 mars, à midi, Nicolas rendait son âme à Dieu. Il était âgé de cinquante-huit ans et huit mois, et avait régné un peu plus de vingt-neuf ans. Dans tout le cours de sa maladie, il fit preuve de la plus courageuse résignation, et jusqu'au moment suprême il conserva toutes ses facultés intellectuelles. C'est lui-même qui régla toutes les cérémonies de ses funérailles, et il eut soin de faire annoncer par le télégraphe sa mort prochaine à Moscou et à Varsovie.

NICOLE (Pierre), écrivain théologien et moraliste, naquit à Chartres, en 1625. Après avoir fait, sous la direction de son père, de rapides progrès dans les lettres grecques et latines, il se rendit à Paris pour prendre ses grades à l'université, au moment où les propositions de Jansenius jetaient la perturbation dans ce docte corps. Le jeune Nicole, reçu bachelier, alla professer les belles-lettres à Port-Royal. Lié avec ses pieux solitaires, il ne tarda pas à partager leurs opinions religieuses, et se dévoua tout entier au triomphe d'une cause qui avait pour soutiens des hommes aussi remarquables par leur science que par leurs vertus. Il s'attacha au célèbre Arnauld, et fut mêlé à toutes les intrigues et à toutes les vicissitudes du parti janséniste, dont il devint un des émissaires les plus actifs. Pendant son séjour en Allemagne, qui dura plusieurs années, il concourut à faire connaître les *Lettres provinciales*, en les traduisant en latin. Il revint en France; mais à la mort de Mme de Longueville, qui le protégeait contre ses ennemis, il dut encore quitter sa patrie et se réfugier dans les Pays-Bas. Il vécut tantôt à Liége, tantôt à Bruxelles, en butte à la haine des Jésuites, dont les persécutions mettaient sans cesse en danger sa vie et sa liberté. Fatigué d'une existence aventureuse, peu conforme à ses goûts, il demanda un jour à son ami Arnauld quand il lui serait permis de goûter quelque repos : « Eh! n'avez-vous pas l'éternité pour cela! » lui répondit l'infatigable docteur. Nicole n'eut pas la patience d'attendre jusque là; il sollicita et obtint, par le crédit de l'archevêque de Paris, Harlay, la permission de rentrer dans la capitale, et publia bientôt après ses *Essais de Morale*, qui eurent un succès de vogue.

Les persécutions que Nicole avait endurées pour s'être mêlé des questions du moment auraient dû le dégoûter de toute polémique; néanmoins, il ne put s'empêcher de prendre part à la querelle du quiétisme, et se brouilla à cette occasion avec Racine, pour avoir condamné les spectacles, comme dangereux à l'égard des mœurs et incompatibles avec la morale du christianisme. Racine, dans deux lettres, piquantes par le style et les arguments, réfuta cette doctrine; il avait étudié sous Nicole à Port-Royal, et ne tarda pas à se réconcilier avec son maître.

Ce dernier, qui dans sa jeunesse avait supporté tant de fois la fatigue et les périls des voyages, devenu vieux, n'osait ni aller sur l'eau, de peur de se noyer, ni sortir de chez lui, de peur de recevoir une tuile sur la tête. Il mourut à soixante-dix ans, en 1695.

Nous passerons sous silence ses nombreux ouvrages de controverse, dénués aujourd'hui de tout intérêt, pour mentionner seulement ses *Essais de Morale* et son *Traité des moyens de conserver la paix avec les hommes*. Voltaire traite ce dernier livre de chef-d'œuvre, et Mme de Sévigné, en parlant des *Essais*, écrit à sa fille : « Devinez ce que je fais : je recommence ce traité, et je voudrais bien en faire un bouillon et l'avaler. » Toutefois, il faut convenir que si Nicole se fait remarquer par l'ordre et l'enchaînement de ses idées, ainsi que par la justesse de ses aperçus, son style manque d'énergie et de vivacité ; aussi est-il placé bien loin de Montaigne et au-dessous de La Bruyère, qui l'emportent sur lui dans l'art de faire saillir la pensée par l'expression. Saint-Prosper jeune.

NICOLET est, grâce au proverbe auquel donna lieu son théâtre, aujourd'hui la Gaîté, un personnage historique. « De plus fort en plus fort, comme chez Nicolet, » disait-on au siècle dernier; en effet, au Théâtre des Grands Danseurs du Roi, les intermèdes qui remplissaient les entr'actes se succédaient plus brillants les uns que les autres.

Nicolet était le fils cadet d'un joueur de marionnettes; il tint lui-même pendant plusieurs années une grande loge de marionnettes; il acheta les terrains adjacents, et enfin il fit construire en 1769 une véritable salle de spectacle, où il mêla à ses boushommes de bois des acteurs, des équilibristes, des sauteurs, des animaux savants, etc. L'Opéra fit pendant quelque temps interdire la parole à ses acteurs; mais Nicolet put continuer bientôt à donner de petites pièces parlées. Taconnet fut son principal acteur; il écrivait la plupart des pièces, des farces du théâtre. La troupe de Nicolet ayant été jouer à Marly, en 1772, Louis XV fut si satisfait du spectacle qu'il l'autorisa à prendre le titre de *Théâtre des Grands Danseurs du Roi*.

Nicolet était d'un esprit borné; maintes de ses reparties étaient dignes de Jocrisse. C'est lui qui voyant un jour un des musiciens de son orchestre tenir son instrument sans en jouer l'accabla de sottises. Et comme le malheureux musicien répliquait : « Mais, monsieur, je compte les pauses.
— Eh monsieur, reprit le directeur, je ne vous ai pas engagé pour compter des *pauses*; jouez comme les autres, ou je vous chasse. » Nicolet était, du reste, un homme charitable, généreux. C'est lui qui le premier donna une représentation à bénéfice en faveur de malheureux incendiés, lors de la destruction par le feu de l'ancienne foire de Saint-Ovide. Par une singulière prévoyance, il fonda à l'hôpital de La Charité trois lits pour les artistes : Taconnet alla mourir dans un de ces lits, et Nicolet l'assista jusqu'au dernier moment. Nicolet mourut en 1789.

NICOLO (Nicolas ISOUARD, *dit*), naquit à Malte, en 1775; sa famille y tenait un rang honorable. Son père était négociant et secrétaire de la *Massa-Frumentaria*, établissement qui formait le dépôt des subsistances de l'île. Nicolo fut amené à Paris, où il fut admis au pensionnat de Berthaud ; il y apprit à jouer du piano. Destiné à la marine, il fut admis comme aspirant; mais la révolution de 1790 l'obligea à retourner à Malte. Il continua ses études musicales avec Azopardi et Vella ; il les termina à Naples, sous Sala et Guglielmi. Son goût pour la musique lui fit abandonner le commerce, profession que son père lui avait fait prendre; il composa plusieurs opéras italiens, qui réussirent à Florence et à Livourne. C'est alors qu'il se fit appeler Nicolo, pour ne pas contrarier son père, qui ne voulait pas que le nom d'Isouard figurât sur les affiches de spectacle. Ses succès lui valurent la protection de Rohan, grand-maître de Malte, qui l'appela auprès de lui et le nomma organiste de la chapelle de l'ordre.

Lors de la prise de Malte par les Français, le général Vaubois l'engagea à venir à Paris, et l'emmena avec le titre de son secrétaire. Dès son arrivée il donna à l'Opéra-Comique *Le Tonnelier*, dont il avait refait la musique en Italie. *L'Impromptu de Campagne* le suivit de près. Il obtint ensuite d'Hoffman et d'Étienne des livrets originaux, qui lui fournirent les moyens de faire connaître toute la force de son talent. *Un Jour à Paris* et *Cendrillon* l'avaient mis au premier rang de nos compositeurs, en 1810. Parmi les ouvrages nombreux qu'il avait donnés auparavant, il faut distinguer *Le Médecin turc* et *Michel-Ange*. Joconde, son dernier opéra, joué en 1814, est son chef-d'œuvre.

Nicolo était fort instruit dans son art : il savait trouver des mélodies élégantes, et s'élevait quelquefois à une haute portée, lorsque la situation dramatique l'exigeait, témoin l'air passionné en *mi bémol* d'*Un jour à Paris*. Il travaillait avec une grande facilité. Il a produit trop, et l'on ne trouve pas toujours dans ses compositions tous les soins et le degré de perfection qu'il était en son pouvoir de leur donner. Il m'a montré plusieurs ouvrages manuscrits dont la facture était bien supérieure à tout ce qu'il a publié. Nicolo fut longtemps le digne rival de Boïeldieu : ces deux maîtres se partageaient à l'Opéra-Comique la souveraineté. *Les Rendez-vous bourgeois* paraissent toujours de temps en temps sur la scène, et c'est aux bouffonneries du livret qu'ils doivent cette faveur. Le succès prodigieux de *Cendrillon* sera toujours cité dans les fastes de l'Opéra-Comique. *Joconde* et *Cendrillon* ont été repris dans ces derniers temps. Nicolo Isouard mourut à Paris, le 23 mars 1818.

CASTIL-BLAZE.

NICOMAQUE, mathématicien célèbre chez les anciens. Quoiqu'on ignore l'époque exacte de sa vie, Montucla remarque qu'il dut vivre entre Eratosthène et Jamblique, car il cite une invention du premier et a été commentépar le second. Plusieurs traités de Nicomaque nous sont parvenus : l'un est intitulé *Isagoge Arithmetica*, et l'arithmétique de Boëce en est une sorte de traduction libre; dans l'autre, qui porte le titre de *Theologumena arithmetica*, l'auteur a rassemblé les rapports mystérieux des nombres, auxquels les anciens attachaient une si grande importance. Nicomaque écrivit encore un autre traité, *Praxis Arithmetica*, qui a été perdu, et une *Introduction à la Musique*, publiée par Meibomius, dans les *Musici veteres*. Outre Jamblique, Nicomaque a eu pour commentateurs Proclus, Asclepius et Philoponus.

E. MERLIEUX.

NICOMÈDE. Trois rois de Bithynie ont porté ce nom.

NICOMÈDE Ier ceignit le diadème au moment où sa patrie venait de secouer le joug des Macédoniens : c'était l'an 278 avant J.-C., selon les uns, et 281, selon les autres. Il ne dut de succéder à son père, Zipoète ou Zipète, que plusieurs historiens assignent comme le fondateur de cette monarchie, qu'au massacre que celui-ci ordonna de tous ses frères, un seul excepté, Nicomède, qui échappa aux coups des assassins. Il appela dans l'Asie Mineure les Gaulois ou Galates, pour se défendre contre Antiochus, roi de Syrie. Il est regardé comme le fondateur de la ville de Nicomédie.

NICOMÈDE II était petit-fils du précédent et fils de Prusias, qu'il fit assassiner dans un temple où il s'était réfugié; il monta à sa place sur le trône, l'an 148 avant J.-C. Ce parricide a valu à Nicomède le surnom de *Philopator*, sans doute par ironie. Cependant, il faut dire aussi que Prusias avait voulu, de son côté, faire tuer son fils. Du reste, Nicomède se concilia l'amour de ses sujets, par la douceur de son caractère, et durant un règne de cinquante-trois ans il déploya toutes les qualités qui distinguent les bons princes. Nicomède avait tué son père; il fut à son tour tué par son fils, Socrate, l'an 90 avant J.-C. La fin de son long règne fut troublée par la crainte de voir Mithridate le Grand, son beau-frère, fondre sur ses États et le dépouiller.

NICOMÈDE III, fils du précédent, fut proclamé roi de Bithynie après la mort de son père. Mais Socrate, son frère aîné, revendiqua le trône. Mithridate, qui voyait avec joie cette division, appuya les droits de Socrate, et Nicomède fut détrôné. On le vit alors courir à Rome, implorer la protection du sénat, qui, moins par amour de la justice que pour abaisser Mithridate, qui commençait à devenir redoutable, rétablit Nicomède dans ses États. Dès que ce prince se sentit appuyé par Rome, il jura la perte de son ennemi, fit plusieurs invasions dans ses États, et en revint chaque fois chargé d'or. Mithridate, irrité, envahit à son tour la Bithynie, d'où il chassa son ennemi, tombé ainsi du trône une seconde fois. Plus tard, Sylla, vainqueur de Mithridate, le força à se réconcilier avec son neveu et à lui restituer ses États. Nicomède, pour reconnaître les services de Rome, fit le peuple romain son héritier, volontairement selon les uns, mais selon les autres c'était à la condition *sine qua non* imposée par Sylla à son rétablissement. Ce qu'il y a de certain, c'est qu'à la mort de Nicomède, vers l'an 75 avant J.-C., la Bithynie fut réduite en province romaine.

E. PASCALLET.

NICOMÉDIE, capitale de la Bithynie, fut fondée par le roi Nicomède 1er, sur l'emplacement d'*Astaque*, ville bâtie par les Mégariens et détruite par Lysimaque. Elle était à l'angle oriental du golfe de la Propontide, qui portait le nom de la ville primitive (aujourd'hui golfe d'Ismid). C'était une des plus magnifiques cités de la terre; et divers empereurs romains de l'époque de la décadence, notamment Dioclétien et Constantin, qui y moururent, l'avaient choisie pour séjour. C'est aux environs de Nicomédie qu'était située la petite forteresse où Annibal se donna la mort. Aux lieux où s'élevait autrefois cette opulente cité, on ne trouve plus aujourd'hui que la petite ville d'*Ismid*.

NICOPOLIS. La forteresse turque de ce nom sise dans la Bulgarie, sur le Danube, est célèbre par la victoire que Bajazet 1er y remporta, le 28 septembre 1396, sur une armée de cent mille chrétiens, commandée par Sigismond.

NICOT (JEAN), seigneur de *Villemain*, secrétaire du roi Henri II, ambassadeur de François II en Portugal, naquit à Nîmes, en 1530, d'un notaire de cette ville, et mourut à Paris, en 1600, laissant plusieurs ouvrages : une édition très-correcte de l'histoire d'Aimoin (*Aimonii monachi, qui antea Ammonii nomine circumferebatur, Hist. Franc Lib.* VI); in-8o, Paris, 1566; un *Traité de la Marine*, avec tous les termes de cette science, et le premier modèle d'un bon dictionnaire français; le *Trésor de la Langue Française, tant ancienne que moderne*, etc., œuvre posthume, qui eut un immense succès (in-folio, Paris, 1606). Malgré ces trois ouvrages, qui ne sont pas sans mérite, malgré la supériorité avec laquelle Nicot remplit les fonctions diplomatiques qui lui furent confiées, son nom serait aujourd'hui oublié si le hasard n'avait pas voulu qu'il eût connaissance, par un marchand flamand, de la graine du tabac, dont il fut en quelque sorte l'introducteur en Europe.

NICOTIANE. *Voyez* TABAC.

NICOTINE. Cet alcaloïde très-vénéneux, et auquel l'affaire Bocarmé a donné une triste célébrité, a été découvert par Reimann et Posselt, dans les feuilles du tabac (*nicotiana tabacum*). Soluble dans l'alcool et dans l'éther, donnant avec les acides des sels parfaitement neutres, la nicotine se présente sous la forme d'un liquide oléagineux, incolore, répandant au plus haut degré l'odeur de la plante qui la fournit. Elle distille à 246°, et brûle avec une flamme très-fuligineuse.

On obtient la nicotine en distillant des feuilles de tabac sèches avec de la potasse caustique et de l'eau, et en saturant par l'acide sulfurique le produit de cette distillation. On évapore presque à siccité, on épuise par l'alcool absolu pour évaporer de nouveau, et l'on ne reste plus qu'à distiller le résidu saturé par une solution étendue de potasse.

NID. Dans son acception primitive et la plus ordinaire,

ce mot désigne le berceau que les oiseaux construisent pour l'accroissement annuel de leur famille. Quelques espèces ne renouvellent point cette construction chaque année, mais elles sont en petit nombre; toutes les autres s'imposent un nouveau travail pour chacune des productions successives, et quelques-unes de ces espèces laborieuses sont très-remarquables par la grandeur de leur œuvre en comparaison de la petite taille des ouvriers. Le nid de quelques m é s a n g e s, et surtout celui de la rémiz, est un chef-d'œuvre, que l'intelligence humaine n'eût peut-être pas égalé, et que très-certainement elle n'aurait point surpassé si elle n'avait eu à sa disposition d'autres instruments que ceux que cet oiseau sait employer avec tant d'habileté.

Au figuré et proverbialement, Croire trouver la pie au *nid* signifie s'imaginer avoir fait quelque découverte importante. Petit à petit l'oiseau fait son *nid*, veut dire qu'on fait peu à peu sa fortune, sa maison. A chaque oiseau son *nid* est beau, exprime que chacun trouve sa maison, sa propriété belle. Un *nid* à rats, c'est une méchante petite maison, une méchante petite pièce.

Sans rechercher comment le mot *nicher* dérive de celui de *nid*, on sait que lorsqu'on parle des o i s e a u x, il est la traduction du latin *nidificare*, et qu'en l'employant on porte principalement son attention sur la place choisie par l'oiseau pour y faire son nid. La littérature a profité des images gracieuses, des comparaisons pleines d'intérêt que la construction des nids, l'assiduité des couveuses et les soins des mâles durant l'incubation, la nourriture et l'éducation des petits, etc., peuvent offrir à une très-grande variété de sujets.

En minéralogie, un *nid* de substances métalliques ou autres employées dans les arts est un amas peu considérable de ces matières que l'on trouve isolé hors des agrégations en *couches* et en *filon*. FERRY.

NIDS COMESTIBLES, NIDS INDIENS, NIDS D'HIRONDELLES. Apprêtés à l'instar de nos champignons par les Chinois, qui en font l'objet d'exportations considérables, ces nids, de forme semi-circulaire, de six à sept centimètres de diamètre et du poids de 45 grammes environ, ne viennent jamais dans le commerce que nettoyés et purifiés de tout duvet ou ordure. Ils ont alors assez l'apparence de la colle forte, et leurs parois ont l'épaisseur d'un gros cuir. En les faisant cuire dans l'eau, on les réduit à l'état de gelée visqueuse, et ils ont un goût fade et moite. Fortement épicés et apprêtés de toutes sortes de manières différentes, ils sont depuis un temps immémorial un mets favori des Chinois et des riches Indiens, et passent pour être très-stimulants. On n'est pas encore parfaitement renseigné sur l'origine de ces nids. Cependant, on connaît déjà cinq ou six espèces d'h i r o n d e l l e s particulières à l'archipel des Indes orientales et dont les nids possèdent les qualités requises pour être comestibles. La contexture même de ces nids prouve qu'il n'y a rien de fondé dans l'ancienne opinion suivant laquelle ces oiseaux construiraient leur nid avec des espèces particulières d'herbes marines riches en matière visqueuse ou bien avec quelques animaux de mer de nature visqueuse. Les recherches faites à cet égard par l'anatomiste anglais Home rendent très-vraisemblable que les hirondelles particulières à ces parages préparent dans leur estomac et sécrètent par le gosier une abondante matière visqueuse. On pourra se faire une idée de l'importance commerciale des *nids comestibles* ou *indiens* quand on saura que Crawfurd estimait à 24,000 quintaux ce qu'on en récoltait dans la seule île de Java, et leur valeur à 27,000 liv. st. (675,000 fr.). Le prix en est très-variable : cependant ils se payent en moyenne à Canton de 18 à 24 piastres d'Espagne le demi-kilogramme.

NIEBELUNGEN. *Voyez* NIBELUNGEN.

NIEBUHR (BERTHOLD-GEORGES), fils du célèbre voyageur de ce nom, naquit à Copenhague, le 27 avril 1776. Après avoir fait ses études à Kiel, il passa à Édimbourg, où il apprit la chimie, selon le vœu de son père, tout en étudiant les institutions anglaises, qu'il apprécia parfaitement en parcourant les diverses contrées de la Grande-Bretagne. Sa carrière administrative s'ouvrit à Copenhague, où il fut secrétaire du ministre des finances, puis sous-bibliothécaire, enfin l'un des directeurs de la banque danoise. En 1804 il se maria. Tout semblait annoncer qu'il passerait paisiblement sa vie dans cette heureuse position; mais quand l'Autriche eut succombé dans les plaines d'Austerlitz, quand la Prusse prépara la guerre à son tour, Niebuhr, qui n'avait pas appris de son père à estimer les Français, se sentit animé contre eux d'une haine profonde. Il quitta le Danemark, non sans avoir préalablement accusait de leur être favorable, non sans avoir préalablement fait acte d'hostilité personnelle en traduisant et publiant avec des notes acerbes, remplies d'allusions, la première *Philippique de Démosthène*. La Prusse le nomma directeur du commerce de la mer Baltique; dans la campagne d'Iéna, il s'enfuit avec la cour jusqu'à Memel, et le prince de Hardenberg l'appela à tous les conseils qui s'y tinrent

Après la paix de Tilsitt, il fut envoyé en Hollande, afin d'y négocier avec des agents anglais sur quelques affaires de finances. A son retour à Berlin, il fut nommé conseiller d'État. On créa alors l'université de Berlin : Niebuhr fut à la fois de l'Académie des Sciences et de l'université, avec Butmann, avec Heindorf, avec Savigny, et il vécut dans l'intimité de ces hommes célèbres, qui l'engagèrent à donner au public un cours d'histoire romaine. Il en rédigea, en 1811 et en 1812, les deux premiers volumes, dont l'apparition fit tant de bruit, et qui cependant sont loin d'avoir le mérite de la dernière édition. Il s'attacha surtout à la critique des faits, enchérit sur Beaufort, qu'alors il ne connaissait pas, approfondit les institutions, reconstitua celles dont le souvenir était perdu, et suppléa souvent, à force de sagacité, au silence des anciens. Vers le même temps, il lisait à l'Académie de savants mémoires, par exemple sur le *Périple de Scyllax*, qu'il pense avoir été rédigé vers l'olympiade 105. Il émit aussi une opinion raisonnée sur l'inscription d'Adulis, s'occupa de la géographie d'Hérodote, jeta quelque jour sur les annales des Scythes, des Gètes, des Sarmates, effaça du recueil des œuvres d'Aristote le *Traité des Économiques*, etc., etc. Pendant nos désastres de Russie, il suivit les armées, et, de concert avec Arndt, fit paraître un journal intitulé *Le Correspondant prussien*. Niebuhr ne fut pas étranger à la défection de la Prusse, et assista à diverses batailles de la campagne de 1813. Après la guerre, il fut de nouveau envoyé en Hollande. En 1815 il perdit son père, et peu de semaines après, sa femme. Dès qu'il fut remis de sa douleur, il fit imprimer quelques écrits politiques en faveur de la Prusse contre la Saxe, et se montra longtemps le soutien des patriotes allemands, qu'il défendit dans un écrit sur les associations secrètes ; aussi assure t-on que sa mission près du saint-siège ne fut qu'un honorable exil.

Quoi qu'il en soit, la mission était bien choisie : c'était en quelque sorte rendre à Rome un citoyen dont le destin avait différé la naissance. Malgré les distractions causées par sa nouvelle union (il s'était remarié, avant son départ), il publia les fragments de Fronton, s'associant à Peyron et Maï, qui venait de les découvrir. En passant par Vérone, il découvrit les *Institutes* de Gaius, qui depuis des siècles dormaient dans la bibliothèque du chapitre. A Rome, il fit des notes pour la *République* de Cicéron, et recherchait les vestiges de l'ancienne ville. Ses études, ses habitudes domestiques, l'estime de tous, l'affection du saint-père, lui rendaient le séjour de Rome fort agréable ; mais en 1823 il fut obligé de solliciter son rappel, parce que la santé de sa femme avait trop à souffrir du climat. Avant de quitter l'Italie, il alla visiter Naples, où il collationna un manuscrit de Charisius ; puis il partit pour l'Allemagne. En passant par Saint-Gall, il retira de la poussière les obscurs fragments du poème de Marobaude, et rentrait dans les provinces du Rhin. Retenu à Bonn par des circonstances fortuites, il s'occupa sur-le-champ de continuer son *Histoire Romaine*. Le troisième volume fut rédigé pendant l'hiver de 1824. Quand il l'eut terminé, il s'aperçut qu'avant de le publier il lui fallait complétement refondre les deux premiers volumes, déjà depuis longtemps lancés dans le public; et il n'hésita point à entreprendre cet immense travail.

En 1826 il conçut et réalisa le projet de réimprimer les auteurs de la collection de Byzance, et fit lui-même l'*Agathias* : il avait fondé aussi le *Musée du Rhin*, recueil périodique, qu'il gratifia de savantes dissertations sur *Lycophron*, sur un passage de *Tzetzès*, sur la *Guerre chrémonidienne* et sur un fragment nouveau de Dion Cassius, qu'il restitua avec un rare bonheur, malgré le mauvais état dans lequel l'avait trouvé l'abbé Maï. Le 7 février 1830, son second volume étant encore manuscrit, une nuit de désastre vint détruire le fruit de tant de veilles : un violent incendie consuma les étages supérieurs de la maison de Niebuhr. Il lui fallut recommencer son volume. Il n'était pas encore remis de cet excès de travail quand la révolution de Juillet vint jeter l'effroi dans son âme; déjà il se croyait expulsé de sa demeure par les Français. Il était en général très-faible, et sa constitution nerveuse s'altérait à la moindre impulsion. Dans les derniers jours de l'année, il fut atteint d'un rhume dans lequel bientôt les médecins reconnurent les symptômes d'une inflammation mortelle : en effet, le 2 janvier 1831 il avait cessé d'exister. Cet illustre savant n'a laissé que peu de manuscrits, et son *Histoire*, l'un des plus beaux monuments de l'érudition du siècle, demeure inachevée.
Ph. DE GOLBÉRY.

NIÈCE. *Voyez* NEVEU.

NIELLE. Ce mot, employé au masculin, sert à désigner : 1° l'émail noir dont les orfèvres du quinzième siècle couvraient les tailles d'une planche d'argent gravée à la pointe ou au burin; 2° la planche elle-même ainsi émaillée ; 3° l'empreinte en soufre ou l'épreuve sur papier tirée de cette planche elle-même avant qu'elle fût niellée : le mot nielle doit être ici considéré comme la traduction du mot italien *niello*, ou des mots latins *nigellum, nigello, nigellata, niellatus*, dont on a fait les mots français, *noelles, noeles, noleles*, que l'on trouve dans d'anciens auteurs français.

L'usage du nielle remonte en France au septième siècle, comme le prouvent les passages de plusieurs auteurs cités par Du Cange. La niellure, continuée depuis ce temps jusqu'au douzième siècle, et négligée ensuite, reparut lors de la renaissance des arts en Italie, pour être abandonnée de nouveau.

Lorsque les orfèvres, au lieu de faire des figures de ronde-bosse ou des bas-reliefs terminés au ciselet, voulaient représenter sur une surface plane des ornements ou des sujets à figures, ils devenaient graveurs, et se servaient de la pointe ou du burin pour tracer leur dessin sur le métal; puis, pour faire ressortir ces figures, ils employaient des hachures croisées dans les fonds, plaçaient quelques tailles dans les parties ombrées, et couvraient quelquefois le tout d'un émail noir, dont l'effet était de faire briller davantage les parties d'argent qui restaient à nu. La préparation du nielle se faisait en mettant dans un creuset de l'argent, du cuivre, du plomb, du soufre et du borax : ce mélange était fondu et chauffé jusqu'à vitrification, on le coulait et on le laissait refroidir. La composition, devenue cassante, était pilée, broyée et tamisée en poudre très-fine; l'orfèvre prenait ensuite la planche qu'il voulait nieller, et que pour cela il avait eu soin de préparer en la faisant passer dans de la cendrée, c'est-à-dire en la faisant bouillir pendant un quart d'heure dans l'eau mêlée avec de la cendre. Placée alors dans de l'eau froide, elle était bien frottée avec une brosse pour enlever toutes les ordures qui pouvaient se trouver dans les tailles.

On répandait avec précaution le nielle en poudre sur les parties gravées de la planche d'argent, que l'on plaçait près d'un feu clair, dont la flamme était renvoyée sur la plaque de métal au moyen d'un soufflet. Le nielle mis de nouveau en fusion adhérait au métal, sur lequel il se trouvait retenu par les petites aspérités que présentait la gravure. Après avoir laissé refroidir la planche niellée, on en usait la superficie d'abord avec une pierre ponce pour enlever les superfluités, ensuite avec des matières plus douces; enfin, on la frottait seulement avec la main jusqu'à ce qu'elle fût parfaitement polie. Cette opération demandait beaucoup de soins et de propreté pour que le nielle fût parfaitement uni et surtout sans soufflure. Comme l'opération de nieller ne permettait aucune espèce de réparation ni de retouche, il était nécessaire, avant de jeter le nielle sur le métal, de s'assurer si le travail était terminé; aussi les orfèvres étaient-ils dans l'usage de faire des empreintes pour se rendre compte de l'état de leur gravure. Ils employaient pour cela une terre extrêmement fine et compacte, qui happait la teinte noire et grasse dont ils avaient eu soin d'emplir les tailles de la gravure. Mais comme ces empreintes, on contre-partie avec les tailles en relief, étaient, par leur fragilité, trop difficiles à conserver, ils imaginèrent de couler du soufre dessus, ce qui leur offrait la composition dans le même sens que la planche originale; enfin, pour plus de solidité, on coulait derrière cette empreinte en soufre une certaine épaisseur de plâtre.

Les nielles ont été employés à orner des calices, des reliquaires, la couverture des évangélistaires ou livres d'autel, des poignées d'épée, des manches de couteau, des coffrets ou *layettes*, qu'on nomme maintenant, dans le langage des amateurs de curiosités, des *cabinets*. Parmi les objets destinés au culte, et où les orfèvres pouvaient le mieux exercer leur talent, comme offrant un champ plus étendu, on doit remarquer les *paix*, plaques de métal cintrées, de trois ou quatre pouces de hauteur sur une moindre largeur. Ce nom vient de ce que le prêtre qui célèbre la messe, après avoir baisé cette plaque, dit en la présentant à chacun des autres ecclésiastiques : *Pax tecum*. Parmi les paix niellées, la plus remarquable, celle qu'il convient le plus de citer ici, est celle gravée par Maso Finiguerra en 1452, pour l'église de Saint-Jean de Florence, et placée depuis quelques années dans le musée de cette ville, où elle se voit actuellement. Il en existe deux empreintes en soufre : l'une, tirée de la planche avant qu'elle fût niellée, après avoir appartenu à Gori, est passée dans le cabinet du comte Durazzo, à Gênes; l'autre, entièrement conforme à l'original, était chez le sénateur Seratti, gouverneur de Livourne : elle se trouve maintenant dans la collection du duc de Buckingham, en Angleterre. Indépendamment des deux empreintes prises sur la paix de Finiguerra, il existe une épreuve sur papier, tirée de cette même planche avant qu'elle fût niellée. Elle est à Paris, à la Bibliothèque impériale. Cette importante invention de tirer épreuve sur papier d'une planche gravée au burin fut amenée par le hasard. « Une femme, comme le raconte Vasari, ayant posé sur l'établi de Maso Finiguerra un paquet de linge mouillé, sans faire attention qu'il s'y trouvait une planche prête à être niellée, l'artiste fut fort étonné, en enlevant ce paquet, de voir tout le travail de la gravure empreint avec fidélité sur le linge humide. Du linge mouillé à des essais sur un papier humecté, il n'y eut qu'un pas; Finiguerra le fit, et l'art d'imprimer des planches sur métal fut trouvé et fit en peu de temps de rapides progrès. » Cette épreuve de la *paix* de 1452 est unique, et il est établi d'une manière irrécusable qu'elle est de la main de Finiguerra. La Bibliothèque impériale a longtemps possédé ce trésor sans en connaître toute la valeur : c'est à un étranger, l'abbé Zani, qu'on en doit la découverte; il fit voir que cette pièce devait être particulièrement distinguée comme étant bien certainement gravée par Maso Finiguerra. Cette pièce, après plus d'un siècle, passa dans les mains de Claude Maugis, abbé de Saint-Ambroise, aumônier de la reine Marie de Médicis, puis dans celles de Jean de l'Orme, son médecin, et enfin dans le cabinet de Morolles, cédé à Louis XIV, en 1666.

De tous les nielles antérieurs à la renaissance, il ne nous est rien resté, si ce n'est quelques pièces d'argenterie et des bijoux trouvés à Rome en 1793, et qui paraîtraient avoir fait partie de la toilette d'une dame romaine dans un temps que Visconti croit pouvoir faire remonter jusqu'au cinquième siècle. Parmi ces objets, on remarque des chandeliers et des bracelets niellés.

Les caractères auxquels on peut reconnaître les nielles, et qui les distinguent des autres gravures des vieux maîtres sont d'abord la dimension des pièces, dont les plus grandes sont les *paix*, qui n'excèdent pas 11 centimètres. Tous les autres nielles sont ordinairement de 3 à 6 centimètres; plusieurs médaillons n'excèdent pas 12 à 16 millimètres; il y en a même de 8 millimètres seulement. Les fonds sont généralement noirs, et on pourrait même dire toujours, si ce n'est que quelques nielles non terminés présentent encore un fond blanc. Il se trouve cependant aussi quelques exceptions très-rares, et dans ce cas les figures niellées se détachent sur un fond doré, où sont gravés quelquefois des ornements en quadrilles ou en rosaces.

L'encre avec laquelle sont imprimées les épreuves de nielles est souvent un peu bleuâtre, ou bien d'un ton gris. Enfin, on remarque toujours dans les nielles une grande finesse et des tailles extrêmement serrées. Lanzi donne encore deux autres signes, qu'il ne faut pas regarder comme absolument distinctifs : l'épreuve, dit-il, est en sens contraire de la planche de métal ; tous les personnages jouent des instruments et agissent de la main gauche. L'autre observation a rapport aux inscriptions, qui sur les épreuves se lisent de droite à gauche, et sont en caractères retournés. On doit en effet regarder avec raison comme l'épreuve d'un niellé la pièce sur laquelle on lit une inscription écrite de droite à gauche.

La collection de nielles la plus nombreuse était celle formée par le chevalier Marc Masterman-Sykes, vendue à Londres au mois de juin 1824, et par conséquent dispersée dans plusieurs cabinets. La plus riche maintenant est celle de la Bibliothèque impériale.

Maso Finiguerra a été longtemps le seul orfèvre nielleur dont on se soit occupé, et dont on ait cité le nom et les productions ; il est le seul aussi des travaux duquel on ait cherché des épreuves. Cependant, d'autres que lui ont travaillé dans le même genre, et l'abbé Zani parle d'une *paix* dont la planche originale fut achetée en 1804 pour la galerie royale de Florence. Elle représente saint Paul renversé sur la route de Damas. Cette *paix*, gravée par Matthieu, fils de Jean Dei, a été faite pour la communauté de Saint-Paul, où elle se trouvait lors de la suppression de cette communauté. Elle n'a pas été niellée, ce qui permettra toujours d'augmenter le nombre des épreuves existantes de cette ancienne gravure. Ces épreuves ne présentent donc pas tout l'intérêt de celles qui ont été tirées par Maso Finiguerra ou ses contemporains, puisque ce qu'on veut avoir ce sont les essais de l'art d'imprimer, et non des épreuves d'une ancienne gravure. Les autres orfèvres nielleurs dont les noms sont parvenus jusqu'à nous sont, parmi les Florentins : Amerighi, Michel-Ange Bandinelli, Philippe Brunelleschi ; à Bologne, François Furnio, Bartholomeo Gesso, Geminiano Rossi, et François Raibolini, connu sous le nom de *Francia*, et célèbre comme ayant été le maître de Marc-Antoine ; nous trouvons encore, à Milan, Daniel Arcioni et Caradosso ; puis Ambroise Froppa de Pavie, Forzone Spinelli d'Arezzo, Jacques Tagliacarne de Gênes, Tenoro, fils d'Antoine, et Jean Turino de Sienne ; et aussi Antonio, Danti, Pierre Dini, dit *Arcolano*, Gavardino, et Léon Jean-Baptiste Alberti. Le nom d'un autre orfèvre nielleur était encore resté inconnu ; pourtant, il a laissé plusieurs nielles qui méritent d'être considérés avec la plus grande attention ; et l'heureux usage de tous ces confrères, il a souvent adopté une marque, qui peut faire reconnaître ses travaux. Cet habile artiste est l'eregrini de Césène. Les personnes curieuses de connaître comment j'ai découvert son nom pourront trouver des détails intéressants à cet égard dans l'ouvrage publié par moi, en 1824, sous le titre de *Essai sur les Nielles* (1 vol. in-8°). DUCHESNE aîné.

NIELLE. Cette dénomination appliquée à des maladies de plantes tout à fait différentes devrait être rejetée, car elle met la confusion dans la science : ici c'est la *carie*, là le *charbon*, ailleurs l'*ergot*, la *rouille*, le *blanc*, etc. Les botanistes, cependant, ont donné le nom de *nielle* à une *carie* du suc végétal qui réduit le grain et ses enveloppes en une poussière noire semblable à la suie. P. GAUBERT.

NIELLE (*Botanique*). On donne ce nom à diverses plantes considérées comme nuisibles aux moissons. Ainsi on nomme *nielle* ou *charbon de blé* les urédinées, qui altèrent les céréales ; *nielle des blés*, une lychnide qui croît dans les champs, etc. Ce nom de *nielle* s'applique aussi quelquefois à la *nigelle de Damas*.

NIELLE DES BLÉS, nom vulgaire d'une espèce du genre *lychnide*, très-commune dans les champs de blé. La *nielle des blés* (*lychnis githago*, Lam.) a des feuilles velues, soyeuses, lancéolées, très-longues. Ses fleurs sont terminales, grandes, d'un rouge violet, à veines très-marquées. Le calice, à divisions linéaires, dépasse les pétales, qui sont dépourvus d'écailles.

NIEMCEWITZ (JULIEN-URSIN), naquit en 1758, en Lithuanie. Elevé à l'école militaire de Varsovie, il entra dans l'armée en 1777, en qualité d'aide de camp de Czartoryski, puis s'en alla voyager pendant plusieurs années à l'étranger ; et quand il quitta le service, en 1788, il était parvenu au grade de major. Elu à la diète qui se tint assemblée de 1788 à 1792, il y prit avec une chaleureuse éloquence la défense de la constitution du 3 mai 1791. Exilé par les confédérés de Targowitz, l'insurrection de 1794 lui rouvrit les portes de sa patrie. Compagnon d'armes de Kosciuszko, il partagea sa captivité, et l'accompagna en Amérique dès que Paul les eut mis en liberté. Depuis ce temps, cherchant dans les lettres un refuge contre la douleur que lui causaient les malheurs de sa patrie, nous ne le voyons reparaître sur l'horizon politique qu'en 1830 ; chargé par le gouvernement national d'implorer l'appui de la Grande-Bretagne, il alla à Londres éveiller la sympathie du peuple anglais pour la cause de son pays et montrer au cabinet de Saint-James le danger qu'il y avait pour l'Europe de laisser périr la Pologne. Il mourut le 21 mai 1841, à Paris, où il partageait l'exil de ses compatriotes, entouré de leur amour et de leur vénération. Orateur, guerrier, poëte, historien, homme d'État, on peut dire de lui qu'il a réuni toutes les gloires. Son imagination si féconde et sa prodigieuse facilité lui permirent de s'essayer dans tous les genres et d'y exceller. Ses compatriotes lui doivent une *Histoire de Pologne* en légendes, accompagnée de notes précieuses ; une *Histoire du Règne de Sigismond III* ; une collection de *Mémoires* servant à *l'histoire de Pologne* ; plusieurs tragédies, quelques comédies, des romans d'histoire et de mœurs, et une infinité de poésies, tant originales qu'imitées, ou traduites de différentes langues étrangères. Cte Sigismond PLATER.

NIÉMEN, l'un des fleuves les plus importants de la Russie occidentale et de la Prusse orientale, a un parcours de 80 myriamètres, et avec un bassin de 1,414 myriamètres carrés, prend sa source dans la forêt de Kopisloff, au sud de Minsk, et devient navigable depuis Bielica pour de petits bâtiments, et pour de plus grands navires depuis Grodno. A partir de cette ville il forme la ligne de démarcation entre la Russie et la Pologne. Quand il atteint le territoire prussien à Schmalleningken, où il a dèjà 300 mètres de large, il prend le nom de *Memel*, et fuit par former deux grands bras, le Gilge et le Russ, qui forment la fertile et basse contrée connue sous le nom de *Tilsitter Niederung* (Terre basse de Tilsitt), et vont se jeter dans le *Kurlische-Haff*. C'est sur ce fleuve, près de Tilsitt, qu'eut lieu, en 1807, la fameuse entrevue entre Napoléon Ier, Alexandre Ier de Russie et le roi de Prusse Frédéric-Guillaume III.

Les rives du Niémen sont basses, souvent marécageuses, notamment en Russie. Les plus importants de ses affluents sont, en Russie la Wilia, rivière navigable, et en Prusse la

Jura et la Szezuppe. Le commerce qui a lieu sur le Niémen entre la Prusse, la Pologne et la Russie est très-considérable. La Russie s'en sert pour exporter du bois de construction, du chanvre, du lin et du suif, et la Prusse pour introduire en Pologne et en Russie des sucres bruts, des toiles, des lainages, et des articles de grosse et de fine quincaillerie.

NIEMIROFF (Congrès de). Lors de la guerre de la Russie avec la Porte, en 1736, la Porte réclama l'intervention de l'Autriche, de la Hollande et de l'Angleterre. Mais la Russie déclina l'intervention des puissances maritimes, de manière que le congrès assemblé à Niemiroff, en Pologne, en juin 1737, ne se composa que des plénipotentiaires de la Porte, de la Russie et de l'Autriche. Toutefois, l'Autriche ayant déclaré la guerre à la Porte, la France prit le rôle de médiatrice. Les négociations furent à la vérité rompues dès le mois d'octobre; cependant, elles furent renouées par l'intermédiaire de l'ambassadeur de France, M. de Villeneuve, qui à cet effet avait reçu des instructions secrètes, tant de l'empereur Charles VI que de la reine Anne, instructions dont n'avaient connaissance ni le comte de Sinzendorf ni le comte Ostermann, leurs ministres, qui de leur côté négociaient une paix particulière avec la Porte. Ces nouvelles négociations se poursuivirent tant à Constantinople que dans le camp du grand-vizir. Enfin, le général autrichien comte de Neiperg conclut une convention préliminaire, le 1er septembre 1739, dont la France, à titre de médiatrice, se porta garant. D'après cette convention, Belgrade, quoique dans un excellent état de défense, fut cédée aux Turcs. Villeneuve fit ensuite conclure le traité définitif de Belgrade, si avantageux à la Porte, tant avec la Russie qu'avec l'Autriche; il le signa lui-même le 18 septembre 1739, en qualité de plénipotentiaire russe, sans que le négociateur officiel russe, le feld-maréchal Munnich, en eût la moindre connaissance.

NIEUPORT ou **NIEWPORT**, ville forte et chef-lieu de canton de la Flandre occidentale (Belgique), sur l'Izer, à 2 kilomètres de la mer d'Allemagne, avec 3,500 habitants, un arsenal, un entrepôt de douanes, un petit port pour la pêche formé par une crique qu'un chenal de 1500 à 1600 mètres met en communication avec la mer, mais fréquemment ensablé et, par suite, d'un accès difficile. On y arme surtout pour la pêche du hareng.

NIEUWERKERKE (ÉMILIEN, comte DE), statuaire et directeur actuel des musées impériaux. C'est moins aux artistes qu'aux gens du monde que M. de Nieuwerkerke doit sa réputation ou plutôt sa notoriété. Lancé dès son début dans la haute société parisienne, protégé de tout temps par les cours étrangères, il ne fit d'abord de la sculpture qu'en amateur. Mais bientôt, enhardi par des succès de salons, il envoya aux expositions publiques le modèle de la statue équestre de Guillaume le Taciturne, qui devait plus tard être coulée en bronze pour le roi de Hollande (1843); la statue de Descartes (bronze, 1846); celle d'Élisabeth la Catholique entrant à Grenade (1847); *La Rosée*, statuette (1849) et à la même exposition une seconde édition de la figure de Descartes, taillée en marbre cette fois, et destinée à la ville de Tours. M. de Nieuwerkerke a aussi sculpté divers bustes, entre autres ceux du marquis de Mortemart (1843), de la marquise de B... (1846), du docteur Leroy d'Étiolles (1847), et le médaillon de Louis-Napoléon Bonaparte président de la république. C'est aussi M. de Nieuwerkerke qui, en 1849, a donné les dessins de l'épée d'honneur offerte au général Changarnier. Il y a quelque mérite dans ses œuvres, et particulièrement dans les *Descartes*, dont la pose est simple et grave. Enfin, Paris a vu de lui en 1852 une statue équestre de l'empereur Napoléon Ier, production peu goûtée en général, qui se trouve aujourd'hui à Lyon.

Depuis longtemps lié avec les membres de la famille Bonaparte, c'est à ces relations qu'il a dû le poste éminent qu'il occupe; et c'est sans doute ce poste qui lui a valu l'honneur d'être admis à l'Académie des Beaux-Arts comme membre libre, en 1853. Quoiqu'il n'ait obtenu qu'une médaille de troisième classe à l'exposition de 1855, il n'en fut pas moins nommé commandeur de la Légion d'Honneur, à la fin de la même année.

NIÈVRE (Département de la). Borné au nord par celui de l'Yonne, à l'est par celui de la Côte-d'Or et de Saône-et-Loire, au sud par celui de l'Allier, et à l'ouest par celui du Cher, dont l'Allier et la Loire le séparent, il est presque entièrement formé de l'ancien Nivernais.

Divisé en 4 arrondissements, 25 cantons, 316 communes, sa population est de 327,161 habitants. Il envoie deux députés au corps législatif, est compris dans la dix-neuvième division militaire, ressortit à la cour impériale de Bourges, à l'Académie de Dijon et forme le diocèse de Nevers.

Sa superficie est de 686,619 hectares, dont 295,161 en terres labourables; 239,561 en bois; 67,306 en prés; 15,857 en landes, bruyères; 9,900 en vignes; 4,714 en étangs, canaux d'irrigation; 3,607 en vergers, pépinières, jardins; 2,262 en propriétés bâties; 490 en canaux de navigation; 469 en cultures diverses; 19,337 en forêts, domaines non productifs; 15,290 en routes, chemins, rues; 6,771 en rivières, lacs, ruisseaux, etc. Il paye 1,296,154 francs d'impôt foncier.

Ce département, placé des deux côtés de la ligne de partage des bassins de la Loire et de la Seine, a une surface généralement très-accidentée. Dans la partie orientale, vers les sources de l'Yonne, s'élève une partie des montagnes du Morvan. Ses principales rivières sont la Loire et l'Yonne, qui coulent parallèlement, et que réunit le *canal du Nivernais*, le Beuvron et la Cure, affluents de l'Yonne; l'Auron, la Nièvre et le Nohain, tributaires de la Loire. La Nièvre est une petite rivière de 40 kilomètres de cours, à l'embouchure de laquelle s'élève Nevers. L'Allier et la Loire offrent à ce département une navigation, le premier d'une étendue de près de 36 kilomètres, et la seconde de 115 kilomètres. Les étangs sont assez également répartis; le plus considérable est celui de Baye, au centre, au bief de partage du canal du Nivernais. Le climat est tempéré, mais plus froid que chaud, et plus humide que sec, par suite de la nature de sa surface. La Nièvre forme avec l'Allier la région des terres à gravier. Le sol n'y est pas généralement fertile; celui qui domine est un gravier sur un fond calcaire, à une profondeur considérable, dans la partie orientale, c'est le granit qui en constitue la base. Aux environs de Decize, et dans tout ce qui touche au département de l'Allier, le terrain est sablonneux, calcaire et tantôt cailloutoux, tantôt pierreux. On trouve de la marne près de Donzy et dans quelques autres endroits. Les céréales suffisent à la consommation; les légumes et les fruits sont abondants, et il y a un excédant de plus d'un quart en vins. La truffe abonde dans beaucoup de communes, et dans plusieurs districts on cultive le chanvre en grand. Le cidre est employé comme boisson en beaucoup d'endroits. Les vins les plus estimés sont ceux de Pouilly. Ce département est un des mieux boisés de l'empire; les forêts se composent principalement de beaux chênes, de charmes, hêtres et merisiers. Leur exploitation est très-facilitée par les rivières et les ruisseaux qui traversent la contrée, car les chemins sont impraticables une partie de l'année. C'est du Morvan que Paris tire une grande partie de ses approvisionnements en bois et en charbon. On élève beaucoup de chevaux, de gros et de menu bétail, que l'on a amélioré au moyen des moutons anglais, qui se sont bien acclimatés. Mais l'une des principales richesses de ce département se trouve dans ses nombreuses mines de fer et de houille, alimentant une foule d'usines de produits en tous genres, qui livrent au commerce des fontes en gueuses et moulées, dites de Nivernais, des fers dits du Berry, de la tôle, du fer-blanc, des limes, des râpes, des aciers, des ressorts et essieux, des chaînes, câbles, ancres et boulets pour la marine, du cuivre laminé, martelé, bronzé. On exploite de la pierre de taille dans le voisinage de Lormes, et de la pierre meulière à La Fermeté. Il y a des sources minérales renommées à Pougues et à Saint-Paris. L'industrie manufacturière comprend, en outre, la fabrication de gros draps et lainages, de toiles, de faïence, de poterie de grès, de tuiles et carreaux, de coutellerie, de quincaillerie et de la verrerie.

Son commerce, favorisé par le chemin de fer du Centre, 13 routes impériales, 8 routes départementales, et par 1,906 chemins vicinaux, 2 rivières navigables, 2 canaux, celui du Nivernais et le canal latéral à la Loire de Digoin à Briare, consiste en bois, merrain, cerceaux, échalas, charbon, fer, acier, cuivre, tôle, bétail, chanvre, houille, faïence, pierre meulière, poterie de grès.

Le chef-lieu de ce département est *Nevers*; les villes et endroits principaux sont : *Château-Chinon; Clamecy*; *Cosne*, chef-lieu d'arrondissement, jolie petite ville, fort agréablement située, sur la rive droite de la Loire, que traverse un pont suspendu, à l'embouchure du Nohain, avec 6,326 habitants, un tribunal de première instance, des fabriques de coutellerie, clouterie, quincaillerie. C'est l'entrepôt des départements du Cher, de l'Yonne et de la Nièvre pour le commerce des vins, bois, fer, chanvre, laine, cuir, bétail, etc. Dans le voisinage est l'usine à ancres de La Chaussade; *La Charité-sur-Loire*, chef-lieu de canton, avec 4,944 habitants, un hospice départemental d'aliénés. C'est une ville mal pavée et mal bâtie, mais très-agréablement située. On y passe la Loire sur un beau pont de pierre et un joli pont de bois, qui s'appuient tous deux sur une île où se groupe un petit faubourg; son port est toujours très-animé : on en exporte des vins, des fers et des bois. La fondation de cette ville remonte au huitième siècle : celle de *Seyr*, qui était dans le voisinage, étant alors tout à fait déchue, les habitants allèrent s'établir autour d'un monastère qui venait de s'élever (vers l'an 700) sur l'emplacement de Cosne. La nouvelle peuplade, ravagée plusieurs fois par les barbares, fut rétablie au commencement du douzième siècle, ainsi que son couvent, qui fut donné à l'ordre de Cluny. Les nombreuses aumônes que l'on y faisait donnèrent lieu au nom que porta l'endroit par la suite. Son importance est bien déchue. C'était au seizième siècle une des places fortes des réformés; *Decize*, petite ville qui s'élève presque entièrement dans une île escarpée et pittoresque de la Loire : elle est peuplée de 3,994 habitants, et fait un commerce de bestiaux, poterie, charbon, bois, houille, fer, etc.; *Lormes*, avec 3,237 habitants; *Donzy*, sur le Nohain, avec 4,053 habitants et des fabriques de gros drap; *Pouilly*, joli bourg; entouré d'un riche amphithéâtre de verdure, au pied duquel coule la Loire, avec 3,619 habitants : *Moulins-Engilbert*, sur un terrain élevé, au confluent du Gaza et du Lignon, qui forment l'Anizy, avec des restes d'épaisses murailles et d'un vieux château fort. C'était au quatorzième siècle une place de guerre, qui fut prise en 1474 par le duc de Bourgogne Charles le Téméraire, et reprise l'année d'après par le duc de Bourbon. On y remarque l'église paroissiale. Elle est très-industrieuse, et compte 3,206 habitants; *Saint-Pierre-le-Moutier* est une petite ville, fondée par l'ordre de Cluny, dont le couvent y a existé jusqu'à la révolution. Elle avait un présidial, qui était un des premiers de France, et le seul du Nivernais. L'étang sur les bords duquel s'élève Saint-Pierre l'embellit tout à fait; il est très-poissonneux, et ne tarit jamais, mais il paraît malheureusement être la cause des fièvres auxquelles les habitants sont sujets. On y compte 2,406 habitants; *Fourchambault*, avec 5,008 habitants, des forges et des fonderies célèbres. Oscar Mac-Carthy.

NIGAUD. *Voyez* BÊTISE.

NIGELLE, genre de plantes de la famille des renonculacées et de la polyandrie-pentagynie du système sexuel. Son nom latin, *nigella*, est un diminutif de *nigra*, noire, et rappelle la couleur générale des graines. Les nigelles sont des plantes herbacées, annuelles, indigènes de la région méditerranéenne et de l'Orient.

La nigelle des champs (*nigella arvensis*, L.) offre une tige grêle, rameuse; à feuilles alternes, sessiles, profondément découpées; à folioles linéaires et velues; à fleurs d'un bleu pâle et solitaires à l'extrémité des rameaux. Elle croît naturellement dans les blés.

La nigelle cultivée (*nigella sativa*, L.), vulgairement *toute-épice*, *herbe aux quatre épices*, croît dans l'Afrique septentrionale et aux environs de Montpellier. Ses feuilles alternes, découpées très-finement, un peu velues, sont portées sur une tige rameuse; ses fleurs sont blanches et solitaires; ses graines, anguleuses, comprimées, noirâtres, sont renfermées dans des capsules à cinq côtes, terminées chacune par une corne latérale, et à cinq loges s'ouvrant par une suture longitudinale et supérieure. On la cultive pour ses graines, qui, étant de haute saveur et fort odorantes, sont employées pour assaisonner les aliments. Recommandées autrefois en médecine comme stimulantes et emménagogues, elles ont joui d'une certaine faveur.

La nigelle de Damas (*nigella damascena*, L.), cultivée dans les jardins sous les noms de *patte d'araignée*, *cheveux de Vénus*, *nielle*, etc., a les fleurs plus grandes que les précédentes, d'un bleu pâle ou blanches, entourées d'une collerette multifide. Légère et gracieuse, cette plante se sème dans les parterres en automne ou au printemps, sur le lieu même où elle doit croître, car elle ne supporte pas bien la transplantation.

NIGER, le plus grand et le plus important des fleuves de l'Afrique centrale, appelé par ses riverains *Djoliba* ou *Joliba* dans son cours supérieur, et *Quorra*, ou mieux encore *Kuwara*, dans son cours moyen et inférieur. Le plus connu des cours d'eau qui l'alimentent prend sa source sur le versant nord du mont Kong, dans le haut Soudan, environ sous le 9° 18' de latitude nord, dans les Monts Loma et à une élévation de plus de 500 mètres au-dessus du niveau de la mer, dans le petit pays de Kissi. Ce bras du Niger, appelé Temba ou Timbi, se confond à l'est de Kowia avec un autre cours d'eau, plus long et plus fort; l'*Almar*, ou fleuve des Sauvages, qui vient du sud et prend sa source dans le plateau situé à l'ouest de Liberia, par 7° 54' de latitude nord. Les deux cours d'eau réunis parcourent maintenant sous le nom de *Djoliba* le pays montagneux des Mandingos; arrivé aux limites de Bambara, le fleuve abandonne la région des montagnes pour entrer dans la plaine du Soudan, où il commence à devenir navigable à Marrabou. Ce n'est toutefois qu'à Djabbi ou Jabby que disparaissent les derniers prolongements des montagnes de l'est; et le Niger, qui jusque alors, malgré sa largeur, a été le cours le plus impétueux, devient à Djabbi, où il a la largeur de la Tamise à Westminster, très-calme, en se dirigeant à l'est-nord-est, en même temps qu'il devient l'une des plus grandes voies de communication par eau qu'il y ait en Afrique, constamment animé qu'il est, à mesure qu'on le descend, par une foule d'embarcations de toutes espèces. Au-dessous de Sego et de Sansading, les bords du Niger sont d'une beauté et d'une variété extrêmes, mais si bas, en général, que lorsqu'il déborde à la saison des pluies, ses eaux couvrent d'immenses espaces. A la suite des inondations tout le territoire environnant se transforme en marécages impraticables et malsains, habités par une innombrable quantité d'éléphants, de lions, etc. Là aussi le fleuve se divise en plusieurs bras, en même temps que sur sa rive droite il reçoit une foule de petites et de grandes rivières. A partir de Sansading, il coule au nord-est jusqu'aux environs de Djinnie, entre alors dans le pays des Kissours, où il rejoint l'Issa, rivière dont le nom est emprunté à la langue de ces peuples. A deux journées de marche de Djinnie, il se dirige au nord, où il va former l'immense lac de Dhiebou ou Diabbie, appelé aussi Debo, dont la profondeur n'est guère d'ailleurs que de 4 à 5 mètres; puis il longe le désert de Sahara pour se diriger ensuite vers l'est-sud-est, par 17° de latitude nord, à partir de Kabra, le port de Temtbouktou. Portant le nom de Quora ou Kouora lorsqu'il se dirige plus loin au sud, il franchit avec une extrême impétuosité, pendant six journées de marche, dans un lit resserré et rempli d'écueils, entre Kasso et Yaouri, une chaîne de montagnes boisées. Le lit du fleuve se resserre encore entre Yaouri et Boussa ; après quoi, au-dessous de Rabba, place de commerce, il acquiert de nouveau une largeur d'environ deux myriamètres. Comme ce que l'on appelle la chaîne du Kong met d'abord obstacle à ce qu'il coule droit au sud vers le golfe de Guinée, il se trouve forcé de décrire un grand arc à l'est, jusqu'au moment où il lui est enfin possible de sortir de ce pays intérieur par une étroite fondrière de l'aspect le plus pittoresque, qui rompt la muraille du Kong. A Kissi, où commence l'immense terrain d'alluvion de la côte, le Niger, qui a alors 2,706 mètres de large, se bifurque en deux grands bras, le *Benin* ou *Formosa* à l'ouest, et le *Bonny* à l'est, formant tous deux les limites extrêmes de son delta. Entre ces limites, on le trouve divisé en plusieurs grands embranchements, reliés entre eux par une foule de canaux. Le plus important de ces bras est le *Noun* ou le *Brass*. La superficie de l'immense delta du Niger s'élève à peine au-dessus du niveau de la mer. Sur sa côte existe un marais couvert de forêts de mangroves, et duquel s'échappe pendant la saison chaude les miasmes les plus délétères. Pendant la saison des pluies, presque tout le delta se trouve inondé ; le fleuve entraîne alors dans son cours une énorme quantité de limon, de telle sorte que l'étendue du delta ne fait que s'accroître. La distance en ligne directe des sources du Niger à son embouchure est de 175 myriamètres. Son parcours total est évalué à 455 myriamètres et la superficie de son bassin à environ 25,000 myriamètres carrés, de sorte qu'il est du nombre des plus grands fleuves de la terre. Ce nom de *Niger* lui vient de l'antiquité, et répond à la dénomination de *Nil-el-Kabir*, c'est-à-dire fleuve noir, que lui donnent les Arabes. Hérodote présumait que le Niger coulait à l'ouest, et n'était avec le Nil qu'un seul et même fleuve. Cette opinion, après nous être venue de l'antiquité, puis du moyen âge, s'est maintenue jusque dans ces derniers temps parmi les Arabes. W. G. Browne, dans ses *Travels in Africa* (1799), fut un des premiers à combattre cette idée sérieusement. Jusqu'en 1796 aucun Européen n'avait encore vu le Niger. Mungo-Park fut le premier qui arriva, cette année-là, dans la ville de Seghø, et qui dans le fleuve de cette localité reconnut le Niger des anciens. L'exploration d'un si grand fleuve, qui parcourt les régions les plus riches et les plus peuplées du Soudan, devait être d'une grande importance aux yeux de l'*African Association* de Londres. Aussi, à son retour en 1805, Mungo-Park fut-il envoyé de nouveau pour explorer le Niger. Il le remonta depuis Bammakou jusqu'à Tembouktou, et arriva à Boussa, l'un des centres commerciaux les plus importants de cette région. On ignorait absolument comment se termine le Kawara ; mais en 1817 la relation de James Riley, subréargua d'un navire qui avait échoué sur la côte d'Afrique, démontra que le Kawara n'est autre que le Niger bravant la chaîne de montagnes pour aller se jeter à la mer. Cette opinion fut confirmée par le voyage de Clapperton et de Denham en 1825, et plus complètement encore par le second voyage de Clapperton, en 1827. En conséquence, le gouvernement anglais envoya en 1830 John Lander, qui avait été l'un des compagnons de Clapperton, explorer le Niger. Lander et son frère gagnèrent par terre Boussa, et atteignirent la mer après avoir descendu le fleuve l'espace d'environ 55 myriamètres. Dès 1822 Laing avait découvert les sources du Niger à peu de distance de celles du Sénégal et de la Gambie, sur le mont Loma. En 1832 Lander exécuta une autre expédition, on pénétrant dans le Niger avec deux bâtiments à vapeur par la baie de Brass. Le *African* faisaient en même temps Land et Oldfield : ce dernier remonta le fleuve jusqu'à Rabbia. En 1840 le vapeur *Ethiope*, commandé par le capitaine Becroft, pénétra même plus avant. Une expédition organisée par ordre du gouvernement anglais pour l'exploration du Niger, et dont il fut grandement question en 1841, échoua complètement, malgré les minutieuses précautions qui avaient été prises. Mais depuis lors des bâtiments à vapeur du commerce entreprennent chaque année des expéditions du Niger.

NIGRINE. *Voyez* ISÉRINE.
NIGRITIE. *Voyez* SOUDAN.
NIHILISME (du latin *nihil*, rien). On appelle ainsi toute théorie conduisant au néant. Par exemple, le *nihilisme* est en morale une théorie qui supprime toute différence entre le bien et le mal ; en physique, un système tendant à réduire toute réalité naturelle en simples relations et rapports, n'ayant pour base rien de réel.

On donne le nom de *nihilitanisme* à l'opinion suivant laquelle Jésus-Christ en tant qu'homme n'est rien ; opinion publiquement condamnée dès l'an 1179, par le pape Alexandre III, et réprouvée de nouveau en 1300, par la Faculté de théologie de Paris, qu'un malentendu fit attribuer à Pierre Lombard.

NIJNI-NOVGOROD ou **NISHNI-NOVGOROD**, c'est-à-dire *Ville-Neuve-Basse*, l'une des plus anciennes provinces de la Russie d'Europe, forme dans son état actuel un gouvernement depuis 1779, tandis que l'éparchie du même nom avait été établie dès 1672. Ce gouvernement comprend une superficie de 614 myriamètres carrés, et est borné au nord par le gouvernement de Kostroma ; à l'est, par ceux de Kasan et de Simbirsk ; au sud, par ceux de Pensa et de Tambof, et à l'ouest par celui de Wladimir. Le sol en est fertile et le climat tempéré. C'est une des provinces de l'empire qui produisent le plus de blé, et on la regarde comme le grenier d'abondance des deux capitales. Elle produit en quantité des céréales de toutes espèces, du chanvre et du lin. Les forêts de chênes et de tilleuls voisines des bords du Wolga, de l'Oka, du Wetlouga, etc., donnent lieu à une importante exploitation. L'élève du bétail n'y est pas moins florissante que l'agriculture, et il existe aussi dans le pays un grand nombre de haras. La pêche est encore une autre précieuse ressource d'alimentation pour la population. En fait de minéraux, on y trouve du marbre et du plâtre. Parmi ses très-industrieux habitants se trouvent, indépendamment des Russes, un grand nombre de Tschouwasches et de Mordvines, populations de race finnoise, chrétiennes pour la plupart, quoiqu'elles aient encore conservé bon nombre de pratiques du paganisme. Ce gouvernement, dont la population s'élève à 1,178,200 habitants, est divisé en onze cercles : *Nishni-Novgorod, Balachna, Ssemenof, Makarief, Gorbatof, Ardatof, Arsamas, Knæginine, Wassil, Sergatsch* et *Loukojanof*, et compte treize villes, habitées par 70,000 habitants. C'est sur son territoire que sont situés les plus grands villages de tout l'empire. Dans le nombre il faut surtout citer *Paulowo*, à trois myriamètres de Nishni-Novgorod, sur les bords de l'Oka, propriété du comte Schéremetief, avec 20,000 habitants, très-industrieux, dont les produits en serrurerie et quincaillerie s'expédient sur tous les points de l'empire. En fait de grands villages et bourgs remarquables par l'industrieuse activité de leurs habitants, il faut encore citer *Pogost, Nikolskoje-Selo, Bor, Muraschkino* et *Lyskowo*. Les villes les plus importantes sont *Arsamas*, avec 10,000 habitants, *Makarieff*, mais surtout *Nijni-Novgorod*, chef-lieu du gouvernement avec 32,000 habitants, sur la rive droite du Volga, à l'embouchure de l'Oka, large et majestueuse rivière, à 112 myriamètres de Saint-Pétersbourg et 44 de Moscou, célèbre par sa grande foire annuelle, qui y attire quelquefois 3 à 450,000 individus de tous les coins de l'Europe et de l'Asie. La situation de Nijni-Novgorod est des plus pittoresques. La plus grande partie de la ville est construite sur une hauteur, et ses deux extrémités forment des promontoires se dirigeant, l'un vers l'Oka et l'autre vers le Volga. Le côté de la ville qui regarde l'Oka est de toute beauté, surtout à l'époque de la grande foire, qui dure de la mi-août à la mi-septembre, et offre le spectacle du mouvement le plus actif et le plus animé. Le Volga, l'Oka et les lacs adjacents fourmillent alors de bateaux à vapeur, de barques et d'embarcations de toutes espèces, en même temps que les bazars de la ville, les entrepôts, les magasins et les boutiques regorgent de marchandises.

NIKE, déesse de la Victoire, chez les Grecs.

NIL, le plus grand des fleuves du nord de l'Afrique, provient de la réunion de deux cours d'eau qui se confondent à la hauteur des frontières septentrionales de l'Abyssinie. Celui qui est situé à l'est, appelé *Fleuve* ou *Nil bleu*, ou *Baher-el-Asrak*, est le plus court, et prend sa source dans le plateau de l'Abyssinie, par 11° de latitude septentrionale et 54°, 30', de longitude orientale. De ce point il se dirige d'abord au nord, vers le lac de Tsana, d'où il sort à l'est, et décrit alors un grand arc vers le sud, jusqu'à ce qu'il entre dans le *Dar-Fasokl*, province formant l'extrémité sud de l'Égypte, où il reçoit les eaux du *Dedhêsu*, l'un de ses affluents méridionaux, puis il se dirige au nord. Après s'être encore accru des tributs des rivières appelées *Dender* et *Rahad*, il se confond près de Chartûm avec le grand cours d'eau occidental qu'on appelle le *Fleuve* ou *Nil Blanc*, ou *Baher-et-Abiad*, par allusion à la blancheur de ses eaux si on la compare à la teinte foncée de celles du Fleuve Bleu. Le Fleuve Blanc est incontestablement le plus important des deux pour la longueur de son parcours de même que pour le volume de ses eaux. Jusqu'à ce jour il a été impossible de parvenir jusqu'à ses sources. Les dernières expéditions ont atteint, dit-on, le 2° degré de latitude nord, et il continue toujours à être navigable. Depuis qu'en partant de Mombas, sur la côte orientale, on a découvert de hautes montagnes couvertes de neiges éternelles sous le premier degré de latitude sud, on ne saurait douter que le point d'altitude extrême, et par conséquent la ligne de partage entre le versant nord et le versant sud du continent africain, se trouvent sous l'équateur même, où Ptolémée plaçait aussi ses montagnes de la Lune et les sources du Nil. A partir du dernier point où l'on soit encore arrivé dans le Fleuve Blanc, son cours se dirige au nord-ouest jusqu'au 9° degré de latitude septentrionale et au 47° degré de longitude orientale. C'est là qu'il reçoit les plus importants de ses affluents occidentaux, notamment le *Baher-el-Ada* et le *Baher-Gazal*, qui lui donnent d'abord une direction orientale presque rectiligne jusqu'à l'embouchure du Sobat à l'est, d'où il coule en venant du nord-ouest, et où il forme la ligne de démarcation entre les nègres Schilllouks et les populations libres de Nouba à l'ouest, et des nègres Dinkanes à l'est. C'est à Alléis qu'il atteint les domaines du pacha d'Égypte, et il y sépare les territoires des provinces du Sennaar et du Kordofan. A partir de Chartûm le Nil réuni suit une direction nord-est, et par le 17° 1/2 degré de latitude nord il reçoit pour la dernière fois les eaux d'un affluent, l'*Atbara*, provenant des frontières de l'Abyssinie. Ce cours d'eau est l'*Astaboras* des anciens. Il forme la limite orientale de ce qu'on appelle l'île *Mèroé*, dont le Nil Bleu constitue la limite au sud-ouest. Les pluies tropicales annuelles, mais qui ici peuvent être considérées comme très-faibles, tombent jusqu'à ce point au nord. Tout ce qui à partir de là est situé plus au nord peut être considéré comme une contrée où il y a absence absolue de pluie, et portant par conséquent sur l'une et l'autre rive du fleuve tout à fait le caractère d'un désert de rochers. Ainsi s'explique le singulier phénomène que présente le Nil à partir de cette hauteur en ne recevant plus pendant un parcours de 245 myriamètres un seul affluent, si petit qu'il soit, ni rivières, ni ruisseaux, mais en se frayant tout seul passage à travers le haut plateau africain, et en fertilisant les plaines de son bassin uniquement par l'exubérance annuelle qui le fait alors quitter son lit et déborder. Aux approches du 20° degré de latitude nord le fleuve est entravé dans son cours septentrional par de puissantes masses de montagnes s'avançant vers l'est. En formant de nombreuses cataractes il revient à partir de l'île de Mokrât vers l'ouest et le sud-ouest à travers les montagneuses contrées de Monassir et Chaighieh jusqu'à ce que, à partir du mont Barkal, il abandonne encore une fois la région des montagnes, pour entrer à Gebel-Dèké, dans la province de Dongola, et pour,

à partir d'Amboukol, par le 18° degré de latitude nord, se diriger de nouveau au nord-ouest et au nord. De là il traverse une large et fertile vallée jusqu'à la frontière septentrionale de Dongola, où il entre encore une fois dans un pays à cataractes, s'étendant jusqu'à Ouadi-Halfa ou du 19° 30' au 20° de latitude nord. Vient alors le pays situé entre les deux premières cataractes, où la vallée du Nil est creusée dans un sol tantôt sablonneux et tantôt rocheux. A la cataracte la plus septentrionale, entre Philæ et Assouân, il franchit la frontière d'Égypte, par 24° de latitude nord, et après un cours de 70 myriamètres atteint la pointe du Delta, où il forme deux grands bras principaux, indépendamment d'un grand nombre de petits bras qui se déversent dans la Méditerranée en formant une espèce d'éventail. Ses deux plus grandes embouchures sont celles de Damiette et de Rosette; elles répondent aux embouchures de Phatne et de Bolbitina dont parle Strabon, mais qui jadis étaient moins considérables que l'embouchure de Péluse à l'est et celle de Canope à l'ouest, entre lesquelles il faut mentionner encore, en venant de l'Est, les embouchures de Tanite, de Mendès, de Phatne, de Sebennyte et de Bolbitina.

Le Nil était appelé par les anciens Égyptiens, dans leur langue sacrée, *Hapé*, ou bien tout simplement *Aour-Aa*, le grand fleuve, en copte Jaro, d'où les Hébreux firent Jar ou Jaour. Le nom grec Νεῖλος est dérivé du sémitique *Nahar*; du moins il ne provient pas plus de l'égyptien que la dénomination d'Αἴγυπτος, qu'Homère donne au fleuve comme à la contrée qu'il arrose. Aujourd'hui les Arabes l'appellent *Bahr*, comme tout grand cours d'eau; ou bien encore el-*Nil*. Les riverains nubiens le nomment *Tossi*, ou encore *Nil-Tossi*, dénomination qui comprend le fleuve tout entier. Aujourd'hui il n'y a plus dans toute la Nubie de débordement proprement dit du fleuve dans la vallée qu'il arrose. Le débordement ne commence que dans la haute Égypte, à peu près à la hauteur d'Edfou. Plus haut, l'eau du Nil est, au moyen de roues hydrauliques, élevée au-dessus de ses rives et amenée dans les terres cultivées. Autrefois il en était autrement, comme le prouve le sol de la vallée formé du limon du Nil, et que le fleuve n'atteint plus même quand il se trouve à son point extrême d'élévation. Les plus récentes explorations ont fait connaître les modifications qui se sont opérées dans le niveau du fleuve depuis une époque dont il reste des traces historiques; ainsi elles ont prouvé qu'à Semneh, un jour de marche au-dessus de la seconde cataracte, et les inscriptions hiéroglyphiques le témoignent, le gonflement extrême des eaux du Nil atteignait en moyenne il y a environ 4,000 ans 7 mètres 66 centimètres de hauteur de plus qu'aujourd'hui, alors qu'au contraire les débordements annuels du Nil élèvent constamment de plus en plus le sol de toute la vallée en même temps que le lit du fleuve. D'après les recherches de Russeger la hauteur de la vallée du Nil serait à Assouân à 114, à Korousko à 150, à Abou-Hamed à 321, à El-Mechkref à 443,66, à Chartûm à 477 mètres au-dessus du niveau de la mer. La pente moyenne du Nil entre Chartûm et Rosette (environ 408 milles géographiques) est de 1 mètre 30 centimètres par mille géographique; tandis qu'en Nubie elle est de 1 mètre 70 centimètres, c'est-à-dire plus du double de la moyenne de 80 centimètres qu'elle a en Égypte. Pour ce qui est des époques où tombent, dans les régions tropicales où sont situées les sources du Nil, les pluies qui gonflent les eaux du Nil, et de celles pendant lesquelles le fleuve croît et décroît, nous renverrons le lecteur à l'article ÉGYPTE.

Les Égyptiens d'abord, puis les Grecs et les Romains rendirent des honneurs divins au Nil. Les premiers le représentaient sous la forme d'un être réunissant les attributs des deux sexes, avec de la barbe et des mamelles, et une peau bleuâtre. On distinguait d'ordinaire par certaines fleurs symboliques le Nil supérieur du Nil inférieur. Il avait un temple particulier à *Nilopolis*, et les historiens font mention, sous le nom de *Niloa*, de la fête principale qui lui était consacrée. Les statuaires grecs et romains le représentent, comme on sait, dans l'attitude d'un dieu couché, autour duquel jouent seize enfants, allusion symbolique à la crue du Nil qui est de seize coudées.

NIL (Lis du). *Voyez* Nénufar.

NILOMÈTRE. Les nilomètres étaient autrefois, chez les Égyptiens, l'échelle de l'étiage du Nil; une colonne élevée au milieu du grand fleuve, marquée d'une échelle graduée indiquant la hauteur des eaux, servait de nilomètre, d'où cette colonne avait tiré son nom de Νεῖλος μέτρον. Les Grecs l'appelaient le plus ordinairement Νεῖλος πόδιον. Sur plusieurs points de l'Égypte, près du Nil, nos savants ont souvent vu des nilomètres au milieu des ruines des cités antiques. Les Égyptiens avaient voué à Sérapis un nilomètre au pied duquel on noyait tous les ans une jeune fille, pour obtenir du dieu une crue favorable, au moment de l'inondation. Les *nilomètres*, en marquant la hauteur de l'inondation annuelle, avertissaient s'il fallait employer les moyens que connaissaient les Égyptiens et diriger le trop-plein des eaux sur les canaux et réservoirs destinés à les recevoir.

NIMBES. Les anciens appelaient ainsi : 1° les nuages dans lesquels leurs dieux avaient habitude de s'envelopper lorsqu'ils descendaient sur la terre; 2° la couronne de rayons lumineux dont ils entouraient la tête de certaines divinités, notamment d'Hélios ou d'Apollon. Chez les Romains, cette couronne lumineuse devint le signe caractéristique de tous les empereurs divinisés à partir de Jules César, et servit de modèle au cercle lumineux que dans les plus anciens monuments de l'art on remarque autour de la tête du Christ et de celle des saints. C'est dans ce sens seulement qu'on appelle ce cercle lumineux une *auréola*. Il est probable que c'est là une idée qui se rattache à l'antique symbolique de l'Orient.

NIMBUS, mot qui en latin signifie ondée, pluie soudaine, nuée noire, nuage épais, et dont se servent encore les météorologistes dans ce dernier sens.

NIMÈGUE (en latin *Noviomagum*, en hollandais *Nijmegen*), chef-lieu fortifié d'un district de la province de Gueldre (royaume des Pays-Bas), autrefois capitale de ce qu'on appelait le *Pays de Betuwe*, entre le Waal et le Rhin, dans une exposition ravissante, sur plusieurs collines qui dominent le Waal, qu'on y passe sur un pont volant, compte 21,500 habitants, avec un grand nombre de tanneries, de fabriques de colle et d'ustensiles en fer-blanc, et un important commerce d'expédition. La bière blanche de Nimègue, appelée *moll*, est à bon droit célèbre. Cette ville possède un collège, une société d'histoire naturelle, un bel hôtel de ville, d'une haute antiquité, et huit églises, dont la plus remarquable est celle de Saint-Étienne, qui date du treizième siècle, et où l'on voit le tombeau de la duchesse de Gueldre, Catherine de Bourbon, morte en 1600. Sur le Hœnderberg, hauteur située de l'autre côté du fleuve, on voit les ruines du *Falkenhof*, vieux manoir dont on attribue la fondation à Charlemagne, qu'habitèrent pendant quelque temps les rois francs et qui plus tard servit de résidence aux burgraves de Nimègue. Non loin du Falkenhof s'élève le *Belvédère*, haut édifice en forme de tour, construit par le duc d'Albe, et qui sert aujourd'hui de café. La lande de Mooker, qui s'étend depuis Nimègue jusqu'aux villages de Heumen et de Malten, est célèbre dans l'histoire par la défaite que les comtes Louis et Henri de Nassau y essuyèrent, en 1574, de la part du général espagnol Sancho d'Avila. Nimègue est une ville fort ancienne, autrefois ville impériale et hanséatique. En 1585 les Espagnols l'assiégèrent et la prirent, parce que dès 1579 elle avait accédé à la confédération des provinces des Pays-Bas (Union d'Utrecht); mais en 1591 elle retomba au pouvoir du prince Maurice d'Orange.

La *paix de Nimègue*, conclue en 1678, a trop d'importance dans l'histoire pour que nous ne rappelions pas ici les causes premières de la guerre à laquelle elle mit fin. Des médailles frappées à La Haye par ordre des états généraux parurent à Louis XIV une insulte flagrante à sa gloire et qui ne pouvait se venger que dans le sang. On sait sous quels brillants auspices commença, en 1672, la campagne de Hollande. Amsterdam et les villes principales ne furent sauvées que par le percement des digues et par de ruineuses inondations. Le grand-pensionnaire, Jean de Witt, conseillait de faire la paix. Lui et son frère Corneille payèrent de leur tête ce conseil pacifique. Ils furent jetés en prison, et massacrés dans une émeute populaire. Toutefois, les succès des armées de Louis XIV furent paralysés par une ligue que forma l'électeur de Brandebourg, et encore plus par la défection du roi d'Angleterre. Les traités de Nimègue (1678 et 1679) rendirent aux Hollandais tout ce qu'ils avaient perdu, et notamment Maëstricht, ainsi que Nimègue, dont Turenne s'était emparé dès 1672 sans coup férir. Par un article secret, Louis XIV promettait de rendre au duc de Nassau la principauté d'Orange. Les Espagnols recouvrèrent Charleroy, Courtray et d'autres places pour servir de barrière aux Provinces-Unies. La France acquit définitivement la Franche-Comté, deux fois conquise par ses armes, ainsi que Bouchain, Condé, Valenciennes, Cambray, Maubeuge, Aire, Saint-Omer, Cassel, etc. Nimègue fut encore alors le théâtre des principales négociations entre la France, la Hollande, l'Espagne et l'Empire, de même qu'entre les puissances secondaires. Louis XIV avait dicté les principales conditions des traités; mais les infractions nombreuses qui y furent faites occasionnèrent de nouvelles hostilités : elles furent terminées par la fameuse trêve de Ratisbonne, en 1684. Cette trêve, conclue pour vingt ans, en dura à peine quatre. Les traités de Nimègue furent foulés aux pieds en 1688; mais la paix de Ryswick, conclue vers 1697, amena encore un pacification momentanée.

En 1702 les Français firent une tentative inutile pour s'emparer de Nimègue; mais en 1794, dans la guerre de la révolution, elle n'opposa qu'une bien faible résistance à nos troupes; et depuis lors elle partagea toujours les destinées des Pays-Bas.

NÎMES, chef-lieu du département du G a r d, siège d'évêché suffragant d'Avignon, d'une église consistoriale calviniste, d'une cour impériale, avec des tribunaux de première instance et de commerce, une bourse, une chambre de commerce, un conseil de prud'hommes, un conseil général d'agriculture, un lycée, une école normale primaire, une bibliothèque publique de 45,000 volumes, un musée établi dans la Maison Carrée, un théâtre, deux sociétés savantes, deux journaux politiques, une maison centrale de détention pour hommes, un mont-de-piété, une caisse d'épargne, un hôpital général avec loges pour les aliénés, une maison d'orphelines protestantes, une maison de sourdes-muettes. Sa population est de 53,619 habitants. C'est une station des chemins de fer de Tarascon à Cette, de Nîmes à Alais, et d'Alais à la Grand'Combe. Elle est l'entrepôt général de toutes les soies grèges et ouvrées du midi de la France; on y trouve des fabriques de châles, foulards, gants, bonnets, fleurets, lacets, tapis, soie à coudre, galons, vins du Languedoc, etc. Il s'y fait un grand commerce d'épicerie, rouennerie, draperie et corderie. Nîmes est située dans une plaine, privée de cours d'eau et environnée de collines âpres, pelées et rocailleuses. La ville proprement dite est petite, sale, mal bâtie, plus mal percée, et n'a ni rue, ni place, ni édifice moderne dignes de remarque; les trois faubourgs, dont un seul, celui du Cours-Neuf est plus grand que la ville, présentent, au contraire, des rues larges et la plupart droites, dont les maisons toutefois sont basses et d'un aspect monotone. Aucune ville de France, en revanche, ne possède d'aussi beaux restes d'antiquités romaines.

Ce sont la *Maison Carrée*, monument que l'abbé Barthélemy, dans son *Voyage d'Anacharsis*, appelle « le chef-d'œuvre de l'architecture ancienne et le désespoir de la moderne, » ce qui est peut-être exagéré; il forme un carré long, isolé, d'où lui vient son nom de *Maison Carrée*. L'entrée regarde le nord, et le fond le midi. Dix colonnes cannelées, d'ordre corinthien, dont six de front, et deux de chaque côté du portique, supportent un entablement richement décoré, et couronné par un fronton construit dans les proportions enseignées par Vitruve, c'est-à-dire ayant pour hauteur la neuvième partie de sa largeur. Vingt autres colonnes, placées comme celles du péristyle, à 1 mètre 29 centimètres de distance l'une de l'autre, et engagées à moitié dans les parois, enveloppent l'édifice tout entier. L'intérieur, ou l'aire proprement dite, a 15 mètres 59 centimètres de long, 11 mètres 69 centimètres de large et autant de haut. La hauteur de la porte est de 6 mètres 83 centimètres, sa largeur de 3 mètres 25 centimètres. La destruction de la toiture antique ne permet pas de décider si le temple ne recevait du jour que par la porte, ou s'il en recevait par le toit. La toiture moderne est percée d'une grande fenêtre carrée, ce qui fait ressembler l'aire à un atelier. Des feuilles d'olivier et de chêne enveloppent les chapiteaux des colonnes; des tresses légères flottent le long de la porte d'entrée. Le luxe incroyable des ornements ne gâte point la grandeur ni la pureté des profils. La qualité de la pierre, semblable au marbre par la finesse du grain, se prêtait à toutes ces délicatesses du ciseau, que l'art gothique n'a point surpassées. Le cardinal Alberoni disait de la Maison Carrée qu'il la fallait enfermer dans un étui d'or. Le mot est juste. C'est un monument petit par sa masse, mais grand par ses proportions et son harmonie, que l'œil embrasse sans effort, et qui pourtant remplit l'imagination. Colbert pensa sérieusement à en décorer Versailles, et envoya des architectes pour s'enquérir si le transport en était praticable. Napoléon voulut aussi prendre la Maison Carrée dans sa main et l'emporter à Paris, pour en décorer une des places de sa capitale. Le plus petit des monuments romains tenait assez pour résister même aux architectes qui avaient fait Versailles et n'être pas emporté même dans la main de Napoléon. La Maison Carrée a été scellée en terre comme l'amphithéâtre et le pont du Gard ; il faudrait enlever le pays tout autour pour les avoir. D'après des fouilles qui ont été faites autour de la Maison Carrée, il est prouvé que cet édifice était entouré d'un vaste portique, et se liait à un monument de même forme y faisant face, à une distance qu'on a déterminée. Pourquoi donc, dans la destruction générale de l'ensemble, cette seule partie a-t-elle été épargnée ? Dès les premiers temps du christianisme, la Maison Carrée fut convertie en une église, dédiée à saint Étienne, martyr. Au onzième siècle, on fit de l'église un hôtel de ville. L'intérieur fut divisé en plusieurs pièces et coupé en deux étages ; des fenêtres furent percées dans les parois de la cella, et des murs élevés contre les colonnes du péristyle : on démolit l'ancien perron. La maison commune et des consuls de la ville fut ensuite adjugée par criée à un particulier, créancier de la ville. Ce particulier, dont parle Poldo d'Albenas, était sans doute un certain Pierre Boys, qui reçut la Maison Carrée en échange d'un emplacement où fut construit un nouvel hôtel de ville. Pierre Boys, usant et abusant de sa chose en propriétaire, dégrada le mur méridional en y adossant une maison à son usage. Un détenteur bien autrement barbare que Pierre Boys, le sieur Bruéis, seigneur de Saint-Chaptes, acquit de ce dernier la Maison Carrée, et en fit une écurie. Il réunit les colonnes du péristyle par une muraille en briques, et pour cela détruisit plusieurs cannelures qui gênaient sa bâtisse. Il fit une coupure dans celles du milieu pour élargir l'entrée de son écurie, et enfonça dans les murs des poutres pour soutenir des greniers, des crèches et des mangeoires ; enfin, il pratiqua une entaille inclinée aux colonnes du péristyle pour y appendre une sorte d'auvent, sous lequel il faisait remiser les bestiaux, les jours de foire ou de marché, quand l'écurie avait un trop-plein. En 1670, les religieux augustins l'achetèrent pour en faire une église. Une nef, un chœur, des chapelles, des tribunes prirent la place des greniers, des crèches et des mangeoires. Les religieux creusèrent des sépultures dans le massif qui supporte le péristyle. Il existait déjà sous le temple un caveau avec un puits antique au milieu ; ils joignirent ce caveau aux nouvelles sépultures par un couloir de communication étroit et irrégulier. Cette maçonnerie souterraine ébranla l'édifice. En outre, la voûte de la nouvelle église menaçait d'écraser le mur du côté de l'est. Des réparations faites à temps prévinrent une ruine totale. En 1789 la Maison Carrée fut enlevée aux religieux augustins pour être affectée au service de l'administration centrale du département. Ce fut là le dernier de tous ses dangers : depuis lors la Maison Carrée a été l'objet d'un soin constant, sinon toujours très-éclairé. Débarrassée des maisons qui l'étouffaient, entourée d'une grille qui la protège, seule au milieu d'une place publique, d'où elle peut être vue commodément sous toutes ses faces, on doit croire qu'elle est désormais à l'abri de toute profanation, et enlevée aux Vandales de localité qui dans beaucoup de villes se sont chargés d'achever tout ce qui n'avait été qu'estropié par les Vandales du cinquième siècle. On peut trouver à redire à l'inscription dorée sur marbre noir qui apprend aux passants que c'est là le *Musée*, et qui n'est guère en harmonie avec le monument ; on peut se plaindre qu'au lieu de consacrer exclusivement ce musée à des choses d'antiquité, on en ait livré les longues murailles à de médiocres peintures, dont quelques-unes, pour dire la vérité, sont de peintres nîmois. Manque de goût et argent mal dépensé !

L'époque précise où fut bâti *l'amphithéâtre* de Nîmes, que les habitants de cette ville appellent *les Arènes*, est un point d'archéologie très-débattu : les uns veulent qu'Antonin l'ait fait construire ; les autres, s'appuyant sur des débris d'inscriptions, lui donnent pour fondateur un des membres de la famille flavienne, soit Vespasien, soit Titus, soit même Domitien. L'amphithéâtre, construit pour des jeux, des combats de gladiateurs et d'animaux, des neumachies, fut pour la première fois converti en citadelle par les Visigoths, qui en flanquèrent la porte orientale de deux tours, appelées *tours des Visigoths*, lesquelles étaient encore debout en 1809. Charles Martel, l'an 737, y assiégea les Sarrasins, et y mit le feu. Après l'expulsion des barbares, l'amphithéâtre continua d'être un château fort. La garde en était confiée à des chevaliers, qui y avaient leurs logements et étaient liés entre eux par le serment de défendre ce poste jusqu'à la mort. Vaincue par la commune, cette caste abandonna d'abord ses anciens privilèges, puis, peu à peu, les maisons même qu'elle occupait dans l'enceinte des Arènes, et qui furent désormais habitées par le petit peuple. Encore en 1809 une population de deux mille âmes était entassée dans l'amphithéâtre, qui fut déblayé de ses hôtes et de leurs cabanes par les soins de M. d'Alphonse, préfet d'alors. La façade circulaire de l'amphithéâtre est composée d'un rez-de-chaussée, d'un premier étage, et d'un attique qui en fait le couronnement. Soixante portiques communiquent du rez-de-chaussée dans l'intérieur des Arènes. Un même nombre décore le premier étage. L'attique s'élève au-dessus ; tout autour sont, au nombre de cent-vingt, des consoles ou saillies de pierre, percées de trous circulaires, où étaient enfoncées des poutres propres à soutenir le *velarium*, rideau immense qu'on tendait sur l'arène, du côté où plongeait le soleil. Un petit escalier, creusé dans l'épaisseur du mur, au-dessus de la porte du nord, était réservé aux esclaves commis à ce service. Trente-quatre gradins, de 49 à 50 centimètres de haut, de 75 à 80 centimètres de large, et qui servaient à la fois de sièges et de marchepieds, montaient circulairement du *podium* jusqu'à l'attique. Ces trente-quatre gradins étaient divisés en quatre *précinctions*, figurant les rangs de loges dans nos théâtres, et ayant chacune leurs issues ou *vomitoires*, et leurs galeries, sous lesquelles les spectateurs venaient s'abriter contre l'orage. La première précinction, réservée aux principaux personnages de la colonie, n'avait que quatre gradins. Les places y étaient séparées, et chaque famille avait la sienne, marquée de son nom. On a retrouvé quelques lettres de ces noms. A la porte du nord était une loge de distinction, pour la principale autorité du pays; et une autre en face, pour les prêtresses. A ces deux loges répondaient, par un escalier, deux pièces voûtées, pour les cas de pluie. La seconde précinction, séparée de la première par un mur revêtu de dalles, était réservée à l'ordre des chevaliers, et avait dix rangs de gradins, auxquels on arrivait par quarante-quatre vomitoires. Un marchepied peu élevé formait l'intervalle de la seconde à la troisième précinction. Celle-ci comptait dix rangs de gradins et trente vomitoires. C'était la place du peuple, *populus*, fort différent de la populace, *plebs*, et des esclaves, auxquels était réservée la quatrième et dernière précinction. Cette précinction se composait de dix gradins, dont le dernier s'appuyait contre l'attique. Un mur, de même forme et de même hauteur que le précédent, la séparait de la troisième. Pour éviter les courants d'air, l'architecte avait eu soin de ne point placer les vomitoires, ou portes de sortie, en face des portiques, ou portes d'entrée. Des escaliers, dont le nombre était proportionné à celui des vomitoires, permettaient la précipitation sans amener l'encombrement, outre que, par une admirable précaution, ces escaliers s'élargissent au fur et à mesure qu'ils descendent des précinctions supérieures, afin d'éviter toute cohue entre les arrivants et les sortants. D'après les calculs de M. Pelet, l'amphithéâtre pouvait contenir plus de 20,000 spectateurs. De toute cette grandeur, il ne reste que la façade circulaire, à peu près complète, sauf une vaste brèche à la partie occidentale de l'édifice, dont l'attique, l'entablement qui le supportait, et toute la maçonnerie jusqu'à la clef, ou sommet des portiques du premier étage, ont disparu; sauf encore la plupart des ornements et bas-reliefs qui décoraient cette façade. Dans l'intérieur, on pourrait dire que tout est consommé. Si l'on excepte une petite partie où les gradins ont été conservés, l'amphithéâtre n'a plus figure de monument.

La *Tour-Magne*, située sur la plus haute des collines auxquelles est adossée la ville, s'aperçoit de très-loin à la ronde, et domine un immense horizon. Ce monument est horriblement dégradé. Sa hauteur est d'environ 33 mètres. On peut voir qu'il était composé de plusieurs étages superposés et en retraite les uns sur les autres. Ces divers étages formaient des octogones réguliers. Quelle a été la destination primitive de la Tour-Magne? Était-ce un *ærarium* ou trésor public, un phare, une tour de signaux, un temple? Quelques-uns pensent que ce monument est un mausolée d'une construction antérieure à l'époque romaine et qui daterait de l'occupation des Grecs de Marseille. En 737, Charles Martel avait voulu détruire la Tour-Magne, pour enlever ce point militaire aux Sarrasins. En 1185, époque où Nîmes appartenait aux comtes de Toulouse, la Tour-Magne devint une forteresse dont la reddition donnait lieu à des traités entre les princes. La Tour-Magne était liée aux anciennes fortifications qui à diverses époques avaient entouré et défendu la ville de Nîmes. Elle servait comme d'une tourelle avancée où se rejoignaient les deux pans du mur d'enceinte. Dans toutes les démolitions ou reconstructions elle fut toujours respectée.

Au pied méridional du coteau sur lequel la Tour-Magne est assise, sort une fontaine abondante, qui a été, selon toute apparence, la première cause de la fondation de Nîmes. Le poète Ausone la nomme *Nemausus*. Jusqu'au milieu du dix-huitième siècle, on ne soupçonnait pas que cette fontaine fût obstruée des débris d'un magnifique établissement romain, et que tout autour le sol se composât de monuments enfouis. A cette époque, l'encombrement des dévastations successives des barbares avait tellement exhaussé le terrain des environs de la fontaine, que la prise d'eau d'un moulin, que possédaient à la source même les religieuses de Saint-Sauveur, était à 5 pieds au-dessus du niveau des bassins de l'établissement romain. Des fouilles votées en 1730 par les états de la province, et commencées en 1738, mirent à découvert les bains de la Fontaine. On exhuma successivement des restes d'édifices somptueux, des colonnes, des statues, des marbres, des porphyres, des inscriptions. Mais l'indifférence publique et le manque d'argent firent suspendre les fouilles.

A quelque distance de la source, à gauche, se trouve un reste d'édifice connu depuis longtemps sous le nom de *temple de Diane*, bien qu'on suppose vraisemblablement qu'il se liait au système général des vastes constructions des bains. La façade primitive n'existe plus, et l'intérieur, qui servait de chapelle en 1430 au monastère des religieuses de Saint-Sauveur, n'est plus aujourd'hui qu'une belle ruine, où l'architecte trouve à peine assez de données pour des restaurations conjecturales. Ce monument, enchâssé dans le roc, est entièrement construit en pierres de taille posées à sec sur leur lit de carrière. En 1562, De Jean, capitaine des protestants, pilla et dévasta l'église, et en chassa les religieuses; quelques années après, les Nîmois, craignant que le maréchal de Bellegarde ne s'emparât de ce monument pour le fortifier, abattirent toute la partie qui faisait face au midi. Le temple de Diane a un charme particulier de solitude et de tristesse. Il n'a plus d'autre voûte que le ciel.

Deux anciennes portes du mur d'enceinte de la ville romaine subsistent encore; l'une est appelée la *Porte d'Auguste*, l'autre la *Porte de France*.

Enfin, aux environs se trouve le célèbre *a q u e d u c* connu sous le nom de *Pont du Gard*.

La cathédrale est bâtie sur les fondements d'un temple antique. L'intérieur date du dix-septième siècle; la façade est une assez ridicule macédoine d'architecture romaine gothique, de restaurations modernes et de mauvais goût contemporain. En somme, ce n'est qu'un grand vaisseau sans tours avec une entrée comme celle d'une grange. Les édifices modernes sont le palais de justice, le théâtre, l'hôpital général et la maison centrale, bâtie un peu à l'écart, sur une petite colline et dans l'emplacement même de la forteresse élevée par Louis XIV pour assurer l'exécution des édits royaux contre les protestants.

La seule promenade publique de Nîmes est le *Jardin de la Fontaine*. Ce qu'il y a d'architecture est de mauvais goût; ce sont des terrasses en forme de bastions et des canaux en forme de fossés, établis sur l'emplacement des bains romains, avec l'accompagnement obligé des chicorées et des amours bouffis de l'époque de Mme de Pompadour. Quant au jardin, il est petitement découpé et dessiné précieusement. Mais il y a de beaux marronniers, qui donnent beaucoup d'ombre, à l'entrée, un grand nombre de lauriers-roses. C'est du pied des collines calcaires, dont la chaîne embrasse Nîmes du côté du midi que sort la belle fontaine qui a donné son nom à le jardin, et qui y répand une douce fraîcheur. Le bassin, qui a environ 23 mètres de diamètre et 6 mètres de profondeur, est creusé par la nature, en forme de cône renversé, dans un roc vif d'un grain aussi fin et aussi serré que du marbre.

La fondation de Nîmes est attribuée aux Hériens ou à une colonie de Marseillais. Avant l'invasion romaine elle était la capitale des Volces Arécomiques. L'an 120 avant J.-C., elle passa sous la domination de Rome en qualité de ville alliée, et conserva le privilège de se gouverner par ses propres lois. Auguste y établit, l'an 26 avant J.-C., une colonie de vétérans de l'armée d'Égypte, sous le titre de *Colonia Nemausensis Augusta*, et envoya Agrippa pour l'organiser. Alors Nîmes acquit un immense développement. En 407, l'invasion des Vandales porta un coup mortel à sa splendeur. Ce fut ensuite successivement le domaine des Visigoths, des Francs et des Arabes. Prise par Louis VIII, en 1226, elle passa dans le domaine des rois de France, et sous leur suzeraineté fut gouvernée par des conseils électifs. Au quinzième siècle les Anglais s'en emparèrent. Elle n'offrait plus alors qu'un monceau de débris et sa population se trouvait réduite à 400 âmes. François Ier, qui la visita, l'aida à sortir de ses ruines; la ville antique reparut peu à peu, et la cité nouvelle s'étendit rapidement. La majorité de ses habitants embrassa le protestantisme, et les églises catholiques furent démolies. Mais après la révocation de l'Édit de Nantes

Louis XIV usa de représailles. La tolérance du règne de Louis XVI ramena la sécurité; les calvinistes, qui s'étaient en partie retirés dans les montagnes des Cévennes, commencèrent à en descendre et à se fixer à Nîmes et aux environs. Les anciennes discordes se ranimèrent un moment au commencement de la révolution française, et ralentirent le mouvement industriel, qui reprit faiblement sous l'empire. En 1815 Nîmes fut de nouveau le théâtre de troubles civils et religieux et de massacres organisés par les royalistes et les catholiques.

NIMRUD. *Voyez* NEMROD.

NINIVE ou NINUS, l'antique et célèbre capitale du grand empire d'Assyrie, fut fondée, suivant la tradition, à une époque qui se perd dans la nuit des temps, par Ninus ou Nemrod, et était située sur la rive orientale du Tigris, en face de la ville appelée aujourd'hui Mossoul. Suivant les récits des anciens elle avait l'énorme circonférence de 480 stades, équivalant à environ 10 myriamètres, et elle aurait eu 150 stades de longueur sur 90 de largeur. Ses murailles, ajoute-t-on, avaient 33 mètres d'élévation, et elles étaient assez larges pour que trois chars y pussent passer de front; elles étaient en outre flanquées de 1,500 tours, hautes chacune de 66 mètres. Après avoir été pendant plusieurs siècles la résidence d'une longue suite de rois, elle fut, vers l'an 604 avant J.-C., prise, après un siége de plusieurs années, et détruite par les Mèdes et les Babyloniens confédérés, les premiers commandés par leur roi Cyaxarès, et les seconds par leur roi Nabopolassar. Quand, un peu moins de deux cents ans après cet événement, Hérodote puis Xénophon vinrent visiter l'emplacement qu'elle occupait, il y existait des monceaux de ruines. Cependant, une tradition à peu près non interrompue s'est conservée, qui place la véritable position de Ninive au delà du Tigris, quoique ce soit seulement dans ces derniers temps qu'on ait eu l'idée de pratiquer des fouilles dans ce qui existe de ruines. Depuis longtemps déjà des voyageurs avaient signalé à l'attention les monceaux de terre et les éminences de forme conique existant dans la plaine située sur la rive orientale du Tigris, en face de Mossoul, où gisent dispersés dans toutes les directions des fragments de briques, et où les villages des Arabes sont construits avec des matériaux sur lesquels on peut apercevoir des inscriptions cunéiformes; Rich et Ainsworth, entre autres, s'étaient même livrés à quelques explorations plus précises, mais sans obtenir de grands résultats. C'est M. Botta, consul de France à Mossoul, qui le premier, en 1843, mit sur la véritable voie, en faisant pratiquer, d'abord aux environs de Mossoul sur la rive orientale du Tigris, puis dans la colline de Koujioutchouk, et enfin dans la colline sur laquelle est bâti le village de Khorsabad, situé à cinq heures de marche au nord-est de Mossoul, des fouilles qui eurent les plus merveilleux résultats. Il fut démontré que cette colline s'était artificiellement formée et avait pendant des siècles recouvert les ruines d'un grand palais, dont on retrouva encore quinze salles, reliées les unes aux autres, indépendamment d'une foule d'inscriptions, de statues, d'ustensiles de toutes espèces, tels que tables, vases et autres objets, dont tout ce qui se pouvait transporter orne aujourd'hui le musée du Louvre, à Paris. Après ces brillantes découvertes de M. Botta, qui font époque dans l'histoire de l'antique Assyrie, il faut mentionner celles que fit en 1845 l'Anglais Layard, qui dans les grandes collines situées à quelques myriamètres au sud de Mossoul, près du village de Nimrud, découvrit également des palais couverts d'inscriptions et de sculptures de toutes espèces. Les fouilles opérées dans cet endroit, de même qu'à Kalah-Scherghat, etc., fournissent maintenant d'importants matériaux pour la reconstruction de l'histoire d'Assyrie. Depuis, M. Place a encore fait dans ces ruines des découvertes qui sont venues enrichir le musée du Louvre, notamment d'un immense bas-relief. M. Flandin, envoyé sur les lieux pour dessiner les bas-reliefs, les peintures et prendre des empreintes, a publié son immense travail. Aussi bien, il faut bien reconnaître qu'il ne se fera de lumière, au milieu des épaisses ténèbres de cette histoire, que lorsqu'il aura été possible de lire avec quelque certitude l'écriture cunéiforme, qui n'est encore que très-imparfaitement comprise, et du déchiffrement de laquelle s'occupe notamment le colonel anglais Rawlinson, connu par les succès qu'il a déjà obtenus pour ce qui regarde les inscriptions cunéiformes des Perses. Il paraît d'ailleurs établi que la colline qui recouvre l'antique Ninive proprement dite n'a point encore été explorée, à savoir la montagne située en face de Mossoul, le *Nabi Jounous* (le prophète Jonas), et que la tradition dit recouvrir le tombeau du prophète Jonas. Les mahométans ayant une vénération toute particulière pour ce lieu, où s'élève même un édifice religieux, où seuls ils ont le droit d'entrer, il a été jusqu'à présent impossible d'y pratiquer des fouilles. Il est vraisemblable que les ruines de Koujioudschik appartenaient à un des faubourgs de Ninive proprement dite. Nimrud de même que Khorsabad constituaient peut-être aussi des villes à part, mais reliées cependant à Ninive; ce qui expliquerait cette prodigieuse circonférence de 480 stades.

Il y eut aussi une autre ville du nom de Ninive dans la Babylonie, bâtie dans la plaine de Kerbela, mais que les Arabes, dit-on, réduisirent en cendres au septième siècle.

NINON ou ANNE DE LENCLOS, dont on a fait un philosophe sceptique du dix-septième siècle, était la fille d'un gentilhomme de Touraine et d'une demoiselle de l'Orléanais. Elle naquit le 15 mai 1616, et bien lui en prit d'être la fille d'un gentilhomme : elle fut Ninon de Lenclos, elle aurait été à peine Marion Delorme. M. de Lenclos le père était déjà un philosophe épicurien, amoureux de musique et de bonne chère, qui avait beaucoup lu les Épîtres d'Horace et, qui avait pris au sérieux tous ces enseignements de plaisir. M. de Lenclos éleva sa fille au milieu des chansons et des frivoles propos d'un esprit qui déjà touchait à toutes choses et même à l'autorité. Il mourut jeune. Sa femme, bonne et pieuse femme, le suivit de très-près dans la tombe, en priant Dieu pour l'enfant, dont elle aurait voulu faire une religieuse. A quinze ans Mlle de Lenclos était souveraine et très-frivole maîtresse de ses actions : un peu de bien lui restait; elle le plaça à fonds perdu, et ainsi elle doubla sa fortune, tout en se dégageant du soin de la gérer. C'était mettre à profit, et de bonne heure, les leçons paternelles. Du reste, même à quinze ans, elle était déjà si avide d'indépendance et elle comprenait si bien que l'indépendance c'est la modération, qu'elle s'habitua tout d'un coup à régler sa dépense sur son revenu.

Et ainsi assurée sur l'avenir, elle se mit à faire de l'esprit, de l'amitié et de l'amour, les trois occupations de la vie. Rien ne lui fit peur en ce monde, excepté le mariage et les engagements sérieux. Comme elle était jeune, brillante, et très-belle, et très-parée, et d'un très-charmant et spirituel regard, elle eut beaucoup d'aspirants à sa main d'abord, puis ensuite à son cœur. Cela parut si étrange au dix-septième siècle, ce siècle si correct, si amoureux et en même temps si réservé, de voir une jeune fille belle et bien née, qui se posait fièrement comme indépendante de tout préjugé! une jeune fille qui abordait sans reproche et sans peur tous les amours, et dont le désordre même était si plein de retenue et d'élégance, que les esprits les plus sévères le voyaient sinon sans colère, du moins sans répugnance et sans dégoût. Aussi que les esprits les plus beaux esprits de ce temps-là, et quel beau temps pour l'esprit et la noblesse! furent les amants ou tout au moins les amis de cette belle et spirituelle personne. Le grand Condé se reposait près de Ninon de ses victoires; La Rochefoucauld venait chercher chez Ninon cette grâce et cet esprit qu'il ne retrouva plus tard qu'auprès de Mme de La Fayette; le jeune Sévigné, malgré les gronderies de sa mère, était un courtisan assidu de Mlle de Lenclos, et Mme de Sévigné, à plusieurs reprises, appelle, en riant sans amertume, Ninon *sa belle-fille*.

Mais comment et d'ailleurs pourquoi les nommer tous, ces hommes, la fleur de l'esprit et de la noblesse française? Celigni, Villarceaux, d'Albret, d'Estrées, d'Effiat, Gersay, Clérambault, La Châtre, Remnié, Gourville, elle les aimait pour leur esprit, pour leur beauté, pour leur jeunesse, pour leur science, pour leur courage ; elle n'oubliait que leur fortune. C'était un amour si loyal et si désintéressé, et si plein de franchise, que pas un des amants de Ninon ne refusa plus tard de rester son ami. Elle était, comme on l'a dit, le plus honnête homme de ce temps-là. Gourville en fit l'épreuve.

Il avait déposé une partie de sa fortune entre les mains de son confesseur, et l'autre partie entre les mains de Mlle de Lenclos ; le confesseur nia le dépôt, la jeune femme le rendit intact : elle n'avait enlevé à son ami Gourville que cet amour *éternel* qu'elle lui jurait en riant..., éternité de quelques jours. On sait aussi l'histoire du billet de La Châtre. La Châtre s'était fait signer une lettre de change : *Je n'aimerai que La Châtre*. Ninon avait signé. Mais va-t-en chercher le payement du billet ! Elle était volage, non pas coquette ; elle était fidèle à ses heures, mais loyale, et elle vous disait *Va-t'en* avec toute la grâce qu'elle aurait mise à vous dire *Venez*.

C'était un de ces esprits éclatants et incisifs avec lesquels on est si heureux d'être mis en rapport. Elle jetait autour d'elle beaucoup d'idées, et des idées encore toutes nouvelles, et elle riait aux éclats des précieux, des faux dévots, des vicieux et des ridicules. Elle marchait de front avec La Bruyère et Molière, et ce qu'ils écrivaient elle le disait ; elle était l'éloquence parlée, comme ils étaient l'éloquence écrite. Elle frappait à tort et à travers, mais sans malice; son rire était calme et doux, sa méchanceté n'était pas cruelle. Elle s'enivrait d'esprit et d'amitié, comme d'autres s'enivrent de volupté et d'amour. Elle fut peut-être un des plus curieux phénomènes de ce temps-là, et chacun la voulait voir pour savoir enfin le dernier mot de l'esprit courant de ce siècle, qui a eu tant d'esprit de toutes les manières. Ce fut chez elle que Molière fit la première lecture du *Tartufe*, et vous jugez si elle applaudit à outrance, elle qui fut toute sa vie une ennemie si acharnée pour les hypocrites des deux sexes. Ce fut elle qui la première tendit une main bienveillante à un jeune homme déjà railleur et tout pétulant de poésie : ce jeune homme s'appelait Arouet ; plus tard il devait s'appeler V o l t a i r e. Cette intelligente Ninon devina l'auteur de l'*Essai sur les Mœurs*; elle mit son nom dans son testament, et elle lui laissa de quoi acheter des livres. Ainsi, elle fut à la fois la protectrice de Molière et celle de Voltaire. A quatre-vingts ans, elle voulut avoir le dernier mot de cette vie d'amour, et ce fut le jeune et frais abbé de Châteauneuf qui eut la gloire de terminer cette longue liste d'amants. Mais quand l'amour fut loin, l'amitié ne manqua pas à cette philosophique vieillesse ; l'esprit survécut à la beauté, la philosophie à la jeunesse. On l'avait aimée pour toutes ses beautés, on l'aima pour sa sagesse.

Comme elle avait traversé, et en belles compagnies, le beau siècle de Louis XIV, elle en avait gardé toutes les admirables, spirituelles et élégantes traditions. Il y avait autour de cette femme je ne sais quel parfum d'ancienne cour que les jeunes gens y venaient respirer, comme à une école de bon goût et de bon ton. Elle savait par cœur tout Montaigne, qui était son philosophe ; elle parlait plusieurs langues, et surtout la sienne ; elle se servait de plusieurs instruments : le luth, le téorbe, la guitare, le clavecin, et elle avait les mains si belles ! Vous croyez peut-être qu'elle passa sa vie uniquement parmi les hommes ? Il y avait tant de vertu dans ce siècle que les plus honnêtes femmes ne refusèrent pas de se présenter dans ce salon si rempli d'illustrations de tous genres ; nous disons les plus spirituelles et les plus réservées, mesdames de La Suze, de Castelnau, de La Ferté, de Gally, de Fiesque, et ce noble esprit si abandonné et si correct, Mme de La Fayette ; elles appelèrent Mlle de Lenclos *mon amie*. Et bien plus, la plus grande dame du grand siècle et la plus sévère dans ses mœurs, l'esprit le plus élevé, celle qui fut chargée de la vieillesse de Louis XIV, comme Mlle de Lavallière fut chargée des jeunes années du roi, Mme de Maintenon, avait été l'amie et la protégée de Ninon de Lenclos, alors que Mme de Maintenon n'était encore que Mme Scarron. Si Mlle de Lenclos l'eût voulu, Mme de Maintenon, devenue reine de France, eût présenté son amie à la cour de Versailles, qui en eût été illuminée de je ne sais quel reflet d'ironie et de gaieté. Mais cette belle et sage Ninon se souvint de *Tartufe* et de son ami Molière, et elle préféra l'esprit et l'abandon de sa petite maison à toutes les grandeurs de Versailles.

Quand la reine C h r i s t i n e, cette faible femme qui abdiqua une couronne par vanité, vint à Paris, elle voulut voir tout d'abord Ninon de Lenclos ; elle la vit, et peut-être elle s'étonna de la trouver si libre, si heureuse, si reposée. La reine sans sceptre eût donné toute sa royauté passée pour cette royauté de l'esprit et de la grâce, et pour toute cette égalité de grands seigneurs qui avait fait son ami ce riant petit royaume que gouvernait Mlle de Lenclos. La reine Christine en quittant Paris déclara qu'elle n'avait rien vu de plus charmant que l'*illustre* Ninon. Voilà comparaissez bien que cette grande célébrité ne manqua pas de poète pour la chanter. Saint-Évremond, Scarron, Regnier-Desmarais, l'abbé de Châteauneuf, tous les poètes badins de cette époque, mirent leurs vers à l'abri de ce scepticisme et de cette philosophie couleur de rose. Quand elle fut sur le point de mourir, on en voulut à son âme, comme on en avait voulu à la beauté de son visage. Jansénistes et molinistes se disputaient cette coquette. Mais non ; elle appartenait à Épicure ; seulement elle était la bergère du troupeau.

Elle a laissé des mots charmants. Elle disait « que les précieuses sont les jansénistes de l'amour ». Elle disait encore : « La beauté sans grâce est un hameçon sans appât. » Et encore : « Je rends grâce à Dieu tous les soirs de mon esprit, et je le prie tous les matins de me préserver des sottises de mon cœur. » Elle disait de tout, même de la dispute religieuse et des vers. Et pourtant, après cette heureuse vie semée de fleurs, consacrée à l'amitié et au plaisir, indépendante de tout bien et de tout souci, elle disait, la pauvre femme, et en toute sincérité : « Qui m'eût proposé une pareille vie, je me serais pendue. » Grande leçon ! qui nous apprend qu'il n'y a ni bonheur ni repos sans l'ordre et la vertu.

Le philosophe Ninon de Lenclos mourut le 17 octobre 1706, dans sa petite maison de fa rue des Tournelles au Marais. On a écrit souvent sa vie, on a fait à son sujet des comédies, des romans et des lettres. Voltaire disait : « Si cela continue, on fera autant d'histoires de Ninon de Lenclos que de Louis XIV. » Jules Janin.

NINUS, si l'on en croit les renseignements, fort peu précis, des écrivains de l'antiquité, fut le fondateur du grand empire d'Assyrie, dont les limites s'étendaient depuis l'Égypte jusqu'à l'Inde. On en fait aussi le fondateur de Ninive, ainsi nommée d'après lui. Ce serait donc le même personnage que celui à qui la Bible donne le nom de Nemrod. La tradition associe toujours son nom à celui de sa belliqueuse compagne, Sémiramis, qui, après l'avoir fait tuer, lui aurait succédé sur le trône et aurait exercé le pouvoir suprême jusqu'au jour où elle aurait abdiqué au profit de son fils Ninyas, prince adonné aux voluptés et à la débauche. Peut-être la tradition donne-t-elle à une longue époque de l'histoire d'Assyrie les proportions restreintes d'un cadre ne contenant que l'histoire d'une seule famille.

NIOBÉ, fille de Tantale et d'une des Pléiades, et sœur de Pélops, épousa A m p h i o n, roi de Thèbes ; Niobé eut d'Amphion un grand nombre d'enfants. Homère lui en donne douze, Hésiode quatorze, autant de filles que de garçons. Les garçons étaient Sipylus, Minytus, Isménus, Damasichton, Agénor, Phédimus et Tantalus. Les noms des filles sont Éthodœa, Cléodoxa, Astioché, Phthia, Pélopia, Mélibœa et Amycla. Niobé se glorifiait de sa nombreuse famille ; elle en conçut tant d'orgueil qu'elle osa se préférer à Latone, qui n'avait que deux enfants, Apollon et Diane.

Niobé, emportée par trop d'amour maternel, s'oublia jusqu'à faire des reproches à Latone de son peu de fécondité, et elle poussa le délire jusqu'à disputer à la déesse le culte qu'on lui rendait. La fille de Jupiter, irritée de l'audace de Niobé, eut recours au pouvoir de ses enfants pour l'en punir. Selon Apollodore, ses fils furent tués à coups de flèches par Apollon pendant qu'ils s'exerçaient à chasser sur le mont Cithéron. Une autre version nous apprend que les fils aînés furent tués par Apollon lorsqu'ils s'amusaient à faire des courses de chevaux dans une plaine, et que les plus jeunes périrent pendant qu'ils s'exerçaient à la lutte. De là Winckelmann a cru pouvoir conclure que le fameux groupe antique désigné sous le nom de *lutteurs* sont deux fils de Niobé ; il cite à l'appui de cette nouvelle dénomination une estampe fort rare, de l'année 1557, qui fait de ce groupe *Les Fils de Niobé*. Les filles périrent de la main de Diane, dans leur demeure, à Thèbes en Béotie. Niobé, inconsolable de la perte de ses enfants, retourna dans la Phrygie, où Jupiter, pour mettre un terme à ses douleurs, la changea en un rocher, duquel s'échappait un ruisseau de larmes.

La fable de Niobé a fait le sujet d'un groupe magnifique en marbre, attribué par les uns à Scopas, et par d'autres à Praxitèle. Ce groupe, maintenant exposé au musée de Florence, dans une salle connue sous le nom de *La Tribune*, excite l'admiration des artistes et des archéologues. Deux des filles de Niobé, Amycla et Méliboea, furent seules épargnées par Diane. Méliboea est représentée sur le monument auprès de sa tendre mère, qui la couvre de son manteau pour la préserver des traits meurtriers de la déesse. Amycla, restée comme stupéfaite, lève son manteau de la main droite et cherche à s'en couvrir, tandis que sa main gauche, demi-ouverte, exprime la suspension des sens, effet naturel produit par l'étonnement poussé à l'excès. Les draperies sont belles et bien jetées : cette figure passe généralement pour être une des mieux exécutées du groupe ; la tête de Niobé, concentrée dans sa douleur, est admirablement belle, et, quoique sa douleur soit concentrée, elle arrache des larmes à celui qui la contemple. Chev. Alexandre LENOIR.

NIOBIUM, corps simple métallique découvert par M. H. Rose, dans le tantalite de la Bavière, où il existe à l'état d'oxyde. Le *niobium* est encore peu connu. Il se présente sous la forme d'un corps poreux, semblable à du noir de fumée. Calciné au contact de l'air, il se change en *acide niobique* blanc.

NIONS. *Voyez* NYONS.

NIORT, chef-lieu du département des Deux-Sèvres, avec un évêché, une église consistoriale calviniste, des tribunaux de première instance et de commerce, une chambre consultative des manufactures, un conseil de prud'hommes, une bibliothèque publique de 20,000 volumes, un collège, une école d'horticulture réunie au jardin botanique, une école normale primaire, des sociétés d'agriculture et de statistique, trois typographies. Sa population est de 18,727 habitants. Un chemin de fer l'unit à Poitiers, et doit aller d'un autre côté rejoindre La Rochelle et Rochefort.

Cette ville s'élève dans une position très-agréable, sur le penchant de deux collines et dans le vallon qui les sépare ; la Sèvre niortaise, qui l'arrose, y est navigable. Elle s'est beaucoup embellie depuis un certain nombre d'années ; aujourd'hui la plupart de ses rues sont bien bâties, bien percées, et toutes pavées avec une pierre calcaire extrêmement dure, qui renferme beaucoup d'ammonites et autres coquilles fossiles. Les dehors offrent de beaux sites et de promenades charmantes. De la petite promenade qui avoisine le quartier de cavalerie, l'œil se promène avec délices sur la belle vallée de la Sèvre, couverte de riantes prairies, et qu'ornent de nombreuses habitations. On remarque dans l'intérieur de la ville les places Saint-Martial et Saint-Gelais, ses deux églises paroissiales, dont l'une, construite par les Anglais, est d'une très-belle architecture gothique ; l'hôtel de ville, ancien palais d'Éléonore d'Aquitaine ; la belle fontaine du Vivier, une des premières obtenues au delà de la Loire par le forage artésien ; une fort jolie galerie vitrée, qui porte le nom de *Passage du Commerce* ; les bains, de belles casernes, la salle de spectacle, enfin le vieux château, composé de deux grosses tours, hautes de 35 mètres, réunies par un massif de maçonnerie. Il sert actuellement de maison d'arrêt ; mais ce fut pendant longtemps la résidence des gouverneurs.

La chamoiserie et la ganterie forment la branche la plus importante de l'industrie niortaise. On y confectionne aussi beaucoup de souliers de pacotille, et il y a plusieurs fabriques de bretelles, de blanc, de peignes de buis, d'huile ; des tanneries et des teintureries, ainsi que des filatures de laine. L'angélique que l'on y prépare est renommée. Elle commerce en laine, grains, farine dite de *minot*, provenant des communes environnantes, et dont on approvisionne Rochefort et La Rochelle ; cuirs tannés, peaux de moutons, chevaux, mulets, dégras, chamoiserie, chapellerie, ciguterie, vins de Bordeaux, ganterie et autres objets manufacturés, plants d'ognons, d'artichauts. On y trouve un entrepôt de bois pour la tonnellerie. Son territoire produit des fruits et des légumes excellents ; les premiers petits pois que l'on voit à Paris en proviennent assez ordinairement. Plusieurs carrières de pierre blanche et tendre et d'une espèce particulière de grès, dite *pierre rousse*, y sont exploitées.

Niort est fort ancien. Philippe-Auguste s'en rendit maître en 1202, et en 1281 Philippe le Long le donna, avec plusieurs autres, à Charles son frère. Au quatorzième siècle il fut pris par les Anglais, qui l'occupèrent pendant plus de dix-huit ans. Pendant les guerres de la Ligue, Dandelot, frère de l'amiral Coligny, fit capituler Niort, et passa au fil de l'épée la garnison de la tour de Magné. Quelque temps après les chefs protestants et la reine de Navarre y passèrent l'hiver, et après la journée de Moncontour c'est sous ses murs que l'amiral Coligny réunit les débris de l'armée. Pendant l'insurrection de la Vendée, Niort gagna plutôt qu'il ne perdit ; la présence du quartier général de l'armée républicaine y répandit des capitaux et donna de l'activité à son commerce.

NIPHON ou **NIPON**, la plus grande des îles dont se compose l'empire du Japon.

NISAMI, l'un des sept grands poëtes de la Perse, le créateur de l'épopée romantique et dont le nom complet était Abou-Mohammed-Ben-Jousouf-Scheich-Nisâm-ed-din, naquit dans la ville de Gendsche, et jouit de la faveur et de la protection toutes particulières des princes Seldjoucides, qui régnaient alors en Perse. Il mourut à un âge très-avancé, en 1180. Indépendamment d'un *Divan*, ou collection de pièces lyriques, il est auteur de cinq grands poëmes, base de sa réputation, et qui aujourd'hui encore passent en Perse pour d'incomparables chefs-d'œuvre de poésie, quoiqu'on ait maintes fois essayé de les imiter. Ce sont : 1° le *Machsen oul-Errâr*, c'est-à-dire le Magasin des Secrets, poëme didactique, dans lequel des doctrines théoriques sur des sujets de morale alternent avec des histoires instructives, des anecdotes et des fables (publié en persan par Bland [Londres, 1844]) ; 2° *Chosrau ou-Schirin*, épopée romantique, qui a pour sujet les amours du roi de Perse Chosrou et de Schirin (traduit librement en allemand par Hammer [2 vol., Vienne, 1812]) ; 3° *Medschnoun ou-Léila*, où sont racontées les amours de Medschnoun, l'un des fils du désert de l'Arabie, et de la belle Léila (traduit en anglais par Atkinson [Londres, 1836]) ; 4° *Hest Peiger*, les Sept Formes, collection de sept nouvelles poétiques, une espèce d'*Heptaméron*. La plus célèbre des ces nouvelles est la quatrième, *Turandocht*, que Gozzi et Schiller ont mise au théâtre en en modifiant plus ou moins le fond (texte persan avec traduction allemande par Erdmann [Kasan, 1835]) ; 5° *Iskender-Nâmé*, histoire légendaire d'Alexandre le Grand, imitation libre de la Vie d'Alexandre le Grand par le pseudo-Callisthène, qui est extrêmement répandue en Orient. Ce dernier poëme est divisé en deux parties, dont la première est d'une nature plus poétique (texte persan ; Calcutta, 1812), et la seconde de nature didactique (texte persan par Sprenger; Calcutta, 1852). Ces cinq grands poëmes (*Chams*) ont souvent été imprimés et lithographiés dans l'Inde et en Perse.

NISCHANDJI, NISCHANISCHÉRIF. Voyez Hatticnérif.

NISCHAN-IFTIKHAR (Ordre du), ordre de chevalerie créé en Turquie par Mahmoud II, en 1831. Le *Nischan-Iftikhar* ou *Nichan-Iftiar*, c'est-à-dire *signe de la gloire*, se compose de quatre classes, qui se distinguent entre elles par une garniture de diamants plus ou moins riche, la classe inférieure n'en ayant aucune. Le médaillon porte le *toughra*, ou chiffre du sultan (on sait que la loi de Mahomet défend toute reproduction figurée des objets animés et par conséquent les portraits), et pour légende l'inscription dont cet ordre du mérite a pris son nom. En 1852 le sulthan Abd-ul-Medjid abolit cet ordre, parce que la décoration étant en diamants, il en résultait annuellement une dépense trop considérable. A la place il créa le *Nischan-Medjidieh* (c'est-à-dire *signe de Medjid*), divisé en cinq classes, et dont la décoration en émail se porte en plaque et au cou. L. Louvet.

NISHNI-NOFGOROD. Voyez Nijni-Novgorod.

NISIB ou **NISIBE.** Voyez Nezib.

NISUS. Voyez Euryale.

NITHARD, historien et homme de guerre, était fils d'Angilbert, duc ou comte de la Côte Marius, et plus tard abbé de Saint-Riquier, et par sa mère, Berthe, petit-fils de Charlemagne. Il naquit vers 790. Dans sa jeunesse, il servit dans les troupes du grand empereur; quand son père eut quitté l'épée pour le cloître, il prit ses titres et son commandement. Effacé sous Louis le Débonnaire, Nithard fut un des conseillers intimes de Charles le Chauve, qui le choisit, lui deuxième, pour arbitre dans le partage de la succession de Louis le Débonnaire. Il écrivit à cette occasion l'*Histoire des divisions entre les fils de Louis le Débonnaire*, dont le manuscrit unique existe à la Bibliothèque impériale, et qui a été imprimé plusieurs fois, et en dernier lieu dans la Collection historique publiée par M. Guizot. C'est dans ce livre que se trouve, en langue romane et tudesque, la formule du serment juré à Strasbourg par Charles le Chauve et Louis le Germanique, prêts à marcher contre Lothaire, qui menaçait de les dépouiller de leurs possessions. Cet échantillon de deux idiomes encore dans l'enfance a surtout exercé la patience et la sagacité des savants. Grièvement blessé dans un engagement qu'il soutint en 859 contre les Normands, Nithard succomba aux suites de ses blessures; avant lui, les moines seuls s'étaient occupés d'écrire notre histoire nationale.

NITRATES ou **AZOTATES**, combinaisons de l'acide nitrique avec les bases salifiables. On a donc des nitrates de baryte, de strontiane, de chaux, de potasse, de soude, de fer, de cuivre, etc. Le plus intéressant est celui de potasse, ingrédient indispensable de la poudre à canon (voyez Salpêtre). Après celui-ci, vient en second ordre d'utilité le nitrate de soude, dont on commence à faire un grand usage dans plusieurs arts, sous le nom de *nitre* ou *salpêtre du Chili*.

Le *nitrate d'argent* a aussi une importance toute particulière. Il cristallise sous la forme de lames minces, transparentes. Fondu et coulé en petits cylindres, il prend une couleur noirâtre et reçoit le nom de *nitrate d'argent fondu*, ou *pierre infernale*. Quand on met du nitrate d'argent sur des charbons ardents, il fournit des vapeurs jaunes, qui se dégagent, et de l'argent métallique, qui reste sur le charbon. Si le nitrate d'argent est dissous dans l'eau, la tache la peau en violet; en y versant du chromate de potasse, il donne un précipité rouge de chromate d'argent; le mercure en sépare de l'argent cristallisé (arbre de Diane), et du sel commun en dissolution donne un précipité caillebotté sans action sur l'économie animale. La médecine emploie le nitrate d'argent tant à l'intérieur qu'à l'extérieur. A l'intérieur on l'administre en pilules, à l'extérieur on s'en sert comme caustique, quelquefois en dissolution dans l'eau, mais plus ordinairement en petits bâtons solides. Le nitrate d'argent employé pour ronger les chairs fongueuses, diriger et favoriser la cicatrisation des plaies, peut aussi s'administrer en injections. Introduit dans l'estomac, le nitrate d'argent l'enflamme, l'ulcère et peut même le perforer. On combat cet empoisonnement en administrant au malade une dissolution de sel gris qui transforme le nitrate d'argent en chlorure d'argent, lequel n'est pas vénéneux, et on fait vomir. L'inflammation qui reste est combattue par les antiphlogistiques.

NITRE, nom vulgaire du nitrate de potasse, que l'on appelle aussi *salpêtre*.

NITRE (Esprit de). Voyez Nitrique (Acide).

NITRIQUE (Acide). L'*acide nitrique*, ou *acide azotique*, fut découvert, dit-on, par Geber, au neuvième siècle. Dans tous les cas, c'est le plus ancien acide connu. Cependant ce ne fut qu'en 1784 que Cavendish parvint à le décomposer pour la première fois. Nommé d'abord *esprit de nitre*, on l'appela *acide nitrique* lors de la réforme de la nomenclature chimique, et encore aujourd'hui sa solution aqueuse est connue populairement sous le nom d'*eau forte*.

L'acide nitrique ne peut s'obtenir entièrement privé d'eau; dans son plus grand état de concentration, où sa densité est 1,513, il est liquide, incolore, odorant, très-corrosif et d'une saveur très-aigre. En contact avec la peau, il la colore en jaune et la désorganise immédiatement. Exposé à l'air humide, il répand des vapeurs blanches. Soumis à l'action de la chaleur, il entre en ébullition à 86°, et se condense. Si l'on pousse le feu jusqu'à la chaleur rouge, il se décompose, et produit de l'oxygène et de l'acide hypoazotique. Le plus grand froid n'est pas capable de le solidifier; seulement, vers 50° il s'épaissit et offre la consistance du beurre. Les rayons directs de la lumière solaire le décomposent tout aussi bien que la chaleur rouge.

Cet acide ne se trouve dans la nature que combiné avec la potasse, la soude, la chaux et la magnésie. Uni à la potasse, il forme le *nitre* ou azotate de potasse, substance dont on l'extrait communément en faisant agir sur elle de l'acide sulfurique; cet acide s'empare de la potasse, et rend libre l'acide azotique, qui se dégage sous forme de vapeurs, qu'on reçoit dans des vases pleins d'eau; on le concentre ensuite en faisant évaporer l'eau autant que possible. L'acide azotique au maximum de concentration contient : Azote, 177,03 ; oxygène, 500 ; eau 112,48. Sa formule atomique est Az O⁵, H²O.

L'acide nitrique est un dissolvant précieux pour la docimasie, un médicament énergique et un réactif des plus utiles en chimie. Cet acide, qui concentré est un caustique des plus énergiques et désorganise presque à l'instant les parties qu'il touche, n'agit plus que comme stimulant lorsqu'il est étendu d'une grande quantité d'eau. Son action est très-puissante : car administré en même temps, il produit tous les accidents de la fièvre inflammatoire, de la toux, des crachements de sang, etc. On l'emploie sous forme de limonade dans les fièvres typhoïdes, dans les affections chroniques du foie, dans quelques cas d'asthme; on en a obtenu de bons effets dans certaines dyspepsies, dans le scorbut, les fièvres pétéchiales, etc. On a beaucoup vanté ce médicament, surtout en Angleterre, dans le traitement de la syphilis; mais de nombreuses expériences faites avec soin ont prouvé qu'il ne pouvait en aucune manière remplacer le mercure; seulement, on l'a trouvé utile pendant un cours d'un traitement mercuriel bien que la constitution est détériorée, pour relever les forces générales et remédier aux mauvais effets du mercure. A l'extérieur, on l'emploie comme excitant et astringent dans les cas d'ulcères atoniques, de périostoses indolentes et de certaines maladies de la peau. Concentré, il sert à cautériser les verrues, les plaies envenimées, les ulcères compliqués de pourriture d'hôpital, etc. Plusieurs chimistes ont accordé aux vapeurs d'acide azotique la propriété de détruire les miasmes : aussi les recommandent-ils pour désinfecter l'air des hôpitaux, des lazarets, des casernes, etc. Aujourd'hui, cependant, on préfère pour cela les fumigations du chlore.

Dans les cas où l'acide azotique a été ingéré à l'état de concentration, soit volontairement, soit accidentellement, il détermine la mort. On peut dire cependant qu'aucun des cas connus de mort occasionnée par cet acide concentré pris par la bouche ne constitue un véritable empoisonnement, puisque la mort n'a pas été le résultat de l'action immédiate de l'acide, mais bien d'une maladie déterminée par son action mécanique et dont la durée a été de plusieurs jours ; ce n'est tout simplement alors qu'une brûlure analogue à toute autre brûlure mortelle. Dans les accidents de ce genre, on a proposé comme antidote la magnésie calcinée et l'eau de savon, qui doivent être administrées tant que les premières vingt-quatre heures ne sont pas écoulées depuis l'ingestion de l'acide. Les émissions sanguines ne doivent presque jamais avoir lieu qu'au moyen de sangsues et sur les points qui correspondent aux organes malades ; il faut les modérer dès le début de l'empoisonnement et les réserver pour la période de réaction, où l'on doit produire par leur application des dégorgements répétés, mais non abondants, pour ne point déterminer l'affaiblissement du malade et hâter l'instant de la mort.

Dr Alex. DUCKETT.

NITROGÈNE, nom que donnent certaines nomenclatures à l'azote.

NIVEAU, NIVELLEMENT. *Niveau*, dans le sens le plus général, désigne un instrument destiné non-seulement à faire connaître les élévations relatives à divers points au-dessus de la surface des eaux dormantes, mais aussi à tracer une ligne horizontale, à poser horizontalement quelque chose, à déterminer le mode d'être d'une surface plus ou moins inclinée, relativement au plan de l'horizon du lieu, et, enfin, à indiquer les rapports entre elles des diverses parties d'une même surface, relativement à un même plan, que celui-ci soit ou non le plan de l'horizon du lieu. Ainsi, dans ce dernier sens, un paveur dira d'un moellon trop abaissé ou trop exhaussé qu'il n'est point de niveau avec les autres : une pierre, dans la construction d'un mur vertical, peut ne point être de niveau avec le reste du mur. On voit que le nom de l'instrument s'applique ici par extension à la chose nivelée. *Mettre de niveau* ou dans un même *plan* doivent donc être considérés comme deux locutions à peu près synonymes. L'expression *niveau de pente* se dit d'un terrain qui a une pente réglée et uniforme dans toute sa longueur, sans ressauts, comme peut l'être un grand chemin pavé.

Le *nivellement*, ou action de niveler, consiste à réduire à un même plan, ordinairement horizontal, les diverses parties d'une même surface ou de plusieurs surfaces entre elles, ou à déterminer la hauteur d'un point quelconque relativement à la surface des eaux dormantes. Il y a pour cela plusieurs instruments, dont la précision doit être d'autant plus grande qu'il s'agit d'une opération plus délicate.

Le plus ordinaire est celui qu'on appelle *niveau d'eau* ; il consiste en un tuyau cylindrique de fer-blanc, de 4 centimètres environ de diamètre, de $1^m,30$ à $1^m,60$ de long, et recourbé à angle droit à ses extrémités de manière à former deux coudes d'environ 5 centimètres chacun de hauteur. Une douille fixée au milieu de ce tuyau sert à le retenir sur un pied à trois branches à une hauteur d'un mètre et demi environ. On verse de l'eau dans cette espèce de siphon à deux branches jusqu'à ce qu'elle s'élève dans des fioles ou tubes en verre qui en garnissent les coudes, au point de les remplir presque entièrement. Le plan ou rayon visuel conduit par les deux surfaces de l'eau est nécessairement horizontal, et en bornoyant ces surfaces, l'œil reconnaît les points qui sont de niveau, à distance, en y plaçant une mire à laquelle se rapportent les points environnants, dont il est facile de mesurer l'élévation ou l'abaissement relativement à la mire.

Le *niveau à bulle d'air* a plus de précision, et s'emploie dans les opérations qui demandent plus d'exactitude, comme dans la construction d'aqueducs, de canaux, de chemins de fer, etc. Il est monté sur une lunette, pour augmenter la portée de la vue, addition qui peut également se faire à toute autre espèce de niveau. Cette lunette, qui renverse les images, porte à son foyer, pour plus de précision, un fil horizontal qui se peint sur les objets éloignés qu'on regarde à travers. La principale pièce de cet instrument est un tube de verre fermé aux deux bouts à la lampe d'émailleur, et dans lequel on a introduit de l'alcool qui le remplit en entier, à l'exception d'une petite bulle de vapeur qui court le long du tube quand on l'incline. Les mouvements de cette bulle se voient à travers une fente longitudinale, pratiquée dans un étui en cuivre où se trouve le tube en verre : le tout est fixé au tube de la lunette et réglé de manière à ce que la bulle étant située au milieu de la longueur, l'axe soit parallèle à celui de la lunette, et celui-ci horizontal ; on reconnaît que cette bulle est au milieu du tube quand elle arrive entre des repères qu'on y a marqués, ce qui s'obtient en disposant horizontalement l'axe de la lunette au moyen d'une vis de rappel, qui permet à l'instrument un petit mouvement de rotation sur son pied. La ligne horizontale de la mire, dans l'opération, doit coïncider avec le fil du réticule ; cette ligne est alors de niveau avec l'axe optique, et l'on peut ainsi mesurer de combien le lieu où se trouve la mire est plus haut ou plus bas que tout autre où elle serait portée, en comparant la position de ces points à la ligne de mire. Ces observations, pour être exactes, demandent deux corrections dans les niveaux à grande distance, l'une relative à la sphéricité de la terre, l'autre à la réfraction.

Les nivellements géodésiques se font quelquefois par des mesures barométriques, mais plus souvent par les distances zénithales des points culminants les plus remarquables du pays qu'on a recouvert d'un réseau de triangles jusqu'à la mer ; on en déduit ensuite par le calcul les élévations respectives de ces sommités entre elles et relativement au niveau de la mer.

La plupart des artisans, comme charpentiers, artilleurs, menuisiers, paveurs, se servent de ce qu'on appelle le *niveau à perpendicule* ou d'instruments à très-peu près dans le genre de ce dernier, qui ne peut convenir que pour des appréciations grossières : c'est un instrument à trois règles, formant un triangle isocèle, rectangle quelquefois, et au sommet duquel se trouve un fil à plomb qui bat sur un trait gravé au milieu de la base, quand le niveau se trouve placé sur un plan ou sur une règle horizontale. On conçoit qu'en décrivant à cette base un arc de cercle gradué, le fil à plomb fera toujours connaître de combien la direction de la surface ou de la règle sur laquelle il est posé varie avec la direction du plan horizontal du lieu. Les charpentiers, paveurs et autres, simplifient cet instrument en faisant descendre le fil à plomb d'un fragment de règle placé inamoviblement et perpendiculairement sur le milieu d'une autre règle, beaucoup plus grande. BILLOT.

NIVELLE (Le chien de Jean de). *Voyez* MONTMORENCY, tome XIII, p. 323.

NIVELLEMENT. *Voyez* NIVEAU.

NIVERNAIS, ancienne province de France, bornée au nord par l'Orléanais et l'Auxerrois, à l'est par la Bourgogne, au sud par le Bourbonnais, et à l'ouest par le Berry. Elle avait 80 kilomètres de long et à peu près autant de large. Elle se subdivisait en plusieurs petits pays : le Donziois, le Morvan, le Bazois, etc. Sa capitale était Nevers, les villes principales Clamecy, Vézelay, Cosne, La Charité, Château-Chinon, Saint-Pierre-le-Moûtier, Decize, Moulins-Engilbert. Le Nivernais a formé depuis le département de la Nièvre ;

il n'en a été distrait que quelques communes enclavées dans le département de l'Yonne.

NIVERNAIS (Louis-Jules MANCINI-MAZARINI, duc de), petit-fils du neveu de Mazarin, duc de Nevers, naquit à Paris, le 16 décembre 1716. Il avait d'abord embrassé la profession des armes. Mme de Pompadour, dont il était le camarade dans la troupe des spectacles des petits appartements, lui ouvrit une autre carrière. Il fut successivement ambassadeur à Rome, où il sauva l'auteur de l'*Esprit des Lois* d'une entière proscription; et à Berlin, le vieux Frédéric accueillit d'une manière distinguée l'homme de lettres, mais se joua quelque peu de l'ambassadeur. Le duc de Nivernais fut plus heureux dans son ambassade à Londres; il contribua beaucoup au traité de paix de 1763. Mais il dut son crédit à la cour moins à la supériorité de son esprit et à ses connaissances qu'à son talent pour jouer la comédie. Le duc remplissait les premiers rôles sur le théâtre des petits appartements; Mmes de Pompadour et de Marchais s'y montraient les dignes rivales des premières actrices et cantatrices des théâtres royaux. Le duc de Nivernais se plaçait, à son insu sans doute, au rang des premiers comédiens français; il excellait surtout dans le rôle de Valère (du *Méchant*). Gresset obtint du roi la permission d'amener, à la seconde représentation, Roselî, qui jouait le même rôle à la Comédie-Française avec un grand succès. Cet acteur, après avoir vu le duc de Nivernais, adopta sa manière, et fut plus applaudi que jamais.

Le duc de Nivernais partagea la disgrâce du duc de Choiseul. Il cessa d'être employé, et perdit tout son crédit à la cour sous le règne de Louis XVI. Rentré dans la vie privée, il vécut au milieu de toutes les jouissances que donnent une grande fortune, des talents aimables et un esprit cultivé. Il se trouva isolé à l'époque de la révolution. Jeté dans les prisons en 1793, il y resta jusqu'au 9 thermidor an II (27 juillet 1794). A l'époque du 13 vendémiaire, il présida l'assemblée électorale de la Seine. Ses infirmités, accrues par les chagrins d'une longue et douloureuse captivité et par l'âge, exigeaient le repos le plus absolu; il passa ses dernières années au milieu d'une société d'amis, réalisant ce beau rêve de l'*aurea mediocritas* d'Horace, qu'il a si bien compris et célébré :

Un clair ruisseau, de petits bois,
Une fraiche et tendre prairie,
Me font un trésor que les rois
Ne pourraient voir qu'avec envie.
Je préfère l'obscurité
Qui suit la médiocrité
A l'éclat qui suit la puissance :
Le riche est au sein des plaisirs
Moins heureux par la jouissance
Que malheureux par ses désirs.

La poésie avait fait le charme et la principale occupation de ses belles années. Dans la matinée du jour qui fut pour lui le dernier, il écrivit à son médecin, pour le dissuader d'appeler d'autres docteurs en consultation :

Je n'en veux point d'autre en ma cure :
J'ai l'amitié, j'ai la nature,
Qui font bonne guerre au trépas;
Mais peut-être dame Nature
A déjà décidé mon cas.
Ah, du moins, sans changer d'allure,
Je veux mourir entre ses bras.

Sa carrière avait été pleine ; il en vit arriver le terme avec la résignation de l'homme de bien. Il mourut le 7 ventôse an VI (1798), âgé de quatre-vingt-deux ans. Le duc de Nivernais occupe une grande place dans la nomenclature bibliographique du dix-huitième siècle. La collection de ses œuvres a été publiée en huit volumes in-8° (1796). On y remarque surtout des Fables, que l'on a comparées à celles d'Houdard de La Motte. François de Neufchâteau a publié depuis ses œuvres posthumes, en 2 volumes in-8°. L'auteur y parle du fameux chevalier d'Éon avec la plus affectueuse prédilection.

DUFEY (de l'Yonne).

NIVOSE. C'était le quatrième mois du calendrier de la république française. On lui avait donné ce nom du latin *nix*, *nivis* (neige), à cause des neiges qui tombent ordinairement du 21 décembre au 19 janvier, espace qu'il comprenait.

NIVÔSE AN IX (Affaire du 3). *Voyez* MACHINE INFERNALE.

NIZAM, titre équivalant à celui de gouverneur et que prend le souverain nominal de l'État d'Hyderabad.

NIZAM DJÉDID (*Nesumi Djédid*, c'est-à-dire *nouvelle ordonnance*). Ainsi s'appelait la commission établie, vers la fin du dix-huitième siècle, par le sultan Sélim pour doter la Turquie d'une nouvelle organisation militaire. Elle eut mission de créer un corps de troupes régulières, infanterie, cavalerie et artillerie, armées, exercées, disciplinées à l'européenne, et soldées avec le produit spécial d'un nouvel impôt de consommation. Le plan de Sélim ne put être mené à bonne fin que par son successeur Mahmoud, après la destruction des janissaires.

NOAILLES, bourg du département de la Corrèze, à 6 kilomètres sud-ouest de Brives, avec 704 habitants et un beau château, autrefois chef-lieu d'un duché-pairie, érigé en 1663 en faveur d'Anne de Noailles, premier capitaine des gardes de Louis XIV, et qui comprenait, outre quatorze paroisses, le comté d'Ayen et les châtellenies de l'Arche, de Maussac et de Terrasson.

NOAILLES (Famille de). Cette maison, originaire du Limousin, tire son nom d'une seigneurie dont elle était déjà propriétaire au onzième siècle. La tige principale s'éteignit en 1449, en la personne de *Jean II* DE NOAILLES, qui institua pour héritier son neveu *Aimar*, souche de la famille actuelle. L'illustration de cette maison date d'un des descendants d'Aimar, *Antoine* DE NOAILLES, né en 1504, amiral de France, mort gouverneur de Bordeaux, en 1562. Ses deux frères, *François* et *Gilles*, tous deux successivement évêques de Dax, se distinguèrent dans la diplomatie. *Henri*, fils aîné d'Antoine, fit ériger sa seigneurie d'Ayen en comté, en 1592. Son petit-fils, *Anne* DE NOAILLES, obtint, en 1663, l'érection de ce comté en duché-pairie.

Le fils cadet de ce premier duc de Noailles fut le célèbre cardinal et archevêque de Paris, *Louis-Antoine* DE NOAILLES, né le 27 mai 1651. L'appui qu'il accorda au janséniste Quesnel ainsi que sa résistance à la bulle *Unigenitus* lui attirèrent les persécutions des jésuites et de la cour. Après avoir enfin accepté la bulle, il mourut, le 4 mai 1729.

Son frère aîné, *Anne-Jules*, duc DE NOAILLES, né en 1650, se distingua dans les campagnes contre les Espagnols. Quoiqu'il eût rendu de grands services à Louis XIV, en contribuant à exterminer les protestants dans le Languedoc, il mourut, le 2 octobre 1708, dans la disgrâce de la cour, à cause de l'amitié étroite qui le liait à son frère.

Adrien-Maurice, duc DE NOAILLES, fils aîné du précédent, né en 1678, commanda avec assez de succès un corps d'armée française pendant la guerre de succession d'Espagne, et fut, en récompense, créé grand d'Espagne, en 1711, par Philippe V. Sous la régence du duc d'Orléans, il fut placé à la tête des finances, dont le délabrement était complet. Homme à projets ingénieux, mais dépourvu d'instruction, il passa des tentatives de réforme les plus hardies aux expédients les plus violents des anciens financiers, et dut, en 1718, céder sa place à d'Aguesseau, par suite de son opposition. Éloigné ensuite de la cour par Dubois, auquel il s'était précédemment montré hostile, il passa plusieurs années dans la vie privée. Ce ne fut qu'en 1733 que le ministre Fleury lui confia un commandement sur le Rhin. Noailles s'empara alors des lignes d'Ettlingen ainsi que de Worms; à la mort du maréchal de Berwick, sous les murs de Philipsbourg, il prit le commandement en chef de l'armée, et reçut à peu de temps de là le bâton de maréchal de France. L'année suivante il fut placé à la tête des troupes du roi de Sardaigne, et expulsa les Impériaux de l'Italie, non sans avoir à triompher préalablement de beaucoup d'intrigues. Dans la guerre de la succession d'Autriche, Louis XV, dont il possédait toute la confiance, l'envoya, au mois de mars 1743, au delà du Rhin, avec une armée considérable. Noailles commença les opérations avec une grande prudence; mais l'ardeur inopportune de son neveu, le comte de Grammont, fut cause qu'il fut complétement mis en déroute, le 24 juin, à Dettingen, par l'armée de la Pragmatique. Il quitta alors l'armée, entra au conseil d'État, et, dans l'intérêt de la France, se fit le centre de toutes ses affaires extérieures. Ce fut lui qui détermina le roi Louis XV à s'arracher aux voluptés pour aller assister aux campagnes de 1744 et 1745. Plein d'admiration pour le génie militaire du maréchal Maurice de Saxe, il s'offrit pour remplir auprès de lui les fonctions d'aide de camp, et prit part en cette qualité à la bataille de Fontenoy. En 1746, mû toujours par le désir de tirer son pays de la périlleuse position où il se trouvait, il se rendit à Madrid, et parvint à opérer une réconciliation entre les deux cours. Après avoir quitté le conseil en 1755, par suite de son grand âge, il mourut, le 24 juin 1766. Quoique le maréchal de Noailles fût toujours resté un courtisan léger et superficiel, il l'emportait sur tout l'entourage immédiat du roi en esprit, en caractère et en patriotisme.

Son fils aîné, *Louis*, duc DE NOAILLES, né le 21 avril 1713, fit plusieurs campagnes en Flandre et en Allemagne, et en fut récompensé par le bâton de maréchal, qu'il obtint en 1775. Il fut ensuite nommé gouverneur de Saint-Germain, où il mourut, le 22 août 1793, laissant la réputation d'un homme d'esprit et d'un courtisan accompli. La vieille compagne de sa longue vie, née de Cossé-Brissac, dut, malgré ses soixante-dix ans, monter sur l'échafaud, le 22 juillet 1794, avec divers membres de sa famille.

Le fils aîné du précédent, *Louis-François-Paul*, d'abord duc d'Ayen, et à la mort de son père duc DE NOAILLES, né le 26 octobre 1739, était lieutenant général au moment où éclata la révolution. Il émigra après la chute du trône, et vécut alors en Suisse, tout entier à des études sur la physique. Quoique en 1814 Louis XVIII l'eût nommé membre de la chambre des pairs, il ne rentra point en France, et mourut en 1822, laissant cinq filles.

Son frère, *Emmanuel-Marie-Louis*, marquis DE NOAILLES, et le fils aîné de celui-ci, *Jules*, étant morts, le nom et le titre passèrent au fils de ce dernier, *Paul*, chef actuel de la famille. Il est né le 4 janvier 1802, et a épousé en 1823, après avoir hérité de son grand-oncle, une Rochechouart-Mortemart, de laquelle il a eu deux fils, *Jules*, né en 1825, et *Emmanuel*, né en 1827. En 1827 il entra à la chambre des pairs; mais ce ne fut qu'après la révolution de Juillet qu'il porta la parole dans le sein de cette assemblée, où il prit la défense de la dynastie qui venait d'être expulsée ainsi que de l'hérédité de la pairie. Depuis il lui arriva fréquemment de parler sur les questions étrangères et de se montrer l'éloquent adversaire de l'alliance anglaise. M. le duc de Noailles a été élu membre de l'Académie Française en 1850. Une *Histoire de madame de Maintenon*, en deux volumes, a paru sous son nom.

Le duc de Noailles *Adrien-Maurice*, indépendamment de son fils aîné, Louis, laissa un fils cadet, *Philippe* DE NOAILLES, né le 27 novembre 1715, connu sous le nom du duc de Mouchy, fut le fondateur de la ligne collatérale de *Noailles-Mouchy*.

L'aîné de ses deux fils, *Louis-Philippe-Marc-Antoine*, prince de *Poix*, né le 21 novembre 1752, fut, en 1789, député de la noblesse d'Amiens aux états généraux. Ses opinions, franchement monarchiques, le déterminèrent plus tard à émigrer en Angleterre. Lors de la première restauration, il fut compris dans l'organisation de la nouvelle chambre des pairs, et fut créé duc en 1819. Il mourut le 15 février 1829.

Son fils aîné, *Jean-Charles-Arthur-Tristan-Languedoc* DE NOAILLES, *duc de Mouchy*, né le 15 février 1771, mourut sans laisser de descendance mâle, le 2 février 1834.

Son frère, *Antoine-Dominique-Juste*, prince de *Poix*, comte DE NOAILLES, hérita alors du titre de *duc de Mouchy*, et devint ainsi le chef de la branche cadette de la maison de Noailles. Né le 25 août 1777, il épousa, en 1803, une nièce du prince de Talleyrand, et fut nommé chambellan de l'empereur. Sous Louis XVIII il remplit jusqu'en 1819 les fonctions d'ambassadeur de France à la cour de Saint-Pétersbourg. En 1824 il fut élu, par le département de la Meurthe, membre de la chambre des députés; mais en 1830 il se retira complétement de la vie publique. Son fils aîné, qui porte le titre de *duc de Mouchy*, a été membre de l'assemblée nationale, et l'est aujourd'hui du corps législatif; son second fils a un grade dans l'armée, et le troisième a longtemps été attaché à l'ambassade de France à Londres.

Le premier duc de Mouchy, mort en 1794, sur l'échafaud, eut un second fils, le vicomte *Louis-Marie* DE NOAILLES, né en 1757. Il fut, en 1789, député à la noblesse de Nemours aux états généraux, se prononça énergiquement en faveur du parti démocratique, et se fit tout autant connaître par la facilité de sa parole comme orateur que par le duel qu'il eut avec Barnave. Il n'en fut pas moins contraint, en 1792, d'émigrer et de se réfugier en Angleterre. De là il passa en Amérique, où il offrit ses services, pour l'expédition de Saint-Domingue, à Rochambeau, sous lequel il avait déjà fait les campagnes de la guerre de l'indépendance en Amérique. Peu de temps après, dans un combat contre un vaisseau anglais, il fut fait prisonnier, et conduit à La Havane, où il mourut, le 9 janvier 1804.

Son second fils fut tué dans la campagne de 1812, au passage de la Bérézina.

Son fils aîné, *Alexis*, comte de Noailles, né le 1er juin 1783, fut arrêté en 1809, par ordre de Napoléon, pour avoir osé faire de l'opposition à la politique impériale. Remis en liberté, il passa à l'étranger, et déploya alors une grande activité dans l'intérêt de la cause des Bourbons. En 1813 il remplissait les fonctions d'aide de camp auprès de Bernadotte, prince royal de Suède, et après la restauration il fit le même service auprès du comte d'Artois. Louis XVIII l'envoya ensuite au congrès de Vienne, où Talleyrand lui confia surtout la partie des négociations relatives à l'Italie. A la seconde restauration, il entra à la chambre des députés, et fut bientôt après nommé ministre d'État sans portefeuille. Il prouva combien son royalisme était éclairé et prévoyant, en combattant à outrance l'administration de M. de Villèle. Quoiqu'il eût adhéré à la révolution de Juillet, il ne fut point réélu député, et consacra les dernières années de sa vie à des institutions de bienfaisance. Il mourut le 14 mars 1835, laissant une fille et un fils, *Alfred-Adrien*, comte DE NOAILLES, né en 1825.

NOBILIAIRE, qui appartient à la noblesse : La morgue *nobiliaire*.

C'est aussi le titre d'un livre contenant le catalogue généalogique des familles nobles d'un pays (*voyez* ARMORIAL).

NOBILISSIME. Ce mot, que la langue française repousserait s'il devait être employé dans sa signification grammaticale de *très-noble*, est admis par elle comme terme d'antiquité et d'histoire, parce que c'est le titre d'honneur qui distinguait dans le Bas-Empire la famille des empereurs. On a commencé par donner le nom de *nobilissimi pueri* aux fils, et de *nobilissimæ* aux filles des empereurs, et plus souvent à ceux des fils qui avec le titre de *césar* avaient le chemin ouvert au trône. On a aussi des exemples que cette qualification fut donnée aux empereurs eux-mêmes, ce qui rehausse davantage l'importance de ce titre. On en est venu après à l'employer pour toute la famille impériale. Constantin accorda le titre de *nobilissime* à Constance, son frère, et à Anaballien, son neveu. Honorius en fit autant pour Valentinien, fils de sa sœur. Les frères des empereurs, et même quelques hauts seigneurs de la cour, furent ensuite admis aux honneurs du *nobilissimat*.

Bon MAYNO, de l'Académie de Turin.

NOBLE. *Voyez* NOBLESSE.

NOBLE (*Numismatique*). Quelques monnaies anciennes étaient connues sous le nom de *nobles*.

Les *nobles à la rose* (*rosenobel*) furent frappés en Angleterre en 1334, sous le règne d'Édouard III. C'était une monnaie d'or, de 16 lignes de diamètre, prenant vingt-trois carats trois quarts de fin, pesant seize deniers, c'est-à-dire douze grains de plus que le p i s t o l e espagnole. Sur la face on lisait le nom et les titres du roi, entourant son portrait, couronne en tête, placé sur un navire, écu écartelé de France et d'Angleterre; sur le navire se trouvait la rose. Au revers était une rose cantonnée de quatre lions couronnés, avec ces mots : *Jesus autem transiens, per medium illorum ibat*. Les nobles à la rose n'avaient plus cours dès le siècle dernier.

Les *nobles-Henri*, frappés en France et en Angleterre, lors des guerres du règne de Charles VI et de Charles VII, pesaient seize grains de moins que les nobles à la rose, et prenaient vingt-trois carats et demi de fin. Ils étaient de la dimension d'un écu blanc, et portaient d'un côté pour figure le prince sur son trône avec une épée à la main, et de l'autre une H au milieu d'une croix entourée de petits lions couronnés.

NOBLE ÉPINE. *Voyez* AUBÉPINE.

NOBLESSE. On demanda une fois à Galilée à quoi la géométrie était bonne, et il répondit qu'elle servait à mesurer les sots. On pourrait répondre aussi à ceux qui méconnaissent le pouvoir des étymologies, qu'elles servent quelquefois à désenfler l'orgueil de quelques-uns qui font résonner bien haut certains gros mots. L'histoire des mots parvenus n'est pas moins curieuse que celle des mots dégénérés, et l'aristocratie du dictionnaire a, elle aussi, ses quartiers obscurs. Recherchons donc d'abord par les moyens étymologiques si le mot *noble*, qui devrait avoir fait des preuves de gentilhommerie, n'a pas dans ses acceptions originaires contracté quelque mésalliance. La première signification du mot *noble* chez les Latins fut pour indiquer une chose connue (*a noscere, noscibilis, nobilis*). Et comme il y a deux moyens principaux d'être connu, par le bon et par le mauvais côté, la vertu et le vice furent ainsi admis d'abord au même titre aux honneurs de la noblesse. Cicéron appelait donc Isocrate *un grand et noble orateur* par la même raison que Tite-Live appelait Hypsala Fecennia une *noble prostituée* (*nobile scortum*). C'est pour le même motif qu'Ovide désigna par les mots de *noble adultère* l'union d'Hélène avec son ravisseur, et qu'il dota de l'épithète de *noble* cette Canacée, qui ne devait l'anoblissement qu'à l'inceste. Plus souvent, néanmoins, le mot de *noble* fut employé par les Romains à désigner les hommes de haute et illustre naissance.

On appelait *nobles*, à Rome, tous ceux qui pouvaient avoir chez eux les portraits de leurs ancêtres. Ceux qui avaient seulement leurs portraits étaient des hommes nouveaux (*homines novi*). Ceux qui n'en avaient aucun étaient *ignobles*. Le droit d'avoir des portraits (*jus imaginis*) était donc pour les Romains la même chose que le droit de noblesse, et ce droit était un privilége réservé à certaines magistratures du premier ordre, en commençant par les édiles, et en finissant par les consuls. La noblesse, établie de cette manière sur le *droit d'image*, était d'abord confondue avec l'ordre des patriciens, parce que les hautes magistratures, qui avaient le droit de chaise curule, étaient entièrement réservées à cette classe. Mais depuis que les plébéiens parvinrent à les occuper et à former ainsi des familles prétoriennes, consulaires et triomphales, ils commencèrent aussi à avoir des portraits propres et à les transmettre avec le droit de noblesse à leurs descendants, et dès lors il y eut à Rome des plébéiens nobles. Cicéron, quoique chevalier, s'appelait *hominem novum*, parce que le premier de sa famille il avait acquis le droit d'avoir son portrait, et il s'écriait avec orgueil : « Je suis né de moi-même, et, appuyé seulement sur ma vertu, je me suis élevé à ma grandeur. »

Parmi les autres marques extérieures de noblesse chez les Romains, il suffira de noter les petites boules d'or qui pendaient au cou des enfants et les petites lunes qu'ils portaient sur la chaussure, soit que ces lunes fussent un symbole mystique ou des chiffres indiquant le nombre des sénateurs. Toutes les nations anciennes adoptèrent aussi quelques distinctions personnelles pour la noblesse. Les nobles persans avaient le droit d'aller toujours à cheval, ceux de l'ancienne Inde se distinguaient par leurs vêtements de bysse, les Athéniens par des ornements d'or à la tête, les Thraces par les piqûres qu'ils portaient sur leur visage, les Bretons par la couleur bleue avec laquelle ils se barbouillaient.

Quoique la noblesse ait été de tous temps pour les Romains une distinction de la plus haute importance, on n'a pas d'exemple qu'on l'ait personnifiée comme type d'honneur avant le règne de Commode. Une médaille de Geta représente dans son revers une femme debout, tenant de la main droite une haste, et de la gauche une petite victoire, avec l'inscription *nobilitas S. C.* A l'imitation de celui-ci, beaucoup de ses successeurs firent figurer le même symbole sur des médailles, principalement au revers des médailles des jeunes héritiers de l'empire auxquels appartenait le titre de *nobilissimus Cæsar* (*voyez* NOBILISSIME).

C'est aussi au temps des empereurs qu'on rencontre quelques exemples de noblesse acquise, non pas par l'exercice de quelque haute magistrature, mais par une concession impériale, ce qui fait remonter bien haut l'anoblissement par lettres. La noblesse des temps les plus anciens n'était que le résultat des belles actions et des services civils ou militaires rendus à la patrie, qui en respectait la mémoire dans la postérité des hommes illustres. Et voilà ce qui établit la principale différence entre la noblesse qu'on pourrait appeler classique et la noblesse féodale, de laquelle nous allons donner un aperçu.

On a cru que les Francs, en envahissant les Gaules, y avaient apporté une distinction de caste par les prérogatives de la noblesse, qui étaient le partage de quelques-unes de leurs familles. En donnant au mot *noblesse* une acception étendue ou équivoque, on pourrait dire qu'une certaine distinction de noblesse était attachée, même dès cette époque, soit à la profession des armes, soit à la franchise de la propriété territoriale et de la personne. Pour ce qui appartient à la propriété, on sait que les anciens Gaulois continuèrent à jouir de leurs possessions en toute liberté, excepté dans les terres *saliques* qui échurent aux Francs dans la conquête, et qui étaient pour eux héréditaires. Les *bénéfices* militaires, fondés par la conquête, n'en ont été transférées plus tard aux bénéfices ecclésiastiques, étaient dans ces anciens temps une source de propriété qui, élargissant le rôle des propriétaires libres, augmentait peut-être aussi le nombre de ces nobles attachés comme leurs esclaves à la glèbe. Les Lombards, en Italie, établirent à peu près les mêmes conditions de noblesse territoriale.

Quoi qu'il en soit de cette noblesse *pré-féodale*, il est certain que la noblesse qui a poussé de si profondes racines en Europe, après ce qu'on appelle l'inondation des barbares, la noblesse des armoiries et des blasons, la noblesse des préséances, des préférences, des priviléges, la noblesse exercée d'abord par le service de la guerre, compensée par l'immunité des taxes, et déclassée enfin par les faveurs et les charmes de la cour, en un mot, la noblesse telle qu'elle nous apparait aujourd'hui dans quelques pays par ses droits, dans d'autres par ses débris, n'eut d'autre berceau que l'établissement des fiefs.

Ce fut vers la fin de la seconde race que les d u c s, les comtes et les officiers inférieurs, profitant de l'affaiblissement de l'autorité royale, convertirent en seigneurie perpétuelle leur magistrature à vie. Et voilà comment à la noblesse ancienne, qui se contentait d'avoir des admirateurs, fut substituée la noblesse féodale, qui voulut avoir des sujets, et comment cette distinction sociale, qui avait commencé par la vertu et passé par la richesse, finit par la puissance. Dès ce moment l'histoire de la noblesse en France présente un mouvement continuel, dont le commencement et la fin ne sont pas sans relation entre eux, car elle avait commencé par envahir, et elle finit par être dépouillée. L'autorité royale eut à lutter longtemps avec les grands seigneurs pour ressaisir sa puissance. La force des armes et l'affranchissement des communes amenèrent l'affaiblissement des grands fiefs, qui réunis enfin à la couronne en masse s'en détachèrent en détail par de nouvelles concessions.

Les rois n'avaient d'autre moyen pour faire la guerre que l'assistance de leurs vassaux, et ceux-ci n'étant plus assez puissants pour faire la guerre au roi lui-même, étaient toujours assez forts pour le rendre dépendant d'eux dans toute opération militaire. C'était à la fois la conscription et le budget de guerre de ce temps-là; mais conscription sans permanence de service, et budget sans sinécures, parce qu'après la paix faite tous ces guerriers retournaient dans leurs châteaux avec les combattants qu'ils avaient amenés avec eux, et tous ils avaient soin d'entretenir les habitudes martiales par les joutes et par les tournois. La couronne, qui avait employé toute sa force contre les gros barons pour les rendre impuissants, usa toute son adresse contre les petits vassaux pour les rendre inutiles. On commença par défendre les tournois, sous prétexte des accidents qui y arrivaient, et l'autorité ecclésiastique proclama illicite ce qui était dangereux. On dispensa ensuite les nobles du service militaire personnel, à condition que les troupes que le roi lèverait seraient entretenues sur leurs terres par leurs vassaux. On opposa ainsi au privilége de la force le privilége de l'oisiveté, et le payement prit la place du devoir. L'invention des *aides* et de la *taille* acheva pour lors le grand ouvrage de l'indépendance de la couronne, jusqu'à ce que l'établissement des armées permanentes (force domptée et quelquefois rétive substituée à la force farouche du moyen âge) eut consolidé le pouvoir royal.

La noblesse féodale, dénaturée par ce déplacement de son ancienne puissance, n'eut d'autre moyen de charmer ses loisirs et de recouvrer son importance sociale qu'en s'approchant de la personne du roi, et le roi, astre majeur, entraîna dans son orbite toute l'ancienne noblesse, qui, passée du manoir à la cour, n'eut désormais d'autre pouvoir que celui qui lui était communiqué par la faveur du chef de l'État. La vraie noblesse féodale, débilitée d'abord en rachetant ses bras, s'éteignit alors en perdant son individualité et, assujettie à toutes les conséquences d'une grande révolution morale, elle eut des vertus et des vices qui étaient également inconnus à ses ancêtres : vertus intellectuelles, vertus monarchiques; vices rassemblés et réfléchis, et pour cela plus dangereux que les vices barbares des châteaux. La noblesse fut affaiblie non moins par ceux qui la craignaient que par ceux qui l'aimaient trop. Les *roturiers* (dont le nom rappelle la conquête des Francs, qui les avaient vaincus et mis en *route* ou *déroute*) cherchèrent des premiers temps à s'associer aux honneurs et aux avantages de la noblesse féodale. Ils avaient pour y parvenir trois moyens, celui de l'imiter, de l'acheter, de l'obtenir; et on l'imita par la profession des armes, on l'acheta par l'acquisition des fiefs, on l'obtint par l'exercice de certaines charges auxquelles étaient attachées les prérogatives de la noblesse et par les lettres patentes d'anoblissement.

Tous les *hommes d'armes* étaient gentilshommes du temps de Louis XII, c'est-à-dire qu'il suffisait pour être réputé gentilhomme qu'un homme du tiers état fît profession des armes, sans exercer aucun autre emploi. Henri IV, quoique régnant

Et par droit de conquête et par droit de naissance,

rogna les ailes de sa noblesse guerrière, et, par son édit de 1600, déclara que la profession des armes n'anoblirait plus celui qui l'exerçait, et même qu'elle ne serait pas censée avoir anobli complétement la personne de ceux qui ne l'auraient exercée que depuis l'an 1563, c'est-à-dire depuis l'époque des guerres de religion en France. Ce fut Louis XV qui rétablit en partie cette noblesse par son édit du 1er novembre 1750, en reconnaissant pour nobles tous ceux qui seraient parvenus au grade d'officiers généraux dans ses troupes et aussi ceux qui serviraient dans la qualité au moins de capitaine, pourvu toutefois que leur père et leur aïeul eussent fourni le même service.

A plus forte raison était censé noble celui qui en achetant un fief noble acquérait le droit et le devoir de suivre son seigneur à la guerre. Le besoin de vendre les fiefs s'accrut chez les anciens gentilshommes après les grosses dépenses des croisades, et l'ambition de les acheter s'augmenta aussi dans les classes inférieures après ces mêmes croisades, qui en donnant un essor à l'industrie et au commerce avaient fourni de nouvelles richesses aux roturiers. Mais le débordement de cette noblesse achetée fut tel que Henri III se crut obligé, par son ordonnance de Blois, en 1579, d'en tarir la source. Cette ordonnance porte que « les roturiers et non nobles achetant fiefs nobles ne seront pour ce anoblis ni mis au rang et degré des nobles ». Alors il fut établi en principe qu'en achetant un fief de son ancien possesseur on devenait seulement propriétaire d'une terre, sans succession à son titre.

Après ces ordonnances restrictives du rôle de la noblesse, il ne resta d'autre moyen à employer pour acquérir sans délai cette distinction, que la possession d'un office auquel la noblesse fût attachée, ou la demande de lettres d'anoblissement. La liste des charges anoblissantes fut très-étendue; elle contenait les charges municipales d'un certain nombre de villes, parmi lesquelles les capitouls de Toulouse peuvent être cités comme ayant eu des priviléges tout à fait singuliers, qui donnèrent lieu au vieux proverbe :

De grand noblesse prend titoul,
Qui de Toulouse est capitoul.

Cette noblesse de Toulouse était appelée *noblesse de la cloche*, comme on appelait *noblesse de robe* celle des membres des parlements. On arriva enfin à anoblir une ville entière de la même manière qu'Antonin Caracalla avait donné les droits de citoyen romain à tout le monde. Tous les bourgeois de Paris furent déclarés nobles par édit de Charles V de 1371. Mais Henri III restreignit ce privilége, en 1577, au seul prévôt des marchands et aux échevins.

Les premières *lettres d'anoblissement* parurent en 1270. Philippe III, dit *le Hardi*, les expédia en faveur de Raoul, son orfèvre ou argentier. On avait allégué plusieurs siècles auparavant la nécessité de suppléer aux grandes pertes que le corps de la noblesse avait faites dans la célèbre bataille de Fontenay, en 841, après laquelle on trouve établi dans les Coutumes de Champagne que désormais le *ventre*, c'est-à-dire la mère, anoblirait les enfants, quoique le père fût roturier.

Nous ne nous appesantirons pas sur les conséquences de cet ample supplément donné à la noblesse ancienne, ni sur l'augmentation des immunités dont les anoblis avaient, comme les anciens nobles, le droit de jouir. Nous ne parlerons pas non plus des priviléges qu'ils avaient pour la collation d'un grand nombre de bénéfices et de dignités ecclésiastiques, de leurs priviléges à l'université pour abréger le temps de leurs études, de leur droit de primogéniture, de chasse, de porter l'épée, et de tirer de l'arquebuse. Nous noterons seulement que cet accroissement du nombre des nobles fut le précurseur de la perte de la noblesse, et que les lettres d'anoblissement furent si souvent le seul produit de la faveur qu'on perdit le droit d'en faire une récompense au mérite.

La noblesse la plus ancienne et immémoriale fut appelée *noblesse de nom et d'armes*. Ce nom et ces armes n'avaient point de rapport avec le nom et les armes des châteaux, des bourgs, des provinces dont les anciens nobles étaient seigneurs, parce qu'il y a des maisons très-anciennes qui ne portent le nom d'aucune terre, et parce que ce ne fut qu'à la fin du onzième siècle que les seigneurs commencèrent à s'approprier le titre de leurs seigneuries et à prendre le nom de leurs possessions. Il est donc plus raisonnable de croire que cette première classe de nobles, pour laquelle l'obscurité vaut mieux que la lumière historique, fut ainsi nommée par les *cris du nom* dans les armées et par les armes érigées en trophée dans les combats et dans les joutes chevaleresques.

Vient après la *noblesse de race*, qui, elle aussi, est ancienne, mais d'une ancienneté connue. Cette noblesse en Languedoc était appelée *noblesse d'ancienne roche*. Il y eut aussi une *noblesse de parage*, dont le nom avait quelque chose de plus équivoque et se confondait avec la noblesse de sang et de race. Il paraît néanmoins que ce titre avait un rapport plus marqué avec les familles illustrées par les hauts faits des ancêtres ou par la possession des grands fiefs.

On appelait *noblesse de quatre lignes* celle qui pouvait être appuyée sur des preuves qui remontassent aux huit quartiers de famille paternelle et maternelle. Cette coutume des preuves de noblesse remonte aux anciens tournois, dans lesquels on ne pouvait être admis au combat sans qu'il fût reconnu par le témoignage d'autres gentilshommes que le combattant l'était aussi. Une plus grande quantité de *quartiers* pour caractériser la noblesse appelée *excellente* fut exigée par les Allemands et par les Flamands, qui mirent la plus grande sévérité à éplucher la généalogie paternelle et maternelle de ceux qui faisaient leurs preuves de noblesse pour prendre place dans quelque chapitre d'église ou dans quelque ordre de chevalerie. Mais en France la *noblesse excellente* s'arrêta au quatrième degré ; et c'est pour cela que Du Cange nous donne le renseignement très-curieux que les quatre cierges armoriés qu'on mettait aux quatre coins du cercueil d'un défunt gentilhomme, et qui devaient être portés par ses parents les plus proches, n'étaient autre chose que la représentation de ces quatre lignes. Les anciens auteurs qui ont traité très-sérieusement du plus et du moins d'étendue de ces quartiers de noblesse ne reconnaissaient pas la noblesse parfaite si elle ne remontait pas au moins au bisaïeul. Jean Linneus, célèbre jurisconsulte allemand du seizième siècle, comparant l'accroissement de la noblesse au développement de la vie humaine, disait qu'elle acquérait la puberté dans les enfants, l'adolescence dans les petits-fils et la maturité dans les arrière-fils. C'est la troisième génération, selon lui, qui purifie le sang et la race et qui en efface les derniers vestiges de roture. C'était alors, comme on voit, un linge très-difficile à blanchir que la roture. Les flots de la révolution, avec leur puissance détersive, sont passés après sur toutes les têtes et sur toutes les illustrations. Néanmoins, même aujourd'hui, toutes les fois que l'on voudra s'appuyer non sur la noblesse du mérite personnel, mais sur celle des ancêtres, ce pouvoir historique des souvenirs reprendra son importance, et l'homme qui cite son quinzième siècle sera exposé à être humilié par celui qui peut remonter à quatre siècles au delà. À part même la vanité de la race, il y a dans tout homme bien pensant un sentiment inné de vénération envers les familles qui ont joué un rôle important sur la terre ; et plus ce rôle embrasse d'espace, plus grande sera toujours la gloire qui en rejaillit sur les descendants de ces mêmes familles. Napoléon, c'est-à-dire la plus grande illustration personnelle de nos jours, avait donc bien raison de dire, après sa chute, qu'il se serait relevé du pied des Pyrénées s'il eût été son petit-fils.

Pour conserver cette pureté des races, la noblesse française faisait revivre les maximes romaines de la loi des Douze Tables *Ne connubium patribus cum plebe esset* ; et les lois et les coutumes avaient établi une jurisprudence interminable des cas où la noblesse se perdait par des mésalliances, par des délits, ou par des actions basses et roturières. On appelait cela *dérogeance*. Dans certains cas néanmoins, la loi sévère de la dérogeance s'accommodait aux besoins des nobles. Selon la coutume de Bretagne, la noblesse dans les trafiquants était censée dormir durant le trafic pour être réveillée lors de la cessation du commerce. On voit que le sommeil des nobles bretons était comme la mort des citoyens romains esclaves, qui étaient censés être morts une heure avant l'esclavage. Louis XIV éveilla pour toujours les nobles trafiquants par son édit de 1669, portant que le commerce de mer ne dérogerait point à la noblesse.

Baron MANNO, de l'Académie de Turin.

Les mêmes rivalités et les mêmes prétentions entre les membres de la noblesse se retrouvent partout où elle a existé ; en Italie surtout, les inimitiés de la noblesse ancienne et de la nouvelle ensanglantèrent longtemps les cités. La noblesse fut supprimée en France à la première révolution, après avoir pendant tant de siècles constitué un ordre à part dans l'État, celui qui se posait comme le premier de tous, le plus superbe. Rétablie sous l'empire, qui créa une noblesse nouvelle à côté de l'ancienne, elle reçut plus tard un rude coup lorsque l'usurpation de titres ne constitua plus qu'un ridicule, après avoir été un délit, et que le premier venu ajoutant le *de* à son nom, ou prenant le nom de son village, de sa ferme, de sa rivière, d'un coin de terre, put prendre impunément la particule nobiliaire ; la révolution de 1848 supprima à son tour les titres nobiliaires ; mais ces titres reparurent bien vite après elle. En France, les titres nobiliaires étaient ceux-ci, dans l'ordre hiérarchique : *duc*, *marquis*, *comte*, *vicomte*, *baron*, *chevalier*. L'Angleterre a sa *gentry* et sa *nobility*, ses lords, ses ducs, ses marquis, ses comtes, ses vicomtes, ses barons, ses *baronnets*, ses *esquires* ; les hidalgos espagnols portent à peu près les mêmes titres qu'en France ; l'Allemagne a encore sa noblesse avec ses fiefs et ses priviléges ; la Pologne, la Hongrie, ont leurs magnats ; la Russie, ses *boïards*, etc. ; tous les peuples, en un mot, ont adopté pour désigner les différents degrés des aristocraties nées dans leur sein différentes dénominations, dont la nomenclature serait trop longue à donner ici.

Le mot noblesse, quand il ne s'applique pas à la désignation de la caste aristographique, signifie grandeur, élévation, dignité : c'est dans ce sens que l'on dit : La noblesse des sentiments, des pensées, de la conduite.

La *noblesse* du style n'est pas non plus autre chose que son élévation, sa dignité. Le style noble, le langage élevé diffère essentiellement du style naturel, sans cesser néanmoins d'être naturel. La noblesse dans le style, dans le langage, consiste à faire accorder les mots avec l'élévation des sentiments et des pensées, à éviter les expressions basses et triviales, à s'exprimer d'une manière polie et cultivée. Il est un art de dire noblement les petites choses, d'ennoblir des pensées très-simples, très-communes ; cet art tient beaucoup moins à l'artifice du langage figuré qu'à la manière dont on associe et dont on place les mots. Toutes les locutions, même celles que l'habitude nous fait considérer comme basses, peuvent être ennoblies ; les figures employées à propos, sans profusion, ennoblissent et relèvent beaucoup le style.

NOBLESSE (Quartiers de). *Voyez* NOBLESSE et QUARTIER.

NOCES, du latin *nuptiæ*, dérivé de *nubere*, se couvrir d'un voile, parce qu'à Rome les filles nubiles portaient un voile. Dans le sens de *mariage* il ne se dit qu'au pluriel : Épouser en premières noces ; Convoler en secondes noces. Au singulier et au pluriel, il signifie aussi le *festin*, la *danse*, les *réjouissances* qui accompagnent le mariage : Une noce de village ; Quand il se maria il ne fit point de noces ; Il vient de la *noce* ; Ce restaurateur fait noces et festins ; Jésus-Christ fit son premier miracle aux noces de Cana.

Au figuré, *Il n'est pas à la noce* signifie, il se trouve en grand embarras. Ce dicton vient des noces de Baché, dont parle Rabelais, où les Chicanous furent bien battus à coups de gantelet. Il y a *comme à la noce* se dit d'un homme de guerre qui ne s'y gaiement au combat. Les noces *de l'agneau*, c'est la béatitude éternelle. Cette expression est tirée de l'*Apocalypse*.

De tout temps, dans nos sociétés chrétiennes, les secondes noces ont été vues avec défaveur par l'opinion publique et par le législateur, surtout lorsque le convoi avait lieu de la part de la femme. A cet égard, les lois anciennes allaient jusqu'à prononcer des peines contre la femme qui ne consentait pas à s'ensevelir dans son veuvage et qui passait à de secondes noces. Ces peines formellement abrogées par la loi du 17 nivôse an 11, le furent encore par celle du 9 fructidor suivant; mais le Code Civil ne permet à la femme devenue veuve de contracter un nouveau mariage qu'après dix mois écoulés depuis la mort de son premier conjoint. Le législateur a voulu éviter ainsi toute incertitude sur les questions de paternité, qui ne manqueraient pas de surgir souvent sans cette sage précaution. Le charivari fut à l'origine et demeura pendant longues années dans nos provinces une manifestation populaire ayant pour but de tourner en dérision et de couvrir de confusion les nouveaux mariés qui convolent en secondes noces, surtout lorsqu'il y a de grandes disproportions d'âge entre les deux conjoints. Des synodes et des conciles, voyant dans cette coutume une dérision du sacrement même du mariage, frappaient d'amende et même d'excommunication les auteurs de ces charivaris, burlesques démonstrations que la discipline des églises réformées interdisait également.

NOCTAMBULE (du latin *nox, noctis,* nuit, et *ambulare,* marcher), personne qui marche la nuit en dormant (*voyez* SOMNAMBULISME).

NOCTULE ou **CHAUVE-SOURIS NOCTULE**. Voyez CHAUVE-SOURIS.

NOCTURNE (du latin *nocturnus,* dérivé de *nox, noctis,* nuit), qui a rapport à la nuit, qui a lieu, qui arrive durant la nuit; il est opposé à *diurne.*

En astronomie, l'*arc nocturne* est l'arc de cercle que le Soleil décrit pendant la nuit, c'est-à-dire pendant qu'il est sous l'horizon. L'*arc semi-nocturne* est la portion de cercle comprise entre l'extrémité inférieure de notre méridien et le point de l'horizon où le Soleil se lève ou se couche.

En histoire naturelle, *nocturne* se dit des animaux qui veillent la nuit, des végétaux dont les fleurs ne s'ouvrent que dans l'obscurité.

NOCTURNE (*Liturgie*), office de la nuit, composé de psaumes et de leçons, cité par saint Jean Chrysostôme, saint Basile, saint Épiphane et autres Pères grecs du quatrième siècle. David dit au psaume 118 : « Je me levais au milieu de la nuit pour vous adresser mes louanges. » Cassien prétend que les moines d'Égypte récitaient douze psaumes et deux leçons tirées du Nouveau Testament pendant la nuit. Cette prière fut, dit-on, introduite en Occident par saint Ambroise, au temps de la persécution que lui suscita l'impératrice Justine, protectrice des ariens. D'autres croient qu'elle existait déjà en Afrique et même à Rome. Saint Isidore de Séville, dans son livre des Offices, appelle celui de la nuit *vigiles et nocturnes.* Aujourd'hui, les nocturnes font partie des *matines.*

NOCTURNE (*Musique*), sorte d'air qui pour la forme, l'étendue et l'expression, a tout le caractère de la romance, avec cette différence toutefois que celle-ci est faite pour une seule voix, tandis que le nocturne est composé pour deux voix, sur des paroles quelquefois différentes, mais le plus souvent semblables; c'est donc tout simplement une romance à deux voix. On appelle aussi *nocturne* certaine pièce de musique instrumentale d'une expression tendre et mélancolique, composée pour deux parties concertantes et dans la forme des fantaisies. Les noms d'*aubade* et de *sérénade* font assez connaître la destination des morceaux qu'ils désignent. Il n'en est pas de même du mot *nocturne,* appliqué, on ne sait pourquoi, à ces légères productions musicales qui se chantent dans un salon, comme toute autre espèce de romance. Pour expliquer tant bien que mal la dénomination impropre donnée aux romances à deux voix, on est obligé de recourir, par analogie, aux premières parties de l'office des matines, appelées *nocturnes,* composées chacune de plusieurs psaumes, et qui se chantaient pendant la nuit. Les nocturnes, fort en vogue vers la fin de l'empire et sous la Restauration, sont aujourd'hui entièrement abandonnés.
Ch. BÉCHEM.

NODIER (CHARLES) naquit en 1783, à Besançon, où son père remplissait des fonctions de l'ordre judiciaire. Diverses publications de sa première jeunesse relatives à l'entomologie permettent de dire qu'il eût pu se faire un nom distingué dans la science; mais une vocation plus décidée l'entraînait dès lors vers la culture des lettres, comme le prouvent divers ouvrages de lui qui virent le jour à la même époque, notamment : *Pensées de Shakespeare* (Besançon, 1801); *Stella, ou les Proscrits* (1802); *Le Peintre de Salzbourg, journal des émotions d'un cœur souffrant* (1803); *Dernier Chapitre de mon roman* (1803), toutes productions dont l'auteur donna plus tard des éditions retouchées.

Nodier, que toutes ses relations de jeunesse mettaient en contact avec des hommes appartenant à la réaction monarchique, se faisait remarquer parmi les adversaires les plus exaltés du gouvernement qui avait été le résultat de la journée du 18 brumaire; parti mixte, composé des éléments les plus divers, et dont l'opposition sourde, mais implacable, continua jusqu'en 1814 à miner le gouvernement impérial, qui était venu ruiner ses espérances. Nodier, nous dit-on, croyait alors au principe républicain, et nourrissait une haine profonde pour l'homme qui avait contisqué la république à son profit. Quand donc il lui vit placer sur sa tête la couronne de Charlemagne, il composa, dans son indignation républicaine, sa fameuse ode *La Napoléone,* l'une des plus violentes diatribes en vers ou en prose dont l'établissement impérial ait été l'objet, et que l'auteur publia de nouveau, en 1815, à la suite de son *Histoire des Sociétés secrètes.* Cette publication était trop hardie pour que la police la laissât tranquillement circuler. Des mesures furent prises tout aussitôt pour en saisir tous les exemplaires sur lesquels il fût possible de mettre la main; et l'imprimeur dont les presses avaient servi à multiplier cette protestation en vers contre la fondation de l'empire fut jeté en prison. Charles Nodier, quand il le sut, n'hésita pas à réclamer pour lui seul la responsabilité de son œuvre. Il fut en conséquence immédiatement arrêté et promené pendant quelques mois de prison en prison. On finit toutefois par le relâcher, mais en lui fixant désormais sa ville natale pour domicile. Nodier, qui en doutait l'objet, ne tarda pas à passer en Suisse, où pendant quelques années il erra tantôt sous un nom, tantôt sous un autre, ici corrigeant des épreuves, là enluminant des gravures pour vivre, mais consacrant tout le temps qu'il pouvait avoir de libre à fouiller les bibliothèques les plus poudreuses; travail qui lui fit acquérir des connaissances d'une rare étendue en bibliographie. Las de cette vie de lutte, il obtint l'autorisation de rentrer en France. Il se retira alors dans un petit village du Jura, où vinrent le trouver les brillantes propositions d'un riche Anglais, prisonnier de guerre à Amiens, qui avait conçu le projet de tromper les ennuis de sa captivité en publiant une édition des *classiques français* avec des commentaires, et qui avait jeté les yeux sur Nodier pour diriger cette entreprise; mais la bizarrerie d'humeur de notre Anglais l'empêcha d'y donner suite. Nodier, grâce à la protection d'un de ses parents ainsi qu'à la profonde obscurité dans laquelle l'auteur de *La Napoléone* avait eu la prudence de vivre pendant cinq années et qui l'avait fait complètement oublier, fut nommé alors aux fonctions de bibliothécaire à Laybach, au fond de l'Illyrie, province que le sort des armes avait détachée de la monarchie autrichienne pour en arrondir l'empire français. Arrivé à sa destination, Nodier ne tarda pas à obtenir de plus, par l'entremise du général Bertrand, une place lucrative dans le gouvernement des provinces illyriennes. Sous l'administration de Junot, ses attributions s'accrurent encore; et sous celle de Fouché, il fut en outre appelé à rédiger le *Télégraphe illyrien,* journal officiel du gouvernement français. Pour que Nodier fût chargé d'une telle mission, il fallait nécessairement que ses idées républicaines se fussent singulièrement modifiées, et il y a de la niaiserie à prétendre, comme certains biographes contemporains, que le *Télégraphe illyrien*, rédigé sous les yeux de Fouché (objet lui-même d'une contre-police très-soupçonneuse), était une feuille dans laquelle Nodier, exilé à l'une des extrémités de l'empire, en raison de son républicanisme ou, *ad libitum*, de son royalisme, se bornait à faire de l'esthétique de compte à demi avec S. Exc. Mgr. le duc d'Otrante. Dans les cinq années qu'il était resté à Laybach, Charles Nodier avait d'ailleurs continué ses travaux littéraires, comme le prouvent les ouvrages qu'il publia dans cet intervalle, entre autres son *Dictionnaire raisonné des Onomatopées de la langue française* et ses *Questions de Littérature légale*, etc. Ces diverses publications avaient donné de son talent une idée assez avantageuse pour que lorsqu'il arriva à Paris, en 1813, Étienne, chargé de la rédaction en chef du *Journal de l'Empire*, lui ouvrit les colonnes de cette feuille, qui avait conservé les traditions éminemment littéraires du *Journal des Débats*.

La restauration de la maison de Bourbon, en 1814, fut saluée avec enthousiasme par Charles Nodier; et l'année suivante il devint l'un des rédacteurs du fameux *Moniteur de Gand*.

C'est vers cette époque que la littérature se divisa en deux camps. Dans l'un, on défendit l'héritage philosophique du dix-huitième siècle ainsi que les grands principes de politique sociale que la révolution française avait eu mission de faire triompher. Dans l'autre, incomparablement le plus nombreux, accoururent se ranger tous ceux qui espéraient exploiter au profit de leur ambition personnelle le mouvement d'idées nouvelles qu'avait fait naître la révolution à la suite de laquelle avait disparu l'empire. Les uns devinrent les *voltairiens*, les autres se qualifièrent d'*écrivains religieux et monarchiques*. Charles Nodier, alors dans toute la force de l'âge et du talent, ne tarda pas à être l'une des notabilités de la nouvelle école et à exercer, comme *écrivain religieux et monarchique*, une grande et légitime influence. Indépendamment des récompenses plus solides et plus réelles, telles que souscriptions à des ouvrages, missions, travaux et *encouragements littéraires*, la Restauration accorda à Charles Nodier des lettres de noblesse. Mais la seule place qu'elle lui conféra fut celle de conservateur de la bibliothèque de l'Arsenal, aux appointements de 6,000 fr., avec logement. On peut dire que rarement nomination fut plus généralement approuvée; car tous les partis étaient d'accord pour reconnaître dans Charles Nodier un de nos plus savants et plus ingénieux philologues, un écrivain de la bonne école, un conteur d'une grâce peu commune, un des plus éminents prosateurs du siècle. Rappeler les titres de *Jean Sbogar* (1818), de *Thérèse Aubert* (1819), d'*Adèle* (1820), de *Smarra, ou les démons de la nuit* (1821), de *Trilby* (1822), c'est citer quelques-uns des plus légitimes succès d'une époque où l'on vit le roman circuler dans une couche de lecteurs sur laquelle il n'étant jamais agi s'il avait persisté à n'écrire que dans des recueils aussi orthodoxes au point de vue monarchique qu'au point de vue religieux. En 1827 personne ne se récria en voyant l'ancien collaborateur de *La Quotidienne* et d'autres journaux royalistes *quand même* de cette même rédiger le feuilleton du *Temps*, journal centre-gauche. A quelque temps de là se fonda un recueil hebdomadaire, la *Revue de Paris*, qui dut une partie de son succès à la part importante que Nodier prit à sa rédaction. En 1833 l'Académie Française l'admit au nombre de ses membres, en remplacement d'Andrieux. Il est mort le 26 janvier 1844.

Peu d'écrivains furent plus laborieux, car il en est peu de qui les libraires aient sollicité autant de travaux; et ceux qui savent combien il aimait le monde et ses distractions ne peuvent que s'étonner d'une fécondité qui leur semblerait avoir dû absorber ses jours et ses nuits. Le *Dictionnaire de la Conversation* est redevable à sa collaboration de plusieurs de ses articles les plus remarquables, quoiqu'il faille souvent se défier des appréciations que lui dictait la *folie du logis*, qui exerça constamment la plus décisive influence sur tout ce qui sortait de sa plume. Bibliographe d'une rare érudition, bibliophile passionné, il eut à deux reprises dans sa vie la patience de se former une bibliothèque, objet de convoitise pour tous ceux qui savent aimer et apprécier les beaux livres; et deux fois aussi il eut le courage de se défaire de trésors amassés avec tant de soin, au prix de tant de peines. Ajoutons que, par compensation, il en tira à deux reprises une cinquantaine de mille francs. La seconde fois qu'il accomplit ce sacrifice aussi douloureux que celui-là pour un bibliophile forcené comme il l'était, ce fut afin de pouvoir donner dot à sa fille unique, aujourd'hui Mme Marie Menessier-Nodier, à qui on doit quelques romans agréables. Charles Nodier a eu pour successeur à l'Académie M. Prosper Mérimée.

NODUS. Ce mot, synonyme de *nœud*, a été emprunté au latin par la langue médicale; on appelle *nodus* une tumeur dure, gypseuse, indolente, qui se forme sur les os, les tendons, les ligaments du corps humain, et y produit à peu près l'effet d'un nœud qui se serait formé sur une branche d'arbre. Les goutteux surtout sont sujets à des nodus, placés en général aux petites articulations, et qui semblent les souder au milieu d'une concrétion étrangère.

NOÉ, fils de Lamech, fut, en raison de sa piété, épargné du déluge universel par Dieu avec sa famille et les animaux, restés étrangers à la corruption générale. L'arche dans laquelle il s'était sauvé s'arrêta en Arménie, sur le mont Ararat, lorsque les eaux se furent retirées. Noé devint alors la souche d'un nouveau genre humain, qu'il commença à civiliser en lui annonçant la défense que Dieu avait faite de répandre du sang humain, comme aussi de manger de la chair crue; en lui apprenant à cultiver la terre et en cultivant lui-même la vigne. La tradition suivant laquelle Noé aurait béni ses fils Sem et Japhet et maudit Chanaan, fils de Cham, indique les efforts faits plus tard pour constituer de nouvelles associations politiques. La fable grecque de Deucalion, celles du Chaldéen Xisuthros et de l'Hindou Prithon correspondent à la tradition relative à Noé.

NOËL. On nomme ainsi l'anniversaire de la naissance de Jésus-Christ; cette fête, devenue la plus fameuse dans la chrétienté après Pâques et la Pentecôte, et connue aussi sous le nom de *Nativité*, se célèbre le 25 décembre. Noël est ou une abréviation d'*Emmanuel*, mot hébreu, qui signifie *Dieu avec vous*, ou une contraction du latin *natalis*. Les Anglais nomment Noël *Christ-Mas* (la messe du Christ). Cette fête solennelle remonte presqu'au berceau de l'Église d'Occident; on en attribue l'institution au pape Télesphore, qui mourut en 138. Mais à cette époque cette fête était la plus mobile de toutes les fêtes chrétiennes, et souvent confondue avec celle de l'*Épiphanie*; car parmi les églises orientales les unes la célébraient au mois de mai ou au mois d'avril avec la refloresceence de la nature, d'autres au mois de janvier. Dans le quatrième siècle, à la prière de saint Cyrille de Jérusalem, le pape Jules Ier ordonna parmi les docteurs d'Orient et d'Occident une sainte enquête sur le véritable jour de la nativité de Jésus-Christ. Il s'accordèrent tous dans leur bonne foi pour le 25 décembre; leur conviction, quoique, selon l'opinion même de quelques Pères de l'Église, sans preuves authentiques, prévalut dans l'Orient et l'Occident. Dès lors la Nativité du

NOËL — NOËLS

sauveur du monde fut célébrée partout le 25 décembre. La date de l'année de cette naissance est plus précise, car selon saint Chrysostôme, puisque Jésus-Christ est né au commencement du dénombrement que fit faire de ses provinces l'empereur Auguste, les archives de Rome que nous retrouvons en chaque consulat daté par les historiens latins durent conserver une trace de cet événement, qui011 nit nécessairement les docteurs de l'Église sur la voie.

L'usage de célébrer trois messes dans cette solennité, l'une à minuit, l'autre au point du jour, la troisième le matin, est très-ancien; il remonte plus haut que le sixième siècle. Un peu plus avant dans le moyen âge, cette fête riante était reproduite dans les églises d'Occident par des scènes animées, par des personnages, par un petit enfant dans une crèche, et la sainte Vierge et saint Joseph à ses côtés. Cette espèce de spectacle, innocent d'abord, dégénéra en bouffonnerie, et eut beaucoup de ressemblance avec la fête des Fous : on supprima ces représentations dans toute la chrétienté; quelques églises toutefois en conservèrent la trace dans un office qu'elles nommèrent l'*office des Pasteurs*. Le peuple chantait les cantiques nommés *Noëls*, cantiques versifiés en patois ou en langue vulgaire, et qui se chantent encore dans beaucoup de localités, et l'orgue jouait en même temps les airs qu'on y avait adaptés ou qui avaient été composés tout exprès. C'est ainsi que nos bons aïeux célébraient gaîment le mystère de la Nativité. Il y a moins d'un siècle, à Valladolid, dans la dévote Espagne, on représentait encore ce mystère dans la nef chrétienne même. Parmi les personnages en scène, il y en avait qui portaient des masques grotesques, des habits singuliers. Leur folle et sainte joie se manifestait au bruit des chansons, des castagnettes, des tambours de basque, des guitares et des violons, que l'orgue renforçait de ses mugissements. Dans l'intervalle, ce gigantesque instrument jouait des *chaconnes*, et hommes, femmes, filles et enfants entraient en danse, portant des bougies allumées à la main. Toute cette festivité était entremêlée de villanelles, ou chansons rustiques.

Les réveillons, fête tellement populaire, qui suivaient la messe de minuit, sont un reste de la franche joie de nos pères. Si Noël tombait un vendredi, les papes toléraient l'usage de la viande par toute la chrétienté, parce que ce jour il a été écrit : *Et Verbum caro factum est* (Et le Verbe s'est fait chair). Cette permission du saint-siége date du treizième siècle. Saint Augustin toutefois en avait agi bien autrement au temps de la primitive église; il déposa un prêtre, curé de son diocèse, pour n'avoir pas jeûné la veille de Noël. On rapporte de quelques empereurs que le saint jour de Noël ils affectaient de lire solennellement la septième leçon, où doute à cause de ces premiers mots de l'Évangile du jour : *Exiit edictum a Cæsare Augusto* (César-Auguste fit sortir un édit). Au concile de Constance, l'empereur Sigismond trouvait à Rome ce jour-là, le cérémonial voulait alors qu'il assistât à l'office et qu'il lût lui-même à haute voix cette leçon en surplis, en chape et en épée.

Le jour de Noël est une grande fête reconnue par le concordat. Les grosses cloches sonnent en signe de réjouissance. Autrefois c'était fête partout, aux temples, aux palais. Les offices étaient dits avec la plus grande solennité : « En quelques endroits, dit un chroniqueur, la veille de Noël, le soir, on faisait collation pour être mieux en état de soutenir les fatigues de la nuit. » Cet usage s'est sans doute bien généralisé depuis lors, car quelles sont aujourd'hui les localités où l'on ne fasse point *réveillon* ! « On bénissait, dit un autre, dans les familles la bûche de Noël, en versant du vin dessus, et l'on disait : *Au nom du père*. » Dans le Nord, où domine la communion luthérienne, on appelle Noël la *fête des enfants*. Jésus-Christ, qui les couvrit de sa robe saint à Jérusalem, leur qui promit à leur innocence le royaume des cieux, n'a pu les oublier. « Si vous êtes bien sages, dit une tendre mère à ses enfants, Jésus descendra du ciel sur un nuage tout d'or, et vous apportera des joujoux. » En Alie-

DICT. DE LA CONVERS. — T. XIII.

magne, on enferme la veille de Noël un arbre chargé de petits cierges, de bonbons, de pommes et de jouets dans une fausse armoire, qu'on ouvre à l'instant où l'on s'y attend le moins pour donner aux enfants le plaisir de la surprise. En Angleterre Noël se célèbre avec une non moins de fracas. Il s'y fait ce jour-là une énorme consommation d'oies. Dans nos villes et dans nos campagnes, c'est l'usage de faire déposer aux enfants un soulier ou un sabot auprès de l'âtre, afin d'y recueillir le lendemain le joujou ou le bonbon que le bonhomme Noël y apportera dans la nuit.
DENNE-BARON.

NOËL (FRANÇOIS-JOSEPH), né en 1751, à Saint-Germain-en-Laye, où son père était fripier, mort à Paris, en 1841, manifesta de bonne heure une grande ardeur pour l'étude; grâce à des protections, il obtint une bourse au collége des Grassins, à Paris, puis à Louis-le-Grand, d'où il sortit après avoir remporté le prix d'honneur en 1774 et 1775. Noël embrassa d'abord l'état ecclésiastique, entra au collége Louis-le-Grand comme maître de quartier, et y devint professeur. Il débuta dans la littérature par plusieurs pièces de vers, dont quelques-unes furent couronnées par l'Académie. A la révolution, dont il embrassa les principes avec ardeur, Noël rédigea la *Chronique*. Nommé chef de bureau au ministère des affaires étrangères, il fut envoyé en Angleterre avec une mission diplomatique, après le 10 août 1792, en Hollande en 1793, à Venise avec le titre de ministre plénipotentiaire en 1794. Rappelé en 1795, il devint l'un des commissaires de l'instruction publique et professeur à l'école centrale. En octobre 1796, après la conquête de la Hollande, il se rendait dans la république batave en qualité de ministre plénipotentiaire, et il prenait une part active à l'organisation de son administration; il y demeura jusqu'à la fin de 1797, s'y maria, et manifesta par ses actes une grande ardeur républicaine. Il reprit ensuite ses fonctions de commissaire de l'instruction publique, fut appelé au Tribunat après le 18 brumaire, nommé commissaire général de police en mars 1800, préfet du Bas-Rhin en novembre de la même année, et enfin inspecteur général de l'instruction publique en juin 1802, fonctions qu'il a conservées jusqu'à sa mort, et qui ne furent plus qu'honoraires après 1815.

Au milieu de ses fonctions, Noël trouva le temps de faire un grand nombre de livres ou compilations classiques; sa position lui ayant permis d'obtenir facilement l'autorisation de faire adopter ces ouvrages pour les lycées impériaux et les colléges, ils ont été pour lui la source d'une fortune considérable : nous citerons, comme les principaux de ses ouvrages classiques : ses *Dictionnaires Français-Latin et Latin-Français*; le *Gradus ad Parnassum*; le *Dictionnaire de la Fable*; une traduction complète de *Catulle* et de *Gallus*; l'*Abrégé de la Grammaire Française* (avec Chapsal); les *Conciones poeticæ* (avec Laplace); les *Leçons de Littérature française* (1804); de *Littérature latine* (1808); *Anglaise* (1817); *Italienne* (1824); *Grecque* (1825); le *Nouveau Dictionnaire des Origines* mande (1827); le *Nouveau Dictionnaire des Origines* (avec Charpentier). Nous devons encore mentionner les douze volumes d'*Éphémérides politiques, religieuses et littéraires* (avec Planche); ses traductions du *Voyage d'Aubury dans l'Amérique septentrionale* et de la *Nouvelle Géographie universelle de Guthrie*; son *Itinéraire historique des Personnages célèbres de l'Antiquité*; ses traductions de *Cornelius Nepos*, de l'*Histoire Romaine* de Tite-Live; sa *Nouvelle Grammaire Française*, en deux volumes, etc.

NOËLS. C'est ainsi que l'on nomme des cantiques spirituels, des pastorales, des idylles sacrées, composés et chantés en l'honneur de la Nativité de Jésus-Christ. Ils se chantaient il n'y a pas encore longtemps en différentes églises des campagnes et la ville même, pendant la grand' messe de ce jour solennel. Un chroniqueur prétend que la plupart des Noëls qu'on chante en France sont des gavottes et des menuets d'un ballet qu'Eustache Ducaurroy, fameux musicien du temps, avait composé pour le divertissement de Charles IX. La plupart de ces Noëls sont en

38

effet notés sur la mesure à trois temps; mais tout fait supposer que les Noëls datent d'une époque bien plus reculée. A Rome, le pape disait des vigiles à trois nocturnes la nuit de Noël. Dans la première leçon du second nocturne de la même solennité, autrefois le peuple, en plusieurs diocèses, se mettait à chanter *Noël!* à tue-tête; il nommait cette fête *le cri de joie.* Il y avait dans cette solennité des réjouissances publiques, des jeux, des banquets comme à la naissance des princes et des rois. La poésie des Noëls a conservé toute la naïveté de nos bons aïeux: ceux qui la voudraient plus ornée n'entendent point le génie de ces compositions, dont toute la beauté est la simplesse, dont tout l'art enfin doit être l'absence de l'art même. Dans ce petit genre, poésie et musique doivent se ressembler; ils doivent avoir toute la rusticité, l'humilité, la pauvreté même de la crèche de Bethléem, où rumine le bœuf inoffensif sur les langes du petit nouveau-né. Tel est le commencement d'un de ces Noëls:

> Avec tant de vitesse,
> Bergers, où courez-vous?
> D'où vient cette allégresse
> De grâce dites-nous?

Celui-ci est un peu plus orné:

> Belle nuit, tu n'as rien de sombre,
> Puisses-tu briller à jamais!
> De ses feux, sans voile et sans ombre,
> T'éclaire le soleil de paix.

En voici un des plus naïfs:

> Toute bête funeste,
> Les lions et les ours,
> De ce sentier céleste
> Sont bannis pour toujours.
> Vit-on jamais merveille,
> Pareille, pareille, pareille,
> Vit-on jamais merveille
> Pareille, avant nos jours?

DENNE-BARON.

NOÉMI, femme d'Élimélech, de la tribu de Benjamin, ayant été obligée de suivre son mari dans le pays des Moabites, y devint veuve, et maria ses deux fils, Chélion et Mahalon, à Orpha et à R u t h, filles moabites; ayant perdu ses deux fils, elles retourna en Judée avec Ruth, qui épousa Booz.

NOEUD (du latin *nodus*), enlacement fait de quelque chose de flexible, comme tube, soie, fil, corde, dont on passe les bouts l'un dans l'autre en les serrant. L'emploi des nœuds est très-varié dans la marine. Le *nœud coulant* est un nœud d'une forme particulière, qui le rend facile à dénouer ou qui lui permet de glisser. Le *nœud d'épée* était une rosette de rubans dont on ornait autrefois la poignée d'une épée. Faire des *nœuds*, c'est former, au moyen d'une navette, sur un cordon de fil ou de soie, des nœuds serrés les uns contre les autres. *Nœud* se dit aussi de certaines choses qui sont disposées en forme de nœud de ruban et qui servent à la parure des femmes: des *nœuds de perle, de diamant, de rubis*.

Nœud signifie figurément la difficulté, le point essentiel d'une affaire, d'une question. On sait comment Alexandre dénoua le nœud G o r d i e n.

Nœud se dit particulièrement, dans les pièces de théâtre, de l'obstacle qui donne lieu à l'i n t r i g u e d'une action dramatique: il n'y a pas de *nœud* dans cette comédie.

Nœud se prend encore au figuré pour attachement, liaison entre les personnes: *Nœud* de parenté, d'alliance; Le *nœud* sacré du mariage; La mort rompt les plus beaux *nœuds*.

Nœud, bosse, saillie qui vient à l'extérieur d'un arbre, d'un arbrisseau: Le cornouiller est couvert de *nœuds*; ou certaine partie, fort serrée, fort dure, qui se trouve à l'intérieur: Ce bois ne saurait se fendre droit, il a trop de *nœuds*; ou l'endroit où la tige des graminées et de quelques autres plantes, telles que la vigne, le fenouil, est renflée et comme articulée: Il faut tailler la vigne au second, au troisième *nœud*; ou l'article, la jointure des doigts de la main, la partie du gosier où de la gorge appelée le larynx; on les os qui forment la queue du cheval, du chien, du chat.

Nœud en astronomie se dit de chacun des deux points opposés où l'écliptique est coupé par l'orbite d'un corps céleste: les *nœuds* de la Lune, de Jupiter. De ces deux nœuds l'un est *ascendant*, l'autre *descendant*.

Nœud en marine s'entend des *nœuds* de la ligne de l o c h qui servent à estimer le nombre de milles marins que le navire parcourt dans un temps donné (*voyez* FILEN).

En géographie, on nomme *nœud* le point où deux *chaînes de montagnes* se réunissent.

NOEUD GORDIEN. *Voyez* GORDIEN (Nœud).

NOEUD VITAL. Lamarck a donné ce nom au point où les fibres du végétal divergent, les unes des deux points haut pour former la tige, les autres en bas pour former les racines. Le nœud vital, que l'on nomme encore *collet* ou *mésophyte*, est quelquefois situé au-dessous du sol, plus souvent au-dessus.

Dans les animaux supérieurs, M. Flourens appelle *nœud vital* un point du système cérébro-spinal situé dans le bulbe rachidien, et dont la place est marquée par la pointe du V de substance grise inscrit dans le V des pyramides, ou *calamus scriptorius*. Ce point, qu'il nomme indifféremment *point vital*, *premier moteur du mécanisme respiratoire*, et *nœud vital du système nerveux* (car, dit-il, tout ce qui du système nerveux reste attaché à ce point vit, et tout ce qu'on en sépare meurt), n'est pas plus gros que la tête d'une épingle. C'est de lui, ajoute le savant physiologiste, que dépend la vie du système nerveux, la vie de l'animal par conséquent, en un seul mot la *vie*. Là est, toujours selon M. Flourens, le véritable siége de la respiration. L'expérience nous apprend en effet que toute section passant par ce point détruit immédiatement les mouvements respiratoires du thorax et de la face. Voyez Flourens, *Recherches expérimentales sur les propriétés et les fonctions du système nerveux*.

NOGAÏS (Les), l'une des principales tribus de la population turco-tatare de la Russie. Par leur conformation physique ils appartiennent à la race tatare, tandis que leur langue témoigne évidemment de leur proche affinité avec la famille des peuples turcs. Ils habitent les gouvernements méridionaux de la Russie, Cherson et Iékatérinoslaf, sur le Dniepr inférieur, mais plus particulièrement la province du Caucase sur les rives du Kouban, d'où le nom de Tatares du Kouban, qu'on leur donne quelquefois; on en rencontre aussi, mais en petit nombre, en Crimée. Les Tatares de la Crimée, toutefois, sont d'une race bien moins mélangée que ceux du Kouban, qui de bonne heure se trouvèrent en contact avec les Mongols, et qui ont adopté dans leur langue beaucoup de mots mongols et autres. Les deux tribus, au nombre de 560,000 têtes environ, professent généralement la religion mahométane, et, comme tous les peuples turcs, sont sunnites. Leurs prêtres, appelés *mollahs*, dirigent l'éducation du peuple, dont l'instruction se borne en général à l'intelligence superficielle du Coran. Ce peuple est encore plongé aujourd'hui dans une profonde superstition; et chez lui la croyance à *Schaïtan* (Satan), être dont on ne peut conjurer la funeste influence qu'à l'aide de sacrifices, de nœuds et de talismans, est générale. Les nobles, ou *mursas*, sont les seuls qui aient le droit de porter un *henschal* (sabre); et dans beaucoup d'endroits de circonstances les gens du commun sont tenus de leur rendre des services personnels. Les Russes ne reconnaissent plus leurs cadis ou juges, quoique le peuple continue à leur demander secrètement des avis et des conseils. Au reste, les Nogaïs n'ont que peu d'impôts à payer, et étaient autrefois exempts du service militaire, bien que dans la guerre de 1812 un grand nombre d'entre eux fussent venus volontairement grossir les rangs de l'armée russe; mais aujourd'hui on les a enrôlés dans l'armée des Cosaques de la ligne du Caucase. A beaucoup d'esprit naturel et de finesse les Nogaïs unissent une grande bonté de caractère, qui n'exclue pourtant ni l'astuce ni l'avidité non plus qu'une assez forte dose d'égoïsme et d'adresse. Leur hospitalité était plus grande quand ils étaient nomades qu'aujourd'hui, qu'ils ont généralement des demeures fixes. Les Nogaïs attachent beaucoup de prix à posséder de beaux et surtout de riches vêtements. Ceux de leurs femmes sont tout à fait dans le goût oriental et surchargés de bagues, de chaînes et de paillettes. La polygamie est permise parmi eux ; cependant, les vraies femmes nogaïes ont à leurs yeux un plus grand prix que les autres, et se payent ordinairement de 30 à 50 vaches, c'est-à-dire de 600 à 1,000 roubles. C'est sur elles que retombent tous les soins du ménage; elles remplissent aussi les fonctions de pleureuses, lors des enterrements.

Les *Koumoucks* ou *Koumucks*, tribu turco-tatare habitant le versant nord-est du Caucase, à l'est du Terek jusqu'à la mer Caspienne, et comprenant environ 12,000 têtes, aujourd'hui soumise aux Russes, avec qui ils sont dans les mêmes rapports que les Tatares du Kouban, offrent beaucoup d'analogie avec les Nogaïs. Comme eux, ils sont mahométans, et s'occupent d'éducation du bétail, mais surtout de pêche. *Axaï* et *Endery* sont les chefs-lieux de leurs principales principautés, et en même temps fameux comme repaires des plus dangereuses populations.

NOGARET (GUILLAUME DE) naquit au treizième siècle, en Lauraguais, d'une famille qui fut la souche des Nogaret de La Valette. Légiste célèbre et professeur de droit à Montpellier, il parvint plus tard aux éminentes fonctions de chancelier du royaume. Dans la lutte de Philippe le Bel et de Boniface VIII, il soutint son maître avec une rare énergie, et s'empara dans Agnani de la personne du pape. Revenu en France, il y mourut, en 1314.

NOGENT. Plusieurs villes de France portent ce nom. Les plus notables sont :

NOGENT-LE-ROI, chef-lieu de canton du département de la Haute-Marne, avec 3,098 habitants. Cette ville est située en partie sur une montagne escarpée dont la Treire baigne le pied, en partie dans le vallon sur le bord de cette rivière. La fabrication de la coutellerie, dite de Langres, répand une grande richesse dans cette petite ville. Elle est fort ancienne, et était jadis une place de guerre importante.

NOGENT-LE-ROTROU, chef-lieu d'arrondissement du département d'Eure-et-Loir, sur l'Huisne, avec un tribunal civil, un collège, une bibliothèque publique de 6,000 volumes et 6,983 habitants. C'est une station du chemin de fer de l'ouest. On y trouve des fabriques d'étamines, de droguets, de serges, des filatures mécaniques de laine, des tanneries, des moulins à tan et à farine. Il s'y fait un commerce de chanvre, de fourrage et de graines de trèfle. C'est une ville de forme singulière, qui se compose seulement de quatre rues, dont l'une à près de 2 kilomètres de long et au centre de laquelle se trouve une prairie. Au sommet d'une colline qui la domine, on voit les ruines imposantes d'un immense château fort. Nogent-le-Rotrou fut pris par les Anglais en 1428. Le château et la seigneurie furent donnés par Henri IV à Sully, qui l'habita quelque temps et y fonda un hôpital, dans l'église duquel on voit son tombeau.

NOGENT-SUR-MARNE, village du département de la Seine, sur la rive droite de la Marne, avec 2,583 habitants, une machine à vapeur fournissant l'eau de la Marne aux communes environnantes, des fabriques de produits chimiques et spécialement de sulfate de quinine, une fabrique de tulle, une imprimerie sur étoffes.

NOGENT-SUR-SEINE, chef-lieu d'arrondissement du département de l'Aube, sur la rive gauche de la Seine, avec 3,469 habitants, un tribunal civil, des moulins à farine, des fabriques de bonneterie, des corderies. Le flottage du bois mis en trains pour Paris occupe beaucoup de bras. Il s'y fait un commerce de grains, farine, vin, vinaigre, fourrages, bois et charbon pour l'approvisionnement de Paris, d'ardoises, de sel, de chanvre, de laine, de vin du pays. C'est une station du chemin de fer de Montereau à Troyes et une ville fort ancienne, bien bâtie, propre et bien percée, située dans une charmante position et environnée de jolies promenades. On voit aux environs les ruines de l'abbaye du Paraclet. Nogent fut pris et dévasté par les Autrichiens en 1814 après une résistance héroïque.

NOIR, couleur la plus obscure et la plus opposée au blanc. L'industrie en emploie de plusieurs espèces.

Le *noir de fumée* sert à composer les encres d'impression ; il sert aussi à la fabrication du cirage. Il s'obtient en brûlant dans des pots de terre ou de fonte des matières résineuses, ou du goudron, du bois et de la houille dans une chambre de bois de sapin, tapissée de grosses toiles ; on tient la chambre fermée tant que dure la combustion. La fumée épaisse que produit cette combustion traverse les toiles, où elle dépose une couche de noir; c'est ce noir, que l'on enlève de temps en temps, qui constitue le noir de fumée. Le *noir d'Allemagne* est le noir de fumée de la vigne ; on le fabrique à Francfort. Le *noir* ou *brun de Prusse*, fait avec du bleu de Prusse français ou de la terre de Sienne calcinée, donne aussi des couleurs excellentes, très-solides, et nécessaires pour rehausser et brunir les couleurs dans tous les genres de peinture et dans les papiers peints.

Le *noir d'ivoire* est employé pour la peinture, pour la fresque, pour les papiers peints. Il se prépare, comme le noir animal, par la calcination des éclats d'ivoire ; on peut produire par la calcination d'os de premier choix du noir également employé pour la peinture, mais de qualité inférieure.

Le *noir de lampe* est celui dont se servent les graveurs sur bois pour faire les premières épreuves ou *fumets* de leurs gravures ; il s'obtient en plaçant des plaques de métal au-dessus de becs de quinquet allumés ; il s'y forme une couche charbonneuse très-fine, d'un beau noir, et l'on n'a qu'à frapper légèrement sur la plaque pour l'en détacher.

Le *noir* pour la teinture des étoffes s'obtient ordinairement par une décoction de noix de galle ou de bois de Campêche.

Noir se dit aussi de certaines choses qui approchent de la couleur noire : Du pain *noir*, une femme qui a la peau *noire*, des yeux *noirs*, des dents *noires* ; les bêtes *noires*, comme le sanglier, par opposition aux bêtes fauves, comme le cerf ; les viandes *noires*, tirant un peu sur le noir, comme celles du lièvre, de la bécassine, par opposition aux viandes blanches, comme celles du veau, du poulet ; du blé *noir*, qu'on nomme aussi *sarrasin*.

Noir signifie *livide*, *meurtri* : Il a la peau toute noire des coups qu'il a reçus ; ou *obscur* : Nuit noire (*nox atra*, comme disaient les poëtes latins) ; il y fait *noir* comme dans un four. Le froid *noir* est celui qu'il fait quand le temps est couvert. *Noir* signifie encore *sale*, *crasseux* : Il a le linge toujours *noir*, les mains toujours *noires* Il se prend pour *triste*, *morne*, *mélancolique* : Un *noir* chagrin le dévore ; il voit tout en *noir*, c'est-à-dire ; il prend les choses du côté fâcheux, il prévoit toujours des événements funestes. On appelle *bile noire*, vapeurs *noires*, les pensées mélancoliques qui tourmentent le cerveau. *Noir* se dit aussi figurément des crimes, des mauvaises actions, des personnes qui les commettent : Une *noire* ingratitude, une *noire* calomnie. Rendre *noir*, c'est diffamer : On l'a rendu bien *noir* dans cette affaire ; il n'est pas si diable qu'il est *noir*, c'est-à-dire, il n'est pas si méchant qu'il le paraît ; Cet homme est ma bête *noire*, c'est-à-dire l'objet de mon aversion particulière. L'onde *noire*, c'est le Styx. Passer l'onde *noire*, c'est mourir.

Noir, substantif, signifie la couleur noire. On tend de noir les maisons et les églises où l'on fait quelque cérémonie funèbre. Les Français portent le *deuil* en noir, les Turcs en bleu ou en violet, les Japonais en blanc, les Éthiopiens en gris. Le *noir* est l'absence de toutes les *couleurs*.

Noirâtre signifie qui tire sur le *noir* ; *noiraud*, qui a le teint brun. *Noircir*, c'est rendre *noir* : Le soleil noircit le teint, le cachou *noircit* les dents, le mauvais air *noircit* l'or. Au figuré, c'est *diffamer* : Cette accusation l'a tellement *noirci*, qu'il ne s'en lavera jamais.

NOIR (Code). *Voyez* CODE NOIR.

NOIR (Le prince). *Voyez* ÉDOUARD, prince de Galles, tome VIII, pag. 381.

NOIR ANIMAL. Les os des animaux, jetés au milieu d'un foyer, ne laissent qu'une matière blanche, de la même forme, mais ne contenant plus que du phosphate et du carbonate de chaux, tandis que, chauffés dans des vases fermés, ils donnent une masse noire, qui renferme en outre tout le charbon qui a pu former des produits volatils. Ce charbon jouit à un bien plus haut degré que celui du bois, de la propriété de décolorer un grand nombre de liquides organiques; il désinfecte aussi mieux les matières organiques en décomposition. Pendant longtemps, on a ignoré la cause à laquelle était due cette différence d'action : les faits suivants l'expliquent très-bien. Toutes les substances organiques qui sont susceptibles de se ramollir par l'action de la chaleur fournissent un charbon brillant, qui agit à peine sur les liqueurs colorées; le bois, quoique n'éprouvant pas ce genre d'action, donne un charbon compacte, et quelquefois brillant, qui décolore peu, tandis que les os fournissent un charbon terne et divisé, qui agit fortement sur les couleurs. Cette division est due à la grande quantité de phosphate et de carbonate de chaux que renferment les os, et pour le prouver il suffit de comparer le charbon obtenu du sang, à peine décolorant, parce qu'il est très-brillant, avec celui que donne le même liquide imprégné dans de la pierre ponce, de l'argile ou de la craie, ce dernier décolore presque autant que celui des os. Le sucre seul fournit également un charbon qui décolore très-peu ; le charbon obtenu en chauffant de la ponce ou toute autre substance infusible imprégnée de sirop offre une propriété décolorante considérable.

Si l'on n'avait pas d'os en assez grande quantité pour la préparation du charbon animal dont on aurait besoin, on pourrait donc, avec diverses substances imprégnées de sang, se procurer du charbon très-décolorant. On rencontre dans quelques localités, par exemple en Auvergne, des schistes imprégnés de matières bitumineuses, qui chauffés dans des vases clos fournissent un charbon très-décolorant. C'est particulièrement pour la décoloration du sucre que le charbon ou noir animal est employé en grandes proportions ; on le prépare en chauffant les os dans des chaudières que l'on réunit deux à deux en lutant leurs bords, ou des cylindres fermés, de manière à ce que les gaz ou les produits volatils puissent se dégager.

Les substances animales, comme le sang, les os, etc., fournissent à la distillation une assez grande quantité de carbonate d'ammoniaque, que l'on recueille souvent dans cette opération, et des produits volatils extrêmement infects, qui rendent excessivement désagréable le voisinage des fabriques de noir animal, à moins que l'on ne brûle les gaz. Le plus ordinairement, l'appareil consiste en un four dans lequel on place des piles de chaudières remplies d'os, et que l'on chauffe avec du bois ou du charbon de terre : ici, la distillation des os ayant lieu avant que le four soit rouge, l'odeur infecte qui se répand est extrêmement forte, en même temps que la quantité de combustible brûlé est plus considérable, tandis que quand on introduit dans le four chauffé les vases renfermant les os, les gaz et les produits huileux s'enflamment, en produisant de la chaleur qui économise du combustible, et l'odeur disparait en très-grande partie.

Les vases refroidis dans le four ou au dehors, on en retire les os, que l'on broie sous des meules pour obtenir une poudre grossière, connue sous le nom de *noir en grain*, ou une fine, désignée par celui de *noir fin*. A ces deux états, le noir animal est employé pour la décoloration des sirops, mais dans des opérations différentes. Le noir animal provenant du raffinage du sucre a perdu sa propriété décolorante; le *noir fin* est employé comme engrais, et ne peut être *revivifié* avec avantage; mais le *noir en grain* l'est actuellement, de manière qu'il n'est nécessaire à chaque opération que d'y ajouter 1/10 de noir neuf pour le faire servir au raffinage.

Les matières étrangères provenant des sirops, et qui adhèrent à la surface des grains du charbon, se décomposent quand on les calcine en vases clos, mais laissent un charbon brillant, à peine décolorant. Le procédé qui offre le plus d'avantage consiste à chauffer le noir sur une plaque de fonte légèrement rouge, en l'agitant continuellement avec un râble; les matières étrangères se décomposent complètement; le charbon qui en provient, étant très-divisé, se brûle, et découvre la surface du grain de charbon animal, qui peut exercer de nouveau une action décolorante. Les résidus de raffinerie sont employés avec avantage comme engrais.

Noir animalisé. On sait depuis longtemps que la tourbe crue ou légèrement calcinée, la terre elle-même mêlée à des substances organiques en décomposition, diminuent plus ou moins l'odeur infecte que ces matières présentent; mais le charbon animal surtout présente cette propriété à un haut degré : le produit de cette action devient un excellent engrais. L'emploi de substances charbonneuses offre donc cet avantage de faire disparaître l'infection et de produire une matière facile à transporter et que l'agriculture emploie avec un grand avantage. L'action du noir animal est si subite que les matières fécales elles-mêmes sont instantanément désinfectées, et que la consommation et le transport du produit obtenu n'offrent plus que de très-légers inconvénients.

Si l'on était obligé de se servir uniquement comme désinfectant du noir animal, son prix élevé et la faible proportion que l'on peut s'en procurer, surtout depuis que l'on revivifie avec beaucoup d'avantage le noir en grain, permettraient à peine d'obtenir une fraction de celui qui est nécessaire; mais toute matière inerte et très-divisée, ou susceptible de le devenir, mêlée d'une certaine quantité de matières organiques, comme du sang, de la boue des rues ou des cuvettes des chemins, etc., calcinée en vases clos, fournit une poudre charbonneuse très-désinfectante, et pouvant être employée avec le plus grand avantage. C'est l'emploi de ce procédé qui a fourni des résultats dont on ne saurait trop désirer voir étendre l'usage. Par le moyen du noir animalisé, on peut subitement transformer les matières des fosses d'aisance en un excellent engrais, sans qu'il en résulte d'inconvénients pour les localités environnantes, comme dans la préparation de la *poudrette*, ou opérer même la vidange des matières solides de ces fosses sans qu'aucune odeur se répande dans les habitations. Ce résultat important, et qui intéresse à un si haut degré la salubrité, a été constaté par un grand nombre d'essais en grand.

H. GAULTIER DE CLAUBRY.

NOIRCEUR, qualité qui fait qu'un corps est noir, paraît noir. Il signifie aussi tache noire. Au moral, il s'entend d'une action faite ou d'une parole dite dans l'intention de nuire. C'est une atteinte portée avec mauvaise intention à la gloire, à la renommée, à la considération, ou même aux simples avantages personnels que possèdent les autres.

NOIRE, note de musique qui vaut la moitié d'une blanche, ou deux croches.

NOIRE (Chambre). *Voyez* CHAMBRE OBSCURE.

NOIRE (Forêt). *Voyez* FORÊT-NOIRE.

NOIRE (Manière) ou MEZZOTINTE. *Voyez* GRAVURE, tome X, p. 502.

NOIRE (Mer), appelée par les anciens *Pontus Euxinus*, d'où nous avons fait *Pont-Euxin*; par les Grecs modernes, *Mauri Thalassa*; par les Russes, *Tschernaje More*; par les Turcs, *Kara Deniz*; située entre l'Europe et l'Asie, bornée à l'ouest par la Turquie d'Europe et par la province russe de Bessarabie, au nord par la Russie méridionale, à l'est par les contrées caucasiennes, et au sud par la province turque d'Anatolie, communique au sud par le Bosphore, et ensuite par la mer de Marmara, et par le détroit des Dardanelles avec la Méditerranée, et au nord par le détroit de Kertsch avec la mer d'Azoff. La grandeur de la mer Noire, qu'on peut considérer comme n'étant qu'une partie de la Méditerranée, n'est que de 5,400 myriamètres carrés (non compris la mer d'Azoff). Sa plus grande longueur, de l'ouest à l'est, est de 96 myriamètres, et sa plus grande largeur de 50 myriamètres. Par suite de ces limites si resserrées, l'eau de cette mer, quoique moins claire que celle de la Méditerranée, mais beaucoup plus douce, à cause des grands fleuves qui viennent s'y jeter (le Danube, le Dniestr, le Dniepr, le Don et le Kouban), gèle beaucoup plus facilement. Les tempêtes de la mer Noire sont terribles, parce qu'elle est entourée de toutes parts par des côtes, ce qui y établit une espèce de tourbillon. Dans les mois d'été, elle est généralement plus calme que toute autre mer; mais en hiver la navigation en est des plus périlleuses, notamment sur les côtes qui s'étendent depuis l'embouchure du Danube jusqu'à la Crimée. Comme dans la Baltique, le mouvement de la marée y est à peu près insensible. La pêche n'y est pas sans importance, et on y trouve notamment plusieurs espèces d'esturgeons. Les côtes méridionales de la Crimée, de l'Anatolie et de la Caucasie sont bordées de hautes montagnes, et, comme la Roumélie et la Bulgarie, offrent de bons ancrages. Les caps Kalagria ou Galgrad, et Emeneh, et les monts Babia sont, dans les deux provinces que nous venons de nommer en dernier lieu, d'excellents points de repère pour les navigateurs. Les bouches du Danube, de même que toute la côte qui s'étend de là jusqu'en Crimée, étant fort basses, ne peuvent être reconnues que de près.

Les divers courants fort rapides qu'on a lieu de remarquer dans la mer Noire partent de l'embouchure des grands fleuves qui y déversent leurs eaux. Les courants du Dniepr et du Dniestr suivent vers le sud le rapide courant venant de la mer d'Azoff, et, contournant la Crimée d'abord au sud-ouest, puis au nord-ouest et à l'ouest, rencontrent avec lui le courant du Danube, et se précipitent réunis en masse dans le Bosphore, ou bien vont battre la côte d'Asie, où leur force est encore accrue par d'autres eaux. Cette direction générale des courants, résultat de l'observation générale des navigateurs, ne laisse pas que d'être amoindrie par l'influence des vents et par certaines circonstances locales; et dans quelques baies des côtes de la Roumélie et de la Bulgarie, on a pu constater l'existence de contre-courants. Les villes les plus importantes bâties sur les bords de la mer Noire sont *Varna*, port et place forte appartenant à la Turquie; *Odessa*, *Eupatoria* ou *Koslof*, *Kaffa* ou *Feodosia*, *Iénikalé*, ports appartenant à la Russie, qui naguère encore dominait complètement la mer Noire avec *Sébastopol*, son grand et beau port militaire, où s'abritait une flotte nombreuse, menace incessante pour *Constantinople*, et qui n'est plus aujourd'hui qu'un monceau de ruines; sur les côtes de la Caucasie et de la Circassie le fort *d'Anapa*, les ports de *Schukkalé* et de *Gelindschik*; *Suchumkalé* et *Poti*, à l'embouchure du Rion ou du Phase; *Schefketil* ou *Saint-Nicolas*; puis sur la côte turque, le port de *Batoum*, principal entrepôt du commerce de la Turquie avec la Perse, et les ports de *Trébizonde* et de *Sinope*. La paix générale conclue à Paris le 30 mars 1856 a décidé que la mer Noire serait à l'avenir une mer neutre, sur laquelle la Russie et la Turquie ne pourraient plus entretenir que le nombre de bâtiments de guerre légers strictement nécessaire à chacune d'elles pour faire la police de ses côtes.

NOIRE (Peste). *Voyez* Peste Noire.
NOIRE (Race). *Voyez* Nègre et Race.
NOIRES (Montagnes). *Voyez* Finistère (Département du).
NOIRMOUTIERS (Ile de). Elle est située sur la côte et à l'extrémité nord-ouest du département de la Vendée, auquel elle se rattache, dans la baie de Bourgneuf, qu'elle ferme au sud-ouest. Sa population est de 8,262 habitants. Elle a de bonnes terres arables, extrêmement fertiles, d'excellents pâturages et des marais salants productifs, que des digues, élevées à grands frais, mettent à l'abri des inondations de la mer. Ses principales productions consistent en froment excellent et autres grains, fèves de marais, sel. On y recueille du varech et on y pêche des huîtres. Sa forme est fort allongée et irrégulière, et sa circonférence est de 44 kilomètres ; elle est séparée du continent à son extrémité méridionale par un bras de mer de 3 kilomètres de largeur, qui reste à sec et que les voitures traversent à la marée basse.

Elle renferme la ville de *Noirmoutiers*, sur la côte nord-est, avec un château fort, place de guerre de troisième classe, et un port, précédé d'une rade qui peut recevoir des vaisseaux de toutes dimensions.

L'île forme la commune et le canton du même nom. Les Vendéens, commandés par d'Elbée, y soutinrent un siége en 1793 contre l'armée républicaine; mais ils durent se rendre à discrétion, dans la nuit du 4 au 5 janvier 1794.

NOIRPRUN ou **NERPRUN PURGATIF**. *Voyez* Bourguépine.
NOIRS. *Voyez* Nègres.
NOIRS (Faction des). *Voyez* Blancs et Noirs.
NOIRS (Traite des). *Voyez* Traite des Noirs.
NOISETIER ou COUDRIER, genre d'arbrisseaux et de petits arbres de la famille des amentacées, ainsi caractérisé : Fleurs monoïques ; chatons mâles cylindriques, pendants, garnis d'écailles à trois divisions, celle du milieu plus grande, recouvrant les deux autres ; huit étamines insérées à leur base; fleurs femelles naissant plusieurs ensemble dans un bourgeon écailleux ; ovaire surmonté de deux styles ; involucre coriace, déchiqueté sur ses bords, enveloppant une noix monosperme, lisse, ovale, marquée d'une large cicatrice à sa base.

Le *noisetier commun* (*corylus avellana*, L.), celui auquel on donne le plus fréquemment le nom de *coudrier*, est un grand arbrisseau à tiges droites, rameuses, revêtues d'une écorce brunâtre inférieurement, grisâtre sur les rameaux, parsemée de lenticelles qui produisent l'effet de petites taches, pubescente sur les jeunes pousses. Ses feuilles sont pétiolées, ovales, presque arrondies, le plus souvent en cœur à leur base, acuminées au sommet, doublement dentées. Le fruit, vulgairement *noisette* ou *aveline*, varie beaucoup de grosseur et de forme ; généralement il est ovoïde, souvent anguleux, un peu comprimé par les côtés, couvert dans sa partie supérieure d'un léger duvet satiné et roussâtre, embrassé dans un involucre campanulé de même longueur que lui ou un peu plus long, mais toujours ouvert et étalé à son bord, qui est denté ou déchiré. Le tégument de la graine est jaunâtre ou blanchâtre. On distingue plusieurs variétés du noisetier commun, que l'on rencontre dans les taillis et les haies de presque toute l'Europe, où l'une d'elles croît spontanément ; c'est le *corylus avellana silvestris*, ou *coudrier des bois*, type sauvage de l'espèce ; son fruit est petit et peu abondant, mais doué d'une saveur agréable.

Le *noisetier franc* (*corylus tubulosa*, Willd.) diffère du précédent par une taille plus haute, par des feuilles plus grandes, plus lisses, surtout par un involucre fructifère beaucoup plus long, qui dépasse fortement le fruit, se prolonge en tube resserré vers son orifice, denté à son bord. Le fruit lui-même est de forme plus allongée que celui du noisetier commun. Il présente deux variétés bien distinctes : l'une à tégument séminal rouge, l'autre à tégument séminal blanchâtre ; le péricarpe, violet foncé dans la première, est blanc ou jaunâtre dans la seconde. L'amande de ces graines est meilleure que celle des avelines.

D'autres espèces de noisetiers sont cultivées pour l'ornement des jardins et des parcs ; mais celles que nous venons de décrire sont surtout importantes par leurs fruits, dont il se fait une grande consommation. On en retire une huile assez estimée. Les confiseurs les recouvrent de sucre pour en faire des dragées. Enfin, le bois des noisetiers est souple et sert à faire divers ouvrages rustiques.

La superstition avait prêté autrefois des propriétés magiques aux branches flexibles du coudrier, que l'on regardait comme propres à servir de baguettes divinatoires.

NOISETTE, fruit du noisetier.

NOISETTE (*Mycologie*). *Voyez* CLAVAIRE.

NOIX, fruit du noyer. Les noix partagent avec les olives l'emploi d'approvisionner d'huile les tables où l'opulence n'étale pas tout son faste. Il y a même parmi les riches des amateurs d'huile de noix, qui la préfèrent à celles de tous les autres fruits, lorsque sa fabrication a été très-soignée, et qu'elle a subi une sorte de *purification* par l'acide malique. Dans le vase où l'huile est conservée, et dont la capacité n'est remplie qu'aux deux tiers, on met des pommes de reinette coupées en tranches très-minces, et au bout de quelques mois le liquide est tel qu'on le désire, d'une saveur plus agréable que celle qu'il avait en sortant du pressoir. Le marc qui reste après l'expression est plus utile que celui d'aucune autre substance huileuse, sans en excepter les olives; on peut même réserver pour l'usage des hommes celui de l'huile tirée à froid : il suffit pour le convertir en aliment aussi agréable que les noix fraîches, de le débarrasser des pellicules des amandes, ce qu'on obtient par le lavage, et de le presser de nouveau pour le dessécher et le réduire en masse solide. L'huile de noix tirée à chaud ne sert que pour l'éclairage.

Le *brou de noix* est employé pour la teinture en noir : les Anglais en font de grandes emplètes en France, ainsi que des noix enfermées dans cette enveloppe : ils procurent ainsi aux teinturiers de leur pays une matière première que la Grande-Bretagne ne produit qu'en très-petite quantité, et à leurs compatriotes de toutes les professions un fruit qui a pour eux le mérite d'être exotique et que l'on mange autant par amusement que par goût. Il faut avouer que partout, sur toutes les tables, le désœuvrement a beaucoup de part à la consommation des noix. On tient peu compte du précepte de l'école de Salerne qui recommande de servir des noix à ceux qui viennent de manger du poisson (*post pisces nuces*).

L'oisiveté tirait autrefois beaucoup plus parti de ce fruit, et l'employait à des jeux d'adresse remplacés aujourd'hui par d'autres, équivalents ; on reconnaît le jeu de quilles dans les piles de noix que les enfants rangeaient en carré, et contre lesquelles le joueur lançait une noix en guise de boule. Jadis aussi, le jour de leurs noces, les jeunes époux faisaient aux enfants d'amples distributions de ces fruits, annonçant ainsi qu'ils renonçaient aux jeux du premier âge et qu'ils n'avaient plus besoin de ce qu'ils léguaient à une génération qui saurait en profiter.

Le mot *noix* désigne beaucoup d'autres fruits que ceux du noyer : le commerce ne se pique point de correction dans les termes qu'il emploie.

La technologie s'est aussi emparée de ce mot, qui, sous le prétexte le plus léger, semble appartenir au premier venu. En commençant, comme il convient, par l'art du cuisinier, on remarquera dans les muscles lombaires du bœuf une petite poche de graisse recherchée par les gourmets : c'est une *noix*, et le muscle qui la contient est le *gîte à la noix*. Un autre art, qui n'a certainement pas d'analogie avec celui du cuisinier, l'arquebuserie, met aussi en œuvre des *noix* : parmi les pièces qui composent une platine de fusil ou de pistolet, celle où s'accrochent les ressorts pour tendre et détendre, est la *noix*. En général, dans la construction des machines, les *noix* sont des pièces centrales autour desquelles s'exécutent des mouvements alternatifs.

La littérature n'a tiré parti que des notions sur la noix commune, qui ont aussi accrédité quelques comparaisons populaires; il n'est pas besoin de connaître par expérience les sensations qu'on éprouve en marchant, pieds nus, sur des coquilles de noix, pour placer avec assez de justesse l'image d'une promenade aussi désagréable. Celle d'*une corneille qui abat des noix* est reproduite très-fréquemment,

quoique personne n'ait vu cet oiseau commettant le dégât qu'on lui reproche :

On a bien plus d'une querelle
A lui faire sans celle-là.   FERRY.

NOIX D'ACAJOU. *Voyez* ACAJOU.
NOIX D'AREC. *Voyez* AREC.
NOIX D'EAU. *Voyez* MACRE.
NOIX DE COCO. *Voyez* COCO et COCOTIER.

NOIX DE GALLE, excroissance morbide, produite par la piqûre d'un insecte auquel Olivier a donné le nom de *diplolepis gallæ tinctoriæ*; elle est en général globuleuse, à surface inégale et tuberculée, de forme arrondie. Elle se développe sur les jeunes rameaux du *quercus infectoria*, espèce du genre *chêne*, et renferme dans son intérieur les œufs que l'insecte y a déposés. On doit la recueillir avant la métamorphose de l'insecte, parce qu'elle est alors plus pesante et plus riche en principes tannants. Lorsqu'on attend que l'insecte en soit sorti, elle est percée d'un trou, plus légère et moins estimée. Les meilleures viennent d'Alep. La noix de galle, contenant une grande quantité de tannin et d'acide gallique, est employée à la teinture en noir, à la préparation de l'encre; et en médecine, avec sa décoction on fait des lotions ou des injections éminemment toniques et styptiques.   DEMEZIL.

NOIX MUSCADE. *Voyez* MUSCADE.
NOIX VOMIQUE ou **NOIX DES MOLUQUES.** *Voyez* VOMIQUIER.

NOLI ME TANGERE, mots latins qui signifient *ne me touchez pas*, et dont on a fait en pathologie le nom d'un cancer.

NOLIS, NOLISSEMENT. *Voyez* AFFRÈTEMENT.

NOLI TANGERE, mots latins signifiant *ne touches pas*, et dont on a fait le nom botanique de la balsamine des bois.

NOLLET (L'abbé JEAN-ANTOINE), l'un des hommes qui ont le plus vulgarisé l'étude de la physique en France, dans le siècle dernier, naquit en 1700, à Pimpré, dans le Noyonnais; son goût pour les sciences l'emporta sur la profession ecclésiastique, que ses parents, pauvres cultivateurs, lui avaient fait embrasser. Venu à Paris après avoir fait ses humanités au collège de Beauvais, il y commença par se livrer à l'éducation des enfants d'un greffier de l'hôtel de ville, nommé Taitbout : il construisit lui-même ses instruments de physique, et en inventa de très simples, de fort ingénieux. Dufay l'associa à ses recherches sur l'électricité, et il fut le collaborateur de Réaumur dans quelques-uns de ses travaux. De 1735 à 1760, il fit un cours de physique expérimentale très-instructif. Admis en 1739 à l'Académie des Sciences, il fut appelé à démontrer ses expériences à Turin, à Bordeaux ; il donna en 1744 des leçons de physique expérimentale au dauphin ; il reçut le brevet de maître de physique et d'histoire naturelle des enfants de France, en 1753 une chaire de physique expérimentale au collège de Navarre, puis à l'école d'artillerie de La Fère, et en dernier lieu à celle de Mézières. Il mourut le 24 avril 1770, à Paris, au Louvre, où le roi lui avait accordé un logement. L'abbé Nollet, qui dans les ordres en était resté au diaconat, a publié, en 6 volumes, ses *Leçons de Physique expérimentale*. On a encore de lui de nombreux mémoires insérés dans ceux de l'Académie des Sciences; un *Recueil de lettres sur l'électricité*; *Essai sur l'électricité des corps*; *Recherches sur les causes particulières des phénomènes électriques*; *l'Art des expériences*.

NOM nous vient, du latin *nomen*, fait du grec ὄνομα, et désigne un être quelconque d'une manière déterminée, en rappelant l'idée de sa nature. Le nom est en grammaire ce que l'idée est en logique. Les grammairiens l'appellent *substantif*. Le président de Brosses et Court de Gébelin ont considéré les noms comme la source ou la racine de tous les mots, dont les autres parties du discours sont composées. Mais Lanjuinais fait observer que cette doctrine n'est pas aussi absolue que ses auteurs l'imaginaient.

En arabe, par exemple, le verbe est presque toujours la racine des noms et des adjectifs. D'autres idiomes fourniraient aisément des exceptions du même genre : « Les noms, dit Silvestre de Sacy, se divisent en plusieurs classes. Les uns désignent les êtres par l'idée de leur nature individuelle, c'est-à-dire de telle manière que cette désignation n'est applicable qu'à une seule chose, à un seul individu. Ainsi, quand je dis : *Paris*, *Rome*, *Alexandre*, l'*espasien*, chacun de ces noms ne s'applique qu'à un seul être, et il désigne cet être d'une manière qui ne peut convenir qu'à lui. Ces noms s'appellent *noms propres*. D'autres noms désignent les êtres par l'idée d'une nature commune à tous les individus de la même espèce. Tels sont les mots *homme*, *cheval*, *chat*, qui ne rappellent pas par eux-mêmes l'idée d'un individu en particulier, mais qui sont applicables à tous les individus de la même espèce, à tous les hommes, à tous les chevaux, à tous les chats, parce qu'ils ne rappellent que la nature qui leur est commune. Tout homme est un homme, mais tout homme n'est pas *Alexandre* : c'est le nom d'un seul individu de l'espèce humaine. Tout cheval est un cheval, mais tout cheval n'est pas *Bucéphale* : c'est le nom d'un seul individu de l'espèce des chevaux. Tout chat est un chat, mais tout chat n'est pas *Rominagrobis* : c'est le nom d'un seul individu de l'espèce des chats. Ces noms applicables à tous les individus d'une même espèce sont appelés *noms appellatifs*. Enfin, il est des noms qui n'expriment ni des individus ni des classes entières d'êtres, mais des qualités, des manières d'être ou d'agir, que l'on considère indépendamment des êtres et de leurs autres qualités. On confond souvent les *noms abstraits* en une seule classe avec les *noms appellatifs*. » Cette distinction établie entre les noms nous semble aussi claire que philosophique. Il eût été à désirer que nos auteurs de grammaires élémentaires l'eussent adoptée.

Les noms propres d'hommes, en quelque sens qu'on les emploie, ne prennent point d's au pluriel. On écrit : *les deux Corneille* et *les Massillon sont rares*; c'est comme s'il y avait : *Les deux hommes qui portent le nom de Corneille*; et dans la seconde partie de la phrase : *Les prédicateurs tels que Massillon sont rares*. Les poètes, au besoin, enfreignent cette règle de la grammaire; mais on sait que les poètes ont des licences et des privilèges.

Nom s'emploie quelquefois aussi pour réputation : Avec un mérite brillant, avec du talent dans les sciences, les lettres ou les arts, souvent avec du charlatanisme ou du savoir-faire seulement, on se fait un nom, c'est-à-dire qu'on se fait connaître, qu'on se distingue de ses rivaux, qu'on sort de l'obscurité. *Nom* dans ce sens n'est d'usage que dans certaines phrases : *Acquérir*, *se faire un nom* ; *avoir*, *laisser un nom*. Suivant les plus habiles synonymistes, le nom, le renom, la renommée, expriment la même idée, mais avec des nuances sensibles ; le *nom* élève un homme au-dessus de sa sphère; le *renom* l'élève au-dessus de ses pairs ; la *renommée* l'élève sur le grand théâtre où les réputations n'ont ni bornes ni fin.

Nom est quelquefois synonyme de *naissance* et de *noblesse* : Un grand *nom* est la marque d'une haute naissance et d'une noblesse illustre.

En jurisprudence *nom* signifie *dette*, *obligation*. Il est en usage en cette formule : « Subrogé en tous les droits, *noms*, raisons et actions de son cédant ». Ce mot est tiré du latin *nomina*, qui se prend au même sens.

Toute police bien organisée défend les changements, les suppositions de nom, d'emprunter le nom d'autrui. Il n'y a guère que les auteurs qui aient le privilège de mettre sur leurs ouvrages d'autres noms que les leurs (*voyez* PSEUDONYMES).

Dans le commerce, *nom social*, ou *raison sociale*, s'entend du nom ou des noms sous lesquels des associés indiquent au public leur association et leur raison de commerce. La signature du nom social oblige non-seulement celui qui signe, mais tous ses coassociés. *Faire le commerce sous son nom*, c'est le faire pour soi-même.

Le *nom de guerre* est un nom ou sobriquet que prenaient autrefois les soldats, quand ils s'enrôlaient. On appelle, par extension, *noms de guerre* certains sobriquets qu'on donne à une personne, ou en badinant ou pour désigner quelque mauvaise qualité. Les acteurs et les actrices changent souvent leur véritable nom contre un *nom de guerre*, que logiquement l'on devrait appeler un *nom de théâtre*.

Le *nom de religion* est le nom que prennent quelques religieux et les religieuses en renonçant au monde pour mener une nouvelle vie.

Nom se dit, au figuré, pour désigner toute une nation ou tous les hommes d'une même croyance. *Le nom chrétien*, *le nom romain*, *le nom français*, signifient tous les chrétiens, tous les Romains, tous les Français : *Mahomet fut l'ennemi du nom chrétien*.

Dans le langage familier, *nommer les choses par leur nom* signifie qu'on leur donne sans ménagement les noms les plus odieux qu'elles méritent. *Je ne lui ai jamais dit pis que son nom* est une phrase proverbiale, qui répond à celle-ci : *Je ne lui ai jamais rien dit d'offensant*.

Au nom de... s'emploie adverbialement pour *de la part de...* On dit : *agir au nom de quelqu'un*, *en son nom*. On l'emploie aussi comme formule de supplication : *Au nom de Dieu*, *au nom de notre amitié*, je vous supplie de faire telle chose.
CHAMPAGNAC.

NOMADE (du latin *nomas*, fait du grec νέμω, je pais des troupeaux). C'est le nom qu'on a donné dans l'antiquité à divers peuples, qualités n'avoir d'autre occupation que de faire paître leurs troupeaux, sans demeure fixe, s'arrêtant çà et là sans autre règle que la commodité des pâturages. Les plus célèbres nomades furent ceux d'Afrique, qui habitaient entre la Tingitanie à l'est et la Mauritanie à l'ouest, et qui furent appelés *Numides*. Salluste a prétendu que c'était une colonie de Perses venue en Afrique avec Hercule. Les nomades d'Asie habitaient les bords de la mer Caspienne. Les nomades de la Scythie européenne erraient dans les contrées que parcourent encore aujourd'hui les petits Tatars.

NOMARQUE (du grec νόμος, nome, et ἀρχή, commandement). *Voyez* NOME.

NOMBRE (*Mathématiques*). La notion du nombre résulte, pour l'esprit, de la considération simultanée de deux ou plusieurs objets. A cette notion doivent nécessairement préexister dans l'intelligence au moins deux des groupes séparés de jugements par lesquels on acquiert la connaissance des corps, et l'idée du nombre ne se formerait pas dans l'esprit de celui qui, ne jouissant pas de la faculté de se souvenir, ne pourrait jamais percevoir, par la vue ou le toucher, qu'un seul objet à la fois. De cette conception du nombre, apportée en nous par les sens, l'esprit peut s'élever ensuite à la considération abstraite du nombre rendue indépendante des objets particuliers dont il indique la réunion ; et cette abstraction faite, c'est toujours elle qui guide l'esprit dans les combinaisons qu'il opère au moyen des nombres. On doit voir d'après ce qui précède que pour donner au nombre un sens complet et rigoureusement défini, il faut que les êtres réels ou imaginaires dont il est la collection soient tous parfaitement homogènes et identiques. Cet être, qui pour chaque nature de quantité est l'élément du nombre porte le nom d'*unité*. L'unité que l'on considère en arithmétique, branche des mathématiques la plus spécialement consacrée aux nombres, est essentiellement abstraite, et la recherche des rapports que possède cette science est tout à fait indépendante de l'être particulier que cette unité peut représenter. On est pourtant dans l'usage de séparer les nombres en deux classes, le *nombre abstrait* proprement dit, qui est le nombre sans désignation de l'espèce de quantité que son unité représente, et le *nombre concret*, par lequel on désigne, au contraire, l'espèce de quantité à laquelle il se rapporte. Mais c'est toujours sur les nombres abstraits que se font les opérations de l'arithmétique; les nombres concrets ne paraissent que dans les énoncés des problèmes et les résultats de leurs solutions.

On se sert pour représenter les nombres de signes particuliers nommés *chiffres*. Ces chiffres n'ont pas toujours été les mêmes; de là différents systèmes de *numération* ou manières de les combiner. L'art de grouper les nombres et de leur faire subir diverses opérations constitue l'*arithmétique*.

Nous avons jusque ici regardé l'unité comme indivisible; mais on peut concevoir pourtant qu'on en fasse plusieurs parties ou fractions. Ces parties sont ensuite réunies, comme des unités nouvelles, pour former des nombres auxquels on donne l'épithète de *fractionnaires*, en appelant, par opposition, *nombres entiers* ceux dans lesquels l'unité n'est pas divisée. Quand un nombre fractionnaire est plus petit que l'unité, ou, pour s'exprimer autrement, lorsqu'il contient un nombre de parties moins grand que celui dans lequel l'unité a été divisée, on lui donne le nom particulier de *fraction*. La considération des fractions de l'unité est quelquefois indispensable dans les calculs de l'arithmétique; mais on peut abréger et simplifier les opérations particulières que cette espèce de nombres exige, en prenant pour règle de ne jamais fractionner l'unité qu'en parties décimales, c'est-à-dire en dixièmes, centièmes, millièmes, etc., etc. L'écriture des nombres fractionnaires devient alors semblable à celle des nombres entiers, avec la seule attention de séparer par un signe particulier la partie entière du nombre de la fraction, ou, pour parler techniquement, de la partie décimale. Tous ces nombres sont des *nombres simples*; si l'on emploie plusieurs espèces d'unités sous-multiples les unes des autres, on a des *nombres complexes*.

On sait que la quantité peut être augmentée et diminuée; de plus, il faut concevoir que ses variations ont lieu d'une manière continue, c'est-à-dire sans qu'elle éprouve d'interruptions, quelque petites qu'elles soient, dans le passage d'un état à un autre. Il n'en est pas de même du nombre qui varie par intervalles, qu'on peut rendre extrêmement petits, il est vrai, mais jamais nuls. Il doit donc y avoir, et il y a en effet, certains états de la quantité que le nombre ne peut pas exprimer exactement. Les nombres inconnus correspondant à ces états de la quantité, et qui ne peuvent s'exprimer que par des symboles de convention, reçoivent le nom de *nombres incommensurables*, et, par opposition, tous les autres nombres prennent l'épithète de *commensurables*.

Quand on se borne à écrire à la suite les uns des autres les nombres entiers consécutifs, depuis l'unité jusqu'à une limite quelconque, on forme ce que l'on appelle la suite des *nombres naturels*. Ces nombres sont alternativement *pairs* et *impairs*, c'est-à-dire divisibles ou non par 2. Les peuples crédules de l'antiquité attribuaient de grandes vertus aux nombres impairs : *Numero Deus impare gaudet*, dit Virgile. Diverses considérations ont fait donner à certains nombres les épithètes de *premiers*, *parfaits* ou *imparfaits*, *amiables*, *congrus* (*voyez* CONGRUENCE), etc. Dès l'origine des sciences les combinaisons que l'on peut faire subir aux nombres ont attiré l'attention des mathématiciens. Quelques-uns, d'un esprit plus ingénieux que profond, ont pris plaisir à les ranger, d'après certaines lois particulières, en séries dont ils étudiaient les propriétés, ou qu'ils jugeaient douées de quelque pouvoir occulte. C'est ainsi qu'ont été formées une foule de combinaisons singulières, au premier rang desquelles doivent être placés les *nombres polygones* et les *nombres figurés*. Nous ne parlerons ici que pour mémoire des *nombres barlongs*, *oblongs*, *circulaires* ou *sphériques*, *diamétraux*, *parallélogrammes*, *parallélipipèdes*, etc., dont les noms sont tous déduits de relations plus ou moins directes avec des figures géométriques, et qui jouissent tous de propriétés particulières. Cet art de combiner ainsi les nombres pour en faire des composés plus ou moins bizarres a dû sans doute ses développements et la faveur dont il a joui aux recherches de l'astrologie judiciaire et de la science cabalistique, qui accordaient un grand pouvoir et des vertus occultes plus ou moins saillantes à certains arrangements de chiffres. Mais si l'astrologie a fait fleurir la science des nombres, ce n'est pas elle qui doit porter le reproche de lui avoir donné le jour. L'antiquité connaissait déjà cette science, et pour ne citer que le nom le plus éminent entre tous, Pythagore enseignait à ses disciples une théorie complète des propriétés inhérentes aux divers nombres. Dans son système, l'unité représentait la Divinité, qui contient tout et de qui tout découle. Le nombre 2 était le mauvais principe, et tous les nombres commençant par ce chiffre étaient voués à la haine et au mépris. Le nombre 3 était le symbole de l'harmonie parfaite. Le nombre 4, celui qui donnait l'idée de Dieu et de sa puissance, etc., etc. Un apôtre chrétien, saint Augustin, a partagé sur ce sujet toutes les idées du philosophe grec. L.-L. VAUTHIER.

NOMBRE (*Grammaire*). En langage grammatical, on entend par *nombre* la propriété qu'ont les mots dont le discours se compose d'indiquer l'unité ou la pluralité des objets ou des personnes auxquelles ils se rapportent. A l'exception de quelques-unes, les langues ne possèdent que deux nombres, le *singulier*, qui indique l'unité, et le *pluriel*, qui indique la multiplicité. L'hébreu, le grec et le polonais admettent un troisième nombre, le *duel*, qui s'emploie lorsqu'on parle de deux choses ou de deux choses et qui fait seulement sentir son influence sur les désinences des verbes. Ce nombre n'est du reste d'un fréquent usage dans aucune des langues qui l'admettent, et qui ne l'ont reçu qu'après coup et par irrégularité.

NOMBRE (*Rhétorique*). Ce mot sert à désigner les mesures, les cadences, les portions rhythmiques propres à rendre les chants ou les vers agréables à l'oreille. Cette expression emporte le plus souvent avec elle l'idée de quelque pompe dans le style, et ne peut guère s'appliquer dans la prose qu'aux périodes dont la marche est grave et soutenue.

NOMBRE D'OR. On appelle ainsi le nombre qui indiquait anciennement à quelle année du cycle lunaire appartenait une année déterminée.

La Lune, dans sa marche autour de la Terre, est soumise à des variations considérables, qui se reproduisent périodiquement, après un intervalle d'à très-peu près dix-neuf années. Les anciens astronomes avaient assigné à cette période de variations un intervalle exact de dix-neuf années, qu'ils nommèrent *cycle lunaire*. D'après cela, les nouvelles lunes et toutes les phases de ce satellite devaient se reproduire absolument de la même manière à dix-neuf années de distance; et pour savoir s'il jamais les variations de la Lune, il suffisait de connaître exactement ces variations pendant un cycle lunaire. On se trouva ainsi naturellement conduit à partager la série des années en séries partielles de 19, numérotées à partir d'une année déterminée, et dans toutes les années marquées du même nombre devaient se reproduire des variations absolument identiques de la Lune. De là l'usage du *nombre d'or*, qu'il suffisait de connaître pour avoir l'ensemble des phases lunaires dans l'année à laquelle il se rapportait. Maintenant, les choses sont changées : la période du cycle lunaire n'étant pas exactement de dix-neuf ans, déjà en l'année 300 de notre ère il y avait dans les variations de la Lune une différence d'un jour ; en 1582 cette différence était de quatre jours. C'est alors que le pape Grégoire réforma le *calendrier* Julien. On retira au nombre d'or la prérogative dont il avait joui jusqu'alors, pour se servir du cycle des *épactes* ; et dans le calendrier grégorien le nombre d'or ne sert plus qu'à trouver ce nouveau cycle. Du reste, quel que soit l'usage de ce nombre, il est un moyen bien simple de le chercher pour toutes les années de notre ère. L'année de la naissance de

Jésus-Christ, qui est celle d'où nous comptons, était la deuxième année d'un cycle lunaire, et par suite avait 2 pour nombre d'or : d'après cela, il suffit d'ajouter 1 au millésime de l'année dont on veut savoir le nombre d'or, et le reste de la division par 19 donnera ce nombre ; seulement, quand le reste est zéro, c'est 19 qu'il faut prendre. On trouve, en suivant cette règle, que 14 est le nombre d'or de la présente année 1856.

L'étymologie du mot *nombre d'or* est assez incertaine. On suppose cependant que ce nom lui vient de l'usage qu'avaient les Athéniens d'écrire chaque année ce nombre en chiffres d'or dans la place publique. On attribue l'invention de ce cycle à Méton.   L.-L. VAUTHIER.

NOMBRES (Livre des). On appelle ainsi le quatrième livre du *Pentateuque*. Il a reçu ce nom des Septante, parce que ses trois premiers chapitres sont consacrés au dénombrement des Hébreux et des Lévites. Les trente-trois autres chapitres contiennent le récit des campagnes des Israélites dans le désert et des guerres de Moïse contre les rois Jéhon et Og et les Madianites. C'est dans ce livre qu'il est parlé de la désobéissance du peuple aux ordres du prophète, de l'ingratitude dont il paya ses bienfaits, et des châtiments que Dieu lui infligea pour ses murmures. On trouve aussi plusieurs lois de Moïse dans ce livre, qui semble une espèce de journal des actions du peuple de Dieu.
   L.-L. VAUTHIER.

NOMBRES PROPORTIONNELS. *Voyez* ÉQUIVALENTS CHIMIQUES.

NOMBRIL (du latin *umbo*, qui signifiait la bosse placée au milieu d'un bouclier). On appelle ainsi le nœud formé par la peau du milieu du ventre à l'endroit où s'insérait le cordon ombilical à la naissance de l'enfant : ce nœud, apparent et bien marqué dans la race humaine, est presque insensible et souvent oblitéré chez les animaux, parce qu'ils se coupent l'ombilic à fleur de ventre, tandis que le cordon ombilical humain est coupé à trente centimètres environ au-dessous de la ligature que l'on y fait. Cette cicatrice est d'autant plus profonde que l'individu est plus âgé et plus gras : elle résulte de quatre plans de fibres qui s'entrecroisent par leurs extrémités. Le nombril ou ombilic est, particulièrement chez les femmes, sujet à une tumeur que les médecins appellent *exomphale*, et qui résulte de sa relaxation.

NOME, terme d'antiquité, mot emprunté du grec, et qui signifie proprement *loi*. Lorsqu'on parle de la poésie des anciens, on désigne ainsi une espèce de chant en l'honneur d'Apollon, comme le *dithyrambe* était en l'honneur de Bacchus. Quand il s'agit de la musique des anciens, c'était un chant, un air assujetti à certaine cadence, de laquelle il n'était pas permis de s'écarter en changeant à son gré le ton de la voix ou celui des cordes de l'instrument. Il y en avait pour le luth ou la guitare et pour la flûte. Les nomes empruntaient leurs dénominations à certains peuples : *nome éolien, nome béotien*; ou à la nature du rhythme : *nome orthien, nome trochaïque*; ou à leurs inventeurs : *nome hiéracien, nome polymnestan*; ou à leur sujet : *nome pythique*; ou enfin à leur mode : *nome aigu, nome grave*.

Nome, dans une autre acception, signifie *préfecture, gouvernement*. Les fonctionnaires placés à la tête de ces provinces s'appelaient *nomarques*. *Nome* se dit surtout des différents pays de l'Égypte, suivant une ancienne division du pays. L'Égypte fut partagée sur l'ordre de Sésostris en trente-six nomes.

NOMENCLATURE (du latin *nomenclatura*) est un terme qui signifie manifestation, exposition, dénombrement des noms. Aussi à Rome appelait-on *nomenclateurs* les gens qui, lors de quelque élection dans les assemblées du peuple, se chargeaient d'apprendre aux candidats les noms de tous les citoyens qu'ils rencontraient, afin que ces solliciteurs fussent en état de saluer chacun par son nom, selon la règle, très-sensée, de la civilité romaine. La dénomination de *nomenclateur* était encore appliquée aux esclaves qui, dans un banquet, faisaient ranger les convives à table, en appelant chacun par son nom. C'est de ces anciens usages romains que sera sorti le mot *nomenclature*, qui fut d'abord propre à la botanique seulement, qui s'étendit ensuite aux diverses parties de l'histoire naturelle, puis à d'autres sciences, et surtout à la grammaire. En général, le mot *nomenclature* sert à désigner la méthode qui assigne aux divers objets dont s'occupe une science les noms qui peuvent le mieux faire sentir en quoi ils diffèrent les uns des autres. On dit la *nomenclature* de la b o t a n i q u e, de la minéralogie, de la physique, la n o m e n c l a t u r e c h i m i q u e; on dit également la *nomenclature* d'un dictionnaire pour embrasser d'un seul coup l'ensemble et le classement de tous les termes qui le composent. La nomenclature d'une langue est le catalogue des mots ordinaires de cette langue, lequel catalogue a pour objet d'en faciliter l'usage à ceux à qui on l'enseigne. On pourrait, dit un grammairien, définir ce mot *nomenclature* la grande science de la mémoire. Nous ajouterons qu'il est aussi des cas où le jugement est indispensable pour faire une bonne nomenclature. Chez nous, on donne le nom de *nomenclateur* à celui qui s'occupe de travaux de nomenclature.   CHAMPAGNAC.

NOMENCLATURE CHIMIQUE. Les c o r p s simples pouvant former des composés de deux, trois... éléments différents, les chimistes modernes ont adopté une méthode fort ingénieuse, à l'aide de laquelle on forme des noms qui indiquent les éléments qui entrent dans la formation d'un composé, et même souvent la proportion dans laquelle ces éléments sont combinés entre eux. Voici une idée de ce qu'on appelle *nomenclature chimique* : l'o x y g è n e ayant la propriété de se combiner avec les autres corps simples, du moins avec le plus grand nombre, on est convenu d'appeler *o x y d e s* les composés d'oxygène et d'une autre substance qui ne rougissent pas la couleur du tournesol, qui sont insipides, ou qui du moins n'ont pas une saveur aigre. Comme l'oxygène peut se combiner en différentes proportions avec la même substance simple, on désigne les composés qui résultent par les mots de *protoxyde, deutoxyde, tritoxyde*, etc., suivant que l'oxygène entre dans le composé en une, deux, trois, etc., proportions; le composé le plus oxydé s'appelle *peroxyde*. Quand un corps ne peut former qu'un seul oxyde, on désigne celui-ci par le nom de ce corps même : ainsi, le composé d'oxygène et de carbone s'appelle *oxyde de carbone*; mais quand l'oxyde est combiné avec de l'eau, le composé prend le nom d'*hydrate*.

Si l'oxygène en se combinant avec un ou plusieurs substances simples forme un seul a c i d e, on désigne le composé par le nom générique *acide*, auquel on joint le nom du corps même avec la terminaison *ique* : ainsi, on dit *acide carbonique, acide borique*, etc. Si l'oxygène peut donner naissance à deux acides, en se combinant avec la même substance en diverses proportions, le mot qui désigne le plus faible de ces acides se termine en *eux*, et le plus fort en *ique* : ainsi on dit *acide sulfureux, acide sulfurique*. Si l'oxygène en se combinant avec une substance peut former trois, quatre acides, le nom des plus faibles est précédé de la préposition grecque *hypo* (au-dessous) ; ainsi, on dit : acides *hypophosphoreux, phosphoreux, hypophosphorique* et *phosphorique*.

L'h y d r o g è n e ayant, comme l'oxygène, la propriété de se combiner avec plusieurs substances simples et de donner naissance à des produits qui tantôt sont acides, tantôt ne le sont pas, on désigne les acides de ce genre par le nom de la substance simple terminé par *hydrique* : ainsi, le composé acide résultant de la combinaison du chlore avec l'hydrogène s'appelle *acide chlorhydrique*, les composés d'hydrogène non acides s'appellent *hydrures* quand ils sont solides; lorsque ces composés sont gazeux, on les désigne par le nom du corps simple terminé en *é* et précédé du mot *gaz hydrogène*; on dit donc : *gaz hydrogène sulfuré, phosphoré*, etc.

NOMENCLATURE CHIMIQUE — NOMS PROPRES

Lorsque deux substances simples autres que l'oxygène et l'hydrogène se combinent entre elles, le nom du composé s'obtient en donnant la terminaison *ure* au corps le plus électro-négatif des deux composants : ainsi *iodure de potassium*, etc., et si la combinaison peut avoir lieu en une, deux, trois... proportions, on fait précéder le composé des mots *proto, deuto, trito*; on dit donc : *protosulfure, deutosulfure*, etc.

Les sels produits composés d'un acide et d'une ou plusieurs bases se distinguent par des noms particuliers, suivant leur nature. Si la terminaison du nom de l'acide est en *ique*, on la change en *ate* ; et si elle est en *eux*, on la change en *ite* : ainsi, par exemple, les sels formés par les acides *phosphorique*, *phosphoreux*, *hypophosphoreux*, etc., prennent le nom de *phosphates*, de *phosphites*, et d'*hypophosphites*, noms qu'on fait suivre de celui de la base. Les sels formés par un acide produit par l'hydrogène prennent aussi des noms terminés en *ate* ; ainsi, l'on dit : *chlorhydrate de fer*. Les sels dans la composition desquels l'acide est en excès s'appellent *sur-sels* ; dans le cas contraire, on les désigne par le nom de *sous-sels*.

Tel est, en abrégé, le système que Guyton de Morveau eut la gloire de proposer le premier. Lavoisier, Fourcroy, Thénard et autres chimistes l'ont successivement perfectionné ; il n'est pas encore parfait, à beaucoup près ; néanmoins, il est d'un grand secours pour l'étude de la chimie dans son état actuel. TEYSSÈDRE.

NOMINAL, ce qui dénomme ou est dénommé : *l'appel nominal* est l'action d'appeler successivement par leur nom les membres d'une assemblée, d'un corps. *Prières nominales* se disait jadis d'un droit honorifique qu'avaient les patrons et hauts justiciers d'être nommés aux prières du prône. La *valeur nominale* est la valeur exprimée sur un papier-monnaie, sur un effet de commerce, laquelle est ordinairement au-dessus de la valeur réelle.

NOMINALISME, NOMINAUX. On appelle ainsi un système philosophique sur l'essence et l'importance des idées générales, qui, en opposition au *réalisme*, n'a pas seulement en partis hostiles la philosophie chrétienne du moyen âge, la scolastique, mais dont on retrouve la trace dans toute l'histoire de la philosophie moderne. Il s'agit en effet de savoir si les idées générales désignent quelque chose d'existant, ou bien si elles ne sont que les produits de l'abstraction de l'entendement. C'est vers la fin du onzième siècle que ce système reçut cette dénomination, alors que Jean Roscellinus se mit à prétendre que les idées générales (*universaux*) ne sont pas des choses, mais seulement des mots ou des noms (*nomina rerum* ou *flatus vocis*), et qu'il n'y a de véritablement existant que l'unité. Les réalistes, au contraire, soutenaient que les idées générales ne proviennent point de l'entendement, mais sont données pour bases les objets ; qu'elles sont données à l'entendement comme la réalité, et qu'elles sont la chose même. La doctrine de Roscellinus fut condamnée au concile de Soissons, en 1092, et les réalistes devinrent alors l'école dominante, laquelle se divisa ensuite en *thomistes*, partisans de saint Thomas d'Aquin, et en *scotistes*, partisans de Duns Scot. Au quatorzième siècle, Guillaume d'Occam réveilla la grande querelle du nominalisme avec une telle ardeur que les nominalistes finirent par l'emporter.

Occam attaqua d'abord la réalité objective soutenue par les réalistes, et qui devait, suivant eux, appartenir aux idées générales, indépendamment de l'entendement. A l'égard des idées générales, il prétendait qu'elles n'ont qu'une existence subjective dans l'âme et qu'elles ne sont que le produit de la force d'abstraction de l'entendement. Il eut de nombreux partisans, qui prétendaient suivre la doctrine de Polydore et d'Aristote. Parmi les docteurs qui défendirent après lui le *nominalisme*, il faut mentionner Jean Buridan, mort après 1358 ; Robert Holcot, mort en 1349 ; Grégoire de Rimini, mort en 1358 ; Henri de Hesse, mort en 1397 ; Nicolas Oresmius, mort en 1382 ; Matthieu de Cracovie, mort en 1410 ; et Gabriel Biel, mort en 1495. Les nominalistes furent encore souvent l'objet de persécutions violentes : par exemple, à Paris, en 1339, 1340, 1473 ; d'un autre côté, la condamnation de Jean Huss prouve que les nominalistes ne traitèrent pas non plus toujours leurs adversaires, les réalistes, avec une mansuétude toute chrétienne. Mais à la longue, ils finirent peu à peu par l'emporter en France de même que dans les universités d'Allemagne. Ce qui rend ces controverses remarquables dans l'histoire de la philosophie du moyen âge, c'est que, quoique limitées à la réalité des idées subjectives, elles provoquèrent la naissance d'opinions plus libres, indépendantes de la théologie scolastique, et qui frayèrent la voie aux grands travaux philosophiques des siècles suivants.

NOMINATIF (du latin *nominativus*, qui nomme). *Voyez* CAS (*Grammaire*).

NOMINAUX. *Voyez* NOMINALISME.

NOMS PROPRES, NOMS DE FAMILLE. Dans les premiers âges du monde, les noms de famille étaient inconnus. Chaque individu n'avait qu'un seul nom, ordinairement significatif, et ne se distinguait de ses homonymes qu'en ajoutant à son nom *fils d'un tel*. C'est ainsi que figurent dans la Bible les anciens patriarches, les juges des Hébreux, les prophètes, les rois même de Juda et d'Israël. Ceux-ci ne sont point classés sous des noms collectifs de dynastie. Chaque famille se bornait à conserver avec soin sa généalogie, qui remontait jusqu'à l'un des chefs des douze tribus. Jésus-Christ n'avait pas de nom de famille, bien que sa filiation en droite ligne depuis le roi David nous ait été conservée par saint Matthieu. Ce n'est que sous le gouvernement des grands-pontifes juifs que l'on voit briller un seul nom de famille, celui des *Machabées*. Les Israélites modernes ne portent en général que les antiques noms d'*Aaron, Isaac, Saül, Jonas*, etc., auxquels ils joignent presque toujours celui de leur ville natale, qui est devenu pour la plupart d'entre eux nom patronymique.

On ne trouve aucune trace de nom de famille dans l'histoire de l'Inde, des Assyriens, des Babyloniens et des Mèdes, et les listes de leurs rois n'offrent même aucun nom de dynastie. Il n'en fut pas de même chez les Perses. Leur histoire ancienne, soit que l'on s'en rapporte aux chroniques orientales, soit que l'on adopte les récits des auteurs grecs, nous présente des noms de dynasties ou de familles royales. En Égypte, le nom de *Pharaon* paraît avoir été commun à tous les princes d'une dynastie plutôt qu'à un ou à plusieurs rois. Quant aux *Ptolémées* ou *Lagides*, leur nom appartient bien véritablement à tous les princes de la dynastie macédonienne issus de Lagus, comme celui de *Séleucides* fut transmis par le Macédonien Séleucus à ses successeurs sur le trône de Syrie et d'une partie de l'Asie. Du reste, on ne voit pas que les noms de famille aient été plus connus des Égyptiens que des Syriens, des Phéniciens et des Carthaginois, dont les noms individuels rappelaient presque toujours l'ancien culte de Bel, Bal ou Baal (le soleil), comme *Narbal, Madherbal, Hannibal, Hasdrubal*, etc.

Chez les anciens Grecs, tous les noms étaient individuels et significatifs ; ils émanaient d'un grand événement, d'une qualité personnelle, d'un heureux présage, du hasard, et souvent de la piété, de l'amitié et de la reconnaissance. Le fameux Alcibiade d'Athènes portait le nom que son bisaïeul avait pris de son hôte lacédémonien. Ces noms propres, communs à plusieurs individus, jettent de l'obscurité dans l'histoire des temps héroïques de la Grèce. Il est évident qu'on a confondu ensemble plus d'un *Thésée*, d'un *Hercule*, d'un *Orphée*. Il y a eu aussi plusieurs *Démosthène*, plusieurs *Socrate*, et il a réellement existé deux *Sapho*, dont on n'a fait qu'une seule femme. On n'a fait aussi qu'un seul prince de *Néoptolème* et de *Pyrrhus*. Comme les noms les plus longs passaient pour les plus beaux, et que les noms courts étaient réservés aux enfants et aux esclaves, on vit un *Hegesander* donner à son fils le nom d'*Hegesandriadas*, et le fils d'Hiéron, tyran de Syracuse, porter le nom d'*Hiéronyme*. On trouve chez les Grecs d'autres exemples de noms composés et allongés d'après une semblable origine. On y découvre également des traces de noms de familles illustres, tels que ceux des *Héraclides*, des *Cécropides*, des *Atrides*, etc., descendants d'Hercule, de Cécrops, d'Atrée, etc.; mais les deux premiers exceptés, les autres ne s'étendaient qu'à une génération. Ainsi, les *Tyndarides* Castor et Pollux, fils ou censés fils de Tyndare, ne transmirent pas ce nom à leur postérité. L'exemple des Romains, leurs vainqueurs, ne put déterminer les Grecs à adopter l'usage des noms héréditaires, si utiles et flatteurs pour conserver dans les familles les propriétés et les souvenirs glorieux.

Les Romains l'avaient reçu des anciens peuples de l'Italie, et particulièrement des Étrusques. Sylvius avait été le nom de famille des rois d'Albe. Les Romains avaient trois et même quatre noms : le premier était un *prénom*, *Lucius*, *Marcus*, *Publius*, *Quintus*, etc., qui servait à distinguer les aînés des puînés; le second était le nom propre, *Cornelius*, *Julius*, *Tullius*, etc.; le troisième, le nom de la race (*gens*), *Scipion*, *Metellus*, etc.; le quatrième, ou le troisième, lorsqu'il n'était précédé que de deux autres, était un surnom ou sobriquet, comme *Africanus*, *Numidicus*, *Nasica*, *Cicero*. Ces surnoms devinrent souvent héréditaires, par conséquent noms de famille, quoiqu'ils ne fussent pas exclusivement propres à une famille. Les femmes ne portaient qu'un nom, ordinairement celui de leur famille, *Cornélie*, *Porcie*, etc.; mais de leur nom se formait quelquefois le surnom de leurs fils, comme *Vespasianus*, de sa mère Vespasia. Les surnoms de César et d'Auguste devinrent plutôt un titre qu'un nom de famille pour les empereurs; mais bien que les dix premiers complètent la série des princes spécialement nommés les *douze Césars*, il n'y en eut véritablement que quatre appartenant par le sang ou l'adoption à la famille de Jules César et d'Auguste. La plupart des prénoms romains terminés en *us* prirent successivement la terminaison en *ius*, en *ellus* ou en *ilius*, en devenant noms de famille : ainsi, de *Marcus* viennent *Marcius* et *Marcellus*; de *Quintus*, *Quintius*, *Quintilius*, et même *Quintilianus*, etc. Les noms de famille *Flaminius* et *Pontificius* venaient d'un *flamen* (prêtre) et d'un *pontifex* qui en avaient été les chefs. La famille *Antonia* prétendait descendre d'Anton, compagnon d'Hercule, et la famille *Fabia* d'Hercule même, dont le père (Jupiter) était nommé en langue étrusque Fabu ou Fabin (auguste, vénérable). Mais tous les noms des familles romaines n'avaient pas de telles étymologies aussi illustres : celui de *Fabricius* était dérivé de *faber* (ouvrier), comme les noms français de *Fabre*, *Lefevre*, *Lefèbure*.

Les Arabes, qui, outre une double et commune origine, ont avec les Hébreux tant de ressemblance et d'affinité, adoptèrent leur usage de ne porter qu'un nom individuel, auquel ils ajoutaient celui de leur père ou de leur aïeul et de leur fils aîné, et souvent aussi un surnom composé et significatif, qui rappelait le pays natal ou quelque singularité, quelque vertu, quelque défaut. Mais les familles souveraines et illustres étaient distinguées par un nom générique dérivé de celui de leur fondateur. Ainsi, l'on voit avant l'époque de l'islamisme les *Lakhmides*, rois de Bahraïn; les *Koréischides* et les *Hachémides*, qui en étaient une branche, princes de La Mecque. On sait que Mahomet appartenait à cette dernière famille, et que c'est de lui, par sa fille Fatime et par son gendre Ali, que sont sorties les nombreuses branches des princes *Alides*, *Fatimides* et *Ismaélides*. D'autres familles non moins célèbres, issues de celle des koréischides, ont possédé le khalifat en Syrie, à Bagdad et en Espagne : ce sont les *Ommeyades*, descendants d'Ommeyah, les *Abbassides*, issus d'Abbas, oncle de Mahomet, et les *Merwanides*, branche des Ommeyades. L'Arabie a eu depuis d'autres dynasties ou familles souveraines : les *Zeyadides*, les *Nadjahides*, les *Solahides*, etc.; mais les princes de toutes ces dynasties n'étaient désignés que par leur nom, leur titre, leur surnom, et portaient rarement le nom de leur famille. Il en est ainsi des Arabes qui n'appartiennent pas aux maisons souveraines. Quant aux Bedouins, leurs noms sont souvent étrangers au mahométisme, et ils y joignent celui de leur tribu.

Les Turcs ajoutent généralement à leur nom mahométan un surnom, tiré du lieu de leur naissance, d'un défaut corporel, ou de leur première profession, quelque humble qu'elle ait été, même lorsqu'ils sont parvenus aux premières dignités. Ils ne connaissent point les noms héréditaires, excepté dans les familles souveraines, telles que celle des sultans *Osmanlis* ou *Ottomans*, aujourd'hui régnants. Sous l'empire de ces derniers, on n'a vu qu'un nom héréditaire dans une classe inférieure, celui des *Kiuperli* ou *Kœprili*, dont la famille a fourni trois générations de grands-vizirs et plusieurs pachas. Les Persans modernes ont des noms plus composés, plus brillants, qui réunis ou fondus avec des noms musulmans rappellent ceux de leurs anciens héros plus ou moins romantiques. Ils ont aussi des surnoms comme les Turcs et les Arabes; mais, à l'exception de l'illustre famille des *Barmékides*, on ne voit guère en Perse d'autres noms héréditaires que ceux des familles qui ont régné sur une partie ou sur la totalité de cet empire. Les Parsis ou Guèbres, descendants des anciens Perses, donnent à leurs enfants le nom de quelque être céleste; ceux qui habitent l'Indoustan joignent à leur nom celui de leur père; mais ce surnom patronymique n'est point héréditaire, et varie à chaque génération. On trouve néanmoins chez eux des familles qui se vantent d'une noblesse ancienne et indépendante. Parmi les Tatars, deux noms fameux, *Djinghiz Khan* et *Timour* ('Tamerlan'), se sont perpétués jusqu'à nos jours dans deux familles souveraines et puissantes, qui ont formé plusieurs branches en Asie et dans l'Europe orientale. Le nom de *Gherai* a été porté par tous les khans de Crimée issus de Djinghiz, et les *Babourides*, qui ont fondé l'empire mogol dans l'Indoustan, descendaient de Tamerlan.

On ne trouve en Afrique aucun nom de famille, ni parmi les Abyssins et les Nubiens, ni chez les chrétiens coptes d'Égypte, ni dans les États barbaresques de Tripoli, de Tunis, et de Maroc, ainsi qu'à Alger, si ce n'est chez les juifs, tels que la maison de *Bacri*, et chez les princes musulmans, qui ont formé plusieurs dynasties, les *Abéidides* ou *Fatimides*, les *Almoravides* et les *Almohades*; les *chérifs* régnants à Fez et Maroc.

Qui croirait que chez des nations à demi sauvages, les Lapons, les Samoyèdes, les Baschkirs, et autres peuples du nord de l'Europe et de l'Asie, les noms de famille existent de temps immémorial ? Il n'y en a point en Arménie, où l'on a vu pourtant depuis quinze siècles figurer dans leur histoire les noms de familles souveraines, les *Orpélians*, les *Rhoupéniens*, les *Mamigonéans*, qui paraissent avoir été originaires de la Chine.

Chez presque toutes les nations de la terre les noms de famille sont restés inconnus jusqu'au dixième et au onzième siècle de notre ère. L'invention ou du moins la résurrection en est venue de la Chine. Là, comme aujourd'hui en Europe, le nom de famille est celui de la ligne paternelle, et se transmet également aux fils et aux filles, à moins que l'un d'eux ne passe par l'adoption dans une autre famille. Ce nom est toujours placé le premier et suivi de surnoms variés et nombreux. Tous les noms et surnoms sont significatifs, mais il n'est pas toujours aisé d'en deviner le véritable sens. Les surnoms dérivent des changements de position sociale d'un individu, de sa profession, des titres, des charges dont il est revêtu, enfin de la bouche qui le prononce et par conséquent du cérémonial. Quelquefois ces surnoms ne sont donnés qu'après la mort, surtout lorsqu'il s'agit des princes de familles souveraines. L'usage des noms héréditaires, né en Chine du respect filial, passa au Japon, où il s'est maintenu; et le droit d'en priver un enfant coupable ou de le lui rendre fait partie de la puissance paternelle. Mais ce nom, placé le premier, ne sert guère que dans les actes et les écrits; et les individus ne sont désignés communément que par un surnom, qui, ainsi que chez les Chinois, varie à diverses époques de la vie. Au Brésil, la coutume est aussi chez les colons de signer en toutes lettres leurs prénoms, et de n'indiquer leur nom de famille que par sa lettre initiale.

L'invasion des Hérules, des Goths, des Vandales, des Huns, des Bourguignons, fit insensiblement disparaître les noms romains dans tous les pays qui avaient formé les empires d'Occident et d'Orient. Les anciens prénoms étaient déjà remplacés chez les chrétiens par les *noms de baptême*, et pour éviter la confusion de ces prénoms multipliés il fallut encore recourir aux surnoms, aux noms composés. C'est ce qui eut lieu en Pologne lorsque après l'introduction du christianisme tous les hommes reçurent au baptême les noms de *Pierre* ou de *Paul* et les femmes ceux de *Marguerite* ou de *Catherine*.

Chez les Grecs du Bas-Empire, les noms héréditaires ne commencèrent que vers la fin du dixième siècle; ils étaient encore rares dans le quinzième. Les empereurs d'Orient n'ont pas été classés par noms de dynasties; les noms de baptême étant devenus communs, comme dans toute l'Europe, ils prirent ou reçurent des surnoms. Celui des *Comnènes*, devenu héréditaire, dérivait, par altération, d'une victoire remportée par l'un d'eux sur les Comanes; les *Briennes*, leurs rivaux, étaient originaires d'Irlande, où *brien* signifie *roi*, *chef*. Cette famille s'est aussi transplantée à Naples et en France. *Paléologue*, prénom grec, devint le nom d'une famille impériale, ainsi que *Lascaris*, *Cantacuzène*, etc. Plusieurs noms patronymiques grecs sont dérivés de noms de baptême, au moyen de la terminaison *poulo* ou *pouli*, indiquant la filiation, comme *Stéphanopoulo*, *Nicolopoulo*, fils d'Étienne, de Nicolas.

C'est ainsi qu'en Irlande et en Écosse, les syllabes O', *Mac*, *Fitz*, marquant la filiation, ont formé une infinité de noms de famille, tels que *O'Connell*, *Mac-Donald*, *Fitz-James*, etc. En prenant des noms de baptême, les Russes gardèrent leurs noms slaves, auxquels ils ajoutèrent des surnoms qui devinrent noms de famille, tels que celui de *Dolgorouki* (longue main). D'autres noms patronymiques dérivent de noms de baptême terminés par *vitch* (fils) ou par *ef* et *of*, indiquant le nom de l'aïeul. Au reste, la plupart des plus illustres familles russes sont étrangers. La plupart des noms nobles de Russie ne sont héréditaires que depuis le dix-septième siècle.

Malgré l'ancien exemple des Lapons, l'usage des noms de famille en Suède, en Danemark et en Norvége n'a guère été adopté que par les nobles et les bourgeois; il n'a pas encore prévalu dans les campagnes. Quelques-uns de ces noms dérivent de signes armoriaux. Le nom d'*Oxenstiern* signifie *front de bœuf*, et celui de la famille de *Sparre*, naturalisée en France, signifie *chevron*.

En Angleterre, les noms de famille ne commencèrent qu'après la conquête de Guillaume Ier et la distribution qu'il fit des fiefs à ses Normands. Mais ces noms furent longtemps rares: les surnoms étaient plus communs, et leur usage s'introduisit dans les actes. Guillaume lui-même ne rougissait pas d'ajouter à son nom l'épithète de *bâtard*, et le nom de la dynastie des *Plantagenets*, qui commença à Henri II, était le surnom du père et son fondateur. Deux autres dynasties anglaises ne eu un nom patronymique, les *Tudors* et les *Stuarts*. En général, tous les noms anglais sont significatifs, comme *Brown* (brun), *Fox* (renard), etc. D'autres, originairement noms de baptême, sont devenus noms de famille par l'addition d'une *s* ou du mot *son*, qui signifie *fils* de, comme *Richards*, *Roberts*, *Richardson*, *Robertson*, etc. Dans tous les pays du Nord, la plupart des noms de famille sont terminés par *Berg*, *Brug* ou *Bruck*, *Burg*, *Dyck*, *Stadt*, *Son* ou *Sen*, *Sluys*, etc. (montagne, pont, bourg, digue, ville, fils, écluse, etc.). En Hollande et en Belgique, ils sont ordinairement précédés des syllabes *van*, ou *van der* (de, de la).

Cet usage a lieu aussi en Allemagne, où les noms de famille s'établirent comme en France, à l'époque des croisades. Des surnoms tirés de qualités ou de défauts personnels en tenaient lieu au douzième siècle, et furent remplacés par des noms de seigneurie. Ceux-ci appartiennent spécialement à toutes les maisons impériales, royales, ducales, électorales, margraviales, etc., de l'Allemagne.

Les rois visigoths, suèves et alains, n'ont point apporté en Espagne et en Portugal de noms collectifs de dynastie. Les rois chrétiens de Léon, de Galice, d'Aragon, de Castille, etc., n'ont pas eu non plus de noms permanents. Il n'en fut pas ainsi des dynasties musulmanes. Les noms actuels d'*Almodovar*, dérivé d'*Al-Modhaffer* (le victorieux), d'*Albufera*, d'*Albuquerque*, et autres précédés de la syllabe *al*, sont tous d'origine arabe, ainsi que ceux de *Medina-Celi*, *Medina-Sidonia*. Plusieurs noms de baptême espagnols, Gonzalo, Fernando, sont devenus noms de famille en prenant la terminaison en *ez*, *Gonzales*, *Fernandez*. Deux familles illustres et rivales, les *Lara* et les *Castro*, prirent des noms jadis personnels au possesseur de l'une ou de l'autre de ces seigneuries.

En France, l'avilissement de la dynastie mérovingienne, les concessions arrachées aux faibles successeurs de Charlemagne, l'usurpation de la race capétienne, ayant rendu héréditaires dans les branches aînées des familles les charges et offices, les titres de ces charges devinrent insensiblement des noms patronymiques et permanents, comme *Bailly*, *Baillif*, *Baïf* et *Le Bailly*, *Comte*, *Le Comte*, *Chevalier*, etc. Les puînés prirent alors le titre des fiefs ou seigneuries qu'ils avaient eus en partage, et ces titres devinrent aussi noms de famille. Ces noms, variables par l'inconstance des titulaires, jetèrent d'abord de la confusion dans les actes; mais lorsque les fiefs eurent acquis plus de stabilité, le nom du plus ancien ou du plus riche fut transmis au fils aîné, qui ne le perdit plus, même après l'aliénation de la seigneurie. De là sont venus les *Montmorency*, les *Rohan*, les *La Rochefoucauld*, etc. A l'époque des croisades, les noms et surnoms communs à une foule d'individus transportés en Orient rendirent nécessaires l'adoption irrévocable des noms patronymiques, rares jusque alors. Ceux qui n'avaient plus de fiefs adoptèrent pour nom l'emblème qui figurait sur leur écu ou sur leur bannière. Telle fut l'origine des armoiries parlantes et de plusieurs noms analogues: *Le Cerf*, *La Croix*, *Le Bœuf*, *Abeille*, etc. Plus tard, des familles anoblies se firent des armoiries qui cadraient avec leur nom. Celles de notre grand Racine étaient primitivement un rat et un cygne; le poëte ne garda que le cygne, qui lui plaisait davantage.

Lorsque Louis le Gros eut affranchi les communes, les bourgeois suivirent l'exemple des nobles pour se distinguer des habitants des campagnes, qui devaient languir encore longtemps dans la servitude. Les noms qu'ils se donnèrent étaient dans les actes relatifs aux portions de propriété qu'ils achetaient des gentilshommes qui partaient pour la Terre-Sainte. Ces noms commencèrent à devenir héréditaires au treizième siècle, suivant Mézeray; mais le changement ne fut consommé que dans le quatorzième siècle, lorsque le tiers état fut admis aux états généraux. Les nouveaux noms dérivaient: 1° de noms de baptême; 2° de surnoms ou sobriquets; 3° du lieu de naissance, de résidence ou de propriété; 4° de la profession, du métier; 5° de quelques circonstances particulières. Il faut ajouter à ces noms tous ceux qui commencent par le mot *saint*, usurpé presque toujours par l'orgueil et le charlatanisme des nouveaux anoblis, ou de prétendus nobles; les noms en *ia*, en *baud*, en *bald*, en *bert*, en *ec* ou en *fred*, *fret*, *fray*, *frey* ou *fröy*, transmis par les Goths, les Bourguignons, les Francs et les Celtes, et bien d'autres mots italiens, espagnols, anglais, allemands, etc., naturalisés en France. Plusieurs de ces différents noms français ou étrangers appartenaient à l'ancienne noblesse comme aux hommes du tiers état, à ceux même des campagnes, auxquels les registres de l'état civil ne furent ouverts que dans le seizième siècle. L'orgueil des noms se fait remarquer jusque dans ceux de baptême : plusieurs de ceux-ci étant trop vulgaires, certains personnages en ont été chercher dans la mythologie.

Les noms propres qui avaient servi à distinguer les individus, même lorsqu'ils rappelaient leurs qualités ou leurs défauts apparents, ne pouvaient suffire lorsque la société, beaucoup plus nombreuse, se compliqua dans ses rapports et dans ses intérêts. De cette nécessité sont venus les noms de famille chez tous les peuples civilisés. La loi leur doit protection ; aussi prohibe-t-elle et punit-elle en France les usurpations et même les changements de noms sans autorisation préalable. Mais il y a toujours des gens qui savent éluder les lois sans les violer ouvertement. Ils ajoutent à leur nom bourgeois le nom du village où ils sont nés, d'une petite métairie qu'ils possèdent, ou dans laquelle ils ont sucé le lait de leur nourrice, et insensiblement ils oublient le premier nom, ou ne le siguent que par une initiale qui précède le second. Regnault, avocat, natif de Saint-Jean-d'Angély, fut créé comte sous l'empire, et on ne l'appelait plus que le comte de *Saint-Jean d'Angély*. Allier, fils d'un négociant de Lyon, devint antiquaire, et prit le nom d'*Allier de Hauteroche*, puis de *A. de Hauteroche*. Tout le monde connaît des savants, des avocats, des diplomates, des officiers qui sont atteints de cette ridicule manie.

Un changement de nom que l'usage autorise, et sur lequel la loi ferme les yeux, est celui que pratiquent journellement les auteurs et les acteurs, soit pour se soustraire en partie au courroux d'un père tout matériel, qui frémit de voir le nom de ses aïeux jeté dans la littérature ou sur la scène, soit afin de remplacer ce nom mal sonnant par un nom qui se grave plus agréablement dans les mille têtes du public. Lorsqu'on a la réputation faite, on regrette que l'éclat n'en rejaillisse pas sur sa famille ; mais il est trop tard, le mal est sans remède ; on a triomphé sous un nom d'emprunt. Pour le public, ce nom est le nom véritable ; c'est celui sous lequel il s'obstine à couronner le triomphateur. Son véritable nom ne sortira jamais de son obscurité première. H. AUDIFFRET.

Peu de personnes sont pénétrées de l'importance des actes de l'état civil ; et en général on néglige de donner, pour les actes de décès surtout, l'indication rigoureusement exacte des nom et prénoms, oubliant que les seuls nom et prénoms du défunt sont ceux portés dans son acte de naissance. Toute erreur dans un acte de l'état civil ne peut être rectifiée que par un jugement du tribunal civil. Pendant nos troubles politiques, beaucoup de personnes avaient changé de nom et de prénoms ; pour remédier à ce désordre, intervint une loi du 6 fructidor an II, qui, sous peine d'amende et de prison, défendit de porter d'autres noms et prénoms que ceux exprimés dans les actes de naissance. Néanmoins, ces prohibitions étant trop absolues, la loi du 11 germinal an XI disposa qu'on pourrait à l'avenir, pour des motifs graves, être autorisé à changer de nom et de prénoms ou à ajouter à son nom de famille un surnom. C'est un jugement du tribunal civil qui ordonne le changement des prénoms. Mais cette faculté n'est ordinairement accordée que lorsque ceux de l'acte de naissance n'ont pas été donnés conformément à la loi mentionnée plus haut, qui fixe les limites à cet égard. Quant au changement de nom de famille ou à l'addition d'un surnom, l'autorisation émane d'un décret impérial. La partie doit préalablement faire insérer dans le *Moniteur* et dans deux journaux les plus répandus de son département l'avis du changement qu'elle est dans l'intention de réclamer à son nom ; puis la demande est adressée directement au ministre de la justice, qui n'y répond qu'au bout de trois mois, et seulement un an après les insertions délivre un certificat constatant qu'aucune opposition n'est survenue. L'expédition du décret impérial avant de recevoir son exécution a besoin d'être comme sanc-

tionnée par un jugement du tribunal civil, et c'est d'après ce jugement que l'officier de l'état civil opère sur les registres la rectification. Th. TRICOUT.

NON-ACTIVITÉ. *Voyez* ACTIVITÉ DE SERVICE.

NONAGÉSIME (du latin *nonagesimus*, quatre-vingt-dixième). On appelle ainsi, en termes d'astronomie, le 90e degré de l'écliptique en commençant par l'est ; c'est-à-dire le point de l'écliptique qui est éloigné d'un quart de cercle du lieu où l'écliptique coupe l'horizon.

NONAGONE (du latin *nonus*, neuvième, et du grec γωνία, angle). On appelle quelquefois ainsi, en géométrie, une figure à neuf côtés et neuf angles, mais plus généralement désignée sous le nom d'*ennéagone* (du grec ἐννέα, neuf).

NONANCOURT. *Voyez* EURE (Département de l').

NONCE (du latin *nuncius*), ecclésiastique député en envoyé par le pape pour résider comme son ambassadeur près de quelque prince ou État catholique : en ce cas, il est appelé *nonce ordinaire*. Si sa mission est temporaire ou limitée à certaines affaires, à certains actes, il s'appelle *nonce extraordinaire*. Lorsqu'il n'y a point de nonce en titre, cet ambassadeur extraordinaire s'appelle *internonce*. Quand l'ambassadeur du pape est cardinal, il prend le titre de légat.

En Pologne la qualification de *nonce* était donnée aux délégués choisis par la noblesse, réunie dans chaque district en diétines, pour la représenter aux diètes.

NONCHALANCE. La nonchalance est un mélange d'abandon, de négligence, de manque de soin, qui ressemble beaucoup à *la paresse* ; mais la nonchalance provient surtout d'un tempérament lymphatique, tandis que la paresse provient du caractère. On verra des paresseux finir par dompter leur paresse, ou s'ils ne la domptent pas complètement travailler avec une ardeur dont on ne les croirait point capables pendant ses intermittences ; les gens nonchalants le seront toujours, et feront toujours tout nonchalamment, sans soin, sans goût, sans énergie.

NON-CONFORMISTES, terme générique par lequel on désigne en Angleterre tous ceux qui ne sont pas attachés à l'Église anglicane (*voyez* DISSENTERS et UNIFORMITÉ [Acte d']).

NONE (*Liturgie*), l'une des heures canoniales, qui se récite à la neuvième heure du jour, c'est-à-dire vers les trois heures après midi. Suivant les Pères, elle a été établie pour rappeler la mort du Sauveur. Comme toutes les autres petites heures, none est composée d'une hymne, de trois psaumes, d'un capitule, d'une oraison et d'un répons.

NONES (*Chronologie*). C'était, dans le calendrier romain, le cinquième jour des mois de janvier, février, avril, juin, août, septembre, novembre et décembre ; et le septième des mois de mars, mai, juillet et octobre. Ces quatre derniers mois avaient six jours avant les *nones*, et les autres quatre seulement. Ce mot est venu apparemment de ce que le jour des *nones* était le neuvième avant les ides. Les mois de mars, mai, juillet et octobre avaient six jours avant les *nones* parce que ces quatre mois étaient les seuls qui dans l'année de Numa eussent trente-et-un jours ; les autres n'en avaient que vingt-neuf ; mais quand César réforma le calendrier, et qu'il donna trente-et-un jours à d'autres mois, il ne leur donna point six jours avant les *nones*. On comptait les jours depuis les *nones* en rétrogradant, comme depuis les calendes, de sorte que le premier jour après les calendes, ou le second du mois, s'appelait *sextus nonarum*, pour le mois qui avaient six jours avant les *nones*, et *quartus nonarum* pour ceux qui n'en avaient que quatre. Les *nones* étaient un jour néfaste ; une mauvaise divinité, dit Ovide dans ses *Fastes*, ne l'avait pris sous sa protection ; l'hymen l'avait pris en horreur : nul n'osait ce jour-là serrer les nœuds du mariage ; Auguste lui-même, dit Suétone, n'entreprenait rien de sérieux durant ces jours sinistres, qui étaient consacrés aux mânes. Les nones de juillet s'appelaient nones Caprotines. DENNE-BARON.

NONIDI. *Voyez* CALENDRIER RÉPUBLICAIN.

NON-INTERVENTION (Système de). Les docteurs du régime parlementaire ont donné ce nom au système de politique étrangère qui finit par prévaloir dans les conseils de la monarchie de Juillet (*voyez* FRANCE, tome IX, page 680), et suivant lequel on devait s'abstenir d'intervenir à main armée dans les dissensions civiles des autres nations. Cette ligne de conduite, qui ne s'appuyait formellement sur aucune déclaration de principes et qui ne fut pas même toujours suivie, fut vivement reprochée au roi Louis-Philippe. On n'y vit qu'une conséquence du mot d'ordre général de sa politique : *la paix à tout prix*.

NONIUS, savant mathématicien portugais, né à Alcala-do-Sal, en 1492, fut cosmographe du roi Emmanuel, précepteur de son fils, l'infant dom Henri de Portugal, et professeur de mathématiques à l'université de Coïmbre, où il mourut, en 1577. Son véritable nom était Pedro NUNEZ, qu'il latinisa, suivant la coutume du temps. Dans l'un de ses premiers ouvrages, intitulé *De arte navigandi*, Nonius, considérant les défauts des cartes plates qui étaient en usage de son temps, chercha à les rectifier, et fut conduit à étudier les l o x o d r o m i e s, dont il donna la théorie ; malgré quelques erreurs, cette théorie n'est pas sans importance. Dans un autre livre, *De Crepusculis Liber unus*, Nonius résout une question de maximum et de minimum, savoir celle du moindre crépuscule ; sa solution est moins élégante, il est vrai, que celle de Jacques Bernoulli, mais elle eut l'avantage de la précéder. Les divers ouvrages de Nonius ont été réunis sous ce titre : *Petri Nonii Salaciensis Opera* (Bâle, 1592, un vol. in-f°). On doit aussi à ce mathématicien l'ingénieuse invention connue sous le nom de *division de Nonius* et confondue à tort avec le v e r n i e r. E. MERLIEUX.

NON-MOI. *Voyez* MOI.
NONNAT. *Voyez* CABASSOU.
NONNE, NONNAIN, religieuse. Il ne se dit guère plus qu'on plaisanterie.

NONNUS, poëte grec de la décadence, né à Panopolis, en Égypte, vivait suivant les uns au commencement et suivant d'autres à la fin du cinquième siècle de notre ère, et est l'auteur d'un poëme en 48 livres intitulé *Dionysiaca*, et consacré au récit de l'expédition de Dionysos ou Bacchus dans l'Inde. Le style en est lâche et ampoulé, et les descriptions par trop minutieuses ; mais la versification n'y manque pas de mérite. M. de Marcellus a traduit en français les Dionysiaques de Nonnus. On a encore de Nonnus *Metaphrasis Evangelii Joannis*, ouvrage plus remarquable par les renseignements qu'on y trouve qu'au point de vue littéraire. Consultez la dissertation d'Ouwaroff *Sur les Dionysiaques de Nonnus*, dans ses *Études de Philologie et de Critique* (Saint-Pétersbourg, 1843).

NONOBSTANT. *Voyez* CONTRE.
NONOTTE ou NONNOTTE (CLAUDE-FRANÇOIS), jésuite, né à Besançon, vers 1711, fut, après Fréron, un des hommes contre lesquels Voltaire se déchaîna le plus. Quand parut le fameux *Essai sur les Mœurs et l'esprit des nations*, il prit la plume pour le réfuter, et il publia les *Erreurs de Voltaire*, qui obtinrent en peu d'années plusieurs éditions. De ce moment Voltaire déclara une guerre implacable à Nonotte, et ne cessa de le harceler de ses sarcasmes. Tantôt il lui reproche d'avoir été régent de collège et prédicateur de village ; tantôt il l'accuse de lui avoir proposé, à lui Voltaire, de lui vendre son livre pour mille écus ; ou bien il lui dit que *son cher père était crocheteur*, qu'il *sciait du bois à la porte des jésuites*, et autres gentillesses pareilles. Malgré les injures et les diffamations de Voltaire, la modération de Nonotte ne se démentit point ; il continua ses travaux littéraires avec le même zèle. L'Académie de Besançon lui donna une preuve d'estime en l'admettant au nombre de ses membres. Il mourut dans sa ville natale, le 3 septembre 1793, à l'âge de quatre-vingt-deux ans. Nonotte a laissé un *Dictionnaire philosophique de la Religion ; Lettres d'un ami à un ami sur les honnêtetés littéraires* (1767) ; *Principes de critique sur l'époque de l'établissement de la religion chrétienne dans les Gaules* (1789) ; *Les Philosophes des trois premiers siècles de l'Église* (1789).

Le jésuite Nonotte avait pour frère un artiste distingué, Donat NONOTTE, peintre du roi et membre de l'Académie de Peinture. CHAMPAGNAC.

NONPAREILLE. *Voyez* CARACTÈRES (*Typographie*).
NON PLUS ULTRA. *Voyez* NEC PLUS ULTRA.
NON PROCÉDER (Fin de), FIN DE NON RECEVOIR. *Voyez* FIN DE NON RECEVOIR, FIN DE NON PROCÉDER.

NONTRON, chef-lieu d'arrondissement dans le département de la D o r d o g n e, avec 3,758 habitants, un tribunal civil, des fabriques de couteaux, de couleurs, de nombreuses et importantes tanneries, un commerce de fer, de cuirs, de laine, de bestiaux. C'est une ville très-ancienne et qui était déjà considérable en 769, lorsque Roger, neveu de Charlemagne, en fit la cession à l'abbaye de Charroux. Bâti sur la croupe d'une colline qui s'élève rapidement des bords du Bandiat, et dans une des positions les plus formidables du pays, Nontron fut souvent attaqué et eut beaucoup à souffrir à l'époque de nos troubles civils et de nos guerres de religion. Son église, d'architecture gothique, offre plusieurs détails intéressants.

NONTROND (N... DE), personnage singulier, mort il y a quelques années seulement à Paris, où toute sa vie il mena la vie d'un homme ayant 50,000 francs de rentes, et à qui pourtant en fait de châteaux, de fermes, de forêts et de capitaux, on ne connut jamais que... l'amitié de M. de Talleyrand, dont il était le commensal habituel. Longtemps l'arbitre suprême, le type de l'élégance et du bon goût, M. de Nontrond faisait la fortune d'un industriel en daignant se fournir chez lui. Tout aussitôt celui-ci devenait, par ce seul fait, le fournisseur en titre de la haute aristocratie. Or, trois fois malheur à lui s'il avait assez peu de tact pour jamais présenter une facture à son brillant protecteur ! Sans doute il était payé, comme on dit, *rubis sur l'ongle* ; mais quelques mois après il était complètement ruiné, parce que sa riche clientèle l'avait déserté. Quelques exécutions de ce genre avaient eu assez de retentissement dans le commerce de Paris pour faire à cet égard l'éducation des boutiquiers. Loin de s'en plaindre, c'était parmi les fournisseurs brevetés de la *fashion* à qui aurait l'honneur de satisfaire les moindres caprices de l'heureux mortel parvenu à la gouverner despotiquement.

Les réclames *aristocratiques* à cinq francs la ligne n'avaient point encore été inventées, pas plus que les annonces *démocratiques* à un franc. M. de Nontrond, lui, était une r é c l a m e *ambulante*. En le voyant descendre de son élégant équipage, quel parvenu n'eût admiré la coupe gracieuse de sa voiture, son attelage si fringant, ses harnais si étincelants, sa livrée de si bon goût ? Comment ne pas envier le cachet de haute distinction que le familier de M. de Talleyrand savait si bien donner à tout ce qui l'entourait ? Comment ne pas vouloir essayer de copier un tel maître ? Quoi de plus simple dès lors que de se fournir chez les carrossiers, les selliers, les marchands de chevaux, les tailleurs, et ainsi du reste, redevables aux conseils de M. de Nontrond de si heureuses et de si remarquables inventions ? Notre fashionable émérite, habitué sous ce rapport à tailler dans le grand, renouvelait périodiquement chaque trimestre toute sa maison. Quel boyard russe, valaque ou moldave, quel hidalgo espagnol, quel knèes serbe, quel baron allemand, quel marquis italien, quel lord anglais, quel comte danois, hollandais, suédois ou polonais, les uns et les autres venus à Paris apprendre les grandes et belles manières, ne se fussent pas tenus honorés de pouvoir acheter sous le feu des enchères les meubles, les bronzes, les cristaux, les tentures, les tapis qui avaient eu l'honneur de séjourner quelques semaines dans l'hôtel du prototype de l'élégance, et jusqu'aux moindres bagatelles propres à leur rappeler le souvenir de l'homme qui leur avait appris à manger, à marcher, à s'habiller et à mettre leur cravate ?

Quand M. de Talleyrand alla représenter à Londres la branche cadette, il estima que le concours de M. de Nontrond était indispensable au succès de sa mission. Et de fait, où trouver un homme aussi capable de faire un quatrième au whist, tout vieux et édenté que fût devenu notre ci-devant lion ? On l'attacha donc, pendant quelque temps, à son ambassade; mais le climat humide et brumeux de l'Angleterre convenait mal à sa santé. Il se fit donner un congé illimité, qui lui permit de revenir à Paris pour y continuer ses expériences pédagogiques sur les jeunes membres de la société diplomatique, qu'il initiait à la connaissance des grandes et belles manières, et qui trouvaient dans sa maison les distractions du creps, du biribi et du trente et quarante, dont les sevrait impitoyablement la fermeture du Cercle des Étrangers. La police, quelquefois si bête, ne s'avisa-t-elle pas un beau soir de se tromper de porte et d'y faire une descente comme dans le plus vulgaire des tripots clandestins. Je vous laisse à penser quel scandale ce fut ! La drôlesse dut s'estimer trop heureuse d'en être quitte pour faire de très-humbles excuses. Où diable avait-elle donc l'esprit d'aller s'attaquer à un ami de M. de Talleyrand, du dernier de nos grands seigneurs?

NOORT (OLIVIER VAN), naturaliste d'Utrecht, est le premier navigateur qui ait fait le tour du monde : parti de Rotterdam le 13 septembre 1598, avec quatre navires, il y rentra le 26 août 1601, après avoir essuyé beaucoup de traverses et de vicissitudes. Son voyage a été publié.

NOORD. Voyez OORT.

NOOT (HENRI-NICOLAS VAN DER), né en 1750, à Bruxelles, étudia le droit à Louvain, et devint plus tard avocat au conseil supérieur de Brabant, dans sa ville natale. Sans avoir beaucoup de sagacité ni de connaissances positives, il joua, par son énergie et son éloquence, un rôle éminent au milieu des troubles qui éclatèrent en Belgique en 1788. Tout d'abord il s'était prononcé contre les améliorations opérées par ordre de l'empereur Joseph II, et fut obligé en conséquence de prendre la fuite. A son retour en Belgique il réunit les mécontents, avec lesquels il constitua à Breda le comité de Brabant. Enhardi par le succès, il fit proclamer par les états de Brabant la déchéance de l'empereur Joseph II, en même temps qu'il se faisait créer plénipotentiaire des états de Brabant. Il se trouva bien alors à la tête de l'insurrection ; mais celui qui en était vraiment l'âme, c'était van Eupen, prêtre adroit et rusé, qui dominait complétement van der Noot. Celui-ci rentra à Bruxelles en 1789, lorsque l'insurrection se fut répandue dans tout le pays et que les Autrichiens en eurent été expulsés. Ce moment fut l'apogée de sa fortune. Le résultat des discordes qui éclatèrent parmi les insurgés fut de ramener les Autrichiens dès 1790, et ceux-ci en eurent bientôt fini avec ce mouvement. Van der Noot se trouva obligé, à la fin de décembre 1790, de se réfugier de nouveau en Hollande, d'où il essaya vainement de pousser de nouveau ses compatriotes à l'insurrection, d'abord contre les Autrichiens et plus tard contre les républicains français. Arrêté en 1796 à Berg-op-Zoom, à la réquisition du gouvernement français, il resta en prison pendant une année. Rentré en Belgique lorsqu'on lui eut rendu sa liberté, il y mourut, pauvre et oublié, le 13 janvier 1827, à Stroombeek.

NOPAL, nom qu'on donne en Amérique à toutes les cactées qui ont les tiges aplaties et articulées, principalement à celle sur laquelle se trouve la cochenille (voyez RAQUETTE).

NOPALÉES. Voyez CACTÉES.

NORBERT (Saint), fondateur de l'ordre de Prémontré, au douzième siècle, appartenait à une famille distinguée, et fut d'abord chanoine à Xante et à Cologne. Aumônier de l'empereur Henri V, il n'en menait pas moins une vie assez fastueuse, assez dissipée. Il fut un jour frappé de la foudre; cette circonstance produisit sur lui une si vive impression que, renonçant à la vie mondaine des chanoines de ce temps ainsi qu'à ses riches revenus, il entra dans un monastère, se fit ordonner, et parcourut, à partir de l'an 1118, l'Allemagne, la France et les Pays-Bas, prêchant en tous lieux la pénitence et le renoncement au monde. Enfin, en 1121, il fonda, à Prémontré, dans une sauvage contrée du diocèse de Laon, une confrérie monacale pour la pratique des devoirs sacerdotaux, la prédication et la confession. Quoiqu'il eût été élu, en 1126, évêque de Magdebourg, primat des deux Saxes, il n'en continua pas moins à propager ce nouvel ordre religieux jusqu'à sa mort, arrivée en 1134.

NORD, un des quatre points cardinaux, celui qui est opposé au Sud.

En termes de marine, le *Nord* sert à désigner le pôle arctique ou septentrional. L'étoile du *Nord* est la dernière de la queue de la petite Ourse. Un vaisseau porte le cap au *nord*. La boussole tend vers le *nord*. On dit qu'elle décline quand elle ne marque pas le *nord* précisément, qu'elle s'en écarte un peu, soit vers l'est, soit vers l'ouest : Le soleil revient en été vers le *nord* ; Le vent tourne au *nord*. Être au *nord* de la ligne, c'est être au *nord* de l'équateur.

Nord signifie aussi la partie du monde qui est septentrionale, à l'égard de quelque autre pays : *Pars ad boreseam sita, septentrionalis*. La Belgique est au *nord* de la France.

« Du temps de Justinien II, dit Bossuet, la foi s'étendait et éclatait vers le *Nord*. »

Nord est encore le nom par lequel on désigne un des quatre **vents cardinaux**, celui qui vient du septentrion, et qu'on appelle autrement la *bise*, ou la *tramontane* dans la Méditerranée. Les jardiniers appellent *nord* le côté exposé au septentrion, et par conséquent le côté méridional de leurs enclos.

Ces mots *nord*, *sud*, *est* et *ouest*, sont de vieux termes français dont on se servait du temps de Charlemagne, bien qu'ils passent aujourd'hui pour être d'origine allemande. Ce qu'il y a de certain, c'est qu'on les retrouve dans toutes les langues anciennes et modernes des pays septentrionaux. Guichard, qui veut découvrir dans l'hébreu l'origine de tous les autres idiômes, prétend que *nord* vient de *Nod*, pays où Caïn se retira après son crime.

NORD (Cap), extrémité septentrionale de l'Europe, ou plutôt point extrême de celle de ses îles qui est située le plus au nord, l'île Magerœ, sur la côte de Norvège, sous le 71e degré de latitude nord, tandis que le promontoire le plus septentrional du continent se trouve un peu plus au sud et à l'est du Waranger-Fjord. L'île Magerœ (voyez FINMARK) est des côtes extraordinairement tourmentées et déchirées. Le cap Nord, avec ses trois énormes têtes nues, d'une hauteur de 400 mètres, s'avance dans la mer Polaire, dont les flots le fouettent incessamment. La paroisse de l'île s'appelle *Kjelwig* ; elle possède un port, exposé aux vents les plus violents, qui soulèvent les eaux de la mer et la réduisent en une poussière fine dont les nuages dérobent les rivages à la vue. Cependant, le froid n'y est pas aussi rigoureux qu'on pourrait l'attendre à pareille latitude. La mer n'y gèle jamais. Au cap Nord, la température moyenne de l'année est de 0°; celle de l'hiver de 3°,7 au-dessous de 0 ; celle de l'été de 5°,1 au-dessus de 0 ; celle du mois le plus froid de l'année de 4°,5 et celle du plus chaud 6,15 Réaumur.

NORD (Département du). Ce département, situé au nord de la France, dont il forme l'extrême frontière du côté de la Belgique et de la mer d'Allemagne, est composé de la Flandre maritime et de la Flandre française en entier, de la presque totalité du Hainaut français, du Cambrésis, moins quelques communes, et de quelques villages qui appartenaient à l'Artois. Borné à l'est par le département des Ardennes, au sud-est et au sud par ceux de l'Aisne et de la Somme, il l'est à l'ouest par celui du Pas-de-Calais.

Divisé en 7 arrondissements, 60 cantons, 662 communes, sa population est de 1,158,285 habitants. Il envoie huit députés au corps législatif, est compris dans la troisième division militaire, forme le diocèse de Cambray et fait partie du ressort de la cour impériale et de l'académie de Douay.

Sa superficie est de 565,863 hectares, dont 357,570 en

terres labourables; 95,833 en prés; 35,827 en bois; 16,335 en vergers, pépinières, jardins; 7,568 en landes, pâtis, bruyères; 4,652 en propriétés bâties; 3,731 en cultures diverses; 1,096 en étangs, canaux d'irrigation; 361 en canaux de navigation; 23,257 en forêts, domaines non productifs; 15,832 en routes, chemins, rues; 3,083 en rivières, lacs, ruisseaux. Il paye 4,273,349 fr. d'impôt foncier.

Ce département est un pays de plaines; dans quelques parties de l'arrondissement de Dunkerque, le sol est au-dessous du niveau des eaux de la mer, lesquelles sont contenues par des digues. Les hauteurs les plus considérables du pays sont le mont Cassel, qui domine toute la contrée, et qui pourtant ne s'élève qu'à 95 mètres au-dessus de la plaine, et à 110 mètres au-dessus du niveau de la mer. Le coteau de Bonavis, arrondissement de Cambray, quoique peu apparent, est le point culminant du département, et présente 145 mètres au-dessus du même niveau. Le département du Nord est situé en grande partie dans le bassin de l'Escaut, à l'est dans celui de la Meuse. Les principaux cours d'eau qui arrosent sont l'Escaut et ses affluents ou sous-affluents, la Haine, la Scarpe, la Sensée, la Lys, la Law et la Deule, la Sambre, l'Aa, la Colme et l'Yzer. Le département du Nord est une des contrées où l'économie rurale est portée au plus haut degré de perfection. Ce pays est pour toutes sortes de cultures, hors celle de l'olivier et de la vigne, l'école des laboureurs: il récolte toutes céréales, tous légumes, toutes plantes fourragères, oléagineuses, tinctoriales; nulle part en France on ne recueille de meilleur tabac ni de plus beau lin. Toutes les races d'animaux domestiques y sont belles et bien entretenues. Il y a un de pays où l'industrie soit aussi active. On y trouve des forges et des hauts fourneaux, des scieries de marbre, des fabriques de porcelaine, faïence, verre, cristaux, bouteilles, verres à vitre, poterie, cardes, des fabriques et des raffineries de sucre et de sel, des fabriques de noir animal, de sel de soude, d'acide sulfurique, de chaux, de céruse, de briques, de batistes, de fils retors, de dentelles, de tulles, de laines peignées, des filatures de coton et de lin, des teintureries, des manufactures de toile commune, de linge de table, des papeteries, des tanneries, des moulins à huiles de graines, des fabriques de savon, de chicorée-café. Le commerce maritime y a une grande importance. On y fait beaucoup d'armements pour la pêche de la morue, de la baleine et du hareng. On y fait aussi beaucoup de constructions maritimes.

6 rivières navigables, 16 canaux navigables, 15 routes impériales, 13 routes départementales, 7,350 chemins vicinaux, le chemin de fer de Paris à la Belgique, avec des embranchements sur Lille, Calais, Dunkerque, Hazebrouck, Douay, Mouscron, et le chemin de fer de Creil à Erquelinnes sillonnent ce département, dont le chef-lieu est *Lille*, les villes et endroits principaux: *Dunkerque*; *Douay*; *Cambray*; *Valenciennes*; *Avesnes*; *Hazebrouck*, chef-lieu d'arrondissement, sur la rivière de Borre et le ruisseau de Papotte-Becque, avec 7,953 habitants, des tanneries, un commerce de toile, fils retors, beurre, bestiaux, blé, graines grasses, bois de construction; *Armentières*, chef-lieu de canton sur la rive droite de la Lys, avec 8,840 habitants; *Haubourdin*, chef-lieu de canton sur la Deule, avec 3,210 habitants; *Roubaix*; *Tourcoing*; *Bavay*, chef-lieu de canton, ville très-ancienne, avec 1,620 habitants; *Landrecies*; *Maubeuge*; *Le Quesnoy*, chef-lieu de canton, ville forte, avec 3,531 habitants. *Le Câteau*; *Bergues*, chef-lieu de canton, place de guerre de première classe, avec 5,968 habitants; *Gravelines*; *Cassel*; *Anzin*; *Douchy*; *Bouchain*, chef-lieu de canton, ville forte, située sur l'Escaut, place de guerre de deuxième classe, avec 1,577 habitants; *Condé-sur-l'Escaut*; *Denain*; *Hondschoote*; *Malplaquet*; *Marolles*, etc.

NORD (Expéditions au Pôle). La découverte de l'Amérique fit naître la pensée de chercher à l'ouest une route conduisant aux grandes Indes, et lorsqu'il eut été reconnu que la prolongation non interrompue du Nouveau Monde du Sud au Nord y mettait un obstacle insurmontable, on se mit à la recherche d'un passage conduisant à la Chine et aux Indes orientales par le nord-ouest de l'Amérique ou par le nord-est de l'Asie, et correspondant aux voies existant au Sud. A ces tentatives se rattachèrent plus tard les efforts faits pour trouverle passage en franchissant le pôle Nord lui-même. Déjà, sous le règne du roi d'Angleterre Édouard VI, Sébastien Cabot aurait, dit-on, entrepris une expédition au Nord-Ouest à l'effet d'arriver par là dans les régions aurifères de l'Inde. Forbisher parcourut en 1577 une des nombreuses entrées de la mer intérieure connue sous le nom de baie d'Hudson. Davis découvrit en 1587 le détroit qui porte son nom, et Hudson en 1610 le détroit et la baie qu'on a appelés d'après lui. Baffin explora en 1622 les contrées septentrionales et orientales du détroit et de la baie auxquels on a donné son nom, et sur la côte occidentale de cette baie il trouva, par 74° 30' de latitude septentrionale, une entrée qu'il appela *détroit de Lancastre*. Jones, Middleton, etc., déterminèrent alors les limites occidentales, méridionales et septentrionales de la baie d'Hudson. Tous aspiraient à trouver un passage par l'ouest. Un nouveau prix offert pour cette découverte par le parlement donna lieu en 1746 au voyage d'Ellis. Plus tard, en 1771, Hearne partit de l'établissement de la Compagnie de la Baie d'Hudson situé le plus au nord-ouest, et en 1789 Mackenzie des établissements de la Compagnie du Nord-Ouest en se dirigeant vers le Nord, et découvrit par 69° 71' de latitude septentrionale la mer Glaciale du pôle Nord, dans laquelle viennent se jeter la Mackenzie et le fleuve des Mines-de-Cuivre, ainsi que l'île des Baleines. A cette époque, Barington chercha à prouver qu'en certaines saisons la mer Arctique était assez libre de glaces pour permettre de s'approcher du pôle. Le gouvernement envoya à cet effet, en 1773, le capitaine Phipps, créé plus tard lord Mulgrave, avec deux vaisseaux à Spitzberg, près de la Nouvelle-Zemble; mais les montagnes de glace qu'il rencontra sous les 80° 48' de latitude l'empêchèrent de pousser plus loin. Cook lui aussi, arrivé en 1778 du détroit de Bering au 70° degré de latitude, ou au Cap de Glace, point le plus septentrional de la côte occidentale de l'Amérique du Nord, y fut arrêté par des montagnes de glace. Ces tentatives des Anglais, celles des Russes et des Hollandais, convainquirent enfin qu'il n'y a point de passage dans l'océan Atlantique pour gagner l'océan Pacifique au nord-est, et qu'il n'existe point de route praticable le long de la côte septentrionale de l'Asie pour gagner le détroit de Bering. La version suivant laquelle, en 1648, le cosaque Simon Descheneff aurait navigué depuis la mer Glaciale jusqu'à Anadyr en franchissant le détroit de Bering, est l'objet des doutes les plus fondés. Cependant, des géographes tels que Barrow (*Chronological History of Voyages into the Polar Regions*; 1818), et plusieurs autres, pensaient que la route conduisant au détroit de Bering le long des côtes septentrionales de l'Amérique présentait bien moins de difficultés qu'on ne croyait, et qu'à une certaine distance du continent on trouverait la mer libre de glaces. Le gouvernement anglais d'abord et ensuite le gouvernement russe comprirent l'importance de cette question géographique, dont la solution pouvait fournir une nouvelle route au commerce du monde. Un acte du parlement assura une récompense de 20,000 liv. st. au premier navigateur qui arriverait dans le grand Océan par le nord-ouest de l'Amérique, et une prime de 5,000 liv. st. au premier qui franchirait le pôle du Nord; en 1819 le prince régent offrit encore des primes variant entre 5 et 15,000 liv. st. à ceux qui résoudraient divers autres problèmes.

La première expédition anglaise mit à la voile en juin 1818. Elle se composait des navires *The Trent* et *The Dorothea*, aux ordres du capitaine Buchan, et des navires *Alexander* et *Isabella* aux ordres du capitaine Ross. Buchan, chargé d'explorer la mer Glaciale de l'est, arriva en juillet jusqu'à l'extrémité septentrionale du Spitzberg (80° 32'), mais fut contraint par les glaces de rebrousser chemin, et était de retour en Angleterre dès le 10 octobre. Ross se dirigea vers la baie de Baffin, pénétra le 9 août jusqu'aux 75° 55' de latitude nord et 65° 32' de longitude occidentale, reconnut la côte occidentale du Groënland; et après avoir découvert le détroit de Lancaster (74° 30') et le détroit de Cumberland (63°), il quitta ces affreuses régions pour reprendre le chemin de l'Angleterre, où il arriva en novembre 1818. (Consultez Ross, *Voyage of Discovery*, etc. [Londres, 1819].)

La seconde expédition partit en 1819, et se composait des bâtiments l'*Hekla* et le *Griper*, sous les ordres du lieutenant Parry, qui avait été de l'expédition de Ross. Plus heureux que ses devanciers, Parry pénétra dans la mer Polaire par le détroit nouvellement découvert de Barrow, et hiverna dans l'île Melville (74° 45' lat. nord). Dix mois plus tard, il mit à la voile, le 1er août 1820, de l'endroit où il avait passé l'hiver, et se dirigea à l'ouest jusqu'au 114° 46' de long. occidentale, où il fut arrêté par des glaces immobiles. Le 16 août il était obligé de revenir sur ses pas, et le 29 octobre il jetait l'ancre dans le port de Leith.

La découverte que la côte du continent se prolongeait à l'ouest, et que la glace seule paraissait mettre obstacle à ce que l'on atteignît le grand Océan, fit concevoir les plus belles espérances, et détermina le gouvernement à confier de nouveau à Parry le commandement d'une troisième expédition composée de l'*Hekla* et du bâtiment *The Fury*, aux ordres du capitaine Lyon, et approvisionnée pour plusieurs années. Parry mit à la voile le 8 mai 1821, explora d'abord la baie d'Hudson, où il ne trouva de passage nulle part, se dirigea ensuite au nord, et le 8 octobre entra dans le port d'hivernage. Les deux bâtiments ne se trouvèrent débarrassés des glaces que le 8 mai suivant. En se dirigeant au nord on découvrit le Barrow, et on pénétra jusqu'à l'île Amherst (69° 45' lat. nord, 84° long. ouest), où de grandes masses flottantes de glace embarrassaient la mer, libre du reste, et contraignirent nos navigateurs à revenir sur leurs pas. On passa l'hiver au détroit d'Ingloobick (69° 20'). Le 7 août 1823 Parry essaya de nouveau de pousser au nord; mais à tous les obstacles déjà rencontrés les années précédentes vint s'associer le scorbut, et il fallut songer à revenir vers le sud. Le 10 octobre l'expédition jetait l'ancre près des îles Shetland. Les résultats de ces deux expéditions de Parry, qui obtint la prime offerte par le parlement pour avoir pénétré le 19 septembre 1820 jusqu'au 110° de longitude occidentale, furent très-importants. Consultez Parry, *Journal of a second Voyage for the discovery of a North-West Passage*, etc. (Londres, 1824); et Alex. Fisher, *Journal of a Voyage of Discovery of the Artic Regions* (Londres, 1824).

En 1823 le capitaine Sabine, avec le vaisseau *The Griper*, se rendit au Spitzberg pour y faire des observations relatives au pendule. Au mois d'août il atteignit le 81° de lat. nord, le 75° 20' de long. orientale, et revint en Angleterre en décembre, après avoir trouvé la confirmation de la théorie sur la forme de la Terre. Scoresby, qui avait acquis une expérience spéciale par plusieurs voyages au Groënland, explora en 1822 la côte orientale du Groënland jusqu'au 83° de lat. nord. Consultez son *Journal of a Voyage to the northern Whalefishery*, etc. (Édimbourg, 1823). Le capitaine danois Groagh pénétra encore plus avant, de 1829 à 1831 et en 1834; mais il lui fut impossible de trouver traces des colonies qui avaient existé jadis sur la côte orientale du Groënland.

En même temps que Ross et Parry, le capitaine Franklin fut chargé par le gouvernement anglais de la recherche par terre d'un passage au nord-ouest. Il partit de la factorerie de York, dans la baie d'Hudson, où il était arrivé le 30 août 1819, et après avoir traversé des régions désolées et presque complétement dénuées d'habitants, il atteignit Providence (62° 17' lat. nord), le poste le plus septentrional de la Compagnie de la Baie d'Hudson; à partir du 10 septembre, il passa l'hiver dans un affreux désert, et dans l'été de 1821 il atteignit le fleuve des Mines-de-Cuivre. Il s'y embarqua

DICT. DE LA CONVERS. — T. XIII.

sur la côte de la mer Glaciale; mais obligé, faute de provisions, de revenir sur ses pas, il arriva à York le 14 juillet 1822, avec un très-petit nombre de ses compagnons et dans le plus triste état. Consultez son *Narrative of a Voyage to the Shores of the Polar Sea* (1823).

En 1824 le gouvernement anglais se décida à entreprendre une nouvelle expédition au pôle Nord. Les vaisseaux *Hekla* et *Fury*, aux ordres du capitaine Parry, et *The Griper*, commandé par le capitaine Lyon, partirent d'Angleterre au mois de mai. Lyon éprouva en mer de telles avaries qu'après être parvenu jusqu'au 66°, force lui fut de revenir. Consultez son *Narrative of an unsuccessful Attempt to reach Repulse Bay* (Londres, 1825). Parry arriva le 27 septembre à Port Bowen, dans la baie du Prince Régent, où il hiverna; et le 20 juillet 1825 il remit à la voile. Il se dirigea alors au sud, perdit *The Fury*, dont il dut recueillir l'équipage à son bord, et revint en Angleterre le 11 octobre 1825. Franklin, lui aussi, entreprit en 1825 un voyage par terre. Il atteignit par 69° 50' la côte de la mer, revint sur ses pas, hiverna au fort Franklin, dans le lac des Ours, repartit le 21 juillet 1826, s'embarqua sur le bras occidental du Mackensie, et entra dans la mer Glaciale, dont il suivit la côte depuis le 113° jusqu'au 149° 38' de long. occidentale, sans cependant se rencontrer avec le bâtiment *The Blossom*, envoyé d'Angleterre par le cap Horn à sa recherche au delà du cap de Glace, sous les ordres du capitaine Beechey. Il revint au fort Franklin au mois d'octobre, et on reconnut qu'il ne s'était guère trouvé éloigné que d'une trentaine de kilomètres du lieu d'ancrage du *Blossom*. Ce navire, après avoir pénétré l'espace de 130 milles au delà du cap de Glace, retourna sur ses pas, le 14 octobre, après une longue attente, et arriva en Angleterre le 26 septembre 1828 en doublant l'Afrique.

Vers la même époque l'amirauté expédia au pôle Nord le capitaine Parry, avec le vaisseau l'*Hekla*. A Hammerfest Parry prit à son bord des rennes et des bateaux à glace; le 27 mai 1827 il atteignit le Spitzberg; le 21 juin il laissa l'*Hekla* au milieu des glaces, navigua trois jours dans des barques non pontées, puis il les quitta, et arrivé sous le 81° 12', il se dirigea à travers les glaces vers le pôle; mais au bout de trente-cinq jours de marche il n'avait encore atteint que le 82° 45' de lat. nord, où il trouva enfin la couche de glace brisée. Il lui fallut alors songer au retour, et le 29 septembre 1827 il arrivait à l'amirauté de Londres en même temps que le capitaine Franklin.

Le capitaine Ross entreprit en 1829 une nouvelle expédition, dont lui et ses amis firent tous les frais. Le 22 mai il quitta l'Angleterre à bord du navire à vapeur *Victory*, qui avait été approvisionné pour trois ans. Il hiverna quatre hivers sur la côte septentrionale de l'Amérique, qu'il suivit jusqu'au 70° de lat. nord, découvrit le pôle magnétique du Nord, fit naufrage, et dut s'en revenir en canots jusqu'au moment où il fut recueilli par un navire en destination pour Hull, qui arriva en Angleterre le 22 octobre 1833. On l'avait cru perdu; le capitaine Back, expédié à sa recherche par la Société Royale de Géographie, partit d'Angleterre le 17 février 1833, et, quoique ayant appris déjà le retour de Ross, pénétra en 1834 et 1835 par Montreal jusqu'au fleuve des Esclaves, descendit le grand fleuve aux Poissons, ou fleuve Back, jusqu'à son embouchure, compléta les découvertes faites par Ross dans la Terre de Guillaume, mais dut s'en revenir sans pouvoir atteindre, soit par le cap *Turnagain*, dont il ne se trouvait éloigné que de 56 myriamètres. L'expédition par mer qu'il entreprit en 1826 et 1837 pour explorer le détroit de Frozen conduisirent à *Repulse-Bay*, échoua également.

Les trois expéditions que Peter Warren Dease et Thomas Simpson entreprirent par terre en 1837, 1838 et 1839 pour le compte de la Compagnie de la Baie d'Hudson, à l'effet de déterminer plus exactement les côtes polaires de l'Amérique, eurent plus de résultats. Ces voyageurs découvrirent la côte qui s'étend depuis le cap de Glace jusqu'à l'embouchure du Castor et du Pollux (68° 28' lat. nord et 76° 35'

39

. long. occident.), le point extrême à l'ouest où l'on soit encore parvenu dans ces régions, immense étendue de terre dont deux points seulement étaient connus avant le voyage par terre de Franklin. Dease et Simpson avaient aperçu la mer ouverte au delà de l'embouchure du Pollux, et ils en conclurent qu'il devait y exister un détroit conduisant au détroit du Prince Régent. Il fut bientôt généralement admis que la terre désignée sous le nom de *Boothia Felix*, contrairement aux découvertes faites par Ross, était une île. Mais l'expédition partie de la baie d'Hudson sous les ordres de Rae décida en 1846 et 1847 la question en faveur de Ross. Rae reconnut que la mer ouverte qu'on avait vue était une baie, la Terre du roi Guillaume une île, et la *Boothia Feliz* une presqu'île. Après avoir hiverné dans la Repulse-Bay, il explora la partie méridionale du golfe de Boothia, jusqu'au point où s'étaient arrêtées les découvertes de Ross.

La dernière expédition entreprise au pôle Nord par Franklin excita un intérêt général. On ignore ce que lui et ses cent-vingt-six compagnons sont devenus. Les divers voyages entrepris tant par mer que par terre à la recherche depuis 1848 n'ont amené aucun résultat. Mais plusieurs de ceux qui les dirigeaient se sont fait un nom par leur constante abnégation et par leurs courageux efforts. Le grand problème géographique du passage du Nord-Ouest fut résolu entre autres par le capitaine Mac-Clure. Le 5 août 1850 il quitta le cap Barrow, découvrit au nord-est le cap Parry, la Terre de Baring et la Terre du prince Albert (cette dernière reliée à la Terre Wollaston et à la Terre Victoria); il traversa ensuite le détroit du Prince de Galles, longea ces deux dernières contrées et qui se jette dans le détroit de Barrow. C'est là que ce navigateur passa l'hiver de 1852 à 1853. En 1852 Belcher découvrit diverses îles (*North-Cornwall, Victoria-Archipel, North-Kent*) situées au nord de ce qu'on appelle les îles Parry, et confirma l'idée qu'on avait déjà eue qu'au nord du 80° degré la mer Polaire (ce qu'on appelle le bassin Polaire) était libre de glaces. Il faut encore mentionner les capitaines Kellet et Inglefield parmi ceux qui de 1851 à 1853 explorèrent les régions arctiques. En général toutes ces expéditions ont profité à la science, surtout à la théorie du magnétisme terrestre, à la physique de la Terre, à la géographie et à l'art nautique, et ont même eu des résultats importants pour l'éthnographie et la zoologie. C'est là d'autant plus une espèce de compensation pour l'inutilité d'autres efforts et d'autres expéditions, que la découverte d'un passage au Nord-Ouest (s'il se peut qu'il y en ait plusieurs) ne peut plus avoir aujourd'hui d'utilité pratique, puisque avant peu le percement des isthmes de Suez et de Panama attirera de plus en plus le commerce des Indes, de la Chine et de l'Australie vers ces voies, et abrégera considérablement la durée de la traversée.

Les voyages de découvertes entrepris par ordre du gouvernement russe avaient pour but la détermination des côtes septentrionales de l'Asie, par conséquent le passage au Nord-Est. Le capitaine Othon de Kotzebue, lors de son second voyage (1824-1826), parvint jusqu'au cap de Glace; mais les glaces polaires le contraignirent à retourner sur ses pas. Un voyage bien remarquable et très-fécond en résultats, ce fut celui que Wrangel, Anjou et Kober entreprirent d'Irkoutsk vers l'embouchure du Kolyma et le long des côtes de la mer Glaciale, d'avril 1820 à novembre 1823. Ces voyageurs essayèrent même d'atteindre le pôle sur la glace à l'aide de traîneaux traînés par des chiens; mais il s'en fallut de bien peu qu'ils payassent de leur vie leur témérité. On trouvera des *Observations physiques sur la mer Glaciale* publiées par Parrot (en allemand; Berlin, 1827), de même que les *Voyages le long de la côte septentrionale de la Sibérie et de la mer Noire*, publiés par Ritter (en allemand; Berlin, 1839), des détails sur les résultats de leurs efforts et de leur intrépidité. Lutke s'est fait un nom glorieux par deux voyages entrepris en 1822 et 1823 à la Nouvelle-Zemble et sur les côtes de la Laponie. Le gouvernement russe a encore fait exécuter divers autres voyages entrepris sur une vaste échelle, par exemple celui du capitaine Wassiljewitsch, qui en 1819 se rendit de Cronstadt au détroit de Bering et revint en 1822, et un grand nombre de petites expéditions entreprises d'Archangel; ainsi celle de Lasareff, en 1819, et en 1821 celle de Laurow, qui explora surtout la Nouvelle-Zemble. La dernière expédition entreprise sous les ordres de Middendorf (de 1841 à 1844) se rattache dignement à celle de Wrangel, et avait pour but la détermination des régions voisines de l'embouchure de l'Oby.

Les Français, eux aussi, ont eu leur part dans les voyages entrepris au pôle Nord. En 1832 le brick *La Lilloise* fut envoyé au Groënland; mais on ignore ce qu'il est devenu. Le capitaine Tréhouart, envoyé à la recherche de l'équipage, qu'on supposait exister encore, partit, avec la corvette *La Recherche*, de Cherbourg le 7 avril 1835, pour l'Islande, où il laissa les naturalistes attachés à l'expédition. Mais ce fut seulement l'année suivante qu'il put atteindre le Groënland et le Spitzberg. Plus tard les naturalistes abordèrent à l'extrémité septentrionale de la Norvège, et revinrent lentement par la Laponie et par Stockholm. Le magnifique ouvrage de M. Paul Gaimard (*Voyages de la Commission scientifique du Nord*, etc. [6. vol.], avec atlas de 250 planches; Paris, 1840-1844]), contient l'historique de cette expédition, dont, il faut l'avouer, les résultats ne répondent ni aux dépenses énormes qu'elle a occasionnées ni aux espérances qu'il faisait naître. La partie la plus remarquable de cet ouvrage est celle qui contient le rapport relatif à l'exploration de la Scandinavie.

NORD (Guerre du). C'est ainsi qu'on désigne la guerre qui éclata au nord et à l'est de l'Europe, en même temps que la *guerre de succession*, et qui dura depuis l'année 1700 jusqu'à l'année 1721, entre la Suède d'une part et la Pologne, la Saxe, la Russie et le Danemark de l'autre; guerre féconde en péripéties et en catastrophes, et qui produisit dans l'assiette politique de l'Europe des modifications aussi profondes qu'importantes. La puissance et le renom de la Suède paraissant au nord, fondés surtout par les traités de Munster et d'Osnabruck, d'Oliva et de Copenhague, semblaient s'être encore consolidés par la sage économie et la vigoureuse administration de Charles XI, lorsqu'à sa mort, arrivée en 1697, Charles XII, alors âgé de quinze ans seulement, monta sur le trône. Spéculant sur la jeunesse et l'inexpérience du nouveau roi, le Danemark, la Pologne et la Russie prêtèrent l'oreille aux actives excitations de *Patkul*, gentilhomme livonien, et conçurent le projet de se venger des initiatés que la Suède leur avait fait essuyer, tout en s'agrandissant à ses dépens. Le Danemark entendait récupérer ce que lui avait fait perdre la paix conclue à Copenhague en 1660, ainsi que le Schleswig, cédé à la maison de Holstein-Gottorp en vertu du traité d'Altona, de 1689; Auguste II, roi de Pologne, espérait reconquérir la Livonie, jadis province polonaise, tandis que Pierre Ier, czar de Russie, visait à adjoindre à ses États les provinces suédoises riveraines du golfe de Finlande. Mais Charles XII résolut de prévenir ses ennemis; s'attaquant d'abord aux Danois, qui avaient envahi le Schleswig, il les repoussa sur leur territoire par un débarquement qui favorisèrent les puissances maritimes; et à la suite d'une attaque dirigée contre Copenhague même, il contraignit le roi Frédéric IV à reconnaître de nouveau l'ancien état de choses, par le traité de paix signé le 10 août 1700, à Travendahl, en Holstein. Charles XII marcha ensuite à la tête de 20,000 hommes contre les Russes et les Polonais, qui, à l'incitation de Patkul, avaient envahi de concert la Livonie; et l'armée saxo-polonaise, ayant battu en retraite devant lui, il se jeta d'abord sur les Russes, dont l'armée de 80,000 hommes, commandée par le duc de Croy, fut complètement battue, le 30 décembre, sous les murs de Narwa, par sa petite armée, forte de 8,000 hommes seulement. Il se dirigea ensuite avec toutes les forces dont il disposait contre les Polonais et les Saxons, et, après avoir forcé le passage de la Duna, les battit, le 20 juin, près de Riga. Cette victoire lui rendit la Livonie et la Courlande ; celles de Clissow (20 juillet 1702) et de Poultousk (1er mai 1703) lui livrèrent successivement les diverses provinces de la Pologne, et le 2 juillet 1704 il fit élire roi de ce pays, en remplacement d'Auguste II, déclaré déchu de la couronne, Stanislas Lesczynski, waïvode de Posen. Après la victoire remportée le 13 février 1706 par son lieutenant Rhenskjold, à Fraustadt, sur les Saxons aux ordres de Schulembourg, il pénétra en Saxe par la Silésie ; et par la paix signée à Altranstædt, le 24 septembre de la même année, il força Auguste à renoncer à la couronne de Pologne, tout en conservant son titre de roi.

Charles XII, aux termes d'un second traité, signé, le 22 août 1707, à Altranstædt, força l'empereur Joseph Ier, qui avait à ce moment la guerre de la succession d'Espagne sur les bras, à rendre aux protestants de la Silésie les droits de liberté religieuse que l'Autriche avait successivement confisqués depuis qu'elle avait pris possession de cette province, ainsi que cent-vingt églises qu'elle leur avait enlevées. Il se dirigea ensuite à marches forcées à travers la Silésie et la Pologne sur la Russie, à l'effet d'arrêter les progrès de l'armée du czar Pierre Ier, qui pendant ce temps-là avait conquis l'Ingrie, chassé les troupes suédoises de l'Esthonie et de la Livonie, et fait avec succès des irruptions en Pologne, en Courlande et en Lithuanie. Mais au lieu de profiter des circonstances, et ce moment lui étaient encore favorables, et d'attaquer son adversaire sans lui laisser le temps de se reconnaître, Charles XII perdit près d'une année en Pologne à consolider son protégé sur le trône de ce pays. Au printemps de 1708 il franchit, il est vrai, la Bérésina, et au mois de septembre il envahit le territoire russe par Mohilew ; mais, d'une part, les obstacles qu'il rencontra sur cette route et, de l'autre, les belles promesses de Mazeppa, hetman des Kosacks, le décidèrent à se jeter en Ukraine, et il ne tarda pas à s'y voir déçu dans toutes ses espérances. Le plan de Mazeppa pour provoquer une insurrection générale des Kosacks échoua complétement ; la famine et un hiver d'une rigueur extraordinaire exercèrent les plus grands ravages parmi les troupes suédoises, dont un dégel ne tarda pas à rendre la position plus critique encore. Lœwenhaupt, son lieutenant, qui lui amenait des secours en chevaux, vivres et munitions, fut attaqué par les Russes à Liesna sur le Dniepr, et complétement battu, dans une bataille qui dura trois jours (7-10 octobre). Il perdit toute son artillerie et tous ses bagages, et n'eut plus d'autre ressource que de se frayer les armes à la main, avec les 6,000 hommes qui lui restaient encore, un passage à travers les rangs de l'armée russe pour aller opérer sa jonction avec le roi. Le 7 janvier 1709 Charles XII s'empara, il est vrai, de la petite place de Weprizc, mais en mai suivant il vint inutilement assiéger Pultawa. Le 28 juin il repoussa une colonne russe qui arrivait au secours des assiégés, mais dans cette affaire il fut gravement blessé à la jambe ; et à la bataille de Pultawa, livrée le 7 juillet 1709, il essuya une si complète défaite, que les débris de son armée, forte encore à ce moment de 14,000 hommes, restés sans vivres ni munitions, n'eurent plus d'autre ressource que de mettre bas les armes avec Lœwenhaupt, tandis que lui-même était réduit à aller se réfugier sur le territoire turc, à Bender. Pendant le séjour qu'il fit dans cette ville et qu'il employa à mettre tout en œuvre pour déterminer la Turquie à déclarer la guerre à la Russie (ce à quoi il réussit effectivement, en 1711), Auguste II et Frédéric IV déclarèrent nuls les traités d'Altranstædt et de Travendahl, d'accord avec le czar firent de nouveau la guerre à la Suède. Pierre Ier, qui avait déjà achevé la conquête de l'Ingrie, soumit alors l'Esthonie et la Livonie, s'y établit solidement, et poursuivit activement les travaux de construction de Saint-Pétersbourg, nouvelle capitale de son empire, qu'il avait fondée en 1703. Dès le mois d'octobre 1709, le roi Auguste envahit la Pologne à la tête d'une armée saxonne, et après avoir contraint le roi Stanislas Lesczynski à se réfugier dans la Poméranie suédoise, il reprit possession du trône de Pologne. Enfin, les Danois, de leur côté, débarquèrent au mois de novembre 1709 en Scanie, et s'emparèrent d'Helsingborg ; mais plus tard le général Stenbock, après les avoir battus à diverses reprises, les força à évacuer le sol suédois (11 mars 1710). Le sultan, que l'influence de Charles XII avait déterminé à faire franchir le Pruth à une armée de 200,000 hommes, commandée par le grand-vizir Baltaschi-Mohammed, et qui déjà serrait de près à Falczy l'armée du czar Pierre Ier, forte de 30,000 hommes au plus, satisfait de la cession d'Azoff, conclut le 23 juillet 1711 la paix avec la Russie ; et cette paix, malgré une nouvelle déclaration de guerre, à laquelle Charles XII réussit encore à pousser le divan le 17 décembre 1711, fut confirmée le 18 novembre 1712, sans que les hostilités eussent autrement recommencé.

Pendant ce temps-là, les puissances maritimes, d'accord avec l'empereur, et dans la crainte que la guerre du Nord ne vînt ajouter aux complications de la guerre de la succession d'Espagne, posèrent les bases d'une convention signée à La Haye, le 31 mars 1710, les bases d'un armistice, auquel adhérèrent le Danemark, la Pologne, la Prusse et la Russie. Mais Charles XII ayant fait protester formellement dans la diète de Ratisbonne, le 30 novembre 1710, contre cette convention, une nouvelle guerre succéda dans le nord de l'Allemagne à une trêve momentanée. Les Danois, après s'être emparés de Stade, occupèrent Bremen et Verden, tandis que les Saxons envahissaient la Poméranie suédoise et que Pierre le Grand continuait la conquête de la Finlande, commencée par la prise de Wiborg, en 1711. Le général suédois Stenbock, qui amena en Poméranie une armée de 12,000 hommes de troupes fraîches, fit, encore une fois il est vrai, tourner la fortune du côté des armes suédoises par la victoire qu'il remporta le 21 décembre 1712 sur les Danois, à Gadebusch ; mais s'étant laissé cerner à Oldesworth, près de Tœnningen, par les Danois, les Saxons et les Russes, il dut mettre bas les armes ; et l'administrateur de Holstein-Gottorp, pour éviter la perte complète des provinces allemandes de la Suède, n'eut d'autre ressource que de signer avec le roi de Prusse, Frédéric-Guillaume Ier, un traité de séquestre pour les places de Stettin et de Wismar. En Suède même on songeait déjà à appeler au trône la sœur du roi, Ulrique Éléonore, et à conclure la paix avec la Russie et le Danemark, lorsque Charles XII arriva tout à coup à Stralsund, après cinq ans d'absence, le 11 novembre 1714. Il recommença aussitôt avec le même courage, mais aussi avec la même opiniâtreté la lutte contre ses ennemis, chassa les Prussiens d'Usedom et de Wollin, et exigea qu'on lui rendît Stettin. Mais Frédéric-Guillaume Ier, au lieu d'obtempérer à cette sommation, s'allia avec la Russie et la Saxe ; et le roi Georges Ier d'Angleterre accéda à cette alliance, comme électeur de Hanovre, à l'effet de s'assurer ainsi la possession des duchés de Bremen et de Verden, qu'il avait achetés aux Danois. Dans de pareilles circonstances, ce fut bien inutilement que Charles XII défendit en personne, avec la plus inébranlable constance et la plus héroïque valeur, d'octobre à décembre 1715, Stralsund, assiégé par les Danois, les Saxons et les Russes. Après la perte d'Usedom et de Rugen, Stralsund dut capituler ; et autant en advint, le 19 avril 1716, à la ville de Wismar. Charles XII se vit alors contraint de retourner en Suède. Aussitôt qu'il y fut arrivé, il courut, dès le mois de mars, attaquer en Norvége, à la tête d'une armée de 20,000 hommes, les Danois, ses constants ennemis, qui, comptant sur l'appui de la Russie, menaçaient d'envahir la Scanie. En même temps, d'après les avis de son nouveau conseiller intime, le comte de Gœrtz, il entama des négociations avec le czar, qui dans l'intervalle s'était brouillé avec les autres coalisés, et,

39.

à la condition de lui abandonner les provinces de la Baltique, obtint de lui la promesse de secours pour la conquête des provinces allemandes qu'il avait perdues, ou, à défaut, pour celle du Hanovre et de la Norvège. La coalition de Charles et de Pierre était surtout dirigée contre le roi d'Angleterre, électeur de Hanovre, qu'avec l'appui d'Alberoni on ne se proposait rien moins que de renverser, pour rétablir les Stuarts sur le trône de la Grande-Bretagne. Mais avant que ce vaste plan pût être mis à exécution, Charles XII, peu après avoir encore une fois envahi la Norvège, trouva la mort dans les fossés de Frédérickshall, le 11 décembre 1718.

Ulrique-Éléonore, proclamée reine de Suède au mépris des droits du duc de Holstein-Gottorp, et complètement livrée à l'influence du parti de Horn, rompit tout aussitôt les négociations entamées, déclara de nouveau la guerre à la Russie, et, sous l'intervention de la France, conclut au contraire successivement la paix avec le Hanovre, la Prusse, le Danemark et la Pologne. En conséquence, aux termes d'un traité signé le 20 novembre 1719, à Stockholm, le Hanovre obtint la tranquille possession des duchés de Bremen et de Verden contre payement d'une somme d'un million de thalers. Un autre traité, conclu également à Stockholm, le 1er février 1720, adjugea à la Prusse Stettin, les îles de Wollin et d'Usedom, et toute la Poméranie jusqu'à la Peene, moyennant une indemnité de deux millions de thalers qu'elle paya à la Suède. Par la paix signée à Frédéricksberg, le 14 juillet 1720, le Danemark restitua Rugen, Stralsund et Wismar à la Suède; par contre, celle-ci renonça pour son commerce à l'exemption des droits du Sund, paya une indemnité de 600,000 thalers, et abandonna au Danemark la possession de la partie du Schleswig appartenant à la maison de Gottorp; enfin, un traité préliminaire conclu le 7 novembre 1719 avec la Pologne, mais qui ne fut sanctionné comme traité formel qu'en 1732 remit en vigueur les stipulations de la paix d'Oliva et reconnut Auguste II comme roi de Pologne, en lui imposant l'obligation de payer une indemnité d'un million de thalers à Stanislas Lesczinski, qui conserva son titre de roi. Pendant ce temps-là, Pierre le Grand avait continué la guerre contre la Suède; le 7 août 1720 une flotte suédoise fut battue par la flotte russe, qui ravagea de la manière la plus cruelle les côtes de la Bothnie occidentale. En 1721 les mêmes dévastations eurent lieu dans la province de Norrland, et l'arrivée d'une flotte anglaise aux ordres de l'amiral Norres sauva seule Stockholm d'une attaque des Russes. De nouveaux débarquements opérés sur divers points du royaume par les Russes et les dévastations qu'ils y commettaient forcèrent enfin la reine Ulrique-Éléonore à signer la funeste paix de Nystadt. Aux termes de ce dernier traité, la Suède abandonna la Livonie, l'Esthonie, la Courlande et Wiborg; moyennant quoi, elle conserva le reste de la Finlande et obtint une indemnité de deux millions de thalers, la Russie prenant en outre l'engagement formel de s'abstenir à l'avenir de toute intervention dans ses affaires intérieures. C'est ainsi que fut détruite la prépondérance que la Suède avait constamment exercée dans les affaires du nord de l'Europe depuis 1645 jusqu'en 1709 : elle déchut alors à l'état de puissance secondaire, et ce fut la Russie qui la remplaça parmi les grandes puissances.

NORD (Mer du) ou **MER D'ALLEMAGNE**. C'est le nom qu'on donne à un bassin d'environ 84,000 myriamètres carrés, et faisant partie de l'océan Atlantique, qui s'étend entre la Grande-Bretagne, les Pays-Bas, le Danemark et la Norvège, depuis le détroit de Calais jusqu'aux îles Shetland. Le détroit de Calais met la mer du Nord en communication avec la partie de l'océan Atlantique qui baigne l'Europe, et d'abord avec la Manche ou le Canal; le Cattegat la relie à la Baltique, et le Zuyd er sée, qu'on peut considérer comme en faisant partie, s'y rattache au sud. Elle est sujette à la marée, dont les effets se font surtout sentir sur le littoral de la Hollande et de l'Angleterre. Ses côtes, généralement très-basses, sont en partie protégées par des dunes et des digues; c'est seulement en Norvège qu'elles sont élevées et de nature rocheuse. L'eau en est bien plus fortement imprégnée de sel que l'eau de la Baltique; et sur beaucoup de points la grande quantité de mollusques qu'elle contient lui donne une phosphorescence d'un éclat tout particulier. Les recherches hydrographiques les plus récentes ont établi que la profondeur de cette mer va toujours en augmentant du sud au nord; elle varie depuis les îles Shetland jusqu'à Ostende, entre 30 et 140 brasses, irrégularité provenant des nombreux bancs de sable qu'elle renferme et qui occupent plus des trois quarts de sa superficie. La mer du Nord reçoit au sud les eaux de l'Elbe, du Weser, de l'Ems, du Rhin et de l'Escaut; à l'ouest, celles de la Tamise, de l'Humber et du Tay; à l'est, celles de l'Eider et des nombreux petits fleuves du Schleswig, du Jutland occidental et de la Norvège. Ses golfes les plus importants sont, sur la côte de l'Allemagne, le Dollart et les embouchures du Weser et de l'Elbe; sur les côtes de la Grande-Bretagne, ceux de Wash, de Forth, de Murray et de Dornoch; sur les côtes de la Norvège, le Buckeflord. Ses courants sont extrêmement variables, et exigent de la part des marins une attention extrême. Au total, on peut dire qu'en raison de la prédominance des vents du sud-ouest ils ont une direction nord-est. Entre les bancs de sable du Jutland et la Norvège, le courant est toujours à l'ouest, alors même que le vent souffle à l'ouest; tandis que sur les côtes du Jutland le courant se dirige à l'est, vers Skagen. Quand le vent souffle au nord ou au nord-ouest, le courant se dirige avec une force extrême le long des côtes de la Norvège et par-dessus le banc du Jutland, vers Heligoland. Cette direction constamment occidentale à partir du Skager-Rack est une conséquence forcée de la masse d'eau que la Baltique déverse dans la mer du Nord, la première recevant plus qu'elle ne perd par l'évaporation. Le long des côtes orientales de la Grande-Bretagne, le courant est au sud. Il vient de l'océan Atlantique, se rétrécit au détroit de Pentland, où par-dessus le Duncan's bay le continue sa route jusqu'au Pas-de-Calais, où il tombe dans le courant qui va directement de l'océan Atlantique par le Canal à la mer du Nord. Les nombreux bancs de sable que renferme cette mer en rendent la navigation assez dangereuse. Les relations commerciales y sont facilitées par les canaux qui en France débouchent dans le Rhin et dans l'Escaut; de même que le canal de Louis, en Bavière, met cette mer, au moyen du Rhin, en communication avec le Danube et par suite avec la mer Noire.

NORD (Mythologie du). Cette dénomination devrait, à bien dire, comprendre l'ensemble des idées religieuses qui régnaient dans toute la Scandinavie avant l'introduction du christianisme; nous la réserverons cependant pour désigner plus spécialement la forme particulière que ces idées avaient prise en Norvège et dans ses colonies; car, encore bien que de l'affinité de langues, de mœurs et de lois qu'avaient entre eux les peuples scandinaves on puisse inférer que leurs croyances religieuses étaient les mêmes, la tradition mythologique est bien moins riche en Suède et en Danemark qu'en Norvège. Le peu de renseignements relatifs au paganisme suédois et danois qui se sont conservés dans la littérature latine du moyen âge, ainsi que dans les idées populaires actuelles, en Suède surtout, ne servent qu'à faire connaître les différences qu'il présentait avec la mythologie norvégienne; de même que la tradition non moins défectueuse des anciens monuments écrits danois et suédois signale la différence qui existait entre les langues de ces deux peuples. Quant aux sources d'où proviennent nos connaissances sur la mythologie norvégienne, ce sont surtout, indépendamment des nombreuses allusions fournies par la littérature historique et par les *sagas* norvégiennes et islandaises, deux recueils désignés chacun sous le nom d'*Edda*, et appartenant exclusivement à la Norvège et à l'Islande. On peut résumer comme suit les renseignements qu'ils nous fournissent sur l'objet qui nous occupe.

Au commencement du temps, il n'y avait ni ciel ni terre, mais seulement un abyme en fermentation (*Ginungagap*). Obscur et glacé au Nord, il portait le nom de *Niflheim*; lumineux, éclatant et chaud au Sud, on l'appelait *Muspelheim*. De la source d'Hvergelmer, c'est-à-dire *la Vieille Source*, provenaient dans Niflheim des fleuves empoisonnés, *Elivagar*, au-dessus desquels, après que la glace avait longtemps suspendu leur cours, la rosée venant du poison avait coulé en forme de gelée blanche ou de givre, et ses couches successives avaient fini par combler Ginungagap. Des étincelles projetées par Muspelheim tombèrent au Sud sur la glace : elle fondit, et de ses gouttes sortit la vie. Il en naquit un homme appelé Ymer, qui fut méchant comme tous ses descendants. Pendant son sommeil, un homme et une femme naquirent de sa main gauche. Ses pieds eurent entre eux un fils. D'Ymer descend la race des *Rimthurses*, ou géants des frimas. Après lui il sortit encore des gouttes de la glace fondue la vache Aoudhoumbla. Les quatre fleuves de lait provenant de ses pis servirent à nourrir Ymer. Elle-même se nourrit en léchant des pierres de sel, d'où elle fit sortir un homme appelé *Bur*, qui était grand et beau. Son fils fut appelé *Bœr*, mot qui comme *Bur* signifie fils dans l'ancienne langue poétique du Nord. Bœr est de la fille du géant Bergthorir trois fils : *Odin*, *Wile* et *We*, qui égorgèrent le géant Ymer. Le fleuve qui provint du sang de ce géant noya toute la race des Rimthurses. Seul Bergelmer parvint à se sauver avec sa femme, et d'eux provint une nouvelle race de géants. De la chair d'Ymer naquit la terre, de son sang la mer, de ses os les montagnes, de ses cheveux les arbres, de son crâne le ciel, de son cerveau les nuages noirs. Avec ses sourcils les dieux créèrent *Mitgard* (c'est-à-dire la terre habitable), pour leur servir de rempart contre les géants qui résidaient tout à l'extrémité du bord de la terre entourée par la mer. Ils se construisirent pour eux-mêmes *Asgard*, situé au centre du monde. De la Terre, fille de la Nuit, Odin eut Asahor, souche de la belle et brillante race des *Ases*. Les dieux firent éclairer le ciel et la terre par des étincelles parties de Muspelheim. Ils confièrent aux enfants de *Mundelfari* (celui qui met l'essieu en mouvement), *Sol* et *Maan*, la direction du Soleil et de la Lune, qui jusque alors n'avaient pas su où ils se trouvaient. Les dieux donnèrent ensuite des noms aux heures de la journée. Nolt, une fille de géant, eut en troisième mariage de Deiling, c'est-à-dire le Crépuscule, issu de la race des *Ases*, Dagur, c'est-à-dire le Jour. Allfadur donna à la Nuit et à ses fils des chevaux et un chariot, et les plaça dans le ciel. La Nuit marchait devant, et l'écume de son coursier Rimfaxi (*crinière de frimas*) tomba sous forme de rosée sur la terre. Le coursier du Jour, Skinfaxi, éclaira avec sa crinière l'air et la terre. Aux quatre coins du ciel Allfadur plaça quatre nains : *Sudri*, *Austri*, *Nordri* et *Vestri*. A l'extrémité septentrionale du ciel se tenait Hræsvelg, sous la forme d'un aigle. Le mouvement de ses ailes produisaits les vents. Mais Mitgard étant encore inhabitée, les dieux créèrent les hommes de l'être sans destinée appelé *Ask* (ou Frêne) et Embla. Odin leur donna l'âme, Hæner l'esprit, et Lodur le sang. Leur demeure avait nom *Manheim* ; et c'était des neuf mondes celui qui se trouvait au centre. Les autres, indépendamment de Niflheim et de Muspelheim, de Godheim ou Asgard pour les dieux, et de Manheim ou Mitgard pour les hommes, furent Wanaheim, le monde des Wanes, jadis ennemis des Ases, mais plus tard réconciliés avec eux, qui remplit l'espace compris entre la voûte du ciel et la terre ; deux mondes appelés Alfheim et Svartalfheim, le premier pour les Alfes lumineux et ceux du genre humain, le second pour les mauvais démons, les nains, qui habitaient autrefois à l'état de vers la chair d'Ymer ; enfin, Jœtunheim, le monde des géants, et Helheim le monde de la mort, le monde inférieur. Comme dans d'autres cosmogonies, la terre naît aussi ici de la lutte des éléments, le feu et l'eau. Le givre donne la matière première. La force productrice de la terre anoblie par la lumière du ciel enfante la foudre, qui dissipe les exhalaisons nuisibles.

Au nom du premier homme Ask (ou Frêne) se rattache aussi le mythe du frêne *Yggdrasil*, représentant l'univers. Yggdrasil propage ses rameaux par tout l'univers et jusque dans le ciel. Dans ses branches était perché un aigle des plus intelligents, et entre ses bourgeons un vautour. Quatre cerfs sautillaient dans ses branches et mangeaient ses feuilles. A ses racines, qui allaient jusqu'à Niflheim, rongeait le dragon *Nidhæggur* ; et un écureuil courant sur son tronc, *Ratastoskur*, cherchait à exciter la discorde entre l'aigle et le dragon qui est dans la source Hvergelmer. Une seconde racine d'Yggdrasil s'étendit jusqu'aux Rimthurses, où sont situées les sources de Mimer ; une troisième alla jusqu'aux Ases et aux hommes. Au-dessous se tenaient les trois n o r u e s, chargées d'arroser l'arbre. C'est là que se trouvait le tribunal des Ases, et qu'ils venaient chaque jour. Cet arbre, emblème de l'univers, paraît répondre à l'*irminsul* (*voyez* IRMIN), objet d'une vénération particulière pour les Germains et notamment pour les Saxons ; et ce mot correspond également à l'idée de colonne du monde. Il est aussi question d'un arbre du monde dans les mythes des Hindous et des Perses.

La paix avait jusque alors régné dans le monde, quand arrivèrent pour le malheur des Ases trois vierges géantes. Dans ce mythe fort obscur il s'agit de la perte de tables d'or, qui ne peuvent se retrouver qu'après le crépuscule des dieux ; perte qui est la cause de grandes calamités. Il en sortit une guerre ; et les Ases eurent une longue guerre à soutenir contre les sages Wanes. Le rempart d'Asgard fut enlevé et franchi. Les Ases donnèrent Hæner aux Wanes, et reçurent de ceux-ci Njord, qu'ils accueillirent parmi eux avec ses enfants *Freyr* et *Freyja*. Il y eut une infinité de luttes contre les géants, que Thor finit par abattre à l'aide de son redoutable marteau. Il y avait douze manoirs célestes, qu'on n'explique pas les douze signes du zodiaque ; mais ils n'appartenaient point aux douze grands dieux. Brage et Thor n'y habitaient point. En revanche, on y trouvait Skadi, fille du géant Thiassi, qui demeurait à Thrymheim. Sœkkvabek, c'est-à-dire *ruisseau de la pente*, entouré d'eaux froides, était habité par Saga, avec lequel Odin buvait tous les jours dans des coupes d'or. Thrudwanger, château frappé par la foudre et habité par Thor, était situé plus loin.

Les dieux, de même que les déesses, sont au nombre de douze ; mais ce ne sont pas toujours les mêmes, et on n'y comprenait pas non plus d'autres êtres qui n'étaient qu'à moitié divins. D'ailleurs, les principaux après Odin, le père des dieux et le plus ancien des Ases, sont : *Thor*, *Baldur*, *Njord*, *Freyr*, *Tyr*, *Bragi*, *Heimdall*, *Hœdur*, fils d'Odin, qui est aveugle mais fort, et qui contre sa volonté tue Baldur, puis est lui-même tué plus tard par Wale (c'est évidemment l'emblème de l'aveugle destinée, qu'on ne peut dompter ni prévoir), *Widar*, *Wale*, *Uller*, *Forséti*. Parmi les Ases on nomme aussi *Loki*, quoiqu'il apparaisse comme leur ennemi et qu'il représente en général le génie du mal. Thor est le dieu du tonnerre, que produit le roulement de son char traîné par des boucs, le puissant vainqueur des géants ; Baldur, le plus beau et le meilleur des Ases, dont la demeure, *Breidablik*, resplendit au loin ; Njord, le dominateur des mers et des fleuves, qui a le pouvoir d'apaiser les vents et le feu, qui accorde aussi les richesses, qui est surtout invoqué par les pêcheurs et les navigateurs, et auquel de nombreux temples étaient consacrés. Il avait pour demeure *Noatun* (c'est-à-dire *nouvelle cour*) ; son épouse, Skadi, habitait séparée de lui, dans les montagnes, tandis que Njord aimait les rivages de la mer. Freyr, qui commande aux rayons du soleil et à la pluie, était invoqué pour obtenir de la fécondité et de la pluie, et habitait *Alfheim*. Tyr, fils d'Odin, est le dieu des guerriers, et aussi sage que brave. Il a prouvé son intrépide courage en enchaînant le loup Fenris, lorsque, comme gage qu'il ne s'agissait que d'une plaisanterie et qu'il ne voulait pas le tromper, il lui mit dans la gueule sa main, que Fenris mordit ; d'où vient qu'il n'a plus qu'une seule main. Dans le crépuscule des dieux il combattra contre Garm, le chien des enfers, et tous deux s'entre-tuèrent.

Bragi était le dieu de la poésie. Heimdall, né de à neuf vierges sur le bord de la terre, habitait son château d'Himinbiorg, près du pont céleste de *Bifrœst* (c'est-à-dire l'arc-en-ciel), où il avait mission de veiller sur les Ases. Il dormait moins qu'un oiseau, avait un œil si pénétrant que la nuit comme le jour il pouvait voir à cent milles de distance, et l'ouïe si fine qu'il entendait pousser l'herbe dans les champs et la laine sur le dos des moutons. Quand il soufflait dans sa corne, appelée *Giallarhorn*, le son en retentissait à travers tous les mondes. Widar, le dieu silencieux, fils d'Odin, le plus fort après Thor, habitait *Landwidi*, c'est-à-dire l'étendue des terres. Wale, fils d'Odin et de Rinda, était un brave guerrier, un archer habile, et habitait *Walaskjalf*, c'est-à-dire la tour de Wali. Uller, beau-fils de Thor, était aussi bon archer qu'agile patineur; on l'invoquait dans les duels, et on touchait son anneau en prêtant serment. Il habitait *Ydalir*, c'est-à-dire la vallée du trait. Forsité, fils de Baldur et de Nanna, était le meilleur de tous les juges. Il habitait *Glitnir* (lumière), palais au toit d'argent soutenu par des colonnes d'or. Vraisemblablement il ne faisait qu'un avec *Fosité*, adoré par les Frisons d'Heligoland, île appelée aussi *la Terre de Fosité*.

Les principales déesses sont *Frigga*, épouse d'Odin, qui présidait aux mariages; *Freyja*, la déesse de l'amour, qui recevait dans son palais de Folkvanger les femmes après leur mort, et à laquelle appartenait la moitié des morts; *Idun*, chargée de la garde de la pomme d'immortalité; *Eira*, qui présidait à la médecine, et *Nanna*, épouse de Baldur (à sa mort, il lui perça le cœur, tant il l'aimait). Les déesses du rang inférieur protectrices des amants étaient *Lœfn*, *Sioefn* et *Var*; *Gna*, *Hlynn*, *Fulla* étaient les servantes de Frigga, dont *Gna* accomplissait les messages.

Les Nornes, chargées d'exécuter les ordres de la Destinée; les Walkyries, qui présidaient aux batailles, et les Fylgies, génies protecteurs des hommes, n'appartenaient ni les unes ni les autres à la race des Ases; elles ne laissaient pourtant pas que d'exercer une influence puissante sur les destinées humaines. Ægir, le dieu de la mer, et *Rân*, son épouse, ne participaient pas non plus partie des Ases. Le repas qu'Ægir donna aux Ases, et où Loki les accabla d'invectives, est fameux. Loki, lui aussi, quoiqu'en confraternité avec Odin depuis la plus haute antiquité et admis parmi les Ases, appartenait à un autre ordre de dieux, et prépara la perte des Ases, qui le haïssaient. Avec la géante Angerbaude il avait eu trois monstres, *Hel*, le loup *Fenris*, et le serpent *Midgard*. Hel fut reléguée par Odin à Niflheim, où elle préside à l'empire des Ombres, où viennent ceux qui ont eu le malheur de ne pas trouver la mort dans les batailles et qui ne se sont pas tués eux-mêmes. Hel n'était qu'à moitié de la couleur humaine; l'autre moitié de son corps était bleuâtre. Sa demeure s'appelait *Elvidr*, c'est-à-dire froid glacial; la faim était ses plats, la famine son couteau, l'amaigrissement son lit. Le loup Fenris fut chargé de liens par les Ases. Quant au serpent Midgard, Odin le précipita dans la mer, où il grandit tellement qu'en se mordant la queue il entourait toute la terre. Quoique les Ases eussent réussi à empêcher ce monstre d'être nuisible, il n'en résulta pas moins bientôt de grands malheurs à la suite de la mort de Baldur, causée par Loki.

Après la mort de Baldur, le dieu le plus aimé des dieux et des hommes, tout bonheur cessa pour les Ases, et tout fut désormais impuissant à prévenir la ruine prochaine du monde. Ragnarœk, c'est-à-dire le crépuscule des dieux, apparut annoncé longtemps à l'avance par la corruption toujours croissante des hommes. L'hiver succéda à l'hiver sans qu'il y eût d'été entre eux; on ne furent plus que vents furieux, que tourbillons de neige, qu'obscurité. L'horrible *Fimbulvetur* est arrivé; le soleil et la lune sont dévorés par les loups qui les poursuivent; le ciel est tout tacheté de sang, la terre tremble et les montagnes de rochers s'écroulent en produisant d'affreux craquements. C'est que le loup Fenris a reconquis sa liberté, et à la suite sont accourus le serpent Midgard et Loki à la tête de ses bandes. Éveillés par le son retentissant du cor de Heimdall, les Ases courent au-devant de lui sous le commandement d'Odin, ainsi que les guerriers morts dans les combats, sur le navire *Naglfar*, construit avec les ongles des trépassés, tous se dirigeant vers le commun champ de bataille, appelé *Wigrid*. Après une lutte des plus acharnées, quand les deux armées se sont entre-détruites, lorsque Odin a fini par être dévoré par le loup Fenris, *Surtur*, le dieu enflammé, lance de Muspelheim son feu sur l'univers. Des tourbillons de fumée enveloppent Yggdrasil; la flamme monte vers le ciel, et la terre embrasée tombe dans la mer. Mais il en sort une terre nouvelle. Des champs verts et beaux y étendent leurs riches moissons sans avoir été cultivés; et de même que les dieux se réveillent pour une vie nouvelle, il naît aussi un nouveau genre humain. *Lif*, c'est-à-dire la vie, et *Lifthrasir* (la vigueur de la vie), se sont tenues cachées pendant les horreurs de la destruction dans la forêt d'Hoddmimir, où elles se sont nourries de rosée; elles donnent naissance à une nouvelle race d'hommes. Les géants et les monstres ont disparu à tout jamais. Mais les Ases reviennent; Baldur revient de Niflheim avec Hœdur; on retrouve les tables d'or, et les Ases se réunissent, comme dans les anciens temps, dans la prairie d'Ida. Il n'y manque qu'Odin et Thor. Baldur et Hœdur habitent les palais d'Odin. Thor est représenté par ses fils *Modé* et *Magni*, c'est-à-dire Force et Courage, de même qu'Odin par ses fils Widar et Wali. Il n'y a non plus de Walhalla; de nouvelles demeures sont préparées pour les bienheureux, et désormais le genre de mort ne décidera plus seul du séjour réservé aux trépassés. Les hommes bons et vertueux habiteront *Gimlé*, le meilleur des séjours, et divers autres palais; mais les méchants, ceux qui auront manqué à leurs serments, les séducteurs, seront rejetés à *Nastrand* (rivage des cadavres), où ils nageront dans des torrents de poison, dans le palais des serpents. Au règne d'Odin en succédera un autre, un plus puissant encore; « mais je n'ose pas le nommer, » est-il dit dans l'*Hindlutiod*. Il aura pour nom Alivater (*Toutpère*), et l'Edda la plus récente dit de lui qu'il a vécu dans tous les âges et qu'il a toujours dominé sur tout. C'est lui qui a créé le ciel et la terre et tout ce qui en dépend. Mais sa plus grande œuvre, c'est d'avoir créé l'homme et de lui avoir donné un esprit qui doit toujours vivre et ne jamais mourir, alors même que le corps a été pourri et tombe en poussière, ou bien lorsqu'il a été réduit en cendre.

Toutes ces idées, quelque influence que le christianisme ait pu exercer sur leur expression, appartiennent au paganisme. Sans doute on trouve aussi dans d'autres religions païennes la doctrine de l'anéantissement et de la réapparition de tout ce qui existe après de certaines époques; mais nulle part la nature périssable des dieux n'apparaît plus nettement exprimée que dans la doctrine des Ases sur le crépuscule des dieux. L'esprit profond de ces peuples se montre également dans les mythes, et annonce des méditations philosophiques sur la nature. Les dieux sont les forces qui président aux changements qui ont lieu dans la nature, tout en restant subordonnées à ces changements. L'alternative des temps déterminée par les astres; le réveil, l'assoupissement, puis le nouveau réveil de la nature, sont aussi des symboles des dieux et de leur destinée. Indépendamment de ces rapports physiques, on trouve encore dans ce système quelque retentissement de la vie des temps primitifs. La réception des dieux Wanes rappelle la fusion de divers systèmes religieux. Suivant le partage des religions en cultes rendus au feu et en cultes rendus à l'eau, les Ases appartiendraient originairement à la religion du feu. Les déesses n'occupent qu'un rang fort inférieur, et sont généralement des personnifications d'idées morales. Odin, auquel entre autres surnoms on donne celui d'*Œil lançant le feu*, *qui brûle tout*, est originairement le Soleil; après lui vient Thor, le dieu du tonnerre; tous deux sont en même temps dieux de la guerre; et l'univers ne périt dans un incendie que pour renaître de ses cendres. Parmi les ouvrages des littératures du Nord consacrés à l'explication des diverses idées mythologiques qui forment le fond de ce système religieux, il faut surtout mentionner ceux de Jacob Grimm, de Heiberg, de Grundtvig, de Geijer, de Finn-Magnusen et de Munch.

NORD (Pôle). *Voyez* PÔLE et plus haut, page 608, l'article NORD (Expéditions au pôle).

NORDALBINGIE. C'est le nom que portait originairement toute la contrée située au nord-est de l'Elbe, qui était habitée par des Saxons, d'où la dénomination de *Saxonia transalbina*, qu'on lui donnait également. Il est possible qu'au nord les Danois s'établissent dans le nord du Schleswig, et les Slaves dans la Wagrie, la Nordalbingie comprit aussi ces pays. Plus tard, à l'époque de Charlemagne, cette contrée fut séparée au nord, par l'Eider, des Danois, au sud-ouest, par l'Elbe, des autres Saxons, et à l'est, des Slaves, par une ligne qui formait le cours de la Trave. Elle se composait du Holstein proprement dit, du Stormarn ainsi que du pays des Dithmarses, et, comme marche particulière, elle faisait partie du duché de Saxe.

NORDERNEY, îlot de la côte de la Frise orientale, dépendant du bailliage (*Landrostei*) d'Aurich (royaume de Hanovre), avec 900 habitants, pour la plupart pêcheurs ou marins, qui demeurent dans la ville du même nom, laquelle se compose d'environ 200 maisons dans le genre hollandais. La partie sud-est de l'îlot, qui n'a guère plus de 2 kilomètres carrés, se compose de dunes hautes de 12 à 25 mètres. Depuis 1801 il y a à Norderney un établissement de bains de mer, qui y attire du 1er juillet au 15 septembre un grand nombre de baigneurs. A la marée basse on gagne l'île à pied sec. Des services de bateaux à vapeur la relient, à l'époque de la saison des bains, à Hambourg et à Brême, ainsi qu'à la ville de Norden, qui se trouve en face sur la côte.

NORDGAU ou **BASSE ALSACE**. *Voyez* ALSACE.
NORDHAUSEN (Acide fumant de). *Voyez* COUPEROSE.
NORDLINGEN ou **NORDLINGUE**, dans le cercle de Souabe et de Neubourg (Bavière), sur l'Eger, en cellule par un chemin de fer à Munich et à Nuremberg, fut jusqu'en 1803 une ville libre impériale, avec un territoire d'un myriamètre carré, qui faisait partie du cercle de Souabe. On y compte 6,500 habitants, et on y voit une assez belle église.

Elle est célèbre dans l'histoire de la guerre de trente ans par deux batailles. Dans la première, livrée le 6 septembre 1634, les Suédois furent battus pour la première fois depuis qu'ils avaient envahi l'Allemagne. Nordlingen était vivement assiégée par le roi des Romains Ferdinand. Le duc Bernard de Saxe-Weimar et le général Horn résolurent de faire déguerpir. Sans attendre l'arrivée d'un corps suédois qui devait prochainement faire sa jonction avec leur armée, le duc, contre l'avis de Horn, attaqua l'armée impériale; elle était de beaucoup supérieure aux forces dont il disposait, ne comptait pas moins de 45,000 hommes, et s'était retranchée sur une hauteur dominant Nordlingue. Les Suédois, au nombre de 24,000 au plus, se battirent bravement, mais furent vaincus. Ils perdirent 12,000 hommes tués ou blessés, et perdirent 300 drapeaux et étendards, 80 bouches à feu, ainsi que quelques milliers de prisonniers, dont le général Horn et divers officiers supérieurs. La seconde bataille de ce nom fut livrée le 3 août 1645; les Impériaux, aux ordres de Mercy, y furent mis en déroute par les Français, que commandait Condé. Deux ans plus tard la ville de Nordlingue fut bombardée par les Bavarois et à peu près réduite en cendres. En 1796 et 1800, de nouveaux engagements eurent encore lieu sous ses murs, entre les Autrichiens et les Français.

NORD-OUEST (Territoire du), *North-West Territory*. Nom d'un territoire non encore organisé des États-Unis de l'Amérique du Nord, qui jusqu'à ce jour avait fait partie du territoire de Nebraska, comprennant le bassin supérieur du Missouri et une superficie de 19,415 myriamètres carrés.

On désigne aussi sous ce nom la partie occidentale de l'Amérique anglaise du Nord située entre les montagnes Rocheuses et l'océan Pacifique, qui s'étendait autrefois jusqu'au territoire de l'Orégon, concédé depuis aux États-Unis, et appelée aujourd'hui *Nouvelle-Calédonie*.

NORFOLK, appelé aussi NORTHFOLK ou NORFOLKSHIRE, l'un des six comtés de l'est de l'Angleterre, d'une superficie de 67 myriamètres carrés, avec une population de 433,800 âmes, est borné par les comtés de Suffolk, de Cambridge et de Lincoln, et par la mer du Nord. Il forme une vaste plaine unie; et, quoique couvert à ses extrémités tantôt de marais, tantôt de landes, il est à l'intérieur d'une grande fertilité en grains, fourrages et plantes potagères. Le climat en est humide, mais, au total, agréable et sain. A l'exception de l'Ouse, le plus grand de ses cours d'eau, on n'y rencontre que de petits ruisseaux, allant se perdre dans la mer. La culture de l'orge, l'élève des moutons et des bêtes à cornes, constituent avec la pêche, notamment la pêche aux harengs, l'industrie principale des habitants. Le comté de Norfolk est aussi, dans l'est de l'Angleterre, le seul où des fabriques soient établies sur une grande échelle, notamment des manufactures d'étoffes de soie et de laine, à Norwich, son chef-lieu. Parmi ses principales villes il faut citer *Yarmouth*, *Lynn-Regis* ou *King's Lynn*, port de mer à l'embouchure de l'Ouse, qui avec son district ne compte pas moins de 26,000 habitants; enfin, *Wells* et *Cromer*, deux petits ports qui servent à l'exportation des produits du pays.

NORFOLK est aussi le nom d'un port de la Virginie (États-Unis de l'Amérique du Nord), sur la rive droite de la rivière Élisabeth, que le *Dismal-Swamp canal* relie à la baie de la Chesapeak et au détroit d'Albemarle. On y compte 15,000 habitants, qui font avec le sud de l'Union un cabotage des plus actifs. On y trouve aussi un chantier de la marine nationale des États-Unis et un hôpital de marins.

NORFOLK, île de l'Australie, à 154 myriamètres est-nord-est de Sydney. Elle a 4 myriamètres de circuit, est d'une fertilité peu commune, et sert de pénitencerie pour les condamnés récidivistes ou incorrigibles déportés à la Nouvelle-Galles du Sud.

NORFOLK, titre de la célèbre famille *Howard*, qui occupe le premier rang dans la hiérarchie nobiliaire de l'Angleterre.

Les premiers comtes de Norfolk appartenaient à la famille *Bigod*, à l'extinction de laquelle Édouard Ier créa, en 1285, son second fils, Thomas de Brotherdon, comte de Norfolk et grand-maréchal (*Earl-Marshall*) d'Angleterre. Son arrière-petit-fils par les femmes, *Thomas de* MOWBRAY, duc de Norfolk et comte de Nottingham, donna, vers l'an 1450, sa fille aînée en mariage à sir Robert HOWARD. Cette famille Howard descendait de *William* HOWARD, grand-juge des *common-pleas* de 1297 à 1308, et qui vraisemblablement était de race de saxonne. Son fils, sir John Howard, fut chambellan d'Édouard II. Le fils issu du mariage de Robert Howard avec la fille du duc de Norfolk, *John* Mowbray, jouissait déjà sous Henri VI d'une grande réputation comme capitaine. Ennemi déclaré de la maison de Lancastre, il fut créé, sous Édouard IV, commandant en chef des forces de terre et de mer du royaume, et chargé en même temps de la direction des affaires politiques. Ayant aidé Richard III à usurper le trône, il fut créé par ce prince, en 1483, grand-maréchal du royaume, et *duc de Norfolk*, lorsque le cousin de sa mère, John Mowbray, fut mort sans laisser d'héritiers mâles. Howard périt avec ce roi, le 22 août 1485, à la bataille de Bosworth; et le parlement l'ayant déclaré, en outre, coupable de haute trahison, le titre de duc fut enlevé à sa famille.

Thomas HOWARD, fils aîné du précédent, tomba entre les mains de Henri VII à la bataille de Bosworth, et, après avoir subi une captivité de trois ans, fut rendu à la liberté en même temps qu'on lui restituait le titre de *comte de Surrey*, que les fils aînés des Howard avaient déjà porté.

Ses talents militaires et diplomatiques l'eurent bientôt mis en grande considération. Henri VIII le maintint dans ses fonctions, et lui rendit la dignité de duc. Ayant été obligé, en 1521, en sa qualité de grand-sheriff, d'envoyer à l'échafaud le beau-père de son fils aîné, le duc Édouard Strafford de Buckingham, il se retira dans son château de Framlingham, où il mourut, le 21 mai 1524.

Thomas HOWARD, fils aîné du précédent, d'abord *comte de Surrey*, ensuite troisième *duc de Norfolk*, naquit en 1474. A la bataille de Flodden, il commanda avec distinction, sous les ordres de son père, l'avant-garde. En 1521, pour l'empêcher d'intervenir dans le procès intenté à son beau-père, le cardinal Wolsey l'envoya comme lord-lieutenant en Irlande, où, malgré les faibles ressources mises à sa disposition, il réussit, grâce à sa sage sévérité, à comprimer l'insurrection d'O'Neale. En 1522, au grand détriment de l'Irlande, il eut ordre de prendre le commandement de l'expédition destinée à opérer une descente en France. Il débarqua en Bretagne, et pénétra par la Picardie jusqu'à onze heures de marche de Paris; mais il dut battre en retraite à l'approche du duc de Vendôme. A son retour en Angleterre, il fut nommé lord-grand-trésorier, en remplacement de son père, et reçut en même temps le commandement d'une armée, à la tête de laquelle il dévasta les frontières d'Écosse. Après avoir contribué à renverser le cardinal Wolsey, dont il était naguère l'un des plus fervents courtisans, sa puissance et son crédit s'accrurent considérablement. Zélé catholique, il eut recours à tous les artifices de la diplomatie pour empêcher une rupture complète de l'Angleterre avec le saint-siége; ce qui ne l'empêcha pourtant pas d'aider au mariage de Henri VIII avec sa nièce, Anne Boleyn, à laquelle plus tard, quand il reconnut qu'elle était favorable à la Réformation il s'efforça de nuire de son mieux. Sa chute une fois décidée, il prit ouvertement parti contre elle. Il accepta donc la présidence de la commission chargée de juger Anne, et n'hésita pas alors à prononcer une sentence de mort contre son infortunée nièce. Lorsque éclatèrent dans les provinces du nord les troubles excités par les catholiques, il se trouva dans une position des plus difficiles, forcé qu'il fut de porter les armes contre ses coreligionnaires. Toutefois, il réussit à obtenir de Henri VIII une amnistie en leur faveur. Ces fanatiques ayant assiégé Carlisle en 1537, il les attaqua à l'improviste, et fit pendre soixante-dix de leurs chefs sans autre forme de procès. La rédaction des six articles de foi à laquelle il avait pris part et le mariage du roi avec une autre de ses nièces, catholique zélée, *Catherine* HOWARD, fille d'un son frère sir Edmond Howard, lui fournirent l'occasion de persécuter les protestants avec une impitoyable rigueur. La condamnation de cette reine, dont le sort faillit avoir pour conséquence le supplice de sa mère, la vieille duchesse de Norfolk, ne lui fit rien perdre de la faveur de Henri VIII, entre les mains de qui il fut constamment le plus complaisant des instruments. En 1542 il reçut l'ordre d'envahir l'Écosse à la tête d'une armée, en 1644 il prit une part essentielle à une expédition contre la France, que le roi commanda en personne. Au retour de cette campagne, divers courtisans, jaloux de son influence et de son autorité, réussirent à le rendre suspect au roi. Ayant avoir rendu tant de services à Henri VIII, après lui avoir témoigné tant de dévouement, Norfolk fut subitement arrêté le 12 décembre 1546, avec son fils aîné, le comte de Surrey, et jeté à la Tour, tous deux sous la prévention d'avoir voulu changer la dynastie à la mort du roi. Surrey, qu'un jury eut bientôt fait de condamner, monta sur l'échafaud quelques jours après. Mais Norfolk, dont la chambre des lords dut instruire le procès suivant toutes les formes, fut assez heureux pour que le roi lui-même vînt à mourir le jour fixé pour son exécution; dès lors le conseil privé ordonna de la suspendre. Cela ne l'empêcha pas, toutefois, de languir encore, quoique innocent, pendant toute la durée du règne d'Édouard VI, dans un cachot de la Tour de Londres. Ce ne fut qu'à l'accession au trône de la reine Marie qu'il recouvra sa liberté, ses biens et ses titres, et, comme catholique zélé, l'influence la plus illimitée. Il poursuivit alors avec ardeur le mariage de la reine avec Philippe d'Espagne, et étouffa l'insurrection de Thomas Wyat ainsi que divers autres mouvements populaires. Courbé sous le poids des années et du malheur, et désireux de clore enfin la carrière si agitée de sa vie publique. Il se retira alors au château de Kenninghall, dans le comté de Norfolk, et y mourut, le 25 août 1554.

Thomas HOWARD, quatrième *duc de Norfolk*, petit-fils du précédent et fils du comte de Surrey, mort sur l'échafaud, naquit vers 1536. Il jouissait d'un grand crédit auprès de la reine Élisabeth, lorsque, cédant aux conseils de quelques amis, il résolut de se poser comme prétendant à la main de la reine d'Écosse, Marie Stuart, prisonnière en Angleterre. Élisabeth l'en punit en le faisant enfermer à la Tour, en octobre 1569. Peu de temps après, il est vrai, il fut remis en liberté à la condition qu'il renoncerait à ses projets de mariage; mais il recommença bientôt son commerce de lettres avec Marie Stuart, et conclut même avec le pape, le roi d'Espagne et le duc d'Albe, un traité ayant pour but la délivrance de la belle captive. Livré par le régent d'Écosse Murray, il fut traduit devant une commission de pairs, qui, le 16 janvier 1572, le condamna à mort comme coupable de haute trahison, et le dépouilla en même temps de tous ses biens et dignités. Après de longues hésitations, Élisabeth se décida enfin à le faire exécuter, le 2 juin 1572, à Tower-Hill. Il avait épousé l'héritière des comtes d'Arundel, de l'antique famille des Fitzalan; aussi son fils unique *Philippe* HOWARD, auquel la condamnation de son père sous l'inculpation de haute trahison fit perdre son titre, prit-il celui de *comte d'Arundel*. Lui aussi fut accusé de haute trahison en 1590, à l'occasion de certaines menées secrètes dans l'intérêt des catholiques, et mourut à la Tour.

Son fils *Thomas* HOWARD, comte d'Arundel, obtint de Jacques Ier, en 1603, la restitution du titre de comte de Surrey et celle des domaines de sa famille. En 1621 on lui rendit encore la charge de grand-maréchal; et en 1644 il prit le titre de *comte de Norfolk*, afin que le nom ne passât pas dans une autre famille. Il fut du petit nombre de grands seigneurs de son temps qui se distinguèrent par leur goût pour les beaux-arts. Il mourut en 1646.

Thomas HOWARD, petit-fils du précédent et fils de Henri-Frédéric, comte d'Arundel, de Surrey et de Norfolk, obtint en 1664 la restitution du titre de duc; et son frère *Henry* fut créé aussi grand-maréchal en 1672. Mais la carrière des fonctions publiques fut désormais fermée aux Norfolk, parce qu'ils persistèrent à rester fidèles à la foi catholique. La ligne directe de la maison de Norfolk s'étant éteinte en 1777, en la personne du neuvième duc, ses titres et ses dignités passèrent à un descendant du comte d'Arundel mort en 1595, zélé catholique comme tous les membres de sa famille, et qui mourut en 1786.

Le fils de cet Arundel, *Charles* HOWARD, comte de Surrey depuis 1777, et à la mort de son père onzième *duc de Norfolk*, né en 1742, abjura le catholicisme en 1780. Il obtint ainsi le droit d'entrer comme représentant de Carlisle à la chambre des communes, où il combattit avec vigueur et succès les ministres North et Pitt. Devenu duc en 1786, il continua son opposition dans la chambre haute; mais dans les dernières années de sa vie il se montra moins hostile aux tories. Il mourut le 16 décembre 1815, sans laisser d'enfants. Ses biens et ses titres passèrent à un parent éloigné, *Bernard-Édouard* HOWARD, né en 1765. C'est par son père catholique qu'on alt vu siéger à la chambre des lords, après l'adoption du bill d'émancipation. Il mourut le 16 mars 1842, laissant un fils unique, *Henri-Charles*, né le 12 août 1791, aujourd'hui duc de Norfolk. En 1853, sous le ministère Aberdeen, il obtint la charge de lord *high-stewart* de la maison de la reine. Son fils aîné, *Henry Granville* HOWARD, connu auparavant sous le nom de lord Fitzalan, aujourd'hui comte d'Arundel et de Surrey, né le 7 novembre 1815, d'abord officier aux gardes, puis membre de la chambre basse pour la ville d'Arundel depuis 1837, s'est retiré en 1852 de la vie politique. Le fils cadet du duc, lord *Édouard-Georges Fitzalan* Howard, né en 1818, membre de la chambre basse, est marié depuis 1851, avec la riche héritière Augusta Talbot, nièce du feu comte de Schrewsbury, qu'une sentence de la cour ecclésiastique a relevée de ses vœux monastiques.

NORIA. On donne ce nom à une machine servant à élever les eaux. Une *noria* se compose d'une série de seaux ou de vases quelconques attachés à une double chaine sans fin qui s'enroule sur deux tambours. Le tambour supérieur étant mis en mouvement, soit par un manège, soit par toute autre force, la double chaine sans fin se trouve entrainée avec lui. Le tambour inférieur plongeant dans l'eau, ses seaux arrivés au bas de leur course se remplissent pour aller se vider au point culminant de la machine. Les *noria* sont tantôt verticales, tantôt inclinées.

NORICUM. *Voyez* Norique.

NORIQUE (*Noricum*). Les anciens appelaient ainsi la contrée séparée, au nord, par le Danube, de la Germanie; à l'ouest, par l'Inn (*Œnus*) et les Alpes, de la Vindélicie et de la Rhétie; au midi, du pays des *Carni*, par les Alpes se prolongeant au sud du Geil et de la Drave (*Drau*); et qui s'étendait à l'est jusqu'en Pannonie. Le Norique par conséquent correspond à la partie de l'Autriche proprement dite située au sud du Danube, avec le pays de Salzbourg, la Styrie et la Carinthie. Ses habitants, comme la plupart de leurs voisins de l'ouest et du sud, et comme les Boyens du nord-ouest, appartenaient à la grande famille des Celtes, et s'appelaient d'abord *Taurisques*. Plus tard cette dénomination fut à peu près partout remplacée par celle de *Noriques*, qui à l'origine ne s'appliquait sans doute qu'à une seule peuplade.

Dès le deuxième siècle de l'ère chrétienne les Romains entretenaient les relations les plus amicales avec ces populations, à cause de l'excellent fer qu'elles produisaient. Quand les Cimbres envahirent ce territoire, l'an 113 avant J.-C., ils y envoyèrent le consul Papirius Carbo, qui fut battu par les envahisseurs sous les murs de la capitale, Noreia. On suppose que cette ville, qui fut détruite plus tard, était située en Styrie, là où se trouve aujourd'hui la ville de Neumarkt. Après la conquête de la Rhétie, en l'an 14 avant J.-C., Tibère et Drusus érigèrent également le Norique en province romaine. La partie orientale, où étaient situés, au sud, Petavium (*Pettau*), sur la Drave, au nord, Vindobona (*Vienne*), et Carnuntum (près de *Haimburg*) sur le Danube, reçut le nom de *Pannonie*. Parmi les autres villes que contenait le Norique, les plus importantes étaient Virunum (près de *Klagenfurt*), Juvavia (*Salzbourg*), et Lentia (*Linz*). La partie septentrionale du Norique, appelée au temps de Constantin, *Noricum ripense*, où deux légions tenaient garnison sur le Danube, eut beaucoup à souffrir, à partir de la seconde moitié du deuxième siècle, des invasions des Germains, notamment des Marcomans et des Quades. Mais la partie intérieure (*Noricum mediterraneum*) resta longtemps paisible. Au cinquième siècle, Aétius y comprima une révolte des habitants contre la domination de l'empire d'Occident. Quand celui-ci eut été détruit, une grande partie du Norique fut comprise dans l'empire des Ostrogoths; et la partie nord-est, à laquelle demeura longtemps encore le nom de Norique, fut conquise par les Bojovares. Les Carantanes, peuplades slaves, s'établirent, vers la fin du sixième siècle, dans la première partie du Norique, qui reçut d'eux le nom de *Carinthie*. La partie nord-est appartenait aux Avares. Consultez Muchar, l'*Empire Romain* (2 vol., Graetz, 1825).

NORMAL (du latin *norma*, règle, modèle), qui sert de règle. Un *établissement normal* est un établissement qui doit servir de modèle à d'autres du même genre. On appelle *état normal* l'état d'un être organisé ou d'un organe qui n'a éprouvé aucune altération.

NORMALE (*Géométrie*). La *normale* en un point d'une courbe est la perpendiculaire menée par ce point à la tangente. Si la courbe devient une ligne droite, la normale n'est autre chose que la perpendiculaire.

La *sous-normale* est la projection de la normale sur la ligne des abscisses, en considérant la normale comme limitée d'une part au point de la courbe par lequel elle a été menée, d'autre part à la ligne des abscisses.

NORMALE (Année). A la conclusion de la paix de Westphalie, comme l'exercice du culte et la possession des églises et des prébendes avaient souvent varié en Allemagne depuis le commencement de la guerre de trente ans, on chercha à concilier tous les intérêts et toutes les prétentions; et à cet effet on convint que ceux qui dans le courant de l'année 1624 avaient eu quelque part le libre exercice de leur religion l'y conserveraient, et que la jouissance des fondations ecclésiastiques, évêchés, couvents, églises, demeurerait à celui des deux partis religieux qui s'en trouvait en possession au 1er janvier 1624. L'année 1624 fut dès lors appelée *année normale*. Mais comme les princes conservaient toujours le droit de réformer à leur guise, il n'en résulta pas de bien grandes ni surtout de bien réelles garanties pour le libre exercice du culte. Les actes constitutifs de la Confédération du Rhin et de la Confédération germanique ont fait perdre toute espèce d'importance à cette expression.

NORMALE (Ecole) à Paris. Cet établissement est placé sous l'autorité immédiate du ministre et du conseil de l'instruction publique. Il est destiné à former des professeurs dans les lettres et dans les sciences pour tous les lycées et collèges. Les élèves reçus à la suite d'épreuves annuelles sont considérés comme boursiers. Les principales conditions d'admission sont: 1° de n'avoir pas eu moins de dix-huit ans ni plus de vingt-quatre ans révolus au 1er janvier de l'année où on se présente; 2° de n'être atteint d'aucune infirmité ou d'aucun vice de constitution qui rende impropre à l'enseignement, et d'en produire une attestation, ainsi qu'un certificat d'aptitude morale aux fonctions de l'instruction publique, etc., etc.; 3° d'être pourvu du grade de bachelier ès lettres pour la section des lettres, et de celui de bachelier ès sciences pour la section des sciences, et d'en représenter les diplômes avec l'engagement légalisé de se vouer pour dix ans à l'instruction publique, et en cas de minorité, une déclaration du père ou du tuteur, aussi légalisée, autorisant à contracter cet engagement. Les épreuves ont lieu dans toutes les académies. Elles consistent pour la section des lettres, en une dissertation de philosophie en français, un discours latin, un discours français, une version latine, un thème grec, une pièce de vers latins, une composition historique; pour la section des sciences en composition de mathématiques et de physique, plus une dissertation de philosophie et une version latine. Les candidats déclarés admissibles subissent en outre à l'École Normale un examen définitif, dont les résultats comparés à ceux des premières épreuves peuvent seuls, avec les divers renseignements recueillis sur leur compte, assurer leur admission. La durée du cours normal est de trois années. Indépendamment des conférences de l'intérieur, les élèves de l'École suivent les cours publics des Facultés des sciences et des lettres, du Collège de France, etc.

L'École Normale a été fondée par Napoléon. L'exposé des motifs de la loi organique de l'instruction publique du 17 mars 1808 s'exprimait ainsi: « On a voulu réaliser dans un État de quarante millions d'individus ce qu'avaient tenté Sparte et Athènes, et ce que les ordres religieux avaient tenté de nos jours et n'avaient fait qu'imparfaitement, parce qu'ils n'étaient pas eu. On veut un corps dont la doctrine soit à l'abri des petites fièvres de la mode; qui marche toujours quand le gouvernement sommeille, dont les statuts soient tellement nationaux qu'on ne puisse jamais se déterminer à y porter la main. »

Maintenue en 1815, elle fut supprimée par ordonnance du 6 septembre 1822. Dès ce moment il n'y eut plus à Paris qu'une *École préparatoire*, confinée dans quelques salles de l'ancien collége du Plessis, et entretenue pour le temporel par l'administration du collége de Louis le Grand. Cette école, ainsi déshéritée par le pouvoir, ne rétrograda pourtant pas sous le rapport des études, grâce au zèle toujours désintéressé des maîtres de conférences, et aux bonnes traditions de dix années d'une florissante existence. Après la révolution de 1830 elle recouvra avec son titre ses attributions primitives et toute sa puissance d'utilité. Après février 1848, le gouvernement, cédant à la manie du moment, s'avisa de modifier le costume des élèves de l'École Normale et de remplacer leur modeste habit noir par la tunique militaire et l'épée. Le ridicule fit promptement justice de l'innovation. Depuis la chute de la république on a mis dans les conditions d'admission des difficultés qui ne nous paraissent pas d'une sage politique.

L'École Normale a eu successivement pour directeurs Guéroult l'aîné, Gueneau de Mussy, MM. Guignault, Cousin, Dubois. Parmi les hommes éminents qu'elle a produits ou qui y ont enseigné, nous rappellerons seulement MM. Villemain, Cousin, Jouffroy, Lacretelle, Guizot, Royer-Collard, La Romiguière.

Un autre *École Normale* avait été fondée par la Convention (loi du 9 brumaire an III) pour former à l'art de l'enseignement des citoyens déjà instruits dans les sciences utiles. Ils devaient être ensuite envoyés dans les départements pour y diriger d'autres écoles normales suivant la même méthode d'enseignement. « Pour la première fois sur la terre, disait Lakanal dans son rapport sur cette institution nouvelle, la nature, la vérité, la raison, la philosophie, vont avoir aussi leur séminaire. Pour la première fois les hommes les plus éminents en tous genres de sciences et de talents, les hommes qui jusqu'à présent n'ont été que les professeurs des siècles, les hommes de génie vont donc être les premiers maîtres d'école d'un peuple! » Les noms des professeurs justifiaient pour cette institution ne enthousiasme. C'étaient, pour les sciences : La Grange, La Place, Berthollet, Daubenton, Hallé, Haüy, Monge; pour la littérature, la morale, la géographie et l'histoire : La Harpe, Bernardin de Saint-Pierre, Sicard, Volney, Buache, Mentelle, Garat. Les cours de l'École Normale de Paris s'ouvrirent le 1er pluviôse an III, et se fermèrent le 30 floréal, en vertu de la loi qui ne les avait institués que pour quatre mois. Le but qu'on s'était proposé de cette institution ne fut peut-être pas complètement atteint. Les leçons des professeurs avaient été plutôt dirigées vers les hauteurs des sciences que vers l'art d'en enseigner les éléments ; mais elles firent passer dans l'instruction toutes les découvertes dont les sciences et les lettres s'étaient enrichies, et élevèrent au niveau des connaissances acquises l'enseignement public, qui jusque alors était resté constamment en retard d'un demi-siècle sur les progrès de l'esprit humain.

NORMALES PRIMAIRES (Écoles). *Voyez* PRIMAIRES (Écoles).

NORMANBY (CONSTANTIN-HENRI-PHIPPS, marquis DE), comte DE MULGRAVE, fils du comte de Mulgrave, pendant la vie duquel il porta le titre de *lord Normanby*, naquit le 15 mai 1797. Élevé à Cambridge, il entra dès 1819 à la chambre basse, et s'y prononça tout aussitôt avec une chaleureuse éloquence en faveur de l'émancipation des catholiques. La divergence de ses opinions sur cette question avec celles de toute sa famille, et notamment avec celles de son père, eut pour résultat de le faire renoncer, peu de temps après, à la carrière politique. A la suite d'un assez long voyage en Italie, il rentra à la chambre basse en 1822, et y seconda avec vigueur les motions présentées par lord John Russell en faveur de la réforme parlementaire. Depuis lors il se fit aussi une réputation dans le monde littéraire par la publication de trois romans, *Mathilde* (1825), *Oui et non* (1828), et *Le Contraste* (1832), dans lesquels il a peint avec beaucoup de vérité les mœurs des hautes classes de la société anglaise. A la mort de son père, époque où il devint *comte de Mulgrave* et vicomte de Normanby, il défendit dans la chambre basse le bill de la réforme parlementaire. En 1823 il fut envoyé par le ministère whig en qualité de gouverneur à la Jamaïque, où il soutint avec force, contre l'assemblée législative locale, les projets de réforme conçus par le gouvernement à l'égard de l'esclavage des nègres. Dès l'année suivante il était rappelé en Angleterre, pour remplacer lord Grey dans les fonctions de garde des sceaux. En 1835, après le court intervalle de durée d'un ministère tory, lord Melbourne lui confia le poste de lord-lieutenant d'Irlande. Ce fut sous son administration vraiment populaire et conciliatrice, que ce malheureux pays jouit, pour la première fois depuis plusieurs siècles, d'un calme profond et du développement paisible de ses ressources. Créé, en 1837, *marquis de Normanby*, à l'occasion du couronnement de la reine Victoria, il remplaça, au mois de février 1839, lord Grenelg, comme ministre des affaires étrangères; mais dès le mois d'août suivant il abandonnait ce portefeuille à lord John Russell, qui lui céda le ministère de l'intérieur en échange. La chute du cabinet whig, en août 1841, eut pour résultat de l'éloigner pendant quelques années du pouvoir; mais il y revint avec ses amis. Seulement, au lieu d'avoir alors une place dans le cabinet, on lui confia l'ambassade de Paris, poste dans lequel il ne fut remplacé par lord Cowley qu'à la suite du coup d'État du 2 décembre.

NORMANDES (*Typographie*). *Voyez* CARACTÈRES.

NORMANDES (Iles), appelées par les Anglais *Channel Islands*, groupe d'îles appartenant à l'Angleterre et situées dans la Manche, dans le golfe limité par les anciennes provinces françaises de Bretagne et de Normandie. Ce sont les seuls débris des domaines que les rois d'Angleterre possédaient jadis en France comme souverains de la Normandie. Ce groupe se compose de deux îles principales, *Jersey* et *Guernesey*, d'*Alderney*, de *Serk*, et de quelques petits îlots, tels que *Herm*, *Jéthou*, etc., et d'un grand nombre d'écueils qui, joints à de forts brisants, en rendent l'accès difficile. Leur superficie totale est de 42 kilomètres carrés, et en 1851 on y comptait 90,800 habitants. Malgré leur sol granitique, mais en raison de leur climat océanien, extrêmement doux, et sain en même temps, ces îles sont fertiles en céréales, en légumes et surtout en fruits, qui, avec le cidre et le poiré qu'on en fabrique, constituent même un article important d'exportation. L'élève du bétail constitue une autre branche importante d'industrie, et l'on vante à bon droit la race bovine d'Alderney, qui fournit beaucoup de lait, quoique petite de taille. La pêche, celle des huîtres notamment, la navigation et le commerce occupent aussi beaucoup les habitants. Ces îles, qui aujourd'hui servent d'asile à un grand nombre de réfugiés politiques, furent à l'époque des guerres de la révolution et de l'empire le grand entrepôt du commerce de contrebande avec la France; et on y avait également établi de grands magasins militaires. La navigation les a rapprochées de l'Angleterre, et leur a donné encore plus d'importance commerciale. Les habitants parlent un dialecte de l'ancienne langue normande, mais aussi l'anglais et le français, et sont protestants réformés. Quoique placées sous la souveraineté de la couronne d'Angleterre, elles ne font pas partie du royaume (*realm*) et ne participent point à la constitution anglaise. En revanche, elles jouissent de leurs privilèges que possèdent les Anglais, et même d'une exemption absolue d'impôts et de droits de douane. Leur constitution en propre, modelée sur celle de l'Angleterre, une cour de justice, et une assemblée législative composée des juges, des curés (ceux uns et les autres en sont membres à vie), et de *connétables* ou députés élus pour trois ans. A la tête de l'administration est placé un gouverneur. Les deux îles principales sont de véritables tableaux de l'Angleterre en miniature, avec des routes admirables.

JERSEY, la plus méridionale et la plus grande de toutes, fortifiée par l'art et la nature, possède un sol fertile, reposant sur une base de granit, et ressemble à un vaste jardin fruitier. Avec les îlots qui l'avoisinent elle compte 57,155 habitants. On y compte (non compris les petits bâtiments employés à la pêche et au cabotage) 346 navires à voiles, jaugeant ensemble 32,777 tonneaux ; et elle fait un grand commerce, non-seulement avec toutes les parties de l'Angleterre, mais encore avec l'étranger. *Saint-Hélier*, son chef-lieu et son principal port, siége du gouverneur, est situé sur la côte sud, dans la baie de Saint-Aubin. On y compte 20,000 habitants, et il s'y trouve des docks spacieux, de même qu'un grand port de sûreté, construit en 1851, aux frais du gouvernement anglais. *Saint-Aubin*, sur la baie du même nom, possède aussi un bon port.

GUERNESEY, au nord-ouest de Jersey, d'environ 16 kilomètres carrés, tout entourée de rochers à pic et assurée en même temps contre toute attaque par des fortifications artificielles, offre dans son intérieur une charmante alternative de ruisseaux, de prairies et de pâturages presque toujours verts, et de jardins fruitiers soigneusement entretenus. Avec les îlots qui en dépendent, sa population est de 33,645 habitants. A la fin de 1850 cette île possédait 141 navires à voiles, jaugeant 16,496 tonneaux. La seule ville est Saint-Pierre ou *Peter's-Port*, avec près de 18,000 habitants, un port formé par deux digues en pierre et défendu par un petit fort appelé *Cornet-Castle*.

ALDERNEY, en français *Aurigny*, la plus septentrionale de ces îles, entourée également d'une ceinture de rochers et d'écueils, produit assez pour nourrir ses 4,000 habitants. La petite ville du même nom, avec un petit port protégé par un fort, contient la plus grande partie de cette population.

NORMANDIE, grande province de l'ancienne France, qui avait le titre de duché, et formait un des gouvernements militaires du royaume. Elle était bornée au nord par le Maine et le Perche, une partie de la Bretagne et de l'Ile de France ; à l'ouest, par l'Océan ; à l'est, par la Picardie et une partie de l'Ile de France ; au nord par la Manche. Cette province se divisait en *Haute* et *Basse Normandie*, séparées par la Dive. La haute Normandie avait pour chef-lieu ROUEN, capitale de toute la province. Elle se composait des trois grands bailliages de Rouen, Caudebec et Évreux, et renfermait le pays de Caux, le pays de Bray, le Roumois et la campagne d'Évreux. La Basse-Normandie comprenait Caen, capitale, les bailliages du Cotentin, d'Alençon et de Gisors, et renfermait le pays d'Ouche, les Marches aux environ de Séez, l'Hiémois, le Lieuvin ou pays de Lisieux, le pays d'Auge, le Vexin normaud, la campagne de Caen, le Bessin ou pays de Bayeux, le Cotentin ou pays de Coutances, l'Avranchin ou pays d'Avranches, le Bocage, le Passais et le Houlme. Cette grande et riche province comprend en tout ou en partie les départements de la Seine-Inférieure, de l'Orne, de l'Eure, du Calvados et de la Manche. Elle est arrosée par un grand nombre de rivières, telles que la Seine et ses affluents et sous-affluents, l'Eure, l'Epte, l'Audelle et la Rille ; la Touque, la Dive, l'Orne, l'Aure et la Drôme, qui se rendent directement à la mer. Les côtes, très-poissonneuses, offrent un grand nombre de ports. Le climat est humide et même un peu froid. On n'y trouve pas de vignes, mais des pommiers en abondance et de magnifiques pâturages, qui nourrissent des chevaux et des bestiaux très-renommés ; le sol est d'une fertilité rare et excellent pour la culture des grains, lin, chanvre, colza, etc. Le Normand est fin, intéressé, intelligent surtout pour tout ce qui regarde le commerce. L'amour de la chicane est un trait distinctif de son caractère ; le Bas-Normand surtout jouit à cet égard d'une déplorable réputation. On y parle un patois particulier, qui se distingue surtout par le changement du son *oi* en *ei*.

La Normandie n'avait point de nom collectif avant la conquête des Gaules par les Romains. Son territoire faisait partie de la Gaule Armoricaine, et comprenait plusieurs peuplades, dont les principales étaient les Calètes, les Vélocasses, les Aulèces Éburoviques, les Lexoviens, les Essuens, les Viducasses, les Bajocasses, les Unelliens, les Abrincates. Elle fut depuis comprise dans la Seconde Lyonnaise. Des voies romaines furent établies à travers le pays pour le mettre en communication avec les autres provinces des Gaules, et quelques-unes de ses villes furent embellies de monuments dont il ne subsiste que de faibles vestiges. Après l'invasion des Francs, elle forma, sous le nom de *Neustrie*, qui s'étendait encore à d'autres provinces, une des quatre monarchies que se créèrent les quatre fils de Clovis. Le christianisme s'y propagea dès le troisième et le quatrième siècle. Les églises et les couvents se multiplièrent. Au neuvième siècle, les invasions des Normands, pirates du Nord, devinrent plus fréquentes. La Neustrie servit aux barbares de passage pour pénétrer dans le cœur de la France. Le cours de la Seine fut infesté de leurs expéditions continuelles. Les populations opposèrent sur plusieurs points une courageuse résistance, les Parisiens surtout. Mais la race carlovingienne était trop faible pour repousser ces attaques. Charles le Simple livra, en 911, à *Roll* ou *Rollon*, chef des Normands, toute la côte de Neustrie qu'ils avaient envahie, à titre de duché relevant de la couronne, et lui donna en mariage sa fille Gisèle. Le nom de *Normandie* fut substitué à celui de *Neustrie*. Rollon et ses compagnons se firent baptiser ; ils épousèrent des femmes du pays, et leurs descendants devinrent bientôt étrangers à la langue, aux croyances et aux mœurs des Scandinaves. Ce fut une race nouvelle qui adopta en grande partie les mœurs et le langage des habitants des provinces de France contiguës.

Dès l'an 912 il y eut donc des ducs de Normandie de la race septentrionale. La paix qui refleurit dans la province et la fin de la piraterie des hommes du Nord, qui se trouva coïncider, y ramena un grand nombre d'habitants qui avaient émigré. Dès le règne du second duc, *Guillaume Longue-Épée*, fils de Rollon, la Normandie prit part aux querelles de la France sa voisine. Il défendit le trône de Louis d'Outre-Mer ; mais il fut assassiné par Arnoul, comte de Flandre. Hugues, comte de Paris, donna sa fille à *Richard Ier*, qui plus tard eut à combattre le roi de France Lothaire. Sous *Richard II* et *Richard III*, Tancrède de Hauteville et d'autres aventuriers normands s'emparèrent de la Sicile et de Naples. Le duc *Robert*, *le Diable* ou *le Magnifique*, ne laissa que des enfants illégitimes, de son union avec la fille d'un pelletier de Falaise. L'un de ces enfants lui succéda. Ce fut *Guillaume le Bâtard*, qui conquit l'Angleterre. Son fils aîné, *Robert Courte-Heuse*, lui succéda dans son duché de Normandie, qui lui fut enlevé par son frère cadet, *Henri Ier*, roi d'Angleterre. Ce prince eut pour héritière *Mathilde* ou *Mahaut*, qui apporta en dot le duché de Normandie et la couronne d'Angleterre à *Geoffroy Plantagenet*, comte d'Anjou. De ce mariage naquit *Henri II*, sous lequel le duché de Normandie parvint à une grande prospérité. Les deux fils de Henri II, *Richard Cœur de Lion* et *Jean sans Terre* lui succédèrent. Ce dernier ayant assassiné le prince Arthur, son neveu, fut, en sa qualité de duc de Normandie et feudataire de la couronne, traduit devant la cour des pairs, condamné à la confiscation de toutes les principautés et domaines qu'il possédait en France. Philippe-Auguste appuya par une forte armée le jugement des pairs, et se rendit maître de la province. L'Échiquier de Normandie reçut des commissaires royaux. Mais Louis X accorda la fameuse *charte aux Normands*, qui reconnaissait quelques-uns de leurs droits rappelant leur ancienne indépendance. Philippe de Valois rétablit le titre de duc de Normandie pour son fils Jean. Les rois d'Angleterre de leur côté faisaient de continuels efforts pour recouvrer cette belle province.

En 1346 Édouard III s'en empara. Elle resta alors entre les mains des Anglais jusqu'au règne de Charles V, qui la reprit. Charles VI la perdit de nouveau, mais elle fut reconquise sous Charles VII, par Dunois. Avec la fin de ces longues et sanglantes guerres, la richesse générale du pays se raviva rapidement ; au quinzième et au seizième siècle la marine normande se signala par de nombreuses expéditions de découvertes. Les guerres de religion la désolèrent plus tard. Enfin, au dix-septième siècle, les états particuliers de Normandie furent supprimés. Avant la révolution la province avait trois généralités, Rouen, Caen et Alençon.

Quatre princes de la maison de France ont porté le titre de *duc de Normandie*, le roi Jean, Charles V, Charles, frère de Louis XI et le fils de Louis XVI, plus connu sous le nom de *dauphin*.

NORMANDIE (Duc de). *Voyez* Louis XVII et Dauphins (Faux).

NORMANDS, c'est-à-dire *hommes du Nord*. C'est, dans l'acception la plus restreinte, la dénomination sous laquelle on comprenait jadis les habitants de la Norwége et ceux de leurs compatriotes qui étaient venus en France sur les côtes de la Neustrie, appelée depuis lors, d'après eux, *Normandie*. Dans un sens plus étendu, on l'appliquait au moyen âge à tous les habitants de la Scandinavie, et quelquefois seulement aux Norwégiens et aux Danois, à l'exclusion des Suédois, mais plus particulièrement aux audacieux pirates sortis de ces contrées, et qui pendant une longue suite d'années désolèrent les rivages d'une grande partie de l'Europe. Les Allemands et les Français les appelaient *Normands*, tandis qu'en Angleterre on les désignait le plus ordinairement par le nom de *Danois* ou encore d'*hommes de l'est*. Dans certaines chartes ils sont encore qualifiés de *Marcomans* (hommes du Danemark), d'*Askmans* (homme du navire), et de *païens*. Il est fort probable que la surabondance de la population aux lieux où ils étaient originaires, et par suite la difficulté de s'y nourrir, donnèrent lieu d'abord à ces expéditions entreprises sur mer, à droite et à gauche, par des *wikingar* (guerriers) normands, obéissant à des chefs de leur choix, appelés *rois de la mer* ou *d'armée*. Puis le goût pour la vie d'aventures fut un puissant mobile pour des entreprises où l'on espérait faire un riche butin et se créer une nouvelle patrie, et qui aux temps du paganisme, qui dura en Scandinavie se perpétua jusqu'au dixième siècle, assuraient à ceux qui y trouvaient la mort leur admission à une vie future dans le walhalla d'Odin. Le mécontentement produit par la puissance toujours croissante des rois fut aussi pour beaucoup dans les motifs qui déterminèrent une foule de chefs puissants à émigrer. Dès l'an 787 on voit des Normands danois apparaître sur les côtes orientales et méridionales de l'Angleterre. A partir de 832 ils renouvelèrent constamment chaque année leurs expéditions, dans l'une desquelles *Regnar Lodbrok*, célébré par la légende, fut fait prisonnier et perdit la vie au milieu de cruels supplices. Ce fut en 851 qu'ils hivernèrent pour la première fois loin de leur pays natal, et à partir de 866 ils s'établirent à poste fixe dans les contrées où ils opéraient leurs descentes. En 871 le roi anglo-saxon Ethelred périt en les combattant. Son frère Alfred sortit vainqueur de la longue lutte qu'il soutint contre eux; cependant, il lui fallut laisser les Danois en possession, sous sa suzeraineté, de la Northumbrie et de l'Estanglie, où Gotroun embrassa le christianisme; et non-seulement il eut à repousser en 893 une invasion qu'y fit de France un chef appelé Hasting, mais encore lui et ses successeurs durent étouffer les révoltes des colons normands. De nouvelles irruptions parties de Danemark et de la Norwége recommencèrent à partir seulement de 991. Le roi Ethelred II chercha d'abord à les détourner par le payement d'un tribut spécial appelé le *danegeld*. L'assassinat de tous les Danois qui se trouvaient dans le pays, ordonné le 13 novembre 1002 par ce roi Ethelred II, amena de terribles représailles de la part du roi de Danemark Swen ou Suénon, qui en 1013 conquit l'Angleterre tout entière; mais il mourut dès l'année d'après. Son fils, Knut ou Canut le Grand, eut d'abord à lutter contre Ethelred en personne, puis contre son fils Edmond Côte de fer. Après l'assassinat de ce prince, l'Angleterre resta au pouvoir des Danois jusqu'en 1041. La domination anglo-saxonne succéda ensuite, et dura jusqu'en 1066, sous le règne d'Édouard le Confesseur, dont le successeur, le comte Parald, vainquit bien le roi de Norwége Harald-Hardrad, à la bataille de Stainfortbridge

sur le Devonter, livrée le 26 septembre 1066, mais qui dès le 14 octobre suivant perdait la vie et la couronne à la bataille d'Hastings, livrée à Guillaume le Conquérant, duc de Normandie, lequel fonda en Angleterre la dynastie franco-normande (*voyez* Angleterre). Consultez Thierry, *Histoire de la Conquête de l'Angleterre par les Normands*.

Ce furent surtout des Normands danois qui infestèrent les côtes occidentales du continent européen, depuis l'Elbe jusqu'à l'embouchure de la Garonne, et plus loin encore. Dès l'an 810 le roi danois Gotsfried avait envahi la Frise; toutefois, à cette époque les Danois furent encore tenus en respect par la main vigoureuse de Charlemagne. Mais peu de temps après sa mort, vers 820, leurs incursions recommencèrent, favorisées par la faiblesse et les discordes des Carlovingiens; et pendant tout le neuvième siècle ils furent la terreur et le fléau du nord-ouest de l'Allemagne et de la France. Ils pillèrent Hambourg à diverses reprises, ravagèrent le littoral de la Frise occidentale, s'emparèrent de la partie sud-ouest de la Frise jusqu'à l'Escaut, sous la suzeraineté nominale des rois franks; et en 843 ils s'établirent d'une manière fixe à l'embouchure de la Loire. Bientôt le littoral ne leur suffit plus, et, remontant les fleuves avec leurs petits bâtiments, ils répandirent la terreur dans l'intérieur même du pays, livré sans défense à leurs dévastations. C'est ainsi qu'en 841 ils remontèrent la Seine, pillèrent Paris en 843 et à diverses autres reprises, et qu'en 847 ils parvinrent jusqu'en Bourgogne. En 844 et 845 ils remontèrent la Garonne jusqu'à Toulouse; de même la Loire jusqu'à Orléans, et en 865 jusqu'à Fleury. Mais dans le dernier quart du neuvième siècle le principal théâtre de leurs déprédations fut la contrée située entre le Rhin, la Moselle, la Meuse, l'Escaut et la Seine. En 879 ils s'y répandirent à partir de l'Escaut, et continuèrent dans les années suivantes. Une de leurs bandes fut battue en Picardie par Louis III, roi de la France occidentale; mais Charles le Gros fut réduit à acheter à prix d'argent, à Asclo sur la Meuse, la retraite de leurs masses les plus nombreuses. Une autre bande se dirigea au nord vers Reims et Soissons, et en 887 s'empara de Paris. Quoique le brave empereur allemand Arnoul eût exterminé en 891, sur les bords de la Dyle, près de Louvain, une autre bande d'envahisseurs, les Normands n'en pénétrèrent pas moins dès l'année suivante jusqu'à Bonn et jusqu'à la Moselle. La tradition veut même que des Normands soient venus jusqu'en Suisse, où ils se seraient établis dans le canton de Schwytz et dans la vallée d'Hassli. De l'Aquitaine ils étaient allés, en 844, ravager les côtes de la Galice, et avaient débarqué en Andalousie, où ils avaient été battus sous les murs de Séville par Abd-ur-Rhaman. En 859 et 860 ils dévastèrent les côtes d'Espagne et de l'Afrique, ainsi que les îles Baléares. Ils remontèrent le Rhône jusqu'à Valence, se dirigèrent ensuite vers l'Italie, où ils incendièrent Pise et Luna, et ne s'en revinrent qu'après avoir encore ravagé les côtes de la Grèce.

Il est hors de doute que des Normands de Norwége prirent également part aux expéditions des Danois. Dès le commencement du neuvième siècle, ils opérèrent des descentes sur les côtes d'Irlande, en Écosse, aux îles Shetland, aux Orcades et aux Hébrides; et quand Harald Harfager étendit sa domination sur la Norwége, ces îles devinrent, vers 880, le but d'expéditions entreprises par une foule de mécontents et le siège des *wikings* normands. C'est aussi de cette époque que datent les établissements fondés par des Normands de Norwége dans les îles Féroë et surtout en Islande, d'où le Groënland reçut aussi des habitants normands, qui découvrirent également la partie nord-est de l'Amérique, à laquelle ils donnèrent le nom de *Winland*. C'est encore sur les côtes de la Norwége que partit la dernière expédition dont les côtes de la France aient été le but. Elle partit aux ordres de Rolf ou Rollon, banni de sa patrie par Harald pour fait de piraterie. En 912, cet aventurier contraignit le roi Charles le Simple à lui abandonner la partie du bassin de la Seine s'étendant depuis l'Epte et l'Eure jusqu'à la mer, où des Normands s'étaient déjà établis sous Charles le Chauve, et qui reçut alors le nom de Normandie. Les Normands venus avec Rollon embrassèrent comme lui le christianisme, et bientôt après ils empruntèrent aux populations vaincues l'usage de la langue romane, qu'ils transportèrent dès l'an 1066 dans l'Angleterre, leur nouvelle conquête. Dès lors ce fut surtout la Normandie où, au douzième siècle, se développa la poésie du nord de la France (*voyez* FRANCE [Littérature]). Les Normands n'en conservèrent pas moins toujours leur goût inné pour la vie d'aventures; et c'est ainsi que dans le cours du onzième siècle un grand nombre de seigneurs normands partirent avec des bandes à leurs ordres pour le midi de l'Italie, où les discordes des princes indigènes, la lutte des Grecs et des Arabes, promettaient une riche proie à leurs efforts. L'un des dix fils du comte normand Trancrède de Hauteville qui s'y étaient rendus, Robert Guiscard, finit par être reconnu pour chef suprême par les siens, fut confirmé par le pape Nicolas II en qualité de duc de la Pouille et de la Calabre en 1059, et se trouva en 1071 souverain de toute la basse Italie. Son frère et vassal Roger conquit la Sicile, de 1060 à 1089. Roger II de Sicile réunit les deux contrées sous ses lois, en 1127; mais la maison normande s'y éteignit déjà en la personne de son petit-fils Guillaume II. Le Hohenstaufe Henri VI fit valoir par la force des armes, contre le Normand Tancrède et son fils Guillaume, les prétentions qu'il élevait à la souveraineté de ce pays, comme époux de la princesse normande Constance.

Les côtes orientales de la mer Baltique, de même que ses côtes méridionales, furent visitées aussi par des Normands danois; mais ce furent surtout des Normands suédois, qui n'apparaissent nulle part à l'ouest, qui dès le commencement du neuvième siècle visitèrent les côtes de Courlande, d'Esthonie et de Finlande. D'après le récit du chroniqueur russe Nestor, ils furent chassés par les habitants slaves et finnois des pays environnant Novgorod ; mais ceux-ci ne tardèrent pas à les rappeler pour leur confier la puissance suprême. Il arriva ensuite de Suède, avec d'autres Waringiens ou Warégiens, s'appelaient des guerriers de la tribu des *Ros* (d'où le nom de Russes), trois frères : Rourik, Sineus et Truwor, dont le premier fonda le royaume de Novgorod, qui s'étendait au nord jusqu'à la mer Blanche. Son successeur, Oleg, y réunit le royaume que d'autres Normands avaient fondé à Kief, ville qui devint la capitale du royaume russo-normand que lui et le fils de Rourik avaient fort agrandi. Pendant longtemps ces Normands, qui, à ce qu'il semble, s'étaient dès le dixième siècle confondus eux et leurs sujets avec le peuple russe, qui parlait slave, furent de redoutables ennemis pour l'empire de Byzance et Constantinople, sa capitale, qu'ils assiégèrent souvent à partir de 865. C'est ainsi qu'en 941, sous Igor, ils vinrent y mettre le siège avec plus de mille navires. Au commencement du dixième siècle, on les vit même apparaître sur la mer Caspienne, et ils pénétrèrent à l'est de son littoral. C'est d'eux en partie, et en partie aussi de la Scandinavie, que provenaient les mercenaires qui de la fin du neuvième siècle jusqu'au douzième composèrent surtout la garde particulière des empereurs de Byzance, sous le nom de Barengiens. Consultez Depping, *Histoire des Expéditions maritimes des Normands et de leur établissement en France au dixième siècle* (2ᵉ édit., 1843); Wheaton, *History of the Northmen from the earliest times to the conquest of England* (Londres, 1831). Worsaal, *Minder om de Danske og Normændene i England, Skotland og Irland* (Copenhague, 1851).

NORNES. Ce sont les *Parques* de la mythologie du nord. Le destin y était considéré comme indépendant de la volonté des Ases, et, suivant ce qu'il avait décidé, c'étaient les nornes qui attachaient le fil de la vie de chaque homme. C'étaient trois vierges appelées *Ourd*, *Verdandi* et *Skould*, c'est-à-dire le passé, le présent et l'avenir. Elles étaient assises à la source d'Ourdar, sous l'arbre d'Yggdrasil; et de là, gouvernant le monde d'après les lois immuables, elles décidaient de la destinée des dieux aussi bien que de celle des hommes. Outre ces trois nornes principales de l'espèce des dieux, il y en avait encore d'autres provenant des alfes et des nains, et divisées en bonnes et mauvaises, suivant leur influence sur les hommes. Les nornes sont souvent comprises aussi sous le nom de *walkyries*. Des femmes prédisant l'avenir, et appartenant à notre espèce, puissantes en fait de magie et d'enchantements, étaient également qualifiées de *nornes*.

NORROY, abréviation de *North-Roy*, roi du Nord. C'est, dans la science héraldique, le nom du troisième roi d'armes d'Angleterre, ou héraut provincial. Sa juridiction comprend la contrée située au nord de la Trent. Celle de Clarencieux comprend le sud de l'Angleterre.

NORTE (Rio del), appelé aussi *Rio Bravo del Norte* ou encore *Rio Grande del Norte*, l'un des plus grands fleuves de l'Amérique septentrionale, surtout des États-Unis et du bassin du golfe du Mexique, appartenait autrefois complétement au territoire mexicain, mais depuis 1848 forme en grande partie la ligne de démarcation entre les deux États. Il fait exception aux autres grands fleuves du Nouveau Monde, parce qu'il n'a pas, toutes proportions gardées, un cours supérieur très-petit et un cours inférieur très-grand, et que, tout au contraire, la plus grande partie de son bassin appartient à un plateau, attendu qu'il traverse la plus longue des vallées du système des Cordillières. Il prend sa source dans le Nouveau-Mexique, dont il est le principal cours d'eau, dans la montagne qui sépare le bassin de l'Atlantique de celui du grand Océan et qui forme la transition entre les Cordillières centrales mexicaines et les Montagnes Rocheuses, entre le 38ᵉ et le 39ᵉ degré de latitude septentrionale. Encaissé par des montagnes hautes de 2000 à 2,600 mètres, il a sa vallée dans le Nouveau-Mexique, où il reçoit à gauche le Rio de Chamos, le Rio de Santa-Clara et le Rio de Belen, où il forme une puissante cataracte et où il a une largeur moyenne de trois myriamètres. A Taos; au-dessous de Santa-Fé, il franchit une effrayante fondrière. A Paso del Norte il quitte le Nouveau-Mexique, et après avoir toujours coulé jusque là au sud, il se détourne au sud-est pour former à partir de là jusqu'à son embouchure la frontière entre le Texas et les États mexicains de Chihuahua, de Cohahuila et de Tamaulipas. Puis après s'être grossi à sa gauche du Rio Pecos ou Rio de Puercos et du Rio de Altas, et sa droite du Rio San-Pablo ou Conchas, du Salado, de l'Alamo ou Sabinas et du San-Juan, il se jette par plusieurs bras, au-dessous de Reynosa et de Matamoras, dans le golfe du Mexique, qui ici se trouve limité par des barres de sable. Son parcours total est évalué à 324 myriamètres et son bassin à 8,600 myriamètres carrés seulement, ce qui s'explique par l'absence d'affluents importants étendant au loin leur cours au sud. Au total, il est trop peu profond, et trop parsemé de bancs de sable mouvants et de barres de sable, pour pouvoir jamais offrir une grande importance à la navigation.

NORTH (FRÉDÉRIC, lord), comte DE GUILFORD, l'un des ministres de Georges III, fils aîné du comte de Guilford, naquit le 13 avril 1733, et entra en 1754 à la chambre basse, où il ne défendit pas sans habileté les intérêts du gouvernement, qui dès 1759 l'en récompensait par une place importante à la trésorerie. Il la perdit en 1765, à l'arrivée aux affaires du ministère Rockingham, et devint alors l'un des chefs de l'opposition; aussi le ministère Grafton, qui se forma en 1766, lui accorda-t-il à la charge de payeur général de l'armée. A la mort de lord Townsed, il lui succéda comme lord-chancelier. Lors de la dissolution de ce cabinet, en 1770, lord North, par dévouement pour le roi, consentit à accepter, dans les circonstances les plus difficiles, la direction des affaires, et sut la conserver pendant treize années, à l'aide d'un système mélangé assez habile d'opiniâtreté et de condescendance. Les premières mesures de son administration furent très-populaires. Il apporta des adoucissements à la misère de l'Irlande, et pour aider au développement du commerce des colonies de l'Amérique, abolit tous les droits de douane perçus sur les marchandises à leur entrée dans ces colonies, à l'exception de ceux sur le thé. L'opiniâtreté avec laquelle lord North, subissant en cela l'influence de Georges III, maintint ce dernier impôt ne tarda pas à provoquer la lutte des colonies contre la mère patrie et la déclaration d'indépendance des États-Unis. A cette époque lord North, tout en continuant, au milieu d'immenses difficultés, un duel malheureux contre les colonies et les grandes puissances maritimes, sut défendre son administration contre une redoutable opposition, dans les rangs de laquelle figuraient les deux Pitt, Fox, Burke, Norfolk et autres notabilités parlementaires de premier ordre. Enfin, lorsque la majorité de la chambre des communes lui eut refusé tous subsides ultérieurs, il donna sa démission, le 19 mars 1782. Comme, malgré les passions soulevées par sa politique, il n'avait pas d'ennemis personnels, Fox se lia avec lui dès le mois d'avril 1783; et de leur coalition résulta une administration désignée sous le nom de *ministère des talents*, où il eut l'intérieur. Mais dès le 18 décembre 1783 ce ministère de coalition dut se retirer devant une nouvelle administration, présidée par Pitt. Lord North prit place alors sur les bancs de l'opposition. Quoique physiquement épuisé et bien que sa vue déclinât de jour en jour, il prit encore souvent la parole, notamment en 1787, contre l'abolition de l'acte du test, et en 1789 dans les discussions relatives à la régence. A la mort de son père, arrivée en 1790, il hérita de sa pairie et entra ainsi à la chambre haute. Quand il mourut, le 17 août 1792, il avait complètement perdu la vue.

NORTHAMPTON, l'un des comtés du centre de l'Angleterre, dont la superficie est de 34 myriamètres carrés et la population de 218,784 habitants. Il est borné par les comtés de Leicester, de Rutland, de Lincoln, de Huntingdon, de Bedford, de Buckingham, d'Oxford et de Warwick. Il se compose en grande partie de plaines, et ce n'est guère qu'à ses extrémités sud et ouest qu'on trouve quelques montagnes, dont les plus considérables sont les Burrow-Hills. Ses cours d'eau les plus importants sont l'Ouse au sud, le Nen au centre et à l'est, le Welland au nord. Le *Grand-Junction Canal*, qui conduit à la Tamise, commence à Braunston, et traverse à Blesworth une montagne au moyen d'un tunnel qui a 3,05 mètres de développement. Le sol en est fertile, et le climat, bien qu'humide, tempéré. L'élève des bêtes à cornes, des moutons et des abeilles, et la culture des céréales, forment la principale industrie des habitants. Les grandes manufactures y manquent, à cause de l'absence de la houille.

Son chef-lieu, NORTHAMPTON, sur la rive septentrionale du Nen, est aujourd'hui une ville régulièrement tracée et bien construite, par suite des nombreux incendies qui à diverses reprises en détruisirent la plus grande partie. On y voit une des plus belles places à marché de l'Angleterre, quatre églises et une salle de spectacle. Avec son district la ville compte 33,858 habitants, dont la fabrication des lainages, des dentelles et des chaussures constitue les principales industries. Northampton est aussi le grand entrepôt du commerce des bois et des houilles entre Londres et le nord de l'Angleterre, en même temps que célèbre par son commerce de chevaux et par ses courses, qui ont lieu sur le Pyc-Leys.

Les autres localités importantes à citer sont *Peterborough*, avec 7,000 habitants, siège d'un évêché, et célèbre par sa cathédrale, qui renferme le tombeau de Marie Stuart; et à peu de distance de là *Fotheringhay-Castle*, où s'écoula la dernière partie de la vie de Marie Stuart et où elle fut décapitée, en 1587.

NORTHUMBERLAND, l'un des comtés du nord de l'Angleterre, ainsi appelé de ce qu'il est situé au nord de la rivière l'Humber, compte 303,535 habitants sur une superficie de 61 myriamètres carrés, et est borné par la mer du Nord, par les comtés de Durham et de Cumberland, et par les comtés écossais de Berwick et de Roxburgh. C'est le comté le plus septentrional de l'Angleterre, et il forme à lui seul la plus grande partie de ses frontières du côté de l'Écosse. Le sol, tantôt onduleux et tantôt montagneux, est pierreux et aride, surtout au sud; mais il abonde en mines de houille et de plomb. Après l'exploitation des mines, la grande industrie des habitants est l'élève du bétail, des porcs et de la volaille, ainsi que la pêche. La culture du sol, en raison de son peu de fertilité, n'est pour eux qu'un objet secondaire. Le climat y est tempéré, et cependant beaucoup plus rude que dans le reste de l'Angleterre, à cause d'un nuage épais et glacial, appelé *sea-freet*, qui s'élève fréquemment de la mer et qui couvre alors entièrement le comté. On y rencontre beaucoup de marais et de tourbières; et ses principaux cours d'eau sont la Tyne et la Tweed. Son chef-lieu est *New-Castle*. C'est à Hexham, autrefois siège d'évêché, et où avec son district on compte une population, fort industrieuse, de 31,000 habitants, que commence le grand retranchement construit autrefois par les Romains contre les invasions des Pictes et des Scots, et auquel est demeurée la dénomination de *Rempart des Pictes*; il s'étendait jusqu'au Solway-Frith, mais il n'en reste plus que quelques faibles vestiges. Les principales localités sont ensuite : *Shields*, *Tynemouth*, *Berwick*, *Alnwick*, *Allondate* et *Alston Moore*, où se trouvent des mines de plomb, *Crawleys* et *Swallwell*, où on exploite d'importants hauts fourneaux.

NORTHUMBERLAND (Famille de). Diverses maisons illustres d'Angleterre ont porté le titre de *comte* et de *duc* de Northumberland. Ce nom se rattache surtout aux vieux souvenirs des Percy, qui arrivèrent en Angleterre avec Guillaume le Conquérant, obtinrent de lui de vastes possessions dans les comtés de Lincoln et d'York, et prirent part pendant tout le moyen âge aux luttes sanglantes entre les Anglais et les Écossais.

William de Percy, qui vivait dans la première moitié du douzième siècle, laissa deux filles, dont l'aînée mourut sans enfants, mais dont la cadette épousa Joscelin de Hainaut, frère du roi Henri Ier, et qui adopta son nom de famille *Percy*. Le fils de celui-ci, *Richard de Percy*, fut l'un des vingt-cinq barons constitués gardiens des privilèges garantis par la grande charte.

Le puissant lord *Henry Percy* fut créé en 1377 *comte de Northumberland*. Partisan de la maison de Lancastre, il soutint l'usurpation de Henri IV. Quoique ce roi l'en eût récompensé par le titre de connétable d'Angleterre et par le don de biens immenses, il ne se crut pas traité suivant ses mérites. Henri IV ayant exigé qu'il lui livrât divers seigneurs écossais qu'il avait faits prisonniers à la bataille d'Homildon, et dont il espérait une riche rançon, une hostilité déclarée s'ensuivit entre ce monarque et son redoutable vassal. Percy s'unit alors à son frère puîné, *Thomas Percy*, comte de Worcester, à Owen Glendower, seigneur du pays de Galles, au lord écossais Douglas, qu'il remit en liberté, et rassembla une armée pour détrôner Henri IV. Une grave maladie étant venue le frapper, son fils Henri, qu'à cause de son ardeur guerrière et de son audace on surnommait *Hotspur*, ce qui veut dire *chaud éperon*, prit le commandement en chef, et marcha sur Shrewsbury. Il s'y livra, le 21 juillet 1403, une sanglante et mémorable bataille, où la mort de *Hotspur* décida seule la victoire en faveur du roi. La fleur de la noblesse et 8,000 combattants restèrent sur le carreau. Le vieux Percy, à la suite de ce désastre, se réconcilia, il est vrai, avec Henri IV; mais deux ans plus tard il trempa dans le complot tramé par l'archevêque d'York, Richard Scrope, dans le but de faire monter la maison d'York sur le trône. Le roi réussit à s'emparer par la ruse de quelques-uns des conspirateurs, de sorte que Percy, pour échapper à l'échafaud, fut obligé de se réfugier en Écosse, d'où il passa ensuite dans le pays de Galles. Il fut tué, au mois de février 1408, dans une irruption qu'il tenta sur le territoire anglais.

Le fils de *Hotspur* périt en 1455, à la bataille de Saint-Albans, pour la défense des droits de la maison d'York; et son petit-fils, *Henri*, troisième comte de Northumberland, en 1461, à Towton. Ensuite Édouard IV, quand il se fut emparé du trône, accorda à *John Neville*, lord Montaigu, frère du célèbre **Warwick**, la dignité de comte de Northumberland ; mais il la restitua en 1464 au fils du dernier Percy, *Henri*. Celui-ci jouit d'un grand crédit sous le règne de Henri VII ; mais il périt dans une émeute populaire, le 28 avril 1489. Son petit-fils *Henri* ALGERNON, sixième comte de Northumberland, avait été fiancé à Anne de Boulen ; mais il lui fallut renoncer à sa main et épouser la fille du comte de Schrewsbury. Il mourut sans laisser de postérité ; et son frère, *Thomas* PERCY, ayant perdu, en prenant part à l'insurrection catholique de 1536, le droit de succession, les domaines de la famille firent retour à la couronne et le titre de duc de Northumberland se trouva éteint. *John Dudley*, comte de Warwick, qui fut si puissant sous Édouard VI, se fit donner les propriétés de Percy ainsi que le titre de *duc* de Northumberland. Après le supplice de Dudley, la reine Marie éleva à la dignité de duc de Northumberland *Thomas* PERCY, dont le père avait payé de sa vie sa participation à l'insurrection catholique de 1536. Mais sous le règne d'Elisabeth ce septième duc de Northumberland fut décapité, le 22 août 1572, à York, comme coupable d'avoir pris part à un complot catholique. Les biens et les titres de la famille passèrent à son frère *Henry* PERCY, huitième comte de Northumberland, qui, prisonnier à la Tour de Londres, fut trouvé le 21 juin 1585 égorgé dans son lit. Son fils *Henri*, neuvième comte de Northumberland, fut accusé d'avoir pris part à la conspiration des Poudres, et resta longtemps aussi détenu à la Tour. Il mourut le 5 novembre 1642, et son fils Algernon, dixième comte de Northumberland, que Charles I*er* avait créé grand-amiral, mais qui se déclara contre la cour dès le commencement de la guerre civile, le 13 octobre 1668. En 1670 la descendance mâle des Percy s'éteignit en la personne de *Jocelyn* PERCY.

Charles II octroya alors en 1774 au fils naturel qu'il avait eu de la duchesse de Cleveland, *Georges* FITZROY, le titre de duc de Northumberland ; mais le nouveau titulaire mourut en 1716, sans laisser de postérité.

L'héritière du dernier comte de Northumberland de la famille Percy avait épousé Édouard Seymour, duc de Somerset; et son fils Algernon Seymour obtint en 1722 le titre de lord Percy, puis en 1749 celui de *comte* de Northumberland, qui à sa mort, arrivée en 1750, passa à son gendre sir Hugh Smithson, lequel prit alors le nom de Percy. Devenu par la réunion de sa grande fortune personnelle avec les immenses propriétés de cette maison l'un des plus riches seigneurs de l'Angleterre, il fut créé duc de Northumberland en 1766, et mourut en 1786.

Son fils aîné, *Hugh* PERCY, deuxième duc de Northumberland, né en 1742, se distingua comme général pendant la guerre d'Amérique. A sa mort, arrivée en 1817, il eut pour successeur son fils aîné *Hugh*, né en 1785, qui fut le troisième duc de Northumberland. En 1825 il vint remplir les fonctions d'ambassadeur extraordinaire à l'occasion du sacre de Charles X, et déploya à cette occasion, tant à Paris qu'à Reims, une magnificence toute royale. De mars 1829 à décembre 1830, sous l'administration du duc de Wellington, il remplit les fonctions de lord-lieutenant en Irlande. Il est mort le 10 février 1847, à Alnwick-Castle (Northumberland). Il avait épousé lady Charlotte-Florentine Clive, fille cadette du comte de Powis. C'est à elle qu'avait été confié le soin de l'éducation de la reine d'Angleterre aujourd'hui régnante, lorsqu'elle n'était encore que l'héritière présomptive de la couronne. Comme il ne laissait pas d'enfants, ses biens et ses titres passèrent à son frère cadet, *Algernon* PERCY, né en 1792, et qui dès l'âge de treize ans était entré comme volontaire dans la marine. Après avoir été promu à la pairie en 1816, sous le nom de lord Prudhoe, en récompense de ses actions d'éclat comme capitaine de vaisseau, il entreprit de grands voyages scientifiques en Orient. En 1851 il passa contre-amiral à l'ancienneté, et en février 1852 il accepta, dans le cabinet Derby, les fonctions de premier lord de l'amirauté ; mais, comme tous ses collègues, il dut bientôt après donner sa démission.

NORVÉGE, en suédois *Norrige*, en danois *Norge*, et en norvégien *Norre*, tous mots qui signifient *terre des Normands*. La Norvège est un des royaumes de la péninsule scandinave. Elle est bornée à l'ouest par la mer du Nord, au nord par la mer Glaciale, à l'est par la Russie et la Suède, et au midi par la Suède et le Cattégat. La Norvège présente à son aspect extérieur un arc oblong, d'une largeur variable, et qui s'étend depuis le cap Lindenaes au sud jusqu'au point le plus septentrional (le cap Nord). Toutes ses côtes sont bordées d'un nombre infini de petites îles, nommées, dans la langue du pays, *holmar*. La Norvège a une superficie de 5,860 milles géographiques carrés, et d'après le dernier recensement (31 décembre 1845) une population de 1,348,471 habitants. Le climat, surtout dans les contrées les plus rapprochées du pôle, est d'une excessive rigueur; la température se modifie cependant d'une manière assez sensible au voisinage des côtes. L'air, toutefois, est très-sain, et l'été, qui en Norvège, comme dans toutes les régions septentrionales, dure peu, est remarquable par des chaleurs ardentes.

La surface du pays est sillonnée par des chaînes de montagnes beaucoup plus élevées que celles de la Suède ; leurs nombreuses ramifications couvrent tout le royaume. Celle qui, comme un rempart naturel, sépare la Norvège de la Suède s'appelle *Kioelen* (monts Dofrines); une autre, nommée *Dowre*, partage la Norvège en deux parties, septentrionale, et méridionale. Le point culminant du Dowre est le *Sneehaetten* : il s'élève à 2,623 mètres au-dessus du niveau de la mer. Partant du Dowre, une longue et haute chaîne se dirige vers le sud, et vient aboutir à la partie la plus méridionale de la Norvège, à Lindenaes ; elle porte différents noms : *Filiefield*, *Hardangerfield*, etc., et sépare la partie occidentale de la partie méridionale. Ses sommets les plus élevés sont éternellement couverts d'une neige éclatante, compacte, et en quelque sorte pétrifiée, laquelle, jointe au triste et lugubre aspect de sombres et immenses forêts de sapins, hérissant le pied et les flancs de ces montagnes, leur donne un aspect lugubre et sauvage. Plusieurs de ces montagnes affectent des formes étranges, que la crédulité des anciens temps a cherché à expliquer d'une manière fabuleuse. Les traditions populaires abondent en légendes qui les représentent comme étant les cadavres pétrifiés des géants. On cite surtout le *Scophornet* (à Sondmoer), le *Thorgatten* (dans le Nordland), le *Hornelen* (dans le Norfiord), et le *Gaustae* (dans le Tillemarken). Les vastes plaines, dont la neige, comme les glaciers de la Suisse, ne fond jamais, et que les habitants du pays nomment *Braeer*, présentent aussi aux voyageurs une perspective intéressante. La plus remarquable est celle de *Folgefonden* (à Hardanger) : elle a 5 milles de Norvège de long sur une largeur qui varie de 3/4 à 1/2 mille, et s'élève à 1,550 mètres au-dessus du niveau de la mer.

Entre ces hautes montagnes, dans des vallées étroites et profondes, d'une grande fertilité et très-peuplées, coulent presque toujours avec la rapidité du torrent un grand nombre de petits ruisseaux, qui en réunissant leurs eaux forment parfois de grandes et profondes rivières, des lacs poissonneux ou des cataractes de l'aspect le plus pittoresque. Les principales rivières de la Norvège sont le *Glommen*, qui coule à l'est. Le *Beinaelven*, et le *Lougen*, qui arrosent l'intérieur du pays. Le plus grand lac est le *Miosesen* ; il est environné de paysages riants et fertiles. Sur ses bords s'élevait jadis la ville de *Hammer*, dont le nom figure dans plusieurs pages des annales du pays, mais qui fut incendiée et détruite par les Suédois, dans une de leurs fréquentes incursions en Norvège, il y a environ trois siècles. Le lac étroit de *Remsfiorden* et celui de *Tyrefiord*, situés à l'intérieur, sont moins grands, mais leur aspect n'en est pas moins beau ni celui de leurs paysages moins pittoresque. Dans tous les districts montagneux, où coulent de nombreuses rivières, on trouve de majestueuses cataractes. La Norvège n'est pas moins riche que les autres contrées en accidents de ce genre; les voyageurs en admirent non-seulement la gigantesque élévation, mais encore les masses d'eau prodigieuses qu'elles lancent et la variété des points de vue qu'elles offrent. Nous nous bornerons à citer la cataracte de *Garpen*, formée par les eaux du *Glommen*, non loin de son embouchure; celle de *Fiskumfos*, dont la largeur est de 50 mètres, et celle de *Rillkan* (en Tillemarken), près du mont *Caustafield*, qui offre à l'œil émerveillé un énorme volume d'eau jaillissant du sommet d'un roc, qui s'élève à environ 175 mètres. Dans la Norvège occidentale, on trouve une des plus hautes cataractes connues, celle de *Voeringfos*, à Hardanger; elle n'a pas moins de 300 mètres d'élévation.

Les habitants des plaines et des vallées se livrent surtout aux travaux de l'agriculture, lesquels dans ces derniers temps ont pris un développement considérable. Le peuple des contrées montagneuses se consacre de préférence à l'éducation de nombreux troupeaux. La chasse, l'exploitation des riches mines que recèlent les montagnes, l'exploitation de forêts abondant en bois de construction, occupent aussi beaucoup de bras. Le pays d'après les derniers renseignements officiels possédait 123,000 chevaux, 856,000 bêtes à corne, 1,250,000 moutons, 185,000 chèvres, 80,000 porcs, et 90,000 rennes dans la Laponie norvégienne, représentant ensemble une valeur d'environ 50 millions de francs. Après l'agriculture, c'est la pêche qui constitue la principale occupation de la population. Elle occupe 16,000 pêcheurs et environ 3,000 barques; son produit total est d'environ 25 millions de francs. Les montagnards se livrent à la chasse, comme les habitants des côtes à la pêche. Rarement on trouve des chasseurs aussi habiles, aussi audacieux que dans la partie septentrionale de la Norvège. Ils attaquent le loup, l'ours, le lynx et autres animaux féroces pour s'en procurer les fourrures. Quant au gibier, il y a surtout abondance de gélinottes, de perdrix, etc. Pour marcher sur la neige épaisse, les Norvégiens attachent à leurs pieds de longues et minces planchettes de bois très-flexibles, qu'ils appellent *skier*, et à l'aide desquelles ils déploient une agilité et une adresse surprenantes. Courir avec des *skiers*, patiner et faire des courses en traîneau, tels sont les plaisirs habituels du Norvégien pendant l'hiver.

L'exploitation des mines est une des sources de la richesse du pays. On n'y trouve pas de houille, mais on prépare dans les forêts d'énormes quantités de charbon de bois. Les montagnes recèlent des mines d'argent, de cuivre, de fer surtout, et de cobalt. La mine d'argent la plus abondante est celle de *Kongsberg*. Les produits en furent d'abord considérables; mais ils diminuèrent graduellement, et descendirent au point de ne plus couvrir les frais. Le gouvernement pensait déjà à l'abandonner, lorsque, dans ces dernières années, les travaux d'exploration ont fait découvrir de riches filons, qui ont indemnisé largement des dépenses faites pour y arriver. La seule mine de cuivre de *Roearas* a fait pendant deux siècles la richesse de tout le nord du royaume. Les mines de cobalt de *Modum* sont très-importantes. Les mines de fer situées à peu de distance de la ville d'*Arendal* sont d'une richesse peu commune.

La marine marchande s'accroît chaque année. Les bâtiments norvégiens transportent les produits de leur sol sur ceux de leur industrie à travers toutes les mers. Qui ne se rappelle à ce propos des anciens Normands, ces audacieux navigateurs qui firent trembler l'Europe et fondèrent des établissements en France, en Angleterre, en Italie? Ce sont les Norvégiens qui ont découvert l'Islande et le Groënland. Leurs pilotes n'ont pas de rivaux en intrépidité, en présence d'esprit, en expérience.

Trois races bien distinctes composent la population de la Norvège : les *Norvégiens* proprement dits, qui sont les plus nombreux : on en compte un million; les *Finnois* ou *Lapons*, qui habitent l'extrémité septentrionale du pays; et les *Quaeners*, qui, bien qu'ils vivent dans les mêmes contrées que les Finnois, ont cependant des demeures fixes, et se nourrissent du produit de leur pêche, tandis que les Lapons sont nomades et pasteurs. Il existe surtout une grande différence dans l'extérieur des Lapons et des Quaeners : ceux-ci sont beaucoup plus grands, et n'ont pas la laideur rebutante des premiers. Les Norvégiens, qui par leur langue et leurs mœurs ont tant de points de ressemblance avec les Danois et les Suédois, sont ordinairement de taille moyenne; ils ont les cheveux blonds et les yeux bleus; les habitants des montagnes sont forts, adroits et agiles. Il est très-difficile de saisir et de reproduire les traits principaux du caractère norvégien ; car ce peuple, suivant qu'il habite les montagnes, les vallées, l'intérieur ou les côtes, suivant même la nature des occupations auxquelles il s'adonne, présente des nuances très-variées, très-tranchées, dans sa manière de vivre, dans son costume, dans ses habitudes. On peut cependant dire que c'est une nation brave, hospitalière, amante passionnée de l'indépendance, animée d'un noble orgueil, ayant conservé ses mœurs antiques. Comme ses ancêtres, elle aime les grands repas et le vin : liberté, égalité, telle est sa devise politique : les ordres privilégiés existent encore en Suède, ils ont été abolis en Norvège.

La Norvège n'a que deux villes dont la population monte à plus de 20,000 âmes : *Christiania*, capitale du royaume et siége du gouvernement : depuis la réunion à la Suède, sa population s'est doublée; et *Bergen*, située sur la côte occidentale, au milieu des rochers. Elle est divisée en quatre gouvernements généraux : *Aggerhuus*, *Drontheim*, *Bergen* et *Christiansand*. Ces gouvernements sont divisés à leur tour en 18 préfectures (*stiftsamter*), subdivisées en 44 justices de paix (*sorenskrierier*). L'administration de chaque préfecture est confiée à un préfet, dont les fonctions répondent à peu près à celles du magistrat qui porte en France le même nom. Pour tout ce qui tient au culte, la Norvège est divisée en 5 évêchés, subdivisés en 2 cures principales et en 336 presbytères.

L'histoire ancienne de la Norvège, comme celle de toute la Scandinavie, a pour base des traditions nationales, des récits poétiques et des œuvres des anciens bardes, parvenues jusqu'à nous sous le nom de *sagas*. Ces *sagas* racontent les hauts faits des héros et des rois et les exploits du peuple. Un Islandais célèbre, Snorre Sturleson, eut la patience de les recueillir et de les refondre, sous le titre de *Norges Konunga Sagur* (les Sagas des Rois de Norvège). On peut considérer ce recueil comme la seule et véritable source de l'histoire ancienne de ces contrées. La Norvège était, d'après cet ouvrage, divisée en de nombreux petits royaumes, qui tous furent conquis et réunis, en 936, par Harald-Harfager, lequel exila Ganger-Rolf. Celui-ci, chassé de sa patrie, se dirigea vers le nord de la France, où il fonda un État, qui prit le nom de *Normandie*. Un des descendants de Harald, Olaüs Ier Trygwason, introduisit de force la religion chrétienne; mais il ne régna pas longtemps : il perdit la vie en l'an 1000, dans un combat naval contre les Danois et les Suédois. La religion chrétienne ne fut définitivement établie que par son parent Olaf II, dont le zèle valut les honneurs de la canonisation, en 1031. Depuis, Olaf fut regardé comme le patron de la Norvège, et sa mémoire resta en grand honneur pendant tout le règne du catholicisme. Il en était de même de celle d'Erick le Saint en Suède. Parmi les princes norvégiens les plus célèbres, il faut citer Sverre, qui sut résister aux empiétements du clergé, et Hakon IV, dont la réputation glorieuse était telle que le roi saint Louis de France lui offrit le commandement en chef d'une flotte, norvégienne et française, de croisés, et que le pape lui proposa la couronne impériale, qu'il voulait faire tomber de la tête de Frédéric II, son ennemi.

Au milieu de guerres continuelles, tant à l'intérieur qu'à l'extérieur, la Norvège continua à être gouvernée par ses propres rois, de la famille de Harald-Harfager, jusqu'en 1387, époque où elle s'éteignit avec le jeune Olaf V. Marguerite, sa mère, effectua la réunion au Danemark de la Norvège, et plus tard de la Suède. Cette réunion des couronnes de Norvège et de Danemark dura sans interruption jusqu'à la paix de Kiel, en 1814. Sous la domination danoise, la Norvège était gouvernée par les plus hauts fonctionnaires, souvent même par des princes de la famille royale. Il faut citer parmi ces derniers le prince Christian-Auguste d'Augustenbourg, vaillant soldat, qui, après avoir longtemps défendu la Norvège contre les attaques des Suédois, fut élu par eux prince royal, et le prince Christian-Frédéric de Danemark, à qui la Norvège est redevable de sa constitution actuelle.

Lorsque par la paix de Kiel, signée en 1814, la Norvège fut cédée à la Suède, le prince *Christian*, héritier présomptif de la couronne de Danemark, était gouverneur général de Norvège. Le pays refusa de se soumettre à la Suède ; le prince Christian se mit à la tête du mouvement ; une constitution fut rédigée et proclamée à Eidswold, le 17 mai 1814. Cette constitution est la plus libérale de celles qui existent en Europe. Les événements ne lui portèrent aucune atteinte lorsque le prince Christian fut forcé d'abdiquer et que Charles XIII put ajouter sur sa tête la couronne de Norvège à celle de Suède. En voici les principales bases : La Norvège est un État constitutionnel ; la couronne y est héréditaire ; la religion luthérienne est celle de l'État. Les moines, les Jésuites et les juifs sont formellement exclus du territoire. Le roi, dont la personne est inviolable, doit avant de monter sur le trône prêter serment à la constitution. Le pouvoir exécutif dans toute sa plénitude lui appartient. La responsabilité de tous les actes de son gouvernement pèse sur le conseil d'État, composé d'un ministre-président et de sept conseillers. Le roi a le droit de la guerre et la paix ; il a le commandement suprême des armées de terre et de mer ; mais il ne peut sans le consentement préalable du *storthing* (assemblée des états) les employer à une guerre agressive ; enfin, il ne peut ni les augmenter, ni les diminuer, ni les mettre au service d'aucune puissance étrangère. Il a le droit de nommer à tous les emplois civils et militaires, dont tous les titulaires, à l'exception des consuls, des professeurs et des médecins, doivent être Norvégiens ou naturalisés par décret du storthing. Les princes de la famille royale ne peuvent être revêtus d'aucun emploi civil, à l'exception du prince héréditaire, qui peut être vice-roi. Le ministre d'État et deux conseillers, qui sont renouvelés tous les ans, résident à Stockholm, auprès du roi. En l'absence du souverain, le vice-roi de Norvège, s'il réside à Christiania, ou le gouverneur du royaume (*riks-staathaldere*), assisté de cinq autres conseillers, exerce les fonctions de régent. Il soumet toutes les affaires au roi, qui manifeste sa décision en présence du ministre d'État et des deux conseillers placés auprès de sa personne. Les membres de la régence sont seuls amovibles ; les autres fonctionnaires supérieurs, civils et militaires, ne le sont pas. Les conseillers, dont la résidence est en Norvège, ont chacun leur département, et se partagent toutes les affaires gouvernementales. Un secrétaire d'État est chargé de tout ce qui tient à la chancellerie. Ces cinq départements sont : 1° *l'instruction publique et les affaires du culte* ; 2° *la justice et la police* ; 3° *les finances, le commerce et les douanes* ; 4° *la guerre* ; 5° *la marine*. Le pouvoir législatif est partagé entre le roi et la nation, représentée par quatre-vingts députés, élus par les bourgeois des villes et par les propriétaires ruraux. Les villes nomment un tiers des membres de la représentation nationale, les campagnes nomment les deux autres tiers. L'assemblée du storthing se renouvelle et se réunit tous les trois ans. Elle est divisée en deux sections : la première, formée d'un quart des députés, se nomme *lagthing* (corps législatif), la seconde *odalsthing* (chambre allodiale). Pour être éligible, il suffit d'avoir trente ans accomplis et d'avoir séjourné pendant dix ans en Norvège. Les membres du conseil d'État, les officiers attachés à la cour et les pensionnaires de la liste civile ne peuvent faire partie de la représentation nationale. Tous les projets de loi doivent être présentés à la chambre allodiale (*odalsthing*), qui les approuve ou les rejette. Dans le premier cas, le projet est soumis au corps législatif (*lagthing*), qui en délibère. Tout projet adopté par les deux sections du storthing est présenté au roi, qui donne ou refuse sa sanction. Le roi n'a au reste que le *veto* suspensif. Toute loi, tout règlement approuvé par deux storthings consécutifs, deviennent exécutoires de droit, malgré le refus de sanction du roi, du moment où ils lui sont soumis de nouveau par un troisième storthing. Le storthing a seul le droit de voter les impôts, les emprunts, de régler l'emploi du budget, de surveiller l'administration de la banque, celle des finances ; de vérifier les comptes de tous les fonctionnaires publics. Il n'existe plus de noblesse en Norvège ; une loi votée en 1821 l'a abolie. Il y a cependant deux comtés, celui de *Jarlsberg* et celui de *Laurwig*.

Les forces militaires de la Norvège consistaient en 1852 en 23,484 hommes, dont 14,824 hommes de troupes de ligne (11,924 h. infanterie; 1,070 h. cavalerie; 1,330 h. artillerie), et 9,160 hommes de milice. La flotte se composait à la même époque, outre 136 chaloupes canonnières, de 2 frégates, 4 corvettes, 1 brick, 5 schooners et 5 bâtiments à vapeur ; le nombre des matelots enrôlés, de l'âge de trente à soixante ans, était de près de 30,000. Les forces navales ont d'ailleurs été organisées bien plus pour défendre le littoral du pays qu'en vue de guerres offensives. Le budget des dépenses voté en 1851, pour trois années, s'élevait à 3,200,000 *species* (19,200,000 fr.).

NORWICH, chef-lieu du comté de Norfolk, sur les bords de l'Yare, qui s'y réunit avec le Wensum et qui y est navigable pour les bâtiments du plus fort tonnage. Cette ville est reliée par un chemin de fer et par l'Yare au port de Yarmouth. Siége d'un évêché, elle compte 68,196 habitants, et, malgré son tracé irrégulier, peut être regardée comme la plus belle ville de tout l'est de l'Angleterre. Parmi les quarante-cinq églises qu'elle renferme, on distingue surtout la cathédrale, de même que dans le nombre de ses édifices publics, on remarque un vieux château fort servant aujourd'hui de prison et dont la construction remonte à l'époque de Canut le Grand. Dès le quatorzième siècle Norwich était en grande réputation pour ses étoffes de laine. Au seizième siècle, des réfugiés hollandais vinrent y jeter les bases de la prospérité à laquelle sont parvenues depuis en Angleterre les manufactures de drap, d'étoffes de laine et de bas. Aujourd'hui on y fabrique surtout des châles façon cachemire, qui s'expédient sur tous les points du globe, des tissus de laine et de soie, des toiles de lin et de chanvre, et une espèce de camelot fort grossier, pour lequel on utilise les déchets des fabrications supérieures.

NOSOGRAPHIE. Ce mot signifie littéralement *description des maladies*; il est dérivé du grec, et ses deux radicaux sont νόσος (maladie), et γράφω (je décris). Il est d'une invention moderne, et a succédé à la dénomination de *nosologie*, qui signifiait littéralement *discours sur les maladies* ; il est plus significatif et plus approprié au sens qu'il renferme. Rigoureusement parlant, ces deux expressions ne peuvent être synonymes ; le sens du mot *nosologie* se rapproche beaucoup de celui de *pathologie*, qui implique l'idée d'un ouvrage sur l'ensemble des maladies. L'existence d'une nosographie est inséparable d'une classification méthodique des maladies : l'une et l'autre, insignifiantes si elles sont isolées, se prêtent un appui mutuel quand elles se trouvent réunies. Une méthode nosographique n'est qu'un procédé pour se diriger dans la description méthodique des infirmités humaines : un pareil ouvrage doit contenir la description de toutes les maladies connues, et classées en conséquence d'un ordre établi : c'est donc un des ouvrages les plus nécessaires pour les études médicales et aux progrès de l'art de guérir. Les anciens n'avaient que des descriptions partielles applicables à certaines affections, mais point de nosographie. Ce fut seulement dans le dix-septième siècle qu'on vit éclore quelques essais nosographiques, aujourd'hui entièrement oubliés. On divisa d'abord les maladies en *aiguës*, en *chroniques*, en *internes*, en *externes*, en *locales*, en *générales*, etc.; puis enfin on suivit la méthode dite *anatomique*, ou celle qui consiste à décrire les maladies d'après les organes ou appareils d'organes qu'elles affectent, et par conséquent en les passant tous successivement en revue. Césalpin, Félix Plater, Johnstone, Sennert, furent nos premiers nosographes. Vint ensuite Boissier de Sauvages, médecin de Montpellier, auquel il faut rapporter l'honneur d'avoir le premier exécuté une nosographie complète. Depuis Sauvages, les médecins qui ont publié les nosographies les plus connues sont Vogel, Linné, Cullen, Sagar, Vitet, Darwin, Selle, et enfin Pinel, auteur de la célèbre *Nosographie philosophique*. Quelques autres médecins ont aussi composé des nosographies d'après des vues particulières ; telle est celle de Baumès, fondée sur une théorie chimique; celle de M. Alibert, intitulée *Nosologie naturelle*, etc., etc.   Bricheteau.

NOSOLOGIE (de νόσος, maladie, et λόγος, discours). *Voyez* Nosographie.

NOSSAÏRIS (Les), secte mahométane du parti des chyites, qui se forma vers l'an 892, et qui fut ainsi appelée de Nosraya, dans le territoire de Koufa, lieu de naissance de son premier chef. Leurs doctrines, qui ont beaucoup de rapports avec celles des Ismaélites et des Assassins, sont cependant beaucoup plus mystiques. Aux temps des croisades ils étaient répandus dans toute la Syrie et la Mésopotamie ; mais par la suite ils furent refoulés dans les défilés du Liban, sur les bords du Semnak, qu'ils habitent aujourd'hui comme peuplade tributaire des Turcs, mais d'ailleurs indépendante. Leurs mœurs sont grossières et corrompues par des restes d'usages païens. En effet, quoiqu'ils regardent la pluralité des femmes comme illicite, ils tolèrent dans de certaines solennités le libre mélange des sexes. Les Turcs et les Ismaélites, leurs plus proches voisins, les ont en horreur, quoique leurs croyances respectives diffèrent peu les unes des autres. Ils aiment les chrétiens et observent certaines fêtes et coutumes chrétiennes. Ils tiennent pour sacrés certains animaux, certaines plantes; et les parties sexuelles de la femme, en tant que symbole de la fécondité, sont pour eux un objet de vénération. Ils ont en commun avec les Turcs un grand nombre de chapelles et de lieux de pèlerinage, où ils célèbrent leur culte avec beaucoup de bruit. Un chef spirituel, appelé *scheikh kalil*, les gouverne et est honoré par eux comme un prophète. L'opinion que les Nossaïris étaient des sabéens de Syrie ou des chrétiens de Saint-Jean repose sur la confusion de leur nom avec celui des *Nazaréens*.

NOSSI (Iles), NOSSI-BÉ, NOSSI-IBRAHIM, etc. *Voyez* Madagascar, tome XII, page 559.

NOSTALGIE, *mal du pays* (de νόστος, retour, et ἄλγος, tristesse), c'est-à-dire mélancolie occasionnée par le désir de revoir le sol natal. La nostalgie a des victimes de choix, des lieux de prédilection ; elle s'empare surtout des jeunes gens, et sévit principalement dans les camps, sur les navires, au sein des collèges et des hospices, etc. Cette affection nous semble généralement dépendre d'une série d'habitudes trop brusquement rompues ; et comme les habitudes sont d'autant plus fortes qu'elles sont plus nombreuses, on comprend tout de suite pourquoi les jeunes gens sont plus vivement affectés d'une transition subite à une manière de vivre toute différente, et pourquoi, suivant la remarque de tous les physiologistes, les pays sauvages, peu ou point civilisés, et partant de mœurs et d'habitudes peu variées, excitent de plus vifs regrets, un besoin plus impérieux de les revoir. Ne cherchons pas ailleurs la cause de certaines prédispositions nationales à la nostalgie. Ainsi, le Suisse et l'Écossais, venant à ouïr dans le lointain, l'un son air favori du *ranz des*

vaches, l'autre le son chéri du *pibrock* de ses montagnes, ne désertent en pleurant leurs drapeaux que parce qu'ils se reportent alors par le souvenir aux habitudes si tenaces et si regrettées du jeune âge. C'est comme un *coup de fouet* donné aux regrets du présent, aux réminiscences du passé, c'est-à-dire au mal du pays. Les habitants des grandes villes en sont; dit-on, ordinairement affranchis; et ceci doit être : le propre de ceux qui ont beaucoup d'habitudes est de n'en point avoir. Mais si, d'un autre côté, les nombreux industriels que la Savoie et l'Auvergne envoient à Paris échappent également à la nostalgie, c'est que, vivant entre eux et souvent en famille, et visitant d'ailleurs de loin en loin leurs montagnes, ils perpétuent en quelque sorte au sein de la capitale les relations et les coutumes de leur pays.

La nostalgie débute en général par de la tristesse, des distractions continuelles, l'amour de la solitude, et un dégoût prononcé pour les devoirs qu'on est appelé à remplir. Taciturne et morose, le nostalgique déserte peu à peu les plaisirs de son âge; son imagination, surexcitée, se replie sur le passé, et fouille sans cesse, et un à un, les souvenirs de la patrie absente. C'est elle qui absorbe ses longues rêveries, fait couler ses larmes, décolore ses traits, échauffe et endolorit sa tête, trouble sa respiration; engendre des palpitations; le jette enfin de l'insomnie et de la langueur au marasme et plus tard, quand nulle puissance amie n'intervient, du marasme à la mort. Par une déplorable tendance, la nostalgie s'exagère et les inconvénients du présent et les chagrins du passé. Se substituant à toute autre pensée, tout autre sentiment, tout autre désir, elle n'a qu'un projet, le départ; qu'un but, la patrie; qu'une espérance, la revoir ; ou qu'une crainte, ne pouvoir arriver à temps pour lui donner la dernière larme, lui jeter le dernier adieu, y rendre le dernier soupir. Le nostalgique vit, en quelque sorte, au milieu d'un monde idéal; et quel que soit le plaisir qu'on lui offre, la distraction qu'on lui procure, c'est surtout de lui qu'on peut dire :

..... Absentes alios suspirat amores.

Aussi n'est-il pas de danger qu'il ne brave pour satisfaire son espèce de monomanie. Des Groënlandais transportés en Danemark n'hésitèrent point à s'échapper sur de frêles canots, s'exposant ainsi à une mort à peu près certaine pour revoir leurs froides et stériles contrées; et sous l'influence du même désir, que d'émigrés du temps de la terreur rentrèrent en France, aux risques certains de glisser dans le sang de leurs proches et de se heurter aux échafauds qui les y attendaient! Que de jeunes soldats également bravent, en désertant, l'inflexible sévérité des conseils de guerre! Enfin, il n'est pas jusqu'aux nègres de nos colonies, qui, désespérant de revoir jamais la patrie, se sont quelquefois pendus par centaines aux arbres de leurs plantations. Et pourquoi s'étonnerait-on de cette abnégation de la vie? L'amour de la patrie fait des héros, le mal du pays peut faire des martyrs.

En résumé, la nostalgie part de la tristesse pour arriver plus ou moins rapidement à la mélancolie la plus profonde ; elle consiste essentiellement dans une idée fixe, une espèce d'excitation cérébrale continue qui, à l'instar des affections chroniques, réagit sur les principaux viscères de notre économie, et en particulier sur les voies digestives : d'où les accidents propres à la fièvre hectique, qui entraînent fatalement le malade au tombeau, si on ne se hâte pas de le rendre à sa famille, à son pays. Mais il advient quelquefois que l'excitation cérébrale se convertit en véritable inflammation, et le plus ordinairement alors le nostalgique succombe à une fièvre cérébrale, qui offre ceci de particulier, que le délire roule presque exclusivement sur les causes de l'affection première. On voit aussi la nostalgie compliquer de temps en temps d'autres maladies, qu'elle aggrave singulièrement. Ramazzini parle d'une nostalgie épidémique qui sur cent soldats atteints permettait à peine d'en sauver un seul. Quant au traitement de cette affection, il n'en est qu'un de réellement efficace : il faut de bonne heure renvoyer les nostalgiques dans leurs foyers ; et dès les premiers jours de marche, ou tout au moins en mettant le pied sur le sol natal, ils voient se dissiper leur mélancolie et la santé reparaître plus florissante que jamais. La nostalgie est une maladie contre laquelle vient échouer complétement la matière médicale, une maladie qu'il faut pallier par des espérances de retour, et où le corps enfin se guérit par l'esprit. La mort fait toujours prompte justice de toute temporisation irréfléchie, de tout rigorisme intempestif; et les auteurs parlent de jeunes soldats morts le jour même où on leur refusait leur congé. On peut toutefois se flatter de prévenir la nostalgie, ou de l'arrêter au début, par de la bienveillance, des distractions et un travail convenable, la fréquentation de quelques compatriotes, et surtout en adoucissant tout contraste trop saillant entre les habitudes d'autrefois et celles du présent. Charles LABONDE.

NOSTRADAMUS, ou *Michel* de NOSTREDAME, charlatan célèbre, fils d'un notaire de Provence, était né le 14 décembre 1503, à Saint-Remy en Provence. Ses ancêtres étaient juifs, et il s'enorgueillissait de descendre de la tribu d'Issachar. Commencée par son bisaïeul maternel, ancien médecin et conseiller du roi René, son éducation fut terminée au collége d'Avignon. Il alla ensuite étudier la médecine à Montpellier, et, après avoir été reçu docteur dans cette ville, il parcourut la France, et se maria à Agen, où l'avait appelé son ami Scaliger. Devenu veuf, il retourna en Provence, et obtint une pension de la ville d'Aix, qu'il avait secourue dans un temps de contagion. Il se fixa ensuite à Salon, et s'y maria une seconde fois. Engagé par le loisir dont il jouit dans cette nouvelle retraite à se livrer à l'étude, surtout à celle des astres, il s'avisa de jouer au prophète, et fit des prédictions qu'il renferma dans des quatrains rimés, divisés par centuries. Cet ouvrage extravagant fut imprimé pour la première fois à Lyon, en 1555. Son obscurité impénétrable, le ton prophétique que le rêveur y prend, l'assurance de son langage, tout cela devait lui assurer de la vogue : il en eut une immense.

Enhardi par le succès, Nostradamus se mit en nouveaux frais de verve prophétique, et ne tarda pas à publier la huitième, la neuvième et la dixième centurie, qu'il dédia au roi Henri II. C'était alors le règne de l'astrologie et des prédictions. Ce prince et la reine Catherine de Médicis, entichés tous deux de cette folie, voulurent voir l'auteur et le récompenser comme un grand homme. On l'envoya à Blois pour tirer l'horoscope des jeunes princes Nostradamus s'acquitta le mieux qu'il put de cette commission difficile ; mais on ne sait point ce qu'il dit. De retour à Salon, comblé d'honneurs et de richesse, il reçut la visite d'Emmanuel, duc de Savoie, de la princesse Marguerite, sa femme, et, quelque temps après, celle de Charles IX. Ce monarque lui fit donner 200 écus d'or, avec un brevet de médecin ordinaire du roi, et des appointements. Seize mois après, en 1566, Nostradamus mourut à Salon, regardé par le peuple comme un homme qui connaissait le présent et le passé, quoiqu'aux yeux du philosophe il ne connût ni l'un ni l'autre. Son tombeau est dans l'église des Cordeliers, chargé d'une épitaphe magnifique, que le temps a effacée. On y qualifie sa plume de *divine*.

Ce fut Nostradamus qui publia le premier les almanachs à prédictions. Jodelle a fait sur ce prétendu prophète le distique suivant :

Nostra damus cum falsa damus, nam fallere nostrum est,
Et cum falsa damus, nil nisi Nostra damus.

Le goût de l'astrologie était héréditaire dans la famille de Nostradamus ; un de ses fils notamment l'essaya sans succès, et l'abandonna. Mais poussé par un penchant irrésistible, il s'avisa, au moment où la petite ville du Pouzin, dans le Vivarais, était assiégée par les troupes royales, de prédire qu'elle périrait par les flammes ; et pour prédire juste une fois au moins dans sa vie, il mit lui-même le feu à plusieurs maisons lors de la prise de la ville. Il fut tué par d'Espinay-Saint-Luc, à la prise de cette ville, en 1574.

NOTA, NOTA BENE. *Nota* est un mot latin, dérivé de *noscere*, connaître, et qui signifie *remarque*, d'où nous avons fait *note*. Un *nota*, un *nota bene* est en général une marque que l'on fait sur un livre, sur un papier pour fixer, appeler l'attention sur un point; cette marque se fait soit en écrivant le mot *nota*, *nota bene*, soit en écrivant ainsi ce dernier par abréviation N. B. De l'écriture, les mots *nota bene* sont passés dans le langage familier, où ils signifient : *Remarquez*, *Remarquez bien*.

NOTA (Alberto), le poëte comique le plus remarquable qu'ait produit l'Italie dans les temps modernes, naquit en 1775, à Turin. Il étudia le droit, pratiqua quelque temps comme avocat, et remplit ensuite diverses fonctions importantes jusqu'au moment où la situation politique de l'Italie le contraignit à renoncer à la vie publique. Rentré enfin dans l'administration, il fut nommé en 1818 intendant général en second à Nice, en 1820 intendant à Bobbio, en 1823 à San-Remo, plus tard à Pinerolo, et enfin intendant général à Casale et à Cuneo. Il est mort en 1847, à Turin.

Le caractère général de ses comédies est le genre sérieux. Les circonstances de sa propre vie, qui fut troublée par beaucoup de traverses, notamment par un mariage mal assorti, contribuèrent, dit-on, à rembrunir encore ce que son caractère avait déjà naturellement de grave et de triste. Chez lui l'élément comique est faible; le plus souvent l'intrigue est des plus simples, et il emprunte ses événements à la vie commune. Son côté brillant, c'est la peinture et le développement des caractères. Ses plans sont bien charpentés, habilement conduits, et amènent souvent des situations inattendues. Parmi ses meilleures pièces à caractère, nous citerons : *La Coquette* (1818), et *L'Homme à Projets* (1809). Viennent ensuite, mais avec des intrigues plus travaillées : *Le Nouvel Empire* (1809); *Les Procissifs* (1811); *L'Ennemi du Mariage* (1811); *Le Malade imaginaire* (1813) et *Le Bibliomane* (1822); *L'Oppresseur et l'Opprimé* (1804). *La Duchesse de La Vallière* (1806), et *Les Premiers Pas vers la Perdition* (1808), sont des pièces pleines de sentimentalité et qui rappellent les *Tableaux de Famille* d'Iffland. En fait de comédies à intrigue, il faut mentionner : *La Foire* (1826), amusant tableau de mœurs, qui est peut-être de tous les ouvrages dramatiques d'Alberto Nota celui où il y a le plus de vie et de mouvement, et *Les Amoureux* (1820).

NOTABLES, principaux et plus considérables citoyens d'une ville, d'une province, d'un État. Avant la révolution on nommait *notables* les bourgeois appelés à former avec le maire et les échevins le conseil de ville. Ils étaient à Paris choisis par les *quarteniers*.

Les *assemblées des notables* convoquées par les rois pour s'affranchir des états généraux en différaient essentiellement par leur composition, qui était abandonnée à l'arbitraire du monarque et de son conseil privé. Leurs attributions se bornaient à donner leur avis sur les questions qu'on jugeait à propos de leur soumettre.

Ce fut une assemblée de notables qui cassa, en 1526, à Cognac, le honteux traité consenti par François Ier, prisonnier à Madrid.

Une autre assemblée de notables fut tenue à Rouen en 1596, sous Henri IV, pour mettre de l'ordre dans les finances et faciliter au roi la continuation de la guerre. La noblesse, le clergé et le tiers élurent cette fois eux-mêmes leurs représentants. Pour arriver plus sûrement à son but, le Béarnais affecta la plus grande confiance dans les décisions de cette assemblée. « Je ne vous ai point appelés, dit-il, comme faisaient mes prédécesseurs, pour vous faire approuver mes volontés, mais pour recevoir vos conseils, pour les croire, les suivre, bref, pour *me mettre en tutelle entre vos mains*, envie qui ne prend guère aux rois, aux barbes grises, aux victorieux; mais la violente amour que je porte à mes sujots me fait trouver tout aisé et honorable. » Les courtisans blâmèrent ce discours. Gabrielle d'Estrées lui reprocha ces expressions : *me mettre en tutelle entre vos mains*. « Quand j'ai dit cela, répondit Henri, j'avais mon épée. » De nombreux règlements furent rédigés, débattus et votés. Les financiers furent recherchés et taxés. Le clergé s'imposa une somme considérable, mais à des conditions tout à son avantage. Le traitement des fonctionnaires et des officiers fut suspendu pour un an. Il avait été convenu qu'une commission permanente surveillerait l'exécution du nouveau règlement, et qu'une autre assemblée serait convoquée dans trois ans au plus tard. Mais la commission ne fut pas même convoquée. Il n'y eut pas d'autre assemblée sous ce règne.

En 1626 Richelieu convoqua un *conseil des notables*. La nation n'y fut point représentée; aucun bourgeois ne fut appelé. Les députés furent divisés en quatre catégories : 1° M. le duc d'Orléans, frère du roi; le cardinal de La Valette, les maréchaux de La Force et de Bassompierre; 2° le clergé, représenté par cinq archevêques et sept évêques; 3° la noblesse et les cours, par dix nobles, tous conseillers d'État; 4° les parlements par dix-neuf premiers présidents, présidents à mortier ou procureurs généraux, quatre magistrats de la chambre des comptes, quatre autres de la cour des aides. L'ouverture se fit le 2 décembre, dans la grande salle des Tuileries, et la clôture le 22 février suivant. Les questions les plus graves de diplomatie, de guerre, d'administration civile et militaire, de régime judiciaire, d'impôts, et même de commerce, furent successivement abordées, mais aucune ne fut approfondie, et il n'y avait pas d'opposition possible. Tout se résuma à quatre propositions soumises à sa majesté : 1° faire raser, démolir et démanteler toutes les fortifications des châteaux, places, forteresses des villes qui sont au milieu des provinces : les démolitions à la charge des villes, avec les matériaux pour indemnité; 2° la suppression des charges de connétable et d'amiral de France (on reconnaît ici la main du cardinal-ministre) : les privilèges attachés aux *grandes dignités du royaume* donnaient aux titulaires une autorité indépendante et au-dessus de celle des ministres; 3° beaucoup de villes jouissaient, en vertu des chartes de communauté ou de traités solennels, du droit de se garder elles-mêmes, de nommer les officiers de leur milice et les commandants de leur citadelle : l'assemblée proposait, au roi que tous les gouverneurs, commandants, capitaines et officiers *soient mis et établis de sa main*; 4° entretenir un corps de dix-huit mille hommes de pied et deux mille chevaux, attendu qu'il importe que l'autorité du roi soit puissamment armée pour tenir les princes étrangers en respect vers elle, et ses sujets en devoir sous son obéissance. Les députés reçurent pour vacations par eux employées aux travaux de l'assemblée un traitement, réglé sur le nombre des séances auxquelles ils auraient assisté, et les frais de route pour venir à Paris et s'en retourner.

L'assemblée des notables de 1787 et de 1788, comme toutes celles qui l'avaient précédée, fut provoquée par l'épuisement du trésor, et le ministre Calonne la convoqua pour le 29 janvier 1787 par une circulaire du 29 décembre 1786. Mais l'ouverture n'eut lieu que le 22 février. Elle se composait de sept archevêques, sept évêques, trente-six gentilshommes, huit conseillers d'État, quatre maîtres des requêtes, le premier président, trois présidents à mortier, le procureur général du parlement de Paris, les premiers présidents et procureurs généraux des autres parlements, les conseils souverains, de la chambre des comptes et de la cour des aides, trois députés des états de Bretagne, Bourgogne, Artois et Languedoc; des prévôts des marchands de Paris et de Lyon, le lieutenant civil de Paris, le procureur de Strasbourg, et vingt-trois maires des principales villes du royaume. L'assemblée fut divisée en sept bureaux, présidés par un prince. Les sept présidents étaient *Monsieur*, le comte d'Artois, le duc d'Orléans, le prince de Condé, le duc de Bourbon, le prince de Conti, le duc de Penthièvre. Les notables n'étaient pas appelés pour résoudre les questions proposées, mais seulement pour donner leurs observations et leur avis. Les projets étaient incontestablement des améliorations, mais le choix des notables faisait assez pressentir quel serait leur avis. Des prélats, des nobles, des magistrats parlementaires, quelques maires appartenant eux-mêmes aux classes privilégiées, et pas un seul représentant des intérêts agricoles ou commerciaux, lorsqu'il s'agissait de formuler un avis sur le commerce, l'agriculture et les impôts. Ils repoussèrent les projets de Calonne, d'abord parce qu'ils attaquaient les privilèges aristocratiques, et ensuite parce qu'ils étaient l'œuvre d'un ministre détesté. Quelques-uns des articles, cependant, furent convertis en édits. Mais les parlements refusèrent d'enregistrer l'impôt territorial et l'institution des assemblées provinciales. La première session close le 12 décembre de la roi le 25 mai 1787. Les mêmes notables furent convoqués par arrêt du conseil du 5 octobre 1788, et se réunirent le 6 novembre suivant. Le projet d'une cour plénière, essayée pour remplacer les états généraux, que la cour voulait éviter à tout prix, échoua devant la puissance de l'opinion. Le clergé, la noblesse, la haute magistrature, insistaient pour une représentation semblable à celle de 1614 et pour le vote par ordre; un seul bureau des notables, celui de *Monsieur*, résolut affirmativement la question de double représentation pour le tiers état. Cette session fut plus orageuse et plus courte que la première : close le 12 décembre de la même année, elle avait duré un mois et demi. « Cette assemblée, a dit Droz dans son *Histoire de Louis XVI*, aurait pu faire beaucoup de bien si elle eût secondé les intentions de Louis XVI. Elle fit beaucoup de mal en constatant le désir que les privilégiés avaient de repousser ou d'éluder l'égale répartition de l'impôt. » DUPEY (de l'Yonne).

Les *consistoires* protestants sont formés en partie de *notables* laïques, choisis parmi les citoyens les plus imposés.

Les tribunaux de commerce sont composés de juges et de juges suppléants élus par les *notables* commerçants, dont la liste est dressée par le préfet et approuvée par le ministre de l'intérieur.

Notable est également applicable aux choses ayant une certaine importance.

On appelle *arrêts notables* ceux qui fixent un point de jurisprudence nouveau ou jusque alors controversé. Les arrêts notables des anciennes cours souveraines ont été recueillis en corps d'ouvrage, avec ou sans commentaires, pour le ressort de chaque juridiction parlementaire.

NOTAIRE, fonctionnaire public établi pour recevoir tous actes et contrats auxquels les parties veulent ou doivent donner le caractère d'authenticité attaché aux actes de l'autorité publique, et pour en assurer la date, en conserver le dépôt, en délivrer des grosses et expéditions. Le mot *notaire* vient du latin *notarius*, formé de *nota*, qui veut dire *note*, *écrit*, *écriture abrégée*. Les Romains appelaient *notarii* les scribes chargés d'écrire, par notes et abréviations, les contrats, les actes et conventions des parties. Ces écrivains n'étaient autres que les clercs des tabellions. En France, au commencement de la monarchie, on appelait aussi *notaires* les secrétaires, les greffiers qui expédiaient les actes de la chancellerie. Les rois de France avaient leurs *notaires* ou secrétaires; ainsi que les évêques, les comtes, les abbés, les corporations religieuses ou judiciaires. Mais il est à peu près certain que l'institution des notaires comme officiers publics ne remonte pas au delà du règne de saint Louis. Ce prince en créa à Paris soixante en titre d'office, attachés au Châtelet, et les chargea de recevoir les actes volontaires, en laissant aux magistrats la justice contentieuse.

Philippe le Bel étendit l'institution des notaires à tous ses domaines par une ordonnance de 1302. Ceux qui remplissaient les mêmes fonctions dans les seigneuries et les justices subalternes furent plus particulièrement désignés sous le nom de *tabellions*. Charles VI, en 1411, autorisa les notaires de Paris à mettre à leur maison les pannonceaux royaux, c'est-à-dire des écussons aux armes de France. Les tabellions les imitèrent, en prenant ceux de leurs seigneurs.

En 1542, François 1er créa des tabellions, dont les fonctions se bornèrent à mettre en grosse et à sceller les actes des notaires. Ce ne fut, à vrai dire, qu'une mesure purement fiscale, qui ne porta aucune atteinte aux droits de ces derniers. Cependant, les greffiers avaient usurpé le droit de délivrer à leur profit des extraits des minutes déposées au greffe du notaire décédé ou qui résignait son office. En 1575, Henri III essaya de remédier à cet abus en créant un officier spécial, sous le titre de *garde-notes*, pour recueillir ces minutes. Un édit de 1597 réforma totalement la législation à cet égard. Il réunit à son domaine et supprima tous les offices existants; puis il 'en créa de nouveaux, où les titres de *notaires, de tabellions* et de *garde-notes* furent confondus. Les notaires de Paris furent portés au nombre de cent-treize, et ils reçurent de Louis XIV la qualification de *conseillers du roi*, qu'ils conservèrent jusqu'à la révolution.

La loi du 6 octobre 1791 transforma les *notaires royaux* en *notaires publics*. Ils devinrent indépendants de tout tribunal, bien qu'exerçant leurs fonctions sous la surveillance des autorités judiciaires. Enfin, la loi du 25 ventôse an XI organisa définitivement le notariat.

Les notaires sont institués à vie; ils sont tenus de prêter leur ministère une fois qu'ils en sont requis; mais ils doivent le refuser pour les actes contraires aux lois et à la morale, pour ceux qui sont contractés par des mineurs ou interdits non assistés de tuteurs, pour ceux des communes ou établissements publics non autorisés, et enfin pour ceux des personnes qui leur sont inconnues. Excepté pour les actes de peu d'importance et d'un intérêt passager, le notaire est tenu de conserver *minute* de toutes les conventions rédigées par lui. Il est responsable de la minute, qui passe avec la même responsabilité à chacun de ses successeurs, et dont ils ne peuvent se dessaisir que dans des *cas très-rares* et en vertu d'un jugement.

C'est de cette minute qu'il délivre (aux parties intéressées seulement) soit des ex pé di tio n s, soit une grosse.

Entre autres formalités matérielles prescrites à peine de nullité, la loi veut que les actes soient rédigés par *deux notaires*, ou par un notaire assisté de *deux témoins*. Nonobstant cette injonction formelle, il arrive le plus souvent que le notaire instrumentaire assiste seul à la rédaction du contrat, et quoiqu'il constate par l'acte même la présence et le concours d'un second notaire, ce n'est que plus tard qu'il envoie l'acte à son confrère, qui le signe sans le lire. Indépendamment de tous les actes, contrats et transactions volontaires de la vie civile que le notaire est appelé à recevoir, la loi lui défère encore quelques fonctions particulières. C'est à lui qu'est confiée la mission de représenter dans les partages les héritiers absents, la notification des actes respectueux, la confection des inventaires, la rédaction des comptes, partages et liq u id at i o n s, la délivrance des certificats attestant la propriété d'inscriptions au grand-livre et celle des certificats de vie nécessaires aux titulaires des pensions sur l'État. Ces derniers c e r t i f i c a t s sont délivrés par un notaire nommé spécialement par l'empereur, et qui prend le nom de *notaires certificateur*.

C'est au gouvernement à fixer le nombre et la résidence des notaires dans chaque département. Cette répartition doit être faite de manière qu'il y ait : 1° dans les villes de 100,000 âmes et au-dessus un notaire au plus pour 6,000 habitants; 2° dans les autres villes ou villages, deux notaires au moins et cinq au plus par chaque arrondissement de justice de paix. A Paris, le nombre des notaires a été fixé à 114. Il était convenable de donner aux officiers de la juridiction volontaire la même étendue de ressort qu'aux magistrats de la juridiction contentieuse; en conséquence , la loi a divisé les notaires en trois classes : 1° ceux des villes où est établie une cour impériale, lesquels exercent dans l'étendue du ressort de cette cour; 2° ceux des villes où siège un tribunal de première instance, qui exercent dans l'étendue du ressort de ce tribunal; 3° ceux des autres communes, lesquels ont pour limites le ressort de la justice de paix.

Tous sont tenus de se renfermer dans les limites de leur juridiction et de maintenir la résidence de leurs prédécesseurs.

Pour l'admission aux fonctions de notaire, la loi exige la qualité de Français et la jouissance des droits civils; l'âge de vingt-cinq ans accomplis, la justification d'un stage suffisant, un certificat de capacité et de moralité, et enfin un examen par la chambre des notaires (condition qui est presque toujours éludée). Le stage est plus ou moins long, suivant la classe dans laquelle l'aspirant se propose d'entrer; il doit être de six années entières et non interrompues : sur ces six années, l'aspirant doit en avoir passé une des deux dernières en qualité de premier clerc chez un notaire d'une classe égale à celle où se trouve la place à remplir. Cependant, le stage peut n'être que de quatre ans lorsqu'il en aura été employé trois chez un notaire d'une classe supérieure à la place postulée. Pour exercer dans la troisième classe, il suffit d'un stage de trois années dans une classe supérieure. L'exercice pendant un certain temps de fonctions judiciaires ou administratives peut donner lieu à la dispense d'une ou plusieurs années de stage, si le candidat justifie d'ailleurs de la capacité requise.

Les pièces et certificats de l'aspirant au notariat sont remis au procureur impérial avec la démission du cédant, portant qu'il résigne son office entre les mains de sa majesté, et qu'il la prie d'agréer M.*** pour son successeur. Lorsque le candidat réunit toutes les qualités nécessaires, il est nommé par l'empereur, mais il ne peut exercer qu'après avoir prêté serment devant le tribunal de sa résidence et après avoir justifié du dépôt de son cautionnement. Ce cautionnement, dont le chiffre est fixé en raison du ressort et de la résidence, n'a pas été créé pour le besoin du fisc; il est spécialement affecté à la garantie des condamnations qui peuvent être prononcées contre les notaires, par suite des fautes qu'ils auraient commises dans l'exercice de leurs fonctions.

Les notaires ne peuvent être suspendus ou destitués que par un jugement du tribunal de leur résidence. La loi a prévu certains cas de suspension ou de destitution; les autres motifs plus graves sont laissés à l'appréciation des tribunaux. Mais pour une institution aussi importante ce n'était pas assez d'avoir prévu les délits et les crimes : tel acte qui de la part d'un particulier n'est qu'une mauvaise action devient pour un notaire un délit grave; le manque de probité, l'indélicatesse, qui dans le commerce ordinaire de la vie échappent aux atteintes de la loi, doivent dans l'exercice du notariat être sévèrement punis; il fallait donc des lois plus rigoureuses et un tribunal plus sévère. Ce tribunal, on le trouve dans l'institution des *chambres de discipline;* leurs attributions consistent notamment à délivrer ou refuser aux aspirants les certificats de bonnes mœurs et de capacité, à donner leurs avis sur les honoraires réclamés par les notaires, honoraires qui, au reste, sont taxés par le président du tribunal; à réprimer ou concilier toutes plaintes ou réclamations de la part des tiers contre les notaires; à maintenir la discipline intérieure et le bon accord entre les membres de la compagnie, et surtout à faire respecter les lois de la plus scrupuleuse probité.

De tout ce qui précède il résulte que les deux qualités essentielles aux fonctions de notaire sont la probité et la capacité; la réunion de ces deux qualités est indispensable, l'une ne peut suppléer l'autre; sa mission n'est pas de constater servilement dans un acte l'intention des parties ; tout au contraire, il doit souvent la modifier, et la diriger dans un sens de justice et d'équité; il faut qu'on trouve en lui un juge éclairé et incorruptible, et que les combinaisons de la mauvaise foi échouent devant ses lumières et son intégrité. Il faut surtout qu'il apporte dans la confection de ses actes la plus grande attention, la plus grande précision, afin d'éviter les contestations et les procès qui, nous devons le dire, prennent souvent naissance dans la mauvaise rédaction des actes notariés. Les notaires sont obligés de se renfermer strictement dans leurs attributions, qui sont incompatibles avec celles des ordres judiciaires et administratifs ; ils doivent aussi s'abstenir de toute opération de banque et de finance, car en se livrant à des spéculations plus ou moins incertaines ils exposent aux chances du hasard les dépôts sacrés qui leur sont confiées. C'est pour cela qu'à défaut de loi les traditions et les règlements de leurs compagnies leur interdisent toute coopération, même indirecte, aux entreprises commerciales. Assurer la fortune respective des époux, recueillir les dernières volontés d'un mourant, régler les droits des héritiers, intervenir enfin dans les actes les plus importants de la vie civile, voilà la mission du notaire.

Le notaire est certainement le fonctionnaire public qui devrait posséder le plus de capacité et de lumières. Pourquoi ne fait-on pas passer aux aspirants au notariat des examens, afin de s'assurer qu'ils possèdent toutes les qualités requises par la loi ? Pourquoi n'exige-t-on pas d'eux le diplôme de licencié en droit ?

NOTATION. On appelle ainsi, en arithmétique, l'art de marquer les nombres par les caractères qui leur sont propres et de les distinguer par leurs figures (*voyez* CHIFFRES et NUMÉRATION).

En algèbre, on donne le nom de *notation* à tout signe employé pour représenter les opérations auxquelles doivent être soumises les quantités algébriques. La simplicité des notations est d'une haute importance dans cette science ; pour n'en citer qu'un exemple, il suffit de rappeler tous les progrès que Descartes a fait faire à l'algèbre en y introduisant la notation des e x p o s a n t s.

On appelle aussi *notation*, en musique, l'art de représenter aux yeux et à l'intelligence le son musical et ses différentes modifications (*voyez* NOTES [*Musique*]).

NOTE (du latin *nota*, marque). Ce mot a un grand nombre de significations différentes. En pratique, il signifiait jadis les minutes des actes que l'on passait chez les n o t a i r e s ; de là le titre de *garde-notes*, donné à ces officiers publics, titre d'abord fort honorable, puisqu'ils se disaient *garde-notes du roi*, mais qui depuis longtemps ne s'est plus employé que par dérision, en style de comédie, comme on peut en juger par plus d'un passage de Regnard ou de Destouches.

Note indique aussi une marque que l'on fait, soit à l'encre, soit au crayon, soit simplement par un coup d'ongle ou par un pli sur quelque feuillet ou passage d'un livre ou d'un écrit afin de le retrouver sur-le-champ au besoin. « On met un *hic* ou une *note* à la marge d'un contrat pour en marquer la clause décisive ou importante, » dit le *Dictionnaire de Trévoux*. Aujourd'hui les employés chargés par les ministres ou par les procureurs du roi d'examiner un livre entourent d'une ligne à l'encre ou au crayon les passages dangereux et à incriminer.

Note, dans un sens plus général, est une remarque ou explication qu'on imprime soit à la marge d'un livre, soit au bas d'une page, soit à la fin d'un volume, pour en faciliter l'intelligence. Les *notes* sont en général indispensables pour comprendre les auteurs de l'antiquité grecque et latine. Mais elles doivent être courtes et précises, car elles ne sont faites que pour expliquer des mots, des passages, des allusions ; et si elles étaient trop étendues, elles dégénéreraient en c o m m e n t a i r e s. C'est l'écueil que n'ont presque jamais su éviter les annotateurs. Il y en a même qui font *notes* sur *notes*, et qui n'en sont pas plus instructifs. Souvent les *notes* sont plus longues que le texte : témoin celles du *Dictionnaire de Bayle* ; mais elles sont si curieuses, si pleines d'esprit et d'érudition, qu'on serait bien fâché qu'il en eût usé plus sobrement. On peut faire le même éloge des *notes* de l'abbé Le Laboureur sur les *Mémoires de Castelnau*. C'est avec raison qu'on a dit que les poëtes anciens, surtout les satiriques, avaient besoin de *notes*. De même pour la plupart de nos poëtes nationaux. Qui sans *notes* comprendrait les allusions si fréquentes dans les œuvres de Boileau ? Sans *notes* aussi quel étranger pourrait entendre notre La Fontaine ? Les Saintes Écritures, les livres de droit, ne peuvent se passer de notes et de commentaires ; mais quel abus en ont fait d'avides jurisconsultes ! Depuis qu'on imprime, si vite et qu'on ne vise qu'à bon marché, on a renoncé aux *notes* marginales ; par le même motif, on emploie assez rarement les *notes* au bas de la page (méthode si commode pour le lecteur), et on les renvoie, si elles sont nombreuses, à la fin du livre, procédé des plus gênants. Dans le dernier quart du siècle dernier, il ne paraissait pas d'éloge ou de notice, de poëme, sans être accompagnés d'un déluge de *notes* : les éditions de Delille et de ses imitateurs ont encore renchéri de nos jours sur ce travers, et c'est ainsi que nos bibliothèques se remplissent d'un fatras inutile.

Quelques auteurs ont intitulé *note* ou *notes* un opuscule séparé : ainsi, dans les œuvres de Voltaire, on trouve les QUAND, *notes utiles sur un discours prononcé devant l'Académie Française* ; les *Notes sur la Lettre de M. de Voltaire à M. Hume, par M. L...*, 1766 ; *Notes concernant la paix de Gex*, 1775 ; enfin dans D'Alembert : *Note sur la statue de Voltaire*.

Dans le style des affaires, le mot *note* indique un extrait sommaire, un exposé succinct. Un ministre dit à un pétitionnaire : Donnez-moi une *note* de votre affaire, pour que je ne l'oublie pas. On dit aussi une *note* sur procès.

Note veut dire une communication confidentielle entre des agents diplomatiques. C'est par un échange de *notes* qu'on arrive à la conclusion d'une négociation. Sous la Restauration, quel grand bruit n'a pas fait la fameuse *note secrète*, adressée en 1818 au congrès d'Aix-la-Chapelle, par le parti ultra-royaliste ! Le but de cette note était de prouver aux souverains alliés qu'avant de retirer leurs troupes du territoire français ils devaient exiger le renvoi du ministre D e c a z e s et la nomination de nouveaux ministres pris parmi les royalistes. On appelle encore *notes* certaines déclarations officielles ou demi-officielles que le gouvernement fait insérer au *Moniteur* ou dans tout autre journal dévoué. Cet usage des *notes officielles* remonte à Napoléon ; et l'on peut se rappeler quel effet elles produisaient alors en Europe. C'est le plus souvent par des *notes semi-officielles* qu'il révélait ses projets au moment de les exécuter.

Au palais, les avocats se servent de *notes*, c'est-à-dire d'indications plus ou moins succinctes de ce qu'ils ont à dire. Les orateurs en font autant à la tribune ; mais on admire surtout ceux qui parlent longtemps et bien sans avoir recours à leurs *notes*. Cet usage remonte jusqu'à Cicéron, qui, ainsi que ses confrères au barreau, se servait de *notes*. On appelait à Rome *notarii cursores* les affranchis lettrés qui sous la dictée de leurs éloquents patrons écrivaient ces notes au moyen de signes brefs ou moins abrégés, *quia notis verba cursim expediebant*. Il paraît que cette écriture par *notes*, qui était une véritable *s t é n o g r a p h i e*, eut pour inventeur le poëte Ennius, qui le premier imagina 1100 signes. Tullius, affranchi de Cicéron ; Tiro, qui donna son nom à ce genre tachigraphique que l'on a appelé depuis *notes tironiennes* ; Philargyrus, Fannius et Aquila, affranchis de Mécénas, en inventèrent beaucoup d'autres. Enfin, Sénèque le rhéteur compila tous ces signes, les mit en ordre, et en porta le nombre jusqu'à 5,000. Valerius Probus, grammairien qui florissait sous Néron, travailla utilement à l'explication de ces notes des anciens. Les *notes* de Tiron se trouvent imprimées à la suite des *inscriptions de Gruter*.

On appelait aussi *notes* les abréviations des jurisconsultes, des mathématiciens, des médecins, des pharmaciens, etc.

Note signifie encore un compte. Un fournisseur vous présente sa *note* ; un ami que vous avez chargé de faire pour vous des emplettes vous dresse la *note* de ses déboursés. Si dans ce sens ce mot est synonyme de *mémoire*, il entraîne avec lui une idée de modération et d'économie.

Au figuré, *note* indique le déshonneur qui résulte d'une action blâmable ou de l'exercice d'une profession honteuse :

Il a fait faillite, c'est une mauvaise *note* pour lui ; autrefois, la profession de comédien emportait avec elle une *note* d'infamie. Il en était de même pour la famille d'un homme qui avait été pendu, et telle était la bizarrerie du préjugé que la décapitation n'entraînait pas la *note* d'infamie. Qu'un homme soit ou qu'il ait été espion de police, c'est une *note* que, tout préjugé à part, il portera toujours. Sous l'ancien régime, le blâme en justice était une *note* d'infamie ; mais aujourd'hui cette note ne résulte que d'une peine afflictive et infamante.

Dans les colléges, dans les pensionnats, chaque professeur ou maître rédige sur la conduite et le travail des élèves des observations appelées *notes*. Il y a dans ce cas des *notes* hebdomadaires et des *notes* trimestrielles.

Charles Du Rozoir.

NOTES (*Musique*), signes ou caractères généralement employés pour écrire la m u s i q u e, et du nom desquels on a fait le verbe *noter*, qui signifie proprement écrire avec des *notes*. Les Grecs et les Latins se servaient des lettres de l'alphabet pour écrire leur musique. Et comme leur système comprenait un très-grand nombre de modes, dont les sons étaient quelquefois fort différents quant à leur situation, il fallait nécessairement une infinité de signes, auxquels l'alphabet tout entier ne suffisait pas. On était donc obligé de donner aux lettres des formes et des positions différentes ; et de toutes ces combinaisons il résultait une telle multiplicité de caractères que l'étude de la musique était d'une difficulté presque insurmontable. Cependant, la marche du temps ayant fait tomber en désuétude une grande partie des modes musicaux des anciens, le nombre des lettres employées à la notation fut peu à peu considérablement restreint. Plus tard, le pape Grégoire ayant remarqué que les rapports des sons sont exactement les mêmes dans chaque o c t a v e, réduisit le nombre des signes usités de son temps aux sept premières lettres de l'alphabet.

L'invention des *notes*, telles à peu près que nous les voyons aujourd'hui, ne date que du douzième siècle. Elle est attribuée au bénédictin G u i d'Arrezzo, qui imagina de remplacer les lettres par des points placés sur plusieurs lignes parallèles (*voyez* Portée). Plus tard on fut obligé de poser aussi des points entre les lignes et d'augmenter le nombre de ces dernières. Longtemps les *notes* furent toutes d'une égale valeur sous le rapport de la durée et ne marquèrent que les différents degrés de la g a m m e, ainsi que les diverses modifications de l'intonation ; fonctions auxquelles elles sont encore à peu près réduites de nos jours dans le p l a i n - c h a n t des églises catholique et protestante. Ce fut seulement vers le milieu du quatorzième siècle que le chanoine Jean de Muris, auquel l'art musical est redevable de précieuses améliorations, imagina, selon l'opinion commune, d'indiquer les rapports de durée que les différentes *notes* devaient avoir entre elles par des changements dans leur figure. Aujourd'hui l'art d'écrire la musique avec des *notes* est parvenu à un point de perfection qui ne laisse rien à désirer ; et nous doutons fort qu'on puisse imaginer un système de représentation des idées musicales par des signes à la fois moins compliqués et plus intelligibles. J.-J. R o u s s e a u, qui traitait la musique en mathématicien et non en musicien, chercha vainement à substituer les chiffres aux *notes*. L'expérience a prouvé que son système, quelque ingénieux qu'il parût, n'offrait pas moins de difficultés et de confusion que la notation ordinaire, et que de plus il était bien loin de présenter les mêmes avantages dans les résultats pratiques. Le système des *notes* a donc généralement prévalu, et l'on peut dire que la musique écrite ainsi est une langue universelle, comprise par les musiciens de tous les pays du monde civilisé.

Les différentes valeurs des notes se rapportent à une note particulière qu'on appelle *ronde*, et qui a plus de durée que toutes les autres. La *blanche* vaut la moitié de la *ronde*, ou deux *noires*, la *noire* le quart ou deux *croches*, la *cro-*che le huitième ou deux *doubles croches*, la *double croche* le seizième, et ainsi de suite jusqu'à la *quadruple croche* ; on ne pousse guère les subdivisions au delà. Le point placé à la droite d'une note accroît sa durée de moitié : ainsi, une *blanche pointée* est égale à trois *noires*, une *noire pointée* à trois *croches*, etc.

On appelle *petite-note*, *note du goût* ou a p p o g i a t u r e, une note qui ne compte pas dans l'harmonie, et qu'on écrivait autrefois en plus petit caractère que les autres ; et *note sensible*, la tierce majeure de la dominante, parce qu'elle fait *sentir* ou désirer la tonique, sur laquelle, en bonne harmonie, elle est presque toujours obligée de faire sa révolution.

Charles Béchemi.

Pour écrire la musique, on employait avant Gui les lettres A B C D E F G, placées sur des lignes parallèles de diverses couleurs pour indiquer l'élévation ou l'abaissement de la voix. Les difficultés que présentait cette méthode frappèrent Gui ; il remarqua que les six premières syllabes de chaque vers d'une strophe de l'hymne de saint Jean correspondaient à six sons différents, qui se suivaient diatoniquement, et dans l'ordre suivant :

c *Ut* queant laxis,
d *Re* sonare fibris,
e *Mi* ra gestorum,
f *Fa* muli tuorum,
g *Sol* ve polluti
a *La* bii reatum,
Sancte Joannes.

Il fit apprendre aux élèves le chant de cette strophe, jusqu'à ce qu'ils pussent émettre sans hésiter le son de la première syllabe de chaque vers. Ce son répondant à une des lettres de l'échelle diatonique que nous venons de citer, il suffisait à l'élève, pour posséder parfaitement l'intonation, de se rappeler le son de la syllabe à laquelle cette lettre correspondait. Cette méthode était simple et claire, en comparaison de celle qu'on suivait alors ; elle était cependant très-incomplète. La note b ou *si* ne se trouvant pas dans le système de Gui, il fut obligé d'imaginer la méthode barbare des m u a n c e s. La nécessité d'un septième nom se fit bientôt sentir ; et le nom de *si* finit par être adopté.

F. Danjou.

NOTHOMB (Jean-Baptiste), l'un des hommes d'État les plus habiles qu'ait encore eus la Belgique, né le 3 juillet 1805, à Messancy, dans le Luxembourg, pratiqua comme avocat, d'abord à Luxembourg, et plus tard à Bruxelles, où il prit la part la plus active à la lutte engagée contre le gouvernement du roi Guillaume. Devenu plus tard l'un des propriétaires et des collaborateurs du *Courrier des Pays-Bas*, l'organe le plus important de l'opposition, il exerça une grande influence sur la marche des événements. Toutefois, absent de Belgique au moment où y éclata la révolution de septembre 1830, il demeura étranger à ce grand mouvement national. Le gouvernement provisoire l'appela à faire partie du comité de constitution. Élu bientôt après membre du congrès et nommé, en novembre, membre du comité diplomatique, il se prononça tout aussitôt avec énergie contre les tendances et les efforts du parti du mouvement. S'il appuya l'exclusion de la maison d'Orange, il n'hésita pas non plus à voter toutes les mesures législatives ayant pour but d'empêcher la révolution de franchir les bornes de la modération et de compromettre par des excès ce qu'elle avait fait gagner au pays. Il se prononça donc pour qu'on entamât des négociations avec les grandes puissances, pour qu'on adoptât le système de la monarchie représentative, et devint avec MM. Lebeau et Rogier l'un des chefs des doctrinaires belges. Doué d'un remarquable talent oratoire, il fut l'un des membres les plus influents du congrès, en même temps que par ses lumières il devenait l'un des principaux appuis du cabinet dans lequel il remplissait les fonctions de secrétaire général, chargé, en même temps que M. Lebeau, de négocier avec la conférence de Londres. Quand le projet d'élire le duc de Nemours pour roi des Belges, projet que le premier il avait mis en avant, eut échoué, ce fut lui qui proposa la candidature du prince Léopold et qui la fit triompher dans le congrès.

Après la mise en vigueur de la nouvelle constitution et l'accession au trône de Belgique du roi Léopold, il fut élu membre de la chambre des représentants, dans le sein de laquelle il défendit avec succès le traité des vingt-quatre articles, tout en s'élevant plus tard contre les réserves ajoutées à leurs ratifications respectives par l'Autriche, la Prusse et la Russie. Il était si indispensable au ministère des affaires étrangères, qu'en dépit des nombreux changements de personnel effectués dans ce département, il y conservait toujours ses fonctions de secrétaire général. Vers cette époque il publia son *Essai historique et politique sur la Révolution belge* (1833), ouvrage dans lequel le mouvement national des Belges est étudié avec une grande habileté. Quand M. Lebeau fut forcé, en août 1834, d'abandonner le ministère des affaires étrangères, ce fut M. Nothomb qu'on chargea du portefeuille par intérim. Le ministère catholique de Theux, qui se forma en 1837, put si peu se passer de son concours, qu'il dut, au mois de janvier suivant, lui confier le portefeuille des travaux publics.

A la chute du cabinet de Theux (mars 1840), M. Nothomb donna sa démission, et fut tout aussitôt nommé envoyé de Belgique près la Confédération germanique. Mais dès l'année suivante, par suite de la retraite du ministère libéral, il entrait comme ministre de l'intérieur dans le cabinet modéré qui lui succéda. En 1843 il devint le chef d'une nouvelle administration, qui, grâce à l'extrême habileté des hommes d'État qu'il appela à en faire partie, réussit à se maintenir jusqu'en 1845, en tenant la balance entre les prétentions réciproques du parti catholique et du parti libéral. Mais à cette époque elle dut se retirer, par suite d'un conflit qui amena la coalition de ces deux opinions. En quittant le ministère, M. Nothomb reçut comme fiche de consolation l'ambassade de Belgique à Berlin. Il garda ce poste jusqu'au 29 mars 1855, où il fut appelé au ministère de la justice. C'est en cette qualité qu'il eut à soutenir, en 1856, la loi d'extradition en matière d'attentat contre les souverains étrangers.

NOTIFICATION. C'est un acte par lequel on donne connaissance de quelque chose dans une forme juridique. Il nous est impossible de rapporter ici les cas divers dans lesquels il est nécessaire de notifier un fait ou un acte quelconque. Il nous suffira, pour faire bien comprendre la valeur de ce mot, de citer des exemples donnés par la loi elle-même. Ainsi, d'après l'article 2,185 du Code Civil, le nouveau propriétaire d'un immeuble hypothéqué est tenu de faire notifier son contrat aux créanciers lorsqu'il veut se mettre à l'abri de leurs poursuites. Le Code d'Instruction criminelle prescrit aussi au ministère public de faire notifier à chaque accusé, vingt-quatre heures avant les débats, la liste du jury, pour le mettre à même d'exercer son droit de récusation ; une notification semblable est faite pour les témoins sur lesquels l'accusé peut avoir des renseignements à prendre. Tous les cas de notification ne sont pas et ne peuvent pas être déterminés par les lois : chacun, suivant sa position et les circonstances, peut avoir intérêt à faire connaître judiciairement à une autre personne un acte ou un fait quelconque. La *notification* se fait par le ministère d'un huissier. E. DE CHABROL.

NOTION. *Voyez* CONNAISSANCE.

NOTONECTES (de νῶτος, dos, et νηχτός, nageant), genre d'insectes hémiptères, particulièrement caractérisé par les élytres, ayant leur partie postérieure membraneuse, et par les pattes postérieures, très-longues, à tarses sans crochets. Les notonectes sont ainsi nommés parce qu'ils nagent toujours sur le dos. Ils se tiennent habituellement à la surface des eaux dormantes, s'enfonçant aussitôt qu'on approche d'eux. On trouve dans les environs de Paris le *notonecta glauca* de Linné, qui pique fortement avec sa trompe ; il est gris et noir, avec les élytres verdâtres et les ailes blanches. On rencontre différentes autres espèces dans presque tous les pays. Toutes se nourrissent de petites larves ou de petits insectes ; elles sont très-voraces.

NOTORIÉTÉ. Lorsqu'une chose ou un fait sont généralement reconnus, on dit que la chose ou le fait sont de *notoriété publique*. La faillite d'un commerçant est souvent dénoncée à la connaissance des tribunaux par la notoriété publique, c'est-à-dire par cette opinion formée par une réunion de plusieurs actes et de plusieurs circonstances connus par le public. La loi autorise les juges à déterminer par la notoriété publique les faits et les circonstances de la cause pour décider que des marchandises placées dans des magasins loués ne sont pas la propriété du locataire. C'est aussi sur la notoriété des faits répréhensibles de la part d'un fonctionnaire justiciable des tribunaux de première instance exercent quelquefois leur pouvoir censorial.

NOTORIÉTÉ (Acte de). C'est l'attestation d'un fait notoire et constant. Sous l'ancienne législation, les actes de notoriété se délivraient tant sur les points de *droit* que sur les points de *fait* ; mais aujourd'hui les actes de notoriété en point de droit ne sont pas admis. Il est certaines circonstances où la loi exige des actes de notoriété, et en général les parties peuvent s'en faire délivrer pour constater les faits qui leur importent. Ces actes sont rédigés par les notaires ou par les juges de paix, qui consignent dans un procès-verbal spécial les dépositions des témoins sur les faits dont ils ont connaissance. En général, deux témoins suffisent ; il est cependant certains cas où la loi en exige un plus grand nombre. Il est inutile d'observer que les témoins appelés à ces actes peuvent être du sexe féminin, et même étrangers, à la différence des témoins nommés *instrumentaires*, qui ne peuvent être que du sexe masculin et régnicoles ; car dans l'acte de notoriété, le témoin vient attester un fait, tandis que dans les actes ordinaires les témoins viennent par leur présence donner à l'acte qu'ils signent une sorte de solennité.

Nous mentionnerons ici les différentes circonstances dans lesquelles les actes de notoriété sont nécessaires et utiles : 1° lorsqu'il n'a pas été fait d'inventaire dans une succession, on supplée par un acte de notoriété à la preuve que l'inventaire aurait fournie sur la qualité et les droits des héritiers ou autres successibles ; 2° lorsque l'État est appelé à une succession par droit de *déshérence*, il est certaines circonstances où les tribunaux apprécient, où il ne peut entrer en possession qu'après un acte de notoriété ; 3° l'acte de notoriété devient nécessaire, dans certains cas à l'enfant naturel reconnu, qui, à défaut de parents au degré successible, réclame la totalité de la succession ; 4° lorsqu'un militaire a disparu de son corps, un acte de notoriété peut être utile pour constater sa disparition ; 5° en cas d'adoption, il peut être aussi nécessaire de faire constater que celui qui se propose d'adopter a donné pendant un certain temps des soins à l'adopté ; 6° en général les demandes en rectification d'actes de l'état civil doivent être appuyées d'actes de notoriété ; 7° celui qui, voulant contracter mariage, serait dans l'impossibilité de rapporter son acte de naissance peut le suppléer par un acte de notoriété fait par sept témoins ; 8° si un créancier de l'État veut faire rectifier des erreurs de nom ou prénom sur le grand-livre, il doit joindre à sa pétition un acte de notoriété. D'après ces exemples, on voit que les actes de notoriété sont destinés à constater les faits sur lesquels il n'existe pas de preuves écrites. E. DE CHABROL.

NOTOS. *Voyez* AUSTER.

NÔTRE (LE). *Voyez* LE NÔTRE.

NOTRE-DAME (Église cathédrale de), à Paris. Au règne de Philippe-Auguste appartient l'achèvement de l'Église Notre-Dame, déjà rebâtie sous le pieux roi Robert, et dont l'évêque de Paris Maurice de Sully avait commencé une troisième reconstruction, avec plus de magnificence, sous le règne de Louis le Jeune. Les travaux furent continués avec zèle par l'évêque Eudes de Sully, parent de Philippe-Auguste et de Henri Ier, roi d'Angleterre. On démolit alors la vieille église de Saint-Étienne, qui gênait pour la construction des ailes du côté méridional. Après la mort de Eudes, arrivée en 1208, Pierre de Nemours et les évêques ses successeurs terminèrent la totalité de la nef, à laquelle on travaillait encore en 1257. Philippe le Bel fit bâtir, en 1313, le portail septentrional, et Charles VII abandonna, en 1447, le produit du droit de *régale* pour l'achèvement de cette basilique.

La disposition des plans du rez-de-chaussée et de la partie supérieure de la cathédrale doit tenir le premier rang dans l'architecture *gothique*. Ils sont conçus avec un tel art que l'œil n'aperçoit aucune de leurs irrégularités, et qu'on ne les trouve qu'en relevant les lignes et les divisions qui composent l'ensemble de l'édifice. Il est fondé sur pilotis. La façade principale présente au rez-de-chaussée trois grands portiques, pratiqués sous des voussures fort élevées, construites en ogives. Ces divisions architecturales, par le nombre de leurs nervures, représentent la voûte céleste, les anges, les chérubins, les vierges, les saints, les martyrs; Jésus-Christ assis sur son trône, la vierge Marie, saint Jean, la réunion des patriarches, ainsi que le jugement dernier. Tout cela forme un tableau curieux, qui a été sculpté avec art pour l'époque de son exécution. La division placée au-dessous de la tour méridionale, qui est la plus ancienne, représente les histoires de la vie de la sainte Vierge; celle du côté du cloître offre un zodiaque et les travaux agricoles qui se font dans chaque mois de l'année. Toutes ces sculptures, à l'imitation de l'ancienne architecture orientale, ont originairement été peintes et dorées; on peut juger, par les traces qui en restent encore, de l'éclat et de l'effet que devait produire l'ensemble de la décoration de cette grande façade. Au-dessus de l'ordonnance inférieure on voit la galerie des rois, que surmonte une belle rosace de 13 mètres de diamètre, reproduite sur les deux faces latérales de l'église. Enfin, un péristyle de 34 colonnes remarquables par leur longueur et l'extrême ténuité de leur diamètre supporte une galerie à balustrades qui ferme la plate-forme sur laquelle reposent les deux tours.

Dans la tour du sud se trouve la fameuse cloche dite le *bourdon*, qu'on ne sonne que dans de grandes occasions. Les faces latérales de l'église, moins imposantes que la principale, sont hérissées d'une infinité d'obélisques fleuronnés et d'autres ornements sarracéniques. La porte de la face septentrionale, dite *Porte Rouge*, se fait remarquer par des bas-reliefs intéressants. La charpente du comble est appelée *la forêt*, à cause du grand nombre de pièces de bois de châtaignier dont elle est composée.

L'intérieur de l'église est vaste et imposant : il présente une nef, un chœur et un double rang de bas-côtés, divisés par 120 gros piliers qui supportent les voûtes en ogives. Au-dessus des bas-côtés et tout autour de la nef et du chœur règne une galerie ornée de 108 petites colonnes, où se placent les spectateurs lors des cérémonies extraordinaires. 113 vitraux, sans y comprendre les trois grandes rosaces, éclairent l'église, qu'entourent 45 chapelles, qui servent comme de remparts à cet édifice. Le chœur de l'église, tel que nous le voyons, est dû à la munificence de Louis XIV. Louis XIII, ayant fait vœu à la Vierge d'ériger un maître autel, fut surpris par la mort, et laissa au roi son fils l'accomplissement de cet ouvrage, dont les dessins sont de Robert de Cotte. Commencé en 1699, il ne fut achevé qu'en 1714. L'autel est orné d'un groupe colossal en marbre, par Guillaume Coustou, représentant une *Descente de Croix*; ce groupe est accompagné des statues, aussi en marbre, de Louis XIII, par Nicolas Coustou, et de Louis XIV, par Coysevox. Ces rois, figurés à genoux, présentent leur sceptre et leur couronne à la Vierge. La riche boiserie, les sculptures qui décorent le pourtour du chœur, ainsi que les anges en bronze, sont dus aux plus habiles sculpteurs de l'époque; mais leur caractère moderne les arcades à plein cintre du sanctuaire forment un contraste choquant avec le style général de l'édifice. Il est pavé en marbre ainsi que le sanctuaire, fermé d'une belle grille en fer poli et doré. Au-dessus de la corniche des stalles du chœur on voit huit grands tableaux de Laurent de La Hyre, de Philippe de Champagne, de Louis Boullongne, de Lafosse, de Jouvenet et de Hallé. En dehors du chœur, sur les faces de son mur de clôture, on voit des figures en plein relief, qui représentent divers sujets de l'Ancien Testament. Ces sculptures sont l'ouvrage de Jean Ravy, maçon, et de son neveu, maître Jean Bouteiller, qui les termina en 1351.

Dans les chapelles situées derrière le chœur sont divers tombeaux remarquables : celui du maréchal d'Harcourt, par Pigalle, celui du cardinal de Belloy, archevêque de Paris, par Deseine. Un grand nombre de prélats, de cardinaux, principalement les évêques et archevêques de Paris, et d'autres personnages de distinction, furent inhumés dans l'église Notre-Dame. Les monuments qu'on y voyait encore en 1789 étaient les statues à genoux de Jean Jouvenel des Ursins, président au parlement de Paris, mort en 1431, et de Michelle de Vitry, sa femme, morte en 1456; de Pierre de Gondi, évêque de Paris, et d'Albert de Gondi, son frère, conseiller intime de Charles IX. Ces statues font partie maintenant de la collection historique de Versailles.

Contre le dernier pilier de la nef, à droite, on voyait encore en 1791 la statue équestre de Philippe IV, dit le Bel, posée sur deux colonnes et érigée en cet endroit en mémoire d'un vœu qu'il avait fait à la Vierge, s'étant trouvé en très-grand danger à la bataille de Mons-en-Puelle, le 8 août 1304. Le roi, étant de retour à Paris, entra dans l'église Notre-Dame à cheval et armé de pied en cap, tel qu'il était représenté, pour y faire sa prière et accomplir son vœu. Ce monument, historique et curieux, de grandeur naturelle, et sculpté en bois, a été détruit en 1792 par l'armée révolutionnaire. Enfin, vis-à-vis le portail du cloître se trouvait une statue gigantesque et de mauvais goût, représentant saint Christophe portant l'enfant Jésus dans ses bras, et lui faisant traverser un fleuve. L'érection de ce colosse, de 28 pieds de haut, eut lieu en 1413, par suite d'un vœu d'Antoine des Essarts, conseiller et chambellan du roi Charles VI. Il fut abattu vers 1786. Antoine des Essarts s'était fait sculpter en prière et à genoux, cuirassé et armé de toutes pièces, devant le colosse : cette statue était posée sur une colonne élevée.

La chambre des députés vota dans la session de 1845 un crédit de 2,650,000 francs pour la restauration de l'église Notre-Dame. Les arcs-boutants si hardis du chœur menaçaient d'une chute qui eût entraîné celle des grandes voûtes. Les combles et les terrasses des bas-côtés avaient des fissures qui favorisaient l'infiltration des eaux pluviales. Toutes les parties affaiblies ou dégradées furent consolidées; les ornements corrodés ou mutilés reprirent leurs formes primitives; de la crypte jusqu'au couronnement des tours, l'église semble revivre dans toute sa jeunesse, sa force et sa beauté. Exécutée sous la direction de MM. Viollet-le-Duc et Lassus, cette restauration fait honneur à notre temps. Sur l'emplacement de l'archevêché on a construit une sacristie dans le style gothique qui s'harmonise parfaitement avec le monument principal du treizième siècle. L'intérieur renferme un cloître et des salles grandes et petites; ici l'édifice n'a qu'un étage, ailleurs il en a deux, ce qui produit des combles de toutes hauteurs et de toutes formes, depuis les terrasses plates jusqu'aux toits aigus avec pinacles, pyramides et contre-forts de toutes espèces et de toutes dimensions. A l'occasion du baptême du prince impérial, l'intérieur de Notre-Dame a reçu, comme essai, une décoration de couleurs légères et de dorures qui doit être maintenue si l'effet général en a été trouvé satisfaisant. (*Voyez* Cathédrale, tome IV, page 656.)

NOTTINGHAM ou **NOTTS**, l'un des douze comtés du centre de l'Angleterre, compte une population de 294,438 habitants sur une superficie d'environ 26 myriamètres carrés, et est situé entre les comtés d'York, de Lincoln, de Leicester et de Derby. C'est une des contrées les plus riches et les plus agréables de l'Angleterre ; le climat en est sain et tempéré, et son sol se prête aussi bien à l'agriculture qu'à l'élève du bétail. Les forêts et les hauteurs y alternent avec des vallées et des plaines, et de nombreux cours d'eau, dont la Trent seule a de l'importance, arrosent ce pays, qui est traversé en outre par le *Grand Trunk-Canal*. La vallée de Belvoir est surtout célèbre par sa fertilité. On trouve encore au nord-ouest de ce comté des débris de la grande forêt de Sherwood, jadis théâtre des prouesses de *Robin Hood*, ce brigand qui joue un rôle si important dans tant de romans anglais. Les céréales, les légumineuses, le houblon et le lin y sont cultivés sur une si large échelle qu'ils forment un objet important d'exportation. Le sol de ce comté fournit en outre du plomb, de la calamine, de l'albâtre, du plâtre et de la houille. De nombreuses filatures de laine et de coton, des manufactures de bas, des brasseries, des fabriques de drêche, etc., constituent les principales industries de la population.

La ville la plus considérable et en même temps le chef-lieu de ce comté est NOTTINGHAM, bâtie en amphithéâtre sur une haute montagne, au bas de laquelle coulent la Trent et le *Grand Trunk-Canal*, qui la met en communication avec Liverpool, Londres et Hull. On y compte 58,418 habitants, dont plus de 10,000 ont pour industrie spéciale la fabrication des bas. On y fabrique aussi beaucoup de poterie grossière, et l'aie ainsi que le porter de ses brasseries sont une branche importante de commerce. En fait d'édifices publics, on remarque plusieurs églises, un pont de dix-neuf arches, le palais de justice, l'hôtel de ville, la bourse et le théâtre. Son château, bâti en 1130, sur un rocher à pic, jadis l'un des ornements de la ville, fut détruit à l'époque des guerres civiles, sous Charles Ier. Reconstruit plus tard, il fut incendié au milieu des troubles provoqués à Nottingham par la discussion du bill de la réforme parlementaire. Dans le prolongement du rocher sur lequel se trouvent ses ruines sont situées les *grottes des druides*, débris d'une ancienne ville de Troglodytes.

Les autres villes importantes du comté sont *Ne w ar k-sur Trent* ; *Mansfield*, qui avec son district renferme 30,158 habitants, et *Worksop*, jolie petite ville, au voisinage de laquelle on trouve divers beaux manoirs aristocratiques, entre autres celui de *Newstead-Abbey*, célèbre pour avoir été la demeure de lord Byron.

NOUETS. Voyez COULEUR (*Beaux-Arts*).

NOUILLES. On appelle ainsi des pâtes de la famille du macaroni, mais beaucoup plus petites, que l'on fabrique avec de la farine mélangée d'œufs. Les nouilles tiennent le juste milieu entre le macaroni et le vermicelle ; on les emploie surtout en potages.

NOUKAHIVA, appelée aussi *Ile Madison*, la plus vaste des huit îles Washington (*voyez* MARQUISES [Iles]), avec lesquelles elle offre les plus grandes analogies au point de vue physique et ethnographique. Longue d'environ 12 myriamètres, elle est traversée par de hautes chaînes de montagnes et possède plusieurs bons ports. Le nombre de ses habitants est assez considérable : ils sont partagés en deux tribus ennemies, qui jadis étaient toujours en guerre, et passent pour les plus beaux insulaires de toute la race malaise. La France ayant pris possession des Marquises, en ayant acquis la souveraineté en 1842, Noukahiva fut proposée, pour lieu de déportation, dans une enceinte fortifiée, par une loi adoptée en 1850. Les condamnés pour le complot de Lyon de 1850 subirent les premiers à Noukahiva la loi de déportation, dont il a été fait depuis d'autres applications.

NOUMÉNE. Voyez CRITICISME.

NOURADIN MAHMOUD (MELIK EL ADEL), ou mieux NOUR-ED-DYN, fils d'Omad-eddyn-Zenghy, de la dynastie des Atabeks Zenghides, monté sur le trône de Syrie en 540 de l'hégire (1145 de notre ère), mort le 15 mai 1174, après un règne de vingt-neuf ans, pendant lequel il agrandit son empire d'une partie de la Syrie, de l'Asie Mineure, de l'Arabie, de la Mésopotamie, fut un des plus illustres guerriers de son époque. Tout d'abord il eut à disputer les armes à la main sa succession à un de ses frères et la possession d'Édesse au comte Joscelin. La prise de cette ville par les Sarrasins fut le signal de la seconde croisade. Réconcilié avec son frère, Nouradin alla attaquer, sans succès, Joscelin à Tell-Bascher, devenu sa place la plus importante ; il tourna ensuite (550) ses armes contre Raymond, prince d'Antioche, qui fut vaincu et tué dans une bataille ; puis il surprit et fit prisonnier le comte Joscelin. La carrière de Nouradin continua, à partir de ce moment, à n'être qu'une suite de combats, d'abord contre Beaudouin III, roi de Jérusalem, puis contre des princes musulmans. Il fit passer l'Égypte sous sa domination ; il fut même au moment de lutter contre les armées de Manuel Comnène, qu'il détourna en lui renvoyant 6,000 chrétiens prisonniers ; à sa mort Nour-ed-dyn avait ajouté à ses États l'Arabie, la Mésopotamie, une grande partie de l'Asie Mineure, et il était devenu le sultan le plus puissant et le plus redouté de l'Asie.

NOURRAIN. C'est ainsi que l'on nomme le menu fretin qu'on met dans les étangs pour les peupler, et qu'on appelle aussi *alevin* (*voyez* ÉTANG).

NOURRICE. On appelle ainsi toute femme qui allaite et soigne un enfant. La nourrice naturelle du nouveau-né, c'est sa mère ; et mère et nourrice constituent assurément le plus beau côté de la destinée des femmes. La nature elle-même, suivant l'ingénieuse remarque de Bernardin de Saint-Pierre, a voulu qu'ayant les épaules plus étroites que les hanches, la femme penchât légèrement la tête en avant, afin qu'elle ne retrouvât le contre-poids qui lui manque qu'avec son enfant dans ses bras. De plus, et comme acheminement au devoir, elle a placé une espèce de volupté aux abords des organes de lactation ; car il y a pour la mère dans la succion de l'enfant une agréable titillation, qui adoucit en quelque sorte les peines de la maternité. Mais quelquefois il advient que, le mamelon venant à s'ulcérer, la douleur s'exalte tout à coup pendant l'allaitement : alors la mère pâlit, le sang coule avec le lait, la syncope arrive ; et ce supplice volontaire de la nourrice renaît avec les besoins de l'enfant, c'est-à-dire à tous les instants du jour, et chaque jour plus horrible encore ; et pourtant on a vu plus d'une victime résignée, mais frissonnante de douleur, les dents serrées et les larmes aux yeux, se condamner des mois entiers à cette torture, qui ne trouve d'analogue que dans la fabuleuse histoire des vampires du moyen âge. Toutes les nourrices, il est vrai, n'ont pas semblable destin ; mais, en dehors de ce cas exceptionnel, que de fois les chutes du jour, les vagissements de la nuit, les coliques, la dentition, etc., ne crispent-ils pas les nerfs de la pauvre mère ! que de fois aussi le plus dégoûtant des contacts ne souille-t-il pas et ses mains et ses vêtements ! et de même que les jours sont sans plaisir, ses nuits sont sans sommeil : il faut encore elle doit allaiter, bercer, ou endormir par ses chants le plus chéri comme le plus importun des nourrissons.

Toutefois, comme un enfant est souvent un temps d'arrêt dans la dissipation, quelquefois un écueil pour la beauté, et toujours un embarras dans sa vie, il est des femmes qui, ne conservant de la mère que ce qu'elles ne peuvent en laisser à d'autres, se hâtent de remettre leur enfant à des mains mercenaires. Pour ces femmes-là, le philosophe ne saurait avoir de trop amères paroles ; car enfin, dépouillée de tous les soins que réclame la première enfance, qu'est-ce que la maternité, sinon un acte tout matériel n'impliquant aucun mérite et n'appelant surtout aucune reconnaissance ? Mais, indépendamment de certaines positions sociales où la dure nécessité fait taire la voix de la nature, il arrive souvent que l'intérêt de la mère et de l'enfant réclament impérieusement une nourrice étrangère. Ainsi, nous trouvons de graves empêchements à l'allaitement maternel dans certaines maladies aiguës, le défaut de sécrétion laiteuse, une constitution détériorée, quelques affections ou vices de conformation du sein, etc. Ainsi, la mère peut être affectée de phthisie, scrofules, dartres, ou de toute autre maladie transmissible, héréditaire, et l'enfant qu'elle allaiterait se trouverait dès lors dans des conditions de plus en plus favorables à l'invasion ou au développement de ces mêmes maladies. Une autre nourrice, au contraire, par le fait seul d'un allaitement plus convenable, peut éteindre chez l'enfant les plus funestes prédispositions. D'ailleurs, à la suite des fatigues et des déperditions qu'entraîne la lactation, la mère elle-même s'expose à voir s'aggraver sa position, ou même diminuer rapidement les jours qui lui restent à vivre.

On doit donc recourir à une nourrice étrangère dès qu'il est démontré que l'allaitement maternel est ou impossible ou nuisible. Mais, même alors, il importe dans certaines positions sociales, de faire résider sous le même toit que la mère la nourrice et l'enfant. Il y a généralement de graves abus attachés à l'allaitement qui s'effectue hors du toit paternel; et ces abus sont d'autant plus graves que l'éloignement est plus considérable. Or, savez-vous qu'une nourrice à la campagne n'est le plus souvent qu'une pauvre femme, vivant de peu, travaillant fort, suant en quelque sorte son lait par tous les pores. Pour elle donc gêne et disette au dedans, intempéries des saisons et rudes travaux au dehors; et quand, au retour des champs, le nourrisson ne retire plus d'un sein épuisé qu'un lait rare et insalubre, ou n'a plus qu'une ressource, celle de le gorger d'aliments grossiers et indigestes. Et comme la nourrice est souvent condamnée à de fréquentes absences, il advient aussi que l'enfant croupit parfois dans des langes infects, et, seul, le débat en vain sous les étreintes du besoin ou de la douleur. Aussi voit-on de loin en loin cette réunion de circonstances délétères pousser, comme sur une pente rapide, l'enfant de la langueur à l'éthisie et de l'éthisie à la mort.

Considérée en elle-même, une bonne nourrice doit présenter certaines conditions plus ou moins indispensables : ainsi, il convient qu'elle ait de vingt à vingt-cinq ans; elle est à cette époque dans toute la force et la fraîcheur de l'âge); qu'elle soit accouchée depuis peu: son lait, présentant alors plus d'analogie avec celui de la mère, sera plus en rapport avec l'état des voies digestives de l'enfant; qu'elle soit née de parents bien portants, afin qu'il ne se trouve en elle aucun vice héréditaire susceptible de transmission; et enfin qu'elle ait justifié de l'absence de toute maladie contagieuse, de tout virus, de toute infirmité dégoûtante. On doit en général préférer une nourrice brune à toute autre, parce que, toutes choses égales d'ailleurs, elle présente ordinairement une glande mammaire plus volumineuse et une sécrétion de lait plus abondante. Quelle qu'elle soit, il importe surtout qu'elle ait tous les signes extérieurs de la santé, dents blanches, bien rangées, gencives fermes et rosées, haleine douce, belle carnation, et de plus un mamelon bien dessiné, un sein ferme, sphérique, parsemé de veines bleuâtres, et donnant facile issue au lait qu'il sécrète.

Le lait est par lui-même d'une difficile appréciation. Séreux et incolore dès les premiers jours, et d'un blanc bleuâtre à deux mois, il doit être de cinq à six d'un beau blanc, un peu diaphane, médiocrement consistant, et d'une saveur légèrement sucrée. Lorsqu'on vient à placer sur l'ongle une goutte de lait, il est réputé bon quand elle ne doit couler à terre; s'il s'échappe trop vite, il n'est pas assez consistant; et il est trop épais quand il reste sur l'ongle sans s'y étendre. La garance lui communique une teinte rougeâtre, l'ail son odeur; la menstruation le rend trop clair, la grossesse trop épais; les veilles prolongées, le café, les liqueurs, en diminuent la quantité, et une lactation trop prolongée l'altère; enfin, trop abondant et trop clair, il produit le dévoiement, et il constipe lorsqu'il est trop consistant. Ces diverses données ont sans doute une remarquable importance; mais, en définitive, c'est surtout aux résultats d'un premier allaitement qu'il faut, quand on le peut, s'en rapporter pour le choix d'une nourrice : un beau nourrisson est en pareille matière la meilleure garantie et la plus puissante des recommandations.

Après le physique, le moral. Or, la nourrice doit au moral présenter une grande tranquillité d'esprit, de la gaieté, et surtout une douceur à toute épreuve; car les soucis, la tristesse et la colère ont sur son lait une action délétère des plus marquées, action qui se manifeste du reste par le dépérissement de l'enfant, des coliques et des convulsions.

Une autre question souvent controversée est celle de la grossesse. On pense généralement qu'il faut chez toute femme enceinte suspendre l'allaitement, parce que la gestation appelle vers l'utérus les matériaux de la sécrétion laiteuse, et qu'alors, surtout vers le quatrième ou le cinquième mois, on ne peut plus compter que sur un lait mal élaboré et hors de proportion avec les besoins de l'enfant. Toutefois, il ne faut pas trop se hâter de changer de nourrice, dans les premiers mois de la grossesse surtout, et alors qu'il ne se manifeste encore aucun changement appréciable chez le nouveau-né; car nous voyons tous les jours dans les campagnes de nombreux enfants se succéder chaque année sur le même sein, et sans se nuire le moins du monde.

La manière de vivre des femmes qui allaitent mérite aussi une attention toute spéciale. Quant il s'agit d'une nourrice qui a déserté la campagne pour se fixer au sein d'une famille qui lui est étrangère, on devra l'entourer d'une bienveillance éclairée, et ne pas rompre trop brusquement le cercle de ses habitudes, afin de prévenir toute invasion de la nostalgie. Il faut, dans tous les cas, conseiller le grand air et l'exercice, et proscrire les veilles et les occupations ou trop fatiguantes ou trop continues. Quant au régime, il doit être peu excitant, mais réparateur et proportionné aux pertes que fait subir l'allaitement. Charles Laronde.

NOURRICES (Bureau des). On appelle ainsi à Paris une administration qui dépend du Conseil général de l'assistance publique et qui est chargée d'assurer aux habitants de Paris les moyens de se procurer des nourrices dignes de confiance, de garantir à celles-ci le payement de leur salaire et de les surveiller. Cet établissement doit inspirer aux parents plus de confiance que les entreprises particulières, qui se constituent intermédiaires entre eux et les nourrices. Cette institution remonte très-haut, et existait déjà au treizième siècle, sous le nom de *recommanderesses*, si l'on en juge par une rue qui portait alors ce nom.

NOURRICIER, NUTRITIF, NOURRISSANT. *Nourrissant* est simplement ce qui nourrit; *nutritif* est ce qui a la faculté de nourrir, de se convertir en substance nutritive; *nourricier* est ce qui opère la nutrition, ce qui se répand dans le corps pour en augmenter la substance : le premier de ces termes marque l'effet, le second la puissance, le troisième l'action. Les mets *nourrissants* abondent en parties *nutritives* dont l'estomac extrait une grande partie de sucs *nourriciers*. On distingue par la qualification de *nutritives* les parties subtiles des aliments propres à la nutrition, des autres substances grossières, qui en sont séparées par l'élaboration de l'estomac.

NOURRIT (Adolphe), un des plus grands artistes qui aient illustré notre première scène lyrique, naquit à Montpellier, en 1802; il fit ses études au collège Sainte-Barbe. Son père, qui était un remarquable artiste de l'Opéra, le destinait au commerce; mais la vocation d'artiste était invincible chez Adolphe Nourrit. Il eut pour professeur Garcia, et fit des progrès rapides. A dix-neuf ans il débutait dans *Iphigénie en Tauride*, de Gluck, le 9 septembre 1821. Nourrit père avait cédé son rôle à son fils; et pour ne pas le perdre de vue, il s'était chargé d'un rôle de figurant. Le débutant eut un succès des plus éclatants. Il fit une révolution à l'Opéra dans l'interprétation des œuvres musicales en substituant le naturel et l'expression à la déclamation et aux cris. Il joua avec succès tous les grands rôles du répertoire, et fit apprécier non-seulement sa voix fraîche, pure, vibrante, sonore, une méthode exquise, un goût pur, mais encore l'intelligence théâtrale et le talent du comédien. C'est là ce qui le faisait différer de son père, auquel il ressemblait beaucoup de visage et même de voix. Quand son père se retira, Adolphe Nourrit le remplaça avec avantage. Toutes ses créations à l'Opéra ont été brillantes; mais sa grande réputation date du *Siége de Corinthe* et de *Guillaume Tell*. Les rôles de Robert dans *Robert le Diable* et de Raoul dans *Les Huguenots* le mirent à son véritable rang, au rang des plus grands ténors dont on ait gardé le souvenir. Nourrit n'avait pas dans la voix l'agilité merveilleuse de Rubini; jamais il n'a possédé l'ineffable douceur d'organe que Duprez avait lors de ses débuts, et qu'il n'a pas tardé à perdre; mais sa voix était pleine, riche, éclatante, pourvue de sons métalliques qui vous remuaient le cœur. Il ne disait pas le récitatif de la façon correcte que l'on admirait dans Duprez, mais il le chantait dans le vrai sentiment de la situation. Nourrit chantait sans le moindre effort, même quand il fallait de l'énergie, de la puissance, même dans les plus vigoureux élans de l'expression dramatique. Il se faisait encore remarquer par la distinction de sa personne. Il avait une belle tête, poétique, expressive, des yeux aux regards éloquents; il était grand, bien pris, et possédait tous les avantages physiques de son emploi. Il était acteur, et jouait admirablement; la physionomie, le geste, tout était vrai, et il était toujours le personnage. Sous ce rapport Adolphe Nourrit n'avait pas de rival.

Voici à la suite de quelles circonstances il quitta une scène où il était l'idole du public depuis seize années. Ses dernières créations avaient mis le comble à sa gloire et rendu son nom européen. Le bonheur de tant de triomphes ne tarda pas à être troublé par de vagues rumeurs. Les correspondances de Naples, de Milan, de Florence, ne cessaient de recommander à l'admiration parisienne un Français dont la voix phénoménale et le merveilleux talent révolutionnaient les grandes scènes de l'Italie. Chaque jour la renommée de Duprez grandissait et prenait parmi nous un caractère fabuleux. La curiosité musicale étant excitée au plus haut degré, l'Opéra ne pouvait se dispenser de produire un ténor aussi extraordinaire. Duprez débuta donc en 1837, dans le rôle d'Arnold de *Guillaume Tell*, et son apparition eut un retentissement inouï. Ce fut un succès dont l'histoire de l'Opéra n'offre pas d'autre exemple. Nourrit admira Duprez, mais il fut atterré; au lieu d'engager une lutte dans laquelle il eût été soutenu, et qui peut-être, au bout de quelques années, eût tourné à son honneur, car dans *Robert le Diable* et *Les Huguenots* Duprez n'a jamais égalé Nourrit, il perdit courage et abdiqua. Il persista, malgré ses amis, dans la résolution de se retirer. Il voulut, lui aussi, aller en Italie; mais avant de s'y rendre il fit une excursion en province. Son passage à Rouen, Nantes, Bordeaux, Toulouse, Lyon, Marseille, fut une marche triomphale; mais en dépit de ces ovations si franches, il était frappé au cœur. Son caractère était devenu sombre et mélancolique, et parfois sa raison semblait l'abandonner. Il avait emmené sa femme et ses enfants. C'est en vain qu'à Florence Rossini lui fit les honneurs de la ville et s'empressa de le présenter à l'élite de la société florentine. Le pauvre artiste avait perdu toute confiance en lui-même, et semblait marcher comme une victime au sacrifice. Il essaya pendant quelque temps de lutter sur les scènes italiennes; mais le désespoir s'était emparé de lui opprimait son intelligence et avait altéré ses facultés.

Le 7 mars 1839, Adolphe Nourrit chanta à Naples dans une représentation à bénéfice. Un coup de sifflet se fit entendre; le public se leva en masse pour protester, rappela Nourrit et l'applaudit à outrance. Mais le coup fatal était porté; Nourrit avait été frappé à mort. Le lendemain, 8 mars, entre cinq et six heures du matin, dans un accès de désespoir, il se jeta par la fenêtre d'un quatrième étage. Il tomba sur une barre de fer, qui brisa son corps, et de là sur le pavé de la cour. Sa femme, éveillée par le bruit de la chute, cherche son mari, voit la porte de l'escalier ouverte, regarde dans la cour, et aperçoit Nourrit gisant sur le pavé. La mort de Nourrit fit une grande sensation à Naples. On ramena son corps en France, et ses obsèques furent célébrées à Paris, à Saint-Roch.   DARTHENAY.

NOURRITURE (du latin *nutrimentum*, aliment). On entend par *nourriture* tout ce qui constitue la substance alimentaire de l'homme, des animaux; le lait de la nourrice est le premier aliment de l'enfant. En général, le mot *aliment* est plus usité quand il s'agit de l'homme que celui de nourriture. On se sert plus particulièrement de ce dernier quand on parle des animaux.

Le mot *nourriture* s'emploie aussi figurément et au sens moral; c'est ainsi que l'on dira: L'esprit a besoin de *nourriture* comme le corps; La science est la *nourriture* de l'âme. De ce mot est venu le proverbe *nourriture passe nature* : une bonne éducation peut redresser un mauvais naturel.

NOUTKA-BAY ou **NOUKTA-SUND**, baie située sur la côte sud-ouest de l'île de *Quadra* ou *Vancouver*, par 49° 35′ de latitude nord et 108° 57′ de longitude occidentale, près de la côte nord-ouest de l'Amérique du Nord, est importante pour la chasse des loutres de mer. Depuis 1790 les Anglais y ont pour le commerce des pelleteries un établissement, qui compte une population d'environ 2,000 âmes.

NOUVEAU-BRUNSWICK (*New-Brunswick*), gouvernement de l'Amérique anglaise du Nord, borné au nord par le Canada, à l'est par le golfe de Saint-Laurent, au sud par l'isthme de Chignecto et la baie de Fundy, à l'ouest par l'État du Maine, et comprenant une superficie de 1,042 myriamètres carrés. Quoique moins profondément échancré par le golfe, le Nouveau-Brunswick n'en possède pas moins un littoral favorable à la pêche et au commerce; et l'avantage de cette situation maritime est encore augmenté par les fleuves qui traversent presque toute la contrée et sont navigables dans la plus grande partie de leur parcours. Il faut citer, entre autres, le *Saint-John*, qui se déverse dans la baie de Fundy et est navigable jusqu'à 30 myriamètres en amont, où son cours est interrompu par des cataractes de 25 mètres d'élévation; le *Restigouche*, le *Nipisiguit* et le *Miramichi*, qui coulent à l'est. Leur cours indique la pente générale du sol, qui forme une plaine onduleuse. Toutefois, le centre du pays, entre le Restigouche et le Miramichi, est occupé par une vaste région montagneuse de 350 mètres d'élévation en moyenne, avec quelques pics de 700 mètres, et entrecoupée de vallées profondes. L'intérieur du pays présente encore les mêmes contrastes de température que le Canada, et le littoral est soumis à d'épais brouillards ainsi qu'à une grande inconstance dans l'état de l'atmosphère. C'est ce qui fait que sur les côtes les récoltes en froment sont très-incertaines, tandis que le climat de l'intérieur du pays convient parfaitement à l'agriculture et est d'une grande fertilité. Cependant l'agriculture y est fort négligée, la population se livrant presque exclusivement à l'exploitation des forêts, les plus belles de toute l'Amérique, et qui donnent lieu à un important commerce d'exportation. En 1824 la population ne s'élevait encore qu'à 74,226 habitants; en 1840 elle était de 156,152, et au commencement de 1848 de 208,000 âmes. Elle se compose en partie d'Acadiens, ou descendants des Français, les premiers colons qui s'établirent dans le pays, et en partie de descendants de colons anglais, auxquels sont constamment venus se joindre de nouveaux arrivants de la Grande-Bretagne; de telle sorte que l'élément anglais est aujourd'hui celui qui domine dans cette population. On y compte encore environ 2,000 Indiens, auxquels 61,000 acres de terre ont été réservées. Au point de vue religieux, ce sont les partisans de l'Église anglicane qui forment la majorité; viennent ensuite les presbytériens. Les catholiques, composés des Acadiens, des émigrés Irlandais et de leurs descendants, de même que nominalement des quelques Indiens encore existants, sont placés sous l'autorité d'un évêque. Le reste de la population se compose de wesleyens et d'anabaptistes.

La constitution de la colonie ressemble à celle du Canada, sauf qu'au gouverneur nommé par la couronne (*lieutenant-governor*) est adjoint un conseil exécutif. L'assemblée législative, ou parlement, se compose d'une chambre haute, à la nomination du gouvernement, et d'une chambre basse, dont les membres sont élus par les douze comtés et par la ville de Saint-John. L'administration civile est complétement indépendante ; et c'est uniquement pour les affaires militaires que le gouverneur relève du gouverneur général du Canada. En 1848 les revenus publics s'étaient élevés à 81,947 liv. st., et les dépenses à 119,322. Les principaux articles d'exportation sont les bois de construction (notamment en sapins, dont la colonie compte sept espèces diverses), les poissons, l'huile de baleine et quelques fourrures. Dans les forêts de l'intérieur on trouve des ours, des loups, des renards, des martres, des lynx, des castors, des *masquash* ou rats musqués, des élans et des *caribous*, ou rennes d'Amérique. Les rivières, les lacs et les mers avoisinantes abondent en poissons; le saumon foisonne dans les eaux douces, le cabillaud, le hareng et le maquereau dans les eaux salées. Le produit annuel de la pêche est évalué entre 50 et 60,000 liv. st. On arme aussi au Nouveau-Brunswick pour la pêche à la baleine. Le pays est en outre fort riche en fer, plâtre, chaux, et on y a tout récemment trouvé de la houille. Le chef-lieu est *Fredericktown*, autrefois *Sainte-Anne*, petite ville de 4,000 âmes au plus, sur le Saint-John, à 12 myriamètres de son embouchure, résidence du gouverneur, du parlement, de l'évêque anglican et des principales autorités. On y trouve un collége, une société d'agriculture et une banque. Mais la ville la plus importante est *Saint-John*, à l'embouchure du fleuve du même nom, avec un port aussi vaste que sûr et 30,000 habitants. Elle est le centre d'un commerce fort actif, et possède une banque, un collége et diverses institutions d'utilité publique ou de bienfaisance. *Saint-Andrew*, sur un promontoire formé par la Sainte-Croix et la baie de Passamaquoddy, est régulièrement bâti et compte 6,000 habitants. C'est l'un des plus beaux ports de l'Amérique, et il s'y fait d'immenses affaires en bois de construction.

Le Nouveau-Brunswick, qui faisait autrefois partie de l'Acadie, colonie française, fut cédé par la paix de 1763 aux Anglais, qui y adjoignirent la Nouvelle-Écosse et en firent en 1783 un gouvernement colonial particulier, sous le nom de Nouveau-Brunswick. Jusque alors ce n'avait été qu'un désert; la colonie doit sa prospérité actuelle aux droits élevés dont l'Angleterre frappa, en 1809, les bois provenant de la Baltique.

NOUVEAU-GEORGIEFSK. *Voyez* MODLIN.
NOUVEAU-HAMPSHIRE. *Voyez* NEW-HAMPSHIRE.
NOUVEAU-HANOVRE. *Voyez* NOUVELLE-BRETAGNE.
NOUVEAU-JERSEY. *Voyez* NEW-JERSEY.
NOUVEAU-LÉON (*Nuevo-Leon*), l'un des États-Unis du Mexique, situé au nord-est de la Confédération, entre les États de Cohahuila à l'ouest, San-Luis de Potosi au sud, et Tamaulipas à l'est, et limité à son extrémité septentrionale par le *Rio del Norte*, compte sur environ 640 myriamètres carrés de superficie 130,000 habitants. Il est généralement montagneux, et s'abaisse en pente insensible à l'est, direction dans laquelle le *Rio de los Conchas* et le *Rio del Tigre* ou le *San-Fernando* vont rejoindre le *Rio del Norte*. Le climat, très-chaud en été, froid en hiver, est au total salubre. Le sol, fertile presque partout, est encore fort peu cultivé. Les forêts fournissent en abondance des bois de teinture et de construction. Les cours d'eau traversent des prairies d'une richesse extrême et sont fort poissonneux. Quoique le gibier ne manque pas, non plus que la cochenille, les principaux produits sont l'or, l'argent et surtout le plomb. Mais ces richesses métalliques, de même que de puissantes couches de sel minéral, sont encore fort mal exploitées. Le manque de routes et le chiffre minime de la population expliquent l'état de langueur du commerce. Le chef-lieu est *Monterey*.

NOUVEAU-MEXIQUE (*New-Mexico*), l'un des Territoires organisés des États-Unis de l'Amérique du Nord, borné au nord par les Territoires d'Utah et de Nebraska, à l'est par le Texas, au sud par le Texas et par le Mexique, à l'ouest par la Californie, comprenait en 1850 une superficie de 70,262 myriamètres carrés, dont huit au plus étaient encore mis en culture, et une population de 61,547 habitants. Sauf dix-sept hommes de couleur, cette population se composait de blancs, généralement d'origine espagnole ou provenant du mélange des Espagnols avec la race indienne. On y comptait en outre environ 30,000 Indiens sédentaires, ou *Pueblos*, et 37,000 Indiens jusqu'à présent à l'état sauvage, et qui ont souvent attaqué les établissements coloniaux. Le Nouveau-Mexique est une contrée tantôt de plateaux, tantôt montagneuse, traversée à peu près vers son centre dans la direction du sud au nord par deux chaînes de montagnes, l'une à l'ouest, la Cordillère du Nouveau-Mexique, atteignant 1,000 mètres d'élévation, et l'autre à l'est, la *Sierra de Comanches*, comprenant la *Sierra Blanca*, la *Sierra del Sacramento* et autres, avec des montagnes qui au nord présentent des pics de 3 à 4,000 mètres d'élévation et couverts de neiges éternelles. Ces deux chaînes enserrent le plateau du Nouveau-Mexique, haut de 2,000 à 2,300 mètres, qui a généralement le caractère d'une steppe. Les montagnes consistent en grès plutoniens, dans les hautes régions où croissent encore les arbres sont couvertes de pins, et dans les régions inférieures de cèdres. Le pays est pauvre en cours d'eau, et on n'y trouve pas une seule rivière navigable. La principale est le Rio del Norte (*voyez* NORTE), qui y prend sa source, traverse une grande vallée longitudinale de 3 myriamètres de largeur moyenne, quitte le pays à Paso-del-Norte, et ne reçoit d'autre affluent un peu important que le Pecos ou Puercos. L'Arkansas touche la frontière au nord ; le Gila, l'un des affluents du Rio Colorado, beau fleuve de montagnes traversant la partie nord-ouest du territoire, lui sert de limite au midi, et en partie à l'ouest, puis va se jeter dans le golfe de Californie. Le climat est en général tempéré, constant et salubre, le ciel ordinairement serein, l'air sec. Le sol est aride, et une partie de la vallée du Rio del Norte elle-même est sablonneuse; mais, grâce à un bon système d'irrigation artificielle, elle produit souvent deux récoltes dans l'année. On cultive surtout le maïs, le froment, les fèves, les oignons, le poivre rouge, et quelque peu de fruits, de vignes et de tabac. Même dans les contrées possédant des cours d'eau, la sécheresse du climat et l'aridité du sol sont obstacle aux progrès de l'agriculture. En revanche, les montagnes offrent de magnifiques pâturages ; aussi y élève-t-on beaucoup de bétail, des chevaux, des mulets, des chèvres et surtout des moutons. Mais tout ce bétail est d'une fort petite taille, parce qu'on ne s'est jamais occupé d'en perfectionner les espèces. Les montagnes sont riches en or, argent, cuivre et fer. On trouve de l'or dans une vaste circonscription, notamment aux environs de Santa-Fé, à 15 myriamètres au sud jusqu'à Gran-Giuvera, ville qui tombe en ruines, et à 18 myriamètres au nord jusqu'à la rivière Sangre de Christo. Il existe des lavages de poudre d'or sur quelques cours d'eau. L'exploitation des mines commença dès le dix-septième siècle, et prit plus tard les Espagnols lui donnèrent de larges développements. Mais il y a longtemps qu'elle est bien déchue de ce qu'elle était autrefois ; et c'est tout récemment seulement que les Américains du Nord lui ont imprimé une activité nouvelle. Sur les plateaux situés entre le Rio del Norte et le Pecos on rencontre de grands lacs salés, qui fournissent au Nouveau-Mexique tout le sel nécessaire à sa consommation. Il y a aussi de la houille ; et on rencontre de puissantes couches de gypse et de spath gypseux. Le commerce n'y est pas sans importance, parce que la route de Mexico et celle du Texas s'y croisent avec les routes de caravanes établies entre les États d'Arkansas et de Missouri, et qu'il y existe en outre de très-actives relations avec l'État d'Utah, situé au nord.

Voici les traits essentiels de la constitution : Le gouverneur est nommé pour quatre ans; et tant que le Territoire n'aura point été admis au nombre des États de l'Union, il restera à la nomination du président. Il perçoit un traitement de 2,500 dollars, dont 1,000 à titre de surintendant des affaires des Indiens. Le pouvoir législatif se compose d'un sénat, dont le nombre des membres ne saurait être au-dessous de neuf (en 1853 il était de treize) et dont les pouvoirs durent deux ans; et d'une chambre des représentants composée d'au moins dix-huit membres (en 1853 ce nombre était de vingt-six), élus pour un an. Les sessions, dont la première s'ouvrit en 1850, ne peuvent se prolonger au delà de soixante jours. Les Indiens et les hommes de couleur sont exclus de la jouissance des droits électoraux. L'esclavage est prohibé. Le Nouveau-Mexique envoie au congrès un délégué, mais qui n'y a pas le droit de vote. Le pays est partagé en sept comtés. Le chef-lieu, *Santa-Fé*, à 28 kilomètres à l'est du Rio del Norte et à environ 2,300 mètres au-dessus du niveau de la mer, situé dans une grande plaine entourée de montagnes, aussi irrégulièrement que mal bâti, et défendu aujourd'hui par un fort, est le centre d'un commerce fort actif de caravanes, et en 1850 comptait 7,713 habitants. Au nord est situé *Taos*, lieu très-fortifié, situé dans une des plus belles vallées du Nouveau-Mexique. Les autres centres d'habitation se trouvent au sud, dans la vallée du Rio del Norte, par exemple : *Albuquerque*, *Valentia*, *Valverde*, *San-Diego* et *Paso-del-Norte*.

Les Espagnols ne comprenaient sous la dénomination de Nouveau-Mexique que le territoire arrosé par le Rio del Norte, dont ils avaient pris possession vers la fin du seizième siècle, sous les ordres de don Juan de Oñate. Ils le subjuguèrent alors, et convertirent au christianisme les paisibles Indiens, groupés en villages; ils fondèrent de nouveaux centres de population, découvrirent et mirent en exploitation un grand nombre de riches mines; mais en même temps ils exercèrent une oppression telle, que le 13 août 1680 éclata parmi les Indiens une insurrection générale, à la suite de laquelle le gouverneur, Otermin, dut abandonner le pays avec toute la population blanche. Après être restés indépendants pendant une dizaine d'années, les Indiens, par leurs discordes intestines, facilitèrent de nouveau aux Espagnols la conquête de leur pays; et ceux-ci en demeurèrent dès lors paisibles possesseurs, sauf que plus tard il devint l'une des possessions de la République du Mexique. En 1837 les Indiens s'insurgèrent contre les Mexicains; mais ils furent battus à La Cañada, à 35 kilomètres au nord de Santa-Fé. Avant 1804 pas un seul marchand du nord-est n'était encore venu à Santa-Fé; et c'est de Mexico que le bruyant tirait tous ses objets de consommation. Mais peu à peu l'attention des négociants des États-Unis se porta sur la contrée qu'arrose le cours supérieur du Rio del Norte. Le capitaine Pike, en 1807, lors de son voyage à la recherche des sources du *Red-River*, franchit les frontières du Nouveau-Mexique, fut arrêté, conduit à Santa-Fé, et renvoyé dans son pays par San-Antonio de Berar. Dès lors le Nouveau-Mexique, sur les richesses aurifères duquel on répandait les bruits les plus exagérés, passa pour un nouvel *Eldorado*. Quelques hommes entreprenants y tentèrent des expéditions commerciales; et en dépit d'obstacles de toutes espèces, comme aussi malgré de nombreuses déceptions, il existait déjà en 1821 un commerce régulier de caravanes entre les frontières du Missouri et Santa-Fé. C'est ainsi que le Nouveau-Mexique arriva peu à peu à être mieux connu. Ce furent surtout de hardis chasseurs américains qui poussèrent insensiblement leurs excursions jusqu'à Taos, et beaucoup de ces aventuriers étrangers finirent par s'établir sur les bords du Rio del Norte. Enfin, lors de la guerre qui éclata entre le Mexique et les États-Unis, une proclamation du général Kearney, à la date du 22 août 1846, déclara que le Nouveau-Mexique était désormais compris au nombre des dépendances de l'Union américaine; et le traité de paix du 2 février 1848 ratifia ce nouvel état de choses. En 1850 un décret du congrès érigea le Nouveau-Mexique en *Territoire*, et y adjoignit en outre une grande partie du territoire du Mexique qui avait appartenu jusque alors aux Indiens indépendants. Ce territoire indien s'étend à l'ouest des Cordillères depuis le Nouveau-Mexique jusqu'au Rio Colorado, et le reste de la frontière de Californie est habité par les Moquis, les Navajos et surtout par les sauvages Apaches; d'où le nom d'*Apacheria*, qu'on lui donne. Il ne s'y trouve point encore d'établissements fixes.

NOUVEAU-SHETLAND DU SUD, groupe de cinq îles rocheuses, nues, dépourvues presque complètement de végétation, habitées seulement par des oiseaux aquatiques et des mammifères marins, situées par 64° de latitude méridionale et 43° de longitude occidentale, qui restent couvertes de glaces et de neiges toute l'année et n'ont d'importance que pour la pêche de la baleine et du chien de mer, et encore à cause des gisements houilliers qu'elles renferment. Comme les Orcades méridionales, situées un peu plus à l'est, elles appartiennent par leur nature aux terres polaires du sud.

NOUVEAU STYLE. *Voyez* ANNÉE.

NOUVEAUTÉ, ce qui est nouveau. Les *nouveautés*, suivant leur caractère, n'ont pas seulement en France ce qu'on appelle la *vogue*, ne font pas seulement courir, mais elles font souvent *fureur*. Ce mot peut se prendre, d'ailleurs, dans un grand nombre d'acceptions. Tout système nouveau, ou même seulement renouvelé d'un certain âge, est une *nouveauté*. C'est à titre de *nouveauté* que les remèdes des charlatans ont quelquefois tant de vogue et produisent même de si heureux effets sur les malades, ce qui ne peut étonner quiconque conçoit bien toute l'influence de l'être moral sur l'être physique. Il y eut sous la régence, au temps où les vapeurs étaient si fréquentes chez les dames, un de ces charlatans qui se fit environ 200,000 livres de rente avec de l'eau de Seine, qu'il colorait à l'aide de je ne sais quelle substance; le secret et la *nouveauté* du remède produisirent des miracles, jusqu'au moment où l'on vint à savoir ce que c'était; et alors il ne guérit plus personne. Il peut y avoir des *nouveautés* en religion, en politique comme en médecine, et dans tout ce qui est systématique. Mais c'est surtout dans les modes que se voit le triomphe de l'empire des *nouveautés*.

Nouveauté se dit aussi des étoffes les plus nouvelles, et d'une certaine classe de livres généralement plus faits pour amuser ou pour scandaliser que pour instruire. On nomme *magasin de nouveautés* celui où l'on vend toutes sortes d'objets de fantaisie. Le même mot s'emploie encore pour un spectacle qui attire la foule : c'est ainsi qu'on dit : Avez-vous vu cette *nouveauté*? On s'en sert aussi parfois pour le temps pendant lequel une chose est en vogue : Cette mode, cette pièce de théâtre, sont encore dans leur *nouveauté*.

BILLOT.

NOUVEL-ALMADEN, endroit situé à peu de distance de San-Francisco, en Californie (États-Unis de l'Amérique du Nord), et devenu tout récemment célèbre par sa mine de mercure. On assure qu'elle est à elle seule plus riche que toutes les autres mines de mercure réunies que l'on connaisse. En 1854 elle fournissait déjà à l'exportation un poids de 656,397 kilogrammes, représentant une valeur de 3,854,000 fr. Le mercure ainsi extrait est exporté dans des flacons du poids d'environ 34 kilogrammes; et il en avait été expédié cette même année 1854 19,320 flacons, principalement pour le Mexique, le Pérou, le Chili, c'est-à-dire pour les pays où il se fait une grande exportation de métaux, et où la facilité de se procurer du mercure en a presque doublé les produits. En 1855 l'exportation s'est élevée à 25,955 flacons, soit 884,000 kilogrammes, représentant une valeur de près de 5,000,000 de francs. Dans ces chiffres ne sont point comprises les quantités de mercure consommées sur place pour l'exploitation des mines californiennes, et qui doivent être au moins aussi considérables.

NOUVEL AN. *Voyez* JOUR DE L'AN.

NOUVEL-ARCHANGEL. *Voyez* ARKHANGELSK (Novaïa).

NOUVELLE, annonce verbale, écrite ou imprimée d'un événement public ou privé, vrai ou faux. Avoir *nouvelles* et avoir des *nouvelles* ont deux acceptions différentes : la première exprime le fait simple ; la seconde, les circonstances et les particularités du fait. Avoir *nouvelles* de la mort de quelqu'un, envoyer aux *nouvelles* d'un événement qu'on craint ou qu'on espère, mais dont on doute : dans ce sens, *nouvelle* est synonyme d'*information*. Bonnes *nouvelles*, mauvaises *nouvelles* : cette double acception n'est le plus souvent que relative.

Aux termes du décret organique sur la p r e s s e, du 17-23 février 1852, la publication ou la reproduction de *nouvelles fausses*, est punie d'une amende de cinquante francs à mille francs. Si elle est faite de mauvaise foi et si elle est de nature à troubler la paix publique, la peine est d'un mois à un an d'emprisonnement et d'une amende de cinq cents à mille francs. Le maximum de la peine est appliqué si ces deux circonstances aggravantes se trouvent réunies.

NOUVELLE (Littérature), historiette épisodique, sérieuse ou plaisante, petit tableau de mœurs, de scènes d'intérieur, dont la composition est plus compliquée qu'étendue. Le c o n t e est une œuvre d'imagination, la *nouvelle* participe à la fois de l'histoire et du roman. Ce genre de littérature est fort ancien, et s'est conservé jusqu'à nos jours avec les modifications qu'exigeaient les progrès de la langue et les variations des mœurs politiques ou privées. Les *Nouvelles* de Boccace, les *Cent Nouvelles nouvelles*, attribuées à Louis XI ; celles de Marguerite de Navarre, de Miguel Cervantes, de Scarron, de La Fontaine, occupent encore une place distinguée dans les bibliothèques. Mlle Scudery et d'Urfé ont intercalé dans leurs volumineux romans des nouvelles épisodiques qu'on ne lit plus guère ; mais celles du joyeux auteur du *Roman comique*, celles de Lesage, dans son roman modèle, *Gil Blas*, tiennent essentiellement au fond de l'ouvrage. Les nouvelles ont depuis passé des livres dans les journaux, tant politiques que littéraires.

Nos nombreuses revues mensuelles ou hebdomadaires, rédigées sur le plan de l'ancien *Mercure*, ont sagement abandonné l'énigme, la charade et le logogriphe ; mais elles ont conservé les nouvelles. C'est la pièce capitale de ces sortes de publications, qui a fini par prendre droit de cité à côté du roman dans les journaux quotidiens, sauf ceux de l'Angleterre. DUFEY (de l'Yonne).

NOUVELLE-ALBION. C'est le nom que porta d'abord la partie de la côte occidentale de l'Amérique du Nord découverte en 1578, par Francis Drake, et de la souveraineté de laquelle les Anglais élevèrent toujours depuis lors des prétentions, qui s'étend depuis la haute Californie au nord jusqu'au fleuve Colombia, et même plus loin encore jusqu'au détroit de Juan de Fucas, où commence aujourd'hui la Nouvelle-Calédonie, mais dont les États-Unis prirent possession en 1824, et qui leur a été formellement cédée par le traité de délimitation conclu en 1846. Elle fait maintenant partie du territoire de l'O régon.

NOUVELLE-AMSTERDAM. *Voyez* BERBICE.

NOUVELLE-ANGLETERRE (*New-England*). C'est le nom qu'on donna d'abord à la partie du littoral des États-Unis de l'Amérique du Nord visitée en 1614, entre la baie de Penobscot, dans l'État du Maine, et la baie de Cod, au sud-est de Boston, par le capitaine John Smith, le premier précurseur de la colonisation, et qui fit de ce pays une si belle description que le roi Jacques Ier l'appela *Nouvelle-Angleterre*. Le même monarque octroya ensuite, sous ce nom et en vertu de lettres patentes, tout le territoire situé entre le 40° et le 48° de latitude nord à la Compagnie de Plymouth, qui de son côté accorda des concessions particulières dans son territoire, soit à des compagnies, soit à de simples particuliers. En 1639 Charles 1er déclara les lettres patentes de la Compagnie périmées ; et le territoire, qu'elle n'avait point encore divisé, comprenant ce qu'on appela ensuite la Pensylvanie, New-York et New-Jersey, avec tout l'ouest, fit retour à la couronne. Jacques II réunit tout le territoire situé au nord de la Delaware, par conséquent New-Jersey, New-York, Rhode-Island, le Connecticut, le New-Hampshire et le Massachusetts, en une seule province royale, sous la dénomination de *Nouvelle-Angleterre*. A la suite de la révolution de 1688 cette grande province reprit ses anciennes divisions ; et plus tard le nom de Nouvelle-Angleterre ne servit plus qu'à désigner les quatre provinces de New-Hampshire, de Massachusetts, de Rhode-Island et de Connecticut, qui en 1778 furent admises au nombre des treize républiques dont se composa d'abord l'Union américaine. En 1791 et en 1831 on y ajouta deux nouveaux États, Vermont et le Maine, qui jusque alors avaient dépendu comme Territoires des deux premiers de ces États. C'est ce qui fait qu'aujourd'hui encore on désigne les six États du nord-est de l'Union sous la dénomination de *New-England States*, États de la Nouvelle-Angleterre.

NOUVELLE-ARKHANGELSK. *Voyez* ARKHANGELSK (Novaïa).

NOUVELLE-BRETAGNE, groupe d'îles de l'Australie, séparées de la côte orientale de la Nouvelle-Guinée par le détroit de Dampier et situées par le 5° de lat. méridionale et le 169° de long. orientale. Leur superficie totale est évaluée à environ 700 myriamètres carrés. Elles se composent de la *Nouvelle-Bretagne* proprement dite (appelée par les indigènes *Birara*), de la *Nouvelle-Irlande* (la *Tombara* des indigènes), du *Nouvel-Hanovre* et de plusieurs autres petites îles. Toutes ces îles sont d'origine volcanique et de nature montagneuse, entourées pour la plupart d'écueils de corail, et avec des côtes très-basses. Deux volcans sont encore en activité dans l'île de la Nouvelle-Bretagne, et à la Nouvelle-Irlande on trouve une montagne de plus de 2,700 mètres d'élévation. La constitution physique de ces îles répond en tout à celle de la N o u v e l l e - G u i n é e ; elles sont montagneuses, très-boisées, admirablement arrosées, et donnent en abondance tous les produits des tropiques. Les habitants sont des nègres de l'Australie, qui se distinguent dans ce groupe d'îles par une plus belle conformation physique et par un état de civilisation plus avancé que le reste de leur race. On trouve chez eux un culte particulier, des temples, des images de la divinité sous formes humaines et aussi sous formes d'animaux. Ils sont remarquables aussi par leur propreté et par leur jalousie. Ils cultivent le sol avec soin, et lui font produire des yams, des bananes, etc. Ils se montrent très-sauvages et très-hostiles à l'égard des Européens.

Les géographes comprenaient aussi autrefois sous le nom de *Nouvelle-Bretagne* les deux Canadas, la Nouvelle-Galles et d'autres possessions britanniques situées dans l'Amérique du Nord.

NOUVELLE-CALÉDONIE, grande île de l'Australie, dont on évalue la superficie à environ 225 myriamètres carrés, longue de 30 myriamètres, avec une largeur moyenne de 10, et située à l'est de la Nouvelle-Hollande, entre le 181° et le 184° de longitude orientale, le 20° et le 23° de latitude méridionale. D'origine volcanique, et traversée par une chaîne dont les pics, très-aigus, dépassent rarement 1,000 mètres d'altitude, et qui se compose de roches et de montagnes nues et désertes, elle est entourée de plusieurs autres îles de moindre étendue, de bancs de sable et d'écueils de corail, notamment à l'ouest, où une suite d'écueils de ce genre, longue de plus de 60 myriamètres, rend la navigation extrêmement périlleuse. La population, forte d'environ 50,000 têtes, se compose de P a p o u a s , anthropophages pour la plupart. Les efforts faits,

640 NOUVELLE-CALÉDONIE — NOUVELLE-ÉCOSSE

tant par des prêtres catholiques que par des missionnaires protestants, à partir de 1840, pour porter les lumières de l'Évangile aux habitants de la Nouvelle-Calédonie ont échoué jusqu'à ce jour. Cependant quelques missionnaires protestants, venus depuis 1849 des îles de Cook et d'Hervey, ont été, à ce qu'il paraît, plus heureux, mais seulement dans quelques îles voisines, notamment aux îles *Loyalty*.

En 1854 la France a pris officiellement possession de tout le groupe d'îles de la Nouvelle-Calédonie, et elles sont aujourd'hui avec Otaïti et les îles Marquises placées sous l'autorité supérieure d'un même gouverneur. On a le projet d'y établir une colonie pénitentiaire.

NOUVELLE-CALÉDONIE (*New-Caledonia*). C'est le nom qu'on donne aujourd'hui à la partie méridionale du territoire britannique situé au nord-ouest de l'Amérique du Nord, qui s'étend au sud jusqu'au 49° de latitude nord, et qu'on désignait autrefois sous les noms de *Nouvelle-Georgie*, *Nouvel-Hanovre*, *Nouveau-Cornouailles*, *Nouveau-Norfolk*. Cette région du nord-ouest appartient à la Compagnie de la Baie d'Hudson, et forme le quatrième département de ses territoires, appelé aussi autrefois *Columbia*. Sa partie septentrionale, située derrière l'Amérique centrale russe, n'est pas moins inconnue que celle-ci. Tout ce qu'ont appris les expéditions entreprises pour le compte de la Compagnie de la Baie d'Hudson, c'est que la Nouvelle-Calédonie est un plateau traversé par une chaîne de sauvages montagnes, se rattachant au système des Montagnes Rocheuses, et parallèles à ces montagnes ainsi qu'à la côte. Plusieurs cours d'eau importants la traversent, et vont se jeter dans le Mackensie. Le plus important de tous est le Fraser, qui se jette au sud dans le golfe de Georgia. Des bateaux appartenant à la Compagnie le remontent et le descendent régulièrement dans son cours supérieur; mais dans son cours inférieur, jusque tout près de son embouchure, une suite de rapides et de cataractes le rendent complétement impraticable. Le littoral de la Nouvelle-Calédonie est un des plus pittoresques qu'il y ait sur la terre; avec ses *fjords*, aussi nombreux que profonds, avec la foule de canaux qui serpentent autour de ses îles, il est extrêmement propre à la navigation à vapeur, parce que partout sur ses bords on trouve en abondance des matières combustibles. Pour les grands navires à voiles la fréquence et l'épaisseur des brouillards rendent cette navigation assez périlleuse. Sur la côte, le climat est tout à fait maritime; l'hiver y est tempéré et l'été froid. Dans le plateau intérieur, que des chaînes de montagnes, s'élevant souvent jusqu'aux limites des neiges éternelles, dérobent à l'influence de la mer, l'hiver dure de cinq à six mois et est accompagné d'abondantes chutes de neige, et l'été souvent d'une chaleur accablante. La flore de la Nouvelle-Calédonie répond à peu près à celle du territoire de la baie d'Hudson situé à l'est des Montagnes Rocheuses; seulement, elle paraît être plus riche et plus vigoureuse. La plus grande partie du sol est couverte de forêts, où les arbres qui perdent leur feuillage en automne s'étendent beaucoup plus au nord et beaucoup plus haut dans les montagnes que sur le versant est des montagnes Rocheuses; et sur la côte les arbres atteignent des proportions gigantesques. Ce territoire convient en général mieux à la culture des céréales et des légumineuses d'Europe que tous les autres appartenant à la Compagnie; mais l'agriculture n'est pas la grande affaire des habitants du fort que celle-ci y entretient. Ils ne sont là que pour faire la chasse aux animaux à fourrure, beaucoup plus nombreux au nord qu'à l'est, et dont la dépouille constitue l'unique article d'exportation. Les habitants aborigènes forment deux familles d'Indiens; ceux de l'intérieur, et ceux de la côte, diffèrent sensiblement par leur langue, leur manière de vivre, et même, dit-on, par leur conformation physique.

Parmi les îles qui bordent le littoral, les plus importantes sont, outre l'archipel Princesse, l'*Ile de la reine Charlotte* et l'*île Vancouver*. La première, appelée aussi quelquefois *Ile Washington*, et la plus septentrionale des deux, qui n'appartient pas au territoire de la Compagnie d'Hudson, et qu jusqu'à ce jour n'a point encore été occupée par des colons anglais, est presque entièrement couverte de forêts. On y trouve de bons ports et quelques tribus indiennes; mais au total elle est encore fort peu connue, bien que les gisements aurifères qu'on y a découverts en 1852 lui aient donné une nouvelle importance. L'*île Vancouver*, longue de 44 myriamètres sur 8 de large, est séparée du continent au sud par le détroit de Juan de Fuca, à l'est par le golfe de Georgia, au nord par le détroit de la Reine Charlotte. Les côtes en sont très-escarpées, et offrent quelques bons ports, par exemple *Nukta-Sund* à l'ouest, *Camosack* au sud, et *Mac-Neils* au nord-est. A l'intérieur elle est traversée par de hautes montagnes, mais on y trouve aussi, au sud-est, des plaines et un sol fertile, de magnifiques forêts et de riches pâturages. Tout récemment on y a découvert de riches gisements houilliers. Les mers voisines sont extrêmement poissonneuses. Le nombre des habitants aborigènes est évalué à 25,000 têtes. Un acte du parlement, en date de 1849, y a institué une cour de justice civile et criminelle, de laquelle ressortissent tous les établissements britanniques de l'Amérique du Nord s'étendant jusqu'au 50° de latitude nord.

NOUVELLE-CALIFORNIE. *Voyez* CALIFORNIE.
NOUVELLE-CASTILLE. *Voyez* CASTILLE.
NOUVELLE-ÉCOSSE ou *Nova Scotia*, gouvernement anglais de l'Amérique du Nord, de 619 myriamètres carrés, qui réunit autrefois au *Nouveau-Brunswick* portait le nom d'*Acadie*. C'est une presqu'île, s'étendant du nord-est au sud-ouest le long de l'Atlantique, et rattachée au nord-ouest par un isthme étroit au Nouveau-Brunswick. Ce gouvernement comprend l'île du Cap-Breton, aussi au nord-est. On y trouve de bons ports, notamment *Annapolis*, sur la baie de Fundy. Ses côtes, hérissées de rochers, lui donnent un aspect sauvage. A l'intérieur aussi le sol est inégal, quoique ne présentant pas de grandes élévations. Très-boisé, il n'est guère cultivé que sur les côtes. D'ailleurs, la fertilité en est grande; et le climat, de nature océanienne, est plus tempéré que celui des régions continentales situées à l'ouest sous la même latitude. Mais la même cause fait qu'il est humide et qu'en hiver il y règne d'épais brouillards. Les habitants au nombre de 300,000, dont 50,000 à 60,000 pour le Cap-Breton, sont en grande majorité d'origine britannique. Cependant, les Français et les Allemands y sont aussi fort nombreux. Toutes les religions y jouissent de la plus grande tolérance. Le plus important de ses établissements d'instruction publique est le *King's College*, à Windsor. Les anabaptistes ont à Horton l'*Acadia College*, les presbytériens une école supérieure à Pictou, les méthodistes à Saint-Georges, les catholiques un séminaire (*Sainte-Mary's College*) à Halifax. On y compte en outre 10 écoles supérieures ou intermédiaires, et plus de 600 écoles élémentaires. On recueille beaucoup de sel, mais cependant pas assez pour le besoin de la pêche, qui avec l'élève du bétail et l'agriculture constitue la grande industrie locale.

La constitution est semblable à celle du Canada. Le gouverneur, nommé par la couronne, et qui pour les affaires militaires relève du gouverneur général du Canada, est secondé par un conseil exécutif. Le pouvoir législatif se compose d'une chambre haute, à la nomination de la couronne, et d'une chambre basse, élue par les quinze comtés et les villes de la province.

Sébastien Cabot est regardé comme celui qui découvrit la Nouvelle-Écosse. Les Anglais ayant d'abord négligé cette contrée, les Français s'y établirent; mais ils en furent chassés dès l'an 1613. Un traité les en remit en possession en 1652; mais deux ans plus tard ils en furent de nouveau expulsés, sous Cromwell. La France la récupéra par le traité de Breda, puis la reperdit en 1690, et dut formellement y renoncer par la paix d'Utrecht.

Halifax est le chef-lieu de ce gouvernement. Les autres

villes importantes sont *Liverpool* (10,000 habitants); *Pictou* (4,000 habitants), fondée par des Écossais, qui forment encore aujourd'hui la grande majorité de la population de ses environs, et qui par leur costume, leur langue et leurs mœurs, y rappellent encore jusqu'à un certain point les vieux souvenirs de leur nationalité; enfin, *Lunebourg* (6,000 habitants), fondée en 1753, par des émigrés allemands, centre important de cabotage, de pêche et de commerce avec Terre-Neuve et les Indes occidentales.

NOUVELLE-ESPAGNE. *Voyez* MEXIQUE.

NOUVELLE-FRANCE. *Voyez* CANADA.

NOUVELLE-GALLES (*New-Wales*). On appelle ainsi la contrée dépendant des possessions anglaises de l'Amérique du Nord qui comprend une superficie d'environ 21,000 myriamètres carrés et s'étend sur toute la longueur du côté occidental de la baie d'Hudson, du sud-est au nord-est. On la divise en *Nouvelle-Galles du Sud* et en *Nouvelle-Galles du Nord*. Ce pays est montagneux, arrosé par la Severn, l'Albany, le Churchill et le Nelson, et sous le rapport physique comme au point de vue ethnographique et commercial est placé tout à fait dans les mêmes conditions que les autres contrées riveraines de la baie d'Hudson. Dans sa partie la plus septentrionale la Nouvelle-Galles est à peu près inhabitable, à cause du froid excessif qui y règne et du manque presque absolu de végétation qui en est la suite; le reste est occupé par des tribus d'Indiens indépendants. Ce n'est qu'au midi que la Compagnie de la baie d'Hudson possède quelques établissements.

NOUVELLE-GALLES DU SUD (*New South Wales*). On appelle ainsi, dans le sens le plus large, la côte sud-est de la Nouvelle-Hollande; dans une acception plus restreinte, le territoire de la colonie anglaise désignée autrefois sous le nom de *Botany-Bay*, et qui s'étend entre le 31° 30' et le 36° de latitude sud, c'est-à-dire du fleuve Manning au fleuve Moruya, l'espace d'environ 50 myriamètres de long, avec une profondeur variant entre 7 et 28 myriamètres. Il est divisé en dix-neuf comtés; mais les établissements les plus importants qu'on y trouve sont situés sur le littoral, large de 7 à 8 myriamètres, qui s'étend entre l'Océan et les Montagnes Bleues. La population s'est considérablement augmentée dans ces derniers temps. En 1831 elle n'était encore que de 60,800 individus; en 1845 elle s'élevait à 180,609 têtes, et en 1850 elle avait atteint le chiffre de 265,503 individus, d'origine britannique, sauf un petit nombre d'indigènes. La plus grande partie se compose de colons libres, distingués à l'origine en colons *libres* et en colons *émancipés*, c'est-à-dire *condamnés graciés*, avec leurs descendants. Le reste se compose de condamnés transportés. Ceux-ci, quand ils ont fait leur temps, peuvent s'en retourner dans leur patrie; mais d'habitude ils demeurent dans la colonie. L'agriculture, qui a pris des développements comparativement fort étendus, surtout parce qu'on a pu employer à ses travaux les déportés, n'est pas en général très favorisée par le sol, quoiqu'on y cultive avec assez de succès les céréales de l'Europe et diverses espèces de fruits tropicaux. En revanche, les riches prairies à perte de vue qu'on rencontre dans ces contrées favorisent singulièrement l'élève du bétail, notamment celle des moutons, qui dans ces derniers temps a pris d'immenses proportions. Les laines et les grains constituent donc les principaux articles d'exportation. L'exportation de la colonie pour l'Angleterre avait été en 1848 de 22,091,461 livres. La pêche de la baleine est une autre industrie, qu'on s'exploite sur une large échelle à la Nouvelle-Galles du Sud. L'industrie manufacturière n'a pas laissé non plus que d'y prendre un certain essor, et l'abondance de la matière première a fait créer d'assez importantes manufactures de drap.

La colonie est placée sous les ordres du gouverneur général de l'Australie, qui avec le conseil exécutif représente la puissance royale, tandis que la puissance parlementaire est représentée par un conseil législatif. Des dix-neuf comtés entre lesquels elle est divisée, cinq sont situés sur le littoral,

qui abonde en ports; à savoir du nord au sud : *Gloucester*, *Northumberland*, *Cumberland*, *Cambden* et *Saint-Vincent*. Dans le comté de Cumberland, le plus riche et le mieux cultivé de toute la colonie, on trouve, outre le chef-lieu, *Sydney*, sur la grande baie de Port-Jackson, les villes de *Paramatta*, grand centre de l'industrie des draps et lainages, avec un observatoire et 12,000 habitants, *Windsor*, *Richmond* et *Liverpool*; dans le comté de Northumberland, les villes de *Maitland* et de *Newcastle*. Le comté le plus occidental, situé au delà des Montagnes Bleues, est le comté de *Bathurst*, avec la ville du même nom pour chef-lieu, fondée en 1814, et le Campbell, à 17 myriamètres au nord-ouest de Sydney, qui jusque alors était le dernier poste avancé de la civilisation dans ces contrées, et qui tout récemment a acquis une grande célébrité, parce que c'est là que, le 8 mars 1851, dans une petite vallée voisine, située au pied du mont Summer, furent faites par le colon Hargraves les premières fouilles à la recherche de l'or. Elles furent suivies de résultats merveilleux, et dès lors Bathurst devint le centre du mouvement le plus animé.

On donna le nom d'*Ophir* à la contrée où avaient été pratiquées les premières fouilles et les premiers lavages d'or. Mais les résultats obtenus sur ce point ne tardèrent pas à être dépassés par ceux qu'on obtint sur les bords du Turon, à 7 myriamètres de Bathurst, ainsi que dans la vallée de Méroé, non loin de la vallée de Wellington, à 10 myriamètres au nord-ouest de Bathurst. Depuis lors on a cherché et découvert les plus riches gisements aurifères dans tous les comtés de la Nouvelle-Galles du Sud, sur l'un et l'autre versant des Montagnes Bleues. Ils appartiennent à une vaste région aurifère, qui paraît s'étendre dans la direction du sud-ouest, encore bien au delà des limites de la Nouvelle-Galles du Sud, en suivant le principal bras du Murray, sur une longueur de 300 myriamètres, avec une largeur moyenne de 60 myriamètres, comprenant par conséquent une superficie de 18,000 myriamètres carrés (c'est-à-dire près de trois fois plus grande que la Californie). L'exportation de l'or pour l'Angleterre commença dans cette même année 1851.

Dès les premières découvertes de gisements aurifères le gouvernement colonial les avait déclarés propriété nationale, en accordant à chacun l'autorisation de les exploiter moyennant une redevance mensuelle de 38 schellings. On n'en comptait pas moins déjà à la fin de 1851 plus de 10,000 individus employés à cette industrie. Il s'en faut d'ailleurs que là, aussi bien que d'autres contrées, la découverte de gisements aurifères ait été un bénéfice réel pour la colonie. Bien au contraire, en désertant les villages pour se rendre dans les districts aurifères, la population a abandonné tout autre travail; il en est résulté un renchérissement extrême de tous les objets nécessaires à la vie, de même que toutes les espèces de travaux, et par suite une profonde perturbation, trop souvent même la complète dissolution des rapports sociaux.

NOUVELLE-GÉORGIE. *Voyez* SALOMON (Iles).

NOUVELLE-GÉORGIE. Les Anglais donnent ce nom à une pointe de terre qui leur appartient, située sur la côte nord-ouest de l'Amérique, dans le détroit de la Reine-Charlotte, en face des îles *Vancouver*.

NOUVELLE-GRENADE, république de l'Amérique du Sud, bornée au nord par l'État de Costa-Rica et par la mer des Caraïbes; à l'est par la République de Venezuela; au sud par la République de l'Équateur, à l'ouest par l'océan Pacifique, et occupant une superficie de 20,000 myriamètres carrés. Par la nature même de son sol, elle est divisée en deux parties distinctes : le plateau que forment les Cordillères, et le pays plat qui s'étend au pied de ces montagnes. La première comprend la partie occidentale et la plus grande de la république; elle renferme un système particulier de montagnes riches en natures de sol les plus diverses, formé par trois chaînes de montagnes qui partent de la crête de Pasto, courent parallèlement au nord, et sont séparées par les deux longues vallées que fertilisent le Cauca et le Magdalena, les deux principaux cours d'eau du pays, tous deux coulant vers le nord. Le pays plat, comprenant la partie orientale de la république, se compose de la plaine de San-Juan, sur la rive gauche de l'Orénoque, où viennent finir en pentes abruptes les Cordillères, des flancs desquelles s'échappent une foule de cours d'eau dans la direction du territoire de l'Orénoque et du Rio Negro. La richesse du sol de cette contrée, située en deçà du tropique du Cancer, n'a d'égale que l'abondante variété de ses produits. Ses principaux produits sont le sucre, le café, le tabac, le cacao, le maïs, le riz, le coton, le bois de teinture, le sel gemme, le platine, l'argent et surtout l'or, ce dernier abondant surtout dans les provinces d'Antioquia et de Cauca, ainsi que dans la vallée du Cauca. Il existe aussi de célèbres mines d'émeraudes au voisinage du village de Muzo près de Santa-Fe-de-Bogota, et à Somondoco, autre village, situé plus au nord. Le chiffre de la population s'élevait en 1840 à 1,687,000 âmes, et en 1850 à environ 2,138,000. Les créoles y figurent pour 20 pour 100 ; les Indiens aborigènes pour 25 ; les nègres pas tout à fait pour 1, et les races diverses de métis pour 54. En 1850 il existait encore environ 10,000 esclaves dans la république. Une loi de 1821 a accordé la liberté aux enfants nés à partir de ce moment de parents esclaves, à la condition de travailler jusqu'à l'âge de dix-huit ans pour leurs maîtres, chargés de leur entretien et de leur éducation. En même temps une caisse dite de *manumission* était fondée pour opérer le rachat successif des esclaves mis en vente par suite de décès. Enfin, une loi rendue en 1851 ordonna l'abolition absolue de l'esclavage pour le 1er janvier 1852. L'agriculture et l'exploitation des mines constituent la principale industrie de la population.

La Nouvelle-Grenade a une situation à laquelle on ne saurait rien comparer en Amérique : elle est baignée par deux océans, l'Atlantique et la mer Pacifique, sur lesquels elle possède des ports d'une grande importance, tels que Carthagène, Santo-Marte, Chagres, Porto-Bello, Savanilla et l'admirable baie de Panama, qui est destinée à devenir un jour la grande voie de communication entre l'Europe, la Californie et l'Asie orientale. Il n'y a donc pas de position plus favorable que la sienne au commerce, et ses nombreux produits peuvent largement l'alimenter. Toutefois, la population et l'industrie y sont trop faibles pour pouvoir utiliser ces avantages naturels. On manque en outre de bonnes voies de communication intérieures ; et ce n'est pas sans peine qu'on est parvenu à introduire la navigation à vapeur sur le Magdalena. Dans la vue de pousser à l'accroissement de la population, le gouvernement avait accordé avant 1849 d'importantes concessions à l'émigration, et jusqu'à des primes, que le gouvernement actuel a supprimées. Dans ces circonstances le commerce général n'a pu s'élever depuis plusieurs années au-dessus de 25 millions de francs par an. Les principaux articles d'importation sont les lainages, les cotonnades, les soieries et la quincaillerie ; ceux de l'exportation, les bois de teinture, le tabac, le cacao, le cuir et l'or. Sur 11 millions de francs que fournit l'exportation, l'or à lui seul figure pour 8. L'Angleterre en reçoit 8 pour 100, la France 7 pour 100, l'Amérique du Nord 4 pour 100. Des traités de commerce ont été conclus avec la Hollande, Venezuela et l'Équateur. Mais au moyen de ses paquebots transatlantiques, l'Angleterre possède aujourd'hui en fait le monopole de tout le commerce de ce pays, comme aussi de toute l'Amérique du Sud en général. Un service régulier de paquebots part de Southampton et arrive au port d'*Aspinwall-City*, nommé aussi la baie de Limon ou *Navy-Bay*, d'où un chemin de fer ouvert en 1853, long d'environ 40 kilomètres, aboutit à franchir l'isthme de Panama et conduit à Gorgona, port où viennent charger les bâtiments à vapeur qui naviguent sur le grand Océan. La Nouvelle-Grenade ne peut que gagner au développement de ces communications, elle en proie à d'incessantes révolutions, elle semble avoir perdu la souveraineté de l'isthme de Panama, où déjà les Américains du Nord jouent tout à fait le rôle de maîtres et de seigneurs.

Le budget des dépenses pour l'année 1850 avait été fixé à 35,443,000 réaux (à 50 centimes) ; le revenu de la douane était la grande ressource sur laquelle on comptait pour y faire face.

La constitution de 1832, promulguée avec des changements le 20 avril 1843, a subi depuis 1849 de nombreuses modifications. La souveraineté du peuple est la base du pacte social. Le pouvoir exécutif est exercé par un président élu pour quatre ans, et auquel est adjoint un vice-président. La législature se compose d'une chambre des sénateurs et d'une chambre des députés ; elle se réunit en congrès chaque année, le 1er mars, pour soixante jours. Les députés sont, comme le président, élus pour quatre ans, par le suffrage universel. La religion catholique est la seule reconnue et salariée par l'État. De l'archevêque de Bogota relèvent les quatre évêques de Carthagène, Mompox, Popayan et Santo-Marte. La république est divisée en cinq départements ; *Cundinamarca*, où se trouve la capitale, Bogota ; *Cauca* ; *Isthmo de Panama*, avec la ville du même nom ; *Magdalena*, chef-lieu Carthagène, et *Boyacá* ; ces départements sont à leur tour divisés en vingt provinces, subdivisées en cent quatorze cantons.

La Nouvelle-Grenade au temps de la domination espagnole formait la vice-royauté du même nom. Elle se sépara de la mère patrie dès 1811. A partir de 1819 elle constitua avec Venezuela, et à partir de 1822 avec l'Équateur, la république de Colombie ; mais par une déclaration du congrès de Bogota, en date du 21 novembre 1831, elle se déclara république indépendante, sous le nom de Nouvelle-Grenade. Son premier président fut le général Santander, auquel on donna pour remplaçant, en 1837, le Dr Jose-Ignacio de Marquez. Son autorité fut tout aussitôt contestée par une insurrection, à la tête de laquelle se mit Obando ; mais il réussit à la réprimer. Il eut pour successeur le général Herran, élu en 1841, et qui en 1845 fut remplacé par le général Mosquera. En 1853 le candidat du parti démocratique, le général Obando, l'emporta. Comme dans toutes les républiques ci-devant espagnoles, l'anarchie, les luttes de partis, les rivalités d'ambitieux se disputant le rang suprême, sont le principal obstacle à ce que l'État participe à ce mouvement de prospérité progressive qu'on remarque de nos jours dans toutes les sociétés humaines où règne un ordre fixe et régulier.

NOUVELLE-GUINÉE ou **PAPOUASIE**, après la Nouvelle-Hollande, dans le détroit de Torrès, la plus grande île de l'Australie, s'étendant du 146e au 166e de longitude orientale et du 1o au 10o de latitude sud, fut découverte par des navigateurs espagnols, une première fois en 1528 et une seconde en 1543. Avec les petites îles qui l'avoisinent, elle forme le commencement nord-ouest de la série d'îles montagneuses qui entourent la Nouvelle-Hollande dans la direction du sud-est. Sa longueur est de 108 myriamètres et sa largeur de 61, avec une superficie de 7,000 myriamètres carrés. A en juger par son aspect extérieur, elle est tout à fait de nature montagneuse, et sur sa côte septentrionale existent deux volcans en activité. Quant au climat, comme l'indique la seule sa position géographique, il est tout à fait de nature tropicale. L'insalubrité de ses côtes est à bon droit fameuse, et y a jusqu'à présent empêché la création de tout établissement européen de quelque durée. Sa flore a tout le caractère de celle de l'Archipel indien ; elle fournit notamment l'arbre à pain, le cocotier, le palmier-sagou, le pisang, etc. En revanche, là commence l'empire de la faune d'Australie, si remarquable par sa pauvreté extrême en quadrupèdes. Mais avec les Salomon, qui l'avoisinent, elle constitue le domaine particulier, et assez mal connu jusqu'à ce jour, des oiseaux de paradis. On trouve aussi à la Nouvelle-Guinée des kangourous, le phalangier tacheté, le porc de la Nouvelle Guinée et le chien de la Papouasie, considéré comme la souche de tous les chiens sauvages ou domestiques qu'on rencontre en Australie.

NOUVELLE-GUINÉE — NOUVELLES A LA MAIN 643

Indépendamment de quelques races malaises fixées sur les côtes, comme les Badschous, à moitié mahométans, les habitants se composent de Papouas, qui y sont à un degré de culture aussi infime que leurs compatriotes de la Nouvelle-Hollande. On trouve cependant dans l'intérieur de l'île une race plus grossière encore, les Hanaforas, appelés ici *Arsakis* ou *Eudamènes*. Il n'existe point de relations régulières avec la Nouvelle-Guinée; il n'y a que la partie nord-ouest de cette île qui soit de temps à autre visitée par des bâtiments malais et chinois, venant y charger des oiseaux de paradis, des loris vivants, du tripang, de l'écaille, du tabac et des esclaves. Les Hollandais possèdent dans la baie de Triton, sur la côte sud-ouest, un comptoir protégé par le fort Dubus; et ils prétendent que leurs possessions dans la Nouvelle-Guinée ne comprennent pas moins de 2,000 myriamètres carrés, avec une population de 200,000 âmes.

NOUVELLE-HOLLANDE. C'est le nom particulier sous lequel on désigne la partie continentale de l'Australie, l'Australie continentale.

NOUVELLE-IRLANDE. *Voyez* NOUVELLE-BRETAGNE.

NOUVELLE LUNE. *Voyez* LUNE.

NOUVELLE-ORLÉANS (La), *New-Orleans*, la ville la plus importante de la Louisiane, l'un des États-Unis de l'Amérique du Nord, est située dans le delta et sur la rive gauche du principal bras du Mississipi, dont la profondeur est ici de 50 mètres, à 15 myriamètres de l'embouchure de ce fleuve dans le golfe du Mexique, à 20 myriamètres plus bas que son chef-lieu politique, *Bâton-Rouge*, dans un enfoncement marécageux et malsain, qu'on ne protège contre les débordements du fleuve que par de coûteuses *levées*, trop souvent sujettes à des crevasses. Cette ville fut fondée en 1718, par les Français, et cédée en même temps que toute la Louisiane aux États-Unis. Grâce aux avantages tout exceptionnels de sa position commerciale, elle ne tarda pas dès lors à parvenir à une grande prospérité commerciale, et à être le principal entrepôt non pas seulement de la Louisiane, mais encore de tout le bassin du Mississipi. En 1803 on n'y comptait encore que 9,000 habitants. En 1840 ce chiffre était déjà de 102,193; dans l'été de 1852 il s'élevait à 145,449 habitants (dont 25,000 Allemands, 30,000 Irlandais et 28,000 esclaves). On donne aussi quelquefois à la Nouvelle-Orléans le nom de *Crescent City*, ou de ville de la demi-lune, parce que ses rues, parallèles au fleuve, se courbent toutes en forme de croissant. La vieille ville forme un carré long, qui se prolonge le long du fleuve l'espace de 1,340 *yards*; mais en y comprenant ses faubourgs et les beaux édifices construits au milieu de jardins plantés d'orangers, la longueur totale de la ville sur les bords du fleuve n'est pas moindre de 7 kilomètres. Elle est régulièrement construite, et dans l'ancien goût français là où elle était entourée autrefois de remparts. Elle est assez pauvre en fait d'édifices d'une belle architecture; on ne peut guère citer que l'hôtel des monnaies, construit en 1835, le nouveau bâtiment de la douane, la bourse, contenant la banque, un dépôt de marchandises et une auberge, l'hôtel Saint-Charles, qu'on dit être l'hôtel le plus magnifique et le plus grandiose du Nouveau-Monde. Les immenses magasins du commerce méritent en revanche de fixer l'attention par leurs proportions, vraiment grandioses, de même que les presses à coton. Sur neuf églises qu'on compte à la Nouvelle-Orléans, il y en a cinq catholiques. La ville possède aussi un immense hôpital, et une université dite de la Louisiane, fondée en 1849, un grand nombre d'écoles de divers degrés, de sociétés d'utilité publique, trois théâtres, trois marchés, etc. Les mœurs et la langue, naguère encore complètement françaises, en viennent à prendre de plus en plus le caractère général qu'elles ont dans le reste de l'Union, à cause de l'accroissement continuel de la population anglo-américaine.

Par suite de la nature marécageuse de ses environs, de l'étouffante chaleur qui y règne en été, des brusques changements de température qui y surviennent en hiver, du manque d'eau potable (on est réduit à boire de l'eau de citerne, remplie de vers et souvent infecte), la Nouvelle-Orléans est une des villes les plus malsaines qu'on connaisse, le foyer de la fièvre jaune, du typhus et du choléra. Elle n'en est pas moins, après New-York, le centre commercial le plus important de l'Union, et la ville maritime la plus importante du golfe du Mexique. Elle possède cinq banques incorporées, au capital de 12,667,120 dollars, avec une circulation de 3,500,000 dollars de billets. Dans le fleuve, audevant de la ville et dans un port situé sur le lac Pontchartrain, et relié à la Nouvelle-Orléans par deux canaux et un chemin de fer, il y a quelquefois 1,000 et même 1,500 bâtiments amarrés. Il y arrive et il en part des bâtiments à vapeur presque à chaque heure. L'importation et l'exportation des produits du bassin du Mississipi donnent surtout lieu à un immense mouvement d'affaires. Mais le coton n'en reste pas moins l'article sur lequel se font le plus de transactions. Le tabac, le sucre, le maïs, le froment, la farine, le suif, la viande de porc et d'autres substances alimentaires sont aussi recherchés vivement. En 1852 il entra à la Nouvelle-Orléans 5,129 bâtiments arrivés par mer, dont 2,778 bâtiments à vapeur. Le produit de la douane fut de 2,260,191 dollars. La ville possédait en propre 113 bâtiments à vapeur; le mouvement de sa navigation était de 225,680 tonneaux, dont 143,275 pour son cabotage. Cet immense développement commercial prendrait des proportions plus grandioses encore, si les villes du littoral de l'Atlantique, en construisant des chemins et des canaux, n'avaient point attiré à elles une grande partie des affaires. L'industrie n'a pas à beaucoup près à la Nouvelle-Orléans la même extension que le commerce; mais la fabrication des monnaies est arrivée à y avoir une grande importance. Le 8 janvier 1815 le général Jackson remporta devant la Nouvelle-Orléans, sur les troupes anglaises, une victoire restée célèbre dans les fastes militaires de l'Union.

NOUVELLES A LA MAIN. C'est ainsi que l'on appelait, à la fin de la Fronde, des bulletins, ou *gazetins*, manuscrits ou clandestinement imprimés, et distribués avec les précautions les plus mystérieuses, destinés à faire circuler les nouvelles dont la censure et l'autorité supérieure ne permettaient pas la publication. Ils échappaient à toutes les investigations de la police. Ce ne fut qu'en 1660 que l'on parvint à faire arrêter plusieurs individus présumés auteurs de *nouvelles à la main*, ayant un ordre de numéros suivis. Pierre Gizlard, dit *la Viguerie*, Jérémie Brossard, Mathurin Esnault et quelques autres furent mis à la Bastille. Mais la circulation des *nouvelles à la main* n'en continua pas moins. On saisit quelques listes de souscripteurs. Il résulta de cette première découverte que les bulletins séditieux avaient pour souscripteurs les ducs d'Épernon et de La Trémouille, l'introducteur des ambassadeurs Chabanais, le comte de Claire, l'abbé de La Rivière, la duchesse de Nemours, le surintendant des finances Fouquet, l'abbé Colbert, etc.

Le prévôt de Paris, Dreux d'Aubray, et le lieutenant civil poursuivaient à outrance les auteurs et distributeurs de *nouvelles à la main*. Tous leurs agents étaient à la piste des bulletins; mais leurs efforts n'aboutissaient qu'à des résultats toujours incomplets. Même après l'institution d'un lieutenant général de police à Paris, les *nouvelles à la main* continuèrent à circuler malgré les espions répandus partout par ce magistrat, occupé avant tout à rédiger chaque jour le bulletin des aventures scandaleuses dont il venait en personne égayer les soirées du grand roi et des favorites. Dès 1681 un grand nombre de ces spéculateurs sur la crédulité publique révélaient dans leurs *gazetins* indiscrets, les mystères des petits appartements et des bureaux ministériels. Marcelin de l'Ange avait été condamné, le 9 décembre 1681, à être fustigé et banni de Paris et de la banlieue pour cinq ans, avec défense de récidiver, sous peine de la vie. Un grand nombre d'autres avaient subi une longue et douloureuse captivité. Les emprisonnements, les

41.

condamnations, n'avaient pu arrêter la circulation des bulletins, et le lieutenant général de police, avec une légion d'agents, tout l'or qu'il demandait, et un assortiment complet de lettres de cachet en blanc, ne fut pas plus heureux dans ses incessantes investigations que les magistrats municipaux de la capitale. Et plus d'un siècle après, les fameux bulletins de Mme Doublet bravaient le marquis d'Argenson et tous les ministres jusqu'à M. de Choiseul. Aux menaces elle répondait par la promesse de s'amender, de ne plus ni parler ni écrire, ni faire écrire sur les affaires de l'État. Mais il fallait qu'elle débitât des nouvelles, c'était pour elle une condition d'existence. Ses domestiques avaient tous les émoluments de ce petit commerce, et s'en trouvaient bien.

Un des scandales de l'époque fut de voir M. de Choiseul dénoncer au lieutenant général de police sa chère tante, Mme Doublet. Nonobstant les menaces du ministre d'enfermer Mme Doublet dans un couvent, s'il sortait encore des nouvelles de chez elle, les domestiques de Mme Doublet continuèrent à en recevoir sur le fameux registre et à en vendre des extraits par centaines.

Un bulletin à la main circulait encore en 1785, 1786, 1787. Il était intitulé : *Ma Correspondance*. Chaque bulletin, format in-12, se composait de quatre pages. Il paraissait deux fois par semaine ; 24 francs par an, payés d'avance. On souscrivait à l'adresse connue. Il y a eu, il y aura toujours des *nouvelles à la main*. Leur nombre et leur importance croîtront à mesure que la presse sera plus entravée. C'est une spéculation comme une autre ; et une spéculation sur la curiosité publique réussit toujours. La *Gazette ecclésiastique*, qui ne se bornait pas à la spécialité qu'indiquait son titre, s'est longtemps jouée des poursuites de la police. On n'y souscrivait aussi qu'à une adresse connue des seuls initiés. Elle avertissait elle-même le lieutenant général de police que tel jour, à telle heure, un de ses porteurs passerait à telle barrière, et le porteur passait. C'était un gros caniche, couvert d'une double peau artistement appliquée, et qui servait d'enveloppe aux feuilles de contrebande.

Dans les dernières années du règne de Louis-Philippe, un homme d'esprit fit paraître, en concurrence aux Guêpes d'Alphonse Karr, des *Nouvelles à la main*; mais elles n'avaient pas l'attrait de la clandestinité, le piquant de ce qui se dit tout bas ; elles ne vécurent pas longtemps.

Dufey (de l'Yonne).

NOUVELLES-HÉBRIDES, groupe d'îles de l'océan Pacifique, situé au sud-ouest du groupe de la Nouvelle-Bretagne, appelé aussi *Archipel du Saint-Esprit*, les grandes Cyclades ou Archipel de Quiros. Elles appartiennent aux hautes îles australiennes d'origine volcanique, et sont toutes couvertes de montagnes, dont quelques-unes recèlent des volcans en ignition. Le climat est agréable et tempéré ; leur fertile sol donne tous les produits australiens et tropicaux. Elles sont surtout riches en forêts, d'où l'on tire des quantités immenses de bois de sandal. Leur population, évaluée à 160,000 têtes, se compose de Papous.

Cette race, qui montre beaucoup de goût pour l'agriculture, pour la musique et le chant, quelques bonnes qualités qu'elle puisse avoir d'ailleurs, n'en est pas moins encore anthropophage dans le plus grand nombre de ces îles.

La principale île de ce groupe, appelée *Espiritu-Santo*, ou île du Saint-Esprit, a 68 myriamètres carrés environ de superficie. La plus grande après elle est *Mallicollo*, qui, sur une superficie de 20 myriamètres carrés, compte une population de 30,000 âmes.

Les Anglais et les Américains du Nord ont fondé des établissements à *Erromango* pour l'exploitation des vastes forêts de sandal de ces contrées, que les missionnaires protestants s'efforcent, au péril de leur vie, de convertir à la foi chrétienne. Il s'en faut que leurs efforts soient toujours complétement heureux, et il n'est pas rare de voir les catéchumènes faire rôtir leurs instituteurs et s'en régaler.

NOUVELLE-SIBÉRIE, archipel de la mer Glaciale du Nord, au nord de la Sibérie orientale, par 78° de latitude septentrionale, s'étendant de l'ouest à l'est et présentant une superficie d'environ 1,120 myriamètres carrés. Il se compose de trois grandes îles principales et de plusieurs autres de moindre importance, et se divise en groupe oriental et en groupe occidental. Toutes ces îles sont hérissées de rochers et entourées de masses de glaces pendant la plus grande partie de l'année. Elles sont inhabitées ; et les Russes ne les visitent que pour y chasser des animaux marins, et aussi pour y recueillir d'énormes quantités d'ossements d'animaux antédiluviens. Les dents d'éléphants antédiluviens qu'on y trouve sont renommées dans le commerce, sous le nom d'*ivoire de Læchof*, à cause de leur beauté. La Nouvelle-Sibérie fut découverte en 1760 par le Iakoute Ettrikan et visitée plus tard par le marchand russe Læchof, d'où le nom d'*archipel de Læchof*, sous lequel on la désigne quelquefois.

NOUVELLE-ZÉLANDE (*New-Zealand*), extrémité méridionale de la série d'îles qui entourent en demi-cercle le continent de l'Australie. Elle se compose de deux îles séparées par le détroit de Cook, large de 35 kilomètres, s'étendant du nord-est au sud-ouest, situées entre le 169° et le 174° de longitude occidentale, le 34° 30′ et le 47° de latitude méridionale, et occupant une surface d'environ 2,100 myriamètres carrés. Celle de ces îles qui est située au nord a nom *E-Kana-Maouwi* ou *Aïna-Mawi*, et celle du sud *aw-Taï-Poemanou*. La première a aussi été appelée dans ces derniers temps *New-Ulster*, et la seconde *New-Munster*. L'une et l'autre sont de nature complétement montagneuse, mais leur élévation avait été exagérée. Du reste, elles réunissent les caractères alpestre et volcanique. Elles l'emportent de beaucoup sur l'Australie continentale pour la richesse du sol, sa fertilité et sa beauté, pour la diversité des produits du règne végétal et minéral. Le long de la côte occidentale s'étend une étroite chaîne de montagnes s'élevant presque à pic de la mer, et derrière laquelle, dans l'intérieur du pays, on trouve une puissante montagne atteignant la limite des neiges éternelles. Vue de la mer, cette côte présente un aspect sauvage et effrayant. La côte occidentale située plus au nord est encadrée par des montagnes à travers lesquelles serpentent des vallées présentant la plus riche végétation, et parfois couvertes d'ombreuses forêts. On y rencontre aussi beaucoup de marais et de petits lacs. L'extrémité septentrionale de la côte occidentale, à partir de Poemanou, s'élève de nouveau abruptement, mais est entrecoupée de la manière la plus diverse, et offre ainsi beaucoup de bons ancrages. Le centre de l'île est occupé dans toute sa longueur par une haute chaîne de montagnes couvertes de neiges éternelles. La côte orientale de l'île méridionale, quand on l'aperçoit de la mer, n'offre pas un aspect agréable ; elle a aussi quelque chose de rude et de sauvage qui attriste, et la montagne y atteint également la limite des neiges. De grands plateaux, fort élevés au-dessus du niveau de la mer, s'étendent ici au delà de la chaîne de la côte, et le sol de la plupart des vallées qu'on y rencontre est fertile. Au delà du détroit de Cook, qu'encadrent des deux côtés de hautes montagnes, la chaîne se continue dans l'île septentrionale en suivant la direction nord-est, et forme un haut plateau dominé par le *Roua-Pahou*, de 2,617 mètres d'altitude, qui atteint son point d'élévation extrême au pic d'Edgecumbe, haut de 3,012 mètres, et se termine au nord, sous le 38° de latitude sud, par le cap de l'est, qui s'avance fort avant dans la mer. Sur les plateaux et dans les vallées intérieures des îles, on rencontre un grand nombre de lacs. Le feu souterrain est très-actif dans les îles de la Nouvelle-Zélande, et indépendamment de plusieurs volcans en ignition, on trouve partout des traces de leur action dans des sources thermales et une foule de produits volcaniques. C'est sur la côte sud-ouest de l'île septentrionale que cette activité volcanique se montre avec le plus d'énergie ; et le TONGARIRO, volcan de 1,940 mètres d'élévation, projette constamment des matières ignées. Un volcan éteint, le *Haupapa* ou *Taranaki*, connu des navigateurs sous le nom de *Mont Egmont*, s'élève au voisinage de la mer en un cône isolé, de 2,775 mètres d'altitude.

La Nouvelle-Zélande étant située au delà du tropique, son climat est celui de la zône tempérée, adouci encore par sa situation océanienne ; aussi sur la côte le thermomètre oscille-t-il entre 7° et 29° R. L'uniformité de la température et la pluie qui tombe toute l'année, moins souvent cependant en hiver, produisent une végétation vigoureuse et gardant toujours sa verdure. Les arbres élevés et vigoureux des forêts sont couverts de plantes grimpantes, et des fougères semblables à des arbustes, arrivant même parfois à prendre les proportions de véritables arbres (on n'en compte pas moins de 140 espèces) couvrent le sol. On y rencontre en outre une foule de familles de plantes tropicales, en même temps que des mimosées, des myrtacées et des protercées font comparer la flore de la Nouvelle-Zélande à celles de la Nouvelle-Hollande, de l'Amérique du Sud et de l'Afrique méridionale. Parmi les plantes utiles particulières à la Nouvelle-Zélande, il faut citer le lin de la Nouvelle-Zélande (*phormium tenax*), la racine d'arum et le chou palmiste. Les arbres fruitiers sont en assez petit nombre. En revanche, les arbres au feuillage sombre et toujours vert y abondent, et atteignent quelquefois des dimensions gigantesques, le pin de montagnes entre autres. La faune n'est pas riche. Lors de la découverte de ces îles, on n'y rencontra pas un seul insecte rampant, et seulement deux espèces de quadrupèdes, une espèce de chien qui n'aboie pas et un petit rat. En revanche, on y trouve une immense quantité d'oiseaux et des animaux marins de toutes espèces. Les habitants aborigènes, dont le nombre est évalué de 150,000 à 170,000, appartiennent au rameau oriental de la famille malaise polynésienne. Ils sont grands et vigoureux, généralement de couleur brune, un peu plus foncés que les autres Malais polynésiens, et ont des traits agréables. Les deux sexes se tatouent, les hommes surtout. Une de leurs habitudes, c'est de se saluer en se prenant le bout du nez. Leur vêtement consiste en une grossière natte à poils longs, fabriquée avec une espèce de glaïeul. Leurs habitations sont simples, et forment des villages, situés la plupart dans des endroits élevés, inaccessibles, entourés de palissades et de fossés, et souvent même garnis de portes. Ils sont chasseurs, construisent des embarcations ornées de sculptures de toutes espèces, et s'occupent, dans les districts du nord surtout, d'agriculture et de tissage. Assez bienveillants dans leurs rapports mutuels, ils se montrent implacables à l'égard de leurs ennemis. Ils sont souvent en guerre, et mangent leurs prisonniers. Leur langue est très-harmonieuse, chaque mot finissant par une voyelle. Ils forment diverses tribus, placées chacune sous l'autorité de chefs particuliers. Ceux-ci forment entre eux une espèce de noblesse particulière et souveraine, et constituent une véritable féodalité à l'égard du peuple, qui se divise en nobles et roturiers. Ils ont aussi des prêtres et quelques idées religieuses sur l'existence d'un être suprême et de divinités inférieures. Malgré cela, ils sont très-grossiers dans leurs mœurs et leurs usages ; et indépendamment de l'anthropophagie, ils ont l'habitude de tuer ceux de leurs enfants qu'il ne leur plaît pas d'élever. On vante cependant leur intelligence, leur désir d'apprendre, leur loyauté et leur énergie ; et on reconnaît qu'ils sont la plus vigoureuse des races de la Polynésie. Le christianisme, introduit parmi eux en 1815 par des missionnaires anglais, n'a fait de progrès réels qu'à partir de 1831.

La Nouvelle-Zélande fut découverte en 1612, par le Hollandais Tasman, qui lui donna le nom de *Terre des États* (Staaten Land). C'est à Cook, qui le visita dans chacun de ses trois voyages, que nous devons une connaissance plus exacte de ce pays, qui plus tard a été visité par un grand nombre de circumnavigateurs. Depuis Cook les Anglais ont, à diverses reprises, essayé de le civiliser ; mais ces tentatives n'ont commencé à avoir quelques succès qu'à partir de l'arrivée d'un certain nombre de missionnaires anglais, dont les efforts ont eu pour résultat de faire entrer ce pays dans le domaine de la colonisation européenne. A cet égard il y a eu rivalité entre les Français et les Anglais. Les premiers essayèrent de profiter des entreprises d'un aventurier appelé le baron Thierry, pour y fonder un établissement à eux. Pour prévenir la réalisation de ce projet, le gouvernement anglais se hâta d'accorder à une société anglaise de colonisation des lettres patentes pour coloniser la Nouvelle-Zélande ; et dès 1837 les Anglais y créaient divers établissements, notamment dans la baie de l'Ile, à l'extrémité septentrionale de l'Ile du Nord. En 1840 la Nouvelle-Zélande tout entière fut déclarée constituer une possession britannique, et on y fonda la ville de *Wellington*, comme chef-lieu, ainsi que la ville d'*Auckland*. Mais la fureur d'agiotage et de spéculation qui s'empara des nouveaux colons, les fausses mesures du gouverneur Fitzroy, et surtout la jalousie des missionnaires, qui, dans la crainte de perdre leur influence sur les indigènes, allèrent jusqu'à les exciter contre les colons anglais, mirent obstacle à la prospérité de la colonie. Une guerre malheureuse qui éclata avec les indigènes, commandés par leur chef *Heki*, conduisit même l'établissement à deux doigts de sa ruine. Ce ne fut qu'après avoir reçu de l'Australie des renforts en troupes, en artillerie et en munitions, que les Anglais s'aventurèrent à pénétrer dans l'intérieur de l'Ile du Nord. Au commencement de 1846, ils y prirent d'assaut *Pa*, place forte du chef *Kawiri*, firent prisonnier un autre chef, appelé *Rauperaha*, qui avait donné des preuves du plus grand courage, et contraignirent *Heki* à fuir. Ce fut alors seulement que les indigènes offrirent de faire leur soumission, et le gouverneur publia une amnistie générale. L'émigration d'Angleterre alla toujours croissant, surtout à partir de 1850 ; et en 1852 la colonie reçut sa constitution actuelle. Aux termes de cette constitution, elle est divisée en six provinces. A sa tête est placé le gouverneur, investi du droit exclusif de légiférer à l'usage des indigènes. En ce qui touche les colons, le pouvoir législatif est aux mains d'un parlement central, composé d'une chambre haute et d'une chambre basse. Il existe en outre six assemblées provinciales, investies d'attributions législatives et présidées par un surintendant qu'élisent les corporations des provinces. En 1849 on évaluait la superficie de l'établissement colonial proprement dit à 80 myriamètres carrés et sa population à 31,907 habitants. L'île du Nord, qui est la plus fertile et la plus peuplée des deux, contient la plupart des missions et des établissements anglais ainsi que les villes : *Auckland*, chef-lieu actuel de la colonie, où l'on trouve des mines de cuivre et de manganèse et 6,000 habitants, *Wellington* (6,000 habit.) et *New-Plymouth*. L'île du sud, dont le sol convient moins à la culture, n'a reçu des établissements que plus tard, de même qu'elle est proportionnellement moins peuplée d'indigènes. On y trouve la petite ville de *Nelson*. Consultez Dieffenbach, *Travels in New-Zealand* (Londres, 1843) ; Tyrone Power, *Sketches in New-Zealand* (1850).

NOUVELLE-ZEMBLE (en russe *Novaja-Semlja*, c'est-à-dire *Nouvelle-Terre*), la plus grande des îles connues de la mer Glaciale du Nord et dépendant du gouvernement d'Archangelsk, contient, dit-on, plus de 2,800 myriamètres carrés ; mais ses délimitations au nord et à l'est sont encore fort incertaines et mal connues, parce que les accumulations de glaces qui s'y trouvent font obstacle à toute reconnaissance exacte. C'est tout récemment seulement qu'on s'est assuré qu'elle se compose de deux grandes îles principales et d'un certain nombre d'îles moindres. Le détroit de Matotschkin sépare les deux premières. Ces îles sont presque constamment couvertes de neiges et de glaces, et du 15 octobre à la fin de février il y règne une nuit perpétuelle, éclairée seulement par l'éclat de la neige ou par des aurores boréales. Des montagnes fort élevées se trouvent sur la côte septentrionale. Les recherches attentives faites en 1807 par ordre du comte Rumjænzoff ont démontré la fausseté de la tradition qui voulait que les habitants de l'ancienne Novgorod exploitassent ici d'importantes mines d'argent. La mousse et une herbe misérable sont les seules plantes qu'on y rencontre; mais le règne animal y présente plus de richesses. On y trouve des rennes, des ours, des renards, des loutres, des chiens blancs, des baleines blanches, des phoques, des chiens de mer, des morses, des lézards, et en été un grand nombre d'oiseaux de passage, par exemple des cygnes, des oies, des canards, des mouettes et même des faucons. La Nouvelle-Zemble n'est point habité par des êtres humains; seulement, en été, des chasseurs et des pêcheurs s'y rendent assez souvent d'Archangelsk. Dans ces derniers temps elle a été le but d'un grand nombre d'expéditions scientifiques et mercantiles. Le vice-amiral russe Lutke en entreprit pour sa part quatre, dont il a publié le récit à Saint-Pétersbourg, en 1828. Le capitaine Zewolka, qui trouva la mort en 1836 dans les régions glacées, et l'académicien Bœr, qui en 1837 et 1840 dirigea deux expéditions à la Nouvelle-Zemble, ont aussi contribué à mieux faire connaître ce groupe d'îles.

NOUVELLISTE. Ce mot s'appliquait également autrefois à celui qui rédigeait une gazette et à celui qui racontait des nouvelles dans un salon ou dans un café, espèce de diplomate à la demi-tasse, qui passait sa vie à lire les journaux, à en commenter les nouvelles, et surtout à débiter et à répandre celles qu'il faisait lui-même. L'un des plus féconds et des plus gais auteurs de l'ancien répertoire comique a fait du nouvelliste une petite comédie. Le portrait était frappant de ressemblance; tous les habitués du café Procope et de l'arbre de Cracovie y reconnurent leurs voisins. Aujourd'hui, on ne fait rien pour rien, pas même des nouvelles. Les nouvellistes sont d'honnêtes spéculateurs de bourse : pris mille fois en mensonge flagrant, ils n'en continuent pas moins leur jeu à la hausse ou à la baisse, et trouvent toujours de bonnes gens disposées à faire leur partie. Le personnage d'un nouvelliste, au théâtre, ne pourrait être aujourd'hui qu'un agioteur. DUFEY (de l'Yonne).

NOVAÏA-ARKHANGELSK. Voyez ARKHANGELSK (Novaïa).

NOVAÏA SEMLJA. Voyez NOUVELLE-ZEMBLE.

NOVALIS. Voyez HARDENBERG (Frédéric, baron de).

NOVARE (Novara), province du royaume de Sardaigne, composée en grande partie de la portion sarde du duché de Milan, et qui, sur une superficie de 71 myriamètres carrés, compte une population de 455,000 âmes. Les Alpes Lépontiennes se prolongent le long de sa frontière du nord-ouest, puis s'abaissent au sud dans la plaine que termine le Pô, qui y reçoit la Sesia et l'Agogna; le Terdopio et le Ticino. Elle est divisée en cinq districts, Novara, Lomellino, Pallanza, Ossola et Valsesia; et ses produits sont ceux de la plaine du Pô.

Novare, son chef-lieu, situé sur une petite éminence, entre l'Agogna et le Terdopio, siége d'évêché et des autorités supérieures de la province, est entouré de murailles et de bastions, avec une citadelle en ruines. Les rues en sont droites et assez spacieuses, et on y compte 16,000 habitants, dont la fabrication des toiles et des chapeaux, le commerce de la soie et du riz constituent les principales ressources. Novare est une ville fort ancienne, dont il est fréquemment question dans l'histoire des guerres à partir du onzième siècle. Les troupes de Louis XII commandées par La Trémoille y furent battues par les Suisses, en 1513. Le 23 mars 1849 les Autrichiens, commandés par Radetzky, y remportèrent une victoire décisive sur l'armée sarde. Le 20, le maréchal Radetzky avait passé le Pô, qu'il avait trouvé dégarni de troupes par une fausse manœuvre du général Ramorino; le 21, deux divisions piémontaises ayant été battues à Mortara par l'archiduc Albert, l'armée sarde dut alors rétrograder sur Novare; elle avait même jour repoussé de vives attaques, qui cachaient la marche du corps principal de l'ennemi; elle comptait cependant encore un effectif de 50,000 combattants et 111 pièces d'artillerie. L'action s'engagea à onze heures. Tous les efforts des Autrichiens portèrent sur le village de La Bicocca, qui était la clef de la position. Le général Chrzanowski la défendit énergiquement jusque vers cinq heures de l'après-midi, en faisant donner successivement les bersaglieri, le régiment de Gênes-cavalerie, la brigade de Savone, le régiment de Savoie, la brigade de Cuneo, les chasseurs de la garde, la quatrième et la deuxième division. Mais pendant ce temps l'aile gauche fut enfoncée, et recula jusque sous les murs de la ville; le centre dut à son tour battre en retraite, et l'aile droite suivit enfin ce mouvement. Les rangs de beaucoup de corps se débandèrent. Le roi et le général Chrzanowski réussirent pourtant à protéger la retraite. Le soir même Charles-Albert abdiquait, et la seconde campagne de l'indépendance italienne était terminée. Consultez Souvenirs de la Guerre de Lombardie par M. de Talleyrand-Périgord, duc de Dino (Paris, 1851).

NOVATEUR (du latin novator), terme dont on se sert pour désigner celui qui innove, celui qui dans les sciences, dans les arts, dans les modes, dans les usages, dans les coutumes, substitue une chose nouvelle à une chose qui l'est moins. Il y a cependant une grande différence entre le novateur et l'inventeur. Celui-ci a le mérite de trouver, d'imaginer, d'inventer quelque chose, tandis que celui-là ne fait qu'introduire des changements dans une chose déjà connue, et bien souvent pour le seul plaisir de faire autrement que ses devanciers. Le novateur ne peut aspirer au titre d'inventeur que dans le cas exceptionnel où ses innovations, œuvre du génie ou de la méditation, seraient d'une notable importance et d'une heureuse application. A part cela, une idée défavorable s'attache presque toujours au mot novateur. Longtemps on l'employa exclusivement dans les matières de religion. Dans l'histoire de l'Église, les hérésiarques, les chefs de secte, sont souvent flétris de la qualification de novateurs. Mais l'emploi du mot novateur n'est plus borné à cette spécialité religieuse; il s'est étendu à une foule d'autres objets. Ainsi nous avons des novateurs en médecine, en littérature, en politique, dans les écoles de la jeunesse comme dans les ateliers de peinture et de sculpture, dans nos académies savantes comme dans les boutiques de coiffeurs. De nos jours, le novateur, être tranchant et prétentieux de sa nature, pullule dans toutes les classes de la société. A-t-on jamais vu plus de méthodes nouvelles, plus de procédés nouveaux et merveilleux au dire de l'annonce? Autant de choses de ce genre, autant de novateurs. A cette époque de révolution, on dirait que chacun a l'ambition de faire la sienne dans sa sphère d'activité. Non-seulement on y voit un moyen de se singulariser, mais encore celui de faire fortune : à tort ou à raison, l'accusation de charlatanisme pèse sur la plupart des gens qui se posent comme novateurs devant le public ébahi.

On donne aussi le nom de novateur à celui qui se montre partisan des innovations.

NOVATIEN, le premier des antipapes connus dans l'Église romaine, qui sortait à peine de la persécution de l'empereur Decius. Quoique exposé à de grands périls, le siège de saint Pierre était devenu un objet d'ambition. Corneille Ier y était monté en 253, et Novatien, qui lui avait disputé la faveur du peuple, se mit à la tête d'un parti puissant pour le renverser. Affectant un rigorisme outré, il se plaignit d'abord de la facilité avec laquelle on admettait à la pénitence les chrétiens qui avaient apostasié pour échapper au martyre. Novat, schismatique africain, le seconda dans ses prédications contre Corneille. Ce rigorisme plut à un grand nombre de fidèles. Ils se séparèrent de la communion du pontife, et reconnurent Novatien pour leur évêque. Corneille assembla un concile pour le châtier; il peignit son antagoniste des couleurs les plus noires : il le traita d'imposteur, d'ambitieux, de parjure, d'hypocrite, et les soixante évêques qui assistèrent au concile l'excommunièrent avec tous ses adhérents. Novatien remplissait également le monde chrétien de ses lettres, et rendait à Corneille toutes les injures que celui-ci lui prodiguait. La nouvelle de ce schisme parvint ainsi en Afrique; Novatien y fut condamné par le concile de Carthage qu'avait ouvert saint Cyprien. Mais ces anathèmes ne l'arrêtèrent point.

Il joignit le titre d'hérésiarque à celui d'antipape, condamna les secondes noces, ne fit aucune distinction entre les divers péchés, et prétendit que l'Église n'avait pas le droit de remettre les grands crimes. L'histoire n'a point raconté la fin de sa vie, mais sa secte a duré longtemps.

VIENNET, de l'Académie Française.

NOVATIENS. On désigne sous ce nom les partisans d'une secte sévèrement ascétique, qui se forma vers l'an 250, sous la direction de l'antipape Novatien. L'opinion qu'ils professaient que les laps ne pouvaient être réadmis dans l'Église, ou du moins seulement après avoir été purifiés par un nouveau baptême, se rattachait à leurs idées sur la véritable Église que, de même que les donatistes plus tard, ils ne pouvaient représenter comme indépendante de la sainteté de tous ses membres. La persécution dont ils furent l'objet de la part du clergé les porta à constituer des communes particulières, qui se maintinrent jusqu'au sixième siècle, surtout en Italie et en Afrique.

NOVATION. C'est le changement d'une obligation en une autre. « En général, dit Merlin, on doit distinguer deux sortes de *novations*, l'une *parfaite*, qui est assez rare et qui détruit tellement la première obligation qu'elle est regardée comme non avenue; l'autre *imparfaite*, qui, sans anéantir la première obligation, en altère les clauses et la modifie de diverses manières. La novation parfaite éteint tous les accessoires de l'ancienne dette, tant à l'égard du débiteur et de ses coobligés qu'à l'égard du créancier. Elle ne laisse donc plus subsister ni le terme, ni les hypothèques, ni les contraintes, ni les intérêts, à moins que la seconde obligation ne fasse une réserve expresse de quelques-uns de ces accessoires, et alors la novation n'est à cet égard qu'une novation imparfaite. »

La novation s'opère de trois manières : 1° Lorsque le débiteur contracte envers son créancier une nouvelle dette qui est substituée à l'ancienne, laquelle est éteinte : tel serait le cas où le créancier d'une somme de 500 francs pour la location d'une maison m'obligerait de faire pour cette somme à son créancier une rente perpétuelle de 25 fr. La première obligation se trouve dès lors anéantie, et quoique les personnes soient les mêmes, il y a néanmoins un changement de dette qui constitue la novation; — 2° Lorsqu'un nouveau débiteur est substitué à l'ancien, qui est déchargé par le créancier, comme, par exemple, lorsqu'on s'engage à payer à la place d'une personne qui est débitrice d'une autre, qui donne quittance et approuve le changement de débiteur; — 3° Lorsque, par l'effet d'un nouvel engagement, un nouveau créancier est substitué à l'ancien, envers lequel le débiteur se trouve déchargé. Ainsi, vous êtes, je suppose, mon créancier, et Pierre est le vôtre. Je m'engage, de votre consentement, à payer Pierre, qui vous libère. Cette substitution de créancier à mon égard opère novation, puisque ce n'est plus à vous que je dois, mais bien à Pierre, envers qui j'ai contracté la nouvelle obligation.

On pourrait considérer comme une autre sorte de novation la *délégation* par laquelle un débiteur, pour se libérer, transfère ses droits à une tierce personne, sous la condition qu'il sera déchargé de son obligation, et que le nouveau débiteur en sera seul tenu; toutefois, comme le débiteur originaire donne par là au créancier un autre débiteur, cette délégation n'opère novation qu'autant que le créancier a expressément déclaré qu'il entendait décharger son débiteur primitif.

La novation ne se présume pas, il faut que la volonté de l'opérer résulte clairement des actes : ainsi, la simple indication faite par le débiteur d'une personne qui doit payer à sa place ne constitue pas une novation ; il en est de même de la simple indication faite par le créancier d'une personne qui doit recevoir pour lui. E. DE CHABROL.

NOVELLES, ordonnances supplémentaires rendues par quelques empereurs du Bas-Empire, ainsi appelées parce qu'elles innovaient aux lois qu'ils avaient précédemment publiées. Les constitutions de l'empereur Justinien sont surtout connues sous ce nom; elles forment la quatrième et dernière partie du corps du droit romain (*voyez* CORPUS JURIS).

NOVEMBRE était chez les Romains le neuvième mois de l'année (*november*) lorsqu'elle n'en avait que dix; c'est le onzième de l'année julienne et grégorienne. L'augmentation du nombre des mois et le déplacement des trois derniers font que leur nom n'est plus en rapport avec le rang qu'ils occupent. Ce mois n'a que trente jours. Il était sous la protection de Diane. C'est sous la figure d'un prêtre d'Isis, habillé de toile de lin, la tête chauve ou rasée, appuyé sur un autel où est la tête d'un chevreuil immolé à la déesse, et tenant un sistre à la main, qu'Ausone représentait le mois de novembre. Cette personnification de mois tenait à ce que les fêtes d'Isis se célébraient aux calendes de novembre : d'autres fêtes païennes avaient aussi lieu dans le cours de ce mois, les Neptunales le 5, les jeux populaires le 15, les Libérales le 21, les sacrifices mortuaires le 27. Aujourd'hui l'Église catholique y fête la Toussaint et les Morts.

NOVEMBRE 1831 (Journées de). *Voyez* LYON, t. XII, p. 534.

NOVEMPOPULANIE (de *novem*, neuf, et *populi*, peuples), province de Gaule, ainsi nommée des neuf confédérations qui l'habitaient : les *Tarbelli*, les *Boii*, les *Vasates*, les *Ausci*, les *Elusates*, les *Osquidates*, les *Bigerrones*, les *Convenæ* et les *Contorrani* (*voyez* AQUITAINE).

NOVERRE (JEAN-GEORGES), le réformateur de l'art de la danse, naquit à Paris, le 27 mars 1727. Son goût pour la musique et pour la danse le détourna de la carrière des armes, à laquelle son père le destinait. Il prit des leçons de danse de Dupré, et débuta avec le plus grand succès à Fontainebleau en présence de la cour. Il se rendit ensuite à Berlin, où il se concilia les bonnes grâces de Frédéric le Grand et du prince Henri, puis, d'après les conseils de Garrick, à Londres. A partir de 1749, il résida alternativement à Paris et à Lyon. Ses *Lettres sur la Danse et les Ballets* (2 vol., Lyon, 1760) sont devenues en quelque sorte la poétique de l'art qu'il exerçait avec tant de distinction. Appelé par la suite à la cour de Wurtemberg, il embellit pendant plusieurs années par ses ballets les fêtes qu'on y donnait et qui l'emportaient en élégance et en distinction sur tout ce qui s'était encore jamais vu ce genre en Europe. Plus tard, il alla à Vienne, où l'impératrice Marie-Thérèse le combla de grâces, à Milan, à Naples et à Lisbonne. Après avoir refusé un engagement pour Londres, il accepta à Paris la place de premier maître des ballets à l'Opéra, en même temps qu'il devenait l'organisateur des fêtes données à Trianon par Marie-Antoinette. Pendant la révolution, qui lui enleva la majeure partie de sa fortune, il résida à Londres. En 1807 il donna une nouvelle édition de ses *Lettres sur la Danse*, et mourut à Saint-Germain-Laye, le 19 novembre 1810. Son père était mort à l'âge de cent-cinq ans. Son frère, danseur comme lui, mourut âgé de plus de quatre-vingts ans. Ses élèves les plus célèbres furent Gardel, Collet et Vestris.

NOVGOROD-WELIKI, c'est-à-dire *Grande Ville neuve*, gouvernement de la Russie d'Europe appelé d'après la ville du même nom, qui n'est plus qu'une partie de l'ancienne principauté de Novgorod, dont faisaient également partie les gouvernements d'*Olonez*, de *Pskoff*, de *Twer* et une portion de celui de Saint-Pétersbourg. L'organisation actuelle de ce gouvernement date de 1776. L'*éparchie de Novgorod* est bien autrement ancienne, puisqu'elle fut fondée dès l'an 988. Ce gouvernement est l'une des plus anciennes et des plus grandes provinces de l'empire de Russie, et il est borné au nord par celui d'Olonez, à l'est par ceux de Wologda et de Jaroslaf, au sud par ceux de Pskoff et de Twer, à l'ouest par ceux de Pskoff et de Pétersbourg. Le mont Waldaï, appelé aussi autrefois *forêt de Wolchonsky*, qui traverse la grande route conduisant de Pétersbourg à Moscou, lui donne une importance toute particulière. Parmi ses nombreux lacs on remarque surtout ceux d'*Ilmen*, de *Bielo-Osero*, de *Wosh* et de *Waldaï*. Ses principaux cours d'eau sont la Msta; le Lowat, la Polesta et la Schelona, qui tous se déchargent dans le lac d'Ilmen, lequel a pour issue le Wolchoff, dans le gouvernement de Pétersbourg. Le sol de ce gouvernement, dont la superficie est de 1,548 myriamètres carrés, est tantôt marécageux ou couvert seulement de mousse, comme au nord, tantôt sablonneux et argileux, ou bien couvert d'un riche humus, et alors d'une remarquable fécondité, par exemple au midi. L'élève du bétail n'y est pas sans importance, et le gibier y est extrêmement abondant. On y trouve du fer, du sel, du plâtre et de la chaux. La population, russe et finnoise d'origine, est d'environ 900,000 âmes.

NOVGOROD-WELIKI, chef-lieu du gouvernement, sur le Wolchoff, à peu de distance de son embouchure dans le lac d'Ilmen, sur la grande route de Saint-Pétersbourg à Moscou, est l'une des plus antiques cités de l'empire. A la fin du quatorzième et au commencement du quinzième siècle, où elle était encore en relation avec la Hanse et faisait le commerce avec les régions arctiques et orientales, c'était la plus grande ville de la Russie et l'une des plus célèbres places de commerce qu'il y eût alors en Europe. On y comptait, dit-on, 400,000 habitants, et elle jouissait d'une constitution toute républicaine. On ajoute qu'elle fonda un grand nombre de colonies sur le Wolchoff, et même sur le Kama et le Wixelka. Le proverbe « Que faire contre Dieu et le grand Novgorod! » témoigne de la puissance et de l'orgueil de cette république. C'est de là que provint la race de Rourick; aussi Novgorod passe-t-il pour le berceau de l'empire russe. Elle tomba au pouvoir des souverains de la Russie, lorsque des discordes intestines et l'esprit de mercantilisme y eurent étouffé le patriotisme. En 1478 la république devint la proie du grand-prince Iwan-Wassiljewitch le Grand; et en 1570, à la suite d'une malheureuse tentative faite pour recouvrer son indépendance, elle fut presque anéantie par le grand-prince Iwan-Wassiljewitch le Terrible. La fondation de Saint-Pétersbourg porta le dernier coup à sa prospérité, dont il ne reste plus aujourd'hui que de bien faibles débris. On y compte à peine 20,000 habitants, et presque toutes ses maisons sont construites en bois. Des centaines d'églises qu'elle possédait autrefois il n'en subsiste plus que trente-cinq. Elle est divisée en trois quartiers : le *Kreml*, la *ville de Sophie* sur la rive gauche du Wolchoff, et la *ville marchande* sur la rive droite. Ses principales curiosités sont le château neuf, le bazar, le parc situé le long du Wolchoff et une antique cathédrale placée sous l'invocation de Sainte-Sophie.

NOVI, ville de la province de Gênes (royaume de Sardaigne), sur la nouvelle route conduisant du Piémont à travers les Apennins dans le pays génois, avec 10,000 habitants et une citadelle, est le lieu où les riches habitants de Gênes vont d'ordinaire passer l'automne et où ils possèdent un grand nombre d'élégantes *villas*. Les habitants se livrent à la culture de la soie et font un commerce assez important. Il s'y tient quatre grandes foires par an; et elle est célèbre dans l'histoire des guerres de la révolution française, par une bataille que l'armée française commandée par Joubert livra sous ses murs, le 15 août 1799, à l'armée russe aux ordres de Suwarow.

NOVI (Bataille de). Après les nombreux revers qu'essuyèrent nos armes en Italie pendant l'absence de Bonaparte, Suwarow victorieux eut un instant l'espoir d'envahir la partie méridionale de la France. On sait quelle faiblesse, quelle inertie montrait le Directoire; et l'Europe coalisée contre nous espérait en profiter pour frapper enfin un coup décisif sur la jeune république, que la corruption et l'intrigue avaient vieillie si vite. D'après les résolutions des cabinets ennemis, le prince Charles devait ajir avec le Bas-Rhin, Mélas et Kray occuper l'Italie, tandis que le général russe victorieux viendrait en Suisse pour en forcer les barrières. Les forces de Suwarow devaient, pour cette grande opération, se composer de 30,000 Russes présents en Italie, de 30,000 autres soldats du tsar, que le général Korsakow allait amener de Gallicie. A ces 60,000 braves devaient se réunir 30,000 Autrichiens, sous les ordres de Hotze, et le corps des émigrés du prince de Condé, qui briguaient avec transport la gloire de pénétrer les premiers dans le sein de la patrie qu'ils avaient quittée. L'armée d'Italie, sous les ordres de Joubert, qui devait d'abord soutenir le choc de l'invasion russe, se trouvait sur le papier de 60 à 68,000 hommes, ce qui ne représentait pas plus de 45,000 hommes effectifs. Joubert et ses généraux, après s'être réunis en conseil de guerre, pensèrent que toute tentative contre les Austro-Russes avant l'arrivée du corps d'armée de Championnet, qui se formait à Grenoble et devait se composer de 50,000 hommes, serait une faute; mais le Directoire, effrayé des progrès de l'ennemi, qui assiégeait Tortone et Coni, donna l'ordre à Joubert de débloquer à tout prix Tortone. Le commandement était tellement impératif qu'il fallut se préparer à marcher contre les Austro-Russes. Le général Saint-Cyr eut le commandement de l'aile droite, Pérignon de la gauche. Le centre et la gauche, suivant la marche de Pérignon, s'étendirent dans la vallée de l'Erro et dans celle d'Orba. Les avant-postes s'étendirent jusqu'à la Scrivia, en se tenant couverts par la Bocchetta.

Joubert, dans son quartier général de Campo-Marone, se préparait à forcer le général russe à lever le siége de Tortone. Le 8 et le 9 août 1799 sa droite occupa le mont Brisco, où il fit élever des batteries; l'armée républicaine avait pris position entre Arqueta et Carosio; le 13 août Joubert, avec une portion de son armée, se porta sur Capriera et Novi, tandis que Saint-Cyr, sortant par les défilés de la Bocchetta, devait aussi gagner les mêmes points. Bellegarde, vivement attaqué le même jour par Pérignon, fut poursuivi depuis Bestagno jusqu'à Basaluzzo; où s'arrêtèrent nos troupes, qui se trouvaient ainsi en ligne. Le soir, Joubert rallia son centre et sa gauche à Caprieta, où il établit son quartier général. Saint-Cyr occupait Novi, d'où il avait chassé Mélas. Le 14 au matin, Suwarow, qui avait la veille refusé d'engager une affaire décisive, en soutenant Mélas, reçut un renfort de 18,000 soldats du général Kray. Joubert ce jour-là s'affermit dans la ligne qu'il occupait, sa gauche à Basaluzzo, le centre à Novi, sa droite à la Scrivia; la réserve, cavalerie et infanterie, occupait un plateau en arrière de Novi, en avant d'un petit torrent appelé Braghena. Suwarow avait rallié toutes ses divisions entre l'Orba et la Scrivia. L'armée austro-russe était composée de 60,000 fantassins et 10,000 cavaliers; pour résister à ces masses, Joubert n'avait que 43,000 hommes d'infanterie et 2,000 chevaux.

Lorsque Suwarow, après avoir vainement cherché à attirer Joubert hors des montagnes, vit que son ennemi se portait en forte colonne sur Tortone, il se résolut à livrer une bataille générale. La prudence de Joubert dut faire regretter au vainqueur de Scherer d'avoir dit, en parlant du nouveau chef de nos troupes : « C'est un jouvenceau qui vient à l'école, eh bien! nous lui donnerons une leçon. » A la suite d'un conseil de guerre tenu par Suwarow, l'ordre fut donné à toutes les divisions austro-russes de se tenir prêtes à marcher contre l'ennemi. Voici l'ordre de Suwarow, encore remarquable par son laconisme caractéristique : « Les corps des généraux Kray et Bellegarde attaqueront, à la pointe du jour, l'aile gauche de l'ennemi à Pasturana, pendant que les Russes attaqueront le centre, et Mélas la droite. »

Le 15 août, à cinq heures du matin, Kray ouvrit le combat et attaqua notre aile gauche, où se trouvait Joubert, qui disait avec enthousiasme aux soldats : « Camarades, la république nous a ordonné de vaincre! » Les troupes de Kray s'avançaient en bon ordre; Joubert résolut de les refouler; aussitôt, le voilà à la tête d'une colonne de grenadiers : « En avant! en avant! dit-il, à la baïonnette!.... Mais il pâlit, il tombe, une balle vient de lui percer le cœur; son dernier cri est un encouragement : *Marchez toujours!* Moreau reprit le commandement de l'armée. L'ennemi dirigeant une double attaque sur Novi, Kray chercha à tourner la position par Frassonara, tandis que le prince Bagration et Miloradowich l'attaquaient de front. Ce double effort vint échouer contre l'intrépidité de nos soldats. Suwarow ordonna une attaque contre les hauteurs de Novi : les généraux Derfelden et Mélas ne réussirent pas mieux que Kray et Bagration. Derfelden revint à la charge ; ses Russes furent abîmés par la division Vatrin, qui leur tomba dessus à la baïonnette. Suwarow, furieux, rallie à trois heures les divisions Derfelden, Miloradowich et Bagration, et lance ces troupes en colonnes sur le centre de notre ligne. L'attaque, tout impétueuse qu'elle fût, dut s'arrêter sous le feu terrible de notre infanterie et de notre artillerie ; les colonnes assaillantes tourbillonnent, Suwarow les raffermit. Un régiment russe perce notre ligne, mais il périt en entier. L'ennemi fléchit, il va fuir ; Suwarow le pousse encore sur nos bataillons ; mais l'enthousiasme de la victoire anime nos soldats. Moreau, Saint-Cyr, Dessoles, se précipitent à leur tour à la rencontre des Austro-Russes ; la mêlée est affreuse ; la cause de la république triomphe. L'ennemi se retire avec une perte énorme, et Suwarow, désespéré, croit la bataille perdue.

Mais sur notre droite, Mélas, par une manœuvre habile et décisive, tourne notre ligne, et à cinq heures du soir ce général attaque à revers la formidable position de Novi. Une première attaque est repoussée ; mais, craignant la journée du lendemain, Moreau donne le signal de la retraite. Elle est devenue difficile : le prince Lichtenstein avait coupé la route de Novi à Gavi, et les troupes républicaines ne peuvent plus se retirer que sur Ovada. Suwarow, qui se voit victorieux alors qu'il croyait tout perdu, fait enfoncer les portes de Novi, et presse la retraite de nos colonnes, qui se retiraient en assez bon ordre. Mais le matin de la bataille 400 tirailleurs autrichiens s'étaient jetés en partisans sur notre extrême gauche, et avaient pris le château de Pasturana, où il ne se trouvait que quelques blessés. Le soir, quand ils virent arriver les caissons de l'artillerie, ces 400 Autrichiens coupèrent les prolonges des premiers équipages, tuèrent les chevaux, et causèrent un encombrement qui s'opposa au passage de l'artillerie et de l'arrière-garde. Pérignon, Grouchy, Partouneaux, Colli, pressés en queue par la division Karacksay, cherchèrent vainement à rétablir de l'ordre ; ils furent pris et blessés. Une boucherie épouvantable suivit ; notre perte devint horrible. Tel fut le sort de la bataille de Novi. Les Austro-Russes perdirent 12,000 hommes ; ils avouèrent 7,000 blessés. Nous perdîmes 10,000 braves, et tout cela pour une faute, celle de n'avoir pas occupé Pasturana, dont le château était dans une excellente position. Le gouvernement français, qui rendit d'illustres honneurs à la mémoire de Joubert, décréta que l'armée de Novi avait bien mérité de la patrie. A. GENEVAY.

NOVICE, NOVICIAT. On donne le nom de *novice* à une personne qui, désirant faire profession de la vie religieuse, s'y prépare par l'exercice des devoirs qu'elle impose. C'est l'initiation, que l'on retrouve dans tous les mystères des anciens. Quoique l'on ne puisse nier qu'il n'y ait eu quelquefois dans les monastères des victimes de l'ambition, de la cruauté et de l'irréligion de leurs parents, cependant il est certain que tous les fondateurs d'ordre ont prescrit les règles les plus sévères pour la probation des novices, et l'Église, dans sa sollicitude générale, a pris toutes les mesures qui pouvaient prévenir ces malheurs. Pendant les premiers siècles du christianisme, ceux qui se présentaient dans une maison religieuse pour y être admis conservaient jusqu'à la profession leurs habits séculiers avec leurs cheveux. Les moines d'Égypte seuls faisaient exception à cet usage général. Mais dès le douzième siècle la coutume de donner aux novices l'habit de la religion devint universelle. Un homme d'un âge mûr, d'une grande expérience dans la conduite des âmes, d'une vie exemplaire, d'un zèle modéré par la prudence, était chargé de surveiller les aspirants, qu'il ne quittait jamais, ni le jour ni la nuit. Il devait les exercer à tout ce qu'il y avait de plus pénible et de plus austère dans la règle, leur faire envisager souvent combien est difficile la pratique perpétuelle de la pauvreté, de l'obéissance, du jeûne, de l'abstinence, de la solitude, de la soumission sans bornes, de l'exercice d'une règle qui ne quitte jamais et détermine jusqu'aux actions les plus indifférentes. Ce n'était pas tout ; il devait les éprouver en mille manières, pour qu'ils ne se fissent pas une fatale illusion. Le noviciat durait toujours au moins un an, et quelquefois trois ; et si on pouvait le rendre plus long pour celui dont les dispositions n'étaient pas claires, il n'était jamais permis de l'abréger, même pour le sujet le plus fervent. Du reste, il était défendu de recevoir dans les monastères les esclaves avant qu'ils eussent été mis en liberté ; ceux qui avaient eu le maniement des affaires publiques devaient rendre des comptes ; les personnes mariées, celles qui avaient des maladies ou des infirmités incompatibles avec la profession monastique, les enfants et les serviteurs contraints par leurs parents ou leurs maîtres. Que s'il se présentait quelqu'un ayant un défaut de corps considérable, on ne l'admettait qu'après l'avoir proposé à toute la communauté assemblée en chapitre, afin qu'après sa profession personne ne pût lui reprocher ce défaut. L'âge de la profession a varié : dans l'Orient, c'était l'âge nubile ; dans l'Église latine, on demandait ordinairement vingt ans. Le concile de Trente a fixé cet âge à seize ans. CHASSAGNOL.

Novice, dans son acception générale, indique celui qui n'est pas fort expérimenté dans un art, une profession quelconque. Ce mot s'emploie au figuré pour exprimer l'inexpérience du monde. On dit : Cette fille est encore *novice*, pour indiquer qu'elle a conservé son innocence. Cet homme a épousé une femme qui n'est pas *novice*. Cette expression, Un esprit *novice*, désigne un esprit peu exercé.

Novice, en marine, désigne un jeune matelot qui n'est pas encore formé ; le *novice* fait le service de matelot sans en recevoir la paye.

Noviciat, dans son acception générale, indique un apprentissage. On a toujours appliqué ce mot à l'art de la guerre.

Noviciat veut dire, en outre, les maisons, les lieux où l'on instruit les novices, comme aussi l'année des épreuves et de l'instruction nécessaires pour arriver à la profession religieuse. Charles DU ROZOIR.

NOVOGOROD. *Voyez* NOVGOROD-WELIKI.

NOVOSSILTZOF, homme d'État russe, issu d'une ancienne famille noble, naquit en 1770, et fut élevé à la cour de Catherine II avec les grands-ducs Alexandre et Constantin. Plein de talent, mais d'un esprit facilement irritable, il tomba plusieurs fois en disgrâce ; mais toujours la protection du prince Adam Czartoryiski lui vint en aide. Celui-ci lui fit confier en 1805 la mission de nouer une nouvelle coalition contre la France, sous le semblant de vouloir amener la paix entre la France et l'Angleterre. Il échoua dans ses efforts pour déterminer la Prusse et diverses petites cours d'Allemagne à y prendre part ; aussi fut-il rappelé de Berlin, et l'empereur cessa-t-il dès lors de l'employer dans la diplomatie. Il n'en continua pas moins à faire partie de l'entourage immédiat d'Alexandre, dont il fut en quelque sorte le mauvais génie. Membre du gouvernement provisoire à Varsovie, en 1814, il fut pour beaucoup dans la détermination prise alors de ne point reconstituer la nationalité polonaise, et de même il exerça une influence des plus fâcheuses sur la rédaction de la constitution octroyée à la Pologne par l'empereur Alexandre. Aussi les Polonais le considérèrent-ils comme la cause première de tous leurs maux. En 1821 Novossiltzof dénonça à son maître l'université de Wilna en masse, professeurs et étudiants, comme un foyer de pestilence révolutionnaire. Cette dénonciation fut cause que Czartoryiski se démit de ses fonctions de curateur de l'université, et qu'un grand nombre d'étudiants furent déportés, les uns en Sibérie, les autres dans les colonies militaires. En 1822 Novossiltzoff fut nommé commissaire général russe en Pologne, et devint alors l'âme du gouvernement dont le grand-duc Constantin n'était que le chef nominal. Objet des haines les plus ardentes, Novossiltzof prit la fuite aussitôt après l'insurrection du 30 novembre 1830, et fut alors créé sénateur. En 1835 il obtint le titre de comte ; mais en 1838 le délabrement de sa santé le contraignit à donner sa démission, et il mourut dès la fin de la même année.

NOYADES. *Voyez* CARRIER.

NOYAU, substance dure et ligneuse qui se trouve renfermée dans la partie la plus centrale de certains fruits, comme la prune, l'abricot, la pêche. Cette substance contient une amande.

Le mot *noyau* trouve place dans le langage proverbial et figuré. Ainsi dit-on : *Il faut casser le noyau pour en avoir l'amande*, ce qui signifie : Il faut prendre de la peine avant de retirer de l'utilité de quelque chose. D'un homme qui a gagné beaucoup d'écus, le peuple dit qu'*il a amassé des noyaux*.

En architecture, on appelle *noyau* la maçonnerie qui sert de grossière ébauche pour former une figure de plâtre ou de stuc. On donne aussi ce nom à toute saillie brute dont les moulures doivent être traînées au calibre, et les ornements postiches scellés, auxquels cylindres de pierre destinés à porter une voûte ou les marches d'un escalier.

Noyau, en termes de charpenterie, est une pièce de bois qui, posée à plomb, reçoit dans des mortaises le tenon des marches d'un escalier de bois, et dans laquelle sont assemblés les limons et appuis des escaliers à deux ou à quatre *noyaux*. On distingue le *noyau de fond*, qui porte depuis le rez-de-chaussée jusqu'au dernier étage ; le *noyau suspendu*, qui est coupé au-dessous des paliers et rampes de chaque étage ; et le *noyau à coude*, en usage autrefois, taillé en forme de coude pour conduire la main.

Noyau, en termes de fonderie, est un corps solide dont on remplit l'espace renfermé par les cires ; c'est ce que les fondeurs appellent autrement *l'âme de la figure*.

Les graveurs en pierres fines appellent *noyau* la partie de la pierre qui est entrée dans la charnière, sorte de bouterolle concave.

Dans l'artillerie, on donne le nom de *noyau* à une barre de fer longue et cylindrique, qui, après avoir été revêtue d'un fil d'archal tourné en spirale, et recouverte d'une pâte de cendre que l'on fait bien sécher, se place au milieu du moule d'une pièce de canon pour en former l'âme. Les artilleurs appellent aussi *noyau* un globe ou une boule de terre qui sert de moule à la chape des bombes, grenades et boulets creux. Ces *noyaux* sont de la grosseur qu'on veut donner au projectile.

La minéralogie reconnaît dans sa langue plusieurs sortes de *noyaux*. Tantôt c'est la partie la plus dure qui se trouve au centre de certains cailloux ; tantôt ce sont les pierres, soit mobiles, soit adhérentes, qui se trouvent dans les cavités des pierres d'aigle ; tantôt, enfin, les naturalistes appellent *noyaux* la substance qui, après avoir été moulée dans l'intérieur d'une coquille dont elle a pris la forme, s'est enfin durcie, et a pris la consistance d'une pierre. En général, le *noyau*, chez les minéralogistes, est la figure primitive constante, qui sert de base aux petits solides à faces plus ou moins nombreuses ou régulières, qui par leur réunion forment les cristaux.

En termes de chaufournier, des *noyaux* sont des pierres mal calcinées.

Les potiers d'étain nomment *noyaux* les pièces de leurs moules qu'enveloppent les chapes.

En astronomie, *noyau* est le nom donné par quelques savants au milieu des taches du Soleil et des têtes des comètes : le *noyau* des taches du Soleil est plus noir, et celui des comètes beaucoup plus clair que les autres parties.

Le mot *noyau*, dans le langage usuel, est souvent employé au figuré, pour signifier le *principe*, *l'origine* d'une chose : c'est dans ce sens que l'on dit le *noyau* d'une armée, d'une société, d'un établissement, pour désigner les individus ou les objets qui ont constitué les premiers éléments de cette armée, de cette société, de cet établissement.

NOYER. Cet arbre forme un genre de la famille des térébinthacées, et Linné a décerné à l'espèce commune une sorte de royauté ; il la nomme *juglans regia*. En effet, l'aspect en est imposant, mais on ne peut pas dire que cet arbre soit tutélaire : on lui reproche, au contraire, de répandre la stérilité autour de lui, de nuire, plus que tout autre arbre fruitier, aux cultures qui l'environnent. Le noyer dédommage sans doute les cultivateurs des pertes qu'il leur cause, puisque l'on continue à le planter jusque dans les provinces du nord de la France, où il réussit plus difficilement et produit moins que dans les contrées méridionales. Il est vraisemblable que l'Europe l'a reçu du Caucase ou de l'Arménie, à une époque dont l'histoire n'est pas arrivée jusqu'à nous. Son fruit est nommé *noix*. Le mérite de son bois est assez connu ; le menuisier, le carrossier, l'arquebusier, etc., en emploient une immense quantité, qu'on ne remplacerait pas avec avantage par le bois d'un autre arbre, soit indigène, soit naturalisé. Dans les contrées du Nord, les arquebusiers lui substituent le bouleau ; mais pour les arts de la paix, pour l'ameublement des familles aisées sans opulence, les climats froids n'ont rien qui puisse tenir lieu du noyer, dont l'habitation est renfermée dans les limites des régions tempérées.

Les espèces de ce genre sont en petit nombre, mais l'espèce du noyer commun compte beaucoup de variétés, parmi lesquelles on peut choisir suivant les lieux, le climat, les vues du cultivateur. Au nord de la France, vers 50° de latitude, on redoute encore plus les gelées de l'automne, qui compromettent la durée de l'arbre, que celles du printemps, dont le dommage se borne ordinairement à la perte d'une récolte ; on préfère donc les variétés tardives, au lieu que vers le midi la précocité est très-recherchée. Pour la beauté et les bonnes qualités du fruit, on fera bien de choisir le *noyer à gros fruits longs*, ou le *noyer mésange* ; le premier est très-fécond, et son fruit contient, dans une coque un peu dure, une amande très-grosse et d'une saveur agréable ; le second épargne la peine de casser sa coque, car elle cède à la pression entre les doigts. Cependant, le *noyer à coque dure* est estimé dans les lieux où les noix sont destinées principalement à la fabrication de l'huile. Cet arbre se charge assez constamment d'une grande abondance de fruits, et l'on a reconnu que ses amandes, quoique petites, contiennent autant d'huile que les grosses des autres variétés. Enfin, recherche-t-on avant tout la belle apparence et de l'arbre et du fruit ? Que l'on plante le *noyer de jauge*, dont les noix ont souvent jusqu'à cinq centimètres de diamètre.

L'Europe a tiré des forêts de l'Amérique du Nord d'autres espèces de noyers, dont les plus recommandables sont le *noyer noir*, dont le bois est encore plus estimé que celui de l'espèce commune, et le *pacanier*, dont la noix est très-bonne à manger. La place la plus convenable pour le premier serait dans les forêts ; le second serait un rival redoutable pour le noyer commun, si l'on parvenait à le naturaliser en France. Les essais commencés aux environs de Paris ne sont pas décourageants ; mais on aurait pu réussir plus tôt et plus complètement par des plantations dans quelque département du midi, pourvu que l'on eût fait choix d'un sol riche et profond, car il ne faut pas perdre de vue que ce bel arbre est une des plantes indigènes de la vallée du Mississipi, où les racines des végétaux les plus gigantesques trouvent une nourriture abondante, quelle que soit l'épaisseur de la couche qu'elles ont traversée. Toutes ces espèces de l'ancien et du nouveau continent méritent les soins de l'homme, soit par leurs fruits, soit par leur belle apparence et l'utilité de leur bois. Quelques-unes attirent particulièrement l'attention par la singularité de leur feuillage et de leur fructification : tel est, par exemple, le *noyer à feuilles de frêne*, dont les noix en grappes pendantes, et d'une extrême petitesse, feraient douter qu'elles fussent réellement des noix si la forme, la saveur et les autres propriétés de leur amande ne leur garantissaient point cette dénomination. La grosseur de ces fruits est à peu près celle d'un pois.

Quelque bien que l'on ait à dire de ces arbres, on ne doit point dissimuler que l'odeur de leurs feuilles et de presque toutes leurs parties cause des maux de tête lorsqu'on la sent un peu longtemps. Les feuilles du noyer commun, loin de se décomposer en terreau fertile, nuisent à la végétation, si on les laisse sous les arbres, en sorte que les cultivateurs soigneux les enlèvent pour les brûler. On remarque aussi que les insectes rongeurs n'attaquent point ces feuilles, que la verdure du noyer n'est pas exposée aux ravages des hannetons, des chenilles, etc. Il est prudent de ne pas s'exposer trop longtemps aux émanations de cet arbre durant les chaleurs de l'été, par un temps calme, et lorsque l'air est un peu humide. FERRY.

Parmi les arbres gigantesques, on cite le noyer de Pinguente en Istrie. Le développement de ses rameaux couvre un espace circulaire dont le diamètre est de 16 pas vénitiens, qui répondent à 27 mètres environ ; ce qui suppose une circonférence de 81 mètres. Or, la superficie de l'ombre, en supposant le soleil au méridien, présente 550 mètres. Ainsi plus de 4,000 personnes peuvent jouir des avantages de l'ombrage sous cet arbre colossal.

NOYER DU JAPON. *Voyez* GINGKO.

NOYÉS. Dans un de ses aphorismes, Hippocrate a dit que lorsque les noyés et les strangulés ont de l'écume à la bouche, ils ne sauraient être ressuscités. Cette erreur est d'autant plus dangereuse qu'elle peut exposer à une mort réelle ceux qui ne sont que dans un état de mort apparent ; sa réfutation est donc un bienfait pour l'humanité. En effet, quand un homme tombe et reste immergé dans l'eau, ce liquide s'oppose à l'introduction de l'air dans la poitrine, et par suite la respiration et circulation sont suspendues ; le sang, ne pouvant plus pénétrer dans les vaisseaux pulmonaires, reflue dans les cavités droites du cœur, dans la veine cave supérieure, dans la jugulaire et dans la tête. D'un autre côté, ce fluide, par un dernier effort du cœur, est lancé dans l'aorte, dans les carotides et dans le cerveau ; il en résulte que ce dernier organe se trouvant engorgé et comprimé, tant par ce sang refoulé que par celui qui n'a pu en sortir pour retourner au cœur, les noyés meurent dans un véritable état d'apoplexie, précédé de l'asphyxie. Cette hémostase ou stagnation du sang dans la tête et dans la poitrine, cet engorgement des vaisseaux du cerveau et des veines qui se distribuent aux méninges sont indiqués par la rougeur et le gonflement du visage, la saillie des yeux et de la langue, la vergeture et les ecchymoses au cou, des mucosités à l'entrée des narines, l'écume à la bouche, la plénitude des vaisseaux pulmonaires et des cavités droites du cœur, l'élévation de la poitrine vers les épaules, la dépression ou au moins l'aplatissement du diaphragme, le refoulement des viscères abdominaux vers le nombril, la saillie de l'estomac du foie et de tout l'abdomen.

C'est d'après ces signes qu'on peut toujours distinguer si un individu, un enfant, par exemple, a été noyé avant ou après la mort. Dans le premier cas, la poitrine et le ventre sont gonflés, parce qu'il est mort après l'inspiration ; dans le second, la poitrine et le ventre sont affaissés ou aplatis, parce que la mort a suivi l'expiration. Orfila ajoute à ces résultats les seuls signes qui permettent d'affirmer que la submersion a eu lieu pendant la vie se tirent de la présence dans l'estomac et dans les vésicules pulmonaires d'un liquide semblable à celui dans lequel le corps a été noyé, pourvu toutefois, pour ce qui concerne l'estomac, qu'il soit reconnu que le liquide n'a pas été avalé avant la submersion ni injecté après la mort ; pour ce qui se rapporte aux veines pulmonaires, pourvu que le liquide dont il s'agit ait pénétré jusqu'aux dernières ramifications bronchiques, qu'il n'ait pas été injecté après la mort, et que le corps ne soit pas resté un certain temps sous l'eau dans une position verticale, la tête en haut ; que la valeur de ces signes déjà diminuée par la restriction précitée l'est bien plus encore par la difficulté que l'on éprouve dans beaucoup de cas, surtout quand les cadavres n'ont pas été promptement retirés de l'eau, à reconnaître une suffisante quantité de liquide, particulièrement dans le tissu des poumons, à moins qu'il ne soit coloré ou sali par de la vase, de la boue, etc., ce qui arrive rarement. La présence de l'écume dans la trachée-artère et dans les bronches est loin de suffire pour déterminer que la mort a eu lieu par submersion ; elle ne peut servir qu'à établir des présomptions, même lorsqu'on trouve dans les poumons un liquide ayant toutes les apparences de celui dans lequel le corps a été plongé. Ces présomptions seraient encore plus fondées si, outre l'existence de l'écume dans ces parties, il survient une grande quantité de liquide aqueux dans les poumons : l'expérience a prouvé que celui-ci ne pénètre jamais jusqu'aux dernières ramifications bronchiques aussi abondamment après la mort que pendant la vie. L'absence d'écume dans la trachée-artère et dans les bronches n'établit point que l'individu n'a pas été submergé vivant, puisque dans les nombreuses ouvertures de cadavres qu'Orfila a faites, il n'en a jamais rencontré lorsque le corps a resté plusieurs jours dans l'eau, et qu'il n'y en avait pas non plus dans quelques-uns des cas où l'on avait procédé à l'autopsie peu de temps après la submersion.

L'expérience a évidemment démontré que chez les noyés la mort n'était en général qu'apparente s'ils ne sont pas restés trop longtemps sous l'eau, et qu'il est toujours urgent et même indispensable de tenter tous les moyens de rappel à la vie.

Un échevin de Paris, Pia, eut la première idée de former des établissements pour secourir les noyés et les asphyxiés, dont il fut le directeur. Ces établissements, secondés par les instructions de Réaumur et de Portal, furent d'une si grande utilité que depuis 1772 jusqu'à 1788 sur 934 noyés ou asphyxiés, 813 furent rendus à la vie, ce qui équivaut aux huit neuvièmes, tandis que de nos jours, d'après M. Le Roy d'Étioles, on n'en sauve plus que les sept neuvièmes. Il n'est donc pas de preuve plus incertaine que celle qui est produite par la submersion. M. Le Roy d'Étioles, dans un mémoire lu à l'Académie des Sciences, attribue la diminution du nombre de noyés rendus à la vie à la manière dont on insuffle le présent l'air dans la poitrine : cette opinion a été également professée par MM. Piorry et Piédagnel, qui pensent qu'une forte insufflation peut produire la mort. Autrefois, on ne recourait pas au soufflet, mais bien à la bouche d'un des opérateurs.

Le temps de submersion nécessaire pour produire la mort n'est pas bien déterminé : chez quelques sujets, quelques minutes peuvent suffire ; chez d'autres, le rappel à la vie peut avoir lieu après plusieurs heures. G. Derham, D'Égly, Bruhier, de Sauvages, Korman, etc., citent des individus qui ont été sauvés après être restés neuf, dix, quinze et même seize heures dans l'eau.

Le conseil de salubrité a publié une instruction sur les moyens à donner aux personnes retirées de l'eau. On doit les tenir sur le côté droit, la tête légèrement penchée, les mâchoires écartées ; on comprime légèrement le bas-ventre de bas en haut, puis chaque côté de la poitrine, pour imiter les mouvements de la respiration ; on déshabille le noyé en coupant ses effets ; on le ressuie, on l'enveloppe dans des couvertures ; on aspire l'écume à l'aide d'une seringue posée dans les narines ; on promène des fers chauds le long de l'épine du dos, sur le bas-ventre, sur le creux de l'estomac, etc. On frictionne les cuisses et les extrémités inférieures avec des frottoirs en laines, puis la plante des pieds et la paume des mains avec une brosse. On réchauffe peu à peu le noyé ; on provoque au besoin le vomissement, et on évite de lui rien donner à boire tant qu'il n'a pas repris ses sens. On commence par une cuillerée d'eau-de-vie camphrée ou d'eau de mélisse spiritueuse étendue de moitié d'eau ; si le ventre est tendu, on donne un lavement au sel. Lorsque, après demi-heure de secours assidus, le noyé ne donne aucun signe de vie, on peut recourir à l'insufflation d'une fumée aromatique dans le fondement au moyen de l'appareil ou machine fumigatoire. Le noyé ayant recouvré la vie, il faut le mettre dans un lit bassiné, et l'y laisser reposer pendant une ou deux heures. S'il s'endort d'un bon sommeil, il faut le laisser dormir. Si au contraire, la face, de pâle qu'elle était, se colore fortement, et qu'après l'avoir réveillé il retombe dans un état de somnolence, il faut lui appliquer des sinapismes entre les épaules, à l'intérieur des cuisses et aux mollets; et lui mettre de six à huit sangsues derrière chaque oreille. Les bureaux de secours établis pour les noyés sont pourvus de boîtes contenant les matières et ustensiles nécessaires.

Paris a établi un certain nombre de ces boîtes de secours tant pour les rives de la Seine que pour le canal Saint-Martin. A son exemple, il s'est formé dans quelques villes de France des sociétés pour concourir au même but. La principale sans contredit est la *Société des Sauveteurs de France*, dont le siége est à Paris, à l'hôtel-de ville, et dont un grand nombre de membres sont décorés d'une multitude de médailles.   JULIA DE FONTENELLE.

NOYON, chef-lieu de canton du département de l'Oise, sur la Vorse, près de la rive droite de l'Oise, avec 6,322 habitants, une fabrication de toiles de chanvre, siamoises, toiles de coton, tulles et mousselines, des brasseries, des tanneries, un commerce de grains et de bonneterie. C'est une ville ancienne, très-bien bâtie, bien percée, et ornée de fontaines publiques. On y voit une belle cathédrale gothique, commencée par Pepin le Bref et Charlemagne. C'est une station du chemin de fer de Saint-Quentin.

Noyon était une forteresse considérable sous les Romains. En l'an 486 il se livra sous ses murs, entre Clovis et Siagrius, une bataille qui mit fin à la domination romaine dans les Gaules. Plus tard, elle fut pendant quelque temps la capitale de l'empire de Charlemagne, qui s'y fit couronner, en 768. Hugues Capet y fut ensuite élu roi de France. Saccagée par les Normands au onzième siècle, elle fut brûlée six fois jusqu'au quinzième. En 1516, les ambassadeurs de Charles-Quint et de François Ier y signèrent un traité, qui ne fut pas exécuté. Du temps de la Ligue elle fut prise par les différents partis, et se soumit en 1594 à Henri IV.

NOZEROY. *Voyez* JURA (Département du).

NU, NUDITÉ. Quand la corruption des mœurs se fut répandue parmi les hommes, qu'ils eurent outragé la belle chasteté de leur corps nu par des vices et des excès de toutes sortes, honteux de leurs désordres, ils se dégoûtèrent surtout d'en voir sur eux les traces, et sentirent le besoin de se donner une apparence de pudeur: ce fut là un des premiers mensonges que convinrent d'ériger en vertus les sociétés naissantes. Les désirs lubriques, loin de s'éteindre, se rallumèrent plus ardents que jamais par les légers obstacles qu'on feignait de leur opposer. Le secret, la solitude, l'hypocrisie, prêtèrent de nouvelles séductions et des charmes jusque alors inconnus aux voluptés infâmes. En cachant sous des voiles, par une sorte d'instinct de coquetterie, ce qu'ils aimaient à découvrir, les hommes et les femmes purent déguiser les infirmités sans nombre auxquelles leur nature devint sujette, et faire valoir, en les montrant à demi, les avantages de leur beauté physique. On trouvera dans l'histoire de tous les peuples du monde une époque où ils ne purent pas connaître l'usage des vêtements. Les féroces Pélasges et les grossiers Hellènes, d'où sortirent ces Grecs auxquels se rapporte toute civilisation, n'étaient que des sauvages nus, comme les habitants des îles et du continent de l'Amérique. L'art de fabriquer des tissus appartint dans le principe, à une manière exclusive, aux nations les plus policées; et avant que les produits de la vieille industrie asiatique fussent devenus des objets d'échange et de commerce, les populations, errantes sur la terre, vécurent dans un état de nudité complet, et conservèrent longtemps leurs mœurs incultes. Plus tard, les hommes commencèrent à cacher certaines parties de leur corps avec des feuilles, des nattes de jonc et des roseaux, des plumes, ou les peaux des bêtes féroces qu'ils tuaient à la chasse. Mais la simplicité des anciens âges disparut, et fit place au luxe, à la mollesse, aux habitudes d'une vie plus régulière et plus tranquille. Alors les riches et les puissants portèrent, comme marque de distinction, de larges pièces d'étoffe teintes en vives couleurs, et simplement drapées. Leurs femmes, par un instinct de coquetterie ou de pudeur, voilèrent et parèrent leur nudité. Les esclaves seuls, les athlètes, les lutteurs, continuèrent à aller nus.

Dans les plus anciennes traditions religieuses, la nudité primitive du genre humain est consacrée sous un aspect plus ou moins moral. Certaines cérémonies du paganisme, qui reconnaissait l'empire souverain de la chair et lui soumettait même, comme on sait, tous les dieux de son Olympe, les fêtes de *Vénus*, les *Lupercales*, etc., étaient célébrées par des prêtres et des prêtresses nus. Dans le christianisme, au contraire, où la chair est sans cesse combattue et niée, la nudité de Jésus, des apôtres, des martyrs et des confesseurs, n'est représentée que pour réveiller en nous le sentiment de la misère humaine, des souffrances et des mortifications. Chez les Juifs et les Demi-Juifs, il y avait des sectes qui ne voulaient adorer Dieu qu'en se dépouillant de tous leurs habits : tels furent, dit-on, les adamites et les abéliens, qui s'assemblaient tous nus pour chanter les louanges de Dieu, et renonçaient au mariage. Il n'y a plus dans l'ancien monde que certains moines de la religion de Mahomet et des prêtres de l'Inde, qui persistent à demeurer nus. M. Delacroix peint un tableau où figurent ces fanatiques personnages. Dans l'état de notre civilisation moderne, ce serait attenter aux mœurs que de se permettre d'aller nu en public; et nos lois de police ont des peines pour ceux qui voudraient pratiquer cet antique usage.

L'étude du corps humain est indispensable aux artistes; ils doivent connaître le nu, et s'exercer à le dessiner longtemps d'après nature: ce fut ainsi que les peintres et les sculpteurs grecs parvinrent à produire des chefs-d'œuvre qu'on admirera toujours. Wieland, qui connut si bien l'antiquité, nous a laissé sur les beaux-arts en Grèce, et en particulier sur l'étude du nu, un curieux passage que nous allons citer. « Les artistes grecs, dit-il, avaient sans contredit sous les yeux une belle nature ; mais ils avaient mieux que cela, ils avaient plus de liberté, plus d'occasions de contempler, d'étudier, de copier les beautés que leur offrait cette nature, que n'en auront jamais les artistes modernes. Les gymnases, les luttes nationales, le concours pour le prix de la beauté à Lesbos, à Ténédos, dans le temple de Cérès en Arcadie; les jeux de Sparte, où les jeunes gens et les jeunes filles se présentaient dans une nudité complète ; ce célèbre temple de Vénus à Corinthe, dont Pindare ne rougit pas de chanter les prêtresses; les danseuses thessaliennes, qui dansaient nues aux banquets des riches, toutes ces occasions de voir de jolies formes dépouillées de voiles, dans des attitudes animées, en groupes gracieux, embellies par le désir de plaire, devaient familiariser l'artiste avec toutes les variétés du beau. En outre, la Grèce, et surtout Athènes, regardait, depuis les institutions du sage Solon, d'avec ces femmes qui vivent du revenu de leur beauté ne se font aucun scrupule de se prêter aux progrès de l'étude du nu. Elles étaient en si grand nombre qu'un certain Aristophane de Byzance, dans le *Catalogue raisonné* qu'il fit de ces desservantes du culte de Vénus, en comptait à Athènes cent trente qui portaient le même nom. Toutes ces nymphes florissaient dans le même siècle que les arts. Laïs, la plus belle et la plus célèbre d'entre elles, se faisait une gloire de servir de modèle aux peintres. La belle Théodora, maîtresse d'Alcibiade, se prêtait volontiers le montrer aux artistes et aux amateurs les plus secrets ; et Socrate lui-même, accompagné sans doute de Xénophon, qui le raconte, contempler cette facile beauté, qu'on lui avait dit être incomparable. » Les mœurs des Grecs, si éloignées des nôtres, expliquent toutes ces choses. Chez nous un avocat qui s'aviserait de découvrir le sein de sa cliente pour émouvoir ses juges améliorerait assez peu sa cause; c'est en vain qu'il s'appuierait de l'exemple du célèbre avocat athénien Hypéride, qui se servit avec succès de ce moyen en faveur de la belle Phryné, il serait blâmé ouvertement, quelque disposés que fussent d'ailleurs les magistrats à reconnaître en particulier la validité de cette forme oratoire. Cette Phryné cachait d'ordinaire avec soin ses attraits : il était difficile de pénétrer autrement que par la pensée au-delà des vêtements qui les dérobaient aux regards. « Un jour, dit l'historien Athénée, c'était la fête de Neptune à Éleusis, elle éloigna tout mystère, se dépouilla de ses voiles, et livra aux regards ardents d'une multitude immense ce qu'elle cachait d'ordinaire avec tant de soin. Phryné entra nue dans la mer, s'y plongea, et en sortit à la vue de tout un peuple. » Athénée assure que le sculpteur Praxitèle, frappé de ce spectacle, l'éternisa par cette statue célèbre connue sous le nom de la *Vénus de Gnide*. Cette même courtisane servit de modèle à Apelle lorsqu'il peignit la Vénus anadyomène ; d'autres assurent que ce fut la belle Compaspe. Zeuxis réunit dans son *Hellène* les charmes des plus jolies filles qu'il put rencontrer. Enfin, les plus grands maîtres de l'art antique cherchèrent la beauté dans la nature avant d'arriver à composer leur idéal divin.

Dans le langage des artistes, le mot *nu* n'exprime que l'idée du beau et l'étude des formes humaines. On dit : *Indiquer, prononcer, dessiner*, rendre avec mollesse le *nu* ; ou bien : Cet artiste ne connaît pas assez le *nu* ; Ces draperies ne caressent pas assez le *nu*, etc.

Il serait ridicule d'affecter une certaine pruderie en face des produits de la statuaire, qui sont et doivent être plus souvent des images nues.

Le mot *nu*, en architecture, s'entend des surfaces unies d'après lesquelles on détermine la saillie des ornements : ainsi, on dit qu'un pilastre doit excéder le *nu* du mur d'un édifice de telle ou telle parties du module ; que les moulures d'une architrave, d'une corniche, doivent avoir telle ou telle saillie au delà du *nu* de la frise.

En peinture et en sculpture, on appelle *nues* toutes les parties des figures ou figures entières qui ne sont pas couvertes de draperies ; dans un autre sens, on dit d'un tableau qu'il est *nu* lorsque sa composition est pauvre, qu'il manque de détails, ou n'est pas assez meublé de figures.

Les *nudités* sont des figures qui ne sont pas couvertes de draperies, principalement sur les parties qu'on est dans l'usage de cacher ; ce mot s'applique surtout aux figures de femmes, aux images de Vénus et des nymphes. L'Albane, le Titien, Jules Romain, peignirent beaucoup de nudités lascives, pour obéir au goût des princes et des grands personnages de leur temps. A. FILLIOUX.

NUAGE, NUÉE, NUE. Quoique au premier abord, ces trois mots semblent synonymes, il existe néanmoins entre eux une différence assez tranchée. Ainsi, le mot *nuage* caractérise un amas de vapeurs opaques et condensées ; celui de *nuée* désigne mieux une grande quantité de vapeurs étendues dans l'air, et promettant de l'orage, tandis que *nue* marque plus particulièrement les vapeurs les plus élevées. L'idée de *nuage* fait donc penser à l'obscurité, celle de *nuée* à la quantité et à l'orage, celle de *nue* à l'élévation.

Les *nuages* sont des masses de vapeurs d'une grandeur, d'une forme et d'une couleur très-variables, qui nous paraissent quelquefois dans un état complet d'immobilité, mais que de plus souvent nous voyons flotter au gré des vents dans le sein de l'atmosphère. La place seule qu'ils y occupent les différencie des brouillards, car ce qui est un *nuage* pour le spectateur dans la plaine devient un *brouillard* pour celui qui est placé sur le sommet d'une montagne.

La surface des nuages étant presque toujours disposée à réfléchir les rayons de lumière, tels que le soleil les envoie, leur couleur est ordinairement blanche. Mais comme il arrive quelquefois qu'ils absorbent la plus grande partie de la lumière qu'ils reçoivent, leur couleur alors devient brune et obscure.

Le matin, au lever du soleil, et le soir, à son coucher, les nuages paraissent rouges ; ceux qui se trouvent plus rapprochés de l'horizon paraissent violets, et se colorent bientôt après d'une teinte bleuâtre. Cette variété de couleurs est occasionnée sans doute par les réflexions et réfractions que souffre la lumière en pénétrant les globules aqueux qui composent les nuages. La lumière se décompose, et les rayons rouges, ayant plus de force que les autres, viennent les premiers frapper la vue. Les rayons de diverses couleurs arrivent ensuite, suivant leur réfrangibilité et la hauteur du soleil sur l'horizon.

L'eau est dissoute par l'air, et deux causes, la pression et la température combinées, déterminent la quantité d'eau dissoute. Lorsque par l'influence de ces deux causes l'eau se trouve dans un état parfait de dissolution, elle a la forme et la densité de l'air, et l'atmosphère alors conserve toute sa transparence. Mais si l'une de ces deux causes ou toutes deux à la fois éprouvent une diminution, l'air, abandonnant une certaine quantité d'eau, la force de quitter l'état élastique, la rend à son ancienne forme, et la retient, soit par un reste d'attraction, soit par la légèreté résultant de la figure que prennent ses molécules. Ce sont ces molécules agglomérées dans un espace plus ou moins circonscrit qui font perdre à l'air sa transparence sous la forme de nuages ou de brouillards.

On connaît l'odeur, souvent désagréable, des nuages qui se résolvent en pluie, surtout durant les fortes chaleurs. La cause probable de cette odeur est le dégagement du gaz hydrogène carboné, qui s'effectue en abondance pendant les ardeurs de l'été. Il est assez croyable que, s'élevant par sa légèreté dans l'atmosphère, ce fluide aériforme se combine avec les molécules aqueuses dont se composent les nuages, et qu'elles descendent ensuite sous la forme de brouillards dans les couches atmosphériques avoisinant la surface de la terre (*voyez* PLUIE).

Suivant la forme des nuages, la météorologie leur donne différents noms. Ceux qui se présentent en couches limitées par deux plans horizontaux, et que l'on observe souvent au coucher du soleil et près de l'horizon, s'appellent *stratus*. Les *cumulus*, que les matelots nomment *balles de coton*, sont ces gros nuages d'été, toujours plus ou moins arrondis, simulant des montagnes. Les *cirrus*, vulgairement *queues de chat*, se composent de filaments ténus, et ressemblent à des plumes légères semées sous la voûte du ciel. En combinant ces trois noms deux à deux, on exprime tous les états intermédiaires : ainsi on appelle *cirro-cumulus* ces petits nuages arrondis qui occupent souvent le zénith, et qui donnent au ciel l'apparence qu'on désigne dans quelques pays sous le nom de *ciel moutonné*. Les gros nuages noirs arrondis portent le nom de *nimbus*.

La hauteur moyenne des nuages ne dépasse guère trois mille mètres. Il en est cependant de bien plus élevés : de ce nombre étaient ceux qu'aperçut Gay-Lussac dans son dernier voyage aérostatique, alors qu'élevé à près de 7,000 mètres au-dessus de la Seine, il vit des nuages qui lui parurent de 5,000 à 6,000 mètres plus élevés que lui. C'étaient des *cirrus* ; ces nuages sont en effet ceux qui se montrent dans les plus hautes régions de l'atmosphère. Ainsi, quand Bouguer, vers 1745, s'éleva au faîte du Chimborazo, quand de Saussure gravit le Mont-Blanc en 1787, ces observateurs virent les nuages au-dessous d'eux, à l'exception pourtant de ces petits nuages pommelés qui annoncent ordinairement la fin prochaine du beau temps. Ces *pommelures* sont si élevées que Saussure, après avoir gravi au delà de 4,000 mètres, croyait voir ces nuages légers tout aussi haut au-dessus de sa tête que s'il eût encore été à Chamouny, au pied de la montagne. Cependant, d'après des mesures prises à Halle, M. Kœmtz estime la hauteur moyenne de ces nuages à 6,500 mètres. Ce dernier savant présume que les *cirrus* sont composés de particules glacées.

En médecine, on donne le nom de *nuage* à la suspension nébuleuse qu'offre souvent l'urine chez l'homme malade, ainsi qu'à une tache légère de la cornée. *Nuage* se dit aussi figurément de tout ce qui offusque la vue et qui empêche de voir distinctement les objets, et, plus figurément encore, on appelle *nuages* les doutes, les incertitudes et les ignorances de l'esprit humain : Un *nuage* de poussière, de fumée ; Les *nuages* de l'erreur, des préjugés, des passions, etc.

Nuée se dit au figuré d'une entreprise, d'un complot, d'une conspiration, d'un projet de vengeance qui se prépare, et qui est sur le point d'éclater. Dans la même acception, il signifie encore une multitude d'hommes, d'oiseaux, d'animaux venus par troupes. Sous le titre de *Nuées*, Aristophane publia une célèbre comédie, dans laquelle il mit en scène Socrate.

Il est dit dans l'Histoire Sainte qu'à la sortie de l'Égypte Dieu fit marcher à la tête des Israélites une *colonne de nuée*, qui était obscure pendant le jour et lumineuse pendant la nuit ; qu'elle leur servit de guide pour passer la mer Rouge et pour marcher dans le désert ; qu'elle s'arrêtait lorsqu'il fallait camper ; qu'elle se mettait en mouvement lorsqu'il fallait partir ; qu'elle couvrait le tabernacle, etc. Dans une dissertation intitulée *Hodeger* (le Guide), Toland a voulu prouver que ce phénomène n'avait rien de miraculeux.

A l'idée de *nue*, avons-nous dit, se rattache celle de l'élévation ; dans le sens figuré, cette idée accessoire devient presque la principale. Élever quelqu'un jusqu'aux *nues*, c'est le louer excessivement ; faire sauter quelqu'un aux *nues*, c'est l'impatienter, faire qu'il s'emporte ; Tomber des *nues*, c'est être extrêmement surpris et étonné, ou quelquefois embarrassé, comme on l'est quand on tombe de haut. On dit qu'un homme est tombé des *nues* pour désigner un homme qui n'est connu ni avoué de personne sur la terre ; qu'un homme se perd dans les *nues* en parlant de quelqu'un qui dans ses discours et ses raisonnements s'élève de manière à faire perdre de vue aux autres et à lui-même le sujet qu'il traite, ou ce qu'il a entrepris de prouver. Dans toutes ces phrases, l'idée d'élévation domine, celle de vapeurs a disparu, et on ne pourrait se servir ni de *nuée* ni de *nuage*, qui ne réveilleraient point cette idée d'élévation que l'on envisage principalement.

NUANCE. Au propre, c'est la fusion presque insensible, et habilement ménagée, des tons différents d'une même couleur, depuis le plus sombre jusqu'au plus clair ; c'est encore un assortiment des différentes teintes de la même couleur. Les avis sont partagés sur l'étymologie du mot *nuance*. Selon quelques-uns, on disait autrefois *nuage* avec la même signification, et de ce mot on a fait celui de *nuance*. Suivant d'autres, il faudrait remonter au terme latin *mutatio* (changement), d'où l'on aurait tiré d'abord *mutance*, et ensuite *nuance*. Quoi qu'il en soit, on entend généralement par *nuance* un mélange de couleurs plus ou moins bien assorties.

Nuancer, en termes d'art ou de métier, c'est disposer les *nuances* d'une étoffe, d'une tapisserie, d'une broderie. En peinture, les *nuances* sont les transitions presque imperceptiblement graduées d'une couleur à une autre, ou du clair aux tons bruns.

Il suit de là que le mot *nuance*, au figuré, exprime parfaitement la différence fine, délicate, en quelque sorte invisible, qui se trouve entre les mots, les pensées, les mêmes espèces de choses, comme vertus, passions, etc. Le synonymiste doit s'attacher à saisir les *nuances* qui font qu'un mot diffère d'un autre. Il importe que le moraliste et le poète dramatique étudient avec soin les *nuances* si diverses de toutes les passions. Le style a aussi ses *nuances*, mais elles ne sont bien connues et convenablement mises en œuvre que par les grands écrivains.

NUBIE. On comprend ordinairement aujourd'hui sous cette dénomination les régions situées entre l'Égypte et l'Abyssinie. Mais dans un sens plus restreint et plus exact elle ne sert qu'à désigner la partie de ce territoire habitée par un peuple parlant une langue particulière, la vallée du Nil s'étendant depuis Éléphantine ou les premières cataractes jusqu'aux frontières méridionales de la province de Dongolah, ainsi qu'une partie du désert située au sud-ouest de Dongolah, dans la direction du Cordofan. Le peuple de la Nubie est mentionné au temps d'Ératosthène et de Strabon comme une grande nation fixée à l'ouest du Nil, et occupant vraisemblablement alors le Cordofan, peut-être bien même les Oasis qui l'avoisinent au nord. Ce ne fut que vers l'an 300 de notre ère que les Nubiens furent tirés par Dioclétien des Oasis du Nil et établis d'abord dans la région voisine de Syène, à l'effet de protéger l'Égypte contre les irruptions des Blemmyes et des Mégabares qui jusque alors avaient possédé le Nil supérieur. Dans les siècles suivants ils se trouvèrent généralement en contact avec les Blemmyes, tantôt comme leurs alliés et tantôt comme leurs ennemis. Mais à la longue ils finirent par les expulser complètement de la vallée du Nil et à les forcer d'aller s'établir à l'est vers la mer Rouge. A partir du sixième siècle le christianisme pénétra parmi eux, mais suivant la doctrine Jacobite. Leur État devint alors puissant et florissant. Leur roi résidait dans la ville de Donkolah (le vieux Dongolah actuel), et les diverses provinces étaient administrées chacune par un gouverneur. La partie septentrionale du royaume, depuis Philæ jusqu'à la frontière du nord de ce qu'on appelle aujourd'hui le pays de Dongolah, s'appelait *Méris*, et dépendait en grande partie du *Seigneur de la Montagne*, qui résidait à Addoa (aujourd'hui Adde, en face d'Abousimbel) ; la partie méridionale se nommait *Mokra*, et se terminait, dans la contrée qu'arrose l'Albara, à l'État d'Aloa, lequel se rattachait au sud et à l'est au royaume d'Axum (Abyssinie). La Nubie chrétienne fleurit du septième au quatorzième siècle ; une foule d'églises et de monastères, dont les ruines existent encore aujourd'hui, avaient été construits dans la vallée du Nil, et notamment dans la province de Dongolah. Les deux autres grands États du sud étaient également chrétiens, et appartenaient à la même secte que l'Église copte. Aussi plus tard le nom de *Nubie* fut-il employé, au point de vue ecclésiastique, pour désigner tout à la fois les trois royaumes ; et depuis lors il n'a jamais perdu sa signification générale relativement aux délimitations propres de la population nubienne. Au commencement du quatorzième siècle le royaume de Nubie disparut peu à peu, *sous les attaques de plus en plus redoutables des Arabes* ; et vers 1350 le roi lui-même embrassa l'islamisme, qui devint alors la religion dominante du pays. La partie supérieure du royaume de Nubie, à savoir les provinces actuelles de Berber, de Robakat, de Monassir et de Schaigièh, fut occupée par des tribus arabes, qui y effacèrent aussi toutes traces de la langue nubienne ; de même on ne parle aujourd'hui qu'arabe dans la contrée de la vallée du Nil qui appartenait autrefois au royaume d'Aloa et s'étend jusqu'aux tribus nègres. Dans les pays situés à l'est du Nil, à Bellad-e-Taka touchant au sud à l'Abyssinie et dans les régions du nord en descendant jusqu'à l'Assouan, on parle encore aujourd'hui la langue Bega, dérivée de l'ancienne langue maralte, qui vraisemblablement était aussi celle de l'État d'Aloa. La langue nubienne s'est encore conservée en partie dans le Cordofan et aux environs. Dans la vallée du Nil elle se parle en trois dialectes, celui de Dongolah, celui de la région des cataractes, c'est-à-dire dans le pays situé au-dessous de Dongolah et dans la plus grande partie de la Nubie Inférieure jusqu'à Koruskó. De là à Éléphantine on en parle une troisième, que paraissent y avoir introduite les tribus originairement arabes du Beng-Kenz, qui pendant assez longtemps régnèrent sur le pays de Doctrina et se mélangèrent beaucoup avec les Nubiens. Les Arabes désignent ordinairement ce peuple et sa langue sous le nom de *Berber* (au pluriel *Barabia*), mais qui ne désigne que les barbares parlant une langue étrangère ; expression dont se servent également dans les gorges de l'Atlas les tribus Tuariks, qui n'ont aucun rapport de langue ni d'origine avec les populations nubiennes. Le nom que se donnent eux-mêmes les Nubiens est *Nob*, au pluriel *Nobi*. On estime leur nombre à 60,000 dans le Dongolah, et à 130,000 têtes dans la Nubie septentrionale. Toute la Nubie est aujourd'hui soumise au pacha d'Égypte, depuis que l'un des fils de Méhémet-Ali, Ismael-Pacha, en fit la conquête, en 1820.

NUBILITÉ (du latin *nubilis*, nubile, mariable). *Voyez* PUBERTÉ.

NUDIBRANCHES. Ce nom, qui signifie *branchies nues*, exprime le caractère commun de plusieurs genres de mollusques, réunis par G. Cuvier dans son deuxième ordre de la classe des gastéropodes. Cet ordre renferme les quinze genres suivants : *doris*, *ouchidore*, *plocamocère*, *polycère*, *tritonée*, *thétis*, *scyllée*, *glaucus*, *laniogère*, *éolide*, *cavoline*, *flabellatre*, *tergipe*, *busiris* et *placobranche*. Blainville divise cet ordre en deux, sous les noms de *cyclobranches* et de *polybranches*. Depuis les travaux de Cuvier, on a constaté que les embryons des nudibranches sont pourvus, de même que ceux des aplysies, d'une coquille turbinée et d'un opercule. L'étude comparative de leurs embryons, de ceux des pulmonés et de ceux de la plupart des autres mollusques de la classe des gastéropodes, a fourni aussi des caractères assez valables pour réduire les neuf ordres de gastéropodes institués par G. Cuvier à quatre principaux, savoir : les pulmonés, les hétéropodes, les opisthobranches et les prosobranches. C'est M. Edwards qui a proposé cette nouvelle classification, d'après es données de l'embryologie comparée. Les nudibranches, qui, suivant ce zoologiste, comprennent deux grands genres ou familles, les doridiens et les éolidiens, sont réunis par lui aux apiysiens (tectibranches de Cuvier) et aux phyllidiens (inférobranches du même), pour constituer l'ordre des *opisthobranches*. L. LAURENT.

NUE, NUÉE. *Voyez* NUAGE.

NUE-PROPRIÉTÉ. On appelle ainsi la propriété à laquelle n'est point attaché l'usufruit, qui en a été séparé par l'acte même qui l'a constituée. On peut posséder la nue-propriété d'un immeuble, d'une rente, dont l'usufruit se trouve séparé ou aliéné en faveur d'un tiers, pour celui-ci en jouir sa vie durant. Les nues-propriétés sont susceptibles de passer de main en main, tout comme les propriétés auxquelles est en même temps attaché l'usufruit. De la part de l'acquéreur, une acquisition de nue-propriété est un contrat essentiellement aléatoire, basé sur les chances plus ou moins grandes de survie que présente l'âge de l'usufruitier ; et comme le capital qu'on y emploie ne produit d'intérêts qu'à la mort de l'usufruitier, il présente à l'égard de la valeur véritable de l'immeuble, ou de la rente qu'on acquiert, la différence composée des intérêts que, suivant le calcul des probabilités appliqué aux chances de mortalité, on ne percevra point.

NUIT, temps durant lequel le soleil demeure sous l'horizon. *Nuit* vient du latin *nox*, *noctis*, fait du grec νύξ, νυκτός. *Nuit* est l'opposé de *jour* : le premier de ces mots désigne les ténèbres, l'obscurité, comme le second la clarté, la lumière. Sous l'équateur la nuit est égale en durée au jour. À l'époque des équinoxes la nuit est égale au jour sur tous les points du globe. Dans l'hémisphère que nous habitons la nuit est plus longue que le jour depuis l'équinoxe d'automne jusqu'à celui du printemps ; c'est tout le contraire depuis l'équinoxe du printemps jusqu'à celui de l'automne. L'hémisphère méridional subit à cet égard tout le inverse du nôtre. Les anciens Gaulois et Germains divisaient le temps non par jours, mais par nuits ; c'est encore l'usage des Arabes. Dans les livres de l'Ancien Testament, la nuit se prend figurément pour les temps d'affliction et d'adversité, comme lorsque le psalmiste s'écrie : *Probasti cor meum et visitasti nocte*.

La *nuit* dans la langue du poëte remplace l'obscurité, les ténèbres, les mystères impénétrables. Souvent dans les vers, au lieu de la mort, on dit la *nuit* du tombeau l'éternelle *nuit*. La *nuit des temps* rend bien la profonde obscurité qui nous dérobe la connaissance certaine des vieilles époques de l'histoire.

Le mot *nuit* s'emploie proverbialement dans plusieurs phrases familières : La *nuit* tous les chats sont gris ; c'est comme si l'on disait qu'on ne distingue rien dans l'obscurité. Passer une *nuit blanche*, c'est ne pas fermer l'œil de toute la nuit. Adverbialement, *nuit et jour* ou *jour et nuit*, signifie *toujours*, sans discontinuer.

En vénerie, on dit d'un cerf qu'il fait sa *nuit* lorsque cet animal, dès que la nuit tombe, sort des demeures et va aux gagnages ou pâturages jusqu'au lendemain matin.

NUIT (*Mythologie*). Cette divinité, toute cosmogonique, fille d'Ouranos (le Ciel) et de Ghê (la Terre), ou, selon Hésiode, du Chaos, mais sans mère, fut la première à laquelle les peuples de l'antiquité aient rendu de concert un culte solennel. Les Phéniciens, les Arabes, les Égyptiens, l'honoraient déjà depuis un temps immémorial à l'époque où son culte passa à Delphes et à Mégare. Elle y eut des oracles, qui furent regardés comme les plus anciens de la Grèce. Ce fut cette même Nuit qui dormait dans le sein du Chaos, et qui précéda de toute éternité sans doute la Lumière, que les graves Égyptiens adoraient comme le principe des choses créées. Orphée apporta dans la Grèce, des mystérieuses hypogées de Memphis, le culte de cette divinité. Dans le riant pays des Hellènes, peuple neuf, dominé par les sens et l'imagination, il n'y eut que les initiés, les mystagogues, les orphiques, secte pure, égyptiaque par ses rits, ne vivant que de fruits, ayant en horreur les sacrifices sanglants, qui eussent conservé le culte intellectuel de la déesse Nuit. Le profane vulgaire ne l'adora que sous l'aspect de la nuit matériel : ainsi que les anciens Perses, il la redoutait. Toutefois, Hésiode reproduisit dans ses harmonieux hexamètres la cosmogonie asiatique : « Or, du Chaos, l'Érèbe et la Nuit noire furent engendrés, et de la Nuit, l'Éther et le Jour naquirent. Elle les mit au monde après les avoir conçus, mêlée par amour à l'Érèbe. » Selon le poète, la Nuit, par sa couleur sombre, sa froide haleine, ses voiles de deuil impénétrables, son effrayant silence, doit être aussi la mère de tout ce qu'il y a de funeste sur la terre. Alors, il continue ainsi : « Et la Nuit enfanta l'odieux Destin, et la Parque noire, et la Mort, et elle enfanta le Sommeil, et elle enfanta le peuple des Songes : or, la Nuit, obscure déesse, les enfanta tous sans avoir dormi avec nul être. Ensuite, elle mit au jour Momus (le *blâme*), la Misère, pleine de maux, et les Hespérides, et elle engendra les Parques. Et la Nuit enfanta la funeste Némésis, et après elle mit au monde la Fraude, la Concupiscence, la Vieillesse, qui tue, et la Discorde, à l'âme tenace. » On donnait encore pour époux à la Nuit l'Achéron. De ces lugubres amours naquirent les Furies. On ajoutait quelquefois au nom de la déesse les épithètes flatteuses d'Euphronée, d'Eubulie, ou bonne conseillère. « La nuit porte conseil, » disons-nous : c'est un proverbe très-connu.

Aristophane nous représente la Nuit, déesse, étendant ses vastes ailes et déposant un œuf dans le sein de l'Érèbe, d'où sortit l'Amour aux ailes dorées. Les Grecs, plus à l'orient que l'antique Ausonie, avaient fixé l'empire de la Nuit vers les peuples occidentaux de l'Italie, chez les Cimmériens, dans le pays desquels ils pensaient que cette déesse tenait sa paisible cour ; depuis, et avec plus de raison, on le fixa à l'extrémité de l'Espagne, derrière le mont Atlas, dans la patrie des Hespérides, où, en effet l'astre du jour paraît se plonger et disparaître dans le vaste océan Atlantique. D'ailleurs, les plaines silencieuses de l'Hespérie, dont le nom grec veut dire *soir*, devaient être nécessairement le palais de la Nuit, d'où elle sortait à des heures réglées, montée sur un char d'ébène, emportée par deux chevaux noirs, ou deux hiboux, pour fournir dans les cieux, ainsi que le dieu du jour, sa course accoutumée. Quelques poètes grecs l'ont placée dans les profondeurs du Tartare, assise entre deux de ses enfants, le Sommeil et la Mort ;

elle en sortait selon Hésiode, au coucher du soleil, par une porte de fer qui donnait sur les plages de l'Hespérie, accompagnée du Sommeil seulement. On immolait à la Nuit des brebis noires, comme à une divinité infernale. C'était le sacrifice qui était le plus agréable à la sombre déesse; c'est celui que Virgile lui fait offrir par Énée. Le coq, dont le clairon trouble le silence nocturne, était au nombre des victimes de bas prix que lui offrait le peuple. Le hibou, ennemi du jour et l'amant né des ténèbres, lui était consacré.

Cette divinité, tour à tour, selon l'état de l'atmosphère, ou triste ou brillante, ou sombre ou majestueuse, dut, dans ses attributs, exercer plus que le Soleil même l'imagination des poëtes, des peintres, des statuaires de l'antiquité. Tantôt ils la représentent debout sur un char, avec un voile constellé, voltigeant aux brises, et qu'elle retient de ses deux mains. Ce char était emporté par deux ou quatre chevaux noirs, silencieux, mais aux yeux brillants d'un feu sombre, ou par deux hiboux qui voient clair dans les sentiers ténébreux de l'immense espace. Il faut faire attention que la course de la déesse est dirigée vers l'Occident, bien qu'elle tourne la tête vers l'Orient, qu'elle semble regarder avec satisfaction, parce qu'elle le laisse plongé dans l'obscurité. Tantôt un enfant la précède tenant un flambeau près de s'éteindre; c'est le Crépuscule. Quelquefois elle fuit avec précipitation devant le char de l'Aurore, ou du Soleil. Tantôt elle vole rapidement dans l'étendue étoilée avec de grandes ailes semblables à celles de la Victoire, tandis que sur un bas-relief de la villa Borghèse de frêles ailes de papillon frémissent sur ses épaules. On lui donne aussi, par un contraste qui se justifie, les tristes et membraneuses ailes d'une chauve-souris. Rubens l'a ainsi peinte, couvrant de ses ailes déployées la reine Marie de Médicis. Michel-Ange aussi traita ce sévère sujet : il sculpta la Nuit à Florence. Elle est représentée quelquefois nue, mais avec des ailes de chauve-souris, quelquefois simplement couronnée de pavots, quelquefois avec une draperie volante d'un bleu foncé, et renversant un flambeau vers la terre, image du jour qui s'éteint devant elle. Rarement est-elle représentée endormie: c'était dans l'art romain, l'art grec s'en serait donné de garde.
DENNE-BARON.

NUITS, chef-lieu de canton du département de la Côte-d'Or, sur le Meuzin, avec un tribunal et 3,271 habitants, une fabrication de vin mousseux de Bourgogne, du vinaigre, de kirsch-wasser, d'eau-de-vie, des fabriques à la mécanique de futailles, des fabriques de drap, des tanneries, un commerce considérable des célèbres vins de Nuits, de fruits, de légumes et de pierres à bâtir. C'est une station du chemin de fer de Paris à Lyon. La ville est entourée de vignes, et doit son nom aux noyers qui l'entouraient autrefois. Détruite en 1576 par les Allemands appelés en France par le prince de Condé, elle a été rebâtie d'une manière aussi régulière qu'agréable.

NUITS (Vins de). La côte de Nuits, d'une étendue d'environ 25 kilomètres, produit les meilleurs vins de toute la Bourgogne, et entre autres les crus renommés de Clos-Vougeot, La Romanée et Saint-Georges.

NULLITÉ. C'est, en droit, le vice qui empêche un acte ou un jugement de produire son effet. Les nullités ne peuvent être établies que par la loi ; elle seule a le droit de les prononcer. On les distingue en *absolues* ou *relatives*. On appelle absolues celles que peuvent invoquer toutes les personnes ayant un intérêt né et actuel à les faire valoir. Ainsi, lorsque la loi déclare un acte nul pour vice de forme, c'est là une *nullité absolue*. Les *nullités relatives* ne sont établies que dans l'intérêt des parties, et ne peuvent être invoquées que par elles. Telle est, par exemple, la nullité qui résulte du défaut d'autorisation de la femme mariée, puisque la femme seule, son mari ou leurs héritiers peuvent s'opposer et s'en prévaloir. Les nullités ont pour objet principal ou prochain l'intérêt public ou l'intérêt privé. Elles sont prononcées pour l'intérêt public lorsque leur premier et principal objet est le bien de la société générale, comme les choses qui intéressent l'ordre public et les bonnes mœurs. Elles ont rapport à l'intérêt privé lorsque la loi qui les établit considère en première ligne celui du particulier. Les premières rentrent ainsi dans la classe des nullités absolues, et les secondes dans les nullités relatives. Parmi les nullités absolues, les unes sont *radicales* et *perpétuelles*, telles, par exemple, que la convention qui n'a pas d'objet, qui a une cause illicite ou est contraire aux bonnes mœurs ou à l'ordre public. Les autres ne sont que *temporaires*, et ne peuvent pas être invoquées par les parties après certains délais. Ainsi, un jugement définitif rendu en premier ressort acquiert l'autorité de la chose jugée, fût-il même nul de plein droit, lorsqu'on n'en a point appelé dans le délai utile ou lorsque l'instance d'appel est périmée. Les nullités relatives concernent ou la forme extérieure des actes, ou la capacité des parties, ou le fond du droit. Les premières se nomment *fins de non procéder*; les autres *fins de non recevoir*.

Aucun exploit ou acte de procédure ne peut être déclaré nul si la nullité n'en est pas formellement prononcée par la loi. Lorsque la nullité est explicitement déclarée, la volonté de la loi est bien connue. Mais le législateur ne s'exprime pas toujours positivement sur ce point, quoique cependant il entende que la nullité sera encourue en cas de contravention à ses prescriptions. Les rédacteurs du Code Civil n'ont pas adopté une règle infiniment simple, indiquée par le droit romain, d'après laquelle toute loi prohibitive emportait peine de nullité, lors même que cette peine n'y était pas formellement exprimée. La peine de nullité est formellement prononcée par plusieurs dispositions spéciales de nos lois, d'où il suit qu'elle ne doit pas être sous-entendue dans celles qui ne l'établissent pas, lorsqu'elle n'est pas évidemment dans l'intention du législateur. Pour arriver à résoudre les difficultés qui se présentent sans cesse dans l'application, la jurisprudence a admis et consacré la distinction suivante. 1° Il est des formalités *substantielles*, qui sont de l'essence des actes qui les constituent, et alors leur inobservation entraîne la peine de nullité, encore bien que cette peine ne résulte pas d'un texte formel et positif. 2° Il en est d'autres qui sont *accidentelles* et *secondaires*, dont l'inobservation n'opère pas la nullité des actes, quand cette peine n'a pas été formellement prononcée par une disposition législative. Rien de plus simple, en apparence, que cette distinction ; mais si elle satisfait la théorie, elle n'est pas sans de graves difficultés dans l'application. A quels caractères reconnaîtra-t-on les formalités substantielles et celles qui ne le sont pas ? Là est toute la question ; et nous avouons que les décisions de la jurisprudence ne nous paraissent pas l'avoir résolue d'une manière satisfaisante.
E. DE CHABROL.

Le mot *nullité* a fini par se naturaliser, comme tant d'autres, dans la langue usuelle : il emporte avec lui l'idée de négation absolue. On s'en sert pour caractériser l'anéantissement, le défaut de talents, la stérilité de l'esprit, la faiblesse du caractère, l'inaction ou l'impuissance d'une personne. Quand on dit qu'un homme est tout à fait *nul*, on fait entendre clairement qu'il n'a ni talent, ni vertu, ni caractère. Une *nullité*, c'est le contraire d'une capacité.

NUMANCE, ville de la tribu celtibérienne des *Arévaques* dans l'ancienne Espagne, sur le Durius (*Duero*), aux environs de la ville actuelle de Soria, dans la Vieille-Castille, est célèbre par la défense héroïque qu'avec 8,000 combattants seulement elle opposa aux Romains, et qui a fourni à Cervantes le sujet de sa tragédie de *Numancia*. Dès l'an 153 avant J.-C., les Numantins avaient combattu avec succès le consul romain Quintus Fulvius Nobilior ; et Quintus Cœcilius-Metellus-Macedonicus ayant soumis, en 143 et 142, toutes les tribus de ce côté de l'Espagne qui avaient pris part à la guerre de Viriathe, elle était seule demeurée insoumise, lorsqu'en 141 Quintus Pompeius vint prendre le commandement dans cette contrée. La paix qu'ils négocièrent ne put se conclure, parce que Pompée exigea qu'ils lui remissent leurs armes; et bientôt il se vit tellement pressé par eux, qu'il leur accorda la paix à des conditions honorables. Mais sa conduite fut désavouée à Rome; et le peuple déclara le traité non avenu. En l'an 137 Cnéius-Hostilius-Mancinus, forcé de lever le siége de Numance, se vit complétement entouré par les Numantins dans sa retraite, et ne sauva son armée que parce que cette fois encore ils consentirent à signer un traité de paix qui leur fut offert par Tiberius-Sempronius, questeur de Mancinus, mais qui fut également désavoué à Rome. Les Romains ayant offert de leur livrer Mancinus comme victime expiatoire, les Numantins refusèrent de le recevoir. Il y eut alors suspension d'hostilités jusqu'en l'an 134, époque où la direction de la guerre fut confiée au jeune Publius Cornelius Scipion, nommé consul à cet effet. Celui-ci commença par rétablir la discipline dans l'armée, puis ravagea toute la contrée aux environs de Numance, en refusant d'accepter une bataille; plus tard il assiégea la ville avec son armée, dont l'effectif avait été successivement porté à 60,000 hommes. Les sorties tentées par les Numantins furent inutiles. Refusant de se rendre à discrétion, suivant la sommation que leur en fit Scipion, ceux qui ne succombèrent pas à la faim s'entretuèrent. Le vainqueur ne trouva plus qu'un petit nombre d'habitants encore vivants en pénétrant, après quinze mois de siége, dans la ville, qu'il fit immédiatement raser.

NUMA POMPILIUS est désigné dans l'histoire fabuleuse des premiers temps de Rome comme ayant été son second roi, dont le règne serait compris entre les années 715 et 672 avant J.-C. La tradition fait de lui le fils d'un Sabin appelé *Pompo Pompilius*, gendre de Tatius, qui régnait conjointement avec Romulus. Il vivait à Cures, dans le pays des Sabins, comme simple particulier, lorsqu'il fut appelé à Rome pour y remplir les fonctions de roi. Si la guerre avait été pour Romulus un moyen de fonder la puissance de l'État romain, Numa Pompilius la consolida en y faisant régner la paix, le bon ordre, et en y régularisant le culte religieux. Sous son règne, le temple de Janus demeura constamment fermé. Il organisa le culte des tribus et des curies, institua les flamines, les saliens, les vestales, les augures, les féciaux, et, comme surveillants de tout ce qui regardait la religion, les *pontifices;* il corrigea le calendrier, favorisa l'agriculture et la culture de la vigne, en leur traçant des préceptes; il donna de la sécurité à la propriété en introduisant pour délimiter les héritages des bornes (*termini*), qui reçurent un caractère sacré, et de la fixité au mariage en y attachant une idée religieuse; enfin, il créa les corporations (*collegia*), d'ouvriers. Il recevait les conseils de la nymphe Égérie. Sa fille, Pompilia épousa *Numa Marcius*, et fut la mère du quatrième roi de Rome, Ancus Marcius.

NUMÉRAIRE, du latin *numerare*, compter, parce que les monnaies se comptent. L'Ancien Testament constate que le numéraire existait déjà du temps d'Abraham, lorsqu'il nous montre celui-ci payant quarante sicles : le sicle était en effet l'unité de poids et l'unité monétaire du peuple juif. Quand les premières nations se sont formées, quand elles ont eu recours à l'or et à l'argent, après s'être d'abord servies du fer, du cuivre, pour créer des valeurs appréciables et échangeables contre toute espèce de marchandise ; quand elles ont eu créé le numéraire, en un mot, elles ne l'ont eu qu'en très-minimes quantités; l'État, les familles recevaient beaucoup de redevances en nature, et par conséquent le besoin de numéraire était peu considérable. La société féodale elle-même, où le seigneur recevait également ces redevances en nature de ses vassaux, où le clergé se payait par la dîme en nature, n'en avait pas besoin sur une grande échelle. Ce sont les développements du commerce, les échanges nécessaires qu'il a entraînés avec les nations voisines, les besoins intérieurs qu'ils ont fait naître, qui ont été les causes du développement du numéraire; on a vu alors les nations chercher, ou dans les entrailles de leur sol ou par les échanges commerciaux, les métaux précieux destinés à fabriquer les monnaies, à constituer leur numéraire. Le numéraire est en effet la richesse d'une nation en espèces monnayées; c'est par extension que les particuliers ont adapté à leur usage ce mot de *numéraire*. Le numéraire est également la somme d'argent et d'or monnayé dont peut disposer une banque, un établissement de crédit. Par numéraire, les économistes entendent les monnaies d'or et d'argent; mais il est d'usage d'appliquer aussi ce nom au papier-monnaie, dans les pays où il existe, et aux billets de banque payables à présentation et au porteur. Les économistes n'admettent point, ce qui au premier abord peut sembler assez étrange, la monnaie de billon comme numéraire; ils ne l'admettent que comme signe représentatif. Or, l'argent et l'or, en lingots ou en espèces monnayées, représentent des valeurs fixes, certaines, tandis que le cuivre subit dans sa valeur de très-notables variations, ce qui fait que comme monnaie ils ne le considèrent que comme ayant la valeur nominale qui lui est fictivement donnée. La somme du numéraire d'une nation est toujours bien inférieure à celle des valeurs en émission chez elle, valeurs qui n'ont d'autre but que de suppléer à l'insuffisance du numéraire. On n'évalue pas à plus de deux milliards et demi la quantité de numéraire en circulation en France; l'Angleterre en possède une quantité bien moins considérable.

NUMÉRAL, qui sert à marquer quelque nombre; on dit : un *adjectif numéral*. Ce mot vient du latin, *numeralis*, fait de *numerus*, nombre.

Les *lettres numérales* sont celles qu'on employait souvent autrefois au lieu des chiffres arabes; on leur donne aussi le nom de chiffres romains.

Les *vers numéraux* ou chronologiques sont ceux dont toutes les lettres *numérales* marquent le millésime de quelque événement(*voyez* CHRONOGRAMME).

On emploie quelquefois l'adjectif *numérique* pour *numéral*. Ces deux mots désignent également ce qui a rapport aux nombres. Le *calcul numérique* est celui qui s'effectue sur les nombres représentés par des chiffres, par opposition au calcul algébrique, qu'on effectue sur les nombres représentés d'une manière générale par des lettres.

NUMÉRATEUR. *Voyez* FRACTION.

NUMÉRATION. Cette partie de l'arithmétique, qui précède nécessairement toutes les autres, a pour objet de représenter par la parole et par l'écriture tous les nombres qui entrent dans nos calculs. Elle se divise donc en numération parlée et numération écrite.

La *numération parlée* semble, au premier abord, devoir se borner à imposer un nom distinct à chaque nombre. Or, pour peu que l'on réfléchisse à l'immensité d'une telle nomenclature, on reconnaît immédiatement son impossibilité, et on constate de la nécessité d'établir un système qui permette, à l'aide de quelques mots seulement, combinés suivant une loi simple et uniforme, de représenter, nous ne dirons pas tous les nombres, puisque leur suite est infinie, mais ceux qui peuvent devenir l'objet de nos spéculations.

Dans ce système en usage chez la plupart des peuples, on donne un nom particulier aux dix premiers nombres entiers; en France, ces noms sont *un*, *deux*, *trois*, *quatre*, *cinq*, *six*, *sept*, *huit*, *neuf*, *dix*. Arrivé là, on considère *dix* ou une *dixaine* comme une nouvelle unité, c'est-à-dire que l'on compte par dixaines comme l'on a compté par unités ; les collections de deux, trois, quatre, cinq, six, sept, huit, neuf dixaines, reçoivent les noms de *vingt*, *trente*, *quarante*, *cinquante*, *soixante*, *soixante-dix*, *quatre-vingts*, *quatre-vingt-dix*. Pour la régularité de la nomenclature, on devrait dire *duante* au lieu de *vingt* et, ainsi que l'usage s'en est conservé dans quelques localités du midi, *septante*, *octante* et *nonante*, au lieu de *soixante-dix*, *quatre-vingts* et *quatre-vingt dix*.

Pour dénommer les nombres renfermant des dixaines et des unités, on fait suivre l'expression des dixaines de celle des unités ; ainsi se forment *vingt-et-un*, *vingt-deux*, *vingt-trois*, etc. L'usage, fondé sur l'étymologie latine, a seul fait remplacer *dix-un*, *dix-deux*, *dix-trois*, *dix-quatre*, *dix-cinq* et *dix-six*, par *onze*, *douze*, *treize*, *quatorze*, *quinze* et *seize*. A partir de là la nomenclature devient régulière, et l'on dit *dix-sept*, *dix-huit*, etc. On compte de cette manière jusqu'à *quatre-vingt-dix-neuf*, qui exprime une collection de neuf dixaines et de neuf unités.

Si on ajoute une unité à ce dernier nombre, on obtient dix dixaines ; ce nouveau nombre reçoit le nom de *cent*, ou *une centaine*, et en comptant par centaines comme on l'a fait par dixaines, on arrive à *neuf cent quatre-vingt-dix-neuf*.

En ajoutant encore une unité, on a dix centaines, ou *un mille*. Ici, on traite les mille non comme les centaines et les dixaines, mais comme les unités elles-mêmes, de sorte que l'on forme des dixaines et des centaines de mille, absolument comme l'on a formé des dixaines et des centaines d'unités. Cette convention permet de compter jusqu'à *neuf cent quatre-vingt-dix-neuf mille neuf cent quatre-vingt-dix-neuf unités*.

Mille mille donnent une nouvelle unité, que l'on appelle *million* ; mille millions donnent pareillement un *billion* ; et en suivant la même loi, on obtient successivement des *trillions*, *quatrillions*, *quintillions*, *sextillions*, *septillions*, *octillions*, *nonillions*, *décillions*, *undécillions dodécillions*, etc. On peut prolonger cette liste autant que l'on veut ; mais les termes que nous venons de nommer suffisent pour représenter tous les nombres dont l'homme a eu besoin jusque-ici : ainsi, il est facile de démontrer que dix dodécillions expriment un nombre plus grand que celui des grains de sable de la terre, en supposant que dix de ces grains équivallent à un grain de chénevis.

Notre système de *numération écrite* est encore plus admirable par sa simplicité ; car dans la numération parlée, à mesure que le domaine s'agrandit, il faut créer de nouveaux mots ; il n'en est pas de même dans la numération écrite : dix caractères, appelés *chiffres*, peuvent exprimer tous les nombres imaginables. Ces dix caractères sont : 1, 2, 3, 4, 5, 6, 7, 8, 9, 0. Les neuf premiers, que l'on nomme quelquefois *chiffres significatifs*, représentent les nombres de *un* à *neuf*. Le dernier, ou *zéro*, n'a aucune valeur par lui-même ; mais il sert à modifier celle des chiffres significatifs qu'il accompagne, ainsi que nous allons le faire voir.

Les chiffres significatifs ont en effet deux sortes de valeurs, l'une absolue, invariable, l'autre dite *valeur relative* ou *valeur de position*. Ainsi le caractère 2 en valeur absolue représente toujours *deux* ; mais ce peut être aussi bien deux unités que deux dixaines, deux centaines, etc. Pour qu'il ne puisse y avoir aucun doute à cet égard, on a posé ce principe fondamental de la numération écrite : *Tout chiffre placé à la gauche d'un autre représente des unités dix fois plus grandes*. Ainsi, dans 324, le premier chiffre à droite, 4, exprime des unités ; 2, qui vient immédiatement à sa gauche, représente des dixaines ; 3 est un nombre de centaines ; ce nombre, 324, se lira donc *trois cent vingt-quatre unités*.

On conçoit dès à présent l'utilité du zéro. Car, si l'on veut exprimer un nombre qui ne renferme que des dixaines, *quarante* par exemple, on écrira 40 ; le zéro ne servant qu'à donner au 4 sa valeur de position ; pareillement *quatre cents* s'écrira 400 ; *deux mille sept* s'écrira 2007, etc. L'introduction du zéro dans la numération a apporté les plus importantes simplifications aux opérations de l'arithmétique, et a permis aux calculateurs de s'affranchir de l'emploi de l'abaque.

Il règne entre les deux branches de la numération un parfait accord, qui résulte de ce que dans l'une et dans l'autre on regarde toujours *dix* unités d'un ordre quelconque comme en formant une de l'ordre immédiatement supérieur. Ce nombre *dix*, qui joue ici un rôle d'une si grande importance, est ce que l'on appelle la *base* du système de numération. Ce système reçoit de là, à son tour, le nom de *système décimal* ou *décennaire*, pour le distinguer des autres. On aurait pu en effet prendre tout autre nombre entier pour base, et choisir un système *binaire*, *ternaire*, *quaternaire*, *octaval*, *duodécimal*, etc., exigeant l'emploi d'un plus ou moins grand nombre de chiffres ; car, remarquons-le, un système quelconque comporte autant de chiffres, y compris le zéro, qu'il y a d'unités dans sa base.

On explique généralement l'adoption presque universelle du système de numération décimale par la conformation de nos mains. La nature, dit-on, apprit aux hommes à se servir de leurs doigts pour faire les premiers calculs. Ils se trouvèrent sans doute plus d'une fois dans le cas d'on épuiser le nombre, en comptant des unités quelconques. Il fallut donc tenir compte du nombre de fois qu'ils avaient épuisé leurs doigts ; dès lors ils eurent l'idée d'unités collectives dix fois plus grandes que l'unité simple ou primitive : tel fut le principe et le premier fondement de la numération. La loi de l'accroissement eût pu être tout autre, et le système duodécimal, par exemple, eût probablement prévalu si les hommes étaient nés avec six doigts à chaque main.

A cela, Ch. Fourier et ses adeptes répondent : « Il ne suffit pas de dire : Nous avons dix doigts, il faut observer que nous avons à chaque main *quatre* doigts composés chacun de *trois* articulations ou phalanges, et ensuite un cinquième doigt qui est *hors ligne*, doigt *opposé*, doigt PIVOTAL, le pouce enfin, destiné aux fonctions de *compteur* dans le calcul sur les mains. Chacune de nos mains est donc faite de telle sorte que nous pouvons y marquer très-distinctement les *douze* premiers nombres. Et si nous prenons l'une pour compter les unités, l'autre pourra servir absolument de la même manière pour les *douzaines*, de sorte que nous pouvons compter sur nos mains jusqu'à *douze fois douze* ou même jusqu'à *treize fois douze*, nombre que nous appelons *cent-cinquante-six* dans le système décimal… » De là Ch. Fourier conclut que nos mains sont positivement et exclusivement conformées pour la numération duodécimale.

M. Libri regarde le système décimal comme n'étant autre chose que le redoublement d'un ancien système *pentenaire*, dont les chiffres des Romains ont gardé le souvenir, et que l'on retrouve chez certaines peuplades du Nouveau Monde. Les langues de plusieurs peuples de l'Amérique témoignent, d'après M. de Humboldt, de l'existence d'une numération *vigésimale*, prise sans doute du nombre des doigts des pieds et des mains réunis. Les usages de la vie commune, comme les traditions cosmogoniques et mythologiques, conservent encore la trace des systèmes *trinaire*, *quaternaire* et *septenaire*.

Quoi qu'il en soit, le seul système d'un emploi général est celui dont la base est *dix*. Les autres n'offrent d'intérêt qu'au point de vue des spéculations mathématiques. Outre les propriétés particulières à chacun, il en est qui appartiennent à tous. Souvent il suffit de modifier convenablement les énoncés. Ainsi, dans le système décimal, si l'on écrit un, deux ou trois zéros à la droite d'un nombre, il est évident qu'on le multiplie par dix, cent ou mille. Si l'on fait la même chose pour un nombre écrit dans le système duodécimal, on le multipliera par douze, cent quarante-quatre ou mille sept cent vingt-huit.
E. MERLIEUX.

En notariat, le mot *numération* est employé dans une acception technique, mais qui a pourtant un grand rapport avec l'acception arithmétique. Quand un acte de notaire doit faire mention d'une somme réellement livrée en sa présence, il est de règle que la somme soit comptée par lui devant les parties, et l'usage de consigner ce fait dans l'acte par ces expressions : la *numération* des espèces a eu lieu en présence des parties.

NUMÉRIEN (Marcus Aurelius Numerianus), empereur romain, fils de Carus. Dès son enfance, le fils infortuné de Carus se livra avec une ardente avidité à l'étude des lettres et de l'éloquence. Tandis que son frère Carinus se plongeait dans toutes les débauches, Numérien, élevé comme lui au césariat depuis l'an 282, disputait à Calpurnius de Sicile, à Nemesianus de Carthage, la palme de la poésie et de l'éloquence. De lui subsistèrent longtemps de splendides harangues de l'école de Sénèque et des vers vantés. L'oraison qu'à son avénement au pouvoir Numérien prononça au sénat fut trouvée si belle que la curie adulatrice lui érigea dans la bibliothèque Ulpienne une statue avec cette inscription : « Au plus puissant orateur de son temps : *Oratori temporibus suis potentissimo !* » Les triomphes de la parole, les cris d'amour du peuple, ne suffirent pas au jeune césar; il partit avec son père pour la désastreuse expédition de Perse. Nemesianus, en lui adressant son fameux poëme sur la chasse, promettait d'emboucher un jour la trompette héroïque pour chanter les victoires de Carinus sur les barbares du Nord et celles de Numérien sur les Parthes. On sait comme le fer d'un assassin arrêta court l'empereur Carus au milieu de ses exploits. L'armée d'Orient commença sa retraite, sans être inquiétée par les Perses, et guidée par le cadavre de son chef et par son jeune empereur, on plutôt par le préfet du prétoire, Arrius Aper, qu'on avait soupçonné du meurtre de Carus. Telle était la douleur filiale du tendre Numérien, il pleura si longtemps et si amèrement son père bien aimé, que l'abondance de ses larmes tarit chez lui les sources de la vue et le rendit incapable de supporter les rayons du jour. On le portait donc au milieu des troupes, dans une litière bien fermée, et dont rarement il sortait pour montrer aux soldats leur empereur chéri. Ainsi, il parvint avec l'avant-garde à Périnthe ou Héraclée, en Thrace; le gros de l'armée était encore à Chalcédoine. Depuis plusieurs jours, Numérien n'avait pas paru : des bruits sourds d'assassinat circulaient dans l'armée; une odeur fétide s'exhalait par moments de la litière impériale; la révolte éclata, on se jeta en tumulte sur les portières; qu'on brisa; il n'y avait plus qu'un cadavre ! Le fils de Carus avait été assassiné, le 17 septembre 284, par ceux qui le portaient. Alors l'indignation se fit jour : l'infâme Arrius Aper fut arrêté et gardé à vue auprès des drapeaux. Bientôt il fut traîné au tribunal du nouvel auguste que venait d'élire l'armée, Dioclétien, soldat de fortune, destiné à devenir l'un des grands empereurs de Rome. Dioclétien s'élança du tribunal, plongea son épée dans le sein d'Aper, et ainsi Numérien fut vengé. L'armée applaudit, et reprit la route de Rome. Numérien fut mis au rang des dieux. Alphonse PAILLARD.

NUMÉRIQUE. *Voyez* NUMÉRAL.

NUMÉRO, NUMÉROTAGE. Le *numéro* est en général le chiffre qui distingue un objet quelconque des autres objets de la même espèce. Ce mot est d'origine toute latine; il est le datif et l'ablatif de *numerus*. L'usage des numéros est infiniment précieux dans toutes sortes d'affaires; c'est le plus sûr moyen d'éviter souvent le désordre et la confusion. Si les maisons de nos rues n'étaient pas uniformément numérotées, combien de difficultés n'aurait-on pas pour trouver les adresses. Dans le commerce, le numérotage est d'une utilité incontestable. On se sert aussi du terme *numéro* pour désigner la qualité de certaines marchandises. Ainsi, il y a du *numéro* de tel ou tel numéro; il en est de même d'une foule d'autres objets. Le numérotage joue un rôle important dans l'armée; sans lui, on n'y verrait que désordre. Aussi tout est-il numéroté dans les régiments, hommes, chevaux, pièces de l'armement, de l'habillement, de l'équipement et du harnachement. En arrivant dans un corps, le soldat nouveau venu prend au registre-matricule un numéro qu'il conserve toujours : ce numéro est indépendant de celui qu'il prend dans l'escadron ou dans la compagnie, lequel est susceptible de changer souvent. Au bagne, l'homme ne devient plus qu'un numéro. Dans les hôtels garnis, on n'est guère connu que par son numéro.

On donne le nom de *numéro* à chaque feuille d'un journal quotidien et à chaque cahier des recueils périodiques ou semi-périodiques.

NUMIDES. *Voyez* NUMIDIE.

NUMIDIE (*Numidia*), le pays des Numides. C'est ainsi qu'on appelait dans l'antiquité, et dans la plus large acception du mot, la partie nord de l'Afrique, qui répond aujourd'hui à peu près à l' Algérie Elle confinait au nord à la Méditerranée ; à l'est, le fleuve Tusca (aujourd'hui *Ouadi-el-Berber*) la séparait du territoire de Carthage, appelé sous la domination romaine *Africa propria*. A l'ouest elle était séparée de la Mauritanie par le fleuve Mulucha (aujourd'hui *Moluya*). Enfin, au sud, les chaînes du grand Atlas la séparaient du pays de Gétulies et de l'intérieur de la Libye. Les habitants de la Numidie, comme ceux de la Mauritanie, appartenaient à la race qui s'est perpétuée jusqu'à ce jour dans les contrées où elle porte maintenant le nom de *B e r b è r e s ;* race passionnée pour son indépendance, vigoureuse et belliqueuse, et célèbre par son habileté à monter à cheval. Parmi les tribus dont elle se composait, les plus importantes étaient les Massyliens, à l'est, et les Massœsyliens, à l'ouest. Massinissa, roi de la première, favorisé par les Romains, réunit sous sa domination ces diverses tribus en un seul État, dont les souverains eurent ensuite beaucoup de célébrité, J u g u r t h a et J u b a surtout. César, dans sa guerre d'Afrique ayant vaincu Juba, la Numidie devint une province romaine. Mais Auguste donna à Juba II la partie occidentale à partir du fleuve Ampsaga (aujourd'hui *Ouad-el-Kibir*), avec la Mauritanie; et dès lors la dénomination de *Numidie* se trouva restreinte à la partie orientale. Quant à cette partie occidentale qu'Auguste en détacha, elle reçut, lorsque, sous l'empereur Claude, la Mauritanie fut érigée en province romaine et divisée en deux parties, le nom de *Mauritania Cæsariensis*, dérivé de la ville de Césarée (aujourd'hui *Tenez*), tandis que l'ancienne M a u r i t a n i e prit le nom de *Tingitane*, dérivé de la ville de Tingis (aujourd'hui *Tanger*). Les villes les plus importantes de ce qu'on appela alors plus particulièrement la Numidie étaient *Hippone*, non loin de l'embouchure du Rubricatus (la *Seybouze*), *Naragarra*, célèbre par l'entretien de Scipion avec Annibal, *Zama*, où en l'an 201 avant J.-C. se livra la célèbre bataille de même nom, et *Cirta*, qui prit le nom de Constantin quand ce prince l'eut rédifiée, et qui existe encore aujourd'hui sous le nom de C o n s t a n t i n e.

NUMISMALE. *Voyez* NUMMULITE.

NUMISMATE, NUMISMATISTE. Le mot de *numismate* est tombé en désuétude; depuis quelques années on a adopté, pour le remplacer, celui de *numismatiste*, et l'Académie a donné sa sanction à cette désinence, plus conforme aux règles de l'analogie : en effet, celui qui étudie la diplomatique s'appelle *diplomatiste*, et non pas *diplomate*; pour continuer à dire *numimaste*, il eût fallu substituer *numismatie* à *numismatique* ; cette innovation, proposée par quelques personnes, a été généralement repoussée. On qualifie donc aujourd'hui du nom de *numismatistes* tous ceux qui s'adonnent à la n u m i s m a t i q u e, soit comme écrivains, soit comme collecteurs. Il est vrai que la plupart des écrivains s'occupent aussi à former des collections; mais parmi les collecteurs, le plus grand nombre réunissent des médailles par un simple motif de curiosité, et se bornent aux jouissances de la possession. Le goût devient souvent une manie, qui prête à certains ridicules. Voyez le numismatiste avec ses médailles ! Avec quel soin ne les brosse-t-il pas pour en augmenter l'éclat ! avec quelle satisfaction il so mire dans leurs belles teintes d'un bleu turquoise ! que de peines, que d'argent, ne sacrifie-t-il point pour acquérir une variété rare qui manque dans ses suites ! On a vu de nos jours un numismatiste, fort honnête homme d'ailleurs, ne point hésiter à dérober une pièce unique, qu'il ne pouvait pas se procurer autrement. Vaillant, enseveli dans la contemplation de ses romaines, comme Archimède dans ses calculs, refuse de se mettre à la fenêtre pour voir l'entrée solennelle du roi, et déclare qu'*il ne quitterait aucune de ses médailles lors même que le roi Salomon devrait passer devant sa porte avec la reine de Saba*. L'on n'en finirait point si l'on voulait raconter ici toutes les anecdotes de ce genre dont fourmille la vie des amateurs de médailles. Cependant, malgré leur côté grotesque, il n'est aucun d'eux qui n'ait rendu de véritables services à la science, en préservant d'une destruction presque certaine des monuments qui, sans leur monomanie, eussent été perdus pour elle.

Le numismatiste se présente aussi sous un aspect plus grave : dépositaire des médailles que la terre nous restitue chaque jour, il les étudie, les classe, et en fait souvent de savantes attributions. Il compare les documents périssables que lui fournit l'histoire avec les autres documents inaltérables et contemporains, puis il rectifie des faits et des dates, constate l'existence de villes et de princes peu connus, et retrouve l'explication de mythes, de costumes et d'usages sur lesquels on n'avait que des traditions obscures ; enfin, c'est l'antiquité tout entière qu'il nous expose dans une série de petits bas-reliefs précieux pour l'histoire de l'art, et qui attestent ses progrès ou sa décadence. Voilà quelle est la tâche du numismatiste, grande et noble mission assurément lorsqu'elle est comprise ; mais bien peu seulement savent la saisir dans sa plus haute portée. Chez les uns, c'est un passe-temps, une récréation d'autres travaux ; chez les autres, une spéculation mercantile ; et les Rothschild ont commencé ainsi leur prodigieuse fortune ; chez plusieurs, c'est une méthode de mnémonique pour se rappeler des noms et des lieux ; mais chez la plupart, c'est le goût inné à l'homme, et dépendant de son organisme, qui le porte à réunir, à classer, à compléter, et qui a produit cette foule innombrable de collecteurs, depuis l'enfant qui recueille des cailloux sur le sable, jusqu'au monarque qui remplissait dans ses galeries des Titien et des Raphaël.

Mis DE LA GRANGE, de l'Institut, sénateur.

NUMISMATIQUE (du grec νόμισμα, monnaie), science qui a pour objet l'explication et la description des monnaies, pieds-forts, médailles, médaillons, tessères, jetons, pièces de plaisir ou de nécessité, méreaux, et en général de toutes pièces coulées ou frappées, soit avec un métal quelconque, soit avec d'autres matières, telles que bois, cuir, etc. Cette science a pris naissance avec le goût des antiquités au commencement du seizième siècle ; on recueillit d'abord les monnaies anciennes que l'on découvrait successivement. Le bon roi René, Pétrarque, Mathias Corvin, roi de Hongrie, Alfonse, roi d'Arragon, furent les premiers qui en formèrent des collections ; Cromwell et la reine Christine imitèrent plus tard leur exemple. Des savants étudièrent ces monuments, et s'occupèrent à les classer, à les décrire ; leurs travaux produisirent différentes théories, qui jetèrent les bases de la numismatique ; celle-ci, fille de l'archéologie, dut suivre les aberrations de sa mère : son berceau fut environné d'abord de ténèbres, ensuite de fables ; une philologie pédantesque envahissait tout ; les meilleures choses étaient noyées dans un fatras scientifique. Ce ne fut que peu à peu que l'on revint à des méthodes plus simples, et il s'écoula plus de deux siècles avant qu'une saine et judicieuse critique substituât les faits aux hypothèses, la vérité au mensonge. On disputa longtemps sur la prééminence de la numismatique et sur l'utilité de son application à l'histoire, à la chronologie, à la mythologie et à l'art en général ; quelques auteurs soutiennent avec raison que l'antiquité tout entière se retrouvait dans l'étude des médailles, tandis que d'autres s'obstinaient à exclure la numismatique de l'archéologie. Depuis le dix-huitième siècle la numismatique occupe dans la hiérarchie des sciences le rang élevé auquel elle avait des droits imprescriptibles, quoique souvent méconnus. Elle est devenue l'une des branches les plus importantes de l'archéologie ; son étude rentre essentiellement dans le domaine de l'art ; elle se lie étroitement à celle de l'histoire, de la géographie et de la mythologie ; elle est aujourd'hui poursuivie avec une noble émulation par tous les hommes graves qui se vouent à quelqu'une de ses spécialités.

La numismatique se partage en trois grandes divisions, qui représentent autant d'époques : 1º la numismatique ancienne, 2º la numismatique du moyen âge, 3º la numismatique moderne. La première finit pour l'Occident avec la domination romaine ; mais pour l'Orient, elle s'étend, par une sorte d'exception conventionnelle, jusqu'à la destruction de l'empire grec. La deuxième commence pour l'Europe à l'occupation des peuples barbares, et pour la France par les monnaies des rois de la première race. La troisième commence au quinzième siècle pour l'Italie, avec la renaissance des lettres, et pour tous les autres pays avec le seizième siècle.

La numismatique ancienne, explorée depuis trois cents ans, offre maintenant une masse d'ouvrages imposants par leur science ; il n'est aucune contrée de l'Ancien Monde qui ne se soit livrée à ce genre d'études ; l'Amérique elle-même en comprend toute l'importance, et, ne possédant point jusqu'ici de médailles antiques exhumées de son territoire, en fait rechercher en Europe, en Asie, en Afrique, pour créer des musées et réunir les séries indispensables à l'instruction de ses archéologues. La Compagnie des Indes anglaises s'en occupe avec sollicitude, et même avant que la munificence du général Allard eût doté notre musée d'une suite aussi complète des nouveaux rois de la Bactriane et des monnaies indou-scythes, elle avait secondé de son appui les travaux de la Société Asiatique, qui publiait d'utiles découvertes dans cette branche extrême de la numismatique grecque. Maintenant qu'une classification générale a été adoptée, l'attention et l'ardeur de nos savants se portent sur les médailles inédites, ou sur l'interprétation historique et mythologique des types déjà connus. Ce qui atteste le progrès de la science en général, c'est qu'aujourd'hui on s'applique plus particulièrement aux monographies dans chaque spécialité ; souvent même une seule médaille donne lieu à une dissertation riche de faits curieux et d'observations neuves sur les mythes antiques. Il y a cependant quelques parties de la numismatique ancienne qui n'ont point encore été traitées d'une manière aussi explicite, et qui laissent beaucoup à désirer : je citerai ici les as pondéraux d'Italie et les monnaies barbares de la Gaule ou de la Germanie.

Ces dernières me ramènent tout naturellement à la numismatique du moyen âge, qu'elles précèdent immédiatement. Depuis quelques années une sympathie universelle s'est réveillée en faveur de cette époque rude et grossière, mais si dramatique par l'énergie de ses passions, si naïve par la simplicité de sa foi et de ses mœurs, si pittoresque par ses costumes et par son architecture. Tout l'intérêt et tout l'enthousiasme d'une jeunesse studieuse se sont concentrés sur cette ère génératrice qui a produit notre civilisation, mine féconde, superficiellement exploitée jusqu'ici, et qui promet les plus heureux résultats. Nos numismatistes ont suivi cette impulsion : ils se sont élancés dans la carrière nouvelle qui s'ouvrait devant eux, et, chose singulière ! le livre le plus substantiel, le plus complet qui ait encore paru en français sur la numismatique du moyen âge est l'œuvre d'un réfugié polonais, du professeur Lelewel: Partout aujourd'hui on se livre avec ardeur à l'exploration des monnaies nationales, et tous les jours on arrive aux découvertes les plus curieuses et les plus utiles. En effet, l'étude des monnaies de nos rois, de nos prélats, de nos barons, qui s'associe d'ailleurs si bien à celle de nos chartes et de nos chroniques, fixera beaucoup d'incertitudes et remplira de nombreuses lacunes dans l'histoire générale de notre pays et dans l'histoire particulière de nos provinces. Un journal spécialement fondé dans ce but à Blois, en 1836, par MM. Cartier et de La Saussaye, sous le titre de *Revue de la Numismatique française*, a rendu de grands services. Il existe en outre en Europe trois autres journaux de numismatique générale, deux en Allemagne et un en Angleterre ; mais ces pays, qui poursuivent avec assez d'habileté leurs recherches sur leurs monnaies indigènes, sont restés fort en arrière pour les médailles anciennes, dont l'Italie, cette terre classique, semble s'être réservé le monopole.

Parmi les livres publiés sur la *numismatique*, on doit remarquer les ouvrages les plus récents des Sestini, des Schiazzi, des Fontana, des Borghesi, des Avellino, des Tissieri, des Cavedoni, des Zanoni, etc. L'Angleterre peut revendiquer quelques travaux sur des monnaies grecques du savant Millingen; l'Autriche, l'admirable doctrine de l'illustre Eckhel; la France peut citer avec orgueil l'immense ouvrage de Mionnet, qui forme à lui seul une encyclopédie de toute la numismatique ancienne, et qui restera comme un monument unique dans son espèce. Nous possédons encore d'excellentes dissertations de Raoul-Rochette, de M. le duc de Luynes, de M. de Witte, des opuscules de MM. de Lagoi, de Cadaivène et Cousinery. Les lettres de M. le baron Marchant sur les byzantines, et le beau livre que M. de Saulcy a publié sur le même sujet, nous donnent aujourd'hui dans cette branche de la science une supériorité incontestable. Citons aussi le *Trésor de Numismatique* de M. Ch. Lenormant.

Quant à la numismatique moderne, son étude est entourée de peu de difficultés : les faits sont trop près de nous pour que les médailles puissent servir à les expliquer; mais sous le rapport de l'art, elle offre un plus grand intérêt et présente un tableau curieux de ses variations. L'histoire de la numismatique de la révolution française, par M. Hénin, par l'exactitude de la beauté de ses planches, par la sagacité et la justesse des observations qui y sont jointes, peut servir de modèle dans ce genre.

Mis DE LA GRANGE, de l'Institut, sénateur.

NUMMULAIRE (Pierre), NUMMULIE ou NUMMULINE. *Voyez* NUMMULITE.

NUMMULITE. On rencontre souvent, répandues avec une rare profusion dans certaines roches calcaires, des coquilles discoïdes dont les dimensions varient depuis celle d'une lentille jusqu'à celle d'un écu. Ces coquilles reproduisent exactement la forme d'une lentille amincie vers les bords. Elles ne présentent à l'extérieur aucune trace de spire, aucune apparence d'ouverture; mais lorsqu'elles sont coupées transversalement dans la direction de leur plan, elles présentent quelquefois jusqu'à cinquante tours d'une spire qui, partant du centre, et tournant en spirale autour de lui, aboutit à la circonférence. Cette spire est séparée par des cloisons imperforées en une infinité de petites cellules complétement isolées l'une de l'autre; et chaque tour de spire est non-seulement *entouré*, mais encore complétement *enveloppé* par le tour qui lui est immédiatement superposé; de telle sorte que cette lentille présente autant de couches concentriques qu'il existe de tours de spire; et ces couches sont séparées l'une de l'autre par le tissu cellulaire, en quelque sorte, que la spire renferme. Cette structure ne peut être démontrée que dans quelques espèces et chez quelques individus : elle s'efface de plus en plus, à mesure que les tours de spire deviennent plus nombreux; et chez les espèces compactes, elle disparaît tout à fait.

Les *nummulites* ont reçu à diverses époques des dénominations très-différentes; elles ont été successivement appelées *pierres lenticulaires*, *nummulaires*, *numismales*, *monnaies de saint Pierre*, *de saint Boniface*, *du diable*, *hélicites*, *placites*, *porpites*, *discolites*, *camérines*, *nummulies*, *nummulines*, etc. Les origines qu'on leur a attribuées sont aussi diverses pour le moins que les dénominations par lesquelles elles ont été désignées. Strabon, qui avait remarqué la grande abondance des pierres lenticulaires dans les décombres des pyramides, avança sans hésitation que ces corps étaient incontestablement les restes pétrifiés des lentilles dont avaient été nourris les ouvriers de ces temples gigantesques; et cette opinion était probablement celle qui avait le plus cours à cette époque. Pline ne chercha pas à en expliquer l'origine; il remarqua seulement que ces pierres étaient abondamment répandues dans les sables de l'Afrique. Imperato, Kircher, Langinus, et la plupart des naturalistes du seizième et du dix-septième siècle virent dans les pierres lenticulaires, comme dans la presque totalité des fossiles, des caprices inexplicables de la folâtre nature; Lancisi, leur assignant une origine plus raisonnable, les prit pour des écussons d'oursins; Bourguet en fit des opercules d'ammonites; Bruchman pensa que ce pouvaient bien être des coquilles bivalves, vu la facilité avec laquelle les nummulites se divisaient suivant leur plan vertical; Sparda adopta la même opinion; et Scheuchzer enfin, le premier de tous les auteurs, y reconnut des productions animales semblables en tout aux ammonites, dont il les rapprocha. Mais Scheuchzer énuméra parmi les caractères des nummulites des stries rayonnant du centre à la circonférence; et ce caractère, qui est particulier à quelques espèces seulement, donna lieu à une nouvelle confusion, et fit classer les nummulites parmi les corps nummiformes, qui appartiennent à la famille des polypiers. Cette confusion persista jusqu'à Linné, qui sépara nettement les polypiers nummiformes des nummulites, qu'il classa dans le genre *nautile* : cette classification fut adoptée par la plupart des naturalistes, et notamment par Gesner, Valch, Guettard, Targioni, etc.

Bruguières alla plus loin : il reconnut que les nummulites ne pouvaient être ni des ammonites ni des nautiles, et il les érigea en genre distinct, sous le nom de *camérines*. Il s'efforça aussi de déterminer quelle pouvait être la nature de l'animal qui laissait d'aussi singulières dépouilles testacées; et il conclut que cet animal ne pouvait être contenu dans sa coquille, mais que, bien au contraire, la coquille devait être en grande partie contenue dans l'animal, et ne lui adhérer probablement que par la dernière cloison. Ces recherches de Brugnières permirent aux naturalistes qui le suivirent de rapprocher les camérines des seiches, et, plus tard, des spirules, dont la découverte jeta un si grand jour sur l'organisation des céphalopodes : c'est ce que firent Cuvier, De Luc, Lamarck, Roissy, etc., etc. Mais ces zoologistes, non contents d'adopter avec Bruguières les camérines comme genre distinct, voulurent encore les scinder en un nombre considérable de sous-genres : ainsi fit Cuvier, qui divisa son genre *camérine* en six sous-genres : les *sidérolithes*, les *rénulites*, les *mélonies*, les *millioles*, les *pollonthes* et les *aréthuses*; ainsi fit Férussac, qui érigea les camérines en une famille composée de quatre genres; ainsi fit encore Lamarck, qui poussa à l'extrême, en histoire naturelle, la manie scolastique du *distinguo*.

La dernière classification, la plus simple, et celle aussi qui a été le plus généralement adoptée, est celle de M. d'Orbigny, qui caractérise ainsi le genre *nummuline* : Coquille discoïdale, dépourvue d'appendices; ouverture contre l'avant-dernier tour de spire, masquée dans l'âge adulte. Ce genre se divise en deux sous-genres : 1° les *nummulines* dont les tours de spire sont embrassants à tous les âges; 2° les *assilines*, qui ont les tours de spire apparents à un certain âge. Le genre *nummuline* renferme un grand nombre d'espèces, ou, plus exactement, les espèces que ce genre renferme présentent de grandes différences suivant les différentes conditions d'âge et de milieu, et constituent ainsi de nombreuses variétés. La découverte d'une espèce vivante appartenant à ce genre a motivé le changement de dénomination introduit par M. d'Orbigny (*nummulite* en *nummuline*). Parmi les espèces perdues, on remarque surtout la *nummuline lisse*, la *nummuline globulaire*, la *nummuline aplatie*, la *nummuline compacte*, la *nummuline concave*. Du reste, ces coquilles sont extrêmement répandues dans les couches géologiques; et des fragments de pierre de la grosseur du poing en renferment de six à huit mille; il est même des roches calcaires puissantes qui en sont exclusivement formées : ainsi, les terrains pierreux sur lesquels reposent les pyramides d'Égypte sont uniquement formés de nummulites agglomérées; et les pyramides elles-mêmes sont construites avec des pierres semblables

(Fortis, Héricart-de-Thury, Cuvier). Elles sont abondantes dans les premières couches du calcaire grossier du bassin de Paris; on les rencontre encore dans le Languedoc, dans le Vicentin, dans le Véronais, en Transylvanie, dans la Crimée, la Dalmatie, la Croatie; dans la Belgique, la Styrie, la Hongrie, au Bengale; dans les montagnes de Lahor à l'orient du Gange, et dans un grand nombre d'autres localités. BELFIELD-LEFEVRE.

NUNEZ (Pedro). *Voyez* NONIUS.

NUPHARS. *Voyez* NÉNUPHAR.

NURAGHES ou **NURAPHES**. *Voyez* CYCLOPÉENS (Monuments).

NUREMBERG, l'une des métropoles de l'Allemagne pour l'art et l'industrie, jadis ville libre impériale, la seconde ville de la Bavière, est située dans une contrée sablonneuse, que le travail a su fertiliser, et est partagée en deux par la Pegnitz, qu'on y passe sur plusieurs ponts, dont un suspendu, construit en 1824. Les rues, dans le nombre desquelles il y en a beaucoup d'étroites et de tortueuses, ont infiniment gagné dans ces dernières années, par la construction de trottoirs. Un très-grand nombre de maisons ont conservé à l'extérieur l'empreinte de l'architecture gothique, et dans leur intérieur la trace des mœurs antiques. Parmi les édifices les plus remarquables, il faut citer le vieux château, autrefois résidence des burgraves de Nuremberg, transformé aujourd'hui en musée; l'hôtel de ville, l'un des plus grands qu'il y ait en Allemagne, avec des peintures murales par Albert Dürer; l'église Saint-Laurent, l'église Saint-Sébalde, l'église du Saint-Esprit; le grand hôpital du Saint-Esprit, la maison de Nassau, la maison Tucher, la maison Grumper, où fut rédigée la Bulle d'Or. L'ancien couvent des dominicains renferme la bibliothèque de la ville, riche de 50,000 volumes. Les institutions de bienfaisance et les établissements d'instruction publique répondent à l'importance et à la richesse de la ville.

Avant que le commerce des grandes Indes eût changé de direction, par suite de la découverte du Cap de Bonne-Espérance, Nuremberg était une des cités les plus importantes de l'Europe, le grand entrepôt des produits de l'Inde consommés dans le nord de l'Europe et qui lui arrivaient d'Italie. Sa prospérité et son industrie à cette époque étaient extrêmes. La révolution commerciale produite par la découverte du Cap de Bonne-Espérance, les ravages de la guerre de trente ans, et le maintien des gothiques institutions de la ville alors que tout prospérait autour d'elle, détruisirent cet état de choses. Cependant, de nos jours encore le commerce de Nuremberg, celui surtout qui a pour objet les produits de l'industrie locale, ne laisse pas que d'avoir une certaine importance. On fabrique en effet à Nuremberg une foule d'articles de bimbeloterie et de quincaillerie qui trouvent d'avantageux débouchés, non pas seulement en Europe, mais encore en Amérique et dans les Indes. Beaucoup de ces articles sont fabriqués dans la saison d'hiver, par les habitants du Thuringer-Wald. Dès 1836 un chemin de fer reliait Nuremberg à Furth; c'est le premier de l'Allemagne qui ait été desservi par la vapeur: de semblables communications existent aujourd'hui entre Augsbourg et Lindau, entre Hof et le nord de l'Allemagne. Le canal de Louis sert de port à la ville. Le nombre de ses habitants, qui se montait autrefois à 100,000, et qui insensiblement était tombé à 27,000, est aujourd'hui de 51,000, dont 5,000 catholiques. Depuis 1849 on y compte aussi quelques israélites, à qui le séjour de la ville, était interdit avant cette époque.

NUTATION (*Astronomie*), du latin *nutatio*, balancement. C'est ainsi qu'on désigne en astronomie une des nombreuses perturbations du mouvement elliptique. La nutation de l'axe terrestre, découverte par Bradley, consiste en une sorte de petit balancement ou plutôt de petit mouvement giratoire, subordonné à celui de la précession, et reconnaissant la même cause, c'est-à-dire que tous deux sont la conséquence nécessaire de la rotation de la Terre combinée avec la figure sphéroïdale de cette planète et l'inégalité d'action du soleil et de la lune sur les régions polaire et équatoriale de cette même planète. Le phénomène de la précession ou de la rétrogradation du nœud de l'équateur terrestre sur un plan donné correspond à un mouvement conique de son axe, ou de l'axe terrestre, autour d'une perpendiculaire à ce plan, qui est l'écliptique: il en résulte que le pôle de la terre, ou plutôt l'axe indéfiniment prolongé de ce sphéroïde, décrit un petit cercle dans le ciel autour du pôle de l'axe de l'écliptique, en en restant néanmoins toujours à 23° 28', mais avec une extrême lenteur, puisqu'elle n'est que de 50" 10 par an. A ce mouvement continuel et uniforme, quoique si lent, qui résulte pour le pôle du phénomène de la précession, se joignent aussi les petites oscillations périodiques de ce même pôle, que nous avons appelées *nutations*, phénomène dont la loi est liée à la théorie des mouvements lunaires.

Si la nutation existait seule, elle ferait décrire au pôle dans dix-neuf ans à peu près une petite ellipse dont le grand axe, dirigé vers le pôle de l'écliptique, serait de 18" 5, et le petit axe de 13" 7. La conséquence de ce mouvement réel du pôle est un mouvement apparent des étoiles, assujetti à la même période, et par suite duquel les unes semblent se rapprocher, les autres s'éloigner du pôle; de plus, puisque la situation de l'équinoxe sur l'écliptique se trouve modifiée par la position du pôle dans le ciel, les petits mouvements que la nutation fait subir à ce dernier en font naître d'avance et de recul pour les points équinoxiaux; et comme c'est de l'un d'eux que se comptent les longitudes célestes (différentes de 23° 28' des longitudes terrestres), ainsi que les ascensions droites des étoiles, la nutation produit donc dans la même période de dix-neuf ans un accroissement et un décroissement alternatifs de longitude et des ascensions droites des étoiles. Il en résulte pour les observations astronomiques, si délicates quelquefois, une cause d'erreur dont il faut les dépouiller, ce qui se fait en leur appliquant *l'équation de la nutation*, comme disent les astronomes, et il y a pour cela des formules et des tables. Les observations doivent être également corrigées de l'erreur résultant de la précession ou de toute autre cause de perturbation dans la marche elliptique des corps célestes. Mais le pôle est en même temps affecté des mouvements de précession et de nutation qui sont communs à tous les corps célestes fixes et errants, et, qui, dépendant d'un même principe général, sont intimement liés entre eux, et doivent être regardés comme parties essentiellement constitutives d'un même phénomène; il résulte de leur action simultanée que ce n'est ni une ellipse ni un cercle que décrit le pôle exactement circulaire que décrit le pôle, mais une simple courbe ondulée ou épicycloïdale, avec une vitesse alternativement plus grande et plus petite que son mouvement moyen.
BILLOT.

Burg ayant signalé une nouvelle inégalité périodique dans le mouvement des lieux de la lune, Laplace prouva qu'elle tenait à ce qu'il existe dans l'orbite lunaire un mouvement de *nutation* analogue à celui de l'équateur terrestre, et dont la période est celle du mouvement des nœuds de la lune.

NUTATION (*Botanique*). Ce mot, qui vient de *nutare*, balancer, incliner, désigne dans les végétaux un phénomène analogue à celui qu'il exprime en astronomie, c'est-à-dire une sorte de balancement ou d'inclinaison de quelques parties d'un tout, relativement aux autres parties. Les fleurs ou les feuilles de certains végétaux quittent en effet leur perpendicularité habituelle pour se tourner vers le soleil, qu'elles suivent dans ses cours journalier: c'est ce qu'on appelle la *nutation des plantes*: tels sont particulièrement les héliotropes et les tournesols. Les épis de blé, qui penchent par leur poids; ne penchent de même que du côté du soleil. Les feuilles de la mauve, du trèfle, de l'arroche, etc., suivent également la direction de cet astre: elles se tournent en levant le matin et vers le soir au couchant. Quand le soleil est sous l'horizon, ou dans les temps couverts et pluvieux, des feuilles se disposent horizontalement, présentant leur face inférieure à la terre.

On conçoit que cette nutation est plus sensible dans les

plantes herbacées que dans celles qui sont ligneuses ou dans les arbres. Tous les végétaux en général ont même un mouvement de nutation qui les porte à se diriger du côté d'où leur vient l'air ou la lumière quand ils croissent dans le voisinage d'un abri quelconque. Le cèdre et quelques autres végétaux ont un mouvement particulier de nutation par lequel leur cime se dirige vers le nord. Il y a dans ce phénomène, comme dans beaucoup d'autres que nous offrent les plantes, une sorte d'animation, quelque chose comme d'instinctif, de mystérieux, qui a servi aux anciens à remplir la botanique et la plupart des autres sciences d'une poésie dont les a désenchantées le talent si aride, et cependant si précieux, d'analyse de nos savants modernes.

Nutant en botanique est dérivé de *nutation*, et signifie à peu près la même chose : on applique ce mot aux végétaux dont le sommet s'incline légèrement vers l'horizon, comme la tige du cèdre, dont nous venons de parler, celle du *convallaria polygonatum*, les fleurs de la violette, de l'ancolie, etc. BILLOT.

NUTRITIF. *Voyez* NOURRICIER.

NUTRITION (du latin *nutrire*, nourrir), fonction naturelle, par laquelle les sucs nourriciers qui se trouvent dans nos aliments se confondent avec notre propre substance. Cette définition s'applique également à tout le genre animal. Les lumières de la science n'ont pu encore éclairer d'une manière satisfaisante la question de la nutrition ; peut-être sera-t-elle toujours un mystère impénétrable. Ce qui paraît le plus certain sur cette matière, c'est que toutes les parties solides des animaux, les os mêmes comme les chairs, dont on fait la décoction dans la machine de Papin, se dissolvent entièrement en un suc qui semble homogène, gélatineux et transparent ; d'où on peut conclure que ce qui constitue principalement le corps de l'animal est ce qui résulte constamment et également de toutes ses parties ; que c'est par conséquent un fluide humide qui fournit les éléments des fibres et les matériaux de tous les organes.

On dit aussi la *nutrition* des plantes. Les vrais éléments de la nutrition des végétaux sont les pluies, la rosée, les parties nitreuses de l'air, les sels de la terre et les engrais.

NUYTS (PETER VAN), navigateur et négociant hollandais du dix-septième siècle. Il a donné son nom à une partie de la côte méridionale de la Nouvelle-Hollande, qu'il découvrit en 1627.

NYBORG. *Voyez* FIONIE.

NYCTALOPIE, affection singulière des yeux, qui, sans lésion ni maladie apparente, perdent la faculté de voir dès que le soleil est sur l'horizon et y voient dans les ténèbres. La lumière solaire produit sur les nyctalopes un éblouissement douloureux ; les nuages couvrant le ciel, les verres colorés ne diminuent en rien ce sentiment douloureux, tel que les nyctalopes sont forcés de tenir les paupières closes et un voile épais devant leurs yeux pendant le jour. La lumière artificielle ne produit au contraire, le plus souvent, aucun effet sur leur vue. Quelle est la cause de la nyctalopie, qu'il ne faut pas confondre avec la faculté de voir la nuit, dont on cite quelques exemples chez Tibère, chez les Scaliger, chez quelques personnes voyant aussi bien dans les ténèbres qu'à la clarté du soleil ? C'est ce qui serait assez difficile à déterminer. Les uns la trouvent dans une augmentation de la sensibilité de la rétine, les autres dans une modification difficile à déterminer de cette sensibilité.

La nyctalopie est ou *symptomatique*, ou *essentielle*.

La nyctalopie symptomatique disparaît avec les causes qui l'occasionnent ; ces causes sont une dilatation permanente de la pupille, une opacité commençante du cristallin ou de la cornée, une ophthalmie, une inflammation intérieure de l'œil ; elle est quelquefois le symptôme des fièvres ataxiques, de l'hystérie, de l'hypocondrie, de la présence de vers dans le canal intestinal.

La nyctalopie essentielle est beaucoup plus rare, mais aussi beaucoup plus difficile à traiter, la cause en étant moins saisissable. Elle est souvent le résultat d'un long séjour dans un cachot, dans un endroit ténébreux, de longues veilles, de travaux pénibles, de pleurs abondants, de l'abus des liqueurs alcooliques. Quand la nyctalopie se produit avec accompagnement de fluxions sanguines dans les yeux, d'injection sanguine de la conjonctive, accompagnée de douleurs tensives, de battements, on doit recourir aux saignées locales, ou générales, aux topiques froids et résolutifs, aux compresses d'eau et d'acétate de plomb, de sulfate de zinc, aux pédiluves, aux lavements émollients, et à la diète. Si l'absence de fluxion sanguine, d'injection indique au contraire que la cause de la nyctalopie est nerveuse, on appliquera les vésicatoires, les topiques sédatifs sur les yeux, les vomitifs, les boissons antipasmodiques et narcotiques, les pilules de camphre, de musc et d'opium. En cas de persistance, on remplacera les vésicatoires par les sétons ou les moxas. FERRY.

NYCTIPITHÈQUE (de νύξ, nuit, et πίθηκος, singe), genre de singes américains de la tribu des cébiens. Spix lui a donné ce nom parce que l'espèce type, le *douroucouli* de F. Cuvier est en effet un animal nocturne ou crépusculaire. Ses dents sont au nombre de trente-six ; sa queue est entièrement velue et non prenante ; son crâne a quelques rapports avec celui des saïmiris ; ses vertèbres lombaires sont au nombre de huit, tandis que les sapajous n'en ont que cinq.

NYMPHÆA. *Voyez* NÉNUFAR.

NYMPHÆUM. *Voyez* NYMPHÉE.

NYMPHE (*Histoire naturelle*). La larve des insectes parvenue au dernier terme de son développement subit une transformation ou métamorphose qui coïncide presque constamment avec une mue proprement dite, et après laquelle l'insecte présente des formes complétement différentes. Tantôt, après cette transformation, l'insecte demeure dans l'impossibilité complète de se mouvoir, tous ses membres se trouvant inflexiblement encaissés dans une enveloppe cornée et solide : c'est le cas des diptères, des lépidoptères ; tantôt ses membres sont distincts et visibles à l'extérieur, mais dans un tel état de gêne et de contraction qu'ils ne peuvent aucunement servir à mouvoir le corps : tel est ici le cas des coléoptères, des hyménoptères, de la plupart des névroptères, et d'un petit nombre d'hémiptères : tantôt, enfin, ses membres sont complétement libres et dégagés, et servent parfaitement à la locomotion ; les ailes seulement sont à l'état rudimentaire, et ne sont indiquées que par des moignons, qui à une dernière métamorphose se détachent comme un fourreau, et mettent à nu des ailes chagrinées et plissées sur elles-mêmes : c'est le cas de la plupart des hémiptères, de quelques hyménoptères, des orthoptères. Ces états, qui succèdent immédiatement à l'état de *larve*, constituent les *nymphes*. Les nymphes prennent les noms de chrysalides, de fèves, d'*aurélides*, lorsque leurs membres sont complétement protectés et enchâssés ; elles s'appellent *pupes* lorsqu'elles sont immobiles, quoiqu'à membres distincts et découverts ; enfin, le nom de *nymphes* proprement dit est plus spécialement réservé à celles qui peuvent faire usage de leurs appareils locomoteurs. BELFIELD-LEFÈVRE.

NYMPHÉE. Parmi les grands et petits monuments que l'antiquité païenne élevait à ses divinités champêtres et domestiques, à ses demi-dieux, à ses pléiades de nymphes et de sylvains, il faut distinguer les *nymphées*, qui étaient de petits temples isolés dans les bois ou les montagnes, simplement construits et de peu d'apparence, des salles basses, obscures, creusées dans les rochers, ou de simples grottes dédiées aux nymphes. Les bains de ces déesses et les fontaines d'eau vive en ornaient l'intérieur ; on y faisait des cérémonies nuptiales et des festins. Quelques auteurs prétendent que c'étaient des bains publics, dont le nom a été corrompu de celui de *lymphée* ; d'autres pensent que ce n'étaient que des lieux d'agrément où l'on amenait des eaux abondantes, non point pour l'usage des bains, comme dans les thermes, mais pour procurer une douce fraîcheur à ceux qui venaient s'y reposer pendant les chaleurs du jour. A leur origine, les nymphées n'étaient que des antres fabuleux des satyres, des nymphes et des panisques, des excavations naturelles dans les rochers, dans les sites escarpés et sauvages. L'art, qui en se développant s'attachait à toutes les superstitions, vint peu à peu embellir, modifier ces grottes, leur donna à la fin la forme de petits temples.

D'après quelques passages de Pausanias, on est fondé à croire que ces sortes de constructions n'étaient pas rares en Grèce : toutes les espèces de nymphes avaient quelque part leur culte et des endroits où se célébraient des fêtes en leur honneur. Les nymphes anygrides avaient leur temple sur les bords du fleuve Anyger, en Thessalie; les cythéronides avaient aussi le leur sur le mont Cythéron, en Béotie, près de la ville de Thèbes. Une des grottes les plus remarquables et les plus vastes était celle de la nymphe Corycie; elle était située en Phocide, au pied du mont Parnasse. Dans un bois près de Libadia, en Béotie, se voyait l'antre de Trophonius, où se rendaient de célèbres oracles.

Cette adoration des divinités tutélaires de la nature agreste, d'abord dominante en Grèce, s'introduisit en Italie, où on prodigua les nymphées : on en bâtissait dans tous les lieux qui recélaient des sources et des eaux jaillissantes. La pratique des lustrations dans les cérémonies religieuses, dans les processions et les sacrifices d'expiation, chez les anciens, l'usage des bains et des ablutions, faisaient rechercher singulièrement les belles eaux; de plus, tant de croyances religieuses ou médicinales s'attachaient aux différentes qualités des sources, que les pays qui en recélaient quelqu'une devenaient presque toujours le centre d'un culte populaire. On éleva d'abord dans ces endroits privilégiés des édifices d'une grossière architecture, qui, fréquentés par la foule toujours croissante, ne tardèrent pas à s'enrichir des produits de la statuaire et de la sculpture d'ornement : on élargit, on tailla, on sculpta leurs parois rustiques.

On a découvert en Attique un *nymphæum* ainsi orné intérieurement de beaucoup de bas-reliefs, de statues, de médaillons et d'inscriptions. La grotte qui porte le nom de la nymphe Égérie, et qui est située dans les environs de Rome, est signalée dans la légende des origines romaines. Ce lieu paraît avoir été, comme tant d'autres, un *nymphæum* naturel; mais avec le temps on le décora et on l'agrandit : certains ouvrages ruinés et des fragments de sculpture qu'on y trouve encore le prouvent assez. Deux petits monuments situés sur le bord du lac Albano, près de Rome, portent le même caractère et les mêmes traces : l'un s'ouvre du côté de Castel-Gandolfo, l'autre du côté de Marino. Ces deux grottes sont connues comme modèles du genre.

Ces réduits, ouverts d'abord par recueillement et aux pratiques mystérieuses du culte, en plus d'un endroit mentionnés dans les vers du poète Horace, qui les visitait en épicurien, surtout parce qu'on pouvait y boire frais et y parler librement d'amour, furent changés sous les empereurs en rendez-vous de débauche et de libertinage, où l'on fêtait la Vénus Pandémos et la lubrique déesse Lubentie. Tibère rendait de pareils lieux témoins de ses orgies infâmes; les bêtes féroces de la luxure en firent alors leurs antres, et on chasserent pour jamais les divinités pudiques et sauvages.
A. FILLIOUX.

NYMPHENBURG, château de plaisance du roi de Bavière, dans le voisinage de Munich, assez peu remarquable au point de vue architectural, mais entouré d'un vaste parc. En face est une fontaine jaillissante de 30 mètres de hauteur. Il s'y trouve en outre un établissement d'éducation de jeunes filles et une fabrique de porcelaine. C'est au château de Nymphenburg que fut signé, le 18 mai 1741, entre la Bavière et la France, le traité par lequel ces deux puissances s'entendaient sur un partage provisoire des possessions de la maison d'Autriche.

NYMPHES, divinités subalternes, génies femelles de l'air, des eaux, de la terre, de l'enfer même. Intermédiaires entre les hommes et les grands dieux, ces jeunes filles, toujours dans leur fraîcheur et leurs formes ravissantes, jouissaient d'une espèce d'immortalité. Au nombre de 3,000, selon Hésiode, elles vivaient plusieurs milliers d'années. Le bon Plutarque, qui, comme Homère, sommeille quelquefois, a supputé la durée de leur existence à neuf mille sept cent vingt ans. Si l'on cherche l'étymologie hellénique de leur nom, elle est tout entière dans le mot νύμφη, qui signifie fille *nubile*, jeune épouse. Les nymphes étaient investies d'une grande indépendance. Les unes étaient vierges, comme celles de Diane; les autres, mariées ou libres amantes, peuplèrent la Grèce, l'Asie, l'Europe et l'Afrique même d'une foule de héros et de semi-divinités. Ces jeunes filles, la plupart vivant dans des lieux isolés, étaient l'amoureuse proie des princes, des chefs, des bergers, et surtout des pans, des satyres, des sylvains, des faunes, espèces de génies mâles, leurs égaux dans la nature. Plusieurs d'entre elles préférèrent la vie végétative des plantes, le mouvement plaintif des ruisseaux, l'inertie même d'un roc, à la perte de leur virginité. Telles sont Daphné, Aréthuse et Écho.

Les Hellènes considéraient d'abord sans doute les nymphes comme les âmes des morts, auxquelles ils sacrifiaient dans les endroits solitaires. Mais bientôt, quand leur religion se matérialisa, ils mirent sous la tutelle de ces divinités, auxquelles ils donnèrent pour la plupart toutes les grâces de la beauté et d'une jeunesse permanente, l'air, la terre, les eaux et l'enfer même, car Ovide parle d'une certaine nymphe *Orphné* (l'obscurité), et mère d'Ascalaphe, gardienne des grenades qui mûrissaient dans les jardins de Pluton. Les nymphes de l'air ou du ciel furent appelées collectivement *uranies*, et les nymphes terrestres *épigées*. Les nymphes des eaux étaient divisées en cinq classes; ce sont : les océanides, les nymphes de l'Océan; les néréides, celles de la Méditerranée; les naïades, les crénées et les pégées, celles des fontaines; les potamides, celles des fleuves; les limnades, celles des lacs et des étangs. Les nymphes de la terre formaient quatre grandes divisions : ce sont les oréades et orestiades, les nymphes des montagnes; les napées, celles des vallées et des bocages; les dryades et hamadryades, celles des forêts; enfin, les mélies et les lienoniades, celles des prairies. Tous ces noms si harmonieux qu'elles portent sont dans la langue des Hellènes les noms des lieux qu'elles habitaient et avaient sous leur protection.

Dans l'antiquité, toute jeune femme un peu célèbre par sa beauté, si elle n'était point déjà parmi les héroïnes, prenait le titre de nymphe. Eurydice, la malheureuse épouse d'Orphée, faisait partie du chœur nombreux des nymphes. Les mœurs asiatiques se retrouvent dans ces chœurs de nymphes attachées à chaque grand dieu. Apollon avait à sa suite et sous ses ordres le chœur des neuf chastes muses, qu'il nommait ses nymphes, l'Océan ses océanides, Nérée ses néréides, qui étaient ses propres filles, et Diane une escorte virginale, dont une seule, Callisto, paya si cher sa faiblesse. Les sirènes étaient encore des nymphes qui faisaient leur demeure dans la mer de Tyrrhène, sur les côtes de l'Italie. Hésiode va jusqu'à donner ce nom charmant à Echidna, dont le buste était celui d'une vierge enchanteresse, aux yeux noirs, et le reste du corps un horrible dragon. Les anciens se seraient bien gardés de chercher à surprendre une de ces divinités nues ou dans le bain; ils étaient persuadés qu'une telle hardiesse était punie d'une démence soudaine. Plusieurs restreignent une telle rigueur aux seules nymphes de Diane. Celles qui présidaient aux ondes étaient souvent nommées du doux nom de *nourrices* des bourgs, des villages et des fécondaient. De faibles et jeunes princesses, ou trompées, ou enlevées, ou sensibles jusqu'à oublier leur devoir et à fuir leur patrie, furent mises au rang des nymphes métamorphosées ou en ruisseau, ou quelquefois elles ont précipité leurs jours coupables, ou en fleur, ou en arbre; telle est l'incestueuse Myrrha, la mère d'Adonis.

Le culte de ces divinités était doux et pacifique comme elles. Du vin, du lait, du miel, de l'huile, productions bienfaisantes des lieux qu'elles avaient sous leur tutelle, étaient les sacrifices qu'on leur offrait, non dans des temples somptueux, d'or et de marbre, mais à l'ombre des bocages, ou sous des grottes pleines de rocailles, ou sur l'émail des prairies, ou au bord des flots murmurants, ou aux sources verdoyantes des fleuves, ou sur les molles collines. Quelquefois, cependant, un jeune chevreau tombait en sacrifice à leur fête. On appelait ces délicieux et petits habitacles, ou chapelles de ces divinités de la nature, du doux nom de *nymphées*; et en Sicile des fêtes étaient célébrées tous les ans en l'honneur de ces divinités charmantes, dont le culte fut presque celui de l'univers alors connu. Toutefois, ces divinités eurent un temple à Rome; Clodius le profana, et le livra aux flammes.

Les nymphes étaient ordinairement représentées demi-nues, quelquefois nues. Leur vêtement, ou robe ou voile, était d'un bleu d'azur, couleur de l'onde. Il nous reste au Vatican un dessin colorié d'une peinture antique qui nous offre une naïade avec une tunique d'une teinte d'acier. Enfin, selon leur office dans l'univers, on les peint soit avec une urne, ou couronnées de roseaux, de joncs, de plantes aquatiques, ou sous des voûtes de rocailles, ou jouant avec des coquillages, des branches de corail, comme les néréides. On les représente ou solitaires et rêveuses, ou en groupes et riantes, ou debout, ou assises, ou accroupies.

Mais les hommes des cités ont corrompu les plus nobles intentions de l'homme de la nature. L'amant dissolu osa dire qu'il avait mené sa *nymphe* au bal. Du temps de Louis XV les bourgeois appelaient particulièrement et dérisoirement les actrices de l'Opéra des *nymphes*; et jusqu'à ce bon d'Urfé, si pastoral, si de si bonne foi, qui pourvut, en son roman de l'*Astrée*, ses héros d'une nymphe de son imagination, tous prostituèrent ces images personnifiées de la création. DENNE-BARON.

NYMPHES (*Anatomie*), du grec νύμφη, nymphe. On appelle ainsi deux membranes des parties sexuelles de la femme, s'étendant parallèlement depuis le clitoris jusqu'à l'orifice de la matrice. Les nymphes, fermes, solides, d'un rouge vermeil chez les jeunes filles, sont flasques et flétries chez les femmes mariées; elles prennent quelquefois un développement si considérable, si anormal, qu'on est obligé d'en faire le retranchement : les Égyptiens pratiquaient sur les enfants du sexe féminin l'excision des nymphes comme les Juifs opéraient la circoncision sur ceux du sexe masculin. Ces membranes des parties sexuelles ont été appelées *nymphes*, parce qu'on supposait qu'elles dirigeaient l'urine dans son cours à peu près comme les nymphes de la fable présidaient aux eaux et aux fontaines.

NYMPHOMANIE (du grec νύμφη, nymphe, et de μανία, fureur). C'est ce qu'on appelle aussi *hystéromanie*, et *fureur utérine*, et chez les hommes *érotomanie*, *satyriasis*. La nymphomanie est une excitation toute particulière de l'organe sexuel chez la femme, qui la rend insatiable des plaisirs érotiques. La nymphomanie chez les anciens, qui en citaient de nombreux exemples, passait pour une punition de l'oubli ou du mépris du culte de Vénus. Les médecins envisagent comme une maladie mentale cet empire absolu des sens sur la volonté, qui résulte de la nymphomanie. Les causes physiques occasionnelles de cette affection sont les excès des sens, ou leur continence forcée, l'usage des aphrodisiaques, notamment des cantharides, quelquefois l'emploi des purgatifs alcooliques, la menstruation, la grossesse, des irritations de la matrice, de la vessie, des intestins; les causes morales qui peuvent aussi la déterminer sont tout ce qui attire la pensée sur les voluptés amoureuses. En général, cette fureur utérine est accompagnée de tension, de chaleur dans les reins, de mouvements de fièvre, de spasmes dans le ventre, l'œsophage, la gorge, de prurit sensuel, de fréquentes envies d'uriner. Le traitement de la nymphomanie est à la fois physique et moral ; le traitement physique doit chercher l'amortissement des sens par les bains, l'exercice, la gymnastique, d'abondantes boissons rafraîchissantes, une alimentation douce et légère ; le traitement moral consiste surtout à détourner l'esprit de toutes les lectures, de tous les tableaux, de toutes les pensées qui peuvent réveiller les ardeurs vénériennes.

NYON (le *Noviodunum*, ou la *Colonia Julia equestris* des Romains), chef-lieu d'un district du canton de Vaud (Suisse), au sud-est de Lausanne, sur le lac de Genève, compte environ 3,000 habitants, et est le centre d'une assez importante fabrication de porcelaine, de poterie et de papier.

NYONS, chef-lieu d'arrondissement dans le département de la Drôme, sur l'Eygues, avec 3,590 habitants. Il possède un tribunal civil. On y récolte des truffes, on y élève des vers à soie ; il a des fabriques d'étoffes de laine, de savon, de poterie, des tanneries, un commerce d'huile d'olive. C'est une ville fort ancienne, dont on attribue la fondation aux Phocéens de Marseille. Elle s'élève sur le sommet d'une magnifique vallée, au pied du col de Devez, moitié en plaine, moitié en amphithéâtre. A droite, une partie de la ville s'appuie au mont de Vaulx ; à gauche, elle s'étend vers le plateau du Guard, qui est dominé par la montagne de Garde-Grosse. Elle est divisée en trois quartiers, séparés autrefois les uns des autres par des murailles. Nyons est surtout remarquable par un pont de la plus grande hardiesse. Ce pont, de construction romaine, n'est formé que d'une seule arche en pierre de taille, de 39 mètres d'écartement, sur 20 mètres de hauteur. Son épaisseur n'est que de 5 mètres ; mais les piles sont soutenues des deux côtés par de longs éperons. La vallée de Nyons, enclose par deux chaînes de collines, arrosée par l'Eygues et une infinité de canaux, est une des plus belles et des plus fertiles du département.

NYSTADT, ville fondée en 1617, sur le golfe de Bothnie, en Finlande, entre Abo et Bjœrneborg, en face des îles Aland, possède un bon port, et compte 3,000 habitants, qui font un commerce assez actif en bois de construction et en toile, et qui fabriquent aussi un peu de bonneterie.

Nystadt est célèbre dans l'histoire du Nord par le traité de paix qui y fut signé, le 10 septembre 1721, entre la Suède et la Russie, et qui mit fin à la guerre du Nord. Cette paix ne fit pas seulement gagner à Pierre le Grand la Livonie et l'Esthonie, mais encore une notable partie de la Finlande, appelée *Carélie*, avec la ville de Vibourg. Il lui confirma en même temps la possession de l'Ingrie.

NYSTEN (PIERRE-HUBERT), médecin de l'hôpital des Enfants-Trouvés de Paris, enlevé à la science le 3 mars 1818, par une attaque d'apoplexie foudroyante, était né à Liège, en 1771, et était venu étudier la médecine à Paris en 1794, peu de temps après la réorganisation des écoles de médecine et de chirurgie. Après avoir suivi les leçons de Bichat, de Pinel, de Chaussier, de Hallé et de toute cette pléiade d'illustres professeurs qui firent à cette époque la gloire de l'école de Paris, il fut reçu docteur ; et en 1802 le gouvernement l'adjoignit à une commission qu'il envoyait en Espagne pour étudier la fièvre jaune. Les services qu'il rendit en cette occurrence lui furent naturellement plus tard un titre pour obtenir des missions analogues à propos de diverses épidémies qui ravageraient certains départements de France. On a de lui : *Nouvelles expériences faites sur les organes musculaires de l'homme et des animaux à sang rouge* (1803), et des *Recherches de physiologie et de chimie pathologiques*, pour faire suite à celles de Bichat *Sur la Vie et sur la Mort* (1811). Il publia aussi, en société avec Capuron, deux dictionnaires de médecine et des sciences accessoires (1810 et 1814), qui obtinrent tous les deux les honneurs de plusieurs éditions. Ses belles expériences électro-médicales sauveront son nom de l'oubli.

O

O, la quinzième lettre de l'alphabet et la quatrième des voyelles. Cette lettre figure dans tous les alphabets. Nous distinguons dans notre prononciation française un *o* long et un *o* bref. Surmontée d'un accent circonflexe, la voyelle *ô* est longue; sa prononciation devient conséquemment différente de la voyelle *o*. Ainsi *o* est long dans *hôte* et bref dans *hotte*; de même il est long dans *côte* et bref dans *cotte*. La voyelle *o* a plus ou moins d'affinité avec tous les autres sons, suivant la disposition organique. Ainsi elle a plus d'affinité avec *eu*, *u* et *ou* qu'avec *a*, *e*, *i*. En effet, dans une multitude de mots latins passés dans notre langue, les modifications que voici se sont opérées. La lettre *o* a été évidemment changée en *eu* dans *meule*, venant de *mola*, dans *peuple*, venant de *populus*; de même pour *neuf*, fait de *novus*; *sœur*, de *soror*; *cœur*, de *cor*, etc. Il y a d'autres mots pour lesquels l'*o* a été changé en *u* : *humanus* (humain), dérivé de *homo*; *cuir*, de *corium*; *cuit*, de *coctus*. On a aussi changé l'*u* en *o* : de *tumulus* on a fait *tombeau*; de *numerus*, nombre; de *culmen*, comble. C'est par suite de l'affinité qui existe entre ces deux voyelles que les Italiens disent indifféremment *facoltà* ou *facultà*, *popolo* ou *populo*. La lettre *o* se change aussi quelquefois en *ou* : c'est ainsi que *movere* est devenu mouvoir; *mori*, mourir, etc. La lettre *o* peut être employée comme pseudonyme, ou comme auxiliaire; comme pseudonyme, lorsqu'elle est le signe d'un son autre que le sien propre, comme dans *loi*, *poire*, *foin*; comme auxiliaire quand on l'associe avec la lettre *u* pour représenter le son *ou*, comme dans *poudre*, *couler*, *doute*, *moule*. Quelquefois la lettre *o* est muette, c'est-à-dire que la prononciation n'en tient aucun compte, comme dans les mots *paon*, *faon*, *Laon*, *bœuf*, *cœur*, *sœur*, *mœurs*, *œil*, *Œdipe*, etc. Dans la prononciation on confond trop souvent le son de l'*o* avec celui de la diphthongue *au*. Les fautes de ce genre sont surtout fréquentes à Paris, où l'on entend souvent prononcer *pot* comme si ce mot s'écrivait *po*; *mauvais*, comme si l'on écrivait *movais*, tandis que l'on dira *roti* pour *rôti*. La prononciation de la voyelle *o* suivie de la consonne *n* doit être soigneusement étudiée dans ses rapports avec les voyelles initiales des mots qui l'accompagnent, à raison des nombreuses exceptions qu'elle comporte et des règles particulières auxquelles elle est soumise. La première règle à cet égard, c'est que jamais, et dans aucun cas, les substantifs terminés en *on* ne peuvent se lier.

La lettre O dans les inscriptions latines était assez souvent employée par abréviation pour les mots suivant : *olla*, *ossa*, *omni*, *omnibus*, *omnium*, *optimus*, *officium*, *optio*, *ordo*, *ostendit*. Ces abréviations sont reçues dans notre langue pour quelques mots.

O dans le langage maritime signifie *ouest*; on marque les degrés du cercle par un petit ° placé après le chiffre au-dessus de la ligne.

Dans l'écriture commerciale, *o* placé après un *c* veut dire ouvert : *co*, compte ouvert.

Dans la chimie, O signifie oxygène, Os osmium.

Chez les anciens, O était une lettre numérale, qui représentait le nombre 11; surmontée d'une ligne horizontale Ō, elle valait 11,000. Sur les anciennes monnaies, la lettre O était la marque des pièces fabriquées à Riom.

O sert à désigner chacune les neuf antiennes qu'on chante dans l'Avent, neuf jours avant Noël : on appelle ainsi ces antiennes parce qu'elles commencent toutes, par l'exclamation *ô*.

O, interjection, qui s'emploie principalement devant le vocatif, et qui exprime très-bien le cri de l'exclamation. Dans ce cas, la lettre *o* prend l'accent circonflexe : *ô mon père ! ô vous, qui que vous soyez!* etc.   CHAMPAGNAC.

O suivi d'une apostrophe précède les noms d'un grand nombre de familles irlandaises; par exemple O'Brien, O'Connell, etc. C'est l'abréviation de la préposition *of*, de, un indice d'origine noble.

O (FRANÇOIS, marquis D'), seigneur de Gresner et surintendant des finances. Cet homme, tout *confit de débauches*, selon la pittoresque expression de Mézeray, était né vers 1535. Sa famille était originaire de Normandie. A l'âge de vingt ans, il avait embrassé la profession des armes. Soit qu'il manquât de courage, soit que les tendances secrètes de son esprit l'emportassent ailleurs, il renonça de bonne heure à un état où la gloire seule était la récompense des plus dangereuses épreuves. Attiré à Paris, où la gentilhommerie, assise aux éternels banquets de Henri III, *buvait le sang et rongeait les os de la France*, comme dit Montaigne, d'O fut présenté au roi par Villequier, dont il venait d'épouser la fille. Le roi fit un accueil distingué au nouveau courtisan, qui sut gagner en peu de temps les faveurs de son maître. En 1578, d'O, dont l'esprit, la sagacité inventive et les expédients financiers avaient charmé la cour, se vit appelé à la place de surintendant des finances. Le parlement montra des dispositions hostiles contre le nouveau ministre, que l'opinion publique avait depuis longtemps flétri. D'O, habitué à braver toutes les manifestations sévères que sa conduite provoquait, étala un luxe scandaleux.

A cette époque l'escarcelle royale était vide, et la cour avisait aux moyens de la remplir sans qu'il en coûtât une obole aux corps privilégiés. D'O crut résoudre le problème en créant de nouveaux impôts. Des réclamations se firent entendre de toutes les parties de la France. Les états de Bourgogne envoyèrent des députés à Paris, pour déclarer que la province était hors d'état de payer les nouveaux subsides. D'O, menacé personnellement, recula, dans la crainte d'une insurrection en Bourgogne; mais il sergeta sur d'autres contrées, et continua le cours de ses déprédations de toutes natures; on en aura une idée quand on saura que dans une seule année il réalisa un bénéfice de 2,400,000 livres sur la ferme des sels, quand le trésor recevait par cet impôt à peine la moitié de cette somme. Et cependant, cet homme mourut ne laissant que des dettes, car ses dépenses égalaient ses concussions, et le train royal qu'il menait absorbait tous ses revenus. « Ne faut-il pas qu'il y ait des misérables, disait-il quelquefois dans ses fastueuses débauches? Ils sont aussi nécessaires dans la vie que les ombres dans un tableau. » A la différence des Fouquet, des Richelieu, des Mazarin, qui plus tard économisaient des millions, tout en éclipsant le faste du souverain, d'O manquait souvent d'argent, et avait recours aux juifs de la Cité. Sa passion pour le jeu était l'élément le plus actif de sa ruine. Pour combler le déficit sans cesse renaissant de ses propres finances, le surintendant se fit successivement donner par le roi la charge de grand-maître de la garde-robe et la lieutenance générale de la basse Normandie.

D'O suivit les vicissitudes de son maître, mais tout en prenant parti contre Henri IV, il ne se mêla jamais activement aux fureurs de la Ligue; quand les troubles politiques et religieux prirent un caractère alarmant, le surintendant se retira dans ses terres, et attendit paisiblement les événements.

Une délicatesse de conscience, dit son apologiste Dujon, l'empêcha de reconnaître Henri IV, après la mort de Henri III. Cette délicatesse était tout naturellement la crainte que le nouveau souverain ne réformât les abus du règne précédent. Mais quand le marquis d'O vit la plupart des anciens courtisans saluer le soleil levant, il fit abstraction de ses soi-disant scrupules, et vint rendre hommage au Béarnais. Toutefois, pour dissimuler toute la lâcheté de sa conduite politique, il feignit de mettre à sa soumission la condition que Henri IV se réconcilierait avec le pape; celui-ci lui répondit la main sur son épée et en homme qui tenait peu à conserver aux affaires l'ancien ministre de Henri III. Cependant, le roi le garda auprès de lui; il fut un de ceux qui pénétrèrent les premiers dans la capitale vendue; le roi l'en nomma gouverneur, dans l'espoir qu'il abandonnerait la surintendance des finances; or, d'O s'en garda bien. Mais il fut désormais impossible à d'O, placé sous l'œil clairvoyant de Sully, de Mornay et du roi, de détourner les deniers publics. Dès ce moment il perdit toute influence politique, et sa vie publique devint insignifiante. D'O expira le 24 octobre 1594, de plusieurs maladies, fruit de ses débauches.

Alfred LEGOYT.

OAJACA. *Voyez* OAXACA.

OASIS. On appelle ainsi les endroits habités et susceptibles d'être mis en culture qu'on rencontre dans les déserts, plus particulièrement dans ceux de l'Afrique septentrionale, et qui forment comme de véritables îles perdues au milieu de mers de sable. Toutes les oasis du nord de l'Afrique sont des creux en forme de bassins, entourés de petites chaînes de montagnes et de collines, où se trouve un petit ruisseau ou un lac alimenté par des pluies assez rares, ou bien encore où coulent des sources provenant des hauteurs voisines. Ces amas d'eau déterminent les conditions plus ou moins favorables de culture des oasis, en provoquant une active végétation, qu'on peut appeler luxurieuse par rapport au désert, mais qui n'a rien d'extraordinaire et qui d'ailleurs est d'une uniformité extrême. Elle se compose surtout de palmiers-dattes, d'acacias-gommes, et de manne. Le Fezzan, le Darfour et le Cordofan sont d'immenses oasis. Dans l'antiquité, l'oasis de Jupiter Ammon (aujourd'hui *oasis de Siwah*), celle d'Augela (*Audschiba* ou *Oudschiba*), située plus à l'ouest, de même que la grande et la petite oasis à l'ouest et à peu de distance de l'Égypte, étaient célèbres; et quelques-unes servaient de lieu de bannissement.

OAXA. *Voyez* OAXACA.

OAXACA ou **OAJACA**, l'un des États du sud du Mexique, comprend une grande partie de l'isthme de Tehuantepec, entre l'Atlantique et la mer Pacifique, et une superficie de 1,120 myriamètres carrés. Les chaînes escarpées des Cordillères traversent cette contrée à partir de l'isthme, dans la direction du nord-ouest. De ses affluents de la mer Pacifique qu'on y trouve, les plus importants sont le Rio Verde et l'Atoyac, et de ceux du golfe du Mexique l'Alvarado. Le climat en général est l'un des plus agréables du Mexique. Ce n'est que sur la côte, ou encore dans quelques profondes vallées ou fondrières, que la chaleur devient parfois accablante. Les pluies y sont fréquentes, même dans la saison sèche, et ajoutent à la fertilité naturelle du sol, dont les principaux produits sont le maïs, le froment, l'orge et toutes les espèces de fruits. On récolte en outre d'excellent coton, de l'indigo, du café, du sucre, du cacao, de la vanille sauvage, des ananas, du jalap, de la salsepareille, de la rhubarbe blanche; et on exploite beaucoup de bois de

construction et de teinture. Mais la culture du nopal et l'élève de la cochenille, qui vit sur cet arbrisseau, constituent encore aujourd'hui la grande industrie et le principal article d'exportation du pays. Le règne minéral fournit de l'or, de l'argent, du plomb, du cuivre, un peu de mercure, du fer, et notamment du fer magnétique, du sel, du soufre, des pierres de diverses natures, de la chaux, du plâtre, etc.; et l'exploitation des mines pourrait recevoir de bien plus importants développements qu'elle n'en a pris jusqu'à ce jour. L'absence absolue de routes est le grand obstacle aux progrès et à la prospérité du commerce. On y manque également de bons ports; mais le chemin de fer de l'isthme de Tehuantepec, dont la construction a été entreprise par une société de capitalistes des États-Unis, sera d'un incalculable avantage pour l'État d'Oaxaca. La population est évaluée à 700,000 âmes. Les blancs n'y sont qu'en petit nombre, et n'habitent guère que les villes.

OAXA, chef-lieu de l'État, siège d'évêché, dans la grande et magnifique vallée du même nom qu'arrosent l'Atoyac et divers autres cours d'eau, est régulièrement bâti, avec des rues droites et larges, plusieurs belles places et des maisons en pierre. On y remarque le palais du gouvernement, vaste édifice, auquel sont adjoints les prisons, l'évêché, la cathédrale, de construction récente, deux collèges et un théâtre. Population, 33,000 habitants. Cette ville fut fondée en 1522, sur l'emplacement de Huaxyacac, jadis l'une des grandes villes du royaume indien de Zapotecapan, et porta d'abord le nom d'*Antequera*.

Les autres villes importantes de l'État d'Oaxaca, après Tehuantepec, sont *Xalapa* ou *Jalapa*, *Miahuatlan*, avec 3,500 habitants, l'un des principaux centres de culture de cochenille; et *Jamiltepec*, avec 4,000 habitants.

OB. *Voyez* OBI.

OBÉDIENCE (du latin *obedientia*, obéissance, soumission) ne se dit ordinairement qu'en parlant des religieux : Le supérieur a commandé à ce religieux en vertu de la sainte *obédience*. Il signifie aussi l'ordre, la permission par écrit qu'un supérieur donne à un religieux ou à une religieuse d'aller en quelque lieu, de passer d'un couvent dans un autre : Il ne saurait partir sans *obédience*, sans montrer son *obédience*. Il indique encore l'emploi particulier qu'un religieux ou une religieuse a dans son couvent : Cette religieuse est cellerière ; c'est son *obédience*.

Un ambassadeur d'*obédience* est celui qu'un roi expédie au pape pour l'assurer de son obéissance filiale. Dire que l'ambassadeur a été reçu à l'*obédience*, c'est annoncer qu'il a été reçu par le pape en plein consistoire avec les cérémonies d'usage.

Un pays d'*obédience* est celui dans lequel le pape nomme aux bénéfices qui viennent à vaquer dans certains mois de l'année. Dans les temps de schisme, où il y avait deux papes à la fois, le mot *obédience* servait à désigner les différents pays qui reconnaissaient l'un ou l'autre pape. On disait ainsi, par exemple : L'*obédience* d'Urbain et l'*obédience* de Clément.

OBÉID (El) ou **OBÉIDHA.** *Voyez* CORDOFAN.

OBÉISSANCE (du latin *obedientia*), action de celui qui obéit, soumission aux volontés d'autrui; cette abnégation de sa propre personne, de sa propre volonté pour suivre la volonté d'un autre, est quelquefois un vice, quelquefois une vertu. L'obéissance aux lois, la docilité d'un peuple devant les magistrats qu'il s'est donnés, lorsqu'ils respectent eux-mêmes le pacte social en vertu duquel ils existent, est une vertu. L'obéissance de l'esclave au maître, l'exécution servile de tous les ordres qu'il donne, pour le bien comme pour le mal, est un déplorable aveuglement, un vice au premier chef, car celui à qui l'on dit de faire le mal et qui obéit sans hésitation, sans remords, est aussi coupable que celui dont il se fait l'instrument.

La femme, d'après notre Code, doit obéissance au mari; elle doit soumettre sa volonté à la volonté de celui-ci; accepter sa direction, et non chercher à le diriger à sa guise, ce qui n'empêche pas bien des maris d'obéir docilement à leur femme. Est-ce à dire pour cela que si le mari commandait à la femme une mauvaise action, un acte déshonorant, un crime, celle-ci devrait obéir? Nul n'oserait le soutenir.

L'armée doit obéissance absolue à ses chefs pour tout ce qui concerne le service militaire; et c'est là ce qui constitue l'*obéissance passive*, base de la discipline militaire, et contre laquelle se sont fortement prononcés les partisans de la liberté. C'est cette *obéissance passive* qui pendant l'ère des Césars faisait et défaisait les empereurs, qui faisait réussir les coups d'État et les révolutions militaires. Le soldat à qui l'on dit : « Tu obéiras passivement, » a-t-il en effet le droit de se demander si l'acte que lui commande son chef immédiat est ou n'est pas une trahison contre le chef de l'État, contre les lois établies? Devant l'ennemi, l'obéissance passive, l'exécution immédiate, sans raisonner des ordres reçus, est toujours une vertu.

Toutes les religions ont prêché l'obéissance aux lois divines et humaines; le christianisme, lui aussi, n'a point failli à cette mission, mais il l'a fait d'une façon moins absolue : « Soyez soumis, dit cette religion, aux puissances de la terre, même lorsqu'elles ne sont point d'accord entre elles... Rendez à César ce qui appartient à César ! c'est-à-dire payez à César la pièce de monnaie que son collecteur vous demandera. Obéissez-lui matériellement, tant qu'il régnera; mais obéissez de cœur et d'âme avant tout, et préférablement à tous, au Roi des rois, à Dieu, à Jésus-Christ. C'est cette doctrine théologique de l'obéissance que les apôtres formulaient à leur tour ainsi : « Il est plus nécessaire d'obéir à Dieu qu'aux hommes. »

OBÉLISQUES. On donne ce nom à une espèce particulière de monuments égyptiens, consistant en un pilier oblong, carré et toujours monolithe, qui se rétrécit vers son extrémité et se termine en une pointe d'une nature spéciale appelée *pyramidion*. Le mot obélisque est grec, et signifie au propre une petite pointe. Le nom hiéroglyphique égyptien était *techen*. Le but primitif de ces monuments était de recevoir une courte inscription; et la forme des obélisques, de même que la pyramide, semble appartenir originairement au culte des morts. Le plus ancien obélisque qu'on connaisse fut trouvé par l'expédition prussienne d'Égypte, à Memphis, dans un tombeau de la cinquième dynastie manéthonienne (*voyez* ÉGYPTE). Il n'a que 66 centimètres de haut, est en pierre calcaire, porte le nom de celui à qui appartenait le tombeau, et fait aujourd'hui partie du musée de Berlin. On ne connaît en outre de l'antique Égypte que le célèbre obélisque d'Héliopolis, qui existe encore à Matariêh, et un second qui fait partie de la galerie du duc de Northumberland à Alnwick-Castle. Tous deux datent de la douzième dynastie manéthonienne. Le premier, comme tous les grands obélisques, est en granit; il a 12 mètres 60 de hauteur, 2 mètres à la base, un peu moins de 1 mètre 33 à son extrémité, et est dressé sur une base élevée; le second, en pierre calcaire, est de nature sépulcrale. L'obélisque dit de Begig, dans le Fayoum, est une forme intermédiaire entre l'obélisque et la *stèle*; il a 13 mètres de haut.

Cette forme de monument trouva de bien plus nombreuses applications dans le nouveau royaume d'Égypte. L'usage s'y établit d'élever un obélisque à chaque côté devant l'entrée des grands temples; et on ne lui donnait que le nom et le titre soit du roi qui l'avait fait dresser, soit du dieu objet du culte. Ordinairement des inscriptions se trouvaient aux quatre côtés; ce n'est que très-rarement, et alors seulement faute d'avoir été complétement terminés, qu'ils n'en portent pas. L'obélisque le plus haut existant encore aujourd'hui en Égypte est celui de la reine Noumt Amen, à Karnak, qui mesure 28 mètres 66 centimètres. La plupart des obélisques furent dressés à l'époque des dix-huitième et dix-neuvième dynasties; cependant, il en existe aussi qui datent de la domination grecque et romaine. Les empereurs romains aimaient à faire transporter des obélisques à Rome, à l'effet d'en décorer les places publiques. On y voit encore aujourd'hui neuf obélisques à inscriptions et plusieurs sans inscriptions. Le plus grand est celui qui se trouve devant Saint-Jean de Latran et qui mesure 33 mètres. Il avait été primitivement destiné par le roi Thoutmosis III à la ville de Thèbes, en l'honneur d'Ammon-Ra. En 1831 Méhémet-Ali fit présent à la France de l'un des deux obélisques de Luxor. Transporté à Paris, il orne aujourd'hui la place de la Concorde. Il fut taillé par Ramsès III. Consultez Zoaga, *Do Origine et Usu Obeliscorum* (Rome, 1797); Ungarelli, *Interpretatio Obeliscorum Urbis* (Rome, 1842); L'Hote, *Notice historique sur les Obélisques* (Paris, 1836).

A Axoum, en Abyssinie, on a trouvé aussi beaucoup d'obélisques, dont un de 26 mètres 66 centimètres, imitations postérieures des obélisques d'Égypte, mais sans inscriptions. Le célèbre obélisque de Nimrud (aujourd'hui au *British Museum*) prouve que cette forme de monument n'était point inconnue à l'Asie. Il mesure 6 pieds 6 pouces anglais, est de marbre noir, et revêtu sur ses quatre faces d'inscriptions cunéiformes et de figures.

OBERKAMPF (CHRISTOPHE-PHILIPPE), célèbre manufacturier, naquit à Weissembach, dans le marquisat d'Anspach, le 11 juin 1738. Son père, après avoir d'abord essuyé quelques revers de fortune, s'était fixé à Arau, en Suisse, où on lui avait concédé le droit de bourgeoisie pour reconnaître ses services industriels; il y avait établi des manufactures de toiles peintes, où pour la première fois il avait introduit l'impression des dessins par les planches et par les rouleaux. A dix-neuf ans, Oberkampf vint à Paris pour propager l'industrie encore peu connue des toiles peintes, que l'on considérait comme devant amener l'anéantissement de la culture du lin et du chanvre. A vingt-et-un ans, avec un modeste capital de 600 fr., Oberkampf, remplissant à la fois les fonctions de dessinateur, de graveur, d'imprimeur et de teinturier, commençait dans une chaumière de Jouy cette manufacture qui devait devenir une des plus importantes de France, et qui, grâce à l'édit qui autorisa en 1759 la fabrication des toiles peintes en France, appelait quelques années après 1,500 ouvriers dans une vallée assainie où l'abondance et le bien-être succédaient au marasme et à la solitude. Bientôt, grâce à Oberkampf, notre pays compta de nombreuses usines du même genre, occupant plus de 200,000 bras. Oberkampf, contre qui s'étaient élevés le principe déchaînés de stupides animosités, de ridicules envieux, fut l'objet de la reconnaissance publique; Louis XVI lui accorda des lettres de naturalisation et de noblesse; le département de Paris lui vota, en 1790, une statue, que la modestie seule d'Oberkampf empêcha d'élever; Napoléon voulut en faire un des représentants de l'industrie dans le sénat, et sur son refus le décora de sa propre croix, en lui disant que personne n'était plus digne de la porter, et lui fit l'honneur de lui dire, à une seconde visite qu'il lui fit à Jouy : « Vous et moi, nous faisons une bonne guerre aux Anglais, vous par votre industrie et moi par mes armes. C'est encore vous qui faites la meilleure. » Oberkampf fit faire à son art d'incessants progrès; il fut par des agents, qu'il envoyait partout, recueillir tous les procédés du monde pour la teinture des dessins; le premier en France, arrachant aux Anglais le secret de leurs immenses métiers mécaniques, il établit, à Essonne, une magnifique filature mécanique, qui recevait le coton en balles et ne le rendait qu'en toiles peintes. C'est là qu'il mourut, en 1815.

OBERLIN (JÉRÉMIE-JACQUES), savant archéologue, né à Strasbourg, en 1735, fut d'abord professeur au collége de Strasbourg et bibliothécaire adjoint de la ville. Plus tard il obtint une chaire à l'université, et mourut le 10 octobre 1806. On estime ses éditions d'Horace (1788), de Tacite (1801), et de César (1805; 2ᵉ édit., 1819). On a en outre de lui *Orbis antiqui monumentis suis illustrati primæ Lineæ* (1790); *Artis diplomaticæ primæ Lineæ* (1788); *Glossarium Germanicum medii ævi* (1784), et *Museum Schœpflinianum* (1773), description du riche musée légué par Schœflen à la ville de Strasbourg.

OBERLIN (Jean-Frédéric), frère du précédent, philanthrope célèbre, naquit aussi à Strasbourg, en 1740. Il étudia la théologie, et fut nommé en 1766 aux fonctions de pasteur à Waldach, dans le pays qu'on appelle le Ban-de-la-Roche. Depuis les dévastations que lui avait values la guerre de trente ans, le Ban-de-la-Roche offrait si peu de ressources à la centaine de familles qui l'habitaient, qu'elles manquaient des choses les plus nécessaires à la vie sociale. On eût dit une peuplade de l'Afrique. Oberlin entreprit de changer cet état de choses, et avec un succès tel, qu'à la fin du siècle, malgré la révolution, la population de cette commune s'élevait à 5,000 âmes. Quand les travaux agricoles, quelque perfectionnés qu'ils fussent, ne suffirent plus à la nourrir, il introduisit le travail industriel. On commença par tresser des chapeaux de paille; vint ensuite la filature du coton, et plus tard la fabrication des étoffes lorsqu'il fut possible de monter des métiers. Enfin, à la sollicitation d'Oberlin, le manufacturier Legrand, de Bâle, consentit à transférer sa fabrique de rubans du Haut-Rhin, au Ban-de-la-Roche. Avec le bien-être l'instruction se répandit, et la population s'accrut en proportion de l'augmentation des ressources de la commune. Les merveilles obtenues par le travail au Ban-de-la-Roche ne purent rester ignorées, et le digne pasteur fut invité à écrire l'histoire des efforts de patience et de dévouement grâce auxquels il était parvenu à faire régner l'aisance et l'abondance dans une contrée en proie naguère à la plus attristante misère. Il s'en acquitta avec la plus admirable modestie, et mu uniquement par le désir que l'exemple de ses succès lui provoquât des imitateurs. Il mourut en 1826, à l'âge de quatre-vingt-six ans. Il avait été nommé par Louis XVIII chevalier de la Légion d'Honneur.

OBERON, roi des Elfes, époux de Titania, apparaît pour la première fois comme roi du royaume de la féerie dans *Huon de Bordeaux*, pair de France, vieux poëme français d'Huon de Villeneuve, dont on fit plus tard un roman populaire en prose, et qui appartient au cycle des légendes de Charlemagne et de ses paladins. On a écrit *Oberon* au lieu d'*Auberon*, forme plus moderne du vieux nom *Alberon*, répondant au nom allemand *Alberich*, c'est-à-dire roi des Elfes. Shakespeare dans le *Songe d'une nuit d'été*, Spenser et Chaucer ont emprunté leur Oberon au vieux poëme français : c'est à la même source, et surtout aux extraits du roman français donnés par le comte de Tressan, dans sa *Bibliothèque universelle des Romans* (1778), que Wieland puisa le sujet de son *Oberon*, poëme héroïque et romantique qui parut d'abord en quatorze chants dans le *Mercure allemand* (1780), puis, réduit en douze chants, dans ses Œuvres choisies. Le texte de l'opéra *d'Oberon* de Weber est emprunté au poëme de Wieland.

OBÉSITÉ (du latin *obesitas*, ayant pour radical le verbe *obeso*, j'engraisse). On se sert de ce terme pour désigner un embonpoint excessif, provenant d'une surabondance de graisse qui se fige dans le tissu cellulaire, qui le gorge, le distend et augmente outre mesure la masse et le poids du corps.

Si la *maigreur* est un sujet de désolation pour un grand nombre de personnes, l'*obésité* en est un non moins vif pour d'autres; elles veulent se *dégraisser* à tout prix, et pour parvenir à ce but elles commettent des fautes plus funestes qu'on n'en commet pour acquérir de l'embonpoint; la plus commune est l'usage plus déplorable est de faire usage du vinaigre : cet acide ingéré dans l'estomac produit l'effet désiré; mais il cause une gastrite, maladie si terrible pour le physique comme pour le moral, et dont la mort est souvent le terme après une longue série d'accidents morbides. D'autres fois, on a recours aux purgatifs, et trop souvent au *remède de Leroy* : on ne tarde pas à maigrir après des purgations réitérées, mais c'est encore aux dépens de la santé ou même de sa vie. On ne doit chercher à diminuer les excès d'embonpoint que par le régime et l'exercice.

OBI ou **OB**, le fleuve le plus considérable de la Russie asiatique, provient de la jonction successive de diverses rivières prenant leur source au sud de Biisk, sur les frontières de la Chine. Il parcourt les gouvernements de Tomsk et de Tobolsk, est très-poissonneux, devient bientôt navigable, et, après avoir acquis une largeur considérable, va se jeter dans la partie de la mer Glaciale qu'on appelle *golfe d'Obi*, en formant à son embouchure un vaste delta. Le territoire parcouru par l'Obi a le double d'étendue de celui du Volga, et comprend une superficie de 45,000 myriamètres carrés. En droite ligne son cours est de 1,820 myriamètres, mais en tenant compte des sinuosités il va au delà de 3,300 myriamètres. L'Irtysch, le principal affluent de l'Obi, prend sa source en Dzoungarie, dans le grand Altaï, traverse le lac de Saïsàn, entre alors à Bouchtourminsk, sur le territoire russe, et forme ensuite jusqu'à Omsk et Tobolsk la longue ligne de défense qui, au moyen d'innombrables points fortifiés élevés sur les bords de cette rivière, et dans une étendue de plus de 140 myriamètres, met les Russes à l'abri des attaques des peuplades mongoles qui leur sont hostiles. Le cours de l'Irtysch lui-même n'a pas moins de 200 myriamètres, et il reçoit les eaux de l'Ischim et du Tobol. Les autres affluents les plus importants de l'Obi sont : le Tom, le Tschoulim, le Ket, le Wakh et la Soswa.

OBIER. *Voyez* Viorne.

OBIT, terme de liturgie catholique, s'entend d'un service fondé pour le repos de l'âme d'un mort, et qui doit être célébré à des époques déterminées. Ce mot vient du latin *obire*, mourir, aller devant, précéder les autres, lequel est composé de *ob*, devant, et de *ire*, aller, marcher.

OBITUAIRE, registre de ce qui se tient dans une église : on y inscrit les noms des morts et la date de leur sépulture. Ce sont ainsi de véritables nécrologes.

Obituaire s'est dit aussi substantivement de l'homme qui était pourvu en cour de Rome d'un bénéfice vacant par mort, *per obitum*, en termes de daterie. Ce bénéfice était poursuivi par trois prétendants, l'un *obituaire*, l'autre *résignataire* et l'autre *dévolutaire*.

OBJECTIF (*Optique*). *Voyez* Lunette.

OBJECTIF (*Philosophie*). *Voyez* Objet.

OBJECTION (du latin *objectio*), ce qu'on oppose pour détruire une opinion, difficulté que l'on élève sur l'allégation ou sur la proposition de la personne avec laquelle on dispute, *objectio, oppositio*. Il y a des *objections* ingénieuses, délicates, subtiles, fortes, solides, fondées, sans réplique.

OBJECTIVITÉ. *Voyez* Objet.

OBJET, **OBJECTIF**, **OBJECTIVER**, **OBJECTIVEMENT** et **OBJECTIVITÉ**. Ces cinq mots, dont les trois derniers sont à peine admis, jouent, les deux premiers depuis longtemps, les autres depuis quelques années, un très-grand rôle en philosophie et en morale, en logique et en grammaire, en théologie et en esthétique, science à peine admise aussi. En philosophie, le mot *objet*, dérivé d'*objicere* (opposer ou offrir), désigne d'abord tout ce qui s'offre aux sens. Les couleurs sont les *objets* de la vue; le son est l'*objet* de l'ouïe; les corps tangibles sont les *objets* du toucher ; les odeurs sont les *objets* de l'odorat; les saveurs, ceux du goût. On dit dans ce sens que les corps naturels sont l'*objet* de la physique. En second lieu, ce mot s'applique à tout ce qui fait la matière de la pensée, à tout ce que l'esprit peut percevoir et concevoir. C'est ainsi qu'on dit : l'*objet* de la métaphysique, l'*objet* de la logique, pour désigner l'ensemble des objets dont s'occupent ces sciences. Dans ce sens, il n'est rien qui ne puisse devenir l'*objet* de nos idées. Le sujet pensant peut lui-même devenir l'*objet* de la pensée, et par conséquent de nos notions.

Le sujet pensant peut en effet s'étudier lui-même, se concevoir, avoir conscience de sa conception, se connaître. C'est ce que certains philosophes appellent le *sujet-objet*, locution un peu étrange, puisque dans le langage ordinaire il y a antithèse entre le sujet et l'objet, mais locution vraie dans cette acception, et qui se comprend parfaitement dès qu'elle est expliquée. Cependant, si tout ce qui occupe la pensée et devient objet d'une idée (qu'il ait une existence réelle ou qu'il n'existe qu'idéalement, c'est-à-dire dans l'idée du sujet pensant), tout ne devient pas pour cela *objet* d'une notion claire et précise, d'une connaissance exacte. Ainsi, l'*objet* suprême de la pensée, Dieu, ne peut jamais être pour nous l'*objet* d'une science certaine, quoiqu'il soit l'*objet* de toute notre foi et de toute notre adoration : il est l'*objet* de nos inductions et de nos affections, il n'est pas celui de nos sensations et de nos intuitions.

En troisième lieu, la morale et la philosophie donnent le nom d'*objet* à tout ce qui occupe le sentiment, à tout ce qui frappe notre sensibilité, nos instincts, nos désirs, nos préférences ; à tout ce qui détermine notre volonté ou modifie notre liberté. C'est dans ce sens qu'on parle des *objets* de notre amour, de notre haine, de notre estime, de notre mépris, de nos calomnies, de nos railleries, de notre pitié, de notre compassion, de notre jalousie, de nos passions, etc. C'est encore dans le même sens qu'on dit d'un homme exclusivement attaché à l'une ou à l'autre de ces passions, qu'il n'a pour *objet* que sa gloire, sa fortune, son intérêt.

En logique et en grammaire, l'*objet* prend le nom de *sujet*. En effet, quand on analyse les termes qui constituent la proposition, l'*objet* d'un jugement en est appelé le *sujet* ; soit l'exemple : *Dieu est grand*. Dans cette proposition, *Dieu*, qui est l'*objet* de l'idée qu'on veut exprimer, est appelé le *sujet* ; l'idée qu'on se fait de lui est appelée l'*attribut*.

En esthétique, on distingue soigneusement, comme en philosophie, entre l'*objet* et le *sujet*. L'*objet* des beaux-arts est de plaire ; l'*objet* spécial de la tragédie est d'agir fortement sur l'âme par la pitié et la terreur. Le *sujet* de chaque tragédie en particulier n'a rien de commun avec l'*objet* général de la tragédie.

Du mot *objet* on fait celui d'*objectif*, qui s'emploie de diverses manières. En philosophie, on appelle *objectif*, non pas seulement, comme dit l'Académie, « ce qui a rapport à l'objet, » mais ce qui est *réel* ou ce qui n'est pas simplement *idéal*. Et comme, de plus, il y a toujours dans nos idées au moins deux éléments, l'un fourni par l'objet, l'autre fourni par le sujet, le premier constitue l'*objectif*, le second le *subjectif*. En théologie, on dit : « Dieu est notre béatitude *objective*, » pour dire qu'il est le seul objet qui puisse faire notre bonheur.

Une fois le mot *objectif* reçu, on a glissé, d'abord un peu timidement, puis avec plus de hardiesse, celui d'*objectiver*. Objectiver, c'est considérer le subjectif comme *objectif*, c'est-à-dire examiner comme un objet d'étude ce qu'il y a de subjectif dans chacune de nos perceptions, de nos sensations, de nos idées, de nos notions, de nos affections, de nos sentiments. On le voit, si étrange que paraisse ce verbe, il a son mérite, et il est utile en philosophie ; on dit très-bien, par exemple, en exposant le système de Platon, que Dieu en faisant le monde a *objectivé* ses idées, que l'univers est une éclatante manifestation, une *objectivation* des idées de l'Être suprême. Du verbe on a fait l'adverbe. Considérer une chose *objectivement*, c'est l'examiner elle-même abstraction faite de toute autre, de nous, par exemple, et de la manière dont nous la jugeons. On conçoit cependant, si clair que soit ce mot, et si utile que soit la distinction qu'il sert à établir, que cette distinction elle-même n'est pas facile à opérer. En effet, il y a nécessairement du *subjectif* dans l'examen de tout objet, vu que c'est toujours nous, sujets pensants, qui faisons cet examen, et qu'il nous est impossible de nous dépouiller jamais entièrement de nous-mêmes. Quand nous essayons de faire ce dépouillement, c'est, pour parler familièrement, nous-mêmes qui essayons de nous mettre à la porte. On conçoit que cela est pour le moins difficile, sinon impossible. En effet, comment faire en nous cette séparation de l'objet pensé et des formes que nous apportons à la pensée, formes tellement inhérentes à notre intelligence qu'elle ne saurait opérer sans elles ? Examiner une idée *objectivement*, c'est donc, en dernière analyse, en enlever l'élément subjectif autant que faire se peut. Kant, Fichte, Schelling, Hegel, et d'autres philosophes, dont les uns ont si bien distingué l'*objectif* du *subjectif*, dont les autres ont si vainement tenté de jeter ensuite un pont sur l'abîme qui les sépare, abîme qui a conduit les uns à l'idéalisme, les autres au panthéisme, d'autres encore à la théorie de l'absolu et à celle du sujet-objet, ont essayé en vain de donner à cet égard l'analyse de la belle synthèse du Créateur.

D'*objectivement* à *objectivité*, il y a un grand pas. On a fait ce pas. Le mot ainsi mis au monde signifie deux choses, l'existence des objets en dehors de nous, et cet état de pureté qu'on donne aux objets en la dégageant de la subjectivité de nos idées. L'esthétique, qui n'avait pas le droit d'être difficile en matière de naturalisation, s'est hâtée généreusement de conférer à ce mot des lettres de bourgeoisie. Elle nomme *objectivité* cette perfection de style, de dessin ou d'exécution qui fait qu'un monument d'art se détache, se conçoit, et ressort avec une entière netteté, abstraction faite de toutes les conceptions subjectives de l'auteur. Il n'y a pas plus de raisons de rejeter l'*objectivité* que l'*objectif*.

MATTER.

OBLAT (d'*oblatus*, offert). C'est sous ce nom que l'on désignait anciennement : 1° des religieux qui, en entrant dans la vie monastique, faisaient abandon de leurs biens à la communauté ; ils avaient l'avantage d'hériter de leurs parents au profit de cette communauté, tandis que leurs parents ne pouvaient pas hériter d'eux ; 2° les enfants qui étaient dès leur âge le plus tendre voués aux ordres ecclésiastiques par leurs parents, et qui dès ce moment n'étaient plus libres de renoncer à la règle, à l'habit auxquels ils avaient été voués ; 3° des laïques qui, sans renoncer entièrement au monde, venaient vivre dans un couvent, à la condition de payer une somme déterminée pour leur entretien ; 4° des laïques qui, se donnant à une abbaye, eux et leurs biens, s'en faisaient serfs, eux et leurs enfants ; 5° enfin, des soldats in v a l i d e s qui, avant la création de l'hôtel des Invalides, étaient placés par le roi dans des abbayes qui les nourrissaient et les entretenaient.

Une congrégation de prêtres séculiers portait le nom d'*oblats de Saint-Ambroise* ; elle fut instituée à Milan, en 1578, par saint Charles Borromée ; cet ordre fut approuvé par Grégoire XIII, qui lui donna des priviléges : les *oblats* étaient ainsi appelés parce qu'ils s'étaient offerts à l'archevêque pour exécuter tout ce qu'il leur ordonnerait.

Il existe aussi une congrégation de *femmes* portant le nom d'*oblates*. Elle fut fondée en 1425, par sainte Françoise. Le pape Eugène IV approuva les constitutions de ces religieuses, qu'on appelle aussi *collatines*.

OBLATION (du latin *oblatio*), terme consacré en religion, offrande, action par laquelle on offre quelque chose à Dieu : Jésus-Christ, étant sur la croix, fit une *oblation* de lui-même à son père. *Oblation* se dit aussi des choses qui sont offertes à Dieu : Les prêtres ne vivaient autrefois que d'*oblations* ; Le bien mal acquis qu'on offre à Dieu est une *oblation* qu'il rejette.

En fait de cérémonies, *oblation* désigne particulièrement l'action du prêtre qui, avant de consacrer le pain et le vin les offre à Dieu, afin qu'ils deviennent par la consécration le corps et le sang de Jésus-Christ : c'est une partie essentielle du sacrifice de la m e s s e, et dans plusieurs anciennes liturgies la messe entière est appelée *oblation* ; aussi est-ce par cette action que commence ce qu'on a nommé autrefois la *messe des fidèles*. Tout ce qui précède était appelé au quatrième siècle la *messe des catéchumènes*, parce qu'immédiatement avant l'oblation on renvoyait les catéchumènes et ceux qui étaient en pénitence publique ; on ne permettait d'assister à l'oblation, à la consécration et à la communion qu'aux fidèles qui étaient en état de participer à la sainte eucharistie. Les protestants, ne reconnaissant dans la messe ni la présence réelle de Jésus-Christ ni le caractère de sacrifice, ont été obligés de supprimer l'oblation. L'oblation se trouve dans toutes les anciennes liturgies, en quelque langue qu'elles aient été écrites : elle est aussi ancienne que la consécration même.

OBLIGATION (du latin *obligatio*, engagement). Dans son acception la plus large, la plus étendue, le mot *obligation* peut être considéré comme synonyme de *devoir*, car il signifie l'engagement où l'on est relativement à différents devoirs imposés. Ce n'est pas seulement la loi civile ou la loi pénale qui commandent et défendent certains actes, la religion et la morale ont aussi leurs prohibitions et leurs prescriptions : elles imposent à tous les hommes des devoirs, qui sont autant d'obligations, dont l'accomplissement importe soit à l'intérêt général, soit à quelque intérêt particulier, soit encore, dans un avenir plus ou moins rapproché, au repos, à la sécurité, à l'honneur de celui-là même qui doit s'y soumettre. Toutefois, ces obligations sont appelées *imparfaites*, et cela vient de ce que nous n'en sommes comptables qu'à Dieu et à la société, et de ce qu'elles ne donnent à personne aucun droit, aucune action pour en exiger l'accomplissement. Elles ne nous obligent que dans le *for intérieur*, c'est-à-dire dans la conscience, ce sanctuaire impénétrable, où nul regard humain n'a le pouvoir de lire.

Par une extension bien naturelle, *obligation* signifie encore l'engagement qui naît des services, des bons offices qu'on a reçus d'un tiers, et dans cette nouvelle acception il se rapproche assez de *reconnaissance* : c'est ainsi qu'on a *obligation de la vie* à un homme qui vous l'a sauvée ; c'est ainsi qu'on a de *grandes obligations* à une personne de qui on a reçu de nombreux et importants services.

Dans un sens plus propre et plus restreint, *obligation* est, en droit, synonyme d'*engagement personnel*, et les jurisconsultes la définissent un *lien de droit* ou d'*équité*, qui nous impose la nécessité de faire une chose suivant les lois de notre pays. Cette définition est empruntée aux auteurs romains.

Les obligations prennent leur source dans la loi, les contrats, les quasi-contrats, les délits et les quasi-délits ; en d'autres termes, dans toutes les causes qui peuvent engendrer un lien de droit. Les obligations imposées par la loi sont des engagements formés involontairement, et prescrits ou par la nature et la situation des choses, ou par l'intérêt général : tels sont les engagements entre propriétaires voisins (*voyez* SERVITUDE), et ceux des tuteurs et autres administrateurs ne peuvent refuser la fonction qui leur est déférée. Les engagements résultant des quasi-contrats, délits et quasi-délits, naissent d'un fait personnel à celui qui se trouve obligé ; enfin, les obligations qui naissent des contrats (et ce sont les plus fréquentes) sont appelées *obligations conventionnelles*, et ce sont celles que nous allons traiter.

Les obligations qui résultent des conventions sont de plusieurs espèces : elles sont *réelles*, ou *personnelles*, ou l'une et l'autre en même temps ; puis, *pures et simples*, *conditionnelles*, *solidaires*, *à terme*, *alternatives et facultatives*, *divisibles* ou *indivisibles*, ou *avec clauses pénales*, selon la nature du contrat et le mode d'engagement contracté.

Il existe aussi une dernière espèce d'obligations, dont il faut bien dire quelques mots : ce sont les obligations *naturelles*. Nos lois ne les ont pas définies ; elles se sont bornées à leur donner l'effet d'empêcher toute répétition touchant ce qui a été donné pour les remplir. Le jeu et le pari sont dans ce cas.

On appelle *obligations réelles* celles qui n'engagent pas seulement les personnes qui les ont contractées et qui y ont figuré, et dont les effets s'étendent aux héritiers et successeurs de toutes les parties contractantes. Elles sont réelles, parce que les droits et les charges qu'elles constituent sont *choses* figurant à l'actif et au passif de la succession, et que les héritiers de la partie obligée sont tenus d'acquitter l'engagement, comme leurs auteurs ; de même que les héritiers de la partie au profit de laquelle il avait été contracté peuvent, pour en obtenir l'exécution, exercer toutes les actions, et jouir de tous les droits qui appartenaient à ceux qu'ils représentent. Souvent les obligations réelles justifient encore mieux leur titre, car, outre la personne du débiteur et de ses héritiers, elles affectent particulièrement un immeuble, qui sert de garantie à leur accomplissement, et sur lequel elles doivent être exécutées.

L'*obligation personnelle* ne lie et n'engage que la personne de celui qui l'a contractée, de même que ses bénéfices ne doivent profiter qu'à celui au profit de qui elle a été consentie. Ses effets ne s'étendent point jusqu'aux héritiers des parties contractantes : dans ces sortes d'obligations, le débiteur n'a voulu s'engager, et ne s'engage qu'envers le créancier exclusivement à tout autre, et ce dernier ne stipule que pour lui-même.

Les obligations sont tout à la fois *réelles* et *personnelles* quand elles lient également les personnes et les choses ; quand, indépendamment de l'action personnelle ouverte contre le débiteur, un immeuble est hypothéqué à la garantie de leur exécution. Dans ce cas, elles suivent l'immeuble affecté, dans quelques mains qu'il passe et à quelque titre qu'il y passe, et la personne du débiteur n'en reste pas moins engagée. Les obligations *pures et simples* sont celles qui sont contractées sans conditions, nous appelons *obligations conditionnelles* celles qu'on fait dépendre d'un événement futur et incertain, soit en les suspendant jusqu'à ce que l'événement arrive, soit en les résiliant selon que l'événement arrivera ou n'arrivera pas : de là deux espèces de conditions, la *condition suspensive*, et la *condition résolutoire*. Le législateur a pris soin de définir encore trois autres espèces de conditions, qui, à proprement parler, ne forment qu'autant de sections de chacune des deux premières catégories, sans appartenir exclusivement à l'une ou à l'autre : ce sont les conditions *casuelle*, *potestative* et *mixte*. La condition *suspensive* est celle qui dépend d'un événement futur et incertain, ou d'un événement actuellement arrivé mais encore inconnu des parties. Dans le premier cas, l'obligation ne peut être exécutée qu'après l'événement ; dans le second, elle a son effet du jour où elle a été contractée. La condition *résolutoire* est celle qui par son accomplissement opère la révocation de l'obligation et remet les choses au même état que si l'obligation n'avait jamais existé.

L'obligation *à terme* est celle dont l'exécution n'a pas été suspendue, mais seulement retardée jusqu'à une époque désignée.

L'obligation *alternative* et *facultative* est celle par laquelle le débiteur s'engage à fournir l'une de deux ou plusieurs choses. Le choix appartient au débiteur, à moins que le contraire n'ait été expressément stipulé.

Les obligations *solidaires* existent dans deux circonstances, lorsqu'il y a solidarité entre les créanciers, ou solidarité entre les débiteurs.

L'obligation est *divisible* quand elle a pour objet une chose qui dans sa livraison, ou un fait qui dans l'exécution, est susceptible de division, soit matérielle, soit intellectuelle ; si la chose ou le fait ne sont susceptibles d'aucune division, elle sera *indivisible*. Toutefois, l'obligation peut être indivisible, bien que la chose ou le fait qui en sont l'objet soient susceptibles de division, si le rapport sous lequel on les a considérés dans l'obligation ne les rend pas susceptibles d'exécution partielle.

Il ne faut pas confondre les *clauses pénales* ajoutées aux obligations avec les dommages et intérêts qu'entraîne souvent leur inexécution : les dommages et intérêts ne peuvent être prononcés qu'en réparation d'un préjudice causé et souffert, et les clauses pénales ne sont ajoutées aux obligations que pour en assurer l'exécution.

Les obligations imposent des devoirs à l'une des parties et confèrent des droits à l'autre : légalement contractées, elles sont la loi de ceux qui y ont pris part. L'obligation de donner emporte celle de livrer et de conserver la chose jusqu'à la livraison, à peine de dommages et intérêts. Toute obligation de faire ou de ne pas faire se résout, en cas d'inexécution de la part du débiteur, en dommages et intérêts. Néanmoins, et sans préjudice des dommages et intérêts, le créancier a le droit de demander la destruction de ce qui aurait été fait en contravention aux engagements; il peut même être autorisé à le faire détruire aux frais du débiteur, comme il peut l'être à faire exécuter lui-même, au compte du débiteur, l'obligation *de faire* par lui contractée. Les dommages et intérêts dus au créancier en pareil cas sont en général en proportion de la perte qu'il a faite et du gain dont il a été privé, sauf quelques exceptions prévues et exprimées par la loi. Si la force majeure ou un événement fortuit ont empêché le débiteur d'exécuter l'engagement, il ne doit aucuns dommages et intérêts : ils ne sont, au surplus, dus que lorsque le débiteur a été mis en demeure d'accomplir l'obligation, à moins qu'il ne s'agisse d'une obligation *de ne pas faire*, cas auquel ils le sont par le fait seul de la contravention. Du reste, les obligations n'ont d'effet qu'entre les parties contractantes; elles ne peuvent nuire aux tiers, et ne leur profitent que lorsqu'on a stipulé pour eux dans les limites posées par l'art. 1121 du Code Napoléon. C'est à ceux qui réclament l'exécution d'une obligation qu'incombe le devoir d'en prouver l'existence, comme celui qui se prétend libéré doit justifier le payement ou le fait qui a produit l'extinction de l'obligation. Cette double justification se fait soit par acte authentique, soit par acte sous seing privé, soit dans les bornes fixées par la loi, par la preuve testimoniale, soit par des présomptions, soit par l'aveu de la partie, soit enfin à l'aide du serment.

Les obligations s'éteignent par le payement, la **cession de biens**, la **novation**, la remise volontaire, la **compensation**, la **confusion**, la perte de la chose due, la **nullité**, ou la **rescision** de l'obligation, par l'effet de la **condition résolutoire**, et enfin par la **prescription**.

En termes de finances on donne le nom d'*obligations* à des valeurs émises par les États, les villes, les départements, les compagnies de chemins de fer, pour couvrir des emprunts remboursables par des tirages successifs et auxquelles sont souvent attachées des primes. GUILLEMETEAU.

OBLIGEANCE, OBLIGEANT. L'*obligeance* est la disposition, le penchant à rendre des services signalés qui ne sont pas dus, et qui *lient* celui qui les reçoit à l'*obligeant* à un retour, à un sentiment de reconnaissance. L'homme *obligeant* est celui qui s'estime heureux de rendre ces services. Il est deux termes que l'on a l'habitude de confondre, mais à tort, avec celui d'*obligeant* : ce sont ceux de *serviable* et d'*officieux*. Une simple définition suffira pour déterminer leur différence. *Serviable* (de *servire*, servir), qui est toujours prêt à rendre service, de ces services ordinaires que nous rendons dans la société. *Officieux*, disposé, empressé à rendre de *bons offices*, c'est-à-dire des services agréables et utiles, qui aident, concourent au succès de vos desseins; des services que des sentiments et des relations particulières font regarder comme des devoirs (*officia*). Cela posé, l'homme *serviable* sera celui qui est prompt et empressé à vous servir dans l'occasion, comme un serviteur l'est à l'égard d'un maître. L'homme *officieux* sera affectueux et zélé, comme un client à l'égard de son patron. L'homme *obligeant*, au contraire, sera aise et flatté de vous servir dans le besoin; il va au-devant de l'occasion pour obliger. L'homme *serviable* se fait un plaisir d'être utile; tout ce qu'il peut par lui-même, il le fait, mais il est circonscrit. L'homme *officieux* se fait un devoir de concourir à vos desseins, mais il peut être intéressé; c'est moins quelquefois par caractère que par habitude et combinaison. L'homme *obligeant* ne considère que le plaisir de vous rendre heureux. C'est faire plaisir à l'homme *serviable* que de le mettre à portée de vous faire plaisir à vous-même. C'est entrer dans les vues de l'homme *officieux* que de réclamer de bons offices avec confiance. C'est bien mériter de l'homme vraiment *obligeant* que de le trouver, par préférence, digne de vous obliger.

OBLIQUE, OBLIQUITÉ (du latin *obliquitas*). Ce dernier mot sert en général à désigner la position respective de deux ou plusieurs lignes entre elles, de plans entre eux, ou de lignes relativement à des plans, etc. Toutes les fois que les directions de plusieurs lignes prolongées indéfiniment forment entre elles des angles aigus et obtus, ces lignes sont réciproquement obliques les unes par rapport aux autres. Une oblique quelconque à une autre ligne est toujours plus longue que la p e r p e n d i c u l a i r e à celle-ci et qui part du même point que l'oblique. On démontre facilement : 1° que des obliques qui s'écartent également, les unes à droite, les autres à gauche, du pied de la perpendiculaire, sont égales entre elles; 2° que la plus grande des obliques à une perpendiculaire est celle qui s'en écarte le plus, d'où il suit qu'il est impossible qu'il y ait deux obliques égales entre elles situées d'un même côté d'une perpendiculaire. Une ligne est oblique à un plan lorsque sa direction forme avec celui-ci des angles aigus et obtus : dans ce cas, le plan est dit aussi *oblique* à la ligne; des plans sont *obliques* entre eux toutes les fois que leurs directions, s'il est permis de parler ainsi, ne forment pas entre elles des angles droits.

L'obliquité joue un grand rôle en astronomie : les axes des planètes sont tous plus ou moins inclinés aux plans de leurs orbites. L'obliquité de l'équateur terrestre, relativement au plan de l'écliptique ou de l'orbite que décrit notre planète, est d'environ 23 degrés et demi.

La principale cause du froid que nous éprouvons en hiver est due sans doute au plus grand éloignement du Soleil ; en cette saison, des pays que nous habitons ; néanmoins, la direction oblique avec laquelle les rayons de cet astre viennent frapper les objets qui nous environnent doit entrer pour quelque chose dans le refroidissement que nous éprouvons : quoique le soleil luise pendant six mois sur les régions qui avoisinent les pôles, des glaces éternelles se forment incessamment dans ces contrées.

Tous les peuples qui vivent entre les pôles et l'équateur ont la s p h è r e *oblique*, parce que leur horizon le coupe pas l'équateur à angles droits.

En anatomie, on appelle *muscles obliques* tous ceux dont l'action s'exerce suivant des directions qui ne sont pas parallèles aux plans qui divisent le corps suivant la verticale.

TEYSSÈDRE.

Figurément, *oblique* signifie qui manque de droiture, de franchise : Cet homme a une conduite *oblique* ; il suit une marche *oblique*, des voies *obliques* ; il emploie des moyens *obliques*. Il se prend aussi pour indirect, détourné : une louange *oblique*, une accusation *oblique*. Fort usité autrefois dans ce sens, il ne l'est presque plus aujourd'hui.

OBLIQUE (*Grammaire*). Ce mot s'emploie assez fréquemment pour caractériser certains cas de la déclinaison dans quelques langues, et dans toutes pour distinguer certains temps du verbe et certaines propositions. *Oblique*, en grammaire, est opposé à *direct*. Dans la déclinaison latine, tous les cas sont considérés comme *obliques*, excepté le *nominatif*, parce qu'ils désignent moins directement le sujet de la proposition, dont le nom ou le pronom fait partie ; par contre, le nominatif est nommé *cas direct*, parce qu'il va directement au but de l'institution. Dans la conjugaison, les temps *obliques* sont ceux qui ne peuvent servir qu'à énoncer une proposition incidente subordonnée à un antécédent, comme le subjonctif par exemple, tandis que les modes *directs* sont ceux dans lesquels le verbe sert à énoncer une proposition principale : tels sont l'indicatif et l'impératif.

Quant aux propositions *obliques*, ce sont celles qui énoncent l'existence d'un sujet sous un attribut, de manière à présenter cette énonciation comme subordonnée à une autre dont elle dépend, et qu'elle est appelée à compléter. Dans cette phrase : *Il importe que vous travailliez*, la proposition, *que vous travailliez*, qui est subordonnée à la première, *il importe*, et qui est indispensable à son complément, est une proposition *oblique*. Toutes les propositions *obliques* sont nécessairement incidentes : ce qui ne veut pas dire toutefois que toutes les propositions incidentes soient *obliques*.   CHAMPAGNAC.

OBLIQUE (*Tactique*). Ce mot indique une manœuvre, une marche, un alignement, exécutés à droite ou à gauche d'une ligne de bataille. Dans l'école du soldat et de peloton, la *marche oblique* consiste à porter la jambe droite ou la jambe gauche en avant et du côté opposé à celui vers lequel on oblique, au lieu de la porter directement en avant et devant soi. Dans la grande tactique, un *mouvement oblique* s'exécute en faisant déborder la droite ou la gauche d'un régiment, d'une division ou d'une armée, de l'aile qui lui est opposée. Les mouvements obliques ont pour but d'éviter les obstacles qui se présentent à droite ou à gauche d'une ligne marchant en ordre de bataille. Au commandement de : *Oblique à droite* ou *à gauche*, cette manœuvre se fait avec la même exactitude et la même précision que les marches en avant. Dans l'infanterie et l'artillerie, on exécute des *feux obliques* lorsque l'ennemi, changeant de direction, se porte à droite ou à gauche des lignes de bataille, dans l'intention de les attaquer ou de les surprendre.
   SICARD.

OBLIQUITÉ DE L'ÉCLIPTIQUE. *Voyez* ECLIPTIQUE.

OBLONG, OBLONGUE, qui est beaucoup plus long que large, plus large que haut. Un parallélogramme dont les côtés sont inégaux est une figure oblongue ; une ellipse est une figure oblongue. On dit aussi un jardin *oblong*, une place *oblongue*.

Oblong se dit en librairie du format des livres qui ont moins de hauteur que de largeur : un in-folio, un in-quarto *oblong*. Les livres de musique sont souvent *oblongs*.

OBOLE (en grec ὀβολός), petite monnaie grecque, qui valait la sixième partie de la drachme. On a aussi donné ce nom en France à une petite monnaie de cuivre, valant la moitié d'un denier tournois. C'est de cette pièce que nous est restée cette phrase proverbiale : Je n'en donnerais pas une *obole*, pour dire : Je n'en donnerais par le moindre prix.

Obole s'est dit en outre d'un petit poids qui pesait douze grains.

OBOTRITES. *Voyez* WENDES.

OBRÉGAT (L'). *Voyez* LLOBRÉCAT.

OBREPTION (du latin *obripere*, obtenir par surprise). On appelle obreption la fraude qu'on a commise dans l'obtention de quelque grâce, titre ou concession d'un supérieur en lui faisant une vérité. C'est la fraude par réticence, à la différence de la *subreption*, qui désigne la fraude par allégation d'un fait faux. On nomme *obreptices* et *subreptices* les titres ou concessions que l'on a été obtenus par obreption ou subreption.

O'BRIEN, vieille famille irlandaise, dont l'ancêtre, Brian Barouthe, l'un des plus célèbres héros de l'Irlande, périt en l'an 1014, à la bataille de Cloestarf. Ses descendants prirent le titre de *rois de Thomond*, mais restèrent tributaires des Anglais ; et en 1543 *Murrough* O'BRIEN, ayant fait acte de complète soumission à la couronne d'Angleterre, fut créé pair d'Irlande sous le titre de comte de Thomond et de baron d'Inchiquin. C'est de son fils aîné, *Dermod*, que descendait *Murrough* O'BRIEN, créé marquis de Thomond en 1800, et mort en 1808. Son neveu James O'BRIEN, troisième marquis de Thomond, fut nommé en 1847 amiral de la flotte. Le fils cadet du premier comte Murrough O'Brien, fut le grand-père de *Donough* O'BRIEN, de Dromoland dans le comté de Clare, qui en 1686 obtint le titre de baronnet. Sir *Edward* O'BRIEN, quatrième baronnet, mourut en 1837, laissant plusieurs enfants. L'aîné, sir *Edward* O'BRIEN, lord lieutenant du comté de Clare, hérita de la pairie du marquis de Thomond actuel, en qui s'éteint la branche aînée des O'Brien. Membre de la chambre des communes de 1826 à 1830, puis de 1847 à 1852, il y siégea parmi les plus ardents conservateurs et protectionnistes.

Son frère *William Smith* O'BRIEN, né en 1803, hérita de la fortune considérable de sa mère, et fut élu en 1832 membre de la chambre des communes, par la ville de Limerick. Quoique protestant et appartenant à une famille tory, il ne tarda pas à s'associer à l'agitation pour le rappel provoqué par O'Connell, et lutta de violence avec ses chefs. Peu à peu il se forma sous sa direction un parti nouveau, la *Jeune Irlande*, qui, loin de s'en tenir à l'agitation légale recommandée par O'Connell, résolut d'employer au besoin la force pour obtenir la séparation de l'Irlande d'avec l'Angleterre, le rétablissement du parlement irlandais, etc. Une effroyable famine à laquelle l'Irlande fut alors en proie augmenta encore l'irritation des esprits ; et après la mort d'O'Connell, l'influence d'O'Brien et de son parti devint prépondérante en Irlande. Toutefois, il recommanda encore de s'abstenir de toute mesure précipitée, et dans une brochure intitulée : *Reproductive Employement* il indiqua les moyens propres, suivant lui, à venir en aide aux maux de l'Irlande. Mais à la nouvelle de la révolution de Février, il renonça à ses projets de politique prudente, et crut le moment venu de frapper un grand coup pour obtenir l'affranchissement de son pays. Il alla d'abord à Paris, où M. de Lamartine lui fit le plus chaleureux accueil, lui prodigua les phrases et les vœux, mais se garda bien de lui promettre l'appui de la France pour une insurrection en Irlande. Ce petit désappointement n'empêcha pas O'Brien de convoquer à Dublin une *convention nationale* de 300 membres, dont la réunion fut tout aussitôt prohibée par le gouvernement anglais. Un procès intenté à O'Brien n'aboutit point, parce que le jury ne put se mettre d'accord sur le verdict à rendre ; mais des bandes armées s'étant formées à sa voix sur tous les points de l'Irlande, le ministère, avec l'autorisation du parlement, suspendit l'*Habeas corpus*, et lança des mandats d'arrêter contre Smith O'Brien et les autres meneurs de la *Jeune Irlande*. La fin du mouvement insurrectionnel fut aussi prompte que misérable. Le 29 juillet 1848, il suffit de quelques *policemen* pour disperser les bandes armées réunies à la voix d'O'Brien. Lui-même fut arrêté, traduit en justice, et condamné le 9 octobre suivant à la peine de mort. Le jugement ne put être cassé ; mais la reine commua la peine capitale en celle du bannissement à vie en Australie ; et en juillet 1849 le condamné partit pour sa destination. Il habita la terre de Van-Diémen, et par suite de l'amnistie accordée en 1856 il a pu rentrer dans sa patrie.

OBSCÉNITÉ, parole, image, action, discours, tableau, danse, chanson, qui blessent la pudeur. Les langues anciennes comportaient des *obscénités* que ne souffrirait point la nôtre ; c'est ce qui a fait dire :

   Le latin dans ses mots brave l'honnêteté.

Les libertins aiment les discours, les peintures, les livres obscènes.

OBSCUR. Ce qui n'est pas clair, ce qui manque de clarté ; *obscurcir*, c'est rendre plus sombre, moins lumineux. Le mot *obscur* s'emploie également, dans ses divers sens, au propre et au figuré. Il y a entre ces mots, qui paraissent synonymes, *obscur*, *sombre*, *ténébreux*, des nuances très-saisissables. L'obscurité est moins sombre que les ténèbres, car elle n'est pas relative ; il est de la nuit est sombre quand il est couvert ; il est obscur quand les nuages qui l'enveloppent sont tellement épais qu'ils répandent les ténèbres.

Au figuré, *obscur* se prend pour peu connu, peu en relief ; c'est ainsi qu'on dira que quelqu'un est issu d'une maison obscure, qu'il vit obscurément, c'est-à-dire dans la médiocrité, ne cherchant pas à attirer les regards du monde. L'obscurité du style est un manque de clarté, de précision, de méthode. Un auteur obscur se fait lire difficilement.

Une académie, celle de Lucques, a pris le titre de *gli Os-*

curi, « les Obscurs ». Il y a, croyons-nous, des obscurs dans toutes les académies.

OBSCURANTISME. On a donné ce nom, dérivé du latin *obscurare*, obscurcir, au système politique et religieux à l'aide duquel, en France et ailleurs, les gouvernants s'efforcèrent de combattre l'esprit de progrès et de liberté; lutte qui commença tout aussitôt après la chute de l'empire et la restauration du principe de la légitimité en Europe. Empêcher autant que possible la propagation des lumières, ramener les peuples à l'ignorance des siècles passés, favoriser non pas tant les idées religieuses que les idées superstitieuses, parut aux hommes d'État de cette époque un moyen infaillible pour combler l'abîme des révolutions. Béranger a résumé admirablement ce système en deux vers qui le peignent au naturel :

Éteignons les lumières
Et rallumons le feu.

On sait ce qui en est advenu.

Le *libéralisme* était le système opposé à l'*obscurantisme*; la diffusion des lumières, l'émancipation et la moralisation des classes laborieuses par l'instruction, l'accroissement indéfini de leur bien-être par le libre développement de l'industrie, base de la prospérité générale : tel était son programme, dont faisait également partie l'engagement de faire cesser aussitôt que possible l'ilotisme de la multitude en lui conférant des droits politiques au fur et à mesure qu'elle serait assez éclairée pour en savoir faire usage. L'*obscurantisme*, au contraire, ne consentait à accorder des droits politiques qu'à un petit nombre de privilégiés composant une oligarchie placée sous son entière domination et complétement dévouée au triomphe de ses doctrines et de ses intérêts. L'antagonisme de ces deux systèmes forme toute l'histoire de la Restauration.

OBSCURE (Chambre). *Voyez* CHAMBRE OBSCURE.
OBSÉCRATION. *Voyez* DÉPRÉCATION.
OBSÈQUES, funérailles accompagnées de pompes et de cérémonies. Il n'est d'usage que dans le style grave. Ce mot vient d'*obsequium* (devoir), parce que les obsèques sont les derniers devoirs rendus aux défunts. Il a signifié en latin l'office ecclésiastique, le service qu'on fait dire pour les morts.

OBSERVANCE, pratique d'une règle, exécution de ce que prescrit une loi. Il n'est usité qu'en matière de religion. Le salut éternel, dit l'Église, dépend de l'*observance* des préceptes évangéliques. Les pharisiens se piquaient de l'exacte *observance* des cérémonies prescrites par la loi. Il se dit aussi du statut même, de la règle, de la loi : le judaïsme était chargé d'un nombre infini d'*observances*. « Il y a, dit Tertullien, des *observances* que nous gardons sans y être autorisés par un texte de l'Écriture, mais fondés sur la tradition et sur la coutume. » Les *observances légales* étaient certaines pratiques ou cérémonies que prescrivait la loi de Moïse; l'Évangile nous a délivrés du joug des *observances légales*.

Observance se dit aussi des communautés religieuses, où certaines règles s'observent. *Observance* relâchée, *observance* mitigée ; les *observances* régulières diffèrent des communautés ecclésiastiques. Les cordeliers se donnaient le nom de religieux de l'*observance*, de la grande, de la petite *observance*. Ceux de Paris avaient fait percer près de leur église une rue de l'*étroite observance*, qui faisaient toujours maigre. La grande *observance* est aussi le nom d'une partie de l'ordre de la Merci. La primitive *observance* des frères prêcheurs, ou la congrégation du Saint-Sacrement, était une réforme de dominicains, établie en France dès 1636.

Le troisième et le quatrième concile d'Orléans donnent le nom d'*observants* aux clercs qui desservent une église. On appelait *observantins* les religieux cordeliers de l'*observance*.

C'était aussi autrefois une désignation burlesque du critique. L'abbé de Boisrobert, joyeux commensal du cardinal de Richelieu et fondateur obscur de l'Académie Française, a dit dans une pièce de vers, aujourd'hui oubliée :

Déférons même à ces rudes critiques
Par toi nommés *frères observantins*.

OBSERVATION, action par laquelle on observe, on exécute ce qui est prescrit par quelque règle, par quelque loi, ou ce que l'on a promis à quelqu'un. *Observation* signifie aussi une remarque critique sur les écrits de quelque auteur ou des annotations pour les expliquer et les commenter; on a fait des *observations* fort judicieuses sur Tacite et sur Tite-Live. On emploie aussi ce mot dans le sens de réflexion et de considération.

L'*observation*, dans l'expression la plus générale, consiste dans l'application des sens d'un esprit cultivé à l'examen des diverses parties ou des diverses circonstances d'un phénomène ; c'est l'action de considérer avec attention les choses physiques ou morales ; ce procédé de l'esprit domine dans une des grandes divisions de la physique, particulièrement dans les sciences naturelles, que l'on appelle aussi *sciences d'observation*, et dont la médecine n'est pas la partie la moins étendue et la moins difficile ; les *observations* faites plus ou moins exactement sur les maladies et les blessures, depuis la plus haute antiquité jusqu'à nos jours, forment les archives de cet art, les annales et la base des sciences médicales; l'esprit d'*observation* est la première qualité du praticien, et il n'a peut-être jamais été porté plus loin que chez Hippocrate, dont la méthode n'a pas vieilli, et sera toujours un admirable modèle.

L'*observation* est le véritable fondement de toutes les sciences, et l'on sait quelle gloire a rejailli sur Bacon pour avoir défendu ce principe au seizième siècle ; il a été appelé le père de la philosophie expérimentale, et il a en effet senti et parfaitement montré que dans toutes les branches des sciences positives il n'y a qu'un moyen de parvenir à quelques vérités et de s'assurer qu'on y est parvenu : c'est celui d'observer la nature, non-seulement dans les objets et phénomènes qu'elle présente à nos regards, mais encore dans ceux qu'on peut découvrir par la voie de l'expérience : « Il ne suffit pas d'avoir des yeux pour observer la nature, il faut un art pour diriger les observations; il en faut un plus difficile encore pour interroger la nature, » C'est pour parvenir à ce double but que Bacon a créé des méthodes dont il a fait des applications sans nombre à toutes les branches des sciences.

Observation se dit encore du résultat de l'*observation*, et nous l'avons employé dans ce sens en parlant des *observations médicales*, qui remontent à l'origine de l'art de guérir ; il en est de même des *observations météorologiques*, qui comprennent celles que font journellement les physiciens sur les degrés de froid, du chaud, sur les vents, sur la quantité de pluie et de neige qui est tombée, etc., pour signaler les changements qui arrivent dans l'atmosphère par rapport à la chaleur, à l'humidité, à la pesanteur, etc.

Le spectacle du ciel devait inviter de bonne heure à l'observation des astres; on eut besoin pour l'agriculture de distinguer les saisons et d'en connaître le retour; et l'on ne tarda pas à s'apercevoir que le lever et le coucher des principales étoiles au moment où elles se plongent dans les rayons solaires, ou quand elles s'en dégagent, pouvaient servir à cet objet; aussi voit-on chez presque tous les peuples ce genre d'observations remonter jusqu'aux temps dans lesquels se perd leur origine ; mais quelques remarques grossières sur le lever et le coucher des étoiles ne formaient point une science, et l'astronomie n'a commencé qu'au moment où les observations antérieures, ayant été recueillies et comparées entre elles, et les mouvements célestes ayant été suivis avec plus de soin qu'on ne l'avait fait encore, on essaya, non pas, comme le dit Laplace, de déterminer les lois de ces mouvements, ce que n'a jamais fait l'ancienne astronomie, mais au moins d'en déterminer les circonstances.

SÉDILLOT.

OBSERVATION (Corps d'). C'est un corps d'armée chargé d'observer l'ennemi tandis qu'on attaque une de ses places, et de s'opposer aux efforts qu'il tenterait pour le dégager et en faire lever le siège. On emploie encore les corps d'observation sur les frontières lorsque l'on veut épier les mouvements d'une puissance voisine qu'on suspecte. Les corps d'observation, comme les autres corps d'armée, sont composés d'un état-major général, d'un personnel et d'un matériel de l'administration, de plusieurs divisions d'infanterie et de cavalerie, de troupes d'artillerie et du génie, de munitions de guerre de toutes espèces, de parcs de réserve d'artillerie, etc., etc. Ils ont aussi à leur suite des équipages de pont pour le passage des fleuves ou rivières. Quelquefois on établit des corps d'observation de cavalerie dans les pays plats, soit pour observer la marche de l'ennemi et intercepter ses convois, soit pour opérer une diversion prompte et efficace en faveur d'une armée agissant sur la droite et sur la gauche.

SICARD.

OBSERVATOIRE, lieu destiné à l'observation des mouvements des corps célestes. Le temple de Bélus était-il l'observatoire des Chaldéens? Diodore de Sicile nous dit que les prêtres de ce dieu observaient assidûment les levers et les couchers des astres du haut de leur tour. Mais en général on ne voit pas que les anciens aient jamais fait mention de leurs observatoires, pas même Hipparque, qui observait à Rhodes, pas même Ptolémée, qui cependant paraît avoir réuni plus d'instruments astronomiques à Alexandrie qu'aucun de ses devanciers. Il faut donc nous adresser aux Arabes, si nous voulons rencontrer des observatoires proprement dits : chez eux les descriptions ne manquent pas.

Le khalife Hakem avait fait bâtir un observatoire sur le mont Mocattam, à l'orient du Caire, où il se retirait quelquefois pour s'occuper d'astronomie; Ebn-Jounis fit ses observations dans le lieu appelé au Caire son *observatoire*, près de Birket-Alhabash; toutefois, Macrizi dit que le nom d'*observatoire* ne lui fut donné que lorsque Alafdal y eut fait établir une sphère armillaire, c'est-à-dire plus de cent ans après la mort d'Ebn-Jounis; Silvestre de Sacy est entré à ce sujet dans de longs détails (*Notices des Manuscrits*). Il y avait également à Bagdad un observatoire, et c'est là qu'Aboul-Wefa découvrait la variation; plus tard, d'après le désir exprimé par les khans mongols Mangou et Houlagou, Nassir-Eddin-Thoussi construisait le célèbre observatoire de Meragah. L'édifice, placé sur le sommet d'une montagne, était disposé de manière que tous les matins les rayons solaires, passant par un trou pratiqué dans la coupole, allaient se projeter sur un mur; ce qui permettait d'avoir les degrés et les minutes du mouvement moyen du Soleil, sa hauteur dans les différentes saisons de l'année, etc. On avait tracé dans l'intérieur du bâtiment les figures des sphères, des épicycles, des déférents, les planètes pour représenter le mouvement des douze signes du zodiaque. La forme de la Terre, la division en sept climats de sa partie habitée, la longueur des jours, la latitude des pays, la forme des îles et des mers, y étaient marquées distinctement. Il y avait un grand nombre d'instruments, et Nassir-Eddin, à chaque nouvelle observation, demandait à Houlagou des sommes incalculables pour les perfectionner.

L'observatoire de Samarcande, dont on fut redevable aux soins éclairés d'Olugh-Belg, est aussi renommé par ses instruments et par les observations qui y furent faites. Lorsque les missionnaires pénétrèrent en Chine, il y avait déjà trois siècles que Pékin avait son observatoire, qui dépassait de douze pieds les murs de la ville; on en établit successivement dans la maison des missionnaires français, au collége des jésuites portugais et à la résidence de Saint-Joseph; Pingré a donné les positions de ces quatre observatoires.

Les premiers qui furent élevés en Europe ont été ceux de Tycho-Brahé, dans l'île d'Huessen, et du landgrave de Cassel. L'observatoire d'Hevelius, à Dantzig, est décrit dans son ouvrage. La tour astronomique de Copenhague fut achevée en 1656. Sa hauteur est de 115 pieds du Rhin, et elle a 48 pieds de diamètre. En Angleterre, l'observatoire de Greenwich, construit aux frais du roi Charles II, sera célèbre à jamais par les travaux de Flamsteed, Halley, Bradley, Maskelyne, Herschell, etc. C'est un édifice très-remarquable, auquel on ne peut comparer que les observatoires d'Oxford (1772) et de Richmond (1770). Ceux de Blenheim, de Slough, de Sherburn, de Leeds et de Cambridge méritent à peine d'être mentionnés. Dublin et Édinbourg ont aussi leur observatoire. Quant à ceux des principales villes des autres parties de l'Europe, nous allons les indiquer rapidement avec la date de leur fondation : Leyde 1690, Utrecht 1726, Nuremberg 1678 et 1692, Berlin 1711, Hall 1788, Altorf 1713, Giessen 1740, Wurtzbourg 1768, Vienne 1755, Tyrnaw, près de Presbourg, 1775, Bude 1780, Erlau, en Hongrie, 1781, Gœttingue 1740, Leipsick 1788, Lilienthal, près de Brême, 1788, Manheim 1772, Gotha 1768, Cremsmunster 1748, Lambach 1778, Prague 1760, Polling, en Bavière, 1790, Gratz, Greiffswalden, Mittau, Wilna, 1753, Cracovie 1787, Varsovie, Posnan et Grodno, Pétersbourg, 1725, Upsal 1739, Stockholm 1753, Lund, en Scanie, 1753, Skara, Carlscrone, Genève 1771, Turin 1790, Bologne 1714, Pise 1780, Milan 1765, Padoue 1769, Vérone 1787, Florence 1772, Parme, Brescia, Venise, Murano, Rome, 1739, Palerme 1787, Malte 1783, Lisbonne 1728 et 1787, Cadix 1753, Madrid 1792, Séville 1760, Mexico 1770, etc., etc. Hors d'Europe, les observatoires les plus importants sont ceux de Boston, Washington, Cincinnati, le cap de Bonne-Espérance, Madras, etc.

En France, on trouve des observatoires à Marseille, Toulouse, Lyon, Dijon, Montpellier, Béziers, Avignon, Strasbourg, Bordeaux, Brest, Rouen, Montauban, etc. Mais celui de Paris, le plus beau monument qu'on ait jamais consacré à l'astronomie, attire surtout notre attention : il a 52 mètres de face, 38 mètres du nord au sud, et 28 de hauteur; les caves ont 27 mètres de profondeur; il fut construit par ordre de Louis XIV, de 1664 à 1672. De grands travaux y ont été faits depuis, sous la haute direction d'Arago. Tous les anciens appareils d'origine anglaise ont été remplacés par des instruments sortis de nos ateliers, et qui ne le cèdent en probabilité à aucun de ceux dont le gouvernement anglais s'est empressé de doter son observatoire national de Greenwich. Depuis, la Russie a établi à Poulkowa, près de Saint-Pétersbourg, un observatoire modèle, dont M. Struve a publié la description.

L'observatoire de Paris et celui de Marseille sont placés sous la surveillance du Bureau des Longitudes. Depuis la mort d'Arago, d'importantes modifications ont eu lieu dans le premier de ces établissements, qui a aujourd'hui un *directeur*, M. Leverrier.

SÉDILLOT.

OBSESSION, état d'une personne obsédée par le malin esprit. Il faut distinguer entre la *possession* et l'*obsession* : dans le premier cas, le démon est entré dans le corps de l'homme; dans le second, il ne fait que le tourmenter au dehors. Il est vrai, cependant, que les signes extérieurs de l'obsession ne diffèrent guère de ceux de la possession : ces symptômes sont d'être élevé en l'air, puis rejeté violemment contre terre sans en être blessé; de parler des langues qu'on n'a jamais apprises, de connaître et de prédire les choses cachées, d'avoir en aversion les choses saintes, etc. On a vu généralement dans l'obsession une punition infligée à de grands pécheurs par la justice de Dieu. Quelquefois, cependant, elle n'a été qu'une épreuve, envoyée de Dieu à ses saints pour exercer leur vertu et leur patience. L'Écriture Sainte nous fournit de nombreux exemples d'obsession. Il est dit, au 1er liv. des *Rois*, ch. XVI, v. 23, « que l'esprit de Dieu s'étant retiré de Saül, ce roi de temps en temps était agité par un malin esprit, dont l'action cédait aux accords de la harpe de David ». Nous lisons au livre de *Tobie*, ch. III, v. 8, « qu'un démon, nommé Asmodée, faisait mourir les maris de Sara, fille de Raguel, alors qu'ils voulaient s'approcher d'elle ». Elle était donc obsédée par un mauvais ange, dont la malice ne s'exerçait pas directement sur elle. Plusieurs critiques, sans être incrédules, ont prétendu que les obsessions et les possessions étaient des maladies purement naturelles, dans lesquelles le démon n'entre pour rien, et qu'on peut, sans recourir à son intervention, expliquer ce qui en est dit dans l'Écriture, par les accidents que nous voyons se produire dans les attaques de mélancolie, d'épilepsie, de catalepsie ou de manie. La théologie n'adopte pas ce sentiment ; mais elle recommande d'être fort réservé à prononcer sur les cas de possession et d'obsession, qui bien souvent n'ont eu d'autre cause que la maladie ou la supercherie : *Multa a natura, plurima ficta.*

Obsession se dit, au figuré, de l'action d'une personne qui en poursuit sans cesse une autre avec une assiduité extrême, l'obsède au point de la fatiguer, afin de la capter ou de la maîtriser. Le même mot exprime encore l'état de la personne qui souffre cette importunité.

OBSIDIENNE. Cette roche agrégée, à base de feldspath vitreux, appartient aux terrains volcaniques récents. Elle est commune en Islande, au Mexique et dans les Andes du Pérou. L'obsidienne est composée de silice, d'alumine et de soude, avec des traces d'oxyde de fer. Elle raye le verre. Sa densité est 2,4. Ce nom d'*obsidienne* lui a été donné, dit-on, parce qu'elle fut découverte en Éthiopie par un certain Obsidius. Les Romains l'appelaient *vitrum obsidianum*, et en faisaient des miroirs. Les Péruviens employaient l'obsidienne au même usage ; de là son nom de *miroir des Incas*. On lui donne encore ceux d'*agate noire d'Islande*, *pierre de gallinace* (parce qu'elle a la couleur vert noirâtre de cet oiseau), etc.

OBSIDIONALE (Couronne), en latin *obsidionalis corona*, fait de *obsidio*, siége. *Voyez* COURONNE.

OBSIDIONALE (Monnaie), du latin *obsidionalis*, fait de *obsidio*, siége. On nomme *monnaie obsidionale* une sorte de monnaie de nécessité frappée dans une place assiégée, où on lui donne cours pendant le siége, pour une valeur bien plus forte que sa valeur intrinsèque.

OBSTACLE, empêchement, difficulté, opposition. En mécanique on donne ce nom à tout ce qui résiste à une puissance. Au figuré, c'est tout ce qui empêche qu'une personne n'arrive à son but, ne parvienne à ses fins ; qu'une chose ne se fasse, ne réussisse.

OBSTÉTRIQUE, partie de l'art médical qui a pour objet spécial les accouchements. Ce terme est dérivé du mot latin *obstetrix*, qui signifie *accoucheuse* ou *sage-femme*. Dans les premiers âges de l'humanité, lorsque les mœurs étaient simples, les heures de repos et de nourriture régulières, quand la force et la santé générale de l'espèce y étaient proportionnées, ce n'était que dans les cas de mauvaise conformation, soit chez la mère, soit chez l'enfant, ou bien lorsque ce dernier se présentait mal, qu'on pouvait peut-être demander une assistance autre que celle que donnait ou indiquait la nature. Même à notre époque de luxe, de mœurs relâchées et de santés délicates, les exceptions sont encore comparativement peu nombreuses ; mais elles l'étaient alors bien moins encore, parce qu'en adoptant des habitudes plus douces et plus délicates, des mœurs capricieuses et tout le luxe d'une existence raffinée, notre civilisation a dépassé son but et introduit de même obstacle à la naissance, à partir du moment de la naissance, quelquefois même auparavant, et par conséquent, toutes les mauvaises conformations et les déviations de la règle hygiénique à laquelle le genre humain tout entier est soumis. On peut dire dès lors que l'*obstétrique* date de l'origine même de la civilisation, et que les progrès de l'une et de l'autre marchèrent parallèlement. Dans l'enfance de notre espèce, quand la nature ne demandait qu'une simple coopération avec ses efforts, on a dû juger que des femmes seules étaient compétentes dans des cas semblables. Chez les Grecs et chez les Romains, de même que chez les Juifs, c'est à elles seules en effet qu'on avait alors recours ; et ce n'est guère que vers le milieu du dix-septième siècle que nous voyons des médecins ou des chirurgiens intervenir. Parmi les plus anciens exemples qu'on en puisse rapporter, nous citerons Julien Clément, chirurgien alors en grande réputation à Paris, lequel, en 1663, fut appelé pour un cas difficile que présentait l'accouchement de Mme de Lavallière ; et en Angleterre, William Harvey, qui quelques années plus tôt avait publié son célèbre *Traité de la Génération*, puis qui pratiqua un peu plus tard l'art des accouchements.

Sans doute, cet art avait été étudié et exercé scientifiquement plusieurs siècles avant l'époque où nous sommes arrivés ; mais il est avéré que des milliers de mères et d'enfants sont morts victimes du défaut de connaissances et d'habileté anatomique sur ce sujet. Le luxe, l'extravagance, la dissipation étaient aussi communs à Athènes et à Rome, à certaines époques de leur histoire, qu'ils l'ont été en Europe dans ces deux derniers siècles ; et quoiqu'il soit probable que les matrones athéniennes et romaines, en raison des coutumes de leurs siècles respectifs, étaient moins disposées que les femmes de notre époque à se jeter dans tous les excès qui sont le propre des hommes, on peut cependant avancer hardiment que l'exemple était contagieux et que le résultat en ce qui est de la faiblesse de la constitution, par suite aussi en ce qui est de la mauvaise conformation des organes, qui en sont l'une et l'autre le résultat, n'a pas dû varier d'une manière essentielle. En effet, quelque régulières et pures qu'aient pu être les mœurs des dames grecques et romaines, elles étaient souvent placées dans la nécessité d'épouser des hommes d'une bien moindre exactitude et régularité de conduite. Or la progéniture féminine qui a dû résulter de ces unions n'a pu manquer d'hériter en grande partie de cette délicatesse, de cette faiblesse dont nous sommes aujourd'hui trop souvent témoins. Cependant l'habitude subsistait toujours de ne recourir qu'à des hommes au moment critique de la naissance d'un enfant, malgré l'urgente nécessité d'une pratique contraire. La modestie naturelle au sexe donnait une force de plus à l'habitude, et, quelque impérieuse que fût l'obligation d'en appeler parfois aux secours et aux lumières de personnes ayant fait des études régulières dans des écoles d'anatomie, et y ayant acquis des connaissances scientifiques sur les organes intéressés dans l'acte de la gestation et le travail de la délivrance, ainsi que sur les changements qu'ils subissent alors, on aimait mieux encore, le plus souvent, sacrifier la vie de la femme en couches que de recourir à l'assistance d'un chirurgien.

Nous pourrions citer mille exemples de l'impérieuse nécessité où l'on se trouvait quelquefois d'invoquer un tel secours, et des accidents qu'en multipliait l'absence. On s'en fera une idée par ce que tenta Agnodice, élève d'Hérophile, pour acquérir les notions anatomiques qui ont trait à l'art des accouchements. Empêchée, soit par la puissance des mœurs et des usages ; soit peut-être par la teneur même des lois de l'État qui excluaient les femmes des écoles de médecine, elle dut se déguiser en homme pour se faire admettre aux leçons publiques de ce célèbre médecin. Quand elle eut atteint le but qu'elle s'était proposé, elle reprit les vêtements de son sexe ; mais elle eut alors à lutter contre une difficulté qu'elle n'avait pas prévue : c'est qu'on continua longtemps encore à la tenir pour un homme et à refuser par conséquent l'assistance éclairée et scientifique qu'elle était maintenant en état de donner aux femmes en mal d'enfant. Voilà pourquoi de toutes les branches de la médecine l'*obstétrique* est celle qui a fait les progrès les moins rapides. Hippocrate dit peu de chose sur cette matière, et encore ce peu est-il sans importance. Il semble qu'il n'ait pas connu d'autre accouchement que celui dans lequel l'enfant se présente par la tête : S'il présente une autre partie du corps, il engage à le retourner, et cela non par l'introduction de la main du praticien dans l'utérus, mais en secouant la mère, en la faisant sauter à diverses reprises, ou bien en la roulant sur son lit de douleur ; et si on ne réussit pas, il estime qu'il faut détruire l'enfant en l'arrachant morceau par morceau. Cependant, nous voyons dans les écrits de Celse, contemporain de Tibère, que, de son temps du moins, on avait fait quelques progrès vers une pratique plus humaine, plus scientifique et plus heureuse. Nous y apprenons qu'on peut délivrer les enfants aussi aisément et avec autant de sécurité lorsqu'ils se présentent par les pieds que lorsqu'ils se présentent par la tête, en les saisissant par les jambes et en les tirant de haut en bas; que si l'enfant présente une autre partie du corps que la tête ou les pieds, il faut le retourner par l'introduction de la main dans l'utérus, de sorte que l'un ou l'autre de ces organes soit amené hors du vagin.

Toutefois, il ne paraît pas qu'en général les médecins d'alors aient approuvé la délivrance par les pieds. Celse, quoique homme d'une instruction aussi profonde que sûre, et quoique écrivain de talent, n'appartenait pas à la profession médicale. Galien, au contraire, qui en était, condamne cette pratique aussi décidément qu'Hippocrate ; et nous retrouvons cette condamnation constamment prononcée jusqu'au milieu du dix-septième siècle. En effet, Reverius blâmait publiquement l'opération en 1657 ; et quoique dans sa pratique particulière Mauriceau inclinât aussi à y recourir, il nous apprend en même temps dans son *Traité d'Accouchement*, publié en 1664, que dans la plupart des cas où l'enfant se présente par les pieds, les auteurs estiment qu'il convient mieux d'essayer de le tourner que de le délivrer dans une telle position ; tant les préjugés de tous genres ont de peine à s'effacer de l'esprit humain quand ils y sont une fois enracinés, quelque mal fondée que soit la base sur laquelle ils reposent, quelque fatales que puissent être leurs conséquences !

Aujourd'hui l'art des accouchements est exercé concurremment par des médecins accoucheurs et par des sages-femmes, qui tous font les études nécessaires dans les maisons d'accouchement ou dans des cliniques spéciales.

OBSTINATION (du latin *obstinatio*), opiniâtreté inébranlable dans son opinion, dans sa conduite, entêtement que le raisonnement lui-même ne dompte pas; la fermeté s'éclaire par la raison, l'opiniâtreté s'applique à poursuivre sans cesse, laborieusement une œuvre difficile, sinon impossible, l'entêtement ne cède pas, parce qu'il ne comprend pas, parce qu'il est en général le résultat d'un esprit borné; l'obstination peut souvent entrer dans une intelligence cultivée : nous pouvons citer, comme exemple d'obstination, ce savant qui plusieurs années après la prise de La Rochelle, sous Richelieu, se refusait encore à y croire. L'entêtement est général, et d'ordinaire s'applique à tout; l'obstination est plus locale, et ne s'applique en général qu'à un fait ou à un petit nombre de faits.

OBSTRUCTION. Ce substantif, dérivé du verbe latin *obstruere* (obstruer), désigne la gêne ou l'empêchement de la circulation des personnes dans les rues, les passages, les chemins, etc.; de l'eau dans les canaux, de la fumée dans les cheminées, etc. Admis dans le vocabulaire médical avec la même signification, il a longtemps servi à indiquer divers états morbides, qu'on attribuait au défaut de circulation des fluides dans les divers tissus dont le corps humain est composé. Les partisans de l'humorisme faisaient principalement usage de ce mot, synonyme aussi d'*engorgement* et d'*occlusion*; il fut surtout en faveur quand une autre théorie nosologique, fondée sur les lois mécaniques, vint corroborer la précédente et la populariser, comme toutes les explications qui dérivent d'une démonstration matérielle. L'accumulation et la stagnation des humeurs dans leurs conduits, l'obstruction enfin, acquit alors parmi les médecins un crédit immense, comme parmi les personnes, trop nombreuses, qui s'occupent de médecine en amateurs. Aujourd'hui le mot *obstruction* a perdu en très-grande partie son ancienne valeur dans le monde médical : mais il n'en est malheureusement point ainsi pour le vulgaire.

Les tissus, dans plusieurs états morbides, perdent plus ou moins leur perméabilité; l'inspection des cadavres démontre chaque jour un pareil changement organique. Mais cette altération est l'effet, le résultat d'une affection antérieure, de l'irritation, qui pervertit la vitalité des organes, comme aussi de l'inflammation aiguë ou chronique, qui dénature les tissus. L'importance de cette distinction est saisissante; on conçoit qu'il faut combattre l'affection primitive, puisque c'est elle qui produit et entretient l'opilation des vaisseaux : telle n'est cependant pas la coutume banale ; aussitôt que les troubles dans la fonction digestive semblent déceler aux yeux du vulgaire l'obstruction du foie ou de la rate, etc., vite, pour désopiler ces viscères, on a recours à des médicaments vantés pour la plupart comme propres à ouvrir les voies obstruées, conséquemment appelés *apéritifs*, ainsi qu'à des purgatifs plus ou moins violents. Cette routine populaire aggrave très-fréquemment un grand nombre de maladies, qui auraient cédé à de simples soins hygiéniques, ou à des traitements rationnels, même à l'eau pure ou à une tisane équivalente.

Certains conduits, dans l'organisme animal, peuvent être obstrués par des causes mécaniques : telle est l'obstruction de l'œsophage par des substances alimentaires, celle des intestins par des résidus d'aliments indigérés ou par des matières fécales ; telle est l'occlusion des voies biliaires par des calculs ; telle est encore l'oblitération fréquente du conduit auditif par des corps étrangers ou le cérumen. L'indication thérapeutique, en ces cas, ressort aux yeux.

Dr CHARBONNIER.

OBTURATEUR. Les parois des cavités qu'on rencontre dans l'organisme animal peuvent être perforées par différentes causes : ainsi, l'estomac peut être ouvert par une blessure ou par une ulcération; le canal intestinal est passible d'une semblable lésion. Nos yeux ne peuvent constater ces accidents, mais il en est qui sont accessibles à nos sens : telle est la perforation de la voûte du palais, cloison qui sépare la cavité de la bouche d'avec celle du nez. Des corps étrangers à l'organisme humain produisent cet effet, surtout les projectiles lancés par les armes à feu dans les combats ou dans des tentatives de suicide : il arrive assez communément produit par la maladie syphilitique. Ces ouvertures contre nature ont plus ou moins de gravité : celles de l'estomac et des intestins sont ordinairement suivies de la mort en peu de temps. Celle de la voûte palatine, tout en se conciliant avec la conservation de la vie, est cependant une grande infirmité ; l'émission des sons est pénible et défectueuse ; la mastication et la déglutition des aliments sont également entravées, principalement dans les cas de complication par la destruction de la luette. L'homme a cherché dans son intelligence des secours contre ces perforations de la voûte du palais, celles des organes digestifs ne pouvant être guéries que par un heureux hasard de la nature; on a donc, à cet effet, imaginé des instruments tour à tour façonnés avec des éponges et différents métaux : on les nomme *obturateurs*, expression dérivée du verbe latin *obturare*, qui signifie *clore*, *boucher*. Ces instruments, malheureusement, ne sont pas exempts de divers inconvénients, et sont d'ailleurs trelatifs à des prix trop élevés.

Dr CHARBONNIER.

OBTUS (du latin *obtusus*) désigne en géométrie un angle de plus de 90 degrés, que cet angle soit linéaire ou solide, comme dans les prismes, les cristaux, ou simplement formé par la réunion de deux plans, comme ce qu'on appelle, par exemple, un angle butant. La somme des trois angles d'un triangle ne pouvant jamais valoir que deux droits ou 180 degrés, il en résulte qu'il ne peut jamais y avoir dans ce polygone plus d'un angle obtus, et que plus celui-ci est ouvert, moins les autres le sont, ou plus ils sont aigus.

C'est sans doute du mode d'être de l'angle obtus, qui est

opposé à ce qu'on appelle la propriété d'être aigu ou pointu, qu'est venue l'acception figurée de ce mot par laquelle il désigne généralement un esprit étroit, peu pénétrant ou peu pointu, et comme en quelque sorte émoussé : c'est presque comme synonyme d'*épais*, *arrondi*, sans perspicacité, incapable de pénétrer tant soit peu avant dans les choses qui peuvent être soumises à la réflexion. C'est dans ce sens que Molière disait plaisamment de l'esprit qu'il était enfoncé dans la matière.

On qualifie les sens d'*obtus* quand les perceptions manquent de vivacité, de netteté : dans la vieillesse, les sens deviennent *obtus*. Le toucher est le plus *obtus* de nos sens.

Obtus se dit en histoire naturelle de ce qui est comme écrasé, arrondi, émoussé, au lieu d'être anguleux ou pointu : poisson à la tête *obtuse*, plante à feuilles *obtuses*.

Obtusangle, en géométrie, se dit principalement d'un *triangle* qui a un angle *obtus*. BILLOT.

OBUS, projectile creux, d'un diamètre plus petit que celui de la bombe, dont il diffère en outre en ce qu'il est sans anse et sans culot. Les Anglais et les Hollandais sont les inventeurs de l'obus. Les premiers que l'on vit en France furent pris à la bataille de Nerwinde, que le maréchal de Luxembourg gagna sur les alliés en 1693. Les obus ont moins de portée que les boulets pleins du même calibre, mais ils en ont plus que ceux du calibre immédiatement inférieur. Ordinairement le vide de l'obus, comme celui des bombes et des grenades, n'est point concentrique avec leur surface extérieure : l'obus est plus épais dans le fond, et cette épaisseur des parois va en diminuant insensiblement jusqu'à l'œil, par lequel on introduit la poudre, et dans lequel on enfonce la *fusée* destinée à communiquer le feu et à le faire éclater.

Le matériel d'artillerie en France n'admettait il y a quelques années que trois sortes d'obus : celui de 6 pouces, celui de 4 pouces et demi, dit de 24, et celui des batteries de montagne, dit de 12. Aujourd'hui le canon-obusier de 12, qui a remplacé à la fois la pièce de 8 et l'ancien obusier, lance tour à tour le boulet, l'obus ordinaire, l'obus à mitraille. Depuis 1854 l'obus a été avec avantage appliqué aux fusées à la Congrève. Les obus sont employés avec le plus grand succès contre des masses ou des lignes de cavalerie lorsque les distances ne permettent pas de lancer de la mitraille.

Les *obus tête de mort* sont des obus percés à plusieurs trous par lesquels ces projectiles vomissent des matières d'artifice enflammées, principalement de la roche à feu.
MERLIN.

OBUSIER, bouche à feu, espèce de mortier long, qui sert à lancer l'obus. Il est monté sur un affût de campagne, comme les pièces de 12 et de 8, mais au moyen de sa semelle mobile, on peut à l'occasion le pointer à 45 degrés. L'obusier pointé à 45 degrés porte l'obus à 2,250 mètres, et pointé à 60 degrés, il la porte du premier bond à 780 mètres ; sa portée sous cet angle est d'environ 2,340 mètres. On peut aussi lancer avec l'obusier des cartouches à balles, vulgairement appelées *mitrailles*. Chaque coffre du caisson d'obusier de 6 pouces contient 15 coups, dont 13 à obus et 2 boîtes à balles. Le coffre de l'obusier de 24 contient 22 coups, dont 20 à obus et 2 boîtes à balles.

On se servait autrefois d'obusiers de 8 pouces dans les sièges, mais ils sont peu en usage maintenant; on leur reprochait avec juste raison d'être de peu d'utilité. On reprochait aussi à celui de 6 pouces d'être sans justesse et de n'avoir pas assez de portée, et enfin à celui de 24 de se dévier dans le tir et d'être de peu d'effet pour l'attaque et la défense des places. Les nombreuses améliorations qui ont été apportées dernièrement dans le matériel de l'artillerie française, entre autres par le colonel Paixhans, et l'introduction dans l'artillerie du canon-obusier de 12 ont complétement réalisé tout ce qu'on devait attendre de l'obusier.

Les obusiers jouent un très-grand rôle dans les guerres actuelles. Indépendamment de leurs effets contre les lignes de bataille, on s'en sert aussi pour sommer un château, une redoute, et pour mettre le feu à des magasins. Dans les sièges, l'obusier se tire à ricochet sur la direction des chemins couverts et dans les places d'armes.

Enfin, il existe un obusier de petite dimension, dit obusier de 12, qu'on emploie exclusivement dans les batteries de montagne. Un mulet porte l'affût, un autre l'obusier, et la batterie se compose de six bouches à feu semblables. Au moment de l'action, elles sont mises à terre, montées à bras sur leurs affûts et manœuvrées immédiatement.
MERLIN.

OC, mot qui, dans les anciens dialectes romans parlés dans le midi de la France représentait, dit-on, la particule affirmative. Raynouard cependant n'admet pas ce mot dans sa grammaire des langues de l'Europe latine. Nicot, dans son *Trésor de la Langue Française tant ancienne que moderne*, dit que *langue d'oc* dérive de *langue goth*, comme qui dirait langue gothique. D'autres auteurs donnent une explication différente. Quoi qu'il en soit, il semble assez probable que de *langue d'oc* on ait fait en latin *lingua occitana*, puis *provincia linguæ occitanæ*, enfin *Occitania*.
CHAMPAGNAC.

OCCAM (GUILLAUME DE), surnommé *le docteur singulier et invincible*, fondateur de l'école des occamistes, vivait au quatorzième siècle, et mourut à Munich, en 1343 ou 1347. Il entra fort jeune dans l'ordre de Saint-François, et eut Duns Scot pour professeur de théologie et de philosophie ; sciences qu'il professa à Paris au commencement du quatorzième siècle. Excommunié pour avoir pris le parti du roi de France Philippe le Bel dans ses luttes contre le pape Jean XXII, il fut de nouveau frappé par les foudres du saint-siége quand il se déclara en faveur de l'empereur d'Allemagne Louis le Bavarois contre ce même pape Jean XXII ; qui trouva surtout damnable et détestable l'opinion émise par Occam que le pape est faillible et que son pouvoir n'est point supérieur à la puissance temporelle. Guillaume de Occam se soucia fort peu de la bulle d'excommunication dont il fut frappé, attendu que l'empereur lui fit le meilleur accueil dans ses États. Il différait complétement de méthode d'avec son maître. Il remit le nominalisme en honneur, reçut à cette occasion le surnom de *venerabilis inceptor*, et à l'aide de cette doctrine combattit un grand nombre de propositions de la théologie naturelle qui avaient eu cours jusqu'à lui. Parmi ses ouvrages, écrits d'un style barbare, tels que ses *Quæstiones super IV libros Sententiarum* et son *Centiloquium Theologicum*, il en est beaucoup de relatifs à des questions de droit canon et de droit civil.

OCCASION (en latin *occasio*) signifie, dans un sens général, le moment le plus convenable pour faire ou pour entreprendre quelque chose. C'est par extension de cette acception que le même mot est pris quelquefois pour *circonstance*, comme dans ce proverbe : *l'occasion fait le larron* ; ou bien pour *sujet*, *matière*, *lieu*, *moyen*, *cause*, etc. Il y a souvent dans l'acception des mots *cause*, *moyen*, *occasion* et *prétexte*, quoi qu'ils puissent être parfois synonymes, où à peu près, les uns des autres, des rapports de similitude et des différences qui ne peuvent être bien saisis qu'avec beaucoup de tact. A l'occasion de... et à *propos de*... sont deux locutions ayant fréquemment le même sens. On voit des magasins entiers, comme ceux dits de *bric-à-brac*, de marchandises *d'occasion*, c'est-à-dire achetées et vendues au-dessous du prix courant, parce qu'elles ont déjà servi, ou que les propriétaires tiennent à s'en défaire.

Les casuistes ont beaucoup et longtemps discuté sur les causes occasionnelles de péché qu'ils appelaient seulement *occasions prochaines* : cette matière, entre leurs mains, a fourni plus de vingt énormes in-folio de graves minuties.

Savoir saisir à propos l'*occasion* est ce qui décèle dans un homme le plus de moyens intellectuels, et même de génie. C'est à cela que Bonaparte a dû le gain de tant de batailles, cette immense fortune enfin dans laquelle il semblait maîtriser le monde et les événements.

Les anciens, dans leur imagination toute poétique, ont

divinisé l'*Occasion* : ce ne pouvait être, suivant eux, qu'une influence surnaturelle, toute divine, qui agissait sur l'homme assez intelligent, assez ingénieux pour saisir dans les événements l'à-propos qui lui permettait de les diriger, de les plier à ses vues ou à celles de ses compatriotes. C'était tantôt comme un dieu, tantôt comme une déesse qu'ils représentaient l'*Occasion*. Chez les Grecs, c'était un dieu qu'ils nommaient *Kairos*, et qu'ils croyaient être le plus jeune fils de Jupiter. Les Éléens la représentaient sous la forme d'une femme nue, ayant un pied en l'air, l'autre sur une roue, un rasoir d'une main et un voile de l'autre. Lysippe l'avait figurée à Sicyone sous la forme d'un adolescent, avec des ailes aux pieds, dont la pointe portait sur un globe. Phidias l'avait également représentée sous la forme d'une femme, avec des ailes aux pieds, appuyée sur une roue, etc. Mais dans toutes ces variétés d'attributs, qui indiquaient également combien l'*occasion* est rapide et fugitive, cette divinité ne portait qu'une touffe de cheveux sur le devant, et était chauve par derrière, sans doute pour indiquer qu'il n'y avait qu'un instant, et surtout qu'un point par où l'on pût le saisir au passage : de là sans doute est venue cette locution populaire qu'il faut saisir l'*Occasion* aux cheveux. BILLOT.

OCCASIONNALISME. On appelle ainsi le système des causes occasionnelles ou déterminantes ; opinion métaphysique sur l'effet des choses dans leur rapport avec Dieu, qui se forma dans l'école de Descartes. On croyait en effet avant Descartes que le corps agit sur l'âme et y produit des mouvements, et *vice versa*. On leur attribuait dès lors à tous deux la capacité de produire des modifications dans leur état réciproque, et on appelait système des influences naturelles (*systema influens physici*) cette opinion de l'existence d'une union immédiate de l'âme et du corps par la causalité. Descartes le rejeta indirectement par son dualisme si exclusif, et s'efforça de le remplacer par Dieu, dont il fit la cause de tout mouvement (*l'assistance de Dieu*). Toutefois, on ne peut en disconvenir, il est resté assez obscur sur cette matière. L'un de ses disciples, Louis de Laforge, établissait aussi Dieu comme la cause universelle de toutes choses ; mais il admettait une réunion réciproque du corps et de l'âme, de telle sorte qu'aucun des deux n'agissait seul sur l'autre, et que tous deux étaient toujours actifs en même temps, attendu que chacun d'eux donnait à l'autre occasion de se mouvoir. Arnold Geulinx, né à Anvers, en 1625, mort en 1669, et Malebranche donnèrent encore plus d'extension au système des causes occasionnelles, d'après lequel Dieu produit les mouvements du corps causés réciproquement l'un par l'autre, par l'âme et par le corps. Ainsi, dans ce système, ce n'est point ma volonté qui meut mon corps, mais Dieu veut que le mouvement ait lieu si je le veux. L'harmonie préétablie de Leibnitz ne diffère de l'occasionnalisme qu'en ce que, d'après la première, les modifications de l'âme et du corps ont été ainsi réglées pour toujours et qu'elles coïncident, tandis que l'occasionnalisme, pour expliquer chaque mouvement, a recours à l'intervention particulière de Dieu.

OCCIDENT (en latin *occidens*), le coucher, le lieu vers lequel le Soleil et les astres descendent sous l'horizon : Le Soleil, la Lune, Mars, sont dans leur *occident*. L'*occident* est aussi un des quatre points cardinaux du ciel ou de la Terre, le lieu où le Soleil se couche quand il est à l'équateur. On l'appelle l'*occident équinoxial*, ou le *point du vrai occident*, pour le distinguer des autres points où le Soleil se couche quand il n'est plus à l'équateur. L'*occident d'été* est le point de l'horizon où le Soleil se couche quand il est dans le tropique du Cancer ; et l'*occident d'hiver*, celui où il se couche quand il est dans le tropique du Capricorne ; cela arrive quand le Soleil est dans les points solsticiaux ; chacun d'eux est éloigné de 23 degrés et demi du *vrai occident*. L'*occident* s'appelle aussi l'*ouest*. L'*occident d'été* se nomme *occident septentrional* ou *nord-ouest* ; et l'*occident d'hiver*, *occident méridional* ou *sud-ouest*.

Occident se dit plus généralement, en géographie, des parties de la Terre situées du côté où le Soleil se couche. Quand l'Empire Romain se divisa en deux parties, l'Empire d'Orient était celui de Constantinople ; l'Empire d'Occident fut d'abord celui de Rome et plus tard celui d'Allemagne. L'*Église d'Occident* est l'Église de Rome.

Occident se disait autrefois, au figuré, comme synonyme de *vieillesse, décadence*.

OCCIDENT (Empire d'). *Voyez* ROME.

OCCIDENTAL, terme servant à la comparaison des astres avec le Soleil, ou entre eux, quand l'un d'eux en suit un autre qui se couche. La Lune est occidentale au Soleil dans son premier et son dernier quartier.

Occidental se dit aussi des parties du ciel et de la Terre vers lesquelles les astres se couchent à notre égard. Les Persans et les Turcs nous appellent *peuples occidentaux*. Un cadran *occidental* est celui qui est tracé sur un mur qui regarde l'*occident*.

OCCIPITAL (du latin *occipere*, commencer). Comme substantif, ce mot désigne un os impair et symétrique, situé à la partie inférieure de la tête. C'est une des pièces fortes et solidement articulées qui forment le crâne. Après avoir concouru à renfermer et à défendre le cerveau, et principalement le cervelet, il livre passage, par une large ouverture ovalaire, à la moelle épinière, et il sert à unir la tête avec la colonne vertébrale, union qui permet divers mouvements. La théorie de Gall relativement aux fonctions du cerveau appelle l'attention sur l'occipital : recouvrant le cervelet, dans lequel le célèbre physiologiste de ce nom place le siège de l'amour physique, cet os donne les moyens d'estimer l'énergie de ce penchant. On l'évalue par la largeur et par la saillie de la nuque. C'est la partie moyenne de la région inférieure et postérieure de la tête qu'il faut explorer, et non les parties immédiatement situées derrière l'oreille. Dans cet examen, il ne faut pas non plus tenir compte d'une saillie osseuse et transversale qui correspond à un sinus. Quand le cervelet est énorme, on est vivement frappé par l'étendue de l'espace qui sépare les oreilles.

Le mot *occipital*, pris adjectivement, sert à désigner tout ce qui a rapport à cet os : ainsi, des artères, des muscles, des téguments, etc., qui y trouvent un passage, ou qui s'y attachent, en tirent des dénominations à l'usage des anatomistes. Dr CHARBONNIER.

OCCIPUT, partie inférieure de la tête, celle qui correspond en grande partie à l'occipital et qu'on nomme aussi *région occipitale*.

OCCITANIE. *Voyez* Oc.

OCCULTATION. Les astronomes donnent ce nom à des phénomènes analogues aux éclipses de Soleil, mais où cet astre se trouve remplacé par une étoile ou une planète. En général, quand un corps céleste nous intercepte la vue d'un autre (qui n'est pas le Soleil), il y a occultation. L'observation de l'instant où les occultations se manifestent et celle de leur durée servent, aussi bien que les observations d'éclipses, à déterminer les longitudes terrestres. Ces phénomènes ont l'avantage d'être très-communs, car, en ne considérant que la Lune, il ne s'écoule pas un seul instant sans que ce corps ne passe devant quelque étoile et ne nous en intercepte la lumière.

L'occultation de l'étoile Régulus par la Lune présente une particularité encore inexpliquée. Au moment où les deux astres semblent se rencontrer, l'étoile paraît encore à la partie connivente de la Lune, comme si la Lune était plus éloignée de nous, plus élevée que l'étoile dans le firmament, ou comme si la circonférence de la Lune était transparente, au point de laisser voir derrière elle l'étoile qu'elle a commencé d'éclipser. Ce singulier phénomène humilie beaucoup la sagacité omni-pénétrante des astronomes.

OCCULTE (du latin *occultum*, caché, qu'on ne voit pas). On donne le nom de *sciences occultes* à la nécromancie, à la cabale, à la magie. Agrippa a écrit des livres sur la philosophie occulte. Les anciens attribuaient à des causes, à des vertus, *propriétés ou qualités occultes*, tous les effois dont ils n'étaient pas capables de trouver la raison, et c'était une grande ressource pour les philosophes ignorants. Lorsqu'on étudie l'antiquité, on voit que les sciences étaient conservées dans les temples comme un précieux dépôt, et toujours interdites au vulgaire ; on a recherché quelles étaient ces connaissances occultes qui, après avoir servi pendant des siècles à exciter l'admiration ou l'effroi, avaient dépéri avec le temps, pour s'évanouir enfin entièrement, ne laissant après elles que des traces informes, rangées depuis au nombre des fables ; l'on s'accorde aujourd'hui à reconnaître que les anciens ont dû posséder des notions fort étendues sur les sciences physiques, et il n'est pas impossible d'expliquer pourquoi elles ne sont pas parvenues jusqu'à nous. Aux causes générales de destruction qui ont opéré des vides immenses dans le domaine de l'intelligence humaine, se sont jointes deux causes particulières : l'une est le mystère dont la religion enveloppait les connaissances privilégiées ; l'autre, le défaut d'une liaison systématique qu'aurait pu seule établir entre elles une théorie raisonnée, liaison sans laquelle les faits isolés se perdent successivement, sans que ceux qui surnagent rendent possible de retrouver ceux qui disparaissent peu à peu dans l'oubli. Il n'existait autrefois qu'un empirisme capricieux dirigé par le hasard ; les Romains ne firent que copier les Grecs, qui eux-mêmes, sans tenter plus d'expériences, copiaient ce qu'ils trouvaient dans des livres plus anciens, ou dans les récits d'auteurs étrangers, qu'ils ne comprenaient pas toujours.

Les connaissances astronomiques, après avoir servi de base aux théogonies de la Chaldée et de l'ancienne Égypte, donnèrent naissance à l'astrologie ; l'homme, porté par les illusions des sens à se regarder comme centre de l'univers, se persuada facilement que les astres influaient sur sa destinée, et qu'il était possible de la prévoir par l'observation de leurs aspects au moment de sa naissance. Cette erreur, chère à son amour-propre, et nécessaire à son inquiète curiosité, est presque aussi ancienne que l'astronomie ; elle s'est maintenue jusqu'à la fin de l'avant-dernier siècle, époque à laquelle la connaissance généralement répandue du vrai système du monde l'a détruite sans retour. On a imprimé de gros volumes sur les sciences occultes ; Eusèbe Salverte a résumé la matière dans un ouvrage de longue haleine, qui est assurément ce qu'on a publié de plus curieux sur ce sujet.

Occulte, en géométrie, se dit d'une ligne qu'on aperçoit à peine, et qui a été tirée au crayon de manière qu'on puisse l'effacer ensuite. Les Arabes se servaient beaucoup de lignes *occultes*. Elles sont en usage dans une foule d'opérations, quand on lève des plans, qu'on dessine un bâtiment ou un morceau de perspective, etc. SÉDILLOT.

OCCULTES. Voyez CLANCULAIRES.

OCCUPATION. C'est en général, dans le sens grammatical et dans le langage habituel, ou l'emploi qu'on est chargé de remplir, ou l'emploi que l'on fait de son temps, ou l'affaire à laquelle on le consacre.

Occupation signifie en droit l'acte par lequel on s'empare d'une chose dans le dessein de se l'approprier. C'est, en d'autres termes, un moyen d'acquérir la propriété de certaines choses, en s'en emparant le premier, et en se conformant toutefois aux lois et règlements. Dans l'état de nature et avant l'établissement des sociétés, l'occupation n'était pas seulement le moyen de se rendre propriétaire, elle dut être aussi le signe et le titre unique de la propriété. Mais elle ne subsistait qu'autant que celui qui s'était approprié la chose continuait à l'occuper. Ce mode d'acquérir, fondé sur le droit naturel, ne pouvait être maintenu dans l'état social. Aussi le législateur n'a-t-il conservé le droit d'occupation que dans certains cas. On ne peut acquérir par l'occupation que les choses qui sont sans maître, sans propriétaire ; elle ne peut, ou porte, ou porter que sur les choses mobilières, ou plutôt sur certaines d'entre elles, les animaux sauvages et les poissons, les trésors, les effets jetés à la mer, ceux qu'elle rejette, de quelque nature qu'ils puissent être, les épaves, les plantes et les herbages qui croissent sur ses rivages, les choses perdues dont le maître ne se représente pas, et enfin les choses abandonnées volontairement. On peut acquérir aussi de la même manière le droit de jouir des choses qui n'appartiennent à personne, et dont l'usage est commun à tous. Ce point est réglé par des lois de police. Il est enfin une dernière espèce de choses inanimées dont on se rend propriétaire par l'occupation, ce sont les découvertes d'industrie, les procédés nouveaux, etc. ; cette occupation prend plus spécialement en droit le nom d'*invention*. GUILLEMETEAU.

OCCUPATION (Armée d'). Lorsqu'une armée, conduite par la victoire, s'est rendue maîtresse d'un empire ou d'une portion de pays, le général en chef établit des garnisons dans les places conquises, et fait occuper militairement les provinces envahies. Ces troupes prennent le nom d'*armée d'occupation*, et ne quittent les garnisons et le pays qu'après la conclusion d'une paix solide et honorable. Pendant toute la durée des guerres de l'empire, des armées d'occupation résidèrent souvent et longtemps à l'étranger. L'Autriche et la Prusse surtout eurent beaucoup à souffrir du séjour des troupes françaises sur leur territoire, où elles étaient nourries, logées et habillées aux frais des habitants. Le traité de Paris du 20 novembre 1815 portait, entre autres clauses, que seize places de guerre seraient livrées pendant cinq ans aux troupes alliées, et qu'une armée d'occupation de 150,000 hommes serait nourrie et entretenue par la France pendant le même temps.

On nomme aussi *armée d'occupation* celle qui, agissant dans l'intérêt d'une puissance amie ou alliée, occupe militairement ses provinces pour les garantir d'une surprise ou d'une invasion. Après l'expédition de Morée de 1828 et 1829, la France laissa dans ce pays un corps d'occupation, en attendant l'arrangement des affaires de la Grèce. Nous avons encore aujourd'hui une petite armée d'occupation à Rome et un corps d'occupation en Afrique. SIGARD.

OCCURRENCE. Ce mot, dérivé du latin *ad* (vers) et *currere* (courir), est synonyme de *conjoncture*, avec cette seule différence qu'il marque un peu plus de hasard.

OCÉAN. C'est de ce nom qu'on appelle les grandes mers qui couvrent à peu près les trois quarts de notre globe, et dont les autres mers, telle que la Méditerranée, etc., ne sont en quelque sorte que des branches : selon les étymologistes, l'Océan tirerait son nom du mot hébraïco-phénicien *hog*, circuit, ceinture ; selon d'autres du grec ὠκέως, rapidement, et νάνειν, couler.

On appelle *océan Atlantique* celui qui baigne les côtes de l'ouest de l'Europe, de l'Afrique, et de l'est de l'Amérique : la géographie lui donne les dénominations topographiques que voici : du pôle nord ou boréal au cercle polaire, *océan Glacial boréal* ; du cercle polaire au tropique du Cancer, *Atlantique boréal* ; du tropique du Cancer à celui du Capricorne, *Atlantique équatorial* ; du tropique du capricorne au cercle polaire austral (du Sud), *Atlantique austral* ; enfin du cercle polaire austral au pôle austral, *Glacial austral*.

La partie de l'Océan qui baigne l'ouest de l'Amérique, le nord, et la Nouvelle-Hollande, l'est de l'Asie, et que l'on nomme *mer du Sud*, est plus généralement appelée océan Pacifique ou Grand océan.

Enfin, la partie de l'Océan ayant l'Asie au nord, la Nouvelle-Hollande à l'est, le cercle boréal au sud, et l'Afrique à l'ouest est appelée *océan Indien* ou *mer des Indes*.

OCÉAN (Grand), appelée aussi *océan* ou *mer Pacifique*, *mer du Sud*, *océan Austral*, immense masse d'eau qui s'étend avec une largeur de 133 degrés et une longueur de 180 degrés entre la côte occidentale de toute l'Amérique et les côtes orientales de l'Asie et de la Nouvelle-Hollande. C'est la plus grande des mers du monde, dépassant en étendue toute la terre des continents et couvrant à elle seule presque le tiers de la surface terrestre. Il touche à l'ouest à la mer des Indes, au nord par le détroit de Bering, à la mer Glaciale du Nord, rejoint à l'est, au cap Horn, l'océan Atlantique, se confond au sud dans toute sa longueur avec la mer Glaciale du Sud, et dans cette immense étendue toutes les îles de l'Australie, le petit nombre d'îles sans importance qui bordent la côte occidentale de l'Amérique et les grandes îles de l'Asie méridionale et orientale. On le divise : 1° en *mer du Nord*, s'étendant jusqu'au tropique du Cancer, avec des vents variables, mais où domine le vent d'ouest. Ses différentes parties sont au nord: la mer de Bering ou du Kamtschatka, la mer d'Ochotsk, la mer du Japon et la mer de l'Est ou mer du nord de la Chine (*Tong-Haï*), comprenant la mer Jaune et à l'est la mer de Californie ; 2° en *mer du Centre* ou à bien dire *mer Pacifique*, entre les deux tropiques, avec des moussons d'est, renfermant les groupes d'îles les plus grands et les plus beaux, ainsi qu'une énorme quantité de petites îles de corail, et à l'est les golfes de Tehuantepec, de Panama et de Guayaquil , et à l'ouest la mer des Carolines et la mer de Corail ; 3° en *mer du Sud* proprement dite , depuis le tropique du Capricorne jusqu'à la mer Glaciale du Sud, avec des vents variables, parmi lesquels dominent les vents d'ouest. Cette mer reçoit la plus grande partie de sa masse d'eau du côté de l'Asie, où ont leur embouchure, entre autres fleuves immenses, l'Amour, le Hoang-Ho , le Yang-tse-Kang et le Tschou-Kiang ou Sikiang (le Tigre, le fleuve aux Perles ou rivière de Canton). Moindre est celle qui lui vient de l'Amérique, qui, à l'exception du Columbia et du Rio Colorado, ne lui envoie que des cours d'eau sans importance, parce que les Cordillières s'étendent dans toute l'Amérique du Sud et dans une grande partie de l'Amérique du Nord à une très-faible distance de la côte occidentale. Pendant des siècles cet Océan, auquel Magellan, en 1521, donna le nom de *mer Pacifique*, à cause du calme relatif qu'il y avait rencontré après avoir dû affronter la mer orageuse qui entoure l'extrémité méridionale de l'Amérique, fut redouté, à cause de son immensité. Le traverser était pour les Européens une entreprise des plus hardies, et on ne s'y aventurait dans sa partie septentrionale qu'à cause des relations existant entre les colonies espagnoles du Mexique et de Manille. Depuis les voyages de Cook et les perfectionnements de la navigation, le grand Océan a perdu ses terreurs, et est aujourd'hui l'une des mers du monde les plus fréquentées. Toutefois, pour y naviguer il est essentiel de bien connaître ses courants. Le plus important est le grand courant équatorial ou occidental qui règne dans la mer des Tropiques ou mer du Centre, et qui, joint aux moussons qui y soufflent également à l'ouest, y facilite autant la navigation à l'ouest qu'il la rend difficile à l'est. Dans la partie septentrionale de l'Océan dominent divers courants, mais venant surtout de l'est. Sur la côte d'Amérique, au contraire, il en règne un qui conduit au sud et qui finit par se confondre avec le courant équatorial. Dans sa partie méridionale, les courants se dirigent généralement vers le nord et le nord-est. C'est ce qu'on appelle le grand courant polaire du Sud, qui entre dans l'Océan pour finir par se confondre avec le courant équatorial.

Dans la partie occidentale de l'Océan deux de ses divisions sont d'une importance particulière : la *mer des Carolines*, située entre les Carolines au nord, la Nouvelle-Guinée, la Nouvelle-Bretagne et les îles Salomon au sud, les Philippines à l'ouest, les îles Marshall et Gilbert à l'est ; la *mer de Corail*, située entre la Nouvelle-Hollande à l'ouest, la Nouvelle-Zelande, la Nouvelle-Calédonie et les Nouvelles-Hébrides à l'est , les îles Salomon et la Louisiade au nord. Ces deux parties de mer se distinguent de celle de l'est, en ce que les moussons régulières et le courant équatorial n'y dominent plus , et en ce que les moussons de l'Inde commencent déjà à s'y faire sentir, d'où résulte un changement dans la direction des courants.

Indépendamment de l'innombrable quantité de ses îles et de ses groupes d'îles et de l'incessante activité de ses coraux, qui font à chaque instant surgir au-dessus de sa surface de nouveaux îlots et récifs, le grand Océan est remarquable aussi par le grand nombre de volcans qui se trouvent sur les côtes qui l'entourent, soit sur les côtes montagneuses orientales de l'Asie et de l'Australie qui le limitent à l'ouest, soit sur celles de l'Amérique du Nord qui le bornent à l'est. Consultez Burney, *Histoire des Voyages entrepris dans la mer Pacifique jusqu'à l'année 1764* (Londres, 1817); Dillon, *Voyage aux îles de la mer du Sud en 1827 et 1828* (Paris, 1830); *Rowings in the Pacific* (Londres, 1851).

OCÉAN (*Mythologie*), appelé *Oceanus* par les Romains et *Okeanos* par les Grecs, est suivant Homère la grande mer qui enserre la Terre et toutes les autres mers, dieu puissant, qui ne le cède qu'à Jupiter, l'époux de Téthys, la source de tout ce qui existe, ainsi que le créateur des dieux. Son palais est situé à l'occident, où il élève avec Téthys Héré, que leur donna Rhéa. Hésiode en fait le fils d'Ouranos et de Gæa, le plus ancien des Titans , de même aussi l'époux de Téthys, de laquelle il a 3,000 fleuves ou cours d'eau et autant de filles appelées les *Océanides*, et par lesquelles il faut comprendre, suivant les hymnes d'Orphée, toutes les déesses des sources souterraines provenant de l'Océan. Hésiode lui donne aussi plusieurs sources. Le Styx est l'un de ses bras et forme la dixième partie de toute sa masse d'eau, tandis que les neuf autres entourent la Terre et la mer. Plus tard , ce nom ne fut plus employé que pour désigner la grande mer extérieure.

OCÉAN ATLANTIQUE. *Voyez* ATLANTIQUE (Océan).

OCÉANIDES. Ces filles de l'Océan et de Téthys étaient au nombre de 3,000. Hésiode n'en nomme que 50 , Homère 33 et Apollodore 45. On représente ces charmantes déesses marines avec des tuniques volantes, bleu-acier ou verdâtres, comme leur chevelure et leurs yeux. Leur teint est d'une grande blancheur, ainsi que leur corps ; enfin, on leur donne, si l'on veut, des couronnes de plantes marines, d'algues, et des bouquets de coraux ; on peut même semer quelques perles dans leurs tresses humides, puisque ces modestes trésors de la nature naissent dans leurs grottes et leurs palais. DENNE-BARON.

OCÉANIE. *Voyez* AUSTRALIE.

OCÉAN INDIEN. *Voyez* INDES (Mer des).

OCÉAN PACIFIQUE. *Voyez* OCÉAN (Grand).

OCELLUS LUCANUS, ou *Ocellus de Lucanie* , naquit dans cette province de la Grande-Grèce. Il descendait d'une famille troyenne, qui avait suivi Laomédon. Il florissait vers 496 avant J.-C. Il a écrit des commentaires sur les lois , la royauté, la piété, et un autre ouvrage, sur la génération des choses. Le dernier est parvenu jusqu'à nous ; il en reste qu'un fragment du premier. L'opinion défendue par Ocellus dans son ouvrage sur la génération des choses est celle de l'éternité du monde. Elle y est quelquefois soutenue avec une très-grande subtilité de dialectique. Il admet, comme les alchimistes l'ont fait depuis, les quatre principes du sec , du chaud, du froid et de l'humide, et attribue l'éternité au monde, parce qu'il est, dit-il, circulaire. Il y a très-peu d'utilité à tirer de l'étude d'un pareil système. Le quatrième chapitre de ce singulier livre a rapport à la morale , mais à la morale considérée uniquement dans le mariage. Les préceptes en sont purs , mais communs. Malgré les soins que s'est donnés Le Batteux pour prouver l'authenticité de cet ouvrage, la critique contemporaine ne le regarde pas comme d'une origine incontestable. Le dernier historien de la philosophie, Ritter, l'attribue à l'époque qui précéda immédiatement le christianisme, et se refuse dans tous les cas à y voir l'ouvrage d'un pythagoricien. Il en existe deux traductions françaises, l'une du marquis d'Argens , l'autre de Le Batteux ; la meilleure édition grecque de cet opuscule est celle de Guill. Rudolph (Leipzig, 1801). H. BOUCHITTÉ.

OCHLOCRATIE (du grec ὄχλος, populace, et κράτος, pouvoir) , gouvernement de la populace. On donne ce nom à l'espèce de corruption particulière au gouvernement démocratique, où ce n'est plus le peuple intelligent éclairé et moral qui exerce le pouvoir, soit par l'exercice de la liberté de la presse, soit par l'action d'assemblées publiques où il discute librement les questions relatives à ses droits et à ses intérêts, mais la vile multitude, la populace ignorante, substituant ses fureurs et ses caprices au règne des lois.

OCHOSIAS, roi d'Israël, fils et successeur d'Achab et de la reine Jézabel, monta sur le trône en l'an 898 avant J.-C., et fut aussi impie que ses parents. La deuxième année de son règne, il tomba d'une fenêtre, et se froissa tout le corps. En proie à d'atroces douleurs, il envoya consulter Beelzébuth, dieu d'Accaron, pour savoir si sa maladie serait mortelle. Le prophète Élie, par ordre du Seigneur, se porta à la rencontre des députés, et les chargea de dire à leur maître que puisqu'il avait mieux aimé s'adresser au dieu des Philistins qu'à celui d'Israël, il mourrait infailliblement. Les députés rebroussèrent chemin, et racontèrent au prince ce qui leur était arrivé. Le prince envoya un capitaine avec cinquante hommes pour arrêter le prophète. Cet officier ayant parlé à Élie d'un ton outrageant, celui-ci appela Dieu à son secours, et le feu du ciel dévora les cinquante hommes et leur chef. Un second émissaire ne fut pas plus heureux. Un troisième se jeta aux genoux d'Élie, en lui demandant grâce. L'ange du Seigneur dit alors au prophète : « Va avec cet homme, et ne crains rien ! » Élie, sous cette escorte, se rend auprès d'Ochosias, et lui annonce sa mort, qui a lieu effectivement, l'an 896 avant J.-C.

OCHOSIAS, roi de Juda, dernier fils de Joram et d'Athalie, monta sur le trône à vingt-deux ans. Il marcha, dit l'Écriture, dans les voies d'Achab, dont il descendait par sa mère; ce fut la cause de sa perte. Il allait à Ramoth de Galaad avec Joram, roi d'Israël, pour combattre Hazael, roi de Syrie. Joram, ayant été blessé dans l'affaire, retourna à Jezraël, pour se faire traiter de ses blessures. Ochosias quitta l'armée pour l'aller voir; mais Jéhu, général des troupes de Joram, s'étant soulevé contre son maître, courut pour les surprendre, sans leur donner le temps de se reconnaître. Joram et Ochosias, qui ignoraient son dessein, se portèrent à sa rencontre ; le premier ayant été tué d'un coup de flèche, le second prit la fuite, poursuivi par Jéhu, dont les troupes l'atteignirent à la montée de Gaver, près de Jéblaan, et le blessèrent mortellement. Il eut assez de force pour se transporter à Mageddo, où, ayant été découvert, il fut amené à Jéhu, qui le fit mourir, l'an 884 avant J.-C.

OCHOTSK, province maritime russe, dans la Sibérie orientale, bornée par la province de Iakoutlatsk, par la province maritime de Kamtschatka et par la mer d'Ochotsk, l'un des golfes de l'océan Pacifique, et d'une superficie d'environ 5,800 myriamètres carrés. C'est une contrée âpre, stérile, entrecoupée au sud-ouest par de hautes montagnes couvertes de glaces éternelles, et qui n'a d'importance pour la Russie que pour les communications de commerce de la Sibérie avec l'Amérique russe. Son chef-lieu, qui porte le même nom, n'est qu'une agglomération de misérables huttes élevées autour d'un port où on s'embarque pour le Kamtschatka. La population, qui s'élève à 1,800 âmes, a pour ressources le commerce des pelleteries et la construction des navires ainsi que l'exploitation d'une saline.

On trouve encore dans cette province *Ischiginsk*, ville de 500 habitants, pour la plupart marchands et faisant un commerce des plus actifs avec les Korjaks et les Tschoutskes.

OCHSENBEIN (ULRICH), ancien membre de la diète suisse, général de brigade au service de la France au *titre étranger*, est né en 1811, dans le canton de Berne. Il se destina à la carrière du barreau, où il obtint de grands succès, et fut pendant quelque temps l'un des collaborateurs du journal *La Jeune Suisse*. En 1836 il contribua beaucoup à l'arrestation de l'espion français Conseil, qui amena pour la Suisse quelques complications diplomatiques. Par suite des modifications intervenues dans la constitution du canton de Berne, il fut élu membre et en juin 1847 président du gouvernement, fonctions qui lui donnaient la présidence de la diète fédérale. Il s'était de tous temps beaucoup occupé d'affaires et de questions militaires. Officier de l'artillerie bernoise en 1834, il fut appelé en 1844 à faire partie de l'état-major fédéral, avec le grade de lieutenant-colonel, et en devint ensuite le chef. Adversaire déclaré du parti ultramontain, ce fut lui qui dirigea la malheureuse expédition tentée contre Lucerne, le 30 mars 1845. La part qu'il y prit lui valut sa radiation de la liste de l'état-major fédéral; mais en 1846, élu membre du nouveau gouvernement bernois, il fut nommé directeur de la milice de ce canton et colonel cantonal. Quand éclata la guerre du Sonderbund, il fut de nouveau admis dans l'état-major fédéral, avec le grade de colonel. C'est en cette qualité qu'il commanda en 1847 la division bernoise de réserve dans la marche contre Fribourg, de même que dans l'expédition contre Lucerne par l'Entlibuch, où il livra à l'ennemi divers engagements heureux. Lors de l'introduction de la nouvelle constitution fédérale, M. Ochsenbein fut nommé membre du conseil de la diète et chargé de la direction des affaires militaires de la Confédération. En 1848, il se prononça pour le système de neutralité contre le principe de la solidarité des peuples. Quoique alors la plupart de ses anciens amis politiques soient devenus ses adversaires, on s'accorde généralement à reconnaître qu'il a rendu à son pays les services les plus essentiels, pour ce qui concerne la nouvelle organisation donnée à l'armée fédérale. Au mois de janvier 1855, lorsque la France voulut enrôler une deuxième légion étrangère, il fut nommé général de brigade au *titre étranger*, et chargé de l'organisation et du commandement de cette légion. On sait que cette légion n'était pas encore organisée lorsque la paix fut signée, au mois de mars 1856; elle fut alors dissoute et fondue dans un régiment unique avec la première légion étrangère. Nous ignorons si M. Ochsenbein a conservé son commandement.

OCKENHEIM ou plutôt **OCKEGHEM** (JEAN), remarquable comme ayant été le chef de la seconde école de musique flamande, naquit de 1420 à 1430, dans le Hainaut, vraisemblablement à Bavai. On ignore où il apprit la musique et qui fut son premier maître. Il paraît qu'il était déjà célèbre quand il alla séjourner pendant quelques années en Italie, où la musique était alors en voie de formation. Il mourut après 1512. L'un de ses plus célèbres élèves fut Josquin Després. On a conservé beaucoup de ses œuvres de contre-point, toutes remarquables pour l'époque où elles furent composées.

O'CONNELL (DANIEL), le célèbre *Agitateur* irlandais, naquit le 6 août 1775, à Cahir ou Cahir-Civeen, dans le comté de Kerry; et comme toutes les familles irlandaises, celle à laquelle il appartenait faisait remonter son origine aux anciens rois d'Irlande, à savoir à une branche cadette de la maison royale d'Hermon. Quoi qu'il en soit de cette origine, qui n'a d'autre base qu'une tradition plus ou moins incertaine et confuse, le père de Daniel, *Morgan* O'CONNELL, était tout simplement l'un des fermiers de l'université de Dublin, mais laissa en mourant une fortune assez importante à sa famille. Le jeune Daniel était alors l'aîné de dix enfants. Destiné à l'état ecclésiastique, on l'envoya faire ses études sur le continent, d'abord chez les jésuites de Saint-Omer, puis à Douai. Mais à son retour en Irlande, en 1794, il embrassa la carrière du barreau, rendue accessible aux catholiques irlandais depuis deux années ; et en 1798, après avoir étudié à Middle-Temple (Londres), il était reçu avocat près la cour royale de Dublin, où il ne tarda point à se faire une grande et profitable clientèle. Par son ardent patriotisme, qui saisissait toutes les occasions de se produire et de s'exprimer, il obtint aussi un grand crédit parmi ses coreligionnaires. En 1800, lors de la réunion de l'Irlande à l'Angleterre, il protesta vivement contre cette mesure. En 1807, il se maria avec sa nièce, Marie O'Connell, qui lui donna sept enfants. C'est de 1807, de la reconstitution de l'Association catholique, que datent sa réputation et son influence comme orateur. Une expression injurieuse dont il se servit à l'égard de la corporation municipale de Dublin, composée d'orangistes, amena, en 1813, entre l'alderman D'Esterre et lui une rencontre dans laquelle il eut le malheur de tuer son adversaire; et dès lors il fit vœu de ne plus jamais accepter de duel. Uni d'efforts à son ami Shiel, il poursuivit constamment la réalisation de la grande pensée qui domina toute son existence, l'abolition de toutes les incapacités légales dont étaient frappés les catholiques, en un mot leur *émancipation politique*. L'Association catholique, à laquelle il parvint à donner une organisation de plus en plus puissante, fut le levier dont il se servit à cet effet; et en février 1830 il entrait en triomphe à la chambre basse comme représentant du comté de Clare, le ministère Wellington s'étant vu lui-même contraint de proposer au parlement de restituer aux catholiques le libre exercice de leurs droits politiques et l'abolition des serments spéciaux qui jusque alors les avaient empêchés de les exercer. La révolution de Juillet eut aussi son contre-coup en Irlande, et y provoqua une agitation des plus vives, dont le rappel de l'union législative de l'Irlande et de l'Angleterre devint le mot d'ordre, et qui se traduisit par un vaste système de pétitionnement. La réforme du parlement, dont le ministère ne parvint à assurer le succès qu'en acceptant l'appui des démagogues, donna à O'Connell plus de force et d'influence que jamais. En 1832 il fut élu membre du parlement par la ville de Dublin elle-même; il faisait élire en même temps quatre membres de sa famille, et sur les cent quinze membres dont se composait la députation irlandaise, il y en avait quarante qui devaient leur siège uniquement à sa recommandation. L'année suivante ses concitoyens, pour le dédommager des sacrifices qu'il avait faits à la chose publique en renonçant à une clientèle productive et en faisant des dépenses considérables en vue de l'intérêt commun, lui votèrent par souscriptions volontaires une rente qui dès lors varia entre 13,000 et 18,000 liv. st. par an (275,000 et 450,000 fr.). La grande existence qu'elle permit dès lors à O'Connell de mener en présence de la misère profonde de ses compatriotes fournit à ses adversaires de spécieux prétextes pour lui adresser les reproches les plus injurieux et les accusations les plus amères. Dans la session de 1834, O'Connell osa soumettre au parlement sa fameuse motion pour le rappel de l'union législative de l'Angleterre et de l'Irlande, et elle fut immédiatement rejetée par 523 voix contre 38. C'est alors que le ministère Grey fit passer le bill dit *de coercion*, qui mit provisoirement fin à l'agitation pour le rappel. Au mois de novembre suivant, les tories étant arrivés à la direction des affaires, O'Connell avec les soixante voix dont il disposait se coalisa avec les whigs, et assura par là leur triomphe en même temps qu'il parvenait ainsi à l'apogée de son influence politique. Quand lord Normanby eut été nommé lord lieutenant d'Irlande, on ne fut pas peu surpris de voir O'Connell déclarer à ses compatriotes que la question du *rappel* était une de celles qu'il fallait savoir laisser dormir pour le moment; mais quand en 1841 les whigs perdirent encore une fois le pouvoir, il n'eut rien de plus pressé que de la remettre sur le tapis. Dès lors on le vit entreprendre une foule de tournées en Irlande à l'effet d'y entretenir l'*agitation* pour le rappel, tournées donnant toujours lieu à des *meetings* monstres et aux discours les plus violents. En 1842 il fut élu lord maire de Dublin. Le gouvernement sentit la nécessité de mettre un terme à un tel état de choses. Un meeting monstre convoqué pour le 8 octobre 1843, à Clontarf, fut dispersé par la force armée, sans que le tout tentât d'opposer la moindre résistance; et O'Connell, traduit en justice pour avoir troublé la paix publique, fut condamné, le 10 février 1844, à un an de prison et 200 liv. st. d'amende. Appel de cette sentence ayant été interjeté devant la chambre haute, celle-ci la cassa pour vice de forme; et O'Connell sortit triomphant de prison en septembre suivant. Cependant son influence morale commençait à décroître; on l'accusait dans son propre parti d'être trop timide, et de vouloir borner son opposition au gouvernement anglais à une agitation n'existant qu'à la surface, lui permettant de jouer un beau rôle, mais en réalité servant peu les intérêts propres de l'Irlande; et dès lors on vit se

produire le parti de la *Jeune Irlande* annonçant hautement le dessein d'employer au besoin la force des armes pour arracher au gouvernement anglais le rappel de l'union législative de l'Irlande et de l'Angleterre. C'est dans ces circonstances, et en présence d'une famine à laquelle était en proie l'Irlande, qu'O'Connell, dont la santé déclinait visiblement depuis quelque temps, entreprit pour retremper, disait-il, son courage aux sources de la foi, un pèlerinage à Rome. Mais il ne lui fut pas donné de l'accomplir. Il mourut en route, à Gênes, le 15 mai 1847.

Le caractère d'O'Connell a été l'objet des appréciations les plus diverses; on ne saurait en tous cas nier qu'il n'ait été l'un des hommes les plus remarquables de son siècle. Son talent peu commun d'orateur, son adresse et sa présence d'esprit portaient tout à fait l'empreinte de la nationalité irlandaise. C'est aussi à ce point de vue qu'il faut savoir juger son ultra-catholicisme, son attachement à tous les vieux préjugés de sa nation, qui le firent méconnaître par une partie de ses contemporains. On a de lui *A Memoir of Ireland, native and Saxon* (Dublin, 1843).

O'CONNELL (MAURICE), fils aîné du précédent, reçu avocat à Dublin en 1827, fut élu en 1831 membre de la chambre des communes par le comté de Clare. L'année suivante il fut élu par la ville de Tralée, qu'il continua depuis lors presque sans interruption à représenter au parlement. Quoique obéissant à l'influence de son père, il témoignait d'une certaine modération, qui le rendait suspect aux yeux du parti ultramontain. Il est mort à Londres, en 1853.

O'CONNELL (JOHN), fils cadet de *Daniel*, né en 1808, fut élu au parlement en 1833. Compris dix ans plus tard dans les poursuites juridiques dirigées contre son père, il partagea sa détention préventive. A sa mort il essaya de redonner une vie nouvelle à l'Association pour le Rappel (*Repeal Association*); mais sous sa direction elle perdit de plus en plus de son influence, et finit par se dissoudre complétement, en 1852. John O'Connell avait déjà été obligé de se démettre de son mandat législatif pour le comté de Clare, parce qu'il refusait d'obéir aveuglément au parti ultramontain. Il a publié la biographie et les plus remarquables discours de son père, sous le titre de *Life and Speeches of Daniel O'Connell* (2 vol., Dublin, 1847). On a aussi de lui *Recollections and experiences during a parliamentary career, from 1833 to 1848* (2 vol., Londres, 1849).

O'CONNOR (FERGUS), l'un des meneurs du parti chartiste en Angleterre, était le fils d'un petit propriétaire irlandais du comté de Cork, et naquit en 1796. Il embrassa la carrière judiciaire, et se rattacha avec enthousiasme aux efforts du parti populaire irlandais. Déjà il s'était acquis une grande popularité par l'énergique audace de ses discours, lorsque la dissolution du parlement, résultat de l'adoption du bill de Réforme en 1832, lui fournit l'occasion d'arriver à la chambre basse comme député du comté de Cork. Bien que la nature abrupte, incisive et passionnée de son éloquence le rendît peu propre aux joutes parlementaires, il ne paraît jamais sur les affaires d'Irlande sans produire une vive sensation, et il acquit bientôt une grande considération parmi les radicaux. Lors des nouvelles élections qui eurent lieu en 1835, ses adversaires politiques parvinrent à l'empêcher d'être élu, en prouvant que le petit domaine qu'il possédait dans le comté de Cork ne lui conférait pas le droit d'éligibilité. O'Connor, qui désapprouvait la politique de modération suivie par *O'Connell*, résolut alors de jouer le rôle d'*agitateur* des basses classes. Il se ligua donc avec les chefs des radicaux, parcourut les provinces, prononçant dans des assemblées auxquelles étaient surtout conviés les ouvriers, des discours incendiaires, où il démontrait l'insuffisance de la réforme parlementaire et dépeignait vivement la misère qui est pour les classes laborieuses le résultat de l'absence de droits politiques. Grâce à cette tactique, il contribua puissamment à propager le projet et l'idée d'une charte populaire et à faire des chartistes un grand et redoutable parti (*voyez* CHARTISME). Sous ses auspices, il se tint enfin, le 6 août 1838, à Birmingham, une grande réunion de chartistes, dans laquelle il fut décidé qu'un comité chartiste se réunirait à Londres à l'effet d'y préparer une insurrection générale. Toutefois, dans le sanglant conflit qui eut lieu à Newport le 4 novembre 1839, les chartistes eurent le dessous. Plusieurs de leurs chefs furent placés sous la main de la justice et condamnés à la déportation.

O'Connor, qui était pourtant l'âme du mouvement, échappa seul aux poursuites judiciaires, parce qu'il avait eu l'habileté d'éviter personnellement tout ce qui pouvait le constituer en violation flagrante de la loi. Il fonda alors, pour continuer à agir sur les classes populaires, un journal intitulé *The northern Star* (L'Étoile du Nord), qui arriva bientôt à une immense circulation. Traduit en justice en 1840 pour avoir inséré ses discours dans cette feuille, il fut acquitté. L'agitation chartiste ayant fini par s'éteindre peu à peu en Angleterre, O'Connor fut rappelé en 1843 en Irlande tout autant par le caractère menaçant qu'y avait pris l'agitation pour le rappel de l'Union, que par l'état de délabrement auquel ses efforts et son désintéressement avaient réduit sa très-modeste fortune. Il joignit ses efforts les plus ardents à ceux des chefs du *Repeal*, et se trouva compromis en mai 1844 dans le procès politique qui valut quelques mois de prison à O'Connell et aux principaux agitateurs.

En 1847, grâce aux efforts faits par son parti, il fut élu à Nottingham. La révolution de février 1848 lui inspira les espérances les plus exaltées. Il convoqua une convention chartiste, présenta à la chambre basse une pétition monstre pour l'introduction de la charte nationale, et la fit appuyer par une démonstration populaire, qui eut lieu le 10 avril 1848, mais qui demeura sans résultats. Les propositions de réforme de Fergus O'Connor furent repoussées avec mépris par le parlement; et la déplorable issue des troubles qui avaient éclaté en Irlande engagea les chartistes à s'abstenir jusqu'à nouvel ordre de toute nouvelle entreprise. Cet avortement de ses espérances produisit la plus vive impression sur l'esprit irritable de Fergus O'Connor, et la déconfiture d'une association communiste qu'il avait essayé de fonder par actions mit le comble à ses chagrins. Attaqué en justice par un grand nombre des colons qu'il était parvenu à réunir, il fit déjà preuve dans les débats d'excentricités qu'on regarda d'abord comme un jeu joué par lui. A quelque temps de là, il fut condamné à huit jours de prison pour voie de fait commise sur la personne d'un *policeman*. A peine remis en liberté, il courut à Liverpool à l'effet de s'y embarquer pour les États-Unis; mais il en revint bientôt, et reparut au parlement. Sa conduite dans cette assemblée prouva alors un dérangement complet des facultés intellectuelles; et en juin 1852 il fallut l'enfermer dans une maison de fous. La commission provoquée par ses amis pour prononcer sur son état déclara (avril 1853) qu'on ne pouvait espérer de guérison. Il est mort en février 1855, dans le triste asile qu'il habitait.

Son oncle, *Arthur* O'CONNOR, né en 1766, fut à la tête de l'insurrection d'Irlande en 1798, et dut par suite se réfugier en France, où il épousa la fille de Condorcet. Il entra au service de la France, servit avec distinction pendant les guerres de l'empire, parvint au grade de général, et mourut en 1850.

La famille irlandaise des *O'Connor*, à laquelle appartenaient Fergus et Arthur O'Connor dont nous venons de parler, est fort ancienne, et exerçait jadis des droits de souveraineté sur la province de Connaught. Aujourd'hui encore elle compte beaucoup de ses membres parmi les grands propriétaires du comté de Sligo.

OCRE. L'ocre, ou plutôt les ocres (car il y en a plusieurs variétés) ont aujourd'hui perdu les vertus médicales que nos pères leur attribuaient, et sont entièrement rejetées du domaine de la pharmacie; quelquefois cependant de vieux praticiens, plus confiants dans les lumières de leurs ancêtres que dans celles de leurs contemporains, prescrivent ces bols d'Arménie et cette terre sigillée, jadis la panacée universelle, et que l'on rencontrait à chaque pas dans les formulaires. Mais si la médecine s'est vue dépouillée d'un spécifique, en revanche l'industrie a gagné un produit intéressant pour les arts : presque toutes les ocres sont employées en peinture. On en connaît trois variétés principales, *l'ocre rouge*, *l'ocre jaune* et *l'ocre brune*. Toutes sont composées d'argile, c'est-à-dire de silice et d'alumine, et d'oxyde de fer, qui leur communique la couleur qu'elles possèdent. Quoique les principes qui constituent les ocres soient les mêmes pour toutes les variétés, cependant il existe entre elles de grandes différences dans la quantité de chacun des composants : ainsi, les unes sont plus riches en silice, d'autres en alumine ; quelques-unes contiennent des quantités d'oxyde de fer telles qu'on les considère comme des minerais de fer, et qu'on les exploite même avec avantage pour en retirer ce métal.

Le gisement des ocres est assez restreint ; on les trouve ordinairement au-dessus du calcaire oolithique et recouvertes par des grès, des sables quartzeux et ferrugineux, accompagnées d'argiles plastiques, grises, blanchâtres ou jaunes. On a également trouvé des ocres dans les mines et les vieux travaux ; il s'en forme toujours dans les dépôts d'eaux minérales ferrugineuses, surtout dans les eaux thermales, et M. Berthier a reconnu que les ocres qui se déposent près des sources sont plus riches en oxyde de fer que celles qui en sont éloignées, ces dernières contenant au contraire plus de matières siliceuses.

A la tête des principales variétés d'ocre rouge connues des minéralogistes, se trouve le *bol d'Arménie*, d'une couleur rouge pâle ; il est très-riche en argile, aussi fait-il bien pâte avec l'eau. Les autres variétés sont : *l'ocre rouge de Bucaros*, en Portugal, dont la couleur est rouge orangé : on l'emploie en peinture et dans la fabrication des poteries fines ; *l'ocre rouge des Cafres*, d'un rouge foncé, se rapprochant beaucoup de la sanguine : on lui a donné le nom *d'ocre des Cafres* parce qu'elle est très-abondante dans leur pays ; cet ornement est pour eux d'un si grand prix qu'ils se livrent pour en avoir des combats sanglants ; *l'ocre rouge d'Ormuz*, ou *rouge indien*, très-employée en peinture, à cause de la beauté de sa teinte : on la trouve à l'île d'Ormuz, dans le golfe Persique ; enfin, *l'ocre orangée de Combat*, en Savoie, introduite dans le commerce il y a quelques années. Son extrême finesse, l'éclat de sa couleur, lui donnent un grand prix aux yeux des peintres, qui l'emploient fréquemment, soit à l'huile, soit à la gomme. On la trouve sous forme d'amas adossés sur un banc de gypse de transition, près du pont de Combat, dans l'allée blanche, en Savoie.

Quant à l'ocre jaune, les petites quantités que l'on en trouve la rendent très-précieuse : comme les ocres rouges, elle est employée en peinture, surtout par les peintres en bâtiments, et dans la fabrication des papiers peints. Tout le monde sait combien le jaune d'ocre est recherché, et l'énorme consommation que l'on en fait justifie les soins que l'on apporte dans son exploitation. Les localités où se rencontrent les ocres jaunes sont : Vierzon, dans le département du Cher, où il existe un banc d'ocre très-estimé, à vingt mètres au-dessous du sol ; Pourrain, près d'Auxerre : mais l'ocre de ce pays est de qualité inférieure ; aussi la transforme-t-on presque complètement en ocre rouge. On en trouve aussi à Bitry et à Saint-Amand, département de la Nièvre ; mais sa couleur est trop pâle pour être employée en peinture, elle ne sert que pour faire de l'ocre rouge. Une des terres jaunes les plus estimées est celle que l'on désigne dans le commerce sous le nom de *terre de Sienne*. On l'y rencontre sous forme de petites masses susceptibles de se polir avec l'ongle ; elle est friable, et donne une poudre d'une finesse extrême. Sa surface est d'un jaune plus foncé que son intérieur. On la prépare aux environs de Sienne, en Italie. Lorsqu'on la calcine, elle donne une poudre d'un rouge particulier employé par les peintres en bâtiments sous le nom de *terre de Sienne brûlée*, pour imiter la nuance et les veines du bois d'acajou. Les ocres jaunes ne diffèrent des ocres rouges que par une certaine quantité d'eau qui entre dans leur composition; aussi est-il facile de transformer l'ocre jaune en ocre rouge par la seule calcination ; et cependant ce moyen, tout simple qu'il est, a longtemps été un secret pour nous ; et les Hollandais, qui en étaient possesseurs, venaient acheter nos ocres jaunes, qu'ils nous revendaient ensuite à un prix très-élevé, après les avoir transformées en ocres rouges. C'est avec ces ocres que l'on met les carreaux des appartements en couleur.

Nous n'avons qu'un mot à dire de l'ocre brune, ou *terre d'ombre* : elle ressemble aux ocres par sa texture, mais non par sa couleur, qui est brune; soumise à l'action d'un feu violent, elle se fonce, durcit, et se change en un verre brun d'écaille. On l'emploie pour faire un verre feldspathique dont on se sert pour donner à la porcelaine la couleur de l'écaille. On ne connaît pas d'une manière certaine le gisement et la localité d'où vient la terre d'ombre; mais celle qui est la plus recherchée dans le commerce porte le nom de *terre fine de Turquie.* C. FAVROY.

OCRE BLEUE. Voyez BLEU MARTIAL FOSSILE.

OCTAÈDRE (de ὀκτώ, huit, et ἕδρα, siège, base), volume qui est terminé par huit faces. Lorsque ce volume est régulier, les huit faces sont des triangles équilatéraux égaux entre eux. Pour se faire une idée d'un tel volume, il faut se le figurer comme formé de deux pyramides quadrangulaires assemblées base contre base. D'où il suit que pour calculer la solidité d'un octaèdre régulier il faut multiplier la base de l'une des pyramides composantes par le tiers de sa hauteur et doubler le résultat. Le carré du côté de l'octaèdre régulier est la moitié de celui du dinmètre de la sphère circonscrite. TEYSSÈDRE.

OCTANDRIE (de ὀκτώ, huit, et ἀνήρ, homme, pris pour étamine), huitième classe du système sexuel de Linné (voyez BOTANIQUE), comprenant toutes les plantes à fleurs hermaphrodites ayant huit étamines. Elle se subdivise en quatre ordres : 1° *octandrie-monogynie*; 2° *octandrie-digynie*; 3° *octandrie-trigynie*; 4° *octandrie-tétragynie*.

OCTANT. Cet instrument à réflexion est dû à Halley ; il sert aux mêmes usages que le s e x t a n t. L'octant et le sextant ne diffèrent l'un de l'autre que par l'étendue de leur limbe, dont l'arc est de 45° dans le premier, et de 60° dans le second ; de sorte qu'avec l'octant on ne peut mesurer les distances angulaires qui dépassent 90°, tandis qu'avec le sextant on peut les obtenir jusqu'à une limite de 120°. L'octant, qui a succédé dans la marine à l'ancien a s t r o l a b e, a aussi porté le nom de *quartier de réflexion*.

Lacaille a donné le nom d'*octant* à une constellation australe.

OCTANTS. Voyez LUNE.

OCTAVAL (Système). On appelle ainsi un système de n u m é r a t i o n qui a pour base le nombre 8, qui exige l'emploi de 8 chiffres, et dans lequel les unités sont de 8 en 8 fois plus grandes. Les caractères employés dans ce système sont 1, 2, 3, 4, 5, 6, 7 et 0 ; 8 s'écrit ainsi : 10 ; la deuxième puissance de 8, ou 64, s'écrit : 100, etc. Les fractions octavales, qui sont de 8 en 8 fois plus petites, remplacent les fractions décimales. Tous les bons esprits sont d'accord sur ce point que le système d é c i m a l est défectueux, surtout dans son application aux poids et mesures. Aussi a-t-il fallu renoncer à y conformer les divisions du cercle et les mesures qui marquent le temps. Son défaut principal consiste en ce qu'il repousse toutes les subdivisions binaires ou par moitié, de telle sorte que le quart et le demi-quart, qui sont d'un emploi universel et si constant, n'y sont pas même représentés. Au lieu du quart, on y voit figurer le cinquième, division qui n'est point naturelle et qui n'entrera probablement jamais dans nos habitudes. Le système d u o d é c i m a l tant vanté n'admet aucune autre subdivision binaire que le quart ; le système octaval ne laisse rien à désirer à cet égard. Il présente une perfection et une simplicité tellement grandes que toutes les multiplications et les divisions par 2 et ses multiples ont toujours pour résultat un nombre représenté par l'un de ces trois chiffres 1, 2, 4, outre les zéros. C'est principalement dans les subdivisions par 2 que la simplicité du système octaval se fait remarquer ; mais c'est dans son application aux poids et mesures que ce système est incontestablement supérieur au système décimal et à tous les autres. Les mesures octavales sont naturellement conformes à la base de la numération, c'est-à-dire qu'elles sont de 8 en 8 fois plus petites et qu'elles se prêtent dès lors au calcul octaval comme les mesures métriques au calcul décimal. Or, chacune d'elles pouvant se doubler et sa moitié, il s'ensuit qu'en réalité toutes les mesures du système se trouvent être de deux en deux fois plus petites, et qu'elles constituent ainsi une série binaire pure, représentée comme dans la numération par les chiffres 4, 2, 1 ; série qui est sans contredit la plus simple, la plus compréhensible, la plus naturelle et la plus commode de toutes les séries de poids et mesures. COLLENNE.

OCTAVE (*Musique*). C'est l'i n t e r v a l l e de sept degrés, avec réplique au grave ou à l'aigu de celui qu'on a pris pour point de départ. Il est ainsi nommé, parce qu'en parcourant diatoniquement la distance comprise entre les deux notes extrêmes de cet intervalle, on est obligé de faire entendre *huit* sons différents. L'*octave*, la première et la plus parfaite des consonnances, est presque généralement confondue dans la pratique avec l'unisson, dont elle est le renversement. Il existe cependant entre eux une différence assez remarquable : l'*octave* est bien réellement un intervalle, puisqu'elle est composée de deux sons différents distants l'un de l'autre, tandis que l'unisson, qui est formé de deux sons identiques réunis sur le même degré, ne compte parmi les intervalles que comme point de comparaison , et dans des rapports analogues à ceux du zéro parmi les nombres. De plus, l'*octave* produit quelque harmonie, en raison de l'éloignement de ses deux notes ; et l'unisson en est entièrement dépourvu, quelle que soit même la différence du timbre des sons qui le composent.

Toutes les cordes de notre système musical sont renfermées dans l'*octave*, de même que celles du système des Grecs étaient comprises dans le tétracorde. Or, pour établir une suite de sons dont l'étendue dépasse les limites de cet intervalle, on est contraint de répéter ou de reproduire au grave ou à l'aigu quelques-unes des notes déjà entendues dans la première octave : ainsi, l'ensemble de tous les sons que l'oreille peut distinguer, l'échelle générale de tous les tons et demi-tons appréciables, n'est tout simplement qu'une série d'*octaves* qui se reproduisent successivement dans le même ordre et les mêmes dispositions relatives. L'*octave* est l'intervalle générateur de tous les autres intervalles musicaux, qui n'en sont que des divisions ou des subdivisions. Par exemple , la moitié de l'*octave* donne d'une part la *quarte*, et de l'autre la *quinte*, qui en est le renversement ; le tiers donne la *tierce* mineure, et son renversement la *sixte* majeure, et ainsi de suite. Une des propriétés les plus curieuses de l'*octave* est de pouvoir être ajoutée à elle-même autant de fois qu'on voudra, sans cependant cesser d'être toujours *octave* et consonnance, ce qui n'a lieu avec aucun autre intervalle ; car si l'on ajoute une *tierce* à une autre, on aura pour résultat une *quinte* juste si les tierces sont majeures, et une quinte diminuée si elles sont mineures. En composition , l'on évite de faire deux *octaves* de suite entre plusieurs parties qui marchent par mouvement semblable ; mais un plus grand nombre de ces mêmes *octaves*, faites à dessein, est quelquefois susceptible d'un grand effet.

Nous ne terminerons pas cet article sans dire un mot d'une ancienne formule d'accompagnement connue sous le nom de *règle d'octave*. Cette formule, recommandée autrefois, et même encore aujourd'hui, par nos routiniers d'école, fut publiée vers le commencement du dix-huitième siècle par un certain Delaire. Elle consiste à prendre des sixtes sur chaque degré de la gamme, à l'exception du premier et du cinquième, auxquels on fait porter accord parfait. Mais pour s'en servir utilement, il faut d'abord que la basse marche diatoniquement par gamme ascendante ou descendante, et, de plus, que la mélodie ne sorte pas des cordes essentielles du ton. On voit tout de suite les faibles ressources qu'on peut tirer de ce moyen, même dans les circonstances restreintes que nous venons de retracer. Et si l'on considère que la basse ne peut continuellement marcher par gamme diatonique, qu'un même degré peut recevoir plusieurs accords différents, on en conclura, avec raison, que cette fameuse *règle d'octave*, du reste fort improprement nommée, ne méritait peut-être pas d'occuper ici le peu d'espace que nous avons cru devoir lui consacrer Ch. BECHEM.

OCTAVE (*Liturgie*), intervalle de huit jours consacré au service, à la commémoration d'un saint ou de quelque fête solennelle. Durant chacun de ces huit jours, on répète une partie de l'office de la fête, comme hymnes, antiennes, versets, avec une ou plusieurs leçons relatives au sujet. Le huitième jour, qu'on nomme proprement l'*octave*, l'office est plus solennel que les jours précédents. D'ordinaire, les fêtes solennelles, tel que Noël, Pâques, la Pentecôte, la Fête-Dieu, la fête du patron, sont accompagnées d'une *octave*. On appelle encore *octave* la station d'un prédicateur qui prêche plusieurs sermons pendant l'*octave* de la Fête-Dieu. Dans certaines paroisses, on fait encore une *octave* des morts. Le titre du psaume 6, qui est le premier des psaumes pénitentiaux, porte *pro octava*. Les commentateurs sont partagés sur le sens de ce mot. Les uns croient qu'il désigne un psaume accompagné par un instrument à huit cordes ; d'autres, un psaume à chanter pendant huit jours ; d'autres, le ton plus élevé, que les musiciens nomment *octave* ; quelques-uns enfin, la huitième bande de musiciens.

OCTAVE (*Littérature*) se dit des stances de huit vers en usage dans les poésies italienne, espagnole et portugaise. Les poëmes d'Arioste, du Tasse, d'Alonzo de Ercilla, de Camoëns, sont écrits en *octaves*. On a essayé à plusieurs reprises de les introduire dans la poésie française. Ces tentatives ont échoué.

OCTAVE. *Voyez* AUGUSTE.

OCTAVIE, sœur d'Auguste, troisième femme de Marc-Antoine. Elle réunissait aux qualités morales toutes les grâces et tous les charmes de la beauté. Les auteurs latins disent qu'elle était plus belle que Cléopâtre, qui devait être un jour sa rivale. Elle épousa en premières noces Marcellus, personnage consulaire, vertueux comme elle, mais qui mourut jeune. Octavie vivait retirée, donnant tous ses soins à l'éducation de ses enfants, lorsque Octave, son frère, lui donna pour mari Marc-Antoine. Octavie avait l'âme toute romaine : pour ramener la paix entre les triumvirs, elle sacrifia son repos, quoiqu'elle connût la passion d'Antoine pour la reine d'Égypte. Quand celui-ci la répudia, elle retourna à Rome avec ses enfants et ceux de Fulvie. Au moment où Antoine méditait de porter la guerre chez les Parthes, elle chercha à lui amener des secours et des vivres ; mais elle ne put aller plus loin qu'Athènes. Veuve une seconde fois, la mort du jeune Marcellus, son fils, la plongea dans une affliction profonde, qui accéléra le terme de ses jours. Elle mourut l'an 12 avant J.-C. Auguste prononça son oraison funèbre. Elle fut mère des deux Antonia, mariées à Drusus et à Domitius Ahenobarbus.

OCTAVIEN, antipape. Après la mort d'Adrien IV, Roland Rainuci fut élu pape par vingt-cinq cardinaux ; mais Octavien, qui avait obtenu le suffrage de trois cardinaux, s'empara de la tiare par la violence, et, après avoir pris le nom de *Victor IV*, réduisit Alexandre III, son compétiteur, à chercher un asile en France. Il le fit déposer, en 1160, par un concile qu'il assembla à Pavie ; mais Alexandre III fut reconnu au concile de Toulouse, en 1161, pour le véritable pape. Octavien mourut à Lucques, en 1164. Il était de la famille des comtes de Frascati.

OCTAVIN ou PETITE FLUTE. *Voyez* FLUTE.

OCTAVO (In-). *Voyez* FORMAT.

OCTIDI, *Voyez* CALENDRIER RÉPUBLICAIN.

OCTOBRE. C'est dans le calendrier des modernes le dixième mois de l'année. Il correspond au huitième signe du zodiaque, le *Scorpion*, dans lequel le Soleil entre du 21 au 22 de ce même mois, raison qui lui a fait donner le nom d'*october*, *octo imbrium* (le huitième des pluies), en sous-entendant *mensis* (mois), et aussi parce qu'il était le huitième mois dans le calendrier de Romulus, dont l'année n'était composée que de dix. Il était le dixième dans celui de Numa, et s'est maintenu à cette place dans le nôtre. Il a 31 jours. Il est appelé le huitième mois des pluies, non avant, mais parce que dès l'équinoxe de septembre, dont l'étymologie vient de sa place dans le zodiaque, les vents et les tempêtes règnent sur notre hémisphère. L'ancien nom d'octobre tint bon contre la flatterie du sénat, le caprice de Commode et la vanité de Domitien. Le premier essaya vainement de changer son appellation antique en celle de *Faustinus*, en l'honneur de Faustine, femme de l'empereur Antonin ; le second en celle d'*invictus* (l'invincible), sans doute en l'honneur de Mars, auquel ce mois était consacré ; et le troisième en son propre nom *Domitianus*. Le 15 de ce mois, mis sous la protection de Mars, on immolait, à Rome un cheval, appelé *october*, à ce dieu terrible. Enfin, chez les descendants de Romulus, le 4, le 12, le 13, le 15, le 19, le 28 et la fin d'octobre, étaient réservés à des fêtes et à des solennités nationales. Ce mois est celui des vendanges et de la franche joie : aussi les peintres le représentent-ils souriant, et couronné de pampres jaunissants, d'où pendent de belles grappes pourprées. Les Latins lui avaient consacré une fête sous l'appellation de *pater Dionysius*, surnom de Bacchus. Cette solennité, chez les païens, était une véritable bacchanale : on buvait jusqu'à l'ivresse complète. Les Grecs et les Romains, dans l'antiquité, célébraient aussi une fête en octobre, en action de grâces de l'apparition des *grains levés*. Par un contraste bizarre, le joyeux mois de la vendange se trouvait attristé par la croyance où étaient les anciens que le génie du mal régnait à cette époque, où ils célébraient aussi la fête des morts de leurs parents, sous le nom d'*Eleuthéries*, et ils y invoquaient le Mercure infernal. DENNE-BARON.

OCTOBRE (Journées du 5 et 6). Le 14 juillet avait renversé l'ancien régime, mais l'ancien régime voulait prendre sa revanche ; à côté de Louis XVI, qui laissait faire, la reine, les frères du roi, la princesse de Lamballe, les gardes du corps, la noblesse incorrigible, qui affluait à la cour, travaillaient à la contre-révolution. Une circonstance habilement préparée fit croire aux meneurs royalistes que le moment était venu. Un changement de garnison servit de prétexte à un grand banquet, pour lequel, contre l'usage, le roi prêta la salle du théâtre du château de Versailles. Là se trouvèrent réunis, le 1er octobre 1789, indépendamment des gardes du corps, des officiers suisses, des grenadiers de Flandre et des chasseurs des Trois-Évêchés, un grand nombre d'officiers supérieurs et d'officiers en congé de semestre, appelés secrètement à Versailles. À la fin du banquet, dont le caractère, exclusivement royaliste, n'échappait à personne, les têtes s'échauffent ; un toast à la nation est proposé par les officiers de la garde nationale, refusé par les gardes du corps, disent les uns, ou simplement omis, disent les autres. La reine paraît, portant le dauphin, suivie du roi ; les acclamations les plus enthousiastes les accueillent ; la musique exécute l'air : *O Richard, ô mon roi !* Quand la famille royale s'est retirée, la cocarde tricolore est foulée aux pieds, des gardes du corps distribuent des cocardes blanches aux conviés ; des dames, placées dans les loges, excitent cette fraternisation aux cris de *vive le roi* en agitant leurs mouchoirs, à la fin, les opinions montent à la tête de tous ces officiers, l'épée nue à la main, dont chaque parole, chaque regard est une menace contre la révolution. Cette orgie est renouvelée le 3, et les partisans de la cour y prennent la même attitude, s'y livrent aux mêmes fanfaronades monarchiques. La cour triomphe : elle voit déjà tous les éléments révolutionnaires écrasés, et elle s'endort, paisible, au milieu du calme morne de Versailles, où s'éteignent les dernières vociférations des banquets des gardes du corps.

Mais Paris se réveille, lui, ce Paris affamé, qui demande du pain à chaque instant, à chaque heure, qui assiège les portes des boulangers, qui attend avec anxiété l'arrivée de quelques bateaux chargés de grain ou de farine, ce Paris révolutionnaire, dont la royauté est venue saluer humblement le premier triomphe, et qui veut désormais tenir la royauté sous sa main puissante. Paris s'indigne de l'insulte faite à la cocarde nationale. Paris s'indigne des manifestations hostiles à la liberté dont la cour s'est applaudie; l'émeute gronde, émeute terrible, commencée par des femmes qui crient la faim. Ces femmes, devant lesquelles les baïonnettes des gardes nationaux se relèvent, envahissent, prennent l'hôtel de ville; elles y trouvent des fusils et des canons, et elles arment tous ceux qui se présentent, elles s'arment elles-mêmes. Il n'y a pas de pain à Paris; eh bien, elles iront en demander à Versailles, où le vin coule si largement. Des hommes dont l'exaltation ne le cède pas à la leur se mêlent à elles, les dirigent, et au bruit du tocsin qui sonne, de la générale qui bat, cette troupe, devenue immense, s'achemine sur Versailles, la menace à la bouche, la fureur dans l'âme.

A côté de l'émeute populaire gronde aussi, mais plus froide, l'émeute bourgeoise ; la garde nationale de Paris , non moins irritée que les masses, s'est réunie ; elle a laissé le torrent révolutionnaire diriger son cours sur Versailles ; la garde nationale s'est réunie au nom de l'ordre, mais une de ses députations fait dire à son commandant en chef La Fayette : « Nous ne vous croyons pas un traître, mais nous croyons que le gouvernement nous trahit: il est temps que tout ceci finisse. Nous ne pouvons pas tourner nos baïonnettes contre des femmes qui demandent du pain. La source du mal est à Versailles ; il faut aller chercher le roi et l'amener à Paris ; il faut exterminer le régiment de Flandre et les gardes du corps qui ont osé fouler aux pieds la cocarde nationale. Si le roi est trop faible pour porter la couronne , qu'il la dépose; nous couronnerons son fils, ou nommera un conseil de régence, et tout ira mieux. » La garde nationale crie donc, elle aussi : *A Versailles !* soit spontanément , soit sous la pression des flots d'hommes du peuple groupés autour d'elle ; La Fayette résiste, mais l'effervescence s'accroît, et la municipalité donne l'ordre du départ.

Suivons maintenant les masses à Versailles, où Pétion a signalé à la Constituante les banquets contre-révolutionnaires des gardes du corps. « Monsieur, dit à mi-voix Mirabeau au président de cette assemblée, Paris marche sur nous. — Paris marche sur nous, répond ironiquement celui-ci ; eh bien, tant mieux , nous en serons plus tôt en république. » Les masses arrivent cependant, ruisselantes de sueur et de pluie, couvertes de boue, chantant *vive Henri IV!* et le peuple de Versailles leur fait un accueil sympathique ; mais la municipalité ordonne aux régiments de dissiper par la force les attroupements armés , et le commandant de la garde nationale se montre disposé à prêter main forte à la cour. Louis XVI revient de la chasse, on lui annonce l'émeute. « Il faut réfléchir, dit le roi. — Il faut agir, » répond la reine. Mais on annonce que le régiment de Flandre fraternise avec le peuple ; le roi veut alors partir ; le peuple détèle les voitures, et il faut bien se résigner à attendre les événements. L'assemblée vient alors proposer de nouveau la déclaration des droits de l'homme à la sanction du roi, qui l'a déjà refusée, et le roi la sanctionne. Une députation des femmes de Paris se présente au château. » Du pain! » dit la jeune fille chargée de porter la parole, et elle se trouve mal. « Vous méritez mieux que cela, » dit Louis XVI en l'embrassant. La députation sort, enchantée de l'accueil qu'elle a reçu; mais la foule n'y croit pas, et se précipite vers les grilles du château. Trois gardes du corps se précipitent l'épée à la main sur un garde national. « On assassine les Parisiens ! » crie celui-ci. Alors des coups de feu partent des deux côtés ; la foule se range en bataille, et trois fois on approche la mèche des canons de l'insurrection , trois fois un orage épouvantable l'éteint ; cet orage empêche la lutte de prendre les proportions d'un combat. La foule se répand alors dans Versailles en demandant du pain ; les femmes envahissent l'enceinte de l'Assemblée constituante, où elles passent la nuit ; la garde nationale versaillaise exige que les gardes du corps se retirent, et ils obéissent; mais en se retirant ils font encore feu. Les femmes s'emparent d'un cheval de garde du corps, qu'elles dévorent sur place, pour assouvir leur faim. On veut encore faire fuir Louis XVI, les voitures sont attelées de nouveau ; mais le commandant du poste de garde nationale refuse de les laisser passer.

Cependant, vers minuit, La Fayette arrive avec les bataillons de la garde nationale parisienne. Il se rend à l'Assemblée ; il se rend près de Louis XVI, et lui demande la garde du château, répondant à ce prix des événements ; on ne lui en confie que les portes extérieures. La garde nationale parisienne va se mettre à couvert pour la nuit dans les églises ; La Fayette retourne à l'Assemblée, où l'invasion populaire couvre les orateurs de ses cris. Mirabeau demande que l'on fasse sortir les étrangers ; une tempête épouvantable éclate parmi ceux-ci, mais Mirabeau, les dominant de la puissance de ses poumons, s'écrie : « Je voudrais bien savoir qui aurait l'insolence de dicter des lois à la représentation nationale ? » Et la multitude applaudit maintenant; le président peut annoncer que la séance est levée.

Quelques bandes d'insurgés parisiens ont cependant parcouru Versailles toute la nuit; l'une d'elles trouve une des grilles du parc ouverte, on ne sait comment ; elle y pénètre, et la foule la suit, inondant bientôt les cours de la chapelle et des princes. Les gardes du corps courent aux armes, et deux coups de feu partis de leurs rangs blessent un homme et tuent une femme. Alors la foule se précipite furieuse dans le château, où l'on barricade les portes des appartements royaux ; la foule cherche à enfoncer celles des appartements de la reine, qui n'a que le temps de se réfugier à demi-vêtue auprès du roi ; elles cèdent aux efforts des assaillants, malgré les efforts des gardes du corps. Deux de ceux-ci sont tués , et leur tête, coupée, est placée au bout de piques, trophées sanglants qui allèrent annoncer jusqu'au milieu de Paris et la lutte et son issue.

Un jeune sous-officier, Hoche, se précipite alors avec les grenadiers de la garde nationale dans les appartements, et les assaillants se dissipent, pendant que La Fayette accourt. Les bataillons parisiens venus à sa suite arrachent à la foule des gardes du corps qu'elle est prête à massacrer, et s'emparant de la garde du château, calment le peuple, rassurent et protègent les gardes du corps, et l'on entend retentir dans le palais le cri de *Vive La Fayette!* que les courtisans eux-mêmes sont les premiers à proférer. Malgré sa haine contre La Fayette, Marie-Antoinette ne peut s'empêcher de s'écrier : « Je dois la vie à la maison du roi, et les gardes du corps la doivent à la garde nationale. » Le drame de sang est fini ; les insolences des banquets royalistes ont été bien sévèrement châtiées.

Mais à deux journées semblables il fallait un dénoûment plus important : le peuple irrité et les gardes nationaux pacificateurs veulent passer pour l'obtenir, et un cri universel se fait entendre, *Le roi à Paris!* se mêlant à des injures contre la reine. Le conseil délibère ; il se prononce pour le départ. Le roi s'y résout, et une partie de la multitude, à laquelle on annonce cette décision en jetant par les fenêtres du château des cartes sur lesquelles on a écrit *le roi va partir*, reprend le chemin de la capitale.

La Fayette, le héros de cette journée, ce que ne devait lui pardonner ni la cour ni le peuple, comprend qu'il faut aussi réconcilier ce peuple qui crie de bon cœur *vive le roi!* avec la reine et les gardes du corps; il demande à la reine si elle veut accompagner le roi dans son voyage : « Oui, quoique j'en connaisse le danger. — Eh bien, il vaut mieux le braver une fois que le craindre toujours. Que votre majesté daigne paraître au balcon et permette que je l'accompague. — Sans le roi?... Vous n'entendez donc pas leurs menaces? — Oui, madame. Mais cette démarche peut rétablir le calme. Osez vous fier à moi. » La reine alors, déguisant son émotion, étouffant ses sanglots, se lève avec une majestueuse dignité, et paraît entourée du dauphin, de sa fille, du roi, et conduite par La Fayette. Elle paraît, et la colère du peuple contre Marie-Antoinette, subitement désarmée, se change en acclamations et en applaudissements. « Ne pourriez-vous faire quelque chose pour mes gardes? dit alors le roi. » L'un d'eux s'avance alors sur le balcon, et La Fayette, ôtant de son chapeau sa cocarde tricolore, l'attache à celui du garde du corps; et les masses de crier *vivent les gardes du corps!* comme elles viennent de crier *vive la reine!* déposant ainsi toutes leurs rancunes, oubliant le passé devant l'ère qui va commencer.

L'immense cortége, commençant par le lugubre spectacle de deux têtes au haut d'une pique, finissant par la royauté, conduite sympathiquement à Paris au milieu des baïonnettes, des hommes et des femmes du peuple à califourchon sur des canons, assis sur des voitures chargées de sacs de blé, de farine; l'immense cortége partit de Versailles, où la cour ne devait plus rentrer, avec la pompe d'un triomphe et la lenteur d'un convoi : les femmes qui en faisaient partie s'écriaient sur toute la ligne, en faisant allusion au roi et à sa famille : « Maintenant, nous aurons du pain, car nous ramenons le boulanger (le roi), la boulangère (la reine), et le petit mitron (le dauphin). » Le roi fut reçu à la barrière par la municipalité de Paris. « Je viens avec plaisir, dit-il, au milieu de ma bonne ville de Paris. — Et avec confiance », ajouta la reine. Et le 6 octobre au soir la famille royale s'installait au palais des Tuileries, nu et démeublé depuis si longtemps.

Les royalistes ne pouvaient s'en prendre qu'à leurs provocations imprudentes des journées du 5 et 6 octobre; ils préférèrent en accuser La Fayette, Bailly, Mirabeau, et surtout le duc d'Orléans, qui dut quitter la France pendant quelque temps, pour ne point donner d'ombrage à la cour. Le Châtelet évoqua l'affaire, instruisit; le comité des recherches de la commune de Paris surveilla sa procédure; l'Assemblée la discuta, et de tout cela il ne resta rien, si ce n'est une royauté humiliée par une protestation imprudente contre le régime constitutionnel, que le 14 juillet l'avait enfin forcée à accepter. L'empereur Joseph II s'exprimait ainsi à propos de ces journées, à M. de Ségur, partant pour la France, et qui lui demandait ses ordres : « Que vous ferais-je dire *à des gens* qui ont fait leur repas des gardes du corps sans être sûrs de leur armée? »   TEYSSÈDRE.

OCTOGÉNAIRE, qui a quatre-vingts ans : il ne se dit que de l'espèce humaine : homme, femme, vieillard *octogénaire*. On dit plutôt un *octogénaire*, une *octogénaire*.

OCTOGONE (de ὀκτώ, huit, et γωνία, angle), polygone qui a huit angles et huit côtés : lorsque ces angles et ces côtés sont égaux entre eux, l'octogone est dit *régulier*. Le rapport du côté de l'octogone régulier au rayon du cercle circonscrit est égal à $\sqrt{2-\sqrt{2}}$.   TEYSSÈDRE.

OCTROI, concession de quelque grâce ou privilège faite par le prince. Ménage dérive ce mot de *auctorium* et *auctoriare*, dérivé lui-même de *auctor*, *auctoritas*, *auctorisare*. Du Cange est d'avis que dans la basse latinité on a dit *otorgare*, d'où les Espagnols ont fait *otorgar* et nous *octroyer*. Le terme d'*octroi* était d'usage autrefois surtout dans les lettres de chancellerie et les affaires de finances. On disait, et l'on dit encore quelquefois, l'*octroi* d'une grâce, d'un pardon, de lettres d'anoblissement, etc. La charte *octroyée* de Louis XVIII était un singulier anachronisme.

On appelle encore *octrois* les impositions indirectes, les droits particuliers que les villes et les communes sont autorisées à établir sur certains objets destinés à la consommation de leurs habitants, pour subvenir aux dépenses qui sont à leur charge. Il n'y a lieu à l'établissement d'un octroi dans une localité que lorsque les revenus ordinaires de la commune sont insuffisants pour couvrir les dépenses : alors le conseil municipal peut solliciter l'autorisation nécessaire, et en même temps il doit désigner les objets qui seront imposés, déterminer quel sera le montant du tarif, et régler le mode et les limites de la perception, qui se fait d'ailleurs dans tous les cas sous la surveillance du maire, du sous-préfet, du préfet et de la régie des contributions indirectes. Le *mode de perception* peut se faire de diverses manières, soit par *régie simple*, par *régie intéressée*, par *bail à ferme* ou par *abonnement*. On entend par *régie simple* la perception qui s'opère sous l'administration immédiate du maire, à l'aide d'employés; par *régie intéressée*, celle qui s'opère par l'intermédiaire d'un régisseur qui s'engage à payer à la commune un prix fixe, mais sous cette condition qu'il y aura partage, suivant une proportion déterminée, des bénéfices résultant de l'excédant des recettes; la régie faite par *bail à ferme* est celle qui résulte d'une simple adjudication moyennant un prix fixe, arrêté à forfait; enfin, on dit que la régie se fait par *abonnement* lorsqu'il intervient un traité entre la commune et la régie des contributions indirectes, qui se charge, en son propre nom, de la perception et de la surveillance particulières de l'octroi.

Les droits d'octroi ne peuvent en général être imposés que sur des objets destinés à la consommation locale, qui doivent être compris dans les cinq divisions suivantes, savoir : 1° *boissons et liquides*; 2° *comestibles*; 3° *combustibles*; 4° *fourrages*; 5° *matériaux*.

Pour assurer la perception de l'impôt, les précautions les plus minutieuses ont été prises. Tout porteur ou conducteur d'objets assujettis à l'octroi est tenu, avant d'avoir franchi les limites, de faire sa déclaration au bureau et d'exhiber aux préposés de l'octroi les lettres de voiture, connaissements, chartes-parties, acquits à caution, congés, passavants, et toutes autres expéditions délivrées par la régie des contributions indirectes, et d'acquitter les droits, sous peine d'une amende égale à la valeur de l'objet soumis au droit. A cet effet, les préposés peuvent, après interpellation, faire sur les bateaux, voitures et autres moyens de transport, toutes les visites, recherches et perquisitions nécessaires, soit pour s'assurer qu'il n'y existe rien qui soit sujet aux droits, soit pour reconnaître l'exactitude des déclarations. Les conducteurs sont tenus de faciliter toutes les opérations nécessaires auxdites vérifications. Le *transit*, c'est-à-dire le passage en franchise des objets destinés seulement à traverser les lieux soumis à l'octroi, est autorisé; mais on exige du conducteur qu'il se munisse d'un *passe-debout*, qui ne lui est délivré que sur un cautionnement ou la consignation des droits. La restitution des sommes consignées ainsi que la libération de la caution s'opèrent au bureau de la sortie. Tous les objets qui séjournent sous la protection d'un passe-debout doivent être déposés dans un lieu déterminé par le règlement local. En ce qui concerne la procédure, elle est de la plus grande simplicité : les employés dressent procès-verbal du délit, et opèrent immédiatement la saisie des objets que l'on tente d'introduire en fraude : les procès-verbaux peuvent être rédigés par un seul employé, et la simple production de l'acte en justice, à moins qu'il ne soit attaqué de faux, suffit pour motiver la condamnation, qui est prononcée par le juge de paix ou par les tribunaux correctionnels, suivant l'importance de l'amende.

L'origine des octrois paraît remonter à l'établissement même du régime municipal. Ces taxes ne furent pas d'abord permanentes; elles étaient temporairement autorisées et établies pour couvrir quelques dépenses extraordinaires. Elles variaient d'ailleurs suivant les localités. L'Assemblée constituante ayant exclu les impôts de consommation du système des contributions publiques, les octrois furent supprimés en 1791. Ils ne furent rétablis qu'en l'an VII. La loi du 11 frimaire an VII vint au secours des communes, qui se trouvaient obérées, et il leur fut permis de nouveau de se former un budget particulier, en établissant des taxes locales, qui durent être assises sur les objets de consommation. La loi du 27 frimaire an VIII régla le mode de perception, qui fut bientôt généralement adopté, et la loi du 5 ventôse an VIII rendit même l'établissement des octrois obligatoire dans les villes dont les hospices civils n'auraient pas de revenus suffisants pour leurs besoins. On les appela *octrois municipaux* et de *bienfaisance*, afin de rendre leur retour moins désagréable aux populations. Mais bientôt aussi le gouvernement s'immisça dans ces perceptions, et les octrois municipaux devinrent eux-mêmes une nouvelle base d'un nouvel impôt. Il fut établi pour règle qu'il serait fait un prélèvement au profit du trésor public sur tous les revenus donnés par les octrois, comme compensation à la diminution que ces taxes locales pouvaient apporter dans les produits des contributions directes.

OCULAIRE (du latin *ocularius*, fait de *oculus*, œil) se dit, en anatomie, de ce qui appartient à l'œil : *nerfs oculaires*.

On désigne, en optique, par *oculaire dioptrique*, une lunette d'approche ou un télescope. Dans l'*oculaire dioptrique*, on appelle *verre oculaire* celui où l'œil s'applique pour voir les objets au travers de la lunette.

En jurisprudence, on appelle *témoin oculaire* celui qui rend témoignage d'une chose qu'il a vue de ses propres yeux.

OCULAIRE (Clavecin). *Voyez* CLAVECIN OCULAIRE.

OCULISTE. On donne ce nom à tout homme de l'art médical qui s'occupe spécialement de guérir les maladies des yeux, cette spécialité qui comprend aussi les opérations qui se pratiquent sur l'œil et ses annexes, ainsi que la prothèse, destinée à restaurer les parties manquantes ou mutilées.

Dès la plus haute antiquité la médecine oculaire avait été pratiquée par des hommes spéciaux, qui acquirent une grande célébrité. Amasis, roi d'Égypte, ayant refusé à Cyrus l'envoi d'un célèbre médecin-oculiste, qu'il réclamait, ce refus occasiona une guerre sanglante, dans laquelle les Égyptiens succombèrent. Chez eux la médecine oculaire était exercée par des prêtres du troisième ordre; et, au rapport d'Hérodote, l'on trouvait dans les livres d'Hermès-Trismégiste des règles et formules. Les Grecs puisèrent en Égypte leurs principales connaissances sur les maladies des yeux, et ils élevèrent même des autels à Minerve *ophthalmique*. En parcourant les ouvrages de Dioscoride, l'on voit qu'ils connaissaient déjà un grand nombre de médicaments et de recettes encore employés de nos jours. Hippocrate a écrit de fort belles pages sur les maladies des yeux ; et quelques-uns de ses aphorismes démontrent que le père de la médecine avait étudié avec sa sagacité ordinaire les plus légères comme les plus complexes affections de l'œil. Ce furent les médecins grecs qui initièrent les Romains à l'étude et au traitement des maladies des yeux. Galien et Celse nous ont conservé le nom d'un grand nombre d'oculistes célèbres, parmi lesquels ceux d'Évelpide, d'Eucliptide, sont parvenus jusqu'à nous.

Les Romains, par la nature de leurs habitudes, par leurs guerres et leurs émigrations continuelles, étaient très-sujets aux maladies des yeux; aussi la profession d'oculiste était-elle très-lucrative et très-considérée à Rome. On avait attaché des oculistes aux principaux corps d'armée; on peut s'en convaincre en lisant les ouvrages qui ont trait à l'histoire de la médecine. Alors, comme aujourd'hui, ceux qui possédaient des remèdes héroïques, des formules précieuses, s'en assuraient la propriété, en y apposant leur sceau, pierre particulière et gravée, connue sous le nom de *cachet*, ou de pierre sigillée des médecins oculistes. Les principaux musées d'antiquité conservent un grand nombre de ces sceaux oculaires. Saxius, Valchius, Lochon, de la Vincelles, ont consacré à leur description des monographies remarquables.

Pendant longtemps tout ce qui a rapport à la médecine oculaire fut abandonné à l'oubli le plus complet et à l'empirisme le plus aveugle. Cette partie intéressante de l'art de guérir fut tirée de l'oubli par les médecins français. C'est surtout à l'Académie royale de Chirurgie, qui jeta un grand lustre sur la chirurgie française, que l'on doit des travaux qui firent de l'ophthalmologie une science, et fut la source où puisèrent les ophthalmologistes allemands. Ceux-ci la cultivèrent avec soin ; et c'est à eux que sont dus la plupart des perfectionnements modernes et des découvertes dans l'anatomie et le traitement des maladies des yeux. Pendant que chez eux cette branche intéressante de l'art de guérir était cultivée par des hommes du plus haut mérite ; pendant qu'ils avaient des hôpitaux, des chaires spéciales pour l'enseignement des affections oculaires, à peine pouvait-on compter en France deux ou trois personnes honorables s'occupant des maladies des yeux : tout le reste n'était que des gens sans aveu, sans science, livrés à l'empirisme le plus aveugle et au charlatanisme le plus débonté. Il a fallu un certain courage aux hommes qui ont embrassé cette profession pour chercher à la relever : en effet, pour traiter avec fruit les maladies des yeux, il faut avoir des connaissances anatomiques et physiologiques profondes.

Les maladies de l'œil se rattachent presque toutes à des affections générales. La médecine oculaire indépendante de toute autre connaissance ne serait qu'une dérision.

OCZAKOW ou OTSCHAKOF, ville du gouvernement de Cherson, à l'embouchure du *limán* du Dniepr, en face de Kinburn, était au temps de la domination des Turcs l'une de leurs places les plus fortes, que protégeait une citadelle. Elle a subi à diverses reprises les terribles extrémités d'une ville prise d'assaut. Les Russes, commandés par Munnich, s'en rendirent maîtres dès 1737, et pour la dernière fois en 1788, sous les ordres de Souvarof. Les fortifications en furent alors rasées ; et quand le traité de paix de 1791 en attribua la possession définitive à la Russie, ce n'était plus qu'un désert. Oczakow a été longtemps à se relever de ses ruines, sans doute à cause de la prospérité toujours croissante de Cherson, d'Odessa et de Nicolajef, trois villes situées à peu de distance. On y compte aujourd'hui 5,000 habitants, et il s'y trouve un petit port marchand et un établissement de quarantaine. A l'embouchure du Bog, non loin de là, on voit les ruines d'une ancienne ville grecque, peut-être celles d'Olbia, jadis si célèbre.

ODALISQUE. La manie de vouloir tout poétiser est une pitoyable manie. D'abord les Turcs ne connaissent que des *odalisks* ; et savez-vous ce que c'est qu'une *odalik* ? *Odalik* (d'*oda*, chambre) se traduit très-exactement par *chambrière*. Or, voici les occupations de ces humbles filles, dont on a fait autant de voluptueuses princesses. Aux ordres de chacune des femmes avouées du sultan, de ses sœurs, de ses filles et nièces, les unes s'emploient au service de la table, les autres prennent soin des appartements.

ODE, poëme qui appartient au genre exclusivement lyrique, et dans lequel le poète exhale les sentiments les plus intimes de son âme. Les Grecs donnaient le nom d'*ode* à tous les poëmes lyriques qui pouvaient être chantés, et qui se distinguaient en cela de l'élégie. En odes grecques, nous ne connaissons que les chœurs des tragédies, les odes héroïques de Pindare, les chants érotiques de Sapho, d'Alcée et d'Anacréon. Les nombreux ouvrages des scoliastes, les imitations des Romains, celles surtout d'Horace, peuvent encore nous aider à apprécier ce qu'était l'ode chez les anciens. Elle se distingue des poésies lyriques des modernes en ce que, d'après le caractère dominant de l'époque, elle s'attache plutôt à la peinture des sentiments qu'à celle des objets. Un des traits principaux du caractère de l'art grec, c'est la plastique ou l'exaltation de l'intérieur à une contemplation extérieure. Dans les temps modernes, on a distingué l'ode de la chanson ; la première a été considérée comme un poëme lyrique destiné à reproduire les sentiments les plus intimes de l'âme, à rendre, avec tout l'élan chaleureux de l'enthousiasme, les mouvements les plus passionnés de la joie et de la douleur. Les sujets de l'ode sont donc de l'ordre le plus élevé. La chanson, elle, n'est qu'un poëme lyrique, fait pour être chanté, exprimant un sentiment quelconque d'une manière plus simple et avec moins d'art. L'ode est à la chanson ce que la poésie idéale est à la poésie de la nature.

On a encore donné le nom d'*ode* à des poëmes lyriques composés en vers usités dans les odes, ou qui leur ressemblent. Il en résulte que beaucoup de poésies des anciens, celles d'Anacréon, par exemple, un grand nombre de celles d'Horace, et même quelques-unes de celles de Klopstock et de plusieurs autres poëtes allemands, reçoivent la dénomination d'*odes* à cause de leur rhythme, tandis que, en n'ayant égard qu'au sujet qu'elles traitent, elles ne sont en réalité que des chansons.

La principale qualité d'une ode doit être l'enthousiasme poétique. L'élan de l'ode, dit avec beaucoup de justesse Schreiber, est rapide, hardi; il n'est irrégulier que pour l'aveugle qui n'est pas en état de suivre le vol de l'enthousiasme. Dans toute ode vraiment digne de ce nom, le poëte doit toujours paraître inspiré par son sujet. Mais comme les puissantes émotions du sentiment ne peuvent jamais être de longue durée, l'ode doit, pour atteindre son but, être courte, jamais verbeuse. Les odes ont été divisées d'après la nature de leurs objets. Le plus élevé de tous, c'est la Divinité, célébrée par l'ode religieuse, par l'**hymne**. Dans cette spécialité rentrent un grand nombre de psaumes hébraïques, le chant de Moïse et de Débora, quelques odes de Pindare. Après l'hymne, vient l'*ode héroïque*, qui chante les héros, les fils des dieux et des rois, la gloire, les exploits belliqueux. A cette catégorie appartiennent la majeure partie des odes de Pindare et quelques-unes de celles d'Horace, les chants des bardes, les odes de Dryden et de Pope, celles de Gleim, de Ramler, de Schiller et de Gœthe. A l'ode héroïque se lie l'*ode didactique*, dont l'*ode philosophique* et l'*ode satirique* ne sont que des dépendances. Lorsque l'ode didactique a pour objet de grandes vérités, qui enflamment l'esprit ou bien l'idéal de l'art et de la vie, dont la poëte retrace l'enthousiasme, on la nomme *philosophique*, pourvu, toutefois, qu'elle soit entièrement abstraite et ne fasse aucune allusion aux contemporains. Lorsque, au contraire, elle se jette dans cette allusion sans perdre sa sévérité, elle devient *satirique*. Il y a enfin une dernière espèce d'ode, l'*ode politique*, qui emprunte ses sujets aux grands événements de la nature ou de l'histoire, ou même de la vie d'un personnage marquant.

La littérature de toutes les nations ne serait pas aussi pauvre en odes véritablement dignes de ce nom, si partout on n'abusait pas de la forme et de ce genre de poésie pour célébrer des hommes et des événements particuliers. Du reste, les deux dernières espèces d'odes sont l'objet spécial de la prédilection des poëtes modernes, dont la faute principale est de s'abandonner à une fausse mélancolie, qu'on nomme mal à propos *élégiaque*. Déjà Horace lui-même avait eu le tort de se livrer à de vagues réflexions; et trop souvent les images qu'il emploie ne sont que de froides productions d'une imagination malade. Les poëtes modernes, tels que Lotichius, Balde, et les Italiens eux-mêmes, ont marché sur les traces des anciens. En France, J.-B. Rousseau, L. Racine, Gresset, Chénier, LeFranc de Pompignan, Lebrun, ont revêtu du charme des vers quelques pensées; mais on peut généralement leur reprocher un ton trop déclamatoire, et un luxe de sentences morales et d'images trop dépouillées de poésie. Bouterwek ne reconnaît d'odes vraiment dignes de ce nom que celles de Pindare, d'Horace et de Klopstock. C'est se montrer bien exclusif. Comment a-t-il oublié le malheureux, l'immortel Gilbert? S'il eût écrit de nos jours, il aurait ajouté à son étroite nomenclature des vers de Byron et de Moore, des méditations de Lamartine, des odes de Victor Hugo et quelques chansons de Béranger.

ODÉNAT (Septimius), chef des tribus arabes qui entouraient Palmyre, prince de cette ville, descendait d'une famille arabe qui s'était attachée aux Romains sous Septime Sévère; sa femme, la célèbre Septimia Zénobie, était fille du roi de la Mésopotamie méridionale. Odénat reçut le titre de sénateur de la colonie romaine de Palmyre; mais à la mort de Jotapien Palmyre se rendit complétement indépendante de Rome. Bientôt Odénat, alors simple général, succéda à son père, Septimius Aïranès. Vers 256 il fit une incursion hostile sur le territoire de l'Empire; il s'allia avec Sapor, dont il seconda les attaques sur la Syrie, puis il attaqua ce prince, qui battait en retraite. Après la défaite et la captivité de l'empereur Valérien, Odénat envoya à Sapor des députés et des présents, afin de rentrer dans l'alliance de la Perse; mais ce monarque, indigné, fit jeter les présents dans l'Euphrate, et jura qu'il ruinerait tout le pays de Palmyre, qu'il ferait périr Odénat et toute sa famille, si celui-ci ne venait pas se jeter à ses pieds, les mains liées derrière le dos. Odénat prit aussitôt parti pour les Romains, et bientôt après Sapor victorieux se trouva coupé de ses États, entouré dans Antioche de masses considérables d'Arabes, de soldats romains que commandait Odénat. Celui-ci obligea le roi de Perse à reculer jusque dans Ctésiphon, où il l'assiégea. Sapor fut plusieurs fois battu dans sa retraite; ses femmes et ses trésors lui furent enlevés par les Palmyriens. Odénat prit ensuite le titre de roi. Après avoir humilié la Perse, traversé la Mésopotamie, il revint en Syrie, où il acheva de chasser les Persans du territoire romain. Gallien, délivré, en partie grâce à lui, de ses innombrables compétiteurs, lui conféra le titre de général de tout l'Orient; Odénat trouva que ce n'était pas assez: il se revêtit de la pourpre impériale, et Gallien dut, bon gré mal gré, l'accepter comme son associé à l'empire. En 264 remporta encore de brillantes victoires sur les Persans; Gallien s'en fit décerner le triomphe par un sénat complaisant. Odénat repoussa ensuite une invasion des Scythes et des Goths. Il se disposait à marcher contre Gallien, qui cherchait à se défaire de lui, lorsqu'il fut assassiné au milieu d'une fête et d'un festin, à Émèse, par son neveu Odénat, de concert avec Meonius, et, prétendent en général les historiens, avec Zénobie, irritée de la préférence qu'Odénat donnait sur ses enfants à ce fils qu'il avait eu d'un premier lit: la mort d'Odénat arriva en 267. Le fils préféré d'Odénat, Hérodien, fut aussi assassiné avec lui.

ODENSÉE, capitale de la Fionie (Danemark), qu'un canal réunit à l'*Odenseffjord*, siège d'évêché et de bailliage, compte 10,000 habitants et est le centre d'un commerce assez actif. On y voit un château royal, construit en 1726, par le roi Frédéric IV. Cette ville passe pour la plus ancienne du Danemark, et aurait été fondée par Odin. L'érection de l'évêché d'Odensée date de l'an 988. Le plus remarquable de ses édifices est son antique cathédrale, bâtie par Canut le Saint et renfermant les tombes de plusieurs anciens rois de Danemark.

ODENWALD, chaîne de montagnes située entre la forêt Noire et le mont Spessart, d'environ sept myriamètres de long sur trois à quatre de large, qui s'étend dans la direction du sud-ouest au nord-est à travers les grands-duchés de Bade et de Hesse-Darmstadt, sans former cependant une crête continue. Cette montagne constitue un plateau de 4 à 500 mètres d'élévation moyenne, plus pittoresque que sauvage, et présente un grand nombre de fertiles vallées. Elle est, entre autres, traversée par la romantique vallée du Neckar.

ODÉON (du grec ᾠδεῖον, dérivé de ᾠδή, chant). On donnait ce nom, chez les Grecs, à une espèce d'édifice où les poètes et les musiciens soumettaient leurs ouvrages au jugement du public. Périclès fit bâtir le premier Odéon d'Athènes, où devaient s'exercer les chœurs. Destiné encore à plusieurs autres usages, l'Odéon vit quelquefois les Athéniens se réunir dans son enceinte pour délibérer sur les affaires de la république. Le monument de Périclès, moins vaste que les théâtres, offrait aux assistants un toit protecteur. Il différait encore des salles de spectacle en ce qu'il n'avait point de scène, mais seulement, à ce que l'on croit, un *proscenium*. Il y avait encore deux autres odéons à Athènes. Dans le reste de la Grèce, Pausanias ne cite que ceux de Corinthe et de Patras. Dans l'Asie Mineure, l'histoire nous parle de celui de Smyrne, où l'on voyait un tableau d'Apelles ; et les voyageurs Pococke et Chandler ont cru reconnaître, par la présence de nombreux débris, de pareilles salles de concert jadis élevées à Éphèse et à Laodicée.

Rome eut aussi ses odéons ; l'un fut construit par Domitien ; l'autre, sous le règne de Trajan, fut l'ouvrage d'Apollodore. Il y en avait aussi un à Pompéi.

ODÉON (Théâtre de l'). La construction de la salle de l'Odéon fut ordonnée en 1773 ; l'emplacement choisi pour l'édifice fut d'abord celui de l'ancien hôtel Condé, au carrefour actuel de l'Odéon ; six années plus tard, il fut fixé près du Luxembourg. Construit sur les plans des architectes de Wailly et Peyre, l'Odéon, qui avait coûté deux millions, ouvrit le 9 avril 1782. La Comédie-Française s'y installa ce jour-là, et l'Odéon demeura ouvert jusqu'au 4 septembre 1793, où furent arrêtés une partie des sociétaires du Théâtre-Français. Dans cette période passée dans la salle de l'Odéon, le Théâtre-Français avait donné *Le Mariage de Figaro* de Beaumarchais, le *Charles IX* de Chénier, *Les Victimes cloîtrées* de Monvel, *L'Ami des Lois* de Laya, *Paméla* de François (de Neufchâteau), qui entraîna sa clôture. L'Odéon rouvrit après le 9 thermidor, le 16 août 1794, sous la direction de la Montansier ; l'affiche lui donnait alors le nom de *Théâtre de l'Égalité*, section Marat. Cette tentative ne fut pas heureuse ; les artistes de la Comédie-Française s'éparpillèrent un peu de tous côtés, et l'Odéon, fermé comme théâtre, servit à des *thiases*, mais qu'une société entreprit malencontreusement en 1796, sous un nom grec, et dont il ne nous est resté que ce nom hellénique d'*Odéon*, donné alors à ce bel édifice. L'Odéon servit à des banquets, à des réunions politiques ; le Conseil des Cinq-Cents siégeait dans sa salle lorsqu'il fit le 18 fructidor.

Après plusieurs tentatives malheureuses pour le constituer en théâtre, l'Odéon rouvrit enfin, avec des apparences de vitalité, sous une compagnie d'artistes sociétaires, le 10 brumaire an VII : on y avait joué quelques ouvrages de mérite de Picard, de Luce de Lancival, lorsque, le 18 mars 1799, après la représentation de *L'Envieux* de Dorvo, un incendie, que l'on attribua à la malveillance, le réduisit en cendres en quelques heures, ne laissant que les murs extérieurs. Pendant plusieurs années cette ruine noircie par les flammes s'éleva silencieuse et morne au milieu d'un quartier alors complétement désert, et où existaient peu de maisons. Un décret de 1806 ordonna sa reconstruction, et le 15 juin 1808 l'Odéon rouvrit, sous la direction de Picard et sous la dénomination de *Théâtre de l'Impératrice*. Les pièces d'Alexandre Duval, de Picard, qui le dirigea à son tour, valurent de beaux succès à ce théâtre ; les artistes français y jouaient quatre fois par semaine ; les Italiens alternaient avec eux les trois autres jours. En 1816 l'Odéon était arrivé à un tel point de décadence qu'on n'y donnait que des ballets, dans l'espoir d'y ramener le public ; quelques jolies comédies l'y firent revenir, et une subvention de 27,000 francs aida le théâtre à vivre. Sa situation devenait même assez prospère, lorsque, le 20 mars 1818, un incendie, encore attribué à la malveillance, le détruisit de nouveau, à la suite d'une répétition. Par une singulière coïncidence, les deux incendies avaient eu lieu la semaine sainte, le premier le lundi, le second le vendredi saint.

La salle fut cette fois rapidement reconstruite, et le 30 septembre 1819 les sociétaires, sous la direction de Picard, en reprirent possession. C. Delavigne y conquit ses premières palmes dramatiques ; les duels politiques entre les royalistes d'un côté, les bonapartistes et les étudiants libéraux de l'autre, y prirent souvent naissance à la suite de coups de poing succédant aux sifflets et aux applaudissements que les deux partis hostiles venaient y croiser. En 1825 le *Second Théâtre-Français* (tel était le titre officiel de l'ancien *Théâtre de l'Impératrice*) recevait une subvention de 80,000 fr.; néanmoins, sa fortune était assez médiocre, lorsque son directeur, Bernard, autorisé à joindre l'opéra à son répertoire, eut l'heureuse idée d'y jouer, entre autres, le *Freyschütz* de Weber, arrangé sous le nom de *Robin des Bois* par M. Castil-Blaze. Après cette fortune passagère, l'Odéon, passé en de nouvelles mains, ferma en 1828. L'année suivante Harel en était directeur, avec une subvention de 180,000 fr. ; cette subvention ne l'empêcha point de fermer le théâtre et d'émigrer à la Porte-Saint-Martin avec une partie de son personnel. Dès ce moment l'Odéon fut de temps à autre livré à des exploitations étrangères ; on y vit un éléphant, dans une pièce faite pour cet artiste d'un nouveau genre ; la Comédie-Française, l'Opéra-Comique allèrent y jouer alternativement tous les deux jours, jusqu'en 1834 ; de 1836 à 1838, le Théâtre-Français y joua deux fois par semaine, représentant là parfois des ouvrages qu'il avait hésité à recevoir rue Richelieu. C'est ainsi que *Le Bourgeois de Gand* vit le jour au faubourg Saint-Germain avant de prendre droit de cité à la Comédie-Française. Bientôt même la seule salle de comédie que possédât le quartier de la rive gauche servit de loin en loin à des représentations à bénéfice ; les Italiens s'y réfugièrent pendant quelque temps, après l'incendie de la salle Favart.

Un auteur dramatique qui avait obtenu quelques succès à l'Odéon, M. d'Épagny, entreprit de le ressusciter ; et le 28 octobre 1841 ce théâtre faisait solennellement sa réouverture. L'Odéon succomba encore une fois, en mai 1845, sous le successeur de M. d'Épagny, M. Lireux, et finit par rouvrir en novembre de la même année, sous la direction de l'acteur Bocage. La subvention du théâtre, fixée en 1841 à 60,000 fr., portée à la fin de 1845 à 100,000, jointe à quelques ouvrages dont le succès a été grand, a permis à M. Bocage et aux divers directeurs qui l'ont suivi de maintenir l'Odéon dans un état de prospérité que les théâtres de la rive droite peuvent lui envier ; le public en a repris le chemin ; les étudiants, qui pendant tant d'années y ont dominé tumultueusement, se contentent maintenant d'y exercer une suzeraineté calme et paisible. Théâtre royal depuis la restauration, l'Odéon est maintenant au nombre des théâtres impériaux.

ODER (en latin *Viadrus*, en slave *Vjodr*), l'un des principaux fleuves de l'Allemagne, prend sa source à 330 mètres au-dessus du niveau de la mer, en Moravie, dans un marais du Leselberg, non loin de la petite ville de Liebau, à l'est d'Olmutz. Après un cours de dix myriamètres, il entre dans la Silésie prussienne, près de la petite ville d'Oderberg, pénètre ensuite dans la province de Brandebourg, où il forme un grand nombre d'îles, puis atteint au nord la Poméranie. Dans son cours inférieur, il est sujet à de dangereuses inondations. Après avoir atteint Stettin, il se jette dans la Baltique, par trois bras impétueux, le Duvenow, la Swine et la Peene, qui forment les îles de Wollin et d'Usedom. Son cours total est de 94 myriamètres, et son bassin, séparé par les monts Sudètes de ceux du Danube et de l'Elbe, est de 1,700 myriamètres carrés. Il commence à devenir navigable pour de petites embarcations à Ratibor, dans la haute Silésie, puis à Kosel pour des barques plus grandes, et enfin à Breslau pour des embarcations portant 1,000 quintaux. Plusieurs canaux le mettent en communication avec la Sprée. La pêche a plus d'importance dans l'Oder que dans l'Elbe. Ses affluents sont à gauche l'Oppa, la Neisse de Silésie, l'Ohlau, la Weistritz, la Katsbach, le Bober, la Neisse de Lusace, la Finow et la Welse ; à droite la Klodnitz, la Malapane, la Bartsch, la Warthe, la Ploene, l'Ihna et la Stepenitz. Le grand port de l'Oder est à Swinemunde, dans l'île d'Usedom. Au point de vue militaire ce fleuve a de l'importance comme voie de transport et comme ligne de défense ; sur ses rives on rencontre les places fortes de Kosel, de Brieg, de Gross-Glogau, de Custrin et de Stettin.

ODESCALCHI, ancienne famille romaine, à laquelle appartenait le pape Innocent XI. Ce neveu de ce souverain pontife, Livio Ier Odescalchi, fut élevé à la dignité de prince de l'Empire en 1689, par l'empereur Léopold, qui en 1694 lui conféra le duché de Sirmie ; il mourut en 1701,

44.

sans laisser d'enfants. Il eut pour héritier le fils de sa sœur, le marquis Balthasar d'Erba, issu d'une ancienne famille du Milanais, qui subsiste encore de nos jours.

ODESSA, la ville maritime et commerciale la plus importante qu'on rencontre entre les embouchures du Dniestr et du Dniepr, au sud de la Russie, dans le gouvernement de Cherson, mais formant un gouvernement municipal particulier, d'environ six myriamètres carrés, fut fondée sous le règne de Catherine II, en 1794, à peu de distance de l'antique ville hellénique *Ordessus*, peu de temps après la paix de Jassy, qui avait valu à l'impératrice l'acquisition de ce territoire, et prit rapidement une importance extraordinaire sous l'administration du duc de Richelieu, nommé gouverneur d'Odessa par l'empereur Alexandre. Sa situation sur les rives de la mer Noire ne contribua pas peu au rapide développement de sa prospérité. La ville est régulièrement construite, sur le penchant d'une colline qui va en s'abaissant insensiblement vers la mer, et forme un carré oblong. Des fortifications protègent son port, divisé par des môles en quatre bassins différents, dont les deux principaux sont le port de commerce et le port de la marine impériale, qui peut contenir près de trois cents bâtiments, et à l'une des extrémités duquel, immédiatement sous la forteresse, se trouve l'établissement de la quarantaine. La rade est fort spacieuse; et comme elle est à l'abri des vents, l'ancrage y est bon. En 1817 le port fut érigé en port franc, pour une période de trente ans; mesure qui ne contribua pas peu à sa prospérité. La ville est bien construite, quoique les quartiers éloignés de la partie somptueuse et monumentale n'offrent guère aux regards que de tristes baraques de bois bordant les deux côtés des rues. Dans la partie riche, toutes les rues, toutes spacieuses et tirées au cordeau, se croisent à angles droits et sont garnies de maisons à deux étages, généralement de style italien. En fait d'édifices, on remarque la cathédrale, la douane, l'amirauté, le palais du comte Woronzoff et plusieurs autres encore, surtout le long du boulevard du port, d'où l'on jouit d'une vue admirable, la bourse, le spectacle où l'on joue alternativement des pièces du théâtre russe, des opéras italiens et des tragédies grecques, enfin l'hôpital. L'église catholique et la nouvelle église réformée sont aussi de beaux monuments. Les environs sont une vaste plaine, où il n'y a ni arbres ni eau ; aussi la ville manque-t-elle souvent d'eau potable, inconvénient auquel on a remédié par un grand nombre de puits, atteignant parfois 50 mètres de profondeur, et tout récemment par un aqueduc. Au milieu de la ville est un jardin public. Somme toute, et quoique Odessa mérite jusqu'à un certain point le surnom de *Marseille de la mer Noire*, qui lui a été donné, on peut dire que c'est une ville artificielle, n'existant que par le commerce étranger : un climat détestable, lourd et fiévreux en été, glacial et brumeux en hiver, en fait un séjour rien moins qu'attrayant pour ceux que n'y retiennent pas des intérêts de commerce. En hiver, le port est souvent gelé, et parfois même la mer gèle à une assez grande distance des côtes. On va en traîneau dans les rues d'Odessa, comme à Moscou et à Saint-Pétersbourg, bien que ce port se trouve sous la même latitude que Trieste. Le vent, toujours vif sur le plateau sablonneux de la mer Noire, y soulève des torrents de poussière, qui sont un des fléaux de ce séjour. Nul arbre ne peut y prospérer : après avoir essayé de diverses espèces pour la plantation des boulevards qui dominent la mer, il n'a été possible d'y acclimater que de chétifs acacias. Tous les légumes, tous les produits du jardinage y sont apportés par mer de la Crimée méridionale.

Odessa possède d'excellents établissements d'instruction publique, entre autres le lycée fondé par le duc de Richelieu, et qui porte son nom, deux collèges, une école de commerce et de navigation, une école de langues orientales, une école juive et la maison d'éducation pour les jeunes filles nobles. Depuis 1825 on y trouve aussi un musée d'antiquités russes et un jardin botanique. Ses bains de mer sont extrêmement fréquentés pendant la belle saison. Il y a à Odessa d'immenses brasseries, distilleries et corderies, des fabriques de lainages, de soieries, de tabac, de bougies, de savon ; et il s'y fait d'immenses exportations de grains provenant de la Volhynie, de la Podolie et de l'Ukraine, pour la Turquie, l'Italie, la France, l'Espagne et l'Angleterre. Les autres articles d'exportation sont les chanvres, les bois de construction, les graines de lin, la laine, le suif et les cuirs bruts. Les importations consistent surtout en denrées coloniales et en produits manufacturés de toutes espèces. En 1853 la valeur totale du commerce s'y est élevée à 138,420,000 francs, savoir : 1° *Exportation* 99,111,000 francs, dont 68,300,000 francs en produits russes, et 811,000 francs en numéraire ; 2° *Importation* 39,309,000 francs, dont 30,526,000 francs en marchandises (parmi lesquelles figuraient en première ligne le coton, les objets manufacturés, les boissons, l'huile et le tabac), et 8,783,000 francs en numéraire. Un service régulier de communications à vapeur existe entre Odessa, Galacz et Constantinople.

Le chiffre de la population s'élève à 76,000 âmes, et à 90,000 en y comprenant celle du gouvernement tout entier. Dans ce nombre il y a beaucoup de Français, d'Anglais, d'Allemands et d'Italiens ; à quoi il faut encore ajouter des Grecs, des Arméniens et des Juifs. L'élément russe proprement dit ne forme qu'une très-petite partie des habitants. Presque tout le grand commerce est aux mains de maisons étrangères. Les dix-neuf vingtièmes des propriétés bâties appartiennent à des étrangers. C'est ce qui explique parfaitement les ménagements dont les amiraux commandant les flottes anglaise et française dans la dernière guerre ont fait preuve en 1854 et 1855 à l'égard de la ville d'Odessa, où ils se sont bornés à bombarder et à incendier le port militaire, respectant la ville et le port marchand, qu'ils eussent pu facilement anéantir.

ODETTE DE CHAMDIVERS. *Voyez* CHARLES VI, tome IV, page 240.

ODEUR (du latin *odor*, qu'on dérive du grec ὄζω, je sens, ou ὀδωδή, odeur). C'est l'émanation des corps, sensible à l'odorat.

Toute odeur est produite par émanation : les molécules détachées du corps odorant se répandent dans l'air environnant, et viennent affecter l'organe olfactif en nous causant une sensation de plaisir ou de malaise. Plusieurs substances jouissent à un très-haut point de l'émanation odorante : le musc, l'ambre, le camphre exhalent leur odeur dans tous les temps et de la même manière. Cette propriété consiste moins encore dans une déperdition de matière que dans l'extrême ténuité des corpuscules émanés ; leur expansibilité rend aussi bien moins sensibles les pertes causées dans ces corps par la faculté odorante. Un décigramme de musc suffit dans un appartement pour faire sentir son odeur jusqu'à incommoder pendant l'espace de vingt ans, et sans éprouver de diminution sensible. Le camphre, cependant, et les huiles essentielles se trouvent plus visiblement réduits de volume. Mais doit-on rapporter ce phénomène aux émanations qui produisent l'odeur, ou à la vaporisation ? Souvent ces deux actions concourent simultanément ; et comme l'analyse des corpuscules odorants a jusque ici vainement occupé les chimistes, on pourrait peut-être admettre que les émanations ou odeurs des liquides, quoique d'une nature bien distincte par leur subtilité et essentiellement impondérables, accompagnent le plus ordinairement la vaporisation. En effet, l'un et l'autre mode d'émission moléculaire sont également favorisés par la présence du calorique, et l'on sait que celui-ci communique toujours aux corps une tendance à passer à l'état aériforme. Il existe des corps dont l'émanation dépend d'une circonstance particulière ; le bois de hêtre exhale le parfum de la rose lorsqu'on le travaille sur le tour ; l'odeur des métaux ne s'en dégage sensiblement que par le frottement.

Les plantes, outre la transpiration qui leur est propre, et par laquelle une partie des fluides qu'elles contiennent se vaporisent, ont également leurs émanations ; les odeurs des plantes ou le parfum des fleurs constituent principalement l'émanation végétale. Plusieurs accidents survenus durant la nuit à des personnes qui avaient gardé des fleurs dans l'intérieur de leur logis ont porté à croire que les exhalaisons des fleurs étaient délétères. L'expérience a appris que, par l'acte même de la végétation, les fleurs aspirent, le jour ainsi que la nuit, un gaz propre à la respiration animale (le gaz oxygène), pour le transformer en un gaz délétère (le gaz acide carbonique); les feuilles des plantes, au contraire, sont bienfaisantes le jour, par le gaz oxygène qu'elles produisent, et ne sont nuisibles que la nuit par le gaz acide carbonique qu'elles exhalent. Il est des plantes capables de méphytiser l'air au point d'asphyxier les hommes et les animaux, et dont l'odeur, celle du chanvre par exemple, occasionne des vertiges à ceux qui les récoltent. Toutes les fleurs ne sont pas délétères au même degré; celles dont les émanations sont plus malfaisantes sont principalement douées d'une odeur suave, fade et nauséabonde : tels sont les lis, les narcisses, les tubéreuses, le safran et les liliacées; la violette odorante, la rose, l'œillet, le jasmin, sont dans le même cas, mais à un moindre degré. Les fleurs qui répandent une odeur aromatique, comme celle de la sauge, du romarin, du serpolet et des labiées, n'offrent pas les mêmes inconvénients; elles ont même l'avantage de ramener l'énergie vitale au lieu d'en troubler les fonctions.

Les animaux, par la chaleur du sang, éprouvent une transpiration plus abondante que les végétaux. Par cette raison, leurs émanations sont plus sensibles et aussi odorantes par intervalles. Pour se rendre raison de ce rapport entre la vaporisation des fluides qui entretiennent la vie animale et l'émanation odorante, il ne faut que se rappeler ce qui a été dit plus haut, en parlant des plantes, sur l'étroite analogie de ces deux phénomènes, qui n'offrent de différence que par la ténuité des molécules en émanation. A tout autre égard, ils sont, pour ainsi dire, la condition l'un de l'autre. Les émanations des animaux, le plus souvent inaperçues, se distinguent plutôt à l'odorat. Quelquefois, elles paraissent dénuées de qualités sapides ou odorantes. Les animaux semblent doués, plus que l'homme, de la faculté de les percevoir avec une finesse de sensation vraiment merveilleuse. On a cité cependant les sauvages de l'Amérique septentrionale, qui poursuivent leur proie ou leurs ennemis à la piste; certains individus prédisent les orages par une odeur sulfureuse qu'ils reconnaissent dans l'air. Le chien est celui d'entre les animaux qui excelle par la perfection de son adorat. Par la voie de ces émanations spéciales que fournit autour de lui chaque individu animé, il reconnaît à de très-grandes distances la route qu'a suivie son maître; par cette même voie, il démêle, avec une sagacité d'investigation surprenante, les nombreux détours de la bête sur laquelle il est lancé par le chasseur. Celle-ci, trahie par son ardeur même, laisse après elle de plus fortes impressions, et tombe bientôt au pouvoir de la meute. Parmi les bêtes fauves, le chevreuil est peut-être, selon l'avis de Buffon, celui dont les émanations se fassent le plus fortement sentir; mais, en compensation, il est doué, plus qu'aucun de ces animaux, d'adresse et de ruse, pour fourvoyer et dépister ses ennemis. Ces émanations propres aux animaux sont beaucoup moins diminuées dans l'espèce humaine par les soins de la propreté. Néanmoins, il est à remarquer que les individus roux et ceux qui sont marqués d'éphélides font exception sur ce point à la race blanche. Les nègres, pour la plupart, exhalent une odeur très-fétide. Leur sueur, huileuse, s'attache pour un assez longtemps à tous les objets qu'ils touchent. RICHER.

Odeurs se prend au pluriel pour *parfums*.

Odeur se dit encore au moral. On entend par bonne ou mauvaise *odeur* une bonne ou mauvaise réputation. Mourir en *odeur de sainteté*, c'est, après avoir vécu saintement, mourir de même. Proverbialement, N'être pas en *odeur de sainteté* auprès de quelqu'un, c'est n'être pas bien dans son esprit. On lit dans la *Genèse* : « Dieu reçut en bonne *odeur* le sacrifice de Noé. »

ODILON BARROT. *Voyez* BARROT.

ODIN, dans la vieille langue germanique *Wuotán*, le plus ancien et le premier des dieux de la mythologie scandinave et germaine, ancêtre des Ases et dominateur du ciel et de la terre. Il n'est point le créateur du monde, mais seulement son ordonnateur, sa force suprême organisatrice, qui anime la matière, et comme source de toute vie supérieure il apparaît sous les manifestations les plus diverses. De là ses nombreux surnoms, tous ayant rapport à ce qu'il y a de divers dans son essence et dans son action; on n'en compte pas moins de deux cents. On l'appelle le père universel, le père du temps. Comme Soleil, il porte le surnom de *aux yeux de feu*; il est le père des morts, parce qu'il reçoit dans le Walhalla les héros qui périssent sur le champ de bataille. Comme dieu de la guerre, il est l'inventeur de l'ordre de bataille en forme de coin. Le sort des batailles est décidé par les Walkyries, ses messagères. Depuis qu'il a bu à la source de Mímir, il est le plus sage des êtres; mais il lui en a coûté un œil. Aussi le représente-t-on comme borgne. Il est parmi les Ases le plus habile en enchantements. Son épouse est Frigga (*voyez* FREIJA); il habite Gladsheim, où les dieux se rassemblent chaque jour en tribunal sous sa présidence. Du haut de son siège *Hlidskialf*, il aperçoit tout ce qui se passe sur la terre. Ses corbeaux *Huginn* (la pensée) et *Muninn* (la mémoire), qui chaque jour font le tour du monde, lui rapportent des nouvelles de toutes parts. Parmi les remarquables objets qu'il possède on cite *Sleipner*, être à huit pieds, le meilleur de tous les coursiers, la lance *Gungner* et la bague *Draupner*. D'ailleurs il ne boit que du vin.

Saxon le Grammairien fait d'Odin un chef et un prêtre venu du fond de l'Asie, et qui, fuyant devant l'épée victorieuse des Romains, traversa toute la Germanie, et se réfugia en Scandinavie. Lui et ses compagnons se firent passer pour des dieux ayant pris la forme humaine, et par leur civilisation plus avancée, par leurs ruses et leurs pratiques de magie parvinrent à dominer les populations de ces régions. Odin donna à gouverner à ses fils la Saxe, qu'il avait conquise. Il s'empara aussi du Danemark, où il établit pour roi son fils Skjold. Il conclut un traité d'alliance en Suède avec le roi Gylfe. C'est à Upsal qu'il construisit son principal temple. Il prêcha la doctrine du Walhalla, et ordonna de brûler les morts. Avant sa mort il se fit faire à la tête sept blessures avec une lance, comme symbole de la mort reçue dans les batailles. Saxon lui donne en outre un caractère méprisable. Expulsé par les Ases, il est longtemps réduit à errer, jusqu'à ce qu'il parvienne à s'emparer de la suprême puissance.

En voulant réunir en corps d'histoire les différents mythes relatifs à Odin, et expliquer leurs contradictions, on arriva à faire plusieurs Odins. Suhm en admet quatre; hypothèse aussi contraire à l'histoire qu'à la tradition. Chez toutes les peuplades germaines Odin était adoré sous le nom de *Wuotán*; les rois anglo-saxons, de même que ceux du nord, faisaient remonter jusqu'à lui leur origine. Mais tant le nord scandinavien que le continent allemand comme le dieu suprême; mais c'est en Danemark que son culte était le plus répandu. On lui offrait des sacrifices humains, et souvent on le remerciait de la victoire en lui immolant les prisonniers.

ODOACRE, le dominateur de l'Italie de l'an 476 à l'an 493, était né dans l'île de Rugen. Comme c'était alors l'usage parmi les jeunes Germains, il encouragé, dit-on, par une prophétie de saint Severin relative aux grandeurs qui lui étaient réservées, il prit du service dans les armées de l'empire d'Occident, et parvint bientôt à un grade élevé. Il commandait un corps d'armée en expédition au delà des Alpes, quand il apprit qu'un autre général, le Romain Orestes, venait de renverser du trône l'empereur Julius Nepos et de le remplacer par son propre fils, Romulus Augustulus. L'armée aux ordres d'Odoacre, composée de mercenaires germains, notamment d'Hérules, de Rugiens, de Turcilinges et de Skires, répondit avec enthousiasme à l'appel qu'il lui adressa pour descendre en Italie et y former un royaume particulier. Orestes fut fait prisonnier à Pavie, qu'Odoacre prit d'assaut, puis exécuté à Plaisance. A quelque temps de là son fils, à qui Odoacre faisait grâce de la vie, abdiquait à Ravenne la dignité d'empereur d'Occident, qui disparut ainsi, parce qu'Odoacre dédaigna de la prendre. Proclamé roi par son armée, reconnu sous la dénomination de *Patrice de Rome* par le sénat romain et par l'empereur de Byzance Zénon, qui prétendait à la souveraineté de l'Italie, Odoacre gouverna dès lors l'Italie avec autant de sagesse que de vigueur. Il ne toucha point à l'ancienne organisation politique, et notamment à l'ancienne organisation municipale. En assignant le tiers des terres à ses troupes, il ne fit de tort qu'aux grands propriétaires; et les petits colons conservèrent tout ce qu'ils possédaient. Il protégea contre les déprédations des Vandales les côtes du pays, où l'on vit revenir la prospérité; et quoique arien lui-même, il se montra très-tolérant à l'égard des Italiens orthodoxes. Quand Nepos mourut, en l'an 480, la Dalmatie, où il s'était retiré et où Odoacre avait permis qu'il continuât de prendre le titre d'empereur, vint s'ajouter à sa domination. Vers l'an 487 il subjugua les Rugiens, ses compatriotes, fixés dans la basse Autriche, appelée à cause d'eux *Rugiland*. Il fit prisonnier leur roi Fava, et emmena beaucoup de Rugiens avec lui en Italie. Mais la plus grande partie de la nation, sous les ordres de Friedrich, fils de Fava, se réfugia à l'est, chez les Ostrogoths, dont le roi Théodoric, répondant à l'appel des Rugiens et à celui de l'empereur Zénon de Byzance, entreprit en 488 une expédition en Italie contre Odoacre. Battu sur les bords de l'Isonzo à Aquilée et une seconde fois, en 489, sous les murs de Vérone, Odoacre, après avoir vu son lieutenant Tufa livrer traîtreusement Milan aux Ostrogoths et Rome lui fermer ses portes, se réfugia à Ravenne, pendant que Théodoric faisait une halte dans la haute Italie. En 490 Odoacre, dont Tufa avait de nouveau embrassé le parti, l'attaqua à la tête d'une nouvelle armée; la perte d'une sanglante bataille livrée le 11 août 490, sur les bords de l'Adda, le força à s'en retourner à Ravenne, où les Goths le tinrent alors assiégé pendant trois ans. Enfin, il rendit la ville à Théodoric, par suite d'un compromis; mais peu de temps après que Théodoric y fut entré, en mars 493, Odoacre fut traîtreusement assassiné, dans un banquet, par Théodoric lui-même ou du moins par son ordre. Son fils et un grand nombre de ses amis eurent le même sort; son frère Honulf, qui avait été chargé de l'administration des contrées du Danube, y échappa seul.

ODOARD. *Voyez* Odon.

ODOMÈTRES (du grec ὁδός, chemin, μέτρον, mesure), instruments qui comptent d'eux-mêmes le nombre de mètres, de lieues, etc., qu'un voyageur, soit à pied, soit en voiture, a parcourus. Quand l'instrument est adapté à une voiture, il tient compte du nombre de tours que l'une des roues de la voiture a faits pendant le trajet qu'on a parcouru : or, connaissant la circonférence de cette roue, on n'a qu'à la multiplier par le nombre de tours indiqué par l'instrument pour avoir la longueur très-approchée du chemin parcouru. On comprend bien que si l'on voyage sur une route sinueuse, comme sont presque toutes celles que l'on rencontre, l'instrument ne donnera point la distance directe qui sépare deux villes ; la chose est facile à comprendre, ne pouvant avoir lieu que sur une voie horizontale et parfaitement droite. Il y a des experts-géomètres qui adaptent leur odomètre à une sorte de brouette dont la roue lui transmet le mouvement convenable ; le tout est conduit par un seul homme. Cette machine opère avec célérité, mais elle a l'inconvénient de tenir compte de toutes les ondulations de terrain.

Comme le pas d'un homme qui a l'habitude de voyager sont à peu près de la même longueur, on a imaginé un instrument qui, adapté à la jambe du voyageur, compte les pas qu'il fait en parcourant une certaine distance. Les résultats de ses fonctions se lisent sur un cercle divisé. Ces *odomètres de poche*, ou *compte-pas*, avaient d'abord l'inconvénient de compter les pas que l'on faisait en retournant en arrière ; on les a corrigés de ce défaut, et maintenant ils ne tiennent compte que du chemin que l'on fait en allant dans la même direction. Quoiqu'ils puissent être souvent d'un bon service, les odomètres sont peu usités.
Tessereau.

ODON (Saint), surnommé *le Bon* de son vivant, naquit en Angleterre, vers le milieu du neuvième siècle. Il était d'origine danoise. Il entra dans les ordres, fut investi de la confiance du roi Alfred et de son successeur, Édouard, devint tour à tour chapelain du roi Athelstan, évêque de Wilton, et archevêque de Cantorbéry. On a de lui des *Constitutions ecclésiastiques* dans la collection des Conciles; on lui attribue les lois, pleines de sagesse, édictées par Edmond, successeur d'Athelstan, au trône d'Angleterre, et par le roi Edgar, fils de ce dernier. Il mourut en 961.

Un autre saint Odon fut chanoine de Saint-Martin de Tours, sa patrie, en 899, moine à Baume, en Franche-Comté, en 909, et second abbé de Cluny en 927. Son zèle pour la discipline monastique le fit appeler dans les monastères d'Aurillac en Auvergne, de Sarlat en Périgord, de Tulle en Limousin, de Saint-Pierre-le-Vif à Sens, de Saint-Julien à Tours, et il y introduisit une exacte réforme. Appelé en Italie, il y donna l'exemple de ses hautes vertus, et y fonda plusieurs communautés religieuses. Ce saint abbé mourut en 948, auprès du tombeau de saint Martin. On a de lui un *Abrégé des Morales de saint Grégoire sur Job*, des *Hymnes en l'honneur de saint Martin*, *Trois livres du Sacerdoce*, la *Vie de saint Gérard*, comte d'Aurillac, divers *sermons*, etc.

ODON, fils d'Herluin de Conteville, et frère utérin de Guillaume le Bâtard, duc de Normandie. Il était à peine âgé de quatorze ans lorsqu'en 1049 il fut promu, grâce à l'influence de son frère et malgré l'autorité des canons, à l'épiscopat de Bayeux. Guillaume étant parti pour la conquête de l'Angleterre en 1066, Odon voulut sa part des périls dans cette grande entreprise, et fit équiper 100 navires à ses frais. Son dévouement ne resta pas sans récompense. Devenu, en l'absence du conquérant, gouverneur du royaume conquis, il déploya une prodigalité sans bornes, à laquelle suffisaient à peine les impôts dont il écrasait le peuple conquis. Celui-ci essaya de secouer le joug; alors Odon donna à son frère le conseil de dépouiller les Anglais de leurs terres et d'en faire le partage entre les Normands. Outre le château de Douvres et le comté de Kent, qu'il possédait déjà, Odon gagna dans ce partage 253 fiefs disséminés dans différents cantons. Dès lors il conçut la pensée de se faire élire pape, et pour atteindre ce but il se livra avec une audace inouïe à de nouvelles concussions, qui dessillèrent enfin les yeux du roi. Conduit à Rouen, l'indigne prélat y resta en prison jusqu'à la mort de Guillaume. Mais ayant reparu à cette époque pour semer la discorde entre les princes ses neveux, et tenter d'arracher le sceptre à Guillaume le Roux en faveur de son frère Robert, il ne réussit qu'à être honteusement renvoyé en Normandie, après avoir perdu toutes ses possessions d'Angleterre. Ces échecs multipliés ne purent cependant calmer cet esprit inquiet et turbulent. Devenu premier ministre du duc Robert, Odon manqua encore de bouleverser ses États; enfin, il partit pour la Terre Sainte en 1096, et l'année suivante il termina à Palerme son existence orageuse.

ODON ou **ODOARD**, évêque de Cambray, né à Orléans, et mort en 1113, a donné une *Explication du canon de la messe* (Paris, 1640, in-4°), et d'autres *traités* imprimés dans la *Bibliothèque des Pères*. Sa vie fut remplie par le travail et de bonnes œuvres.

ODON ou **EUDES DE DEUIL** (en latin *Odo de Diogilo*), ainsi nommé d'un village de la vallée de Montmorency, où il naquit dans le douzième siècle, fut chapelain et secrétaire de Louis le Jeune, qu'il accompagna en Palestine. A son retour, il succéda au célèbre abbé Suger, dans le gouvernement de l'abbaye de Saint-Denis, et il y mourut vers 1162. On a de lui un opuscule en sept livres intitulé : *Relation du Voyage de Louis VII, roi de France, en Orient*, de 1146 à 1148 ; cet opuscule, publié dans le traité *De la noblesse de saint Bernard* par le P. Chifflet, contient des détails assez curieux sur la seconde croisade.

ODON, quatrième comte de Savoie. La maison de Savoie était encore confinée dans l'étroite vallée de Maurienne quand Odon, l'un de ses premiers comtes, épousa, vers le milieu du onzième siècle, Adélaïde, unique héritière de Mainfroy, marquis de Suse et de Turin et seigneur de plusieurs autres contrées d'Italie. C'est par cet héritage que commence la fortune de cette dynastie, qui compte huit siècles de progrès. Odon, devenu comte de Savoie et marquis d'Italie, n'a laissé d'autre trace de son règne que la signature qu'il a apposée à quelques donations pieuses.

L'abbé RENDU, évêque d'Annecy.

O'DONNELL ou **O'DONEL**, ancienne famille irlandaise, jadis propriétaire de la province de Tyrconnel, aujourd'hui comté de Donegal. Par suite de sa lutte acharnée contre les O'Neal, la famille O'Donnell perdit toutes ses possessions ; mais elle les récupéra plus tard, sous le règne d'Élisabeth, après la chûte de ses ennemis. Le frère du brave et habile Hugh Roe O'Donnell, *Rory* ou *Roderick* O'DONNELL, fut créé par Jacques Ier, en 1603, baron de Donegal et comte de Tyrconnel. Quand Jacques II, expulsé du trône d'Angleterre, essaya de se maintenir tout au moins en Irlande, les O'Donnell se rangèrent sous le drapeau des Stuarts ; et après la bataille de la Boyne ils furent presque tous obligés d'abandonner leur patrie. Il y en eut alors qui s'établirent en Autriche, sous le nom de *comtes de Tyrconnel*, et qui y parvinrent aux plus hautes fonctions. Le chef actuel de cette branche est *Maximilien-Charles-Lamoral*, comte O'DONNELL DE TYRCONNEL, né en 1812, colonel dans l'armée et l'un des officiers d'ordonnance de l'empereur François-Joseph.

Les O'Donnell établis en Espagne n'y firent pas une fortune moins brillante.

Joseph-Henri O'DONNELL, comte d'ABISPAL, entra dans les gardes du corps. Pendant la guerre contre Napoléon, il fut créé général, et, en récompense d'une victoire qu'il remporta près du bourg de la Bispal, il reçut le titre de comte. En 1814 Ferdinand VII le nomma capitaine général de l'Andalousie, et en 1818 gouverneur de Cadix. En 1819 il fut appelé au commandement en chef d'un corps d'armée destiné à agir dans les colonies de l'Amérique du Sud. Avant que l'embarquement de ce corps pût avoir lieu, éclata à l'île de Léon une conspiration, qu'il chercha vainement à réprimer. Le gouvernement lui confia alors le commandement des troupes réunies dans la province de la Manche, et à la tête desquelles il se déclara en faveur de la constitution, à Occaña, en se rendant en Galice. Toutefois, sa conduite parut alors si équivoque, que les constitutionnels n'eurent en lui qu'une médiocre confiance. Lors de l'invasion française en 1823, il remporta quelques avantages sur l'ennemi, à la tête d'un corps chargé d'appuyer les opérations du général Odaly, et prit ensuite le commandement de l'armée de réserve chargée de couvrir Madrid. Étant entré à ce moment en négociations avec le parti royaliste, les troupes sous ses ordres le forcèrent à déposer le commandement. Il essaya ensuite de se réfugier en France, mais il fut fait prisonnier à Villaviciosa par les constitutionnels. Rendu à la liberté par les Français, il se rendit d'abord à Bordeaux, puis à Limoges, où il se fixa. En 1834 il s'en retournait en Espagne, quand il mourut de saisissement à Montpellier, en apprenant que Z u m a l a c a r r e g u y, le chef des bandes carlistes, venait de faire fusiller son fils, qu'il avait fait prisonnier.

Son frère, *Henri-Charles*, comte O'DONNELL, mourut en 1830, capitaine général de la Vieille-Castille.

Léopold O'DONNELL, fils cadet du comte d'Abispal, combattit à partir de 1833 contre don Carlos, et parvint au grade de général de division. Partisan de M a r i e-C h r i s t i n e, il lui rendit de grands services en 1840, à Valence, au moment où elle renonça à la régence. Il vécut alors pendant quelque temps en France, puis se rendit à Bilbao, et au mois d'octobre 1841 tenta à Pampelune, au profit de l'ex-régente, une insurrection que son cousin réussit à comprimer. Il se réfugia en France, mais revint en Espagne en 1843, et aida alors à renverser Espartero du pouvoir. Le parti qui arriva à ce moment à la direction des affaires l'envoya en 1844 à Cuba, avec le titre de capitaine général.

Rappelé en Espagne, il devint hostile au ministère qui rêvait l'abolition de la constitution espagnole. Au mois de juillet 1854, il se mit à la tête de deux régiments insurgés qui se dirigeaient vers l'Aragon, et après le succès de la révolution assura la reine Isabelle qu'il n'en voulait point au trône, mais seulement aux ministres ; uni alors à Espartero, il se vit nommer capitaine général des armées d'Espagne (maréchal), puis ministre de la guerre. Vice-président de l'assemblée constituante, il y soutint le gouvernement monarchique, rétablit une vigoureuse discipline, défendit la conscription et les mesures militaires. Un jour il fut pourtant accusé d'avoir en quelque sorte forcé la reine à signer la loi sur la vente des biens du clergé. En 1856 le ministre de l'intérieur ayant fait un rapport sur quelques événements insurrectionnels, en accusa les partis réactionnaires et les prêtres ; O'Donnell le réfuta, en accusa à son tour le parti socialiste, et déclara qu'il ne consentirait plus à rester au ministère avec M. Escopern. Espartero ayant en vain cherché à réconcilier ces deux ministres, donna définitivement sa démission. La reine l'accepta, et chargea O'Donnell de constituer un ministère. Les membres des cortès présents à Madrid protestaient, et une insurrection éclata dans la capitale et dans quelques autres villes, notamment à Barcelone et à Saragosse. Les troupes restèrent partout maîtresses du terrain, et on attend maintenant que le nouveau gouvernement proclame sa politique. La garde nationale a déjà été dissoute, comme étant une institution de désordre ; mais les autorités réactionnaires de 1854 n'ont pas été rétablies. On parle du projet de remettre en vigueur la constitution de 1845, avec une loi électorale nouvelle.

Charles, comte O'DONNELL, fils du capitaine général de la Vieille-Castille mort en 1830, après avoir servi comme colonel parmi les volontaires royalistes, gagna dans l'armée de la régente Marie-Christine le grade de général, et commanda même pendant quelque temps la légion britannique. Dévoué à la fortune du régent Espartero, il comprima en 1841 la tentative d'insurrection faite à Pampelune par les christinos, et après la chûte du régent, l'accompagna en Angleterre.

Le chef actuel de la famille O'DONNELL en Irlande est *Richard Annesley* O'DONNELL, baronnet de Newport-House, qui entra en 1828 des titres de son frère.

ODONTALGIE (du grec ὀδούς, dent, et ἄλγος, douleur), terme de chirurgie, douleur, mal de d e n t s. *Odontalgique* se dit des remèdes propres à calmer la douleur des dents : élixir, poudre *odontalgique*.

ODONTOÏDE (du grec ὀδούς, dent, et εἶδος, forme), qui a la forme d'une dent. Il se dit de l'apophyse de la seconde vertèbre du cou.

ODONTOLOGIE (du grec ὀδούς, dent, et λόγος, discours), partie de l'anatomie qui traite des dents.

ODONTORAMPHES (du grec ὀδούς, dent, et ῥάμφος, bec), nom donné par M. Duméril à une famille d'oiseaux de l'ordre des passereaux, qui comprend ceux de ces animaux dont les mandibules présentent quelques dentelures sur les bords. Elle renferme les genres *calao*, *momot* et *phytotome*.

ODORAT. C'est sous cette dénomination que l'on connaît le sens qui perçoit les odeurs, la faculté de les percevoir; la manière dont elles sont perçues s'appelle *olfaction*. Chez l'homme, chez la plupart des mammifères, le siège de l'odorat est dans le n e z et dans les fosses nasales; c'est là que vient se confondre, avec la membrane pituitaire qui tapisse ces fosses le *nerf olfactif*, qui communique à tout le système nerveux la sensation qu'il reçoit lui-même des molécules odorantes. Cette membrane cesse-t-elle par l'action de l'air d'être entretenue dans cette humidité muqueuse qui est son état normal, l'odorat s'affaiblit ou se perd momentanément. Y a-t-il, au contraire, par un coryza ou par toute autre cause, excès de cette humidité, le même effet se produit encore. C'est par suite de ces différents effets que l'odorat semble complètement éteint dans certaines maladies : il en est, au contraire, où sa surexcitation le rend d'une délicatesse, d'une susceptibilité inouïe.

Voici quel est le mécanisme de l'odorat. L'air saturé de molécules odorantes les porte au nez, qui les aspire : alors ces molécules pénétrant dans les cavités nasales en frappent vivement les diverses fibres olfactives. Le nerf olfactif, qui vient aboutir à la membrane qui tapisse le palais, communique ensuite au sens du goût les sensations perçues par celui de l'odorat. L'odorat est en effet le précurseur du goût; c'est par lui que les animaux connaissent les aliments qu'ils peuvent s'approprier; aussi chez eux est-il développé en raison de la conformation de leur tête, de leur museau; les cavités que viennent d'abord frapper les molécules odorantes sont plus vastes chez eux que chez l'homme. La longueur des narines, celle des cornets osseux et contournés qui aboutissent à la membrane pituitaire, sont l'indice de ce développement : celui-ci est tel chez le chien, qu'un bon chien de chasse reconnaîtra au bout de six heures la piste de son maître, celle du gibier. Quand aux oiseaux, ils ont dans les narines des vessies ou sacs à petits tubes, garnis de nerfs visibles, qui viennent des processus maxillaires par l'os cribleux. L'odorat est développé d'une façon incroyable chez les oiseaux de proie, notamment l'aigle, le vautour, le faucon; on voit les vautours accourir de distances prodigieuses dans les lieux où sont des cadavres, guidés par le seul sens de l'odorat. Ce sens est d'autant moins développé chez l'homme que celui-ci éprouve moins la nécessité de l'exercer; chez la plupart des sauvages, il l'est au contraire à ce point qu'ils reconnaissent absolument comme le chien, comme les bêtes fauves, la piste de l'homme.

ODOROSCOPE (du latin *odor*, odeur, et du grec σκοπέω, j'examine). Bénédict Prévost, de Genève, a imaginé sous ce nom un instrument, au moyen duquel sont rendus sensibles les effluves de beaucoup de corps réputés non odorants. Toutefois, les preuves ont manqué en plus d'un cas pour constater l'existence de cette espèce d'émanation.

ODRY, célèbre acteur des Variétés, naquit à Versailles, en 1780. A-t-il été, comme on l'a dit, portier dans le quartier Saint-Louis ou savetier dans l'avenue de Paris? Le cordon et l'échoppe sont des contes faits à plaisir : ce qui paraît certain, c'est qu'il a été clerc d'huissier; mais aux procès et aux assignations il préférait le théâtre, pour lequel il montra dès son enfance un goût décidé. Il commença par jouer dans la banlieue; mais il ne tarda pas à être engagé à la Gaieté sous la direction de Ribié, et il y créa en 1803 un premier rôle, le rôle de Rigolet, dans *Allons en Russie*, vaudeville de Dumersan, pièce satirique contre les artistes qui allaient chercher fortune à Saint-Pétersbourg, tels que Boïeldieu, Frogères, Alexandre Duval, Mlle Philis, etc. Odry fut engagé en 1805 à la Porte Saint-Martin, où il se fit remarquer dans le rôle d'un *Fifre* du roi de Prusse, dans *Frédéric à Spandaw*. Quelques années plus tard il entra dans la troupe des Variétés, où il occupa une position modeste à côté de Brunet et de Tiercelin, et se fit remarquer dans le tambour Rataplan dans les *Intrigues de la Râpée*, et dans le portier des *Expédients*. Le hasard vint le mettre en évidence. Merle et Brazier avaient fait recevoir une pièce intitulée *Quinze ans d'absence*; il y avait dans cette pièce un rôle de paysan balourd, imbécile et timide, que sa femme brusquait toujours et ne laissait jamais parler. Ce rôle n'avait pas dix lignes. Brunet, le directeur, trouvait le rôle excellent. « Je veux te faire un vrai cadeau, dit Merle à Odry : je te donne un rôle où tu n'as rien à dire. » Odry lui répondit : « Je le jouerai tout de même, et je t'en ai autant d'obligation. » Il le joua en effet avec une naïveté, une balourdise et une originalité de pantomime qui le placèrent de ce moment au rang des premiers comiques.

Tous les vaudevillistes se mirent alors à écrire pour Odry, et pendant trente ans il a pu compter ses créations par des succès. Il a même fait souvent la fortune d'ouvrages très-médiocres. Quel admirable type de bêtise dans *La Neige*! Ses créations de *Folbert*, de *Cagnard*, du *Parisien*, de *L'Ours et le Pacha*, ne sont-elles pas d'un comique aussi vrai qu'original? Quoi de plus amusant, de plus bouffon, de plus fantastique, de plus drôle, que le jeu, le débit, l'allure, les inspirations joviales d'Odry dans *Le Chevreuil?* et le rôle de la mère Gibou, dans *Madame Gibou et madame Pochet*, quelle franche et énergique caricature!

A cette époque, sous la direction de M. Armand Dartois, le théâtre des Variétés modifia son genre; il donnait des pièces abondamment ornées de couplets, pour faire briller la jolie voix de Mlle Jenny Colon. *La prima Donna* et *Madelon Friquet*, grâce à l'actrice, étaient en quelque sorte des opéras-comiques. Il n'y avait pas de place pour Odry dans ces ouvrages avec airs nouveaux, et l'on s'imagina que le talent d'Odry avait vieilli. C'était vers 1834 : l'engagement d'Odry venait d'expirer, et cet acteur, qui pendant près de trente ans avait si puissamment contribué à la vogue et à la prospérité de ce théâtre, ne fut pas rengagé. Ce n'était pas seulement de l'ingratitude, c'était encore de la maladresse. Odry alla porter son excentricité comique à la Gaieté et aux Folies-Dramatiques, mais au bout de quatre ans il fut rappelé aux Variétés, où il rentra de la manière la plus éclatante. Il eut le bonheur de relever ce théâtre par des créations nouvelles, où il prouva que son talent avait encore grandi, dans *La Canaille* par exemple, et surtout dans le personnage de Bilboquet, des *Saltimbanques*.

Odry ne devait rien à l'art; il était comique par la force de sa nature. Il était toujours lui-même, bien qu'il fût constamment le personnage, tant il mettait de franchise et d'audace à s'incarner le personnage et à lui donner son enveloppe. Odry était un comique à part, un bouffon *sui generis*, comme Brunet, Tiercelin et Arnal. Il ne suivait que son instinct, et jouait d'inspiration en dehors des procédés habituels et de tout système. Naïf jusqu'à la brutalité, burlesque jusqu'au délire, joyeux jusqu'à la folie, il arrivait à produire son effet, à frapper fort et juste, à force de verve et d'originalité. Il avait une diction et des gestes à lui. Sa parole saccadée par la répétition fréquente des mêmes mots, l'étrangeté grotesque de son rire, son tremblement de jambe et d'épaules étaient des choses d'un comique indéfinissable. Odry en un mot était si naturel qu'il était le même à la ville et sur la scène. Il vous parlait comme il jouait, il était le même comédien partout et toujours, et il était étonnant quand il racontait ses folies et inconcevables légendes, ses *Gendarmes*, son *Épicier*, son *Homme fossile* et ses contes du *Trésor*, des *Deux Moulins* et des *Bouchons d'amour*, le tout éblouissant de lazzis et de calembours. Odry avait amassé, après de longs et laborieux services dramatiques, une petite fortune; il était propriétaire au Marais, propriétaire d'une villa à Courbevoie. Retiré du théâtre depuis quelques années, il est mort à peu près oublié, le 28 avril 1853. DARTHENAY.

ODYSSÉE (du grec ὀδύσσεια, fait de Ὀδυσσεύς, qui est le nom d'Ulysse en grec). Tout le monde connaît le poëme épique d'Homère, consacré aux aventures de ce prince lorsqu'il faisait voile vers sa chère Ithaque après la prise de Troie.

Le mot *Odyssée* s'applique par plaisanterie à tout voyage semé d'aventures variées, singulières.

OECOLAMPADE (*Johannes* ŒCOLAMPADIUS), dont le véritable nom était *Hausschein*, après Zwingle l'un de ceux qui prirent la part la plus active à la propagation des doctrines de la réformation en Suisse, naquit en 1482, à Weinsberg, en Souabe. Après avoir commencé à Heidelberg et à Bologne l'étude du droit, il y renonça pour se livrer à celle de la théologie. D'abord précepteur des fils de l'Électeur Palatin, il fut ensuite prédicateur à Weinsberg. Il renonça plus tard à cette position pour aller à Stuttgard étudier le grec sous la direction de Reuchlin et l'hébreu sous celle du savant médecin espagnol Adrian. Appelé alors aux fonctions de prédicateur à Bâle, il y fit la connaissance d'Érasme, qui, appréciant son érudition, l'employa pour son édition du Nouveau Testament. En 1516 Œcolampade échangeait encore cette position contre une position analogue à Augsbourg; mais il n'y resta que peu de temps, et entra dans un couvent à Altmunster. C'est là que la parole puissante de Luther vint frapper ses oreilles. Elle produisit sur son esprit une si vive impression, que bientôt après il désertait son couvent, et dès 1522 il prêchait les nouvelles doctrines à Bâle, où il mourut, en 1531, après avoir pris une part active à la polémique, tant écrite qu'orale, provoquée par les doctrines des réformateurs.

OECUMÉNIQUE (du grec οἰκουμενικός, fait de οἰκουμένη, sous-entendu γῆ, la terre habitable), universel, qui concerne toute la terre. On dit un concile *œcuménique* pour désigner un concile général, auquel tous les évêques de l'Église catholique ont assisté ou du moins ont été convoqués.

Plusieurs patriarches de Constantinople ont pris le titre de *patriarche œcuménique*. Aujourd'hui tous les patriarches grecs prennent le titre d'*œcuménique*; mais cette universalité n'embrasse en réalité que l'étendue de leur patriarcat.

OEDÈME, du grec οἴδημα, enflure, et génériquement, d'après Hippocrate, tumeur. L'œdème est en effet une tumeur molle, lâche, sans douleur, qui retient l'impulsion du doigt qui la comprime. Elle est produite par l'engorgement de la lymphe dans les cellules des tissus adipeux. Elle se borne en général à un de nos organes; quand elle produit un gonflement général du corps, elle prend le nom d'anasarque; l'hydropisie est aussi une sorte d'œdème général. L'œdème se produit chez les vieillards, chez les femmes grosses, en raison des difficultés que la pression de la matrice sur les veines iliaques met à la circulation du sang vers les parties inférieures; de trop fréquentes évacuations, de trop fréquentes saignées, prédisposent également à l'œdème; il en est de même des bandages dont la compression s'exerce mal. Quand elle est le résultat de l'appauvrissement du sang, l'œdème nécessite une nourriture fortifiante par degrés, des frictions modérées, de l'exercice. Si l'on n'a à traiter que l'œdème, il faut employer les moyens qu'indique la science pour résoudre la lymphe stagnante, et donner du ressort aux fibres.

L'état *œdémateux* n'est souvent que le symptôme d'affections avec lesquelles il disparaît; il faut donc avant tout s'adresser à la cause du mal; néanmoins, les tumeurs œdémateuses invétérées sont souvent difficiles à guérir; elles nécessitent l'emploi des résolutifs et de cataplasmes excitants; ces cataplasmes ne devront être employés que mitigés par la farine de graine de lin, par l'eau de sureau, lorsque l'état œdémateux résultant d'affections incurables est accompagné d'inflammation : la gangrène est alors à redouter.

OEDENBURG (en hongrois *Sopron*), comitat de Hongrie, dans le cercle situé au delà du Danube, d'une superficie de 37 myriamètres carrés. L'ouest et le nord en sont traversés par quelques prolongements des montagnes de la Styrie, et dès lors peu propres à la culture. Le sud et l'est, généralement plats, sont une des plus riches contrées de la Hongrie. On y récolte beaucoup de vin. On y compte 3 villes royales libres, 38 bourgs à marché, 198 villages et 31 *poussten*, avec 203,196 habitants, dont 99,000 Hongrois, 85,000 Allemands, et le reste Croates. Il a pour chef-lieu *Œdenburg*, ville libre royale, avec 15,000 habitants, l'une des plus belles cités de la Hongrie, centre commercial et industriel assez actif. Les deux autres villes libres royales sont *Eisenstadt* (en hongrois *Kismarton*), avec 6,000 habitants; et *Russt*, la plus petite ville de Hongrie, où l'on ne compte guère que 1,200 habitants, mais célèbre par les excellents produits de ses vignobles.

OEDIPE était fils d'Epicaste ou Jocaste, qu'après avoir tué son père il épousa. Ni l'un ni l'autre ne se doutaient de leur parenté. Œdipe, tourmenté par les Furies, continua de régner sur Thèbes, et finit par être tué dans un combat. Tel est le récit d'Homère. Plus tard ce mythe fût beaucoup étendu, surtout par les tragiques, qui lui donnèrent la forme suivante. Laius, roi de Thèbes, épousa Jocaste, fille de Mencœcée et sœur de Créon. Comme il n'avait pas d'enfants, il consulta à ce sujet l'oracle; et celui-ci lui annonça que le fils qui naîtrait de son union serait un jour son meurtrier. Jocaste étant donc accouchée d'un fils, il le fit exposer sur le mont Cithéron, après lui avoir fait percer les pieds. L'enfant y fut trouvé par un berger du roi Polybos de Corinthe, qui l'apporta à son maître. L'épouse de celui-ci, Mérope, n'ayant pas d'enfants, se chargea d'élever le petit orphelin, et à cause de ses pieds gonflés le nomma *Œdipe*. Quand il fut devenu grand, un habitant de Corinthe lui reprocha un jour ce qu'il y avait d'obscur dans sa naissance. Ce propos lui inspira une tristesse profonde. Il eut recours à l'oracle, qui lui répondit qu'il tuerait son père et qu'il commettrait un inceste avec sa mère. Pour éviter sa destinée, il ne se rendit point à Corinthe; mais ayant pris le chemin de Thèbes, il rencontra dans un défilé de la Phocide son véritable père, dont le conducteur de char lui ordonna de se ranger. Œdipe s'y refusa, et dans la querelle qui s'en suivit il tua le maître et le serviteur. Ne soupçonnant pas de mal, il continua sa route vers Thèbes. Cette ville était alors en proie aux fureurs du Sphinx, qui proposait des énigmes aux Thébains et tuait ceux qui ne les devinaient pas. On promit en conséquence le trône vacant et la main de la reine à celui qui délivrerait le pays. Œdipe à cette nouvelle accourut, devina l'énigme, délivra le pays du monstre, obtint le prix convenu, et réalisa ainsi les prédictions de l'oracle. Il eut alors de sa mère Étéocle et Polynice, Antigone et Ismène. La suite de cette union ne fut une peste, dont l'oracle déclara que le pays ne serait affranchi que lorsque celui qui y avait apporté la malédiction divine s'en éloignerait. Œdipe, qui fit des efforts extrêmes pour le découvrir, apprit enfin du devin Tirésias le malheureux secret de sa naissance. Jocaste se pendit. Œdipe se creva les yeux, et demanda qu'on le chassât. On n'y consentit que plus tard, et sur les instances de ses fils, qui avaient soif du pouvoir. Irrité, il les maudit, en disant que le glaive serait leur héritier. Ses filles, au contraire lui montrèrent le plus pieux dévouement. Après avoir longtemps erré çà et là, il arriva enfin en compagnie d'Antigone dans le bois sacré des Euménides, près Colone en Attique, où, protégé par Thésée et par les Euménides, il fut, conformément à un oracle, enlevé à la terre dans leur sanctuaire. Personne n'osait s'approcher de son tombeau. Sa mort fut celle de l'innocence souffrante. Les dieux s'étaient maintenant réconciliés avec lui. Thèbes elle-même le prit de nouveau sous sa protection.

Ce mythe a fourni de nombreux sujets au théâtre. Les pièces d'Eschyle et d'Euripide sont perdues; mais nous possédons *Le roi Œdipe* et *Œdipe à Colone* de Sophocle. On le retrouve dans les *Sept Chefs devant Thèbes* d'Eschyle et dans les *Phéniciennes* d'Euripide. On montrait à Athènes le tombeau d'Œdipe dans l'*Heroon*, qui lui était consacré.

OEHLENSCHLÆGER (ADAM GOTTLOB), l'un des plus célèbres poètes qu'ait encore eus le Danemark, naquit en 1779, au château de Frédéricsborg, près Copenhague, dont son père, d'abord organiste et né dans le duché de Schleswig, avait fini par être l'intendant. Tout jeune encore, il s'occupait de compositions dramatiques, qui le firent remarquer par quelques hommes de mérite. En 1803 il débuta par un volume de vers. En 1807 il fit paraître ses *Poëmes du Nord*, parmi lesquels on distingua surtout *Hakon Jarl*, devenu la base de sa grande réputation. Dans l'intervalle il avait fait un voyage en Allemagne. À Berlin, il avait suivi les cours de Fichte, et il avait traduit en allemand son *Hakon Jarl*, en donnant ainsi à l'Allemagne un bon écrivain et un bon poëte de plus. Il s'y lia aussi d'une manière très-étroite avec Tieck. D'Allemagne il se rendit en France, où il passa deux années ; et la vente de ses manuscrits allemands, qu'il réussit à se faire acheter par le libraire Cotta, lui fournit les ressources nécessaires pour entreprendre un voyage en Italie. À Coppet, il passa cinq mois auprès de Mme de Staël, et s'y lia avec Schlegel, Benjamin Constant, Sismondi et Werner. A Rome, il composa sous *Corregio* et ses deux tragédies scandinaves *Palnatoké* et *Axel et Walborg*. Revenu dans sa patrie, il y fut nommé professeur d'esthétique, et fit alors pendant un grand nombre d'années un cours qui attira toujours une foule empressée. Une nouvelle édition de ses poésies, qu'il publia en 1810, contenait des poésies lyriques inédites, et qui étaient ce qu'il eût encore fait de mieux jusque alors. La vive polémique qu'il lui fallut soutenir en 1815 et 1816 contre Baggesen l'attrista profondément, mais eut du moins cet utile résultat qu'elle servit à fixer les règles du goût. De 1817 à 1818 Œhlenschlæger alla encore voyager en Allemagne et en Italie ; et le récit de ce voyage, qu'il fit paraître en 1819, prouve combien l'horizon de ses idées s'était agrandi. Le talent du poète parvint à son apogée lors de l'apparition de son épopée *Nordens Guder*, à laquelle se rattachaient divers contes dramatiques et poëmes relatifs à l'histoire du Nord, ainsi que ses tragédies. En 1840 il publia encore de nouvelles poésies dramatiques (2 vol., Leipzig). Il mourut le 20 janvier 1850 ; le roi de Danemark lui avait donné le titre de conseiller de conférences. Ses Œuvres, qu'il traduisit lui-même en allemand, ont obtenu de nombreuses éditions, tant en Danemark qu'en Allemagne. On a aussi de lui une traduction allemande des comédies de Holberg.

OEIL (du latin *oculus*), appareil organique qui sert à recevoir les impressions de la lumière et à produire le sentiment de la vue. L'œil est composé de parties propres et de parties accessoires, plus ordinairement connues sous le nom d'*annexes*.

Chez l'homme, le globe oculaire est une sphère creuse, un peu renflée en avant, et remplie d'humeurs plus ou moins fluides. Deux parties bien distinctes composent son enveloppe extérieure, l'une blanche et opaque, nommée *sclérotique*; l'autre transparente comme une lame de corne, qui est pour cette raison la *cornée*. La face interne de la sclérotique est intérieurement tapissée d'une couche, appelée *choroïde*, membrane vasculaire. Derrière la cornée, dans l'intérieur de l'œil, et à une courte distance, on trouve une cloison membraneuse, fendue perpendiculairement, ouverte en son milieu et fixée tout autour de la cornée. Cette membrane, diversement colorée suivant les individus, est appelée *iris*, et l'ouverture circulaire qu'elle présente en son milieu se nomme *pupille*. Presque immédiatement derrière celle-ci se trouve une lentille transparente, nommée *cristallin*; elle est comme logée dans une petite poche membraneuse et diaphane, la capsule du cristallin. Derrière le cristallin, on trouve une masse vitriforme, enveloppée par une membrane d'une ténuité extrême, c'est *l'humeur vitrée*, et la *membrane hyaloïde*, dont l'ensemble porte le nom de *corps vitré*. La membrane hyaloïde se trouve elle-même en contact, dans presque tous les points de son étendue, avec une autre membrane formée par le nerf optique, et qu'on appelle la *rétine* : pour que nous percevions les rayons lumineux, il est nécessaire qu'ils impressionnent la rétine. Revenons maintenant à la partie antérieure du globe de l'œil. Entre la cornée transparente et l'iris il existe un espace, un vestibule : c'est la *chambre antérieure*; puis il se trouve entre la partie postérieure de l'iris et le cristallin un autre petit espace : c'est, comme on le prévoit déjà, la *chambre postérieure*; la concavité de ces deux chambres est remplie par *l'humeur aqueuse*, liquide parfaitement transparent, où l'analyse chimique a trouvé 90 pour 100 d'eau, quelques traces d'albumine et de chlorure de sodium. Il faut encore signaler dans l'œil le *cercle ciliaire*, zone circulaire de deux à trois millimètres de largeur, située entre la choroïde, l'iris et la sclérotique ; les *procès ciliaires* sont de petits corps disposés en rayons, à la manière du disque des fleurs radiées, et qui se portent du cercle ciliaire sur le corps vitré, à la circonférence de la partie postérieure du cristallin. Enfin, on trouve entre le cristallin et sa capsule un liquide qui a reçu le nom d'*humeur de Morgagni*.

Les annexes de l'œil sont les sourcils, les paupières, les cils, la caroncule lacrymale, la glande du même nom et son appareil. Le globe et les paupières sont mus par des muscles qui leur sont propres. Le globe en a six, quatre droits et deux obliques ; ils servent à lui donner diverses directions. Les paupières ont un muscle relevant et un orbiculaire. Les nerfs de l'œil et de ses annexes proviennent 1° du nerf ophthalmique de Willis, 2° du moteur commun, 3° du nerf pathétique, 4° du moteur externe, 5° de quelques filets de la portion dure du nerf auditif, 6° enfin du nerf propre à l'œil et à ses fonctions, que l'on nomme *nerf optique*, et qui, après avoir traversé la sclérotique, se termine en un funicule subtil, que l'on nomme la *rétine*. Le sang est porté dans l'œil et ses annexes par des rameaux provenant de la carotide interne et externe ; il en ressort par des veines qui viennent se vider dans les sinus de la dure-mère et dans les jugulaires. La cavité dans laquelle est situé l'appareil oculaire se nomme *orbite*. Sept os concourent à sa formation : ce sont le *coronal* supérieurement et latéralement, le *sphénoïde* postérieurement, l'os *unguis* dans la partie antéro-supérieure et latérale, l'os de la pommette dans le petit angle et à la partie inférieure, le *maxillaire* supérieur dans le grand angle et la partie inférieure, l'os palatin dans le plancher inférieur et vers la pointe de l'orbite. C'est à travers tous les divers hiatus que forment ces os que passent les nerfs, les vaisseaux qui alimentent et vivifient l'œil.

Chez les mammifères et chez les oiseaux, l'œil offre peu de différences, quant à son organisation, avec celui de l'homme. Mais à mesure qu'on descend l'échelle zoologique, cette organisation se simplifie de plus en plus, et chez les insectes, par exemple, on ne trouve pas de rétine ; la cornée fait l'office de cristallin et de conjonctive, et n'est elle-même qu'une modification de la peau endurcie.

Dans le dessin, l'œil est le premier détail de la figure humaine qu'on fasse copier aux enfants. Par rapport à l'ensemble de la figure, l'œil est toujours compris, comme le nez, la bouche, les oreilles, entre des lignes parallèles. Les yeux sont plus éloquents que les autres parties du visage qui contribuent à exprimer les sentiments du cœur. Les passions qu'ils traduisent le plus particulièrement sont le plaisir, la langueur, le dédain, la sévérité, la douceur, l'admiration et la colère; ils rendent aussi la joie et la tristesse, de concours avec la bouche et les sourcils. Les portraitistes surtout doivent s'attacher à bien peindre l'émail de l'œil, à comprendre tout ce qu'il peut exprimer. Van Dyck excellait à peindre les yeux, à leur donner un éclat plein d'assurance, de fierté et de noblesse. Ses beaux portraits portent dans leurs regards le sentiment et l'animation.

Les passions de l'homme se peignant principalement dans ses yeux ; le mot *œil* est souvent employé dans l'Écriture pour signifier les affections bonnes ou mauvaises. Dans notre langue, son usage est le même, et nous disons que *l'œil est le miroir de l'âme*. *L'œil bon*, *l'œil simple*, *l'œil attentif*, désignent la bienveillance, le dessein d'accorder des bienfaits. *L'œil mauvais*, au contraire, *l'œil méchant*, exprime la colère, la haine, la jalousie, l'avarice.

OEIL

Œil exprime l'action de la vue, le regard. On peut fixer le regard sur quelqu'un, ou par affection, ou par colère. Les *yeux* du Seigneur, dit le psalmiste, sont arrêtés sur les justes ; mais ses *regards* sont fixés sur les pécheurs pour effacer leur mémoire. Les *yeux* attribués à Dieu ne sont autre chose, comme on voit, que sa providence. Dans la *Genèse*, Dieu dit à Jacob : « Joseph mettra sa main sur vos *yeux* ; il vous fermera les *yeux* à votre mort » : c'était chez les anciens le dernier devoir de la tendresse filiale. Job, voulant exprimer qu'il a été le guide de l'aveugle et le soutien du boiteux, dit qu'il a été l'*œil* du premier et le *pied* de l'autre. Servir à l'*œil*, c'est ne servir un maître avec zèle que quand il vous regarde. *Œil pour œil, dent pour dent*, telle est la locution qui désigne la peine du talion.

Le *coup d'œil* est un regard prompt et de peu de durée. Le *clin d'œil* est un mouvement de la paupière qu'on baisse et qu'on relève aussitôt. On fait un *clin d'œil*, on se fait obéir par un *clin d'œil*, d'un *clin d'œil*. Disparaître en un *clin d'œil*, en moins d'un *clin d'œil*, c'est disparaître en un moment, en fort peu de temps. Familièrement, on dit d'une chose qui doit se faire ou qui a été faite très-promptement : C'est l'affaire d'un *clin d'œil*, cela fut fait d'un *clin d'œil*.

Au pluriel *œil* fait *yeux*. Aimer quelqu'un comme ses *yeux*, plus que ses *yeux*, c'est l'aimer au delà de toute expression. Un homme qui n'est pas dupe, qui s'aperçoit aisément de ce qui se passe, *a des yeux*. Avoir *de bons yeux*, au sens propre, figuré et moral, c'est voir promptement et distinctement certaines choses qui échappent aux autres ; *avoir les yeux malades*, exprime l'idée contraire. Avoir *des yeux d'aigle, de lynx*, c'est les avoir vifs et perçants, c'est découvrir les objets de fort loin ; et au sens moral, c'est avoir une grande pénétration d'esprit, c'est lire dans les pensées d'autrui. L'homme vigilant, l'observateur soigneux, celui qui exerce une active surveillance, *a des yeux d'Argus*; celui qui est doué d'un tact très-fin, et qui fait avec habileté les ouvrages de la main les plus délicats, a *les yeux au bout des doigts*. On a *les yeux pochés, en compote, au beurre noir*, quand on les a livides et meurtris de quelque coup, rouges et malades de quelque fluxion. On a l'*œil* à quelque chose, sur quelqu'un, en y veillant, en prenant garde à sa conduite, en le regardant attentivement. Si vous êtes vigoureux, alerte, vigilant, vous avez *bon pied, bon œil*. Si vous mesurez presque aussi juste à l'œil que vous pourriez le faire avec le compas, vous *avez le compas dans l'œil*. Aveuglé par une passion, par une prévention quelconque, vous ne jugez pas sainement des choses et vous avez un *bandeau sur les yeux*. Figurément, *blesser les yeux*, se traduit par déplaire, causer de l'ombrage, de la jalousie ; *couver des yeux* une personne, une chose, c'est regarder cette personne, cette chose avec intérêt, avec amour, avec convoitise. Souvent nous cherchons une chose qui nous *crève les yeux*, c'est-à-dire qui est tellement en vue qu'il est impossible de ne pas la voir. On rend service à quelqu'un en lui *dessillant les yeux*, on le désabusant, le détrompant. Une femme nous *donne dans l'œil* et nous lui *faisons les yeux doux* : traduction *ad libitum*. Les *yeux fascinés* d'un père *se ferment* sur les fautes de son enfant. Nous n'en finirions pas si nous voulions enregistrer en détail toutes les locutions dans lesquelles figure ce mot *œil*. Disons donc, pour en finir, qu'on se *bat l'œil* de quelque chose quand on n'en fait aucun cas ; qu'on voit une paille dans l'*œil* de son voisin et qu'on n'aperçoit pas une poutre dans le sien, quand....; mais ce proverbe est assez connu pour se passer de commentaires... Restent encore quelques locutions adverbiales et prépositives : voir une chose à l'*œil*, c'est la regarder simplement et la connaître ; à l'*œil nu*, terme d'optique signifiant, sans le secours d'une lunette, d'un microscope. *A vue d'œil*, autant qu'on en peut juger par la vue seule. *Entre quatre yeux* (prononcez, par euphonie : *entre quatre-z-yeux*), tête-à-tête. *Par-dessus les yeux*, plus qu'on n'en peut faire ou supporter. *Pas plus que dans mon œil*, expression populaire qui correspond à point du tout.

Œil, signifiant au figuré lustre des étoffes, éclat des pierreries, nuance d'une couleur, n'est d'usage qu'au singulier : ainsi, on dit très-bien l'*œil* verdâtre et non pas les *yeux* verdâtres d'une étoffe ; l'*œil* d'une perle, d'un diamant.

Œil, en imprimerie, c'est la partie de la lettre qui laisse son empreinte sur le papier, et qui varie souvent de dimension dans les caractères du même corps.

Œil se dit enfin des ouvertures pratiquées dans quelques outils ou instruments : l'*œil* d'un marteau, le trou par où il est emmanché ; l'*œil* d'un étau, le trou par où passe la vis qui serre ; l'*œil* d'une grue, d'une chèvre, d'un engin, le trou par où passent les câbles.

OEIL (*Architecture*). Ce mot, employé dans le langage technique des architectes, s'applique à différentes espèces d'ouvertures ou fenêtres dont la forme ronde, ovale ou bombée, varie selon l'usage auquel on les destine ou l'emplacement qu'elles occupent. Le plus souvent elles sont pratiquées dans les combles d'un édifice, dans les dômes, les attiques, les entrecolonnements, ou encore dans les reins d'une voûte.

Dans les monuments d'architecture grecque, on trouve de ces baies ou fenêtres circulaires que nous désignons aujourd'hui par le mot *œil* ; toutefois, il faut remarquer que les anciens ne les employèrent qu'avec discernement et bon goût. D'ordinaire, on en voit au sommet de leurs édifices, quoiqu'ainsi éclairés de haut en bas, d'une façon puissante, égale et harmonieuse. Palladio a désigné plusieurs petits temples ouverts ainsi à leur faîte. En Grèce, à Rome, à Pouzzoles, existent des ruines de grandes et petites constructions, telles que temples, palais, thermes, tombeaux, nymphées, salles circulaires dépendantes de vastes monuments, qui, selon toute apparence, recevaient le jour par des œils. Nous avons souvent reproduit avec succès dans notre architecture moderne cet élégant et ingénieux moyen de distribuer la lumière. Beaucoup de chapelles, la grande salle du palais du corps législatif, la halle aux blés, en fournissent des exemples. Le système architectural de la renaissance prodigua les *œils* dans les attiques, et même dans les parties inférieures des façades, comme motifs à ornements riches et gracieux. Plus tard, l'on en fit un abus peu raisonnable dans le style contourné, prétentieux et fleuri du dix-huitième siècle. Nous allons énumérer les différents noms par lesquels on les désigne, et décrire leurs formes les plus usitées.

L'*œil-de-bœuf* est un petit jour circulaire pris dans une couverture pour éclairer un grenier, un faux comble, une mansarde ou un escalier en limaçon. Ce sont encore les petites lucarnes d'un dôme, comme celles du dôme de Saint-Pierre de Rome, où l'on en compte quarante-huit disposées en trois étages ; celles des dômes de l'Institut, de la Sorbonne, du Val-de-Grâce, des Invalides, etc. Dans ce cas, l'œil-de-bœuf, rond ou ovale, s'accompagne d'ornements, de moulures, de plinthes, de guirlandes, de cadres, comme les niches de bustes.

L'*œil de dôme* est quelquefois de très-grande dimension ; les anciens en firent un fréquent usage dans leurs habitations particulières ou leurs temples ; il se place, comme nous l'avons dit, au point central des dômes. Dans les dômes modernes, il est recouvert le plus souvent d'une lanterne.

L'*œil de volute* est le petit cercle décrit au milieu de la volute du chapiteau ionique servant à déterminer les treize centres par le moyen desquels on trace ses circonvolutions.

Œil de pont (en architecture hydraulique) nom que prennent certaines ouvertures rondes pratiquées au dessus des piles d'un pont, au-dessus des avant et arrière-becs et dans les reins des arches, soit pour leur donner un air de légèreté et en même temps plus de solidité, soit pour faciliter l'écoulement des eaux pendant les crues et les inondations : on voit de ces ouvertures au pont neuf de la ville de Toulouse, au pont de Bordeaux, et à quelques ponts sur l'Arno, à Florence. *A. Fillioux.

OEIL (*Botanique*), petit bouton, petite excroissance qui paraît sur une tige ou sur une branche d'arbre, et qui annonce une feuille, une branche, un fruit; c'est le bourgeon naissant. « Les bonnes branches, dit La Quintinie, sont celles qui sont venues dans l'ordre de la nature, et pour lors elles ont les *yeux* gros et assez près les uns des autres. » Enter à *œil poussant*, à *œil dormant*, c'est greffer en écusson, à la première, à la seconde séve.

OEIL ARTIFICIEL. La perte d'un œil n'a pas seulement pour résultat d'enlever aux traits de la face leur régularité et d'anéantir par là l'expression de la physionomie; elle entraîne encore, par l'interruption des fonctions lacrymales, des complications parfois fâcheuses: les larmes, que l'affaissement des paupières sur le globe atrophié éloignent des canaux absorbants, s'acidifient et produisent dans les tissus des désordres qui peuvent déterminer le renversement en dedans ou en dehors des paupières (*entropion et ectropion*). Ces affections, devenant plus graves encore par l'influence de l'action de l'air, de la poussière, de la chaleur, etc., introduisent fréquemment dans l'orbite des causes de perturbations diverses. L'œil artificiel, savamment approprié, devient en ce cas un utile auxiliaire de la thérapeutique chirurgicale, en ce sens que les paupières, recouvrant leur élasticité à l'aide de la sphéricité de la coque, rétablissent instantanément le cours naturel des larmes vers les conduits absorbants, et font disparaître avec les causes occasionnelles les affections dont l'appareil oculaire était devenu le siège. Mais là ne s'arrêtent point les propriétés de la prothèse oculaire; cet art restitue à la face humaine sa régularité, son harmonie et son éclat, en créant un œil factice doué de la mobilité et de tous les caractères d'animation et de vie qui caractérisent l'œil naturel.

Les Grecs et les Égyptiens, auxquels remontent les premières applications de l'œil artificiel, le composèrent d'une coque métallique peinte ou émaillée, semblable, quant à sa forme, à une moitié d'œuf d'oiseau divisée dans le sens de sa longueur. Au dix-septième siècle, un artiste hollandais, dont le nom n'a pas été conservé, substitua aux matières métalliques l'émail modelé encore employé aujourd'hui. Mais aucun artiste n'eut l'idée, si simple cependant, de chercher à modeler les contours de cette coque sur les dispositions particulières aux différents états pathologiques.

Depuis les premières années de notre siècle, quelques artistes français, François Hazard, Hazard-Mirault, Desjardins, etc., sont parvenus à donner de belles imitations à l'œil artificiel; mais leur persistance à revêtir de l'unique forme ovalaire des pièces destinées à se loger sur un organe de formes nécessairement différentes, réduisit le rôle de l'œil artificiel sous les paupières à un agencement discordant presque immobile, et dont l'effet déplorable signalait à tous les yeux l'infirmité que l'on se proposait de voiler. L'intérieur comprimé de la coque ovalaire ne pouvant s'adapter sur la forme arrondie du moignon, il fallait réduire le volume de celui-ci, et malgré cette cruelle opération, il arrivait néanmoins que la pression de cette pièce mal appropriée sur un ou plusieurs points, déterminait de l'inflammation, et même l'impossibilité de continuer plus longtemps l'usage de l'œil artificiel. L'œil artificiel aujourd'hui, par les rigoureuses conditions d'appropriation auxquelles il est assujetti, depuis la mise en pratique des méthodes de M. Boissonneau, devient applicable aux différents états pathologiques qui peuvent résulter de la perte d'un œil, et cette parfaite ressemblance, obtenue à l'aide de moyens particuliers, non-seulement dispense de toute prédisposition chirurgicale, mais permet encore à la pièce de s'adapter librement et avec exactitude sur le moignon, et de recevoir ainsi l'impulsion des mouvements que cet organe conserve intégralement malgré la perte de la vision.

OEIL BLANC, nom imposé par les habitants de l'Ile de France au *chéric*, petit oiseau indigène de Madagascar, du genre *fauvette*, et remarquable par une petite membrane blanche qui entoure ses yeux.

OEIL D'AMMON. *Voyez* Œil-de-Boeuf.

OEIL-DE-BOEUF. Ce nom s'applique vulgairement, en ornithologie, au roitelet; en ichthyologie, au *sparus macrophthalmus*; en conchyliologie, à une espèce du genre *hélice*, que l'on appelle encore *œil d'Ammon*; en botanique, à plusieurs chrysanthèmes, aux buphthalmes et à l'*anthemis tinctoria*; en minéralogie, à une variété de labradorite. *Œil-de-bœuf* est aussi un terme de la langue des marins (*voyez* Équinoxes).

OEIL-DE-BOEUF, dans le palais de Versailles, la noble demeure de Louis XIV, sauvé de sa ruine avec tant de persévérance et de bonheur par le roi Louis-Philippe Ier. Avant d'entrer dans cette chambre où mourut le grand roi, vous vous trouvez dans une vaste salle sans fenêtre, éclairée par un *œil-de-bœuf*. Cette salle d'attente s'appelait et s'appelle encore l'*œil-de-bœuf*. Tout le dix-septième siecle, dans le plus pompeux appareil, a passé par cette salle. Là, dans une attente respectueuse, se tenaient les plus grands génies et les plus grands courages de cette époque, la plus belle de l'esprit humain. Turenne et Racine, Bossuet et le grand Condé, Molière et Fénelon, ont fait antichambre dans l'*œil-de-bœuf*. Ils se tenaient à cette porte qui les séparait du grand roi. L'*œil-de-bœuf* annonce dignement la chambre de Louis XIV. Le plafond est de Van der Meulen; sur les murs sont représentés les enfants de Louis XIV. Je ne sais quelle imposante majesté se fait sentir dans tout cet appareil de la grandeur royale. Quelle histoire et quelle belle histoire, touchante et terrible, religieuse et galante, sévère et folle, on écrirait sous ce titre : *Histoire de l'œil-de-bœuf!* Jules Janin.

OEIL-DE-BOUC, nom vulgaire de la plupart des patelles de nos côtes et de deux plantes, le pyrèthre et le chrysanthème leucanthème.

OEIL-DE-CHAT, nom vulgaire du fruit du bonduc. On l'envoie de Saint-Domingue pour le monter en breloques de montre, pommes de canne, etc.

L'*œil-de-chat* ou *chatoyante* est encore une pierre dure, légèrement transparente, qui, étant taillée en cabochon, offre à sa surface et dans son intérieur une lumière ondoyante, dont les reflets, quand on la fait tourner en divers sens en l'exposant au grand jour, produisent un effet agréable à l'œil. C'est une variété de quartz hyalin. Ordinairement sa couleur est d'un gris jaunâtre ou tirant sur le vert d'olive; parfois aussi on en trouve de rougeâtres et de plusieurs autres nuances. Elle est communément d'un petit volume, et il est rare qu'elle excède la grosseur d'une noisette. On l'emploie en bijouterie, et l'on en fait de jolies bagues.

Les oculistes allemands donnent le nom d'*œil de chat amaurotique* à un reflet chatoyant que l'on rencontre dans les profondeurs de l'œil de quelques amaurotiques.

OEIL-DE-CHRIST. *Voyez* Aster.

OEIL-DE-COCHON. *Voyez* Microphthalmie.

OEIL-DE-PERDRIX. Ce nom s'applique vulgairement, en botanique, à l'adonide d'été, que l'on nomme aussi *œil-du-diable*, aux myosotis et aux scabieuses; en minéralogie, à la pierre meulière.

On appelle vin couleur d'*œil de perdrix* ou simplement vin *œil de perdrix*, un vin qui a une légère teinte de rouge.

Œil-de-perdrix se dit aussi d'une espèce de cor qui vient le plus habituellement entre les orteils.

OEIL-DE-POISSON ou PIERRE DE LUNE, variété de feldspath adulaire. Avant sa découverte, on appelait *œil-de-poisson* des opales faibles, des calcédoines chatoyantes et même des quartz laiteux.

OEIL-D'OR. C'est ainsi qu'en Angleterre on appelle le garrot, espèce du genre *canard*, qui a l'iris des yeux d'une belle couleur d'or. C'est aussi le nom spécifique d'un poisson du genre *lutjanus* (le *lutjanus chrysops*). Ce genre offre pour caractères une denteleure à une ou plusieurs pièces de chaque opercule; point de piquants à ces pièces; une seule nageoire dorsale, un seul barbillon ou point de barbillons aux mâchoires.

OEIL-DU-DIABLE. *Voyez* ŒIL-DE-PERDRIX.

OEILLADE. « L'œillade, dit le *Dictionnaire de l'Académie*, est un coup d'œil ou un regard jeté comme furtivement, avec dessein et avec une expression marquée. » Dans l'œillade en effet il y a toujours une intention, un intérêt visible : elle est amoureuse, animée, jalouse, favorable, etc. L'œillade est oblique, dissimulée dans son allure. L'intelligence qu'ils veulent cacher, les amants la trahissent par des œillades.

OEILLÈRE ou *dent de l'œil. Voyez* DENT.

OEILLET, genre de plantes de la décandrie-digynie, de la famille des caryophyllées. Ce genre, qui renferme une soixantaine d'espèces, fournit plusieurs belles fleurs à nos jardins.

L'œillet des fleuristes, des jardins (*dianthus caryophyllus*, L.), à racines vivaces et fibreuses, à tige élevée de 30 à 60 centimètres, noueuse, branchue et glabre ; à feuilles amplexicaules, linéaires, lancéolées, glabres, scarieuses à la base ; à fleurs grandes et portées sur de longs pédoncules axillaires, est originaire du midi de l'Europe. Ses fleurs, simples et rouges primitivement, deviennent doubles par la culture et revêtent une foule de nuances. Ses variétés, si multipliées, ont été rapportées à quatre classes principales : *l'œillet flamand*, *l'œillet jaune*, le *prolifère* et *l'œillet à ratafia* : dans chacune de ces grandes divisions rentrent les *piquetés*, les *panachés*, les *unicolores*, *bicolores*, *tricolores*, etc. Enfin, chacune des variétés a encore reçu un nom particulier.

Une terre substantielle, pourvue d'un bon terreau de pluie, est ce qui convient le mieux à leur culture ; l'engrais d'ailleurs doit être plus ou moins chaud, selon le pays, l'exposition et la nature du terrain. Les œillets poussent de semis, de boutures et de marcottes. Les semis se font en plein air ou sous châssis, en terrine ou en caisse, vers le mois d'avril ; la semence, déposée sur une surface unie et meuble, doit être recouverte d'une couche de terre d'une ligne environ ; quelques légers arrosages, répétés selon le besoin, amènent le plant à terme. Mais aussitôt qu'il est levé il demande tous les soins du jardinier ; car les mauvaises herbes peuvent l'étouffer, les limaces et les cloportes le dévorer, enfin les variations brusques de température et les pluies trop longtemps prolongées le détruire. L'œillet repiqué exige encore une grande surveillance. Trop d'humidité livre les racines à la pourriture, un abri de paillassons les en préserve ; les alternatives du chaud et du froid, du sec et de l'humide au printemps, donnent lieu au *blanc*, maladie qui exige une transplantation et un changement de terre. La gale provient encore des mêmes causes, et cesse avec elles ; les limaces, les pucerons et les fourmis, qui viennent après ces derniers, doivent être éloignés. Les perce-oreilles, pénétrant au fond du calice, vont y porter la destruction. Les premières marcottes se font à l'époque de la fleur. Les boutures, coupées sur un nœud un mois avant le temps des marcottes, se plantent, à 8 centimètres environ de distance, dans de la terre préparée comme pour les semis, après avoir été fendues d'une incision cruciale ; recouvertes d'une cloche ou d'un châssis, elles restent à l'ombre et fraîches jusqu'à ce qu'elles commencent à pousser. On leur redonne ensuite l'air et la lumière par degrés. Le levant et le midi sont les meilleures expositions pour l'éducation des œillets.

L'œillet à bois (*dianthus lignosus*) ne diffère du précédent que par ses dimensions plus grandes et ses tiges ligneuses.

L'œillet barbu, *bouquet parfait* (*dianthus barbatus*, L.), doit son nom vulgaire à la disposition de ses fleurs ; il se double facilement. *L'œillet de poète* (*dianthus hispanicus*), ou *jalousie*, naturel à l'Espagne, n'est guère qu'une variété du précédent.

L'œillet des chartreux (*dianthus carthusianorum*), à souche rameuse, à tige haute de 33 centimètres, simple et grêle, à feuilles linéaires, glabres ; à fleurs réunies en tête, avec deux bractées lancéolées très-pointues ; à fleurs pourpres ou blanches, forme avec les deux espèces précédentes un ornement remarquable par la beauté et la variété des couleurs ; les plates-bandes du Luxembourg en sont de beaux modèles.

L'œillet mignonnette, *mignardise* (*dianthus plumarius*, L.), moins élevé que les précédents, a les racines vivaces, les tiges couchées à leur base, noueuses, les feuilles opposées, amplexicaules, glauques, les fleurs odorantes, à pétales très-découpés. On en compte un grand nombre de variétés, qui doublent très-facilement, de couleur blanche ou rose, avec une couronne intérieure pourpre ou brunâtre ; il est fort beau en touffes et en bordures, et répand une odeur délicieuse.

L'œillet en gazon est encore une jolie fleur, d'un pourpre violet, abondant aux Pyrénées et sur le Mont-Dore. *L'œillet de la Chine*, originaire de la Chine, et transporté en France sous Louis XV, est bisannuel lorsque l'hiver est doux. *L'œillet prolifère* et *l'œillet velu* sont deux espèces moins cultivées : la première se rencontre sur les pelouses sèches, le second dans les bois et les buissons ; tous les deux fleurissent en été.

P. GAUBERT.

OEILLET, trou de forme circulaire, entouré de soie, de fil ou de cordonnet, que l'on pratique dans les tissus de soie, de toile ou de laine pour y passer un lacet, une aiguillette, un cordon, etc.

OEILLET (Sirop d'). *Voyez* SIROP.
OEILLET-DE-DIEU. *Voyez* COQUELOURDE.

OEILLET D'INDE. On donne communément ce nom aux *tagètes*, plantes appartenant à la famille des synanthérées, dont deux espèces surtout sont cultivées dans nos jardins d'Europe.

La *tagète droite* (*tagetes erecta*, L.), grand œillet d'Inde ou rose d'Inde, est une plante originaire du Mexique, mais naturalisée depuis longtemps en France. Ses tiges fistuleuses et garnies de feuilles pétiolées, portent des fleurs solitaires et terminales, dont les calices glabres offrent des côtes anguleuses, terminées par des dents aiguës, et dont la corolle, d'un jaune plus ou moins foncé, offre des demifleurons très-larges, un peu recourbés, et légèrement sinués à leur sommet. Cette espèce donne à la culture de nombreuses variétés à fleurs doubles, à fleurs orangées, striées de jaune, à fleurs fistuleuses, etc. Toutes ces fleurs, qui brillent au soleil du plus vif éclat, se succèdent pendant l'été et l'automne ; mais elles exhalent, lorsqu'on les froisse surtout, une odeur assez désagréable.

La *tagète touffue* (*tagetes patula*, L.), ou *petit œillet d'Inde*, moins haute et plus étalée que la précédente, est cultivée en France depuis la fin du seizième siècle. Originaire du Mexique, comme l'espèce précédente, elle s'en distingue surtout par ses tiges subdivisées en nombreux rameaux, touffus et étalés ; ses fleurs sont grandes et d'un jaune orangé brillant. Comme la tagète droite, elle donne à la culture de nombreuses variétés.

BELFIELD-LEFÈVRE.

OEILLETTE, nom vulgaire du pavot cultivé et de l'huile qu'on retire de ses graines.

OELAND, île longue et étroite de la Baltique, appartenant à la Suède et séparée uniquement par le petit détroit de Kalmar du bailliage de ce nom. Sa superficie est d'environ 20 myriamètres carrés et sa population de 40,000 âmes. Ce n'est guère qu'un rocher calcaire ; aussi n'y trouve-t-on que peu d'endroits fertiles. Eu égard à sa situation géographique, l'île d'Œland jouit d'un climat très-doux ; aussi est-elle favorable à l'agriculture et à l'élève du bétail, principale industrie de ses habitants ; les petits chevaux d'Œland, race pleine de feu et de vivacité, et qui vit presque à l'état sauvage, sont justement renommés. L'endroit le plus important de l'île est *Borgholm*, petit port et ville de 400 habitants, dont la fondation ne date que de 1817.

OELOETES. *Voyez* KALMOUCKS.

OELS, seigneurie de la basse Saxe, à laquelle est attaché le titre de principauté. Elle ressortit de l'arrondissement de Breslau, présente avec la principauté d'*Œls-Bernstadt*, qui y est réunie depuis 1745, une superficie de 24 myriamètres carrés, avec une population de 150,000 âmes, et comprend 8 villes, 1 bourg à marché, 324 villages et 164 métairies. Le sol en est au total assez fertile, bien arrosé, richement boisé au nord, mais traversé au sud-est par des landes.

Le chef-lieu, *Œls*, est une petite ville de 6,200 habitants, bâtie au milieu de la plaine qu'arrose l'Œlsa. La fabrication des draps constitue l'industrie principale de sa population. On y trouve un collége, une maison de retraite pour les veuves des prêtres protestants, une église catholique, une synagogue et des établissements de bienfaisance parfaitement organisés.

Le duché d'Œls, qui dépendait autrefois des ducs de Silésie, qui ensuite passa au roi Ladislas de Bohême, puis, par échange, au duc Henri de Munsterberg, de la maison des Piazt, échut à la mort du duc Charles-Frédéric, en qui s'éteignit, en 1647, la famille de Munsterberg, à son gendre le duc Sylvius Nemrod de Wurtemberg, qui devint le fondateur de la ligne de *Wurtemberg-Œls*. Quand elle s'éteignit, en 1792, le duché passa, du chef de la fille unique et héritière du dernier duc, à son mari, le duc Auguste de Brunswick; puis, à la mort de ce prince, à son neveu, le duc Frédéric-Guillaume, tué en 1815 à l'affaire de Quatrebras. La succession lui en avait été assurée en 1785 par Frédéric le Grand, et il prit dès lors le titre de duc de *Brunswick-Œls*. Son fils aîné, le duc Charles, l'avait cédé à son cadet le prince Guillaume, qui le possède encore aujourd'hui.

OENANTHE (de οἶνος, vigne, et ἄνθος, fleur), genre d'ombellifères, ainsi nommé, suivant Pline, à cause de l'odeur et de la couleur des fleurs de sa principale espèce. Les principaux caractères de ce genre consistent dans son calice à limbe quinquédenté, s'accroissant après la floraison, et dans une columelle non distincte.

L'*œnanthe safranée* (*œnanthe crocata*, L.) a sa racine composée de tubercules fusiformes réunis en faisceaux. Ces tubercules, pressés sous les doigts, laissent échapper un suc jaune et nauséabond, qui constitue un poison éminemment dangereux. Aussi cette plante a-t-elle reçu vulgairement le nom de *ciguë aquatique*, qu'elle partage avec le *phellandrium aquaticum* de Linné, que Lamarck a réuni au genre qui nous occupe, sous la dénomination d'*œnanthe aquatique*.

L'*œnanthe aquatique* (*œnanthe phellandrium*, Lam.), qu'on nomme encore *fenouil d'eau*, s'élève quelquefois à plus de deux mètres. Ses racines sont composées de gros tubercules suspendus à des fibres longues et verticillées. Elle croît abondamment dans les sols humides, les endroits marécageux, principalement aux environs de Rennes, en Corse, etc. Cette espèce est également mortelle pour l'homme et les animaux domestiques.

Le genre *œnanthe* renferme encore plusieurs espèces: toutes, comme les deux précédentes, croissent dans les lieux aquatiques et sont douées de propriétés vénéneuses.

OENOLOGIE (du grec οἶνος, vin, et λόγος discours, traité), l'art de faire le vin, traité sur cet art.

OENOMANCIE (du grec οἶνος, vin, μαντεία, divination), divination par le moyen du vin destiné aux libations. On tirait des présages soit de sa couleur, soit des circonstances qui se présentaient pendant qu'on le buvait. Les Perses étaient fort attachés à cette espèce de divination.

OENOMAÜS, fils de Mars et d'Harpine, selon les uns, et d'après Pausanias, d'Alxion, roi de Pise en Élide. Il avait déjà immolé treize princes aspirant à la main de sa fille Hippodamie, dont il avait été vainqueur à la course en char, lorsque Pélops le vainquit à son tour : l'écuyer d'Œnomaüs, corrompu par Pélops, mit au char de son maître un essieu si fragile qu'il se rompit pendant la course; Œnomaüs, renversé, fut mortellement blessé dans sa chute; près de mourir, il conjura Pélops de le venger de l'écuyer cause de sa défaite et de sa mort, et celui-ci paya le service que lui avait rendu la trahison par la mort du traître, qu'il précipita dans la mer.

OENOMÉTRÉ (du grec οἶνος, vin, et μέτρον, mesure), instrument à l'aide duquel on mesure le degré de force du vin.

OENONE, une des nymphes du mont Ida, fille du fleuve Cébrène, en Phrygie, était d'une extrême beauté. Elle accorda ses faveurs à Apollon, et ce dieu, en échange, lui donna le don de prédire l'avenir et de connaître les vertus médicinales des plantes. Œnone fut ensuite l'amante de Pâris, et malgré l'infidélité de celui-ci, elle ne voulut point lui survivre.

OERSTED (Hans-Christian), l'un des naturalistes les plus distingués des temps modernes, était né en 1777, à Rudkjœping, dans l'île de Langeland (Danemark), où son père exerçait la profession de pharmacien. En 1799 il fut reçu docteur en philosophie par l'université de Copenhague et l'année d'après il fut adjoint à la faculté de médecine. De 1801 à 1803 il voyagea avec une pension du gouvernement en Allemagne et en France. En 1806 il fut nommé professeur de physique à l'université de Copenhague. En 1812 et 1813 il entreprit de nouveau un grand voyage en Allemagne; et à Berlin il fit paraître ses *Aperçus sur les lois chimiques de la nature* (en allemand, 1812), qu'il publia ensuite en français et en collaboration avec Marcel de Serres, sous le titre de *Recherches sur l'identité des forces électriques et chimiques*. Plus tard il donna son *Tentamen nomenclaturæ chemicæ omnibus linguis scandinavico-germanicis communis*. Il fut le créateur de la société pour la propagation de l'histoire naturelle, qui fait alternativement des cours publics dans les diverses villes du Danemark. En 1829 on le nomma directeur de l'École Polytechnique de Copenhague, qui venait d'être fondée suivant un plan présenté par lui au gouvernement. A partir de 1839, on le vit prendre une part fort active aux travaux de la société des naturalistes scandinaves. Lorsqu'il mourut, en mars 1851, il venait d'être nommé, à l'occasion de son jubilé, conseiller intime de conférences; titre auquel est jointe en Danemark la qualification d'*excellence*.

Dès les premières années de ce siècle, Œrsted s'était fait un nom parmi les physiciens par la part qu'il avait prise aux recherches relatives à la pile de Volta, puis par diverses découvertes sur des figures du son, sur la lumière, sur la loi de Marcotte, etc. Mais ce qui rendit son nom européen, ce fut la découverte des faits essentiels de l'électromagnétisme. Elle date de 1819, et il la fit connaître dans ses *Experimenta circa efficaciam conflictus electrici in acum magneticum* (Copenhague, 1820). Il a rendu compte dans les Annales de Poggendorf de la plupart de ses autres travaux sur la chimie et la physique. En même temps, il s'attachait à propager le plus possible le résultat de ses méditations, soit au moyen d'instructifs cours auxquels il conviait le public, soit en publiant toute une suite d'excellents ouvrages, dont le succès n'a pas été moindre à l'étranger que dans son pays.

OERSTED (Anders Sandoe), frère puîné du précédent, l'un des jurisconsultes les plus distingués qu'ait encore eus le Danemark, est né en 1778. Après avoir fait de brillantes études à l'université de Copenhague, il entra dans la carrière administrative. Il a été ministre à diverses reprises; et en 1853 il fut nommé ministre de l'Intérieur, du culte et de l'instruction publique, avec la présidence du conseil. Mis en accusation en 1855 avec ses collègues pour avoir fait des dépenses non votées par le pouvoir législatif, il a été acquitté au commencement de 1856 par la haute cour spéciale. Procureur général en 1825, il fut le rédacteur de toutes les ordonnances importantes rendues en matière d'interprétation des lois; et on a de lui une foule d'ouvrages relatifs à la législation et à la jurisprudence.

OESEL, île très-fertile de la Baltique, d'environ 28 myriamètres carrés, dépendant du gouvernement de la Li vonie (Russie), située à l'entrée du golfe de Riga, en face de l'île de Dagœ. On y compte 40,000 habitants, tous d'origine esthonienne, à l'exception de la noblesse, du clergé et des bourgeois, qui appartiennent à la race germanique. L'île a des bords très-escarpés, un grand nombre de ruisseaux et d'étangs, et des forêts assez considérables. L'agriculture est la grande ressource des habitants, qui se livrent d'ailleurs aussi au commerce, à la pêche et à la chasse. Au printemps, on y tue d'énormes quantités de cygnes sauvages. La seule ville qu'on trouve dans l'île d'Œsel est Arensburg, sur la côte méridionale, avec un bon port et 2,600 habitants. En 1839 on y a établi une maison d'éducation à l'usage des nobles, avec les droits et priviléges d'un collége. Près de la ville, on voit encore les ruines du vieux château épiscopal, ruines admirablement conservées et datant de l'époque des chevaliers Porte-Glaive de Livonie.

OESOPHAGE (du grec ἴω, οἴσω, porter, et φάγω, manger, porte-manger). On appelle de ce nom un canal musculo-membraneux, qui s'étend depuis le pharynx jusqu'à l'estomac. C'est le conduit par lequel les substances alimentaires, brisées et triturées dans la bouche, descendent pour être dissoutes et métamorphosées en une matière assimilable aux divers tissus dont le corps humain, comme celui de plusieurs animaux, est composé. Dans l'accomplissement de cette fonction, l'œsophage ne remplit point un rôle passif, ainsi qu'on pourrait le croire; il favorise par des mouvements compressifs le passage du bol alimentaire, qui ne chemine pas par son seul poids; aussi est-il doté de nerfs nombreux, et une large mesure d'irritabilité le rend passible de diverses affections que nous devons exposer rapidement, afin de faire comprendre l'importance de quelques attentions hygiéniques. Une de ces affections est communément causée par la présence d'un corps étranger dans cette voie, et ordinairement par des fragments de matériaux alibiles. Plusieurs individus de notre espèce mangent gloutonnement, ainsi que les loups. Des quartiers de fruit, des morceaux de pain ou de viande, avalés précipitamment, s'engorgent, s'arrêtent dans le tube œsophagien et le distendent outre mesure; d'autres fois, ce sont des arêtes de poissons, des portions d'os qui le déchirent ou le perforent. Alors éclatent des accidents plus ou moins graves : d'abord des douleurs vives, des spasmes, des convulsions, des suffocations; ensuite l'inflammation avec ses résultats locaux et généraux ; enfin, la mort peut être le terme de souffrances extrêmes. Des substances âcres, brûlantes, et quelquefois des acides minéraux, avalés involontairement ou comme moyen de suicide, sont encore au nombre des causes qui déterminent des affections graves dans la partie qui nous occupe.

L'irritation et l'inflammation de l'œsophage, appelées *œsophagites*, surviennent aussi sans être causées par les corps étrangers que nous venons d'indiquer; elles peuvent être produites par l'action trop vive et trop longuement prolongée du froid de l'atmosphère ou des boissons; on l'appelle alors *angine œsophagienne*; elles se joignent fréquemment aux inflammations gutturales qui accompagnent la première période de la scarlatine, de la rougeole et de la variole; elles éclatent encore dans l'hydrophobie, et avec tant d'énergie qu'elles semblent être le principal moteur de cette épouvantable maladie. L'œsophagite, qui se divise en aiguë et en chronique, se lie encore avec la gastrite, dont les nuances sont si variées, et telle est la source fréquente de la dysphagie, ou difficulté d'avaler, soit les liquides, soit les solides, et du pyrosis, sensation de chaleur âcre et brûlante qu'on perçoit dans la gorge, et qui est ordinairement accompagnée d'une abondante sécrétion de salive. Dans l'hystérie, comme dans quelques cas d'entéro-gastrite, surtout dans la nuance appelée *hypocondrie*, on perçoit dans l'œsophage la sensation d'une boule qui semble remonter vers la gorge. La contiguïté des blessures, des tumeurs sur le col, peut aussi affecter l'œsophage et produire l'ouverture ou l'occlusion de ce passage important.

A cette liste de causes il faut encore ajouter différents vices de conformation, qui rappellent ceux du rectum; car, par une étrange loi de nature, la première et la dernière des voies alimentaires ont entre elles une grande analogie.

Les affections de l'œsophage se décèlent habituellement par une augmentation de chaleur qu'on éprouve dans ce conduit, ainsi que par un sentiment de douleur, principalement durant le trajet des aliments, et surtout par la dysphagie; mais les signes sont quelquefois obscurs : la douleur, au lieu d'être perçue directement sur l'organe affecté, éclate dans le pharynx, sur la nuque ou entre les épaules. L'art chirurgical offre des ressources auxquelles on doit s'empresser de recourir dans ces affections. Il est urgent d'enlever aussitôt que possible les corps étrangers engagés et arrêtés dans l'œsophage : à cet effet, on tente de les extraire soit avec les doigts, soit avec des pinces, soit avec une baleine armée d'une éponge. Dans les cas extrêmes, on ne doit pas balancer à ouvrir extérieurement l'œsophage, afin d'extraire le corps engagé : cette opération, appelée *œsophagotomie*, est moins dangereuse que l'ouverture des voies aériennes, et d'ailleurs c'est l'unique ressource en certaines occurrences pour conserver la vie.

Les dangers auxquels la gloutonnerie nous expose peuvent nous en garantir par la crainte; les cas où l'affection de l'œsophage est produite par les autres causes indiquées exigent l'intervention d'un médecin ; la fréquente liaison de l'œsophagite avec la gastrite montre combien il est dangereux de la combattre par les remèdes des charlatans ainsi que par les substances irritantes qu'on appelle si improprement *remèdes antispasmodiques*.   Dʳ CHARBONNIER.

OESOPHAGITE. *Voyez* ŒSOPHAGE.
OESOPHAGOTOMIE. *Voyez* ŒSOPHAGE.
OESTEROE. *Voyez* FÆR-ŒRNE.
OESTRE, genre d'insectes de l'ordre des diptères et de la famille des muscides de Latreille, ayant pour caractères trois tubercules à la place des deux palpes et de la trompe. Ces insectes ressemblent beaucoup à nos mouches, mais leur corps est très-velu et coloré plus ou moins de jaune, de fauve et de noir; leur tête, arrondie, membraneuse et vésiculeuse en devant, est sans trompe apparente : l'endroit qui répond à la bouche est fermé par une membrane sur laquelle se remarquent trois tubercules. L'existence d'un suçoir retiré entre les lèvres réunies et percées d'un trou, admise par Fabricius, n'a pas été confirmée par des observations postérieures. Les antennes sont courtes, insérées sur le milieu du front, chacune dans une cavité; elles sont à palette; le dernier article est presque globuleux et a une soie latérale simple. Les ailes sont grandes, placées horizontalement, écartées, triangulaires ; les cuillerons sont grands et les pattes n'ont pas d'éperons. Ces insectes ne vivent pas longtemps sous leur dernière forme, et presque aussitôt après avoir quitté leur dépouille de nymphe, ils s'accouplent. Les femelles, après l'accouplement, déposent leurs œufs les unes sous la peau des bêtes à cornes les autres dans le nez des moutons ou dans le fondement des chevaux. On trouve aussi de leurs larves dans la tête des cerfs, près de la racine de la langue.

L'œstre des bœufs (*œstrus bovis*) a le corselet jaune, avec une bande noire au milieu; l'abdomen fauve, avec le dernier anneau et le bord des autres noirs ; les ailes blanches, avec une large bande brune au milieu, et trois petits points de même couleur à l'extrémité. Les femelles de cette espèce sont pourvues d'une sorte de tarière très-composée, qui leur sert à percer le cuir épais des bestiaux ; elles ont le corps si rempli d'œufs qu'une seule suffit pour infecter tout le bétail d'un grand canton. Souvent une de ces femelles fait au même animal un assez grand nombre de petites plaies, et dépose un œuf dans chacune; l'œuf, étant couvé par la chaleur de l'animal, ne tarde pas à éclore, et la larve qui en sort vit et croît dans cette plaie, où elle est à l'abri des injures de l'air et où elle trouve des aliments en abondance.

Il est très-facile, à certaines époques, de reconnaître les

endroits du corps des animaux qui servent de séjour à ces larves, parce que au-dessus de chacune d'elles il se lève une tumeur qui croît à mesure que la larve grandit. Avant l'hiver, ces tumeurs sont à peine sensibles ; mais à la fin du printemps il en est qui atteignent 27 millimètres d'élévation et de 33 à 35 millimètres de diamètre. Les jeunes vaches et les jeunes bœufs sont particulièrement attaqués ; les uns n'ont que trois ou quatre tumeurs, d'autres en ont trente et quarante. Elles sont ordinairement placées près de l'épine du dos, aux environs des cuisses et des épaules, et souvent si rapprochées qu'elles se touchent. Chose remarquable, on n'en voit qu'aux vaches qui paissent dans les bois ; celles qui vivent ordinairement dans les prairies en sont exemptes.

Les larves de ces œstres sont sans pattes, et leur corps est aplati ; elles ont sur les bords de leurs anneaux des épines plates triangulaires, dont les pointes sont dirigées les unes vers la tête, les autres vers l'extrémité du corps, et elles s'en servent pour se fixer et changer de place, en les appuyant contre les parois de la cavité qu'elles habitent. Une autre utilité peut être assignée à ces épines, qui font l'office de pattes ; leur frottement peut irriter la plaie, y causer un épanchement de suc et une suppuration nécessaire à la larve, car elle ne se nourrit que du pus qui est au fond de la plaie. La larve ne subit point sa métamorphose dans la plaie où elle a vécu ; dès qu'elle a pris son accroissement, elle en sort à reculons, par une ouverture qui y a toujours existé, roule sur le corps de l'animal, tombe à terre, et va chercher dans le gazon un endroit où elle puisse se changer en nymphe. Ordinairement, c'est sous une pierre qu'elle se retire, et là elle se tient tranquille ; peu à peu sa peau, qui est molle, se durcit, et au bout de vingt-quatre heures elle a déjà une certaine consistance ; pendant ce temps les anneaux s'effacent ; le corps de l'insecte se détache en tout ou en partie de cette peau, qui devient une coque égale, pour l'épaisseur et la solidité, à du maroquin ; la larve passe à l'état de nymphe sous sa coque, et l'insecte parfait en sort en détachant une pièce triangulaire qui se trouve à sa partie supérieure.

L'œstre des moutons (œstrus ovis) est un peu plus petit que les autres ; son corps est d'un brun noirâtre, mélangé et ponctué d'un blanc qui paraît brillant ; les ailes sont ponctuées. Cette espèce place ses œufs dans les sinus frontaux des moutons, ce qui leur occasionne des vertiges, et quelquefois même la mort.

Quant à l'œstre des chevaux (œstrus equi), il a environ cinq lignes de long, le corselet ferrugineux, l'abdomen noir avec des poils jaunes, les ailes sans taches. Sa larve vit dans les intestins des chevaux.

Entre les larves des tumeurs des bœufs et les larves de ces deux dernières espèces, il existe une légère différence. Celles-ci ont deux crochets qui leur servent à se cramponner dans les intestins et dans la cavité du nez, et qui empêchent également qu'elles ne soient poussées au dehors par les matières qui passent dans ces endroits. Quand elles ont pris leur accroissement, elles sortent de leur retraite, et subissent leur métamorphose dans les mêmes lieux et de la même manière que les larves des tumeurs des bœufs. Elles restent environ un mois sous la forme de nymphe, et deviennent ensuite insectes parfaits. Quoique des observations de plusieurs années aient fait croire à Réaumur que les chevaux qui nourrissent de ces larves se portent aussi bien que les autres, il est cause de certaines maladies épidémiques, qui enlèvent un grand nombre de ces animaux, ne leur en est pas moins attribuée. On trouve dans les *Actes de la Société Linnéenne de Londres* un mémoire fort intéressant sur ces insectes. Isid. GAUJAC.

OESTRÈDES, tribu de l'ordre des diptères, famille des muscides établie par Latreille et comprenant le grand genre *œstre* de Linné.

OETA (Mont), chaîne de montagnes de la Grèce ancienne située entre la Thessalie et la Macédoine, appelée aujourd'hui Koumayta, s'étendait depuis les Thermopyles et le golfe Malliea à l'ouest, jusqu'au Pinde, et de là se dirigeait au sud-ouest, vers la baie d'Ambracia. C'est là que, suivant les poëtes, H e r c u l e, se vouant à une mort volontaire, monta sur son bûcher.

OETTINGEN, comté de l'ancien cercle de Souabe, petit pays très-fertile, comprenant environ 10 myriamètres carrés, avec une population de 60,000 âmes, médiatisé en 1806 et placé alors sous la souveraineté de la Bavière. Par suite de traités conclus entre la Bavière et le Wurtemberg, il y en eut une partie qui, en 1810, passa sous la souveraineté de ce dernier royaume. Il a pour chef-lieu la ville du même nom, située sur la Wernitz, dans le cercle Bavarois de Souabe et de Neubourg.

La ligne aînée des comtes d'*Œttingen-Wallerstein* obtint le titre de prince de l'empire en 1674. Le prince actuel *Charles-Frédéric-Krafft-Ernest-Notger*, né en 1840, succéda à son père en 1842. Son oncle, le prince *Louis-Krafft-Ernest* d'Œttingen-Wallerstein, né en 1791, longtemps ministre en Bavière, est un des hommes d'État les plus éclairés et les plus recommandables de notre époque.

OEUF (du latin *ovum*). *Omne vivum ex ovo*, a dit Harvey ; mais le savant anatomiste anglais donnait au mot *ovum* un sens beaucoup plus étendu que celui que nous lui conservons. Pour nous, laissant de côté les générations spontanées, encore mal étudiées, et le mode de propagation gemmipare commun à tous les zoophytes, nous n'appliquerons le nom d'*œuf* qu'aux *germes libres* des animaux, auxquels correspondent les graines des végétaux. L'œuf peut donc être défini l'ensemble d'un germe libre, de ses enveloppes protectrices et des matériaux nutritifs nécessaires pour son développement ultérieur, développement qui s'effectue soit par incubation, soit par l'accession d'un suc nourricier.

Excepté dans les animaux les plus inférieurs, l'œuf est produit dans un organe spécial de la femelle, l'o v a i r e ; mais pour qu'il puisse donner naissance à un nouvel individu, il faut qu'il soit soumis à l'action fécondante du mâle. Tantôt la f é c o n d a t i o n s'effectue après la ponte, c'est-à-dire l'expulsion des œufs hors des organes génitaux de la femelle ; tel est le cas de la plupart des poissons, dont le mâle vient répandre sa laite sur les œufs de la femelle, plus ou moins longtemps après que celle-ci les a déposés sur les rivages. Tantôt cette fécondation a lieu au moment même de la ponte, comme chez les crapauds et les grenouilles. Tantôt encore la fécondation résulte d'un rapprochement plus intime des sexes, et qui précède l'instant de la ponte : les mollusques céphalopodes et gastéropodes nous offrent l'exemple de ce mode, qui est celui de quelques poissons vivipares, de la plupart des reptiles, de tous les oiseaux et de tous les mammifères.

« L'œuf, dit M. Duvernoy, n'acquiert jamais que son premier développement dans l'ovaire ; il y est à l'état d'o v u l e. C'est dans l'utérus des mammifères, ou dans l'oviducte des o v i p a r e s ou des ovovivipares, qu'il prend son second degré de développement, qu'il complète les enveloppes protectrices ou nutritives, et les substances alimentaires qui doivent contenir pour composer un œuf achevé, sauf la fécondation si elle n'a pas encore eu lieu. C'est une différence très-caractéristique avec l'ovule des plantes, qui ne se déplace pas pour se changer en graine, cet œuf complet des végétaux. »

Il serait trop long d'étudier ici les œufs des différentes classes d'animaux. Nous nous bornerons à parler des œufs des oiseaux, et nous ajouterons quelques considérations sur l'œuf humain.

La première partie qui se présente à nos yeux dans l'œuf d'un oiseau, c'est la coque, dont la composition est, suivant Vauquelin, la suivante : Carbonate de chaux, 0,896 ; phosphate de chaux, 0,057 ; gluten animal, 0,047. Cette coque, selon les espèces blanche ou colorée d'une manière constante, est, malgré sa dureté, perméable aux liquides contenus dans l'œuf et aux gaz qui s'y développent durant l'incubation, comme à l'air extérieur, dont l'action est nécessaire à la sanguification de l'embryon. Il a été suffisamment démontré que les œufs incubés exercent une sorte de respiration. Voilà même pourquoi ils changent de poids d'un jour à l'autre. Ces œufs absorbent de l'oxygène et dégagent de l'acide carbonique, tout comme un corps qui brûle ou un animal qui respire.

Au-dessous de la coque se trouvent deux zones d'une matière appelée *blanc d'œuf*, enfermées dans une double membrane; la plus interne de ces deux zones est plus épaisse et plus visqueuse que l'autre. Le blanc d'œuf est une substance qui dans les ovipares sert à la nourriture du fœtus dès l'instant où l'incubation lui a donné la vie. Cette matière gélatineuse contient de l'albumine, du phosphate de chaux et du soufre; c'est la présence de cette dernière substance qui cause sur l'argenterie des taches noires irisées si difficiles à faire disparaître.

Au centre de l'œuf est suspendu un globe de couleur jaune, de nuance variée : c'est le *jaune* du vulgaire, le *vitellus* des anatomistes. Le vitellus est entouré d'une membrane, qui se prolonge en deux appendices contournés, nommés *chalazes*; ces espèces de cordons, dirigés dans le sens du grand axe de l'œuf, semblent suspendre le vitellus aux deux extrémités de cet axe. Le vitellus renferme la *vésicule germinatrice*, située au centre de la *cicatricule*, tache gélatineuse avec des irradiations blanchâtres (*voyez* BLASTOCYSTE, BLASTODERME.)

Il n'est certainement point d'animaux dont la première origine ait été étudiée avec autant de suite et d'attention que celle du poulet dans l'œuf durant les vingt-et-un jours de son incubation. Les premiers rudiments de l'animal apparaissent dans cette tache blanche dont le jaune d'œuf ou vitellus est toujours maculé du côté qui touche au gros bout de la coquille. Malpighi dit avoir aperçu les premiers linéaments du poulet dans la sixième heure de l'incubation, et même, assure-t-il, dans des œufs fécondés qui n'avaient point encore été couvés. A douze heures, on voit déjà la tête de l'animal au-dessus de la tache blanche ou cicatricule : le volume du jeune être est plus que doublé au bout de vingt-quatre heures, tant les progrès de l'accroissement sont rapides durant la seconde demi-journée. Au bout de quarante-huit heures, le cœur est visible; et deux heures après on voit paraître les *trois points sautillants* d'Aristote, c'est-à-dire une oreillette, le ventricule gauche, et l'aorte ou principale artère.

Tel est le corps qui aura besoin d'une chaleur de quelques semaines pour produire un oiseau. Mais les quatre-vingt-dix-neuf centièmes environ des œufs pondus par nos oiseaux domestiques sont enlevés à l'incubation et livrés à la consommation. Les œufs en effet sont un aliment agréable : ceux d'oie, de dinde, de cane, de pintade et de poule commune sont une ressource immense, mais trop négligée dans les fermes; ils diffèrent les uns des autres pour la grosseur, la couleur et la qualité. L'*œuf d'oie*, le plus gros, paraît est inférieur en qualité : dans les pays où l'on élève des oies, il présente cependant un bénéfice considérable; l'*œuf de dinde*, un peu moins gros que le précédent, à coquille moins unie, parsemée de petits points rougeâtres mêlés de jaune, est d'un goût plus agréable; l'*œuf de cane*, à coquille plus lisse, plus mince, plus arrondie, est d'une couleur verdâtre, ou blanc terne; son jaune est plus gros et plus foncé que celui des autres œufs; son blanc acquiert par la cuisson une consistance de colle transparente; l'*œuf de pintade*, le plus petit de tous ceux que nous considérons, à la coque épaisse et dure, de couleur de chair; le jaune est proportionnellement plus considérable que le blanc; l'*œuf de poule* est l'œuf par excellence, le seul à peu près de quelque importance commerciale. La France produit environ dix milliards d'œufs chaque année; sur ce nombre elle en expédie à l'étranger, et presque en totalité pour l'Angleterre, plus de 110 millions. C'est un commerce très-important dans nos départements du nord.

Les œufs sont recherchés de toutes les classes de la société; il est peu d'aliments dont l'assaisonnement et la préparation soient aussi variés : aussi ce goût universel oblige d'en faire des approvisionnements pour l'hiver, temps où les poules pondent peu. Le moyen le plus sûr de les conserver longtemps frais est de les préserver du contact de l'air et des variations de la température : on atteint ce but en les mettant par couches dans le sable, le sel gemme en poudre, la sciure de bois ou la petite paille. La cendre dans un baquet ou dans une barrique les conserve très-bien aussi. Réaumur avait proposé l'emploi d'un vernis ou même de graisse de mouton, qui atteint le même but. Le procédé d'Appert consiste à prendre des œufs du jour qu'on range dans un bocal avec de la chapelure de pain, pour remplir les vides et les garantir de la casse dans le voyage. On bouche, on lute et on ficèle, et on les place dans un chaudron de grandeur suffisante, pour lui donner 75° de chaleur. On retire ensuite le bain-marie du feu; lorsqu'il a été refroidi à pouvoir y tenir la main, on retire les œufs, et ils peuvent se garder fort longtemps, six mois par exemple. Si au bout de ce temps on ôte les œufs de ce bocal, qu'on les mette sur le feu, dans de l'eau fraîche qu'on chauffe à 75°, ils se trouvent cuits à propos pour la mouillette et aussi frais que lorsqu'on les a préparés.

Les œufs servent aussi de médicament : le jaune, délayé dans de l'eau chaude et sucrée, forme ce qu'on appelle un *lait de poule*. Il entre dans des loochs, et devient l'intermède de l'union des résines, soit sèches, soit liquides, avec les fluides aqueux. On en extrait, après lui avoir fait éprouver un certain degré de torréfaction, une huile recommandable dans plusieurs circonstances. Le blanc d'œuf est employé dans les collyres. Il a la propriété de clarifier les sirops, les sucres, le petit-lait, les liqueurs vineuses, les boissons. C'est le meilleur remède à employer lorsqu'il y a eu empoisonnement par le vert-de-gris.

Les œufs sont aussi en usage dans les arts. Le jaune enlève les taches de graisse de dessus les habits. On peignait à l'œuf avant de peindre à l'huile. On fait encore avec le blanc un vernis pour les tableaux; par le mélange du blanc d'œuf et de la chaux, on forme un excellent lut pour raccommoder les porcelaines, et pour assujettir le lut gras, qui réunit deux vaisseaux de rencontre. Les relieurs en font usage en en mettant avec une éponge sur les parties où ils doivent ensuite appliquer de l'or. Enfin les œufs fêlés ou ceux qui ne sont plus assez frais pour l'alimentation trouvent leur emploi dans la fabrication des gants de peau, qui en France seulement en absorbe plus de 12 millions.

L'abstinence du carême avait fait naître jadis l'usage de bénir le samedi saint une grande quantité d'œufs mis en réserve pendant six semaines, et qu'on distribuait à ses amis le jour de Pâques. On les teignait en jaune, en violet et surtout en rouge : de là l'usage des *œufs rouges* ou des *œufs de Pâques*. Sous Louis XIV, et même sous Louis XV, on portait après la grand'messe du jour de Pâques des pyramides d'œufs peints en or dans le cabinet du roi, qui les distribuait à ses courtisans.

L'*œuf humain*, sur lequel nous avons promis quelques détails, étudié de dehors en dedans, présente trois membranes : 1° la membrane caduque (Hunter), le chorion tomenteux (Haller), l'épichorion (Chaussier), est la première; 2° le chorion, endochorion de Dutrochet, épaisse et résistante d'abord, devient mince et transparente vers la fin de la gestation; 3° l'amnios, qui vient ensuite, est la plus intérieure des membranes, et contient un liquide séreux, au milieu duquel se développe le fœtus. Une masse molle, spongieuse, formée par les vaisseaux du chorion, attache l'œuf à l'utérus : c'est le *placenta*. Il sert à établir entre la mère et son fruit une communication qui permet à ce dernier de puiser en elle les éléments propres à son accroissement. Le cordon ombilical se rend du placenta à l'abdomen de l'enfant; il est formé de la veine et des artères ombilicales. Dans la longueur du cordon, entre le chorion et l'amnios, sont situées deux membranes : l'*allantoïde* et la *vésicule ombilicale*. Le fœtus se développe au milieu de ce système organique. P. GAUBERT.

OEUF ÉLECTRIQUE. La lumière électrique, blanche et brillante lorsqu'elle se manifeste dans l'air libre à la pression ordinaire, devient rougeâtre dans un air raréfié, violacée dans le vide. La pression de l'air exerce donc une grande influence sur l'éclat de cette lumière. Ces phénomènes s'étudient à l'aide de l'*œuf électrique*: on nomme ainsi un globe de verre, de forme ellipsoïdale, dont les extrémités du grand axe sont armées chacune d'une tige de cuivre terminée par une boule de même métal ; la tige inférieure est fixée à un pied également métallique, sur lequel repose l'appareil ; quant à la tige supérieure, elle glisse à frottement dans une boite de cuir, de manière que l'expérimentateur puisse à volonté varier la distance des deux boules. Le pied de l'appareil est creux et muni d'un robinet, qui permet de soumettre l'œuf électrique à l'action d'une machine pneumatique et d'y raréfier plus ou moins l'air. La tige supérieure étant ensuite mise en communication avec une forte machine électrique, et le pied avec le sol, si l'on charge la machine, on observe d'un boule à l'autre une lumière produite par la recomposition des deux fluides, lumière qui présente les variations que nous avons signalées.

En substituant à la machine électrique la bobine de Ruhmkorff, on obtient des effets d'une intensité beaucoup plus grande et d'une continuité qui permet d'observer le phénomène avec soin. En faisant l'expérience dans ces conditions, on a reconnu que l'aspect de la lumière était singulièrement modifié par la nature du dernier gaz contenu dans l'œuf électrique avant d'y faire le vide. Le premier, M. Quet a constaté que si on fait le vide après avoir introduit dans le vase de la vapeur d'essence de térébenthine, la lumière apparaît sous la forme de zones brillantes séparées par des tranches obscures. Le même phénomène, auquel on a donné le nom de *stratification*, se produit quand on substitue les vapeurs d'esprit de bois, d'alcool, de sulfure de carbone, etc., à celle de térébenthine. De couleur variable avec le gaz ou la vapeur dont il reste des traces dans le vase, la lumière électrique [est le plus souvent rouge au pôle positif, et violette au pôle négatif. On n'a pas encore donné une théorie satisfaisante de la stratification de la lumière électrique. E. MERLIEUX.

OEUFS (Plante aux). *Voyez* AUBERGINE.

OEUVRE, ce qui est fait, ce qui est produit par quelque agent, et qui subsiste après l'action : Les *œuvres* de Dieu, les *œuvres* de la nature, les *œuvres* de la grâce ; l'homme est l'*œuvre* de Dieu ; l'*œuvre* de la création fut accomplie en six jours ; l'*œuvre* de la rédemption s'opéra sur la croix. Dans le style soutenu, ce mot est quelquefois masculin. On dit proverbialement : *A l'œuvre on connaît l'ouvrier*, pour exprimer que c'est par le mérite de l'ouvrage qu'on juge du mérite de celui qui l'a fait.

Œuvre, en termes de joaillerie, signifie l'enchâssure d'une pierre, le chaton dans lequel une pierre est enchâssée : L'*œuvre* de ce diamant est fort délicate. Un diamant qui est hors d'*œuvre*, hors de l'*œuvre*, c'est un diamant non encore monté ou qui est sorti de sa sertissure.

Œuvre se dit souvent des productions de l'esprit, des ouvrages en prose et en vers, considérés relativement à celui qui en est l'auteur. Dans cette acception, il n'est usité qu'au pluriel, si ce n'est en poésie : *œuvres poétiques, morales, philosophiques, posthumes* ; *œuvres* de Platon, d'Aristote, de Cicéron, de saint Thomas, de Corneille, de Racine, de Molière.

Œuvre, au masculin, signifie le recueil de toutes les estampes d'un même graveur : Avoir tout l'*œuvre* d'Albert Durer, de Callot, etc. Il se dit aussi des ouvrages des musiciens : le premier, le second *œuvre* de tel compositeur.

Œuvre est dans certains cas synonyme d'action : Faire une *bonne œuvre*, c'est faire une *bonne action*. On pourrait discuter si une bonne action est toujours une bonne *œuvre*, et si ce qu'on appelle une bonne *œuvre* est toujours

une bonne action ; mais nous ne voulons signaler ici que la ressemblance, et non la dissemblance.

Œuvre se dit encore de toutes sortes d'actions morales, et particulièrement de celles qui ont rapport au salut : Chacun sera jugé selon ses *œuvres* ; La foi sans les *œuvres* est une foi morte. On entend par *œuvre pie* une œuvre de charité faite dans la vue de Dieu, et par *œuvre de surérogation* une bonne œuvre qu'on fait sans y être obligé.

Œuvre, en métallurgie, se dit du plomb qui contient de l'argent.

En alchimie, le *grand œuvre*, c'était la pierre philosophale, l'art de fabriquer de l'or, *la benotte*, qu'on a cherchée si longtemps sans la trouver.

Œuvre s'emploie diversement en architecture : *Mettre en œuvre*, c'est employer une matière quelconque, lui donner par le travail la place et la forme qu'elle doit avoir. Il se dit aussi au figuré. Le mot *œuvre*, synonyme d'*ouvrage*, se prenait autrefois d'une manière plus générale, dans la bâtisse, pour le bâtiment ou la fabrique. Les deux mots *dans œuvre* et *hors d'œuvre* s'appliquent aux mesures prises de l'intérieur ou de l'extérieur du bâtiment. *Reprise en sous-œuvre* se dit en bâtisse de l'opération par laquelle on rebâtit sous la partie supérieure d'une construction la disposition du rez-de-chaussée, soit qu'on veuille changer les parties inférieures de l'édifice dans ses fondations et au-dessus du sol menace ruine par l'effet d'un vice de construction ou de la mauvaise qualité des matériaux. C'est ainsi qu'on a repris en *sous-œuvre*, et reconstruit dans l'église de l'Abbaye, à Paris, tous les piliers de la nef, dont les pierres, près de s'écrouler, menaçaient ruine de toutes parts. Cette opération de reprise en *sous-œuvre* n'a lieu que le moyen de forts étais, qu'on place de manière à supporter la construction supérieure sans qu'elle puisse éprouver ni tassement ni dérangement. On démolit alors la construction vicieuse qu'il s'agit de remplacer, en on rebâtit jusqu'à ce qu'on arrive à la rejoindre à celle d'en haut, ce qui exige des soins, une exactitude et une précision extrêmes. A *pied d'œuvre*, en maçonnerie, signifie à la proximité du bâtiment que l'on construit : Amener des matériaux *à pied d'œuvre*.

Œuvre signifie encore la fabrique d'une paroisse, le revenu affecté à la construction et à la réparation des bâtiments, à l'aclat et à l'entretien des choses nécessaires au service divin. Le mot s'applique également au banc particulier que les marguilliers d'une paroisse occupent dans la nef de l'église. Il suffit d'approfondir l'histoire des anciennes constructions des églises, surtout en Italie, pour voir que ces grands ouvrages furent entrepris et exécutés par des corporations ou compagnies, qu'on appelait *magistri dell' opera*, les maîtres de l'ouvrage ou de l'*œuvre*. Ces grands édifices terminés avaient besoin d'être continuellement surveillés, réparés, entretenus. Des fonds plus ou moins considérables étaient affectés à cet entretien. L'administration de ces fonds, leur emploi, la police du lieu saint et toutes les dépenses relatives au culte extérieur continuèrent de être dans les attributions des *maîtres de l'œuvre*, appelés depuis *fabriciens*. On leur donna une place d'honneur dans l'église; cet usage subsiste encore. On a dit : Le banc des maîtres de l'*œuvre*, le banc de l'*œuvre*, et enfin l'*œuvre*. Ce banc d'honneur est devenu l'objet d'une décoration particulière dans certaines églises. On l'a souvent adossé à une cloison en bois plus ou moins orné, on l'a décoré d'une espèce de dais ; enfin, on y a élevé des colonnes, et ce simple banc primitif est devenu souvent une construction importante. L'*œuvre* de Saint-Germain-l'Auxerrois, à Paris, due à Le Brun, est une des plus belles de France.

[Dans un port, lorsque la mer est basse, on en profite pour travailler à tous les objets en construction ou à réparer, tels que parties de quai, jetées, bâtiments échoués, etc., qui sont noyés à marée haute. C'est là ce qu'on appelle *œuvre de marée*.

D'après les règles de l'architecture navale, le corps d'un

navire ne doit s'enfoncer dans l'eau que jusqu'à certaines limites, exactement déterminées par le calcul ; et lorsque le bâtiment complètement armé prend son assiette à la profondeur voulue, on appelle *ligne de flottaison*, et en général *ligne d'eau*, le grand contour décrit par la surface de la mer contre les faces de sa coque, qui se présente à l'œil comme coupée en deux portions : l'une, invisible par son immersion, devient les *œuvres vives* ou la carène ; l'autre, s'élevant hors de l'eau comme une muraille, se désigne sous le nom d'*œuvres mortes*. Les œuvres mortes sont percées à une élévation prudente au-dessus de la mer par des ouvertures, les unes d'agrément, comme les fenêtres, les autres d'utilité, comme les hublots qui donnent de l'air dans les étages inférieurs, et les sabords pour les canons. Les œuvres vives, étant la partie vitale du navire, sont hermétiquement bouchées par des bordages qui deviennent plus épais à mesure qu'il s'approchent de la quille. La moindre crevasse dans les œuvres vives produit une voie d'eau dangereuse lorsqu'elle en introduit une quantité plus grande que les pompes ne peuvent en retirer. Dans un combat où l'on tient à désemparer son ennemi, on envoie des boulets dans sa mâture, afin de lui faire quelque avarie majeure qui l'oblige à se rendre à discrétion ; si on veut lui tuer des hommes et le mettre hors d'état de combattre, on tire dans les œuvres mortes : c'est là que sont les batteries ; si enfin on veut le couler à fond, on pointe à la ligne de flottaison dans les œuvres vives, afin de déterminer plusieurs voies d'eau par les trouées des boulets.

FONMARTIN DE LESPINASSE.]

OEUVRE (Chef d'). *Voyez* CHEF.

OEUVRE (Hors d'). *Voyez* HORS D'ŒUVRE.

OFALIA (DON NARCISO DE HEREDIA, comte d'), ministre espagnol, né en 1777, à Almeria, d'une ancienne famille, fut attaché en 1800, avec le titre de secrétaire, à la légation espagnole aux États-Unis. A son retour, en 1803, il épousa la fille du général Cervino, femme qu'il aimait depuis longtemps et que l'on avait forcée à se faire religieuse ; cet acte le rendit dès lors l'objet des rancunes particulières du clergé. Il fut nommé ensuite chef de bureau au ministère des affaires étrangères ; mais pendant le règne de Joseph-Napoléon il se retira à Almeria. La restauration accomplie, il s'efforça vainement de se faire réintégrer dans ses anciennes fonctions, et à la mort de sa première femme il se remaria avec la sœur du marquis de la Torecilla, qui lui apporta en dot une fortune considérable, avec le titre de comte d'*Ofalia*. Au rétablissement du pouvoir absolu en Espagne, en 1823, Ferdinand VII le nomma ministre de la justice, et en 1824 ministre des affaires étrangères. Ses efforts pour déterminer le roi à accorder une amnistie et à adopter un système politique plus modéré le rendirent l'objet de la haine du parti apostolique. Soupçonné de libéralisme, il fut exilé à Almeria, où il n'arriva qu'en courant les plus grands dangers personnels. Cependant, on le nomma en 1827 ambassadeur d'Espagne à Londres, et on le chargea en outre, à son passage par Paris, de négocier avec le cabinet des Tuileries le rappel de l'armée d'occupation. L'année suivante il vint remplir les mêmes fonctions près la cour de France, et contribua beaucoup en secret à adoucir le sort des Espagnols exilés ou émigrés. Vers la fin de 1832 il entra dans le ministère Zea Bermudez, où il eut le portefeuille de l'intérieur. Ferdinand VII le nomma l'un de ses exécuteurs testamentaires en même temps que secrétaire avec voix délibérative du conseil de régence qu'il institua. Membre de la chambre des *proceres*, il vota l'exclusion de don Carlos et de ses descendants, et vécut d'ailleurs dans la retraite jusqu'au mois de décembre 1837, époque où il fut appelé à la présidence du conseil et avec la fonction de ministre des affaires étrangères, dans l'exercice desquelles il fit preuve d'une sage modération. Mais l'opposition ultra-libérale, qui lui était particulièrement hostile, les intrigues de l'ambassadeur d'Angleterre et d'Espartero, et surtout les succès obtenus par les armées carlistes, le forcèrent à donner sa démission en 1838. Sa réputation de loyauté était incontestée. Il mourut en 1843.

OFEN ou BUDE (en hongrois *Buda*), capitale du royaume de Hongrie, dans le comitat de Pesth, sur la rive gauche du Danube, en face de Pesth, se compose de la *Forteresse* ou ville intérieure, de cinq faubourgs (*Wasserstadt*, *Landstrasse*, *Neustifft*, *Christinenstadt*, *Tabau* ou *Raizenstadt*), et du bourg d'Altofen (vieux Ofen), qui y a été incorporé en 1850. Son principal quartier est la *Forteresse*, jadis résidence des rois de Hongrie, construite sur un rocher, à 64 mètres au-dessus du niveau du Danube. Jusqu'en 1849 elle avait tout à fait conservé la physionomie qu'elle avait en 1686, lorsque Charles de Lorraine l'enleva aux Turcs. A l'époque du siège de 1849 ses murailles et ses bastions souffrirent beaucoup, et le premier soin du gouvernement révolutionnaire, devenu maître de la ville, fut de les faire raser ; mais plus tard le gouvernement autrichien les a fait rétablir. La *Forteresse* est un quartier régulièrement construit ; les rues en sont propres, et on y voit plusieurs fort beaux palais. Le château royal, construit par Charles VI, présente sur le Danube une façade d'environ 200 mètres de développement. Il contient la chapelle de la cour (où l'on conserve les bijoux de la couronne), une galerie de tableaux, une bibliothèque et un beau parc. Depuis l'incendie de 1849 il a été complètement restauré. Citons encore dans le quartier de la Forteresse, l'arsenal, les palais des comtes Sandor et Teleki, les édifices consacrés aux différentes administrations publiques, l'observatoire et l'imprimerie de l'université de Pesth, enfin le monument élevé en 1851 en commémoration du dernier siége d'Ofen. La *Christinenstadt* est bâtie dans un joli vallon, derrière la *Forteresse* ; parmi ses édifices, on remarque le théâtre d'été, au milieu du jardin Horvath. Les autres faubourgs sont situés sur le Danube. Le plus considérable est la *Raizenstadt*, dont l'extérieur a bien gagné depuis le grand incendie qui le détruisit, en 1811. L'ancien bourg a marché Altofen, l'*Acincum* ou *Aguincum* des Romains, est beaucoup plus grand et plus peuplé que ces cinq faubourgs. On y remarque une synagogue, la plus belle qui existe dans toute l'étendue de la monarchie autrichienne, et les chantiers de construction sur lesquels la Compagnie de la Navigation du Danube par la vapeur entretient constamment de 500 à 600 ouvriers. En 1850 la population d'Ofen, étudiants et garnison non compris, était de 34,893 habitants, et avec Altofen, de 45,653. Sous le rapport des nationalités, c'est l'élément allemand qui y domine ; de même que les catholiques y sont les plus nombreux. On compte à Ofen cinq sources thermales, dont les plus fréquentées sont le *Raisenbad*, dans la Raizenstadt, et le *Kœnigsbad*, à l'extrémité septentrionale de la Wasserstadt. Cette dernière était déjà connue des Romains, qui la désignaient sous le nom d'*Aquæ Calidæ superiores* ; elle était aussi en grand renom parmi les Turcs, qui y avaient construit une mosquée où l'on venait en pèlerinage jusque du fond de la Perse. Un grand pont suspendu, jeté depuis quelques années sur le Danube, relie Ofen à Pesth, situé sur l'autre rive du fleuve.

Ofen a pour origine une colonie romaine, et devint plus tard la résidence d'Attila, puis celle d'Arpad. Les premiers rois de Hongrie résidaient alternativement à Stuhl-Weissenbourg et à Visegrad. Louis 1er fixa sa résidence dans le château, qui fut reconstruit par Matthias Corvin, et dont la fameuse bibliothèque fut détruite en 1526 par les Turcs. Dans l'espace de trois cents ans ce château eut vingt siéges à soutenir. Pris par les Turcs en 1541, il demeura cent quarante-cinq ans en leur pouvoir, et ne leur fut enlevé qu'en 1686, par Charles de Lorraine. Depuis cette époque, la *Forteresse* n'a eu à soutenir de vive attaque qu'en 1849. Le 4 mai, Gœrgei ayant commencé à bombarder la *Forteresse* que le général autrichien Hentzi occupait avec 5,000 hommes, suspendit bientôt le feu. Il tenta les 16, 19 et 20, attaques nouvelles, qui furent tout aussi énergiquement repoussées ; mais un dernier assaut, livré dans la nuit du 20 au 21, la fit tomber au pouvoir des Hongrois. La perte des Autrichiens montait à 1,100 officiers et soldats

45.

tués, et leur chef, le général Hentzi, était au nombre des morts. Après la retraite du gouvernement national, les Russes prirent possession de la *Forteresse* sans coup férir.

OFFENSE, injure de fait ou de paroles, affront, outrage, tort qu'on fait à quelqu'un en sa personne, en ses biens, en son honneur. Toute offense commise publiquement envers la personne de l'empereur est punie d'un emprisonnement de six mois à cinq ans et d'une amende de cinq cents francs à dix mille francs. Le coupable peut en outre être interdit de certains droits civiques, civils et de famille pendant un temps égal à celui de l'emprisonnement auquel il a été condamné. Toute offense commise publiquement envers les membres de la famille impériale est punie d'un emprisonnement d'un mois à trois ans et d'une amende de cent francs à cinq mille francs.

OFFENSIF, qui attaque, qui sert à attaquer. Il est corrélatif de *défensif*, et ne s'emploie guère que dans les locutions suivantes : *traité offensif*, *ligue offensive*, traité par lequel deux princes ou deux États s'obligent à entrer conjointement en guerre contre un autre prince ou un autre État ; *traité offensif et défensif*, *ligue offensive et défensive*, traité par lequel deux princes on deux États conviennent de s'assister mutuellement, soit pour attaquer, soit pour se défendre ; *guerre offensive*, guerre dans laquelle on attaque l'ennemi, par opposition à *guerre défensive*, qui est celle par laquelle on ne fait que se défendre ; *armes offensives*, armes dont on se sert pour attaquer, par opposition à *armes défensives*, qui ne sont propres qu'à la défense.

Offensive pris substantivement et d'une manière absolue signifie *attaque* : Le général, après avoir été longtemps sur la *défensive*, a pris l'*offensive*.

OFFERTE, offrande, oblation, action du prêtre à l'autel lorsqu'il offre à Dieu, un peu avant la préface, le pain et le vin qui doivent être consacrés. En Espagne, c'est la promesse de faire une bonne œuvre pendant un certain temps, afin d'obtenir de Dieu quelque bienfait spirituel ou temporel ; elle est différente du vœu, en ce qu'elle n'est point censée obliger sous peine de péché.

OFFERTOIRE, espèce d'antienne récitée par le prêtre, chantée par le chœur, ou jouée sur l'orgue dans le temps qu'on prépare le pain et le vin de la messe pour les offrir à Dieu, et que le peuple va à l'offrande. Autrefois, l'*offertoire* consistait en un psaume avec son antienne. Il est cependant douteux qu'on le chantât en entier. Saint Grégoire, dans son *Sacramentaire*, dit que lorsqu'il en était temps, le pape regardait le chœur et faisait signe de cesser.

On a encore nommé *offertoire* la nappe de toile dans laquelle les diacres recevaient les offrandes des fidèles. Harris soutient que c'était primitivement un morceau d'étoffe de soie ou de fin lin dans lequel on recevait et enveloppait les offrandes de chaque église.

OFFICE. Dans son acception la plus générale, ce mot signifie les devoirs de la société civile. Ce sont ces devoirs sainement interprétés qui ont servi de thème au traité *Des Offices* de Cicéron, ce bel Évangile de la loi naturelle. Donc l'idée propre d'*office* est d'obliger à rendre ces services dont la réciprocité peut seule affermir la paix entre les hommes, à faire une chose utile à la société. A cette idée essentielle, l'usage a rattaché, quoique sans la moindre analogie, une foule d'autres significations que nous allons détailler par ordre.

Office se disait autrefois de certains emplois, de certaines charges avec juridiction, et, comme le dit Loyseau, d'une dignité avec fonction publique : ainsi, il y avait des *offices* de président, de conseiller, de greffier, de procureur, de notaire. L'*office* différait essentiellement de la *charge*, en ce que cette dernière était temporaire et que l'*office* donnait une qualité permanente. Les *offices* étaient *vénaux* et *non vénaux* : les premiers étaient vendus et aliénés par le roi ; ils étaient réputés immeubles, et se divisaient en *domaniaux* et en *casuels*. On appelait *domaniaux* ceux qui avaient été démembrés du domaine du roi, et qui passaient aux héritiers comme une succession : tels étaient les greffes et les tabellionages. Les *offices casuels* au contraire étaient ceux qui s'éteignaient à la mort de l'*officier* pourvu par provisions du roi, lorsque le pourvu mourait sans avoir résigné ou sans avoir payé *la paulette*, quand on la payait encore. En France, la *vénalité des offices* ne date que de Louis XII et de François Ier.

L'*office de finance* était celui qui donnait pouvoir de manier et de recevoir les deniers du roi ou du public, à la charge d'en rendre compte.

Office se disait encore des charges de la maison du roi et des princes ; Les *offices* de la chambre, de la garde-robe, etc. Ces offices, au nombre de sept, se prenaient dans un sens plus particulier pour certaines fonctions qui étaient sous la juridiction et la direction du grand-maître de la maison du roi.

Le *procureur d'office* ou le procureur *fiscal*, dans les juridictions seigneuriales, était celui qui remplissait les fonctions du ministère public.

De nos jours, en termes de palais, un juge informe d'*office* quand il informe sans en être requis et par le seul devoir de sa charge. L'avocat, l'expert nommé d'*office*, c'est l'avocat, l'expert nommé par le juge.

Office, en droit canonique, était autrefois un bénéfice sans juridiction. On appelait *offices claustraux* ceux qu'on donnait à des religieux pour soin de l'infirmerie, de la sacristie, de la panneterie, du cellier, des aumônes, etc.,

Dans les palais et les grands hôtels, on comprend sous le nom d'*office* l'ensemble de toutes les pièces qui forment ce qu'on appelle le *département de la bouche*, comme cuisines, garde-manger, salles du commun, etc. On désigne encore ainsi chez les particuliers une pièce près de la salle à manger où l'on renferme tout ce qui dépend du service de la table.

OFFICE, OFFICE DIVIN. Ce sont les prières publiques de l'église que les fidèles font en commun pour louer Dieu, le remercier de ses bienfaits, et lui présenter leurs vœux. L'office divin a été aussi nommé *liturgie*. Saint Paul recommande aux fidèles de s'exciter et s'édifier les uns les autres par des psaumes, des hymnes et des cantiques spirituels. Jésus-Christ, selon saint Matthieu, après sa dernière cène, dit une hymne avec ses apôtres. Pline le jeune a écrit que les chrétiens, dans leurs assemblées, adressaient des louanges à Jésus-Christ comme à un Dieu. Dans le concile d'Antioche, tenu en 252, le chant des psaumes, introduit déjà dans l'église, est attribué à saint Ignace, disciple des apôtres. Saint Justin, saint Clément d'Alexandrie, Origène, saint Basile, saint Épiphane, et d'autres Pères, parlent de l'*office* ou de la prière publique de l'église. Saint Augustin assure que l'*office divin* n'a été établi par aucune loi ecclésiastique, mais par l'exemple de Jésus-Christ et des Apôtres. Saint Jérôme, à la prière du pape Damaso, distribua les psaumes, les évangiles et les épîtres dans l'ordre où ils sont. Les papes Grégoire et Gélase y joignirent les oraisons, les répons, les versets. Saint Ambroise y ajouta les graduels, les traits et l'*Alleluia*, comme le prouvent Durandus et le cardinal Bona ; mais ces grands hommes ne sont pas les premiers auteurs de l'*office divin*, le fond existait avant eux : cet office fut une des principales occupations des premiers moines, aussi bien que des clercs.

Plusieurs conciles tenus dans les Gaules, celui d'Agde, le deuxième de Tours, le second d'Orléans, règlent l'ordre et les heures de l'*office*, et prononcent des peines contre les ecclésiastiques qui manquent d'y assister ou de le réciter. Il en a été de même dans les conciles d'Espagne. La distribution de l'office en différentes heures du jour et de la nuit a été par à peu près la même ; elle subsiste encore chez les différentes sectes de chrétiens orientaux, séparées de l'Église romaine depuis le cinquième et le sixième siècle. Cassien dit que dans les monastères des Gaules on partageait l'office en quatre heures : prime, tierce, sexte et none, et que la nuit qui précède le dimanche on chantait des psaumes et des leçons. Déjà, dans les *Constitutions apostoliques*, il est ordonné aux fidèles de prier le matin à l'heure de tierce, de sexte, de none et au chant du coq. Saint Benoît, qui composa sa règle au sixième siècle, donne et énumère les psaumes, les leçons, les oraisons qui doivent composer chaque partie de l'office.

La célébration de l'office varie chaque jour, selon le degré de solennité du dimanche, de la fête, du mystère ou du saint. On distingue des *offices solennels majeurs, solennels mineurs, doubles, semi-doubles, simples*, etc. Quand Rome canonise un saint personnage, on lui assigne un office propre, ou tiré du commun des martyrs, des pontifes, des confesseurs, des vierges. Jadis, dans tout l'ordre de Saint-Benoît, l'office de Marie se disait tous les jours. Le pape Urbain II, au quatrième concile de Clermont, tenu en 1095, avait obligé tous les ecclésiastiques à le réciter pour obtenir de Dieu l'heureux succès de la croisade. Les chartreux disaient l'office des morts tous les jours, hors les fêtes.

L'Église impose à tous les clercs qui sont dans les ordres sacrés l'obligation de réciter tous les jours l'office divin ou le b r é v i a i r e ; ils ne peuvent s'en dispenser en tout ou en partie sans pécher grièvement, excepté dans le cas de maladie, ou pour quelques motifs graves. Dans l'office public, dit l'abbé Fleury, chacun doit se conformer à l'usage de l'église dans laquelle il chante. Ceux qui le récitent en particulier ne sont pas strictement obligés d'observer les heures et les postures du chœur ; il suffit, à la rigueur, de réciter l'office entier dans les vingt-quatre heures ; il vaut mieux anticiper que retarder : ainsi, il est permis de dire dès le matin toutes les petites heures, les vêpres après midi, et les matines du lendemain dès quatre heures du soir. Chacun doit réciter le bréviaire du diocèse qu'il habite, ou le bréviaire latin, autorisé dans toute la catholicité.

OFFICE (Saint). *Voyez* INQUISITION.

OFFICIAL, juge ecclésiastique délégué par l'évêque pour exercer en son nom la juridiction contentieuse. Les évêques, et particulièrement ceux des grands sièges, se voyant accablés d'affaires, s'en déchargèrent sur leurs archidiacres ou sur des prêtres, à qui ils donnaient une commission révocable à leur gré. On les nommait *vicaires* ou *officiaux* (*vicarii generales officiales*). Comme l'on ne trouve ce nom que dans les constitutions de Sixte, il est à croire que cette institution ne date que de la fin du treizième siècle. Depuis, les fonctions ayant été partagées, l'on nomma *officiaux* ceux à qui l'évêque commit l'exercice de la justice contentieuse, et *vicaires généraux* ou *grands-vicaires* ceux à qui il commit la juridiction volontaire. Les officiaux se multiplièrent bientôt : non-seulement les évêques, mais les chapitres exempts et les archidiacres voulurent avoir leurs officiaux. Bien peu à l'époque de la révolution avaient conservé ce privilége, ils avaient attiré à eux la connaissance de la plupart des affaires civiles, mais ils s'en étaient vu dépouiller par plusieurs appels comme d'abus et en vertu d'une ordonnance de 1539.

L'*official forain* était un official que les évêques dont le diocèse avait beaucoup d'étendue établissaient hors du lieu de leur siège, en leur assignant un certain district.

OFFICIALITÉ, cour ou justice d'église dont le chef était l' o f f i c i a l ; la partie principale était le *promoteur*, le lieutenant le *vice-gérant*. Les actions en promesse ou dissolution de mariage étaient les causes les plus ordinaires de l'officialité. Le mot *officialité* désignait aussi la charge du juge qui exerçait cette juridiction. C'était un grand abus chez les prélats de vendre leurs officialités. *Officialité* signifiait enfin le lieu où se tenait cette juridiction, la salle de l'*officialité*, ou le sceau de l'*officialité*.

OFFICIANT, synonyme de *célébrant*. C'est le prêtre qui dit la messe principale dans une église, commence l'office au chœur, dit les oraisons, etc. Dans les églises cathédrales, il y a des jours solennels et marqués auxquels l'évêque lui-même doit officier à l'autel et au chœur.

Officiante se dit, dans les monastères de filles, de la religieuse qui est de semaine au chœur.

OFFICIEL, OFFICIEUX. En style de négociations, *officiel* est ce qui est déclaré, dit, proposé en vertu d'une commission expresse d'une autorité reconnue : Des déclarations, des propositions, des réponses *officielles*. En style d'administration publique, c'est ce qui émane soit du chef d'une administration quelconque, soit du gouvernement ; c'est ce qui est déclaré, publié par le pouvoir : Une lettre *officielle*, *ficielle*, un journal *officiel*.

Il y a cette différence entre *officiel* et *officieux* (*voyez* OBLIGEANT), que le premier s'applique à ce qui émane d'une administration, tandis que le second est l'œuvre du bon vouloir personnel d'un homme, administrateur ou non.

OFFICIER. On donne en général ce nom à celui qui possède un o f f i c e , qui est revêtu d'une charge, qui exerce certaines fonctions. Il s'applique plus particulièrement maintenant à certains g r a d e s de la hiérarchie militaire.

On nomme *officier civil* le dépositaire, l'agent quelconque de l'autorité civile. Tels sont les *officiers de l'état civil*, les *officiers de police*, les *officiers de police judiciaire*, les *officiers ministériels*, les *officiers municipaux*, les *officiers publics*, etc.

On comprend sous la dénomination d'*officiers ministériels* les avoués, les greffiers, les h u i s s i e r s , les notaires.

Les *officiers municipaux* sont les membres des municipalités exerçant une part quelconque du pouvoir exécutif, tels que les m a i r e s et les adjoints.

OFFICIER (*Art militaire*). On donne ce nom générique aux militaires qui sont commissionnés par le souverain, depuis le grade de sous-lieutenant jusqu'à celui de maréchal de France ; ceux qui tiennent leur titre du chef de corps sont des *sous-officiers*. Les premiers se divisent en *officiers généraux*, *officiers supérieurs*, *officiers subalternes* ou *officiers proprement dits*.

Les *officiers généraux* sont ainsi appelés parce qu'ils ont ou peuvent avoir sous leur commandement des troupes de différentes armes. Les g é n é r a u x d e d i v i s i o n et les g é n é r a u x d e b r i g a d e sont des *officiers généraux*.

Les *officiers supérieurs* commandent tout ou partie d'un corps de troupe. Ils appartiennent au corps, en font partie, en surveillent le service, l'administration, l'instruction, etc. Les c o l o n e l s , les *lieutenants-colonels*, les *chefs de bataillon* ou *d'escadron*, les *majors* sont des *officiers supérieurs*. Il existe toutefois dans le corps impérial d'état-major des *officiers supérieurs* du grade de colonel, de lieutenant-colonel et de chef d'escadron, bien qu'ils soient sans troupe : c'est qu'il a été nécessaire de les assimiler, pour l'avancement, le commandement hiérarchique, aux officiers des corps de troupe. Les grades proprement dits sont les *capitaines*, *lieutenants* et *sous-lieutenants*, qui sont chargés en sous-ordre de portions plus petites de corps de troupe. Les grades analogues se retrouvent également dans le corps impérial d'état-major. Il existait autrefois dans l'organisation des armées françaises des g r a d e s ou supprimés ou dont les noms sont changés. Tels sont les *b r i g a d i e r s*, *m e s t r e s d e c a m p*, *e n s e i g n e s*, *c o r n e t t e s*, *cadets*, *m a r é c h a l d e c a m p* et *l i e u t e n a n t g é n é r a l*. Plusieurs de ces dénominations sont encore conservées dans les armées étrangères.

Avant la révolution de 1790, les emplois d'officiers étaient exclusivement réservés aux gentilshommes. Quelques sous-officiers, en petit nombre, devenaient officiers et ne pouvaient en aucun cas obtenir un grade supérieur à celui de capitaine. On les distinguait par le nom d'*officiers de fortune*. Un des premiers soins de l'Assemblée constituante fut de fixer leur sort et d'assurer la retraite de ceux qui se retiraient du service. L'a v a n c e m e n t m i l i t a i r e est régi aujourd'hui par des lois spéciales.

Sous le nom de *sous-officiers* on désigne les *adjudants-sous-officiers*, les *sergents-majors* et *maréchaux des lo-*

gis chefs, les *sergents* et *maréchaux des logis*, et les *fourriers*. Ainsi que nous l'avons dit, ils sont à la nomination du chef de corps, qui du reste ne peut las choisir que parmi les sujets portés par l'inspecteur général sur le tableau d'avancement. On les appelait anciennement *officiers à brevet, officiers à baguette, bas-officiers*.

OFFICIER (*Marine*). Le corps de la marine militaire compte, comme l'armée de terre, des officiers généraux, des officiers supérieurs et des officiers subalternes. L'assimilation des grades est régulièrement établie. Les officiers de la marine royale se recrutent pour les deux tiers parmi les élèves de la marine, autrefois *aspirants*. Les officiers de la marine marchande pourvus du brevet de *capitaine au long cours* peuvent, s'ils ont été embarqués pendant deux ans sur un bâtiment de l'État en qualité d'enseigne auxiliaire, concourir au grade d'enseigne entretenu. La loi du 20 avril 1832, modifiant en cela la législation précédente, admet également à concourir à ce dernier grade les *premiers maîtres* justifiant des conditions d'instruction suffisante; les lois postérieures ont admis ce principe. Un tiers des emplois d'enseigne de vaisseau est dévolu à ces deux dernières classes de marins.

Les *officiers mariniers* sont en général tous les *maîtres, contre-maîtres, quartiers-maîtres* : ce sont ceux enfin qui sont chargés des détails de l'exécution des ordres des officiers de vaisseau.

Les *officiers de port* sont chargés de veiller à la liberté et sûreté des ports et rades de commerce, et de leur navigation, à la police sur les quais et chantiers du même port, au lestage et délestage, à l'enlèvement des cadavres, et à l'exécution des lois de police, des pêches et du service des pilotes.

OFFICIER D'ADMINISTRATION. On donne ce nom aux membres de l'intendance militaire et du commissariat de la marine, dont tous les grades sont assimilés hiérarchiquement à ceux des officiers militaires de terre et de mer. Les membres de l'administration des subsistances militaires sont également assimilés aux grades des officiers de troupe.

OFFICIER DE BOUCHE. *Voyez* BOUCHE DU ROI.
OFFICIER DE L'ÉTAT CIVIL. *Voyez* ÉTAT CIVIL.
OFFICIER DE PAIX. On appelle de ce nom à Paris des employés de la police subordonnés aux commissaires de police. Leur surveillance s'étend sur toutes les branches de la police administrative; mais ils ne sont pas officiers de police judiciaire. Leurs procès-verbaux ne valent que comme rapports et ne font pas foi jusqu'à inscription de faux.

OFFICIER DE POLICE JUDICIAIRE. *Voyez* POLICE JUDICIAIRE.

OFFICIER DE SANTÉ. Il y en a de civils et de militaires. Les officiers de santé civils sont autorisés à exercer la médecine et la chirurgie, quoique n'étant pas pourvus du diplôme de *docteur*. Mais l'exercice de leur ministère est limité au département où ils ont reçu leur grade universitaire. Il est certaines opérations qu'ils ne peuvent pratiquer hors la présence d'un docteur en médecine ou en chirurgie. Les officiers de santé militaires prennent tous le nom, qu'ils soient docteurs ou non. Divers règlements ont réorganisé, à plusieurs reprises, le corps d'officiers de santé militaires. Le décret du 23 mars 1852 en règle ainsi la hiérarchie : médecin inspecteur ; médecin principal de première et de seconde classe ; médecin major de première et de seconde classe ; médecin aide major de première et de seconde classe. La hiérarchie des pharmaciens se définit de la même manière : les médecins militaires peuvent être attachés indistinctement à l'armée ou aux hôpitaux ; les pharmaciens ne peuvent être attachés qu'aux hôpitaux. Le corps d'officiers de santé militaires se recrute parmi les élèves de l'école spéciale de médecine militaire, qui a été dernièrement réorganisée et a son siège à Strasbourg ; quand ils ont subi leur examen de sortie, ils passent aides majors de seconde classe, avec le titre de docteur ou de maître en pharmacie ; les médecins civils, commissionnés par le ministre ayant accompli deux ans de service et fait une campagne et les pharmaciens civils dans les mêmes conditions ont droit au quart des emplois d'aide major de seconde classe. Le diplôme de docteur est exigé des officiers de santé militaires.

Les officiers de santé de la marine sont chargés du service des hôpitaux de la marine, et sont embarqués sur les bâtiments de l'État en nombre proportionné à l'effectif de l'équipage. Ils sont chargés aussi du service des hôpitaux dans les colonies. Les officiers de santé de terre et de mer sont assimilés pour les traitements, les honneurs militaires et les retraites aux grades correspondants indiqués par les règlements spéciaux.

OFFICIER D'ORDONNANCE. *Voyez* ORDONNANCE (Officier d').

OFFICIERS DE LA COURONNE (Grands-). Avant la révolution on comprenait sous ce titre en France les grands dignitaires qui approchaient personnellement le monarque et qui faisaient le service près sa personne : ainsi, le *grand-chambellan*, le *grand-chancelier*, le *grand-maître des cérémonies*, le *connétable*, le *grand-aumônier*, étaient les grands-officiers de la couronne. Les grands-officiers reparurent avec la monarchie, et l'empereur Napoléon, dans son sénatus-consulte organique du 28 floréal an XII (18 mai 1804), rétablit les *grands-officiers*, avec quelques modifications. Ils étaient au nombre de six : le grand-électeur, l'archichancelier de l'empire, l'archichancelier d'État, l'architrésorier, le connétable et le grand-amiral. Ils prirent le nom de *grands dignitaires de l'empire*. Ils recevaient les mêmes honneurs que les princes français ; ils prenaient rang immédiatement après eux. Indépendamment des grands dignitaires, Napoléon créa des *grands-officiers de l'empire*, c'étaient : 1° les maréchaux de l'empire ; 2° huit inspecteurs et colonels généraux de l'artillerie, du génie, des troupes à cheval et de la marine ; 3° les *grands-officiers civils de la couronne*, tels qu'ils devaient être créés ensuite par l'empereur. Ces derniers furent ; comme autrefois, le grand-chambellan, le grand-aumônier, le grand-écuyer, le grand-veneur, et enfin le grand-maréchal du palais. La Restauration ne conserva que les dignités qui rappelaient les traditions de l'ancien régime. Ainsi disparurent les *grands dignitaires* et les *grands-officiers de l'empire* ; il ne resta que les *grands-officiers civils de la couronne*. La révolution de Juillet effaça pour quelque temps cette institution, que le nouvel empire a eu hâte de ressusciter. Il le fallait.

OFFICIERS DU POINT D'HONNEUR. *Voyez* POINT D'HONNEUR.

OFFICIEUX. *Voyez* OFFICIEL et OBLIGEANT.

OFFICINAL (du latin *officina*, boutique), épithète que l'on donne aux médicaments qui se trouvent tout préparés dans les pharmacies, pour les distinguer de ceux que le médecin prescrit pour être préparés et administrés à l'instant même ou à une époque peu éloignée de la prescription (*voyez* EXTEMPORANÉ). On considère comme préparations *officinales* toutes celles dont la formule se trouve dans le *Codex* ou dans les formulaires, et comme médicaments *magistraux* tous ceux qui sont préparés par le mélange des médicaments officinaux les uns avec les autres : parmi les premières se trouvent les onguents, les poudres, les sirops, les électuaires, les emplâtres, etc. ; parmi les secondes, les potions, tisanes, décoctions, loochs, apozèmes, etc. On qualifie également d'*officinales* toutes les substances que la nature nous fournit et qui sont employées dans l'art de guérir. La préparation, la conservation et la mixtion des substances officinales constituent tout l'art de pharmacien.   C. FAVROT.

OFFICINE (du latin *officina*, boutique), lieu où l'on conserve et où l'on emploie les substances médicinales ou pharmaceutiques ; en effet, l'officine des pharmaciens n'est autre chose que ce magasin, ce laboratoire où il manipule les médicaments officinaux pour les transformer en préparations magistrales. C'est là que doivent se trouver réunis l'ordre, la propreté, la clarté et toutes les commodités indispensables. C'est à la bonne tenue d'une officine que le public juge du soin apporté dans la préparation des médicaments.

OFFRANDE (du latin *offerenda*) désigne l'action d'offrir à Dieu une chose que l'on destine à son culte, et la chose même que l'on offre. Il en est de même du terme *oblation*, avec cette différence que l'offrande se fait à Dieu, à ses saints, à ses ministres, tandis que l'oblation ne se fait qu'à Dieu seul. L'oblation est un sacrifice, l'offrande n'en est pas un. L'offrande du pain et du vin dans le sacrifice de la messe est une oblation. L'usage d'offrir à Dieu des dons est aussi ancien que la religion. Nous voyons les enfants d'Adam offrir l'un des fruits de la terre, les prémices de son labourage, l'autre des prémices de ses troupeaux. Les offrandes des fruits de la terre, de pain, de vin, d'huile, de sel, sont celles que nous trouvons le plus anciennement établies chez tous les peuples. Les Hébreux avaient plusieurs sortes d'offrandes, qu'ils présentaient au temple. Les unes étaient volontaires, les autres d'obligation : les prémices, les dîximes, les hosties, pour le péché, étaient obligatoires; les sacrifices pacifiques, les vœux, les offrandes de pain, d'huile, de vin, de sel et autres, faites au temple ou aux ministres du Seigneur, étaient de simple dévotion. Bien que Jésus-Christ ait ordonné moins de cérémonies que d'actes intérieurs de vertu, il n'a pas supprimé les offrandes. Les ministres de l'Évangile ont d'abord vécu des dons que leur apportaient les fidèles, dont aucun ne participait au saint sacrifice sans faire une offrande. Le produit de ces collectes fut bientôt abondant : trois parts en étaient faites, l'une pour les frais du culte divin, l'autre pour la subsistance des ministres, la troisième pour les pauvres. L'offrande du pain bénit, qui se fait le dimanche, est un faible reste de l'ancien usage. Les révolutions survenues plus tard dans l'Empire Romain ont fait comprendre que la subsistance des ministres de l'Église serait trop précaire si elle n'était fondée que sur les offrandes journalières des fidèles : c'est ce qui donna lieu à l'institution des bénéfices ecclésiastiques.

OFFRE, action d'offrir, offre de service. En droit les offres sont un moyen de libération offert au débiteur, lorsque le créancier ne veut ou ne peut recevoir ce qui lui est dû. On appelle *offres réelles* celles qui sont accompagnées de la représentation effective de la chose offerte ou de la somme due, avec l'intention de s'en dessaisir actuellement et irrévocablement ; elles doivent être faites par un officier ministériel ayant caractère pour ces sortes d'actes, c'est-à-dire par un huissier, ou par un notaire, si le procès-verbal ne contient pas assignation en validité. Les offres réelles ont pour effet de mettre le créancier en demeure de recevoir. Cependant, s'il s'y refuse, elles ne libèrent le débiteur qu'autant qu'elles sont suivies du dépôt de la somme ou de la chose offerte dans le lieu voulu par la loi. Ce dépôt se fait à Paris à la caisse des dépôts et consignations. Le payement devant être fait au lieu convenu par l'obligation, il semble que c'est aussi là que la chose devrait être offerte. Les offres doivent toujours, cependant, être faites à la personne ou au domicile du créancier. De là une question qui a été jugée en sens divers, et qu'on ne peut décider en effet que par l'appréciation des circonstances. Les offres réelles, lorsqu'il s'agit d'une somme en espèces, ont encore pour effet de faire cesser les intérêts du jour de leur réalisation, c'est-à-dire du jour qu'elles ont été offertes. Lorsque la dette est d'un corps certain, il doit être livré au lieu où il se trouve; il n'est pas besoin alors de faire des offres réelles, il suffit de sommer le créancier d'enlever; après quoi il peut y avoir lieu à consignation, mais seulement avec permission de justice.

OFTERDINGEN (Henri d'), dans le poème de la *Joûte littéraire de la Wazlburg*, est désigné comme le poète qui chante les louanges du duc Léopold d'Autriche, et est cité par un *Meistersænger* de la fin du treizième siècle comme l'un des preux de Charlemagne ; ses exploits guerriers, que les romanciers ont signalés comme des prodiges, lui avaient mérité l'estime du grand empereur. Originaire d'Austrasie, il prit parti pour les fils de Carloman, et pour éviter le ressentiment de Charlemagne dut se réfugier chez les Lombards. Mais il obtint son pardon, et entra bientôt au noviciat de l'abbaye de Saint-Faron de Meaux. Son frère d'armes et de plaisir, Benoît, suivit son exemple, et tous deux moururent dans le même couvent, au neuvième siècle, avec de grands sentiments de piété. Le nom d'Ogier le Danois a été donné à l'un des quatre valets des cartes à jouer. Le chant d'*Ogier le Danois* a été publié en 1833 par notre collaborateur M. Leroux de Lincy. Dufey (de l'Yonne).

OG. *Voyez* Amorites.

OGADAÏ ou **OKTAI.** *Voyez* Djinghiz-Khanides.

OGER ou **OGIER LE DANOIS**, appelé aussi *Autcaire*, personnage fameux dans les romans de chevalerie : c'était un des preux de Charlemagne ; ses exploits guerriers, que les romanciers ont signalés comme des prodiges, lui avaient mérité l'estime du grand empereur. Du reste, on ne sait rien sur lui. Son existence n'est rien moins qu'authentique ; et l'opinion qui lui attribue le chant des *Nibelungen* manque de tout fondement. Novalis a donné son nom à un beau roman, demeuré inachevé.

OGINSKI (Famille), maison princière de Lithuanie, devenue célèbre surtout depuis le dix-huitième siècle. *Michel-Casimir* Oginski, grand-hetman de Lithuanie, né à Varsovie, en 1731, renonça, en 1771, à une existence épicurienne pour défendre contre les Russes, à la tête de la confédération lithuanienne, sa patrie envahie ; mais battu par Souvarof, il fut forcé de se réfugier en Prusse, et ses biens furent confisqués. Quand plus tard il en eut été remis en possession, en vertu d'une aministie, il fit construire le canal qui porte son nom, et qui, d'une étendue de 45 werstes, relie la Baltique à la mer Noire en joignant le Prypec au Niémen. A la diète de 1791, il vota avec les patriotes et les partisans de la constitution du 3 mai, quoique cette constitution lui eût enlevé sa dignité d'hetman. Il mourut à Slonim, en 1799.

Son neveu, *Michel-Cléophas* Oginski, grand-trésorier de Lithuanie, né en 1765, fut député à la diète, puis envoyé extraordinaire en Hollande, et ministre du trésor public en 1793. Quand, l'année suivante, Kosciusko appela la nation aux armes, Michel Oginski devint le chef d'un régiment de chasseurs équipé à ses frais. L'issue malheureuse de la lutte le força à se réfugier à l'étranger, et ses domaines devinrent la proie des généraux russes. Choisi par les patriotes polonais pour offrir leur agent à Paris et à Constantinople, ce ne fut qu'après avoir vu échouer tous ses efforts pour le rétablissement de l'indépendance de la Pologne qu'il sollicita et obtint, en 1802, de l'empereur Alexandre la permission de revenir dans son domaine de Zalezie, près de Wilna. Après la paix de Tilsitt, il se rendit avec sa famille en France et en Italie ; c'est là qu'il mourut, en 1831. Musicien habile et brillant, il composa des *Polonaises*, restées célèbres. On a aussi de lui des *Mémoires sur la Pologne et les Polonais* (2 vol., Paris, 1826), où l'on trouve de précieux renseignements sur les événements accomplis de 1794 à 1798.

OGIVE, sorte de voûte, différente de la voûte à plein cintre et l'opposé de la voûte surbaissée. L'ogive est composée de deux arcs de cercle qui se rencontrent en formant un angle au sommet, et qui se tirent des divisions de la corde de l'arc parfait en trois ou quatre parties, à volonté. De là était venue l'ancienne dénomination d'arcs *en tiers et quart point*. Toutefois, une étude plus attentive des monuments où l'ogive est employée a fait reconnaître que les anciens constructeurs ne se sont pas bornés à cette division de la corde de l'arc parfait, c'est-à-dire de la demi-circonférence en trois ou quatre parties, mais qu'ils l'ont subdivisée, selon les caprices de leur goût, jusqu'à l'infini. C'est ce qui fait l'extrême variété d'aspect des voûtes dites *gothiques*.

On a beaucoup cherché l'étymologie du mot *ogive*. Deux opinions seulement paraissent plus ou moins plausibles. La première fait dériver ce mot du mot latin *ovum*, et établit à l'appui que la voûte en ogive ressemble à peu près à la moitié d'un œuf coupé dans sa largeur. La seconde le fait dériver du mot allemand *aug*, que l'on peut prononcer *og*, et qui signifie *œil*; et cette opinion s'appuie sur ce que les arcs de la voûte en ogive forment des angles curvilignes semblables à ceux du coin de l'œil, quoique dans une position différente.

On a beaucoup discuté aussi sur le principe d'imitation qui a conduit les architectes, après la chute de l'Empire d'Orient, à construire ces voûtes élevées et pointues, si différentes de la voûte à plein cintre employée à la belle époque de l'architecture romaine. On s'est accordé, principalement les auteurs anglais et allemands, à penser que les voûtes, ordinairement aiguës, formées par les arbres des forêts, avaient dû servir de types à l'ogive; et l'on a rappelé, avec raison, que les principaux membres de l'architecture et la plupart de ses ornements ont été puisés dans les objets que nous présente la nature. Si en effet le tronc d'arbre a donné l'idée de la colonne, son feuillage a pu donner l'idée de la voûte, par sa réunion avec la sommité des arbres voisins. Mais, dans ces recherches, on a trop oublié que les plus simples constructions amènent naturellement à la voûte aiguë, plus facile à exécuter que la voûte à plein cintre; que si une pierre plate, horizontalement posée sur deux autres dressées verticalement forme l'architrave des Égyptiens et des Grecs, deux pierres dressées diagonalement, et s'appuyant l'une sur l'autre par le sommet, forment un angle qui a pu, tout aussi bien que les arbres des forêts, suggérer l'idée de la voûte aiguë ou angulaire. Au reste, on trouve cette voûte, plus ou moins grossière, à l'origine de l'architecture de presque tous les peuples : dans les ruines de Ninive, en Égypte, chez les Pélasges, au Mexique, partout où l'on rencontre des traces de civilisation primitive. Les explications plus ou moins ingénieuses qu'on a données pour expliquer l'origine de l'ogive n'ont donc rien de bien concluant.

Enfin, comme il tout devait être obscur à cet égard, on ignore même l'époque positive de l'introduction de l'ogive dans l'Occident, et il est résulté de cette ignorance des idées fausses et des appellations mal fondées. On a cru généralement que l'architecture à ogive était due à l'invasion des Goths, et on lui a donné le nom d'architecture *gothique*. L'histoire était pourtant là pour enseigner que les Goths, venus de la Scandinavie et autres contrées boréales, dès les premiers siècles de l'ère chrétienne, ont passé sans rien construire, et n'ont fait que détruire. C'est pendant le séjour des Goths dans le midi de l'Europe que l'architecture romaine périt, comme avait péri l'Empire Romain; mais l'architecture à laquelle on peut laisser le nom de *gothique*, et qui dura pendant cette période de quatre ou cinq cents ans, était lourde, massive, sans beauté de proportions, sans élégance, et les voûtes y étaient à plein cintre, ce qui contredit formellement l'opinion commune. Quant à l'architecture à ogive, elle ne paraît qu'après l'expulsion des Goths de tout l'Occident. Elle ne commence en France que vers Charlemagne, et fleurit surtout depuis le dixième siècle jusqu'au seizième. Selon l'opinion qui rejette toute influence des Goths sur cette architecture, elle est due aux Arabes et aux Maures d'Espagne; et il faut convenir que cette opinion est mieux fondée. Les Maures, dont le goût en architecture et en sculpture est connu par les monuments qu'ils ont laissés en Espagne, portèrent leurs conquêtes jusqu'au centre de la France : ce fut Charles Martel qui les en chassa. Les guerres de Charlemagne, longtemps continuées contre eux, durent, en outre, établir des communications dont le goût architectural se ressentit. Les croisades, au douzième et au treizième siècle, où les Européens eurent encore affaire aux Sarrasins ou aux Maures, ont pu également avoir le même effet. Il faut ajouter, enfin, que les Maures au temps de leur puissance se répandirent aussi dans l'Allemagne et l'Angleterre : ce qui explique d'une manière assez plausible la commune origine des monuments à ogives de ces divers pays, comme de ceux qu'ils construisirent pendant leur domination en Espagne.
— C. FANCY.

OGRE, OGRESSE. La littérature fantastique et les contes des longues veillées du moyen âge nous ont légué ces vénérables histoires des fées, des ogres, des goules, des vampires, etc., qui bercèrent notre enfance, et qui amusent encore nos vieux jours. Certes, parmi toutes ces créations, celle des ogres n'est pas la moins célèbre, parce qu'elle est la plus terrifiante. Voyez la grand'mère racontant au coin de son feu, dans une soirée d'hiver, à cette jeune famille attentive, les aventures du *Petit Chaperon rouge* ou du *Petit Poucet* : et l'*ogre l'a mangé* est le redoutable péripétie du drame qui fait frissonner.

Le nom d'*ogre* vient d'*Onjour*, *Oigour*, Hongrois; ces terribles compagnons des barbares qui envahirent le monde romain au cinquième siècle étaient d'une cruauté incroyable; ils tuaient sans pitié tout ce qu'ils rencontraient, car le guerrier devait après sa mort être servi par ceux qu'il avait frappés; ils mangeaient de la viande crue, ou simplement échauffée entre leur selle et le dos de leur cheval; ils buvaient, dit-on, le sang de leurs ennemis; ils en coupaient le cœur en morceaux pour s'en repaître; enfin, ils mangeaient de la chair humaine. Les Oïgours avaient une physionomie tellement féroce que la France, en butte à douze de leurs rapides mais cruelles invasions, au dixième siècle, dut ajouter foi sans peine à ce que l'on racontait ainsi d'eux. De là sont venues des traditions des contes du coin du feu; l'enfant méchant était menacé de l'ogre; la férocité des Oïgours a disparu, grâce à la civilisation qui les a atteints et gagnés à leur tour; mais l'ogre est resté, l'ogre restera toujours dans nos contes, avec ses yeux gris et ronds, son nez crochu, sa bouche armée de longues dents, tel, enfin, que jadis on représentait les Hongrois. Il est probable que l'aspect farouche de ces barbares, tout velus, couverts d'épaisses fourrures, coiffés de peau d'ours, et les récits de leurs cruautés, défigurées, exagérées par la peur, et auxquels il faut peut-être ajouter quelque acte atroce d'anthropophagie, ont donné naissance à la légende des ogres éventant la chair fraîche; la rapidité des invasions des Oïgours, toujours à cheval, ne serait-elle pas l'explication des bottes de sept lieues de l'ogre du Petit Poucet?

Le mot *ogre* est resté dans notre langue; mais, sauf les contes où on le montre aux enfants sous un aspect si terrible, il s'est radouci lui aussi, et l'on ne l'emploie plus guère qu'en parlant d'une personne qui satisfait amplement et voracement son appétit, et dont on dira qu'*elle mange comme un ogre*.

Dans les contrées du Nord, on a quelquefois fait manger du poisson aux vaches ou de la chair à des chevaux affamés, faute de fourrages : on donne à ces bestiaux le nom d'*ogres animaux*.

OGYGÈS, le plus ancien roi de l'Attique et de la Béotie dont la tradition fasse mention. De son temps (Larcher calcule que ce fut l'an 1755 avant J.-C.), il arriva un grand déluge, dit *déluge d'Ogygès*, qui ravagea toutes les basses contrées de ces deux pays et qui en fit périr les habitants. Les uns font d'Ogygès un autochthone; les autres, un fils de Bœotus. Il fut le père d'Eleusis, un héros de l'Attique, et l'époux de Dœira, fille d'Océanos. Les diverses traditions font présumer qu'une colonie égyptienne vint, sous les ordres d'Ogygès, s'établir en Béotie et de là dans l'Attique. D'après lui, la Béotie était souvent appelée aussi *Ogygia*.

OHIO, l'un des plus grands cours d'eau de l'Amérique du Nord, dont le bassin est d'environ 65,000 myriamètres carrés, provient, à Pittsbourg, de la jonction de l'Alleghany et du Monongahela, qui prend sa source sur le versant nord-ouest du mont Alleghany, à une élévation d'environ 450 mètres, coule entre les États de l'Ohio, d'Indiana, d'Illinois, au nord-ouest, et une partie de la Pensylvanie, de la Virginie et du Kentucky au sud, le plus généralement dans la direction du sud-ouest, avec un parcours de 97 myriamètres en tenant compte de ses sinuosités, et de 51 myriamètres en ligne droite, à travers une des contrées les plus belles et les plus fertiles de l'Union, et va se jeter, en passant par Cincinnati et Louisville, dans le Mississipi. Il est riche en eaux, et, sauf les rapides de Louisville, qu'on évite aujourd'hui par un canal, navigable en amont pour de grandes barques jusqu'à Pitisbourg (154 myriamètres). Avec les canaux qui s'y déchargent et les chemins de fer qui l'avoisinent, il forme l'une des grandes voies de communication du commerce, en reliant le Mississipi et son bassin avec les grands lacs du Canada et l'océan Atlantique. Une innombrable quantité de bateaux à vapeur et d'autres embarcations fluviales le parcourent incessamment. Il compte un grand nombre d'affluents importants, tels que le Wabash et le Cumberland, mais surtout le Tenessée, qui est navigable aussi à une grande distance en amont.

OHIO, l'un des États-Unis de l'Amérique du Nord, borné à l'ouest par l'Indiana, au nord par le Michigan et le lac Erié, à l'est par la Pensylvanie, séparé de la Virginie et du Kentucky au sud par la rivière d'Ohio, présente une superficie de 1,320 myriamètres carrés. Son caractère général est celui des pays de plateaux. Il n'est montagneux nulle part, bien qu'onduleux. Le nord-ouest est plat et en partie encore marécageux, et l'ouest couvert d'épaisses forêts. Son principal cours d'eau est l'O hio, qui reçoit à Marietta le Muskingum, à Portsmouth le Scioto, ainsi que le grand et le petit Miami. Le Maumée, le Sandusky, le Cahuyoga, le Vermillon, l'Ashtabula et quelques autres encore vont se jeter dans le lac Erié, sur une largeur de 22 myriamètres, limite cet État et où l'on trouve plusieurs ports. Le climat en est généralement sain et tempéré. Le sol est presque partout d'une fertilité extrême, notamment dans les vallées arrosées par des rivières. Le froment est le principal produit du pays; cependant, on y cultive aussi le maïs et d'autres espèces de céréales, ainsi que le tabac, les fruits de toutes espèces, la vigne et la soie. Les chevaux, les bêtes à cornes et les porcs y sont très-nombreux. Indépendamment d'une florissante agriculture, de l'exploitation des forêts, toujours considérable, et de celle des mines, qui d'ailleurs se borne à peu près à l'extraction de la houille (la région de la houille bitumineuse occupe une surface de 507 myriamètres carrés), l'industrie y fait de rapides progrès, notamment en articles de quincaillerie de toutes espèces, en manufactures de lainages et de cotonnades, papier, mégisserie, ouvrages en cuir, poudre, soie, vêtements confectionnés. Le commerce et la navigation intérieurs y ont pris les développements les plus vastes, que favorisent une foule de grandes voies artificielles de communication comme on n'en rencontre dans aucun autre État, un réseau de canaux offrant un parcours de 120 myriamètres, et trente-six chemins de fer d'un parcours total d'environ 400 myriamètres. En 1848 cet État possédait 48 banques. En 1790 sa population n'était que de 3,000 âmes. En 1800 ce chiffre s'élevait à 45,355; en 1810, à 230,270; en 1850, à 1,980,408, dont 24,300 hommes de couleur libres et 1,956,108 blancs, dans lesquels on comptait 600,000 Allemands et Suisses, colons qui ont le plus contribué à la prospérité actuelle de l'État. Il y a été pourvu aux besoins de l'instruction populaire avec beaucoup de générosité, et plus que dans tous les autres États de l'ouest. Indépendamment de l'université d'Ohio, à Athènes, de celle de Miami à Oxford et de l'université wesleyenne à Delaware, on y compte encore huit autres collèges, sept écoles de théologie, une école de droit, quatre écoles de médecine, un grand nombre d'écoles moyennes et 12,660 écoles primaires. En 1852 la dette publique de l'État montait à 17,333,216 dollars, dont la plus grande partie avait été dépensée en entreprises d'utilité publique, comme canaux, chemins de fer, etc.

L'Ohio appartenait autrefois à la Virginie; il fit ensuite partie du Territoire du nord-ouest. A partir de 1788, il com-

mença à être colonisé par des colons venus pour la plupart de la Nouvelle-Angleterre et de la Pensylvanie, et en 1802 il fut érigé en État particulier. Aux termes de la constitution de 1851, tout citoyen blanc âgé de vingt-et-un ans et établi depuis un an dans l'État et y payant impôt est électeur. La puissance législative appartient à un sénat, composé de trente-cinq membres, et à une chambre de cent représentants, les uns et les autres élus pour deux ans. La puissance exécutive est confiée à un gouverneur jouissant de 1,800 dollars de traitement et élu à la majorité des voix pour deux ans. L'État est divisé en 87 comtés. Son chef-lieu, *Columbus*, est le siège du gouvernement; mais la plus grande ville de l'État est Cincinnati. Les autres villes populeuses sont *Cleveland*, *Dayton* sur le grand Miami, avec 10,976 habitants, *Zanesville*, sur le Muskingum (10,355 habitants), *Steubenville*, sur l'Ohio (6,140 habitants), *Chillicothe*, sur le Scioto (7,098 habitants), toutes très-industrielles et commerçantes.

OHMACHT (LANDOLIN), sculpteur distingué, né en 1760, à Dunningen, près de Rottweil, montra de bonne heure les plus grandes dispositions pour la statuaire. Après avoir travaillé pendant quelque temps à Manheim et à Bâle, où il fit surtout du portrait, il alla, en 1790, se perfectionner en Italie. Il parcourut ensuite l'Allemagne, et séjourna pendant quelque temps à Hambourg, où il exécuta le monument du bourgmestre Rodde, pour la cathédrale de Lubeck, ainsi que le buste de Klopstock, l'une de ses œuvres les plus remarquables et celle qu'il appréciait le plus. En 1801 il exécuta à Strasbourg le monument du général Desaix, dont le projet était de Weinbrenner. Depuis cette époque il travailla la plupart du temps à Strasbourg. C'est ainsi qu'il y exécuta en grès *Le Jugement de Paris*; les bustes de Jean Holbein et d'Ervin de Steinbach, tous deux en marbre et de grandeur colossale; les monuments d'Oberlin et de Kock dans l'église de Saint-Thomas à Strasbourg; une *Vénus* de grandeur naturelle, en marbre; une *Flore*, son pendant; une *Psyché* qui suit les yeux l'*Amour*; le grand monument funéraire d'Adolphe de Nassau, pour la cathédrale de Spire, etc., etc. Dans toutes ces œuvres, Ohmacht s'est montré artiste consciencieux et a fait preuve d'une grande richesse d'idées, en même temps que son exécution est restée sage. Ses figures de femmes surtout sont remarquables par leur grâce. Cet artiste mourut à Strasbourg, le 31 mars 1814.

Sa fille, Mme Gros, avait obtenu de mettre en loterie les œuvres qui lui restaient de son père. Elle est morte en 1853, à l'hôtel-Dieu, minée par une fièvre ardente, laissant un jeune fils, doué, dit-on, de qualités artistiques remarquables.

OHSSON (CONSTANTIN, baron d'), envoyé de Suède à Berlin, est né vers 1780, à Constantinople, où résidait son père, Ignace Mouradgea d'Ohsson. Constantin d'Ohsson fut nommé en 1807 secrétaire de légation à Berlin, puis en 1808 à Madrid, et en 1810 à Paris. En 1816 il fut envoyé à La Haye avec le titre de plénipotentiaire, puis créé baron en 1828 et transféré en 1834 à Berlin. Au milieu de ses préoccupations diplomatiques, le baron d'Ohsson a trouvé le temps de cultiver les lettres. Il s'est surtout appliqué à élucider l'histoire asiatique et à compléter l'ouvrage de son père par un troisième volume (Paris, 1820). On a en outre de lui *Histoire des Mongols* (1834-1835) et une dissertation intitulée : *Des Peuples du Caucase au dixième siècle*.

OÏDIUM, genre de mucédinées établi par Link pour de petits champignons présentant des filaments simples ou rameux, très-fins, transparents, réunis par touffes, légèrement entre-croisés, cloisonnés, et dont les articles finissent par se séparer et former autant de sporules. La plupart des oïdiums croissent sur les plantes mortes ou les bois pourris. Mais l'espèce dont nous allons parler spécialement, l'*oïdium Tuckeri*, jouit du triste privilège de s'attaquer aux végétaux vivants, et depuis plusieurs années a causé d'immenses ravages dans nos vignes.

La *maladie de la vigne*, observée d'abord en 1845 dans

les serres de l'Angleterre, ensuite dans celles de la Belgique, et plus tard dans celles de Paris, s'est montrée postérieurement dans les vignobles des environs de cette ville, et successivement, en gagnant du terrain par zones chaque année, dans ceux du Mâconnais, du midi de la France, du Piémont, de l'Italie, de l'Espagne et de l'Orient. Son caractère le plus manifeste consiste dans l'apparition de l'*oïdium Tuckeri*, qui attaque le raisin et les feuilles de la vigne et qui les détruit; cette moisissure se répand de proche en proche, au moyen de séminules microscopiques de la forme d'un œuf, roulant sur les surfaces lisses et voyageant au loin par les airs, s'attachant aux surfaces humides et pouvant s'y développer quand elles sont produites par la grappe ou la feuille de la vigne.

Le rôle de cette moisissure n'est pas envisagé de la même manière par tous les savants. Les uns pensent que la vigne est atteinte elle-même d'une affection qui en dénature les tissus ou la sève, et que l'apparition de la moisissure n'est qu'un phénomène secondaire, symptôme et non principe du mal, signe et non pas cause du dépérissement. D'autres, et ce sont les plus nombreux, considèrent la moisissure comme la vraie cause de la maladie. Ils ne disent pas qu'elle vient se développer et se propager sur les vignes parce qu'elles sont affaiblies, languissantes, malades, comme tant d'êtres parasites qu'on voit en effet s'emparer d'une organisation qui dépérit et qui se meurt; ils affirment, au contraire, que la vigne en pleine santé peut recevoir comme un champ propre au développement des séminules de la moisissure, et que lorsqu'elles tombent sur les jeunes grappes, sur les jeunes pousses, elles s'y développent à leurs dépens, arrêtant leurs progrès, corrompant leurs sucs, dénaturant leurs tissus, les frappant de stérilité et de mort.

De tous côtés on s'est occupé des moyens de délivrer la vigne de ce terrible fléau. Des récompenses ont été promises, des commissions ont été formées, et l'oïdium a continué à paraître; en s'affaiblissant pourtant de plus en plus. Le remède qui a semblé le plus efficace pour combattre la maladie de la vigne consiste à répandre, à l'aide d'un soufflet approprié, de la fleur de soufre sur toutes les parties de la vigne à trois reprises différentes : d'abord un peu avant la floraison, puis presque aussitôt après, lorsque le fruit est formé, enfin peu de temps avant la maturité.

Un procédé plus expéditif, moins coûteux, a été proposé par le docteur Roboam; mais l'expérience n'a pas encore été faite sur une assez grande échelle. Il suffirait de coucher les branches de vigne sur la terre, de manière qu'elles la touchent, pour arrêter tout progrès de la maladie. On n'aurait plus qu'à relever légèrement les sarments pour favoriser la maturation du grain. Un autre a guéri ses vignes en les déchaussant et en arrosant le chevelu de la racine avec du sel et du sulfate de fer.

Remarquons, en terminant, que M.Guérin-Méneville affirme que le fléau ne sévit jamais sur les vignes où un courant d'air froid vient à passer, lorsque ces vignes ne sont pas abritées.

OIE, genre d'oiseaux de l'ordre des palmipèdes, de la famille des lamellirostres.

L'oie proprement dite a le bec aussi long que la tête; les bouts des lamelles en garnissent le bord. On en connaît quatre espèces principales. L'*oie ordinaire* (*anser cinereus*) à l'état sauvage est grise, avec le manteau brun, ondé de gris; son bec orange est noir à la base et au bout : c'est cette espèce dont le plumage offre tant de variétés dans nos basses-cours. L'*oie des moissons* (*anser segetum*), très-rapprochée de la précédente, en diffère par ses ailes, plus longues que la queue, par quelques taches blanches au front, et par le bec, qui est uniformément orangé. L'*oie rieuse* (*anser albifrons*) est grise, avec le ventre noir et le front blanc. L'*oie de neige* (*anser hyperboreus*) se distingue par son plumage blanc, son bec et ses pieds rouges, ses pennes des ailes, qui sont noires au bout. Deux espèces, l'*oie de Guinée* et l'*oie de Gambie*, se rapprochent plus des cygnes que des oiseaux dont ils portent le nom.

L'*oie domestique*, que nous devons à la première espèce décrite, malgré la réprobation injuste et presque malveillante dont elle est l'objet, mérite un des premiers rangs parmi les animaux que nous élevons pour la satisfaction de nos besoins. L'oie était si excellente au goût des Romains qu'ils la consacrèrent à Junon, et cet acte de justice les sauva d'une ruine entière, *quæ res salutis fuit* (Tite-Live, I, V, § 47). On sait comment les oies sacrées sauvèrent le Capitole. Ce service fut payé d'un nouvel honneur; dans les cérémonies publiques les oies allaient en voiture, *anser in lectica*. Les oies élaborent une graisse dont le goût s'unit délicieusement à plusieurs légumes. Leurs cuisses et leurs ailes confites et gardées font les fêtes des gourmands gascons. Leurs p l u m e s serviront à écrire.

Malgré ces expressions proverbiales : bête comme une oie, comme un *oison*, comme un *oison bridé*, qu'on applique à un homme simple et facile à abuser, l'oie n'est pas si bête qu'on le pense : le sens géométrique qui lui fait tracer dans l'air ces figures que Pline admire en son chapitre XXII, la mémoire des lieux, la prudence, la ruse, la distinguent parmi tous les êtres créés. Enfin, l'amour de ses enfants est extrême chez elle.
P. GAUBERT.

Le mâle de l'oie s'appelle *jars*; de là l'expression proverbiale: *Il entend le jars*, pour dire il est fin et rusé, on ne lui en fait pas accroire aisément.

OIE (Jeu de l'). Ce jeu, le bonheur des petits et des grands enfants, a la prétention d'être renouvelé des Grecs ; soit ! Cette constatation un peu vague de son origine une fois admise, faisons connaître ce jeu séculaire à ceux qui ne l'auraient point pratiqué.

Le jeu de l'oie se joue à deux ou à plusieurs personnes, avec deux dés, sur un tableau qui se compose de soixante-trois cases. L'un des joueurs jette les dés ; il prend la cinquième case s'il a amené cinq, et ainsi de suite; mais s'il amène neuf par quatre et cinq, il se place à la case cinquante-quatre, et à la vingt-sixième si c'est par six trois ; le premier qui arrive à la case soixante-troisième, où l'oie est représentée dans toute sa splendeur, gagne la partie. Mais il n'est point si facile qu'on le pense d'arriver au but. Si l'on trouve des encouragements sur son passage, tels que les oies marquées de neuf cases en neuf cases, et qui permettent, lorsque le dé amené autoriserait le joueur à se placer sur une de ces oies, de doubler sa marche, c'est-à-dire de compter encore une fois pour se placer sur le point qu'il a amené, on trouve aussi beaucoup d'obstacles; ainsi, si l'on amène six, au lieu de se placer sur la case six, qui représente un pont, on paye une amende, et l'on se place sur la case douze; si l'on arrive à cette case douze, qui représente une hôtellerie, l'on paye une amende, et l'on se repose jusqu'à ce que les autres joueurs aient joué chacun une fois ; à la case trente-deux, qui représente un puits, on paye également une amende, et l'on y reste, jusqu'à ce qu'un autre joueur tombant également dans le puits vienne vous en retirer et vous y remplacer ; il en est de même pour la case cinquante-deux, qui représente une prison ; on paye l'amende aussi quand on se trouve arrêté à la case quarante, qui représente un labyrinthe, et l'on retourne à la case trente. Enfin, si l'on tombe à la terrible case qui représente une tête de mort, il faut recommencer tout le jeu. Tous ces obstacles une fois franchis, l'on pourra arriver près du but ; mais là en surgit un autre, qui peut faire retomber dans les premiers. En effet, si le point amené fait dépasser la case soixante-trois, on rétrogradera du nombre de points que l'on a en trop ; on peut ainsi traverser plusieurs fois sans s'y arrêter cette case dont l'occupation entraîne le gain de la partie. Le jeu de l'oie, on le voit, se joue fort couramment, sans aucune difficulté. Il a servi de modèle à une foule de jeux instructifs, se jouant comme lui, sur soixante-trois cases, dont chacune représente un objet déterminé, tels que le jeu de la guerre, de la mythologie, de l'histoire, des monuments de Paris, etc.

OIE DE MER. *Voyez* DAUPHIN.

OIGNON (*Botanique*). Croirait-on que ce bulbe, si vanté dans l'antiquité, que les poëtes ont chanté, auquel les Egyptiens ont rendu des honneurs divins, est aujourd'hui dédaigneusement abandonné au bas peuple, et presque généralement repoussé de la table des grands? Mais aussi, hâtons-nous de le dire, loin de jeter le mépris sur ces Égyptiens qui ont eu ces faiblesses, tout en faisant des prodiges, nous devrions plutôt les admirer, puisque c'était la reconnaissance qui guidait leurs hommages. En effet, les auteurs qui se sont livrés à des recherches sur l'Égypte assurent que l'oignon de scille ou oignon sacré des Égyptiens était employé avec beaucoup de succès comme le spécifique d'une hydropisie endémique, causée par l'humidité de ce pays marécageux. Quoique la scille soit encore quelquefois employée en médecine, elle a cependant perdu beaucoup de son ancienne réputation. Il faut l'avouer, les personnes qui mangent des oignons crus ou cuits exhalent souvent une haleine des plus fétides, et sont fatiguées par des renvois fort incommodes, car l'oignon est très-indigeste, et ne saurait convenir à des estomacs débiles et paresseux. C'est surtout dans nos départements méridionaux que s'est conservé chez les gens de la campagne l'usage de manger des oignons; usage venu des Romains, qui en faisaient la nourriture essentielle des soldats pour augmenter leur force et leur courage, au rapport de Socrate. Mais avant eux les Égyptiens en nourrissaient leurs esclaves, et les Hébreux eux-mêmes les ont souvent regrettés dans le désert.

Les oignons sont des plantes potagères bisannuelles, à racine bulbeuse, appartenant au genre a il. Le bulbe, qui en est la partie la plus importante, se compose de tuniques charnues, rouges ou blanches; il pousse des feuilles simples, cylindriques, fistuleuses et pointues, au milieu desquelles s'élève une tige ou hampe nue, fistuleuse aussi, renflée dans son milieu, et haute d'environ un mètre. Les oignons varient autant dans leur forme que dans leur couleur : ainsi, il y en a de rouges, de blancs, de pâles, et de rouges et blancs; les uns sont ronds, les autres oblongs : parmi les premiers se trouve l'*oignon rouge*, qui se conserve très-bien, et qui jouit d'une grande âcreté.

Cette plante acquiert plus de développement dans les climats tempérés que dans les pays froids. Un sol argileux ne lui convient pas du tout, elle préfère une terre substantielle légère. Les oignons se sèment en général au mois d'août et de septembre; on les transplante en octobre, à deux ou trois pouces de distance, et on peut les récolter dans les derniers jours de juin : il est prudent de couvrir les planches d'oignons d'une couche de litière pendant les rigueurs de l'hiver. On peut faire augmenter d'une manière sensible le bulbe de l'oignon, en rompant sa tige lorsqu'il est près de sa maturité, ce que l'on reconnaît au changement de couleur de ses feuilles. Lorsque la récolte des oignons est terminée, on les expose au soleil pendant huit à dix jours, au bout desquels on les attache de la paille, et l'on en fait des chaînes, que l'on suspend dans un lieu sec pour leur faire passer l'hiver; ils se conservent alors très-bien. Quand on veut avoir de la graine, on laisse monter les oignons, et lorsque le fruit s'ouvre, la graine est parvenue à sa maturité; on la secoue sur un drap et on la conserve à l'abri de l'humidité.

Il est une variété d'oignons fort recherchés, que l'on nomme *oignons tapés*; ils sont rouges ou blancs, gros comme une forte noisette, et ont un goût fort agréable. On connaît également une variété d'oignons dits *bulbifères*, qui présentent cela de remarquable, qu'au lieu de fleurs ils portent au sommet de leur tige une sorte de *caïeux* ou petits oignons réunis en forme de bouquet : chacun de ces oignons est susceptible de donner naissance à un nouvel individu. Cette variété se rapproche de l'oignon rouge par son aspect extérieur, mais elle en diffère par son goût et par son mode de reproduction.

L'oignon contient, comme on le sait, un principe volatil particulier, qui excite le larmoiement lorsqu'on le coupe : ce principe disparaît entièrement par la coction. Le suc de l'oignon a été fréquemment employé en médecine dans une foule de maladies, telles que la surdité, les hydropisies, les maladies de la vessie, etc. Les seules propriétés qu'on lui attribue aujourd'hui à juste titre sont d'être diurétique et antiscorbutique. Autrefois, on vantait son action merveilleuse sur le visage des femmes qui en faisaient usage, et dont il ravivait l'incarnat; mais son odeur désagréable doit seule empêcher d'avoir recours à un pareil moyen. Là ne se bornent point les vertus des oignons. On connaît encore, sous le nom d'*oignons glacés* et mieux d'*oignons brûlés*, une préparation d'oignons usitée pour donner au pot-au-feu une couleur et un fumet plus appétissant. Les femmes de l'île de Scio donnent à la soie une belle couleur orangée en faisant macérer dans de l'eau pendant quatre ou cinq jours, et bouillir ensuite avec de l'alun, les tuniques ou pelures de l'oignon rouge.

Quant aux oignons de fleurs, ce sont, sous le rapport botanique, des bulbes semblables à ceux que nous venons d'examiner; comme eux, ils sont charnus, formés de tuniques ou d'écailles. Parmi les oignons charnus ou *solides* se trouvent ceux de la t u l i p e. Parmi les oignons à tunique, on remarque la s c i l l e, assez souvent employée en médecine; puis enfin, parmi ceux à écailles, se trouve l'oignon de l i s. Il y a encore plusieurs plantes connues sous le nom d'*oignons* : ainsi, on appelle *oignon de loup* le potiron gris, *oignon marin* le bulbe de la scille maritime, *oignon musqué* la jacinthe musquée.
C. FAVROT.

OIGNON (*Pathologie*), tumeur inflammatoire, très-douloureuse, d'une forme ronde ou moins semblable à un oignon, produite aux articulations des os du tarse par des souliers durs ou trop étroits. L'oignon diffère essentiellement des c o r s, durillons, poireaux, en ce que ces derniers ne sont que le résultat d'un durcissement de la peau, qui augmente un peu de volume dans cette partie, tandis qu'il y a toujours gonflement de l'os dans l'oignon, et altération plus ou moins grave du tarse : aussi est-il fort difficile de guérir ces tumeurs; le repos, les lotions et les cataplasmes émollients sont les seuls moyens à employer; encore ne produisent-ils souvent qu'un soulagement momentané. Quelquefois la douleur causée par ces excroissances, peu volumineuses cependant, est telle qu'il est impossible au malade de marcher : c'est alors qu'il regrette cet amour-propre et cette coquetterie qui dans sa jeunesse l'ont porté à s'emprisonner les pieds dans une petite chaussure, qui ne lui laisse maintenant qu'un souvenir bien douloureux et une incommodité bien grande.

Oignon se dit aussi d'une grosseur de la sole du cheval qui se manifeste plus souvent en dedans qu'en dehors, et qui ne vient presque jamais aux pieds de derrière.
C. FAVROT.

OIL (Langue d'). La langue vulgaire parlée au nord de la Loire, et désignée aussi sous le nom *langue de si*, parce que le mot *oui* y est souvent exprimé par *si*, paraît être de formation plus récente que la *langue d'oc*. Ce ne fut guère qu'au quinzième siècle que s'accomplit la complète transformation du français du moyen âge en français moderne.

OINT, frotté d'huile, de graisse, d'une substance onctueuse. En termes de religion, il se dit premièrement et par excellence de Jésus-Christ, l'*oint* du Seigneur, et ensuite des prêtres et des rois (*voyez* SACRE). Jésus-Christ a dit : Gardez-vous de toucher à mes *oints*, ce sont personnes sacrées (*voyez* ONCTION).

Oints fut le nom d'une secte d'hérétiques au seizième siècle. Ils disaient qu'on ne pouvait commettre d'autre péché en ce monde que de ne pas embrasser leurs doctrines : ils étaient calvinistes. Leur berceau fut le comté de Surrey, et leur chef un nommé Writ, qui soutenait que tout le Nouveau Testament n'était qu'une prophétie; que Jésus-Christ reviendrait encore une fois avant la fin du monde, et que celui à qui ses péchés ont été une fois pardonnés ne pèche plus.

OISE, rivière de France, l'un des principaux affluents de la Seine. Sa source est au nord-ouest de Rocroy, dans le département des Ardennes, peu éloignée de celle de la Sambre, et son embouchure à Conflans-Sainte-Honorine, dans le département de Seine-et-Oise. Comme son cours est très-sinueux, et par conséquent beaucoup plus long que ne semble l'indiquer la distance entre les points extrêmes, la pente est faible, et ses eaux coulent lentement, ce qui favorise la navigation sur cette rivière. On l'a jointe à l'Escaut par le canal de Saint-Quentin, en sorte qu'elle est une des principales voies du commerce entre la Belgique et Paris. Le bassin de l'Oise comprend une grande partie du département des Ardennes, le nord de celui de la Marne, et la presque totalité de ceux de l'Aisne et de l'Oise, outre l'espace qui lui appartient aussi dans le département de Seine-et-Oise. Le cours de l'Oise est d'environ 245 kilomètres par Guise, La Fère, Compiègne, Verberie, Creil, Pontoise. Ses principaux affluents sont à droite le Thérain et la Troëne ; à gauche la Ton, la Serre, la Lette et l'Aisne. Cette rivière est flottable depuis Bantor, et navigable depuis Chauny sur 125 kilomètres.

FERRY.

OISE (Département de l'). Formé d'une partie de l'ancienne Ile de France, du Soissonnais, du Beauvoisis, d'une partie de la Picardie, du Vexin français, etc., il est borné au nord par le département de la Somme, à l'est par celui de l'Aisne, au sud par ceux de Seine-et-Marne et de Seine-et-Oise, enfin à l'ouest par ceux de l'Eure et de la Seine-Inférieure.

Divisé en 4 arrondissements, 35 cantons, 700 communes, il compte 403,857 habitants. Il envoie trois députés au corps législatif, est compris dans la première division militaire, la première conservation forestière, ressortit à la cour impériale d'Amiens, à l'académie de Paris et forme l'évêché de Beauvais.

Sa superficie est de 582,569 hectares, dont 389,486 en terres labourables ; 80,579 en bois ; 29,928 en prés ; 15,709 en landes, pâtis, bruyères ; 15,388 en vergers, pépinières et jardins ; 4,235 en propriétés bâties ; 2,601 en vignes ; 1,415 en oseraies, aunaies, sausaies ; 620 en étangs, abreuvoirs, mares, canaux d'irrigation ; 28,414 en forêts, domaines non productifs ; 12,711 en routes, chemins, rues ; 1,272 en rivières, lacs, ruisseaux ; 211 en cimetières, bâtiments publics. Le département paye 2,738,502 francs d'impôt foncier.

Le département de l'Oise est coupé par un assez grand nombre de cours d'eau ; deux rivières assez considérables le traversent, l'Oise, qui lui donne son nom, et l'Ourcq ; l'Aisne s'y perd, d'autres le sillonnent ou le limitent, telles que le Thérain, la Bresche, l'Avelon, la Nonnette et l'Epte. On trouve des marais le long de quelques-unes de ces rivières, ce qui en rend le séjour malsain. Les pierres à bâtir y abondent partout ; celle de Saint-Leu est très-estimée. Le grès calcaire y est aussi très-commun ; le plâtre ne s'y trouve que dans quelques lieux. Les tourbières n'y sont que trop étendues ; mais leur exploitation fait des progrès assez rapides.

Le sol est généralement assez fertile dans le département de l'Oise, et l'agriculture passablement avancée. On y obtient en abondance toutes les plantes légumineuses, textiles et céréales. Les vins ne valent pas mieux que ceux des environs de Paris, et la fabrication du cidre n'y donne que des produits de médiocre qualité. Les bêtes fauves, le gibier de grande et petite espèce se trouvent en quantité dans les nombreuses forêts qui couvrent ce territoire. Celles de Chantilly, de Compiègne et de Hallate sont les massifs les plus importants. Les rivières sont poissonneuses et fournissent surtout des truites et des aloses. Les bêtes à cornes y sont élevées avec soin.

L'industrie du pays est très-variée et occupe un grand nombre d'ouvriers en tous genres. On y trouve des affineries, des tréfileries, des fabriques de tôlerie, ferblanterie, limes et râpes, des usines à cuivre, des fabriques de zinc laminé, de cardes, de toiles métalliques, d'alun, de sulfate de fer, d'alumine et de zinc, de porcelaine, de faïence, de poteries, des fours à chaux et à plâtre, des filatures de laine, des fabriques de drap et de couvertures, de tapisseries, de passementerie, de toile *demi-Hollande* recherchée, de dentelle et blonde, des filatures de coton, des fabriques de toile, des bonneteries, des papeteries, des tanneries, des parchemineries, des corderies, des tabletteries, des sucreries, des féculeries, des brasseries, etc., etc.

Le commerce est favorisé par trois rivières navigables, le canal latéral de l'Oise et celui de l'Ourcq, les chemins de fer de Paris à Amiens, de Paris à Maubeuge, du Nord et de Saint-Quentin, 12 routes impériales, 18 routes départementales et 4,166 chemins vicinaux.

Le chef-lieu du département est *Beauvais* ; les villes et endroits principaux *Clermont* ; *Compiègne* ; *Senlis* ; *Noyon* ; *Chantilly* ; Creil, petite ville de 2,656 habitants, sur la rive gauche de l'Oise, avec une importante manufacture de faïence : c'est une station du chemin de fer du Nord ; *Crépy*, chef-lieu de canton, avec 2,787 habitants, un commerce de bois, de blé et de toile, une belle église en ruines et de vieux remparts ; *Ermenonville* ; *Liancourt* ; *Pierrefonds* ; *Guiscard*, bourg sur la Verse, avec 1,575 habitants ; *Pont-Sainte-Maxence*, etc.

OISEAU (*Ornithologie*). G. Cuvier a divisé la classe des oiseaux en six ordres : les *oiseaux de proie* ou *rapaces*, les *passereaux*, les *grimpeurs*, les *gallinacés*, les *échassiers* et les *palmipèdes*. Chacun de ces ordres, principalement fondés sur des caractères empruntés aux membres qui servent à la locomotion et à la préhension, est ensuite subdivisé d'après la conformation du bec, celle des pattes, etc., en grandes familles et en genres. *Voyez* OISEAUX.

OISEAU (*Fauconnerie*). En fauconnerie, l'*oiseau* s'entend toujours d'un oiseau de proie. L'oiseau *niais* est celui qui a été pris au nid ; l'oiseau *hagard*, celui qui a été pris après plusieurs mues, qui a été à soi, qui est plus farouche ; l'oiseau *mué*, celui qui a mué ; l'oiseau *sot*, celui qui au contraire n'a pas encore mué ; l'oiseau *attrempé* est celui qui n'est ni gras ni maigre ; l'oiseau *trop en corps* est celui qui est trop gras ; l'oiseau de *montée* est celui qui s'élève fort haut en l'air ; on appelle également en fauconnerie oiseau *âpre à la proie* celui qui se sert bravement de son bec et de ses ongles ; de *bon goût*, celui qui sait veiller sa proie, qui prend bien son temps pour voler après elle ; de *bonne affaire*, celui qui est bien dressé, bien obéissant.

L'oiseau *branchier* est celui qui n'a encore que la force de voler de branche en branche ; l'oiseau *dépiteux*, celui qui ne revient pas quand il a perdu sa proie. Les *oiseaux* de *leurre* sont les faucons, les gerfauts, en général tous ceux qui servent à la haute volerie, à la fauconnerie, et qui sont dressés à revenir au leurre, bien différents des *oiseaux de poing*, les autours, les éperviers, dressés à revenir sur le poing.

Tirer l'*oiseau* se dit d'un certain exercice où l'on propose un prix pour celui qui abattra d'un coup de fusil ou avec une flèche la figure d'un oiseau fixée au haut d'une perche.

OISEAU D'ÉPERVIER, et encore OISEAU DE LIMOUSIN, instrument dont les manœuvres se servent pour porter le mortier sur leurs épaules ; il est composé de deux ais joints d'un côté en équerre, et arrondis de l'autre. On le porte au moyen de deux morceaux de bois qui débordent.

OISEAU (Vue à vol d'). *Voyez* VOL D'OISEAU.

OISEAU CHAMEAU. *Voyez* AUTRUCHE.

OISEAU DE PARADIS, genre d'oiseaux de la famille des passereaux, auquel ce nom vulgaire vient d'une erreur populaire qui dépeignait ces oiseaux naissant sans pieds, voltigeant sans cesse, ne se reposant jamais, et faisant leur couvée dans le paradis. On en distingue deux espèces : l'une de la grosseur du geai, l'autre de la force du sansonnet. Leur plumage est un chef-d'œuvre de richesse et d'élégance. L'oiseau de paradis a, comme le paon, la tête petite, eu égard au volume du corps, le cou un peu court, étroit vers le bec, mais ample vers les épaules, et le corps assez ramassé. Du bout du bec à l'extrémité de la queue, il a environ 0ᵐ,33 de longueur, et près de 1ᵐ,10 jusqu'au bout des deux filets qui accompagnent les plumes subalaires; ses cuisses sont peu volumineuses, ses tarses au contraire très-forts, couverts d'une seule écaille, dont la suture s'aperçoit en ligne droite dans la longueur, et terminés par une main épaisse et robuste, formée de quatre doigts, dont trois antérieurs, inégaux entre eux, celui du milieu dépassant les deux autres, et un postérieur ou pouce, le plus long de tous, lesquels, recouverts de petites écailles mobiles s'emboîtant les unes dans les autres, sont armés d'ongles arrondis en demi-sphère, très-solides, acérés et piquants. Ses mandibules sont droites, fortes et coniques, l'inférieure s'enchâssant du bout dans la supérieure, qui est faiblement recourbée à son extrémité, et dans laquelle sont taillées légèrement en biais les narines, cachées en partie par les plumes scapulaires : la couleur de ces mandibules est bleu d'acier plombé, sur un fond jaune de paille plus ou moins sombre, comme les tarses, les doigts et les ongles. Les ailes sont garnies chacune de dix pennes principales, inégales et étagées, la septième ou la huitième étant la plus longue; elles ont en plein vol près de 0ᵐ,66 d'envergure, et atteignent, lorsque l'oiseau est posé, l'extrémité de sa queue, laquelle est également munie de dix pennes, mais égales et coupées presque carrément par le bout; ses plumes subalaires, placées, au nombre de 260 à 310, de chaque côté, percent la peau et aboutissent à un nerf extenseur qui permet à l'oiseau de les hérisser. Elles ne sont ni de même longueur ni de même couleur; les plus rapprochées de la queue ont de 0ᵐ,55 à 0ᵐ,60, y compris le filet chevelu qui les termine, et sont d'un brun acajou clair; celles qui les couvrent, moins longues, sont d'un beau jaune jonquille; il en est enfin qui retombent sur ces dernières, et qui sont les plus courtes et les plus étroites; leur couleur est jaune chrôme clair et brillant à la base, rouge pourpre éclatant à l'extrémité, qui se dessine en pointes arrondies et étagées sur le fond jaune jonquille des secondes plumes. Toutes ces plumes subalaires sont décomposées, c'est-à-dire garnies de barbes à jour ou séparées, munies elles-mêmes de barbilles, mattes dans les premières plumes, lisses et luisantes dans les secondes et les dernières; en sorte que cette magnifique parure produit, quand l'oiseau l'étale au soleil, l'effet admirable d'une toile métallique aux fils d'or. Les autres parties de sa robe, aussi soyeuses que la laine du cachemire, ne sont pas moins riches.

L'oiseau de paradis, qu'on ne trouve guère que dans la Nouvelle-Guinée, se nourrit de noix muscadées, de baies rouges et d'aromates, des fruits du waringa, d'insectes, de grands papillons, quelquefois aussi de chair palpitante, comme les oiseaux de proie. Il donne la chasse à de petits oiseaux dont il est friand. Réfugié par couples ou en petites peuplades dans le fond des bois, il en sort à l'époque où les épices commencent à mûrir, et fond par couples sur la récolte. Il a dans l'attitude et le caractère quelque chose du paon. Comme lui, il sympathise peu avec d'autres oiseaux; il est vain, fier, sauvage, courageux, ennemi de la captivité. Battu par l'orage, il s'élève perpendiculairement et va chercher ailleurs une atmosphère moins agitée. On ignore le temps de sa couvée et la manière dont il construit son nid. Les Indiens prennent ces oiseaux aux lacets, à la glu, ou en les enivrant à l'aide de coques du Levant, jetées dans les mares où ils viennent boire. On les tue alors avec des flèches de roseau. C'est pour ces peuples la source d'un commerce très-lucratif. Il n'est pas de pays en Europe où les femmes n'emploient ces oiseaux à relever leur toilette, soit en les mêlant à leur chevelure, soit en les posant sur des chapeaux, des toques, des turbans. La préparation que les Indiens leur font subir après les avoir tués consiste à leur arracher les yeux et les cuisses, à leur ôter la cervelle et les entrailles, à leur passer un fer rouge au travers du corps pour cicatriser les chairs, puis à les faire sécher, soit au four, soit dans du sable chaud.   Jules SAINT-AMOUR.

OISEAU-DE-PARADIS, constellation de l'hémisphère austral, invisible dans les latitudes de l'Europe.
OISEAU-MOUCHE ou ORNISMYA. *Voyez* COLIBRI.
OISEAU-SAINT-MARTIN. *Voyez* BUSARD.
OISEAU-TROMPETTE. *Voyez* AGAMI.
OISEAUX. Voici l'une des classes à la fois les mieux établies et les plus intéressantes du règne animal. L'art ingénieux avec lequel les oiseaux construisent leurs nids, l'étonnante prévoyance qui leur fait deviner l'approche de l'hiver et les guide à travers l'océan vers des climats plus doux, l'admirable instinct des mères, la mélodie du chant dans plusieurs espèces, l'élégance des formes et l'éclat du plumage dans une foule d'autres, tout en ces êtres privilégiés appelle les méditations du philosophe, inspire au naturaliste le désir de les étudier. Si nous jetons un coup d'œil sur la conformation, sur les mœurs et les instincts des oiseaux en général, nous trouverons, ici comme ailleurs, une si parfaite harmonie entre la fin que leur attribue la nature et les moyens qu'elle leur donne d'y atteindre, que nous pourrons toujours aller de la connaissance de l'une à celle des autres, et réciproquement. Et d'abord, les extrémités antérieures, propres au vol seulement, ne pouvant, comme chez les mammifères, servir à la station dans les oiseaux, il fallait qu'ils fussent *bipèdes*. Ne pouvant non plus faire de ces ailes des organes de préhension, ils devaient prendre leurs aliments avec leur bouche. Aussi, voyez comme la nature a pris soin de pencher leur corps en avant de leurs pieds, en même temps qu'elle allongeait leurs doigts pour leur fournir une base suffisante de sustentation; voyez quelle mobilité elle a donné aux vertèbres de leur cou, de manière qu'il pût s'étendre pour ramasser la nourriture, ou se replier en arrière dans le repos, tandis que les vertèbres du tronc immobiles, comme soudées entre elles, et qu'un large *sternum*, surmonté d'une crête saillante (le *bréchet*), de fortes clavicules disposées en arcs-boutants entre les épaules (la *fourchette*) offraient un point d'appui solide aux efforts musculaires qu'exige le vol. N'est-il pas admirablement construit pour fendre l'air, ce corps oblong, arrondi comme la carène d'un navire! Quel vêtement était mieux approprié à cette existence aérienne que ce plumage, à la fois si léger et si imperméable aux intempéries de l'atmosphère! Examinons les extrémités inférieures, qui se composent d'une cuisse (toujours cachée sous la peau du ventre), d'une jambe plus ou moins longue selon les besoins de l'espèce, et d'un os long (le *tarse*), se mouvant verticalement sur les doigts : nous découvrirons que l'action des muscles est combinée de manière que le simple poids du corps fait fléchir les doigts, comme par un ressort; mécanisme ingénieux, qui permet à l'animal de dormir perché sur un ou sur deux pieds.

Selon les modifications que la nature a imprimées à leurs ailes et à leurs pattes, les oiseaux se sont partagé l'air, la terre ou les eaux : ils volent, marchent ou grimpent, courent, sautent ou nagent avec une merveilleuse facilité. En thèse générale, les meilleurs marcheurs sont les plus mauvais voiliers. L'*autruche*, qui peut défier la plupart des animaux à la course, ne vole pas; les *pics* marchent difficilement et grimpent très-bien. Quelques espèces, condamnées à ne point quitter la rive qui les a vues naître, attendent, dans l'immobilité, que les flots leur jettent une proie qu'elles se décident avec peine à poursuivre : créatures imparfaites, qui, dans leur existence bornée, ne semblent être là que pour remplir les divers degrés de l'animalité, et offrir le passage à d'autres classes d'êtres ; tandis que les espèces plus favorisées peuvent franchir sans se reposer d'incroyables distances. Nos h i r o n d e l l e s arrivent au Sénégal dans une semaine, si l'on en croit Adanson. Un faucon s'étant envolé de Fontainebleau fut repris le lendemain à Malte, et reconnu à un anneau qu'on avait attaché à ses jambes. Le vol est d'autant plus étendu que les ailes sont plus longues et plus aiguës. Par la vivacité avec laquelle les longues plumes qui s'y insèrent (*pennes*, *rémiges*) frappent l'air, l'oiseau trouve un point d'appui dans ce fluide, qui ne peut se déplacer avec la même rapidité. Le vol peut donc être considéré comme une suite de bonds continus, ou, ainsi que le dit M. Lesson, comme la locomotion terrestre par sauts dans un milieu aériforme. Les plumes de la queue (*pennes rectrices*) font dans cette circonstance l'office de gouvernail lorsque l'animal veut s'élever, s'abaisser ou changer de direction. Ce genre de locomotion, que nous croirions devoir lui être si fatigant, n'est qu'un jeu pour l'oiseau, qui dans le moment même où il fend l'air fait entendre les chants les plus forts et les plus soutenus. Les espèces de haut vol sont le mieux emplumées ; les espèces presque nues, comme le casoar, ne se trouvent que dans les pays chauds.

Une fois ou dans l'année les oiseaux perdent leur plumage : c'est l'époque de la *mue*, qui a lieu ordinairement après la ponte, et laisse ces animaux dans un état de souffrance occasionné par le travail important qui s'opère pour la production de nouvelles plumes, et par la direction de tous les sucs nutritifs vers l'appareil tégumentaire. Beaucoup même en meurent. Le plumage diffère très-souvent en été et en hiver. Les teintes sombres et rembrunies sont en général le partage des femelles ; aux mâles seuls le privilége d'étaler leur robe élégante ces reflets éclatants, ce mélange harmonieux de couleurs, pour l'immense variété desquelles la langue manque d'expressions. C'est sur le plumage des oiseaux de l'Asie, de l'Amérique, de l'Afrique, que la nature a étalé toutes les richesses de sa palette. Mais aussi, par une juste compensation, elle leur a refusé les chants mélodieux, attribut des espèces, moins belles, qui peuplent nos climats.

La structure des organes internes dans l'oiseau n'est pas moins en harmonie avec son existence aérienne que celle des organes externes. Ainsi, sa légèreté spécifique se trouve singulièrement augmentée par le volume considérable de ses poumons, par les cellules ou poches aérifères dans lesquelles se terminent les *bronches* (canaux de la respiration), et qui transmettent l'air dans toutes les parties du corps, y compris même les os et le tuyau des plumes. Ce volume énorme d'air sert aussi à nous expliquer la force remarquable de la voix dans les plus frêles espèces. Quant à l'organe destiné à la production de ce phénomène, c'est une sorte de poche fermée par des membranes, ou un second *larynx*, situé au point où se bifurque la *trachée-artère* (canal aérifère), au-dessous du larynx ordinaire, placé au fond du gosier, et qui paraît ne contribuer que fort peu à la phonation. La voix de l'oiseau s'opère donc par un mécanisme analogue à celui qu'on emploie pour souffler dans une flûte, l'embouchure de cet instrument représentant le larynx *inférieur*, et les trous percés dans le tube la trachée-artère et le larynx *supérieur*.

Mais tout s'enchaîne par les plus admirables rapports dans cet ensemble harmonieux d'organes conspirant tous à une même fin : l'oxygène, qui, par suite du grand développement de l'appareil respiratoire, baigne tous les tissus, tous les fluides, communique au sang des propriétés plus stimulantes ; et dans la stimulation vive que produit sur la fibre locomotrice ce sang fortement oxygéné nous trouvons la source de cette immense force musculaire dont a besoin l'oiseau pour fendre les plaines de l'air.

L'appareil de la digestion se fait principalement remarquer dans cette classe de vertébrés par le triple renflement qu'on voit à sa partie supérieure. Le premier constitue cette poche qui saillit à l'extérieur quand elle est remplie, et que l'on désigne vulgairement sous le nom de *jabot* ; la seconde paraît surtout destinée à verser un fluide propre à favoriser la macération de l'aliment ; enfin, la troisième (le *gésier*) peut être considérée comme le véritable estomac. Ses parois, épaisses et cartilagineuses dans les espèces *granivores*, semblent destinées à remplacer la mastication qu'opèrent les dents chez les animaux qui en sont pourvus ; action favorisée par les petites pierres que l'animal avale, comme moyen de broyer la substance alimentaire. « On a observé,

dit Buffon, que le seul frottement du gésier avait rayé profondément et usé presque aux trois quarts plusieurs pièces de monnaie qu'on avait fait avaler à une autruche. » La nature d'ailleurs pourvu à l'absence de dents par le bec, revêtu d'un étui corné, et dont la forme varie selon le genre de nourriture, de sorte que l'oiseau peut, selon ses besoins, s'en servir pour couper ou déchirer, briser ou broyer.

On nomme *cire* une membrane colorée, qui s'élève, dans beaucoup d'espèces, sur la base du bec ; *cloaque*, une poche dans laquelle aboutissent à la fois le *rectum* (partie inférieure du canal intestinal) et les organes de la génération. Les poumons adhèrent à la colonne vertébrale ; les organes digestifs ne sont pas, comme chez les mammifères, séparés de la poitrine par un diaphragme, ou cloison charnue ; comme chez eux la circulation se fait au moyen d'un cœur à deux ventricules et à deux oreillettes. Le cerveau a une grandeur proportionnellement très-considérable.

Quant aux sens, la nature s'est surtout attachée à perfectionner chez l'oiseau celui de tous dont le développement lui était le plus nécessaire, la vue. Aussi ses yeux sont-ils plus gros proportionnellement que dans les quadrupèdes, et d'une structure plus compliquée. L'oiseau de proie fond du haut des airs, à une hauteur où nous l'apercevrions à peine, sur le petit lézard qui glisse dans l'herbe, ou sur l'alouette, qui se distingue à peine de la motte de terre sur laquelle elle repose. Comment sans cette admirable faculté de voir à la fois des objets très-rapprochés et très-éloignés aurait-il pu en aussi peu de temps franchir d'immenses espaces, dont il n'aurait aperçu ni l'étendue ni les limites ? « Supposez à l'oiseau qui vole le mieux, dit Buffon, une vue courte, et la crainte du choc, des résistances inaperçues, enchaînera constamment son essor ; il ne pourra que voltiger lentement et avec défiance. » Ajoutons qu'une troisième paupière, à demi transparente, tempère, en s'étendant comme un rideau devant le globe de l'œil, l'action trop vive de la lumière sur la rétine. Après la vue, l'ouïe paraît être le sens le plus fin chez les oiseaux, à en juger par les distances auxquelles ils se répondent, et par la facilité avec laquelle ils répètent des sons ou des suites de sons. D'ailleurs, point de conque extérieure pour l'oreille. De la répugnance de quelques bipèdes pour certains aliments et de leur préférence pour d'autres peut-on conclure à un développement prononcé de l'organe du goût ? A ne considérer que la consistance de leur bec et celle de leur langue, ordinairement membraneuse ou cartilagineuse, on serait porté pour la négative. Cependant, quelques espèces, les perroquets, par exemple (dont la langue, il est vrai, est charnue), semblent savourer leur nourriture. L'odorat paraît plus subtil. On cite nombre de faits qui le prouvent. Les vautours, attirés de si loin par l'odeur d'un cadavre, à moins qu'on n'aime mieux supposer qu'ils l'ont vu avec de le flairer. C'est à la base du bec qu'est percée l'ouverture des narines. Le toucher doit être rendu à peu près nul par l'interposition des plumes et par les espèces de lames ou d'écailles qui revêtent les pattes.

La saison des amours est l'époque la plus brillante dans la vie des oiseaux. Jamais leur existence n'est plus animée, leur gaieté plus pétulante, leur gosier plus mélodieux ; il en est même qui ne chantent qu'à ce court moment. Leur plumage est alors dans tout son éclat, et les mâles dans quelques espèces prennent des plumes dites de *parure*, qu'ils perdent bientôt après. Pendant l'accouplement, qui ne dure qu'un instant, le mâle, se cramponnant à l'aide de son bec et de ses ailes sur le dos de la femelle, lance, par le bout de ce tubercule placé sous le ventre, le fluide fécondant, que la femelle reçoit par l'orifice extérieur du cloaque. Dans beaucoup d'espèces, une seule compagne suffit aux ardeurs du mâle, qui lui reste fidèle toute la vie ; dans d'autres, d'un vrai sultan auquel il faut un sérail, qu'il renouvelle même chaque fois que se fait sentir l'impérieux besoin de la reproduction. Souvent la possession d'une femelle est entre deux rivaux l'occasion de luttes sanglantes.

A peine la femelle a-t-elle ressenti les premières influences de la fécondation qu'un instinct révélateur la pousse déjà à s'occuper avec sollicitude de la petite famille qu'elle doit mettre au jour. Bien qu'étranger aux impressions de cette maternité naissante, le mâle, chose remarquable, partage avec sa femelle les travaux de la nidification. Le plus souvent, le nid, construit entre deux branches d'arbre ou à l'extrémité inaccessible d'une branche, se compose de petits brins de bois, de paille ou de jonc, entrelacés à l'aide du bec et des pattes, et à l'intérieur desquels la prévoyance maternelle a ménagé un lit plus doux de mousse et d'un duvet emprunté à la bourre cotonneuse de certaines graines. Quelquefois le nid, formé de terre ou de gravier gâché avec des débris de branches et de feuilles, est adossé à l'angle d'un mur ou d'une cheminée : véritable maçonnerie, dont l'exécution, la solidité, ne laisseraient jamais supposer quel frêle architecte, quels simples instruments l'ont construit. Une hirondelle nommée *salangane* pétrit son nid avec un *fucus* (plante marine) qu'elle a préalablement élaboré dans son gésier, et ce nid est recherché dans l'Asie méridionale comme un aliment très-savoureux. Certaines espèces moins soigneuses ou moins habiles se contentent de creuser dans le sol un trou où elles déposent leurs œufs, sans autres précautions; quelques-unes ne font même jamais de nid. Nous n'avons pas encore parlé de ces *aires* que bâtissent au sommet des rocs les plus inaccessibles les grands oiseaux de proie, et dont la lourde charpente, formée de pièces de bois liées entre elles par des branches d'arbres, recevant chaque année du même couple de nouveaux accroissements, atteste la vigueur de l'architecte qui les a construits, et qui y brave l'impétuosité des vents. Le nid est toujours construit sur le même plan dans les mêmes espèces, et, ce qui n'est pas moins remarquable, c'est l'instinct qui pousse la mère à choisir le lieu le plus sûr ; ce sont les ruses qu'elle imagine pour dérober son gîte à la vue de ses ennemis.

Bientôt s'opère la ponte. L'ovule fécondé n'est qu'un globule jaune, qui, détaché de l'ovaire, grossit, sort de son enveloppe membraneuse, et tombe dans le canal de l'oviducte. Là, il se recouvre d'une matière albumineuse (le blanc de l'œuf), puis, parvenu plus bas, il s'incruste d'une couche mince de matière calcaire (la coquille). C'est seulement alors qu'il quitte l'oviducte et sort du corps de la mère. Il est des espèces qui ne pondent qu'une fois dans l'année, d'autres qui réitèrent cet acte. Les oiseaux domestiques seuls peuvent le faire toute l'année : faculté qu'ils doivent à une nourriture plus abondante, jointe à plus d'inaction. Le nombre des œufs, qui n'est que d'un ou de deux dans les grandes espèces, s'élève jusqu'à vingt-quatre dans les petites. La fécondation n'est pas indispensable à leur formation, puisque nous voyons pondre des oiseaux en cage et des poules sans coq ; mais ces œufs ne donnent jamais de petits. L'*incubation*, qui succède immédiatement à la ponte, doit, pour en vivifier le produit, lui offrir une chaleur de 30° R., au moins. On a remarqué qu'alors la mère éprouve une sorte de fièvre, qui élève la température de son sang de plusieurs degrés. Le mâle couve aussi, pendant que la femelle prend sa nourriture, dans les familles qui vivent par couples. Cette période se prolonge d'autant plus que le petit doit sortir de l'œuf plus développé. Ainsi, elle est de vingt à quarante jours chez les uns, tandis qu'elle n'est que de dix à quinze chez les autres. Cependant, le germe, qui ne s'offrait d'abord que sous l'aspect d'une simple tache blanchâtre arrondie, d'une nature gélatineuse, a bientôt pris, sous l'influence vivifiante de l'incubation, la forme d'un fœtus, qui ayant atteint son complet développement perce la coquille, à l'aide d'une pointe cornée dont la prévoyante nature a armé son bec pour le moment de sa naissance.

A cette époque, l'oiseau est ordinairement recouvert d'un duvet fin, implanté dans les bulbes des plumes, qui le repoussent à mesure qu'elles se développent. Rarement ce premier plumage est semblable à celui des parents. Dans quelques espèces, le nouveau-né court au sortir de la coquille s'abriter sous l'aile de sa mère ; le poussin apprend aussitôt d'elle à chercher sa nourriture ; le caneton se plonge dans l'eau ; mais pour le plus grand nombre la première période de l'existence se passe dans le nid, où de tendres parents veillent à la subsistance de la jeune couvée, lui apportent la nourriture, qu'ils dégorgent parfois, à demi digérée, pour la mieux approprier à la faiblesse des organes. Quels exemples touchants d'instinct maternel, quelle admirable sollicitude, quels dévouements sublimes ne trouverait-on pas alors sous le plus humble buisson ! Voyez cette hirondelle traversant un édifice embrasé pour secourir ses petits ou mourir avec eux ; ou bien encore, ce timide oiseau des champs, venant s'offrir en holocauste à l'impitoyable oiseleur pour lui faire perdre la trace de son nid !

L'éducation est achevée. Après quelques timides essais, le jeune oiseau, impatient de liberté, a pris son essor, et va continuer la chaîne des générations nouvelles. Mais d'avance la nature a assigné à chaque être sa destination, qui découle immuablement, comme un corollaire de son principe, de l'organisation qu'elle lui a donnée. C'est ainsi qu'aux espèces dont les doigts, réunis en nageoires par une large membrane, font pour l'oiseau l'office de rames elle a réservé la vie aquatique. Ces tarses élevés et *ce long bec emmanché d'un long cou* commandaient nécessairement la vie des marais et des plaines. A ces tribus dont les serres aiguës, le bec fort et crochu, dénotent la puissance, a été dévolu l'appétit carnassier. Ce n'est pas la soif du sang qui pousse le v a u t o u r à déchirer l'agneau, c'est la nécessité fatale de ce instincts pour lesquels il a été conformé. Ainsi, le régime granivore, préféré par les espèces qui ont un gésier épais et cartilagineux, était impossible aux oiseaux de proie, chez lesquels cet organe est très-mince. Aux différences dans la manière de vivre correspond la même opposition dans le caractère de ces animaux. Ainsi, l'audace belliqueuse de l'a i g l e contraste avec la stupide indolence de l'o i o n, ou avec la pétulante gaieté de l'hôte timide des bois. Il est des espèces qui, constamment isolées de leurs semblables, ne se plaisent que dans les ruines ou les fentes des rochers ; il en est d'autres, au contraire, qui ne peuvent vivre qu'en société, et chez lesquelles l'instinct social est même très-perfectionné.

C'est aussi au besoin de trouver une nourriture suffisante, non moins qu'à l'appréhension des frimats, qu'il faut attribuer un des phénomènes les plus remarquables qu'offre cette classe d'animaux, les *migrations*. Au temps voulu, on voit des troupes nombreuses se réunir sur un même point, puis, après quelques jours donnés pour s'attendre, prendre la volée d'un commun accord sous la conduite d'un chef, placé ordinairement au sommet de deux files qui s'écartent en triangle : disposition la plus propre à surmonter avec le moins d'efforts possible la résistance de l'air. Le nombre des espèces qui voyagent isolément est beaucoup moins considérable. La nouvelle patrie qu'absorbent les bandes voyageuses est presque toujours la même chaque année, et, chose remarquable, ce n'est pas seulement la même contrée qu'elles savent retrouver, à travers les mers et après un an d'absence, c'est encore le même canton ; c'est dans le même nid qu'elles viennent pondre, comme on a pu s'en assurer en attachant des signes particuliers au cou de quelques individus. Cependant, les plus jeunes reviennent rarement, selon Temminck, dans les lieux qui les ont vus naître. L'époque de leur départ, comme celle de leur arrivée, paraît, jusqu'à un certain point, fixe et indépendante des vicissitudes atmosphériques. Un oiseau de passage placé dans une température constante, et bien nourri, éprouve à l'époque de la migration une certaine agitation, qu'il manifeste par le battement de ses ailes, et le plus souvent il périt si on ne lui rend la liberté. Il est cependant des retardataires que le froid surprend avant le départ. Les hirondelles dont on a détruit plusieurs fois les nids après la ponte, et qui ont perdu du temps à les rééditier, ne pouvant se faire suivre de leurs petits, encore trop faibles, aiment mieux, dit Buffon, affronter les rigueurs de l'hiver que de les abandonner, et restent au pays, pour mourir avec eux !

Quant au fait de l'*hibernation*, ou de la propriété qu'auraient quelques espèces de passer l'hiver dans une sorte d'engourdissement, bien qu'affirmé par plusieurs observateurs, il est contesté par le plus grand nombre, et demande d'être étudié de nouveau.

Les oiseaux ne manquent en général ni d'imagination, puisque, comme le remarque Cuvier, ils rêvent, ni de mémoire, puisque, apprivoisés, ils montrent le souvenir des soins qu'on leur donne, répètent les phrases ou les airs qu'on leur a appris, se laissent dresser à différents services, etc. Néanmoins, l'homme a moins d'influence sur cette classe d'animaux que sur les mammifères, parce qu'il n'a que des rapports plus éloignés avec eux. Nous pouvons en faire des prisonniers, mais non des serviteurs ou des amis, hormis du moins pour quelques espèces, comme le faucon, l'agami, le jacana. C'est sans doute la propriété qu'ils possèdent de pressentir, en vertu de leur organisation, les perturbations de l'atmosphère, ou simplement d'apprécier mieux que l'homme tous les degrés de résistance de l'air, sa pesanteur, sa température et ses différentes couches, qui leur fit attribuer dans la superstitieuse antiquité une sorte d'instinct de divination. SAUCEROTTE.

OISEAUX (Mont aux). *Voyez* FÆR-ŒRNE.
OISEAUX DE PROIE. *Voyez* RAPACES.
OISELEUR, celui qui fait métier de prendre des oiseaux à la pipée, aux filets, à la glu, ou autrement; il se disait aussi jadis de celui qui avait un goût décidé pour la chasse à l'oiseau : *Henri l'Oiseleur*.

OISELIER, celui dont le métier est d'élever et de vendre des oiseaux. A la solennité de l'entrée des rois de France, le corps des oiseliers de Paris était obligé de lâcher cinq cents petits oiseaux, auxquels on rendait ainsi la liberté. Dans les ordonnances de police, ils sont appelés *oiseleurs* et non *oiseliers* : le peuple est souvent d'accord sur ce point avec les ordonnances.

OISIVETÉ, cessation complète de toute espèce de travail, soit qu'il dépende de l'intelligence, soit qu'il résulte d'un métier. L'activité étant un des caractères propres à l'homme, il en résulte que s'il vit dans un repos continuel, il ne remplit pas les devoirs de sa destinée. Mais comme tout le châtiment est à côté de la faute, et que l'ennui se venge de l'oisiveté, on rencontre très-peu d'individus s'éteignant dans une langueur qui pèse plus que toutes les fatigues réunies. On peut dire à l'éloge de notre siècle, si fécond en honnêtes publics, qu'il déclare une guerre continuelle à l'oisiveté : comme nul n'est sûr de sa position, qu'on passe tout à coup de l'aisance à la détresse, on se précautionne contre l'avenir; puis, comme il y a une lutte qui ne s'arrête jamais, et où chacun aspire à posséder la première place, on acquiert, pour mieux réussir, une foule de connaissances ; elles sont mal digérées, mais elles donnent l'habitude d'un travail opiniâtre.

Si la morale condamne l'oisiveté, source fréquente de désordres, il y a cependant des différences essentielles à saisir, car c'est un vice qui a des suites plus ou moins funestes, suivant les diverses classes qui en sont affectées. Les gens du monde peuvent soutenir l'absence du travail : ils ont des devoirs, des plaisirs de société qui remplissent leur vie : les lettres, les arts, les occupent, et quelquefois même les passionnent. Chez les gens du peuple, en général, l'intelligence est inerte, déchue en raison de l'activité des bras ; il faut qu'ils cherchent des distractions au sein des sensations physiques, et comme les ressources d'argent leur manquent, ils commettent, pour s'en procurer, des fautes et quelquefois même des crimes. Il y a des génies supérieurs qui couvent longtemps les plus hautes pensées : absorbés dans leurs réflexions, ils n'ont rien qui indique l'activité ; et comme le monde juge toujours sur l'extérieur, il rejette ces hommes d'élite, il les tient pour inutiles ; au jour venu, cependant, ils réalisent les méditations de leur vie entière, et agrandissent le domaine de l'intelligence et parfois de l'activité matérielle, par l'application de leurs découvertes.

Depuis quelques années certains hommes crient du matin au soir : *à bas les oisifs !* A les entendre, on devrait travailler jour et nuit dans toutes les classes. Ces hurleurs de travail ne réfléchissent pas que les produits perdent de leur valeur en se multipliant à l'infini, et que de cette surabondance naissent des crises effroyables où s'abîme le crédit. Les hommes, au reste, qui parmi nous déclament contre l'oisiveté, se composent en général de politiques de café, la plus fainéante espèce qui existe. Bref, il faut dans le travail, comme dans tout, mesure et à propos. SAINT-PROSPER.

OJIBWAYS. *Voyez* CHIPPEWAYS.
OKHOTSK. *Voyez* OCHOTSK.
OKTAÏ-KHAN ou OGADAÏ. *Voyez* DJINGHIZ-KHANIDES.

ORYGRAPHIE (du grec ὀχύς vite, et γράφω, j'écris), art d'écrire aussi vite que la parole, auquel on donne aussi le nom de *tachygraphie*, plus usité et dont la signification est la même. C'est une sorte de sténographie, un système d'écriture rapide, n'employant que trois caractères, dont la valeur change suivant leur position sur trois lignes parallèles.

OLAÜS (Ordre de Saint-). Ordre de chevalerie créé pour la Norvège, le 21 août 1847, jour de la fête de la reine de Suède, par le roi Oscar. Sous l'invocation de saint Olaüs, ancien roi de cette contrée, né en 953 et mort l'an 1000, qui vainquit les Danois, délivra la Norvège de la domination étrangère et y introduisit le christianisme. La décoration de l'ordre consiste en une étoile d'or à huit branches, surmontée de la couronne royale. Au centre de l'étoile il y a un écusson rouge, divisé en deux champs, dont l'un porte le lion couronné des armoiries de Norvège tenant avec l'une de ses pattes la hache d'armes de saint Olaüs ; dans l'autre champ il y a une croix en émail blanc, sur chaque bras de laquelle est inscrite l'initiale du nom du fondateur de l'ordre, c'est-à-dire un O de forme anglo-saxonne. Lorsque la décoration est décernée à un militaire, on ajoute deux épées en sautoir, posées immédiatement au-dessous de la couronne qui surmonte l'étoile. Le cordon de l'ordre est de couleur rouge moirée avec deux liserés, dont un jaune, l'autre blanc. Il y a des grands-croix, des commandeurs et des chevaliers. Le roi de Suède et de Norvège est grand-maître de l'ordre. J. LOUVET.

OLAVIDES (Don PABLO), comte DE PILO, né en 1740, à Lima, au Pérou, vint de bonne heure à Madrid, où il reçut une bonne éducation. Ses talents lui firent bientôt obtenir une place dans l'administration. Il accompagna en qualité de secrétaire le comte d'Aranda dans son ambassade, où il contracta une grande légèreté de mœurs. Le roi Charles III le créa comte de la Sierra-Morena et un des services que dans l'exercice de ces fonctions il eut occasion de rendre à son pays. Des accusations d'hérésie mirent un terme à son utile activité. Condamné en 1778 à plusieurs années de prison par l'inquisition, il parvint, avec le secours de ses amis, à se réfugier à Venise, en 1780. Plus tard il eut autorisation de rentrer en Espagne, et il mourut en Andalousie, en 1805. Il passe pour l'auteur de *El Evangelio in triunfo*, ouvrage qui, malgré sa médiocrité, obtint une immense circulation.

OLBERS (HENRI-GUILLAUME-MATTHIEU), astronome distingué, né en 1758, à Arbergen, dans le duché de Brême, étudia la médecine à Gœttingen à partir de 1777, et s'établit comme médecin praticien à Brême, qu'il ne quitta plus jusqu'à sa mort, arrivée en 1840. Comme médecin et comme homme, il jouissait à un haut degré de l'estime de ses concitoyens. En 1811 il partagea avec Jurine de Genève le prix proposé par Napoléon pour le meilleur mémoire sur le croup. Dès sa jeunesse il avait conçu le plus vif penchant pour l'astronomie, dont la culture finit par devenir le grand travail de sa vie. Il s'occupa surtout de l'étude et de la recherche des comètes. Il inventa une nouvelle méthode pour calculer à l'aide de trois observations la carrière d'une comète ; méthode qu'il fit connaître dans une dissertation publiée en 1797, à Weimar, et qui est restée en usage depuis. C'est lui aussi qui publia le catalogue le plus complet des comètes calculées ; et en 1815 il découvrit une comète à laquelle on a donné son nom. Mais il est encore plus célèbre pour avoir découvert deux planètes, *Pallas* (1802) et *Vesta* (1807). Olbers se livra en outre à des recherches approfondies sur l'origine vraisemblablement lunaire des pierres météoriques, et inventa une méthode pour calculer les étoiles tombantes, etc. La *Correspondance mensuelle* de Zach, les *Nouvelles astronomiques* de Schumacher et quelques autres recueils contiennent la plupart des curieuses dissertations dont il a enrichi les diverses branches de l'astronomie. En 1850 la ville de Brême lui a fait élever une statue en marbre, œuvre du sculpteur Steinhæuser.

OLD-BAILEY. *Voyez* LONDRES, t. XII, p. 410.

OLDEMBOURG ou OLDENBURG, grand-duché d'Allemagne, de 80 myriamètres carrés de superficie, avec une population de 282,000 habitants, se compose de trois territoires assez éloignés les uns des autres, à savoir : le duché d'Oldenburg avec la principauté de Jever, la principauté de Lubeck, et la principauté de Birkenfeld. La première de ces trois parties en est aussi la plus considérable. Sur 70 myriamètres carrés, elle comptait en 1850 228,811 habitants. Elle est bornée au nord par la mer du Nord, au nord-est par le Weser inférieur, partout ailleurs par des parcelles du royaume de Hanovre, et sauf le petit bailliage de Landwührden, situé sur la rive droite du Weser, forme un tout compacte. Le climat est au total rude et désagréable. Ses trois principaux cours d'eau sont à l'est le Weser, au nord la Jade, à l'ouest l'Ems, qui reçoivent tous de nombreux petits affluents. Le sol se compose pour les trois quarts de marais et de landes. Dans les basses et fertiles contrées de marches, la culture du froment, de l'orge, de l'avoine, du colza, etc., est assez productive pour donner lieu à une exportation. L'élève du bétail et des chevaux y a pris une grande importance. En 1852 on y comptait 33,413 chevaux, 189,520 bêtes à cornes, 75,001 porcs et 276,051 moutons. La foire aux chevaux, qui se tient à Oldenbourg, le jour de la Saint-Médard, et le marché aux bestiaux d'Ovelgœnne, sont au nombre des plus importants de l'Allemagne. Le bois est assez rare, et les forêts d'arbres à feuilles aciculaires, par lesquelles on pourrait utiliser si facilement les landes, font défaut. Il y a aussi absence de houille dans tout le pays. L'industrie manufacturière ainsi que le commerce n'y ont encore pris que de bien faibles développements. Au 1er janvier 1853 le cabotage et le long cours employaient 534 bâtiments naviguant sous le pavillon d'Oldenburg et montés par 2,067 hommes d'équipage. L'émigration y est faible, et, dans ces derniers temps la population s'abstient de plus en plus de l'usage qu'elle avait autrefois de faire ce qu'on appelait le *tour de Hollande* pour trouver du travail dans les usines ou bien dans l'entretien des canaux de ce pays.

Les événements de 1848 ont profondément modifié la situation politique du grand-duché, qui est entré alors dans la voie du système constitutionnel, et cela de commun accord entre le souverain et la population. La constitution revisée en 1852 consacre tous les grands principes d'une sage et raisonnable liberté. Les finances du pays sont dans une situation prospère. En 1854 le budget des dépenses avait été arrêté à la somme de 891,000 thalers, et celui des recettes à 910,500 ; le gouvernement avait été autorisé par les états à couvrir le déficit par un emprunt. Comme membre de la Confédération germanique, le grand-duché d'Oldenburg exerce en commun avec les principautés d'Anhalt et de Schwarzbourg la quinzième voix dans le petit conseil, et possède la vingt-et-unième à lui tout seul dans les assemblées plénières. Son contingent fédéral est de 2,986 hommes, qui avec celui des villes libres hanséatiques, forme la troisième brigade de la 2e division du 10e corps de l'armée fédérale. Les officiers de cette brigade sont élevés à l'école militaire d'Oldenbourg, aux dépenses de laquelle les villes hanséatiques contribuent pour moitié. Le titre du souverain est : Grand-duc d'Oldenburg, héritier de Norvège, duc de Schleswig-Holstein, Stormarn, des Dithmarschen et d'Oldenburg, prince de Lubeck et de Birkenfeld, seigneur de Jever et de Kniphausen, etc. En 1838 le grand-duc Paul-Frédéric-Auguste institua, en mémoire de son père, le duc Pierre-Frédéric-Louis, le premier ordre de chevalerie qu'ait eu le pays.

Le territoire du grand-duché d'Oldenburg était habité autrefois par les Chauces, dénomination qu'à la longue on trouve remplacée par celle de *Frisons*. Pendant longtemps ce pays fut placé sous la souveraineté des ducs de Saxe ; et ce n'est qu'en 1180 que les comtes d'Oldenburg et de Delmenhorst profitèrent de la chute de Henri le Lion pour se rendre indépendants. En 1448 *Christian*, fils du comte d'Oldenburg-Dietrich, fut élu roi de Danemark, et fonda ainsi la dynastie qui règne encore aujourd'hui à Copenhague (*voyez* OLDENBOURG [Maison d']). Dans l'histoire du pays on cite le long et heureux règne du comte *Antoine-Gunther* (1603-1667), le plus remarquable des souverains qu'ait encore eu l'Oldenburg. A sa mort, ses États, faute d'héritiers plus directs, firent retour à la couronne de Danemark, dont ils continuèrent dès lors à faire partie pendant plus d'un siècle. Aux termes d'une convention de famille signée en 1770 par le roi Christian VII, ses possessions allemandes devaient faire retour au grand-duc Paul de Russie, et passer ainsi de la souveraineté du Danemark sous celle de la Russie. Mais Paul céda les deux comtés à son cousin *Frédéric-Auguste*, prince-évêque de Lubeck ; et par suite de cette transaction, l'empereur d'Allemagne les réunit sous le titre de *duché*. Frédéric-Auguste mourut en 1785. Admis en 1808 à faire partie de la Confédération du Rhin, le duché d'Oldenburg fut envahi en 1810 par des troupes françaises et incorporé sans plus de façons à l'empire français. Le congrès de Vienne érigea en grand-duché le duché d'Oldenburg, que les événements de 1813 avaient replacé sous l'autorité de son souverain légitime. Il existe en allemand une *Histoire du Duché d'Oldenburg*, par Halem (3 vol., Oldenburg ; 1794-1796).

OLDENBURG, capitale du grand-duché du même nom, est située sur la Hunte, rivière navigable, et, sans la garnison, compte 9,400 habitants. On y trouve une école militaire, un collége, une bibliothèque publique de 80,000 volumes, un théâtre, etc. Les foires aux chevaux et aux bestiaux qui se tiennent à Oldenburg contribuent beaucoup à la prospérité de cette ville, qui fait aussi un cabotage assez actif. Le palais du grand-duc et l'église Saint-Lambert sont les seuls édifices à mentionner.

OLDEMBOURG ou OLDENBURG (Maison d'). A l'extinction de l'ancienne maison régnante de Danemark, celle des *Skjoldung*, les états de ce royaume élurent pour roi le comte d'Oldenbourg, qui se rattachait par sa mère à cette maison. Il monta sur le trône en 1448, sous le nom de *Christian Ier*, et il ne tarda pas non plus à être élu en même temps duc de Schleswig-Holstein. Sa descendance se divise en deux branches, à savoir : 1° la *branche royale*, avec ses deux lignes collatérales, les ducs de Sonderbourg-Augustenburg et les ducs de Sonderburg-Glucksbourg ; 2° la *branche ducale*, laquelle descend du duc Adolphe (mort en 1586), fils du roi Frédéric Ier, petit-fils du premier Oldenburg qui ait occupé le trône de Danemark. Tandis que son frère aîné Christian III (1533-1559) montait sur le trône du Danemark, il recueillait une partie de l'héritage paternel dans les duchés de Schleswig-Holstein et devenait la souche de la ligne de Holstein-Gottorp. Cette ligne est devenue importante, par la brillante fortune que firent quelques-uns des princes qui y appartenaient ainsi que leurs descendants.

Du duc Christian-Albert (mort en 1694), arrière-petit-fils du fondateur de cette branche, descendait le duc Frédéric, dont le fils Charles-Frédéric épousa Anne, fille de Pierre le Grand. De ce mariage naquit le prince Charles-Pierre-Ulrich (mort en 1762), qui monta sur le trône de Russie et prit le nom de *Pierre III*.

Un fils cadet du duc Christian-Albert dont il vient d'être fait mention, Christian-Auguste de Holstein-Eutin, devint, par l'élection de son fils Adolphe-Frédéric au trône de Suède (1751-1771), la souche de la dynastie royale de Suède, expulsée en la personne de Gustave IV. D'un cadet de ce même Christian-Auguste de Holstein-Eutin, le prince Georges-Louis, frère puîné d'Adolphe-Frédéric, descend la ligne de la maison de Holstein-Gottorp qui règne aujourd'hui sur le grand-duché d'Oldenburg.

La situation respective de ces lignes de la maison d'Oldenburg a pris de nos jours une importance toute particulière, à cause des questions soulevées par la succession au trône de Danemark. Le roi aujourd'hui régnant, Frédéric VI, n'a pas d'héritier mâle, et son oncle, le prince Ferdinand, est dans le même cas. On voyait donc s'approcher de plus en plus l'éventualité où, conformément au droit de succession différente qui avait toujours été en vigueur en Danemark, régi par la *loi du roi*, et dans les duchés, régis par la loi salique, s'effectuerait une séparation des duchés allemands d'avec le royaume de Danemark. Les coups d'État et les mesures de violence et d'arbitraire employés par le Danemark pour prévenir une telle éventualité ayant provoqué en 1848 la résistance des duchés et une lutte à main armée, les grandes puissances intervinrent et avisèrent aux moyens de conserver l'intégralité de la monarchie danoise, dans l'intérêt du maintien de l'équilibre politique de l'Europe. Le moyen imaginé fut le traité de Londres du 8 mai 1852, qui, dans le cas où viendrait à s'éteindre la maison royale actuellement régnante, appelle à monter sur le trône de Danemark le prince CHRISTIAN *de Schleswig-Holstein-Sonderburg-Glucksbourg*, et garantit à ce prince ainsi qu'à ses descendants mâles la totalité des États actuellement soumis à la couronne de Danemark. Cette élection par les grandes puissances a en lieu au mépris des droits bien formels que la maison de Schleswig-Holstein-Augustenburg avait à hériter des duchés de Schleswig-Holstein à l'extinction de la maison royale de Danemark aujourd'hui régnante. Les droits bien formels aussi des trois princes frères aînés du prince Christian à hériter des duchés, à défaut de la maison d'Augustenburg, ont également été mis de côté par le bon plaisir des grandes puissances. Le second article du traité du 8 mai 1852 stipulait que dans le cas où la descendance directe mâle du prince Christian de Glucksbourg viendrait à s'éteindre, les puissances contractantes auraient à aviser aux besoins que créerait une telle situation. L'interprétation à donner à cet article équivoque provoqua dès le 4 octobre 1852 une grave difficulté, soulevée par le gouvernement danois lui-même, agissant d'ailleurs en cela comme toujours sous l'influence de la Russie, à laquelle il n'a cessé de témoigner le plus complet dévoûment, même pendant le cours de la dernière guerre, amenée par la question d'Orient. Par un message royal à la diète, il fut proposé de déclarer qu'au cas où la descendance mâle directe du prince Christian de Glucksbourg viendrait à s'éteindre, le droit de succession passerait au chef de la branche mâle la plus proche, par suite à la branche aînée de la maison de Gottorp, par conséquent à la maison impériale de Russie actuelle. Ce n'était certes pas là ce qu'avaient voulu dire les grandes puissances; et ce projet excita en Danemark même, où la Russie compte de nombreuses antipathies, le plus violent mécontentement. Deux fois rejeté par la diète, il ne passa que lorsque le ministère eut réussi, au moyen d'élections nouvelles, à modifier la majorité, et sur la déclaration expresse que cette loi en détruisant les droits des lignes féminines n'entendait nullement reconnaître les droits d'hérédité agnatiques de la Russie; déclaration provoquée par les grandes puissances. Ce qui résulte de plus clair de ces tiraillements ont surgi tout de suite après la signature du traité du 8 mai 1852, c'est qu'il est loin d'avoir à jamais fixé la question de succession, qui pourra toujours, dans certaines circonstances données, donner naissance à de nouvelles difficultés.

OLDEN-BARNEVELT. *Voyez* BARNEVELT.

OLÉAGINEUSES (Plantes), du latin *oleaginus*, fait d'*olea*, huile d'olive. On appelle ainsi les plantes qu'on cultive à cause de leurs graines contenant de l'huile. La culture des plantes oléagineuses a lieu aujourd'hui sur la plus large échelle dans la plupart des contrées de l'Europe; ce sont surtout la navette, le colza, l'œillette, le lin, le chenevis, le pavot, le sénevé, le raifort huileux, originaire de la Chine, le cresson, la gaude, le sésame, le chanvre, etc.

OLEARIUS (ADAM), dont le véritable nom était *Œlschlæger*, né en 1600, à Aschersleben, dans le pays d'Halberstadt, mathématicien et bibliothécaire du duc de Gottorp Frédéric Ier, accompagna en 1633 l'ambassade envoyée par ce prince à Moscou à son beau-frère, le czar Michel Féodorowitch, et dont faisait aussi partie Paul Flemming. En 1635, il alla encore en la même qualité en Russie, puis à la cour de Perse. De retour à Gottorp, en 1639, il donna une relation extrêmement intéressante et instructive de ses voyages (Schleswig, 1647). Il s'était initié en Perse à la connaissance de la langue persane, et publia, entre autres, une traduction du *Jardin des Roses* de Sadi. Il mourut en 1671.

OLÉ-BULL. *Voyez* BULL (Olé).

OLÉCRANE (en grec ὠλέκρανον, formé de ὠλένη, avant-bras, et κάρηνον, tête). *Voyez* COUDE.

OLÉINE ou **ÉLAINE** (du latin *oleum*, ou du grec ἔλαιον, huile), sorte d'huile claire, un peu jaunâtre, inodore, d'un goût douceâtre, contenue dans les diverses graisses ou substances huileuses. L'oléine se fige à environ dix degrés, en cristallisant. Elle est très-soluble dans l'alcool, qui à l'état bouillant en dissout plus que son propre poids, mais qui en dépose une partie pendant le refroidissement. A la température de l'air, l'oléine est liquide. On l'obtient en évaporant l'alcool dans lequel on a fait dissoudre de l'axonge pour en séparer la margarine, ou bien en faisant bouillir avec de l'eau des papiers entre lesquels on a pressé la graisse pour séparer la margarine de l'oléine. Dans le premier cas, l'alcool tient l'oléine en dissolution, et l'évaporation l'isole; dans le second cas, le papier est imbibé de l'oléine, et en bouillant cette substance huileuse surnage sur l'eau. On l'expose ensuite quelque temps à une température de deux à quatre degrés de froid pour déposer une petite quantité de margarine dissoute.

OLÉIQUE (Acide), huile acide et jaunâtre, formant sa combinaison avec la glycérine l'oléine, et dont le goût et l'odeur rappellent ceux de la graisse rance. A quelques degrés au-dessous de 0, l'acide oléique se solidifie en cristallisant. Il est très-soluble dans l'alcool. Selon Berzelius, il est composé de 70 atomes de carbone, 118 d'hydrogène, 5 d'oxygène avec deux atomes d'eau.

OLÉOMÈTRE (du latin *olea*, huile, et du grec μέτρον, mesure). C'est le nom que l'on donne à un instrument destiné à faire connaître la densité des huiles et à révéler les fraudes, les falsifications dont l'huile est l'objet. Il y a l'oléomètre à chaud, partagé en 200 divisions indiquant la densité des huiles; M. Lefebvre d'Amiens a inventé un oléomètre à froid, qu'il suffit de plonger dans une éprouvette, dans un baril, pour que l'échelle dont il est muni, et qui est divisée en 400 degrés, permette de vérifier le poids et la qualité des huiles.

OLÉRON, île de France, faisant partie du département de la Charente-Inférieure, dans le golfe de Gascogne, vis-à-vis l'embouchure de la Charente. Elle est séparée du continent par un canal de peu de largeur. Cette île a 26 kilomètres de long et 10 de large; sa population est de 16,008 habitants. Elle est d'une grande fertilité; on y fait des récoltes considérables en vin et en céréales; elle possède des salines importantes et plusieurs distilleries d'eau-de-vie.

On y construit aussi des navires. Elle est fortifiée, et renferme cinq ports : La Flotte, Saint-Martin, La Couarde, Loix, et Ars. Elle est divisée en deux cantons, le Château-d'Oléron et Saint-Pierre, et six communes. A la pointe la plus septentrionale de l'île se trouve la tour de Chassiron, au sommet de laquelle un immense fanal indique, la nuit, aux vaisseaux l'entrée du Pertuis d'Antioche.

Les habitants d'Oléron s'étaient acquis anciennement une telle célébrité dans la navigation qu'ils étaient regardés par les Français comme les Rhodiens de l'Océan. Ce fut sur leurs usages que la duchesse-reine Éléonore fit établir le code maritime connu sous le nom de *Jugements* ou *Rôles d'Oléron*, qui ont servi de modèle aux premières ordonnances de la marine du royaume.

Pendant les guerres de religion, les Rochellois s'emparèrent d'Oléron et la possédèrent jusqu'en 1626, que Louis XIII la soumit avec l'île de Ré.

OLÉRON (Jugements ou Rôles d'). *Voyez* DROIT COMMERCIAL.

OLFACTIF (du latin *olfactus*, odorat), ce qui sert à l'odorat, ce qui tient au sens de l'odorat. La première paire de nerfs qui sort de la moelle allongée est nommée l'*olfactif*. Les *trous olfactifs* sont percés dans l'ethmoïde.

OLFACTION (du latin *olfactus*, odorat), exercice de l'odorat.

OLGA (Sainte), femme du grand-prince de Russie Igor de Kief, qui avait eu occasion de la rencontrer à la chasse dans le pays de Pskof. Quoique simple paysanne d'un village des environs de Pskof, elle était douée des plus rares facultés intellectuelles. Après la mort de son mari, qui périt, en 946, dans une bataille contre les gens de Drzeli, elle exerça la régence jusqu'en 955, au nom de son fils mineur Swentoslaf, et se rendit ensuite à Constantinople, où elle fut baptisée; et à sa mort, arrivée en 968, l'Église grecque la canonisa. Mais l'Église de Rome ne l'a point admise au nombre de ses saintes.

OLIBAN. *Voyez* ENCENS.

OLIBRIUS, expression familière par laquelle on désigne un étourdi qui fait le brave ou l'entendu, qui se donne des airs avantageux. Selon quelques critiques, cette dénomination ne conviendrait qu'à un homme lâche et cruel; ils citent à l'appui de leur opinion ce vers de Molière :

Faisons l'Olibrius, l'occiseur d'innocents,

et pensent que le personnage dont le nom est ainsi passé en dicton est un gouverneur des Gaules au quatrième siècle, qui fit mourir sainte Reine, ne pouvant la séduire. Quelques-uns écrivent *Olybrius* ; c'est en effet l'orthographe du nom de plusieurs consuls et d'un des derniers empereurs d'Occident.

OLIGARCHIE (de ὀλίγος, petit nombre, et ἀρχή, pouvoir), domination d'un petit nombre d'hommes. On l'envisage ordinairement comme une modification de l'*aristocratie*, laquelle survient lorsque le pouvoir passe des mains d'une corporation dans celles de quelques familles ou de quelques citoyens. Cette forme de gouvernement a pour principale source l'accumulation de grandes fortunes territoriales; cependant, l'expérience a prouvé que jamais un peuple sous la domination de quelques familles puissantes n'avait joui d'un état heureux et florissant. Un type de gouvernement oligarchique, ç'a été la République de V e n i s e, avec son tout-puissant conseil des Dix.

OLIGISTE (Fer). Le *fer oligiste*, que l'on nomme encore *fer spéculaire*, *fer oxydé rouge*, *fer de l'île d'Elbe*, est du peroxyde, contenant 69 pour 100 de fer. Il est d'un gris d'acier en masse, lorsqu'il n'offre pas la texture terreuse, et toujours d'un rouge foncé lorsqu'on le réduit en poussière. Il se présente le plus souvent en masses compactes, dont les cavités sont tapissées de cristaux dérivant d'un rhomboèdre aigu, et remarquables dans le plus grand nombre des cas par leurs belles couleurs irisées. Isomorphe avec l'alumine, le fer oligiste affecte plusieurs variétés de formes, telles que la lenticulaire, la laminiforme (*fer spéculaire* des volcans), l'écailleuse, qu'offre le *fer micacé*, variété commune au Brésil et renfermant de l'or disséminé. Une autre variété de fer oligiste est connue sous le nom d'*hématite rouge*, *sanguine*, *pierre à brunir*. L' o c r e *rouge* est un fer oligiste terreux, souvent mêlé d'argile, qui fournit le crayon rouge des dessinateurs.

Le fer oligiste forme des dépôts considérables dans les terrains de cristallisation, où il est à l'état métalloïde; c'est ainsi qu'on le trouve en amas ou filons à Gellivara (Laponie), à l'île d'Elbe, à Framont (Vosges); en couches, au pic d'Itacolumi, dans le Brésil, où il est mélangé avec le quartz. Il se montre à l'état lithoïde ou terreux dans la mine de Lavoulte (Ardèche). On le rencontre aussi disséminé dans les roches granitoïdes, et dans les matières argileuses et arénacées, où il joue le rôle de principe colorant.

OLIVA, bourg de l'arrondissement de Dantzig (Prusse), où se trouvent de nombreuses maisons de campagne appartenant aux riches habitants de cette ville, à peu de distance de la Baltique, avec 1,500 habitants, est la résidence de l'archevêque d'Ermeland. Il était jadis célèbre par son abbaye de l'ordre de Cîteaux, fondée au douzième siècle, aujourd'hui supprimée, et dans la chapelle de laquelle existe un des plus beaux buffets d'orgues que l'on connaisse. C'est dans cette abbaye que fut conclue, le 3 mai 1660, la paix qui mit un terme à la guerre entre la Suède, la Pologne, l'empereur et l'électeur de Brandebourg. Le roi de Pologne, Jean-Casimir, renonça à ses prétentions sur la Suède, et la Suède renonça aux siennes sur la Courlande. Les deux parties contractantes reconnurent en outre la neutralité de la Prusse. Aux termes de la paix signée ensuite à Copenhague, le 27 du même mois, la Suède restitua au Danemark Drontheim et l'île de Bornholm; et l'année suivante elle conclut la paix avec la Russie à Kardis (1661), en adoptant pour base l'état de leurs possessions respectives au moment de l'ouverture des hostilités. La paix d'Oliva régla ainsi les rapports des puissances du Nord entre elles, et consolida la prépondérance qu'exerçait déjà la Suède sur cette partie de l'Europe.

OLIVAREZ (Don GASPARO DE GUZMAN, comte D'), duc DE SAN-LUCAR, premier ministre du roi d'Espagne Philippe IV, descendait d'une famille ancienne, mais fort déchue, et naquit le 16 janvier 1587, à Rome, où son père remplissait les fonctions d'ambassadeur auprès de Sixte-Quint, qu'il est accusé d'avoir fait empoisonner. Ambitieux et peu scrupuleux sur les moyens de parvenir, il devint le confident de Philippe IV, et l'aida dans ses amours. Ces services obscurs lui valurent la place de premier ministre, et dès lors il exerça pendant vingt-deux ans un pouvoir presque sans limites. Diverses ordonnances utiles signalèrent les débuts de son administration; mais bientôt il n'eut plus qu'une seule pensée : tirer du pays le plus d'argent possible, afin de pouvoir guerroyer contre les puissances voisines. La rigueur impitoyable qu'il apporta dans le recouvrement des impôts provoqua des insurrections en Catalogne et en Andalousie, et poussa les Portugais à secouer le joug de l'Espagne, en 1640, et à proclamer roi le duc de Bragance. Olivarez annonça cet événement à son maître comme une bonne nouvelle, parce qu'il allait ainsi pouvoir confisquer les immenses propriétés de la maison de Bragance situées en Espagne. Mais la guerre prit une tournure si malheureuse pour l'Espagne, dont les armées furent battues par les Français et les flottes par les Hollandais, qu'en 1643 le roi se vit obligé de congédier son ministre, objet de l'exécration populaire; Olivarez dut ainsi disparaître du théâtre de la politique, où il n'eût peut-être réussi à rétablir les affaires de l'Espagne, maintenant qu'il se trouvait débarrassé de la redoutable rivalité de Richelieu, mort en 1642. Peut-être même eût-il été rappelé au pouvoir, s'il n'avait publié pour sa défense un mémoire dans lequel il ne ménagea pas assez divers personnages puissants ; de sorte que le roi jugea bon de l'exiler encore plus loin de la cour, à Toro, où il mourut le 12 juillet 1645. Indépendamment de ses actes de cruauté et de cupidité, on l'accusait encore d'une foule d'autres crimes; mais l'histoire n'en fournit pas les preuves.

OLIVE, fruit de l'olivier.

La couleur *olive* est une couleur verdâtre, tirant un peu sur le jaune.

OLIVE (*Conchyliologie*). Ce genre de mollusques gastéropodes, établi par Bruguière aux dépens du genre *volute* de Linné, doit son nom à la forme de sa coquille, qui rappelle celle du fruit de l'olivier. La plus grande et la plus belle espèce est l'*olive de Panama* (*oliva porphyria*), dont la coquille globuleuse, ventrue, à spire courte, ayant le bord columellaire strié seulement jusqu'à moitié, est ornée de lignes nombreuses brunes, fines, anguleuses ou en zigzags, sur un fond couleur de chair ou rougeâtre. Cette coquille, qui se trouve près des côtes de l'Amérique méridionale, a quelquefois plus de 12 centimètres de longueur.

OLIVÉNITE. Beudant donne ce nom au cuivre arséniaté vert olive qu'on trouve en cristaux ou en petites masses aciculaires à Redputh (Cornouailles) et à Alstenmoor (Cumberland).

OLIVET (JOSEPH THOULIER D'), grammairien distingué et traducteur exact, né en 1682, à Salins, d'une famille de robe, fut d'abord jésuite, et quitta la Société pour conserver son indépendance littéraire; ses talents distingués avaient engagé ses supérieurs à le charger de la continuation de l'*Histoire de la Société de Jésus*; envoyé à Rome en 1713, il reçut des mains du P. Jouvency les documents qui devaient servir à son travail. Cette tâche l'effraya, et il crut ne pouvoir s'en dispenser qu'en quittant la Compagnie; en vain on lui offrit pour le retenir la place d'instituteur du prince des Asturies, il aima mieux venir vivre à Paris, dans le sein des lettres, où il s'acquit une assez médiocre réputation pour être élu membre de l'Académie Française, en 1723, bien qu'il fût alors absent de Paris. Il continua à cultiver les langues anciennes tout en s'occupant plus spécialement de l'étude de la langue française. Lié avec le cardinal Fleury et l'évêque de Mirepoix, chargé par celui-ci de la feuille des bénéfices, l'abbé d'Olivet, qui avait des besoins très-restreints, aurait pu solliciter et obtenir beaucoup; il se contenta d'un très-médiocre bénéfice dans sa province, et considéra plutôt comme une marque honorifique que comme une rémunération pécuniaire une pension de 1,500 livres que le roi lui accorda sur sa cassette. L'abbé d'Olivet a publié, avec des préfaces et des notices, un assez grand nombre d'ouvrages d'auteurs estimés; il a traduit plusieurs ouvrages de Cicéron, dont les œuvres étaient sa lecture favorite; sa traduction, l'une des plus estimées, lui demanda beaucoup de temps, et cependant il ne la fit point payer à son éditeur. Les ouvrages qui ont surtout contribué à sa réputation littéraire sont: la continuation de l'*Histoire de l'Académie Française* de Pélisson, depuis 1652 jusqu'en 1700; son travail allait jusqu'à 1715; mais comme il appréciait assez sévèrement dans cette suite le mérite littéraire de quelques académiciens, il préféra le brûler. Mentionnons encore ses *Opuscules sur la Langue Française*, que l'on a réimprimés, avec ses *Remarques grammaticales sur Racine*, qui lui attirèrent des critiques aussi acerbes qu'injustes; son *Traité de la Prosodie française*; ses *Essais de Grammaire*; ses *Lettres au président Bouhier*, et plusieurs traductions un peu estimées, mais fort estimées pour leur exactitude. C'est d'Olivet qui reçut à l'Académie Française Voltaire, dont il avait dirigé les premières études littéraires; c'est lui surtout qui s'opposa le plus énergiquement, dans le sein de cet illustre corps, à l'élection de Piron, qu'il maltraita dans une épigramme. D'Olivet mourut en 1768. On lui a attribué la *Vie de l'abbé de Choisy*.

OLIVET (FABRE D'). *Voyez* FABRE D'OLIVET.

OLIVIER, genre d'arbres et d'arbrisseaux de la famille des oléacées, et de la diandrie-monogynie du système sexuel, offrant les caractères suivants : Calice court, à quatre dents; corolle courte, campanulée, à limbe quadrifide, portant les étamines à sa base; style très-court terminé par un stigmate bifide; ovaire à deux loges, auquel succède un drupe à noyau dur et osseux. Les feuilles de ces végétaux sont opposées, entières, coriaces; les fleurs sont petites, blanches ou jaunâtres, généralement odorantes, souvent disposées en grappes ou en panicules.

La seule espèce dont nous parlerons ici est l'*olivier d'Europe* (*olea europæa*, L.), ainsi nommé quoiqu'il ne soit pas indigène de cette partie du monde. Il croît spontanément dans la chaîne de l'Atlas, en Syrie, en Arabie et en Perse. Il fut d'abord transporté d'Asie en Grèce à une époque très-reculée, puisque les mythologues racontent que Minerve en dota la ville d'Athènes à sa naissance. La culture de l'olivier s'étendit dans toute la Grèce; mais elle était encore étrangère à Rome à l'époque de Tarquin l'Ancien. On croit généralement que les Phocéens en fondant Marseille y apportèrent l'olivier et la vigne, qui de là se répandirent dans les Gaules et l'Italie.

L'olivier d'Europe, qui à l'état de nature forme un arbrisseau rameux, tortueux, irrégulier, plus ou moins épineux, devient par la culture un arbre de hauteur moyenne, dont le tronc, haut seulement de deux à trois mètres, acquiert, grâce à sa grande longévité, une épaisseur assez forte. On en distingue une vingtaine de variétés, dont les fruits, nommés *olives*, fournissent une huile qu'aucune autre n'a pu encore remplacer.

Les olives conservées dans une saumure légère y perdent leur amertume naturelle, et deviennent un aliment agréable. Quelques variétés peuvent être mangées fraîches; mais il faut les cueillir en pleine maturité. Le bois de l'olivier est dur, veiné, susceptible d'un beau poli; on en fait des manches de couteaux, des tabatières, des boîtes et autres ouvrages d'ébénisterie. Les anciens l'employaient à faire des statues. Il est très-bon pour le chauffage.

Les Grecs, qui attribuaient à l'olivier une origine divine, le révéraient tellement que pendant un temps ils n'employèrent que des vierges et des hommes purs pour le cultiver, et que dans certaines contrées on exigeait même un serment de chasteté de ceux qui s'occupaient de la récolte des olives.

L'importance de ce végétal était si bien reconnue en Grèce que les délits qui le concernaient étaient jugés par l'aréopage, et que ce tribunal nommait des inspecteurs chargés d'en surveiller les plantations. Les possesseurs de celles-ci chez les Romains n'avaient pas même le droit de disposer des arbres qui les composaient, quand ils voulaient les employer à des usages profanes; et l'exil punissait le citoyen qui en altérait un pied dans un bosquet consacré à Minerve. Parmi les autres nations antiques, l'olivier était le symbole de la victoire, ainsi que celui de la paix et de l'humanité.

OLIVIER LE DIABLE ou LE DAIN. *Voyez* LE DAIN (Olivier).

OLIVIER (FRANÇOIS) *de Leuville*, chancelier de France, naquit à Paris, en 1493. Il était fils de *Jacques* OLIVIER, de Leuville, premier président du parlement, et neveu de Jean Olivier, évêque d'Angers, auteur d'un poëme latin, *Pandora*. Il fut successivement avocat, conseiller au grand conseil, maître des requêtes, chancelier de la reine de Navarre et président à mortier du parlement. Après la destitution du chancelier Poyet, François Ier lui donna les sceaux, qu'il perdit sous Henri II, pour avoir voulu s'opposer aux prodigalités de ce prince envers la duchesse de Valentinois. Retiré alors dans sa terre de Montlhéry, il y cultiva les lettres en paix. L'Hospital, son ami, lui adressa une épitre en vers latins pour le féliciter de l'honorable disgrâce que sa vertu lui avait attirée.

Sous François II, en 1559, Olivier fut rappelé, pour accréditer le ministère nouveau des Guise, Olivier ne cessa de s'opposer aux persécutions contre les réformés. « Il s'aperçut bientôt, dit le président Hénault, qu'on l'avait rappelé à la servitude plutôt qu'à la libre fonction de la première charge de l'État, et que l'on voulait se servir de sa réputation pour autoriser les injustices dont on le forcerait d'être le ministre. »

Après la conjuration d'Amboise, il essaya encore de faire prévaloir la clémence dans les conseils sur la cruauté des Guise. Il mourut peu après en proie à une profonde mélancolie (1560). Aug. SAVAGNER.

OLIVIER DE SERRES. *Voyez* SERRES (Olivier de).

OLIVIERS (Bois des). On donne ce nom en Algérie à une langue de terre du *Mouzaïa* au sud du Téniah, au point de partage de la Chiffa et des affluents de l'Oued-Jer. On y passe en descendant le col du Mouzaïa pour se rendre à Médéah ou à Miliana. Dans nos courses militaires, pour prendre possession de ces villes ou pour les ravitailler, nous avons eu à soutenir plusieurs fois de vifs combats d'arrière-garde dans cette partie de l'Atlas. Nous citerons celui du 20 mai 1840, où le colonel Bedeau, à la tête du 17e léger, soutint vigoureusement les efforts d'Abd-el-Kader, et celui du 4 avril 1841, où en revenant de Médéah le général Changarnier, vivement attaqué par la cavalerie arabe et les bataillons réguliers d'Abd-el-Kader, reçut une balle dans l'épaule. Les Arabes subirent encore un échec dans le bois des Oliviers le 30 octobre 1841. L. LOUVET.

OLLAIRE (Pierre). *Voyez* SERPENTINE.

OLLA PODRIDA, nom d'un mets national des Espagnols, consistant en un assaisonnement de plusieurs viandes de diverses espèces, auxquelles on ajoute beaucoup de lard. Ils appellent *puchero* un mets de même nature, mais composé de viandes moins relevées. Les mots espagnols *olla podrida* signifient *pot pourri*.

OLMIÈRE (ÉTIENNE D'). *Voyez* COMPAGNIES (Grandes).

OLMÜTZ (en slave *Holumauc*), chef-lieu de cercle et de capitainerie dans le margraviat de Moravie, l'une des places les plus fortes de l'Autriche, est située dans une île de la March, qui peut être considérablement grossie au moyen d'écluses, et avec ses cinq faubourgs compte environ 13,000 habitants. Elle est le siége d'un archevêché, le seul en Autriche dont le titulaire soit élu par le chapitre, et on admire surtout sa cathédrale. En fait d'édifices publics, on peut encore citer l'hôtel de ville, qui a une remarquable horloge de 1574, placée sur une tour haute de 82 mètres, et l'arsenal. Il y a aussi à Olmütz une université, fondée en 1581, et qui possède une bibliothèque de 50,000 volumes, un beau cabinet de physique, et d'importantes collections d'histoire naturelle. Cette ville fut longtemps le chef-lieu de la Moravie et le siége de toutes les administrations, qui ne fut transporté à Brunn qu'en 1640. D'abord simple évêché, parmi les premiers titulaires duquel on cite Cyrille et Method, son érection en archevêché ne date que de 1777.

Olmütz ressentit vivement au dix-septième siècle les contre coups de la guerre de trente ans, et au dix-huitième ceux de la guerre de Silésie. Les Suédois commandés par Torstenson s'en emparèrent en 1642, et ne le s'en dessaisirent qu'en vertu du traité de Westphalie. En 1741 les Prussiens la contraignirent à capituler, et ils ne l'évacuèrent qu'en avril 1742. Assiégée de nouveau par eux en 1758, elle résista assez longtemps pour donner au feld-maréchal Daun le temps de la secourir. C'est à Olmütz que, le 2 décembre 1848, l'empereur Ferdinand Ier abdiqua la couronne au profit de son neveu, François-Joseph, l'empereur aujourd'hui régnant. Le 28 et le 29 novembre 1850 il s'y tint entre M. de Manteuffel, ministre de Prusse, le prince de Schwartzenberg, ministre d'Autriche, et le comte de Meyendorff, ambassadeur de Russie près la cour d'Autriche, des conférences célèbres ayant pour but de mettre pacifiquement un terme à la crise qui régnait en Allemagne.

OLONEZ (on prononce *Alonetz*), gouvernement de la Russie d'Europe, d'une superficie de 1950 myriamètres carrés, mais où, d'après le recensement de 1846, on ne compte qu'une population de 263,100 habitants. Il confine à la grande-principauté de Finlande, aux gouvernements d'Archangelsk, de Wologda, de Nowgorod et de Saint-Pétersbourg, ainsi qu'au lac Ladoga, et formait autrefois une partie du royaume de Nowgorod. C'est au total un pays sablonneux, plat, stérile, couvert de marais, et parcouru seulement dans sa partie septentrionale par quelques chaînes de montagnes escarpées. Ses principaux lacs sont ceux de Ladoga, d'Onéga et de Wygo, qui occupent une superficie de 260 myriamètres carrés. Parmi ses cours d'eau, le Swir met en communication le lac d'Onéga avec celui de Ladoga, l'Onéga se déverse dans le golfe du même nom de la mer Blanche, et la Wodla fait communiquer le lac du même nom avec celui d'Onéga. Le climat en est âpre, et l'hiver long et rigoureux. L'été, fort court, y est d'une chaleur insupportable. Les grains n'y mûrissent pas toujours ; mais on y cultive beaucoup le lin, le chanvre et les raves. Ses forêts abondent en arbres résineux et en mélèzes, en gibier de toutes espèces. Ses cours d'eau et ses lacs sont très-poissonneux. La contrée abonde aussi en minéraux, métaux et pierres de tous genres, notamment en cuivre et en plomb, ainsi qu'en serpentine, porphyre et marbre dit de Karélie. Ses habitants, Russes d'origine pour la plupart, mais au nombre desquels se trouvent aussi quelques tribus finnoises, abandonnent d'ordinaire leurs foyers pendant une bonne partie de l'année pour aller travailler dans les gouvernements voisins. L'ancien chef-lieu, *Olonez*, à l'ouest du lac Onéga, est une toute petite ville, comptant à peine un millier d'âmes. Le chef lieu actuel, *Petrosawodsk*, ville de 7,000 habitants et construite pour la plus grande partie en bois, contient plusieurs fabriques, entre autres la grande fonderie de canons d'*Alexandrowsk*; il est situé dans une romantique contrée, voisine du lac Onéga.

OLOZAGA (Don SALUSTIANO), homme d'État espagnol, commença par être avocat à Logrono, et ne sortit de l'obscurité qu'en 1831, époque où il fut arrêté comme impliqué dans une conspiration contre Ferdinand VII. En 1832 il réussit à se réfugier en France. Rentré dans sa patrie à la mort de Ferdinand, il fut élu député par la ville de Logrono, et fit partie de l'opposition contre le ministère Istaritz. En 1836 il se rattacha d'abord à Mendizabal, mais à la suite de la révolution de la Granja, il se mit à la tête de l'opposition monarchique, et prit fait et cause pour Marie-Christine. Quoiqu'en 1838 il se fût refusé, comme procureur général, à mettre en accusation le général Cordova, Espartero lui en nomma pas moins en 1840 ambassadeur d'Espagne à Paris. Mais en 1843, Isabelle ayant été déclarée majeure, il fut rappelé à Madrid pour prendre la présidence du conseil. Son ministère ne dura que quelques jours. En désaccord tout d'abord avec les *moderados* et le parti de la cour, à la tête duquel se trouvait Narvaez, voyant que les progressistes commençaient à se détacher aussi de lui, il eut recours à une dissolution des cortès ; et dans la nuit du 28 au 29 novembre 1843, il employa la violence, à ce que prétendit le parti de la cour, pour arracher à la jeune reine la signature du décret relatif à cette mesure. Cet acte brutal dont complétement de sa chute ; il chercha, il est vrai, à se disculper devant les cortès des accusations dont il était l'objet, mais sans y réussir. Poursuivi et croyant sa vie en danger, il se réfugia en Portugal, d'où il gagna l'Angleterre et plus tard la France. Au commencement de 1847 il fut l'objet d'une double élection aux cortès : et comme il était compris dans les termes du décret d'amnistie rendu par la reine, il crut alors pouvoir rentrer en Espagne. Mais il fut arrêté sur la route de Madrid par ordre du ministère Isturitz et conduit à la citadelle de Pampelune. Cet acte d'illégalité commis par la cour révolta tous les partis, et force fut au gouvernement de le relâcher, mais en lui intimant l'ordre d'avoir à quitter immédiatement le sol espagnol. Quelques mois après, le ministère Pacheco lui rouvrait les portes de l'Espagne et lui permettait de revenir siéger à la chambre. Arrêté à la suite du mouvement républicain qui eut lieu en mai 1848, il ne tarda point à être remis en liberté. Après la révolution de juillet 1854, il fut nommé ambassadeur à Paris, où il réussit à inspirer confiance dans le nouveau gouvernement espagnol. A la suite du coup d'État d'O'Donnell, en

1856, sa démission fut acceptée. Il resta alors en France.

OLYBRIUS (Anicius), sénateur romain du cinquième siècle, époux de Placidie, fille cadette de Valentinien III, et général de Léon 1er, empereur d'Orient, fut envoyé au secours de l'empereur d'Occident Anthemius, lorsque celui-ci se vit assiégé dans Rome par le rebelle Ricimer, en 472. Mais il accepta la pourpre des mains de ce dernier, qui gouverna sous son nom. Il ne régna que sept mois, et mourut en cette même année 472.

OLYMPE (*Olympos*), nom qui fut commun dans l'antiquité à plusieurs montagnes, par exemple en Mysie à la continuation nord-ouest du Taurus, à une montagne de l'île de Cypre voisine d'Amathus, à une montagne située sur les limites de la Laconie et de l'Arcadie, au pied de laquelle Cléomène battit Antigone. Mais la plus célèbre de toutes était l'*Olympos* de Thessalie, appelée aujourd'hui *Lacha*, qui autrefois, d'après une antique tradition, ne faisait qu'un avec le mont Ossa, et qui, à la suite d'un tremblement de terre, ouvrit un passage au Pénée à travers l'étroite vallée de Tempé. Ses cîmes extrêmes atteignent près de 2,000 mètres d'altitude, et demeurent couverts de neige pendant neuf mois de l'année. La montagne la plus haute de tout ce groupe, que les anciens désignaient plus particulièrement par le nom d'Olympe, est située à l'entrée de la vallée de Tempé. Les contours en sont ordinairement délicieusement colorés par la lumière; et les bergers passent l'été avec leurs nombreux troupeaux dans ses pâturages, où l'on trouve toute la flore des Alpes. C'est là qu'était la résidence des dieux homériques et des Muses; aussi les Turcs lui donnent-ils encore de nos jours le nom de *Semavat Evi* (maison céleste). La ville habitée par les dieux sous le point le plus élevé de la montagne avait été construite par Hephaïstos; et était pourvue de portes. C'est là aussi que se trouvait le palais de Zeus, où se réunissaient d'habitude pour délibérer et banqueter non-seulement les dieux de l'Olympe qui formaient son conseil, mais encore le reste des dieux à qui obéissaient la mer et la terre. C'est ce pic le plus élevé que les Titans essayèrent un jour d'escalader. Plus tard les philosophes, et notamment les mathématiciens, placèrent la divinité à l'extrémité de la sphère céleste qui se meut autour du cercle des planètes; et cette nouvelle résidence des dieux reçut également le nom d'*Olympos*.

OLYMPIADE. Les Grecs nommaient ainsi l'espace de quatre années qui s'écoulait d'une célébration des jeux olympiques à la suivante. L'usage de compter par olympiades ne fut pas introduit en Grèce dès l'origine des jeux; aussi quand cet usage s'établit, il fallut prendre une époque bien déterminée pour y fixer la première olympiade; on s'arrêta à celle où Corœbus, vainqueur dans les jeux, avait le premier reçu les honneurs d'une statue; l'*ère des olympiades* se trouva ainsi commencer à l'année 776 avant J.-C. Ce nombre de 776 années équivalant exactement à 194 olympiades; d'où il résulte que la première année de l'ère vulgaire est aussi la première année de la cent vingt-quinzième olympiade. Cette remarque permet d'établir la concordance de ces deux ères. Seulement, il faut remarquer que l'année grecque ne commençait pas à la même époque que la nôtre.

On ne trouve plus dans les auteurs aucune supputation des années par les olympiades après la fin du cinquième siècle de l'ère vulgaire. L'usage de compter par olympiades fut, dit-on, supprimé par un édit de Théodore.

OLYMPIADES, l'un des surnoms des Muses.

OLYMPIAS, femme de Philippe, roi de Macédoine, et mère d'Alexandre le Grand, fille de Néoptolème, roi d'Épire, joignait à beaucoup d'intelligence un caractère vindicatif et dominateur, qui la conduisit à commettre les plus grands forfaits. Philippe, à la suite de querelles domestiques, s'étant séparé d'elle pour épouser de nouveau Cléopâtre, non-seulement elle eut une grande part à l'assassinat de son ancien mari (en 336 avant J.-C.), mais encore elle contraignit Cléopâtre à mettre elle-même fin à ses jours. Après la mort d'Alexandre, qui lui avait constamment témoigné le respect le plus filial, elle essaya, au milieu des querelles auxquelles donnait lieu la succession au trône, de faire valoir ses propres prétentions, et gagna Polysperchon à sa cause. La cruauté avec laquelle elle envoya au supplice le frère germain et successeur d'Alexandre, Arrhidée, qui avait perdu la raison, ainsi que son épouse Eurydice, en l'an 317 avant J.-C., ne tarda pas à être punie. Cassandre, l'adversaire de Polysperchon, la fit prisonnière, et la fit égorger par des meurtriers gagnés à prix d'argent.

OLYMPIQUES (Jeux), les plus célèbres des quatre jeux religieux de la Grèce, en étaient aussi les plus brillants. Tout se réunissait pour leur donner de la magnificence; ils n'appartenaient pas à un peuple particulier, mais à tous les Grecs, qui venaient à l'envi y disputer la palme et la couronne. Ils avaient l'avantage immense d'entretenir une union intime entre tous ces peuples, et rien ne devait en troubler la solennité. Quand Xerxès forçait le passage des Thermopyles, les Grecs assistaient aux jeux olympiques. On les célébrait au milieu des autels et des temples des dieux, auprès de leurs statues et de celles des héros et des athlètes qui s'y étaient illustrés, en tel nombre qu'un auteur, après en avoir compté plus de cinq cents, était obligé de s'arrêter. Tout y inspirait le plus noble désir de la victoire, tout y animait les combattants. On y disputait le prix aux yeux de toute la Grèce, qui égalait la gloire des vainqueurs à celle des dieux. « Ne cherchez pas, dit Pindare au début de sa première *Olympique*, ne cherchez pas dans le ciel d'astre plus brillant que le soleil, ni parmi les jeux de la Grèce rien de plus éclatant que les jeux olympiques. » Ils étaient ainsi nommés d'Olympie, où ils se célébraient, ou de Jupiter-Olympien, qui avait dans cette ville un temple célèbre. La plaine olympique s'appelle aujourd'hui *Anti-Lalla*, parce qu'elle est située vis-à-vis de la ville de Lalla. On disait ces jeux établis ou par Jupiter, qui y combattit contre Neptune pour l'empire du monde, ou par Hercule Idéen, l'un des cinq dactyles. Selon d'autres, ils furent institués ou plutôt réglés par Hercule, fils d'Alcmène, l'an 1346 avant J.-C. Plusieurs fois interrompus, ils furent renouvelés par Pélops, en l'honneur de Jupiter. Pélops y gagna Hippodamie et le royaume de Pise. Enfin, l'an 884 avant J.-C. (cent huit ans avant la première olympiade vulgaire), Lycurgue de Lacédémone et Iphitus d'Élée les rétablirent entièrement et leur rendirent tout leur éclat. Ce fut peut-être aux poésies d'Homère qu'on dut ce rétablissement. Quoiqu'il paraisse que les jeux olympiques fussent abandonnés à l'époque du chantre de l'*Iliade*, puisqu'il n'en a pas orné ses sublimes tableaux, cependant ses descriptions de jeux ont pu servir de modèle; et comme en général on suivait dans ceux de la Grèce l'ordre qu'il a tracé dans les siens, on peut dire qu'il fut comme le législateur des jeux olympiques. Le premier jour de la célébration de ces jeux tombait au 11 du mois hécatombéon, peu après le solstice d'été; le 16, ils se terminaient par la distribution des couronnes. La première olympiade vulgaire, dans laquelle Corœbus fut vainqueur à la course à pied, date de l'an 776 avant J.-C. (première année de la 28e olympiade), depuis qu'Iphitus les avait rétablis (494 après la prise de Troie). Institués pour établir l'union entre les différents États de la Grèce, ils servirent de point de ralliement: les hostilités cessaient d'un commun accord, et tous les peuples se réunissaient pour les célébrer à Pise ou à Olympie, en Élide, sur les bords sacrés de l'Alphée. Le 11 d'hécatombéon, au soir, on arrosait du sang des victimes les autels de Jupiter, et surtout le grand autel de Jupiter, situé entre le temple de Junon et l'enceinte de Pélops. Toutes les cérémonies se succédaient au son des instruments et se prolongeaient fort avant dans la nuit. Les cinq jours suivants étaient destinés aux exercices, tels que les différentes courses à pied, les courses de chevaux, les courses en char, le saut, le disque, le javelot, la lutte, le pugilat, le pancrace. On tirait au sort, dans les tribus, des juges nommés *hellanodices*, chargés de présider les jeux et d'en faire exécuter les lois. Les rois les plus puissants ne dédaignaient pas d'y disputer le prix. Ils y envoyaient des chars superbes, et on lisait parmi les noms des vainqueurs ceux de Théron, roi d'Agrigente ; de Gélon et d'Hiéron, rois de Syracuse ; d'Archélaüs, roi de Macédoine ; de Pausanias, roi de Lacédémone. Philippe mettait autant de gloire à remporter la victoire olympique qu'à vaincre ses ennemis.

Les habitants de Pise eurent pendant longtemps l'honneur de présider ces jeux. Mais ayant été presque détruits par les Éléens, ceux-ci jouirent depuis de ce privilége, et si les Arcadiens les firent célébrer dans la 104° olympiade, c'est qu'ils furent plusieurs fois vainqueurs des Éléens, qui regardèrent cette olympiade et plusieurs autres comme nulles et les rayèrent de leurs registres. DELBARE.

OMAÏADES ou **OMAYADES**. *Voyez* OMMÉIADES.

OMAR I-II. *Voyez* KHALIFES.

OMBELLE (du latin *umbella*, parasol), disposition de fleurs dont les pédoncules partent tous d'un même point et affectent la direction des tiges qui soutiennent les baleines d'un parasol. Les *ombellules* sont de petits rayons qui partent du sommet des rayons de l'ombelle, et forment sur chaque tige des *ombelles partielles*.

OMBELLIFÈRES, nom d'une famille de plantes de la classe des dycotilédones polypétales, à étamines épigynes : elles sont herbacées, annuelles ou vivaces ; à feuilles alternes, pétiolées, embrassantes à leur base ; à fleurs ordinairement blanches ou jaunes, dont le calice est adhérent et l'ovaire infère, la corolle à cinq pétales en rose, les cinq étamines alternes avec les pétales, et insérées en dehors d'un disque épigyne jaunâtre, qui garnit le sommet de l'ovaire ; à fruit composé de deux coques monospermes indéhiscentes. Cette famille naturelle renferme : 1° des plantes vénéneuses, telles que les diverses espèces de ciguë, d'œnanthe, etc. ; 2° des plantes médicinales, l'assa-fœtida, l'anis ; 3° enfin, des plantes alimentaires, la carotte, le céleri, etc. Ces dernières doivent à la culture leur saveur agréable, car à l'état sauvage elles ont un goût âcre et aromatique presque insupportable. P. GAUBERT.

OMBILIC (du latin *umbo*, bouton ou bosse au milieu d'un bouclier). Les naturalistes donnent ce nom à une petite cicatrice (*hile*) qu'on voit sur les graines des plantes, et qui marque l'endroit par où elles tenaient au péricarpe ou placenta, et aussi à l'enfoncement qui se trouve à l'une ou à l'autre extrémité de certains fruits ; enfin, à une cavité qui se trouve au centre de la face inférieure de quelques coquilles.

Chez l'homme et chez les animaux vivipares, l'*ombilic* ou *nombril* est la cicatrice arrondie , plus ou moins enfoncée, résultant de l'oblitération de l'ouverture qui livrait passage aux différentes parties constituantes du cordon.

OMBILICAIRES. *Voyez* HÉSYCHIASTES.

OMBILICAL, qui appartient, qui a rapport à l'ombilic. La région *ombilicale* est la partie moyenne du ventre, bornée de part et d'autre par les flancs. L'*anneau ombilical* est formé par le rétrécissement progressif de l'ouverture dans laquelle était engagée une partie des intestins, logés à la base du cordon avant la naissance. On dit encore, le *cordon ombilical*, une *hernie ombilicale*. P. GAUBERT.

OMBRAGE, expression poétique synonyme d'*ombre*, à l'idée de laquelle se lie presque toujours celle de *fraîcheur*, de *repos*. L'*ombrage* au propre est l'ensemble, la réunion des branches, des feuilles des arbres qui produit de l'ombre. Au figuré, *Faire ombrage*, *porter ombrage*, c'est inspirer de la défiance ; cette acception vient sans doute de la circonspection avec laquelle on marche dans les ténèbres. *Ombrager*, c'est faire de l'ombre. *Ombrageux* se dit des chevaux, des mulets sujets à avoir peur, et des personnes soupçonneuses.

OMBRE (*Optique*) se dit de l'obscurité produite par un corps opaque qui intercepte la lumière, et de l'espace plongé dans cette obscurité. C'est dans ce dernier sens que l'optique emploie le mot *ombre*. En supposant qu'un corps opaque intercepte les rayons issus d'un *point* lumineux, il résulte de la marche en ligne droite de la lumière que l'ombre sera une partie du cône quelconque qui aurait pour sommet le point lumineux et pour génératrices les tangentes menées par ce point au corps opaque ; toute la partie de ce cône, qui se trouvera, par rapport au corps opaque, de l'autre côté que le point lumineux, formera l'*ombre* ; tout le reste de l'espace sera éclairé par ce point lumineux.

Mais dans la nature les foyers de lumière ne se réduisent jamais à un *point* mathématique. Supposons, par exemple deux sphères de même grandeur, l'une opaque, l'autre lumineuse ; le cylindre tangent à toutes deux formera l'ombre derrière la sphère opaque, mais le reste de l'espace ne sera pas complétement éclairé dans toutes ses parties. Concevons un cône dont les génératrices soient les tangentes intérieures communes aux grands cercles de deux sphères situés dans les mêmes plans ; la portion de ce cône qui déborde le cylindre d'ombre formera ce qu'on appelle la *pénombre* (de *pene*, presque), c'est-à-dire que, sans être l'ombre, ce n'est pas encore la lumière ; il y a en effet dans cette région de l'espace une partie des rayons lumineux que n'arrête pas le corps opaque, et une autre partie qui est encore interceptée ; à mesure que l'on approche de la surface latérale du cône, le nombre des rayons interceptés diminue, et par suite, celui de autres augmente d'autant ; il résulte de là que l'œil passe par gradations insensibles de l'ombre la plus intense à la lumière la plus vive. Cet effet est d'autant moins sensible que les dimensions du corps lumineux sont plus petites.

La pénombre rend souvent difficile l'appréciation des limites de l'ombre. Nous avons vu à l'article MÉRIDIENNE comment la gnomonique remédie à ce défaut. La théorie des ombres, qui forme une branche très-importante de l'optique, n'est pas seulement employée pour la construction des cadrans solaires ; c'est sur elle que repose le calcul des éclipses. La perspective s'occupe des *ombres relatives* ; elle nomme ainsi la trace produite sur une surface quelconque qui rencontre l'ombre absolue : l'ombre relative est dite *ombre droite* ou *ombre renversée*, lorsque cette surface est un plan horizontal ou un plan vertical. L'ombre droite servait autrefois à mesurer la hauteur des corps, en appliquant quelques formules trigonométriques très-simples.

E. MERLIEUX.

Le mot *ombre* a beaucoup vieilli dans certaines acceptions, comme celles-ci : Faire ou porter *ombre* à quelqu'un, pour dire en obscurcir le mérite ; il est même tout à fait passé de mode dans certaines locutions très-fréquentes autrefois : Tromper quelqu'un sous *ombre* de piété, de dévotion ; S'esquiver d'une compagnie sous *ombre* qu'on est très-pressé par des affaires.

Ombre, au pluriel et poétiquement, s'emploie pour la nuit, les *ombres* de la nuit pour les *ténèbres*.

Ombres, singulier et pluriel, était pris chez les anciens pour l'âme dégagée du corps : L'*ombre* de Brutus, les pâles *ombres* ; Pluton règne sur les *ombres*, etc. On dit les *ombres* de la mort, du tombeau, pour dire la *mort*, le *tombeau*.

C'est une locution proverbiale, qu'il n'y a pas de corps sans *ombre*, encore qu'elle ne soit point absolument vraie. On disait autrefois d'un homme trop défiant que tout lui faisait *ombre*, et l'on dit encore aujourd'hui d'un poltron, qu'il a peur de son *ombre*. Cette locution usitée aujourd'hui : Tout lui fait *ombre*, lui porte *ombrage*, n'a pas un sens bien déterminé entre les deux précédentes, et tient un peu de l'une et de l'autre. Cette expression de : Comme l'ombre suit le corps, s'applique assez bien au parasite qui s'attache opiniâtrement à tous les pas de quelqu'un.

Ombre s'emploie encore dans un grand nombre d'autres acceptions figurées, comme quand on dit : Le flambeau des sciences a été longtemps avant de pouvoir percer les ténèbres, ou les *ombres*, de ces siècles d'ignorance. Il est fréquemment usité pour *protection*, comme dans cette phrase qu'une plate flagornerie adressait à Louis XIV : « La France vit heureuse à l'*ombre* de ce grand roi; » ou bien dans cette autre : « L'on peut tout se permettre à l'*ombre* d'une si puissante protection. » On s'en sert aussi pour *apparence*, et il est alors opposé au mot *réalité*, comme quand on dit : La France ne jouissait plus alors d'une *ombre* de liberté : c'est dans ce sens que La Fontaine a dit :

Chacun se trompe ici-bas :
On voit courir après l'*ombre*
Tant de fous, qu'on n'en sait pas
La plupart du temps le nombre.

Ombre, en termes de blason, se dit de l'image d'un corps qui est si délié qu'on voit le champ de l'écu à travers.

Ombres, en termes de peinture, désigne les endroits les moins éclairés, les plus obscurs d'un tableau, servant à relever l'éclat des autres : Donner de grandes, de fortes *ombres*; ménager les *ombres*, etc. On dit dans ce sens, d'un léger défaut qui fait mieux sentir les beautés d'un ouvrage, le caractère d'une personne, que c'est une *ombre* au tableau.
BILLOT.

OMBRE (*Ichthyologie*), genre de poissons de l'ordre des malacoptérygiens abdominaux, famille des salmonoïdes. Ce genre, établi par G. Cuvier aux dépens des saumons, offre la même structure de mâchoire; mais la bouche des ombres est très-peu fendue, et leurs dents sont très-fines. La seule espèce de ce genre est l'*ombre commune* (*salmo thymallus*, L.), poisson de 60 à 70 centimètres de longueur, dont les habitudes sont à peu près les mêmes que celles des saumons. L'ombre est très-recherchée pour sa chair blanche et de très-bon goût.

OMBRE (Terre d'). *Voyez* OCRE.

OMBRELLE (du latin *umbella*, diminutif d'*umbra*, ombre, ombrage), sorte de petit parasol généralement en soie ou taffetas que portent les dames pour se mettre à l'abri des rayons du soleil. Quoique ce nom ne se trouve pas dans le *Dictionnaire de Trévoux*, il ne faut pas croire cependant que l'usage des *ombrelles* fût inconnu de nos pères. Montaigne en parle dans ses *Essais*. « Nulle saison, dit-il, m'est ennemie que le chaud aspre d'un soleil poignant; car les *ombrelles* de quoi, depuis les anciens Romains, l'Italie se sert chargent plus le bras qu'ils ne deschargent la tête. » Nous trouvons encore chez Martial le mot *umbella* employé pour signifier un parasol ; ce qui prouve que les belles Romaines savaient, elles aussi, protéger la blancheur de leur teint contre l'influence pernicieuse des ardeurs de l'été.

OMBRELLE. On donne ce nom au corps des méduses.

OMBRES (Les). *Voyez* OMBRIENS.

OMBRES CHINOISES. Ce genre de spectacle, si cher aux enfants, et dont le nom indique l'origine, commença par l'Allemagne son apparition en Europe : on l'y désignait sous le nom de *schattenspiel*. Ce fut en 1767 qu'on en fit chez nous un premier essai ; mais il paraît que les procédés par lesquels s'opère cette fantasmagorie burlesque n'y furent d'abord qu'imparfaitement imités, et quoiqu'on eût composé pour ces premières *ombres* une petite pièce ayant pour titre *L'Heureuse Pêche* (1770), qui se trouve encore dans les collections de quelques *théâtrophiles*, cette importation eut alors peu de succès. Vers 1780, de nouvelles *ombres chinoises* vinrent s'installer à Versailles, où elles furent bien accueillies; mais leur véritable popularité date de 1784, époque où elles vinrent occuper, dans les galeries nouvellement construites au Palais-Royal, un emplacement voisin de celui où elle se trouvent encore aujourd'hui. Séraphin, nom illustre, nom révéré par toutes les générations de marmots qui se sont succédé depuis ce temps, Séraphin fut le fondateur et pendant de longues années le directeur de ce spectacle. Qui ne se rappelle les jouissances qu'il y a éprouvées dans son jeune âge, le fameux *Pont cassé*, et ses couplets innocents, qui survivront peut-être aux couplets spirituels de nos vaudevillistes :

Peut-on passer la rivière
Lire, lire, lire ?
Les canards l'ont bien passée... etc., etc.

Aussi, ce spectacle enfantin, que plus d'une fois vinrent voir les grands enfants, sous prétexte d'amuser les petits, est le seul, je crois, qui, fort de ses services et de sa popularité, n'ait recours ni aux annonces ni aux *réclames* des journaux.
OURRY.

OMBRIE. *Voyez* OMBRIENS.

OMBRIENS (*Umbri*). Le plus ancien des peuples italiques, suivant l'assertion de Pline, fut longtemps puissant par les armes. Aujourd'hui tout à fait oubliés, les Ombriens occupèrent jadis les cent bouches de la Renommée. Leur antique capitale, *Ameria* (aujourd'hui Amelia, dans la délégation de Spoleto), avait été fondée trois cent quatre-vingt-un ans avant Rome. A l'origine, ils possédaient aussi le pays des Sabins et la contrée arrosée par le Pô inférieur; mais plus tard ils furent toujours refoulés de plus en plus par les Tusques, *Tusci*, vers l'est et le sud, où, longtemps après leur disparition comme nation indépendante, une partie orientale de l'Italie centrale portait encore, sous la domination romaine, le nom d'*Umbria*. Cette contrée, presque entièrement plate et riveraine de l'Adriatique, était bornée par le Rubicon, la Nera et l'Æsis, et traversée par l'Apennin. Elle avait pour voisins les Étrusques et les Sabins. La langue des Ombriens, qui, ainsi que l'a démontré Niebuhr, différait de celle des Tusques, n'en contenait pas moins, dit-on, un certain nombre de mots offrant beaucoup d'affinité avec le latin. Pour leurs médailles et inscriptions, ils se servaient de l'écriture étrusque. Dès la première guerre qu'ils eurent à soutenir contre les Romains, une bataille perdue entraîna leur complète soumission à l'autorité de Rome. Cependant, plus tard il leur arriva plusieurs fois d'entrer dans les ligues formées contre les Romains; mais ceux-ci en triomphèrent toujours. Traversée par la voie Flaminienne, l'Ombrie contenait les antiques cités d'*Ariminum* (Rimini), *Spoletium* (Spoleto), *Narnia* (Narni), *Otriculum* (Otricoli), et d'autres où l'on voit encore aujourd'hui des ruines de constructions romaines et d'autres antiquités.

O'MEARA (BARRY-ÉDOUARD), médecin de Napoléon à Sainte-Hélène, était Irlandais de naissance et chirurgien du vaisseau de ligne *Le Belléróphon*, à bord duquel Napoléon vint se réfugier le 7 août 1815. Comme il eut, dans la traversée de Rochefort à Plymouth, l'occasion de rendre des services de son art à divers officiers français et qu'il s'en acquitta avec beaucoup de convenance, l'empereur, quand on le transféra à bord du *Northumberland*, l'engagea à l'accompagner comme médecin particulier à Sainte-Hélène. O'Meara obtint de ses supérieurs l'autorisation nécessaire, et donna pendant trois ans ses soins à l'illustre captif avec tout le zèle et tout le dévouement possibles. Mais Hudson-Lowe, le gouverneur de l'île, ayant essayé de le faire entrer dans le système d'espionnage qu'il cherchait à organiser autour du grand homme, O'Meara repoussa avec la plus honorable fermeté les semi-ouvertures qu'on lui faisait, et dut par suite quitter Sainte-Hélène, le 25 juillet 1818. O'Meara avait consciencieusement consigné sur un journal ses entretiens quotidiens avec Napoléon. Quand Napoléon fut mort, O'Meara fit paraître ce journal sous le titre de : *Napoléon in exilo*, etc. (2 vol. Londres, 1822). Cet ouvrage est sans contredit une des sources les plus précieuses auxquelles puisse puiser celui qui veut écrire l'histoire de l'homme du Destin. O'Meara, à qui la publication de son livre avait valu la perte de son grade, mourut à Londres, le 3 juin 1836.

OMÉGA. *Voyez* ALPHA ET OMÉGA.

OMELETTE. C'est un ragoût, comme chacun sait, d'œufs battus et cuits dans la poêle, soit au beurre, soit à la graisse, soit à l'huile. On en fait aux truffes, aux champignons, aux asperges, aux rognons, aux fines herbes, à la ciboule, au lard, aux oignons, au fromage, au rhum même et au kirsch-wasser ; et cette innovation n'est pas sans mérite. Quant à l'omelette au sucre, à l'omelette soufflée et à l'omelette aux confitures, nous l'abandonnons volontiers aux frêles estomacs de nos dandies et de nos beautés vaporeuses. Ce n'est pas à des estomacs de cette espèce que Louis XV, ce grand faiseur d'*omelettes*, consacrait ses royales élucubrations !

OMER-PACHA, général turc, est un renégat, qui descend de la famille croate des *Lattas*, et naquit en 1811, à Plaski, dans le cercle de Frontières d'Ogulin. Son père, lieutenant d'administration dans ce cercle, exerçait les mêmes fonctions dans le cercle de Frontières de Likkan. Le jeune Lattas fut élevé à l'école militaire de son endroit natal, et s'y distingua surtout par sa belle écriture. Il alla ensuite suivre les cours de l'école de mathématiques de Thurm, près de Karlstadt ; et après avoir terminé ses études, il entra avec le grade de cadet dans le régiment de Frontières d'Ogulin. Plus tard il fut employé comme secrétaire par le major Kneczig, directeur de la construction des routes, et abusa, dit-on, de sa confiance. En 1833, laissant sa comptabilité dans le plus grand désordre, il déserta, se réfugia à Zara et de là gagna la Bosnie. Il y entra comme commis au service d'un marchand turc, qui plus tard, lorsqu'il eut embrassé l'islamisme, fit de lui l'instituteur de ses enfants, et l'envoya avec eux à Constantinople. Sa belle main lui valut une place de maître d'écriture dans une école militaire de la capitale. En cette qualité, *Omer-Effendi*, c'est le nom et le titre que portait Lattas depuis qu'il s'était fait mahométan, eut occasion de faire apprécier son mérite ; de sorte que ce fut lui qu'on choisit pour donner des leçons d'écriture au prince devenu plus tard le sultan Abd-ul-Medjid, et en même temps on lui accorda le rang de *jus-baschi* (capitaine) dans l'armée turque. Quand son élève parvint au trône, il fut nommé colonel, et prit part avec ce grade à la campagne de Syrie de 1840, sous les ordres du général de division turc Jochmus, devenu plus tard ministre de la guerre de l'Empire allemand. Il y mérita le grade de *liva* (général de brigade). En 1842, la Porte ayant retiré à l'émir Kassim le gouvernement militaire du Liban, à cause de son incapacité, Omer fut appelé à le remplacer dans ces fonctions, qu'on ne tarda pas d'ailleurs à lui ôter, parce que les chrétiens de ces contrées se plaignaient de la cruauté et de l'esprit de persécution dont le renégat faisait preuve à leur égard. En 1843, Omer fit, sous les ordres de Reschid-Pacha, la campagne d'Albanie contre le rebelle Djouleka ; et ce fut en grande partie à ses mesures qu'on fut redevable de la répression de cette révolte. Il s'éleva ainsi de plus en plus dans la confiance et la faveur du sultan. Kœr-Hussein-Bey ayant levé, en 1846, l'étendard de la révolte dans l'Adjara, sur les frontières russo-caucasiennes, Omer fut envoyé de ce côté pour y rétablir l'autorité du sultan. Mais avant son arrivée Haill-Pacha avait réussi à mettre fin à la révolte, et dès le mois d'octobre Omer était de retour à Constantinople, sans avoir eu occasion de se distinguer. Vers le même temps le Kourde Bedr-Han-Bey attaqua les chrétiens nestoriens et se déclara contre la Porte, en même temps que Han-Mahmoud-Bey. Sous les ordres d'Osman-Pacha, Omer fut alors chargé de châtier les rebelles, et il y réussit en 1847, en prenant successivement d'assaut les différentes places fortes kourdes. Il passa le reste de l'année à Alep, en qualité de gouverneur militaire. Les troubles de 1848 ayant eu pour conséquence l'entrée des Russes dans les principautés danubiennes, Omer fut envoyé à la tête des troupes turques d'occupation. Le 25 septembre il canonna la caserne de Bukarest, et demeura ensuite dans cette ville jusqu'en avril 1850 comme avoir eu occasion de se distinguer. A ce moment l'empereur de Russie lui accorda l'ordre de Sainte-Anne, et il épousa la sœur du fameux Simounic de Transylvanie. Dans l'été de 1850, Omer-Pacha comprima la révolte provoquée parmi la noblesse bosniaque par la conscription et le *tanzimat*, et à l'automne il marcha sur l'Herzégovine pour mettre également fin aux mouvements qui avaient éclaté dans cette province. Mais de nouveaux troubles se manifestèrent en Bosnie, notamment dans la Kraina ; et ce ne fut qu'en 1851 qu'Omer-Pacha réussit à y mettre fin, en prenant d'assaut la forteresse de Bihac. Il opéra alors le désarmement du pays, en commençant par désarmer les chrétiens, qui étaient restés étrangers au mouvement insurrectionnel, et les traita en général avec la plus impitoyable sévérité. Rappelé à Constantinople en octobre 1852, il fut nommé en décembre suivant commandant de l'armée destinée à agir contre le Monténégro. Cette expédition, résultat des intrigues d'Omer-Pacha et du vieux parti turc, eut à lutter contre de grandes difficultés physiques, sans qu'Omer-Pacha réussit, à beaucoup près, à en atteindre le but. Il fut nommé ensuite général en chef de l'armée turque réunie sur la rive droite du Danube lorsque commencèrent les complications de la question d'Orient qui amenèrent la dernière guerre ; et ce fut lui qui en commencement de 1853 ouvrit la lutte en franchissant le Danube à la face de l'ennemi entre Routschouk et Silistrie, et en marchant sur Widdin. Dans les campagnes de 1854 et 1855 il n'a justifié par aucun fait d'armes éclatant la haute fortune militaire qu'il a faite en Turquie. La reine d'Angleterre ne l'en a pas moins nommé commandeur de l'ordre du Bain, et l'empereur des Français grand'croix de la Légion d'Honneur. Au moment où nous imprimons, on vient de lui enlever son commandement et de l'exiler.

OMISSION, action d'omettre, ou la chose omise. Il y a des *omissions* légères et des *omissions* graves, des *omissions* involontaires et des *omissions* volontaires. En style de commerce et de banque, la formule *sauf erreur ou omission*, inscrite au bas d'une facture, d'un compte de vente, d'un extrait de compte courant, semble être une espèce de réserve de celui qui fournit ses pièces, relativement aux inexactitudes qui auraient pu se glisser dans son travail.

En théologie, ne pas faire ce que la loi de Dieu commande, c'est se rendre coupable d'un *péché d'omission*.

OMMEÏADES ou **OMMIADES**, dynastie de khalifes arabes qui tirait son nom de *Ahn Omeïa-Ben-Abd-Shems*, lequel vivait avant Mahomet. Elle parvint au trône, l'an 661 de notre ère, en la personne de Moawiah Ier, et régna à Damas jusqu'en 752. Deux de ses membres avaient seuls échappé à sa ruine en Asie. Les chéicks de l'Espagne sarrasine, en proie à des dissensions intestines, invitèrent l'un d'eux, *Abd-our-Rhaman Ier*, à s'y rendre, en l'an 755, et le reconnurent en qualité d'*émir-al-moumenin*. Malgré de nombreuses révoltes, il se maintint en possession du pouvoir suprême, et devint ainsi le fondateur du khalifat indépendant de Cordoue, lequel, comprenant la presque totalité de l'Espagne, s'étendait au nord jusqu'à l'Èbre et même plus loin, et jusqu'aux montagnes de la Vieille-Castille, de l'Asturie, de Léon et de la Galice. Il divisa ses États en six provinces, placées de même que les douze principales villes sous l'autorité de leurs *valis* particuliers, lesquels, avec les *cadis*, formaient une espèce de milice nationale. Il mourut en 778.

Le règne de ses successeurs, *Hescham Ier*, jusqu'en 796, et *Hakem Ier*, jusqu'en 812, fut très-orageux. Les gouverneurs de province se révoltèrent ; il y eut des compétitions pour la succession au trône. Les Espagnols chrétiens devinrent plus redoutables au milieu de ces troubles, grâce auxquels put se former, au nord-est de l'empire, la Marche d'Espagne.

Abd-our-Rhaman II, qui régna jusqu'en 832, rétablit le calme intérieur, et occupa son peuple à guerroyer contre les chrétiens. Ce fut à la suite de ces luttes incessantes entre les Arabes et les Espagnols chrétiens, que se développa parmi les premiers une espèce d'héroïsme chevaleresque, et qu'on vit surgir chez eux de ces héros dont les noms furent célébrés dans des chants populaires, de même que dans les rapports avec le sexe s'établissait un caractère romantique auquel il n'y eut jamais rien de semblable dans le reste du monde mahométan. Abd-our-Rhaman II, érudit et poëte, protégea les arts et les sciences, gouverna avec autant de modération que de justice, et, en excluant les femmes du droit d'hériter de la propriété foncière, constitua ses États sur une base assez analogue à celle des nations d'origine germanique. Tel fut l'ordre qu'il parvint à établir dans ses États, qu'on pouvait, à cette époque, considérer l'Espagne mahométane comme le pays le mieux gouverné et le mieux administré de la terre.

Le règne de son fils *Mohamed* (852 à 880) ne fut pas moins remarquable, par la protection toute particulière que ce prince accorda aux arts et aux sciences. Indépendamment de ses guerres contre les Espagnols chrétiens, il eut encore à repousser les invasions normandes.

Moundhar, fils et successeur de Mohamed, périt dès l'an 882, dans une guerre contre le révolté Hafsoun. Il eut pour successeur son frère *Abdallah*, lequel n'eut pas seulement à lutter contre ce rebelle, mais encore à comprimer les révoltes qui éclatèrent contre lui dans sa propre famille. Il était parvenu à triompher de l'un et de l'autre de ces dangers, quand son empressement à faire la paix avec le roi d'Asturie, Alphonse III, fournit aux mahométans fanatiques un prétexte pour lever l'étendard de l'insurrection. Il mourut en 912.

Son petit-fils, *Abd-our-Rhaman III*, qui monta sur le trône après lui, fut l'un des princes les plus accomplis dont l'histoire fasse mention. Il triompha de toutes les révoltes, et son règne fut le plus heureux et le plus florissant dont il soit question dans l'histoire de la domination arabe en Espagne. Il sortit vainqueur de la longue guerre qu'il eut à soutenir contre don Ramiro, roi d'Asturie et de Léon. Non moins célèbre comme poëte que comme souverain, il mourut en 961.

Hakem II, son fils, continua à tous égards le règne glorieux de son père, et plus peut-être que tout autre prince arabe se montra le protecteur des sciences et de la poésie. Tous les grands, tous les fonctionnaires de son royaume, le prirent à l'envi pour modèle; de sorte que l'Espagne devint alors le foyer de la science des Arabes. Hakem mourut malheureusement en 976, alors que son fils, *Hescham II*, qui régna jusqu'en l'an 1008, n'avait encore que dix ans. La mère de ce prince gouverna sous son nom seule, et Hescham grandit dans le palais de ses pères, éloigné de toute participation au gouvernement. A la vérité, le tout-puissant vizir Mohammed-Abou-Amer-al-Mansour administra parfaitement le pays, tant à l'intérieur qu'à l'extérieur, où sur tous les points il triompha des chrétiens; mais le gouvernement des khalifes prit dès lors un tout autre caractère. Au lieu de cette habileté et de cette valeur personnelles qui jusque alors avaient distingué les khalifes, et qu'ils avaient transmises à leurs fils et successeurs en les préparant à régner par une éducation soignée et par une participation de plus en plus grande à la direction des affaires, on vit s'établir ce gouvernement de sérail et de vizirs que est le propre des nations orientales.

A partir de ce moment les khalifes devinrent de plus en plus efféminés et voluptueux, et par suite faibles et incapables. Il en résulta que l'influence des courtisans fut toute-puissante et que le gouvernement finit par se trouver tout entier aux mains du hadjeb, qui possédait la même puissance que l'émir-al-omrah à Bagdad. Il en résulta également des troubles intérieurs, suite des ardentes rivalités que provoquaient les successions au trône, et des guerres étrangères malheureuses. L'empire arabe s'affaiblissant de et désorganisant ainsi de plus en plus, les chrétiens purent chaque jour empiéter davantage sur ses anciennes limites. Les divers prétendants au trône en vinrent même à s'allier avec eux, pour, avec leur appui, l'emporter sur leurs concurrents. La puissance de l'empire arabe diminua donc en proportion des progrès que faisait celle des chrétiens; et ce fut au milieu de continuelles révolutions de palais, d'incessantes guerres civiles, et de luttes presque constamment malheureuses contre les chrétiens, que finit, par l'abdication de *Hescham IV*, en l'an 1031, la dynastie des Ommeïades d'Espagne, dont l'empire, jadis le plus puissant et le plus florissant de toute l'Espagne mahométane, se partagea en de nombreux petits États particuliers, obéissant tous à des *valis* indépendants.

OMMIADES. *Voyez* OMMEÏADES.
OMMEÏADES ou **OMMÉYADES**. *Voyez* OMMEÏADES.

OMNIBUS, mot latin qui signifie *pour tous*. C'est sous ce nom que firent leur apparition en 1825, à Paris, des voitures d'un genre nouveau, qui desservaient une ligne fixe à l'instar des diligences. Ces voitures, attelées à l'origine de trois chevaux, pouvaient tenir jusqu'à vingt personnes; mais elles furent bientôt réduites à des proportions plus en rapport avec l'étroitesse des rues de la capitale; elles ne furent plus tirées que par deux chevaux, et contiendrent seulement de quinze à vingt voyageurs. Peu d'innovations ont obtenu un succès aussi éclatant et aussi durable. Ce mode de transport économique fit fureur, et les dames ne dédaignèrent point ces voitures plébéiennes, où la duchesse de Berry avait voulu monter une des premières.

Aussitôt des concurrences s'élevèrent; on vit surgir les *dames blanches*, les *tricycles*, les *favorites*, les *écossaises*, les *béarnaises*, les *diligentes*, etc. Les tricycles marchèrent sur trois roues, et furent bientôt contraintes de revenir à l'ancien système.

Le prix de la course en omnibus avait été fixé d'abord à 25 centimes, mais ce tarif n'avait pas été rationnellement calculé. Un sixième en sus a fait de ces entreprises des opérations aurifères. Après une longue et fructueuse exploitation, les compagnies des diverses lignes d'omnibus de Paris ont fusionné le 1er juin 1854, et ont obtenu de la commission municipale une nouvelle concession de trente ans.

Décrirons-nous ce véhicule si connu? Quatre roues soutiennent une caisse oblongue et rectangulaire dont les parois sont percées de fenêtres à vitrages mobiles et décorées à l'intérieur d'affiches et d'annonces médico-pharmaceutiques et autres. Elle contient deux banquettes disposées longitudinalement, garnies de coussins et parfois divisées en stalles, qui protègent les gens flucts contre l'obésité de leurs voisins. La place du strapontin, au fond, est la moins recherchée. Sur le parcours les plus fréquentés, une double banquette, au prix modique de 15 centimes, existe sur l'impériale de la voiture. On y lit en gros caractères cette recommandation paternelle: *Descendre à reculons et partir du pied droit*, majestueux alexandrin, qui prouve bien que la poésie est partout, même où on ne la cherche pas.

Le *conducteur*, debout sur le marche-pied à la partie postérieure de l'omnibus, indique au cocher s'il faut s'arrêter ou marcher, en tirant un cordon qui communique à son bras. Il fait la recette et constate, au moyen d'un mécanisme ingénieux, le nombre des personnes montées en voiture pendant le trajet. Des contrôleurs contribuent, dans les intérêts du public et de l'administration, à l'activité, à l'exactitude, à la sévérité du service. Un numérotage alphabétique et un éclairage à couleurs distinctes font de loin reconnaître les diverses lignes d'omnibus, qui *correspondent* toutes entre elles. Les voyageurs de l'intérieur ont droit, sans supplément de prix, à une *correspondance*, c'est-à-dire qu'ils peuvent changer une fois de voiture.

Toutes les grandes villes d'Europe et d'Amérique, Londres en premier, ont adopté l'omnibus parisien. L'invention, du reste, n'est pas aussi récente qu'on pourrait croire. Il existait des voitures analogues sous Louis XIV; et le célèbre Pascal, dit-on, qui en avait eu l'idée. Mais l'entreprise ne réussit pas. Avant de le tenter de nouveau à Paris, cent cinquante ans plus tard, on en avait essayé à Nantes; et le succès de cette spéculation engagea à l'appliquer à la capitale.

L'omnibus aujourd'hui non-seulement vivifie l'intérieur des cités, mais encore dessert les principales localités des banlieues. A Paris, l'administration des postes en fait les siens pour le transport des facteurs et la distribution des lettres. Des établissements particuliers, des collèges, des pensions n'ont pas voulu sous ce rapport rester en retard de leur siècle. L'omnibus est le roi du pavé et du macadam. Rien ne manque à sa gloire, il manquait à la nôtre.

Une autre espèce d'omnibus, mais dans des proportions gigantesques, c'est l'*omnibus à rails* ou chemin de fer américain. Une ligne de ce genre fonctionne déjà depuis quelques années entre Paris et Boulogne.

W.-A. DUCKETT.

OMNIUM. *Voyez* BOURSE, tome III, page 605.

OMNIVORE (du latin *omnivorus*, qui mange tout, fait de *omnis*, tout, et *vorare*, dévorer). On applique ce nom à l'homme, comme mangeant de tout, c'est-à-dire se nourrissant également de substances végétales et animales, ou de toutes sortes d'aliments. En effet, la plupart des animaux se distinguent en *carnivores* et en *herbivores*, à tel point que les uns ne peuvent pas supporter le régime des autres. Très-peu s'accommodent indifféremment de ces diverses alimentations, car on ferait périr des lions et des tigres en ne leur donnant que de l'herbe ou des fruits, comme le bœuf ou la brebis mourraient de faim avec une nourriture de chair et de sang. Les vaches qu'on nourrit, par nécessité, de poisson, dans de rigoureux hivers en Islande, subsistent à peine, et Magendie, en nourrissant des chiens avec du sucre seul, ou du beurre et de l'huile, les a vus périr d'inanition. La raison de ces différences existe dans la structure des intestins et des organes de mastication. La nature a donc créé ces êtres pour un régime spécial ; mais elle a départi, entre tous, à l'homme, la qualité *omnivore*. Cette aptitude à se suffire du premier aliment qui se présente, par toute la terre, est convenable à un être *cosmopolite*, pour lequel la chair, le poisson, les végétaux de toutes espèces offrent des moyens de soutenir son existence. Sans doute d'autres animaux s'accoutument à dévorer à peu près tout, comme les rats, les souris et autres rongeurs ; les singes mangent aussi des substances animales et végétales ; on a vu les cochons friands de chair et de sang ; les poules, les canards, etc., ne refusent point les matières animales ; toutefois, ces animaux ont des préférences marquées, et périssent à la longue par un régime trop azoté (ou animalisé). L'homme n'a ni les intestins courts et étroits des bêtes carnassières, ni leurs dents crochues, ni leurs ongles déchirants, ni l'instinct sanguinaire dès le jeune âge ; mais il ne présente pas non plus les estomacs quadruples, les longs et vastes boyaux et cœcums qui distinguent les herbivores ; un anatomiste calculait d'après la forme et le nombre des dents que l'homme était frugivore comme douze et carnivore comme huit. Cependant, cette proportion peut varier dans les habitudes, car les climats froids rendent le régime animal plus nécessaire, pour entretenir la vigueur et la chaleur vitale, chez les Tatars, les peuples guerriers, les sauvages chasseurs. Au contraire, les climats brûlants font repousser les nourritures putrescibles de chair, et préférer plutôt le régime doux et frugivore des pythagoriciens, des brahmes de l'Inde. D'ailleurs, les végétaux sont rares dans les contrées glaciales, tandis que les fruits sucrés et autres substances végétales, succulentes ou farineuses, abondent dans les régions chaudes. Ces qualités mitoyennes, omnivores et cosmopolites, de l'espèce humaine donnent ainsi plus de flexibilité à l'organisation pour la plier à toutes les circonstances. C'est encore un avantage dont jouit au plus haut degré notre race, puisqu'elle peut s'instruire également en différents sens, se modifier ou perfectionner, en usant des choses les plus contraires.

Ainsi, l'homme peut réunir la force, l'audace et le courage du carnivore à la docilité, à la sensibilité sociale qu'on rencontre dans les herbivores. Par ces dons heureux, notre espèce trouve plus facilement que toute autre à vivre en tous pays et à se grouper en nations civilisables.

J.-J. VIREY.

OMOPLATE (du grec ὦμος, épaule, et πλατύς, large). Ainsi que l'indique son étymologie grecque, l'omoplate est un os large qui entre dans la composition de l'épaule. Il est situé à la partie supérieure et externe du tronc, en arrière et en haut de l'épaule ; sa forme est triangulaire, aplatie, la base en haut, le sommet en bas. Cet os, articulé en haut avec l'extrémité externe de la clavicule et en avant avec l'humérus (os du bras), est en rapport avec les sept premières côtes. Afin de faciliter la description de cet os, qui est assez compliqué, il convient de le diviser en deux faces, l'une antérieure, ou *costale*, l'autre postérieure, ou *dorsale* ; en trois bords, le *vertébral* ou interne, le *cervical* ou supérieur, et l'*axillaire* ou externe, désigné aussi sous le nom de *côte de l'omoplate* ; en trois angles, un interne, un inférieur, et un externe. La face antérieure, qui est aussi interne, porte le nom de *sous-scapulaire* ; elle est légèrement concave, présente des crêtes obliques de haut en bas, et donne attache au muscle sous-scapulaire. La face postérieure, ou dorsale, est partagée transversalement par une éminence très-saillante, nommée *épine de l'omoplate*, qui concourt à former deux cavités, une supérieure, peu étendue, qu'on nomme la *fosse sus-épineuse*, dans laquelle s'attache le muscle sus-épineux, et une inférieure, dite *fosse sous-épineuse*, qui donne insertion au muscle sous-épineux. Le sommet de l'épine de l'omoplate se termine par une sorte de bec aplati, qu'on appelle *acromion*, qui s'articule avec l'extrémité scapulaire de la clavicule. Des trois angles, le supérieur donne attache au muscle angulaire, et l'inférieur au muscle grand dorsal. L'angle externe est tronqué, et présente une surface articulaire, nommée *fosse glénoïde*, qui s'articule avec l'extrémité supérieure de l'humérus, pour former l'articulation *scapulo-humérale*. Le bord supérieur est surmonté en avant par un crochet osseux qu'on a surnommé *apophyse coracoïde*, à cause de sa ressemblance avec le bec d'un corbeau. Quant aux deux autres bords, ils n'offrent rien de remarquable, si ce n'est l'épaisseur de l'externe, qui donne attache à plusieurs muscles de l'épaule et du bras.

L. LADAT.

OMPHALE, reine de Lydie. Hercule se fit l'esclave de cette princesse. Il aima d'abord Malis, esclave de la reine, et en eut un fils, qu'il nomma *Alcée*. Il fut ensuite épris d'Omphale elle-même, et il en devint si amoureux qu'oubliant son courage et sa vertu, il ne rougit pas de filer auprès d'elle pour lui plaire. Tandis qu'Omphale portait la massue et la peau du lion, dit agréablement Lucien, Hercule portait une robe de pourpre, travaillait à la laine, et souffrait qu'Omphale lui donnât quelquefois des coups de sa chaussure. On trouve en effet plusieurs anciens monuments qui nous représentent Omphale et Hercule dans l'attitude que leur donne Lucien. Il en eut un fils, nommé *Agélaüs*, d'où l'on fait descendre Crésus.

ON, espèce de pronom personnel indéfini, faisant fonction de substantif masculin, et signifiant *quelqu'un*, *quelques-uns*, *plusieurs*. D'après les étymologistes, *on* serait une contraction du mot *homme*. On fonde cette conjecture sur ce que dans quelques langues étrangères, comme dans l'italien, dans l'allemand, dans l'anglais, les mots qui signifient *homme* sont quelquefois employés au même usage que notre pronom indéfini *on*. D'après cela, *on dit*, *on assure*, signifierait *homme dit*, *homme assure*, et pour le pluriel, *les hommes disent*, *les hommes assurent*. Lorsque, ainsi que dans ces dernières phrases, *on* est un terme collectif, il veut le verbe au singulier et les adjectifs au pluriel : *On se battait en désespérés ; on se méfiait les uns des autres*. Dans tous les autres cas, *on* se construit qu'avec le singulier. Malgré les exemples contraires fournis par de célèbres écrivains, *on* et *l'on* sont parfaitement synonymes ; mais en fait *l'on* est plus usité : il ne faut se servir de *l'on* pour éviter un hiatus désagréable. Le pronom *on* est regardé comme masculin, c'est-à-dire que dans tous les cas, excepté celui qui est cité plus haut, les adjectifs qui s'y rapportent prennent la terminaison masculine, comme dans cette phrase : *En étudiant on devient savant*. Le pronom *on* joue un grand rôle dans les préfaces des livres de Port-Royal, livres qui portent presque tous des pseudo-

nymes en place des vrais noms de leurs auteurs. Cette forme semble beaucoup plus modeste que le *moi* ; cela n'a pas empêché les ennemis des jansénistes de taxer leur *on* d'orgueil et de vanité.
CHAMPAGNAC.

ONAGRE. Cet animal, auquel les anciens donnaient aussi le nom d'*onager*, n'est autre que l'âne sauvage, c'est-à-dire non réduit à l'état de domesticité. Nous ne savons que fort peu de choses sur les ânes sauvages : nos ancêtres ne nous ont laissé aucune description de ces animaux ; cependant, l'opinion la plus générale est que les ânes sont originaires de l'Arabie, comme les chevaux, ou bien des déserts de l'intérieur de l'Asie, d'où ils se sont ensuite répandus dans l'Égypte, la Grèce, l'Italie, la France, l'Allemagne, etc. Mais ils n'ont pas partout acquis la même vigueur et le même développement : ainsi, dans les pays où le climat est chaud et sec, les ânes sauvages sont presque aussi vigoureux et aussi beaux que les chevaux ; mais cette élégance des formes et cette élévation de la taille diminuent avec la chaleur et la sécheresse : on assure même que dans le Nord les ânes sont tout à fait inconnus. Les onagres de l'Asie vivent en troupes, qui émigrent fréquemment pour aller chercher un climat plus convenable, suivant les saisons. Leur poil est d'un beau gris ; une bande noire suit l'épine du dos, et une autre descend sur les épaules en traversant le garrot : ils sont extrêmement agiles à la course, mais très-difficiles à dompter. Les ânes sauvages de l'Arabie ont une réputation justement méritée ; sobres et infatigables, ils font sans s'arrêter des courses inouïes : on en a vu faire en une demi-heure 1,750 doubles pas d'homme, et continuer pendant longtemps une semblable marche, toujours d'un pas égal, en ne prenant pour toute nourriture qu'un peu de paille et d'eau. Loin de s'améliorer, comme on le voit, les onagres ont beaucoup perdu de leur vigueur et de leur beauté primitive ; cela est dû sans aucun doute aux mauvais traitements qu'on leur fait subir à l'état de domesticité. Nous ne décrirons pas la structure anatomique de l'âne sauvage ; elle est la même que celle de l'âne domestique, dont il a toutes les qualités et en outre plus de vigueur, d'élégance et de force. On voit en Amérique de grandes troupes d'ânes sauvages ; mais ils ne sont point originaires du pays, ils y ont été apportés par les Espagnols, qui les ont abandonnés. Là ces animaux se sont multipliés à l'infini, et aujourd'hui on les prend dans des pièges, comme les chevaux sauvages.
FAVROT.

ONAGRE, machine de guerre. *Voyez* CATAPULTE.

ONANISME ou MASTURBATION. Onanisme vient d'Onan ; Onan, l'un des fils de Juda, ayant épousé Thamar, la femme de son frère aîné Her, s'arrangea, au dire de la *Genèse*, de manière à ne pas lui faire d'enfants, parce qu'ils auraient porté le nom de son frère. « C'est pourquoi, ajoute l'Écriture, le Seigneur le frappa de mort, parce qu'il faisait une chose détestable. » Le nom d'onanisme a été donné depuis à la porte de semence à la suite d'attouchements personnel. Les enfants des deux sexes sont souvent amenés, par d'immorales révélations ou par le hasard, à se livrer à ces funestes attouchements qui constituent l'onanisme et à y chercher une volupté solitaire, qui les énerve, les abrutit, et les tue. Tissot, dans son célèbre ouvrage sur l'onanisme, en a fait connaître longuement les terribles résultats. La pâleur du visage chez les enfants et les adultes, l'obliquité du regard, la dilatation des pupilles, une teinte livide de la paupière inférieure, la diminution de la mémoire, la tacitunité, la recherche de la solitude, un changement notable dans le caractère, un devient pusillanime et dissimulé, sont les symptômes d'une pratique ruineuse pour la santé, et dont la mort est généralement le terme ; car l'habitude de s'y livrer devient irrésistible chez ceux qui en sont atteints. On a vu des personnes atteintes de ce mal physique et moral se livrer à la masturbation jusque dans le lit conjugal, et préférer aux plaisirs licites du mariage ceux qu'ils se procuraient solitairement. Cet abus de soi-même engendre l'ennui, le dégoût de la vie, et souvent le suicide : les affections physiques qui en sont le résultat sont l'hystérie, l'épilepsie, les convulsions, les palpitations, les affections organiques des poumons.

La volonté est une des premières causes du mal ; chercher à la redresser, à lui donner une autre direction, c'est donc un des moyens les plus efficaces pour l'arrêter dans son essor. La surveillance la plus attentive, la plus continue des pères de famille peut seule le prévenir. Dès qu'il est constaté, il est urgent de recourir à des moyens hygiéniques qui, en atteignant les mauvais instincts qu'il faut combattre, pourront amener dans l'activité du malade une salutaire diversion. Un régime substantiel, des exercices physiques répétés, l'éloignement de tout ce qui peut susciter dans l'imagination des passions érotiques, un repos très-court sur un lit dur, et par-dessus tout une sage direction morale et intellectuelle sont de bien meilleurs préservatifs de la masturbation que certains appareils inventés pour l'empêcher, et dont l'effet est souvent éludé par les sujets atteints d'une corruption précoce, d'une habitude vicieuse invétérée.

ONCE, de *uncia*, mot qui, chez les Romains, signifiait la douzième partie d'un tout. Ce mot a plusieurs significations. En Europe, c'est le nom d'un poids qui est le douzième ou la seizième de celui de la livre. L'once égale 8 drachmes. En France, l'once, seizième partie de la livre, valait 30 grammes 59 centigrammes ; l'once de la livre métrique, qui remplaça celle-ci, équivalait à 31 grammes 25 centigrammes ; aujourd'hui on ne se sert plus de cette dénomination.

Les Romains avaient l'once de l'*as*, valant entre deux et trois deniers de livre ; l'once de *cuivre*, l'once d'*argent*, l'once d'*or*, qui valaient environ 0f,1958 ; 6f,1726 ; 177f,768 : toutes ces valeurs avaient éprouvé de grandes variations.

L'once, mesure de longueur chez les Romains, valant le tiers du palme, le douzième du pied, le dix-huitième de la coudée, égalait 2,54797 centimètres.

L'once, mesure de superficie, valait le douzième de l'arpent romain, ou 2,400 pieds carrés, environ 229,0579 mètres carrés.
TEYSSÈDRE.

ONCE. Ce quadrupède, du genre *chat*, était connu des anciens sous le nom de *petite panthère* ; il est en effet beaucoup plus petit que ce dernier animal, car il n'a guère que 1 mètre 2 décimètres environ de long : sa queue a aussi d'ordinaire cette longueur. Le fond de son poil est d'un gris blanchâtre sur le dos et sur les côtés, et d'un gris plus blanc sous le ventre ; sa tête est parsemée de petites taches rondes ; on en voit deux plus grandes derrière les oreilles ; le dos est divisé en bandes longitudinales formées par des taches noires très-rapprochées les unes des autres. Comme tous les animaux de sa famille, l'once a la tête grosse, le museau court, les oreilles arrondies ; il va ou bien par sauts et par bonds ; aussi ne saurait-il atteindre sa proie en galopant. Quoique d'un naturel féroce, ce quadrupède s'apprivoise aisément, se laisse toucher et caresser par son maître sans jamais lui faire de mal. Dans les contrées brûlantes de l'Asie, où le chien ne peut prospérer, on le dresse pour la chasse ; n'ayant presque pas d'odorat, il ne peut suivre le gibier à la piste ; mais il supplée à ce défaut par sa légèreté, qui est si grande qu'il franchit d'un seul bond une muraille, un fossé de plusieurs pieds ; souvent il grimpe sur les arbres pour attendre les animaux au passage, et se laisse tomber dessus.
TEYSSÈDRE.

ONCIALES (Lettres). On appelle ainsi, en paléographie, des caractères, hauts environ d'un pouce (en latin *uncia*), dont on se servait surtout pour les inscriptions qu'on plaçait sur les monuments, afin qu'ils pussent frapper l'œil à une certaine distance. L'écriture *onciale* est une écriture majuscule, dont les contours sont souvent arrondis, et qui se distingue de la *capitale* par la forme particulière des lettres *a, d, e, g, h, m, q, t, æ*. Dans les vieilles chartes, la première ligne est ordinairement en *onciales*, de même que la signature. Les petits caractères de forme onciale sont appelés *litteræ minutæ*. Ils se distinguent de l'ancienne onciale majuscule (*uncialis* *majuscula*), non-seulement par leur petitesse, mais parce qu'ils se lient aux lettres suivantes, ce qui n'est pas le cas chez celles-ci. Tout manuscrit ancien entièrement écrit en onciales est antérieur au onzième siècle. Plus les formes d'un manuscrit écrit en onciales sont libres et courantes, plus le manuscrit est ancien. C'est saint Jérôme qui, dans sa préface du livre de Job, s'est servi le premier de l'expression de lettres onciales, *littera uncialis*.

ONCLE, TANTE. L'*oncle* est le frère du père ou de la mère par rapport à leur enfant; la *tante* est la sœur du père ou de la mère. L'oncle et la tante sont les plus proches parents, en ligne collatérale, après les frères et sœurs; ils sont, avec leurs neveux et nièces, au troisième degré; le droit canon, qui diffère en cela du droit civil, les place même au second degré (*voyez* SUCCESSION). Le mariage est interdit entre l'oncle et la nièce et la tante et le neveu; cependant, la prohibition n'est pas dirimante d'une manière absolue; elle peut être levée par des dispenses données par le prince pour le droit civil, et par le pape pour le droit canon.

ONCLE, TANTE À LA MODE DE BRETAGNE. *Voyez* MODE DE BRETAGNE.

ONCTION (*Médecine*). Ce substantif, ainsi que le verbe *oindre*, dérive du mot *ungere*, par lequel les Latins exprimaient l'action d'étendre sur la peau des substances grasses. Considérée sous le rapport thérapeutique, l'onction consiste dans l'application sur un point de la surface cutanée d'un topique ordinairement gras, et qu'on étend avec la main, ou un linge, ou un tampon de coton; la plus simple de ces préparations est l'huile, soit d'olives, soit d'amandes douces, dans laquelle on fait dissoudre du camphre, de l'opium, ou d'autres agents narcotiques. D'autres fois, l'axonge de porc sert d'excipient au lieu d'huile pour dissoudre des médicaments, tels que des sels mercuriels, l'émétique, etc.; quelquefois le savon, remplaçant le sain-doux, est uni à des huiles essentielles et à des spiritueux; alors la préparation se confond avec les *baumes*, qui s'appliquent de même. Les onctions pratiquées avec ces divers topiques sont utiles dans diverses affections, et ceux qui sont composés de substances adoucissantes n'ont pas d'inconvénients. Ainsi, on peut employer, à l'instar des liniments, l'huile de camomille, les combinaisons de l'huile d'olive avec l'opium, l'extrait de jusquiame, l'extrait de belladone, comme aussi le baume tranquille, etc., pour chercher à calmer les douleurs qui sont vulgairement attribuées à des rhumatismes chroniques. L'association de l'huile avec le camphre, avec l'essence de romarin, convient dans des cas d'atonie locale ou générale, les tuméfactions froides des articulations. On peut aussi oindre la poitrine des enfants affectés de la coqueluche ou de la phthisie, comme on graisse la racine du nez dans le coriza. L'union de l'huile d'olive avec de fortes doses d'essence de térébenthine doit être employée avec une grande réserve, en raison de son action irritante. Quant aux préparations qui renferment de l'émétique ou du mercure, elles sont puissantes et utiles dans diverses maladies, mais leur emploi est du ressort des médecins. Quoique la médication qui nous occupe ait une utilité incontestable dans plusieurs occurrences, elle est cependant peu usitée aujourd'hui, et probablement à tort: comme moyen de guérison, elle n'est en général qu'une ressource secondaire, mais la raison la recommande comme précaution hygiénique. Si dans divers cas l'onction est utile pour porter dans l'organisme des médicaments par l'intermédiaire des vaisseaux absorbants distribués sur la peau, il est d'autres cas où il est utile de fermer cette voie de communication : tels sont ceux où l'infection des miasmes dangereux est à redouter. Dans l'antiquité la plus reculée, les onctions ne furent pas mises en pratique générale sans quelques motifs valables, et maintenues par l'expérience : l'importance qu'on attachait à cet usage était grande, puisque l'emploi des onctions se reliait aux rites religieux. Des observations nombreuses recueillies dans les pays affligés par la peste ont démontré l'utilité des onctions avec l'huile, notamment durant notre mémorable campagne d'Égypte, à la fin du siècle dernier : plusieurs médecins célèbres ont recommandé tour à tour ce moyen comme un préservatif puissant contre ce fléau.

Comme l'onction entraîne l'idée d'une action douce et pénétrante, on lui assimile certaines ressources de rhétorique qui ont une portée analogue dans le sens moral. Ainsi, il y a, dit-on au figuré, de l'*onction* dans les discours; des sentiments religieux développent en nous une *onction* intérieure; l'*onction* de la grâce; l'*onction* du Saint-Esprit.

Dr CHARBONNIER.

ONCTION (*Théologie*). En Orient, où les huiles et les aromates sont fort communs, on a toujours fait grand usage d'essences et de parfums. On n'a jamais manqué d'en répandre sur les personnes qu'on voulait honorer. De là l'onction avec une huile parfumée devint un signe de consécration. On s'en servit pour consacrer les prêtres, les prophètes, les rois, les lieux et les instruments destinés au culte du Seigneur. Dans les livres saints, le terme d'*onction* est synonyme de celui de *consécration* : l'oint du Seigneur est un homme auquel Dieu a conféré une dignité particulière, et qu'il a destiné à un ministère respectable. C'est la signification du mot hébreu *messiah*, que les Grecs ont rendu par *christos*. Jacob allant en Mésopotamie oignit d'huile la pierre sur laquelle il avait reposé sa tête, et où Dieu lui avait fait avoir une vision. Cette pierre devint un autel appelé *Béthel* (maison de Dieu). Aaron et sa race reçurent l'onction du sacerdoce, décrite dans le *Lévitique*; Moïse fit aussi une onction sur les autels et les instruments du tabernacle. Samuel sacra Saül en répandant de l'huile sur sa tête; il fit la même cérémonie à David. Salomon fut oint par le grand-prêtre Sadoc et par le prophète Nathan.

L'Église chrétienne a sagement retenu, comme symbole, l'usage des onctions dans ses cérémonies. Dans le *baptême*, on fait une onction sur le front, sur la poitrine et sur les épaules du baptisé, pour signifier qu'il est consacré au Seigneur et élevé à la dignité d'enfant adoptif de Dieu. Dans la *confirmation*, on en fait une sur le front pour avertir le chrétien qu'il ne doit point rougir de sa croyance. Dans l'*ordination*, l'évêque consacre par une onction le pouce et l'index de ceux qui sont promus au sacerdoce pour les faire souvenir de la pureté avec laquelle ils doivent porter les mains sur les choses saintes. En consacrant une église, l'évêque fait des onctions sur les murs de l'édifice et sur la table des autels qui doivent servir à la célébration du saint sacrifice. Il y a encore des onctions dans le sacrement des mourants qui en tire son nom d'*extrême onction*. Saint Marc dit que les apôtres oignaient d'huile les malades, et les guérissaient non par la vertu naturelle de cette onction, mais par le pouvoir de faire des miracles, que Jésus-Christ leur avait donné. Saint Jacques exhorte les fidèles malades à se faire oindre par les prêtres avec des pratiques.

ONCTION (Extrême). *Voyez* EXTRÊME-ONCTION.

ONDE, (du latin *unda*, fait d'*udus*, humide, onde, dérivé selon les uns du grec ὕδωρ, eau, et, selon d'autres, d'*ab eundo*), flot, soulèvement de l'eau agitée, élévation, abaissement de la surface de l'eau émue par le vent ou par la pente. Il y a cette différence entre *ondes*, *flots* et *vagues*, que les *ondes* sont l'effet naturel de l'eau qui coule avec calme, paisiblement, dans les rivières surtout; que les *flots* viennent d'un mouvement accidentel, assez ordinaire, indiquant un peu d'agitation, dans la mer principalement; que les *vagues* proviennent d'un mouvement plus violent, plus agité, applicable également aux rivières et à la mer. On *coule* sur les ondes, on est *porté* sur les flots, on est *entraîné* par les vagues. Un terrain raboteux rend les ondes inégales; un grand vent fait enfler les flots, et excite des vagues.

Onde est surtout employé dans la vieille poésie. Il signifie aussi la *mer*. L'onde noire, c'est le Styx, le *Cocyte*. *Passer l'onde noire*, c'est mourir. Ondes, au figuré : Les *ondes* d'une moire, d'un camelot, d'une colonne torse, d'un bois veiné. Boileau a dit :

Et le feu, dont la flamme en *ondes* se déploie,
Fait de notre quartier une seconde Troie.

ONDÉE (du latin *undata*), averse subite et passagère. On dit *housée* dans l'Anjou, le Maine et la Bretagne, et en Gascogne *esdélaouas*. Un seau d'eau jeté sur un passant est qualifié d'*ondée*. Molière a dit : « Nous allons faire pleuvoir sur toi une *ondée* de coups de bâton. »

ONDES LUMINEUSES, **ONDES SONORES**. *Voyez* ONDULATION.

ONDINS, **ONDINES**. Hommes et femmes d'eau, ou plutôt espèce de génies aquatiques chez les peuples du Nord, qui répondent aux dieux-fleuves et aux naïades de la Grèce. Les ondins sont toutefois subordonnés aux ondines, dont souvent ils sont les époux. On sait de quelle mystérieuse puissance les nations septentrionales croyaient la femme douée exclusivement à l'homme. A elle seule la science des présages, de l'avenir, du ciel, des enfers, et les pouvoirs surnaturels. Nos ondines sont les *nixes* des Teutons, nymphes à la peau d'une blancheur d'albâtre, aux yeux bleu clair, à la chevelure blonde comme l'or pâle, à la voix argentine comme une corde de métal, aux formes souples et ravissantes, et qui demeurent sous le cristal des lacs, des sources et des fontaines, dont elles sont les gardiennes. Malheur à qui trouble leurs ondes ! Chez les anciens aussi, les Grecs et les Romains, c'était un crime de souiller les sources et les fontaines d'aucune ordure.

Ces mystérieuses filles sont provenues de Nickar ou Nocken, le Neptune scandinave, ou, selon d'autres, d'Odin. Les nymphes de l'Elbe et du Gaal sont fameuses dans les légendes et les croyances populaires. Avant les lumières de l'Évangile, les Saxons, qui habitaient le voisinage de ces deux fleuves, adoraient une divinité du sexe féminin, connue sous le nom de naïade de l'Elbe. Ils l'admiraient et craignaient en même temps ses charmes naïfs. Encore aujourd'hui les paysans des environs de Magdebourg ou Magdeburch (ville de la jeune fille), quand ils viennent au marché de cette ville, disent l'y avoir quelquefois aperçue habillée avec une certaine recherche bourgeoise, et un joli panier sous le bras, qu'elle balance avec coquetterie et une grâce indicible. La foule ne la prend que pour une charmante jeune fille des environs, mais les connaisseurs ou les superstitieux la reconnaissent à un coin de son élégant tablier, qui est toujours mouillé, marque ineffaçable de son amour pour les *ondes* qu'elle habite. D'autres l'ont vue, pas plus loin qu'au seizième siècle, s'asseoir solitaire dans les herbes fleuries des bords de l'Elbe, et là peigner ses cheveux à la manière des sirènes d'Ansonie. Depuis l'établissement du christianisme, le peuple est persuadé que ces filles si pleines de tendresse et d'attraits ne sont que l'enveloppe enchanteresse de quelques démons. En effet, dit-il, malheur à qui se laisse aller à la volupté de leurs regards, il trouve dans leurs bras une mort inévitable ; elles entraînent dans leurs grottes, assure-t-il, pour le le rendre jamais, le nageur imprudent ; elles jouissent diaboliquement des larmes et des soupirs de leurs amants, dont elles se moquent et qu'elles trompent. Toutefois, si la beauté et la jeunesse d'un mortel jettent quelques transports amoureux dans leur essence inflammable, elles exigent de lui, sous peine d'un châtiment sans nom, fidélité, discrétion, soumission, ponctualité aux rendez-vous, et obéissance passive à tous leurs désirs. Dans *La Fiancée de Lammermoor*, de Walter Scott, qu'il en coûta cher au beau Raimond de Ravenswood de s'être arrêté sur les bords fleuris de la fontaine de la Sirène en Écosse ! Selon les Norvégiens, les nymphes, ou nixes, ou ondines, peuplent encore toutes les eaux de la romantique Scandinavie. Ces nymphes aimaient les présents ; on jetait dans leurs liquides demeures de l'or, des perles, des pierres précieuses, des fruits, des fleurs. Dans un étang près de Toulouse, on a trouvé de grandes richesses, qui provenaient des offrandes faites aux ondines. Encore aujourd'hui beaucoup de villages, de bourgs, se rendent aux sources et y prient agenouillés.

Mme Sophie DENNE-BARON.

ONDOIEMENT, baptême sans les cérémonies de l'église. Lorsqu'un enfant nouveau-né paraît être en danger de mort, et qu'il n'est pas possible de le porter à l'église pour lui donner le baptême, on prend la précaution de l'*ondoyer* ; mais pour que le baptême ainsi administré soit valide, il faut que la matière et la forme soient exactement gardées. On trouve dans les rituels le détail des cas dans lesquels on peut baptiser ainsi les enfants qui ne sont pas encore entièrement nés ou sortis du sein de leur mère. Hors le cas de nécessité, on ne doit pas ondoyer sans une permission expresse de l'évêque. L'usage était établi en France d'ondoyer les princes à leur naissance et de ne faire les cérémonies que plusieurs années après. Louis XVI, le premier, fit baptiser ses enfants, avec toutes les cérémonies, immédiatement après leur naissance.

ONDULATION (*Physique*), mouvement dans un fluide dont les parties s'élèvent ou s'abaissent alternativement. Une pierre jetée dans l'eau y produit une série d'ondulations concentriques. La propagation du son donne lieu à un phénomène analogue. Un point mis en vibration, forme le centre d'une suite d'ondes sphériques alternativement condensées et raréfiées qui, en se répandant dans l'espace, y transmettent le son. L'ensemble de l'onde condensée et de l'onde raréfiée qui la suit forme une *ondulation* ; la *longueur d'ondulation* est l'espace que le son parcourt pendant la durée d'une vibration complète du corps qui le produit.

La considération des *ondes lumineuses* n'est pas moins importante que celle des *ondes sonores* ; la théorie des ondulations de la lumière, imaginée par Huyghens, explique aujourd'hui des phénomènes dont ne pouvait rendre compte le système de l'émission.

Ondulation se dit, par extension, de tout mouvement qui imite celui des ondes ; les *ondulations* d'un champ de blé agité par le vent. Il se dit aussi en peinture, dans un sens analogue, en parlant des lignes, des contours, des draperies.

ONÉGA (Lac d'), après celui de Ladoga, le plus grand de l'Europe, est situé en Russie, dans le gouvernement d'Olonez. Sa longueur est de 21 myriamètres, et sa largeur varie de 5 à 10. Le Swir lo met en communication avec le lac de Ladoga, et il reçoit lui-même les eaux du lac de Wodla par la Wodla. Il est en outre alimenté par une foule d'autres rivières plus ou moins importantes ; et le canal de Marie, ainsi appelé en l'honneur de l'impératrice Maria Feodorofna, épouse de Paul Ier, le fait communiquer avec la Volga et la mer Caspienne, de même qu'avec la Dwina et la mer Blanche. Le canal d'Onéga, qui conduit de Wytegra, sur la rivière du même nom, à Wossnessenskoe, sur le Swir, permet d'éviter la navigation périlleuse du lac d'Onéga, sur la rive occidentale duquel est situé le chef-lieu du gouvernement d'Olonez, *Petrosawodsk*, au milieu de pittoresques groupes de rochers.

Il y a aussi une rivière du même nom, mais elle ne communique point avec le lac d'Onéga. Elle reçoit la décharge des eaux du lac de Latscha, et, après un parcours d'environ 42 myriamètres dans le gouvernement d'Archangel, va se jeter près de la ville d'Onéga, dans le golfe d'Onéga de la mer Blanche.

ONÉIROMANCIE ou ONÉIROCRITIE, ONÉIROSCOPIE, BRIZOMANCIE (du grec ὄνειρος, songe, μαντεία, divination, κρίνω, juge, σκοπέω, j'examine, βρίζω, je songe). L'art d'interpréter les songes est l'une des espèces de divination les plus anciennes et les plus répandues. Il est peu de peuples chez lesquels elle n'ait été et ne soit encore en faveur. L'Écriture Sainte nous offre des preuves de son ancienneté. Tout le monde connaît l'explication du songe de Pharaon par Joseph, et de celui de Nabuchodonosor par Daniel. Il y avait à la cour de ces rois des devins qui faisaient profession d'interpréter les songes. Les Grecs et les

Romains y avaient une foi non moins grande que celle des Israélites. On a écrit un grand nombre de livres sur les songes. Artémidore, qui vivait au commencement du deuxième siècle de notre ère, a donné un *Traité des Songes*, et s'est servi pour composer son ouvrage, de livres plus anciens. Il divise les songes en *spéculatifs* et *allégoriques*, ceux-là représentant une image simple et directe de l'événement prédit, et ceux-ci n'en donnant que des images symboliques et indirectes. Ces derniers forment la classe des songes confus, qui ont besoin d'interprétation. Dans l'ancienne onéiromancie, un dragon figurait la royauté ; un serpent, une maladie ; une vipère, de l'argent ; les grenouilles, des imposteurs ; le chat, l'adultère. Depuis Artémidore, il a paru une foule d'autres livres sur les songes ; sans compter ceux qui ont pour objet le somnambulisme, autre espèce de divination, qui de nos jours préoccupe beaucoup le vulgaire et même les savants. Il est quelques-uns de ces livres qui ont fait, en vers et en prose, des espèces d'aphorismes des interprétations qu'ils donnent aux songes. Ainsi :

Rêver des fruits hors de saison
Annonce mort ou trahison.

Songer à la mort annonce mariage. Songer qu'on perd ses dents présage un malheur. Songer qu'on a de beaux cheveux et bien frisés annonce prospérité. Cheveux négligés sont un signe d'affliction. Rêver de chats noirs et de poules blanches est un mauvais présage. L'onéiromancie a encore ses interprètes, et chacun de nous a pu entendre crier dans Paris, il n'y a pas encore bien longtemps : « Avez-vous rêvé chien, avez-vous rêvé chat ? » par des gens vendant l'*Explication* ou la *Clef des songes*.

ONÉREUX, ONÉRAIRE (du latin *onerosus, onerarius*), ce qui est à charge. *Onéraire* s'applique aux personnes, *onéreux* aux choses. *Onéraire* se dit par opposition à *honoraire*, pour exprimer qu'il ne s'agit pas d'un vain titre, mais d'une charge réelle. Le tuteur *onéraire* est celui qui a l'administration de la tutelle. Il y a des contrats à titre onéreux et des donations onéreuses.

ONGLADES. Voyez ONGLE.

ONGLE. Le latin *unguis* est l'origine du mot qui nous sert à désigner les lames cornées dont les extrémités suspalmaires de nos m a i n s et de nos p i e d s sont recouvertes. Ces armes naturelles, qui naissent dans l'épaisseur de la peau par une sorte de racine, et dont il serait superflu d'esquisser ici la forme, sont le plus ordinairement, dans notre civilisation, arrondies par les ciseaux, afin de ne point gêner les d o i g t s dans l'accomplissement de tant d'actes qui ennoblissent notre espèce. Il est peu de personnes qui permettent aux ongles d'acquérir leur développement normal : c'est cependant un genre d'originalité dont on trouve quelques exemples, notamment pour l'ongle du petit doigt. Chez les individus tombés dans une incurie abjecte et chez les maniaques, on voit ce que deviennent les ongles abandonnés à tout leur accroissement : ils donnent à la main un aspect d'autant plus désagréable qu'ils servent souvent d'abri à la vermine la plus dégoûtante. On a vu des ongles ainsi négligés acquérir des dimensions énormes, et avoir de l'analogie avec des cornes de bélier. Ces armes, qui façonnées chez l'homme civilisé protègent la pulpe digitale, n'étant point émoussées chez l'homme sauvage, forment des espèces de g r i f f e s, qui lui sont utiles pour saisir, dépecer sa proie, et pour grimper.

On ne dénature pas en Europe le coloris des ongles, qui est celui du tissu qu'ils recouvrent, mais d'autres peuples les teignent avec diverses matières colorantes. L'âge cependant fait varier chez nous la couleur des ongles : très-minces chez l'enfant naissant, ils laissent apercevoir la teinte noire du sang, qui rougit à mesure que la respiration s'établit ; chez l'adulte, leur transparence permet d'apercevoir les corps étrangers qui s'engagent dessous. A mesure que les années se succèdent, on les voit s'épaissir et se ternir ; dans la vieillesse ils deviennent épais, opaques, et on distingue sur leur surface des lignes longitudinales plus ou moins saillantes : l'aspect des ongles permet ainsi d'évaluer approximativement l'âge de l'homme. La vitalité des ongles ressemble à celle de l'épiderme et des cheveux ; ils végètent au milieu de nos chairs comme une plante qui vit dans un terrain approprié à ses besoins, et ils en reçoivent des influences notables ; aussi, dans certains cas où la vie animale est altérée, comme dans des maladies de la peau, dans la phthisie, la couleur et la forme des ongles se dénaturent ; dans les inflammations des doigts, on les voit mourir et se séquestrer : ces changements sont tels qu'ils fournissent aux médecins divers renseignements pour l'étude des maladies.

En jetant un coup d'œil sur le tableau zoologique des animaux, il est intéressant de voir les ongles se modifier sous des formes variées et appropriées à des besoins divers. Chez les singes, on remarque une de ces similitudes humiliantes pour notre espèce ; nous les voyons chez d'autres animaux devenir des griffes, des serres redoutables, des sabots, des ergots, etc. ; enfin, nous revoyons cette admirable coordination qui est établie dans la nature entre le but et les moyens. En raison de leur vie végétative, les ongles ne sont pas, à proprement parler, passibles d'affections morbides ; mais les parties dans lesquelles ils se trouvent implantés étant extrêmement irritables, il existe entre eux et elles des rapports qui sont la source de diverses altérations. Les parties de la peau adjacentes aux bords longitudinaux de ces lames n'étant pas suffisamment protégées se détachent fréquemment pour former ce qu'on nomme assez improprement des *envies*, car ces lambeaux d'épiderme ne sont réellement pas enviables, et si on les arrache avec trop de violence, on peut causer des inflammations toujours incommodes, parce que l'exercice des doigts a besoin d'une liberté entière pour satisfaire à nos besoins sociaux. Quelquefois les bords longitudinaux se détachent de la lame pour former des pointes qui irritent et enflamment le tissu voisin : telle est une autre affection plus grave déterminée par les ongles ; c'est une direction anormale qui les fait rentrer dans les chairs, qu'on nomme *incarnation de l'ongle*, et qui advient ordinairement sur les pouces des pieds ; cet accident, assez commun, est la source d'une gêne et de souffrances vraiment redoutables. L'ongle enfoncé dans la chair ou *incarné* détermine une inflammation, suivie d'ulcérations dures, fongueuses, et accompagnées de douleurs vives ; alors, la marche devient très-pénible ou impossible : il faut avoir observé cette affection pour en concevoir toute la gravité. Ces données suffisent pour montrer que les soins des ongles exigent diverses attentions hygiéniques, qu'il importe de consigner ici.

Les ongles étant destinés à protéger des parties si essentiellement appropriées au sens du tact, on doit les ménager en coupant ceux de la main ; il vaut mieux les laisser trop longs que trop courts : ce dernier excès, s'il est continué, fait déborder la pulpe digitale, qui, manquant de soutien, grossit, prend une forme disgracieuse, et, ce qui est pire, le tissu dénudé s'irrite et s'enflamme au point qu'on l'a vu s'ulcérer et occasionner des abcès le long du bras. Il est également nécessaire de les tenir propres, non-seulement à l'extrémité libre, mais sur les côtés, afin d'empêcher que les bords, qui sont fort minces, ne s'éclatent et ne se fendent longitudinalement : quand cet accident arrive, il convient d'extraire le fragment en le coupant un peu au-dessous de la fente qui s'est opérée ; autrement, le défaut renaîtrait avec l'accroissement successif de l'ongle. La forme arrondie qu'on donne aux ongles en les coupant est convenable, mais, bien entendu, en les ménageant assez pour qu'ils soutiennent les chairs ; il ne faut pas non plus oublier que, bien que dans notre état de civilisation les ongles ne puissent être considérés comme des armes défensives ou offensives, il est des cas où ils rendent de tristes services, mais dont on doit cependant tenir compte. Il n'est pas rare de rencontrer dans les fastes des causes criminelles des exemples de meurtriers découverts par des égratignures, faible moyen sans doute, mais pourtant utile en ces occurrences. Il y a aussi des inconvénients à laisser trop de longueur aux ongles, car ils se recourbent sur l'extrémité du doigt, nuisent au toucher et peuvent en outre pénétrer dans la chair.

Les ongles des gros orteils servant aussi de soutien, il est nécessaire de ne pas les couper trop courts, car ce défaut d'attention nuirait à la marche, et aurait en outre l'inconvénient de produire à la coupe un bourrelet et une source d'inflammations toujours à redouter sur ces parties. Ce sont principalement les ongles des gros orteils qu'il importe d'empêcher d'entrer dans les chairs; à cet effet, il est nécessaire de porter des chaussures allongées, qui ne rebroussent pas l'extrémité dépassant la pulpe digitale. Il importe aussi, dans le même but, de ne pas donner une forme arrondie aux ongles des pieds en les rognant : il vaut mieux les couper carrément. Si, par négligence de ces soins ou par leur insuffisance, un ongle vient à entrer dans la chair, on ne saurait s'efforcer trop tôt de corriger cette direction vicieuse : à cet effet, il est nécessaire de recourir aux chirurgiens, mais leur secours est cruel. Il y a deux moyens principaux à employer : l'arrachement de l'ongle ou l'ablation des chairs dans lesquelles il rentre. Il est donc bien important d'aller au-devant d'une telle ressource. On a proposé un moyen propre à épargner d'aussi grandes douleurs : c'est d'interposer entre l'ongle et la chair de l'éponge préparée et coupée en tranches très-minces.

Nous devons encore consigner ici une remarque relative aux parties recouvertes par les ongles : leur texture étant analogue aux membranes muqueuses par le défaut ou l'amincissement de l'épiderme, cette disposition les rend très-aptes à l'absorption; c'est pourquoi on ne saurait trop prendre de soins pour les tenir proprement, et éviter de les mettre en contact avec des matières infectes ; la négligence de ces soins engendre assez souvent, surtout aux pieds, de petits ulcères qu'on nomme *ongladas* ; elle a même quelquefois favorisé l'inoculation de virus très-dangereux.

Le mot *ongle* est encore usité pour désigner de légères pellicules qui se forment sur la conjonctive de l'homme ainsi que sur celle des animaux, et qui se manifestent ordinairement vers l'angle des yeux, comme aussi de légers amas de pus entre l'iris et la cornée.

Les botanistes donnent aussi le nom d'*ongle* ou d'*onglet* à la portion des pétales qui touche au calice. Enfin, dans les arts, il désigne, surtout l'expression diminutive *onglets*, divers objets, comme les feuillets d'un livre qu'on substitue à d'autres pour réparer des erreurs, des bandes de papier pour attacher des gravures, des pièces de menuiserie, etc.

On l'emploie fréquemment au figuré : ainsi, faisant allusion aux armes que les ongles peuvent fournir, ainsi que le bec de divers oiseaux, on dit d'un individu qui sait se défendre : il a *bec et ongles*; on dit qu'un homme a de l'esprit jusqu'au bout des *ongles*, quand il en déploie dans les plus petites choses et quand il est fertile en expédients; donner des preuves d'honneur et de courage, avoir du cœur, c'est avoir du sang jusqu'au bout des *ongles* ; donner sur les *ongles* exprime un châtiment sévère et vivement ressenti ; couper les *ongles*, c'est enlever à quelqu'un le pouvoir de ravir et retenir une proie.
Dr CHARBONNIER.

ONGLÉE, mot par lequel on désigne une douleur vive produite par l'action du froid et perçue au-dessous des ongles, accompagnée d'engourdissement et de rougeur sur l'extrémité des doigts (*voyez* CONGÉLATION). C'est surtout dans les premiers jours de la saison froide qu'on est exposé à cette affection : on y remédie en se soustrayant à l'action du froid et en se réchauffant par degrés; l'influence d'une chaleur un peu forte et subitement ressentie augmenterait de beaucoup un mal d'ailleurs peu dangereux, s'il n'a pas une trop longue durée.
Dr CHARBONNIER.

ONGLET. *Voyez* ONGLE.
ONGLET SPHÉRIQUE. *Voyez* COIN SPHÉRIQUE.
ONGUENT. On désignait ainsi autrefois tout médicament externe d'une consistance plus ou moins molle, destiné à être appliqué sur la peau par onction ou friction. Mais aujourd'hui on a été forcé par les progrès de la science de distinguer chacune de ces préparations onguentaires par des noms particuliers, et de les classer méthodiquement pour en bien apprécier la différence. De toutes les préparations pharmaceutiques employées par les anciens, il n'y en avait pas, à l'exception de la thériaque, dans lesquelles on fit entrer une plus grande quantité de substances; il semblait que l'on avait voulu préparer une panacée universelle, un remède à tous les maux. Nos ancêtres pensaient, en agissant ainsi, que parmi ce grand nombre de principes, il devait y en avoir un qui exerçât une action favorable sur une des maladies pour lesquelles on employait les onguents; mais est-il possible que tant de substances n'éprouvent pas dans leur mélange des modifications qui leur enlèvent toute propriété, et, d'ailleurs, ne peut-il pas s'en trouver qui empêchent ces médicaments d'agir avec succès?

Il y tant de causes qui peuvent changer la nature et les vertus d'un onguent qu'on s'étonne des cures merveilleuses attribuées à ces spécifiques de toutes les maladies. Au premier rang, on peut mettre les décompositions chimiques que l'on ne soupçonnait même pas jadis ; ensuite vient le temps où l'influence de l'air, modifie quelquefois complètement une préparation, lui ôte ses propriétés, ou même lui en donne de nouvelles. Tout le monde sait avec quelle facilité les corps gras deviennent rances ; aussi les onguents composés principalement de substances grasses éprouvent-ils cette altération avec une extrême rapidité, qui est même facilitée par les excipients que l'on y ajoute, excipients qui divisent les corps gras et multiplient leurs points de contact avec l'air atmosphérique. On a si bien compris l'incertitude et le danger de pareils agents, que les médecins et chirurgiens instruits ont presque complètement abandonné l'emploi des onguents dans les cas de plaies ou d'opérations. Souvent la nature seule, jointe à la privation du contact de l'air, guérit plus rapidement que tous les onguents d'une officine.

Les pharmaciens modernes ont entièrement changé les formules des onguents; ils en ont retranché toutes les substances dont les propriétés n'avaient pas été bien constatées; ils ont séparé les onguents des pommades, des cérats et des emplâtres, avec lesquels on les avait autrefois confondus, et ils ont réservé le nom d'*onguent* à des mélanges d'huiles et de résines, d'une consistance molle, et pouvant facilement s'étendre sur un linge : tels sont tous les médicaments externes auxquels on donnait autrefois le nom de *baumes*, comme les baumes Chiron, de Geneviève, etc. L'homogénéité des onguents est une des conditions essentielles de leur bonne préparation : aussi exigent-ils beaucoup de soins et une certaine habitude des manipulations pharmaceutiques. On les prépare par deux procédés, fusion et mixtion. Dans le premier, on fond d'abord les résines, on y ajoute les autres corps gras, puis on laisse refroidir; dans le second, on opère toujours par fusion, mais on ajoute les substances que l'on doit y incorporer, telles que poudres, baumes naturels, camphre, etc. Il faut avoir soin seulement de remuer constamment la masse, parce que ces substances, de densités fort différentes, se sépareraient facilement; lorsque l'onguent a acquis une consistance butyreuse, on peut cesser l'agitation, il n'y a plus alors aucun danger de séparation. Souvent on est obligé, pour incorporer dans les onguents des substances qui y sont insolubles, d'avoir recours à des agents étrangers qui divisent ces substances. Ces agents sont les cérats, le miel, les jaunes d'œuf, etc.

Les onguents sont loin de posséder tous les mêmes propriétés : les uns sont adoucissants, les autres sont au contraire excitants, et souvent les médecins prescrivent l'addition de médicaments qui doivent augmenter ou diminuer leurs vertus médicales.

Parmi les principaux onguents que l'on a conservés, se trouvent le baume d'Arcœus, l'onguent styrax celui d'althæa, celui de basilicum, celui de la mère, l'onguent épispastique, l'onguent digestif simple ou animal, onguents dont l'action est excitante, et qui augmentent la chaleur et la circulation sur la partie où ils sont appliqués; l'onguent gris, l'onguent mercuriel ou napolitain double, l'onguent sonfré, l'onguent citrin, employés contre certaines maladies de la peau; et parmi les adoucissants, les onguents rosat, populéum : ils s'appliquent sur du linge troué ou non troué, de la charpie, etc.; on y ajoute quelquefois de l'extrait de Saturne, de l'opium ou du laudanum.

Onguent miton mitaine se dit populairement d'un remède qui ne fait ni bien ni mal, d'un expédient tout à fait inutile. *Dans les petites boîtes sont les bons onguents*, flatterie populaire envers les personnes de petite taille.

Onguent se disait dans l'antiquité des drogues aromatiques et des essences dont on se parfumait et dont on embaumait les corps. La Madeleine versa une boîte *d'onguent* sur les pieds de Notre-Seigneur; les trois Marie apportèrent des *onguents* précieux pour embaumer son corps.

C. FAVROT.

ONIAS. Trois grands-prêtres des Juifs ont porté ce nom.

ONIAS Ier, successeur de Jeddon ou Joaddus, obtint le souverain pontificat l'an 324 avant J.-C. : ce fut durant son gouvernement que Ptolémée Soter, fils de Lagus, s'empara de Jérusalem par trahison, un jour de sabbat qu'il avait été reçu dans la ville en qualité d'ami.

ONIAS II, grand-prêtre l'an 242 avant J.-C., était un homme de peu d'esprit et d'une sordide avarice; ses prédécesseurs avaient toujours payé à titre d'hommage un tribut annuel de vingt talents d'argent aux rois d'Égypte; Onias II le refusa : ce fut alors que Ptolémée-Évergète envoya à Jérusalem un de ses généraux pour réclamer les arrérages, qui montaient fort haut, menaçant cette ville de la livrer au pillage si elle refusait. L'alarme fut générale; Onias seul ne s'effraya point. Mais Joseph, son neveu, envoyé à la cour d'Égypte, détourna l'orage par sa prudence; il sut si bien se concilier l'affection du roi et de la reine que, s'étant fait donner la ferme des tributs du roi dans les provinces de Célé-Syrie et de Palestine, il acquitta lui-même les sommes dues par son oncle, et sauva sa nation.

ONIAS III, fils de Simon II, et petit-fils d'Onias II, devint grand-prêtre après la mort du premier, l'an 200 avant J.-C. Durant son gouvernement, la paix de la cité sainte ne fut point troublée, et sa piété fut telle que non-seulement les lois de Dieu ne furent jamais violées, mais qu'elle inspira même un grand respect aux princes idolâtres. Onias III fut en butte à la haine d'un Juif de la tribu de Benjamin, Simon, commandant de la garde du temple, qui excita contre lui Séleucus, roi de Syrie, et Antiochus Épiphane, frère et successeur de celui-ci. Sous ce dernier, Jason, frère d'Onias, s'empara de la grande sacrificature, et Onias se retira dans le bois sacré de Daphné, près d'Antioche. Ménélaüs, qui avait à son tour usurpé la suprême sacrificature sur Jason, fit assassiner Onias par Andronic, gouverneur d'Antioche. Ce meurtre révolta le peuple; le roi lui-même, sensible à la mort d'un si grand homme, ne voulant pas qu'un crime si odieux restât impuni, ordonna de saisir le meurtrier, qui, après avoir été dépouillé de la pourpre et conduit par les rues d'Antioche, fut tué au lieu même où il avait commis son impiété, afin que sa punition fût plus éclatante. Quelque temps après, l'impie Ménélaüs lui-même fut mis à mort.

Onias laissa un fils, qui, se voyant exclu de la dignité de son père, se réfugia en Égypte, auprès du roi Ptolémée-Philométor. Ce prince, après l'avoir élevé aux plus hautes fonctions, lui accorda la permission de faire bâtir un temple à Dieu dans la préfecture d'Héliopolis, sur les ruines d'un ancien temple en l'honneur de Bubastis. Onias construisit son temple sur le modèle de celui de Jérusalem, y établit des prêtres et des lévites, et le nomma *Onion*. Onias ne survécut que quelques jours au roi Ptolémée, son bienfaiteur; au rapport de plusieurs historiens, il périt victime de la cruauté de Ptolémée-Physcon, le frère et le successeur de Philométor. Quant au temple dont il était le fondateur, il fut détruit après la prise de Jérusalem par les Romains : ce fut Vespasien qui, dans la crainte que les Juifs ne se retirassent en Égypte et ne continuassent à pratiquer leur religion dans le temple d'Héliopolis, en ordonna la destruction, après l'avoir auparavant fait dépouiller de tous ses riches ornements.

Enfin, l'histoire fait encore mention d'un autre Juif du nom d'Onias, « lequel, dit l'Écriture, obtint de Dieu, par ses prières, la fin d'une cruelle famine qui affligeait ses compatriotes ». Toutefois, cet Onias si pieux n'obligea que des ingrats. Accusé à tort d'être du parti d'Hyrcan, on voulut le forcer ensuite à maudire Aristobule; il protesta, et le peuple, furieux, le lapida. Dieu envoya une nouvelle famine pour punir les meurtriers.

ONOCENTAURE (δ'όνος, âne, et de Centaure). Isaïe dit avoir vu un de ces monstres, dont le corps appartenait moitié à l'espèce humaine et moitié à l'âne.

ONOMAMANCIE ou ONOMANCIE, ONOMATOMANCIE (du grec ὄνομα, nom, μαντεία, divination). L'art de présager l'avenir d'une personne par les lettres de son nom. Cette espèce de divination était fort en usage chez les anciens. Les pythagoriciens prétendaient que les caractères, les actions et les succès des hommes étaient conformes à leur destin, à leur génie et à leur nom. Platon lui-même semble incliner vers cette opinion. Ausone plaisante l'ivrogne Méroé sur ce que son nom semblait signifier qu'il buvait beaucoup de vin pur (*merum*). On remarquait que Hippolyte avait été mis en pièces par ses chevaux, comme son nom le portait, ἵππος, cheval. Saint-Hippolyte, martyr, dut à son nom le genre de supplice qu'on lui fit souffrir. On pourrait citer encore un grand nombre de pareils rapprochements.

Une des règles de l'onomancie, parmi les pythagoriciens, était qu'un nombre pair de voyelles dans un nom indiquait quelque imperfection au côté gauche, et un nombre impair quelque imperfection au côté droit. Selon eux encore, de deux personnes la plus heureuse devait être celle dans le nom de laquelle les lettres numérales ajoutées ensemble formaient la plus grande somme. C'est par cette raison qu'Achille avait vaincu Hector. C'est probablement d'après le même principe que, dans les festins, les jeunes Romains buvaient à la santé de leurs maîtresses autant de coups qu'il y avait de lettres dans le nom de ces belles. On a fait la remarque que de grands empires ont été détruits sous des princes qui portaient le même nom que ceux qui les avaient fondés. Ainsi la monarchie des Perses commença par Cyrus fils de Cambyse, et finit par Cyrus fils de Darius; Darius fils d'Hystaspes la rétablit, et sous Darius fils d'Arsamis elle passa au pouvoir des Lacédémoniens. Auguste a été le premier empereur de Rome, et Augustule en fut le dernier. Constantin établit l'empire à Constantinople, et un autre Constantin le vit détruire par l'invasion des Turcs. On a encore observé que certains noms sont constamment malheureux pour les princes, comme Caïus parmi les Romains, Jean en France, en Angleterre et en Écosse, et Henri en France.

ONOMASTICON, mot grec signifiant au propre catalogue de noms ou de mots. On appelle ainsi de préférence un dictionnaire dont les divers articles, consistant en noms propres ou en noms de choses, se trouvent rangés et expliqués d'après un certain ordre systématique, mais à l'origine sans égard pour l'ordre alphabétique. Le plus ancien dictionnaire qu'on possède sous ce titre date du deuxième siècle avant J.-C. : c'est celui de Pollux; il est en langue grecque, et traite comme il vient d'être dit de divers sujets relatifs à la vie religieuse, civile, domestique et artistique. Parmi les ouvrages postérieurs du même genre, on peut mentionner l'*Onomasticon Historiæ Romanæ* de Glandorp (Francfort, 1589), où sont historiquement expliqués les noms et les familles les plus célèbres de Rome; l'*Onomasticon litterarium* de Saxe (8 vol., 1775-1803), précieux trésor à consulter

47

pour l'histoire de la littérature ; enfin, de nos jours, l'*Onomasticon Tullianum* d'Orelli et de Baiter (Zurich, 1836-1838), où, indépendamment de la vie et de l'histoire littéraire de Cicéron, on trouve les noms géographiques et historiques cités par le grand orateur, la liste des lois qu'il invoque et celle des expressions grecques qu'il emploie, etc. Récemment on a aussi donné le nom d'*Onomasticon* à un petit poëme sur le jour de naissance ou de fête d'une personne.

ONOMATOPÉE, terme de grammaire, composé des deux mots grecs ὄνομα, nom, et ποιέω, je fais, je forme, et qui sert à dénommer un mot dont le sens est imitatif de l'objet qu'il représente. Dans les langues primitives, l'usage de cette figure devait être très-fréquent. Le moyen le plus naturel de faire passer une sensation dans l'esprit des autres était de représenter l'objet qui la produisait, soit par une imitation de son, soit par une reproduction de forme. De même que l'hiéroglyphe fut le type des langues écrites, de même l'onomatopée, c'est-à-dire l'imitation des sons dans les noms des choses, fut le type des langues prononcées.

Nous nous expliquons facilement comment on a pu dire le *glouglou* de la bouteille, le *cliquetis* des armes. Ces mots peignent parfaitement à l'oreille ce qu'on a voulu leur faire exprimer. On en peut dire autant du *tintinnabulum* de la clochette, et du *taratantara* de la trompette, chez les Latins. Il y a aussi une foule de mots qui expriment le cri de certains animaux, comme le *bêlement* de la brebis, le *mugissement* du taureau, l'*aboiement*, le *jappement* du chien. Les noms de plusieurs animaux sont une simple imitation de leur cri, surtout dans les langues originales. M. Charles Nodier, dans son savant et curieux *Dictionnaire des Onomatopées françaises*, a traité à fond et d'une manière supérieure la question des onomatopées. On trouvera dans son livre des développements qui ne peuvent trouver place ici, et l'énumération raisonnée non-seulement des mots nombreux de notre langue dont un son naturel a pu être la racine, non-seulement des onomatopées dont l'usage n'a point encore admises, et d'autres qui sont tombées en désuétude, mais encore les principales onomatopées que les langues mortes ou étrangères nous ont consacrées et ont quelque rapport avec des onomatopées françaises. Il sera toujours à regretter que l'auteur, avec la science et l'ingénieuse sagacité dont il a fourni tant de preuves, n'ait pas réalisé son premier projet, qui était de recueillir les onomatopées de tous les peuples et de faire ainsi une espèce de lexicon polyglotte de tous les sons naturels qui restent dans les langues, de manière à remonter en quelque sorte, comme il le dit lui-même, à une langue commune et primitive, indépendante des conventions particulières et universellement intelligible. CHAMPAGNAC.

ONONIDE ou **ONONIS**. *Voyez* BUGRANE.

ONOSANDRE, l'un des principaux écrivains militaires de l'antiquité, vivait au milieu du premier siècle de notre ère, à Rome, sous les règnes de Claude et de Néron, et composa sur l'art stratégique, en langue grecque et sous le titre de *Strategeticos*, un excellent traité contenant le résumé des principes qui constituaient la stratégie romaine. Koraïs a donné une bonne édition (Paris, 1832) de cet ouvrage, dont l'empereur grec Léon et le maréchal de Saxe faisaient le plus grand cas.

ONSLOW (GEORGES), célèbre compositeur de musique instrumentale, naquit à Clermont, le 27 juillet 1784. Il descendait d'une noble famille anglaise. Ce fut à Londres qu'il fit ses premières études musicales, sous la direction de Hullmandel, puis de Dusseck et de Cramer. Sa passion pour la musique le détermina à aller se perfectionner dans cet art à Vienne. Il s'y attacha d'abord à Beethoven, puis il étudia avec ardeur les œuvres de Haydn et de Mozart, et s'initia de la sorte au génie de l'école allemande, à laquelle il appartient par toutes ses qualités essentielles. Plus tard il se rendit à Paris, où il se perfectionna sous la direction de Reicha. Il habitait alternativement Paris et une terre qu'il possédait aux environs de Clermont. Il s'est surtout fait un nom par ses nombreux quatuors et quintettes pour instruments à cordes ; toutes œuvres qui se distinguent par un caractère grave d'un genre tout particulier, mais auxquelles la parure extérieure fait peut-être trop souvent défaut. Il s'est aussi essayé dans quelques opéras. Plus tard, ses compositions pour piano seul ou pour piano avec accompagnement obtinrent un immense succès ; dans le nombre, nous signalerons plus particulièrement un sextuor que tous les amateurs savent par cœur. En 1824 on le représenta de lui, sur la scène de l'Opéra-Comique, *L'Alcade de la Vega*, opéra-comique dont la partition contient de remarquables motifs ; en 1827 *Le Colporteur*, qui obtint un succès mérité, et enfin en 1837 *Le Duc de Guise*. Les symphonies qu'il publia depuis sont aussi de remarquables productions, pleines de pensées profondes ; mais dans ses œuvres d'orchestre le compositeur de quatuors et de quintettes apparaît trop visiblement pour que ce ne soit pas en définitive à cette spécialité de son talent que la critique doive décerner la prééminence. En 1842 il succéda à Cherubini à l'Académie des Beaux-Arts de l'Institut de France. Il mourut à Clermont, le 3 octobre 1853.

ONTARIO (Lac), le plus bas des cinq grands lacs du Canada, à dans sa plus vaste étendue, de l'est à l'ouest, 30 myriamètres de long sur 9 de large du nord au sud, et une superficie de 448 myriamètres carrés avec 81 myriamètres de circuit. Sa profondeur à son centre est de 167 mètres. Ses côtes, en général basses et bien boisées, présentent plusieurs ports excellents, surtout au nord, sur la rive canadienne, où il faut mentionner plus particulièrement *Burlington-Bay* et *Kingston*, *Toronto* et *Colombus*. Le meilleur port de la côte méridionale est *Sacket's Harbour*, dans l'État de New-York. Il communique par le Niagara avec le lac Érié, qui se trouve à 103 mètres plus haut, et avec l'Océan par le fleuve Saint-Laurent, qui sort du lac à Kingston sous le nom de Cataraqui. La *Grande-île* partage cette rivière de décharge en deux canaux, dont l'un, celui du nord, est dit *Canal de Kingston*, et l'autre, celui du midi, *Canal de Carlston Island*. Les difficultés que présente la navigation de ce cours d'eau, qui forme la délimitation entre le Canada et le territoire des États-Unis, ont déterminé les deux puissances à créer chacune sur son territoire des voies de communication artificielles alimentées par les eaux du lac Ontario. C'est ainsi que les Américains ont construit le *Canal d'Oswego*, qui part du lac Érié à Syracuse et atteint le lac à Oswego ; et les anglais, le gigantesque *Canal Rideau*, qui relie le lac Ontario à l'Ottawa. Le *canal Welland* unit sur le territoire Anglais le lac Ontario au lac Érié. Ce lac ne gèle jamais ; aussi offre-t-il pour la navigation bien plus d'avantages que les autres lacs de l'Amérique septentrionale. Cependant il est assez sujet à de violentes tempêtes.

ONTOLOGIE (du grec ὄν, ὄντος, être, et λόγος, discours), théorie de ce qui existe et des attributs qui lui appartiennent comme tel. Cette expression remonte à Platon et à Arsitote, qui avaient reconnu que le but de la métaphysique est de trouver ce qui existe dans les phénomènes et de le préciser dans les idées. Aussi se servit-on plus tard de ce mot pour désigner les recherches générales de la métaphysique, et l'ontologie forme-t-elle dans le système de Wolf la première grande division de la métaphysique, à laquelle se rattachent la cosmologie , la psychologie et la théologie naturelle. Au temps de Kant le nom de l'ontologie disparut, parce que la recherche de la puissance de l'entendement dut alors remplacer la métaphysique ayant pour but l'intelligence de ce qui existe. Dans les systèmes postérieurs qui s'éloignèrent de la direction subjective et critique du kantisme, le mot et la chose reparurent ; et c'est ainsi que Herbart désigne sous le nom d'*ontologie* la première grande division des recherches métaphysiques.

ONTOLOGIQUE (Preuve). On appelle ainsi la preuve de l'existence de Dieu que l'on tire de l'idée même de Dieu, de ce que dans l'idée de Dieu l'existence est comprise comme l'idée la plus réelle de toutes, et de ce qu'il y a contradition à songer à l'idée de Dieu et à nier son existence.

ONYCOMANCIE (du grec ὄνυξ, ongle, μαντεία, divination). Espèce de divination qui se faisait par le moyen des ongles. Elle se pratiquait en frottant avec de la suie, ou de l'huile, ou de la cire, les ongles d'un jeune garçon encore vierge ; on les chauffait ensuite au moyen de fumigations faites avec un certain mélange mystérieux ; et ces ongles ainsi préparés étant exposés au soleil, on prétendait voir dessus des figures qui faisaient connaître le caractère, la bonne ou la mauvaise fortune de celui qui se prêtait à l'expérimentation.

ONYX, variété d'agate, dans laquelle se trouvent deux ou plusieurs couleurs différentes. On se sert des onyx pour les camées : on les taille ordinairement de manière que la figure soit dessinée dans la partie de la pierre qui est de couleur brillante ; celle dont la teinte est obscure forme le fond. Ces pierres étaient déjà d'un grand prix chez les Romains ; aujourd'hui encore on les paye assez cher.

Onyx est aussi le nom vulgaire d'une coquille du genre *cône*, le *conus virgo*.

ONZE MILLE VIERGES. *Voyez* URSULE (Sainte).

OOLITHE, OOLITHIQUE. *Voyez* JURASSIQUE.

OOMANCIE ou OOSCOPIE (du grec ὄον, œuf, et μαντεία, divination, ou σκοπέω, j'examine), divination par les œufs. Les anciens croyaient pouvoir prédire l'avenir par l'observation des signes et des figures qui paraissaient dans les œufs. L'oomancie a encore aujourd'hui ses interprètes, qui, plaçant un blanc d'œuf dans un verre rempli d'eau, prétendent connaître l'avenir par les figures diverses qu'il y formera.

OORT (ADAM VAN), ou mieux NOORD, fils d'un peintre sur verre d'Anvers, né vers la fin du seizième siècle, mort en 1641, fut l'un des meilleurs peintres d'histoire de l'école maniériste d'Anvers, qui précéda Rubens. Celui-ci fut même pendant quelque temps son élève, mais il le quitta parce que l'excessive rudesse du maître ne lui convenait pas. Jordaens fut celui qui lui demeura le plus longtemps fidèle, parce qu'il était amoureux de la fille de Van Oort. Ses ouvrages sont assez rares, et se trouvent pour la plupart en Belgique.

OOST (VAN). Plusieurs peintres flamands, appartenant à la même famille, ont porté ce nom.

OOST (JAKOB VAN), *le Vieux*, l'un des plus grands peintres de l'école flamande, né à Bruges, vers l'an 1600, mourut dans cette même ville, en 1671. Issu d'une famille riche et très-considérée, il reçut une bonne éducation. On ne sait pas sous quel maître il étudia, mais il dut beaucoup à Rubens et à Van Dyck, dont il se montra l'imitateur habile, et souvent l'émule. Loin de se renfermer dans la pratique matérielle de son art, il étendit le cercle de ses connaissances et nourrit son imagination de lectures et d'études littéraires, qui formèrent son goût pour les grands sujets et le style académique. Dès l'année 1621 il avait exposé à Bruges un tableau religieux qui lui fit une grande réputation. Malgré ce succès, Jakob Van Oost sentit le besoin de voir l'Italie. A Rome, il devint l'élève et l'ami d'Augustin et d'Annibal Carrache. Sa déférence et son admiration pour ce dernier étaient exclusives. Les pastiches qu'il exécuta d'après le chef d'œuvre étonnèrent les connaisseurs les plus exercés et les praticiens les plus habiles. Ce n'était cependant que des études pour Van Oost, qui, tout en s'appropriant les belles qualités du faire du maître bolonais, répudia par la suite ses défauts, de même qu'il n'avait gardé de ses études d'après Rubens qu'une intelligence parfaite de la forme et de la couleur. De retour à Bruges en 1630, il fut chargé de travaux considérables pour les couvents, les confréries, et exécuta un grand nombre de portraits ; genre dans lequel il acquit bientôt une véritable supériorité. Pour animer à son gré ses physionomies, il imaginait de petites compositions simples et pleines d'intérêt, où figuraient les personnages qu'il avait à représenter. On cite comme son chef-d'œuvre en ce genre un grand tableau, peint en 1659, représentant des magistrats assistant à la lecture d'une sentence de mort qu'ils viennent de prononcer contre un criminel. Van Oost dirigea toute sa vie ses études avec une méthode, une logique extraordinaire, de sorte que son talent alla toujours en progressant. Ses derniers ouvrages sont les meilleurs. Son style est grand, son pinceau large, son dessin fort savant et de bon goût. Il ordonne et dispose ses figures, à l'exemple des grands maîtres ; avec simplicité et réflexion. Il ne prodigue pas les ornements ; mais il rend bien les étoffes et les draperies. Comme il n'excellait pas à peindre le paysage et les lointains légèrement touchés ; toutes les fois qu'il en mit dans ses tableaux, il eut recours à des mains étrangères. En revanche, il orne ses fonds avec des fabriques et de l'architecture. Jakob Van Oost avait épousé une femme jeune, belle et riche, Marie de Tollenaere, dont il eut deux enfants, une fille, qui se fit chanoinesse, et un fils, qui fut également un peintre distingué. L'œuvre de Van Oost le Vieux témoigne d'une prodigieuse fécondité. Nous citerons une *Résurrection*, une *Descente de Croix*, une *Présentation au temple*, le *Mystère de la sainte Trinité*, un *Enfant Jésus*, *Saint Antoine de Padoue enlevé au ciel*, *Jésus-Christ en croix*, peint à son retour d'Italie, *Descente du Saint-Esprit sur les Apôtres*, chef-d'œuvre qu'il composa l'année que sa fille fit profession, en 1658.

Le musée du Louvre ne possède qu'un seul tableau de Van Oost ; c'est une des plus belles productions de son pinceau, *Saint Charles Borromée communiant les pestiférés à Milan*, en 1576.

OOST (JAKOB VAN), *le Jeune*, fils du précédent, naquit à Bruges, en 1637, et mourut en 1713. Il fut élevé par son père, et acquit comme lui de bonne heure de la réputation. A vingt ans il partit pour l'Italie ; mais auparavant il passa par Paris, où il s'arrêta deux ans. Après un séjour de plusieurs années à Rome et dans les autres parties de la péninsule, qu'il employa à copier les maîtres et à dessiner les chefs-d'œuvre de l'antiquité ; il revint à Bruges, où ses compatriotes ne purent le retenir. Malgré les offres avantageuses qu'on lui faisait, il voulut retourner à Paris. En traversant Lille, il eut occasion de peindre quelques portraits. Le succès qu'il obtint le fit changer de résolution. Au lieu de continuer sa route, il resta dans cette ville, s'y maria, y vécut pendant quarante-et-un ans, et ne retourna à Bruges qu'après la mort de sa femme.

La manière de Van Oost le Jeune a beaucoup de rapports avec celle de son père. Comme lui, il peignit de grands tableaux pour les églises et les palais, et fut le meilleur portraitiste de son temps.

Il y eut encore un autre Van Oost, frère de Van Oost le Vieux, qui se fit jacobin et fut un peintre de quelque talent.

A. FILLIOUX.

OPACITÉ, OPAQUE (du latin *opacare*, couvrir, obscurcir). L'opacité est la propriété qu'ont la plupart des corps qui sont à l'état solide de ne point livrer passage à la lumière. Toutes les substances qui sont susceptibles de devenir solides, pourvu que les circonstances soient convenables, peuvent devenir opaques. L'eau la plus limpide devient opaque lorsque son volume a une très-grande profondeur. Il n'est pas douteux qu'il ne règne une obscurité complète, même en plein midi, dans les gouffres de l'océan.

Les corps dits *opaques* ne jouissent de cette propriété que par accident : une feuille de marbre devient transparente lorsqu'on la réduit à une certaine épaisseur. Il y a des corps opaques qui deviennent transparents lorsqu'ils sont imbibés de certains liquides : par exemple, le papier devient bien plus perméable à la lumière lorsqu'il est imbibé d'huile ; une variété d'opale connue sous le nom d'*hydrophane* est opaque tant qu'elle est parfaitement sèche ; elle devient transparente quand elle est imbibée d'eau. TEYSSÈNER.

OPALE. On appelle ainsi les diverses variétés de quartz qui ont pour caractères communs de renfermer une certaine quantité d'eau, d'offrir un éclat résineux, et d'être fragiles

47.

au point de ne pouvoir faire feu sous le briquet, comme les autres quartz. Les opales se trouvent en stalactites ou en rognons, au milieu de roches argileuses ; c'est ainsi qu'on rencontre la *ménilite* en plaques ou en masses tuberculeuses aplaties dans l'argile schisteuse de Ménilmontant, près Paris. La ménilite se rapporte à l'*opale commune*, dont les couleurs varient à l'infini. L'*hyalithe* appartient à la même catégorie.

Les lapidaires donnent particulièrement le nom d'*opale* à l'*opale irisée*, qui se distingue par le bel effet de ses couleurs changeantes. On en fait des bagues et des boucles d'oreilles. On la trouve dans les carrières de porphyre de Hongrie et de Saxe, dans les îles Feroë et dans le Mandelstein.

L'*opale miellée*, ou *opale de feu*, offre un fond tantôt d'un rouge orangé, tantôt d'un jaune de miel, avec des reflets d'un rouge de feu. Cette variété, qui brille d'un vif éclat, et que les lapidaires estiment autant que l'opale irisée, se trouve surtout dans les veines de porphyre, au Mexique.

L'*opale hydrophane*, blanche, poreuse, légèrement translucide, acquiert un certain degré de transparence lorsqu'on la plonge dans l'eau et que ses vacuoles se remplissent de ce liquide.

L'opale reçoit quelquefois le nom de *girasol*, qui s'applique plus particulièrement à une variété présentant un fond laiteux, d'où s'échappent des reflets bleus ou rouges quand on fait tourner la pierre au soleil. Quelques auteurs rangent cette variété parmi les quartz hyalins.

OPÉRA. C'est dans le sens le plus étendu un drame musical. Il se distingue de la comédie et des autres ouvrages dramatiques en ce qu'il ne peut se passer dans aucune de ses parties du concours de la musique, qui dans les premiers n'est qu'accidentelle et soumise aux exigences passagères du sujet. Dans l'opéra, au contraire, la musique est la partie essentielle, non toutefois de manière à dominer la poésie, mais seulement pour la mettre toutes deux en relation intime, et les faire marcher d'accord. Il en résulte que d'un côté la poésie devient un véritable chant, et que souvent la musique s'élève jusqu'à la poésie par la peinture animée des sentiments et des passions. Ainsi, la poésie dramatique de l'opéra revêt souvent un caractère lyrique, car toute poésie qui, par la peinture et l'expression des sentiments, peut s'adapter à la musique appartient au genre lyrique. Ce que le poëte doit donc avoir surtout en vue, c'est de trouver une action telle que les personnages soient placés dans une situation à exprimer leurs sensations d'une manière lyrique. C'est ainsi que la musique ajoute un charme merveilleux aux prodiges romantiques, aux féeries, aux tableaux champêtres, etc. Le chant dans l'opéra remplace le dialogue, et ce langage délicieux convient parfaitement aux êtres imaginaires, aux créations d'une nature éthérée. Il en résulte que les sujets historiques et héroïques, qui ne peuvent être retracés que par un développement sévère des caractères, ceux qui surtout parlent plus à la raison qu'à l'imagination, sont en général moins propres que d'autres à revêtir la forme cette d'opéra.

Les poëtes qui ont une connaissance approfondie de la musique ont toujours soin de lui fournir l'occasion d'exprimer par ses propres ressources ce que la poésie est impuissante à peindre. Les principales qualités d'un poëme d'opéra sont : une esquisse exacte et facile des caractères, un grand fonds de situations lyriques habilement variées, et surtout un choix d'expressions musicales approprié au caractère des différents personnages. Nous ne parlons pas du laisser-aller de la pensée, de l'élégance du rhythme : ce sont là des qualités que doit posséder toute poésie lyrique. Cependant, les grands poëtes d'opéras sont rares, et cela est facile à concevoir si l'on réfléchit à la nécessité dans laquelle ils se trouvent de subordonner le poëme à la musique du compositeur. Grand nombre d'esprits supérieurs regardent cet esclavage comme indigne d'eux.

La musique de l'opéra doit s'élever à la hauteur de la poésie, et même à celle du drame ; c'est ce qui lui impose la nécessité d'être plus caractéristique et plus sévère que toute autre espèce de musique. Soumise à la nature du poëme, la musique doit revêtir son caractère dominant. Il doit y avoir en outre certains caractères individualisés, si l'on peut s'exprimer ainsi, par la musique, et non-seulement par le chant, mais par l'instrumentation. Le premier devoir du musicien est de bien exprimer les sentiments et les passions des personnages.

On distingue l'*opera seria*, ou grand opéra, de l'*opera buffa*, ou opéra gai. Quoiqu'en général le premier se rapproche de la tragédie, et le second de la comédie, jamais un *opera seria* ne sera aussi grave, aussi simple qu'une tragédie, et jamais un *opera buffa* ne comportera une action aussi compliquée que celle d'une comédie. La musique parle plus au sentiment qu'à la raison ; le comique, qui a son origine dans la réflexion, ne peut, sans un mélange lyrique, remplir un opéra, mais le burlesque, le grotesque même, lui conviennent parfaitement. Il y a en outre un style intermédiaire, qu'il n'est pas facile de limiter. *La Vestale* de Spontini pourrait être classée parmi les *opera seria* ; *Il Matrimonio segreto*, parmi les *opera buffa*, et *L'Enlèvement du sérail* de Mozart, ainsi que beaucoup d'œuvres de Paer, parmi les opéras de *mezzo stylo*.

L'opéra est grand opéra ou drame musical dans toute l'étendue du mot lorsque la musique n'est jamais interrompue dans le cours de l'action, puisque le récitatif remplace les monologues ; ce qui fait que ce genre est peu goûté en Allemagne, c'est que dans ce pays les chanteurs habiles à dire le récitatif sont fort rares, et que peu de compositeurs ont su jusqu'à ce jour faire du récitatif autre chose qu'une froide et monotone psalmodie. De là l'origine des operette et des opéras comiques. Les intermèdes des Italiens sont des espèces d'opéras de peu d'importance. Les *mélodrames* (monodrames et duodrames), qu'on aimait en Allemagne dans la dernière moitié du dix-huitième siècle, lesquels sont accompagnés sans interruption de déclamation ou de pantomime, et dont les intervalles sont remplis par la musique, peuvent bien être cités comme des drames musicaux, mais nullement comme des opéras. A ce genre appartiennent les vaudevilles français.

D'après quelques-uns, un certain Jean Sulpicius aurait fait jouer sur la place de Rome, en 1486, devant le pape et plusieurs cardinaux, de petits drames avec chœurs et récitatifs, où le dialogue, déclamé musicalement, était accompagné par des instruments à cordes. Ce qui est incontestable, c'est que Vicenzio Galilei, le père du célèbre Galilée, fit représenter à Florence, en 1500, un *Ugolin* qui était un véritable opéra, si l'on se place au point de vue de la musique de l'époque. Le récitatif, d'après d'autres, n'aurait réellement été inventé que par Emilio Cavaliero, qui le fit représenter à Florence deux pièces pastorales, en 1570. Suivant d'autres encore, le *Pastor fido* de Guarini aurait été mis en musique dès le milieu du seizième siècle. L'histoire bien avérée de l'opéra remonte en effet au seizième siècle, après la tentative de Vicenzio Galilei, et celle de Giulio Caccini, qui fit déclamer l'ancienne tragédie grecque avec le simple accompagnement d'instruments à cordes. Florence vit en 1597 un véritable opéra, *Daphné*, dont Ottavio Rinocceio fit le poëme et Giacomo Peri la musique. Ferrare avait déjà à cette époque vu représenter des pièces pastorales.

Les premiers opéras représentés en France furent des opéras italiens. La troupe de *Gelosi* donna à Paris en 1577, avec un très-grand succès, *Le Ballet comique de la Royne*, drame musical dont Beaulieu et Salmons, musiciens de la chambre du roi, firent la musique. Le mariage de Henri IV vit éclore à Florence l'opéra de Peri et Caccini, *Euridice* ; sans réveiller en France le goût des pièces de ce genre. Beaucoup considèrent cette *Euridice* comme le premier opéra dont le poëme soit de la régularité, de la suite. Au commencement du dix-septième siècle, l'opéra était en Italie en pleine prospérité et pleine popularité, et c'est à peine si Mazarin hasardait à Paris celui d'*Orphée* en

1647, et en 1852 *Le Nozze di Peleo et di Tetide*, où dansa le jeune Louis XIV. Mazarin fit en vain une troisième tentative en 1661; enfin, quelques années plus tard, Lulli, sur les ruines du jeu de paume ou l'abbé Perrin, Cambert et le marquis de Sourdéac avaient fait leurs premières tentatives d'opéra, faisait représenter en 1671 *Pomone*, en 1672 *Les Fêtes de l'Amour et de Bacchus*, poëme de Quinault. Lulli eut le 29 mars 1672 le priviléges de l'Académie royale de Musique, et bientôt *Cadmus et Alceste* habituèrent à l'opéra les Français, qui l'ont toujours eu en grand honneur depuis. Lulli donna le premier au récitatif une expression conforme au sentiment qu'il devait peindre, ce qui l'a fait appeler à bon droit l'inventeur du récitatif français.

Le premier *opera buffa* fut représenté en 1624 à Venise. C'est là aussi (1637) que fut construit le premier théâtre consacré à l'opéra. En 1646 l'*opera buffa* fut introduit en France par le cardinal Mazarin. En Allemagne déjà du temps de Hans Sachs (mort en 1567) on avait représenté des pièces de carnaval avec chant. La reine Sophie-Charlotte fut la première qui favorisa les opéras italiens. Martin Opitz en 1669 composa le poëme du premier opéra allemand, intitulé *Daphné*. Paul Frenich écrivit l'opéra d'*Alceste*, le premier qui fut représenté à Leipzig (1693). Cette pièce, comme la première, n'était au reste qu'une imitation des opéras italiens. Le premier opéra allemand original fut *Adam et Ève*, représenté à Hambourg en 1678. Quelques personnes croient antérieur l'opéra *Le Diable est aux Vaches*; Floegel prétend même qu'en Allemagne les opéras comiques sont contemporains des opéras sérieux. En Suède, le premier opéra représenté par des Suédois est *Birger-Jarl*, qui date de 1774. L'opéra italien fut introduit en Angleterre dans le dix-septième siècle. Haendel y fit une révolution, qui resta cependant sans fruit pour l'opéra anglais. En Espagne, on ne fut que dans la seconde moitié du dix-huitième siècle que l'opéra italien fut joué sur le théâtre de Madrid. Cependant, l'opéra était connu en Espagne dès le seizième siècle; on l'y appelait alors *loa*.

L'opéra italien se distingue de l'opéra allemand en ce que le chant n'y est jamais interrompu. Chez les Italiens, on observe plus sévèrement la distinction entre l'*opera seria* et l'*opera buffa*. Le premier, il faut le reconnaître, est fort ennuyeux; l'autre est comique, amusant et plus national. Au rang des premiers auteurs d'opéras, les Italiens placent Apostolo Zeno et surtout Métastase, qui tous deux dès le dix-huitième siècle portèrent l'opéra italien à son apogée; parmi les comiques, ils citent Goldoni et plusieurs autres. Leurs principaux compositeurs sont: Pergolèse, Sacchini, Piccini, Jomelli, Cimarosa, Salieri, Paisiello, Zingarelli, Martini, Rossini, Bellini, Donizetti, Verdi. En France, la célébrité est acquise à Quinault, La Fontaine, Lamothe, Marmontel, Favart, Sedaine, Étienne, Jouy et Scribe, comme auteurs de *libretti*; comme compositeurs, à Lulli, Rameau, Gluck, que beaucoup considèrent comme le véritable fondateur de la musique française, Duni, Grétry, Monsigni, J.-J. Rousseau, Dalayrac, Berton, Lesueur, Catel, Vogel, Mehul, Nicolo, Boïeldieu, Hérold, Auber, Adam, Halévy, Carafa, Clapisson, Grisar, Monpou. Nous ne parlerons pas de Spontini et de Cherubini, qui, bien que naturalisés en France, appartiennent à l'Italie. En Angleterre, on ne connaît pas un seul compositeur remarquable. En Allemagne, Weisse et Hiller, dans la seconde moitié du dix-huitième siècle, ont composé beaucoup d'*operette*, qui ont été accueillies avec d'unanimes applaudissements.

L'emploi des finales, inventés par les Italiens, a été pour les compositeurs une source de créations charmantes. C'est ainsi que s'est formé l'opéra allemand, qui n'est qu'un habile mélange de dialogues récités et de chansons. L'opéra comique actuel est un mélange d'*opera seria* et d'*opera buffa* avec un dialogue parlé et sans récitatif. Dans ces derniers temps, les grands compositeurs allemands ont changé cette prose. Goethe, Gotzer, Bretzner, Stephani, J.-G. Jacobi Horklotz, Huber, Michaelis, Kotzebue, Burde, Schikaneder, Kind, Geke, ont écrit des opéras. Comme compositeurs, on cite Gluck, Hasse, Mozart, Winter, Weigl, Reichard, Kungen, Vogler, Beethoven, Weber, Spohr, Kreutzer et Meyer-Beer.

OPÉRA (Théâtre de l'), ou ACADÉMIE IMPÉRIALE DE MUSIQUE. Son origine remonte au poëte Baïf, qui établit dans sa maison, rue des fossés-Saint-Victor, une académie de musique, autorisée par Charles IX, en 1571. On y exécutait des ballets et des mascarades. Depuis la mort de Baïf, en 1589, elle alla en décadence. En 1645 Mazarin, ayant fait venir des acteurs italiens, les établit dans la rue du Petit-Bourbon, près la partie du Louvre où fut élevée depuis la colonnade; ils y jouèrent et chantèrent une pastorale en cinq actes, *La Festa teatrale della finta Pazza* ou *Achille in Sciro*, de Jules Strozzi. Cet opéra, le premier qui ait été donné en France, fut suivi, en 1647, d'un second : *Orfeo e Euridice*. Andromède, tragédie à machines, du grand Corneille, jouée en 1650, était un véritable mélodrame, puisque la musique n'y était qu'accessoire. Les ballets que Benserade commença de faire représenter en 1851, au nombre de vingt-et-un, et dans plusieurs desquels Louis XIV et sa cour ne dédaignèrent pas de danser, n'étaient que des intermèdes adaptés à d'autres pièces. Il paraît donc certain que l'abbé Perrin, de Lyon, doit être regardé comme le créateur de l'opéra français : il lui donna une forme régulière, et il en fournit le premier modèle. Conjointement avec le musicien Cambert il fit jouer pour essai, à Issy, en 1659, une pastorale dont on ignore le titre; le succès qu'elle obtint engagea les auteurs à en composer deux autres, dont la mort du cardinal Mazarin interrompit les répétitions.

Dans ce même temps, un marquis de Sourdéac, opulent théâtromane, perfectionnait les machines propres à l'opéra, et faisait jouer dans son château de Neubourg, en Normandie, *La Toison d'Or* de Corneille. Associés avec lui, Perrin et Cambert obtinrent par lettres patentes, en 1669, le privilége, pour douze ans, d'établir « en la ville de Paris et autres du royaume des académies de musique pour chanter en public des pièces de théâtre, comme il se pratique en Italie ». Et le 10 mars 1671 l'Académie royale de Musique faisait son inauguration dans la salle du jeu de paume de la rue Mazarine : on y joua *Pomone* en 1671, et *Les Peines et les Plaisirs de l'Amour* en 1672. Mais la discorde ayant désuni les coassociés, Lulli, plus fin qu'eux, les supplanta. Surintendant de la musique du roi, il obtint facilement de nouvelles lettres, qui lui concédèrent le privilége retiré à Perrin.

Associé avec Viganoni, machiniste du roi, il disposa une salle du jeu de paume, rue de Vaugirard, près le Luxembourg, et y fit représenter, le 15 novembre 1672, *Les Fêtes de l'Amour et de Bacchus*, dont les paroles étaient de Quinault. Après la mort de Molière, en 1673, son théâtre, fondé au Palais-Royal par le cardinal de Richelieu, fut donné à Lulli : c'est là que durant près d'un siècle ont été donnés toutes les tragédies lyriques, tous les ballets héroïques de Quinault, Campistron, Fontenelle, Lamotte, Danchet, Duché, Fuzelier, Roi, Lamarre, Bernard, Cahuzac, etc., mis et remis en musique par Lulli, Colasse, Destouches, Campra, Marais, Labarre, Mouret, Rameau, Mondonville, etc.; là chantèrent pendant quarante ans Chassé, Jéliotte, à diverses reprises la célèbre Lemaure; là dansèrent Marcel, qui voyait tant de choses dans un menuet, la Camargo et la Sallé, immortalisées par Voltaire; là, enfin, débuta le grand Vestris, *le dieu de la danse*; c'est là aussi que la révolution musicale fut commencée par les opéras des chanteurs italiens, venus en 1752, et par *Le Devin du Village*, de J.-J. Rousseau, joué en 1753. C'est là aussi que commencèrent, en 1717, ces fameux bals masqués de l'Académie royale de Musique eut pendant plus d'un siècle le privilége exclusif, où se nouèrent tant d'intrigues diverses, et dont la physionomie a si souvent changé jusqu'à nos jours, bals qui dans l'origine se donnaient tous les dimanches, depuis la Saint-Martin jusqu'à l'Avent, et depuis les Rois jusqu'à la fin du carnaval. C'est là encore que les jours de grande fête, et pendant que le théâtre était fermé, se donnaient des concerts spirituels, qui avaient aussi le privilège d'attirer la foule. L'Opéra jouait quatre fois par semaine; le rideau se levait à cinq heures et demie : c'est en 1815 que le nombre des représentations fut réduit à trois par semaine.

Un incendie ayant consumé la salle du Palais-Royal, le 6 avril 1763, l'Opéra fut transporté l'année suivante aux Tuileries. Il retourna au Palais-Royal, dans une nouvelle salle qui ouvrit le 26 janvier 1770, et qui fut encore détruite par le feu le 8 juin 1781. Cette période est remarquable sous plusieurs rapports. Les ballets acquièrent sous Noverre plus de mouvement, de grâce, d'expression et de naturel. L'arrivée à Paris de Gluck, en 1774, de Piccini, en 1776, et d'une troupe de bouffes italiens, en 1778, acheva la réforme musicale. Gluck ne se borna pas à enrichir notre scène lyrique d'*Iphigénie en Aulide*, d'*Orphée*, d'*Alceste*, d'*Armide*, d'*Iphigénie en Tauride*; il donna à l'orchestre plus de vigueur, d'énergie et de précision; il apprit aux acteurs à chanter en mesure, à déclamer le récitatif d'une manière moins traînante, moins monotone et plus animée. Piccini fit entendre la plus touchante et la plus suave mélodie dans *Roland*, *Athys*, *Iphigénie en Tauride*. Les Bouffes, dont les représentations alternaient, trois fois la semaine, avec celles de l'opéra français, firent goûter aux amateurs parisiens les chefs-d'œuvre des Sarti, des Anfossi, des Paisiello, etc. Les ramistes ou partisans de Rameau, qui avaient triomphé des *lullistes*, furent vaincus à leur tour, et le dernier coup fut porté à la vieille et lamentable musique française. Mais alors se formèrent les factions, non moins opiniâtres et irascibles, des *gluchistes* et des *piccinistes*. A la même époque on applaudissait des talents réels, Sophie Arnould, Rosalie Levasseur, Larrivée, Legros, etc.; mais on voyait se former des talents qui devaient les surpasser. C'est encore pendant cette période que l'administration de l'Académie royale de Musique, qui dès son origine avait langui sous le despotisme des gentilshommes de la chambre, et qui avait presque toujours fini par des désastres financiers pour la plupart des directeurs qui avaient voulu en exploiter le privilège, passa momentanément sous la direction de la ville de Paris, qui en confia la gestion, de 1779 à 1789, aux soins éclairés et actifs de Devismes du Valgy.

Le théâtre de la Porte-Saint-Martin ayant été bâti avec une rapidité inouïe pour l'époque, on en fit l'ouverture le 27 octobre 1781, par une représentation *gratis*, afin d'essayer sur le peuple si les gens comme il faut pouvaient y assister sans danger. Cette époque est une des plus brillantes qu'offrent les annales de l'opéra. On y réforma les costumes ridicules des acteurs; on y entendit *La Caravane* et *Panurge*, de Grétry; *Didon*, *Pénélope*, de Piccini; *Renaud*, *Dardanus*, *Chimène*, *Œdipe à Colone*, *Evelina*, de Sacchini; *Les Danaïdes* et *Tarare*, de Salieri; *Phèdre* et *Les Prétendus*, de Lemoyne; *Démophoon*, de Vogel; *Les Noces de Figaro*, de Mozart, etc., qui, soutenus par les meilleurs ouvrages du dernier répertoire et les charmants ballets de Gardel, *Télémaque*, *Psyché*, *Paris*, ont formé pendant trente ans un fonds aussi agréable et varié pour le public que peu dispendieux pour le trésor public. On applaudissait alors comme acteurs et comme chanteurs : Lainé, Lais, Adrien, Chardini, Rousseau, Chéron et sa femme, la célèbre Mme Saint-Huberty, Mlle Maillard, qui la remplaça, sans la faire oublier; dans la danse : Vestris II, Didelot, Laborie, Milon, Coulon, Mmes Guimard, Rose, Clotilde, Chevigny, Saulnier, etc. L'orchestre offrait aussi des artistes du premier mérite.

En 1790 l'administration retourna sous la direction de la municipalité de Paris, et en 1793 les acteurs s'en chargèrent comme sociétaires. Depuis la révolution, l'Académie royale de Musique avait successivement pris le nom d'*Académie de Musique*, de *Théâtre de la Nation*, d'*Opéra*. On y sacrifia au goût du temps; mais du moins les ouvrages de circonstance qu'on y représenta ne manquaient pas d'une certaine dignité, et quelques beautés dans la musique y cachaient ou y rachetaient les défauts et les absurdités des paroles. En 1795 le gouvernement acheta, sans le payer, le *Théâtre national*, qu'on avait trop facilement permis à la Montansier, deux ans auparavant, de bâtir en face de la bibliothèque de la rue de Richelieu, malgré le danger d'un tel voisinage pour cet immense et précieux dépôt littéraire; et la ci-devant Académie royale de Musique fut établie dans la nouvelle salle, sous le nom de *Théâtre des Arts*, puis de *Théâtre de la République* et *des Arts*. On remit alors ce spectacle en direction. Deux hommes de lettres, La Chaussière et Parny, l'ancien acteur Caillot et un quatrième, formant le comité d'administration, s'en acquittèrent fort mal, et le premier fut accusé de dilapidation. Une seconde régie n'ayant pas mieux réussi, Devismes fut rappelé, en 1799; mais on lui donna pour collègue un ex-législateur avec lequel il ne put pas s'entendre, et il lui céda la place à la fin de 1800. Cet état de choses subsista sous le consulat, quoique l'Opéra eût passé sous l'inspection d'un préfet du palais. Cette époque fut assez stérile en ouvrages marquants. Les seuls qui obtinrent un succès soutenu sont : *Anacréon chez Polycrate*, de Grétry; *La Création du Monde*, oratorio de Hayden; *Les Mystères d'Isis*, de Mozart; *Ossian*, ou *Les Bardes*, de Lesueur; et les ballets : *La Dansomanie*, *Les Noces de Gamache*, *Le Retour de Zéphyre* et *Achille à Sciros*. Quant au *Tamerlan* de Winter, à la *Sémiramis* de Catel et à la *Proserpine* de Paisiello, ils ne répondirent pas à la réputation de ces compositeurs. Les recrues en talents furent aussi peu nombreuses : elles se bornèrent pour le chant à Nourrit père, Dérivis, Mlle Armand et Mme Branchu; et pour la danse à Deshayes, Saint-Amand, Beaupré, Duport, le rival de Vestris; MM^{lles} Bigottini et Duport.

Sous l'empire, l'Opéra prit le nom d'*Académie impériale de Musique*, et fut placé, en 1807, sous la surintendance du premier chambellan de la direction de Picard; mais malgré le prestige des victoires de Napoléon, malgré la pompe dont il environna ce spectacle, les succès y furent rares. On ne peut guère citer que *La Vestale* et *Fernand Cortès*, de Spontini; *Le Triomphe de Trajan* et *la Jérusalem délivrée*, de Persuis; *Aristippe* et *La Mort d'Abel*, de Kreutzer, et cinq ou six ballets de Duport, de Gardel, de Milon et d'Aumer. Quant au personnel, les acquisitions se réduisirent, pour le chant, à Lavigne et à Mme Albert Him, et pour la danse, à Albert, Ferdinand, Montjoie, Mmes Fanny Bias et Gosselin. Rey, qui, en 1807, avait succédé à Francœur, dans la direction de l'orchestre, étant mort en 1810, fut remplacé par Persuis.

Redevenu *Académie royale de Musique* en 1814, l'Opéra sous la Restauration retomba sous la funeste influence de la maison du roi et de l'intendant des menus plaisirs. Les mutations dans l'administration y devinrent fréquentes et onéreuses, car des pensions étaient accordées à la négligence et à l'impéritie comme aux services rendus. La direction de Persuis, de 1817 à 1819, interrompit la décadence de l'Opéra, qui devint plus rapide après sa mort. On peut citer surtout comme déplorable la gestion de Viotti, célèbre violoniste, mais pitoyable administrateur, et celle de M. Duplantys. Viotti venait d'accorder à Persuis, lorsque l'assassinat du duc de Berry, le 13 février 1820, provoqua l'abandon et, bientôt après, la destruction de la salle de la rue Richelieu. L'Opéra fut provisoirement transféré, le 19 avril, à celle de la rue Favart, et le 19 août 1821 eut lieu l'ouverture du nouveau théâtre, rue Le Pelletier, où depuis lors l'Opéra joue provisoirement aussi. Au mois d'octobre, ce spectacle passa sous la surintendance du ministre de la maison du roi. Après l'administration ferme et économique, mais peu remarquable, de M. Habeneck, de 1821 à 1824, vint celle de

M. Duplantys. Le sceptre de l'Académie royale de Musique était alors entre les mains d'un noble vicomte, *chargé des beaux-arts*, qui, avec de bonnes intentions et un caractère facile et obligeant, se donna néanmoins des ridicules en s'occupant sérieusement de règlements de morale pour les coulisses. Sauf quelques pièces de circonstance, inspirées par l'adulation ou imposées par l'autorité, on n'y a donné de 1814 à 1826, dans l'espace de treize ans, que trois opéras dont le temps ait sanctionné le succès : *Le Rossignol*, de Lebrun ; *Aladin, ou la lampe merveilleuse*, de Nicolo et Benincori, et *Le Siège de Corinthe*, de Rossini, qui n'était que l'imitation de son opéra italien de *Maometto II*. La remise des *Danaïdes*, de *Tarare*, de *La Vestale*, de *Fernand Cortez*, d'*Armide*, etc., avait heureusement suppléé à l'insuffisance des nouveautés. Les ballets n'avaient pas eu meilleure chance. Il n'y en eut que quatre qui réussirent complètement : *Le Carnaval de Venise* et *Clary*, de Milon ; *Les Pages du duc de Vendôme* et *Alfred le Grand*, d'Aumer. Et pourtant, dans cet intervalle l'administration avait fait successivement en talents de nombreuses et importantes acquisitions : pour le chant, Adolphe Nourrit, bien supérieur à son père, Dabadie, Dupont, Mmes Grassari, Paulin Latouillade, Cinti-Damoreau, Leroux-Dabadie, Jawureck ; pour la danse, l'aérien Paul, Coulon fils, Mmes Noblet, Paul, Montessu, Legallois, Julia. Nommé directeur de l'Opéra par le *chargé des beaux-arts* en 1827, M. Lubbert avec de l'esprit et le goût des arts, immola à grands frais l'école française à l'école italienne. Ce théâtre ne fut plus le patrimoine des musiciens français. Rossini en exploita le monopole exclusif à son profit. Il y fit jouer : *Moïse*, *Le Comte Ory*, *Guillaume Tell* ; Auber y donna *La Muette de Portici*. Outre ces ouvrages, plusieurs ballets, *Mars et Vénus*, de Blache ; *Le Page inconstant*, de Dauberval ; *La Somnambule*, *La Belle au bois dormant*, *Manon Lescaut*, d'Aumer ; *La Gypsy*, *L'Île des Pirates*, avec M^{elles} Taglioni et Perrot, auraient suffi pour donner de l'éclat à l'administration de M. Lubbert s'il n'eût acheté cet éclat avec les subsides qu'il obtenait de son protecteur.

A aucune époque l'Opéra n'a pu se suffire ; les dépenses ont toujours dépassé les recettes ; c'est une vérité reconnue. Toutefois, vers 1785, il ne coûtait que 300,000 fr. à l'État. Sous l'empire, le déficit était à 600,000 fr., et dans les dernières années de la Restauration la subvention accordée par le gouvernement a monté jusqu'à 950,000 fr. On n'a jamais su au juste ce que coûte l'Opéra ; ceux qui l'ont dirigé depuis vingt-cinq ans seraient bien en peine de le dire. Pour le trésor public, c'est un tonneau sans fond ; pour les administrateurs, pour les fournisseurs, c'est le jardin des Hespérides. H. AUDIFFRET.

L'Opéra entra dans une nouvelle phase après 1830. La liste civile renonça à sa suzeraineté, et le confia, le 1er juin 1831, à l'administration de M. Véron, sous la surveillance d'un commissaire du roi, avec une subvention de l'État de 820,000 fr., qui subit depuis plusieurs diminutions. L'Opéra perdit à la révolution de Juillet les redevances qu'avaient dû lui payer avant la première révolution, qui les abolit, les théâtres secondaires, redevances rétablies en 1811 par Napoléon, et maintenues par la Restauration. M. Véron débuta par un coup de maître ; à la fin de 1831, l'Opéra donnait *Robert le Diable*, de Meyer-Beer ; vinrent ensuite *Le Dieu et la Bayadère*, *Le Philtre*, *Le Serment*, *Gustave III*, d'Auber ; puis *La Juive*, avec Melle Falcon ; les ballets de *La Sylphide*, *Nathalie*, *La Fille du Danube*, avec Melle Taglioni ; *La Tempête*, *La Gypsy*, *L'Île des Pirates*, avec M^{elles} Fanny et Thérèse Elssler ; les succès des *Huguenots*, de *Guido e Ginevra* appartiennent à cette période, dans laquelle l'Opéra compta parmi les artistes les plus en renom : Duprez, qui vint d'Italie remplacer, mais non faire oublier Nourrit, Alexis Dupont, Massol, Alizard, Dérivis fils, Melle Nau pour le chant, et pour la danse Perrot, et en seconde ligne Mmes Roland, Grahn.

M. Véron céda à M. Léon Pillet l'administration de l'Opéra, à laquelle il avait associé M. Duponchel ; il faut tenir compte à cette nouvelle administration des succès de *La Favorite*, de Donizetti ; de *La Reine de Chypre*, d'Halévy, de *Charles VI*, et des ballets de *Giselle*, de *La Jolie fille de Gand*, de *La Péri*, du *Diable à quatre* : Mario, Marié, Poultier, Baroilhet, et Madame Stoltz sont les artistes du chant qui se produisirent avec un certain éclat sous cette direction ; la danse en compte un plus grand nombre : Petipa, Mmes Maria, Fuoco, Guy Stéphan, Plunkett, Robert, etc.

De M. Léon Pillet le sceptre directorial de l'Opéra revint à M. Duponchel, qui le porta conjointement avec M. Nestor Roqueplan ; celui-ci demeura seul ensuite. Il fit preuve d'une grande activité ; mais, à part *Le Prophète*, de Meyer-Beer, avec Mme Garcia Viardot et Roger, il n'obtint pas de ces succès éclatants qui fixent la fortune à un théâtre ; nous devons néanmoins mentionner sous cette direction la *Jérusalem*, traduite de Verdi, *Robert Bruce*, opéra sur la musique de *La Donna del Lago*, *Lucie* telle qu'elle avait été traduite en français pour le théâtre de la Renaissance ; citons encore le ballet de *La Fille de Marbre*, les triomphes chorégraphiques de Carlotta Grisi, de la Cerrito, de Saint-Léon, son mari, de la Rosati. L'Opéra, nonobstant ces nouveautés et un certain nombre de ballets dont les noms ne nous reviennent pas, vécut en grande partie sur son ancien répertoire, s'obérant toujours en face d'une subvention toujours disputée, toujours roguée, quand les prétentions des artistes de mérite étaient devenues excessives. Une des dernières cantatrices de l'Opéra, Mlle Cruvelli, coûtait plus de 100,000 fr. par an ; Mmes Alboni, Tedesco, qui ont passé aussi sur notre première scène lyrique, recevaient par soirée des sommes considérables, et pourtant les directions étrangères leur offraient encore davantage ; il est des sujets de la danse dont l'engagement se de 30, de 40,000 fr. Nous ne discutons pas ces chiffres, nous les constatons, ne fût-ce que pour montrer combien nous sommes loin de ces temps primitifs où l'Académie royale de Musique donnait 1,500, 1,200 et 1,000 livres à ses premières basses et à ses hautes-contre, 1,500 livres à sa première chanteuse, et 1,000 à ses premières danseuses.

En présence des charges accumulées résultant de l'augmentation exorbitante des appointements des artistes, des réparations que la salle a dû subir, des frais qu'entraîne chaque pièce nouvellement montée, afin que l'Opéra maintienne ce luxe de décors et de mise en scène qui est un de ses éléments de prospérité, la situation de notre premier théâtre lyrique devenait inquiétante : pour y remédier, un décret du 1er juillet 1854 a fait passer l'Opéra dans les attributions du ministère d'État et de la maison de l'empereur ; il est régi par la liste civile, à ses risques et périls, moyennant une subvention de l'État de 820,000 fr. ; l'État se chargeait de la liquidation des dettes du théâtre ; enfin, une commission supérieure permanente, instituée au ministère d'État, a dans ses attributions l'examen des affaires relatives à la gestion de l'Académie impériale de Musique. M. Nestor Roqueplan reçut, dans cette nouvelle organisation, le titre de directeur, qu'il conserva peu de temps. Il fut remplacé peu après par M. Crosnier, ancien directeur de la Porte-Saint-Martin, de l'Opéra-Comique, et en dernier lieu député au corps législatif ; M. Crosnier prit le titre d'administrateur général. Après avoir donné *Les Vépres Siciliennes* de Verdi, *La Sainte Claire* du prince de Saxe-Gotha, qui n'a fait que paraître et disparaître, *Le Corsaire*, qui a obtenu un si brillant succès, et comme mise en scène et comme ballet, M. Crosnier a abdiqué à son tour la suprématie de l'Académie impériale de Musique, et M. Alphonse Royer a été appelé à le remplacer, avec le titre de directeur, au milieu de 1856.

OPÉRA COMIQUE, genre de pièce qui tient à la comédie ou au drame par l'intrigue et les personnages, et à l'opéra par le chant dont il est mêlé. Ce genre, qui ressemblait beaucoup au Vaudeville, se produisit d'abord, dans les théâtres de la Foire, d'une façon assez grossière ; c'est bien longtemps après, à la Comédie-Italienne, que l'opéra comique devint gracieux, digne, dans sa simplicité encore grande, du nom qu'il conservera ; le dialogue s'en épura, les couplets y devinrent spirituels, et la musique vint encore ajouter à leur caractère. Les Deux Chasseurs et la Laitière, en 1764, succédant à quelques ouvrages de même genre de Duni, vinrent mettre le sceau à sa réputation. Le dialogue était encore alors coupé brusquement par des romances, des ariettes, que rien ne semblait amener ; il reprenait brusquement aussi quand le chant avait cessé, et tout cela d'une manière si peu naturelle que Voltaire pouvait écrire, en 1769 : « L'Opéra comique n'est pas autre chose que la foire renforcée. » Mais enfin dès ce moment la musique commençait à tenir dans les opéras comiques une place importante. Grétry, Monsigny vinrent bientôt dessiner plus nettement le genre musical de l'opéra comique, lui donner encore plus de corps, et leurs ouvrages semblaient déjà avoir transformé un art qui marchera encore à pas de géant après eux. L'opéra comique se formait de plus en plus, tandis que le grand opéra semblait demeurer stationnaire : la musique bouffe, importée d'Italie par Duni, s'était à jamais naturalisée en France.

Néanmoins, les formes du drame ou de la comédie mêlés de dialogues et de musique, furent encore agrandies par Berton, Méhul, Lesueur, Cherubini, Catel : ils ennoblissent encore l'opéra comique, tranchent davantage sur le vaudeville ; la révolution, qui imprima son cachet à tout, l'avait aussi mis sur la musique, qui, sans retomber dans le bruit et le mauvais goût d'autrefois, devint plus vigoureuse, plus énergique. L'exécution des opéras comiques par l'orchestre devint aussi meilleure à partir de ce moment.

Nicolo et Boïeldieu viennent ensuite, à leur tour, donner une nouvelle physionomie au genre ; la scène lyrique retentit de leurs succès, et Joconde pour l'un, La Dame Blanche pour l'autre, sont l'expression suprême de leurs qualités musicales. Hérold termina sa carrière par un immortel chef-d'œuvre, Le Pré aux Clercs ; Auber, Halévy, Adam, Meyer-Beer sont ensuite venus donner à l'opéra comique leur cachet particulier, tantôt plein de gracieuses mélodies, tantôt grave et sévère dans son laisser-aller. On peut dire que l'opéra comique qu'à partir de ce siècle chaque compositeur a pu s'y faire un genre à soi, tout en respectant les traditions de ses prédécesseurs et de ses contemporains, et a pu trouver dans son cadre à développer des qualités bien différenciées pour chacun, bien réelles pour tous.

OPÉRA-COMIQUE (Théâtre de l'). C'est sur les théâtres de la Foire que nous devons chercher l'origine de celui de l'Opéra-Comique ; la Comédie-Italienne et les farces de la foire avaient enfanté un genre qui devait plus tard être en possession de la faveur publique. Une pièce à ariettes, intitulée L'Inconstant, jouée à la foire en 1662 est généralement considérée comme le premier opéra comique français ; les Comédiens Italiens ayant donné en 1697 une pièce intitulée La Prude, dans laquelle madame de Maintenon crut se reconnaître, ils furent congédiés et ne revinrent qu'en 1716, rappelés par le régent. La nouvelle troupe italienne, composée par le célèbre Arlequin Ricoboni, s'installa à l'hôtel de Bourgogne. Pendant cette suspension de dix-neuf ans, les théâtres de la foire avaient continué à donner des pièces à ariettes, tenant à la fois du vaudeville et de l'opéra comique.

Le rideau de la Comédie-Italienne, quand elle s'installa à l'hôtel de Bourgogne, représentait un phénix renaissant de ses cendres, avec cette devise : « Je renais. » On lui substitua plus tard ce vers d'Horace :

Sublato jure nocendi.

Enfin, Carlin arracha à Santeuil la devise célèbre qui remplaça ce vers :

Castigat ridendo mores.

Les théâtres de la Foire continuèrent à donner, eux aussi, leurs opéras comiques et le succès qu'ils obtinrent avec les pièces de Lesage, Fuzelier, Dorneval, etc., éveillèrent la jalousie de la Comédie-Française et de la Comédie-Italienne, qui se réunirent, au nom et en vertu de leurs priviléges, pour les persécuter : elles leur défendirent le dialogue, et ils se mirent à donner des pièces en chansons, auxquelles le public accourut ; les chansons furent proscrites à leur tour, et les entrepreneurs de l'Opéra-Comique de la Foire, car la troupe du sieur de Saint-Éden et de la dame Baron avait depuis 1715 l'autorisation de jouer sous le titre d'Opéra-Comique, en furent réduits à ne montrer que des personnages muets ; mais ces personnages ouvraient la bouche, gesticulaient comme s'ils parlaient ; au moment voulu, ils étalaient devant les spectateurs des morceaux de carton sur lesquels étaient les couplets qu'ils n'avaient point le droit de dire ; l'orchestre jouait l'air, un compère placé dans la salle chantait le couplet, et par esprit d'imitation et par esprit d'opposition tous les spectateurs le répétaient en chœur à leur tour. La Comédie-Française fit opposition à l'Opéra-Comique et aux théâtres des Foires Saint-Laurent et Saint-Germain d'offrir au public autre chose que des voltiges et des danses de corde ; mais par une condescendance dérisoire elle les autorisa à laisser jouer un seul acteur parlant. Cette condescendance valut à l'Opéra-Comique, alors dirigé par un nommé Francisque, l'Arlequin Deucalion, de Piron. Quant à Lesage, Dorneval et Fuzelier, les grands librettistes de la Foire, ils en furent réduits à se réfugier derrière des marionnettes, par lesquelles ils faisaient parodier les pièces et les acteurs des Comédies Française et Italienne. La Comédie-Française finit même par faire fermer l'Opéra-Comique.

Celui-ci rouvrit cependant. En 1724 l'Académie royale de Musique, qui souffrait volontiers auprès d'elle ce satellite, dont les autres spectacles s'offusquaient très-fort, accorda à son fournisseur de chandelles le privilège d'un nouvel Opéra-Comique ; ce théâtre était sous la direction de Favart, toujours pour le compte de l'Académie royale de Musique, lorsqu'il fut encore fermé, en 1745. Comme indemnité, Favart obtint de donner un spectacle pantomime à la Foire Saint-Laurent, afin de remplir des engagements avec ses acteurs. On le voit par cet exposé des faits, l'enfance du Théâtre de l'Opéra-Comique a été des plus tourmentées.

Enfin, en 1752, un nommé Monnet obtint la permission de ressusciter, à la Foire Saint-Germain, ce théâtre tant de fois fermé déjà ; et on le vit bientôt, parodiant la musique italienne et y adaptant des paroles françaises, devenir un des spectacles les plus suivis de Paris ; la Comédie-Italienne en était alors arrivée à ne donner elle aussi que de véritables opéras comiques français, et Mme Favart y chantait avec Rochard La Serva padrona de Pergolèse, devenue La Servante maîtresse. De 1755 à 1762, le théâtre de l'Opéra-Comique et la Comédie-Italienne marchèrent simultanément, donnant l'un et l'autre des pièces de Marivaux, de Vadé, de Gallet, de Panard, de Sedaine, de l'abbé Voisenon, de Favart, de Mme Favart, de Piron, de Moncrif, de Poinsinet, de Favart d'Audinot, qui fonda l'Ambigu, Laruette, Mlles Dazincourt, Petitpas comptaient parmi les artistes de ce premier théâtre, qui possédait quatorze danseurs et douze danseuses.

La Comédie-Italienne fut jalouse du nouveau de l'Opéra-Comique, dont elle exploitait le genre elle aussi, et elle résolut de l'absorber : elle obtint que ce théâtre serait fusionné avec le sien, et le 3 février 1762 les deux troupes inaugurèrent leur réunion par un prologue intitulé La Nouvelle Troupe, où Caillean obtint beaucoup de succès, et par Blaise le Savetier et On ne s'avise jamais de tout. La Comédie-Italienne aurait voulu effacer l'Opéra-Comique ; elle fut, à la longue, effacée par lui. L'histoire a peu tenu compte des compositeurs qui avaient jusque là défrayé de quelques ariettes les libretti des deux théâtres rivaux. Mais Duni, Philidor, le célèbre joueur d'échecs, Monsigny, Piccini, Gossec venaient enfin ouvrir à l'opéra comique une carrière digne de lui, et à partir de 1764 Le Roi et le Fermier,

OPÉRA-COMIQUE

Les Deux Chasseurs et la Laitière, *Le Sorcier*, *Rose et Colas*, *Isabelle et Gertrude*, *Le Dormeur éveillé*, *La Fée Urgèle*, *La Clochette*, *Nicaise*, etc., se produisaient avec un cachet musical inconnu jusque alors. La troupe, qui jouait toujours à l'hôtel de Bourgogne, comptait alors parmi ses artistes en vogue Carlin Bertinazzi (Arlequin), Cailleau, Laruette, Trial, Camerani, et Mmes Favart, etc.

L'Opéra-Comique était entré en vaincu à la Comédie-Italienne ; il y régna bientôt en maître absolu. A Pâques 1780, en vertu d'un arrêt du conseil du 25 décembre 1779, on supprima le droit de jouer des pièces italiennes ; alors tous les comédiens italiens, Carlin excepté, abandonnèrent le théâtre. Berton, Sacchini, Grétry, Dalayrac et d'autres compositeurs illustres vinrent à leur tour en assurer la fortune, et *Le Déserteur*, *Le Tableau parlant*, *Nina*, si bien jouée par Mme Dugazon, *L'Épreuve villageoise*, *L'Amant jaloux*, *La fausse Magie*, *La Belle Arsène*, *La Colonie* marquèrent leur place dans le répertoire, où *Richard Cœur de Lion* venait occuper la première.

C'est le 28 avril 1783 que l'Opéra-Comique, toujours sous la dénomination de Comédie-Italienne, ouvrit dans sa nouvelle salle, par un prologue dont Anseaume avait fait les paroles et Grétry la musique. Cette salle, où le parterre était encore debout, fut construite sur l'emplacement de l'hôtel Choiseul, sur les plans de Heurtier et d'après les instructions données par le duc de Choiseul lui-même. C'est à cette salle Favart, que nous retrouvons encore aujourd'hui l'Opéra-Comique, que Berton fils, Jadin, Kreutzer, Méhul, firent leurs premières armes, vers l'époque révolutionnaire. Ils eurent pour interprètes le célèbre ténor Chenard, puis Solié, Elleviou, Michau, Mmes Regnault, Saint-Aubin. Après le 10 août, la Comédie-Italienne perdit un titre devenu un non-sens, et la salle Favart reçut le nom d'*Opéra-Comique national* de la rue Favart.

L'Opéra-Comique avait en effet une autre salle. Léonard Outée, coiffeur de la reine Marie-Antoinette, avait obtenu le privilége d'un second théâtre d'opéra-comique, privilége qu'il avait cédé au musicien Viotti ; ce théâtre avait été ouvert aux Tuileries, le 26 janvier 1789, sous le nom de *Théâtre de Monsieur* ; il jouait, outre l'opéra comique, l'opéra italien, la comédie, le vaudeville. Quand Louis XVI revint aux Tuileries, après les 5 et 6 octobre, le *Théâtre de Monsieur* se réfugia dans la salle des Variétés-Amusantes de la Foire Saint-Germain ; il inaugura ensuite la salle Feydeau, le 6 janvier 1791, par *Le Nozze di Dorina*, et prit le titre de Théâtre Feydeau ; le plus habituellement on le nommait Feydeau tout court.

Le Théâtre Feydeau vint disputer à la salle Favart le succès dont elle était depuis longtemps en possession ; dans cette redoutable concurrence, on vit les deux théâtres jouer souvent en même temps des pièces dont le sujet et le titre étaient semblables ; c'est ainsi que l'on vit deux *Lodoïska*, deux *Paul et Virginie*, deux *Romeo et Juliette*, deux *Caverne*, celle de Méhul et celle de Lesueur ; Cherubini, Lesueur, Kreutzer, Bruni, Gaveaux, Solié, Berton étaient alors les compositeurs en vogue, ou commençaient leur réputation. La salle Favart donna *Euphrosine*, *La Caverne*, de Méhul, *Le Prisonnier*, de Della Maria, tandis que Feydeau jouait *Les Visitandines*, de Lesueur, *La Papesse Jeanne*, *Le Nouveau don Quichotte*, de Cherubini, *Claudine*, ou le *petit commissionnaire*, de Bruni, cet immense succès de l'époque. Cette émulation entre les deux théâtres nous valut *Adolphe et Clara*, *Maison à vendre*, de Dalayrac ; *Montano et Stéphanie*, *Le Délire*, de Berton ; *Le Jeune Henry*, *L'Irato*, de Méhul ; *Les Deux Journées*, de Cherubini, *Le Calife de Bagdad*, de Boïeldieu ; *L'Amour conjugal*, *Sophie et Moncars*, de Gaveaux. Et cependant, avec des artistes tels que Philippe, Elleviou, Gavaudan, Martin, Lesage, Resicourt, Jausserand, Fay, et Mmes Gonthier Saint-Aubin, Scio, Dugazon, Gavaudan, Philis, Bachelier, et depuis Mmes Fay, Desbrosses, cette concurrence des deux théâtres n'aboutit qu'à leur ruine, et les salles Favart et Feydeau fermèrent peu de temps l'une après l'autre, en 1801.

Les deux troupes se fusionnèrent alors, et formées en société, elles rouvrirent, le 16 septembre 1801, dans la salle Feydeau, qui prit le nom de *Théâtre de l'Opéra-Comique*. Cette tentative et plusieurs autres de même nature, dont elle fut suivie, n'aboutirent qu'à de nouvelles clôtures. Un décret de 1806 fonda à la salle Feydeau un théâtre exclusif d'opéra comique, dont les artistes prirent le titre de Comédiens de l'empereur. Le théâtre de l'Opéra-Comique n'a plus changé de place jusqu'en 1829. Cette période de 1806 à 1829 a été pour lui celle des grands succès, remportés par d'illustres compositeurs, par des artistes dont le nom n'est pas encore oublié ; *Gulistan* et *Picaros et Diego*, de Dalayrac ; *Joseph*, *La Journée aux Aventures*, *Les Rendez-Vous bourgeois*, de Méhul ; *M. Deschalumeaux*, de Gaveaux ; *Le Billet de Loterie*, *Joconde*, *Jeannot et Colin*, de Nicolo ; *Ma Tante Aurore*, *Jean de Paris*, *Le Petit Chaperon*, *La Fête du Village*, *La Dame Blanche*, *Les Deux Nuits*, de Boïeldieu ; *La Neige*, *La Fiancée*, *Fra Diavolo*, d'Auber ; *Le Muletier*, *Marie*, d'Hérold, y ont tour à tour apparu en compagnie d'opéras comiques de Catel, de Batton, de Fétis, de Caraffa, d'Onslow, d'Adam, alors à ses débuts, et de tant d'autres encore. Ponchard, Chollet, Ferréol, Mmes Rigaud, Boulanger tenaient le sceptre du chant à la fin de cette dernière période.

Dès l'origine, l'Opéra-Comique avait été régi en société, sous l'autorité des gentilshommes de la chambre du roi ; après des tentatives malheureuses qui furent faites à la fin du directoire et sous le consulat par des directeurs, à leurs risques et périls, ses artistes se réunirent en société en 1806, sous l'autorité des préfets du palais, sous l'empire, et sous celle du premier gentilhomme de la chambre, sous la Restauration. En 1829, les gentilshommes de la chambre arrêtèrent la dissolution de la société, sans seulement la consulter, et ils mirent à la charge des acquéreurs de la salle Ventadour, où l'Opéra-Comique se réfugia, la salle Feydeau ayant été fermée le 16 avril comme menaçant ruine, une somme de 600,000 fr., constituant l'arriéré de la société. L'Opéra-Comique s'installa à la salle Ventadour, où il eut pour directeurs le mélodramaturge Guilbert de Pixérécourt, MM. Ducis et Saint-Georges, puis M. Laurent, sous qui le théâtre ferma, en août 1831. Un an après, une société nouvelle se constituait, sous la gérance de M. Paul ; et l'Opéra-Comique prenait possession, au mois d'août 1832, de la salle que laissait libre sur la place de la Bourse la fermeture du Théâtre des Nouveautés. De 1834 à 1841, le théâtre fut dirigé par MM. Cerfbeer et Crosnier, ancien directeur de la Porte Saint-Martin ; ce dernier conserva seul la direction de 1841 à 1845, époque où il fut remplacé par M. Basset ; enfin, après la révolution de 1848, M. Basset fut remplacé par M. Perrin. Cette période, de 1832 à 1856 a été pour l'Opéra-Comique l'époque d'éclatants succès ; Hérold y donna *Le Pré aux Clercs*, *Zampa* ; Adam *Le Châlet*, *Le Postillon de Longjumeau*, *Le Brasseur de Preston*, *Régine* ; Auber y donna *Leslocq*, *Le Cheval de Bronze*, *L'Ambassadrice*, *Le Domino noir*, *Syrène*, *Marco Spada*, *Haydée* ; Halévy y donna *L'Éclair*, *Le Guitarro*, *Les Mousquetaires de la Reine*, *Le Val d'Andorre* ; Fétis *Le Mannequin de Bergame* ; Ambroise Thomas *Le Panier Fleuri* ; Donnizetti *La Fille du Régiment* ; Meyerbeer lui-même écrivit *L'Étoile du Nord* pour la salle Favart. Il nous faut bien citer ici quelques-uns des artistes en possession de la faveur du public dans cette période. Ce sont Chollet, Moreau-Sainti, Couderc, Masset, Audran, Puget ; Mmes Jenny Colon, Cinti-Damoreau, Rossi Caccia, Anna Thillon, Darcier, Hébert-Massy, Miolan, Lavoye ; ce sont enfin, de nos jours, MM. Couderc, Bataille, Faure, Bussine, Mmes Caroline Duprez, Ugalde, Marie Cabel, Lefèvre, etc.

C'est à la salle Favart que l'Opéra-Comique s'est installé depuis le 16 mai 1840 ; cette salle ayant été détruite par un incendie, alors que les Italiens l'occupaient, à la fin de 1838,

M. Crosnier s'en rendit adjudicataire : elle fut reconstruite dans des conditions de luxe et de confortable inconnues jusqu'alors et imitées depuis presque partout.

Napoléon GALLOIS.

OPÉRATION. Ce mot vient du latin *opus*, qui veut dire *œuvre*. Par *opération*, les théologiens expriment également les actions de Dieu et celles des hommes. En parlant des opérations de Dieu, ils les divisent en *miraculeuses* et en *communes* et *journalières*; en parlant des secondes, ils distinguent les opérations de l'âme de celles du corps : les unes relevées comme la source d'où elles découlent, les autres infimes comme la faiblesse physique du corps.

Les *opérations* de la nature sont les actes par lesquels elle se conserve en se renouvelant. La nature opère sans relâche sur elle-même ; elle se meut sans cesse dans un cercle d'actions ordonnées. C'est ce mouvement en elle-même et pour elle-même que l'on veut désigner lorsqu'on parle des *opérations* de la nature.

Les philosophes disent les *opérations* de l'esprit pour exprimer le travail intérieur qui se fait chez l'homme lorsque sa volonté le dirige vers un but. Ainsi, un raisonnement juste est une *opération* dans laquelle, étant donné le premier terme d'une proposition, nous parvenons à la conclusion vraie par une déduction logique. Par *opération* chirurgicale on entend les actes d'un chirurgien agissant activement, manuellement ou à l'aide d'instruments sur les parties du corps humain menacées de ruine par suite de maladies ou d'accidents plus ou moins graves. Les principales consistent à réunir ce qui est divisé, diviser ce qui est uni contre nature, extraire ce qui est étranger, couper, amputer, cautériser, etc. (*voyez* CHIRURGIE); l'éthérisation permet aujourd'hui aux chirurgiens d'opérer souvent sans douleur.

Les *opérations* en chimie sont les manipulations par lesquelles on place des corps dans les conditions nécessaires, soit à leur combinaison, soit à leur isolement. Parmi les chimistes comme parmi les chirurgiens, on appelle l'homme qui opère un *opérateur*. De nos jours, à leur titre de savants, MM. Barruel, Dumas et Velpeau joignent celui d'*opérateurs* habiles.

Les *opérations* mathématiques sont les recherches par lesquelles les calculateurs marchent à la découverte d'un terme où agissent sur les nombres et les fractions, soit pour les élever et les agrandir, soit pour les diminuer ou pour les combiner.

Les *opérations* de l'administration consistent à recevoir et à reverser ; les bonnes administrations sont celles qui, peu coûteuses, tirent de l'impôt le meilleur parti possible en veillant avec le plus de vigilance aux besoins des peuples, qu'elles doivent prévenir.

Les *opérations* financières et commerciales sont celles que l'on exécute dans les finances et le commerce, comme les emprunts, les ventes, etc.

Jomini a fait un traité profond et estimé sur les grandes *opérations militaires*. Il s'est servi du mot *opération*, consacré en stratégie, pour désigner les mouvements généraux des armées. Frédéric, Napoléon, Hoche et Moreau ont par l'autorité de leurs exemples établi des lois sur l'art militaire, que le temps n'a, jusqu'à notre époque, fait que confirmer. Les opérations militaires pourraient se ranger en deux catégories, les *agressives*, les *défensives*; les unes et les autres demandent de grandes qualités : en général, nous sommes plus propres à l'attaque qu'à la défense et à la retraite, genre de mouvement dans lequel nous n'avons jamais obtenu une gloire bien méritée.

A. GENEVAY.

En tactique, on entend par *opérations* les mesures qu'une armée prend en guerre pour atteindre un but général, qui est la base de la campagne entreprise. Elle comprend d'abord les marches et les positions de l'armée, puis les sièges qu'elle entreprend et les batailles qu'elle livre. Le *plan d'opérations*, c'est-à-dire l'ordre général des entreprises, doit, il est vrai, précéder l'ouverture de la campagne; cependant,

il ne détermine ce qui doit arriver qu'en traits généraux, attendu qu'on ne saurait prévoir les circonstances qui affecteront les détails. La fixation d'un plan d'opérations qui entre trop dans les détails peut avoir de grands inconvénients; elle ôte au général en chef sa liberté d'action, et ne lui permet pas quelquefois de prendre les mesures que les circonstances lui semblent rendre nécessaires. Aussi à toutes les époques les généraux qui ont commandé des armées avec le plus de succès ont-ils été ceux qui exerçaient en même temps la puissance souveraine et se trouvaient dès lors indépendants de tout contrôle. Le point qu'une opération doit atteindre s'appelle *objectif* ou *point décisif* : ce peut être une place forte, une ville, une armée, un magasin. On appelle *lignes d'opérations* les lignes que suit l'armée pour se porter de sa base vers son objectif ou point décisif qu'elle cherche à atteindre. Ces lignes sont *simples* ou *multiples* ; et parmi ces dernières on doit distinguer les lignes *centrales*, *extérieures*, *convergentes* et *divergentes*. Pour que les opérations paraissent exécutables, il faut qu'elles s'appuient sur une *base d'opérations*, terme sous lequel on comprend le territoire avec lequel l'armée doit rester en communication pour en tirer ses ressources et ses renforts, s'y réfugier en cas de revers, en partir si on prend l'offensive, et s'y appuyer si on garde la défensive.

OPERCULE (du latin *operculum*, couvercle). Ce mot a différents emplois dans les sciences naturelles. En zoologie, on désigne ainsi quelquefois le tragus de l'oreille, lorsqu'il est assez long pour couvrir presque entièrement la cavité auriculaire. En ichthyologie, on donne le nom d'opercule à un appareil composé de quatre pièces osseuses, qui couvre et protège les branchies des poissons. Dans la conchyliologie, on se sert du même terme pour désigner des pièces de forme assez variable, de consistance cornée ou calcaire, et qui a pour fonction de rendre plus complet encore l'appareil protecteur de certaines espèces de mollusques. On ne trouve l'opercule que chez les univalves, et seulement dans la classe des gastéropodes ; cette partie s'insère à la face supérieure de l'extrémité du pied, et lorsque l'animal rentre dans sa coquille, l'opercule s'applique sur l'ouverture de celle-ci et la ferme plus ou moins complétement. Quelques auteurs, et parmi eux Adanson, ont regardé l'opercule comme représentant, chez les univalves qui en sont munis, la seconde valve des coquilles bivalves; plusieurs auteurs modernes ont adopté cette opinion, qui a été vivement combattue par Blainville.

Dans la botanique, le nom d'*opercule* a été donné à diverses parties des végétaux qui simulent une sorte de couvercle. Ainsi, dans les mousses, l'opercule est un petit couvercle conique, caduc, terminé en pointe ou réduit à l'état d'un petit mamelon qui surmonte l'urne ou enveloppe externe de la capsule ou sporange, et qui se détache au moment de la dissémination des graines. Les graines de certains fruits, des asperges, par exemple, sont pourvues au sommet d'un renflement en forme de calotte, situé à quelque distance du hile, correspondant à la radicule, et qui, au moment de la germination, ouvre une issue par laquelle l'embryon se renflement a aussi reçu le nom d'*opercule*. Dans d'autres plantes, dont les fruits portent le nom de pixides, la valve supérieure du péricarpe est un véritable opercule. Dans quelques *melastoma*, le périanthe s'ouvre par le mécanisme singulier d'un organe semblable. Enfin, on peut citer comme un exemple frappant d'opercule l'organe qui ferme les feuilles extraordinaires des *népenthès* et des *sarracenia*, lequel est un véritable couvercle s'ouvrant ou se fermant selon l'état hygrométrique de l'atmosphère.

L. LOUVET.

OPERETTE. L'abus du récitatif a donné naissance aux *operette*, espèce d'imitation des comédies françaises mêlées de chansons et de romances, ayant cependant en outre des dialogues notés, duos, trios, etc. Lorsque les Allemands mirent en scène des *operette*, ils les traitèrent comme des comédies à couplets, et cherchèrent à amener ceux-ci à l'aide de transitions ou de détours, comme par exemple une invitation adressée à l'un des personnages de chanter quelque morceau. Ce premier pas donna bientôt lieu à un plus grand développement des drames à couplets. Longtemps du domaine exclusif de la Germanie, l'operette, plus humbles dans leurs prétentions que les plus légers opéras comiques, ont pris naguère et pris victorieusement droit de cité à Paris, depuis l'ouverture de plusieurs petits théâtres nouveaux, les Folies nouvelles, les Bouffes parisiens, dont le privilége permet à ces productions musicales de s'y produire avec avantage.

OPHICLÉIDE, instrument en cuivre, dont le nom signifie serpent à clefs. L'ophicléide est originaire d'Allemagne; c'est un reste de l'instrument appelé anciennement bombarde, que l'on aura cherché à combiner avec le serpent. L'on ne connaît guère l'ophicléide en France que depuis 1815, et dès 1820 cet instrument était introduit dans la musique militaire, où il a remplacé le serpent. La longueur totale d'un ophicléide, non compris l'embouchure, est de 3 mètres 48 centimètres; le corps de l'instrument a 2 mètres 14 centimètres; le tube qui reçoit et modifie le son a 11 millimètres à son embouchure, et 2 décimètres quand il arrive au pavillon. L'ophicléide est garni de clefs, dont la première se ferme à volonté au moyen d'une bascule; les autres sont bouchées. On divise les ophicléides en ophicléide ténor, ophicléide alto, et ophicléide basse. Dans ce dernier instrument, les clefs sont remplacées par trois pistons, qui en rendent le maniement plus aisé. Il donne des tons graves du plus bel effet, et est employé dans bien des églises pour remplacer le serpent.

OPHIDIENS (de ὄφις, serpent, et εἶδος, forme). Cette dénomination, qui répond à peu près à celle, plus vulgaire, de serpents, a été appliquée par G. Cuvier à son troisième ordre de la classe des reptiles. L'auteur du Règne animal a divisé en trois familles son ordre des ophidiens: la famille des anguis, celle des serpents proprement dits, et celle des serpents nus. Mais de ces trois familles la première (qui ne renfermait que deux genres, les ophisaures et les orvets) est aujourd'hui réunie à l'ordre des sauriens, et la troisième, plus restreinte encore, puisqu'elle ne contenait que le seul genre cécilie, est aujourd'hui définitivement classée dans l'ordre des batraciens: de telle sorte que la deuxième famille de Cuvier constitue maintenant à elle seule tout l'ordre des ophidiens. Quant à la sous-division de cet ordre en familles, tribus et genres, tout nous paraît encore à faire, car de toutes les sections de la zoologie l'ophiologie est peut-être la moins bien connue: disons seulement que les boas, les couleuvres, les vipères, les crotales et les hydres paraissent être les types principaux auxquels doivent se rapporter la plupart des espèces jusque ici connues.

Le squelette des serpents est extrêmement simple: il se compose exclusivement d'un crâne et d'une colonne vertébrale, formée par l'empilation d'un nombre très-considérable de vertèbres, toutes semblables. Le crâne est en général très-petit; mais les os de la face sont mobiles, et sur les os du crâne et entre eux: ils sont aussi plutôt liés l'un à l'autre par des ligaments élastiques qu'ils ne sont véritablement articulés; cette disposition permet aux serpents de donner à leur gueule une distension énorme. Cette gueule est essentiellement un organe de préhension, également impropre à la division et à la mastication des chairs: aussi la morsure des ophidiens les plus puissants, les pythons de l'Asie et les boas de l'Amérique, est-elle en elle-même peu redoutable. Cependant l'armature de la gueule des serpents présente souvent une apparence très-formidable, surtout chez les espèces qui sont dépourvues de crochets à venin, l'innocuité de la morsure tenant surtout à la faiblesse des appareils osseux et musculaires. Ainsi, le monarque redouté des marais pestilentiels des îles orientales, le grand python, porte à sa mâchoire inférieure une rangée de trente-six dents coniques, longues, recourbées et dirigées en arrière et à sa mâchoire supérieure, on compte jusqu'à cent quatre dents semblables, distribuées sur les os maxillaires, palatins et ptérygoïdes; et cependant avec cet appareil en apparence si meurtrier le grand python ne viendrait pas à bout d'un chien de moyenne taille si ce n'était par la puissance surnaturelle de ses muscles dorsaux.

La colonne vertébrale des serpents compte quelquefois jusqu'à plus de quatre cents vertèbres, qui s'articulent entre elles d'une manière toute spéciale: chaque vertèbre porte à sa face postérieure une véritable tête articulaire hémisphérique, qui est reçue dans une cavité creusée à la face antérieure de la vertèbre suivante: cette articulation en genou, fortifiée qu'elle est par de nombreux faisceaux de fibres ligamenteuses, donne à l'axe vertébral tout entier une grande flexibilité jointe à une solidité extrême; et l'admirable disposition des muscles dorsaux et intercostaux en fait l'un des plus surprenants chefs-d'œuvre qui soient sortis des mains toute-puissantes de Dieu. A la colonne vertébrale s'attachent à titre d'annexes un très-grand nombre de côtes toutes mobiles et recourbées en cercles: ces côtes ne se réunissent jamais, ni entre elles, ni au sternum, qui manque toujours chez les véritables ophidiens.

La peau des serpents est formée par un derme extrêmement serré, et par une surpeau ou épiderme corné. Cet épiderme est en général distribué sur la surface du corps en petits tubercules de formes variables: sous le ventre seulement, il forme des lames écailleuses, larges et entuilées, qui se redressent à volonté et qui aident puissamment la reptation. La surpeau se renouvelle plusieurs fois dans le cours de l'année: après chaque exfoliation de l'épiderme, les couleurs du serpent apparaissent plus vives et plus brillantes. Chez les serpents du genre crotale le nombre des mues est inscrit dans le nombre des anneaux cornés qui terminent la queue et qui constituent ce qu'on appelle leur sonnette.

Les serpents rampent, glissent, grimpent, s'élancent à l'aide des innombrables inflexions qu'ils savent imprimer à leur corps allongé et flexible: quelques espèces, telles que les boas, dont le ventre est plus étroit que le dos, rampent avec difficulté sur un sol uni; mais celles-là parviennent avec une rapidité extrême jusqu'aux cimes les plus élevées des arbres, jusqu'aux extrémités même des branches, en les enroulant d'une espèce de spire concave. La plupart nagent et plongent; quelques espèces sont complètement aquatiques; parmi celles-ci, les unes, comme la couleuvre à collier, nagent à la surface des eaux avec un corps gonflé d'air et difficilement submersible, et se meuvent à l'aide des ondulations qu'elles impriment à leur corps; d'autres, comme les pélamides et les hydrophides, se dirigent à travers les eaux au moyen d'une queue mince et aplatie, qu'elles font mouvoir de droite à gauche comme une rame.

Les serpents les plus redoutables, soit par leur puissance musculaire, soit par l'énergie de leur venin, se trouvent dans les pays chauds et humides: les terres arides et brûlées du soleil en sont exemptes, ainsi que les climats froids. Tous les serpents sont carnassiers; les plus puissants, comme les pythons et les boas, s'attaquent aux chèvres, aux chiens, aux couguars et même aux bœufs: les plus faibles se contentent de faire la guerre aux oiseaux, aux lézards, aux mollusques, aux insectes, aux batraciens, etc. Les boas, et en général les espèces qui se distinguent par leur force musculaire, sont très-agiles lorsqu'ils ont faim; ils rampent et grimpent avec une effrayante rapidité; les crotales, les vipères, et en général les espèces venimeuses, sont moins alertes; elles demeurent volontiers cachées jusqu'au moment où l'instinct déployer toute leur énergie musculaire dans un seul bond. Il paraît constant que les crotales inspirent à quelques animaux une terreur telle qu'ils perdent la volonté et la faculté de se soustraire à la mort; mais cette terreur n'est pas universelle: quelques animaux, et entre autres le cochon, recherchent pour les manger les serpents à sonnette; et les oiseaux moqueurs d'Amérique, tout chétifs qu'ils sont, savent très-bien mettre à la raison l'horrible crotale lui-même lorsqu'ils le trouvent rôdant autour de leur nid pour se faire un déjeûner de leurs œufs.

Le poison des vipères, des crotales et de tous les serpents venimeux est sécrété par une petite glande dont le canal excréteur aboutit à la base d'une dent canaliculée. Ce poison a à peu près la consistance et l'aspect d'une solution de gomme. Les propriétés n'en sont pas détruites par la dessiccation ; mais il est à remarquer que ce poison, si promptement, si terriblement fatal quand il est introduit directement dans le sang, est parfaitement inerte lorsqu'il est absorbé par la muqueuse intestinale ou par la peau. La ligature du membre blessé, l'application des ventouses sur la plaie, la succion et la cautérisation par le fer rouge, par l'ammoniaque, par la potasse caustique, sont encore aujourd'hui les moyens les plus efficaces que la médecine puisse opposer aux terribles conséquences de la morsure des serpents venimeux.

Pline rapporte qu'il existait dans son temps, près de l'Hellespont, une tribu ou race d'hommes, les *Ophiogènes*, qui avaient reçu de leurs ancêtres la puissance de commander aux serpents, et qu'il en était de même des *Psylles* d'Afrique. Élien et plusieurs autres naturalistes nous ont conservé aussi une multitude de traditions semblables, dans lesquelles, comme dans toutes les traditions, le faux est tellement mêlé au vrai que le tout devient éminemment invraisemblable. Ce qui est certain, c'est que les *snake-men* (hommes à serpents) de l'Hindoustan éduquent le serpent à lunettes, et le font danser aux sons de la flûte : ce qui est certain encore, c'est que les bateleurs du Caire se rendent parfaitement maîtres du terrible *hajé* (l'aspic des anciens). Le grand tour consiste à *transformer l'hajé en bâton, et à lui faire faire le mort*. Pour ce faire, ces bateleurs lui entr'ouvrent la gueule, y crachent, puis la ferment en comprimant fortement la tête ; et aussitôt l'*hajé* tombe dans un véritable état de catalepsie, pendant lequel il prend et conserve toutes les formes qu'on veut bien lui donner. Le public attribue ce curieux phénomène à la salive enchantée du bateleur : c'est à la compression du cerveau qu'il faut bien plutôt l'attribuer.

BELFIELD-LEFÈVRE.

OPHIUCUS (du grec ὄφις, serpent, et ἔχειν, tenir), constellation boréale nommée aussi le *Serpentaire*.

OPHIOMANCIE (du grec ὄφις, serpent, μαντεία, divination), divination qui consistait à tirer des présages bons ou mauvais des divers mouvements qu'on voyait faire aux serpents. Elle était fort en usage dans toute l'antiquité, qui avait le serpent en grande vénération. « Le serpent, dit Pluche, symbole de vie et de santé, si ordinaire dans les figures sacrées, faisant si souvent partie de la coiffure d'Isis, toujours attaché au bâton de Mercure et d'Esculape, inséparable du coffre qui contenait les mystères, et éternellement ramené dans le cérémonial, passa pour un des grands moyens de connaître la volonté des dieux. On avait tant de foi aux serpents et à leurs prophéties qu'on en nourrissait exprès pour cet emploi ; et en les rendant familiers, on était à portée des prophètes et des prédictions. » Les *Marses*, peuple d'Italie, et les Psyles, peuple d'Afrique, passaient pour posséder le secret d'endormir et de manier les serpents les plus dangereux. Les Psyles avaient coutume d'exposer aux cérastes leurs enfants nouveau-nés pour connaître s'ils étaient légitimes ou adultérins. L'innocence de la femme était prouvée si l'animal ne touchait point à l'enfant.

OPHIR, contrée dont il est souvent mention dans l'Ancien Testament, et de laquelle Salomon tirait, entre autres produits, de l'or, des pierres précieuses, du bois de sandal, etc., qu'on chargeait sur des navires armés à cet effet dans les ports des Édomites, et qui mettaient *trois ans* à faire le voyage. L'*or d'Ophir* passait chez les Hébreux pour le meilleur et le plus pur. On a émis diverses opinions au sujet de la situation géographique de ce pays. Tandis que les uns veulent le voir à Sofala, sur la côte orientale de l'Afrique, d'autres vont le chercher en Arabie et même dans l'Inde. C'est peut-être la dernière de ces suppositions qui offre le plus de vraisemblance, encore bien qu'elle soit sujette à beaucoup d'objections.

OPHITE (de ὄφις, semblable à un serpent). M. Cordier donne ce nom à une roche appartenant aux terrains pyrogènes de la période phylladienne, et composée d'une pâte aphanitique au milieu de laquelle sont des cristaux de feldspath et de pyroxène et souvent aussi des amandes siliceuses, calcédonieuses et calcaires. D'autres géologues ont appliqué le nom d'*ophite* à diverses autres roches porphyroïdes verdâtres.

Un genre de reptiles, établi aux dépens des couleuvres, et un genre de coléoptères pentamères, de la famille des brachélytres, portent aussi le nom d'*ophite*.

OPHITES ou **OPHIENS** (du grec ὄφις, serpent). Nom d'une secte appartenant au gnosticisme, qui surgit au deuxième siècle et disparut au sixième. Suivant les idées qu'avaient ces sectaires sur la généalogie des esprits, et qui sous beaucoup de rapports ressemblaient à celles de Valentin, la conscience divine, l'*Ennoia*, était représentée par deux *éons*, qu'on appelait le premier et le second homme. De l'union de ces deux éons provenait l'esprit ou la mère de la vie, qui formait avec eux deux la triade ophitique. L'éon Aschamoth ou Sophia avait causé le débordement de la force divine dans le chaos, et ne pouvait point la ramener, à cause de l'action contraire de Ialdabaoth, créateur dégénéré et dieu des Juifs, ainsi que de celle d'Ophiomorphos, qui représentait le paganisme. Cependant, le mauvais esprit ne servit au but de Sophia qu'en ce que, sous la forme d'un serpent, il induisait les hommes à transgresser la loi arbitraire de Ialdabaoth. Enfin, apparut l'éon Christ, qui ne provient point de la matière, et qui s'unit à l'homme-Jésus pour délivrer le genre humain du judaïsme et du paganisme. Au reste, le culte du serpent était bien plus ancien que cette secte ; plusieurs peuples de l'antiquité adoraient le serpent comme le principe du mal, et les Phéniciens comme le principe du bien.

OPHTHALMIE (du grec ὀφθαλμός, œil). Sous ce nom, un peu vague il est vrai, on a compris un certain nombre d'affections diverses quant à leur siège, mais assez identiques dans les résultats qu'elles provoquent. Pour nous, le mot *ophthalmie* signifie une action anormale des vaisseaux sanguins, provoquée par une cause quelconque, et tendant par un effort particulier à entraîner des changements organiques. Le siège de l'ophthalmie, comme celui de toute inflammation, est dans les vaisseaux sanguins, surtout dans les capillaires. Les anciens médecins, Érasistrate et Alexandre entre autres, regardaient l'inflammation comme une fièvre locale. Quoique le siège de l'ophthalmie soit dans les vaisseaux de l'œil, il s'en faut de beaucoup que le système nerveux y reste étranger. Au contraire, affecté secondairement, l'appareil nerveux, à cause de la grande connexion qui existe entre l'un et l'autre de ces deux systèmes, manifeste une série de symptômes remarquables. L'ophthalmie est donc une exaltation de l'action du système sanguin, avec réaction nerveuse : cette exaltation subit diverses périodes différentes, ce qui fait diviser les ophthalmies en aiguë et en chronique, (*sthénique* et *hypersthénique* de Rasori). La première période est celle de l'exacerbation, la deuxième celle de la débilité. Toute ophthalmie se présente avec un ensemble de symptômes, résultats de l'exaltation vasculaire sanguine, et qui sont la rougeur, le gonflement, la chaleur, l'altération des sécrétions et des excrétions. La rougeur n'est pas toujours uniforme dans les ophthalmies soit par son intensité et de son étendue. Elle varie d'un rose pâle à un rouge vineux ; tantôt elle est circonscrite, tantôt diffuse. Dans des ophthalmies, cas elle est répandue dans tout le système vasculaire. Cette agglomération produit un gonflement qui peut aussi offrir des degrés différents. Son plus haut point est le *chemosis* ; il peut être lui-même général ou partiel.

La chaleur, résultat immédiat de l'afflux du sang vers l'œil et ses annexes, est variable ; parfois elle est légère, dans d'autres circonstances elle est brûlante. Les larmes sont plus abondantes ; elles coulent involontairement, et la continuité de leur sécrétion altérant leur composition, elles finissent par devenir irritantes, âcres, corrodantes.

Cet état de choses réagissant alors sur le système nerveux, le malade est en proie à des douleurs plus ou moins intenses, continues ou intermittentes : la vue se trouble, la sensibilité s'exalte au point que l'œil est fatigué, même par une lumière modérée. Pour s'y soustraire, l'œil se meut en différents sens ; les paupières clignotent, et des mouvements convulsifs et involontaires ne contribuent pas peu à aggraver l'irritabilité de l'organe. Tout ce que nous venons de dire se rattache à l'ophthalmie externe. Aussitôt que la maladie s'aggrave, elle envahit l'intérieur du globe oculaire ; alors les symptômes morbides augmentent, la vue est presque abolie, les douleurs deviennent lancinantes, profondes ; elles se transmettent à la face, aux tempes, à la mâchoire ; le malade est en proie à une fièvre ardente, à l'insomnie et à la soif. On ne peut assigner à la période inflammatoire une époque fixe ; elle varie suivant l'intensité de la maladie, le tempérament du malade, et la prédisposition aux affections inflammatoires.

Lorsque la maladie est arrivée à son *maximum* d'intensité, elle peut rester stationnaire pendant plusieurs jours, même des semaines, même des mois. Sans aucun traitement, ce qui est rare, elle peut se résoudre d'elle-même, ou dégénérer en état chronique, c'est-à-dire que la rougeur diminue, la douleur s'amoindrit, les larmes se tarissent ; mais il reste dans l'œil un état fluxionnaire qui persiste, qui est peu douloureux, mais qui, sous l'empire des causes les plus légères, peut provoquer une recrudescence inflammatoire. La vue se rétablit, mais il reste de l'embarras, du trouble, de la gêne même dans l'exercice des fonctions visuelles. Cet état peut durer fort longtemps, et sa persistance entraîne presque toujours des altérations dans les tissus ou les humeurs de l'organe.

Les causes qui produisent les ophthalmies sont celles qui irritent ou augmentent l'activité du système vasculaire. Il faut placer en première ligne les veilles prolongées, la contention d'esprit, l'habitation dans des lieux humides et malsains, les professions insalubres, l'insolation, les voyages dans les pays où le vent transporte des particules sablonneuses, animales ou végétales en putréfaction ; les excès de table et les travaux à une vive lumière directe ou réfractée ; enfin, la répercussion ou la suppression d'éruptions, d'hémorrhagies, de flux, ou d'autres maladies habituelles ou anciennes ; les affections produites par des virus, et qui constituent les ophthalmies dites *spécifiques*.

La première indication à remplir consiste à éloigner la cause efficiente, à combattre la prédisposante, puis le mal en lui-même. Il est bien reconnu aujourd'hui que la plupart des maladies chroniques des yeux et les altérations organiques qui deviennent un obstacle à la vision ne sont que le résultat des ophthalmies négligées, mal traitées ou insuffisamment combattues. L'ophthalmie à son début, de même que toute maladie inflammatoire, doit être combattue par un traitement antiphlogistique. Dans les cas légers, la diète sévère, les boissons adoucissantes, les affusions d'eau froide, une diminution du jour de l'appartement, un air modérément frais, les purgatifs légers, les bains de pieds, suffisent pour combattre le mal. A un degré plus élevé, les symptômes sont plus tenaces ; alors la saignée générale du bras, des pieds, les sangsues au siège, derrière les oreilles, sont indispensables pour enrayer l'affection. On ne saurait trop recommander de ne jamais mettre les sangsues autour des yeux, des paupières : elles amènent une fluxion locale, qui dégénère souvent en érysipèle ou en œdème. Quand les intestins ne sont pas malades, l'on peut purger fortement. Les lotions froides doivent être remplacées par les lotions tièdes anodines, l'infusion légère de safran gâtinais, de fleurs de coquelicot. Quand la maladie a fléchi, ces lotions doivent devenir légèrement toniques ; une cuillerée à café d'infusion de café noir dans un verre d'eau, une infusion légère de thé noir, de tilleul, suffisent pour ramener les tissus à leur état primitif. Quant aux cataplasmes de farine de lin, de pain mollet, de pomme de reinette, de fromage blanc, il faut les bannir à tout jamais : c'est une pratique de bonne femme ; elle a perdu plus d'un œil. Si les infusions dont nous avons parlé ne sont pas assez astringentes, il faut les remplacer par l'eau distillée de roses, aiguisée avec quelques gouttes de solution de Goulard, de vin d'opium, ou de teinture thébaïque.

L'usage des collyres est aussi une pratique banale, qui a produit bien des malheurs. Il est fort peu de familles notables, de communautés religieuses, d'épicier en renom, de curé influent, qui n'aient pas à leur disposition un collyre précieux, panacée oculaire universelle, qu'ils appliquent à tort et à travers, et qui pour deux fois qu'elle guérit occasionne cent fois l'augmentation du mal et son opiniâtreté. Nous ne terminerons point cet article sans parler aussi de l'usage intempestif des vésicatoires : ce moyen, un des plus héroïques de la médecine oculaire, est tout à fait contraire au début de la maladie ; il l'augmente presque toujours. Ce n'est que lorsque l'état inflammatoire est dissipé que le vésicatoire est convenable. Dans les ophthalmies chroniques, il fait merveille, en s'associant aux remèdes locaux et généraux, aux pommades toniques et astringentes.

Ceux qui travaillent beaucoup doivent prendre des précautions pour éviter les ophthalmies : ils y arriveront en n'oubliant pas les précautions suivantes : 1° employer un jour naturel ou artificiel toujours modéré ; 2° desserrer leur cravate quand ils écrivent, et avoir une table toujours élevée ; 3° ne pas employer des lunettes à foyer pour faciliter le travail ; 4° ne pas trop chauffer la pièce dans laquelle on travaille, y renouveler souvent l'air s'il y a beaucoup de monde ; 5° baigner souvent les yeux à l'eau froide par aspersion ; 6° enfin, combattre par des moyens convenables la constipation habituelle aux hommes de lettres et de bureau. Dr CARRON DU VILLARDS.

OPHTHALMIE D'ÉGYPTE. On a donné ce nom à une espèce d'inflammation de la conjonctive de l'œil d'une nature toute particulière, contagieuse, détruisant souvent rapidement l'œil et jointe à une abondante suppuration, qu'on observa pour la première fois en 1798 parmi les troupes françaises peu de temps après leur débarquement en Égypte, puis en 1801 parmi les troupes anglaises. On a cru à tort qu'elle avait été introduite d'Égypte en Europe, où elle régna en Italie de 1805 à 1813, et où elle ravagea en 1813 la plupart des armées. L'armée prussienne notamment eut beaucoup à en souffrir de 1813 à 1815, tandis que l'armée autrichienne en fut longtemps épargnée. En 1833 et 1834 elle sévit avec beaucoup d'intensité parmi les troupes belges, où beaucoup de soldats perdirent la vue ou tout au moins un œil. Il est possible que cette maladie ait pour cause première des fatigues, des privations et des irrégularités dans le genre de vie de ces soldats ; aussi ordinairement les officiers supérieurs en étaient-ils épargnés, tandis que les jeunes gens vigoureux et bien portants en étaient attaqués. Consultez Græfe, *Ophthalmie épidémique et contagieuse d'Égypte* (Berlin, 1823) ; Ëble, *Sur l'ophthalmie régnant dans l'armée belge* (Vienne, 1836) ; Gobée, *L'ophthalmie contagieuse d'Égypte* (Leipzig, 1841).

OPHTHALMOLOGIE (du grec ὀφθαλμός, œil, et λόγος discours), science qui traite de l'œil en état de santé et de maladie. Dans l'ophthalmologie sont comprises l'anatomie et la physiologie de l'œil, la séméiologie nosologique de ces maladies, leur thérapeutique médico-chirurgicale et l'hygiène. L'ophthalmologie n'a pris place au rang des sciences que dès l'instant que des hommes savants et honorables l'ont arrachée aux mains des ignorants et des empiriques. C'est grâce aux travaux de Barth, Prockaska, Schmith, Beer, Himly, Scarpa, Sounders-Langenbeck, de Waltem, Wardrop, Sichel, que les maladies des yeux ont été mieux connues et surtout mieux traitées.

D' CARRON DU VILLARDS.

OPIACÉS, médicaments dans la composition desquels il entre de l'opium.

OPIAT, médicament interne quelquefois officinal; le plus souvent magistral, de consistance molle, dont le nom dérive du grec ὄπιον, opium, parce qu'autrefois on appelait ainsi les compositions qui contenaient de l'opium. Ces électuaires sont formés de poudres souvent aromatiques chaudes, d'extraits, de sels incorporés avec du miel et des sirops. On les administre ou dans une liqueur appropriée, ou en bols, ou par fragments dosés, enveloppés dans du pain à chanter. L'*opiat de Salomon* est un composé de drogues aromatiques, de cordiaux, de stomachiques, d'emménagogues, de vermifuges, etc.

OPIMES (Dépouilles). *Voyez* DÉPOUILLES.

OPINIÂTRETÉ, fermeté, constance, obstination, attachement exclusif à son opinion, à sa volonté. L'opiniâtreté est plus réfléchie que l'entêtement et l'obstination : les hommes de principes défendent leur opinion avec l'opiniâtreté que donne la conviction ; les hommes sans conviction défendent quelquefois opiniâtrement leur conviction du moment, mais ils n'y sont pas longtemps fidèles. On dit d'un combat dans lequel l'attaque et la résistance sont également vives, un combat *opiniâtre*.

OPINION (du latin *opinari*, être d'avis). Tout le monde sait à peu près ce que c'est que l'opinion individuelle, quoique une infinité de bons humains ne sachent au fond quelle est la leur sur beaucoup d'hommes et beaucoup de choses. Mais il est plus difficile de définir, d'analyser, de connaître, d'apprécier ce qu'on appelle *opinion publique*. D'après mes doctes confrères de l'Académie, dont je respecte fort les décisions, cette opinion publique est ce que le public pense sur quelque chose ou quelqu'un. Mais je demanderai ce que c'est que le *public*, si le public pense par lui-même, s'il n'est pas comme les dieux de tous les temps et de tous les pays, que leurs prêtres font parler au gré de leur intérêt ou de leur caprice ; et si le dieu *Public* sont plus sincères, plus loyaux que les prêtres de l'Égypte ou ceux du grand lama.... Ces questions nous mèneraient trop loin, je reviens à l'opinion. Les anciens païens en avaient fait une divinité qui présidait à tous les sentiments des hommes. Ils la représentaient sous la figure d'une jeune femme dont la démarche et la contenance étaient mal assurées, mais dont l'air et le regard étaient très-hardis. Je ne sais où le *Dictionnaire des Cultes religieux* a pris cette image. On ne trouve aucun vestige de temple, aucun fragment de statue, que les archéologues puissent attribuer à cette divinité; mais on ne saurait mieux la peindre, et je ne connais pas d'autre moyen de donner un corps à cet être de raison. Dans l'intérêt de la ressemblance, je pousserais la hardiesse de l'air et du regard jusqu'à l'effronterie. On rencontre sur tous les boulevards, à la lueur des réverbères, des types de l'opinion telle que mon siècle l'a faite. J'y ajouterais autant d'yeux et d'oreilles qu'à la Renommée et une centaine de bonnes langues.

L'opinion qui parle n'est en effet que la Renommée ; et avant qu'on eût tant parlé d'elle, on disait en France, d'une chose publiquement avouée, ou d'une célébrité quelconque : *C'est la commune renommée*. Mais si l'antiquité n'a pas élevé de temple à l'opinion, les modernes lui ont élevé un trône. C'est un auteur italien qui s'en est avisé le premier, dans un livre intitulé : *Della Opinione, regina del mundo*. Je ne connais pas ce livre ; Pascal, qui le cite, ne le connaît pas plus que moi ; et il y a cent hommes illustres dans la littérature du jour qui en savent encore moins que nous. Le moraliste français traite fort mal cette majesté. Il l'appelle maîtresse d'erreur, et la trouve d'autant plus fourbe qu'elle ne l'est pas toujours ; car, dit-il, elle serait règle infaillible de la vérité si elle l'était infailliblement du mensonge, mais elle marque le vrai et le faux du même caractère. Il ajoute que cette puissance superbe est l'ennemie de la raison, qu'elle se plaît à la contrôler, à la dominer. Plutarque avait dit avant lui que l'opinion était plus forte que la raison même ; ce qui prouve, en passant, que nos pères étaient aussi crédules et aussi faibles que nous. Mais personne n'a plus mal parlé de l'opinion que le philosophe de Genève. C'est tout bonnement, selon lui, un monstre qui dévore le genre humain. Qu'aurait-il dit s'il l'avait vue faire sous notre république ! Napoléon, qui fut pendant dix ans son favori, la trouvait seulement capricieuse et bizarre.

Elle n'en est pas moins la reine du monde, puisque tout le monde avoue qu'elle impose même à la raison de l'homme, et que cet homme qui se croit le roi de l'univers, par cela seul qu'il se croit un animal essentiellement et exclusivement raisonnable. « C'est elle, dit Pascal, qui dispense la réputation, le respect, la vénération aux personnes, aux ouvrages, aux grands. Elle dispose de tout ; elle fait la beauté, la justice, le bonheur, qui est le tout du monde. » Voltaire met toutes choses dans sa dépendance ; et il est en général plus facile de reconnaître la tyrannie que d'expliquer comment se forme l'opinion régnante, et par quels degrés elle arrive à cette domination universelle. Une maxime politique, une grande nécessité sociale, un philosophe, un malheur public, un accident, un mensonge, un rien, donnent naissance à cette reine fantasque. Elle croit dans l'ombre, s'insinue lentement dans les esprits, gagne de proche en proche les familles, les associations, les sectes, les générations, d'abord à l'insu de l'opinion qu'elle va détrôner, souvent même à sa face et en dépit d'elle, sous le coup même de ses persécutions. Heureux le genre humain quand elle n'engendre ni préjugés ni superstitions ! Mais ce bonheur est rare ; et ce cortège habituel de toute opinion nouvelle ne nuit jamais à sa fortune. Il lui assure au contraire l'aveugle servilité des masses ; et quand elle s'est emparée de l'esprit de tout un peuple, de tout un siècle, arrive alors un ambitieux, un charlatan, un hypocrite illustre, qui la saisit, l'exploite, et personnifiant en lui la pensée commune, mène et traîne où il veut ce troupeau d'humains que lui soumettent la crédulité, l'enthousiasme et le fanatisme.

Voltaire se trompe quand il dit que l'opinion n'a causé aucun trouble chez les nations de l'antiquité. N'est-ce donc rien que la sanglante fortune de Moïse, l'extermination des ennemis d'Israël et le massacre des adorateurs du veau d'or ? L'opinion n'a-t-elle pas été complice de cette multitude d'oracles qui ont facilité dans les temps anciens tant de changements d'État ? Est-elle innocente de la mort de Socrate, de la soumission des Égyptiens à leurs mystérieux pontifes, du ravage de l'Asie par les Grecs qu'Alexandre traînait à sa suite, de la conquête des trois parties du monde par les Romains ? N'est-ce pas un grand trouble pour les nations que la vaste ambition du peuple-roi ? Mais nos études nous font tous citoyens de la vieille Rome ; et nous prenons notre point de vue des hauteurs du Capitole pour juger les bouleversements qu'elle a faits dans le monde.

Tarquin le Superbe, aux mains duquel a péri la monarchie de Romulus, est peut-être l'auteur de la grandeur romaine. C'est lui qui, en creusant les fondations du temple de Jupiter sur le mont Tarpéien, trouva une tête d'homme si bien conservée qu'elle semblait coupée de la veille, et qui fit publier par les augures que ce présage assurait à la ville de Rome la domination de l'Italie. De là vint le nom de *Capitole* et tous les prestiges qui s'attachèrent depuis à ce nom. Tarquin l'Ancien, son aïeul, avait commencé cette série de superstitions patriotiques en déblayant la place où le Superbe devait élever le temple de Jupiter. Il fallut en chasser d'autres divinités ; mais les prêtres du dieu *Terme* déclarèrent qu'il ne reculerait pas devant Jupiter lui-même, et Tarquin l'Ancien fit proclamer par les augures que les limites de l'empire ne seraient jamais forcées. L'opinion s'empara de ces deux grandes pensées, et le monde fut soumis au peuple romain. Plus tard, cette noble ambition, apanage de tous, se perdit dans la lutte de mille ambitions personnelles. L'opinion se fit égoïste, et ne se releva qu'au pied de la Croix. La pensée d'un Dieu rémunérateur et vengeur vint consoler les peuples fatigués d'une longue oppression; les césars eux-mêmes cédèrent à l'entraînement de leurs esclaves. Ils furent séduits sans doute par celle des paroles divines qui protégeait leur puissance, et crurent dominer l'opinion nouvelle en la faisant asseoir sur leur trône. Ils se trompèrent. L'opinion se tourna vers un siége plus humble, et l'habileté des pontifes qui s'y placèrent en fit bientôt le premier trône du monde, à l'aide de cette opinion subjuguée. La fureur des croisades est sans contredit le plus grand exemple de la puissance de l'opinion sur la raison, sur l'intérêt, sur les passions même de l'homme. L'Occident tout entier fut poussé pendant deux siècles sur l'Orient, dans l'unique pensée de délivrer un tombeau. Mais ce tombeau resta sur la terre ennemie, et dix générations d'hommes y trouvèrent le leur. C'est là sans contredit le plus étonnant triomphe de l'opinion que l'histoire nous ait raconté. Cette unité de sentiments et de croyances dans un aussi grand nombre de nations, cette longue période de pieuse servitude, ne s'était jamais rencontrée et ne s'est plus reproduite. Avant elle, l'opinion s'était partagée entre le sacerdoce et l'empire ; après elle, la dispute rentra dans l'Europe avec Wiclef, Zwingle et Luther.

L'unité une fois rompue, les opinions humaines se multiplièrent à l'infini sous le souffle de l'esprit d'analyse ; et, à la honte éternelle de notre intelligence, chaque parti, chaque secte se signala par la ténacité de ses convictions, se déshonora par la brutalité de ses haines, se laissa entraîner avec un aveuglement égal par l'opinon dont il avait subi le tyrannique ascendant. De religieuse qu'elle était, l'opinion redevint politique, surtout en France, où la déconsidération des pouvoirs établis jeta dans les classes une pensée universelle de réforme. L'historien Dulaure en remarque avec raison les symptômes dès le quinzième siècle : il a seulement tort d'appeler ces velléités philosophiques du nom d'*opinion publique*. Il y en avait une dans ce temps-là, mais ce n'était point celle qui a dominé le dix-huitième siècle, et à laquelle il n'était plus possible de résister. Après la victoire, cette opinion parut se diviser, se fractionner en divers systèmes, qui, tour à tour vaincus et vainqueurs, ont produit parmi nous tant de révolutions et de catastrophes : c'est une erreur que de l'envisager ainsi. Au milieu de ces convulsions de la société française, on aperçoit une opinion commune : c'est cet esprit d'égalité qui s'est insinué partout, qui s'est retranché dans tous les cœurs sous la sauve-garde de l'orgueil individuel. Les formes du gouvernement lui sont indifférentes ; la liberté pour lui n'est qu'un moyen. Il a soutenu l'empire tant que l'empire l'a respecté. Il a renversé la Restauration, qui s'est obstinée à le méconnaître ; l'opinion est là : c'est la pensée dominante des masses. Mais cette opinion n'a plus qu'une force d'inertie. Trop sûre de son triomphe, ou trop fatiguée d'une longue lutte, elle laisse le champ libre à ceux qui en exagèrent ou qui en dénaturent le principe. L'égalité pour un grand nombre d'esprits n'est plus que la haine des supériorités établies et la faculté de s'élever soi-même au-dessus de ses égaux. La possibilité d'arriver à tout en a fait naître le désir dans presque tous. De là tant de disputes sur les institutions politiques ; car tout changement d'institution fait espérer un changement de personnes. De là tant de systèmes divers qui ne sont point des opinions, mais qui se donnent et sont pris pour telles ; qui ont leurs organes, leurs partisans et leurs dupes. A voir ce qui s'imprime, à écouter ce qui se dit de nos jours, on est tenté de croire qu'il y a dans le monde autant d'avis que de têtes; et l'adage *Tot capita, tot sensus*, n'est déjà plus l'exagéra-

tion d'un censeur morose. Rien ne peint mieux l'esprit de contradiction qui règne dans la politique de notre temps que ce vers d'une comédie moderne :

Les gens du même avis ne sont jamais d'accord.

Cette pensée vraie, incontestable, est de M. de Laville, auteur dont on ne parle point, parce qu'il n'a point de camarades, et il en faut beaucoup pour faire une fortune littéraire, même quand on se moque de la camaraderie. Mais l'opinion littéraire a aussi ses charlatans, ses imposteurs, ses favoris et ses victimes. Il y a tel journaliste qui s'est adjugé l'entreprise des réputations ; et ce qu'il y a d'étrange, c'est qu'on le croit sur parole. D'autres écrivains se coalisent pour s'exalter les uns les autres ; et le public s'y laisse prendre. J'ai vu jeter ainsi cent renommées littéraires à l'opinion, qui les a ramassées, et qui les soutient en dépit de la raison. On lui impose de grands hommes de toutes espèces, et elle les fait subir à la génération suivante. Il y a dans Paris vingt ou trente fabriques d'Homère, de Corneille, de Mirabeau, de Cicéron, de Montesquieu, de Platon.

Est-ce à dire pour cela qu'il faille mépriser l'opinion ? Non ; mais il ne faut pas se laisser étourdir par le bruit, et s'élancer, comme tels et tels que je nommerais, du côté où résonne l'éloge. Il faut savoir s'honorer de certaines haines et rougir de certaines admirations. « Notre mérite, dit La Rochefoucauld, nous attire l'estime des honnêtes gens, et notre étoile celle du public. » Appliquons à la vertu, à la probité, ce que l'auteur des *Maximes* dit du mérite ; et après avoir vécu, agi et parlé en vue des honnêtes gens, laissons faire le reste à notre étoile. L'opinion du jour n'est pas le dernier mot de l'histoire.

VIENNET, de l'Académie Française.

OPINION PUBLIQUE (Exploitation de l'). Nous n'apprendrons rien à personne en disant que c'est là une des plus profitables industries de notre époque, et que le journal est son moyen d'action ; industrie pleine de mystères, quoiqu'elle se produise partout au grand jour, et dont la propérité n'a d'autres bases par tous pays que le *monopole* légal ou industriel et surtout le *privilége*. Le rappeler, c'est édifier chacun sur le degré de sympathie dû aux puissantes entreprises que cette industrie *sui generis* est parvenue à constituer, et sur le crédit qu'on peut leur accorder. Dans l'état d'abaissement où se trouve aujourd'hui chez nous la presse périodique, il semblerait à première vue que le bon temps fût passé pour elle ; mais le moindre examen démontre bien vite le contraire. Sans doute le journalisme n'est plus, comme sous le régime parlementaire, le quatrième, pour ne pas dire l'unique pouvoir de l'État ; il ne fait plus de ministères, il ne nomme plus de députés, de conseillers d'État, il ne dispose plus des concessions de chemins de fer, des recettes générales et particulières, des préfectures, des sous-préfectures et des bureaux de tabac, et les choses n'en vont pas plus mal pour cela ; mais il se console de son incontestable décadence en songeant que s'il subit une éclipse momentanée, que si le fameux monologue de Figaro contient toujours l'exacte détermination de ses droits politiques, jamais en revanche son privilége ne fut mieux assuré, son monopole plus productif, et partant sa caisse mieux garnie. Sa clientèle, toujours dévouée, ne lui tient-elle pas d'ailleurs compte des difficultés de sa position, et n'interprète-t-elle pas au besoin sa réserve et sa discrétion ? Sa *quatrième page* fut-elle jamais plus abondamment remplie ? Donc, tout n'est-il pas pour le mieux dans ce meilleur des mondes possibles ? Aussi bien, à sa philosophique résignation se mêlent une foi vive en l'avenir et l'espoir du retour immanquable de ses grandeurs passées. En France les gouvernements changent, mais les journaux restent, se dit-il avec raison. L'important pour lui dès lors, en attendant les événements qui demain peut-être lui rendront sa puissance, n'est-ce pas d'exister, sauf à prendre le temps comme il vient et à jouir du présent, car il a bien son charme et ses compensations. Sans doute on ne peut plus aujourd'hui, comme il n'y a pas longtemps encore, se faire subventionner pour vanter incessamment à ses lecteurs les incommensurables avantages que le pays tirera d'une alliance intime avec telle puissance de préférence à telle autre, pour défendre R o s a s dans sa lutte contre Montevideo, ou bien pour attaquer le machiavélisme britannique au profit de la vertu immaculée du cabinet de Saint-Pétersbourg ; mais les intérêts privés qui se cachent derrière certains intérêts généraux, les questions de tracés de chemins de fer nouveaux, par exemple, ou encore les intérêts qui se produisent sous forme de puissantes sociétés anonymes, de grandes entreprises industrielles devant par leur activité féconder le pays et accroître sa prospérité, etc., etc., ne se montrent-ils pas aussi généreux, quand on les sert avec intelligence et dévouement, que peuvent l'être les potentats étrangers ? Pour les uns et les autres il s'agit en effet de prescrire à l'opinion publique, sans qu'elle s'en doute, ce qu'elle doit penser, dire et faire ; et il y a là en outre, à l'usage des barons de l'industrie, un moyen aussi sûr que commode pour pomper les écus de quelques cent mille dupes qui se signent en entendant prononcer leur nom et acceptent avec componction, les yeux fermés, toutes les valeurs qu'il leur convient de mettre en circulation. Le bizarre de la chose, c'est que ceux-là même sur qui on spécule ainsi ne peuvent, pour sauvegarder leur amour-propre, alléguer le prétexte d'ignorance ; ils sont parfaitement prévenus que leur crédulité est l'objet d'une exploitation régulière, et qu'il n'en coûte que la bagatelle de *cinq francs la ligne* à qui veut capter leur confiance. En l'absence de toute réclamation, nos observations paraîtront à certains optimistes inutiles, peut-être même mal séantes. Nous persistons pourtant à croire que telle n'est pas la mission de la presse périodique, et, d'un autre côté, que grande est l'illusion de ceux qui croient voir dans son avilissement actuel un gage de son éternel dévouement. Ils s'imaginent l'avoir annulée, confisquée à leur profit ; mais demeurée toujours un redoutable engin de troubles et de révolutions, par cela seul qu'on l'a plus que jamais constituée à l'état de monopole et du privilège, elle leur fera bien voir quelque jour, puisqu'ils l'ignorent, ce que c'est qu'un journal ! On ne saurait trop le répéter : les scandales du journalisme, de même que les graves périls dont il a toujours été et est encore aujourd'hui la source pour le pouvoir, ne cesseront de se jour où, la presse étant devenue vraiment libre, chaque centre de population pourra avoir autant de journaux dissertant et divaguant à leur guise sur toutes matières, qu'il s'en trouveront l'un l'autre, qu'on y compte aujourd'hui de cordonniers, d'épiciers, etc. Prétendre comprimer à toujours, grâce à des moyens plus ou moins habiles ou violents, cette force latente mais irrésistible qu'on appelle *l'opinion publique*, c'est s'exposer aux plus soudaines et aux plus terribles explosions : comme aussi, croire qu'on lui a ménagé un nombre suffisant de soupapes de sûreté en la faisant très-fructueusement exploiter par une douzaine de privilégiés, c'est oublier les leçons du passé et faire preuve de la plus complète imprévoyance.

OPISTHOBRANCHES (de ὄπισθε, en arrière, et βράγχια, branchies). Sous ce nom, qui signifie animaux mollusques dont les branchies sont placées plus ou moins en arrière du corps, M. Edwards a proposé de grouper les trois familles instituées par Cuvier sous ceux des *nudibranches*, d'*inférobranches* et de *tectibranches*.

OPISTHOGRAPHIE (du grec ὄπισθε, par derrière, et γράφω, j'écris). Ce terme de diplomatique signifie *écriture des deux côtés*. Il faut savoir que les anciens n'écrivaient que d'un côté et laissaient le *verso* en blanc. C'était là un usage de politesse. Aussi saint Augustin, lorsqu'il lui arrive d'y manquer, en présente-t-il ses excuses. Jusqu'au quatorzième siècle, les chartes ne sont communément écrites que d'un seul côté. Nous ne voulons parler que du texte, et non des notices ajoutées après coup au *verso*, à l'effet d'indiquer sommairement le contenu des actes, leur ancienneté, le nom de leurs auteurs ; renseignements qu'on trouve au *verso* de la plupart des chartes françaises. En Angleterre, les chartes *opisthographes* sont moins rares qu'en France.

Les Grecs du Bas-Empire appelaient *opisthographe* un livre sur lequel on consignait sur-le-champ les choses qui avaient besoin d'être revues et amendées plus tard. Les corrections et les additions se faisaient alors au *verso* de chaque feuillet.

OPITZ (MARTIN), le fondateur de l'école poétique allemande dite *école de Silésie*, naquit en 1597, à Bunzlau, en Silésie. Sa gloire est d'avoir été pour son pays ce qu'était Malherbe pour la France à la même époque. Comme lui, Opitz voulut épurer et ennoblir la langue poétique de sa patrie. D'excellentes études l'avaient préparé pour cette mission. Le besoin de protecteurs, les malheurs causés par la terrible guerre de trente ans, le firent errer en Hollande, dans le Holstein, en Autriche, où il fut nommé poète lauréat par l'empereur Ferdinand II, et anobli sous le nom d'*Opitz de Roberfeld* : il habita successivement Thorn, Dantzig, Wittemberg, Dresde. Devenu secrétaire du burgrave de Dohna, il visita Paris pour les intérêts de son patron. Il y séjourna en 1630 et 1631. Il s'y concilia l'affection du célèbre Grotius, banni par la Hollande, et ambassadeur de Christine ; il y eut des relations avec Saumaise, Nicolas Rigaut, l'infortuné De Thou, et d'autres littérateurs de cette époque. Le roi de Pologne Ladislas IV le nomma son secrétaire et son historiographe. Ses talents, son caractère, le faisaient aimer et estimer partout, et il pouvait espérer une heureuse et honorable carrière, quand le fléau de la peste vint l'enlever à sa patrie et aux Muses, à l'âge de quarante-deux ans, 11 mourut à Dantzig, le 20 août 1639.

Il avait travaillé seize ans à un grand ouvrage, la *Dacia antiqua*. Son manuscrit fut perdu dans la dispersion de ses livres ; mais ses poésies lui ont acquis l'immortalité. Ce n'est pas qu'il faille chercher dans Opitz ce génie créateur, ce feu divin, cette imagination féconde et brillante d'un Homère, d'un Arioste ou d'un Milton : ses odes mêmes manquent de chaleur et d'enthousiasme ; mais il a un grand sens et un goût pur. Il a su le premier plier sa langue à l'harmonie poétique, l'élever à un ton noble et soutenu. Toujours aussi il est naturel et vrai. Il y a de l'énergie dans son style, quelquefois encore un peu rude ; enfin, il atteint souvent à une élégance et à une correction que l'on ne soupçonnait pas avant lui, ni même de son temps. Le premier, il appliqua à sa langue la prosodie dont elle est susceptible. Il en avait indiqué les règles dans un *Essai sur la poésie allemande*, ouvrage neuf et très-remarquable pour l'époque. Ses préceptes furent appuyés de ses exemples. Ce fut lui qui composa le premier opéra allemand, sa *Daphné*, mise en musique par Schatz, et représentée dans la cour de Saxe, en 1627. On lui doit encore un autre opéra, intitulé *Judith*. Opitz a composé des épigrammes, des cantates, des poèmes sacrés, des poèmes didactiques, etc. Son poème du *Vésuve*, celui de *Zlatna*, ou le *repos de l'esprit*, ses *Consolations contre la guerre*, son *Éloge du dieu Mars*, sa *Cantate au roi de Pologne*, sont au nombre de ses œuvres les plus estimées, et renferment des beautés durables. Pour apprécier Opitz, il faut se rappeler qu'il n'eut ni modèle ni émule, et qu'il a tout créé jusqu'à la prosodie de sa langue.

AUBERT DE VITRY.

OPIUM, suc épaissi du *papaver somniferum* (voyez PAVOT), qu'on prépare dans les Indes, la Perse, la Turquie, etc. Celui que l'on cultive en France donne un extrait qui ne contient qu'un quart de la quantité de *morphine* de celui de Perse, et plus du double de *narcotine*. Dans le commerce, on en distingue deux sortes : 1° l'*opium de Turquie* ou *thébaïque*, qui est en gâteaux plats, homogènes, secs, compactes, pesants, d'un brun foncé, à cassure luisante, d'une saveur amère et nauséabonde et d'une odeur vireuse (*sui generis*) ; 2° l'*opium de Perse*, qui est beaucoup plus mou, d'une couleur plus foncée, d'une saveur plus nauséabonde et moins amère, d'une odeur qui se rapproche de l'empyreume. Cet opium est beaucoup moins estimé que le précédent ; car l'expérience a démontré que le meilleur est celui qui est sec, luisant, d'un brun foncé, d'une odeur forte et vireuse, sans empyreume, d'une cassure brillante, d'une saveur amère et nauséabonde, et qui donne par l'eau froide de 8 à 10 onces d'extrait aqueux. A Marseille, Montpellier, Bordeaux, etc., les droguistes, pour en augmenter le poids, le ramollissent à une douce chaleur, et y incorporent des gommes-résines et des extraits de plantes inodores ; quelques-uns y ajoutent de la terre ; des débris végétaux. Dans le premier cas, l'opium est plus noir ; dans l'autre, un léger examen suffit pour le reconnaître.

La consommation de l'opium par les fumeurs chinois avait fait donner une grande extension à sa culture dans les Indes anglaises ; l'opium procure à ceux qui le fument une ivresse pleine de volupté, qu'ils recherchent avidement, à laquelle ils se livrent avec frénésie, et qui, véritable empoisonnement, les conduit inévitablement de l'abrutissement à la mort. Aussi depuis longtemps déjà le gouvernement chinois avait-il prohibé l'introduction de l'opium dans ses États ; mais les négociants anglais, favorisés par les autorités, se riaient de ces défenses, et ils avaient depuis le commencement de ce siècle, aux portes de la Chine, de nombreux navires armés, toujours chargés de caisses d'opium, et désignés sous le nom d'entrepôts flottants d'opium, d'où le précieux poison s'expédiait en petites quantités à Canton, dans des barques légères et rapides, montées par des hommes déterminés, qui en faisaient la contrebande avec une prodigieuse activité. On calcule que l'importation de l'opium en Chine produisait aux Anglais une somme de 75,000,000 de francs par an. En 1833 un édit de l'empereur de la Chine renouvela la prohibition toujours en vigueur contre l'opium, et l'interdiction formelle de le vendre ; ce qui n'arrêta pas le moins du monde la contrebande. On en jugera par ce fait qu'un commissaire impérial ayant été envoyé à Canton, en 1839, pour veiller à l'exécution de cet édit, força les Anglais à jeter à l'eau 20,283 caisses d'opium, dont la valeur était de 100,000,000 de francs. Cette exécution commerciale entraîna des rixes entre les indigènes et les Anglais, et la Grande-Bretagne y vit un prétexte tout naturel pour déclarer la guerre à la Chine, après avoir dès janvier 1840 interrompu toute communication avec elle. Cette guerre se termina au bout de trois ans par de grands avantages pour les Anglais. Elle n'a point amené la révocation de la défense de la vente de l'opium ; mais la culture et la récolte de ce narcotique n'en ont pas moins pris depuis encore plus d'extension dans les Indes anglaises, et les Américains sont aujourd'hui les premiers à aider la Grande-Bretagne à écouler de Chine ces produits meurtriers. On jugera de l'activité prodigieuse avec laquelle se fait la vente de l'opium, quand on saura que l'exportation en Chine s'en est élevée en 1854 à 60,000 caisses, dont 40,000 provenant du Bengale.

La culture de l'opium a été aussi essayée avec succès en Algérie, et elle y prend chaque jour du développement.

Voici la manière dont on cultive l'opium dans le pachalik dont Kara-Hissar est la capitale (dans l'Asie Mineure) ; nous l'empruntons au mémoire que M. Texier a présenté à l'Académie des Sciences. Cette culture s'étend non-seulement à cette ville, mais aussi à plusieurs provinces voisines. On commence en décembre à travailler la terre, et on trace des sillons assez larges pour qu'on puisse circuler librement sans endommager les tiges : ce sont, à proprement parler, des plates-bandes de 1 mètre 15 de large, séparées par un sentier. La graine de pavot se sème comme le blé. Dans les pays favorisés, l'irrigation se fait par averses ; dans d'autres, on ne compte que sur la pluie, ce qui rend les variations dans les récoltes très-fréquentes. Très-peu de jours après que la fleur est tombée, on fend horizontalement la tête ou capsule du pavot, en ayant soin que l'incision ne pénètre pas à l'intérieur. Il en découle aussitôt une liqueur blanche,

DICT. DE LA CONVERS. — T. XIII.

On laisse le champ en cet état toute la journée et toute la nuit. Le lendemain, avec de larges couteaux, on va recueillir l'opium autour des capsules de pavot ; il a déjà acquis une couleur brune, qui augmente au fur et à mesure qu'il se dessèche. Une tête de pavot n'en donne qu'une seule fois ; le produit est de quelques grains.

L'opium est rangé parmi les médicaments héroïques : son action, cependant, varie suivant l'idiosyncrasie des sujets : ainsi, il est chez les uns un puissant stimulant, tandis qu'il est pour le plus grand nombre un sédatif énergique, qui ne stimule jamais. Ses effets sont aussi variables suivant la dose à laquelle il est pris. Dans des proportions minimes, il produit un effet excitant ; à une dose plus forte, il devient sédatif ; il détermine, enfin, l'empoisonnement si elle devient trop forte. On finit cependant par s'habituer à son action. Les Persans, les Turcs, les Chinois, les Malabres, les Syriens, etc., n'en éprouvent que les effets des liqueurs alcooliques.

Un grand nombre de chimistes se sont occupés de l'analyse de l'opium ; nous nous bornerons à citer Derosne, Robiquet, Pelletier, Caventou, Couerbe, Sertürner, Braconnot, Dublanc, Thomson, Merck, etc. Les résultats de leurs travaux ont été la découverte de la *morphine*, de la *paramorphine*, de la *narcotine*, de la *narcéine*, de la *méconine*, de la *codéine*, de la *porphyroxyne*, etc. Nous ne connaissons point encore de substance qui offre autant de principes immédiats.

Le professeur Merck a trouvé dans un échantillon d'opium du Bengale : morphine 8, narcotine 3, thébaïne 1, codéine 0,5, porphyroxyne 0,5. D'après Sertürner l'opium contient un peu de résine dure, du caoutchouc, plus de la résine molle, de la morphine, beaucoup de parties gommo-extractives un peu de gluten, de l'acide méconique, de l'alumine et du sulfate de chaux. Selon Braconnot, il renferme : corps gras 9,33, principe résineux brun 19,83, narcotine, 4,67, principe amer (morphine) 44,67, matière animale 2, feuilles de pavot 23,33 ; acide libre, des traces, du sel de potasse. On voit que ces deux dernières analyses sont loin d'être en harmonie avec les travaux des derniers chimistes.

L'opium est un des médicaments qui ont rendu et qui rendent le plus de services à l'art de guérir : en effet, presque toutes les maladies du système nerveux sont scombatiues par son action : à petite dose, c'est un calmant précieux pour toutes sortes de douleurs ; à une dose plus élevée, il provoque le sommeil ; cependant, dans quelques circonstances il exalte singulièrement toutes les fonctions, particulièrement le système nerveux, et produit même le délire et la mort si la dose est trop forte. Il est pourtant bien reconnu que l'habitude peut permettre cette augmentation. C'est ce qui arrive aux Orientaux, qui mâchent l'opium, qui en mettent dans leurs aliments, leur boisson, et que son action a pour effet de plonger dans un état de langueur voluptueuse, où ils se complaisent tant. Lorsqu'ils veulent s'exciter au combat, ils en prennent une grande quantité à la fois. L'opium est si employé en médecine comme calmant, et sous des formes si différentes, qu'il est peu de préparations pharmaceutiques officinales qui n'en contiennent. Jourdan en décrit dans sa *Pharmacopée universelle* plus de deux cent trente. Les plus généralement employées sont le *laudanum* liquide de Sydenham, l'*extrait gommeux*, la *thériaque*, le *sirop diacodé*, les *pilules de cynoglosse*, l'*acétate de morphine*, etc.

JULIA DE FONTENELLE.

OPLITE ou **HOPLITE**. On a appelé de ce nom, tout à fait grec, les soldats armés de piques qui dans la *phalange* antique en composaient l'infanterie pesante ; leur dénomination, signifiant proprement *homme armé*, leur était donnée à raison de l'armure dont ils étaient revêtus, et qui les distinguait des *peltastes*, ou hommes à petit bouclier, sorte d'infanterie légère, qui n'était pourvue que de quelques pièces d'armure peu robustes. On s'est, par ana-

754 OPLITE — OPPOSITION

logie, servi des expressions *oplitique* ou *hoplitique* pour caractériser l'infanterie de ligne des Macédoniens. Un ou plusieurs valets, qu'on nommait *skevophores*, ou porteurs de bagage, ont été, suivant les temps et les provinces, attachés à la suite de chaque oplite. Les armes offensives et défensives des oplites consistaient en un casque, une cuirasse, une sarisse ou pique dont la longueur a varié, des grèves ou devants de bottine, en métal, une épée, un bouclier garni ou renforcé d'airain; il était assez grand pour se convertir au besoin en brancard, en nacelle.

Gal BARDIN.

OPODELDOCH (Baume). *Voyez* BAUME.

OPORTO, ou PORTO, après Lisbonne la ville la plus grande et la plus importante du Portugal, située dans la province d'Entre-Minho-e-Duero, siège d'évêché, dans une étroite et fertile vallée, entre de hautes montagnes, bâtie sur les deux rives du Duero, à environ 2 kilomètres de son embouchure dans l'océan Atlantique, compte près de 65,000 habitants, et même 80,000, en y comprenant la population des faubourgs, comme Gaya et Villanova, sur la rive méridionale du fleuve. On y trouve beaucoup de places publiques, 60 églises, un hôtel des monnaies, un arsenal, un musée, une école de navigation et plusieurs autres écoles savantes, une bibliothèque publique de 65,000 volumes, et un grand nombre d'hôpitaux et d'institutions charitables. Quoique la ville soit bien bâtie, elle n'offre que peu d'édifices publics dignes de fixer l'attention. Douze cents vaisseaux entrent annuellement dans son excellent port, que protège un fort. Le commerce des vins de Porto, qui, bien que déchu dans ces derniers temps, ne laisse pas toujours que de donner à la ville son importance commerciale, est pour la plus grande partie, entre les mains de la Compagnie privilégiée du Haut-Duero, laquelle entretient aussi trente distilleries d'eau-de-vie et expédie annuellement plus de 100,000 muids de vin et d'eau-de-vie (*voyez* PORTO [Vins de]). Les fabriques de soie, de coton, de tabac, etc., d'Oporto ont aussi une certaine importance. De charmantes maisons de campagne (*quintas*) embellissent les environs de la ville.

C'est là qu'était situé dans l'antiquité le port appelé *Portus Cale*, dont on fit plus tard *Porto Cale*, où les étymologistes voient l'origine du nom même du Portugal. La révolution qui y éclata le 24 août 1820 a donné de nos jours à Oporto une grande célébrité. Il en a été de même des massacres judiciaires provoqués par l'usurpation de dom Miguel, et où perdirent la vie un grand nombre de partisans de la reine donna Maria, en même temps que l'émigration enlevait à la ville plus de dix mille de ses habitants. En 1832 et 1833 Oporto se défendit énergiquement contre dom Miguel, et devint le centre d'opérations de dom Pedro contre son frère. Enfin, des insurrections éclatèrent à Oporto en 1842, puis en 1846, le 8 mars. Le 12 octobre de la même année il s'y constitua une régence provisoire; et en 1847 ils'y établit une junte révolutionnaire, qui exerça le pouvoir jusqu'au 27 juin, jour où la ville fut forcée de capituler. Le 24 avril 1851 la ville se prononça encore une fois contre le gouvernement de Lisbonne, et prit fait et cause pour le maréchal Saldanha dans sa lutte contre les ministres de donna Maria.

Le *district d'Oporto*, le plus peuplé qu'il y ait en Portugal, comptait en 1850 sur environ 36 myriamètres carrés de superficie 299,640 habitants.

OPPÈDE (JEAN-MEYNIER, baron D'), premier président au parlement d'Aix, était né dans cette ville, en 1495, et a laissé un nom tristement célèbre, à cause des rigueurs qu'il exerça contre les vaudois de Mérindol, de Cabrières et des villages environnants, tuant, égorgeant, brûlant sans pitié, et faisant de toute cette malheureuse contrée un désert. Chargé de faire exécuter l'arrêt rendu en 1540 contre les sectaires par le parlement d'Aix, il faut que les excès qu'il commit alors dépassassent toutes les bornes, puisque, à une époque où les persécutions religieuses étaient à l'ordre du jour et semblaient chose aussi légale que naturelle, il s'éleva par toute la France un cri d'horreur et de réprobation contre les atrocités ordonnées par d'Oppède. Des plaintes ayant été portées à la cour, d'Oppède s'y rendit pour se justifier des graves inculpations dont il était l'objet; mais François Ier refusa de recevoir le magistrat qui n'avait pas eu honte de troquer sa robe d'hermine contre la casaque rouge du bourreau. En 1551, peu de temps après la mort de François Ier, le parlement de Paris évoqua la cause et consacra cinquante audiences à ce procès. L'arrêt déclara d'Oppède innocent, et le rétablit dans ses fonctions; mais en 1558 il mourut d'une maladie assez semblable à celle à laquelle succomba plus tard Charles IX, et l'opinion vit dans cette mort affreuse un effet de la justice divine.

OPPOSITION, dans son sens le plus étendu et le plus général, signifie *obstacle, résistance*. On l'emploie peu de la sorte en parlant des choses matérielles.

En rhétorique, l'opposition est une figure par laquelle on réunit des idées qui semblent contradictoires, comme de *triomphantes défaites*, *une folle sagesse*.

Opposition en astronomie signifie l'aspect d'un corps céleste qui est à 180° d'un autre (*voyez* CONJONCTION, LUNE).

En jurisprudence, c'est l'obstacle que quelqu'un a mis à quelque chose : on *forme opposition* aux scellés, au mariage, à un commandement de payer, aux deniers de la vente d'objets saisis. Elle ne peut être levée que par le consentement de la partie qui l'a faite, ou par un jugement valable. On se sert de l'*opposition* pour se pourvoir contre les jugements rendus par défaut : le délai dans lequel doit être formée cette opposition contre un jugement faute de plaider de la part de l'avoué constitué est fixé à huitaine, à dater de la signification qui en est faite à cet avoué; lorsqu'elle a pour objet un jugement rendu contre une partie qui n'a point constitué d'avoué, elle est recevable jusqu'à l'exécution de ce jugement.

Il y a encore une autre *opposition*, la *tierce opposition*. C'est celle que fait une personne à un jugement préjudiciable à ses droits, lors duquel ni elle ni ceux qu'elle représente n'ont été appelés. Elle peut être formée par action principale ou incidemment à une contestation déjà existante; dans ce dernier cas elle est faite par simple requête devant le tribunal saisi de la contestation, s'il est égal ou supérieur à celui qui a rendu le jugement. Au cas contraire, la tierce opposition incidente est portée par action principale devant le tribunal qui a rendu le jugement; et celui devant lequel ce jugement est produit peut passer outre ou surseoir, suivant les circonstances. La partie qui succombe dans la tierce opposition est toujours condamnée à une amende de cinquante francs, sans préjudice des dommages et intérêts.

OPPOSITION (*Politique*). On est convenu de comprendre sous ce mot tout ce qui n'approuve pas la marche du pouvoir. L'opposition ainsi entendue est de tous les temps et de toutes les formes de gouvernement; on ne peut pas concevoir, même par la pensée, un pouvoir tellement absolu qu'il n'ait à compter avec une opposition quelconque : tantôt c'est une aristocratie puissante qui fait opposition au pouvoir dans l'intérêt de ses privilèges; tantôt un corps religieux qui s'oppose au nom de la Divinité, qu'il fait parler. A Constantinople, les janissaires et les uléma ont fait et font de l'opposition à leur manière.

Ne pouvant détruire cet élément de toute organisation sociale, des législateurs ont eu l'idée de régler, de constituer l'opposition, d'en faire un pouvoir défini. A Rome, le tribunat n'était autre chose que l'opposition constituée légalement avec des attributions précises et déterminées. C'était vouloir résoudre un problème insoluble. L'opposition ne peut être ni comprimée ni définie, et c'est pour cela qu'on ne peut en faire un pouvoir constitué. La garantie de la liberté est du reste dans cette impossibilité même. Si l'opposition se trouvait concentrée dans une magistrature quelconque, il serait possible ou de corrompre cette magistrature ou de s'en emparer. Lorsque Auguste voulut prendre le pouvoir absolu, il lui suffit de réunir à son titre d'empereur celui de

OPPOSITION — OPPRESSION

tribun du peuple. De nos jours, la constitution de l'an VIII avait constitué l'opposition dans le t r i b u n a t. Qu'en advint-il ? Le tribunat disparut un jour, absorbé par le pouvoir impérial. Mais Auguste, pas plus que Napoléon, en confisquant à leur profit le tribunat, n'avaient pour cela confisqué l'opposition ; ils n'en avaient saisi qu'une vaine apparence. Sous les empereurs romains, l'opposition s'était réfugiée dans les camps des légions, dans les rangs des cohortes prétoriennes. Sous Napoléon, l'opposition reparut un jour au moment le moins attendu, peut-être aussi le moins opportun, au milieu du c o r p s l é g i s l a t i f muet, et au sein du s é n a t lui-même.

L'opposition, sous la monarchie constitutionnelle, n'était pas érigée en pouvoir officiel; elle n'était plus une fonction, elle était tout simplement un droit. L'accès de la tribune lui était ouvert, la presse lui servait d'organe; on pouvait dire d'elle qu'elle était partout et nulle part. Elle n'était plus une institution, et cependant elle était peut-être la plus indispensable nécessité de notre gouvernement représentatif, le plus puissant élément de sécurité pour le pouvoir, la plus forte garantie pour les libertés publiques. Benjamin Constant la comparait à la soupape de sûreté par. laquelle s'échappe la surabondance de force et de vie d'une nation, soupape qu'on ne ferme jamais sans qu'il y ait danger d'explosion.

Par l'opposition, un gouvernement représentatif est averti des mécontentements qui fermentent au sein des populations. Par l'opposition le peuple fait connaître ses griefs, et en poursuit le redressement. La plainte s'affaiblit en s'exhalant ; elle reçoit satisfaction par la publicité, par la discussion contradictoire qu'elle provoque. Ou les accusations contre le pouvoir s'évanouissent devant des explications loyales et satisfaisantes, ou elles se fortifient par l'insuffisance et la mauvaise foi des justifications. Dans le premier cas, les ressentiments publics tombent ; dans le second, l'opposition se généralise, envahit tous les organes de la publicité, assiège la tribune, déplace les majorités parlementaires, et force le pouvoir à se modifier sous peine d'être brisé violemment.

Si l'opposition n'avait d'autre fonction dans le gouvernement représentatif que celle d'avertir le gouvernement de ses fautes, de lui transmettre les griefs du pays, ce serait déjà une grande et difficile mission; mais là ne se bornent pas les devoirs de l'opposition dans un gouvernement constitutionnel. Repousser les mauvaises mesures, faire rétracter des actes iniques ou violateurs des lois, obtenir réparation des injustices du pouvoir, empêcher le mal enfin, sous quelque forme qu'il se produise, c'est beaucoup sans doute, mais ce n'est pas tout. Dans un gouvernement représentatif, chaque système politique a ses représentants, qui doivent arriver avec lui au pouvoir, et succomber avec lui. « Les personnes sans les choses, les choses sans les personnes : ce ne sont pas là des mots parlementaires. Il n'y a pour les ministres d'un gouvernement constitutionnel de force morale et de dignité personnelle qu'à la condition de représenter exactement le système politique qu'ils ont résolu d'appliquer. Les gouvernants ne peuvent abdiquer leurs convictions sans s'exposer au soupçon d'arrière-pensées et de mauvais vouloir. Leur probité politique n'est pas seulement une condition de dignité personnelle, c'est une condition d'autorité; la confiance des gouvernés n'est qu'à ce prix. Or, pour que cette condition se réalise, il faut que l'opposition, le jour où elle fait triompher ses opinions et ses principes, soit prête à prendre à son tour les rênes du gouvernement. Toute opposition qui n'est pas dans ces conditions n'est pas une opposition constitutionnelle. Elle se pose en face d'un pouvoir émané de la nation et soumis aux volontés des majorités parlementaires, comme elle se poserait en face d'un gouvernement absolu. Cette nécessité du gouvernement représentatif donne à l'opposition vis-à-vis du chef de l'État une attitude toute spéciale. L'o p i n i o n publique ne doit jamais voir dans les opposants des ennemis personnels du chef de l'État, car l'opposition ne s'en prend jamais à lui, mais au système politique du pouvoir, et il ne faut jamais perdre de vue que le pouvoir peut être porté dans les rangs de l'opposition par le mouvement des opinions et des majorités.

De son côté, l'opposition doit se souvenir sans cesse qu'elle peut être un jour mise au défi de mettre en pratique dans le gouvernement du pays les principes et les opinions qu'elle proclame ; en frappant un système politique dont elle condamne les tendances, elle doit toujours se garder de dégrader le pouvoir, qui peut lui appartenir un jour. Il y a dans cette double préoccupation une salutaire influence, qui empêche que jamais les choses ne soient poussées à l'extrême de part ou d'autre.

Dans un gouvernement absolu, le chef de l'État gouvernant seul, l'opposition est nécessairement personnelle ; tout opposant est un ennemi , toute opposition est un crime de lèse-majesté. Il n'y a de solution possible au conflit qu'elle fait naître que l'échafaud ou une révolution violente. Le chef de l'État, personnellement engagé, compromis dans la lutte des partis, ne peut reculer ; il ne peut *rendre son épée*, l'expression est consacrée. Mais dans le gouvernement représentatif, et c'est là surtout qu'éclate la merveilleuse combinaison de ce gouvernement, le chef de l'État n'a jamais à reculer, parce que jamais il n'est engagé dans le débat. Il n'y a pas d'opposition à sa personne, ni même à sa volonté. Le seul acte qui lui soit propre, l'appel au pays, la dissolution des chambres, n'est subordonné à aucun contrôle, à aucun vote de majorité. Le conflit des opinions ne peut exister qu'entre le système politique des ministres responsables, et d'autres systèmes représentés par d'autres hommes. Ce conflit peut toujours se vider par un changement de ministres; il n'appelle jamais l'intervention de la force; non-seulement il ne provoque pas les révolutions, mais il les désintéresse.

Le système constitutionnel a donc mieux fait que les législateurs de Rome ; il n'a pas constitué l'opposition en un corps officiel, il n'en a pas fait une magistrature avec des pouvoirs déterminés ; mais en lui laissant toute liberté d'action, il l'a forcée par la perspective du pouvoir à se modérer, à se gouverner elle-même. Il a établi entre elle et les ministres une lutte de bien public, dont le pays est le juge; il a fait un élément de force et de sécurité de ce qui dans les autres formes de gouvernement est une menace incessante de perturbations et de sanglantes catastrophes. Il a mis sa puissance dans son défaut d'organisation, et son frein dans ses chances de succès.

On le voit, le mot *opposition*, même sous le point de vue politique, est susceptible de bien des acceptions diverses. L'opposition sous les gouvernements absolus et l'opposition dans les gouvernements représentatifs diffèrent autant dans leurs conditions d'existence et dans leurs tendances que le pouvoir absolu diffère de la liberté.   ODILON-BARROT.

OPPRESSION (*Médecine*). Ce mot, fait du latin *oppressio*, est employé pour exprimer la difficulté de respirer, sorte de terme métaphorique rappelant la sensation qu'occasionnerait une *pression* exercée sur la poitrine. Les médecins désignent l'*oppression* sous des noms différents, suivant les degrés qu'elle présente. L'oppression est un phénomène secondaire, un symptôme qui peut dériver d'une infinité de causes légères ou graves, permanentes ou passagères. C'est ainsi que l'inspiration d'un air très-froid, très-chaud ou très-raréfié, comme au sommet des hautes montagnes; que les vêtements trop serrés, gênant la dilatation du thorax ou l'introduction de l'air par la trachée ; que la distension des organes digestifs par des aliments trop copieux, des gaz, etc.; que les exercices violents, et que certaines impressions morales, telles que la surprise, la joie, la course, les cris, la frayeur, la colère, la tristesse, etc., constituent autant de causes qui peuvent occasionner l'oppression momentanée, physiologique en quelque sorte, et différente par conséquent de l'oppression durable, morbide (*voyez* ÉTOUFFEMENT).

48.

On donne encore en médecine le nom d'*oppression des forces* (*oppressio virium*) à la faiblesse qui ne dépend pas d'une débilité radicale essentielle, mais bien d'une vive affection de certains organes principaux, par suite de laquelle les forces musculaires se trouvent abattues. C'est ainsi que certaines maladies graves de la tête, de la poitrine ou du ventre, plongent le malade dans une *prostration* indirecte qui nécessite l'emploi des débilitants, lesquels ne feraient qu'augmenter le mal dans les cas de faiblesse directe.

Dr Foncet.

OPPRESSION (*Politique*). Le verbe *oppresser* n'indique qu'une action physique; il veut dire *presser, comprimer fortement*; l'asthme *oppresse*; une respiration gênée est *oppressée*. Opprimer, au contraire, ne désigne jamais une action physique immédiate; il signifie accabler par la force, par la violence : le faible est toujours *opprimé*. Cela posé, il devient évident que l'*oppresseur* n'est pas celui qui *oppresse*, c'est celui qui *opprime*. D'*opprimer*, et non d'*oppresser*, dérive donc *oppression*, et l'*oppression* n'est autre chose que le résultat de l'action de celui qui *opprime*, du despotisme.

OPPROBRE. C'est le mépris de la société tout entière, ou d'une fraction de la société, appliqué à un fait, à un individu ou à une collection d'individus. La société couvre d'opprobre le crime et le criminel; l'histoire couvre d'opprobre les proscriptions de Sylla. Entre la honte et l'opprobre il y a une différence bien facile à saisir; celui que l'on voue à la honte le sentiment de son affront ou de son ignominie : il en rougit, il en est honteux; celui-là, au contraire, que l'on voue à l'opprobre se met au-dessus de l'opinion, et ne s'en émeut pas. On dit souvent qu'une personne est l'opprobre de sa famille, de son pays, du genre humain, lorsqu'elle ne rougit point de leur faire honte, soit par sa conduite, soit par ses discours, soit par ses actions.

OPTATIF (du latin *optare*, souhaiter). On appelle ainsi, en termes de grammaire, un mode du verbe exprimant le désir. De toutes les langues formées, la langue grecque est la seule qui ait pour cela une forme particulière. Dans les autres langues anciennes et dans les langues modernes, on y supplée par le conjonctif, tout désir impliquant au fond l'idée de possibilité ou d'impossibilité.

OPTATION (du latin *optatio*, vœu), figure de rhétorique par laquelle on énonce un vœu, un vif désir ; elle commence habituellement par ces mots : Fasse le ciel ! plût à Dieu que !... puissiez-vous ! L'optation offre cette différence avec l'imprécation, qui parfois commence de même, qu'elle exprime un vœu en bonne part, tandis que l'imprécation constitue un vœu en mauvaise part.

OPTICIEN, artiste qui confectionne non-seulement les instruments d'optique, mais encore les instruments de mathématiques, de physique, d'astronomie, etc. L'opticien en effet fabrique des compas, dresse et divise des règles pour les dessinateurs ; il leur fournit des équerres, des échelles, des demi-cercles divisés en degrés, au moyen desquels ils peuvent mesurer l'ouverture des angles. L'opticien taille des verres pour lunettes, télescopes ; c'est lui qui exécute les instruments dont les astronomes, les ingénieurs, les marins, font usage dans leurs opérations ; les physiciens lui demandent des machines propres à faire le vide, exciter le fluide électrique, etc., etc. Il n'y a peut-être pas de profession qui exige des connaissances plus variées que celles d'opticien ; car pour l'exercer avec succès il faut savoir limer, tourner, souder, souffler le verre, au besoin en polir les surfaces, des verres plans, convexes ou concaves, et donner à ces dernières exactement le degré de courbure qui leur convient. Heureusement le travail se divise en différentes mains, pour s'exécuter plus sûrement.

Les opticiens ayant été de tous temps en rapport avec des mathématiciens, des astronomes, des physiciens habiles, leur profession a dû nécessairement se distinguer parmi celles qui ont pour objet le travail des verres, des métaux, etc. ; plusieurs d'entre eux, tels que Fraunhofer, Gambey, etc., se sont fait par leurs découvertes une réputation qui les a placés à côté des savants de profession ordinaires. Aujourd'hui on trouve dans plusieurs villes de l'Europe, notamment à Paris, des opticiens dont les ouvrages sont des chefs-d'œuvre.

Teyssèdre.

OPTIMATES et **POPULARES**, deux mots latins, qui aux derniers temps de l'existence de la république romaine servaient à désigner les deux partis politiques qui se trouvaient alors en présence. Le premier, composé de la plus grande partie du sénat et de la noblesse en général, constituait ce qu'on pourrait appeler le parti aristocratique ou conservateur. Le second, moins compacte, se composait très-souvent d'un certain nombre d'individus appartenant à la noblesse elle-même, et qui, mus tantôt par des motifs généreux et tantôt par leur seule ambition, s'appuyaient sur la masse du peuple pour combattre leurs adversaires. C'était ce qu'on appellerait aujourd'hui le parti démocratique ou du mouvement. La lutte entre ces deux partis commença le jour où les deux Gracques, *populares*, c'est-à-dire les hommes du peuple dans la plus noble signification de ce mot, essayèrent d'adoucir l'oppression et la misère dans laquelle le peuple gémissait. Ils échouèrent contre la résistance des *optimates* ; mais la lutte recommença ensuite par Marius et Cinna. Grâce à Sylla, les *optimates* en sortirent encore une fois vainqueurs ; mais sous leur chef Pompée, homme souvent irrésolu, ils finirent par céder à l'énergie et au génie de Jules César, qui, pour exécuter les grands plans politiques qu'il avait conçus et parvenir à la souveraine puissance, s'était placé à la tête des *populares*. Les tentatives qu'ils firent après l'assassinat de César pour ressaisir le pouvoir furent inutiles. Elles aboutirent à la défaite de Brutus et de Cassius par Antoine et Octave ; et les dénominations d'*optimates* et de *populares* perdirent leur signification dans les luttes provoquées par l'antagonisme de ces deux ambitieux.

OPTIMISME, OPTIMISTE. On entend communément par optimisme cette illusion de l'égoïsme qui nous fait croire que tout est au mieux dans ce monde, parce que tout y va bien pour nous. C'est cet épicurisme de l'homme heureux qu'a dépeint Collin d'Harleville dans sa jolie comédie de *L'Optimiste*. L'optimisme, considéré comme système philosophique et théologique, c'est la doctrine qui, sans nier le mal physique et moral, y voit sous ce double rapport un élément de l'ordre universel, et affirme que si l'on considère le monde dans son ensemble, le tout est bien, ou, ce qui revient au même, tout est bien par rapport au tout. Cette doctrine, établie sur des inductions philosophiques par le génie de Leibnitz, a été prêchée éloquemment dans les beaux vers de Pope (*Essai sur l'Homme*), et dans la prose, non moins belle, de J.-J. Rousseau (*Lettre à Voltaire sur les poèmes de la Religion naturelle et du Désastre de Lisbonne*). Cette croyance a survécu et survivra à l'ironie satanique de l'auteur de *Candide* sur nos misères et aux accents désespérés d'un autre grand poète, lord Byron. Elle survivra, parce que c'est celle du bon sens, du sens commun.

Aubert de Vitry.

OPTION (du latin *optio*, fait d'*opto*, je choisis). C'est la faculté qui est donnée à une personne de choisir entre deux ou plusieurs choses qu'elle ne peut avoir ensemble (*voyez* Choix). Le droit d'option forme la condition essentielle des *obligations alternatives*. Il s'applique également à d'autres actes ou contrats, surtout en matière de communauté conjugale, à la dissolution du mariage. Le droit d'option trouve encore plusieurs applications en matière politique et administrative.

OPTIQUE (du grec ὄπτομαι, voir). Ce mot est substantif et adjectif : dans le premier cas, il désigne cette branche de la physique qui traite de la lumière et des phénomènes de la vision. Considéré comme adjectif, il sert à caractériser tout ce qui a rapport à la vision.

En général, on divise l'optique en trois sections principales, qui sont : 1° *l'optique* proprement dite, laquelle traite de la vision produite par la lumière qui se rend directement des objets dans l'œil du spectateur qui les observe; 2° la *dioptrique*, qui a pour objet le mouvement de la lumière à travers des substances transparentes, telles que l'eau, l'air, le verre (*voyez* RÉFRACTION); 3° la *catoptrique*, dans laquelle on expose les phénomènes produits par la lumière réfléchie par des surfaces polies qu'elle rencontre suivant certaines directions (*voyez* RÉFLEXION). La perspective, les sciences qui traitent des couleurs, etc., sont encore des branches de l'optique. TEYSSÈDRE.

OPTIQUE (Axe). *Voyez* AXE.

OPTIQUE (Chambre). Le plus souvent, c'est une boîte munie de miroirs plats et de verres convexes; le tout est disposé de manière que l'observateur, appliquant l'œil contre l'un des verres convexes, ne peut pas voir directement les objets qui sont placés dans la boîte, quoiqu'ils soient bien éclairés; mais il en perçoit les images amplifiées et situées dans le lointain. Cette illusion est produite par les verres convexes qui grossissent les images, et par un miroir plat incliné de 45° qui détourne les rayons partant des objets qui sont placés dans la boîte, et les fait voir bien distinctement dans un lieu où ils ne sont pas. TEYSSÈDRE.

OPTIQUE (Illusion d'). *Voyez* ILLUSION D'OPTIQUE.

OPTIQUE (Nerf). Ce nerf, que l'on considère comme le principal organe de la vision, part du cervelet, s'introduit dans une ouverture qu'on appelle *trou optique*, dans laquelle est situé le globe de l'œil. Par son épanouissement, le nerf optique forme ce qu'on appelle la *rétine* : les deux nerfs optiques, se réunissant un peu au delà des yeux, ne forment plus qu'un seul organe, par lequel nous percevons la sensation de la vision : voilà pourquoi, du moins on le croit, nous ne voyons pas les objets doubles, quoique nous les regardions des deux yeux à la fois. TEYSSÈDRE.

OPULENCE (du latin *opulentia*, richesse). On entend par ce mot une grande richesse, une abondance de biens qui n'en fait pas prévoir le terme. L'opulence permet de faire le bonheur de beaucoup de gens, en allégeant leur misère; mais, comme la fortune, elle ne fait pas le bonheur de ceux qui en jouissent. La fortune s'acquiert en général par le travail; l'opulence, de nos jours, est arrivée à bien des gens se posant bourgeoisement en Mécène, faisant dorer à la façon des courtisanes toutes les grilles de leur hôtel, par ce que l'on appelle des coups de bourse; or, rien ne ressemble moins au travail. On a vu souvent cette opulence disparaître soudain, comme elle était venue. Le commerce rend les villes et les nations *opulentes*.

OPUNTIACÉES. *Voyez* CACTÉES.

OPUSCULE (du latin *opuscula*, diminutif d'*opus*, œuvre), petit ouvrage, petit traité de science, de littérature : Les *opuscules* de Plutarque; *opuscules* posthumes. Il a laissé quelques *opuscules* curieux.

OQUE ou OKE, poids turc, dont l'évaluation varie, mais qu'on peut estimer à environ 1,275 grammes.

OR, le χρυσός des Grecs, l'*aurum* des Latins, comparé par les alchimistes au soleil, et représenté par eux sous l'emblème de cet astre. La haute estime des hommes, la valeur supérieure qu'on lui attribue, n'est pas uniquement acquise à l'or par l'effet du préjugé, ni fondée sur des idées purement arbitraires: ce métal a une excellence réelle. Sa rareté concourt d'ailleurs avec les propriétés *sui generis*, et très-remarquables, dont il est doué, à ajouter au prix qu'y ont constamment attaché tous les peuples déjà sortis de l'enfance de la société, et capables par conséquent de juger plus ou moins exactement de l'utilité et de la perfection d'une substance devenue en quelque sorte aujourd'hui l'objet d'un culte universel; capables d'apprécier les agréments qu'elle procure, en les mesurant à l'échelle des autres jouissances, nées du progrès de la civilisation. Toutes les considérations rationnelles se sont donc groupées dans l'esprit des hommes pour faire de l'or le signe représentatif commun et immuable de la propriété et de la richesse. Cette opinion avantageuse et si générale remonte même à une antiquité fort reculée.

Déjà Pline, au livre XXXIII de son *Histoire naturelle*, nous a laissé un témoignage irrécusable du progrès des idées sur l'excellence de l'or. On trouve chez cet auteur des notions très-précises, et que l'expérience a pleinement confirmées, sur les principales propriétés de ce métal. Les détails même donnés sur les procédés de son extraction du sein de la terre (à la vérité beaucoup plus simple que l'exploitation de la plupart des autres métaux) sont assez nettement exposés.

Malheureusement, il n'est pas de vérité à laquelle notre imagination inquiète et vagabonde ne donne bientôt un entourage d'erreurs et l'accompagnement obligé de ces espérances si flatteuses et si décevantes dont nous nous berçons sans cesse. L'homme, toujours tourmenté à la vue de la brièveté de son existence, souffrant, attristé, effrayé par les maladies de toutes espèces qui en rendent le trajet souvent si douloureux, ne cesse pas de caresser l'espoir d'en prolonger la durée et d'en adoucir l'amertume. Il ne faut donc pas s'étonner que dès les temps anciens on ait cherché dans l'or, qui s'offrait sous tant d'aspects favorables, une panacée universelle, un remède à toutes les maladies. Ces idées de l'antiquité sur les vertus curatives de l'or, et même sur sa puissance contre les maléfices, auxquels les Latins surtout faisaient jouer un si grand rôle dans la vie, tombèrent totalement dans l'oubli quand l'humanité tout entière se vit enveloppée dans les ténèbres qui succédèrent à l'éclat de l'antique Rome. Mais à une époque plus récente, au siècle de l'alchimie moderne, ces mêmes espérances se réveillèrent plus vives, plus ambitieuses que jamais. Les uns voulaient trouver dans l'or un principe supérieur, l'*alkaest*, type de la puissance créatrice; les autres prétendirent trouver de l'or dans tous les métaux, par une sorte de transmutation, puis dans toutes les substances.

L'or pur est d'un beau jaune, et n'a ni saveur ni odeur sensibles. Son éclat est inférieur à celui du platine, de l'acier et de l'argent, mais supérieur à celui du cuivre, de l'étain et du plomb. Sa pesanteur spécifique est 19,2572, par conséquent inférieure à celle du platine, et à peu près double de celle de l'argent; elle est de 19,361 si, au lieu d'avoir été simplement fondu, ou l'a recuit, forgé ou écroui; il acquiert l'électricité résineuse par le frottement, quand il est isolé. Il est un peu plus difficile à fondre que l'argent, quoiqu'il se fonde comme lui après avoir rougi, mais beaucoup plus facilement que le fer, et le platine surtout. Il est moins dur que le fer, le platine, le cuivre et l'argent, mais plus dur que l'étain et le plomb. Sa ductilité et sa ténacité l'emportent sur celles de tous les autres métaux. Il n'est pas volatil à un feu de forge, et n'a aucune espèce d'action, soit à froid, soit à chaud, sur le gaz oxygène et l'air. L'eau régale, ainsi nommée parce qu'elle est le dissolvant du *roi des métaux*, et qui consiste en un mélange d'acide nitrique et d'acide chlorhydrique, le dissout complétement. Les autres acides, à l'exception de l'acide nitrique, qui l'attaque un peu quand celui-ci est très-concentré, et qu'il est lui-même très-divisé, ne lui font éprouver aucune altération. Il est soluble dans les hydrosulfures. Le chlore l'attaque avec beaucoup d'énergie.

Toutes les combinaisons chimiques dans lesquelles l'or est susceptible d'entrer ne peuvent trouver place ici : nous parlerons seulement de ses alliages avec d'autres métaux. Il en est peu qui ne s'y allient en proportions quelconques. On a observé avec plus de soin dans ces derniers temps la combinaison de l'or avec le fer, qui donne naissance à un produit fort remarquable. L'un des alliages les plus intéressants de l'or est celui de mercure, connu plus généralement sous le nom d'*amalgame*, et qui offre le moyen le plus généralement employé pour extraire l'or dans les travaux d'exploitation de ses mines. Nous venons de dire que le feu de nos fourneaux est impuissant pour la volatilisation de l'or; mais il n'en est pas de même quand on le soumet à l'action de rayons solaires concentrés. Ce phénomène est fort remarquable : exposé pendant des semaines entières par Boyle et Kunckel, il est resté fixe dans les fourneaux les plus ardents, au lieu qu'ayant été placé au foyer de la grande lentille de Tschirnhausen, il s'est assez promptement volatilisé ; cet effet a été constaté d'une manière certaine en exposant à la fumée de l'or une lame d'argent, qui se trouva parfaitement dorée. Non-seulement l'action du feu solaire volatilise l'or, mais, selon la force de concentration, elle le convertit en oxyde et le couvre d'un enduit vitreux couleur de pourpre, que l'on peut regarder comme un oxyde d'or vitrifié. Jamais aucun feu ordinaire n'a produit un tel effet, qui se manifeste d'ailleurs aussi quand l'or est soumis à l'étincelle électrique. L'alliage de l'or avec l'argent, le cuivre, le zinc et le bismuth, se fait d'une manière si complète que la densité ou pesanteur spécifique de l'alliage est toujours plus considérable que celles des deux métaux prises séparément. Mais dans d'autres alliages, au contraire, comme celui de l'or avec le fer ou avec l'étain, bien loin qu'il y ait condensation et pénétration réciproques des deux métaux, il se forme une sorte d'écartement entre leurs molécules, de manière que la masse qui résulte de l'alliage a plus de volume, et par conséquent moins de densité que n'en avaient les deux métaux pesés hydrostatiquement chacun à part.

Le mercure est de tous les métaux celui qui montre le plus d'affinité avec l'or, et leur *amalgame* se fait avec une si grande facilité qu'on l'obtient même à froid, par la simple trituration de l'or en feuille ou en poudre avec le mercure coulant. Il en résulte une masse molle comme de la pâte, à laquelle on donne le degré de consistance qu'on juge à propos en y ajoutant une plus ou moins grande quantité de mercure. C'est avec cet amalgame qu'on exécute la dorure dite en *or moulu* : on l'étend sur le métal qu'on veut dorer, on expose la pièce au feu : le mercure s'évapore, et l'or se trouve fixé sur la surface du cuivre ou de l'argent qu'on avait couverte d'amalgame. C'est pareillement à la faveur de cette grande affinité de l'or avec le mercure qu'on parvient à le retirer avec profit des minerais les plus pauvres : on les pulvérise, on les pétrit avec de l'eau salée, et l'on y mêle une quantité de mercure suffisante ; on procède ensuite à des lavages réitérés de ce mélange, pour le débarrasser peu à peu de toutes les matières terreuses, jusqu'à ce qu'enfin il ne reste plus à peu près que l'amalgame aurifère, dont on retire le mercure par la distillation ; et l'on achève de purifier l'or par le moyen ordinaire de la coupelle.

L'or précipité de sa dissolution chlorhydrique par l'ammoniaque, ou alcali volatil, acquiert une propriété qui lui est commune avec l'argent et le mercure ; c'est d'être *fulminant*. Buffon rapporte, à l'occasion de l'or fulminant, une observation curieuse : si on le fait détoner sur différents métaux, il s'y comporte d'une manière différente : sur l'étain, le plomb, l'antimoine, le bismuth et l'arsenic, il laisse des traces d'oxyde couleur de pourpre ; sur l'argent, le cuivre, le fer, le cobalt et le zinc, il se revivifie, et s'y incruste avec son brillant métallique. La propriété que possède l'or de former dans de certaines circonstances un oxyde de couleur pourpre lui a rendu précieux pour la peinture en émail et sur porcelaine ; il fournit alors les plus belles nuances de violet, de rose et de lilas. Pour obtenir dans toute sa beauté cet oxyde, qu'on nomme *pourpre de Cassius*, on fait une dissolution d'étain dans l'eau régale, qu'on étend de beaucoup d'eau pure distillée, et l'on y verse peu à peu la dissolution régalienne d'or, qui se précipite en couleur de pourpre. Cette opération très-délicate exige des précautions particulières.

Malgré sa grande densité, l'or réduit en feuilles très-minces, comme celles dont se servent les doreurs sur bois et sur cuir, par exemple, ne paraît pas être tout à fait opaque. On pourrait croire que la clarté qu'on aperçoit dans ce cas, en plaçant une de ces feuilles entre l'œil et la lumière, proviendrait de quelque interstice ou solution de continuité ; mais une observation due à Newton présente un autre point de vue de cette question : il a remarqué qu'une telle feuille paraissait d'un bleu verdâtre ; il en a conclu que ce métal, en même temps qu'il réfléchissait des rayons jaunes, admet-

tait, par réfraction, dans son intérieur, une certaine quantité de lumière bleue, qui, après s'être réfléchie çà et là à la rencontre des molécules métalliques, était entièrement éteinte.

La ductilité de l'or, ou la facilité qu'il a de s'étendre en feuilles sous le marteau, est extrêmement remarquable. Les physiciens en rapportent des exemples prodigieux ; en voici quelques-uns : avec cinq centigrammes d'or, on peut former une feuille dont la surface sera d'environ 364 centimètres carrés. L'art du batteur d'or démontre journellement que 30 grammes de ce métal peuvent être réduits en 1,000 feuilles, chacune de 166 millimètres carrés, ou en plus de 1,000 feuilles de 29 centimètres, c'est-à-dire en multiplié la surface 159,092 fois : chacune de ces feuilles n'a que 0 mètre, 00009 d'épaisseur. On a aussi calculé qu'avec un ducat (valant environ 12 francs) on pouvait dorer une statue équestre grande comme nature. Mais c'est surtout l'art du tireur d'or qui nous fournit les exemples les plus surprenants de son étonnante ductilité, en même temps que de sa ténacité extrême, qui est supérieure à celle de presque tous les autres métaux. Un fil d'or de 27 dix-millimètres de diamètre peut soutenir un poids de 250 kilogrammes, sans se rompre. 30 grammes d'or passés à la filière sont susceptibles de fournir un fil de 365 kilomètres de long. La moitié de cette quantité, employée à couvrir un cylindre d'argent de 85 centimètres de long et de 27 millimètres de diamètre, est allongée très-facilement en un fil de même longueur que le précédent, qui paraît entièrement d'or comme le premier ; en le passant au laminoir, on le change en une lame qui aura ses deux faces dorées : ainsi, 15 grammes d'or peuvent couvrir parfaitement une surface de 730 kilomètres. Sous le point de vue de la sonorité, l'or offre aussi des résultats particuliers. On a remarqué que des cordes de clavecin qu'on avait faites en or étaient sensiblement plus graves que celles de laiton ou d'acier. Cet effet doit sans doute être attribué à la mollesse et au peu d'élasticité du métal.

Le degré de pureté de l'or, ou, comme on dit dans le commerce, son titre, s'évalue dans la plus grande partie de l'Europe par *karats*, ou vingt-quatrièmes. L'or absolument pur est à 24 karats, celui qui contient deux parties d'alliage est à 22 karats, et ainsi de suite. L'or employé avant l'année 1789 à la fabrication des louis et à celle des bijoux à Paris devait être à 22 karats ; mais l'or des bijoux n'est ordinairement qu'à 20 ; très-souvent à 18 , et quelquefois même au-dessous. Aujourd'hui on évalue en France le degré de pureté de l'or et de l'argent par millièmes. Les monnaies d'or et celles d'argent qui contiennent également neuf parties de fin et une partie d'alliage sont dites au titre de 900 millièmes ; l'or des bijoux doit être au titre légal de 800 millièmes, etc. Ce qu'on nomme *or vert* est un alliage de 70 parties d'or pur avec 30 parties d'argent également pur. Les différents alliages de l'or varient dans leur couleur, leur dureté, leur fusibilité, et notamment dans leur pesanteur spécifique, qui est dans presque tous les cas inférieure à celle de l'or pur. Brisson a trouvé que dans un alliage factice d'or et de cuivre ces deux métaux paraissaient se pénétrer réciproquement, en sorte que la pesanteur spécifique du mélange était plus grande que la somme des pesanteurs spécifiques des deux métaux séparément. Ainsi, dans de l'or au titre de l'orfèvrerie de Paris, où la proportion de ce métal était celle de 11 à 1, la pesanteur spécifique du mélange s'est trouvée de 17,4863 ; mais en supposant qu'il n'y eût eu aucune pénétration, elle n'aurait dû être que de 17,1529, ou à peu près ; ce qui fait une augmentation de densité d'environ un-cinquante-et-unième. D'après le même physicien, un pied cube d'or à 24 karats pèse 1348 livres 1 once et 41 grains poids de marc (environ 660 kilogrammes).

Ductile et malléable au suprême degré, comme nous l'avons dit plus haut, l'or est susceptible de recevoir toutes les formes que peut lui donner une main habile ; mais son peu de dureté l'empêcherait de les conserver, s'il n'était allié à une certaine quantité de cuivre ou d'argent. Ces métaux le rendent à a fois plus dur et plus fusible; le premier exalte sa couleur, et c'est pour cette raison qu'il est employé de préférence pour les alliages destinés à la fabrication des bijoux; le second l'affaiblit. Le docteur Henry, dans ses *Éléments de Chimie expérimentale*, et plusieurs autres auteurs ont rapporté, comme un fait très-singulier, que quelques espèces de cuivre, qui par elles-mêmes ne semblent défectueuses sous aucun rapport, détruisent complétement la ductilité de l'or. Nous ne voyons là rien qui ne s'explique cependant très-naturellement par la présence de quelques atomes de plomb ou d'antimoine dans ces cuivres, quantité insuffisante pour en altérer sensiblement les propriétés, mais que l'or ne peut recevoir sans devenir très-cassant, car l'on sait que $\frac{1}{1152}$ en poids de ces métaux suffit pour gâter totalement l'or. Un alliage formé d'une seule partie de plomb et de onze parties d'or, et qui affecte une couleur jaune pâle et terne, est aussi fragile que le verre.

On trouve chez les batteurs d'or plusieurs sortes d'or en feuilles; le plus beau est celui qu'on nomme *or d'épée*, et qui sert aux damasquineurs; le second en pureté sert aux armuriers, et se nomme *or de pistolet*; le troisième sert aux relieurs, on l'appelle *or de relieur*; le quatrième, enfin, sert aux peintres en bâtiments, et est employé aussi dans la pharmacie pour dorer des pilules, d'où lui est venu le nom *d'or d'apothicaire*. Ce que l'on nomme *or en coquilles* est fabriqué avec des rognures de feuilles d'or appelées *bractéoles*, qu'on broie avec de la gomme ou du miel. On le met ensuite dans des coquilles de moule, et il est particulièrement employé dans l'enluminure des estampes et des écritures.

On a eu recours à plusieurs méthodes pour reconnaître le degré de pureté de l'or, principalement pour l'essai des bijoux, pour lesquels on a moins de garantie que dans le monnayage, qui est sous l'égide du souverain qui fait battre monnaie. Le moyen dont on se sert le plus communément, surtout quand l'objet est petit, et qu'on craint de le déformer, est l'essai à la pierre de touche. On trace sur la surface de cette pierre un trait plus ou moins délié, sur lequel on passe ensuite une barbe de plume imprégnée d'acide nitrique étendu ou eau-forte. L'on juge, d'après le plus ou moins d'altération que le trait subit dans sa couleur et dans sa continuité, du titre auquel le bijou a été fabriqué. Mais pour prononcer avec quelque connaissance de cause d'après cette seule épreuve, il faut s'être longtemps exercé avant sur des alliages faits dans des proportions diverses et bien connues, et qu'on nomme *touchaux*; aussi dans les cas importants c'est toujours à l'essai tel qu'on le pratique dans les hôtels des monnaies qu'il faut avoir recours.

Quand l'or est allié au cuivre, on peut l'obtenir pur en le passant à la coupelle avec une certaine quantité de plomb; mais ce moyen ne peut être employé quand il contient de l'argent: il faut alors recourir à l'opération dite du *départ*. On procède d'abord à ce qu'on appelle l'*inquartation*, qui consiste à augmenter la quantité d'argent que l'on présume exister dans l'alliage, jusqu'à ce que la proportion de ce métal soit à peu près triple de celle de l'or. On réduit ensuite en lames minces le nouvel alliage à l'aide d'un laminoir, et l'on soumet les feuilles roulées à l'action de l'acide nitrique à plusieurs reprises. L'argent est enlevé en entier si l'opération est faite avec soin, et l'or reste pur. Il y a encore plusieurs autres manières de séparer l'argent de l'or auxquelles on donne les noms de *départ sec*, de *départ de cémentation* et de *départ inverse*; mais elles sont peu usitées. Il est d'ailleurs superflu d'ajouter que dans le départ en grand on ne prend pas les mêmes précautions que dans le départ d'essai. Pour séparer l'or de l'argent par la voie sèche, on fait chauffer l'alliage jusqu'au blanc, avec un quart de son poids de soufre; l'argent se fond avec le soufre, et l'or se recueille au-dessous du sulfure d'argent.

Sans parler de l'or monnayé, les principaux usages de ce métal sont trop généralement connus pour qu'il soit besoin d'en faire mention ici. Nous avons déjà dit comment il est employé par l'intermède du mercure à la dorure d'autres métaux. Les procédés Ruolz et Elkington ont donné d'autres méthodes plus usitées aujourd'hui (*voyez* DORURE). Chacun sait comment on étend l'or en feuilles pour dorer les bois, le cuir, etc., etc. Nous ajouterons seulement que par un procédé dont on est redevable à une Anglaise, Mme Fulham, on dore avec beaucoup de promptitude, d'élégance et de facilité, les étoffes de laine et surtout de soie. Il suffit pour cela de tracer le dessin sur l'étoffe au moyen d'une dissolution d'or fort étendue d'eau, et de l'exposer ensuite à un courant de gaz hydrogène que l'on dégage d'un mélange d'acide sulfurique étendu d'eau et de limaille de fer ou de zinc; l'or se réduira, et les traits du dessin seront parfaitement dorés.

On emploie aussi en Angleterre la dissolution d'or mélangée avec de l'éther sulfurique pour dorer des ciseaux d'acier, des lancettes, et autres petits outils, qui se trouvent ainsi préservés de la rouille au moyen d'une bien petite quantité d'or qui se revivifie à leur surface. L'or en chiffons ou en drapeaux est employé à la dorure des pièces délicates de cuivre ou d'argent. Il s'obtient par la combustion de vieux linges propres que l'on a fait sécher et brûler dans un creuset après qu'ils ont été imbibés d'une dissolution d'or dans l'eau régale. La poudre de couleur pourpre qui en résulte étant passée avec frottement au moyen d'un bouchon humecté à la surface bien décapée du bijou, le revêt d'un enduit métallique brillant, mais qui malheureusement a peu de solidité: c'est le procédé de la dorure dite au *bouchon*. Mais l'un des emplois les plus agréables et les plus éclatants de l'or est sur la porcelaine. Pour cette opération, on précipite l'or de sa dissolution hydrochlorique au moyen du sulfate de fer récent ou protosulfate. La poudre brune qu'on recueille étant broyée avec de l'huile d'aspic, ou de lavande, ou de la gomme, est étendue au pinceau sur la pièce de porcelaine; on passe au feu de moufle; l'or s'attache par l'intermède du fondant qu'on y avait mêlé; il n'offre d'abord qu'une couleur briquetée terne, mais sous le brunissoir il prend le bel aspect métallique qui lui est propre.

L'or est, comme le fer, très-généralement répandu dans toute la nature, mais le plus souvent en si petite quantité, et tellement masqué par une multitude d'autres substances, qu'on ne peut l'en extraire avec profit que dans quelques contrées privilégiées; il résulte même de ces mélanges, où il se trouve en si petite proportion, que sa présence est fort difficile à constater. La cendre même d'un grand nombre de végétaux en contient des quantités appréciables. Bertholet a retiré jusqu'à 40 grains d'or par quintal de cendres, où il était avéré qu'il ne se trouvait pas accidentellement.

PELOUZE, père.

L'or a, comme la plupart des autres métaux, ses mines proprement dites, soit en filons, qui sont ordinairement quartzeux et situés dans les montagnes primitives, soit dans des couches horizontales de sable ordinairement ferrugineux qu'on croit être des terrains d'alluvion, mais qui probablement ne le sont pas tous. L'Espagne et le Portugal possédaient jadis des mines d'or d'un produit considérable. On rapporte que les Romains en tiraient annuellement jusqu'à 30,000 marcs d'or. La tradition mentionne également l'exploitation par les Romains de mines d'or productives dans les Pyrénées françaises. On trouve des mines aurifères dans presque toutes les autres contrées du globe; mais il est excessivement rare que l'or n'y soit pas en mélange avec d'autres métaux beaucoup plus abondants que lui. Ce sont même ces mines mélangées qui fournissent le plus d'or; car là où il est isolé, on ne le trouve ordinairement si peu abondant que les frais d'extraction absorbent au delà des bénéfices. On reçoit en Europe de fort beaux et fort riches échantillons de la Chine, des Grandes-Indes, de l'Ile de Sumatra, etc. Mais ces masses détachées ne prouvent pas plus l'abondance des mines d'où elles ont été extraites que le filon de La Gardette, dans le ci-devant Dauphiné, ou celui d'Olonetz en Russie, qu'on a été forcé d'abandonner à cause de l'exiguité des produits de leur exploitation, bien qu'elles aient donné des pépites considérables.

Les mines d'or les plus importantes qu'on exploite aujourd'hui sont, en Europe, celles de Hongrie et de Transylvanie, aux environs de Schemnitz et à Cremnitz, près des monts Krapaks. Les filons dans ces mines ne sont pas proprement des mines d'or, mais des mines d'argent aurifère. La Sibérie, en général si riche en mines, n'a qu'une seule mine d'or proprement dite; c'est celle de Bérézof, dans les monts Ourals, près d'Ekatérinbourg', la même qui produit le plomb rouge; l'or s'y trouve disséminé dans un minerai ferrugineux, cristallisé en cubes striés. Les autres mines de Sibérie qui fournissent de l'or sont des minerais d'argent aurifère; la plus célèbre est celle de Zméof, dans les monts Altaï, entre l'Obi et l'Irtisch. Les mines d'or qu'on trouve dans les contrées septentrionales, et même dans les régions tempérées, y sont rares et en général peu riches; la véritable patrie de ce métal semble placée entre les tropiques. La nature y a décoré la terre d'une ceinture dorée, parsemée de diamants et de toutes sortes de pierres précieuses, et toutes ces belles productions se trouvent presque à la surface du sol. Les terrains aurifères en couches horizontales, qui sont si fréquents dans les différentes contrées de l'Afrique, ne pénètrent jamais à plus de quatre mètres de profondeur; il en est de même dans les plaines du Brésil et dans les vallées du Pérou, du Mexique, de la Nouvelle-Grenade et des autres parties de l'Amérique équatoriale. Les filons d'or eux-mêmes plongent rarement au delà de quelques mètres. Il n'y a que les filons d'argent qui se soutiennent à des profondeurs plus considérables, et dans ceux-ci l'or ne se trouve que dans une fort petite proportion; il semble que ce précieux métal ait besoin des rayons du soleil pour être mûri. La très-grande majorité de l'or qui est dans le commerce provient des sables aurifères.

L'or se trouve à l'état *natif*, ce que les anciens minéralogistes appelaient l'état *vierge*; même dans cet état il se trouve mélangé d'argent, de platine, de palladium; les *pépites* sont ce qu'on appelle de l'or à l'état natif; on en citait naguère de fort belles, dans diverses collections minéralogiques; mais elles sont de bien loin dépassées par celle que l'on a trouvée dernièrement en Australie et qui pèse 48 kilogrammes; d'un fragment du quartz on retira 27 kilogrammes d'or. L'or natif est divisé en diverses espèces, suivant les alliages qu'il contient : l'or *natif jaune d'or*, qui est l'espèce la plus pure : il ne contient que très-peu d'argent, et encore moins de cuivre; l'or *natif jaune de laiton*, qui renferme plus d'argent et quelquefois un peu de fer; enfin, l'or *natif jaune grisâtre*, qui doit sa couleur à la présence du platine ou du palladium.

L'or natif se trouve dans les terrains de toutes les formations. Il est disséminé dans les lits des montagnes anciennes, et notamment dans le quartz au Pérou; il se rencontre aussi dans les veines du schiste argileux dans ce même pays, et dans celles du granit au Gastein, pays de Saltzbourg, et dans la roche d'amphibole, en Suède. Il est également disséminé et en veines dans les montagnes de porphyre argileux et de grauwacke en Transylvanie. Les montagnes à couches de pierres sablonneuses du même pays en renferment de petites veines. Il abonde surtout dans le sol de transport, où il est répandu sous la forme de grains, et quelquefois de masses assez considérables. Les mines d'or les plus riches que l'on connaisse sont celles de l'Australie, de la Californie, du Mexique et du Pérou. Il en existe en Transylvanie et aussi Sibérie. L'Asie et l'Afrique renferment également de riches mines de ce métal. On en a découvert une en France, près de La Gardette, à quelques lieues d'Allemont, dans le gneiss; mais elle est abandonnée. Plusieurs fleuves d'Europe, tels que l'Aranyos, le Rhin, le Rhône, l'Ariège, l'Orco, la Seine, etc., et diverses rivières ou ruisseaux des Pyrénées, tels que le Cèze et le Gardon, roulent des paillettes d'or. L'or mexicain provient pour la plus grande partie de terrains d'alluvion, dont on l'extrait par des lavages. Ces terrains sont fréquents dans la province de la Sonora. Une autre partie de l'or mexicain est extraite des filons qui traversent les montagnes de roches primitives. C'est dans la province d'Oaxaca que les filons d'or natif sont le plus fréquents, soit dans le gneiss, soit dans le schiste micacé. L'or péruvien provient en partie des provinces de Pataz et de Huaïlas, où on le retire des filons de quartz qui traversent des roches primitives, et en partie des lavages établis sur les rives de l'Alto-Maragnon, dans le Pastido du Chachapoyas. Tout l'or que fournit la Nouvelle-Grenade est le produit des lavages établis dans les terrains de transport. L'Asie et les nombreuses îles de l'océan Indien possèdent des mines d'or d'un produit assez considérable. La seule île de Sumatra, d'après M. Marsden, en fournit annuellement 481 kilogrammes. L'Afrique livre au commerce une très-grande quantité d'or. Il s'y rencontre principalement dans le sol d'alluvion.

Toutes les mines connues, jusqu'à la découverte de celles de la Californie et de l'Australie produisaient annuellement en moyenne, en or fin :

Brésil	6,873 kilogr.
Nouvelle-Grenade	4,714
Chili	2,807
Mexique	1,609
Pérou	782
Buenos-Ayres	500
Sumatra	481
Hongrie et Transylvanie	2,500
Sibérie	27,000
Afrique	1,500

La découverte des gisements aurifères de la Californie, depuis le Sacramento jusqu'au pied des montagnes Rocheuses, et en Australie sur une étendue presque illimitée, puisque la présence de l'or a été constatée jusque ici sur une surface de 1,500 kilomètres de longueur et de 1,000 de largeur, a modifié dans d'énormes proportions le produit de l'or. La Californie, depuis que les chercheurs d'or s'y sont mis à l'œuvre, a produit pour plus de deux milliards d'or, et elle en donne annuellement pour près de 300,000,000, c'est-à-dire de 85 à 90,000 kilogrammes. En Australie, où l'or existe à l'état de poudre très-tenue et aussi à l'état de pépites, la somme produite s'est élevée du mois d'août 1851 à la fin de 1852 à 800,000,000; ce chiffre tend à s'élever annuellement à 1,000,000,000. Ainsi, la production annuelle de l'or, qui il y a peu de temps s'élevait en moyenne à 150,000,000 pour le monde entier, en arrivera avant peu à dépasser 1,500,000,000. L'Amérique avait donné depuis sa découverte 10,900,000,000 d'or, contre 4,000,000,000 fournis par le reste du monde : l'extraction de l'or en arrive à donner annuellement aujourd'hui le dixième de ce que l'on avait arraché aux entrailles de la terre en trois siècles! On avait calculé que la masse d'or en circulation chez les nations européennes s'élevait en 1848 à 4,200,000 kilogrammes, ou 14,667,000,000 de francs. La quantité considérable d'or détruite par le *frai* des pièces monnayées, par les naufrages, par divers accidents, par la destruction des dorures de toutes sortes, par l'usage des ustensiles en or, diminue sans cesse le résultat de cette production; mais on vient de voir dans quelle proportion les nouvelles richesses aurifères aujourd'hui exploitées dans le Nouveau Monde et dans la Nouvelle-Hollande comblent les vides naturels que nous venons de constater.

De tous les métaux connus jusque ici, l'or est le plus indestructible et le plus inaltérable par le contact de l'air (le platine excepté) : il est le seul qui y conserve son éclat, son brillant, sa couleur et toute sa pureté; le seul qui résiste aux siècles même accumulés. Les dorures de tous les édifices publics, que les chimistes ont coutume de citer pour preuve de cette inaltérabilité de l'or par l'air et par les vapeurs qu'il transporte, ne sont encore que des exemples faibles en comparaison de ces étoiles d'or attachées aux voûtes des temples bâtis il y a des milliers d'années par les Égyptiens, et que des voyageurs modernes ont vues récemment briller de tout leur éclat sur les débris de ces voûtes immenses, échappées à travers les siècles à la faux du temps. L'or s'éloigne beaucoup par cette belle propriété de l'argent, dont le brillant se ternit, et qui prend une couleur noire par sa longue exposition à l'air.

Les alchimistes avaient inventé des teintures et des élixirs aurifiques, légitimement repoussés par la science médicale. Néanmoins, quelques médecins emploient depuis quelque temps l'or en pilules, ou des préparations d'or pour remplacer le mercure dans le traitement des maladies syphilitiques; mais l'un des inconvénients des préparations d'or est de trop exciter le système artériel, ce dont il peut résulter de fâcheux accidents.

Le mot *or* devait naturellement devenir synonyme de richesse, d'opulence : aussi dit-on, dans le langage familier, d'un homme opulent qu'il roule sur l'or, qu'il est cousu d'or ; de celui qui a fait de grandes dépenses, Il a coûté, il a mangé plus d'or qu'il n'est gros. On dira d'un effet de commerce, d'une valeur dont on est sûr, que C'est de *l'or en barres* ; une valeur qui n'est pas sûre sera à peine acceptée par un usurier, qui en fera payer l'escompte *au poids de l'or*, c'est-à-dire fort cher. Un marché avantageux s'appellera un *marché d'or* ; Promettre des *monts d'or*, c'est faire de grandes, de brillantes promesses ; en général, ceux qui promettent des monts d'or s'inquiètent peu de tenir leur parole. Cette expression : C'est de l'*or* de Toulouse qui te coûtera cher ! était une menace, une allusion à une fortune funeste à ceux qui l'ont possédée, à un avantage obtenu d'une manière peu licite. Faire un *pont* d'or à quelqu'un, c'est lui assurer de grands avantages pour en obtenir ce qu'on désire, le renoncement à des prétentions rivales. Un vieux et sage proverbe dit que tout ce qui reluit n'est pas *or*, c'est-à-dire que l'apparence de la richesse ou du mérite n'en est pas la réalité.

Dans certaines acceptions, le mot *or* est synonyme de pureté : un *cœur d'or*, c'est un cœur pur, excellent, désintéressé ; un *livre d'or*, c'est celui qui contient des idées bonnes et justes ; on appellera *saint Jean Bouche d'Or*, de saint Jean-Chrysostôme, l'homme qui exprimera toujours sa pensée avec une entière franchise : *Dire d'or, parler d'or*, c'est parler avec éloquence et conviction, bien dire ce qu'il faut dans une circonstance donnée. On trouve encore parfois des hommes dont on peut dire : C'est un homme de l'*âge d'or*, parce qu'ils ont conservé cette probité, cette innocence de mœurs, cette vertu qui, disent les poëtes, régnaient sans partage au premier âge du monde. Les Parques filaient des jours de soie et d'or à ceux à qui la félicité était réservée sur la terre, ce qui prouve que les anciens, sans croire que l'or fait le bonheur, le soupçonnaient bien d'y contribuer un peu.

OR (*Blason*). *Voyez* MÉTAL (*Blason*).
OR (Âge d'). *Voyez* AGES (Les quatre).
OR (Bulle d'). *Voyez* BULLE D'OR.
OR (Nombre d'). *Voyez* NOMBRE D'OR.
OR (Toison d'). *Voyez* TOISON D'OR.
OR (Veau d'). *Voyez* VEAU D'OR.

ORACLES. Les anciens appelaient ainsi et les réponses des dieux aux questions qui leur étaient adressées, réponses faites par l'intermédiaire d'individus qu'on prétendait inspirés, et les lieux où se donnaient ces réponses au milieu de certaines pratiques et préparations. L'origine s'en perd dans la nuit des temps. Un plus ancien oracle était situé à Meroé, en Égypte ; vinrent ensuite ceux de Thèbes et d'Ammonium, endroits où dominait le culte de Jupiter. En Grèce les oracles qui acquirent le plus de célébrité furent d'abord celui de Dodone, et plus tard celui de Delphes, qui finit par devenir le plus important de tous, soit à cause de sa situation favorable, soit à cause de sa connexité avec le tribunal des Amphictyons à Pilas. Zeus avait en outre des oracles particuliers à Elis, à Pisa et en Crète; Apollon, à Délos et à Claros, non loin de Colophon. Celui des Branchides, à Milet, était également consacré à Apollon et à Artémise. L'oracle de Trophonius à Lebadée et celui d'Amphiaraüs à Orope conservèrent aussi pendant longtemps leur importance et leur influence. Sauf l'Albunea, qui prédisait dans un bois et dans une grotte aux environs de Tibur, la Sibylle de Cumes, les Livres sibyllins, l'oracle de Faune et celui de la Fortune à Preneste, qui tous appartiennent à l'antiquité la plus reculée, et qui finirent par se taire, les Romains n'eurent point d'oracles nationaux, et ils recouraient à ceux de la Grèce et de l'Égypte. Les oracles avaient en général pour but d'adoucir les mœurs et de moraliser l'humanité par des avis et des menaces ; aussi arrivait-il souvent qu'ils sauvassent des malheureux, qu'ils donnassent une considération divine à d'utiles institutions, ou qu'ils sanctifiassent des préceptes de morale et des maximes politiques. Quand on fondait des villes ou des colonies nouvelles, quand il s'agissait d'importantes entreprises, soit à la guerre, soit pendant la paix, mais surtout aux époques de grandes calamités, on s'adressait aux oracles ; et ceux qui y présidaient avaient besoin d'autant de réserve que de sagacité pour ne point se compromettre. L'obscurité et l'équivoque des réponses était le moyen échappatoire auquel ils recouraient d'ordinaire. Toutefois, cette notoire incertitude des réponses des oracles n'était pas attribuée dans l'origine à la fraude, comme ce fut le cas plus tard. Au contraire, ce style énigmatique, qui était en général particulier à l'antiquité, paraissait convenir surtout à la nature divine, soit parce qu'il nécessitait des efforts ultérieurs faits dans un esprit de soumission et d'humilité, soit parce qu'on croyait que les dieux ne communiquaient jamais sans une certaine répugnance leur science supérieure à la faible humanité. Quelquefois aussi il y avait dans l'obscurité des oracles cette ironie qu'on retrouve parfois dans l'Ancien Testament et une désapprobation plus sévère de l'injustice. Bien que les oracles fussent incontestablement entachés de fraude et de corruption, ils conservèrent pendant longtemps leur crédit et leur influence. Ils ne commencèrent à déchoir qu'après le complet asservissement de la Grèce, jusqu'à ce que, sous le règne de Théodose, les temples des dieux prophètes fussent ou fermés pour toujours, ou détruits. Il est évident que les phénomènes du somnambulisme et du magnétisme animal jouaient un grand rôle dans les oracles. Consultez Fontenelle, *Histoire des Oracles* ; Clavier, *Mémoire sur les Oracles des Anciens* (Paris, 1819) ; Wiskemann, *De variis Oraculorum Generibus* (Marbourg, 1838) ; Pabst, *De Diis Græcorum fatidicis*, etc. (Bonn, 1840).

ORAGE. Les trois mots *orage*, *tempête* et *ouragan*, quoique désignant trois phénomènes qui ont entre eux la plus grande analogie, ne sauraient néanmoins, dans aucun cas, si ce n'est peut-être en poésie, être pris pour synonymes. Ils désignent tout au plus trois degrés différents, mais bien tranchés néanmoins, d'un même ordre de choses, du même phénomène. L'orage en est le premier ; la tempête, ordinairement plus longue, plus impétueuse, réveille presque toujours l'idée de la mer, et on n'est guère en effet que sur l'Océan qu'on peut observer des tempêtes proprement dites. Il faut entendre par ouragan, soit sur terre, soit à la mer, tout ce qu'il est possible de concevoir de plus violent, de plus impétueux, dans le déchaînement des éléments, en guerre, comme on dit alors, les uns contre les autres ; mais de cette violence même naît ordinairement sa brièveté, comme s'il n'était pas possible que la nature pût soutenir longtemps l'effort qu'elle semble être obligée de faire pour le produire.

Les orages peuvent se remarquer partout : c'est vers les confins du pôles des deux hémisphères, surtout de l'hémisphère boréal, que l'on observe les tempêtes les plus fréquentes et les plus impétueuses. La zone torride et surtout les Antilles, au moins dans les parages qui ont été le mieux observés jusqu'à présent, semblent plus particulièrement être la région des ouragans. Ils y sont parfois d'une violence dont on ne saurait se faire une idée en Europe, et les désastres qu'ils entraînent, ou plutôt les effets qu'ils produisent parfois dépassent tout ce qui est dans les limites du vraisemblable.

C'est par analogie qu'on emploie figurément le mot *orage* pour désigner des passions tumultueuses, violentes, qui placent l'homme en quelque sorte hors de l'empire de sa volonté. On se sert figurément aussi du même mot pour désigner des commotions politiques qui bouleversent plus ou moins les États.
Billot.

ORAISON. Dans le sens grammatical, le mot *oraison* désigne l'expression vocale de la pensée, le système des sons articulés, qui la manifestent à l'oreille, à l'imagination, à l'intelligence. Ce qu'on appelle les parties d'oraison ou les parties du d i s c o u r s s'entend des diverses espèces de mots employés à énoncer une proposition : le s u j e t ou le n o m, le pronom, l'attribut ou l'adjectif, le v e r b e, la préposition, l'adverbe, la conjonction, l'interjection, caractérisent les parties constitutives de l'oraison ou du discours.

Le mot *oraison* s'emploie dans des acceptions différentes. Lorsqu'il signifie *prière*, il s'applique surtout à l'admirable modèle qu'en a donné Jésus-Christ à ses apôtres. C'est l'*Oraison dominicale*, ou *P a t e r noster*. On dit être en *oraison* pour indiquer que celui dont on parle vaque à la prière. On dit aussi l'*oraison mentale*, pour désigner la prière non articulée, celle que le cœur et la pensée adressent au ciel sans en prononcer les paroles. Il y a aussi l'*oraison j a c u l a t o i r e*.

ORAISON FUNÈBRE. Que pourrions-nous dire encore après tout ce qui a été dit sur l'*oraison funèbre*, après Thomas, dans son excellent *Essai sur les Éloges*, après le cardinal Maury, dans son livre éloquent sur l'*Éloquence de la Chaire*? Nous avons dit en parlant de l'é l o g e : La vertu, le génie, les grands talents, appellent l'attention publique sur la vie des personnages célèbres que la mort nous a ravis ; la reconnaissance aime à s'entretenir de leurs œuvres ; on éprouve le besoin de leur rendre hommage : en les suivant, en les admirant dans la carrière qu'ils ont parcourue, on s'excite à les imiter. La voix du peuple, exhalant ses regrets autour du cercueil où repose le grand homme, l'homme de bien, éminent par de grandes vertus ou de beaux talents, sollicite son éloge funèbre ; en décerner l'honneur à sa mémoire devrait être le droit exclusif de la puissance souveraine. L'usage en avait décidé autrement, et les noms seuls des grands de la terre retentissaient dans les temples du haut de la chaire de vérité. Par combien de mensonges ou de réticences non moins condamnables n'a-t-elle pas été profanée ! Aussi, souvent le tribut qui n'était dû qu'à la vertu et aux talents utiles était usurpé par le faux éclat des grandeurs, quelquefois même par le vice et le crime. Gloire immortelle aux orateurs dont l'éloquence et le génie ont consacré de grandeurs véritables, ou du moins des malheurs éclatants, rehaussés par des qualités réelles et d'aimables dons de la nature ! On admirera toujours les chefs-d'œuvre d'art oratoire où le talent sublime de B o s s u e t, et dans un ordre inférieur, le talent disert et quelquefois éloquent de F l é c h i e r, de M a s c a r o n, de La Rue et de Boismont, ont consacré les noms de deux princesses d'Angleterre, de la princesse Palatine, de Condé, de Turenne, de Lamoignon, de Montausier, et les renommées, fondées sur des titres moins brillants ou moins élevés, mais recommandables, du vertueux duc de Bourgogne, du maréchal de Boufflers, de la bonne et pieuse reine Marie Leszczynska, femme de Louis XV, et du dauphin son fils, père de l'infortuné Louis XVI.

L'un des grands modèles de l'éloquence sacrée, et en même temps l'un de nos plus grands écrivains, Massillon, a échoué dans l'oraison funèbre. L'orateur éloquent qui a su si bien prêcher aux rois leurs devoirs, dans son *Petit-Carême*, n'a pas su les louer : son respect pour la vérité lui interdisait l'artifice du mensonge. Mais si dans cette carrière le vénérable évêque de Clermont n'a pas fait briller son admirable talent, il a mérité une gloire qu'il ne partage avec personne. Dans une *oraison funèbre*, en rendant hommage aux grandes qualités de Louis XIV, il a osé censurer ses vices et déplorer le malheur des peuples opprimés par son ambition.

Un *éloge funèbre* fut remarqué comme une innovation au milieu du siècle dernier : ce fut celui que Voltaire, ce génie habitué à secouer tous les jougs, consacra à la mémoire des officiers morts pendant la guerre de 1741. Son amitié pour V a u v e n a r g u e s, dont il déplore la perte en termes éloquents, lui avait dicté ce panégyrique de l'héroïsme militaire.
Aubert de Vitry.

ORAL (*d'os, oris*, bouche). Ce mot désigne ce qui est transmis de vive voix, sans le secours de l'écriture. La poésie, la législation, l'histoire primitives, ont toujours été *orales* jusqu'à l'invention des caractères destinés à représenter les sons et à figurer la pensée. La *loi orale* contenue dans la *Misnah*, loi que les Juifs croient fidèlement transmise par la tradition, est regardée par eux comme l'indispensable et authentique explication de la loi écrite. L'enseignement *oral* est celui que donnent les professeurs du haut de leur chaire. La t r a d i t i o n *orale* est celle qui, pour n'être pas écrite, n'en est pas moins certaine.

ORAN (*Ouahrân*), ville de l'Algérie, chef-lieu d'une division militaire et de la préfecture du département de ce nom, est située au fond du golfe du même nom, par 33° 44′ 20″ de latitude septentrionale et 2° 2′ 28″ de latitude occidentale, à 410 kilomètres à l'ouest d'Alger. Assis au pied oriental du pic Sainte-Croix ou Merjiagio, Oran est bâti des deux côtés du ruisseau des Moulins (Oued-el-Rahhi), qui coule dans une petite gorge et dont la source, légèrement thermale, ne se manifeste qu'à un kilomètre de son embouchure, bien qu'il vienne selon toute apparence de l'origine même de la gorge. Malgré le peu d'étendue de son cours, cette rivière a un fort volume d'eau et assez de pente pour arroser les jardins, servir aux besoins de la ville et faire tourner six à sept petits moulins. Ce cours d'eau si précieux et l'heureux site du ravin ont vraisemblablement déterminé l'établissement de la ville dans cette position, quoique n'ayant qu'une petite rade, de préférence à Mers-el-Kébir, où est le port. La surface du sol d'Oran ne révèle aucun vestige sensible de la domination romaine. Les constructions élevées par les Maures ont presque entièrement disparu. Les fortifications qui existaient à l'arrivée des Français sont dues aux Espagnols, que l'on peut regarder comme les fondateurs de cette ville.

Les Portugais avaient échoué, en 1501, contre Mers-el-Kébir, lorsque don Diego de Cordoue s'en empara pour les Espagnols, en 1505, à la tête de 5,000 hommes. Le cardinal Ximénès y joignit, en 1509, par une expédition brillante et rapide, et à l'aide d'intelligences dans la place, la conquête d'Oran, effectuée avec un corps de 15,000 hommes qu'il commandait en personne. À la suite de ces succès, les Espagnols s'emparèrent en Afrique des villes d'Alger, de Bougie et de Tripoli, et les peuples de toute la côte devinrent leurs tributaires. Les habitants d'Alger appelèrent à leurs secours Aroudj B a r b e r o u s s e, corsaire de Mytilène, qui s'empara de la ville en 1516, se fit souverain d'Alger, et jeta les fondements d'un nouvel empire en Afrique. Après la malheureuse expédition de Charles-Quint contre Alger, les Espagnols se virent enlever leurs possessions de l'Algérie, et finirent par ne conserver qu'Oran. Cette conquête leur échappa même en 1708, par suite des embarras de la guerre de succession ; mais le comte de Montemar ayant débarqué, en 1732, dans la baie de Falcón, avec 28,000 hommes, en présence de 10 à 12,000 Maures, qui ne soutinrent qu'un assez léger combat, le bey d'Oran s'enfuit dans l'intérieur, et l'étendard de Castille flotta de nouveau sur Oran, le 1er juillet.

La portion de la ville construite par les Espagnols était circonscrite par l'enceinte élevée au pied du pic Merjiagio, sur la berge gauche du ravin ; elle était défendue par des ouvrages considérables. Des travaux prodigieux de communications souterraines et de galeries de mines, un magnifique magasin voûté avec un premier étage sur le quai Sainte-

Marie, une darse et sept autres magasins taillés dans le roc, des casernes, trois églises, un colysée ou salle de spectacle forment l'ensemble des ouvrages élevés par les Espagnols, durant une possession de trois siècles, dans un lieu qui avait mérité d'être appelé pour ses agréments la *Cortechica* (la petite cour). La population d'Oran pouvait s'élever alors à 3,000 âmes. Il y avait en outre 5,000 *presidiarios* ou galériens et 7,000 hommes de garnison. Les Espagnols n'avaient aucune communication avec l'intérieur ; ils tiraient leurs vivres de Séville, Almeria et Carthagène. Le commerce était franc, mais à peu près nul. Un tremblement de terre, survenu dans la nuit du 9 octobre 1790, causa d'affreux ravages à Oran ; la population et les troupes campèrent alors hors de la ville. A la nouvelle de cette catastrophe, le bey Mohammed, qui gouvernait la province pour les Turcs, partit de Mascara pour mettre le siége devant Oran. La saison des pluies le rebuta ; mais il revint en 1791, et reparut encore au mois de mars 1792. Les Espagnols se décidèrent enfin à abandonner la ville sans rien dégrader et sans indemnité, emmenant les canons de cuivre et emportant les approvisionnements de toutes espèces. Les troupes et les habitants furent transportés à Carthagène.

Les Turcs, maîtres d'Oran, s'empressèrent de démolir les constructions qui avaient coûté tant de peine à leurs prédécesseurs. Il fallait changer ces demeures, faites pour les usages de la civilisation, en maisons de boue, en galeries étroites, ne prenant jour que dans l'intérieur, pour les approprier aux mœurs de l'Orient. Les beys se succédaient rapidement à Oran, succombant généralement à des intrigues, comme ils devaient au même moyen leur élévation. Le gouvernement pour eux se réduisait à tirer du pays le plus de revenus possible à leur profit et à celui du dey. Ils étaient aidés à cet effet par un kalifat et deux agas.

Après la conquête d'Alger, le commandant de l'armée française envoya des troupes pour prendre possession d'Oran, que lui abandonnait le bey Hassan. La nouvelle de la révolution de Juillet étant arrivée inopinément à Alger, le maréchal Bourmont rappela les troupes, en leur donnant l'ordre de faire sauter les fortifications de Mers-el-Kébir. On se contenta de renverser la muraille qui regarde le port. Cependant l'insurrection des Arabes contre les Turcs gagnait la province. L'empereur du Maroc mettait en avant de prétendus droits sur cette partie de la régence. Ses agents parcouraient la province, et une armée marocaine, sous les ordres du neveu de l'empereur, s'empara de Mascara et de Tlemcen, pendant que les Turcs et les Coulouglis s'enfermaient dans leurs citadelles et s'y défendaient vaillamment. Le bey Hassan, vieux et fatigué du pouvoir, riche d'exactions et maudit du pays pour son gouvernement violent et impitoyable, offrait de céder tout aux Français. Dès le mois de novembre 1830, le général Clauzel fit occuper de nouveau le fort de Mers-el-Kébir, et le 10 décembre la ville d'Oran. En même temps des remontrances énergiques étaient adressées à l'empereur de Maroc. Par suite de conventions faites avec le bey de Tunis, un Tunisien, Khaïr-Eddin, vint avec quelques faibles troupes prendre possession du beylick d'Oran. Ce gouvernement éphémère se montra dès l'abord dépourvu d'intelligence et de moyens d'action. Il languit quelques mois sans avoir même paru vouloir tenter sérieusement de s'assurer des chances de durée. Les Tunisiens étaient d'ailleurs l'objet d'antipathies profondes pour les Arabes de la régence, et quand on apprit que la sanction du gouvernement français était refusée aux traités qu'avaient appelé les Tunisiens à Oran, l'expérience faite ne dut laisser aucun regret. Le gouvernement confia alors au général Boyer le commandement indépendant des troupes de la province : elles ne s'élevaient pas alors à plus de 1,350 hommes. Oran fut définitivement occupé par les Français le 18 août 1831.

Aucun des liens qui assuraient autrefois la dépendance des tribus n'avait survécu à la domination turque. Les forces qui maintenaient jadis l'obéissance étaient abandonnées à elles-mêmes ou dispersées, les populations abusaient d'une liberté jusque là inconnue, pour se faire incessamment la guerre. Au milieu de ces conflits, les Turcs et les Coulouglis s'enfermèrent dans les citadelles des principales villes, et s'y maintinrent longtemps. D'un autre côté, au milieu des tribus qui environnent Mascara, le marabout Mahi-Eddin faisait servir son influence religieuse à la fondation d'une puissance purement arabe, et préparait ainsi les voies à son fils Abd-el-Kader. Le général Boyer s'occupa d'abord d'ouvrir des relations avec les garnisons turques et coulouglis, éparses dans la province, et, pour les maintenir dans nos intérêts, leur assura une solde mensuelle. Des rapports furent également établis avec Arzew, et grâce au concours du cadi d'Arzew et à la protection d'un bâtiment de l'État en station dans le port, la garnison d'Oran put se procurer ce qui lui était nécessaire. Cette ressource était d'autant plus précieuse que la présence des tribus hostiles aux portes d'Oran interceptait les communications avec l'intérieur. Les Garabas ne cessaient en effet de harceler la garnison, et entraînaient souvent avec eux les belliqueuses tribus des Douairs et des Smélas, qui formaient autrefois le *maghzen* des beys d'Oran. Le général Boyer, après avoir mis la ville en état de défense et réparé les fortifications, entama des négociations avec les Douairs et les Smélas pour les attacher à la cause française. Ces négociations, plusieurs fois abandonnées et reprises, n'eurent pas alors de résultats ; elles ne réussirent que lorsque l'élévation d'Abd-el-Kader eut excité la jalousie de Mustapha-ben-Ismaïl, le chef vénéré de ces deux tribus, qui finit par devenir un de nos alliés les plus fidèles.

Le 26 février 1834, le général Desmichels, vainqueur à Aïn-Bédah et à Tamezouet, conclut à Oran un traité avec Abd-el-Kader, suivant lequel tout pouvoir était remis à l'émir sur les musulmans. Des agents de l'émir devaient résider à Oran, Mostaganem et Arzew ; des officiers français devaient aller à Mascara. La religion et les usages musulmans devaient être respectés et protégés, les prisonniers échangés, les déserteurs et les malfaiteurs rendus des deux côtés. Ce traité ramena la paix ; mais bientôt l'ambition d'Abd-el-Kader ne connut plus de bornes. Il voulut étendre sa puissance au delà du Chélif et jusque sous les murs d'Oran. Le désastre de la Macta précipita la crise. Une expédition partit d'Oran, sous le commandement du maréchal Clausel, pour détruire Mascara, et l'émir sentit encore une fois le poids de notre puissance. Battu sur la Sickak, il semblait encore sur le point de se relever, quand voyant le général Bugeaud prêt à commencer cette guerre d'extermination dont il avait menacé les Arabes, Abd-el-Kader demanda à traiter. La convention de la Tafna, conclue entre le général Bugeaud et l'émir, le 30 mai 1837, ne devait pas être plus heureuse que le précédent traité. Les attaques de l'émir en 1840 firent voir le peu de cas qu'il faisait de ses engagements. Il fallut songer à détruire cette puissance, et ce fut le travail d'une longue guerre, qui ne se termina, après les victoires sur le Maroc, que par la prise de l'infatigable émir.

Au moment du départ du bey Hassan, en 1831, qui alla mourir à Alexandrie, en 1834, la ville se trouva dans un tel état de dévastation, qu'il fallut adopter un système de destruction pour édifier de nouveau. Les premiers travaux eurent pour objet la mise en état de défense et le logement des troupes. En même temps le service des ponts et chaussées s'occupa de pourvoir aux besoins de la population et à l'installation des services civils. On construisit rapidement des bains, des boutiques, des habitations, des cafés. Les matériaux sont en quelque sorte sous la main : la pierre de taille se trouve dans des bancs escarpés au sortir de la place d'armes et à la source du ravin près de Saint-Philippe ; le plâtre existe en abondance dans la gorge de Mers-el-Kébir, à environ six kilomètres de la ville, et la pierre à chaux est partout. Il existe en outre une carrière de marbre (brèche fond jaune) à Mers-el-Kébir. La ville est bâtie dans un site très-varié. La rue Saint-Philippe, bordée de beaux trembles et en pente assez douce, joint les deux grandes portions entre elles, conduisant de la petite place Kléber, où se trouve un pont en pierre sur le ruisseau, à la place du marché. Il y a aussi plus haut un autre pont, à l'entrée des jardins, qui lie par un mauvais chemin le château vieux au fort Saint-André. Les environs d'Oran ne présentent des sites agréables que dans les parties les plus rapprochées. La plaine est dépourvue d'arbres. Les terres à jardins sont dans le grand ravin et vers la dépression où est située la mosquée de Kerguentah jusqu'au ravin Blanc ou Scherah, quoique dans cette dernière partie les eaux soient légèrement salées ; c'est surtout dans la gorge de la ville que l'on voit les plus belles plantations d'amandiers, de grenadiers et d'orangers ; une végétation vigoureuse y est entretenue par des eaux abondantes et d'une excellente qualité; les sites y sont délicieux et forment un contraste frappant avec la nudité de la montagne Sainte-Croix, qui est adjacente. Aussi ce ravin est-il la merveille d'Oran.

Oran est un des points les plus sains de la côte. Les chaleurs y sont tempérées par le voisinage de la mer. Le thermomètre, qui ne s'élève jamais en été au delà de 36°, ne descend pas en hiver à la congélation. Oran est le siége d'un tribunal civil et d'un tribunal de commerce. Cette ville a une chambre de commerce, une chambre d'agriculture et une caisse d'épargne. Elle s'occupe de l'exportation des grains, des laines et des bestiaux, ainsi que de l'exploitation de la forêt de Muley-Ismaïl. En 1833 sa population ne s'élevait qu'à 3,800 habitants. On en compte aujourd'hui 29,666, dont 8,187 indigènes. Son organisation municipale date de 1848.

La division ou province d'Oran se partage en deux arrondissements : Oran et Mostaganem. L'arrondissement d'Oran comprend les districts d'Arzew, de Saint-Denis du Sig, de Mascara, de Tlemcen; l'arrondissement de Mostaganem ne comprend que le district de ce nom. Citons encore parmi les endroits remarquables : Mers-el-Kébir, Tiaret, Saïda, Lalla-Maghrina, Nemours, Daïja, Sebdou. La province d'Oran est bornée au nord par la Méditerranée, à l'est par la division d'Alger, par le désert au sud, et par l'empire de Maroc à l'ouest. C'est la plus occidentale des divisions de la régence d'Alger. La province d'Oran répond à peu près à l'ancienne Mauritanie Césarienne. Les principaux cours d'eau sont le Chélif, la Macta, le Rio Salado et la Tafna. On y distingue plusieurs plaines, entre autres celles d'Eghres, du Sig, de Méïta, de Tléouent, de Tlelat, de Seydoure ; quelques forêts, quelques lacs, entre autres la Sebka d'Oran et les salines d'Arzew. Presque tout le pays est couvert de montagnes. La rareté des arbres lui donne un aspect aride. Les sources y sont peu abondantes et le cours des rivières peu étendu. On y rencontre des eaux thermales, nommées hammams, avec des ruines de bains romains. Le climat, tempéré par les brises de la mer, est salubre, et le sol est en général fertile.

L. LOUVET.

ORANG. *Voyez* ORANG-OUTANG.

ORANGE. L'orange, fruit de l'oranger, est globuleuse, peu déprimée, d'un beau jaune doré, à écorce d'épaisseur variable, dans laquelle la couche blanche intérieure n'est pas charnue comme dans le citron, mais en quelque sorte cotonneuse et presque dépourvue de saveur. Ses loges sont grandes, à pulpe douce, très-agréable. Ce fruit est généralement connu, même au nord de l'Europe, quoique l'oranger ne subsiste en pleine terre que dans les contrées méridionales de cette partie du monde. Mais les fruits transportés de la sorte à de grandes distances ont été cueillis longtemps avant leur maturité, et ne peuvent avoir la saveur, le coloris et le volume qu'ils auraient acquis en terminant leur carrière végétale sur l'arbre qui les avait produits. On ne peut se flatter à Paris d'apprendre ce que vaut une bonne orange, quand même on aurait à choisir parmi toutes celles que la capitale reçoit des îles d'Hyères.

Les meilleures oranges sont celles de Malte ; celles de Saint-Michel des Açores, quoique très-petites, se rangent presque sur la même ligne. Viennent ensuite celles de Majorque et de Valence ; puis celles de Messine, de Palerme, de Laurento et de Reggio. Un peu au-dessous, celles de Séville, de Faro, de Sétubal; ensuite, celles de Provence, de Nice, de la Rivière de Gênes, et enfin les Malaga et les Porto. Le département du Var est le seul qui en produise en France. L'Algérie en cultive aussi avec succès. Déjà en 1852 six millions et demi d'oranges ont été introduites en France, venant de Blidah et de Koleah.

ORANGE (Fausse). *Voyez* COLOQUINELLE.

ORANGE, chef-lieu d'arrondissement dans le département de Vaucluse, sur la rive gauche de l'Aigues, avec une population de 9,824 habitants, un tribunal civil, un conseil de prud'hommes, un collége, une bibliothèque publique, deux typographies. C'est une station du chemin de fer de Lyon à Marseille. On récolte sur son territoire de très-bons vins rouges d'ordinaire et de la garance ; on y exploite du lignite. La ville possède de nombreuses filatures de soie, des moulins à ouvrer les soies, des moulins à garance, des fabriques de cadis, des huileries, des teintureries, des tanneries. Elle commerce en vin, eau-de-vie, huile, truffes, safran, miel, cire jaune, laine, garance, graines, essences, gomme. C'est un entrepôt de vins rouges.

Située dans une plaine magnifique, cette ville est surtout remarquable par ses monuments antiques. Le plus important est le théâtre, qu'on a si mal à propos nommé quelquefois le *Cirque*, et par corruption le *Grand-Ciré*. Cet édifice est sur le penchant de la montagne que couronnent les ruines du château. La partie demi-circulaire dans laquelle se trouvaient les siéges des spectateurs est taillée dans l'escarpement. Les deux demi-cercle se liaient à la scène par des constructions nécessitées pour le service du théâtre. Le mur qui termine la scène, ou qui forme le fond, est assez bien conservé. Il s'élève à 35 mètres de haut, et sa longueur est plus que triple de sa hauteur. Il est décoré de deux rangées d'arcades et d'un attique. Les pierres qui le forment sont carrées et d'une bonne conservation. On l'aperçoit de très-loin, et il domine tous les édifices modernes. L'intérieur était autrefois décoré de trois rangées de colonnes, formant autant d'ordres, l'un au-dessus de l'autre. On retrouve encore quelques beaux fragments de ces colonnes. Les princes d'Orange, plus attentifs à la conservation de leur autorité qu'à celle des monuments antiques, avaient transformé le théâtre de leur ville en une sorte de barbacane, ou ravelin, ou d'ouvrage avancé, destiné à défendre le château. On voyait il y a peu de temps encore une tourelle bâtie au sommet du grand mur qui termine la scène. L'intérieur de l'édifice renfermait, comme les *arènes* ou les amphithéâtres de Nîmes et d'Arles, des habitations. Les arcades de la partie inférieure du mur avaient été percées et changées en boutiques. Les bâtiments placés aux deux extrémités du demi-cercle contenaient de vastes salles, des corridors, des escaliers. On voulut jadis utiliser ces constructions antiques ; et on les transforma en prison. Rien de plus hideux que l'intérieur du théâtre d'Orange avant les travaux qui ont fait disparaître de sa noble enceinte les masures infectes qui l'encombraient. Aujourd'hui l'archéologie et les arts ont reconnus l'un des monuments les plus remarquables de l'Europe.

Un portique, dont on remarque encore des restes, unissait le théâtre au hippodrome, dont les murs d'enceinte subsistent en partie dans les maisons modernes. On avait cru, à cause de la forme elliptique de cet édifice, retrouver là un amphithéâtre. L'étendue de son grand axe, qui atteint presqu'aux extrémités de la ville moderne, et son peu de largeur font croire que cette enceinte a été seulement destinée à des courses de chevaux et de chars, et non à des combats d'animaux ou de gladiateurs.

Il ne reste plus à Orange que des débris informes de ses thermes et de l'aqueduc qui y conduisait des eaux pures.

L'arc de triomphe qui existe dans cette ville est le plus remarquable de ceux qu'on retrouve encore en France. Cet arc est bâti dans la plaine, bien en avant de la masse des habitations, sur la grande route de Lyon à Marseille. La forme de sa base est celle d'un parallélogramme, dont la longueur est de 21 mètres. La hauteur totale est de 19. Ce monument, d'ordre corinthien, est percé de trois portes, dont l'arc est à plein cintre. Celle du milieu est la plus élevée, les deux autres sont égales en hauteur. Quatre colonnes cannelées décoraient chaque face du monument. Celles des petits côtés sont plus rapprochées, à cause de la dimension bien moins grande de ces mêmes côtés. Les deux colonnes qui sur chacune des faces principales flanquent l'arc ou la porte soutiennent un fronton triangulaire, au-dessus duquel est un attique couronné par une belle corniche. Cet attique supportait sans doute lui-même un char triomphal, ou la statue de l'empereur sous le règne duquel ce monument fut élevé. En considérant l'arc de triomphe du côté de la campagne, on en aperçoit la face la mieux conservée. Au-dessus de chacune des portes latérales sont groupées avec art des armes offensives et défensives, telles que des épées, des dards, des boucliers ovales, d'autres à huit pans, des casques, des trompettes, des étendards de cavalerie, des enseignes surmontées d'un sanglier, comme l'on en a retrouvé dans les débris des arcs triomphaux de Narbonne et de *Lugdunum Convenarum*, et comme on en voit sur beaucoup d'autres monuments romains. Les trophées qui sont des deux côtés du fronton sont composés d'attributs maritimes. Le bas-relief de l'attique représente un combat de fantassins et de cavaliers ; mais il est impossible d'y retrouver aucun indice particulier, d'en retirer aucune donnée historique. Les archivoltes, les pieds-droits et les voûtes des trois portes, offrent de précieux modèles d'ornementation. Mais la main des hommes, bien plus que le temps, a imprimé des traces profondes et de barbares stigmates sur ces sculptures si délicates et si bien entendues. La façade méridionale, ou celle qui regarde la ville, a beaucoup plus souffert que la précédente : deux des anciennes colonnes ont disparu. L'une des petites portes a presque entièrement perdu les trophées militaires dont elle était couronnée : les ornements en bas-relief placés des deux côtés du fronton représentaient aussi des attributs maritimes, mais ils ont presque entièrement disparu de l'un des côtés. Le bas-relief de l'attique représente aussi un combat. Les deux petits côtés de l'arc d'Orange regardent l'est et le nord. Le côté oriental est décoré de quatre colonnes corinthiennes, qui supportent une corniche et une frise où l'on voit aussi des combattants ; les restes de la même frise existent sur la grande face, vers la ville, et ils indiquent que cette frise régnait tout autour du monument. Au-dessus, dans le côté oriental, est un fronton triangulaire, dans le tympan duquel, sous une arcade, est le buste rayonnant du Soleil ; en dehors de l'arcade sont deux cornes d'abondance ; au-dessus de la corniche du fronton, et des deux côtés, sont des néréides. Dans les trois entre-colonnements trois grands trophées, et au pied de chacun de ces derniers deux captifs, les mains liées derrière le dos. Ces sculptures, autrefois en haut-relief, sont presque entièrement mutilées. Le côté du nord avait sans doute la même décoration que celui de l'est, mais on n'y trouve que les restes de deux colonnes et de deux trophées. Plusieurs opinions ont été émises sur l'époque à laquelle on doit fixer la construction de l'arc d'Orange. L'abbé Letbred y ont cru reconnaître un monument commémoratif des victoires de Jules César, ou plutôt des Romains dans toute la Gaule Narbonnaise, suivant Mellin. Le baron de La Bastie et le P. Papon l'attribuent à Auguste, Maffei à Adrien. D'autres ont cru y retrouver un souvenir de la défaite des Cimbres et des Teutons ; mais toutes les présomptions historiques et artistiques se réunissent contre ce sentiment.

On a tenté plusieurs fois de restaurer l'arc de triomphe d'Orange, mais toujours avec peu de succès, et d'une manière barbare. En 1706 on reconstruisit la partie supérieure du côté septentrional. Depuis, un maçon d'Orange substitua, pour soutenir le fronton méridional, une colonne brute à une colonne antique, qui était presque entièrement détruite. En 1721 le prince de Conti fit démolir l'édifice dans lequel les princes d'Orange avaient enfermé le monument, et abattre la haute tour bâtie sur son sommet, et qui portait le nom de *Tour de l'Arc*. De nos jours, le gouvernement a chargé de la restauration de cet édifice MM. Caristie et Renaux, qui ont eu le bon esprit de se borner à consolider ce qui existait encore et de ne pas chercher à refaire les détails.

Orange, jadis *Arausio*, ville du pays des *Cavores*, suivant Strabon, porte le même nom dans les écrits de Pline et de Pomponius Mela. Elle fut connue aussi sous la dénomination d'*Arausio Secundanorum*, parce que la colonie qui y fut envoyée était composée des vétérans de la seconde légion. Orange souffrit beaucoup des différentes invasions des barbares. Il faut mettre au rang des fables la conquête de cette ville sur les Sarrasins par *Guillaume au Cornet*, qui aurait été l'un des preux de la cour de Charlemagne, comme le voudrait le *Charroy de Nismes*, manuscrit de la Bibliothèque impériale, qui n'est qu'un roman. Le premier comte de cette ville est Géraud d'Adhémar, qui vivait au commencement du onzième siècle. Le comté d'Orange passa ensuite à une branche cadette des comtes de Montpellier et à la maison de Baux, en faveur de laquelle l'empereur Frédéric Ier l'érigea en principauté (*voyez* l'article suivant). Alexandre DU MÈGE.

ORANGE (Principauté d'), nom d'une petite principauté indépendante, enclavée dans le territoire français et comprise aujourd'hui dans le département de Vaucluse, qui eut ses souverains particuliers depuis le onzième siècle jusqu'au seizième. Le dernier d'entre eux, Philibert de Chalons, mourut en 1531, sans laisser d'enfants. Ses États passèrent alors à la maison de Nassau, du chef de sa sœur, qui avait épousé un comte de Nassau. Ce fut la branche de Dillenburg qui en hérita ; elle avait alors pour chef le comte Guillaume, père de Guillaume Ier, le statthouder des Provinces-Unies. Toutefois, ce ne fut qu'en 1570 que la maison de Nassau se trouva en possession incontestée de la principauté ; et la paix conclue à Ryswick, en 1697, reconnut seule ses droits de souveraineté. Guillaume III, prince d'Orange et roi d'Angleterre, étant mort en 1702, sans laisser d'enfants, il s'éleva alors une longue querelle, dite de la *succession d'Orange*. Les principaux contendants étant le roi de Prusse Frédéric Ier, en vertu du testament de son grand-père maternel le prince Henri-Frédéric d'Orange, et le prince Jean-Guillaume-Friso de Nassau-Dietz. Les princes de Nassau-Siegen y élevèrent aussi des prétentions, et les différents prétendants prirent tous en attendant le titre de *prince d'Orange*. Cette querelle se termina de cette façon, que le roi de Prusse, en dépit de l'opposition des maisons de Nassau, trop faibles pour opposer la force à la force, céda le territoire d'Orange à la France aux termes de la paix d'Utrecht, en 1713, en échange de notables équivalents, et que la France en demeura depuis lors en paisible possession. Toutefois, le prince de Nassau-Dietz obtint pour lui et l'aîné de ses fils le titre de *prince d'Orange*, qui passa ensuite au roi des Pays-Bas, et qui, aux termes de la constitution actuelle de cet État, appartient au fils aîné du roi ou à l'héritier présomptif de la couronne.

ORANGE (Fleuve), en hollandais *Oranje Rivier*, dans la langue du pays *Rarib* ou *Garip*, le cours d'eau le plus important de la colonie du Cap, et l'un des plus considérables de l'Afrique, car il n'a pas moins de 154 myriamètres de long, et son bassin est évalué à 11,900 myriamètres. Il provient de deux rivières principales : l'une au sud, le *Nu Garip* ou Rivière Noire (*Zwarte Rivier*), et l'autre au nord, le *Kay Garip*, ou Rivière Jaune (*Vaal Rivier*), qui toutes deux prennent leur source dans le pays des Cafres. Sa masse d'eau est d'ailleurs si minime qu'il n'a pu être navigable sur aucun point de son parcours. Son embouchure, large de 1,200 à 1,300 mètres, est même complétement obstruée par un banc de sable, à tel point qu'on ne peut pas y passer en canot dans la saison sèche. Les pluies subites et violentes, qui sont si fréquentes dans cette partie de l'Afrique, le font quelquefois monter tout à coup de 8 à 10 mètres ; mais il revient presque aussi rapidement à son niveau ordinaire.

ORANGE (Philibert de Chalons, prince d'), l'un des plus grands capitaines de son siècle, était fils de Jean de Châlons, baron d'Arlay, et de Philiberte de Luxembourg. Il naquit en 1502, au château de Nozeroy, petite ville du comté de Bourgogne. François Ier lui ayant confisqué, en 1517, sa principauté, parce qu'il ne voulait pas reconnaître la suzeraineté de la France, il se rendit auprès de Charles-Quint, qui lui donna le comté de Saint-Pol. Malgré sa jeunesse, Philibert d'Orange se signala au siége de Fontarabie, en 1523. L'année suivante, il s'embarqua pour l'Italie, où les Français avaient concentré toutes leurs forces. Pendant la traversée, le vaisseau qui le montait fut pris par la flotte de Doria ; et Philibert, prisonnier, fut enfermé au château de Lusignan, en Poitou, où il resta jusqu'à la conclusion du traité de Madrid (1527). Il passa alors en Italie, et se trouva au siége de Rome avec le connétable de Bourbon. Il succéda à ce prince dans le commandement de l'armée impériale. Quoique grièvement blessé à l'attaque du château Saint-Ange, il s'en rendit maître, et contraignit le pape à souscrire aux plus dures conditions. Il força plus tard Lautrec à lever le siége de Naples, dont il fut nommé vice-roi. Mais il ternit alors ses lauriers en punissant avec une excessive cruauté les barons napolitains qui avaient embrassé le parti des Français. Il prit ensuite le commandement de l'armée impériale en Toscane ; il assiégeait Florence, lorsqu'il fut atteint de deux coups d'arquebuse, et mourut le 3 août 1530, à l'âge de vingt-huit ans. « C'était, dit Brantôme, le prince du monde le plus libéral et affable ; et pour ce fort aimé d'un chacun. On disait que s'il eût vécu il se serait fait créer duc de Florence et aurait épousé Catherine de Médicis, que le pape lui avait promise en mariage. » Il n'avait point été marié ; et tous ses biens passèrent à René de Nassau.

ORANGE (Guillaume, prince d'). *Voyez* Guillaume.

ORANGÉ (*Blason*). *Voyez* Émaux.

ORANGE-MEN. *Voyez* Orangistes.

ORANGER, arbre de la famille des aurantiacées, rangé par Linné dans la polyadelphie-icosandrie de son système. Tout recommande l'oranger aux cultivateurs assez heureux pour le posséder : l'odeur suave de ses fleurs, l'abondance et la beauté de ses fruits, appelés oranges, un feuillage luisant et toujours vert, une fécondité dont la durée n'a point de limites connues ; et lorsque le terme fatal des êtres organisés est arrivé, un bois solide et propre à divers emplois de l'économie domestique. Ce bel arbre n'a pas trouvé chez les botanistes autant de faveur qu'auprès du public ; quoiqu'il soit le plus connu de son genre, il ne lui a pas imposé son nom : cette prérogative est concédée au citronnier (*citrus*). La fable ou plutôt la tradition défigurée du jardin des Hespérides ne fait pourtant mention que de l'oranger et de ses *pommes d'or*. On le croit originaire de l'Inde, où il n'est cependant pas très-commun. S'il est vrai que les autres parties du monde l'aient reçu de l'Asie méridionale, on regrettera de ne pouvoir suivre les traces de ses migrations jusqu'aux lieux qu'il occupe aujourd'hui. La fable même laisse ignorer comment le jardin des Hespérides fit cette précieuse acquisition, à laquelle les déserts de l'Afrique semblaient opposer un obstacle insurmontable. Pour aller chercher cet arbre sur les côtes de l'Afrique et le transporter en Europe, il ne fallut rien moins que le concours de la France et la science et d'un pouvoir surnaturel.

L'art a fait de grands efforts pour que l'oranger, franchissant ses limites naturelles, vienne se montrer aux habitants des pays froids, orner les jardins, répandre le parfum de ses fleurs près des demeures opulentes. Pour se procurer cette sorte de jouissance, il a fallu réduire le grand arbre aux dimensions d'un arbuste, afin de le rendre transportable avec la caisse dans laquelle on l'a planté. Quelle que soit la taille et le poids de ces plantes exotiques, il est indispensable de leur préparer une habitation d'hiver, bâtiment qui porte le nom d'*orangerie*, quand même on n'y mettrait point d'orangers. Il suffit que les plantes y trouvent la température de l'hiver dans les contrées où celles de leur espèce peuvent subsister en pleine terre. Il gèle quelquefois dans celles de Paris, et quoique les arbres souffrent beaucoup de ces froids excessifs, le plus grand nombre y résiste. Il n'est donc pas étonnant que l'on voie dans l'une des îles Borromées un très-petit bosquet d'orangers en pleine terre, mais que l'on a soin d'entourer d'un abri durant l'hiver. En portant encore plus loin la contrainte imposée à la nature, on a fait des espaliers d'orangers préservés comme le bosquet de l'*Isola-Bella* ; ainsi cet arbre, qui abandonné à lui-même dans un pays qui lui est favorable atteint jusqu'à 20 mètres de hauteur, est réduit à étendre ses branches sur la surface d'un mur, sans pouvoir en projeter aucune en avant, supporte des mutilations qui le rendent méconnaissable et lui font perdre son caractère et sa longévité. En somme, l'hommage qu'on lui rend dans les pays du Nord ne lui profite nullement, et mieux vaudrait que les soins dont il est l'objet, les dépenses qu'il entraîne, fussent réservés pour d'autres plantes d'ornement ou d'utilité, dont la liste va toujours croissant.

Ainsi que les autres arbres fruitiers multipliés par des semis, l'oranger a produit des variétés, dont plusieurs sont perpétuées par la greffe. On en compte à Paris une quarantaine parmi les orangers à fruit doux, et une trentaine parmi les *bigaradiers*, orangers à fruit acide et amer, recherché par quelques gourmets pour l'assaisonnement des viandes rôties. Les autres espèces de ce genre (*bergamotiers, limettiers, pamplemouses, lumies, limonniers, citronniers*) offrent aussi des variétés plus ou moins nombreuses, suivant le degré d'attention qu'elles ont obtenu ou leur disposition naturelle à s'écarter du type primitif. Nous n'entrerons point dans les détails de la culture *artificielle* de l'oranger, de la conduite d'une orangerie, etc. Disons pourtant un mot de l'artifice par lequel on obtient des orangers en miniature, propres à l'ornement d'une cheminée, fleurissant et fructifiant comme les géants de leur espèce, mais dont la durée n'est pas moins réduite que leur hauteur. Que l'on choisisse sur un oranger un rameau vigoureux, et un très-jeune sujet à très-peu près de même grosseur que ce rameau : il est essentiel que ces mesures soient bien prises, car, dans le petit arbre que l'on veut faire, le sujet fournit les racines et une partie de la tige que le rameau couronne. On coupe l'un et l'autre en biseau : que les deux sections, faites lestement, soient bien égales, propres à être exactement superposées, en ayant soin de mettre en contact le bois et l'écorce de chacune des deux parties. On fixe leur réunion avec un fil de laine, on la consolide au moyen d'une *poupée*, et le petit arbre est complet ; mais il s'agit maintenant de cicatriser les blessures que l'on a faites. La guérison en est lente ; elle exige beaucoup de ménagements ; cependant, les fleurs s'épanouissent, et souvent même le fruit se forme, grossit, et parvient à la maturité. Au bout d'un an, le patient est débarrassé de ses liens, et les traces de la greffe ont disparu. Ces nains artificiels ne subsistent ordinairement que trois ou quatre ans ; mais ceux dont les racines sont très-vigoureuses et trouvent le moyen de s'étendre, croissent proportionnellement dans toutes leurs dimensions et parviennent quelquefois à la grandeur des orangers plantés dans des caisses ; ils ont de plus le très-grand mérite d'avoir été constamment chargés de fleurs et de fruits dès la première année de leur existence.

Toutes les espèces de ce genre ont trouvé leur emploi dans nos arts ; mais l'oranger est sans contredit plus généralement utile que ses congénères. A la cuisine, et surtout à l'*office*, on prépare avec ses fruits des mets, des confitures, des liqueurs : en les soumettant à la fermentation spiritueuse, on obtient un *vin* généreux, et chargé d'un arôme dont le mérite est assez connu. L'*acide citrique* est commun à toutes les espèces. Quant aux fleurs de ces arbres parfumés, tout le monde connaît leur symbole matrimonial, leurs propriétés, leur emploi, ainsi que ceux de leur eau distillée. La médecine n'a point négligé ces productions si remarquables, et leur assigne aussi une place dans les pharmacopées, sans omettre les feuilles de l'oranger, dont les autres arts ne tirent aucun parti.

Comme l'oranger est ordinairement greffé, on le voit rarement chargé d'épines; mais le citronnier provenu de semis et bien pourvu de cette défense naturelle est très-propre à faire de bonnes clôtures, qui ne sont pas improductives. Les colons de la France africaine profiteront sans doute de ce moyen de sûreté, à l'exemple de nos colonies de l'Amérique.
FERRY.

Au commencement du seizième siècle, il n'existait encore en France qu'un seul oranger. Il avait été semé en 1421 à Pampelune, d'où il vint à Chantilly, et de Chantilly à Fontainebleau. C'est un bigaradier non greffé. Confisqué sur le connétable de Bourbon vers 1532, il quitta son nom du Grand-Bourbon, du Grand-Connétable, pour prendre celui de François 1er. Il fut enfin, par l'ordre de Louis XIV, transporté en 1684 à Versailles, où il tient dans l'orangerie le premier rang par l'âge, la beauté et la taille. Sa hauteur en caisse est de 7m 30; le tronc a 1 mètre 46 centimètres de circonférence; sa tête présente 15 mètres.

ORANGER (Eau de Fleur d'). *Voyez* EAU DE FLEUR D'ORANGER.

ORANGERIE. On nomme ainsi les lieux de refuge pour les plantes qui ne peuvent supporter la rigueur de nos hivers, quoiqu'elles n'aient pas besoin de la température des *serres chaudes*. Il est indubitable que les plus spacieuses sont les meilleures, toutes choses égales d'ailleurs : les plantes dont la végétation n'est pas interrompue ne peuvent se passer d'un grand volume d'air : logées trop à l'étroit, elles s'asphyxieraient mutuellement. La lumière ne leur est pas moins nécessaire que l'air : il faut donc que dans une orangerie les fenêtres soient multipliées, agrandies autant que la solidité de l'édifice peut le permettre. De plus, l'enveloppe dont les plantes sont entourées (murailles, fenêtres, toiture, etc.) doit être, autant que possible, imperméable au calorique. En un mot les principes qui dirigent la construction de ces édifices sont ceux dont l'application doit être faite aux *serres chaudes*. On cite surtout les orangeries de Versailles, des Tuileries, du Luxembourg, etc.
FERRY.

ORANGIN ou **FAUSSE ORANGE.** *Voyez* COLOQUINELLE.

ORANGISTES (en anglais *Orange-men*). C'est le nom qu'on donna en Irlande au parti ultra-anglo-protestant, qui s'efforça de combattre les tendances du parti catholique.

Lorsque, à la fin du siècle dernier, l'association des Irlandais-Unis mit en péril les intérêts anglais en Irlande, les plus résolus d'entre les *Orange-men* (hommes de la famille d'Orange, nom donné aux protestants partisans de Guillaume III, prince d'Orange et de ses successeurs, par les catholiques dévoués aux Stuarts) firent alliance et se réunirent, sous la dénomination d'*Orange-lodge*, en association ayant pour but le maintien de la prépondérance protestante en général et en particulier le maintien de la maison de Brunswick sur le trône des trois royaumes. En présence des périls toujours plus grands de la situation, une foule de protestants des classes supérieures et jusqu'à des princes de la famille royale, les ducs de Clarence, de Cumberland et d'York, par exemple, n'hésitèrent pas à s'y affilier. Dès 1798 la grande *Loge* d'Irlande était fondée; et une fois l'Union législative de l'Irlande et de la Grande-Bretagne consommée, l'association orangiste prit les plus rapides développements. On comprendra l'influence qu'elle exerçait, si on se rappelle que tous les emplois publics étaient remplis par ses affiliés, qui supplantaient partout les catholiques, non-seulement dans les corporations municipales, mais encore dans les fermages et marchés de terre. En réorganisant l'Association catholique, O'Connell mit un terme à un tel état de choses. Quand le gouvernement comprit la nécessité de céder et d'accorder l'émancipation des catholiques, il rencontra de la part des *Orange-men* une opposition des plus passionnées; et ce fut bien pis encore lorsque les whigs arrivèrent au pouvoir, en 1836, et que secondés par le parti national irlandais ils firent adopter par le parlement la grande mesure de la réforme parlementaire. Après une foule de sanglants débats dont les deux partis en présence se rejetèrent mutuellement la responsabilité, le pouvoir jugea opportun, en 1832, d'interdire désormais la célébration de l'anniversaire de la bataille de la Boyne; et cette mesure eut pour corollaire la dissolution de toutes les associations politiques, sans en excepter les *loges* des *Orange-men*. Le parti se transforma alors en une société secrète, dont les tendances ne tardèrent pas à être jugées dangereuses pour le trône même, et qui en vint à compter dans toutes les contrées dont se compose le vaste empire britannique des affiliés recrutés plus particulièrement parmi les classes supérieures. Il y eut des loges orangistes jusqu'à la Terre de Van-Diemen; et on en comptait 40 dans l'armée. Quand la société arriva à son apogée, elle ne se composait pas de moins de 300,000 membres. Comme elle faisait dépendre en quelque sorte son obéissance envers la couronne du maintien de la suprématie protestante, c'était là, on peut le dire, une association essentiellement révolutionnaire. En 1834 le faible et irrésolu Guillaume IV ayant enlevé le pouvoir aux whigs, les *Orange-men* firent des efforts extrêmes pour avoir la majorité dans les élections d'Irlande. La situation devenant de plus en plus tendue. Une enquête ordonnée par la chambre des communes, et provoquant la plus vive opposition de la part des orangistes, permit à leurs adversaires de les accuser de s'attendre à la mort du roi pour changer l'ordre de succession au trône en faveur de quelque candidat dévoué au maintien de la suprématie de l'Église protestante dans les trois royaumes. A ce propos, un certain colonel Fairmann, l'un des plus actifs meneurs du parti, se trouva si gravement compromis, que 37 *loges* orangistes, pour rester fidèles à leur *royalisme*, se séparèrent immédiatement de la loge centrale. Dès lors le gouvernement retira aux orangistes leurs emplois, et en 1836 le parlement adressa au roi d'humbles remontrances pour qu'il eût à mettre un terme aux menaces et aux intrigues du parti orangiste. Le duc de Cumberland, en sa qualité de grand-maître de cette espèce de franc-maçonnerie, déclara alors avoir recommandé à toutes les *loges* de se dissoudre spontanément; et bientôt elles prononcèrent leur dissolution l'une après l'autre, ostensiblement du moins. Mais cette dissolution des *loges* n'avait pas eu pour résultat la dissolution du parti en lui-même, qui n'en continua pas moins ses *meetings* et ses démonstrations populaires. La disette de 1846 et 1847, qui ne sévit nulle part plus qu'en Irlande, imposa silence au parti; mais quand la main puissante d'O'Connell ne fut plus là pour tenir en bride le parti du Rappel et l'empêcher de pousser à l'insurrection, les orangistes se groupèrent plus compactes que jamais pour la défense de leurs droits; et il en résulta des scènes sanglantes sur divers points du pays. On peut dire que les *Orange-men* ont relevé la tête au fur et à mesure que le parti clérical a affiché des prétentions plus hautaines et des tendances plus manifestes à substituer la suprématie du catholicisme à celle du protestantisme.

ORANG-OUTANG, mots de la langue des Malais, signifiant *homme sauvage*, appliqués aux singes sans queue, dont la conformation se rapproche le plus de celle de l'homme. Plusieurs nations d'Asie et d'Afrique peu civilisées, voyant dans les forêts de ces troupes de singes, ont conclu qu'en effet notre espèce avait pu commencer d'exister dans cet état primitif et indépendant, avant que la découverte du langage et la société eussent perfectionné notre race, et l'eussent dépouillée de cette enveloppe toute velue, et des formes brutes, hideuses, d'une bête féroce. Aussi, les nègres, les insulaires des Moluques et des îles de la Sonde, qui voient ces sortes de singes parmi eux, se persuadent que ce sont des sauvages paresseux, affectant de ne point parler, afin de n'être pas contraints par nous à travailler. « Nos voyageurs, dit J.-J. Rousseau, font des bêtes, sous le nom de *pongos*, de *mandrills*, d'*orangs-outangs*, de ces mêmes êtres dont, sous les noms de *satyres*, de *faunes*, de *sylvains*, les anciens faisaient des divinités. Peut-être, après des recherches plus exactes, trouvera-t-on que ce ne sont ni des bêtes ni des dieux, mais des hommes... Ce serait une grande simplicité de s'en rapporter là-dessus à des voyageurs grossiers, sur lesquels on serait quelquefois tenté de faire la même question qu'ils se mêlent de résoudre sur d'autres animaux. »

C'est ainsi qu'on a soutenu jadis dans les universités de l'Europe que les indigènes de l'Amérique n'étaient pas de véritables hommes, mais des espèces d'orangs-outangs. Trompé par des relations inexactes, le grand Linné lui-même n'hésita point à faire de l'orang-outang une espèce d'homme (*homo troglodytes*), qu'il décrivit avec plusieurs caractères appartenant aux albinos ou nègres blancs, lesquels évitent l'éclat de la lumière, et sortent plutôt la nuit. Si l'orang-outang était l'homme primitif, les premiers humains, dans l'état originel, devaient être des orangs-outangs; conclusion que tira Kaimes (lord Montboddo, *On the Origin and Progress of Language*, tome Ier, p. 175). Il ne restait plus qu'à faire marcher l'*homme de la nature* à quatre pattes dans les bois. J.-J. Rousseau avait laissé cette idée en doute; le comte P. Moscati appela l'anatomie au secours de cette opinion, et crut démontrer que si l'homme aujourd'hui marchait debout, par cette longue suite d'habitudes civilisées qui ont modifié sa structure, il était puni ensuite de cette transgression des lois primitives par une multitude de maux qui l'assiègent depuis l'accouchement, devenu si laborieux, l'avortement si fréquent, jusqu'aux règles des femmes, aux hémorrhoïdes, etc. Cependant, Aristote avait déjà réfuté, d'après la forme des membres et la position de la tête, l'opinion des anciens philosophes, qui avaient douté si l'homme n'avait pas d'abord vécu quadrupède.

La première notion historique sur ces *hommes sauvages* ou les *orangs* est celle de l'expédition ou périple du Carthaginois Haunon, qui reconnut les côtes de l'Afrique jusqu'au cap Vert (336 ans avant l'ère vulgaire). Il trouva de ces *hommes* et *femmes* couverts de poils, sautant agilement sur les rochers, d'où ils lançaient des pierres. Les *femmes* étaient les plus nombreuses. On ne put s'emparer que de trois d'entre elles, qui se défendirent avec tant de fureur en mordant et déchirant, qu'on ne put les garder en vie. On les écorcha, et leurs peaux, déposées dans le temple de Junon à Carthage, y furent encore retrouvées entières, deux siècles après, à la prise de cette ville par les Romains. Ces prétendus *hommes* sauvages étaient probablement le chimpanzé ou le *jocko* de Buffon, qui se trouve surtout à la côte d'Angola et au Congo. Mais le véritable orang-outang de Bornéo fut d'abord figuré et décrit par le médecin hollandais Bontius à Batavia, puis mieux étudié de nos jours, jusqu'à ceux qu'on amena en vie à Paris en 1808 et en 1836.

Le genre des *orangs* n'appartient qu'à l'Ancien Monde. Ces singes n'ont pas le nez saillant; ils manquent entièrement de queue, de callosités aux fesses, d'abajoues (ou poches buccales); leurs bras, très-longs, dépassent leurs genoux, tandis que leurs jambes sont fort courtes, toujours demi-fléchies avec le pied posé obliquement: aussi ces animaux ne se tiennent debout que peu de temps sans appui, et ils sont plutôt conformés pour grimper sur les arbres que pour marcher. Le nombre de leurs dents est de trente-deux, comme à l'homme; leurs canines sont un peu plus allongées que les nôtres; quoique mangeant de tout, ils préfèrent les fruits ou les végétaux; leurs estomac et intestins ressemblent à ceux de l'homme; mais auprès de leur larynx existent deux sacs membraneux, dans lesquels l'air sorti de la glotte vient s'engouffrer et étouffe leur voix, comme l'a découvert P. Camper. Tous leurs doigts sont munis d'ongles plats; les pouces des pieds, ou plutôt des mains postérieures, sont séparés et opposables comme ceux des mains, conformation commune à tous les singes dits *quadrumanes grimpeurs*.

Les recherches sur le cerveau des orangs-outangs, d'abord par Ed. Tyson, puis par Fr. Tiedemann, tout en signalant de grandes ressemblances avec celui de l'homme, ne rendent point raison de l'infériorité de leur intelligence; la moelle épinière, les tubercules quadrijumeaux, le processus vermiculaire supérieur du cervelet, la corne d'Ammon, etc., proportionnellement plus développés que chez l'homme, font prédominer l'animalité. Le cerveau du *pygmée* anatomisé par Tyson était plus volumineux que celui des autres singes, mais moins que celui de l'homme (quoique cet orang fût jeune), et ainsi plus considérable à proportion de son corps.

Le caractère des orangs dans l'enfance est doux, tranquille, mélancolique, surtout à l'état de captivité : ils y meurent souvent d'ennui et de nostalgie, autant que par la froidure de nos contrées et le changement de leur nourriture. Les femelles ont deux mamelles sur la poitrine; on dit qu'elles éprouvent un flux périodique, quoique peu fréquent; leur gestation est de sept mois, comme on l'assure. Elles portent leur petit (car elles sont unipares) dans leurs bras ou sur leur dos. Il paraît que ces animaux arrivent à une taille haute de deux mètres et à une vigueur remarquable : leur vie est longue. En devenant adultes, les orangs prennent un museau plus prolongé, des mâchoires fortes, un aspect plus féroce, comme on l'observe par les squelettes des *pongos*. De là vient que leur angle facial n'est plus aussi ouvert que dans leur jeunesse, et l'os frontal, qui était alors bombé, paraît s'abaisser derrière leur crête sourcilière. Aussi leur tête n'est point en équilibre sur leur colonne épinière, et leur trou occipital est reculé. Les os du nez sont plats et comme écrasés. Leur corps est velu sur le dos qu'en devant; ils ont des oreilles aplaties, les yeux rapprochés et arrondis. Il leur manque quelques muscles de la face, ce qui les rend moins grimaciers que d'autres singes, mais ils peuvent beaucoup allonger leurs lèvres. Les épaules sont larges et la poitrine est aplatie, presque autant que chez l'homme, tandis que les os de leur bassin restent plus étroits que les nôtres. Leur visage, un peu velu, offre peu de barbe.

On ne connaît exactement qu'une seule espèce de ce genre de singes, l'*orang roux* (*simia satyrus*, L.), bien décrit et figuré par Vosmaer, Allamand, P. Camper. C'est le *jocko de la petite espèce* de Buffon. Tout son corps, excepté la face, l'intérieur des mains, et les oreilles, est couvert d'un poil roux; les parties nues restent de couleur de chair cuivré ou fanée, avec une teinte bleuâtre et ardoisée vers les joues et sur le reste du corps. Souvent les jeunes ont le ventre gonflé. Leur marche est lente et pénible; mais ils grimpent aisément et s'aident mieux de leurs bras robustes que de leurs jambes, toujours faibles; ils se tiennent d'ordinaire accroupis. Leurs mains longues et étroites les servent avec dextérité, quoique leur pouce soit trop court et placé trop bas. Les muscles de leurs deux derniers doigts ne sont pas indépendants les uns des autres, comme dans la main humaine. La taille des individus dès l'âge de deux ans environ étant déjà de plus de 0^m,65, ils paraissent devenir adultes promptement : ainsi , leur existence ne doit pas s'étendre autant que celle de l'homme. La plupart de ces individus captifs succombent soit aux obstructions viscérales, soit à des maladies du poumon. Dans leur colère, ils poussent des cris gutturaux, et leur cou s'enfle singulièrement. Ces jeunes orangs aiment beaucoup la société et les caresses; ils rendent des marques d'affection assez expressives. On pourrait citer une foule d'exemples d'adresse ou d'une certaine intelligence de ces animaux, qui dépendent de la structure de leurs organes, si analogues aux nôtres; ils paraissent généraliser jusqu'à certain point leurs idées; toutefois, G. Cuvier ne leur accorde guère que l'intellect du chien.

Cette espèce, qui présente probablement des variétés 'de taille, paraît arriver à une stature élevée et robuste, car on en cite un de 2,40 de haut, et l'on sait que le pongo de Wurmb était grand et féroce, avec de fortes mâchoires proéminentes et de longues canines. Les poils de la tête s'allongent plus que ceux du corps, en forme de chevelure, quelquefois avec barbe et moustaches. Sa patrie est dans les îles Moluques et celles de la Sonde, à Bornéo, Java, Sumatra, sous la ligne équatoriale et dans la Cochinchine, la presqu'île de Malacca : aussi ne peut-il supporter le froid ; le feu le recrée ; il aime à s'envelopper alors de couvertures. Il sait dormir sur les arbres, en s'y accrochant par ses bras, aussi longs que ceux des gibbons.

Quelques naturalistes placent le chimpanzé parmi les orangs-outangs, sous le nom d'orang noir ou brun.

J. J. VIREY.

ORANIENBAUM, petite ville, à environ 12 kilomètres de Saint-Pétersbourg, sur les bords du golfe de Finlande, dans une contrée extrêmement pittoresque, en face de la forteresse de Cronstadt, est surtout célèbre par le beau château de plaisance qu'y possède l'empereur et qui est entouré d'un parc magnifique. Ce château, construit par le prince Menschikow, favori de Pierre le Grand, passa plus tard dans le domaine de la couronne, et appartient aujourd'hui au grand-duc Michel ; il est bâti sur le penchant d'une colline longeant le rivage, et d'où l'œil embrasse le panorama enchanteur que forment la ville, le golfe , l'île et la forteresse de Cronstadt. Il se compose de trois corps de bâtiment reliés entre eux par des galeries ornées de colonnades, et est entouré de tous côtés de jardins et d'orangeries, à travers lesquels on a creusé un canal conduisant en ligne directe jusqu'au golfe. Dans un bois de sapins à une distance de là , est situé *Solitude*, petit château qu'on appelle aussi *Ha*, à cause du cri de surprise qui échappe à celui qui l'aperçoit pour la première fois. C'est là que Catherine II aimait à venir se reposer, dans un fictif isolement.

La ville d'*Oranienbaum*, qui compte 4,000 habitants, logés pour la plupart dans des maisons construites en bois, contient une école de cadets de marine et un hôpital maritime. La route de Saint-Pétersbourg à Oranienbaum, qui conduit également aux châteaux impériaux de Strelna et de Peterhof, est l'une des plus belles qu'on puisse voir, bordée sur presque toute son étendue de parcs , de châteaux de plaisance et de *villas* ou *datschen*, pavée en larges pavés de granit et éclairée par des lanternes.

OR ARGENTAL, alliage naturel d'or et d'argent, trouvé à Schlangenberg ou Zméof, en Sibérie, et dans lequel ce dernier métal entre dans la proportion de 36 centièmes environ. Sa pesanteur spécifique est voisine de celle de l'or. C'était l'*electrum* des anciens.

ORATEUR. Dans l'origine on appelait *orateur* tout homme qui haranguait la foule, qui parlait en public : on peu plus tard, on n'a appelé *orateur* que celui qui après avoir préparé un discours le prononce en public ; avec cette définition , le nombre des orateurs demeure innombrable, et il n'est pas un seul membre d'une assemblée délibérante qui après avoir dit quelques paroles n'ait le droit d'être appelé d'*orateur*. Dans l'acception la plus répandue maintenant, la plus noble de ce mot, on entend par orateur celui dont la parole éloquente sait convaincre, entraîner, passionner ses auditeurs. Il y a des *orateurs sacrés*, ceux dont la parole retentit éloquemment dans la chaire, des *orateurs parlementaires* là où la tribune parlementaire subsiste, des *orateurs judiciaires* au barreau, au palais, suivant les différents genres d'éloquence. Les révolutions donnent dans les clubs et sur les places publiques des *orateurs populaires*, dont quelques-uns se sont fait un nom. Les protestants comme les catholiques ont leurs orateurs sacrés, leurs prédicateurs célèbres.

DICT. DE LA CONVERS. — T. XIII.

Le président de la chambre des communes, en Angleterre, est qualifié de *speaker ;* mot que nous traduisons par *orateur.*

ORATOIRE. Pris substantivement, ce mot désigne une petite pièce, un endroit retiré dans un appartement , une petite chapelle où l'on peut prier dans le recueillement de la solitude. La maladie, l'éloignement de l'église, l'habitude des oraisons fréquentes , ont fait à de pieux chrétiens un besoin de ces lieux de retraite. Les grands, les rois ont en leurs oratoires, comme un privilège ; un *maître de l'oratoire* priait avec le prince. Avant que les moines eussent des églises , ils priaient dans de petites chapelles qu'on appelait *oratoires*. On leur défendit de célébrer la liturgie et de baptiser dans les oratoires domestiques. L'oratoire n'a point d'autel, mais un simple prie-Dieu. Un grand nombre d'églises ont commencé par être des chapelles et même des oratoires.

ORATOIRE (Art et Style). Nous n'entreprendrons pas ici un traité abrégé de rhétorique : à quoi bon toutes ces règles puériles , tout cet argot pédantesque, qui n'ont jamais et ne feront jamais produire dix lignes que puisse avouer un orateur ? S'ensuit-il qu'il soit possible de mériter ce titre sans travail et sans le secours de l'art? Non, sans doute ; car si pour être éloquent il suffit à l'homme doué d'intelligence et d'imagination d'être animé par un sentiment profond, excité par une passion ardente, le travail et l'art sont nécessaires pour le rendre digne du nom d'*orateur*. Quiconque veut obtenir ce beau titre doit avoir fait une étude approfondie de l'esprit et du cœur humain, avoir étudié les moyens de s'en rendre maître par la persuasion et la conviction. Mais perdez l'espoir d'y pénétrer à l'aide d'une artificieuse combinaison de figures , de préparations et de précautions oratoires ; si vous n'avez pas reçu une étincelle du feu sacré, tout l'attrait de la rhétorique sera employé en pure perte. L'art ne sert qu'à l'homme éloquent, et le plus grand orateur est celui qui sait le mieux le cacher. Voyez Démosthène, voyez Bossuet, écoutez Cicéron, lorsque, tout entier à la passion qui le domine, dans ses terribles allocutions contre Catilina et contre Antoine, il s'élève à la véhémence de l'orateur athénien ; apercevez-vous rien qui sente l'artifice du rhéteur ? Ces trois grands maîtres de l'art oratoire ne semblent-ils pas entraînés par une impulsion irrésistible ? C'est le danger d'Athènes, c'est celui de Rome , c'est le courage de la reine d'Angleterre au milieu des périls dont elle est entourée, c'est la mort imprévue , désastreuse de Madame, qui vous occupent. C'est Philippe, Catilina, Antoine, c'est Cromwell, c'est l'aimable et infortunée Henriette que vous avez sous les yeux. Vous ne voyez, vous n'entendez qu'eux ; vous oubliez les orateurs qui vous en parlent, et c'est là le vrai triomphe. Vous qui voulez être orateur, soyez donc inspiré comme eux : qu'un sentiment profond vous émeuve ; qu'une grande et noble passion vous anime; qu'alors votre jugement, votre tact vous suggèrent les moyens de la faire passer dans l'âme de vos auditeurs ; mais gardez vous de leur laisser apercevoir les ressorts que vous employez, sinon vous manquerez l'effet que vous voulez produire. Est-ce un accusé que vous défendez devant ses juges : qu'ils soient convaincus que tous vos efforts ne tendent qu'au salut de l'innocent. Parlez-vous au peuple ou à une assemblée chargée de débattre ses intérêts : qu'ils croient que le bien public seul vous inspire. Êtes-vous appelé à prêcher dans la chaire les vérités de l'Évangile: persuadez à ceux qui vous écoutent qu'une ardente charité , un zèle désintéressé et sans bornes pour leur perfection morale et chrétienne sont vos uniques guides. C'est ainsi que vous placerez votre nom à côté des grands noms de Servan, de Dupaty et d'Erskine, de Fox, de Grattan, de Mirabeau, de Vergniaud et de Foy, ou de Bourdaloue et de Massillon.

Le plus grand art de l'orateur, c'est donc une conviction forte , une franche et belle inspiration. Socrate prêt à mourir d'une condamnation inique montre à ses disciples

49

le Dieu qui va couronner ses vertus par l'immortalité d'une autre vie. Ils fondent en larmes, et Platon connsacra son génie et toute sa carrière à prêcher la doctrine consolante de son maître. L'art oratoire consiste ensuite à connaître les passions des hommes, leurs préjugés, leurs inclinations, leurs répugnances ; à les ménager d'abord, au lieu de les heurter de front, à disposer peu à peu l'auditeur aux sentiments qu'on veut lui inspirer, aux vérités dont on veut le convaincre, puis enfin à le subjuguer par la force de votre raison, à l'entraîner par la puissance des émotions que vous lui aurez fait partager. Ainsi, Démosthène arme les Athéniens contre Philippe. Ainsi, Pierre l'Ermite et saint Bernard précipitent vers les champs de la Palestine les peuples chrétiens pour la défense des lieux saints. Ainsi Mirabeau sauve la France d'une honteuse banqueroute, et Vergniaud fait décréter la guerre contre l'étranger qui nous menace d'une invasion.

Le style de l'orateur décide de sa puissance et doit accomplir son œuvre. C'est par l'expression, par la force ou par la grâce de l'élocution, que réussit celui qui s'adresse au sentiment et aux passions. La raison même ne cède qu'à une parole claire, concise et grave : si cette parole n'est dépourvue ni de nombre ni d'une sorte d'élégance sévère, elle n'en produit que mieux son effet. Tel est souvent le mérite de Bourdaloue. Le style oratoire n'est ni la diction hardie et pleine d'images du poëte, ni le langage de l'historien, qui raconte et juge sans passion. Souvent cependant l'orateur s'élève à l'enthousiasme du poëte et lui emprunte des couleurs et des images. Souvent aussi il demande à l'historien la rapidité, la vivacité, le charme d'une agréable ou intéressante narration. L'élocution de l'orateur doit, au surplus, être appropriée au genre auquel il s'est voué. Le barreau, la tribune, la chaire, ont chacun leur style propre. On ne discute pas, on ne plaide point un procès, comme on débat les intérêts de l'État, on énonce les grands préceptes de la morale chrétienne. Ce n'est que dans les questions élevées, lorsque les sujets divers appellent toutes les forces d'une haute raison et les grands mouvements de l'âme, que les convenances qui varient les styles s'effacent, et que les nuances différentes semblent se confondre. Les belles déductions d'idées, le pathétique, le sublime, appartiennent, suivant l'occurrence, à tous les genres où brille l'éloquence. Voltaire plaidant pour la mémoire de l'infortuné Calas, Lally-Tollendal pour celle de son père, Servan, Dupaty pour des malheureux injustement condamnés, n'impriment pas moins à leur style les mouvements de la pitié et de la douleur dont ils sont pénétrés que Sheridan faisant couler les larmes dans le parlement anglais sur les malheurs des Bohillas et des Beghums opprimés par Hastings. Bergasse attaquant Beaumarchais dans une cause d'intérêt privé s'élevait aux plus hautes considérations de la morale publique, et adressait au roi sur les périls de l'État une adjuration éloquente qu'on eût applaudie à la tribune nationale.

Voulez-vous approfondir les secrets de l'art et du style oratoire, lisez et relisez les grands modèles, étudiez-les sans cesse, scrutez leur méthode, et surtout pénétrez-vous de leur génie ; peut-être leur en déroberez-vous au moins quelques étincelles. L'étude persévérante des maîtres sera pour vous le meilleure des rhétoriques. Si le germe du talent oratoire est dans votre sein, c'est par la lecture des chefs-d'œuvre qu'il fructifiera. Démosthène, Cicéron, Bossuet, Platon, Pascal, J.-J. Rousseau, vous initieront bien mieux que tous les rhéteurs aux mystères de l'éloquence. Si vous cherchez des préceptes et des conseils, les livres de l'orateur romain sur son art, ce dialogue sublime où il apprécie si bien les principaux orateurs de la Grèce et de l'Italie, l'excellent traité de Quintilien, l'*Essai sur l'Éloquence de la Chaire*, par le cardinal Maury, vous guideront dans vos études. AUBERT DE VITRY.

ORATOIRE (Congrégation de l'). L'idée de réunir des prêtres pour vivre en communauté sans être liés par aucun vœu spécial appartient au Florentin saint Philippe de Neri. Telle fut l'origine de la congrégation fondée par lui à la fin du seizième siècle, sous le titre de l'*Oratoire de Sainte-Marie-en-la-Vallicelle*. Mais il se borna à l'établissement d'une seule maison à Rome, et voulut que toutes les maisons qui se formeraient à l'instar de son institut demeurassent isolées et indépendantes. Aussi n'y a-t-il point eu de lien commun entre celles qui se sont établies en Italie et aux Pays-Bas. Ce fut en 1611 que le cardinal Pierre de Bérulle, né à Paris, introduisit en France la congrégation de l'Oratoire. Des lettres patentes de Louis XIII et de la régente Marie de Médicis autorisèrent l'institut. Le parlement les enregistra en 1612, le 4 décembre, avec la clause du consentement de l'évêque dans les trois mois et de la soumission à sa juridiction. Une bulle du pape Paul V, en 1613, permit au cardinal de Bérulle de propager cette communauté nouvelle en France et dans les autres pays de l'Europe. Le premier collège fut établi à Dieppe. Toutes les maisons de la congrégation furent subordonnées à un supérieur général, chargé de les diriger avec trois assistants. Le second fondateur s'écartait en ce point des vues du premier. Quelques oppositions s'étant élevées contre ce nouvel institut, les pères de l'Oratoire déclarèrent qu'ils étaient non des religieux, mais de simples prêtres vivant librement en communauté, restant soumis à la hiérarchie, sous la dépendance immédiate des évêques, et ne *travaillant que par eux, sous eux, et pour eux*. Il est évident, quoi qu'on en ait dit, que le but de cette institution fut de contrebalancer l'influence toujours envahissante des jésuites. Ceux-ci trouvèrent dans les oratoriens des rivaux redoutables pour la littérature et l'éducation. Les oratoriens avaient une bibliothèque de 30,000 volumes. Leur collège de Juilly, longtemps célèbre, et dont le renom n'est pas encore éteint, a produit des hommes qui se sont illustrés dans plus d'une carrière. Les sciences, la chaire, les lettrés, revendiquent parmi eux des noms qu'honorera toujours la postérité. Citons seulement Malebranche, Massillon, Lami, Thomassin, Richard Simon.

On a rendu à l'estimable communauté de l'Oratoire cette justice, qu'elle était demeurée pauvre, et qu'elle avait toujours donné l'exemple d'un noble désintéressement. Bossuet a fait un grand éloge des pères de l'Oratoire.

AUBERT DE VITRY.

La congrégation de l'Oratoire s'était d'abord installée à l'hôtel du Petit-Bourbon, rue du Faubourg-Saint-Jacques, là où s'est élevé depuis le Val-de-Grâce ; en 1616 elle vint s'établir près du Louvre, à l'ancien hôtel du Bouchage, où Henri IV fut frappé d'un coup de couteau par Chastel. Le 22 septembre 1621 fut posée sur cet emplacement la première pierre d'une église dont la construction fut terminée en 1630. C'est celle de l'Oratoire, dont la façade sur la rue Saint-Honoré ne fut bâtie qu'en 1745, et dut être reconstruite en 1774. L'église de l'Oratoire, vaste et spacieuse, contenait le monument en marbre du cardinal de Bérulle, fondateur de la congrégation ; le maître-autel y était placé entre quatre colonnes de marbre, avec des chapiteaux de bronze doré, soutenant un baldaquin et une gloire. Après la suppression des corporations religieuses, cette église servit aux assemblées du district et de la section du quartier. Elle fut en 1802 concédée aux protestants de la confession de Genève, qui ont depuis continué à y célébrer leur culte.

En 1852 une nouvelle congrégation de l'Oratoire, dite *de l'Immaculée Conception*, s'est établie à Paris. Installée d'abord rue de Calais, elle a maintenant son siége rue du Regard.

ORATORIENS. *Voyez* ORATOIRE (Congrégation de l').

ORATORIO. Saint Philippe de Neri, qui fonda, en 1540, la congrégation de l'Oratoire, à Rome, voyant avec douleur les fidèles déserter l'église pour courir aux spectacles, qui par la nouveauté et les farces qu'on y exécutait offraient un attrait puissant à leur curiosité, et connaissant le goût des Romains pour la musique, eut l'idée de faire

ORATORIO — ORCAGNA

composer par un bon poète des intermèdes dont le sujet était puisé dans l'Écriture Sainte; puis les ayant fait mettre en musique, il les fit exécuter dans son église. La foule y courut, le succès fut prodigieux, et ce genre de drame s'appela *oratorio*, du nom de l'église de l'Oratoire, où il fut joué pour la première fois. Il ne faut pas s'imaginer à propos de cette dénomination de *drame* que les *oratorios* soient des pièces dans le genre des *mystères* des confrères de la Passion, qu'on jouait sur un théâtre avec costumes et décors. Bien loin de là. Les *oratorios* n'étaient d'abord qu'une simple allégorie, une cantate à plusieurs personnages, qu'on n'exécutait, soit à l'église, soit au théâtre, que comme une pièce de concert. Dans la suite, ils prirent plus de développement, et acquirent toutes les proportions d'un vrai drame, sauf le clinquant des costumes et la pompe théâtrale. Quant à la musique, qui participe à la fois du genre libre et du genre sévère, elle se compose de récitatifs simples et obligés, de solos, duos, trios, morceaux d'ensemble et chœurs. On n'exécute plus guère d'*oratorios* que dans les grandes solennités musicales et dans les concerts spirituels. En Allemagne et en Angleterre on y déploie un luxe formidable d'exécution, et il n'est pas rare d'entendre les meilleures productions en ce genre rendues par quatre à cinq cents concertants. En France, c'est bien différent. On n'avait autrefois que fort rarement l'occasion d'entendre un *oratorio*, puis on a fini par n'en donner que quelques fragments aux concerts spirituels de la semaine sainte. Sans parler des anciens auteurs italiens qui s'y sont plus ou moins distingués, depuis Palestrina jusqu'à Jomelli, les plus célèbres compositeurs qui ont illustré le genre sont Hændel, Haydn, Mozart et Beethoven. On cite parmi les *oratorios* les plus remarquables *Le Messie* du premier, *La Création* du second, et *Jésus au mont des Olives*, du dernier des compositeurs que nous venons de citer.   Charles Béchet.

ORBE. Ce terme était anciennement employé pour désigner un corps ou espace sphérique terminé par deux surfaces, l'une concave et l'autre convexe : les cieux étaient composés de plusieurs *orbes* immenses, enfermés les uns dans les autres, et décrits par les planètes. Le grand orbe était celui où l'on supposait que le Soleil se mouvait. On se sert maintenant indifféremment des mots *orbe* et *orbite*. Un phénomène remarquable du système solaire est le peu d'excentricité des orbes des planètes et des satellites, tandis que ceux des comètes sont fort allongés, les orbes de ce système n'offrant point de nuances intermédiaires entre une grande et une petite excentricité.

On se sert quelquefois du mot *orbe* en poésie, pour exprimer un globe.

Les astrologues appelaient *orbe* de lumière une certaine quantité de lumière qu'ils assignaient à une planète au delà de son centre : ils disaient que pourvu que les aspects donnassent dans cet *orbe*, ils avaient presque le même effet que s'ils frappaient au centre de la planète.

ORBE (Montagnes de l'). *Voyez* CÉVENNES.
ORBEC. *Voyez* CALVADOS.
ORBES ÉPINEUX. *Voyez* DIODON.
ORBILLE. *Voyez* CONCEPTACLE.
ORBITAIRE. On appelle *orbitaire* tout ce qui se rapporte à l'orbite de l'œil : arcade, fosse, cavité *orbitaires*, trou et fente *orbitaires*, artères *orbitaire* et *sous-orbitaire*, nerf *orbitaire* de Sœmmerring. Quelques anatomistes ont aussi donné le nom d'*orbitaires* aux os unguis.

ORBITE (du latin *orbis*, cercle, disque). L'orbite est la ligne qu'une planète parcourt par son mouvement propre dans les cieux. L'orbite de la Terre et celle des autres planètes sont des ellipses dont le Soleil occupe le foyer commun ; c'est à Kepler que nous devons cette découverte importante. Les orbites des comètes sont des ellipses fort allongées ; aussi se sert-on de paraboles pour la facilité du calcul.

En anatomie on appelle *orbite* la cavité dans laquelle l'œil est placé.

ORBITE (Équation de l'). *Voyez* ÉQUATION DU CENTRE.
ORBITÈLES. *Voyez* ARACHNIDES.
OR BLANC, nom sous lequel on a successivement désigné le mercure, le platine et le tellure.

ORCADES (Iles) ou ORKNEY, partie méridionale du bailliage (*stewartry*) de Shetland-Orkney, qui comprend 62,313 habitants, sur 44 myriamètres carrés de superficie, et appartient aujourd'hui avec droit de justice héréditaire à la famille écossaise de Dundas. Elles sont séparées de l'extrémité septentrionale de l'Écosse par le Pentland-Frith, détroit large d'environ 10 kilomètres. Ces îles , au nombre de 67, présentent ensemble une superficie de 16 myriamètres carrés ; mais il n'y en a qu'une trentaine d'habitées, et leur population totale s'élève à 32,000 âmes. Les autres ne sont utilisées que comme pâturages, et encore pour la chasse ou pour la pêche. Il y faut aussi ajouter les *Skerries*, rochers nus, recouverts par les grandes marées, et où en été les gens qui fabriquent de la soude avec des plantes marines se construisent des huttes. Les aurores boréales sont très-fréquentes en hiver dans ces îles, qui sont exposées en outre aux orages et aux tempêtes, et constamment couvertes de nuages. En revanche, la gelée et la neige n'y durent jamais bien longtemps. Marécageux sur les hauteurs, le sol se compose de tourbières dans les vallées. On déterre bien de temps à autre quelques souches de chênes des marais, mais il ne croit plus d'arbres aujourd'hui que dans les jardins protégés contre le vent.

Les Orcades abondent en oiseaux de mer et de terre. La chasse aux oiseaux fournit des bécasses, des perdrix et des vanneaux pour l'exportation. On exporte aussi beaucoup de laine, ainsi que du bétail, du beurre, du suif, de la plume, de l'édredon, des œufs, de l'huile de baleine et des homards qui vont à Londres, enfin des poissons secs et salés. Il n'y manque ni de fer, ni d'étain, ni de plomb ; mais les habitants ne savent point en tirer parti. On ne récolte pas assez de céréales pour les besoins de la population. Les troupeaux paissent sans bergers, chaque propriétaire reconnaissant à sa marque les bêtes qui lui appartiennent. Ces îles eurent pour premiers habitants des Pictes, et des Norvégiens qui y introduisirent le christianisme ; elles étaient autrefois beaucoup plus peuplées qu'aujourd'hui, et au douzième siècle elles pouvaient envoyer 7,000 hommes d'armes à l'étranger. Lorsque le roi d'Écosse Jacques VI épousa, en 1590 , la princesse Anne de Danemark, la couronne de Norvège céda à celle d'Écosse toutes ses prétentions sur les Orcades.

La principale des îles Orcades a nom *Pomona* ou *Mainland*, ce qui veut dire terre principale ; et à elle seule elle est effectivement aussi grande que toutes les autres ensemble. On y trouve *Kirkwall*, autrefois résidence des comtes souverains des îles Orkney, aujourd'hui siége d'évêché, avec 3,331 habitants, une grande et massive cathédrale et des ruines fort remarquables. Les autres îles les plus considérables sont ensuite *Hoy*, *North-Ronaldshay*, *South-Ronaldshay*, *Stronsay*, *Eday*, *Westray*, *Shapinshay*, *Burray*, *Walls*, etc.

ORCAGNA (ANDREA), dont le véritable nom était *Andrea* DI CIONE, surnommé *Arcagno* ou *Arcaynolo*, peintre, sculpteur et architecte florentin, du quatorzième siècle, fut l'élève de Giovanni Pisano. Il naquit, dit-on , en 1329 , et mourut en 1389. Ses fresques du *Campo-Santo* de Pise, connues sous le nom de *Triomphe de la Mort* et de *Jugement dernier*, sont celles de ses productions qui ont le plus contribué à sa réputation. La suite de ces deux sujets, *L'Enfer*, est, dit-on, l'œuvre de *Bernardo*, frère d'Orcagna, et *Les Ermites de la Thébaïde* celle de Pietro di Lorenzo. Les figures d'Orcagna sont beaucoup plus librement conçues et desséinées avec plus de justesse que celles du Giotto. Après Pise, on ne trouve plus d'œuvres d'Orcagna qu'à Florence, dans la chapelle Strozzi de Santa-Maria-Novella, où se voit un tableau d'autel portant la date de 1356 et une fresque du *Jugement dernier*. Les seuls monuments d'architecture qu'on puisse citer bien authentiquement comme étant de lui sont la délicieuse église d'Or San-Michele et la noble et grandiose *Loggia de' Lanzi*, consistant seulement en trois arcades larges et élevées, dont les sculptures sont aussi de lui, à ce qu'on assure.

ORCAN. *Voyez* ORKHAN.

ORCANETTE, nom vulgaire du *gremil tinctorial* (*lithospermum tinctorium*, L.), plante de la famille des borraginées, qui croît dans les contrées méridionales, sur les rochers et dans les lieux stériles et sablonneux. Les fleurs de l'orcanette sont bleues ou violettes, et disposées en cyme terminale. Sa racine, un peu flexueuse, est d'un rouge foncé; on en retire une couleur rouge qui sert pour colorer quelques liqueurs; dans la plupart de nos thermomètres à alcool, l'orcanette est la matière colorante.

ORCÉINE. *Voyez* ORCINE.

ORCHESTRE (du grec ὀρχήστρα, dérivé d'ὄρχησις, danse). C'était chez les Grecs la partie du théâtre destinée aux acteurs, aux chœurs, aux musiciens, aux danseurs, aux mimes et aux baladins, qui y avaient leurs places marquées. Elle était distribuée en trois divisions, dont la première, la plus vaste, portait plus spécialement le nom d'*orchestre*.

Là, entre les entr'actes, et à la fin de la représentation, mimes, danseurs et baladins, remplissaient par des jeux et des exercices de tous genres les vides du spectacle, tant les Athéniens avaient soif de plaisir. La seconde division se nommait *thymélé*, mot qui signifie *autel* ou estrade carrée. C'était la place des chœurs, dont les chants ou les danses étaient liés à l'action du drame. Enfin, la troisième division était appelée *hyposcénion* (sous-scène), parce qu'elle se trouvait presque au pied du théâtre principal, c'est-à-dire de la scène. Là était la place des symphonistes, qui accompagnaient aussi les chants des chœurs; ils étaient rangés aux deux côtés du thymélé, sur le plan du théâtre. Ainsi postée au centre du théâtre, à la portée des mimes et des principaux acteurs, la masse d'harmonie allait dans tout son ensemble charmer les oreilles des *dilettanti* athéniens. Quelques érudits prétendaient que sur le thymélé ou autel on sacrifiait avant la représentation un bouc à Bacchus : on sait en effet que *tragédie* signifie, dans la langue d'Eschyle, *chant du bouc*. Toutefois, Suidas, qui vit presque dans leur intégrité les théâtres des Grecs, avoue ne pas savoir au juste la véritable destination du thymélé. L'orchestre était nécessairement la partie la plus basse du théâtre; il était de niveau. Le plancher de l'orchestre proprement dit était de bois, afin de donner de l'élasticité aux pieds des danseurs et de la sonorité aux voix et aux instruments de la scène et du thymélé. L'orchestre était enfermé au milieu des degrés sur lesquels s'asseyaient les spectateurs. Les masques *orchestriques* qui couvraient le visage des mimes, des baladins et des danseurs, n'avaient point la bouche horriblement béante des masques *dramatiques*. Leur forme était des plus naturelles et des plus agréables, selon Lucien : ils se nommaient aussi *masques muets*. Quant à sa dimension et à sa proportion, l'orchestre du théâtre grec devait avoir le demi-diamètre de tout l'édifice. Sa largeur était toujours double de sa longueur.

Les Romains, en tout imitateurs des Grecs, et qui bâtirent aussi des théâtres, mais sur d'immenses proportions, y placèrent également un orchestre; mais il eut chez eux une tout autre destination. Sa seule disposition dans l'édifice théâtral lui valut un nom qui ne lui convenait pas. Ce ne fut plus le point central des jeux, des divertissements, des chants, de l'harmonie et de la déclamation dramatique; l'orchestre romain était réservé aux graves sénateurs, aux orgueilleux édiles, aux pâles vestales, qui y avaient leurs places marquées. Aussi Juvénal, distinguant les patriciens des plébéiens, s'exprime-t-il ainsi : *Orchestra et populus* (l'orchestre et le peuple). L'orchestre romain formait le demi-cercle. Il était abaissé chez eux devant le *proscenium* de cinq pieds de plus que celui des Grecs, et était tant soit peu incliné en talus pour la commodité des spectateurs. Il était pavé de carreaux ou compartiments très-épais, de marbre jaune antique : on en voit encore des restes assez considérables dans les ruines d'un théâtre d'Herculanum. Il y avait des passages (*aditus*) pratiqués sous les degrés pour arriver dans cet orchestre. Les spectateurs, comme nous l'avons dit, étaient assis sur ces degrés. L'orchestre était séparé du *proscenium*, ou avant-scène, par un petit mur d'un demi-mètre de haut, orné de colonnettes de un mètre de distance en distance. Mais entre ce mince rempart et l'orchestre il y avait encore un certain espace, où les chaises curules et les grands insignes des fastueux patriciens étaient rangés. C'était ce que les Latins nommaient *podium*. Là quelquefois resplendissait le trône des empereurs, ces orgueilleux maîtres du monde. L'orchestre des Romains était donc bien moins large que celui des Grecs, qui formait toute la scène. Quant aux proportions de l'orchestre romain, selon Vitruve, la scène devait être trois fois aussi longue que le diamètre de ce dernier. L'orchestre était un demi-cercle. On peut se faire une idée de la gigantesque dimension des théâtres romains par celle qu'avait la face de l'orchestre du théâtre de Scaurus; elle était de 236 pieds. Ce fut seulement du temps de Scipion l'Africain que les sénateurs se séparèrent du peuple au théâtre : dès lors la république gémissante vit dans cette mesure l'ovation insolente d'une aristocratie qui devait dans la suite l'étouffer à jamais.

Il nous reste à parler de l'orchestre des théâtres modernes : ce n'est chez eux qu'un retranchement plus ou moins grand qui règne autour de ce qu'on appelle la *rampe* de la scène. C'est la place des symphonistes. Cette enceinte est construite d'un bois sonore, de sapin ordinairement, afin de faire vibrer les sons des instruments : c'est absolument la table d'harmonie d'un clavecin, car cette espèce de grand coffre sans couvercle est établi sur un vide avec des arcs-boutants. En cette occasion, le contenu prend aussi le nom du contenant, car une masse de symphonistes, même aux cathédrales, dans les salons et en plein vent, est aussi appelée *orchestre*. Enfin, à l'imitation du théâtre romain, nous appelons aussi *orchestre* une enceinte qui touche à l'*orchestre* proprement dit, et dont les places destinées au public, fort rapprochées de la scène, sont d'un prix à peu près égal à celui des premières loges.

L'*orchestre* français ne date véritablement que du siècle de Louis XIV. Aux vingt-quatre fameux *violons* de la chambre du roi, qui n'étaient pas tous des Corelli, des Tartini, aujourd'hui encore si célèbres, Lulli, l'artiste favori du monarque, ajouta une bande appelée *petits violons*. On doit à Lulli l'introduction des timbales et des trompettes dans l'orchestre, et bien plus tard à Gluck celle de la clarinette, dont on usait si sobrement qu'elle ne se faisait guère entendre que dans les ballets. Que les temps sont changés! quelle admirable instrumentation nous avons de nos jours! Elle compte au moins vingt instruments; elle a réuni dans nos orchestres, comme par enchantement, tous les bruits, tous les sons, toutes les voix de la nature, dont la musique n'est qu'une imitation. Par ce nombre d'instruments si variés, nos orchestres aujourd'hui sont un monde où les passions, les sentiments, déploient toutes leurs expressions, et où la nature fait ouïr toutes ses voix.

Il est inutile de dire que dans un orchestre bien ordonné il faut que le nombre des instruments à cordes, à vent, à pulsations, soit en rapport entre eux et proportionné à la nef, au théâtre, à la salle, au jardin, au parc qu'ils ont à remplir de la masse de leur harmonie. L'orchestre du Conservatoire de Musique à Paris est aujourd'hui le premier orchestre du monde, sans compter celui de l'Opéra et des Bouffes, rare réunion d'habiles symphonistes, dont la plupart sont des virtuoses.
DENNE-BARON.

L'homme qui dirige un orchestre prend le titre de *chef d'orchestre*. On sait quelle influence il peut avoir sur la bonne exécution d'une œuvre musicale. M. Berlioz a publié une brochure sur le chef d'orchestre et la théorie de son art.

ORCHIDÉES, famille de plantes monocotylédones à

étamines épigynes, ayant pour type le genre *orchis*. Les orchidées sont des plantes herbacées, rarement sous-frutescentes. Leurs racines, composées de fibres simples et cylindriques, partent de deux tubercules, dont l'un, celui qui donne naissance à la tige actuelle, d'abord le plus gros, devient flasque dès le printemps, se ride à mesure qu'il approche du terme de son existence, et finit par se détruire tout à fait, tandis que l'autre, renfermant les rudiments de la plante, qui se développera l'an prochain, est ferme, plein de force. Les feuilles, toujours simples, alternes, engaînantes, naissent immédiatement de la tige ou de rameaux courts, renflés, charnus, qu'on n'observe que dans les espèces exotiques et parasites. Des fleurs parfaites ou imparfaites par avortement, irrégulières, solitaires, fasciculées, en épis ou en panicules; un calice à six divisions profondes, dont les trois externes forment à la partie supérieure de la fleur une sorte de casque; la division mitoyenne interne, d'une figure particulière, présentant souvent à sa base un prolongement creux ou *éperon*; trois filets staminaux soudés ensemble et avec un style central formant un *gynostème*, qui porte le stigmate à sa face antérieure et supérieure et une anthère à deux loges à son sommet; tels sont les principaux caractères distinctifs des orchidées.

Les genres *orchis*, *ophrys*, *epipactis*, *vanilla* (*voyez* VANILLIER), etc., appartiennent à cette famille. Les fleurs des orchidées présentent les formes les plus bizarres et les plus diverses; elles imitent des insectes, divers petits animaux, des têtes coiffées d'un casque, etc. Beaucoup d'entre elles se font remarquer par leur beauté, la vivacité ou la singularité de leur coloration. Aussi, malgré la difficulté de leur culture, de zélés amateurs font-ils venir des orchidées de toutes les parties du monde. On en trouve de belles collections dans les serres de l'Angleterre.

ORCHIS ou ORCHIDE (du grec ὄρχις, testicule), genre de plantes monocotylédones, type de la famille des orchidées. Les orchis sont des plantes herbacées, vivaces, ayant des fleurs ordinairement purpurines, disposées en panache et d'une odeur agréable. Les tubercules qu'offrent leurs racines, par leur ressemblance avec certaines parties de l'organe génital des animaux mâles, ont valu à ce genre le nom qu'il porte. Ces tubercules sont charnus, succulents, et se montrent tantôt ovales ou globuleux, tantôt digités et tantôt palmés: de là la division des espèces du genre en trois sections. Du tubercule en pleine végétation s'élève une tige herbacée, annuelle, droite, cylindrique, légèrement rameluée, ayant des feuilles alternes, simples, entières, parfois réunies en rosette à la base de la tige, d'autres fois alternes et amplexicaules sur elle. On trouve les orchis dans les prairies et les terrains humides, dans les bois et sur les collines de la majeure partie de nos départements, surtout au voisinage de nos grands fleuves. Elles abondent autour du bassin de la Méditerranée. Leur végétation se manifeste dès le mois d'avril. Les tubercules d'orchis renferment un mucilage abondant et sain, dont on pourrait faire un *salep* indigène.

Nous possédons en France une grande partie des espèces du genre orchis; nous citerons parmi les espèces à tubercules arrondis: l'*orchis mâle*, dont les feuilles sont souvent marquées de taches irrégulières, noires; l'*orchis bouffonne*, l'*orchis pyramidale*, ainsi nommée de la disposition de son épi; l'*orchis à deux feuilles*, aux fleurs d'un blanc jaunâtre, un peu écartées entre elles et répandant au loin une odeur suave; l'*orchis puante*, aux fleurs nombreuses, d'un rouge mêlé de vert et d'une odeur de punaise repoussante; l'*orchis militaire*, remarquable par sa haute tige, couronnée d'un bel épi de fleurs variées de pourpre et de blanc; l'*orchis de Robert*, découverte en 1805, en Corse, qui a des fleurs d'un pourpre clair, bordées de brun et mouchetées de taches rougeâtres; enfin l'*orchis singe*, aux fleurs blanchâtres, tachées de pourpre et dont les quatre découpures profondes du labelle représentent la figure d'un petit singe pendu. Parmi les espèces à tubercules palmés, on remarque l'*orchis odorante*, l'*orchis à long éperon*, l'*orchis maculée*, et l'*orchis noire*, toutes odoriférantes. Dans les espèces à tubercules digités on distingue l'*orchis à larges feuilles*, commune dans les prés humides.

ORCHOMÈNE, antique et célèbre ville de Béotie, capitale du royaume des Minyens, jadis complètement indépendant, était située au voisinage du bourg actuel de Skripou, et au nord du lac Kopais, sur la rive gauche du Céphise, où l'on peut encore voir aujourd'hui sur la crête d'une montagne quelques ruines de l'édifice où Minyas enfermait son trésor. Dès l'époque la plus reculée la domination d'Orchomène s'étendait jusqu'à la mer, de sorte que cet État put prendre part à la guerre de Troie avec trente navires. Quand Thèbes devint la rivale de Sparte et d'Athènes, à la suite de la bataille de Leuctres, elle détruisit Orchomène, par rancune pour la rivalité qui avait existé autrefois entre elles, et elle vendit ses habitants comme esclaves. Ce fut en vain que Philippe de Macédoine essaya de la reconstruire; c'en était irrémissiblement fait de sa prospérité et de sa puissance. Consultez la dissertation d'Ottfried Muller *Sur Orchomène et les Minyens* (Breslau, 1844).

ORCINE ou ORCÉINE. En épuisant par l'éther, dans un appareil de déplacement, les lichens colorants, on obtient une masse cristalline, qu'on nomme *lécanorine*. L'ébullition de la lécanorine dans l'eau produit un principe cristallin d'un rouge jaunâtre, soluble dans l'eau et dans l'alcool, qu'on nomme *orcine*. Sa solution aqueuse a une saveur sucrée; néanmoins, mise en contact avec la levure de bière, elle ne fermente pas. Mêlée d'ammoniaque et exposée à l'air, elle se colore en rouge de sang foncé ; l'acide acétique la précipite sous forme de poudre rouge. L'orcine est un des principes colorants de l'orseille.

ORCUS. C'est le nom que les anciens donnaient à l'empire de Pluton, en général au monde souterrain.
Les Latins donnaient aussi ce nom à Caron.

ORDALIES. Ce mot se dit des diverses épreuves judiciaires usitées au moyen âge : L'*ordalie* du fer chaud, de l'eau froide, etc.

OR DE CHAT. On donnait autrefois ce nom au mica couleur d'or, mais qui ne contient pas un atome de ce métal.

OR DE MANHEIM. Alliage de cuivre et de zinc, qui imite assez bien la couleur de l'or. Sa composition varie de 20 à 80 parties de cuivre sur 20 à 40 de zinc.

ORDINAIRE signifie tout ce qui est dans l'ordre commun, tout ce dont on se sert communément, tout ce qui a coutume de se faire, tout ce qui arrive communément. Pris dans cette acception, *ordinaire* peut être considéré comme synonyme d'*habituel*; il est aussi assez souvent synonyme de *médiocre* et de *vulgaire*.

Dans l'art militaire, le pas *ordinaire* est le pas le plus lent de ceux qui sont réglés pour les troupes.

On distinguait autrefois dans notre ancien droit criminel deux espèces de questions, la *question ordinaire* et la *question extraordinaire*. On appelait également autrefois *juges* et *cours ordinaires* les juges et les cours qui rendaient la justice toute l'année, et ceci par opposition aux juges et aux cours qui ne faisaient de service que par semestre. Aujourd'hui on n'appelle plus *juges ordinaires* et *tribunaux ordinaires*, par opposition aux tribunaux de commerce, aux conseils de guerre, au tribunaux maritimes, à la haute cour de justice, que ceux à qui appartient naturellement la connaissance des affaires civiles, correctionnelles ou criminelles. Sous la royauté constitutionnelle le conseil d'État était divisé en *service ordinaire* et en *service extraordinaire*.

Dans l'ancienne monarchie, la maison du roi comptait dans ses rangs plusieurs officiers qui recevaient le titre d'*ordinaires*, quoique la plupart d'entre eux ne fissent de service que par quartier ou par semestre; d'autres, au contraire, ne le recevaient que pour les distinguer de ceux qui ne faisaient pas un service habituel. On peut ranger dans la seconde catégorie le *maître d'hôtel ordinaire*, le *médecin ordinaire* et le *chirurgien ordinaire* du roi, nommés ainsi par opposition aux maîtres d'hôtel, aux médecins et aux chirurgiens par quartier : il en était de même des *valets de chambre ordinaires*, et des *valets de garde-robe ordinaires*, qui ne devaient pas être confondus avec les valets de chambre et les valets de garde-robe par quartier. A la première catégorie appartenaient les *gentilshommes ordinaires* de la chambre du roi, qui ne servaient auprès du roi que par semestre.

En théologie, et surtout dans les écoles, *ordinaire* sert à qualifier quelques-uns des examens que les candidats sont obligés de subir : c'est ainsi qu'on appelle *majeure ordinaire* et *mineure ordinaire* les thèses que les bacheliers soutiennent pendant leur licence.

Pris substantivement, *ordinaire* a plus d'une signification. La partie de la messe, qui ne change jamais, c'est-à-dire les prières que le prêtre dit toujours, quelle que soit la fête qu'on célèbre, s'appellent *ordinaire de la messe*. On dit encore *ordinaire* pour désigner l'évêque diocésain ou son autorité.

Il s'emploie également pour désigner tout à la fois et le courrier qui part et arrive à certains jours fixes, et le jour même du départ et de l'arrivée.

Certaines sommes allouées et établies pour payer la maison du roi, les commissaires des guerres et les corps de gendarmerie s'appelaient *ordinaire des guerres*, et on nommait celui qui était chargé de payer *trésorier de l'ordinaire*.

Ordinaire sert encore à désigner les habitudes, le genre de vie, les manières d'une personne. Il signifie de même ce qu'on sert habituellement pour le repas. Tous les jours en effet on entend dire que rien ne vaut mieux qu'*un ordinaire bourgeois*, qu'on se contentera de *l'ordinaire*, et que telles ou telles maisons ont toujours un bon *ordinaire*. Naturellement, et quoique par extension, il se prend encore pour la mesure de vin qu'allouent à chaque repas les maîtres à leurs domestiques, ainsi que pour la mesure d'avoine que reçoivent les chevaux le soir et le matin. Enfin, autrefois on disait dans le langage du palais régler une affaire à *l'ordinaire* quand on terminait par la voie civile une affaire criminelle, et aujourd'hui quand on veut distinguer du vin qu'on sert sur la table le vin plus fin qu'on sert dans le cours du repas, on appelle le premier *vin d'ordinaire*.

ORDINAL. C'est un mot qui sert à déterminer l'ordre des personnes ou des choses relativement à leur nombre. Il y a des adjectifs *ordinaux* et des adverbes *ordinaux*. *Premier*, *second* ou *deuxième*, *troisième*; *quatrième*, *vingtième*, *centième*, *dernier*, sont des adjectifs ordinaux. Les adverbes *ordinaux* sont *premièrement*, *secondement*, *troisièmement*, etc. Les adjectifs *ordinaux* se nomment aussi *noms de nombre*; ils se forment des noms de nombre *cardinaux*, en ajoutant *ième* à ceux qui finissent par une consonne, et en changeant l'*e* muet final en *ième* dans les autres, excepté *premier* et *second*. Dans *neuvième*, la lettre *f* se change en *v*.

Les Anglais donnent le nom d'*Ordinal* à un livre qui contient le détail des cérémonies nécessaires pour conférer les ordres sacrés et célébrer le service divin. Ce livre fut composé sous le règne d'Édouard VI; il fut revu par le clergé anglican en 1552, et substitué dans tout le royaume au Pontifical romain.

ORDINAND, homme qui doit recevoir les ordres. Divers monuments de l'antiquité nous prouvent avec quel soin l'Église voulait que les *ordinands* fussent examinés. L'examen concernait non-seulement la foi et la doctrine, mais encore les mœurs et la condition des *ordinands*. On excluait sans pitié des ordres tous ceux qui étaient suspects d'hérésie, ceux qui avaient été soumis à la pénitence publique, ceux qui étaient tombés dans les persécutions, qui étaient coupables de quelque grand crime, comme celui d'homicide, d'adultère, d'usure, de sédition, de s'être mutilés eux-mêmes, s'ils l'avaient commis depuis leur baptême; ceux qui avaient été baptisés par les hérétiques, ou qui souffraient que quelqu'un de leur famille persévérât dans le paganisme ou dans l'hérésie; et les plus minutieuses précautions étaient prises pour écarter jusqu'au plus léger soupçon de simonie. L'on rejetait aussi, en raison de leur condition sociale, les militaires, les esclaves, et même les affranchis, à moins qu'ils n'eussent l'autorisation de leurs maîtres; ceux qui étaient engagés dans une société d'art ou de métier, ceux qui étaient chargés des deniers publics et qui devaient en rendre compte, ceux que nous appelons *hommes d'affaires*, les bigames et les acteurs. Ces règles ont toujours existé, les conciles ont veillé à leur observation, et souvent ont dégradé ceux qui ne les avaient pas respectées.

ORDINANT, évêque ou prélat qui confère les ordres.

ORDINATION, cérémonie par laquelle on confère les ordres, et qui dans l'Église romaine consiste dans l'imposition des mains de l'évêque sur la tête des ordinands, avec une formule ou une prière, et dans l'action de leur mettre à la main les instruments du culte divin relatifs aux fonctions de l'ordre qu'ils reçoivent. Toutefois, l'imposition des mains n'a lieu qu'à l'égard de deux des trois ordres majeurs, le diaconat et la prêtrise. Les protestants ne voient, dans *l'ordination* qu'une simple cérémonie rendant la vocation plus authentique et plus majestueuse, mais qui n'est point d'une nécessité absolue; c'est en ce sens que se fait chez eux l'ordination, qu'ils nomment *consécration*, et qui consiste dans la cérémonie d'installation du pasteur dans le diaconat ou dans la prêtrise; l'ordination n'est point un sacrement à leurs yeux. Les catholiques, après de longues controverses, reconnaissent au contraire *l'ordre* comme un sacrement.

Les schismatiques orientaux eux-mêmes, tels que les nestoriens, les jacobites, les Grecs, les Arméniens, donnent les ordres comme les Latins, par l'imposition des mains accompagnée de prières. Ils sont persuadés que cette cérémonie vient de tradition apostolique; qu'elle confère une grâce particulière à ceux qui sont ordonnés; qu'elle met entre eux et les autres chrétiens une distinction fixe et constante, et que par conséquent elle leur imprime un caractère; que celui qui a reçu un ordre inférieur, tel que le diaconat ou le sous-diaconat, n'a pas pour cela le droit d'exercer les fonctions de prêtre ou d'évêque, mais qu'il lui faut une nouvelle ordination.

On appelle communément *sacre* ou *consécration* l'ordination des évêques, dont le principal privilège est de pouvoir seuls ordonner les ministres inférieurs de l'Église. Dans l'ancienne discipline, on ne connaissait point les *ordinations vagues et absolues*; il fallait avoir une église pour être ordonné clerc ou prêtre. Dans le douzième siècle, on se relâcha, et on donna l'ordination sans titre ou sans bénéfice. Le concile de Trente a renouvelé l'ancienne discipline et défendu de promouvoir aux ordres sacrés un clerc qui ne serait point pourvu d'un bénéfice suffisant pour subsister. Mais de nos jours la nécessité de fournir des vicaires et des desservants aux paroisses et aux annexes des campagnes oblige les évêques à ordonner des prêtres sur un simple titre patrimonial.

Le concile de Rome tenu en 744 prescrit, par son deuxième canon, qu'il ne fera les ordinations qu'au premier, au quatrième, au septième et au dixième mois, c'est-à-dire dans notre épître 32°, le pape Alexandre II a condamné les *ordinations* que l'on appelle *per saltum*; en d'autres termes, il a défendu d'élever aux ordres majeurs un clerc qui n'aurait point reçu les ordres mineurs, ou de conférer un ordre majeur à celui qui n'aurait point reçu l'ordre qui doit précéder, comme par exemple l'ordre du diaconat, sans avoir préalablement passé par le sous-diaconat. On appelle *ordination absolue* celle d'un clerc qui n'avait point de titre; le canon 52 du concile de Meaux, en 845, les interdit expressément.

ORDONNANCE, en général, est synonyme de disposition, d'arrangement. On dit, dans ce sens, *l'ordonnance* d'une bataille, d'un poëme, d'un tableau, d'un bâtiment, d'un festin, d'un ballet.

Dans la langue du droit, une *ordonnance* est une loi faite par le chef de l'État, à la différence de la loi proprement dite, qui est un acte de la volonté générale, soit que cet acte émane directement de la nation elle-même, soit qu'il ait été arrêté en son nom par l'assemblée de ses délégnés ou de ses représentants. Sous les rois de la première race, les ordonnances reçurent différents noms ; les plus considérables furent qualifiées *lois* : la *loi gombette*, la *loi ripuaire*, la *loi salique*, etc. Quelques-unes furent nommées *édits*. D'autres furent nommées en latin *constitutiones*. D'autres, enfin, furent appelées *capitulaires*, parce qu'elles étaient divisées par chapitres ou par articles, qu'on appelait *capitula*. Les ordonnances qui nous restent des rois de la seconde race sont toutes qualifiées de *capitulaires*. La première loi qui ait été appelée *ordonnance* en français est celle de Philippe le Bel, faite en 1227, touchant les bourgeois ; elle commence par ces mots : « C'est l'ordonnance faite par la cour de notre seigneur le roi et de son consentement. » Depuis ce temps le terme d'*ordonnance* devint commun, et fut enfin consacré pour exprimer en général toute loi faite par le prince. On connaît les belles ordonnances rendues par Louis XIV sur la procédure civile, sur le commerce, sur les eaux et forêts, etc. On comprenait encore sous ce titre tant les ordonnances proprement dites que les édits, déclarations et lettres patentes des rois.

Sous l'empire les ordonnances sont devenues *décrets impériaux*. Après 1814 elles reprirent leur ancienne dénomination d'*ordonnances royales* ; et le droit de rendre des ordonnances pour l'exécution des lois fut consacré par l'article 14 de la charte constitutionnelle.

Le préfet de police a aussi le privilége de rendre des *ordonnances*.

Le mot *ordonnance* s'applique aussi, d'après les règles et les usages de la procédure, à l'ordre que donne un juge, soit au bas d'une requête, soit à la suite d'un procès-verbal, soit dans tout autre cas déterminé par les lois. L'ordonnance diffère du jugement en ce que celui-ci est rendu par un tribunal entier, tandis que l'ordonnance émane du président ou d'un commissaire du tribunal. Ainsi, c'est par une ordonnance que le président d'un tribunal permet d'assigner à bref délai, commet un rapporteur, autorise une saisie, homologue une sentence arbitrale, etc. C'est par une ordonnance que le juge commissaire à l'*ordre* de distribution entre les créanciers ouvre le procès-verbal de cet ordre. C'est aussi par une ordonnance que le président d'une cour d'assises, lorsque l'accusé est déclaré non coupable par le jury, prononce qu'il est acquitté de l'accusation, et enjoint qu'il soit mis en liberté.

Lorsque, sur le rapport fait en chambre du conseil par le juge d'instruction, le tribunal estime qu'un fait est de nature à être puni de peines afflictives ou infamantes, et que la prévention contre l'inculpé est suffisamment établie, ce tribunal ordonne que le prévenu sera pris au corps, et qu'il sera conduit dans la maison de justice établie près la cour d'assises. C'est ce qu'on appelle une *ordonnance de prise de corps*.

Ordonnancer, c'est, en matière de finances, régler un payement, et l'*ordonnance* est le titre ou la pièce qui autorise ce payement. DUBARD.

ORDONNANCE (Médecine). Ce mot, dans le langage médical, désigne les conseils que les médecins donnent par écrit à leurs malades, et principalement les formules d'après lesquelles les pharmaciens doivent préparer tels et tels remèdes ; il désigne encore les avis comprenant l'indication des aliments et de la boisson à choisir, la mesure de l'exercice, etc., l'ensemble d'un traitement. La qualification d'*ordonnance*, appliquée de longue date aux prescriptions des médecins, fut longtemps plausible, car les malades et leurs assistants s'y conformaient avec une obéissance aveugle ; et on pouvait dire qu'elles avaient la puissance des ordonnances royales. Dr CHARBONNIER.

ORDONNANCE (Compagnies d'). Charles VII ayant réuni, en 1444 et 1445, les corps ou bandes d'hommes d'armes éparses dans le royaume, en forma quinze compagnies, auxquelles ou donna le nom de *compagnies d'ordonnance*. Les communes furent chargées de pourvoir à leur entretien. Elles se composaient chacune de 600 hommes, savoir : 100 gentilshommes armés de lances, 100 *coustilliers* (écuyers), 100 *varlets* (pages) et 300 archers. On voit, d'après cette organisation, que chaque gentilhomme ou homme d'armes avait sous ses ordres un écuyer, un page et trois archers ; c'est ce que l'on appelait alors *lance fournie*. Les écuyers et les pages étaient armés de l'épée ou d'un couteau de chasse, d'où dérive pour les premiers la dénomination de *coustilliers* ou *coutilliers* ; les archers avaient pour armes offensives l'arc et les flèches. Les écuyers et les pages portaient aussi des lances de réserve, pour remplacer celles que l'homme d'armes rompait dans les combats.

De Charles VIII à François Ier les compagnies d'ordonnance éprouvèrent de nombreux changements. Sous Louis XII l'adjonction de 50 à 60 surnuméraires ou volontaires éleva ces compagnies jusqu'à 1,200 chevaux. On les vit plus nombreuses sous le règne de François Ier ; mais à cette époque elles avaient été réduites à 115 hommes. Elles disparurent avec l'usage de la lance, sous le règne de Henri III. Quelques compagnies particulières portèrent encore le nom de *compagnie d'ordonnance* jusqu'à la formation des régiments de cavalerie ; mais elles n'avaient plus la moindre analogie avec les premières. SICARD.

ORDONNANCE (Habit d'). En termes militaires, l'habit d'ordonnance est celui que les corps font confectionner pour la troupe, conformément aux modèles déterminés par les règlements. Les officiers sont tenus de faire confectionner les leurs sur le même modèle. Tous les effets d'habillement de grand et de petit équipement sont d'*ordonnance*, c'est-à-dire dans les formes et les dimensions prescrites par les instructions ministérielles.

ORDONNANCE (Messager, Officier d'). On nomme *ordonnances* les cavaliers placés pendant la durée d'une garde (vingt-quatre heures) chez un officier général, pour porter les dépêches d'urgence relatives aux besoins du service. En campagne, les généraux ont à leur quartier général plusieurs cavaliers d'ordonnance. Alors ceux-ci sont relevés de même temps d'escorte, et ne sont relevés qu'après un nombre de jours indéterminé. A l'armée, et lorsque les officiers du corps royal d'état-major ne sont pas assez nombreux pour faire le service, les généraux les remplacent par des *officiers d'ordonnance* pris dans les corps d'infanterie et de cavalerie : ils font d'eux le service d'aide de camp. Après son avénement au trône impérial, Napoléon attacha près de sa personne quatorze *officiers d'ordonnance* du grade de capitaine ; Louis-Philippe en avait douze ; aujourd'hui le chef de l'État en a quatorze, comme sous le premier empire. SICARD.

ORDONNANCE. Voyez MOUCHERON (Isaac).

ORDONNÉE. En géométrie analytique, l'*ordonnée* d'un point à sa distance à l'axe des abscisses, comptée parallèlement à l'autre axe, qui reçoit le nom d'*axe des ordonnées*. Voyez COORDONNÉES.

ORDRE. C'est l'arrangement des choses de façon que chacune d'elles occupe sa place naturelle, qu'elles ne choquent point la vue par leur confusion : ce que nous disons de l'ordre à propos des choses, nous pourrions également le dire à propos des idées : quand elles se heurtent pêle-mêle, sans cohésion, sans suite, elles manquent d'ordre. Montesquieu a dit avec justesse : « Il ne suffit pas de montrer à l'homme beaucoup de choses, il faut les lui montrer avec ordre ; car pour lors nous nous ressouvenons de ce que nous avons vu, et nous commençons à imaginer ce que nous verrons ; notre âme se félicite de son étendue et de sa pénétration ; mais dans un ouvrage où il n'y a point d'ordre, l'âme sent à chaque instant troubler celui qu'elle y veut mettre. La suite que l'auteur s'est faite et celle que nous nous faisons se confondent ; l'âme ne retient rien, ne prévoit rien ; elle est humiliée par la confusion de ses idées, par l'inanité qui lui reste; elle est vainement fatiguée, et ne peut goûter aucun plaisir : c'est pour cela que quand le dessein n'est pas d'exprimer ou de mettre la confusion, on met toujours de l'ordre dans la confusion même. Ainsi les peintres groupent leurs figures ; ainsi ceux qui peignent les batailles mettent-ils sur le devant de leurs tableaux les choses que l'œil doit distinguer, et la confusion dans le fond et le lointain. »

Le mot *ordre* prend un grand nombre d'acceptions. Il signifie aussi devoir, règle, discipline. D'autres fois, on s'en sert pour exprimer le c o m m a n d e m e n t d'un supérieur : à l'armée l'ordre se communique aux troupes ou verbalement, ou par écrit, ou d'une manière secrète, telle que le m o t d'o r d r e, ou d'une manière patente et authentique, telle que l'o r d r e d u j o u r.

D'autres fois il exprime une compagnie ou une association de certaines personnes qui font vœu ou qui s'obligent de vivre sous de certaines règles, comme étaient autrefois les o r d r e s r e l i g i e u x.

Ordre se dit aussi des corps qui composent un État ; L'ordre des sénateurs à Rome, l'ordre du tiers état en France. Dans plusieurs pays d'Europe, la nation est encore divisée en plusieurs ordres, comme la noblesse, le clergé, les bourgeois, les paysans, quelquefois les universités. Généralement ces différents ordres ont des représentants spéciaux, qui dans les assemblées votent séparément. Leur réunion en France décida la révolution.

Ordre, en parlant d'un État, d'une province, d'une armée, signifie *tranquillité, police, discipline, subordination* ; il y a des magistrats chargés d'établir, de maintenir l'*ordre*, le bon *ordre*, l'*ordre public*.

Il se dit aussi des finances d'un État, de la fortune, des affaires d'un particulier, et signifie *régularité, exactitude, économie* : Les bons ministres établissent l'*ordre* dans les finances du royaume ; Cet homme a remis de l'*ordre* dans ses affaires. Il signifie encore l'*arrangement*, l'*état des choses* dans une maison, un appartement, dans un jardin : Cette chambre est bien en *ordre*.

Ordre, dans un sens plus général, plus étendu, est la règle établie par la nature, par l'autorité, par les bienséances, par l'usage : Cela est dans l'*ordre* de la nature, de la Providence. On entend par *ordre social* les règles qui constituent la société. Un *ordre d'idées* est un système, un ensemble d'idées, une classe particulière d'idées relatives à un objet déterminé.

Ordre est le mot par lequel on désigne les neuf classes, appelées autrement c h œ u r s, dans lesquelles on suppose que les a n g e s sont distribués.

C'est, au figuré, le rang qu'occupent entre eux les esprits, les talents, les ouvrages. On dit dans ce sens : Un esprit, un talent, un ouvrage d'un *ordre supérieur*, du premier *ordre*.

Ordre, en histoire naturelle, est une des principales divisions admises dans la classification des animaux, des végétaux, etc. ; les *ordres* sont en général des subdivisions des c l a s s e s.

ORDRE (*Architecture*). Voyez ORDRES D'ARCHITECTURE.

ORDRE (*Droit*). « Les biens du débiteur, dit un jurisconsulte, sont le gage commun de ses créanciers, et le prix s'en distribue entre eux par c o n t r i b u t i o n, à moins qu'il n'y ait entre les créanciers des causes légitimes de préférence : ces causes sont les p r i v i l è g e s et les h y p o t h è q u e s. Le concours de plusieurs créanciers sur le prix d'une même chose et les préférences réclamées amènent la nécessité de régler le rang dans lequel chacun d'eux sera appelé dans la distribution du prix. C'est cette opération que l'on nomme *ordre*. » Les c r é a n c e s privilégiées, et quelle que soit d'ailleurs la nature du privilège, sont préférées aux créances hypothécaires, et celles-ci l'emportent à leur tour sur les créances cédulaires. Les créanciers privilégiés ont entre eux un ordre de préférence, selon les différentes qualités des privilèges. Cet ordre de préférence est de même établi entre les créanciers hypothécaires, suivant la nature et la date de l'hypothèque. Mais il n'y a aucun ordre à observer entre les cédulaires : ils sont tous appelés en concours à la distribution du prix, au *prorata* du montant de leurs créances. Ils sont constamment primés par les deux classes supérieures, et ils ne jouissent jamais d'aucune préférence à l'égard d'un autre créancier de leur propre classe. Il suit de là que l'ordre n'a lieu qu'entre les créanciers privilégiés ou hypothécaires.

Quant à la rédaction de cet ordre et aux procédures qui doivent être tenues pour parvenir à son règlement définitif, elles sont indiquées par les articles 749 et suivants du Code de Procédure civile. DUBARD.

ORDRE (*Théologie*). On entend par ce mot, dans l'Église, le sacrement qui confère à quelqu'un le caractère, le pouvoir, le ministère ecclésiastique, et par suite ce caractère, ce pouvoir, ce ministère eux-mêmes. L'Église reconnaît le sacrement de l'Ordre comme ayant été institué par Jésus-Christ, lorsqu'il a dit à ses Apôtres : « Comme mon père m'a envoyé, je vous envoie, » et qu'après avoir soufflé sur eux il a ajouté : « Recevez le Saint-Esprit ; les péchés seront remis à ceux auxquels vous les remettrez, et seront retenus à ceux auxquels vous les retiendrez. » Les Apôtres ayant reçu le Saint-Esprit, une mission semblable à celle de Jésus-Christ, le pouvoir de remettre les péchés, le communiquèrent à leur tour ; ils donnaient le Saint-Esprit aux fidèles baptisés en leur imposant les mains. Saint Paul dit, dans sa lettre à Timothée : « Ne négligez point la grâce qui est en vous, qui vous a été donnée par l'Esprit prophétique avec l'imposition des mains des prêtres. » Et il dit aux pasteurs de l'Église d'éphèse : « Que le Saint-Esprit les a établis évêques ou surveillants pour gouverner l'Église de Dieu. » Ces exemples attestent l'origine divine du sacrement de l'Ordre. Les évêques peuvent seuls administrer le sacrement de l'Ordre. L'imposition des mains de l'évêque est la matière de ce sacrement, la prière qui répond à cette imposition en est la forme. L'Ordre imprime sur ceux qui le reçoivent un caractère indélébile, qui le rend ministre de Jésus-Christ et de son Église d'une manière irrévocable.

ORDRE. Le concile de Trente oblige, sous peine d'anathème, de croire qu'il y a sept ordres dans l'Église, sans y comprendre l'épiscopat. On distingue les *ordres en* s c u l i e r s ou *ordres mineurs*, et en *ordres majeurs* ou *sacrés*. Les quatre ordres mineurs sont ceux de *portier*, d'*exorciste*, de l e c t e u r et d'a c o l y t e ; les trois majeurs sont le s o u s- d i a c o n a t, le d i a c o n a t et la p r ê t r i s s. Quoique les quatre ordres mineurs ne soient plus regardés que comme des formalités nécessaires pour arriver aux ordres supérieurs, le concile de Trente a voulu cependant que ceux qui les reçoivent entendent au moins le latin, et a recommandé aux évêques d'observer les intervalles pour les conférer, afin que les clercs puissent exercer les fonctions de chaque ordre en particulier ; mais en même temps il les autorise à donner dispense de ces règles, en sorte que bien souvent ils commencent les quatre ordres le même jour, et l'on n'en fait commencer l'exercice que pour la forme dans l'ordination.

Autrefois un abbé régulier qui était prêtre pouvait donner la tonsure et conférer les ordres mineurs à ses religieux, pourvu que ce privilége eût été accordé à son abbaye. Un grand nombre de théologiens ont disputé pour savoir si l'on devait qualifier de *sacrements* les ordres mineurs et le sous-diaconat ; tous conviennent qu'un clerc ne peut et ne doit pas recevoir deux fois le même ordre, d'où il faut conclure que chacun de ces degrés imprime un caractère ineffaçable. Il est évident dès lors que non-seulement le sous-diaconat mais encore les quatre ordres mineurs sont des sacrements, et cette opinion est aujourd'hui généralement admise. On conférait autrefois ces saints ordres avec une facilité vraiment déplorable, ce qui produisait cette myriade d'abbés de cour et du monde, bons à prendre et à dévorer les riches bénéfices ; mais qui, n'étant retenus par aucun vœu indissoluble, ne se faisaient pas scrupule de se livrer à toutes leurs passions et de déshonorer l'état ecclésiastique, dont ils portaient l'habit.

Le huitième concile de Constantinople défend d'ordonner aucun évêque s'il n'a passé par les degrés intermédiaires ; cependant, l'histoire ecclésiastique fournit des exemples d'évêques consacrés sans avoir reçu d'abord l'*ordre* de prêtrise. On ne peut être promu aux *ordres sacrés* avant l'âge requis par les constitutions canoniques : vingt-deux ans pour celui de sous-diacre, vingt-trois pour celui de diacre et vingt-quatre pour celui de prêtre.

On appelle les Quatre-Temps, *Quatuor Tempora*, le temps des *ordres*, hors duquel on ne peut les conférer sans une dispense de Rome dite *extra Tempora*.

ORDRE (Billet à). *Voyez* BILLET.
ORDRE (Mot d'). *Voyez* MOT D'ORDRE.
ORDRE DE BATAILLE (Art militaire). *Voyez* BATAILLE (Ordre de).
ORDRE DE BATAILLE (*Marine*). *Voyez* ÉVOLUTIONS NAVALES.
ORDRE DE CHOSES (L'). Les ministres du gouvernement de Juillet n'avaient quelquefois appelé l'*ordre de choses*, dans les discussions parlementaires du règne de Louis-Philippe ; cette locution demeura, comme émanant d'une autorité militaire plus élevée. L'ordre du jour représente à quelques égards les allocutions que prononçaient du haut du prétoire les généraux romains ; il contient ou une communication d'actes légaux, ou une intimation des devoirs à remplir, ou une explication du genre de service à accomplir, ou un récit succinct d'événements qui intéressent les militaires. Les anciens avaient une manière d'ordre muet que les Grecs nommaient *synthème*, *parasynthème*, que les Romains appelaient *tessère*; il consistait dans l'exhibition d'une tablette carrée, ou confiée à un militaire de ronde, ou transférée de main en main, de manière à informer chaque grade, chaque troupe, du service ordonné, du moment du départ, des distributions, etc. En campagne, la *tessère* était le plus souvent confiée aux chevaliers ; elle servait à la fois de marque de reconnaissance, et d'autorisation en cas d'ordres à donner, et de marron de ronde ou de patrouille. Chez les modernes, l'ordre du jour, tel qu'il se dicte, s'inscrit, se transcrit sur les registres *ad hoc*, et appartient à un usage qui n'a guère plus d'un siècle. On a vu tel souverain, tel ministre, intimer des ordres du jour qui avaient le caractère d'un acte de législation temporaire. Tels ont été les *addenda* anglais, tels ont été certains ordres de Napoléon ; il en est qui sont devenus de précieux documents historiques. Les ordres de Frédéric II, remarquables par leur concision, n'étaient souvent que de quelques mots : aussi ce genre d'ordre s'appelait-*il la parole*. Washington est le premier général qui ait consacré l'ordre du jour à la répartition du blâme, de la louange, de l'encouragement. Bonaparte a souvent brillé par ce nerf de style, par cet à-propos de diction que les anciens appelaient *imperatoria brevitas*. Depuis les époques où de si curieux modèles étaient jetés, non-seulement aux armées, mais même à la postérité, on a vu plus d'une fois l'esprit de parti, l'adulation, le mécontentement, s'emparer d'un moyen de publication qui changeait en des *factums* passionnés et verbeux ce qui n'aurait dû être qu'un rigoureux et court exposé de principes, de renseignements, d'avertissements purement militaires. L'abus fut poussé au point qu'en 1819 le roi de France dut, par une ordonnance, proscrire la politique des ordres du jour qu'il était permis de donner. Gal BARDIN.

ORDRE DU JOUR (*Droit constitutionnel*). L'ordre du jour en style parlementaire est l'indication de l'objet des délibérations dont une assemblée doit s'occuper successivement, de ses travaux dans l'ordre où elle doit les entreprendre. L'ordre du jour indique invariablement en premier lieu la lecture du procès-verbal de la précédente séance. Les questions de moindre importance, celles qui sont promptement vidées, sur lesquelles le vote n'est en quelque sorte qu'une formalité, viennent ensuite ; de ce nombre sont les projets de loi d'intérêt local, et souvent les rapports sur les pétitions, dans les pays constitutionnels où les assemblées ont le droit et le devoir de s'occuper des pétitions. Viennent ensuite les propositions les plus importantes, les communications du gouvernement, les rapports sur des projets de loi, la discussion de ces projets. Un sujet une fois vidé, l'on passe à *l'ordre du jour*, c'est-à-dire l'on aborde celui qui est indiqué à la suite : dans nos dernières années de luttes parlementaires, le vote de *l'ordre du jour*, c'est-à-dire la déclaration que l'assemblée passait à *l'ordre du jour*, venait souvent réduire à néant les interpellations des membres de l'opposition au ministère, ou à innocenter celui-ci ; *l'ordre du jour* était quelquefois *motivé*, et l'opposition comme les défenseurs du ministère cherchaient alors à y introduire quelques mots formulant un blâme ou une approbation. L'ordre du jour de la séance est réglé à la fin de la séance qui le précède.

ORDRE EN TIROIR (*Art militaire*). *Voyez* DÉPLOIEMENT EN COLONNE.
ORDRE MINCE, ORDRE PROFOND. *Voyez* MANOEUVRE (*Art militaire*) et CAVALERIE, tome IV, p. 724.

ORDRES D'ARCHITECTURE. Les Grecs, nos instituteurs à tant d'égards, construisaient leurs temples et leurs autres édifices publics de telle façon que celles de leurs parties qui avaient besoin d'être soutenues étaient supportées par une ou plusieurs rangées de c o l o n n e s placées soit à l'extérieur soit à l'intérieur de l'édifice. Elles différaient pour la forme, pour le chapiteau, pour l'ornementation et pour les proportions, suivant le caractère particulier qui devait dominer dans l'édifice ; et les proportions ainsi que l'ornementation de leurs parties supérieures, qu'on appelle l'*entablement*, variaient selon le genre de colonnes. De là vient qu'en *architecture* on appelle *ordre de colonnes*, ou simplement *ordre*, la forme particulière de la colonne et de son entablement. Quoique la colonne joue dans notre architecture moderne un bien moindre rôle que dans l'architecture ancienne, il est peu de palais ou de grandes églises où ne se trouvent pas quelques colonnes, soit à l'intérieur, soit à l'extérieur. Les Grecs ne connaissaient que trois ordres : le *dorique*, l'*ionique* et le *corinthien*, ainsi dénommés d'après les peuples à qui on en attribuait l'invention. Les architectes romains les adoptèrent, mais y ajoutèrent un quatrième ordre, qu'ils appelèrent ordre *composite* ou *romain* ; et comme les Étrusques avaient aussi un ordre particulier, que les Romains s'approprièrent également et qu'ils appelèrent *ordre toscan*, il est d'usage aujourd'hui de compter cinq *ordres d'architecture*, en dépit de Vitruve, qui n'admet toujours comme ordres principaux que les trois ordres grecs ci-dessus mentionnés.

L'ordre *dorique*, qui vient des Doriens, avait été emprunté par eux aux Égyptiens ; les monuments de ces derniers sont là pour l'attester : les hypogées de Beni-Hassan, décrits par Champollion, et élevés au neuvième siècle avant notre ère, sous le règne du roi égyptien Osertafen, sont précédés de portiques taillés à jour dans le roc, et formés de colonnes d'ordre dorique, sans base, comme à Pæstum et

778 ORDRES D'ARCHITECTURE — ORDRES DE CHEVALERIE

dans tous les beaux temples grecs doriques. Les Romains ont conservé à l'ordre dorique son caractère principal, l'absence de base. Les colonnes doriques primitives étaient plus larges à la base qu'au sommet; elles avaient une élévation de 4 à 5 fois leur module, ou diamètre à la partie inférieure, élévation qui par la suite a été portée à 7 ou 8. Les caractères principaux de cet ordre, indépendamment de l'absence de base, sont le petit nombre de cannelures larges, et la vive arête de la colonne; le chapiteau, dont les cannelures sont séparées du tore par un ou plusieurs filets, n'a point d'astragale; l'échine est taillée en biseau arrondi, débordant le nu de la colonne; le tailloir y est formé d'un simple plateau fort élevé, sans aucune moulure; l'architrave de l'entablement est lisse et très-élevée, la frise décorée de triglyphes et de métopes; tout cela donne à l'entablement un caractère imposant de force et de simplicité.

L'*ordre ionique* a d'abord été en honneur chez les Ioniens, mais plus tard que l'ordre dorique (cinq cents soixante ans avant notre ère). Comme l'ordre dorique, il a certainement été importé de l'Égypte dans la Grèce. Dans l'ordre ionique, la colonne se compose de trois parties, la base, le fût, et le chapiteau; le fût et le chapiteau avaient une hauteur de 8, 9 et même 10 diamètres, selon leur espacement : la colonne ionique était dans le principe plus svelte que la dorique; elle avait une forme moins conique. La base, que les modernes font porter sur une plinthe, est plus ou moins ornée de tores et de scoties d'entrelacs; le fût de la colonne est souvent cannelé, de 20 à 24 cannelures; le chapiteau, qui ressemble à certaines coiffures de femmes, est orné de volutes dont on voit les circonvolutions aux faces antérieures et extérieures, tandis que les côtés ne laissent voir qu'un rouleau sur lequel sont souvent sculptés des feuillages. Les quatres faces que forment les volutes ne sont généralement pas symétriques. L'entablement ionique se compose d'une architrave et d'une frise, séparées par trois bandeaux, qui ont l'air d'être superposées en partie. La corniche est en général ornée de denticules, et quelquefois de modillons. La colonne ionique a le caractère d'une beauté sévère.

L'*ordre corinthien*, le plus riche, le plus élégant, dont l'invention du chapiteau est attribuée à Callimaque, a été exécuté à Corinthe pour la première fois. La colonne corinthienne avait dans le principe la même hauteur que la colonne ionique; mais il n'est pas rare d'en voir de 8 à 9 diamètres de hauteur. Le fût en est toujours terminé par une astragale servant de base aux feuilles inférieures du chapiteau. Ce chapiteau est plus élevé que dans les autres ordres; il est orné de deux rangs de feuilles d'acanthe, de huit grandes volutes et de huit petites, qui semblent soutenir le tailloir, dont une fleur, s'élevant entre les volutes, vient déterminer le milieu. Le tailloir n'est pas parfaitement carré, comme dans les autres ordres, mais à angles tantôt aigus, tantôt arrondis, formant parfois un peu coupé; il est échancré dans le milieu de ses quatre faces. Le fût de la colonne corinthienne posait d'ordinaire sur la base attique, celle dont les membres ont la plus belle disposition, dont le profil est le plus pur et le plus agréable, qui est composée avec le plus de finesse et de goût; la base romaine de la colonne corinthienne avait quelques membres de plus que la base attique. Les ordonnances corinthiennes ont été faites avec les marbres les plus précieux. L'ordre corinthien n'avait point d'entablement particulier; on lui donnait celui de l'ordre ionique; par la suite, on lui donna un entablement composé de ceux de l'ordre dorique et de l'ionique, sous Auguste, pour donner à cet entablement la richesse qu'il comportait, on n'en laissait point de membre sans ornement.

L'*ordre composite* ou *romain*, mélange fait par les Romains des ordres ionique et corinthien, ne différait de l'ordre corinthien que parce que les volutes de l'ordre ionique étaient associées à celui-ci dans le chapiteau; les colonnes de cet ordre présentent une élévation de 9 diamètres et demi.

L'*ordre toscan*, inventé par les Étrusques, est le plus simple de tous : sa colonne, dont la hauteur est de 7 diamètres, ne comporte pas d'ornement; son piédestal est très-simple; son chapiteau et sa base ont très-peu de moulures.

A diverses époques, on chercha à innover en fait d'ordres d'architecture. Notre Philibert de Lorme en propose un dans lequel les colonnes devaient représenter des arbres dont les branches se seraient recourbées pour former l'entablement. Louis XIV proposa un prix en faveur de celui qui innoverait encore en ce genre. En Angleterre et en Allemagne, des essais et des efforts analogues furent également tentés, mais avec tout aussi peu de succès.

ORDRES DE CHEVALERIE. Ils furent pour la plupart fondés par des princes qui, dans ces créations, avaient en vue de récompenser de fidèles serviteurs et de les rattacher à leurs personnes par des liens plus étroits encore que ceux qui existent entre le souverain et le simple sujet. La plupart de ces institutions avaient à la vérité pour bases certaines prescriptions particulières désignées sous le nom de *statuts*; mais les vœux qui sont le propre des *ordres religieux* leur demeurèrent toujours étrangers. La réception dans ces ordres n'a d'ailleurs jamais eu lieu par voie d'élection, et a toujours été l'effet d'une grâce particulière accordée par le souverain. Le nombre des ordres de chevalerie est encore aujourd'hui très-considérable, car il y a peu de pays qui n'en possède pas. Il en est dont nous ne connaissons plus que le nom, et l'existence de quelques-uns doit même être reléguée dans la catégorie des légendes historiques.

Plusieurs ordres aujourd'hui existants remontent au quinzième siècle; par exemple, l'ordre de la Toison d'Or, fondé par le duc de Bourgogne. Plus tard, quand l'usage de créer de semblables institutions devint plus général, elles perdirent leur caractère primitif d'*association*, de *confrérie*, pour n'avoir plus que celui d'une distinction honorifique, décernée par le prince en récompense de bons, loyaux et anciens services. De cette destination est venue la nécessité de les diviser en plusieurs classes, afin qu'en les accordant il fût possible d'avoir égard aux mérites relatifs des impétrants, récompensés chacun suivant ses œuvres.

On distingue aujourd'hui trois espèces d'ordres de chevalerie : 1° ceux qui ordinairement ne s'accordent qu'à des têtes couronnées, ou les *grands ordres*; 2° les *ordres de famille*, que le souverain distribue aux membres de sa famille et à ceux des familles souveraines étrangères avec lesquelles il est lié d'amitié; 3° les *ordres de mérite*, dont la collation suppose de la part de l'impétrant des actions d'éclat ou des services rendus. Les ordres de mérite se subdivisent en *ordres civils* et en *ordres militaires*, suivant qu'ils sont accordés à des individus appartenant à l'ordre civil ou à l'armée. A la collation de tous les ordres est attaché un signe distinctif ou *décoration*, que les impétrants portent suivant la classe à laquelle ils appartiennent. La plupart des ordres civils et militaires sont divisés en trois classes : 1° les *grands-croix*, avec des décorations plus grandes que les signes distinctifs ordinaires, qui se portent suspendues à un large ruban passé autour du corps par-dessus l'épaule, et une plaque, vulgairement dite *crachat*, sur la poitrine; 2° les *commandeurs*, dont la décoration est suspendue à un ruban passé autour du cou, en sautoir; 3° les *chevaliers*, qui portent leur décoration suspendue à la poitrine par un ruban. Jadis l'usage était de suspendre les insignes des ordres de chevalerie à des chaînes d'or passées autour du cou; il s'est perpétué dans tous ceux qui remontent à une époque reculée et dont les statuts prescrivent un costume particulier pour les grandes solennités.

On ne peut, en tous pays, porter les insignes d'un ordre de chevalerie étranger sans en avoir préalablement obtenu l'autorisation de son souverain. Dans tous les pays où existent plusieurs ordres, on a établi entre ces différents ordres une certaine hiérarchie; mais on n'en reconnaît point entre les différents ordres étrangers à l'égard les uns des autres, quoique sous ce rapport l'opinion publique tienne souvent lieu de loi ou de règle tacite. En général chaque ordre particulier célèbre comme jour férié l'anniversaire de sa fondation ; et c'est ce jour-là que choisit le souverain pour y faire soit des promotions, soit des nominations. Il n'y a pas, à proprement parler, de conditions générales à remplir exigées des récipiendaires, admis dans les différents ordres de chevalerie ; il en est cependant qui leur imposaient jadis l'obligation de satisfaire préalablement à certains de leurs statuts particuliers, par exemple à faire preuve de noblesse, à justifier d'un nombre déterminé d'aïeux, etc. Mais par tous pays les vieux et rigides règlements existant à cet égard sont tombés aujourd'hui en désuétude. Sous Louis XIV, Catinat ne put être chevalier de l'ordre du Saint-Esprit, parce qu'il refusa, avec une probité qui l'honore, de se prêter à une supercherie et de se faire fabriquer, comme tant d'autres, une longue suite d'aïeux. Sans doute il avait le légitime orgueil de croire, comme plus tard un maréchal de l'empire, que lui aussi il était *un ancêtre* !

ORDRES MAJEURS. *Voyez* ORDRES (*Théologie*).
ORDRES MENDIANTS. *Voyez* MENDIANTS (Ordres).

ORDRES MILITAIRES. Cette dénomination était commune à plusieurs ordres de *chevaliers* chrétiens institués pour réprimer les insultes et violences des infidèles, soit mahométans, soit idolâtres, repousser leurs attaques et prévenir leurs brigandages. Non-seulement ces ordres étaient les défenseurs de la chrétienté, mais ils servaient encore la cause de la raison et de l'humanité. Le plus ancien est celui de Saint-Jean de Jérusalem, qui date des croisades, et dont les religieux, appelés d'abord *hospitaliers*, prirent plus tard le nom de *chevaliers de Malte*. Celui des Templiers fut institué à Jérusalem, au commencement du douzième siècle, pour veiller à la sûreté des routes et protéger les pèlerins. Ce nom leur vint de ce que leur première maison se trouvait près de l'ancien emplacement du temple de Salomon. Cet ordre était assujetti à une règle que saint Bernard avait dressée lui-même. Celui du Saint-Sépulcre, dont l'origine était aussi ancienne, avait pour mission de garder le tombeau du Christ et de le préserver des profanations des infidèles. L'ordre des chevaliers Teutoniques, institué au siège d'Acre en Palestine, en 1190, se proposait à peu près le même but que ceux dont nous venons de parler. Les chevaliers allemands qui le composaient, étant réformés dans leur patrie, repoussèrent les irruptions des Prussiens idolâtres, qui désolaient les États de Conrad, duc de Mazovie et de Cujavie, devinrent puissants, bâtirent les villes d'Elbing, de Marienbourg, de Thorn, de Dantzig, de Kœnigsberg, et subsistèrent en Prusse jusqu'au moment où Albert, marquis de Brandebourg, leur grand-maître, embrassa le luthéranisme. L'Espagne avait aussi plusieurs ordres religieux et militaires, ayant tous pour but de combattre les Maures ou les Barbaresques. De ce nombre étaient ceux d'Alcantara et de Calatrava, soumis tous deux à la règle de Cîteaux. Il y avait encore l'ordre d'Avis en Portugal, qui suivait la même règle. Enfin, les chevaliers de Saint-Maurice formaient un ordre religieux et militaire institué au quinzième siècle par Amédée VIII, duc de Savoie. Ce prince ayant abdiqué la souveraineté pour aller mener la vie érémitique au bord du lac de Genève, fut suivi dans sa retraite par six gentils-hommes veufs, qu'il enrôla sous la bannière de saint Maurice, et dont il se déclara le doyen. Tous portaient des croix d'or sur la poitrine avec un costume simple, assez semblable à celui des pèlerins. C'est l'origine de l'ordre militaire de Saint-Maurice, dont le roi de Sardaigne est le grand-maître.

ORDRES MINEURS. *Voyez* ORDRE (*Théologie*).

ORDRES RELIGIEUX. Le christianisme, en imposant aux hommes les mêmes croyances et la même morale, en présentant à leurs efforts le même idéal de perfection et le même but, répandit l'esprit d'association et lui donna le plus haut degré de puissance qu'il pût atteindre. Aussitôt que l'Église se fut relâchée de la primitive sévérité de ses mœurs, des esprits énergiques et purs protestèrent contre la corruption et l'affaiblissement de la foi en s'isolant du monde et en renouvelant une société plus parfaite. C'est alors qu'on vit saint Antoine rassembler dans des cloîtres une foule de solitaires de la Thébaïde (325), et saint Pacôme unir ces monastères par des coutumes et des observances communes, réduites bientôt en un corps de législation fixe par saint Basile, patriarche de l'Église grecque (361). Ces règles de l'organisateur de la vie monastique, toujours observées jusqu'à nos jours en Orient, servirent de type à ces associations célèbres de l'Occident dont la diversité montra l'abondance des ressources du christianisme et aida si puissamment l'Église dans ses efforts pour le progrès moral et matériel des peuples. Saint Benoît, le premier, imprima aux ordres religieux cette direction utile et pratique qui sera désormais leur principal caractère (520).

Quels que soient d'ailleurs les services qu'a pu rendre dans sa longue durée l'ordre des Bénédictins, c'est surtout par ses lois qu'il doit compter aux yeux de l'histoire. L'Église, envahie comme l'empire par les nations barbares, trouva dans l'ordre de saint Benoît d'admirables auxiliaires, d'abord pour se faire accepter et plus tard pour établir sa domination absolue. Grégoire VII et Sixte II sortirent de Cluny. Le principe chrétien étant resté victorieux avec Grégoire VII, comme toujours les sociétés religieuses furent l'agent le plus actif et le plus puissant de la rénovation du monde. On les vit revêtir alors un caractère nouveau et prendre une direction de plus en plus pratique. Créer de vastes associations, grouper de grandes masses d'individus autour d'un même point, centraliser l'activité de la nouvelle société, entreprendre des travaux utiles : telle fut l'œuvre monastique du onzième et du douzième siècle, l'œuvre de Cîteaux, de Clairvaux, de Fontevrault. Par eux, par ces grands foyers de civilisation, le principe spirituel pénètre profondément dans la société, atteint la masse pauvre, laborieuse et souffrante, arrive au monde vassal, au monde serf, pour le nourrir et le consoler. En 1143, Alphonse de Portugal, touché des miracles opérées par l'influence monastique, voulut que tout son royaume relevât de l'ordre de Cîteaux. Des ordres de chevalerie, tels que ceux de Calatrava, d'Alcantara, de Montesa en Espagne, d'Avis et du Christ en Portugal, lui empruntèrent sa règle et s'y soumirent.

Les Bénédictins, malgré les réformes successives de Robert et de saint Bernard, avaient fini par céder à l'influence délétère des richesses, et participaient à la corruption de cette société, qu'ils avaient naguère contribué si efficacement à relever jusqu'aux vérités sublimes du christianisme. Les grandes fondations des siècles précédents, Cîteaux, Prémontré, les Chartreux ne suffisaient plus à la vivifier. L'Église était déchirée par plusieurs sectes hérétiques, qui sous les dehors de la pauvreté, de la mortification, de l'humilité, du détachement de toutes choses, séduisaient les peuples et propageaient leurs tristes erreurs. Les ordres mendiants fondés par saint François et saint Dominique vinrent leur opposer, en même temps que l'autorité de la parole, une austérité plus grande et plus vraie. Le vœu de pauvreté ne fut désormais observé avec une austérité inouïe jusque alors. Non-seulement il fut défendu aux disciples de saint François, aux religieux personnellement, de posséder quoi que ce soit au monde; mais la communauté même, le monastère, ne dut avoir la propriété de rien.

Nous n'entrerons pas dans la nomenclature des corporations qui, sous des dénominations différentes, retracèrent ou renouvelèrent l'esprit des fondateurs des ordres mendiants. Plusieurs de ces instituts s'élevèrent en même temps qu'apparurent de grandes calamités. Les ravages de la terrible contagion connue sous le nom de peste noire, qui en 1348 et années suivantes désola l'Europe entière, firent naître les *Cellites* et les *Ermites de Saint-Paul*, religieux hospitaliers qui soignaient les malades, gardaient les insensés, enterraient les morts.

Dès le douzième siècle, les *Frères pontifes* se consacraient à la construction et à l'entretien des ponts. Cette association, qui n'eut pas une longue carrière, a laissé cependant de nombreuses traces de son existence: Plusieurs de ses ponts font encore l'admiration des voyageurs.

Les *Trinitaires* ou *Frères de la Rédemption des captifs*, l'ordre de *Notre-Dame de la Merci*, engageaient leurs biens et leurs personnes pour racheter les chrétiens esclaves chez les infidèles.

Alors naissait en Palestine l'ordre de *Saint-Jean de Jérusalem*, qu'on appelle aujourd'hui l'ordre de Malte, le plus ancien de tous les ordres militaires. L'utilité de ces ordres mixtes fut incontestable. Ils fournissaient une milice permanente, mieux disciplinée que les croisés ordinaires, exercée à la guerre contre les Sarrasins, possédant sur les lieux un refuge, des subsistances assurées, et acclimatée de bonne heure à ce ciel dévorant. A la milice supérieure des chevaliers obéissaient de grandes bandes, quelquefois des armées de servants et de vassaux. Les ordres religieux militaires devinrent les alliés et les soutiens naturels de toutes ces petites monarchies latines filles de l'invasion chrétienne, qui seules pouvaient conserver la conquête de la Terre Sainte. C'étaient autant de centres d'action et de résistance autour desquels venaient se grouper les masses accourues d'Europe.

De toutes les associations religieuses dont nous venons d'esquisser rapidement l'histoire, aucune ne fut aussi célèbre et n'exerça une aussi grande influence que la Société de Jésus. L'établissement des Jésuites date du milieu du seizième siècle. Postérieure d'assez peu d'années aux premières prédications de Luther et des réformateurs ses émules, cette imposante institution catholique grandit avec le protestantisme, dont les progrès les plus rapides coïncident d'ailleurs avec l'époque la plus brillante de ses annales. Un ordre religieux qui s'établissait au milieu du seizième siècle devait tenir compte des justes réclamations qu'on élevait contre les abus qui s'étaient glissés dans l'organisation et la discipline du clergé, du clergé régulier surtout. L'oisiveté de la vie monastique était en effet le sujet de plaintes générales. Les jésuites, pour s'y soustraire, se vouèrent à une activité sans exemple, non-seulement dans l'histoire des corporations religieuses, mais peut-être dans l'histoire de l'humanité. Comme on reprochait aux couvents, outre le temps qui s'y perdait à ne rien faire, l'excès de celui qui s'y passait en prières et en pratiques inutiles, un article formel de leurs constitutions les dispensa des offices en commun, et de beaucoup de devoirs pieux qui avaient fait jusque alors la base de l'état religieux. Ce n'était pas assez que d'éviter tout ce qui avait contribué à décrier l'état religieux, il fallait encore se recommander par quelque œuvre d'une utilité spéciale et incontestable; ils choisirent l'instruction de la jeunesse et la conversion des infidèles. Le vœu d'obéissance, commun à tous les ordres monastiques, eut un caractère tout nouveau dans celui des jésuites. Au lieu d'être, comme pour tout autre ordre, qu'un moyen de mortification, un acte d'humilité, une voie de perfection religieuse, il en résulta pour les jésuites l'engagement de soumettre leur volonté et leur intelligence à un supérieur, dans un but de propagande et de puissance. Cet esprit d'obéissance, qui est plus particulier à la Société de Jésus, et par lequel la postérité la distinguera sans doute de tous les autres ordres religieux, permit aussi chez elle, mieux que partout ailleurs, l'application de chaque intelligence à la spécialité qu'elle devait cultiver. C'est par là que les jésuites ont obtenu une supériorité si marquée dans la carrière des missions, qui, plus que toute autre, exige des hommes spéciaux, et, s'il est permis d'ainsi parler, forgés exprès pour les besoins et peut-être les préjugés de chaque nation. Bannis de France par trois fois, les Jésuites y furent trois fois rappelés. Leurs plus beaux établissements en Europe sont ceux qu'ils ont créés au milieu des républiques de la Suisse et dans cette même Angleterre qui autrefois en haine de leur nom changea sa dynastie nationale contre des souverains étrangers. Aux États-Unis, où leurs collèges ont acquis un haut degré de prospérité, où les séminaires ne sont pas tenus par d'autres directeurs qu'eux, ils semblent être les précurseurs du catholicisme, qui y fait tous les jours de si importantes conquêtes.

Née au milieu du seizième siècle et d'une des crises les plus violentes qu'ait subies l'Église catholique, la Société de Jésus ouvre une autre époque, une ère nouvelle, une autre sphère d'action aux congrégations religieuses. Les femmes, que la réforme prétendait affranchir des cloîtres, se jettent alors avec un redoublement d'ardeur au sein des nouvelles milices dont les rangs leur sont ouverts; elles protestent à leur manière contre l'envahissement des doctrines arides et desséchantes qu'on leur prêche; et bientôt à la voix de saint Vincent de Paul elles forment cet ordre qui a reçu à bon droit le nom même de l'*amour*, l'ordre des *Filles de la Charité*. Vouées à tous les genres de bonnes œuvres, embrassant dans leur sphère d'activité le soin des hôpitaux, la visite des pauvres, l'éducation des enfants, les saintes sœurs de la charité, quoique répandues aujourd'hui dans toute l'Europe, ont su conserver un admirable caractère d'unité. Leur noviciat, il est vrai, est toujours resté unique et aux lieux mêmes de sa fondation. C'est peut-être à cette circonstance qu'elles doivent la supériorité marquée qui les distingue. A leur exemple se sont formées d'innombrables congrégations de femmes avec le même but et dans un même esprit. Elles se sont efforcées de se prêter autant que possible aux besoins, aux exigences, aux caprices même de chaque localité. Plusieurs diocèses de France en possèdent qui semblent leur être tout à fait particuliers; mais les noms seuls différent. Partout l'amour est le mobile qui les fait agir, partout l'instruction des ignorants, le soulagement des malades sont les objets de leur sollicitude.

Vers 1793 s'est fondée une congrégation dont nous devons dire aussi quelques mots ici, le but de son institution différant assez essentiellement de celui des diverses congrégations dont nous venons de parler; il s'agit de l'association des dames du *Sacré-Cœur*. Plus spécialement destinées à l'éducation des filles riches, les dames du Sacré-Cœur se sont efforcées de faire passer dans leur institut quelquechose de cet esprit d'unité et d'entière obéissance qui distingue la Compagnie de Jésus. Leurs pensionnats se sont rapidement multipliés, et elles comptent aujourd'hui des établissements florissants, même aux États-Unis.

Vers la fin du dix-septième siècle, l'abbé de La Salle fonda les *Frères de la Doctrine chrétienne*, plus généralement connus sous le nom de *Frères ignorantins*. Par cet admirable instinct de prévoyance attribut de la plupart des fondateurs d'ordre, l'abbé de La Salle comprit qu'un temps viendrait où les églises dépouillées, le clergé diminué, les enseignements traditionnels interrompus, laisseraient la classe pauvre sans instruction et surtout sans éducation morale. Il prépara un siècle à l'avance des milices qui de nos jours devaient venir en aide à l'Église d'une manière si efficace. Au sortir de la révolution, elles trouvèrent la France dénuée de tous moyens d'instruction et le peuple profondément ignorant. Depuis lors elles n'ont cessé de travailler à sa moralisation. Repoussées pendant quelque temps par de stupides préjugés, l'heure de la justice n'a point tardé à arriver pour elles; et aujourd'hui on en est à regretter partout que la congrégation ne soit pas assez nombreuse pour fournir des sujets à toutes les localités qui voudraient en posséder.

Cte Eugène DE CIRCOURT.

ORÉADES, nymphes ou déités des montagnes; elles accompagnaient Diane, vêtues comme elle, ayant un carquois sur les épaules et un arc dans la main. Les *oréades* parcouraient les roches escarpées: on les invoquait avec Diane, Sylvain et les dieux topiques de chaque vallée, de chaque colline, de chaque montagne.

Alexandre DU MÈGE.

ORÉGON ou COLUMBIA, le plus grand des fleuves de

ORÉGON

l'Amérique septentrionale qui se jettent dans la mer du Sud. Il fut découvert dès le seizième siècle, par les Espagnols, qui donnèrent à son embouchure le nom de *Entrada de Ceta*; mais Gray, qui le visita en 1791, l'appela le premier *Columbia*, du nom de son navire. Le territoire arrosé par ce cours d'eau, qui depuis lors est devenu de plus en plus connu, est évalué à 16,000 myriamètres carrés. Ce qu'on appelle le *bassin du Columbia* en constitue de beaucoup la plus grande partie. C'est un immense plateau, s'élevant fort au-dessus du niveau de l'Océan, et complétement encaissé à l'est par les Montagnes Rocheuses, à l'ouest par la *Sierra-Nevada*, au sud par le grand bassin de la haute Californie, au nord par le bief de partage s'étendant du détroit de *Fuca* jusqu'aux Montagnes Rocheuses, entre le Columbia et le *Frazers-River*; plateau entrecoupé de plaines sablonneuses et de chaînes de montagnes, et qu'on peut considérer comme un ancien lac aujourd'hui desséché. Si ce fleuve n'avait pas trouvé une issue à ses eaux par l'étroite brèche de la *Sierra-Nevada* pour de là gagner l'Océan, des lacs intérieurs bien considérables encore se seraient formés dans le bassin du Columbia, comme le témoigne celui de la haute Californie. C'est à ces conditions orographiques particulières qu'il faut attribuer le caractère de système fluvial non encore développé que présente le Columbia, et qu'on ne rencontre d'ordinaire que dans les vallées transversales du cours supérieur ou moyen des grands fleuves.

Le Columbia, qui prend sa source dans le territoire de la Compagnie de la Baie d'Hudson, par 50° de latitude septentrionale, où il sort d'un lac situé au pied des Montagnes Rocheuses, entre sur le territoire de l'Union-Américaine par 49° de lat. N. et 118° de long. O., après avoir recueilli sur sa route les eaux du *Kootanie* (*Macgillivray*), et ne tarde pas à confondre les siennes avec celles du *Clark-Fork* ou *Flathead-River*, dont le volume n'est pas moindre. Au-dessous du fort Colville, il se précipite par les chutes du *Kettle* et les rapides de *Thomson*, reçoit les eaux du *Spokan* et de l'*Okonagan*, et traverse alors pour la première fois des contrées susceptibles d'être mises en culture, puis, jusqu'au fort Okonogan, coule entre des rives couvertes d'épaisses forêts, et qui de là jusqu'au fort Wallawallah, deviennent montagneuses et rocheuses. Les nombreux rapides qu'on rencontre sur cette étendue n'offrent point de dangers pour la navigation en barques. Un peu avant d'arriver à Wallawallah, le Columbia reçoit le plus grand de ses affluents, le *Lewis-Fork* ou *Saptin*, qui prend sa source dans les nœuds gigantesques des *Windriver-Mountains*, avec ses affluents le Malade, le Sickly, l'Owyhie, le Reids ou Big-Wood, la Payette, le Malheur, le Salmon, long de 50 myriamètres, le Rooskoosky; et qui, après un cours fréquemment interrompu par des cataractes et des rapides, amène au Columbia une immense masse d'eau recueillie dans le vaste territoire situé au sud et au sud-ouest du bassin du Columbia.

Le Columbia, devenu dès lors un fleuve puissant, sans offrir cependant les vastes proportions qu'on pourrait attendre d'une telle masse d'eau, coule à partir de Wallawallah dans un lit resserré parfois jusqu'à n'avoir pas plus de cent mètres de largeur, encaissé entre deux rivages de pierres basaltiques coupées à pic en forme de murailles (c'est ce qu'on appelle *the Dalles*); puis il entre dans une région montagneuse, qu'il suit jusqu'à une vallée transversale et boisée de la Sierra-Nevada, ou *Cascade-Range*, en traversant rapidement pendant une étendue d'environ un myriamètre une succession non interrompue de rapides (ce qu'on appelle les *Cascades du Columbia*), et atteint enfin la région des côtes. Des deux côtés de cette vallée transversale se dressent, semblables aux jambages de la porte par laquelle le fleuve se répand plus loin, deux gigantesques cônes couverts de neiges éternelles de la chaîne des Cascades, *Mount-Hood* et *Mount-Saint-Helens*. Au-dessous des Cascades le Columbia coule encore pendant l'espace de 15 myriamètres, navigable dans toutes les saisons de l'année pour des bâtiments tirant douze pieds d'eau, avec une largeur de trois à cinq kilomètres; d'abord à travers une contrée ondulée et boisée, puis à travers des prairies qu'on distingue en *prairie supérieure*, parfaitement boisée, et en *prairie inférieure*, riche en pâturages, mais peu susceptible de culture, à cause des débordements du fleuve au printemps. Le Columbia, où la marée se fait encore sentir à 80 kilomètres de son embouchure, au-dessus du fort Vancouver, reçoit de plus ici les eaux du Cowletz et de la Willamette après que ces deux rivières ont arrosé de fertiles vallées. Vers l'embouchure du fleuve, que marquent les Caps *Disappointment* et *Point-Adams*, se trouve une barre qui en rend l'entrée aussi dangereuse que difficile; de sorte que comme port de mer l'entrée du Columbia est d'une fort médiocre utilité. Mais le fleuve n'en a que plus d'importance pour le commerce entre l'ouest et l'est de toute l'Amérique septentrionale. De son point le plus important, le fort Wallawallah au Nez-Percé, par 46° 4' de latitude septentrionale et 118° 31' de longitude occidentale, partent deux grandes routes, éternellement prescrites par la configuration géographique du pays pour relier l'intérieur du pays aux côtes de l'océan Pacifique, toutes deux après avoir depuis là jusque ici suivi le cours inférieur du fleuve, la seule voie naturelle conduisant du bassin du Columbia jusqu'aux côtes de la mer. A partir de Wallawallah l'une de ces routes, sauf quelques portages, est toute fluviale et utilisée depuis longues années par la Compagnie de la Baie d'Hudson pour son commerce avec la mer du Sud, en amont du Columbia, pour gagner l'Athabasca supérieur, et conduit ainsi à ce vaste système de voie fluviale qui ouvre au commerce l'immense territoire de la Baie d'Hudson. L'autre conduit en amont du Saptin au Passage du sud, et par celui-ci au Kansas et à la gigantesque vallée du Mississipi. Quoique cette dernière route n'ait pas moins de 400 myriamètres de long, c'est celle que prennent aujourd'hui la plupart des émigrés des États-Unis qui veulent gagner les rives de l'Orégon.

ORÉGON ou ORÉGAN, ou encore TERRITOIRE DU NORD-OUEST, c'est ainsi qu'on appelait autrefois la contrée de la côte nord-ouest de l'Amérique du Nord qui s'étend depuis les frontières des possessions russes jusqu'à celles du Mexique, entre l'océan Pacifique et les Montagnes Rocheuses; tandis qu'on n'entend plus aujourd'hui par là que le littoral de la Nouvelle-Albion avec le bassin de l'Orégon ou fleuve Columbia qui se trouve situé derrière le *Territoire de l'Orégon* de la république des États-Unis de l'Amérique du Nord. Il a une superficie de 11,282 myriamètres carrés. Le chiffre de sa population va toujours en augmentant; et en 1852, sans y comprendre environ 10,000 Indiens, il était déjà de 20,000 âmes. Le littoral ne présente ni caps s'avançant au loin dans la mer, ni baies profondes. Il manque aussi de ports de dimensions assez vastes pour recevoir des navires de haut bord, sauf vers la frontière septentrionale, au détroit de Fuca, où l'on rencontre un grand nombre d'excellents ports, tels que *Port Discovery*, etc. Au sud du détroit de Fuca s'élève l'Olympe ou mont Van-Buren, haut de 2,563 mètres. A environ 15 myriamètres derrière le reste de la côte, et parallèlement à elle, se prolongent à travers tout le pays les Alpes maritimes de l'Amérique du Nord connues sous le nom de Montagnes des Cascades ou de Montagnes du Président (*President's Range*), avec de magnifiques forêts de sapins et de cèdres et un grand nombre de pics, couverts en partie de neiges éternelles, tels que le *Mac-Laughlin*, le *Mount Jefferson*, le *Mount Hood* ou *Washington*, haut de 1,580 mètres, le volcan en activité de *Sainte-Hélène* ou de *John Adams*, haut de 3,720 mètres, le volcan *Rainier* ou *Harrison*, haut de 3,875 mètres, et sur la frontière septentrionale le *Mount-Baker*, haut de 3,756 mètres. Derrière cette chaîne de montagnes que brise le Columbia, s'étend avec les *Blue Mountains* un vaste plateau se prolongeant au nord jusqu'au 46° degré de latitude septentrionale. A l'extrémité orientale, enfin, s'élève la région alpestre appelée *Rocky Mountains*, ou Montagnes Rocheuses, ou encore Montagnes de l'Orégon,

782 OREGON

envoyant à l'est divers embranchements, atteignant avec le *Fremont's Pic* une altitude de 4,263 mètres, et formant le défilé du sud, haut de 2,040 mètres, et en même temps la ligne de partage entre le bassin du Missouri et du Mississipi et celui du Columbia. Le dernier de ces cours d'eau est avec ses nombreux affluents le principal fleuve de la contrée à laquelle on avait pour cela donné le nom de *District du Columbia*. De même que ses affluents, il est sans doute peu propre à la navigation, et à cause de la nature particulière de ses vallées contribue médiocrement à l'irrigation du pays; mais, comme tout le littoral ainsi que les divers lacs du pays, il est extrêmement poissonneux, de sorte que la pêche constitue la principale industrie de la population.

Le *Territoire de l'Orégon* se divise en trois sections naturelles, d'après les conditions de climat et de sol. La section de l'ouest, située entre l'Océan et les monts Cascades; la section centrale, entre ces montagnes et les *Montagnes Bleues*; et la section de l'est, entre ces montagnes et les *Rocky Mountains*. Les deux premières ont le caractère des steppes de plateaux, et la dernière celui des terrasses de côtes. D'avril à octobre il ne pleut que rarement dans l'Orégon. Le jour la chaleur est souvent très-forte; les nuits sont froides, l'air extrêmement sec; de sorte que les plantes dépérissent là où l'eau leur manque. En hiver le froid est parfois des plus intenses; cependant, il ne tombe que fort peu de neige dans les plaines. Le sol est stérile, et ne forme guère qu'un désert inhabitable, sauf un petit nombre de vallées, bien abritées. Dans l'Orégon central les extrêmes de chaleur et de froid sont déjà moins sensibles. Cependant, les mois d'hiver y sont considérés comme la saison humide, pendant laquelle les steppes des plateaux et les prairies des vallées présentent la plus luxuriante végétation, laquelle disparaît, il est vrai, quand arrivent les gelées ou la chaleur. Les forêts y sont rares. Sur les rives du Wallawallah et de ses affluents le sol est susceptible d'être mis en culture; au total, cependant, on peut dire que ce pays ne convient, et encore seulement par endroits, qu'à l'éducation du bétail. L'Orégon de l'est, au contraire, présente les conditions de sol et de climat les plus favorables; et c'est jusqu'à présent la seule partie de ce Territoire qui convienne à la colonisation. Il a plus de saison des pluies que d'hiver proprement dit, et un climat de côtes très-tempéré. La saison des pluies commence vers le mois de novembre et dure jusqu'au commencement d'avril. Même dans la saison plus avancée les champs et les plaines offrent la plus belle verdure. Sauf les montagnes, le sol est fertile, mais plus particulièrement dans la vallée de Willamette. On y récolte d'excellent froment, qui pourra fournir quelque jour le principal article d'exportation du pays. Les forêts fournissent en quantité d'excellents bois de construction. L'Orégon abonde généralement en animaux sauvages, notamment en élans, en buffles, en antilopes, en loups, en renards, en martres, en bisons et en castors; et le commerce des pelleteries y est d'une grande importance.

Jusqu'en 1853 ce Territoire avait été divisé en dix comtés. Le pouvoir exécutif y est confié à un gouverneur élu pour quatre ans, et qui reçoit un traitement de 1,500 dollars, plus pareille somme surintendant des affaires des Indiens. Le sénat se compose de neuf membres élus pour deux ans, et la chambre des représentants de dix-huit membres élus pour une année. Le Territoire envoie au congrès un délégué, qui a droit de prendre part aux délibérations, mais non celui de voter. L'Orégon forme un district militaire à part, le onzième de l'Union, et avec la Californie appartient à la division du grand Océan. Toutefois, dans le courant de 1853, le congrès, faisant droit à une demande formulée dès le 29 août 1851 par une assemblée publique tenue dans le *Lewis-County* et reproduite dans son sein en 1852 par le délégué, le général Lane, a séparé de l'Orégon le *Territoire de Washington*, qui comprend la contrée située au nord du Columbia. La population de l'Orégon se compose pour la plus grande partie d'agriculteurs sobres et laborieux,

et sous le rapport moral l'emporte infiniment sur la population si mêlée de la Californie. Les nombreux Indiens de l'Orégon forment la nation de la famille des Commanches, qui est fixée la plus au nord, celle des Schuschones ou Indiens-Serpents. Ils sont sauvages, nomades pour la plupart, et disparaissent de plus en plus devant les incessants envahissements de la civilisation. Le petit nombre des localités de quelque importance sont : *Oregon-City*, capitale politique du Territoire, située au-dessous des cataractes du Willamette; *Astoria*, sur le bas Columbia; *Portland*, sur la rive droite, et Plymouth à l'embouchure du Willamette; *Fort Vancouver*, sur le Columbia, etc.

Les Espagnols découvrirent les premiers ces contrées, mais sans en prendre formellement possession. Ils les considéraient cependant comme leur appartenant, et en 1789 ils interdirent à des Anglais faisant le commerce des pelleteries de former un établissement au détroit de Noukta. Ce ne fut qu'à la suite de menaces de la nature la plus sérieuse qu'ils reconnurent aux Anglais des droits sur ce territoire, et ceux-ci en prirent alors possession en 1792. Telle est l'origine du droit de propriété sur le territoire de l'Orégon que prétendait avoir l'Angleterre. Les États-Unis, de leur côté, le revendiquaient en se fondant sur ce que le capitaine Gray, de leur marine marchande, avait remonté le Columbia dès 1792, ainsi que sur quatre expéditions de découvertes entreprises par terre de leur territoire à la région de l'Orégon, dans l'intervalle compris entre 1793 et 1811. Une seule de ces expéditions avait eu lieu aux frais du gouvernement fédéral; les autres avaient été pour le compte de la Compagnie du Nord-Ouest. Les établissements créés à la suite de ces expéditions étaient assurément pour quelque chose de fort peu important. Il n'en fut pas de même d'*Astoria*, établissement fondé à l'embouchure du Columbia par Astor (célèbre négociant en pelleteries de New-York, né en 1763, mort à Heidelberg, mort à New-York, le 30 mars 1848, laissant une fortune évaluée à 30 millions de dollars [150 millions de francs]). Les Anglais s'en emparèrent, il est vrai, en 1813, et le transformèrent en *Fort Saint-Georges*; mais par le traité de Gand ils le rendirent aux États-Unis. L'établissement à la fondation duquel la Compagnie du Nord-Ouest avait pris part, et sur la propriété duquel Astor ne pouvait élever aucune prétention, passa à la Compagnie d'Hudson, lorsque celle-ci eut fusionné avec la Compagnie du Nord-Ouest. Cependant, comme l'importance commerciale et politique de ces contrées devenait de plus en plus évidente, il fut aussi question du territoire de l'Orégon lors de la conclusion du traité de 1818 entre l'Angleterre et les États-Unis pour la délimitation de leurs frontières respectives. L'importance qu'on attachait au Columbia empêcha de s'entendre; on se borna à déclarer que la question du droit de souveraineté sur le territoire de l'Orégon resterait réservée pour chacune des parties contractantes pendant dix ans, délai durant lequel ce territoire demeurerait également accessible aux deux nations. La même année les États-Unis conclurent avec l'Espagne un traité relatif à la cession de la Floride, où il était dit entre autres que le 42° degré de latitude septentrionale formerait la ligne de démarcation de leurs possessions respectives à l'ouest des Montagnes Rocheuses. Un autre traité conclu en 1824 entre la Russie et les États-Unis, ainsi qu'un traité analogue conclu l'année suivante entre la Russie et l'Angleterre, stipulèrent que le 54°40' de latitude nord formerait la frontière méridionale des possessions russes et le territoire de l'Orégon. Il ne restait plus lors que l'intervalle compris entre les 42° et 54° 40' de latitude nord au sujet duquel les États-Unis et l'Angleterre eussent à tomber d'accord. Une tentative faite à ce sujet en 1826 échoua; tout ce que l'on put faire, ce fut de convenir qu'on prolongerait indéfiniment le traité de 1818, qui expirait en 1828. Pendant ce temps-là ce territoire acquérait chaque jour une plus grande importance, par suite de l'extension de plus en plus considérable que prenaient les établissements de colonisation et de commerce respectivement créés par l'Angleterre et les États-Unis. La question s'envenima encore davantage quand l'esprit de parti s'en fut emparé aux États-Unis. A partir de ce moment la colonisation du Territoire de l'Orégon devint tout à fait une idée fixe dans la tête des Américains. Ce fut surtout le parti démocratique qui poussa à la prise de possession de ce pays. Les prétentions des Américains trouvèrent en 1845 une expression officielle dans les démarches du nouveau président des États-Unis, Polk, qui fit de la question du Territoire de l'Orégon l'objet d'une décision à rendre par le congrès. La question de l'Orégon y prit en 1846 une tournure telle, qu'une guerre entre les deux nations ne put être évitée que par la modération du président Polk et du gouvernement anglais, qui déclara être disposé à faire les plus grandes concessions, et notamment à abandonner toute prétention à la possession de l'embouchure du Columbia. Le 15 juin 1846 les deux parties signèrent enfin le *Traité de l'Orégon*, aux termes duquel le Territoire de l'Orégon a été divisé en deux parties; l'une anglaise, évaluée, y compris les îles, à 5,460 myriamètres carrés, appelée aujourd'hui *Nouvelle Calédonie*, et exploitée par la Compagnie de la Baie d'Hudson; l'autre américaine, que nous venons de décrire. Consultez Washington Irving, *Astoria* (Londres, 1836); Greenhow, *The History of Oregon and California* (1844); Dullot de Maufras, *Exploration du Territoire de l'Orégon* (Paris, 1844); Frémont, *Report of the exploring Expedition to the Rocky-Mountains in the year* 1842 *and to Oregon and California in the years* 1843-1845 (Washington, 1845).

OREILLARD, genre de chéiroptères, ainsi nommé à cause de la grandeur des oreilles de ses espèces. Ces énormes oreilles sont liées entre elles par un prolongement de leur bord interne, qui traverse le front vers son milieu. Le genre *oreillard* renferme une quinzaine d'espèces, ayant pour type l'*oreillard d'Europe* (*vespertilio auritus*, Gm.; *plecotus vulgaris*, E. Geof.), l'*oreillard* de Buffon. La longueur totale de cet animal est de cinq centimètres environ, et son envergure de 25 à 28 centimètres. Il habite les vieux édifices, et n'est pas rare aux environs de Paris.

Citons aussi la *Barbastelle* (*vespertilio barbastellus*, Gm.; *plecotus barbastellus*, E. Geof.), espèce qui habite les mêmes lieux que la précédente. L'oreille de la barbastelle, moins développée que celle de l'oreillard d'Europe, est triangulaire. L'odeur de cet animal est très-désagréable.

Oreillard est aussi le nom vulgaire d'une espèce de grèbe, le *podiceps auritus* de Latham.

OREILLE, organe de l'ouïe. Chez l'homme, cet organe se compose de trois parties : l'*oreille externe*, l'*oreille moyenne*, et l'*oreille interne*.

L'*oreille externe*, destinée à recueillir les vibrations sonores, est formée du *pavillon de l'oreille*, ou *auricule*, et du *conduit auditif externe*. Le pavillon de l'oreille est cette partie que l'on voit à chaque région latérale de la tête, derrière l'articulation de la mâchoire supérieure, au-devant des apophyses mastoïdes. C'est une lame élastique, ovalaire, pliée sur elle-même, ondulée, et de structure cartilagineuse. A son centre, on distingue la *conque*, excavation infundibulliforme dont le fond aboutit à l'orifice du conduit auditif externe. L'extrémité inférieure du pavillon reçoit le nom de *lobule*.

Le conduit auditif externe, nommé aussi *conduit auriculaire* par Chaussier, s'étend depuis la conque jusqu'au tympan ; il est en partie osseux, en partie cartilagineux et fibreux ; la peau du pavillon se continue dans son intérieur, et le tapisse; sa portion cartilagineuse est formée par un prolongement du cartilage de la conque, qui a la forme d'une lance triangulaire recourbée sur elle-même, et qui ne constitue qu'une portion de conduit, lequel est complété en arrière par la membrane fibreuse. C'est sur cette portion cartilagineuse qu'on voit des fentes appelées *incisures de Santorini*. La portion osseuse du conduit auditif externe est formée par une lame contournée, se confondant en haut avec le reste de l'os, et formant en bas un bord inégal, dentelé, qui donne attache au fibro-cartilage de l'oreille. Ce canal est dirigé en dedans et en avant ; il est un peu courbé en bas, moins large à sa partie moyenne qu'à ses extrémités ; il s'ouvre obliquement dans la caisse du tympan. La peau qui recouvre ce conduit offre des glandes sébacées dites *cérumineuses*, parce qu'elles sécrètent l'humeur appelée *cérumen*.

L'*oreille moyenne*, qui sert à harmoniser les sons, a reçu de Falloppe le nom de *caisse du tambour* ou *du tympan*. Cette caisse renferme les osselets de l'ouïe ; elle est fermée en dehors par la *membrane du tympan*; elle communique 1° avec la bouche par une ouverture large ou par un canal plus ou moins prolongé et évasé, dit *trompe d'Eustache*; 2° avec des cellules développées dans les os du crâne, par d'autres ouvertures, et elle communiquerait en dedans avec ce qu'on nomme le labyrinthe de l'oreille par deux autres ouvertures (*fenêtres ronde* et *ovale*) si celles-ci n'étaient bouchées, l'une par une membrane et par la base de l'os étrier, et l'autre par une membrane seule. La membrane du tympan présente un petit trou, qui est l'orifice du canal par lequel passe le nerf appelé *corde du tympan*. L'oreille moyenne est pourvue de quatre osselets : le *marteau*, l'*enclume*, l'*os lenticulaire*, et l'*étrier*.

L'*oreille interne*, que l'on regarde comme l'organe essentiel de la sensation auditive, porte aussi le nom de *labyrinthe*. Creusée dans l'épaisseur du rocher, l'oreille interne est constituée par le *vestibule*, les *canaux demi-circulaires* et le *limaçon*. Le vestibule est une espèce de carrefour intermédiaire aux canaux demi-circulaires et au limaçon, par suite des extensions de sa cavité. Il se trouve dans l'axe du *conduit auditif interne*, nommé par Chaussier *conduit labyrinthique* et situé à la face postérieure du rocher ; ce conduit est assez profond, dirigé en avant et en dehors, et traverse à peu près les deux tiers postérieurs de l'épaisseur du rocher ; il est tapissé par la dure-mère, et se termine abruptement par une sorte de cul-de-sac percé de plusieurs trous. Le plus grand de ceux-ci est l'orifice de l'*aqueduc de Fallope*, pour le passage du nerf facial; les autres sont de petits pertuis qui communiquent dans le labyrinthe, et que traversent les filets du *nerf auditif*. Les canaux demi-circulaires sont au nombre de trois. Le limaçon, dont le nom indique la forme, est situé en dedans et en avant de la caisse du tympan. Sa base porte sur le fond du conduit auditif interne. On trouve dans le labyrinthe deux humeurs distinctes, l'*humeur de Cotugno* et l'*humeur de Scarpa*, que Blainville nomme *vitrine auditive*.

Le *nerf auditif* est la portion molle de la septième paire, appelée aussi par Chaussier *nerf labyrinthique*. Ce nerf naît sur le corps rectiforme, sur le plancher du quatrième ventricule, et au moyen de stries blanches sur les côtés du *calamus scriptorius*. A mesure qu'il s'éloigne de l'encéphale, il forme un cordon aplati, comme roulé sur lui-même et creusé en dedans d'un sillon qui loge le tronc du nerf facial, avec lequel il s'introduit dans le conduit auditif interne; vers le fond de ce conduit, il se sépare du nerf précédent, et se divise en deux branches : 1° la *branche du limaçon*, qui se partage en beaucoup de filets très-tenus, lesquels pénètrent dans le limaçon par les ouvertures de sa base et parallèlement à son axe, pour se répandre sur la lame spirale qui la partage en deux rampes; 2° la *branche du vestibule et des canaux demi-circulaires*, qui forme au fond du conduit auditif un renflement grisâtre, ganglioforme, d'où émanent trois rameaux d'un volume différent, lesquels vont se distribuer dans le vestibule et les conduits demi-circulaires, et qui se terminent par un épanouissement pulpeux et comme diffluent au milieu de l'humeur de Scarpa.

Nous pouvons actuellement exposer le mécanisme de l'audition chez l'homme. Les ondes sonores, recueillies et condensées par la conque, vont frapper la membrane du tympan, qui, modérément tendue par le muscle du marteau, vibre entre, et transmet ses vibrations à la fenêtre ronde et à la fenêtre ovale, d'où elles passent au limaçon et aux canaux demi-circulaires. Là les ondes sonores rencontrent la vitrine auditive, au milieu de laquelle flotte la substance nerveuse qui, ébranlée à son tour, transmet au cerveau l'impression reçue.

Il s'en faut de beaucoup que l'appareil de l'audition soit aussi développé chez tous les animaux que chez l'homme. On n'en trouve aucune trace chez les infusoires, les zoophytes, les radiaires, un grand nombre de mollusques et même d'articulés. Quelques céphalopodes offrent un simple sac analogue au vestibule de l'homme; de même pour certains entomozoaires. Les poissons n'ont ni oreille moyenne ni oreille externe. La caisse du tympan n'apparaît qu'en remontant aux reptiles, et encore chez les batraciens seulement. Chez les oiseaux, les pièces de l'appareil auditif semblent mieux appropriées à leurs fonctions. Mais il faut revenir aux mammifères pour trouver l'oreille complète, qui se montre à son dernier degré de perfection chez l'homme.

Comme l'organe de l'ouïe occupe une assez grande étendue dans la tête des quadrupèdes, il peut être affecté de maladies et de lésions partielles; des humeurs ou des corps étrangers peuvent obstruer le conduit auditif; il faut le débarrasser de ces obstacles, le *nettoyer*, suivant l'expression d'Horace :

Est mihi purgatam crebro qui personet aurem.

L'appareil acoustique éprouve quelquefois des paralysies qui n'affectent qu'une partie de ses fibrilles, en sorte que l'oreille cesse de percevoir certains sons, tandis qu'elle est très-sensible à tous les autres. Comme le tympan modère les impressions reçues par cette partie essentielle de l'organe, quelques surdités cessent lorsque le tympan est perforé.

Les oreilles n'ajoutent rien à la physionomie humaine; la conque n'est même pas indispensable à l'audition, car ceux qui ont perdu cette partie de l'organe n'entendent pas moins bien qu'avant cette soustraction. La race mongole, dont les oreilles projettent leur conque en avant, prend aux yeux des Européens un air de niaiserie qui la dépare. Il n'en est pas ainsi des animaux, dont les oreilles sont mobiles; c'est un caprice de très-mauvais goût que d'ôter à la tête du cheval ce moyen d'exprimer ses impressions, ses passions. Pour les chats, les chèvres, et même pour les ânes, les oreilles sont un ornement : on s'en aperçoit lorsque ces parties ont été retranchées.

L'histoire a perpétué le souvenir de la terrible *oreille* de Denys, écho délateur, qui révélait au tyran les plaintes les plus secrètes, les gémissements étouffés de ses victimes. La physique imite facilement ce phénomène au moyen des voûtes ellipsoïdales. Des courtisans se vantent d'*avoir l'oreille du monarque*, ce qui signifie qu'ils croient avoir la certitude d'en être toujours écoutés favorablement. Il est peut-être inévitable que dans une administration très-vaste et compliquée quelques subalternes n'aient point *l'oreille* des chefs. En musique, un homme peut manquer d'*oreille*, quoiqu'il entende aussi bien qu'aucun autre, etc. Plusieurs autres locutions familières et toujours bien comprises modifient diversement le sens de ce mot : *Avoir l'oreille basse*, c'est être humilié, mortifié; *avoir l'oreille chaste*, c'est craindre les paroles qui blessent la pudeur; *avoir les oreilles rebattues d'une chose*, c'est être las d'en entendre parler; *avoir la puce à l'oreille*, c'est être inquiet, préoccupé; *cela lui entre par une oreille et lui sort par l'autre*, cela veut dire qu'il ne se souvient de rien; *donner sur les oreilles à quelqu'un*, *lui frotter, lui couper les oreilles*, le frapper rudement; *dormir sur les deux oreilles*, être tranquille, sans crainte; *rompre les oreilles à quelqu'un*, lui tenir des discours fatigants ; *les oreilles lui cornent*, on parle de lui; *se faire tirer l'oreille*, consentir difficilement à quelque chose; *jusqu'aux oreilles*, au propre et au figuré; *par-dessus les oreilles*, au figuré seulement, et une foule d'autres dictons ou façons de parler proverbiales : quoique la rigueur grammaticale les désapprouve, néanmoins on peut souvent les introduire sans inconvénient soit dans la conversation, soit dans les écrits.

OREILLE, pièce de la charrue.

OREILLE DE LIÈVRE. Voyez BUPLÈVRE et CHANTERELLE (*Mycologie*).

OREILLE D'HOMME ou OREILLETTE. Voyez CABARET (*Botanique*).

OREILLE D'OURS, nom vulgaire de la *primula auricula*. Voyez PRIMEVÈRE.

OREILLER. Les progrès des arts introduisent la mollesse, et convertissent enfin ses raffinements en nécessités. Aujourd'hui, la misère seule peut se contenter d'une pierre pour lui servir de chevet, à l'exemple des héros d'Homère, monarques ou sujets. Le pauvre garnit sa couche de mousse ou d'autres plantes qui cèdent un peu sous le poids du corps; les premiers degrés de l'aisance veulent déjà la laine et la plume; l'opulence ne peut être satisfaite que par le duvet le plus souple et le plus élastique, et si un seul *oreiller* ne suffit pas, d'autres viendront compléter son office. Quoiqu'un oreiller ne soit qu'un *coussin* sur lequel on pose la tête, jamais le vulgaire coussin ne s'élèvera jusqu'à l'importance et la dignité de l'oreiller. S'il est vrai que *la nuit porte conseil*, n'est-ce point par l'intermédiaire de l'oreiller que les inspirations arrivent? L'espérance est-elle autre chose qu'un oreiller sur lequel nous sommeillons jusqu'à la fin de notre carrière? Suivant Diderot, l'ignorance et l'incuriosité sont des oreillers fort doux; mais pour les trouver tels il faut avoir la tête aussi bien faite que celle de Montaigne. Grâce à la *philosophie de ces oreillers*, la sagesse de Montaigne n'est plus aussi rare qu'elle put être autrefois : on consent à ignorer ce qu'on ne peut apprendre, et l'on ne se fatigue pas à sonder des mystères impénétrables. Une hygiène un peu sévère blâmera peut-être la sensualité qui préside à la confection des lits modernes. J.-J. Rousseau n'eût point permis que son Émile s'endormît sur un oreiller, et, ce qui est beaucoup plus imposant que l'avis d'un philosophe, les docteurs Tronchin et Tissot étaient à peu près du même avis que leur compatriote Jean-Jacques. FERRY.

OREILLES (Bourdonnement d'). Voyez BOURDONNEMENT D'OREILLES.

OREILLETTE (*Botanique*). Voyez CABARET.

OREILLETTES (*Anatomie*). Voyez CŒUR.

OREL (qu'on prononce *Ariol*), gouvernement de la Russie d'Europe de 600 myriamètres carrés de superficie, avec une population de 1,500,000 âmes, situé au centre de l'empire, en est l'une des plus belles et des plus fertiles provinces. La contrée surtout qui s'étend depuis Mzensk jusqu'au chef-lieu du gouvernement est un véritable jardin. Les parties arrosées par des rivières, notamment les rives élevées de l'Oka, offrent les points de vue les plus pittoresques; et les contrées riveraines du Don, de la Sosna et de la Desna ne sont pas moins remarquables. Le climat en est tempéré ; aussi toutes les céréales y réussissent-elles également bien. Outre les différentes espèces de grains dont chaque année de fortes quantités sont exportées dans les provinces septentrionales, on y cultive le sarrasin, le millet, le chanvre, le pavot, le tabac et surtout le houblon. La culture des fruits y a atteint un haut degré de perfection. A l'est de ce gouvernement on trouve de vastes forêts, où abonde le gibier de toutes espèces ; la chasse aux cailles notamment y est des plus productives. Il y existe aussi d'excellents haras, et on y élève beaucoup de bêtes à cornes. Le règne minéral, par contre, y est assez pauvre; cependant, on y rencontre quelques marais ferrugineux, et on tire du sol un peu de craie, d'albâtre, de chaux et de salpêtre. Il y existe aussi quelques carrières d'où l'on extrait d'excellente pierre meulière et des meules de grès. Parmi les nombreuses usines, les plus importantes sont des manufactures de drap et de toile, des tanneries, des fonderies de suif et des distilleries d'eau-de-vie. Le commerce avec les deux capitales de l'empire, de même qu'avec la mer Noire et la mer Caspienne, est des plus actifs. Les habitants, pour la plupart Grands et petits Russes ou Kosacks (appelés aussi Tscherkesses), professent tous la religion grecque.

La ville la plus importante est *Orel*, avec 33,000 habitants, plus de trente églises, deux couvents , un séminaire, un gymnase, une bourse, un vieux château transformé en magasin, et de vastes entrepôts de grains et de pelleteries. Elle est située d'une manière ravissante, sur les bords de l'Oka, qui y reçoit les eaux de l'Arlika. Des foires annuelles contribuent à donner une importante activité à son commerce. Il faut encore citer *Jelez*, avec 26,000 habitants, et *Bolchof*, qui en compte 13,000.

ORENBOURG, gouvernement russe, situé sur les confins de l'Europe et de l'Asie, que les géographes russes comprennent dans la Russie d'Europe, et les géographes de l'ouest du continent dans la Russie d'Asie. Il avait eu jusque dans ces derniers temps une superficie de 3,827 myriamètres carrés et une population de 1,893,500 habitants, et en y comprenant le territoire des Kosacks de l'Oural, qui en dépendait (835 myr. carrés et 55,000 âmes), 4,742 myriamètres carrés et 1,948,500 habitants. Mais un oukase, en date du 18 décembre 1850, en a séparé la partie située à l'est du Volga, pour en former le nouveau gouvernement de Samara, auquel on a ajouté diverses parties des gouvernements de Simbirsk et de Saratoff, ainsi que les trois cercles de Bugulma , de Buguruslán et de Busuluk (708 myr. carrés) dépendant autrefois du gouvernement d'Orenbourg, qui aujourd'hui n'a plus que 3,204 myr. carrés et 1,192,823 habitants. Par suite de cette division, il confine maintenant au nord aux gouvernements de Perm et de Kasan, à l'ouest à celui de Samara, au sud à la steppe des Kirghis, dont la séparation fleuve Oural, à l'est aux gouvernements d'Omsk et de Tobolsk en Sibérie. Mais le territoire des Kosacks de l'Oural se prolonge au-dessous de la ville d'Orenbourg, sur la rive droite de l'Oural, d'abord à l'ouest, puis au sud, jusqu'à son embouchure, dans la mer Caspienne.

Le gouvernement d'Orenbourg est un pays désert, presque généralement stérile. Il forme le grand centre du commerce de la Russie avec l'Asie centrale, et qui se fait, notamment de l'ancien chef-lieu , *Orenbourg*, à l'aide de chevaux et de chameaux, par des caravanes gagnant les pays des Kirghis, des Boukhares et des Khiwiens. Son chef-lieu actuel est *Oufa*, au confluent de l'Oufa dans la Bjelaja. C'est une ville fortifiée, où l'on compte 12 églises,3 écoles, 33 usines et 15,000 habitants, parmi lesquels beaucoup de Tatares, de Boukhares, de Kirghis et autres Asiatiques. Les autres villes importantes sont *Orenbourg*, sur la rive droite de l'Oural, 16,000 habitants, et *Ouralsk*, chef-lieu des Kosacks de l'Oural, avec un chiffre de population à peu près égal.

On appelle *Oural d'Orenbourg* la partie du mont Oural qui s'étend depuis Orenbourg jusqu'à Slatousk, contrée riche en métaux et en excellent bois de construction.

OR EN COQUILLES. *Voyez* COQUILLES (Or en).

ORÉNOQUE, *Orinoco*, fleuve de second ordre pour la grandeur parmi tous les fleuves de la terre, le cinquième de l'Amérique, le troisième de l'Amérique méridionale et le premier de la république de Venezuela , à laquelle il appartient dans tout son parcours. Sa source, qu'aucun Européen n'a encore visitée, est située dans la Sierra-Parima, l'une des principales chaînes du plateau de la Guyanne, vraisemblablement à une élévation de 1700 mètres, et au voisinage du Parima, l'un des affluents du Rio Branco , qui se jette dans le fleuve des Amazones. Dans son cours supérieur il traverse ce plateau, qu'il entoure après en être sorti, en décrivant une grande spirale autour de sa source. A Esmeralda il abandonne la région de sa source, et entre dans son cours moyen. En formant alors une remarquable bifurcation, il envoie une partie de ses eaux au Cassiquiare, qui se jette dans le Rio Negro, établissant ainsi une communication non interrompue par eau entre le fleuve des Amazones, où se jette le Rio Negro et l'Orénoque. Il se dirige ensuite au nord , brise diverses chaînes de montagnes en formant une suite de cataractes, en recevant à sa gauche le Guaviare, le Vichada, le Meta, dont le volume d'eau est égal à celui du Danube et qui est navigable jusqu'à une distance de 9 à 10 myr. de Santa-Fé de Bogota, dans la Nouvelle-Grenade, l'Arauca et l'Apura, navigable sur près de 100 myr. de son parcours. A l'embouchure de cette dernière rivière commence le bas Orénoque , qui reçoit alors à sa droite le Caroni , puis traverse lentement au milieu d'épaisses forêts le pays de plaines qui commence à partir de ses rives et s'étend entre le plateau de la Guyanne et le littoral de Venezuela jusqu'à l'embouchure de l'Orénoque dans l'océan Atlantique. L'Orénoque, dont le parcours direct est de 67 myr. , et de 237 en tenant compte de ses détours, et le bassin de 12,250 myriamètres, grossit beaucoup pendant la saison des pluies, et inonde alors surtout les plaines de son cours inférieur, souvent jusqu'à une profondeur de 18 à 20 myriamètres. A Angustura, il se trouve resserré de nouveau dans un étroit chenal, formant la limite où se fait sentir la marée et par lequel le fleuve déverse 8,000 mètres cubes d'eau par seconde, c'est-à-dire treize fois plus que le Rhin n'en amène à la mer par ses diverses embouchures. A environ 23 myr. au-dessous d'Angustura , la largeur de l'Orénoque est de 21 kilomètres, et là commence son delta, grand de 280 myr. carrés, périodiquement inondé, et par lequel il se déverse dans l'Atlantique par 17 embouchures, avec un développement de 26 myriamètres de côtes. La plus méridionale de ces embouchures, la *Boca del Navios*, en est aussi la plus considérable, et celle que prennent les grands navires. Elle n'a pas loin de 16 kilomètres de large, et entre Punta Barina et l'île Nuia atteint même une largeur de près de 35 kilomètres. La navigabilité de l'Orénoque est par lui jusqu'aux cataractes d'Atures est d'environ 140 myriamètres; elle recommence au-dessus de Maypures, et continue encore pendant 89 myriamètres jusqu'aux cataractes de Guaharibos, c'est-à-dire encore 22 myr. au-dessus d'Esmeralda.

ORESTE, fils d'Agamemnon et de Clytemnestre, est une des plus grandes images que nous ait léguées la Grèce. Lorsque Agamemnon mourut, sous le poignard de l'adultère Clytemnestre, Oreste , le fils du roi des rois, devait aussi périr : Electre, sa sœur, le sauva en le faisant conduire secrètement à la cour de Strophius, roi de Phocide, son oncle. Là Oreste fut élevé avec Pylade, son cousin; ils commencèrent alors cette sainte et forte amitié dont le souvenir est encore vivant. Lorsque le jeune fils d'Agamemnon eut senti ses forces, lorsqu'il eut compris le meurtre, l'adultère, qui avaient égorgé son père, il voulut le venger. Noble tâche qu'il s'imposait sans doute ! car Clytemnestre était-elle sa mère ? De quel œil son cœur filial pouvait-il contempler ce crime sans remords, cette insolente fortune qui laissait le sceptre à une main toute dégouttante du sang du chef de la Grèce ? La résolution prise, il s'en alla, appuyé sur Pylade, consulter l'oracle, qui lui répondit : « Vengez-vous, mais sans bruit; que l'adresse et le secret vous tiennent lieu d'armes et de troupes. » Sur la foi des dieux, les deux inséparables se rendirent à Argos ; ils s'arrêtèrent d'abord au tombeau d'Agamemnon, pour rendre à ses restes de pieux et tristes honneurs. Ils y rencontrèrent Electre en larmes, qui seule pleurait le trépas funeste de son père. Là, sous l'inspiration de l'ombre sacrée, ils se préparèrent à immoler Égisthe. En entrant dans le palais, ils trouvèrent le tyran occupé à sacrifier aux dieux. Oreste le frappa de son couteau qui avait servi à égorger la victime. Après ce premier meurtre, Oreste faiblit : sa mère était absente; fallait-il donc encore du sang aux mânes d'Agamemnon ? Les dieux vengeurs le poussent; Clytemnestre tombe à son tour sous le poignard de son fils… A peine le parricide lève-t-il les yeux de dessus le cadavre sanglant, qu'il sent devant lui les Furies vengeresses, les implacables sœurs; il voit leurs mains armées de poignards, il entend leurs serpents siffler sur sa tête : l'amitié elle-même, le plus généreux ami, ne peut calmer ses terreurs. Le malheureux , d'ailleurs, ne sans repos sous la terreur de son crime. Les amis d'Égisthe se réunissent ; ils condamnent à la mort Oreste, qui n'échappe au supplice qu'en promettant de se tuer lui-même ; mais la voix d'un dieu s'élève : il appelle de la sentence des Argiens au jugement de l'aréopage.

A Athènes, Oreste se place sous la protection de Minerve, et bientôt les Athéniens se réunissent pour juger l'illustre parricide. Minerve préside l'auguste tribunal, Apollon plaide la cause de l'accusé; on va aux voix : les suffrages sont égaux, mais la déesse de la sagesse se prononce, et Oreste se retire absous. Toutefois, il part pour Trézène se soumettre aux cérémonies de l'expiation. Malgré le jugement des Athéniens, malgré la sentence de Minerve et la protection d'Apollon, les Furies continuent à tourmenter Oreste. Éperdu, désespéré, misérable, il vient à Delphes s'agenouiller devant la volonté des dieux. Il voulait se tuer : l'oracle lui ordonna de vivre et d'aller en Tauride enlever la statue de Diane descendue du ciel. Le fils d'Agamemnon obéit, et les Furies abandonnèrent leur proie. Dès lors Oreste régna tranquille sur le trône ensanglanté de sa fatale famille.

Oreste épousa Hermione, fille de Ménélas, et joignit le royaume de Sparte à ceux d'Argos et de Mycène. Euripide le rend coupable du meurtre de Pyrrhus, à qui il enlève Hermione. Après la mort de celle-ci, l'héritier d'Agamemnon épousa Érigone, sa sœur utérine, la fille de Clytemnestre et d'Égisthe : il en eut un fils nommé Penthiléne, qui lui succéda. Oreste vécut quatre-vingt-dix ans ; il en régna soixante, et mourut, dit-on, d'une piqûre de serpent, dans un voyage en Arcadie.

Le théâtre antique et la scène moderne se sont successivement exercés sur ce dramatique sujet; Grecs et Français ont écrit des chefs-d'œuvre, mais ceux de l'antiquité ont un caractère particulier bien digne d'étude. C'est aux compositions des Sophocle, des Eschyle, aussi bien qu'à Corneille et souvent à Racine, qu'il faut retourner pour sentir tout ce que l'on peut donner à la scène de grandeur et d'éclat.
A. GENEVAY.

ORESTE, général des armées romaines à l'époque de la chute de l'empire d'Occident, qui descendait d'une famille patricienne, se révolta en Gaule contre l'empereur Julius Nepos, et le renversa du trône, en l'an 475 de notre ère. Il y plaça ensuite son propre fils, Romulus Augustulus ; mais assiégé bientôt après à Pavie et fait prisonnier par Odoacre, qui l'envoya à Placentia (*Piacenza*), il y fut mis à mort par ordre du vainqueur, le 28 août 476.

ORFA. *Voyez* ÉDESSE.

ORFÉVRE, ORFÉVRERIE. On désigne également par la dénomination *d'orfèvre* l'artiste et le marchand qui fabriquent, vendent et achètent toutes sortes de vaisselles et d'ouvrages d'or et d'argent. L'*orfévrerie*, c'est l'art de travailler l'or et l'argent, d'en faire des vases, de la vaisselle, etc. Elle prend le nom de *bijouterie* lorsqu'elle a pour but la fabrication des ornements, bijoux, etc. Le terme *d'orfèvre* a été tiré d'or et *febvre*, imités du latin *auri faber*, c'est-à-dire ouvrier qui travaille l'or; toutefois, on doit observer que l'orfèvre travaille également le platine et l'argent.

L'origine de l'orfèvrerie remonte à des temps très-reculés; mais l'opulence et le luxe ont beaucoup perfectionné cet art. Les écrits de Moïse et d'Homère nous attestent que l'orfèvrerie était connue de leur temps, et qu'elle était même portée à un assez haut degré de perfection. L'Écriture nous apprend de même que les Israélites, au moment où ils sortirent de l'Égypte, empruntèrent une grande quantité de vases d'or et d'argent aux Égyptiens, et aussi qu'ils offrirent dans le désert pour fabriquer les objets nécessaires au service divin leurs bracelets, leurs pendants d'oreilles, leurs bagues, leurs agrafes, etc. « Moïse, nous dit la Bible, convertit tous ces bijoux en ouvrages propres au culte de Dieu; la plupart étaient d'or, et quelques-uns même d'une grande exécution et d'un travail très-remarquable. » L'orfèvrerie fut également cultivée de bonne heure dans l'Asie et la Grèce. Homère, dans son *Odyssée*, nous apprend qu'Hélène, épouse de Ménélas, reçut en présent une superbe quenouille d'or, et une magnifique corbeille d'argent, dont les bords étaient d'un or très-fin et parfaitement travaillé. Midas rendait, nous apprend l'histoire, la justice sur un trône qui fut digne d'orner le temple de Delphes ; les armes de Glaucus et de quelques autres chefs de l'armée troyenne étaient d'or. L'alliage des divers métaux dont Homère nous dit qu'était composé le bouclier d'Achille nous indique que les orfèvres de son temps savaient mélanger sur les métaux la couleur des différents objets. A Rome, l'art de l'orfèvrerie, ainsi que ceux de la gravure et de la sculpture des métaux, fut en honneur, même sous les empereurs de Constantinople; mais lorsque les Sarrasins se furent répandus dans l'empire, tous les beaux-arts, fuyant devant ces barbares, se réfugièrent dans d'autres contrées de l'Europe.

La découverte de l'Amérique, en nous procurant de nouvelles masses d'or et d'argent, augmenta en France le goût naturel de nos orfèvres; mais ce fut surtout aux études de nos dessinateurs et à la perfection du dessin en général que nous devons les chefs-d'œuvre des Ballins, des Launay, des Germain, des Odiot, des Froment-Meurice, etc., lesquels ont commencé à montrer notre supériorité dans l'art de l'orfèvrerie. Depuis, nulle part cette industrie n'a été portée à un aussi haut degré de perfection qu'en France, soit qu'on envisage le goût, le fini, la solidité des pièces ou la bonté du métal employé à leur confection.

Lyon, Bordeaux, Marseille, Strasbourg, possédaient avant la révolution des ateliers remarquables d'orfèvrerie ; et telle était alors la situation de cette sorte de commerce en France, qu'il occupait, tant à Paris qu'à Lyon seulement, plus de 60,000 ouvriers, et qu'au rapport de Necker la totalité des matières employées à la confection des divers objets d'orfèvrerie s'élevait à la valeur de vingt millions. Aujourd'hui, c'est à Paris que se font les plus belles pièces d'orfèvrerie : beauté, élégance dans les formes, richesse du dessin, travail parfait dans les détails, tels sont les caractères des ouvrages qui sortent des ateliers de la grande capitale.

L'orfèvrerie, dont le commerce a non-seulement pour objet la fabrication et le trafic des ouvrages et matières d'or et d'argent, mais aussi l'emploi et le négoce des diamants, des perles et de toutes sortes de pierres précieuses, etc., se divise en *bijouterie*, en *joaillerie*, *grosserie*, etc. L'homme qui ne s'occupe que des petits objets, tels que tabatières, boîtes, étuis, boucles, chaînes, et tous autres ajustements et ornements d'homme et de femme, se nomme simplement *orfèvre*. L'orfèvre *grossier* est celui qui se fabrique que de gros ouvrages d'ameublement, tels que des plats, des assiettes, des vases, etc. Le *bijoutier* est celui qui fait, qui vend des *bijoux* ; et l'on donne le nom de *joaillier* à celui qui travaille sur les diamants, les pierres fines, ou qui en fait l'objet de son commerce.

L'établissement de la profession d'orfèvre en corps policé ou état juré dans Paris est si ancien que le titre primordial en vertu duquel ce privilège a été concédé ne se trouve plus. Dès le milieu du treizième siècle, le corps de l'orfèvrerie jouissait de la prérogative d'avoir un sceau spécial. Les orfèvres composaient à Paris la sixième corps des marchands; toujours ils ont joui de la plus haute distinction ; de leurs rangs sont sortis plusieurs hommes remarquables : ils ont donné à Paris plusieurs prévôts, entre autres le fameux Marcel. Le nombre des marchands orfèvres de Paris était limité à trois cents ; ils avaient des statuts où tout était prévu. Lorsque des places venaient à vaquer, elles ne pouvaient être remplies que par des fils de maîtres, instruits et capables. Ceux qui parvenaient à la maîtrise par des privilèges étaient regardés comme surnuméraires. L'apprentissage était de huit années : on ne pouvait le commencer avant l'âge de neuf ans ni après seize. Le compagnonnage était de trois années. Aucun aspirant n'était reçu marchand orfèvre avant vingt ans accomplis ; il devait savoir lire et écrire, et subir un examen, enfin présenter un chef-d'œuvre.

Chaque nouveau maître était tenu de faire graver et recevoir à la cour des monnaies un poinçon à la fleur de lis couronnée, et à son nom et devise, pour marquer ses ouvrages. Les boutiques des maîtres devaient avoir vue sur la voie publique, etc. Le 1er juillet de chaque année, on procédait à l'élection de *trois maîtres et gardes* : leur exercice durait deux ans. Ces gardes élisaient entre eux un doyen, qui durant l'année de son décanat jouissait des prérogatives et du rang attachés à ce titre honoraire, etc. Les orfévres de Paris ont donné leur nom au quai et à la rue des Orfévres, à la rue Saint-Éloy, qui nous indiquent où était autrefois leur siége : ils avaient fondé, en 1399, la chapelle et l'hôpital des orfévres, pour leurs ouvriers malades, près la rue de ce nom : leur corporation a disparu, comme toutes les autres, sous le souffle de la révolution ; mais l'orfévrerie française et surtout l'orfévrerie parisienne n'en est pas moins toujours au premier rang dans les expositions des produits de l'industrie. L'orfévrerie française produit en moyenne pour 60,000,000 par an. L'orfévrerie fausse a pris aussi une grande extension depuis l'invention du p l a q u é, de l'argenture et de la d o r u r e par les procédés électriques.

E. PASCALLET.

ORFILA (MATHIEO-JOSÉ-BONAVENTURE), médecin célèbre, comme toxicologiste et comme professeur de chimie à la Faculté de Médecine de Paris, dont il fut pendant seize ans le doyen et maître absolu, naquit à Mahon (dans l'île de Minorque), le 24 avril 1787. Issu d'une famille de petits commerçants, on le consacra de bonne heure aux emplois subalternes de la marine ; et dès l'âge de quinze ans (en 1802) il visitait les côtes d'Afrique et de Sicile en qualité d'apprenti pilote, c'est-à-dire comme mousse, à bord d'un bâtiment marchand. Peu curieux à cette époque, il stationna longtemps dans le port d'Alexandrie sans visiter les pyramides. De retour à Mahon, en 1805, il obtint de son père la permission d'aller à Valence étudier la médecine, et au bout d'une année il remportait dans ce pays, tant au progrès, les premiers prix de physique et de chimie. En 1806 il quittait Valence pour Barcelone, cité plus avancée et dans laquelle il se fit tellement apprécier pour son intelligence et son zèle, que la junte du lieu envoya le jeune homme à Paris aux dépens de la caisse municipale, à raison de 6,000 réaux par année (1,500 fr.), et à cette condition, flatteuse pour sa personne, qu'il reviendrait professer la chimie à Barcelone, où il laissait de chauds amis, et sa voix magnifique des admirateurs. Il arriva à Paris le 11 juillet 1807 : Orfila avait vingt ans et les plus brillants attributs de cet âge heureux : une figure expressive et un extérieur distingué, une foi dans l'avenir, avec une grande propension à jouir du présent ; l'amour des aventures, le don de l'harmonie, le don, non moins précieux, de plaire et de lier, la faculté rare de prendre du plaisir sans nuire au travail ; cet accent inimitable des Baléares, qui adoucit tout sans rien affaiblir, une voix puissante et vibrante comme celle de Duprez, un gosier à défier les plus grands artistes, une mimique à jouter contre Elleviou, et par-dessus tout l'habitude du succès. De toutes parts on lui fit un accueil et entrevoir des perspectives à lui faire oublier sa patrie, comme à jeter dans son cœur tous les germes d'ambition. Il n'y a pas jusqu'à ce joli nom d'*Orfila* qui ne prédestinât à la fortune son heureux titulaire. Cependant, la guerre qui éclata en 1808 entre la France et l'Espagne le soumit pour quelque temps aux inquiétudes de la vie en supprimant tout à coup sa pension municipale de Barcelone ; mais un oncle qu'il avait à Marseille vint généreusement à son secours jusqu'au moment de sa réception, qui eut lieu le 27 octobre 1811.

Cette réception même fit renaître ses premiers embarras ; un diplôme n'est pas la fortune, et Orfila ne savait d'abord quel usage faire de son doctorat. Retourner à Mahon, où le rappelait son père ? il y trouverait la médiocrité et de tristes souvenirs ; à Madrid ? Des rivaux intraitables comme compatriotes et plus sûrement appuyés comme d'anciens résidents ; à Barcelonne ? des protecteurs disposant despotiquement de sa personne, et ces précédents de jeunesse qui entravent tout essor. Réflexions faites, il résolut de rester à Paris et d'y brûler son humble navire de Mahon et de Sicile. Il ouvrit courageusement un cours de chimie dès 1812, enseignant pour se poser et pour apprendre. Il annonça ce premier cours chez un pharmacien de la rue Croix-des-Petits-Champs, à 40 fr. par auditeur. Déjà, trois ans plus tôt, en 1809, il avait donné de premières leçons, rue du Bac, on Vauquelin et Fourcroy, voulant l'encourager, apparurent un jour inopinément dans son amphithéâtre. La chimie comptait dès lors de grands maîtres, les Vauquelin, les Thénard, les Berthollet, les Chaptal, les Gay-Lussac, lui-même ne s'étant point signalé de prime abord comme devant être leur successeur. Toutefois, il osa, et il réussit. Des premiers, ses amis vinrent l'entendre : la foule inerte les suivit, puis cette foule vint seule et vint longtemps, attirée par la grande jeunesse et le talent du professeur et surtout parce qu'elle achetait à la porte le droit d'entendre et d'applaudir. Dès cette époque Orfila était un professeur agréable et instructif. Sa parole facile et toujours étudiée, par la crainte des contresens d'une langue encore mal apprise, excitait la sympathie de l'auditoire. Ensuite Orfila a toujours professé debout, toujours su ses leçons par cœur ou à peu près, et toujours joint l'action oratoire au discours, et la preuve au précepte ; et puis une voix pleine de vie et, comme Mesmer et Gall, un accent étrange, moitié espagnol, moitié languedocien, une figure toujours parlante et haute ; que de motifs pour être écouté !

Il le fut, et dès lors il ne marcha plus dans la carrière, il vola au but, et ceignit de nombreuses couronnes, allant toutes à son front. Cependant, invité par quelques Espagnols à venir occuper la chaire de Proust à Madrid, il adressa au gouvernement un plan d'études si grandiose et si dispendieux que cette chère patrie, jadis prodigue, se résigna aux vieilles routines de ses laboratoires et se passa de son concours ; il se mit également à la disposition de Barcelone, envers qui il se trouvait engagé par sa parole et sa gratitude. Barcelone lui rendit sa promesse, se déclarant trop pauvre depuis la guerre pour pourvoir aux dépenses d'un enseignement progressif.

Libre donc des liens de la reconnaissance et de la patrie, et dès lors marié à Mlle Gabrielle Lesueur (juillet 1815), fille d'un sculpteur en renom, excellente musicienne et femme d'esprit, il fit ses préparatifs pour un voyage à Mahon, résidence de sa famille. Il espérait judicieusement qu'à son retour il trouverait la France moins inquiète, plus rassise, et un gouvernement plus viable et mieux affermi. Quelques-uns crurent qu'il partait pour toujours, emmenant avec lui Mme Orfila. Encore à Marseille le 11 décembre 1815, et à la veille de l'embarquement, l'Académie des Sciences le nomma membre correspondant dans sa section de médecine. Quelques mois après il revint à Paris, et put remercier personnellement ceux qui venaient de l'élire, le croyant fixé à Mahon. Déjà célèbre et membre de l'Institut, ce voyage aux îles Baléares fut pour Orfila une suite de fêtes et d'ovations.

En 1816 il fut nommé médecin par quartier de Louis XVIII, honorable sinécure de 1,500 fr. que le ministre Decazes lui fit obtenir. Ayant de plus hautes prétentions, il se fit naturaliser français en 1818, en sorte que ses amis, l'année suivante, purent le nommer professeur à la Faculté de médecine ; il occupa dans l'origine la chaire de médecine légale. Mais M. Frayssinous ayant disposé de cette chaire en 1823, après le licenciement des anciens professeurs, Orfila obtint pour compensation la chaire de chimie, d'où son protecteur et premier maître Vauquelin venait d'être expulsé.

Il fut nommé doyen de la Faculté en 1831, alors que l'émotion politique et les émeutes eurent fait du décanat un faix trop lourd pour Antoine D u b o i s, devenu octogénaire. En 1832, en remplacement du baron Portal décédé, on le nomma du conseil général des hôpitaux et hospices de Paris, et peu de temps après on l'élut membre du conseil général de la Seine, deux places d'une très-haute importance, quoique gratuites, et peu conciliables dans un même titulaire, surtout quand celui-ci se trouvait être doyen d'une faculté et deux ans plus tard (1834) membre du conseil royal de l'instruction publique, en remplacement de Guéneau de Mussy, décédé. En cette même année 1834, d'où date l'apogée de sa puissance, Orfila obtint ses lettres de grande naturalisation, au moyen desquelles on avait espéré de l'élever à la pairie ; mais un des secrétaires perpétuels de l'Institut lui fut préféré, après que le docteur Double eut repoussé les conditions auxquelles cette dignité lui était à lui-même offerte (1). Enfin, en 1838 Orfila fut promu commandeur de la Légion d'Honneur. De tous les titres que nous venons d'énumérer sans omission, Orfila en perdit plusieurs dans les dernières années de sa vie. Il avait cessé depuis longtemps d'appartenir au conseil général de la Seine ; la révolution de 1848 lui fit perdre son titre de conseiller des hôpitaux, la charge de doyen, et quelques autres de moindre importance. Il était resté membre du conseil supérieur de l'université et professeur de la Faculté, places lucratives, mais assujettissantes, entre lesquelles il dut opter, les nouvelles lois d'alors ne permettant point le cumul de deux traitements dont le total dépasserait 12,000 fr.

Comme administrateur, Orfila a fait tourner au profit de l'École de Médecine la haute et constante faveur dont il jouissait près du gouvernement de Juillet. Il eut à peine le temps de désirer, des fonds affluaient de toutes parts pour l'accomplissement de ses desseins. Grâce à lui l'ancienne Faculté, elle et ses dépendances, n'est plus reconnaissable aujourd'hui. Aucun administrateur de Juillet ne se conforma autant que lui à l'engouement de l'époque pour les constructions. Il fit certainement peu pour la bibliothèque de la Faculté ; mais que de murs s'élevèrent à sa voix comme à celle d'Amphion ! En cédant à la ville de Paris, au prix de 310,000 fr., l'emplacement insalubre des anciens pavillons d'anatomie et le jardin botanique de la Faculté, contenant à peine un arpent, il favorisa l'utile percement de la rue Racine. Le sacrifice de cet arpent de terre, outre les 310,000 francs de la ville, lui valut 1° 300,000 francs sortant des caisses du ministre de l'instruction publique et émanant du budget ; 2° l'autorisation de transférer à Clamart, au-delà de la Pitié, les salles de dissection de l'École ; 3° la concession de sept arpents de terre dans la partie est du jardin du Luxembourg, avec faculté d'y aménager un nouveau jardin botanique. Or, grâce à ces 610,000 fr., si facilement obtenus du gouvernement sympathique à toute nouveauté, Orfila fit jeter bas l'ancien hospice Saint-Cosme ou de l'Observance et bâtir sur son emplacement ce bel hôpital des cliniques qui serait parfait s'il était salubre. Il est juste de reconnaître que c'est une heureuse innovation qu'avoir rapproché de la Faculté même les salles d'accouchement, de chirurgie et de médecine dans lesquelles sont rendus pratiques et vraiment probatoires des examens qui jusque là n'étaient qu'oraux et théoriques.

Orfila ne borna pas là ses services et son influence. Sa présence dans le conseil des hôpitaux lui fit obtenir de ce conseil que la Faculté serait défrayée des 200,000 fr. auxquels s'élevait l'ameublement de l'hôpital des cliniques. Il obtint également du ministère qu'il laissât à l'École de Médecine les 200,000 fr. que D u p u y t r e n avait légués pour la création d'une chaire d'anatomie pathologique ; et ce fut avec une partie de cette somme que put être fondé le musée Dupuytren, clause tacite du legs fait par l'illustre chirurgien. A coup sûr Orfila fut moins bien inspiré, moins habile, alors que pour embellir et compléter cet autre et ancien musée de l'École auquel il désirait sans justice donner son nom, il se résigna à de criantes irrégularités, qui, tout en laissant sauve son intégrité, ont exigé des enquêtes, donné lieu dans les chambres à de pénibles débats, embarrassé plusieurs ministres, ébranché plusieurs budgets, et malheureusement satisfait les amis du scandale. Toutefois, il y aurait injustice à contester à Orfila d'avoir rendu les études médicales plus fortes et plus praquites et d'avoir formé des médecins plus instruits et plus

(1) On demandait au docteur Double qu'il renonçât à l'exercice de la médecine.

surveillés durant leurs études. Ses rapports si divers avec la Faculté, avec les hôpitaux, le conseil municipal et l'université, lui permirent de mettre la main aux écoles supérieures de pharmacie, aux réceptions départementales des jurys médicaux, ainsi qu'aux écoles préparatoires des départements. Il a de même influé sur le service des hôpitaux, où le nombre des médecins fut de son temps plus que doublé. Il rompit également, je le crains, l'unité confraternelle des quinze cents praticiens de Paris, en associant inquisitorialement trois à quatre cents d'entre eux sous sa présidence, au risque de les mettre en hostilité ou du moins en défiance avec mille à douze cents confrères voulant expressément conserver leur indépendance. Enfin, jamais personne autant que lui n'aura trituré la matière médicale ni autant que lui influé sur les médecins, dont aucun n'était placé, promu, décoré, récompensé sans son intervention ou son agrément.

Sans vouloir rappeler aucun drame ni aucune affaire criminelle, n'a-t-on pas souvenir d'une époque où même une princesse malheureuse ne pouvait être incarcérée sans recevoir la visite d'Orfila, l'assaillant de questions, si étranger qu'il fût constamment resté à l'exercice de la médecine ?

Quant à ses ouvrages, dont le nombre est plus grand que le cercle n'en est étendu et diversifié, voici quels sont les principaux, qui tous comptent plusieurs éditions attestant leur succès : 1° *Traité de Médecine légale*, suivi du *Traité des Exhumations juridiques* (1821 à 1823) ; 2° *Éléments de Chimie médicale* (2 vol, 8° édit. ; la première est de 1817) ; 3° *Secours à donner aux personnes empoisonnées et asphyxiées* (1818) ; 4° *Toxicologie générale* (5° édition, de 1813 à 1815). Dans ce dernier ouvrage, qui est un traité expérimental des poisons, et qui témoignera toujours des travaux sérieux de l'auteur, Orfila étudie chaque substance vénéneuse, ses effets sur un être vivant (la plupart de ses expériences furent faites sur des chiens, auxquels on liait l'œsophage) ; les principaux réactifs pouvant servir à en signaler la présence ; ses antidotes ; les traces qu'en ont gardées les organes, et les troubles périlleux qu'en reçoit la vie. A la vérité, c'est un ouvrage de description plutôt que de principes, et dès lors d'une exécution facile et prompte, ce qui n'amoindrit aucun de ses mérites. Le malheur est que, dans ses expériences sur des animaux vivants, Orfila a confondu les effets nécessaires de la ligature de l'œsophage avec les effets essentiels des poisons expérimentés.

Orfila mourut à Paris, le 12 mars 1853. Deux mois avant, le 4 janvier, il était venu lire à l'Académie de Médecine comme un testament scientifique, dans lequel il destinait en consacrait de son vivant une somme de 170,000 fr. à diverses fondations et à des récompenses.

D' Isidore BOURDON.

ORFRAIE (*ossifraga*, nom que lui donnèrent les anciens, qui lui attribuaient l'habitude de casser avec son bec les os des animaux dont elle se nourrit). Cet oiseau, connu vulgairement sous le nom d'*aigle de mer*, ne fait qu'une même espèce avec le *pygargue*, dont on ne l'avait cru différent que parce qu'on l'avait décrit à deux âges opposés. Il est rangé par Cuvier parmi les *aigles pêcheurs*, dans la deuxième section du grand genre *faucon*. Ce bipède, s'avance grande taille, a dans ses premières années le bec noir, la queue noirâtre, tachetée de blanc, et le plumage brunâtre ; mais avec l'âge il prend une teinte d'un brun uniforme, et sa queue blanchit. Comme les autres oiseaux de la même tribu, l'orfraie fréquente le bord des rivières et de la mer, et s'y repait des poissons qu'il parvient à saisir avec ses serres. Il établit son aire dans les fentes de quelques roches, ou sur des arbres élevés. Sa chair exhale une odeur assez peu agréable de poisson.   SAUCEROTTE.

ORGANDI. Voyez MOUSSELINE.

ORGANE, ORGANISATION, ORGANISME. L'organe est une partie d'un corps, composée pour remplir une fonction ou atteindre un but, comme l'œil, l'oreille, la main, ou la fleur, la racine, la feuille, etc. Il y a deux grands règnes dans la nature, celui des *substances inorganiques* ou *pri-*

vées de vie; celui des *corps organisés et vivants*. Cette division générale est plus exacte, plus conforme aux faits que l'ancienne division en trois règnes. On disait : *Les minéraux croissent*; mais cette expression donne une idée erronée, puisque l'accroissement intérieur ne peut s'appliquer qu'à des êtres qui se nourrissent.

Pour mieux comprendre cette distinction, prenons une pierre ou un métal, un sel quelconque. Cette substance, réduite en molécules très-fines, ne cessera point de manifester sa nature inorganique propre; chaque particule conservera le pouvoir d'exister indépendante. Ajoutez à cette particule inanimée cent millions de molécules semblables, vous composerez une masse plus volumineuse; mais quelque figure qu'elle prenne par elle-même, et de quelque manière que ses atomes s'arrangent, ils n'en vivront ni plus ni moins; ils ne jouiront que des propriétés générales de toute matière; l'étendue, l'impénétrabilité, etc., n'obéiront qu'aux lois mécaniques de la pesanteur, aux attractions chimiques, etc. Tout corps *inorganique* ou minéral existe donc entier dans chacune de ses molécules; chacune d'elles, incorruptible par son essence, représente, en miniature son espèce. En supposant qu'elle agisse, c'est toujours indépendamment des autres. Ainsi, les forces sont toutes séparées, individuelles, en chaque atome d'une masse minérale. Il en est tout autrement d'un corps *organisé*, animal et végétal : il est formé d'un concours de molécules élémentaires, sans doute (et de nature combustible, carbone, hydrogène, azote, avec de l'oxygène aussi); mais ces molécules ne recevront point une existence indépendante; au contraire, elles associent leurs forces ou leur action (d'après la conformation ou la structure qu'elles ont reçue); elles conspirent ensemble à un but, pour travailler de concert et en corps; elles ne peuvent rien séparément, et, ne vivant que par rapport à leur tout, leur puissance est corrélative. La vie d'un corps organisé est donc comme l'état social, la concentration dans un foyer de toutes les puissances particulières en un centre de gouvernement. La mort n'est que la dissociation de ces particules ou de leurs forces, comme dans la dissolution du corps social.

Plus ces forces particulières sont réunies en un foyer central et enchaînées par des liens multipliés, plus leur vie générale est développée, parfaite, intense, et leur organisation parfaite, comme dans l'animal et dans l'homme; mais aussi plus elle est destructible. Les animaux les plus élevés dans l'échelle organique, ayant un centre unique d'existence, constituent des êtres indivisibles : ainsi, une grande blessure suffit pour tuer ces *individus*. Mais les êtres qui présentent plusieurs foyers de vie dans le même corps forment bien des individus : toutefois, on peut en séparer quelques parties sans faire périr le tout. Ainsi, un végétal, un polype ou zoophyte, etc., peuvent être divisés, même dans des organes essentiels, et l'individu reproduit la portion amputée, ou cette portion séparée peut devenir le germe d'un nouvel individu, jouissant d'une existence qui lui est propre. Ces êtres d'une organisation inférieure, moins centralisés, représentent une confédération d'États associés; car les arbres, les polypes, etc., peuvent se multiplier de bouture, ou sont une collection d'êtres superposés et de germes multiples. Enfin, dans le minéral, chaque molécule est, pour ainsi parler, égoïste, n'existant que par elle seule, ne prenant aucun intérêt à ses voisines, ni au corps où elles sont attachées (comme les matières minérales qui pénètrent dans le corps humain). Dans le végétal, et dans l'animal surtout, chaque particule, comme le bon citoyen, aspire avec le plus vif intérêt au salut général.

Cette différence résulte du mode particulier de conformation de chaque règne. Le minéral s'accroît extérieurement par la juxta-position de particules qui viennent s'apposer les unes sur les autres, suivant certaines lois d'attraction, pour former un solide plus ou moins régulier, souvent cristallin et à surfaces angulaires, géométriques, comme un sel. Il n'y a point de vie intérieure qui pousse, qui distribue des nourritures dans la masse du minéral; point de fluides qui circulent et transportent dans des canaux les éléments réparateurs de leur existence. Au contraire, tout être organisé, plante ou animal, émane originairement d'un *germe* quelconque (car l'organisation spontanée n'est pas démontrée, lequel, composé de fluides et de solides, contient les linéaments primitifs des organes qui se développeront. Les particules nutritives, venues du dehors, sont absorbées par les orifices des vaisseaux, qui les distribuent, au moyen de l'intussusception, dans toutes les régions de l'organisme naissant. Elles l'accroissent jusqu'à une limite déterminée par sa constitution, et par l'extensibilité de ses parties. Elles réparent ses pertes, elles se transforment en sa substance (car l'herbe devient sang et chair dans le bœuf, et le terreau devient fruit délicieux dans le végétal, etc.) par une puissance élaboratrice qu'on désigne sous le nom d'*assimilation*. Puis, quand l'être organique est parvenu à son degré de perfection, de puberté, la matière nutritive se dépose en certains organes destinés à la reproduction des individus. Il se prépare des germes pour la future existence de nouveaux êtres semblables à leurs parents. Ces derniers, enfin, endurcis par la vieillesse, qui est une accumulation de matériaux obstruant les tissus de leur organisme, cessent de pouvoir s'accroître et se nourrir; ils se fanent, ils perdent successivement leurs facultés et l'usage de leurs membres, extérieurs d'abord, puis, enfin, de l'intérieur : ils succombent, et leurs débris servent à l'engrais ou à la nourriture d'autres corps organisés. Ainsi, la matière organique passe tour à tour de la vie à sa dissolution, pour renouveler toutes les créatures animées.

Les minéralogistes attribuent la ligne droite et les surfaces planes aux substances inorganiques, tandis que les animaux et les végétaux, dans leur état de germe ou de fœtus, de graines et d'œufs, affectent, comme les liquides, une forme ronde. Cette sphéricité s'allonge ou se modifie diversement pour offrir toutes les conformations de l'organisme : aussi tous les êtres organiques sont limités par une enveloppe ou peau qui circonscrit l'individu jusqu'à une certaine étendue. Ils ont un terme d'accroissement; les minéraux n'en ont aucun. Ainsi, les êtres organisés naissent d'*individus* semblables à eux-mêmes (outre les développements et les métamorphoses qui signalent les phases de leur existence) : ils affectent constamment des structures déterminées pour un but. En effet, que des particules minérales se trouvent en contact et adhèrent entre elles, voilà bientôt une pierre, un métal, un sel ; mais que des particules animales ou végétales soient rapprochées, il n'en naîtra point une plante, un animal, s'il n'y a vie, s'il n'y a point de germe, d'œuf, capable de se développer et de s'organiser. C'est que l'animal, le végétal, ont une structure intime, composée d'une foule de pièces, se coordonnant entre elles pour remplir une fonction et atteindre un but par rapport à eux-mêmes et à d'autres êtres ou aux circonstances extérieures. C'est qu'il faut, enfin, un *centre d'action* capable de gouverner toute la machine, et d'imprimer un mouvement vital approprié à chaque organe.

Les anciens, qui supposaient que la putréfaction engendrait de nouvelles formes animales et végétales, avaient été déçus par des apparences trompeuses, et se laissaient entraîner à des raisons peu philosophiques. Comment serait-il possible que la décomposition, la mort, qui livre tous les êtres aux lois de la matière brute, pussent se constituer des organes si sagement combinés? Qu'on songe seulement aux milliers de fibres, de vaisseaux, de muscles, de nerfs d'une mouche, à son instinct ou à sa petite dose d'intellect, à l'harmonie profondément savante et ingénieuse de tous ses membres, ses ailes, ses yeux, sa trompe, et qu'on croie, après cela, qu'elle n'est que le résultat fortuit d'un mélange dans un fromage passé ou une chair gâtée! Si l'insecte était né de la corruption, quel besoin la nature aurait-elle de donner à ce ciron des parties sexuelles pour se reproduire avec sa femelle, à la manière des espèces les plus parfaites?

Pourquoi faire pondre des œufs, établir des métamorphoses régulières dans les moindres vermisseaux et dans les larves, avec cet art merveilleux qui transporte d'admiration les Swammerdam, les Lyonnet, les Réaumur, les De Géer, les O.-F. Müller, les Ehrenberg, et tant d'autres savants anatomistes, si un peu de pourriture suffit?

Quand l'observation la plus scrupuleuse n'aurait pas démontré qu'aucun être vivant ne se forme spontanément par la putréfaction, et que la force qui désorganise ne peut point organiser, le simple raisonnement et l'examen des animaux et des plantes même nous en convaincraient. La destruction ne construit pas; c'est un germe inaperçu, un ovule caché, qui, se développant, trompent ainsi les regards inattentifs. Le minéral, n'étant jamais sujet à la mort, n'avait pas besoin d'engendrer; il n'a ni famille, ni parents, ni espèce. Il est tout par lui-même, et complètement indifférent ou égoïste. Cependant, les débris des êtres jadis vivants sont des nourritures devenues nécessaires pour ceux qui existent, car ceux-ci ne subsistent point de matériaux inorganiques ou minéraux. Les corps de nos aïeux ne sont pas demeurés inertes dans la terre; ils ont accru sa fécondité, restitué aux plantes des sucs réparateurs. Ce cadavre infect est entré dans la rose odorante, s'est transformé en parenchyme savoureux dans la pêche, l'orange ou l'ananas. Ces campagnes arrosées du sang des guerriers se sont pour ainsi dire réjouies d'un nouvel engrais; le citadin mange sans répugnance la chair des soldats métamorphosée en pain, et nous dévorons aujourd'hui les restes des anciens rois de la terre.

Mais les substances brutes ou minérales subsistent indépendantes des créatures organisées. Quand il n'y aurait eu sur le globe aucun végétal, aucun animal, comme aux premiers jours du monde, en aurait-il moins circulé dans son orbite, et rempli son rôle dans le grand système de l'univers? Telle doit être la surface des sphères planétaires, contre toute probabilité, ou celle des astres habitées. Mais, au contraire, si elles possèdent des corps organisés, ceux-ci doivent être constitués relativement à l'état physique du globe qui les nourrit, à sa température, à ses éléments ou milieux, tels qu'une atmosphère ou des mers, etc. Ainsi, les êtres organisés ne sont que des parasites des sphères sur lesquelles ils vivent : tous doivent s'acclimater ou se modifier selon la nature de leur planète ou de l'astre dont ils tirent leur existence. Ils sont donc subordonnés aux masses brutes qui constituent la base de ces corps célestes.

Afin que chaque être puisse remplir les fonctions que lui assignent sa destination et sa place dans le monde, la nature lui a départi les organes dont il a besoin. Il en est de même pour l'organisation végétal. Avant que les parties les plus délicates d'une fleur soient écloses, les pétales et le calice lui garantissent contre le froid ou la pluie. Mais si un soleil trop ardent menace de les dessécher, tantôt la fleur se ferme, tantôt un pétale s'allonge officieusement en parasol, comme dans les géraniums d'Afrique, tantôt un autre se recourbe en nacelle pour abriter ces tendres organes, comme chez les papilionacées. La nature a veillé avec une égale sollicitude aux moyens de dispersion de semences des plantes, et nous pourrions multiplier les exemples de ses intentions secrètes pour la conservation des espèces; ils attestent un but admirable et une prévoyance infinie dans la sagesse du Créateur.

On a cru que la nature remontait imperceptiblement par l'organisation du minéral à la plante, de celle-ci à l'animal, et enfin à l'homme. La nature, a-t-on dit, ne fait point de saut brusque, et n'admet aucune interruption dans la chaîne merveilleuse de ses œuvres. On trouve déjà les pierres fibreuses, telles que l'amiante et l'asbeste. Voyez, ajoute-t-on, ce corail élevant ses jolies branches rouges au fond des mers. Sa texture est celle d'une pierre, sa figure celle d'un arbuste; ses fleurs sont des polypes : voilà un animal, une plante, un minéral réunis; il rassemble les trois règnes en lui seul. Mais cette idée, quoique séduisante, n'est pas exacte. La tige calcaire du corail n'est pas vivante par elle-même. Le polype en dépose les matériaux, tandis que ceux-ci, de nature minérale, ne participent point du mouvement, du sentiment qui caractérisent l'animalité.

Chaque être organisé s'élève par gradation des ténèbres du néant à la lumière de l'existence. La génération est une image de la création, ou plutôt c'est la création toujours subsistante. L'embryon commence, dans le sein maternel, par une sorte de végétation. Dans l'enfance, l'homme n'a guère que les facultés de l'animal; puis il se perfectionne ensuite. De même, les corps organisés développent une suite d'élaborations : ainsi, l'animal microscopique a dû précéder l'animal parfait, et la mousse imperceptible le vaste cèdre. Toutes les créatures se tiennent ensemble par des rapports fraternels de genres, de familles. Elles semblent confondre leur origine dans une source indécise et commune, dont on ne peut tracer la ligne de séparation. Il existe des plantes à moitié animal, et des animaux à moitié plante. Ainsi, ces deux règnes organiques viennent se réunir par leurs êtres les moins compliqués; ils s'éloignent par leurs races les plus nobles et les mieux perfectionnées. Cependant, toutes les œuvres de la création sont également parfaites relativement à leur propre constitution. La mitte, comme la moisissure, est pourvue de toutes les parties nécessaires à son existence et à sa reproduction; elle n'est pas plus disgraciée dans son espèce que le lion et tout autre être. Ne voyons-nous pas chaque jour se multiplier encore des animalcules dans les infusions, ou des mucors et mille autres produits qu'on ne peut regarder ni comme le résultat d'une génération, ni comme l'effet de la décomposition des corps vivants? Ces zoophytes, coraux, madrépores, paraissent être les plus anciens habitants de notre planète, et avoir composé dans une longue suite d'âges la plus grande partie de la terre calcaire du globe.

Les facultés morales accompagnent toujours l'état de perfectionnement ou de dégradation de l'organisme des êtres. L'on accuse le tigre de cruauté, l'on vante la douceur de l'agneau; mais ces qualités, résultant de leur conformation, ne sont ni des vices ni des vertus; ce ne sont sont des dispositions involontaires. Donnez au tigre ce quadruple estomac des ruminants, qui ne digère que l'herbe; substituez à ses dents laniaires, pointues, les molaires plates de la brebis, et au lieu de griffes acérées enveloppez son pied dans des sabots de corne, bientôt des goûts pacifiques succéderont à la soif du sang, au besoin du meurtre et de plaies. Ainsi, l'animal, la plante, subissent les lois que leur propre constitution leur impose. L'homme, qui le sait, peut transformer leur nature, et l'instinct remonte toujours à son origine.

J.-J. Virey.

Organe se dit particulièrement de la voix. C'est encore figurément la personne dont on se sert pour déclarer ses volontés, et par le moyen de laquelle on fait quelque chose : L'organe du prince, l'organe du ministère public, des lois, de la justice.

Organisation se dit non-seulement des corps doués de vie, des végétaux, des minéraux, mais encore des États, des établissements, des administrations.

ORGANES SEXUELS. *Voyez* SEXE.

ORGANIQUE, qui se rapporte aux organes, à l'organisation : corps *organique*, partie *organique*. On appelle *molécules organiques* les particules qui, selon certains philosophes, sont les premiers éléments des corps constitués. En médecine, une lésion, une *maladie organique*, c'est celle qui attaque un des organes nécessaires à la vie. En législation, une *loi organique* est celle qui a pour objet de régler le mode et l'action d'une institution, d'un établissement, dont le principe a été consacré par une loi précédente.

Dans l'antiquité, l'*organique* était la partie de la musique qui s'exécute avec les instruments.

ORGANISATION. *Voyez* ORGANE.

ORGANISATION ADMINISTRATIVE. *Voyez* Administration.

ORGANISATION JUDICIAIRE. *Voyez* Judiciaire (Organisation).

ORGANISATION MILITAIRE. Il ne faut pas seulement qu'un État ait une population assez nombreuse et des finances qui lui procurent des ressources suffisantes pour qu'il puisse constituer la guerre de manière à résister aux puissances contre lesquelles il peut avoir à lutter, mais il faut aussi qu'il ait de bonnes institutions militaires pour tirer parti de ces éléments. Ces institutions militaires, comprenant le recrutement, l'armement, l'administration, l'organisation, la formation, les manœuvres, la discipline des troupes, la stratégie, et le mode d'avancement selon lequel se donnent les grades, la justice militaire, sont toutes de la plus haute importance; mais l'organisation est sans contredit la plus précieuse, la plus indispensable, celle enfin qui assure le succès de toutes les autres institutions militaires; sans organisation, une armée, quelque nombreuse, bien armée et bien exercée qu'elle fût d'ailleurs, ne pourrait offrir que l'image du désordre; ce serait un corps dont tous les membres, agissant individuellement, sans régularité, sans ensemble, ne pourraient produire qu'une confusion inévitable, qu'un pêle-mêle confus, qu'un désaccord perpétuel. Donnez au contraire à cette armée un moteur unique, c'est-à-dire une *organisation* qui, par une suite de grades intermédiaires, établisse une relation permanente entre les soldats et leur chef suprême, alors vous verrez cette masse d'hommes, si nombreuse qu'elle soit, n'agir que comme un seul homme; alors toutes ces forces individuelles, auparavant isolées, réunies par une seule volonté et dirigées vers un seul but, deviendront une force formidable, à laquelle rien ne pourra résister. Il importe donc beaucoup que toute armée, pour être puissante relativement, ait, à l'instar du corps humain, des organes qui lui soient propres, qui soient habilement combinés et coordonnés entre eux; d'où l'*organisation militaire*.

L'organisation militaire, en France émane directement du ministère de la guerre, où viennent en aboutir toutes les branches: le chef de l'État est le chef des armées de terre et de mer. Tel en est le point de départ. L'état-major est le premier intermédiaire entre l'ordre et l'exécution. La France est divisée en divisions et subdivisions militaires, à la tête desquelles sont des généraux de division et des généraux de brigade. Le corps de l'intendance est chargé de la surveillance de l'administration, qui comprend les vivres, l'habillement, l'équipement, les hôpitaux militaires. L'armée se recrute par la voie du sort; ce que l'on appelait la conscription depuis le directoire s'appelle recrutement depuis la Restauration. Les conscrits sont répartis, suivant les besoins et suivant leur aptitude physique, dans les différents corps qui composent l'armée, infanterie, cavalerie, artillerie, génie, etc. La gendarmerie se recrute dans les divers corps, ainsi que la garde impériale. Le mode d'avancement est déterminé par la loi; une caisse de dotation est instituée pour pourvoir à des suppléments de paye en cas de renouvellement des engagements; elle reçoit une somme pour l'exonération des jeunes conscrits; enfin, une pension de retraite est accordée à chaque militaire au bout d'un certain temps de service.

ORGANISATION MUNICIPALE. *Voyez* Conseil Municipal.

ORGANISME. *Voyez* Organe.

ORGANISTE. *Voyez* Orgue.

ORGANOGÉNIE (de ὄργανον, organe, et γένεσις, développement). Ce mot est employé dans trois acceptions. 1° Il peut signifier la formation ou la reproduction de tous les corps organisés, végétaux et animaux; mais dans ce cas le terme *biogénie* (développement des êtres vivants) est préférable; 2° il est fréquemment usité pour exprimer l'évolution embryonnaire de toutes les parties, depuis les plus petites jusqu'aux plus grandes, des corps organisés; 3° enfin, son acception devient plus restreinte lorsqu'il n'exprime plus que le développement des organes qui entrent dans la composition des divers appareils. L'organogénie, ou le développement des organes, est alors différenciée de l'*histogénie*, qui est le développement des humeurs, des tissus et des produits, et de la *morphogénie*, ou du développement des formes extérieures ou des régions.
L. Laurent.

ORGANOGRAPHIE (de ὄργανον, organe, et γράφειν, écrire), partie des sciences naturelles qui a pour objet la description des organes des êtres doués de vie. Il faut distinguer l'*organographie animale* et l'*organographie végétale*.

ORGE. Ce genre de plantes, de la triandrie-digynie, de la famille des graminées, fut, au dire de Pline, la première céréale cultivée pour la nourriture de l'homme. L'orge est annuelle, à fleurs en épi, à stigmates sessiles, à glume uniflore, trois à trois, et parallèles sur chaque dent de l'axe, les deux latérales souvent mâles et pédonculées; celle du milieu sessile, hermaphrodite, ayant la glume à deux valves. La réunion des glumes des trois fleurs forme une sorte de demi-involucre à six divisions. On cultive plusieurs espèces d'orge, dont nous ne nommerons que les principales.

L'*orge escourgeon* (*hordeum hexastichon*, L.), aussi appelée *orge d'automne*, *d'hiver*, *prime*, a les épis sur six rangs, tous terminés par une longue barbe; quoique ses grains soient petits, elle produit beaucoup, quelquefois vingt pour un; toujours semée avant l'hiver, elle mûrit la première; c'est à une terre meuble et bien fumée.

L'*orge commune* (*hordeum vulgare*, L.) s'élève de 30 à 60 centimètres et a deux variétés: l'une à quatre rangs, *orge carrée*, l'autre à six; la plus précoce de toutes les céréales, elle est exposée aux ravages des moineaux; j'en ai vu des champs en Touraine entièrement dépouillés de grains dans le voisinage des maisons.

L'*orge à deux rangs* (*hordeum distichon*, L.), *petite orge*, *orge d'Angleterre*, originaire de Tatarie, a les épis sans barbes, et sur le milieu libre de chaque côté deux rangs de fleurs stériles: elle est plus productive que toutes les autres, et fournit un excellent fourrage pour les vaches. Elle réussit dans presque tous les terrains, et offre une grande ressource pour la nourriture des chevaux et l'engrais des bœufs, des cochons, des moutons et des volailles.

L'orge se sème sur deux labours suivis de forts hersages: 40 ou 50 kilogrammes suffisent pour l'ensemencement d'un hectare de bonne terre. Les graines d'orge servent à nourrir les volailles et à faire un pain grossier. La fabrication de la bière en emploie des quantités considérables.

L'*orge mondé* est de l'orge bien nettoyée, bien préparée. On nomme *orge perlé*, des grains d'orge d'une forme arrondie et dépouillés de leur son: on en fait de la tisane et d'excellents potages gras.

On appelle *grain d'orge*, *toile*, *linge grain d'orge*, de *grain d'orge*, *à grain d'orge*, une toile semée de points ressemblant à des grains d'orge. On dit aussi *futaine*, *broderie à grain d'orge*.

Ce mot *orge* s'emploie encore au figuré: on dit d'un homme qui fait bien ses affaires: Il fait bien ses *orges*; et d'un homme fort grossier: Il est grossier comme du pain d'orge, etc.
P. Gaubert.

ORGE (Sucre d'), préparation pharmaceutique, que l'on compose en ajoutant une certaine dose de sucre à une décoction d'orge qu'on fait bouillir et réduire jusqu'à ce qu'elle devienne gélatineuse; après quoi on la verse sur un marbre enduit d'huile d'amandes douces, et on la pétrit, soit avec la main, soit avec un rouleau, comme la pâte. Puis, pendant qu'elle est encore chaude, on la tire en petits bâtons retors comme des cordes ou bien en bandes oblongues, qu'on découpe en diverses formes. Le sucre d'orge est recommandé dans les rhumes; il est adoucissant et provoque l'expectoration.

ORGEAT (Sirop d'). *Voyez* AMANDE.

ORGIE. Le culte de Bacchus a été emporté par le christianisme, les orgies en l'honneur de ce dieu ont été défendues par les empereurs, mais l'orgie est restée ; la débauche de table, la débauche de boisson, l'ivresse alliée à l'obscénité, constituent ce qu'on appelle l'*orgie*. La débauche est de toutes les classes ; ici, à la lueur d'une chandelle fumeuse, elle se livrera à l'ivresse du vin bleu, de l'eau-de-vie poivrée, de boissons sans nom, dans la salle enfumée d'un cabaret, dans les bras de quelque malheureuse déguenillée ; là, dans le salon doré d'un de nos brillants et somptueux restaurants, à la clarté des girandoles de gaz, elle fera couler à flots le vin de Champagne sur les chairs fardées, sur la toilette échevelée de dames équivoques du quartier Breda. L'orgie, cette surexcitation inexprimable, indicible, a son éclat, son apogée ; elle danse des danses sans nom, elle chante avec des voix qui ne ressemblent plus à la voix humaine, elle pleure, elle rit, elle casse, elle brise, puis elle s'affaisse sur elle-même, et s'endort abrutie, inerte. Après le plaisir la peine, si toutefois l'orgie peut être considérée comme un plaisir ; l'abattement, la fatigue, le malaise viennent le lendemain faire sentir à celui qui s'est livré à cet oubli de soi-même ce qu'on appelle l'orgie, que ce n'est pas impunément qu'on lui sacrifie ; quant à celui qui s'en fait une habitude, le dépérissement de sa santé, l'abrutissement de son esprit l'avertissent que s'il continue à consumer ses veilles dans les surexcitations de l'orgie, il n'a guère de temps à vivre.

ORGIES, fêtes et sacrifices en l'honneur de Bacchus, célébrées principalement sur les montagnes par des femmes furieuses, des bacchantes. Ce sont les mêmes fêtes que les dionysiaques et les bacchanales, que les anciens célébraient en l'honneur des conquêtes de Bacchus dans l'Inde. Il en est fait mention dans Cicéron, dans Ennius, dans Juvénal. *Orgia* vient du grec ὀργή (fureur) ; telle est l'opinion d'Eusèbe dans sa *Préparation évangélique*. D'autres le dérivent d'ὄρος (montagne), parce que de Thrace Orphée le transporta sur le mont Cithéron. Quelques-uns le font venir du mot ὀργάς (lieu consacré à quelque divinité). L'interprète d'Apollonius le tire de εἴργειν (éloigner, repousser), parce que les profanes en étaient éloignés comme indignes.

Odi profanum vulgus et arceo.

Servius dit qu'au commencement on appelait *orgies* toutes sortes de sacrifices en Grèce et tout ce qu'on nommait *cérémonies* à Rome. Les orgies se célébraient de nuit, avec les plus monstrueuses lubricités. Elles furent, d'après Diodore de Sicile, instituées en Thrace par Orphée, d'où elles auraient pris l'épithète d'*orphiques*. Les *orgiophantes* (de ὄργια, les orgies, et φαίνειν, dévoiler) étaient les principaux ministres ou sacrificateurs dans les orgies. Ils étaient subordonnés aux *orgiastes*, prêtresses de Bacchus, ou bacchantes. Chez les Grecs, c'était même aux femmes seules qu'appartenait le droit de présider aux mystères de Bacchus.

Les *orgia* étaient aussi de petites idoles soigneusement gardées par les femmes initiées aux orgies. Pendant les fêtes bachiques, les femmes emportaient ces statues dans les bois en poussant des hurlements.

Orgies, il y a un siècle, était en France le titre d'un petit poëme en l'honneur de Bacchus et du vin : *bacchicum Carmen*. Saint-Amand, si ridiculisé par Boileau, a fait un poëme intitulé *Orgies*.

ORGUE, ORGANISTE. « Considérez, dit Tertullien, cette machine étonnante et magnifique qu'on appelle *orgue*, composée de tant de conduits et de parties différentes, de tant de pièces, formant un si grand assemblage de sons, et comme une armée de tuyaux ; et cependant, le tout pris ensemble n'est qu'un seul instrument (Tertull., *De Anima*). » Ce que Tertullien écrivait de l'orgue il y a quinze siècles est encore vrai aujourd'hui. C'est une machine étonnante et magnifique ; et c'est incontestablement le plus beau, le plus complet des instruments de musique ; c'est aussi le moins connu de tous, particulièrement en France. On a en général de fausses notions sur sa structure ; on apprécie peu ses admirables effets, et on ignore l'influence qu'il a exercée sur les progrès de la musique moderne.

Suivant une tradition adoptée par la plupart des historiens, l'invention de l'orgue daterait du huitième siècle, et le premier dont il soit fait mention serait celui qui fut envoyé à Pepin par un empereur grec, et placé dans l'église de Saint-Corneille, à Compiègne : c'est là une assertion erronée. L'orgue était inventé très-longtemps même avant de porter le nom d'*organum*. Dans les siècles les plus reculés, on trouve des traces de l'existence d'un instrument analogue à l'orgue. Cet instrument, c'est la syrinx, ou flûte de Pan, dont l'origine mythologique atteste assez la haute antiquité. La syrinx est, comme on le sait, composée de plusieurs tuyaux de roseau d'inégale grandeur dont on tire des sons avec le souffle, en promenant les lèvres sur le bord de chaque tuyau. On est fondé à croire qu'on imagina d'abord de placer la flûte de Pan ou syrinx sur un petit coffre, en y adaptant un soufflet, et que ce fut là l'ébauche grossière dont les perfectionnements successifs ont formé l'orgue. Un passage précieux justifie cette conjecture : Pindare (*Pythique*, XII) attribue à Minerve l'invention d'un instrument avec lequel elle voulut reproduire les cris lugubres de la Gorgone au moment où Persée l'extermina et la vainqueur, dans son art, aux jeux pythiques. L'ode est adressée à Midas d'Agrigente, habile sur cet instrument, et vainqueur aussi aux jeux pythiques. Le poëte s'exprime ainsi : « Pallas inventa une flûte (*aulos*) qui produisait une multitude de sons, et imitait les cris plaintifs poussés par la Gorgone. Elle nomma cette flûte l'*instrument à plusieurs têtes* ; elle en fit don aux hommes pour qu'il les excitât aux combats glorieux. Ses sons s'échappent à travers un mince airain, et les roseaux qui croissent près de la ville des Grâces. »

Il est évidemment question dans ce passage d'un instrument d'une espèce particulière, composé de plusieurs tuyaux dont quelques-uns étaient de métal, tel qu'aurait pu être un petit orgue portatif. Plusieurs faits viennent encore confirmer cette opinion. D'abord, Nonnus (*Dyonis.*, XXII) rapporte aussi que Minerve a inventé un instrument composé de plusieurs flûtes sonores et assemblées avec ordre. Le scholiaste de Pindare ajoute qu'un accident survenu pendant que Midas d'Agrigente jouait de cet instrument l'obligea à le *renverser*, et à jouer avec les seuls tuyaux, à la manière de la syrinx. Or, une syrinx renversée représente exactement la position des tuyaux d'un orgue. Quelques siècles après Pindare, Ctesibius d'Alexandrie appliqua à l'orgue les découvertes qu'il avait faites dans l'hydrodynamique, et le mécanisme qu'il imagina a été longuement décrit par Héron, son disciple. L'orgue, jusque là appelé *flûte*, prit alors le nom d'*hydraule* (du grec ὕδωρ, eau, et αὐλός, flûte). Il avait à cette époque la forme d'un petit autel. La beauté et la puissance de ses sons, la complication de son mécanisme en firent l'objet de l'étude des mathématiciens célèbres. Vitruve (*De Architectura*, lib. X, cap. XIII) en a donné une description très-détaillée, Claudien, Tertullien, Pétrone, parlent de l'hydraule dans les termes qui ne peuvent laisser aucun doute sur la multitude des tuyaux et la force des sons. Voici les expressions de Claudien : « Sous l'impulsion légère des doigts errants, on fera résonner les voix innombrables d'une moisson d'airain (*seges aenea*), et l'onde agitée par un levier pesant enfantera d'harmonieux concerts. »

Les commentateurs des divers auteurs dans lesquels il est question de l'hydraule ont vainement essayé de donner une explication satisfaisante du mécanisme à l'aide duquel l'eau produisait les sons. Tout ce qu'on sait, c'est que la pression de l'air dans les tuyaux avait lieu par l'impulsion de l'eau. Il ne paraît pas que l'orgue simplement pneumatique, c'est-à-dire avec soufflets, ait été en usage avant le cinquième siècle. C'est dans l'épigramme suivante de l'empereur Julien qu'on en trouve la plus ancienne description : « Je vois ici une tout autre espèce de tuyaux ; ils ont pris racine dans un sol de bronze ; leurs sons bruyants ne sont point produits par notre souffle, mais le vent, s'élançant d'un antre formé de peau de taureau, pénètre dans tous les conduits, tandis qu'un artiste habile promène ses doigts agiles sur les touches qui y correspondent, et produit aussitôt des sons mélodieux. »

Il serait inutile de multiplier davantage les citations pour prouver l'existence de l'orgue dans l'antiquité, mais nous avons cru indispensable de nous appesantir sur ce point, parce que presque tous les historiens, et même les écrivains sur la musique, ont rapporté au huitième siècle l'invention de cet instrument. Quel était l'emploi de l'orgue chez les anciens ? Sa destination était-elle, comme aujourd'hui, appropriée aux effets magnifiques qu'il produit ? Nous possédons à cet égard très-peu de renseignements. Nous savons seulement que l'hydraule était placée dans les grandes enceintes, au Cirque et dans les théâtres. Cornelius Severus, qui florissait avant le siècle d'Auguste, a écrit un poëme sur l'Etna, où il compare l'effet de l'eau qui pousse l'air dans les cavités de la terre à celui de *l'orgue hydraulique*, dont les sons puissants remplissaient la vaste enceinte du théâtre. Au rapport de Pétrone (*Satyric.*), les gladiateurs et les athlètes combattaient au son de l'hydraule, et Néron fit vœu de se faire entendre sur cet instrument s'il échappait à un danger qui le menaçait. Aux quatrième, cinquième et sixième siècles, l'orgue était connu et cultivé dans beaucoup d'endroits : sur les bords du Jourdain, au nord de l'Italie, au milieu des Gaules, partout enfin où Rome avait apporté son luxe et les fêtes voluptueuses. Théodoret, Cassiodore, saint Augustin, saint Isidore, ont connu l'orgue pneumatique dans des pays différents, et une lettre attribuée à saint Jérôme rapporte qu'il y avait à Jérusalem un orgue à douze soufflets qui s'entendait à mille pas de distance. Enfin, Ammien Marcellin se plaint amèrement de ce que de son temps on abandonnait l'étude des sciences pour se livrer à celle de l'orgue, et Sidoine Apollinaire loue, dans le même sens, Théodoric de n'en pas avoir admis dans son palais.

L'usage tout profane auquel avait servi l'orgue jusqu'au septième siècle avait empêché les chrétiens de l'admettre dans leurs temples, et les Pères de l'Église en avaient toujours rejeté l'emploi ; mais dès que les fêtes et les spectacles du paganisme eurent disparu avec les divinités pour lesquelles ils les avaient été institués, l'orgue fut transporté dans les basiliques chrétiennes. Venantius Fortunatus, dans ses vers au clergé de Paris, écrits sous l'épiscopat de saint Germain, à la fin du cinquième siècle, met l'orgue au nombre des instruments dont on se servait pour accompagner les voix. Mais son emploi dans les églises ne fut solennellement consacré qu'en l'année 660, par un décret du pape Vitalien. C'est à la même époque qu'on commença seulement à donner à l'orgue le nom qu'il porte aujourd'hui. Les divers perfectionnements qu'on y avait introduits l'avaient rendu le premier des instruments : aussi fut-il appelé l'instrument par excellence, *organum*. Plusieurs conciles réglèrent aussi les devoirs et les fonctions de l'organiste. Il lui fut interdit de faire entendre des mélodies profanes dans le lieu saint, et le concile de Sens lui recommande surtout l'emploi des sons les plus doux et les plus graves (*sonus omnino dulcis*). Toutefois, l'orgue fut banni de quelques diocèses, et l'église de Lyon, en particulier, qui en rejeta l'usage comme une innovation nuisible au recueillement des fidèles, a conservé cette doctrine jusqu'à nos jours. L'orgue devint cependant l'objet de l'étude non-seulement des musiciens, mais aussi d'une foule de prêtres et de religieux célèbres. Gilbert, archevêque de Reims, et depuis pape, sous le nom de Sylvestre, adapta à l'orgue plusieurs perfectionnements inventés par lui. Un passage important semble même indiquer que ce prélat avait imaginé un moyen analogue à la vapeur pour produire le vent dans l'orgue : les expressions de Guillaume de Malmesbury peuvent du moins s'expliquer difficilement d'une autre manière. Cet écrivain, qui vivait au onzième siècle, parle d'un orgue dans lequel l'air était introduit par *la force de l'eau bouillante* (*aquæ calefactæ violentia ventus emergens implet concavitatem barbiti*).

Ce fut dans le même temps que les envoyés de Constantin Copronyme offrirent en présent au roi Pepin un orgue pneumatique. La pompe avec laquelle cet instrument fut apporté et sans doute la beauté de ses sons le rendirent célèbre. Aussi a-t-on souvent avancé que c'était le premier orgue qu'on eût vu en France.

Nous voici arrivé à la grande époque de l'invention de l'h a r m o n i e ; et il faut bien reconnaître que c'est à l'orgue qu'on doit cette importante découverte. Aussi, dans l'enfance de cet art nouveau, les premiers accords furent-ils appelés *organum*, et la science, alors bien informe, de combiner deux ou plusieurs sons ensemble, fut-elle nommée *organiser* ; et non-seulement ce fut avec le secours de l'orgue qu'on inventa ces essais grossiers, mais c'est encore à cet instrument qu'on doit leurs perfectionnements successifs. La faculté que présente l'orgue de se rendre compte immédiatement des effets qu'on imagine contribua peu à peu à épurer le goût, et à donner à l'harmonie des règles meilleures et plus certaines. Depuis cette époque jusqu'au dix-huitième siècle, ce sont, presque sans exception, des organistes qui ont tenu le sceptre de l'art et accompli par leurs ouvrages les diverses révolutions que la musique a eu à subir.

Le premier organiste célèbre dont le nom se soit conservé est Francesco Landino, surnommé *Cieco* ou *l'Aveugle*, organiste à Venise vers 1340. On possède à la Bibliothèque impériale des compositions de cet auteur, qui sont remarquables pour l'époque où elles furent écrites. Il jouit de son vivant d'une telle célébrité que le doge de Venise et le roi de Chypre lui accordèrent les honneurs du couronnement, jusque alors réservés aux grands poètes. Squarcia Lupo, organiste à Florence en 1430 ; Antonio degli Organi ; Milleville, organiste français, qui suivit en Italie la duchesse Renée de France, fille de Louis XII ; Aranxo, organiste de Séville ; Bernard Schmitt, organiste à Venise ; enfin, John Bull, organiste de la reine Élisabeth, sont les plus célèbres artistes en ce genre dont le nom soit parvenu jusqu'à nous. Les écrivains italiens du commencement du dix-septième siècle parlent avec enthousiasme du talent de Frescobaldi, organiste de Saint-Pierre de Rome. Suivant Baini (*Storia di Palestrina*), trente mille auditeurs se rassemblèrent dans Saint-Pierre de Rome quand Frescobaldi s'y fit entendre pour la première fois. On possède encore les fugues et toccates de ce maître, et ces compositions sont regardées comme des chefs-d'œuvre de science. La réputation de Frescobaldi franchit, même de son vivant, les frontières de l'Italie : ses compositions, répandues et goûtées en France, y formèrent plusieurs organistes remarquables. On conserve à la Bibliothèque impériale des pièces d'orgue de Couperin, Roberday, d'Anglebert, Le Bègue, Nivers, Raison, qui ne sont pas sans mérite ; on trouve même des morceaux de Couperin qui réunissent à une facture savante des mélodies pleines de grâce et de fraîcheur.

Les organistes de cette époque sont presque les seuls que la France puisse mettre en parallèle avec les organistes allemands. Depuis lors l'école d'orgue française dégénéra peu à peu, et les Daquin, les Calvière, les Balbatre, les Marchand, qui brillèrent dans le siècle suivant, étaient beaucoup au-dessous de la réputation dont ils ont joui : leurs compositions attestent, si l'on veut, de l'imagination et une grande habileté d'exécution, mais la science et le goût ne s'y rencontrent jamais. En Allemagne, au contraire, le célèbre J.-S. B a c h a laissé à ses contemporains et à ses successeurs des chefs-d'œuvre inimitables de savoir et de génie. Ses ouvrages pour l'orgue, trop peu connus en France, ont non-seulement formé tous les grands organistes allemands, tels que l'abbé Vogler, Eberlin, Altbrechtsberger, Schneider, Rink, mais ils ont aussi fait faire de grands progrès à l'harmonie et à la musique instrumentale. Le plus fameux des organistes français contemporains de Bach, Marchand, osa essayer de lutter avec ce maître. Il se rendit en Pologne en l'an 1717 pour concourir avec Bach; mais avant le concours, ayant eu occasion d'entendre ce dernier improviser sur le clavecin, il s'enfuit en toute hâte, pour éviter la lutte dans laquelle il aurait infailliblement succombé.

A côté et au même rang que Bach, nous devons placer le fameux Haendel au nombre des plus grands organistes : les *Suites pour le clavecin* et les *Fugues pour l'orgue* de cet homme célèbre seront à jamais des modèles à proposer à ceux qui veulent cultiver avec succès l'art difficile de l'improvisation musicale. Depuis Rameau jusqu'à Beethoven, presque tous les grands compositeurs avaient étudié l'orgue : Mozart, Haydn, Nicolo, Méhul, Grétry, Boieldieu, avaient été organistes ; et de nos jours on peut citer, comme ayant aussi cultivé l'orgue, Ad. Adam, Monpou, MM. Niedermayer, Neukomm, Fétis, etc. Cette branche importante de l'art musical en France est actuellement dans l'état le plus déplorable. La plupart des orgues des cathédrales sont abandonnés à des pianistes, souvent même à des femmes, qui n'ont fait aucune étude de la composition ; cet art est menacé d'une ruine complète, si le clergé continue à traiter avec indifférence les hommes qui embrassent cette carrière.

Il nous reste à faire connaître la structure et mécanisme de l'orgue. La pièce la plus importante est appelée *sommier* : c'est une grande caisse de bois à compartiments, destinée à contenir l'air qui communique avec les tuyaux. Ces tuyaux sont rangés debout, du côté de leur embouchure, dans des trous pratiqués à la partie supérieure du sommier ; à chaque rangée de tuyaux correspond une règle de bois également percée de trous et nommée *registre* : ces trous correspondent directement avec les tuyaux. Alors, quand l'organiste pose le doigt sur une touche, celle-ci en s'enfonçant tire une baguette qui ouvre une soupape correspondant avec un des trous du registre ; le vent produit par les soufflets y pénètre, et le tuyau rend le son qui lui appartient. L'organiste peut aussi repousser ce registre de sorte que les trous dont il est percé ne correspondent pas avec ceux du sommier ; alors, en enfonçant même la touche, on n'obtient aucun son. Chaque sommier contient plusieurs registres et supporte plusieurs jeux. Si plusieurs registres sont tirés, tous les tuyaux de ces registres qui correspondent avec la note touchée résonnent à la fois. Ainsi, dans un orgue composé de soixante registres, on peut tirer plus ou moins de quinze registres et, en variant leur combinaison, obtenir des effets également variés.

Outre la diversité de sons qui provient de cette disposition du mécanisme, l'orgue présente encore des combinaisons différentes par la forme ou la dimension de ses tuyaux. La note *ut*, par exemple, peut donner à la fois les sons d'un tuyau ayant 32 pieds de haut, d'un tuyau ayant 16 pieds, 8 pieds, 4 pieds, 2 pieds ; ainsi, on aura cinq sons à l'octave les uns des autres sur la même note. Il y a même des jeux accordés à la quinte et à la tierce des autres jeux, de sorte que chaque note fait entendre un accord parfait, et comme les tuyaux sont quelquefois au nombre de seize à l'octave les uns des autres, il en résulte que sur la note *ut*, par exemple, on fait entendre l'accord parfait triplé ou quadruplé. Cette combinaison, qui se rattache à l'invention de l'harmonie, existe depuis très-longtemps dans l'orgue ; son emploi produirait partout ailleurs une effroyable cacophonie ; et cependant, par une sorte de phénomène inexplicable, lorsque ces jeux sont réunis, il en résulte un ensemble harmonieux et plein de majesté. L'explication de ce mystère harmonique est impossible ; on ne peut que répéter ce que disait Choron : « Le mécanisme de l'orgue a quelque chose de mystérieux analogue aux mystères chrétiens ; » et faire remarquer avec M. J. d'Ortigue que les discordances produites par ces jeux se perdent dans la masse harmonique de l'instrument, et leur effet imite ces sortes de bruits qui, dans toutes les vibrations de la nature, se mêlent au son principal. Ces jeux singuliers sont appelés *jeux de mutation*, et se divisent en *plain jeu, fournitures, cymbales, doublette, quinte* ou *nazard, tierce, quarte*, etc.

Les jeux de l'orgue sont à *bouche* ou à *anche*. Les jeux à *bouche* sont ceux dont le son se rapproche le plus de celui de la flûte, et les jeux à *anche* sont, comme certains instruments employés à l'orchestre, munis d'une *anche* : ce sont les *hautbois, trompettes, bombardes, clarinettes, clairons, cromornes, bassons*, etc. ; enfin, le jeu dont les tuyaux, placés extérieurement, servent à la décoration de l'instrument se nomme *montre*. On peut jouer seuls ou réunir ces divers jeux, les mélanger les uns avec les autres : c'est là ce qui produit l'infinie variété de l'orgue et ce qui en fait le charme ; c'est aussi ce qui le rend plus propre que tout autre instrument à l'improvisation.

Un grand orgue a ordinairement quatre ou cinq claviers. Dans les orgues à cinq claviers, le premier correspond à un petit orgue séparé qu'on appelle *positif* ; le second est nommé *clavier de grand orgue* ; le troisième est destiné à la *bombarde* ; le quatrième aux jeux de *récit*, tels que hautbois, flûte, cornet ; le cinquième est destiné à produire les effets d'*écho*.

Les plus grandes orgues connues sont celles de Saint-Sulpice à Paris, de Birmingham, de Saint-Paul de Londres, du temple protestant de Strasbourg, de Harlem en Hollande, de l'église de Saint-Étienne à Caen, de Fribourg ; enfin, l'orgue admirable de la cathédrale de Beauvais, construit il y a quelques années par les soins d'un magistrat de cette ville, M. Hamel. Les facteurs d'orgues les plus renommés ont été en France dom Bedos, Clicquot, Dallery ; en Italie, Barthélemi Antognati, Joseph Serassi, Vénitien, qui en 1795 avait seul construit 318 orgues ; en Allemagne, les frères Silbermann, Gabler, Christ-Schroeter ; enfin, l'abbé Vogler, inventeur d'un mécanisme particulier, destiné à remplacer les jeux de mutation.

Une seule propriété avait jusqu'à nos jours manqué à l'orgue, celle d'augmenter ou de diminuer l'intensité du son. C'est cette propriété qu'on nomme *expression*, et les orgues auxquelles on a tenté de l'appliquer ont été nommées *orgues expressives*. Depuis cent cinquante ans on a fait des essais multipliés pour arriver à ce résultat, qu'on a atteint de nos jours. L'architecte Claude Perrault paraît avoir le premier cherché, comme il le dit, le moyen de donner à l'orgue « la faculté de pousser des sons différents en force, pour imiter les accents de la voix et le fort et le faible que le maniement de l'archet et la variété du souffle produit dans les violons, dans les flûtes, etc. » Dans une note de sa traduction de Vitruve, publiée en 1684, Perrault donne l'explication de son idée : il ne paraît pas qu'on y ait donné suite avant la fin du siècle suivant. Sébastien Érard, chargé de construire un piano organisé pour la reine Marie-Antoinette, essaya de le rendre *expressif*. Après de nombreux essais, il fit entendre à Grétry le résultat de ses recherches ; ce dernier en parle avec admiration dans ses *Essais sur la Musique*, et appelle cette découverte la *pierre philosophale en Musique*. Il était réservé à un amateur de musique, M. Grenié, d'achever l'œuvre commencée par Érard. Il termina en 1810 un petit orgue de chambre, qui consistait en un simple jeu d'anches libres. L'expression résidait dans la disposition et l'action des soufflets, subissant des pressions variables, dont l'intensité, transmise aux tuyaux, leur donnait le caractère et l'accent des instruments à vent. C'est d'après ce système, perfectionné par M. Grenié lui-même et par M. Muller, son élève, qu'on a construit depuis quelques années un assez grand nombre d'*orgues expressives*. Un autre système d'expression avait été adopté par Érard dans la construction d'un orgue magnifique destiné à la chapelle royale : cet instrument, exécuté par M. John Abbey, fut brisé à la révolution de 1830.

Nous ne croyons pas que l'application de l'*expression* dans les grandes orgues d'église soit une amélioration désirable : il faut à notre avis laisser à l'orgue la gravité et la majesté qui le caractérisent, et qui sont si bien appropriées au lieu où il est placé. Les accents passionnés de la musique dramatique, l'expression des folles joies ou des douleurs des hommes, ne doivent jamais être substitués à la mélodie calme et sublime de nos chants sacrés. On peut consulter dans la *Gazette musicale* (1re année, p. 165) un article de M. Anders sur l'orgue expressif.

Nous avons dans le cours de cet article nommé les organistes célèbres. C'est dans leurs compositions qu'il faut étudier le vrai style de l'orgue. Les ouvrages de Bach, de Haendel, d'Haydn, de Mozart, sont les plus beaux modèles qu'un organiste puisse se proposer d'imiter.

F. Danjou.

ORGUE, espèce de herse avec laquelle on ferme les portes d'une ville attaquée, et qui diffère de la herse ordinaire, en ce qu'elle est composée de plusieurs grosses pièces de bois détachées l'une de l'autre, et qui tombent d'en haut séparément. Il se dit aussi d'une espèce d'arme qu'on employait autrefois à la défense des brèches d'une place assiégée, et qui consistait en un assemblage de plusieurs gros canons de mousquet joints ensemble, et dont les lumières se communiquaient. La machine de Fieschi était une *orgue*.

ORGUE (Point d'). On nomme ainsi un repos plus ou moins long, placé arbitrairement sur une note quelconque, mais plus ordinairement sur la tonique ou la dominante, ou encore sur les deux à la fois, pour la terminaison d'une cadence. Cette dénomination vient de ce que dans l'origine l'orgue soutenait la note sur laquelle avait lieu le repos, tandis que le chanteur brodait des ornements que lui suggérait son goût ou son caprice. Les *points d'orgue* sont quelquefois laissés à la volonté de l'exécutant ; quelquefois aussi ils sont écrits et mesurés par le compositeur, mais jamais ils ne comptent dans le rhythme et dans la mesure. Les exécutants abusent parfois étrangement des points d'orgue : ils en surchargent leurs morceaux ou les rendent d'une manière barbare en y glissant des notes étrangères à l'accord que soutient l'accompagnement ; c'est pourquoi il est bon de conseiller aux compositeurs de les écrire eux-mêmes tels qu'ils désirent qu'on les exécute. Lorsqu'on jouait encore le concerto, il y avait pour les auditeurs un moment cruel à passer : c'était celui où, vers la fin du premier morceau, l'exécutant arrivait au point d'orgue, que dans ce cas on nommait aussi *cadence* : alors l'artiste se livrait à l'inspiration de son génie, c'est-à-dire qu'il jouait seul pendant un bon quart d'heure tout ce qui lui passait par la tête (à moins qu'il ne l'eût écrit et appris d'avance), en ayant soin de rappeler de temps à autre les traits saillants du morceau. Ce n'est pas à dire qu'il n'y eût quelquefois de fort bonnes choses à entendre ; mais il arrivait souvent que le morceau, déjà bien long par lui-même, était tellement allongé par cette perfide manie d'étaler aux auditeurs étaient quelquefois tentés de s'écrier à la terminaison de sa cadence, comme il arriva un jour au célèbre Haendel en pareille circonstance : *Dieu soit loué ! monsieur le virtuose, vous voilà enfin rentré chez vous !* Heureusement, nous sommes aujourd'hui délivrés des concertos et de leurs inexorables points d'orgue.

On place quelquefois le signe du point d'orgue sur un silence pour indiquer qu'il faut le faire durer plus longtemps que ne l'exige le signe correspondant. Ce silence prend alors le nom de *point d'arrêt*, et lorsqu'on le fait suffisamment sentir, il produit souvent un grand effet : ce qui a fait dire à Jean-Jacques que la musique pouvait faire parler le silence même. Quelques compositeurs mesurent la durée du point d'arrêt afin que les concertants puissent reprendre la suite du morceau avec plus d'ensemble, mais il vaut mieux laisser toute liberté à cet égard, parce que ce silence, qui doit être en dehors du rhythme, a bien plus d'expression encore lorsqu'on fait sentir convenablement l'interruption de la mesure. Charles Bechem.

ORGUE DE BARBARIE. On appelle ainsi un orgue à cylindre et à manivelle, réduit à des proportions qui permettent de le transporter d'un lieu à un autre, à la manière de nos joueurs d'orgue des rues. Les dimensions ordinaires de cet instrument sont de 60 à 80 centimètres de longueur sur 30 à 40 de largeur. Il renferme une échelle de 19 à 23 notes, presque toutes diatoniques, à l'exception d'un dièze ou d'un bémol ; mais il est rare qu'on y puisse mettre plus de trois accidents, parce que le nombre des notes dépasserait alors les dimensions d'un orgue portatif. Il contient quatre ou cinq *registres* ou *jeux*, qu'on peut faire parler à la fois ou séparément. Les airs y sont notés le plus souvent à deux, et rarement à plus de trois parties. Ces instruments, qui sortent toujours fort justes des mains d'un habile facteur, sont bientôt dérangés par les variations de la température à laquelle ils sont sans cesse exposés sur le dos des musiciens ambulants : ils deviennent alors d'un faux insupportable ; et comme ils sont presque toujours dans cet état, il est présumable que c'est ce qui leur a fait donner, par un mauvais jeu de mots, le nom méprisant d'*orgue de Barbarie*. Du reste, nous n'avons rien pu découvrir sur l'origine de cet instrument. Nous présumons qu'on a dû commencer à construire des orgues à cylindre peu de temps après l'introduction en Europe des grandes orgues pneumatiques, et nous ne croyons pas que les orgues dites de *Barbarie* soient ainsi appelées, comme le pensent quelques-uns, parce que les premières nous sont venues des États Barbaresques. Il y a environ deux cents orgues de cette espèce qui sillonnent chaque jour les rues de Paris, surtout les quartiers populeux. C'est par leur secours que le peuple apprend les airs des chansons que l'on compose pour son usage, et que les motifs favoris de nos opéras et de nos romances deviennent populaires. Pour ces romances, c'est un brevet de célébrité, le *nec plus ultra* de la gloire qu'ambitionnent les auteurs, à l'exception cependant de quelques compositeurs d'un véritable talent. Triste avantage en effet que d'avoir les oreilles écorchées à chaque pas par des airs auxquels on attachait quelque gloire. Les joueurs d'orgue de Barbarie sont de tous les musiciens ambulants ceux qui font au plus haut degré le désespoir de l'artiste en travail. Étonnez-vous ensuite du peu de sentiment musical d'une nation, quand vous l'éveillez et la bercez avec une pareille harmonie !

Charles Bechem.

ORGUE DE MER, nom vulgaire du *tubipora musica*, espèce de madrépore qui offre un assemblage de petits tuyaux rangés par étages les uns contre les autres.

ORGUE DES SAVEURS. *Voyez* Clavecin oculaire.

ORGUE EXPRESSIF. *Voyez* Orgue et Accordéon.

ORGUEIL. On confond souvent l'orgueil avec la vanité. L'orgueil a pourtant d'autres allures que ce dernier vice ; l'un est sombre, plein de lui-même ; l'autre, au contraire, s'épanche en paroles, il est babillard, gascon, mais il n'exclut ni une certaine grâce ni l'amour de ses semblables. Il est des peuples vaniteux et des peuples orgueilleux : les premiers sont d'un commerce facile et agréable ; ils pétillent de verve, brillent et scintillent ; les seconds, isolés dans la contemplation d'eux-mêmes, peuvent former sans doute de fortes nationalités, renfermer des originalités remarquables, mais ils ne possèdent pas cet entrain précieux, cette force d'attraction qui rendent capables de saisir les connaissances des masses environnantes et de les entraîner avec soi dans la civilisation. Voyez l'Espagnol tuméfié d'orgueil : il va seul, plein de son importance ; il ne dit rien, car il n'a pas besoin des éloges des autres ; sa propre estime lui suffit : il est *orgueilleux*. Ce sentiment, cette plénitude du soi par le soi, le rend incapable d'agir activement sur les autres, comme de recevoir les reflets de la civilisation qui l'environne. L'Anglais aussi est un être orgueilleux, surtout dans les rangs aristocratiques.

Nous n'avons parlé jusqu'à présent que de l'orgueil et de la vanité des nations; venons maintenant à ce sentiment chez les personnes. Là il existe sous des formes infiniment variées, toutes différentes. La conviction de sa valeur, de son pouvoir donne en effet à un homme une haute opinion de lui-même. Mais combien y en a-t-il, grand Dieu! qui, ne sachant rien, se croient propres à tout, et d'autres qui, habiles dans une spécialité, pensent posséder l'omniscience!... Le mince poëte dit avoir la muse byronienne, le méchant acteur le génie de Talma, le sergent inepte le coup d'œil de Napoléon, l'avocat vulgaire l'éloquence de Barnave ou de Vergniaud, le moindre juge la science de Cujas ou de Merlin, le plus infime journaliste la plume de Carrel, le marchand de bas le génie de Watt, le minime et débile savant la vaste capacité de Cuvier! Triste orgueil! pauvres hères! Les uns se gonflent comme des outres pleines de vent, les autres, méfiez-vous-en, baissent les yeux, font les doucereux et les humbles. Pour nous, nous n'acceptons comme légitime que l'orgueil qui doit accompagner l'homme de bien et de vertu, une vie irréprochable, des mœurs sans tache, et non la puissance plus ou moins grande de tel ou tel talent. Le génie des arts lui-même, tout brillant et tout pur qu'il est, ne nous semble pouvoir donner de l'orgueil à l'artiste que lorsque celui-ci le consacre au culte de la beauté morale comme de la beauté physique. La conscience d'une vie, d'un talent utiles, voilà ce qui doit donner un noble et juste sentiment de soi-même, et non des succès plus ou moins beaux, qui peuvent honorer l'intelligence, sans honorer l'homme qui les obtient.

A. GENEVAY.

ORGUES DE MORT. *Voyez* HERSE (*Fortification*).

ORIBASE, célèbre médecin de Pergame ou de Sardes, vivait dans la première moitié du cinquième siècle de notre ère et jouissait de la confiance particulière de l'empereur Julien, qui le prit pour médecin et qui le nomma en même temps questeur de Constantinople. Disgracié par les empereurs Valentinien et Valens et réduit à chercher un asile chez les barbares, sa haute science le fit rappeler à la cour. Ses ouvrages passèrent longtemps pour un guide infaillible en médecine, quoiqu'il n'eût pas fait de découvertes par lui-même et que tout son mérite consistât à être un habile compilateur. Il fit en effet, dans un ordre assez systématique et en soixante-dix livres, des extraits des anciens ouvrages de médecine, et abrégea ensuite le tout en neuf livres. Il n'en existe plus qu'un petit nombre en langue grecque; et ils ne sont guère connus que par une traduction latine qu'en publia Rosarius, sous ce titre: *Oribasii Opera omnia* (3 vol., Bâle, 1557), réimprimée par Henri Estienne, dans ses *Medicæ Artis Principia* (Paris, 1567). MM. Bussemacker et Daremberg ont publié une édition de cet auteur avec la traduction en français (Paris, 1851-1854).

ORICHALQUE (de ὄρος, montagne, et χαλκός, cuivre), mot à mot *cuivre de montagne*. Métal mixte, bien que naturel, l'orichalque, plus précieux que l'or, faisait partie intégrante de l'étincelant bouclier d'Hercule dans Hésiode, et de la brillante cuirasse de Turnus dans Virgile. Du temps de Pline, les filons en étaient perdus; on ne le connaissait plus que de nom. Ce devait être, dit Lucrèce dans son poëme *De Natura Rerum*, un mélange d'or, d'argent, de cuivre, d'étain, de fer, de plomb, fondus ensemble dans les entrailles du globe, fusion à laquelle ne seraient peut-être pas étrangers les anciens cataclysmes de feu partiels auxquels nous devons nos vastes mines de charbon de terre. Ce métal a de l'analogie avec l'*airain de Corinthe*, riche alliage trouvé dans les cendres refroidies de cette opulente cité. Homère et Plaute vantent la splendeur de ce métal, que les Grecs nommaient aussi ἤλεκτρον (ambre), à cause de sa belle couleur jaune. Les Hébreux le connaissaient; Ézéchiel le nomme *hachasmal*.

Il ne faut pas confondre l'*orichalque* des anciens avec l'*au-*

richalque, mélange d'or, de cuivre et de calamine. Il existe dans le sein de la terre, aux Indes orientales, un certain métal qui jette une douce lueur d'or, et que l'art a imité, moyennant un alliage de six parties d'argent, de trois parties de cuivre rouge, avec une d'or seulement. Ce métal, quand il est naturel, serait presque l'orichalque des anciens.

DENNE-BARON.

ORIENT, un des quatre points cardinaux, celui qui est opposé à l'Occident (*voyez* EST et LEVANT).

Les termes d'*Orient* et d'*Occident* servent aussi à désigner les deux parties du monde, l'Asie et l'Europe, aussi bien sous le rapport de leur profonde dissemblance intime que sous celui de leur indissoluble union. Ces deux contrastes apparaissent en effet dans toute l'histoire. Si l'Asie fut le théâtre du plus ancien développement historique de l'humanité, le berceau de toute civilisation, de toute religion, de même que le point de départ de toutes les grandes nations dont il est mention dans l'histoire, ces germes féconds sont devenus en Europe une semence particulière et indépendante, dont l'influence prépondérante réagit depuis une longue suite de siècles sur l'Orient. Au point de vue géographique, on est tout aussitôt frappé du contraste qu'en raison de ses colossales chaînes de montagnes, de ses immenses et fertiles vallées, l'Asie offre avec l'Europe. La nature y a rendu les jouissances de la vie autrement faciles à l'homme, qui sur le sol, plus pauvre, du continent occidental ne peut espérer les obtenir qu'à la sueur de son front. Sous l'influence de conditions d'existence si dissemblables, les peuples qui par leur conformation physique et par leur origine présentaient tant de ressemblance avec la plupart des nations orientales se sont complétement transformés en émigrant en Europe. Ils y ont acquis cette vivacité et cette activité particulières aux races du Nord, qui distinguent les populations de notre continent de celles de l'Asie. La nature passive et contemplative des Orientaux est devenue en Occident cette inquiétude et cette mobilité d'esprit qui contrastent d'une manière si remarquable avec la superbe inertie de l'Orient. Là les peuples et les individus se sont développés de la manière la plus variée, la plus diverse, tandis qu'ils forment ici des masses non moins compactes, mais plus immobiles. A l'intelligence plus réfléchie des peuples orientaux ceux de l'Occident opposent l'activité créatrice et infatigable qui donne à leur histoire tant d'éclat et de diversité. C'est par les mêmes motifs que les formes du gouvernement patriarcal se sont toujours maintenues en Orient, soit à l'état de despotisme monarchique, soit à l'état de théocratie sacerdotale; tandis qu'en Occident elles n'ont été qu'une des nombreuses transitions par lesquelles a passé le développement continuel et incessant du continent européen. D'immenses empires se sont fondés et conservés en Orient sur d'énormes agglomérations de peuples; ceux qui se sont établis en Occident sans ces conditions n'ont jamais eu longue durée, et la diversité ainsi que la variété des races, des langues, des civilisations, etc., y sont parvenues à avoir une existence particulière. L'histoire de l'Orient présente en conséquence tour à tour le spectacle de masses immenses mises en mouvement et dont la puissance conquérante et destructive remplit certaines époques tout entières, et celui de leur retour à l'état léthargique, que favorisent également en nature du climat, le caractère particulier des races et la forme du gouvernement. En Occident, au contraire, l'histoire est plus riche, plus abondante; il y a dans son caractère de même que dans les lieux qui en sont le théâtre plus de variété, plus de diversité, plus d'individualité. La vie isolée y a acquis dans tous les domaines de l'activité humaine une force et une importance qu'elle n'a jamais eues en Orient.

On retrouve les mêmes contrastes dans l'art et la poésie. Que si l'Orient l'emporte sur l'Occident pour ce qui est de la magnificence des images et de l'éclat des couleurs, il n'a jamais su modérer la puissance créatrice de son imagination ni trouver cette harmonie de l'art qui est le caractère distinctif des créations poétiques des nations de l'Occident les plus heureusement douées. Néanmoins, tous ces contrastes n'ont jamais pu entièrement cacher l'affinité intime qui relie l'une à l'autre ces deux parties du monde. Ces contrastes, de même que cette force d'attraction, forment le fond même de toute l'histoire de l'humanité. Ses crises décisives, ses grandes commotions, depuis les guerres des Perses et les expéditions civilisatrices d'Alexandre en Orient, jusqu'aux temps des Romains et aux croisades du moyen âge, présentent la perpétuelle réaction de ces deux parties du monde l'une sur l'autre, le constant antagonisme de l'Europe et de l'Asie, de même que l'échange continuel d'idées qui a lieu entre elles. De nos jours la grande politique européenne gravite de plus en plus vers l'Orient, et les destinées futures de l'Europe tiennent en grande partie au résultat final de la lutte qui s'est engagée de nos jours pour savoir à laquelle des nations de l'Occident appartiendrait la domination de l'Orient; lutte qui est loin d'être encore terminée.

ORIENT (Église d'). *Voyez* GRECQUE (Église).

ORIENT (Empire d'). L'empire d'Orient commence en 395, lorsque Théodose partagea l'empire romain entre ses deux fils, Arcadius et Honorius. L'Orient échut à Arcadius, et cet empire, que l'histoire devait flétrir du nom de *Bas-Empire*, montre dès le début ce que seront ses mœurs politiques. L'odieux Rufin, avocat gaulois, transporté à Constantinople, gouverne et déshonore son maître; il vend la justice et la faveur, ruine les peuples, dépouille les orphelins à l'aide de faux testaments; sans les trésors ne le sauvent pas. Des Goths envoyés de l'Occident par Stilicon le poignardent aux pieds d'Arcadius, qui passe sous la domination du chef de ses eunuques. Eutrope commet les mêmes crimes que Rufin, et tombe à son tour victime de la haine de l'impératrice Eudoxie, dont les adultères font douter de la légitimité de Théodose le jeune, qui succède à Arcadius, le 1er mai 408. Pulchérie prend le titre d'auguste, gouverne l'empire sous le nom de son frère, qui, se bornant à dissiper les trésors de l'État en folies dépenses, abandonne ses peuples aux bandes du féroce Attila. Un cheval délivre l'empire en jetant dans le Lycus de césar que le roi des Huns venait d'humilier (28 juillet 450), et Pulchérie, proclamée impératrice, se venge des eunuques qui ont gêné son autorité en faisant pendre leur chef à la porte de son palais. Elle partage sa puissance avec un sénateur nommé Marcien, qu'elle prend pour époux, sans lui permettre de partager son lit; et pendant que Pulchérie et ses deux sœurs, se vouant à une virginité perpétuelle, transforment leur palais en couvent, Marcien conserve la paix de l'Orient en laissant périr l'Occident sous les coups des Huns, des Visigoths, des Vandales et des Hérules. La virginité de Pulchérie, si sottement louée par les chrétiens, exposait l'empire d'Orient à tous les dangers d'une élection. Mais à la mort de Marcien, arrivée en 457, la puissante famille du patrice Aspar, n'osant point s'emparer de la couronne, que le clergé catholique n'eût point permis à un arien de conserver, la fit donner à Léon de Thrace, qui paya ce bienfait de la plus noire ingratitude, en assassinant ses bienfaiteurs. Léon, dirigé par les prêtres, essaya vainement de sauver Rome. Odoacre l'Hérule s'assit en vainqueur sur le trône des césars.

Cependant les Ostrogoths campaient aux environs de Constantinople, sous la conduite de deux Théodoric, le Louche et l'Amale, dont les révolutions du palais impérial leur donnaient une belle occasion d'en finir avec cet empire. Un enfant, petit-fils de Léon, venait de succéder à cet empereur. La mère Ariane lui avait donné pour père, et ensuite pour collègue, un Isaurien, nommé Trascalisseus, qui avait pris le nom grec de Zénon, mais qui n'avait pu changer ni la difformité de ses corps ni la bassesse de son âme. Le jeune Léon II étant mort dans l'année (494), Venna, veuve de Léon 1er, que Zénon contrariait dans ses amours, conspira contre lui, et fit proclamer son propre frère Basilisque, dont la femme vivait publiquement avec le bel Harmatius, qui s'habillait en Achille et que le peuple avait surnommé Pyrrhus. Basilisque débuta par assassiner l'amant de sa sœur, et tua plus tard celui de sa femme. L'indignation publique rappela Zénon, qui s'était enfui de peur dans ses montagnes. Il revint de l'exil, et se vengea en faisant mourir de faim Basilisque et sa famille. Il avait réussi à diviser les Ostrogoths; et quand Théodoric l'Amale les eut réunis sous son sceptre, il sauva son empire en les poussant sur l'Italie, où Théodoric alla détrôner Odoacre. L'eunuque Urbicius assassina Zénon, en 491, et lui fit donner pour successeur le silenciaire Anastase, domestique du palais. La veuve de Zénon se fit accuser d'avoir contribué à ce crime en épousant le nouvel empereur. Ce vieillard sexagénaire régna cependant vingt-sept ans, pendant lesquels son attachement à l'hérésie d'Eutychès suscita la première guerre de religion dont le monde chrétien fut le théâtre. On vit vingt mille moines accourir de Syrie pour attaquer un patriarche que défendaient les moines d'Europe. Anastase fut frappé par la foudre, et les catholiques ne manquèrent pas d'y voir une punition divine. Justin, paysan de la Dacie distingué par ses exploits, fut couronné par l'armée, qu'il avait souvent conduite à la victoire (518), et fraya la route à son neveu Justinien.

Les eunuques et les cochers du cirque étaient les hommes importants de cette époque. Justinien se servit d'eux, mais il s'appuya principalement sur les prêtres orthodoxes, et son élévation à Constantinople (1er avril 527) fit croire à la résurrection de la puissance romaine. Mais l'élévation de la prostituée Théodora et les sanguinaires caprices de cette courtisane couronnée, la faiblesse de Justinien pour les *bleus*, son avarice et sa cupidité, son ingratitude à l'égard de Bélisaire, la persécution des hérétiques pendant son orthodoxie, et celle des orthodoxes dans son hérétique vieillesse, en font un monarque digne du Bas-Empire. Son testament donna la couronne à Justin II, le troisième de ses sept neveux, le 15 novembre 565. Ce fut un règne de honte et de misère. L'Italie et l'Afrique, reconquises par Bélisaire, furent perdues par la lâcheté du nouvel empereur, que les malédictions du peuple forcèrent à abdiquer, et l'impératrice Sophie lui fit adopter Tibère, son capitaine des gardes, dans l'espoir de partager le trône avec celui-ci après la mort de Justin. Mais cette mort étant arrivée le 5 octobre 578, et les factions du cirque demandant une impératrice, Sophie eut la douleur d'entendre proclamer le nom d'Anastasie, que Tibère II avait déjà prise pour épouse. Ce Tibère fut un grand prince : juste, clément, vertueux, il rougit même du nom que lui avait donné la nature, et prit le surnom de Constantin. Mais ses sujets n'étaient pas dignes de lui. Le fanatisme, la superstition, la tyrannie, les avaient dégradés. Cet empire avait alors plus de moines que de soldats, et la fortune ne permit pas à un pareil monarque de vivre assez longtemps pour changer de pareilles mœurs. Tibère vécut à peine quatre ans sur le trône, et le successeur qu'il s'était donné dans son gendre n'était pas fait pour opérer une révolution aussi difficile. Maurice s'était cependant distingué dans la guerre contre les Perses. Il avait conquis la Mésopotamie. Mais dès qu'il fut empereur (582) il laissa à ses généraux le soin de la guerre, ne montra plus que les faiblesses d'un bigot superstitieux, et plaça son honneur à suivre pieds nus les processions de toute les églises de Constantinople.

Ce règne de vingt ans fut tranché par une conjuration, le 23 novembre 602. Un soldat féroce profita du mécontentement de l'armée et de l'inconstance de la populace. Phocas se fit proclamer par elle, et se rendit au cirque en triomphateur. C'était le capitole de ces indignes césars. L'or qu'il jeta aux verts et aux bleus excita leurs acclamations. Maurice, fugitif, pris à Chalcédoine, vit décapiter ses cinq enfants, bénissant Dieu à chaque coup de hache, et tendit pieusement la tête au sixième. Le monstre difforme, l'ignorant ivrogne, le crapuleux libertin qui lui succéda ne s'en tint pas à ces parricides. La veuve et les trois filles de Maurice subirent un supplice pareil. Mais Phocas déplut heureusement à la faction des *verts*. Elle seconda l'entreprise du jeune Héraclius, fils de l'exarque d'Afrique, et Phocas fut décapité et jeté dans les flammes, le 4 octobre 610.

Héraclius régna trente ans, en passa douze dans une lâche indolence, trois dans les camps, où il parut avec gloire, et les quinze derniers au milieu des moines et des eunuques. Il meurt enfin le 11 février 641, et sa veuve, Martine, gouverne sous le nom de Constantin III (Héraclius), son fils, auquel elle a déjà associé son propre fils Héracléonas. Le premier meurt au bout de cent trois jours. Le second est mutilé et banni avec sa mère par l'ordre d'un sénat que dirige la populace. Constant II, second fils de Constantin III, est couronné à leur place, et débute par le meurtre de Théodose, son frère. Il semble se fuir lui-même, va piller les églises de Rome, celles de l'Italie et de la Sicile, et se faire étouffer dans un bain à Syracuse, par un esclave auquel l'anglican Gibbon donne les évêques pour complices. Son fils, Constantin IV, dit *Pogonat*, venge son père par des cruautés, associe à l'empire ses deux frères, Héraclius et Tibère, pour complaire à ses soldats, qui prétendent qu'il leur faut un empereur en trois personnes pour reproduire la trinité céleste sur la terre. Mais Pogonat fait bientôt après pendre ces étranges théologiens, et couper le nez à ses deux frères, en présence des évêques assemblés en concile.

Son fils Justinien II hérite de son trône, en septembre 685, et prend un moine et un eunuque pour ses ministres. Ses crimes bizarres, dignes de Caracalla, le font mutiler et déposer au bout de dix ans. Léonce, que l'on lui substitue, est mutilé à son tour par le rebelle Absimare, qui prend le nom de Tibère III. Mais Justinien II revient de l'exil, rentre dans Constantinople, fait étendre devant lui les deux usurpateurs, pose ses pieds sur leur cou pendant les jeux du cirque et tandis que le peuple chante les paroles du Psalmiste : *Leonem et draconem conculcabis*. Les terribles vengeances qu'il exerce produisent une nouvelle révolte, dont son fils unique est la première victime; il en est la seconde : sa tête sanglante est portée aux pieds de Bardanes Philippique, que les soldats ont proclamé empereur; et avec Justinien II périt, en 711, la race des Héracliens, après un siècle de durée.

Une grande révolution s'était opérée dans l'Orient. Mahomet avait paru en 622, et sept ans après les musulmans étaient en guerre avec le Bas-Empire. La dynastie des Sassanides avait fini en Perse sous leur terrible glaive; la Judée et la Syrie avaient été enlevées au sceptre d'Héraclius, et cinq ans après, en 639, l'Égypte était tombée sous la domination incendiaire d'Omar. Le littoral africain, conquis, en 647, par les armées d'Othman, avait conduit la nouvelle religion jusqu'en Espagne. Musa et les Maures s'y établissaient l'année même où périssait la famille d'Héraclius; mais cette famille régnait encore quand les musulmans parurent aux portes de Constantinople; c'était en 668. Constantin Pogonat se montra enfin digne de l'empire. Le fanatisme religieux fit plus que le patriotisme. La ville résista pendant six ans aux assauts multipliés des ennemis de la chrétienté. Le feu grégeois, inventé par Callinique, incendia leur flotte, et les remplit d'épouvante; leur armée fugitive fut détruite par les généraux de Pogonat, et le khalife Moaviah conclut avec lui une paix déshonorante, qui donna quelque repos aux possesseurs de Constantinople.

Trois empereurs régnèrent en six ans. Philippique, déposé et aveuglé en 713, fit place à Anthémius, qui prit le nom d'Anastase II, et dont une armée navale força d'abdiquer au mois de janvier 716, en faveur d'un obscur officier, qui prit le nom de Théodose III. Léon l'Isaurien, général des troupes de l'Anatolie, ne voulut pas le reconnaître; il le fit ordonner prêtre ainsi que ses enfants, et le relégua dans Éphèse, où le césar déchu s'amusa à copier les Évangiles en lettres d'or. Léon fonda sa dynastie le 25 mars 718. Il avait débuté par mener des ânes à la foire, ce qui ne l'empêcha point de se battre en grand capitaine; grâce à son courage et à son habileté, les musulmans essuyèrent un nouvel échec devant Constantinople sous la conduite de Moslemah, frère du khalife Soliman. Mais après la victoire il se lassa de combattre des hommes, et se mit à brûler et à briser les images. Son fils Constantin V, dit *Copronyme*, se distingua dans cette étrange guerre pendant trente-quatre ans d'un règne honteux et sanguinaire, suivant les orthodoxes, et glorieux suivant les iconoclastes : les uns l'appelèrent serpent, antéchrist, dragon volant; les autres en firent un héros et un saint. Son fils Léon IV lui succéda, le 14 septembre 775; il fut l'époux de la célèbre Irène et père de Constantin VI, surnommé *Porphyrogénète*, qui le remplaça, en 780, sous la tutelle de sa mère. Ce règne fut illustré par trois eunuques, dont l'un, nommé Jean, gagna la bataille de Mélas contre les musulmans. Le second, nommé Théodore, reconquit la Sicile sur un gouverneur révolté. Storace, le troisième, chassa les Esclavons de la Grèce. La lutte des Ommeïades et des Abbassides, qui se disputaient le khalifat, avait ralenti les efforts des musulmans contre le Bas-Empire. L'avènement de la seconde dynastie et du célèbre Haroun-al-Raschid lui devint funeste. Le sixième Constantin ne sauva Constantinople qu'au prix d'un tribut annuel de 70 mille livres d'or. Il ne fut pas plus heureux contre les Bulgares. Battu, fugitif, il se vengea sur sa femme, qu'il répudia pour épouser sa concubine, et quitta bientôt celle-ci pour se plonger dans la plus crapuleuse débauche. Irène, sa mère, en délivra l'empire en lui crevant les yeux; et la dynastie Isaurienne alla s'éteindre avec lui dans l'obscurité.

Irène régna seule (19 août 792). Elle se faisait traîner dans un char attelé de quatre chevaux blancs, dont quatre patriciens tenaient les rênes. Les vices de son eunuque favori lui furent plus funestes que l'humiliation des grands de l'État. Sept autres eunuques terminèrent son règne de cinq ans, le 31 octobre 802, et couronnèrent le grand-trésorier Nicéphore à sa place. Le nouvel empereur l'exila à Mitylène; mais les prêtres en firent une sainte, parce qu'elle avait persécuté les briseurs d'images. L'empire d'Orient fut appelé vers ce temps l'empire grec, et fut toujours et plus que jamais le Bas-Empire. L'hypocrite et avare Nicéphore osa refuser le tribut promis aux Sarrasins; mais le khalife Haroun n'eut qu'à se montrer pour avoir raison de ce fanfaron : battu par ce grand homme, Nicéphore alla se faire tuer par les Bulgares, et son fils Stauracé, blessé à mort, vit passer son sceptre aux mains de Michel 1er Rhangabé, mari de sa sœur Procopia, le 2 octobre 811. L'indolence de ce Michel blessa moins l'armée que le courage de l'impératrice. Les Grecs, devenus la pire espèce de soldats, ne purent souffrir qu'une femme eût la prétention de les mener au combat. Michel alla au-devant de ces rebelles pour leur remettre les clefs de Constantinople; et on lui permit de passer trente-deux ans dans un monastère. Le chef de la rébellion, Léon V, l'Arménien, fut revêtu de la pourpre; il voulut tout à la fois discipliner l'armée et le clergé. Les manœuvres militaires et les offices furent sa principale occupation; mais il se remit à briser les images, et les prêtres s'unirent aux amis d'un autre Michel, dit *le Bègue*, que l'empereur, son ancien ami, avait condamné à mort; l'Arménien fut massacré au pied du grand autel de Sainte-Sophie, le 25 décembre 820. Michel II, le Bègue, passa de la prison sur le trône, se distingua par son ignoble brutalité, et n'en légua pas moins le trône à son fils Théophile, le 2 octobre 829. Ce Théophile n'aimait à rendre la justice que pour se procurer le plaisir d'assister à d'atroces supplices, dont les grands de l'État étaient surtout les victimes. C'est ainsi qu'il se popularisait. Le mari de sa sœur lui faisait ombrage. Près de mourir lui-même, il voulut lui apporter sa tête : « Tu n'es plus Théophobe, lui dit-il, et moi bientôt je ne serai plus Théophile »; et le monstre expira, le 20 janvier 842. Michel III, son fils, régna d'abord sous la tutelle de sa mère, Théodora, qui perdit son temps à lui inspirer les vertus dont elle était le modèle. Dès qu'il eut atteint sa majorité, il la chassa de son palais, et se plut à étaler sur le trône tous les vices d'un Héliogabale. Un de ses plaisirs était de parodier les processions en chevauchant sur des ânes avec ses favoris, revêtus, comme lui, de chapes et de chasubles. Ce césar de cirque ne fut assassiné qu'après vingt-cinq ans de règne, le 24 septembre 867.

Basile le Macédonien, qui en délivra son peuple, commença une dynastie qui souilla le trône pendant cent quatre-vingt-dix ans. Léon VI, le second de ses fils, lui succéda avec Alexandre, le troisième, qui ne fut empereur que de nom et lui survécut de quelques mois. Constantin VII Porphyrogénète se voit forcé de s'associer un de ses généraux, Romain Lecapène et ses trois fils, depuis l'an 919 jusqu'en 945. Mais cette famille se mina elle-même par ses dissensions. Les enfants détrônèrent le père, et allèrent bientôt le joindre dans son exil. Dix-huit ans plus tard, la veuve du Basilide Romain II, l'impure Théophano, donna pour collègues à ses enfants Basile II et Constantin IX, deux de ses amants, Nicéphore Phocas, en 963, et Jean Zimiscès, en 969. Celui-ci poignarda l'autre, et, repoussé de Sainte-Sophie par le patriarche, il sacrifia sa maîtresse et sa bienfaitrice pour faire sa paix avec l'Église. Il reprit la Syrie sur les musulmans, et menaça le khalife jusque dans Bagdad; mais il voulut dépouiller les eunuques de leurs scandaleux trésors, et ils l'empoisonnèrent, en 976. Basile II reprend alors le gouvernement de l'empire. Son frère lui survit trois ans. Les derniers rejetons de cette dynastie furent deux femmes, l'une impudique et l'autre bigote. La première, Zoé, place successivement sur le trône ses époux Romain Argyre, Michel IV, le neveu de ce dernier, Michel V Calafate et Constantin X Monomaque, qui l'épousa, malgré ses soixante-deux ans. La seconde, Théodora, prit quatre eunuques pour favoris, et un vétéran décrépit, Michel VI, dit *Stratiocus*, de peur que sa virginité ne fût en péril. Pendant cette longue période, les khalifes eurent à se défendre contre les Turcs, et ne purent entamer l'empire. Mais les Turcs ayant chassé les Abassides, et embrassé la religion mahométane, s'établirent dans la Perse, et devinrent pour Constantinople des ennemis plus dangereux, au moment où le premier des Comnènes, Isaac, prenait les rênes de l'État, le 31 août 1057.

Cet Isaac n'était pas fait pour fonder une dynastie. Il aima mieux mourir dans un cloître que sur le trône; et, sur le refus de son frère Jean, un ami de sa maison, Constantin Ducas, accepta ce diadème, moins pour lui que pour ses trois fils, Michel VII, Andronic Ier et Constantin, que ce rhéteur couronné confia en mourant à sa femme Eudoxie. Cette impératrice, éprise d'un beau soldat nommé Romain Diogène, le donna pour tuteur et pour collègue aux trois jeunes princes (1067), en l'admettant dans son lit. Il combattit glorieusement contre les Turcs, fut pris par la trahison d'Andronic et mis en liberté par son vainqueur; il ne retrouva que des sujets ingrats, qui lui crevèrent les yeux. Le premier fils de Ducas, Michel VII, surnommé *Parapinace*, garda le trône un ou deux ans de plus, et se réfugia dans un monastère à la vue d'un général rebelle, nommé Nicéphore Botoniate, que le patriarche et le sénat se hâtèrent de couronner comme les autres, le 25 mars 1078, et qui, après avoir été délivré de trois compétiteurs par le courage d'Alexis Comnène, força cette famille illustre à prendre enfin les rênes du Bas-Empire pour échapper à la mort qu'elle lui destinait. Alexis Ier fut couronné au mois d'avril 1081; et sa maison, distinguée d'abord par trois règnes qui remplirent un siècle avec quelque gloire, fut souillée plus tard par les crimes d'Andronic, que le peuple mit en pièces. Isaac-L'Ange, qui avait pour aïeule une princesse de cette famille, fut élu en sa place, le 12 septembre 1185, et détrôné dix ans après, par son frère Alexis le Tyran; un autre Alexis, fils d'Isaac, vengea son père, chassa son oncle, en 1203, et fut étranglé par un troisième Alexis, dit *Murzuphle*, qui laissa prendre Constantinople par les Latins. C'est sous le règne des Comnènes que cette capitale servit de passage aux croisés, qui étaient des hôtes fort incommodes. Ils calomnièrent les princes qui ne voulaient pas souffrir leurs pillages; et après avoir pendant cent ans dévoré les provinces de l'Empire Grec, ils finirent par s'en emparer, au lieu de poursuivre leur route vers Jérusalem (1204).

Las de violences, de sacriléges et de lâchetés envers l'Église grecque, ces bandits latins, qu'on appelait des *croisés*, choisirent un empereur dans la maison de Flandre, et se partagèrent les diverses provinces de l'empire. Baudouin régna un an, et s'en alla mourir dans les fers des Bulgares, qu'il avait attaqués en don Quichotte. Henri, son frère, lui succéda, le 20 août 1206, repoussa les Bulgares, défendit les Grecs contre l'intolérance des légats du pape, et, suivant les historiens latins, fut empoisonné par ceux qu'il avait défendus. A voir l'esprit de ce siècle, le trait le plus hardi de sa vie fut d'avoir placé son trône à droite de celui du patriarche dans Sainte-Sophie. Pierre de Courtenay dut à son mariage avec Yolande de Flandre, sœur des deux empereurs, l'honneur d'être appelé à cette succession vacante; mais il n'atteignit point le Bosphore. Théodore L'Ange l'arrêta dans les montagnes de l'Épire, et le fit mourir en prison, malgré les anathèmes de la cour de Rome. Robert, son fils, arriva jusqu'à Constantinople; mais il eut à lutter contre le même Théodore, qui s'était établi à Andrinople, et contre Jean Ducas Vatace, gendre de Lascaris, qui s'était fait empereur de Nicée, sans compter les Comnènes de Trébizonde. Vatace vint camper sur l'Hellespont, et le couvrit de ses vaisseaux. C'était trop pour un empereur qui n'avait plus de sujets; car les Latins désertaient son armée pour se vendre à ses ennemis. Un gentilhomme bourguignon, dont il avait enlevé la maîtresse, suffit pour le chasser de sa capitale, et il alla mourir en Italie. Un fils d'Yolande, Baudouin II, lui succéda. On lui donna pour collègue et pour tuteur Jean de Brienne, prétendu roi de Jérusalem, qui repoussa vaillamment le Bulgare Asan, et Jean Vatace, qui l'avait pris pour allié. Mais à quatre-vingts ans on arrive trop tard pour sauver un empire; et à la mort de Jean de Brienne le pauvre Baudoin II se trouva réduit à sa capitale. Sans armée et sans impôts, il brûla pour se chauffer les charpentes de ses vieux palais, dont il vendit les plombs pour vivre. Il lui restait enfin des reliques précieuses, une moitié de la vraie croix, la couronne d'épines, l'éponge, le linceul de Jésus-Christ; il les livra à des usuriers, de qui notre saint Louis les racheta. La mort de Vatace, qui était alors le véritable chef du Bas-Empire, retarda de quelques jours la chute de la dynastie latine; mais les Grecs envoyés par Michel Paléologue, tuteur des enfants de Vatace, surprirent enfin leur ancienne capitale sans que Baudouin II songeât à la défendre. Il s'enfuit sur un vaisseau vénitien, le 25 juillet 1261, et le 14 août suivant l'empereur de Nicée rentra dans Constantinople : ce titre était passé au premier des Paléologues, qui vint se faire couronner à Sainte-Sophie avec son jeune collègue et pupille, Jean Lascaris, dont il ne tarda point à se débarrasser, malgré l'excommunication lancée contre lui par le patriarche Arsène. La dynastie des Paléologues a donné huit empereurs, et, après cent quatre-vingt-douze ans de durée, a assisté à la mort du Bas-Empire. Cette histoire est un moment entre-mêlée de celle des deux Kantakuzène, dont le premier, Jean, fit éclater quelques vertus comme ministre d'Andronic le jeune, et comme tuteur de Jean Paléologue. Mais forcé par de puissants ennemis à chercher son salut sur le trône, il souilla sa gloire en appuyant son usurpation des armes d'Orkhan, second sultan des Ottomans, qui passèrent en Europe pour ne plus la quitter. Le dégoût et le repentir le jetèrent enfin dans les monastère du mont Athos, où il passa les derniers vingt ans de sa vie à écrire les annales de son temps. Son fils Matthieu disputa son héritage aux Paléologues, et finit par abdiquer lui-même. A partir de cette époque, l'histoire du Bas-Empire n'est plus que celle de ses conquérants. Soliman, fils d'Orkhan, vient fonder la forteresse de Gallipoli, dans la Chersonèse. La Thrace, la Béotie, tombent en 1360 dans les mains d'Amurat Ier, qui fait sa capitale de la ville d'Andrinople. Bajazet, son fils, ordonne la démolition des remparts de Constantinople, et il est obéi. Une espèce de croisade, conduite par le maréchal français de Boucicaut, vient périr sous ses coups à la bataille de Nicopolis, le 28 septembre 1396. Mais Tamerlan se promenait alors en Asie avec son armée. Il rencontra Bajazet sur son passage, et la captivité du sultan donna quelque répit aux Paléologues. A m u r a t II répara les malheurs de son père à leurs dépens, en leur imposant un tribut honteux; et vingt-huit ans après, M a h o m e t II, son fils, leur porta le dernier coup. C o n s t a n t i n - Dragosès, après avoir défendu sa capitale pendant cinquante-trois jours, y acquit la seule gloire que lui laissait la fortune, celle de mourir en héros sur des ruines. Ainsi finit, le 29 mai 1453, ce démembrement de l'Empire Romain, après une durée de onze siècles, sans que de cette foule de prétendus césars il surgît un second Théodose.

VIENNET, de l'Académie Française.

ORIENT (Grand-). Dans tous les pays où il existe des associations maçonniques, on donne le nom de *Grand-Orient* aux représentants des loges qui, réunies dans les capitales, forment une espèce de diète maçonnique, un sénat régulateur, où viennent se centraliser toutes les affaires de l'ordre. Le *Grand-Orient de France* doit son origine à la *Grande-Loge anglaise* instituée à Paris, en 1743, pour consacrer le souvenir de la dotation que l'Angleterre avait faite à la France en établissant à Paris la première loge nationale (1725). Cette dénomination ne subsista que pendant quelques années. Elle fut échangée, en 1756, contre celle de *Grande-Loge de France*. Le 5 mars 1773, la Grande-Loge, réunie en assemblée générale, se constitua en *Grande-Loge nationale de France*, ou en *Grand-Orient*. Ce fut l'occasion d'un schisme dans la franc-maçonnerie française. Un second pouvoir maçonnique se fit jour sous le nom de *Grande-Loge*. Depuis 1804 les loges de la dissidence le reconnaissent sous le titre de *Suprême Conseil de France*. La *Grande Loge nationale*, autre dissidence du Grand-Orient, a existé pendant quelque temps, après 1848. Le Grand-Orient est la réunion de toutes les loges régulières de France, représentées par des députés résidant à Paris, et par elles investis du pouvoir de régir, en leur nom, l'association générale composée de toutes les loges établies dans le royaume. Par l'effet de cette représentation ainsi concentrée sous le nom de *Grand-Orient de France*, chacune des loges représentées fait partie intégrante du sénat maçonnique. Cette réunion a le droit exclusif de constituer, c'est-à-dire d'admettre au nombre des loges reconnues régulières toute réunion partielle de *francs-maçons* qui est digne de participer aux avantages d'une existence, sinon civile ou légale, du moins tolérée à l'ombre et sous les auspices du Grand-Orient, caution naturelle de la fidélité de chaque loge par lui reconnue, constituée et surveillée. Le Grand-Orient est régi par des statuts et règlements généraux. Il est dirigé par un grand-maître, deux grands-maîtres adjoints, un grand-conservateur, un représentant particulier du grand-maître. Indépendamment de ces officiers, le Grand-Orient compte dans son sein 21 officiers d'honneur, 22 députés et 105 officiers ayant le titre d'experts. C'est parmi ces derniers que sont pris tous les trois ans le grand-trésorier, le grand-hospitalier, le grand-archiviste, le grand-garde des sceaux, le grand-expert, le grand-garde des archives, etc., etc. Les présidents des loges sont membres nés du sénat maçonnique. L'administration de l'ordre est confiée à cinq chambres, savoir: la chambre de correspondance et des finances, la chambre symbolique, la chambre du suprême conseil des rites, la chambre de conseil et d'appel, et le comité central et d'élection. Les trois premières ont chacune trente-cinq membres et leurs officiers dignitaires: elles participent à la formation de la quatrième; la cinquième est dirigée alternativement par les trois premières à tour de rôle. Le Grand-Orient accorde le titre d'officier honoraire à tous les membres qui, après avoir suivi ses travaux pendant neuf années, demandent à se retirer. Les frais d'administration sont supportés par les loges au moyen d'un don gratuit annuel. Après 1848, une nouvelle constitution maçonnique avait apporté quelques modifications à l'organisation que nous venons de faire connaître; mais elles ont disparu après le 2 décembre 1851.

SICARD.

ORIENT (Guerre d'). *Voyez* RUSSIE, INKERMAN et SÉBASTOPOL.

ORIENT (Langues et Littératures de l'). *Voyez* ORIENTALES (Langues et Littératures).

ORIENT (Question d'). Par ces mots on entend surtout aujourd'hui le problème politique qui se rattache au développement et au résultat final de la crise où se trouve l'Empire Ottoman, à son maintien ou à sa destruction, et par extension à tout ce qui se rapporte aux contrées faisant ou ayant fait partie de cet empire, telles que les Principautés Danubiennes, le Monténégro, l'Égypte et les États Barbaresques, la Grèce et les pays du Caucase. Mais cette expression peut aussi s'appliquer à toute la politique de l'Orient, notamment de la Perse, de l'Afghanistan, du Pendjab et de la Chine, surtout quand il s'agit de ses rapports avec les intérêts de l'Europe.

ORIENT (Schisme d'). *Voyez* SCHISME et GRECQUE (Église).

FIN DU TREIZIÈME VOLUME.